AF840119

Festschrift für

THOMAS FISCHER

FESTSCHRIFT FÜR

THOMAS FISCHER

Herausgegeben von

Stephan Barton

Ralf Eschelbach

Michael Hettinger

Eberhard Kempf

Christoph Krehl

Franz Salditt

C.H.BECK

www.beck.de

ISBN 978 3 406 72459 6

© 2018 Verlag C. H. Beck oHG
Wilhelmstraße 9, 80801 München
Druck und Bindung: Beltz Bad Langensalza GmbH
Am Fliegerhorst 8, 99947 Bad Langensalza

Satz: Jung Crossmedia Publishing GmbH, Lahnau

Gedruckt auf säurefreiem, alterungsbeständigem Papier
(hergestellt aus chlorfrei gebleichtem Zellstoff)

VORWORT

Ob man die Klagen über eine „Festschrifteninflation"[1] und die Feststellung einer gewaltigen Steigerung des Umfangs der Festschriften und der Zahl der enthaltenen Beiträge („Gigantomanie")[2] heute noch als problematisch empfinden muss oder kann, soll hier nicht diskutiert werden. An den Befunden hat sich jedenfalls nichts geändert. Geändert haben dürfte sich jedoch die Bedeutung, die solchen Festschriften, Gedächtnisschriften oder Symposien zugemessen wird. Man wird wohl nicht fehlgehen in der Annahme, dass heute der Geburtstag des Kollegen oder der Kollegin als solcher das Ereignis ist, zu dem sich „Schüler", Freunde, Fakultätskollegen und Wegbegleiter zunächst als Autoren eines Beitrags, dann als Gäste des Jubilars anlässlich der Übergabe des Gemeinschaftswerks zusammenfinden. Diese „‚neue' Tradition" gibt es freilich offenbar bisher nur bei den „Universitätsprofessoren und -professorinnen". Hingegen scheint, jedenfalls im Bereich des Strafrechts, bei den praktisch Tätigen, den Richtern, Staatsanwälten, Rechtsanwälten und – seltener – Ministerialbeamten, die alte Bedeutung, nach der in ihren Gebieten nur deutlich Herausragende zu ehren der Zweck einer solchen Feier ist, sich noch erhalten zu haben. Dass Thomas Fischer eine solche Prominenz zukommt, dürften selbst diejenigen nicht ernstlich bestreiten können, die sich von ihm „getroffen" fühlen, denen sein „Ton" nicht gefällt oder die Richtung, die er zu den von ihm jeweils aufgeworfenen Fragen vertritt. Zahlreiche Beiträge in dieser Festschrift mit Lob und Kritik – beides in großer und erfrischender Klarheit – belegen das.

Damit deutet sich schon an, dass diese Festschrift, die für den 65. Geburtstag (am 29.4.2018) einige Monate zu spät, für den 70. über vier Jahre zu früh, jedoch fast pünktlich zum derzeitigen Regeleintritt in den Ruhestand kommt, nicht nur insoweit, sondern auch in ihrem Inhalt „etwas anders" ausfällt als die sonst üblichen Ehrungen in Form einer Festschrift. Diese Einschätzung teilt sie mit des Jubilars Lebenslauf, der deutlich aus dem Rahmen jedenfalls des bei arrivierten Juristen Üblichen herausfällt: Der in Werdohl (Sauerland) geborene Sohn des Arztes Dr. med. Dipl. Ing. Otto Fischer aus dem Sudetenland und dessen Frau Kläre wuchs bis 1969 in Finnentrop-Rönkhausen (ca. 1700 Einwohner) auf, trat 1963 im nahegelegenen Plettenberg in das Städtische Neusprachliche Gymnasium ein, wandte sich mit 16 Jahren von seiner Heimat ab und besuchte nunmehr von 1970 bis 1971 ein Gymnasium in Friedberg (Hessen). In der zwölften Klasse verließ er auch diese Bildungsstätte und arbeitete unter anderem als (Rock-)Musiker und Kraftfahrer, wohnte zwei Jahre in Worms in einer Musiker-Kommune, kehrte 1973 nach Friedberg zurück und legte dort 1975 das Abitur ab. Es folgte der Wehrdienst, aus dem er nach vier Monaten (und mehreren Anläufen) als Kriegsdienstverweigerer ausschied und sodann als Rettungssanitäter seinen Zivildienst in Frankfurt-Höchst bis Okto-

---

[1] *Bruns* GA 1987, 371.

[2] So *Lüttger* JR 1989, 309 (310).

ber 1976 ableistete. Danach studierte er in Frankfurt von 1976 bis 1978 fünf Semester Germanistik (mit dem „vagen" Ziel Schriftsteller), brach das Studium aber ab und arbeitete vom Mai 1978 bis zum September 1980 erneut, nunmehr als Paketzusteller bei der Deutschen Bundespost. Im Wintersemester jenes Jahres schließlich begann er den Weg, der ihn zu seiner „Bestimmung" führen sollte: Er schrieb sich an der Julius-Maximilians-Universität Würzburg im Fach Rechtswissenschaft ein und legte dort 1984 nach nur sieben Semestern das Erste Juristische Staatsexamen ab. Von September 1984 an absolvierte er den Vorbereitungsdienst als Rechtsreferendar im Bereich des OLG Bamberg. 1986 erfolgte die Promotion mit einer, in 14 Monaten erstellten, in Umfang und Inhalt großen Dissertation zur Thematik „Öffentlicher Friede und Gedankenäußerung. Grundlagen und Entwicklung des Rechtsguts ‚öffentlicher Friede', insbesondere in den §§ 126, 130, 140 Nr. 2, 166 StGB" und einer Exegese zum Dr. iuris utriusque bei Ulrich Weber, an dessen Lehrstuhl er seit 1982 als studentische, ab Herbst 1984 als wissenschaftliche Hilfskraft beschäftigt war. Ulrich Weber, später Professor in Tübingen, Walter Steinleitner, Amtsgerichtsdirektor in Weißenburg in Bayern, wo Fischer nach dem Zweiten Juristischen Staatsexamen 1987 (und nach einer ersten Station im Jahr 1988 am Amtsgericht Ansbach) bis 1990 tätig gewesen war, und Gerd Pfeiffer[3], zuletzt Präsident des BGH, nennt Fischer in einem für ihn typischen Interview als ihn beeindruckende Menschen, „denen ich die Überzeugung verdanke, dass es sich lohnt, sich für ein dem Menschen zugewandtes (Straf-)Recht und ein gerecht verfasstes Gemeinwesen einzusetzen".[4]

Fischers weiterer Lebens- und Karriereweg, der auch noch ein Studium der Soziologie von 1990 bis 1993, wiederum in Würzburg, aufweist, ist knapp dokumentiert in den „Erläuterungen".[5]

Liest man Fischers Kolumnen und seine Kommentierung gesellschaftlicher Ereignisse oder seine Ansichten zu speziell rechtlichen Fragen oder Diskussionen, so entsteht sehr schnell das Bild eines meinungs- und durchsetzungsstarken Strafjuristen, dessen publik werdender Interessenshorizont nicht, wie bei vielen „Praktikern" und „Theoretikern", an den Grenzen des Strafrechts i. w. S. endet. Man erlebt einen Autor, der, eine spitze Feder führend, auf der Basis schneller Auffassungsgabe den Mut hat, die Änderung von Missständen durch Aufklärung über deren Ursachen anstoßen zu wollen, wobei er Vorschläge zu deren Behebung vorstellt. Wer, wenn er denn solche Fähigkeiten wie Fischer hierzu hat, tut das schon, setzt sich damit sehenden Auges auch den Insinuationen, üblen Nachreden und Herabwürdigungen aus, die ihm, voraussehbar und vorausgesehen, denn auch alsbald zu teil wurden und werden? Neben Missverstehen(-wollen) und Neid, aber regelmäßig reichlich Zustimmung, gibt es – was Wunder bei dieser ungeheuren Schaffenskraft – verschiedentlich auch (Anti-)Kritik. Doch wie auch immer: Wer am „Mainstream", oder etwa an der Qualität so mancher Presseerzeugnisse Kritik äußert, muss auf der Basis einer anderen Bewertung der jeweils thematischen Problematik immer mit

[3] Ihm widmete *Fischer* einen Nachruf im Journal der Juristischen Zeitgeschichte 2007, 101 ff.
[4] fachbuchjournal 5/2016, 12 (18).
[5] *Barton/Hettinger* → S. 3. Nebentätigkeiten und Herausgeberschaften finden sich unter https://www.fischer-stgb-de/fischer/vita/; ferner bei Wikipedia, Thomas_Fischer_(Jurist).

Gegenwind, teils auch mit heißer Luft ohne weiteren Inhalt aus „interessierter" Richtung, rechnen, braucht eine unerschütterliche Zivilcourage, ein stabiles Nervenkostüm, Ausdauer und – Argumente. Wer wollte ernstlich behaupten, dass es Thomas Fischer hieran je gefehlt hätte?

Ob Manche glauben, ihm Formulierungen Dritter als Zitate zuschreiben zu sollen, die er selbst erkennbar lediglich „zitiert" hat, ist nicht nur eine Geschmacksfrage; und wer auf „richterliche Mäßigung" pocht, sollte freilich zunächst einmal deutlich gemacht haben, welches Richterbild denn seiner Kritik zugrunde liegt, dass das von ihm in Anspruch genommene, aber nicht näher ausgeführte „Richterbild" also etwas Anderes als einen „Homunkulus" im Auge hat. Dreht man diesen Spieß einmal um, könnte womöglich insoweit ein seit 1848/49 bestehendes bemerkenswertes Defizit in Teilen der deutschen Richterschaft erkennbar werden.

Was wurde ihm nicht alles angekreidet: Dass er sich den Senatsvorsitz „erklagt" habe (schlimm schlimm, wenn ein Richter einen eigenen, offenkundig berechtigten Anspruch durchsetzt ...; die angemahnte, beschämende Alternative hieße demnach: Grundstellung einnehmen, hinsetzen, Kopf einziehen, wegducken und, vor allem: Mund halten), dass seine Kritik nicht Halt mache vor der Tür des eigenen „Hauses" in der Karlsruher Herrenstraße (Vier- oder Zehn-Augen-Prinzip?), dass er, schon früh, neben Anderen und mit kräftigen Worten den „Deal" (die Absprache oder Verständigung im Strafverfahren und das damit einhergehende Bild der Justiz) bekämpft habe, der für die Justiz der Tatsacheninstanzen (relativ kurzfristig) verlockend bequem erscheint (kurzer Prozess, wenig Arbeit). In dichtes, dem sog. veröffentlichten Zeitgeist entsprungenes, auch tagespolitisch motiviertes „Sperrfeuer" geriet er (neben vielen Mitstreitern aus der „Wissenschaft") mit seinem hartnäckigen, letztlich vergeblichen Kampf gegen das „Gesetz zur Verbesserung des Schutzes der sexuellen Selbstbestimmung",[6] dessen neugefasstem § 177 StGB er in der 65. Aufl. seines „Kurz-Großkommentars" zum StGB eine höchst bemerkenswerte, 206 Randnummern umfassende, kritische Erläuterung gewidmet hat.

Noch Vieles gäbe es zu sagen, manches hiervon findet sich in der Festschrift zu Thomas Fischers Ehren. Nur ein „kurzes Wort" noch zu seinem „ernüchternd" realistisch-kritischen Blick auf das Verhältnis der „beiden Welten" der Wissenschaft (Theorie) und der Rechtsprechung (Praxis): Wie wenige Andere ist Fischer insoweit aufgrund seiner Laufbahn und seiner fachlichen Kompetenzen zu einem Urteil in der Lage. Er sieht diese „Welten" sich voneinander entfernen: Der Rechtsprechung fehle es an kritischer Selbstreflexion, der Wissenschaft an hinreichender Berücksichtigung der Wirklichkeit. Weil nun beide, wenngleich auf unterschiedliche Weise, Verantwortung für das Strafrecht trügen, appelliert der Jubilar an die, die es angeht, ihre „Aufmerksamkeit auf das Gemeinsame" zu richten, das Recht.[7] Die Rechtsprechung warnt er vor „Entgrenzung", nämlich davor, Intention (als Gesamtwürdigung) und Abstraktionen (als Verhältnismäßigkeit) an die Stelle hindernder Prinzipien treten zu lassen. Von der Wissenschaft fordert er, sich auf die Auf-

---

[6] 50. StÄG vom 4.11.2016.

[7] *Fischer* FS Hamm, 2008, 64 (81); dazu *Hettinger* in Asholt/Eisenhardt/Prinz von Sachsen Gessaphe/Zwiehoff (Hrsg.), Strafrecht und Juristische Zeitgeschichte. Symposium anlässlich des 70. Geburtstages von Thomas Vormbaum, 2014, 28 (40ff.).

gaben einzulassen, die dem Strafrechtssystem für die Strukturierung sozialer Ordnung in Europa aufgegeben sind. Klar, das Denken an Schnittstellen ist unbequem, wenn man sich daran gewöhnt hat, in Filterblasen zu verweilen. Der Jubilar, der das Leben als ein „stetes Orientieren und ausdauerndes Anschwimmen gegen eigene Fehler und Unsicherheiten"[8] versteht, kämpft gegen den Strom und hat sich „demzufolge" mit Kritikern und Kritikerinnen herumzuschlagen. Auch insoweit eröffnete sich ihm ein weites, Kräfte bindendes und Zeit fressendes Tätigkeitsfeld. Noch etwas anderes, höchst Bemerkenswertes sei hier erwähnt, weil es in besonderer Weise das Anliegen des Jubilars bezeugt. Seit 2015 findet in Baden-Baden, auf Fischers Initiative hin und finanziert von ihm, alljährlich eine zweitägige Veranstaltung statt (die Baden-Badener Rechtsgespräche), deren jeweiligen Gegenstand ein Schwerpunktthema des derzeitigen Strafrechts bildet. Autorinnen und Autoren aus „allen Lagern" beleuchten diese Thematik sodann aus verschiedenen vorgegebenen Perspektiven. Wer ihn dort als Moderator und Diskutant erlebt hat, der, immer als einer von vielen, das Wort ergreift, mit leiser Stimme vorsichtig-zögernd einen Gedanken entwickelt, oft mit einem unausgesprochenen Fragezeichen versehen, der ahnt, wie skrupulös Thomas Fischer beim Verfertigen seine Argumentationen verfährt: Kommunikation an der Schnittstelle zwischen Theorie und Praxis als Anliegen.

Schon das hier Notierte zeigt einen wahrlich nicht konfliktscheuen Juristen, dem Aufklärung und Diskussion Herzensanliegen sind, der in Kauf nimmt, dass seine Arbeiten bei manchen Meinungsmachern auf heftigste Kritik – welcher „Qualität" auch immer – treffen; wenn in der Sache keine Gegenargumente zur Verfügung stehen, wird das Defizit gern auch durch Wägen einzelner Formulierungen auf der diplomatischen Goldwaage ersetzt (was Fischer „eher für keine ernsthaften Einwendungen" hält). Das sind jedenfalls die Kosten, die zu entrichten sind, wenn es um einen in der Sache hart geführten Diskurs geht. Dabei ist dem Jubilar klar: Wer austeilt, muss auch einstecken. Das gilt freilich nur dann, wenn die Antikritik die streitige Sache argumentativ vorwärtsbringt.

Den Schluss mögen Sätze bilden, die Thomas Fischer in Interviews gesagt sowie solche, die er in seiner ersten Kolumne „Der Beginn" im Januar 2015 sowie in der 118. und letzten, „Der Ausklang" vom Mai 2017, geschrieben hat. Auf die Frage, wie gerecht Recht seiner Erfahrung nach sei, antwortete er: „Was wir machen können und müssen, ist, die praktischen und gesellschaftlichen Prinzipien des Zusammenlebens zu erklären und widerzuspiegeln, also etwa Demokratie, die Würde des Menschen, Gleichberechtigung von Menschen und Fairness, insbesondere Verfahrensfairness".[9] Auf die Frage, welche prägenden Erfahrungen er außerhalb des Studiums, also im Leben neben oder vor dem Jurastudium gemacht habe, sagte er: „Insgesamt ungefähr zwölf. Die verrate ich hier aber nicht, bis auf eine: Die Geburten meiner Söhne".[10] – Seine erste Kolumne „Fischer im Recht. Der Beginn" beendete er mit der Beschreibung seines Ziels: „Versuchen wir also eine Kolumne der

---

[8] *Fischer* FS Rissing-van Saan, 2011, 143 (155).

[9] https://galore.de/interviews/print/people/thomas-fischer/2015-01-12.

[10] Aufklärung, Erhellung, überraschende Zusammenhänge. Im Gespräch mit Angelika Beyreuther, fbj 5/2016, 12 (18).

Aufklärung, Belehrung, Kritik!",[11] und seine letzte schloss er mit einem Dank: „Ich danke meiner Frau dafür, dass sie die gelegentliche schlechte Laune und die zahlreichen Fehler des Kolumnisten begleitet, schmerzliche Feindseligkeiten mit ihm ertragen und sich über das Gegenteil mit ihm gefreut hat".

Juli 2018

Stephan Barton, Ralf Eschelbach, Michael Hettinger
Eberhard Kempf, Christoph Krehl, Franz Salditt

[11] www.zeit-online.de.fischer im recht-der beginn.

INHALTSVERZEICHNIS

I. ZUR PERSON

II. GRUNDLAGEN UND GRUNDFRAGEN

IV. STRAFRECHT BESONDERER TEIL

V. STRAFVERFAHRENSRECHT

VI. SANKTIONENRECHT

VII. RECHT UND STRAFRECHTSPERSONAL

VIII. GESELLSCHAFT UND POLITIK

IX. MEDIEN

X. JUSTIZ- UND ZEITGESCHICHTE, VARIA

I. ZUR PERSON

STEPHAN BARTON/MICHAEL HETTINGER

Erläuterungen

I. Zur Person

Thomas Fischer, ein Solitär nicht nur unter den Praktikern des Strafrechts, ist seit längerem, weit über die Grenzen seines Fachgebiets hinaus, zum bekanntesten Strafrechtler Deutschlands und in den letzten Jahren zu einer Person der Zeitgeschichte geworden, bewundert von Vielen, abgelehnt von Anderen, beneidet von Manchen.[1] Um ihm etwas näher zu kommen, muss man sich den vielfältigen Facetten im Leben Fischers zuwenden, um nicht nur den schon jetzt so reichen Schaffenskreis zu erfassen.

Zunächst einmal war Thomas Fischer bis zu seinem Ausscheiden aus dem Richterdienst (zum Mai 2017) hauptberuflich „Praktiker", nämlich Strafrichter an den Amtsgerichten Ansbach und Weißenburg i.B. (1988–1990), Wissenschaftlicher Mitarbeiter am BGH (1991–1992), Richter am Landgericht Leipzig (1993), Vorsitzender einer großen Strafkammer und des Schwurgerichts am Landgericht Leipzig (1994–1996) sowie Ministerialrat im Sächsischen Staatsministerium der Justiz (1996–2000). Thomas Fischer ist also ein Strafjurist, der Entscheidungen mit Folgen für die Wirklichkeit getroffen hat – Entscheidungen, die er unmittelbar verantworten oder zumindest mitverantworten musste. Seit Juli 2000 war er Richter am BGH im 2. Strafsenat, von 2013 bis zum Eintritt in den Ruhestand mit Ablauf des 30.4.2017 dessen Vorsitzender. In diesen knapp 17 Jahren hat er im Gericht so Einiges „bewegt", Diskussionen entfacht und auch die Medien durch sein Wirken zu etlichen Berichten „animiert". Manches, was dort etwa zu seinem Konkurrentenklage-Verfahren geschrieben wurde, offenbarte neben oder infolge Unkenntnis in Ansätzen ein überwunden geglaubtes Obrigkeitsdenken: Als ob der Zurückgesetzte zu schweigen hätte, wenn der Präsident des Gerichts, im Widerspruch zu der mehrfach von ihm selbst zuvor getroffenen Beurteilung mit der „Höchstnote", nunmehr eine neue, den Bewerber herunterstufende Entscheidung getroffen hatte (die dem Präsidenten die Möglichkeit einer anderen Wahl erst eröffnen sollte), ohne diese auch nur mit einer einigermaßen plausiblen Begründung zu versehen.

Nichts bringt das Ansehen, das Thomas Fischer sich in weiten Teilen der Bevölkerung erworben hat, womöglich deutlicher zum Ausdruck als eine kleine Glosse,

---

[1] Dazu sowie zu weiteren Gedanken im Zusammenhang mit Thomas Fischer: *Hettinger,* Thomas Fischer und die Wissenschaft. Festrede anlässlich der Feier seines 60. Geburtstags (29. April) am 30. April 2013, in: Alumni intern, Wintersemester 2013/14. Die Semesterzeitung der Juristen Alumni Würzburg, 6–8.

die 2016 in der NJW veröffentlicht wurde.[2] Es ging um eine Zivilrechtssache. Der Beschwerdeführer fühlte sich durch zwei Beschlüsse des OLG Frankfurt benachteiligt und legte Rechtsmittel beim BGH ein. In der NJW wurde seine Motivation anschaulich beschrieben:

> *„Der Fall muss nach Karlsruhe. Allerdings nicht zu irgendeinem Senat, sondern, na klar, zum 2. Strafsenat. Schließlich gibt's in dem Senat einen, der nicht nur rasant schreibt wie Thomas Bernhard, Karl Kraus und der Teufel zusammen, sondern dem auch noch der Ruf vorauseilt, Deutschlands bekanntester Strafrichter zu sein. Ja, der musste es sein und kein anderer. Leider entwickelten sich die Dinge anders als vom Beschwerdeführer erhofft".*[3]

Denn entgegen den Vorstellungen des Beschwerdeführers entschied nicht der 2. Strafsenat, sondern der III. Zivilsenat über die Rechtsmittel, die er als unzulässig zurückwies.[4]

Neben den bereits geschilderten Tätigkeiten ist Thomas Fischer auf den Gebieten seines Wirkens allen Strafjuristen auch als Autor des im Verlag C. H. Beck erscheinenden Standardkommentars zum Strafgesetzbuch bekannt. Im Jahr 1999 übernahm er zwei Drittel der Kommentierung dieses bis dahin von Herbert Tröndle betreuten StGB-Kommentars. Schon die nächste, die 50. Auflage, kommentierte er allein; anfangs im 18-Monate-Rhythmus, seit der 53. Auflage von 2007 gar jährlich – mit einem Textumfang von zur Zeit knapp 2600 Seiten. Seit 1999 sind somit weitere 17 Auflagen dieses immer noch „Kurz-Kommentar" genannten Werks erschienen, den jeder Praktiker und auch jeder Theoretiker nicht nur „kennt", sondern auch wirklich nutzt. Uns ist kein Kommentar bekannt, der so lebendig geschrieben ist und so scharf auch gesellschaftliche und kriminalpolitische Entwicklungen im Blick hält und auf den Prüfstand des Rechts stellt, wie dieser, den wir immer als ersten zur Hand nehmen, wenn sich ein dogmatisches Problem stellt oder wenn neue höchstrichterliche Entscheidungen, auch des Bundesverfassungsgerichts oder des Europäischen Gerichtshofes für Menschenrechte, einzuordnen sind. Aber er ist nicht nur Kommentator „des Fischer", sondern hat auch in maßgeblicher Weise an der Bearbeitung des ebenfalls im Verlag C. H. Beck erschienenen Karlsruher Kommentars zur Strafprozessordnung sowie am StPO-Kommentar von Gerd Pfeiffer mitgewirkt.

Dieses Pensum wäre gewiss neben der hauptberuflichen Tätigkeit Vielen schon viel zu viel. Nicht Thomas Fischer! Mit zunehmender Intensität ist er – über seine Kommentierungen hinaus – auch als wissenschaftlicher Publizist tätig. Er begann im Jahr 1986 mit einer Dissertation zu den Grundlagen und der Entwicklung des Rechtsguts „Öffentlicher Friede", einer 640-seitigen Arbeit, der sein Betreuer Ulrich Weber seinerzeit attestierte, sie sei einer Habilitationsschrift ebenbürtig. Seitdem folgten zahlreiche bedeutende – und wahrgenommene – Aufsätze in Zeitschriften, Tagungsbänden und Festschriften.

---

[2] NJW-aktuell 40/2016, 9.
[3] NJW-aktuell 40/2016, 9.
[4] BGH Beschl. v. 18.8.2016 – III ZB 48/16, 49/16.

Da ihm die Bildung und Ausbildung des Nachwuchses ein Anliegen war, engagierte er sich auch in diesem Bereich; zunächst als wissenschaftliche Hilfskraft, später als Lehrbeauftragter. Seit 1998 wirkt er als Honorarprofessor an der Juristischen Fakultät der Julius-Maximilians-Universität Würzburg.

In den letzten Jahren ist Thomas Fischer darüber hinaus als prononcierter Ausrichter der „Baden-Badener Strafrechtsgespräche" hervorgetreten, die erstmals im Jahr 2015 stattfanden und seitdem jährlich veranstaltet werden. Auf den Tagungen wurden wesentliche Themen wie der strafrechtliche Vermögensschaden (2015), der Verdacht (2016) und die Schuld (2017) behandelt.[5]

Das wirft zwei Fragen auf. Erstens: Wie schafft er das nur? Gibt es zwischen Samstag und Sonntag vielleicht noch einen Thomas-Fischer-Tag? Oder hält Fischer es mit unser aller Goethe, der den Morgen vor dem Morgen pries?

Als zweite Frage drängt sich auf: Ist das Wissenschaft oder Praxis? Wie verhält es sich, wenn ein derart eindrucksvoll ausgewiesener Praktiker mit Erfahrungen als Richter, Staatsanwalt, Vorsitzender Richter am Landgericht, Ministerialrat, Richter am Bundesgerichtshof und Vorsitzender Richter am Bundesgerichtshof auch noch an einer Universität lehrt, wissenschaftlich publiziert und sogar eigene Wissenschaftstagungen ausrichtet? Inwieweit ist das zu Lesende „Wissenschaft", wenn wir den Begriff für die Jurisprudenz einmal akzeptieren, und inwieweit wandelt und handelt Fischer dann bildhaft gesprochen im Talar des Theoretikers, also eines Menschen, der sich mit einer Sache, z. B. der Strafrechtspraxis, abstrakt, also nur in Gedanken beschäftigt, davon aber in Fischers Person auch praktisch etwas versteht – im Unterschied zu vielen Theoretikern, die nach ihrer Referendarzeit keinen Gerichtssaal mehr von innen gesehen haben?

Vielleicht lässt sich die Frage durch eine weitere Facette im Leben Thomas Fischers beantworten, nämlich seine Arbeit als Kolumnist. Dem an Rechtsfragen interessierten Publikum ist er nämlich nicht zuletzt durch seine 118 Kolumnen auf ZEIT Online, die vom 13.1.2015 bis zum 2.5.2017 – wöchentlich (!) – erschienen und durch nachfolgende Publikationen in digitaler und gedruckter Form fortgesetzt werden, unter dem Markenzeichen „Fischer im Recht" bekannt geworden.[6] Fischer hat in unnachahmlicher Art klassische Rechtsfragen nicht nur auf den Punkt gebracht, sondern juristische Laien für derartige Fragen – häufig verbunden mit solchen aus Politik, Gesellschaft, den Medien u. a. m. – begeistert und Anstöße zu kontroversen Debatten gegeben. Begonnen hat diese Art publizistischer Tätigkeit, so meinen wir, schon 2008, nämlich in der Festschrift für Rainer Hamm zum

---

[5] Vgl. dazu die entsprechenden Tagungsbände, herausgegeben von Thomas Fischer und Elisa Hoven im Nomos Verlag: Dogmatik und Praxis des strafrechtlichen Vermögensschadens, 2015; Verdacht, 2016; Schuld, 2017; im Herbst 2018 erscheint Band 4 der Reihe unter dem Titel „Beweis".

[6] „Hier und heute beginnt meine Kolumne Fischer im Recht. Weil das Meer des Rechts tief und dunkel und die Mittel zu seiner Erkundung begrenzt sind, ist jeder Fischzug zunächst nur ein Versuch", schrieb er zu Beginn seiner ersten Kolumne. Diesen mehrsinnigen Titel konnte nur missverstehen, wer sich nicht die Mühe machen wollte, die Ziele des Kolumnisten – wo wohl, wenn nicht in der ersten?! – zu ermitteln. Ergänzend zu nennen sind hier u. a. die Bücher „Im Recht", 2016 sowie „Richtersprüche", 2017; ferner neuere Online-Kolumnen außerhalb von ZEIT Online.

Thema Praxis und Theorie mit dem Beitrag „Strafrechtswissenschaft und strafrechtliche Rechtsprechung – Fremde seltsame Welten“.[7] Es handelte sich dabei zunächst einmal um einen wichtigen Beitrag zum Verhältnis von Wissenschaft und Praxis, darüber hinaus aber auch um den Nucleus späterer Publikationen als Kolumnist. Denn in dem Text für diese Festschrift analysiert er nicht nur scharfsinnig Theorie und Praxis, sondern überführt diese gewissermaßen auch in eine neue Sphäre, nämlich die des Kolumnisten; dadurch wird der reine Wissenschaftsdiskurs transzendiert. An seine Stelle tritt – in diesem ersten Beitrag noch zurückhaltend, später immer stärker – der gesellschaftspolitische Diskurs des Kolumnisten. Thomas Fischer beschränkt sich dabei nicht mehr auf die Rolle des neutralen Wissenschaftlers oder des gesetzesgebundenen Praktikers, sondern nimmt persönlich und prononciert in journalistischen Medien Stellung: Er kritisiert von ihm als fehlerhaft angesehene Positionen, benennt fundiert seine eigenen Ideen und streitet kämpferisch für seine Vorstellungen zu richtigem Recht.

Insofern ist und bleibt Thomas Fischer eine Ausnahmeerscheinung: mutig, kritisch, auch selbstkritisch, häufig kämpferisch, zuweilen geradezu kriegerisch – dabei Moralist mit einem geschulten soziologischen Blick. Er ist ein Aufklärer mit „kräftigem Punch“, wobei das verschiedentlich zu registrierende scheinbare Hin- und Hergerissen-Sein zwischen Aufklären und Draufhauen doch wohl der Empörung geschuldet ist, die ihn ab und an überkommt, wenn er sieht, hört oder liest, was gerade geschieht, geredet oder geschrieben wird. Er macht es mithin sich und anderen nicht (immer) leicht. Gerade auch deshalb ist er eine herausragende Persönlichkeit, eine Zierde zudem der juristischen Professionen, die er in seiner Person symbiotisch vereint.

II. Zu diesem Band

Entsprechend der vielfältigen Wirkungskreise Thomas Fischers soll auch die zu seinen Ehren verfasste Festschrift möglichst vielseitig und vielschichtig sein. Deshalb beteiligen sich nicht nur 87 Autoren mit 85 Beiträgen an diesem Werk, sondern stammen die Verfasser auch aus ganz unterschiedlichen Professionen – mit der erwünschten Folge, dass ihre heterogenen methodischen Zugänge zum Recht zu einem wesentlich vielfältigeren Bild als sonst üblich geführt haben: Statt im Wesentlichen einheitlicher Beiträge enthält die Festschrift gewissermaßen einen bunten Strauß von Blumen! An ihr haben nämlich nicht nur juristische Praktiker und Wissenschaftler mitgewirkt, sondern sie bietet auch Abhandlungen aus politischer, journalistischer, kriminologischer und psychiatrischer bis hin zu künstlerischer Perspektive. So enthält die Festschrift außer den gedruckten Texten auch einen Audio-Beitrag.

Für eine juristische Festschrift mag es eine Besonderheit sein, dass sich mehrere Beiträge unmittelbar mit der Person des Jubilars beschäftigen – bei einer Festschrift für Thomas Fischer liegt dies aber zweifellos nahe. Dementsprechend haben wir

[7] *Fischer* FS Hamm, 2008, S. 63.

einen eigenen Abschnitt in der Festschrift vorgesehen, in dem die verschiedenen Facetten Thomas Fischers als Kolumnist, Kommentator, politischer Diskutant und auch als Bewohner eines architektonisch besonderen Hauses gewürdigt werden. Ähnliches gilt für die Abschnitte zu Recht und Strafrechtspersonal sowie zu Gesellschaft und Politik und schließlich zu den Medien. Andere Kapitel folgen hingegen den üblichen Kategorisierungen.

Ohne die Mitwirkung etlicher Helfer und Unterstützer wäre die Festschrift nicht zustande gekommen. Zu allererst danken wir den Autoren und Autorinnen für ihre Mitarbeit. Dank gilt ferner Tatjana Zimmer und Julian Adams sowie dem gesamten Team des Lehrstuhls für Strafrecht und Strafprozessrecht der Universität Bielefeld, die allesamt mit großer Begeisterung halfen, die organisatorischen Aufgaben im Zusammenhang mit dem Entstehen der Festschrift bis hin zu diesem Ergebnis zu bewältigen.

ALEXANDER IGNOR

Strafrechtserklärer. Gesellschaftskritiker. Moralist.

Thomas Fischer in seinen Kolumnen

I. Einleitung

Wer sich wie der *Verfasser* dieser Zeilen viele Jahre lang in vielerlei Hinsicht mit dem Recht im Allgemeinen und dem Strafrecht im Besonderen befasst hat, kann unmöglich von *Thomas Fischer* nicht fasziniert sein. Der *Jubilar* gehört gewiss zu den gescheitesten, gebildetsten und anregendsten Strafjuristen unserer Tage.

Allein „der" Fischer. Alle Jahre wieder zur Weihnachtszeit präsentiert *sein* Kommentar – wer redet noch von *Tröndle* oder gar *Dreher?!* – zuverlässig die jeweils geltende Fassung des Strafgesetzbuches und eine streng systematische, regelmäßig aktualisierte Erläuterung der Vorschriften, die alle praxisrelevanten Auslegungsfragen behandelt, hierbei die wichtigste Rechtsprechung und zahlreiche Literatur berücksichtigt und scharfsinnig würdigt. Ein Werk immensen Fleißes, staunenswerter Fassungskraft und großer Urteilsgabe. Die intellektuelle Brillanz des *Jubilars* zeigt sich ferner in weiteren Kommentierungen und in einer Fülle von Aufsätzen, Anmerkungen, Besprechungen und veröffentlichten Vorträgen. Gibt es zu irgendeinem Thema irgendeinen Hinweis darauf, dass *Fischer* sich dazu geäußert habe, lohnt es sich immer, dem nachzugehen, denn die Lektüre eines Beitrags aus seiner Feder wird stets bereichernd sein. Nicht zuletzt der Art und Weise wegen, wie er schreibt. Der *Jubilar* hat – zunehmend im Laufe der Jahre, wie mir scheint – eine Argumentationskunst entwickelt, die den Leser insbesondere durch die unerbittliche Aufdeckung der Schwächen anderer Positionen den eigenen zuzuführen versteht. Selbst wer diesen nicht beipflichtet, wird stets von *Fischers* Kritizismus profitieren.

Das gilt auch für die furiosen Produkte seines Könnens, die er in den Jahren 2015 bis 2017 in einer wöchentlichen *Kolumne* auf ZEITONLINE präsentiert hat und die auf ihre Weise einzigartig sein dürften. Man kennt Viele, die in jungen Jahren aus welchen Gründen auch immer Jura studiert, dann aber bald zu ihrer eigentlichen Berufung als Dichter, Schriftsteller oder auch als Journalist gefunden haben. Es gibt darunter zuweilen welche, die neben ihrer künstlerischen Betätigung lange Zeit, mitunter bis zur Pensionierung, einen juristischen Beruf ausgeübt haben. Keiner – und Keine – aber ist mir bekannt, der oder die nach Beendigung künstlerischer Versuche in der Jugend, endgültiger Hinwendung zur Juristerei und langjähriger, höchst erfolgreicher Betätigung in derselben, erst in fortgeschrittenem Alter zu einer genuin publizistischen Tätigkeit gefunden hätte, welche die Grenzen der eigenen Zunft bewusst überschreitet und gesellschaftliche Wirkung zu erzielen sucht, jedenfalls bei intellektuell aufgeschlossenen Lesern, und damit auch noch großen Erfolg gehabt hätte. Für die Schriftstellerin *Julie Zeh* gehört *Thomas Fischer* zu den wichtigsten Denkern des Landes. Wann wurde das je über einen Strafjuristen gesagt?!

Worin liegt das Besondere der Kolumne? Wie ist es *Thomas Fischer* gelungen, mit strafrechtlichen Themen eine breite Leserschaft zu gewinnen und einen – der Begriff ist unvermeidlich – Starruhm zu erlangen, der viele seiner Zunftgenossen im Bereich der Richterschaft und der Strafrechtswissenschaft irritiert, manchen vielleicht auch neidisch macht, jedenfalls kaum einen gleichgültig lassen dürfte?

Der *Verfasser,* der die Kolumne häufig mit innerem Zuspruch, zuweilen mit Ablehnung, immer aber mit Neugier und Interesse verfolgt hat, möchte im Folgenden ihrer faszinierenden Eigentümlichkeit nachspüren und dem *Jubilar* auf diese Weise die Ehre erweisen. Obwohl seit vielen Jahren im Bereich des Strafrechts engagiert, bin ich *Thomas Fischer* persönlich nur selten begegnet. Lebhaft erinnere ich mich an eine Revisionshauptverhandlung, in der er zu meinem Schrecken entgegen dem Berichterstatter für die Aufhebung des freisprechenden Teils eines Urteils, das ich gemeinsam mit einem Kollegen errungen hatte, eintrat und sich im Senat am Ende auch noch durchsetzte mit all der Hartnäckigkeit und Beredsamkeit, die ihm zu eigen ist. Ferner ist mir eine Sachverständigenanhörung im Rechtsausschuss des Bundestages erinnerlich, in der er gegen die überwiegende Meinung der anderen Gutachter argumentierte, in manchem weitsichtiger als mir damals bewusst war. Auch die eine oder andere Vortragsveranstaltung steht mir vor Augen, in der er seine Fähigkeiten als Redner eindrucksvoll unter Beweis stellte. Persönlich näher gekommen ist er mir indes erst durch seine Kolumne – diese Mélange aus gelehrten Unterrichtungen, funkelndem Raisonnement und persönlichen Ansichten. Eine „Gesamtwürdigung", wie sie im vertrauten Metier des Strafrechts geboten wäre, maße ich mir nicht an. *Fischers* Kosmos ist zu groß für einen kleinen Beitrag. Dass ich keine Objektivität anstrebe, versteht sich von selbst. Nur einige persönliche Eindrücke und Gedanken sollen es sein; und eine Anregung zum Lesen für die, welche die Texte vielleicht nicht oder kaum kennen.[1]

Fischers ironisch mehrdeutig betitelte Kolumne „Fischer im Recht" fing nicht irgendwie an und hörte nicht irgendwie auf. Sie begann am 13.1.2015 mit einer Vorrede (*„Der Beginn"*), in der er sein Projekt ankündigte und vorstellte.[2] Und sie endete mit einem *„Ausklang"* am 2.5.2017, als er fand, die Arbeit sei getan.[3] Also liegt ein zumindest formal eingegrenztes und abgeschlossenes Werk vor uns, das als solches betrachtet werden darf. Insgesamt 118 Beiträge, die der *„Kolumnist"* (*Fischer* über *Fischer*) Woche für Woche produziert hat – auch dies eine schier unglaubliche Leistung, bedenkt man den Umfang, den Gedankenreichtum und die sprachliche Virtuosität jedes einzelnen Beitrags.

---

[1] Die Texte der Kolumne sind abrufbar unter http://www.zeit.de/serie/fischer-im-recht (zuletzt aufgerufen am 2.2.2018). Zwanzig davon wurden 2016 in Buchform veröffentlicht, s. *Thomas Fischer,* Im Recht. Einlassungen von Deutschlands bekanntestem Strafrichter, 2016.

[2] S. die Kolumne v. 13.1.2015 (Fischer im Recht – Der Beginn).

[3] S. die Kolumne v. 2.5.2017 (Zum Ausklang).

II. Erklärungen

Nach eigenem Bekunden ging es dem Kolumnisten zuallererst darum, einem breiteren Publikum *„Sachkenntnisse"* zu vermitteln: Sachkenntnisse über das Strafrecht, das seiner Meinung nach in der Öffentlichkeit vielfach missverstanden, wenn nicht gar falsch dargestellt und häufig als rätselhaft empfunden wird.[4] Sachkenntnisse – das sind zunächst einmal Kenntnisse von Inhalten, Prinzipien und inneren Strukturen des Rechts. Dass *Fischer* es vortrefflich versteht, solche darzustellen, zu erklären und zu veranschaulichen, konzedieren selbst diejenigen, die im Übrigen manches an seinen Texten zu kritisieren finden.[5]

Vor allem dann, wenn er Straftatbestände erläutert und auslegt, ist *Fischer* seit je in seinem Element. So auch in der Kolumne. Kaum zu übertreffen dürfte beispielsweise sein dortiges Plädoyer für die Abschaffung des § 166 StGB sein, der die sogenannte Gotteslästerung unter Strafe stellt.[6] Das sei eine Pönalisierung menschlichen Verhaltens, der Gott, wenn es ihn gebe, zu seinem Schutz gewiss nicht bedürfe, weshalb die Norm einen Sinn allenfalls dann haben könne, wenn sie für die Bewahrung des inneren Friedens nötig sei, was man im Hinblick auf den Straftatbestand der Volksverhetzung (§ 130 StGB), der eben diesem Schutz diene, verneinen müsse. Überdies laufe ein Sonderschutz für religiöse Teile der Bevölkerung, wie er mit der Anwendung des § 166 StGB in Bezug auf christliche Bräuche lange Zeit praktiziert worden sei, im Grunde dem demokratischen Konsens zuwider, weil er neben das Rechtsprinzip der Gleichberechtigung noch ein System der bevorzugten Berechtigung setze.

Das ist bezwingend vernünftig, aufgeklärtes Strafrechtsdenken *par excellence,* wie man es in den öffentlichen Medien sonst nur selten findet. Aber auch die Art und Weise, wie *Fischer* seine Gedanken in dem Text entwickelt hat, ist beeindruckend. Die Kolumne beginnt mit einem Blick auf den Film „Das Gespenst" des Regisseurs *Herbert Achternbusch* aus dem Jahr 1982 (*Fischers* Faible fürs Kino ist mindestens so ausgeprägt wie für das Recht). Der Film wurde damals zeitweilig durch die Freiwillige Selbstkontrolle mit der Begründung gesperrt, dass es sich bei einer Filmszene – der Sezierung eines an ein aus kleinen Ästen gefertigtes Kreuz gebundenen Frosches (*Fischer: „nichts anderes ... als die Seele des Dichters"*) – um eine von der Garantie der Kunst- und Meinungsfreiheit in Art. 5 GG nicht geschützte Provokation handelte. Davon ausgehend verortet *Fischer* unangestrengt, fast plaudernd, den Straftatbestand der Gotteslästerung in der Geistes- und Sozialgeschichte der Menschheit, bringt auf den Punkt, was es mit der Aufklärung auf sich hat (*„Der Mensch selbst ist groß geworden"*) und macht auf diese Weise deutlich, dass das Delikt heutzutage ziemlich aus

---

[4] S. *Fischer,* Im Recht, 2016, 8 (Vorrede).

[5] Siehe etwa *Volker Zastrow,* Der Richter mit den dicken Silikonbrüsten, Frankfurter Allgemeine Sonntagszeitung v. 31.7.2016 (online abrufbar unter http://www.faz.net/aktuell/politik/inland/fischer-im-recht-der-richter-mit-den-dicken-silikonbruesten-14364561.html, zuletzt aufgerufen am 2.2.2018); dazu die Kolumne v. 2.8.2016 (Böse, verrückt oder ein Würstchen?).

[6] S. die Kolumne v. 3.3.2015 (Ist die Gotteslästerung ein notwendiger Straftatbestand?) = *Fischer,* Im Recht, 2016, 101 ff.

der Zeit gefallen ist. Wahrlich ein Meisterstück allgemeinverständlicher Rechtsvermittlung auf höchstem Niveau.

Ähnlich seine Kolumne über die Beleidigungsdelikte und das Rechtsgut der „Ehre",[7] die zudem ein eindrucksvolles Beispiel für *Fischers* stark rechtsoziologisch geprägtes Verständnis des Rechts ist. Ausführlich hat er darin die Ehre als *„soziales Konstrukt"* analysiert, das deswegen aber nicht etwa fiktiv, überflüssig oder irrational sei, sondern ein überaus wichtiger Teil des normativen Kitts, der die Gesellschaft zusammenhalte, allerdings auch, wie diese, ständigem Wandel unterliege. Was er ironisch anschaulich an den gesellschaftlich differierenden Bewertungen des *„Stinkefingers"* demonstriert.

III. Aufklärung

Die genannten Texte – und viele andere – zeigen, dass *Fischer* mit der Vermittlung von *„Sachkenntnissen"* mehr im Sinn hatte als eine populärwissenschaftliche Einführung ins Strafrecht und sich mit der Rolle eines Volkshochschullehrers nicht begnügen mochte. Worum es ihm vor allem ging, war *„Aufklärung"*. Aufklärung über die *„Wirklichkeit des Rechts"*, dessen Entstehung und Anwendung er als Teil gesellschaftlicher Kommunikation und politischen Handelns begreift, als *„eine Verständigung über Grenzen, Gewalt, Macht"*.[8] Recht, ließ er seine Leser immer wieder wissen, fällt nicht vom Himmel, auch nicht das Strafrecht mit seinen Ansprüchen auf universelle Geltung. Es wird nicht vom Berg Sinai herabgetragen. Es ist ein Produkt menschlicher Vergesellschaftung und dient gesellschaftlichen Zwecken – *„ein stets wandelbares normatives Gespinst"*.[9] Gesetze sind *„geronnene Macht und Politik, keine natürlichen Erscheinungsformen von Gerechtigkeit"*,[10] dogmatische Figuren sind *„Konstruktionen von Wirklichkeit"*, die immer auch anders ausfallen könnten.[11] Die *„Verwirklichung von Gerechtigkeit und Glück"* – sie ist eine Aufgabe des Rechts, die nicht garantiert ist.[12]

Fischer hat sich in seiner Kolumne also nicht auf dogmatische Wissensvermittlung beschränkt, schon gar nicht auf „Fälle", wie man sie aus der Universität kennt. Vielmehr hat er seine fachlichen Ausführungen häufig in Betrachtungen über Staat, Gesellschaft und Politik eingebettet, nicht selten aus aktuellen Anlässen wie der „Flüchtlingskrise"[13], (scheinbar) terroristischen Gewaltakten[14] oder großen Straf-

---

[7] S. die Kolumne v. 14.4.2015 (Habe die Ehre!) = *Fischer,* Im Recht, 2016, 114ff. und die Kolumne v. 21.4.2015 (Ehre, Würde und Integration).

[8] Kolumne v. 20.9.2016 (Justiz und Politik).

[9] Kolumne v. 20.9.2016 (Justiz und Politik); vgl. auch die Kolumne v. 29.12.2015 (Rechtswelten).

[10] Kolumne v. 7.7.2015 (Der Richter und sein Selbstbild) = *Fischer,* Im Recht, 2016, 278.

[11] S. die Kolumne v. 16.6.2015 (Zufall und Strafe) = *Fischer,* Im Recht, 2016, 87ff.

[12] S. die Kolumne v. 20.1.2015 (Sind die Terroristen nun Feinde oder Bürger?) = *Fischer,* Im Recht, 2016, 19ff.

[13] S. die Kolumne v. 19.5.2015 (Deutschland wird auch im Mittelmeer verteidigt) = *Fischer,* Im Recht, 2016, 72ff. Zur Flüchtlingskrise s. auch die Kolumne v. 6.10.2015 (Schaffen wir das?).

[14] S. die Kolumnen v. 20.1.2015 (Sind die Terroristen nun Feinde oder Bürger?) = *Fischer,* Im Recht, 2016, 19ff., und v. 27.1.2015 (Nein, die Welt ist nicht im Konflikt der Religionen) = *Fischer,* Im Recht, 2016, 33ff.

prozessen (NSU[15], Oscar Gröning[16]). Mit Blick auf die Fülle des Lebens hat er Straftatbestände[17] und Rechtsfiguren[18] des Strafrechts erläutert sowie dessen große, unerschöpfliche Themen wie Wahrheit[19], Verantwortung und Schuld[20].

Sein grundlegendes Strafrechtsverständnis, das hierbei sichtbar wurde, ist weitgehend ein liberales. Strafe muss sein: zur Gefahrenbekämpfung, zur Besserung des einzelnen Täters, zur Abschreckung potenzieller anderer Täter, zur Normbestätigung;[21] Strafe ist das unentbehrliche Surrogat für die sozial destruktive Rache;[22] aber: *„Es geht nicht nur um Schutz, sondern auch um Freiheit"*.[23] Strafrecht biete, faktisch, die Möglichkeit, alles zu regeln, dürfe dies aber nicht tun. Es dürfe *„die Freiheitsspielräume der Menschen nicht so klein machen, dass sie wie Ratten in der Falle quietschen"*. Strafrecht müsse – auch – *„Freiheitsgewährleistung"* sein.[24]

Dementsprechend hat *Fischer* in seiner Kolumne vielfach gegen Ausdehnungen des materiellen Strafrechts Position bezogen.[25] Er hat sich für einschränkende Auslegungen von Tatbeständen ausgesprochen,[26] zuweilen gar für die Abschaffung bzw. für die Legalisierung bislang verbotenen Tuns, so bei der Sterbehilfe,[27] aber auch im

---

[15] S. die Kolumne v. 14.7.2015 (Das Mord-Trio) = *Fischer,* Im Recht, 2016, 42ff. Zum NSU-Prozess s. auch die Kolumne v. 15.12.2015 (Wahrheit, Moral und Presse).

[16] S. die Kolumne v. 21.7.2015 (Oskar Gröning und die Beihilfe) = *Fischer,* Im Recht, 2016, 129ff.

[17] S. die Kolumnen über § 244 und § 250 StGB v. 31.3.2015 (Über die Schwierigkeit, einen Raub zu begehen), über § 263 StGB v. 1.12.2015 (Täuschungen und Irrtümer) und v. 8.12.2015 (Wer den Schaden hat), über § 261 StGB v. 13.10.2015 (Woher haben Sie dieses Geld?), über die § 316 StGB, § 24a StVG, § 24c StVG v. 1.3.2016 (Im Rausch), über § 265a StGB v. 31.5.2016 (Schuld und Schulden I) und v. 7.6.2016 (Schuld und Schulden II), über § 142 StGB v. 19.7.2016 (Von kleinen und großen Fluchten) und v. 26.7.2016 (Über das Asoziale als Menschenrecht).

[18] S. die Kolumnen zum Begriff des Rechtsguts v. 2.6.2015 (Von Fischen, Affen und Menschen), zu den Irrtümern v. 28.6.2015 (Von Mäusen und Mördern), zum Notwehrrecht v. 20.10.2015 (Notwehr: Das Recht muss dem Unrecht nicht weichen), zum Begriff der Bande v. 26.1.2016 (Banden, Gruppen, Bürgerwehren), zu Versuch und Vollendung v. 26.4.2016 (Versuch und Vollendungen), v. 4.5.2016 (Fehlschläge und Rücktritte) und v. 24.5.2016 (Kunst ist strafbar. Warum auch nicht?), zur Schuldfähigkeit v. 8.3.2016 (Rausch und Strafe), v. 9.8.2016 (Wunder, Wahn und der Paragraf 20) und v. 16.8.2016 (Störung, Wahn und Schuld).

[19] S. die Kolumne v. 8.9.2015 (Über die Wahrheit) = *Fischer,* Im Recht, 2016, 298ff.

[20] S. die Kolumnen v. 16.6.2015 (Zufall und Strafe) = *Fischer,* Im Recht, 2016, 87ff., v. 17.11.2015 (Das Böse und das Verrückte), v. 24.11.2015 (Was hat das Böse mit dem Strafrecht zu tun?) und v. 26.5.2015 (Wer hat die Schuld?).

[21] S. die Kolumne v. 26.5.2015 (Wer hat die Schuld?); näher die Kolumne v. 22.3.2016 (Schuldausgleich und Abschreckung).

[22] S. die Kolumne v. 15.3.2016 (Das Gesetz der Rache); vgl. auch die Kolumne v. 22.3.2016 (Schuldausgleich und Abschreckung).

[23] S. die Kolumnen v. 3.2.2015 (Die Schutzlückenkampagne) und 10.2.2015 (Es gibt keinen Skandal) = *Fischer,* Im Recht, 2016, 209.

[24] Kolumnen v. 3.2.2015 (Die Schutzlückenkampagne) und 10.2.2015 (Es gibt keinen Skandal) = Fischer, Im Recht, 2016, 209.

[25] S. z. B. die Kolumne v. 18.8.2015 (Freiheit für Freiwilligkeit), v. 25.10.2016 (Strafen für die Freier), v. 29.11.2016 (Der Kampfhund stirbt nicht aus), v. 31.1.2017 (Der Polizist als Opfer).

[26] S. die Kolumne v. 31.3.2015 (Über die Schwierigkeit, einen Raub zu begehen) = *Fischer,* Im Recht, 2016, 165ff.

[27] Zur Sterbehilfe s. die Kolumne v. 28.4.2015 (Im Zweifel gegen die Freiheit) = *Fischer,* Im Recht, 2016, 144ff., die Kolumne v. 29.9.2015 (Absurdes Spektakel um den Tod) und die Kolumne v. 28.2.2017 (Vom Leben und vom Tod).

Bereich des Drogenstrafrechts[28]; und er ist gegen die lebenslange Freiheitsstrafe zu Felde gezogen.[29]

In einem eigenartigen Kontrast zu seiner nicht selten drastischen, mache finden: unmäßigen, Wortwahl in der Kritik an Auffassungen, die er nicht teilt, und an Zuständen, die ihm missfallen, ist *Fischer* der Sache nach ein großer Mäßiger, einer, der eintritt für Besonnenheit und Zurückhaltung in allem, was mit dem Strafrecht zu tun hat. Er nimmt die Unschuldsvermutung ernst, mahnt vor voreiligem Verdacht und Vorverurteilungen,[30] und spricht sich für maßvolles Strafen aus.[31] Strafe dürfe nicht (nur) Repression sein; man müsse versuchen, mit ihr etwas für die Zukunft Positives zu bewirken. Die Vorstellung, Kriminalität abschaffen zu können, sei illusionär.[32] Die Angst vor Kriminalität hält er für vielfach übertrieben, medial vermittelt[33] und bigott. Viele der Unfälle und Katastrophen, die Menschen befürchten und für die sie, wenn sie eintreten, Schuldige suchen, entsprängen selbst geschaffenen Gefahrenlagen: Reaktorunglücke, Flugzeugabstürze, Havarien, Unfälle im Straßenverkehr. *„Das Bedürfnis, den Zufall zu kontrollieren und ihn durch normative Regeln und Zuschreibung von (sanktionswürdiger) Verantwortung auszuschalten, ist uns wesenseigen wie die Verkennung unserer Möglichkeiten dazu."*[34]

Es kann daher nicht überraschen, dass *Fischer* auch in der Kriminalpolitik meist Zurückhaltung anmahnt. Der in der Öffentlichkeit allzu oft ertönende Ruf nach Strafe und nach der Schließung etwaiger Strafbarkeitslücken ist ihm ein Gräuel. Die anlässlich jeder Veröffentlichung der polizeilichen Kriminalstatistik[35] erhobene Forderung nach verstärkter Bekämpfung von Kriminalität sieht er kritisch. Namentlich mit Blick auf die Reform der Sexualdelikte hat er, unbeirrt durch den Zeitgeist, Rationalität und Besonnenheit eingefordert.[36]

„Aufklärung". Unter Aufklärung versteht *Fischer* auch: Einblicke zu geben in die Werkstätten des Rechts, also in die Justiz, die Gesetzgebung, die juristischen Fakultäten. Dementsprechend hat er ausführlich beschrieben, wie Gesetze gemacht,[37] Richterstellen besetzt,[38] richterliche Entscheidungen gefunden[39] und junge Juristen

---

[28] S. die Kolumne v. 22.12.2015 (Legalize it!).

[29] S. die Kolumne v. 24.2.2015 (Schafft lebenslang ab!).

[30] S. zB die Kolumnen v. 10.1.2017 (Unter Verdacht (1)) und v. 18.1.2017 (Unter Verdacht (2)).

[31] S. die Kolumne v. 22.3.2016 (Schuldausgleich und Abschreckung).

[32] S. die Kolumne v. 5.4.2016 (Im Gefängnis). Zum Thema Strafe s. ferner die Kolumnen v. 27.9.2016 (Die gerechte Strafe) und v. 4.10.2016 (Wer kriegt wie viel wofür?).

[33] S. die Kolumne v. 26.1.2016 (Banden, Gruppen, Bürgerwehren).

[34] S. die Kolumne v. 7.4.2015 (Zufall, Schuld, Depression).

[35] Zur polizeilichen Kriminalstatistik s. die Kolumne v. 12.5.2015 (Was zählt die Statistik der Polizei?).

[36] S. dazu die Kolumnen v. 3.2.2015 (Die Schutzlückenkampagne) u. 10.2.2015, (Es gibt keinen Skandal) = *Fischer,* Im Recht, 2016, 197ff.; ferner die Kolumnen v. 10.5.2016 (Volk in Angst), v. 7.6.2016 (Schuld und Schulden II) und v. 28.6.2016 (Zum letzten Mal: Nein heißt Nein).

[37] S. die Kolumne v. 17.3.2015 (Der Reeder und sein Richter) = *Fischer,* Im Recht, 2016, 186ff.

[38] S. die Kolumnen v. 20.9.2016 (Justiz und Politik) und v. 29.12.2015 (Rechtswelten).

[39] S. die Kolumne v. 21.2.2017 (Alles geheim!), ferner die Kolumnen v. 9.6.2015 (Die Augen des Revisionsgerichts) und v. 12.4.2016 (Kunst der Fehler).

ausgebildet werden,[40] wie die Gewaltenteilung funktioniert und auch nicht[41]. Das hätte langweilig sein können, wenn er es so getan hätte, wie Juristen gemeinhin Vorgänge schildern: deskriptiv, distanziert, spröde. So hat er es aber nicht getan, sondern sehr lebensnah, anschaulich, auch komisch. Bitter komisch zuweilen, denn Vieles, worüber er sich vermeintlich lustig gemacht hat, bedauert er im Grunde: Das Allzu-Menschliche in der Justiz, den Sog der herrschenden Meinung,[42] die parteipolitische Hintergrundmusik bei der Besetzung höherer Stellen, die fehlende Kommunikation von Politikern und Ministerialbeamten auf Augenhöhe, die wirklichkeitsferne, auf Auswendiglernen und Anpassung ausgerichtete Juristenausbildung.

Mitnichten aber findet *Fischer,* dass alles schlecht sei im Rechtsstaat der Bundesrepublik Deutschland. Ministerialbeamte hält er in der Vielzahl für außerordentlich sachkundige, erfahrene und gutwillige Menschen,[43] Richter in der großen Mehrzahl für Menschen, die sich nach Kräften redlich und mit hohem Engagement bemühen, das Beste aus unserem Rechtsstaat zu machen.[44] Daher scheint es mir ein eigenartiges Missverständnis zu sein, dass *Fischer* ausgerechnet von manchen Richterkollegen als Nestbeschmutzer angesehen und kritisch beäugt wird. Auch wenn er in seinen Texten zum Teil harsche Kritik an allerlei Erscheinungen der Strafjustiz geübt hat, hat er doch an keiner Stelle die herausragende Stellung der Richter in der Strafrechtspflege in Frage gestellt oder in Zweifel gezogen, dass die Strafjustiz, aufs Ganze gesehen, gute Arbeit leistet. Und ganz im Sinne der meisten seiner Berufskollegen hat er beklagt, dass Richter oft falsch verstanden würden und obendrein noch unterbezahlt seien. Vom Gehalt eines Richters am Amts- oder Landgericht könne in Deutschland niemand mehr eine Familie unterhalten, ein Eigenheim erwerben und halbwegs sorgenfrei leben.[45] Wohl wahr; aber: wie viele können das heutzutage?

Sogar für die Professoren des Rechts hat Fischer in seiner Kolumne freundliche Worte gefunden. Zwar hält er viele für weltfremd, despotisch und eitel. Doch gibt es für ihn auch unglaublich gute, intelligente, gebildete, engagierte Hochschullehrer des Rechts, beeindruckende Biographien und singuläre Begabungen.[46]

Nur von den Strafverteidigern scheint er überwiegend keine gute Meinung zu haben. Er kenne Strafverteidiger, schreibt er, die für ein lukratives Mandat fast alles

---

[40] S. die Kolumnen v. 17.3.2015 (Der Reeder und sein Richter) = *Fischer,* Im Recht, 2016, 186ff.; v. 23.6.2015 (Strafrechtspersonal: Der Richter) = *Fischer,* Im Recht, 2016, 229ff., v. 30.6.2015 (Rechtsprofessoren und Rechtsstudenten) = *Fischer,* Im Recht, 2016, 245ff., v. 7.7.2015 (Der Richter und sein Selbstbild) = *Fischer,* Im Recht, 2016, 263ff.

[41] S. die Kolumne v. 20.9.2016 (Justiz und Politik).

[42] Vgl. dazu die Kolumne v. 25.8.2015 („Die andere Ansicht" – Niedergang oder Sieg des Rechtsstaats?).

[43] S. die Kolumne v. 17.3.2015 (Der Reeder und sein Richter) = *Fischer,* Im Recht, 2016, 186ff.

[44] S. die Kolumne v. 7.7.2015 (Der Richter und sein Selbstbild) = *Fischer,* Im Recht, 2016, 263ff.; vgl. auch die Kolumne v. 22.9.2015 (Beweis und Überzeugung) = *Fischer,* Im Recht, 2016, 314ff.

[45] S. die Kolumne v. 23.8.2016 (Recht und Richter).

[46] S. die Kolumne v. 30.6.2015 (Rechtsprofessoren und Rechtsstudenten) = *Fischer,* Im Recht, 2016, 245ff.

machen würden. Aber auch andere, die den Gruß „Guten Morgen" mit der Frage beantworten: „Was wollen Sie damit unterstellen?" Manche würden denken, Strafrichter seien ihre Freunde; andere, Strafrichter sännen jeden Morgen darüber nach, wie sie heute am geschicktesten das Recht beugen und für Ungerechtigkeit sorgen könnten. Manchen sei alles egal. Viele Strafverteidiger habe er getroffen, die von ihren Mandanten nichts verstanden hätten und auch nichts hätten verstehen wollen; manche aus Faulheit, manche aus Überzeugung.[47] Es ist wirklich schade, dass *Fischer* keine Strafverteidiger getroffen hat, die mit großem Engagement, profunder Rechtskenntnis und rechtsstaatlichem Impetus ihrem Beruf nachgehen. Die gibt es durchaus auch.

Noch unter den Strafverteidigern rangieren für *Fischer* viele Journalisten, glücklicherweise nicht alle. Zu Recht findet er, dass die Presse neben manchen anderen der wichtigste Vermittler jener Kommunikation sei, die eine Orientierung über die Wirklichkeit sowie über die Möglichkeiten ihrer Deutung erst ermögliche,[48] und attestiert ihr eine spezifische Verantwortung.[49] Daher müsse ein *„Minimum an Sachkunde"* als selbstverständlich angesehen werden, um über Fragen, Prozesse, Inhalte und Folgen des wirklichen Strafrechts öffentlich zu berichten. Das Niveau, das die deutsche Presselandschaft insoweit biete, sei jedoch ziemlich niedrig.[50]

Überhaupt: Wen er bei Rechtsunkenntnis, Schlampigkeit im Umgang mit Fakten oder unsubstantiierten Behauptungen ertappt, der findet bei ihm keine Gnade: eine Journalistin, die über die *„Laschheit"* in der Rechtsprechung des BGH bei Sexualstraftaten schwadroniert[51] ebenso wenig wie eine, die *„minutiöse Recherche"* vorgibt, aber nicht leistet[52] oder ein Schriftsteller, der ein klassisches Rechtsproblem aus dem Bereich des entschuldigenden Notstandes zum Gegenstand eines Theaterstücks macht und den „Plot" daraus zieht, den Zuschauern vorzugaukeln, es gebe hierfür keine rechtliche Lösung[53]. Auch seine Kollegen, die *Fischer,* wie ausgeführt, vor vielen Vorurteilen in Schutz nimmt, stürzt er mitleidlos in die Hölle, wenn er findet, dass sie ihr Richteramt verfehlen. Anders – und strenger – als die herrschende Meinung erachtet er Rechtsbeugung bereits dann für gegeben, wenn ein Richter in einer konkreten Rechtssache mindestens bedingt vorsätzlich eine unvertretbare Entscheidung trifft und dabei Regeln verletzt, die nach seiner Kenntnis für die Entscheidung von elementarer Bedeutung sind.[54]

Ein Richter-„Rebell" ist *Fischer* nicht. Sieht man einmal von der beißenden Kritik am *„deal"* und seiner, gelinde gesagt, Skepsis gegenüber dem Institut der *„Ver-*

---

[47] S. die Kolumne v. 5.1.2016 (Der Verteidiger und seine Pflicht).

[48] S. die Kolumne v. 23.2.2016 (Verbrechen, Strafe, Presse).

[49] S. die Kolumnen v. 16.2.2016 (Lücke oder Lüge?) und v. 23.2.2016 (Verbrechen, Strafe, Presse).

[50] S. die Kolumne v. 9.2.2016 (Presse und Strafrecht).

[51] S. die Kolumne v. 16.2.2016 (Lücke oder Lüge?).

[52] S. die Kolumnen v. 17.5.2016 (Schwarzer und Schirach) und v. 24.5.2016 (Kunst ist strafbar. Warum auch nicht?).

[53] S. die Kolumne v. 18.10.2016 („Terror" – Ferdinand von Schirach auf allen Kanälen!).

[54] S. die Kolumne v. 13.9.2016 („Elementarer Verstoß gegen Recht und Gesetz"), ferner die Kolumnen v. 23.8.2016 (Recht und Richter) und v. 30.8.2016 (Instanzen und Hierarchien).

ständigung" (§ 257 c StPO) ab,[55] enthalten seine strafprozessualen Beiträge sogar derart wenig Kritik am geltenden Recht und der herrschenden Praxis des Strafprozesses, dass sie auf mich streckenweise etwas blass und konventionell wirken. Gewiss, *Fischer* hat sich auch insoweit nicht auf bloße Wissensvermittlung beschränkt, sondern den großen Themen des Strafprozesses gewidmet, als da sind: Wahrheit und Wissen,[56] Beweis und Überzeugung,[57] Gerechtigkeit; er hat sie umkreist und das, was darunter zu verstehen sei, vielfach problematisiert.[58] Doch letztlich laufen alle seine Betrachtungen ziemlich glatt darauf hinaus, dass die Wahrheitsfindung in der subjektiven Überzeugungsbildung des Richters am besten aufgehoben sei und man diese nicht antasten solle, schon gar nicht durch Beweisregeln, die er vorzugsweise an Beispielen aus dem Mittelalter erläutert, oder Ähnliches.

Bezeichnend seine Bemerkungen zum berühmten Fall des Bauern *Rupp,* der zur Überzeugung einer Strafkammer von Verwandten ermordet, danach zerstückelt und Schweinen zum Fraß vorgeworfen worden war, was, wie die Kammer fand, die Nichtauffindung seiner Leiche erklärte – solange bis die Polizei das Auto des Bauern mitsamt der unversehrten Leiche aus einem Fluss zog. Das, so *Fischer,* sei ein sprachlos machender Fall aus der neuesten Geschichte unseres modernen Strafprozesses, ein maximaler Skandal der Strafjustiz, der bis heute zur skurrilen Fußnote herunterdefiniert werde, ohne das Menetekel zu erkennen, das sich in ihm offenbart habe.[59] Schön gesagt. Aber worin sieht er das Menetekel? Und worin den Skandal? Im individuellen Versagen einzelner Richter oder in strukturellen Mängeln unseres Prozesses? *Fischer:* Das Geständnis – die verurteilten Verwandten hatten gestanden – gelte auch heute noch als Königsweg des Beweises, zu Unrecht, aber faktisch.[60] Das mag wohl so sein. Aber was kann man dagegen tun? Soll man etwas dagegen tun? Dazu ist aus der Kolumne wenig zu erfahren.

IV. Gesellschaftskritik

Speziell und eigenwillig ist, dass sich *Fischer* in seiner Kolumne als veritabler Gesellschaftskritiker betätigt hat, will heißen: dass er eine Vielzahl von Phänomenen, die unserer heutigen Gesellschaft ihr Gepräge geben, als solche kritisch in den Blick genommen hat und mit den sozialen Akteuren ins Gericht gegangen ist. Das ist nun

---

[55] Vgl. die Kolumne v. 22.9.2015 (Beweis und Überzeugung) = *Fischer,* Im Recht, 2016, 314ff.

[56] S. die Kolumne v. 8.9.2015 (Über die Wahrheit) = *Fischer,* Im Recht, 2016, 298ff.; ferner die Kolumnen v. 8.11.2016 (Von der Wahrheit, der Lüge und der Wirklichkeit), v. 15.11.2016 (Von der Wahrheit, der Lüge und der Wirklichkeit, Teil 2) und v. 22.11.2016 (Von der Wahrheit, der Lüge und der Wirklichkeit, Teil 3).

[57] S. bspw. die Kolumnen v. 15.9.2015 (Der Beweis und die Überzeugung) = *Fischer,* Im Recht, 2016, 304ff. und v. 22.9.2015 (Beweis und Überzeugung) = *Fischer,* Im Recht, 2016, 314ff.

[58] Vgl. die Kolumne v. 25.8.2015 („Die andere Ansicht" – Niedergang oder Sieg des Rechtsstaats?) und die Kolumne v. 22.9.2015 (Beweis und Überzeugung) = *Fischer,* Im Recht, 2016, 314ff.

[59] S. d. Kolumne v. 22.9.2015 (Beweis und Überzeugung) = *Fischer,* Im Recht, 2016, 314ff.

[60] Kolumne v. 22.9.2015 (Beweis und Überzeugung) = *Fischer,* Im Recht, 2016, 314ff.

allerdings ungewöhnlich für einen Strafjuristen, zumal für einen Richter am Bundesgerichtshof.

Das Spektrum seiner Gesellschaftskritik ist breit. Sie trifft individuelle charakterliche Mängel wie Ichbezogenheit, Gleichgültigkeit gegenüber dem Leid Anderer, Scheinheiligkeit und doppelte Moral ebenso wie gesamtgesellschaftliche Phänomene der Gegenwart: das unentwegte Streben nach materiellen Vorteilen, Konsum und Selbstoptimierung. Sie gilt den inneren Widersprüchen in der Gesellschaft und der Wirtschaftsform, die diese bewirkt und befeuert: dem Kapitalismus.

Eigenartigerweise hat *Fischers* kritische Sicht der bestehenden *„sozio-ökonomischen Verhältnisse"*, wie man in den 70er und 80er Jahren des letzten Jahrhunderts an den Universitäten sagte, bei seinen Rezensenten keine sonderliche Beachtung gefunden. Vielleicht deswegen nicht, weil seine Gesellschaftskritik ans „Eingemachte" geht, an die Grundlagen unseres Wohlstandes und unserer Moral. Auch hat er sie nicht geschlossen präsentiert, sondern in verstreuten Bemerkungen wie diesen: dass von Europa, der Wiege des Kapitalismus, über 500 Jahre lang eine unvorstellbare Gewalt ausgegangen sei, die den größten Teil des gesamten Planeten unterworfen und unter das Joch einer Verwertungskultur gezwungen habe, die heute 80 Prozent des Reichtums und der Ressourcen der ganzen Welt auf 10 Prozent ihrer Bewohner lenke;[61] dass die neue Ökonomie, die Weltordnung der blühenden Landschaften, die Natur der menschlichen Gemeinschaft nicht nach dem Bild des *Immanuel Kant,* sondern nach dem des *Philipp Rösler* definiere: *„Jeder ist zu jeder Zeit mit jedem in Konkurrenz. Nicht Gleichheit und Solidarität ist das Ziel des Menschseins, sondern Ungleichheit und Sieg. Demokratie ist keine Form der Verwirklichung von Gerechtigkeit, sondern von Marktmacht"*[62]; und: dass das Kind, das in Bangladesch in einer giftigen Brühe unsere T-Shirts färbt, unser eigenes Kind sei.[63]

Das sind schonungslose Äußerungen, und sie sind nicht nur so daher gesagt im „Flow" des Schreibens. Auch entfernt sich *Fischer* damit nicht von seinem Anliegen, Aufklärung über das Strafrecht zu geben; denn stets sind es strafrechtliche Themen oder zumindest solche, die ins Strafrecht hineinwirken, die er zum Anlass nimmt, den Blick in dieser Weise auf die Gesellschaft zu richten, auf ihre Strukturen, Mechanismen und Triebkräfte: auf aktuelle Themen wie die „Flüchtlingskrise" und auf dauerhafte wie die Sterbehilfe.

Was liegt der „Flüchtlingskrise", die die Diskussion über „Ausländerkriminalität" neu entfacht hat, *„wirklich"* zugrunde? Eine Welt vollendeter Konkurrenz, die Verlierer in unvorstellbaren Massen produziert.[64] Woher kommen die Widerstände gegen eine Liberalisierung der Strafbarkeit der Sterbehilfe? Weil diese in der *„christlich-kapitalistischen Welt"* verortet sei, wo der Tod aus dem Leben ausgegliedert werde, das zugleich als ewig dahingeträumt werde, *„als eine ewige Bewegung des Konsums, des Wachstums, der Überwältigung des Fremden, als ein stetes Vorwärts"*.[65] Eine solche Kultur könne mit dem Tod nicht umgehen. Sie entwerfe ein Zerrbild des Lebens

---

[61] S. die Kolumne v. 6.10.2015 (Schaffen wir das?).
[62] Kolumne v. 2.2.2016 (Die Lügenpresse).
[63] Kolumne v. 6.10.2015 (Schaffen wir das?); *Fischer* Richter-Sprüche, 2017, 171.
[64] S. die Kolumne v. 2.2.2016 (Die Lügenpresse).
[65] S. die Kolumne v. 28.4.2015 (Im Zweifel gegen die Freiheit) = *Fischer,* Im Recht, 2016, 156.

als Traum von ewiger Jugend und Stärke.[66] Oder aber: *„Der unaufhaltsame Aufstieg der strafrechtlichen Rechtsgüter des ‚personalen Kerns' – Stichworte: ‚Stalking', ‚Mobbing', Verletzung sexueller Selbstbestimmung, ‚Hate-Speech' – bis hin zu teilweise geradezu hysterisiertem Strafbedürfnis"* – woher kommt das? Der Kolumnist: *„Ein Reflex auf das, was wir ökonomisch mit den Begriffen ‚Globalisierung', Neoliberalismus, Flexibilisierung umschreiben".*[67] *„Jeder ist für sich allein verantwortlich"*, laute *„die Parole einer ins Unendliche verschwimmenden Welt von Einzelnen".* Für die Ordnung des Lebens seien nicht mehr Institutionen und Formen verantwortlich. Religion, Sitte, Familie, soziale Gemeinschaften, externe Kontrolle von sozialem Verhalten erschienen als veraltet, unmodern, überholt, nutzlos. Die Kontrolle sei ins Innere des Einzelnen verlegt. Der *„Kern der Person"* werde als verantwortlich für jede Art von *„Selbstoptimierung"* angesehen – von der *„Fitness"* über das *„lebenslange Lernen"* bis zur Vorsorge für Alter, Krankheit und Tod.[68]

In seiner letzten Kolumne hat *Fischer* seine kriminalpolitische Position in einem prononcierten Statement wie folgt zusammengefasst: Man müsse *„dem Sog zum Totalen, zum Sicherheitsstaat, zur Einheitsfront der tatsächlich und eingebildet Reichen gegen die Armen"* wehren.[69]

Es sind weite Bögen, die *Fischer* spannt, Ausbreitungen und Zusammenfügungen immensen Wissens. Sein Duktus lässt deutlich den Studenten der Jahre nach 1968 erkennen, in der das Recht – wenigstens zuweilen – in seinen gesellschaftlichen und ökonomischen Bezügen vermittelt wurde. Davon ist seither viel verloren gegangen, leider. Zu Recht fordert *Fischer,* dass das Rechtsstudium *„die überwältigende Steuerung des Rechts durch eine von wirtschaftlichen Interessen dominierte Wirklichkeit"* zum Inhalt haben müsse.[70] Auch wer seinen Analysen nicht oder nicht ohne weiteres folgt, wird anerkennen müssen, dass das Recht der Reflexion durch die Sozial- und Geisteswissenschaften bedarf und dass *Fischers* Beiträge hierzu in hohem Maße des Nachdenkens wert sind.

Übrigens dürfte *Fischers* Wissen um die Bedeutung sozialer Verhältnisse für individuelles Handeln, sein scharfer Blick auf gesellschaftliche Zustände auch ein Grund dafür sein, dass er Kriminalität nicht dämonisiert, selbst den *„Terrorismus"* nicht, sondern nach deren Ursachen fragt und diese, nicht zuletzt, in sozialen Missständen[71] und zutiefst ungerechten Verhältnissen erblickt. Vehement wendet er sich gegen die Behauptung, dass sich die Welt in einem Konflikt der Religionen befinde, und hält dagegen: *„Es geht um Armut und Reichtum, Bildung und Dummheit, es geht um Verteilungsgerechtigkeit."*[72]

---

[66] S. die Kolumne v. 28.4.2015 (Im Zweifel gegen die Freiheit) = *Fischer,* Im Recht, 2016, 144ff.

[67] Kolumne v. 2.5.2017 (Zum Ausklang).

[68] S. die Kolumne v. 2.5.2017 (Zum Ausklang).

[69] S. die Kolumne v. 2.5.2017 (Zum Ausklang).

[70] S. die Kolumne v. 30.6.2015 (Rechtsprofessoren und Rechtsstudenten) = *Fischer,* Im Recht, 2016, 245ff.

[71] S. die Kolumne v. 3.1.2017 (Rationale und irrationale Furcht).

[72] S. die Kolumne v. 27.1.2015 (Nein, die Welt ist nicht im Konflikt der Religionen) = *Fischer,* Im Recht, 2016, 33ff. (41).

Woraus speist sich diese für einen Richter ungewöhnliche Sicht auf die gesellschaftlichen Verhältnisse? Wo liegen ihre Wurzeln? Wie schon angedeutet, dürfte *Fischers* akademische Vita eine Rolle spielen, das Studium des Rechts in den Jahren, als die Beschäftigung mit den *„Grundlagen des Rechts"* eine bedeutend größere Rolle spielte als heute, und, gewiss, das eigenständige Studium der Soziologie. Über seine geistigen Väter oder Mütter hat er in seiner Kolumne nichts explizit offenbart, doch dürften insbesondere verstreute Hinweise auf *Adorno/Horkheimer,* Dialektik der Aufklärung (Erstveröffentlichung 1944) und *Habermas,* Erkenntnisse und Interesse (Erstveröffentlichung 1968) nicht zufällig sein. Die Kritische Theorie dürfte es ihm angetan haben, aber auch deren Antipode, der Kritische Rationalismus eines *Karl Popper.* Die eine mehr als Gesellschaftstheorie, die andere mehr als Erkenntnistheorie. Manchmal blitzt die Systemtheorie auf. Schließlich gibt es noch eine weitere große Quelle seines kritischen Denkens: die Moral.

V. Moral

Thomas Fischer ist ein Moralist. Nicht im Sinne eines Moralpredigers, der die Menschheit auf enge Pfade des von ihm als richtig Erkannten führen will. Aber im Sinne eines, dessen Denken, Fühlen und Meinen auf einigen festen moralischen Grundsätzen beruht. Es ist gewiss kein Zufall, dass seine Kolumne zuweilen an Texte der französischen Moralisten erinnert, die in Zeiten des Humanismus und der Aufklärung das Verhalten ihrer Mitmenschen geistreich beschrieben und gedeutet haben.[73] Sie taten dies von moralischen Standpunkten aus, jedoch nicht nach Art einer systematischen Morallehre oder eines Katechismus, sondern leicht und elegant in Form von Essays (*„Essaies"*) und dahingestreuten Aphorismen. *Fischers* Kolumnen haben bisweilen den Charakter solcher Essays, einzelne Passagen daraus hat er in einem eigenen Buch zusammengestellt, ganz nach Art einer klassischen Aphorismen-Sammlung.[74]

Was sind die Inhalte seiner Moral? Letztlich keine anderen als diejenigen, welche, frei nach *Justinian,* die Inhalte von Gerechtigkeit bilden: anständig leben; niemanden schädigen; versuchen, jedem gerecht zu werden – und: Empathie.

Anstand. In *Fischers* Aphorismen-Sammlung fehlt dieser Begriff. Wenn man aber unter Anstand mehr versteht als gewisse Umgangsformen, nämlich ein nicht notwendigerweise rechtlich bewehrtes, aber für ein zivilisiertes, gedeihliches Zusammenleben dennoch unverzichtbares Maß gegenseitiger Achtung und Fairness, dann wird man Vorstellungen von Anstand als Leitmotive seiner Kolumne und den Urgrund zahlreicher kritischer Einlassungen und Empörungen bezeichnen dürfen; beispielsweise seiner Kritik an der öffentlichen Diskussion über *„Ausländerkriminalität"* im Allgemeinen[75] und die *„Kölner Silvesternacht"* im Besonderen[76]. Scharf-

[73] Vgl. den Wikipedia-Eintrag „Moralistik", online abrufbar unter https://de.wikipedia.org/wiki/Moralistik (zuletzt aufgerufen am 2.2.2018).
[74] *Thomas Fischer,* Richter-Sprüche, 2017.
[75] S. die Kolumne v. 19.1.2016 (Inländer – Ausländer – Außenseiter).
[76] S. die Kolumne v. 12.1.2016 (Unser Sexmob).

sinnig und mit unbeirrt aufklärerischem Impetus hat *Fischer* in seinen diesbezüglichen Beiträgen aufgezeigt, wie vielfach unverständig, undifferenziert und vorurteilsbeladen allein schon der Begriff *„Ausländerkriminalität"* in der Öffentlichkeit verwendet wird; und wie häufig einseitig, emotional aufgeladen und unverhohlen rassistisch auf – mögliche – Straftaten von Ausländern reagiert wird. Seine Kritik daran ist nicht nur kühl analytisch, sondern auch getragen von einer starken Empörung über die, die den Splitter im fremden Auge, aber nicht den Balken im eigenen sehen – also moralisch.

Der einseitige Blick auf Menschen und Dinge, die egoistische Verfolgung eigener Interessen, das Messen mit zweierlei Maß, das Reden über Dinge, von denen man nichts versteht – das sind die Untugenden, an denen sich *Fischers* moralischer Furor entzündet. Woraus erhellt, dass Aufklärung und Moral für ihn aufs Engste zusammenhängen. Der Kolumnist ist erkennbar durchdrungen vom Glauben, zumindest Hoffen, dass ein breites Wissen über den Menschen – sein Denken, Fühlen und Handeln – und über die Bedingungen seines Verhaltens – Staat und Gesellschaft, Wirtschaft und Politik – zu moralischer Einsicht und gutem Handeln führt bzw. führen sollte. Umgekehrt erblickt er in der Unkenntnis darüber – an der u. a. die Medien einigen Anteil haben – einen Grund für viele Ängste und Vorurteile in unserer Gesellschaft sowie für die verbreitete empörende Gleichgültigkeit gegenüber dem Elend in der sog. Dritten Welt.

Trotz allem hat *Fischer* Humor. Er kann umwerfend komisch sein in der Schilderung vertrackter Situationen und im Aufdecken von Schwächen aller Art: Schwächen anderer Menschen, Schwächen von Institutionen, sogar Schwächen von Gesetzen[77]. Überwiegend aber ist sein Witz spöttisch, ja sarkastisch, wie es häufig der Fall ist bei Menschen, die angesichts von Ignoranz, Unvernunft und Unmoral an den Rand der Verzweiflung geraten. Das – aber nicht nur das – verbindet ihn auffällig mit *Arthur Schopenhauer,* dem Philosophen des Mitleids. Wirkliches Mitgefühl, Empathie stehen für *Fischer* im Zentrum der Menschwerdung und des Menschseins.[78] Falsche Empathie verachtet er.[79]

Schließlich: Wie *Schopenhauer* ist *Fischer* ein großer Stilist. Er beherrscht das schriftstellerische Handwerk aus dem Effeff und beherzigt dessen Maxime, dass man nur dann etwas sagen dürfe, wenn man etwas zu sagen habe, und dass sich allemal in klaren, fasslichen und unzweideutigen Worten ausdrücken lasse, was ein Mensch zu denken hat.[80] Eine generelle Charakterisierung seiner Texte fällt schwer, nicht einmal die Bezeichnung „Kolumne" ist treffend, wenn man darunter einen kurzen Meinungsbeitrag versteht.[81] Kurz waren *Fischers* Texte nie, sie beschränkten sich auch nicht auf Meinungen, sondern wollten, wie ausgeführt, mehr sein: Unterrichtungen in der Sache, dem Laien verständliche Erläuterungen der komplexem

---

[77] S. die Kolumne v. 25.3.2015 (Unsinn im Strafgesetzbuch).

[78] S. die Kolumnen v. 26.5.2015 (Wer hat die Schuld?) und v. 15.3.2016 (Das Gesetz der Rache).

[79] S. die Kolumne v. 18.4.2017 (Hauptsache, Empathie!).

[80] S. *Arthur Schopenhauer,* Über Schriftstellerei und Stil.

[81] So der Wikipedia-Eintrag „Kolumne", online abrufbar unter https://de.wikipedia.org/wiki/Kolumne (zuletzt aufgerufen am 2.2.2018).

Materie Strafrecht, Aufklärungen, Denkanstöße. Doch ist *Fischer* auch dabei nicht stehen geblieben, sondern hat, jedes klassische Zeitungsformat sprengend, seinem sprühenden Geist und seiner Assoziationsgabe ungezügelt Raum gegeben und hierbei zu einem letztlich ganz eigenen, vorbildlosen Stil gefunden, ganz im Sinne des berühmten Aperçus des französischen Gelehrten *Buffon: „Le style est l'homme même".*

VI. Schlussbemerkung

In seinem reizenden Essay über den „alten Fontane" wirft der 35-jährige *Thomas Mann,* ein großer Bewunderer des Schriftstellers und Dichters *Theodor Fontane,* einleitend die Frage auf: *„Scheint es nicht, dass er alt, sehr alt werden mußte, um ganz er selbst zu werden?",* und bejaht sie im Folgenden ausgiebig und überzeugend. Bekanntlich schrieb *Fontane* sein Meisterwerk „Effi Briest", als er bereits zweiundsiebzig Jahre alt war, und den „Stechlin" mit beinahe achtzig Jahren. Die ersten sechs Jahrzehnte seines Lebens, so *Thomas Mann,* seien nur eine Vorbereitung auf die zwei späten gewesen, was übrigens *Fontane* selbst bewusst war, der mit knapp Sechzig an seinen Verleger schrieb: *„Ich fange erst an. Nichts liegt hinter mir, alles vor mir, ein Glück und Pech zugleich".*

Thomas Fischer ist nicht sehr alt, aber er war immerhin schon Anfang Sechzig, als er zum Kolumnisten wurde. Mir scheint, dass er damit, vielleicht noch nicht ganz, aber doch sehr weit er selbst geworden ist. Was man über seine Biographie weiß, frühe schriftstellerische Versuche, ein abgebrochenes Studium der Germanistik, Studium der Soziologie und der Rechtswissenschaften, seine Laufbahn als Richter, seine juristischen Veröffentlichungen, erscheint wie eine Vorbereitung auf die Kolumne – und auf mehr. Die Texte müssen jede Woche aus ihm herausgesprudelt sein wie aus einer Quelle, die sich aus angestautem Wasser speist. Ich bin mir sicher, dass die Quelle *Fischer* noch lange fließen wird, und wünsche dem *Jubilar* weiterhin Erfolg und das Glück, von dem *Fontane* sagt, dass man es im Betätigen seiner Arbeit findet.

JULIAN KLEIN

Fischer Kommentar

CD Nr. 1

Julian Klein

Fischer Kommentar

für Keyboards, Ensemble, Tonband und Elektronik (2018)

mit Ausschnitten aus Kompositionen von Thomas Fischer
und einem Mitschnitt der Langen Nacht der ZEIT[1]: Fischer im Recht

Ausführende:

Thomas Fischer (Keyboards) und a rose is (Instrumente, Stimmen und Elektronik)
Komposition, Musikalische Leitung und Regie: Julian Klein

CD Nr. 2–13

Thomas Fischer

2. Seifenkiste
3. Cabriolet
4. Herrschende Meinung
5. Alkohol
6. Eintritt der Königin
7. Drei Steine
8. Bahnsteig
9. Hineingestolpert
10. Los Lassen
11. Gaudi
12. Schulfest
13. Ein Blick

---

[1] https://www.youtube.com/watch?v=hJskGjFaeMM, zuletzt aufgerufen am 11.6.2018.

STEFAN KÖNIG

„Mein ganzes Glück hängt daran."
Das Wohnhaus von Egon Eiermann – jetzt bewohnt von Thomas Fischer

Das Wohnhaus, das der Architekt Egon *Eiermann,* der „erste Baumeister der Bundesrepublik"[1] in Baden-Baden für sich selbst gebaut und von 1962 bis zu seinem Tod im Jahr 1970 bewohnt hat, „eine Inkunable der deutschen Baugeschichte nach dem 2. Weltkrieg"[2], ist jetzt das Wohnhaus von Thomas *Fischer.* Das ist kein Geheimnis. Einige Veröffentlichungen erwähnen diesen Wohnsitz des Jubiliars[3], auch die gerichtlich ausgetragene Auseinandersetzung um Mängel am Gebäude, genauer gesagt: an einem der beiden Gebäude, die einen Komplex bilden, am kleinen Arbeitshaus, das Eiermann im rechten Winkel zu seinem Wohnhaus als Ateliergebäude errichtete. Dort soll, als *Fischer* das Grundstück erworben hatte, die Fußbodenheizung nicht funktioniert haben, bestehend aus „einbetonierten Rohrregistern Stärke 8–10 mm, darunter Isolierung (2–4 cm), darüber Keramikfußboden im Mörtelbett (ca. 5 cm)".[4] Nicht irgendein Keramikfußboden, nein: runde, farbige Fliesen, „matt oder glasiert und zum Teil in blumenmusterartigen Mustern verlegt"[5], wie *Eiermann* sie in verschiedenen Bauten verwandte, in der Kaiser-Wilhelm-Gedächtnis-Kirche in Berlin etwa, einem seiner prominentesten Bauten. Auch nachträglich installierte Radiatoren, so wird berichtet, sollen die Fußwärme nicht geliefert haben, die der schreibende Bewohner benötigt. Geschrieben wird gewöhnlich im Sitzen. „Gerade bei einer sitzenden Tätigkeit geschieht es besonders leicht, dass man friert", befand zutreffend das Landgericht Baden-Baden in seinem Urteil im Rechtsstreit zwischen dem Verkäufer des Grundstücks und seinem Erwerber *Fischer.*[6] Der Rechtsstreit soll schließlich in einem Vergleich geendet haben.

Eines der wenigen Gespräche, das ich mit Thomas *Fischer* über sein Wohnhaus (vor Jahren) geführt habe, betraf diesen Prozess, über den seinerzeit im „Spiegel"

---

[1] SPIEGEL 40/1984, S. 236ff.

[2] So das Landesdenkmalamt Baden-Württemberg am 4.5.1992, hier zit. n. *Kirsch,* Die neue Wohnung und das alte Japan, 1996, 160ff. Fn. 5.

[3] ZB schreibt *Janisch* in der Süddeutschen Zeitung vom 27.8.2016 von seinem Besuch in *Fischers* Domizil in Baden-Baden: „Egon *Eiermann* … es war einst das Wohnhaus des Architekten"; auch *Schmollack* berichtet in ihrem „Offenen Brief an Thomas Fischer" in der taz vom 20.1.2017 von ihrem Besuch in *Fischers* Haus in Baden-Baden, „1961 gebaut vom berühmten Nachkriegsarchitekten Egon *Eiermann*". In der gleichen Zeitung schreibt *Stieber* am 28.4.2017 über den Rechtsstreit, den *Fischer* mit dem Veräußerer des Gebäudes führte.

[4] So der Bauleiter *Wiest* in einem Brief vom 9.2.1961 an den Statiker Winkelmann, hier zit. n. *Kirsch,* Die neue Wohnung und das alte Japan, 1996, 160ff. Fn. 5.

[5] *Kirsch,* Die neue Wohnung und das alte Japan, 1996, 171.

[6] *Stieber,* taz v. 28.4.2017.

berichtet wurde. *Fischer* erzählte mir, dass eine Reparatur der Fußbodenheizung (jedenfalls damals) daran scheiterte, dass sie unter den für *Eiermann* typischen Bodenfließen liege, die dazu hätten entfernt werden müssen.

Ich habe das Haus nie betreten.[7] Ich kenne es nur von Bildern und aus Veröffentlichungen, die darüber erschienen sind. Das ist auch gut so. Denn mir geht es um die Frage, wie ein ungewöhnliches Haus, das ein so besonderer Architekt wie Egon *Eiermann* für sich selbst gebaut hat und zu dem er einen sehr persönlichen Bezug hatte („Mein ganzes Glück hängt daran"[8]), in Beziehung zu seinem jetzigen Bewohner Thomas *Fischer* gebracht werden kann, einem Strafjuristen von gleichfalls ausgeprägter Persönlichkeit. Ein solches Wohnhaus lässt sich nicht einfach überziehen wie ein gebrauchtes Kleidungsstück, wenn es den Besitzer wechselt. Der Versuch, in dem außergewöhnlichen Gebäude etwas beide Personen Verbindendes zu finden, muss, um nicht in den Geruch einer homestory zu geraten, frei bleiben von persönlichen, atmosphärischen Eindrücken, die der Privatsphäre des Jubiliars angehören, die mich so wenig angeht, wie diejenigen, die diese Zeilen lesen.

Es soll im Folgenden also um die Frage gehen, was Egon *Eiermann* und Thomas *Fischer* verbinden könnte und was sich davon vielleicht in dem Haus wiederfindet. Bei der Suche nach einer Antwort, scheint es mir zunächst erforderlich, etwas zu Egon *Eiermann,* seiner Entwicklung, seinem Werk als Architekt und zu den Überlegungen auszuführen, die ihn bei seiner Arbeit leiteten. Ich versuche danach, Parallelen, vielleicht auch Widersprüche dazu, im Denken des Strafjuristen *Fischer* auszumachen. Ich beschreibe sodann das Wohnhaus *Eiermanns,* zeige die Spuren von dessen Ansichten darin auf und stelle mir schließlich die Frage, warum und wie Thomas *Fischer* dieses Haus bewohnen mag.

I. Wer war Egon Eiermann?

Egon *Eiermann,* 1904 in Neuendorf bei Berlin geboren, ein Schüler von Hans *Poelzig,* begann seine Tätigkeit als Architekt Ende der 20er Jahre des letzten Jahrhunderts. Zunächst war er, noch in abhängiger Stellung, im Industriebau tätig[9], eine Aufgabe, die sein gesamtes späteres Schaffen, auch im Wohnungsbau, geprägt hat. Seine Zeit als selbständiger Architekt begann 1931, bis 1936 in einem Büro mit dem danach nach Schweden emigrierten Fritz *Jaenecke*[10]. Der Gründung des

---

[7] Erst nach Fertigstellung des Manuskripts hatte ich Gelegenheit dazu.

[8] *Eiermann* in einem Brief vom 4.11.1960 an seine Mitarbeiter *Wiest* und *Breshna,* hier zit. n. *Kirsch,* Die neue Wohnung und das alte Japan, 1996, 167.

[9] Das erste Gebäude, das er eigenverantwortlich plante, war ein Umspannwerk der BEWAG in Berlin-Steglitz, 1929. Vgl. dazu *Büchner* in Schirmer, Egon Eiermann 1904–1970, 1984, 18ff., 19, 26.

[10] Zu *Jaenecke* vgl. https://deu.archinform.net/arch/31367.htm (letztes Abrufdatum: 3.6.2018); von ihm stammt ein zusammen mit *Samuelson* im Rahmen der Interbau 1957 konzipiertes 10geschossiges Wohnhaus im Berliner Hansaviertel; vgl. dazu http://www.buergerverein-hansaviertel-berlin.de/das_hansaviertel/label_architekten/20gallery/20gallery.html (letztes Abrufdatum: 3.6.2018).

gemeinsamen Büros ging die Beteiligung der beiden Architekten an einem Ideenwettbewerb voraus, den die Akademie des Bauwesens 1930 für ein Zentrales Justizgebäude in Berlin-Moabit ausschrieb.[11] Die Arbeit ist nicht nur wegen ihres Gegenstandes für diese Ausführungen von Interesse. Erste Stilelemente von Eiermanns späterem Werk finden sich bereits hier.

II. Entwurf für ein Zentrales Justizgebäude in Berlin-Moabit

Das Vorhaben, das der Zusammenfassung der Zivilabteilungen aller Berliner Landgerichte, des Amtsgerichts Berlin-Mitte sowie der Arbeitsgerichtsbarkeit in einem Gebäude dienen sollte, hatte „gewaltigen Umfang"[12]. Von den (damals noch[13]) beiden Berliner Kriminalgerichten (das alte und das neue) durch die Rathenower Straße getrennt, sollte das Bauwerk 3650 Raumeinheiten umfassen.[14] Von den Auslobern des Wettbewerbs wurde ein Gebäudekomplex gewünscht, den sie – unter bewusster Abkehr von der Architektur der Justizpaläste der Jahrhundertwende – als „geschäftliches Verwaltungsgebäude" verstanden, das „aller äußerlichen, repräsentativen Mittel bar seinen Wert sucht in klarer, übersichtlicher Anlage der Verkehrswege".[15]

Der Entwurf von *Eiermann* und *Jaenecke* gehörte nicht zu den Gewinnern des Wettbewerbs, bei dem 447 Arbeiten eingereicht wurden. Er sah ein Volumen von mehr als einer Million Kubikmetern umbauten Raumes vor. Mit einem an den Enden halbkreisförmig abschließenden, im Übrigen parallel verlaufenden, durchgehend zwölfgeschossigen Gebäudezug sollte eine Gesamtfläche von 200.000 qm umbaut werden. Vorgesehen war ein nach außen nahezu vollständig geschlossener Baukörper, von Scheitel zu Scheitel 730 m lang, mit einer Gesamtbreite von 290 m bei einer durchgehenden Höhe von 46 m. Die Außenhaut dieses monumentalen Gebäudes war an den halbrund abschließenden Enden durch jeweils sechs raumtiefe Rücksprünge und an den Längsseiten durch zwei geschossweise überbrückte Zäsuren gegliedert. „Das einzige Fassadenthema sind in achsbreiten Abständen aufgerichtete Pfeilervorlagen" schreibt *Büchner,* der auch meint: „Mehr bedarf es nicht, um die Riesenplastizität zu bewältigen."[16] Auf den überlieferten Bildern wirkt das Äußere des Gebäudes allerdings wie eine furchteinflößende, nach außen fensterlose

[11] Vgl. dazu *Grube* ZdB 1930, 361; *Grube* DBZ, 1930, Beilage S. 57; *Büchner* in Schirmer, Egon Eiermann 1904 – 1970, 1984, 18 ff., 19, 27; *Hildebrand,* Egon Eiermann – Die Berliner Zeit, 2001, 40 ff.

[12] *Grube* ZdB 1930, 361.

[13] Das alte Kriminalgericht, das auf der Ecke zwischen Alt-Moabit und Rathenower Straße stand, fiel Kriegseinwirkungen im zweiten Weltkrieg zum Opfer.

[14] Das Vorhaben wurde nicht verwirklicht (zu seinem Schicksal: *Hildebrand,* Egon Eiermann – Die Berliner Zeit, 2001, 45). Heute befindet sich auf dem ins Auge gefassten Areal im Wesentlichen eine Anlage von Mehrfamilienhäusern aus der Nachkriegszeit.

[15] So *Kühn,* der Vizepräsident der Preußischen Bau- und Finanzdirektion in einem 1930 erschienenen Artikel, hier zit. n. *Hildebrand,* Egon Eiermann – Die Berliner Zeit, 2001, 42 und Fn. 18.

[16] *Büchner* in Schirmer, Egon Eiermann 1904 – 1970, 1984, 19.

Trutzburg. Paul *Valérys* Worte im „Eupalinos“[17] kommen mir in den Sinn, der *Phaidros* im Dialog mit *Sokrates* sagen lässt: „Die Wohnungen der Gerechtigkeit aber sollen den Augen Strenge und Gerechtigkeit unserer Gesetze vorstellen. Was ihnen wohl ansteht, ist die Majestät der bloßen Massen und die ungeheure Geschlossenheit der Mauern. Das Schweigen dieser öden Wandungen ist nur von Zeit zu Zeit unterbrochen durch die Drohung einer geheimnisvollen Tür ... Alles hier fällt Urteil, spricht von Strafe ... Die Mauer ist unerbittlich, und dieses Werk, der Wahrheit so genau entsprechend, bekennt seine strenge Bestimmung.“[18]

In *Eiermann/Steineckes* Entwurf kontrastiert zu der trutzburgartigen Fassade des Gebäudekordons das eher lichte Innere. Es besteht aus insgesamt zehn symmetrisch angeordneten Innenhöfen, die durch von dem umgebenden Gebäude zur Mitte abgetreppte Quertrakte gebildet werden. Dadurch verliert die Anlage jenseits der Außenmauern ihren niederdrückenden Charakter, verkehrt ihn eher in den Eindruck einer erleichternden Ordnung. Das unterscheidet *Eiermann* und *Jaeneckes* Entwurf von denen der Gewinner des Wettbewerbs, denen dieser die Monumentalität aufhebende Gegensatz zwischen Innen und Außen fehlt.

Ob sich in diesem Entwurf auch Vorstellungen *Eiermanns* von Rolle und Selbstdarstellung der Justiz widerspiegeln, erscheint zweifelhaft. Überhaupt hat sich *Eiermann* in seinen – ohnehin raren – theoretischen Schriften zu Justizfragen nicht geäußert. In der symbolischen Konzeption des Justizgebäudes als nach außen in majestätischem Gleichmut gegen die anbrandende Öffentlichkeit abgeschirmte Welt, die ihr Eigenleben nach innen in aufgehellter Ordnung ungestört entfalten will, klingen mir Züge von *Fischers* (des „Journalistenfressers“[19]) geharnischter Kritik gegenüber den Übergriffen einer vorverurteilungsgeneigten (Presse)Öffentlichkeit auf das Terrain der Justiz an, das es hiergegen wehrhaft zu verteidigen gilt.[20]

In dem Entwurf sind deutliche Spuren der Handschrift von *Eiermanns* (und *Steineckes*) Lehrer *Poelzig* gesehen worden, der „unzerlegte, einheitlich durchgeformte und mit jeweils identischer Haut überzogene Baukörper“[21] bevorzugte. Auch für die Terrassierung der Gebäude im Innenbereich finden sich Vorbilder bei *Poelzig.*[22] Es handelt sich aber auch um Stilelemente, die sich in *Eiermanns* späterem Werk wiederfinden:

---

[17] *Valéry,* Eupalinos oder über die Architektur. Hier zit. nach der Übersetzung von *Rilke,* 1927, 95, eine für das moderne Architekturverständnis wesentliche Schrift, aus der auch *Eiermann* in seinem Nachruf auf Hans *Poelzig* (in der Bauwelt 1936, 643f.) zitierte.

[18] *Valéry,* Eupalinos oder über die Architektur. Hier zit. nach der Übersetzung von *Rilke,* 1927, 95.

[19] *Janisch* in der Süddeutschen Zeitung vom 27.8.2016.

[20] So zuletzt in seiner Philippika gegen Journalist(inn)en der „Zeit“ wegen ihrer Berichterstattung über gegen Dieter *Wedel* erhobene Vorwürfe, http://meedia.de/2018/01/29/das-sternchen-system-thomas-fischers-zeit-kritische-anmerkungen-zum-medien-tribunal-gegen-dieter-wedel/ (letztes Abrufdatum 3.6.2018): krit. dazu *Hoven* http://meedia.de/2018/01/30/einspruch-herr-fischer-die-replik-einer-jura-professorin-auf-die-medientribunal-schelte-im-fall-wedel/ (letztes Abrufdatum: 3.6.2018).

[21] *Pehnt,* hier zit. n. *Hildebrand,* Egon Eiermann – Die Berliner Zeit, 2001,42.

[22] *Hildebrand,* Egon Eiermann – Die Berliner Zeit, 2001, 40ff. unter Hinweis auf verschiedene Werke *Poelzigs.*

– Die Terrassierung z. B. bei dem Kanzleigebäude der deutschen Botschaft in Washington[23], bei *Eiermanns* Entwurf für ein Rathaus in Essen[24], aber auch in frühen Entwürfen für das Abgeordnetenhochhaus in Bonn, das später jedoch – gegen *Eiermanns* ausdrückliche Bedenken – als Hochhaus errichtet werden musste.[25]
– Das nach außen Abschließende, Abweisende. Eine die Wohnanlage umgebende, abschirmende Mauer, über die die flach geneigten Dächer kaum herausragen, hatte *Eiermann* auch in einem Entwurf für sein zunächst in Karlsruhe geplantes Wohnhaus vorgesehen.[26] Auch das später in Baden-Baden verwirklichte Projekt, tritt, insoweit japanische Vorbilder aufgreifend, nach außen (jedenfalls das Wohnhaus) eher verschlossen auf, die filigrane, lichte Seite zum Garten hin öffnend.[27] Der Gegensatz zwischen Außen und Innen und der Versuch, zwischen beiden Zonen einen Übergang zu schaffen, hat Eiermann, wie noch zu zeigen sein wird, sein ganzes Architektenleben lang nachhaltig beschäftigt.

III. NS-Zeit

Die NS-Zeit überstand *Eiermann* weitgehend unbeschadet in seiner beruflichen und stilistischen Entwicklung, ohne sich der Inanspruchnahme durch die seinerzeit herrschende rückwärtsgewandte Bauvorstellung – mit einer Ausnahme, dazu sogleich – zu unterwerfen. Zwar gab es Reibereien. So brachte der „Generalinspekteur für die Reichshauptstadt Berlin", Albert *Speer,* verschiedene Projekte von *Eiermann* zu Fall.[28] Seine „künstlerisch weitgehend kompromißlose Haltung" *(Hildebrand)* führte allerdings nicht dazu, dass er keine Aufträge bekam. Im Gegenteil: Seine (fach)publizistisch dezidiert vorgetragene Kritik an dem Architekturverständnis der Machthaber profilierte ihn gerade wegen seiner modernen Ansichten für spezifische Aufgaben, so etwa für den Ausstellungsbau. 1937 wurde ihm die Architektur für die Propagandaausstellung „Gebt mir vier Jahre Zeit" übertragen.[29] Ansonsten hat er sich lediglich beim Bau der Pionierkaserne in Rathenow (1937/38) der konservativen Architekturauffassung seiner Auftraggeber (dort das Heeresbauamt) deutlich genähert, wenn auch bei diesem Projekt einzelne Elemente seiner modernen Ansichten verwirklicht werden konnten.[30]

Im Übrigen befasste er sich überwiegend mit dem Bau von Wohnhäusern und dem von ihm präferierten Industriebau, einem Gebiet, auf dem das nationalsozialistische Repräsentationsbedürfnis und die Geschmacksredundanzen, die es blähte, hinter technischen Notwendigkeiten zurücktraten. Ein wichtiger Auftraggeber für ihn war auch das Berliner Bestattungsunternehmen *Grieneisen.* Das war

[23] *Büchner* in Schirmer, Egon Eiermann 1904 – 1970, 1984, 192ff.
[24] *Büchner* in Schirmer, Egon Eiermann 1904 – 1970, 1984, 198f.
[25] *Büchner* in Schirmer, Egon Eiermann 1904 – 1970, 1984, 230f.
[26] *Schirmer,* Egon Eiermann 1904 – 1970, 1984, Werkverzeichnis, S. 304.
[27] Dazu näher unten, S. 35ff.
[28] *Hildebrand,* Egon Eiermann – Die Berliner Zeit, 2001, 82.
[29] *Büchner* in Schirmer, Egon Eiermann 1904 – 1970, 1984, 34; *Hildebrand,* Egon Eiermann – Die Berliner Zeit, 2001, 82.
[30] Zum Ganzen *Hildebrand,* Egon Eiermann – Die Berliner Zeit, 2001, 148ff.

vielleicht auch ein Grund dafür, dass *Eiermann* sich später mit der Konzeption von Särgen befasste.[31] In einem von ihm selbst entworfenen blauen Sarg ist er bestattet worden.

IV. Nachkrieg. Neue Architektur.

Seine Ferne zu nationalsozialistischen Architekturvorstellungen erlaubte es *Eiermann,* nach 1945 als glaubwürdiger Erneuerer der Baukunst aufzutreten. Dabei war sein Ansatz nicht nur auf architektonischem Gebiet radikal. „Wir brauchen keine neue Architektur", schrieb er 1947, „wir brauchen eine neue Form des Lebens überhaupt." Seine Forderung nach „klarer Form" verstand er nicht in erster Linie als künstlerisch motiviert, sondern als sozialethisch begründet. „Das bewusste Reduzieren", so *Eiermann,* „das Weglassen, das Vereinfachen … hat eine tiefe ethische Grundlage: Nie kann etwas zuwider sein, was einfach ist. In diesem Sinne ist auch die technisch bedingte Typisierung, wenn sie über die Architektur zu uns kommt, eine Äußerung der Bescheidenheit und der Rücksichtnahme. Sie ist keine Uniformierung. Sie ist ein ‚auf Form'-Halten. Sie zielt auf den Ausgleich der sozialen Unterschiede."

V. Raum

An einem Architekten muss zuerst die Frage nach seinem Verhältnis zum Raum interessieren. Denn es ist nicht in erster Linie die äußere Gestalt, die die Qualität eines Bauwerks ausmacht, sondern der in ihm für seine Nutzer, seine Bewohner geschaffene Aufenthaltsraum. Ich habe den Berliner Architekturhistoriker Helmut *Geisert*[32], einen *Eiermann*-Kenner, zu *Eiermanns* Verhältnis zu Raum und Raumbildung befragt. *Eiermann* begriff den Raum, den er in seinen Gebäuden schuf, so *Geisert,* nicht von der ihn umgebenden Begrenzung her. Für ihn bestanden die Räume nicht aus den Wänden, sondern aus dem Dazwischen.

Geisert sieht *Eiermann* damit in der Tradition des US-Amerikaners Frank Lloyd *Wright,* einem der einflussreichsten Architekten der Moderne.[33] Im Zentrum von *Wrights* Denken stand die „destruction of the box"[34] als Aufgabe des Architekten. Diese Idee versuchte er zu Beginn des letzten Jahrhunderts umzusetzen, indem er in seinen Bauten die traditionelle Raumschachtel („merely an inhibition and a constraint") auflöste, die Raumecken öffnete, Räume ineinander übergehen ließ, Decken durch Überstände erweiterte und damit verselbständigte, den Innenraum

---

[31] *Schirmer,* Egon Eiermann 1904 – 1970, 1984, 279; *Grieneisen* soll das „Exclusiv-Recht am Eiermann-Sarg" erworben haben, vgl. SPIEGEL Nr. 40/1963, S. 114; Absatz fand der Sarg jedoch kaum, vgl. SPIEGEL Nr. 31/1968, S. 92ff.

[32] *Geisert* lehrte in Berlin-Weissensee und in Kassel.

[33] Zu *Wright* s. auch den biographischen Roman „Die Frauen" von T.C. *Boyle,* 2009.

[34] *Wright,* Edited by Edgar *Kaufmann,* 1955, S. 75ff.; vgl. dazu *Brooks,* Frank Lloyd Wright and the Destruction of the Box, Journal of the Society of Architectural Historians, Vol. 38, 1979, 7ff.

nach außen öffnete und das Äußere hineinfließen ließ, ohne damit den für den Bewohner „undispensable sense of protection" aufzugeben. *Wright* bezeichnete seine Architektur selbst als „architecture of democratic freedom", ein Gedanke, den *Eiermann,* wie schon gezeigt, ähnlich für sich in Anspruch nahm. *Wright* fand Ursprünge seines architektonischen Denkens bei *Lao-Tse.* Von ihm ist der Satz überliefert: „Die Wirklichkeit des Gebäudes besteht nicht aus den vier Wänden und dem Dach sondern aus dem Raum darin, in dem gelebt wird."[35] *Lao-Tse* sagte das, bemerkte *Wright* dazu, und sodann: „Yes. But, I built it." Die „destruction of the box" wurde ermöglicht und gefordert durch die Verwendung von Stahl und Glas als neuen Baustoffen[36].

VI. Stahl

Stahl war auch für *Eiermann* der bevorzugte Baustoff. Als „Liebender des Stahls" bezeichnete er sich selbst in einer 1964 gehaltenen Rede[37]. Im Stahlbau sah er das „aristokratische Prinzip des Bauens" verwirklicht. Alle Ansprüche, die er an die Architektur stellte, sah er dabei gefordert und – im Idealfall – verwirklicht: logische Klarheit, Disziplin, Formstrenge, die sich, so *Eiermann,* nicht zuletzt in der Verwendung des rechten Winkels als „optima ratio" äußere. Damit einher ging seine Abneigung gegenüber dem Beton, einer – wie er in der gleichen Rede äußerte – „breiigen Masse, die, in Schalungen eingebracht, sich biegen und wenden lässt, langsam erstarrt und nun wiederum vom Stahl erst ihr Rückgrat empfängt."[38] Das hat freilich nicht bedeutet, dass *Eiermann* Beton nicht auch da verwendet hätte, wo seine Vorteile seinen Gestaltungsideen entgegenkamen. Bei dem Gitterraster, in das die bunten Glasfenster der Kaiser-Wilhelm-Gedächtnis-Kirche eingesetzt sind, war das etwa der Fall.

Zwei Gedanken treten bei *Eiermanns* Affinität zum Stahlbau hinzu:

– Das Widerrufliche: „Stahl ist wegnehmbar". Dem Stahl fehle der „freche Anspruch auf die Dauerhaftigkeit dessen, was nicht von Dauer sein sollte", anders als diesen „Bunker- und Gebäudemassen aus Beton".[39] Hier scheint eine grundsätzliche Haltung *Eiermanns* durch, sein Bekenntnis zum Vorläufigen: „Die neue gebaute Welt wird, wie das Industrieprodukt, eine nicht natürliche Welt sein, man wird an die Bauten mit ihrer sehr diffizilen technischen Einrich-

---

[35] Hier zit. n. *Wright,* Edited by Edgar *Kaufmann,* 1955, 81.

[36] *Wright,* Edited by Edgar *Kaufmann,* 1955, 84.

[37] *Eiermann,* Schlußansprache zum Ersten Stahlkongress der Hohen Behörde der Europäischen Gemeinschaft für Kohle und Stahl in Luxemburg, 1964, in Auszügen veröffentlicht bei *Schirmer,* Egon Eiermann 1904 – 1970, 1984, 146.

[38] Das ist eine Abneigung, die ich nicht teile. Vgl. dazu die Beschreibung *meines* von *Augustin +Frank* entworfenen Wohnhauses in Bad Saarow b. Berlin durch Michael *Kasiske* in *Bauwelt* 2012, 30ff. und von Thomas *Madlener* in *Detail* 2014, 582ff. Die Idee der „deconstruction of the box" ist hier in radikaler Konsequenz umgesetzt, indem das gesamte Erdgeschoss als ein einziger Raum von 80 qm unter einer Stahlbetondecke, die von den Giebelwänden getragen wird, an beiden Längsseiten vollständig verglast gestaltet ist.

[39] *Eiermann,* a.a.O. (Fn. 37).

tung keine großen Ansprüche an Lebensdauer stellen, genau wie der moderne Mensch nicht sesshaft sein wird."[40]

– Die Transparenz: Stahlbau eröffnete auch die Möglichkeit (nach *Eiermanns* Vorstellung auch ästhetische Notwendigkeit) von transparenter Bauweise. Beispielhaft hierfür war der von ihm zusammen mit *Sep Ruf* entwickelte Deutsche Pavillon auf der Weltausstellung in Brüssel 1958.[41]

Die Nähe zwischen *Eiermanns* oben wiedergegebenem Bekenntnis aus dem Jahr 1947 zur „klaren Form", zum Weglassen, zum Vereinfachen und seiner Vorliebe für den Stahlbau liegt auf der Hand. Hier überschneiden sich auch weitere Kreise seines gestalterischen Denkens. *Eiermann* suchte nach einer Lösung des besonders in der Nachkriegszeit brennenden Problems der Wohnungsnot. Er griff einen bereits im Bauhaus entwickelten Gedanken auf, das individuell geplante Einfamilienhaus durch industriell vorfabrizierte Serienhäuser zu ersetzen, dabei jedoch größtmöglicher Individualität Raum zu lassen. Das bedeutete keine Fertighaus-Architektur, in der sich die Individualität durch dekorativen Schnickschnack verwirklicht. Seine Idee war es, jedem Familienmitglied einen auf seine Persönlichkeit abgestimmten Wohnbereich zu geben. Der „Haus im Haus" – Gedanke findet sich bei seinem eigenen Wohnhaus in Baden-Baden (dazu unten) wieder. Er verweist aber auch auf eine grundlegende konzeptionelle Prämisse in *Eiermanns* Architektur, die Immo *Boyken* das „Additive" nennt und folgendermaßen beschreibt: „Das heißt, seine Architektur als ein Gefüge zu verstehen, in dem jedes Glied als Teil eines Ganzen deutlich herausgestellt wird, so dass Form und Konstruktion des Ganzen nicht verunklart werden, sondern transparent und ablesbar, ‚wahr' bleiben."[42] *Boyken* sieht dieses Prinzip in *Eiermanns* Behandlung großer Bauvolumen ebenso verwirklicht wie in der Gestaltung der Einzelheiten, an seinen Kirchenbauten, die aus separaten Baukörpern mit campanileartigem Glockentürmen zusammengesetzt sind, oder den immer wiederkehrenden Detaillösungen wie dem *Eiermann*-typischen Treppengeländer[43]. Man trifft es auch in *Eiermanns* Gedanken wieder, in eine freistehende Halle verschiedene funktionale Einheiten als unabhängige Gebäudeteile hineinzustellen, anzutreffen etwa in seinem Entwurf für ein Stadtzentrum in Castrop-Rauxel[44] und in den Flachbauten des Frankfurter Olivetti-Projekts (1968–1972)[45].

[40] *Eiermann,* Vorlesung vom 2.7.1963 im Studium generale an der Universität Karlsruhe, hier zit. n. *Schirmer,* Egon Eiermann 1904 – 1970, 1984, 131.

[41] So *Eiermann* selbst in der Vorlesung vom 2.7.1963; auch der Gedanke des „Wegnehmbaren" war bei diesem bewusst demontierbar geplanten Gebäude umgesetzt. Es wurde allerdings später – bis auf die Zugangsbrücke, die als „Zoobrücke" in Duisburg als Brücke über die A 3 Verwendung fand – abgerissen und verschrottet.

[42] *Boyken* in *Schirmer,* Egon Eiermann 1904 – 1970, 1984, 60.

[43] *„dessen vertikale Stützen als Stahlrohrstäbe an die Treppenwange seitlich angesetzt und mit dem Handlauf über angeschweißte, dreiecksförmige Bleche und Distanzstücke verbunden sind." Boyken in Schirmer,* Egon Eiermann 1904 – 1970, 1984, 60.

[44] Vgl. dazu *Boyken* in *Schirmer,* Egon Eiermann 1904–1970, 1984, 61 (Abb. in *Schirmer,* Egon Eiermann 1904–1970, 1984, 14ff.).

[45] *Boyken* in *Schirmer,* Egon Eiermann 1904–1970, 1984, 61.

Eiermanns Liebe zum Detail ging so weit, dass er die von ihm errichteten Bauten auch mit von ihm selbst entworfenen Einrichtungsgegenstände ausstattete. So geschah es etwa mit dem Gurtenstuhl SE 121, der 1961 in der Kaiser-Wilhelm-Gedächtnis-Kirche aufgestellt wurde, später auch in der deutschen Botschaft in Washington.[46] Viele von *Eiermanns* Stühlen, Tischen, Lampen und Sesseln gelten heute als Design-Klassiker.[47]

Dabei hat er die einzelnen (Détail)Elemente nicht einem übergeordneten Ganzen untergeordnet. Sie behielten ihre Individualität und setzten so das Ganze als eigenständige Teile zusammen. „Es gibt“, so erläutert mir Helmut *Geisert,* „nichts Zufälliges, nichts Beliebiges in der Architektur von *Eiermann.*“

VII. Die Umgänge

Ein wichtiges Stilelement, das sich an vielen Bauten *Eiermanns* findet, auch an seinem Wohnhaus in Baden-Baden, sind die Umgänge mit dem vorgehängten Netz aus Stangenwerk. *Boyken*[48] bezeichnet sie als „Markenzeichen“ der *Eiermann*-Architektur. Was hat es damit auf sich? Es handelt sich um einem schmalen Balkon ähnliche, der Fassade vorgelagerte, durchgehende Vorsprünge, an die in regelmäßigen Abständen schmale vertikale Stangen angebracht wurden, die das Gebäude gleichsam mit einem Netz überziehen. Sie finden sich erstmals an einem von *Eiermann* entworfenen Warenhaus in Reutlingen[49] und danach an zahlreichen *Eiermann*-Bauten, auch an seinem Wohnhaus in Baden-Baden. *Eiermann* hat verschiedene Gründe dafür angeführt, weshalb er immer wieder auf dieses Stilelement zurückgriff – *funktionale* etwa wie die Erleichterung von Ausbesserungen der Fassade ohne Gerüst, einfachere Fensterreinigung, unkomplizierte Installation von Sonnenschutzstores etc., aber auch *ästhetische,* so die „Leichterung“ des Gebäudes, das Bestreben, „die Strenge kubischer Geschlossenheit aufzuheben“.[50]

Von besonderem Interesse ist ein anderes Motiv: Die Bedeutung dieser „Umgänge“ als Filter, als, wie *Boyken*[51] es nennt, „Vorzone, die zwischen Innenraum und Außenraum vermittelt“. Gerade dort, wo die Öffnung des Raumes, die „destruction of the box“, durch bodentiefe Fenster das Gefühl des Eingesperrt-Seins aufhebt, gibt die vorgelagerte Zone dennoch ein Gefühl der Geborgenheit, des „undispensable sense of protection“. Der Bewohner fällt, wenn er hinausschaut

---

[46] Dazu *Brigitte Eiermann* in *Schirmer,* Egon Eiermann 1904–1970, 1984,264.

[47] So etwa der von ihm entworfene trichterförmige Korbsessel (dazu *Brigitte Eiermann* in *Schirmer,* Egon Eiermann 1904–1970, 1984, 257), der Kirchenstuhl SE 19, konzipiert für die von *Eiermann* gebaute Matthäus-Kirche in Pforzheim (dazu *Brigitte Eiermann* in *Schirmer,* Egon Eiermann 1904–1970, 1984, 261), der Biegholzstuhl SE 42 (dazu *Brigitte Eiermann* in *Schirmer,* Egon Eiermann 1904–1970, 1984, 262) und die verschiedenen noch heute verbreiteten Stahlrohrstühle SE 40 und SE 41, der Federdrehstuhl SE 40 oder der Stahlrohr-Dreibeinstuhl SE 69 (dazu *Brigitte Eiermann* in *Schirmer,* Egon Eiermann 1904–1970, 1984, 266ff.).

[48] *Boyken* in *Schirmer,* Egon Eiermann 1904–1970, 1984, 65.

[49] *Schirmer,* Egon Eiermann 1904–1970, 1984, 104; *Boyken* in *Schirmer,* Egon Eiermann 1904–1970, 1984, 65.

[50] *Boyken* in *Schirmer,* Egon Eiermann 1904–1970, 1984, 65.

[51] *Boyken* in *Schirmer,* Egon Eiermann 1904–1970, 1984, 65.

ebenso wie wenn er hinaustritt, nicht unvermittelt vom Innern ins Äußere. Es findet ein Übergang statt, ein verlangsamtes Herantasten, zunächst die Aufnahme einer Witterung. Das reflektiert auch eine Einstellung zur Welt.

VIII. Fischer und Eiermann

Lassen sich nun Berührungspunkte, Überschneidungen vielleicht, zwischen *Eiermanns* und *Fischers* Denken finden, Wesensverwandtschaften, die *Fischers* Wahl für das Anwesen nachvollziehbar machen würden?

Eine nähere Befassung *Fischers* mit *Eiermann* ist nicht belegt. Jedenfalls gibt es keine Veröffentlichung, aus der sich das ergäbe. In den „Mitgliederbriefen" der *Egon-Eiermann*-Gesellschaft[52] ist er weder durch namentlich gekennzeichnete Beiträge hervorgetreten, noch findet sich dort sonst sein Name. Allerdings wird auf der website der Gesellschaft in der Rubrik „Aktuelles" über das Haus gemeldet, es „befindet sich in sehr gutem Zustand. Terrassen, Mauern, Garten und das ‚Tor' der Garage wurden vom Eigentümer … wieder hergestellt."[53]

In den Schriften von *Fischer* habe ich nichts gefunden, was sich mit Architektur, namentlich mit Bau*kunst,* befassen würde. Anderes gilt für sonstige Bereiche künstlerischen Schaffens. Besonders seine Kolumnen auf zeit-online, zuletzt in einer Auswahl veröffentlicht in dem Band „Fischer im Recht", sind reich an Zitaten aus literarischen Werken, auch Assoziationen mit Musikstücken sind enthalten. Besonders gerne zitiert *Fischer* aus Filmen.[54] Bauwerke kommen ihm nicht in den Sinn. Dabei können auch einige von ihnen sprechen, wie Paul *Valéry* den *Phaidros* in seinem Dialog mit *Sokrates* sagen lässt. Andere sind stumm, „und noch andere schließlich, das sind die seltensten, singen sogar".[55]

Über „Gebäude" lesen wir in *Fischers* Kommentar zum StGB, es handele sich um „ein durch Wände und Dach begrenztes, mit dem Erdboden fest – wenn auch nur durch eigene Schwere (RG 10, 103; Zirkuszelt) – verbundenes Bauwerk, das den Eintritt von Menschen gestattet und das Unbefugte abhalten soll."[56] Das ist O-Ton BGH (Großer Senat in Strafsachen, Beschluss vom 11.5.1951, GSSt 1/51), gänzlich unmusikalisch und weit entfernt von der Gestaltungshöhe eines Egon *Eiermann.* Mehr ist für die Zwecke eines Strafrechtskommentars auch nicht notwendig, mag eingewandt werden. Was zutrifft, aber nicht zu dem Irrtum verleiten darf, das Den-

---

[52] Sieben davon sind seit 2011 erschienen, nachzulesen unter http://egon-eiermann-gesellschaft.de/hp453/Mitgliederbriefe.htm (letztes Abrufdatum: 3.6.2018).

[53] *http://egon-eiermann-gesellschaft.de/hp407/Aktuelles.htm* (letztes Abrufdatum: 3.6.2018).

[54] Vgl. etwa *Fischer,* Im Recht, 2016, S. 47 (Orson *Wells,* Der dritte Mann), S.93 (Woody *Allen,* Matchpoint, Stephen *King,* Misrey, Oliver *Stone,* U-Turn), S.101 (Herbert *Achternbusch,* Das Gespenst), die Serie „Allein gegen die Mafia" mit Michele *Placido* auf S. 265.

[55] *Valéry,* Eupalinos oder über die Architektur. Hier zit. nach der Übersetzung von *Rilke,* 1927, 93.

[56] *Fischer,* 65. Aufl. 2018, StGB § 243 Rn. 4; enger, so *Fischer* in der Kommentierung zu § 305 StGB (Zerstörung von Bauwerken), dort Rn. 3 und zu § 306 StGB (Brandstiftung), dort Rn. 3.: erforderlich ist dort, dass es sich um einen (zumindest teilweise) umschlossenen Raum handelt, der dem Aufenthalt – nicht zwingend der Wohnung – von Menschen dienen kann. (Zu weiteren Anforderungen s. dort)

ken von Architekten und Strafrichtern sei ebenso weit voneinander entfernt. Es gibt da nämlich Verbindendes:

IX. Architekt und Strafrichter

Beide greifen gestaltend und lenkend in das Leben des einzelnen Menschen in der Gesellschaft ein:

– Der Architekt, indem er Räume vorgibt, in denen Menschen sich aufhalten, sich bewegen, leben, kann deren Funktionen definieren: Hier schlafen, hier wohnen, hier eine Kammer für die Kinder. „Nirgends", so schreibt der Architekturkritiker Eberhard *Schulz,* tritt die „geheime Diktatur des Architekten ... so zutage wie beim Bau von Wohnung und Haus. Er dringt in fremde Intimität ein und verwandelt sie. So wie er Gänge und Zimmer ordnet, die Fenster entweder als Luken oder Schauseiten einsetzt, die Treppen bewegt, entfaltet sich das Leben als eine Zeremonie von Stimmen und Figuren, oder es verengt sich in Kammer und Verließ ..."[57] Es gibt verschiedene Arten, einen Menschen zu töten, hat Bertolt *Brecht* im *Me Ti* geschrieben. Eine davon ist, ihm ein Messer in den Bauch zu stechen. Eine andere, ihn in eine schlechte Wohnung zu stecken. Jenseits dieses Extrems gibt es – im Guten wie im Schlechten – zahlreiche Abstufungen der Einwirkung auf den Menschen durch Bauten. Die soziale und politische Bedeutung von Architektur war, wie gezeigt, ein großes Thema in *Eiermanns* Denken.
– Dass auch Richter, namentlich Strafrichter, das Leben von Menschen gestalten, es durch positive Spezialprävention zu lenken versuchen, muss nicht näher ausgeführt werden, ebenso wenig, dass sie, gelegentlich brutal und nachhaltig, in ihre Freiheit eingreifen. Dabei meinen sie, wie z. B. der Gedanke der Generalprävention zeigt, nicht allein den einzelnen Beschuldigten. Zu den Aufgaben des Richters gehört es auch, Angriffe auf die Freiheit des zu Unrecht Beschuldigten zurückzuweisen.

Parallelen lassen sich, konkreter, bei *Eiermanns* und *Fischers* Herangehensweisen an diese Aufgaben finden:

Die Konzeption eines Raumes kann, wie gezeigt wurde, aus zweierlei Richtungen gedacht werden: Von der Umgrenzung her oder aus dem Inneren heraus, aus dem Dazwischen. Letztere Perspektive, den freiheitlichen Ansatz verfolgte bekanntlich *Eiermann.*

Auch das Strafrecht lässt sich in zweierlei Richtungen begreifen: Zum einen, indem das Leben der Menschen mit einem möglichst dichten Netz von strafbewehrten Verboten überzogen wird, das sämtliche Formen gesellschaftlich unerwünschten Verhaltens auffängt und sanktioniert, stets bemüht, auch noch die letzten verbliebenen „Strafbarkeitslücken" zu schließen. Demgegenüber steht der Ansatz, Strafrecht von der Freiheit der Bürgerinnen und Bürger her als „Strafverfolgungs-

---

[57] Eberhard *Schulz,* Die Prediger mit dem Reißbrett, 1964, 31 ff.

begrenzungsrecht“[58] zu begreifen, das Strafgesetzbuch, wie Franz von *Liszt* es ausgedrückt hat, als „Magna Charta des Verbrechers“. Strafrecht als ultima ratio, das Freiheiten nur dort und nur insoweit einschränkt, als es zur Erhaltung des sozialen Friedens und zum Schutz wesentlicher Rechtsgüter unbedingt erforderlich ist. Es ist diese Sicht, der auch *Fischer* anhängt, der dieses Verständnis im Sinne des nulla poena-Grundsatzes als „Tatbestands-Garantie“ umschrieben hat.[59] Und sich für eine Zurückhaltung beim Schaffen neuer Straftatbestände ausspricht, etwa im Sexualstrafrecht wo immer wieder vermeintliche „Schutzlücken“ geschlossen werden sollen.[60]

Weitere Verwandtschaften lassen sich danach ausmachen:

Wie es in *Eiermanns* Verständnis von freiheitlicher Architektur erforderlich ist, das Gebäude als eine Zusammensetzung selbständiger Détails zu denken, ist die von *Fischer* postulierte Tatbestands-Garantie nur dann etwas wert, wenn sie mit einer kritischen, restriktiven Analyse und Auslegung der einzelnen strafgesetzlichen Tatbestände einhergeht, wie es in seinem StGB-Kommentar – jedenfalls an einigen Stellen[61] – geschieht.

Eiermanns Bekenntnis zur Formstrenge, zur „optima ratio“ des rechten Winkels, seine Leidenschaft für den Stahl, seine Abscheu vor dem „formbaren“ Beton, der „breiigen Masse“, findet eine Entsprechung in *Fischers* fundamentaler Kritik an der die strengen Formen des Verfahrensrechts aufweichenden strafprozessualen Verständigung[62] – die ich freilich in der vorgetragenen Radikalität so wenig teile wie *Eiermanns* Beton-bashing.

Und schließlich hat *Eiermanns* Präferenz für das Vergängliche, Widerrufliche auch Parallelen in *Fischers* Denken. Das mag bei einem (ehemaligen) Revisionsrichter aus einem Strafsenat des BGH überraschen, gehört es doch zum Selbstverständnis dieser Gruppe, Urteile der Instanzgerichte gegen Angriffe auf ihren Bestand so weit irgend möglich zu verteidigen und in Rechtskraft zu überführen, deren Durchbrechung schwieriger zu bewerkstelligen ist als der Abriss eines Gebäudes von *Eiermann*. Aber schon *Fischers* Versuch, das sog. Zehn-Augen-Prinzip[63] bei der Beratung des 2. Senats einzuführen, dem er vorsaß, zeigte, dass er zumindest eine bessere Gewährleistung dafür schaffen wollte, dass ein fehlerhaftes Urteil nicht in Rechtskraft erwuchs. „Das Strafgesetzbuch ist kein Buch“, lesen wir im „Fischer im Recht“[64]. „Es kennt keine endgültige Form. Es verändert sich von heute auf morgen in Wortlaut, Bedeutung, Anerkennung und Anwendung.“ Diese Haltung, sich nicht mit Gegebenem einrichten zu wollen, geht aber noch weiter. In einem Interview hat sich *Fischer* sehr persönlich geäußert: „Eine durchgängige Eigenschaft von mir ist, dass ich nirgendwo ganz richtig zuhause bin: Ein Lebensgefühl, das

---

[58] So *Fischer,* Im Recht, 2016, 194 unter Verweis auf *Naucke.*

[59] *Fischer,* Im Recht, 2016, 194f.

[60] *Fischer,* Im Recht, 2016, 197ff.

[61] Das muss den Leserinnen und Lesern dieser Festschrift nicht näher belegt werden.

[62] Vgl. dazu *Fischer* NStZ 2007, 433 (436); *Fischer* StraFo 2009, 177; *Fischer* ZRP 2010, 249, 251; *Fischer* HRRS 2014, 324 (336); *Fischer* FS Kühne 2013, 203.

[63] Dazu vgl. *Fischer/Eschelbach/Krehl* StV 2013, 395ff.; *Fischer/Eschelbach/Krehl* NStZ 2013, 563; vgl. dazu auch *Fischer* NStZ 2013, 425.

[64] Thomas *Fischer,* Im Recht, 2016, 189.

mich eigentlich schon immer begleitet." Und später heißt es, diese Haltung habe auch „innere Kosten: Sie bestehen darin, sich nicht in einem Zustand vollständiger Zufriedenheit in einer Welt einzurichten, die man selbst definiert, sondern in einer gewissen Beunruhigung zu verbleiben, ohne Endgültiges zu schaffen."[65]

Nochmals *Eiermann:* „Dass das, was wir bauen, Ewigkeitswerte haben soll, ist – nach heutigen Gesichtspunkten gesehen – absurd. Ich möchte sagen, man sollte heute dazu übergehen, Gebäude so einzuschätzen, nicht, dass man sie baut, sondern dass man sie wieder einreißt."[66]

Es gibt aber nicht nur Entsprechungen, auch Unterschiede: *Eiermanns* Bekenntnis zum bewussten Reduzieren, zum Weglassen, zum Vereinfachen, mag in *Fischers* StGB-Kommentar, dem Format geschuldet, eine gewisse Entsprechung finden. Ein Charakteristikum seines Stils ist es aber nicht, wie besonders seine Kolumnen auf zeit-online zeigen, die – zweifellos unterhaltsam, manchmal brillant – ihre Themen eher rhapsodisch, nach vielen Seiten ausgreifend, gelegentlich auch austeilend, ausbreiten.

Wenden wir uns damit nun dem Wohnhaus zu.

X. Das Wohnhaus[67]

Es handelt sich, genauer gesagt, um eine Anlage aus zwei rechtwinklig zueinander versetzten Gebäuden, die sich jeweils zum Garten hin öffnen.[68] Das größere – es ist das eigentliche Wohnhaus – liegt etwas höher an einem ziemlich steil abfallenden Südhang über einem Flusstal. Ein langgezogener rechteckiger Bau, dessen Längsseite an der vorbeiführenden Straße liegt. Nur schmale Fensterbänder und der Eingang zum Haus durchbrechen die ansonsten abweisend wirkende grau gestrichene Wand zur Straße hin. Das flache Giebeldach aus hellem Wellasbestzement kragt weit vor und hat keine Dachrinne. Dort wo bei den Gebäuden der Nachbarschaft Zierpflanzen wuchern, findet sich beim Wohnhaus *Eiermann/Fischer* zwischen Straße und Haus ein breites Kiesbett, in dem das abfließende Regenwasser aufgenommen wird. Einen Kontrast zur ansonsten abweisenden Straßenfront bildet, geradezu einladend, die überdachte Eingangstreppe, links und rechts mit dreieckigen Segeln in einer weißen Stahlrohrkonstruktion eingefasst, eine Assoziation

---

[65] http://meedia.de/2017/02/17/zeit-kolumnist-thomas-fischer-ich-bin-noch-nicht-wirklich-davon-überzeugt-dass-ich-jemals-sterben-werde (letztes Abrufdatum: 3.6.2018).

[66] *Eiermann* in einem Interview aus dem Jahre 1967, zit. n. *Schirmer,* Egon Eiermann 1904–1970, 1984, 203.

[67] Bilder des Anwesens lassen sich im Internet nach der Eingabe „Wohnhaus Egon Eiermann" in einer Suchmaschine finden.

[68] Meine hier wiedergegebenen Kenntnisse über das Gebäude beruhen – wie eingangs erwähnt – nicht auf eigener Wissenschaft. Sie stammen aus der ausführlichen Darstellung von *Kirsch,* Die neue Wohnung und das alte Japan, 1996, 160ff., ferner aus dem Aufsatz von *Kieser,* „Ich wollte kein Wohnhaus mehr bauen". Die Villenbauten Egon *Eiermanns* in Baden-Baden, in Denkmalpflege in Baden-Württemberg. Nachrichtenblatt des Landesdenkmalamtes 4, 2004, 254ff. und aus dem Kapitel „Das eigene Haus des Architekten" aus *Schulz',* Die Prediger mit dem Reißbrett, 1964, 31ff.

zu einem (Segel)Schiff, die *Eiermann,* der ein begeisterter Segler war[69], im Innern des Hauses immer wieder aufgreift.

Das Gebäude ist in zwei Bereiche gegliedert:

- Links vom Eingang, von der Straße kommend, ein Schlaftrakt mit Schlafzimmern und Bädern, von einem Flur abgehend, der nur am Ende durch ein Fenster natürlich belichtet wird. Den Zimmern gegenüber Schränke, die mit weißen Vorhängen verschließbar sind. So war es jedenfalls zu *Eiermanns* Zeit. Das hat etwas vom „Yachtstil an sich, wo das Praktische zugleich die Knappheit bedeutet", beschreibt *Schulz*[70] diesen einen der vielen Schiffs-Bezüge des Hauses. Zum Garten, nach Süden hin, eine Fensterwand vor allen Räumen, die sich zum schmalen Balkon mit Sonnensegeln zwischen weißen Stangen öffnet, über die das Dach auch auf dieser Seite weit auskragt. Hier findet sich ein Leitmotiv von *Eiermanns* Architektur wieder: Die Zone des Übergangs zwischen Innen und außen, von der schon die Rede war.
- Rechts vom Eingang, eine halbe Treppe versetzt und abgesetzt vom Schlafbereich, der anderthalbgeschossige Wohnbereich. Glasschiebetüren führen auch hier auf einen vorgelagerten Balkon südwärts hinaus, den Sonnensegel zwischen weißen Stangen überspannen. Für die Balkone hatte *Eiermann* Bepflanzungen in Blumentöpfen vorgesehen. Im Wohnraum findet sich auch ein Kamin, von dem es heisst, er gliche einer kubischen Skulptur.[71] Davor, mit dem Rücken zur Wand, saß einst *Eiermann,* wenn er sein Klavichord spielte, installiert auf einem abgewandelten *Eiermann*- Tischgestell Nr. 1.[72]
- Eine halbe Treppe tiefer, links von der Eingangsachse, liegen Essraum und Küche, die eine Einheit bilden und von der Straßenfront bis in den Garten durchlaufen. Davor eine Terrasse. Und wieder das nautische Thema: In der Gestaltung der Küche Anklänge an eine Kombüse.[73] „Trotz der deutlich getrennten zwei Teile, der Wohn-, Schlaf- und Kochfunktion auf einem Flügel und dem Saal auf dem anderen, wollte *Eiermann*", so Schulz, „auf den alten Traum der Durchlässigkeit, die alles fließend ineinandergleiten lässt, nicht verzichten."[74] Destruction of the box.
- Noch ein halbes Geschoss tiefer liegt, auf der Seite des Wohnraums, ein Freisitzplatz mit offenem Kamin und Zugang zum Westteil des Gartens und zum Atelierhaus.

---

[69] Vgl. *Hildebrand,* Egon Eiermann – Die Berliner Zeit, 2001, 86

[70] *Schulz,* Die Prediger mit dem Reißbrett, 1964, 32.

[71] *Kirsch,* Die neue Wohnung und das alte Japan, 1996, 160ff., (174).

[72] *Kirsch,* Die neue Wohnung und das alte Japan, 1996, 160ff. (174).

[73] So *Kirsch,* Die neue Wohnung und das alte Japan, 1996, 160ff. (176): „die Aufkantung der Arbeitsplatte hinten und an den Seiten und eine Holzstange zum Aufhängen von Tüchern und Lappen sprechen für sich. Hinzu kommt die Verwendung des allgegenwärtigen Oregonholzes."

[74] *Schulz,* Die Prediger mit dem Reißbrett, 1964, 31ff. (33).

XI. Das Atelierhaus

Dieses drei Ebenen umfassende Gebäude enthält im Untergeschoss zwei PKW-Abstellplätze. Kein Garagentor – statt dessen ließ *Eiermann* einen Vorhang aus Holzstangen – Oregon Pine – aufhängen, die beiseite geschoben werden können.[75] Darüber lag sein Atelier und im Obergeschoß ein kleines Studio mit Teeküche. Anders als das Hauptgebäude weist das Atelierhaus sowohl zum Garten als auch zum Außenbereich (zur Wendeplatte) hin vorgehängte Balkone auf, nach außen vor dem Atelier (jetzt *Fischers* Arbeitszimmer[76]), zum Garten hin vor dem darüber liegenden Studio. Wieder sind Sonnensegel zwischen weißen, filigranen Stahlstangen installiert, die vom Vorsprung des flachen Daches überkragt werden.

XII. Der Garten

Und der Garten: Der von *Eiermann* schließlich selbst konzipierten Gestalt ging ein Streit mit dem Gartenarchitekten voraus, der einen konventionellen Entwurf vorlegte, mit dem er *Eiermanns* Zorn auf sich zog. „Sie haben“, schrieb er ihm wutentbrannt. „mir immer so komische Vorschläge gemacht mit Taxus und ähnlichen scheußlichen Friedhofsdingen.“ Er wolle „alles andere haben ... als einen schicken Garten.“ Ohnehin genervt von seinen Nachbarn, die sein Bauvorhaben mit zahlreichen Einsprüchen störten, wünschte er „möglichst hohe Absicherungen nach den beiden Nachbarn im Süden und im Osten.“ Vor allem „der Mann im Süden“ sollte, so *Eiermann,* zugedeckt werden, „koste es, was es wolle“. Er schloss: „Das ganze wird also keine Anlage, wie Sie sie für Ihre Frankfurter Kundschaft gewöhnt sind, sondern eine natürliche und eher wilde als gezähmte Sache.“[77]

Einen ganzen Tag lang stellte sich *Eiermann* selbst auf die Baustelle, um die Modellierung des Geländes zu überwachen, ließ Mulden graben, Kiesrinnen anlegen, um das Regenwasser zu führen.[78] Die Wege vom Wohnhaus zum Ateliergebäude in den Garten wurden nach seiner Anweisung durch Betonkanalröhren gebildet, die mit von Beton verfestigtem Kies gefüllt wurden und stufenartig aus dem abfallenden Geländer herausstehen, „so dass man“, so *Eiermann,* „ähnlich wie in japanischen Gärten von Stein zu Stein hüpft“. Eine insgesamt nach außen geschlossene Gartenanlage wünschte er sich. Das „Prinzip“, so notierte er handschriftlich auf einem von ihm gezeichneten Gartenplan, sei: „Ich will keine Aussicht, keine Sonne, sondern Wände aus grün!“[79]

---

[75] Das scheint noch immer so zu sein, wie sich aus der Meldung der *Eiermann*-Gesellschaft (Fn. 53) ergibt, in der von einem „Tor“ (im Zitat in Anführungszeichen) die Rede ist.

[76] Wie bei einem Interview von „Jurapol“, veröffentlicht am 5.8.2015, zu sehen, https://www.youtube.com/watch?v=3jbYnSAfS1k (letztes Abrufdatum: 3.6.2018).

[77] *Eiermann* an *Jelinek* o. D., zit. n. *Kirsch,* Die neue Wohnung und das alte Japan, 1996, 160ff. (178).

[78] *Kirsch,* Die neue Wohnung und das alte Japan, 1996, 160ff. (178) unter Berufung auf einen Bericht von Brigitte *Eiermann.*

[79] *Kirsch,* Die neue Wohnung und das alte Japan, 1996, 160ff. (177).

XIII. Die Farbgebung

Eine herausgehobene Rolle spielt die Farbgebung des Gebäudes, namentlich der Anstrich des Sichtmauerwerks auch und gerade im Innenbereich mit Anthrazitgrau. Sie ergibt, so *Kirsch,* dass die übrigen Farben des Hauses, das leuchtend braun-rote Oregonholz der Deckenverkleidungen, des Dachgebälks, an den Einbauten und Möbeln und die zylinderförmigen Zugschalter, gleichfalls aus Oregon-Pinie, glatt gedreht, die *Eiermann* anstelle von Lichtschaltern hatte anbringen lassen, zusammen mit der Farbgebung der Fußbodenfliesen, überwiegend ziegelsteinfarben mit hellen und dunklen Einstreuungen, gelegentlich farbig glasierte Keramikplättchen in grün, rosé und weiß dazwischen, mit den Buchrücken, der Kleidung der Bewohner aus dem Dunkel heraus besondere, „glühende“ Intensität gewännen.

XIV. Japan

Das leitet über zu einer weiteren Besonderheit des Hauses: Es sind die vielen Bezüge zu japanischer Ästhetik und Architektur, der *Eiermann* besonders nahe stand.[80] Besonders deutlich wird dieser Bezug an der beschriebenen Farbgestaltung. *Kirsch* zitiert einen Essay des Japaners Tanizaki *Juńichiro*[81], in dem es heißt: „Tatsächlich gründet die Schönheit eines japanischen Raumes rein in der Abstufung der Schatten. (…) Wir … bringen auf der Außenseite der Zimmer, in die die Sonnenstrahlen ohnehin schon mit Mühe eindringen, zusätzlich noch Schutzdächer und Veranden an, um das Licht noch mehr fernzuhalten und um zu bewirken, dass sich nur der diffuse Widerschein vom Garten her … ins Innere stehlen kann. So besteht das ästhetische Element unserer Räume in nichts anderem als eben in dieser mittelbaren, abgestumpften Lichtwirkung. Und damit dieses kraftlose, kümmerliche, unbestimmte Licht sich stillvertraulich über die Zimmerwände legt, versehen wir diese Wände absichtlich mit einem Sandbelag in zurückhaltenden, dezenten Farben.“[82]

Auch andere Stilelemente *Eiermanns* haben Entsprechungen in der japanischen Architektur. So die bereits mehrfach angesprochenen Vorbauten, eine „neutrale, halböffentliche Zone“*(Kirsch),* die das Innere der Gebäude von der Umgebung trennt, in der japanischen *Engawa.* Die Sonnenblenden im *Hisashi.*[83]

---

[80] Vgl. hierzu *Kirsch,* Die neue Wohnung und das alte Japan, 1996, 160ff. (160); vgl. auch *Kieser,* „Ich wollte kein Wohnhaus mehr bauen“ Die Villenbauten Egon Eiermanns in Baden-Baden, Denkmalpflege in Baden-Württemberg. Nachrichtenblatt des Landesdenkmalamtes 4, 2000, 254ff., 258ff.

[81] Lob des Schattens. Entwurf einer japanischen Ästhetik, zit. n. *Kirsch,* Die neue Wohnung und das alte Japan, 1996, 160ff. (179).

[82] *Tanizaki Juńichiro,* zit. n. Kirsch, Die neue Wohnung und das alte Japan, 1996, 160ff.

[83] *Kirsch,* Die neue Wohnung und das alte Japan, 1996, 160ff. (180).

XV. Thomas Fischer und das Wohnhaus Egon Eiermanns

Lässt sich nun die Frage beantworten, was Thomas *Fischer* bewogen haben mag, seinen Wohnsitz im ehemaligen Wohnhaus Egon *Eiermanns* zu nehmen und dort bis heute, seit mehr als 15 Jahren zu behalten, trotz allen Streits, der darum ausgetragen wurde.

Die Gründe mögen banaler Natur gewesen sein: Das Anwesen liegt in privilegierter Lage, in einem ruhigen Wohngebiet in der Nähe eines Waldgebiets, das sich bis zum Schloss Hohenbaden hinzieht. Danach kommt der Schwarzwald. Eine Fahrtzeit von 32 Minuten mit dem PKW zum Bundesgerichtshof bei entspannter Verkehrslage[84] kann für die Wahl des Objekts gesprochen haben. Überdies handelt es sich um ein prominentes, unkonventionelles, durchaus repräsentatives Anwesen.

Von *Fischer* selbst sind wenige Äußerungen über das Gebäude überliefert. In einem Schreiben an den Verkäufer, mit dem er, wie schon gesagt, einen Rechtsstreit führte, soll er es als „Fass ohne Boden", als „Betonmuseum" bezeichnet haben.[85] Das kann nicht sein. Schon deswegen nicht, weil der von *Eiermann* wenig geschätzte Werkstoff lediglich in den Zwischendecken verbaut wurde. Im Übrigen bestehen die Gebäude aus Sichtmauerwerk, Glas und Stahl. Das Dach besteht aus Wellasbest. Die Äußerung muss im Zorn über die kalten Füße gefallen sein.

Die beiden Häuser lassen sich nicht bewohnen, ohne die Präsenz ihres Erbauers immer wieder zu spüren. Zu deutlich ist überall die unverkennbare Handschrift *Eiermanns*, der ein Gesamtkunstwerk geschaffen hat, eine „seltsame und plötzliche Mischung von struktureller Härte und vielen lyrischen Zwischentönen".[86] Wie mag *Fischer,* dessen Blick auf Raum, Mensch und Gesellschaft doch einige Verwandtschaften mit dem *Eiermanns* aufweist, sich in dem Anwesen eingerichtet haben. Hat *Fischer* es sich anverwandelt? Ich weiß es nicht und will es auch nicht wissen, zumindest nicht darüber schreiben aus den eingangs dargelegten Gründen. Aber doch etwas phantasieren:

Es fällt mir etwas schwer dabei, mir den Jubilar vorzustellen, hüpfend von Stein zu Stein über die kiesgefüllten Betonröhren, wie *Eiermann* das wollte, um sich von seinem Wohnhaus in das Arbeitszimmer im Atelierhaus zu bewegen. Aber man kann den Garten ja auch anders durchqueren. Der Fliesenboden – ist er dem Verlangen gewichen, die Fußbodenheizung zu erneuern? Da ist die Denkmalpflege vor! Sind Teppiche ausgerollt, die das Konzert der Farben stören? Hat *Fischer* das Zerstörungswerk seines Voreigentümers fortgesetzt, der den dunkelgrauen Anstrich am Sichtmauerwerk im Eingangsbereich, in den Fluren und am Essplatz durch einen weißen ersetzt hat?[87] Nein! Eher vorstellbar ist mir, dass sich das „kraftlose, kümmerliche, unbestimmte Licht" wieder im ganzen Gebäude stillvertraulich über die Wände legen und die übrigen Farben im Haus überall zum Glü-

---

[84] Lt. Google-Maps.

[85] So *Stieber* in der Taz vom 28.4.2017.

[86] *Schulz,* Die Prediger mit dem Reißbrett, 1964, 32.

[87] Vgl. *Kirsch,* Die neue Wohnung und das alte Japan, 1996, 171.

hen bringen kann, denn auch *Fischer* ist ein Mann, der Zwischentöne zu schätzen weiß.

Ist noch das Hutbrett erhalten aus geflochtenem Peddigrohr im Eingangsbereich? Und hängt dort noch der getönte Spiegel, den *Eiermann* einbauen ließ, um die „Eiseskälte normaler Spiegel" zu vermeiden, damit „der menschliche Körper nicht in seiner albinohaften Scheußlichkeit (wir leben ja nicht in Ischia) sich spiegelt"?[88] Was für eine wundervolle Idee! Sind die Schrankeinbauten erhalten, die bei *Eiermann* alle gleich sein mussten, „d. h. Fächer für Hemden, Socken, Taschentücher enthalten", wie er an seinen Bauleiter *Huppert* schrieb[89]? „Jedes Fach soll immer nur die Höhe einer Socke haben, und die Aufteilungen darin sollen durch Holzteilungen hergestellt werden. Bei den Hemden sollen jeweils immer nur zwei übereinanderliegen. Bei den Wollsachen ist es anders; diese können höher sein." Ich würde das ersetzen. Und der Krawattenhalter mit Wandarm von *Bremshey* in Solingen, ausgelegt für dreihundert Langbinder, wird er weiter bei *Fischer* Verwendung finden? Schwer vorstellbar. Ich bräuchte den nicht.

Geben noch immer Topfpflanzen (Philodendren, die beliebteste Architektenpflanze der Nachkriegszeit[90]) mit wuchernden Ranken, dem Wohnraum „ein wenig Urwaldcharakter" *(Kirsch)?* Oder sind sie, zeitgemäßer, durch Zimmerpalmen oder Aloe ersetzt? Hoffentlich nicht! Lieber durch Schnittblumen und Zweige in Vasen von Alvar *Aalto* oder Le *Corbusier* („l'été indien").

Und das Mobiliar? Die Gurtenstühle, entworfen für die Kaiser-Wilhelm-Gedächtniskirche, stehen sie noch immer im Wohnbereich? Oder andere? Und wenn ja: Wie fügen sie sich in *Eiermanns* durchkomponiertes Ensemble? Sind (wenigstens) noch die *Eiermann*-Papierkörbe vorhanden aus geflochtenem Bondootrohr mit leicht verengtem Einwurf, der den Inhalt verbirgt? An der Stelle, an der *Eiermanns* Klavichord stand, gegenüber dem Kamin, installiert auf dem Tischgestell Nr. 1, dort stelle ich mir jetzt *Fischer,* der einst bei seinem (leider gescheiterten) Versuch, ein Rockstar zu werden, das Keyboard bediente, an einem (anderen) Tasteninstrument sitzend vor.

Und was mag schließlich aus dem alten Schiffs-Halbmodell geworden sein, das *Eiermann* über der Eingangstür einbauen ließ, als Bezugspunkt für die vielen Schiffs-Zitate in beiden Häusern? Bezüge *Fischers* zur Schifffahrt sind (abgesehen von seinem Namen) nicht bekannt geworden, auch nicht, dass er *Eiermanns* Begeisterung für den Segelsport teilte. Das Vorübergehende, das Unsesshafte, Leichte, das es vermittelt, ist eine der vielen Besonderheiten des Gebäudes. Und wenn all die vielen Hinweise und Andeutungen auf einen im Haus versteckten Schiffskörper – die Dreieckssegel am Eingang, die Holzverkleidung (Oregon Pine), der Yachtstil bei den Schränken, die nur Vorhänge verschließen, das Kombüsenhafte der Küche, die Sonnensegel zwischen den weißen Stangen an den Balkonen – wenn sie alle eines Tages sich zusammenfügen wie ein nautischer *Transformer* zu einem großen

[88] *Eiermann* zit. n. *Kirsch,* Die neue Wohnung und das alte Japan, 1996, 160ff. (172).

[89] *Eiermann* an *Huppert* am 15.1.1962, hier zit. n. *Kirsch,* Die neue Wohnung und das alte Japan, 1996, 160ff. (170) und Fn. 35.

[90] *Kirsch,* Die neue Wohnung und das alte Japan, 1996, 160ff. (175).

Segelschiff, das aus einem jahrzehntelangen Traum erwacht und abhebt mit vom Wind geblähten Segeln, dann können wir uns Thomas *Fischer,* den heimatlosen, unsesshaften, den Weiterdenkenden und Weiterwollenden am Ruder vorstellen auf dem Weg zum Fischen in einem nahen oder fernen fremden Meer.

Also vorstellen kann ich mir das schon.

KRISTIAN KÜHL

Antwort des einen Kommentators auf den anderen Kommentator

I. Kommentare im Strafrecht

Da die eine Antwort von einem anderen stammen muss, sollte man auch sonst die „Karten auf den Tisch legen" und „Farbe bekennen". Der andere Kommentator, der eine Antwort erhalten soll, muss schon gesprochen, dh seine Position so definiert haben, dass sie eine Antwort verdient. Verdient hat eine Position eine Antwort – aus Sicht des Antwortenden –, wenn es sich lohnt, sich mit ihr auseinander zu setzen. Aus der Sicht des hier Antwortenden ist diese Voraussetzung im vorliegenden Fall gegeben, denn der andere Kommentator ist der in unseren Tagen erfolgreichste deutsche Strafrechtskommentator. Freilich gibt es noch erfolgreichere Kommentatoren im Zivilrecht (s. nur den „Palandt"), was sich aus der praktisch wesentlich größeren Bedeutung des Zivilrechts gegenüber dem Strafrecht ergibt.

Beschränkt man den einschlägigen Rechtsbereich jedoch, wie hier, auf das Strafrecht, so liegt der Kommentar von *Thomas Fischer* an der Spitze. Das bedarf nur einer Einschränkung, sofern man, wie üblich, das Strafprozessrecht als prozessualen Teil des materiellen Strafrechts versteht. Auch für diesen Teil des Strafrechts gibt es nämlich hinsichtlich der Kommentatoren eine Rangliste der Werke, von der ich nur den einen, schon länger führenden Kommentar von *Lutz Meyer-Goßner* nenne; aus Gründen eines weich abgefederten Generationswechsels neu hinzugekommen ist *Bertram Schmitt,* eine Regelung, die sich im StGB-Kommentar von *Fischer* angesichts des Alters von *Fischer* noch nicht aufdrängt, obwohl der Erhalt einer Festschrift schon ein „Signal am Horizont" ist. Anders ist die Situation bei dem bisher noch nicht angesprochenen StGB-Kommentar, also dem des hier Antwortenden *(Kühl),* da der Übergang auf dessen früheren Assistenten *Martin Heger* (jetzt Professor an der Humboldt-Universität zu Berlin) bevorsteht. Die Namen der vorherigen Kommentatoren der beiden StGB-Kommentare seien hier noch einmal genannt: *Herbert Tröndle* bei *Fischer* und *Karl Lackner* bei *Kühl.*

II. Kommentare im gesamten Strafrecht

Mit dem Blick auf die Kommentare zum materiellen und prozessualen Strafrecht sind wir noch nicht auf dem „Plateau" des gesamten Strafrechts iSd ZStW – der Zeitschrift für die gesamte Strafrechtswissenschaft – angekommen. Diese Zwischenbemerkung sei dem *Autor* dieses Festschriftbeitrags deshalb gestattet, weil er seit vielen Jahren Gesamtschriftleiter der ZStW ist und sich einen Strafrechtler –

Jörg Eisele – als Redakteur wählen durfte (nachdem der geschätzte Vorgänger *Joachim Vogel* auf tragische Weise bei einem Gondel-Unfall in Venedig ums Leben gekommen war). Die Erwähnung dieser Zeitschrift erfolgt hier nicht nur wegen des Personals, sondern auch wegen ihres Bezugs auf das „gesamte" Strafrecht.

Gesamtes Strafrecht meint nicht nur das Strafgesetzbuch (materielles Strafrecht) und die Strafprozessordnung (prozessuales Strafrecht). Weil auch Letztere(s) bereits angesprochen wurde, muss das gesamte Strafrecht noch mehr Strafrecht enthalten. Nun interessiert der Verfasser dieses Beitrags sich zwar für alles, was nach Strafrecht „klingt", kann aber nicht alles beherrschen. Es werden einfach zu viele spezielle, zusätzliche Fachkenntnisse verlangt. Das ist etwa für den Bereich der Kriminologie eindeutig; doch auch hier hilft einem die Zeitschrift für die gesamte Strafrechtswissenschaft. Denn sie hilft einem auch von der Kriminologie so viel zu verstehen, dass deren Ergebnisse in die Praxis des Strafrechts umgesetzt werden können.

Enger zum Strafrecht im materiellen Sinn gehören die sog. Straftheorien. In ihnen steckt viel Straf-Philosophie, wie schon die Strafe prägende – von vielen aber auch kritisierte – Vergeltungstheorie zeigt. Nimmt man die (general- und spezial-) präventiven Theorien hinzu, so fordern spätestens die Spezialprävention und die Generalprävention zum „Philosophieren" über die Strafe auf. All dies aber dreht sich nur um die Sanktion Strafe, doch bedarf auch das Straf*recht* einer rechtsphilosophischen Fundierung. Das wird bereits beim Begriff des Rechtsguts deutlich. So müssen schon individuelle Rechtsgüter und Rechtsgüter der Allgemeinheit unterschieden werden. Dabei steht der Schutz des Individuums im Zentrum des Strafgesetzbuchs: Leben, körperliche Unversehrtheit und persönliche Freiheit prägen dieses Zentrum. Das bedeutet nicht, dass andere Individualrechtsgüter wie Eigentum (etwa bei Diebstahl und Unterschlagung) und Vermögen (etwa bei Betrug und Untreue) keine Bedeutung haben. Zudem bedeutet es nicht, dass nur Individualrechtsgüter zu den schützenswerten Rechtsgütern gehören. Wie schon erwähnt, sind auch Rechtsgüter der Allgemeinheit oder Universalrechtsgüter, die wie beispielsweise die Urkundenfälschung die Sicherheit und die Zuverlässigkeit des Beweisverkehrs im Auge haben, geschützt; allerdings nur vermittelt über individuelle Schutzgüter.

Gibt der Begriff des Rechtsguts eine rechtsphilosophische Grundlegung des Strafrechts, so vervollständigt er die davor kurz angesprochene Grundlegung der Strafe durch die Straftheorien. Theorien der Strafe, seien es die Vergeltungstheorie oder die (Spezial- oder General-) Präventionstheorien sind nämlich keine Theorien, die das gesamte Strafrecht ausmachen. Sie beschränken sich auf die Erklärung der zentralen Sanktion des Strafrechts – die Strafe, die sie näher zu erläutern versuchen. Ihre Ergänzung erfolgt durch die philosophische Fundierung des Strafrechts. Strafrechtliche Ergebnisse oder Aussagen sind die Basis für Strafen. Damit sind die Strafe und das Strafrecht zwar in eine Verbindung gebracht, doch ist damit noch nicht das Ganze des Straf- und Strafrechtsbereichs erfasst.

Hinzukommen muss die eigentliche rechtsphilosophische Fundierung von Strafe und Strafrecht. Gemeint ist damit – durchaus ungewöhnlich ausgedrückt – die Verbindung von Rechtsgütern und deren Strafbarkeit. Verständlicher, allerdings auch abstrakter formuliert, ist damit der Schutz der Freiheit des einen mit dem Schutz der Freiheit des anderen und das in dem gemeinsamen Kontext des Staates gemeint. Schon diese Formulierung ist verführerisch, und dh, sie verrät ihre Herkunft von *Immanuel Kant.* Seine Ethik und Rechtsphilosophie ist die Grundlage des vom Verfasser vertretenen Begriffs des Strafrechts und lässt sich in wenigen Sätzen formulieren.

Es geht im Strafrecht – wie beim Recht überhaupt – um den Schutz der Freiheit von jedermann. Als allgemeines Prinzip des Rechts (und damit auch des Strafrechts) definiert Kant in der „Einleitung in die Rechtslehre" der „Metaphysik der Sitten" am Ende des § B: „Was ist Recht?" das Recht als „de[n] Inbegriff der Bedingungen, unter denen die Willkür des einen mit der Willkür des andern nach eine allgemeinen Gesetze der Freiheit zusammen vereinigt werden kann." Daraus folgert Kant unter § C „ Allgemeines Prinzip des Rechts": „Eine jede Handlung ist *recht,* die oder nach deren Maxime die Freiheit der Willkür eines jeden mit jedermanns Freiheit nach einem allgemeinen Gesetze zusammen bestehen kann etc." Das hier zuletzt angesprochene „allgemeine Gesetz" verweist auf die Verallgemeinerbarkeit – Kants Ausdruck für das Prinzip der Universalisierbarkeit –, lässt jedoch unausgesprochen, um wessen Verallgemeinerbarkeit es geht. Zwar lässt diese offene Stelle aus dem Geschehenszusammenhang des § C sich ergänzen, doch ist sie ausdrücklich nur im § B – am Ende – benannt. Dort ist von einem „allgemeinen Gesetz der Freiheit" die Rede. Die Freiheit, die hier im Zentrum des Rechtsbegriffs steht, ist nach § B „ die Willkür des einen mit der Willkür des andern". Auch hier weicht § C von § B ab und heißt es wenige Zeilen weiter – von der „Freiheit der Willkür eines jeden mit jedermanns Freiheit." Die „Willkür" des einen und die des anderen wird in § C zur „Freiheit der Willkür" und zu „jedermanns Freiheit" erhoben. Die „Willkür" fehlt jetzt zwar, doch ist sie ein wichtiger Bestandteil des „Rechtsbegriffs" (§ B bzw. „ das Prinzip des Rechts", § C). Damit wird klargestellt, dass es beim Recht um die äußere Freiheit von jedermann geht, um den äußeren Handlungsspielraum eines jeden.

Die später folgenden Definitionen des Strafrechts sind weniger klar und beschränken sich auf öffentliche Verbrechen, dennoch wird das „Strafgesetz als kategorischer Imperativ" bezeichnet, und das „Prinzip der Gleichheit" bemüht (Allgemeine Anmerkung E, AA VI 331 f.). Auch die Straftheorie wird angesprochen, allerdings vorrangig als „Wiedervergeltungsrecht". Später heißt es, dass Strafe nicht jemand erleidet, weil er eine „strafbare Handlung" gewollt hat (AA VI 163). Der Bezug der Strafe zum Gesetz ist aber durchgängig vorhanden, man muss ihn nur aufspüren.

III. Kurzkommentare und Lehrbücher im Strafrecht

Damit hat sich der eine Kommentator – nur der Klarheit halber: der Verfasser dieses Festschriftbeitrags – etwas (zu) weit von der Kommentatorenrolle entfernt. Um zu ihr zurück zu kommen, muss er Brücken zum Ausgangspunkt schlagen, die so tragfähig sind, dass sie zum Ziel führen können. Dabei kann der inzwischen angesprochene rechtliche Teil helfen, wenn man ihn noch etwas ausbaut, ohne das

Ziel erneut aus dem Auge zu verlieren. Das Strafrecht und die Strafe sollen im Ausgangspunkt bestehen bleiben. Es muss nur eine neue Perspektive eingenommen werden. Sie lässt sich am besten mit der Konkurrenz zweier Kommentatoren des Strafrechts umschreiben. Dass das keine kritische Konkurrenz sein muss, sondern eine produktive Konkurrenz sein kann, zeigt schon die einige Jahre zurückliegende Bewertung von *Kühl* durch *Fischer.* Dass darauf eine positive Bewertung, ja sogar Hochschätzung von *Fischer* durch *Kühl* erfolgen muss, liegt nahe und wohl sogar „auf der Hand".

Dass die Konkurrenten sich um das Strafrecht „schlagen", ist nur ein Teil des „Wettkampfs". Beide haben darüber hinaus Handlungsbereiche und Herangehensweisen, die sie zu mehr als „nur" Kommentatoren des Strafrechts machen. Das wurde an der soeben erfolgten Darstellung des älteren Kommentators veranschaulicht. Gleiches könnte auch für den jüngeren Kommentator geschehen. Auch er ist nicht auf die Kommentatorenrolle beschränkt oder gar festgelegt. Da das jedermann, der im Bereich des Rechts arbeitet, bekannt ist, soll das hier – auch mangels hinreichender Kenntnisse des Verfassers dieses Beitrags – nicht ausgeführt werden. Von seiner Richtertätigkeit etwa ganz zu schweigen; die hat ihn in höchste Richterämter „katapultiert". Gleichzeitig hat sie ihn zum Kommentator des Strafgesetzbuchs prädestiniert.

Bevor die Arbeit des Kommentators näher beschrieben wird, sollen noch zwei Ausflüge in Literaturgattungen gemacht werden, die weniger auf den Kommentator *Fischer* passen, ja die ihm fremd sind und sein müssen. Diese Literaturgattungen sind ebenso auf das Strafrecht beschränkt wie der Kommentar, nur ist der Kommentar enger an den Gesetzestext gebunden. Der hier ins Auge gefasste Kommentar ist auf das Strafgesetzbuch festgelegt und nur insofern auf das Strafrecht (in Gesetzesform) verpflichtet.

Der Strafrecht lehrende Hochschullehrer hat darüber hinaus noch weitere Literaturgattungen zu bedienen. Von diesen Literaturgattungen sollen hier nur zwei wichtige genannt werden. Das Strafrechtslehrbuch, das auf Studenten zugeschrieben ist, und das weniger gebräuchliche Lexikon, das auch das Strafrecht bedient. Da Letzteres seltener vorkommt und keinen festgelegten Adressatenkreis aufweist, soll es hier nur kurz angesprochen werden. Aus sachlichen Gründen ist die Kürze der Darstellung eigentlich nicht berechtigt, denn zum Recht und dessen Entwicklung gehört die Rechtsgeschichte. Nicht nur die Strafrechtsgeschichte, sondern – in bedeutendem Maße – die Geschichte aller verwandten Rechtsgebiete, ohne die die Strafrechtsgeschichte nicht vollständig wäre. So enthält etwa das von mir häufig benutzte „Historische Lexikon zur politisch-sozialen Sprache in Deutschland", das auch über die Sprache und Begrifflichkeit im Strafrecht informiert; vor allem über die sich wandelnde Sprache im Strafrecht. Auch an diesem Lexikon sind Strafrechtler und Rechtsphilosophen wie Hans-Ludwig Schreiber und Fritz Loos an maßgeblicher Stelle beteiligt; genauer, am achtzigseitigen Artikel „Recht, Gerechtigkeit", in dem Kants Rechtslehre und die Kritik des Naturrechts behandelt werden.

Noch näher am Strafrecht arbeitet das „Historische Wörterbuch der Philosophie", das die Verbindung von Philosophie und Recht behandelt und dementsprechend dem Naturrecht breiten Raum gibt, in dem auch immer wieder Naturrechtler, die auch Strafrechtler wie Hans Welzel sind, auftauchen. Auch die Rechtslehre Kants wird in mehreren Passagen behandelt, ohne dass der rechtliche und auch strafrechtliche Inhalt zu übersehen wäre. Besonders deutlich wird dies in der „neueren Diskussion" des Naturrechts, die ein „Auch-Strafrechtler" vorgestellt hat. Dieser von *Kühl* verfasste Artikel strotzt nur so von „Naturrechtlern" und „Strafrechtlern". Erwähnt seien hier nur Rudolf Stammler, Gustav Radbruch, der schon genannte Hans Welzel, Arthur Kaufmann und Werner Maihofer. Von der Erwähnung der rein juristischen Wörterbücher, die meistens von Zivil- oder Öffentlichrechtlern herausgegeben werden, sei hier wegen der Fokussierung auf Strafrechtler und deren Verwandtschaft (insbesondere Rechtsphilosophen) abgesehen. Die Benutzung der Wörterbücher oder Lexika mit allgemein rechtlichen Artikeln verdeutlicht, wie nahe strafrechtliche Grundbegriffe mit allgemein rechtlichen Begriffen zusammenhängen. Nur so werden Zusammenhänge offengelegt.

Diese Zusammenhänge zwischen dem Strafrecht und dem Recht im Allgemeinen müssen in anderen Konstellationen noch ein letztes Mal aufgegriffen werden. Erst dann fühlt sich der Verfasser dieses Beitrags den Kommentatoren gegenüber so frei, dass er auf deren besondere Arbeitsweise vorbehaltlos eingehen kann. Gemeint sind die Autoren von Lehrbüchern – natürlich Lehrbüchern des Strafrechts. Ihnen fühlt sich der Kommentator des *Lackner/Kühl* ebenso lange zugehörig wie zum Kommentar. Er müsste „nachschlagen", um, wie bei Henne und Ei, zu wissen, wer/was zuerst da war, bezogen auf den Autor dieses Festschriftbeitrags: der Kommentator oder der Lehrbuchautor. Da dieser Autor nicht gerne in seinen Annalen nachschlägt, behilft er sich, wie so oft, eines Tricks. Egal, wer zuerst da war, vollständig und in alleiniger Verantwortung, war nur das Lehrbuch zum Strafrecht Allgemeiner Teil da. Erst danach kam die zunehmende Beteiligung am StGB-Kommentar, der lange Zeit noch von *Karl Lackner* geprägt wurde. Nach und nach aber wurde der Kommentar mir genauso „lieb und vertraut" wie das AT-Lehrbuch.

Dabei unterscheidet sich die Arbeit – jetzt auch abstrakt gesehen – an beiden Texten oder Büchern erheblich. Geht man diesen Unterschieden – erstmals bewusst – nach, so stößt man auf Gemeinsamkeiten und Differenzen. Das betrifft schon die Gliederung, die im Kommentar vom Gesetzestext vorgegeben ist, was dazu führt, dass die Irrtumsregelungen der §§ 16, 17, 35 StGB an ziemlich früher Stelle zu behandeln sind. Ob das sachlich richtig ist, sei an dieser Stelle offen gelassen. Ebenso die übliche, frühe Behandlung der Notrechte der §§ 32, 34 StGB in den üblichen Lehrbüchern (systematisch motiviert: zwischen Vorsatz und Schuld). Das ist im Allgemeinen Teil öfter der Fall, dürfte aber auch im BT so sein, wenn man die BT-Lehrbücher mit den §§ 80ff. des Strafgesetzbuchs im Kommentar vergleicht.

Deutlich wird der Unterschied zwischen Kommentar und Lehrbuch bei den Adressaten. Der Adressat des Lehrbuchs ist im Normalfall der lernbegierige Student, der Adressat des Kommentars ist in der Regel der wissbegierige Praktiker, egal ob Rechtsanwalt/Strafverteidiger oder Strafrichter/Staatsanwalt. Geschrieben sind Lehrbücher meist von Strafrechtlern in Gestalt von Strafrechtsprofessoren. Die Arten der Darstellung in Kommentar und Lehrbuch weichen wohl schon deshalb voneinander ab.

Das Niveau ist innerhalb beider Literaturgattungen sehr unterschiedlich. Das liegt schon am unterschiedlichen Umfang der Darstellung. Besonders deutlich ist der unterschiedliche Umfang bei den Kommentaren: Neben den mehrbändigen Großkommentaren (etwa dem Leipziger Kommentar), drei- oder zweibändigen Werken und den großen „Einbändern" stehen die Kurzkommentare, die inzwischen zu Kommentaren ohne den Zusatz „Kurz" aufgewertet wurden und einbändig und in kleinerem Format als die anderen gedruckt werden. Dies ist etwa bei den Kommentaren geschehen, die wie der Kommentar von *Lackner/Kühl* den Zusatz „Kurz"-Kommentar „verloren" haben.

Dort freut man sich über diese Aufwertung, auch wenn der Abstand zu den größeren Kommentaren weiterhin nicht zu übersehen ist. Doch die Größe des Kommentars und vor allem die Länge der Kommentierung allein macht noch nicht seine Güte/Qualität aus. Auch sind bei Großkommentaren mit vielen Mitarbeitern die Unterschiede in der Qualität der einzelnen Bearbeitungen unterschiedlich groß. – Nur nebenbei und ergänzend ein Wort zu den Kurz-Kommentaren; unter diese Kategorie fällt immer noch der Kurz-Kommentar von *Fischer,* den ich im bisherigen Text aufgewertet hatte, dessen Aufwertung ich aber nach „Augenreiben" und erneuter Lektüre zurücknehmen muss. Der StGB-Kommentar von *Fischer* heißt wirklich noch Kurz-Kommentar, was wohl dieser Kommentar-Reihe entspricht – auch der StPO-Kommentar von *Meyer-Goßner/Schmitt* heißt Kurz-Kommentar. Sachlich und inhaltlich ist aber klar, dass der *„Fischer"* und der *„Meyer-Goßner/Schmitt"* den Status des Kommentars ohne den Zusatz des „Kurz" verdienen.

IV. Konkurrierende Autoren bei StGB-Kommentaren mit gemeinsamen Bestreben

Nach dem „Schlenker" zu den Lehrbüchern sind die Kommentare dran; endlich, wird mancher Leser sagen, der seit der Überschrift dieses Beitrags auf längere und gründlichere Passagen zum Kommentar und zum Kommentator wartet. Jeder Jurist weiß, was mit Kommentaren und Kommentatoren auf dem damit bearbeiteten Rechtsgebiet gemeint ist. Doch soll auf diese Kenntnis des Juristen nicht aufgebaut werden. Es müssen der Vollständigkeit halber verwandte Begriffe mit anderen Bedeutungen daneben gestellt werden. So liegt etwa eine Bedeutungsänderung vor, wenn jemand zu irgendeinem Ereignis nach seinem Kommentar gefragt wird. Diese Änderung findet auch statt, wenn jemand gefragt wird, ob er den Kommentar von *Reinhard Müller* zu einem politisch virulenten Thema in der „Frankfurter Allgemeinen Zeitung" gelesen hat. Man erwartet auf solche Fragen konkrete Antworten ohne wissenschaftlichen Anspruch, genauer, ohne rein wissenschaftlichen Anspruch. Kommentare im juristischen Sinn sind aber dadurch gekennzeichnet, dass sie ein Gesetz wie das Strafgesetzbuch *(Fischer)* oder die Strafprozessordnung *(Meyer-Goßner/Schmitt)* zum Gegenstand haben. Insofern sind sie an einen Text gebunden, dessen Auslegung einem gewissen System folgt.

Ohne hier den Auslegungsregeln folgen zu müssen, ist es für den Kommentator hilfreich, zunächst diesen Regeln zu folgen. Damit wird schon ein wesentlicher Teil der Kommentierungsarbeit erledigt. Die Auslegung setzt am Wortlaut des auszulegenden Begriffs an und geht klassisch-methodisch in vier Schritten vor: grammatikalische, historische, systematische und teleologische Auslegung. Mit diesem Viersatz gibt sich der auslegende Jurist, hier: der Strafrechtler, nicht zufrieden. Es gibt inzwischen zahlreiche Vorgehensweisen, die auch den Titel der Auslegung tragen, manche führen sogar den Begriff der Methode. Die Kunst des Kommentators liegt aber nicht nur in der Beherrschung der Auslegungsmethoden, er muss im Gesamtzusammenhang dem auszulegenden Text einen Sinn entnehmen. Das kann je nach Gegenstand des auszulegenden Wortes oder der zusammenhängenden Worte einfach oder schwierig sein. Ob es für den Kommentator eine empfehlenswerte Leitlinie für das Vorgehen gibt, bezweifelt der Autor dieser Überlegungen, je mehr er an Jahren zulegt. Das Vertrauen auf die Intuition nimmt mehr und mehr zu.

Diese Überlegungen gehen nicht so weit wie die des konkurrierenden Kommentators *Fischer,* der sogar Überlegungen zum Sinn des Kommentierens und zur Freude am Kommentieren anstellt. Und das mit einer „Lässigkeit", die nicht jedem Kommentator eigen ist. Dabei ist sein Ausblick „faszinierend", (auch wenn der hier schreibende Kommentator nicht allem folgen kann). „Faszinierend" nennt *Fischer* selbst die Literaturgattung des Kommentierens, weil sie für den Kommentator „eng und frei" zugleich ist. Die Enge der Anbindung an den auszulegenden Text wurde auch hier schon hervorgehoben. Die Freiheit, die damit zugleich einhergehen soll, nimmt sich jeder Kommentator letztlich selbst. Regeln dafür, wie weit diese Freiheit angesichts der Bindung an den Gesetzestext gehen darf, gibt es nicht oder man kann sie nur postulieren.

Das geht im Bereich der Kommentierung neuer Strafvorschriften sicher schwerer als bei standardisierten Gesetzesformulierungen. Jeder eifrige Jurastudent kann bei „Standard"-Begriffen wie z. B. der Wegnahme i. S. des Diebstahls die klassische Auslegung vom „Bruch fremden Gewahrsams und der Begründung neuen Gewahrsam" mehr oder weniger angereichert „herunter- beten". Das funktioniert bei neuen Gesetzesformulierungen wie bei der „schweren staatsgefährdenden Gewalttat" (§ 89a StGB) weniger glatt.

Doch sollen hier die Schwierigkeiten einzelner neuer Begriffe nicht weiter verfolgt werden, so dass man sich – mit *Fischer* – die Frage stellen kann: Was bleibt? Auch auf diese Frage ist die Antwort bereits gefunden: Es bleibt, so *Fischer,* der Bedarf an systematischer Ordnung, an Zusammenschau, an Abwägung, an Darstellung und Kritik. Dass dieser Bedarf auch – mehr oder weniger – vom „Streitpartner" und „Konkurrenten" (den „Leidensgefährten" lasse ich aus verschiedenen Gründen, auch persönlicher Art, weg) gedeckt werden kann, kann der Autor dieses Beitrags nur hoffen. Auf jeden Fall freut er sich über die Einladung zum „Mit-Schreiben"; jeder kommentiert auf seine Weise, aber im gemeinsamen Streben nach weitgehender Übereinstimmung, nicht in den Ergebnissen, sondern im Bestreben, das Strafrecht auf dem rechten Weg zu halten. Dieses Bestreben leitet den Verfasser dieses Beitrags ebenso wie *Thomas Fischer.*

RENATE KÜNAST

Off topic. Ein obiter dictum.

Eines muss man ihm lassen: Feige ist Thomas Fischer nicht. Er ist anstrengend, aber immerhin hat er den Mut, eine Meinung zu haben und diese auch gegen den Mainstream zu formulieren. Leidenschaftlich und unverfroren kommentiert er Tagespolitik, Justiz, Politikerinnen und Politiker und Entscheidungsträger. Liest man seine Texte, entsteht vor dem geistigen Auge ein lebendiges Bild, wie er am Schreibtisch sitzt und seine Gedanken in den Computer tippt – mit scharfer Zunge, eigenwillig und schonungslos. Ja so ist es, wenn Thomas Fischer schreibt: Er teilt oftmals aus; nichts und niemand bleibt verschont. Ich habe es erlebt und mich dabei schon auf den verschiedensten betroffenen Seiten befunden. Wie ich selbst zugegebenermaßen schon einmal schrieb: „Wer Thomas Fischer las, hatte meistens Lust auf Argumente. Lust auf Auseinandersetzung. Lust auf Streit [...]; sprachlich und intellektuell war es meist eine Wonne, seinen Gedankengängen zu folgen, Neues zu erfahren und seine Thesen furchtbar falsch oder exakt richtig zu finden."[1]

Sein Lebenslauf ließ sicherlich nicht von Beginn an vermuten, er ende am Bundesgerichtshof. Offensichtlich hat er stets getan, wonach ihm der Kopf stand und Chancen ergriffen beziehungsweise beharrlich erstritten, wo sie nur auftauchten. Das macht ihn authentisch. Dabei wurde er nie müde, mit nahezu jeder Konvention zu brechen, die seinen Weg nur zu kreuzen vermochte.

So tat er auch das Ungewöhnliche und begann im Januar 2015 seine ZEIT ONLINE-Kolumne zu schreiben. Wöchentlich wollte er von Recht und Gerechtigkeit berichten. Er schrieb: „Die Kolumne soll sich mit dem Recht befassen. Gemeint ist das in einem breiten Sinn: Die Themenspanne umfasst Voraussetzungen und Bedingungen, Formen und Begründungen, Bedeutungen und Ziele, Wege und Wirkungen des Rechts.

Sie mögen fragen: Warum derart komplizierte Themen? Warum nicht einfach ein weiterer Pranger für Fehler, Skandale, Zumutungen, Unzulänglichkeiten des Rechts – diesmal aus höchstrichterlichem, also einigermaßen kompetentem und angeblich besonders mächtigen Mund?"[2]

Und natürlich beantwortet er die Frage gleich selbst, indem er schreibt: „Diese Kolumne soll kein Ort sein für die unendlichen Rechthabereien des Alltags. Jeden Tag werden tatsächliche oder vermeintliche Sensationen des Versagens von Gerechtigkeit auf der Medienbühne verhandelt, oft von Menschen, die wenig von der Sache verstehen."[3]

---

[1] *Künast,* Fischer allein im Rechtsausschuss, ZEITONLINE, 16.2.2015.

[2] *Fischer,* Fischer im Recht – der Beginn, ZEIT ONLINE, 13.1.2015.

[3] *Fischer,* Fischer im Recht – der Beginn, ZEIT ONLINE, 13.1.2015.

Ein Auditor also, der Thomas Fischer. Er war nicht nur unbequem im Gericht, sondern stellte sich auch der Debatte und dem öffentlichen Diskurs. Er wollte erklären, was vermeintlich besser nicht erklärt wurde und wobei viele Menschen ratlos zurückgelassen wurden. So schreibt er weiter: „Viele Menschen, die einen Rechtsstreit verloren haben – oft nach Regeln, die ihnen bis dahin unbekannt waren –, zweifeln an der Kraft des Rechts, manchmal mit gutem Grund, manchmal aus Rechthaberei. Sie wünschen sich ‚Gerechtigkeit'. Sie vergessen, dass die andere Seite genau dasselbe verlangt, und dass man über Regeln und ihre Voraussetzungen nur schimpfen darf, wenn man sich zuvor Mühe gibt, ihren Sinn zu verstehen."[4]

Ich zolle dem Ziel, tatsächlich zu erklären, meinen höchsten Respekt. Wie hätte sich wohl Bärbel Bohley – die Bürgerrechtlerin aus der DDR – über diesen Versuch der Erklärung und Vermittlung aus der juristischen Welt an die Bürgerinnen und Bürger gefreut. Sie formulierte in einer Zeit der Verzweiflung über Haftentlassungen und Freisprüche bei der Aufarbeitung des DDR-Unrechts den bekannten Satz: „Wir wollten Gerechtigkeit und haben den Rechtsstaat bekommen."

Ein Verdikt, das fortan in vielen Bildungseinrichtungen und Diskussionen dazu dient, den feinen Unterschied zwischen emotional empfundener Gerechtigkeit und den Prinzipien über Verfahren und Verurteilungen, über die Unschuldsvermutung des Rechtsstaates zu diskutieren.

Eben darum müht sich Thomas Fischer. Ob es ihm immer gelingt, musste ich hin und wieder tatsachengestützt bezweifeln. Schon in der ersten Kolumne schreibt er mit einer Spur Arroganz: „Der Deutsche weiß alles über Hinterradaufhängungen, Wachteleier an Kokoscreme und Dehydrierung beim Halbmarathon. Von den Grundregeln des Rechts versteht er dagegen nicht viel."[5]

Schade, Herr Fischer! Hier kommt eine Attitüde durch, die vielleicht nur haben kann, wer das Recht eben schon studiert und praktiziert hat. Und vielleicht das Verständnis dafür verloren hat, wie kompliziert die Grundannahmen des Rechts sind.

I. Thomas Fischer und das Sexualstrafrecht

Laut Fischer gehe es bei dieser schwierigen Materie „nicht nur um ‚Schutz', sondern auch um Freiheit, auch um Selbstverantwortung"[6]. So weit so richtig. Klingt wie eine liberale Binsenweisheit. Doch das ist sie nicht, sonst würde nicht jemand wie Thomas Fischer selbst über die eigene Aussage stolpern. Denn die Freiheit ist eben nur da, wo sie nicht unter Druck steht oder beschnitten wird. Wenn ein Mann mit einer Frau gegen ihren Willen schläft, beschränkt er ihre Freiheit im intimsten Bereich. Thomas Fischer stellt sich damit in das von ihm selbst kritisierte Lager der Vertreter eines überkommenen männlich definierten Sexualstrafrechts.

[4] *Fischer,* Fischer im Recht – der Beginn, ZEIT ONLINE, 13.1.2015.
[5] *Fischer,* Fischer im Recht – der Beginn, ZEIT ONLINE, 13.1.2015.
[6] *Fischer,* Die Schutzlückenkampagne, ZEIT ONLINE, 3.2.2015.

Denn die Freiheit, die er fordert – dass beim § 177 StGB alles so bleiben solle, wie es war – ist die Freiheit der Männer und ihrer Durchsetzungsmechanismen.

Die Schutzlücke bei einem § 177 StGB wollte er gar nicht sehen. Es ist sein gutes Recht, anderer Meinung zu sein. Doch wo bleiben die Argumente? Was ist das für ein Argument, dass er Bündnis 90/Die Grünen vorwirft, von feministischen Gruppen infiltriert zu sein? Eine Schutzlücke des Gesetzes würde unabhängig vom Infiltrierungsgrad der Partei existieren. Mal ganz davon abgesehen, dass ich den verachtenden Ton darin gar nicht sehen kann und will.

Für mich ist glasklar, dass die körperliche Integrität und die sexuelle Selbstbestimmung einen hohen strafrechtlichen Schutz verdienen. Und so erwiderte ich: „Wer ein geparktes Auto sieht, bei dem der Schlüssel im Schloss steckt, darf es sich trotzdem nicht einfach nehmen. Er begeht einen Diebstahl. Wer an einem schlafenden Obdachlosen vorüber geht, darf ihm keinen Tritt verpassen. Er begeht eine Körperverletzung. Warum soll es dann straflos sein, Geschlechtsverkehr mit einem Menschen zu haben, der das nicht will? Das passt nicht in unsere Rechtsordnung. Hier besteht eine Schutzlücke.“[7]

Thomas Fischer ließ auch die #metoo-Debatte nicht unkommentiert. Eigentlich hatte Thomas Fischer mit dem Kolumnenschreiben aufgehört, doch damit gab es einen neuen dringenden Anlass. Hauptsache „irgendwas-mit-Sexualstrafrecht“. Das lockt ihn. Er behauptet, das Auftragen von Lippenstift sei eine Anbahnung von – auch unerwünschtem – Sexualverhalten. Ist schöner Schmuck nun eine Einladung zum Raub? Das zeigt einen Kern seines Argumentierens: Wenn es um die Sache geht, kommt er lieber mit dem Bonobo-Affen als mit dem Persönlichkeitsrecht.

Ein Fischer-Zitat in dem #metoo-Artikel lautet: „Vom Bonobo, einem erklärtermaßen unmoralisch durchsexualisierten Tierwesen, unterscheidet uns immerhin ein Prozent unserer Erbanlagen und Selbsterkenntnisse. Wir sind deshalb zu Recht überzeugt, dass wir unser Sein, Müssen und Handeln in unvergleichlich höherem Maß reflektieren als der moralferne Bonobo-Mensch. Wir haben Moralvorstellungen und Ethiken entwickelt, die ihm unerreichbar sind. Eine davon ist die Abstraktion des Zusammenhangs von Gewalt und Gesellschaft. Aber auch das ist nicht ‚Natur‘: Das Unrecht der Vergewaltigung war vor gar nicht langer Zeit ‚das Begatten fremder Weibchen‘, also ein Verbrechen gegen andere Männchen (!). Heute ist es die Verletzung höchstpersönlichen Menschenrechts auf Selbstbestimmung.“[8]

Glückwunsch, wenn Thomas Fischer sich von äußeren Reizen jedes Mal zum Sex eingeladen fühlt. Mir geht das nicht so. Und wenn er sich den Bonobos so ähnlich wähnt: Lassen Sie einen von ihnen seinen StGB-Kommentar schreiben. Schafft er das nicht? Vielleicht ist ja das eine Prozentpünktchen Unterschied in der DNA von Mensch und Bonobo doch entscheidender als Fischer es beim Anblick eines Minirocks vermutet?

---

[7] *Künast,* Fischer allein im Rechtsausschuss, ZEIT ONLINE, 16.2.2015.

[8] Thomas Fischer, Mr. Spacey und wir, ZEIT ONLINE, 10.11.2017.

II. Fischer und die Politik

In seiner ersten Kolumne zur Sexualstrafrechtsreform hatte Thomas Fischer aus dem Rechtsausschuss (falsch) zitiert. Ich antwortete, er erwiderte.[9] In seinem Bericht aus der Öffentlichen Anhörung zu § 177 StGB im Rechtsausschuss kommt ein hohes Maß an Frust über Politik und ihre Prozesse zum Ausdruck. Dieser Missmut bringt er in seinem Text über die Montblanc-Füller-Affäre noch stärker zum Ausdruck.[10] Die darin genannten Zahlen sind falsch und frei erfunden. Wie es wirklich um die Entschädigung, Amtsausstattung, Büropauschale, Kostenpauschale, Mitarbeiterpauschale usw. bestellt ist, hätte er auf der Homepage des Bundestages leicht nachlesen können. Ich vermute, dass sich diese Fehler nicht ohne Grund in diesen Text eingeschlichen haben. Die Wut ging mit ihm durch, man sieht ihn am Schreibtisch sitzen und mit Verve Buchstaben in den Laptop hacken. Er schenkt leider und hoffentlich ungewollt all den AfD-, Petry- und Sarrazin-Fans dieser Welt unseriöse Vorlagen für deren Politik(er)verachtung. Unstrittig ist aber, dass es hier was zu kritisieren gibt. Bei mir selbst stieg der Ärgerpegel spätestens hoch, als ich die Windungen und Wirrungen las, mit denen Kolleginnen und Kollegen sich selber exkulpieren und die Verantwortung ihren Büros zuweisen wollten.

III. Fischer und die Justiz

Es gäbe vieles unter dieser Überschrift zu schreiben. Ganz besonders hervorheben will ich aber seine Kolumne zum „Pegida-Galgen“[11]. Die Staatsanwaltschaft Chemnitz erreichte größte Öffentlichkeit, weil sie gemäß § 170 Abs. 2 StPO ein Ermittlungsverfahren gegen den Vorsitzenden des Vereins „Heimattreue“ Niederdorf eingestellt hatte. Es ging um in Handarbeit hergestellte kleine Galgen mit der Aufschrift „Für Merkel“ und „Für Gabriel“. Für 18,95 Euro wurde online angeboten, was quasi eine Nacharbeit zum umstrittenen Galgen auf einer Demonstration in Dresden im Oktober 2015 sein sollte. Auf den Galgen war auch das Wort „Volksverräter“ zu lesen. Thomas Fischer war zurecht erzürnt und übernahm bereitwillig, die juristischen Hausaufgaben der Staatsanwaltschaft Chemnitz zu machen.

Nachdem ich spontan den Eindruck hatte, die einzige zu sein, die sich über diese Einstellung aufregte, war ich erfreut über eine Kolumne mit einer lauten und starken Meinung. Schließlich ist der Verein „Heimattreu“ kein Kindergarten. Er betreibt in Niederdorf den Vertrieb und Versand von T-Shirts, die beispielsweise mit „88“ (Steht für zweimal den achten Buchstaben des Alphabetes und dient als Abkürzung für „Heil Hitler“), einem Reichsadler oder „Angry Aryans“ (zu dt.: „Wütende Arier“) bedruckt sind. Juristen müssen wissen, was das bedeutet.

---

[9] Vgl. *Thomas Fischer,* Die Schutzlückenkampagne, ZEIT ONLINE, 3.2.2015; *Renate Künast,* Fischer allein im Rechtsausschuss, ZEIT ONLINE, 16.2.2015; *Thomas Fischer,* Warum so viele Reflexe, Frau Künast?, ZEIT ONLINE, 16.2.2015.

[10] Vgl. *Thomas Fischer,* Elementarer Verstoß gegen Recht und Gesetz, 13.9.2016.

[11] *Thomas Fischer,* Galgenvögel!, ZEIT ONLINE, 9.12.2017.

Ich habe mich sofort gefragt: Ist die Einstellung des Ermittlungsverfahrens ein absichtsvolles Wegsehen der Staatsanwaltschaft oder „nur" abgrundtiefe Naivität? Und dann Thomas Fischer. Er geht mit spitzer Feder durch sämtliche infrage kommenden Tatbestände und verweist darauf, dass das Bundesverfassungsgericht schon vor Jahrzehnten einen formellen Kunstbegriff geschaffen hat, weshalb auch Kunst strafbar sein kann.

Ich gebe zu, der Furor, in den sich Thomas Fischer geschrieben hat, hat mich beruhigt. Es gibt doch noch (Ex-)Bundesrichter, die zu anderen rechtlichen Subsumtionen kommen als die der Staatsanwaltschaft Chemnitz. Und so legt er los: „Ein Galgen ist ein Galgen. Er dient nicht zum Wäschetrocknen, sondern zum Töten von Menschen mittels eines Stricks, der an Herrn Döbels ‚Miniatur-Galgen' ja gleich in doppelter Ausführung herabbaumelt: Menschen werden darin ‚am Halse aufgehängt, bis der Tod eintritt', wie es frühere Todesurteile in schöner Gesetzeslyrik formulierten. Zugleich hat der Galgen als Tötungsmethode stets die Konnotation und Bedeutung von ‚Strafe': Am Galgen baumeln der Pferdedieb und der aufsässiges Sklave, der Empörer und der Störenfried."[12]

Und Thomas Fischer widmet sich auch der Inschrift des Galgens, denn dort steht das Wort „Volksverräter". Mit scharf angespitzten Überlegungen lässt er nicht gelten, dass sich dies noch im künstlerischen oder satirischen Bereich bewege und lediglich den politischen Tod zum Ziel habe. Thomas Fischer schreibt konkret: „Bei dieser adventlich-friedvollen Erwägung kommen uns aber unweigerlich die Wörtlein ‚reserviert für' in die Quere. Da muss sich ein Staatsanwalt mit zwei Examen in Auslegungskunst schon wirklich extrem reinhängen, um die Kurve zum „politischen Tod" hinzukriegen. Denn ‚reserviert für' ist eine über alle Maßen klare Zweckbestimmung. Sie stellt einen intentionalen (zweck – gerichteten) Sinnzusammenhang her zwischen einem Tötungswerkzeug und einer Person."[13] Aber er wäre nicht Thomas Fischer, wenn er nicht noch nachlegen würde, und scharfsinnig darauf hinweist, dass Pegida & Co. ja über das „wahre, ehrliche, ganzheitliche, biologisch einwandfreie Volk"[14] räsonieren und Merkel tatsächlich als die ansehen, die „das deutsche ‚Volk' verraten, ‚Hochverrat' begangen und eine Herrschaft des Unrechts begründet habe."[15]

Die Ausführungen zu den §§ 111 und 241 StGB, öffentliche Aufforderung zu Straftaten und Bedrohung, enden in der harschen und nicht an Deutlichkeit mangelnden Botschaft an die Staatsanwaltschaft Chemnitz und wohl auch an die sächsische Politik, die sich ängstlich zurück hielt: „Wer für namentlich bezeichnete ‚Volksverräter' speziell ‚reservierte' Galgen herumschleppt, herzeigt, herstellt und vertreibt, begeht keine ‚Satire' und auch keine kleine Unhöflichkeit. Er tut das ja nicht zufällig und nicht ohne Bezug zur kommunikativen Grundstimmung der ihn umgebenden sozialen Wirklichkeit. Die Behauptung, den Sinn dieser Äußerung so oder so oder ganz anders einzuschätzen, liege halt im Ermessen der ‚unabhängigen' staatsanwaltschaftlichen Eingebung, ist nicht nur formell unrichtig, sondern vor al-

---

[12] *Thomas Fischer,* Galgenvögel!, ZEIT ONLINE, 9.12.2017.
[13] *Thomas Fischer,* Galgenvögel!, ZEIT ONLINE, 9.12.2017.
[14] *Thomas Fischer,* Galgenvögel!, ZEIT ONLINE, 9.12.2017.
[15] *Thomas Fischer,* Galgenvögel!, ZEIT ONLINE, 9.12.2017.

lem in der Sache: feige."[16] Mit den Schlusssätzen seiner Kolumne spricht er mir aus der Seele: „Die Auslegung der in Ausstellung und Angebot eines für bestimmte Personen ‚reservierten' Tötungsinstruments unter den kommunikativen gesellschaftlichen Bedingungen des Jahres 2017 lässt keinen Raum für harmlose Bedeutungsvarianten. Die Einstellungsverfügung der Staatsanwaltschaft Chemnitz ist nicht überzeugend."[17]

Ich kann nur mutmaßen, was die betroffenen Staatsanwälte in Sachsen beim Lesen der Kolumne empfunden haben müssen. Der Text konnte nur als klarer Vorwurf des ignoranten Wegsehens und Handelns außerhalb von Zeit, Raum und Kontext wahrgenommen werden – auch wenn er nicht explizit formuliert wurde. Oder doch? Der Titel der Kolumne heißt „Galgenvögel!". Wen Thomas Fischer damit gemeint hat?

IV. Was bleibt trotz alledem?

Ja, Thomas Fischer argumentiert auf der einen Seite liberal, etwa bei Sterbehilfe oder Cannabis. Doch Liberalität und Freiheit lässt er vor allem dort walten, wo sie ihn selbst betrifft oder betroffen hat. Überall dort, wo er seine Freiheiten eingeschränkt sieht, wo sein Einfluss verkleinert wird, schlägt er verbal hart zu. Tatsächlich nehme ich ihn bei allen pointierten Formulierungen, Faktenreichtum und Meinungsstärke nicht immer als liberal wahr. Vermutlich will er das auch gar nicht: Mal weil er es nicht ist oder weil er angesichts der Feigheit (der Justiz oder Politik) Anderer unüberhörbar auf den Tisch hauen muss und will.

Wer es als Vorsitzender Richter am Bundesgerichtshof und Verfasser des Standardwerks zum Strafgesetzbuch gewohnt ist, Recht zu haben, mag es verdrießlich finden, auch einmal in der Minderheitenposition zu sein. „Als Abgeordnete einer Oppositionsfraktion im Bundestag weiß ich, wovon ich rede."[18] Auch hier: Wer seine Mehrheitsposition in Gefahr sieht und deswegen bereit ist, demokratische Institutionen massiv zu verspotten, nähert sich den Werkzeugen von Populisten.

Und: In der Schule wäre Thomas Fischer mit seinen Pi-mal-Daumen-Vermutungen – wie bei den Abgeordnetenentschädigungen – zwar nicht bei einer 6, sondern vermutlich bei einer 4 – gelandet. Aber ist das sein Anspruch? Wenn er hier so offenkundige Fehler macht – wer kann dann noch glauben, dass er bei strafrechtlichen Themen wirklich immer richtig liegt?

Und nicht immer misst er mit gleichem Maß, gern bringt er selbst Filmzitate oder argumentiert musikalisch: „Was ist nur los, was ist passiert? Was hat dich bloß so ruiniert?"[19]

Aber auf meine Replik mit Filmzitat antwortet er etwas abfällig: Fischer allein im Ausschuss.

---

[16] *Thomas Fischer,* Galgenvögel!, ZEIT ONLINE, 9.12.2017.
[17] *Thomas Fischer,* Galgenvögel!, ZEIT ONLINE, 9.12.2017.
[18] *Künast,* Fischer allein im Rechtsausschuss, ZEIT ONLINE, 16.2.2015.
[19] Die Sterne: https://www.youtube.com/watch?v=FOv6BS7yeF4 (letzter Aufruf am 12.6.2018).

Lassen wir die Persönlichkeitsbeschreibungen und Mutmaßungen einmal beiseite: Dass ich eine rechtspolitische Meinung vertrete, weil ich daran „einen Narren gefressen" habe, ist eher unwahrscheinlich; ebenso, dass Sie von Feministinnen „infiltriert" sein könnten (was immer das bedeuten mag). Dass Sie – schon in der Überschrift – die Kinderfilmsparte zitieren, um meine Marginalität und Ihre eigene Großmächtigkeit zu feiern, ist, sagen wir: eine literarische Geschmackssache.[20]

Nicht immer bin ich seiner Meinung gewesen, oft sogar dezidiert anderer. Aber Respekt vor seinem Prinzip, sich nicht beirren zu lassen und beharrlich zu bleiben, habe ich allemal. Solche Kämpfer braucht das Recht und der Rechtsstaat. Richter, die sich nicht wie Vertreter einer Elite hinter Gerichtsmauern, Kommentaren, Paragraphen und Gesetzeswerken verstecken, sondern sich die Mühe machen, im Alltag zu argumentieren, zu warnen, zu fragen. Sich die Mühe machen, in Zeiten massiver Angriffe von Rechtsaußen Teil des öffentlichen Diskurses zu sein, versuchen zu erklären, warum die Prinzipien und Verfahren des Rechtsstaates die beste Gerechtigkeit schaffen. Wann, wenn nicht heute, gilt: Davon brauchen wir mehr.

Wie schon der ehemalige Verfassungsrichter Ernst-Wolfgang Böckenförde schrieb: „Der freiheitliche, säkularisierte Staat lebt von Voraussetzungen, die er selbst nicht garantieren kann. Das ist das große Wagnis, das er, um der Freiheit willen, eingegangen ist. Als freiheitlicher Staat kann er einerseits nur bestehen, wenn sich die Freiheit, die er seinen Bürgern gewährt, von innen her, aus der moralischen Substanz des einzelnen und der Homogenität der Gesellschaft, reguliert. Andererseits kann er diese inneren Regulierungskräfte nicht von sich aus, d. h. mit den Mitteln des Rechtszwangs und autoritativen Gebots zu garantieren suchen, ohne seine Freiheitlichkeit aufzugeben und – auf säkularisierter Ebene – in jenen Totalitätsanspruch zurückzufallen, aus dem er in den konfessionellen Bürgerkriegen heraus geführt hat."[21]

---

[20] *Fischer,* Warum so viele Reflexe, Frau Künast?, ZEIT ONLINE, 16.2.2015.

[21] *Böckenförde,* Staat, Gesellschaft, Freiheit, 1976, 60.

HANS-ULLRICH PAEFFGEN

Gottes Werk und Teufels Beitrag[1]

I. *Thomas Fischer: ein Rocker?*

Thomas Darnstädt hatte in einem umfangreichen Beitrag unseren Jubilar als „Rocker" etikettiert.[2] Ich meine,[3] daß diese Rubrizierung wenig zutreffend ist. *Darnstädt* nimmt dabei zum einen auf den wahrlich ungewöhnlichen Lebensweg des zu Ehrenden – vom Schulabbrecher, Schreiner, Rockmusiker und Paketzusteller hin zum Germanistik- und später Jurastudium zur Justiz und dort hoch in der Karriereleiter zu einem der höchsten Funktionen, die in der Ordentlichen Justiz offenstehen – Bezug. Daneben glaubt er mit der Bezeichnung aber auch dessen, oft unverblümte, jedenfalls sich immer um gedankliche Klarheit bemühende, von der verquasten Juristen-Suada vor Gericht und in der Öffentlichkeit stark abweichenden Sprache in dessen Publikationen aufzuspießen, – namentlich in dessen viel-umstrittener mehrjähriger Zeit-Kolumne mit dem provokativen Titel „Fischer im Recht". Nun mag man, mit *Darnstädt,* rügen, daß manche dort placierte Ausdrucksweisen vulgär und obszön sind.[4] Und fraglos kann man beanstanden, daß etwa der Umgang mit der Schriftstellerin und Preisträgerin des Deutschen Friedenspreise *Carolin Emcke* wenig chevaleresk war.[5]

---

[1] Der Titel ist von der deutschen Übersetzung des Romans von *John Irving,* The Cider House Rules, 1985, entlehnt – und hat in der hiesigen Verwendung – natürlich – keinen direkten Bezug zum Romaninhalt, – bot aber in anderen Zusammenhängen gewisse Assoziationen.

[2] *Thomas Darnstädt,* Bundesrichter Fischer Rocker am Gerichtshof, Spiegel 6/2017, 6.2.2017, http://www.spiegel.de/spiegel/thomas-fischer-was-treibt-den-bundesrichter-zu-obszoenen-tiraden-a-1133025.html (letzter Abruf: 12.5.2018).

[3] ... bei aller grundsätzlichen Wertschätzung für den Autor! Daß *Darnstädt* sich dem Jubilar auch anders widmen konnte, belegt sein Interview in seinem Buch: *Thomas Darnstädt,* Der Richter und sein Opfer, 2013, S. 266ff., http://www.fischer-stgb.de/fischer/wp-content/uploads/2015/11/Interview-Darnst%C3%A4dt-Fischer.2013.pdf (letzter Abruf: 12.5.2018). Dort legt *Fischer* dar, wieviel Intuitivität das vermeintlich rationale Judizieren, namentlich in Strafsachen, beeinflußt und wie wenig prozessuale „Wahrheit" der im allgemeinen Volksverständnis verankerten „objektiven" Entität entspricht. Dort macht er, auch für Laien nachvollziehbar, wenn auch vielleicht nicht akzeptierbar, klar, wie viel Subjektivität und Konvention, aber auch Unterbewußtes in einem richterlichen Urteil steckt, – allerdings auch schon zuvor im polizeilichen Vernehmungsprotokoll.

[4] So etwa in dessen Beitrag über den SPD-MdB *Edathy,* der im Verdacht ausufernden Konsums von Kinderpornographie stand, und wo er sinngemäß formulierte, wer sich über die Nutzer nicht verbotener Kindernacktfotos aufrege und vor allem „diejenigen, die ihn *[Edathy]* gar nicht schnell genug in die Hölle schicken wollen", sollten doch „einmal die eigenen Wichsvorlagen an die Presse übersenden", Bitte entschuldigen Sie, Herr Edathy, Zeit 27.2.2014, aE, http://www.zeit.de/2014/10/staatsanwaltschaft-fall-edathy/komplettansicht (letzter Abruf: 12.5.2018).

[5] *Fischer,* Strafen für die Freier, Zeit 26.10.2016, http://www.zeit.de/gesellschaft/zeitgeschehen/2016-10/prostitution-freier-schutz-polizei-fischer-im-recht/komplettansicht (letzter Ab-

Andererseits betreibt *Fischer* – in teils schnoddriger, teils geschliffener Sprache – so etwas wie Volksaufklärung, – wenn er etwa anhand des Marburger Obertstudienrates *Björn Höcke* und dessen Rede über das „Denkmal der Schande, gepflanzt in das Herz (der) Hauptstadt“[6] versucht, darüber aufzuklären, daß politische Hetzreden einiges über den Redner besagen, aber idR nicht den Straftatbeständen der § 130 Abs. 3 oder Abs. 4 StGB unterfallen.[7]

Nein, meines Erachtens paßt der Vergleich mit den Rockern überhaupt nicht! Unsere Probleme mit den Hells Angels, den Bandidos oder gar mit den türkischen Osmanen Germania stiegen vermutlich ins Unermeßliche, stünde deren Angehörigen eine ähnliche sprachliche und analytische Potenz zu Gebote. Und selbst wenn man manche Wortwahl als unangemessen scharf oder gar vulgär empfindet, wäre es schlicht staunenswert, wenn unsere „guten“ Rocker ein derart stupendes Wissen um neuere Literatur, um Musik oder cineastische Schmankerl besäßen, von derem auch nur partiellen Vorhandensein bei ihren Eleven die meisten Dienstleister in der reformierte Oberstufe nicht einmal zu träumen wagten (und, so vielleicht doch einmal in nuce vorhanden, beschämt und vor Neid erblaßten).

II. Thomas Fischer und Luther

Mich erinnerten seine Beiträge eher, von Stil, Zielrichtung und Impetus, an eine andere Gestalt, jedenfalls vom Duktus und Typus, – an jemanden, dessen 500sten Geburtstages wir letztes Jahr in zahlreichen Festivitäten feierlich gedacht haben, – an *Martin Luther!* Vergleiche hinken natürlich: Denn *Luther*s Werk hat die Welt der damaligen Zeit nachhaltig und bis auf den heutigen Tag fortwirkend umgekrempelt. Daran kann der zu Ehrende, selbst als Autor der ‚Bibel des Amtsrichters‘,[8] natürlich nicht tippen. Und zugegebenermaßen ist die Zahl der „Zeit“-Leser weit beschränkter als die Zahl der Proselyten, die *Luther* schon zeitlebens gemacht hatte.

---

ruf: 12.5.2018); *Fischer,* Von verbotenen und erlaubten Worten, Zeit 1.11.2016, http://www.zeit.de/gesellschaft/2016-11/hassreden-journalismus-kritik-carolin-emcke-kolumne-fischer-im-recht/komplettansicht (letzter Abruf: 12.5.2018). – IÜ, nota bene, sollte man vielleicht nicht nur erwähnen, wie er auf sie einschlägt, sondern auch, daß er sie, gelegentlich, durchaus beifällig zitiert; so mit ihrem Artikel in der SZ vom 20.1.2017 (*Carolin Emcke,* Seifig, http://www.sueddeutsche.de/politik/kolumne-seifig-1.3341834 (letzter Abruf: 12.5.2018)), in: *Fischer,* Volksverhetzung: Herr Höcke und das Holocaustmahnmal, Zeit 24.1.2017, http://www.zeit.de/gesellschaft/zeitgeschehen/2017-01/populismus-bjoern-hoecke-rede-holocaust-mahnmal-fischer-im-recht/komplettansicht (letzter Abruf: 12.5.2018), S. 3.

[6] Gemeint: Das Holocaust-Mahnmal in der Nähe des Brandenburger Tors, das an die rund 6 Millionen Juden erinnern soll, die unter *Adolf Hitlers* Nationalsozialismus ermordet worden sind. Entworfen von *Peter Eisenman,* wurde es aus 2711 Beton-Stelen errichtet und am 10.5.2005 feierlich eingeweiht.

[7] *Fischer,* Volksverhetzung: Herr Höcke und das Holocaustmahnmal, Zeit 24.1.2017, http://www.zeit.de/gesellschaft/zeitgeschehen/2017-01/populismus-bjoern-hoecke-rede-holocaust-mahnmal-fischer-im-recht/komplettansicht (letzter Abruf: 12.5.2018), S. 3.

[8] Gemeint: *Fischer,* 65. Aufl. 2018, – als Fortsetzer des ursprünglich von *Dreher,* hernach von *Tröndle* bearbeiteten, vom Jubilar aber auf beachtenswerte Höhen gebrachten und gehaltenen „Kleinen-Grauen“. Anders als in dem Christentum gibt’s in der (Straf-)Jurisprudenz freilich noch ein zweites ‚Buch der Bücher‘: *Meyer-Goßner/Schmitt,* 60. Aufl. 2017 bzw. inzwischen 61. Aufl. 2018.

Doch ist die Zahl der erbitterten Gegner der Ausführungen unseres Jubilars relational vielleicht durchaus vergleichbar.[9] Vor allem ist aber der erzieherische Impuls m. E. durchaus als ähnlich einzustufen: Dem Volk aufs Maul schauen und es gleichzeitig aufklären, zwar nicht in rebus religionis, aber in rebus iuridicis! Auch die bisweilen deftige Sprache bietet durchaus Ähnlichkeiten.[10]

Jedenfalls kann man bei *Fischer* ein flammendes Plädoyer für die freie politische Diskussion nachlesen[11] (und nota bene auch für das Vergleichen), das manchen, dem das Niveau der politischen Diskussion degoutant erscheint, vielleicht etwas nachdenklicher stimmen könnte, – wenn er es denn läse.

Oder wie er versucht, unter den Zeit-Lesern für ein besseres Verständnis der Möglichkeiten und Begrenzungen (und bisweilen: Idiotismen[12]) des Strafrechts[13]

[9] Exemplarisch: *Sandherr,* Rechtspersonen Brachiale Schuldsprüche, kostenfrei nachlesbar in: *Fischer,* Justiz und Gerechtigkeit: Über die Befangenheit von Richtern, Zeit 5.5.2015, http://www.zeit.de/gesellschaft/zeitgeschehen/2015-05/justiz-gerechtigkeit-befangenheit-richter/komplettansicht; dort: http://www.zeit.de/gesellschaft/zeitgeschehen/2015-05/FAZ%2030.04.2015_Rechtspersonen.pdf (letzter Abruf: 12.5.2018).

[10] Zwar ist das gern bemühte Zitat. „Warum rülpset und furzet Ihr nicht, hat es euch nicht geschmacket?", nicht als tatsächlich gefallen belegt; wohl aber die nicht minder deftigen: „Wenn ich hier einen Furz lasse, dann riecht man das in Rom" oder: „Aus einem verzagten Arsch kommt kein fröhlicher Furz!" (https://gutezitate.com/zitat/109669 (letzter Abruf: 12.5.2018)). – Auch manche dem weiblichen Geschlecht ruppig gegenübertretene Bemerkungen finden bei *Luther* durchaus Vorbilder, etwa: „Will die Frau nicht, so komm' die Magd!" (*Luther,* Weimarer Ausgabe X2 290); oder: „Es ist kein Rock, der einer Frau oder Jungfrau so übel anstehen will, als wenn sie klug sein will." (*Aland,* Werke Luthers Bd. 9 Tischreden 4. Aufl. 1991 Nr. 786); oder: „Weibern mangelt es an Stärke und Kräften des Leibes und Verstandes.", Luthers Werke. Kritische Gesamtausgabe, Abt. 2: Tischreden (1912ff.) 14 (3); oder: „Eine Frau hat häuslich zu sein. Frauen haben nämlich einen breiten Podex und weite Hüften, daß sie sollen stille sitzen.", zitiert nach *Arnulf Zitelmann,* Widerrufen kann ich nicht. Die Lebensgeschichte des Marthin Luther, 1997, 111. (trotz *Luthers* lebenslanger und tiefer Liebe zu seiner *Katharina von Bora,* von ihm, voller Bewunderung, genannt: „mein Herr Käthe").

[11] *Fischer,* Öffentlicher Friede, Teil 3: Soll man mit dem Strafrecht Politik machen?, Die Zeit 11.11.2015, http://www.zeit.de/gesellschaft/zeitgeschehen/2015-11/oeffentlicher-friede-strafrecht-politik-fischer-im-recht/komplettansicht (letzter Abruf: 12.5.2018).

[12] Beispielhaft: Die völlige Denaturierung des Strafverfahrens durch den Deal, §§ 160b, 202a, 212, 257b, 257c StPO. Leider hat das BVerfG verabsäumt, bei seiner, zugegebenermaßen, nicht unerheblichen Kastration dieser Möglichkeiten (BVerfGE 133, 168ff.) dieses contra legem in der Praxis ausgewucherten Arbeitsentlastungs-Modells ohne wirkliche Kontrollmöglichkeit (wegen meist verdeckter Kumpanei aller Akteure) endgültig und ostentativ für verfassungswidrig zu erklären; scharf gegen das Prinzip schon immer *Fischer* NStZ 2007, 433ff.; *Fischer* StraFo 2009, 177ff.; *Paeffgen* in SK-StPO Bd. IV 5. Aufl. 2015, § 202a Rn. 1ff.; *Velten* in SK-StPO Bd. V 5. Aufl. 2016), § 257c Rn. 1ff.; bemerkenswert klar auch *Eschelbach* in BeckOK StPO, 28. Ed., 1.1.2018, § 257c, Vorwort und Rn. 1ff. Das Vorwort eröffnete, bis zur 25. Ed., 1.7.2016, noch mit dem völlig zutr., aber leider später weggefallenen Satz: „Die Vorschrift ist ein Symbol fehlgeschlagener Rechtspolitik."

[13] *Fischer,* Sicherheit: Raser, Mörder, Kommissare, Zeit 7.3.2017, http://www.zeit.de/gesellschaft/2017-03/sicherheit-raser-moerder-kommissare-fischer-im-recht/komplettansicht (letzter Abruf: 12.5.2018), mit problematischer (siehe etwa *Puppe* ZIS 2014, 66ff.; *Puppe* in NK-StGB, 5. Aufl. 2017, § 15 Rn. 88ff.), aber die hL von der Differenzierung der Vorsatzarten gut verständlich machender Deutung. Oder: *Fischer,* Über die Schwierigkeit, einen Raub zu begehen, Zeit 31.3.2015, http://www.zeit.de/gesellschaft/zeitgeschehen/2015-03/gesetzgebung-raub-strafgesetzbuch/komplettansicht (letzter Abruf: 12.5.2018), von der selbst *Jakobs* (in einer, für seine Verhältnisse: wohlwollenden, Charakterisierung des Jubilars) meint, es handele sich um ein „Kabinettstück", *Jakobs,* BGH-Richter Thomas Fischer: Wer nicht klar schreibt, der denkt auch nicht klar,

oder des Strafprozeßrechts[14] den Blick zu öffnen, gelegentlich sogar hierfür – jedenfalls die ersteren beiden Aspekte – zu „missionieren" – oder auch für die Funktion der Presse/Medien in Bezug auf jene Themen.[15] Und als Grundmelodie klingt immer noch ein abgeklärter Blick auf die Funktionsweisen unserer demokratischen Institutionen mit an.[16]

Dieser Weltsicht sei hier ein wenig beigesprungen, – wenngleich mit bescheideneren Mitteln und auf begrenzterem Raum: Welch ein Glück, zu leben, wenn man in Zeiten sein Dasein fristet, in denen Großmeister der politischen Weitsicht, Integrität und von besonderer fachlicher Kompetenz unsere politischen Geschicke bestimmen! Um aus dem Bouquet der vielfältigen Möglichkeiten allein des vor{?}letzten *Merkel*-Kabinetts[17] wenige Namen, – gleichsam, blumig gesprochen, ein besonderes Glücks-

---

FAZ 1.4.2016, http://www.faz.net/aktuell/feuilleton/buecher/rezensionen/sachbuch/thomas-fischer-behauptet-stets-im-recht-zu-sein-14142328.html (letzter Abruf: 12.5.2018); oder: *Fischer,* Sterbehilfe: Im Zweifel gegen die Freiheit, Zeit 28.4.2015, http://www.zeit.de/gesellschaft/zeitgeschehen/2015-04/sterbehilfe-selbstbestimmung-bundestag/komplettansicht (letzter Abruf: 12.5.2018).

[14] Etwa: *Fischer,* Strafprozess: Eine schreckliche Herausforderung!, Zeit 14.3.2017, http://www.zeit.de/gesellschaft/zeitgeschehen/2017-03/strafprozess-justiz-fischer-im-recht/komplettansicht (letzter Abruf: 12.5.2018) (nach einigen erhellenden Ausführungen zu unserem „armem", mittlerweile: ehemaligen Bundesvorsitzenden der Deutschen Polizeigewerkschaft, *Rainer Wendt*), ab S. 3; oder: *Fischer,* Strafprozess: Der Verteidiger und seine Pflicht, Zeit 5.1.2016, http://www.zeit.de/gesellschaft/zeitgeschehen/2016-01/verteidigung-strafprozess-strafrecht-justiz-fischer-im-recht/komplettansicht (letzter Abruf: 12.5.2018); oder: *Fischer,* Wieder einmal: Journalismus und Recht: Im Land der Dichter und Deuter, Zeit 16.2.2017, http://www.zeit.de/gesellschaft/zeitgeschehen/2017-02/journalismus-recht-im-land-der-dichter-und-deuter-fischer-im-recht/komplettansicht (letzter Abruf: 12.5.2018) (ua zu den üblen Nachreden von Frau *Schwarzer*); oder die Serie: *Fischer,* Strafprozessrecht, Teil I: Über die Wahrheit, Zeit 8.9.2015, http://www.zeit.de/gesellschaft/zeitgeschehen/2015-09/strafprozess-wirklichkeit-wahrheit-fischer-im-recht/komplettansicht (letzter Abruf: 12.5.2018), bis Strafprozessrecht III: Beweis und Überzeugung, Zeit 22.9.2015, http://www.zeit.de/gesellschaft/zeitgeschehen/2015-09/strafprozessrecht-beweis-ueberzeugung/komplettansicht (letzter Abruf: 12.5.2018).

[15] Etwa: *Fischer,* Kriminalität und Massenmedien: Kein „Mord wie jeder andere", Zeit 13.12.2016, http://www.zeit.de/gesellschaft/2016-12/kriminalitaet-massenmedien-freiburg-berichterstattung-tagesschau-fischer-im-recht/komplettansicht (letzter Abruf: 12.5.2018).

[16] So etwa in *Fischer,* Sexuelle Gewalt: Die Schutzlückenkampagne, Zeit 3.2.2015, http://www.zeit.de/gesellschaft/zeitgeschehen/2015-02/sexuelle-gewalt-sexualstrafrecht/komplettansicht (letzter Abruf: 12.5.2018), S. 2., wo er die die Pseudo-Informationsgewinnungs-Veranstaltungen der sog. Sachverständigen-Anhörung sehr zu Recht als degenerierte Show-Darbietung entlarvt, die zur Pseudo-Beruhigung/-Rechtfertigung nach außen dient; vgl. dazu auch *Paeffgen* in NK-StGB, 4. Aufl. 2014, Vor § 32 Rn. 6 Fn. 12 (= *Paeffgen/Zabel* in NK-StGB, 5. Aufl. 2017, Vor § 32 Rn. 6 Fn. 26).

[17] Deren ewig bleibendes Verdienst in ihrem wunderbaren Zickzack von Ausstieg aus dem Ausstieg aus der Atomkraft hin zum Ausstieg aus dem Ausstieg aus dem Ausstieg aus der Atomkraft den deutschen Steuerzahler allermindestens 169 Mrd. EUR kosten wird, während die jeden Tag eine Million an der Atomstrom-Produktion verdienenden Atomkonzerne mit mickrigen 36 Mrd EUR. Haftung für die Endlagerung „bereitstellen". Diese bereiten allerdings schon ihren Abgang durch die kalte Küche vor, indem sie die gewinnträchtigen Teile ihrer Konzerne outsourcen, so daß am Schluß nur noch ein paar illiquide „hohle Nüsse" übrig bleiben dürften, so daß selbst diese – angesichts der Gewinne, die die großen Vier mit dem Atom-Strom gemacht haben, kümmerliche Summe schlußendlich nicht beitreibbar sein wird. So etwas kommt davon, wenn man sich von Gestalten wie *Gerald Hennenhöfer* (Leiter der Abteilung Reaktorsicherheit im Bundesumweltministerium, dann Generalbevollmächtigter für Wirtschaftspolitik des Energiekonzerns in der, natürlich selbst betroffenen, VIAG-AG, dann wieder, im Kabinett *Merkel* II, Leiter der Abtei-

klee-Pflänzlein, – herauszugreifen, seien nur Herren Verkehrsminister *Dobrint,*[18]

lung Reaktorsicherheit im Bundesumweltministerium, und zum krönenden Abschluß, als Mitglied in der Ende 2015 einberufenen „Kommission zur Überprüfung der Finanzierung des Kernenergieausstiegs") die Feder führen läßt. Etwas bläßlich zu dieser unglaublichen Tätigkeit eines wahrlich „unbefangenen", dafür auf vielen Schultern tragenden „Amtsträgers" der Wikipedia-Eintrag *Gerald Hennenhöfer,* https://wikipedia.org/wiki/Gerald_Hennenhfer%C3%B6 (letzter Abruf: 12.5.2018); erhellender der WDR-Beitrag „Strahlendes Erbe, teuer bezahlt – Wie Atomkonzerne den Staat schröpfen", 25.1.2017, http://www1.wdr.de/mediathek/video/sendungen/die-story/video-strahlendes-erbe-teuer-bezahlt—wie-atomkonzerne-den-staat-schroepfen-102.html (letzter Abruf: 12.5.2018). – Kleine Einstimmung hierzu: BVerfG NJW 2017, 2249ff. (Nichtigkeit des Kernbrennstoffsteuergesetzes). Zum Hintergrund auch: *Kreutzfeldt,* Atomkraft in Deutschland Kritische Beamte stillgelegt, taz 8.3.2015, http://flyproxygo.appspot.com/o/2f36313637313035212f65642e7a61742e7777772f2f3a70747468 (letzter Abruf: 12.5.2018). – Erhellend ist auch, daß Deutschland, unter ihrer Führung, der Luftqualitätsrichtlinie 2008/50/EG zugestimmt hat, in deren Gefolge die Schadstoffe nur in 3 Meter Höhe gemessen werden, – da ja der durchschnittliche Mitteleuropäer bekanntlich seinen Mund und seine Nase in dieser Höhe zu tragen pflegt, – von den blöden, aber gesundheitlich leider besonders betroffenen Kindern vielleicht einmal abgesehen.

[18] Der große Zampano, der die Straßenmaut für Ausländer schließlich in einer unrentablen Kümmerform durchboxte (einerseits, etwa: *Heidtmann,* Maut – Wenn Unsinn Gesetz wird, 31.3.2017, http://www.sueddeutsche.de/politik/maut-wenn-unsinn-gesetz-wird-1.3444757 (letzter Abruf: 12.5.2018), oder: *Roßbach/Kafsack,* Gutachter: Dobrindts Pkw-Maut ist rechtswidrig, FAZ 17.2.2017, http://www.faz.net/aktuell/wirtschaft/wirtschaftspolitik/pkw-maut-von-alexander-dobrindt-ist-laut-gutachten-rechtswidrig-14881601.html (letzter Abruf: 12.5.2018), (deren zweifelhaftes Ende vor dem EuGH freilich erst nach des zu Ehrenden Wiegenfest erlebbar sein wird); – aber andererseits die Toll-Collect-Firmen mit weit überhöhten Gebührenzahlungen bedachte, etwa: *Balser,* Dobrindt weiß seit einem Jahr von zu hohen Maut-Zahlungen, SZ 11.9.2017, http://www.sueddeutsche.de/wirtschaft/autobahn-maut-dobrindt-weiß-seit-einem-jahr-von-zu-hohen-maut-zahlungen-1.3662299 (letzter Abruf: 12.5.2018)); jener steht allenthalben auch in vielen anderen Skandalen im Zenit der Ahnungslosigkeit: etwa den Dieselskandal, etwa: *Frey,* Dieselskandal Wie die Politik die Autoindustrie vor Bußgeldern schützt, Report Mainz 8.8.2017, https://www.swr.de/report/dieselskandal-wie-die-politik-die-autoindustrie-vor-bussgeldern-schuetzt/text-des-beitrags-dieselskandal/-/id=233454/did=20037636/mpdid=20066812/nid=233454/vmqbvo/index.html (letzter Abruf: 12.5.2018), oder der wunderbaren Public-Privat-Partnership im Autobahnbau, die den Steuerzahler noch viele weitere Milliarden kosten dürfte, etwa: *Kveton* ua, Pleitegeier über der Autobahn Wenn der Bund andere bauen läßt, BR 23.8.2017, http://www.br.de/nachrichten/public-private-partnership-100.html (letzter Abruf: 12.5.2018), oder: *Balser,* Autobahn-Privatisierung erleidet herben Rückschlag, SZ 23.8.2017, http://www.sueddeutsche.de/wirtschaft/verkehrspolitik-autobahn-privatisierung-erleidet-herben-rueckschlag-1.3636110 (letzter Abruf: 12.5.2018). Aber dafür segelte der (Ex-)Minister immer schön blind im Kielwasser der Autokanzlerin (etwa: mit deren erfolgreichen Kampf gegen schnelle und strenge Abgasregelungen auf EU-Ebene, etwa „Abgasregelung Deutschland gibt Blockade bei Abgasnorm auf", Welt 29.11.2013, https://www.welt.de/wirtschaft/article 122410588/Deutschland-gibt-Blockade-bei-Abgasnorm-auf.html (letzter Abruf: 12.5.2018); oder *Balser/Bauchmüller,* Abgas-Affäre Berlin blockiert strengere Abgastests, SZ 24.4.2017, http://www.sueddeutsche.de/wirtschaft/abgas-affaere-berlin-blockiert-strengere-abgastests-1.3477019 (letzter Abruf: 12.5.2018)) und ihres kongenialen Pseudo-Widerparts und Möchtegern-Staatsmann *Horst Seehofers* (CSU-Chef Seehofer zu Verbrennungsmotoren „Eine Hexenjagd gegen das Auto", Spiegel 28.8.2017, http://www.spiegel.de/politik/deutschland/horst-seehofer-zu-verbrennungsmotoren-eine-hexenjagd-gegen-das-auto-a-1164735.html (letzter Abruf: 12.5.2018)). Vgl. aber immerhin VG Düsseldorf NVwZ 2017, 899ff.; ähnl. VG Stuttgart BeckRS 2017, 123326; und dazu etwa, zust.: *Faßbender,* Der Dieselskandal und der Gesundheitsschutz, NJW 2017, 1995ff.; abl. *Lenz,* Fahrverbote für Dieselfahrzeuge in Umweltzonen trotz grüner Plakette?, NVwZ 2017, 858ff. – Als jüngste „Errungenschaft" sei noch das Einknicken der EU-Kommission vor Frau *Merkel* und ihrer Autolobby genannt (oder sollte man die Beziehung umgekehrt verstehen?): Etwa *Balser* e.a., Automobilindustrie Ausgerechnet VW torpe-

Gesundheitsminister *Gröhe,*[19] Justizminister *Maas*[20] oder Landwirtschaftsminister *Schmidt*[21] genannt.

---

diert härtere Abgasziele, SZ 7.11.2017, http://www.sueddeutsche.de/wirtschaft/lobbyisten-in-bruessel-ausgerechnet-vw-torpediert-haertere-abgasziele-1.3738874 (letzter Abruf: 12.5.2018); *Balser,* Neue Abgasregeln Ein Sieg, der der Autobranche noch leidtun wird, SZ 8.11.2017, http://www.sueddeutsche.de/wirtschaft/neue-abgasregeln-ein-sieg-der-der-autobranche-noch-leid-tun-wird-1.3740378 (letzter Abruf: 12.5.2018).

[19] Eine Sternstunde in der besonders christlichen Verteidigung des Rechtsguts „Leben" beschwor jener herauf, als er sich massiv gegen die Sterbehilfe (von psychisch oft an der Grenze des Erträglichen Stehenden) ins Zeug legte, etwa: Etwa: „Euthanasie: Gröhe will jede organisierte Sterbehilfe verbieten", Zeit v. 26.7.2014, http://www.zeit.de/politik/deutschland/2014-07/sterbehilfe-groehe-verbot (letzter Abruf: 12.5.2018); während die Quantité négligeable von ‚bloß' ca. 45.000 Toten jährlich infolge Feinstaubbelastung sein Ministerium in keinerlei Hektik versetzt, geschweige denn zu überhaupt irgendeine Initiative veranlaßt haben, etwa: Gesundheitsrisiken der Bevölkerung durch Feinstaub, Umweltbundesamt 27.6.2016, http://www.umweltbundesamt.de/daten/umwelt-gesundheit/gesundheitsrisiken-der-bevoelkerung-durch-feinstaub {letzter Abruf: 12.5.2018}); oder, jüngst, zu der notorisch völlig unzulänglichen Filterung von hochgiftigem Quecksilber in den Kohlekraftwerken, etwa: *Dambeck,* Quecksilber-Emissionen Nervengift für Deutschland, Spiegel 22.9.2017, http://www.spiegel.de/wissenschaft/natur/quecksilber-aus-deutschen-kohle-kraftwerken-zu-80-prozent-vermeidbar-a-1168537.html (letzter Abruf: 12.5.2018); bzw. detailliert: EEB, Quecksilberemissionen aus Kohlekraftwerken in Deutschland (2017), http://www.spiegel.de/media/media-41776.pdf (letzter Abruf: 12.5.2018). – Leider deuten alle Zeichen darauf hin, daß uns *Dobrint* in Zukunft nicht mehr auf diesem Feld seiner Kernkompetenzen beglücken, sondern CSU-Landesgruppen-Chef werden wird. In dieser Funktion kann er dann wenigstens in *alle* Politikfelder hinein segensreich wirken.

[20] Auf ihn wird im folgenden, aus naheliegenden Gründen, noch ein wenig näher eingegangen. Einen ‚schönen', die Person meisterhaft skizzierenden Abgesang auf ihn aus der Feder unseres Zu-Ehrenden kann man in: *Fischer,* Heiko Maas: Herr Minister muss leider gleich weiter; Zeit 21.9.2017 http://www.zeit.de/2017/39/heiko-maas-justizminister-legislaturperiode-wuerdigung (letzter Abruf: 12.5.2018), nachlesen, insbesondere zu der – für die deutsche politische Klasse kennzeichnende – Episode, daß Justizminister und GBA *(Range)* sich wechselseitig – für ersteren folgenlos bleibend – als „Lügner" bezeichnen konnten, nachdem letzterer eine (lt. *Maaß:* Nicht-)Weisung erhalten habe, ein Strafverfahren gegen einen Blogger einzustellen. Dazu schon früher, sehr viel differenzierter, *Fischer,* „Netzpolitik.org": Ein Abgrund von Landesverrat, Zeit 11.8.2015, http://www.zeit.de/gesellschaft/zeitgeschehen/2015-08/pressefreiheit-netzpolitik-fischer-im-recht/komplettansicht (letzter Abruf: 12.5.2018), – mit, ua, einem nur allzu berechtigten Seitenhieb auf den deutschen sog. „Qualitätsjournalismus".

[21] Der Don Quichotte im Kampf gegen die Veggi-Bratwurst („Ernährungsminister Schmidt ist gegen ‚vegane Wurst'", Welt 28.12.2016, https://www.welt.de/politik/deutschland/video160662960/Ernaehrungsminister-Schmidt-ist-gegen-vegane-Wurst.html (letzter Abruf: 12.5.2018)) hat anderenorts keine Probleme damit, daß sein Bundesinstituts für Risikobewertung im Streit um die Neuzulassung von Glyphosat (von Monsantos Roundup®) ganze Textpassagen von der Industrie abkupfert – in bester *Freiherr-von-Guttenberg*-Manier, *Andreas Rummel/ Silvia Liebrich,* Glyphosat Wenn Monsanto die Risiken einfach selbst bewertet, SZ 24.9.2017, http://www.sueddeutsche.de/wirtschaft/glyphosat-wenn-monsanto-die-risiken-einfach-selbst-bewertet-1.3678432 (letzter Abruf: 12.5.2018) (man lese dazu nur etwa: BfR, Hat Glyphosat möglicherweise schädliche Auswirkungen auf die Darmflora von Mensch und Tier?, 14.8.2012, http://www.bfr.bund.de/cm/343/hat-glyphosat-moeglicherweise-schaedliche-auswirkungen-auf-die-darmflora-von-mensch-und-tier.pdf (letzter Abruf: 12.5.2018)), von der Sachentscheidung ganz abgesehen, ein Mittel, dem eines der wenigen – von Monsanto unabhängig arbeitenden – Forschungsinstitute eine beträchtliche Krebsgefahr bescheinigt (IARC-Presseerklärung vom 20.3.2015 IARC Monographs Volume 112: evaluation of five organophosphate inscecticides and herbicides, http://www.iarc.fr/en/media-centre/iarcnews/pdf/MonographVolume112.pdf (letzter Abruf: 12.5.2018)), munter auf deutsche Felder und damit in deutsches Grundwasser ausbringen zu lassen. – Und als wahres Menetekel ist auf die in Deutschland unter der Ägide zahlreicher CSU-Landwirtschafts-

III. *Auf Maas laßt uns blicken*

Im Folgenden seien ein paar der wunderbaren Sumpfblüten angeleuchtet, die dem segensreichen Tun des – nunmehr, Gott sei's geklagt, ehemaligen – Bundesjustizministers[22] entsprossen sind. In wieweit man auch das Ministerium selbst in Gesamthaft für diese Elaborate nehmen darf, dürfte erst späteren Generationen aufzuklären vorbehalten bleiben.[23]

IV. *Hauptstück*

1. *Maas und das Strafrecht – zum ersten*

Da sei zum einen aus dem 50. Gesetz zur Änderung des StGB[24] der § 184j StGB[25] genannt: Mit jener Norm soll das erhöhte *Gefahrenpotential* von aus einer Gruppe heraus begangenen Sexualstraftaten erfaßt werden können.[26] Treffend hält

minister geradezu sträflich vernachlässigte Wasserreinhaltung infolge insbesondere extremer Gülle-Ausbringung durch landwirtschaftliche Großmastbetriebe hinzuweisen, vgl. etwa: *Liebrich,* Umwelt Deutschland spart beim Wasserschutz – auf Kosten aller, SZ 5.9.2017, http://www.sueddeutsche.de/wirtschaft/kommentar-auf-kosten-aller-1.3650956 (letzter Abruf: 12.5.2018), – was endlich zu einer EU-Klage gegen die BRD geführt hat.

[22] Der, 1996, also mit 30, schon früh stürmisch, mit der fulminanten Kompetenz, soeben das juristische Assessorexamen absolviert zu haben – oder sogar schon kurz davor (bezeichnenderweise haben sowohl das entsprechende Ministerium wie die Staatskanzlei, Abt. Öffentlichkeitsarbeit, diesbezügliche Informationsbitten leerlaufen lassen), *Staatssekretär*(!) im saarländischen Umweltministerium wurde, – als Protegé *Lafontaines*! Vgl. seinen Lebenslauf: http://www.bmjv.de/DE/Ministerium/Minister/Minister_node.html;jsessionid=BC1A7FD57A7941004011B60FC73637D3.2_cid289 (letzter Abruf: 12.5.2018)),

[23] Natürlich hat die Strafrechtsabteilung des Hauses mehr als ein Scherflein dazu beigetragen. Aber angesichts der geringen Bereitschaft des damaligen Ministers, lt. verbreitet vernehmbaren Ondits, sich von Subalternen Ratschläge geben zu lassen, liegen die Verantwortlichkeiten schon klar auf der Hand: Vieles im Folgenden Geschilderte ist methodologisch derart abwegig, daß man nicht glauben kann, daß die fraglos im Hause vorhandenen Spitzenjuristen dies nicht bemerkt haben könnten.

[24] 50. StÄndG – Verbesserung des Schutzes der sexuellen Selbstbestimmung vom 4.11.2016 (BGBl 2016 I 2460), mit Wirkung vom 10.11.2016.

[25] Dem Urteil von *Renzikowski* in MüKoStGB, 3. Aufl. 2017, § 184j Rn. 2 kann ich mich nur vollinhaltlich anschließen: „eine der schlimmsten Verirrungen des Gesetzgebers"; die Norm „hat mit einem rechtsstaatlichen Strafrecht nichts zu tun". – Selbst aus dem BMJ vernimmt man unüblich klare Worte: „Mißgriff", *Bezjak* KJ 2016, 557 (571). – Daß das Gesetz Vorläufer aus der Mitte des Parlaments hatte, sei nicht bestritten, etwa § 179a Entwurf *Högl* ua, Eckpunktepapier zur Reform des Sexualstrafrechts – mit dem Grundsatz „Nein heißt Nein", 1.6.2016, https://www.bundestag.de/blob/425890/08ddc9a8cced2c4ca8305b5ec2dccace/tischvorlage-data.pdf (letzter Abruf: 12.5.2018). Zur Genese – und zur „tollen Unterstützung" aus dem BMJ ausdrückl, MdB *Högl,* BT-Prot., 18. WP, 183 Sitzung, 7.6.2016, S. 17999 (D), http://dip21.bundestag.de/dip21/btp/18/18183.pdf (letzter Abruf: 12.5.2018). Aber die dortigen Elogen zeigen, daß Herr *Maas* sich insoweit von seiner Verantwortung – zumal als zuständiger Minister – nicht freizeichnen kann.

[26] BT-Drs. 18/9097, 31, http://dip21.bundestag.de/dip21/btd/18/090/1809097.pdf (letzter Abruf: 12.5.2018). – Was wunder nimmt bei dem *Maas*schen Bestrafungsfuror, ist, daß angesichts der vielen Taschendiebstähle und Raubakte in der unseligen Kölner Sylvesternacht nicht auch noch bei §§ 242, 249 StGB entsprechende Ergänzungsnormen à la § 184j StGB aufgestellt wur-

Renzikowski den Normzweck für „lediglich vorgeschoben“: Denn wie sollte eine „motivierend wirkende Dynamik ..., die durch die gegenseitige Bestärkung der Gruppenmitglieder gespeist wird“, zwischen Personen entstehen können, die zuvor nichts voneinander gewußt zu haben brauchen, sondern sich – möglicherweise – nur zufällig zusammengefunden haben. Tatsächlich handelt es sich um eine in der jüngeren (Straf-) Gesetzgebung leider nicht untypische *Beweisproblem-Vermeidungs-Norm*[27].[28] Doch ist Normen, die ausschließlich dazu dienen, Beweisprobleme zu vermeiden, jegliche verfassungsmäßige Legitimität abzusprechen, sofern man noch dem Menschenwürde-Prinzip (Art. 1 Abs. 1 GG) oder auch der Unschuldsvermutung (Art. 6 Abs. 2 EMRK) eine gewisse Bedeutung beimessen will.[29]

Nun wird von einer der wenigen BefürworterInnen der Norm, Frau *Hörnle,* ein vermeintlich entlastender Vergleich zu anderen Tatbeständen mit einer objektiven Strafbarkeitsbedingung gezogen, etwa §§ 231, 323a StGB.[30] Die außerordentlich geschätzte Kollegin kapriziert sich dabei allerdings m. E. ein wenig zu sehr auf ein paar formale Ähnlichkeiten (namentlich die von der hM bedenkenlos akzeptierte Existenz von objektiven Strafbarkeitsbedingungen), ohne die massiven materialen Differenzen in Bedacht zu nehmen: Schon anderen[31] ist aufgefallen, daß bei § 231 StGB wenigstens vorausgesetzt wird, daß der Akteur sich aktiv an einer *tätlichen* Auseinandersetzungen beteiligt haben muß, in deren Zug es dann zu den schlimmen Folgen gekommen ist.[32] Die grundlegende Handlung ist also

den! Auch neben § 231 StGB hätte sich eine entsprechende Ergänzungsnorm doch exzellent gemacht, – angesichts der zahlreichen Körperverletzungsdelikte, begangen namentlich aus Kreisen der sog. „Nafris“ (Nordafrikanische Intensivtäter (Polizeijargon)) heraus. Aber das hätte vielleicht das strahlende Bild des letzten Verteidigers der weiblichen sexuellen Selbstbestimmung in Deutschlands Gauen, *St. Heiko,* zu sehr verwaschen.

[27] Tatsächlich scheiterten viele Strafverfolgungsmaßnahmen nach der Sylvesternacht auch an der katastrophal inkompetenten Lageeinschätzung und Reaktionsweise der personell völlig unzureichend auf kritische Situationen eingestellten Kölner und der Landes-Polizei, *Kleinebeckel,* Kölner Silvesternacht: Heikle Wahrheiten, kapitale Strategiefehler, Heise 20.4.2016, https://www.heise.de/tp/features/Koelner-Silvesternacht-Heikle-Wahrheiten-kapitale-Strategiefehler-3191834.html (letzter Abruf: 12.5.2018).

[28] Zu einem weiteren, auf dem Gülleacker von Herrn *Maas* gewachsenen Exemplar, dem § 89c StGB, noch gleich mehr.

[29] So zutr. auch *Renzikowski* in MüKoStGB, 3. Aufl. 2017, § 184j Rn. 2, – unter Verweis auf den ‚burden of proof‘, der beim Staat liegt, etwa nur: BVerfGE 74, 358 (370) = NJW 1987, 2427; EGMR (Pl) – *Barberà* ua./. E, J. v. 6.12.1988 – 10590/83, A 146, Rn. 77; EGMR – *Melich/Beck./.* CZ, 24.7.2008 – 35450/04, Rn. 49; vertiefend: *Stuckenberg* ZStW 111 (1999), 422ff.; *Paeffgen* in SK-StPO, Bd. X, 4. Aufl. 2012, Art. 6 Rn. 185ff., 188ff., aber auch Rn. 179.

[30] Daß diese – zugegebenermaßen traditionsreichen – Normen ihrerseits verfassungsrechtlich und methodisch über Zweifel keineswegs erhaben sind, haben andere moniert, (zu § 231 StGB) etwa: *Frister,* Schuldprinzip, 1988, 59 (61); *Hirsch* in LK-*StGB,* 11. Aufl. 2000, § 228 Rn. 1; *Saal,* Beteiligung, 2005, 108ff.; hiergegen allerdings, trotz zahlreicher Defizite in der Handhabung der Norm, *Paeffgen* in NK-StGB, 4. Aufl. 2013, § 231 Rn. 1ff.; ähnl. *Paeffgen/Böse* in NK-StGB, 5. Aufl. 2017, § 231 Rn. 1ff. – Zu § 323a StGB: *Frister,* Schuldprinzip, 1988, 53 (59 iVm 47, 49); *Lagodny,* Strafrecht, 1996, 233f. (408f., 484f.); *Geisler,* Vereinbarkeit, 1998, 363 (368ff.); dagegen: *Paeffgen* in NK-StGB, 5. Aufl. 2017, § 323a Rn. 13, 14ff.

[31] *Fischer,* 65. Aufl. 2018, StGB § 184j Rn. 12; *Renzikowski* in MüKoStGB, 3. Aufl. 2017, § 184j Rn. 5.

[32] *Paeffgen* in NK-StGB, 4. Aufl. 2013, § 231 Rn. 1ff.; ähnl. *Paeffgen/Böse* in NK-StGB, 5. Aufl. 2017, § 231 Rn. 1ff.

die Beteiligung an einer ‚munteren Keilerei', – eine für jeden Normaldenkenden die Gefahr von *erheblichen Weiterungen* bergende Verhaltensweise.[33] – Auch bei belangreichem Rauschmittelkonsum iSv § 323a StGB weiß jeder, der nicht aus einem völlig anderen Kulturkreis zu uns gestoßen ist, daß die rauschmittel-bedingte Enthemmung zu allen möglichen Straftaten führen kann. Eine erhebliche *Grundgefahr* des vertatbestandlichten Verhaltens ist also schwer bestreitbar. – Bei § 184j StGB sucht man eine solche Grundgefährlichkeit des an den Tag gelegten Verhaltens vergeblich: Zwar klingt: „Wer eine Straftat dadurch fördert, daß er sich an einer Personengruppe beteiligt, die eine andere Person zur Begehung einer Straftat an ihr bedrängt", auch irgendwie *‚gefährlich'*. Doch bei genauerem Zusehen ist das Sich-Beteiligen an einer Personengruppe, die eine andere Person bedrängt, ein im täglichen öffentlichen Nahverkehr ständig erlebbares Phänomen.[34] Schon das einzige objektive (und daher: zentrale) Unrechtsmerkmal „Bedrängen" ist von einem, jeden Polizeirechtler aufs äußerste durch seine Undeutlichkeit bezaubernden Charme: „körperlich ausgeführtes, aggressives Vorgehen gegen eine Person …, welches das Ziel und den Erfolg hat, den Betroffenen in seiner Flucht- oder Abwehrmöglichkeit zu beeinträchtigen",[35] also irgendeine Form von Einschränkung der (Fortbewegungs- oder Handlungs-)Freiheit einer anderen Person *unterhalb der Stufe der Freiheitsberaubung oder der Nötigung,* – aber immer noch oberhalb der Bagatellgrenze.[36] – Nun werden die Apologeten der Norm sofort replizieren: Das gelte aber nicht, wenn das Bedrängen zu einer Straftat-Begehung diene. Doch hier zeigt sich das zutiefst Kranke an jener Norm: Denn *welche Straftat* das ist, ist *völlig belanglos.*[37] Wenn sich also ein paar Fußballrowdys zusammenfinden und aus ihrem Kreis heraus gegnerische Fans beleidigt werden – und dabei einer noch überdies eine Frau unsittlich „begrabscht", schlägt die Norm bereits zu! Also, anders als bei jenen gern als „Parallelen" herangezogenen Normen (§§ 231, 323a StGB), fehlt hier die prototypische *Grundgefährlichkeit* des inkriminierten Verhaltens (jenseits desjenigen Delikts, zu dessen Begehung sich die Gruppe vorgeblich zusammengerottet hat). Es fehlt an manchem: Weder muß das Tun eine Freiheitsberaubung oder eine Nötigung sein („bedrängen" ist, wie gesagt, vom weisen Gesetzgeber bewußt unter jenem Niveau veranschlagt worden[38]). Auch müssen die intendierten Taten nichts mit § 177 oder § 184i StGB zu tun haben (hier salviert ja die schöne Einrichtung einer objektiven Strafbarkeitsbedingung). Jener ominöse „Förderer" braucht also von dem Sexualdelikt

---

[33] Wieso sich aus einer kollektiven Pöbelei, etwa unter Fußballzuschauern, aber die auch nur abstrakte Gefahr von sexuellen Übergriffen auf Frauen resultieren soll, erschließt sich, scheint's, nur jemandem, der die mathematische String-Theorie richtig durchschaut.

[34] AA *Hörnle* BRJ, 2017, 57 (59f.); *Hörnle* NStZ 2017, 13 (21).

[35] So etwa *Fischer,* 64. Aufl. 2017, StGB § 184j Rn. 6.

[36] BT-Drs. 18/9097, 31 (Fn. 18); das betont auch *Renzikowski* in MüKoStGB, 3. Aufl. 2017, § 184j Rn. 8.

[37] Damit nähert sich die Norm mit großen Schritten dem Streubereich des § 323a StGB, der jedwede Norm des Haupt- und Nebenstrafrechts zur objektiven Strafbarkeitsbedingung erhebt, während sich § 184j StGB auf bloß individualschützende Normen beschränkt.

[38] BT-Drs. 18/9097, 31 (Fn. 18).

nicht nur nichts gewußt, sondern auch mit derartigem gar nichts im Sinn gehabt haben[39].[40]

Überhaupt ist die subjektive Tatseite des Tatbestandes eine intellektuelle Delikatesse besonderen Ausmaßes: Ein biederer Gesetzes-Exeget könnte bei der Lektüre des Gesetzestextes auf den plumpen Gedanken verfallen, „zur Begehung“ impliziere *Absicht, oder zumindest dolus directus 2. Grades, eben jene ungenannte Straftat zu begehen.*[41] Nun können fraglos auch Gruppen eine solche *gemeinsame* subjektive Tendenz haben. Das nennt man dann normalerweise einen mittäterschaftlichen Tatplan. Das vorauszusetzen, hieße aber, § 184j erlaubte die Zurechnung eines Mittäterexzesses an die Restgruppe.[42] Wenn man es so offen ausspricht, offenbart sich das zutiefst Kranke in der Konzeption der Norm! Doch auch dieser Mißstand ist noch steigerungsfähig: Denn die Norm will gerade darauf verzichten, dem Staat die Mühsal des Nachweises dafür aufzubürden, zu zeigen, daß die Gruppenteilnehmer (i.a.R.: Männer) diesen Tatplan *gemeinschaftlich* hatten![43] Also eine Gruppe, in der der eine teilnimmt, weil er per „Bedrängung“ *beleidigen* will, der nächste, weil er unter dem Tarnmantel eine zu bedrängende Person *bestehlen* will, ein Dritter, der einen (durchaus) anderen (sagen wir zum besseren Verständnis: Sechsten) ohrfeigen will, diese ‚muntere Gruppe‘ bildet – entgegen allen Herkömmlichkeiten der Zurechnung – ein taugliches Substrat für die Tatbestandsmäßigkeit![44] Nun sei gar nicht bestritten, daß es Konstellationen gibt, in denen eine Gruppe junger Männer – etwa unter dem Einfluß von Alkohol oder sonstigen Drogen oder aufgrund von Sprachverwandtschaft – glaubt, Strafrechtsrelevantes gegenüber unbeteiligten Dritten ins Werk setzten zu können und zu sollen.[45]

---

[39] BT-Drs. 18/9097, 31. Exemplarisch: der bereits erwähnte Hooligan, der doch nur die Fans des gegnerischen Fußballclubs „ein bißchen aufmischen“ wollte. – Eine der am Gesetzgebungsverfahren Beteiligten, Frau *Bezjak,* erwägt eine verfassungskonforme Reduktion der Norm („bereits auf objektiver Ebene zumindest die Voraussetzungen einer Förderungshandlung im Sinne des § 27“), die freilich § 184j StGB überflüssig machte, denn der vom Gesetzgeber in den Vordergrund gepushte Schutzzweck werde schon durch die § 177 Abs. 6 Nr. 2 StGB und § 184i Abs. 2 StGB abgedeckt, *Bezjak* KJ 2016, 557 (570) (immerhin bleibe allerdings die Hochzonung von § 27 zu einer neuen *Haupttat*).

[40] Es gab mal eine Zeit in Deutschland, in der der Plan, schon die *bloße Anwesenheit* bei gewalttätigen Demonstrationen zu bestrafen, selbst bei der Polizei, aber auch bei der Justizpraxis und, selbstredend, bei der Rechtslehre auf ganz überwiegende *Ablehnung* gestoßen ist, vgl. die öffentliche Anhörung des Rechtsausschusses vom 12. und 13.12.1984, Deutscher Bundestag, 10. WP 1983, 6. Ausschuß, Protokoll Nr. 39.

[41] Auch *Fischer,* 64. Aufl. 2017, StGB § 184j Rn. 9; *Renzikowski* in MüKoStGB, 3. Aufl. 2017, § 184j Rn. 10 ventilieren diesen Gedanken, der sich jedem aufdrängen muß, der schon einmal ein paar Semester Strafrecht nicht nur „gehört“, sondern auch nachgearbeitet hat, – was aber bei angehenden Volljuristen zunehmend seltener der Fall zu sein scheint! (Ersterer verneint ein solches Anforderungsprofil, – freilich ohne Begründung.) Anders jetzt: Fischer, 65. Aufl. 2018, StGB § 184j Rn. 11: „Strafrechtsabsicht“.

[42] So schon richtig: *Renzikowski* in MüKoStGB, 3. Aufl. 2017, § 184j Rn. 10.

[43] Ausdrücklich: Es sei „kein bewusstes und gewolltes Zusammenwirken verlangt“, BT-Dr. 18/9097, 31.

[44] Das traditionsreiche „Tres faciunt collegium“ (BT-Drs. 18/9097, 31) ist dabei als Topos nicht zu beanstanden. Das Problem liegt in der normativen Bündelung von möglicherweise völlig heteronomen subjektiven Tendenzen unter dem Stichwort Gefährlichkeit! Mit dieser Maßgabe dürfte kein Regionalliga-Fußballspiel mehr stattfinden!

[45] Zu denken ist etwa an das ominöse „Antanzen“ an junge Frauen, um sie zu bestehlen (oder sexuell zu belästigen), vgl etwa: *Bons,* Diebe tanzen Passanten an um Wertsachen zu stehlen, Welt

Aber das sind, sachlich betrachtet, schlichte Fälle von Nötigung, u. U. sogar von Freiheitsberaubung, – ggfls. mit Folgetaten in diversen denkmöglichen Beteiligungs- und Konkurrenzformen. Wenn ich nun, um der Mißlichkeit allfälliger Beweisschwierigkeit zu entgehen, die Anforderungen an die Tatbestands- und Beteiligungsmerkmale soweit ausdünne, daß nur noch ein paar, gleichfalls nur schwer nachweisbare, aber von dem überlasteten Amtsrichter auch leicht einmal „zuschreibbare" Subjektivismen übrig bleiben, so sollte man die Kritik an der Verfassungskonformität[46] nicht so bagatellisieren.[47]

Lt. dem hier zu Ehrenden – und dem vom Gesetzgeber Gemeinten – ist allerdings wohl *dolus eventualis* hinsichtlich der Gruppenbildung und des Bedrängens ausreichend.[48] Wohl aber soll bloße Anwesenheit in einer solchen Gruppe (i. e.: ohne besagten dolus eventualis) nicht genügen. Das ist nun zwar methodologisch trivial. Nicht trivial ist freilich, wie ein Gericht genau das feststellen wollen und können soll, zu welcher ‚Gruppe' der Gruppenangehörige gehört haben soll!? Schlichte Gemüter wie mich erinnert das mehr an Zurechnungssentenzen aus grauer Vorzeit: „Mitgegangen, (Mitgefangen), mitgehangen!"[49] – als an verfassungskonforme Zurechnungsmodi der Neuzeit.[50] – Aber so kann man sich täuschen! Wehe also dem Hool, wenn aus seiner Gruppe heraus eine Tat nach §§ 177 oder 184i StGB begangen wird. Nun mag das Mitleid mit jenen Zeitgenossen in der deutschen Gesamtbe-

---

10.1.2014, https://www.welt.de/regionales/duesseldorf/article123732293/Diebe-tanzen-Passanten-an-um-Wertsachen-zu-stehlen.html (letzter Abruf: 12.5.2018); oder: *Schmetz/Mohne,* „Antanzen" ist in Aachen ein großes Problem, Aachener Zeitung 15.1.2016, https://www.aachener-zeitung.de/lokales/aachen/antanzen-ist-in-aachen-ein-großes-problem-1.1269976 (letzter Abruf: 12.5.2018), – auch mit der staunenswerten Feststellung, daß es bei einem konkreten Sistierten, trotz 40 Taten, am „hinreichenden Tatverdacht" gefehlt habe.

[46] Deutlich krit. in diesem Sinn etwa: *Bezjak* KJ 2016, 557 (569f.); *Fischer,* 65. Aufl. 2018, StGB § 184j Rn. 20f.; *Renzikowski* in MüKoStGB, 3. Aufl. 2017, § 184j Rn. 3ff.

[47] So aber *Hörnle* BRJ, 2017, 57 (58ff.); *Hörnle* NStZ 2017, 13 (21). – Gerne sei der geschätzten Kollegin zugestanden, daß manchem Strafrechtler akademischer oder anwaltlicher Provenienz der Vorwurf der Verfassungswidrigkeit nur allzu leicht über die Lippen kommt. Aber die oben angeführten dogmatischen Unausgegorenheiten und Systembrüche sollte man auch nicht bagatellisieren. Denn man mag sich, was den weiten gesetzgeberischen Gestaltungsspielraum in rebus criminalibus anlangt, auf *Gärditz* Der Staat 49 (2010), 331 (342ff.) (metaphysische und damit vorgrundgesetzliche Argumente für eine allfällige Strafbegründung); *Gärditz* JZ 2016, 641 (644); ähnl. *Stuckenberg* GA 2011, 653 (658ff.), berufen können (gegen ersteren wiederum: *Zaczyk* Der Staat 50 (2011), 295ff.). Aber es ist doch gerade die kruziale Frage, ob der Gesetzgeber sich in aktionistischer Augenblickseingebung jeden dogmatischen Exzeß erlauben darf!? – Dafür, daß allerdings auch das BVerfG in diesen Dingen keineswegs ein Gralshüter rechtsstaatlichen Strafrechts ist, steht prototypisch die – unerträgliche – Inzest-Entscheidung BVerfGE 120, 224 (241f.) = NJW 2008, 1137; dazu, gallig, *Paeffgen* FS Wolter 2013, 125 (152ff.). Vgl. auch etwa *Swoboda* ZStW 122 (2010), 24ff. Dort auch krit., S. 44ff., zum „General-Weichmacher" (*Paeffgen* in SK-StPO, Bd. X, 4. Aufl. 2012, Einführung EMRK Rn. 321, vgl. auch Rn. 303) aller Verfassungsmäßigkeits-Erörterungen, dem *Verhältnismäßigkeits*-Prinzip. Krit. insoweit auch schon ua *Appel,* Verfassung und Strafe, 1998, 434ff. *Lagodny,* Strafrecht vor den Schranken der Grundrechte, 1996, 77f., 89ff., 115ff., 130ff., – wenngleich aus einer sehr viel staatsfreundlicheren Sicht.

[48] *Fischer,* 65. 2018, StGB § 184j Rn. 15.

[49] Vgl. etwa, in verschiedenen Varianten, bei *Pistorius,* Teutsch-juristischer Sprichwörterschatz I, 1716, 85.

[50] Der Jubilar konstatiert lakonisch: „Die Tatbestandskonstruktion erweist sich vielmehr (als) schlichte Umgehung der Regeln über die Zurechnung.", *Fischer,* 65. 2018, StGB § 184j Rn. 20.

völkerung begrenzt sein. Aber man muß sich nur vorstellen, aus der gleichen Gruppe heraus hätte ein „Mitglied" „bloß" einen Raub begangen. Dann wäre es vorbei mit den schönen Zurechnungsfiktionen, dann müßten Strafverfolger und Gerichte wieder die Anstrengungen des normalen Beweisverfahrens auf sich nehmen – jedenfalls derzeit noch.[51] Aber vielleicht hat der nächste Justizminister schon, wie weiland *Tell,* den zweiten Pfeil bereits auf der Sehne – und hilft demnächst auch hier unkonventionell à la § 184j StGB (allerneueste) nF ab.[52]

2. *Unanwendbarkeit wegen Widersprüchlichkeit: eine fromme Hoffnung*

Wenn *Renzikowski,* bescheiden, darauf hofft,[53] die Vorschrift werde wegen ihrer inneren Widersprüchlichkeit und ihrer Subsidiaritätsklausel kaum Anwendung finden, so bin ich da weniger zuversichtlich: Mancher Jungspund auf der Richterbank könnte sich versucht sehen, Anerkennung bei seinem/r PräsidentIn zu suchen, in dieser in der Gender-Debatte so hochgekochten Frage zu „punkten". – Und auch dessen zweite Hoffnung, nämlich auf das BVerfG, will mir eher trübe erscheinen.[54]

3. *Maas und die vernachlässigbare Sexualrechts-Reformkommission*

Eine besondere intellektuelle Spitzenleistung ist, daß bei § 184j StGB, im Gegensatz zu dem materiell *vorrangigen*(!)[55] § 184i StGB, die Strafverfolgung keinen Antrag voraussetzt.[56] – Es sei nicht verschwiegen, daß die von Justizminister *Maas*

---

[51] Das ist denn auch der einzige Einwand, den *Hörnle* gegen die Reform gelten läßt. Dazu sogleich.

[52] *Hörnle* macht sich ja denn auch schon dafür stark, den § 184j StGB-Typus als einen neuen, allgemeinen Zurechnungs-Typus hinter § 27 StGB einzustellen: *Hörnle* BRJ, 2017, 57 (58ff.); *Hörnle* NStZ 2017, 13 (21).

[53] *Renzikowski* in MüKoStGB, 3. Aufl. 2017, § 184j Rn. 5.

[54] Ebenda; in der Sache wohl auch *Fischer,* 64. Aufl. 2017, StGb § 184j Rn. 13 (nicht mehr in Folgeauflage). – An dem ‚höchsten deutschen Laiengericht', wie ein renommierter deutscher Staatsrechtslehrer das BVerfG gerne zu bezeichnen pflegt, ist nunmehr niemand mehr, der/die Strafrecht von der Pike auf gelernt hat. Eine solche „Laufbahn" muß natürlich keine Garantie für besonderes dogmatisches Verständnis auf diesem Gebiet nach sich ziehen (siehe etwa das unglaubliche Urteil in re *Werner Mauss,* LG Bochum; dazu etwa: *Burger,* Bewährungsstrafe für Ex-Agent: Rabatt für Werner Mauss, FAZ 5. 10. 2017, http://www.faz.net/aktuell/politik/inland/bewaehrungsstrafe-fuer-ex-agent-rabatt-fuer-werner-mauss-15232297.html (letzter Abruf: 12. 5. 2018)), könnte aber, rein prognostisch, selbstverständlich eine gewisse chancenverbessernde Voraussetzung für sachgerechtes Judizieren darstellen. – Angesichts des Defizits erscheinen mir die Aussichten auf eine Remedur in rebus criminalibus denkbar trübe. Das gilt um so mehr, als ohnehin viele Öffentlichrechtler wähnen, das ‚bißchen Strafrecht' notfalls noch nebenher abdecken zu können. Darin dürfte einer der weiteren Gründe dafür liegen – neben der außerordentlichen Stringenz und Kompetenz, die sich in den neueren Gesetzgebungsverfahren dekuvrieren –, weswegen wir *das* materielle und *das* Verfahrensrecht im deutschen Strafrecht haben, welches wir haben.

[55] Richtig: *Eisele,* Abschlussbericht der Reformkommission zum Sexualstrafrecht, 2017, S. 88 (89), http://www.bmjv.de/SharedDocs/Downloads/DE/StudienUntersuchungenFachbuecher/Abschlussbericht_Reformkommission_Sexualstrafrecht.pdf;jsessionid=A84D1717C36500608F928BAFF113DD14.2_cid289?__blob=publicationFile&v=1 (letzter Abruf: 12. 5. 2018); *Renzikowski* in MüKoStGB, 3. Aufl. 2017, § 184j Rn. 19.

[56] *Renzikowski* meint, mit nachgerade britischem Understatement, dies sei „ungereimt", ebenda. – Auch der Umstand, daß das Strafmaß für § 184j StGB *das gleiche* ist wie bei der objektiven Strafbar-

so stil- wie eindrucksvoll in ihrer politischen Belanglosigkeit desavouierte Expertenkommission die Streichung der Norm – ohne Gegenstimme, bei nur einer Enthaltung – empfohlen hat.[57]

4. *Hörnles differente Sicht*

Nun sei nicht verschwiegen, daß eine exzellente Sachkennerin, Frau *Hörnle,* wie schon angedeutet, die vorstehenden Kritikpunkte nicht teilt, wohl aber meint, daß dem § 184j StGB ein allgemeines Prinzip innewohne, nämlich die „gruppendynamische Prozesse, die potentielle Täter bestärken und Hemmungen beseitigen".[58] Deswegen hätte eine entsprechende (sehr viel weiter ausgreifende) Regelung denn auch hinter den § 27 StGB des AT gehört.[59] Es gehe um die „Gefahren gruppendynamischer Prozesse" als abgeschwächte Beteiligungsform.[60] – Nun läßt sich ja über weitere Beteiligungsformen sicherlich nachdenken. Aber zumindest die Unrechts- und Beteiligungsdogmatik-Statik[61] sollte dabei doch noch ein bißchen Beachtung finden.[62]

Dabei bleibt ein anderer Aspekt völlig unberücksichtigt, der – entgegen dem Gebrabbel von der riesigen Strafbarkeitslücke – zeigt, daß schon das geltende Recht eine Möglichkeit zur partiellen Zurechnung *gewisser Exzeßkonstellationen* durchaus vorsieht.[63]

---

keitsbedingung des § 184i StGB, ist von staunenswerter Stringenz, – besonders, wenn man bedenkt, daß keiner der Bedränger in jenem Tatbestand um den sittlichen Exzeß gewußt zu haben braucht.

[57] *Eisele* Abschlussbericht der Reformkommission zum Sexualstrafrecht, 2017, S. 88 (91) (o., Fn. 55). – Es fällt natürlich nicht schwer, sich vorzustellen, wer sich enthalten hat.

[58] *Hörnle* NStZ 2017, 13 (21) unter Verweis auf BT-Dr. 18/9097, 31.

[59] *Hörnle* BRJ, 2017, 57 (61 f.); *Hörnle* NStZ 2017, 13 (21). Insoweit stimmt sie einer kriminalpolitischen Kritik an der Reform zu. Das ist freilich, da Konsequenz noch nie eine der Stärken des neueren bundesrepublikanischen Gesetzgebers in Strafsachen war (wie auch das folgende belegen möge), eine doch wohl eher „läßliche Sünde".

[60] „Dies ist zum einen darin begründet, dass sich das Opfer nicht nur einem Täter ausgesetzt sieht, sondern einer Vielzahl von Personen, so dass die Verteidigungs- oder Fluchtchancen für das Opfer stark eingeschränkt werden. Zum anderen sind solche Gruppen durch eine motivierend wirkende Dynamik gekennzeichnet, die durch die gegenseitige Bestärkung der Gruppenmitglieder gespeist wird und die dazu führt, dass der Einzelne anderenfalls bestehende Hemmungen überwindet bzw. gar nicht erst zulässt.", BT-Drs. 18/9097, 31 (Fn. 18), – dort freilich noch, wie von *Hörnle* beanstandet, auf Sexualstraftaten beschränkt.

[61] Also zB daß Gehilfenschaft zu § 184i StGB (§ 27 StGB) nicht – bei einem schwächeren Unrechtskern – einen gleich hohen Strafrahmen aufweisen darf wie die täterschaftliche Begehung von § 184i StGB.

[62] Herr *Maas* hat, wohlmöglich, damals noch als strebsamer jüngerer Schüler, einmal von Größeren den üblen Witz gehört von einem jungen Mann, der, als – neudeutsch: Stalker –, ein Mädchen bis ins Schlafzimmer verfolgt, – um sich dort schnell im Wandschrank zu verstecken, – als sich jenem ein anderer Mann zu nähern begann, – um es schließlich zu mißbrauchen. Als es dann zur üblen Tat kam, flüsterte unser Möchtegern-Casanova aus dem Schrank: „Das ist auch meine Vergewaltigung!" – Nur hat *Maas,* scheint's, diesen pubertären Nonsens für bare Münze genommen – und sogar, erst einmal in Amt und Würden, – zur kriminalpolitischen Maxime erhoben. – Vgl. zur Sexualstrafrechtsreform insgesamt dann auch noch einmal, nicht ohne resignierenden Zynismus, *Fischer,* Rechtspolitik: Zum letzten Mal: Nein heißt Nein, Zeit 28.6.2016, http://www.zeit.de/gesellschaft/zeitgeschehen/2016-06/rechtspolitik-sexualstrafrecht-nein-heisst-nein-fischer-im-recht/komplettansicht (letzter Abruf: 12.5.2018).

[63] Daran hatte mich mein Ex-Mitarbeiter und Ex-Doktorand, Herr *Grosse-Wilde,* der freundlicherweise den Text einmal gegengelesen hat, zu Recht erinnert. Die Rechtsprechung praktiziert

V. Maas und das Strafrecht: zum zweiten

Während diese Großtat unseres Justizministers[64] und seiner Parlaments-‚Höflinge' hier – ob ihrer Novität – eine fast kommentarartige Vertiefung erfahren hat, sollen die folgenden „Geniestreiche" nur eine knappe Erwähnung finden:

1. § 89c StGB

Zunächst seit § 89c StGB (Terrorismusfinanzierung) genannt: Mit ihm wurde der ehemalige § 89a Abs. 2 StGB zu einem voraussetzungsärmeren, aber umso umfassenderen Tatbestand hochgezont: Mit lockerer Hand hat der Gesetzgeber im Rahmen der Vorfeldstrafbarkeit Beihilfe-Handlungen zu *täterschaftlichem* Tun hochkatapultiert.[65] Ob er – bei allem anzuerkennenden breiten Gestaltungsspielraum[66] – derart *mit Unrechtskategorien „herumspielen"* darf, sollte man derzeit noch, bis auf Weiteres (bis zu einem allfälligen Einknicken durch Abnicken des BVerfG), füglich bezweifeln dürfen.[67] – Welch Geistes Kind die Novelle in Wirklichkeit beseelt hat, enthüllt in – schöner Offenheit[68] – *Kubiciel,* indem er ihr unterstellt,[69] sie diene dazu, sich gegen Personen zu richten, „die durch Finanzierungshilfen als Gefährder auffallen" – und um „dem Pfad des Geldes zu folgen, um auf diese Weise weiterer Personen habhaft zu werden, die an der Anschlagplanung beteiligt sind", – beides fraglos ebenso traditionsreiche wie elementare Aufgaben des Strafrechts. – Man kann freilich den *Bürgerstatus* schon gleich im Sinne des Geheimdienst- und Polizei-

eine solche Zurechnung mittels § 46 Abs. 2 StGB: verschuldeten Auswirkungen der Tat! Die Judikatur stuft Täterexzesse nicht als absolute Zurechnungssperre ein, sondern ist durchaus bereit, schwere Folgen, sofern sie voraussehbar sind, als fahrlässige Folgen in die *Strafzumessung* bei der Grundbeteiligungstat einfließen zu lassen (also bei dem anderen Mittäter resp. Gehilfen zur Nichtexzeßtat, uU auch bei dem Anstifter). Dazu wird auf der ersten Zurechnungsstufe erst einmal die allgemeine Beteiligungsstrafbarkeit ermittelt, etwa Verabredung zum Abgreifen von Geldbörsen und Handys im Gedränge (§§ 240, 242, 25 Abs. 2, 27 StGB); wenn bei solchen Taten ein Mitwirkender im Ruche steht, derartige Gelegenheiten zu Sexualdelikten zu „nutzen" (Griff nicht in die Tasche, sondern in den Schritt, – Eindringen mit dem Finger in den Intimbereich, § 177 StGB), so kann derartiges den Mitbedrängern (Mittätern der §§ 240/242 StGB-Tat, Gehilfen) strafschärfend im Strafrahmen der Nötigung bzw. des Diebstahls als verschuldete, weil vorhersehbare Auswirkung der Tat zugerechnet werden. Ob dem methodologisch gefolgt werden sollte, soll hier nicht vertieft werden. Es sei nur festgestellt: Von einer klaffenden „Sanktionslücke" kann überhaupt nicht die Rede sein! – Ausführlich zu dieser Zurechnungs-Typik: *Grosse-Wilde,* Erfolgszurechnung in der Strafzumessung: die verschuldeten Auswirkungen der Tat gemäß § 46 Abs. 2 StGB in einer regelgeleiteten Strafmaßlehre, 2017, 596ff. Exemplarisch: BGH NJW 1996, 2517 (2518); BGH NJW 2007, 384 (389) (Fall *„El Motassadeq"*) (in BGHSt 51, 144ff., ist die maßgebliche Passage nicht abgedruckt).

[64] Dei et Heikonis gloria!

[65] Letzteres hat nämlich noch den „schönen" Nebeneffekt, daß man dem Akteur die ärgerliche, aber obligatorische Strafrahmenabsenkung des § 27 Abs. 2 S. 2 StGB abschneidet.

[66] BVerfGE 50, 290 (333); 62, 1 (50); BVerfGE 120, 224 (250), NJW 2008, 1137. Siehe auch o. Fn. 47, Mitte.

[67] *Paeffgen* in NK-StGB, 5. Aufl. 2017, § 89c Rn. 5.

[68] Freilich auch, ohne im geringsten die Spannung aufzulösen zu der einige Seiten zuvor noch von ihm, in scheinbar modernisierter Einkleidung, propagierter Anhängerschaft zur Vergeltungstheorie, *Kubiciel* Wissenschaft, 2013, 159 (169ff.).

[69] *Kubiciel,* Wissenschaft, 2013, 235.

rechts (und der inzwischen an verschiedenen Stellen erfolgten Annäherungen des Strafrechts an diese Positionen) deuten: Weil der Staat Einblick in die Finanzströme seiner Bürger nehme (und nehmen dürfe), seien dieser Status und das Tatprinzip nicht tangiert.[70] Schöner kann man die „schöne neue Welt" eines ehedem verfassungsbasierten Strafrechts im 21. Jahrhundert nicht umschreiben![71]

In den Materialien wird, scheinbar generös, wenn auch en passant erklärt, warum man plötzlich auf das Tatbestandsmerkmal der noch im bisherigen § 89a Abs. 2 Nr. 4 StGB vorgesehenen *Erheblichkeit* der Vermögenszuwendung verzichtet habe: Dem vorgeblich das gesamte Öffentliche Recht durchwabernden Erfordernis, die Verhältnismäßigkeit wahren zu müssen,[72] vermeint man nunmehr einerseits mit dem in Abs. 5 vorgesehenen minder schweren Fall bei geringwertigen Vermögenswerten sowie mit der in Abs. 6 angeordneten zwingende Minderung und der Möglichkeit eines fakultativen Absehens von Strafe im Falle geringer Schuld entkommen zu können.[73] Dem sei deutlich widersprochen: In jener hanebüchenen Sanktionsbreite (Absehen von Strafe bis hin zu 10 Jahren Freiheitsentzug[74]) liegt ein evidenter Verstoß gegen die Nachvollziehbarkeit der Rechtsvoraussetzungs-/ Rechtsfolgen-Relation als Sonderfall eines Verstoßes gegen den Verhältnismäßigkeits-Satz. Diese „Technik", den Verlust eines, nur scheinbar nebensächlichen, tatsächlich aber sehr gewichtigen Restriktions-Elementes vermeintlich aufzufangen, läßt die wahre Funktion der ganzen Normsetzung für jeden, der *sehen will,* im deutlichsten Licht erscheinen: Tatsächlich geht es nur darum, die Möglichkeiten eines *präventiv-polizeilichen Einsatzes massiver strafprozessualer Grundrechts-Eingriffe* erneut massiv zu erweitern, – insofern, als man *nicht* erst das Erfordernis von Indizien für *erhebliche* Vermögenstransaktionen abwarten muß, sondern – schon bei den kleinsten Geldbewegungen – mit § 100a-StPO-Eingriffen zuschlagen kann! Man braucht nur irgendwelche V-Mann-Aussagen oder ähnliche Zusatzindizien „zur Hand" zu haben.[75]

---

[70] So *Kubiciel,* Wissenschaft, 2013, 246.

[71] So schon *Paeffgen* in NK-StGB, 2017, § 89c Rn. 5. Ausführl zum ganzen: *Paeffgen* FS Streng 2017, 725ff., explizit S. 741, bei Fn. 88: „§ 89c ist, wie auch §§ 89a, b, 91, keineswegs funktionslos, sondern erschreckend funktional – nur nicht im *straf*-rechtlichen Sinne. Die Tür zu frühen polizeilichen und strafprozeßualen Interventionen weit aufstoßend! Was kümmert es uns, wenn im Ergebnis allenfalls Täter vom Kaliber eines Katerlieschens damit zur Strecke gebracht werden können? Hauptsache, wir haben den ‚Fuß frühzeitig in der Tür'! – Kurz: Wortreich, aber (strafrechtsdogmatisch) objektiv substanzarm, kommt § 89c daher. Man darf den MdBs der Regierungskoalition bescheinigen, daß es ihnen – in ihrem Bestrafungsfuror (in Wirklichkeit: in ihrem besagten Bestreben nach frühestmöglichen Informationen über etwaige mutmaßliche „Terroristen") – nicht an einem Mangel an Einsicht in die dogmatischen und verfassungsrechtlichen Probleme ihres Projektes gefehlt hat."

[72] Zu diesem „Generalweichmacher" allen Öffentlichen Rechts ausführl.-krit.: *Paeffgen,* Vorüberlegungen zu einer Dogmatik ... (1986), S. 165ff., 175ff.

[73] Vgl. BT-Drs. 18/4087, 12, http://dip21.bundestag.de/dip21/btd/18/040/1804087.pdf (letzter Abruf: 12.5.2018).

[74] Und das bei einem *abstrakten* Gefährdungsdelikt, dessen Unrechts- und Schuld-„Kümmer"-Qualität bis vor einigen Jahren ziemlich unstr. war; vgl. nur *Kindhäuser,* Gefährdung als Straftat, 1989, 225ff., 336 (339ff.).

[75] Krit. zu der Norm ebenfalls etwa (bis zum Vorwurf der Verfassungswidrigkeit): *Puschke* StV 2015, 457 (459ff.); *Zöller* GA 2016, 90 (105f.); krit. auch schon *Gazeas,* Anhörung BT-RA, https://www.bundestag.de/blob/366048/7925e5e255ed657dd244b1c0debf1f50/gazeas-data.

2. *§ 115 Abs. 3 StGB*

„Gelungen" erscheint auch ein weiterer Schnellschuß: In dem, durch keinerlei Rechtskenntnis getrübten. Wähnen, es liege eine „Strafbarkeitslücke" vor,[76] erstreckte man den Rechtsguts-Gedanken der §§ 113f. StGB aF (Schutz von Vollstreckungsbeamten[77]) durch einen neuen § 114 Abs. 3 *StGB, jetzt § 115 Abs. 3* StGB auch auf *Mitarbeiter von Rettungsdiensten* – geradezu Prototypen „staatlicher *Vollstreckungs*handlungen".[78] Herd dieser parlamentarischen *Rechtsgutsignoranz*[79] ist das 44. StrÄndG.[80]

---

pdf (letzter Abruf: 12.5.2018), S. 16. – Wie man mit Worthülsen über alle Sachprobleme hinweghuschen kann, wenn man nur die richtige „Bekämpfungs-Idee" hat, zeigt vorbildlich *Krings* ZRP 2015, 167ff.; ebenso jüngst *Biel* HRRS 2016, 85ff.

[76] Vgl. Rechtsausschuß in BT-Drs. 17/6505, 4 (früher saßen in diesem Ausschuß auch „Volljuristen", beraten von der Crème ministerial-bürokratischen Sachverstandes!); krit. auch *Bosch* JURA 2011, 268 (270); *Paeffgen* in NK-StGB, 5. Aufl. 2017, § 114 Rn. 1, 11a ff., *Steinberg/Zetzmann/Dust* JR 2013, 7; vgl. i. ü. Fn. 75a.E.

[77] Wobei dieser „Schutz" im Laufe der letzten Jahrzehnte immer ambivalenter wurde, dazu, die kaum noch entwirrbare Komplexität gesetzgeberischen Aktionismus ohne jedweden dogmatischen Überbau ausführl. schildernd: *Paeffgen* in NK-StGB, 2017, § 113 Rn. 2 (3), 4–11d.

[78] Bei deren Auftauchen die „innere Erregung" (so noch die Erklärung für die Ratio des § 113 aF, BT-Drs. VI/502, 3) der *„Vollstreckungsbetroffenen"* (hier also: Verletzten, Brandopfern, vor allem dem Geschmeiß von den Einsatz behindernden, üblicherweise eifrig photographierenden Gaffern, exemplarisch: „Unfall auf der A3 Feuerwehr bespritzt Fahrzeuge von Gaffern mit Wasser", Spiegel 9.11.2017, http://www.spiegel.de/panorama/a3-feuerwehr-bespritzt-fahrzeuge-von-gaffern-mit-wasser-a-1177229.html (letzter Abruf: 12.5.2018)) jedem Verständigen sofort ins Auge springen muß. – Zu dem damit unterstellten „klaren Signal" sowohl an die Einsatzkräfte als auch an potentielle Straftäter (vgl. BT-Drs. 17/6505, 4) mit Recht krit. etwa: *Bosch* Jura 2011, 268 (270); *Caspari* NJ 2011, 323ff.; *Hettinger* GA 2012, 377 (378); *Heger* in Lackner/Kühl, 28. Aufl. 2014, § 114 Rn. 1; *Rathgeber* KritV 2012, 314 (325); *Singelnstein/Puschke* NJW 2011, 3473 (3476f.); *Zopfs* GA 2012, 259 (263); *Steinberg/Zetzmann/Dust* JR 2013, 7 (8). AA, natürlich, *Kubiciel,* als von der CDU/CSU aufgebotener Sachverständiger, Stellungnahme BT-RA 22.3.2017, https://www.bundestag.de/blob/499232/267f14c643ffca34f543bce040cc634f/kubieciel-data.pdf (letzter Abruf: 12.5.2018), S. 11. – Insgesamt kann man sich der Einschätzung v. *Singelnstein/Puschke* NJW 2011, 3473 (3476f.) nur anschließen: „... die Ausweitung und Verschärfung der §§ 113, 114 (ergibt) *kaum Sinn.* Aus dogmatischer Sicht hat der Gesetzgeber den Charakter der Normen und ihr Verhältnis zu § 240 StGB *weiter verkompliziert*" (Herv. *H.-U. P.*). Zust. wohl auch *Jahn* JuS 2013, 268 Fn. 8. *Bosch* in MüKoStGB, 3. Aufl. 2017, § 114 Rn. 12 hält diese Erweiterung sogar für *verfassungswidrig* (aA *Paeffgen* in NK-StGB, 2017, § 114 Rn. 11c, allerdings mit dem Hinweis in Fn. 62: „Daß man in criminalibus in jüngerer Zeit im Parlament dem mephistophelischen Diktum: „Vernunft wird Unsinn, Wohltat Plage" als Leitmaxime huldigt, – darin freilich ist *Bosch* beizupflichten."). – Scharf zu geißeln ist deshalb das erschütternde Versagen des BMJ, das sich diesen Stammtischparolen seines Ministers nicht entgegengestemmt hat.

[79] Durch das 44. StrRÄndG v. 1.11.2011 (BGBl. 2011 I 2130). Zu der vom Willen zu methodisch konsistentem Argumentieren kaum beleckten Motivierung: „Erweiterung" des „Schutzbereichs", um die zunehmende Zahl von Fällen, in denen Feuerwehrleute und andere Rettungsdienste behindert oder gar tätlichen angegriffen wurden, strafrechtlich zu erfassen, BT-Drs. 17/4143, 7, – und *Paeffgen* in NK-StGB, 2017, § 113 Rn. 11a, 11 c. Treffend *Kindhäuser* in LPK-StGB, 7. Aufl. 2017, § 114 Rn. 4: „legislatorisch systemwidriger Fehlgriff". Ähnl. *Wessels/Hettinger,* Strafrecht Besonderer Teil 1, 40. Aufl. 2016, Rn. 647a: „systemsprengend"; ähnl. *Zopfs* GA 2012, 259 (263f., 275) – weil dieser „Tatbestand" sich völlig vom *Vollstreckungs*-Erfordernis löse.

[80] Vgl. Fn. 78. Eine weitere „Verschönerung" erfuhr die Norm durch den weiter wütenden Gesetzgeber durch das 52. StRÄndG v. 23.5.2017, indem der Absatz nunmehr, ohne sonderlichen rechtfertigenden Grund in einen selbständigen, neuen § 115 verschoben wurde. Vgl. auch *Zöller* KriPoZ 2017, 143 (146f.), der mit Recht betont, daß die schon zwei Jahre zuvor um ähn-

3. *§ 244 Abs. 4 StGB*

Unter den zahllosen weiteren Glanztaten dieses „Glücksfalles" für das BMJ sei immerhin noch kurz genannt: die Anhebung des § 244 Abs. 4 StGB nF (Einbruch in eine dauerhaft genutzte Privatwohnung) auf Verbrechensniveau.[81] – Doch damit sei hier geendet, – obwohl man noch seitenlang fortfahren könnte.[82]

VI. Thomas Fischer und der Große Mahlke

Zurück zu unserem Jubilar: Es mag zwar vielleicht kaum jemanden interessieren, sei aber gleichwohl hier zu erwähnen erlaubt, daß *mich* die Lektüre von Aufsätzen oder Zeitungsartikeln von ihm in manchem auch noch an eine weitere Gestalt erinnert, wenn auch eine literarische, – an den *Großen Mahlke*[83]: Zwar nicht in dem holprigen, bisweilen stolpernden, dem Jugendjargon jener Zeit abgelauschten Sprachduktus von *Grass,* – dem bei unserem Jubilar eine, zumeist, geschliffene Rhe-

---

lich abwegige Gesetzesvorhaben von Hessen und dem Saarland geführte Diskussion, endend mit deren vernichtender Ablehnung in Wissenschaft und Praxis, staunenswerterweise im RegE nicht den geringsten Widerhall gefunden hatte. – Dennoch konnte kein RA-Parlamentarier behaupten, „nichts davon gewußt zu haben"; denn *H.E. Müller* hatte in seiner Stellungnahme für den Rechtsausschuß mit aller Deutlichkeit darauf hingewiesen, https://www.bundestag.de/blob/499236/16b128a08cd347480cbe33a15344730d/mueller-data.pdf (letzter Abruf: 12.5.2018). Aber, lesen müßte man natürlich können! Dann hätte man vielleicht auch, und sei es durch einen Blick ins Gesetz, feststellen können, daß vollendete Behinderung mittels Gewalt oder durch Drohung mit Gewalt auch schon früher strafbar war (und zwar genauso scharf – und überdies sogar als *Versuch*), wie dies auch schon für *tätliche* Angriffe galt.

[81] Zu diesem populistischen Schnellschuß ohne Sinn und System, natürlich mit maßgeblicher Unterstützung unserer ‚Eigentumsschutzpartei', der CDU/CSU; vernichtend: *Mitsch* KriPoZ 2017, 21 (22f.); 2017, 180; *Wittig* in BeckOK StGB, 35. Ed., 1.8.2017, § 244 Rn. 22.1; und schon, in der Gesetzesberatung, der Sachverständige *Conen,* abrufbar unter: http://www.bundestag.de/blob/511432/3f4e809c541c7f6c13b7bd0c9a82e727/conen-data.pdf (letzter Abruf: 12.5.2018). Die wirkliche Pointe hat freilich *Fischer* beigesteuert, der unter dem Schlagwort: *Maas:* „Von der NPD lernen, heißt verstehen lernen", Herrn *Maas* ins Stammbuch geschrieben hatte, daß diese, dem Minister in ihrer ebenbürtigen methodologischen Tiefgründigkeit, scheint's, ans Herz gewachsene Partei „schon im April 2016 verkündet hatte: *„Wohnungseinbruch endlich als Verbrechen einstufen!"* Einen entsprechenden Antrag brachte damals der NPD-Abgeordnete *Michael Andrejewski* im Landtag von Mecklenburg-Vorpommern ein. Seine Partei verkündete: *„Die NPD-Fraktion fordert, den Wohnungseinbruch endlich als das zu behandeln, was er zweifellos auch ist, nämlich ... ein Verbrechen und kein Vergehen!"*, *Fischer,* Verbrechensbekämpfung: Von Zugreifern und Einbrechern, Zeit 11.4.2017, http://www.zeit.de/gesellschaft/2017-04/verbrechensbekaempfung-von-zugreifern-und-einbrechern-fischer-im-recht/komplettansicht (letzter Abruf: 12.5.2018). – Wie sangen Die Prinzen im Jahre 1993 bereits so trefflich: „... das ist alles nur geklaut, das ist alles gar nicht meine, das ist alles nur geklaut, doch das weiß ich nur ganz alleine ..."

[82] Als Nachklapp sei auf eine weitere Ruhmestat dieses Ministers hingewiesen: das Netzwerkdurchsetzungsgesetz; dazu treffend-vernichtend, wenn auch sehr knapp: *Sascha Lobo,* Debakel um Haßrede-Gesetz Die stumpfe Pracht des NetzDG, Spiegel 3.1.2018, http://www.spiegel.de/netzwelt/web/netzdg-berechtigtes-getoese-um-ein-daemliches-gesetz-a-1185973.html (letzter Abruf: 12.5.2018), mit dem Tenor: „Selten ist in Deutschland ein dämlicheres Gesetz in Kraft getreten als das NetzDG: juristisch schlampig, technisch uninformiert und wahlkämpferisch schnellgeschossen. Gegen Hass im Netz hilft es auch nicht – im Gegenteil."

[83] *Günter Grass,* Katz und Maus, 1977.

torik gegenübersteht.[84] Aber in dem aufmüpfigen, fast revoluzzerhaften Impetus, den lausbübischen Streichen, der Vitalität und dem Engagement, – bis hin zu den zahlreichen, späterhin durch den Protagonisten abgeschossenen T-34-Panzern der Russen (hier, natürlich, nur sehr metaphorisch analogisierbar: in den attackierten – und meist „versenkten" – Thesen von Gesetzgeber, Autoren oder Gerichten). Unserem Jubilar möge aber wenigstens ein deutlich besseres, vor allem entkrampfteres Ende beschieden sein, – das vor allem noch in sehr ferner Zukunft liegen sollte! Ad multos annos!

Und möge Ihnen überdies immer der Kansas-City-Man-Blues von *Sidney Bechet* auf dessem Sopransax (in *Clarence Williams*'s Blue Fife) in Ihrem geistigen Ohr erklingen, wenn Sie doch einmal selbst den „Blues" haben sollten! Zwar möchte ich bezweifeln, angesichts des Herzbluts, mit dem Sie nicht nur Ihre Zeit-Kolumnen, sondern auch manch' flamboyanten Aufsatz verfaßt haben, daß Sie auf Ihre älteren Tage doch noch zu einem Stoiker werden könnten. Immerhin sei Ihnen aber wenigstens noch eine alte Ruhrgebiets-Sentenz mit auf den Weg geben, die genau diese Haltung zum Ausdruck bringt: „Woanders is auch sch …!" Inkompetenz, Korruption, Schlamperei und Unwille, rechtstaatlich geordnet sinnvolles Recht zu legiferieren und durchzusetzen, ist allemal steigerungsfähig! Man werfe – per exemplum und zur Selbstvergewisserung – nur einen kurzen Blick über die Alpen – zu unserem großen europäischen Bündnispartner und, in der Sache wohl nicht nur vorgeblichen, Streitgenossen in einer europäischen Wertegemeinschaft: Italien.[85]

---

[84] Und – natürlich – auch nicht in der Beschreibung der Figur.

[85] *Schlamp,* 4,5 Millionen offene Verfahren Italiens Justiz ist kaputt, Spiegel 7.10.2017, http://www.spiegel.de/politik/ausland/italien-die-justiz-ist-kaputt-4-5-millionen-prozesse-auf-halde-a-1170403.html (letzter Abruf: 12.5.2018).

II. GRUNDLAGEN UND GRUNDFRAGEN

RALF ESCHELBACH

Richterliche Rechtsfortbildung

Ein Berufsleben als Strafrichter ist immer verantwortungsvoll, bisweilen anstrengend, manchmal aufregend, gelegentlich frustrierend, aber stets lehrreich. Wenige Tätigkeiten sind lehrreicher als die Teilnahme an Beratungen eines Strafsenats beim Bundesgerichtshof. Der dortige Diskurs ist intensiver als es knappe Entscheidungsbegründungen andeuten. Der Verfasser durfte hier einen Teil des Weges von *Thomas Fischer* mitgehen und kann von bleibenden Erinnerungen zehren. Besonders nachhaltig wirken die Überlegungen, mit denen eine „gefestigte Rechtsprechung" hinterfragt wurde. Der zum schnellen Arbeiten gezwungene Praktiker sucht eher nach einer einschlägigen Entscheidung, als nach Lösungen mithilfe der Dogmatik.[1] Bisweilen vergisst er die Gründe für die Entstehung einer „gefestigten Rechtsprechung". Die revisionsrichterliche Tätigkeit von *Thomas Fischer* ist markant, weil er den dogmatischen Diskurs und eine Divergenz nie gescheut hat. Bemerkungen zur richterlichen Rechtsfortbildung zu seinen Ehren erscheinen daher passend.

I. *Maßstäbe*

Der Gesetzgeber ist frei darin, über das Ob und Wie einer Regelung zu entscheiden. Richter dürfen dagegen ihre Entscheidung nicht verweigern.[2] Taucht eine entscheidungserhebliche Rechtsfrage in einem rechtshängigen Fall auf, liefert meist das Gesetz den Maßstab und muss ausgelegt und angewendet werden; das ist ein zentraler Teil des Rechtsprechungsauftrags. Das angewendete Gesetz verleiht dem Richter bei seiner Entscheidung demokratische Legitimation.[3] Seine Bindung an das Gesetz wahrt den Vorrang und den Vorbehalt des Gesetzes.[4] Der Richter darf eine Entscheidung aber nicht verweigern, wenn für eine entscheidungserhebliche Frage kein gesetzlicher Maßstab zur Verfügung steht. Jedoch benötigt der Richter auch dann einen Maßstab für die Entscheidung; andernfalls läge Willkür vor. Der Richter muss daher bei einer planwidrigen Regelungslücke im Gesetz den Maßstab selbst entwickeln, diesen rational begründen und dann auf den konkreten Fall anwenden. Auch das gehört zu seinem Auftrag aufgrund der Justizgewährungspflicht. Fehlen gesetzliche Maßstabsnormen, darf der Richter eigene aus dem positiven Recht herleiten, dies aber nur, wenn Verfassung oder Gesetz dies von ihm verlan-

---

[1] *Siol* FS Jaeger 2011, 561 (562).
[2] *Kirchhof* FS zur 600-Jahr-Feier der Universität Heidelberg 1986, 11 (30).
[3] *Hillgruber* JZ 1996, 118.
[4] *Hillgruber* Journal für Rechtspolitik 2001, 281 (283).

gen, indem sie ihn zur Entscheidung verpflichten, ohne einschlägige Gesetze vorzugeben.[5] Richterliche Rechtsfortbildung beginnt, wo die Auslegung der Gesetze endet.[6] Sie führt zu abstrakt-generellen Regeln, die ohne Anbindung an ein bestimmtes Gesetz auskommen.[7] Die Frage nach ihrer demokratischen Legitimation ist stets problematisch.[8]

1. *Vorgaben aus der verfassungsgerichtlichen Rechtsprechung*

a) Zulässigkeit richterlicher Rechtsfortbildung

Dass Rechtsfortbildung grundsätzlich zu den Aufgaben der Rechtsprechung gehört, ist anerkannt.[9] Schöpferische Rechtsfindung gilt als unentbehrlich.[10] Der Gesetzgeber hat den obersten Fachgerichten die Aufgabe der Rechtsfortbildung übertragen (§ 132 Abs. 4 GVG).[11] Dies lässt ihm selbst die Möglichkeit, in Rechtsentwicklungen korrigierend einzugreifen und demokratische Verantwortung wahrzunehmen.[12] Aus dem Vorrang des Gesetzes gemäß Art. 20 Abs. 3 GG folgt kein Verbot für Richter, Gesetzeslücken zu schließen.[13] Rechtsfortbildung bedarf aber sorgfältiger Prüfung und Begründung.[14]

b) Allgemeine Grenzen

Die Grenzen zulässiger Rechtsfortbildung lassen sich nicht in einer Formel erfassen, die für alle Rechtsgebiete gleichermaßen gelten könnte.[15] Richterlicher Rechtsfortbildung sind vor allem durch die Gesetzesbindung gemäß Art. 20 Abs. 3 GG Grenzen gesetzt;[16] Art. 20 Abs. 2 GG verleiht zudem der Gewaltenteilung Ausdruck. Auch wenn dies nicht als strikte Trennung der Funktionen zu verstehen ist, schließt es doch aus, dass die Gerichte Befugnisse beanspruchen, die dem Gesetzgeber übertragen sind. Rechtsfortbildung darf nicht dazu führen, dass der Richter seine Gerechtigkeitsvorstellungen an die Stelle derjenigen des Gesetzgebers setzt.[17] Der Richter muss die gesetzgeberische Grundentscheidung respektieren und den

---

[5] *W. Meyer* in v. Münch/Kunig, 6. Aufl. 2012, GG Art. 92 Rn. 3.

[6] *Jachmann* in Maunz/Dürig, 63. Lfg. Okt. 2011, GG Art. 95 Rn. 14.

[7] *Tombrink* Ad Legendum 2016, 85.

[8] *Payandeh,* Judikative Rechtserzeugung, 2017, 220ff.

[9] BVerfGE 69, 188 (203) = NJW 1985, 2939; *Tepperwien* FS Widmaier, 2008, 583.

[10] BVerfGE 138, 377 (391) = NJW 2015, 1506 (1508).

[11] Das Merkmal der „Fortbildung des Rechts" wurde mit Gesetz vom 28.6.1935 eingeführt, dem Tag, an dem auch das Analogieverbot im Strafrecht aufgehoben wurde; darauf verweisen *Hillgruber* JZ 2008, 745 und *Kempf/Schilling* NJW 2012, 1849 (1850). *Ogorek* FS Hassemer, 2010, 159 (161ff.) hält die Norm für unerheblich für die Zulässigkeit von Rechtsfortbildung, während immerhin auch BVerfGE 132, 99 (127) = NJW 2012, 3081 (3085) darauf verweist.

[12] BVerfGE 132, 99 (127) = NJW 2012, 3081 (3085).

[13] BVerfGE 98, 49 (59) = NJW 1998, 2269 (2270); 108, 150 (160) = NJW 2003, 2520.

[14] BVerfGE 88, 145 (167) = NJW 1993, 2861 (2863).

[15] BVerfGE 34, 269 (288) = NJW 1973, 1221 (1225).

[16] BVerfGE 65, 182 (190f.) = NJW 1984, 475 (476); 69, 315 (371f.) = NJW 1985, 2395 (2402).

[17] *Jachmann* in Maunz/Dürig, 63. Lfg. Okt. 2011, GG Art. 95 Rn. 15; *Rüthers* NJW 2011, 1856 (1857).

Willen des Gesetzgebers auch unter gewandelten rechtstatsächlichen Bedingungen zur Geltung bringen. Eine Interpretation, die den Wortlaut des Gesetzes hintanstellt, keinen Widerhall im Gesetz findet und vom Gesetzgeber nicht gebilligt wird, greift unzulässig in dessen Kompetenz ein.[18] Richterrecht ist auch nicht angebracht, wo das Gesetz keine Regelung treffen will. Eine Korrektur gesetzgeberischen Unterlassens durch die Rechtsprechung ist demnach nicht ohne weiteres möglich,[19] sondern nur dort, wo eine planwidrige Lücke auftritt.

c) Besondere Begrenzung im Eingriffsrecht

Eine besondere Schranke für richterliche Rechtsfortbildung besteht, wenn das Prinzip vom Vorbehalt des Gesetzes eine Ermächtigung für einen Eingriff in Rechtspositionen durch das Parlament erfordert.[20] Dies gilt auch dann, wenn eine Eingriffsregelung dazu dienen soll, Dritte zu schützen. Ein Gesetzesvorbehalt darf nicht dadurch umgangen werden, dass eine Schutzpflicht des Staates behauptet wird, um durch Richterrecht in die Rechtsposition eines Betroffenen eingreifen zu können. Dies gilt auch dort, wo der Gesetzgeber bewusst auf eine Regelung verzichtet hat.[21] Es bedeutet, dass eine grundrechtsbeschränkende Entscheidung nicht auf reines Richterrecht gestützt werden kann.[22] Der Richter darf etwa gemäß Art. 104 Abs. 1 S. 1 GG die Freiheit der Person nur auf Grund eines förmlichen Gesetzes beschränken, das die Voraussetzungen dafür hinreichend bestimmt regelt. Die formellen Gewährleistungen der Freiheit stehen mit der materiellen Freiheitsgarantie des Art. 2 Abs. 2 S. 2 GG in untrennbarem Zusammenhang. Deren Sinn ist es, für den Grundrechtseingriff eine demokratisch legitimierte Rechtsgrundlage zu schaffen. Deshalb scheidet Gewohnheitsrecht als Grundlage einer Freiheitsentziehung aus.[23] Gleiches gilt erst recht für Richterrecht. Für das Strafrecht besteht allgemein ein strikter Gesetzesvorbehalt gemäß Art. 103 Abs. 2 GG, der die gewaltenteilende Kompetenzordnung aufnimmt[24] und für richterliche Rechtsfortbildung wenig Raum lässt.[25] Nur begünstigende Regelungen durch richterliche Rechtsfortbildung sind hier zulässig.[26] Der Wortlaut des Gesetzes zieht dagegen im Strafprozessrecht nach herrschender Ansicht keine ebenso starre Grenze wie im Strafrecht, weil dafür Art. 103 Abs. 2 GG nicht gilt.[27] Rechtsfortbildung ist aber auch dort nicht zulässig, wenn sie den Wortlaut des Gesetzes hintanstellt, ihren Widerhall nicht im Gesetz findet und vom Gesetzgeber nicht gebilligt wird.[28] Soweit eine

---

[18] BVerfGE 128, 193 (209ff.) = NJW 2011, 842 (845).
[19] *Hillgruber* JZ 1996, 118 (120).
[20] *Kirchhof* FS zur 600-Jahr-Feier der Universität Heidelberg, 1986, 11 (31).
[21] *Hillgruber* JZ 1996, 118 (123).
[22] *Hillgruber* in Maunz/Dürig, 63. Lfg. Okt. 2011, GG Art. 92 Rn. 62.
[23] *Broß/Osterloh/Gerhardt,* Sondervotum in BVerfGE 109, 244 (252f.).
[24] *Freund* FS Wolter, 2013, 34 (41ff.).
[25] *Barczak* Ad Legendum 2016, 101 (107).
[26] *Kriele* ZRP 2008, 51 (52).
[27] BGH NJW 2017, 2842 (2843); aA *Lüderssen/Jahn* in Löwe/Rosenberg, 27. Aufl. 2016, StPO Einleitung Teil M Rn. 57ff.
[28] BVerfGE 118, 212 (243) = NJW 2007, 2977 /2980); BVerfGE 122, 248 (283) = NJW 2009, 1469 (1472).

durch Rechtsfortbildung gewählte Lösung dazu dient, verfassungsmäßigen Rechten zum Durchbruch zu verhelfen, sind die Grenzen der Rechtsfortbildung weiter, bei einer Verschlechterung der rechtlichen Situation des von den Rechtsfolgen Betroffenen enger.[29] Die Rechtsfindung muss sich jedenfalls umso stärker auf die Umsetzung gesetzlicher Vorgaben beschränken, je schwerer die beeinträchtigte Rechtsposition wiegt.[30]

2. *Allgemeine Konsequenzen*

Richterrecht durch Rechtsfortbildung steht dem Gesetz nicht gleich,[31] weil Richter an Gerichtsentscheidungen im Allgemeinen nicht gebunden sind.[32] Eine Präjudizienbindung wäre mit der richterlichen Unabhängigkeit unvereinbar (Art. 97 Abs. 1 GG).[33] Richterrecht ist auch keine Rechtsquelle im engeren Sinn.[34] Präjudizien haben nur eine Orientierungsfunktion.[35] Die demokratische Legitimation des Richters allein begründet keine normative Wirkung seiner Entscheidungen.[36] Richterliche Rechtsfortbildung ist nur zulässig, soweit kein Gesetzesvorbehalt besteht und ein bestehendes Gesetz nicht entgegensteht; das folgt aus den Grundsätzen vom Vorbehalt und vom Vorrang des Gesetzes.[37] Rechtsfortbildung contra legem ist jedenfalls bei einem entgegenstehenden nachkonstitutionellen Gesetz prinzipiell unzulässig.[38] Zudem sind über die ausdrücklichen Gesetzesvorbehalte hinaus Gesetzesvorbehalte aufgrund der Wesentlichkeitstheorie[39] zu beachten. Rechtsstaatsprinzip und Demokratiegebot verpflichten danach den Gesetzgeber, die für die Grundrechtsverwirklichung maßgeblichen Regelungen im Wesentlichen selbst zu treffen.[40] Strafprozessrecht ist „angewandtes Verfassungsrecht". Es würde daher zu kurz greifen, wenn dort völlige Freiheit der Rechtsprechung zur „schöpferischen Rechtsfortbildung" angenommen werden würde. Gesetzesvertretendes Richterrecht muss jedenfalls systemkonform sein,[41] weil auch in Regelungslücken keine Lösung gewählt werden darf, die an anderer Stelle mit dem vom Gesetzgeber gewählten Regelungssystem unvereinbar wäre. Systemwidriges Richterrecht wäre willkürlich. Deshalb sind auch die Strukturentscheidungen des Gesetzgebers zu beachten.

---

[29] Die Schaffung einer Prozesssubjektstellung des „Opfers" legitimiert eine dem Beschuldigten nachteilige richterrechtliche Konstruktion nicht; vgl. *Schünemann* StV 2010, 538 (543).

[30] BVerfGE 138, 377 (392) = NJW 2015, 1506 (1508).

[31] *Kempf/Schilling* NJW 2012, 1849 (1853).

[32] BVerfGE 84, 212 (227) = NJW 1991, 2549 (2550); *Barczak* Ad Legendum 2016, 101 (103); *Tombrink* Ad Legendum 2016, 85 (88f.).

[33] *Payandeh,* Judikative Rechtserzeugung, 2017, 166ff.

[34] *Barczak* Ad Legendum 2016, 101 (107); *Durner* JA 2008, 7 (8); *Wenzel* NJW 2005, 345 (346).

[35] *Tombrink* Ad Legendum 2016, 85 (89).

[36] *Jachmann* in Maunz/Dürig, 63. Lfg. Okt. 2011, GG Art. 95 Rn. 15.

[37] *Barczak* Ad Legendum 2016, 101 (106).

[38] *Hillgruber* Journal für Rechtspolitik 2001, 281 (287); *Jachmann* in Maunz/Dürig, 63. Lfg. Okt. 2011, GG Art. 95 Rn. 16.

[39] BVerfGE 116, 24 (58) = NVwZ 2006, 807 (812).

[40] *Barczak* Ad Legendum 2016, 101 (106).

[41] *Kirchhof* FS zur 600-Jahr-Feier der Universität Heidelberg, 1986, 11 (13); *Wenzel* NJW 2005, 345 (348).

Zur Ermöglichung einer Kontrolle besteht ein Transparenzgebot, wonach die Tatsache der richterrechtlichen Gestaltung und deren Begründung nicht unklar bleiben dürfen.[42] Die Rechtsprechung trifft bei der Normsetzung, anders als den parlamentarischen Gesetzgeber, eine Begründungspflicht, zumal sie keiner parlamentarischen Kontrolle ihrer Rechtssätze unterliegt[43] und nicht ebenso wie ein Gesetzgebungsverfahren[44] der öffentlichen Diskussion ausgesetzt ist.

3. *Folgen für die strafgerichtliche Rechtsfortbildung*

Gesetzesvertretendes Richterrecht ist vor allem im Zivilrecht bisweilen zur Lückenschließung erforderlich und dann grundsätzlich zulässig.[45] Im Strafrecht gilt dagegen mit Blick auf die Unschuldsvermutung und den Zweifelssatz die Vorgabe, dass es besser ist, einen Schuldigen unbestraft zu lassen, als einen Unschuldigen zu verurteilen.[46] Eine undifferenzierte Übertragung von Gedanken zur Zulässigkeit richterlicher Rechtsfortbildung im Zivilrecht auf das Strafrecht oder Strafverfahrensrecht ist verfehlt; die Grenzen der Zulässigkeit des Richterrechts sind hier enger zu ziehen. Lückenfüllendes Strafrecht mit strafbegründender Wirkung ist generell unzulässig; der ungeregelte Fall bleibt straffrei.[47] Rechtsfortbildung durch Analogie oder Umkehrschluss ist im Strafrecht unzulässig,[48] soweit sie jedenfalls nicht in bonam partem geschieht. Lückenfüllendes Richterrecht zum Strafprozess ist nur ausnahmsweise zulässig. Strafverfahrensrecht, das der Umsetzung des Strafgesetzes dient und auch selbst Eingriffsnormen zur Verfahrenssicherung und Beweiserhebung vorsieht, ist angewandtes Verfassungsrecht, das jenseits eines Bereichs bloß verfahrenstechnischer Ordnungsvorschriften nach der Wesentlichkeitstheorie meist einem Gesetzesvorbehalt unterliegt.[49]

II. *Richterliche Rechtsfortbildung der Strafsenate des Bundesgerichtshofs*

Rechtsfortbildung hat in der Rechtsprechung des Bundesgerichtshofs große Tradition.[50] Da sie sich vor allem im Weg der Analogie und durch Ausfüllung von Generalklauseln äußert, betrifft sie in erster Linie das Zivilrecht. Im Strafrecht und Strafverfahrensrecht kommt Richterrecht ebenfalls vor, es wird jedoch selten als solches bezeichnet und noch seltener wird dessen Legitimation überprüft. Bisweilen wird auch, wie im Fall der Protokollberichtigung unter „Rügeverkümme-

---

[42] *Barczak* Ad Legendum 2016, 101 (108).
[43] *Bumke* in Bumke, Richterrecht zwischen Gesetzesrecht und Rechtsgestaltung, 2012, 33, 47; *Jachmann* in Maunz/Dürig, 63. Lfg. Okt. 2011, GG Art. 95 Rn. 15.
[44] Zu dessen verfahrenstechnischem Unterschied gegenüber Richterrecht *Kirchhof* FS zur 600-Jahr-Feier der Universität Heidelberg, 1986, 11 (29).
[45] *Barczak* Ad Legendum 2016, 101 (104).
[46] *Kriele* ZRP 2008, 51 (52).
[47] *Kirchhof* FS zur 600-Jahr-Feier der Universität Heidelberg, 1986, 11 (31).
[48] *Wenzel* NJW 2005, 345 (346).
[49] *Schlothauer* StraFo 2011, 459 (460).
[50] *Siol* FS Jaeger, 2011, 561 (565).

rung",[51] eine Regelungslücke behauptet, wo das Gesetz als ergänzungs- oder korrekturbedürftig empfunden wird; dabei ist es nicht immer wirklich lückenhaft. In solchen Fällen enthält die richterliche Rechtsfortbildung zugleich eine Normverwerfung, für die den Fachgerichten ausweislich des Art. 100 GG eine Legitimation fehlt.[52]

1. *Fragwürdiges Erbe*

Markant ist das Richterrecht zur gesetzesalternativen Verurteilung. Das Reichsgericht hatte in seiner grundlegenden Entscheidung der Vereinigten Strafsenate vom 2. Mai 1934 ausgeführt, ihm obliege in erster Linie die Aufgabe der Rechtsanwendung. Der in der Wahlfeststellungskonstellation „erteilte Auftrag" führe aus diesem Aufgabenkreis hinaus. Die Strafsenate seien jedoch berechtigt und verpflichtet, bei der Entscheidung der Rechtsfrage zur Ergänzung einer im Verfahrensrecht vorhandenen Gesetzeslücke rechtsschöpferisch tätig zu werden. Bei dieser Rechtsfindung müssten sie gleich dem Gesetzgeber arbeiten. Dementsprechend seien auch Zweckmäßigkeitsgründe maßgebend. Das sei auch bei der Ausgestaltung des Beweisantragsrechts so gehandhabt worden.[53]

An dieser Bemerkung fällt auf, dass sie gemacht wurde, bevor „Rechtsfortbildung" in die Regelung über die Bildung eines übergeordneten Spruchkörpers aufgenommen wurde (§ 137 Abs. 1 RGVG,[54] heute § 132 Abs. 4 GVG). Wer zuvor den Vereinigten Strafsenaten einen „Auftrag" zur Rechtsfortbildung erteilt haben soll, blieb ohne Erklärung. Tatsächlich fehlte sie schon damals und fehlt auch heute, weil im fragmentarischen Strafrecht nicht das Ergebnis der Bestrafung eines Angeklagten ohne genauen Gesetzesbefehl den verfassungsrechtlichen Auftrag der Rechtsprechung bilden kann, sondern nur die Entscheidung des Einzelfalls in Anwendung der Gesetze.[55] Sodann ist bemerkenswert, dass das Reichsgericht die Einordnung des Richterrechts in das Strafprozessrecht behauptete, obwohl vorher und nachher stets erklärt wurde, dass es um materielles Recht gehe.[56] Die Hervorhebung der verdienstvollen Rechtsprechung zum Beweisantragsrecht[57] als Beispiel für richterliche Rechtsfortbildung wäre dann aber nicht in Betracht gekommen. Auch wäre bei einer materiell-rechtlichen Qualifikation der damals zumindest

---

[51] BGHSt 51, 298 (302ff.) = NJW 1979, 2608; BVerfGE 122, 248 (257ff.) = NJW 2009, 1469 (1472) mit Sondervotum *Voßkuhle/Osterloh/Di Fabio* BVerfGE 122, 282ff.: „Der Senat verkennt die verfassungsrechtlichen Grenzen richterlicher Rechtsfindung." So im Ergebnis auch *Frister* in SK-StPO, 5. Aufl. 2016, § 271 Rn. 51; *Globke* GA 2010, 399; *Möllers* JZ 2009, 668; *Schünemann* StV 2010, 538.

[52] *Hillgruber* Journal für Rechtspolitik 2001, 281 (2869).

[53] RGSt 68, 257 (259).

[54] *Rissing van Saan* FS Widmaier, 2008, 505 (508).

[55] Allgemein zum Rechtsprechungsauftrag *Kirchhof* FS 600-Jahr-Feier der Universität Heidelberg, 1986, 11 (38).

[56] RGSt 22, 213 (216); 53, 231 (232); 56, 35 (36). In einem vorschnell veröffentlichten (JW 1934, 366) Urteilsentwurf wurde die Zulassung der echten Wahlfeststellung erläutert (JW 1934, 294ff. mAnm *H. Mayer*), worauf der 1. Strafsenat später in einer Entscheidung Bezug nahm; RGSt 69, 369 (371). Darin wurde betont, die Frage sei nach materiellem Recht zu beantworten.

[57] *Foth* FS Widmaier, 2008, 223.

noch formal geltende Art. 116 WRV zu berücksichtigen gewesen. Schließlich bleibt festzuhalten, dass die Vereinigten Strafsenate die Figur der echten Wahlfeststellung auf Fälle der Unklarheit über exklusiv in Betracht kommenden Tatbestände des Diebstahls oder der Hehlerei beschränkt wissen wollten. Sie empfanden einen Schuldspruch, der auf alternativen Feststellungen beruht, als prinzipiell ungerecht,[58] weil er praktisch einen „öffentlich bescheinigten Verdacht" enthalte. Die Ungerechtigkeit einer solchen Bloßstellung dränge sich besonders da auf, wo mehrere Verfehlungen, die eine verschiedene seelische Verfassung des Täters voraussetzen und ihm eine verschiedene sittliche Bewertung zuziehen, in die Wahl aufgenommen werden.[59] Damit wurde aber willkürlich eine Ausnahme von der durch Gesetz vorgezeichneten Regel für eine bestimmte Fallkonstellation behauptet, die im Gesetz keinen Widerhall fand und dessen Regelungssystem widersprach. Insoweit handelte es sich um Richterrecht contra legem. Erst durch Gesetz vom 28. Juni 1935[60] wurde – zeitgleich mit der Aufhebung des Analogieverbots – eine generelle Möglichkeit gesetzesalternativer Verurteilungen als § 2b RStGB eingeführt. Diese wurde nach Kriegsende durch Gesetz des Alliierten Kontrollrats für Deutschland Nr. 11 vom 30. Januar 1946[61] wieder aufgehoben. Der Oberste Gerichtshof für die Britische Zone[62] und nach ihm der Bundesgerichtshof knüpften dann an die Entscheidung der Vereinigten Strafsenate des Reichsgerichts an[63] und dehnten deren Ergebnis auf alle Konstellationen der exklusiven Alternativität potenziell anwendbarer Strafnormen aus, die rechtsethisch und psychologisch vergleichbar sein sollen.[64] Später wurde solche Vergleichbarkeit auch angenommen, wenn einseitig überschießende Erschwerungsgründe auf der anderen Seite des Vergleichspaares keine Entsprechung finden; dann soll eine gesetzesalternative Verurteilung anhand der Grundkonstellationen möglich sein.[65]

Die Frage der Legitimation des derart kasuistisch erweiterten Richterrechts wurde in der Rechtsprechung zunächst nicht mehr gestellt. Sie wäre nach den allgemeinen Regeln (→ I.1.b und → I.1.c) zu verneinen, weil aufgrund von Art. 103 Abs. 2 und

[58] Eine Ausnahme vom Gebot der Eindeutigkeit von Feststellungen wurde vorher nur akzeptiert, wenn der Straftatbestand verschiedene Varianten vorsah, aber trotz Unklarheit der erfüllten Variante einen eindeutigen Schuldspruch ermöglichte; RGSt 22, 213 (216); 23, 47 (48); 55, 228 (229); 56, 35f.; 57, 174f. Sofern kein Schuldspruch „mit der vom Gesetze geforderten Bestimmtheit" gefällt werden könne, sei eine Verurteilung nicht zulässig; RGSt 23, 47 (50).

[59] RGSt 68, 257 (261).

[60] Gesetz zur Änderung der Vorschriften des Strafverfahrens und des Gerichtsverfassungsgesetzes, RGBl. 1935 I 839.

[61] *Etzel,* Die Aufhebung von nationalsozialistischen Gesetzen durch den Alliierten Kontrollrat (1945–1948), 1992, S. 83ff.

[62] OGHSt 2, 89 (93).

[63] BGHSt 1, 127 (128); BGHSt 1, 275 (276) = NJW 1952, 193; BGHSt 9, 390 (392ff.) = NJW 1957, 71f. Vereinzelt wurde für eine unbeschränkte Wahlfeststellung votiert; BGHSt 4, 340 (342) = NJW 1953, 1721; dies entsprach dem letzten Stand der vom Plenarbeschluss abweichenden reichsgerichtlichen Rechtsprechung unabhängig von § 2b RStGB, s. für einen Altfall RGSt 69, 369 (370ff.). Darauf gingen der Oberste Gerichtshof für die Britische Zone und der Bundesgerichtshof nicht ein.

[64] BGHSt 9, 390 (393f.) = NJW 1957, 71.

[65] BGHSt 11, 26 (28) = NJW 1957, 1933; BGHSt 25, 182 (183f.) = NJW 1973, 1466; anders noch BGHSt 21, 152 (154) = NJW 1967, 359.

Art. 104 Abs. 1 GG oder jedenfalls aufgrund der Wesentlichkeitstheorie ein Gesetzesvorbehalt zu reklamieren ist[66] und das Richterrecht zumindest hinsichtlich der Strukturentscheidungen des Gesetzgebers[67] contra legem aufgestellt und nachkonstitutionell erweitert wurde. Schließlich wäre nach dem Prinzip vom Vorrang des Gesetzes davon auszugehen, dass der Gesetzgeber durch Schaffung von Auffangtatbeständen einen anderen Weg zur Schließung von als ungerecht empfundenen Strafbarkeitslücken gewählt hat. Die Tatsache, dass der Gesetzgeber sich damit weder im Normtext noch in den Materialien erkennbar auseinandergesetzt hat, ist angesichts der getroffenen Strukturentscheidungen unerheblich. Ist in der „klassischen" Wahlfeststellungskonstellation, in der beim Angeklagten Diebesbeute gefunden wurde und das Tatgericht deren Erlangung nur durch Diebstahl oder Hehlerei für möglich hält, ohne für eine der Alternativen die urteilsrelevante sichere Überzeugung gewinnen zu können, muss der Angeklagte nach heutigem Gesetzesrecht nicht freigesprochen, sondern kann unter weiteren Voraussetzungen wegen Geldwäsche oder sonst wegen Unterschlagung verurteilt werden. Die vom Reichsgericht als unerträglich empfundene Freispruchskonstellation, die damals seinen „Auftrag" zur Rechtsfortbildung begründet haben sollte, droht jetzt nicht mehr. Warum trotzdem ein „zwingendes Bedürfnis"[68] die gesetzesalternative Verurteilung wegen Diebstahls oder Hehlerei gebieten soll, bleibt unbeantwortet, obwohl zur Begründung von Richterrecht auch dort, wo es zulässig ist, jedenfalls „einsichtig gemacht werden" muss, dass „das geschriebene Gesetz seine Funktion, ein Rechtsproblem gerecht zu lösen, nicht erfüllt".[69]

Der Große Senat für Strafsachen des Bundesgerichtshofs[70] hat zuletzt unter Hinweis auf seine Entscheidung[71] zum Richterrecht für Urteilsabsprachen behauptet, die Rechtsfigur der gesetzesalternativen Verurteilung halte sich im Rahmen zulässiger Rechtsfortbildung. Unabweisbare Bedürfnisse einer ordnungsgemäßen Strafrechtspflege könnten Ausgangspunkt dafür sein. Die Rechtsprechung zur Wahlfeststellung könne sich auch auf eine frühzeitige Billigung des Gesetzgebers stützen. Es seien keine Anhaltspunkte dafür vorhanden, dass dieser der Rechtsprechung später seine Billigung entzogen habe. Das folge auch nicht aus der Neuschaffung von Auffangstraftatbeständen. Mit der Aufgabe der Strafzumessung komme die Praxis offenbar zu Recht.[72] Damit sind aber die Einwände gegen die Legitimation eines Richterrechts in malam partem nicht ausgeräumt, zumal die Maßstabsbildung zur Bestimmung der Grenzen richterlicher Rechtsfortbildung zu kurz greift. Die vom Großen Senat für Strafsachen hervorgehobene Meinungsäußerung der Bundesregierung zum 3. Strafrechtsänderungsgesetz, wonach die Frage der Wahlfeststel-

---

[66] *Eschelbach* in BeckOK StPO 30 Ed. 2018 § 261 Rn. 50.18ff. mwN.

[67] Einen Systembruch konstatiert *Linder* ZIS 2017, 311 (319).

[68] RGSt 68, 257 (261).

[69] BVerfGE 34, 269 (287) = NJW 1973, 1221 (1225).

[70] BGH NJW 2017, 2842 mAnm *Jahn* NJW 2017, 2846, mAnm *Stuckenberg* StV 2017, 811.

[71] BGHSt 50, 40 (50ff.) = NJW 2005, 1440 (1443).

[72] Dies ist ein „frommer Wunsch", *Stuckenberg* StV 2017, 815 (817); denn im Anlassfall der Vorlage war die Strafzumessungsentscheidung fehlgegangen. BGH NStZ-RR 2018, 47 hat dieses Problem mit einem Beruhensargument eliminiert.

lung der Rechtsprechung und Lehre überlassen werden könne,[73] hat „keinen normativen Wert".[74] Das hiernach anhaltende Schweigen des Gesetzgebers ist erst recht unerheblich. Auch „unabweisbare Bedürfnisse der Strafrechtspflege" rechtfertigen kein Richterrecht, das dem Angeklagten nachteilig wirkt, weil dafür ein Parlamentsvorbehalt besteht,[75] sei es aufgrund von Art. 103 Abs. 2, 104 Abs. 1 GG oder aufgrund von Art. 20 Abs. 3 GG nach der Wesentlichkeitstheorie. Warum nach Schaffung weiterer Auffangtatbestände immer noch ein solches Strafbedürfnis bestehen soll, das die gesetzesalternative Verurteilung auch dort gebieten soll, wo kein Freispruch infolge des fragmentarischen Charakters des Strafgesetzes „droht", wurde nicht erläutert. Der Hinweis des Großen Senats für Strafsachen auf den Maßstab zu Grenzen des Richterrechts, wie er in seiner Entscheidung zu Urteilsabsprachen angedeutet worden war, betrifft demgegenüber ein besonderes Kapitel deutscher Strafprozessgeschichte.

2. *Urteilsabsprachen und deren richterrechtliche Reglementierung als gesetzesvorbereitendes Richterrecht*

Die bedeutendste Entwicklung im deutschen Strafverfahren seit Inkrafttreten der Reichsjustizgesetze ist die Praxis der Urteilsabsprachen, die zeitlich ungefähr mit der Entwicklung der „erweiterten Revision in Strafsachen" zusammenfällt. Der Bundesgerichtshof kam zu jener Zeit mit der – richterrechtlichen – Ausdehnung[76] einer begrenzten Revisionskontrolle der tatrichterlichen Beweiswürdigung und der Strafzumessung auch einer angedachten Gesetzesreform zuvor.[77] Auf Tatrichter wirkte der Eingriff in ihre Domänen so nachhaltig, dass sie durch Urteilsabsprachen, zu deren Geschäftsgrundlage ein Rechtsmittelverzicht gehörte, die Revisionsinstanz leerlaufen ließen. Die Praxis, unter Auslassung der „bestmöglichen Sachaufklärung" im Sinne des § 244 Abs. 2 StPO nach der informell vereinbarten Ablegung eines mehr oder weniger schlanken Geständnisses gegen Zusage von Strafrabatt und Verzicht auf Anträge vor dem Urteil und Rechtsmittel hiernach den Prozess rasch zu beenden, war besonders im Sinne der §§ 244 Abs. 2, 261 StPO rechtsfehlerhaft. „Rechtsanwendungsfehler, wer immer sie feststellen darf", sind aber „keine Rechtsfortbildung".[78] Die Tatgerichte selbst haben daher kein Richterrecht geschaffen, zumal die Gerichte der Länder kaum dazu kompetent sein konnten, auf der Ebene des Bundesrechts zum Strafverfahren normativ zu wirken. Die Absprachepraxis blieb daher zunächst ohne Legitimation.[79] Sagt sich der Richter vom Gesetz los und schöpft er eigenmächtig Regeln und Prinzipien,

---

[73] BT-Drs. I/3713, 19.

[74] *Stuckenberg* StV 2017, 815 (816).

[75] *Freund* FS Wolter, 2013, 34 (49ff.).

[76] Von einem Richterrecht contra legem sprach insoweit *Foth* DRiZ 1997, 201; gegen ihn *Meyer-Goßner* DRiZ 1997, 471 mit Replik von *Foth* DRiZ 1997, 476. Mangelnde Effektivität der „erweiterten Revision" bei der Kontrolle der Beweiswürdigung bilanziert *Geipel,* Handbuch der Beweiswürdigung, 3. Aufl. 2016, § 4.

[77] *Schlothauer* StraFo 2000, 289.

[78] *Wolfgang Meyer* in v. Münch/Kunig, 6. Aufl. 2012, GG Art. 97 Rn. 32.

[79] *Lien* GA 2006, 129.

nach denen er prozediert und judiziert, verliert er seine demokratische Legitimation.[80]

Der Bundesgerichtshof hat Richterrecht zur Reglementierung des Unzulässigen geschaffen. Nachdem zuerst nur einzelne Aspekte der Absprachepraxis Gegenstand revisionsgerichtlicher Entscheidungen gewesen waren, hat der 4. Strafsenat des Bundesgerichtshofs mit Urteil vom 28. August 1997[81] die Urteilsabsprachen unter bestimmten Voraussetzungen für zulässig erklärt. Bemerkenswert daran ist, dass ein Strafsenat in einem Fall, in dem die Revision auf den Strafausspruch beschränkt war, seine Urteilsbeanstandung aufgrund der Sachrüge zum Anlass genommen hat, komplexe Regeln für ein Abspracheverfahren aufzustellen. Eine Divergenz gegenüber Entscheidungen anderer Strafsenate hat er mit Hinweis darauf bestritten, diese hätten sich nicht allgemein zur Zulässigkeit von Absprachen geäußert. Allerdings war die Generalfrage nach einer Verfahrensordnung für Urteilsabsprachen dort auch nicht zu thematisieren gewesen. Ob die Sachrüge bei einer Strafmaßrevision im Fall des 4. Strafsenats eine derart andersartige Ausgangslage dargestellt hatte, dass erstmals ein komplexes Regelungssystem aufzustellen war, kann bestritten werden.[82]

Im Parlamentarischen Rat hatte Einigkeit darüber bestanden, dass auch ein nach Art. 95 GG eingerichteter oberster Gerichtshof nur über einen bestimmten Rechtsfall zu entscheiden haben soll.[83] Im Fall des 4. Strafsenats war aufgrund der Sachrüge gegen den Strafausspruch nur zu prüfen, ob das Landgericht wegen seiner Bemerkung, das Ergebnis der näher erläuterten Strafzumessungsentscheidung sei auch mit den Verfahrensbeteiligten abgestimmt worden, keine Entscheidung im Sinne von § 46 StGB getroffen hatte. Die Aufstellung einer Verfahrensordnung für Urteilsabsprachen gehörte dann aber nicht zum Rechtsprechungsauftrag im konkreten Fall. Dies gilt umso mehr, als es zwar um Begrenzung von rechtswidrigen Urteilsabsprachen durch die Tatgerichte, aber auch um deren begrenzte Legalisierung contra legem ging. Dem Transparenzgebot für Richterrecht entsprach die Entscheidung auch nicht, weil sie die Eigenschaft als richterliche Rechtsfortbildung nicht offenlegte.[84] Die Legitimationsfrage wurde erst später durch den Großen Senat für Strafsachen thematisiert,[85] wäre aber richtigerweise auch dort zu verneinen gewesen.[86] Eine rechtsfehlerhafte Praxis partiell zu legalisieren und insoweit zu formalisieren konnte nicht Aufgabe revisionsgerichtlicher Rechtsfortbildung sein, da ihr dafür selbst die demokratische Legitimation fehlte. Die Behauptung, dass die Strafprozessordnung solchen Absprachen nicht generell entgegenstehe,[87] reichte zur Begründung nicht aus.

Der Große Senat für Strafsachen des Bundesgerichtshofs unter Vorsitz des damaligen Präsidenten *Günter Hirsch,* der richterlicher Rechtsfortbildung wohlwollend

---

80 *Hillgruber* Journal für Rechtspolitik 2001, 281 (283).
81 BGHSt 43, 195 (202ff.) = NJW 1998, 86 (88f.).
82 *Tepperwien* FS Gunter Widmaier, 2008, 583 (593).
83 *Payandeh,* Judikative Rechtserzeugung, 2017, 185 mwN.
84 *Fischer* HRRS 2014, 324 (329).
85 BGHSt 50, 40 (50ff.) = NJW 2005, 1440 (1443).
86 *Saliger* NJW 2005, 1440, *Saliger* JuS 2006, 8 (11).
87 BGHSt 43, 195 (203) = NJW 1998, 86 (88).

gegenübersteht,[88] hat eine Grenzüberschreitung dementiert. Er hat allerdings anerkannt, dass die Regeln über Urteilsabsprachen mit dem Gesetz, insbesondere mit § 261 StPO „nur schwer in Einklang zu bringen" seien.[89] Zudem bedürfe die Regelung in vielfältiger Hinsicht näherer Ausgestaltung. Indes lehne das Grundgesetz einen engen Gesetzespositivismus ab. Richter seien an Recht und Gesetz gebunden. Eine schöpferische Rechtsfindung sei ihnen nicht verwehrt. Insbesondere die obersten Gerichtshöfe hätten diese Befugnis seit jeher in Anspruch genommen. Die Richter seien zu freierer Handhabung der Rechtsnormen berechtigt, wenn das geschriebene Gesetz seine Funktion nicht mehr erfülle.[90]

Bezug genommen wurde dabei auf die Soraya-Entscheidung des Bundesverfassungsgerichts,[91] die zur Rechtsprechung der Zivilgerichte über den Ersatz immaterieller Schäden bei Persönlichkeitsrechtsverletzungen ergangen war. Eine weitere vom Großen Senat für Strafsachen erwähnte Entscheidung des Bundesverfassungsgerichts[92] betraf die Zulässigkeit einer Analogiebildung im Zivilrecht. Mit diesem begrenzten Blick auf verfassungsgerichtliche Rechtsprechung endete die Prüfung der demokratischen Legitimation der schöpferischen Erfindung einer Verfahrensordnung für Urteilsabsprachen zu früh.[93] Die allgemeinen Bemerkungen über generelle Möglichkeiten richterlicher Rechtsfortbildung besagten nichts für die konkrete Fragestellung im Strafprozess. Tatsächlich hatte dort keine Regelungslücke vorgelegen, die eine richterrechtliche Erfindung einer Ersatzprozessordnung für Urteilsabsprachen hätte erforderlich machen und legitimieren können.

Soweit der Große Senat für Strafsachen die Zulässigkeit von Urteilsabsprachen mit der Notwendigkeit einer Sicherstellung der Funktionstüchtigkeit der Strafrechtspflege begründet hat, war auch daraus keine Legitimation herzuleiten. Eine solche Notstandsgesetzgebungskompetenz der Gerichte sieht die Verfassung nicht vor. Der behauptete Rechtsprechungsnotstand hätte zudem näherer Überprüfung bedurft; jedoch fehlten empirische Untersuchungen,[94] die erst das Bundesverfassungsgericht später veranlasst hat.[95] Dass ausschließlich ein Urteilsabspracheverfahren zur Behebung einer Rechtsprechungskrise in Betracht gekommen war, hat auch der Große Senat nicht behauptet. Stehen dem Gesetzgeber verschiedene Möglichkeiten zur Verfügung, einen verfassungswidrigen Zustand zu beheben, geht es nicht an, dass ein Fachgericht dessen Entscheidung vorgreift. Die Annahme, dass es

---

[88] *Hirsch,* Rechtsanwendung, Rechtsfindung, Rechtsschöpfung. Der Richter im Spannungsverhältnis von Erster und Dritter Gewalt, Vortrag gehalten am 18.11.2002 vor der Juristischen Studiengesellschaft; *Hirsch* JZ 2007, 853; ZRP 2009, 253; 2012, 205; im Dauerstreit gegen ihn *Rüthers,* Die heimliche Revolution vom Rechtsstaat zum Richterstaat. Verfassung und Methoden, 2. Aufl. 2016; *Rüthers* JZ 2002, 365; NJW 2005, 2759; 2011, 1856; JÖR 64 (2016), 309.

[89] BGHSt 50, 40 (50ff.) = NJW 2005, 1440 (1443).

[90] Vorsichtig kritisch *Tepperwien* FS Widmaier, 2008, 583 (594ff.).

[91] BVerfGE 34, 269 (286ff.) = NJW 1973, 1221 (1225).

[92] BVerfGE 82, 6 (12) = NJW 1990, 1593.

[93] *M. Müller,* Probleme um eine gesetzliche Regelung der Absprachen im Strafverfahren, 2007, 272.

[94] *Fischer* StraFo 2009, 177.

[95] *Altenhain/Dietmeier/May,* Die Praxis der Absprachen im Strafverfahren, 2013.

dem Gesetzgeber danach immer noch möglich bleibe, das Problem anders zu lösen, rechtfertigt dies auch nicht.[96] Es ist nicht legitim, wenn Richter als Nothelfer in die Funktion des Gesetzgebers einrücken, weil dieser, aus welchen Gründen auch immer, eine von der Rechtsprechung für erforderlich gehaltene Regelung nicht trifft.[97]

Insgesamt bleiben Bedenken gegen die Zulässigkeit des Richterrechts zu Urteilsabsprachen bestehen. Diese sind durch das nicht unbedingt erforderlich gewesene[98] Gesetz zur Regelung der Verständigung im Strafverfahren überholt, obwohl die Probleme der Praxis[99] dadurch nicht beseitigt wurden. Jedoch wäre die Aufsattelung dieses Gesetzes auf eine unzulässige richterliche Rechtsfortbildung auch bei der Normenkontrolle in den Blick zu nehmen gewesen. Die Frage nach den Auswirkungen einer nunmehr unübersehbaren Unzulässigkeit des früheren Richterrechts wird dagegen nun meist nicht mehr gestellt.[100] Das Bundesverfassungsgericht hat seiner Entscheidung zum Verständigungsgesetz ausdrücklich keine verfassungskonforme Auslegung zu Grunde gelegt, um zu vermeiden, dass Altverfahren nach § 79 BVerfGG wiederaufgenommen werden können.[101] Wäre eine generelle Wiederaufnahmemöglichkeit für Altfälle wegen nach heutiger Erkenntnis evident unzulässiger Verfahrensweisen gegeben, würde dadurch bei verbreiteter Antragstellung die Funktionstüchtigkeit der Strafrechtspflege aufgehoben. Die Tatsache dass das allgemeine Wiederaufnahmerecht mit § 359 Nr. 3 und Nr. 5 StPO immer noch Möglichkeiten zur nachträglichen Korrektur einer früheren illegalen Praxis bietet,[102] scheint der Anwaltschaft entgangen zu sein. Faktisch hat der Gesetzgeber demnach die Frage der Zulässigkeit des Richterrechts zu Urteilsabsprachen erledigt.

3. Rechtsbeschränkendes Richterrecht ohne nachfolgende Bestätigung durch den Gesetzgeber

Ein Beispiel für richterliche Rechtsfortbildung ohne nachfolgende gesetzgeberische Bestätigung ist die Rechtsprechung zur „Widerspruchslösung“ für Beweisverwertungsverbote. War ein Verstoß gegen § 136 Abs. 1 S. 2 oder § 163a Abs. 4 S. 2 StPO vormals nicht zum Anlass genommen worden, ein Beweisverwertungsverbot als Rechtsfolge vorzusehen, hat der Bundesgerichtshof erstmals im Jahr 1992 anders entschieden. Fehler bei der Belehrung des Beschuldigten vor der Vernehmung durch die Polizei können danach ein Beweisverwertungsverbot zur Folge haben, wenn sie sich zumindest in nicht ausschließbarer Weise auf die Entschlussfreiheit des Beschuldigten, sich in der Vernehmung redend oder schweigend zu verteidigen, ausgewirkt haben. Weil infolge vormaliger Folgenlosigkeit von Belehrungsmängeln derartige Fehler häufig zu verzeichnen waren, wurde bei der Rechtspre-

---

[96] *Hillgruber* Journal für Rechtspolitik 2001, 281 (290).
[97] *Jestaedt* in Bumke, Richterrecht zwischen Gesetzesrecht und Rechtsgestaltung, 2012, 49, 56.
[98] *Fischer* NStZ 2007, 433.
[99] *Eschelbach* in Paal/Poelzig, Effizienz durch Verständigung, 2015, 37.
[100] Dazu nur *Fischer* HRRS 2014, 324 (333ff.).
[101] BVerfGE 133, 168 (236) = NJW 2013, 1058 (1062).
[102] *Eschelbach* FS Paeffgen 2015, 637 (648ff.).

chungsänderung ein Dammbruch befürchtet. Zu dessen Reduzierung wurde das heute gebräuchliche Widerspruchserfordernis aufgestellt,[103] das sich von vormaligen Verzichts-, Verwirkungs- oder Beruhensüberlegungen unterscheidet. Danach „besteht“ kein Verwertungsverbot, wenn der verteidigte Angeklagte der Verwertung seiner früheren Aussage als Beschuldigter in der Hauptverhandlung nicht widersprochen hat. Der zur Aktivierung des Verwertungsverbots[104] als dessen „Tatbestandsvoraussetzung“[105] erforderliche Widerspruch kann nach der Rechtsprechung nur bis zu dem in § 257 StPO genannten Zeitpunkt für Erklärungen zu der erfolgten Beweiserhebung angebracht werden. Geschieht dies nicht, „besteht“ eben kein Beweisverwertungsverbot und es kann auch nachträglich nicht mehr in derselben Tatsacheninstanz, einer weiteren Tatsacheninstanz[106] oder beim Revisionsgericht geltend gemacht werden. Die Versäumung des „rechtzeitigen“ Widerspruchs hat danach eine Präklusionswirkung.

Zur Begründung der Konstruktion führte der Bundesgerichtshof in der Leitentscheidung aus, die Rechtsprechung habe schon bisher in vergleichbaren Fällen die Möglichkeit ins Auge gefasst, dass das Recht, sich auf ein Verwertungsverbot zu berufen, verlorengehe, wenn der verteidigte Angeklagte in der tatrichterlichen Hauptverhandlung der Verwertung nicht widersprochen habe. Diese Einschränkung beschneide die Rechte des Angeklagten nicht in unangemessener Weise. Sie entspreche der besonderen Verantwortung des Verteidigers und seiner Fähigkeit, Belehrungsmängel aufzudecken und zu erkennen, ob die Berufung auf das Verwertungsverbot einer sinnvollen Verteidigung diene.[107] Spätere Rechtsprechung hat diese Widerspruchslösung auf andere Fallkonstellationen unselbständiger Beweisverwertungsverbote ausgedehnt und unter anderem mit Begründungspflichten für den Widerspruchsführer[108] näher ausgestaltet. Soweit anfangs ein Widerspruchserfordernis bezüglich jeder einzelnen Beweiserhebung mit verschiedenen Sekundärbeweismitteln für frühere Beschuldigtenaussagen gefordert wurde,[109] ist die Widerspruchslösung nachträglich dahin modifiziert worden, dass auch ein einheitlich vorab erklärter Sammelwiderspruch zulässig sein soll.[110] Hinweis-, Fürsorge- oder Bescheidungspflichten des Tatgerichts hinsichtlich des Widerspruchs der Verteidigung gegen die Beweisverwertung hat die Rechtsprechung nicht aufgestellt, obwohl an anderer Stelle auch bei der Auslegung und Anwendung gesetzlicher Präklusionsnormen eine faire Handhabung des Gerichts gefordert wird,[111] die bei einer richterrechtlichen Präklusionsnorm, wenn diese überhaupt zulässig wäre, erst recht geboten erscheinen müsste.

---

[103] BGHSt 38, 214 (225 f.) = NJW 1992, 1463 (1466); Urt. v. 9.5.2018 – 5 StR 17/18.
[104] Gegen den Aktivierungsgedanken aber BGH NJW 2017, 1828 (1829).
[105] *Meyer-Goßner/Appl* StraFo 1998, 258 (261).
[106] BGHSt 50, 272 = NJW 2006, 707 mAnm *Fezer* JZ 2006, 474 ff. und *Schlothauer* StV 2006, 397.
[107] BGHSt 38, 214 (226) = NJW 1992, 1463 (1466).
[108] BGHSt 52, 38 (42) = NJW 2007, 3587 (3588).
[109] BGHSt 39, 349 (352) = NJW 1994, 333 (334).
[110] BGHSt 60, 38, 40 = NJW 2015, 265 (266) mwN.
[111] BVerfGE 75, 302 (312) = NJW 1987, 2733 (2734); BVerfGE 81, 264 (283) = NJW 1990, 2373.

Eine genaue dogmatische Begründung der in der Revisionsinstanz kasuistisch ausgebauten Konstruktion sucht man vergebens. Dem Interesse des Beschuldigten an der Disposition über die Beweisverwertung, die ihm auch günstig wirken kann, wäre mit einer Zustimmungslösung Genüge getan. Einzig diese ist, wenngleich an versteckter Stelle, für eine bestimmte Konstellation im Gesetz vorgesehen (§ 630 Abs. 3 S. 2 BGB), nicht aber die Widerspruchslösung. § 222b Abs. 1 und § 338 Abs. 1 Nr. 1 lit. b StPO können als Ausnahmetatbestände nicht für eine Analogie herangezogen werden.[112] Eine nachträglich in der Literatur angestellte Überlegung zur Legitimation bestand darin, dass die Rechtsprechung ein Beweisverwertungsverbot des ungeschriebenen Rechts, das sie selbst erst geschaffen habe, vielleicht auch begrenzen dürfe; unproblematisch sei dies aber nicht.[113]

Auf grundsätzliche Kritik der Literatur[114] an der Widerspruchslösung reagierte die Rechtsprechung mit der Bemerkung, es werde ungeachtet dieser Kritik daran festgehalten.[115] Argumente für und wider die Rechtsprechungslösung wurden dabei weder genannt noch nachvollziehbar abgewogen. Von einer Wahrung des Transparenzgebots kann danach keine Rede sein. Am Maßstab für die Grenzen der Zulässigkeit von Richterrecht gemessen wurde die mit solchem Imperativ aufrechterhaltene Widerspruchslösung bisher auch nicht. Andernfalls wären Bedenken nicht zu übergehen. Es fehlt eine Überprüfung der demokratischen Legitimation dieses Richterrechts, die im Fall einer systemwidrigen Rechtsfortbildung nicht bejaht werden kann. Die Widerspruchslösung ist systemfremd, weil sie mit ihrer Beschränkung der richterlichen Aufklärungspflicht und mit der Übertragung von Verantwortung für verfahrensfehlerfreies Prozedieren auf die Verteidigung strafprozessuale Grundsätze verlässt. Dass der Angeklagte die Folgen eines Versäumnisses seines Verteidigers tragen soll, ist dem Strafprozessrecht ebenso fremd, wie die einseitige Bindung an eine angeblich zurzeit des Äußerungsrechts nach § 257 StPO getroffenen Disposition für das gesamte weitere Erkenntnisverfahren. Der bis dahin versäumte Widerspruch ist nämlich nach dem Richterrecht nicht nachholbar, mag auch ein präventiv erhobener Widerspruch zurückgenommen werden können.[116] Durch Ausschaltung einer Mitwirkung der Staatsanwaltschaft an dem prozessualen Gestaltungsakt wird ebenfalls die Struktur des gesetzlichen Strafverfahrensrechts verlassen und ein Schritt in Richtung auf einen Parteienprozess getan.[117] Nach allem ist die informelle Etablierung von Präklusionsregeln contra legem erfolgt. Diese sind auch mit grundrechtsgleichen Rechten des Angeklagten unvereinbar. Gesetzliche Präklusionsnormen beschneiden als eng zu handhabende Ausnahmevorschriften für Fälle schuldhafter Versäumnisse eines Verfahrensbeteiligten dessen Anspruch auf rechtliches Gehör, was allenfalls durch eine ausdrückliche gesetzliche Regelung

---

[112] Eine Analogie zu Ausnahmevorschriften verbietet sich im Allgemeinen; *Hillgruber* JZ 1996, 118 (119).

[113] *Maul/Eschelbach* StraFo 1996, 66 (67).

[114] Nachweise bei *Eschelbach* in SSW StPO, 3. Aufl. 2018, § 136 Rn. 116ff.

[115] BGHSt 42, 15 (22) = NJW 1996, 1547 (1549).

[116] BGHSt 42, 15 (24) = NJW 1996, 1547 (1549).

[117] *Maul/Eschelbach* StraFo 1996, 66 (70).

ermöglicht werden darf,[118] die für Beweisverbotsfragen im Sinne der Widerspruchslösung fehlt. Rechtsbeschränkendes Richterrecht über „informelle Präklusionen“,[119] das ohne gesetzliche Grundlage auszukommen versucht, ist demnach schon mit Art. 103 Abs. 1 GG unvereinbar,[120] im Übrigen aber auch mit der Rechtsschutzgewährleistung aus Art. 19 Abs. 4 und Art. 20 Abs. 3 GG in Verbindung mit den Grundrechten aus Art. 2 Abs. 1 oder bei Freiheitsentziehungen aus Art. 2 Abs. 2 S. 2 GG. Schließlich kann aus einer Vorschrift, wie § 257 StPO, die der Gewährleistung rechtlichen Gehörs dienen soll, keine richterrechtliche Präklusion von Verteidigungsvorbringen für die weitere Hauptverhandlung, andere Tatsacheninstanzen und das Rechtsmittelverfahren hergeleitet werden.[121] Allein mit dem Hinweis auf die angebliche Zumutbarkeit des Widerspruchserfordernisses für den verteidigten Angeklagten[122] und die Verantwortung des Verteidigers für ein Verteidigungskonzept war die Aufstellung einer Präklusionsregelung daher nicht ausreichend zu begründen.[123] Systemfremdes rechtsbeschränkendes Richterrecht bleibt unzulässig.

Soweit die Widerspuchslösung inzwischen auch bei heimlichen Ermittlungsmethoden Geltung beansprucht, ist schließlich zu beachten, dass eine gesetzgeberische Neuregelung der §§ 100a ff. StPO erfolgt ist,[124] ohne dass die Widerspruchslösung im Gesetzestext oder in den Materialien auch nur erwähnt wurde. Der Gesetzgeber hat dort partiell Regelungen über Beweisverwertungsverbote getroffen, ohne dafür ein Widerspruchserfordernis aufzustellen. Deshalb ist jedenfalls in diesem Bereich nach den Prinzipien vom Vorrang und vom Vorbehalt des Gesetzes davon auszugehen, dass ein Widerspruchserfordernis nicht postuliert werden darf, weil es nicht auf eine Bestätigung des Gesetzgebers gestützt werden kann.

Das Bundesverfassungsgericht hat in einer Entscheidung zwar beiläufig bemerkt, es bestünden keine verfassungsrechtlichen Bedenken gegen die Widerspruchslösung.[125] Diese nicht weiter erläuterte Bemerkung ist aber nicht bindend, da das richterrechtliche Widerspruchserfordernis seinerseits nicht Gegenstand einer Verfassungsbeschwerde gewesen und die genannte Bemerkung auch deshalb weit davon entfernt ist, auf eine ernsthafte Überprüfung nach dem Maßstab für die Grenzen zulässigen Richterrechts gestützt zu sein.

---

[118] Zu Präklusionsnormen im Zivilprozess BVerfGE 59, 330 (334) = NJW 1982, 1635; BVerfGE 60, 1 (6) = NJW 1982, 1453; BVerfGE 75, 183 (191) = NJW 1987, 2003 (2004); BVerfGE 75, 302 (312) = NJW 1987, 2733 (2734).

[119] *Basdorf* StV 1997, 488.

[120] *Eschelbach/Geipel/Weiler* StV 2010, 325 (331).

[121] BGHSt 61, 266 (272) = NJW 2017, 1332 (1333 f.) mit abl. Anm. *Basdorf* NStZ 2017, 370.

[122] BGHSt 42, 15 (24) = NJW 1996, 1547 (1549).

[123] *Tepperwien* FS Widmaier, 2008, 583 (592 f.).

[124] Gesetz zur Neuregelung der Telekommunikationsüberwachung und anderer verdeckter Ermittlungsmaßnahmen sowie zur Umsetzung der Richtlinie 2006/24/EWG, BGBl. 2007 I 3198 ff.

[125] BVerfGE 130, 1 (31) = NJW 2012, 907 (914).

III. Fazit

Richterliche Rechtsfortbildung ist auch im Straf- und Strafprozessrecht angesichts der Überalterung der Reichsjustizgesetze, die immer noch im Zentrum des geltenden Gesetzesrechts stehen, zu einer Gewohnheit geworden. Echte Wahlfeststellungen, die Etablierung eines Regelungssystems für Urteilsabsprachen, die Widerspruchslösung für Beweisverbotsfragen, aber auch die Erfindung eines rügeverkümmernden Protokollberichtigungsverfahrens,[126] die außerordentliche Strafmilderung bei Heimtückemord[127] oder die Vollstreckungsabschlagslösung bei überlanger Verfahrensdauer[128] sind Beispiele dafür, denen weitere hinzugefügt werden könnten. Die Problematik der Legitimation solcher Rechtsprechung jenseits des Gesetzes wäre endgültig in Vergessenheit geraten, wenn nicht Kritik aus der Literatur, im Einzelfall auch Kritik aus der Rechtsprechung, daran erinnern würde. Unbeschadet des Alters mancher gesetzlicher Regelungen darf eine Änderung der rechtstatsächlichen Verhältnisse nicht ohne weiteres als Vorwand für die Annahme einer verfassungsrechtlichen Erforderlichkeit rechtsschöpferischer Gestaltungen durch die Rechtsprechung dienen.[129]

Die Initiative für Rechtsfortbildung geht immer wieder von einzelnen Richtern aus, die geeignete Fälle zur Umsetzung ihrer kreativen Gedanken und sodann im Spruchkörper Abstimmungsmehrheiten suchen. Die Bereitschaft zu richterrechtlichen Gestaltungen ist zunehmend, weil vermehrt die „Funktionstüchtigkeit der Strafrechtspflege", der Beschleunigungsgrundsatz und der Opferschutzgedanke dazu in Stellung gebracht werden, wodurch aber die Eigenschaft der beschuldigtenschützenden Förmlichkeiten des geschriebenen Strafverfahrensrechts relativiert wird. Die Grenzen zulässigen Richterrechts werden bisweilen überschritten, auch durch Verstöße gegen Strukturentscheidungen des Gesetzgebers. Jedoch bleibt eine Kassation richterrechtlicher Institute meist aus, da auch beim Bundesverfassungsgericht die Bereitschaft zu einem Eingreifen gering ist. Bisweilen schafft der Gesetzgeber nachträglich eine demokratisch legitimierte gesetzliche Grundlage für die Rechtsanwendung in dem vorher nur richterrechtlich „geregelten" Bereich, besonders wenn die Rechtsprechung einen Gesetzgebungsakt ausdrücklich fordert[130] und durch ihre „Informationsressource"[131] beeinflusst. In anderen Fällen lässt gesetzgeberische Tätigkeit auf sich warten. Auch dies ist gegebenenfalls kein legitimer Grund für ungeduldige Richter, dem Gesetzgebungsverfahren vorzugreifen und nach eigener Vorstellung abstrakt-generelle Regelungen ohne Rücksicht auf die Systematik des Gesetzes und mit strukturändernder Wirkung aufzustellen. Das gesetzgeberische Ermessen würde meist auch andere Lösungen zulassen.

---

[126] BVerfGE 122, 248 (257ff.) = NJW 2009, 1469 (1470ff.); BGHSt 51, 298 (302ff.) = NJW 2007, 2419 (1420ff.).

[127] BGHSt 30, 105 (121) = NJW 1981, 1965 (1967); dazu *Bruns* FS Kleinknecht, 1985, 49.

[128] BGHSt 52, 124 (128ff.) = NJW 2008, 860 (861ff.); dazu *Schlothauer* StraFo 2011, 459.

[129] *Hillgruber* Journal für Rechtspolitik 2001, 281.

[130] Vgl. die Appelle an den Gesetzgeber in BGHSt 50, 40 (64) = NJW 2005, 1440 (1447); BGHSt 61, 221 (245) = NJW 2017, 94 (100).

[131] *Payandeh,* Judikative Rechtserzeugung, 2017, 245.

Es besteht, worauf *Thomas Fischer* mehrfach hingewirkt hat, bisweilen für die Rechtsprechung selbst Anlass dazu, eine bereits begonnene richterrechtliche Rechtsentwicklung unter Berücksichtigung ihrer Entstehungsgründe neu zu überprüfen. Eine richterliche Überschreitung der begrenzten Kompetenz zur Normsetzung bleibt zwar im Einzelfall folgenlos. Jedoch liegt der Nachteil bei Überschreitung der Grenzen für richterrechtliche Rechtsfortbildung darin, dass Grundprinzipien des demokratischen Rechtsstaat unterminiert werden. Die jahrzehntelang praktizierten informellen Urteilsabsprachen, die ein „kleiner Staatsstreich" waren,[132] liefern dafür das deutlichste Beispiel. Die dabei erfolgte kollektive Abkehr zahlreicher Richter von der Gesetzesbindung muss auch Befürwortern der Freiheit der Rechtsprechung zur Rechtsfortbildung bei der partiellen Legitimierung einer solchen Praxis zu denken geben. Die nachteilige Wirkung der Aufweichung demokratischer Grundsätze ist gravierender als die positiv bewertete Herstellung von Einzelfallgerechtigkeit im jeweils entschiedenen Einzelfall.

[132] *Fischer* HRRS 2014, 324 (330).

ERIC HILGENDORF

Autonome Systeme, künstliche Intelligenz und Roboter

Eine Orientierung aus strafrechtlicher Perspektive

I. Die digitale Revolution

Wir sind heute Zeuge einer technischen, wirtschaftlichen und gesellschaftlichen Umwälzung, die historisch fast beispiellos ist. Die digitale Revolution – manche sprechen sogar von einer „digitalen Verwandlung der Welt"[1] – hat inzwischen unsere gesamte Lebens- und Arbeitswelt erfasst. Ihre Wucht und die Geschwindigkeit der von ihr bewirkten Veränderungen lassen sich wohl allenfalls mit der Industriellen Revolution des späten 18. und 19. Jahrhunderts vergleichen. Eine Rechtswissenschaft, die mehr sein möchte als nur ein kontemplatives dogmatisches Glasperlenspiel, steht vor der Aufgabe, bei der Begrenzung und Einhegung der digitalen Transformation mitzuwirken und die Humanorientierung unseres Rechts[2] zu verteidigen.

Um dieser Herausforderung gerecht zu werden, ist es zunächst erforderlich, die Eigenheiten der digitalen Revolution zu erkennen. Unter Digitalisierung versteht man die Darstellbarkeit beliebiger Informationen als Folge von Nullen und Einsen.[3] Sie ermöglicht die konkurrenzlos schnelle und effektive Bearbeitung und Speicherung von Information in Computern, welche sodann in Echtzeit praktisch ohne Zeitverlust weltweit verfügbar gemacht werden kann. Die Digitalisierung ermöglicht darüber hinaus eine neue Dimension von „Plastizität" der Information: auf digitalisierter Grundlage lassen sich Texte ebenso abbilden wie Audio- Inhalte, Bilder, und Videos. In Kürze dürften taktile Impulse folgen. Irgendwann einmal wird der Schritt gewagt werden, direkte Schnittstellen zum menschlichen Gehirn zu schaffen.[4]

---

[1] *Di Fabio,* Grundrechtsgeltung in digitalen Systemen. Selbstbestimmung und Wettbewerb im Netz, 2016, Einleitung; vgl. auch *Schwab,* The Fourth Industrial Revolution, 2016.

[2] *Hilgendorf* in Groschopp, Humanismus und Humanisierung, 2014, 36ff.

[3] Es ist bemerkenswert, dass sich die Rechtswissenschaft schon ab den frühen 60er Jahren mit den juristischen Folgen der Digitalisierung beschäftigte, dazu *Gräwe,* Die Entstehung der Rechtsinformatik. Wissenschaftsgeschichtliche und -theoretische Analyse einer Querschnittsdisziplin, 2011 (mit umfassenden Nachweisen).

[4] Ansätze dazu gibt es längst, etwa bei der Behandlung von „locked-in"-Patienten, die vollständig bei Bewusstsein sind, jedoch (meist bei völlig intaktem Hörsinn) die Fähigkeit verloren haben, mit der Außenwelt durch Bewegungen des Körpers zu kommunizieren. Teilweise sind nicht einmal mehr Augenbewegungen möglich. Bei „locked-in-Patienten" erfolgt die Kommunikation heute oft über „Computer-Brain-Interfaces", dazu etwa *Brukamp* in Hilgendorf, Robotik im Kontext von Recht und Moral, 2014, 287ff.

Eine weitere Folge der Digitalisierung ist die neu gewonnene Möglichkeit, Gegenstände und Prozesse virtuell abzubilden, also sozusagen ein virtuelles Gegenstück zur realen Welt im Computer zu bilden.[5] Der Trend zur Virtualisierung hat bereits einen großen Teil unserer Kommunikation erfasst und breitet sich in unser Arbeitsleben, aber auch in das Freizeitverhalten hinein aus.[6] Die Auseinandersetzung mit den Chancen, aber auch Gefahren „virtueller Realität" dürfte zu den größten Herausforderungen künftiger Techniksteuerung gehören.

Zwei weitere technische Großtrends, die eng mit der Digitalisierung verknüpft sind, sind die Entwicklung künstlicher – besser: maschineller – Intelligenz und die Robotik. Beide Konzepte sind notorisch schwer zu definieren. Als „intelligent" (oder „smart") wird ein maschinelles Verhalten oft dann beschrieben, wenn wir es, träte es bei einem Menschen auf, ebenfalls als „intelligent" bezeichnen würden.[7] Diese Begriffsbestimmung ist schon deshalb wenig überzeugend, als wir auch im Hinblick auf menschliche Intelligenz erhebliche Verständnis- und damit auch Definitionsprobleme haben.[8] Intelligenz setzt die Fähigkeit voraus, komplexere Aufgaben eigenständig zu lösen und sich auf wechselnde Umstände einstellen zu können. Die Analyse der Fähigkeit, aus Fehlern zu lernen, stellt möglicherweise einen Schlüssel zum Verständnis von Intelligenz dar. Derartige Fähigkeiten finden wir heute auch bei Maschinen.

Ein Faktor, der das Verständnis „künstlicher Intelligenz" erheblich erschwert, ist die menschliche Neigung zur Anthropomorphisierung, kombiniert mit unserem Bedürfnis nach Einzigartigkeit. Wir versuchen, die maschinellen Fähigkeiten analog zu menschlichen Fähigkeiten zu interpretieren, sind aber gleichzeitig eifersüchtig darauf bedacht, dass uns die Maschinen nur „simulieren". Beide Tendenzen erscheinen problematisch: Zum einen werden die Fähigkeiten von Maschinen wohl noch auf absehbare Zeit bloß bereichsspezifisch sein, in „ihrem" Bereich aber zunehmend das menschliche Leistungsvermögen hinter sich lassen. So vermögen Schachprogramme bereits seit längerem alle menschlichen Spieler unter Einschluss sämtlicher Groß- und Weltmeister zu schlagen; sie wären aber völlig überfordert damit, „Mühle" zu spielen oder gar ein Ei zu schälen oder Kaffee zu servieren. Kaum haltbar wäre die These, das Schachprogramm würde „nicht wirklich" Schach spielen – was sollte unter „Schach spielen" anderes verstanden werden als die Fähigkeit, nach den Regeln des Spiels die Spielfiguren zu bewegen und dabei auf ein „Matt" des Gegners hinzuarbeiten? Die großartigen Leistungen mancher Programme verfüh-

---

[5] Eine wirtschaftlich sehr interessante Anwendung dieser Technik ist die Schaffung „digitaler Zwillinge", z. B. solcher von verkauften Fahrzeugen, beim Hersteller. Damit soll es möglich werden, Problemfaktoren schon vor ihrem Wirksamwerden zu erkennen und Gegenmaßnahmen einzuleiten.

[6] Überblick bei Dörner ua, Virtual and Augmented Reality (VR/AR): Grundlagen und Methoden der Virtuellen und Augmentierten Realität, 2014,

[7] *Kaplan,* Künstliche Intelligenz, 2017, 15; ausführlich Boden, AI. Its Nature and Future, 2016; *Lenzen,* Künstliche Intelligenz, 2018.

[8] Einen fundierten Überblick gibt Rost, Handbuch Intelligenz, 2013; vgl. auch *Tegmark,* Leben 3.0. Mensch sein im Zeitalter Künstlicher Intelligenz, 2017, 79 ff. Die Schwierigkeiten beim Umgang mit dem Begriff „Intelligenz" lassen sich übrigens auch darauf zurückführen, dass die empirische Forschung in diesem Bereich in besonderem Maße Gegenstand massenmedialer und politischer Kontrolle ist.

ren außerdem dazu, in den Maschinen eigene Wünsche und ein Bewusstsein ihrer selbst zu vermuten, was ebenfalls derzeit (noch?!) abwegig ist.

Parallel zur Neigung zur Anthropomorphisierung gibt es ein offenbar sehr starkes Bedürfnis danach, bestimmte Fähigkeiten dem Menschen vorzubehalten. „Wahre Intelligenz" kann danach nur ein Mensch besitzen. Der Begriff der „Künstlichen Intelligenz" ist deshalb eine Art „Grenzpfostenkonzept", das immer weiter zurückweicht, je mehr die Maschinen in Bereiche vordringen, die bislang dem Menschen vorbehalten waren. Ein gutes Beispiel hierfür ist wieder das Schachspiel: Es galt als Krone menschlicher Intelligenz und Kreativität, bis Schachprogramme konstruiert wurden, deren Spielfertigkeiten es mit denen von Menschen aufnehmen konnten. Spätestens seit „Deep Blue" im Jahr 1996 den amtierenden Schachweltmeister Kasparow schlug, verbinden viele mit Schach nicht mehr besondere Intelligenz, sondern die Fähigkeit, zahllose Spielmöglichkeiten in kürzester Zeit durchzurechnen. „Wirkliche Intelligenz" wird den Programmen nicht zugestanden.[9]

Die erwähnten Schwierigkeiten sprechen dafür, nicht von „künstlicher Intelligenz", sondern von „maschineller Intelligenz" oder „Maschinenintelligenz" zu sprechen und darunter nicht mehr zu verstehen als eine in aller Regel bereichsspezifische besondere Problemlösungsfähigkeit, u. U. verbunden mit der Fähigkeit, aus Fehlern eigenständig zu lernen. Es muss sich also in jedem Fall um eine Datenverarbeitung höherer Komplexität handeln.[10]

Ähnliche Probleme ergeben sich auch hinsichtlich der Robotik. Der Begriff „Roboter" wird nicht einmal in den zuständigen Ingenieurwissenschaften einheitlich definiert.[11] Für juristische Zwecke dürfte es vorerst ausreichend sein, unter „Roboter" eine maschinelle Intelligenz zu verstehen, die über einen Aktuator verfügt, die also quasi körperlich „in die Welt" hineinwirken kann. Roboter können u. U. auch ortsfest sein (z. B. Industrieroboter), und sie verfügen keineswegs zwingend über eine humanoide Form. Allerdings ist anzunehmen, dass es in Zukunft sehr viele Roboter mit humanoiden Formen geben wird, denn nur so werden die Maschinen in der Lage sein, sich in einer auf Menschen abgestimmten Umgebung flexibel zu bewegen und zu unseren Helfern, Begleitern und Partnern zu werden.

Wie keine andere Technologie wurden maschinelle Intelligenz und Robotik seit Jahrtausenden in der Literatur vorbereitet.[12] Der Begriff „Roboter" taucht wohl zum ersten Mal 1920 in Capeks Theaterstück R.U.R. (Rossum's Universal Robots) auf; die „Roboter" dort bestehen bemerkenswerterweise nicht aus Metall, sondern aus biologischem Material. Seither sind Roboter und maschinelle Intelligenz fester Bestandteil der Populärkultur, man denke nur an den Supercomputer „HAL 9000" aus dem Film „2001: Odyssee im Weltraum (1968), die „Terminator"-Serie (ab

---

[9] *Lenzen,* Künstliche Intelligenz, 2018, 30.

[10] Zum Konzept einer „intellektersetzenden" Datenverarbeitung im Kontext des § 263a StGB siehe bereits *Hilgendorf* JuS 1999, 542 (543).

[11] *Jordan,* Roboter, 2017, 57ff.

[12] *Jordan,* Roboter, 2017, 61ff.; eingehend Barthelmeß/Furbach, IRobot – uMan. Künstliche Intelligenz und Kultur: Eine jahrtausendealte Beziehungskiste, 2012; zahlreiche literarische Kurztexte versammelt Völker, Künstliche Menschen. Über Golems, Homunculi, Androiden und lebende Statuen, 1971.

1984) und den Agenten „Mr. Smith" aus Matrix (1999). Es ist bemerkenswert – und für die rechtliche Auseinandersetzung von großer Bedeutung – dass die Entwicklung der KI und der Robotik fast immer als Bedrohung der Menschen verstanden wurde. Die prominenteste Ausnahme ist der US-Autor Isaac Asimov, dessen Roboter nicht Feinde, sondern Diener und Freude der Menschen sind.[13]

II. Digitalisierung und Strafrecht

Was bedeuten die skizzierten Entwicklungen – Digitalisierung, maschinelle Intelligenz, Robotik – für das Strafrecht? Um diese Frage zu beantworten, sollten drei Problemdimensionen unterschieden werden:

1. Zunächst treten neue Phänomene der Digitalisierung im Objektbereich des Strafrechts auf. Dazu gehören etwa neue Formen der Internetkriminalität.[14] Um sie zu bewältigen, wurde bereits vor über 30 Jahren ein Computer- und Internetstrafrecht geschaffen, welches sich bislang als bemerkenswert anpassungs- und leistungsfähig erwiesen hat.[15]
2. Eine zweite Dimension des Themas bezieht sich auf die möglichen Auswirkungen der Digitalisierung auf die juristische Tätigkeit, unter Einschluss der Tätigkeit der Strafverfolgungsbehörden, Strafverteidigung und der Strafrechtswissenschaft. Zu nennen sind etwa die Nutzung von Datenbanken, neue Publikationsformen, und schließlich die Verfügbarkeit neuer technischer Hilfsmittel (Legal Tech[16]), unter deren Einfluss die tradierten juristischen Tätigkeitsformen einem erheblichen Veränderungsdruck ausgesetzt sind.
3. Eine dritte Dimension des Themas „Digitalisierung und Strafrecht" liegt im Auftreten informationsverarbeitender Systeme als neue Akteure und eventuell sogar als neue potentielle Strafrechtssubjekte.[17] Es handelt sich um ein Themenfeld, welches Grundlagen- und Anwendungsfragen eng verklammert. Diesem Themenkomplex soll der vorliegende Beitrag gewidmet sein.

Zunächst seien einige methodologische Vorüberlegungen erlaubt. Eine der Kernaufgaben des Rechts ist die Regulierung von Konflikten und, damit verknüpft, die Prävention des Auftretens neuer Konflikte. Die Lösung dieser Aufgabe setzt voraus, dass juristische Entscheidungen im Wesentlichen gleichförmig ausfallen; es existiert ein tief verwurzeltes menschliches Bedürfnis danach, dass Gleiches gleich behandelt werden soll. Hinzu tritt das Erfordernis einer transparenten, also klaren und nach-

---

[13] Die ersten „Robotergeschichten" Asimovs erschienen Anfang der 40er Jahre des 20. Jahrhunderts, zusammengefasst im *Asimov,* The Complete Robot, 1983.

[14] Etwa das „Phishing" (von „password fishing") und der Identitätsdiebstahl.

[15] *Eisele,* Computer- und Medienstrafrecht, 2013; *Hilgendorf/Valerius,* Computer- und Internetstrafrecht, 2. Aufl. 2012, 3. Aufl. in Vorb. für 2018.

[16] Hartung/Bues/Halbleib, Legal Tech. Die Digitalisierung des Rechtsmarktes, 2018.

[17] *Chopra/White,* A Legal Theory for Autonomous Artificial Agents, 2011; Gless/Seelmann, Intelligente Agenten und das Recht, 2016; *Gless/Weigend,* ZStW Bd. 126 (2014), 561ff.; Hengstenberg/Kirn, Rechtliche Risiken autonomer und vernetzter Systeme. Eine Herausforderung, 2016, 59ff.; *Hilgendorf* in Beck, Jenseits von Mensch und Maschine, 2012, 119ff.

vollziehbaren Entscheidungsbegründung. Dies leuchtet insbesondere dann ein, wenn man bedenkt, dass gerade strafrechtliche Entscheidungen tief in die Rechtssphäre der Betroffenen hinein wirken können. Die Basis für derartige Eingriffe ist das gegebene Recht; auch neue Phänomene sind in seinem Rahmen zu behandeln.

Daraus folgt, dass auch die digitale Revolution auf der Grundlage des geltenden (Straf-)Rechts zu bewerten ist. Juristen dürfte dies fast selbstverständlich erscheinen. In der Öffentlichkeit, und auch in den Massenmedien, taucht jedoch häufig die Vorstellung auf, neue technische Phänomene müssten sofort mit neuen rechtlichen Regelungen beantwortet werden.[18] Für eine rationale Rechtspolitik stellt dies eine erhebliche Belastung dar. Demgegenüber soll hier die These aufgestellt werden, dass selbst technische *Revolutionen* über eine *Evolution* des Rechts aufgefangen werden sollten.

III. Fallbeispiele

Im Folgenden soll anhand von fünf Fallbeispielen das Auftreten neuer technischer Akteure aus strafrechtlicher Perspektive analysiert werden.

1. Der Baunataler Fall

In einer Fabrikhalle in Baunatal wurde im Juni 2015 Arbeiter A von einem nicht abgeschirmten Roboterarm erfasst und getötet. Die Maschine war von einem anderen Arbeiter B aus Versehen zu früh angeschaltet worden.[19] Die Nachricht von dem Unglücksfall verbreitete sich rasch weltweit; selbst CNN berichtete darüber.[20]

Wir haben es hier mit der Tötung eines Menschen durch einen Roboter zu tun. Es ist jedoch offensichtlich, dass der Sachverhalt keine besonderen juristischen Probleme aufwirft. Da eine vorsätzliche Tötung auszuschließen ist, liegt ein fahrlässiges Delikt gemäß § 222 StGB vor, falls dem B ein Sorgfaltsverstoß nachgewiesen werden kann. Derartige Fälle sind dadurch wahrscheinlicher geworden, dass seit einigen Jahren die Roboter nicht mehr in abgeschirmten Bereichen tätig sind, sondern unmittelbar mit Menschen in Berührung kommen können. Denkbar ist darüber hinaus auch eine Verantwortlichkeit Dritter, etwa des Abteilungsleiters oder des Sicherheitsbeauftragten der Firma, sofern sie eine Garantenstellung gegenüber dem Arbeiter besaßen.[21] Alles in allem wird man aber sagen dürfen, dass dieser Fall grundsätzlich keine neuen Herausforderungen enthielt. Dies zeigt, dass mit neuen

---

[18] Ein Beispiel hierfür sind die verbreiteten Forderungen nach einem umfassenden neuen gesetzlichen Rahmen für automatisierte Fahrzeuge. Demgegenüber hat sich der Gesetzgeber zu Recht für eine „kleine Lösung“ entschieden, vgl. das Achte Gesetz zur Änderung des Straßenverkehrsgesetzes vom 16.6.2017, BGBl. 2017 I 1648.

[19] https://www.hna.de/kassel/kreis-kassel/baunatal-ort312516/toedlicher-roboter-unfall-bei-vw-kassel-in-baunatal-vor-gericht-8413531.html (zuletzt abgerufen am 30.5.2018).

[20] https://edition.cnn.com/2015/07/02/europe/germany-volkswagen-robot-kills-worker/index.html (zuletzt abgerufen am 30.5.1028).

[21] Zur Debatte um eine mögliche Strafbarkeit von Compliance-Beauftragten *Fischer,* 65. Aufl. 2018, StGB § 13 Rn. 38f.

Technologien verbundene Schadensfälle teilweise ohne weiteres im Rahmen des tradierten Rechts erfassbar sind.

Die große Aufmerksamkeit, die der Fall auf sich zog, rührte wohl eher daher, dass ein Mensch durch einen selbsttätig agierenden Roboter – eine Maschine – getötet worden war. Damit wurden offenbar tiefliegende Ängste und Phantasien über „künstliche Wesen" angesprochen, die dem Menschen schaden können.[22] Die Digitalisierung lässt derartige Wesen scheinbar Wirklichkeit werden. Eine rationale juristische Auseinandersetzung mit solchen Fällen setzt voraus, dass man die Gefahren vorschneller Anthropomorphisierung[23] erkennt.

2. *Der Aschaffenburger Fall*

Im Frühjahr 2012 fuhr ein mit einem leistungsstarken Spurhalteassistenten ausgestatteter Wagen in die Ortschaft Alzenau in der Nähe von Aschaffenburg ein. Am Ortseingang erlitt der Fahrer, ein etwa 60-jähriger Mann, einen Schlaganfall und verlor das Bewusstsein. Er verriss das Steuer nach rechts, sodass der Wagen unter normalen Umständen im Gebüsch vor dem Ortseingang zum Stehen gekommen wäre. Der Spurhalteassistent führte jedoch das Fahrzeug zurück auf die Straße, der Wagen fuhr in hoher Geschwindigkeit in den Ort Alzenau hinein und tötete dort eine junge Frau und ihr Kind. Der Vater konnte sich durch einen Sprung gerade noch retten und wurde nur am Bein verletzt.[24]

Es handelt sich um einen der ersten Fälle, in denen ein autonomes System einen Menschen geschädigt hat. Autonome Systeme sind solche technischen Systeme, die im Einzelfall unabhängig von einer menschlichen Eingabe sachangemessenes Verhalten zeigen können. Ein Beispiel hierfür ist eine Marssonde, die auf dem anderen Planeten angesichts eines unvorhergesehenen Problems „intelligent" reagieren kann, ohne auf Informationen von der Erde angewiesen zu sein. Der Ausdruck „Autonomie" wird in diesem Zusammenhang also nicht in einem philosophischen oder gar theologischen Sinne verwendet.[25]

Zivilrechtlich wirft der Fall wegen der Gefährdungshaftung in § 7 StVG keine besonderen Probleme auf.[26] Schwieriger ist die strafrechtliche Bewertung. Als Verantwortungssubjekt denkt man zunächst an den Fahrer des Unfallfahrzeugs, der jedoch selber eher Opfer als Täter war und den tödlichen Unfall nicht einmal fahr-

---

[22] Eine klassische Behandlung dieses Themas findet sich in *E.T.A. Hoffmanns* Erzählung „Der Sandmann" (1816), abgedruckt in: Völker, Künstliche Menschen. Über Golems, Homunculi, Androiden und lebende Statuen, 1971, 181–221.

[23] Filme wie „Knight-Rider" (1982ff.), „I Robot" (2004) oder Wall-E (2008) greifen diese Tendenzen, die offenbar biologisch verankert und damit allen Menschen gemeinsam sind, auf. Siehe auch oben I.

[24] *Hilgendorf* DRiZ 2018, 66.

[25] In Philosophie und Theologie wird das Konzept „Autonomie" in einer bunten Vielzahl von Bedeutungen benutzt, die allerdings selten explizit gemacht werden. Besonders einflussreich wurde die Verbindung des Konzepts „Autonomie" mit der Fähigkeit zur „Selbstgesetzgebung" in der Tradition Kants.

[26] Angesichts der Leichtigkeit, mit der sich die Gefährdungshaftung des § 7 StVG auf die neuen Problemlagen autonomer Systeme in Pkw übertragen lässt, sollte geprüft werden, ob dieses Modell nicht auch auf andere Formen der modernen Robotik ausgedehnt werden kann.

lässig herbeigeführt hat. Eher in Betracht kommt eine Verantwortlichkeit des Herstellers nach §§ 222, 229 StGB wegen des Todes zweier Menschen und einer Körperverletzung an einer dritten Person.

Verursacht wurden die Schäden durch das autonome System, welches den Wagen auf der Straße hielt, der sonst vor dem Ortseingang zum Stehen gekommen wäre. Fraglich ist, ob man dem Hersteller eine Sorgfaltspflichtverletzung vorwerfen kann. (Man wird davon ausgehen dürfen, dass sich derartige Fragen in Zukunft sehr häufig stellen werden, denn inzwischen werden autonome Systeme fast überall eingesetzt. Dem Aschaffenburger Fall kommt deshalb grundsätzliche Bedeutung zu). Es liegt auf der Hand, dass ein Schadensverlauf, wie er in Alzenau vorkam, grundsätzlich voraussehbar war; Einzelheiten müssen nicht vorhergesehen werden.[27] Die Tötung von Mutter und Kind wäre auch zu vermeiden gewesen, wenn der Hersteller auf den Einbau eines autonomen Spurhaltesystems verzichtet hätte. Angesichts der Höhe möglicher Schäden sind die Anforderungen an die Herstellersorgfalt erheblich. Mit Blick auf die Wahrscheinlichkeit eines solchen Geschehens gilt, dass ein Ablauf, wie er in Alzenau auftrat, im Detail zwar extrem unwahrscheinlich ist. Je allgemeiner man das Szenario jedoch beschreibt, desto größer wird die Wahrscheinlichkeit seines Auftretens, zumal wenn man bedenkt, dass nicht nur ein, sondern eine sehr große Zahl von Fahrzeugen mit Spurhalteassistenten ausgestattet wurde. Bei sehr großen Zahlen wird die Tötung bzw. Verletzung von Menschenleben durch Spurhalteassistenten statistisch fast sicher. Dies alles spricht für die Annahme einer Sorgfaltspflichtverletzung.

Damit entsteht das Problem, ob die Sorgfaltspflichten des Herstellers so zu begrenzen sind, dass die weitere Produktion und der Einbau von Spurhalteassistenten möglich bleiben. Der Vertrauensgrundsatz, der sonst im Straßenverkehr eine zentrale Rolle spielt,[28] greift hier nicht, da kein Fehlverhalten anderer Personen anzunehmen ist. Es könnte jedoch der Gesichtspunkt des erlaubten Risikos einschlägig sein. Die Figur des erlaubten Risikos ist aus dem Kontext der Massenfertigung gefahrenträchtiger, aber sozialethisch akzeptierter und gesellschaftlich nützlicher Produkte bekannt.[29] Kein Produkt ist vollkommen sicher. Daher haben sich schon früh Rechtsregeln zur Begrenzung der Sorgfaltspflichten herausgebildet: Die Fertigung sozialethisch akzeptierter und gesellschaftlich nützlicher Produkte ist, auch wenn sie in erkennbarer Weise Risiken schafft und diese Risiken durch eine Einstellung der Produktion vermeidbar wären, dann nicht sorgfaltswidrig, wenn der Produzent im Rahmen der Herstellung und danach alles ihm Zumutbare tut, um die Gefahren so weit wie möglich zu reduzieren.

Teilweise wird vertreten, der Gedanke eines „erlaubten Risikos“ sei bereits im Kontext der sogenannten „objektiven Zurechnung“ zu berücksichtigen.[30] Die Kategorie der objektiven Zurechnung scheint jedoch zu unbestimmt, um im vor-

---

[27] *Fischer,* 65. Aufl. 2018, StGB § 15 Rn. 12a.

[28] Überblick bei *Fischer,* 65. Aufl. 2018, StGB § 222 Rn. 10f.

[29] BGHSt 37, 180; *Fischer,* 65. Aufl. 2018, StGB Vor § 32, Rn. 13; *Kindhäuser,* LPK-StGB, 7. Aufl. 2018 § 15 Rn. 58; *Kindhäuser* FS Maiwald, 2010, 397; zur dogmatischen Verortung eingehend *Paeffgen* in NK-StGB Vor § 32 Rn. 23ff.

[30] So etwa Wessels/Beulke/Satzger, Strafrecht Allgemeiner Teil, Rn. 258.

liegenden Zusammenhang hinreichend präzise Hilfestellungen geben zu können. Dass die Tat dem Hersteller „als eigene" zugerechnet werden kann, steht nicht infrage, was sich schon daran zeigt, dass dem Hersteller zivilrechtlich weiterhin Produkthaftungspflichten auferlegt werden können. Es geht auch nicht um eine Eingrenzung eines als zu weit empfundenen Kausalzusammenhanges, sondern um die Begrenzung der Sorgfaltspflichten, die der Hersteller zu tragen hat. Derartige Erwägungen kann man im Rahmen einer „objektiven Zurechnung" verorten – dies liegt aber schlicht daran, dass sich fast alles im Kontext der „objektiven Zurechnung" verorten lässt. Die Lehre von der „objektiven Zurechnung" gleicht mehr und mehr einem pseudodogmatischen „Schwarzen Loch", das eine Vielzahl von in vielen Jahrzehnten mühsam erarbeiteten strafrechtsdogmatischen Differenzierungen an sich zu ziehen, zu nivellieren und schließlich zu verschlingen droht.[31]

Die Herstellung autonomer Spurhalteassistenten erfüllt, ebenso wie die von Airbags und Gurten, die oben skizzierten Voraussetzungen des erlaubten Risikos: Es handelt sich um Massenprodukte, die, auch wenn bestimmte Risikoszenarien mit ihnen verknüpft sind, ganz überwiegend als gesellschaftlich nützlich akzeptiert werden. Ihre Produktion kann deshalb in den Bereich des „erlaubt riskanten Verhaltens" fallen, sofern der Hersteller alles tut, um die von den autonomen Systemen ausgehenden Gefahren im Rahmen des Zumutbaren zu begrenzen. Der Produzent muss beim Herstellen und in den Markt-Bringen den aktuellen Stand der Technik[32] beachten. Es spricht vieles dafür, dem Hersteller auch noch nach dem Verkauf Produktbeobachtungspflichten aufzuerlegen, wie sie aus der zivilrechtlichen Produkthaftung bekannt sind.[33] Dies gilt umso mehr, als es mehr und mehr üblich zu werden scheint, Verbesserungen (Updates, patches) per Funk aufzuspielen.

Dem hier skizzierten Gedanken des erlaubten Risikos wohnt ein dynamisches Element inne, weil der Hersteller verpflichtet wird, die Entwicklung der von ihm eingesetzten Technik zu überwachen und uU auch noch nach dem Verkauf tätig zu werden, um die Produktrisiken zu minimieren. Eine derartig weitreichende Produktbeobachtungspflicht erscheint angemessen, weil der Hersteller zum einen aus dem Verkauf unmittelbaren Nutzen zieht, zum anderen aber in noch höherem Maße als der Endnutzer des Produkts in der Lage ist, seine Risiken einzuschätzen und auch nachträglich noch zu minimieren.

3. *Dilemma-Probleme beim autonomen Fahren*

Ein mit einem autonomen Fahrsystem ausgestattetes Fahrzeug nähert sich einem Unfallort, wo zwei bewusstlose Menschen auf der Straße liegen. Ein anderes Unfallopfer hat sich an einen Straßenpfosten retten können. Angenommen, der mit hoher Geschwindigkeit heranfahrende Wagen kann nicht mehr bremsen und auch ein vollständiges Ausweichen wäre ausgeschlossen, zur Wahl stehe also nur das Überfahren der beiden am Boden liegenden Menschen oder ein Ausweichen nach

---

[31] *Hilgendorf* FS Weber, 2004, 33.

[32] Zu den Technikklauseln etwa *Knopp* Datenschutz und Datensicherheit (DuD), 2017, 663 ff.

[33] *Foerste* in Foerste/Graf von Westphalen, Produkthaftungshandbuch, 3. Aufl. 2012, § 24 Rn. 372 ff.

links, wo allerdings die am Straßenrand stehende Person erfasst würde: Welchen Kurs sollte das System einschlagen?

Notstandsszenarien wie das geschilderte haben die Öffentlichkeit in den vergangenen Jahren erheblich beschäftigt. Dies mag zum einen daran liegen, dass Notstandsprobleme seit jeher besonders öffentlichkeitswirksam sind.[34] Die Prominenz des Themas dürfte zum anderen daher rühren, dass hier für viele am Fall eines Notstands im Straßenverkehr die grundlegende Frage behandelt wurde, welche Stellung dem Menschen in Zukunft in einer maschinenbasierten Umgebung zukommen soll. Wie weit reicht die Entscheidungsbefugnis von Maschinen? Dürfen Maschinen Menschen töten?[35]

Die vom Bundesministerium für Verkehr und Infrastruktur im Sommer 2016 zur Beantwortung dieser Fragen eingesetzte Ethikkommission für das automatisierte Fahren hat sich dafür ausgesprochen, dass es in obigem Fall nicht rechtmäßig wäre, nach links auszuweichen und den Unschuldigen zu töten.[36] Insofern bleibt es bei der klassischen juristischen Perspektive, wie sie etwa in der Auseinandersetzung mit dem Weichensteller-Fall entwickelt wurde.[37] Schwieriger ist der Fall zu entscheiden, wenn in einem Fahrschlauch plötzlich drei Kinder auf die Fahrbahn springen, von denen sich das eine vor dem linken Kotflügel des Fahrzeugs befindet, die beiden anderen vor dem rechten Kotflügel. Wieder kann der Wagen nicht anhalten, und auch ein Ausweichen ist nicht möglich. Der Wagen könnte jedoch einen Lenkimpuls nach links setzen, so dass nur ein Kind erfasst würde, oder einen Lenkimpuls nach rechts, so dass zwei Kinder erfasst würden. Fährt der Wagen ohne Lenkimpuls einfach geradeaus, so werden alle drei Kinder erfasst und schwer verletzt oder getötet.[38]

Szenarien wie das letztgenannte stellen die oft etwas gedankenlos vorgebrachten Aussagen über die Nicht-Abwägbarkeit von Menschenleben auf eine schwere Probe. Deskriptiv verstanden, ist die These von der Nicht-Abwägbarkeit offensichtlich falsch – es ist ohne weiteres möglich, Menschenleben gegeneinander abzuwägen.[39] Was in Frage steht, ist vielmehr, ob Menschenleben nach unseren Moral-

---

[34] Dies zeigt nicht zuletzt der überragende Erfolg des Theaterstücks „Terror" von Ferdinand von Schirach (2016), worin ein Soldat ein von Terroristen entführtes Passagierflugzeug mit zahlreichen unschuldigen Insassen abschießt, um eine noch weitaus größere Zahl von Menschen in einem Fußballstadion, über dem die Maschine zum Absturz gebracht werden sollte, zu retten. Im Stück haben die Zuschauer die Möglichkeit, selbst über einen Freispruch oder über eine Verurteilung des Soldaten zu entscheiden. Die ganz überwiegende Mehrzahl der Zuschauer entschied sich für einen Freispruch. Rechtswissenschaftler haben das Stück zu Recht kritisiert, u.a. weil von Schirach auf eine Einführung der Unterscheidung von Rechtswidrigkeit und Schuld verzichtet hat.

[35] Fragen wie diese wurden in der Presse immer wieder gestellt, vgl. etwa http://www.zeit.de/digital/internet/2016-08/verkehr-wen-sollen-fahrerlose-autos-ueberfahren (zuletzt abgerufen am 30.5.2018).

[36] https://www.bmvi.de/SharedDocs/DE/Publikationen/G/bericht-der-ethik-kommission.html (S. 19) (zuletzt abgerufen am 30.5.2018).

[37] OGHSt 1, 321 (334); *Welzel* ZStW 63, 51; *Roxin,* Strafrecht Allgemeiner Teil Band I, 16/33ff.

[38] Fallgestaltung nach *Hilgendorf* in Hilgendorf, Autonome Systeme und neue Mobilität, 2017, 143 (156).

[39] Erst recht gilt dies für die Quantifizierung von Menschenleben. Ein Beispiel für eine besonders umfassende Quantifizierung von Menschenleben bilden Volkszählungen, wie sie zuletzt im Mai 2011 in Deutschland durchgeführt wurden.

vorstellungen oder nach unserer Rechtsordnung gegeneinander abgewogen werden *dürfen,* etwa in der Weise, dass man argumentiert, die Tötung einer Person sei eher zu akzeptieren als die Tötung von zwei oder mehr Personen. Bislang ist es ganz herrschende Meinung, eine derartige Abwägungsbefugnis sei abzulehnen.[40] Diese Ansicht verdient im Grundsatz nach wie vor Zustimmung: In einer den Werten des Humanismus verpflichteten Rechtsordnung[41] dürfen niemandem Solidarpflichten auferlegt werden, die bis zur Opferung des eigenen Lebens für Andere reichen.[42]

Diese Grundentscheidung führt im Ausgangsfall dazu, ein Ausweichen des Fahrzeugs abzulehnen, denn dadurch würde die bei unverändertem Fahrtverlauf ungefährdete Person am Straßenrand massiv gefährdet; ihre Überlebenschancen würden also deutlich verringert. Etwas anderes gilt im Falle des Fahrschlauches. Hier sind bereits unter Zugrundelegung eines unveränderten Fahrtverlaufs alle drei Personen erheblich gefährdet. Durch das Setzen eines Lenkimpulses nach links oder nach rechts werden die Überlebenschancen für die dort stehende Person bzw. die dort stehenden Personen also nicht verringert; sie bleiben gleich. Dagegen werden die Überlebenschancen für die Person oder die Personen, von denen der Wagen weggelenkt wird, verbessert. Folgt man dem Gedanken des geringeren Übels, der in Notstandssituationen im Regelfall die Grundlage der Bewertung bildet, so wird man vertreten dürfen, dass ein Ausweichen nach links, also das Setzen des Lenkimpulses in der Weise, dass nur ein Kind erfasst und zwei andere gerettet werden, zumindest ethisch gesehen vorzugswürdig erscheint. Wie sich diese Lösung juristisch darstellen lässt, ist eine andere, noch nicht abschließend geklärte Frage.[43]

Das Fallbeispiel zeigt im Übrigen, dass das Auftreten autonomer Fahrzeuge oder, allgemein gesprochen, die Digitalisierung von Sachverhalten, uns häufig dazu zwingt, bestimmte Problemstellungen präziser zu fassen, um ihre Strukturen klarer zu erkennen. Die Digitalisierung stellt Recht und Rechtswissenschaft unter einen nicht unbeträchtlichen *Explikationszwang,* welcher allerdings nicht als Belastung, sondern als Herausforderung verstanden werden sollte.

Es existieren noch andere schwerwiegende Fragen: Welche Rolle soll die Wahrscheinlichkeit eines Erfolgseintritts spielen?[44] Konkret stellt sich etwa das Problem, welche Auswirkungen es auf den Abwägungsprozess hat, wenn die beiden am Boden liegenden Schwerverletzten nur mit einer gewissen Wahrscheinlichkeit vom Fahrzeug erfasst würden, der sich in der Ausweichroute befindliche Dritte aber mit Sicherheit erfasst und schwer verletzt oder sogar getötet werden würde? Zu fragen ist ferner nach der Stellung des Fahrzeugführers und seiner möglichen strafrecht-

---

[40] *Baumann/Weber/Mitsch/Eisele,* Strafrecht Allgemeiner Teil, § 15 Rn. 102; *Erb* in MüKoStGB 3. Aufl. 2017, StGB § 34 Rn. 116f.; *Perron* in Schönke/Schröder, 29. Aufl. 2014, StGB § 34 Rn. 23f.

[41] *Hilgendorf* in Groschopp, Humanismus und Humanisierung, 2014, 36ff.

[42] *Fischer,* 65. Aufl. 2018, StGB § 34 Rn. 18; *Erb* in MüKoStGB, 3. Aufl. 2017, § 34 Rn. 116; *Hilgendorf* in Hilgendorf, Autonome Systeme und neue Mobilität, 2017, 151ff.

[43] Dazu *Hilgendorf* in Hilgendorf, Autonome Systeme und neue Mobilität, 2017, 156f. Zum Ganzen auch *Hilgendorf,* ZStW 2018 (im Erscheinen).

[44] *Erb* in MüKoStGB, 3. Aufl. 2017, § 34 Rn. 129ff.; *Hilgendorf,* in Hilgendorf, Autonome Systeme und neue Mobilität, 2017, 160f.

lichen Verantwortung. Immerhin hat er durch seine Teilnahme am Verkehr eine Ursache für das Auftreten des Risikoszenarios gesetzt. Die akademische Diskussion dieser und anderer Fragen hat gerade erst begonnen.[45]

Sehr schwierig ist schließlich auch die Haftung der Hersteller zu beurteilen.[46] Geht man davon aus, dass die Tötung im Notstand in beiden Fallszenarien rechtswidrig ist (und zwar bei Zugrundelegung aller möglichen Entscheidungen),[47] so führt der Hersteller einen tatbestandsmäßigen und rechtswidrigen Erfolg herbei. Ob er strafrechtlich haftet oder nicht, hängt also letztlich nur davon ab, ob man ihm einen Sorgfaltspflichtverstoß vorwerfen kann. Ich habe andernorts zu begründen versucht, dass sich diese Frage ebenfalls über die Figur des erlaubten Risikos beantworten lässt.[48] Die Herstellung und Vermarktung von autonomen Fahrassistenten ist also grds. nicht sorgfaltswidrig, selbst wenn diese Systeme, was nicht zu vermeiden ist, in einigen wenigen Ausnahmefällen Menschen töten oder schwer verletzten. Die Fälle der Verletzung durch autonome Ausweich-Systeme sollten meines Erachtens nach dem gleichen Muster gelöst werden wie die Fälle der Verletzung durch Airbags, Gurte oder Spurhalteassistenten.[49]

Damit wird der Weg frei für ein weiteres Zwischenergebnis: Im Kontext neuer Technologien tauchen gelegentlich klassische Probleme der Strafrechtstheorie in neuer Gestalt auf, etwa die Frage nach der Abwägbarkeit von Leben gegen Leben. Auch hier gilt, dass die Bewältigung der neuen Problemstellungen mit den tradierten dogmatischen Grundlagen vereinbar bleiben sollte. Bemerkenswert ist, dass die Digitalisierung offenbar zur Explikation vieler bislang nicht explizit gemachter Annahmen zwingt. Träfe dies zu, so bedarf es gerade in Abwägungssituationen erheblicher zusätzlicher Differenzierungsversuche, die uns helfen können, das Entscheidungsverhalten autonomer Systeme zu analysieren, zu strukturieren, zu bewerten und zu kontrollieren.

4. Der Fall Tay

Im März 2016 stellte Microsoft einen Chatbot online, der die Fähigkeit hatte, aus Gesprächen zu lernen, um Unterhaltungen mit beliebigen Dritten führen zu können. Allerdings musste das System schon am gleichen Tag wieder abgeschaltet werden. Was war geschehen? Offenbar hatten sich einige Personen einen Spaß daraus gemacht, Tay in frauenfeindliche und rassistische Gespräche zu verwickeln, wobei es ihnen gelungen war, das System so zu manipulieren, dass es sich zu einem Frauenhasser und Rassisten entwickelt hatte. Nachdem Tay einige Äußerungen getätigt

---

[45] Dazu, neben Hilgendorf, Autonome Systeme und neue Mobilität, 2017 mit Beiträgen von Beck, Joerden, Schuster und Hilgendorf, insbesondere *Weigend* ZIS 2017, 599 und *Hörnle/Wohlers* GA 2018, 12. Bereits hinzuweisen ist auf die in Kürze erscheinende Doktorarbeit von *Jochen Feldle* mit dem Titel „Dilemmata im automatisierten Straßenverkehr", 2018.

[46] Es ist bemerkenswert, dass diese Frage im Kontext des Dilemma-Problems meist nicht angesprochen wird, obgleich sie für die Einführung von Kollisionsvermeidesystemen von eminenter praktischer Bedeutung ist.

[47] MaW wird bei allen in Frage kommenden Fallgestaltungen ein Erfolgsunwert verwirklicht.

[48] *Hilgendorf*, in Hilgendorf, Autonome Systeme und neue Mobilität, 2017, 164ff.

[49] Zweifelnd *Hörnle/Wohler* GA 2018, 12 (21).

hatte, die von offenem Rassenhass bestimmt schienen, blieb dem Betreiber keine andere Wahl, als den chatbot vom Netz zu nehmen.[50]

Der Fall ist in mehrfacher Hinsicht aufschlussreich. Angenommen, es wäre eine Beleidigung nach § 185 StGB zu prüfen. Welche Verantwortungssubjekte kämen in Betracht? Nach § 185 StGB könnten sich diejenigen strafbar gemacht haben, die das System manipulierten. Dies würde allerdings voraussetzen, dass man ihnen einen entsprechenden Vorsatz zur Last legen kann, was nicht ohne weiteres begründbar erscheint. Zumindest hinsichtlich der Identität möglicher Opfer und im Hinblick auf den Zeitpunkt ihrer Verletzung hatten die Manipulateure allenfalls vage Vorstellungen. Zu denken ist des Weiteren an eine Verantwortlichkeit der Hersteller des Systems oder seiner Programmierer. Allerdings wies das System als solches keinen Fehler auf, es lernte wie vorgesehen. Außerdem kann bei den Herstellern und auch bei den Programmierern erst recht nicht von einem Beleidigungsvorsatz ausgegangen werden. Im Prinzip denkbar erscheint außerdem eine Verantwortlichkeit des Systems selbst.[51] Dies würde wohl den Intuitionen der Bevölkerungsmehrheit am ehesten entsprechen. Allerdings ist es derzeit juristisch ausgeschlossen, ein aus Algorithmen bestehendes Computersystem als Verantwortungssubjekt im Strafrecht zu akzeptieren. Das System ist keine Person und streng genommen nicht einmal eine Sache.[52]

Wie der Fall zeigt, wirft die strafrechtliche Erfassung selbstlernender Systeme erhebliche Schwierigkeiten auf. Zwar entspricht es der überwiegenden Meinung in der Strafrechtswissenschaft, dass das Strafrecht keinen lückenlosen Rechtsgüterschutz gewährleisten muss.[53] Andererseits ist anzunehmen, dass bei einer weiteren Verbreitung selbstlernender Systeme immer wieder Schäden durch diese Systeme verursacht werden, und zwar in einer Weise, die, wäre das System ein Mensch, zu einer Strafbarkeit führen würde. Damit stellt sich die Frage, wie die Rechtsordnung mit den – im Grundsatz legitimen – Straferwartungen der Bevölkerung umgehen soll.[54]

Vielleicht ließe sich jedenfalls darüber Einigkeit erzielen, dass selbstlernende Systeme vom Hersteller so konzipiert werden müssen, dass ihre Lernmöglichkeiten von vornherein beschränkt sind, so dass sie nichts lernen können, was Menschen schädigt. Es müsste also sozusagen der Möglichkeitsraum ihrer Lernergebnisse herstellerseitig von vornherein eingeengt werden. Im Zivilrecht könnte dies ua durch

[50] Eingehende Darstellung des Falles im Artikel „Tay (bot)" in der englischsprachigen Wikipedia.

[51] Für eine Strafbarkeit von Maschinen *Matthias,* Automaten als Träger von Rechten: Plädoyer für eine Gesetzesänderung, 2008; 2. korrigierte Aufl. 2010; zur Debatte um „elektronische Personen" *Beck* in Hilgendorf, Robotik und Gesetzgebung, 2013, 239ff.

[52] Computerprogramme gehören aber nach § 2 Abs. 1 Nr. 1 UrhG zu den urheberrechtlich geschützten Werken.

[53] *Baumann/Weber/Mitsch/Eisele,* Strafrecht Allgemeiner Teil, § 2 Rn. 7f.

[54] Ein zweiter Ansatzpunkt für eine „Versubjektivierung" autonomer Systeme könnte darin liegen, dass in Zukunft immer mehr Maschinen in unmittelbarem Kontakt zu Menschen eingesetzt werden, zB in der Altenpflege oder als Spielgefährten für Kinder. Dies setzt voraus, dass die Maschinen mehr und mehr menschenähnlich gestaltet werden, oder zumindest so, dass sie beim Menschen positive Emotionen hervorrufen (wie zB die Filmfigur „Wall-E"). Wird eine solche Maschine verletzt oder gar zerstört, so wird es vielen, vor allem den menschlichen Partnern der Maschine, schwerfallen, den Vorgang lediglich als „Sachbeschädigung" zu begreifen. Auf diese Weise könnte sogar ein Slogan wie „Menschenrechte für Maschinen" Anhänger finden.

eine Ausweitung der Gefährdungshaftung des Produkthaftungsgesetzes unterstützt werden. Bislang gilt die Produkthaftung nur für (bewegliche) körperliche Gegenstände (Sachen), § 2 ProdHaftG. Der Chatbot Tay ist allerdings keine Sache, sondern besteht nur aus einem Programm. Der Verbraucherschutz spricht dafür, die Produkthaftung auch auf derartige Programme auszudehnen. Erfasst werden sollte darüber hinaus das Aufspielen von Programmänderungen per Funk.

Im Strafrecht ist die Einführung einer schuldunabhängigen Gefährdungshaftung wegen des Schuldprinzips ausgeschlossen.[55] Man könnte aber die Einführung eines abstrakten oder konkreten Gefährdungsdelikts für autonome Systeme erwägen, die selbsttätig Schäden hervorrufen. Zu denken wäre etwa an die Schaffung eines abstrakten Gefährdungsdelikts des Inverkehrbringens gefährlicher Produkte ohne hinreichende Sicherung, eventuell in Kombination mit dem Eintritt eines Schadens als objektiver Bedingung der Strafbarkeit. Auf diese Weise könnte man den Herstellern entsprechender Systeme auch strafrechtlich ein starkes Motiv geben, den Möglichkeitsraum ihrer Systeme von vornherein zu beschränken und riskante Lernprozesse zu verhindern.

Zusammenfassend zeigt der Fall Tay, dass selbstlernende Systeme die Rechtswissenschaft, auch und gerade die Strafrechtswissenschaft, noch vor erhebliche Herausforderungen stellen. Überlegungen de lege ferenda erfordern neben gesetzgeberischer Fantasie auch die Berücksichtigung empirischen Wissens und damit eine wissenschaftliche Zusammenarbeit über Disziplingrenzen hinweg.[56] Derzeit sind die faktischen Auswirkungen der digitalen Revolution noch schwer abschätzbar. Dies spricht dafür, sich mit neuen gesetzgeberischen Vorschlägen vorerst zurückzuhalten.

5. „Sentient Minds" – in Blick in die Science Fiction

Um einen Eindruck davon zu bekommen, in welche Richtung die technische und gesellschaftliche Entwicklung gehen könnte, bietet sich ein Blick in die Science-Fiction-Literatur an. Science-Fiction erlaubt eine Horizonterweiterung in eine mögliche Zukunft hinein. Außerdem dürfte Science-Fiction schon jetzt spürbaren Einfluss auf die Technikentwicklung haben. Zwar sind SF-Darstellungen nicht selten Ausdruck bestimmter Bedrohungsgefühle, hinzu tritt jedoch eine technikleitende Vorbildfunktion – die Fantasie geht sozusagen der Technikentwicklung voran.[57]

In den Culture-Romanen von Ian M. Banks[58] spielen künstliche Superintelligenzen, die menschlichen Maßstäben schon lange entwachsen sind, als Partner, Be-

---

[55] *Baumann/Weber/Mitsch/Eisele,* Strafrecht Allgemeiner Teil, § 2 Rn. 64ff.

[56] Im Jahr 2017 hat das deutsche Bundesministerium für Bildung und Forschung (BMBF) die „Plattform Lernende Systeme" gegründet. Einer der Unterausschüsse der Plattform beschäftigt sich mit den rechtlichen und ethischen Herausforderungen selbstlernender Systeme, vgl. www.plattform-lernende-systeme.de/ag-3.html (zuletzt abgerufen am 30.5.2018).

[57] *Hilgendorf* in Hilgendorf/Hötitzsch, Beiträge der 1. Würzburger Tagung zum Technikrecht, 2015, 11ff.

[58] Consider Phlebas, 1987; The Player of Games, 1988; Use of Weapons, 1990; The State of the Art, 1991; Excession, 1996; Look to Winward, 2000; Matter, 2008; Surface Detail, 2010; The Hydrogen Sonata, 2012.

schützer (und Herren?[59]) der Menschen eine tragende Rolle. Den Romanen liegt die Idee einer radikalen Veränderung der conditio humana zugrunde: Die Menschheit lebt in Überfluss, mit Hilfe der nahezu allmächtigen Maschinen lässt sich fast jeder Wunsch verwirklichen, Geld ist nicht mehr erforderlich, und das menschliche Leben ist allein der Selbstverwirklichung gewidmet. Bemerkenswert ist, dass die KI-Wesen die Kategorien „gut" und „böse" kennen und sich daran auch orientieren. Die Romane widmen sich etwa der Frage, welche grundlegenden Unterschiede zwischen biologischen und maschinellen Wesen existieren, ob es Grenzen der individuellen Selbstbestimmung gibt, oder ob sich eine technisch und moralisch überlegene (oder nur überlegen dünkende?) Kultur in die Entwicklung anderer Kulturen einmischen darf.

Derartige Fragen besitzen eine verfremdende Funktion. Sie vermögen scheinbare Selbstverständlichkeiten zu erschüttern und bisher unhinterfragte Denkgewohnheiten aufzubrechen. Solche Effekte fördern die strafrechtstheoretische Reflexion.[60] Dabei geht es nicht bloß um die Fortentwicklung des strafrechtlichen Begriffsarsenals durch Auseinandersetzung mit fiktiven Szenarien. In Anknüpfung an die Romane Ian M. Banks ließe sich etwa die Frage stellen, ob es überhaupt möglich ist, dass KI-Wesen Verantwortung tragen, sei es moralischer oder auch rechtlicher Natur. Oder einige Stufen niedriger angesetzt: Kann es so etwas wie eine „Maschinenethik", verstanden als Ethik nicht für, sondern von Maschinen, überhaupt geben?[61]

Diese Fragen sind weit weniger spekulativ, als es vielleicht den Anschein hat. Wie oben bei der Erörterung der Problematik selbstlernender Systeme angesprochen, gibt es ein erhebliches Bedürfnis danach, den „Möglichkeitsraum" selbstlernender Systeme einzugrenzen, also sicherzustellen, dass derartige Systeme kein massiv sozialschädliches und möglicherweise sogar strafrechtlich sanktioniertes Verhalten erlernen. Eine Möglichkeit, dies zu erreichen, könnte sein, die Maschinen mit einem „Gewissen" auszustatten, also mit in der Software festgelegten Normen und Werten, mit denen Lernprozesse abgeglichen und kontrolliert werden können.[62] Dies ist offenkundig nicht bloß eine technische Aufgabe, sondern auch eine rechtstheo-

[59] Es ist nicht ganz eindeutig, ob die „Culture" als positive Utopie oder als Dystopie verstanden werden sollte. ME spricht mehr für die erstgenannte Lesart.

[60] Die Entschiedenheit, mit der gegebene Grundsätze und Normen der Strafrechtsdogmatik bisweilen verteidigt werden, dürfte auch mit einem Mangel an Fantasie zusammenhängen.

[61] Diese Frage wird in der angelsächsischen Ethik schon seit längerem intensiv diskutiert, vgl. etwa Anderson/Anderson, Machine Ethics 2011; Wallach, Moral Machines. Teaching Robots Right from Wrong, 2010. Siehe auch den Sammelband Lin/Jenkins/Abney, Robot Ethics 2.0. From Autonomous Cars to Artificial Intelligence, 2017. Aus dem deutschen Sprachraum vgl. etwa die Beiträge von *Heesen* und *Neuhäuser* in Hilgendorf, Robotik im Kontext von Recht und Moral, 2014.

[62] Eine frühe Form einer derartigen „Robotermoral" bilden offenbar die bekannten drei „Gesetze", die *Isaac Asimov* in seiner Erzählung „Runaround" (1942) für Roboter formuliert hat: „1. Ein Roboter darf keinen Menschen verletzen oder durch Untätigkeit zu Schaden kommen lassen. 2. Ein Roboter muss den Befehlen eines Menschen gehorchen, es sei denn, solche Befehle stehen im Widerspruch zum ersten Gesetz. 3. Ein Roboter muss seine eigene Existenz schützen, solange dieser Schutz nicht dem ersten oder zweiten Gesetz widerspricht." In vielen Science-Fiction-Romanen und -Verfilmungen (z. B. „I Robot", 2004) wurden diese Gesetze thematisiert und problematisiert. Aus juristischer Sicht sind die Asimov'schen Gesetze wenig überzeugend, es

retische und rechtsphilosophische Herausforderung: Wie lassen sich Konzepte wie „Norm" und „Wert" so präzisieren und operationalisieren, dass sie für die Maschinen verständlich werden? Und welche Normen und Werte wollen wir unseren technischen Geschöpfen, den „Kindern unseres Geistes",[63] mit auf den Weg geben?

IV. Zusammenfassung

Die vorangegangenen, zugegebenermaßen skizzenhaften Ausführungen lassen sich in folgenden Kernthesen zusammenfassen:

1. Die digitale Revolution sollte nicht durch vermeintlich „große Würfe" des Gesetzgebers beantwortet, sondern von einer vorsichtigen und maßvollen Evolution des Rechts begleitet werden.
2. Die Digitalisierung zwingt nicht selten zur Explikation rechtlicher Überlegungen. Insbesondere methodologische Verfahren wie die Abwägung müssen präzisiert und systematisch aufbereitet werden. Dies zeigt sich etwa am vielbesprochenen Dilemma-Problem beim automatisierten Fahren.
3. Viele der neuen Probleme sind im Rahmen des geltenden Rechts lösbar. Das gilt auch und gerade für das Haftungsrecht bzw. das Recht der strafrechtlichen Verantwortlichkeit. Bewährte dogmatische Strukturen sollten nicht ohne zwingenden Grund aufgegeben werden.
4. Kein technisches System ist ausnahmslos sicher. Um die verbleibenden Restrisiken dogmatisch in den Griff zu bekommen, bietet sich die Figur des erlaubten Risikos, verstanden als Beschränkung von Sorgfaltspflichten der Hersteller, an. Sie könnte den Schlüssel für eine sinnvolle Haftungsregelung und damit Risikoverteilung zwischen Herstellern und Endnutzern technischer Systeme darstellen.
5. Selbstlernende Systeme stellen das Recht vor besondere Herausforderungen. Im Zivilrecht empfiehlt sich eine Ausweitung der Gefährdungshaftung, im Strafrecht könnte an die Einführung eines neuen Gefährdungstatbestandes gedacht werden. Voraussetzung dafür ist allerdings eine noch stärkere empirische Klärung der Risikolage.
6. Science-Fiction-Szenarien können verfremdende Effekte auslösen und so helfen, neue Fragen zu stellen und mögliche Antworten zu entwickeln. Das Thema „Maschinenethik" ist deshalb auch für Juristen, die sich mit den Auswirkungen der Digitalisierung beschäftigen, von großer Bedeutung.

---

fehlt schon eine Bestimmung, was unter „Schaden" verstanden werden sein soll. Auch für Dilemma-Situationen fehlt eine Entscheidungsregel.

[63] Die Formulierung ist angelehnt an das bekannte Buch des österreichisch-amerikanischen Robotik-Visionärs *Hans Moravec,* Mind Children. The Future of Robot and Human Intelligence, 1988.

GÜNTHER JAKOBS

Der Organisationskreis. Versuch einer systematischen Bestimmung

I. *Garantierte Rechte*

Die Gesamtheit der einer Person zustehenden *garantierten Rechte,* Ansprüche auf Leistungen von Garanten eingeschlossen, bildet den *freien* Teil ihres Organisationskreises; denn diese Rechte konstituieren den aktuellen Bestand der Person. Wer solche Rechte missachtet oder solche Pflichten nicht erfüllt, beschädigt die Person – der abstrakte Grundfall eines Delikts. Soweit die Person garantierte *Pflichten* erfüllt, bewegt sie sich im *nicht freien* und in dem Sinn durch garantierte Rechte einer anderen Person *gebundenen* Teil ihres Kreises. Diese Bindung ändert aber nichts daran, dass die Pflichterfüllung ihre Organisation ist, die vorzunehmen ihr rechtlich garantiert ist.[1]

Die Erfüllung garantierter Pflichten kann dergestalt erfolgen, dass der Pflichtige in seiner eigenen, wenn auch rechtlich gebundenen Organisation eine Leistung vorbereitet, die sodann in die Organisation des Begünstigten transferiert wird; die Leistung mag aber auch innerhalb des Organisationskreises des Leistungsempfängers zu erarbeiten sein (allerdings niemals *allein* dort; denn der Verpflichtete kann nur mit einem eigenen Organisationskreis etwas schaffen) und dem Empfänger ohne erkennbaren Transferakt gehören. Beispiele: (1) Ein Arzt verordnet seinem Patienten ein gegen dessen Krankheit einzusetzendes Medikament; die gesamte Entwicklung des Medikaments und selbst die Verordnung erfolgen außerhalb des Organisationskreises des Patienten, der erst durch die Übergabe des Rezepts einbezogen wird. – (2) Ein Prokurist – er sei Garant per Übernahme – unterzeichnet Urkunden, die sich auf den Bereich seines Prinzipals beziehen; der Prokurist agiert dann im Kreis des Prinzipals, auch wenn er selbst Person mit einer eigenen Organisation bleibt; krass, seine Unterschrift als psychophysischer Akt ist *seine* Organisation, aber ihre Wirkung findet nach der Rechtslage in der Organisation des Prinzipals statt (sie wird diesem zugerechnet). – Diese Differenzen betreffen aber nur die Phänotypik, nämlich wie eine Person einer anderen die dieser garantierte Leistung praktisch zu erbringen hat. Rechtlich zählt nur, *dass* die Leistung einer Person einer anderen garantiert ist.

Ein Recht ist *garantiert,* wenn die zurechenbare Störung seiner Nutzung in Notwehr abgewendet werden darf;[2] bei hoheitlichen Eingriffen mögen allerdings be-

---

[1] Zur Genese des Rechts als Bedingung der Erfüllung von Pflichten *Jakobs,* Norm, Person, Gesellschaft, 3. Aufl. 2008, 36f.

[2] Dazu *Jakobs,* Nötigung. Darstellung der gemeinsamen Wurzel aller Delikte gegen die Person, 2015, 17ff.; *Jakobs* JuS 2017, 97 (99f.).

stimmte Verfahren einzuhalten sein. Auf die Nichterfüllung einer garantierten Pflicht lässt sich die Bindung an Notwehr allerdings nur vereinzelt übertragen[3] (aber den Dieb, der ein Juwel weggenommen und in seinen Mund gesteckt hat, wird man wohl schmerzhaft in die Wangen kneifen dürfen, damit er es – pflichtgemäße Leistung! – wieder ausspuckt); denn die Pflicht, eine bestimmte Leistung zu erbringen, wird sich häufig *praktisch* nicht erzwingen lassen, zumal nicht in einer rechtsstaatlich erträglichen Art und Weise (siehe etwa §§ 390, 888 ZPO, § 70 StPO).[4] Auf diese *praktische* Lage kommt es bei der Bestimmung garantierter Pflichten allerdings nicht entscheidend an, vielmehr auf die rechtliche Konsequenz einer Pflichtverletzung, und diese ist, was Schäden im Organisationskreis des Begünstigten betrifft, dieselbe wie bei aktivem Eingreifen in einen fremden Kreis: Haftung für die Folgen, soweit es sich um solche handelt, die von einem Tatbestand erfasst werden (§ 13 StGB).

Nicht garantiert ist insbesondere das nur obligatorisch Geschuldete, es sei denn, der Schuldner habe zugleich die Leistung garantiebegründend *übernommen*.[5] Ohne Übernahme gehört das Geschuldete – anders als der *Bestand* des Anspruchs des Gläubigers – nicht zum aktuellen Organisationskreis des Gläubigers, kann insbesondere auch nicht durch Zwangsrechte beigetrieben werden. Das hat man ehemals anders gesehen; insbesondere noch *Hegel* hat argumentiert,[6] „Verletzung eines Ver-

[3] Großzügig Unterlassungen in den Begriff des Angriffs einbeziehend *Fischer,* 64. Aufl. 2017, StGB § 32 Rn. 5a; zum Meinungsstand *Rönnau/Holm* in LK-StGB, Bd. 2, 12. Aufl. 2006, § 32 Rn. 101 ff.

[4] Zum damit berührten Folterverbot (im Ergebnis ein Recht auf Vornahme einer Folter verneinend) eingehend *Fischer,* 64. Aufl. 2017, § 32 Rn. 13–15b; *Rönnau/Holm* in LK-StGB, Bd. 2, 12. Aufl. 2006, Vor § 32 Rn. 255 ff; jeweils mit eingehenden Nachweisen.

[5] Die Übernahme ist ein Rechtsinstitut, das hier *nur* für den Fall gelten soll, in dem die (auch) *kognitive* Sicherheit eines Organisationskreises, die dieser aus eigener Kraft aufbringt (Leistungen von Garanten an den Kreis eingeschlossen, nicht aber solche nach § 323c StGB), von einer anderen Person als dem Inhaber des Kreises gestört oder gar aufgehoben wird. Die Hinzunahme auch von Leistungen nach § 323c StGB (so noch *Jakobs,* Strafrecht Allgemeiner Teil, 2. Aufl. 1991, 29/47) verkennt, dass diese *vor einer Eingliederung* nicht zum *garantierten* Bestand des Organisationskreises eines in Not Befindlichen gehören. – Irgendeiner Vereinbarung bedarf es nicht, vielmehr reicht ein faktischer Zugriff. Beispielhaft, wer ein kleines Kind scherzend in die Luft wirft, übernimmt es, dieses auch wieder aufzufangen (daneben tritt die Pflicht aus Ingerenz). – Die Pflicht aus einer Übernahme gehört – wie etwa die Verkehrssicherungspflicht oder diejenige aus Ingerenz – zu den *negativen* Pflichten: Die bestehenden Bestandsbedingungen eines Organisationskreises sollen nicht aufgehoben werden (dazu *Jakobs,* Die strafrechtliche Zurechnung von Tun und Unterlassen, 1996, 19 ff.; *Pawlik,* Das Unrecht des Bürgers. Grundlinien einer allgemeinen Verbrechenslehre, 2012, 162 ff., 174 ff.). – Diese scharfe Umgrenzung des Instituts der Übernahme (eine [auch] kognitive Sicherheit wird diminuiert) findet sich in der Literatur in der Regel nicht, vielmehr wird die „Gewährsübernahme" auf Fälle des besonderen Vertrauens (dazu *Jakobs,* Strafrecht Allgemeiner Teil, 2. Aufl. 1991, 29/46, 67 ff.), also der Garantie von Rollenkonstanz, ausgedehnt (*Fischer,* 64. Aufl. 2017, StGB Vor § 13 Rn. 36 ff., 41 f.). Insbesondere *Weigend* in LK-StGB, Bd. 1, 12. Aufl. 2007, § 13 Rn. 25 ff., rückt die Übernahme in den Bereich der klassischen positiven Pflichten (aber siehe auch Rn. 34: „faktische Selbstverpflichtung").

[6] *Hegel,* Grundlinien der Philosophie des Rechts, 1820/21, hier zitiert nach: Hauptwerke in sechs Bänden, Bd. 5, 2015, § 93. So schon *Pufendorf,* De Officio Hominis et Civis juxta Legem Naturalem, 1673, hier zitiert nach der Übersetzung von Luig, Über die Pflicht des Menschen und des Bürgers nach dem Gesetz der Natur, 1994, I 6 § 5: „Der Begriff des Schadens" umfasst „auch die Vorenthaltung dessen, worauf wir einen durchsetzbaren Rechtsanspruch haben". – Gemeint ist wohl eine qualitative Gleichheit, nicht nur eine solche in der Schadensberechnung.

trags durch Nichtleistung des Stipulirten … ist insoweit erster Zwang oder wenigstens Gewalt, als ich … eine schuldige Leistung … vorenthalte". Nichtleistung als Zwang oder Gewalt lässt sich wohl nur dergestalt verstehen, dass jene einer Wegnahme des Geleisteten gleichsteht.[7]

II. Verschachtelungen

1. Grundsätze

Ein Organisationskreis wird in seinem freien Teil möglicherweise, aber nicht notwendig allein durch eine *Anhäufung* von Rechten gebildet (und in seinem gebundenen durch eine *Anhäufung* von Pflichten nebst den *garantierten* [!] Rechten, die Pflichten zu erfüllen), vielmehr kann der Inhaber die Positionen auch aufeinander beziehen und in diesem Sinn *verschachteln*. Beispielhaft, das Eigentum an Tabletten dient dem Leib oder dem Leben oder wird zur Erfüllung garantierter Pflichten vorrätig gehalten (Gesundheit dient [auch] der Fähigkeit, ein Kind zu versorgen), oder eine Person mit einem garantierten Anspruch auf Vorsorge verzichtet im Blick darauf auf eigene Bemühungen.[8]

Solche Verschachtelungen finden auch mit Konstellationen außerhalb des Rechts statt, etwa indem eine Person ihren Organisationskreis an ihre Prognose über die gesellschaftliche Entwicklung oder – was im hiesigen Zusammenhang keinen Unterschied bildet – über den Fortgang der Natur bindet. Auch dazu beispielhaft: Die Person vertraut darauf, in einer – allerdings zu ihrer Überraschung mittlerweile in rechtmäßiger Weise geschlossenen – Apotheke Medikamente einkaufen zu können, was vom Apotheker allerdings nicht geschuldet und noch weniger garantiert wird; insbesondere haftet der Apotheker nicht für eine Körperverletzung wegen eventuell andauernder heftiger Schmerzen. – Ein Beispiel zum Fortgang der Natur: Eine Person unternimmt eine Bergtour, aber das Wetter hält sich nicht, wie sie erwartet hatte, und nach einem heftigen Gewitter mit einem Temperatursturz erkrankt sie.

2. Abbruch rettender Verläufe

In den genannten Beispielen mag eine hinzukommende, zurechenbar rechtswidrig agierende Person die Bedingungen eines schadlosen Verlaufs des Organisationskreises dadurch aufheben, dass sie die notwendigen Verschachtelungen unmöglich

---

[7] Einem zur Selbsthilfe oder zur Hilfe für den Staat Berechtigten ist garantiert, die Selbsthilfe als seine Organisation ausüben zu dürfen. Wer also einen Berechtigten gewaltsam hindert, sein Recht auszuüben, nötigt diesen. Da aber der Berechtigte *pro magistratu* handelt, hat er selbst kein aktuelles Recht auf einen Erfolg seines Handelns. Beispielhaft, schlägt eine Festnahme nach § 127 StPO fehl, weil der Festzunehmende wegläuft, so ist *allein das* keine Diminuierung des Rechtskreises des zur Festnahme Berechtigten (zu pauschal *Jakobs,* Nötigung. Darstellung der gemeinsamen Wurzel aller Delikte gegen die Person, 2015, 51 Note 37, siehe zur Selbsthilfe im Blick auf den Schuldner auch S. 53 Note 53).

[8] Die Obliegenheit zur Selbstvorsorge hat das Gewicht einer Garantenstellung; *Jakobs,* Strafrecht Allgemeiner Teil, 2. Aufl. 1991, 15/11.

macht; sie hindert etwa den Sorgepflichtigen, seiner Pflicht nachzukommen, und der Sorgeberechtigte erleidet deshalb einen Schaden; oder sie sperrt den Weg zu einer – in dieser Fallvariante keineswegs geschlossenen – Apotheke mit der Folge einer Fortdauer heftiger Schmerzen beim potenziellen Kunden; oder sie zerstört eine im Gemeingebrauch oder im geduldeten Gebrauch von jedermann stehende, jedenfalls öffentlich zugängige Berghütte, in der ein vom Unwetter überraschter Tourender sicheren Unterschlupf hätte finden können; oder die drohende Gefahr war so groß, dass der Zugriff auch auf eine nur-private Hütte im aggressiven Notstand erlaubt gewesen wäre, etc.

Üblicherweise würde man ein solches Verhalten wohl der Rubrik „Abbruch rettender Verläufe" zuordnen[9] – wenn man sich überhaupt darum kümmert.[10] Diese Fallkonstellation ist auch bestens geeignet, das hier behandelte Problem zu veranschaulichen: Jeder Abbruch eines rettenden Verlaufs *bedingt* das ohne Rettung eintretende Ergebnis,[11] aber wann gehört eine solcher Verlauf zum *garantierten* Bestand

---

[9] Die Behauptung von *Roxin,* Strafrecht Allgemeiner Teil, Bd. 1, Grundlagen. Der Aufbau der Verbrechenslehre, 4. Aufl. 2006, 11/33 mit Fn. 79, bei *Jakobs,* Strafrecht Allgemeiner Teil, 2. Aufl. 1991, 7/24, würde auch der Abbruch im Fortlauf ohnehin gestörter rettender Verläufe als Erfolgsbedingung behandelt, ist nicht richtig; denn zwar ist ein rettender Verlauf, dessen Störung *natürlich* angelegt ist, überhaupt nicht rettend, aber der *später* zu erwartende *zurechenbare* Abbruch nimmt dem Verlauf nicht schon zuvor seine Rettungseignung: Das künftige Fehlverhalten einer Person begründet keine Veränderung der normativen Erwartungen gegenüber einer anderen zuvor agierenden. – Normative Garantien bleiben erhalten, auch wenn sie kognitiv brüchig geworden sind. Krass, beim gegenwärtigen, rechtswidrigen Angriff ist die kognitive Sicherheit zerstört, aber das Recht garantiert das Verbot des Angriffs weiter. Dazu *Jakobs* FS Tolksdorf, 2014, 281 ff. (287 ff.).

[10] Der Abbruch mag auch durch garantenpflichtwidrige Unterlassung erfolgen. Beispielhaft, Eltern erklären nach einem Unfall dem präsenten Arzt nicht, wo sie ihr verletztes Kind niedergelegt haben. – Auch ein Abbruch als unterlassene Hilfeleistung nach § 323c StGB ist möglich. Abermals beispielhaft, ein Passant weiß im soeben angeführten Fall Bescheid, klärt aber den Arzt nicht auf. – Eine Unterlassung ist allerdings *per se* nicht für einen Erfolg kausal, da sie – im Gegensatz zum Abbruch eines rettenden Verlaufs – kein Ereignis ist, vielmehr schlechthin nichts (*Jakobs,* Strafrecht Allgemeiner Teil, 2. Aufl. 1991, 7/26; 29/15 ff. mit Nachweisen; für die Gegenansicht *Fischer,* 64. Aufl. 2017, StGB Vor § 13 Rn. 39 f.; *Haas,* Kausalität und Rechtsverletzung. Ein Beitrag zu den Grundlagen strafrechtlicher Erfolgshaftung am Beispiel des Abbruchs rettender Kausalverläufe, 2002, 171 f.; insbesondere *Engisch,* Die Kausalität als Merkmal der strafrechtlichen Tatbestände, 1931, 31 f.; *Engisch,* Vom Weltbild des Juristen, 2. Aufl. 1965, 135). Allerdings mag bei einem hinreichend bedingten Erfolg das Fehlen eines diesen abwendenden Ereignisses das einzig Nennenswerte sein. Beispielhaft, wenn die wirren Rechenregeln, die einem Schüler durch den Kopf gehen (ein Ereignis), dazu führen, dass ein Mathematikklausur misslingt, so mag man formulieren, sie misslinge, weil der Schüler es unterlassen habe, sich die richtigen Regeln einzuprägen; aber das ist nichts anderes als die Wiederholung der Aussage, die Anwendung wirrer Regeln führe zum Misslingen einer Klausur: Das Bedingtsein würde *doppelt* in Ansatz gebracht, eben als Ereignis und als dessen Nichthinderung. Abstrakt, bei jedem hinreichend bedingten Erfolg mag man eine endlose Kette nicht vorhandener Hindernisse nennen, aber deren Fehlen wird bereits konstatiert, wenn der Erfolg als hinreichend bedingt bezeichnet wird; also würde die Kausalität vervielfacht.

[11] *Engisch,* Die Kausalität als Merkmal der strafrechtlichen Tatbestände, 1931, 27 f.; *Engisch,* Vom Weltbild des Juristen, 2. Aufl. 1965, 114; dazu *Haas,* Kausalität und Rechtsverletzung. Ein Beitrag zu den Grundlagen strafrechtlicher Erfolgshaftung am Beispiel des Abbruchs rettender Kausalverläufe, 2002, 154, mit dem zutreffenden Hinweis, die Lehre von der gesetzmäßigen Bedingung solle den Bedingungszusammenhang nicht ermitteln, sondern darstellen. – *Haas* selbst weicht von diesem Kausalitätsverständnis bemerkenswert ab und definiert „Verursachung im Sinne eines Eingriffs in subjektive Rechte" als „ein Bewirken, das heißt ein auf Ausübung von Kraft beruhender, stetiger, aus Ereignissen bestehender, in physikalischen oder chemischen Para-

eines Organisationskreises? Beispielhaft, jemand stellt auf seinem Grundstück den von ihm betriebenen Wassersprenger ab, dies mit der Folge, dass beim Nachbarn im Grenzbereich einige Blumen mangels Sickerwassers eingehen: ein offenbar erlaubter Abbruch eines rettenden (Sickerwasser generierenden) Verlaufs. „Bedingen“ und „rechtswidrig Bedingen“ sind eben nicht dasselbe.[12]

Es wäre allerdings verengt, sich auf Fälle zu beschränken, bei denen ein Schadensverlauf und ein Rettungspotenzial klar getrennt vorliegen. Wie bereits dargestellt wurde, dürften praktisch alle Organisationskreise dergestalt in sich verschachtelt arrangiert oder vorgefunden werden, dass die Nutzung eines garantierten Rechts derjenigen eines anderen oder der Erfüllung einer garantierten Pflicht dient etc. Ob sich diese Stützung oder auch der Rechtsverbrauch als ein „Verlauf“ darstellen lässt, dessen Ungestörtheit garantiert ist, spielt keine Rolle; denn es kommt nur darauf an, ob die gegebene *Konstellation* des Organisationskreises unter die Garantie fällt. Beispielhaft, ist eine nicht sonderlich standfeste Vitrine mit kostbarem Inhalt an der Wand fixiert worden, so unterbricht eine Person, wenn sie die Fixierung löst, eine als sicher garantierte Konstellation, nicht anders als wenn eine Person weggestoßen wird, die das Objekt „rettend“ festhält, und nur darauf kommt es an. Mehr noch, schlechthin jedes Bedingen eines Erfolgs lässt sich als Abbruch eines rettenden Verlaufs formulieren: Der Schuss ins Herz bricht die Versorgung anderer Organe, vorweg des Gehirns, mit rettendem Sauerstoff ab; der Schlag auf die Porzellanvase zerstört die durch das Brennen erzeugte zusammenhaltende Spannung; dieselbe Vase steht im Regal nur dank der rettenden Schwerkraft fest etc. Es gilt, insoweit etwas

---

metern berechenbarer und damit praktisch deterministischer Prozeß der Energieübertragung“, und zwar einer Übertragung auf den Gegenstand subjektiver Rechte „wie Leib, Leben oder Eigentum“ (S. 193f.). Jeder Abbruch eines gegenstands*externen* (nur eines solchen? *G. J.*) rettenden Verlaufs (etwa: Hinderung eines rettungswilligen und -fähigen Garanten) ist demnach keine „Verursachung“. *Haas* erkennt, dass die Grenze seiner so bestimmten „Verursachung“ (eines „Bewirkens“) nicht auch die Grenze strafrechtlicher Zurechnung bilden muss (S. 210), und stellt neben diese Verursachung die „Rechtsfiktion“ (!) einer „Verursachung“, wenn der vom Täter abgebrochene Rettungsstrang „Teil der dem Opfer dinglich zugeordneten Rechtssphäre ist und nach dessen Willen die Integrität desjenigen Teils seiner Rechtssphäre garantieren sollte, in dem der Rechtsgutsschaden eingetreten ist“ (S. 217; das wird wohl die Hauptsache ausmachen; es folgen Ausführungen zur hypothetischen Entwicklung). *Haas* findet eine solche fiktive Verursachung beim Abbruch der Leistungen „wie ein Stellvertreter“ handelnder anderer Personen (S. 221ff.), bei den anderen Personen als Garanten (S. 224ff.), behandelt sie umfangreich und differenzierend beim Vorliegen eines rechtfertigenden Notstands (S. 234ff. mit einer Parallelisierung zu § 323c StGB) und bejaht sie beim Schikaneverbot (§ 226 BGB, S. 264ff.). – Damit dürften in etwa diejenigen Konturen einer strafrechtlichen Haftung erreicht sein, die üblicherweise mit der Theorie von der gesetzmäßigen Bedingung gezogen werden, sodass es zumindest naheliegt, wenn sich nicht gar aufdrängt, die von *Haas* als „Verursachungen“ herausgehobenen Fälle als *Unter*fälle der im Strafrecht maßgeblichen *Bedingungen* zu begreifen, denen die (in seinem Sinn) „Verursachungen“ ihrerseits zwanglos zugehören. – Kritisch wie hier *Roxin,* Strafrecht Allgemeiner Teil, Bd. 1, Grundlagen. Der Aufbau der Verbrechenslehre, 4. Aufl. 2006, 11/34 Fn. 76.

[12] Das gilt bei einem materiellen Begriff des Bedingens („Verursachung“; oben Fn. 11 zu *Haas*) nicht minder: Es gibt – auch abgesehen von Rechtfertigungslagen – ein erlaubtes Bedingen oder „Verursachen“, etwa bei der Herbeiführung eines Erfolgs durch ein erlaubt riskantes Verhalten (kritisch *Haas,* Kausalität und Rechtsverletzung. Ein Beitrag zu den Grundlagen strafrechtlicher Erfolgshaftung am Beispiel des Abbruchs rettender Kausalverläufe, 2002, 284ff. (289)). Gewiss könnte man das Bedingen oder „Verursachen“ und das Unerlaubtsein zusammenfassen, aber eine solche Zusammenfassung müsste bei der Handhabung des gebildeten Begriffs wieder gelöst werden.

Fantasie walten zu lassen und sich von der Suggestivkraft des Namens „Abbruch rettender Verläufe" zu lösen. Jede Konstellation, in der etwas Bestand hat, rettet dieses Etwas vor dem Untergang; beim Abbruch rettender Verläufe handelt es sich also um eine Technik der Formulierung, der Namensgebung, nicht aber um ein Sachproblem, einen Begriff. Das Sachproblem lautet in Frageform: Wann ist eine Konstellation garantiert?

3. Einzelheiten

Es bedarf wohl keiner weiteren Begründung, dass der Bestand einer Verschachtelung ihrerseits garantierter Rechte gleichfalls garantiert ist; *simplicissime,* die Leistung eines funktionierenden Herzens an das Gehirn ist so garantiert wie die Leistung des Herzens selbst (der Fall einer von Natur aus bestehenden Verschachtelung). Deshalb kommt es nicht darauf an, wie die Bedingung eines tatbestandsmäßigen Erfolgs bezeichnet wird – schlicht als Bedingung oder als Abbruch eines rettenden Verlaufs –, sondern ob das Ausbleiben der Bedingung garantiert ist.

Eine Garantie liegt gleichfalls vor, wenn die dem Inhaber (auch: dem berechtigten Besitzer) zuzuordnenden Gegenstände durch ihre natürliche Beschaffenheit die Unversehrtheit des Organisationskreises gewährleisten und ihre Veränderung anderen Personen verboten ist: Das Herz schlägt, das Porzellan steht wegen der Schwerkraft sicher im Schrank, der Briefbeschwerer hindert aus demselben Grund die bedeckten Papiere daran wegzufliegen, und das Gebäude ruht zumindest auch aus abermals demselben Grund fest auf seinen Fundamenten. Wer diese Verschachtelung mit Naturkräften aufhebt, indem er etwa den Briefbeschwerer wegnimmt, stört die garantierte Gestalt eines Organisationskreises.

Aber nicht jede Verschachtelung ist garantiert. Wenn der Inhaber eines Rechts dessen Nutzbarkeit mit einem bestimmten gesellschaftlichen Stand oder mit dessen Entwicklung verknüpft (obiges Beispiel: Fortbestand einer Apotheke), gewinnt er dadurch kein Recht auf das, was er erwartet, und noch weniger ein garantiertes Recht. Geradezu selbstverständlich gilt das auch für eine Verknüpfung mit Erwartungen zum Fortbestand natürlicher Vorgänge (obiges Beispiel: Fortbestand des guten Wetters bei einer Bergtour). Beides betrifft kognitive Erwartungen, und der Erwartende muss mit seiner Enttäuschung selbst fertigwerden.

Der Inhaber eines Organisationskreises wird diesen nicht stets selbst verwalten; man denke an tausend- oder millionenfache Verschachtelungen mit Arbeitsleistungen anderer Personen, die in einem Industriebetrieb („Gewerbebetrieb") herzustellen und zu verwalten sind, was allein vom Inhaber – der zudem eine juristische Person sein mag – nicht geleistet werden kann. Einige der Personen, die für den Inhaber handeln, werden ohnehin als Garanten per Übernahme zu agieren haben oder dadurch, dass sie eine dem Inhaber garantierte sichere Lage ins Unsichere wenden (etwa bei Reparaturarbeiten einen tragenden Balken lösen), zu *Ad-hoc*-Übernahmegaranten (oder Ingerenzgaranten) werden. Aber das größte Heer dürften die allein arbeitsrechtlich, also obligatorisch Verpflichteten bilden, sodass sich die Frage aufdrängt, ob deren Behinderung für die Konsequenzen verantwortlich macht, die sich daraus für den Organisationskreis ergeben, in dem sie agieren.

Die obligatorische Bindung trägt die Verantwortung der Konsequenzen ihrer Hinderung nicht. Aber auf diese Bindung kommt es nicht einmal an. Es reicht vielmehr hin, wenn eine Person sich mit der (mutmaßlichen) Einwilligung des Inhabers in dessen Organisationskreis bewegt. Sie mag mit ihrer Betätigung jederzeit grundlos aufhören können (und allenfalls für Schadensersatz wegen der Verletzung ihrer Verpflichtung aus einem Dienst- oder Werkvertrag zu haften haben), aber solange sie sich betätigt, ist sie *auch* Teil des fremden Organisationskreises (allerdings nicht *nur*), und ihre Behinderung ist deshalb auch eine gewaltsame Gestaltung dieses Kreises. Es muss sich freilich um eine Störung der *aktuellen* Gestaltung dieses Kreises handeln, also um eine Störung der geschehenen Eingliederung in diesen, nicht nur einer Vorbereitung dieser Eingliederung. Beispielhaft, wer einen Handwerker hindert, vertragsgemäß zu einer Reparatur zu erscheinen, nötigt nur diesen, aber wer ihn *bei* der Vornahme der Reparatur behindert, nötigt auch denjenigen, für den repariert werden soll. Mit anderen Worten, auch wenn dem Inhaber eines Organisationskreises nicht garantiert ist, dass ein obligatorisch Verpflichteter Teile seiner Organisation verwaltet, so bleiben es doch Teile seiner Organisation, wenn sie definitiv von einer anderen Person verwaltet werden.[13] Für den Abbruch eines rettenden Verlaufs formuliert heißt das, es komme nicht darauf an, ob der an seinen Aktionen gehinderte Retter irgendwie zur Rettung verpflichtet ist, sondern ob er *in* dem Organisationskreis agiert, in dem es gilt, etwas zu retten.

Selbst bei Garanten kann es darauf ankommen, in welcher Organisation sie agieren. Das Recht auf ihre Leistung gehört zum Organisationskreis des Begünstigten, aber das heißt nicht, der Verpflichtete sei mit den Regeln *seines* Kreises „verschwunden"; vielmehr kann es ja auch darum gehen, dass dem Garanten eine Verbindung beider Kreise obliegt, bei der die Regeln beider Kreise ausbalanciert werden und der Kreis des Verpflichteten nicht nur als „unterwürfig" zu behandeln ist. Es gibt eben keine – jedenfalls nicht notwendig eine – Garantie ohne Blick darauf, wer sie zu leisten hat. Beispielhaft, die Garantenstellung eines Arztes und selbst der Eltern umfasst keine Pflicht zur Selbstpreisgabe (bei Ingerenz nach einem rechtswidrigen Angriff mag man anders entscheiden). Praktisch wichtig dürfte der Umgang mit Reanimationsgeräten sein:[14] Deren Leistung ist (anders als diejenige eines *implantierten* Herzschrittmachers) eine – pflichtgemäße! – Leistung aus dem Organisationskreis des Arztes; aber für die Pflicht gelten auch die Regeln *seines* Organisationskreises. Ein krasses Beispiel: Ein Patient, der sich nach der konsentierten Eröffnung seines Leibes jede weitere Behandlung verbittet, kann dadurch den Arzt nicht

[13] Im Ergebnis ebenso *Haas,* Kausalität und Rechtsverletzung. Ein Beitrag zu den Grundlagen strafrechtlicher Erfolgshaftung am Beispiel des Abbruchs rettender Kausalverläufe, 2002, 222; *Frisch,* Tatbestandsmäßiges Verhalten und Zurechnung des Erfolgs, 1988, 133f. – In dem bekannten Fall irregulärer Zuteilung von Transplantaten (BGH NStZ 2017, 701ff.) kommt es darauf an, ob den nicht bedachten potentiellen Empfängern die Zuteilung nach den bestehenden Regeln *garantiert* war. Jedenfalls hängt das Ergebnis im gegebenen Fall, anders als der BGH es sieht (BGH NStZ 2017, 701ff. (705ff.)), nicht von bestimmten Deutungen des Vorsatzbegriffs ab (zutreffend *Hoven,* Praxiskommentar, NStZ 2017, 707f.).

[14] Dazu *Haas,* Kausalität und Rechtsverletzung. Ein Beitrag zu den Grundlagen strafrechtlicher Erfolgshaftung am Beispiel des Abbruchs rettender Kausalverläufe, 2002, 231f.

rechtlich wirksam hindern, zumindest die Operationswunde wieder kunstgerecht zu verschließen.[15]

Ein Verhalten als Notwehrhilfe findet im Organisationskreis des Angegriffenen statt, da sie aktuell den Zustand dieses Kreises ändern soll. Wer den Helfenden beim Vollzug der Hilfe hindert, verursacht also die (weitere) Verletzung des Angegriffenen, ohne dass es darauf ankommt, ob den Helfenden eine Pflicht zur Hilfe trifft oder nicht; trifft ihn eine Garantenpflicht (etwa als Elternteil gegenüber dem angegriffenen Kind), so ist auch die Hinderung der Vorbereitung – abgesehen von der Nötigung des Hilfswilligen – Verletzung eines garantierten Rechts des Angegriffenen. Trifft den potenziellen Helfer keine Garantenpflicht (aber vielleicht die Hilfspflicht gemäß § 323c StGB), so kommt es darauf an, ob die Vorbereitung der Hilfe bereits *im* Organisationskreis des Angegriffenen stattfindet (der Helfer verschanzt sich etwa gemeinsam mit diesem) oder *außerhalb,* „auf dem Weg" zu ihm.

Parallel dazu sind die Fälle der Hilfe durch Nichtgaranten bei einem Unglücksfall (oder gemeiner Not) zu entscheiden: Ohne Blick auf die Pflicht nach § 323c StGB oder auf deren Fehlen kommt es einzig darauf an, ob der Helfende *in* der Organisation des Hilfsbedürftigen agiert oder – etwa Hilfe vorbereitend – *außerhalb.* Beispielhaft, bettet der Helfende den Verunglückten medizinisch korrekt und setzt an, ihn ins Krankenhaus zu transportieren, so ist seine Hinderung eine Aktion (auch) im Organisationskreis des Verunglückten und somit nicht nur Nötigung des Retters, vielmehr auch ein Delikt gegen den Bedürftigen (Nötigung, Körperverletzung, Tötung). Organisiert hingegen der Rettungswillige noch völlig innerhalb seiner eigenen Organisation – beispielhaft, er sieht im Gebirge, wie eine Person abstürzt, und macht sich auf den beschwerlichen Weg zur Stelle des Aufschlags –, so nötigt eine Hinderung zwar ihn, ist aber keine Tat gegen den Verunglückten (§ 323c StGB[16] bleibt möglich).[17]

---

[15] *Jakobs* FS Schewe, 1991, 72ff. (77ff.).

[16] Wer die Pflicht aus § 323c StGB erfüllt, handelt *pro magistratu;* denn sie dient nur im Reflex dem in Not Befindlichen (anders wohl *Fischer,* 64. Aufl. 2017, StGB § 323c Rn. 1: „Schutzgesetz iSd § 823 Abs. 2 StGB"), direkt hingegen der Erträglichkeit einer anonymisierten Gesellschaft, in der auf informelle Hilfe durch persönlich Verbundene kein Verlass mehr ist. Dazu *Pawlik* GA 1995, 360ff. (364): „Verwaltungshelfer"; *Pawlik,* Das Unrecht des Bürgers. Grundlinien einer allgemeinen Verbrechenslehre, 2012, 190ff. – *Pawlik* hat diesen Ansatz auf die Deutung des aggressiven Notstands erweitert: *Pawlik,* Der Rechtfertigende Notstand, Zugleich ein Beitrag zum Problem der strafrechtlichen Solidaritätspflichten, 2002; *Pawlik* in Hruschka/Joerden, Jahrbuch für Recht und Ethik Bd. 22, 2014, 137ff., mit Angabe des Meinungsstands S. 141 Fn. 34. – Für die übliche Begründung *Fischer,* 64. Aufl. 2017, StGB § 323c Fn. 1; auch noch *Jakobs,* Strafrecht Allgemeiner Teil, 2. Aufl. 1991, 28/11, auch 7/67.

[17] Siehe oben Fn. 5. – Die Pflicht zur Hilfe bei Unglücksfällen kann auch durch Aktivität verletzt werden: Die geforderte Hilfe besteht dann gerade in der Unterlassung dieser Aktivität. – Ein Sonderproblem bietet der Aggressivnotstand; bei ihm ist umstritten, ob die Duldungspflicht des Eingriffsopfers – gleichfalls ein Verhalten *pro magistratu* – das Gewicht eines Eingriffsverbots, also einer Garantenpflicht, hat oder nur ein geringeres. Es handelt sich nicht um ein Problem des Begriffs eines Organisationskreises, sondern um dessen Ausfüllung in einem Einzelfall: Bei gleichem Gewicht gehört das Eingriffsrecht zum Organisationskreis des vom Eingriff Begünstigten, ansonsten nicht. – Das Problem ist alt und wurde ehemals zu § 904 BGB ausführlich erörtert (Nachweise bei *Haas,* Kausalität und Rechtsverletzung. Ein Beitrag zu den Grundlagen strafrechtlicher Erfolgshaftung am Beispiel des Abbruchs rettender Kausalverläufe, 2002, 236ff.; zum Problem auch *Pawlik,* Das Unrecht des Bürgers. Grundlinien einer allgemeinen Verbrechenslehre, 2012, 248ff.):

III. Zwei leitende Beispiele

Für das hiesige Thema sollen abschließend zwei im Zivilrecht häufig genannte Beispiele angeführt werden; sie mögen zwar teils strafrechtlich unerheblich sein, sind aber bestens geeignet, die Grenzen eines Organisationskreises zu bestimmen.

(1) Ein Opernsänger wird morgens im Straßenverkehr zurechenbar rechtswidrig verletzt und kann deshalb abends nicht wie vorgesehen auftreten. Ist das ein Eingriff in die Organisation des Veranstalters der abendlichen Aufführung? Üblicherweise wird die Frage verneint und so ist auch nach der hier entwickelten Theorie zu entscheiden, allerdings mit zwei Klarstellungen. (a) Wenn der Sänger eine Garantie für das Gelingen der Aufführung übernommen hat, etwa weil wegen seiner Zusage auf sein Fordern hin ein anderer Künstler abgelehnt wurde, so ist dem Veranstalter die Leistung garantiert. (b) Wenn die Aufführung mit dem Sänger aktuell stattfindet und ein empfindlicher Hörer erschießt den Sänger nach einem verpatzten Einsatz, so hat sich der Sänger aktuell in die Organisation des Veranstalters eingegliedert und agiert (auch) für diesen. – Sowohl bei einer Übernahme als auch bei einer aktuellen Eingliederung werden Verläufe abgebrochen, die dem Veranstalter die Rettung einer gelungenen Aufführung garantieren.

(2) Das nächste Beispiel wird einer zivilrechtlichen Entscheidung des BGH nachgebildet.[18] Beim unsorgfältigen Fällen eines Baumes zerreißt dieser umstürzend ein durch die Luft geführtes Elektrokabel mit der Folge, dass ein durch das Kabel versorgter Brutbetrieb keine Wärme mehr erzeugen kann und die bislang erfolgreich bebrüteten Eier absterben. Im – sehr umfangreichen – zivilrechtlichen Schrifttum heißt es etwa:[19] „Wenn ein Gegenstand für einen anderen Gegenstand die Funktion einer den Eintritt eines verletzenden Erfolgs hindernden Bedingung hat, dann gehört nicht schon deshalb die Aufrechterhaltung dieser Funktion zu dem Inhalt der an dem anderen, solcherart geschützten Gegenstand bestehenden Rechte." – Diese Festlegung dürfte zu weit formuliert worden sein; denn im gegebenen Fall hätte ja nicht nur die Gestalt eines Organisationskreises auf einen anderen rettend einwirken können, vielmehr war der rettende Kreis mit dem rettungsbedürftigen aktuell verbunden. Die Stromlieferung wurde nicht nur vorbereitet oder angebahnt, sondern aktuell geleistet, und insoweit agierte der Lieferant durch seine permanente Lieferung auch im Organisationskreis des Empfängers. Unter Vernachlässigung eventuell gegebener zivilrechtlicher Besonderheiten dürfte also dem Empfänger garantiert sein, dass die stattfindende Lieferung nicht von dritten Personen unterbrochen wird.

Wenn eine Rettung durch einen Nichtgaranten nur im Ausnahmefall verlangt und die Verweigerung nur gering bestraft wird (§ 323c StGB), ist es nicht plausibel, die Weigerung eines Nichtgaranten, einen Rettungseingriff in seinen Kreis zu dulden (§ 34 StGB), als Grund der vollen Haftung für die Folgen der Weigerung zu nehmen.

[18] BGHZ 41, 123ff. = NJW 1964, 720; auch BGHZ 29, 65ff. = NJW 1959, 479 – Dazu *Haas,* Kausalität und Rechtsverletzung. Ein Beitrag zu den Grundlagen strafrechtlicher Erfolgshaftung am Beispiel des Abbruchs rettender Kausalverläufe, 2002, 142, 223f.

[19] *Fraenkel,* Tatbestand und Zurechnung bei § 823 BGB, 1979. – Zu *Fraenkel* siehe *Haas,* Kausalität und Rechtsverletzung. Ein Beitrag zu den Grundlagen strafrechtlicher Erfolgshaftung am Beispiel des Abbruchs rettender Kausalverläufe, 2002, 191, 196ff., 201ff.

URS KINDHÄUSER

Versuch und Vollendung – normtheoretisch betrachtet

I. Problemstellung

1. Die Problematik, mit der sich die nachfolgenden Überlegungen[1] auseinandersetzen, sei an folgendem Beispielsfall verdeutlicht: In einem Strafverfahren gegen den Angeklagten A macht sein Nachbar N unter Eid eine Zeugenaussage, die A erheblich belastet und zu dessen Verurteilung führt. Ist diese Aussage unwahr, so hat N den objektiven Tatbestand des Meineids (§ 154 Abs. 1 StGB) verwirklicht und damit objektiv rechtswidrig gehandelt. Weiß N zudem, dass er falsch aussagt, dann ist ihm die Tat auch zum Vorsatz zurechenbar und er hat einen vollendeten Meineid begangen. Hat N dagegen die Wahrheit bekundet, so hat er objektiv nichts Rechtswidriges getan. Nimmt N jedoch an, seine Aussage sei falsch, so hat er gem. § 22 StGB einen Meineid zu begehen versucht, da er nach seiner Vorstellung von der Tat unmittelbar zur Verwirklichung des Tatbestandes angesetzt hat. Hier wäre der Versuch des N sogar als beendet anzusehen; er hat mit seiner vermeintlichen Falschaussage bereits alles getan, um den Tatbestand des Meineids zu verwirklichen.

Bei näherer Betrachtung der Fallvarianten zeigt sich, dass das versuchte und das vollendete Delikt zwar in der subjektiven Einschätzung der Sachlage übereinstimmen; N geht jeweils von einer falschen Sachverhaltsdarstellung aus. Objektiv ist die Beschreibung des einen Verhaltens jedoch die Negation der Beschreibung des anderen; eine unwahre Behauptung ist nicht wahr. Dies hat zur Folge, dass auch die rechtlichen Bewertungen der beiden Verhaltensweisen kontradiktorisch sind: das objektive Verhalten ist bei der Vollendung rechtswidrig, beim Versuch rechtmäßig – im Beispielsfall sogar rechtlich geboten: A soll als Zeuge vor Gericht die Wahrheit sagen.

Die gegensätzliche Bewertung des objektiven Täterverhaltens bei Versuch und Vollendung ist keineswegs eine Besonderheit des Beispielsfalles, sondern Definitionsmerkmal eines jeden Versuchs; das Verhalten des Täters lässt sich in diesem Stadium (noch) nicht oder jedenfalls nicht vollständig unter einen Deliktstatbestand subsumieren. Es erfüllt damit auch nicht die vom Tatbestand formulierten Merkmale der Rechtswidrigkeit. Die Beschreibung des Verhaltens, das als Versuch interpretiert wird, ist notwendig begrifflich verschieden von dem Verhalten, das als vollendete Tat interpretiert wird. Daraus folgt, dass im Gegensatz zu der unter das strafrechtliche Garantieprinzip fallenden tatbestandlich festgelegten Handlungsbe-

[1] Überlegungen, die dem verehrten Jubilar als Beitrag zur Analyse strafrechtlicher Grundlagen (hoffentlich) frei von den Implikation der „Bonner Theorie" (*Fischer* FS Hamm, 2008, 63 (67)) gewidmet sind.

schreibung eines vollendeten Delikts die Handlungsbeschreibung des Versuchs undefiniert ist. Nun dürfte außer Frage stehen, dass auch der Versuch eines Delikts in einer den Wertungen des Rechts zuwiderlaufenden Weise „rechtswidrig" sein muss, jedenfalls dann, wenn er strafbar ist. Der normative Konflikt ist offensichtlich: Wie kann, wie im Eingangsbeispiel, ein Verhalten, das objektiv rechtmäßig ist und den Tatbestand des Meineids nicht verwirklicht, zugleich ein strafbarer Verstoß gegen das Verbot des Meineids sein?

Mit den nachfolgenden Überlegungen soll ein Weg aufgezeigt werden, diesen Wertungswiderspruch normtheoretisch aufzulösen. Zu diesem Zweck sei zunächst allgemein auf das Verhältnis von Norm und Handlung eingegangen. Sodann soll die Frage aufgeworfen werden, unter welchen Voraussetzungen ein Verhalten als eine die Verbindlichkeit der Norm negierende Pflichtverletzung angesehen werden kann. Nach Maßgabe dieser Voraussetzungen lässt sich in einem ersten Schritt die Pflichtwidrigkeit des beendeten Versuchs bestimmen. Es bleibt dann in einem weiteren Schritt noch zu klären, wie sich der unbeendete Versuch normtheoretisch erfassen lässt.

2. Die hier zu behandelnde Thematik beschränkt sich mit der normtheoretischen Fokussierung auf einen sehr kleinen Ausschnitt aus der Versuchsdogmatik. Ausgeklammert werden sollen insbesondere Fragen nach der Einbindung des Versuchs in die Dogmatik der allgemeinen Straftatlehre. Sofern allerdings Antworten aus diesem Bereich schon normtheoretisch wenig plausibel sind, werden sie gewissermaßen implizit abgelehnt. Dies gilt etwa für Ansätze, die den Versuch auf der Basis der objektiven Zurechnungslehre als Schaffung eines unerlaubten gefährlichen Risikos begründen wollen.[2] Da der Versuch für alle Deliktstypen gilt, also auch für abstrakte Gefährdungsdelikte, für die selbst der im Einzelfall mögliche Gegenbeweis der Ungefährlichkeit das Unrecht nicht ausschließt,[3] kann schlechterdings der Versuch nicht generell mit Blick auf seine (fingiert objektive) Gefährlichkeit für das geschützte Rechtsgut begründet werden. Das Eingangsbeispiel mag dies hinreichend verdeutlichen.

Davon unabhängig drängt sich auch beim Verletzungsdelikt eine Begründung der Strafbarkeit des untauglichen Versuchs mit dem Hinweis auf dessen objektive Gefährlichkeit nicht ohne weiteres auf. Roxin führt als Beispiel für diesen Ansatz den Schuss (ggf. sogar mit einer nur vermeintlich für geladen gehaltenen Pistole) auf einen bereits zuvor an einem Herzschlag verstorbenen Menschen an. Dieser Versuch sei objektiv gefährlich, da ein einsichtiger Durchschnittsbeobachter, der die Ziele des Täters und dessen etwaiges Sonderwissen kenne, den Erfolg *ex ante* ernsthaft für möglich halten müsste.[4] Doch wie plausibel ist die Fiktion eines Beobachters, der zwar weiß, was im Kopf des Täters vorgeht, dem aber die mangelnde Einsatzfähigkeit der Waffe ebenso verborgen bleibt wie der bei genauerem Hinsehen eventuell unschwer erkennbare Umstand, dass das „Opfer" nicht mehr lebt?

---

[2] Zuletzt *Roxin* GA 2017, 656 (657ff.) mwN.

[3] Vgl. *Roxin,* Strafrecht Allgemeiner Teil, Band I 4. Aufl. 2006, § 11 Rn. 154; bei bestimmten Delikten soll sogar die Außerachtlassung der nur aus Tätersicht gebotenen Vorsichtsmaßnahmen ausreichen (Rn. 155); ferner *Fischer,* 65. Aufl. 2018, StGB Vor § 13 Rn. 19. jew. mwN.

[4] *Roxin* GA 2017, 656 (658).

II. Verhalten und Handlung

1. Definitionen

Das Recht konfrontiert die Welt, so wie sie ist, mit einer normativen Ordnung, die besagt, wie die Welt nach Maßgabe der Werte des Rechts sein soll. Rechtlich relevante Fragen, die sich auf Veränderungen in der Welt beziehen, sind daher zumeist kontrafaktisch formuliert: Entspricht ein Geschehen, das sich ereignet hat, der rechtlichen Ordnung, oder hätte es, um der rechtlichen Ordnung zu entsprechen, anders verlaufen sollen und müssen? Fragen dieser Art werden mithilfe der Denkform der Alternative beantwortet.[5] Man betrachtet hierbei einen Sachverhalt hinsichtlich seiner räumlichen und zeitlichen Dimension und prüft, ob sich an Stelle eines rechtswidrigen Geschehens auch ein anderes Geschehen hätte ereignen können, das der rechtlichen Ordnung entsprochen hätte – und *vice versa.*

Im Strafrecht ist es die Handlung einer Person, die an der Ordnung des Rechts gemessen wird. Für die rechtstheoretischen Belange im hiesigen Kontext genügt eine rein formale Bestimmung des Handlungsbegriffs, die als Grundlage rechtlicher Wertungen dienen kann. Ein solcher analytischer Begriff der Handlung baut seinerseits auf dem Begriff des Verhaltens auf.[6] Als ‚Verhalten' sei die Existenz des Körpers eines und desselben Menschen zwischen zwei Zeitpunkten bezeichnet.[7] Ein Mensch verhält sich mit anderen Worten ununterbrochen während seines gesamten Lebens. Jeder zeitliche Ausschnitt aus diesem Verlauf markiert ein bestimmtes Verhalten. Besteht die Möglichkeit, dass sich eine Person zu einem bestimmten Zeitpunkt statt in einer Weise auch in einer anderen Weise verhalten kann, so hat sie eine Verhaltensalternative. Die Menge der Verhaltensalternativen, die eine Person zu einem bestimmten Zeitpunkt zu ergreifen vermag, kann man ihren Verhaltensspielraum zu diesem Zeitpunkt nennen.[8] Zum Verhaltensspielraum einer Person zum Zeitpunkt t mögen unter anderen etwa die Verhaltensweisen Trompete spielen und Holz hacken gehören.

Wenn eine Person zu einem bestimmten Zeitpunkt in der Lage ist, statt ihres tatsächlichen Verhaltens wenigstens ein alternatives Verhalten vorzunehmen, so sei ihr tatsächliches Verhalten ‚Handlung' genannt. Eine Handlung ist nach dieser Definition ein Verhalten, das auf einer realisierten Entscheidung gegen zumindest eine Verhaltensalternative beruht. Demnach ist jede Handlung ein Verhalten, aber nicht jedes Verhalten eine Handlung. Wer tief schläft, verhält sich in einer bestimmten Weise, aber er handelt in diesem Zeitraum nicht, weil er sich während des Schlafes nicht zu einem alternativen Verhalten entscheiden kann.

Mit Hilfe des vorgeschlagenen Begriffs der Handlung lassen sich auch die Begriffe des Tuns und Unterlassens definieren. Wer sich unter wenigstens zwei Alter-

---

[5] Grundlegend *Rödig,* Die Denkform der Alternative in der Jurisprudenz, 1969, 16ff. und passim; *v. Wright,* Norm und Handlung. Eine logische Untersuchung, 1979, 56ff.

[6] Näher hierzu und zum Folgenden *Kindhäuser* ZIS 2016, 574 (584f.); *Kindhäuser* FS Puppe, 2011, 39 (41ff.).

[7] Zu einem solchen grundlegenden Begriff des Verhaltens bereits *Landsberg,* Die sogenannten Commisivdelikte durch Unterlassung im Deutschen Strafrecht, 1890, 25.

[8] Hierzu *Rödig,* Einführung in eine analytische Rechtslehre, 1986, 35ff.

nativen für ein Verhalten entscheidet und damit handelt, unterlässt das alternative Verhalten. Gehören also zu einem bestimmten Zeitpunkt Trompete spielen und Holz hacken zum Verhaltensspielraum einer Person, so unterlässt die Person das Spielen auf der Trompete, wenn und indem sie Holz hackt – und *vice versa.* Ein Unterlassen ist also nicht etwa ein *nullum,* sondern ein bestimmtes (reales) Verhalten, das durch das Nichtergreifen einer möglichen Verhaltensalternative charakterisiert wird. Das Unterlassen, Trompete zu spielen, kann im Falle des Holzhackens recht aktiv ausfallen. Daraus folgt: Das Unterlassen eines Tuns ist nur hinsichtlich genau dieses Tuns eine Unterlassung, als solches aber ein Tun.

2. *Intentionalität*

Nun entscheidet sich eine Person zu einem Tun und gegen dessen Unterlassen nicht ohne Grund. Sie verfolgt vielmehr mit dem Ergreifen einer der ihr möglichen Verhaltensalternativen einen bestimmten Zweck. Mit Hilfe dieses Zwecks lässt sich zugleich das Verhalten als eine bestimmte Handlung verstehen. Der gewollte Zweck, die Intention, gibt dem Verhalten seinen Sinn als Handlung. Selbst wenn eine Person nichts anderes intendiert, als sich in einer bestimmten Weise zu verhalten, wird ihr Verhalten durch diese Zwecksetzung zu einer Handlung. Exemplarisch: Jemand hebt seinen Arm, um zu sehen, ob er den Arm – etwa nach einer Zeit der Lähmung – wieder bewegen kann.

Intentionen gehen stets über das Verhalten hinaus. Der Handelnde versteht sein Verhalten als Mittel zum Erreichen des Zwecks, gleich, ob er sich aktiv oder passiv verhält. Betrifft der Zweck eine Veränderung in der Welt, so wird das Verhalten unter Bezugnahme auf diese Veränderung als Handlung beschrieben. Der Eintritt der Veränderung ist zugleich die Bedingung dafür, dass die fragliche Handlung unter dieser Beschreibung vollzogen ist.[9] Ein einfaches Beispiel: H will in einem dunklen Zimmer das Licht einschalten. Daher drückt er auf einen Lichtschalter und bewirkt dadurch das Brennen einer Lampe. Hier ist das Brennen der Lampe die Veränderung, die eingetreten sein muss, damit H's Handlung, das Licht einzuschalten, als vollzogen bezeichnet werden kann. Diejenige Veränderung, durch deren Eintritt eine Handlung definiert wird, kann als Ergebnis oder Erfolg dieser Handlung bezeichnet werden.

Nun sind die Zustandsveränderungen, die als Ergebnis in Handlungsbeschreibungen eingehen, als Ereignisse in der Welt ihrerseits mit weiteren Zustandsveränderungen kausal verbunden. Diese Veränderungen kommen damit als Ergebnisse weiterer Handlungsbeschreibungen in Betracht. Wenn ein Akteur *a* tut und dadurch *e* verursacht, wodurch wiederum *i* verursacht wird, kann man ihm die Herbeiführung von *a, e* oder *i* als Handlungsfolgen zuschreiben. Dementsprechend können sich die Sätze „H drückt auf einen Lichtschalter", „H schaltet das Licht an" und „H weckt die schlafende S" auf denselben kausalen Geschehensverlauf beziehen. Diese Möglichkeit, Kausalsequenzen unter einer Handlungsbeschreibung

---

[9] Grundlegend *Anscombe,* Intention, 1957, 37ff.; *v. Wright,* The Varieties of Goodness, 1963, 123f.

zu dehnen oder zusammenzuziehen, kann als Akkordeon-Effekt von Handlungsbeschreibungen bezeichnet werden.[10]

Jede Veränderung in einer Kausalsequenz kann der Grund dafür sein, dass sich der Handelnde für ein Verhalten und gegen dessen Alternativen entschieden hat. Jedes Ereignis im Rahmen der durch ein gewolltes Verhalten angestoßenen Kausalsequenz kommt damit als intentionales Objekt des Handelnden in Betracht.[11] Sprachlich lässt sich dies durch eine Transformation der kausalen Dadurch-dass-Relation in eine intentionale Um-zu-Relation ausdrücken. Mit Blick auf den Beispielsfall lässt sich demnach sagen: „H hat seinen Arm bewegt, um auf den Lichtschalter zu drücken", „H hat auf den Lichtschalter gedrückt, um die Lampe anzumachen", „H hat das Licht eingeschaltet, um S zu wecken" usw. Jede der gewählten Handlungsbeschreibungen nennt einen Grund, dessentwegen sich H in einer bestimmten Weise verhalten hat. Damit ein Ereignis als intendiertes Objekt bezeichnet werden kann, muss es auch tatsächlich der Grund für das Verhalten des Täters sein. Es wäre daher nicht nur sprachlich ungenau, sondern falsch, H die Intention zuzuschreiben, S zu wecken, wenn dieses Ereignis nicht der Grund des Lichteinschaltens war.

III. Verhaltensnormen

1. Definitionen

Der soeben explizierte Begriff der Handlung baut auf dem Begriff der Alternative und damit auf dem Modell eines Verhaltensspielraums auf. Dieser Verhaltensspielraum ist faktischer Natur, er bezieht sich auf die realen Möglichkeiten einer Person, sich zwischen Verhaltensalternativen zu entscheiden. Auf der Basis des faktischen Verhaltensspielraums einer Person lässt sich nun ein normativer Verhaltensspielraum konstruieren, in dem alle in Betracht kommenden Verhaltensalternativen nach den Maßstäben des Rechts bewertet werden. Demnach ist eine Verhaltensalternative rechtmäßig, wenn sie mit den Wertungen des Rechts vereinbar ist, dagegen rechtswidrig, wenn dies nicht der Fall ist.

Versteht man die rechtliche Ordnung nicht nur als Maßstab der Verhaltensbewertung, sondern als eine Ordnung, die nach Möglichkeit realisiert werden soll, so können die Verhaltensbewertungen in Verhaltensnormen überführt werden. Diese Normen lassen sich anhand der Begriffe des Verhaltensspielraums und des Bewertungsresultats definieren.[12] Es gilt:

(i) Wird ein Verhalten als rechtmäßig bewertet und jedes Alternativverhalten des Verhaltensspielraums als rechtswidrig, so ist das Verhalten rechtlich geboten.

(ii) Wird ein Verhalten als rechtswidrig bewertet und zumindest ein Alternativverhalten des Verhaltensspielraums als rechtmäßig, so ist das Verhalten rechtlich verboten.

---

[10] Vgl. nur *Davidson* in Binkley/Bronaugh/Marras, Agent, Action, and Reason, 1971, 16ff.; *Feinberg* in Black, Philosophy in America, 134ff. (146).

[11] *Anscombe,* Intention, 1957, 37ff.

[12] Hierzu *Rödig,* Einführung in eine analytische Rechtslehre, 1986, 39ff.

(iii) Wird ein Verhalten, zu dem es wenigstens ein Alternativverhalten gibt, als rechtmäßig bewertet, so ist es erlaubt.

Während Rechtmäßigkeit und Rechtswidrigkeit Bewertungsresultate von Verhaltensweisen sind, die nicht die Möglichkeit eines Alternativverhaltens voraussetzen, sind nach den genannten Definitionen die Begriffe des Verbots, des Gebots und der Erlaubnis stets auf eine Verhaltensalternative bezogen. Verbote, Gebote und Erlaubnisse haben demnach notwendig eine Handlung zum Gegenstand und können auch nur durch Handlungen befolgt werden. Daraus folgt: Eine Person handelt nur normwidrig, wenn zu ihrem Verhaltensspielraum zumindest eine erlaubte Alternative zu ihrem rechtswidrigen Verhalten gehört, die von ihr hätte ergriffen werden können.[13] Verbotenes Handeln setzt mit anderen Worten die Möglichkeit eines erlaubten Alternativverhaltens im Sinne eines Unterlassens voraus.

Da die strafrechtlichen Deliktstatbestände des BT Verhaltensweisen samt Folgen unter Strafe stellen, bewerten sie das von ihnen beschriebene Geschehen als generell[14] rechtswidrig. Zugleich beschreiben die Tatbestände das verbotene Handeln, das der Täter durch das Ergreifen einer rechtmäßigen Alternative seines Verhaltensspielraums hätte ergreifen sollen. Ein Täter verhält sich also normwidrig, wenn er keine ihm mögliche rechtmäßige Alternative seines Verhaltensspielraums ergreift, um die rechtswidrige Verwirklichung eines Deliktstatbestands zu vermeiden.

Dieses Verständnis strafrechtlicher Deliktstatbestände impliziert zwei gewichtige Annahmen, nämlich: die gesetzlichen Tatbestände legen den Inhalt der strafrechtlichen Verhaltensnormen zum einen verbindlich fest und sind zum anderen rein objektive Kriterien der Verhaltensbewertung. Objektiv rechtswidrig ist daher das und nur das Handeln samt Folgen, auf das die Beschreibung des Tatbestands zutrifft. Die Kriterien der rechtlichen Bewertung sind unabhängig davon, ob ein Verhalten, das diese Kriterien erfüllt, je vollzogen wurde oder wird. Folglich lässt sich die Frage, unter welchen Voraussetzungen ein Verhalten rechtswidrig ist, unabhängig von der Frage stellen und beantworten, ob ein bestimmtes Verhalten diese Voraussetzungen erfüllt oder erfüllen wird. Die erste Frage ist normativer, die zweite empirischer Natur und unterliegt den mehr oder minder beschränkten epistemischen Rahmenbedingungen menschlicher Erkenntnisse und Prognosen.

2. *Norm und Normbefolgung*

Eine im Strafrecht verbreitete Auffassung begreift Verhaltensnormen (zutreffend) als Bestimmungsnormen, zieht hieraus aber den Schluss, eine Normen müsse ihrem Adressaten bereits abschließend zu dem Zeitpunkt, zu dem er noch die Kontrolle über das potenziell strafrechtlich relevante Geschehen innehabe, sagen, ob dieses Handeln verboten sei.[15] Doch dieser Ansatz läuft Gefahr, das zeitlose Wissen um die Kriterien rechtlicher Bewertung mit dem Wissen um den an Raum und Zeit

[13] Sei es aktuell, sei es bei Einhaltung der von ihr erwarteten Sorgfalt.

[14] Dh unabhängig vom situativ möglichen Eingreifen von Normen mit positiver Bewertung.

[15] Beispielhaft *Armin Kaufmann,* Lebendiges und Totes in Bindings Normentheorie, 1954, 105ff. Zum infiniten Regress, in den eine Theorie führt, die Intentionalität/Finalität zum Inhalt der Norm zählt vgl. *v. Kutschera,* Grundlagen der Ethik, 2. Aufl. 1999, 89ff.

gebundenen Gegenstand der Bewertung zu konfundieren. Der Norm lässt sich nur entnehmen, unter welchen Bedingungen eine Handlung, wann immer sie vollzogen wird, verboten ist. Die Norm sagt aber nicht, ob ein bestimmtes Handeln, das jemand vornehmen möchte, tatsächlich auch die Eigenschaften aufweist oder aufweisen wird, unter denen es verboten wäre. Was sein soll und was sein wird, ist zweierlei.

Einen bemerkenswerten Ausweg aus der Schwierigkeit, die Wertungen des Rechts mit den Unsicherheiten des Wissens um Künftiges in Einklang zu bringen, schlägt die radikal subjektive Variante des Finalismus vor. Sie erklärt die objektiv empirische Frage, was ist und sein wird, für normtheoretisch unmaßgeblich und misst nur die Intention des Handelnden an der Norm. Aus dem Verbot, einen Deliktstatbestand zu verwirklichen, wird das Verbot, einen Deliktstatbestand verwirklichen zu wollen. „Der Akt (erhalte) seinen Unwert immer nur aus der Intention des wertwidrigen Erfolges".[16] Was objektiv der Fall ist, soll keine Rolle spielen. Die Verhaltensnorm wird nur auf die Phase der intentionalen Kontrollierbarkeit eines Geschehens bezogen. Verboten könne immer nur eine auf den Erfolgseintritt (im Sinne einer Rechtsgutsobjektverletzung) abzielende (finale) Handlung sein.[17] Die Verantwortung für das (nachfolgende) objektive Geschehen, den Verletzungserfolg, sei unmaßgebliche Zufallshaftung. Gegen das Tötungsverbot verstößt also, wer durch sein Verhalten töten will. Ob hierdurch der Tod des Opfers verursacht wird oder nicht, ist normtheoretisch belanglos.

Dieser Ansatz kann eine gewisse Plausibilität beanspruchen, wenn er auf alltägliche Planungszusammenhänge bezogen wird. Ein Beispiel: F will L töten. Er legt sich mit einem Gewehr in einen Hinterhalt und als L seines Weges daherkommt, zielt F auf ihn und schießt. Es gibt nun eine Reihe von Rahmenbedingungen des Geschehens, die F nicht beherrscht, etwa die Windstärke, die Schrittgeschwindigkeit L's, die Zielgenauigkeit des Gewehres usw. Volle Kontrolle scheint F nur über sein eigenes Verhalten zu haben, also etwa das Anlegen des Gewehrs und das Bewegen des Zeigefingers am Abzug. Da – so ist nun die finalistische Schlussfolgerung – ein Täter nur seine gewollten Bewegungen kontrollieren kann, können auch nur diese Gegenstand der Norm sein.

Nun ist es sicher zutreffend, dass F *ex ante* nicht mit Sicherheit davon ausgehen kann, L tödlich zu treffen. Doch angenommen, die Kugel verwundet L tödlich: Kann man jetzt in irgendeinem vernünftigen Sinn sagen, L sei zufällig gestorben? Wohl kaum, denn L wäre mit Sicherheit nicht durch die Gewehrkugel gestorben, wenn F nicht geschossen hätte. Niemand käme daher auf den Gedanken, die Verantwortlichkeit F's für L's Tod mit der Begründung zu verneinen, der Todeserfolg sei für F nur eine Frage des Zufalls gewesen.

Der Beispielsfall sei abgewandelt: F zielt wiederum, will aber L nur einen Schrecken einjagen. Allerdings rechnet F damit, dass der Schuss aufgrund widriger Umstände L auch tödlich treffen kann. F nimmt die Möglichkeit eines solchen Gesche-

[16] *Zielinski,* Handlungs- und Erfolgsunwert im Unrechtsbegriff, 1973, 124; ferner *Horn,* Konkrete Gefährdungsdelikte, 1973, 71, 88, 92; grundlegend bereits *Kaufmann,* Lebendiges und Totes in Bindings Normentheorie, 1954, 105 ff.

[17] *Zielinski,* Handlungs- und Erfolgsunwert im Unrechtsbegriff, 1973, 127.

hensverlaufs in Kauf und schießt. In dieser Variante ist der Tod des L nicht das intentionale Objekt F's; der Grund seines Verhaltens ist nicht, L zu töten, sondern ihn zu erschrecken. Während es in der ersten Variante für F mehr oder weniger vom Zufall abhängt, ob er sein intendiertes Ziel, den Tod des L, durch den Schuss erreicht, hängt es in der zweiten Variante mehr oder weniger vom Zufall ab, dass er sein Ziel intendiertes Ziel, L bloß zu erschrecken, nicht erreicht und diesen stattdessen tötet. Doch auch in der zweiten Variante wird man schwerlich sagen können, L sei durch Zufall gestorben. Denn die Kugel hätte L wiederum mit Sicherheit nicht tödlich getroffen, wenn F nicht geschossen hätte. Der Sinn der *ex post*-Betrachtung besteht ja gerade im Ausschluss des Zufalls. Es soll mit hinreichender Gewissheit feststehen, dass der Erfolg nicht eingetreten wäre, wenn sich der Täter anders verhalten hätte, als er sich tatsächlich verhalten hat.

Die finalistische Prämisse, Handeln sei intentionales Verhalten, ist durchaus zutreffend. Nur verdreht dieser Ansatz das Verhältnis von Norm und Handlung. Normen können allein durch intentionale Handlungen befolgt werden, aber ihre *Verletzung* erfordert keineswegs ein auf den Verletzungserfolg zielendes Verhalten. Das Tötungsverbot schneidet als rechtswidrig diejenige Alternative aus dem normativen Verhaltensspielraum aus, die (unmittelbar) den Tod eines anderen Menschen bedingt, und schreibt folglich ein rechtmäßiges Alternativverhalten vor, das sich als Unterlassen einer Tötung darstellt. Die rechtlich relevante Finalität bezieht sich also beim Verbot nicht auf das Tun, sondern auf dessen Unterlassen. Das von Rechts wegen zu Wollende ist im Beispiel das Unterlassen einer Tötung.

IV. Norm und Sanktion

1. Normen und Naturgesetze

Wird eine Straftat nach tradiertem Verständnis als vermeidbare Verletzung oder Gefährdung eines Rechtsguts begriffen, so erschöpft sich das Unrecht im Gefährdungs- oder Verletzungsschaden und die strafrechtliche Verantwortlichkeit hierfür wird durch dessen individuelle Vermeidbarkeit begründet. Mit der Deutung der Straftat als Normverletzung wird jedoch das strafrechtlich relevante Geschehen in ein neues Licht gestellt. Die Rechtsgutsbeeinträchtigung wird als Missachtung eines normativen Regelungsgehalts geahndet, der als verbindliche Richtschnur sozialer Interessenkoordination angesehen wird. Insoweit stellt sich die Frage, wie die Verbindlichkeit der Norm als Sollenssatz durch ein ihr widersprechendes Verhalten in Abrede gestellt werden kann.

Insoweit mag ein Vergleich zwischen Normen und Naturgesetzen erhellend sein, zumal *Popper* vorschlägt, Naturgesetze als universelle[18] Verbote aufzufassen:[19] „Sie behaupten nicht, dass etwas existiert, sondern dass etwas nicht existiert".[20] Naturgesetze haben die Form von Allsätzen, so dass man sie auch in Form der Nega-

---

[18] „Universell" in dem Sinne, dass der Satz keine Eigennamen enthält.
[19] *Popper,* Logik der Forschung, 10. Auf., 1994, 39f.
[20] *Popper,* Logik der Forschung, 10. Aufl., 1994, 39.

tion eines universellen Existenzsatzes ausdrücken kann. Exemplarisch: Der Allsatz „Alle Raben sind schwarz" lässt sich umformulieren in die Negation des entsprechenden universellen Existenzsatzes: „Es gibt keinen Raben, der nicht schwarz ist". Der Allsatz stellt also keine Behauptung über die Existenz von Raben – welcher Farbe auch immer – auf, sondern schließt nur aus, dass es nichtschwarze Raben gibt. Daher ist ein solches Gesetz nicht verifizierbar. Wohl aber sind Naturgesetze in der Form von Allsätzen falsifizierbar: Ist es wahr, dass es einen Raben gibt, der nicht schwarz ist, so ist das Gesetz, dass alle Raben schwarz sind, widerlegt. Poppers Interpretation von Naturgesetzen als „Verbote" beinhaltet demnach: Naturgesetze begrenzen den Spielraum der Natur. Gelten sie, so besagen sie, dass etwas außerhalb der von ihnen implizierten Möglichkeiten nicht der Fall ist (und nie der Fall sein kann). Durchbricht die Wirklichkeit das Verbot, ist das Verbot hinfällig oder muss inhaltlich modifiziert werden. Die „Sanktion" der Falsifikation ist die Ungültigkeit des Gesetzes.

Verhaltensnormen – in der Gestalt von Verboten – lassen sich ebenfalls als Allsätze formulieren, deren Aussagefunktion jedoch nicht mit dem Anspruch verbunden ist, dass es etwas nicht gibt, sondern mit dem Geltungsanspruch, dass es einen (bestimmten) Handlungstyp nicht geben soll. Allerdings stößt die metaphorische Analogie von Naturgesetzen und Verboten hier auf ihre Grenzen. Denn im Gegensatz zu Allsätzen, die sich als Negationen von Existenzsätzen darstellen, schließen Normen nichts Existentes aus, sondern benennen nur die Handlungen, die nicht vollzogen werden sollen. Ein mit der Norm unvereinbares Handeln vermag zwar nicht die Norm in dem Sinne zu falsifizieren, dass diese kein gültiger Sollenssatz des Rechts wäre. Eine solche Falsifikation ist nur mit Blick auf die Bedingungen der Gültigkeit von Rechtssätzen möglich, die außerhalb der Kompetenzen eines externen Normadressaten liegen. Wohl aber zeigt normwidriges Handeln, dass ein nach Maßgabe des Rechts aus dem Verhaltensspielraum ausgeschlossenes Verhalten durchaus beanspruchen kann, existent zu sein.

Während sich die Falsifikation von Naturgesetzen auf der Ebene des Existenten bewegt, spielt sich die Falsifikation von Normen auf der Ebene des Gesollten ab. Wie ein falsifiziertes Naturgesetz pragmatisch seine Erklärungskraft einbüßt – seine weitere Anwendung wäre sinnlos –, so verliert auch die Norm an pragmatischer Wirkungskraft, an allgemeiner Verbindlichkeit, wenn das von ihr aus dem normativen Verhaltensspielraum ausgeschlossene Verhalten realisiert wird. Es ist zu hoch gegriffen, in normwidrigem Verhalten den Ausdruck einer Maxime zu sehen, die sich als Scheinrecht aufspreizt.[21] Wer einen anderen Menschen aus Habgier tötet, will damit keine allgemeine Erlaubnisnorm setzen, da er im Zweifel selbst am Leben bleiben will. Er erweitert nur fallweise – für die Umstände, unter denen er handelt – seinen normativen Verhaltensspielraum ohne Berechtigung. Die Falsifikation erschöpft sich in der schieren Negation des Gesollten. Es wird also nicht neues Recht geschaffen, was mangels Kompetenz nicht einmal scheinbar möglich wäre, sondern

[21] So die „Scheinmetaphorik" *Hegels,* Grundlinien der Philosophie des Rechts, in Werke Bd. 7, 1986, § 97; vgl. auch *Berner,* Archiv des Criminalrechts NF, 1848, 547 (562); *Köstlin,* System des deutschen Strafrechts, Abt. I, Allgemeiner Theil, 1855, 386ff.

bestehendes Recht wird in seiner Allgemeinverbindlichkeit negiert. Als jemand, der für kompetent zu halten ist, die Norm zu befolgen, kann der Täter auch die für ihn geltende Verbindlichkeit der Norm durch deren Nichtbefolgung in Abrede stellen. Die Unverbindlichkeit der Norm kann mit anderen Worten dann und nur dann, wenn sie Anspruch auf Verbindlichkeit erhebt, durch ihre Nichtbefolgung demonstriert werden.

Da die Norm als gültiger Sollenssatz des Rechts weiterhin verbindliche Richtschnur sozialer Koordination sein soll, muss die Negation ihres Geltungsanspruchs negiert werden. Da die Norm den faktischen Verhaltensspielraum nicht begrenzen kann, kann sie verbotswidriges Verhalten zwar nicht als Faktizität negieren, wohl aber als normativ verfehlte Verhaltensalternative kennzeichnen. Die Sanktion des Normbruchs kann um der Durchsetzung des Rechts willen nicht Falsifikation des Verbindlichkeitsanspruchs der Norm, sondern nur die normative Falsifikation des normwidrigen Verhaltens sein. Die entsprechende normative Falsifikation erfolgt im Strafrecht durch Strafe. So unterschiedlich die einzelnen Lehrmeinungen Strafe auch immer begründen mögen, verbunden werden sie alle durch das Ziel, die Fehlerhaftigkeit der Entscheidung gegen das Recht durch die mit ihr konditional verknüpfte Verhängung eines Übels zu verdeutlichen. Dem Strafrecht kommt also – auf welchem Wege auch immer – die Aufgabe zu, die Grenzen des normativen Verhaltensspielraums durch normative Falsifikation ihrer Verletzung im Allgemeininteresse zu sichern.

2. *Zeitliche Differenzierung*

Die Frage, ob ein Verhalten samt Folgen die Eigenschaften aufweist, die unter die Deskription eines Normtatbestands fallen, lässt sich stets erst *ex post factum* beantworten. Freilich kann die Norm dann auch nicht mehr befolgt werden. Sie kann nur Gegenstand des strafrechtlichen Vorwurfs gegenüber dem Täter sein, *ex ante* nicht die ihm mögliche rechtmäßige Verhaltensalternative ergriffen zu haben. Bei diesem Vorwurf geht es nicht, wie bereits erwähnt, um die Haftung für ein unkontrollierbares Geschehen, sondern um die Verantwortlichkeit für einen *ex ante* vermeidbaren Normbruch, also um einen gezielten Ausschluss von Zufall. Im Zeitpunkt der Entscheidung zwischen Verhaltensalternativen geht es dagegen um die Bewertung möglicher künftiger Verhaltensweisen samt Folgen nach Maßgabe rechtlicher Präferenzen. Die Normanwendung erfolgt hierbei hypothetisch: Für den Fall, dass ein Verhalten samt Folgen die Merkmale eines Tatbestands verwirklicht, ist es rechtswidrig.

Die Differenzierung zwischen den Standpunkten *ex ante* und *ex post* ist analytisch. Sie kann insbesondere nicht dadurch unterlaufen werden, dass man aus Verursachungsverboten Gefährdungsverbote macht. Jedes Verhalten kann erst nach seiner Ausführung realiter normwidrig sein. Dies gilt, wie das Eingangsbeispiel zeigt, selbst für Sprechakte, deren Sinn sich erst im Gesamtzusammenhang der vollzogenen Äußerung erfassen lässt. Daraus folgt, dass jede Entscheidung über die Wahl einer Alternative aus einem situativ gegebenen Verhaltensspielraum prognostisch ist, mag diese Prognose im Einzelfall auch völlig unreflektiert und intuitiv erfolgen. Insoweit kann eine Norm für ihren Adressaten nur über die Motivation Wirkung entfalten. Sie muss als Präferenz in die Gründe für die Entscheidung zwischen den Alternativen eines Verhaltensspielraums eingehen.

3. Norm und Pflicht

Um eine Norm befolgen zu können, muss der Adressat in der Lage sein, das Gesollte als Gewolltes in die Tat umsetzen. Um dies in einer konkreten Situation zu realisieren, muss eine Person über zwei Fähigkeiten verfügen: Sie muss handlungs- und sie muss motivationsfähig sein. Um in strafrechtlich relevanter Weise handlungsfähig zu sein, muss eine Person über das erforderliche Wissen und notwendige physische Vermögen verfügen, um die Tatbestandsverwirklichung vermeiden zu können, sofern sie das nur wollte. Motivationsfähig ist eine Person, wenn sie den Willen zum Ergreifen einer rechtmäßigen Verhaltensalternative bilden und kraft ihrer Handlungsfähigkeit realisieren kann. Dies verlangt, dass eine Person, die eine Norm befolgen soll, die rechtliche Bewertung ihres Verhaltens kennt, ihr Verhalten an den rechtlichen Wertungen ausrichten kann und ihr das Ergreifen der rechtmäßigen Verhaltensalternative zumutbar ist.

Die Bindung eines Adressaten an eine Verhaltensnorm nach Maßgabe seiner Fähigkeiten kann als Pflicht bezeichnet werden. In diesem Sinne lassen sich Normen unter Zugrundelegung der ex ante-Perspektive als Verpflichtungsgründe für Handlungen bezeichnen.[22] Die Konkretisierung einer Pflicht in einer bestimmten Situation lässt sich mit Hilfe eines praktischen Syllogismus veranschaulichen.[23] Dieser Schluss ist formal dem logischen Schluss-Schema[24] nachgebildet. Er nennt in der Oberprämisse das gesollte Handlungsziel als intentionales Objekt, also das zu Sollende als das zu Wollende. Die Unterprämisse formuliert die einschlägigen Kenntnisse der Person zur Erreichung ihres Ziels durch eine Handlung. In der Konklusion wird schließlich die Handlung bezeichnet, zu deren Vornahme die betreffende Person verpflichtet ist. Der Schluss hat also folgende allgemeine Form:

Oberprämisse: Eine Person P soll x verwirklichen.

Unterprämisse: P nimmt an, dass sie x (nur) verwirklichen kann, wenn sie y tut.

Konklusion: Also ist P verpflichtet, y zu tun.

Die Konklusion ist bei diesem Schluss nicht begrifflich bedingt, sondern bezieht sich auf die intellektuellen und voluntativen Elemente von Handlungen. Sie ergibt sich aus der Verknüpfung von Zweck und Mittel und impliziert daher eine praktische Notwendigkeit. Es ist evident, dass eine Person, die x dominant erreichen will, und weiß, dass sie hierzu y tun muss und kann, sich widersprüchlich und unverständlich verhält, wenn sie y *ceteris paribus* nicht tut.

---

[22] Grundlegend hierzu *Raz,* Praktische Gründe und Normen, 2006, 33 und passim.

[23] *Von Wright,* Handlung, Norm und Intention, 1977, 42 ff.

[24] Hierzu *Essler,* Einführung in die Logik, 2. Aufl. 1969, 41 ff.

4. *Verbote*

In der dargestellten Grundform ist der praktische Syllogismus strafrechtlich jedoch nur bei Unterlassungsdelikten relevant, in den Fällen also, in denen die Vornahme einer Handlung zur tatbestandlichen Erfolgsverhinderung geboten ist. Bei den üblichen Begehungsdelikten ist dagegen die Vornahme einer Handlung, die den Tatbestand verwirklicht, verboten und damit das Ergreifen irgendeiner rechtmäßigen Verhaltensalternative geboten. Als Konklusion des entsprechenden praktischen Schlusses kommt daher unbestimmt jedes rechtmäßige Verhalten in Betracht, durch das sich die Tatbestandsverwirklichung vermeiden lässt. Für einen rechtstreuen Bürger, der gewillt ist, strafrechtliche Verbote zu befolgen, hätte der praktische Schluss somit folgenden Inhalt:

Oberprämisse: A soll die Verwirklichung des Tatbestandes x vermeiden.

Unterprämisse: A geht davon aus, dass er x nur (sicher) vermeiden kann, wenn er y unterlässt.

Konklusion: Also ist A verpflichtet, y zu unterlassen.

Wenn eine Person nun y tut, obwohl sie laut Unterprämisse davon ausgeht, dass sie, wenn sie y tut, x nicht (sicher) vermeiden kann, dann ist das Vermeiden von x nicht das dominant Gewollte, das von ihr als rechtstreuer Person erwartet wird. Sie erkennt mit anderen Worten das von der Norm Gesollte nicht als verbindlichen Grund ihres Handelns an und verletzt damit ihre sich aus der Norm ergebende Pflicht. Das in der Unterprämisse genannte Wissen berechtigt dazu, das Verhalten des Täters, der y tut, als Pflichtverletzung anzusehen.

Die Frage, wie sich die epistemischen Voraussetzungen der Unterprämisse präziser formulieren lassen, kann offen bleiben. Denn es ist ersichtlich, dass sich die in der Unterprämisse genannten Kenntnisse mit der kognitiven Seite des Vorsatzes decken, den näher zu bestimmen hier der Raum fehlt. Klar ist nur, dass der Vorsatz die Wissensdichte erfassen muss, die einer rechtstreuen Person hinreichend Anlass gibt, das potenziell tatbestandliche Handeln zugunsten einer rechtmäßigen Verhaltensalternative zu unterlassen. Insoweit ließe sich die kognitive Vorsatzseite als die aus der Täterperspektive entscheidungsrelevante Wahrscheinlichkeit der Tatbestandsverwirklichung durch eigenes Verhalten charakterisieren.[25] Maßgeblich ist jedenfalls, dass der Täter die konkrete Möglichkeit, durch sein Verhalten den Tatbestand zu verwirklichen, durch das Ergreifen einer Verhaltensalternative ausschließen muss. Aus anderer Perspektive und in Umkehrung der subjektiviert finalistischen Lehre formuliert: Stellt sich für den Täter der Eintritt des Erfolgs *ex post* als Zufall dar, dann fehlte ihm *ex ante* die entscheidungsrelevante Wissensdichte und er verhielt sich vorsatzlos.

Für die Zurechnung einer Pflichtverletzung spielt dagegen das tatsächliche Wollen des Täters keine Rolle. Was immer der Täter mit seinem Verhalten erreichen wollte, es war jedenfalls nicht die gesollte Vermeidung der Tatbestandsverwirklichung. Warum der Täter die Tatbestandsverwirklichung nicht vermeiden wollte,

[25] Ob diese Prognose dagegen objektiv zutreffend ist, spielt keine Rolle. Grundlage der Vorsatzzurechnung ist ausschließlich das in der konkreten Tatsituation aktuell reflektierte Wissen des Täters.

obwohl er doch das hierzu erforderliche Wissen hatte, um die entsprechende Intention zu bilden und zu realisieren, ist dagegen eine Frage der Schuld.

V. Der beendete Versuch

Die Konklusion des praktischen Schlusses benennt das Tun, das der Täter unterlassen müsste, um die konkrete Möglichkeit einer Tatbestandsverwirklichung ausschließen zu können. Es liegt nun nahe, genau dieses Verhalten als Gegenstand eines beendeten Versuchs zu betrachten. Denn nach der üblichen Definition[26] ist ein Versuch beendet, wenn der Täter aufgrund seiner Einschätzung der Lage davon ausgeht, dass die für konkret möglich gehaltene Tatbestandsverwirklichung nicht mehr von weiteren eigenen Schritten abhängt. Inwieweit der Täter objektiv und subjektiv über die Mittel verfügt, die geschaffene Gefahr wieder zu entschärfen, ist für den beendeten Versuch belanglos. Gelingt es ihm, so verhindert er neben dem Erfolgseintritt zugleich, dass sein Verhalten die Merkmale des Tatbestands verwirklicht und damit normwidrig ist. Unter den weiteren Voraussetzungen des Rücktritts führt dies zudem zu seiner Straflosigkeit.[27]

Die dargelegte Bestimmung des beendeten Versuchs setzt keinen intentionalen Planungszusammenhang zwischen dem Täterverhalten und dem Erfolgseintritt voraus. Dies ist insoweit zu betonen, als der strafrechtlich relevante Versuch, was leicht übersehen wird, vom alltäglichen Begriffsverständnis abweicht. Umgangssprachlich wird gewöhnlich das Verhalten als Versuch angesehen, das der Täter für ein geeignetes Mittel hält, den Erfolg (unmittelbar) herbeizuführen. Typisch hierfür wäre der obige Beispielsfall, bei dem F mit einem Gewehr auf L schießt, weil er diesen töten will. Dagegen wäre es umgangssprachlich (eher) nicht als Versuch zu bezeichnen, wenn A ein Reh erlegen will und hierbei die konkrete Möglichkeit sieht, auch den Jagdbeteiligten B tödlich treffen zu können. Denn in diesem Fall ist der Grund des Schießens nicht die Intention, B zu töten. Strafrechtlich wäre dagegen der Schuss als Tötungsversuch anzusehen, da A ihn vermeiden müsste, wenn er das dominante Motiv hätte, durch sein Verhalten keinen Menschen töten zu wollen. In der letztgenannten Variante wäre dem A, falls er B trifft, sein Verhalten auch als vorsätzlicher Totschlag zuzurechnen.

VI. Der unbeendete Versuch

1. Haupt- und Hilfshandlung

Während sich der beendete Versuch als Ausdruck mangelnder Normanerkennung und damit in seiner Bewertung als Pflichtverletzung in nichts von der vollendeten vorsätzlichen Tat unterscheidet, weist der unbeendete Versuch keine entsprechende Strukturgleichheit auf. Anders als beim beendeten Versuch muss der

[26] Vgl. nur *Fischer,* 65. Aufl. 2018, StGB § 24 Rn. 14 mwN.
[27] Näher *Fischer,* 65. Aufl. 2018, StGB § 24 Rn. 29ff. mwN.

Täter beim unbeendeten Versuch sein Tun gerade (noch) nicht unterlassen, um die Tatbestandsverwirklichung vermeiden zu können. Die Verwirklichung des Tatbestands kann er vielmehr einfach dadurch vermeiden, dass er das als beendeten Versuch zu bestimmende Handeln unterlässt.[28] Deshalb genügt auch für den straf-befreienden Rücktritt in diesem Abschnitt des deliktischen Geschehens das bloße Aufgeben der weiteren Tatausführung.[29] Im Beispielsfall: Interpretiert man das dem Schießen unmittelbar vorausgehende Zielen als Stadium eines unbeendeten Versuchs, so muss F das Zielen als solches nicht unterlassen, um die Tötung des L zu vermeiden. Hierzu muss er lediglich vom Schießen absehen. Zwischen dem Zielen und dem Tod des L besteht kein Kausalzusammenhang, der sich mit Hilfe einer Dadurch-dass-Relation erfassen ließe. Bevor F schießt, besteht gewöhnlich[30] objektiv nicht die geringste Gefahr, dass L durch das Verhalten des F ums Leben kommen könnte. Auch subjektiv beruht das Zielen auf einem vom Schießen unabhängigen Entschluss, so dass auch nur die maßgeblich letzte Entscheidung die Verantwortung für das weitere Geschehen zu begründen vermag.[31]

Freilich steht auch das Zielen mit den nachfolgenden Ereignissen in einem intentionalen Zusammenhang, der jedoch nur mittelbarer Natur ist. Das Zielen dient nicht der unmittelbaren Herbeiführung der kausalen Veränderungen, sondern soll das diese Veränderungen bedingende Schießen erst ermöglichen. Im Beispiel zielt F auf L, um diesen durch einen Gewehrschuss töten zu *können*. Das Zielen gehört mit anderen Worten zu den (aus der Sicht des A) notwendigen Rahmenbedingungen, welche die Gelegenheit schaffen, die eigentliche Handlung, das Schießen, auszuführen. Mit Blick auf den intentionalen Handlungszusammenhang lässt sich das Zielen somit als Hilfshandlung zur Ermöglichung der Haupthandlung, des Schießens, bezeichnen. Hilfshandlungen haben den Zweck, zur Ausführung von Haupthandlungen zu befähigen.

Als Hilfshandlung weisen Verhaltensweisen im Stadium des unbeendeten Versuchs deutliche Parallelen zur Beihilfe auf.[32] Wegen der kausalen Unabhängigkeit der Hilfshandlung von der Haupthandlung verstößt das als unbeendeter Versuch zu interpretierende Verhalten bei isolierter Betrachtung nicht gegen das Verbot der Haupthandlung, einen Deliktstatbestand zu verwirklichen. Da man durch bloßes Zielen nicht töten kann, ist das Tötungsverbot kein Verpflichtungsgrund zum Unterlassen des Zielens. Parallel zur Beihilfe impliziert daher die gesetzlich vorgesehene Strafbarkeit das eigenständige Verbot von Verhaltensweisen, die als unbeendeter Versuch zu interpretieren sind. Die gesetzliche Regelung (§§ 22f. StGB) ist

[28] Dass der Täter ggf. bereits etwas nach einer anderen Norm Verbotenes getan hat, kann insoweit außer Betracht bleiben.

[29] Vgl. *Fischer,* 65. Aufl. 2018, StGB § 24 Rn. 26 mwN.

[30] Ausnahmen können insoweit bestehen, als die durch das Handeln des Täters geschaffene Situation aus anderen als den von diesem vorgestellten Gründen zu einer Verletzung oder Gefährdung führt.

[31] Die Parallele zum restriktiven Täterbegriff liegt auf der Hand. Hierzu aus neuerer Zeit insbesondere *Renzikowski,* Restriktiver Täterbegriff und fahrlässige Beteiligung, 1997.

[32] Näher zum normtheoretischen Verhältnis von Haupttat und Beteiligung *Kindhäuser* NStZ 1997, 273 (274f.); *Vogel,* Norm und Pflicht bei den unechten Unterlassungsdelikten, 1993, 80ff.

damit nicht nur konstitutiv für die Strafbarkeit, sondern auch für die Rechtswidrigkeit des (unbeendeten) Versuchs.[33]

Mit einem Verhalten, das sich als unbeendeter Versuch deuten lässt, hilft sich der Täter selbst, er ist gewissermaßen sein eigener Gehilfe. Im Beispielsfall setzt sich F mit dem Zielen in die Lage, hinreichend genau schießen und B so tödlich treffen zu können. Diese Interpretation des unbeendeten Versuchs zeigt zugleich, warum seine präzise strafrechtliche Erfassung erhebliche Schwierigkeiten bereiten kann. Denn das als unbeendeter Versuch interpretierte Verhalten lässt sich in seiner Qualität als Hilfshandlung nicht von beliebigen anderen, aber strafrechtlich irrelevanten Vorbereitungshandlungen abgrenzen. Es bedarf somit einer spezifischen Anbindung der Hilfshandlung an die von ihr kausal unabhängige Haupthandlung.

2. *Unmittelbares Ansetzen*

Da als Hilfshandlung alle Vorbereitungen in Betracht kommen, durch die der Täter Rahmenbedingungen zur Ausführung einer tatbestandsmäßigen Haupthandlung setzt, könnte jede für die Haupthandlung notwendige Hilfshandlung auch als unbeendeter Versuch interpretiert werden. Je größer jedoch die Distanz zur Haupthandlung wird, desto lockerer und unbestimmter verhalten sich die jeweiligen Entscheidungen zu den beiden Handlungen zueinander. Das Gesetz verlangt daher für den Versuchsbeginn ein Verhalten, das sich nach Maßgabe der Tätervorstellung bereits als unmittelbares Ansetzen zur Haupthandlung deuten lässt (§ 22 StGB). Ungeachtet der dogmatischen Streitfragen um die genauere Explikation des unmittelbaren Ansetzens[34] ist klar, dass allein das Setzen einer für die Ausführung der Haupthandlung notwendigen Bedingung – wie etwa im Beispielsfall das Verschaffen des Gewehrs – noch keinen Versuch begründet. Das Merkmal der Unmittelbarkeit verlangt vielmehr die konkrete Gestaltung der Gelegenheit zur Ausführung der Haupthandlung.

Exemplarisch: Wenn der Täter sein Opfer mit einem Gewehr töten will, muss er einen gezielten Schuss abgeben. Der unbeendete Versuch hat also ein Verhalten zum Gegenstand, das nach der Tätervorstellung gewissermaßen an Ort und Stelle die Ausführung des tatbestandsverwirklichenden Handelns ermöglicht und dessen spezifische Gefährlichkeit begründet. Oder anders formuliert: Während sich der beendete Versuch auf die Entscheidung über das Ob der Tat bezieht, betrifft der unbeendete Versuch die vorausgehende konkrete Gestaltung des Wie. Weil Haupt- und Hilfshandlung auf diese Weise das Ob und Wie der konkreten Tatausführung konstituieren, erscheint es auch gerechtfertigt, sie normativ zu einer strafbaren Pflichtverletzung zu verbinden.

Der Klarstellung halber sei erwähnt, dass die Haupthandlung, deren Handlungsgelegenheit der Täter durch Hilfshandlungen gestaltet, keineswegs – im Sinne der finalistischen Lesart – auf die Verwirklichung des Tatbestands gerichtet sein muss. Die Intention kann Beliebiges zum Gegenstand haben, sofern sie sich nur zugleich

---

[33] Dies gilt im Übrigen nicht nur für den (unbeendeten) Versuch, sondern auch für alle Fälle, in denen – wie etwa § 265 StGB – Vorbereitungen unter Strafe gestellt werden.

[34] Hierzu *Fischer,* 65. Aufl. 2018, StGB § 22 Rn. 9ff. mwN.

als Entscheidung für eine Verhaltensalternative darstellt, durch deren Ergreifen der Handelnde die Verwirklichung des Tatbestands nicht mehr (sicher) vermeiden kann. In der obigen Beispielsvariante wäre das die Abgabe des Schusses gestaltende Zielen bei isolierter Betrachtung auch dann als unbeendeter Versuch anzusehen, wenn der Täter mit dem Schuss den L nur erschrecken will, ohne hierbei ausschließen zu können, ihn auch tödlich zu treffen.

3. Ausschließlich beendete Versuche

Wenn einem beendeten Versuch keine gesonderte Entscheidung zur Gestaltung des Wie der Tatausführung vorausgeht, lässt sich auch kein unbeendeter Versuch konstruieren.

In solchen Konstellationen ist das Verhalten, das um der Tatbestandsverwirklichung willen zu vermeiden ist, vielmehr überhaupt erst als Versuch anzusehen, wenn es mit der Entscheidung des Täter über das Ob zugleich beendet ist; Beginn und Beendigung des Versuchs fallen dann zusammen. Beispielhaft sind Tätigkeitsdelikte, vor allem Sprechakte wie der Meineid im Eingangsfall, und unechte Unterlassungen. Der Versuch eines Unterlassens ist mit der Entscheidung, die gebotene Verhaltensalternative nicht zu ergreifen, zugleich begonnen und beendet.

VII. Resümee

Die vorangegangenen Überlegungen seien kurz wir folgt zusammengefasst:

(1) Der Versuch ist seiner Definition nach ein Verhalten, das nicht oder noch nicht zur Verwirklichung eines Deliktstatbestands führt. Das als Versuch zu interpretierende Verhalten ist folglich nicht oder noch nicht rechtswidrig im Sinne des betreffenden Tatbestands. Es ist sogar der Fall denkbar, dass der strafbare Versuch ein Handeln zum Gegenstand hat, dessen Vornahme von Rechts wegen objektiv geboten ist.

(2) Die vermeintliche Paradoxie, dass ein rechtmäßiges Verhalten die Voraussetzungen eines strafbaren Versuchs erfüllen kann, löst sich auf, wenn zwischen der Norm und den Voraussetzungen der Normbefolgung unterschieden wird. Die Verhaltensnormen des Strafrechts nennen als Verbote die objektiven Bedingungen, unter denen ein tatbestandlich-rechtswidriges Verhalten zugunsten einer rechtmäßigen Verhaltensalternative zu unterlassen ist. Die Kriterien der Befolgung der Norm richten sich dagegen nach dem Strafzweck, der jedenfalls auch die Allgemeinverbindlichkeit der Norm sichern soll. Die Verbindlichkeit der Norm wird negiert, wenn sich deren Adressat nicht so verhält, wie er sich verhalten müsste, wenn sein dominantes Handlungsmotiv die Vermeidung der Verwirklichung des Normtatbestands wäre.

(3) Das Handeln, das der Täter unterlassen müsste, um nach seiner Einschätzung der relevanten Sachlage die Verwirklichung eines Tatbestands zu vermeiden, kann als beendeter Versuch angesehen werden. Da der Täter die Sachlage zu seinen Ungunsten falsch einschätzen kann, ist eine Abweichung der rechtlichen Bewertung

des objektiven Geschehens von der rechtlichen Bewertung des vom Täter prognostizierten Geschehens ohne weiteres möglich.

(4) Gegenstand des beendeten Versuchs ist die Entscheidung zu dem Tun, das der Täter als rechtstreue Person um der Normbefolgung willen unterlassen müsste. Der Versuch umfasst jedoch auch solche Verhaltensweisen, durch die der Täter die Art und Weise der Ausführung des zu unterlassenden Tuns gestaltet. Mit dem die Tatausführung unmittelbar gestaltenden Verhalten beginnt der (strafbare) Versuch als Manifestation des Willens, die Norm nicht als verbindliches Handlungsmotiv anzuerkennen.

MICHAEL KUBICIEL

Die Strafrechtswissenschaft als kritische Wissenschaft

I. Einleitung

Der Jubilar hat in seinem beeindruckenden Oeuvre nicht nur zu einer Vielzahl strafrechtsdogmatischer Fragen Stellung bezogen,[1] sondern sich in den letzten Jahren auch immer wieder pointiert zu Gesetzesänderungen und kriminalpolitischen Vorhaben geäußert – oft, aber nicht durchweg kritisch.[2] Zuletzt hat *Fischer* die Strafrechtspolitik der (dritten) Großen Koalition insgesamt analysiert und das Fehlen einer „echte(n) Idee vom Recht und von seiner Ausgestaltung, vom Zusammenhang der großen Programme mit den kleinen Schritten (...)" bemängelt.[3]

Der Zustimmung der Strafrechtswissenschaft kann sich *Fischer* dabei gewiss sein. Diese begegnet seit Jahren (nahezu) jedem Schritt des Gesetzgebers mit Kritik, ja Ablehnung. Die kritische Haltung hat ihren Grund im Selbstverständnis der Strafrechtswissenschaft. Teile der Strafrechtswissenschaft begreifen sich immer noch als „Herrin", die der Gesetzgebung „ihre Weisungen" erteilt,[4] obgleich es nicht nur theoretisch voraussetzungsreich, sondern vor allem wirklichkeitsfremd ist, Strafrechtspolitik als angewandte Strafrechtstheorie oder -philosophie zu begreifen.[5] Andere Teile der Strafrechtswissenschaft formulieren zwar vorsichtiger, reklamieren aber weiterhin den Anspruch, jene „normativen Grenzen" zu ziehen und zu kontrollieren, die „jegliche Strafrechtspolitik nicht überschreiten darf."[6]

Die Frage, welche normativen Bindungen die Strafrechtspolitik zu beachten hat, wird gegenwärtig kontrovers diskutiert: Eine neuere Strömung will die Grenzen des Verfassungsrechts stärker als bisher konkretisieren, fallabhängig aktualisieren und idealiter in einem Strafverfassungsrecht systematisieren.[7] Im Verfassungsrecht

---

[1] Aus dem reichhaltigen Publikationsverzeichnis seien lediglich – und recht willkürlich – die für die Arbeit des Verfassers besonders wichtigen Schriften zum strafrechtlichen Lebensschutz (*Fischer* FS Roxin, 2010, 557) sowie zum Gefährdungsschaden (s. etwa *Fischer* StV 2010, 95) herausgegriffen.

[2] An dieser Stelle sei nur auf die Verteidigung der Kriminalisierung der Korruption im Gesundheitswesen hingewiesen, s. dazu etwa *Fischer* medstra 2015, 1.

[3] *Fischer* ZEIT ONLINE v. 20.9.2017, abrufbar unter: http://www.zeit.de/2017/39/heiko-maas-justizminister-legislaturperiode-wuerdigung (zuletzt abgerufen: 17.10.2017); dazu *Kubiciel* JZ 2018, 171.

[4] So die Selbsteinschätzung der aufklärerischen Strafrechtsschule des frühen 19. Jahrhunderts beschreibend *Schmidt,* Einführung in die Geschichte der deutschen Strafrechtspflege, 3. Aufl. 1965, 223.

[5] Eindrücklich *Naucke* in *Hassemer,* Strafrechtspolitik, 1987, 15 (25ff.).

[6] *Hassemer* in *Hassemer,* Strafrechtspolitik, 1987, 9 (10).

[7] So – unter Fortführung eines Ansatzes *Joachim Vogels* – *Burchardt* und *Jahn* in Tiedemann/Sieber/Satzger/Burchardt/Brodowski, Die Verfassung moderner Strafrechtspflege, 2016, 27ff., 63ff.

sollen die „juridifizierbaren normativen Kriterien“ der Gesellschaft vorgefunden werden, an denen das Strafrecht zu messen sei.[8] Eine erhebliche Aufwertung erfährt dabei vor allem der Verfassungsbegriff der Verhältnismäßigkeit, dem auch auf dem Gebiet des Strafrechts eine „gesetzesbrechende Kraft“ zugedacht wird.[9] Angetrieben wird diese Aufwertung der Verfassung von dem seit geraumer Zeit schwindenden Glauben an das kritische Potenzial des Rechtsgutsbegriffs.[10] Der Begriff, so *Weigend,* sei nicht nur vage, ihm fehle auch ein spezifisch strafrechtlicher Inhalt,[11] daher erlaube er lediglich „eine politisch-moralische Argumentation mit letztlich unklarem Bezugspunkt.“[12] Dessen ungeachtet hält eine klassische Strömung daran fest, Strafgesetze auch auf Kompatibilität mit solchen strafrechtstheoretischen Begriffen zu überprüfen, deren verfassungsrechtlicher Status ungeklärt ist bzw. deren Inhalt sich nicht aus der Verfassung ableiten lässt.[13] Diese Strömung der Strafrechtswissenschaft will also nicht nur im Verfassungsrecht nach jenen Maßstäben suchen, die an die Kriminalpolitik anzulegen sind, sondern sich ein eigenständiges strafrechtswissenschaftliches Kritikpotential erarbeiten.

Die folgenden Überlegungen nähern sich dieser strafrechtstheoretischen Debatte von einer anderen Seite, indem sie das Selbstverständnis der Strafrechtswissenschaft thematisieren und danach fragen, aus welchem Grund und mit welchen Mitteln die Strafrechtswissenschaft den Gesetzgeber anzuleiten bzw. dessen Gesetze zu prüfen beabsichtigt.

Ferner *Gaede,* Der Steuerbetrug, 2016, 303ff.; *Kaspar,* Verhältnismäßigkeitsgrundsatz und Grundrechtsschutz im Präventionsstrafrecht, 2014, 338ff.; grundlegend *Lagodny,* Strafrecht vor den Schranken der Grundrechte, 1996; *Appel,* Verfassung und Strafe, 1998. Siehe auch *Weigend* in LK-StGB, Bd. 1, 12. Aufl. 2007, Einleitung Rn. 7: Das Rechtsgut sei als „gesetzgebungskritischer Begriff“ dem verfassungsrechtlichen Topos der Verhältnismäßigkeit unterlegen.

[8] *Müssig,* Schutz abstrakter Rechtsgüter und abstrakter Rechtsgüterschutz, 1994, 158, 167.

[9] So *Hassemer* in von Hirsch/Seelmann/Wohlers, Mediating Principles, 2006, 121. S. auch *Kaspar,* Verhältnismäßigkeitsgrundsatz und Grundrechtsschutz im Präventionsstrafrecht, 2014, 338ff.; *Neumann* in von Hirsch/Seelmann/Wohlers, Mediating Principles, 2006, 121, 128.

[10] *Kühl* FS Maiwald, 2010, 433 (447).

[11] *Weigend* in LK-StGB, Bd. 1, 12. Aufl. 2007, Einleitung Rn. 7, der dies mit der „außerstrafrechtlichen Determination“ von Rechtsgütern begründet.

[12] *Weigend* in LK-StGB, Bd. 1, 12. Aufl. 2007, Einleitung Rn. 7.

[13] Dies trifft auf den Rechtsgutsbegriff, welchen bspw. *Greco* rescriptum 2014, 139 (140f.) zu den Prinzipien der Kriminalpolitik zählt, jedenfalls dann zu, wenn er inhaltsreicher ist als das, was sich unmittelbar aus der Verfassung bzw. der Verfassungsrechtsprechung ableiten lässt. Siehe dazu *Engländer* ZStW 127 (2016), 616ff. Daraus zieht *Kaspar,* Verhältnismäßigkeitsgrundsatz und Grundrechtsschutz im Präventionsstrafrecht, 2014, 242 die Konsequenz, dass ein verbindlicher Inhalt des Rechtsgutsbegriffs nur aus der Verfassung ableitbar sei. Folglich suchen viele Vertreter des Rechtsgutsbegriffs nach einer Rückbindung an das Grundgesetz bzw. die Rspr. des BVerfG (so etwa *Kaspar,* Verhältnismäßigkeitsgrundsatz und Grundrechtsschutz im Präventionsstrafrecht, 2014, 194ff.; *Schünemann* ZIS 2016, 654 (660ff.)) oder reduzieren den Anspruch auf den Status eines Platzhalters für kriminalpolitische Erörterungen, so etwa *Kudlich* ZStW 127 (2015), 635 (651); *Martins* ZStW 125 (2013), 234 (248); *Vogel* FS Roxin, 2001, 105 (114).

II. Die Strafrechtswissenschaft als kritische Wissenschaft

1. Kritik als Lebensform und als Mittel zur Rationalisierung von Kriminalisierungsdiskursen

Zum Selbstverständnis der heutigen Strafrechtswissenschaft gehört es, eine kritische Wissenschaft zu sein.[14] Gemeint ist damit nicht so sehr die für jede Wissenschaft unerlässliche Fähigkeit zur Selbstkritik, also die ständige Überprüfung und Erneuerung des eigenen Begriffsapparates und strafrechtstheoretischer Maximen, sondern die Kritik an der Gesetzgebung. Aufgabe der ganzen Rechtswissenschaft ist – *Johann Braun* zufolge – die „kritische Begleitung des real verlaufenden Prozesses" und jenes „Maßnehmen am Gedanken des Rechts", für das im Gesetzgebungsverfahren regelmäßig Zeit und auch die Gelegenheit fehlen.[15] Die Strafrechtswissenschaft hat sich dieser Aufgabe in den letzten Jahrzehnten weitaus stärker verschrieben als die anderen Teildisziplinen der Rechtswissenschaft. So gut wie jede Änderung des materiellen Strafrechts und des Verfahrensrechts ist für handwerklich schlecht, jedenfalls aber kriminalpolitisch verfehlt, wenn nicht gar verfassungswidrig befunden worden.[16] Kurz: Die Strafrechtswissenschaft beschert dem Gesetzgeber einen „stetigen sauren Regen der Kritik"[17].

Für diese, die Strafrechtswissenschaft in besonderer Weise kennzeichnende Attitüde gibt es zwei Gründe. Institutionell betrachtet ist großen Teilen der Strafrechtswissenschaft Kritik zur Lebensform geworden, nachdem sich Ende der 1960er Jahre eine Neuausrichtung der Strafrechtswissenschaft vollzogen hatte.[18] Während die Strafrechtswissenschaft die im Kaiserreich begonnene, in der Weimarer Republik vorangetriebene und in den 1950er Jahren fortgesetzte Reform des Strafrechts zunächst wissenschaftlich unterstützte und mit konstruktiver Kritik begleitete, gab sie ab den 1960er Jahren ihre grundsätzlich affirmative Einstellung auf und pflegt seither eine kritisch bis ablehnende Haltung.[19] Der Gesetzgebungsskeptizimus hat sich in den letzten Jahrzehnten habitualisiert und wird heute kaum mehr kritisch hinterfragt oder auch nur begründet.[20] Dabei gibt es für eine fortwährende kritische Prüfung der Strafgesetzgebung einen so einfachen wie guten Grund: Das Strafrecht als staatlich organisierte Zufügung von Übeln ist im höchsten Maß legitimationsbedürftig,[21] daher muss sich der Gesetzgeber der wissenschaftlich fundierten Kritik stellen und im Umgang mit dieser Kritik jene Gründe überprüfen, auf die er ein Gesetzesvorhaben stützt. *Schünemann* hat die Strafrechtswissenschaft wegen dieser Kon-

---

[14] Näher dazu *Kubiciel,* Die Wissenschaft vom Besonderen Teil des Strafrechts, 2013, 14ff.

[15] *Braun,* Einführung in die Rechtsphilosophie, 2. Auf. 2011, 392.

[16] Wer eine verfassungsrechtliche Festlegung scheut, bemüht gerne die Floskel „verfassungsrechtlich problematisch".

[17] Treffend *Arzt* ZStW 111 (1999), 757 (765).

[18] *Jahn/Ziemann* JZ 2014, 943 (944).

[19] *Hassemer* KJ 2005, 2 (14).

[20] Eingehende Analyse aber bei *Kuhlen* in Eser/Hassemer/Burkhardt, Die deutsche Strafrechtswissenschaft vor der Jahrtausendwende, 2000, 37 (38ff.).

[21] *Burghardt* in Albrecht/Geneuss/Giraud/Pohlreich (Hrsg.), Strafrecht und Politik, 2018, S. 13, 24ff.; *Jahn/Ziemann* JZ 2014, 943 (947).

trollfunktion als vierte Gewalt bezeichnet.[22] Zwar besteht in einem demokratischen Rechtsstaat mit einer funktionierenden Verfassungsgerichtsbarkeit und einer weiteren Kontrolle durch den EGMR nicht die Gefahr einer „Auslieferung des Strafrechts an die Willkür der jeweiligen Machthaber“[23]. Jedenfalls sorgen Kritik und Kontrolle durch die Strafrechtswissenschaft aber dafür, dass sich der Gesetzgeber um eine Begründung für ein Gesetz bemüht, die öffentlich, politisch und auch wissenschaftlich diskutier- und kritisierbar ist.[24] Dem rechtswissenschaftlichen Teildiskurs kommt dabei die Aufgabe zu, zwischen rechtswissenschaftlich guten und schlechten Begründungen zu unterscheiden und auf diese Weise für eine Rationalisierung von Kriminalisierungsdiskursen zu sorgen. Welche Reichweite die Kritik haben kann, hängt – wie im Folgenden gezeigt werden soll – entscheidend davon ab, wie Gesetzgebung und Wissenschaft zu begreifen sind bzw. wie sie sich selbst verstehen.

2. Reichweite der kritischen Prüfung

a) Zweckmäßigkeitskontrolle von Straftatbeständen

Der erste Rechtswissenschaftler, der sich durch seinen Sinn für die realen Umstände und Bedingungen der Gesetzgebung auszeichnete, war der (ältere) *Rudolf von Jhering.* In seinem bekanntesten Werk, dem Vortrag „Der Kampf um's Recht“, hat er die Rechtssetzung luzide als Ergebnis eines Interessenkampfes beschrieben und damit einen realpolitischen Kontrapunkt zu der gerade vergangenen idealistischen Epoche gesetzt. Ein Gesetzgebungsverfahren rufe „den heftigsten Widerstand der bedrohten Interessen und damit einen Kampf hervor, bei dem wie bei jedem Kampf nicht das Gewicht der Gründe, sondern die Machtverhältnisse der sich gegenüberstehenden Kräfte den Ausschlag gibt (...).“[25] Es sei eine „auf einer falschen Idealisierung vergangener Zustände beruhende Vorstellung, daß das Recht sich schmerzlos, mühelos, tatenlos bilde (...)“; realistisch betrachtet, entstehe ein „Bild des Suchens, Ringens, Kämpfens, kurz: der mühseligen Anstrengung.“[26]

Daraus folgt, dass die Rechtswissenschaft dem Gesetzgeber bei der Schaffung von Recht nicht den rechten Weg weisen kann, weil das Gesetzgebungsverfahren nicht von strafrechtstheoretischen Konzepten, sondern von realpolitischen Faktoren determiniert wird. Infolgedessen sei die Rechtswissenschaft „zum ewigen Suchen“ in dem so geschaffenen und daher „ewig irrenden“ Recht verdammt“.[27] Wer aber darüber klage, meint *Jhering,* der habe sich selbst anzuklagen: „denn er legt an das Recht einen Maaßstab an, der für dasselbe nicht paßt: den der Wahrhaftigkeit.“[28] Wahrhaftigkeit muss für *Jhering* ein falsches Kriterium sein, weil es für ein Gesetz, das in einem ergebnisoffenen, von Interessen geleiteten Verfahren keinen absoluten Maßstab gibt, mit dessen Hilfe sich Wahrheit von Irrtum unterscheiden ließe. An

[22] So *Schünemann* FS Roxin, 1999, 1, (8). Zuletzt *Schünemann* ZIS 2016, 654 (664).
[23] So aber *Schünemann* ZIS 2016, 654 (668).
[24] Weiterführend *Greco* rescriptum 2014, 139 (140): Der Begründungszwang trenne den politischen Willensakt von der Rechtssetzung.
[25] *von Jhering,* Der Kampf um's Recht, 1992, 67.
[26] *von Jhering,* Der Kampf um's Recht, 1992, 69f.
[27] Dazu und zum Folgendem *von Jhering,* Der Zweck im Recht, 1877, 436f.
[28] *von Jhering,* Der Kampf um's Recht, 1992, 437.

ein Gesetz kann daher nur ein relativer Maßstab angelegt werden, für den *Jhering* den Begriff der Richtigkeit wählt: „Richtigkeit ist der Maaßstab des Praktischen, dh des Handelns, Wahrheit der des Theoretischen, d. h. des Erkennens."[29] Richtig aber bedeute: „Innehaltung des (...) richtigen Weges (...) auf das Ziel, den Zweck."[30] Zweckmäßiges Recht ist folglich richtiges Recht. Das, was die Wissenschaft als das Wahre erkannt habe, sei oft genug das, was sich als das „ewig Bleibende im Recht" erkannt habe, d. h. das zur „festen Gestalt" verdichtete Zweckmäßige, im Gegensatz zu dem „Vergänglichen und Vorübergehenden".[31]

Orientiert sich die Wissenschaft an *Jherings* angedeutetem Verständnis von Politikberatung, muss sie die Ziele des Gesetzgebers akzeptieren und kann ihn allein hinsichtlich der zur Zielerreichung auszuwählenden Mittel beraten und bei einer unzweckmäßigen Wahl kritisieren. Die Strafrechtswissenschaft wäre weitgehend auf eine „kupierte Verhältnismäßigkeitsprüfung" beschränkt: Während sie die Eignung und Erforderlichkeit des Mittels erörtern könnte, müsste sie für bei der Prüfung der Angemessenheit eine Sphäre betreten, die *Jhering* für einen exklusiven Bereich der Politik hält. Doch selbst die Prüfung, ob nicht andere, mildere Mittel dem Strafrecht vorzuziehen sind, wird ihr von *Jhering* weitgehend entzogen. In einer berühmten Passage seines Werkes erklärt er die „legislative Verwendung der Strafe" zu einer Frage der „socialen Politik". Die Grenze zwischen Zivil- und Kriminalunrecht bestimme daher nicht die Theorie, sondern der Gesetzgeber. Wenn sich ein zivilrechtswidriges Verhalten in der Gesellschaft ausbreite, dürfe er dieses pönalisieren: Was, lautet seine rhetorische Frage, solle er auch sonst tun? „Etwa die Hände in den Schooß legen aus dem doctrinären Grunde, weil es sich hierbei lediglich um Civilunrecht, nicht um das Kriminalunrecht handle?"[32]

Nach diesem Konzept bleibt für die Wissenschaft nicht viel mehr als eine rechtstechnische Beratung des Gesetzgebers. Die Jurisprudenz kann am Feinschliff der Gesetzesformulierung arbeiten, diese zielführender und passförmiger gestalten helfen, während die großen (und mittelgroßen) Entscheidungen dem Gesetzgeber überlassen bleiben. Folgt die Strafrechtswissenschaft dieser Konzeption, kann sie sich einen bescheidenen, aber nicht unwichtigen Einfluss auf die Gesetzgebung sichern und sich zugleich strafrechtswissenschaftstheoretische Entlastung verschaffen. Denn ein derart beschränkter Beitrag der Strafrechtswissenschaft erfordert legalistisch-dogmatische Fertigkeiten, aber keine kriminalpolitisch-strafrechtstheoretischen Konzeptionen. Wenn die Strafrechtswissenschaft nicht mehr den Anspruch erheben muss, dass ihre „großen" Konzepte die Gesetzgebung anleiten sollen, wird die Suche nach Inhalt und Geltungsgrund solcher Theorien weniger dringlich: Sie zu entwickeln *kann* als Grundlagenarbeit Teil der Beschäftigung der Strafrechtswissenschaft (mit sich selbst) bleiben; eine Voraussetzung für die Wahrnehmung ihrer „ewigen Aufgabe"[33], der praktischen Politikberatung, ist sie aber nicht. Entlastet

---

[29] *von Jhering,* Der Kampf um's Recht, 1992, 437.
[30] *von Jhering,* Der Kampf um's Recht, 1992, 439.
[31] *von Jhering,* Der Kampf um's Recht, 1992, 441.
[32] *von Jhering,* Der Kampf um's Recht, 1992, 488.
[33] *Roxin* in Eser/Hassemer/Burkhardt Die deutsche Strafrechtswissenschaft vor der Jahrtausendwende, 2000, 383.

wird nicht nur die Strafrechtswissenschaft, entlastet wird auch die Politik: Sie muss keine wissenschaftliche Grundsatzkritik mehr fürchten, sondern kann sich auf die technische Unterstützung durch die Wissenschaft verlassen. Diese Aufgabenverteilung verheißt ein harmonisches Miteinander. Tatsächlich verfehlt sie aber – wie nun zu zeigen ist – die Ansprüche, die Gesetzgebung *und* Wissenschaft an ihre eigenen Tätigkeiten stellen.

b) Rechtsphilosophisch-strafrechtstheoretische Gerechtigkeitskontrolle

Die Annahme, ein Gesetz sei lediglich eine Norm zur Erreichung von Zwecken, ist ebenso wahr und falsch wie die Aussage, „eine Partitur sei eine Anweisung zur Bedienung ausgewählter Instrumente."[34] Komponisten und Gesetzgeber nehmen nämlich Bezug auf eine ihrem konkreten Werk vorgängige Vorstellungswelt, die mehr ist als die Summe ihrer Einzelheiten und deren Einzelzwecke. Auch der Strafgesetzgeber kann sich nicht damit begnügen, mit Hilfe eines Tatbestandes zielgerichtet ein soziales Problem zu eliminieren. Denn ein Straftatbestand tritt einem sozialen Problem entgegen, indem er berechtigte Verhaltenserwartungen garantiert und die Verhängung einer schuldangemessenen Strafe zur Stabilisierung des erschütterten Normvertrauens ermöglicht. Sowohl die Bestimmung der zu stabilisierenden gesellschaftlichen Verhaltenserwartungen als auch die Beantwortung der Frage, was schuldangemessen ist, erfordern mehr als bloße Zweckmäßigkeitsüberlegungen: Beide Aspekte lassen sich nicht von den in der Gesellschaft verbreiteten Gerechtigkeits- und Wertvorstellungen bzw. ihrem *overlapping consensus*[35] trennen. Ein Straftatbestand, der nicht mehr soll, als eine Kriminalitätsform zweckmäßig zu bekämpfen, wäre Ausdruck eines Maßnahmenrechts, dessen flächendeckender Einsatz die Legitimität und Stabilität von Recht unterminiert.[36] Schon aus diesem (funktionalen) Grund kann sich der Gesetzgeber nicht mit bloßer Zweckmäßigkeit begnügen. Zudem nimmt der Gesetzgeber – gewollt oder ungewollt, reflektiert oder unreflektiert – bei seiner Rechtsansetzung auf Prinzipien Bezug, die dem Rechtsgebiet eingeschrieben sind und von denen er sich nicht distanzieren kann, ohne sich selbst in einen Widerspruch und den neuen Tatbestand in Misskredit zu bringen. So kann der Gesetzgeber nur vordergründig in Anspruch nehmen, neues „Straf"-Recht zu schaffen, wenn der Tatbestand das Schuldprinzip oder Bestimmtheitsgebot krass verletzt. Beide Prinzipien gehören zur „Grammatik des Strafrechts", an der sich der Gesetzgeber bei der Fortschreibung des Rechts orientieren muss (s. unten III. 1.). Daher hat die Strafgesetzgebung die Aufgabe, für eine praktische Konkordanz von Policy und Prinzipien zu sorgen.

Die Strafrechtswissenschaft reklamiert denn auch seit langem mehr für sich als eine bloße Prüfung der Zwecktauglichkeit von Straftatbeständen. So liest man an

---

[34] Dazu und zum Folgenden *Braun,* Einführung in die Rechtsphilosophie, 2. Auf. 2011, 269.

[35] Dazu *Rawls,* Political Liberalism, 1993, 133 ff.

[36] Schon Welzel warnte davor, dass dort, wo die Gestaltung des Rechtes allein vom konkreten Zweck her bestimmt werde, die bleibenden Akt- und Gesinnungswerte rechtlichen Handelns verkümmerten, die letzten Endes Staat und Recht trügen. Siehe *Welzel* FS Kohlrausch, 1944, 101 (119).

prominenter Stelle, wissenschaftliche Kriminalpolitik sei eine „normative Disziplin", der es „um den rationalen, den ‚richtigen' Umgang mit Kriminalität" gehe.[37] Richtig sei die Kriminalpolitik, wenn sie Zweckmäßigkeit mit Gerechtigkeit ausbalanciere.[38] Eine solchermaßen gerechte (wissenschaftliche) Kriminalpolitik soll dem Gesetzgeber vor seiner Entscheidungsfindung als Leitlinie empfohlen bzw. nach Abschluss des Gesetzgebungsverfahrens zur Bewertung des Gesetzes herangezogen werden. Gute Arbeit ist dem Gesetzgeber nach dieser Konzeption zu attestieren, wenn er die Balance zwischen Zweckmäßigkeit und Gerechtigkeit gehalten hat, schlechte Arbeit hingegen, wenn er einen Aspekt dem anderen vorgezogen hat.

Wer, wie *Hassemer* und *Neumann,* die Gerechtigkeit als Kriterium einer richtigen Rechtspolitik bemüht, muss auf eine vorpositive Ebene wechseln: Dort müssen die kriminalpolitischen Kriterien gefunden werden, mit deren Hilfe Gesetze auf Richtigkeit geprüft werden können. Traditionell bediente sich die Strafrechtswissenschaft der Staats- und Rechtsphilosophie, um Vorgaben und Grenzen für die Kriminalpolitik zu gewinnen. So setzte *Feuerbach,* als er das Bayerische Strafgesetzbuch von 1813 konzipierte, an einer philosophisch fundierten Staatstheorie an und leitete daraus Vorgaben für eine legitime Straftheorie und den zulässigen Umfang des Strafrechts ab.[39]

Die philosophische Strafrechtsschule muss sich jedoch seit jeher die Frage nach dem Geltungsgrund des jeweils in Bezug genommenen philosophischen Systems gefallen lassen. Sie steht, anders gewendet, in dem Verdacht, auf „subjektiv-beliebige, legislatorisch irrelevante Ansichten" zurückzugreifen.[40] Das heute vorherrschende Konzept einer „aufgeklärten Strafrechtskritik"[41] beruft sich denn auch nicht mehr auf philosophische Grundlagen, sondern verwendet strafrechtstheoretische Begriffe und Konzepte. Genannt sei hier nur die Annahme, beim Strafrecht handele es sich um ein Instrument, das nur zum Schutz eines feststehenden, dem Gesetzgeber vorgegebenen Kanons von schutzwürdigen Entitäten eingesetzt werden dürfe: äußerer Freiheitssphären anderer, objektiver Verfassungswerte oder personaler Interessen.[42] Dass diese Annahmen nicht unter Verweis auf rechtsphilosophische Ideen begründet werden, löst jedoch das Geltungsproblem nicht. Vielmehr muss auch für solche strafrechtstheoretischen Maximen ein vorpositiver, d. h. rechtsphilosophischer Geltungsgrund genannt werden, wenn sie nicht auf den Status kriminalpolitischer Empfehlungen reduziert werden sollen. Letzteres würde die Rechtswissenschaft zwar von einem strafrechtstheoretischen Problem entlasten, zugleich aber ihre Kritik entwerten. Denn ein Gesetzgeber, der sich über eine Emp-

[37] *Hassemer/Neumann* in NK-StGB, Bd. 1, 5. Aufl. 2017, Vor § 1 Rn. 49.

[38] *Hassemer/Neumann* in NK-StGB, Bd. 1, 5. Aufl. 2017, Vor § 1 Rn. 58.

[39] Zum BayStGB 1813 umfassend die Beiträge in Koch/Kubiciel/Löhnig/Pawlik, Feuerbachs Bayerisches Strafgesetzbuch, 2014.

[40] *Roxin* in Eser/Hassemer/Burkhardt, Die deutsche Strafrechtswissenschaft vor der Jahrtausendwende, 2000, 387f.; ähnlich *Hörnle* FS zum zweihundertjährigen Bestehen der Juristischen Fakultät der Humboldt-Universität zu Berlin, 2010, 1265ff.

[41] *Roxin* in Neumann/Prittwitz, Kritik und Rechtfertigung des Strafrechts, 2005, 175f.

[42] Näher zu diesen verschiedenen Positionen, die teils unter dem Rubrum „Rechtsgut" gefasst werden *Kubiciel,* Die Wissenschaft vom Besonderen Teil des Strafrechts, 2013, 57ff.

fehlung hinwegsetzt, handelt unklug, aber nicht unrichtig oder gar ungerecht. Der Großteil der Strafrechtswissenschaft insistiert aber – wie gesehen – darauf, *verbindliche* Grenzen festlegen zu können, die richtige von falschen, gute von schlechten Strafgesetzen unterscheidet.

Den Gesetzgeber auf die Einhaltung strafrechtstheoretischer Grenzen verpflichten zu wollen, distanziert das so begründete Konzept jedoch von der Wirklichkeit der Gesellschaft und ihres Rechts. Insofern passt es ideal zum Selbstverständnis der Strafrechtswissenschaft als einer „kritischen" Wissenschaft, die Wert auf Abstand zum Gesetzgeber legt.[43] Inzwischen ist dieser Abstand jedoch so groß geworden, dass die Strafrechtswissenschaft ihren Einfluss auf den Gesetzgeber zu großen Teilen eingebüßt hat. Die Berücksichtigung der Wissenschaft im Prozess der Gesetzgebung habe, so *Roxin,* seit den 1970er Jahren erheblich abgenommen – mit der Folge, dass „die Gesetzgebungskunst auf dem Gebiete des Strafrechts heute einen besonderen Tiefstand erreicht hat."[44] Diese Entfremdung von Wissenschaft und Politik beruht aber, anders als es bei *Roxin* und anderen anklingt, nicht nur, ja nicht einmal vornehmlich auf der Beratungsresistenz des Gesetzgebers, sondern hat ihren Grund auch und vor allem in der Arbeit der Strafrechtswissenschaft. Wer etwa die Straftatbestände gegen die Korruption im Sport oder das Doping mit dem Argument ablehnt, die Integrität des organisierten Sports sei kein schutzwürdiges Rechtsgut,[45] muss erstens sagen, was unter einem Rechtsgut zu verstehen sei, und zweitens begründen, weshalb der Gesetzgeber nur solche Rechtsgüter schützen dürfe. An beiden Aufgaben ist die Strafrechtswissenschaft gescheitert. Schon aus diesem Grund hinterlässt es beim Gesetzgeber keinen bleibenden (jedenfalls keinen bleibend guten) Eindruck, wenn Vertreterinnen und Vertreter der Strafrechtswissenschaftler mit leichter Hand die Schutzwürdigkeit des – vom Staat in vielfacher Weise geförderten und für die Gesellschaft auf vielfältige Weise wichtigen – Sports gänzlich verneinen.

Ein Weiteres kommt hinzu: Ob eine Institution wie der organisierte Sport schutzwürdig ist oder nicht, lässt sich nicht maßgeblich oder gar ausschließlich mit Hilfe eines einzelnen Begriffs (Rechtsgut) einer rechtswissenschaftlichen Teildisziplin (Strafrechtswissenschaft) beantworten.[46] In der Regel haben die Gesellschaft und ihr Recht die Frage nach der Schutzwürdigkeit einer Institution längst beantwortet, *bevor* darüber zu entscheiden ist, ob spezifischen Gefährdungen der Institution mit einem Straftatbestand entgegengetreten werden soll. Für eine zusätzliche strafrechtswissenschaftliche Prüfung, ob der institutionalisierte Sport und seine Integrität überhaupt schutzwürdig ist, fehlt der Strafrechtswissenschaft sowohl die Berechtigung als auch das geeignete Instrumentarium. Eine zusätzliche Prüfung vorzunehmen käme daher einer Anmaßung von Entscheidungsmacht gleich, über die

---

[43] *Hassemer* in Eser/Hassemer/Burkhardt, Die deutsche Strafrechtswissenschaft vor der Jahrtausendwende, 2000, 21 (45).

[44] *Roxin* in Eser/Hassemer/Burkhardt, Die deutsche Strafrechtswissenschaft vor der Jahrtausendwende, 2000, 384f.

[45] Zu dieser Debatte ua *Momsen* KriPoZ 2018, 21ff.; *Kubiciel* KriPoZ 2018, 29ff.

[46] Vgl. *Weigend* in LK-StGB, Bd. 1, 12. Aufl. 2007, Einleitung Rn. 7.

die Strafrechtswissenschaft nicht verfügt.[47] Ein solches Vorgehen ist darüber hinaus auch unklug: Wenn die Strafrechtswissenschaft gesellschaftliche und rechtliche Vorwertungen für unbeachtlich erklärt und auf einer eigenen Prüfung der Schutzwürdigkeit besteht, handelt sie gewissermaßen mit dem Rücken zur Wirklichkeit von Gesellschaft und Recht. Eine solche, um die eigenen Begriffe kreisende Argumentation wirkt auf Außenstehende nicht nur wenig überzeugend, sondern minimiert auch die Chance auf eine Verständigung mit jenen, für die der strafrechtrechtswissenschaftliche Rechtsgutsbegriff keine ausschlaggebende Bedeutung bei der Bewertung der Schutzwürdigkeit einer Institution hat. Infolgedessen nimmt der Einfluss auf die Gesetzgebung ab.

Wie *Naucke* herausgearbeitet hat, bleibt einer ausschließlich an eigenen Begriffen maßnehmenden Strafrechtswissenschaft in letzter Konsequenz nur die Rolle der großen Mahnerin, die die Nerven ihrer Zuhörer strapaziert, ohne praktische Wirkungen zu entfalten.[48] Damit verfehlt die Strafrechtswissenschaft indes ihren eigenen Anspruch, eine kritische *und* praktische Wissenschaft zu sein, die Kritik nicht als Selbstzweck betreibt, sondern Einfluss auf die Gesetzgebung nehmen will.[49] Dies zeigt eine treffende Bemerkung *Hassemers,* der zufolge die Strafrechtswissenschaft der Politik nicht entkommen könne, weil auch ein Unterlassen, d. h. ein bewusster Verzicht auf eine *praktische* Gesetzgebungsberatung politische Folgen habe.[50]

III. Eigener Ansatz: Strukturanalyse von Institutionen und des geltenden Rechts

Im Folgenden soll gezeigt werden, dass der – aus hiesiger Sicht unumgängliche – Verzicht auf eine strafrechtswissenschaftliche Schutzwürdigkeitsprüfung die Möglichkeiten der Strafrechtswissenschaft nicht auf die bloße Kontrolle der Verfassungskonformität beschränkt. So wichtig es ist, die Forschung zum Strafverfassungsrecht voranzutreiben: Die Strafrechtswissenschaft ist und bleibt auch bei der Bearbeitung kriminalpolitischer Themen mehr und etwas anderes als eine „angewandte Verfassungsrechtswissenschaft". Die Strafrechtswissenschaft muss die verfassungsrechtliche Kontrolle nämlich nicht nur mit strafrechtstheoretischen Kriterien anreichern (1.), sondern kann die Prüfung der Verfassungskonformität auch um eine *eigene* Richtigkeitskontrolle ergänzen, ohne die Verbindung zur Wirklichkeit des Rechts zu verlieren und damit die Anschlussfähigkeit ihrer Aussagen zu riskieren (2.).

---

[47] Vgl. *Gärditz* Die Verwaltung, Beiheft 12, 2017, 105 (132).

[48] *Naucke* in *Hassemer,* Strafrechtspolitik, 1987, 30ff.

[49] Selbst die kritische Strafrechtswissenschaft Frankfurter Provenienz, für die „das Strafen ausweglose Probleme" bereitet, verfolgt das Ziel einer wissenschaftlichen Politikberatung, s. *Lüderssen* in Hilgendorf, Die deutsche Strafrechtswissenschaft in Selbstdarstellungen, 2010, 373f.

[50] *Hassemer* in Eser/Hassemer/Burkhardt, Die deutsche Strafrechtswissenschaft vor der Jahrtausendwende, 2000, 39.

1. *Institutionenanalyse*

Anstatt eine zusätzliche oder nachgelagerte Prüfung der Schutzwürdigkeit einer Institution vorzunehmen, sollte sich die Strafrechtswissenschaft verstärkt mit den Funktionen und Funktionsbedingungen der jeweiligen Institution befassen. Eine solche institutionenökonomische Analyse dient einem tieferen Verständnis des Gegenstandsbereichs und seinem Verhältnis zur Systemumwelt und ermöglicht eine exaktere Bewertung der Erforderlichkeit eines Straftatbestandes. Eine verfassungsrechtliche Erforderlichkeitsprüfung setzt nämlich mehr voraus als kriminologische Forschung zu Ausmaß und Entstehungsgründen von Kriminalität bzw. den spezial- und generalpräventiven Effekten von Strafen. Ob ein Straftatbestand notwendig ist, hängt vielmehr auch davon ab, ob und auf welche Weise eine Bestandsbedingung der Institution garantiert wird. Zu analysieren sind also die tatsächliche Bedeutung, die Funktionslogik(en) und primärrechtliche Ausgestaltung einer Institution. Einer genaueren Analyse bedarf auch die Wechselwirkung zwischen Straftatbeständen einerseits und den von ihnen geschützten Institutionen andererseits. Sollen also der Kapital- oder Gesundheitsmarkt oder der organisierte Sport gegen diese, Institutionen unterminierende Verhaltensweisen geschützt werden, muss die Strafrechtswissenschaft prüfen, ob der in Rede stehende Straftatbestand tatsächlich eine Norm garantiert, die für den Bestand einer gesellschaftlich nützlichen Institution von Bedeutung ist.[51] Diese Prüfung ist zugleich anspruchsvoller und ergiebiger als die Erörterung der Rechtsgutsqualität und verschafft der verfassungsrechtlichen Verhältnismäßigkeitsprüfung wichtigere Informationen als eine Aussage darüber, ob die Strafrechtswissenschaft einen schützenswerten Gemeinwohlbelang als Rechtsgut bezeichnet oder nicht.

2. *Strukturanalyse*

a) *Ziel der Analyse*

Darüber hinaus kann die Strafrechtswissenschaft eine eigene Richtigkeitskontrolle durchführen, ohne auf eigene, subjektive und dementsprechend umstrittene strafrechtstheoretische Konzeptionen zurückzugreifen. Denn sie kann und sollte prüfen, ob sich ein neuer Straftatbestand in die (innere) Systematik des Strafrechts einfügt, das geltende Recht also unter Beachtung der ihm eingeschriebenen Grammatik fortschreibt. Bei einer solchen Strukturanalyse handelt es sich um eine primär dogmatische und keine genuin kriminalpolitische Tätigkeit.[52] Dasselbe gilt für die anschließende Prüfung des neuen Tatbestandes auf seine Kompatibilität mit der Grammatik des Rechts. Damit entzieht sich dieses Vorgehen dem Einwand, die Strafrechtswissenschaft würde unter dem Deckmantel der Wissenschaft eine genuin politische Aufgabe wahrnehmen, indem sie die Entscheidung des Gesetzgebers durch eine eigene Wertung zu überspielen versucht. Die hier vorgeschlagene Strukturanalyse wertet nicht, sondern vergleicht die Strukturen des geltenden Rechts mit der Neuschöpfung des Gesetzgebers.

---

[51] *Kubiciel* in Jahn ua, Strafverfolgung in Wirtschaftsstrafsachen, 2015, 158 (165 ff.).
[52] So richtig *Schönberger* JöR 2017, 511 (529).

b) Grundlage dieser Analyse

Ziel dieses methodischen Vorgehens ist das „Erfassen des Gegenwärtigen und Wirklichen, nicht das Aufstellen des Jenseitigen"[53]. Die Strafrechtswissenschaft soll also nicht nur das von einem Tatbestand in Bezug genommene subjektive Recht bzw. die geschützte Institution als *vernünftiges* Recht und als *legitime* Institution zu begreifen versuchen, sondern auch im existierenden Strafrecht nach „vernünftigen", d. h. sachgerechten und legitimierbaren Strukturen suchen. Wenn der neue Straftatbestand diese, dem Recht eingeschriebenen und damit geltenden Strukturen respektiert, stellt er eine – im strafrechtswissenschaftlichen Sinne – richtige Rechtsfortschreibung, d. h. eine Evolution des Rechts dar. Bricht er aus diesen Strukturen aus, handelt es sich – strafrechtswissenschaftlich betrachtet – um eine falsche Rechtsfortschreibung, eine Revolution. Ob eine solche Rechtsrevolution legitim ist oder nicht, kann die Strafrechtswissenschaft indes nicht rechtsverbindlich entscheiden. Diese Entscheidung bleibt dem Bundesverfassungsgericht vorbehalten, jedoch begründet das Ausbrechen aus tradierten und bewährten Strukturen Zweifel an der Verhältnismäßigkeit im engeren Sinne, d. h. an der Angemessenheit.

Die skizzierte Methode sorgt nicht nur dafür, dass an einen Straftatbestand keine (rechts-)wirklichkeitsfremden Maßstäbe angelegt werden, sondern zeigt zugleich Respekt vor den Traditionszusammenhängen, an die das geltende Recht anknüpft und die sich schwerlich allesamt als unvernünftig oder ungerecht bezeichnen lassen. Denn – anders als der ältere *Jhering* meinte – ist nicht das Zweckmäßige das ewig Bleibende im Recht, sondern das, was zweckmäßig ist, *und* gleichzeitig vor dem Gerechtigkeitsempfinden der Rechtsgemeinschaft Bestand hat, kurz: sich als objektiv vernünftig erwiesen hat. Dass diese tradierten Strukturen vernünftig sind, folgt also nicht nur aus der Einzelüberzeugung eines Wissenschaftlers bzw. einer Wissenschaftlerin, sondern stützt sich auf die „Denkkraft vergangener Geschlechter und der Erfahrung verflossener Jahrhunderte."[54]

c) Voraussetzungen

Dass die Strafrechtswissenschaft gegenwärtig über eine angemessene Vorstellung von den Strukturen des geltenden Rechts verfügt, darf indes bezweifelt werden. Schon der Satz, wonach das Strafrecht die Aufgabe habe, Rechtsgüter zu schützen, ist in all seinen Teilen zumindest ungenau, da er kein Spezifikum des Strafrechts bezeichnet. Kritisch zu hinterfragen ist bereits, ob das Strafrecht primär ein in die Zukunft gerichtetes Schutzinstrument ist. Denn die Strafe als kennzeichnende Rechtsfolge wird ja nicht verhängt, damit künftig Rechtsgutsschäden stets unterbleiben, sondern nur dann, wenn eine Straftat geschehen ist. Wer dieses retributive Strukturelement des Strafrechts anstatt der Präventionsfunktion betont, hat nicht nur eine Handhabe gegen einen rein präventivpolizeilichen Einsatz von Strafrecht (etwa im Bereich des Staatsschutzstrafrechts), sondern auch gegen eine übermäßige politische Aktivierung des Strafrechts zur Erzwingung sozialer Endzustände. Ungenau ist auch

---

[53] *Hegel,* Grundlinien der Philosophie des Rechts, Vorrede, S. 32.

[54] So der (jüngere) *v. Jhering,* Geist des römischen Rechts, Teil 2 Abt. 2, 5. Aufl. 1898, 319.

die Aussage, das Strafrecht sei gekennzeichnet durch den Rechtsgüterschutz. Denn nicht nur Straftatbestände schützen Rechtsgüter, sondern auch andere Normen – bis hin zur Hygieneverordnung eines öffentlichen Schwimmbades oder Krankenhauses. Bei Lichte besehen, schützen Straftatbestände Rechtsgüter auch nicht umfassend, sondern nur gegen bestimmte Angriffsformen: Das Vermögen gegen untreue Handlungen bzw. gegen täuschungsbedingte Selbstschädigungen, das Leben gegen vorsätzliche und zurechenbare bzw. objektiv und subjektiv sorgfaltspflichtwidrige Handlungen. Das Strafrecht schützt also keine – wie auch immer zu verstehenden – Rechtsgüter, sondern allenfalls Verhaltensstandards im Umgang mit (fremden) Rechtsgütern. Ist aber das Handlungsunrecht keine nachrangige, sondern eine zumindest gleichwertige, wenn nicht vorrangige Dimension des strafrechtlichen Unrechts, fragt sich, ob das Erfolgsdelikt – wie von der Rechtsgutslehre unterstellt – tatsächlich der richtige Bezugspunkt für eine kritische Prüfung von Tatbeständen darstellt. Wenn dies nicht der Fall sein sollte, ließen sich auch die Gefährdungsdelikte nicht mehr als zu kritisierender Sünden- oder Ausnahmefall der Gesetzgebung markieren, gegen den gewissermaßen die Vermutung der Unzulässigkeit spricht; sie gehörten dann zur „normalen" Struktur des Strafrechts, an der sich anschließen ließe.

All das ist hier nicht zu vertiefen, doch zeigt schon diese Skizze, worin eine vorrangige Aufgabe der Strafrechtswissenschaft besteht: Sie muss ihren Theorie- und Begriffsapparat erneuern, wenn sie Straftatbestände an Maßstäben messen will, die dem geltenden Recht angemessen sind.

IV. Fazit

Die Strafrechtswissenschaft ist eine kritische Wissenschaft und sollte dies auch bleiben. Sie wird als Kritikerin und Beraterin des Gesetzgebers gebraucht. Überdenken sollte sie jedoch Ziel und Grundlagen ihrer Kritik. Dies setzt die Fähigkeit und den Willen zur Selbstkritik voraus. Legt die Strafrechtswissenschaft Rechenschaft über die Gründe der von ihr selbst als zu gering beklagten Relevanz ab, muss sie feststellen, dass ihr methodisches und begriffliches Instrumentarium nicht der Reichweite ihrer Ansprüche entspricht. Die notwendigen Anpassungen vorzunehmen, gehört daher zu ihren dringlichsten Aufgaben.

MARCO MANSDÖRFER

Über die strafrechtliche Verantwortlichkeit beim Einsatz maschinell-autonomer cyberphysischer Systeme – oder: Prolegomena zu einem Allgemeinen Teil des Cyberstrafrechts

I. Zu den Herausforderungen des Strafrechts angesichts cyberphysischer Systeme in Wirtschaft und Alltag

1. Während im Wirtschaftsstrafrecht „die Post abgeht",

Der erste Kontakt zwischen dem Jubilar und mir lag in einem kurzen Briefwechsel zu Anfang des Jahrzehnts. Ich habe *Thomas Fischer* ein Exemplar meiner Habilitationsschrift übersendet und er hat mir in einem kurzen Antwortbrief zur Wahl des Themas gratuliert: Im Wirtschaftsstrafrecht würde gerade „die Post abgehen" (Zitat *Fischer*).

Die Entwicklung war seither tatsächlich fundamental. Dazu nur fünf Beispiele: Eine Steuerungsfunktion des Strafrechts ist heute weithin akzeptiert.[1] Der Schutz des marktwirtschaftlichen Wettbewerbs ist inzwischen bis in das Gesundheitssystem garantiert.[2] Die Steuerungskraft der zentralen Generalklauseln (§§ 240, 263, 266 StGB) wurde – mit Ausnahme der Funktionen des Nötigungstatbestandes – ausgelotet. Betriebliche Compliance hat sich als neues Präventionsinstrument je nach Bereich schon bei Start-up-Unternehmen etabliert.[3] Sanktionen für Verbände als indirekte Form strafrechtlicher Steuerung wurden in den unterschiedlichsten Bereichen (zB allgemein im OWiG, im WpHG oder im Bilanzstrafrecht des HGB) kontinuierlich verschärft.[4]

2. bahnt sich eine digitale Revolution an!

Eine Herausforderung, die das Strafrecht und – als ein Vordenker – auch der Jubilar im kommenden Jahrzehnt angehen müssen, ist die Abstimmung der individual- und kollektivstrafrechtlichen Verantwortlichkeit mit dem Einsatz maschinell[5]-autonomer cyberphysischer Systeme.[6]

---

[1] Siehe nur *Lüderssen* in Kempf/Lüderssen/Volk, Die Finanzkrise, das Wirtschaftsstrafrecht und die Moral, 2010, 15ff.

[2] §§ 299a – 300 StGB.

[3] Besonders streng wird eine Compliance auch für Start-up-Unternehmen etwa im Bereich Banken und Versicherung durch die Aufsichtsbehörden eingefordert.

[4] Vgl. etwa § 30 Abs. 2 OWiG, § 39 Abs. 4–5 WpHG, § 334 Abs. 3a, 3b HGB, § 340n Abs. 3a, 3b HGB, § 341n Abs. 3a, 3b HGB.

[5] Der Ausdruck der „maschinellen Autonomie" wird hier bewusst verwendet, um eine Abgrenzung zu personaler Autonomie deutlich zu machen.

[6] Aus der Perspektive der Unternehmenscompliance jüngst etwa *Bernzen* CB 2017, 368; aus europäischer Perspektive *Günther* DB 2017, 651, übergreifend *Borges* NJW 2018, 977.

Cyberphysische Systeme sind nach einer allgemeinen Definition[7] solche Systeme, bei denen informations- und softwaretechnische mit mechanischen Komponenten verbunden sind, wobei Datentransfer und -austausch sowie Kontrolle bzw. Steuerung über eine Infrastruktur wie das Internet in Echtzeit erfolgen.[8] Solche Systeme müssen von einer einfachen Fernsteuerung via Internet (ähnlich dem ferngesteuerten Spielzeugauto, das die meisten von uns aus ihrer Kindheit kennen) abgegrenzt werden. Erforderlich ist daher noch ein Mindestmaß an selbstständigen Aktionen des Systems. Dabei soll hier keine absolute Selbstständigkeit gefordert sein, stattdessen sollen durchaus verschiedene Stufen maschineller Autonomie anerkannt werden.

Die derzeitige Situation ist zwar noch von der Diskussion über autonomes oder automatisiertes Fahren im Straßenverkehr beherrscht.[9] Die Fortschritte in Bereichen wie der Robotik, der Sensortechnologie sowie allgemein der Informations- und Kommunikationstechnologie sind vielleicht nicht in dem gleichem Maße im Bewusstsein der breiten Masse präsent, tatsächlich aber werden sie die „Wirtschaftswelt der Zukunft"[10] prägen.

In der Sache sind jeweils im Kern vergleichbare Untersuchungen vorzunehmen. Rechtliche Analysen und Bewertungen können daher regelmäßig mutatis mutandis vom einen auf den anderen Bereich übertragen werden.[11] Klare Abgrenzungen werden dadurch freilich keineswegs überflüssig. So sind etwa technische Ersatz- oder Erweiterungssysteme menschlicher Fähigkeiten, wie zB moderne mit dem Internet verbindbare Hörsysteme oder Wearables, keine cyberphysischen Systeme. Hier fehlt es an einer hinreichend autonomen Funktion dieser Geräte. Der Einsatz und die Steuerung solcher Systeme erfolgt direkt durch den einzelnen Nutzer. Soweit diese bei Straftaten benutzt werden, handelt es sich im Wesentlichen nur um Werkzeuge oder technisch modifizierte persönliche[12] Fähigkeiten des Täters.[13]

Ein erster praktischer Anwendungsfall dieser neuen Strafrechtswelt war der Hochfrequenzhandel mit Wertpapieren an den Börsen.[14] Irgendwie erinnerte dieses neue Phänomen an das vom BGH längst gelöste Problem der „Spätwette".[15] Die maßgeblichen Abläufe waren freilich über Computer in Gang gesetzt. Die Hochleistungsrechner handelten selbstständig bis in den Mikrosekundenbereich nach zuvor programmierten Algorithmen. Auch der Rest des Falles, die Anonymi-

---

[7] Springer Gabler Verlag, Gabler Wirtschaftslexikon, Stichwort: Cyber-physische Systeme, online: http://wirtschaftslexikon.gabler.de/definition/cyber-physische-systeme-54077/version-277131 (zuletzt abgerufen: 22.5.2018).

[8] Eine alternative Definition unter dem Begriff des „Roboters" versuchen etwa *Simmler/Markwalder* ZStW 129 (2017), 20 (23ff.).

[9] Stellvertretend *Hilgendorf* in 53. Verkehrsgerichtstag 2015, 2015, 55ff.

[10] Dazu nur *Ross,* Die Wirtschaftswelt der Zukunft, 2016, Kap. 1.

[11] Entsprechend die Einschätzung von *Hilgendorf* in 53. Verkehrsgerichtstag 2015, 2015, 55 (57).

[12] Dies gilt namentlich dann, wenn die Geräte im Rahmen der modernen Medizin (im Fall des Hörens zB über im Innenohr mikrochirurgisch eingesetzte Elektroden) mit dem Menschen verbunden sind.

[13] Zu weiteren grundlegenden Systematisierung sogleich → II.1.

[14] Näher zu diesem Phänomen *Michael Lewis,* Flash Boys, 2014.

[15] BGHSt 16, 120 = NJW 1961, 1934.

tät der Opfer, die Generierung großer Gewinne aus kleinen Einzelschäden, war nicht wirklich neu.

Die Bedeutung solcher Systeme wird absehbar omnipräsent. Der Robo-Advisor, der seinen Kunden Wertpapierdienstleistungen anbietet, ist ebenfalls schon Realität und stellt die Bankenaufsicht vor neue Herausforderungen.[16] Die Industrie 4.0 und das Internet der Dinge (Internet of Things, IoT) werden von solchen Systemen zunehmend dominiert. Die Systeme ihrerseits werden immer „intelligenter", selbstlernend und zu selbstständigen Entscheidungen fähig.

In der Kombination führt das in künftigen use cases zur individualisierten Kosmetik, die aus einer smart Factory über eine intraday Logistik nach Zahlung per Bitcoin rechtzeitig zum Geburtstag der Gattin per Drohne in das Smart Home des Bestellers geliefert wird. Die Frage nach einem Betrug oder unlauterer Werbung könnte sich vielleicht dann stellen, wenn der selbstlernende Algorithmus (mit dem Endziel der Gewinnmaximierung im Unternehmen) zur Werbung über die hautstraffende Wirkung einen Wirkstoff hervorhebt, den das Produkt aufgrund seiner Kostenintensität nur in Spuren enthält oder dessen Wirkweise sich die Ehefrau in den Wochen zuvor im Internet angesehen hatte. Ein anderes System könnte nach manipulativen Eingriffen an den Sensoren der intelligenten Waschmaschine das Smart Home vorsätzlich unter Wasser setzen und beschädigen.

Dramatischere Beispiele mit Schäden an Leib und Leben von Menschen mag sich jeder selbst denken.

II. Prolegomena zu Verantwortlichkeitsstrukturen im Cyberstrafrecht

Die in diesem neuen Cyberstrafrecht auftretenden Fragen sind vielfältig. Solche nach der Verantwortlichkeit für fahrlässiges Verhalten und nach dem Adressaten der strafrechtlichen Haftung liegen auf der Hand. Haftet der Programmierer, wenn er den Algorithmus nicht hinreichend compliant programmiert hat? Wann handelt er vorsätzlich und wann nur fahrlässig? Wird der Algorithmus zum Adressat strafrechtlicher Sanktionen? Welche Sorgfaltspflichten obliegen dem Betreiber? Wann ist ein Verhalten strafrechtlich „neutral"?

Zu Ehren des Jubilars sollen nachfolgend, losgelöst vom konkreten Einzelfall und von der einzelnen Technik, einigermaßen systematisch Prolegomena zu einem Allgemeinen Teil des Cyberstrafrechts angestellt werden.

1. Vorab zu einer kategorialen Systematisierung des Cyberstrafrechts,

Die nachfolgenden Ausführungen konzentrieren sich auf Straftaten unter Einbeziehung maschinell-autonomer cyberphysischer Systeme. Die spiegelbildliche Problematik der Angriffe auf solche Systeme und der Sabotage der neuen Technologien soll ausgeblendet werden. Kriminologisch gewendet bleibt also diejenige Perspektive weitestgehend außen vor, die sich der Viktimologie cyberphysischer

---

[16] Beispielhaft zu der genannten Problematik und zur automatisierten Anlageberatung *Feger* CB 2017, 359 mwN.

Systeme zuwendet.[17] Auch mit dieser Zweiteilung ist das Cyberstrafrecht aber weder hinreichend beschrieben noch systematisiert. Hinzu kommen zumindest noch das bereits andernorts[18] intensiv aufbereitete Cybercrime der Informations- und Kommunikationstechnik, wie zB Rechtsfragen rund um Phänomene des Phishing, Skimming, Hacking oder Malware, sowie das rahmenbildende Recht des Daten- und Geheimnisschutzes. Auch diese Themen sind bewusst nicht Gegenstand der nachfolgenden Ausführungen.

2. *dann zu einigen Vorfragen für die Ausbildung adäquater Verantwortungsstrukturen*

Auf das so eingegrenzte Thema will ich zunächst in der Weise zugreifen, dass ich die Grundbegriffe der allgemeinen Strafrechtslehre vor dem genannten Hintergrund spiegele: Handlung – Kausalität – Erfolg. Im Anschluss drängen sich Fragen der Verantwortung und Zurechnung auf: Modifizieren autonome Aktionen cyberphysischer Systeme die Verantwortlichkeit des Individuums? Wann darf man sich auf ein System verlassen? Lassen sich abstrakte Graduierungen in der Verantwortlichkeit von Systemen erkennen? Wie ist mit absehbaren Fehlerquoten von Systemen umzugehen? Vor alledem will ich aber noch kurze Überlegungen zu der im Grunde vorgelagerten Frage der „Schuldfähigkeit“ von cyberphysischen Systemen anstellen.

3. *und ebenfalls vorab zur Ablehnung einer eigenständigen Systemverantwortlichkeit.*

Die Prämisse meiner Antworten soll im Folgenden darin bestehen, dass das Strafrecht – wie im Wirtschaftsstrafrecht – auch im Cyberstrafrecht zwar vor neuen Herausforderungen steht. Die neuen Herausforderungen können aber mit dem „alten“ Strafrecht bewältigt werden. Die tradierte Dogmatik soll also nicht leichtfertig aufgegeben werden. Die dieser Dogmatik inhärenten Klugheitsregeln sollen weiterhin das Recht dominieren. Kurz: Ich gehe davon aus, dass das „Fischer-Strafgesetzbuch“ aus dem Jahr 2018[19] in der Lage ist, die schöne, neue Welt zu domestizieren.

a) Zwar keine Systemverantwortlichkeit,

Damit scheint der erste logische Schritt dahin, cyberphysischen Systemen per se Strafrechtssubjektivität abzusprechen. Der Grund dafür liegt nicht etwa in einer fehlenden normativen Ansprechbarkeit solcher Systeme. Hier kann man im Gegenteil davon ausgehen, dass ein entsprechender Logarithmus normativ hervorragend

---

[17] Wenn hier diese Seite der Problematik weitgehend ausgeblendet wird, zeigt dies freilich, welche Dimension das Thema insgesamt hat.

[18] Siehe nur die monographische Aufbereitung dieser Kriminalitätsbereiche durch *Kochheim,* Cybercrime in der Informations- und Kommunikationstechnik, 2015 oder etwa aus dem common law *Clough,* Principles of Cybercrime, 2. Aufl. 2015.

[19] *Fischer,* 65. Auflage 2018.

ansprechbar ist. *Fischer* betont in diesem Zusammenhang, dass der Kern der Schuld „als Vorwerfbarkeit tatbestandlichen Verhaltens (vgl. BGH GS 2, 194 (200)), also als Verantwortung für die Folgen normwidrigen Verhaltens"[20] zu verstehen ist. Die anhaltende Diskussion um ein Verbandsstrafrecht zeigt zwar, dass „normative Schuldzuschreibungen" als ein „sich veränderndes Resultat gesellschaftlicher Zuschreibung"[21] jenseits der natürlichen Person denkbar sind.[22] Es spricht, wie schon *Hilgendorf* und andere festgestellt haben, auch nichts Grundsätzliches dagegen, Begriffe aus dem juristischen Grundvokabular auf Automaten anzuwenden.[23] Dogmatisch wäre die Zuschreibung von Verantwortung zu einem (zumindest teil-) autonomen System sogar einfacher als zu einem Verband, da das System – wie das Vorbild Mensch – eine singuläre Einheit darstellt und die Konstruktion von Verantwortlichkeit damit schon vom Ausgangsbefund her einfacher sein müsste. Dogmatisch könnte die konkrete Konstruktion einer Verantwortlichkeit des technischen Individuums damit „zwischen" der strafrechtlichen Verantwortung des menschlichen Individuums und der konstruierten Verantwortlichkeit des sozialen Kollektivs angesiedelt sein. Für eine gesellschaftliche Verständigung dahin, eine eigenständige Verantwortung eines cyberphysischen Systems oder auch nur eines Algorithmus anzuerkennen, fehlt derzeit aber offensichtlich noch die breite Basis. Das, was derzeit stattfindet, ist allenfalls eine Nischendiskussion.

Das kann sich ändern, wenn etwa bei künftig autonom agierenden Fahrzeugen „das Auto" für den Unfall und für die fahrlässige Tötung des involvierten Fußgängers „schuld" ist.[24] Derzeit würde es befremden, eine eigenständige *Systemverantwortlichkeit* in die allgemeine Strafrechtslehre einzuführen.[25] Erste Stimmen sprechen sich zwar für eine Systemverantwortlichkeit im Sinne einer Auffangverantwortlichkeit aus, wenn Aktionen eines cyberphysischen Systems zu einem „Verantwortungsloch" führen.[26] Das alles ist aber noch (!) „exotisch".

b) aber mögliche Einziehung inkriminierter Systeme.

Unberührt von diesen Überlegungen bleibt freilich die Einziehung der entsprechenden Hard- und Softwareelemente. § 74 Abs. 1 StGB ermöglicht die Einzie-

---

[20] *Fischer,* 65. Auflage 2018, StGB Vor §§ 19 bis 21.

[21] *Fischer* 65. Auflage 2018, StGB Vor §§ 19 bis 21.

[22] Ebenso unter Hinweis auf die Normativierung des Schuldbegriffs bei *Jakobs* etwa *Simmler/Markwalder* ZStW 129 (2017), 20 (27 ff.) (unter Hinweis auf *Jakobs,* Schuldprinzip, 1993, 34).

[23] *Hilgendorf* in Hilgendorf/Beck, Jenseits von Mensch und Maschine, 2012, 119 (122); *Simmler/Markwalder* ZStW 129 (2017), 20 (27).

[24] Im Grundsatz ebenso *Simmler/Markwalder* ZStW 129 (2017), 20 (33).

[25] Anschaulich mit Bezug auf autonome Fahrzeuge *Rohregger* JSt 2017, 196 (199). *Rohregger* sieht freilich noch das weitere Problem, dass die Systeme nicht rechtsfähig sind. § 30 OWiG zeigt freilich, dass die Rechtsfähigkeit keineswegs eine zwingende Voraussetzung für eine Sanktionierung ist, vgl. dazu *Schmitt-Leonardy* in HK-OWiG, 2016, § 30 Rn. 20 ff.; zur Frage der „Schuldfähigkeit" von cyberphysischen Systemen *Hilgendorf* in Hilgendorf/Beck, Jenseits von Mensch und Maschine, 2012, 119 (128 f.) sowie *Hilgendorf* in 53. Verkehrsgerichtstag 2015, 2015, 55 (60), der ebenfalls noch kein „praktisches Bedürfnis" auch nur für die Fiktion einer entsprechenden Maschinenschuld sieht.

[26] *Gless* GA 2017, 324 (329), deren Idee eine gedankliche Nähe zum schweizerischen Verbandsstrafrecht aufweist.

hung des cyberphysischen Systems als Tatmittel. Ausgeschlossen ist die Einziehung nach § 74 Abs. 3 StGB regelmäßig nur bei der Manipulation fremder cyberphysischer Systeme, da diese Objekte dem Täter gerade nicht „gehören oder zustehen". Wichtige Fragen ergeben sich in diesem Zusammenhang aus § 74a Nr. 1 StGB. Danach könnten auch fremde cyberphysische Systeme eingezogen werden, wenn derjenige, dem diese Systeme gehören oder zustehen, zu dem Missbrauch „mindestens leichtfertig" beigetragen hat. Der verehrte Jubilar weist hier zu § 74a StGB aF zutreffend darauf hin, dass die Vorschrift eine „unechte, idR fahrlässige Beihilfe" sanktioniert, „gegenüber dem Dritten repressiven Charakter" hat und stets auch verhältnismäßig sein muss. Rückbezug ist damit aber der Eigentümer oder Verfügungsberechtigte des autonomen Systems. Die Einziehung oder – als milderes Mittel – Reprogrammierung eines Systems als „Todesstrafe" ist in der Sache aber leichter zu rechtfertigen als Sanktionen gegenüber Individuen.[27] Dem Hinweis auf die Verhältnismäßigkeit könnte man in Zukunft auch dadurch Rechnung tragen, dass die Einziehung aus primären Gründen der Gefährlichkeit unter Umständen durch eine (in der Regel eher geringe) Entschädigung des Eigentümers abgemildert wird.

c) Folgen für die grundsätzliche Verantwortlichkeit der Nutzer

Dies führt unmittelbar zu der Frage nach den Sicherungspflichten bei entsprechenden Systemen. Auch hierzu lassen sich verallgemeinerungsfähige Grundgedanken formulieren:

- Sorgfaltspflichten werden umso strenger zu formulieren sein, je gefahrenträchtiger ein Gesamtsystem ist.
- Bei Privatpersonen erscheint ein großzügigerer Maßstab angemessen. Die Nutzung cyberphysischer Systeme muss (gerade angesichts der grundrechtlichen Freiheitsordnung der Art. 2 Abs. 1 GG, Art. 5 Abs. 3 GG, Art. 12 Abs. 1 GG[28]) künftig allgemein möglich sein. Im Rahmen der Diskussion um autonomes Fahren im Straßenverkehr wird hier ein „Kontrolldilemma" diskutiert:[29] Während die technische Entwicklung eine zunehmende Freistellung des Nutzers erlaube, schreibe das Recht „nach wie vor" eine weitgehende Kontrolle vor. Ob ein solches Kontrolldilemma tatsächlich besteht, ist bei einem genauen Blick auf die Dinge, nicht so sicher. Schon die Prämisse, dass das Recht eine weitgehende Kontrolle vorschreibe, darf angezweifelt werden. Wenn das Grundgesetz eine allgemeine Handlungsfreiheit garantiert und diese im Einzelfall weiter konkretisiert, so sind damit auch Entwicklungen geschützt, die auf eine Automatisation bis hin zu einer maschinell-autonomen Erledigung einzelner Alltagsvorgänge hinauslaufen. Es würde das Recht auf den Kopf stellen, wenn man aus der

[27] Kern ist dabei die Unterscheidung zwischen „Autonomie" und „Personalität", in der der Unterschied zwischen auch selbstlernender Maschine und Mensch liegt.

[28] Zu dieser für das Wirtschaftsstrafrecht allgemein geltenden Rahmenordnung bereits *Mansdörfer,* Zur Theorie des Wirtschaftsstrafrechts, 2011, 120ff.; im Kontext der Cybertechnologien etwa *Hilgendorf* in 53. Verkehrsgerichtstag 2015, 2015, 55 (59ff.).

[29] *Hilgendorf* in 53. Verkehrsgerichtstag 2015, 2015, 55 (67); zum ähnlich gelagerten Problem des zunehmenden Einsatzes von fliegenden Drohnen *Peters* ZIS 2017, 662.

grundrechtlichen Freiheitsordnung eine Mindestbelastungsordnung herauslesen und aus der Menschenwürde die Verpflichtung des Menschen zur obersten Kontrollinstanz entwickeln würde.[30]

- Die Last der Kontrolle und Überwachung von Fehler sollte daher bei den Herstellern von Hard- und Software liegen. Dort liegt hinreichend Expertise in der Sache; faktisch können dort Sicherheitsstandards im Wege der Fernwartung garantiert werden und die Kosten werden über Verkaufspreise auf den Verbraucher umgelegt. Vorrang vor solch allgemeinen Überlegungen haben freilich Spezialnormen des IT- und IT-Sicherheitsrechts. Im Trend der allgemeinen wirtschaftlichen Entwicklungen liegen diese Überlegungen insoweit, als Hersteller im weniger einzelne Produkte (zB Fahrzeuge) verkaufen und immer mehr Dienstleistungen (zB Mobilität) anbieten wollen.
- Im Einzelnen müssen die konkreten Sorgfaltspflichten im gewaltenteiligen Zusammenspiel von Exekutive, Legislative und Judikative entwickelt werden. Angesprochen ist das Recht als „Technikregulierungsrecht", dessen Vorgaben das Strafrecht über die ihm immanenten Generalklauseln wie die strafrechtliche Sorgfaltspflichtverletzung oder das strafrechtlich missbilligte Risiko rezipiert. Wichtige Anhaltspunkte für die künftig im Detail zu entwickelnden Sorgfaltspflichten können sich – wie bisher – aus Industriestandards, Verbandsempfehlungen und einer daraus resultierenden „guten" Praxis ergeben. Wesentliche Neuerungen werden regelmäßig einem öffentlich-rechtlichen Zulassungsverfahren unterliegen, das für die jeweiligen cyberphysischen Systeme einen hinreichenden Sicherheitsnachweis verlangt.[31] Das Strafrecht kann über das allgemeine Gebot des neminem laedere Basisregulierungen leisten.

4. Annahmen zu Handlung, Erfolg und Kausalität

Auswirkungen haben cyberphysische Systeme in der Folge weiter auf die Diskussion zum tatbestandsmäßigen Handlungsbegriff und – durch Sprechakte verdeckt – zur tatbestandlichen Kausalität.[32]

a) Anerkennung einer eigenständigen Figur des Systemhandelns

So stellt sich etwa die Frage, ob trotz Ablehnung einer Systemverantwortlichkeit zB auf Tatbestandsebene oder im Rahmen des Strafanwendungsrechts[33] ein „Systemhandeln" anerkannt werden sollte. Im Wirtschaftsstrafrecht ist das „Handeln des Unternehmens" eine vereinzelt selbst in der Rechtsprechung verwendete Rechtsfigur.[34] So, wie dort das „Handeln des Unternehmens" der Unternehmens-

---

[30] Solche Ansätze ebenfalls verwerfend *Hilgendorf* in 53. Verkehrsgerichtstag 2015, 2015, 55 (67f.).

[31] Dazu am Beispiel des autonomen Fahrens im Straßenverkehr *Wachenfeld/Winner* in Hilgendorf/Hötizsch/Lutz, Rechtliche Aspekte automatisierter Fahrzeuge, 2014, 53 (57ff.).

[32] Eine entsprechende Diskussion mahnen auch *Simmler/Markwalder* ZStW 129 (2017), 20 (26) an.

[33] Etwa bei der Auslegung von § 9 StGB, vgl. dazu mit dem Beispiel der Telemedizin *Hilgendorf* in Rotsch, Strafrechtliche Compliance vor den Fragen der Zukunft, 2013, 19 (28f.).

[34] ZB bereits BGH NJW 1998, 767; JR 2004, 246; BGHSt 43, 219 (231) = NStZ 1997, 544.

leitung zugerechnet wird, könnte hier das „Handeln des Systems“ zB dem Systemadministrator oder dem Endnutzer zugerechnet werden. Die Sympathie der Strafverfolgungspraxis könnte eine entsprechende Figur schon deshalb erlangen, weil damit Einzelheiten über die Funktionsweise des Systems dahinstehen könnten.[35] Erst recht nahe liegt eine solche Figur dort, wo cyberphysische Systeme auf der Basis eines Algorithmus die gesammelten Informationen selbständig zu einer Handlungsalternative zusammenführen. Auch rein äußerlich können cyberphysische Systeme Bewegungen vollziehen, die menschlichen Handlungen gleich kommen oder diesen sogar überlegen sind.[36]

b) Beibehaltung der strafrechtlichen „Kausalitätsformel“

Mit der Anerkennung einer Figur des Systemhandelns als Sprechakt könnten namentlich Fragen der strafrechtlichen „Kausalität“ bei zunehmend autonom handelnden cyberphysischen Systemen zu größeren Problemen führen.

Technischer Hintergrund ist etwa der Einsatz von Quantencomputern: Diese neue Art von Computern wird zu gewaltigen Leistungssteigerungen gegenüber bisherigen Rechensystemen führen. Eine vernetzte Zahnbürste kann dann auf Basis der Daten zur individuellen Zahnpflege dem Nutzer genaue Auskunft darüber geben, wann eine Kontrolle beim Zahnarzt nötig wird. Wenn der Hinweis zu spät kommt und der Zahn bereits von Karies etc befallen ist, stellt sich die Frage der vorsätzlichen/fahrlässigen Körperverletzung. Wie bei einem Quantencomputer naturwissenschaftlich Kausalität bzw. gesetzmäßig Kausalität zu formulieren ist oder wie der einzelne Lernvorgang des Systems abgelaufen ist, kann bei der Annahme eines einheitlichen Systemhandelns dahinstehen.

Ob und wie sich genaue „Kausalgesetze“ formulieren lassen, kann für die strafrechtliche Behandlung der Fälle ebenfalls dahinstehen: Nach der klassischen conditio sine qua non – Formel[37] kann das Systemhandeln (der verspätete Hinweis auf die notwendige zahnärztliche Behandlung) nicht hinweggedacht werden, ohne dass der Erfolg (die Schädigung des Zahnes) entfällt. Das genügt: *Schrödingers* zu gleichen Teilen tote wie lebendige Katze[38] mutiert mit Hilfe der conditio-Formel zu einem für strafrichterliche Überzeugungsbildung (§ 261 StPO) ausreichend wirkmächtigen Katzenzombie.

c) Erfolg

Auf den tatbestandlichen Erfolg sollte die Art des Angriffs – mittels cyberphysischen Systems oder an einem cyberphysischen System – an sich keinen Einfluss ha-

[35] Entsprechend bleibt in der Rechtsprechung zum Wirtschaftsstrafrecht auch die konkrete Organisationsform eines Unternehmens regelmäßig außen vor.

[36] Ebenso bereits *Hilgendorf* in Hilgendorf/Beck, Jenseits von Mensch und Maschine, 2012, 119 (125), der den für den möglichen Einwand der mangelnden „Willensfreiheit“ eines cyberphysischen Systems auf die ungeklärten Fragen zur menschlichen Willensfreiheit hinweist, die der Annahme einer menschlichen „Handlung“ auch nicht entgegen stehen.

[37] *Fischer,* 65. Auflage 2018, StGB Vor § 13 Rn. 21.

[38] *Schrödinger,* Die gegenwärtige Situation in der Quantenmechanik, 1935, § 5. Sind die Variablen wirklich verwaschen?

ben. Der tatbestandliche Erfolg ist grundsätzlich auf der Basis einer natürlichen Betrachtung im Zeitpunkt nach der Vornahme der tatbestandlichen Handlung zu bemessen.[39] Normativierungen des Erfolges, wie sie etwa bei der Untreue zu beobachten sind, müssen Ausnahmen bleiben. Die Manipulation eines cyberphysischen Systems ist damit grundsätzlich mit dem ersten Angriff tatbestandsmäßig beendet. Dies gilt auch, wenn ein Angriff zB zu einem dauerhaften Abfluss von zB Daten oder Vermögen führt. Die konkrete Art des Angriffs zB über ein cyberphysisches System macht aus einem Erfolgsdelikt kein Dauerdelikt. Dem Angriff nachfolgende Schäden sind erst bei der Strafzumessung von Bedeutung.[40]

5. Zurechnung und Beteiligung

a) Tatherrschaft durch (Cyber)Systemherrschaft

Fragen der Zurechnung und Beteiligung stellen sich ebenfalls in zwar nicht neuem, aber doch leicht veränderten Gewand: Im Grundsatz kann das cyberphysische System durchaus als (gegebenenfalls manipuliertes) Tatwerkzeug angesehen werden. Taterfolge, die durch die Manipulation eines solchen Systems vermittelt werden, sind in erster Linie demjenigen zuzurechnen, der das cyberphysische System „beherrscht".[41] Schlagwortartig bedeutet dies Tatherrschaft in Form von „(Cyber)Systemherrschaft". Wer das cyberphysische System manipulativ steuert, beherrscht auch die Tat. Eine räumlich-zeitliche Nähe zum Tatort ist bei einem solchen System nicht notwendig. Es ist vielmehr ausreichend, wenn im Wege der Fernlenkung bzw. -wartung die wesentlichen strafrechtlich relevanten Vorgänge koordiniert werden.

Eine solche Tatherrschaft wird nicht dadurch ausgeschlossen, dass das cyberphysische System teilweise autonom handelt und zum Beispiel sein Ziel frei auswählt. Eine Grenze wird auf der Basis der bisherigen Rechtsprechung erst dort zu ziehen sein, wo ein selbstlernendes System ein wesentlich anderes Ziel wählt und damit „dazwischentritt".[42] Das ist zB dann der Fall, wenn der Algorithmus aus den Vorgaben und Informationen „Handlungsalternativen"[43] auswählt, die jenseits dessen liegen, was an sich als Risiko im System angelegt gewesen ist. An die Stelle von Wissens- oder Willensherrschaft tritt hier das Kriterium der „Programmherrschaft".

b) Typisierbare Teilnahmeszenarien

Wer dagegen als eher randständiger Beteiligter nur durch Rat oder Tat bei dem tatbestandsrelevanten Geschehen mitwirkt, wird ungeachtet des cyberphysischen

---

[39] Ausgangspunkt ist damit ein natürlicher Erfolgsbegriff, näher zur Problematik aber auch *Mansdörfer* in ERST, Wirtschaftsstrafrecht, Vor § 13 Rn. 61.

[40] Fischer, 65. Aufl. 2018, StGB § 46 Rn. 34ff.

[41] *Bernzen* CB 2017, 368 (370) stellt konkreter darauf ab, wer die „autonome Technologie bedient bzw. sie eingeführt hat".

[42] Die grundsätzliche Möglichkeit einer Mittäterschaft von Mensch und Maschine bejaht dagegen *Hilgendorf* in Rotsch, Strafrechtliche Compliance vor den Fragen der Zukunft, 2013, 19 (30).

[43] Siehe oben unter → II. 4. a).

Systems selbst bei vorsätzlicher Beteiligung über die Rolle des Anstifters oder des Gehilfen nicht hinauskommen. Anlass zu einer Abweichung von den Grundsätzen der (in der Rechtsprechung stärker subjektivierten) Tatherrschaftslehre[44] besteht also nicht.

Ein grundsätzlich weiter Anwendungsbereich sollte der Rechtsfigur der sog. neutralen Handlung zu Teil werden: Systemadministratoren verschiedenster Art leisten zwar einen wichtigen Beitrag zur Funktionsfähigkeit cyberphysischer Systeme; in der Regel handelt es sich gleichwohl um risikoneutrale Alltagshandlungen. Die Neigung des Verwenders/Users zu spezifischen Straftaten wird für den Administrator aufgrund des im Normalfall anonymisierten Verkehrs nicht erkennbar sein. Wenn in diesen Fällen keine weiteren Umstände hinzutreten, sind solche „Basisdienstleister" in der Regel nicht strafbar.

Schwieriger ist dieser Punkt, wenn dem angebotenen Werkzeug die missbräuchliche Nutzung immanent ist. Beispielhaft kann ein Werkzeug, das zur Schließung von Schwachstellen in eigenen Systemen konstruiert wurde, auch zur Aufdeckung von Schwachstellen in fremden Systemen missbraucht werden. Der unkontrollierte Vertrieb solcher Produkte birgt hier massive Risiken. Konkrete gesetzliche Regulierungen scheinen mir in Zukunft unausweichlich.

c) Anspruch auf Einsatz von Assistenzsystemen?

Bevor diese Ausführungen den Eindruck der Technikskepsis oder -feindlichkeit erwecken, soll eine wichtige gegenläufige Frage angeschnitten werden: Erhöht eine Person in strafrechtlich relevanter Weise ein Risiko, wenn sicherheitsrelevante System nicht eingesetzt oder ausgeschaltet werden?[45]

Die Antwort ist bei der im Verkehr erforderlichen Sorgfalt verortet: Assistenzsysteme müssen überall dort eingesetzt werden, wo dies entweder gesetzlich vorgegeben ist oder wo auf der Basis dieser Einrichtungen Sonderfreiheiten in Anspruch genommen werden. Ein Anspruch bzw. eine Verpflichtung auf den Einsatz überobligatorisch vorhandener Assistenzsysteme ist dagegen abzulehnen. Der zum Teil erhobene Vorwurf der Risikoerhöhung[46] greift tatsächlich nicht, weil sich der Verwender mit dem von ihm geschaffenen Restrisiko regelmäßig noch jenseits des rechtlich missbilligten Risikos halten wird.[47]

Von bloßen Assistenzsystemen sind echt autonome Systeme zu unterscheiden. Wer echt autonome Systeme einsetzt, nimmt grundsätzlich über das normale Maß hinausgehende Sonderfreiheiten in Anspruch und schafft zugleich neue Gefahren für Rechtsgüter Dritter. Ob und unter welchen Voraussetzungen ein Einsatz solcher Systeme zulässig ist, obliegt der Einschätzungsprärogative und dem Diskurs des demokratisch legitimierten Gesetzgebers.[48] Im Detail ist das konkrete Einsatz-

---

[44] Vgl. *Fischer,* 65. Auflage 2018, StGB § 25 Rn. 4.

[45] So zum Beispiel *Rohregger* JSt 2017, 196 (197) am Beispiel autonomer Fahrzeuge.

[46] Beispielhaft *Rohregger* JSt 2017, 196 (197) „Vorwurf der Risikoerhöhung".

[47] Anders für den Bereich des Straßenverkehrs unter Hinweis auf § 1 StVO *Sander/Hollering* NStZ 2017, 193 (200).

[48] Näher dazu nochmals unten → 6.

feld des autonomen Systems entscheidend. Beispielhaft sind bei häuslich-privaten Systeme die Spielräume deutlich größer als im öffentlichen Verkehr.

Im Straßenverkehr dürfen hoch- und vollautomatisierte System nur „bestimmungsgemäß" verwendet werden (§ 1a Abs. 1 StVG). Fahrzeugführer ist derjenige, der eine hoch- oder vollautomatisierte Fahrfunktion aktiviert und zur Fahrzeugsteuerung verwendet, auch wenn er im Rahmen der bestimmungsgemäßen Verwendung dieser Funktion das Fahrzeug nicht eigenhändig steuert (§ 1a Abs. 4 StVG). Die schwierige Frage der persönlichen Verantwortlichkeit wurde an dieser Stelle durch eine einfache und klare Definition seitens des Gesetzgebers geregelt.

d) Verantwortlichkeitsabgrenzung via „Blackbox"

Modellcharakter für eine technische Lösung zur sicheren Abgrenzung von Verantwortungssphären hat auch das in § 63a StVG installierte Modell der sog. „Blackbox":[49] Danach speichern die „autonomen" Fahrzeuge die wesentlichen Positions- und Zeitangaben,

- wenn ein Wechsel der Fahrzeugsteuerung zwischen Fahrzeugführer und dem hoch- oder vollautomatisierten System erfolgt,
- wenn der Fahrzeugführer durch das System aufgefordert wird, die Fahrzeugsteuerung zu übernehmen, oder
- wenn eine technische Störung des Systems auftritt.

Das Problem der konkreten tatsächlichen Verantwortlichkeit wird also im Vorfeld durch geeignete technische Maßnahmen angegangen. Eine strafrechtliche Verantwortungsdiffusion – im Wirtschaftsstrafrecht lief die entsprechende Diskussion lange unter dem Stichwort der „organisierten Unverantwortlichkeit" – auf der Basis des Grundsatzes „in dubio pro reo" wird damit weithin ausgeschlossen. Rein tatsächlich sind die Kosten solcher Black-Box-Modelle inzwischen so gering, dass sie einem umfassenden praktischen Einsatz nicht entgegenstehen.

6. Zu Fragen des Vorsatzes, der Fahrlässigkeit und der konkreten Sorgfaltsmaßstäbe

Die Ausführungen zur Zurechnung und des objektiven Zusammenwirkens von Mensch und cyberphysischem System berühren schon die Frage, wann der einzelne Mensch beim Einsatz maschinell autonomer Systeme selbst noch vorsätzlich oder fahrlässig handelt.

a) Vom grundlegenden Ansatzpunkt

Die grundlegenden Formeln zur Bestimmung von Vorsatz als Entscheidung gegen das tatbestandlich geschützte rechtlich anerkannte Interesse bzw. von Fahrlässigkeit als Außerachtlassen der im Verkehr erforderlichen Sorgfalt gelten auch bei Sachverhalten, in denen die Auswirkungen cyberphysischer Systeme zu beachten sind. Bei der Transformation klassischer Unternehmen in „Unternehmen 4.0"

---

[49] Zu den technischen Hintergründen einer solchen Einrichtung *Schmidt-Cotta* in Hilgendorf/Hötitzsch/Lutz (Hrsg.), Rechtliche Aspekte automatisierter Fahrzeuge, 2014, S. 67, 71ff.

muss das Zusammenspiel von Mensch und Maschine freilich von Beginn an hinreichend sorgfältig abgestimmt werden.[50]

b) über Spezialregelungen wie etwa § 8 IT-Sicherheitsgesetz

In einigen Fällen sind die konkreten Sorgfaltsstandards individuell geregelt. Diese Sorgfaltsstandards sind derzeit noch in erster Linie auf die Abwehr von Eingriffen von außen hin formuliert.

Beispiele enthalten die Regelungen zu Datensicherungsmaßnahmen bei hochautomatisierten Fahrfunktionen in PKW in § 63b StVG oder zur allgemeinen Datenverarbeitung in § 9 BDSG.

Standards für Betreiber kritischer Infrastrukturen (KRITIS) etwa in den Sektoren Energie, IT, Telekommunikation, Transport und Verkehr, Gesundheit, Wasser, Ernährung, Finanz- und Versicherungswesen normiert seit dem 25.7.2015 das sog. IT-Sicherheitsgesetz.[51] Die zentrale Regelung findet sich in § 8a ITSichG: § 8a Abs. 1 ITSichG fordert „angemessene organisatorische und technische Vorkehrungen zur Vermeidung von Störungen der Verfügbarkeit, Integrität, Authentizität und Vertraulichkeit ihrer informationstechnischen Systeme, Komponenten oder Prozesse zu treffen, die für die Funktionsfähigkeit der von ihnen betriebenen Kritischen Infrastrukturen maßgeblich sind". Eine gewisse Flexibilität sichert der Gesetzgeber dadurch, dass Einzelheiten regelmäßig über Rechtsverordnungen festgelegt werden.

c) zu einer Konkretisierung der Sorgfaltsanforderungen

Obwohl die Regelung des § 8a Abs. 1 ITSichG insgesamt unter dem Vorbehalt der Wirtschaftlichkeit steht, gegen Eingriffe von außen gerichtet ist und die konkreten Sorgfaltsstandards im Einvernehmen mit dem Bundesamt festgelegt werden (§ 8 Abs. 2 ITSichG), liefert § 8a Abs. 1 ITSichG doch Anhaltspunkte für die Formulierung eines abstrakt generellen Sorgfaltsmaßstabs für den Betrieb maschinell-autonomer cyberphysischer Systeme.

Danach muss ein entsprechendes Sicherheitskonzept

- die informationstechnischen Systeme, Komponenten und Prozesse einbeziehen,
- die Verfügbarkeit, Integrität, Authentizität und Vertraulichkeit der Systeme schützen,
- organisatorische und technische Konzepte einhalten,
- sich insgesamt als angemessen darstellen lassen und
- im Notfall den Durchgriff des Betreibers sicherstellen.

Das zuletzt genannte Kriterium soll dabei eine „Domestizierbarkeit" im Sinne einer alternativen Kontrollierbarkeit maschinell-autonomer Systeme sicherstellen.

Insgesamt könnte mit diesen fünf Punkten ein Maßstab formuliert sein, der einerseits flexibel genug ist, um Unternehmen und ihrer Fortentwicklung hin zur

[50] Beispielhaft dazu *Bernzen* CB 2017, 368.
[51] BGBl 2015 I 1324.

Industrie 4.0 nicht im Wege zu stehen. Auf der anderen Seite soll deutlich werden, dass zB reine Software orientierte Präventionsansätze nicht ausreichen, sondern auch (Hardware)Komponenten einbezogen werden müssen. Außerdem muss sich der Schutz in mindestens vier Dimensionen (Verfügbarkeit, Integrität, Authentizität und Vertraulichkeit) orientieren und für den Notfall die Rückgewinnbarkeit der Systemherrschaft gewährleisten. Zu diesem Schutz gehören technische Konzepte und organisatorische Maßnahmen; die erforderliche Sorgfalt bezieht sich also auf durchaus komplexe soziale Mechanismen. Der technische Fortschritt und die Bedeutung bzw. Gefahrträchtigkeit des einzelnen Systems sind wesentliche Faktoren, welche Schutzvorkehrungen im Einzelfall „angemessen" sind.

Die Maßstäbe sind weit mehr als in anderen Bereichen des Strafrechts dynamisch. Legislative und Judikative können diesem Umstand dadurch begegnen, dass sie ein allgemeines Sicherheitsniveau definieren und hinsichtlich der Art und Weise, wie dieses Niveau erreicht und garantiert werden kann, offen bleiben.[52]

7. *Tun und Unterlassen*

Obwohl die konkreten Sachverhalte höchst unterschiedliche Erscheinungsformen haben, lohnt sich doch die Frage, wann eine individuelle strafrechtliche Verantwortlichkeit aus einem aktiven Tun oder nicht doch eher aus einem Unterlassen resultiert.

Die strafrechtlichen Kategorien des Unterlassens sind an sich verführerisch. Je nach Grad der Autonomie eines Systems lassen sich auf der Basis des Unterlassens einfachere oder gesteigerte Überwachungs- oder Übernahmeverantwortlichkeiten formulieren. Wenn der Gesetzgeber künftig verlangen sollte, dass (teil)autonome Systeme von Beginn an rechtscompliant programmiert werden, lassen sich Garantenstellungen formal aus Gesetz bzw. materiell auch aus Ingerenzüberlegungen ableiten.[53] Die hierzu korrespondierende konkrete Garantenpflicht zu formulieren, ist dann noch eine Leichtigkeit.

Meine gleichwohl bestehende persönliche Skepsis gegen einen zu schnellen Zugriff auf das begehungsgleiche Unterlassen rührt zunächst aus dem grundsätzlichen Systembruch, wenn die über § 13 StGB als Ausnahme in das Strafrecht eingeführte Rechtsfigur – rechtstatsächlich zumeist unter Vernachlässigung der Milderungsmöglichkeiten des § 13 Abs. 2 StGB – zur Regelverantwortlichkeit wird. Hinzu kommt, dass an die Stelle tatsächlicher Geschehensabläufe Quasikausalitäten und Wahrscheinlichkeitskonstruktionen treten. Die Wirklichkeit wird ins Nichts normativiert.

Unterlassenskonstruktionen sind daher überall dort überflüssig, wo cyberphysische Systeme von natürlichen Personen in Gang gesetzt oder in Verkehr gebracht worden sind. Ein echter Bedarf für eine ergänzende Verantwortlichkeit wegen begehungsgleichem Unterlassen besteht in erster Linie dort, wo die Aufsicht an Dritte übertragen wird oder wo selbstlernende Systeme im engeren Sinn „überwacht" werden müssen. Wichtig ist dabei der Grad der Autonomie des Systems und der

[52] Siehe auch schon oben die Überlegungen unter → 3. c.

[53] Näher dazu bereits *Mansdörfer* jM 2015, 387 ff.

Grad des eigenen Lernens des Systems. Je gewichtiger beide Faktoren im Einzelfall einzustellen sind, desto enger muss die Kontrolle dieser Systeme gestaltet werden:

- Autonomes Lernen birgt erstens die Gefahr, dass „falsche" im Sinne von nicht zulässigen oder gefährlichen Verhaltensweisen „gelernt" werden.
- Zweitens birgt es die Gefahr, dass die Systeme nicht vorhergesehene Lernfortschritte machen.
- Drittens geht es um das Problem, dass ein System entgegen einer anfänglichen Erwartung nicht hinreichend lernfähig ist.

Es geht also um die Frage, wie man beim autonomen Lernen absichert, welche Inhalte vom System erfasst und wie verarbeitet werden. Voll autonome Systeme ohne übergeordnete Kontrollinstanz wird sich die Gesellschaft im Grunde nicht leisten wollen: Das wirklich autonome Fahrzeug könnte nicht nur die Kinder zum Kindergarten fahren; es könnte sich im Einzelfall dazu entschließen, mit den Kindern eine Spritztour zu unternehmen oder bei Regen, Eis und Schnee zum Schutz der eigenen Karosserie vor Korrosion doch lieber in der Garage stehen zu bleiben.

8. Rechtswidrigkeit, erlaubtes Risiko und Dilemmasituationen

a) Von übergeordneten Fragen

Die Ebene der Rechtswidrigkeit wird zu einem weiteren echten Prüfstein für das Lösungspotential des tradierten Rechts. Schon auf einer übergeordneten Ebene lassen sich drei wichtige Punkte hervorheben:

- Den heutigen Notwehr- und Notstandsregeln liegen kriminologisch Szenarien zugrunde, die von den potentiell neuen Szenarien stark abweichen. Der kühl kalkulierende Algorithmus ist nicht Prototyp der Notwehr- und Notstandssituationen.
- Alle Rechtfertigungsgründe erfordern ein subjektives Element, das bei „autonomen" Maschinen allenfalls in modifizierter Form vorhanden ist.
- Auch den normierten Rechtfertigungsgründen inhärente Grundentscheidungen müssen neu überdacht und gerechtfertigt werden.

b) zur Notwehr,

Beim Notwehrrecht drängt sich bereits hinsichtlich der objektiven Notwehrlage eine Differenzierung zwischen bloßen Angriffen auf ein cyberphysisches System und eine materiellen Angriff auf einen Menschen auf. Gerade der Angriff auf ein personales Rechtsgut kann im Einzelfall höchst vermittelt sein, sodass im Einzelfall in der Sache eine (bloße) Sachbeschädigung vorliegt. Sachen sind zwar nicht schutzlos, es lohnt sich aber die Frage, ob hier das Recht mit der § 32 StGB inhärenten Schärfe tatsächlich durchgesetzt werden muss. Daran schließt sich die Frage an, ob das Recht tatsächlich von einer Maschine durchgesetzt werden soll. Ist die mechanische Rechtsdurchsetzung tatsächlich die Verteidigung der Rechtsordnung, die § 32 StGB an sich meint? Steht die Selbstverteidigung der Maschine der Selbstverteidigung eines Menschen gleich? Ich meine, man wird differenzieren müssen.

c) zum Notstand

Beim Rechtfertigungsgrund des Notstandes gem. § 34 StGB liegen drängen sich Fragen zu der dort geforderten Güterabwägung auf:

Soweit im bisherigen Schrifttum gefordert wird, bei der Programmierung autonomer Systeme im Straßenverkehr müssten „unerwartete Situationen berücksichtigt werden“,[54] ist dieser Gedanke zirkulär. Wenn Situationen von Beginn an berücksichtigt werden können, kann man sie kaum mehr als „unerwartet“ einstufen.

Gleichermaßen Bedenken ruft die Auffassung hervor, ein System müsse „bei der Auswahl zwischen einem größeren und einem kleineren Schaden nach Möglichkeit stets den kleineren Schaden wählen“.[55] *Fischer* weist mit Recht darauf hin, dass § 34 StGB auf dem Gedanken der Solidarität beruht.[56] Für die Programmierung von Algorithmen hat dies zur Konsequenz, dass diese Grenzen der gesellschaftlich einforderbaren Solidarität berücksichtigt werden müssen. Spätestens bei der Beeinträchtigung der körperlichen Integrität einer an sich unbeteiligten Person werden daher allenfalls geringe Spielräume bestehen.

d) und zur Frage nach neuen Rechtfertigungsgründen

Auf einem anderen Blatt steht, ob bei autonom, aber schematisch agierenden Systemen neue Rechtfertigungsgründe entwickelt werden müssen. Die Programmierung von „Algorithmen des Todes“[57] zum Zweck der Rettung des größtmöglichen Wohls der größtmöglichen Zahl scheidet im geltenden Recht aufgrund elementarer verfassungsrechtlicher Vorgaben als Möglichkeit aus.[58] Die Programmierung eines utilitaristischen Algorithmus des geringsten Menschenopfers würde die potentiell betroffenen Personen nach landläufiger Auffassung zu reinen Objekten herabwürdigen und ist mit deren Menschenrechtssubjektivität aus Art. 2 Abs. 1 GG iVm Art. 1 Abs. 1 GG nicht zu vereinbaren. Für den Straßenverkehr soll eine Ethikkommission die dem Gesetzgeber offen stehenden Möglichkeiten gleichwohl neu denken.[59]

Wenn sich hier andere Vorstellungen durchsetzen sollten, könnten sich längerfristig Rückwirkung auf das Verständnis von § 34 StGB und das tradierte Strafrecht ergeben. Diese „anderen“ Vorstellungen könnten mit dem bisherigen (Straf-)Recht doch kollidierende utilitaristisch geprägte Gedanken sein. Der Utilitarismus mit der Idee der „Berechenbarkeit von Übel“ ist für die Idee der Programmierung von Algorithmen eine vielleicht faszinierende ethische Basis und kann durchaus auf Fürsprecher in anderen Rechtsordnungen verweisen. Will man dem Schicksal seinen Lauf lassen, wäre dagegen wohl ein Zufallsgenerator der bessere Algorithmus. Sieht man sich selbst in der Rolle einer von einem System in seiner Systemwahl in

---

[54] *Weber* NZV 2016, 249.

[55] *Hilgendorf* in 53. Verkehrsgerichtstag 2015, 2015, 55 (68f.).

[56] *Fischer,* 65. Auflage 2018, StGB § 34 Rn. 2.

[57] *Hilgendorf* in Hilgendorf/Hötitzsch, Das Recht vor den Herausforderungen der modernen Technik, 2015, 11 (20).

[58] Vgl. nur die klare Linie von BVerfGE 115, 118 (153ff.) = NJW 2006, 751 zum Luftsicherheitsgesetz.

[59] *Sander/Hollering* NStZ 2017, 193 (204) verweisen freilich darauf, dass für den Sonderbereich des Straßenverkehrs eine Ethikkommission die Fragen neu aufrollen soll.

Anspruch genommenen Person, reduziert sich die Opferbereitschaft tatsächlich wieder auf Solidaritätsopfer. Richtiger Weise sollten im Straßenverkehr die Anstrengungen darauf abzielen, zu einer Quote von null Prozent tödlicher Zwischenfälle zu gelangen. „Algorithmen des Todes" sollten ein theoretisches Gedankenspiel bleiben.

Ob dieser Standpunkt im Rahmen der weiteren europäischen Harmonisierung dieser Technikbereiche Bestand haben wird, bleibt freilich abzuwarten.[60] Für die Gesellschaft wünschenswert wäre in jedem Fall, dass das Recht in solchen Grundsatzfragen eine über den einzelnen Sachbereich hinausreichende einheitliche Position einnehmen würde.

III. Einige Bemerkungen zum Schluss

Mit den vorstehenden Überlegungen sollte zum Teil noch im Stile eines Gedankenexperiments bewusst an die Grenzen des aktuellen Strafrechts herangegangen werden. Das Experiment hatte die Prämisse, dass unser Recht durchaus in der Lage ist, die Herausforderungen der zunehmenden Digitalisierung und konkret des vermehrten Einsatzes (teil)autonomer cyberphysischer Systeme zu bewältigen. Und: Die Prämisse wurde meines Erachtens für den Kern dieser Rechtsfragen bestätigt. Die dazu erforderliche ausdifferenzierte Grundlagendogmatik gibt der Jubilar dem Rechtsanwender in seinem Kommentar zum Strafgesetzbuch an vielen Stellen an die Hand. Welche Weichen künftig noch zu stellen sind, lassen die vorstehenden Überlegungen an verschiedenen Stellen aufscheinen.

Durch die in den letzten Jahren immer mehr in den Vordergrund gerückte präventive Strafrechtsberatung werden diese Fragen aktuell sehr stark und quasi „antizipierend"[61] im Rahmen der Compliance behandelt. Die Wissenschaft, die die Entwicklungen im Strafrecht in den vergangenen Jahrzehnten fast nur noch nachgezeichnet hat, kann damit wieder stärker in eine Vorreiterrolle rücken.[62] Endgültige Weichen werden freilich erst durch den Gesetzgeber und in Einzelfallentscheidungen durch die Rechtsprechung gestellt.[63] Zum Glück verfügt der Jubilar in diesem Diskurs über eine Stimme, die stets deutlich und in erfrischender Weise zu vernehmen ist.

---

[60] Für den Straßenverkehr harmonisiert etwa das 2014 überarbeitete Wiener Übereinkommen über den Straßenverkehr (urspr. BGBl. 1977 II 809 (811)) die international geltenden Verhaltensregeln.

[61] *Hilgendorf* in Rotsch, Criminal Compliance vor den Aufgaben der Zukunft, 2013, 19 (24).

[62] *Hilgendorf* in Rotsch, Criminal Compliance vor den Aufgaben der Zukunft, 2013, 19 (21, 24) spricht insoweit von einem „fundamentalen Perspektivenwechsel" und von „Compliance-Beratung unter Bedingungen rechtlicher Unsicherheit". Tatsächlich ist mit diesem Perspektivenwechsel auch ein Funktionswechsel hin zu einer stärkeren Steuerungsfunktion des Strafrechts verbunden.

[63] Ebenso *Hilgendorf* in Rotsch, Criminal Compliance vor den Aufgaben der Zukunft, 2013, 19 (28): Compliance-Maßnahmen können die juristische Klärung der Rechtslage nicht ersetzen. Nicht zu übersehen ist freilich, dass gerade die Compliancefragen in der Rechtsprechung derzeit noch durch obiter dicta geprägt sind, vgl. zuletzt BGH vom 9.5.2017, 1 StR 265/16, BeckRS 2017, 114578.

BERND MÜSSIG

Rechtsgüterschutz durch Strafrecht?

Thomas Fischer hat den Standardsatz zur gesellschaftlichen Funktion des Strafrechts hellhörig orchestriert: „Nach gängiger Terminologie – ob dem (noch) eine gemeinsame ‚Theorie' zugrunde liegt, muss offen bleiben – ist der Einsatz staatlichen Strafrechts nur da legitim, wo Rechtsgüter verletzt werden oder ihre Verletzung droht. Das ist, auch in der Rechtsprechung des Bundesverfassungsgerichts nicht unumstritten (...)."[1]

An diesem Befund setzt der Beitrag mit einer Behauptung an: Die Terminologie vom strafrechtlichen Rechtsgüterschutz[2] verkürzt die strafrechtliche Legitimationsperspektive nicht nur begrifflich sondern auch und maßgeblich im rechtstheoretischen Fundament; im Rahmen einer kleinen Skizze soll hier der Blick auf dieses Fundament gelenkt werden. Dabei wird sich zeigen, dass von der Terminologie des strafrechtlichen Rechtsgüterschutzes wohl besser Abschied zu nehmen ist – nicht aber von einem gesetzgebungskritischen Ansatz. Dann aber ist vorab einem Einwand gegen einen gesetzgebungskritischen Ansatz[3] (des Rechtsgutskonzepts) entgegenzutreten, der jede(n) Reformulierung(sversuch) treffen muss.

I. Gesetzgebungskritische Funktion als vordemokratischer Ansatz?

Bekanntlich hat das Bundesverfassungsgericht im sogenannten Inzest-Beschluss aus dem Jahr 2008 die rechtliche Verbindlichkeit des Rechtsgüterschutzkonzepts für den Strafgesetzgeber bestritten; rechtlich verbindliche Vorgaben für die Strafgesetzgebung ergäben sich allein aus der Verfassung und nicht aus einer strafrechtlichen Rechtsgüterlehre.[4] Dem folgend ist einer gesetzgebungskritischen Konzeption des „Rechtsgutsdogmas" eine „nachgerade verstörende Demokratieferne"[5] attestiert worden: Das Anliegen des „sog. systemkritischen Rechtsgutsdogmas" sei

[1] *Fischer,* 65. Aufl. 2018, StGB Vor § 13 Rn 12; unter Bezugnahme auf den sog. Inzest-Beschluss des Bundesverfassungsgerichts (BVerfGE 120, 224 (238ff.) = NJW 2008, 1137).

[2] Nachweise zur aktuellen Diskussion bei *Engländer* ZStW 127 (2015), 616; *Kudlich* ZStW 127 (2015), 635; *Stuckenberg* GA 2011, 653 (656ff.).

[3] Zur Differenzierung von systemkritischen und systemimmanenten Ansätzen in der Rechtsgutslehre grundlegend *Hassemer,* Theorie und Soziologie des Verbrechens, 1973, 23f.; zur Aktualität der Differenzierung *Engländer* ZStW 127 (2015), 616 (619ff.); *Kudlich* ZStW 127 (2015), 635 (637ff.).

[4] BVerfGE 120, 224 (241f.) = NJW 2008, 1137; abw. Meinung *Hassemer* NJW 2008, 1142; zur Kritik der Entscheidung, *Heinrich* FS Roxin, 2011, 131 (140ff.); *Paeffgen* FS Wolter, 2013, 125ff.; *Roxin* StV 2009, 544ff.

[5] *Stuckenberg* GA 2011, 653 (658).

„die inhaltliche Bindung des parlamentarischen Strafgesetzgebers, der ‚nicht frei schalten und walten' können soll und damit als Einschränkung der Volkssouveränität im Kern undemokratisch".[6] Ersteres, die rechtliche Unverbindlichkeit des Rechtsgüterschutzkonzeptes unter verfassungsrechtlichen Gesichtspunkten ist festzustellen (und festzuhalten für den weiteren Gedankengang ist auch die – insoweit zutreffende – Begründung des Bundesverfassungsgerichts: „Schon über den Begriff des Rechtsguts besteht keine Einigkeit"[7]). Letzteres, der Vorwurf eines vordemokratischen Ansatzes ist für gesetzgebungskritische Konzeptionen jedenfalls insoweit zurückzuweisen, als dieser Vorwurf jede Legitimationstheorie des Strafrechts treffen könnte: Legitimationstheorien des Strafrechts können als Reflexionstheorien des Rechtssystems beschrieben werden[8] – Selbstbeschreibungskonzepte des Systems im System[9] – und nur dieser Status wird (auch gegenüber dem demokratisch gewählten Strafgesetzgeber) in Anspruch genommen.

II. Verkürzung der Legitimationsperspektive

Die Verkürzung der strafrechtlichen Legitimationsperspektive durch das Rechtsgüterschutzkonzept ist eine zweifache: Einerseits drohen Rechtsgutstheorien hinsichtlich ihres inhaltlichen Ansatzes, also schon vom Gegenstandsbereich her (sofern sich einer bezeichnen ließe), an der kommunikativen Konstitution der Gesellschaft vorbeizugreifen. Andererseits können Rechtsgutstheorien in ihrem rechtstheoretischen Fundament die besondere Bedeutung des Rechts für das Kommunikationssystem Gesellschaft nicht abbilden; es wird dogmatisch auf das Bild individueller Verhaltensdetermination qua Imperative verkürzt. Letzteres wird seltener thematisiert: Will aber eine kritische Rechtsgutstheorie ihren eigenen Anforderungen gerecht werden,[10] so muss sie nicht nur die materiellen Definitionskriterien bzw. die gesellschaftlichen Konstitutionsbedingungen von Rechtsgütern benennen können, sie muss auch die Bedingungen und Möglichkeiten des strafrechtlichen „Schutzbetriebs" aufweisen können. Gerade dieses Fundament jedoch weist entscheidende Defizite auf, so dass die gesellschaftliche Verankerung der Rechtsgutslehren auch von dieser Seite her in Frage gestellt ist.

Einige wenige Anmerkungen mögen das Defizit zunächst beleuchten bzw. verdeutlichen, was gemeint ist.

---

[6] *Stuckenberg* ZStW 129 (2017), 349 (355).

[7] BVerfGE 120, 224 (240) = NJW 2008, 1137; vorweggenommen schon bei *Stratenwerth* FS Lenckner, 1998, 377 (378f., 388ff.).

[8] Vgl. dazu *Müssig,* Schutz abstrakter Rechtsgüter und abstrakter Rechtsgüterschutz, 1994, 102, 150ff., 157ff.

[9] Vgl. *Luhmann,* Ausdifferenzierung des Rechts, 1981, 419ff.; *Luhmann,* Soziale Systeme, 1984, 620ff.

[10] Dazu maßgeblich *Hassemer,* Theorie und Soziologie des Verbrechens, 1973, 27ff, 192ff.; *Hassemer/Neumann* in NK- StGB, 5. Aufl. 2017, Vor § 1 Rn 110ff, 131ff.

1. *Bilderbuch des Rechtsgüterschutzkonzeptes*

Dabei ist zunächst bei einem paradoxen Befund anzusetzen: Der vom Bundesverfassungsgericht attestierten (analytischen) Begriffslosigkeit der Rechtsgutslehren steht ein vorkritisches, gleichsam intuitiv vermitteltes Bild gegenüber, das der Terminologie vom Rechtsgüterschutz als strafrechtlicher Aufgabe historisch – jedenfalls in der deutschsprachigen Dogmatik[11] – wohl den Weg bereitete:[12] Nimmt man nämlich das Konzept vom Rechtsgüterschutz (im ersten Zugriff) wörtlich,[13] dann ginge es um die Bestimmung derjenigen (gesellschaftlichen und/oder persönlichen) Güter, die wegen ihrer (gesellschaftlichen und/oder persönlichen) Wertschätzung vom Gesetzgeber durch entsprechende Verbote und Gebote abzuschirmen und zu schützen sind. Dabei erhielte man – wiederum bildlich gesprochen – zwar einen etwas tumultarischen Bestand[14] an Gütern, der mit einem mehr oder weniger dichten Lattenzaun von Verboten und Geboten schützend umringt ist. Dieses Bild vom schützenden Wall um ein Gut mag aber die Terminologie vom strafrechtlichen Rechtsgüterschutz – intuitiv einleuchtend für eine wirtschaftende Gesellschaft – geleitet haben. Dass jedoch mit einem solchen Lagerbestand an Gütern Gesellschaft hinreichend beschrieben worden wäre – und um den Schutz der Gesellschaft soll es ja beim Rechtsgüterschutz gehen –, ist sicher zweifelhaft: Die Gesellschaft würde in Lagerbestände verkürzt und verdinglicht.[15]

Nicht sehr viel besser erschiene es, wenn man statt auf verdinglichte Güter auf Interessen setzen wollte.[16] Die Verdinglichung wäre umschifft; aber man handelte sich die Frage nach der Vergeistigung nicht nur der Rechtsgutsbestimmung[17] sondern auch der Rechtsgutsverletzung ein: Wie hat man sich das beispielsweise bei einer Verletzung von Kollektivinteressen vorzustellen?[18] als kollektiven Aufschrei oder Gefühlsverletzung? Gesellschaft wäre nach dieser Konzeption auf (ihre) Aggregatzustände schutzwürdiger Interessenlagen reduziert, die man wieder mit einem Wall von Verboten und Geboten schützend umgibt.

---

[11] Rechtsvergleichend *Bacigalupo* FS Jakobs, 2007, 1 (6ff.).

[12] Umfassend zur Geschichte der Rechtsgutslehren, *Amelung,* Rechtsgüterschutz und Schutz der Gesellschaft, 1972, dort zum „gemeinsamen Denkansatz" der Güterlehren beim Eigentum, S. 71f. Weitere Überblicke bei *Swoboda* ZStW 122 (2010), 24ff.; *Jakobs,* Rechtsgüterschutz? Zur Legitimation des Strafrechts, 2012, 13ff, 22ff.

[13] Vgl. etwa *Binding,* Handbuch des Strafrechts, 1885, 170: „Die Rechtsgüter (...) gleichen sich darin, daß sie wirklich verletzbar sind, d. h. entweder zerstört oder durch den Angriff in ihrem Güterwerte gemindert werden können. Rechtsgüterverletzung ist also ebenso möglich, wie Rechtsverletzung in des Wortes eigentlicher Bedeutung unmöglich ist."

[14] In Anlehnung an *v. Liszts* bekannte Kritik, *v. Liszt* ZStW 6 (1886), 663 (676).

[15] Zu den weiteren (absurden) Konsequenzen vgl. *Jakobs*' Hinweis auf die „Vergangenheit" als „einem riesigen Rechtsgüterfriedhof": *Jakobs,* Strafrecht, Allgemeiner Teil, 2. Aufl. 1991, 2/4.

[16] Wiederum in Anlehnung an *v. Liszt* ZStW 8 (1888), 133ff.; ZStW 6 (1886), 663ff.; aufgegriffen bei *Marx,* Zur Definition des Begriffes „Rechtsgut", 1972, 62, 64, 67f.; *Koriath* GA 1999, 561 (562).

[17] Kritisch zu „immateriellen" Rechtsgutslehren *Amelung,* Rechtsgüterschutz und Schutz der Gesellschaft, 1972, 155ff, 175ff; vergl. auch *Hefendehl,* Kollektive Rechtsgüter im Strafrecht, 2002, 27ff.

[18] *v. Liszt* reagierte bekanntlich mit der Differenzierung von Rechtsgut und Handlungsobjekt, *v. Liszt* ZStW 8 (1888), 133, 151f.; zur Kritik *Amelung,* Rechtsgüterschutz und Schutz der Gesellschaft, 1972, 94f.

Zielen Rechtsgutsbestimmungen jedoch (unmittelbar) auf die Gesellschaft als ‚soziale Entinität' (oder deren Substrate) dann verblasst – wie schon mehrfach festgestellt[19] – mit der begrifflichen Abstraktionshöhe auch die gesetzgebungskritische Funktion; nur noch als „Begriffshülsen, die sich beliebig auffüllen lassen"[20] erscheinen Rechtsgüter dann. Die Rede vom „Schutzbetrieb" wäre aber immer noch die identische: der „erwünschte soziale Zustand"[21] bzw. „verletzbare, schützbare Zustände",[22] die „werthafte soziale Funktionseinheit",[23] „Eigenschaften von Personen, Sachen oder Institutionen"[24] oder gesellschaftliche „Gegebenheiten und Zwecksetzungen"[25] wären wiederum von einem Wall von Verboten und Geboten schützend zu umringen – wie immer man sich das auch vorstellen mag.[26]

2. *Bilder vom Recht*

In diesen Konzeptionen wird die entscheidende kommunikative Konstitution von Gesellschaft jedoch nicht getroffen. Dies betrifft sowohl den begrifflichen Zugriff der Rechtsgutskonzepte wie auch das rechtstheoretische Fundament. Es ist aber gerade die kommunikative Konstitution von Gesellschaft, die uns Gesellschaftstheorien – egal welcher systemtheoretischer oder diskurstheoretischer Couleur[27] – als maßgeblich für einen tragfähigen Zugang zu einem realistischen Gesellschaftsbegriff nahelegen und beschreiben.

Diese kommunikative Konstitution betrifft auch den Zusammenhang von Recht und Gesellschaft, dh die Funktion des Rechts in der Gesellschaft, – und damit ist die gesellschaftlich-praktische Dimension der Rechtsgutslehre, nämlich ihr rechtstheoretisches Fundament angesprochen. In ihrer Orientierung an Verboten und Geboten verkürzen die Rechtsgutstheorien die gesellschaftliche Gestalt der Norm und des Rechts auf die sprachliche Form von Imperativen; die Perspektive für die Bestimmung des gesellschaftlichen Sinns von Normativität reduziert sich auf die individuelle Verhaltensdetermination. Es ist ein altes Bild vom Recht, das Rechtsgutstheorien mit sich herumschleppen: *Engisch* hatte es in seiner Dissertation (1925) wie folgt umschrieben: „So ist der Rechtsunterworfene stets von einer Menge Imperativen getroffen, die gleich Schwertern und Speeren ihm rechts und links im Wege stehen und die er beachten muss, will er nicht Wunden ernten".[28] Es ist das Bild

---

[19] Aktuelle Darstellung und Nachweise bei *Engländer* ZStW 127 (2015), 616ff.

[20] *Hassemer/Neumann* in NK-StGB, 5. Aufl. 2017, Vor § 1 Rn. 143 (mit trotzdem optimistischer Option).

[21] *Welzel,* Das Deutsche Strafrecht, 11. Aufl. 1969, 4.

[22] *Jäger,* Strafgesetzgebung und Rechtsgüterschutz bei Sittlichkeitsdelikten, 1957, 13.

[23] *Rudolphi* FS Honig, 1970, 151 (164).

[24] *Kindhäuser,* Strafrecht Allgemeiner Teil, 7. Aufl. 2015, § 2 Rn. 6.

[25] *Roxin,* Strafrecht Allgemeiner Teil, Bd. I, 4. Aufl. 2006, § 2 Rn 7.

[26] Treffend kritisch zur Annahme von „Güterschutzeffekte(n) einzelner Normen", *Stuckenberg* ZStW 129 (2017), 349 (359f.).

[27] Zur kommunikativen Konstitution von Normen *Luhmann,* Rechtssoziologie, 3. Aufl. 1987, 28ff., 40ff.; *Luhmann,* Das Recht der Gesellschaft, 1993, 35f., 46ff., 49f.; *Luhmann,* Soziale Systeme, 1987, 382ff., 387ff., 396ff.; sowie *Habermas* in Wiggershaus, Sprachanalyse und Soziologie, 1975, 319 (333ff.); *Habermas,* Theorie des kommunikativen Handelns, Bd. I, 1988, 127f.; *Habermas,* Faktizität und Geltung, 1992, 32ff., 41ff., 44f.

[28] *Engisch,* Die Imperativentheorie, 1925, 70.

vom Ruf der Norm an den Einzelnen, das die Terminologie vom Rechtsgüterschutz und die Vorstellung vom „Rechtsgüterschutzbetrieb" leitet. Dieser Befund zum „normtheoretischen Zugriff" gilt – vermittelt über finalistische Normkonzepte – auch für die sozialwissenschaftliche Reformulierung der Rechtsgutslehre, wie sie insbesondere *Hassemer* vorlegte.[29]

Mit diesem Bild aber wird die besondere Bedeutung des Rechts für die Ermöglichung des kommunikativen Prozesses sozialer Interaktionen verkürzt, ebenso wie auch die Bedeutung des Rechts als Struktur der Gesellschaft verkürzt wird. Gerade aber die Bedeutung des Rechts als Struktur der Gesellschaft ist Grundlage moderner Strafrechtstheorien dh der Frage nach der Funktion von Strafrecht in der Gesellschaft: die Theorie der positiven Generalprävention baut auf diesen Zusammenhang auf; – bei den Rechtsgutstheorien ist dieses noch nicht angekommen.[30]

III. Rechtstheoretisches Fundament

Mit ein paar wenigen Strichen soll im Folgenden das rechtstheoretische Fundament skizziert werden,[31] auf das sich strafrechtliche Legitimationstheorien stützen könnten.

1. Rechtsstruktur

Vor dem Hintergrund eines auf Kommunikation[32] bezogenen Gesellschaftsbegriffs sind Normen in ihrer sprachlichen Form Symbole für komplexe soziale Strukturen: Sie stehen als Kürzel für reflexive Erwartungsstrukturen, an deren sozialer Bedeutung und Maßgeblichkeit demonstrativ festgehalten wird, gerade wenn im Einzelfall Verhalten diesen Erwartungen widerspricht. Eine bestimmte Gestaltung sozialer Kontakte wird so kontrafaktisch als erwartbar ausgezeichnet und garantiert. – Dies hat je nach Blickwinkel unterschiedliche Bedeutung: In individueller Perspektive, dh aus der Sicht des handelnden Subjekts, vermitteln Normen – dies ist im Alltag nur selten bewusst – Orientierungsmuster, die soziale Kontakte überhaupt ermöglichen. Diese Orientierungsmuster sind prägender Bestandteil eines Hintergrundwissens, vor dem das Verhalten anderer erst gedeutet und verstanden wird. Normativität steht in dieser individuellen Perspektive für die Erwartbarkeit der Gestalt sozialer Kontakte; sie ist das Symbol für Orientierungssicherheit als Voraussetzung sozialen Verhaltens. Es geht also nicht um individuelle Verhaltensdetermina-

---

[29] Ausführlich dazu *Müssig,* Schutz abstrakter Rechtsgüter und abstrakter Rechtsgüterschutz, 1994, 27ff., 57ff.

[30] Und so verwundert es dann kaum noch, dass – bekanntermaßen – Rechtsgutstheorien und strafrechtliche Zurechnungsprinzipien wenig zusammenpassen; dazu *Frisch* in Hefendehl/Hirsch/Wohlers, Die Rechtsgutstheorie, 2003, 215, 228ff.

[31] Ausführlich *Müssig,* Schutz abstrakter Rechtsgüter und abstrakter Rechtsgüterschutz, 1994, 85ff., 140ff., 156ff.

[32] Zum Kommunikationsbegriff in Abgrenzung zu „Übertragungs-" und „Konsensmodellen" *Luhmann,* Soziale Systeme, 1987, 191, 193ff.; *Luhmann,* Die Gesellschaft der Gesellschaft, 1997, 78, 81ff.; zu einer „Epistemologie der Kommunikation" – Kommunikation als Begriff des Beobachters – *v. Foerster,* Wissen und Gewissen, 1993, 269, 277ff.

tion, sondern in dieser individuellen Perspektive geht es um Orientierungssicherheit.[33]

Blickt man auf Normen in ihrer Bedeutung für die Gesellschaft, wechselt man also von der individuellen zur gesellschaftlichen Perspektive, so steht nicht mehr die jeweils individuelle Handlungskoordination im Vordergrund, sondern Kommunikation als soziale Praxis bzw. der Kommunikationsprozess als soziales System. Unter dieser Perspektive sind Normen – als Bestandteil einer symbolischen Ordnung – grundlegende Selbstbeschreibungs- und Organisationsmuster der jeweiligen sozialen Systeme. Sie vermitteln Sinnhorizonte, einen sozialen Kontext, auf den sich die situativen Interaktionen beziehen. Normen bilden die Struktur im Kommunikationsprozess und formen so – bildhaft gesprochen – die Gestalt der jeweiligen Kommunikationssysteme.[34]

Mit dem Begriff des Rechts sind dann jene Erwartungsstrukturen bezeichnet, die in formalisierten Verfahren mit gesamtgesellschaftlicher Geltung institutionalisiert bzw. symbolisch generalisiert sind. Recht ist damit als Struktur der Gesellschaft ausgezeichnet: Wiederum plakativ formuliert definiert Recht die Gestalt der Gesellschaft.[35]

2. *Strafrecht*

Mit dieser Skizze ist zunächst die rechtstheoretische Grundlage für eine Theorie der positiven Generalprävention angedeutet. Gängig wird – im Ansatz sozialpsychologisch orientiert – auf die „Erhaltung und Stärkung des Vertrauens in die Bestands- und Durchsetzungskraft der Rechtsordnung"[36] abgestellt. Mit Blick auf das Rechtskonzept kann man formulieren: Strafrecht dient der kontrafaktischen Bestätigung von gesamtgesellschaftlich relevanten Verhaltenserwartungen; – es geht um Garantie des Rechts (als Struktur der Gesellschaft): Mit den als sozial maßgeblich definierten Verhaltenserwartungen, die den Straftatbeständen als Typus zugrunde liegen, garantiert Strafrecht eine bestimmte Gesellschaftsgestalt. Strafe als formalisierte Reaktion auf abweichendes Verhalten demonstriert, dass an einer Rechtsnorm als Ausdruck der konkreten Gestalt der Gesellschaft festgehalten wird, genauer: Strafe disqualifi-

---

[33] Vgl. *Luhmann,* Rechtssoziologie 3. Aufl. 1987, 31ff., 38f., 40ff., 53ff., 57ff.; *Luhmann,* Soziale Systeme, 1987, 396ff., 411ff., 416f., 436ff.; *Habermas,* Sprachspiel in Wiggershaus, Sprachanalyse und Soziologie, 1975, 319, 333ff.; auf der Basis kommunikativen Handelns *Habermas,* Theorie des kommunikativen Handelns, Bd. I, 1988, 127f.; aus phänomenologischer Perspektive *Waldenfels* in Waldenfels, In den Netzen der Lebenswelt, 2. Aufl. 1994, 129, 134ff., 136.

[34] Vgl. *Luhmann,* Soziale Systeme, 1987, 382ff., 387ff., 392ff., 470ff. 472ff.; *Luhmann,* Recht der Gesellschaft, 1993, 56ff., 49f., 125ff. Normativität ist in dieser Sichtweise das Symbol für die Struktur sozialer Systeme; es bezieht sich auf die Notwendigkeit der Strukturbildung überhaupt.

[35] *Luhmann,* Rechtssoziologie, 3. Aufl. 1987, 94ff., 99ff.; *Luhmann,* Recht der Gesellschaft, 1993, 131ff., 156ff., 161ff.; im Ansatz als Strukturtheorie des Rechts vergleichbar *Habermas,* Zur Rekonstruktion des Historischen Materialismus, 1976, 9, 35, 37 (Recht als Schrittmacher der sozialen Evolution und institutionelle Verkörperung von Rationalitätsstrukturen); *Habermas,* Theorie des kommunikativen Handelns, Bd. II, 1988, 257ff., 261ff., 536 (Recht als Medium bzw. Institution an der Schnittstelle von System und Lebenswelt); *Habermas,* Faktizität und Geltung, 1992, 58f.; 106ff.

[36] BVerfGE 45, 187 (256) = NJW 1977, 1525; weitere Nachweise bei *Hassemer/Neumann* in NK-StGB, 5. Aufl. 2017, Vor § 1 Rn. 288f.

ziert das Verhalten als relevantes Deutungsmuster gesellschaftlicher Praxis. Die Maßgeblichkeit des Verhaltens wird marginalisiert, indem es in seiner normativen Bedeutung individualisiert, als Rechtsverletzung in individuelle Verantwortung gestellt wird.[37]

Das Konzept der positiven Generalprävention ist allerdings inhaltlich zunächst ein formales Konzept: Bestätigung des Rechts. Die strafrechtliche Legitimationsproblematik, die gesetzgebungskritische Rechtsgutslehren antreibt, weist jedoch über dieses formale Konzept hinaus: Es geht dort um die materielle Frage, ob ein konkreter Straftatbestand berechtigt bzw. begründet ist – also: welche Rechtsstrukturen in ihrer Geltung für die gesamte Gesellschaft strafrechtlich garantiert werden soll und warum?

Formuliert man die Frage in diesem Sinne, so zeichnet sich zunächst ein für das Verständnis der Rechtsgutslehren entscheidender Perspektivenwechsel ab: Die gesellschaftliche Bedeutung von strafrechtlichem Unrecht ist mit Blick allein auf eine äußerliche oder vergeistigte Gutsverletzung nicht zu erfassen, vielmehr ist es in einem ursprünglichen Sinn als Rechtsverletzung[38] zu verstehen: Nicht ein äußerlich sinnfälliger oder vergeistigter Rechtsgutsangriff ist entscheidend, sondern die kommunikative Bedeutung des Verhaltens als Rechtsverletzung: Das Selbstverständnis der Gesellschaft, das in den normativen Strukturen repräsentiert wird, ist in der konkreten Situation der Rechtsverletzung in Frage gestellt.

Die entscheidende Frage ist dann, welches sind die normativen Strukturen, die strafrechtlich – als Struktur der Gesellschaft – garantiert werden sollen? Für diese Frage kann es in modernen Gesellschaften kein substantielles Konzept geben; lediglich (analytische) Kriterien bzw. Koordinaten für die entsprechenden Diskurse können noch bezeichnet werden: Die materielle Legitimation einzelner Strafrechtsnormen ist eingebettet in einen Prozess der kritischen Hinterfragung des Strafrechts als (Teil-)Struktur der Gesellschaft (und insoweit sind Legitimationstheorien des Strafrecht als Reflexionstheorien im Rechtssystem ausgewiesen[39]).

---

[37] Dazu *Jakobs,* Strafrecht Allgemeiner Teil, 2. Aufl. 1991, 1/4ff., 1/9ff.; *Jakobs* ZStW 107 (1995), 843 (844ff., 847ff.); *Müssig,* Schutz abstrakter Rechtsgüter und abstrakter Rechtsgüterschutz, 1994, 140ff.

[38] Zu diesem Begriff mit Blick auf das objektive Recht schon die hegelianisch inspirierte Strafrechtsdogmatik des 19. Jahrhunderts, vergl. *Hälschner,* Das Preuß. Strafrecht, Theil 2, 1858, 218ff. (in Abgrenzung zu *Feuerbachs* subjektiven Ansatz: *Feuerbach,* Lehrbuch, 2. Aufl. 1803, § 21, S. 22). Aktuell auch *Renzikowski* in Matt/Renzikowski, Strafgesetzbuch 2013, Einl. Rn 10. Zur Verletzung subjektiver Rechte als strafrechtlich relevanten ‚Paradigma' – in Abgrenzung zur Rechtsguts- wie auch Pflichtverletzung – *K. Günther,* in Institut KrimWiss. Frankfurt a. M., Vom unmöglichen Zustand des Strafrechts, 1994, 445ff.

[39] Zu den Aporien jeglicher Legitimationstheorien – als Legitimation einer Ordnung – *Waldenfels,* Der Stachel des Fremden, 2. Aufl. 1991, 103, 112f.

IV. Koordinatenbestimmung

Drei analytische Ansätze, die sich in den Diskussionen um die Rechtsgutstheorien schon herausgebildet haben, können auch hier als zur Zeit plausible Kriterien bzw. Koordinaten für diese Diskurse bestätigt werden:

– die soziale Funktion der (strafrechtlich garantierten) Verhaltenserwartung,
– die normative Identitätskriterien der Gesellschaft,
– ein Konzept „formalisierter Sozialkontrolle".

1. Soziale Funktion strafrechtlich garantierter Verhaltenserwartungen

Als ersten Ansatzpunkt und gleichsam Basis des Diskurses kann zunächst eine soziologische Information ausgewiesen werden, nämlich die Bestimmung der sozialen Funktion garantierter Verhaltenserwartungen. Es handelt sich dabei um einen Informationsprozess:[40] Die strafrechtlich garantierte Verhaltenserwartung wird als ein veränderbarer, kontingenter Ausschnitt der Gesellschaftsgestalt, als Teilstruktur des Rechts(systems), erfasst und beschrieben und es werden Möglichkeiten und Gestaltung sozialer Kontakte unter diesem Sonderhorizont der Verhaltenserwartungen hinterfragt; es geht um die inhaltliche Erfassung der garantierten Gestalt sozialer Interaktionen – auch mit Blick auf die Gesamtgesellschaft und deren (Teil-)Systeme.

Weil der Begriff der „Funktion" im Kontext von Legitimationstheorien regelmäßig „Allergien" auslöst,[41] ist zu betonen: es geht nicht um instrumentelle Sozialtechnologie, es geht um Rekonstruktion. Funktionen sind nicht im Sinne von produzierten Leistungen eines Systems zu verstehen,[42] es sind vielmehr Zuschreibungen aus der Beobachterperspektive, einschließlich der Selbstbeobachtung im Rechtssystem:[43] Hinterfragt wird also beispielsweise – im Prozess der inhaltlichen Erfassung –, ob Verhaltenserwartungen sich unmittelbar auf den Status der Person beziehen, ob sie etwa Orientierungsmuster für die allgemeine Gestaltung direkter sozialer Kontakte sind und deshalb unter einer selbstverständlichen Konfliktperspektive stehen – dies ist regelmäßig der Bereich der sog. „Individualrechtsgüter"[44] – oder aber ob Verhaltenserwartungen auch auf die Etablierung von Institutionen bzw. auf die Gestalt komplexer Teilsysteme der Gesellschaft bezogen sind und insoweit unter einer nur vermittelten, „institutionellen", „positivistischen" Konfliktperspektive stehen – dies ist regelmäßig der Bereich der sog. „Kollektivrechtsgüter".[45] Hinterfragt wird auch beispielsweise, ob Verhaltenserwartungen

---

[40] Dazu *Luhmann,* Soziale Systeme, 1987, 83f. (Spezifische Form der Beobachtung sozialer Systeme).

[41] Vgl. *Seher* in Hefendehl/Hirsch/Wohlers, Die Rechtsgutstheorie, 2003, 39 (41).

[42] So wohl *Hassemer/Neumann* in NK-StGB, 5. Aufl. 2017, Vor § 1 Rn. 106; ähnlich *Amelung,* Rechtsgüterschutz und Schutz der Gesellschaft, 1972, 358ff.

[43] *Luhmann,* Soziale Systeme, 1987, 406.

[44] Dazu *Müssig,* Schutz abstrakter Rechtsgüter und abstrakter Rechtsgüterschutz, 1994, 178ff., 180ff.; vergl. auch *Hefendehl,* Kollektive Rechtsgüter im Strafrecht, 2002, 116ff.

[45] *Müssig,* Schutz abstrakter Rechtsgüter und abstrakter Rechtsgüterschutz, 1994, 184ff.; *Hefendehl,* Kollektive Rechtsgüter im Strafrecht, 2002, 123ff.; *Hefendehl* in Hefendehl/Hirsch/Wohlers, Die Rechtsgutstheorie, 2003, 119 (126ff.).

auf dezentrale Gestaltung individueller Organisationskreise bezogen sind oder aber auf zentral definierte Standards im Kontext ausdifferenzierter spezifischer Normkomplexe – letzteres ist regelmäßig die (Legitimations-)Problematik der abstrakten Gefährdungsdelikte,[46] beispielsweise im Kontext zentral garantierter, standardisierter Risikoverwaltung oder auch staatlicher Organisation. – Die funktionale Analyse einer Verhaltenserwartung kann daher als „Problemkonstruktion" bzw. als sozialwissenschaftliches Modell verstanden werden; Funktionen sind abstrakte Synthesen einer Mehrzahl von Möglichkeiten.[47]

2. *Normative Identitätskriterien der Gesellschaft*

Als Bezugsmuster des Diskurses (und der Analyse) können die normativen Identitätskriterien der konkreten Gesellschaft ausgewiesen werden. Diese Kriterien der grundlegenden – jedoch nicht monolithischen – gesellschaftlichen Selbstbeschreibungen in den (kontroversen) Prozessen der Öffentlichkeit bilden den Rahmen, in dem die Legitimationsproblematik zu verhandeln ist; – sie bestimmen gleichzeitig auch die Gestalt des Legitimationsprozesses selbst. Es sind die Rationalitätskriterien der Legitimationsfrage und der Kriminalpolitik; sie bilden damit das (normative) Grundmuster der strafrechtlich relevanten Legitimations- und Konfliktperspektive.

Die materiellen Identitätskriterien sind (natürlich) nicht schlicht vorgegeben; sie sind das Resultat der regelmäßig kontroversen gesellschaftlichen Selbstbeschreibungen in den jeweiligen ausdifferenzierten Systemen der Gesellschaft und in den verschiedenen (Hegemonial-)Diskursen der Öffentlichkeiten. In diesem Zusammenhang sind auch die Prozesse der normativen gesellschaftlichen Verständigung, Prozesse der gesellschaftlichen Werterfahrung zu verorten, wie sie *Hassemer* schon für die „Herstellung der Rechtsgüter" herausgearbeitet hat.[48]

Wir haben gute Gründe, etwa in der Tradition der praktischen Philosophie des Idealismus, Recht als Freiheitspraxis und damit die Autonomie des Subjekts als Fundament des Rechts zu setzen.[49] Vor den Szenarien einer Fragmentierung gesellschaftlicher Rationalität, dem Wegbruch der substantiellen Grundlagen einer idealistischen Philosophie, scheinen sich aber die Grundlagen für ein solch normativ anspruchsvolles materielles Legitimationskonzept aufzulösen.[50] Die Verbindlichkeit statischer bzw. holistischer Gesellschaftsbilder zerbricht unter den Prozessen der sozialen Differenzierung. Können – und sollen – die rechtlichen Identitätskriterien

---

[46] *Müssig,* Schutz abstrakter Rechtsgüter und abstrakter Rechtsgüterschutz, 1994, 188ff.; *Hefendehl,* Kollektive Rechtsgüter im Strafrecht, 2002, 164ff.; *Wohlers,* Deliktstypen des Präventionsstrafrechts, 2000, 291.

[47] Vergl. dazu *Luhmann* (Funktionen als „regulative Sinnschemata") in Luhmann, Soziologische Aufklärung I, 1970, 9, 14.

[48] *Hassemer,* Theorie und Soziologie des Verbrechens, 1973, 125f., 151ff., 221ff.

[49] Ausführlicher *Müssig,* Mord und Totschlag, 2005, 187ff.

[50] Die Gestaltungen des Autonomiekonzepts unterliegen in theoriegeschichtlicher Perspektive einer Entwicklung, die man als Objektivierung und zugleich soziale Prozeduralisierung fassen kann. Sie sind also Ausdruck einer strukturellen gesellschaftlichen Entwicklung, die immer deutlicher in das Licht einer reflexiven sozialen Gestaltung tritt – und schließlich bei *Hegel* auch die Dimension der Geschichte mit umfasste; *Müssig* FS Jakobs 2007, 405 (411ff.).

moderner komplexer Gesellschaften nicht (mehr) auf die Verbindlichkeit von Weltbildern bzw. auf inhaltliche kollektive Identitäten gegründet werden, soll aber dennoch am normativen Gehalt des Autonomieprinzips als rechtlichen Legitimationsparadigma moderner Gesellschaften festgehalten werden, so bleibt dann nur, das Autonomieprinzip selbst unter die Perspektive einer Prozeduralisierung zu stellen. Das Konzept rechtlicher Freiheit ist unter den Bedingungen gesellschaftlicher (prozessualer) Reflexivität[51] zu formulieren: Es ginge dann um die Entwicklung und Institutionalisierung von Organisationsprinzipien als Bedingung und Ausdruck privater und öffentlicher Autonomie im Recht. Organisationsprinzipien als Grundmuster rechtlicher Selbstbeschreibung wären daraufhin zu hinterfragen, inwieweit nach diesen Prinzipien die Bedingungen einer rechtlichen Selbstbestimmungspraxis begründbar und organisierbar sind. Aus der Perspektive des Strafrechts kann vor dem Hintergrund grundlegender Zurechnungsmuster dabei einerseits auf das personale und andererseits auf das institutionelle Organisationsprinzip verwiesen werden.[52]

Die Frage nach der materiellen Legitimation von Straftatbeständen ist – wie oben schon erwähnt – Bestandteil der Reflexionstheorie des Rechtssystems; Legitimationskriterien werden aus der Perspektive des Rechtssystems rekonstruiert. Für das Strafrecht erhalten damit Verfassungsgrundsätze – seien es geschriebene oder ungeschriebene – als juridifizierte Selbstbeschreibung der Gesellschaft eine profilierte Bedeutung.[53] Sie bilden ein (maßgebliches) Grundmuster, auf das sich die strafrechtlich relevante Konflikt- und Definitionsperspektive (auch) beziehen muss. Dieses ist – mit durchaus unterschiedlichen Einschätzungen – im Zusammenhang der Auseinandersetzungen um Rechtsgutstheorien mittlerweile belegt.[54] Festzuhalten bleibt allerdings auch hier: Die Legitimation des Strafrechts kommt über die des Staates nicht hinaus; sie ist vielmehr ein Aspekt der Problematik.

3. *Konzept „formalisierter Sozialkontrolle"*

Als spezifisch strafrechtlicher Argumentationstopos kann schließlich das Konzept der „formalisierten Sozialkontrolle" ausgewiesen werden. Auch dieses hat *Hassemer* für die Rechtsgutstheorien herausgearbeitet.[55] Demnach ist Strafrecht ein Teilbereich sozialer Kontrolle und damit eine Sonderform gesellschaftlicher Konfliktverarbeitung, die sich von anderen Formen eben durch Formalisierung unterschei-

---

[51] Zum Begriff *Luhmann,* Soziale Systeme, 1987, 593 (600f., 610ff.).

[52] Ausführlicher *Müssig* FS Rudolphi, 2004, 165 (175ff.).

[53] Dass mit der Institutionalisierung eines Verfassungsgesetzes die Grenze der bloß symbolischen Identitätsstiftung, etwa im Sinne einer wenig konturierten „Werteordnung", überschritten wird hin zum Bereich der Rechtsprinzipien, darauf verweist *Habermas,* Faktizität und Geltung, 1992, 303ff., 312, 316.

[54] *Appel,* Verfassung und Strafe, 1998, 381ff., 390; *Lagodny,* Strafrecht vor den Schranken der Grundrechte, 1996, 145ff., 162f., *Stächelin,* Strafgesetzgebung im Verfassungsstaat, 1998, 164f.; *Hefendehl,* Kollektive Rechtsgüter im Strafrecht, 2002, 23, 48ff., 83ff.; *Hassemer* in Hefendehl/Hirsch/Wohlers, Die Rechtsgutstheorie, 2003, 57, 59ff.; *Sternberg-Lieben* in Hefendehl/Hirsch/Wohlers, Die Rechtsgutstheorie, 2003, 65, 76ff.; *Wohlers* in Hefendehl/Hirsch/Wohlers, Die Rechtsgutstheorie, 2003, 281f.; zum (aktuellen) Stand der Auseinandersetzungen *Kudlich* ZStW 127 (2015), 635 (646ff.); *Engländer* ZStW 127 (2015), 616.

[55] *Hassemer,* Theorie und Soziologie des Verbrechens, 1973, 194ff.

det. Eine solche Formalisierung ermögliche „eine Distanz zwischen Delinquenz und deren gesellschaftliche Verarbeitung“ und damit eine Reflexion auf die angemessene Form des gesellschaftlichen Strukturschutzes unter Zweck- und Wertaspekten. Das Konzept Formalisierung steht also für die Verwirklichung inhaltlicher Prinzipien, insbesondere auch zum Schutz der am Konflikt Beteiligten.[56]

Die gesellschaftstheoretischen Wurzeln eines Konzepts der Formalisierung sozialer Kontrolle liegen in der Strukturbildung des sozialen Systems selbst begründet: In einem sozialen System lassen sich nicht vollkommen beliebige Formen der sozialen Kontrolle etablieren, ohne dass Gestalt und Identität des Systems konterkariert würden. Die Formen der sozialen Kontrolle bestimmen wie Prozesse der Strukturierung allgemein die Gestalt und Identität des sozialen Systems und werden durch diese Identität wiederum selbst geformt.

Zusammenfassend lässt sich zu den Koordinaten einer Legitimationstheorie nach hiesigem Vorschlag also folgendes festhalten: Die Legitimation von Strafrechtsnormen ist als Teil eines Prozesses zu beschreiben, in dem die soziale Funktion der strafrechtlich garantierten Verhaltenserwartung vor dem Hintergrund der Identitätskriterien reflektiert und in ein Konzept formalisierter Sozialkontrolle integriert wird.

4. *Verluste?*

Die hier vorgeschlagene Koordinatenverschiebung für eine strafrechtliche Legitimationstheorie wird sich möglicherweise – mutmaßlich wegen des spezifischen rechtstheoretischen Zugriffs – dem Verdacht ausgesetzt sehen, den liberalen Anspruch einer humanen Kriminalpolitik systemischen Imperativen zu opfern. Ein solcher Verdacht stützte sich letztlich auf einer behaupteten,[57] schon historisch jedoch (zumindest) relativierten[58] exklusiven Liberalität des strafrechtlichen Rechtsgüterschutzmodells. Entgegen der Terminologie ließe sich auch konzeptionell ein solch genuiner liberaler Ansatz für das Rechtsgüterschutzkonzept nicht belegen: Der umfassende – dann aber freiheitserstickende – Schutz von Rechtsgütern liegt in der Logik des strafrechtlichen „Rechtsgüterschutzbetriebes“ – und wäre nur durch andere – externe – Ansätze zu relativieren.[59] Muss man dann noch die schon vom Bundesverfassungsgericht attestierte (analytische) Begriffslosigkeit der Rechtsgutslehre in Rechnung stellen,[60] dann bedeutet das nicht nur, dass für jeden Straftatbestand ein „Rechtsgut“ ausgewiesen sondern auch dessen (strafrechtlicher) Schutz gefordert werden kann und damit die strafrechtliche Garantie jeglicher (auch illibe-

---

[56] *Hassemer/Neumann* in NK-StGB, 5. Aufl. 2017, Vor § 1 Rn. 168.

[57] So schon im Ansatz bei *Hassemer,* Theorie und Soziologie des Verbrechens, 1973, 27ff.; nachfolgend auch *Hassemer/Neumann* in NK-StGB, 5. Aufl. 2017, Vor § 1 Rn 115; *Sina,* Die Dogmengeschichte des strafrechtlichen Begriffs „Rechtsgut“, 1962, 89ff.; aus jüngerer Zeit *Roxin* FS Hassemer, 2010, 573 (577).

[58] Umfangreiche Nachweise bei *Amelung,* Rechtsgüterschutz und Schutz der Gesellschaft, 1972, 38ff., 52ff., 257ff.

[59] Vgl. *Weigend* in LK-StGB, 12. Aufl. 2007, Einl. Rn. 7; weitere Nachweise bei *Engländer* ZStW 127 (2015), 616 (618); *Stuckenberg* ZStW 129 (2017), 349 (361f.).

[60] BVerfGE 120, 224 (240) = NJW 2008, 1137; optimistischere Einschätzung bei gleichem Befund *Hassemer/Neumann* in NK-StGB, 5. Aufl. 2017, Vor § 1 Rn. 143f.

raler, paternalistischer, repressiver oder totalitärer) Gesellschaftsgestalt über das Rechtsgüterschutzdogma legitimiert wäre.[61]

In dieser Lage besteht dann aber – auch in der Auseinandersetzung um die aktuelle Kriminalpolitik – regelmäßig die Gefahr, dass Anforderungen der Rechtsgutsterminologie zu einem liberalen Placebo verkommen; einem Placebo, das die entscheidende Dimension der strafrechtlichen Legitimationsproblematik verstellt: Es geht immer um die Gestalt der Gesellschaft und um die zu garantierenden Sphären der Person.

5. Ausblick

Mit seinem bewundernswert vielseitigem Werk und Wirken hat Thomas Fischer im Recht schon jetzt tiefe Spuren hinterlassen. Auch wegen der ausgelösten Kontroversen bleibt zu wünschen, dass er weiterhin für sein Werk und Wirken im Recht Fortsetzungsvorsatz hat.

---

[61] Zu den potentiell totalitären Zügen eines konsequenten Rechtsgüterschutzkonzeptes schon *Jakobs* ZStW 97 (1985), 751 (753f.).

ULFRID NEUMANN

Dezision statt Argumentation? Zur (post)modernen Kritik der Rechtsgutslehre

I. Einleitung

Die Lehre vom Rechtsgut hat seit längerer Zeit eine beherrschende Stellung in der deutschen Strafrechtswissenschaft, und sie ist auch international vielfach auf Zustimmung gestoßen.[1] Sie sieht sich aber, vor allem in der deutschen Diskussion, auch wachsender Kritik ausgesetzt.[2] Diese Kritik betrifft in erster Linie den systemtranszendenten (kritischen), weniger den systemimmanenten (methodologischen) Rechtsgutsbegriff.[3] So wird der systemkritischen Rechtsgutslehre, teilweise in höchst temperamentvollen Attacken, geradezu Verfassungsfeindlichkeit vorgeworfen. Ihr Anliegen einer „inhaltlichen Bindung des Strafgesetzgebers", heißt es dann etwa, sei „als Einschränkung der Volkssouveränität im Kern undemokratisch",[4] dieser Lehre eine „nachgerade verstörende Demokratieferne" zu attestieren.[5] Aber auch in weniger aufgeregten Stellungnahmen werden seit einiger Zeit zunehmend massive, weithin verfassungsrechtlich grundierte Bedenken gegen die Rechtsgutslehre vorgetragen.[6] Sie hat deshalb Anlass, sich ihrer Position zu versichern.

---

[1] Vgl. etwa *Dubber* ZStW 117 (2005), 485; *Young-Whan Kim* ZStW 124 (2012), 591 (Wiederabdruck in *Young-Whan Kim,* Rechtsphilosophie und Strafrecht in Deutschland und Korea, 2017, 227); *Kaiafa-Gbandi* in Prittwitz/Manoledakis, Strafrechtsprobleme an der Jahrtausendwende. Deutsch-griechisches Symposium Rostock 1999, 2000, 43, 45 (die Lehre vom Rechtsgut als „eines der wichtigsten Vermächtnisse der deutschen Strafrechtswissenschaft an die europäische Rechtskultur"); *Tavares* in Neumann/Prittwitz, „Personale Rechtsgutslehre" und „Opferorientierung im Strafrecht", 2007, 129ff. (mit Vorschlägen zum Ausbau der personalen Rechtsgutslehre Hassemers).

[2] Nachw. bei *Hassemer/Neumann* in NK-StGB, 5. Aufl. 2017, Vor § 1 Rn. 116ff. Vgl. ferner *Engländer* FS Neumann, 2017, 547ff.; *Kubiciel* JZ 2018, 171 (173); *Stuckenberg* ZStW 129 (2017), 349ff.

[3] Skeptisch auch zur Leistungsfähigkeit eines systemimmanenten Rechtsgutsbegriffs aber *Stuckenberg* ZStW 129 (2017), 349 (350); ähnlich *Kubiciel,* Die Wissenschaft vom Besonderen Teil des Strafrechts, 2013, 51ff. (krit. dazu *Neumann* ZStW 129 (2017), 780 (782)).

[4] *Stuckenberg* ZStW 129 (2017), 349 (355) unter Bezug auf die Feststellung von Vertretern der personalen Rechtsgutslehre, das Kriterium der Rechtsgutsverletzung oder -gefährdung solle „verhindern, dass der Strafgesetzgeber bei der Auswahl der strafbewehrten Normen und der strafrechtlichen Bestimmung von Verhaltenspflichten frei schalten und walten kann" (*Hassemer/Neumann* in NK-StGB, 5. Aufl. 2017, Vor § 1 Rn. 62). Mit ähnlicher Stoßrichtung schon *Gärditz* Der Staat 49 (2010), 331 (352f.).

[5] *Stuckenberg* GA 2011, 653 (660).

[6] Vgl. etwa *Kubiciel,* Die Wissenschaft vom Besonderen Teil des Strafrechts, 2013, 51ff. Zur Verteidigung der Rechtsgutslehre vgl. etwa *Heinrich* FS Roxin, 2011, 131ff.; *Martins* in Asholt ua, Grundlagen und Grenzen des Strafens, 2015, 79ff.; *Schünemann* FS Neumann, 2017, 701ff.

Vorweg: „Die" Rechtsgutslehre als einheitliches System von identischen Theoremen gibt es ebenso wenig wie „die" Lehre von den Strafzwecken oder „die" Moralphilosophie. Schon deshalb geht der geläufige Vorwurf, unter dem Begriff „Rechtsgut" würden von Vertretern „der" Rechtsgutslehre ganz verschiedene Dinge verstanden, an der Sache vorbei. „Der" Rechtsgutslehre in Hinblick auf unterschiedliche Vorstellungen von dem Formalobjekt „Rechtsgut" Konturlosigkeit vorzuwerfen, ist ebenso sinnvoll, wie die Leistungsfähigkeit „der" Moralphilosophie mit der Begründung zu bestreiten, dass dort unklar sei, ob es für die moralische Beurteilung einer Handlung auf deren Folgen, auf ihre Übereinstimmung mit gültigen Normen oder auf den Willen Gottes ankommen solle, oder „der" Lehre von den Strafzwecken vorzuhalten, dass dort (alternativ!) als Kandidaten gänzlich heterogene Ziele angeboten würden. Voraussetzung einer seriösen Kritik ist, dass man die nicht nur differenten, sondern teilweise unvereinbaren Positionen, die unter dem Begriff „Rechtsgut" firmieren,[7] nicht in einen Topf wirft. Ein Ansatz, der das Rechtsgut als „rechtlich geschützten abstrakten Wert der Sozialordnung" definiert,[8] steht dem Modell der Strafe als Normstabilisierung wesentlich näher als einer Theorie, der zufolge unter einem Rechtsgut ein rechtlich schützenswertes menschliches Interesse zu verstehen ist.[9]

Nachfolgend wird die Definition des Rechtsguts als Interesse zugrunde gelegt, auf der die maßgeblich von *Winfried Hassemer* entwickelte *personale Rechtsgutslehre* basiert. Sie hat im Vergleich zu alternativen Konzeptionen, die unter dem Rechtsgut beispielsweise einen „vergeistigten Wert"[10] oder einen „rechtlich geschützten abstrakten Wert der Sozialordnung"[11] verstehen, den Vorteil, dass der Rechtsgutsbegriff an lebensweltliche Erfahrungen zurückgebunden wird. Er spiegelt dann die Forderung, dass das Strafrecht in einem liberalen, demokratischen und sozialen Staat den Bedürfnissen der Menschen entsprechen muss, und er steuert der Gefahr entgegen, dass sich der Begriff des Rechtsguts verflüchtigt und damit das Rechtsgutsmodell, das mit dem Anspruch der Begrenzung des Strafrechts angetreten ist, unter der Hand zu einem Legitimationsmodell eines tendenziell uferlosen Strafrechts mutiert. Wenn gegen diese Definition eingewandt wird, das geschützte Interesse bleibe „bei der Zuwiderhandlung unverändert bestehen",[12] so scheint mir dieser Einwand nicht schlagend zu sein. Denn die *Verletzung* eines Interesses ist etwas anderes als die *Beseitigung* dieses Interesses. Die logische Struktur ist hier keine andere als bei der Beeinträchtigung eines subjektiven Rechts. Der Diebstahl einer Sache beeinträchtigt das Eigentum des Opfers, aber er hebt dieses Eigentum nicht auf.

---

[7] Übersicht bei *Roxin,* Strafrecht Allgemeiner Teil, Bd. 1, 4. Aufl. 2006, § 2 Rn. 3.

[8] *Jescheck/Weigend,* Lehrbuch des Strafrechts Allgemeiner Teil, 5. Aufl. 1996, 257.

[9] *Hassemer* in Scholler/Philipps, Jenseits des Funktionalismus, 1989, 85 (91).

[10] *Baumann/Weber/Mitsch,* Strafrecht Allgemeiner Teil, 11. Aufl. 2003, § 3 Rn. 18.

[11] *Jescheck/Weigend,* Lehrbuch des Strafrechts Allgemeiner Teil, 5. Aufl. 1996, 257.

[12] So *Hefendehl* in seiner ansonsten höchst verdienstvollen Untersuchung (*Hefendehl,* Kollektive Rechtsgüter im Strafrecht, 2002, 30). Vgl. auch *Roxin* FS Hassemer, 2010, 573 (591).

Im Folgenden geht es dementsprechend um Einwände, die sich in der Sache oder explizit (auch) gegen die *personale Rechtsgutslehre* richten.[13] Ich konzentriere mich dabei, nach einer kurzen Skizze des Verhältnisses der so verstandenen Rechtsgutslehre zu alternativen Ansätzen (II.) zunächst auf die Fragen des Anspruchs der Rechtsgutslehre (III.) und ihrer Leistungsfähigkeit (IV.). Im Zentrum der Überlegungen steht dann das aktuelle Problem des Verhältnisses der Rechtsgutslehre zu strafrechtsrelevanten Vorgaben der Verfassung (V.).

II. Verhältnis der Rechtsgutslehre zu alternativen Ansätzen

Als wissenschaftliche Theorie steht die Rechtsgutslehre in Konkurrenz zu anderen Theorien, die, teils mit normativer, teils mit analytischer Zielrichtung, alternative Kriterien der Kriminalisierung von Handlungen formulieren. Zu nennen ist hier die Lehre, die das Verbrechen als *Rechtsverletzung* definiert und damit auf Handlungen beschränkt, die ein subjektives Recht des Opfers beeinträchtigen.[14] Zu nennen ist die Lehre von den *Verhaltensdelikten,* der zufolge das Strafrecht nicht (notwendig) Verletzungen von Rechtsgütern, sondern (jedenfalls auch) Verstöße gegen Wert- und Verhaltensvorstellungen der Gesellschaft erfasst.[15] Zu nennen ist schließlich das Modell des Strafrechts als Instrument der *Normstabilisierung,* das die maßgebliche Leistung des Strafrechts nicht im Schutz von Gütern, sondern in der Garantie der Geltung bedeutsamer gesellschaftlicher Normen sieht[16] und deshalb dem Kriterium der Rechtsgutsverletzung bei der Bestimmung der Reichweite des Strafrechts keinen Stellenwert zuerkennt.

Zu allen diesen Modellen verhält sich die Rechtsgutslehre alternativ, aber nur partiell antagonistisch. So liegt in der Beeinträchtigung eines rechtlich geschützten menschlichen Interesses, auf das die personale Rechtsgutslehre abstellt, jedenfalls im Kernbereich des Strafrechts häufig auch die Verletzung eines subjektiven Rechts. Mit der Lehre von den „Verhaltensdelikten" ist die Rechtsgutstheorie insoweit nicht kompatibel, als diese Lehre die Möglichkeit legitimer Kriminalisierung trotz fehlender Verletzung/Gefährdung eines Rechtsguts anerkennt. Das schließt nicht aus, dass Vertreter der Rechtsgutstheorie in bestimmten Fällen die Lehre von den „Verhaltensdelikten" ergänzend heranziehen.[17] Inwieweit ein Gegensatz zu dem Modell der „Normstabilisierung" besteht,[18] hängt davon ab, ob man auf „Norm-

---

[13] Grundlegend *Hassemer,* Theorie und Soziologie des Verbrechens. Ansätze zu einer praxisorientierten Rechtsgutslehre, 1973.

[14] *Harzer,* Die tatbestandsmäßige Situation der unterlassenen Hilfeleistung gemäß § 323c StGB, 1999, S. 97ff., 289ff.; *Naucke* KritV 1993, 135ff.

[15] *Stratenwerth* in Hefendehl/v.Hirsch/Wohlers, Die Rechtsgutstheorie. Legitimationsbasis des Strafrechts oder dogmatisches Gasperlenspiel?, 2003, 255, 257. Vgl. auch *Stratenwerth* ZStW 105 (1993), 679 (692ff.); *Stratenwerth* FS Lenckner, 1998, 377ff.

[16] *Jakobs,* Strafrecht Allgemeiner Teil, 2. Aufl. 1991, 2/2; *Jakobs* in Jakobs, Strafrechtswissenschaftliche Beiträge, 2017, 3ff.; zusammenfassend Jakobs, System der strafrechtlichen Zurechnung, 2012, 13ff.

[17] So *Hefendehl,* Kollektive Rechtsgüter im Strafrecht, 2002, 52ff.

[18] Akzentuiert bei *Jakobs* in Jakobs, Strafrechtswissenschaftliche Beiträge, 2017, 65ff.

stabilisierung" als Mittel des Schutzes von Rechtsgütern[19] oder aber um ihrer selbst willen setzt.[20]

III. Der Anspruch der Rechtsgutslehre

1. Die Konstituierung von Rechtsgütern

a) Der erkenntnistheoretische Status des „Rechtsguts"

Zum Anspruch der Rechtsgutslehre ist zunächst festzuhalten, was diese Lehre, entgegen den Suggestionen einiger Kritiker, *nicht* prätendiert. Die Rechtsgutstheorie erhebt *nicht* den Anspruch, mit den Rechtsgütern *ideale Gegebenheiten* namhaft zu machen, an die der Gesetzgeber gebunden wäre. Man muss das deshalb betonen, weil jüngst gegen die Rechtsgutslehre kritisch eingewendet wurde, Rechtsgüter seien „keine ontischen Gegebenheiten, die der Gesetzgeber vorfindet und nur noch nachzuzeichnen hätte".[21] Das ist ebenso richtig wie trivial. Selbstverständlich haben Rechtsgüter keine ideale, sondern lediglich eine soziale Existenz. Das bedeutet: sie werden in gesellschaftlichen Kommunikationsprozessen konstituiert; sie sind, wie *Winfried Hassemer* formuliert hat, das Ergebnis gesellschaftlicher Verständigung.[22] Natürlich gibt es Interessen, die man als anthropologische Konstanten einordnen kann. Aber selbst diese Interessen bilden nur die empirische Komponente des Rechtsguts, zu der die normative Bewertung als *rechtlich schützenswertes* Interesse hinzutreten muss. Diese normative Komponente aber wurzelt selbstverständlich in Wertungen, die weitgehend von der jeweiligen Kultur und der jeweiligen Epoche geprägt werden.[23]

b) Kulturelle und historische Relativität von Rechtsgütern

Gerade diese *kulturelle und historische Relativität der Rechtsgüter* will man auf der anderen Seite kritisch gegen die Rechtsgutslehre wenden. In einem konfessionell gebundenen Staat finden sich, so das Argument, zwangsläufig Straftatbestände, die einer säkularen staatlichen Ordnung fremd sind. Es gehe also nicht um Rechtsgüterschutz, sondern um die Bestrafung von Verhaltensweisen, die zentrale gesellschaftliche Normen verletzen. Typisiert würden diese Normverletzungen durch so genannte „Verhaltensdelikte", die in den unterschiedlichen Gesellschaften ganz unterschiedlich ausgestaltet seien. In der bewusst drastischen Formulierung von *Stra-*

---

[19] In diesem Sinne *Welzel,* Das Deutsche Strafrecht, 11. Aufl., 1969, 1 ff.

[20] So *Jakobs,* Strafrecht Allgemeiner Teil, 2. Aufl. 1991, 1/15 f.

[21] *Gärditz* Der Staat 49 (2010), 352.

[22] *Hassemer,* Theorie und Soziologie des Verbrechens. Ansätze zu einer praxisorientierten Rechtsgutslehre, 1973, 153 ff., 221 ff. *Hassemer/Neumann* in NK-StGB, 5. Aufl. 2017, Vor § 1 Rn. 139 ff.

[23] Vertiefend (und mit Rückkoppelung der Kategorie des Interesses mit der des subjektiven Rechts) *Martins* in Asholt ua, Grundlagen und Grenzen des Strafens, 2015, 93 ff.

tenwerth: es wäre „nicht besonders sinnvoll ..., etwa einem der letzten Naturvölker am Amazonas die Einführung des Bonner Grundgesetzes zu empfehlen".[24]

Daran ist richtig, dass man die kulturelle und historische Relativität auch elementarer normativer Prinzipien der Gesellschaft nicht nachdrücklich genug betonen kann. Fraglich erscheint aber, ob sich aus dieser Relativität gesellschaftlicher Standards tatsächlich ein Argument gegen die Rechtsgutslehre schmieden lässt. Denn die Rechtsgutslehre kann diese Relativität in ihre Theorie einbauen. So versteht sich die *personale Rechtsgutslehre* ausdrücklich als Theorie eines liberalen Strafrechts. Sie wäre mit einem autoritären Strafrechtsmodell, in dem das Strafrecht als Instrument zur Disziplinierung des Bürgers eingesetzt würde, nicht kompatibel.[25]

Mit anderen Worten: Die Rechtsgutslehre kann und will nicht beanspruchen, ein zeitloses und global verbindliches Modell für und gegen die Kriminalisierung von Verhaltensweisen bereit zu stellen. Für ein ideologisches Staatswesen, das sich explizit auf den Boden einer bestimmten Religion oder einer „Rassenlehre" stellt, kommt die Rechtsgutslehre nicht in Betracht. Sie ist die Strafrechtstheorie eines *säkularen Rechtsstaates,* der von dem normativen Vorrang des Individuums ausgeht und der die Menschenwürde an die Spitze der verfassungsrechtlichen Wertordnung stellt.

c) Rechtsgüter als Produkte gesellschaftlicher Verständigung

Diese Selbstbeschränkung der Rechtsgutslehre wird nun wiederum zum Ansatzpunkt einer Kritik, die in der Ausrichtung an gesellschaftliche Verständigungsprozesse einen Verzicht auf die *kritische Potenz* der Rechtsgutslehre sehen will. Wenn man Rechtsgüter als das Ergebnis einer normativen Verständigung begreife, müsse man, so die Argumentation, auf eine Kritik an der Strafgesetzgebung verzichten. Denn bei einer Orientierung an der *gesellschaftlichen Verständigung* fehle notwendig das kritische Potential gegenüber eben dieser gesellschaftlichen Verständigung.[26]

Aber diese Kritik greift zu kurz. Denn die Verständigung über Rechtsgüter erfolgt auf einer anderen, tieferen Ebene als die Verständigung über einzelne Straftatbestände, denen gegenüber die Rechtsgutslehre eine kritische Funktion übernehmen will. Es geht bei der Prüfung einzelner Strafbestimmungen um eine *Konsistenzkontrolle;* die Frage heißt, ob eine Strafbestimmung mit den elementaren gesellschaftlichen Prinzipien vereinbar ist, auf deren Basis sich Rechtsgüter konstituieren. Auch dort, wo die Legitimität bestimmter, nicht allgemein konsentierter Rechtsgüter zur Diskussion steht, stellt sich die Frage, ob sich das „Rechtsgut" in das System fundamentaler Rechts- und Verfassungsprinzipien einfügt, das für das Selbstverständnis der Gesellschaft konstitutiv ist. Die Rechtsgutslehre legt weder an die einzelnen Straftatbestände noch an einzelne Rechtsgüter Maßstäbe an, die der Gesellschaft fremd wären. Sie macht diese Maßstäbe lediglich explizit und konkretisiert sie in der Anwendung auf Strafrechtsnormen oder strafrechtliche Rechts-

---

[24] *Stratenwerth* in Hefendehl/v. Hirsch/Wohlers, Die Rechtsgutstheorie. Legitimationsbasis des Strafrechts oder dogmatisches Glasperlenspiel?, 2003, 255 (257).

[25] *Hassemer-Neumann* in NK-StGB, 5. Aufl. 2017, Vor § 1 Rn. 132, 133.

[26] *Stuckenberg* GA 2011, 653 (658).

güter. Zu den Prinzipien, an denen sich Strafrechtsnormen messen lassen müssen, rechnen in Staat und Gesellschaft der Bundesrepublik insbesondere den Vorrang des Individuums vor dem Kollektiv sowie die Rationalität und die religiöse Neutralität der Strafgesetzgebung. Selbstverständlich müssen diese Prinzipien bei der Prüfung der Legitimität eines Straftatbestands in Hinblick auf dessen Regelungsgehalt konkretisiert werden.

2. *Diskreditierung von Straftatbeständen*

Die systemtranszendente Rechtsgutslehre erhebt damit den Anspruch, Straftatbestände, seien sie geltendes Recht oder aber *de lege ferenda* konzipiert, in überzeugend begründbare und nicht überzeugend begründbare Tatbestände einzuteilen. Diese Formulierung ist bewusst allgemein gehalten. Denn in der aktuellen Diskussion zur Rechtsgutslehre geht es vordringlich auch um die Frage, auf welcher Ebene diese Unterscheidung stattfindet und anhand welcher Kriterien sie zu treffen ist.

a) Alternative „Verfassungsrecht oder Rechtspolitik"?

Kritiker des Rechtsgutskonzepts versuchen, die Rechtsgutstheorie dadurch zu marginalisieren, dass sie diese Theorie auf eine scharfe Alternative von *rechtlicher* und *rechtspolitischer* Diskreditierung eines Straftatbestands festlegen.[27] Eine rechtliche Diskreditierung von Straftatbeständen könne sich lediglich aufgrund verfassungsrechtlicher Erwägungen ergeben. Auch innerhalb dieser verfassungsrechtlichen Erwägungen wird der Rechtsgutslehre kein Platz zugestanden. Ihr verbleibt aus dieser Sicht lediglich eine Funktion im Rahmen der rechtspolitischen Diskussion,[28] die als Debatte über „politische Klugheitsregeln" verstanden wird.[29]

Damit aber werden sowohl der Anspruch als auch die kritische Potenz der Rechtsgutslehre verkannt. Denn es geht nicht nur um Verfassungswidrigkeit einerseits und rechtspolitische Forderungen andererseits. Natürlich kann sich im Einzelfall aus der Rechtsgutslehre die Verfassungswidrigkeit einer Norm ergeben, ebenso wie deren rechtspolitische Unerwünschtheit. Primär geht es der Rechtsgutslehre aber um etwas anderes, nämlich um die *Legitimität* eines Straftatbestands.[30]

b) Die Rechtsgutslehre als Element des demokratischen Diskurses

In einem demokratisch strukturierten Staat müssen sich Eingriffe in elementare Rechte des Bürgers, wie sie mit der Verhängung von Strafen verbunden sind, gegenüber den Bürgern rechtfertigen lassen. Versuche, das *Demokratieprinzip* gegen die Rechtsgutslehre auszuspielen,[31] greifen schon deshalb zu kurz.[32] Im Rahmen

---

[27] *Gärditz* Der Staat 49 (2010), 365ff.; *Stuckenberg* GA 2011, 653 (660).

[28] Prägnant *Stuckenberg:* „Alle legislativen Gebrechen unterhalb der Schwelle der Verfassungswidrigkeit sind allein im politischen Prozess zu heilen" (*Stuckenberg* GA 2011, 653 (658)).

[29] *Gärditz* Der Staat 49 (2010), 365ff.

[30] Zu dieser Funktion der Rechtsgutslehre nachdrücklich *Martins* in Asholt ua, Grundlagen und Grenzen des Strafens, 2015, 84ff.

[31] So *Gärditz* Der Staat 49 (2010), 352f.

[32] Näher dazu unter → V.

einer demokratischen Diskussionskultur kann man Straftatbestände auch nicht mit der Behauptung rechtfertigen,[33] der Unwert einer Handlung, der in der Bestrafung zum Ausdruck komme, ergebe sich „allein aus dem positiven Recht … in all seiner Beliebigkeit, Inkohärenz und Flüchtigkeit“[34]. Demokratisch gefordert ist Argumentation, nicht nur (mehrheitliche) Dezision. Anspruch der Rechtsgutslehre ist es aber gerade, Argumentationsstandards festzulegen, denen der Gesetzgeber genügen muss, wenn er die Legitimität eines Straftatbestands darlegen will.

Die Frage der Legitimität eines Straftatbestands, um die es der Rechtsgutslehre geht, hat selbstverständlich *auch* eine rechtspolitische Dimension. Denn aus der Diagnose mangelnder Legitimität folgt die Forderung, den fraglichen Tatbestand aus der Rechtsordnung zu streichen bzw. ihn nicht in diese Rechtsordnung einzustellen. Das Verdikt der mangelnden Legitimität eines Straftatbestands geht aber über eine rechtspolitische Stellungnahme hinaus, soweit Rechtspolitik, wie von den Kritikern, in diesem Kontext auf Fragen der Zweckmäßigkeit reduziert wird.[35] Unter Gesichtspunkten der Zweckmäßigkeit geht es darum, welche Regelung effizient, also zur Erreichung des angestrebten Zieles geeignet ist, welche Nebenfolgen sich ergeben, welche finanziellen Belastungen resultieren. Die Behauptung, dass ein bestimmter Straftatbestand unter dem Gesichtspunkt des Rechtsgüterschutzes nicht zu legitimieren sei, stellt aber nicht die Zweckmäßigkeit, sondern eine *normative* Qualität des Tatbestands in Frage. Es geht um mehr als um „bloße“ Rechtspolitik.

IV. Die Leistungsfähigkeit (das kritische Potential) der Rechtsgutslehre

Der Aussagegehalt wissenschaftlicher Theorien bestimmt sich nach dem Umfang dessen, was diese Theorien ausschließen. Das gilt für Theorien der Rechtswissenschaft in gleicher Weise wie für naturwissenschaftliche Theorien. Für die Frage der Leistungsfähigkeit der Rechtsgutslehre kommt es dementsprechend darauf an, ob sie bestimmte (mögliche oder wirkliche) Straftatbestände typisierend aus dem Bereich legitimer Strafgesetzgebung ausschließen kann.

1. Pflichtverletzungen

Die Rechtsgutslehre schließt aus: die Bestrafung reiner Pflichtwidrigkeiten.[36] Pflichten haben in dem kategorialen System des Strafrechts, das durch die Rechtsgutslehre fundiert wird, nur einen sekundären, einen abgeleiteten deontischen Status. Sie ergeben sich aus der Notwendigkeit, die Bürger zum Schutze von Rechtsgütern zu bestimmten Verhaltensweisen zu verpflichten. Diese Verpflichtung kann auf die Respektierung der Integrität von Rechtsgütern zielen (Handlungsdelikte), aber auch auf den aktiven Schutz dieser Güter (Unterlassungsdelikte). Auch bei den Unterlassungsdelikten, bei denen das deontische Element der Pflicht besonders

---

[33] Zutreffende Kritik schon bei *Zaczyk* Der Staat 50 (2011), 295 ff.

[34] *Gärditz* Der Staat 49 (2010), 353.

[35] *Stuckenberg* GA 2011, 653 (658).

[36] *Hassemer/Neumann* in NK-StGB, 5. Aufl. 2017, Vor § 1 Rn, 110, 112; *Heinrich* FS Roxin, 2011, 132; *Martins* ZStW 125 (2013), 234 (239 f.).

augenfällig ist, geht es aber letztlich um die Wahrung von rechtlich schutzwürdigen Interessen (Rechtsgütern). Das hat etwa die Konsequenz, dass sich die dogmatische Figur der „Pflichtenkollision" im Kern auf eine Kollision von Interessen zurückführen lassen muss.[37]

2. *Moralwidrigkeiten*

Die Rechtsgutslehre schließt ferner aus: die Bestrafung reiner Moralwidrigkeiten.[38] Das ergibt sich vielleicht nicht aus *allen* Ansätzen, die dem Prinzip des Rechtsgüterschutzes verpflichtet sind;[39] legt man einen extrem weiten Begriff des „Rechtsguts" zugrunde, so ließen sich wohl auch moralische Normen als „Rechtsgüter" deklarieren. Definiert man mit der personalen Rechtsgutslehre Rechtsgüter als *rechtlich schutzwürdige menschliche Interessen,*[40] dann scheitert die Bestrafung reiner Moralwidrigkeiten aber zwangsläufig daran, dass es bei einer „reinen Moralwidrigkeit" an einer Interessenverletzung *per definitionem* fehlt.

Selbstverständlich können Handlungen, die schutzwürdige Interessen (Rechtsgüter) verletzen, *zugleich* gegen moralische Normen verstoßen; jedenfalls im Kernbereich des Strafrechts wird das regelmäßig der Fall sein. Handlungen, die *ausschließlich* moralische Normen verletzen, entziehen sich nach dem Konzept einer interessenbasierten Rechtsgutslehre aber der Kriminalisierung. Das hat die Konsequenz, dass sich Straftatbestände wie die des Besitzes von Drogen zum Eigengebrauch (§ 29 BtMG), des Geschwisterinzests (§ 173 Abs. 2 StGB) oder der Leugnung historischer Tatsachen (§ 130 Abs. 3 StGB) vor dem Forum der Rechtsgutslehre nicht begründen lassen.[41]

3. *Abweichungen von einem bestimmten Lebensstil*

Erst recht schließt die Rechtsgutslehre die Legitimität von Straftatbeständen aus, deren ausschließliche Funktion darin besteht, die bloße Konformität von Verhaltensweisen in einer Gesellschaft zu sichern. Wenn etwa das strafrechtliche Verbot des Besitzes von Cannabis damit verteidigt wird, dass die Strafe hier dazu diene, einen bestimmten „Lebensstil" zu „brandmarken"[42], dann ist das aus der Sicht der Rechtsgutslehre auch mit dem Hinweis nicht zu rechtfertigen, es gehe hier „um

---

[37] Näher dazu *Neumann* FS Roxin, 2001, 421 ff.

[38] *Roxin* FS Hassemer, 2010, 573 (579); *Heinrich* FS Roxin, 2011, 132. Anders mit ausf. und differenzierter Argumentation *Jakobs* in Jakobs, Strafrechtswissenschaftliche Beiträge, 2017, 85 ff. *Stuckenberg* ZStW 129 (2017), 361 hält die Kritik der Rechtsgutslehre an der Bestrafung „bloßer Unmoral" für verfehlt, weil „Güter stets Ausdruck von Moralität" seien. Die Berechtigung dieser Behauptung dahingestellt: entscheidend ist hier natürlich, ob – umgekehrt – „Moralität" stets ein (strafrechtlich zu schützendes) Rechtsgut ist.

[39] So *Hörnle,* Grob anstößiges Verhalten. Strafrechtlicher Schutz von Moral, Gefühlen und Tabus, 2005, 19: „Es ergibt sich … aus den gängigen Rechtsgutsdefinitionen nicht von vornherein, dass Moralwidrigkeiten ausgeschlossen sein sollen". Vgl. auch *Appel* KritV 1999, 278 (285).

[40] *Hassemer* in Scholler/Philipps, Jenseits des Funktionalismus, 1989, 85, 91.

[41] Dazu (und zu weiteren unter dem Aspekt des Rechtsgüterschutzes fragwürdigen Tatbeständen des deutschen Strafrechts) *Roxin* FS Hassemer, 2010, 573 (579 f.).

[42] Verteidigung der Legitimität entsprechender Straftatbestände bei *Jakobs* in Jakobs, Strafrechtswissenschaftliche Beiträge, 2017, 99.

die Sicherung eines Mindestmaßes an Sittlichkeit als Bedingung des gesellschaftlichen Bestands".[43] Denn der äußere Bestand der Gesellschaft (beispielsweise) der Bundesrepublik, der als Bedingung der Sicherheit individueller Rechtsgüter auch auf der Grundlage der personalen Rechtsgutslehre ein strafrechtlich schützenswertes Rechtsgut darstellt, wäre – insoweit dürfte Konsens bestehen – durch eine Aufhebung dieses Verbots nicht gefährdet. Wollte man argumentieren, die bestehende Gesellschaft würde ihre (gegenwärtige) *Identität* verlieren, wenn das Verbot des Besitzes von Cannabis aufgehoben würde, so müsste man nicht nur in der Lage sein, konsensfähige Kriterien der Identität einer Gesellschaft anzugeben, sondern auch begründen können, dass das Ziel der Beibehaltung *dieser* Identität es rechtfertigt, Bürgerinnen und Bürger ihrer Freiheit zu berauben oder ihnen eine Vermögenseinbuße aufzuerlegen. Beides dürfte schwerlich zu leisten sein.

4. Symbolisches Strafrecht

Schließlich verweist die Rechtsgutslehre auch auf strafrechtliche Normen, die nicht dem Schutz von Interessen der Bürgerinnen und Bürger, sondern „dem Image des Gesetzgebers oder der erfolgreichen ‚Moralunternehmer'"[44] dienen, in den Bereich der Illegitimität. Ein aktuelles Beispiel wäre etwa der Tatbestand der geschäftsmäßigen Förderung der Selbsttötung (§ 217 StGB), sofern man seine Verabschiedung mit *Thomas Fischer* als „Kniefall vor einer angeblichen Macht klerikaler Zwangsregime" interpretiert.[45] Solche und andere „Lobby-Tatbestände"[46] haben vor der Rechtsgutslehre keinen Bestand, sofern ihnen nicht zugleich eine – in den Gesetzesbegründungen typischerweise beanspruchte – rechtsgutsschützende Funktion zugebilligt werden kann.[47]

V. Rechtsgutslehre und Verfassungsrecht

1. Verfassungsrecht statt Rechtsgutslehre?

Die aktuelle Kritik setzt, wie eingangs markiert, bei ihren Angriffen gegen die Rechtsgutslehre vor allem auf das Verfassungsrecht. Teilweise wird bestritten, dass

[43] *Jakobs,* Strafrechtswissenschaftliche Beiträge, 2017, 99.

[44] *Hassemer* NStZ 1989, 553 (558). Näher dazu *Saliger* FS Neumann, 2017, 689 (696ff.).

[45] *Fischer* bei *Fischer/Gerhardt* ZRP 2015, 219 (221) (damals noch bezogen auf die seinerzeit diskutierten Entwürfe; deshalb im Original: „Kniefälle").

[46] Diese Einordnung des § 217 StGB bei *Hoven* ZStW 129 (2017), 334 (347). Der Tatbestand gehe, so Hoven, „auch auf den Einfluss der Kirchen zurück, die ihre Vorstellungen von einer Verwerflichkeit der Suizidbeihilfe gegenüber den deutlich liberaleren Einstellungen in der Bevölkerung durchsetzen konnten." Den Verdacht, dass es den Befürwortern des Gesetzes „mehr um eine plakative Durchsetzung ihrer Moral- und Standesvorstellungen als um die vorgebliche Verhinderung von Suiziden" ging, äußert *Verrel* FS Paeffgen, 2015, 331 (343). Vgl. auch *Neumann* in NK-StGB, 5. Aufl. 2017, Vor § 211 Rn. 49a.

[47] Im Falle des § 217 StGB scheidet diese Möglichkeit nach Ansicht der überwältigenden Mehrheit der Strafrechtslehrerinnen und -lehrer aus. Zur Kritik vgl. *Fischer,* 64. Aufl. 2017, StGB § 217 Rn. 2–3d; *Saliger* in NK-StGB, 5. Aufl. 2017, § 217 Rn. 3–8, jeweils mwN. Neuestens *Kuhli* ZStW 129 (2017), 691ff.

eine Rechtsgutslehre, die beansprucht, dem Gesetzgeber Schranken zu setzen, in der Bundesrepublik überhaupt eine sinnvolle Aufgabe haben könne; denn „im Staat des Grundgesetzes" schlössen „Willkürverbot und Verhältnismäßigkeitsgebot freies Belieben des Gesetzgebers schon seit 1949 in allen Rechtsgebieten aus."[48] Zudem, so der gewichtigere Einwand, okkupiere die Rechtsgutslehre als wissenschaftliche Theorie ein Terrain, das von Rechts wegen unter der alleinigen Verfügungsgewalt des Gesetzgebers stehe. Sie beanspruche, dem Gesetzgeber Grenzen zu setzen, die lediglich von übergeordneten Rechtsnormen (dem Verfassungsrecht) markiert werden könnten.[49] Es sei hier dahingestellt, ob nicht die eine Behauptung die andere konterkariert, weil eine (in Hinblick auf das Grundgesetz) funktionslose Rechtsgutslehre keine Grenzen der Gesetzgebung markieren könnte, die nicht schon von der Verfassung festgelegt sind. In der Sache ist die Kritik in beiden Punkten unbegründet.

a) Überflüssigkeit einer kritischen Rechtsgutslehre?

Dass auch der demokratisch legitimierte Gesetzgeber, in Bindung an die Verfassung und unter der Kontrolle eines Verfassungsgerichts, zu einer Strafgesetzgebung fähig ist, die man, vorsichtig formuliert, als fragwürdig bezeichnen muss, zeigen die Straftatbestände der männlichen Homosexualität (§ 175 aF StGB) und der „Schweren Kuppelei" (§ 181 aF StGB), die bekanntlich die Wechsel von dem autoritären Kaiserreich über die Weimarer Republik und die faschistische Herrschaft bis in die demokratische Bundesrepublik überstanden haben. Wenn noch in der Bundesrepublik eine Mutter, die ihre 20-jährige Tochter mit deren Verlobten in ihrem Haus übernachten ließ, zu einer Zuchthausstrafe bis zu 5 Jahren verurteilt werden musste, sofern nicht außergewöhnliche Umstände vorlagen (BGHSt 6, 46), sollte das hinsichtlich der Verlässlichkeit auch des demokratisch legitimierten Gesetzgebers zu denken geben. Und wenn heute § 175 aF StGB, auf dessen Grundlage in der Bundesrepublik mit Billigung des Bundesverfassungsgerichts bis zur Aufhebung des Tatbestands im Jahre 1994 zehntausende Angeklagte zu teilweise langjährigen Freiheitsstrafen verurteilt wurden, als schon seinerzeit verfassungswidrig und damit nichtig angesehen wird,[50] so mutet die Behauptung, „im Staat des Grundgesetzes" schlössen „Willkürverbot und Verhältnismäßigkeitsgebot freies Belieben des Gesetzgebers schon seit 1949 in allen Rechtsgebieten aus",[51] nachgerade wunderlich an.

Der denkbare Einwand, der Gesetzgeber habe damals eben mit Billigung des Verfassungsgerichts die Grenzen der Verfassung überschritten, so dass er seine gesetzgeberische Freiheit nicht gebraucht, sondern missbraucht habe, sollte keiner Widerlegung bedürfen. Denn offensichtlich haben die Grenzmarkierungen des

---

[48] *Stuckenberg* ZStW 129 (2017), 355 m. Fn. 44.

[49] *Gärditz* Der Staat 49 (2010), 331 (352f.); *Stuckenberg* GA 2011, 653ff. Vgl. auch schon *Appel,* Verfassung und Strafe, 1998, 387ff.

[50] So die vom BMJV übernommene, auch von Bundestag und Bundesrat geteilte Sichtweise des im Auftrag der Antidiskriminierungsstelle des Bundes erstellten Rechtsgutachtens (*Burgi/Wolff,* Rehabilitierung der nach § 175 StGB verurteilten homosexuellen Männer, 2016).

[51] *Stuckenberg* ZStW 129 (2017), 355 m. Fn. 44.

Grundgesetzes ebenso wie die Kontrolle seitens des Bundesverfassungsgerichts seinerzeit versagt. Dies sollte zeigen, dass eine Kontrolle der Strafgesetzgebung durch die Rechtswissenschaft auch in einem demokratisch organisierten Staat nicht überflüssig ist. Dass bei „richtiger" Interpretation des Grundgesetzes durch den Gesetzgeber oder „korrekter" Rechtsprechung des BVerfG die aus dem NS-System überkommene Strafnorm des § 175 aF StGB nach heutiger Auffassung schon damals keinen Bestand gehabt *hätte,* hilft den Betroffenen wenig. Die Annahme schließlich, willkürliche Kriminalisierungen seien heute, anders als in der Frühzeit der Bundesrepublik, ausgeschlossen, wäre naiv. Die Existenz des § 217 StGB (dazu oben) beweist das Gegenteil.

b) Übergriffe auf das Gebiet des Verfassungsrechts?

Der Vorwurf, die Rechtsgutslehre okkupiere verfassungsrechtliches Terrain, wäre allenfalls dann berechtigt, wenn diese sich als Naturrechtslehre verstehen würde, deren Normen und Prinzipien Vorrang vor der Verfassung beanspruchen. Davon aber kann selbstverständlich nicht die Rede sein. Der Anspruch der Rechtsgutslehre ist wesentlich bescheidener. Es geht ihr nicht darum, Straftatbeständen, die nach den Regeln und Prinzipien der Verfassung formell und materiell verfassungskonform sind, die Rechtsgeltung zu bestreiten. Für die Funktion der Rechtsgutslehre im juristischen Diskurs gibt es nur zwei Möglichkeiten. Entweder sie beschränkt sich auf rechtsethische und rechtspolitische Forderungen; dann betrifft ihre (mögliche) Kritik an bestimmten Straftatbeständen nicht deren rechtliche Geltung (Legalität), sondern deren Legitimität. Oder aber sie beansprucht Relevanz für Interpretation und/oder Anwendung verfassungsrechtlicher Bestimmungen, etwa im Rahmen der Konturierung des verfassungsrechtlichen Verhältnismäßigkeitsprinzips; dann ist sie Bestandteil des verfassungsrechtlichen Diskurses (des Diskurses über den Regelungsgehalt des geltenden Verfassungsrechts) und ihre Argumente sind, soweit dieser Anspruch anerkannt wird, auch bei der Beurteilung der Frage der Rechtsgeltung der fraglichen Normen (Legalität) zu berücksichtigen.

In keinem der beiden Fälle beansprucht die Rechtsgutslehre, verfassungsrechtliches Terrain zu okkupieren. Beschränkt sie sich auf die Frage der Legitimität einer Gesetzgebung, dann sind verfassungsrechtliche Fragen von vornherein nicht berührt. Versteht sie sich selbst als Teil des verfassungsrechtlichen Diskurses, in dem über die Verfassungskonformität von Straftatbeständen zu entscheiden ist, dann geht es gleichfalls nicht um die Verdrängung, sondern es geht gerade um die Anwendung verfassungsrechtlicher Normen.[52]

---

[52] Der denkbare Einwand, die Rechtsgutslehre sei ein Produkt der Strafrechtswissenschaft, während für die Interpretation der Verfassung die Wissenschaft des Verfassungsrechts zuständig sei, wäre ebenso valide wie das von Seiten der Kurie gegen (Brechts) Galilei vorgebrachte Argument, für die Interpretation der Bibel seien die Theologen zuständig – ganz abgesehen davon, dass die verfassungsrechtliche Relevanz der Rechtsgutslehre auch von für die verbindliche Auslegung des Verfassungsrechts zuständigen Richtern vertreten wurde. Zur Notwendigkeit einer die traditionellen Grenzen zwischen den dogmatischen Disziplinen überschreitenden „intradisziplinären" Rechtswissenschaft grundlegend *Saliger* in Hilgendorf/Schulze-Fielitz, Selbstreflexion der Rechtswissenschaft, 2015, 117ff.

Im Übrigen scheint die Kritik an der angeblichen „Demokratieferne" der Rechtsgutslehre[53] einem positivistisch restringierten Demokratiebegriff verhaftet zu sein, der das Demokratieprinzip auf die Verbindlichkeit der Dezision der Mehrheit reduziert und damit den für die demokratische Entscheidungsfindung konstitutiven Prozess der sich argumentativ entwickelnden demokratischen Willensbildung vernachlässigt.[54] Wenn die Rechtsgutslehre (nicht die Rechtsverbindlichkeit, sondern) die Legitimität eines Straftatbestands infrage stellt, der sich nicht als rechtsgutsschützende Norm auszuweisen vermag, dann beansprucht sie, damit einen Beitrag zur Kultur einer demokratischen Diskussion zu leisten, in der sich die Gesellschaft über die Legitimität von Rechtsnormen verständigt.[55] Selbstverständlich geht es dabei auch und gerade um die Frage, welche Tatbestände aus der geltenden Strafrechtsordnung eliminiert (oder auch: in diese eingefügt) werden sollen.[56]

c) Position des Bundesverfassungsgerichts (BVerfGE 120, 224)

Das Bundesverfassungsgericht hat es in seiner Entscheidung zur Verfassungskonformität des Tatbestands des Geschwisterinzests (§ 173 Abs. 2 StGB) ausdrücklich abgelehnt, bei der Prüfung der Verfassungsmäßigkeit dieses Straftatbestands die Rechtsgutslehre heranzuziehen. Das Mehrheitsvotum scheint zunächst von einem naturrechtlichen Anspruch der Rechtsgutslehre auszugehen, den es als Angriff auf die Souveränität des Gesetzgebers abzuweisen gelte. Der Rückgriff auf einen „überpositiven Rechtsgutsbegriff" gerate, so die Argumentation, „in Widerspruch dazu, dass es nach der grundgesetzlichen Ordnung Sache des demokratisch legitimierten Gesetzgebers ist (...), die mit den Mitteln des Strafrechts zu schützenden Güter festzulegen".[57] Die Befugnis des Gesetzgebers zum Erlass von Strafgesetzen finde ihre Grenze nur in der Verfassung selbst; sie könne nicht „unter Berufung auf angeblich vorfindliche oder durch Instanzen jenseits des Gesetzgebers ‚anerkannte' Rechtsgüter eingeengt werden".[58]

Auch die Möglichkeit, das Konzept des Rechtsgüterschutzes in das verfassungsgerichtliche Prüfungsprogramm zu integrieren, wird verworfen. Dieses Konzept stelle „keine inhaltlichen Maßstäbe bereit, die zwangsläufig in das Verfassungsrecht zu übernehmen wären, dessen Aufgabe es ist, dem Gesetzgeber äußerste Grenzen seiner Regelungsgewalt zu setzen".[59]

---

[53] *Stuckenberg* GA 2011, 658.

[54] Dazu schon *Hassemer/Neumann* in NK-StGB, 5. Aufl. 2017, Vor § 1 Rn. 119a.

[55] Treffend dazu *Zaczyk* Der Staat 50 (2011), 295 sowie *Martins* ZStW 125 (2013), 234ff.; ferner *Neumann* ZStW 127 (2015), 691 (713).

[56] Wenn die Frage nach der „Entbehrlichkeit" von Straftatbeständen gestellt wird (so auf der Tagung „Entbehrliche Tatbestände" am 15.11.2016 in Köln – Abdruck der Tagungsbeiträge in ZStW 129 (2017) Heft 2), dann geht es zugleich um die Legitimität dieser Tatbestände. Menschen aufgrund entbehrlicher Straftatbestände einzusperren oder ihnen Vermögenseinbußen aufzuerlegen, wäre nicht zu rechtfertigen.

[57] BVerfGE 120, 224 (242) = NJW 2008, 1137.

[58] BVerfGE 120, 224 (242) = NJW 2008, 1137.

[59] BVerfGE 120, 224 (242) = NJW 2008, 1137.

2. *Verfassungsrelevanz der Rechtsgutslehre?*

Das Minderheitsvotum des Senatsvorsitzenden *Hassemer* sieht das anders und bejaht, mit detaillierten Erwägungen zum Schutzgut, die Verfassungswidrigkeit des Tatbestands.[60] Für die künftige Entscheidungspraxis des Gerichts dürfte indes die Mehrheitsmeinung die Weichen stellen. Allerdings verfährt die Senatsmehrheit bei ihrer Ablehnung der verfassungsrechtlichen Relevanz der Rechtsgutslehre keineswegs konsequent.[61] Denn bei der Prüfung, ob der Tatbestand des Geschwisterinzests (§ 173 Abs. 2 StGB) dem Verhältnismäßigkeitsprinzip genügt, greift auch die Mehrheitsmeinung auf den Gesichtspunkt des Rechtsgüterschutzes zurück und untersucht, ob die Norm *mit Blick auf* die geschützten Rechtsgüter angemessen (verhältnismäßig) ist.[62]

Dass der Senat hier der Rechtsgutslehre mit der linken Hand jedenfalls teilweise das zurück gibt, was er ihr zuvor mit der rechten Hand genommen hat,[63] kann man einer mangelnden Redaktion der Entscheidung zuschreiben. Es könnte aber auch ein Indiz dafür sein, dass es einen sachlichen Zusammenhang zwischen Rechtsgutslehre und Verfassungsrecht gibt, der sich nicht hinwegdisputieren lässt. Dafür spricht, dass auch die Kritik im Schrifttum, soweit sie das Verfassungsrecht gegen die Rechtsgutslehre ausspielen will, in diesem Punkt durchaus ambivalent bleibt. So wird, von denselben Autoren, einerseits die verfassungsrechtliche Anschlussfähigkeit der Rechtsgutslehre bestritten,[64] dieser Lehre andererseits aber zugestanden, aus verfassungsrechtlicher Sicht sei an ihr richtig, dass sie den instrumentellen, zweckhaften Charakter der Strafe herausstelle.[65] Der Behauptung, eine „Einbindung der Rechtsgutslehre" in die verfassungsrechtliche Verhältnismäßigkeitsprüfung sei verfassungsrechtlich unzulässig oder aber unergiebig, folgt die Forderung, „eine hinter dem Rechtsgüterschutzkonzept stehende Theorie" solle „durch Entwicklung differenzierter ... Argumentationsmuster" einen Beitrag zur Verfassungsrechtsanwendung leisten.[66]

In der Tat dürfte sich kaum bestreiten lassen, dass die Rechtsgutslehre jedenfalls im Rahmen der verfassungsrechtlichen Verhältnismäßigkeitsprüfung[67] eine wich-

---

[60] BVerfGE 120, 224 (255 ff.) = NJW 2008, 1137 (Minderheitsvotum Hassemer).

[61] So auch *Stuckenberg* GA 2011, 656.

[62] BVerfGE 120, 224 (252 ff.) = NJW 2008, 1137.

[63] Ob die Entscheidung des BVerfG in diesem Punkt widersprüchlich ist (so etwa *Roxin* StV 2009, 544 (545)) oder ob das Gericht den Begriff des Rechtsguts in der zitierten Passage lediglich im formellen Sinne verwendet (so etwa *Engländer* ZStW 127 (2015), 616 (627 f.) m. Fn. 63) ist umstritten. Auch im letzteren Fall aber wäre die Frage nach den Kriterien der verfassungsrechtlichen Validität bestimmter Rechtsgüter (und damit nach einem materiellen Rechtsgutsbegriff) aufgeworfen, wenn man dem Gesetzgeber nicht von Verfassungs wegen zubilligen will, jede beliebige Handlung mit Strafe zu bedrohen (so schon *Hassemer/Neumann* in NK-StGB, 5. Aufl. 2017, Vor § 1 Rn. 119d m. Fn. 240).

[64] *Gärditz* Der Staat 49 (2010), 352 m. Fn. 118.

[65] *Gärditz* Der Staat 49 (2010), 352.

[66] *Stuckenberg* GA 2011, 657.

[67] Zur Bedeutung des verfassungsrechtlichen Verhältnismäßigkeitsprinzips für die Strafgesetzgebung und seinem Verhältnis zum ultima ratio-Grundsatz vgl. aus der umfangreichen Diskussion etwa *Gärditz* JZ 2016, 641; *Jahn/Brodowski* ZStW 129 (2017), 363; *Prittwitz* ZStW 129 (2017), 390.

tige Rolle spielt. Das gilt nicht nur für die systemimmanente, es gilt auch und gerade für die systemtranszendente Rechtsgutslehre. Denn eine Verhältnismäßigkeitsprüfung, die sich darauf beschränken würde, das vom Gesetzgeber „geschaffene" Rechtsgut zu identifizieren und dessen Gewichtung durch den Gesetzgeber nachzuvollziehen, wäre tendenziell zirkulär. Sie wäre bei der Prüfung der normativen Komponente der Verhältnismäßigkeit, der Angemessenheit, ohne Orientierung. Die verfassungsrechtliche Überprüfung müsste sich dann auf die „technischen Elemente" des Verhältnismäßigkeitsprinzips beschränken (Geeignetheit und – instrumentelle – Erforderlichkeit der Strafdrohung).[68]

Im Übrigen ist ein alternatives verfassungs- oder strafrechtliches Prüfungsprogramm, das ein vergleichbares Maß an Strukturiertheit aufweisen würde wie die Rechtsgutslehre, derzeit nicht in Sicht. Wenn am Ende einer wahrhaften „Kapuzinerpredigt" gegen die Rechtsgutslehre die Versicherung steht: dass der Gesetzgeber „allein an die Vorgaben des Grundgesetzes gebunden und innerhalb dieser in seinen Entscheidungen rechtlich frei sei" bedeute nicht, „dass die Strafrechtswissenschaft legislative Pläne und Erzeugnisse kritiklos hinzunehmen hätte – im Gegenteil",[69] so wird man das, wenngleich irritiert über den letzteren Zusatz (wieso „im Gegenteil"?), begrüßen. Wenn dies dann aber dahingehend erläutert wird, „als Quelle des Sachverstands sollte sich die Fachdisziplin der gesamten Strafrechtswissenschaft berufen sehen, dem kriminalpolitischen Diskurs ihre Erkenntnisse zu vermitteln",[70] so mag sich mancher nach der kritisierten „Vagheit" der Rechtsgutslehre sehnen.

3. *Die Relevanz des Verfassungsrechts für die Rechtsgutslehre*

Komplementär zu der hier bejahten Verfassungsrelevanz der Rechtsgutslehre muss sich diese selbst stärker als bisher an den verfassungsrechtlichen Vorgaben orientieren, wenn sie Rechtsgüter bewertet und gewichtet. Das liegt auf der Hand, wenn man mit *Roxin* als Rechtsgüter „alle Gegebenheiten oder Zwecksetzungen" verstehen will, „die für die freie Entfaltung des Einzelnen, die Verwirklichung seiner Grundrechte und das Funktionieren eines auf diesen Zielvorstellungen aufbauenden staatlichen Systems notwendig sind"[71]. Aber auch Rechtsgutskonzepte, die das Rechtsgut zunächst ohne konstitutiven Bezug auf die Verfassung definieren, plädieren zu Recht für eine Integration des Rechtsgutsmodells in einen verfassungsrechtlichen Regelungs- und Argumentationszusammenhang.[72] Auch ein interessenbasiertes Rechtsgutskonzept, wie es der personalen Rechtsgutslehre zugrunde liegt, wird sich – bei der Frage der rechtlichen Schutzwürdigkeit von Interessen –

[68] Zu den impliziten normativen Momenten dieser „technischen" Elemente *Neumann* in v. Hirsch/Seelmann/Wohlers, Mediating Principles. Begrenzungsprinzipien bei der Strafbegründung, 2006, 128, 130ff.

[69] *Stuckenberg* ZStW 129 (2017), 362.

[70] *Stuckenberg* ZStW 129 (2017), 362.

[71] *Roxin,* Strafrecht Allgemeiner Teil, 4. Aufl. 2006, § 2 Rn. 7; *Roxin* FS Hassemer, 2010, 578.

[72] *Hassemer* in Hefendehl/v. Hirsch/Wohlers, Die Rechtsgutstheorie. Legitimationsbasis des Strafrechts oder dogmatisches Glasperlenspiel?, 2003, 57ff.

noch stärker als bisher an verfassungsrechtlichen Normierungen und Wertungen zu orientieren haben.[73]

Thomas Fischer steht mit seinem wissenschaftlichen Werk für eine Strafrechtswissenschaft und eine Strafrechtspraxis, die den Standards der Rationalität und der kritischen Prüfung verpflichtet sind. Wo er diese Standards gefährdet sieht, scheut er auch vor deutlichen Worten nicht zurück. Ich widme ihm diesen Beitrag in Hochschätzung und kollegialer Verbundenheit.

[73] Ansätze zu einer Integration von Rechtsgutslehre und Verfassungsrecht bei *Jahn* GS Vogel, 2016, 63, 79ff. Vgl. auch *Burchard,* Strafverfassungsrecht – Vorüberlegungen zu einem Schlüsselbegriff, GS Vogel, 2016, 27, 49.

III. STRAFRECHT ALLGEMEINER TEIL

GUNNAR DUTTGE

Ein sachgerechter strafrechtsspezifischer Fahrlässigkeitsbegriff: unverzichtbar auch für die Strafjustizpraxis!

I. *Aufklärung zwischen Sein und Schein*

Die von wachsenden Entfremdungs- und Störgefühlen geprägte Kommunikationsbeziehung zwischen (deutscher) „Strafrechtswissenschaft" und „Strafrechtspraxis" – mit letzterer ist gemeinhin (vor allem) die Rechtsprechung des Bundesgerichtshofs in Strafsachen gemeint – hat sich in den vergangenen Jahren bekanntlich zu einem beliebten Metathema jenseits der sonst üblicherweise behandelten Auslegungs-, Systematisierungs- und kriminalpolitischen Zukunftsfragen entwickelt. Die dem neuen Diskussionsgegenstand inhärente Ausgangsthese, dass es sich bei allem Bemühen um wechselseitigen kreativen Austausch und „offenen Dialog"[1] am Ende doch um zwei einander arg „fremde Welten" handeln könnte, innerhalb derer in beiden „Lagern" eher Argwohn und rollenspezifische Vorbehalte denn ein unvoreingenommenes „kritisches" Erkenntnisinteresse über den eigenen Wirkungskreis hinaus begegnet, dürfte sich dabei eher bestätigt haben. In dieser Debatte hat sich der hochgeschätzte *Jubilar,* hierfür aufgrund seiner tradierte Schubladen unkonventionell überschreitenden Aktivitäten geradezu prädestiniert, in seiner ihm eigenen Art nachdrücklich zu Wort gemeldet:[2] geistreich und wortgewaltig, im besten Sinne aufklärend, mitunter recht ungeschminkt, dabei durchaus nicht mit Kritik an die Adresse seiner eigenen Profession sparend und jederzeit zum Schmunzeln anregend. Dass seine kritischen Anfragen an das Selbstverständnis und Wirken der heutigen Strafrechtswissenschaft durchweg bedenkenswert sind und nicht nur vereinzelt blinde Flecken und wunde Punkte treffen, wird man „open minded" wohl kaum bestreiten können.

Nicht minder bemerkenswert und zu vertieftem Nachdenken inspirierend ist jedoch *Fischers* Einschätzung und Deutung jenes Selbstverständnisses, wie es offenbar den Protagonisten[3] der „höheren Strafjustiz" generell eigen ist: Danach werden nicht nur strafrechtswissenschaftliche Publikationen – selbst grundlegendere – durchweg nicht einmal bei einschlägiger Thematik zur Kenntnis genommen, sondern kommt einer wissenschaftlichen Argumentation auch in methodischer Hinsicht im Prozess der Entscheidungsfindung keine leitende, sondern bloß „formale Funktion" zu: Danach werden – so *Fischer* – „die Ergebnisse jedenfalls nicht vor-

---

[1] Beispielhaft sei nur der im Jahr 2007 begründete „Karlsruher Strafrechts-Dialog" genannt.

[2] *Fischer* FS Hamm, 2008, 63ff.; *Fischer* FS Schünemann, 2014, 41ff.; zur spezifischen Perspektive eines Kommentators siehe *Fischer* FS Kühl, 2014, 965ff.

[3] Solche weiblichen Geschlechts selbstredend eingeschlossen.

dringlich aus wissenschaftlichen Argumentationen entwickelt, sondern mit ihnen lediglich unterfüttert, *soweit eine der sog. Theorien das Ergebnis trägt*"[4]. Etwas pointierter gefasst ist damit nichts Geringeres ausgedrückt als ein rein instrumenteller Gebrauch wissenschaftlich ausgearbeiteter Denkfiguren und Lösungsansätze zum Zwecke der „flexiblen" (d. h. schon bei der darauffolgenden Fallentscheidung austauschbaren) Ausschmückung eines („im Wege der Analogiebildung") längst anderweitig „gefundenen" Ergebnisses, oder anders formuliert: Die euphemistisch so bezeichnete „Argumentationshilfe"[5] ist in Wahrheit eine nur scheinbare, nur vorgespiegelte, allein dazu gedacht, den dezisionistischen Anteil an der Entscheidungsfindung zu verbrämen und den Grundanforderungen an deren „Rationalität" – durch Angabe von Gründen[6] – wenigstens formaliter (vgl. §§ 34, 267 StPO)[7] gerecht zu werden.

Nun vermag es der Verfasser dieses Beitrages nicht, aus eigener Erfahrung und begleitender Beobachtung die vorstehende Einschätzung auf ihre Reliabilität hin zu beurteilen. Sollte diese jedoch zumindest in der Grundtendenz zutreffen, so besteht Anlass zur Sorge und fragt sich, ob die von *Fischer* konstatierte „Enttäuschung" der Strafrechtswissenschaft wirklich nurmehr Resultat einer verfehlten Erwartung an die Strafjustiz im Hinblick auf eine „systematische Durchdringung und Folgerichtigkeit, […] prinzipien-geleitete Legitimation und kritische Reflexion"[8] ist oder nicht vielleicht der Impetus an „praxisgerechter Problemvermeidung"[9] doch mittlerweile überhandgenommen haben könnte. Von hier aus mag dann auch die nicht mehr ganz junge Kontroverse um eine Neu- oder besser „sachrichtige"[10] Bestimmung des Fahrlässigkeitsbegriffs rasch als bloß „akademisches Glasperlenspiel" ohne irgendeine „praktische Relevanz" erscheinen.[11] Die folgenden Überlegungen sollen verdeutlichen, dass diese Annahme vorschnell gebildet wurde und – weit grundsätzlicher – als treffendes Beispiel für ein fragwürdiges Selbstverständnis der höchstrichterlichen Rechtsprechung gelten darf.

---

[4] *Fischer* FS Hamm, 2008, 63 (66) – Hervorhebung durch *Verf.* – Für das schweizerische Strafrecht bereits frühzeitig in demselben Sinne *Albrecht* ZStR 1985, 385ff.; siehe auch *Hirsch* FS Tröndle, 1989, 27ff.

[5] *Fischer* FS Hamm, 2008, 63 (68).

[6] Statt vieler nur *Gosepath* in Sandkühler, Enzyklopädie Philosophie, Bd. 2, 1999, 1337 (1338): „Etwas (eine Meinung, eine Handlung, ein Wunsch, ein Ziel, eine Norm etc) ist rational, wenn es begründet, dh durch [gute, *G.D.*] Gründe gerechtfertigt ist".

[7] Zur „Antiquiertheit" der hierin enthaltenen Grenzen der Begründungspflicht näher *Fezer* HRRS 2010, 281ff.

[8] *Fischer* FS Hamm, 2008, 63 (74).

[9] Vgl. *Fischer* FS Schünemann, 2014, 41 (52): Strafrechtswissenschaft habe „keine Vorstellung davon, wie schön es sein kann, kein Problem zu haben oder zu finden …".

[10] Synonym: „sachgerecht", so zB *Schlüchter,* Mittlerfunktion der Präjudizien, 1986, 20, 50 et passim.

[11] So dezidiert *Fischer* FS Hamm, 2008, 63 (75): „Irgendein Einfluss dieser Schlacht auf die Entscheidung von Strafrechtsfällen mit Fahrlässigkeitsbezug ist nicht ersichtlich"; in demselben Sinne *Burkhardt,* Die deutsche Strafrechtswissenschaft vor der Jahrtausendwende, Rückbesinnung und Ausblick, 2000, 144ff.; *Loos* in Immenga, Rechtswissenschaft und Rechtsentwicklung, 1980, 261 (273).

II. Fahrlässigkeit revisited

Die neuere Kritik an der tradierten Fahrlässigkeitsdoktrin, wie sie der Verfasser dieser Zeilen seinerzeit[12] vorgefunden hat, zielt im Kern auf dreierlei: erstens auf deren Hypernormativierung, die jedweden Bezug zu den situativen Bedingungen des Tatgeschehens und damit zu den *realen* Handlungs- und Entscheidungsmöglichkeiten des Beschuldigten abschneidet, zweitens auf deren unzulässige Generalisierung und Fiktionalisierung („der durchschnittlich besonnene und motivierte Kerzenbenutzer“ usw.) als scheinbar zwingende Folge der jedem Beurteilungsmaßstab inhärenten „Objektivität“, obgleich es doch von vornherein allein um die Unrechtstat dieses einen konkreten Täters („personales Unrecht“)[13] geht,[14] und schließlich drittens auf die dadurch bewirkte Gefährdung nicht nur der Sachrichtigkeit, sondern zugleich der gebotenen hinreichenden Vorausseh- und Vermeidbarkeit einer Zuschreibung von Fahrlässigkeitsunrecht (Art. 103 Abs. 2 GG, § 1 StGB). Denn mit dem üblichen Rekurs auf die Leerformel der „Sorgfaltspflichtverletzung“[15] ist für die Fassbarkeit des fahrlässigkeitsspezifischen Verhaltensfehlers (in Abgrenzung zum allein die Erfolgskausalität kennzeichnenden Verstoß gegen das allgemeine neminem laedere)[16] ebenso wenig etwas gewonnen wie mit der angestrengten Suche nach irgendwelchen (selbstwidersprüchlich sogar außerrechtlichen)[17] „Sondernormen“ (deren nur „indizielle“ Wirkung mangels methodischer Wegweisung dem Belieben des Rechtsanwenders überantwortet ist)[18] oder der pseudorationalen Konstruktion von „Maßfiguren“, die je nach gewillkürtem Zuschneiden der „Verkehrskreise“ und Akzentuierung der Anforderungen zwischen generell Gesolltem („ein Facharzt hat nach dem aktuellen Stand seiner Fachdisziplin …“) und tatsituativ Möglichem mit erfreulicher Gewissheit jedes gewünschte Ergebnis erklären. Ganz in diesem Sinne stellt *Fischer* in

---

[12] Vor Abschluss seiner Habilitationsschrift: *Duttge,* Zur Bestimmtheit des Handlungsunwerts von Fahrlässigkeitsdelikten, 2001.

[13] Zu der daraus resultierenden Notwendigkeit einer „Individualisierung“ des Fahrlässigkeitsunrechts näher *Duttge* in Jehle/Lipp/Yamanaka, Rezeption und Reform im japanischen und deutschen Recht, 2008, 195 ff.; zuletzt wie hier auch *Rostalski* JZ 2017, 560 (562); *Schmoller* FS Kühl, 2014, 433 ff. und ZStW 129 (2017), 1063 (1067 ff.); insbes. dazu, dass dieser „täterbezogene Standard“ noch immer durch das Recht („objektiv“) gesetzt ist, nicht etwa der Täter „nach eigenem Maß“ gemessen wird: *Gropp* FS Roxin, 2011, 779 (785 f.).

[14] Zur vorherrschenden „Verwirrung zwischen dem Subjektiven und dem Objektiven“ eingehend *Burkhardt* in Wolter/Freund, Straftat, Strafzumessung und Strafprozess im gesamten Strafrechtssystem, 1996, 99 ff.

[15] Zuletzt wie hier auch *Kröger,* Der Aufbau einer Fahrlässigkeitsstraftat, 2016, 362: „schwarzes Loch“.

[16] Zur Doppeldeutigkeit des Begriffes „Sorgfaltspflicht“ bereits *Duttge* Zur Bestimmtheit des Handlungsunwerts von Fahrlässigkeitsdelikten, 2001, 142 f., 207 f., 354 f.

[17] Nach hM. sind auch (außerrechtlich) „gesellschaftlich etablierte Verhaltensmuster“ („Sondernormen ohne Rechtssatzqualität“) und „allgemeine Erfahrungssätze“ grundsätzlich berücksichtigungsfähig, s. *Kudlich* in BeckOK StGB, Stand: 36. Edition Nov. 2017, § 15 Rn 41 („Standards und Gepflogenheiten bestimmter Verkehrskreise“); *Colombi Ciacchi,* Fahrlässigkeit und Tatbestandsbestimmtheit, 2005, 89 ff.; *Lenckner* FS Engisch, 1969, 490 ff. („technische Normen“); *Vogel* in LK-StGB, Bd. 1, 12. Aufl. 2007, § 15 Rn 220; *Gössel* in Maiwald/Gössel/Zipf, Strafrecht Allgemeiner Teil, Teilbd. 2, 8. Aufl. 2014, § 43 Rn 60 ff., 64 f.

[18] Treffend *Schünemann* FS Lenckner, 1987, 367 (389): „wenig mehr als gedankliches Spielmaterial“.

seiner Kommentierung – ganz entgegen ständiger Rechtsprechung und tradierter Lehre – fest, dass sich diese „Maßstäbe objektiver Sorgfalt [...] in der *retrospektiven* Betrachtung [...] in tautologisch wirkenden Analogien" erschöpfen: „Was z. B. von *durchschnittlich* befähigten und verständigen und in vernünftigen Grenzen vorsichtigen Beamten, Kraftfahrern, Anlagenberatern, Zahnärzten oder Installateuren zu fordern ist, erschließt sich *vor* einer Rechtsgutsbeeinträchtigung nur schwer und unabhängig von der *konkreten* Handlungssituation überhaupt nicht"[19].

Eben dies ist aber der ausschlaggebende Punkt, der eine rechtssichere, erwartbar sachrichtige und gleichmäßige Beurteilung der Rechtsfälle unmöglich macht: Denn wenn es an einem auch nur ansatzweise greifbaren Beurteilungsmaßstab mit klaren Beurteilungskriterien zur Feststellung einer „Vermeidepflichtverletzung"[20] ex ante auf Basis einer realistischen (und damit notwendig individuellen) Vermeidbarkeit des kausal herbeigeführten Schadenserfolges fehlt, dann bildet die ex post gefällte Zuschreibung eines fahrlässigkeitsbegründenden Verhaltensfehlers nichts weiter als das Resultat einer irrational-gefühligen „Bauchentscheidung". Dass diese dann meist dahin tendieren wird, den tatbestandsmäßigen Erfolg – je gravierender, desto wahrscheinlicher – nicht als unvermeidbares „Unglück" auszuweisen, sondern demjenigen zur Last zu legen, der ihn immerhin kausal bewirkt hat, ist dabei eine absehbare Folge. Denn wie sollte im konkreten Fall die sachadäquate Kennzeichnung eines individuellen Verhaltensfehlers jemals gelingen, wenn schon die generellen Anforderungen hierfür im Dunkeln liegen. Dann gewinnt unreflektiert dasjenige Eingang in die Beurteilung, was die Kognitionspsychologie schon seit längerem – und mittlerweile empirisch belegt[21] – als Rückschaufehler („handsight bias") bezeichnet: In Kenntnis des feststehenden, „versteinerten Kausalverlaufs"[22] überschätzen Menschen in erheblichem Ausmaß, was davor in der jeweiligen Handlungssituation überhaupt gewusst, vorausgesehen und beeinflusst werden konnte („actor-observer-Differenz")[23], denn sie können die Zukunftsoffenheit für den Handelnden ex ante nicht mehr nachträglich in ihr Urteil integrieren. Infolgedessen unterliegt die retrospektive prognostische Einschätzung einem „schleichenden Determinismus" („War-doch-klar-Effekt")[24] und tendiert deutlich zur Erfolgszurechnung unter Vernachlässigung der tatsituativ realistischerweise stets limitierten Wahrnehmungs- und Handlungsmöglichkeiten. Treffend formuliert *Fahl:* „Wo immer ein Unglück in der Welt geschieht, ertönt der Ruf nach dem Staatsanwalt; wo der Staatsanwalt gerufen wird, findet er: Fahrlässigkeit"[25].

In einer vom Verfasser ausgegebenen Examensklausur, die u. a. den „Wohnungsbrand-Fall"[26] zur Aufgabe stellte (Niedersächsische Staatsprüfung, April 2017),

---

[19] *Fischer,* 64. Aufl. 2017, StGB § 15 Rn 16 – Hervorhebungen im Original.

[20] *Otto* GS Schlüchter, 2002, 77 (89f.).

[21] Zuletzt *Oeberst/Goeckenjan,* Psychology, Public Policy and Law 2016, 271ff. (mwN).

[22] *Roth,* Zur Strafbarkeit leicht fahrlässigen Verhaltens, 1995, 19.

[23] Grdl. *Jones/Nisbett* in Jones et al., Attribution: Perceiving the Causes of Behavior, 1971, 79ff.; dazu auch *Kuhlen* in Jung/Müller-Dietz/Neumann, Recht und Moral, 1991, 341ff.

[24] *Reason,* Menschliches Versagen, Psychologische Risikofaktoren und moderne Technologie, 1994, 264.

[25] *Fahl* JA 2012, 808.

[26] BGH NStZ 2005, 446f.

hatte von den mehr als 100 Kandidaten/Innen kein(e) einzige(r) auch nur ansatzweise Zweifel an der postulierten Fahrlässigkeitsstrafbarkeit oder hielt solche (die in der Strafrechtswissenschaft durchaus formuliert worden sind,[27] das vorinstanzlich mit dem Fall befasste LG München II hatte noch freigesprochen) überhaupt erwägenswert; das Ergebnis wurde angesichts des eingetretenen Taterfolges (zwei verstorbene Kinder) durchweg für derart selbstverständlich gehalten, dass die „Begründungen" sich sachverhaltsfern in einer formelhafter Wiedergabe der bekannten Schlagworte erschöpften. Auch hieran zeigt sich: Die Unkenntlichkeit des Verhaltensunrechts wirkt sich offenbar signifikant in einer unangemessenen „Expansion der Erfolgszurechnung" aus[28] und wird mitnichten – wie gerne beruhigungshalber angeführt („nur systematisch bedeutsam")[29] – gleichsam nachholend durch das (vermeintliche Schuld-)Erfordernis einer „subjektiven Sorgfaltspflichtverletzung" aufgefangen.[30]

Dass die nähere Bestimmung dessen, was einen fahrlässigkeitsspezifischen Verhaltensfehler begründet, für die konkrete Fallentscheidung von zentraler Bedeutung ist, zeigen zwei in jüngerer Vergangenheit vom BGH entschiedene Fallkonstellationen: Dem einen Szenario lagen mehrere Geburtsgeschehen mit jeweils tödlichem Ausgang zugrunde, in denen sich die Mutter, da ungewollt schwanger geworden, nicht nur für eine Hausgeburt ohne jedwede professionelle Hilfe entschieden hatte, sondern bei Einsetzen der Wehen auch für eine heimliche Geburt unter Verzicht auf Hinzuziehung der im Haus anwesenden Familienangehörigen (den Ehemann eingeschlossen). Infolgedessen kam es auf jeweils unterschiedliche Weise (Sturz auf den Boden, Erstickung durch Anpressen, Fruchtwasser in der Lunge) zum alsbaldigen Versterben des jeweils neu geborenen Kindes. In seinem Urteil v. 12.11.2009 betonte der 4. Strafsenat[31] zwar beredt die „Pflicht" der Schwangeren, „einen für das Kind möglichst sicheren Geburtsverlauf und die erforderliche Erstversorgung des Neugeborenen sicherzustellen" (gegen die sie verstoßen habe)[32]. Ob die Beschuldigte zumindest bei der ersten dieser Hausgeburten im Anschluss an drei zuvor komplikationsfrei verlaufenen Krankenhausgeburten auch aus ihrer individuellen Perspektive ohne Weiteres mit einer naheliegenden Todesgefahr rechnen musste (oder gar gerechnet hat), war jedenfalls in den verschriftlichten Urteilsgründen kein Gegenstand näherer Befassung. In einem neueren Verfahren zu einem ähnlichen

[27] Vgl. *Duttge* NStZ 2006, 266 (269); *Walther* JZ 2005, 666ff.; selbst *Herzberg* hat dem BGH bescheinigt, „strenge, vielleicht zu strenge Anforderungen" gestellt zu haben (*Herzberg* NStZ 2005, 602 (607)).

[28] In diesem Sinne bereits *H. Lübbe,* Universitas 1994, 332 (335ff.) (an die Adresse speziell verantwortlicher Personen häufig nicht mehr als eine bloße „Fiktion").

[29] Siehe zB *Jescheck/Weigend,* Lehrbuch des Strafrechts. Allgemeiner Teil, 5. Aufl. 1996, § 54 I 3; *Kretschmer* Jura 2000, 267 (272); *Roxin,* Strafrecht Allgemeiner Teil, Bd. I, 4. Aufl. 2006, § 24 Rn 56.

[30] Schon weil die Praxis von einer Umkehr der Feststellungsanforderungen ausgeht („nur bei besonderen Auffälligkeiten gerade in der Person des Täters"), von der Möglichkeit eines Austausches des Anknüpfungspunktes („Übernahmefahrlässigkeit") und von der fortbestehenden Unklarheit des Maßstabes (hierzu näher *Kröger,* Der Aufbau einer Fahrlässigkeitsstraftat, 2016, 257ff.) ganz abgesehen.

[31] BGH NStZ 2010, 214f.

[32] BGH NStZ 2010, 214f.

Sachverhalt legte der 5. Strafsenat demgegenüber Wert auf die ergänzende Bemerkung, dass die hier angeklagte Schwangere an einer Blutgerinnung litt und bereits einmal während einer Regelblutung ohnmächtig geworden sei: „Mit Recht geht das Landgericht davon aus, dass die Angeklagte mit Blick auf diese und weitere [konkrete, Zusatz durch *Verf.*] gefahrerhöhende Umstände ihre im Nebenzimmer schlafenden Eltern hätte herbeirufen müssen“[33]. Das damit bereits umrissene zentrale Fahrlässigkeitsmoment fasste der 1. Strafsenat noch etwas klarer anlässlich der Frage, inwieweit sich der Verkäufer von mit synthetischen Cannabinoiden versetzten „Kräutermischungen“ vergewissern muss, dass die ihm zugegangene Ware auch tatsächlich keine – eigenmächtig hinzugegebenen – BtMG-relevanten Substanzen[34] enthält. Aus der Perspektive des Rechtsgüterschutzes ließe sich auch hier ohne Weiteres darlegen, dass bereits die allgemeine Gefahrenträchtigkeit einer Verkaufstätigkeit auf solchem Gebiet Warnung genug sein müsse. Dem Senat ist jedoch zur Bestimmung der Fahrlässigkeit die täterindividuelle „konkrete Lebenssituation“ entscheidend: „Maßgebend sind […] Sorgfaltsanforderungen an das Verhalten des Täters, die *im Rahmen des diesem Möglichen* einen straftatbestandlich erfassten Umgang mit Betäubungsmitteln vermeiden. […] Maßgeblich ist damit grundsätzlich die Erkennbarkeit des Risikos tatbestandlichen Verhaltens. […] Insoweit ist auch in vorangegangenen Entscheidungen […] ausschlaggebend auf [konkrete, Zusatz durch *Verf.*] *Anhaltspunkte bzw. Anlässe* abgestellt worden, die den Angeklagten *veranlassen* mussten, sorgfältig die Möglichkeit des … zu prüfen“[35].

Die seinerzeitige Kontroverse um das sog. „Veranlassungsmoment“ betraf daher keineswegs eine nur weltabgewandte, an Unterbeschäftigung leidende Theoretiker faszinierende Quisquilie, sondern vielmehr den materiellen Kern des Verhaltensunrechts von Fahrlässigkeitsdelikten: Kann es ein angemessener Beurteilungsmaßstab für die strafrechtliche Inverantwortungnahme des sich grundsätzlich zur Rechtstreue verpflichtet sehenden „Jedermann“[36] sein, die generelle Risikoträchtigkeit des sozialen Lebens weiterhin zu ignorieren und Sorgfaltsanforderungen zu postulieren, die sich allenfalls auf dem Richterstuhl, nicht aber im realen (beschleunigten, technikaffinen, arbeitsteiligen, nicht selten defizitär organisierten, tendenziell überfordernden) Lebensalltag der Beschuldigten erfüllen lassen? Oder könnte es nicht ein Gebot der Sachgerechtigkeit sein, in der unübersichtlich gewordenen „Risikogesellschaft“ mehr denn je auch die endlichen tatsituativen Handlungsmöglichkeiten genauer zu eruieren und dem strafrechtlichen Zugriff Grenzen zu setzen – zumal die Verletzung des Schädigungsverbots (Rechtsgüterschutz) bereits durch die Feststellung tatbestandlicher Erfolgsherbeiführung aktiviert ist, mithin das Fahrlässigkeitserfordernis schon deshalb nichts anderes als die täteradressierte

[33] BGH, Beschl. v. 15.3.2016 – 5 StR 68/16, BeckRS 2016, 06523, allerdings daneben tendenziell für die Annahme, dass „schon allein die Entscheidung der erstgebärenden und hinsichtlich des Geburtsverlaufs völlig unerfahrenen Angeklagten […] angesichts der damit *offensichtlich* verbundenen Gefahren“ eine „relevante Sorgfaltspflichtverletzung darstell(e)“ – Hervorhebung durch *Verf.*

[34] Gem. Anlage I und II des BtMG.

[35] BGH, Urteil v. 20.9.2017 – 1 StR 64/17, BeckRS 2017, 134284 (Rn. 28–31) – Hervorhebungen durch *Verf.*

[36] Dazu näher *Schlüchter* FS Kaiser, 1998, 359ff.

Vermeidbarkeit des Schadensverlaufs zum Gegenstand haben muss? In diesem Licht erweist sich die Ausrichtung des Fahrlässigkeitsmaßstabes auf die Schutzinteressen des „Verkehrs" (§ 276 Abs. 2 BGB)[37] daher als kapitaler Kategorienfehler, der in der praktischen Konsequenz das Tor zu einem autoritären „Sündenbock-Strafrecht" öffnet, vor dem niemand gefeit ist, der sich unglücklicherweise im falschen Moment am falschen Ort aufhält. Im Übrigen muss der unfehlbare Mensch, der alles Kommende hellsichtig voraussieht und niemals etwas vergießt, verwechselt,[38] falsch versteht[39], sich verliest[40] usw., erst noch geboren werden.[41] Entscheidend für ein materielles Schuldstrafrecht kann daher nicht das Faktum fehlerhaften Verhaltens in seiner objektiven Dimension sein, sondern allein, ob diese Fehlerhaftigkeit von dem Beschuldigten rechtzeitig hätte vermieden werden können. Eben diese Einsicht prägt seit langem – freilich ohne begründendes Fundament – die höchstrichterliche Rechtsprechung in Strafsachen (mehr noch die ältere des RG), durch die sich der Verfasser dieses Beitrages seinerzeit hat inspirieren lassen.[42] Dass die Strafjustiz dieses spezifische Fahrlässigkeitsmoment auch konsequent zugrunde legt, lässt sich jedoch nicht behaupten – schon nicht innerhalb der Rechtsprechung des BGH und augenscheinlich[43] noch weniger in den tatgerichtlichen Instanzen. Die Annahme dürfte naheliegen, dass diese mangelnde Konsistenz jedenfalls auch durch den Verzicht auf eine tragfähige strafrechtsdogmatische Grundlage bedingt ist, so dass die bekannte allgemeine Fahrlässigkeitsdefinition[44] im jeweils konkreten Fall sehr unterschiedlich gehandhabt werden kann. Die erstrebte „Flexibilität" hinsichtlich der strafrechtswissenschaftlichen Implikationen hat deshalb einen – auch praktisch folgenreichen – Preis.

III. Jenseits des Fahrlässigkeitsproblems ...

Fischer selbst war es, der mit nachdrücklichen Worten die dogmatische und methodische Indifferenz höchstrichterlichen Entscheidens kritisch beleuchtet hat: Die allzu beliebte „Gesamtwürdigung" bezeichne „den Prozess einer gerade *nicht* mehr im Einzelnen nachvollziehbaren [...] Bewertung ...", mit der „Grenzen fraglich

---

[37] *Herzberg* NStZ 2004, 660 (661f.); s. auch *Herzberg* NStZ 2005, 602 (605), *Herzberg* FS Beulke, 2015, 419 (425f.) u.ö.; ebenso sein Schüler *Hardtung* in MüKoStGB, Bd. 4, 3. Aufl. 2017, § 222 Rn 9 (mit Verweis auf *Herzberg*).

[38] So aber offenbar LG Bielefeld, Urteil v. 13.12.2016 – BeckRS 2016, 123673: Falschauslieferung eines Medikaments durch Apotheker.

[39] Vgl. aber LG Bielefeld, Urt. v. 14.8.2013 – 11 Ns 11/13, 11 Ns – 16 Js 279/11 – 11/13 (m. krit. Bespr. *Duttge* JZ 2014, 261f.): irrige Annahme eines „Spritzenauftrages" durch PJler infolge missverständlicher „Aufklärung" durch Stationsschwester.

[40] Siehe aber LG Frankfurt a.M., RDG 2017, 250ff.: fehlerhaftes Ablesen der „Fieberkurve" durch eine noch wenig erfahrene Pflegeschwester (mit nachfolgender Falschmedikation).

[41] Klassisch *Seneca d.Ä.*, Kontroversen, Buch 4, 3: „Durch das Menschliche entstehen Fehler".

[42] *Duttge,* Zur Bestimmtheit des Handlungsunwerts von Fahrlässigkeitsdelikten, 2001, 271ff.

[43] Hierfür kann natürlich keine verlässliche empirische Grundlage angeführt, wohl aber ein genereller Eindruck wiedergegeben werden.

[44] Siehe *Fischer,* 65. Aufl. 2018, StGB § 15 Rn 12a: „indem er objektiv [...], und die der Täter nach seinen subjektiven ...".

oder unsicher werden"[45]. Die „Neutralität" gegenüber den strafrechtsdogmatischen Prämissen (oder schärfer: die Neigung zu einem „freischwebenden" topischen[46] Judizieren) produziere „kontinuierlich Bugwellen systematischer Unklarheiten [...] und neue Lücken [...], welche früher oder später Not-Operationen erforderlich machen"[47]. Hier dürften jedem Leser je nach Forschungsgebiet sogleich eine Reihe von konkreten Anwendungsbeispielen in den Sinn kommen. *Fischer* scheint diese negativen Folgewirkungen durchaus nicht zu goutieren, äußert aber zugleich Verständnis für diese Methode der Entscheidungsfindung, weil dadurch „die Anzahl möglicher Konflikte innerhalb des Gerichts und die Anzahl sog. grundlegender Neuerungen gering gehalten werden", was hinsichtlich der gebotenen „Verlässlichkeit und Voraussehbarkeit der Rechtsprechung" eine wichtige Zielsetzung sei.[48]

Nun ist die Arbeits- und Entscheidungsfähigkeit innerhalb der Senate zweifelsohne von hoher Bedeutung und deren Erhaltung ein hehres Anliegen. Doch liegt hierin kein Selbstzweck, sondern nurmehr eine selbstverständliche Vorbedingung für die Erfüllung der zentralen Aufgaben: einerseits die Rechtseinheit zu wahren (vgl. Art. 95 Abs. 3 GG, § 132 Abs. 4 GVG) und andererseits gerechte (dh jedenfalls auch materiell richtige) Entscheidungen im jeweiligen Einzelfall herbeizuführen (vgl. § 337 StPO).[49] Ernsthafte Zweifel an der Richtigkeit einer beabsichtigten Entscheidung „um des lieben Friedens willen" zurückzuhalten, wäre mit der Profession und „Berufung" eines richterlichen Mitglieds des betreffenden Spruchkörpers und sicherlich auch mit dem Ethos und Selbstverständnis eines Richters schlechterdings unvereinbar. Gewiss ist auch eine Kontinuität der Rechtsprechung für die Zukunft zwecks Gleichbehandlung der Fälle und rechtlicher Orientierung (Vertrauensschutz) für das rechtsuchende Publikum ein hohes Gut; selbst bei Bestehen einer „ständigen Rechtsprechung" lässt sich jedoch für künftige Verfahren nur in sehr begrenztem Maße eine „Präjudizienbindung"[50] annehmen: Denn jede Bestätigung der bisherigen rechtlichen Einschätzung steht unter dem Vorbehalt der Sachrichtigkeit, d. h. für jede Sachentscheidung gilt (innerhalb der verfahrensrechtlichen Überprüfungsmöglichkeiten) die übergeordnete Forderung, „jetzt das richtige Ergebnis zu finden"[51]. Wenn es überzeugende Gründe gibt, etwa den unerlaubten Besitz von Betäubungsmittel nicht zum strafrechtlich geschützten Vermögen zu zählen[52] oder die (gesetzesalternative) Wahlfeststellung im Lichte des Gesetzlichkeits- und

[45] *Fischer* FS Hamm, 2008, 63 (71) mit dem treffenden Zusatz, dass Appelle zur „strengen Prüfung" ins Leere gehen, „wenn Kriterien der Strenge gerade dem Einzelfall zugewiesen werden".

[46] Dh im Sinne einer „Technik des Problemdenkens" (*Viehweg,* Topik und Jurisprudenz, 5. Aufl. 1974, 31).

[47] *Fischer* FS Hamm, 2008, 63 (69).

[48] *Fischer,* FS Hamm, 2008, 63 (69).

[49] Dazu statt vieler nur *Langer* FS Meyer-Goßner, 2001, 497ff. mwN.; *Radtke* ZStW 119 (2007), 69 (73ff.).

[50] Besser sollte deshalb von einer „Präjudizienvermutung" gesprochen werden: *Kriele,* Theorie der Rechtsgewinnung, entwickelt am Problem der Verfassungsinterpretation, 2. Aufl. 1976, 251ff.

[51] *Schlüchter,* Mittlerfunktion der Präjudizien, 1986, 113.

[52] So BGH NStZ 2016, 596ff., die nachfolgende Rückkehr des Senats in veränderter Besetzung (vgl. BGH v. 22.9.2016 – 2 StR 27/16, BeckRS 2016, 19297; NStZ-RR 2017, 111) unter Verweis auf die bisherigen „ständige Rechtsprechung" ist nur mehr ein „Machtspruch" ohne rational-konstruktiven Umgang mit den Gegengründen.

Schuldprinzips als verfassungsrechtlich bedenklich anzusehen,[53] zwingt dies unweigerlich zur kritischen Prüfung und ggf. – natürlich unter Angabe der hierfür streitenden Gründe – zu der danach „richtigeren" Rechtsansicht. Erkenntnistheoretisch folgt das bereits aus der banalen Einsicht in die Fehlsamkeit menschlicher – auch richterlicher – Urteilskraft, die sich nach *Kants* Diktum selbst bei vortrefflicher Beherrschung des allgemeinen (Rechts-)Wissens erst mittels dessen fortlaufender Erprobung an konkreten „Beispielen" sukzessive schärfen lässt.[54] Demzufolge kann im juristischen Erkenntnisprozess ein jeder neue Fall Anlass geben, die einer Fallentscheidung stets inhärente „Entscheidungsregel" (ratio decidendi)[55] zu korrigieren (ergänzen, einschränken, differenzieren), und hat somit jede Rechtserkenntnis immer nur Anspruch auf vorletzte Gültigkeit. Sofern das Judikat überhaupt auf Gründen beruht und nicht bloß ein Machtspruch gefällt wurde, ist der Rekurs auf eine dem jeweiligen Falltypus („konkrete Gestaltungsnorm" oder „Fallregel") vorausliegende Rechtsbegründung höheren Abstraktionsgrades unvermeidbar – mit *Neumann:* „Die Fallregel [...] besagt, dass eine bestimmte Fallkonstellation im Anwendungsbereich einer bestimmten Rechtsregel liegt. Die Argumente, mit denen die Annahme dieser Rechtsregel gerechtfertigt wird, liefert die Begründungsregel. [...] Revisionsgerichtliche Entscheidungen können auf die zumindest implizite Anerkennung von Begründungsregeln nicht verzichten, sollen sie den Anforderungen begründeten Entscheidens gerecht werden"[56].

Von hier aus trifft es zu, wenn *Radtke* die Rechtsprechung des BGH nicht *„zwischen* Theorie und Praxis" nach Art einer Øresund-Brücke innerhalb der Welt des Strafrechts ansiedelt, sondern betont, dass auch die richterliche Entscheidungsfindung zur Rechtfertigung der behaupteten Sachrichtigkeit wissenschaftliche Dogmatik (sei es eigene oder fremde) in Anspruch nimmt und nehmen muss.[57] Rechtspraxis unter Verzicht auf Theorie wäre nurmehr „rechtlose Willkür"[58]. Die Divergenz liegt einzig in der Reichweite der Konkretisierung bis hin zur Entscheidung des konkreten Einzelfalls, für den sich Strafrechtswissenschaft allenfalls zwecks Erprobung oder Schärfung der eigenen strafrechtsdogmatischen Hypothesen interessiert. Und für beide Institutionen gilt am Ende dasselbe Qualitätserfordernis: Es muss sichergestellt sein, dass die zugrunde gelegten Prämissen – seien sie explizit gemacht oder nicht – im Lichte von Normbedeutung, strafrechtlicher Systematik und

---

[53] So BGH NStZ 2014, 392ff. und Beschl. v. 2.11.2016, BeckRS 2016, 113380, anders jedoch der Große Strafsenat BGH NJW 2017, 2842ff.

[54] *Kant,* Kritik der reinen Vernunft (zit. nach der Ausgabe von R. Schmidt, 1956), B 173.

[55] *Schlüchter,* Mittlerfunktion der Präjudizien, 1986, 83ff. u.ö.; sachlich übereinstimmend spricht *Fikentscher* von der „Fallnorm" (Methoden des Rechts, Bd. IV, 1977): „In ihrem Kernbestand ist die Fallnorm die ratio decidendi des entschiedenen Falles, der als Muster für den neu zu entscheidenden Fall genommen wird" (S. 202ff., 204).

[56] *Neumann* FS Meyer-Goßner, 2001, 683 (694).

[57] Die natürlich nicht in jeder Entscheidung aufs neue explizit gemacht werden muss, sondern auch durch Verweis auf frühere Judikate einbezogen werden kann, zutr. *Radtke* in Jahn/Nack, Rechtsprechung in Strafsachen zwischen Theorie und Praxis – zwei Seiten einer Medaille?, 2013, 23 (27).

[58] *Zaczyk* FS Dahs, 2005, 33 (42); siehe auch *Erb* ZStW 113 (2001), 1: „Eine Rechtsprechung, die sich nicht wenigstens um Ergebnisse bemüht, die einer Überprüfung mit wissenschaftlichen Erkenntnismethoden standhalten, könnte nur als irrational und willkürlich bezeichnet werden".

bisheriger Erkenntnislage auch tatsächlich überzeugen können. Überzeugend ist das Ergebnis immer dann, wenn es sich nach Maßgabe *sämtlicher* rechtlich relevanter Gesichtspunkte *insgesamt* als kohärent erweist, dh sich in das vorgegebene systemische Gefüge von Rechtssätzen und rechtlichen Aussagen stimmig und widerspruchsfrei einfügt. Der Fallvergleich kann dabei eine erste Orientierungshilfe oder auch abschließende Plausibilitätskontrolle sein – mehr aber auch nicht. Wird die rechtliche Feststellung auf Gesichtspunkte („Gründe") gestützt, die im thematisch einschlägigen und bislang akzeptierten Regelungs- und Prämissenrahmen keine Basis finden oder hiermit gar kollidieren, so hat dies unweigerlich eine inkohärente (und damit „unrichtige" Entscheidung) zur Folge, sofern nicht in demselben Zuge der Regelungskomplex so umgebaut wird, dass sich diese „wieder in einen hinreichend kohärenten Rahmen einfügen"[59]. Damit ist zugleich ausgesagt, dass der Anspruch auf „Sachrichtigkeit" keineswegs jenen richterlichen „Herkules" impliziert, dessen Aufgabe darin besteht, „mit übermenschlicher Fertigkeit, Ausbildung, Geduld und Scharfsinn" die „einzig richtige" Entscheidung zu „entdecken"[60]. Denn schon aus bekannter erkenntnistheoretischer Einsicht kann sich das menschliche Bemühen um „Rechtserkenntnis" realistischerweise nurmehr eine bestmögliche und keine definitive „Richtigkeit" vornehmen (sonst wäre die Rechtsentwicklung nicht mehr als – bestenfalls – ein sukzessives Erwachen aus einem Zustand von Irrtum und Unwissenheit). Als regulative Idee, d. h. als „Zielvorstellung für die Vernunft, die es anzustreben gilt"[61], ist das Richtigkeitsideal allerdings unverzichtbar. Denn gegenüber dem betroffenen Bürger wie gegenüber der Rechtsgemeinschaft im Ganzen könnten Gerichtsentscheidungen als nur irgendwie noch „vertretbare" niemals gerechtfertigt werden.[62] Mit dem Anspruch auf „Richtigkeit" sind Rechtsentscheidungen wie Rechtsnormen daher als gleichsam denknotwendige Eigenschaft imprägniert: Müsste der Richter eine Rechtsvorschrift anwenden, die offenkundig unrichtig erscheint, so wäre er „in den Augen des Rechtsdogmatikers, als Handlanger oder Techniker der Macht, so wenig ein Diener des Rechts wie der Don Quichotte des Rechtsscheins, der die unwirkliche Norm ernst nimmt"[63].

Wenn die höchstrichterliche Rechtsprechungspraxis daher dogmatische Festlegungen vermutlich deshalb gerne meidet, um sich nicht schon anlässlich des nächsten einschlägigen Falles wieder korrigieren zu müssen,[64] so ist nach dem Vorstehenden der Preis unübersehbar: Die getroffenen Entscheidungen hängen hinsichtlich ihrer normativ-systematischen Grundlage gleichsam in der Luft und sind infolgedessen nicht hinreichend begründet, um als gerechtfertigt gelten zu können.

[59] *Strauch,* Methodenlehre des gerichtlichen Erkenntnisverfahrens, 2017, 633.

[60] *Dworkin,* Bürgerrechte ernstgenommen, 1984/1990, 182ff., 449 et passim.

[61] *Kant,* Kritik der reinen Vernunft (zit. nach der Ausgabe von R. Schmidt, 1956), B 672.

[62] Wie hier bereits *Neumann,* Wahrheit im Recht. Zu Problematik und Legitimität einer fragwürdigen Denkform, 2004, 40f.; *Saliger* in Alexy, Juristische Grundlagenforschung, ARSP-Beiheft Nr. 104 (2005), 138 (142f.); siehe auch *Strauch,* Methodenlehre des gerichtlichen Erkenntnisverfahrens, 2017, 618: „Die Funktion des regulativen Prinzips liegt darin, einem Ideal […] die Regel seiner stets nur unvollkommenen Verwirklichung an die Hand zu geben".

[63] *Ryffel,* Rechts- und Staatsphilosophie. Philosophische Anthropologie des Politischen, 1969, 51.

[64] So auch schon die Diagnose bei *Neumann* FS Meyer-Goßner, 2001, 683 (699).

Sie unterscheiden sich daher qualitativ nicht von bloßen Machtsprüchen und lassen dies im Duktus mitunter auch deutlich erkennen, wenn anstelle materieller Gründe vorwiegend oder gar ausschließlich die eigene Autorität (in Gestalt von Rechtsprechungszitaten) sowie die der Tradition („ständige Rechtsprechung") ins Feld geführt wird. Selbst eine jahrzehntelange Rechtsprechungstradition birgt aber keine höhere Aussagekraft als die einer prima-facie-Vermutung in sich, die sich durch kritische Prüfung stets aufs neue „bewähren" muss.[65] Ein unkritisches Festhalten am bisher für richtig Gehaltenen verschließt hingegen jeden Erkenntnisfortschritt, der denknotwendig in einer Korrektur des bis dato Konsentierten besteht. Kritische Anfragen, das Aufzeigen von Ungereimtheiten und das Anführen bislang ungenannter Gegengründe in Urteilsbesprechungen aus der Feder von Strafrechtswissenschaftlern intendieren daher (jedenfalls cum grano salis) keine „Besserwisserei" der niemals Irrenden[66] oder gar ein „blaming" der betroffenen Senatsmitglieder, sondern das Erschüttern der bisherigen (Selbst-)Gewissheiten in der betreffenden Rechtsfrage, um dadurch den Raum und den Blick für eine bessere („richtigere") Erkenntnis zu öffnen. Im Prozess der Rechtsentwicklung kommt der höchstrichterlichen Rechtsprechung nach modernem Verständnis nicht die Rolle eines Bewahrers althergebrachter Rechtsweisheiten zu, sondern die eines „Motors laufender Rechtsaktualisierung"[67] – freilich muss dieser „process of discovery" stets auch nach Maßgabe von Rechtsdogmatik und Methodenlehre eine tragfähige Grundlage finden („process of justification")[68]: Insofern hat eine gesetzes- und rechtsgebundene Judikative keine Kompetenz zur *autonomen* „juristischen Kreativität".

Mit „guten Gründen" eine Rechtsauffassung zu vertreten und auf dieser Grundlage gar eine autoritative Rechtsentscheidung zu treffen impliziert somit der Idee nach, dass zuvor die Summe aller rechtlich relevanten Aspekte sorgfältig ermittelt und nach Maßgabe ihrer Überzeugungskraft geprüft wurde. Die teilweise oder generelle Nichtzurkenntnisnahme thematisch einschlägiger strafrechtsdogmatischer Publikationen erhöht das Risiko, relevante Gesichtspunkte zu übersehen und infolgedessen nach aktuellem Stand der Erkenntnis eine sachlich „unrichtige" Entscheidung zu treffen: „durch Herumtappen in Versuchen und Erfahrungen, ohne sich gewisse Prinzipien […] zu sammeln, und ohne sich ein Ganzes (welches, wenn man dabei methodisch vorgeht, System heißt) über sein Geschäft gedacht zu haben"[69]. Gewiss sind der Realisierbarkeit, noch dazu bei der immerwährenden Flut an neuen Qualifikationsschriften, Abhandlungen, Urteilsanmerkungen etc., zwangsläufig Grenzen gesetzt; gleichwohl macht es eine Haltung der Ignoranz nicht besser, wenn – sicherlich nicht durchweg den Tatsachen zuwider – darauf verwiesen wird, dass auch an manchem strafrechtlichen Lehrstuhl längst nicht alles, was an-

[65] Der Grad an „Bewährung" hängt von Strenge und Intensität der Prüfung ab, dazu näher *Popper,* Logik der Forschung, 1935, 10. Aufl. 1994, 198ff. (Ziff. 79ff.), insbes. S. 213 (Ziff. 82), sowie S. 339ff. (Anhang IX).

[66] *Fischer* FS Hamm, 2008, 63 (65): „nur noch […] Denkfehler der Anderen"

[67] *Vesting,* Rechtstheorie, 2. Aufl. 2015, Rn 223.

[68] *Möllers,* Juristische Methodenlehre, 2017, § 14 Rn 46.

[69] *Kant* in: Weischedel, Werke in zehn Bänden, Bd. 9, 5. Aufl. 1983, 127 (128), ursprünglich: Berlinische Monatsschrift 1793, 201ff.

dernorts produziert wird, geneigte Leser findet.[70] Wer aber gar nicht nach Neuem Ausschau hält, sondern sein Denken von vornherein auf das bereits vertraute Terrain begrenzt, wird absehbar auch nur noch selten Neues entdecken – so wie es auch der Verzicht auf die Durchführung einer ergebnisoffenen Beweisaufnahme nach erfolgter „Verständigung" (§ 257c StPO) zu Beginn der Hauptverhandlung leicht macht festzustellen, dass sich dem Gericht konkrete Möglichkeiten der weiteren Aufklärung „nicht aufgedrängt" haben.[71] Besorgniserregend ist nicht, wenn dem Berichterstatter im Revisionsverfahren der jüngste Archivaufsatz oder gar die zehnte Dissertation zum Thema entgangen ist; besorgniserregend ist vielmehr, wenn für das Strafjustizsystem und sein Personal im Ganzen der fatale Eindruck entsteht, dass sich eine Rechtserkenntnis in der Suche nach einem hoffentlich „passenden" Präjudiz erschöpft (dessen Gründe man dann übernehmen kann). Die akademische Lehre muss sich in diesem Zusammenhang allerdings selbstkritisch fragen, wie es kommt, dass sich die unverzichtbare wissenschaftliche Haltung so schnell „in den Niederungen der Praxis" verflüchtigt (sofern eine solche überhaupt vermittelt wurde). Solange Rechtstheorie und juristische Methodenlehre im juristischen Curriculum weiterhin nur als hübsch anzusehende „Orchideen"[72] aus der Ferne erscheinen, auf deren nähere Betrachtung man auf dem beschleunigten (und „praxisgerechten") Weg zum „Volljuristen" auch verzichten kann, und solange sich die Justizverwaltungen nurmehr an den Ergebnissen gelungener Wissens-Wiedergaben (Klausuren) orientieren und die Befähigung zum (ansatzweise) wissenschaftlichen Denken und Arbeiten (Schwerpunktprüfung durch Seminararbeiten) als „praxisirrelevant" abtun, wird der Rechtshandwerker[73] wohl auch in der (Straf-)Justiz ein allerorts Bekannter bleiben.

Die Selbstfesselung der Justiz durch Pensenschlüssel mitsamt der daran gebundenen Karrierechancen wäre ein weiterer Aspekt, der im hiesigen Zusammenhang kritisch in den Blick zu nehmen wäre, ebenso wie der geradezu erstaunliche Befund, dass sich die organisierte Justiz als Institution[74] hiergegen trotz bedrohter Unabhängigkeit ihres Personals und Sachgerechtigkeit der „beschleunigt" getroffenen Entscheidungen bis heute nicht zur Wehr setzt. Nach Auffassung des Dienstgerichts des Bundes soll sich die Grenze zwischen dienstaufsichtlich zulässigem „Vorhalt von Rückständen" sowie einem unzulässigen „Erledigungsdruck" am Durchschnitt der Richterschaft orientieren,[75] also unter Einbeziehung jener, denen der (straf-)rechtswissenschaftliche Charakter ihrer Tätigkeit bislang noch verborgen geblieben ist. Dass damit die Kenngröße verfälscht wird, die den erforderlichen Aufwand für

[70] Vgl. aber *Radtke* in Jahn/Nack, Rechtsprechung in Strafsachen zwischen Theorie und Praxis – zwei Seiten einer Medaille?, 2013, 32.

[71] Berechtigte Kritik bei *Fischer* FS Kühne, 2013, 203ff. und *Fischer* FS Seebode, 2015, 66ff.

[72] Vgl. *Osterkamp/Thiesen* JuS 2004, 657ff.: „Orchideenfach oder juristische Grundausstattung?"

[73] Siehe *Sternberg,* Zur Methodenfrage der Rechtswissenschaft und andere juristische Schriften, 1988, 50: „Der moderne Rechtshandwerker ist wissenschaftslos, ist Geschäftshandwerker, der flott arbeitet …".

[74] Dh jenseits der Gegenwehr durch Einzelne, vgl. FAZ v. 8.9.2017.

[75] BGH, Urt. v. 7.9.2017 – RiZ (R) 3/15, S. 10f., BeckRS 2017, 130149.

eine „sachgerechte Erledigung“[76] anzeigen soll, ist bislang offenbar niemandem aufgefallen. Zur rechtspraktischen Beschleunigungseuphorie hat der *Jubilar* auf Basis seiner reichen forensischen wie strafrechtswissenschaftlichen Erfahrung bereits alles Nötige gesagt: „Beschleunigung an sich ist nichts: Wer zur Beschleunigung der Heilung die Kranken aus den Betten wirft, hat nichts erreicht. [...] Dabei ist doch für jeden Kundigen offensichtlich: [...] Besser wär's, wir würden noch viel länger brauchen dürfen. Es geht nicht so schnell. Man muss nachdenken, nicht selten zweimal oder dreimal. Man muss Zeit dazu haben, Freiraum und gleichberechtigte Diskussionspartner. Nur so kann durchdachtes, gutes Recht entstehen“[77].

[76] BGH, Urteil v. 7.9.2017 – RiZ (R) 3/15, S. 10f., BeckRS 2017, 130149.
[77] *Fischer* FS Kühne, 2013, 203 (210f.).

MICHAEL HETTINGER

Unhintergehbare Erkenntnis oder bloße Schulweisheit?

– Subversive Gedanken zur Lehre von der objektiven Zurechnung anhand der rechtlichen Behandlung des Problems der Abweichung des tatsächlichen vom vorgestellten Kausalverlauf, dargestellt am Beispiel des Totschlags durch Tun, § 212 I StGB –

I. *Einleitung*

Thomas Fischer ist schon länger, insbesondere aber seit Januar 2015, als seine wöchentlich erscheinende Kolumne mit dem „mehrdeutig-schillernden" Titel „Fischer im Recht" auf ZEIT ONLINE wahrlich große Verbreitung und immensen Widerhall fand, zur „öffentlichen Person" geworden.[1] Bereits einige der früheren Publikationen waren Stellungnahmen zu je aktuellen rechtspolitischen Themen oder solchen, die es verdient gehabt hätten, welche zu werden oder es noch werden könnten. So richtig in Fahrt (wenn man das bei seiner Energie und seinem Engagement überhaupt noch so sagen kann) kam er, nur beispielsweise, bei den Themen Urteilsabsprache (Deal)[2], vom Gesetzgeber später euphemistisch verhüllend „Verständigung im Strafverfahren" genannt, bei der Sterbehilfe, dem Untreuetatbestand und den nicht enden wollenden „Reformen" der „Straftaten gegen die sexuelle

[1] Ein Richter des BGH schrieb, auch nach seiner Pensionierung weiterhin, zu aktuellen Themen aus dem Bereich des Rechts und der Gesellschaft, so auch in seinen Kolumnen ab dem 13.1.2015 in ZEIT ONLINE Zeitgeschehen. Fischer im Recht – Der Beginn. Und *wie* er fischte und schrieb! Vielen Lesern stockte vermutlich der Atem ob der verschiedentlichen Drastik des sprachlichen Ausdrucks, den er häufig, auch dem „Volk aufs Maul schauend" (wobei manche Kritiker ihm von ihm nur Zitiertes vorhalten, eine besondere Merkwürdigkeit angesichts im *Selbst*bild so „objektiver" Journalisten), wählt, zumeist der Drastik des zu Schildernden durchaus angemessen, und eben darum geeignet, diejenigen, denen es um die verhandelte Sache geht (und nicht um deren Verkleisterung oder gar Verfälschung), zum Nach-Denken über ein Geschehen oder einen Diskurs anzuregen. – Gewiss etliche Journalisten und viele Neider hoffen hoffentlich noch lange vergeblich darauf, dass dieser große Beobachter und Aufklärer die Lust oder die Kraft verliert, dem Erstaunen, der Irritation oder auch der Empörung über das, was er sieht oder liest, so wortgewaltig und klug Ausdruck zu geben (aber der Ton, und die Ausdrücke, die man da lesen muss – ach Gottchen, fällt mir dazu nur ein: Wie wär's mit dem Reflektieren, auch hinsichtlich der eigenen Fähigkeiten und ihrer Grenzen, *vor* der Kritik? Wer hat in unserem Metier die Gaben und den Mut, sich auf sehr verschiedenen Feldern derart, und so „undiplomatisch", zu exponieren?

[2] Neben der Kommentierung in *Fischer,* StGB, 65. Aufl. 2018, § 46 Rn. 50, 109ff. etwa seine Aufsätze in NStZ 2007, 433; StraFo 2009, 177; ZRP 2010, 49; FS Kühne, 2013, 203; GS Seebode, 2015, 66.

Selbstbestimmung“, die er, wie auch die Diskussion in der Öffentlichkeit, in seinen *wöchentlichen* Kolumnen „begleitet“ hat.[3]

Im Frühjahr 1991 haben *Thomas Fischer,* damals nach meiner Erinnerung auf einer Staatsanwaltsstelle, und ich (als Nachfolger *Günter Spendels*) uns in Würzburg kennengelernt und uns auch nach seinem Weggang nach Leipzig (1993), Dresden (von 1996 bis 2000) und dann Karlsruhe (ab 2000), und dem meinen nach Mainz (1998), nicht aus den Augen verloren.[4] – Nun gäbe es aufgrund *Fischers* wahrlich breitgestreuten Interessen und Publikationen im strafrechtlichen, strafprozessualen sowie im gesellschaftspolitisch-soziologischen Bereich – wie schon angedeutet – viele reizvolle, aktuelle (bei denen durchaus die Gefahr bestünde, von dem *Jubilar* überholt zu werden) wie grundsätzliche Themen, die aufzugreifen lohnte. Vor die „Wahl“ gestellt, habe ich mich für ein „grundsätzliches“ Thema entschieden, das in den Jahren 1988–1991 einen Schwerpunkt meiner strafrechtlichen Interessen bildete: Die Behandlung des Irrtums über äußere Tatumstände, insbes. des „Irrtums über den Kausalverlauf“.[5] Dabei soll und kann es hier nicht um ein erneutes Wiederkäuen des schon von Vielen vielfach Geschriebenen und Gesagten gehen, sondern darum, ob die (Art der) Entstehung der heutigen Lehre von der objektiven Zurechnung eine Notwendigkeit war oder nicht. Kein weiterer Beitrag zum bloßen Beleg der Überflüssigkeit oder Notwendigkeit einer Lehre von der objektiven Zurechnung also, gleich welcher Reichweite – nur hinsichtlich der Fahrlässigkeitsdelikte oder auch der vorsätzlichen Delikte, sowie jeweils: Und inwieweit? Davon gibt es wahrlich mehr als genug. Auch eine weitere kritische Betrachtung der Diskussion über Reichweite und Nutzen oder Schaden der Äquivalenztheorie im Zusammenhang mit den Erfolgsdelikten ist diesem Beitrag kein zentrales Anliegen. Ziel ist es vielmehr, durch Komprimieren des als wesentlich Erachteten unter Beisteuern auch einiger, schon älterer, aber bisher nicht in die Diskussion gelangter, eigener Überlegungen der Lösung des gordischen Knotens näher zu kommen als durch bloßes Fortschreiben der schon bekannten, eben bis heute nicht Jeden überzeugenden, Positionen. Mir geht es um die die Erklärungskraft der im Zeitraffer verknappt zusammengefassten Entwicklung der systematischen Bemühungen der Dogmatik der Theoretiker, *nicht* um die, ohnehin fortwährend gleich gebliebene, höchstrichterliche Rechtsprechung seit 1871, um das Umräumen der Möbel innerhalb des jeweils „in der Wissenschaftsdiskussion“ gerade „herrschenden“ (was sagt dem Leser dieses Wort?) Systems und dessen Veränderungen sowie die fehlenden

---

[3] Man vgl. nur die Kolumnen vom 18.2.2015; 15.6.2016, 22.6.2016, 26.6.2016 und 10.7.2016 sowie den Beitrag in der ZEIT vom 21.9.2017, S. 14.

[4] Alles Wissenswerte über seine Vita, sein Schriftenverzeichnis, Interviews und unveröffentlichte Vorträge findet man unter https://www.fischer-stgb.de/fischer/vita …, Einiges auch in Wikipedia sowie in dieser Festschrift im Vorwort der Herausgeber, den „Erläuterungen“ *(Barton/ Hettinger)* und im Schriftenverzeichnis.

[5] Dessen Problematik war eingebettet in eine Serie von kleinen Aufsätzen im 1986 begonnenen, 2002 eingestellten Lernbogen (= L) der Juristischen Schulung zum Thema: „Der Irrtum im Bereich der äußeren Tatumstände – eine Einführung in elf Teilen, hier den Teilen 4–8; JuS 1990, L 73–77; 1991, L9–12; 25–28; 33–35; 49–52 (zum Hintergrund der Einführung des Lernbogens s. Jus 1986, 1). Speziell zur „,Objektiven Zurechnung‘ beim Vorsatzdelikt?“ schon eingehend *Armin Kaufmann* FS Jescheck, 1985, Teilbd. 1, 251–271.

oder vorhandenen Auswirkungen, und um den „Schlussstein" – verbunden mit, einigen wenigen, absichernden Blicken auf die Gesetzgebung. Anlassgemäß steht am Ausgangspunkt die Kommentierung *Thomas Fischers* zu dieser, hier auf das *vorsätzliche Begehungserfolgsdelikt* beschränkten, Problematik.

II. Die Position Thomas Fischers zum Thema

In seinem Kommentar liest man, nach Ausführungen zur Thematik, welche tatsächlichen Gegebenheiten vom Vorsatz regelmäßig umfasst sein müssen, und welche Irrtümer insoweit denkbar sind:

„Vom Vorsatz umfasst sein muss auch der Kausalverlauf. *Da dieser sich nie in allen Einzelheiten voraussehen lässt, reicht es aus, wenn die Vorstellungen des Täters dem tatsächlichen Geschehensablauf* im Wesentlichen *entsprechen; bei erheblichen Abweichungen ist Versuch gegeben".*[6]

„Die Zurechnung als vollendete Vorsatztat *ist nach Rspr. und hM möglich, wenn trotz Abweichung eine Handlung den gewollten oder gebilligten Erfolg in adäquater Weise erreicht (zB wenn ein geplanter Schuss sich vorzeitig löst; wenn Schüsse fehlgehen, der Tod aber durch einen durch sie herbeigeführten Treppensturz verursacht wird; wenn Hausbewohner bei einer Explosion nicht durch herumfliegende Gesteinsbrocken, sondern durch den Einsturz des gesamten Hauses ums Leben kommen; wenn ein auch gegen eine Person gezielter Tritt eine danebenstehende Sache trifft, durch deren Umfallen dann die Person verletzt wird). Umgekehrt ist eine Zurechnung als Vorsatztat nicht mehr möglich, wenn die Abweichung ‚sich nicht mehr in den Grenzen des nach allgemeiner Lebenserfahrung Voraussehbaren hält und aufgrund eines insoweit veränderten Unrechtsgehalts eine andere rechtliche Bewertung der Tat erfordert' (kein Vorsatz der Einfuhr, wenn im Ausland entdeckte BtM aus polizeitaktischen Gründen ins Inland verbracht werden).*[7]

Wenn ein Erfolg abweichend vom Tatplan schon durch eine früher liegende Handlung *verwirklicht wird, ist eine Zurechnung als Vorsatztat nur dann möglich, wenn schon die frühere Handlung vom Vorsatz der Erfolgsherbeiführung getragen war. Das setzt voraus, dass die frühere Handlung sich (jedenfalls) als Überschreitung der Schwelle zum (unbeendeten) Versuch darstellt (keine vollendete Tötung, wenn ein Tatopfer erst später nach mehreren Zwischenschritten getötet werden soll, jedoch schon aufgrund der Vorbereitungshandlungen verstirbt)".*[8]

---

[6] *Fischer,* StGB, 65. Aufl. 2018, § 16 Rn. 7; zur Kritik an der „in der Rspr. fest" verankerten „und auch in weiten Teilen der Literatur für praktikabel" gehaltenen condicio sine qua non-Lehre s. lediglich *Kühl,* Strafrecht AT, 8. Aufl. 2016, § 4 Rn. 9 ff. und *Jäger* in SK-StGB, 9. Aufl. 2017, Rn. 81 ff. Vor § 1. – M. E. ist schon die behauptete Gleichwertigkeit eine *begründungsbedürftige* Setzung, keine Feststellung, von anderen Einwänden noch ganz abgesehen; s. auch *Stratenwerth/Kuhlen,* Strafrecht AT I, 6. Aufl. 2011, § 8 Rn. 17 ff. sowie den Text unten bei Fn. 75–77; das mag für die hier interessierende Diskussion genügen. – Hinweise auf Rspr. und Schrifttum sind in diesem und den alsbald noch folgenden Zitaten aus *Fischers* StGB weggelassen; Hervorhebungen in Zitaten stammen in dieser Abhandlung vom jeweiligen Autor.

[7] *Fischer,* StGB, 65. Aufl. 2018, § 16 Rn. 8.

[8] *Fischer,* StGB, 65. Aufl. 2018, § 16 Rn. 8a.

Was aber ist nun unter einer „Handlung" zu verstehen, die Ausgangspunkt der Überlegungen zur eben zitierten Problematik ist? Dazu wiederum der Autor selbst:

„In der Rechtspraxis wird idR ein sog. natürlicher Handlungsbegriff verwendet", schreibt *Fischer* in Abgrenzung zu anderen Handlungsbegriffen,[9] und fährt sodann fort: *„Er* (der Handlungsbegriff; *M.H.) begreift Handlung als* willensgetragenes *menschliches Verhalten; Reflexe, physiologische Körperfunktionen, Bewegungen im nicht bewussten (wachen) Zustand sowie Körperbewegungen unter Einwirkung unwiderstehlichen körperlichen Zwangs (vis absoluta) erfüllen die Mindestvoraussetzungen der Willens-Getragenheit nicht. (Auch)*[10] *dieser Handlungsbegriff des StGB ist kein naturwissenschaftlicher, sondern ein* Rechtsbegriff, *denn auch das Unterlassen gilt als Handeln. § 13 setzt den Handlungsbegriff voraus; dort ist normiert, dass in den Fällen von Erfolgsdelikten Unterlassen ebenso bestraft wird wie aktives Tun, wenn eine rechtliche Handlungspflicht besteht. Insoweit ist der strafrechtliche Handlungsbegriff nicht nur ein sozialer, sondern ein normativer. Auch hier bleibt der Begriff der Handlung freilich in der* Wirklichkeit; *Handlung ist Erfolgs-Verursachung . . . "*.[11]

III. Die Vorgeschichte der heutigen Diskussion im Zeitraffer

1. Der sog. kausale oder natürliche (auch: naturalistische) Handlungsbegriff und der „klassische Verbrechensbegriff" – Ausgangspunkt der Lehre von der objektiven Zurechnung

Dem von *Fischer* vorgestellten Modell der vorsätzlichen Straftat liegt, wie gesehen, der sog. natürliche oder naturalistische Handlungsbegriff zugrunde, der für ein Handeln *zunächst* nicht mehr verlangt, als dass es „willensgetragen" ist. Dieser Begriff „gilt" sowohl für die vorsätzliche als auch für die fahrlässige Variante strafbaren Verhaltens.[12] Bei den Erfolgsdelikten durch Tun ist zusätzlich ein von der (in

---

[9] *Fischer,* StGB, 65. Aufl. 2018, Rn. 5ff., 7 Vor § 13; Hinweise auf Rspr. und Schrifttum sind auch hier in dem Zitat weggelassen.

[10] Hier bezieht *Fischer* sich auf die von ihm zuvor dargestellten finalen, sozialen und personalen Handlungsbegriffe.

[11] Es folgt noch eine knappe Kritik des systemtheoretischen Konzepts des Handlungsbegriffs bei *Jakobs,* Der strafrechtliche Handlungsbegriff, 1992, in Rn. 7 a. E. Vor § 13.

[12] Zu diesem wertfreien, „kausalen" (farblosen) Handlungsbegriff *Weber* in Baumann/Weber/Mitsch, Strafrecht AT, 9. Aufl. 2003, §§ 13 Rn. 22ff., 22 Rn. 17; *Jescheck/Weigend,* Lehrbuch des Strafrechts AT, 5. Aufl. 1996, § 23 I, II; *Roxin,* Strafrecht AT I, 4. Aufl. 2006, § 8 Rn. 10ff.; *Kudlich* in SSW-StGB, 3. Aufl. 2016, Rn. 13 Vor § 13; *Hettinger,* Die „actio libera in causa": Strafbarkeit wegen Begehungstat trotz Schuldunfähigkeit? Eine historisch-dogmatische Untersuchung, 1988, 74ff., 77 mwN; *Hettinger* JuS 1991, L 9; Protest gegen die Bezeichnung dieses Handlungsbegriffs als „kausal" oder „naturalistisch" bei *Schröder* in Schönke/Schröder, StGB, 17. Aufl. 1974, Rn. 27a Vor § 1. Da es von dieser Warte aus „nur" um die Gewinnung eines allgemein tauglichen Handlungsbegriffs (für Vorsatz, Fahrlässigkeit, für Tun und Unterlassen) geht, der sich gerade noch nicht über das Wesen einer je tatbestandsmäßigen Handlung verhält, kommt die Frage nach dem erforderlichen Inhalt der letzteren gar nicht in den Blick und „scheint" der kausale Handlungsbegriff der Rechtsprechung bis heute zu genügen; vgl. die Ausführungen bei *Fischer,* StGB, 65. Aufl. 2018, Rn. 7, 20–22 Vor § 13. Die Frage ist aber, ob ein solcher Handlungsbegriff, jedenfalls heute, den Anforderungen noch genügt; dazu vorläufig *Maurach/Zipf,* Strafrecht AT, Teilbd. 1, 8. Aufl. 1992, § 16 Rn. 28ff., 33f.; klärend auch *Gallas* ZStW 67 (1955), 1 (5ff.) und 14 (= Bei-

diesem Zusammenhang: kausalen) Handlung (mit-)verursachter, von ihr gedanklich trennbarer Erfolg in der Außenwelt vorausgesetzt.[13] Das entspricht dem klassischen „Verbrechens"-, heute genauer: *Straftatbegriff,* der sich „durch einen *einfachen, übersichtlichen* und auch *didaktisch vorteilhaften Aufbau*" auszeichnen soll.[14] Als „Konstrukteure" genannt werden *Franz von Liszt*[15] und *Ernst Beling.* Ausgehend von einem naturalistischen Handlungsbegriff (einer Körperbewegung) differenzierte *Beling* zwischen dem objektiven und wertfreien Tatbestand sowie der objektiven Rechtswidrigkeit einerseits und der subjektiven Tatseite, der Schuld, beinhaltend „die innerliche Beziehung des Täters zu der tatbestandsmäßigen Handlung",[16] insbesondere Vorsatz und Fahrlässigkeit als Schuld*formen,* und die Zurechnungsfähigkeit als Schuldvoraussetzung andererseits.[17] Das aus *heutiger* dogmatischer Sicht Künstliche, das verkopft und lebensfremd Anmutende an dieser Betrachtungsweise, erhellt schon daraus, dass die zu *Belings* und *v. Liszts* Zeiten rein objektiv gedeuteten Tatbestände, wie zB die §§ 212 I, 222 und 242, entgegen dem Wortlaut ihrer Tathandlungsbeschreibungen (und, bezüglich der §§ 212 I und 222 trotz höchst unterschiedlicher Rechtsfolgen) als „Gleiches" bedeutend angesehen werden mussten. Wer also durch irgendein Tun den Tod eines Anderen verursacht, verwirklichte objektiv *beide* Tatbestände. Erst auf der Schuldstufe fielen dann die Würfel, entschied

---

träge zur Verbrechenslehre, 1968, 19–58). Als *tatbestandsmäßig* kann eine vom Gesetz geforderte vorsätzliche Handlung, und nur um eine solche geht es in diesem Beitrag, nicht bereits deshalb angesehen werden, weil die Handlung für eine Folge in der Außenwelt eine Bedingung iSd Äquivalenztheorie war. Schon § 22 zieht nämlich eine nicht hintergehbare Grenze, von der Bestimmtheitsfrage ganz abgesehen. Dass (nicht nur) die Rechtsprechung bei fahrlässigen Erfolgsdelikten dann schon auf der objektiven Seite Adäquanzüberlegungen hinzunimmt, ist „der Fahrlässigkeit" geschuldet; vgl. *Jescheck/Weigend,* Lehrbuch des Strafrechts AT, 5. Aufl. 1996, § 54 I 3. Zur tatbestandsmäßigen Handlung bei den sog. reinen Erfolgsdelikten *Hettinger* in FS F.-S. Schroeder, 2006, 209 (217 ff.).

[13] *Eisele* in Schönke/Schröder, StGB, 29. Aufl. 2014, Rn. 130 Vor § 13; *Roxin,* Strafrecht AT I, 4. Aufl. 2006, § 10 Rn. 54, 102.

[14] So *Jescheck/Weigend,* Lehrbuch des Strafrechts AT, 5. Aufl. 1996, § 22 II 1 (ebenso schon die 1. Aufl. 1969); *Gallas* ZStW 67 (1955), 1 (2); s. auch *Welzel* ZStW 58 (1939), 491 (498); *Welzel* JuS 1966, 421; *Hettinger* JuS 1991, L 9, 10; anschaulich *Werle* JuS 1986, L 49, 50.; Überblick in *Walter* in LK-StGB, 12. Aufl. 2007, Rn. 21 ff. Vor § 13; ferner *Kindhäuser* GA 2007, 447 (448); *Naucke,* Strafrecht, 10. Aufl. 2002, § 7 Rn. 110 f., 136. Zu der weit zurückreichenden Vorgeschichte dieses Systems gründlich und instruktiv *Stübinger* RW 2011, 154 (157); zu den „Verlusten" ebd., 158 ff. – Vom heutigen „Erkenntnisstand" aus betrachtet, wirkt ein wertungsfreies „objektives" Bild einer Tat, die (erst) unter der weiteren Voraussetzung einer objektiven Rechtswidrigkeit und der subjektiven Schuldhaftigkeit zur Straftat wird, aus der Zeit gefallen.

[15] *Jescheck/Weigend,* Lehrbuch des Strafrechts AT, 5. Aufl. 1996, § 22 II 1 unter Berufung auf *v. Liszt,* Lehrbuch des Strafrechts, 4. Aufl. 1891, S. 141 und *Beling,* Die Lehre vom Verbrechen, 1906, 178 ff.; s. auch *Welzel* JuS 1966, 421 und *Roxin,* Strafrecht AT I, 4. Aufl. 2006, §§ 7 Rn. 15, 20; 10 Rn. 7 (zu *Beling*); knapp und bündig *Kudlich* in SSW-StGB, 3. Aufl. 2016, Rn. 6 Vor § 13.

[16] *Beling,* Die Lehre vom Verbrechen, 1906, 147 und 178: „Im Tatbestand liegt kein Werturteil"; „die Schuld als ein Stück der subjektiven Tatseite, nämlich als die psychische Fehlerhaftigkeit der Handlung, hebt sich von dem Tatbestand als dem äußeren Umriss des Verbrechenstypus derart scharf ab, dass scheinbar Verwirrungen nicht zu befürchten sind"; einen subjektiven (psychischen) *Tatbestand* hielt *Beling* für eine contradictio in adjecto, 178. Von der „inneren Seite" der Tat ist bspw. auch in RGSt 41 (1908), 421 die Rede; s. auch *Beling,* Grundzüge des Strafrechts, 11. Aufl. 1930, 12 ff., 24 ff., 30, 33; ferner 120 (das findet sich auch heute noch bei manchen Kommentatoren aus der Praxis im LK-StGB, 12. Aufl. zu Straftatbeständen; dazu näher u. Fn. 74).

[17] *Jescheck/Weigend,* Lehrbuch des Strafrechts AT, 5. Aufl. 1996, § 22 II 1, 2.

sich, ob § 212 I oder § 222 oder aber keiner von beiden zum Zug kam.[18] Weil nun jedoch der Vorsatz nach dieser Interpretation des damaligen StGB ein, zentrales, Schuldelement sein sollte, sah man bei der Erörterung der Tatbestandsmäßigkeit des Verhaltens nur *eine* Hürde: Die Kausalität für den Erfolg.[19] Zwischen den Tatbestand und die „subjektiv" begriffene Schuld schob sich die „objektiv-normativ abgegrenzte Sphäre der Rechtswidrigkeit".[20] Da Kausalität des Tuns für den Tod des Anderen i. S. der condicio sine qua non-Formel vorlag,[21] entsprach nach dieser Lesart die konkrete Tat den abstrakten Schablonen sowohl des § 212 I als auch des § 222; die Frage einer etwaigen Abweichung des tatsächlichen vom vorgestellten Kausalverlauf spielte *hier* keine Rolle. Das erschien „unschädlich", weil ja mit der Bejahung des Tatbestands ein Werturteil noch nicht verbunden sein sollte. Ein solches war erst auf der Ebene der objektiven Rechtswidrigkeit und dann auf der „subjektiven Tatseite" (i. S. *Belings* die innere, seelische Seite der Handlung), der Schuld, zu fällen.

Für diese Aufteilung könnte prima vista die Stellung des § 59 RStGB gesprochen haben, der im vierten Abschnitt „Gründe, welche die Strafe ausschließen oder mildern" den Irrtum über Tatumstände regelte. Ein zweiter Blick zeigt jedoch, dass diese Deutung nicht zwingend begründbar erscheint, denn schon das preußische StGB von 1851 hatte („nur") ein einfaches übersichtliches System anvisiert, dem in der Anordnung dann das RStGB von 1871 entsprach (jeweils war die Irrtumsregelung, § 44 preuß. StGB bzw. § 59 RStGB, *hinter* den Bestimmungen über Versuch, Teilnahme und Notwehr eingeordnet).[22] Wenn der Vorsatz nach damals einhelliger

[18] Vgl. nur *Beling,* Grundzüge des Strafrechts, 11. Aufl. 1930, 120: Vorsätzliche und fahrlässige Tötung sind nach ihm zwar verschiedene Deliktstypen (dazu 21 ff.), „haben aber einen und denselben *Tatbestand,* und gehen nur hinsichtlich der Schuldseite auseinander (dazu ebd. 29 f., 40 ff.); dagegen *Hettinger* JuS 1991, L 9.

[19] Dazu *Beling,* Grundzüge des Strafrechts, 11. Aufl. 1930, 123 f.; *Hettinger* JuS 1990, L 9, 10 mit Fn. 5 und 11; s. auch *Naucke,* Strafrecht, 10. Aufl. 2002, § 7 Rn. 111, 123 f., 136.

[20] *Jescheck/Weigend,* Lehrbuch des Strafrechts AT, 5. Aufl. 1996, § 22 II 2; s. schon *Gallas* ZStW 67 (1955), 1 (2); *Welzel* JuS 1966, 421, sah „in der Zerlegung des Verbrechens in die drei Elemente Tatbestandsmäßigkeit, Rechtswidrigkeit, Schuld den wichtigsten dogmatischen Fortschritt der letzten zwei bis drei Menschenalter".

[21] Zur im Strafrecht nach wie vor „herrschenden" Äquivalenztheorie (condicio [warum nicht „actio"?] sine qua non), ihren Schwächen und der Kritik an ihr *Eisele* in Schönke/Schröder, StGB, 29. Aufl. 2014, Rn. 73 a ff. Vor § 13; so schon RGSt 56, 343 (348); höchst instruktiv zum alten Theorienstreit der „völlig auf *juristisch*-apriorischem Gebiet geführt" werde, einem „methodischen Fehler", weil das Problem, um das es sich handele, überhaupt nicht das „Kausalitäts"-Problem als solches sei, „sondern die Erfassung des Inhalts der einzelnen *gesetzlichen Tatbestände,* einer eigenartigen ‚tatbestandlichen Kausalität'", so *Beling,* Grundzüge des Strafrechts, 11. Aufl. 1930, 34 ff., 36 f.; s. auch den Text unten vor und nach Fn. 75.

[22] Die Motive zu § 57 des III. Entwurfs eines StGB für den Norddeutschen Bund (12/1869), dem späteren §§ 59 RStGB, hatten hierzu ausgeführt: „Die redaktionellen Änderungen, welche er (§ 57; *M.H.*) dem §. 44. des Preußischen Strafgesetzbuches gegenüber erfahren, haben den sachlichen Grundsatz selbst nicht ändern, sondern nur Zweifel, zu welchen die Fassung Veranlassung gegeben hat, beseitigen wollen", Stenografische Berichte über die Verhandlungen des Reichstages des Norddeutschen Bundes. I. Legislatur-Periode. – Session 1870. Dritter Band. Anlagen zu den Verhandlungen des Reichstages, Anlage Nr. 5, S. 3, 30 ff., 58; s. auch *Beseler,* Commentar über das StGB für die Preuß. Staaten, 1851, 18; ähnlich *Schwarze,* Commentar zum StGB für das Deutsche Reich vom 31. 5. 1870, 1871, 4. Zu § 59 RStGB s. *Frank,* Das StGB für das Deutsche Reich, 18. Aufl. 1931, Anmerkung I und II zu § 59 sowie Seiten 136 f., 138.

Ansicht ein Element der Schuld der (konkreten) Tat war, die die Voraussetzungen des wertneutralen (objektiven) Tatbestands erfüllte und objektiv rechtswidrig war, mussten folgerichtig auch Fragen der Unkenntnis sowie, hier interessierend, der Abweichung des tatsächlichen Geschehens von der Vorstellung des Täters auf *dieser* Ebene erörtert werden. Da nun jedoch „bei“ Vollzug der Tathandlung der Tatumstand „Erfolgseintritt“ noch ein in der Zukunft liegendes Ereignis darstellt, konnte und kann nicht schon für jenen Zeitpunkt *Kenntnis* des späteren Eintritts gefordert werden.[23] Genügen muss vielmehr eine hinsichtlich des künftigen Ereignisses „im Wesentlichen“ zutreffende *Vorstellung* im Zeitpunkt der Begehung der Tat. So entschied denn auch RGSt 70, 257 (258): „Unerhebliche Abweichungen von dem Verlauf, den der Täter voraussetzt, schließen die Zurechnung zum Vorsatze (m. E. richtig: des Erfolgs zur vorsätzlichen Handlung) nicht aus“.[24]

2. *Die Umbildung zum „neoklassischen Verbrechensbegriff“*

Der soeben, auf das Notwendigste verdichtet, geschilderte „klassische“ Straftatbegriff hielt sich nicht sehr lang: Es kam schon bald zu „einem tiefgehenden Umbildungsprozeß“[25], der in zwei Phasen verlief.[26] Das wichtigste Ergebnis der *ersten* Phase bestand in der „Materialisierung“ des zuvor formellen, auf die Normwidrigkeit der Rechtsverletzung abstellenden, Rechtswidrigkeitsbegriffs durch Orientierung am Rechtschutzzweck, womit die bisher grundsätzliche Beschränkung des Rechtswidrigkeitsurteils auf die objektive Tatseite ins Wanken geriet. Der Unrechtsgehalt beispielsweise des Diebstahls war ohne Einbeziehung der Zueignungsabsicht als „subjektives Unrechtselement“ nicht erfassbar. Damit verlor der bisher wertfrei verstandene Tatbestand diese Eigenschaft und mutierte zum Träger des je typischen Deliktsunrechts. Auch die scharfe Trennung in objektive Rechtswidrigkeit und subjektive Schuld fiel und die bisherigen Schuld*arten* Vorsatz und Fahrlässigkeit sanken zu bloßen Schuld*formen* herab.[27] Was weithin noch Bestand hatte, war „der Eckstein des überkommenen Systems, der ‚natürliche Handlungsbegriff‘“.[28]

Für das Reichsgericht änderte die Diskussion der Theoretiker nichts an seinem Standpunkt. Kausalverlaufsabweichungen griff es (erst) auf der Schuldstufe auf und entschied weiterhin auf der Basis des „natürlichen Handlungsbegriffs“ nach den Kriterien der „Wesentlichkeit der Abweichung“ des tatsächlichen vom bei Begehung der Tat vorgestellten Kausalverlauf.[29]

---

[23] *Hettinger* JuS 1989, L 17, 19; s. schon *Beling,* Grundzüge des Strafrechts, 11. Aufl. 1930, 46f.

[24] Vgl. *Hettinger* JuS 1990, L 73, 74; *Hettinger* FG Paulus, 2009, 73 (81f.).

[25] Ausführlich *Jescheck/Weigend,* Lehrbuch des Strafrechts AT, 5. Aufl. 1996, § 22 III 1–3, 204; s. auch *Roxin,* Strafrecht AT I, 4. Aufl. 2006, § 10 Rn. 8, 10ff.

[26] Diese beiden Phasen schildert minutiös *Gallas* ZStW 67 (1955), 1 (3f., 4f.).

[27] *Gallas* ZStW 67 (1955), 3.

[28] *Gallas* ZStW 67 (1955), 4.

[29] RGSt 63, 211 (213); 64, 316 (317ff.), 318; 70, 257 (258f.) zu einer Konstellation des dolus generalis, wobei das Gericht den Vorsatz (wie später BGHSt 14, 193f.) bei der Ersthandlung für ausreichend hielt, die Todesfolge zuzurechnen, obwohl bei der zweiten („natürlich“ eindeutig: natürlichen!) Handlung, Versenken des vermeintlich Toten in der Saale, ein Vorsatz nicht festgestellt war; diese auch heute hM abl. *Hettinger* FS Spendel, 1992, 237 (241ff.) mwN; RGSt 70, 257 (258f.); dazu *Hettinger* JuS 1991, L 49, 50 mwN; an dieser Abweichungsrechtsprechung hält

3. Richard Honigs Zurechnung-Begrenzungsmerkmal der „objektiven Zweckhaftigkeit"

„Die Lehre vom Kausalzusammenhang im Strafrecht befindet sich gegenwärtig in einer offenen Krise".[30] Mit diesem Satz beschrieb *Richard Honig* eine Diskussion, die hinsichtlich ihres Grundanliegens bis heute anhält, wobei der Titel „Kausalität und objektive Zurechnung" sein Programm treffend umreißt.[31] Denn *Honigs* Thema war die Frage nach den „Grenzen der Herrschaft des Kausalbegriffs überhaupt", sein Ziel, „durch eine erweiterte wissenschaftliche Grundlegung den traditionellen Streit um die Kausalitätslehre selbst zu klären".[32] „Die Erkenntnis ..., daß es in der Rechtswissenschaft nicht allein auf die *Feststellung* des Kausalzusammenhanges an sich ankommen kann, daß vielmehr die Klarstellung einer bestimmten, *den Anforderungen der Rechtsordnung entsprechenden Eigenart* des Zusammenhanges zwischen Handlung und Erfolg zur Erörterung steht",[33] sei nicht aufzuhalten. Ein großes Problemfeld bildeten seinerzeit, wie erinnert sei, die „durch den Erfolg *qualifizierten* Delikte".[34] Sodann schilderte *Honig* mit Bezug auf „einfache Erfolgsdelikte" Sachverhalte, in denen ihm, im Gegensatz zu anderen Autoren, die Strafbarkeit wegen vollendeter Tat nicht einleuchtend erschien. Soll wirklich, so fragte er etwa, „A, der den B mit Tötungsvorsatz angeschossen hat, wegen *vollendeter* Tötung (bestraft werden; *M.H.*), wenn zu der an sich nicht tödlichen Verletzung der Brand des Krankenhauses hinzugekommen ist, bei dem B seinen Tod fand"?[35] Die „haftungsbeschränkende Wirkung des hier uneingeschränkt geltenden Postulats der subjektiven Verschuldung" schien ihm ebenfalls keine befriedigende Korrektur des nach der Bedingungstheorie als gegeben erachteten Kausalzusammenhangs „in rechtspolitisch befriedigender Weise" zu ermöglichen.[36] Nach Musterung weiterer Ansätze zur Lösung des Problems formulierte er, unter teilweisem Rückgriff auf Überlegungen *Larenz*', der seinerseits Gedanken aus *Hegels* Zurechnungslehre aufgegriffen hatte,[37] die These, „dass dem Täter ein von ihm bewirkter Erfolg nur zu-

---

auch der BGH, bis heute, fest; etwas „bemüht" BGH NStZ 2016, 721 mit zust. Bespr. *Eisele* JUS 2016, 368; vgl. *Kühl* in Lackner/Kühl, StGB, 28. Aufl. 2014, Vor § 13 Rn. 14.

[30] *Honig* FG Frank, 1930, 174.

[31] Zum Begriff der Zurechnung und seiner Vorgeschichte knapp-instruktiv *F.-C. Schroeder,* Der Blitz als Mordinstrument. Ein Streifzug durch 150 Jahre. Strafrechtswissenschaft. Anhang: Die Genesis der Lehre von der objektiven Zurechnung, 2009, 39 (40f.); lehrreich zur Geschichte des strafrechtlichen Zurechnungsbegriffs *Stübinger* RW 2011, 154ff.

[32] *Honig* FG Frank, 1930, 174 und 175.

[33] *Honig* FG Frank, 1930, 175.

[34] Honig FG Frank, 1930, 176; dazu etwa RGSt 5, 29 (32ff.); erst § 56 des 3. StÄG vom 4.8.1953 sollte „ursprünglich die reine Erfolgshaftung hinsichtlich der besonderen Tatfolgen" beseitigen, *F.-C. Schroeder* in LK-StGB,10. Aufl. 1985, § 18 Rn. 1.

[35] *Honig* FG Frank, 1930, 174 (176); s. *Frank,* Das StGB für das Deutsche Reich, 18. Aufl. 1931, § 1 Anm. III 2; *v. Liszt/Schmidt,* Lehrbuch des Strafrechts, 25. Aufl. 1927, 158 (§ 29 III 1); ebenso dann auch im Lehrbuch des Deutschen Strafrechts, Erster Band, Einleitung und AT, 26. Aufl. 1932, 164 (§ 29 III 1). Am Rand bemerkt: In ihrer Habilitationsschrift „Revision der Lehre von der objektiven Zurechnung, 2017", schreibt *Ingke Goeckenjan,* „im Laufe ihrer Entwicklung und Verbreitung wurde die Lehre von der objektiven Zurechnung jedoch auch auf Vorsatzdelikte bezogen" (2); das trifft – wie man sieht – nicht zu.

[36] *Honig* FG Frank, 1930, 174, 176.

[37] *Honig* FG Frank, 1930, 174, 181ff.

zurechnen sei, wenn er als zweckhaft gesetzt gedacht werden" könne.[38] Denn „rechtserheblich" sei ein für den Erfolg kausales menschliches Verhalten nur dann, „*wenn es im Hinblick auf die Bewirkung bzw. Vermeidung des Erfolges als zweckhaft gesetzt gedacht werden kann.* Erst mit der zur Kausalität hinzutretenden objektiven Zwecktätigkeit ist demnach die Grundlage für die juristische Bedeutsamkeit des menschlichen Verhaltens gegeben".[39] Mit diesem Versuch, eine rein „ontologische Bedeutung des Kausalitätsbegriffs" aufrecht zu erhalten, bei Abweisung der Modelle der „wirksamsten", der „überwiegenden" oder der „die Existenz des Erfolges erregenden" Bedingung wie auch der Adäquanztheorie, „die die Erfahrung als Ausleseprinzip setzt"[40], fand *Honig* keinen rechten Anklang.[41]

4. Die Entwicklung der Lehre vom „personalen Handlungsunrecht"

Die *zweite* Phase der Abwendung vom klassischen Straftatbegriff, zeitlich teilweise mit der ersten sich überlappend, ist „durch eine Verschiebung des Akzents auf die *‚personal-ethische‘* Seite des Verbrechens gekennzeichnet".[42] Der „Gemeinschaftsgedanke" (die Straftat ist Pflichtverletzung und Gesinnungsausdruck), der zunächst im Vordergrund stand, wurde abgelöst von der Diskussion um einen personalen Handlungsbegriff, die in der von *Welzel,* beginnend in den 1930er Jahren, ausgearbeiteten finalen Handlungslehre kulminierte.[43] „Als *Willens*verwirklichung wird die final verstandene Handlung zum tauglichen Anknüpfungspunkt für die personalen Elemente des Unrechts; als Willens*verwirklichung* wohnt ihr zugleich ein kausales Moment inne, das zum Träger der Erfolgsseite des Unrechts, der Rechtsgutsverletzung oder -gefährdung, werden kann. Mit der Einbeziehung des Willens-

---

[38] So fasst *Roxin* FS Courakis, 2017, 73, die Überlegungen *Honigs* FG Frank, 1930, 174 (183ff., 184, 188) zusammen.

[39] *Honig* FG Frank, 1930, 174 (188): „Der Sinn des objektiven Zurechnungsbegriffs kann jedenfalls einen Zweifel darüber nicht aufkommen lassen, daß erst mit der Frage nach der Zurechenbarkeit des Erfolges *die dem gesetzlichen Tatbestand im Einzelfall entsprechende Tat gewonnen werden soll*", schreibt er Seite 196, und fährt, *Larenz,* Hegels Zurechnungslehre, 1926, 67ff. zitierend, fort: „Denn gerade darauf bezieht sich das Zurechnungsurteil: Ob die Willensbetätigung nach der Erfahrung als geeignetes Mittel zur Herbeiführung des Erfolges, ob Willensbetätigung und Erfolg als ‚teleologisches Ganzes‘ angesehen werden kann, der Erfolg, als Gegenstand des Willens möglich, d. h. von ihm beherrschbar war".

[40] *Honig* FG Frank, 1930, 174 (178).

[41] Sehr zeitnah dazu reagierte *Welzel* unter dem Titel „Kausalität und Handlung" in der ZStW 51 (1931), 703 (= *Welzel,* Abhandlungen zum Strafrecht und zur Rechtsphilosophie, 1975, 7-22); unübersehbar krit. dann in ZStW 58 (1939), 491 (= Abhandlungen, ebd., 120–184); zu *Welzels* Positionen vor 1945 *Kubiciel* in: Lebendiges und Totes in der Verbrechenslehre Hans Welzels. Hrsg. von Frisch, Jakobs et alii, 2015, 135ff. – Wenn *Welzel* schon in „Kausalität und Handlung" schreibt, *„als eigene Tat oder Handlung einem Subjekt zugehörig und in diesem Sinne objektiv zurechenbar ist jeder tatbestandlich festgelegte Erfolg, der vom Täter sinnhaft gesetzt oder dessen Abwendung vorhersehbar und sinnhaft setzbar war",* ZStW 51 (1931), 703 (= Abhandlungen, 1975, 7, 21), scheint mir das keineswegs eine nur marginale (so *Kubiciel,* 142) Abweichung zu sein; denn er hat hier zunächst die *vorsätzliche* und (erst) dann die fahrlässige Handlung im Auge; s. auch *Schumann/Schumann* FS Küper, 2007, 543 (543). Zu *Engischs* Reaktion auf *Honigs* Ansatz *Kay H. Schumann* Jura 2008, 408 (412).

[42] *Gallas* ZStW 67 (1955), 1 (4); *Welzel* JuS 1966, 421 mwN; *Welzel,* Das Deutsche Strafrecht, 11. Aufl. 1969, 33ff.; *Jescheck/Weigend,* Lehrbuch des Strafrechts AT, 5. Aufl. 1996, § 22 V 1.

[43] *Welzel* JuS 1966, 421ff.; *Welzel,* Das Deutsche Strafrecht, 11. Aufl. 1969, 33ff.; *Jescheck/Weigend,* Lehrbuch des Strafrechts AT, 5. Aufl. 1996, § 22 V 1.

inhalts in den Handlungsbegriff wird freilich entgegen dem überkommenen Verbrechensaufbau der Vorsatz aus dem Schuld- in den Handlungs- und Unrechtsbereich vorverlegt“[44], so *Gallas.* Im Weiteren entwickelt er in seinem zukunftsweisenden Aufsatz „Zum gegenwärtigen Stand der Lehre vom Verbrechen“ die Grundlagen dessen, was heute unter der Flagge „personale Unrechtslehre“ als h. L. segelt und hier nicht mehr in allen Einzelheiten dargestellt werden muss.[45]

Für die hiesigen Zwecke genügt es, in der konzentrierten, klaren Sprache *Karl Lackners* zunächst Folgendes festzuhalten: „Auf Grund der Vorstellung, daß die Rechtsnormen vornehmlich Bewertungsnormen sind, hat die ältere – jahrzehntelang ganz herrschende – *objektive Unrechtslehre* – alle menschlichen Verhaltensweisen als Unrecht qualifiziert, sofern sie nur einen rechtlich mißbilligten Zustand zur Folge hatten, und daraus das Grundprinzip abgeleitet, daß alle ‚objektiven‘, d. h. der äußeren Tatseite zugehörigen Merkmale dem Unrecht und alle ‚subjektiven‘, d. h. täterpsychischen, der Schuld zuzuordnen seien. In der Folgezeit hat diese Lehre – namentlich nach Entdeckung der zwingend beweisbaren subjektiven Unrechtselemente – zwar dadurch tiefgreifende Veränderungen erfahren, daß auch bestimmte psychische Merkmale – unter Ausschluss allerdings des Vorsatzes – in den Unrechtstatbestand einbezogen wurden, damit aber ihr im wesentlichen objektives Unrechtsverständnis nicht preisgegeben.

Erst in der modernen strafrechtlichen Dogmatik hat sich eine in zahlreichen Varianten vertretene und noch nicht abschließend geklärte *personale Unrechtslehre* durchgesetzt, die den Schwerpunkt der Rechtsnormen in ihrer Funktion als Bestimmungsnormen sieht und daher das Unrecht vornehmlich im menschlichen Verhalten sucht, soweit es dem gebietenden Imperativ des Rechts widerspricht. Unter diesen Gesichtspunkten werden heute überwiegend *Handlungs- (Verhaltens- oder Akt-) Unwert* einerseits und *Erfolgs- (Sachverhalts-) Unwert* andererseits als die beiden Elemente des Unrechts unterschieden. Daß der Erfolgsunwert allein zur Begründung des Unrechts nicht ausreicht, folgt zwingend aus dieser Lehre; sie muß voraussetzen, daß auch das Täterverhalten selbst fehlerhaft ist. Der Wertung unterliegt dabei nach überwiegender Meinung das Verhalten als final-kausale Sinneinheit, die auch durch die im Tatbestand beschriebenen Handlungsmodalitäten und objektiv-täterschaftlichen Elemente mitgeprägt wird, während häufig auch der Verhaltensunwert auf einen reinen Intentionsunwert reduziert wird. Jedenfalls beziehen alle Spielarten der personalen Unrechtslehre bei den Vorsatzdelikten das Wissen und Wollen des Täters und bei den Fahrlässigkeitsdelikten den Sorgfaltsmangel in den Unrechtstatbestand ein; daß beide dann später auch für die Schuldbewertung bedeutsam werden können, ist dadurch nicht ausgeschlossen“.[46]

---

[44] *Gallas* ZStW 67 (1955), 1 (5); strikt aA der überzeugte „Objektivist“ *Günter Spendel* in allen seinen einschlägigen Arbeiten; zu ihnen und ihm selbst *Hettinger* GS Spendel, 2011, 17 (23ff.) mwN.

[45] *Gallas* FS Bockelmann, 1979, 155; *Jescheck/Weigend,* Lehrbuch des Strafrechts AT, 5. Aufl. 1996, § 24 III; *Eisele* in Schönke/Schröder, StGB, 29. Aufl. 2014 Rn. 52/53, 54ff. Vor § 13 mwN.; dazu auch *Roxin,* Strafrecht AT I, 4. Aufl. 2006, § 10 Rn. 88ff. iVm 67ff. und § 8 Rn. 26.

[46] *Lackner,* StGB, 22. Aufl. 1997, Rn. 19f. Vor § 13; wörtlich ebenso noch bei *Kühl* in Lackner/Kühl, StGB, 28. Aufl. 2014 (die Nachw. zu Fundstellen in dem Zitat sind weggelassen worden); *Jescheck/Weigend,* Lehrbuch des Strafrechts AT, 5. Aufl. 1996, § 24 III 3 und 4 mwN; knapp *Renzi-*

Bezogen auf den Vorsatz formuliert *Jescheck:* „Der *Vorsatz* als der unmittelbar gegen den Normbefehl gerichtete Handlungswille ist das *Kernstück des personalen Handlungsunrechts*",[47] und er sieht dies „ durch die *Gestaltung des positiven Rechts* bestätigt"; er benennt als Beispiele „täuschen" (§ 263), „absetzen helfen" (§ 259), „dem Wilde nachstellen" (§ 292), „wegnehmen" (§ 242) und „sich zueignen" (§ 246).[48] Zu denken wäre bspw. auch an „eindringen" (§ 123), „belohnen" und „billigen" (§ 140), „vortäuschen" (§ 145 I Nr. 2), „falsch schwören" (§ 154), „verleiten" (§ 160), „beschimpfen" (§ 166). Die Reihe ließe sich fortsetzen.

5. Lehre von der objektiven Zurechnung – die zweite

An den ersten nachvollziehbaren – lange verwehten – Versuch *Honigs,* dem unendlichen Strom der Bedingungen i. S. der Äquivalenztheorie[49] rationale Korsettstangen einzuziehen, knüpfte 40 Jahre später in der *Richard Honig* zum 80. Geburtstag gewidmeten Festschrift *Roxin* mit seinen „Gedanken zur Problematik der Zurechnung im Strafrecht" an,[50] in dem er „eine Reihe von richtungweisenden Gedanken ..., die bis heute nicht voll ausgeschöpft sind",[51] aufgriff. „Die eigentliche juristische Grundfrage liegt", so *Roxin,* „nicht in der Ermittlung irgendwelcher Gegebenheiten, sondern in der Festsetzung der Maßstäbe, nach denen wir bestimmte Erfolge einer Person zurechnen wollen".[52] Schon hier, in der Handlungslehre, erscheine „das Schwergewicht vom ontischen in den normativen Bereich verlagert".[53] *Roxin* konstatiert, dass es *Honig* „mit Hilfe dieses Merkmals der objektiven Zwecktätigkeit" gelungen sei, „irregulär-unbeherrschbare Kausalverläufe, auch wenn sie sich wunschgemäß ereignen, als von vornherein nicht zurechenbar darzutun";[54] es mangele an der Steuerbarkeit des Kausalverlaufs. *Roxin* hält diese, „eine objektiv-personale Unrechtslehre" einschließende These für bemerkenswert, aber *Honigs* Zurechnungsmaßstab für „noch genauerer Analyse"[55] bedürftig. Diese führt den Autor, um auch hier nicht unnötig Bekanntes breit zu wiederholen, zur „Risikoerhöhungslehre" per „Rückführung der objektiven Bezweckbarkeit" auf diese

kowski in Matt/Renzikowski, StGB, 2013, Rn. 9ff., 20f. Vor § 13; *Kudlich* in SSW-StGB, 3. Aufl. 2016 Rn. 3f., 6 Vor § 13.

[47] *Jescheck/Weigend,* Lehrbuch des Strafrechts AT, 5. Aufl. 1996, § 24 III 4c mwN; dazu auch *Gallas* ZStW 67 (1955), 1 (31f.).

[48] *Jescheck/Weigend,* Lehrbuch des Strafrechts AT, 5. Aufl. 1996, § 24 III 4d; s. auch *Hettinger* JuS 1991, L 49, 50 mit Fn. 6 sowie *Stübinger* FS Puppe, 2011, 263; zur Einordnung solcher sehr deutlich „subjektiv in der Wolle gefärbter" Handlungen *Bloy* JuS 1989, L 1f.; *Hettinger* JuS 1989, L 41, 43f.

[49] Das Wort Theorie scheint mir, wie in unseren Gefilden meist, auch hier zu hoch gegriffen; dazu *Hettinger* FS Wolter, 2013, 747 (762).

[50] *Roxin* FS Honig, 1970, 133; erste, noch tastende Ansätze in neuerer Zeit schon bei *Jescheck,* Lehrbuch des Strafrechts AT, 1969, § 28.

[51] *Roxin* FS Honig, 1970, 133.

[52] *Roxin* FS Honig, 1970, 133 *(wollen?; wir?; wer?).*

[53] *Roxin* FS Honig, 1970, 133. Man mag sich fragen: Passt das zum Ausgangspunkt des „klassischen Verbrechensbegriffs"? Und was heißt „erscheint"?

[54] *Roxin* FS Honig, 1970, 133 (134).

[55] *Roxin* FS Honig, 1970, 133 (134f.); zu *Roxins* personalem Handlungsbegriff *Roxin,* Strafrecht AT I, 4. Aufl. 2006, § 8 Rn. 42f., 44ff.; *Jäger* in SK-StGB, 9. Aufl. 2017, Rn. 30f., 36ff. Vor § 1.

Lehre.[56] Was ein inhaltlich bestimmtes Handeln (hier i. S.: Tun) oder Unterlassen betreffe, so meint er in Wendung gegen *Welzels* „finale Handlungslehre", sei jedenfalls „die ‚Finalität' kein notwendiges Merkmal".[57]

Bezogen auf mein Thema, das ja auch Ausgangspunkt der Überlegungen *Honigs* war,[58] ist, ohne die inzwischen in die Jahre gekommene Diskussion um Bleibendes und Vergängliches der finalen Handlungslehre ein weiteres Mal repetieren zu wollen, festzuhalten, dass *Roxin* zwar die finale Handlungslehre weiterhin ablehnt,[59] aber, vielleicht mehr nolens als volens, im Ergebnis in Übereinstimmung mit der heute ganz herrschenden Lehre, den Vorsatz als „Bestandteil des Tatbestandes"[60] anerkennt. „Die *gegenwärtig herrschende Lehre* legt einen Verbrechensaufbau zugrunde, der die überlieferten Positionen des neo-klassischen Systems mit den wesentlichen Ergebnissen des Finalismus zu verknüpfen sucht", fasst *Tonio Walter*[61] den Stand der Dinge zusammen.

Damit ist der Boden bereitet, um am Beispiel des § 212 I ein eigenes Modell des Tatbestands eines vorsätzlichen Erfolgsdelikts zu entwickeln, das – nebenbei – auch geeignet erscheint, jedenfalls für Vorsatztaten die Lehre von der objektiven Zurechnung zu verabschieden.

IV. Was bedeutet einen (anderen) Menschen i. S. d. §§ 212 I, 15 „vorsätzlich töten"?

1. Das Spätere vor dem Früheren?

Zunächst sei kurz gefragt: Gibt es einen sachlich zwingenden Grund, obwohl der *Vor*satz regelmäßig der Schlussstein eines inneren Prozesses ist, mag dieser in seltenen Fällen auch einmal in Sekundenbruchteilen ablaufen, die Prüfung mit dem objektiven Tatbestand des infrage kommenden Delikts, etwa des § 212 I, zu beginnen? Nimmt man den *dolus subsequens* in den Blick, der gerade kein Vorsatz[62] ist, ist klar, dass diese Frage verneint werden müsste. Historische Gründe, gleichwohl mit der Prüfung des Vorgefundenen, etwa einer Leiche, zu beginnen, gibt es allerdings

---

[56] *Roxin* FS Honig, 1970, 133 (135); ferner *Roxin* ZStW 74 (1962), 411 (= Strafrechtliche Grundlagenprobleme, 1973, 147ff.); *Roxin,* Strafrecht AT I, 4. Aufl. 2006, § 11, insbes. Rn. 88ff.

[57] *Roxin* FS Honig, 1970, 133 (146, 148ff.); das überrascht angesichts des Ausgangspunkts von *Honig* und *Roxin* nicht. Ob damit das letzte Wort in Sachen Handlungsbegriff gesprochen war, ist eine andere Frage.

[58] Vgl. nur *Honig* FG Frank, 1930, 174 (176 mit Fn. 5 und 6; 184 mit Fn. 2, 186f.).

[59] *Roxin,* Strafrecht AT I, 4. Aufl. 2006, §§ 7 Rn. 18; 8 Rn. 17ff.; 10 Rn. 9.

[60] *Roxin,* Lehrbuch des Strafrechts AT I, 4. Aufl. 2006, § 10 Rn. 62ff., 65.

[61] *Walter* in LK-StGB, 12. Aufl. 2007, Rn. 26 Vor § 13 (wobei im hiesigen Beitrag gerade problematisiert werden soll, ob die „umfangreiche, fein ziselierte und in vielen Einzelheiten umstrittenen Lehre von der objektiven Zurechnung", die Vorsatztat betreffend, überhaupt „erforderlich" ist); *Renzikowski* in Matt/Renzikowski, StGB (Fn. 46), Rn. 6ff., 20f.; *Eisele* in Schönke/Schröder, StGB, 29. Aufl. 2014, Rn. 52/53ff. Vor § 13; *Roxin,* Strafrecht AT I, 4. Aufl. 2006, § 7 Rn. 23–25; zur Vorarbeit des Gesetzgebers des StGB 1975 *Hettinger* JuS 1986, L 81f. – Aufbauschema etwa bei Wessels/Beulke/Satzger, Strafrecht AT, 47. Aufl. 2017, Rn. 1201.

[62] Dazu BGH NStZ 2018, 27 mit Anm. *Engländer.*

schon.[63] Insbesondere aber entspricht dieses Vorgehen den Vorstellungen des Gesetzgebers bei Abfassung des StGB, wie neben der Formulierung der Straftatbestände auch die Existenz des § 16 I andeutet.

2. *Was versteht man unter (vorsätzlichen) „reinen" Erfolgsdelikten?*

Als Straftatbestand wird § 212 I allenthalben als ein „reines Erfolgsdelikt"[64] eingeordnet. Bemerkenswert sind die im Schrifttum vorfindbaren „Definitionen" zu diesem Deliktstyp:

Bei ihm, so schrieb *Ulrich Weber,* „verzichtet der Gesetzgeber auf eine Umschreibung des tatbestandsmäßigen Handelns, so daß für die Tatbestandserfüllung jedes willensgetragene Verhalten genügt, das den Erfolg herbeiführt. Tatbestandsmäßig ist die Handlung dann, wenn sie ursächlich für den eingetretenen Erfolg ist".[65]

Hruschka nennt die Erfolgsdelikte „erfolgsbezogene Begehungstaten". „Rein erfolgsbezogen" sei eine solche, „die nach der Definition der jeweils maßgeblichen Strafvorschrift allein dadurch bestimmt ist, daß sie den deliktstatbestandsmäßigen Erfolg herbeiführt".[66]

Bei *Stratenwerth/Kuhlen* heißt es, wenn „die Außenseite des unrechten Verhaltens ausschließlich als *Herbeiführung eines* bestimmten missbilligten ‚Erfolges' zu charakterisieren" sei, spreche man „insoweit von einem reinen *Erfolgsdelikt*".[67]

Otto bezeichnet Delikte, „*die die Strafe schlicht an die Erfolgsherbeiführung knüpfen,* wie z. B. die §§ 212, 222, 223, 229, 303 StGB, ohne dass der Gesetzgeber diese Erfolgsherbeiführung näher tatbestandsmäßig beschrieben oder Lehre und Rechtsprechung die zur Erfolgsherbeiführung nötigen Handlungsvollzüge eingehender umschrieben haben", als Erfolgsdelikte, bei denen sich „in aller Schärfe das grundsätzliche Problem" stelle, „wann *einer Person der Erfolg,* die im Tatbestand erfasste Rechtsgutsbeeinträchtigung, unabhängig von Fragen der subjektiven Zurechnung (Vorsatz, Fahrlässigkeit) gerade als *ihr Werk* zuzurechnen ist".[68]

Frister schließlich meint, bei Erfolgsdelikten ändere deren Umschreibung der tatbestandsmäßigen Handlung, „z. B. als töten (§ 212 StGB), körperlich misshandeln (§ 223 I StGB), einsperren (§ 239 I StGB), wegnehmen (§ 242 I StGB) oder beschädigen (§ 303 I StGB)"..., „nichts daran, dass in der Sache bei all diesen Delikten nicht eine bestimmte Handlung, sondern die zurechenbare Verursachung eines be-

---

[63] Wobei zwischen dem Ausführungswillen und dem unmittelbaren Ansetzen (iSd § 22) Koinzidenz i. S. auch eines Ineinander-Verwobenseins bestehen muss; dazu *Hettinger* JuS 1988, L 71, 73 mit Fn. 16; 1989, L 17, 19; *Hruschka* spricht – genauer als Koinzidenz – von Simultaneitäts- und Referenzprinzip, Strafrecht nach logisch-analytischer Methode, 2. Aufl. 1988, 1ff., 21ff., 65ff.

[64] Dazu *Hettinger* JuS 1991, L 9; 49, 50 mwN; s. auch *Hermann Bruns,* Kritik der Lehre vom Tatbestand, 1932, 10ff. sowie die Nachw. bei *Ambos,* JA 2007, 1 Fn. 3, 32 Fn. 39.

[65] *Weber* in Baumann/Weber/Mitsch, Strafrecht AT, 9. Aufl. 2003, § 14 Rn. 59; in der Neuauflage von 2016, *Eisele* in Baumann/Weber/Mitsch/Eisele, Strafrecht AT, § 9 Rn. 50, hat *Eisele* den zweiten Satz geändert. Er lautet jetzt: „Tatbestandsmäßig ist die Handlung dann, wenn zwischen Handlung und Erfolg Kausalität und objektive Zurechenbarkeit vorliegen".

[66] *Hruschka,* Strafrecht nach logisch-analytischer Methode, 2. Aufl. 1988, 400ff., 401.

[67] *Stratenwerth/Kuhlen,* Strafrecht AT I, 6. Aufl. 2011, § 8 Rn. 10.

[68] *Otto,* Grundkurs Strafrecht. Allgemeiner Strafrechtslehre, 7. Aufl. 2004, § 6 Rn. 3.

stimmten deliktischen Erfolgs mit Strafe bedroht ist. Einen Menschen töten heißt, den Tod eines Menschen zurechenbar verursachen, eine Sache wegnehmen, den Übergang des Gewahrsams an der Sache von einer Person gegen oder ohne deren Willen auf eine andere zurechenbar zu verursachen etc.", was m. E. sich so *nicht* von selbst versteht, sondern *begründet* werden müsste.[69]

3. Kritik

Wer die Ausführungen der zitierten Autoren liest, wird an den „klassischen" Straftatbegriff erinnert mit dem kausalen oder natürlichen, kaum Grenzen ziehenden Handlungsbegriff, dem Anlass für *Honigs* Begrenzungsversuch. Fröhliche Urständ' also? Die Barriere soll, wie gesehen, – für die moderne (besser: aktuelle) Lesart – die Lehre von der objektiven Zurechnung bilden. Aber zuvor ist festzuhalten, dass, angesichts unserer Sensibilität gegenüber häufiger kritisiertem „Erfindungsreichtum" der Praxis bei der (Aus-)Deutung von Normen, über den „jüngeren" Gesetzgeber schweige ich „tapfer", es doch etwas erstaunlich wirkt, dass *hier,* bei meinem Beispiel, dem Wortlaut des Straftatbestands des Totschlags, die Handlung des Tötens mit der Bestimmung als bloße Mitverursachungswirkung ausgestattet als hinreichend bestimmt angesehen wird. Nach dem StGB heißt es seit 1871 aber *immerhin* „einen Menschen (vorsätzlich) töten", keineswegs, wie bei § 222, nur „durch Fahrlässigkeit den Tod eines Menschen verursachen". Zum einen wird nun niemand behaupten wollen, der Handlungsbegriff bei § 222 sei *enger* aufzufassen als der des §§ 212 I; zum anderen will man doch wohl nicht ernstlich annehmen, dem Gesetzgeber sei bis heute nicht aufgefallen, dass die tatbestandlichen Beschreibungen des Totschlags und der fahrlässigen Tötung recht unterschiedlich formuliert sind, obwohl sie „angeblich", nach Ansicht eines größeren Teils der „Theorie" *dasselbe* bedeuten sollen.[70] Wer meint, das übergehen oder per „Behauptung" erledigen zu können, entrinnt nicht der Pflicht, den Nachweis der Richtigkeit dieser Annahme zu führen. Das aber kann m. E., schon ohne Hinzulesen der die Norm ergänzenden Vorschrift des § 15 nur schwerlich, und mit ihm gar nicht gelingen.[71]

---

[69] *Frister,* Strafrecht AT, 7. Aufl. 2015, 8/18; die m. E. zu fordernde Begründung bleibt auch er schuldig; gegen eine solche Deutung *Hettinger,* Die „actio libera in causa": Strafbarkeit wegen Begehungstat trotz Schuldunfähigkeit?, 1988, 422ff.; *Hettinger* JZ 1993, 513; s. auch den folgenden Text; zur „Beweislast" *Gallas* ZStW 67 (1955), 1 (33f.) – Für größere Ausflüge in die (Vor-) Geschichte des heutigen § 212 I fehlt hier der Raum. Nur so viel: Das preußische StGB von 1851 sah in § 176 für denjenigen, der „vorsätzlich, jedoch nicht mit Ueberlegung einen Menschen tödtet", lebenslängliches Zuchthaus vor. Der preußische Entwurf von 1830 hatte in § 222 bestimmt: „Wer durch eine rechtswidrige Handlung oder Unterlassung den Tod eines Menschen verursacht, ist des Verbrechens der Tödtung schuldig". Aber, so *Beseler,* Commentar über das StGB für die Preußischen Staaten, 1851, S. 343 unter Rückgriff auf „die amtlichen Quellen", „man überzeugte sich bald, dass die Bestimmtheit der Rechtsbegriffe durch eine solche Abstraktion, mit der sich die Gesetzgebung am Wenigsten zu befassen hat, bedroht werde, und ließ sie daher aus den späteren Entwürfen weg". Selbst wenn man jedoch in § 212 I ein „reines" Erfolgsdelikt sehen wollte, wird sich zeigen, dass die Einordnung überholt ist, dieser Begriff nach geltendem Recht seine Bedeutung verloren hat.

[70] → III. 1., Text vor und bei Fn. 18.

[71] M. E. von heute aus besonders deutlich die Darlegungen *Fristers,* → Text nach Fn. 68; vgl. auch Bloy JuS 1988, L 25, 26f., der ebenfalls töten als verursachen auffasst, aber dann darauf hin-

Ob die vermutlich bei einigen Autoren zu Grunde liegende Annahme, die Einhegung der, isoliert betrachtet, indiskutablen Weite der Äquivalenztheorie werde über die Figuren der objektiven Zurechnung gelingen, einer Überprüfung standhalten wird, kann hier noch offenbleiben. Gesichert erscheint nur, dass jedenfalls *Honigs* originale Überlegungen, wie schon erwähnt, heute keine Rolle mehr spielen. Man wäre also mit der Deutung des Begriffs des Tötens als Verursachen des Todes insoweit wieder auf dem Stand des „klassischen Verbrechensbegriffs" angekommen, der aber, wie gesehen, von durchaus anderen Voraussetzungen ausgegangen war.

4. Ist die Lehre von der objektiven Zurechnung bei Vorsatztaten eine Notwendigkeit?

Für die höchsten Fachgerichte ist diese Zurechnungslehre hier ganz offensichtlich nicht notwendig; denn sie stützen sich seit des Reichsgerichts Zeiten auf die von diesem Gericht entwickelte, auch heute noch angewandte Abweichungsformel:[72] Auch nach ständiger Rechtsprechung des BGH „liegt eine wesentliche, den Vorsatz ausschließende (?! s. o. Fn. 24) Abweichung des tatsächlichen vom vorgestellten Kausalverlauf vor, wenn diese sich nicht mehr in den Grenzen des nach allgemeiner Lebenserfahrung Voraussehbaren hält und aufgrund eines insoweit veränderten Unrechtsgehalts eine andere rechtliche Bewertung der Tat erfordert"[73]. „In der Rechtsprechung ist als Rechtsfigur der unerheblichen Abweichung des tatsächlichen Kausalverlaufs vom vorgestellten Kausalverlauf anerkannt, dass eine Divergenz zwischen dem eingetretenen und dem vom Täter gedachten Geschehensablauf unter Gesichtspunkten des Vorsatzes regelmäßig dann unbeachtlich ist, wenn sie unwesentlich ist, namentlich weil beide Kausalverläufe gleichwertig sind".[74].

---

weist, dass der Vorsatz der Handlung ein ganz anderes Gewicht verleiht als die „Fahrlässigkeit" der des § 222.

[72] RGSt 51, 305 (311); 70, 257 (258); für den BGH s. die Nachw. bei *Fischer,* StGB, 65. Aufl. 2018, § 16 Rn. 7; weitere allgemeine Voraussetzungen stellt die Rspr. neben der Kausalität für das vorsätzliche Begehungsdelikt nicht auf", so *Kühl* in Lackner/Kühl, StGB, 28. Aufl. 2014, Rn. 14 Vor § 13.

[73] BGHSt 56, 162 (166) m. Hinw. auf BGHSt 38, 32 (34) und 48, 34 (37).

[74] BGH NStZ 2002, 475 (476) – Nebenbei: Sieht „der" BGH noch im Vorsatz (allein) ein Element der Schuld? Das scheint *Kühl* in Lackner/Kühl, StGB, 28. Aufl. 2014, § 15 Rn. 34 für möglich zu halten; anders *Fischer,* StGB, 65. Aufl. 2018, § 15 Rn. 2. – Wer anhand des LK-StGB, 12. Aufl. die Erläuterungen durch Richter oder Staatsanwälte (hier als Funktionsbezeichnung verwendet) zu Straftatbeständen des BT daraufhin prüft, erlebt „Erstaunliches". Neben „Vorsatz", „subjektiver Tatbestand", „innerer Tatbestand" oder „innere Tatseite", die je nach „Geschmack" oder Gewohnheit von *einem* Autor folgerichtig verwendet werden, gibt es Autoren, die bei verschiedenen Tatbeständen *unterschiedlich* verfahren, auch in der Frage, wo der Vorsatz einzuordnen ist, im Tatbestand (und)/oder in der Schuld; ein deutliches Zeichen dafür, dass die ehedem in Klausuraufbaufragen Gestählten Derlei nicht mehr für wichtig halten (Man wird sagen: Wir suchen Lösungen für Einzelfälle, kein System …). Kurz: Es gibt nichts, was es nicht gäbe. Folgerichtigkeit ist fast schon die Ausnahme; deutlich einheitlicher, wenngleich auch nicht immer „astrein" durchgehalten, stellt sich die Lage bei Kommentatoren aus der Wissenschaft dar. Das bestätigt *Fischers* Ausführungen in seinem Beitrag zur FS Hamm, 2008, 63 und meine „erfahrungsgesättigte" Feststellung: „Theoretiker dürfen (über) Alles schreiben, Praktiker müssen nichts davon lesen!"

Einen Anlass, diese Rechtsprechung aufzugeben, sehen die Senate, wie schon erwähnt, bis heute nicht.

Die Anhänger der Lehre von der objektiven Zurechnung bejahen eine derartige Notwendigkeit, „unerwünschte" Ergebnisse der Anwendung der Äquivalenzlehre schon im *objektiven* Tatbestand korrigieren zu können, ja zu müssen. „Das Bedürfnis für solche Korrekturen des Kausalitätsergebnisses ist allgemein anerkannt", schreibt *Kühl,* denn „Setzer ganz entfernter Bedingungen und Initiatoren ganz atypischer, abenteuerlicher Kausalverläufe sollten ‚möglichst früh' als mögliche Straftäter ausgeschieden werden";[75] auch bei sich in den Kausalverlauf einschaltenden Dritten oder Opfern wäre an eine Entlassung des Erstverursachers aus einer möglichen Strafbarkeit zu denken".[76] Das bedürfte aber doch wohl einer Begründung, die sich nicht in didaktisch-taktischen Klausur- oder Hausarbeitsüberlegungen erschöpfte. Trotz ernstzunehmender Einwände, so *Kühl* weiter, habe sich die Lehre „auch beim Vorsatzdelikt so weitgehend durchgesetzt, dass auf ihre Darstellung in einem Lehrbuch nicht verzichtet werden kann".

Nun gibt es einen schon fast 90 Jahre alten, in Vergessenheit geratenen „Einwand", auf den immerhin hingewiesen sei: Formuliert hat ihn *Beling:* „Das strafrechtliche Problem" sei nämlich „nicht das ‚Kausalitäts'-Problem als solches, sondern die Erfassung des Inhalts der einzelnen *gesetzlichen Tatbestände,* einer eigenartigen ‚tatbestandliche Kausalität'". Zu fragen sei, ob „A ‚einen Menschen getötet', ‚eine fremde bewegliche Sache weggenommen'" hat. Indem die Tatbestände – etwa § 212 I – die „zu entfaltende Tätigkeit" als töten bezeichneten, erfordere der Tatbestand „einen Bedingungszusammenhang zwischen der täterischen Tätigkeit und dem Erfolge"; er nehme dabei aber „nicht auf wissenschaftliche Fixierung des *Ursach*begriffs Bezug", meine auch nicht, „wer die Ursache zum Tode eines Menschen gesetzt hat", sondern nehme Bezug „auf den einfachen *Lebens*sprachgebrauch, auf dasjenige Vorstellungsbild, das nach diesem in uns entsteht, wenn wir von einer ‚Tötungstätigkeit', ‚Wegnahmetätigkeit' usw. hören".[77] Denn, so fährt er fort, „der Gesetzgeber will nicht erkennen lehren, wie es in der Welt zugeht, sondern das Leben *normieren*".[78] Er bilde die Tatbestände nach praktischen Werterwägungen, „und

Freilich, so sei hinzugefügt: Das ist, „Alles" betreffend, auch weder „immer" notwendig noch überhaupt möglich.

[75] *Kühl,* Strafrecht AT, 8. Aufl. 2016, § 4 Rn. 36f. mwN; als Beispiel führt er den Übungsfall von *Noltensmeier/Henn* JA 2007, 772 (773) an.

[76] *Kühl,* Strafrecht AT, 8. Aufl. 2016, § 4 Rn. 38 mwN pro et contra; dazu auch *Roxin,* Strafrecht AT I, 4. Aufl. 2006, § 11 Rn. 45f., der eine Begründung versucht, die aber nur sein Credo wiederholt. Wenn er in Rn. 45 behauptet, im Schulfall, dass A mit Tötungsvorsatz B nur leicht verletze, der, zur Behandlung in eine Klinik gekommen, dort aber bei einem Brand umkomme, meinten „Rspr. und die wohl (noch) h. L.", dass es am Tötungsvorsatz fehle, so ist das unzutreffend. Was fehlt, ist nicht der Vorsatz, sonst bestünde keine Einigkeit, wie *Roxin* selbst hervorhebt, dass lediglich ein Tötungsversuch zu bejahen ist; es fehlt ein aus der (vorsätzlichen) Tötungs*handlung* resultierender „tatbestandsmäßiger Erfolg"; dazu *Hettinger* FG Paulus, 2009, 73 (81f. mit Fn. 50).

[77] Alle Zitate bei *Beling,* Grundzüge des Strafrechts, 11. Aufl. 1930, 36f., der hier die Relevanztheorie vorwegnimmt, weshalb ihn *Mezger,* Strafrecht. Ein Lehrbuch, 2. Aufl. 1933, 122, 123 zustimmend zitiert.

[78] Damit bezieht *Beling* sich auf seine vorherige Darstellung des Theorienstreits zur Frage der „Kausalität bei den Materialdelikten" (womit er die Erfolgsdelikte meint), Grundzüge des Strafrechts, 11. Aufl. 1930, 34–36.

deshalb sind ihm nicht alle Bedingungen eines Erfolges gleichwertig, sondern er hebt aus ihnen die dem betreffenden Tatbestand *charakteristischen* als die zentralen heraus im Gegensatz zu den nach natürlicher Lebensauffassung nur peripherischen, den außertatbestandsmäßigen (Vorbereitungs- und Begleit-)Tätigkeiten". Darum sei es ein Fehlschluss des Reichsgerichts, „aus der kausalen Gleichwertigkeit aller Erfolgsbedingungen" zu folgern, „daß zwischen diesen ein strafrechtlich bedeutsamer Unterschied überhaupt nicht bestehe". Denn damit sei der *tatbestandliche* Unterschied übersehen, dass – etwa – das Wetzen eines Messers keine Tötungshandlung sei.[79] Man kann das auch so formulieren: Die Tatbestandsmäßigkeit eines Verhaltens bestimmt sich nicht nach dessen Ursächlichkeit allein; diese ist, soweit es um Erfolgsunrecht geht, nur notwendige Voraussetzung. „Wäre dies anders, so müsste jede Vorbereitungshandlung, die für einen konkreten Erfolg ursächlich wird –, z. B. der Kauf der Mordwaffe – bestraft werden. Der früheste Zeitpunkt der Strafbarkeit – von einzelnen besonders vertypten Vorbereitungshandlungen (und „speziellen Gesetzen" wie etwa dem Waffengesetz) abgesehen – liegt aber beim Erreichen des strafbaren Versuchs i. S. des § 22, d. h. der dem tatbestandlichen Verhalten unmittelbar vorgelagerten Zone. Das folgt zwingend aus § 22, der damit in allgemeiner Form für alle (Vorsatz-) Straftatbestände den frühesten Zeitpunkt strafrechtlicher Zurechnungserwägungen festlegt".[80]

Wer glaubt, mit dem kausalen Handlungsbegriff auskommen zu dürfen, mit oder ohne Vertrauen darauf, über die Schiene „objektive Zurechnung" das aus der condicio sine qua non-Lehre folgende Ergebnis vermeiden zu können, der übersieht womöglich die sonst so hochgehaltene Konsequenz des Art. 103 II GG, dass die straftatbestandlichen Beschreibungen *die* Abstraktionshöhe festlegen, hinter welche der Gesetzesanwender, ebenso der „Theoretiker", *nicht* zurückgehen darf. In § 212 I lautet die Handlung, wie schon betont, „töten" (nimmt man § 15 hinzu, „vorsätzlich töten") und gerade nicht (durch Fahrlässigkeit) „den Tod verursachen".[81]

Mehr als ein Wort ist zu der verbreiteten, bereits erwähnten Ansicht zu sagen, „Setzer ganz entfernter Bedingungen und Initiatoren ganz atypischer, abenteuerlicher Kausalverläufe sollten ‚möglichst früh' als mögliche Straftäter ausgeschieden werden".[82] Die hinter dieser „Empfehlung" stehende Problematik war, wie ge-

[79] *Beling,* Grundzüge des Strafrechts, 11. Aufl. 1930, 37; auch *Hirsch* FS Lenkner, 1998, 119 (134f.); später, in GS 101 (1932), 1-13, stellt *Beling,* dort in Fn. 5 und 8, klar, dass seines Erachtens „ausnahmsweise" das Verursachen des Todes eines Menschen i. S. des § 222 *identisch* mit Töten eines Menschen i. S. der §§ 211 ff. sei; entgegen seiner sonstigen Arbeitsweise begründet *Beling* diese Annahme nicht. Sie dürfte noch mit dem von ihm mitentwickelten „klassischen Verbrechensbegriff" zusammenhängen. An seiner hier nicht eingelösten „Begründungspflicht" änderte das freilich nichts.

[80] *Hettinger,* Die „actio libera in causa": Strafbarkeit wegen Begehungstat trotz Schuldunfähigkeit?, 1988, 437 ff., 439; ferner 343 f. mit. Fn. 20; aA *Herzberg* FS Spendel, 1992, 203; gegen ihn *Hettinger* FS Geerds, 1995, 623 (639 f., 641 ff.).

[81] *Hettinger,* Die „actio libera in causa": Strafbarkeit wegen Begehungstat trotz Schuldunfähigkeit?, 1988, 423 f.; wie gesehen, glauben etliche Autoren offenbar, diesen Einwand vernachlässigen zu können, weil sie sozusagen zum Ausgleich mittels „objektiver Zurechnung" dieses argumentative Leck meinen abdichten zu können; dass dem nicht so ist, will der folgende Text zeigen.

[82] Stellvertretend für alle *Kühl,* Strafrecht AT, 8. Aufl. 2016, § 4 Rn. 37 mwN., zit. schon o. im Text bei → Fn. 75.

sehen, schon der Anlass für *Honigs* Überlegungen[83]. Auf der Basis des *klassischen Straftatbegriffs*[84] war *Honigs* Suche nach einer Begrenzung der Folgen der noch heute beklagten sprichwörtlichen „uferlosen Weite" der Äquivalenzlehre nachvollziehbar. Auf dem Fundament der *heute* im Schrifttum dominierenden Lehre des personalen Handlungsunrechts stellt sich die Lage jedoch *grundlegend* anders dar. Von dieser Warte aus gesehen, vermag ich eine Logik der Sache in dieser Empfehlung nicht zu erkennen: Wenn wir heute zwischen den Systemkategorien des Tatbestands mit seiner objektiven und subjektiven Seite, der Rechtswidrigkeit (mit ihrer hier nicht interessierenden objektiven und subjektiven Seite) und der Schuld(haftigkeit) unterscheiden, so lenkt diese „Segmentierung" den Blick jeweils auf den „festgestellten Lebenssachverhalt"[85] unter *einer* dieser (Teil-)Perspektiven; dieses Verfahren hat den Zweck, die Aufmerksamkeit auf die jeweilige Straftatebene zu richten (und nur auf sie).

Mein großes *Aber* lautet: Es wäre ein Irrtum anzunehmen, diese strafjuristische Abschichtung schlage auch auf den zu beurteilenden „Sachverhalt als reales Ereignis" durch; denn auf ihn selbst wirkt sich das Vorgehen selbstverständlich nicht aus (so *sollte* es jedenfalls sein, denn: Kühe können nicht fliegen, auch „normativ" kann man sie nicht „wirklich" zum Fliegen bringen). Der Aufbau beim vorsätzlichen vollendeten Begehungsdelikt ist ein *Kunstprodukt;* er dient der Konzentration primär auf den jeweiligen Problembereich[86] und weicht von der für uns Menschen erfahrbaren Wirklichkeit (den Lebenssachverhalten) eindeutig ab. Für meine Thematik genügen insoweit die folgenden Bemerkungen: Zum einen prüfen Alle, die „Zurechnung-Schule", aber auch die Praxis und Diejenigen, die der Lehre von der objektiven Zurechnung nicht folgen, den objektiven Tatbestand zuerst, obwohl der Ungeübte wohl eher mit dem subjektiven Tatbestand beginnen würde, weil dort geklärt wird, was der Handelnde mit seinem Tun bezweckte.[87] *Dieses Vorgehen hat eine bislang nicht hinreichend diskutierte Folge,* die, an einem Beispiel erläutert, festzuhalten ist: Wenn A auf dem Schießstand übt, B, von ihm schon zuvor nicht als anwesend zu erkennen, im Laufgraben eingeschlafen, nach dem ersten Schuss, noch desorientiert, aufspringt, vom nächsten Projektil getroffen zu Boden sinkt und

---

[83] → III. 3.

[84] → III. 1.

[85] Zu den einen Rechtsfall konstituierenden (Lebens-) Tatsachen in ihrer Bedeutung für Praxis und Studium *Hettinger* JuS 1986, L 17f.; L 33, 35ff.; 1992, L 65, 66ff.; zur Ermittlung des Sachverhalts *Hettinger* JuS 1989, L 17, 20. Aus der universitären Übungsliteratur etwa *Otto/Bosch,* Übungen im Strafrecht, 7. Aufl. 2010, sowie die Übungsfälle in den Ausbildungszeitschriften; speziell zum sog. Irrtum über den Kausalverlauf s. die Nachw. bei Kühl, Strafrecht AT, 8. Aufl. 2016, § 13 nach Rn. 42 sowie o. in Fn. 5.

[86] *Hettinger* JuS 1989, L 41, 43 (den Begriff „Kunstprodukt" verwendete schon *Gallas* ZStW 67 (1955), 1 (28)); besonders augenfällig wird das beim „klassischen Verbrechensbegriff", dazu → III. 1.

[87] Warum gleichwohl – beim vollendeten Delikt – mit der Prüfung des objektiven Tatbestands zu beginnen ist, wurde bereits erläutert; s. schon o. den Text in IV.1. Nebenbei sei noch einmal an *Belings* Feststellung in seinen Grundzügen des Strafrechts, 11. Aufl. 1930, „Anleitung zur Bearbeitung von Strafrechtsfällen, erinnert, dass der Anfänger dazu neige, „mit der Frage zu beginnen, was sich eigentlich der betreffende Handelnde gedacht, vorgestellt, gewollt habe, und welche juristische Bedeutung dies habe"! Hier sprach der „Ausbilder", denn *Belings* Rüge ist nur zu verstehen, wenn man sich bewusst ist, dass in Übungsfällen einschließlich der Klausuren im Ersten Juristischen Examen der Sachverhalt schon „ausgemittelt" ist.

kurz später stirbt, wird der objektive Tatbestand des § 212 I als „erfüllt" bejaht (mit oder ohne objektive Zurechnung), und sodann der Vorsatz wegen Tatumstandsirrtums gemäß § 16 I 1 verneint. Letzteres trifft zu, Ersteres ist jedoch „problematisch". Denn der Vorsatz (§ 15) muss bei Begehung der Tat (§ 16 I 1), während des Tötungsvorgangs (Töten i. S. der §§ 212 I, 22) vorliegen. Ist das aber, wie im Beispielsfall, nicht so, weil A bei Abgabe des dann tödlich wirkenden Schusses einem Tatumstandsirrtum i. S. des § 16 I 1 unterlag, so ist die tatbestandliche Voraussetzung „vorsätzlichen Tötens" zu verneinen. Dann jedoch müssten „schon" eine *vorsätzliche* Tötungs*handlung*, aber auch ein *tatbestandsmäßiger Erfolg* i. S. der §§ 212 I, 15 *verneint* werden. Die vorherige Bejahung des objektiven Tatbestands steht mithin unter dem *Vorbehalt,* dass auch der Vorsatz bei (konkret) der Abgabe des tödlich wirkenden Schusses gegeben war.[88]

Von den sog. *subjektiv-objektiven Begriffen,* die im StGB gar nicht so selten sind, war schon die Rede (III.4.).[89] Das war kein Zufall, sondern birgt eine „Erkenntnis", die m E. ebenso radikal „verallgemeinert" werden muss, wie seinerzeit die der Entdeckung der „subjektiven Tatbestandsmerkmale". Die eingangs geschilderte „Vorgeschichte" zur derzeitigen Diskussion zeigt, dass alle Modelle, das klassische, dass neoklassische, das finale wie auch das derzeit aktuelle des „personalen Handlungsunrechts", bemüht sind, die zu lösenden Probleme in den Griff zu bekommen, ohne mit gesetzlichen Bestimmungen in Konflikt zu geraten. Wurde ein Konflikt aufgedeckt, wie unter der Herrschaft des klassischen Verbrechensbegriffs die *subjektiven* Tatbestandsmerkmale, erfolgte ein Umbau, hier zunächst „noch moderat" zum neoklassischen System. In zeitlich nahem Zusammenhang dazu entstand die finale Handlungslehre, die sich zwar als solche nicht durchsetzen konnte, aber zu Einsichten führte, die, weil den Gesetzgeber überzeugend, klarstellend *in das StGB 1975 übernommen* wurden.[90] – Mit der Übernahme erwies sich – einmal mehr – die Richtigkeit des Resümees *Jeschecks* zu den „Entwicklungsstufen der neuen Verbrechenslehre". Er schrieb nämlich noch in der letzten Auflage des Lehrbuchs (1996) allen „Theoretikern" zur ständigen Erinnerung ins Stammbuch: „Es gibt keine Verbrechenslehre, die mehr sein kann als ein vergänglicher Entwurf. Doch lässt sich sagen, dass der modernen, vom Finalismus herkommenden Systematik ein hoher Grad von Überzeugungskraft innewohnt. Es besteht weniger die Gefahr, dass sie von außen durch neue Systemgedanken aus den An-

[88] Näher dazu *Hettinger* JuS 1989, L 41, 43; 1991, L 49f.

[89] S. die Nachw. in → Fn. 48; ferner etwa *Gallas* ZStW 67 (1955), 1 (33f.) und *Roxin,* Strafrecht AT I, 4. Aufl. 2006, § 10 Rn. 8f., 53.

[90] Der Text der §§ 7, 8, 15, 19, 29, 30 Entwurf 1962 wurde wortgleich in die §§ 8, 9, 15, 19, 25, 26 StGB 1975 übernommen, andere Normen (so die §§ 13, 21, 22, 24, 25 Entwurf 1962) in etwas geänderter Form (§§ 13, 17, 18, 20, 21 StGB 1975); s. auch *Hettinger* JuS 1986, L 81. Die Begründungen zu neuen Kodifikationen weisen häufig Aussagen zu den Grenzen des mit den neuen Regelungen Intendierten auf. So hieß es etwa schon im zweiten Satz der einführenden Bemerkungen zum Entwurf 1962, dass der Entwurf über die allgemeinen Merkmale der Tat „keine Lehrsätze" enthalte, sondern nur Fragen regele, „die für die Rechtsanwendung Bedeutung haben"; Begr. zu dem Entwurf 1962, S. 122. Derartiges hat Tradition, s. o. Fn. 20. Zu Recht sah dann der Zweite Schriftliche Bericht des Sonderausschusses für die Strafrechtsreform zum 2. StrRG *einen* Schwerpunkt im neuen dogmatischen Teil des zweiten Abschnitts, BT-Drs. V/4095, 7ff.

geln gehoben werden könnte, als dass sie sich durch mangelnden Kontakt mit der Praxis selbst aufhebt".[91]

Dessen eingedenk frage ich, warum die Dogmatik *den letzten Schritt, obwohl er sich geradezu aufdrängt,* bisher nicht gegangen ist; anders gewendet, warum man sich immer noch nicht von altem Denken, dessen Voraussetzungen längst „überholt" sind, befreit hat? Warum glauben gerade die Apologeten der Lehre von der „objektiven" Zurechnung, dass objektiver und subjektiver „Tatbestand", besser objektive und subjektive Seite der Tatbestandsmäßigkeit, noch gerade so strengstens getrennt werden müssten wie zu Zeiten *v. Liszts* und *Belings?* Das, was nach der heutigen Anschauung der Lehre vom personalen Handlungsunrecht gar nicht getrennt werden kann, soll sich zueinander verhalten wie *Belings* (objektiver) Tatbestand zur Schuld in seinem Sinn? Sinnhaft war das nur, solange die oben III.1.-3. in Erinnerung gerufene Auffassung bestand. In unseren Tagen ist demgegenüber nach meiner Überzeugung eine objektive Zurechnung jedenfalls bei den Vorsatztaten *nicht mehr haltbar, war dies auch 1970 schon nicht mehr.* „Denn es besteht heute im wesentlichen Einigkeit darüber, daß es auch subjektive Merkmale des gesetzlichen Unrechtstypus gibt. Hat man aber erst einmal den Schritt von der formellen zur materiellen Betrachtungsweise und damit von der wertfreien Beschreibung zum Deliktstypus getan, so verliert nicht nur der Gegensatz von objektiv und subjektiv seine systematische Bedeutung, muß sich vielmehr neben der Frage nach dem Unrechtsgehalt auch die nach dem Schuldgehalt des Deliktstypus stellen".[92]

V. Fazit

Handlungsunrecht erfordert mehr als bloßes Kausieren einer Folge. Es bedarf zur Klärung des Sinns eines Tuns der Klärung der Intention des Handelnden, die sich in der Handlung ausdrücken „wollte" und sollte, und oft auch „hat". Für *jede* Vorsatztat folgt daraus: Handlungswille und Handlungsunrecht sind *untrennbar* miteinander verbunden. In einem Bild ausgedrückt: Der Vorsatz muss auf der (von ihm ausgelösten) Handlung „sitzen" wie der Kopf auf dem (von ihm gesteuerten) Körper.[93] *Welzel* formulierte das so: „Bei der Handlung ist gar nicht zu verkennen, dass der Wille nicht bloß ein passives ‚Spiegelbild' des äußeren Geschehens in der Seele des Täters ist, sondern dass er umgekehrt der aktiv-gestaltende Faktor des äußeren Geschehens

---

[91] *Jescheck/Weigend,* Lehrbuch des Strafrechts AT, 5. Aufl. 1996, § 22 VI 5 a. E.; bis zur 4. Aufl. 1988 lautete der Beginn des zweiten Satzes noch „Doch lässt sich sagen, dass der heutigen Systematik ein hoher Grad ...; *Jescheck,* Lehrbuch des Strafrechts AT, ab der 1. Aufl. 1969, § 22 V a. E. Dass die von *Jescheck* zum Abschluss des Kapitels „Die Entwicklungsstufen der neueren Verbrechenslehre" geäußerte Sorge nicht unbegründet war, zeigt der Beitrag von *Thomas Fischer* zur FS Hamm, „Strafrechtswissenschaft und strafrechtliche Rechtsprechung – Fremde seltsame Welten", 2008, 63–81 in „unübersehbarer" Deutlichkeit; hierzu *Hettinger* in: Asholt et alii (Hrsg.), Strafrecht und Zeitgeschichte. Symposium anlässlich des 70. Geburtstages von Thomas Vormbaum, 2014, 28–47; Entgegnung auf *Fischer* von *Schünemann* in GA 2011, 445–461 mit Erwiderung *Fischer* in FS Schünemann, 2014, 41.

[92] *Gallas* ZStW 67 (1955), 1 (29f.).

[93] *Hettinger* JuS 1991, L 9, 11f. mit weiteren Ausführungen.

durch das ‚Innere' des Täters ist".[94] Dieser einfache Gedanke sei nichts Neues, sondern eine alte Wahrheit, die schon *Aristoteles* formuliert, die *Pufendorf* aus dem Naturrecht in die Rechtswissenschaft übernommen habe „und die bis zum Ende des 19. Jahrhunderts dort absolut herrschend war".

Die Lehre von der objektiven Zurechnung, die objektiven und subjektiven Tatbestand streng trennt, erweist sich als eine *Reprise* des „klassischen Verbrechensbegriffs", anstatt auf der Basis der personalen Unrechtslehre zu akzeptieren, dass in der Dogmatik hier endlich zusammenwachsen kann und muss, was zusammengehört. Die Konstruktion der Lehre von der objektiven Zurechnung unterliegt jedenfalls für den Bereich des Vorsatzdelikts grundsätzlichen Einwendungen, die bisher nicht ausgeräumt sind und die auf dem jeweils eingeschlagenen Weg m. E. auch nicht ausgeräumt werden können. Der (folge-)richtige Ansatz ist darin zu sehen, die Lehre vom „personalen Handlungsunrecht" auch in diesem Bereich (zur Beseitigung der bisherigen „Schnittstelle") fruchtbar zu machen. Das führt unweigerlich zur Problematisierung des Begriffs der „tatbestandsmäßigen Handlung".[95] Hält man bei dem (möglicherweise) vollendeten Begehungsdelikt aus den genannten Gründen daran fest, zunächst den objektiven Tatbestand (genauer die objektive Tatseite) zu erörtern, so wird dem *Vorsatz* (der „subjektiven Zurechnung") auch weiterhin eine *Korrekturfunktion* zukommen müssen. Denn auf der Basis der schon aufgezeigten Rechtslage und der heute in der Lehre vernünftigerweise weithin anerkannten personalen Unrechtslehre hat der „objektive" Tatbestand seinen Charakter als *eigenständige* (Be-) Wertungsstufe eingebüßt. *Ob* ein bestimmtes Verhalten *tatbestandsmäßig* etwa i. S. des § 212 I ist, lässt sich demnach anhand der äußeren Umstände allein *gar nicht* abschließend sagen.[96] Erst die Einbeziehung dessen, was der Täter von den vorhandenen Umständen wusste oder sich vorstellte und was er – auf der Grundlage dieses Wissens, seiner Vorstellung, – wollte, gibt Aufschluss darüber, ob der Vorsatztatbestand sedes materiae ist. *Das aber hat auch zur Folge, dass die Frage, ob ein aus Sicht* des Täters äußeres Ereignis ihm als vorsätzlich bewirkter (wenn ja, dann) *tatbestandsmäßiger* Erfolg zugerechnet werden kann, erst (endgültig) der Beantwortung zugänglich ist, *wenn man die Kenntnisse und Vorstellungen des Täters in die Bewertung des äußeren Geschehens mit einbezieht.* Auch hieran zeigt sich die Notwendigkeit, bei den Zurechnungserwägungen im Rahmen einer *Vorsatz*tat nach etwas anderen Maßstäben zu verfahren als denjenigen, die bei der Zurechnung fahrlässiger Verhaltensweisen gelten (müssen), wenn zu prüfen ist, ob sie zu einem in diesem Sinn tatbestandsmäßigen Erfolg geführt haben.[97]

Diese Überlegungen erscheinen simpel – und sind es auch. Sie können das sein, weil es in diesem Beitrag gerade nicht darum ging, dem bisherigen Bemühen um eine konsistente Begründung einen weiteren Versuch der geläufigen Art hinzuzufügen. Wie auch, wenn man der Überzeugung ist, dass die Lehre von der objektiven Zurechnung – von Beginn an – zumindest hier auf einen *unfruchtbaren* Weg, in eine

---

[94] *Welzel* JuS 1966, 421 (422).

[95] Dazu *Hettinger* JuS 1991, L 49, 50; *Hettinger,* Die „actio libera in causa": Strafbarkeit wegen Begehungstat trotz Schuldunfähigkeit?, 1988, 10 und passim.

[96] *Hettinger* JuS 1991, L 49f. (IV. 6. c)

[97] Zu einer Parallele *Hettinger* in FS F.-C. Schroeder, 2006, 209 (217ff.).

Sackgasse führen musste? Vier Lehren zum Straftataufbau, verbunden mit Möbelrücken und Einführen neuer Möbel, haben es nicht vermocht, die Diskussion in der Strafrechtswissenschaft zur Vorsatztat zu einem guten, d. h. überzeugenden Ende zu führen, während die Rechtsprechung, unbeirrt von der Debatte in der Theorie, an ihrem Lösungsansatz festhält: Bei den fahrlässigen Erfolgsdelikten arbeitet sie mit den Kriterien der Adäquanz, bei den Vorsatzdelikten mit ihrer „bewährten" Abweichungsformel.[98]

„Theoretisch" wissen wir alle, dass Systematik kein Selbstzweck ist, sondern ein Hilfsmittel für die Erzielung überzeugender Ergebnisse. „Praktisch" bleibt diese Erkenntnis aber nur allzu häufig auf der Strecke. In seiner *legendären* großen Abhandlung „Zum gegenwärtigen Stand der Lehre vom Verbrechen", einem Höhepunkt anregend-gestalterischen dogmatischen Strafrechtsdenkens des 20. Jahrhunderts, hat *Wilhelm Gallas* schon zu Beginn gesagt,[99] was bedacht werden muss, wenn das begriffliche Denken an seine immanenten Grenzen gelangt: „Die Diskussion um den systematischen Aufbau der Verbrechenslehre ist in der deutschen Strafrechtswissenschaft seit den Tagen der Hegel-Schule nicht mehr abgebrochen. Sie hat zwar zu Lösungen geführt, die wie zuletzt das mit dem Namen *v. Liszt* und *Beling* verbundene System für längere Zeit eine beherrschende Stellung zu erringen vermochten. Immer wieder kam es jedoch zu Gegenbewegungen, die das Gewonnene in einem beharrlichen Auflösungs- und Umwertungsprozess wieder in Frage stellten oder durch einen Neubau von Grund auf zu ersetzen suchten. Bis zu einem gewissen Grade mag dieses Nicht-zur-Ruhe-kommen sich aus den Grenzen erklären, die der Lösbarkeit der hier gestellten systematischen Aufgabe durch die Eigenart unseres begrifflichen Denkens gezogen sind: eines Denkens, das des Gegenstandes in seiner wesensmäßigen Einheit nicht unmittelbar habhaft zu werden vermag, vielmehr auf eine Zergliederung in Einzelmerkmale angewiesen ist, wodurch die ursprüngliche Einheit in eine Mehrheit bloßer Teilmomente aufgelöst, das ursprüngliche Zugleich in ein logisches Nacheinander verwandelt wird."[100]

[98] Dazu nur *Kühl* in Lackner/Kühl, StGB (Fn. 29), Rn. 14b Vor § 13 mwN.

[99] „Der Text gibt, von geringfügigen Zusätzen abgesehen, das Referat wieder, das der Verf. am 10.6.1954 auf der Tagung der deutschen Strafrechtslehrer in Tübingen gehalten hat."

[100] *Gallas* ZStW 67 (1955), 1 (1). – Der letzte Satz bildet m. E. einen höchst geeigneten Prüfstein für manche kühn daherkommende These daraufhin, ob sie den Kontakt zum Boden der Lebenswirklichkeit, um deren („technisch" ausschnittsweise) Beurteilung es der Dogmatik des geltenden Rechts gehen muss, verloren hat.

THOMAS HILLENKAMP

Fahrlässige Tötung in unerkannter Rechtfertigungslage – ist Ferdinand von Schirachs „Anatomie"-Fall richtig entschieden?

I. Einordnung des Problems

Geht ein Täter irrig davon aus, dass die tatsächlichen Voraussetzungen eines Rechtfertigungsgrundes vorliegen und könnte sich, gesetzt, die angenommenen Umstände lägen tatsächlich vor, mit seiner Handlung auf den angenommenen Erlaubnissatz berufen, wird von einem Erlaubnistatbestandsirrtum gesprochen. Weiß dagegen ein Täter vom tatsächlichen Vorliegen einer Rechtfertigungslage nichts, handelt aber auch hier, wie er handeln dürfte, ist von einem umgekehrten Erlaubnistatbestandsirrtum die Rede.[1] Für die praktische Relevanz des Erlaubnistatbestandsirrtums finden sich zahlreiche Belege. Seine Behandlung ist für die Rechtsprechung im Sinne der eingeschränkten Schuldtheorie entschieden.[2] Auch für die umgekehrte Konstellation muss man sich zu ihrer Illustration nicht auf erdachte Fälle, etwa den bei *Spendel* zu findenden „Nudelholzfall" berufen, in dem eine „resolute Ehefrau" ihrem trunksüchtigen Mann bei später Heimkehr mit einer „Nudelholzrolle" einen „Denkzettel" verabreichen will, dieses Vorhaben dann aber an einem für ihren Gatten gehaltenen „langgesuchten und leicht gewalttätig werdenden" Einbrecher vollstreckt, den sie damit von seiner Tat abhalten kann.[3] Auch diese Problemlage ist, wenn auch seltener als der Erlaubnistatbestandsirrtum, Gerichten begegnet. So setzen sich zwei BGH-Entscheidungen mit Schwangerschaftsabbrüchen auseinander, deren Rechtfertigung durch übergesetzlichen Notstand bzw. medizinische Indikation dem Arzt mangels sorgfältiger Prüfung unbekannt war.[4] In

[1] *Fischer,* 64. Aufl. 2017, StGB § 16 Rn. 22d gebraucht den Begriff des Erlaubnistatbestandsirrtums nur eher beiläufig (s. aber auch StGB § 32 Rn. 27) und spricht bei Unkenntnis oder positiver Annahme des Fehlens einer Rechtfertigungslage dort nur vom „umgekehrten Irrtum"; ähnlich *Kühl* in Lackner/Kühl, 28. Aufl. 2014, StGB § 17 Rn. 9, 12, 15, 21; mit Vorbehalt (besser: Erlaubnistatumstandsirrtum) von „umgekehrtem Erlaubnistatbestandsirrtum" ist zB bei *Jahn* JuS 2013, 1042 (1044); *Rönnau* in LK-StGB, 12. Aufl. 2006, StGB Vor § 32 Rn. 90 die Rede; s. auch *Eisele* JuS 2016, 336 (337).

[2] S. dazu die Nachw. bei *Fischer,* 64. Aufl. 2017, StGB § 16 Rn. 22b; *Hillenkamp/Cornelius,* 32 Probleme aus dem Strafrecht AT, 15. Aufl. 2017, 10. Problem, S. 84f. (bisweilen verzichtet der BGH auf den Hinweis auf nur *analoge* Anwendung des § 16 StGB).

[3] *Spendel* DRiZ 1978, 327 (330) berichtet, dass dieser von *ihm* in LK-StGB, 11. Aufl. 1992, § 32 Rn. 140 (ohne „Nudelholzrolle") übernommene Fall „nach dem letzten Kriege praktisch geworden sein" soll. *Gropp* FS Kühl, 2014, 247 (250, 251) bezeichnet ihn als „Nudelholzfall", ebenso *Fischer,* 64. Aufl. 2017, StGB § 16 Rn. 23.

[4] BGHSt 2, 111 (114f.) = NJW 1952, 312 (313); BGHSt 38, 144 (155) = NJW 1992, 763 (767).

einem neueren Fall ging es um Schüsse auf einen fliehenden Räuber, wobei dem geschädigten Schützen verborgen blieb, dass der Räuber vor dem die Flucht auslösenden Alarm bereits seine Geldbörse mit 2000 EUR an sich genommen hatte.[5] In einem anderen Fall wussten Einbrecher bei der von ihnen verübten Sachbeschädigung nicht, dass sie von der Einwilligung der „Diebesfallensteller" gedeckt war.[6] Das KG Berlin hat einen Fall entschieden, in dem sich ein Schuldner gegen eine nachts durchgeführte Vollstreckungshandlung zur Wehr setzt, die, was der Schuldner nicht wusste, rechtswidrig war.[7] Sog. „Feldbefreier" kontaminierten in einem Fall des OLG Naumburg ein Versuchsfeld, ohne zu wissen, dass § 34 StGB sie dazu möglicherweise berechtigen könnte.[8] Zur Lösung findet sich hier, worauf zurückzukommen ist, anders als zum Erlaubnistatbestandsirrtum, in der Rechtsprechung zwar eine Tendenz, aber noch keine gefestigte Linie.[9]

Die zum umgekehrten Erlaubnistatbestandsirrtum soeben zitierten Fälle verbindet nicht nur, dass den Tätern schon die Kenntnis einer Rechtfertigungslage fehlte,[10] sondern auch, dass sie die zu beurteilende Handlung vorsätzlich vornahmen.[11] Auch in den hier zum Thema gemachten Fällen fehlt das Wissen um die objektiv rechtfertigenden Umstände. Die an sich „erlaubte" Handlung wird aber fahrlässig vollzogen. Darüber, wie dann zu entscheiden ist, besteht ein gesonderter Streit.[12] Er ist bisher wohl ohne praktisches Beispiel. Zwar gibt es Entscheidungen, die sich mit fahrlässigem Handeln, zB in Notwehr, befassen. Was sie zur Illustration zu unserem Thema ungeeignet macht, ist aber, dass den Handelnden die Rechtfertigungslage bekannt war.[13] In unseren Fällen ist sie das nicht. Wer die Schulfälle dazu liest, wird sich darüber, dass der Streit rein akademisch erscheint, nicht wundern. Von Lebensnähe zeugen sie nicht.[14] Ganz überwiegend sind es Notwehr- oder Nothilfefälle. So bewahrt sich in verschiedenen Variationen ein durch einen nicht wahrgenommenen Angriff

---

[5] BGH NStZ 2016, 333 mit Bespr. *Eisele* JuS 2016, 366; der Fall hatte zuvor schon das OLG Celle BeckRS 2013, 07170 mit Bespr. *Jahn* JuS 2013, 1042 beschäftigt.

[6] BGH NJW 2017, 1186 mAnm *Mitsch* NJW 2017, 1188.

[7] KG GA 1975, 213.

[8] OLG Naumburg BeckRS 2013, 08144 mit Bespr. *Jahn* JuS 2013, 1139; s. dazu auch *Wessels/Hillenkamp,* Strafrecht Besonderer Teil 2, 40. Aufl. 2017, Rn. 35 (Die aktuelle Entscheidung).

[9] S. zum Streitstand vorläufig nur *Hillenkamp/Cornelius,* 32 Probleme aus dem Strafrecht AT, 15. Aufl. 2017, 4. Problem.

[10] Also nicht nur ein bei einzelnen Rechtfertigungsgründen noch zur Kenntnis hinzu gefordertes Element, wie zB der Verteidigungswille oÄ, s. dazu BGH NJW 2013, 2133 (2135); BGH NStZ 2016, 333; zum Streitstand *Hillenkamp/Cornelius,* 32 Probleme aus dem Strafrecht AT, 15. Aufl. 2017, 4. Problem, 1. Folgeproblem.

[11] Daran gibt es auch im Nudelholzfall angesichts des bloßen error in persona keinen Zweifel.

[12] Einen Überblick gibt *Kröger,* Der Aufbau der Fahrlässigkeitsstraftat, 2016, 230 ff.

[13] BGHSt 27, 313 = NJW 1978, 955: Verteidigung mit einer geladenen Pistole als Schlagwaffe, es löst sich ungewollt ein Schuss; BGHSt 25, 229 = NJW 1974, 154: ein abgegebener Warnschuss trifft ungewollt tödlich; zu einem Notstandsfall (fahrlässige Trunkenheitsfahrt) s. OLG Hamm VRS 20, 232. Zu beiden Notwehrfällen *Fischer,* 64. Aufl. 2017, StGB § 32 Rn. 31.; *Roxin,* Strafrecht Allgemeiner Teil, Bd. I, 4. Aufl. 2006, § 24 Rn. 101, 102; *Sternberg-Lieben* in Schönke/Schröder, 29. Aufl. 2014, StGB Vor §§ 32 ff. Rn. 95/96 und 101; die Gleichstellung mit Fällen ganz fehlender Notrechtslagenkenntnis bei *Otto* NStZ 2001, 594 (Anm. zu BGH NStZ 2001, 591, ein weiterer „Warnschuss"-Fall) ebnet den Unterschied ein.

[14] Dass sie sich deshalb nicht auch einmal ereignen können, ist damit nicht gesagt. Wer sich den Katzenkönig- (BGHSt 35, 347 = NJW 1989, 912) oder den Sirius-Fall (BGHSt 32, 38 = NJW

„von hinten" Bedrohter vor Tod oder Beraubung zB durch einen beim Waffenreinigen sich versehentlich lösenden Schuss oder unachtsames Rückwärtsfahren, das den Angreifer ausschaltet.[15] Auch ein fahrlässiges Auffahren auf ein am Straßenrand geparktes Auto ist lebensrettend, weil es so nach vorne schnellt, dass ein zwischen ihm und dem davor geparkten Fahrzeug sich versteckt haltender Mensch, der gerade im Begriff stand, den sich nahenden Fahrer abzuschießen, zum Segen des nichtsahnenden Fahrlässigen zerquetscht wird.[16] Vor einem Straßenraub bewahrt einen Anderen das „aus Ungeschick" geschehende Anfahren eines einen Unfall vortäuschenden Autofallenstellers.[17] Zwischen Notwehr, Nothilfe und Notstand oszillierende Sachverhalte werden beschrieben, wo auf dem Weg zu neuerlichen Übeltaten befindliche „Kriminelle" oder ein Terrorist auf dem Weg zu einem Attentat fahrlässig von einem diese Absichten nicht kennenden Autofahrer überrollt werden.[18] In eindeutig unbekannter Notstandshilfesituation befindet sich dagegen, wen eine fahrlässige Trunkenheitsfahrt zufällig zu einer Unfallstelle führt, an der er Rettungsmaßnahmen einleiten kann.[19] Einen unerkannten Nothilfefall mit fahrlässiger Verteidigung des Bedrohten verdanken wir schließlich wiederum *Spendel*. Er lässt einen Wilderer mit einem Schuss, der eigentlich dem Förster F gilt, „versehentlich seinen Komplicen" erschießen, der im selben Augenblick auch auf F angelegt hatte. Dem tödlichen Schuss liegt eine aberratio ictus zugrunde, die *Spendel* als fahrlässig vollendete Tötung bewertet. Der „Schütze, ein unfreiwilliger Nothelfer, hat hier", so *Spendel,* gleich Mephisto im Faust „als Teil von jener Kraft gewirkt, die nur das Böse will (die Tötung des Försters) und letztlich doch das Gute schafft (die Rettung des Forstbeamten)."[20]

II. Der „Anatomie"-Fall und seine Entscheidung

Dass sich *v. Schirachs* Fall „Anatomie" in die Kette der Beispiele einfügt, ist ohne durchgreifenden Zweifel. Auch in ihm geht es um (fahrlässige) Nothilfe. Ob er sich genauso zugetragen hat, wie von *v. Schirach* in seinem Buch „Schuld" mehr angedeutet, als genauer berichtet,[21] lässt sich einschließlich des wiedergegebenen

1983, 2579) ausgedacht hätte, wäre vermutlich als weltfremder Fantast belächelt worden. Die Wirklichkeit ist bisweilen noch skurriler als die Fantasie.

[15] Beide Beispiele bei *Sternberg-Lieben* in Schönke/Schröder, 29. Aufl. 2014, StGB Vor §§ 32ff Rn. 95/96; ähnliches Beispiel bei *Jakobs,* Strafrecht Allgemeiner Teil, 2. Aufl. 1993, 11/34.

[16] Beispiel von *R. Hassemer* JuS 1980, 412.

[17] *Stratenwerth/Kuhlen,* Strafrecht Allgemeiner Teil, 6. Aufl. 2011, § 15 Rn. 41.

[18] *Paeffgen/Zabel* in NK-StGB, 3. Aufl. 2017, Vor §§ 32ff. Rn. 144.

[19] *Sternberg-Lieben* in Schönke/Schröder, 29. Aufl. 2014, StGB Vor §§ 32ff. Rn. 98; im OLG Hamm VRS 20, 232 zugrundeliegenden Fall geschah die fahrlässige Trunkenheitsfahrt in Kenntnis der Notstandslage.

[20] *Spendel* in LK-StGB, 11. Aufl. 1992, § 32 Rn. 141; für *Spendel* ist die fahrlässige Tötung gerechtfertigt, das Anlegen auf F versuchter Mord, ausführlich dazu *Spendel* FS Bockelmann, 1979, 245 (252ff.); in der Konstruktion identisch ist der Wurf eines Bierkrugs auf einen Rivalen, der infolge einer aberratio ictus einen Taschendieb von einem Diebstahl abhält, s. *Rengier,* Strafrecht Allgemeiner Teil, 9. Aufl. 2017, § 52 Fall 5; s. auch – fahrlässige Kollision mit einem Bankräuber – *Schmidt,* Strafrecht Allgemeiner Teil, 17. Aufl. 2017, Rn. 874.

[21] *v. Schirach,* Schuld – Stories, hier zitiert nach der Neuausgabe 2017, 65ff. Die sehr kurz gehaltene Skizze umfasst nicht einmal ganz 3 1/2 großzügig beschriebene Seiten.

Schuldspruchs nicht ganz sicher sagen. Es lässt sich aber vermuten, da die Geschichten wie schon im Erstling „Verbrechen“ Fälle aus dem Berufsalltag *v. Schirachs* sein sollen, in denen er als Strafverteidiger agiert hat. Dann immerhin hätten wir mit diesem Fall auch für fahrlässiges Handeln in unerkannter Rechtfertigungslage ein erstmalig praktisch entschiedenes Beispiel.[22]

Es beginnt so: „Er saß im Wagen. Er war kurz eingeschlafen, kein tiefer Schlaf, nur ein traumloses Wegnicken. Er wartete und trank aus der Schnapsflasche ... Sie würde irgendwann aus dem Haus kommen und bis zur Bushaltestelle laufen ...“. Über „Sie“ erfahren wir, dass sie groß und schön ist und ihn bei einem zurückliegenden Treffen in einer Disco zurückgewiesen hat. Über den „Er“ berichtet der Autor, dass er „alles in sein Tagebuch geschrieben“ hatte, „vom ersten Treffen in der Diskothek bis zum heutigen Tag“, dass er „heimlich Fotos von ihr gemacht und ihren Kopf auf Pornobilder geklebt“ und dass er „die Linien, die er schneiden wollte, eingezeichnet“ hatte, „mit schwarzen unterbrochenen Strichen, wie in einem Anatomieatlas.“ Einen solchen hatte er sich bestellt, auch ein Sezierbesteck und im Keller seines Elternhauses Vögel, Katzen und Hunde bei lebendigem Leib seziert. „Die Tiere, die er getötet hatte, hatten ... Angst gehabt. Je größer sie waren, umso mehr Angst hatten sie ...“. „Heute“, so dachte er im Wagen, „würde sie sich nicht über ihn lustig machen. Sie würde tun, was er wollte. Er würde sie besitzen. Er stellte sich vor, wie sie Angst haben würde ... Tiere konnten nicht sprechen. Sie würde sprechen. Es würde darauf ankommen, es langsam zu machen, um möglichst viel davon zu haben ...“. Je größer die Tiere, umso mehr Angst hatten sie, wenn es ans Sterben ging. Nun sollte es „Sie“, sollte es ein Mensch sein. „Sie trat aus der Tür, er machte sich bereit. Als sie die Gartentür hinter sich schloss, stieg er aus dem Wagen. Das würde der schwierigste Teil werden. Er musste sie zwingen mitzukommen, sie durfte nicht schreien.“ Dann heißt es unvermittelt in der Geschichte: „Der Mercedes erfasste ihn mit der rechten Seite, als er aus seinem Wagen stieg. Er flog über die Kühlerhaube, prallte mit dem Kopf gegen die Windschutzscheibe und blieb links neben dem Auto liegen. Auf dem Weg ins Krankenhaus starb er. Er war 21 Jahre alt geworden.“ Und, letzter Absatz: „Ich verteidigte den Fahrer des Mercedes. Er bekam ein Jahr und sechs Monate auf Bewährung wegen fahrlässiger Tötung.“ Das ist schon das Ende der „Story“.

Unsere Problematik ist damit angedeutet. Genauer sichtbar wird sie in der Verfilmung der „Anatomie“, die als Freitagabendkrimi im ZDF ausgestrahlt wurde.[23] Dass die kargen Angaben in der Vorlage Stoff für einen sehenswerten Film hergeben, verdanken sie dem meisterlichen Drehbuch von *André Georgi*. Der Spannungsbogen hebt schnell mit dem Unfallgeschehen an, in dem der über die Straße hastende junge Mann in einer Blitzsekunde vom Fahrzeug des später Angeklagten erfasst wird, zum wunderbar gespielten Entsetzen des den Fahrer und späteren Angeklagten großartig verkörpernden *Martin Brambach*. Bis zur abschließenden Urteilsverkündung streut das Drehbuch in Ermittlungen und Hauptverhandlung gut

[22] Zu dem allerdings – wie zum Nudelholzfall, wenn er denn wirklich geschehen sein sollte (s. Fn. 3) – die Publikation fehlt.

[23] Am 22.9.2017.

komponierte Rückblenden ein, die die von der mehr weg- als hinsehend verdrängenden Mutter – nicht minder großartig gespielt von *Iris Berben* – begleitete Entwicklung des Überfahrenen vom Tier- zum potentiellen Menschensezierer ins beklemmende Bild setzen. *Samuel Schneider* lässt dazu den abgründigen Trieb in ihm hinter einer aufgesetzten naturwissenschaftlichen Experimentierfassade durch Brillengläser in seinen dunklen Augen spiegeln. Auch die Discobegegnung findet retrospektiv, wie die das Verbrechen vorwegzeichnende „Schneidelinie" in der Pornocollage nach der im Atlas beschriebenen Anatomie, ihren die filmisch ins Bild gesetzten Verbrechensvorbereitungen sichtbar initiierenden Platz. Ganz deutlich wird im Film, dass im Augenblick des tödlichen Crashs die in der Hauptverhandlung vom ermittelnden Beamten *(Tom Wlaschiha)* bestätigte „Gefahr", auf Nachfrage: „Lebensgefahr", für die auf der anderen Seite der Straße gehende „Sie" bestand, auf die der „Er" im Film mit chloroformiertem Wattebausch nach Verlassen des Autos über die Straße zurennt. Die geplante Verschleppung in Auto und Sezierkeller, in dem das Zerlegen bei lebendigem Leib vor sich gehen sollte, stand unmittelbar bevor. Die Nothilfelage iSd § 32 StGB ist folglich ohne Zweifel, ebenso ohne Zweifel ist, der Fahrer hat sie nicht erkannt. Er hat das ins Auge gefasste Opfer gesehen, es selbst im Auge behalten, und – auch dadurch – den Sezierer vor dem Aufprall erst im letzten Moment wahrgenommen. Er war, das bevorstehende Verbrechen betreffend, vollkommen ahnungslos.

III. Schritte zur Entscheidung

Der Fall ließe sich im Examen stellen. Er ist kein „Ein-Problem-Fall", auch wenn man Tote nicht prüft und nach der denkbaren (Unterlassens-)Strafbarkeit der Mutter nicht fragt. Denn vor das hier thematisierte Problem schiebt sich die (für dieses Problem dann selbst auch noch einmal relevante) Frage, ob die Tötung des Sezierers überhaupt fahrlässig war. Die Staatsanwältin im Film bejaht das in ihrem Plädoyer mit der juristisch schlichten Begründung, der Angeklagte sei 19 km/h zu schnell gefahren. *Moritz Bleibtreu* hat, als sehr verhalten gespielter Verteidiger, zuvor seinem eher verständnislos bleibenden Mandanten in einem Anwaltsgespräch erklärt, was Juristen unter Fahrlässigkeit verstehen. Vor Gericht stellt er sie, die „sehr, sehr schwer zu beurteilen" sei, in Frage und beantragt deshalb Freispruch. Man wird dem Drehbuchautor nachsehen, dass er die juristischen Feinheiten hierzu – zwei werden angedeutet – nicht genauer herausziseliert. Sie würden die Freitagabend-Krimikonsumenten wahrscheinlich mehrheitlich zum Umschalten bewegen. Das Bündel der Fragen soll auch hier nicht im Einzelnen aufgeschnürt werden, weil es uns um das Problem der Rechtfertigung geht. Immerhin sei gesagt, dass sich ein Kandidat im Examen (wie Verteidiger und Gericht im veritablen Fall) damit auseinandersetzen müsste(n), ob das ohne jeden Blick in den Rückspiegel geschehende Aussteigen aus einem am Straßenrand geparkten Auto auf der Fahrerseite auch dann noch ein objektiv vorhersehbares Geschehen bleibt, wenn sich ihm trotz eines in Sichtweite nahenden Autos ein jede Vorsicht und Vernunft außer Acht lassendes eiliges Überqueren der Straße durch einen von einem Verbrechensplan Besessenen anschließt. Wenn nicht, entfiele Fahrlässigkeit wie dann, wenn man sich nach dem für den Straßenverkehr entwickelten Vertrauensgrundsatz zumindest darauf berufen könnte, dass man sich auf ein solches auf das Gröbste sorgfaltswidriges und selbstgefährdendes Verhalten selbst bei genereller Vorhersehbarkeit nicht einstellen müsse. Mit diesem jedenfalls vom Verteidiger zu erwartenden Einwand dränge er vor Gericht allerdings hier vermutlich nicht durch, weil die Rechtsprechung die Berufung auf den Vertrauensgrundsatz dem Verkehrsteilnehmer versagt, der sich selbst sorgfaltswidrig verhält. Das war hier so, weil der Angeklagte nicht nur 19 km/h zu schnell fuhr, sondern sich im Film auch einseitig auf die am linken Fahrbahnrand gehende junge Frau konzentrierte, nach ihrem Aussehen naheliegend, weil sie, sehenswert verkörpert durch *Ruby O. Fee,* jung und attraktiv war, nach der Einlassung des Angeklagten, weil er für möglich hielt, dass sie sich, mit ihrem Handy beschäftigt und deshalb ohne Blick für den Verkehr, anschickte, die Straße zu überqueren. Das wäre ein an sich beachtenswertes Motiv, nicht allerdings hinreichender Grund, die rechte Fahrbahnseite ganz aus dem Blick zu lassen und bei solchem Fehlverhalten darauf zu vertrauen, dass ein Aussteigewilliger am Fahrbahnrand seinerseits hiermit rechnet.[24] Schließlich wäre ein denkbarer Entlastungsgrund, dass der Unfall möglicherweise selbst dann unvermeidbar gewesen wäre, wenn sich der Fahrer in jeder Hinsicht verkehrsgerecht verhalten hätte. Ist das zumindest nicht ausschließbar, wäre nach dem Grundsatz in dubio pro reo jedenfalls aus diesem Grund nach der Rechtsprechung schon der Tatbestand zu verneinen.[25]

Ringt man sich durch, Fahrlässigkeit trotz solcher Zweifel zu bejahen, stellt sich das Kernproblem. Was geschieht, wenn bei objektiv gegebener Rechtfertigungs-, im Fall Nothilfelage,[26] ein Mensch, der diese Lage nicht (er)kennt, sozusagen zufällig und zugleich fahrlässig das Richtige tut, indem er die bedrohten Rechtsgüter vor ihrer Verletzung bewahrt? In *v. Schirachs* „Story" gibt es dazu nicht nur keine Antwort, vielmehr ist das Problem nicht einmal erwähnt. Anders im Film: hier offenbart der Verteidiger im Anwaltsgespräch seinem Mandanten, es lasse nach den Ermittlungen alles darauf schließen, dass Entführung und Tötung der jungen Frau geplant und vor den Augen des Angeklagten ins beginnende Werk gesetzt waren. In *Brambachs* Gesicht wird aus Ungläubigkeit Hoffnung: Klingt etwas zynisch, fällt ihm ein, aber wenn der Unfall nicht passiert wäre, wäre das Mädchen jetzt tot? Gut möglich, sagt der Anwalt. Ja, dann müsste man die Anklage doch aber fallen lassen, ist das berlinernd artikulierte Rechtsgefühl des Beschuldigten. Die überraschende Belehrung des Verteidigers dazu ist – wie noch zu zeigen sein wird – juristisch nicht gut beraten. Diesen Hintergrund dürfe das Gericht nicht berücksichti-

---

[24] Der Ausschluss der Berufung auf den Vertrauensgrundsatz setzt allerdings richtigerweise zusätzlich voraus, dass sich der eigene Sorgfaltsverstoß auf das Unfallgeschehen ausgewirkt hat, s. *Fischer,* 64. Aufl. 2017, StGB § 222 Rn. 14; *Roxin,* Strafrecht Allgemeiner Teil, Bd. I, 4. Aufl. 2006, § 24 Rn. 24.

[25] S. zu diesem Problem nur *Fischer,* 64. Aufl. 2017, StGB Vor § 13 Rn. 29; *Hillenkamp/Cornelius,* 32 Probleme aus dem Strafrecht AT, 15. Aufl. 2017, 31. Problem mwN auch zur strittigen Anwendbarkeit von in dubio pro reo.

[26] Der Angriff auf das Leben beginnt erst unmittelbar im Sezierkeller. An der Gegenwärtigkeit des rechtswidrigen Angriffs auf Körperintegrität und Bewegungsfreiheit des Opfers kann aber kein Zweifel bestehen.

gen, sagt *Bleibtreu* mit tiefgründig wissendem Blick und der Begründung, es sei vor dem Recht gleichgültig, ob man bei einem Unfall mit Todesfolge einen Mörder oder Mutter Teresa töte. Ein Leben sei immer ein Leben. Diese allgemein richtige wie im Besonderen falsche Auskunft wiederholt er lapidar vor Gericht, das dem, so muss man, weil in der Urteilsverkündung nichts dazu kommt, schließen, folgt. Wie sich zeigen wird, besteht die ungläubige Fassungslosigkeit des Angeklagten darüber zu Recht. Der einfache Grund: es geht nicht um die Tötung eines „Mörders" und darum, dass man das selbstverständlich nicht darf. Vielmehr geht es um die Tötung eines Menschen, der sich gerade anschickt, einen geplanten Mord zu begehen. Und dazu verfehlen anwaltliche Auskunft wie das Gericht den Kern, dem Examenskandidaten schriebe man an den Rand: „Problem verkannt".[27]

Das ist allerdings nur so, wenn zu der Nothilfelage, dem gegenwärtigen rechtswidrigen Angriff auf einen „anderen" (§ 32 Abs. 2 Alt. 2 StGB), die „Sie", hinzutritt, dass die fahrlässige Handlung die erforderliche und gebotene Verteidigung war, maW sich als die in dieser Lage objektiv gerechtfertigte Handlung darstellt. Nur dann ist der sogleich berichtete Streitstand gültig, weil eine im konkreten Fall unzulässige Verteidigung schon deshalb nicht gerechtfertigt wäre. Das ist außer Streit.[28] Verlässlich kann man das nach Story und Film nicht beantworten. Sie lassen eine Beurteilung nicht zu, ob es, woran die Erforderlichkeit der tödlichen Abwehr scheiterte, eine den Sezierer schonendere, insbesondere lebensverschonende, aber gleich sichere und wirksame Möglichkeit der sofortigen Unterbindung des Angriffs gab. Wir wollen aber einmal davon ausgehen, dass es daran gefehlt hat. Hätte der Angeklagte zB abgebremst und damit das lebensbedrohende Potential des Aufpralls gesenkt, hätte er den eilig laufenden „Mörder" vielleicht nicht mehr „erwischt". Wäre es möglich gewesen, mit dem zum Stillstand gebrachten Wagen dem Besessenen kurzzeitig den Weg zu versperren, wäre das keine gleich sichere Aussicht auf Verhinderung der Tat. Auch ein zusätzlich gedachtes Aussteigen, Hinterherlaufen und der daran anschließende Versuch, den jungen Mann niederzuringen oder festzuhalten, bliebe als gleich wirksames Verteidigungsverhalten spekulativ. Ein Benachrichtigen der Polizei hätte möglicherweise die Verschleppung in den Keller, nicht aber die unmittelbare Überwältigung der Frau noch verhindern können. Folglich kann man begründet annehmen, dass die Verteidigung erforderlich und auch, dass sie geboten war, da eine mit einem tödlichen Risiko verbundene Abwehr sicher nicht zum schon mittelbar bedrohten Leben, aber auch nicht zu den unmittelbar drohenden Rechtsgutsverletzungen außer Verhältnis war.

---

[27] Warum *v. Schirach* das Problem nicht anspricht, ist unbekannt. Die diesbezüglichen Passagen des Drehbuchs sind – wie *ich* in einem mir freundlich von *André Georgi* gewährten Gespräch erfahren habe, wie das Drehbuch insgesamt – mit *v. Schirach* nicht näher abgesprochen.

[28] S. OLG Celle BeckRS 2013, 07170; das zeigen auch Entscheidungen, die über die Folgen des Fehlens eines für die Notwehr zur Kenntnis zusätzlich verlangten Verteidigungswillens nichts mehr sagen, weil sich die Verteidigung schon nicht an ihre Grenzen hält, s. zB BGH NStZ 2016, 333; BGHSt 56 11 (22f.) = NJW 2011, 1014 (1017) zur Parallele einer „nach Kriegsvölkergewohnheitsrecht zulässigen Kriegsrepressalie."

IV. Der Streitstand zum Kernproblem

Da sich im Streit um die Beurteilung fahrlässigen Verhaltens in unbekannter Rechtfertigungslage häufig ein Rückbezug dazu findet, wie vorsätzliches Handeln in Unkenntnis objektiver „Rechtfertigung" zu beurteilen ist, sei zunächst dieser Streitstand kurz in Erinnerung gerufen.[29] Die früher breit vertretene sog. objektive Theorie, die die Notwendigkeit subjektiver Rechtfertigungselemente bestritt und Rechtfertigung allein vom Vorliegen aller objektiven Rechtfertigungsvoraussetzungen abhängig machte, hatte mit *Spendel* ihren letzten einflussreichen Verfechter.[30] Für Straflosigkeit aufgrund Rechtfertigung tritt heute wohl niemand mehr ein.[31] Zur Begründung von Strafbarkeit ist man sich einig, dass alle Rechtfertigungsgründe ein subjektives Rechtfertigungselement aufweisen und dass dessen Fehlen Grund verbleibender Strafbarkeit ist. Gestritten wird darüber, ob mehr als, und wenn ja, was genau über die Kenntnis der Rechtfertigungslage hinaus notwendig, ob also zB Verteidigungsabsicht für § 32 StGB oder ein Rettungswille im Notstand zu verlangen ist.[32] Auch besteht über die Folge subjektiv unvollständiger Rechtfertigung Streit.[33] Ein kleineres Lager verficht die sog. Vollendungslösung, bestraft also wegen vorsätzlich vollendeter und rechtswidriger Tat. Vereinzelt eingeräumt wird nur, dass es angesichts objektiver Unrechtsminderung zu einer Strafmilderung kommen müsse.[34] Weil der tatbestandliche Erfolgsunwert zB vom „Opfer" konsentiert oder durch einen von der Rechtsordnung gebilligten Erfolgswert „ausgeglichen" werde, gibt die heute hM der sog. Versuchslösung den Vorzug, wobei man, was das Ergebnis der Bestrafung wegen rechtswidrig versuchter Tat nicht berührt, über die direkte oder nur entsprechende Anwendung der Versuchsregeln streitet.[35]

Für unseren praktischen Fall ist von besonderem Interesse, in welchem der beiden heute noch besetzten Lager die Rechtsprechung steht.[36] Es ist schon gesagt, dass es

---

[29] Ausführliche Dokumentation bei *Hillenkamp/Cornelius,* 32 Probleme aus dem Strafrecht AT, 15. Aufl. 2017, 4. Problem.

[30] S. zuletzt *Spendel* in LK-StGB, 11. Aufl. 1992, StGB § 32 Rn. 138ff.; ausführliche Hinweise zu früheren Anhängern dort Fn. 275 und bei *Spendel* FS Bockelmann, 1979, 245ff.

[31] *Rath,* Das subjektive Rechtfertigungselement, 2002, 267ff., 278ff., 489ff., 613ff., 632ff. und *Gropp* FS Kühl, 2014, 256ff. haben für Straflosigkeit andere Gründe.

[32] Nachw. zu diesem 1. Folgeproblem bei *Hillenkamp/Cornelius,* 32 Probleme aus dem Strafrecht AT, 15. Aufl. 2017, 35–37.

[33] Nachw. zu diesem 2. Folgeproblem bei *Hillenkamp/Cornelius,* 32 Probleme aus dem Strafrecht AT, 15. Aufl. 2017, 38–40.

[34] So zB von *Hirsch* in LK-StGB, 11. Aufl. 2003, StGB Vor § 32 Rn. 59; zur Begründung s. *Hillenkamp,* Vorsatztat und Opferverhalten, 1981, S. 235ff. mwN; bei *Paeffgen/Zabel* in NK-StGB, 3. Aufl. 2017, StGB Vor §§ 32ff. Rn. 128 findet sich die Aufforderung an den Gesetzgeber, das festzuschreiben.

[35] Insoweit findet sich – analoge Anwendung – zwischen dem *Jubilar* und *mir* Übereinstimmung, s. *Fischer,* 64. Aufl. 2017, StGB § 32 Rn. 27; *Hillenkamp* in LK-StGB, 12. Aufl. 2007, StGB § 22 Rn. 25, 199f.; ua für *Rath,* Das subjektive Rechtfertigungselement, 2002, 274ff. geht es dabei um verbotene Analogie (mit der Folge: Straflosigkeit), dagegen *Hillenkamp* in LK-StGB, 12. Aufl. 2007, § 22 Rn. 200. Für direkte Anwendung (untauglicher Versuch) zB *Rönnau* in LK-StGB, 12. Aufl. 2006, StGB Vor § 32 Rn. 90; *Roxin,* Strafrecht Allgemeiner Teil, Bd. I, 4. Aufl. 2006 § 24 Rn. 104 mwN.

[36] Für Straflosigkeit nach der sog. objektiven Theorie hat schon *Spendel* FS Bockelmann, 1979, 245 (247f. mit Fn. 13) keine Entscheidung namhaft machen können.

(nur) zu Vorsatztaten in Unkenntnis einer Rechtfertigungslage (also nicht zu Fahrlässigkeit) veröffentlichte Rechtsprechung gibt[37] und auch, dass sie bislang noch kein (prognostisch) verlässliches Bild zeichnet. Dass sie zur Vollendungslösung tendiert, könnte man allerdings zunächst aus der Spruchpraxis zu der nicht genau unseren Fall (schon fehlender Kenntnis), aber die ihm verwandte Konstellation des Fehlens (nur) eines (zusätzlich) erforderten spezifischen subjektiven Rechtfertigungselements schließen. Seit das RG für Notwehr „rechtsbegrifflich ein Handeln" verlangte, „um sich oder einen anderen zu verteidigen", hat es immer zugleich bedeutet, dass es dem Angegriffenen eine Berufung auf Notwehr ohne diesen Verteidigungswillen versagt.[38] Eine Erwägung dazu, ob das objektive Vorliegen der Rechtfertigungsvoraussetzungen den jeweils Angeklagten nicht wenigstens iSd Versuchs- oder auch nur einer Strafzumessungslösung entlastet, findet sich nicht. Bei dieser Verschweigung alternativer Lösungen ist es in der BGH-Rechtsprechung zum Verteidigungswillen bis heute geblieben. Hier ist zuletzt[39] zwar wieder gesagt, dass für den verlangten Willen, „der drohenden Rechtsverletzung entgegenzutreten, ... allein die Feststellung" nicht ausreiche, „dass dem Angegriffenen die Notwehrlage bekannt war," aber nicht angedeutet, dass es wenigstens dann, wenn immerhin diese logisch vorrangige Minimalvoraussetzung gegeben ist, zu einer die Unrechtsminderung berücksichtigenden Lösung kommen könnte. Wer, wie demnach RG und BGH, selbst eine nur zum Verteidigungswillen unvollständige Notwehr ohne jede entlastende Folge belässt, den wird man, so könnte man folgern, jedenfalls im Ergebnis der Vollendungslösung erst recht bei auch schon fehlender Kenntnis zuschlagen müssen. Dafür ließe sich auch die 1952 zum Schwangerschaftsabbruch bei dem Arzt unbekannt gebliebener Notstandslage ergangene Entscheidung des BGH in Anspruch nehmen, in der das Gericht die Verurteilung wegen vollendeter (!) Abtreibung mit Verweis auf die Rechtsprechung zum fehlenden Verteidigungswillen aufrechterhielt.[40] Bei fehlender Kenntnis der Notstandslage und „deshalb" gänzlich fehlender Rettungsmotivation musste für den BGH nicht nur die Berufung auf Notstand, sondern offenbar auch die auf Unrechtsminderung versagt bleiben. Versuchs- und Strafzumessungslösung sind nicht in Betracht gezogen, auch hier allerdings nicht einmal erwähnt, eine wirkliche „Streitentscheidung" ist mangels jeden Bezugs zum Streit daher ausgeblieben.

Diese ungewöhnliche Streitabstinenz setzt sich auch in der „Memmingen"-Entscheidung fort, obwohl der BGH in ihr die „frühere Rechtsprechung zum übergesetzlichen Notstand, die auch in solchem Fall Vollendung annahm",[41] aufgibt

---

[37] BGHSt 2, 111 = NJW 1952, 312; BGHSt 38, 144 = NJW 1992, 763; BGH NStZ 2016, 333; BGH NJW 2017, 1186; KG GA 1975, 213; OLG Celle BeckRS 2013, 07170; OLG Naumburg BeckRS 2013, 08144.

[38] Zitat aus RGSt 56, 259 (268); s. auch RGSt 54, 196; 60, 261.

[39] BGH NJW 2013, 2133 (2134f.). Auch die bei *Fischer,* 64. Aufl. 2017, StGB § 32 Rn. 27 für die Vollendungslösung angeführten Entscheidungen BGHSt 3, 194; BeckRS 1952, 3040 1639; 5, 245 = NJW 1954, 438 sagen zuvor zur Problematik nichts.

[40] BGHSt 2, 111 (114f.) = NJW 1952, 312 (313).

[41] Gemeint ist damit in BGHSt 38, 144 (155) = NJW 1992, 763 (767) der Fall fehlender oder nicht sorgfältiger Prüfung der Indikationslage, wie sich aus den allein in Bezug genommenen Entscheidungen BGHSt 3, 7 = NJW 1952, 893 und BGH NJW 1977, 139 ergibt. Die Entscheidung BGHSt 2, 111 = NJW 1952, 312, von der sich die Entscheidung in der Sache maßgeblich absetzt, ist nicht einmal erwähnt.

und sich überraschenderweise zur Versuchslösung bekennt. Hätte, wenn der Arzt „sorgfältig geprüft hätte, der sich ergebende Sachverhalt objektiv eine Indikation ergeben …, so ist nur Bestrafung wegen Versuchs gerechtfertigt", sagt er nun hier. Denn wenn „die Entscheidung inhaltlich richtig" ist, so seine Begründung, „wäre es nicht gerechtfertigt, wegen vollendeten Abbruchs der Schwangerschaft zu bestrafen", könne doch „das Ergebnis vor dem Gesetz bestehen."[42] Obwohl Letzteres auch für vergleichbare Notwehr- und allgemeine Notstandsfälle gesagt werden kann, ist bisher nicht abzusehen, welche Bedeutung dieser Rechtsprechungswandel für sie hat. Auch im 2015 entschiedenen „Portemonnaie"- Fall kommt dazu keine Auskunft. Zwar fehlen dort Kenntnis der Notwehrlage und Verteidigungswille. Auch hält der BGH daran, Beides zu verlangen, fest. Ob mit der dann doch einmal ausdrücklich erwähnten und von BGHSt 38, 144 übernommenen Literaturmeinung statt Vollendung nur Versuch anzunehmen ist, lässt das Gericht aber offen, weil im Fall, was unbestritten hinzukommen muss, jedenfalls die ergriffene Verteidigung nicht erforderlich war.[43] Es bleibt also abzuwarten, wie sich der BGH, wenn es darauf ankäme, insoweit entschiede.

Die Hoffnung, dass er sich dem Problem einmal gründlicher widmet, wird freilich vorerst mit einer Entscheidung zur Diebesfalle enttäuscht. „Im Hinblick darauf, dass die Angekl. von der Einwilligung keine Kenntnis hatten, fehlt es … am subjektiven Rechtfertigungselement. Tateinheitlich zum versuchten Diebstahl im besonders schweren Fall … haben sich die Angel. daher trotz Substanzbeschädigung lediglich wegen versuchter(!) Sachbeschädigung strafbar gemacht", urteilt hier der BGH vollkommen zitatfrei,[44] so als gäbe es hierum auch nicht den Deut eines Streits und keinerlei entgegenstehende Rechtsprechung. Ist das nun auch in ihr der Sieg der Versuchslösung?[45] Zu ihrer Unterstützung könnten sich die Richter auf Rechtsprechung dreier oberster Landesgerichte beziehen. Schon 1974 hat sich das KG Berlin in einem Fall fehlender Kenntnis der Notwehrlage zur Versuchslösung bekannt, weil die „Fallgestaltung … der des untauglichen Versuchs" ähnele und freigesprochen, weil damals der Versuch des § 223 StGB noch nicht strafbar war. 2013 haben das OLG Celle und das OLG Naumburg die Versuchslösung zustimmend zitiert. Dass bei ihrer Anwendung eine Vorlage an den BGH geboten sein könnte, klingt auch hier freilich nicht an.[46]

---

[42] BGHSt 38, 144 (155f.) = NJW 1992, 763 (767); dass wegen der „Richtigkeit des Ergebnisses … auch die Strafbarkeit wegen Versuchs entfiele", ist daraus für den BGH angesichts der „eigenständigen Rolle des Arztes und seiner Entscheidung" nicht die gebotene Konsequenz.

[43] BGH NStZ 2016, 333; auch eine „Tendenz" zur Versuchslösung wird nicht sichtbar; das Bekenntnis von BGHSt 38, 144 = NJW 1992, 763 zu ihr wird als „nicht tragend" eingestuft, s. dazu *Eisele* JuS 2016, 366, der sich selbst zur Versuchslösung bekennt.

[44] BGH NJW 2017, 1186 (1188).

[45] Für *Mitsch* NJW 2017, 1188f. scheint es so zu sein. Dass ein Einverständnis mit der Wegnahme zum untauglichen Versuch des Diebstahls führt, gilt für ein Einverständnis mit der Sachbeschädigung nicht entsprechend, wenn man hier in der Einwilligung einen Rechtfertigungsgrund sieht; dass die Richter diesen Unterschied (s. zu ihm *Hillenkamp* in LK-StGB, 12. Aufl. 2007, StGB § 22 Rn. 26) übersehen haben, ist, da sie die Einwilligung bei § 303 StGB als Rechtfertigungsgrund hervorheben, nicht anzunehmen.

[46] Das KG Berlin GA 1975, 213 geht an der Rechtsprechung von RG und BGH zum fehlenden Verteidigungswillen und auch an BGHSt 2, 11 = NJW 1952, 312 wortlos vorbei. Das OLG Celle BeckRS 2013, 07170 beruft sich auf „*Roxin,* Strafrecht Allgemeiner Teil, Bd. I, 4. Aufl. 2006

Im Streitstand zur Fahrlässigkeitsvariante, also unserem Fall, fehlt es – wie schon gesagt – an Rechtsprechung ganz. Stellungnahmen in der Literatur heben einleitend hervor, dass auch Fahrlässigkeitstaten der Rechtfertigung zugänglich sind.[47] Alsdann schließt sich ein Meinungsbild an, das zunächst dem zur Vorsatzvariante ähnelt.[48] Wer mit der objektiven Unrechtslehre subjektive Rechtfertigungselemente für entbehrlich hält, macht für Vorsatz und Fahrlässigkeit keinen Unterschied. Für *Spendel* tritt folglich auch in seinem Wilderer-Fall, was die fahrlässige Tötung betrifft, aufgrund von Rechtfertigung Straflosigkeit ein.[49] Im Lager derer, die auf dem Boden einer personalen Unrechtslehre oder, unabhängig von ihr, der Ratio jeder Rechtfertigung[50] auf einem subjektiven Rechtfertigungselement bestehen, finden sich auch zur Fahrlässigkeit Vertreter einer – an sie angepassten – Vollendungs- wie einer Versuchslösung,[51] die von einer rechtswidrigen Tat ausgehen. Dabei besteht die Anpassung einerseits darin, dass man sich, sachlogisch durch das Fehlen einer Zweckrichtung fahrlässigen Handelns bedingt, etwa mit bloßer Kenntnis oder dem Bewusstsein der Rechtfertigungslage[52] oder zB mit einem nur „generellen Abwehrwillen" bei der Notwehr begnügt.[53] Andererseits fehlt bei den Anhängern der Versuchslösung natürlich der Hinweis nicht, dass de lege lata angesichts der Straflosigkeit eines „fahrlässigen Versuchs" durchgehend Straflosigkeit eintritt. Hervorgehoben wird, dass – was als Einwand geltend gemacht wird – ein Notwehrrecht gegen das (gleichwohl) rechtswidrige Tun nach beiden Lösungen nicht bestehe, weil niemand einen von der Rechtsordnung gebilligten oder sogar erwünschten Erfolg verhindern dürfe.[54]

§ 14 Rn. 104; *Rönnau/Hohn* in LK-StGB, 12. Aufl. 2006, § 32 Rn. 268; BGHSt 38, 144" = NJW 1992, 763 und begründet lediglich, dass es in BGH NStZ 2005, 332 kein Bekenntnis zur Vollendungslösung sehe. Das OLG Naumburg NStZ 2013, 718 (719) beschränkt sich auf den Hinweis „vgl. *Fischer,* 60. Aufl. 2014, StGB § 34 Rn. 28 mwN".

[47] Wenn auch, wie zB beim vormaligen Züchtigungsrecht, nicht gleichermaßen vorstellbar, vgl. nur *Murmann,* Strafrecht Allgemeiner Teil, 4. Aufl. 2017, § 30 Rn. 18; *Roxin,* Strafrecht Allgemeiner Teil, Bd. I, 4. Aufl. 2006, § 24 Rn. 98f.; *Wessels/Beulke/Satzger,* Strafrecht Allgemeiner Teil, 47. Aufl. 2017, Rn. 972; OLG Stuttgart NJW 1984, 1694 (1695). OLG Frankfurt a. M. NJW 1950, 119 mit abl. Anm. *Cüppers* bestreitet das für Rechtfertigungsgründe, die, wie nach ihm zB die Notwehr oder die „Dienstbefugnis" „offensichtlich … auf vorsätzliches Verhalten zugeschnitten" seien.

[48] Für eine Dokumentation aller Stimmen zum Streitstand fehlt hier der Raum. Verwiesen sei auf *Rönnau* in LK-StGB, 12. Aufl. 2006, Vor § 32 Rn. 90, 92; *Paeffgen/Zabel* in NK-StGB, Vor §§ 32ff. Rn. 139ff.; *Sternberg-Lieben* in Schönke/Schröder, 29. Aufl. 2014, StGB Vor §§ 32ff. Rn. 92ff.

[49] *Spendel* in LK-StGB, 11. Aufl. 1992, StGB § 32 Rn. 141f.

[50] Hiervon wollen namentlich *Frisch* FS Lackner, 1987, 113ff. und *Puppe* FS Stree/Wessels, 1993, 183ff. die Antwort abhängig machen.

[51] Für Vollendung zB *Hirsch* in LK-StGB, 11. Aufl. 2003, Vor § 32 Rn. 58f.; *Paeffgen/Zabel* in NK-StGB, 3. Aufl. 2017, Vor §§ 32ff. Rn. 144f.; bei Nichterkennbarkeit der Rechtfertigungslage auch *Baumann/Weber/Mitsch,* Strafrecht Allgemeiner Teil, 11. Aufl. 2003, § 16 Rn. 70. Für Versuch zB *Jakobs,* Strafrecht Allgemeiner Teil, 2. Aufl. 1993, 11/30; *Duttge* in MüKoStGB, 3. Aufl. 2017, § 15 Rn. 203; *Roxin,* Strafrecht Allgemeiner Teil, Bd. I, 4. Aufl. 2006, § 24 Rn. 103; *Satzger* in SSW StGB, 3. Aufl. 2016, Vor §§ 32ff. Rn 15f.

[52] S. zB *Rengier,* Strafrecht Allgemeiner Teil, 9. Aufl. 2017, § 52 Rn. 79.

[53] S. zB *Wessels/Beulke/Satzger,* Strafrecht Allgemeiner Teil, 47. Aufl. 2017, Rn. 973; s. aber auch BGH *Dall* MDR 1958, 12.

[54] S. nur *Roxin,* Strafecht Allgemeiner Teil, Bd. I, 4. Aufl. 2006, § 14 Rn. 96, 105 mit § 15 Rn. 9; für ihn ist das nur aus der Annahme eines untauglichen Versuchs stringent herleitbar.

Zwei Abweichungen treten im Streitstand zur Fahrlässigkeitsvariante dann aber hinzu. Sie sind vor allem deshalb von besonderer Bedeutung, weil durch sie das Lager derer, die iE für Straflosigkeit eintreten, eine erdrückende Mehrheit gewinnt. Die eine Abweichung besteht darin, dass zahlreiche Stimmen, die im Vorsatzbereich auf einem subjektiven Rechtfertigungselement bestehen, behaupten, man könne hierauf im Fahrlässigkeitsbereich vollständig verzichten. Die Begründungen hierfür sind nicht einheitlich und nicht immer leicht zu verstehen. Vereinfacht gesagt, berufen sich manche darauf, bei Fahrlässigkeit fehle es an einem „Intentionsunwert", der durch einen Rechtfertigungsvorsatz „ausgeglichen" werden müsse. Schon aufgrund des fehlenden Erfolgsunwerts trete folglich Rechtfertigung ein.[55] Andere bleiben bei Rechtswidrigkeit, sehen in der Sorgfaltswidrigkeit auch einen Handlungsunwert, glauben aber auf ein subjektives Rechtfertigungselement jedenfalls bei fahrlässigen Erfolgsdelikten verzichten zu können,[56] weil aufgrund des gebilligten Erfolgs nur rechtlich folgenlose Fahrlässigkeit übrigbleibe. Deren Bestrafung aber scheitere, so die einen, an der (Denk)Unmöglichkeit eines fahrlässigen Versuchs, oder, so etwas zurückhaltender die anderen, doch jedenfalls an seiner durchgehenden Straflosigkeit de lege lata.[57] Die zweite Abweichung fußt auf der Annahme, dass ein Handeln, das objektiv einen von der Rechtsordnung gebilligten oder erwünschten Erfolg bewirke, niemals sorgfalts- oder pflichtwidrig oder Setzung eines unerlaubten Risikos und deshalb schon nicht tatbestandsmäßig sei.[58]

Nimmt man hinzu, dass es im dünn besetzten Lager der bei Fahrlässigkeit nach allem allein auf Strafbarkeit bestehenden sog. Vollendungslösung das Eingeständnis gibt, dass die „aus dem Vorliegen der objektiven Rechtfertigungsmerkmale fol-

S. auch *Rönnau* in LK-StGB, 12. Aufl. 2006, Vor § 32 Rn. 90, der – Rn. 92 – selbst allerdings bei Fahrlässigkeit schon rechtswidriges Verhalten verneint. Für *Sternberg-Lieben* in Schönke/Schröder, 29. Aufl. 2014, StGB Vor §§ 32ff. Rn. 99 ist die Rechtswidrigkeit wohl zu Unrecht nur eine „rein akademische Frage"; s. genauer dazu *Jakobs,* Strafrecht Allgemeiner Teil, 2. Aufl. 1993, 11/22.

[55] S. zur Frage des Intentionsunwerts (*Rudolphi* FS Maurach, 1972, 51, 57ff.) bei Fahrlässigkeit *Duttge* in HK-GS, 4. Aufl. 2017, StGB § 15 Rn. 50; StGB Vor §§ 32ff. Rn. 11 unter Verweis auf *Duttge,* Zur Bestimmtheit des Handlungsunwerts bei Fahrlässigkeitsdelikten, 2001, 458.

[56] S. zu dieser Einschränkung etwa *Jescheck/Weigend,* Strafrecht Allgemeiner Teil, 5. Aufl. 1996, § 56 I 3 (S. 589) und dazu *Roxin,* Strafrecht Allgemeiner Teil, Bd. I, 4. Aufl. 2006, § 24 Rn. 106.

[57] *Jescheck/Weigend,* Strafrecht Allgemeiner Teil, 5. Aufl. 1996, § 56 I 3 (S. 589): „es gibt keinen fahrlässigen Versuch"; *Schmidt,* Strafrecht Allgemeiner Teil, 17. Aufl. 2017, Rn. 876: „Versuch eines Fahrlässigkeitsdelikts nicht denkbar". Für die zweite Aussage im Text s. die Nachweise bei *Hillenkamp* in LK-StGB, 12. Aufl. 2007, StGB Vor § 22 Rn. 15.

[58] So deutlich in Bezug auf beide Stützen – Setzung eines unerlaubten Risikos oder Verletzung einer Sorgfaltsnorm – zB *Frisch* FS Lackner, 1987, 113 (130–133). S. ferner *Ludes/Pannenberg* Jura 2013, 24 (28); *Otto* NStZ 2001, 594 (595): „Der Täter, der sich objektiv rechtmäßig verhält, entspricht der objektiven Sorgfaltspflicht, daher erfüllt sein Verhalten nicht den Unrechtstatbestand des Fahrlässigkeitsdelikts". Für *Arzt* ZStW 91 (1979), 857 (885) sind „Tatbestands- und Rechtswidrigkeitsüberlegungen" beim fahrlässigen Erfolgsdelikt „im situationsbezogenen Sorgfaltsmaßstab verschmolzen". Anklänge hieran bei OLG Dresden JW 1929, 2760 mAnm *Coenders* (kein „Pflichtgebot vorsichtiger Bewahrung ... vor einer Verletzung" = nach damaliger Auffassung fehlende Fahrlässigkeitsschuld); OLG Hamm VRS 20 (1961), 232; OLG Karlsruhe NJW 1986, 1358 (1360): erlaubtes Risiko bei bloßem Ausweichwillen (dort allerdings als Rechtfertigungsgrund eingestuft). *Puppe* FS Stree/Wessels, 1993, 183 (187) verneint die „objektive Seite des Unrechts" in einem Absatz, in dem die „Rechtfertigung" bei „einem Fahrlässigkeitsdelikt" angesprochen wird und kann daher wohl eher nicht für die „Tatbestandslösung" in Anspruch genommen werden.

gende Unrechtsminderung … im konkreten Fall zur Unterschreitung der Grenze strafrechtlich relevanten Fahrlässigkeitsunrechts und damit" auch nach dieser Lösung „zur Straflosigkeit führen" kann,[59] lässt sich das Fazit ziehen, dass es für unseren Fall so gut wie keine (nachdrückliche) Forderung nach Bestrafung mehr gibt. Für viele entfällt, wie gezeigt, aus dogmatischen Gründen schon jede Bestrafungsmöglichkeit. Andere verneinen mit der auch de lege ferenda nicht infrage gestellten gesetzgeberischen Entscheidung für die Straflosigkeit des fahrlässigen Versuchs konkludent die Strafbedürftigkeit. Und schließlich steht selbst für die, die bestrafen könnten, offenbar die Strafwürdigkeit deutlich in Frage.

V. Schlussfolgerung zum „Anatomie"-Fall

Sicher ist, dass der Versuch der Verteidigung, nur aufgrund denkbar fehlender allgemeiner Fahrlässigkeit, nicht aber auch aufgrund objektiv gegebener Rechtfertigungslage auf Freispruch zu plädieren, ein „Kunstfehler" ist. Dass sich auch das Gericht mit dieser Frage offenbar nicht auseinandergesetzt hat, ist ein sachlicher Mangel. Dass er das Urteil in der Revision zu Fall gebracht hätte, ist annähernd sicher. „Spielte" der Fall in Berlin, hätte das KG voraussichtlich die Gelegenheit genutzt, die von ihm für die Vorsatzvariante vertretene Versuchslösung auf die gegebene Fahrlässigkeitskonstellation zu übertragen und also freigesprochen. Hätte die Revision zum BGH geführt,[60] ist Letzteres zwar weniger sicher, bei der auch dort wahrnehmbaren Tendenz zur Versuchslösung aber doch wahrscheinlich. In der Sache wäre es die allein richtige Entscheidung.

Sie lässt sich allerdings nicht auf schon fehlende Tatbestandsmäßigkeit stützen. Zwar ist es in der Tat so, dass auch beim Fahrlässigkeitsdelikt über Rechtswidrigkeit und Rechtfertigung erst nachzudenken ist, wenn „nicht … bereits der Tatbestand verneint werden muss".[61] Es ist aber zu bestreiten, dass ein Verhalten schon um deswillen nicht sorgfaltswidrig oder nur die Setzung eines erlaubten Risikos ist, weil und wenn es mit einem tatbestandlichen (Unwert)Erfolg zugleich einen Erfolgswert schafft. Richtig ist vielmehr allein, dass ein „an sich" sorgfaltswidriges Verhalten in einer solchen Ausnahmesituation entgegen der Regel möglicherweise gerechtfertigt sein kann. „Auch der gerechtfertigte Täter" kann „unsorgfältig handeln; denn er kann ein erkennbar nicht mehr generell erlaubtes Risiko schaffen, wenn auch dieses Risiko im speziellen Rechtfertigungskontext tolerabel ist", sagt *Jakobs* zurecht.[62] So

---

[59] *Hirsch* in LK-StGB, 11. Aufl. 2003, StGB Vor § 32 Rn. 59; zur Begründung von Strafmilderung bei „unvollständiger" Rechtfertigung s. *Hillenkamp,* Vorsatztat und Opferverhalten, 1981, 235 ff.

[60] Etwa weil gem. § 24 Abs. 1 Nr. 3 GVG wegen der „besonderen Bedeutung der Sache" Anklage beim Landgericht erhoben worden ist. Das kann auch bei Klärungsbedarf zu einer streitigen Rechtsfrage von grundsätzlicher Bedeutung so sein, s. nur *Siolek* in Löwe-Rosenberg, 26. Aufl. 2010, GVG § 24 Rn. 25.

[61] *Rengier* in KK-OWiG, 4. Aufl. 2014, OWiG Vor §§ 15, 16 Rn. 51. S. auch *Paeffgen/Zabel* in NK-StGB, 3. Aufl. 2017, StGB Vor §§ 32 ff. Rn. 139 („vorgreiflich").

[62] *Jakobs,* Strafrecht Allgemeiner Teil, 2. Aufl. 1993, 11/30. S. auch *Börner* GA 2002, 276 (277 f.); *Sternberg-Lieben* in Schönke/Schröder, 29. Aufl. 2014, StGB Vor §§ 32 ff Rn. 94.

liegt es ersichtlich in unserem Fall: die generelle Sorgfaltsnorm, Geschwindigkeitsgrenzen einzuhalten und das Gesamtverkehrsgeschehen nicht aus dem Blick zu verlieren, ist verletzt, die denkbare Rechtfertigung dieser Verletzung zu untersuchen.[63] Der Versuch, sie auf dem Boden einer rein objektiven Unrechtslehre trotz Fehlens jeden subjektiven Rechtfertigungselements zu bejahen, muss scheitern. Für Anhänger der heute herrschenden personalen Unrechtslehre folgt das zwingend aus ihr. Man kann die Einsicht, dass Rechtfertigung ohne jede Kenntnis, dass das Handeln zB konsentiert oder zur Verteidigung oder Rettung eines Guts erforderlich ist, unmöglich gegeben sein kann, aber auch aus der Ratio und Daseinsberechtigung jeder Rechtfertigung herleiten. Dem ist mit nichts, was überzeugt, zu begegnen.[64] Darüber hinaus ist die rein objektive Sicht mit einem Strafgesetz unvereinbar, das die Strafbarkeit des untauglichen Versuchs kennt.[65] Wer das Ergebnis der Rechtfertigung auf Fahrlässigkeit beschränkt, weil kein kompensationsbedürftiger Handlungsunwert bestehe, billigt nicht nur zu Unrecht das Prädikat im Wortsinne vollkommen rechtmäßigen Handelns dem zu, der von diesem Übereinklang nichts weiß, sondern auch dem, dessen Sorgfaltswidrigkeit deshalb ein (rechtswidriger) Unwert[66] ohne hinreichenden Ausgleich bleibt. Fahrlässige Tötung in unerkannter Rechtfertigungslage ist folglich rechtswidrig, Notwehr gegen sie gleichwohl nicht gegeben.[67] Bestraft werden kann sie jedoch nicht. Ihr fehlt hierzu zwar nicht, was die Vollendungslösung tragen soll, aber nicht trägt, der tatbestandliche Erfolg, wohl aber der Erfolgsunwert des für Vollendung nötigen Unrechtserfolgs.[68] Auch bei insoweit „folgenloser" Fahrlässigkeit ähnelt die Situation der des untauglichen Versuchs (ohne ein solcher zu sein). Für Strafbarkeit stellt das geltende Recht keine (analogiefähige) Basis zur Verfügung.[69]

Den, der wie der *Jubilar,* dem dieser Beitrag mit großem Respekt vor seiner Lebensleistung gewidmet ist, Strafbarkeitshypertrophien nicht schätzt,[70] wird diese „Lücke" nicht stören. Ihre Offenlegung ist auch für sich kein Grund, sie zu schließen. Wessen Rechtsgefühl gegen sie rebelliert, weil jemand davonkommt, der nur „zufällig (und ungewollt) einen positiven Erfolg" bewirkt,[71] hat, wenn er daraus

---

[63] In einer Falllösung richtig demonstriert bei *Fahl* JURA 2003, 60 (63).

[64] Es fehlt hier der Raum, das noch einmal genauer darzulegen. Hierfür sei namentlich auf die Arbeiten von *Frisch* FS Lackner, 1987, 113ff. und *Puppe* FS Stree/Wessels, 1993, verwiesen.

[65] S. nur *Roxin,* Strafrecht Allgemeiner Teil, Bd. I, 4. Aufl. 2006, § 14 Rn. 96.

[66] S. zum Handlungsunwert bei Fahrlässigkeit schon *Schaffstein* FS Welzel, 1974, 557 (561, 563), der selbst auf das subjektive Rechtfertigungselement hier zu Unrecht verzichtet (S. 574). Geschmälert ist (auch) der Handlungsunwert freilich dadurch, dass die Handlung immerhin objektiv diejenigen Eigenschaften besitzt, die für Rechtfertigung vorliegen müssen.

[67] S. *Roxin,* Strafrecht Allgemeiner Teil, 4. Aufl. 2006, § 14 Rn. 96, 105 mit § 15 Rn. 9.

[68] *Herzberg* JA 1986, 193ff.; *Frisch* FS Lackner, 1987, 113, (136ff.); *Roxin,* Strafrecht Allgemeiner Teil, Bd. I, 4. Aufl. 2006, § 14 Rn. 105.

[69] Ob es das dürfte, ist hier nicht zu entscheiden; s. dazu nur *Hillenkamp* in LK-StGB, 12. Aufl. 2007, StGB § 22 Rn. 29 mit Rn. 14f. Vor § 22 mwN; für Analogie in der Vorsatzvariante s. dort § 22 Rn. 25, 199f.

[70] S. nur zuletzt *Fischer,* 64. Aufl. 2017, StGB § 217 Rn. 2; *Fischer* ZRP 2015, 219 (221): niemand sollte „den letzten Teil des Lebenswegs mit Strafvorschriften pflastern." Darin übereinstimmend *Hillenkamp* KriPoZ 2016, 3ff.

[71] *Paeffgen/Zabel* in NK-StGB, 3. Aufl. 2017, Vor §§ 32ff. Rn. 126 (Straffreiheit, „obwohl sein Verhalten Rechtsgüter geradezu herausfordert"?); s. auch *Fahl* JURA 2003, 60 (65).

Strafwürdigkeit und Strafbarkeit ableitet, das Gesetz gegen sich. Es stellt folgenlose Fahrlässigkeit, selbst gröbste, nicht unter Strafe, es gewährt fakultativ Strafnachlass, wenn ein Versuch misslingt, auch wo unerklärbares Glück und Zufall die Hand führen. „Empörung" darüber ist kein Grund, das darin liegende Bekenntnis zu einem fragmentarischen Strafrecht mit einer zu unserem Fall zudem brüchigen Vollendungslösung zu übertünchen.[72]

[72] Zurecht krit. hierzu *Streng* FS Otto, 2007, 469 (486); gegen Lückenschluss um der Lücke wegen *Hillenkamp* FS Kirchhof, 2013, Bd. 2, 1349 (1358); *Kühl* FS Tiedemann, 2008, 31 (36f.).

WOLFGANG MITSCH

Der Versuch der erfolgsqualifizierten Teilnahme an einem verbotenen Kraftfahrzeugrennen

I. Einleitung

In seiner ZEIT-ONLINE-Kolumne „Fischer im Recht" hat *Thomas Fischer* am 7.3.2017 zu dem „Raser-Urteil" des LG Berlin vom 27.2.2017[1] Stellung genommen und dabei auch kurz den zur gleichen Zeit vom Bundesrat in das Gesetzgebungsverfahren eingebrachten Gesetzesentwurf[2] zur Strafbarkeit der Veranstaltung von und Teilnahme an unerlaubten Kraftfahrzeugrennen erwähnt. Ähnlich rasant wie das Autorennen vollzog sich die Entwicklung der Gesetzgebung zu diesem Thema. Der Gesetzesentwurf wurde alsbald von dem am 13.10.2017 in Kraft getretenen § 315d StGB abgelöst. Anfang 2018 lag dazu schon eine komplette Kommentierung in der 65. Auflage des StGB-Kommentars von *Thomas Fischer* vor. Entwurf und Gesetz wurden in den Jahren 2016 und 2017 in Fachzeitschriften mehrfach vorgestellt und ansatz- und teilweise auch kritisch gewürdigt. Ein Aspekt jedoch, der von dem neuen § 315d Abs. 5 StGB berührt wird, hat in den Abhandlungen und Kommentierungen erstaunlicherweise überwiegend überhaupt keine Beachtung gefunden und ist ansonsten eher beiläufig registriert worden:[3] Der erfolgsqualifizierte Tatbestand hat Verbrechenscharakter. Gemäß § 23 Abs. 1 StGB ist daher der Versuch, eine diesen Tatbestand verwirklichende Tat zu begehen, mit Strafe bedroht. Das ist allerdings hinsichtlich der Versuchsvariante „erfolgsqualifizierter Versuch"[4] sehr umstritten und wird von der hM abgelehnt, da der Versuch des Grunddelikts § 315d Abs. 1 Nr. 2, 3 StGB nicht mit Strafe bedroht ist.[5] Das 6. Strafrechtsreformgesetz hatte die Zahl der von diesem Problem betroffenen Straftatbestände durch die Einführung der Versuchsstrafbarkeit in § 223 Abs. 2 StGB und § 239 Abs. 2 StGB verringert.[6] Gleichwohl gibt es mit §§ 221[7], 235[8],

---

[1] LG Berlin NStZ 2017, 471.

[2] BT-Drs. 18/10145.

[3] *Zieschang* JA 2016, 721 (726). Behandlung des Themas bei *Mitsch* DAR 2017, 70 (72) re. Sp.

[4] Andere Bezeichnung: „folgenschwerer Versuch des Grunddelikts", *Hardtung* in MüKoStGB, Bd. 1, 3. Aufl. 2017, § 18 Rn 73 (krit. zur Bezeichnung „erfolgsqualifizierter Versuch" in Fn. 187).

[5] *Fischer,* 65. Aufl. 2018, StGB § 18 Rn 8; StGB § 22 Rn 37a (an beiden Stellen ohne erkennbare eigene Positionierung zum kontrovers diskutierten Thema).

[6] *Fischer,* 65. Aufl. 2018, StGB § 18 Rn 8.

[7] *Fischer,* 65. Aufl. 2018, StGB § 221 Rn 18 (hier offenbar die Möglichkeit einer Versuchsstrafbarkeit bejahend).

[8] *Fischer,* 65. Aufl. 2018, StGB § 235 Rn 18 (hier der eine Versuchsstrafbarkeit verneinenden Ansicht zuneigend).

238[9] und 330 Abs. 2 StGB[10] immer noch einige Strafvorschriften, in denen das Thema Bestandteil des geltenden Strafrechts ist.[11] § 315d Abs. 5 StGB erweitert diesen Kreis von Delikten nunmehr.[12] Als Anhänger der eine Versuchsstrafbarkeit bejahenden Mindermeinung[13] nehme ich die Gelegenheit gern wahr, hier das allgemeine Thema im speziellen Kontext des neuen Straftatbestandes zu beleuchten.

II. Erscheinungsformen des Versuchs beim erfolgsqualifizierten Delikt

1. Versuchtes erfolgsqualifiziertes Delikt

Der Versuch eines erfolgsqualifizierten Delikts ist grundsätzlich möglich.[14] Er kann in mehreren strukturellen Ausprägungen auftreten.[15] Terminologisch wird dies in der Literatur durch die Unterscheidung von „Versuchtes erfolgsqualifiziertes Delikt" und „Erfolgsqualifizierter Versuch" zum Ausdruck gebracht.[16] Das versuchte erfolgsqualifizierte Delikt ist der „normale" – objektiv nicht qualifizierte – Versuch, der nach ganz hM auch bei erfolgsqualifizierten Delikten möglich sowie – wegen der Verbrechensqualität, § 23 Abs. 1 StGB, § 12 Abs. 1 StGB – strafbar ist.[17] Die Unvollendetheit dieses Versuchs beruht auf dem Nichteintritt der qualifizierenden Folge. Daher kann hinsichtlich des Tatbestandsverwirklichungsgrades die Variante des vollendeten Grunddelikts[18] von der Variante des versuchten Grunddelikts[19]

---

[9] *Fischer,* 65. Aufl. 2018, StGB § 238 Rn 37 (hier ebenfalls der eine Versuchsstrafbarkeit verneinenden Ansicht zuneigend).

[10] *Fischer,* 65. Aufl. 2018, StGB § 330 Rn 9 (Versuch nicht erwähnt).

[11] § 330 Abs. 2 StGB ist von dem Thema betroffen, weil bei § 325 Abs. 2, Abs. 3 StGB; §§ 325a; 326 Abs. 3 StGB; §§ 327 und 329 StGB der Versuch nicht mit Strafe bedroht ist.

[12] *Oehmichen* in Knierim/Oehmichen/Beck/Geisler, Gesamtes Strafrecht aktuell, 2018, Kapitel 11 Rn. 29.

[13] *Baumann/Weber/Mitsch/Eisele* Strafrecht, Allgemeiner Teil, 12. Aufl. 2016, § 22 Rn. 14.

[14] *Ebert,* Strafrecht Allgemeiner Teil, 3. Aufl. 2001, 127; *Fischer,* 65. Aufl. 2018, StGB § 22 Rn. 37; *Haft,* Strafrecht Allgemeiner Teil, 9. Aufl 2004, 238; *Kindhäuser* in LPK-StGB, 7. Aufl. 2017, § 22 Rn. 7; *Sternberg-Lieben/Schuster* in Schönke/Schröder, 29. Aufl. 2014, StGB § 18 Rn. 8; *Wessels/Beulke/Satzger,* Strafrecht Allgemeiner Teil, 47. Aufl. 2017, Rn. 865.

[15] Sehr anschaulich *Hoffmann-Holland,* Strafrecht Allgemeiner Teil, 3. Aufl. 2015, Rn. 850.

[16] *Frister,* Strafrecht Allgemeiner Teil, 7. Aufl. 2015, Kap. 23 Rn. 6; *B. Heinrich,* Strafrecht Allgemeiner Teil, 5. Aufl. 2016, Rn. 686; *Kühl,* Strafrecht Allgemeiner Teil, 8. Aufl. 2017, § 17a Rn. 32; *Roxin,* Strafrecht Allgemeiner Teil, Bd. II, 2003, § 29 Rn. 318.

[17] *Fischer,* 65. Aufl. 2018, StGB § 18 Rn. 9; *Haft,* Strafrecht Allgemeiner Teil, 9. Aufl 2004, 238; *Hardtung* in MüKoStGB, Bd. 1, 3. Aufl. 2017, § 18 Rn. 66; *Kudlich/Schuhr* in SSW StGB, 3. Aufl. 2016, § 22 Rn. 74; *Kühl,* AT Strafrecht Allgemeiner Teil, 8. Aufl. 2017, § 17a Rn. 33; *Otto,* Grundkurs Strafrecht Allgemeine Strafrechtslehre, 7. Aufl. 2004, § 18 Rn. 80; *Roxin,* Strafrecht Allgemeiner Teil, Bd. II, 2003, § 29 Rn. 319; *Stein* in SK-StGB, 9. Aufl. 2017, § 18 Rn. 51.

[18] *Gropp,* Strafrecht Allgemeiner Teil, 4. Aufl. 2015, § 9 Rn. 91; *Hardtung* in MüKoStGB, Bd. 1, 3. Aufl. 2017, § 18 Rn. 69; *B. Heinrich,* Strafrecht Allgemeiner Teil, 5. Aufl. 2016, Rn. 689; *Sternberg-Lieben/Schuster in* Schönke/Schröder, 29. Aufl. 2014, StGB § 18 Rn. 11.

[19] *Gropp,* Strafrecht Allgemeiner Teil, 4. Aufl. 2015, § 9 Rn. 94; *B. Heinrich* Strafrecht Allgemeiner Teil, 5. Aufl. 2016, Rn. 690; *Sternberg-Lieben/Schuster* in Schönke/Schröder, 29. Aufl. 2014, StGB § 18 Rn. 12.

unterschieden werden. Im subjektiven Tatbestand ist Vorsatz bezüglich des qualifizierenden Erfolges erforderlich.[20]

2. *Erfolgsqualifizierter Versuch*

Ein Versuch ist erfolgsqualifiziert, wenn durch eine Tat, die das straftatbestandliche Format des „unmittelbaren Ansetzens" zur Verwirklichung des Grundtatbestandes hat, der qualifizierende Erfolg verursacht wird.[21] Um einen Versuch handelt es sich, weil der grunddeliktische Tatbestand nicht vollständig verwirklicht wurde.[22] Die Strafbarkeit hängt davon ab, ob der bloße Grunddeliktsversuch genügend Erfolgspotential aufweist, um die spezifischen Erfolgszurechnungskriterien des erfolgsqualifizierten Delikts[23] zu erfüllen. Das ist zweifelsfrei der Fall beim versuchten Raub mit Todesfolge, §§ 251, 22 StGB:[24] der Gefahrverwirklichungszusammenhang besteht hier allein zwischen der Nötigungskomponente des Raubtatbestandes (Gewalt, Drohung) und dem Todeserfolg.[25] Daher ist zumindest bei vollendetem Nötigungsmerkmal diese Erfolgszurechnungsvoraussetzung erfüllt.[26] In subjektiver Hinsicht genügt für die Zurechnung des Todeserfolges Fahrlässigkeit, § 18 StGB, bei § 251 StGB Leichtfertigkeit.

3. *Fehlen des subjektiven Rechtfertigungselements*

Die dritte Variante des versuchten erfolgsqualifizierten Delikts[27] unterscheidet sich von den beiden ersten dadurch, dass bei ihr der objektive Tatbestand vollständig verwirklicht ist, d. h. der Grundtatbestand einschließlich des Eintritts der qualifizie-

---

[20] *B. Heinrich,* Strafrecht Allgemeiner Teil, 5. Aufl. 2016, Rn. 688; *Kühl,* Strafrecht Allgemeiner Teil, 8. Aufl. 2017, § 17a Rn. 33; *Roxin,* Strafrecht Allgemeiner Teil, Bd. II, 2003, § 29 Rn. 319.

[21] *Arzt/Weber/Heinrich/Hilgendorf,* Strafrecht Besonderer Teil, 3. Aufl. 2015, § 6 Rn. 64; *Baumann/Weber/Mitsch/Eisele,* Strafrecht Allgemeiner Teil, 12. Aufl. 2016, § 13 Rn. 30; *Ebert,* Strafrecht Allgemeiner Teil, 3. Aufl. 2001, 127; *Gropp,* Strafrecht Allgemeiner Teil, 4. Aufl. 2015, § 9 Rn. 92; *B. Heinrich* Strafrecht Allgemeiner Teil, 5. Aufl. 2016, Rn. 692; *Hilgendorf/Valerius,* Strafrecht Allgemeiner Teil, 2. Aufl. 2015, § 12 Rn. 72; *Hillenkamp* in LK-StGB, Bd. 1, 12. Aufl. 2007, Vor § 22 Rn. 108; *Kaspar,* Strafrecht Allgemeiner Teil, 2. Aufl. 2017, § 9 Rn. 80; *Kindhäuser* in LPK-StGB, 7. Aufl. 2017, § 22 Rn. 9; *Murmann,* Grundkurs Strafrecht, 4. Aufl. 2017, § 28 Rn. 97; *Rengier,* Erfolgsqualifizierte Delikte und verwandte Erscheinungsformen, 1986, 242; *Sternberg-Lieben/Schuster* in Schönke/Schröder, 29. Aufl. 2014, StGB § 18 Rn. 9; *Stein* in SK-StGB, 9. Aufl. 2017, § 18 Rn. 54.

[22] *Kühl,* Strafrecht Allgemeiner Teil, 8. Aufl. 2017, § 17a Rn. 39.

[23] Dazu *Eisele* in Baumann/Weber/Mitsch/Eisele, Strafrecht Allgemeiner Teil, 12. Aufl. 2016, § 13 Rn. 16ff.

[24] *Fischer,* 65. Aufl. 2018, StGB § 251 Rn. 8a; *Kindhäuser* in LPK-StGB, 7. Aufl. 2017, § 251 Rn. 12; *Maurach/Schroeder/Maiwald,* Strafrecht Besonderer Teil, Teilbd. 1, 10. Aufl. 2009, § 35 Rn. 37; *Eser/Bosch* in Schönke/Schröder, 29. Aufl. 2014, StGB § 251 Rn. 7; *Schramm,* Strafrecht Besonderer Teil I, 2017, § 4 Rn. 91.

[25] *Arzt/Weber/Heinrich/Hilgendorf,* Strafrecht Besonderer Teil, 3. Aufl. 2015, § 17 Rn. 31; *Baumann/Weber/Mitsch/Eisele,* Strafrecht Allgemeiner Teil, 12. Aufl. 2016, § 13 Rn. 21; *Eisele,* Strafrecht Besonderer Teil II, 4. Aufl. 2017, Rn. 385; *Maurach/Schroeder/Maiwald,* Strafrecht Besonderer Teil, Teilbd. 1, 10. Aufl. 2009, § 35 Rn. 34.

[26] *Kühl,* Strafrecht Allgemeiner Teil, 8. Aufl. 2017, § 17a Rn. 49.

[27] In der Literatur zum Versuch beim erfolgsqualifizierten Delikt ist diese Variante bislang kein Thema; vgl. zB *Joecks/Jäger,* 12. Aufl. 2018, StGB § 18 Rn. 4: … in drei Formen denkbar …". Die im *vorliegenden Text* als „dritte Variante" bezeichnete Form ist bei *Joecks/Jäger* nicht erwähnt.

renden Folge. Der Grund dafür, dass diese Tat dennoch lediglich als Straftatversuch oder wie ein Straftatversuch behandelt wird, ist das Vorliegen sämtlicher objektiver Voraussetzungen eines Rechtfertigungsgrundes bei fehlendem subjektiven Rechtfertigungselement. Der Unrechtsgehalt der Tat wird durch die objektiven erlaubnisbegründenden Tatsachen reduziert. Da der Täter aber bei der Begehung der objektiv gerechtfertigten Tat das Bewusstsein hat, eine nicht gerechtfertigte Tat zu begehen, ist sein Verhalten nicht vollkommen frei von Unrecht. Die hM bewertet die Tat zutreffend als versuchsähnlich und bestraft im Ergebnis wegen Versuchs.[28] Dass die Konstellation bei einem erfolgsqualifizierten Delikt möglich ist, zeigt der Fall, der der Entscheidung BGHSt 27, 313 zugrunde lag: hätte der Angeklagte auf sein Opfer eingeschlagen, ohne die Notwehrlage zu erkennen[29], wäre die von ihm begangene Körperverletzung mit Todesfolge nur objektiv gem. § 32 StGB gerechtfertigt gewesen.

III. *Versuchte Teilnahme an einem illegalen Straßenrennen mit Todesfolge*

1. *Nichteintritt der vom Vorsatz umfassten Todesfolge*

Die Verursachung des Todes eines Menschen durch vollendete konkret lebensgefährliche Teilnahme an einem illegalen Straßenrennen (§ 315d Abs. 1 Nr. 2, Abs. 3 StGB) ist gem. § 315d Abs. 5 StGB mit erhöhter Verbrechensstrafe (1 bis 10 Jahre Freiheitsstrafe) bedroht. Der Versuch dieses erfolgsqualifizierten Delikts ist möglich in der Variante vollendeter Rennteilnahme ohne Todesfolge, bei der der Täter den – zumindest bedingten[30] – Vorsatz hat, den Tod eines Menschen zu verursachen (oben II. 1.). Dieser Versuch der Herbeiführung des Todeserfolges durch ein vollendetes Grunddelikt ist bei § 315d Abs. 5 StGB ebenso strafbar wie zB der Versuch, durch eine vollendete Körperverletzung oder durch eine vollendete Brandstiftung den Tod des Opfers zu verursachen, §§ 227, 22; 306c, 22 StGB.[31] Dass der Versuch des Grunddelikts nicht mit Strafe bedroht ist (vgl. § 315d Abs. 3

[28] *Baumann/Weber/Mitsch/Eisele,* Strafrecht Allgemeiner Teil, 12. Aufl. 2016, § 14 Rn. 55; *Fischer,* 65. Aufl. 2018, StGB § 32 Rn. 27; *Frisch* FS Lackner, 1987, 113 (128); *Hoffmann-Holland,* Strafrecht Allgemeiner Teil, 3. Aufl. 2015, Rn. 274; *Jescheck/Weigend,* Lehrbuch des Strafrechts Allgemeiner Teil, 5. Aufl. 1996, § 31 IV 2; *Joecks/Jäger,* 12. Aufl. 2018, StGB Vor § 32 Rn. 14; *Kindhäuser* in LPK-StGB, 7. Aufl. 2017, Vor § 32 Rn. 20; *Kindhäuser,* Strafrecht Allgemeiner Teil, 8. Aufl. 2017, § 29 Rn. 9; *Kühl,* Strafrecht Allgemeiner Teil, 8. Aufl. 2017, § 6 Rn. 16; *Lackner/Kühl,* 28. Aufl. 2014, StGB § 22 Rn. 16, Vor § 32 Rn. 6; *Maurach/Zipf,* Strafrecht Allgemeiner Teil, Teilbd. 1, 8. Aufl. 1992, § 25 Rn. 34; *Otto,* Grundkurs Strafrecht Allgemeine Strafrechtslehre, 7. Aufl. 2004, § 18 Rn. 49; *Rönnau* JuS 2009, 594 (596); *Roxin,* Strafrecht Allgemeiner Teil, Bd. I, 4. Aufl. 2006, StGB § 14 Rn. 104; *Lenckner/Sternberg-Lieben* in Schönke/Schröder, 29. Aufl. 2014, StGB Vor § 32 Rn. 15; aA *Köhler,* Strafrecht Allgemeiner Teil, 1997, 323.

[29] Der Angeklagte hatte die Notwehrlage, in der sich sein Chef befand, erfasst, vgl. die Sachverhaltsschilderung in BGHSt 27, 313 = NJW 1978, 955.

[30] Da § 18 StGB „wenigstens" Fahrlässigkeit bzgl. der schweren Folge voraussetzt, ist auch der Vorsatz bzgl. der schweren Folge geeignet, Strafbarkeit aus § 315d Abs. 5 StGB zu begründen, vgl. *Sternberg-Lieben/Schuster* in Schönke/Schröder, 29. Aufl. 2014, StGB § 18 Rn. 5.

[31] *Fischer,* 65. Aufl. 2018, StGB § 306c Rn. 5; *Kühl,* Strafrecht Allgemeiner Teil, 8. Aufl. 2017, § 17a Rn. 34; *Maurach/Schroeder/Maiwald,* Strafrecht Besonderer Teil, Teilbd. 2, 10. Aufl. 2012, § 51 Rn. 35; *Stree/Sternberg-Lieben* in Schönke/Schröder, 29. Aufl. 2014, StGB § 227 Rn. 8;

StGB), steht der Strafbarkeit des versuchten erfolgsqualifizierten Delikts nicht entgegen. Der Strafbarkeitsfeststellung nachgelagert ist die Konkurrenzthematik. Bei versuchter Körperverletzung mit Todesfolge wird allgemein das Zurücktreten der §§ 227, 22 StGB hinter dem Totschlags- oder Mordversuch (§§ 211, 212, 22 StGB) angenommen.[32] Das ist richtig, weil die versuchte Körperverletzung mit Todesfolge ein notwendiges Durchgangsstadium des Tötungsversuchs ist und es der Erwähnung der §§ 227, 22 StGB im Urteilstenor nicht bedarf.[33] Wird aber durch das Grunddelikt ein anderes Rechtsgut verletzt, muss dies zur Klarstellung im Schuldspruch des Urteils zum Ausdruck gebracht werden. Das trifft auf § 315d Abs. 5 StGB, § 22 StGB zu, da das Rennen als solches die allgemeine Verkehrssicherheit beeinträchtigt. Daher besteht zwischen § 315d Abs. 5 StGB, § 22 StGB und §§ 211, 212, 22 StGB Tateinheit, § 52 StGB.[34] Nach zutreffender Ansicht genügt zur Begründung der Strafbarkeit wegen versuchter Teilnahme an einem illegalen Straßenrennen mit Todesfolge schon das unmittelbare Ansetzen zur Rennteilnahme. Zwar ist dieser Versuch ohne todeserfolgsbezogenen Vorsatz nicht strafbar. Dies ist jedoch kein Grund, auch den mit Tötungsvorsatz begangenen Rennteilnahmeversuch straflos zu lassen.[35]

2. *Objektiv gerechtfertigte Rennteilnahme ohne subjektives Rechtfertigungselement*

Die oben II. 3. skizzierte Variante der objektiv gerechtfertigten, aber ohne Kenntnis der Rechtfertigungstatsachen begangenen vollendeten Tat ist auch bei § 315d Abs. 5 StGB möglich. Man stelle sich etwa die Verfolgung eines mit höchster Geschwindigkeit voraus fahrenden Kraftfahrzeugs vor, in dem der Täter eines soeben ausgeführten erfolgreichen Banküberfalls mit seiner Beute flüchtet. Verursacht der in Unkenntnis dieser besonderen Umstände mit unangepasster Geschwindigkeit rasende Verfolger einen für den Fahrer des verfolgten Fahrzeugs tödlich endenden Unfall, ist eine Rechtfertigung gem. § 32 StGB[36] denkbar.[37] Das notwehrdogmatische Problem, dass das tatbestandliche Unrecht des § 315d Abs. 2 StGB auch eine Beeinträchtigung der allgemeinen Verkehrssicherheit beinhaltet und daher einen Nicht-Angreifer trifft, lässt sich wie z. B. bei § 315b StGB mit der Figur einer „Teil-Rechtfertigung" bewältigen.[38] Unproblematisch ist die Feststellung des für erfolgs-

---

Heine/Bosch in Schönke/Schröder, 29. Aufl. 2014, StGB § 306c Rn. 9; aA *Maurach/Schroeder/Maiwald,* Strafrecht Besonderer Teil, Teilbd. 1, 10. Aufl. 2009, § 9 Rn. 6.

[32] *Kaspar,* Strafrecht Allgemeiner Teil, 2. Aufl. 2017, § 9 Rn. 84; *Kindhäuser* in LPK-StGB, 7. Aufl. 2017, § 227 Rn. 10.

[33] *Stree/Sternberg-Lieben* in Schönke/Schröder, 29. Aufl. 2014, StGB § 227 Rn. 12.

[34] *Oehmichen* in Knierim/Oehmichen/Beck/Geisler, Gesamtes Strafrecht aktuell, 2018, 11. Kapitel Rn. 35.

[35] *Hardtung* in MüKoStGB, Bd. 1, 3. Aufl. 2017, § 18 Rn. 66, 70; *Kühl,* Strafrecht Allgemeiner Teil, 8. Aufl. 2017, § 17a Rn. 37; aA *B. Heinrich,* Strafrecht Allgemeiner Teil, 5. Aufl. 2016, Rn. 691; *Wessels/Beulke/Satzger,* Strafrecht Allgemeiner Teil, 47. Aufl. 2017, Rn. 866.

[36] Eine Rechtfertigung gem. § 127 Abs. 1 S. 1 StPO kommt nicht in Betracht, da eine lebensgefährliche Verfolgungsjagd weit über die zulässige Eingriffsintensität hinausgeht; vgl. *Lenckner/Sternberg-Lieben* in Schönke/Schröder, 29. Aufl. 2014, StGB Vor § 32 Rn. 81, 82.

[37] Der Angriff auf das Eigentum des durch den Überfall Verletzten ist während der Flucht mit der Beute noch gegenwärtig, vgl. *Perron* in Schönke/Schröder, 29. Aufl. 2014, StGB § 32 Rn. 15.

[38] *Mitsch* JuS 2014, 593 (596); *Rengier,* Strafrecht Allgemeiner Teil, 9. Aufl. 2017, § 18 Rn. 32a.

qualifizierte Delikte erforderlichen spezifischen Gefahrverwirklichungszusammenhangs. Zwar ist die Begründung genau dieser Strafbarkeitsvoraussetzung bei bloß versuchtem Grunddelikt die größte dogmatische Herausforderung (dazu unten IV. 3.).[39] Aber tatsächlich vollendet ist die grundtatbestandliche Tat hier. Ihr Versuchscharakter beruht auf der Erfüllung des objektiven Erlaubnistatbestandes. Vollständige Rechtswidrigkeit der Tat ist aber keine Bedingung des tatbestandsmäßigen Gefahrverwirklichungszusammenhangs. Denn der Tatbestand des erfolgsqualifizierten Delikts wäre selbstverständlich auch dann erfüllt, wenn die Tat komplett gerechtfertigt gewesen wäre, der Täter also mit Rechtfertigungsbewusstsein („Verteidigungswille") gehandelt hätte. Für die weitere Erörterung des Themas kann die Fallgruppe allerdings unberücksichtigt bleiben. Denn eine Strafbarkeit wegen versuchter Rennteilnahme mit Todesfolge scheitert an der Erfüllung der objektiven Merkmale des Rechtfertigungsgrundes. Bei Fahrlässigkeitstaten hat dies nach zutreffender hM Unrechtsausschluss und Straflosigkeit zur Folge. Das subjektive Rechtfertigungselement hat bei Fahrlässigkeitstaten keine Bedeutung, sein Fehlen vermag den Ausschluss der Strafbarkeit nicht zu verhindern.[40] Denn der „fahrlässige Versuch", als den sich die objektiv gerechtfertigte Fahrlässigkeitstat darstellt, ist nach deutschem Strafrecht nicht strafbar.[41] Für das Fahrlässigkeitselement des erfolgsqualifizierten Delikts kann nichts anderes gelten: ist die Verursachung des Todeserfolgs von der Rechtfertigungswirkung der objektiven Erlaubnistatbestandsmerkmale erfasst, hat der eingetretene Todeserfolg nur noch den Unrechtsgehalt einer versuchten Tötung. Das reicht auch nicht für eine Strafbarkeit wegen eines erfolgsqualifizierten Versuchs.[42]

IV. Versuchte Rennteilnahme mit Todesfolge

1. Fälle

Dogmatische Trockenübungen zu absonderlich erscheinenden Themen haben wenig Chancen ernst genommen zu werden, wenn kein Fallbezug hergestellt, also nicht gezeigt wird, wie sich ein realer Fall mit dem theoretischen Problem darstellen könnte. Für Zwecke der Lehre ist es erst recht erforderlich, den abstrakten Stoff mit Beispielen zu veranschaulichen. Daher seien hier zunächst einige Situationen skizziert, in denen die Frage nach der Strafbarkeit eines erfolgsqualifizierten Rennversuchs auftreten könnte.

---

[39] *Roxin,* Strafrecht Allgemeiner Teil, Bd. II, 2003, StGB § 29 Rn. 328ff.

[40] *Jescheck/Weigend,* Lehrbuch des Strafrechts Allgemeiner Teil, 5. Aufl. 1996, § 56 I 3; *Kindhäuser,* Strafrecht Allgemeiner Teil, 8. Aufl. 2017, § 33 Rn. 60; *Murmann,* Grundkurs Strafrecht, 4. Aufl. 2017, § 30 Rn. 22; *Otto,* Grundkurs Strafrecht Allgemeine Strafrechtslehre, 7. Aufl. 2004, § 10 Rn. 29; *Rönnau* JuS 2009, 594 (596).

[41] *Baumann/Weber/Mitsch/Eisele,* Strafrecht Allgemeiner Teil, 12. Aufl. 2016, § 14 Rn. 59; *Duttge* in MüKoStGB, Bd. 1, 3. Aufl. 2017, § 15 Rn. 203; *Frisch* FS Lackner, 1987, 113; *Kindhäuser* in LPK-StGB, 7. Aufl. 2017, Vor § 32 Rn. 19; *Roxin,* Strafrecht Allgemeiner Teil, Bd. I, 4. Aufl. 2006, StGB § 24 Rn. 103.

[42] *Stein* in SK-StGB, 9. Aufl. 2017, § 18 Rn. 54.

(1) A steht mit seinem Porsche auf dem Kurfürstendamm in Berlin an einer Ampel. Links neben ihm steht B mit seinem Mercedes. A schaut nach links, B schaut nach rechts. B hebt den rechten Daumen und grinst. A versteht dies als Aufforderung zu einem Rennen. Als die Ampel auf gelb springt, rast A los. Auch B fährt zügig, hat aber keineswegs die Absicht, mit A ein Wettrennen zu veranstalten. Nach 200 m überfährt A mit 125 km/h den O. O ist auf der Stelle tot.

(2) Auf dem Berliner Kurfürstendamm fahren X und Y mit ihren Sportwagen so schnell, dass dieses Geschehen für den außenstehenden Betrachter wie ein unerlaubtes Kraftfahrzeugrennen iSd § 315 d StGB erscheint. Tatsächlich sind X und Y ein solches Rennen gefahren, das aber bereits beendet ist, weil das vereinbarte Rennziel erreicht wurde. Jetzt lassen X und Y ihre Fahrzeuge nur noch „ausrollen", wobei ihre Geschwindigkeit aber immer noch hoch ist. A, der gerade mit seinem Sportwagen aus einer Nebenstraße auf den Kurfürstendamm abgebogen ist, befindet sich nun unmittelbar hinter den „ausrollenden" Fahrzeugen von X und Y. A glaubt, dass die beiden Sportwagenfahrer vor ihm Teilnehmer eines unerlaubten Kraftfahrzeugrennens sind. A beschließt, sich ebenfalls an diesem Rennen zu beteiligen und versucht X und Y zu überholen. Dabei gerät A mit seinem Fahrzeug von der Fahrbahn ab und überfährt einen Fußgänger. Dieser ist auf der Stelle tot.

(3) A und B rasen nachts auf einem stillgelegten Autobahnabschnitt um die Wette. A glaubt, es handele sich um eine öffentliche Straße. Als plötzlich ein Jogger über die Fahrbahn trabt, kann A nicht mehr rechtzeitig ausweichen. Er erfasst den Jogger und verletzt ihn tödlich.

(4) A und B verabreden ein Rennen. Das Rennen beginnt auf dem Parkplatz eines stillgelegten Baumarktes. Die Einfahrt zu dem Parkplatz ist durch eine Schranke gesperrt. Die Aufgabe für die Rennteilnehmer besteht darin, durch eine Hecke neben der gesperrten Einfahrt auf die angrenzende öffentliche Straße zu fahren und dort das Rennen fortzusetzen. Als A mit ca. 40 km/h durch die Hecke fährt, übersieht er einen volltrunkenen Mann, der sich vor die Hecke gelegt hat, um seinen Rausch auszuschlafen. Der Mann wird von dem Fahrzeug überrollt und tödlich verletzt.

(5) A und B haben ein Rennen auf dem Kurfürstendamm in Berlin verabredet. Sie stehen mit ihren Pkws nebeneinander mit laufendem Motor vor einer roten Ampel. Als das Ampellichtzeichen auf gelb springt, gibt A Gas um loszufahren. Aus Versehen hat er aber den Rückwärtsgang eingelegt. Der Wagen macht einen großen Satz nach hinten und erfasst den dahinter stehenden Motorradfahrer O. Dieser wird schwer verletzt und stirbt wenige Minuten später.

Jeweils hält A es für möglich, dass durch seine Rennteilnahme ein anderer Mensch in konkrete Lebensgefahr gebracht wird. Das nimmt er billigend in Kauf.

In allen fünf Fällen hat A in dem Moment, in dem er den Tod eines anderen Menschen verursachte, versucht, an einem nicht erlaubten Kraftfahrzeugrennen iSd § 315 d Abs. 1 Nr. 2, Abs. 2 StGB teilzunehmen. Vollendet ist das Grunddelikt nicht, weil es keine weiteren Rennteilnehmer gab (Fall 1)[43], das Rennen schon be-

[43] Dazu *Oehmichen* in Knierim/Oehmichen/Beck/Geisler, Gesamtes Strafrecht aktuell, 2018, Rn. 13.

endet war (Fall 2) oder das Rennen (teilweise) auf nichtöffentlichem Gelände – und daher nicht „im Straßenverkehr“[44] – (Fälle, 3, 4) stattfand. Im Fall 5 wird man das Gasgeben als unmittelbares Ansetzen zur Rennteilnahme bewerten können.[45] Vollendete Teilnahme ist es nicht, da Rückwärtsfahren ebenso wenig Wettbewerbscharakter hat wie Stehenbleiben.[46] Außer in Fall 5 handelt es sich jeweils um untaugliche Versuche. Im Zeitpunkt des unmittelbaren Ansetzens steht objektiv fest, dass eine Tatvollendung nicht möglich sein wird. Damit in den Fällen 1 bis 4 das Problem des erfolgsqualifizierten Versuchs nicht hinfällig wird, sei davon ausgegangen, dass das Fahrverhalten des A jeweils nicht die Voraussetzungen des § 315d Abs. 1 Nr. 3 StGB erfüllt.[47] Anderenfalls läge der Todesverursachung eine vollendete Tat zugrunde

2. *Strafbarkeit und Straflosigkeit des Grunddeliktsversuchs*

Die Strafbarkeit des Versuchs mit qualifizierendem Erfolgseintritt ist umstritten. Nach hM komme Versuchsstrafbarkeit schon dann nicht in Betracht, wenn das Gesetz den Versuch des Grunddelikts straflos lässt.[48] Dies trifft auch auf § 315d Abs. 1 Nr. 2, 3 StGB zu: mit Strafe bedroht ist gemäß § 315d Abs. 3 StGB allein der Versuch der Ausrichtung oder Durchführung eines nicht erlaubten Kraftfahrzeugrennens, § 315d Abs. 1 Nr. 1 StGB. Der Versuch der Teilnahme an einem nicht erlaubten Kraftfahrzeugrennen (§ 315d Abs. 1 Nr. 2 StGB) sowie der Versuch mit nicht angepasster Geschwindigkeit grob verkehrswidrig und rücksichtslos eine höchstmögliche Geschwindigkeit zu erreichen (§ 315d Abs. 1 Nr. 3 StGB) ist nicht mit Strafe bedroht. Die Ausgangsposition der hM würde also die Möglichkeit eines strafbaren Versuchs der Ausrichtung oder Durchführung eines unerlaubten Kraftfahrzeugrennens (§ 315d Abs. 1 Nr. 1, Abs. 3 StGB) mit Todesfolge umfassen. Allerdings scheitert das daran, dass sich die Erfolgsqualifikation des § 315d Abs. 5 StGB nur auf die Fälle des § 315d Abs. 2 StGB bezieht und dieser Absatz wiederum nicht an den Grundtatbestand § 315d Abs. 1 Nr. 1 StGB anknüpft. Zwar könnte überlegt werden, ob der Versuch der Ausrichtung oder Durchführung im Einzelfall zugleich eine Anstiftung zur versuchten Teilnahme an einem unerlaubten Kraftfahrzeugrennen ist und daher eine auf § 315d Abs. 5 StGB gestützte Strafbarkeit der nicht zur Vollendung gekommenen Ausrichtung oder Durchführung möglich ist, wenn der Angestiftete mit seinem Teilnahmeversuch einen Menschen tötet. Aber diese Strafbarkeit wäre akzessorisch zu der strafrechtlichen Qualifikation der

---

[44] *Joecks/Jäger,* StGB, 12. Aufl. 2018, StGB § 315d Rn. 8; *Oehmichen* in Knierim/Oehmichen/Beck/Geisler, Gesamtes Strafrecht aktuell, 2018, Rn. 7; *Preuß* NZV 2017, 105 (109); *Zieschang* JA 2016, 721 (724).

[45] *Jansen* NZV 2017, 214 (217): Versuchsbeginn beim Aufstellen am Start.

[46] Dazu, ob bloßes Bereitstehen an der Startlinie schon vollendete Rennteilnahme ist, *Joecks/Jäger,* 12. Aufl. 2018, StGB § 315d Rn. 10; *Oehmichen* in Knierim/Oehmichen/Beck/Geisler, Gesamtes Strafrecht aktuell, 2018, Rn. 15; *Preuß* NZV 2017, 105 (109).

[47] Dazu und zu dem Auffangcharakter dieser Tatbestandsvariante *Fischer,* 65. Aufl. 2018, StGB § 315d Rn. 11ff.; *Kusche* NZV 2017, 414 (416); *Oehmichen* in Knierim/Oehmichen/Beck/Geisler, Gesamtes Strafrecht aktuell, 2018, Rn. 16.

[48] *Krey/Esser,* Deutsches Strafrecht Allgemeiner Teil, 6. Aufl. 2016, Rn. 1375.

Haupttat und somit davon abhängig, dass der erfolgsqualifizierte Versuch der Rennteilnahme strafbar ist.

Zu klären ist somit, ob es zutrifft, dass das Gesetz den eine schwere Folge verursachenden Grunddeliktsversuch dort straflos lässt, wo der Grunddeliktsversuch selbst nicht mit Strafe bedroht ist. Das Strafgesetzbuch legt in § 23 Abs. 1 StGB fest, bei welchen Straftatbeständen des Besonderen Teils einschließlich des Nebenstrafrechts (vgl. Art. 1 EGStGB) der Versuch mit Strafe bedroht ist. Droht das Gesetz eine Mindeststrafe von wenigstens einem Jahr Freiheitsstrafe an, handelt es sich um ein Verbrechen, § 12 Abs. 1 StGB. Dem steht nicht § 12 Abs. 3 StGB entgegen. § 315d Abs. 5 StGB ist keine Norm, die eine Strafschärfung für „besonders schwere Fälle" vorsieht. Vielmehr handelt es sich um einen Straftatbestand mit eigenem Strafrahmen, von dem die Einordnung in die Verbrechenskategorie abhängt.[49] Anders wäre nicht zu erklären, dass im letzten Halbsatz des § 315d Abs. 5 StGB eine Strafmilderung für „minder schwere Fälle" vorgesehen ist. Die Konstruktion, dass eine Norm zugleich einen Strafrahmen für „besonders schwere" und einen Strafrahmen für – auf die „besonders schweren" bezogene – „minder schwere Fälle" aufstellt, gibt es im ganzen Strafrecht nicht, vgl. zB § 243 StGB. Gemäß § 23 Abs. 1 StGB ist der Versuch dieses Verbrechens mit Strafe bedroht. Da die Strafdrohung des § 315d Abs. 5 StGB die erfolgsqualifizierte Rennteilnahme zum Verbrechen qualifiziert, spricht § 23 Abs. 1 StGB dafür, dass auch der erfolgsqualifizierte Versuch eine strafbare Tat ist.[50]

Die hM stützt ihre ablehnende Haltung auf ein aus § 18 StGB abgeleitetes Wortlautargument: *„Straflos und deshalb vorab auszuscheiden ist zunächst der Fall, dass der Versuch, den Tatbestand des Grunddelikts zu erfüllen, nicht unter Strafe steht. Denn wenn man hier einen (wegen des Verbrechens-Charakters des erfolgsqualifizierten Delikts strafbaren) Versuch der erschwerten Tat annähme, würde die Erfolgsqualifikation die Strafbarkeit nicht erhöhen, sondern begründen, was ihren begrifflichen Voraussetzungen und auch dem Wortlaut des Gesetzes (§ 18: „schwerere Strafe") widerspricht".*[51] Das Ergebnis, dass eine Bestrafung aus dem qualifizierten Tatbestand – mit Milderungsmöglichkeit gem. § 23

[49] *Fischer,* 65. Aufl. 2018, StGB § 12 Rn. 8; *Oehmichen* in Knierim/Oehmichen/Beck/Geisler, Gesamtes Strafrecht aktuell, 2018, Rn. 29; *Radtke* in MüKoStGB, Bd. 1, 3. Aufl. 2017, § 12 Rn. 18.

[50] *Kühl,* Strafrecht Allgemeiner Teil, 8. Aufl. 2017, § 17a Rn. 47; *Otto,* Grundkurs Strafrecht Allgemeine Strafrechtslehre, 7. Aufl. 2004, § 18 Rn. 89; *Stein* in SK-StGB, 9. Aufl. 2017, § 18 Rn. 56.

[51] *Roxin,* Strafrecht Allgemeiner Teil, Bd. II, 2003, StGB § 29 Rn. 323; ebenso *Ebert,* Strafrecht Allgemeiner Teil, 3. Aufl. 2001, 128; *Eisele,* Strafrecht Besonderer Teil I, 4. Aufl. 2017, Rn. 261; *Gropp,* Strafrecht Allgemeiner Teil, 4. Aufl. 2015, § 9 Rn. 93; *Haft,* Strafrecht Allgemeiner Teil, 9. Aufl 2004, 239; *B. Heinrich,* Strafrecht Allgemeiner Teil, 5. Aufl. 2016, Rn. 699; *Hilgendorf/Valerius,* Strafrecht Allgemeiner Teil, 2. Aufl. 2015, § 12 Rn. 79; *Kühl,* Strafrecht Allgemeiner Teil, 8. Aufl. 2017, § 17a Rn. 47; *Lackner/Kühl,* 28. Aufl. 2014, StGB § 18 Rn. 11; *Hillenkamp* in LK-StGB, Bd. 1, 12. Aufl. 2007, Vor § 22 Rn. 109; *Paeffgen* in NK-StGB, 5. Aufl. 2017, § 18 Rn. 112; *Rengier,* Strafrecht Besonderer Teil II, § 10 Rn. 22; *Kudlich/Schuhr* in Satzger/Schluckebier/WidmaierStGB, 3. Aufl. 2016, § 22 Rn. 75; *Schaefer* in AnwK-StGB, 2. Aufl. 2015, § 18 Rn. 9; *Eser* in Schönke/Schröder, 29. Aufl. 2014, StGB § 221 Rn. 16; unentschieden *Fischer,* 65. Aufl. 2018, StGB § 18 Rn. 8; § 22 Rn. 37a; § 238 Rn. 37 („nach wohl zutr. Ansicht nicht strafbar").

Abs. 2 StGB – nicht möglich ist, sei erträglich, da Strafbarkeit aus §§ 222, 229 StGB begründet ist.[52]

Ob dieses Argument die darauf gestützte Rechtsauffassung trägt, sei dahingestellt. Denn zuvor muss geklärt werden, ob die argumentative Aussage überhaupt richtig ist. Die Aussage lautet, dass zB bei der versuchten Aussetzung mit Todesfolge der Todeserfolg wegen der Straflosigkeit des grunddeliktischen Versuchs nicht Grund für eine „schwerere Strafe", sondern Grund dafür wäre, dass der Aussetzungsversuch überhaupt strafbar ist. Die Todesfolge habe also beim Versuch der Aussetzung, beim Versuch der Nachstellung und beim Versuch der Teilnahme an einem nicht erlaubten Kraftfahrzeugrennen keine strafschärfende (qualifizierende), sondern strafbarkeitsbegründende Wirkung. Dies ist zu bestreiten. Zum einen trifft es nicht zu, dass zB bei § 221 Abs. 3 StGB der Todeserfolg keine strafschärfende, sondern – sofern man die Strafbarkeit bejaht – allein strafbarkeitsbegründende Wirkung hat. Zum anderen meint das Gesetz in § 18 StGB mit „schwererer Strafe" etwas anderes, als die hM per Auslegung aus § 18 StGB zu gewinnen erachtet.

Dass der durch einen Aussetzungsversuch verursachte Todeserfolg sehr wohl eine „schwerere Strafe" begründet, bestätigt ein bloßer Blick auf § 222 StGB: dort ist die fahrlässige Verursachung des Todes eines Menschen mit Freiheitsstrafe von einem Monat (§ 38 Abs. 2 StGB) bis zu fünf Jahren bedroht. Die versuchte Aussetzung mit Todesfolge eröffnet hingegen – unter Berücksichtigung der § 23 Abs. 2 StGB, § 49 Abs. 2 Nr. 2 S.1, Nr. 3 StGB – einen Strafrahmen von 6 Monaten bis zu 11 Jahren und 3 Monaten Freiheitsstrafe. Im Verhältnis zu dem im Falle einer versuchten Aussetzung mit Todesfolge stets verwirklichten Straftatbestand Fahrlässige Tötung ist das also eine Strafschärfung von fünf Monaten an der Untergrenze und 6 Jahren und 3 Monaten an der Obergrenze des Strafrahmens. Die Vertreter der hM werden einwenden, dass § 18 StGB nicht auf den Vergleich mit § 222 StGB, sondern auf den Vergleich mit dem jeweiligen Grundtatbestand – also zB § 221 Abs. 1 StGB – abstelle. Das kann man so sehen. Indessen gibt es für diese Sichtweise keinen zwingenden Anhaltspunkt im Gesetz. Springender Punkt ist das Merkmal „besondere Folge der Tat". Gewiss lässt sich die „Besonderheit" als Hinzutreten des Erfolges (Tod) zu dem grunddeliktischen Sachverhalt (in hilfloser Lage im Stich gelassen und dadurch einer konkreten Todesgefahr ausgesetzt) deuten. Man kann aber das „Besondere" des Taterfolges auch darin sehen, dass er einem im Gesetz besonders definierten Erfolgsrisiko entspringt. Der von § 222 StGB erfasste Todeserfolg resultiert aus einem allgemeinen fahrlässig geschaffenen Todesrisiko. In § 221 Abs. 3 ist Quelle des Todeserfolges die besondere lebensgefährliche Situation eines versuchten Versetzens in eine hilflose Lage. Der Tatbestand des § 221 Abs. 3 StGB einschließlich des unmittelbaren Ansetzens zur Verwirklichung dieses Tatbestandes, sind also Fallbeschreibungen, die wesentlich enger sind als die des § 222 StGB. Im Vergleich mit § 222 StGB ist also das Todesrisiko des (versuchten) erfolgsqualifizierten Delikts ein besonderes Todesrisiko. Folglich ist auch der daraus resultierende Todeserfolg im Vergleich mit dem einem allgemeinen Todesrisiko iSd § 222 StGB entspringende Todeserfolg ein „besonderer" Erfolg.

---

[52] *Ebert,* Strafrecht Allgemeiner Teil, 3. Aufl. 2001, 128.

Das Argument der „schwereren Strafe", die in § 18 StGB erwähnt wird und die es im Verhältnis zwischen erfolgsqualifiziertem Versuch und grundtatbestandlichem Versuch nicht gebe, weil letzterer überhaupt nicht mit Strafe bedroht ist, ist ebenfalls nicht stichhaltig. Mit „Gesetz" sind Vorschriften wie § 227 StGB, § 239 Abs. 4 StGB oder § 97 Abs. 1 AufenthG gemeint. Diese Normen werden von dem Komparativ „schwerere" § 18 StGB in Beziehung gesetzt zu den grundtatbestandlichen Vorschriften § 223 StGB, § 239 Abs. 1 StGB und § 96 Abs. 1 AufenthG. Die Strafdrohung in §§ 227, 239 Abs. 4 StGB und § 97 Abs. 1 AufenthG ist schärfer als die Strafdrohung der korrespondierenden Grundtatbestands-Vorschrift. Auf das Verhältnis von § 221 Abs. 3 StGB zu § 221 Abs. 1 StGB oder § 238 Abs. 3 StGB zu § 238 Abs. 1 StGB trifft das auch zu. Jeweils ist Grund der Straferhöhung der Tod als „besondere Folge der Tat". Die Straftaten, die in den genannten Vorschriften beschrieben werden, sind vollendete Straftaten. „Tat" iSd § 18 StGB ist somit allein eine vollendete Tat.[53] Auf die jeweiligen Versuche bezieht sich § 18 StGB nicht. Die Vorschrift stellt nicht die Voraussetzung auf, dass die schwere Folge die Strafbarkeit eines folgenlosen Versuchs verschärft. Daher steht § 18 StGB nicht in Widerspruch zur Strafbarkeit eines erfolgsqualifizierten Versuchs, dem ein als solcher nicht strafbarer grundtatbestandlicher Versuch korrespondiert.

3. *Gefahrverwirklichungszusammenhang*

Die Ansicht, dass der Versuch der Teilnahme an einem nicht erlaubten Kraftfahrzeugrennen, der einen Todeserfolg verursacht, nach geltendem Recht gem. § 315 d Abs. 5 StGB, § 22 StGB mit Strafe bedroht ist, ist also vertretbar. Damit ist indessen noch keine abschließende Feststellung zu der Möglichkeit einer solchen Straftat getroffen. Diese ist fraglich, da hinsichtlich des qualifizierenden „Erfolgs-Teils" der Straftat nicht die reduzierten Strafbarkeitsvoraussetzungen des Versuchs ausreichen, sondern die Strafbarkeitsvoraussetzungen einer vollendeten Tat erfüllt sein müssen.[54] Der Todeserfolg muss tatsächlich eingetreten sein und er muss zu dem grundtatbestandsmäßigen Versuch in der spezifischen Zurechnungsbeziehung stehen, die die erfolgsqualifizierten Delikte von den einfachen Erfolgsdelikten abhebt.[55] Notwendig ist also, dass bereits das unmittelbare Ansetzen zur Teilnahme an einem nicht erlaubten Kraftfahrzeugrennen eine Todesverursachungsgefahr schaffen kann, als deren adäquate Realisierung sich der eingetretene Todeserfolg darstellt. Es kommt somit darauf an, ob die Tat trotz ihrer objektiven Fragmentarität schon so viel Todeserfolgspotential aufweisen kann, dass bereits vor ihrer Vollendung und deshalb sogar im Fall ihrer Nichtvollendung die Basis eines objektiv zurechenbaren Todeserfolgs gelegt ist.

Die Antwort auf diese alle Versuche mit schwerer Folge betreffende Frage hängt davon ab, ob die Gefahr des qualifizierenden Erfolgs ihre Quelle in der grundtat-

---

[53] *Baumann/Weber/Mitsch/Eisele,* Strafrecht Allgemeiner Teil, 12. Aufl. 2016, § 22 Rn. 14; *Hardtung* in MüKoStGB, Bd. 1, 3. Aufl. 2017, § 18 Rn. 80; *Stein* in SK-StGB, 9. Aufl. 2017, § 18 Rn. 56.

[54] *Stein* in SK-StGB, 9. Aufl. 2017, § 18 Rn. 54.

[55] BGHSt 31, 96 (98) = NJW 1982, 2831; BGHSt 48, 34 (37) = NJW 2003, 150.

bestandsmäßigen Handlung oder in dem grundtatbestandsmäßigen Erfolg hat.[56] Zwar ist die Teilnahme an einem unerlaubten Kraftfahrzeugrennen kein Erfolgsdelikt, sondern ein abstraktes Gefährdungsdelikt.[57] § 315d Abs. 5 StGB knüpft aber nicht unmittelbar an § 315d Abs. 1 Nr. 2 StGB, sondern an § 315d Abs. 2 StGB an. Dieser Tatbestand hat die Struktur eines konkreten Gefährdungsdelikts.[58] Vollendungsvoraussetzung ist ein konkreter Gefährdungserfolg. Daher ist zu klären, ob das Risikopotential dieses Gefährdungserfolges oder das Risikopotential der dem Gefährdungserfolg vorausgehenden Handlung in dem Gefahrverwirklichungszusammenhang mit der Todesfolge steht. Kommt es zu einer konkreten Lebensgefährdung, die der gefährdeten Person den Tod bringt, kann die Frage dahingestellt bleiben. Strafbarkeit aus § 315d Abs. 5 StGB ist nach beiden Alternativen begründet. Problematisch sind Fälle mit der eigenartigen Struktur, wie sie zB den „Hochsitz-Fall" (BGHSt 31, 96) auszeichnete: die (Körperverletzungs-)Handlung ist lebensgefährlich, der dadurch verursachte Primärerfolg (Gesundheitsbeschädigung iSd § 223 StGB) hat indessen kein tödliches Potential, am Ende ist das Opfer gleichwohl verstorben.[59]

Solche Konstellationen sind auch bei § 315d Abs. 5 StGB vorstellbar: lebensgefährliches Rasen, leichte oder gar keine Gefährdung von Leib oder Leben, am Ende gleichwohl Tod eines Menschen. Verursacht zB ein Rennteilnehmer durch seine Fahrweise die Beschädigung eines Krankentransportfahrzeugs, mit dem wenige Sekunden danach ein lebensgefährlich Erkrankter in die Klinik gebracht werden sollte, so ist Strafbarkeit aus § 315d Abs. 5 StGB nicht begründet, wenn der Patient verstirbt, weil er wegen der Beschädigung des Fahrzeugs nicht oder nicht rechtzeitig in das Krankenhaus eingeliefert wurde. Es liegt auf der Hand, dass es einen Zusammenhang zwischen der Gefährdung einer „fremden Sache von bedeutendem Wert" (§ 315d Abs. 2 StGB) und dem Tod eines anderen Menschen, der die Strafbarkeit aus § 315d Abs. 5 StGB zu begründen vermag, nicht gibt. Dem Todeserfolg des § 315d Abs. 5 StGB muss immer eine konkrete Gefahr für Leib[60] oder Leben (§ 315d Abs. 2 StGB) vorausgegangen sein. Diese wäre in dem Beispiel gegeben, wenn der ins Krankenhaus zu transportierende Patient vor der Kollision mit dem Rettungswagen beinahe von dem Fahrzeug des Rennteilnehmers erfasst worden wäre. Todesursächlich ist aber dann nicht diese Lebensgefährdung, sondern die Beschädigung des Krankenfahrzeugs. Der Tatbestand des § 315d Abs. 5 StGB ist deshalb unter diesen Umständen nur erfüllt, wenn es nicht erforderlich ist, dass sich

[56] *Fischer,* 65. Aufl. 2018, StGB § 18 Rn. 7; *Hoffmann-Holland,* Strafrecht Allgemeiner Teil, 3. Aufl. 2015, Rn. 852; *Joecks/Jäger,* StGB, 12. Aufl. 2018, StGB § 18 Rn. 6; *Hillenkamp* in LK-StGB, Bd. 1, 12. Aufl. 2007, Vor § 22 Rn. 110; *Murmann,* Grundkurs Strafrecht, 4. Aufl. 2017, § 28 Rn. 100; *Stein* in SK-StGB, 9. Aufl. 2017, § 18 Rn. 55; *Wessels/Beulke/Satzger,* Strafrecht Allgemeiner Teil, 47. Aufl. 2017, Rn. 867a.

[57] *Kusche* NZV 2017, 414; *Oehmichen* in Knierim/Oehmichen/Beck/Geisler, Gesamtes Strafrecht aktuell, 2018, Rn. 9; *Preuß* NZV 2017, 105 (109).

[58] *Oehmichen* in Knierim/Oehmichen/Beck/Geisler, Gesamtes Strafrecht aktuell, 2018, Rn. 20.

[59] *Maiwald* JuS 1984, 439: „... recht gefährliche Handlung ... verhältnismäßig geringe Verletzung ... schließlich zum Tode des Verletzten geführt".

[60] Ob die Gefahr einer – nicht lebensgefährlichen – Gesundheitsschädigung reicht, kann mit guten Gründen bezweifelt werden, soll hier aber nicht weiter hinterfragt werden.

im Todeserfolg das Tötungspotential des Gefährdungserfolgs verwirklicht hat, sondern wenn es ausreicht, dass sich im Todeserfolg das Tötungspotential einer lebensgefährlichen Handlung verwirklicht hat.

Hätte der Gesetzgeber den materiellen Strafschärfungsgrund der Erfolgsqualifikation des § 315d Abs. 5 StGB in der extremen Lebensgefährlichkeit des Rennens als solchem gesehen, wäre die gesetzgebungstechnische Konsequenz die unmittelbare Verbindung des erfolgsqualifizierten Tatbestandes § 315d Abs. 5 StGB mit dem Grundtatbestand § 315d Abs. 1 Nr. 2, Nr. 3 StGB gewesen. Auf einen lebensgefährlichen „Zwischenerfolg" wäre es dann nicht angekommen.[61] Das Gesetz anerkennt als Basis des § 315d Abs. 5 StGB aber nur „Fälle des Absatzes 2", also Taten mit konkretem Gefährdungserfolg. Rennteilnahme, die zum Tod eines Menschen führt, ohne dass dem eine vom Vorsatz des Täters umfasste Lebensgefährdung vorausgegangen ist, erfüllt den Tatbestand des § 315d Abs. 5 StGB nicht, obwohl die tatbestandsmäßige Handlung „Teilnahme an dem Rennen" gefährlich ist und Tötungspotential hat. Daraus kann nur der Schluss gezogen werden, dass der Tatbestand des § 315d Abs. 5 StGB einen Gefahrverwirklichungszusammenhang zwischen der konkreten Lebensgefährdung und dem Todeserfolg voraussetzt. Wie das Beispiel des beschädigten Krankentransportfahrzeugs zeigt, gibt es Fälle, in denen nicht einmal die Vollendung des § 315d Abs. 2 StGB ausreichende Grundlage für eine Strafbarkeit aus § 315d Abs. 5 StGB ist.

Das bloße unmittelbare Ansetzen zur Verwirklichung der Tatbestandsmerkmale, deren Erfüllung eine vollendete Tat nach § 315d Abs. 1 Nr. 2, Abs. 2 StGB ergibt, kann somit das erforderliche Gefahrpotential erst recht nicht haben. Das ist in den obigen Fällen des Durchbrechens der Hecke (Fall 4) und des versehentlichen Rückwärtsfahrens an der Ampel (Fall 5) offensichtlich. Zum Zeitpunkt der tödlichen Berührung des Opfers hatte das Kraftfahrzeug noch keine Renngeschwindigkeit. Der Vorsatz des Täters konnte somit auch nicht eine bereits jetzt entstandene konkrete Lebensgefährdung umfassen. Was das illegale Rennen zu einer lebensgefährlichen Veranstaltung macht und die Strafschärfung wegen Todesverursachung rechtfertigt, ist die hohe Geschwindigkeit, zu der sich der Rennteilnehmer durch die Psychodynamik des Wettbewerbs anstacheln lässt.[62] Diese Voraussetzung scheint in den Fällen 1 bis 3 erfüllt zu sein. Es handelt sich um untaugliche Versuche, bei denen der Täter sich von der irrigen Vorstellung, an einem noch laufenden nicht erlaubten Kraftfahrzeugrennen im Straßenverkehr beteiligt zu sein, zur Hochgeschwindigkeitsfahrt motivieren lässt. In den Fällen 1 und 2 vollzieht sich die Tat auch im öffentlichen Straßenverkehr und damit dem Raum, auf den § 315d StGB den strafrechtlichen Schutz beschränkt. Strafbarkeit aus §§ 315d Abs. 1 Nr. 2, Abs. 2, Abs. 5 StGB, § 22 StGB ist daher begründet. In Fall 3 ist das nicht der Fall. Dem Rasen auf nichtöffentlichen Flächen fehlt die typische Gemeingefährlichkeit gravierender Verkehrsregelverstöße auf öffentlichen Wegen und Plätzen, die allen Verkehrsdelikten der §§ 315ff StGB immanent ist und durch das Tatbestandsmerkmal „im Stra-

[61] Das ist der Kern der Begründung in der „Hochsitzfall-Entscheidung" BGHSt 31, 96 (99) = NJW 1982, 2831; ebenso BGHSt 48, 34 (38) = NJW 2003, 150.
[62] *Mitsch* JuS 2013, 20 (23).

ßenverkehr" auch die Strafwürdigkeit der Rennteilnahme definiert. Begehung der Tat „im Straßenverkehr" ist daher auch Element des in § 315d Abs. 5 StGB erforderlichen Gefahrverwirklichungszusammenhanges. Die irrtümliche Vorstellung einer öffentlichen Straße kann das Fehlen dieser Gefahrkomponente nicht kompensieren.

V. Schluss

Die Schwierigkeiten einer schuldangemessenen Sanktionierung tödlicher Straßenrennen bei schwer begründbarem Tötungsvorsatz, wie sie durch den Berliner „Kudamm-Raser-Fall" manifestiert worden sind[63], hat § 315d Abs. 5 StGB teilweise[64] behoben. Dass das neue Gesetz zugleich einem nach dem 6. Strafrechtsreformgesetz verblassten dogmatischen Problem eine neue Spielwiese eröffnet hat, freut den Wissenschaftler und braucht den Praktiker nicht zu beunruhigen. Denn die praktische Bedeutung des hier behandelten Themas ist gering. Auch im Licht der Anerkennung der Erfolgsqualifizierung eines straflosen Grunddeliktsversuchs als Straftat wird eine Strafbarkeit meistens am Fehlen des Gefahrverwirklichungszusammenhangs scheitern. Im Übrigen wird der Aspekt des Versuchs bei untauglichen Rennteilnahmeversuchen eines „Einzelrasers" in vielen Fällen nicht durchschlagen, da die Tat auf der Grundlage des § 315d Abs. 1 Nr. 3, Abs. 2 StGB als tatbestandsmäßiges „Einzelrasen" vollendet ist.

---

[63] Instruktiv *Grünewald* JZ 2017, 1069 ff.

[64] Nicht nachvollziehbar erscheint die Einheitlichkeit des recht milden Strafrahmens, der den Erfolg „Tod" dem Erfolg „schwere Gesundheitsschädigung" gleichstellt.

IMME ROXIN

Organisationsherrschaft, „uneigentliches" Organisationsdelikt und die Verfahrensökonomie bei Straftaten in Wirtschaftsunternehmen

I. Einleitung

Die Organisationsherrschaft und das „uneigentliche" Organisationsdelikt bei Straftaten in Wirtschaftsunternehmen sind eine Erfindung des Bundesgerichtshofs.[1] Anlässlich der Übernahme der von Claus Roxin 1963 für Systemverbrechen entwickelten Lehre von der mittelbaren Täterschaft kraft organisatorischer Machtapparate[2] im sog. Mauerschützenfall hat der BGH diese Rechtsfigur auch auf den Betrieb wirtschaftlicher Unternehmen übertragen.[3] Die strafrechtliche Verantwortung des Unternehmensleiters sollte so sichergestellt werden. Seither haben sich Organisationsherrschaft und uneigentliches Organisationsdelikt[4] insbesondere bei der Aburteilung von Seriendelikten in Wirtschaftsunternehmen, meist Betrügereien, zur ständigen Rechtsprechung entwickelt.[5]

In seinem Beck'schen Kurzkommentar hält der bewunderte Richter und Kommentator *Thomas Fischer,* dem dieser Beitrag gewidmet ist, polemisch und präzise fest:

> *„Eine Erfassung als „uneigentliches Organisationsdelikt" ist oft ungenau, selten erforderlich und geeignet, eine neue Anwendungsgruppe der (als abgeschafft bezeichneten) sog. fortgesetzten Tat wieder zum Leben zu erwecken.*[6]*"*

Ungenau, nicht erforderlich, ungeeignet – stimmt das? Diese Frage möchte ich allgemein stellen und nicht nur bezogen auf die fortgesetzte Handlung, nachdem neuerdings auch aus der Justizpraxis Zweifel an der Notwendigkeit des Organisationsdelikts geäußert worden sind.[7]

---

[1] Vgl. *Rissing-van Saan* FS Tiedemann, 2008, 391 (403).

[2] C. *Roxin* GA 1963, 193ff.

[3] BGH Urt. v. 26.7.1994 – 5 StR 98/94, BGHSt 40, 218 (237) = NJW 1994, 2703.

[4] Soweit ersichtlich wird das Organisationsdelikt erstmals in der Entscheidung des 3. Strafsenats vom 17.6.2004 – BGH NJW 2004, 2840 – mit dem Zusatz „uneigentlich" versehen. Zu Recht meint *Rissing-van Saan,* es bleibe unklar, was unter einem solchen zu verstehen sein soll – *Rissing-van Saan* FS Tiedemann, 2008, 391 (394). *Reichenbach* ist der Auffassung, es handele sich um eine Abgrenzung zu den Organisationsdelikten des StGB – Jura 2016, 139ff.

[5] Fischer, 64. Aufl. 2017, StGB § 25 Rn. 13.

[6] Fischer, 64. Aufl. 2017, StGB § 263 Rn. 204.

[7] Reichenbach Jura 2016, 139ff.; Wenske NStZ 2013, 351; *Wenzke* in MüKoStPO, 1. Aufl. 2016 § 200 Rn. 38; § 267 Rn. 280.

II. Die Rechtsprechung

1. Der Ausgangsfall: BGHSt 40, 218ff.

In dem oben zitierten Mauerschützenfall sieht der BGH einen Hintermann trotz eines uneingeschränkt verantwortlichen Tatmittlers unter folgenden Voraussetzungen als strafbaren mittelbaren Täter an:

- Der Hintermann nutzt durch Organisationsstrukturen bestimmte Rahmenbedingungen aus, innerhalb derer sein Tatbeitrag regelhafte Abläufe auslöst.
- Er handelt in Kenntnis dieser Umstände.
- Er nutzt die unbedingte Bereitschaft des unmittelbar Handelnden aus, den Tatbestand zu erfüllen.
- Wenn er weiß, dass die vom Tatmittler noch zu treffende, aber durch die Rahmenbedingungen vorgegebene Entscheidung gegen das Recht kein Hindernis bei der Verwirklichung des von ihm gewollten Erfolgs darstellt, hat er auch den umfassenden Willen zur Tatherrschaft.[8]
- Der räumliche, zeitliche und hierarchische Abstand zwischen der Organisationsspitze und den unmittelbar Handelnden spricht gegen arbeitsteilige Mittäterschaft.[9]

Damit führen, so der BGH, die vom Hintermann geschaffenen Organisationsstrukturen „nahezu automatisch" zu der von ihm erstrebten Tatbestandsverwirklichung.[10] Auf die Gut- oder Bösgläubigkeit der Tatmittler komme es nicht an.[11]

2. Entscheidungen im Überblick

Die auf diesem Urteil aufbauenden Entscheidungen zu Wirtschaftsstraftaten lassen sich nur schwer einheitlich zusammenfassen. Das liegt daran, dass Organisationsherrschaft und uneigentliches Organisationsdelikt von der Rechtsprechung zur Lösung ganz verschiedener Rechtsprobleme herangezogen werden. Zum einen als Organisationsherrschaft bei der Begründung der strafrechtlichen Verantwortung der Unternehmensleitung. Zum anderen als – uneigentliches – Organisationsdelikt bei der konkurrenzrechtlichen Behandlung von Serienstraftaten. Und schließlich zur Frage der Darstellung dieser Taten in der Anklageschrift und im Urteil.

Für die erste Fallgruppe hatte der BGH im Mauerschützenfall eine Übertragbarkeit der bei Systemverbrechen angewendeten Organisationsherrschaft auf im Unternehmen begangene Straftaten für möglich gehalten. Dies betraf aber allein die Frage, ob mittelbare Täterschaft auch dann in Betracht kommen könnte, wenn der Tatmittler voll verantwortlich handelte. In der zweiten Gruppe soll das uneigentliche Organisationsdelikt die vom großen Senat des BGH abgeschaffte fortgesetzte

[8] BGHSt 40, 218 (237) = NJW 1994, 2703.
[9] BGHSt 40, 218 (237) = NJW 1994, 2703.
[10] BGHSt 40, 218 (236) = NJW 1994, 2703.
[11] BGHSt 40, 218 (237) = NJW 1994, 2703.

Tat ersetzen.[12] Auch in der dritten Anwendungsgruppe soll die Heranziehung der Verfahrensökonomie dienen.

Inwieweit das Organisationsdelikt tatsächlich zur Lösung der vorliegenden Rechtsfälle notwendig ist und zu Verfahrenserleichterungen führt, kann nur beurteilt werden, wenn man sich Beispiele aus der Rechtsprechung vergegenwärtigt.

In den zahlreichen Entscheidungen zu in Unternehmen begangenen Straftaten wird die Verantwortlichkeit der Unternehmensspitze teils mit mittelbarer Täterschaft begründet, teils mit Mittäterschaft, teils mit einer Kombination aus beiden Beteiligungsformen. In fast allen Fällen hat der BGH die Konkurrenzen anders bestimmt als das Tatgericht. Das Tatgericht hatte in aller Regel die Fälle einer Tatserie als in Realkonkurrenz stehend angesehen. Der BGH hat den Schuldspruch geändert in Tateinheit wegen des Vorliegens eines uneigentlichen Organisationsdeliktes. Die Strafe wurde als Einzelstrafe in der Höhe der ursprünglichen Gesamtfreiheitsstrafe aufrechterhalten, weil der Unrechts- und Schuldgehalt der Taten derselbe sei.[13]

a) Mittelbare Täterschaft

Bei der Verurteilung wegen *mittelbarer Täterschaft* ist in einigen Entscheidungen eine Gutgläubigkeit der Tatmittler vom Landgericht festgestellt worden, in anderen Entscheidungen ist die Gut- oder Bösgläubigkeit offen gelassen worden.

aa) Mittelbare Täterschaft bei gutgläubigen Tatmittlern

Einen Fall der mittelbaren Täterschaft mit gutgläubigen Tatmittlern enthält folgende BGH-Entscheidung:

Der Angeklagte hatte durch von ihm angestellte und angewiesene gutgläubige Tatmittler in 14 Fällen betrügerische Autogeschäfte durchführen lassen. Das LG hatte den Angeklagten wegen Betruges in Realkonkurrenz verurteilt. Der BGH hat die Verurteilung in Tateinheit abgeändert, weil die Feststellungen keinen eigenständigen, nur jeweils einen der Einzelfälle fördernden Tatbeitrag des Angeklagten belegten. Vielmehr erschöpften sich die Tatbeiträge des Angeklagten im Aufbau und in der Aufrechterhaltung eines auf Straftaten ausgerichteten Geschäftsbetriebs. Sie seien deshalb als – uneigentliches – Organisationsdelikt zu einer einheitlichen Tat im Sinne § 52 Abs. 1 StGB zusammenzufassen.[14]

bb) Keine Feststellungen des Gerichts zur Gut- oder Bösgläubigkeit der Tatmittler

Die 2. Variante, fehlende Feststellungen hinsichtlich der Gut- bzw. Bösgläubigkeit der Tatmittler, mag ein Beschluss des 2. Strafsenats illustrieren:

Der Angeklagte und ein früherer Mitangeklagter betrieben Geschäfte, bei denen Kunden gegen Vorschusszahlungen die Vermittlung staatlicher Förderleistungen versprochen wurde, die nicht vorgesehen war. Der Angeklagte und Mitangeklagte organisierten die Täuschung von Kunden unter Einrichtung eines Bürobetriebs,

---

[12] BGH Urt. vom 17.6.2004 – 3 StR 344/03, NJW 2004, 2840 (2841).

[13] BGH wistra 1998, 224 (225); BGH NJW 2004, 2840; 2004, 2842; BGH wistra 2008, 181 (182); BGH wistra 2008, 261 (262); BGH wistra 2016, 309.

[14] BGH Beschl. v. 1.4.2008 – 5 StR 90/08, wistra 2008, 261.

durch Anwerben und Instruieren von Vermittlern, die Provisionen erhielten, und schließlich dadurch, dass sie Präsentationen und andere Maßnahmen zur Kundenwerbung durchführten.

In einem Fall täuschte der Angeklagte selber einen Kunden, in zwei anderen Fällen der Mitangeklagte, was ihm vom Landgericht als selbständige Fälle des Betruges als Mittäter zugerechnet wurde.

Im Übrigen wurden durch Vermittler oder Untervermittler 159 Kunden des Unternehmens getäuscht, was bei dem Angeklagten zu einer Tat zusammengefasst wurde.[15]

Der BGH hat den Schuldspruch geändert. Auch die beiden Täuschungen durch den Mitangeklagten seien für den Angeklagten unselbständige Teile des uneigentlichen Organisationsdelikts. Wenn ein uneigentliches Organisationsdelikt angenommen werde, gelte das für alle Taten, an denen der Angeklagte nicht selbst eigenhändig gegenüber den Kunden Betrügereien begangen habe.

b) *Mittäterschaft*

Als Beispiel für *Mittäterschaft* soll folgende BGH-Entscheidung dienen:

In einem Beschluss des 5. Senats vom 9.1.2008[16] hatten drei Angeklagte eine zum Nachteil der Bundesagentur für Arbeit ausschließlich betrügerisch agierende Vermittlungsfirma gegründet. Dem gemeinsamen Tatentschluss entsprechend reichte eine Angeklagte die Gutscheine für die Vermittlung von Arbeitslosen bei der Zweigstelle der geschädigten Bundesagentur für Arbeit ein und stellte die Arbeitnehmer ein. Die zweite Angeklagte überwachte die Arbeitnehmer. Der dritte Angeklagte regelte die Finanzangelegenheiten der Firma. Nach den Feststellungen des Landgerichts lagen 98 Fälle des Betruges in Realkonkurrenz vor, die Angeklagten handelten als Mittäter. Der BGH hat lediglich den Schuldspruch im Hinblick auf den dritten Angeklagten in Tateinheit gem. § 52 Abs. 1 StGB geändert mit der Begründung, er habe nur im Vorfeld und während des Gangs der Deliktsserie Tatbeiträge erbracht, durch die er alle Einzeldelikte seiner Bandenmitglieder gleichzeitig förderte. Seine Tatbeiträge erschöpften sich damit im Aufbau und in der Aufrechterhaltung eines auf Straftaten ausgerichteten Geschäftsbetriebs und seien als – uneigentliches – Organisationsdelikt zu einer einheitlichen Tat zusammenzufassen (§ 52 StGB).

c) *Verbindung von Mittäterschaft und mittelbarer Täterschaft*

Eine *Verbindung von Mittäterschaft und mittelbarer Täterschaft* liegt im Fall „Bremer Vulkan" vor.[17]

In der Bremer Vulkan-Entscheidung ging es um eine mögliche Untreue der Vorstände der beherrschenden Konzern-AG zum Nachteil von abhängigen Gesellschaften mit beschränkter Haftung. Die Vorstände hatten trotz einer Existenz-

---

[15] BGH Beschl. v. 23.5.2013 – 2 StR 555/12, wistra 2013, 389.
[16] BGH Beschl. v. 9.1.2008 – 5 StR 572/07, wistra 2008, 181.
[17] BGH Urt. v. 13.5.2004 – 5 StR 73/03, BGHSt 49, 147ff. = NStZ 2004, 559.

gefährdung der abhängigen Gesellschaften weiterhin Gelder auf die Konzern AG transferieren lassen.

Die Vorstände werden als Mittäter angesehen, weil sie aufgrund ihrer Leitungsmacht im Konzern sowohl die Festanlagen größerer Geldbeträge als auch das Cash-Management-System installiert hatten.[18] Für nicht notwendig erklärt der BGH, dass sie von den einzelnen Geldübertragungen Kenntnis hatten. Es liege eine mittelbare Täterschaft kraft Organisationsherrschaft nahe.[19]

d) Resümee

Zusammenfassend ist festzuhalten:

Die Voraussetzungen, die der 5. Strafsenat im Mauerschützenfall für eine mittelbare Täterschaft kraft Organisationsherrschaft aufgestellt hatte, werden in den Entscheidungen zur Strafbarkeit der Unternehmensleitung, wenn überhaupt, nur noch rudimentär thematisiert. Dies entspricht dem von *Nack* gezogenen Resümee,[20] die Gerichte haben „das so definierte Institut der mittelbaren Täterschaft schlicht angewendet und nicht hinterfragt, was sicher daran lag, dass es den Problemen der Praxis am besten Rechnung trägt.“ Der Jubilar drückt es ähnlich aus, wenn er sagt, *„dogmatische Strukturen werden von der Rechtspraxis genutzt, nicht vor allem, weil sie wissenschaftlich überzeugend sind, sondern wenn und soweit sie dem konkreten Bedürfnis entgegenkommen“*.[21]

Das Hauptaugenmerk wird in den Entscheidungen auf die Konkurrenzen gelegt. Insoweit hat der BGH das (uneigentliche) Organisationsdelikt kreiert, das mit der ursprünglich vom BGH auch auf Wirtschaftsunternehmen für übertragbar gehaltenen mittelbaren Täterschaft kraft Organisationsherrschaft nur noch einen Teil des Namens gemein hat. Die Rechtfertigung dieser Rechtsfigur wird aus sich selbst abgeleitet.[22] Bei einer Serienstraftat werden Tatbeiträge anderer Mittäter rechtlich zu einer Tat im Sinne eines uneigentlichen Organisationsdelikts zusammengefasst, wenn sich die Tatbeiträge des Hintermannes im Aufbau und der Aufrechterhaltung eines strafbaren Geschäftsbetriebs erschöpften und er an Taten seiner Komplizen nicht mitgewirkt hat.[23]

---

[18] BGHSt 49, 147, 164 = NJW 2004, 2248.
[19] BGHSt 49, 147, 163 = NJW 2004, 2248.
[20] Nack GA 2006, 342 (344).
[21] *Fischer* FS Rissing-van Saan, 2011, 174 (175).
[22] *Rissing-van Saan* FS Tiedemann, 2008, 391 (404); vgl. auch Reichenbach Jura 2016, 139ff., der, letztlich ohne Erfolg, den ausführlichen Versuch einer dogmatischen Rechtfertigung unternimmt.
[23] BGH Beschl. v. 3.3.2016 – 4 StR 134/15, wistra 2016, 309; vgl. auch BGH NJW 2004, 2840 (2841).

III. Rechtliche Überlegungen zu der geschilderten Rechtsprechung

1. Mittelbare Täterschaft

a) Vorsatzlose Tatmittler

Die mittelbare Täterschaft durch einen vorsatzlos (gutgläubig) handelnden Tatmittler ist unumstritten.[24] Im oben geschilderten betrügerischen Autofall war der Angeklagte mittelbarer Täter im Sinne § 25 Abs. 1 S. 2 StGB, weil er durch seine gutgläubigen Angestellten die Kunden täuschen ließ. Für die Bestrafung des „Chefs"[25] wegen Betruges war die Heranziehung des uneigentlichen Organisationsdelikts also überflüssig.

Ebenso ist es in der Rechtsprechung seit langem anerkannt, dass für die Beurteilung der Konkurrenzen an die Handlungen des Hintermannes anzuknüpfen ist und daran, ob den Tätigkeiten der gutgläubigen Tatmittler ein oder mehrere Aufforderungen durch den Hintermann zugrunde lagen.[26] Das leuchtet für den Fall des gutgläubigen Werkzeugs ein, da allein der Hintermann strafbar ist.[27]

Für die mittelbare Täterschaft mit einem gutgläubigen Werkzeug bedarf es also unter keinem Gesichtspunkt des Rückgriffs auf die Organisationsherrschaft und das uneigentliche Organisationsdelikt.[28] Das gilt entsprechend für weitere BGH-Entscheidungen, bei denen die Unternehmensleitung mit gutgläubigen Werkzeugen agierte.[29]

b) Organisationsherrschaft

Ganz anders ist die Situation in der zweiten Fallgruppe, wo entweder keine Feststellungen zur Gut- oder Bösgläubigkeit der Tatmittler getroffen wurden[30] oder sich aus den Feststellungen die Bösgläubigkeit der Vermittler ergibt.[31] Da eine mittelbare Täterschaft durch vorsatzlose Werkzeuge wegen fehlender Feststellungen nicht in Betracht kam, konnte eine Strafbarkeit des Unternehmensleiters nur unter

---

[24] *Heine/Weißer* in Schönke/Schröder, 29. Aufl. 2014, StGB Vor §§ 25ff. Rn. 75, § 25 Rn. 7, 15; *Rotsch* in Momsen/Grützner, Handbuch für die Unternehmens- und Anwaltspraxis, 1. Kap. B, Rn. 54.

[25] S. hierzu Nack GA 2006, 342 (344).

[26] BGH NStZ 1994, 35; BGH wistra 1996, 230; BGH wistra 2010, 99; BGH wistra 2011, 66 Rn. 3

[27] *Fischer,* 64. Aufl. 2017, StGB § 263 Rn. 204, § 25 Rn. 16; *Rissing-van Saan* FS Tiedemann, 2008, 391 (398).

[28] *Knauer,* Jahrbuch für italienisches Recht, Bd. 29, 2017, 89 (100).

[29] BGHSt 48, 331 (342) = NJW 2004, 375; BGH wistra 2008, 261, 262; BGH Beschl. v. 19.5.2012 – 5 StR 499/11, wistra 2012, 349; BGH wistra 2016, 404; BGH Beschl. v. 24.11.2016 – 4 StR 87/16, NStZ 2017, 340 Rn. 11.

[30] BGH Urt. v. 11.12.1997 – 4 StR 323/97, NJW 1998, 767; BGH Urt. v. 13.5.2004 – 5 StR 73/03, NStZ 2004, 559; BGH Beschl. vom 21.5.2008 – 5 StR 124/08 = BeckRS 2008, 11724; BGH Beschl. v. 23.5.2013 – 2 StR 555/12, wistra 2013, 389.

[31] Telefonverkäufer agierten unter Falsch- bzw. Alias-Namen: BGH Urt. v. 17.6.2004 – 3 StR 344/03, NJW 2004, 2840; BGH Urt. v. 22.5.2014 – 4 StR 430/13, NJW 2014, 2132; BGH Urt. v. 19.4.2017 – 2 StR 290/16, NStZ-RR 2017, 248.

Heranziehung einer mittelbaren Täterschaft kraft Organisationsherrschaft begründet werden oder – bei festgestellter Bösgläubigkeit – wegen Mittäterschaft.

Die Übertragung der mittelbaren Täterschaft kraft organisatorischer Machtapparte auf die Unternehmensdelinquenz wird in der Literatur ganz überwiegend abgelehnt. Die Gründe sollen hier nur kurz zusammengefasst werden, weil es bereits umfangreiche Literaturbeiträge dazu gibt[32].

Das die Täterlehre beherrschende Verantwortungsprinzip kann nur ausnahmsweise dazu führen, dass es für eine Tat zwei voll verantwortliche Täter geben kann.[33] Aus diesem Grunde wird schon die mittelbare Täterschaft kraft organisatorischer Machtapparate bei Systemverbrechen in der Literatur teilweise abgelehnt.[34] Nach der herrschenden Ansicht in der Literatur sind für das Vorliegen einer mittelbaren Täterschaft kraft Organisationsherrschaft vier Kriterien notwendig: Anordnungsgewalt des Hintermannes, Fungibilität der tatsächlich handelnden Personen, Rechtsgelöstheit des Machtapparates und unbedingte Tatbereitschaft der unmittelbar handelnden Personen.[35] Lediglich der letzte Gesichtspunkt wird in dem Ausgangsfall vom BGH aufgeführt.[36]

Es fehlt in einem modernen Unternehmen bereits die unbegrenzte Anordnungsgewalt. Die Unternehmen sind heute nicht mehr straff hierarchisch linear organisiert.[37] Vielmehr sind sie geprägt durch eine horizontale Verantwortungsverlagerung und vertikale Verantwortungsdelegation.[38] Bei horizontaler Verantwortungsverlagerung auf mehrere Vorstände oder Geschäftsführer trifft die strafrechtliche Haftung grundsätzlich nur denjenigen, in dessen Bereich die strafrechtliche Handlung oder Unterlassung fällt.[39] Nur in Krisen- und Ausnahmesituationen, wo das Unternehmen als Ganzes betroffen ist, greift der Grundsatz der Gesamtverantwortung und Allzuständigkeit der gesamten Geschäftsleitung ein. Dies kann aber allenfalls eine Mittäterschaft begründen, die horizontal strukturiert ist.[40] Bei vertikaler Verantwortungsdelegation findet in aller Regel eine mehrstufige Aufgabendelegation statt, wobei auf den oberen Führungsebenen zur Aufgabenerledigung in eigener Verantwortung delegiert wird. Dies spricht entscheidend dagegen, dass von der Unternehmensspitze bis zum tatsächlich Handelnden „durchregiert" werden kann, so dass strafbare Anordnungen automatisch[41] zu den gewünschten Straftaten führen.

---

[32] *Joecks* in MüKoStGB, 2. Aufl. 2011, § 25 Rn. 150; *Reichenbach* Jura 2016, 139 (145); *Eidam* in Esser/Rübenstahl/Saliger/Tsambikakis, 1. Aufl. 2017, StGB § 25 Rn. 6 mwN; *Hoffmann-Holland/Singelnstein* in Graf/Jäger/Wittig, Wirtschafts- und Steuerstrafrecht, 2. Aufl., 2017, § 25 Rn. 66–68 mwN; *Berndt/Theile,* Unternehmensstrafrecht und Unternehmensverteidigung, 2016, Teil 2 Rn. 61 ff.; *Wittig,* Wirtschaftsstrafrecht, 4. Aufl. 2017, § 6 Rn. 105 ff.

[33] *Wittig,* Wirtschaftsstrafrecht, 4. Aufl. 2017, § 6 Rn. 105; *Knauer/Kämpfer* Münchener Anwaltshandbuch 2. Aufl. 2014, § 3 Rn. 116; *Reichenbach* Jura 2016, 139 (142).

[34] *Jacobs* ZIS 2009, 522 ff.; *Herzberg* ZIS 2009, 576 ff.

[35] *C. Roxin* ZIS 2009, 565 ff.

[36] BGHSt 40, 218 (236) = NJW 1994, 2703 – Mauerschützenfall.

[37] *Heine/Weißer* in Schönke/Schröder, 29. Aufl. 2014, StGB § 25 Rn. 30

[38] Vgl. *Rotsch* NStZ 1998, 491 (494); *Hefendehl* GA 2004, 575 (580).

[39] BGHSt 37, 106 (123) = NStZ 1990, 587.

[40] *C. Roxin,* 50 Jahre BGH, Festgabe aus der Wissenschaft, 2000, 178 (197); BGH NStZ 2008, 89 (90).

[41] Mauerschützenfall BGHSt 40, 218 (236) = NJW 1994, 2703.

Es liegt aber auch keine Fungibilität der unmittelbar handelnden Personen vor. Man kann schwerlich davon ausgehen, dass auch nur ein nennenswerter Teil der Angestellten bereit ist, auf Anordnungen der Unternehmensspitze Straftaten zugunsten des Unternehmers zu begehen.[42] In der Literatur wird dagegen eingewandt, dass die Sorge um den Arbeitsplatz die Angestellten auch zu nicht rechtstreuem Verhalten bewegen würde.[43] Gegen eine Kündigung haben die Angestellten aber ein sehr scharfes Schwert in der Hand, die Drohung mit einer Strafanzeige im Hinblick auf die angeordneten Straftaten.

Dieselben Argumente sprechen gegen die unbedingte Tatbereitschaft.

Das Kriterium der Rechtsgelöstheit wird zwar in dem Mauerschützenfall nicht ausdrücklich als Voraussetzung für die mittelbare Täterschaft kraft Organisationsherrschaft erwähnt. Aus den nachfolgenden Entscheidungen zu Unternehmensstraftaten ergibt sich aber, dass ein großer Teil der entschiedenen Fälle einen Geschäftsbetrieb hatte, der von vornherein auf Straftaten ausgerichtet war.[44] Auch dann kann sich freilich die Unternehmensspitze auf die automatische Umsetzung von strafbaren Anweisungen nur verlassen, wenn es sich um bösgläubige Tatmittler handelt, die mit der Unternehmensleitung, auch wenn es um Straftaten geht, kooperieren. Bei gutgläubigen Tatmittlern muss immer eine Aufdeckung der Straftaten befürchtet werden.

Fazit: Mittelbare Täterschaft kraft Organisationsherrschaft kommt allenfalls bei Unternehmen in Betracht, die einen von vornherein auf Straftaten ausgerichteten Geschäftsbetrieb mit bösgläubigen Tatmittlern unterhalten.[45]

2. *Mittäterschaft*

Zu Recht wird in der Literatur, aber auch in der Rechtsprechung, darauf hingewiesen, dass bei Unternehmensstraftaten zunächst Mittäterschaft zu prüfen ist, bevor man eine unter dogmatischen Gesichtspunkten nur in Ausnahmekonstellationen anwendbare mittelbare Täterschaft kraft Organisationsherrschaft annehmen kann.[46] In vielen Entscheidungen zu Straftaten in Wirtschaftsunternehmen wird bei Beteiligung mehrerer eine Mittäterschaft bejaht. In sehr vielen wird von den Tatgerichten dann bei einer Tatserie Realkonkurrenz zwischen den einzelnen Taten angenommen. Der BGH hat in der Regel die Annahme der Mittäterschaft nicht beanstandet, wohl aber die Realkonkurrenz. Wenn sich die Tatbeiträge der

---

[42] *C. Roxin,* Strafrecht Allgemeiner Teil Bd. II, 1. Aufl. 2003, § 25 Rn. 130; *Hefendehl* GA 2004, 575 (582); *Reichenbach* Jura 2016, 139 (145).

[43] *Joecks* in MüKoStGB, 2. Aufl. 2011, § 25 Rn. 150; aus neuester Zeit: *Knauer,* Jahrbuch für italienisches Recht, Bd. 29, 2017, Rn. 97.

[44] BGH NJW 2004, 2840; BGH wistra 2008, 181; BGH wistra 2008, 261; BGH Beschl. v. 21.5.2008 – 5 StR 124/08 = BeckRS 2008, 11724; BGH StV 2013, 386; BGH wistra 2013, 389; BGH wistra 2016, 404. Auf die Wichtigkeit des kriminellen Gesamtzusammenhangs verweist auch *Raum* in Wabnitz/Janovsky, Handbuch des Wirtschafts- und Steuerstrafrechts, 4. Aufl. 2014, Rn. 64.

[45] Soweit das aus den Feststellungen zu entnehmen ist: BGH NJW 2004, 2840; BGH NStZ-RR 2017, 248; BGH NJW 2014, 2132.

[46] BGHSt 40, 218 (237) = NJW 1994, 2703; BGH Beschl. v. 2.11.2007 – 2 StR 384/07, NStZ 2008, 89 Rn. 1; BGH Beschl. v. 29.7.2009 – 2 StR 160/09, NStZ 2010, 103 Rn. 7; *Reichenbach* Jura 2016, 139 (145, 148).

Mittäter auf den Aufbau und die Aufrechterhaltung eines auf Straftaten ausgerichteten „Geschäftsbetriebs" beschränkten und sie selbst nicht an einzelnen Taten mitgewirkt hätten, seien ihre Tathandlungen als – uneigentliches – Organisationsdelikt zu einer einheitlichen Tat im Sinne § 52 Abs. 1 StGB zusammenzufassen.[47]

Diese Schöpfung des BGH ist mit der dogmatischen Struktur der Mittäterschaft nicht vereinbar. Mittäterschaft liegt vor bei arbeitsteiligem Zusammenwirken mehrerer zur Ausführung eines gemeinsamen Tatentschlusses.[48] Das bedeutet, dass jedem Mittäter auch die Tatanteile der Komplizen als eigene zugerechnet werden.[49] Im Ergebnis wird jeder Mittäter so behandelt, als hätte er selbst alle Tatbestandsmerkmale eigenhändig erfüllt.[50] In dem oben zur Mittäterschaft vorgetragenen Beispielsfall (→ II 2. b)[51] muss also der Finanzchef so behandelt werden, als hätte er die Gutscheine für die Vermittlung von Arbeitslosen bei der Bundesagentur für Arbeit eingereicht bzw. die geschädigten Arbeitnehmer eingestellt und überwacht. Da insoweit nach den Feststellungen des Tatgerichts 98 einzelne betrügerische Handlungen begangen wurden, sind ihm diese wie eigene zuzurechnen. Warum bei ihm dann konkurrenzrechtlich nur **eine** Tat nach § 52 StGB im Sinne eines – uneigentlichen – Organisationsdelikts vorliegen soll, ist unerklärlich, wird auch nicht begründet und ist unter dogmatischen Gesichtspunkten unzutreffend.[52]

Hinzukommt, dass die Rechtsprechung hinsichtlich der Voraussetzungen für die konkurrenzrechtliche Zusammenfassung zu einer Tat auch in sich unklar ist.[53] Der Täter darf nur durch den Aufbau und die Aufrechterhaltung des Geschäftsbetriebs Tatbeiträge zu den einzelnen Taten anderer Beteiligter geleistet und sich an ihnen nicht eigenhändig beteiligt haben.[54] Es bleibt in den Entscheidungen offen, worin im Einzelnen die Tatbeiträge bestanden haben und warum sie nicht als individueller Tatbeitrag zu den Einzeldelikten angesehen werden können.

Fazit: Für die Begründung der strafrechtlichen Verantwortung der Unternehmensleitung ist bei Mittäterschaft die Rechtsfigur der Organisationsherrschaft überflüssig,[55] weil schon über das arbeitsteilige Zusammenwirken die Zurechnung aller Taten zu allen Beteiligten erfolgt.

Die Zusammenfassung der Tatbeiträge zu einer rechtlichen Handlungseinheit iS eines uneigentlichen Organisationsdelikts lässt sich unter dogmatischen Gesichtspunkten mit der Mittäterschaft nicht vereinbaren.

---

[47] ZB BGH wistra 2016, 309 mwN.

[48] *Roxin,* Täterschaft und Tatherrschaft, 9. Aufl. 2015, 753 Rn. 392

[49] BGH Beschl. v. 24.1.2012 – 1 StR 412/11 Rn. 19 = NJW 2012, 867; BGH Urt. v. 13.2.2001, wistra 2001, 217 (218).

[50] *Heine/Weißer* in Schönke/Schröder, 29. Aufl. 2014, StGB § 25 Rn. 61.

[51] BGH wistra 2008, 181.

[52] vgl. *Rissing van-Saan* FS Tiedemann, 2008, 391 (399 ff.), die die Annahme von Tatmehrheit als naheliegend bezeichnet; *Tiedemann* in LK-StGB, 12. Aufl. 2012, § 263 Rn. 311, wendet sich ebenfalls gegen die Annahme eines (uneigentlichen) Organisationsdelikts und hält fest: „Den Besonderheiten von Serienbetrügereien muss daher einerseits im Wege der Gesamtstrafenbildung nach § 54 und andererseits über die Rechtsfigur der natürlichen Handlungseinheit Rechnung getragen werden." Ähnlich *Fischer,* 64. Aufl. 2017, StGB § 263 Rn. 204.

[53] s. auch *Reichenbach* Jura 2016, 139 (148).

[54] BGH StV 2013, 386 (387) mwN.

[55] ebenso *Reichenbach* Jura 2016, 139 (148).

Es ergibt sich denn auch aus einem Urteil des 3. Strafsenates, wozu die Zusammenfassung zu einem uneigentlichen Organisationsdelikt tatsächlich dienen soll, zur Verfahrensvereinfachung.[56]

Im folgenden Abschnitt soll untersucht werden, ob das Organisationsdelikt unter dem Blickwinkel der Verfahrensökonomie notwendig ist und tatsächlich zu ihr beiträgt.

IV. Die Prozessökonomie

Die Annahme einer mittelbaren Täterschaft kraft Organisationsherrschaft und eines uneigentlichen Organisationsdelikts führen nach Auffassung der Rechtsprechung unter mehreren Gesichtspunkten zu Verfahrenserleichterungen:

- Es sei vielfach nicht möglich oder nur mit erheblichem Ermittlungsaufwand, die Beiträge einzelner Tatbeteiligter und die Verknüpfung der den einzelnen Straftaten zugrundeliegenden betrieblichen Vorgänge exakt nachzuvollziehen.[57] Deshalb sei es eine Verfahrensvereinfachung, wenn die Tatbeiträge eines Beteiligten, die sich im Aufbau und in der Aufrechterhaltung eines strafbaren Geschäftsbetriebs erschöpften, rechtlich zu einer einheitlichen Tat (§ 52 Abs. 1 StGB) im Sinne eines uneigentlichen Organisationsdelikts zusammengefasst würden.[58] (1)
- Im Falle einer mittelbaren Täterschaft braucht die Gut- oder Bösgläubigkeit der Tatmittler nicht festgestellt zu werden. (2)
- Zur Erfüllung der Umgrenzungsfunktion der Anklageschrift bei einem uneigentlichen Organisationsdelikt ist es nicht erforderlich, dass alle Einzeltaten, die einem in leitender Funktion des Unternehmens tätigen Beteiligten zugerechnet werden, in ihrem Lebenssachverhalt geschildert werden. Es genügt die Schilderung des als eine Handlung im Rechtssinne bewerteten Tatbeitrages der Führungsperson.[59] (3)

Was die Unmöglichkeit der Aufklärung der Einzeltaten oder den erheblichen Ermittlungsaufwand angeht (1), so ergibt sich aus den tatgerichtlichen Entscheidungen etwas anderes. Da sie überwiegend Realkonkurrenz zwischen den Einzeltaten angenommen hatten, mussten sie die einzelnen Taten aufklären und schildern. Dies war ersichtlich möglich. Die Zahl der Einzeldelikte lag – soweit nachvollzogen – zwischen 18[60] und 104[61] Fällen. In einer Entscheidung ist von 198.070 festgestellten Fällen die Rede.[62]

Im Übrigen gibt es die geschilderten Verfahrenserleichterungen letztlich nicht, wenn man das gesamte Verfahren bis zu den Urteilsfeststellungen betrachtet.

---

[56] BGH NJW 2004, 2840 (2842).
[57] BGH NJW 2004, 2840 (2841); s. auch *Rissing-van Saan* FS Tiedemann, 2008, 391 (394).
[58] BGH NJW 2004, 2840 (2842).
[59] Urt. v. 18.9.2013 – 2 StR 365/12, BGHSt 59, 11, Rn. 5 = BeckRS 2013, 21302; BGH Urt. v. 29.6.2016 – 2 StR 520/15, wistra 2016, 492 Rn. 35.
[60] BGH wistra 1996, 230.
[61] BGH wistra 2017, 231.
[62] BGH NJW 2014, 2132 (2133).

Der 2. Strafsenat hat bereits im Jahr 2009 unter Mitwirkung des Jubilars festgehalten, dass § 263 kein Organisationsdelikt sei, sondern die betrügerische Schädigung individuellen Vermögens betreffe. Deshalb müssten die mehrgliedrigen tatbestandlichen Voraussetzungen des § 263 StGB hinsichtlich jedes schädigenden Einzelakts konkret festgestellt werden[63]. Insoweit besteht in der Rechtsprechung des BGH Einigkeit.[64] So heißt es zB in einem Beschluss des 2. Senats aus jüngster Zeit[65]:

Rn. 21: „Für die Tatfeststellung und Darstellung im Urteil gelten bei einer aus vielen Einzelakten bestehenden Tat im Sinne eines uneigentlichen Organisationsdelikts … keine anderen Anforderungen als bei einer Mehrzahl gleichartiger rechtlich selbständiger Taten.“

Wenske konstatiert bei dieser Sachlage völlig zu Recht, dass durch die Erleichterungen beim Anklagesatz nur sehr begrenzte Verfahrenserleichterungen erzielt werden, weil im Urteil die Einzelakte doch konkret festgestellt werden müssten.[66] Er weist im Gegenteil auf die Nachteile einer solchen Vorgehensweise hin – unvorhergesehener Aufklärungsaufwand in der Hauptverhandlung sowie Aussetzungs- und Unterbrechungsnotwendigkeiten mit dadurch hervorgerufenen Verfahrensverzögerungen.[67]

Hinzu kommen weitere Gesichtspunkte, die letztlich auch die Erleichterung in der Anklageschrift zunichtemachen (3). Zwar ist es für die Wirksamkeit der Anklageschrift nicht notwendig, dass die Einzelakte einer Tatserie dargestellt werden. Erforderlich ist dies aber nach der Rechtsprechung, um der Informationsfunktion der Anklageschrift zu genügen.[68] Zudem wird nach der Rechtsprechung ein uneigentliches Organisationsdelikt mit der Folge von rechtlich einer einheitlichen Tat nur dann angenommen, wenn der Täter an Einzeltaten nicht eigenhändig mitgewirkt hat, sondern sich seine Tätigkeit auf den Aufbau und die Aufrechterhaltung eines strafbaren Geschäftsbetriebs beschränkte. Eine Anklage wegen eines uneigentlichen Organisationsdelikts ist also nur dann möglich, wenn die Staatsanwaltschaft zuvor eine eigenhändige Beteiligung an den Einzeltaten ausgeschlossen hat. Das erfordert Feststellungen zu den Einzeltaten.

Schließlich kann auch nicht offen bleiben, ob bei mittelbarer Täterschaft die Tatmittler bös- oder gutgläubig waren (2). Nach der Rechtsprechung des BGH muss bei Beteiligung mehrerer zunächst geprüft werden, ob nicht Mittäterschaft in Be-

---

[63] BGH Beschl. v. 29.7.2009 – 2 StR 160/09, NStZ 2010, 103 Rn 5. Daher sei, so *Hefendehl*, die Rechtsfigur des uneigentlichen Organisationsdelikts erheblichen Bedenken ausgesetzt – *Hefendehl* in MüKoStGB, 2. Aufl. 2014, § 263 Rn. 870.

[64] Vgl. BGH Beschl. v. 18.10.2007 – 4 StR 481/07, NStZ 2008, 352; BGH Beschl. v. 31.1.2012 – 3 StR 285/11, StV 2012, 653f.; BGH Beschl. v. 14.11.2012 – 3 StR 403/12, wistra 2013, 386 Rn. 6; BGH Beschl. v. 24.11.2016 – 4 StR 87/16, NStZ 2017, 340 Rn. 20, 21 mwN.

[65] BGH Beschl. v. 16.5.2017 – 2 StR 169/15, ZinsO 2017, 1364.

[66] *Wenske* in MüKoStPO, 1. Aufl. 2016, § 200 Rn. 36; § 267 Rn. 280; *Wenske* (Anm. zu BGH NStZ 2012, 279) NStZ 2013, 351f. Auf den fehlenden Rationalisierungseffekt weist auch *Reichenbach* hin: *Reichenbach* Jura 2016, 139 (147).

[67] *Wenske* NStZ 2013, 351 (352).

[68] BGH Urt. v. 2.3.2011 – 2 StR 524/10, NStZ 2011, 418 Rn. 12ff.

tracht kommt.[69] Mittäterschaft kann vorliegen bei bösgläubigen Beteiligten. In diesem Fall stellt sich die Frage, ob ausnahmsweise (→ III. 1. b) eine mittelbare Täterschaft kraft Organisationsherrschaft anzunehmen ist oder nicht vielmehr Mittäterschaft. Dies erfordert aber Feststellungen zum gemeinsamen Tatentschluss, der nur bei Bösgläubigkeit der Beteiligten gegeben sein kann. Folglich muss die Bös- oder Gutgläubigkeit aufgeklärt werden.[70] Auch die Verfahrenserleichterung, die in dem Offenlassen von Bös- und Gutgläubigkeit liegen soll, ist also nicht gegeben.

Im *Ergebnis* ist festzuhalten, dass die mittelbare Täterschaft kraft Organisationsherrschaft und das uneigentliche Organisationsdelikt zu keinen Verfahrenserleichterungen führen.

V. Schlussbetrachtung

1. Der Ausnahmecharakter der Organisationsherrschaft

Die strafrechtliche Verantwortung der Unternehmensleitung kann nur ausnahmsweise mit der Organisationsherrschaft begründet werden, nämlich dann, wenn es sich um ein Unternehmen handelt, das einen auf Straftaten ausgerichteten Geschäftsbetrieb mit bösgläubigen Mitarbeitern unterhält.

2. Keine Verfahrenserleichterung durch das uneigentliche Organisationsdelikt

Die Rechtsfigur der Organisationsherrschaft und des – uneigentlichen – Organisationsdelikts tragen nicht zur Verfahrenserleichterung bei.

- Die Gut- oder Bösgläubigkeit der Beteiligten muss wegen der Abgrenzung zur Mittäterschaft festgestellt werden.
- Zwar gebietet die Umgrenzungsfunktion nicht die Darstellung von Einzelakten einer Serienstraftat in der Anklageschrift, wohl aber die Informationsfunktion.
- Bei Beteiligung mehrerer an Serienstraftaten ist das Gericht auch dann nicht von der Aufklärung und Feststellung der Einzeltaten entbunden, wenn sie für den Hintermann, dessen Tatbeiträge sich im Aufbau und der Aufrechterhaltung eines auf Straftaten ausgerichteten Geschäftsbetriebs erschöpfen, als – uneigentliches – Organisationsdelikt zu einer einheitlichen Tat iSd § 52 Abs. 1 StGB zusammengefasst werden.

---

[69] BGHSt 40, 218 (237) = NJW 1994, 2703; BGH NStZ 2008, 89; BGH NStZ 2010, 103 Rn. 7.

[70] BGH NStZ 2010, 103 (104).

GERSON TRÜG

Das „Eigentliche" am uneigentlichen Organisationsdelikt im Unternehmenskontext

I. Einleitung

Die Bezeichnung „Organisationsdelikt" vereint als Oberbegriff verschiedene – voneinander unabhängige – Konstellationen. Der Begriff des Organisationsdelikts wird etwa im Zusammenhang mit bestimmten Tatbeständen des Besonderen Teils verwendet (§§ 84f., §§ 129ff. StGB)[1] und bezeichnet Delikte, die Tätigkeiten erfassen, welche auf die Vereinigung als Organisation bezogen sind und mit dieser in einem Zusammenhang stehen[2] bzw. bei denen der Gesetzgeber nicht an einzelne Handlungen, sondern an ein *„Ensemble von betrieblichen Abläufen"* anknüpft.[3] Neben diesen tatbestandlich als Organisationsdelikte ausgestalteten Strafvorschriften – die „eigentlichen" Organisationsdelikte[4] – bezeichnet etwa der *5. Strafsenat* aber auch Einzelaktsdelikte, insbesondere den Betrug gemäß § 263 Abs. 1 StGB, als Organisationsdelikt mit der Folge der Zusammenfassung mehrerer an sich selbständiger Einzeltaten zu einer Tat im Sinne von § 52 StGB.[5] Ferner wird der Begriff „Organisationsdelikt" teilweise auch für die Erscheinungsform der mittelbaren Täterschaft kraft Organisationsherrschaft verwendet.[6]

Im Kontext letztgenannter Konstellation taucht in der neueren Rechtsprechung schließlich, insbesondere im Zusammenhang mit aus wirtschaftlichen Unterneh-

[1] Vgl. RiStBV Nr. 207, in welchem die §§ 84, 85, 129, 129a, 129b StGB, § 20 Abs. 1 Nr. 1 bis 4 VereinsG, § 95 Abs. 1 Nr. 8 AufenthG, als Organisationsdelikte bezeichnet werden (Benachrichtigung des Bundeskriminalamts von der Einleitung eines Verfahrens wegen eines Organisationsdelikts); BGH Beschl. v. 30.6.1956 – 1 StE 8/56, BGHSt 9, 310 = NJW 1956, 1406; BGH Urt. v. 2.11.1956 – 1 StE 12/56, BGHSt 10, 46 = NJW 1957, 470; BGH Urt. v. 22.2.1995 – 3 StR 583/94, BGHSt 41, 47 = NStZ 1995, 340; BGH Beschl. v. 15.2.2007 – StB 19/06, NStZ 2007, 401; BVerfG Beschl. v. 30.10.1963 – 2 BvL 7/61, NJW 1964, 539; kritisch: *Willms* NJW 1957, 565; auf diese Organisationsdelikte soll hier nicht näher eingegangen werden.

[2] BVerfG Beschl. v. 30.10.1963 – 2 BvL 7/61, NJW 1964, 539; BGH Urt. v. 25.7.1984 – 3 StR 62/84, BGHSt 33, 16 = NJW 1984, 2956 (2957); *Schäfer* in MüKoStGB, 3. Aufl. 2017, § 129 Rn. 5 mwN.

[3] *Schünemann* in LK-StGB, 12. Aufl. 2007, § 25 Rn. 187 und Vor § 25 Rn. 16; *Schild* in NK-StGB, 5. Aufl. 2017, § 25 Rn. 19, 40.

[4] *Eschelbach* in SSW StGB, 3. Aufl. 2017, § 52 Rn. 47.

[5] BGH Beschl. v. 26.8.2003 – 5 StR 145/03, BGHSt 48, 331 = NJW 2004, 375 (378f.); BGH Urt. v. 4.12.2003 – 5 StR 308/03, NStZ-RR 2004, 110.

[6] BGH Beschl. v. 2.11.2007 – 2 StR 384/07, NStZ 2008, 89 (90): *„Die Rechtsprechung hat bestimmte Formen der mittelbaren Täterschaft unter dem Begriff des Organisationsdelikts erfasst."*; *Schild* in NK-StGB, 5. Aufl. 2017, § 25 Rn. 40; vgl. auch *Hoffmann-Holland/Singelnstein* in Graf/Jäger/Wittig, Wirtschafts- und Steuerstrafrecht, 2. Aufl. 2017, § 25 Rn. 81.

men heraus begangenen Betrugstaten, seit einer Entscheidung des *3. Strafsenats*[7] aus dem Jahre 2004, immer wieder die Bezeichnung des *„uneigentlichen Organisationsdelikts"* auf; eine Begrifflichkeit, die für sich gesehen keinen Aufschluss über ihren Anwendungsbereich gibt. Es lässt dabei der Zusatz „uneigentlich" darauf schließen, dass diese Rechtsfigur jedenfalls von dem „eigentlichen" Organisationsdelikt abzugrenzen ist. Unklar bleibt dennoch, mitunter selbst für den an sich kundigen Strafjuristen, auf welche Konstellationen diese Rechtsfigur Anwendung findet, was also ihr Regelungsgehalt ist.[8]

Der damit aufgeworfenen Frage also, was das „Eigentliche" am uneigentlichen Organisationsdelikt in der Judikatur des *Bundesgerichtshofs* ist, soll mit diesem Beitrag für die Festschrift für *Thomas Fischer* nachgegangen werden, der dogmatisch geschult stets einen klaren Blick für strafrechtliche Problemlagen und dafür zeigt, ob „Lösungen" deduktiv tragfähig entwickelt sind oder lediglich ein ergebnisorientiertes Desiderat der Rechtsanwender darstellen.

II. Mittelbare Täterschaft kraft Organisationsherrschaft (in wirtschaftlichen Unternehmen) – strafbegründendes Organisationsdelikt

Täter ist, wer die Tat selbst oder durch einen anderen begeht, § 25 Abs. 1 StGB. Mit Blick auf den Normalfall der mittelbaren Täterschaft im Sinne der zweiten Alternative des § 25 Abs. 1 StGB ist bekanntermaßen ein Hintermann dann nicht mittelbarer Täter, wenn der unmittelbar Handelnde volldeliktisch agiert und das Tatgeschehen selbst beherrscht (Verantwortungsprinzip[9]).[10] In einer auf *Roxin*[11] zurückgehenden[12] dogmatischen Weiterentwicklung wird aber auch derjenige als mittelbarer Täter betrachtet, der die auf Grund von Weisungsverhältnissen und Befehlshierarchien bestehende Bereitschaft eines volldeliktisch handelnden Vordermannes ausnutzt und den Taterfolg als Ergebnis eigenen Handelns will.[13] Diese Rechtsfigur der „mittelbaren Täterschaft kraft Organisationsherrschaft" ist im Ausgangspunkt weitgehend anerkannt[14] und wird auch durch die Rechtsprechung angewendet.

---

[7] BGH Urt. v. 17.6.2004 – 3 StR 344/03, BGHSt 49, 177 = NJW 2004, 2840 (2841).

[8] *Rissing-van Saan* FS Tiedemann, 2008, 393 (395): unklar, was darunter zu verstehen ist.

[9] *Schünemann* in LK-StGB, 12. Aufl. 2007, § 25 Rn. 62ff.; *Heine/Weißer* in Schönke/Schröder, 29. Aufl. 2014, StGB § 25 Rn. 6, 22; *Joecks* in MüKoStGB, 3. Aufl. 2017, § 25 Rn. 105ff.; *Kühl* in Lackner/Kühl, 28. Aufl. 2014, StGB § 25 Rn. 2.; *Kudlich* in v. Heintschel-Heinegg, 2. Aufl. 2015, StGB § 25 Rn. 31.

[10] BGH Urt. v. 26.7.1994 – 5 StR 98/94, BGHSt 40, 218 = NJW 1994, 2703 (2706); *Fischer,* 64. Aufl. 2017, StGB § 25 Rn. 5, 11.

[11] *Roxin* GA 1963, 193; *Roxin,* Strafrecht Allgemeiner Teil, Bd. II, 2003, § 25 Rn. 105ff.; *Roxin* in LK-StGB, 11. Aufl. 2003, § 25 Rn. 128ff.

[12] *Fischer,* 64. Aufl. 2017, StGB § 25 Rn. 11; *Joecks* in MüKoStGB, 3. Aufl. 2017, § 25 Rn. 136ff.; *Heine/Weißer* in Schönke/Schröder, 29. Aufl. 2014, StGB § 25 Rn. 27.

[13] BGH Urt. v. 26.7.1994 – 5 StR 98/94, BGHSt 40, 218 = NJW 1994, 2703 (2706); *Fischer,* 64. Aufl. 2017, StGB § 25 Rn. 11.

[14] *Fischer,* 64. Aufl. 2017, StGB § 25 Rn. 11; *Schünemann* in LK-StGB, 12. Aufl. 2007, § 25

Nach einem vom *BGH*[15] zunächst als *obiter dictum* geäußerten Hinweis soll insbesondere mittelbare Täterschaft kraft Organisationsherrschaft nicht mehr von Verantwortlichen in staatlichen oder mafiösen Organisationsstrukturen, sondern auch in *wirtschaftlichen Unternehmen* begründet werden können. Denn es gebe „Fallgruppen, bei denen trotz des uneingeschränkt verantwortlich handelnden Tatmittlers der Beitrag des Hintermannes nahezu automatisch zu der von diesem Hintermann erstrebten Tatbestandsverwirklichung führt. Solches kann vorliegen, wenn der Hintermann durch Organisationsstrukturen bestimmte Rahmenbedingungen ausnutzt, innerhalb derer sein Tatbeitrag regelhafte Abläufe auslöst. Derartige Rahmenbedingungen mit regelhaften Abläufen kommen insbesondere bei staatlichen, *unternehmerischen oder geschäftsähnlichen Organisationsstrukturen und bei Befehlshierarchien* in Betracht. Handelt in einem solchen Fall der Hintermann in Kenntnis dieser Umstände, nutzt er insbesondere auch die unbedingte Bereitschaft des unmittelbar Handelnden, den Tatbestand zu erfüllen, aus und will der Hintermann den Erfolg als Ergebnis seines eigenen Handelns, ist er Täter in der Form der mittelbaren Täterschaft. [...] Eine so verstandene mittelbare Täterschaft wird nicht nur beim Mißbrauch staatlicher Machtbefugnisse, sondern auch in Fällen mafiaähnlich organisierten Verbrechens in Betracht kommen, bei denen der räumliche, zeitliche und hierarchische Abstand zwischen der die Befehle verantwortenden Organisationsspitze und den unmittelbar Handelnden gegen arbeitsteilige Mittäterschaft spricht. *Auch das Problem der Verantwortlichkeit beim Betrieb wirtschaftlicher Unternehmen lässt sich so lösen.*" [Herv. nicht im Original].

Mittelbarer Täter kann auf diese Weise, wie der *BGH* in der Folge mehrfach entschieden hat, auch im Falle nicht durchgängig deliktisch strukturierter Wirtschaftsunternehmen im Bereich betrieblicher Weisungsverhältnisse derjenige sein, der „durch Organisationsstrukturen bestimmte Rahmenbedingungen ausnutzt, die regelhafte Abläufe auslösen, die ihrerseits zu der vom Hintermann erstrebten Tatbestandsverwirklichung führen".[16] Damit hat der *BGH* die auf *Roxin* zurückgehende (damit heute freilich kaum noch etwas gemein habende[17]) mittelbare Täterschaft kraft Organisationsherrschaft in, nach vielfach vertretener Meinung, problematischer[18] Weise ausgedehnt[19] bzw., neutral gewendet, weiter entwickelt. Diese Formen der mittelbaren Täterschaft kraft Organisationsherrschaft werden durch die Recht-

---

Rn. 122ff.; *Joecks* in MüKoStGB, 3. Aufl. 2017, § 25 Rn. 155; *Heine/Weißer* in Schönke/Schröder, 29. Aufl. 2014, StGB § 25 Rn. 28 mwN; *Kühl* in Lackner/Kühl, 28. Aufl. 2014, StGB § 25 Rn. 2.

[15] BGH Urt. v. 26.7.1994 – 5 StR 98/94, BGHSt 40, 218 = NJW 1994, 2703 (2706).

[16] BGH Urt. v. 11.12.1997 – 4 StR 323/97, NJW 1998, 767 (769); BGH Beschl. v. 29.7.2009 – 2 StR 160/09, NStZ 2010, 103; BGH Beschl. v. 26.8.2003 – 5 StR 145/03, BGHSt 48, 331 = NJW 2004, 375 (378); vgl. auch *Fischer,* 64. Aufl. 2017, StGB § 25 Rn. 13 mwN; *Schünemann* in LK-StGB, 12. Aufl. 2007, § 25 Rn. 125.

[17] Vollständige Loslösung: *Rotsch* NStZ 2005, 13 (18).

[18] Kritik an der Ausdehnung auf Wirtschaftsunternehmen: *Roxin,* Strafrecht, Allgemeiner Teil, Bd. II, 2003, § 25 Rn. 129ff.; *Joecks* in MüKoStGB, 3. Aufl. 2017, § 25 Rn. 145, 150ff.; *Schünemann* in LK-StGB, 12. Aufl. 2007, § 25 Rn. 125, 130f.; *Heine/Weißer* in Schönke/Schröder, 29. Aufl. 2014, StGB, § 25 Rn. 30 mwN; *Schild* in NK-StGB, 5. Aufl. 2017, § 25 Rn. 42ff.; weitere Nachweise bei *Fischer,* 64. Aufl. 2017, StGB § 25 Rn. 14; *Rissing-van Saan* FS Tiedemann, 2008, 393 (396): „problematisch".

[19] *„Überdehnung":* *Roxin,* StR AT II (o. Fn. 11), StGB § 25 Rn. 131.

sprechung, wie schon eingangs erwähnt, teilweise ebenfalls als „Organisationsdelikte“ bezeichnet.[20]

1. *Judikatur des BGH zur mittelbaren Täterschaft kraft Organisationsherrschaft in wirtschaftlichen Unternehmen*

Nicht näher konkretisiert hat der *BGH* in seinem oben angesprochenen *obiter dictum,* unter welchen Voraussetzungen mittelbare Täterschaft kraft Organisationsherrschaft in Unternehmen im Einzelnen angenommen werden kann. So stellt sich insbesondere die Frage, welche Position innerhalb des Unternehmens ein Hintermann einnehmen muss, um mittelbarer Täter sein zu können und wie seine Stellung ausgestaltet sein muss, um „Organisationsherrschaft“ zu begründen. Zur näheren Konturierung dieser Voraussetzung ist die auf das *obiter dictum* folgende Kasuistik des *BGH* in den Blick zu nehmen.

Den ersten Anwendungsfall nach Ausdehnung der mittelbaren Täterschaft kraft Organisationsherrschaft auf wirtschaftliche Unternehmen[21] hatte der *4. Strafsenat*[22] des *BGH* zu entscheiden. Dieser bejahte die mittelbare Täterschaft des faktischen Geschäftsführers einer GmbH, welcher Zahlungsunfähigkeit drohte, da der Geschäftsführer in Kenntnis der drohenden Zahlungsunfähigkeit den Entschluss fasste, den Geschäftsbetrieb fortzuführen (und damit weitere Verbindlichkeiten einzugehen) und er als *„Quasi-Geschäftsführer“* die *„Entscheidungsgewalt“* im Unternehmen übernahm. Damit habe dieser den für die (mittelbare) Täterschaft kraft Organisationsherrschaft *„notwendigen überragenden Einfluß“* ausgeübt.

Der *1. Strafsenat*[23] nahm mittelbare Täterschaft des angeklagten Geschäftsführers einer GmbH an, der die für die GmbH tätigen Mitarbeiter im Hinblick auf betrügerische Kapitalanlagen in entsprechenden Schulungen unterwies. Gleichermaßen bejahte der *5. Strafsenat*[24] mittelbare Täterschaft kraft Organisationsherrschaft, weil sich die *„Leitungsmacht“* des Angeklagten durch die von ihm durchgeführten Schulungen vermittelte und er daher eine *„beherrschende Position“* inne hatte und damit das deliktische Geschehen *„maßgeblich beeinflussen“* konnte.

In einem weiteren Fall begründet der *1. Strafsenat*[25] die mittelbare Täterschaft des Inhabers einer Tierarztpraxis mit durchschnittlich 12 Angestellten wegen der Abgabe verschreibungspflichtiger tierärztlicher Arzneimittel mittels seiner Praxisorganisation, da der Verkauf durch ihn „institutionalisiert und in den fortlaufenden Betriebsablauf der Praxis integriert“ war.

---

[20] BGH Beschl. v. 2.11.2007 – 2 StR 384/07, NStZ 2008, 89 (90); Beschl. v. 26.8.2003 – 5 StR 145/03, BGHSt 48, 331 = NJW 2004, 375 (378); mit diesem Verständnis trotz Bezeichnung als „uneigentliches Organisationsdelikt“ offenbar auch: BGH Urt. v. 24.1.2012 – 1 StR 412/11, BGHSt 57, 88 = NJW 2012, 867 (869); *Schild* in NK-StGB, 5. Aufl. 2017, § 25 Rn. 40.

[21] Die bereits zuvor ergangene Entscheidung BGH Urt. v. 13.9.1994 – 1 StR 357/94, BGHSt 40, 257 = NJW 1995, 204 bezog sich auf die Organisation in einem (nicht wirtschaftlich Zwecke verfolgenden) Krankenhaus.

[22] BGH Urt. 11.12.1997 – 4 StR 323/97, NJW 1998, 767.

[23] BGH Beschl. v. 1.9.1998 – 1 StR 410/98, wistra 1999, 23.

[24] BGH Beschl. v. 26.8.2003 – 5 StR 145/03, BGHSt 48, 331 = NJW 2004, 375 (378).

[25] BGH Urt. v. 3.7.2003 – 1 StR 453/02, NStZ 2004, 457 (458).

Wiederum auf die *„Leitungsmacht"* nunmehr aber *„im Konzern"* stellte der *5. Strafsenat*[26] im Verfahren „Bremer Vulkan" ab und wies darauf hin, dass eine Verantwortlichkeit der Angeklagten als Mitglieder des Vorstands und ihrer damit einhergehenden *„Leitungsmacht im Konzern"* im Sinne einer mittelbaren Täterschaft kraft Organisationsherrschaft in Betracht komme.

Weil der Angeklagte die GmbH *„beherrschte"* und die von ihm angestellten gutgläubigen Tatmittler zu betrügerischen Vermittlungsgeschäften anwies, damit verantwortlich war für den Aufbau und die Aufrechterhaltung eines auf Straftaten ausgerichteten Geschäftsbetriebes, nahm der *5. Strafsenat*[27] in einer weiteren Konstellation mittelbare Täterschaft an.

2. Folgefrage: Stellung des mittelbaren Täters im Unternehmen

Der *BGH* hat sich auch in den tragenden Feststellungen der hierzu ergangenen Entscheidungen nicht abstrakt-generell damit auseinandergesetzt, welche Stellung und welches Maß an Einfluss(-möglichkeit) innerhalb eines wirtschaftlichen Unternehmens für die Begründung von Organisationsherrschaft erforderlich sind.[28] Diese Frage stellt sich aber insbesondere in wirtschaftlichen Unternehmen mit mehreren Hierarchieebenen, beispielsweise für Abteilungsleiter unterhalb der Führungsebene, die zwar (beschränkte) Weisungsbefugnis haben, jedoch ihrerseits weisungsgebunden in die Organisationsstruktur eingebunden sind.

In der Ausgangsentscheidung[29] zur Anwendung der mittelbaren Täterschaft kraft Organisationsherrschaft durch *Unterlassen* hat der *BGH* hinsichtlich politischer Machtapparate die Organisationsherrschaft von Mitgliedern des Politbüros des Zentralkomitees der SED angenommen und auf diese Weise die Verantwortlichkeit im Sinne mittelbarer Täterschaft hoher Funktionsträger für die Tötung von DDR-Grenzflüchtlingen begründet. Dabei wies er jedoch gerade darauf hin, dass die Zurechnung „seine Gründe in der besonderen Rangstellung des Politbüros und seiner Mitglieder" habe. In Abgrenzung dazu erscheine es „gänzlich fern liegend, dass der Senat eine entsprechende Handlungspflicht hoher Funktionsträger der DDR, die unterhalb dieser Machtebene standen, bejahen würde".[30] Folgerichtig wertete der *BGH* bereits in einer früheren Entscheidung die Vergatterung von Grenzsoldaten

---

[26] BGH Urt. v. 13.5.2004 – 5 StR 73/03, BGHSt 49, 147 = NJW 2004, 2248 (2254).

[27] BGH Beschl. v. 1.4.2008 – 5 StR 90/08, wistra 2008, 261.

[28] *Radtke* plädiert für „eine normative Festlegung [...], ab welcher Hierarchieebene die dort [in den Machtapparaten] agierenden Personen als mittelbare Täter in Betracht kommen.", *Radtke* GA 2006, 350 (356).

[29] Es ergingen – wie schon im Text gezeigt – bereits zuvor Entscheidungen des *BGH* zur mittelbaren Täterschaft kraft Organisationsherrschaft (durch aktives Tun), vgl. BGH Urt. v. 26.7.1994 – 5 StR 98/94, BGHSt 40, 218 = NStZ 1994, 537; BGH Urt. v. 8.11.1999 – 5 StR 632/90, BGHSt 45, 270 = NJW 2000, 443. In dem Urt. v. 6.11.2002 – 5 StR 281/01, BGHSt 48, 77 = NJW 2003, 522 (528) hat der 5. Strafsenat aber „erstmalig eine Verantwortlichkeit hoher Funktionsträger der DDR für Tötungen an der innerdeutschen Grenze unter dem Gesichtspunkt des Unterlassens" gefunden; ablehnend: *Knauer* NJW 2003, 3101 (3102); *Heine/Weißer* in Schönke/Schröder, 29. Aufl. 2014, § 25 Rn. 60; *Kühl* in Lackner/Kühl, 28. Aufl. 2014, § 25 Rn. 6a mwN.

[30] BGH Urt. v. 6.11.2002 – 5 StR 281/01, BGHSt 48, 77 = NJW 2003, 522 (528); des Weiteren: Mittelbare Täterschaft durch Mitglieder des Nationalen Verteidigungsrates durch Mitwir-

durch einen angeklagten Kommandeur wegen dessen eigener Befehlseinbindung mit strikten inhaltlichen Vorgaben und weil der Tatentschluss der unmittelbaren Täter wegen der zuvor erfolgten generellen Befehlserteilung bereits festgelegt war, nicht als mittelbare Täterschaft, sondern als Beihilfe zum Totschlag.[31]

In diesem Sinne beabsichtigte der *BGH*[32] mit seinem *obiter dictum* zur Anwendung der in Rede stehenden Rechtsfigur auch auf Wirtschaftsunternehmen, gerade die Führungsperson(en) eines wirtschaftlichen Unternehmens im Sinne mittelbarer Täterschaft (statt im Wege der Anstiftung oder Beihilfe) zur Verantwortung ziehen zu können. Der (spätere) Vorsitzende Richter des *1. Strafsenats Nack,* welcher *„an der Entscheidung mitgewirkt"* hatte, in welcher *„ganz bewusst"*[33] die unternehmerischen und geschäftsähnlichen Organisationsstrukturen in die Definition der mittelbaren Täterschaft aufgenommen wurden, erinnert sich in einer Publikation *„noch gut an sein Gespräch mit seinem Senatskollegen Gerhard Schäfer während einer Beratungspause"*, in welchem man übereinkam, dass die praktisch bedeutsamste Fallgruppe mit einbezogen werden musste: „die vom *Chef* eines Unternehmens veranlasste Straftat, insbesondere der Betrug, bei der die Mitarbeiter des Unternehmens ‚weisungsgemäß' handeln."[34] [Herv. nicht im Original]

Diesem Ansatz folgend handelte es sich in den oben genannten Entscheidungen bei den als mittelbare Täter Verurteilten stets um Organe einer juristischen Person, etwa um (ggf. faktische) Geschäftsführer einer GmbH bzw. Mitglieder des Vorstands einer AG, also um Personen mit einer beherrschenden Machtposition („Leitungsmacht") innerhalb des Unternehmens (oder wie im Falle des Inhabers einer Tierarztpraxis mit durchschnittlich 12 Angestellten um einen für die (Praxis-) Organisation Verantwortlichen). Gerade diese Machtposition verschaffte den Betroffenen die mittelbare Täterschaft begründenden Einflussmöglichkeiten. Die Annahme von mittelbarer Täterschaft kraft Organisationsherrschaft im Unternehmen setzt demnach eine vorherrschende Stellung mit erheblichen („überragenden") Einflussmöglichkeiten im Unternehmen voraus, welche gerade Organe einer juristischen Person oder Leitungspersonen einer Personenhandelsgesellschaft innehaben. Eigentlicher Grund für die Anwendung dieser Rechtsfigur ist damit das „Abstellen auf die Geschäftsführung als Organ der GmbH, die als der eigentliche Verpflichtete und Täter angenommen wurde"[35], ferner auf den Vorstand als Organ der Aktiengesellschaft oder auf die Leitungspersonen einer Personenhandelsgesellschaft. Ein unterhalb der Führungsebene stehender Mitarbeiter, der selbst in die Organisationsstrukturen und Hierarchien des Unternehmens eingegliedert ist, die Entscheidun-

---

kung an den Beschlüssen des Politbüros, BGH Urt. v. 8.11.1999 – 5 StR 632/98, BGHSt 45, 270 = NJW 2000, 443.

[31] BGH Beschl. v. 7.8.2001 – 5 StR 259/01, BGHSt 47, 100 = NJW 2001, 3060; vgl. aber BGH Urt. v. 4.3.1996 – 5 StR 494/95, BGHSt 42, 65 = StV 1996, 479: Mittelbare Täterschaft auch des Kommandeurs als Zwischenglied einer Befehlshierarchie bei der Umsetzung der Befehle der militärischen Führung „naheliegend"; hierzu *Schild* in NK-StGB, 5. Aufl. 2017, § 25 Rn. 41: „Beliebigkeit dieser Wertung".

[32] BGH Urt. v. 26.7.1994 – 5 StR 98/94, BGHSt 40, 218 = NJW 1994, 2703 (2706).

[33] *Nack* GA 2006, 342 (344).

[34] *Nack* GA 2006, 342 (343).

[35] *Schild* in NK-StGB, 5. Aufl. 2017, § 25 Rn. 42.

gen der Führungsspitze lediglich weisungsgemäß umsetzt, beherrscht die Strukturen regelmäßig nicht, sondern wird zumeist selbst von diesen beherrscht, auch wenn er seinerseits über eine gewisse Weisungsbefugnis verfügt.[36] Er hat selbst regelmäßig keine Organisationsherrschaft, sodass er schon begrifflich nicht Täter kraft Organisationsherrschaft sein kann.

Eine solche Sichtweise schließt freilich nicht stets aus, dass auch ein unterhalb der Führungsspitze stehender leitender Mitarbeiter mit eigener Weisungsbefugnis mittelbarer Täter kraft Organisationsherrschaft sein kann.[37] Nutzt ein solcher etwa selbst seine Weisungsbefugnis und die daraus resultierenden regelhaften Abläufe aus und ist er es, der den Anstoß zu den regelhaften Taten untergebener Mitarbeiter gibt, die insoweit aus seiner Perspektive fungibel sind, dann hält er das tatbestandsmäßige Geschehen in den Händen, ist also mittelbarer Täter. Diese Voraussetzungen gilt es aber konkret und unter Berücksichtigung aller Umstände des Einzelfalles festzustellen. Liegen diese Umstände nicht vor, kann alleine die Kenntnis von Straftaten aus der Mitte des Unternehmens heraus, das schlichte Mitwirken an solchen Taten bzw. die bloße Einbindung in ein Unternehmen, auch wenn diese mit Weisungsbefugnis versehen ist, nicht für die Annahme von Organisationsherrschaft ausreichen. Es kommt dann nur strafbare Teilnahme (ggf. durch Unterlassen) in Betracht.

III. Ausgangspunkt: Konkurrenzrechtliche Bewertung der mittelbaren Täterschaft kraft Organisationsherrschaft – konkurrenzrechtliches Organisationsdelikt

In den Fällen mittelbarer Täterschaft kraft Organisationsherrschaft (namentlich im Unternehmenskontext) erschöpft sich die Tathandlung des mittelbaren Täters regelmäßig in der Entwicklung eines einheitlichen „Systems" oder der Erteilung einer einheitlichen Anordnung, aufgrund derer der Tatmittler mehrere selbständige gleichartige Taten begeht, die je für sich einen Straftatbestand erfüllen. Auch wenn der Aufbau einer solchen Organisation auf mehreren (natürlichen) Handlungen beruhen kann (zB Durchführung mehrerer Schulungen,[38] Anweisungen; Fassen eines Entschlusses und Umsetzung durch mehrere Maßnahmen), liegt hierin bei natürlicher Betrachtungsweise ein einheitlicher „Organisationsakt",[39] sodass – bezogen

[36] Vgl. aber *Roxin* in: LK, 11. Aufl. 2003, (o. Fn. 11) § 25 Rn. 128 für organisatorische (rechtsgelöste) Machtapparate: „Täter hinter diesen Tätern sind aber auch diejenigen, die mit eigener Befehlsgewalt die Anordnung dazu gegeben haben, so daß sich bis zum obersten Befehlshaber eine ganze Kette mittelbarer Täter bilden kann. Dabei ist es unerheblich, ob ein solcher Schreibtischtäter aus eigener Initiative oder im Auftrage höherer Stellen handelt."; sowie Rn. 133: Mittelbarer Täter ist jeder (Hintermann), „der im Rahmen der Hierarchie die Verbrechensanweisung mit selbständiger Befehlsgewalt weitergibt."

[37] Vgl. *Hoffmann-Holland/Singelnstein* in Graf/Jäger/Wittig, Wirtschafts- und Steuerstrafrecht, 2. Aufl. 2017, § 25 Rn. 73.

[38] BGH Beschl. v. 1.9.1998 – 1 StR 410/98, wistra 1999, 23.

[39] „Organisatorische Verzahnung": BGH Beschl. v. 21.12.1995 – 5 StR 392/95, NStZ 1996, 296.

auf den mittelbaren Täter – konkurrenzrechtlich von nur einem Tatbeitrag auszugehen ist.[40] Aufgrund dieses einheitlichen Tatbeitrags werden in den Fällen mittelbarer Täterschaft kraft Organisationsherrschaft mehrere Einzel(straf)taten des Vordermanns für den Hintermann zur Tateinheit im Sinne des § 52 StGB verbunden, sofern er nicht (auch) an den Einzeltaten im Sinne eines individuellen Tatbeitrags mitgewirkt hat.[41]

So können dem *4. Strafsenat*[42] zufolge die von den Vorderleuten bewirkten zahlreichen Warenbestellungen den Angeklagten „nur als eine Tat der Beteiligung an in gleichartiger Tateinheit verwirklichtem Betrug zugerechnet werden", weil sich ihre Tatbeiträge in ihrem einmal gefassten Entschluss und dessen Verwirklichung, den Geschäftsbetrieb im bisherigen Umfang fortzuführen, erschöpfen.

Gleichermaßen werden nach dem *1. Strafsenat*[43] mehrere selbständige Taten des Vordermannes in der Person des (mittelbaren) Täters zur Tateinheit verbunden, wenn „ein (mittelbarer) Täter durch lediglich eine Einflussnahme – z. B. die Organisation des Geschäftsbetriebes oder eine Anweisung" diese Taten bewirkt hat, „da sie letztlich allein auf dessen einmaliger Einwirkung auf die übrigen Beteiligten beruhen".

Die Zusammenführung dieser Organisationshandlungen des mittelbaren Täters zu einer Tat wird zunächst vom *5. Strafsenat* als „einheitliches Organisationsdelikt"[44] bezeichnet. Wohl in Abgrenzung zu den tatbestandlichen („eigentlichen") Organisationsdelikten (vgl. oben), bezeichnete der *3. Strafsenat* die Zusammenführung von Organisationshandlungen bei Einzelaktsdelikten (zB § 263 StGB) zu einer Tat iSd § 52 Abs. 1 StGB sodann erstmals als „uneigentliches" Organisationsdelikt.[45] Diese Bezeichnung hat sich im Anschluss an diese Entscheidung in der Rechtsprechung des *BGH* etabliert.

Ein solches uneigentliches Organisationsdelikt liegt nach nunmehr ständiger Rechtsprechung des *BGH* vor, wenn sich die Tatbeiträge des Betroffene im Aufbau und in der Aufrechterhaltung eines auf Straftaten ausgerichteten Geschäftsbetriebs erschöpfen. Dann seien diese Tatbeiträge des Hintermannes[46] als – uneigentliches –

---

[40] „Einheitlicher Gründungsakt": Beschl. v. 26.8.2003 – 5 StR 145/03, BGHSt 48, 331 = NJW 2004, 375 (378); „zu verantwortendes System": Urt. v. 13.5.2004 – 5 StR 73/03, BGHSt 49, 147 = NJW 2004, 2248 (2254); vgl. auch *Fischer,* 64. Aufl. 2017, StGB § 25 Rn. 16.

[41] Vgl. auch *Hoffmann-Holland/Singelnstein* in Graf/Jäger/Wittig, Wirtschafts- und Steuerstrafrecht, 2. Aufl. 2017, § 25 Rn. 81.

[42] BGH Urt. v. 11.12.1997 – 4 StR 323/97, NJW 1998, 767 (769).

[43] BGH Urt. v. 3.7.2003 – 1 StR 453/02, NStZ 2004, 457 (458).

[44] BGH Beschl. v. 26.8.2003 – 5 StR 145/03, BGHSt 48, 331 = NJW 2004, 375 (378).

[45] BGH Urt. v. 17.6.2004 – 3 StR 344/03, BGHSt 49, 177 = NJW 2004, 2840 (2841).

[46] Demgegenüber Zusammenführung der Einzelakte des Vordermanns als Organisationsdelikt: BGH Beschl. v. 29.7.2009 – 2 StR 91/09, NStZ 2010, 88 (89) (Zusammenfassung der *Einzelakte der Tatserie* im Sinne eines sog. „uneigentlichen Organisationsdelikts"); BGH Beschl. v. 14.4.2011 – 2 StR 616/10, NJW 2011, 2675 (2677) (Verknüpfung *selbständiger Taten* zu einer Tat im Sinne eines „uneigentlichen Organisationsdelikts"; BGH Beschl. v. 19.4.2011 – 3 StR 230/10, NStZ 2011, 577 (Zusammenfassung der *Einzeltaten der Mittäter* zu einem uneigentlichen Organisationsdelikt); BGH Beschl. v. 16.5.2017 – 2 StR 169/15, wistra 2017, 495 („uneigentliches Organisationsdelikt" des Betruges umfasst alle *Einzelakte,* die infolge des dem mittelbaren Täter zurechenbaren Organisationsakts verursacht wurden); ebenso: BGH Beschl. v. 4.5.2016 – 3 StR 358/15, wistra 2016, 499.

Organisationsdelikt zu einer einheitlichen Tat im Sinne des § 52 Abs. 1 StGB zusammenzufassen.[47] Es handelt sich dabei also um einen rechtlichen Ansatz zur konkurrenzrechtlichen Zusammenfassung komplexen Handelns insbesondere im Rahmen wirtschaftlicher Geschäftstätigkeit zu einer Tat im Sinne des § 52 Abs. 1 StGB.[48]

Konkurrenzrechtlich bringt die Bezeichnung als uneigentliches Organisationsdelikt insoweit aber keine Neuerungen mit sich, wurde doch in vergleichbaren Fällen für den Hintermann bereits in früheren Konstellationen Tateinheit angenommen.[49] Dies ist schlicht Folge der etablierten Rechtsprechung,[50] dass für jeden Beteiligten hinsichtlich der konkurrenzrechtlichen Bewertung nur auf seinen eigenen Tatbeitrag abzustellen ist und damit Ergebnis der „üblichen Kriterien der Konkurrenzlehre".[51] Für die Frage der konkurrenzrechtlichen Bewertung von Tateinheit oder Tatmehrheit in Fällen der mittelbaren Täterschaft (kraft Organisationsherrschaft) erweist sich die Rechtsfigur daher als Worthülse ohne eigenständigen Regelungsgehalt.

Betrachtet man die Entwicklung der Rechtsprechung zur mittelbaren Täterschaft kraft Organisationsherrschaft und deren konkurrenzrechtliche Bewertung, so stellt sich das „uneigentliche Organisationsdelikt" als konkurrenzrechtliche Folge gerade der mittelbaren Täterschaft kraft Organisationsherrschaft bzw. – sofern auch eine solche anerkannt wird – der Mittäterschaft kraft Organisationsherrschaft[52] dar.[53] Nur insoweit ist zutreffend, im Unternehmenskontext und vor dem Hinter-

---

[47] Richtig die Organisationstaten des Hintermannes zu einer Tat als Organisationsdelikt zusammenführend: BGH Urt. v. 17.6.2004 – 3 StR 344/03, BGHSt 49, 177 = NJW 2004, 2840 (2841); BGH Beschl. v. 1.4.2008 – 5 StR 90/08, wistra 2008, 261; BGH Beschl. v. 9.1.2008 – 5 StR 572/07, wistra 2008, 181; BGH Beschl. v. 21.5.2008 – 5 StR 124/08, BeckRS 2008, 11724; BGH Beschl. v. 14.11.2012 – 3 StR 403/12, wistra 2013, 97; BGH Beschl. v. 3.3.2016 – 4 StR 134/15, wistra 2016, 309; BGH Urt. v. 18.9.2013 – 2 StR 365/12, BGHSt 59, 11 = NJW 2014, 325 („Der als eine Handlung im Rechtssinne bewertete Tatbeitrag des Angeklagten ..."); BGH Urt. v. 22.1.2014 – 5 StR 468/12, NZWiSt 2014, 139 (140) (Tatbeiträge der Hintermänner sind als uneigentliches Organisationsdelikt und damit als eine einheitliche Tat anzusehen).

[48] Vgl. *Rissing-van Saan* FS Tiedemann 2008, 393 (394).

[49] BGH Urt. 11.12.1997 – 4 StR 323/97, NJW 1998, 767; BGH Urt. v. 3.7.2003 – 1 StR 453/02, NStZ 2004, 457 (458); vgl. auch *Fischer,* 64. Aufl. 2017, StGB Vor § 52 Rn. 11a.

[50] BGH Urt. v. 26.7.1994 – 5 StR 98/94, BGHSt 40, 218 = NStZ 1994, 537 (538); BGH Beschl. v. 27.2.1996 – 1 StR 596/95, NStZ-RR 1996, 227 mwN.

[51] *Joecks* in MüKoStGB, 3. Aufl. 2017, § 25 Rn. 183.

[52] Ohne dies ausdrücklich so zu benennen: BGH Beschl. v. 27.2.1996 – 1 StR 596/95, NStZ-RR 1996, 227: Auch hier wird Tateinheit oder Tatmehrheit nach Tatbeitrag des Mittäters beurteilt: Dieser bestand zunächst im *Aufbau des Vertriebssystems* der Firma; „Organisationsmittäterschaft": *Schünemann* in LK-StGB, 12. Aufl. 2007, § 25 Rn. 185f.; demgegenüber wohl nur mittelbare Täterschaft unter den Begriff des uneigentlichen Organisationsdelikts fassend: BGH Beschl. v. 29.7.2009 – 2 StR 160/09, NStZ 2010, 103 (104): „Mithin kann der Senat nicht nachprüfen, ob die in Betracht kommenden Betrugstaten – wie dies der Annahme eines „uneigentlichen Organisationsdeliktes" durch die Strafkammer entsprechen könnte (vgl. Senat NStZ 2008, 89 (90)) – durch den Angeklagten als mittelbaren Täter unter Zuhilfenahme von Tatmittlern begangen wurden **oder** ob und gegebenenfalls in wie vielen Fällen von einem planmäßigen arbeitsteiligen Vorgehen im Sinne von Mittäterschaft auszugehen ist".

[53] BGH Urt. v. 3.7.2003 – 1 StR 453/02, NStZ 2004, 457 (458); BGH Beschl. v. 26.8.2003 – 5 StR 145/03, BGHSt 48, 331 = NJW 2004, 375 (378); 23.5.2013 – 2 StR 555/12, wistra 2013, 389; BGH Beschl. v. 29.7.2009 – 2 StR 160/09, NStZ 2010, 103; vgl. *Rissing-van Saan* FS Tiede-

grund der mittelbaren Täterschaft kraft Organisationsherrschaft die Bezeichnung „uneigentliches Organisationsdelikt" zu verwenden („Die Rechtsprechung hat bestimmte Formen der mittelbaren Täterschaft unter dem Begriff des Organisationsdelikts erfasst").[54]

Als problematisch erweist sich jedoch, das „uneigentliche Organisationsdelikt" in Zusammenhang mit einer anderen Rechtsfigur zu bringen[55]: derjenigen der *fortgesetzten Tat,* welche bekanntlich bereits im Jahre 1994 aus guten Gründen im Wesentlichen (gerade auch mit Blick auf § 263 StGB) aufgegeben wurde.[56]

IV. Das „uneigentliche Organisationsdelikt" – Entwicklung hin zu einem amorphen Eigenleben

Der *3. Strafsenat*[57] führte im Hinblick auf die konkurrenzrechtliche Bewertung von Tatbeiträgen beim Zusammenwirken mehrere Beteiligter im Rahmen eines Unternehmens – erstmals unter ausdrücklicher Verwendung des Begriffs des „uneigentlichen Organisationsdelikts" – aus:

„Die Aufklärung der firmeninternen Vorgänge, die für eine in allen Einzelheiten zutreffende konkurrenzrechtliche Bewertung der dem jeweiligen Beteiligten zurechenbaren Einzeltaten notwendig wäre, wird [...] vielfach nicht möglich oder nur mit einem unverhältnismäßigen Ermittlungs- bzw. Verhandlungsaufwand durchführbar sein. Dieses Aufklärungsdefizit war nach früherer Rechtsprechung weitgehend deswegen unproblematisch, weil derartige Tatserien meist [...] als fortgesetzte Handlung rechtlich zu einer Tat i. S. des § 52 I StGB verbunden wurden. Seit diese Rechtsfigur [...] aufgegeben worden ist, stellt sich das Problem der tatsächlichen Aufklärung und zutreffenden konkurrenzrechtlichen Bewertung von Tatserien unter Mitwirkung mehrerer Beteiligter neu. Zur Überwindung der dadurch aufgeworfenen Schwierigkeiten behilft sich die Rechtsprechung nunmehr damit, *dass sie [...] Tatbeiträge eines Mittäters, mittelbaren Täters* oder Gehilfen *zum Aufbau, zur Aufrechterhaltung und zum Ablauf eines auf Straftaten ausgerichteten Geschäftsbetriebes unter Heranziehung des Zweifelssatzes [...] rechtlich weitgehend zu einem* – uneigentlichen – Organisationsdelikt *zusammenfaßt, durch welches mehrere Einzelhandlungen oder mehrere natürliche Handlungseinheiten rechtlich verbunden und hiermit die aus der Unternehmensstruktur heraus begangenen Straftaten in der Person dieser Tatbeteiligten zu einer einheitlichen*

---

mann, 2008, 393 (394f.); *Puppe* in NK-StGB, 5. Aufl. 2017, § 52 Rn. 49a; *Schild* in NK-StGB, 5. Aufl. 2017, § 25 Rn. 38.

[54] BGH Beschl. v. 2.11.2007 – 2 StR 384/07, NStZ 2008, 89 (90); vgl. *Heine/Weißer* in Schönke/Schröder, 29. Aufl. 2014 StGB § 25 Rn. 30; vgl. auch *Schild* in NK-StGB, 5. Aufl. 2017, § 25 Rn. 40.

[55] BGH Urt. v. 17.6.2004 – 3 StR 344/03, BGHSt 49, 177 = NJW 2004, 2840 (2841).

[56] BGH Beschl. v. 3.5.1994 – GSSt 2 und 3/93, BGHSt 40, 138 = NJW 1994, 1663; vgl. die Kritik gegen die Rechtsfigur: *Fischer* NStZ 1992, 415; *Jung* NJW 1994, 916; *Rissing-van Saan* in LK-StGB, 12. Aufl. 2006, Vor § 52 Rn. 61; *v. Heintschel-Heinegg* in MüKoStGB, 3. Aufl. 2016, § 52 Rn. 61.

[57] BGH Urt. v. 17.6.2004 – 3 StR 344/03, BGHSt 49, 177 = NJW 2004, 2840 (2841) [Herv. im Text durch Verf.].

Tat oder gegebenenfalls zu wenigen einheitlichen Taten i. S. des § 52 I StGB zusammengeführt werden [...].“

Wie bereits dargelegt, folgt die konkurrenzrechtliche Bewertung des Tatbeitrags des mittelbaren Täters kraft Organisationsherrschaft, und damit der zugerechneten Einzeltaten des Vordermannes, bereits aus den üblichen Kriterien der Konkurrenzlehre. Bereits vor Aufgabe der Fortsetzungstat hat der *BGH,* wenn auch nicht *expressis verbis,* so jedenfalls der Sache nach, die keineswegs neuen „Grundsätze“ des uneigentlichen Organisationsdeliktes angewandt: Mehrere Einzeltaten der Vordermänner stellen für den Hintermann nur eine Tat dar, wenn sich dessen Tatbeiträge bei natürlicher Betrachtung in einem einheitlichen Tun, etwa in dem einmal gefassten Entschluss und dessen Verwirklichung, erschöpfen.[58]

Bei dem uneigentlichen Organisationsdelikt geht es demgegenüber bei Lichte besehen nicht nur um die Überwindung des sich nach Aufgabe der Fortsetzungstat neu stellenden Problems „der tatsächlichen Aufklärung und zutreffenden konkurrenzrechtlichen Bewertung von Tatserien unter Mitwirkung mehrerer Beteiligter“. Denn: mit der Rechtsfigur der fortgesetzten Tat hat das „uneigentliche Organisationsdelikt“ im Ausgangspunkt nichts zu tun. Bei der fortgesetzten Tat wurden zwar ebenfalls mehrere Einzelakte konkurrenzrechtlich zur Handlungseinheit, damit zur Tateinheit, zusammengefasst, wenn jeder Einzelakt für sich tatbestandsmäßig, im Wesentlichen gleichartig und von einem Gesamtvorsatz getragen war.[59] Die Rechtsfigur der fortgesetzten Tat kam aber bei der konkurrenzrechtlichen Einordnung von Taten des (unmittelbaren) Täters selbst zur Anwendung. Demgegenüber geht es beim „uneigentlichen Organisationsdelikt“ um die Zurechnung mehrerer Taten des Vordermannes gegenüber dem Hintermann und um die Zusammenführung eines oder ggf. mehrerer organisatorischer Akte des Hintermanns[60] mit den Taten des Vordermannes und schließlich um die Folge der Bewertung des zusammengeführten Geschehens als eine Tat. Mit der fortgesetzten Handlung wurden Straftaten verbunden, die jeweils für sich gesehen rechtlich vollständig waren.[61] Jede Einzeltat erfüllte bereits für sich gesehen den Tatbestand. Diese Rechtsfigur kam erst dann zum Zuge, wenn Tateinheit nicht schon aus anderen Gründen angenommen werden konnte, war der natürlichen Handlungseinheit also nachgeordnet.[62] Demgegenüber werden mit dem uneigentlichen Organisationsdelikt mehrere natürliche (Organisations-)Handlungen zur Handlungseinheit und damit zu einer Handlung im Rechtssinne[63] zusammengefasst, wobei die einzelnen (ggf. Vorberei-

---

[58] BGH Beschl. v. 26.8.1993 – 1 StR 505/93, NStZ 1994, 35; BGH Urt. v. 11.12.1997 – 4 StR 323/97, NJW 1998, 767 (769).

[59] *Rissing-van Saan,* (o. Fn. 56) Vor § 52 Rn. 57f. mwN; *Fischer,* 64. Aufl. 2017, StGB Vor § 52 Rn. 47; *Kühl* in Lackner/Kühl, 28. Aufl. 2014, StGB Vor § 52 Rn. 12.

[60] BGH Beschl. v. 23.5.2013 – 2 StR 555/12, wistra 2013, 389: Organisationstätigkeit des Hintermanns als einheitlicher Tatbeitrag.

[61] BGH Urt. v. 2.3.1962 – 2 StR 9/62, BGHSt 17, 157 = NJW 1962, 972; BGH Urt. v. 11.8.1988 – 4 StR 217/88, BGHSt 35, 318 = NJW 1989, 724 (726); *Rissing-van Saan* in LK-StGB, 12. Aufl. 2006, Vor § 52 Rn. 57.

[62] BGH Urt. v. 30.6.1964 – 1 StR 193/64, NJW 1964, 1810.

[63] Vgl. *Rissing-van Saan* in LK-StGB, 12. Aufl. 2006, Vor § 52 Rn. 10.

tungs-)Handlungen[64] den Tatbestand nicht erfüllen, sondern erst in einer normativen Bewertungseinheit mit den nach § 25 Abs. 1 Alt. 2 StGB zuzurechnenden Taten des Vordermannes. Im Unterschied zur fortgesetzten Handlung, welche stets – bezogen auf den jeweiligen Einzelakt – erneut denselben Tatbestand verwirklicht, bilden beim uneigentlichen Organisationsdelikt alle natürlichen Organisationshandlungen, auch über einen längeren Zeitraum, bei natürlicher Betrachtung eine natürliche Handlungseinheit, weshalb es sich dabei um eine („immer noch dieselbe“) Tatbestandsverwirklichung handelt.[65]

Auch zur Behebung von Aufklärungsschwierigkeiten ist die Rechtsfigur des „uneigentlichen Organisationsdelikts“ bei Lichte besehen ungeeignet. Zwar führt der *3. Strafsenat*[66] insoweit aus, dass zur Überwindung von Aufklärungsschwierigkeiten *unter Heranziehung des Zweifelssatzes* Tatbeiträge rechtlich zu einem uneigentlichen Organisationsdelikt zusammengefasst würden. Dies ist jedoch keine Besonderheit dieser Rechtsfigur, sondern die schlichte Anwendung des *in dubio pro reo*-Grundsatzes und wurde bereits zuvor vergleichbar gehandhabt: Hatte der (mittelbare) Täter mehrere Beiträge erbracht, wobei sich nicht weiter aufklären ließ, ob darunter auch individuelle, konkrete Einzeltaten fördernde Tatbeiträge waren, dann war auch nach früherer Rechtsprechung schon im Zweifel zu Gunsten des Angeklagten nur von einer Tat auszugehen.[67]

Nach alledem kann das uneigentliche Organisationsdelikt nicht als Ersatz für die fortgesetzte Tat angesehen werden.[68] Dies ist abgesehen von den unterschiedlichen Aussagegehalten schon deshalb nicht sachgerecht, weil dies zum Wiederaufleben all derjenigen Probleme führt, derentwegen die fortgesetzte Tat aufgegeben wurde.

Hervorzuheben ist noch eine weitere Folge der in Rede stehenden Entscheidung: Nach Ansicht des *3. Strafsenats* sollen ausdrücklich auch Tatbeiträge eines *Gehilfen* zum Aufbau, zur Aufrechterhaltung und zum Ablauf eines auf Straftaten ausgerichteten Geschäftsbetriebes zur Anwendung der Rechtsfigur des uneigentlichen Organisationsdelikts führen können. Jedenfalls mit dieser Weiterung hat sich das uneigentliche Organisationsdelikt inhaltlich von der mittelbaren Täterschaft kraft Organisationsherrschaft emanzipiert, stellt also nicht lediglich dessen konkurrenzrechtliches Spiegelbild dar, sondern führt ein amorphes Eigenleben.

---

[64] *Rissing-van Saan* FS Tiedemann, 2008, 393 (396): „Tätigkeiten im vortatbestandlichen Bereich“; *Fischer,* 64. Aufl. 2017, StGB Vor § 52 Rn. 25.

[65] *V. Heintschel-Heinegg* in MüKoStGB, 3. Aufl. 2016, § 52 Rn. 60.

[66] BGH Urt. v. 17.6.2004 – 3 StR 344/03, BGHSt 49, 177 = NJW 2004, 2840 (2841).

[67] BGH Urt. v. 26.7.1994 – 5 StR 98/94, BGHSt 40, 218 = NStZ 1994, 537 (538); BGH Beschl. v. 19.11.1996 – 1 StR 572/96, NStZ 1997, 121 mwN; vgl. auch: *Eschelbach* in SSW StGB, 3. Aufl. 2017, § 52 Rn. 65; *Eschelbach* in v. Heintschel-Heinegg, 2. Aufl. 2015, StGB § 52 Rn. 36.

[68] In diesem Sinne auch: *Fischer,* 64. Aufl. 2017, StGB § 263 Rn. 204; demgegenüber: *Wenske* NStZ 2013, 351 (352): Als Folge des Wegfalls der fortgesetzten Handlung entwickelte Rechtsfigur.

V. Folgeprobleme des amorphen Eigenlebens durch ein Verständnis des uneigentlichen Organisationsdelikts als Ersatz für die fortgesetzte Tat

Mit Beschluss vom 3.5.1994[69] entschied der *Große Strafsenat* auf zwei Vorlagefragen betreffend die Anwendungsvoraussetzungen der fortgesetzten Tat, dass sich die vorgreifliche Frage stelle, ob dieses Rechtsinstitut überhaupt beizubehalten sei, was er insbesondere für den Tatbestand des Betrugs (§ 263 StGB) verneinte. Die fortgesetzte Tat habe trotz ihrer teilweise einschneidenden täternachteiligen Folgen keine ausdrückliche gesetzliche Grundlage. Der *3. Strafsenat* hat durch seine Ausführungen zum uneigentlichen Organisationsdelikt einen alternativen Lösungsweg[70] für den vom *Großen Strafsenat* versperrten Ausweg[71] eröffnet. Mit diesem Verständnis vom uneigentlichen Organisationsdelikt als Ersatz für die fortgesetzte Tat stellen sich dieselben Probleme auch beim uneigentlichen Organisationsdelikt – freilich ohne dass auch dieses eine gesetzliche Grundlage hätte.

1. Gefahr unzureichender Feststellungen

Der *Große Strafsenat* hat bereits zur „fortgesetzten Handlung" judiziert, dass diese zu *„pauschalen ‚Feststellungen'"* verleite, „die eine revisionsgerichtliche Prüfung von Tatbestandsverwirklichung und Schuldumfang verhindert, zu erheblicher Einschränkung der Verteidigungsmöglichkeiten des Angeklagten geführt und die Besorgnis geweckt haben, daß sich der Richter von einer in ihren Grenzen unklaren Gesamtvorstellung, nicht aber von der Überzeugung der Tatbestandserfüllung in jedem Einzelfall hatte bestimmen lassen".[72]

Es verwundert nicht, dass diese Problematik in dem „uneigentlichen Organisationsdelikt" wieder auflebt. So führt dessen Anwendung offenbar zu der Vorstellung, der Begriff des „uneigentlichen Organisationsdelikts" entbinde von Feststellungen zum Tatbeitrag des Hintermannes bzw. zu den Einzelakten des Vordermannes, jedenfalls würden insoweit geringere Anforderungen gelten. Missverständlich führte auch der *1. Strafsenat*[73] *aus:* „die Nichtannahme eines [...] ‚uneigentlichen Organisationsdeliktes'" mag „dazu führen, dass *noch strengere* Anforderungen an die Feststellungen der konkreten Tatbeiträge eines jeden Angeklagten an den jeweiligen Taten zu stellen sind [...]." Dies könnte im Umkehrschluss leicht dahingehend (miss)verstanden werden, dass bei der Annahme eine uneigentlichen Organisationsdelikts geringere Anforderungen an die Feststelllungen zu stellen seien.

Einer solchen Sichtweise hat insbesondere der *2. Strafsenat* nunmehr auch für das uneigentliche Organisationsdelikt entgegen gewirkt: In dem zugrundeliegenden Verfahren[74] beschränkte sich das Landgericht darauf, den vom Angeklagten mit-

---

[69] BGH Beschl. v. 3.5.1994 – GSSt 2 und 3/93, BGHSt 40, 138 = NJW 1994, 1663.

[70] *Wenske* NStZ 2013, 351.

[71] *Kalf* NStZ 1997, 66 (67).

[72] BGH Beschl. v. 3.5.1994 – GSSt 2 und 3/93, BGHSt 40, 138 = NJW 1994, 1663 (1665).

[73] BGH Urt. v. 24.1.2012 – 1 StR 412/11, BGHSt 57, 88 = NJW 2012, 867 (868) [textliche Herv. durch Verf.].

[74] BGH Beschl. v. 29.7.2009 – 2 StR 160/09, NStZ 2010, 103; vgl. auch BGH Beschl. v. 29.7.2009 – 2 StR 91/09, NStZ 2010, 88 (89) („pauschale Feststellungen").

gestalteten Geschäftsablauf und das betrügerische „Schneeballsystem" zu beschreiben. Keine Feststellungen getroffen wurden hingegen zu den verwirklichten Einzelakten, so dass „völlig unklar [bleibt], welche Anleger durch wen, wann und durch welche tatbestandlich relevanten Verhaltensweisen geschädigt wurden". Auch der Tatbeitrag des Angeklagten wurde nicht so konkret festgestellt, dass der *Senat* hätte nachprüfen können, „ob die in Betracht kommenden Betrugstaten [...] durch den Angeklagten als mittelbarer Täter unter Zuhilfenahme von Tatmittlern begangen wurden oder ob und gegebenenfalls in wie vielen Fällen von einem planmäßig arbeitsteiligen Vorgehen im Sinne von Mittäterschaft auszugehen ist." Der Senat hob daher das Urteil mit den Feststellungen auf und stellte klar, „dass § 263 StGB nicht als Organisationsdelikt [...] konzipiert ist[75]. Strafbar nach § 263 StGB ist nicht das Betreiben einer auf Betrug ausgerichteten Organisation als solcher, sondern die betrügerische Schädigung individuellen Vermögens."

Auch in einem dem *4. Strafsenat*[76] zur Entscheidung vorliegenden Verfahren hob dieser den Schuldspruch aufgrund *„der schwerwiegenden Mängel bei der Eingrenzung des Schuldumfangs"* mangels ausreichender Feststellungen auf. Denn „auch bei Straftaten, die unter Schaffung und Ausnutzung einer Unternehmensstruktur ‚organisiert' begangen werden", seien „im Urteil hinreichend konkrete Feststellungen zu den Einzelakten dergestalt zu treffen, dass das Revisionsgericht auch in die Lage versetzt wird zu beurteilen, ob der Tatrichter von einem zutreffenden Schuldumfang ausgegangen ist".

Der *2. Strafsenat*[77] stellte in einer weiteren, aktuellen Entscheidung unter ausdrücklichem Hinweis auf die Entscheidung des *Großen Senats* zur Aufgabe der Fortsetzungstat klar: „Für die Tatfeststellung und Darstellung im Urteil gelten bei einer aus vielen Einzelakten bestehenden Tat im Sinne eines uneigentlichen Organisationsdelikts [...] keine anderen Anforderungen als bei einer Mehrzahl gleichartiger, rechtlich selbständiger Straftaten. Die Urteilsgründe müssen auch hier die für erwiesen erachteten Tatsachen angeben, in denen die gesetzlichen Merkmale der Straftat gefunden werden (§ 267 Abs. 1 S. 1 StPO). Rechtliche Konkurrenzfragen haben darauf keinen Einfluss [...]."

Zu Recht besinnt sich der *2. Strafsenat* zurück auf den eigentlichen Anwendungsbereich des uneigentlichen Organisationsdelikts als konkurrenzrechtliche Figur. Aussagen über das Vorliegen der strafbegründenden Voraussetzungen auf Tatbestandsebene können damit nicht getroffen werden, sodass selbstverständlich keine geringeren Anforderungen an die Feststellungen zu den Einzeltaten der Vorderleute oder der Organisationstat des Hintermannes gelten.

[75] Zustimmend: *Rissing-van Saan* FS Tiedemann, 2008, 393 (394f.); *Hefendehl* in MüKoStGB, 2. Aufl. 2014, § 263 Rn. 870; aA BGH Beschl. v. 26.8.2003 – 5 StR 145/03, BGHSt 48, 331 = NJW 2004, 375 (378f.): Bezeichnung des § 263 StGB als Organisationsdelikt.

[76] BGH Beschl. v. 24.11.2016 – 4 StR 87/16, NStZ 2017, 340.

[77] BGH Beschl. v. 16.5.2017 – 2 StR 169/15, wistra 2017, 495.

2. *Gefahr mangelnder Informationsfunktion der Anklageschrift*

In diesem Zusammenhang ist auch die von dem *Großen Strafsenat*[78] als täternachteilig erkannte Auswirkung der fortgesetzten Tat auf die Funktion der Anklageschrift zu sehen, „den Verfahrensgegenstand zu begrenzen und den Angeschuldigten über Inhalt und Umfang des gegen ihn erhobenen Vorwurfs zu unterrichten". Denn die nachteiligen Auswirkungen der fortgesetzten Tat auf die Informationsfunktion und auf die Umgrenzungsfunktion der Anklage stehen gleichermaßen im Rahmen des uneigentlichen Organisationsdelikts auf dem Prüfstand, da es die Anklagebehörde offenbar mitunter ausreichen lässt, die zur Last gelegte Tat unter dem Deckmantel des uneigentlichen Organisationsdelikts allenfalls grob zu umreißen.

Auch nach der Rechtsprechung des *BGH*[79] sei es zwar zur Erfüllung der Umgrenzungsfunktion bei einem uneigentlichen Organisationsdelikt „nicht erforderlich, sämtliche Handlungen im Einzelnen in der Anklageschrift mitzuteilen". Zu Friktionen führe aber das Kriterium der Informationsfunktion. So judizierte der *2. Strafsenat*[80], dass in dem ihm zur Entscheidung vorliegenden Verfahren der *Umgrenzungsfunktion* der Anklage durch die „allgemeine Schilderung des ‚Geschäftsmodells' des Angeklagten [...] sowie die Festlegung des Zeitraums" insofern genüge getan war, da diese ausreichen, „um die dem Angeklagten vorgeworfenen Straftaten so zu bestimmen, dass die Identität des jeweils gemeinten geschichtlichen Vorgangs hinreichend klargestellt wird". Jedoch sei die *Informationsfunktion* der Anklageschrift nicht gewahrt. Diese muss „bei massenhaft begangenen Seriendelikten die mehrgliedrigen Voraussetzungen des Tatbestands des § 263 StGB, erforderlichenfalls hinsichtlich jedes – möglicherweise zu gleichartiger Tateinheit zusammenzufassenden – schädigenden Einzelaktes konkret bezeichnen [...]. Mit Rücksicht auf die Informationsfunktion der Anklageschrift darf dabei insbesondere nicht aus dem Blick verloren werden, dass der Betrug ein gegen das Vermögen einzelner privater oder juristischer Personen gerichteter Straftatbestand ist." Dem werde die Anklage nicht gerecht, da die „mehreren tausend Personen, die sich des Faxabrufes des Angeklagten bedient haben, [...] nicht als nach § 263 StGB geschädigte Einzelne, sondern als – weitestgehend anonym bleibende – Gruppe behandelt" werden.

3. *Gefahr täternachteiligen Hinausschiebens der Verjährung*

Für den Fortsetzungszusammenhang hat der *Große Strafsenat*[81] ferner „die nachteiligen Folgen im Recht der Strafverfolgungsverjährung" als am *„einschneidensten"* für den Täter erkannt. Auf diese Weise könne ein „konsequentes Festhalten an der materiell-rechtlichen Einheit der fortgesetzten Handlung" zur Hinauszögerung des

[78] BGH Beschl. v. 3.5.1994 – GSSt 2und 3/93, BGHSt 40, 138 = NJW 1994, 1663 (1664).

[79] BGH Urt. v. 29.6.2016 – 2 StR 520/15, NZWiSt 2017, 190; BGH Urt. v. 18.9.2013 – 2 StR 365/12, BGHSt 59, 11 = NJW 2014, 325; kritisch: *Wenske* NStZ 2013, 351, 352; demgegenüber: BGH Beschl. v. 15.3.2011 – 1 StR 429/09, StV 2011, 407: Auch beim uneigentlichen Organisationsdelikt ist die Auflistung der näheren individualisierenden tatsächlichen Umstände der Einzeltaten Teil des konkreten Anklagesatzes.

[80] BGH Urt. v. 2.3.2011 – 2 StR 524/10, BGHSt 56, 183 = NJW 2011, 2308.

[81] BGH Beschl. v. 3.5.1994 – GSSt 2 und 3/93, BGHSt 40, 138 = NJW 1994, 1663 (1666) unter Hinweis auf BGH Urt. v. 1.2.1989 – 3 StR 450/88, BGHSt 36, 105 = NJW 1989, 1615.

Verjährungsbeginns bis zur Beendigung des letzten Teilakts und daher dazu führen, dass die gesetzlichen Verjährungsfristen faktisch außer Kraft gesetzt werden (Ahndung der Steuerhinterziehung noch nach mehr als 28 Jahren[82]). Hintergrund der Aufgabe der Rechtsprechung zur fortgesetzten Tat war daher nicht zuletzt ein daraus resultierendes „täternachteiliges Hinausschieben der Verjährung".[83]

Diese Problematik besteht beim uneigentlichen Organisationsdelikt gleichermaßen, auch wenn solche Konstellationen im Zusammenhang mit dem „uneigentlichen Organisationsdelikt" bislang, soweit ersichtlich, nicht höchstrichterlich entschieden wurden. In der Konsequenz kann dies dazu führen, dass dem mittelbaren Täter kraft Organisationsherrschaft, der einmalig ein entsprechendes System eingerichtet hat, noch später, selbst nach dessen Ausscheiden aus dem Unternehmen, sämtliche möglicherweise bereits Jahre oder Jahrzehnte zurückliegenden Einzelakte, die für sich betrachtet bereits verjährt wären, gleichwohl angelastet werden können.[84] Dieselbe Problematik stellt sich auch für die Frage, wann Strafverfolgungsverjährung für einen Gehilfen eintritt, dessen als einheitliche Beihilfehandlung verstandener Tatbeitrag mehrere Haupttaten förderte.[85]

Problematisch ist ein solches Hinausschieben der Verjährung in besonderem Maße in den Fällen, in denen in Bezug auf Einzelakte des Vordermannes *unter Heranziehung des Zweifelssatzes* für den mittelbaren Täter Tateinheit statt Tatmehrheit angenommen wurde, etwa weil sich nicht aufklären ließ, ob der Hintermann an konkreten Einzeltaten des Vordermannes mitwirkte. Die zur Annahme von Tateinheit führende Anwendung des Zweifelssatzes kann sich dann in bedenklicher Weise zu Lasten des Täters auswirken.[86]

4. *Strafbegründende „Zurechnung" von Einzeltaten des Vordermannes*

Besondere Probleme entstehen, wenn das „uneigentliche Organisationsdelikt" über seine Anwendung auf Konkurrenzebene hinaus in der Rechtspraxis auch im Sinne eines strafbegründenden „Zurechnungskonstrukts" missverstanden wird. Der *3. Strafsenat*[87] etwa formuliert: „Darüber hinaus können den Angekl. W und M, die durch Zur-Verfügung-Stellung von Internetseite und Radiostream einen wesentlichen Beitrag zur tatnotwendigen Infrastruktur geleistet haben, die von anderen Moderatoren abgespielten Lieder als jeweils ein einheitliches Äußerungs- oder Propagandadelikt *im Sinne eines uneigentlichen Organisationsdelikts zugerechnet werden.*"

---

[82] BGH Beschl. v. 20.1.1988 – 3 StR 434/87, wistra 1988, 193 = BeckRS 1988, 31098887.

[83] BGH Beschl. v. 3.5.1994 – GSSt 2 und 3/93, BGHSt 40, 138 = NJW 1994, 1663 (1666); *Sternberg-Lieben* in Schönke/Schröder, 29. Aufl. 2014, StGB Vor §§ 52 Rn. 31; *Fischer* NStZ 1992, 415 (420); *Geppert* Jura 1993, 649 (654).

[84] Kritisch daher: *Kühl* in Lackner/Kühl, 28. Aufl. 2014, StGB § 78a Rn. 6; *Saliger* in NK-StGB, 5. Aufl. 2017, § 78a Rn. 32f.; *Wenske* NStZ 2013, 351 (352).

[85] Vgl. *Gehm* NZWiSt 2014, 238 (240); *Pelz* wistra 2001, 11.

[86] Vgl. im Hinblick auf die nachteiligen Folgen für die Verteidigungsmöglichkeiten: *Eschelbach* in SSW StGB, 3. Aufl. 2017, § 52 Rn. 65.

[87] BGH Beschl. v. 19.4.2011 – 3 StR 230/10, NStZ 2011, 577 (578 [Herv. durch Verf.]).

In dieselbe Richtung geht die neuerdings in der Rechtsprechung des *2. Strafsenats*[88] zu findende Formulierung, der zufolge bei dem uneigentlichen Organisationsdelikt „einem in leitender Funktion des Unternehmens tätigen Beteiligten die Ausführungshandlungen der Mitarbeiter zugerechnet werden". Dies ist zwar insoweit konsequent, als der *2. Strafsenat* – wie gesehen – die mittelbare Täterschaft selbst als (uneigentliches) Organisationsdelikt bezeichnet.[89] Eine solche Formulierung birgt jedoch die Gefahr, dass Einzeltaten des Vordermannes vorschnell einer Leitungsperson wegen der Annahme eines „uneigentlichen Organisationsdelikts" strafbegründend zugerechnet werden, ohne dass eine Auseinandersetzung mit den Voraussetzungen des eigentlichen materiell-rechtlichen Anknüpfungspunktes der Zurechnung erfolgt. Die Handhabung der Rechtsfigur des uneigentlichen Organisationsdelikts durch Staatsanwaltschaften und in der erstinstanzlichen Rechtsprechung zeigt die Gefahr, dass Fragen des erforderlichen Tatbeitrags, der Tatherrschaft kraft Organisationsherrschaft, des Täterwillens und des Vorsatzes unerwähnt und wohl auch ungeprüft bleiben und stattdessen dem Beschuldigen strafbarkeitsbegründend lediglich „Betrug als uneigentliches Organisationsdelikt" vorgeworfen wird.

Das konkurrenzrechtliche Konstrukt des „uneigentlichen Organisationsdelikts" kann eine Zurechnung von Tatbeiträgen jedoch nicht *begründen,* es fehlt bereits der normative Anknüpfungspunkt. Die Annahme eines uneigentlichen Organisationsdelikts ist als normative Bewertung eine *Folge,* nie aber bereits der *Grund* strafrechtlicher Zurechnung.[90] Eine Zurechnung von Tatbeiträgen ist Tatbestandsfrage und nur nach allgemeinen Regeln (im Falle der mittelbaren Täterschaft nach § 25 Abs. 1 Alt. 2 StGB, im Falle der Mittäterschaft nach § 25 Abs. 2 StGB) möglich. Zwingend erforderlich ist daher insbesondere eine Auseinandersetzung mit dem die Organisationsherrschaft begründenden Tatbeitrag des Hintermannes; alleine dessen leitende Funktion und die „Mitwirkung im Organisationsgefüge des Unternehmens"[91] vermag mittelbare Täterschaft oder Mittäterschaft kraft Organisationsherrschaft keinesfalls zu begründen.[92] Dieses Ergebnis fehlender strafrechtlicher Zurechnung darf auch nicht durch Heranziehung des „uneigentlichen Organisationsdelikts" übertüncht werden.

---

[88] BGH Urt. v. 18.9.2013 – 2 StR 365/12, BGHSt 59, 11 = NJW 2014, 325; vgl. auch BGH Urt. v. 29.6.2016 – 2 StR 520/15, NZWiSt 2017, 190.

[89] BGH Beschl. v. 2.11.2007 – 2 StR 384/07, NStZ 2008, 89.

[90] Missverständlich: *Rissing-van Saan* FS Tiedemann, 2008, 393, der zufolge die Frage nach Tateinheit oder Tatmehrheit auch Auswirkungen auf die *Zurechnung* fremder Verhaltensweisen hat.

[91] BGH Urt. v. 18.9.2013 – 2 StR 365/12, BGHSt 59, 11 = NJW 2014, 325.

[92] Kritisch zur *„Konstruktion der Organisationsherrschaft"* insgesamt, die *„es der Rechtsprechung des BGH erst ermöglicht hat, täterstrafrechtliche Verantwortlichkeit für Verhaltensweisen zu begründen, denen jeglicher Bezug zur tatbestandsmäßigen Handlung fehlt": Rotsch* NStZ 2005, 13 (16); vgl. auch *Hoffmann-Holland/Singelnstein* in Graf/Jäger/Wittig, Wirtschafts- und Steuerstrafrecht, 2. Aufl. 2017, § 25 Rn. 59: Tendenz der Rechtsprechung, „mittelbare Täterschaft unter weit weniger strengen Voraussetzungen anzunehmen, als noch in den Entscheidungen zum DDR-Grenzregime angedeutet".

5. Anwendung des uneigentlichen Organisationsdelikts auf Beihilfe

In seinen Ausführungen zum „uneigentlichen Organisationsdelikt“ bezieht der *3. Strafsenat*[93] schließlich – wie schon gezeigt – nicht nur die mittelbare Täterschaft und Mittäterschaft, sondern ausdrücklich auch Fälle der Beihilfe mit ein. Im Übrigen stellt der *BGH* bei der Anwendung des uneigentlichen Organisationsdelikts zumeist auf den Täter[94] oder auch auf den Mittäter[95] ab, der *5. Strafsenat*[96] stellt gar ausdrücklich klar, dass es „bei der Annahme eines uneigentlichen Organisationsdelikts gerade auf die Vorgaben ankommt, die der *Täter* gegenüber der von ihm beherrschten Organisation macht.“

Richtigerweise vermag die Anwendung des Organisationsdelikts auf Fälle der Beihilfe nicht zu überzeugen. Wie die Genese der Rechtsprechung zum uneigentlichen Organisationsdelikt verdeutlicht, geht es hierbei im Ausgangspunkt zunächst um Konkurrenzfragen der mittelbaren Täterschaft kraft Organisationsherrschaft oder um Mittäterschaft kraft Organisationsherrschaft. In Bezug auf Beihilfehandlungen ist schon begrifflich, erst recht aber inhaltlich nicht überzeugend, von einem „Organisationsdelikt“ zu sprechen. Der Gehilfe organisiert regelmäßig nicht, er kann allenfalls die Organisation fördern.[97]

Die Anwendung der Rechtsfigur des uneigentlichen Organisationsdelikts auf die Beihilfe ist auch nicht erforderlich. Vielmehr gilt bereits nach „allgemeinen Kriterien“.[98] Besteht die *Beihilfe* aus einer einzigen Handlung oder pflichtwidrigen Unterlassung, so ist diese auch dann, wenn der Haupttäter mehrere rechtlich selbstständige Taten begeht, als eine Tat zu bewerten.[99] Aber auch die fortlaufende Förderung von mehreren Einzeltaten stellt in der Gesamtschau regelmäßig eine – dauerhafte – Beihilfe dar.[100]

---

93 BGH Urt. v. 17.6.2004 – 3 StR 344/03, BGHSt 49, 177 = NJW 2004, 2840 (2841); so auch: BGH Beschl. v. 27.7.2009 – 2 StR 160/09, NStZ 2010, 103; BGH Beschl. v. 24.11.2016 – 4 StR 87/16, NStZ 2017, 340 (341).

94 BGH Beschl. v. 9.11.2011 – 4 StR 252/11, BeckRS 2011, 29719; BGH Beschl. v. 14.11.2012 – 3 StR 403/12, wistra 2013, 97; BGH Beschl. v. 14.10.2014 – 3 StR 365/14, NStZ 2015, 334; BGH Beschl. v. 23.7.2015 – 3 StR 518/14, NStZ-RR 2015, 341; BGH Beschl. v. 23.5.2013 – 2 StR 555/12, wistra 2013, 389; Beschl. v. 29.7.2009 – 2 StR 91/09, NStZ 2010, 88 (89).

95 BGH Beschl. v. 14.4.2011 – 2 StR 616/10, NJW 2011, 2675 (2677); Beschl. v. 3.3.2016 – 4 StR 134/15, wistra 2016, 309.

96 BGH Beschl. v. 9.5.2012 – 5 StR 499/11, wistra 2012, 349 [Herv. im Text durch Verf.].

97 BGH Urt. v. 22.1.2014 – 5 StR 468/12, NZWiSt 2014, 139: Beihilfe zum Organisationsdelikt.

98 BGH Beschl. v. 19.4.2011 – 3 StR 230/10, NStZ 2011, 577.

99 BGH Beschl. v. 17.6.1993 – 4 StR 296/93, NStZ 1993, 584 mwN; *Fischer,* 64. Aufl. 2017, StGB Vor § 52 Rn. 11; *v. Heintschel-Heinegg* in MüKoStGB, 3. Aufl. 2016, § 52 Rn. 11; dies gilt auch im Fall der Beihilfe durch garantenpflichtwidriges Unterlassen: BGH Beschl. v. 27.10.1999 – 2 StR 451/99, NStZ 2000, 83.

100 BGH Beschl. v. 6.12.2006 – 1 StR 556/06, wistra 2007, 100; eine solche fortlaufende Beihilfeleistung „ähnele“ der Fallgestaltung des uneigentlichen Organisationsdelikts: BGH Beschl. v. 6.2.2014 – 1 StR 577/13, NZWiSt 2014, 432.

VI. Zusammenfassung

Die mittelbare Täterschaft kraft Organisationsherrschaft sollte im Unternehmenskontext regelmäßig nur auf Personen der Führungsebene Anwendung finden, d. h. auf Organe einer juristischen Person oder auf die Leitungspersonen von Personenhandelsgesellschaften oder Einzelunternehmen. Ein unterhalb der Führungsebene stehender Mitarbeiter, der selbst in die Organisationsstrukturen und Hierarchien des Unternehmens eingegliedert ist und die Entscheidungen der Führungsspitze lediglich weisungsgemäß umsetzt, beherrscht die Organisation regelmäßig nicht, sondern wird zumeist selbst von dieser beherrscht und angewiesen, auch wenn er seinerseits über eine gewisse Weisungsbefugnis verfügt. Er hat selbst regelmäßig keine Organisationsherrschaft, sodass er schon begrifflich nicht Täter kraft Organisationsherrschaft sein kann. Etwas anders gilt nur dann und ist im Einzelfall festzustellen, wenn ein unterhalb der Führungsebene stehender leitender Mitarbeiter selbst qua Stellung in der Unternehmensorganisation regelhafte Abläufe verantwortlich in Gang setzen und dafür untergebene Mitarbeiter einsetzen kann, die insoweit aus seiner Perspektive fungibel sind.

Das uneigentliche Organisationsdelikt hat sich von seiner ursprünglichen Funktion, die mittelbare Täterschaft kraft Organisationsherrschaft konkurrenzrechtlich zu bewerten, weit entfernt. Nur dann, wenn die Voraussetzungen für die mittelbare Täterschaft bzw. Mittäterschaft kraft Organisationsherrschaft als strafbegründende Zurechnungsfigur festgestellt wurden, ist richtigerweise Raum für die Klärung der konkurrenzrechtlichen Fragenstellungen hinsichtlich des Organisationsbeitrags des Hintermannes und der Einzeltaten der Vorderleute. In diesen Fällen mag die Figur des uneigentlichen Organisationsdelikts herangezogen werden, um für die Konkurrenzlehre praxistaugliche Ergebnisse zu erzielen. Freilich erweist sich die Rechtsfigur insoweit aber eigentlich als Worthülse ohne eigenständigen Regelungsgehalt, weil sachgerechte Ergebnisse auf der Ebene der Konkurrenzen in Konstellationen der mittelbaren Täterschaft (und auch der Mittäterschaft) kraft Organisationsherrschaft auch ohne Rückgriff auf diese Rechtsfigur bereits nach den allgemeinen Grundsätzen gefunden werden können.[101]

Das „Eigentliche" des uneigentlichen Organisationsdelikts ist daher nicht in seiner Anwendung zur Klärung von konkurrenzrechtlichen Fragestellungen zu sehen, sondern *zum einen* darin, die fortgesetzte Tat, die aus guten Gründen im Jahre 1994 durch den *Großen Senat* des *BGH* im Wesentlichen aufgegeben wurde, zu ersetzen. Dieselben Einwände, die gegen die fortgesetzte Tat erhoben wurden, streiten daher auch gegen diesen Regelungsgehalt des uneigentlichen Organisationsdelikts.[102] Die Rechtsfigur sollte daher keine Anwendung zur Umgehung der durch die Aufgabe der fortgesetzten Tat sich gleichsam stellenden Probleme, namentlich zur Überwin-

---

[101] In diesem Sinne auch: *Fischer,* 64. Aufl. 2017, StGB § 263 Rn. 204.

[102] Kritisch daher auch: *Fischer,* 64. Aufl. 2017, StGB § 263 Rn. 204: Eine Erfassung als „uneigentliches Organisationsdelikt" sei oft ungenau, selten erforderlich und geeignet, eine neue Anwendungsgruppe der (als „abgeschafft" bezeichneten) sog. fortgesetzten Tat wieder zum Leben zu erwecken.

dung von Aufklärungsdefiziten, finden.[103] Ebenso wie die fortgesetzte Tat[104] führt das uneigentliche Organisationsdelikt, dies obwohl es an einer präzisen Konturierung durch die Rechtsprechung ebenso fehlt[105] wie an einer gesetzlichen Grundlage, zu täternachteiligen Folgen.

Zum anderen ist das Konstrukt des uneigentlichen Organisationsdelikts ungeeignet, zur Klärung der zunächst erforderlichen Bestimmung strafrechtlicher Verantwortlichkeit beizutragen. Insbesondere können strukturelle Teilnahmehandlungen nicht mittels Anwendung des uneigentlichen Organisationsdelikts zu täterschaftlichem Handeln mutieren.

Zusammengefasst ist für die Rechtsfigur des uneigentlichen Organisationsdelikts in strafbegründender Hinsicht kein Raum: Insoweit ist einzig zu prüfen, ob die Konstellation der mittelbaren Täterschaft (bzw. der Mittäterschaft) kraft Organisationsherrschaft einschlägig ist oder nicht. Zur Klärung von konkurrenzrechtlichen Fragen wird die Rechtsfigur nicht benötigt, weil sachgerechte Ergebnisse auch bereits nach allgemeinen Grundsätzen erzielt werden können.

---

103 Kritisch auch: *Rissing-van Saan* FS Tiedemann, 2008, 393 (394).
104 BGH Beschl. v. 3.5.1994 – GSSt 2 und 3/93, BGHSt 40, 138 = NJW 1994, 1663 (1664).
105 *Rissing-van Saan* FS Tiedemann, 2008, 393 (395): unklar, was darunter zu verstehen ist.

IV. STRAFRECHT BESONDERER TEIL

VOLKER ERB

Von der Gefährlichkeit des „gefährlichen Werkzeugs" in der Hand von Gesetzgeber, Strafjustiz und Strafrechtswissenschaft

I. Einführung

Mit der Einführung von § 223a StGB aF am 26.2.1876[1] fand das „gefährliche Werkzeug" als Tatbestandsmerkmal der „gefährlichen Körperverletzung" Eingang in das Strafrecht. Auf diese Rolle blieb es für die Dauer von 122 Jahren beschränkt und erfüllte dabei eine sinnvolle Funktion, indem es die sachgerechte Erfassung von Begehungsweisen der Körperverletzung ermöglicht, die typischerweise ein besonderes Verletzungspotential aufweisen. 1998 wurde das Merkmal durch das 6. StRG in eine Reihe anderer Vorschriften übernommen, in denen z. T. keine *Verwendung* (wie in § 177 Abs. 4 Nr. 1 aF, jetzt § 177 Abs. 8 Nr. 1 StGB, und in § 250 Abs. 2 Nr. 1 StGB), sondern lediglich ein *Mitführen* gefordert wird (§ 177 Abs. 3 Nr. 1 aF, jetzt § 177 Abs. 7 Nr. 1 StGB, § 244 Abs. 1 Nr. 1a StGB und § 250 Abs. 1 Nr. 1a StGB, ähnliche Situation in § 127 StGB). 2011 erfolgte die an eine *Verwendungsabsicht* gekoppelte Aufnahme des „gefährlichen Werkzeugs" in die strafschärfenden Regelbeispiele von § 113 Abs. 2 Nr. 1 StGB aF, § 121 Abs. 3 Nr. 2 StGB und § 125a Abs. 1 Nr. 2 aF Seit 2017 genügt in § 113 Abs. 2 Nr. 2 StGB und § 125a Abs. 1 Nr. 2 StGB nunmehr ebenfalls das bloße *Mitführen.* Damit wurde der „folgenreichste Fehler des 6. StRG"[2] auf weitere Vorschriften erstreckt.[3] Dieser besteht in der Annahme, das Merkmal sei auch ohne Kombination mit dem Erfordernis einer Verwendung oder Verwendungsabsicht justiziabel, weil die Übernahme aus § 223a Abs. 1 Nr. 1 StGB aF allgemein gewährleiste, „dass zur Auslegung auf die hierzu entwickelten Grundsätze zurückgegriffen werden kann."[4] Letzteres ist indessen so offenkundig nicht der Fall, dass der *verehrte Jubilar* den verantwortlichen Vertretern in den gesetzgeberischen Gremien in ebenso pointierter wie treffender Form attestiert hat, sie seien „Laien oder übermüdet oder zu allem entschlossen"[5] gewesen: Wie in der Rechtsprechung zu § 223a StGB aF seit eh und je anerkannt war, erschließt sich die Gefährlichkeit eines Gegenstands nur aus seiner konkreten Verwendung. Wo eine solche weder erfolgt noch vom Täter in einer bestimmten Weise intendiert wird, müsste man zur Bestimmung der Gefährlichkeit deshalb auf

---

[1] *Lilie* in LK-StGB, 11. Aufl. 2000, § 224 Entstehungsgeschichte.

[2] *Fischer* FS Frisch, 2013, 31 (38).

[3] Deutliche Kritik hiergegen („dogmatischer Unsinn") etwa bei *Puschke/Rienhoff* JZ 2017, 924 (931).

[4] BT-Drs. 13/9064, 18.

[5] *Fischer* FS Frisch, 2013, 31 (38).

Gebrauchsvarianten abstellen, die in einer eskalierenden Konfliktsituation objektiv möglich erscheinen. Da solche Varianten nicht nur denkbar vielfältig sind, sondern letzten Endes bei jedem harten oder spitzen Alltagsgegenstand aufgezeigt werden können, wird das Begriffsverständnis des „gefährlichen Werkzeugs" hiernach zwangsläufig inkonsistent und uferlos.

II. Konsequenzen für die Rechtsanwendung

1. Absurde Ergebnisse

Die Folgen für die Rechtsanwendung sind bekannt: Ausgehend von der nahezu unbegrenzten Weite eines Gefährlichkeitsbegriffs, der die potentiellen Einsatzmöglichkeiten eines Werkzeugs in den Blick nimmt, sind *absurde Ergebnisse* nicht nur *denkbar* (z. B. bloßes Mitführen eines Schlüsselbundes als Qualifikationsgrund, weil bei einem denkbaren Einsatz als Schlagwerkzeug erhebliche Verletzungen drohen), sondern wurden von der Rechtsprechung zT auch *tatsächlich erzielt* („normales",[6] „größeres",[7] oder mit einer 6 cm langen Klinge ausgestattetes[8] Taschenmesser als „gefährliches Werkzeug" i. S. von § 244 Abs. 1 Nr. 1 a StGB, obwohl dessen ständiges Mitführen als Alltagsgegenstand kaum weniger üblich ist als dasjenige eines Schlüsselbunds[9] und obwohl es beim Widerstand ertappter Ladendiebe trotz seiner Allgegenwärtigkeit ersichtlich keine praktische Bedeutung besitzt[10]). Um sie zu vermeiden, stehen zwei Konzepte (jeweils in etlichen Varianten) zur Debatte:

a) Die „subjektive Lösung" verlangt eine Vorstellung des Täters, den betreffenden Gegenstand ggf. in einer gefährlichen Weise gegen Menschen einzusetzen, um ihn als „gefährliches Werkzeug" iS der betreffenden Vorschriften einstufen zu können.[11] Für sie spricht, dass sie den Begriff in gleicher Weise auslegt wie im Rahmen von § 224 Abs. 1 Nr. 2 StGB, mit dem einzigen Unterschied, dass in Ermangelung einer tatsächlichen Verwendung die *vom Täter erwogene* Einsatzweise über die Gefährlichkeit entscheidet. Damit können nicht nur einigermaßen klare und vorher-

---

[6] BayObLG JR 2001, 205 mAnm *Erb* JR 2001, 206 mAnm *Kindhäuser/Wallau* StV 2001, 17; OLG Köln NStZ 2012, 327 f. mAnm *Kraatz* NStZ 2012, 328.

[7] BGHSt 52, 257 (260) = NJW 2008, 2861, näher zu dieser Entscheidung unten e; eingehende Darstellung und Analyse der „Taschenmesser-Rechtsprechung" der Oberlandesgerichte bis 2008 bei *Rengier* FS Schöch, 2010, 549 (551 ff.).

[8] OLG Köln NStZ 2012, 327 f.

[9] Zutr. *Streng* GA 2002, 359 (366 f.); *Rengier* FS Schöch, 2010, 549 (550 f.).

[10] Zutr. *Vogel* in LK-StGB, 12. Aufl. 2010, StGB § 244 Rn. 17.

[11] *Küper* JZ 1999, 187 (192 ff.); *Küper* FS Hanack, 1999, 569 (585); *Küper/Zopfs,* Strafrecht BT, 9. Aufl. 2015, Rn. 774; *Rengier,* Strafrecht BT I, 19. Aufl. 2017, § 4 Rn. 38 ff.; *Wessels/Hillenkamp,* Strafrecht BT 2, 40. Aufl. 2017, Rn. 275 f.; *Zopfs* JZ 1999, 1062 (1063); *Zopfs* Jura 2007, 510 (519 f.); *Erb* JR 2001, 206 f.; *Krüger* JA 2009, 190 (193 f.); *Rönnau* JuS 2012, 117 (119 f.); vgl. auch *Kühl* in Lackner/Kühl, 28. Aufl. 2014, StGB § 244 Rn. 3 („am äußersten Rand einer noch zulässigen Auslegung"); in der obergerichtlichen Rechtsprechung OLG Celle 17. 4. 2007 – 32 Ss 34/07; ähnlich (aber auf eine generelle Widmung des Gegenstands durch den Täter abstellend) OLG Braunschweig NJW 2002, 1735 (1736 f.); OLG Frankfurt StV 2002, 145 f.; in diesem Sinne im Schrifttum *Klesczewski,* Strafrecht BT, 2016, § 8 Rn. 146; teilweise subjektiver Ansatz auch bei OLG Stuttgart NJW 2009, 2756 (2758).

sehbare Ergebnisse erzielt werden, sondern man nimmt den Gesetzgeber letzten Endes auch ganz konsequent beim Wort, da dieser die Anlehnung an die Handhabung des Merkmals bei der gefährlichen Körperverletzung ausweislich der Materialien (→ 1.) ausdrücklich gewollt hat, eine solche auf andere Weise jedoch nicht möglich ist.

b) Gleichwohl haben die Rechtsprechung und die mittlerweile wohl herrschende Meinung diesen Weg gescheut, weil die damit verbundene Bindung der „Gefährlichkeit" an eine überschießende Innentendenz der Vorstellung des Gesetzgebers in anderer Hinsicht wiederum nicht gerecht wird, da dieser mit der Einführung des „gefährlichen Werkzeugs" als qualifizierendem Merkmal der einschlägigen Vorschriften vom Erfordernis einer bestimmten Verwendungsabsicht, wie es bis 1998 in § 244 Abs. 1 Nr. 2 StGB aF und in § 250 Abs. 1 Nr. 2 StGB aF vorgesehen war, gerade abrücken wollte.[12] Aus diesem Grund wird das Mitführen von „Mitteln und Werkzeugen" in der Absicht, diese ggf. zur Anwendung oder Androhung von Gewalt zu verwenden, in den §§ 177, 244 und 250 StGB jeweils in einer gesonderten Variante erfasst. Diese Vorschriften könnten ohne weiteres auch sämtliche (oder wenigstens die meisten, je nach Spielart der „subjektiven Theorie") Fälle erfassen, in denen der Täter ein Werkzeug mit einem inneren Verwendungsvorbehalt mitführt und dieses hiernach „gefährlich" erscheint. Deshalb werden die am bloßen Mitführen des „gefährlichen Werkzeugs" anknüpfenden Qualifikationen im Ergebnis sogar mehr oder weniger überflüssig, wenn sie ebenfalls die Vorstellung des Täters erfordern, den betreffenden Gegenstand ggf. einzusetzen.[13] Vor diesem Hintergrund hat sich die hM darauf konzentriert, nach rein objektiven Kriterien zu suchen, mit deren Hilfe die „Gefährlichkeit" eines Werkzeugs so eingegrenzt werden soll, dass ihre Erstreckung auf alle möglichen Alltagsgegenstände (s. o.) unterbleibt.

c) Der Erfolg dieser Bemühungen erscheint freilich eher bescheiden: Das im Schrifttum entwickelte Kriterium der „Waffenersatzfunktion", nach dem für ein „gefährliches Werkzeug" ein der Waffe im technischen Sinn vergleichbares Gefahrenpotential verlangt werden soll,[14] mag bei besonders absurden Beispielen (Kugelschreiber oder schwere Schuhe als inkriminierte Gegenstände?) weiterhelfen. Es versagt aber nicht nur bei einem Großteil der „Werkzeuge" im ureigenen Wortsinn (also dem, was Angehörige klassischer Handwerksberufe oder diesen nacheifernde Heimwerker bei Ausübung ihrer Tätigkeit benötigen, etwa große Hämmer, Meißel, Schraubenzieher usw.), die durch Härte und Gewicht, scharfe Kanten und

---

[12] BGHSt 52, 257 (268f.) = NJW 2008, 2861; *Streng* GA 2002, 359 (363); *Eisele,* Strafrecht BT II, 4. Aufl. 2017, Rn. 202; *Krey/Hellmann/Heinrich,* Strafrecht BT 2, 17. Aufl. 2015, Rn. 183.

[13] *Dencker* JR 1999, 33 (35); *Streng* GA 2002, 359 (363); *Kindhäuser* in NK-StGB, 5. Aufl. 2017, StGB § 244 Rn. 10; *Jäger,* Strafrecht BT, 7. Aufl. 2017, Rn. 270; krit. gegen diese Sichtweise im Hinblick auf die dem System der einschlägigen Qualifikationen zugrundeliegende Differenzierung zwischen gefährlichen (§ 244 Abs. 1 Nr. 1a StGB und § 250 Abs. 1 Nr. 1a StGB) und ungefährlichen (§ 244 Abs. 1 Nr. 1b StGB und § 250 Abs. 1 Nr. 1b StGB) Gegenständen *Küper* GS Schlüchter, 2002, 331 (343f.); ähnlich auch *Rönnau* JuS 2012, 117 (120).

[14] *Dencker* JR 1999, 33 (36); *Mitsch* ZStW 111 (1999), 65 (79f.); *Mitsch* Strafrecht BT, 3. Aufl. 2015, S. 118; *Wittig* in BeckOK StGB, 36. Ed. 1.11.2017, StGB § 244 Rn. 8; ähnlich *Maurach/Schroeder/Maiwald,* Strafrecht BT 1, 10. Aufl. 2009, § 33 Rn. 116.

Spitzen eine abstrakte Verletzungseignung aufweisen, die derjenigen von bestimmten Waffen im technischen Sinn (Schlagring, Kampfmesser) ohne weiteres vergleichbar erscheint. Unklar ist vielmehr zB auch die Einordnung unserer vierbeinigen Freunde, soweit diese eine gewisse Größe und (Biss-)Kraft überschreiten.[15]

d) Deshalb bleibt nichts anderes übrig, als die Umstände der Situation in die Betrachtung einzubeziehen, die uns darüber Auskunft geben sollen, ob der betreffende Gegenstand tatsächlich eine „Waffenersatzfunktion" erfüllt, weil sich seine zweckwidrige Verwendung bei Eskalation der Lage aufdrängt,[16] oder ob sein Mitführen *unverfänglich* erscheint, was auch bei Objekten mit abstrakt hohem Kampfmittelpotential denkbar ist und sich ua auch daraus ergeben kann, dass der Täter einen solchen Gegenstand (speziell bei Einbruchdiebstählen) gerade als *Tatwerkzeug* benötigt.[17] Warum soll man vor dem Angehörigen eines Büroberufs, der mit einem großen Schraubenzieher in der Jackentasche einen Ladendiebstahl begeht, aber mehr Angst haben müssen als vor einem Handwerker in der gleichen Situation, oder auch vor einem Einbrecher, der genau den gleichen Gegenstand einstecken hat? Doch offensichtlich nur aufgrund der Besorgnis, ersterer führe ihn gerade deshalb mit, um mögliche Störer bei Bedarf bedrohen oder verletzen zu können, während bei den beiden Letztgenannten eine harmlose Erklärung im Raum steht, die die Annahme, sie könnten solche bösen Gedanken hegen, weniger dringend erscheinen lässt.[18] Damit basiert der ganze Ansatz indessen auf nichts anderem als auf einem versteckten Rekurs auf einen (pauschal unterstellten) Verwendungsvorsatz.[19]

e) Bei alledem ist bezeichnend, dass der BGH speziell für Taschenmesser bis heute nur eine orakelhafte Einordnung vornehmen konnte oder wollte, indem er diese zwar allgemein von § 244 Abs. 1 Nr. 1 a StGB erfasst wissen möchte, wenn sie „mit einer relativ langen Klinge" ausgestattet sind, für „solche mit sehr kurzer Klinge" jedoch um eine Antwort verlegen blieb und bei alledem mit keinem Wort ausführte, was man in diesem Zusammenhang denn unter „relativ lang" und „sehr kurz" zu verstehen hat:[20] Natürlich kann man einen Menschen schon mit einem relativ kleinen Taschenmesser uU massiv verletzen. Dabei dürfte sowohl die Verlet-

---

[15] Zu deren grds. Erfassung etwa *Eser/Bosch* in Schönke/Schröder, 29. Aufl. 2014, StGB § 244 Rn. 5b.

[16] *Schroth* NJW 1998, 2861 (2864f.); *Duttge* in HK-GS, 4. Aufl. 2017, StGB § 244 Rn. 12; *Hoyer* in SK-StGB, Stand Februar 1999, StGB § 244 Rn. 11f.; *Kudlich* in SSW-StGB, 3. Aufl. 2016, StGB § 244 Rn. 13.

[17] *Schlothauer/Sättle* StV 1998, 505 (508); *Streng* GA 2002, 359 (365ff.); *Deiters* StV 2004, 202 (203); *Fischer,* 65. Aufl. 2018, StGB § 244 Rn. 24; *Schmitz* in MüKoStGB, 3. Aufl. 2017, § 244 Rn. 16ff.; *Kindhäuser* in NK-StGB, 5. Aufl. 2017, § 244 Rn. 13ff.; *Eser/Bosch* in Schönke/Schröder, 29. Aufl. 2014, StGB § 244 Rn. 5a; *Kudlich* in SSW-StGB, 3. Aufl. 2016, § 244 Rn. 14; *Eisele,* Strafrecht BT II, 4. Aufl. 2017, Rn. 198ff., 203; *Jäger,* Strafrecht BT, 7. Aufl. 2017, Rn. 272; *Krey/Hellmann/Heinrich,* Strafrecht BT 2, 17. Aufl. 2015, Rn. 185; für die Erfassung von Schraubendrehern ohne Rücksicht auf deren Funktion als Tatwerkzeug des Einbrechers, wenn nur die erforderliche Eignung zur Zufügung erheblicher Körperverletzungen besteht, jedoch BGH BeckRS 2012, 16823.

[18] Ausdrücklich subjektive Aspekte in die Betrachtung einbeziehend OLG Stuttgart NJW 2009, 2756 (2758).

[19] Zutr. *Küper* JZ 1999, 187 (193); *Küper* FS Hanack, 1999, 569 (589).

[20] BGHSt 52, 257 (260f., 270) = NJW 2008, 2861; zur Unbestimmtheit der Positionierung des BGH *Rengier* FS Schöch, 2010, 549 (560f.); konkreter dann OLG Köln NStZ 2012, 327f. –

zungseignung als auch die Häufigkeit einer Verwendung zu Verletzungszwecken jedoch kaum größer sein als bei einem mittelgroßen Schraubenzieher. Zugleich ist die Ableitung einer „Waffenersatzfunktion" aus dem Kontext des Mitführens hier deshalb zum Scheitern verurteilt, weil das Mitführen eines gewöhnlichen Taschenmessers so ubiquitär erscheint, dass das Fehlen einer erkennbaren Gebrauchsfunktion für sich genommen keinen bedrohlichen Eindruck vermittelt.[21] Anders ausgedrückt: Es dürfte kaum ein anderes Objekt geben, bei dem die Eigenschaften als potentiell gefährlicher und als sozialadäquater Alltagsgegenstand so dicht beieinander liegen und es deshalb so *aussichtslos* oder *willkürlich* anmutet, ohne Betrachtung der Intentionen seines Besitzers eine Einstufung als „bedrohlich" oder „harmlos" vorzunehmen.

2. *Verschärfung der Situation durch weitere Gesetzesänderungen*

Diese unbefriedigende Situation hat durch die kürzlich erfolgten Reformen von § 177 StGB und § 113 StGB eine weitere massive Verschärfung erfahren.

a) Bei § 177 StGB hat die Erstreckung der Vorschrift auf das bloße Handeln „gegen den erkennbaren Willen" des Opfers und auf die in Absatz 2 nF geregelten Sonderfälle zur Einbeziehung von Situationen geführt, in denen der Täter eine Anwendung oder Androhung von Gewalt nicht einmal in Erwägung zieht.[22] Damit verliert ein ihm mitgeführtes „gefährliches Werkzeug" jeden Bezug zur Tatausführung, löst nach § 177 Abs. 7 StGB aber gleichwohl eine Verbrechensqualifikation aus, bei der § 177 Abs. 9 StGB selbst in „minder schweren Fällen" noch eine Mindestfreiheitsstrafe von einem Jahr vorsieht. Dies dürfte bei einem nicht vorbestraften Täter, der in einer einmaligen Entgleisung das Opfer in einer Weise „begrapscht", mit der er die Schwelle von § 184h Nr. 1 StGB nur unwesentlich überschreitet, und währenddessen einen Schraubendreher in seiner Jackentasche stecken hat, den er immer mitzuführen pflegt, trotz der gegenteiligen Behauptung in den Gesetzesmaterialien[23] nicht nur den Rahmen schuldangemessenen Strafens überschreiten,[24] sondern eine *Strafwillkür* bedeuten, die schon im Ansatz jedes Maß und Ziel vermissen lässt. Dies gilt vor allem bei Anwendung solcher Varianten von § 177 Abs. 2 StGB, in denen ein Widerstand des Opfers und damit eine zum Einsatz des Werkzeugs führende Eskalation per se nicht in Betracht kommt, so dass ein vom Gesetzgeber auch hier pauschal unterstelltes „erhöhtes Gefahrenpotenzial"[25] nicht einmal theoretisch besteht.[26]

Schweizer Offiziersmesser mit 6 cm Klingenlänge ausreichend, allerdings mit dem Hinweis, die Erstreckung des Vorsatzes auf dessen „Gefährlichkeit" bedürfe gesonderter Feststellung.

[21] Ebenso *Kindhäuser/Wallau* StV 2001, 18 (19); *Streng* GA 2002, 359 (366 f.).

[22] Näher dazu und zur Kritik am Gesamtkonzept *Fischer,* 65. Aufl. 2018, StGB § 177 Rn. 5 ff.

[23] Für das Beispiel eines Täters, der „das Opfer gegen seinen erkennbaren Willen im Intimbereich [streichelt und] einen Schraubendreher, den er wegen seiner beruflichen Arbeit in seiner Jackentasche bei sich trägt, … aber nicht als gefährliches Werkzeug einsetzen [will]", BT-Drs. 18/9097, 29.

[24] Vgl. *Fischer,* 65. Aufl. 2018, StGB § 177 Rn. 166.

[25] BT-Drs. 18/9097, 28.

[26] Vgl. *Hoven/Weigend* JZ 2017, 182 (188).

b) Bei § 113 Abs. 2 Nr. 1 StGB hat die Streichung der Verwendungsabsicht, die an dieser Stelle bis 2017 gefordert war, eine Uferlosigkeit des Anwendungsbereichs erzeugt, die über diejenige von § 244 Abs. 1 Nr. 1 a StGB noch einmal deutlich hinausgeht: Da sich der Widerstandstäter im Gegensatz zum Dieb im Regelfall nicht planmäßig in die Tatsituation begibt, sondern von dieser überrascht wird, ist es vielfach *reiner Zufall,* ob er gerade einen bestimmten Gegenstand mitführt, der bei objektiver Betrachtung in irgendeiner Form gefährlich sein könnte.[27] Aus diesem Grund ist es hier noch weitaus weniger nachvollziehbar, inwieweit zB das bloße Mitführen eines Taschenmessers durch einen Autofahrer, der in eine Alkoholkontrolle gerät und sich mit Kraft dagegen stemmt, zur Blutprobe abgeführt zu werden, schon für sich genommen ein unrechts- und schuldsteigerndes Element darstellen sollte.[28]

III. Das Versagen des Gesetzgebers

Bei der Frage, wie ein *offenkundiger gesetzgebungstechnischer Fehler* zu einer solchen „desaströsen Wirrnis in einem Kernbereich des StGB“[29] führen konnte, die nach zwanzig Jahren nicht einmal ansatzweise bereinigt, sondern durch die Erstreckung auf neue Deliktsbereiche nur immer weiter verschärft wurde, muss sich die Kritik an erster Stelle gegen den Gesetzgeber selbst richten.

1. Bei dessen Arbeit ist es schon für sich genommen misslich, wenn die naive Fehlvorstellung, eine Auslegung, die für ein Tatbestandsmerkmal in seinem ursprünglichen Kontext entwickelt wurde, passe automatisch auch in einem anderen Regelungszusammenhang, zur Übertragung des Merkmals auf Vorschriften führt, in deren Rahmen es nicht sinnvoll justiziabel erscheint. Wäre man hier vielleicht noch geneigt, angesichts der prinzipiellen Fehlbarkeit allen menschlichen Handelns eine gewisse Nachsicht walten zu lassen, so erscheint die Folgeentwicklung grotesk und skandalös:[30] Nicht nur, dass es der Gesetzgeber einfach nur unterlassen hätte, den Fehler zu korrigieren, weil die Angelegenheit gegenüber politisch aktuellen Themen so weit in den Hintergrund getreten wäre, dass für das Problem keine Wahrnehmung mehr bestand. Das Problem war vielmehr ausdrücklich Gegenstand gesetzgeberischer Beratungen, in denen auch auf BGHSt 52, 257 = NJW 2008, 2861 Bezug genommen wurde,[31] also auf eine Entscheidung, in der mit nicht zu übertreffender Deutlichkeit ausgeführt wird, „dass die Fassung von § 244 Abs. 1 Nr. 1 Buchstabe a) StGB missglückt ist“, weil sie „von vornherein keine Auslegung des Begriffs des ‚anderen gefährlichen Werkzeugs‘ zu[lässt], die unter Anwendung allgemeiner und für jeden Einzelfall gleichermaßen tragfähiger rechtstheoretischer

---

[27] Zutr. bereits *Singelnstein/Puschke* NJW 2011, 3473 (3474).

[28] Vgl. bereits *Erb* KriPoZ 2018, 48 (49).

[29] *Fischer* FS Frisch, 2013, 31 (39).

[30] *Fischer* FS Frisch, 2013, 31 (47), bezeichnet die unterbliebene Korrektur der Fehler des 6. StRG als „eine Schande für die Gesetzgebungskunst und ein bitteres Omen für das Gesamtsystem des Strafrechts.“

[31] Vgl. BT-Drs. 17/4143, 7.

Maßstäbe für alle denkbaren Sachverhaltsvarianten eine in sich stimmige Gesetzesanwendung gewährleisten könnte." Wenn der BGH dort weiter von der „Untauglichkeit des vom Gesetzgeber erteilten Auslegungshinweises" und vom Versagen der „Mittel herkömmlicher Auslegungstechnik" spricht,[32] und der Gesetzgeber daraufhin nicht einmal erwogen hat, die am schlichten Mitführen eines „gefährlichen Werkzeugs" anknüpfenden Qualifikationen wieder zu streichen,[33] sondern meinte, die Probleme durch Einführung des minder schweren Falles im heutigen § 244 Abs. 3 StGB kaschieren zu können, um dem Merkmal im Zuge nachfolgender Reformen nochmals erweiterte Anwendungsfelder zu verschaffen, muss man in aller Deutlichkeit sagen: Der heutige Gesetzgeber ist zur Erfüllung seiner Aufgabe, der Strafjustiz ein Regelwerk zur Verfügung zu stellen, das nicht nur aufgrund von Billigkeitserwägungen, sondern auf rechtssicheren Wegen sachgerechte Lösungen ermöglicht,[34] offenbar nicht einmal mehr ansatzweise in der Lage.

2. Nun hat der *Jubilar* treffend aufgezeigt, dass Kritik am „Gesetzgeber" hinsichtlich ihres Adressaten notwendigerweise vage (und schon deshalb idR wenig effektiv) bleibt, weil die Zuschreibung *konkreter Verantwortung* für Fehlleistungen an bestimmte Personen angesichts der Komplexität des Verfahrens, in dem Gesetze entworfen, mit mehr oder weniger großen Modifikationen in die zuständigen Gremien geleitet und schließlich in Kraft gesetzt werden, kaum möglich ist.[35] Wenn der Gesetzgeber selbst bei einem so groben Missgriff wie dem vorliegenden nicht zu einer Korrektur imstande ist, kann des Versagen auch schwerlich bei einzelnen Personen oder Gremien liegen, am allerwenigsten bei den hochqualifizierten Fachjuristen in der Ministerialbürokratie. Hier wird man vielmehr konstatieren müssen, dass das legislatorische Gesamtsystem, das durch ein konstruktives Zusammenwirken von Politikern und Fachleuten gewährleisten soll, dass rechtspolitische Anliegen in regelungstechnisch einwandfreie, einer rechtsdogmatisch stimmigen Anwendung zugängliche Gesetze umgesetzt werden, wohl insgesamt in eine massive Schieflage geraten ist: Anders als zu den Zeiten der Großen Strafrechtsreform vor einem halben Jahrhundert werden die Fachleute von den Politikern offenbar nicht mehr als Berater auf Augenhöhe, sondern als Sekretäre zur möglichst reibungslosen Umsetzung politischer Vorgaben eingesetzt. Um daran etwas zu ändern, wäre vermutlich auf beiden Seiten ein erhöhtes Maß der in anderen Zusammenhängen so häufig beschworenen „Zivilcourage" erforderlich: Fachjuristen in der Ministerialbürokratie müssten öfter den Mut aufbringen, rechtsdogmatisch verquere Ansinnen der politischen Spitze im Sinne eines entschiedenen – fachlich entsprechend begründeten – „Das geht so nicht" zu beantworten, statt sich nach dem Motto „Wir bemühen uns, das irgendwie hinzukriegen" bereitwillig auf die Umsetzung zu konzentrieren. Der Justizminister müsste erstens seine Experten zu einer solchen Arbeitsweise ermuntern und zweitens die Bereitschaft zeigen, in Fraktions- und Kabi-

---

[32] BGHSt 52, 257 (266) = NJW 2008, 2861.

[33] Hierfür als einzige dogmatisch tragfähige Lösung zutr. *Mitsch* NJW 2008, 2865.

[34] Ähnlich bereits *Hettinger* FS Roxin, 2011, 282f.; vgl. auch *Zopfs* GA 2012, 259 (260f.); *Fischer,* 65. Aufl. 2018, StGB § 244 Rn. 61; *Eisele,* Strafrecht BT II, 4. Aufl. 2017, Rn. 203 aE; *Jäger,* Strafrecht BT, 7. Aufl. 2017, Rn. 272 aE.

[35] *Fischer* FS Frisch, 2013, 31 (33ff.).

nettsitzungen notfalls mit der Faust auf den Tisch zu schlagen und darauf zu pochen, dass nicht alles, was politisch attraktiv klingt, sinnvoll in Gesetzesform gegossen werden kann (oder ggf. einen Vorlauf benötigt, der weit über die Legislaturperiode hinausreicht).

IV. Versäumnisse der Rechtsprechung

Die Verantwortung für den Ground Zero, den der Gesetzgeber durch den unbedarften Einsatz des „gefährlichen Werkzeugs" in der Strafrechtsdogmatik hinterlassen hat, liegt aber nicht allein bei diesem. Wenn der BGH zutreffend erkannte und in geradezu erfrischender Deutlichkeit aussprach, dass der Gesetzgeber eine Situation geschaffen hat, in der „die Mittel herkömmlicher Auslegungstechnik" versagen,[36] so muss vielmehr auch er sich die Frage gefallen lassen, warum er so fürsorglich um die „Konzeption des Gesetzes" besorgt war, dass er auf einer Bestimmung der „Gefährlichkeit" beharrte, die „allein auf objektive Kriterien" gestützt wird,[37] und hierdurch die Büchse der Pandora einer unberechenbaren, ggf. jedes Maß und Ziel sprengenden Auslegung öffnete. Warum hat er den Gesetzgeber nicht unter Hinweis darauf, dass eine sachgerechte Konturierung des Merkmals auf andere Weise unmöglich ist, ganz einfach so beim Wort genommen, wie es die subjektive Lösung (→ II.1.a.) tut?

1. Grenzen der Verbindlichkeit gesetzgeberischer Vorstellungen

Die an dieser Stelle zu verzeichnenden Hemmungen des BGH, eine gesetzliche Regelung möglicherweise weitgehend leerlaufen zu lassen (→ II.1.b.), sind auf den ersten Blick verständlich: Natürlich ist es *im Normalfall* methodisch unzulässig, unter mehreren Auslegungsmöglichkeiten einer Norm diejenige zu wählen, die einen solchen Effekt zur Folge hat.[38] Ebenso selbstverständlich sollte die Justiz im Zweifel einer Auslegung den Vorrang geben, die einem eindeutig erkennbaren Willen des Gesetzgebers Rechnung trägt.[39] Diese Grundsätze *herkömmlicher Auslegungstechnik* können aber nur unter zwei Voraussetzungen Verbindlichkeit beanspruchen: Erstens müssen die Tatbestandsmerkmale nach *eben deren Methoden* (die der BGH im vorliegenden Kontext bezeichnenderweise als nicht mehr zielführend bezeichnet hat, s. o.) einer sinnvollen Konkretisierung zugänglich sein. Zweitens darf der Gesetzgeber seine für den Rechtsanwender angeblich verbindlichen Vorstellungen nicht selbst offen konterkarieren, indem er ausdrücklich auf ein Auslegungskonzept (nämlich dasjenige im Rahmen von § 224 Abs. 1 Nr. 2 StGB) verweist, mit dem diese offensichtlich unvereinbar sind. Ist letzteres der Fall, trifft das Verdikt „dog-

---

[36] BGHSt 52, 257 (266) = NJW 2008, 2861.

[37] BGHSt 52, 257 (268f.) = NJW 2008, 2861.

[38] Vgl. BVerfGE 119, 247 (275) = BeckRS 2007, 26561; *Bydlinski,* Juristische Methodenlehre, 2. Aufl. 1991, 444f.

[39] *Pawlowski,* Einführung in die juristische Methodenlehre, 2. Aufl. 2000, Rn. 160ff.; dezidiert *Rüthers/Fischer/Birk,* Rechtstheorie mit juristischer Methodenlehre, 9. Aufl. 2016, § 22 Rn. 717ff.; zusf. Rn. 821.

matisch verfehlt bzw. systemwidrig“[40] nicht speziell den vorgenannten „Auslegungshinweis des Gesetzgebers“,[41] sondern die gesamte Konzeption des Merkmals. Diesen inneren Widerspruch der gesetzlichen Regelung durch eine restriktive Interpretation mit Hilfe subjektiver Kriterien aufzulösen, deren Heranziehung der Gesetzgeber eigentlich vermeiden wollte, kann dem Rechtsanwender nicht verwehrt sein, wenn es nur auf solche Weise möglich ist, dem Merkmal eine dogmatische Kontur zu vermitteln.[42] Das gilt umso mehr, wenn der Weg, in Ermangelung einer konkreten Verwendung des Gegenstands, die herkömmlicherweise über die Gefährlichkeit entscheidet, auf die Vorstellung des Täters über eine *mögliche* Verwendung zurückzugreifen, durch eine der widersprüchlichen Äußerungen des Gesetzgebers geradezu vorgezeichnet erscheint.[43] Vor diesem Hintergrund kann von einem Missbrauch der Auslegung zur Unterlaufung des gesetzgeberischen Willens selbst dann keine Rede sein, wenn dabei ein weitgehender Bedeutungsverlust der Norm zu verzeichnen ist, denn letzteres wäre nur die Konsequenz des Bruches, den der Gesetzgeber durch seine systematisch verfehlte Anlehnung an § 224 Abs. 1 Nr. 2 StGB selbst angelegt hat.

2. *Zum adäquaten Umgang mit legislativer Inkompetenz*

Damit soll keiner allgemeinen Renitenz der Rechtsprechung gegen den Gesetzgeber das Wort geredet werden: Selbstverständlich hat die Justiz das geschriebene Recht anzuwenden und dabei die *rechtspolitischen Entscheidungen* des Gesetzgebers innerhalb des verfassungsrechtlich gesteckten Rahmens zu respektieren (und bei dessen Überschreitung ggf. den in Art. 100 Abs. 1 S. 1 GG vorgesehenen Weg einzuschlagen). Auf der anderen Seite hat der Gesetzgeber gegenüber der Justiz aber die Bringschuld, Vorschriften so zu konzipieren, dass sie eine konsistente und willkürfreie Rechtsanwendung ermöglichen. Eine schlechte Erfüllung dieser Aufgabe, die sich in Form von schwer verständlichen, unsystematischen oder mit Wertungswidersprüchen behafteten Regelungen manifestiert, führt dabei zunächst einmal zu erhöhten Anforderungen an die Justiz, diese Mängel im Rahmen der Auslegung so gut wie möglich auszugleichen. Ist das *technische Konzept* einer Norm wie im vorliegenden Zusammenhang aber so *grundlegend misslungen,* dass solche „Reparaturen“ nicht mehr sinnvoll möglich sind, muss es der höchstrichterlichen Rechtsprechung jedoch unbenommen sein, den Ball notfalls durch die *denkbar restriktivste Auslegung der Vorschrift* an den Gesetzgeber zurückzuspielen (soweit eine solche schlechthin

---

[40] BGHSt 52, 257 (262) = NJW 2008, 2861.

[41] BGHSt 52, 257 (263) = NJW 2008, 2861.

[42] Zutr. *Küper* GS Schlüchter, 2002, 331 (342f.); vgl. ferner bereits *Küper* JZ 1999, 187 (193f.); *Küper* FS Hanack, 1999, 569 (590); allgemein zum Wegfall der Bindung des Rechtsanwenders an den Willen des Gesetzgebers, soweit dessen Berücksichtigung im Rahmen einer systematisch konsistenten Rechtsanwendung nicht möglich ist, *Pawlowski,* Methodenlehre für Juristen, 3. Aufl. 1999, Rn. 415, 430, 438.

[43] Im Übrigen weist *Küper* FS Hanack, 1999, 569 (585f.) mwN, zu Recht darauf hin, dass eine an den Intentionen des Täters orientierte Interpretation des „gefährlichen Werkzeugs“ im Grunde genommen nur eine Wiederbelebung der Auslegung der „Waffe im nichttechnischen Sinn“ darstellt, wie sie bis zur Strafrechtsreform der Jahre 1969–1975 in Rechtsprechung und Schrifttum praktisch allgemeiner Meinung entsprach.

unvertretbar erschiene, wäre wiederum eine Vorlage gemäß Art. 100 Abs. 1 S. 1 GG angezeigt, damit das BVerfG die Vorschrift wegen Verletzung von Art. 103 Abs. 2 GG für nichtig erklärt). Wie verfehlt es ist, statt dessen nur mit einen vagen Appell an den Gesetzgeber zu reagieren, die „Misslichkeiten … gegebenenfalls durch eine adäquate Neufassung des Gesetzes zu beseitigen“,[44] zugleich aber alles daran zu setzen, das Merkmal trotz der erkannten Unmöglichkeit, es „allgemeingültig zu definieren“,[45] irgendwie mit Leben zu erfüllen, zeigt der Doppeleffekt, den der BGH durch die vorliegende Entscheidung erreicht hat: Mit dem lapidaren Verweis auf die Notwendigkeit „weiterer Präzisierungen des Tatbestands durch die Rechtsprechung“, verbunden mit dem geradezu ironisch anmutenden Vorbehalt, soweit dies „nach den anerkannten Auslegungskriterien möglich“ sei[46] (von denen an früherer Stelle der Entscheidung doch ausdrücklich festgestellt wurde, dass sie bei dem Merkmal nicht weiterhelfen![47]), hat er seine – im Rahmen eines Vorlageverfahrens nach § 121 Abs. 2 Nr. 1 GVG besonders bedeutsame – Aufgabe, Rechtssicherheit herzustellen, offen unerfüllt gelassen.[48] Und mit der Antwort des Gesetzgebers, die nur in der bereits genannten (→ III.1.) Einführung eines „minder schweren Falles“ in § 244 Abs. 3 StGB bestand, durch die die Auflösung der dogmatischen Strukturen nur noch weiter befördert wird,[49] kombiniert mit der Eröffnung neuer oder erweiterter Anwendungsbereiche des Merkmals in anderen Vorschriften (→ II.2.), ist hinsichtlich der Gesetzeslage die schlechteste Entwicklung eingetreten, die im vorliegenden Zusammenhang überhaupt möglich (aber keineswegs unvorhersehbar) erschien.

3. *Vergebene Chancen*

Hätte der BGH den Mut gehabt – oder würde er ihn vor dem Hintergrund eben dieser Entwicklung gar im Rahmen einer künftigen Entscheidung doch noch aufbringen –, durch die Wahl der „subjektiven Lösung“ der Konturlosigkeit des lediglich mitgeführten „gefährlichen Werkzeugs“ und dem damit verbundenen Potential grober Ungerechtigkeiten (!) ein Ende zu bereiten, so bestünden zwei Möglichkeiten: Im günstigsten Fall könnte die damit verbundene Botschaft an den Gesetzgeber, dass er mit dem Erlass dogmatischer Schrottnormen wie § 244 Abs. 1a Alt. 2 StGB keinen bloßen Schönheitsfehler begeht, den die Rechtsprechung schon irgendwie ausbügeln wird, sondern im Extremfall erreicht, dass der BGH seine Konzepte leerlaufen lässt, vielleicht zu einem Umdenken in dem → III.2. aE geforderten Sinn führen. Sollte der Gesetzgeber demgegenüber trotz allem keine Bereitschaft zeigen, den Fehler zu korrigieren, so stünde das misslungene Merkmal zwar weiterhin im Gesetz, könnte bei einer Auslegung, die statt einem dogmatisch unkontrollierbaren Wildwuchs lieber eine maximale Reduktion des Anwendungsbereichs in Kauf nimmt, aber immerhin keine Ungerechtigkeiten mehr verur-

---

[44] BGHSt 52, 257 (269) = NJW 2008, 2861.
[45] BGHSt 52, 257 (266) = NJW 2008, 2861.
[46] BGHSt 52, 257 (269) = NJW 2008, 2861.
[47] BGHSt 52, 257 (266) = NJW 2008, 2861, → III.1.
[48] Kritisch insofern auch *Foth* NStZ 2009, 93 (94); *Krüger* JA 2009, 190 (192).
[49] Eindringlich *Hettinger* FS Roxin, 2011, 273 (282f.).

sachen. Eine Befürchtung, in diesem Fall drohe umgekehrt eine unzureichende Sanktionierung erhöht strafwürdiger Verhaltensweisen, wird man angesichts der verbleibenden Anwendbarkeit der Qualifikation bei Nachweis einer einschlägigen Verwendungsabsicht und angesichts des weiten Strafrahmens, der bereits für den Grundtatbestand zur Verfügung steht, kaum ernsthaft vertreten können.

4. *Die Notwendigkeit einer Rückbesinnung des BGH auf seine Aufgaben*

Dass die höchstrichterliche Rechtsprechung solche Möglichkeiten, den Gordischen Knoten zu durchschlagen, ungenutzt lässt, um ihn stattdessen von Fall zu Fall durch Hinzufügung neuer Schlingen, mit denen zugleich immer weitere Fallstricke für die künftige Rechtsanwendung gelegt werden, nur etwas abzupolstern, hat der *Jubilar* bei der Betrachtung anderer Auswirkungen des 6. StRG im Wesentlichen auf zwei Gründe zurückgeführt: Erstens auf die vom Richter als vordringlich empfundene Verantwortung für die konkrete Entscheidung in dem Wissen, „dass für den nächsten Einzelfall jemand anderes *zuständig* ist“, und zweitens auf das „Bemühen, es Gesetz, Staat und System ‚Recht‘ zu machen“.[50] Was den ersten Aspekt betrifft, so bleibt nur der nachdrückliche Appell speziell an die Richter des Bundesgerichtshofs, sich der Doppelfunktion des Revisionsgerichts zur Wahrung der Rechtseinheit neben der Gewährleistung der Einzelfallgerechtigkeit[51] bewusst zu sein. Dabei sollten sie insbesondere bedenken, dass die Herstellung von Rechtssicherheit nicht nur bzw. nicht einmal in erster Linie eine retrospektive Aufgabe in dem Sinn sein kann, Widersprüche zu früheren Entscheidungen tunlichst zu vermeiden. Wichtiger ist vielmehr, die künftige Entwicklung der Rechtsprechung in den Blick zu nehmen, die nur dann einen einigermaßen konsistenten Verlauf nehmen kann, wenn sich der BGH darum bemüht, dogmatische Grundsatzfragen umfassend und zukunftsweisend zu beantworten. Bei einer „Grundsatzentscheidung“, die auf die Vorlage einer seit fast zehn Jahren schwelenden Streitfrage nach § 121 Abs. 2 Nr. 1 GVG ergeht und darauf keine bessere Antwort weiß, als die Einbeziehung „größerer [?] Taschenmesser“ in den Begriff des „gefährlichen Werkzeugs“ zu beschränken und „weitere Präzisierungen des Tatbestands“ der künftigen Rechtsprechung zu überlassen,[52] kann davon schwerlich die Rede sein. Was das Bemühen betrifft, den Ansinnen des Gesetzgebers so umfassend wie möglich Rechnung zu tragen, sollten sich die Richter des Bundesgerichtshofs vor Augen führen, dass ihr Respekt vor der Legislative keine Einbahnstraße sein darf. Hat das höchste ordentliche Gericht in Deutschland die mangelnde Judizierbarkeit einer Vorschrift so deutlich ausgeführt, wie das in BGHSt 52, 257 = NJW 2008, 2861 geschehen ist, und fällt dem Gesetzgeber darauf nichts Besseres ein, als die Bedenken mit der Kreation eines „minder schweren“ Falles unter den Teppich zu kehren, kann die adäquate Antwort des Gerichts auf diese Geringschätzung seiner juristischen Kompetenz kaum darin liegen, mit einem nicht sinnvoll justiziablen Qualifikationstatbestand weiterhin einen scheinbar konstruktiven Umgang zu pflegen. Hätte der BGH an dieser Stelle trotz

---

[50] *Fischer* FS Frisch, 2013, 31 (46), Hervorhebung im Original.
[51] *Meyer-Goßner* in Meyer-Goßner/Schmitt, 60. Aufl. 2017, StPO Vor § 333 Rn. 4.
[52] BGHSt 52, 257 (260, 269) = NJW 2008, 2861.

allem die Sorge, mit einer restriktiven Auslegung des „gefährlichen Werkzeugs" auf der Grundlage der subjektiven Lösung seine Kompetenzen zu überschreiten, wäre als Alternative zwingend eine Vorlage nach Art. 100 Abs. 1 S. 1 GG geboten, denn eine auf zulässige Weise nicht konsistent handhabbare Strafvorschrift verstieße zwangsläufig gegen Art. 103 Abs. 3 GG.[53] Das BVerfG müsste die Vorschriften, die auf das bloße Mitführen eines gefährlichen Werkzeugs abstellen, daraufhin entweder für nichtig erklären oder aber eine verfassungskonforme Auslegung einfordern, wenn es eine solche – die aus den genannten Gründen aber wiederum nur Gestalt einer „subjektiven Lösung" in Betracht käme – für möglich hielte.

V. Zur Rolle der Strafrechtswissenschaft

Auch die Strafrechtswissenschaft hat zur dubiosen Karriere des „gefährlichen Werkzeugs" ihren Teil beigetragen: Obwohl das Merkmal in § 244 Abs. 1 Nr. 1a StGB allgemein als grober dogmatischer Missgriff erkannt wurde, und obwohl es angesichts der vom Gesetzgeber gezogenen Parallele zu § 224 Abs. 1 Nr. 2 StGB naheliegt und vor dem Hintergrund einer andernfalls drohenden Auflösung aller dogmatischen Konturen jedenfalls nicht unvertretbar sein kann, zur Bestimmung der Gefährlichkeit auf eine konkrete Einsatzweise abzustellen, die beim bloßen Mitführen nun einmal nur mit Blick auf die Tätervorstellung erfolgen kann, konnte sich der entsprechende subjektive Ansatz im Schrifttum[54] nicht durchsetzen. Statt dessen überwiegen die Reparaturversuche in Gestalt der unterschiedlichen Varianten „objektiver Lösungen", obwohl diese dem Merkmal allenfalls dann einigermaßen konsistente Konturen vermitteln können, wenn sie in verkappter Form wiederum an dem anknüpfen, was der Täter mit dem Gegenstand nach Lage der Dinge wohl bezwecken wird.[55] Auch hier findet sich also – mangels Entscheidungszwang aus weitaus geringerer Not als in der Rechtsprechung – die Beflissenheit, trotz scharfer Kritik an der Fehlleistung des Gesetzgebers bei der nachfolgenden Arbeit am misslungenen Gesetz möglichst konstruktiv zu agieren,[56] um der dogmatischen Giftpflanze zu einem blühenden Leben zu verhelfen, statt sie so kurz zu halten, wie es nur irgend geht. Dazu ist Folgendes zu bemerken: Es ist zwar richtig, rechtspolitische Kritik und Auslegung des geltenden Rechts sauber voneinander zu trennen. Vorliegend geht es jedoch nicht um die Bewertung des *rechtspolitischen Anliegens,* sondern der *rechtstechnischen Brauchbarkeit* einer Norm. Ist letztere nicht einmal ansatzweise vorhanden, kann die Aufgabe der Wissenschaft noch weniger als diejenige der Rechtsprechung darin bestehen, sich zur Rettung des dogmatisch Unrettbaren an der Quadratur des Kreises zu versuchen. Hätte sich die Strafrechtswissenschaft stattdessen unisono dazu durchgerungen, eine sinnvolle objektive Bestimmung der Gefährlichkeit eines nicht als Nötigungs- oder Verletzungsmittel verwendeten Gegenstands als Ding der Unmöglichkeit zurückzuweisen und deshalb eine subjektive

---

[53] Zutr. im vorliegenden Zusammenhang *Deiters* ZJS 2008, 424 (426f.).
[54] S.o. → Fn. 11.
[55] → II.1.d.
[56] Dazu allgemein bereits *Fischer* FS Frisch, 2013, 31 (42ff.).

Lösung zu etablieren (oder, falls man eine solche für schlechthin unvertretbar hält, auf einer Verfassungswidrigkeit der einschlägigen Vorschriften zu insistieren), wäre vielleicht auch die Grundsatzentscheidung in BGHSt 52, 257 = NJW 2008, 2861 anders ausgefallen – mit den oben IV.3. genannten positiven Konsequenzen, im günstigen Fall sogar für das weitere Verhalten des Gesetzgebers.

VI. Fazit

Das „gefährliche Werkzeug" stellt nicht nur für die Opfer von Gewalttätern eine besondere Bedrohung dar. Durch unsachgemäßen Gebrauch hat es sich vielmehr auch in der Hand des Gesetzgebers als gefährlich erwiesen, nämlich für die dogmatische Konsistenz des Strafrechts und damit für dessen Berechenbarkeit und Sachgerechtigkeit. In Strafjustiz und Strafrechtswissenschaft wurde diese Gefährlichkeit erkannt, aber infolge zu zaghafter Reaktionen nicht gebannt, sondern perpetuiert. Angesichts einer Verschärfung des Problems durch die Karriere, die das „gefährliche Werkzeug" neben § 244 Abs. 1 Nr. 1 a StGB in anderen Bereichen des Strafrechts erlebt hat, gilt für Strafjustiz und Strafrechtswissenschaft weiterhin der Aufruf, sich auf das einzige Gegenmittel zu besinnen, mit dem die Gefahr wirkungsvoll gebannt werden kann – die „subjektive Lösung" zur Bestimmung einer *einsatzbezogenen Gefährlichkeit* in allen Fällen, in denen mangels effektiver Verwendung keine andere Möglichkeit besteht, das von einem Gegenstand ausgehende Verletzungspotenzial sinnvoll zu konkretisieren.

WOLFGANG FRISCH

Strafrecht und Terrorismus

Möglichkeiten und Grenzen eines so genannten präventiven Strafrechts gegen terroristische Straftaten – am Beispiel des § 89a StGB

Mit dem Thema „Strafrecht und Terrorismus" und den Möglichkeiten (und Grenzen) eines präventiven Strafrechts hat sich *Thomas Fischer* in seiner außerordentlich dichten Kommentierung des § 89a StGB intensiv und differenziert beschäftigt.[1] Diese Thematik in einer ihm gewidmeten Festschrift aufzugreifen, lag daher nahe, da auch der Verfasser dieser Zeilen wiederholt über sie nachgedacht, vorgetragen und diskutiert hat.

I. Prolegomena zu Entstehungsbedingungen und Legitimierbarkeit eines so genannten Präventionsstrafrechts

Der eben erwähnte § 89a StGB gilt als (besonders umstrittenes) Beispiel eines neuen Typs von Strafrecht, der seit einiger Zeit in aller Munde ist: das Präventionsstrafrecht – also ein Strafrecht, dessen Ziel es ist, (die eigentlichen) Straftaten schon möglichst effektiv zu verhüten.[2] Die Vorschrift teilt diese Einstufung mit einer Reihe von anderen Vorschriften, deren Zahl in der letzten Zeit sprunghaft angestiegen ist. Im Bereich der terroristischen Straftaten bildet eine schon seit geraumer Zeit bestehende Parallele die Mitgliedschaft in einer terroristischen Vereinigung (§ 129a StGB). Doch gehen die Vorverlagerungen weit über den Bereich der Verhütung terroristischer Straftaten hinaus. Insbesondere aus der Bekämpfung der Cybercrime-Kriminalität, gewisser Formen der Wirtschaftskriminalität und dem Staatsschutzstrafrecht ist diese Form des Strafrechts kaum mehr hinwegzudenken.[3]

---

[1] *Fischer,* 64. Aufl. 2017, StGB § 89a Rn. 2ff., auch Einl. Rn. 12ff. und § 129a Rn. 4ff.

[2] Zum Präventionsstrafrecht allgemein Brunhöber, Strafrecht im Präventionsstaat, 2014; *Kaspar,* Verhältnismäßigkeit und Grundrechtsschutz im Präventionsstrafrecht, 2014; *Müller,* Präventive Freiheitsentziehungen als Instrument der Terrorismusbekämpfung, 2011, 137ff.; *Wohlers,* Deliktstypen des Präventionsstrafrechts, 2000; krit. *Gierhake,* Der Zusammenhang von Freiheit, Sicherheit und Strafe im Recht, 2013, 30ff., 38ff., und passim; mit dem Schwerpunkt auf den Vorbereitungstatbeständen *Puschke,* Legitimation, Grenzen und Dogmatik von Vorbereitungstatbeständen, 2017, 25ff. und passim.

[3] Vgl. dazu etwa *Puschke,* Legitimation, Grenzen und Dogmatik von Vorbereitungstatbeständen, 2017, 16ff., 35ff. (mit Hinweisen auf die europäischen Hintergründe) und S. 419ff.; *Chou,* Zur Legitimität von Vorbereitungsdelikten, 2011, 184ff.; *Gierhake,* Der Zusammenhang von Freiheit, Sicherheit und Strafe im Recht, 2013, 23ff.

Den Hintergrund solchen Strafrechts bilden ein Bedürfnis, eine Annahme und eine Einsicht.

1. *Das Bedürfnis nach Sicherheit vor terroristischen Straftaten*

Das letztlich alles auslösende *Bedürfnis* ist leicht zu erkennen: Es ist das Bedürfnis, bestimmte als unerträglich empfundene Straftaten soweit wie möglich zu verhüten. Dieses Bedürfnis ist bei terroristischen Straftaten besonders groß, zumal angesichts deren neuerer Ausprägung und Dimension. Die Taten richten sich als Bedrohung des Lebens nicht nur gegen das höchste Rechtsgut. Sie verbreiten vor allem auch deshalb weit mehr Angst und Schrecken als frühere terroristische Anschläge, weil sie praktisch jedermann treffen können;[4] setzt doch die mit ihnen verfolgte Demonstration bestimmter Ziele[5] nicht den Zugriff auf bestimmte Personen voraus, sondern kann an beliebigen Opfern erreicht werden. Diese potentielle Betroffenheit von jedermann verleiht den Taten eine neuartige Bedrohungsqualität. Ihre Begehung wie schon die ernsthafte Gefahr ihrer Begehung werden als gravierende Beeinträchtigungen der allgemeinen Sicherheit wahrgenommen. Folge solcher Wahrnehmungen sind nicht selten der Verzicht auf die Ausübung bestimmter Freiheiten – auf die Reise in bestimmte Länder oder das Aufsuchen bestimmter Orte, die mit erhöhter Gefahr verbunden erscheinen.[6] Reaktionen dieser Art signalisieren zugleich ein Bedürfnis nach einem als nicht hinreichend gewährleistet empfundenen Zustand der Sicherheit – und im Hinblick auf die Grundaufgaben des Staates[7] damit: nach zusätzlichen Anstrengungen des Staates zur Gewährleistung eines Mehr an Sicherheit.

2. *Zuständigkeit auch des Strafrechts zur Gewährleistung von Sicherheit*

Dass dieses Bedürfnis das Strafrecht auf den Plan ruft, beruht auf einer hinzukommenden *Annahme:* der Annahme, dass für die Verhütung solcher Sachverhalte, wie sie mit den befürchteten gravierenden Straftaten beschrieben sind, nicht nur das Sicherheitsrecht und die Organe der Polizei zuständig seien,[8] sondern dass auch das

---

[4] S. dazu *Zöller* GA 2010, 607 (613); *Müller,* Der Zusammenhang von Freiheit, Sicherheit und Strafe im Recht, 2013, 2ff.

[5] Zu diesem zentralen Charakteristikum terroristischer Straftaten vgl. etwa *Cancio Meliá* GA 2012, 1 (10f.); *Pawlik,* Der Terrorist und sein Recht, 2008, 12; *Zöller* GA 2010, 607 (617).

[6] Beispielhaft dafür das Reiseverhalten von Deutschen nach den Anschlägen in der Türkei und in Paris oder die Reaktion auf den Anschlag auf den Berliner Weihnachtsmarkt 2016.

[7] Zur Gewährleistung von Sicherheit als zentrale Aufgabe des Staates *Reinhard,* Geschichte der Staatsgewalt, 1999, 351ff.; *Brugger,* Freiheit und Sicherheit, 2004, 12ff., 39ff., 53ff.; *H. Hofmann,* Einführung in die Rechts- und Staatsphilosophie, 4. Aufl. 2008, 135ff., 153ff.; *Zippelius,* Allgemeine Staatslehre, 16. Aufl. 2010, 103ff.; zu einem Grundrecht auf Sicherheit *Isensee,* Das Grundrecht auf Sicherheit, 1983; *Robbers,* Sicherheit als Menschenrecht, 1987; wegen einer Konkretisierung für das Strafrecht vgl. *Frisch* in Gander/Perron ua, Resilienz in der offenen Gesellschaft, 2012, 55ff.

[8] Zu deren primärer Zuständigkeit zB *Bloy* in Bloy/Rackow, Fragmentarisches Strafrecht, 2003, S. 9f. mwN; *Gierhake,* Der Zusammenhang von Freiheit, Sicherheit und Strafe im Recht, 2013, 338ff., 421ff., 456ff.

Strafrecht insoweit einen präventiv wirkenden Beitrag zu leisten habe.[9] Diese Sicht ist zwar nicht unumstritten.[10] Ihr kann aber heute sicherlich nicht mehr einfach die These der so genannten klassischen Strafrechtstheorie in der Zeit des „Schulenstreits" entgegengehalten werden, nach der die Aufgabe des Strafrechts und der Strafe in der Vergeltung des Unrechts oder dem Ausgleich der Schuld des Täters, nicht aber in der Verhütung zukünftiger Taten liegen sollte.[11] Ein solches Verständnis des Strafrechts beruht nicht nur (hinsichtlich der Vergeltung) auf einer problematischen bzw. (hinsichtlich des Schuldausgleichs) auf einer unvollständig formulierten Straftheorie.[12] Es bildet auch ein längst allgemein konsentiertes Verständnis des Strafrechts zu einseitig ab.

Natürlich bezweckt das Strafrecht auch Prävention – und zwar schon mit der Strafe. Die Strafdrohungen wollen nicht nur den Richter nach begangener Tat zur Verhängung der Strafe ermächtigen. Sie sollen vor allem auch potentielle Täter von ihren Taten abhalten.[13] Das ist eindeutig präventionsorientiertes Strafrecht. Aber auch die Bestrafung des Täters nach begangener Tat dient nicht nur dem Schuldausgleich, sondern der Bestätigung der Geltung und Unverbrüchlichkeit des Rechts und damit der Erhaltung der generellen Präventionskraft der Strafgesetze.[14] Eine aus diesen Gründen verhängte Freiheitsstrafe bezweckt überdies, die Gemeinschaft während der Dauer der Strafzeit durch den Freiheitsentzug und für die Zeit danach durch sozialisierende Maßnahmen zu schützen (vgl. nur § 2 StVollzG). Schon die Androhung, die Verhängung und der Vollzug der Strafe stehen damit – zumindest auch – im Dienste der Prävention. Mehr noch gilt das für die Maßregeln der Besserung und Sicherung, die seit Jahrzehnten einen weitgehend anerkannten Teil des Strafrechts bilden.[15] Sie stehen ausschließlich im Dienste der Prävention und versuchen diese durch den Entzug oder die Beschränkung der zur Deliktsbegehung

[9] Davon geht auch die neuere Strafgesetzgebung – gerade zu den §§ 89a ff. StGB, aber auch zur gesamten Pönalisierung von Vorfeldtatbeständen – explizit oder implizit mit großer Selbstverständlichkeit aus, ebenso die Legislative der Europäischen Union.

[10] Aus grundsätzlicher Sicht krit. offenbar zB *Bloy* in Bloy/Rackow, Fragmentarisches Strafrecht, 2003, 9, 13ff. und passim, 27; *Puschke,* Legitimation, Grenzen und Dogmatik von Vorbereitungstatbeständen, 2017, 111ff. (die sich vor allem gegen ein Verständnis von Sicherheit als besonderes vom Strafrecht zu schützendes Rechtsgut wenden); sa *Gierhake,* Der Zusammenhang von Freiheit, Sicherheit und Strafe im Recht, 2013, 34ff.; *Gierhake* ZIS 2008, 397ff.; *Zöller,* GA 2010, 607ff.

[11] Vgl. etwa *Binding,* Grundriß des gemeinen deutschen Strafrechts I, 5. Aufl. 1897, 145ff.; *Birkmeyer* GA 1901, 7ff.; *R. Schmitt,* Die Aufgaben der Strafrechtspflege, 1895, 123ff.

[12] Vgl. etwa BGHSt 20, 40 (42): Zulässigkeit des Schuldausgleichs „nicht um seiner selbst willen, sondern zur Erfüllung der präventiven Schutzaufgabe des Strafrechts"; s. erg. *Frisch* GA 2015, 65 (70f.); *Frisch* in Roxin/Widmaier, BGH-Festgabe aus der Wissenschaft, IV, 2000, 261 (275ff.).

[13] *Frisch* FS Schünemann, 2014, 55 (59) mwN; *Kaspar,* Verhältnismäßigkeit und Grundrechtsschutz im Präventionsstrafrecht, 2014, 386f.; in der Rspr. des EuGH wird dies geradezu als zentraler Zweck der Strafe betont; s. dazu *Satzger,* Die Europäisierung des Strafrechts, 2001, 337f.; *Frisch* GA 2009, 385 (402f.).

[14] So zutr. BGHSt 24, 40 (42, 44f.); aus der Lit. statt vieler *Frisch* in Roxin/Widmaier, BGH-Festgabe aus der Wissenschaft IV, 2000, 269 (278ff.); *Jakobs,* Strafrecht Allgemeiner Teil, 2. Aufl. 1981, 1/10, 11 und 15; *Roxin,* Strafrecht Allgemeiner Teil Bd. I, 4. Aufl. 2006, § 3 Rn. 26ff.

[15] Zu deren Hintergrund vgl. *Frisch* ZStW 94 (1982), 565ff.; zu ihrem Zweck, ihren Voraussetzungen und ihrer Legitimation *Frisch* ZStW 102 (1990), 343ff. mwN.

notwendigen Freiheiten zu erreichen – wie etwa die Sicherungsverwahrung durch den Entzug der äußeren Freiheit.

All das zeigt: Die Feststellung allein, dass bestimmte Strafvorschriften (nur) im Dienste der Verhütung bestimmter Verhaltensweisen stehen, reicht für eine Diskreditierung dieser Vorschriften (als Teil des Strafrechts) nicht aus. Andererseits genügt die Einsicht in eine bereits heute durchaus vorhandene Präventionsorientierung des Strafrechts allein freilich auch nicht schon, um neue präventionsorientierte Tatbestände und Vorschriften zu legitimieren. Dafür bedarf es bei Vorschriften, die – wie die Pönalisierung von Vorbereitungshandlungen – mit neuen Grundrechtseingriffen verbunden sind, vielmehr der Erfüllung weiterer Voraussetzungen.

3. *Erforderlichkeit neuer Vorschriften wegen Ineffizienz der traditionellen Instrumente*

Zu ihnen zählt zunächst die *Erforderlichkeit* neuer Vorschriften von der Art des § 89a StGB zur Erreichung der gewünschten Präventionswirkungen. Sie wird von den Verfechtern des neuen Präventionsstrafrechts explizit wie implizit behauptet[16] und muss, da sie nur schwer zu widerlegen ist, wohl schon als *Einsicht* bezeichnet werden. Das gilt jedenfalls für den Bereich der terroristischen Straftaten.

Das generalpräventive Strafprogramm der eigentlich zu verhindernden Delikte (der terroristischen Anschläge selbst) läuft hier praktisch leer – und das obwohl die Begehung der zu verhütenden Delikte (Straftaten gegen das Leben, Mord) vom Gesetz bereits mit der Höchststrafe belegt ist. Wer sich selbst in die Luft sprengen will oder seinen Tod als Folge der Tat einkalkuliert hat, lässt sich auch durch die Androhung lebenslanger Freiheitsstrafe nicht von seiner Tat abhalten. Nichts anderes gilt für andere hochfanatisierte Täter, wie sie im Bereich der terroristischen Straftaten die Regel bilden.[17] Soweit diese Täter bei ihrer Tat das Leben nicht schon verloren haben und ihnen gegenüber noch ein spezialpräventives Sicherungsbedürfnis besteht, versagt regelmäßig auch die spezialpräventive Strategie der Strafe, da die Identität der Täter häufig unbekannt ist oder diese nicht greifbar sind.

Aus anderen, ebenfalls nicht behebbaren Gründen ineffizient ist das an sich speziell an der Verhütung gravierender zukünftiger Delikte orientierte Programm der vorbeugenden Maßregeln. Die formellen Voraussetzungen für die Anordnung der in erster Linie in Betracht kommenden Sicherungsverwahrung nach § 66 StGB, nämlich hohe Vorverurteilungen wegen bestimmter gravierender Delikte, liegen bei den meisten der als gefährlich eingestuften Personen nicht vor; oft handelt es sich insoweit um strafrechtlich bisher überhaupt nicht oder nur unwesentlich in Erscheinung getretene Personen. Auch die in § 66 StGB geforderte Schlechtprognose lässt sich bei den in Betracht kommenden Personen meist (noch) nicht stellen: Die

---

[16] Vgl. etwa die Gesetzesbegründung zu § 89a StGB, BT-Drs. 16/12428, 1f. unter Hinweis darauf, dass in Fällen von Einzeltätern auch § 129a und § 30 StGB nicht zur Verfügung stehen; s. im Übrigen die Nachw. bei *Hellfeld,* Vorbereitung einer schweren staatsgefährdenden Gewalttat, 2011, 105ff.

[17] Zutr. *Sieber* NStZ 2009, 353; *Kubiciel,* Die Wissenschaft vom Besonderen Teil des Strafrechts, 2013, 229, mwN.

Verdachtsmomente mögen zwar für eine polizeiliche Überwachung ausreichen; für die Anordnung des mit der Sicherungsverwahrung verbundenen langdauernden Freiheitsentzugs genügen sie jedoch in aller Regel nicht. Da es sich insoweit – wie die jüngste heftige Diskussion um die Sicherungsverwahrung zeigt[18] – um rechtsstaatliche Mindestvoraussetzungen dieser Sanktion handelt, kommt auch eine weitere wesentliche Absenkung der Voraussetzungen dieser Sanktion nicht in Betracht. Insbesondere ein langdauernder präventiv orientierter Freiheitsentzug ante delictum wäre sowohl mit der Verfassung als auch mit Art. 5 der Europäischen Menschenrechtskonvention unvereinbar.[19]

Da diese letzteren Vorgaben auch andere staatliche Gewalten als die Strafrechtspflege binden, bedeutet dies zugleich, dass nicht nur die traditionellen Wege des Strafrechts – Verschärfung der für das zu verhindernde Delikt angedrohten Strafen, Erweiterung der Maßregeln – ausscheiden, sondern die erwünschten Präventionseffekte auch durch außerstrafrechtliche (etwa verwaltungs- oder polizeirechtliche) Mittel (Freiheitsentziehungen) nicht erreichbar sind.[20] Praktisch bleibt damit als letzte (nicht nur auf Einsicht und positive Beeinflussung bauende) Möglichkeit der Verhütung terroristischer Straftaten wohl in der Tat nur jene Strategie, auf die der Gesetzgeber des „Präventionsstrafrechts" zunehmend setzt: die Schaffung neuer Tatbestände im Vorfeld der eigentlichen Straftaten, die es uU ermöglichen, über die Ahndung oder die Ermittlung dieser Straftaten die eigentlich zu verhütenden „Hauptstraftaten" zu verhindern.

4. *Vorfeldtatbestände als ultima Ratio des Präventionsstrafrechts*

Diesen Weg hat denn auch der deutsche Gesetzgeber im Jahre 2009 durch die Einfügung der §§ 89a ff. in das StGB beschritten, in denen er eine Reihe von Handlungen im Vorfeld terroristischer Taten als „Vorbereitung von schweren staatsgefährdenden Straftaten" mit (erheblichen) Strafen belegt.[21] Dabei dürfte er für die Erreichung der gewünschten Präventionswirkungen wohl weniger auf die psychisch abhaltende Wirkung schon der Strafdrohungen der neugeschaffenen Vorfeldtatbestände gesetzt haben. Weit mehr scheint es ihm darauf angekommen zu sein, durch die neugeschaffenen Delikte Freiheitsentziehungen zu ermöglichen, die potentiellen Tätern terroristischer Straftaten die Basis zur Durchführung ihrer Taten nehmen,[22]

---

[18] Vgl. nur die zur Sicherungsverwahrung überhaupt krit. Entscheidung des EGMR vom 17.12.2009 NJW 2010, 2495 und die um Eingrenzung bemühte Entscheidung BVerfGE 128, 326ff.; dazu näher *Frisch* FS Würtenberger, 2013, 959 (967ff. mwN).

[19] So auch *Sieber* NStZ 2009, 353 (356); *Müller,* Der Zusammenhang von Freiheit, Sicherheit und Strafe im Recht, 2013, 95f.

[20] Zutr. *Sieber* NStZ 2009, 353 (355f.); eingeh. *Müller,* Der Zusammenhang von Freiheit, Sicherheit und Strafe im Recht, 2013, 82ff.

[21] Vgl. das Gesetz zur Verfolgung der Vorbereitung von schweren staatsgefährdenden Straftaten vom 30.7.2009 (BGBl. 2009 I 2429, 2437), dessen Ziel zugleich die Umsetzung des Art. 7 des Übereinkommens des Europarats zur Verhütung des Terrorismus war (s. die Gesetzesbegründung, BT-Drs. 16/12428, 2, 12); Änderung und Ergänzung der eingefügten Vorschriften durch Gesetz vom 12.5.2015 (BGBl. 2015 I 926).

[22] So auch *Fischer,* 64. Aufl. 2017, StGB § 89a Rn. 8 („aus dem Verkehr" Ziehen bestimmter Personen); *Pawlik,* Der Terrorist und sein Recht, 2008, 35f., 43 und *Sieber* NStZ 2009, 353 (354f.).

sowie durch die Schaffung von Ermittlungsmöglichkeiten beim Verdacht solcher Vorfeldtaten den Ermittlungsbehörden Chancen zur kriminalistischen Verhinderung der etwa bevorstehenden terroristischen Taten zu eröffnen.[23]

In der Literatur hat das Gesetz wegen seiner teilweisen Unbestimmtheit wie wegen dieser durch die Begründung des Gesetzes hindurchschimmernden präventiven Strategie[24] als inakzeptable Vermengung von Strafrecht und Prävention massive Kritik erfahren.[25] Dieser Kritik kann zwar nicht schon darin Recht gegeben werden, dass eine Berücksichtigung von Präventionsüberlegungen bei der Schaffung und Ausgestaltung von Strafvorschriften völlig unzulässig sei – eine solche Fundamentalkritik geht am Grundkonzept eines seit vielen Jahren akzeptierten Strafrechts vorbei (→ 2.). Richtig ist jedoch, dass eine sich allein auf präventive Gedankengänge stützende Argumentation zur Pönalisierung nicht genügt.[26] Die entscheidende Frage ist damit, ob sich für das, was Gesetz geworden ist, wirklich nur die eben skizzierte dezidiert präventive Begründung anführen lässt, oder ob es dafür nicht auch noch andere Gründe gibt, die möglicherweise tragen und an die Stelle der u. U. defizitären Gesetzesbegründung treten können[27] – mag dies auch zu Einschränkungen des Gesetzes zwingen. Die Beantwortung dieser Frage setzt neben einer Vergegenwärtigung des wesentlichen Gesetzesinhalts einen Blick auf das voraus, was die Legitimation von Strafvorschriften wirklich zu tragen vermag.

II. Inhalt und erste Fragwürdigkeiten der §§ 89a ff. StGB

1. Hauptinhalte der neuen Vorschriften

§ 89a Abs. 1 S. 1 des StGB bedroht die *Vorbereitung* einer schweren staatsgefährdenden Gewalttat mit einer Freiheitsstrafe von sechs Monaten bis zu zehn Jahren. Die Vorschrift wird durch weitere Tatbestände ergänzt, welche mit zT gleich hoher, zT abgesenkter Strafdrohung die Aufnahme von Beziehungen zu bestimmten Vereinigungen (§ 89b StGB), das Sammeln und Zurverfügungstellen von Vermögenswerten zur Begehung bestimmter Gewaltdelikte (§ 89c StGB; bis 2015 § 89a Abs. 2

---

[23] Betont auch in der Gesetzesbegründung, BT-Drs. 16/12428, 3 und insbes. 13 und 14f. – *Backes* StV 2008, 654 (660) und *Fischer,* 64. Aufl. 2017, StGB § 89a Rn. 8 vermuten in der Eröffnung von Ermittlungsmöglichkeiten ein wesentliches Ziel des Gesetzes.

[24] Noch stärker *Fischer,* 64. Aufl. 2017, StGB § 89a Rn. 6, der von einer sich ganz „im Bereich der Prävention bewegenden" Gesetzesbegründung spricht.

[25] Krit. zB *Backes* StV 2008, 654ff.; *Beck* FG Paulus, 2009, 15ff.; *Gazeas/Grosse-Wilde/Kießling* NStZ 2009, 593ff.; *Gierhake* ZIS 2008, 397ff.; *Radtke/Steinsiek* ZIS 2008, 383ff.; *Weißer* ZStW 131 (2009), 131ff.; *Zöller* GA 2010, 607ff.; überwiegend zust., wenn auch mit Kritik an Einzelheiten, *Sieber* NStZ 2009, 353ff.; weitgeh. zust. dagegen *Bader* NJW 2009, 2853ff.; *Wasser/Piaszek* DRiZ 2008, 315ff. sowie BGHSt 59, 218ff.

[26] Übereinstimmend *Fischer,* 64. Aufl. 2017, StGB § 89a Rn. 8; *Gierhake* ZIS 2008, 397 (400ff.); *Sieber* NStZ 2009, 353 (355f.); näher → IV. und V. 2.

[27] Zur Maßgeblichkeit des als Gesetz Gewollten (nicht der in den Materialien gegebenen Begründung) vgl. etwa *Enneccerus/Nipperdey,* Allg. Teil des Bürgerlichen Rechts, Bd. I, 15. Aufl. 1959, 329f.; *Engisch,* Einführung in das juristische Denken, 11. Aufl. 2010, 161ff.; *Zippelius,* Juristische Methodenlehre, 11. Aufl. 2012, 19; aus der Rspr. des BVerfG zB BVerfGE 1, 299 (312); 11, 126 (130f.); 13, 261 (268); 20, 238 (253); 133, 277 (348).

Nr. 4 StGB) oder die Verbreitung von Schriften unter Strafe stellen, die als Anleitung zur Begehung von schweren staatsgefährdenden Straftaten dienen könnten (§ 91 StGB).

Als „schwere staatsgefährdende Gewalttaten“ werden dabei in § 89a Abs. 1 S. 2 StGB Straftaten definiert, die sich als Mord oder Totschlag gegen das Leben oder als Erpresserischer Menschenraub oder Geiselnahme gegen die Freiheit richten und „nach den Umständen bestimmt und geeignet sind, den Bestand oder die Sicherheit eines Staates oder einer internationalen Organisation zu beeinträchtigen oder Verfassungsgrundsätze der Bundesrepublik Deutschland zu beseitigen, außer Geltung zu setzen oder zu untergraben“.

Die strafbare Vorbereitung solcher Taten nach § 89a Abs. 1 StGB wird in dessen Abs. 2 auf bestimmte Sachverhalte eingegrenzt – nämlich die Unterweisung oder das Sich-Unterweisen-Lassen in der Herstellung von oder dem Umgang mit Schusswaffen, Sprengstoffen, Spreng- und Brandvorrichtungen oder von sonstigen zur Tatausführung erforderlichen Vorrichtungen oder in sonstigen für die Begehung staatsgefährdender Straftaten dienlichen Fertigkeiten (Nr. 1), die Herstellung, Verschaffung, Verwahrung oder Überlassung entsprechender Waffen, Stoffe und Vorrichtungen (Nr. 2) sowie die Verschaffung von Gegenständen oder Stoffen, die für die Herstellung der genannten Waffen, Stoffe und Vorrichtungen wesentlich sind (Nr. 3). Seit 2015 wird mit sechs Monaten bis zu zehn Jahren Strafe auch bedroht, wer es unternimmt, in einen ausländischen Staat zu reisen, wenn diese Reise dazu dient, eine staatsgefährdende Straftat zu begehen oder vorzubereiten oder bestimmte Unterweisungen zu erhalten (§ 89a Abs. 2a StGB); desgleichen in § 89c StGB die Sammlung, Entgegennahme oder das Zurverfügungstellen von Vermögenswerten, die zur Begehung bestimmter Straftaten verwendet werden sollen – wobei der Kreis der insoweit in Betracht kommenden Taten weit über die staatsgefährdenden Gewalttaten des § 89a Abs. 1 StGB hinaus erweitert worden ist.[28]

2. *Gleichklang der Strafdrohung mit der Sicherungsverwahrung – unzulässiger „Etikettenschwindel“?*

Praktisch wird damit über die Definition bestimmter Vorbereitungshandlungen als Straftaten mit dem Automatismus der Rechtsfolge Strafe die Anordnung einer Freiheitsentziehung ermöglicht, die in ihrem Rahmen durchaus der Sicherungsverwahrung entspricht.[29] Die Barrieren, die im Programm gezielter Spezialprävention, nämlich den vorbeugenden Maßregeln, insbesondere der Sicherungsverwahrung, in Gestalt hoher Vorverurteilungen und einer belastbaren Schlechtprognose der Anordnung der Freiheitsentziehung entgegenstehen, sind damit bedeutungslos geworden. Sie interessieren nicht mehr, weil der Gesetzgeber auf einen anderen Sank-

---

[28] Krit. zu dieser Erweiterung *Puschke* StV 2015, 457ff.

[29] Auf die Parallele zur Sicherungsverwahrung, die im Normalfall auf 10 Jahre befristet ist, haben die kritischen Würdigungen des § 89a StGB wiederholt hingewiesen; vgl. zB *Sieber* NStZ 2009, 353 (355): „verdeckte vorbeugende Sicherungsverwahrung“; *Pawlik,* Der Terrorist und sein Recht, 2008, 35f.; s. auch *Kubiciel,* Die Wissenschaft vom Besonderen Teil des Strafrechts, 2013, 228ff.

tionstyp umgeschaltet hat, in dem für die Zulässigkeit der Freiheitsentziehung hohe Vorverurteilungen keine Rolle mehr spielen und belastbare Schlechtprognosen nicht zu stellen sind.

Das eben Gesagte ist zunächst nur eine Feststellung, noch keine Kritik (zu dieser →III. 3. und →IV.). Zwar mutet es etwas merkwürdig an, dass das, was nach den Legitimationsvoraussetzungen direkter Verbrechensvorbeugung nicht zu erhalten ist, nämlich die langjährige Unterbringung in der Sicherungsverwahrung ohne Vorverurteilungen und fundierte Schlechtprognose, durch das Umschalten auf den Sanktionstyp der Strafe zur Verfügung gestellt werden kann – zumal die materialen Anknüpfungssachverhalte (ein bestimmtes Verhalten des Vorbereitenden) identisch erscheinen. Aber das muss nicht unbedingt gegen die Lösung des Gesetzes sprechen. Die Sanktionierung von Verhaltensweisen durch Strafe und der Zugriff auf Personen zum Zweck der bloßen Verbrechensvorbeugung folgen verschiedenen Legitimationsmustern.[30] Es ist daher nicht ausgeschlossen, dass Zugriffe, die nach dem Legitimationsmuster der vorbeugenden Maßnahmen nicht legitimiert werden können, als Strafen, die auf bestimmte Verhaltensweisen folgen, legitimierbar sind. Freilich, ob das so ist – das bedarf der Untersuchung. Es muss gesichert sein, dass das, was als Strafe für bestimmte Verhaltensweisen vorgesehen ist, den Legitimationsbedingungen staatlichen Strafens genügt. Es darf sich nicht um einen „Etikettenschwindel" handeln, bei dem unter dem Etikett der Strafe ohne Beachtung der Legitimationsbedingungen der Strafe jene Spezialprävention ermöglicht werden soll, die nach den Legitimationsbedingungen direkter Prävention nicht zu haben ist.[31] Die entscheidende Frage ist damit, ob das, was der Gesetzgeber in § 89a StGB (und den ergänzenden Tatbeständen) als Straftat definiert und mit relativ hoher Strafe belegt hat, den Legitimationsgrundsätzen staatlichen *Strafens* entspricht – und zwar dem Grunde wie der Höhe nach.

III. Nicht existenzbedrohende und erörterungsbedürftige Problempunkte des § 89a StGB

1. Nicht durchschlagende Bedenken: Pönalisierung von Vorbereitungshandlungen überhaupt – Unbestimmtheit

Die Erstreckung der Strafbarkeit in das Stadium der Vorbereitung allein steht der Möglichkeit einer Legitimation der Vorschrift freilich noch nicht entgegen. Das deutsche Strafrecht kannte auch vor der Einführung des § 89a StGB schon Pönalisierungen im Vorfeld der eigentlichen Straftaten – etwa die Verbrechensverabredung (§ 30 Abs. 2 StGB), die versuchte Anstiftung zu einem Verbrechen (§ 30 Abs. 1 StGB) und die Mitgliedschaft in einer kriminellen oder terroristischen Ver-

---

[30] Vgl. BVerfGE 128, 326 (376f.) = NJW 2011, 1931 (1937f.; Tz. 104–106 und passim); dazu *Frisch* FS Würtenberger, 2013, 959 (972ff. mwN); s. auch *Gierhake,* Der Zusammenhang von Freiheit, Sicherheit und Strafe im Recht, 2013, 32ff., 247ff. und 396ff.

[31] Gegen einen solchen „Etikettenschwindel" zB *Sieber* NStZ 2009, 353 (355); der Sache nach auch *Fischer,* 64. Aufl. 2017, StGB § 89a Rn. 8.

einigung (§ 129 StGB bzw. § 129a StGB). Eine Reihe dieser Vorverlagerungen lässt sich, zumindest im Kern und dem Grunde nach, legitimieren.[32] Wenn der Gesetzgeber bei dieser Sachlage angesichts des weitgehenden Versagens des normalen strafrechtlichen Schutzprogramms gegenüber schweren terroristischen Straftaten zusätzlichen Schutz vor solchen Taten durch die Pönalisierung etwa strafwürdigen und strafbedürftigen Verhaltens zu gewährleisten versucht, so ist dies wohl nicht schon grundsätzlich zu beanstanden[33] – so wenig freilich andererseits diese formale Parallele allein schon für eine Rechtfertigung des § 89a StGB (und seiner Ergänzungen) genügt.

Nicht überschätzt werden sollte auch der von der Kritik immer wieder erhobene, vom BGH[34] zurückgewiesene Vorwurf der Unbestimmtheit. Denn auch wenn die Vorschrift in bestimmter Hinsicht zu unbestimmt sein mag: Dieser Vorwurf trifft das in § 89a StGB verankerte präventive Strafrecht nicht im Kern. Unbestimmtes kann man durch Nachbesserung bestimmter formulieren, wenn das Konzept material legitimierbar ist – wenn also das, was unter Strafe gestellt ist, wirklich strafwürdig und strafbedürftig ist[35] Das ist dementsprechend das eigentliche Grundsatzproblem der Vorschrift (und ihrer Ergänzungen).

2. *Überprüfungsbedürftige Besonderheiten der Vorverlagerung der Strafbarkeit durch § 89a StGB*

Versucht man dieser Frage nachzugehen, so fällt schnell auf, dass die von der Vorschrift des § 89a StGB erfassten Fälle und die schon früher pönalisierten Vorverlagerungen sich doch in einem unterscheiden. Für die älteren Vorverlagerungen ist fast durchweg charakteristisch, dass der Handelnde durch sein Verhalten eine Gefahr geschaffen oder erhöht hat, die leicht eine gewisse Eigendynamik entfaltet und nicht mehr voll der Herrschaft des sich so Verhaltenden unterliegt. So liegt es etwa beim Versuch der Anstiftung eines anderen zu einem Verbrechen, bei der Verbrechensverabredung, aber auch der Mitgliedschaft in kriminellen oder terroristischen

---

[32] Allgemein zur Beurteilung der Vorverlagerung der Strafbarkeit und deren Legitimierbarkeit (mit Unterschieden) *Jakobs* ZStW 97 (1985), 751ff.; *Chou,* Zur Legitimität von Vorbereitungsdelikten, 2011, insb. S. 27ff., 115ff., 147ff., 184ff., 216ff.; *Gierhake,* Der Zusammenhang von Freiheit, Sicherheit und Strafe im Recht, 2013, 180ff.; *Hellfeld,* Vorbereitung einer schweren staatsgefährdenden Gewalttat, 2011, 117ff.; *Kubiciel,* Die Wissenschaft vom Besonderen Teil des Strafrechts, 2013, 227ff.; *Paeffgen* FS Amelung, 2009, 81, 103ff.; *Rackow* FS Maiwald, 2010, 615ff.; *Steinsiek,* Terrorabwehr durch Strafrecht?, 2012, insb. S. 113ff., 151ff., 311ff., 425ff.; umfassend zuletzt *Puschke,* Legitimation, Grenzen und Dogmatik von Vorbereitungstatbeständen, 2017, 10ff., 19ff., 49ff. und passim.

[33] Zutr. *Puschke,* Legitimation, Grenzen und Dogmatik von Vorbereitungstatbeständen, 2017, 154 m. differenzierenden Ergebnissen S. 416ff.; *Hellfeld,* Vorbereitung einer schweren staatsgefährdenden Gewalttat, 2011, 121ff.; zT übereinstimmend *Chou,* Zur Legitimität von Vorbereitungsdelikten, 2011, 181f., 216ff.; aA *Gierhake,* Der Zusammenhang von Freiheit, Sicherheit und Strafe im Recht, 2013, 197ff., 456.

[34] Vgl. BGHSt 59, 218 (221ff.) und dazu (überwiegend krit.) *Mitsch* NJW 2015, 209ff.; *Puschke* StV 2015, 457ff.; *Zöller* NStZ 2015, 373ff.; iS einer Bestätigung BGH NJW 2017, 2928 (2931) mit krit. Anm. *Puschke* NJW 2017, 2932f.

[35] Zu Strafwürdigkeit und Strafbedürftigkeit als Grundvoraussetzungen legitimen staatlichen Strafens *Frisch* GA 2017, 364ff. mwN; *Kaspar,* Verhältnismäßigkeit und Grundrechtsschutz im Präventionsstrafrecht, 2014, 254ff.

Vereinigungen.[36] Hier ist m. a. W. bereits eine von der Person des Täters gelöste, durch ihn nicht mehr voll beherrschbare Gefahr für Rechtsgüter geschaffen oder erhöht worden, die durchaus als Grund für eine Pönalisierung taugt. § 89a StGB betrifft demgegenüber überwiegend Verhaltensweisen, die als solche noch keine vom Handelnden gelöste Gefahr begründen, sondern von ihm selbst erst noch weitergeführt werden müssen, um zu wirklichen Rechtsgütergefährdungen und -beeinträchtigungen zu führen.[37] Ob bei dieser Sachlage, zumal wenn man den Handelnden als eine zu freier vernünftiger Entscheidung fähige Person ansehen muss, bereits ein strafwürdiges und strafbedürftiges Verhalten vorliegt, ist durchaus nicht selbstverständlich und bedarf doch jedenfalls einer sehr intensiven Begründung.[38]

Das gilt umso mehr, als die in § 89a StGB aufgelisteten Verhaltensweisen als solche überwiegend eher sozialadäquat oder neutral sind – angefangen beim Erwerb von Kenntnissen oder Fähigkeiten über den Erwerb von Gegenständen, die freilich deliktisch umfunktioniert werden können (zB ein Wecker als Zünder der Bombe) bis hin zum (jetzt in § 89c StGB sanktionierten) „Ansammeln von Geld".[39] Im Grunde ist es bei dieser Sachlage überhaupt erst und allein die subjektive Einstellung der handelnden Person, die deren Verhalten zu einem strafwürdigen und strafbedürftigen Verhalten macht bzw. machen kann.[40] Es ist verständlich, dass der BGH bei dieser Sachlage zur Rechtfertigung der Strafbarkeit doch zumindest ein starkes subjektives Datum fordert. Nicht ausreichen könne das, was nach dem Wortlaut der Vorschrift eigentlich genügt – nämlich ein bloßer dolus eventualis in Richtung auf die spätere Begehung der Gewalttat. Erforderlich sei vielmehr, dass der Handelnde bei seinem Verhalten zur späteren Gewalttat bereits fest entschlossen ist.[41] Das ist als Beitrag zu einer Restriktion der objektiv konturenschwachen Vorschrift

[36] Vgl. dazu aus der Rspr. (zT zu § 129) BGHSt 28, 147 (148f.); 41, 47 (51); BGH NJW 1992, 1518; aus der Lit. zB *Backes* StV 2008, 654 (659); *Gierhake* ZIS 2008, 397f.; *Rudolphi* FS Bruns, 1978, 315 (320); *Radtke/Steinsiek* JR 2010, 107 (108); *Weißer* ZStW 121 (2009), 131 (136); *Zöller* GA 2010, 607 (617f. mwN).

[37] Auf den Unterschied weisen auch *Gierhake* ZIS 2008, 397 (405); *Puschke* StV 2015, 457 (462) und *Zöller* GA 2010, 607 (618) hin. Krit. insoweit *Kubiciel,* Die Wissenschaft vom Besonderen Teil des Strafrechts, 2013, 241f.

[38] *Zöller* GA 2010, 607 (618) und *Gierhake* ZIS 2008, 397 (402, 405); s. auch *Gierhake,* Der Zusammenhang von Freiheit, Sicherheit und Strafe im Recht, 2013, 294f. sehen eine solche als nicht leistbar an; ähnlich *Müller,* Präventive Freiheitsentziehungen als Instrument der Terrorismusbekämpfung, 2011, 195, 208; krit. gegenüber dieser Kritik *Kubiciel,* Die Wissenschaft vom Besonderen Teil des Strafrechts, 2013, 240f.

[39] In der Beurteilung der meisten in § 89a Abs. 2 aufgelisteten Verhaltensweisen ebenso *Fischer,* 64. Aufl. 2017, StGB § 89a Rn. 35: „an sich neutrale Handlungen"; *Sieber* NStZ 2009, 353 (355): „Alltagshandlungen"; *Radtke/Steinsiek* ZIS 2008, 383 (388f., 392f.); im Grundsatz auch BGHSt 59, 218 (238f.); relativierend aber *Kubiciel,* Die Wissenschaft vom Besonderen Teil des Strafrechts, 2013, 246f. und *Hellfeld,* Vorbereitung einer schweren staatsgefährdenden Gewalttat, 2011, 126f., 151ff.

[40] Zutr. *Fischer,* 64. Aufl. 2017, StGB § 89a Rn. 36; *Paeffgen* in NK-StGB, 5. Aufl. 2017, StGB § 89a Rn. 43, 50, 58; *Radtke/Steinsiek* ZIS 2008, 383 (392f.); allgemein zur Problematik solcher nur auf Interna des Täters gestützten Strafbarkeitsbegründungen *Jakobs* ZStW 97 (1985), 751 (761).

[41] BGHSt 59, 218 (239f.); so zuvor schon *Paeffgen* in NK-StGB, 4. Aufl. 2011, StGB § 89a Rn. 22f. (5. Aufl. Rn. 28ff.); *Sieber* NStZ 2009, 353 (361).

an sich zu begrüßen[42] – auch wenn das Verhältnis dieses Erfordernisses zu den herkömmlichen Vorsatzformen etwas unklar bleibt[43] und die schwierige Nachweisbarkeit dieses subjektiven Datums[44] die Möglichkeit einer Verurteilung nach § 89a damit zu einem Ausnahmefall machen dürfte[45]. Die Frage ist freilich, ob diese Einschränkung des § 89a StGB genügen kann.[46]

IV. Mängel der gesetzlichen Unrechtsbegründung bei § 89a StGB im Blick auf das Tatschuldprinzip

Zur Beantwortung dieser Frage und damit zur grundsätzlichen Überprüfung des § 89a StGB empfiehlt es sich, von den bisherigen etwas vagen Kriterien der Strafwürdigkeit und Strafbedürftigkeit auf einen diese Kriterien präzisierenden schärferen Maßstab überzugehen. In einem Tatschuldstrafrecht, wie es das deutsche Strafrecht – auch aus verfassungsrechtlichen Gründen – ist,[47] bildet diesen Maßstab das Schuldprinzip. Dieses enthält auch Aussagen über gewisse Grundanforderungen an das Verhalten, das dem Täter vorgeworfen und dessentwegen er bestraft wird. Der in der Strafe liegende gravierende sozialethische Tadel setzt – gerade auch nach der Rechtsprechung des Bundesverfassungsgerichts – voraus, dass das, was die zu bestrafende Person begangen hat, gravierendes Unrecht ist.[48] An diesem aus verfassungsrechtlichen Gründen unverrückbaren Maßstab muss sich auch die Vorverlagerung der Strafbarkeit auf Vorbereitungshandlungen in § 89a StGB messen lassen.

1. Das Gewicht der zu verhindernden Taten – eine tragfähige Begründung für gewichtiges gegenwärtiges Unrecht?

Misst man § 89a StGB (oder dessen Ergänzungen) an diesem Maßstab, so können Zweifel aufkommen, ob die Vorschrift in ihrem jetzigen Bestand den Anforderungen legitimen und maßvollen Strafens genügt. Natürlich sind die Taten, welche die Vorschrift verhindern will, also die eigentlichen Gewalttaten, schwerstes Unrecht. Aber diese Taten sind ja noch nicht begangen worden, sondern liegen – wenn sie überhaupt begangen werden – noch in einiger Ferne; ihretwegen kann in

---

[42] Für den Fall einer Tat, die der Täter selbst durchführen soll, zust. *Puschke* StV 2015, 457 (462f.); *Puschke,* Legitimation, Grenzen und Dogmatik von Vorbereitungstatbeständen, 2017, 363f.; krit. dagegen *Mitsch* NJW 2015, 209 (211); *Zöller* NStZ 2015, 373 (377f.).

[43] Zutr. *Fischer,* 64. Aufl. 2017, StGB § 89a Rn. 9a, 39f.

[44] *Puschke* StV 2015, 457 (462); *Mitsch* NJW 2015, 209 (211).

[45] *Mitsch* NJW 2015, 209 (211); *Zöller* NStZ 2015, 373 (378).

[46] So auch die – insoweit zutr. – Kritik an der Entscheidung, vgl. etwa *Fischer,* 64. Aufl. 2017, StGB § 89a Rn. 39f.; *Mitsch* NJW 2015, 209 (211f.); *Zöller* NStZ 2015, 373 (378f.).

[47] Zur Verankerung des Schuldprinzips im Rechtsstaatsprinzips vgl. BVerfGE 20, 323 (331); 80, 109 (120); wegen der Querverbindung zur Menschenwürde vgl. BVerfGE 25, 269 (285); iS einer Zurückführung auf beides BVerfGE 130, 1 (28).

[48] Vgl. dazu BVerfGE 20, 323 (331); 25, 269 (286); 27, 18 (29); 34, 261 (267); 41, 121 (125); 45, 187 (259f.); 50, 205 (214f.); 120, 224 (241); 133, 168 (199); näher dazu auch *Frisch* NStZ 2013, 249ff.; *Frisch* NStZ 2016, 16 (21f.); *Kubiciel,* Die Wissenschaft vom Besonderen Teil des Strafrechts, 2013, 247ff.

einem Tatstrafrecht also nicht bestraft werden. Bestraft werden kann allein wegen jenes Verhaltens, das bisher vorliegt. Dieses ist auch nicht etwa schon ein Teil der für irgendwann geplanten Tat – sondern ihr regelmäßig weit vorgelagert.

Konzentriert man sich nun allein auf das, was bisher vorliegt, so hat man es rein äußerlich nicht selten mit Verhaltensweisen zu tun, die keineswegs besonders problematisch sind – der Erwerb von Kenntnissen und Fähigkeiten, das Ansammeln von Vermögen, die Ausreise aus der Bundesrepublik Deutschland, die Verschaffung von Gegenständen, die auch im täglichen Leben verwendet werden, die man aber natürlich auch zur Begehung terroristischer Taten umfunktionieren kann. Viele dieser Verhaltensweisen sind als solche noch nicht einmal ausdrücklich verboten,[49] und wenn ihre Vornahme an gewisse Bedingungen geknüpft sein sollte, würden wir deren Nichterfüllung meist als harmloses, kaum als gravierendes Unrecht ansehen. Wie bei dieser Sachlage das Verhalten einer Person zu gravierendem, strafbarem Unrecht werden soll, wenn die Person es zum Zweck der Vorbereitung einer späteren Gewalttat vornimmt, ist durchaus nicht selbstverständlich, sondern dogmatisch überaus begründungsbedürftig.[50]

2. *Subjektives als Begründung für gewichtiges Unrecht? – Unzureichende Ansätze*

Bei dem Versuch einer Begründung dessen sollte man sich nicht mit so einfachen (und auch unspezifischen) Erklärungen wie der zufrieden geben, dass über die Qualität eines Verhaltens nicht nur dessen objektive, sondern auch die subjektive Seite entscheide. Die Entscheidung des Täters und dessen Vorhaben allein sind nicht in der Lage, den Inhalt des objektiven Rechts und der Rechtsverhältnisse zu ändern,[51] sondern vermögen dies nur, soweit sich eine solche Änderung nach darzulegenden (rechtsimmanenten) Prinzipien begründen lässt. Dass der, der an sich neutral oder harmlos erscheinende Handlungen in der hier interessierenden Einstellung oder Zwecksetzung vornimmt, damit gravierendes Unrecht verwirklicht, muss sich also überzeugend aus dem Recht selbst heraus erklären lassen. Es setzt voraus, dass der Handelnde mit seinem Handeln trotz dessen anscheinender Unverfänglichkeit in Wahrheit doch gegen prinzipiell begründbare Anforderungen des Rechts verstößt (die durch das positive Recht nur aufgenommen und ausgewertet werden).

Aus diesem Grund verfängt auch die vielleicht naheliegende Parallele zu einer angeblich vergleichbaren Bedeutung des Subjektiven bei den Absichtsdelikten[52] oder zur Strafbarkeit des (nur wegen der subjektiven Tatseite strafbaren) untauglichen Versuchs nicht. Denn dort geht es entweder schon im Ausgangspunkt um eindeutig unrechtes Verhalten, aus dem mit Hilfe bestimmter Absichten nur der

---

[49] Das sieht auch der BGH, vgl. BGHSt 59, 218 (238); aus der Lit. zB *Fischer,* 64. Aufl. 2017, StGB § 89a Rn. 38; *Sieber* NStZ 2009, 353 (355).

[50] Soweit das Verhalten schon (zB wegen des Verstoßes gegen waffenrechtliche Bestimmungen) verboten ist, lautet die entscheidende Frage, ob die Einbettung in den Kontext des § 89a StGB eine etwaige deutliche Straferhöhung trägt.

[51] In der Sache übereinstimmend *Gierhake* ZIS 2008, 397 (401).

[52] Vgl. die Argumentation von BGHSt 59, 218 (232f.); ansatzweise auch *Sieber* NStZ 2009, 353 (360) und *Hellfeld,* Vorbereitung einer schweren staatsgefährdenden Gewalttat, 2011, 127.

strafwürdige Kern herausgeschält wird – wie bei Diebstahl oder Betrug. Oder es geht um Verhalten, bei dem sich – wie im Falle des untauglichen Versuchs – materiale Rechtsgründe dafür angeben lassen, Verhalten, das aus der Perspektive des Täters direkt zu Rechtsgutsbeeinträchtigungen führt oder führen kann, zu verbieten und ggf. zu bestrafen.[53] Das dort material Begründbare lässt sich nicht einfach unter Absehen von der dortigen materialen Begründung durch den schlichten formalen Hinweis auf das hier wie dort relevante Subjektive zur Begründung des Unrechtscharakters und der Strafbarkeit von weit im Vorfeld des eigentlichen Unrechts liegenden Handlungen verwenden, die im Hinblick auf spätere unrechte Taten vorgenommen werden. Insoweit bedarf es vielmehr spezifischerer, materialer Begründungen.

3. Begründung gewichtigen Unrechts aus der Gefährlichkeit?

Der durchaus erwägenswerte Gedanke, die in solcher Einstellung handelnde Person verstoße mit ihrem Verhalten schon gegen das allgemeine Gebot, Handlungen zu unterlassen, die für die Rechtsgüter anderer gefährlich sind, führt dabei freilich nicht weiter – so sehr sich ein solches Prinzip natürlich begründen lässt. Es wäre überzogen, behaupten zu wollen, dass es sich beim Erwerb bestimmter Kenntnisse oder Fähigkeiten, dem Ansammeln von Vermögen und Ähnlichem in bestimmter Einstellung um per se gefährliche (dh Rechtsgüter in Gefahr bringende) Verhaltensweisen handele.[54] Gefährlich ist nicht das Verhalten als solches, gefährlich ist allein der Handelnde, dessen Gefährlichkeit sich in bestimmten, diese Gefährlichkeit uU belegenden Handlungen manifestiert.[55] Diese Gefährlichkeit reicht aber allenfalls für ein Täterstrafrecht, nicht für ein Tatstrafrecht als Grund der Bestrafung aus.

---

[53] Für die Rechtsordnung ist das deshalb rational (und zum Güterschutz notwendig), weil sich in der Gesamtklasse der Fälle, in denen der Täter eine Rechtsgutsbeeinträchtigung annimmt, eben nicht nur Sachverhalte der objektiven Untauglichkeit, sondern auch solche der Tauglichkeit des Handelns befinden, und es daher – mangels weiterer Differenzierungsmöglichkeit auf der Ebene des Verbotsadressaten – im Interesse des Rechtsgüterschutzes sinnvoll und geboten erscheint, das Verhalten bei entsprechenden Annahmen des vor der Handlung Stehenden zu verbieten.

[54] Auch nicht um abstrakt gefährliche Verhaltensweisen; zum Unterschied der hier interessierenden Verhaltensweisen und abstrakt gefährlicher Verhaltensweisen *Puschke,* Legitimation, Grenzen und Dogmatik von Vorbereitungstatbeständen, 2017, 319ff. (323, 331ff., 336); auch *Gierhake,* Der Zusammenhang von Freiheit, Sicherheit und Strafe im Recht, 2013, 294f. (296).

[55] Ebenso *Fischer,* 64. Aufl. 2017, StGB § 89a Rn. 39; ähnlich *Radtke/Steinsiek* ZIS 2008, 383 (392f.); *Steinsiek,* Terrorabwehr durch Strafrecht?, 2012, 242ff.; s. auch *Sieber* NStZ 2009, 353 (363f.); *Weißer* ZStW 121 (2009), 131 (149) und allgemein *Heinrich* ZStW 121 (2009), 94 (123ff.) – Auch die Begründung des Gesetzes selbst spricht nicht von gefährlichen Taten, sondern von „sehr gefährlichen Tätern" (BT-Drs. 16/12428, 2) und davon, dass diesen gegenüber „unter Sicherheitsaspekten eine Vorverlagerung des Strafrechtsschutzes geboten" sei (BT-Drs. 16/12428, 1).

V. Voraussetzungen für das Gegebensein von Handlungs- und Erfolgsunrecht in § 89a StGB

1. Überschreitung der Handlungsfreiheit durch Handlungen mit eindeutigem deliktischen Sinnbezug

Die Rechtsordnung kann freilich im Interesse der Güter und Freiheiten anderer Rechtspersonen nicht nur für diese direkt gefährliche Handlungen verbieten. Sie kann Personen, die sie wegen ihrer verbrecherischen Pläne allein sicher nicht bestrafen kann, auch verbieten, dass sie sich das Potential zur Durchführung der verbrecherischen Pläne verschaffen oder ihr verfügbares Gefährdungspotential (bzw. das Gefährdungspotential entsprechend Entschlossener) erhöhen. Zu diesem Zweck können auch Handlungen verboten werden, die an sich unverfänglich erscheinen und deshalb außerhalb eines verbrecherischen Kontextes gestattet sind, wenn diese allein dem Zweck dienen, die Voraussetzungen für die Durchführung schwerster Straftaten zu schaffen. Denn im Falle eines solchen eindeutigen deliktischen Sinnbezugs bewegen sich die entsprechenden Handlungen außerhalb der rechtlich anerkannten Handlungsfreiheit: Sie missbrauchen die Freiheit zu bestimmten Handlungen zu Zwecken, für die diese Freiheit nicht gewährt (zuerkannt) ist, und sind damit dem Grunde nach ebenso missbilligt wie die missbilligten direkt gefährlichen Handlungen, auf deren Ermöglichung sie ausgerichtet sind.[56] Der so Handelnde verwirklicht damit Handlungsunrecht.

2. Negative Auswirkungen solchen Handelns auf Handlungsfreiheit und Sicherheitswahrnehmung anderer Bürger

Es besteht aber auch Grund, solche Verhaltensweisen, die das Gefährdungspotential von zu terroristischen Straftaten entschlossenen Personen erhöhen, nicht nur zu verbieten, sondern unter Strafe zu stellen. Zwar lässt sich dies nicht einfach auf die Straftaten zu stützen, die der um die Erlangung gewisser Kenntnisse und Fähigkeiten oder bestimmter Gegenstände Bemühte (oder Gleichgesinnte) demnächst zu begehen gedenkt(en) und die durch das Mittel der Bestrafung verhütet werden sollen.[57] Denn auf diese Weise ließen sich, gestützt auf die Geeignetheit und Erforderlichkeit der Bestrafung solchen Verhaltens zur Verhütung der etwa drohenden ei-

[56] Zur Missbilligung und Verbietbarkeit von Verhaltensweisen mit eindeutigem deliktischen Sinnbezug vgl. *Frisch,* Tatbestandsmäßiges Verhalten und Zurechnung des Erfolgs, 1988, S. 280ff.; *Frisch* FS Lüderssen, 2002, 539 (544ff.); *Jakobs* ZStW 89 (1977), 1 (23ff.); *Jakobs* GA 1996, 253 (263ff.); *Freund,* Strafrecht Allgemeiner Teil, 2. Aufl. 2009, § 10 Rn. 138ff.; *Hellfeld,* Vorbereitung einer schweren staatsgefährdenden Gewalttat, 2011, 154f., 160ff.; *Kubiciel,* Die Wissenschaft vom Besonderen Teil des Strafrechts, 2013, 254f.; *Lesch* JR 2001, 387f.; *Sieber* NStZ 2009, 353 (358f., 361); *Wohlers,* Deliktstypen des Präventionsstrafrechts, 2000, 355ff. – Der Gedanke liegt auch dem geltenden Recht zugrunde und wird in der Unrechtskonstitution und Strafbarkeit der Teilnahme vorausgesetzt und trägt diese; im Rahmen der Beurteilung an sich neutraler Handlungen als strafbare Beihilfe wird er der Sache nach auch von der Rspr. (vgl. zB BGHSt 46, 107 (113ff.); BGH NStZ 2000, 34) und der Lit. (vgl. *Roxin* in LK-StGB, 11. Aufl. 1992, StGB § 27 Rn. 17ff.) herangezogen (näher *Frisch* FS Lüderssen, 2002, 539 (544ff.)).

[57] So freilich die hauptsächliche Argumentation der Gesetzesbegründung zu § 89a StGB; vgl. BT-Drs. 16/1248, 1f.; zu anklingenden anderen Aspekten s. noch unten Fn. 59.

gentlichen Straftaten, allenfalls zweckrationale Voraussetzungen der Strafbarkeit begründen – nicht aber auch, dass das in Frage stehende Verhalten schon *als solches gravierendes strafwürdiges Unrecht* darstellt.[58] Das lässt sich vielmehr nur sagen, wenn man ein derartiges Verhalten schon als solches wegen der mit ihm selbst verbundenen negativen Folgen für die Gemeinschaft und ihre Mitglieder als unerträgliche Zumutung und Beeinträchtigung von Rechtsgütern (Freiheiten) qualifizieren kann. Andererseits muss das, wenn es sich begründen lässt, für das Verbot und die Bestrafung des im Blick auf die etwaigen späteren terroristischen Taten nur als Vorbereitung einstufbaren Verhaltens freilich auch dem Grunde nach genügen.

Diese Voraussetzung schon der sozialen Unerträglichkeit des wegen eindeutigen deliktischen Sinnbezugs verbotenen Verhaltens als solchen dürfte in den hier interessierenden Fällen des § 89a StGB wohl meist erfüllt sein. Verhalten der hier beschriebenen Art kann in komplexen Gesellschaften mit für deren Mitglieder unerträglichen Fernwirkungen verbunden sein. Tatsächlich lösen ja nicht erst verübte Anschläge Furcht und Schrecken aus und führen zu vielfältigsten Verhaltensveränderungen und damit verbundenen Freiheitsverlusten. Auch der Umstand, dass Personen zur Ausführung der von ihnen geplanten schweren Gewalttaten Gefährdungspotentiale anhäufen, ohne dass solchem Freiheitsmissbrauch, der irgendwann schwerste Taten befürchten lässt, vom Staat durch strafbewehrte Verbote entgegengewirkt wird, verunsichert viele Menschen, lässt sie auf Freiheitsausübungen verzichten und untergräbt letztlich die Glaubwürdigkeit des Staates als schützende Institution und das Vertrauen der Bürger in diese Institution[59] – kurzum: beeinträchtigt die Sicherheit der Bürger als unverzichtbare Bedingung realer gesellschaftlicher Freiheit.[60] Ein Staat, der ein Raum der Freiheit, der Sicherheit und des Rechts sein will[61] (und nach seinem Zweck auch sein sollte), muss diese Sorgen

---

[58] Aus diesem Grunde fasst auch die Prüfung der Verfassungsmäßigkeit des § 89a durch den BGH zu kurz, die sich im Rahmen der Prüfung der Verhältnismäßigkeit i. e. S. im Wesentlichen auf die Hervorhebung des großen Gewichts der bedrohten Rechtsgüter und die Anführung von zahlreichen weiteren Beispielen von Vorverlagerungen beschränkt (BGHSt 59, 218 (228ff.)), es aber versäumt, deutlich zu machen, warum und unter welchen Voraussetzungen die Vornahme bestimmter Vorbereitungsmaßnahmen für u. U. noch in erheblicher Ferne liegende Taten *schon jetzt gravierendes Unrecht* darstellen soll, insbes., wenn der Eintritt der Beeinträchtigung noch von weiterem Handeln des Vorbereitenden selbst abhängt (krit. gegenüber der bloßen Berufung auf die Gefahr in der Gesetzesbegründung schon *Gierhake* ZIS 2008, 397 (398f.); s. dazu auch *Sieber* NStZ 2009, 353 (359f.)).

[59] Im Ansatz ist dies auch von der Gesetzesbegründung erkannt (vgl. BT-Drs. 16/12428, 14: Beeinträchtigung der inneren Sicherheit des Staates durch die „Erschütterung des Vertrauens der Bevölkerung, vor gewaltsamen Einwirkungen in ihrem Staat geschützt zu sein"; ebenso BGHSt 61, 36 (38f.); BGH NJW 2017, 2928 (2930) mAnm *Puschke*). Freilich ist in der Begründung nicht klar gesehen, dass hierin die – auch für die Höhe der Strafdrohung (unten VI. 2.) – maßgebliche Rechtsgutsbeeinträchtigung liegt. Stattdessen werden diese maßgebende Rechtsgutsbeeinträchtigung und die Prävention der in einiger Ferne liegenden Taten, die zur Begründung der *Straf*barkeit *nicht* ausreicht (sondern – begrenzt – nur im Maßregelkontext trägt) hoffnungslos miteinander vermengt.

[60] In der Sache übereinstimmend *Kubiciel,* Die Wissenschaft vom Besonderen Teil des Strafrechts, 2013, 237 (254f.); iS einer allgemeinen Fundierung auch *Kindhäuser,* Gefährdung als Straftat, 1989, 279ff., 282ff.; *Jakobs* ZStW 97 (1985), 751 (775ff.); s. ferner *Sternberg-Lieben* in Schönke/Schröder, 29. Aufl. 2014, StGB § 89a Rn. 1c (e.E.).

[61] So das Credo der Europäischen Union in Art. 3 Abs. 2 EUV.

ernstnehmen und (auch) durch Strafe dafür sorgen, dass die solche Verunsicherung und Freiheitseinschränkungen auslösenden Handlungen unterbleiben und Personen, die gleichwohl so handeln, für das anderen und der Gemeinschaft Zugemutete verantwortlich gemacht werden. Sind andererseits diese Voraussetzungen nicht erfüllt, so haben die dem nicht genügenden Verhaltensweisen aus dem Bereich des strafbaren Verhaltens (nach § 89a StGB) auszuscheiden.

3. Relevanz des Subjektiven für die objektiven Auswirkungen und die objektive Qualität des Handelns

Die vorstehend betonte Eignung des Verhaltens, zum Verzicht auf Freiheitsausübung zu führen, oder gar der Eintritt dieses Zustands bezeichnen dabei nicht etwa einen im Bereich des Rechtsguts der Freiheit liegenden Erfolgsunwert. Sie markieren vielmehr die Relevanz des Verhaltens sub specie des tatbestandlich geschützten Rechtsguts (der Sicherheit des Staates, insbesondere mit Blick auf das Leben).[62] Denn wenn (viele) Menschen im Interesse der Nichtgefährdung ihres Lebens lieber von bestimmten Freiheitsausübungen Abstand nehmen, zeigt das, dass die Gewährleistung der Sicherheit des Staates in Bezug auf das Leben aus ihrer Sicht fraglich geworden ist. Außerdem handelt es sich verbrechenstheoretisch aber auch um das, was im Bereich äußerlich an sich neutral erscheinenden Verhaltens die ausschließlich deliktisch sinnbezogene Ausübung bestimmter Tätigkeiten in objektiver Hinsicht (eben durch die erwähnte Eignung) von vergleichbarem Verhalten ohne solchen deliktischen Sinnbezug abhebt: Nur erstere weisen diese objektive Eignung auf. Dass die objektive Qualität des Verhaltens hier von einer bestimmten Beschaffenheit des Subjektiven abhängt, ist bei alledem nichts ganz Außergewöhnliches – wir verfahren zB ebenso, wenn wir die Qualität eines Verhaltens als „unmittelbares Ansetzen" auf der Basis der Vorstellungen des Täters über das weitere Vorgehen bestimmen.[63] Zuzugeben ist freilich, dass wir hier an einer Stelle angelangt sind, an der die strafrechtliche Grundlagendogmatik weiterer Ausarbeitung bedürfte und der Umgang mit aktuellen Problemen und ihrer gesetzgeberischen Bewältigung an Defiziten und Unklarheiten der dogmatischen Grundlagendiskussion leidet – ein Befund, der an dieser Stelle nur festgestellt, nicht grundlegend verändert werden kann. Hier verbleibt vielmehr allein noch der Raum, um aus den grundlegenden Feststellungen einige Folgerungen für die Anwendung des § 89a StGB zu ziehen.

---

[62] Zum tatbestandlich geschützten Rechtsgut des § 89a StGB vgl. zB *Fischer,* 64. Aufl. 2017, StGB § 89a Rn. 5; *Schäfer* in MüKoStGB, 3. Aufl. 2017, § 89a Rn. 3; *Paeffgen* in NK-StGB, 5. Aufl. 2017, § 89a Rn. 9ff.

[63] Oder bei der „Feininterpretation" des Verhaltens im Versuchskontext, *Jakobs* ZStW 97 (1985), 751 (760).

VI. Folgerungen für die Auslegung und Anwendung des § 89a StGB

1. Einschränkung der Strafbarkeit auf eindeutig begründbares Handlungs- und Erfolgsunrecht

Sieht man die Strafbarkeit von Vorbereitungshandlungen gewisser schwerster Straftaten vor diesem Hintergrund, so kann es zur Bestrafung nicht genügen, dass ein Verhalten die geschriebenen Voraussetzungen des § 89a StGB erfüllt. Es müssen auch jene Voraussetzungen gegeben sein, die überhaupt erst gewährleisten, dass die Bestrafung solchen Verhaltens im Einzelfall mit dem verfassungsrechtlichen Tatschuldprinzip vereinbar ist. Diese Voraussetzungen sind als *einschränkende Forderungen* im Wege einer verfassungskonformen Interpretation in die Vorschrift hineinzulesen.[64] Damit die den Buchstaben des Gesetzes erfüllenden Verhaltensweisen überhaupt materiales Unrecht darstellen, müssen sie sich nach Rechtsgrundsätzen verbieten lassen. Das ist (vor allem) dann zu bejahen, wenn die Verhaltensweisen im konkreten Fall eindeutig deliktischen Sinnbezug haben (→ V. 1.). Zu dieser formalen tatbestandlichen Erfassung und der materialen Verbietbarkeit hinzukommen muss ein Zweites. Das so erfasste Verhalten muss auch so beschaffen sein, dass es selbst gravierendes Unrecht darstellt, weil es bereits selbst wichtige Güter beeinträchtigt oder zu entsprechenden Beeinträchtigungen geeignet ist – wie insbesondere zu Freiheitsbeeinträchtigungen Vieler aus (durchaus rationaler) Furcht vor dem Verlust höchster eigener Güter (→ V. 2. und 3.).

Bemüht man sich – was hier freilich nur noch exemplarisch geschehen kann[65] – um eine Konkretisierung dessen, so wird man bei dem, der wegen Vorbereitung seiner späteren eigenen schweren staatsgefährdenden Straftat strafbar sein könnte, zunächst (in Übereinstimmung mit dem BGH[66]) fordern müssen, dass er bei der Vornahme seines Verhaltens fest zur späteren Tat entschlossen ist (diese zu begehen beabsichtigt). Das liegt nicht nur deshalb nahe, weil man im Feld vor dem Versuch (der eigenen Tat) für die Strafbarkeit nicht weniger fordern kann als bei der Strafbarkeit des Versuchs, bei dem ein solcher fester Entschluss nach hM unverzichtbar ist.[67] Es folgt auch daraus, dass schwerlich von einem eindeutigen deliktischen Sinnbezug des Verhaltens die Rede sein kann, solange der zB bestimmte Fertigkeiten oder Gegenstände Erwerbende sich selbst noch unschlüssig darüber ist, ob er die Tat, zu deren Durchführung die Fertigkeit oder der Gegenstand dienlich ist, auch wirklich ausführen wird bzw. ausführen soll. Wenn dies noch unklar ist und man angesichts zugestandener Motivierbarkeit (Vernünftigkeit) der Person darauf hoffen

---

[64] So im Grundansatz zutreffend BGHSt 59, 218 (239f.); *Kubiciel,* Die Wissenschaft vom Besonderen Teil des Strafrechts, 2013, 247.

[65] Wegen weiterer Vorschläge einer einschränkenden Auslegung bei § 89a StGB vgl. *Kubiciel,* Die Wissenschaft vom Besonderen Teil des Strafrechts, 2013, 251ff.; *Hellfeld,* Vorbereitung einer schweren staatsgefährdenden Gewalttat, 2011, 155ff., 198f.

[66] BGHSt 59, 218 (239f.); best. durch BGHSt 61, 36 (39); BGH NJW 2017, 2929 (2931); wegen zust. oder krit. Stimmen aus der Lit. vgl. oben Fn. 46.

[67] Vgl. dazu schon RGSt 16, 133 (135); 69, 339 (341); 70, 201 (203); BGHSt 21, 14 (17); weit. Nachw. bei *Heger* in Lackner/Kühl, 28. Aufl. 2014, StGB § 22 Rn. 2; *Eser/Bosch* in Schönke/Schröder, 29. Aufl. 2014, StGB § 22 Rn. 18.

kann, dass diese den Plan wieder fallen lässt, wird man auch kaum überzeugend begründen können, dass das Verhalten selbst schon jene negativen Folgewirkungen (unterlassene Freiheitsausübungen aus rationaler Furcht vor dem Verlust des Lebens usw.) hat, die notwendig sind, damit allein schon das Vorbereitungsverhalten mit schwerer Strafe belegt werden kann.

Abgesehen davon müssen aber auch gewisse objektive Voraussetzungen erfüllt sein. Damit schon die Vorbereitungshandlung jene gravierenden negativen Wirkungen in Richtung auf unbestimmt Viele hat (also Nichtwahrnehmung von Freiheiten aus Furcht vor schwersten Beeinträchtigungen), die allein es legitimieren, diese Handlungen bereits selbst (und ohne dass es zu den vorbereiteten Taten oder zu ihrem Versuch kommt) mit erheblicher Strafe zu belegen, müssen auch die vorbereiteten Taten eine bestimmte Beschaffenheit aufweisen: muss es sich nämlich um Taten handeln, die nach ihrer Anlage unbestimmte und regelmäßig auch mehrere oder viele Personen treffen sollen.[68] Nur die Vorbereitung solcher Taten vermag das auszulösen, was ihre Bestrafung rechtfertigen kann, und eine Unterscheidung gegenüber der Straflosigkeit der Vorbereitung zB sonstiger Tötungsdelikte zu bilden. Das gilt, ganz gleich, ob die spätere Tat vom Vorbereitenden selbst oder von anderen Personen begangen werden soll.

Speziell in den Fällen, in denen die staatsgefährdende Tat nicht durch den Vorbereitenden, sondern durch andere Personen begangen werden soll, muss schließlich noch eine weitere Voraussetzung erfüllt sein, wenn es sich bei dem vorbereitenden Verhalten objektiv um ein an sich neutrales Verhalten handelt. Dieses Erfordernis ergibt sich daraus, dass die Anforderungen an die Strafbarkeit einer (material versuchten) Beihilfe im Vorbereitungsstadium ohne Wertungsbruch nicht hinter das zurückfallen dürfen, was man bei an sich neutralem Verhalten für die Annahme einer strafbaren Beihilfe aus Sachgründen überhaupt fordert. Verbietbar und damit im konkreten Fall Unrecht ist dieses Verhalten hier prinzipiell nur, wenn es eindeutig deliktischen Sinnbezug hat (etwa weil es im Verhältnis zwischen dem, der im Vorbereitungsstadium für andere Gegenstände verwahrt oder diesen Fähigkeiten vermittelt usw., nach dem Kontext, zB von Absprachen, eindeutig deliktischen Sinnbezug hat[69] – vielleicht, weil sogar nur ein deliktischer Sinnbezug denkbar ist). Wo das nicht der Fall ist, wo also der Handelnde aus anderen Gründen handelt (und die Begehung der Tat durch die anderen nur für möglich hält), muss die Tatbegehung durch die anderen doch jedenfalls so wahrscheinlich sein, dass vom Täter (der etwaigen Vorbereitungshandlung) im Interesse der von der Tat potentiell betroffenen Opfer von Rechts wegen der Verzicht auf sein etwa förderndes Verhalten gefordert werden kann.[70] Das ist bei Wahrscheinlichkeit der Tatbegehung

---

[68] So zu Recht *Gazeas/Grosse-Wilde/Kießling* NStZ 2009, 593 (595); ähnlich wohl *Fischer,* 64. Aufl. 2017, StGB § 89a Rn. 13 und 21; *Sternberg-Lieben* in Schönke/Schröder, 29. Aufl. 2014, StGB § 89a Rn. 1d; Annäherungen hieran in BGHSt 59, 218 (241, 245); BGHSt 61, 36 (41f.).

[69] Zur Notwendigkeit der Einbeziehung des Kontextes *Frisch* FS Lüderssen, 2002, 539 (545f.); *Kubiciel,* Die Wissenschaft vom Besonderen Teil des Strafrechts 2013, 246f. mwN.

[70] S. dazu näher *Frisch* FS Lüderssen, 2002, 539 (549ff.); als Parallele aus der (die Problematik im Subjektiven ansiedelnden) Rspr. BGH NStZ 2000, 34: erkanntes Risiko der Haupttat von solcher Höhe, dass „man sich die Förderung der Haupttat angelegen sein“ lässt.

insbesondere dann der Fall, wenn die fördernde Wirkung des Beitrags später nicht mehr kompensiert werden kann.[71]

2. *Notwendigkeit einer deutlichen Absenkung der Strafdrohung*

Konsequenzen ergeben sich aus den grundsätzlichen Erwägungen zur Legitimation des § 89a StGB aber auch in Richtung auf die *Höhe der Strafdrohungen*.

Diese sind, wie in sonstigem rechtsstaatlichem Strafrecht auch, am Schuldprinzip auszurichten.[72] Das Leitprinzip kann also nicht sein, welche Freiheitsentziehungen notwendig sind, um die vom Täter intendierten schweren Straftaten unbedingt oder möglichst zu unterbinden – das wäre ein die Sicherungsverwahrung im Gewand der Strafe anbietender Etikettenschwindel.[73] Auch die Orientierung an den Strafdrohungen der vorbereiteten schweren Straftaten mit einem gewissen Abschlag wegen der noch fehlenden Begehung wäre eine nicht adäquate Betrachtungsweise, wenngleich die Bestrafung der Verbrechensverabredung, übrigens erst seit dem Dritten Reich, so verfährt. Zutreffend wäre vielmehr eine Orientierung an den Strafdrohungen anderer Delikte, die ebenfalls darauf zielen, durch die Bestrafung bestimmter Verhaltensweisen von diesen ausgehende schwere Verunsicherungen der Bevölkerung und damit einhergehende Freiheitsbeschränkungen zu vermeiden und für deren Herbeiführung verantwortlich zu machen – wie zB der Tatbestand der Androhung schwerer Straftaten (§ 126 StGB).[74] Danach dürfte die Strafdrohung in § 89a StGB wohl doch erheblich zu hoch ausgefallen sein.[75]

---

[71] Vgl. dazu allg. *Jakobs* ZStW 97 (1985), 751 (767, 769ff.); *Köhler,* Strafrecht Allgemeiner Teil, 1998, 32f.; *Müller,* Der Zusammenhang von Freiheit, Sicherheit und Strafe im Recht, 2013, 195f.; *Sieber* NStZ 2009, 353 (361); auch *Kindhäuser,* Gefährdung als Straftat, 1989, 279ff., 288f., *Kubiciel,* Die Wissenschaft vom Besonderen Teil des Strafrechts, 2013, 239f.

[72] S. dazu BVerfGE 20, 323 (331); 25, 269 (286); 27, 18 (29); 50, 205 (214f.); 120, 224 (241); 133, 168 (198); dazu *Frisch* NStZ 2016, 16 (21); auch schon NStZ 2013, 249ff.

[73] Zutr. *Sieber* NStZ 2009, 353 (356f.); *Fischer,* 64. Aufl. 2017, StGB § 89a Rn. 8; *Steinsiek,* Terrorabwehr durch Strafrecht?, 2012, 368f.

[74] Zur weiteren Begründung (für § 241 und § 126 StGB) *Jakobs* ZStW 97 (1985), 751 (775ff.).

[75] Übereinstimmend *Fischer,* 64. Aufl. 2017, StGB § 89a Rn. 45; *Paeffgen* in NK-StGB, 5. Aufl. 2017, § 89a Rn. 56, 60, 63; auch *Hellfeld,* Vorbereitung einer schweren staatsgefährdenden Gewalttat, 2011, 214f., 218f.; *Radtke/Steinsiek* ZIS 2008, 383 (391f.) und *Sieber* NStZ 2009, 353 (361); s. auch Art. 575 des spanischen Código penal, wo die Höchststrafe bei fünf Jahren liegt (obwohl die Strafdrohungen des spanischen Strafrechts im Allgemeinen eher höher sind als die des deutschen Strafrechts).

GINA GREEVE

Der Wille des Geschäftsherrn

– Reichweite und mögliche (?) Begrenzung der Pflichtverletzung im Anwendungsbereich des Geschäftsherrenmodells in § 299 StGB –

Der folgende Beitrag ist dem Jubilar mit größter Anerkennung und in herzlicher Verbundenheit gewidmet. Er befasst sich mit ausgewählten Fragen der pflichtenbezogenen Tatbestandsalternativen in § 299 Abs. 1 Nr. 2 StGB und § 299 Abs. 2 Nr. 2 StGB.

I. Einleitung

Der Gesetzgeber hat in den letzten Jahren eine kaum zu überschauende Vielzahl neuer Straftatbestände geschaffen, was auch den Jubilar zu Recht besorgt.[1] Im Jahr 2015 sind mit dem Gesetz zur Bekämpfung der Korruption vom 25.11.2015[2] vor allem entbehrliche pflichtenbezogene Tatbestände in § 299 StGB (Geschäftsherrenmodell) eingefügt worden. Dem Gesetzgeber erschienen die Neuregelungen aufgrund europarechtlicher Umsetzungspflicht dringlich.[3] Das Geschäftsherrenmodell begegnet allerdings durchgreifenden Bedenken. In Frage steht, warum es überhaupt einer Erweiterung bedurfte. Erhebliche Bedenken bestehen mit Blick auf das geschützte Rechtsgut und die Bestimmtheit der Pflichtverletzung. Die pflichtenbezogenen Tatbestände des § 219 StGB haben schließlich zu einer (Teil-)Privatisierung des materiellen Strafrechts geführt.

II. Das Geschäftsherrenmodell

Mit dem Gesetz zur Bekämpfung der Korruption vom 25.11.2015[4] hat der Gesetzgeber zusätzlich zur Wettbewerbsvariante mit § 299 Abs. 1 Nr. 2, Abs. 2 Nr. 2 StGB pflichtenbezogene Tatbestände normiert.[5] Bereits im Jahr 2006 hatte hierzu

---

[1] Siehe nur *Fischer,* Herr Minister muss leider gleich weg – Vier Jahre Bundesminister Heiko Maas: Eine Würdigung zum Ende der Legislaturperiode, Zeit Nr. 39/2017 v. 22.9.2017.
[2] BGBl. 2015 I S. 2025 ff.
[3] BT-Drs. 18/4350, 20f., kritisch zur Umsetzungspflicht siehe nur *Gaede* NZWiSt 2014, 281 (285); *Gaede* in Leitner/Rosenau, Wirtschafts- und Steuerstrafrecht, 1. Aufl. 2017, StGB § 299, Rn. 17 mwN.
[4] BGBl. 2015 I S. 2025 ff.
[5] BT-Drs. 18/4350, 22.

das BMJ einen Referentenentwurf,[6] der später in einen Gesetzesentwurf der Bundesregierung[7] mündete, zwecks Umsetzung internationaler Rechtsinstrumente vorgelegt, der eine Erweiterung des § 299 StGB um Pflichtverletzungen gegenüber Unternehmen – ohne Bezug zu einer unlauteren Bevorzugung im Wettbewerb – vorsah.

§ 299 Abs. 1 Nr. 2 und Abs. 2 Nr. 2 StGB erfassen Vorteile, die – ohne Zustimmung des Unternehmens – als Gegenleistung auf eine Pflichtverletzung gegenüber dem Dienstherrn bzw. Geschäftsinhaber gerichtet sind. Auf eine Bevorzugung oder Benachteiligung im Wettbewerb kommt es nicht an, ebenso wenig auf den tatsächlichen Eintritt einer Pflichtverletzung. Diese muss auf den Bezug von Waren oder Dienstleistungen[8] bezogen sein, wobei nicht nur bereits bestehende Bezugsgeschäfte in Betracht kommen, sondern auch zukünftige Arten von Bezug und Lieferungen.[9] Es ist weder eine Vermögensbetreuungspflicht erforderlich noch eine Nachteilszufügung. Die pflichtenbezogene Variante des § 299 StGB ist als abstraktes Gefährdungsdelikt ausgestaltet. Eine tätige Reue ist nicht vorgesehen.

Der Gesetzgeber hat damit auf eine typische Gesetzestechnik zurückgegriffen, die allein auf eine abstrakte Gefährlichkeit abstellt, eine erhebliche strafrechtliche Vorverlagerung zum Ziel hat und bekanntlich Nachweisschwierigkeiten[10] im Tatsächlichen vermeiden will. Schünemann[11] spricht zutreffend von einer Vorverlagerung der Strafbarkeit in das Vorfeld des Vorfelds. Dennoch wurde die Erweiterung des § 299 StGB um die Pflichtverletzungsvariante als sachgerecht angesehen, da wegen der bisherigen Beschränkung auf die Bevorzugung im Wettbewerb strafbedürftige Sachverhalte der mit Schmiergeldzahlungen erkauften Verletzung von Pflichten außerhalb von Wettbewerbslagen nicht erfasst würden. Einschränkende Erklärungen gegenüber dem Rat mit Blick auf den Bezug einer Wettbewerbsverzerrung hätten zudem mit Ablauf der in Art. 2 Abs. 4 des EU-Rahmenbeschlusses vorgesehenen fünfjährigen Frist ihre Gültigkeit verloren.[12]

---

[6] Referentenentwurf vom 19.9.2006 – siehe hierzu die Stellungnahme des Strafrechtsausschusses des DAV Nr. 66/2006.

[7] Gesetzesentwurf eines Zweiten Gesetzes zur Bekämpfung der Korruption, BT-Drs. 16/6558.

[8] Gegen die Vereinbarkeit der Beschränkung auf den Bezug von Waren oder Dienstleistungen mit dem EU-Rahmenbeschluss 2003/568/JI v. 22.7.2013 siehe *Rönnau* in Achenbach/Ransiek/Rönnau, Handbuch Wirtschaftsstrafrecht, 4. Aufl. 2015, 3. Teil, 2. Kap., Rn. 92, 103; *Gaede* in Leitner/Rosenau, Wirtschafts- und Steuerstrafrecht, 1. Aufl. 2017, StGB § 299, Rn. 66 u. 16.

[9] Vgl. hierzu nur *Fischer*, 65. Aufl. 2018, StGB § 299, Rn. 34, 36.

[10] Siehe auch die Stellungnahme der Sachverständigen *Eckermann-Meier* in der Anhörung vom 8.6.2015 Deutscher Bundestag, Ausschuss für Recht und Verbraucherschutz, Protokoll der 56. Sitzung vom 8.6.2015, Protokoll-Nr. 18/56, S. 25 sowie – kritisch hierzu *Wunderlich* (Die Linke) – S. 27.

[11] *Schünemann* ZRP 2015, 68 (69); ua *Rönnau* in Achenbach/Ransiek/Rönnau, Handbuch Wirtschaftsstrafrecht, 4. Aufl. 2015, 3. Teil, 2. Kap., Rn. 102 – mwN.

[12] BT-Drs. 18/4350, 20f.

III. Kritik am Geschäftsherrenmodell

Wesentliche Kritik knüpft bereits daran an, dass mit der pflichtenbezogenen Variante in § 299 StGB ein Schwerpunkt gesetzt wird, der im System der Wettbewerbsdelikte fehl am Platz ist[13] und mit bereits bestehenden Strafrechtsnormen ohnehin konkurriert. Rönnau[14] weist zutreffend darauf hin, dass mit dem Geschäftsherrenmodell bereits eine Vorbereitungshandlung zur Untreue – auch Nicht-Vermögensinteressen betreffend – bzw. die versuchte Anstiftung zur Untreue strafbar sei. Mit § 299 Abs. 1 Nr. 2 StGB wird bereits eine Vorbereitungshandlung zur Untreue unter Strafe gestellt, sofern sie nur im geschäftlichen Verkehr und durch das Fordern usw. eines wirtschaftlichen Vorteils im Zusammenhang mit dem Bezug von Waren oder Dienstleistungen vorgenommen wird. Nach § 299 Abs. 2 Nr. 2 StGB ist unter denselben Voraussetzungen die versuchte Anstiftung zur Untreue als Angestelltenbestechung strafbar. In Anbetracht der Straflosigkeit der versuchten Untreue wird dies als eklatant wertungswidersprüchlich bezeichnet – ebenso vor dem Hintergrund der Regelung des § 30 Abs. 1 StGB, nach der die versuchte Anstiftung nur zu Verbrechen strafbar ist.[15]

Es werden zudem erhebliche verfassungsrechtliche Bedenken geäußert – vor allem mit Blick auf das Bestimmtheitsgebot in Bezug auf das Tatbestandsmerkmal der Pflichtwidrigkeit und wegen der weltweiten Geltung des § 299 StGB. Denn eine Pflichtverletzung, die mit dem Verstoß gegen außerstrafrechtliche Rechtsnormen begründet wird, die ihrerseits wiederum unbestimmte Rechtsbegriffe oder Generalklauseln enthalten können, weist keinen ausreichenden Konkretisierungsgrad auf, zumal der Private darüber entscheiden kann, ob Strafbarkeit gegeben ist oder nicht. Nicht jeder zivilrechtliche bzw. arbeitsrechtliche Verstoß gegen Vertrag oder Gesetz kann und darf eine strafbewehrte Pflichtwidrigkeit begründen.[16] Ohnehin bleibt zweifelhaft, ob auch unter Beachtung der für § 266 StGB geltenden Kriterien die ebenfalls im Rahmen des § 299 StGB erforderliche Konkretisierung gelingen würde.[17]

Schließlich ist schon unklar, welches Rechtsgut mit dem Geschäftsherrenmodell geschützt wird bzw. ob es überhaupt ein schützenswertes Rechtsgut geben kann, wie im Weiteren aufzuzeigen ist.

---

[13] Siehe schon *Rönnau/Golombek* ZRP 2007, 193ff.

[14] *Rönnau* in Achenbach/Ransiek/Rönnau, Handbuch Wirtschaftsstrafrecht, 4. Aufl. 2015, 3. Teil, 2. Kap., Rn. 102 – mwN.

[15] *Rönnau* in Achenbach/Ransiek/Rönnau, Handbuch Wirtschaftsstrafrecht, 4. Aufl. 2015, 3. Teil, 2. Kap., Rn. 102; sa *Rönnau* StV 2009, 302, 308; *Schünemann* ZRP 2015, 68 (69).

[16] Siehe Stellungnahmen des DAV Nr. 66/2006 u. Nr. 46/2014.

[17] Vgl. nur *Rönnau* in Achenbach/Ransiek/Rönnau, Handbuch Wirtschaftsstrafrecht, 4. Aufl. 2015, 3. Teil, 2. Kap., Rn. 102 – mit zahlreichen weiteren Nachweisen.

IV. Geschütztes Rechtsgut

Während § 299 Abs. 1 Nr. 1 und Abs. 2 Nr. 1 StGB nach überwiegender Meinung vorrangig die Lauterkeit des Wettbewerbs als Allgemeininteresse[18] bzw. das Interesse der Allgemeinheit an einem freien und fairen Wettbewerb,[19] präziser: an einem Leistungswettbewerb,[20] mittelbar aber auch die Vermögensinteressen der Mitbewerber und den Geschäftsherrn, schützen soll,[21] wird durch die pflichtenbezogenen Tatbestandsvarianten in § 299 Abs. 1 Nr. 2 und Abs. 2 Nr. 2 StGB auf die Interessen des Geschäftsherrn an einer loyalen und von Dritten unbeeinflussten Erfüllung der Pflichten von Angestellten und Beauftragten abgestellt. Denn für diesen Anwendungsbereich sind weder eine Beeinflussung des Wettbewerbs noch die Benachteiligung von Mitbewerbern erforderlich. Bemerkenswert ist, dass auch § 266 StGB gerade nicht als Rechtsgut das nur allgemeine individuelle Vermögen oder ein Vertrauen in die Sicherheit der Gütezuordnung bzw. in die Funktionsfähigkeit der Wirtschaftsordnung als solche vorsieht,[22] sondern sich – wie der neue pflichtenbezogene Schutzbereich des § 299 StGB – auf individuelle Interessen bezieht: Schutzgut des § 266 StGB ist das individuelle Vermögen des Treugebers, Schutzgut des Geschäftsherrenmodells das Interesse des Geschäftsherrn an der Einhaltung von Pflichten bzw. der Schutz vor Pflichtverletzungen und damit (allein) das (individuelle) Interesse des Geschäftsherrn bzw. Betriebsinhabers.[23] Umstritten ist allerdings, ob dem Geschäftsherrenmodell als geschütztes Rechtsgut auch ein kollektives zugrunde liegen kann.

Vertreten wird, dass die eher untreueartigen Tatbestände des § 299 StGB ausdrücklich **auch** die (Vermögens-)Interessen des Dienstherrn schützen.[24] Ein wettbewerbsschützender Charakter für die pflichtenbezogenen Tatbestandsvarianten wird vor allem nach unionsrechtskonformer Auslegung angenommen,[25] wenngleich das verfolgte Schutzgut nicht als die loyale Geschäftswahrnehmung für Unternehmen im Wettbewerb beschrieben werden könne, da der Gesetzgeber gerade den Schutz außerhalb von Wettbewerbslagen erfasse.[26] Die Befürworter einer

---

[18] Siehe nur *Rönnau* in Achenbach/Ransiek/Rönnau, Handbuch Wirtschaftsstrafrecht, 4. Aufl. 2015, 3. Teil, 2. Kap., Rn. 6 mwN, der mit zahlreicher werdenden Stimmen im Schrifttum allein das Kollektivinteresse des lauteren Wettbewerbs, genauer des Leistungswettbewerbs, als Rechtsgut ansieht.

[19] Zur erforderlichen Differenzierung zwischen der Institution des Wettbewerbs und der Lauterkeit des Wettbewerbsrechts *Dannecker* in NK-StGB, Bd. 3, 5. Aufl. 2017, § 299, Rn. 9 mwN.

[20] Siehe nur *Rönnau* in Achenbach/Ransiek/Rönnau, Handbuch Wirtschaftsstrafrecht, 4. Aufl. 2015, 3. Teil, 2. Kap., Rn. 7 mwN.

[21] *Fischer,* 65. Aufl. 2018, StGB § 299, Rn. 2 mwN; *Bürger* wistra 2003, 130 ff.; nach va *Rönnau* in Achenbach/Ransiek/Rönnau, Handbuch Wirtschaftsstrafrecht, 4. Aufl. 2015, 3. Teil, 2. Kap., Rn. 6, werden Einzelinteressen nur als Reflex mit geschützt; *Sahan* in Graf/Jäger/Wittig, Wirtschafts- und Steuerstrafrecht, 2. Aufl. 2017, StGB § 299, Rn. 4 – mwN.

[22] *Fischer,* 65. Aufl. 2018, StGB § 266, Rn. 2 mwN.

[23] So auch *Sahan* in Graf/Jäger/Wittig, Wirtschafts- und Steuerstrafrecht, 2. Aufl. 2017, StGB § 299, Rn. 4 mwN.

[24] *Fischer,* 65. Aufl. 2018, StGB § 299, Rn. 2. – unter Verweis auf BT-Drs. 18/4350, 21.

[25] Siehe *Kubiciel* ZIS 2014, 667 (670); *Dannecker/Schröder* ZRP 2015, 48, 49; *Gaede* NZWiSt 2014, 281 (288 f.); *Dannecker* in NK-StGB, Bd. 3, 5. Aufl. 2017, § 299, Rn. 16.

[26] Siehe *Dannecker* in NK-StGB, Bd. 3, 5. Aufl. 2017, StGB § 299, Rn. 17.

unionrechtskonformen Auslegung[27] bzw. einer daran anknüpfenden restriktiven Auslegung sehen die Schwäche im Geschäftsherrenmodell zwar darin, dass überindividuelle Bezüge der Korruption, welche eine Strafbarkeit legitimieren, tatbestandlich nur mittelbar zum Ausdruck kämen und die individualistische Ausgestaltung zu einem weitreichenden Strafbarkeitszugriff führe.[28] Ein überindividueller, kollektivbezogener Rechtsgüterschutz könne aber damit begründet werden, dass das verfolgte Schutzgut in der loyalen Geschäftswahrnehmung für wettbewerbstragende Unternehmen zu erblicken sei. Der Gesetzgeber beschränke das Delikt auf Unternehmen und damit auf Wirtschaftseinheiten, die eine – im Vergleich zu Individualpersonen – deutlich größere Bedeutung für den Wirtschaftskreislauf besäßen. Das vom Gesetzgeber verfolgte Schutzgut lasse sich – auch vor dem Hintergrund des Anliegens des Gesetzgebers, den EU-Rahmenbeschluss 2003/568/JI umzusetzen – in der loyalen Geschäftswahrnehmung für wettbewerbstragende Unternehmen blicken.[29] Eine auf die Teilnahme am Wirtschaftsverkehr ausgerichtete Auslegung sei geboten, durch die die strafbarkeitsbegründenden Pflichten auf solche Pflichten zu begrenzen seien, die sich auf das Verhalten am Markt beziehen müssen[30] oder aber wettbewerbsrelevante Pflichtverletzungen umfassen.[31] Das überindividuelle Anliegen des EU-Rahmenbeschlusses liege jedenfalls in der Sicherung einer gesunden wirtschaftlichen Entwicklung.[32]

Krack hat allerdings zutreffend erfasst, dass diese Begründungen nicht den erklärten gesetzgeberischen Willen überspielen können, mithin eine unionsrechtskonforme Auslegung bzw. Einschränkung des Normtextes nicht die Bestimmung des gesetzgeberischen Willens ersetze.[33] Schünemann hat ebenfalls zutreffend mit Blick auf eine restriktiv-europarechtskonforme Interpretation angemerkt, dass das Geschäftsherrenmodell nicht mit Auslegungskünsten verharmlost werden könne und für ein in das Wettbewerbsmodell zurückverwandeltes Geschäftsherrenmodell kein sinnvoller Anwendungsbereich bestünde.[34]

Krack hat insbesondere zutreffend darauf hingewiesen, dass die teilweise unpräzisen Begründungen der Gesetzesentwürfe zwar Unklarheiten aufwiesen, das Merkmal „ohne Einwilligung des Unternehmens“ aber gerade darauf gestützt worden sei, dass der Unternehmer Rechtsgutinhaber ist. Seit langem ist denn auch umstritten, ob sich eine Einwilligung des Geschäftsherrn auf eine Strafbarkeit im Anwendungsbereich der Wettbewerbsvarianten in § 299 StGB auswirken kann.[35] Bereits

---

[27] Zur Frage, ob eine rahmenbeschlusskonforme Auslegung in Betracht kommt, siehe *Gaede* in Leitner/Rosenau, Wirtschafts- und Steuerstrafrecht, 1. Aufl. 2017, StGB § 299, Rn. 17, 66.

[28] *Dannecker* in NK-StGB, Bd. 3, 5. Aufl. 2017, StGB § 299, Rn. 18; *Gaede* in Leitner/Rosenau, Wirtschafts- und Steuerstrafrecht, 1. Aufl. 2017, StGB § 299, Rn. 13f. – jeweils mwN.

[29] Siehe *Gaede* in Leitner/Rosenau, Wirtschafts- und Steuerstrafrecht, 1. Aufl. 2017, StGB § 299, Rn. 13.

[30] Siehe *Dannecker* in NK-StGB, Bd. 3, 5. Aufl. 2017, StGB § 299, Rn. 18.

[31] Siehe *Kubiciel* ZIS 2014, 667 (670); kritisch hierzu *Krack* ZIS 2016, 83 (87f.).

[32] *Gaede* in Leitner/Rosenau, Wirtschafts- und Steuerstrafrecht, 1. Aufl. 2017, StGB § 299, Rn. 13, 83.

[33] *Krack* ZIS 2016, 83 (87, 88) – mit überzeugenden Gründen gegen eine unionsrechtskonforme Auslegung.

[34] *Schünemann* ZRP 2015, 68, 69.

[35] Siehe nur *Rengier* FS Tiedemann, 2008, 837 (837ff.); *Sahan* in Graf/Jäger/Wittig, Wirt-

im Jahr 1914 hatte das Reichsgericht im viel beachteten Korkengeldfall[36] über diese Frage zu entscheiden. Sie wird in Rechtsprechung und Literatur dahingehend zitiert, dass es nach Auffassung des Reichsgerichts deswegen nicht auf die Einwilligung ankomme, weil über das Rechtsgut der Lauterkeit des Wettbewerbs der Geschäftsherr nicht disponiert werde könne und daher einer Einwilligung keine strafausschließende Wirkung zukomme.[37] Der Gesetzgeber hat diese Frage – zumindest – für die pflichtenbezogenen Tatbestandsvarianten[38] in § 299 StGB mit Einführung des (Tatbestands-)Merkmals „ohne Einwilligung des Unternehmens" eindeutig entschieden, womit das Rechtsgut, der Schutz des Geschäftsherrn vor Pflichtverletzungen bzw. das Interesse des Geschäftsherrn an der Einhaltung von Pflichten für § 299 Abs. 1 Nr. 2, Abs. 2 Nr. 2 StGB zum Tragen kommt, da im Fall der Einwilligung – nach dem Willen des Gesetzgebers – ein Loyalitätsschutz entbehrlich ist.[39]

Fraglich ist ferner, ob überhaupt Vermögensinteressen als geschütztes Rechtsgut erfasst sind, denn der Gesetzgeber selbst hatte bereits angemerkt, dass § 266 und § 299 StGB unterschiedliche Schutzrichtungen aufwiesen[40] und das Interesse des Geschäftsherrn in einer loyalen und von Dritten unbeeinflussten Erfüllung der Pflichten von Angestellten und Beauftragten gesehen, zumal – dementsprechend (!) – die pflichtenbezogenen Varianten in § 299 StGB weder Vermögensbetreuungspflichten noch einen Schaden oder eine Bereicherungsabsicht vorsehen, mithin – im Gegensatz zu den Vermögensdelikten – abstrakte Gefährdungsdelikte sind. Vermögensinteressen werden daher – wenn überhaupt – nur als Reflex (mit)geschützt.

Die Diskussion um das Rechtsgut offenbart jedenfalls das große Dilemma der pflichtenbezogenen Tatbestände des § 299 StGB: Es wird deutlich, dass (primär) ein individuelles Rechtsgut unter strafrechtlichen Schutz gestellt wurde, für das schon die grundsätzliche Berechtigung in Frage steht.[41] Denn § 299 StGB ist Teil des Wirtschaftsstrafrechts, welches überindividuelle, also Kollektivrechtsgüter schützen soll, die ihrerseits schon in hohem Maße durch (außerstrafrechtliche) normative Vorgaben bestimmt und vielfältigen Wandlungen unterworfen sind.[42] Rechtsstaatlich er-

---

schafts- und Steuerstrafrecht, 2. Aufl. 2017, StGB § 299, Rn. 44ff.; *Roxin* FS Rössner, 2015, 892 (896ff.); *Dann* FS Wessing, 2015, 283 (284ff.); *Erb* FS Gebhard, 2011, 97; *Schiller* FS Feigen, 2014, 247.

[36] RGSt 48, 291.

[37] Nach *Schiller* FS Feigen, 2014, 247 (245) lässt sich eine solche Positionierung nicht dem Wortlaut der Entscheidung entnehmen. Siehe auch *Rönnau* StV 2009, 301 (305) sowie *Rönnau* in Achenbach/Ransiek/Rönnau, Handbuch Wirtschaftsstrafrecht, 4. Aufl. 2015, 3. Teil, 2. Kap., Rn. 70.

[38] Zur Frage, wie sich die Einwilligung auf die Wettbewerbsvariante auswirkt, *Krack* ZIS 2016, 83 (88ff.) mwN; *Gaede* in Leitner/Rosenau, Wirtschafts- und Steuerstrafrecht, 1. Aufl. 2017, StGB § 299, Rn. 88; *Walther* DB 2016, 95, 98; *Kieferle* NZWiSt 2017, 391 (397); sa *Walther* NZWiSt 2015, 255 (258).

[39] BT-Drs. 18/6389, 15.

[40] BT-Drs. 18/4350, 21.

[41] Siehe *Schünemann* ZRP 2015, 68 (69) – zu BT-Drs. 18/4350, wonach es im Geschäftsherrenmodell überhaupt kein schützenswertes Rechtsgut gebe.

[42] Siehe hierzu nur *Bräunig* HRRS 2011, 426f. mwN; *Pieth* ZStW 109 (1997), 773ff.; *Oldigs* wistra 1998, 294.

forderliche Begrenzungen der pflichtenbezogenen Tatbestände des § 299 StGB haben folglich zentrale Bedeutung, wenn sie möglich sind.

Zuzustimmen ist jedenfalls, dass es bei dem Geschäftsherrenmodell im Anwendungsbereich des § 299 StGB – nach dem deutlichen Willen des Gesetzgebers[43] – um den Schutz des Geschäftsherrn vor der Verletzung von Pflichten geht,[44] mithin ausschließlich um ein individuelles Rechtsgut. Da im Anwendungsbereich des Geschäftsherrenmodells Vermögensinteressen – wenn überhaupt – nur reflexartig (mit)geschützt werden, vielmehr (allein) das Interesse an der Einhaltung von (gesetzlichen und vertraglichen) Pflichten – unter Verzicht des Erfordernisses von Vermögensbetreuungspflichten und einer Nachteilszufügung – Schutzzweck ist, ist das Rechtsgut in der „Einhaltung von Pflichten" zu sehen. Berechtigt in Frage steht daher, ob es sich überhaupt um ein strafrechtlich schützenswertes Rechtsgut handeln kann und darf.[45]

V. Versuch der Einschränkung durch den Gesetzgeber

Die durch die individualistische Ausgestaltung begründete weite Strafbarkeit[46] hat schließlich der Gesetzgeber[47] durchaus erkannt. Klargestellt wurde, dass (einschränkend) nur solche Vorteile erfasst sein sollen, für die als Gegenleistung die Verletzung einer Pflicht gegenüber dem Unternehmen vorgesehen ist, also allein z. B. die Annahme eines Vorteils nicht zur Tatbestandsverwirklichung ausreiche. Erforderlich sei (zusätzlich) eine Unrechtsvereinbarung, also eine im Interesse des Vorteilsgebers liegende Gegenleistung für die Verletzung von Pflichten, wenngleich eine tatsächliche Pflichtverletzung nicht zum Tatbestand gehöre. Auch müsse es sich um Pflichten handeln, die sich auf den Bezug von Waren und Dienstleistungen beziehen. Ferner sollen nur Handlungen im Rahmen von Geschäftsvorgängen, also nur solche, die im Zusammenhang mit der Beschaffung von Waren oder Dienstleistungen stehen, erfasst sein.[48] Vor allem ist dem Gesetzgeber aufgrund der umfassend geübten Kritik in der Anhörung des Bundestagsausschusses für Recht und Verbraucherschutz[49] das Ausmaß drohender Strafbarkeit bewusst geworden, wie es die Beschlussempfehlung vom 14.10.2015[50] zeigt, die zu einer gesetzlich geänderten Fas-

---

[43] So zutreffend *Krack* ZIS 2016, 83 (87f.), der schon erheblich in Frage stellt, dass eine unionsrechtskonforme Auslegung auf einen wettbewerbsschützenden Charakter schließen lassen könne, und ebenfalls zutreffend darauf hinweist, dass dem Gesetzgeber die unterschiedlichen Schutzrichtungen in § 299 StGB sehr wohl bewusst gewesen seien.

[44] *Krack* ZIS 2016, 83 (88).

[45] Siehe nur *Schünemann* ZRP 2015, 68 (69).

[46] Siehe nur *Dannecker* in NK-StGB, Bd. 3, 5. Aufl. 2017, StGB § 299, Rn. 18; *Gaede* in Leitner/Rosenau, Wirtschafts- und Steuerstrafrecht, 1. Aufl. 2017, StGB § 299, Rn. 13f. – jeweils mwN.

[47] BT-Drs. 18/4350, 21; BT-Drs. 18/6389, 10.

[48] BT-Drs. 18/4350, 21; BT-Drs. 18/6389, 10.

[49] Stellungnahmen der Sachverständigen in der Anhörung vom 8.6.2015 von *Gaede, Walther, Schieffer* sowie *Greeve,* Deutscher Bundestag, Ausschuss für Recht und Verbraucherschutz, Protokoll der 56. Sitzung vom 8.6.2015, Protokoll-Nr. 18/56, S. 13ff.

[50] BT-Drs. 18/6389.

sung führte. Erneut wurde hervorgehoben, dass allein die reine Pflichtverletzung nicht tatbestandlich sei, vielmehr (zusätzlich) eine Unrechtsvereinbarung, die auf die Erfüllung einer Pflichtverletzung und der Unrechtsvereinbarung zu Lasten des Unternehmens abziele.[51] Zudem wurde das Merkmal „ohne Einwilligung des Unternehmens" eingefügt, wonach eine Pflichtverletzung nur dann vorliegen soll, wenn keine (vorherige) Einwilligung vorliegt. Hierdurch sollte vor allem auch für Rechtssicherheit gesorgt werden. Der Gesetzgeber war durchaus (ernsthaft) gewillt und bestrebt, tatbestandliche Begrenzungen vorzunehmen. Es war (zumindest) sein Bestreben, privaten Unternehmen, die den Pflichtenkreis definieren, faktisch nicht die Bestimmung der Reichweite der Strafbarkeit zu überlassen.[52] Darüber hinaus sollten Anreize für umfassende Compliance-Regelungen nicht verringert werden, weil diese wiederum zur Pönalisierung der eigenen Angestellten führten.[53] Ebenso wollte der Gesetzgeber keine übermäßigen Strafbarkeitsrisiken für Arbeitnehmer schaffen.[54]

Aber auch das Merkmal der Einwilligung kann die grundsätzlichen und erheblichen Bedenken nicht beseitigen.[55] Insoweit wurde (vergeblich) in der Sachverständigenanhörung im Bundestagsausschuss für Recht und Verbraucherschutz darauf hingewiesen, dass (tatbestandliche) weitere Einschränkungen oder Konkretisierungen (nur) Mindeststandard seien, um überhaupt eine gewisse Bestimmtheit der Norm zu erreichen.[56]

Letztendlich erfolgten die Neuregelungen unter dem Druck (angeblich) zwingender europarechtlicher Vorgaben, obgleich vor allem Gaede bereits 2014[57] zutreffend dargelegt hat, dass der von Deutschland eingelegte Vorbehalt (Art. 2 Rb 2003/568/JI) nicht durch bloßes Schweigen des Rates, also lediglich eines Gremiums von Regierungsvertretern, unwirksam geworden sei und der BRD ein Vetorecht gemäß Art. 83 III und IV AEUV zustünde.[58]

VI. *Pflichtverletzung und Einwilligung des Unternehmens*

Dass die grundlegende Kritik nach wie vor Bestand hat, zeigt das Ausmaß der umfassten Pflichten im Anwendungsbereich der pflichtenbezogenen Tatbestandsalternativen des § 299 StGB.

---

[51] *Gaede* in Leitner/Rosenau, Wirtschafts- und Steuerstrafrecht, 1. Aufl. 2017, StGB § 299, Rn. 79.

[52] BT-Drs. 18/6389, 10.

[53] BT-Drs. 18/6389, 10.

[54] BT-Drs. 18/6389, 10; sa *Dann* NJW 2016, 203 (205).

[55] Zutreffend *Dann* NJW 2016, 203 (205).

[56] Siehe *Greeve,* Anhörung vom 8.6.2015, Deutscher Bundestag, Ausschuss für Recht und Verbraucherschutz, Protokoll der 56. Sitzung vom 8.6.2015, Protokoll-Nr. 18/56, S. 27.

[57] Siehe *Gaede* NZWiSt 2014, 281 (284ff.).

[58] Siehe *Schünemann* ZRP 2015, 68, 70.

1. (Compliance-)Pflichten

§ 299 Abs. 1 Nr. 1 und Abs. 2 Nr. StGB umfassen zunächst solche Pflichten, die dem Angestellten oder Beauftragten gegenüber dem Unternehmen[59] obliegen. Geschützte Pflichten können sich insbesondere aus Gesetz oder Vertrag ergeben. Da sich die Pflichten auf den Bezug von Waren oder Dienstleistungen beziehen müssen, sollen rein innerbetriebliche Störungen jedenfalls nicht erfasst sein, ebenso wenig allgemeine Pflichten oder allein ein Verstoß gegen Compliance-Maßnahmen. Es muss sich um Pflichten handeln, die sich auf den Bezug von Waren oder Dienstleistungen beziehen.[60]

Die Pflichtenbegründung hat im Anwendungsbereich der pflichtenbezogenen Tatbestandsvarianten des § 299 StGB evidente Bedeutung durch ihre interdisziplinär-akzessorische Ausgestaltung. Problematisch bleibt, dass jede Pflichtwidrigkeit des Angestellten und Beauftragten gegenüber seinem Prinzipal zu einer Strafbarkeit führen kann, sofern diese im Zusammenhang mit dem Bezug von Waren steht, also auch im Fall nebensächlicher arbeitsvertraglicher Pflichten.[61] Die Bezugnahme auf Waren und Dienstleistungen leistet nicht die erforderliche Konkretisierung des Merkmals des Pflichtenverstoßes – allein schon mit Blick auf eine Differenzierung vertraglicher Haupt- und Nebenpflichten. Auch der viel zitierte „Schürzenfall"[62] führt zu keiner anderen Beurteilung, da er unzweifelhaft im Zusammenhang mit dem Bezug von Waren und Dienstleistungen steht. Denn unter „Bezug von Waren oder Dienstleistungen" werden alle wirtschaftlichen Vorgänge erfasst, die mit dem Erhalt oder der Abwicklung der Lieferung bzw. Leistung zusammenhängen, insbesondere auch die Bestellung, Abnahme, Prüfung und Bezahlung.[63]

Interdisziplinäre, außerstrafrechtliche Wertungen aus allen denkbaren normierten Pflichtenkreisen stehen vielmehr zur Verfügung, sofern sie einen Bezug von Waren und Dienstleistungen aufweisen. Dies ist höchst bedenklich, da Interessen des Dienst- oder Geschäftsherrn[64] umfasst sind, die sich nicht (ausschließlich) auf Vermögensinteressen beziehen. Es genügt die auf eine Pflichtverletzung abzielende Vorteilszuwendung und damit die abstrakte Gefährdung von Loyalitätsinteressen des Geschäftsherrn,[65] die noch nicht einmal gravierend sein müssen; auf tatbestandsbeschränkende Maßnahmen wurde (gerade) verzichtet, wie es u. a. durch eine Bezugnahme auf gravierende Pflichtverstöße möglich gewesen wäre. Rönnau

---

[59] Mit Unternehmen ist der Betriebsinhaber gemeint, siehe BT-Drs. 18/4350, 21.

[60] Siehe BT-Drs. 18/4350, 21.

[61] Siehe *Rönnau* in Achenbach/Ransiek/Rönnau, Handbuch Wirtschaftsstrafrecht, 4. Aufl. 2015, 3. Teil, 2. Kap., Rn. 102.

[62] Entgegen der Weisung des Arbeitgebers verzichtet das Personal einer beauftragten Catering-GmbH, verleitet durch ein großzügiges „Trinkgeld", auf das Tragen von Schürzen, siehe *Rönnau/Golombek* ZRP 2007, 193 (194); *Rönnau* in Achenbach/Ransiek/Rönnau, Handbuch Wirtschaftsstrafrecht, 4. Aufl. 2015, 3. Teil, 2. Kap., Rn. 102; zu einer anderen rechtlichen Beurteilung kommt ua *Gaede* in Leitner/Rosenau, Wirtschafts- und Steuerstrafrecht, 1. Aufl. 2017, StGB § 299, Rn. 85, da keine wirtschaftlich bedeutenden Pflichten betroffen seien.

[63] BGHSt 10, 269f. = NJW 1957, 1243; *Fischer,* 65. Aufl. 2018, StGB § 299, Rn. 23.

[64] Siehe nur *Fischer,* 65. Aufl. 2018, StGB § 299, Rn. 2 mwN.

[65] *Rönnau* in Achenbach/Ransiek/Rönnau, Handbuch Wirtschaftsstrafrecht, 4. Aufl. 2015, 3. Teil, 2. Kap., Rn. 102.

weist allerdings zutreffend darauf hin, dass schon wegen der erheblichen Schwierigkeiten der Konkretisierung der (qualifizierten) Vermögensbetreuungspflicht und der Feststellung von deren Verletzung im Rahmen des Anwendungsbereiches des § 266 StGB eine Formulierung geeigneter, dh dem Art. 103 Abs. 2 GG entsprechender Kriterien für eine einschränkende Auslegung des Merkmals des Pflichtenverstoßes in § 299 StGB nahezu unmöglich sei.[66]

2. *Teilprivatisierung des materiellen Strafrechts*

Vor allem mit Bezugnahme auf vertragliche Pflichten – und damit auch auf unternehmensinterne Richtlinien, die Vertragsbestandteil werden können –, hat es der Gesetzgeber zudem versäumt, einen demokratisch legitimierten Pflichtenverstoß zu bestimmen. Mit Einführung der pflichtenbezogenen Tatbestände des § 299 StGB wurde vielmehr eine (Teil-)Hochstufung zivil- bzw. arbeitsrechtlicher Pflichten in das Strafrecht vorgenommen. Die Konkretisierung der Pflichtverletzung – in einer mit Blick auf den Parlamentsvorbehalt und Art. 103 Abs. 2 GG bedenklichen Weise – ist faktisch auf den Geschäftsherrn bzw. Arbeitgeber delegiert.[67]

Die (Teil-)Privatisierung, die sich im Anwendungsbereich der pflichtenbezogenen Tatbestände des § 299 StGB realisiert, ist besonders kritisch auch vor dem Hintergrund der erneuten, aktuellen Bestrebung der Einführung einer Unternehmensstrafe zu sehen,[68] denn Unternehmen sollen damit angehalten werden, „ihre Compliance zu verbessern und wieder zu einem good corporate citizen" zu werden,[69] mithin die Sicherstellung der Beseitigung kriminogener Faktoren innerhalb des Verbandes für die Zukunft.[70] Die Einführung einer Verbandsstrafe kann daher faktisch dazu führen, dass Compliance-Richtlinien als wesentliche Maßnahme eines Compliance-Programms (zwingend) vorzuhalten sind, was wiederum erhebliche Auswirkungen auf den Anwendungsbereich der pflichtenbezogenen Tatbestandsalternativen des § 299 StGB haben wird und einer Überkriminalisierung Vorschub leistet.[71]

3. *Erforderliche Einschränkungen*

Für die Bestimmung der Pflichten bzw. der Pflichtverletzung im Anwendungsbereich der pflichtenbezogenen Tatbestände des § 299 StGB werden Einschränkungsmöglichkeiten damit begründet, dass für den Gesetzgeber der EU-Rahmen-

---

[66] *Rönnau* in Achenbach/Ransiek/Rönnau, Handbuch Wirtschaftsstrafrecht, 4. Aufl. 2015, 3. Teil, 2. Kap., Rn. 102.

[67] Siehe hierzu *Rönnau* in Achenbach/Ransiek/Rönnau, Handbuch Wirtschaftsstrafrecht, 4. Aufl. 2015, 3. Teil, 2. Kap., Rn. 102. Allein schon die unternehmensinterne Implementierung von Compliance bedeutet einen Bruch mit dem tradierten Strafrechtsverständnis, denn es ist Aufgabe des Staates, die maßgeblichen Ver- und Gebote zu formulieren und durchzusetzen: siehe nur *Theile* JuS 2017, 913 (914); zur Privatisierung des materiellen Rechts auch *Greeve* StraFo 2013, 89 ff.

[68] Siehe Entwurf eines Verbandsstrafgesetzbuches des Justizministeriums des Landes Nordrhein-Westfalen von 2013 sowie den Kölner Entwurf eines Verbandssanktionengesetzes 2017 – mwN.; zu aktuellen Forderungen eines Verbandsstrafrechts siehe nur *Schünemann* ZIS 2014, 1 ff. mwN.

[69] *Kubiciel/Hoven* jurisPR-StrafR 23/2017.

[70] Kölner Entwurf eines Verbandssanktionengesetzes 2017, S. 20.

[71] Zur Kritik an einem Verbandsstrafrecht siehe nur *Schünemann* ZIS 2014, 1 ff. (17) mwN.

beschluss, mithin europarechtliche Vorgaben, ausschlaggebend gewesen sei und vor diesem Hintergrund die Sicherung einer gesunden wirtschaftlichen Entwicklung zentrales Anliegen sein könne. Der Gesetzgeber beschränke das Delikt auf Unternehmen und damit auf Wirtschaftseinheiten, die typisiert betrachtet eine, im Vergleich zu nachfragenden Individualpersonen, deutlich größere Bedeutung für den Wirtschaftskreislauf besäßen. Dem Gesetzgeber erschien zudem ein beliebiger Pflichtenkreis als überdehnt.[72] Schließlich verweise die Gesetzgebung zur Begründung primär auf den bestehenden Bedarf, den einschlägigen Rahmenbeschluss 2003/568/JI umzusetzen. Dieser sei aber nicht auf den Schutz des Verhältnisses zwischen dem Geschäftsherrn und den Angestellten bzw. Beauftragten gerichtet, sondern vielmehr – neben der unlauteren Wettbewerbsverzerrung – auf die Beeinträchtigung der Rechtstreue der Gesellschaft und konkret auf die gesunde wirtschaftliche Entwicklung.[73] Indem der Gesetzgeber § 299 Abs. 1 Nr. 2, Abs. 2 Nr. 2 StGB geschaffen hat, habe er den Schutz des wirtschaftlichen Wettbewerbs zugleich um einen nicht von außen, sondern von innen ansetzenden Schutz der Unternehmen als wirtschaftstragende Akteure ergänzt. Die charakteristische Unrechtsvereinbarung werde aus der drohenden Verletzung einer Pflicht abgeleitet, die dem Täter der Bestechlichkeit gegenüber dem Waren oder Leistungen beziehenden Unternehmen als Geschäftsherrn obliege.[74] Um den (überindividuellen) Konnex herstellen und vor allem die vom Rahmenbeschluss belassenen Spielräume zur Wahrung eines verhältnismäßigen Strafrechtseinsatzes nutzen zu können, seien nur solche Pflichten zu erfassen, die dem Angestellten oder Beauftragten bei seiner Aufgabe obliegen, Geschäfte für das Unternehmen zu machen. Der Täter müsse dafür selbst Geschäfte tätigen oder ihren Abschluss immerhin planmäßig beeinflussen können. Nur wenn entsprechende Befugnisse vorlägen, sei dem Angestellten oder Beauftragten eine im Wirtschaftsleben beachtliche Gestaltungsmacht anvertraut, deren Korrumpierung eine nennenswerte Gefährdung für die gesunde wirtschaftliche Entwicklung bedeuten könne. Damit könne eine durchaus unionsrechtskonforme Hinwendung zu einer untreuenahen Interpretation erreicht werden.[75] Nach Gaede soll zusätzlich (zumindest) zu verlangen sein, dass die betroffenen Pflichten mit der individuellen Schutzrichtung der Korruption in einem Zusammenhang stehen und daher auch wirtschaftlich bedeutsam bzw. wettbewerbsbezogen sein müssen, also nicht ideellen oder gesellschaftlichen Zielen dienen.[76]

Darüber hinaus wird ein mögliches, restriktives Verständnis des Merkmals des „Bezuges von Waren oder Dienstleistungen" hervorgehoben, welches als Hinweis auf eine einseitige Lieferrichtung verstanden werde und tauglicher Täter des § 299 Abs. 1 StGB daher nur der Empfänger der Ware oder Dienstleistung sein könne.[77]

---

[72] Siehe BT-Drs. 18/6389, 10f., 14f.

[73] Siehe *Gaede* NZWiSt 2014, 281, 288f. mwN.

[74] Siehe hierzu *Gaede* NZWiSt 2014, 281 (282, 289).

[75] *Gaede* in Leitner/Rosenau, Wirtschafts- und Steuerstrafrecht, 1. Aufl. 2017, StGB § 299, Rn. 83.

[76] *Gaede* in Leitner/Rosenau, Wirtschafts- und Steuerstrafrecht, 1. Aufl. 2017, StGB § 299, Rn. 84.

[77] *Hoven* NStZ 2015, 553 (557).

Zudem soll eine weitere Konturierung durch eine gebotene wettbewerbsbezogene Auslegung des Pflichtenbegriffs möglich sein, da auch das Geschäftsherrenmodell faktisch wettbewerbsbezogen bliebe.[78]

Nach Dannecker ist eine Korrektur der tatbestandlichen, in Bezug genommenen Pflichten dahingehend vorzunehmen, dass die Verletzung nur an die durch den Wettbewerbsschutz gebundenen Pflichten anknüpfen könne.[79] Die tatbestandliche Erfassung von Pflichten, deren Verletzung zur Beeinträchtigung des Wettbewerbs geeignet sei, impliziere deshalb, dass der Angestellte oder Beauftragte Entscheidungskompetenz haben oder zumindest Entscheidungen beeinflussen können müsse.[80]

Diese Ansätze sind insgesamt beachtlich und begrüßenswert, da sie zu erforderlichen Beschränkungen der tatbestandlichen Weite führen können. Im Ergebnis wird vor allem für den Anwendungsbereich der pflichtenbezogenen Tatbestandsalternativen des § 299 StGB ua eine „Betreuungspflicht" gefordert sowie das Erfordernis einer „wirtschaftlichen Bedeutsamkeit" – in Anlehnung an eine Vermögensbetreuungspflicht im Sinne des § 266 StGB und ggf. in Anlehnung an eine gravierende Pflichtverletzung.

Ob das geschützte Rechtsgut der pflichtenbezogenen Tatbestandsvarianten des § 299 StGB allerdings in einer (abstrakten) gesunden wirtschaftlichen Entwicklung eines Unternehmens gesehen oder tatsächlich einen Wettbewerbsbezug aufweist, mithin der gesetzgeberische Wille dahingehend interpretiert werden kann, bleibt fraglich. Auch bleibt abzuwarten, ob über die Schwelle der Verfassungswidrigkeit hinweggeholfen werden kann.

In der Ermittlungspraxis wird sich der Blick jedenfalls insbesondere auf interne Compliance-Richtlinien richten müssen, da diese häufig den Pflichtenkreis von Angestellten und Beauftragten festlegen und konkretisieren.

4. *Beurteilung von Compliance-Richtlinien*

Unternehmen verwenden in Deutschland zunehmend Verhaltenskodizes (Compliance-Kodizes, Codes of Conduct, Business Conduct Guidelines), die einerseits die Einhaltung gesetzlicher Regelungen sicherstellen sollen, andererseits aber auch über die gesetzlichen Anforderungen (weit) hinausgehen, zumal sie auch dazu dienen, unbestimmte tatbestandliche Verbote und Gebote zu konkretisieren, mithin auf der strafrechtlich sicheren Seite zu stehen. Daraus folgt eine Tendenz, überobligatorisch auch ethische und moralische Werte festzulegen.[81]

Neben reinen Kern-Compliance-Vorschriften existieren zahlreiche, weitere interne Richtlinien und Verhaltensregelungen, die zB bezogen sind auf bestimmte Funktionen (zB Einkaufsrichtlinien) oder Kompetenzen (zB Unterschriftenrege-

---

[78] *Hoven* NStZ 2015, 553 (560).

[79] *Dannecker* in NK-StGB, Bd. 3, 5. Aufl. 2017, StGB § 299, Rn. 93 mwN; siehe auch *Dannecker/T. Schröder* ZRP 2015, 48 (49f.); *Kubiciel* NZWiSt 2014, 667 (672).

[80] *Dannecker* in NK-StGB, Bd. 3, 5. Aufl. 2017, StGB § 299, Rn. 94 mwN.

[81] Siehe *Thiele* JuS 2017, 913 (916); *Rönnau,* Bucerius Law School, Begegnungen im Recht: Ringvorlesung der Bucerius Law School zu Ehren von Karsten Schmidt anlässlich seines 70. Geburtstages, 2011, 237 (253f.).

lungen, Regelungen zu Vollmachten und Zuständigkeiten). Teilweise wird im nationalen und internationalen Geschäftsverkehr auch verlangt, den Verhaltenskodex des Geschäftspartners bei Vertragsabschluss zu akzeptieren (generell oder projektbezogen).

Schon vor diesem Hintergrund ergeben sich zahlreiche Probleme, zB im Fall unklarer Formulierungen, in Bezug auf die nach Arbeitsrecht mögliche mitbestimmungsrechtliche Relevanz oder die AGB-rechtliche Wirksamkeit der Einbeziehung in das Vertragsverhältnis. Insbesondere kann es zu Doppel- bzw. Mehrfachverpflichtungen kommen sowie zu sich widersprechenden Verpflichtungen, wenn beide Vertragspartner über jeweils eigene, unterschiedliche Kodizes verfügen oder wenn Unternehmen ohne eigenen Kodex von verschiedenen Geschäftspartnern angehalten werden, jeweils unterschiedliche Kodizes zu unterzeichnen.

In der Anhörung des Bundestagsausschusses für Recht und Verbraucherschutz wurde zutreffend darauf hingewiesen, dass sich gerade im internationalen Geschäftsbereich – aufgrund völlig unterschiedlicher Rechtsgrundlagen – erhebliche Probleme ergeben können.[82] Dies wiegt schwer, denn das Geschäftsherrenmodell in § 299 StGB gilt unter Einschluss ausländischer Angestellter von ausländischen Unternehmen (unter den Voraussetzungen der §§ 3, 9 StGB). Schünemann hat dies zutreffend auf den Punkt gebracht und hervorgehoben, dass die Ansprüche der Arbeitgeber der ganzen Welt – sogar im Vorfeld des bloßen Teilnahmeversuchs – deutschen Strafrechtsschutz genießen sollen, weil es der angebliche Wille der EU sei.[83]

Zu klären wäre jedenfalls, welche (verbindlichen bzw. rechtswirksamen) Pflichten ausländische Angestellte ausländischer Unternehmen im (deutschen) Anwendungsbereich des Geschäftsherrenmodells treffen.

Ferner kann sich der Geltungsbereich einer gegenseitigen Anerkennung innerhalb von (Konzern-)Unternehmen als problematisch erweisen. Ebenso wie bei aufeinandertreffenden abweichenden AGB stellt sich oft die Frage, welche davon für das konkrete Geschäft vereinbart wurden. Hervorzuheben ist, dass einheitliche Standards eben nicht bestehen.[84]

Zu prüfen wäre folglich, welche (nationalen bzw. internationalen) Richtlinien bestehen und für welche Personen in welchen Funktionen in welchem (nationalen oder ausländischen) Unternehmen. Ferner, ob diese konkret und als arbeitsvertragliche Pflicht verbindlich bzw. wirksam vereinbart wurden, aber auch, nach welchem Recht sich die Wirksamkeit mit Blick auf den internationalen Geschäftsverkehr richtet. Bedeutsam ist, ob nationale Compliance-Richtlinien mit internationalen übereinstimmen oder Widersprüche bestehen und ob Compliance-Richtlinien von (internationalen und/oder nationalen) Geschäftspartnern einzuhalten sind oder nur

[82] Siehe Stellungnahme der Sachverständigen *Schieffer* in der Anhörung vom 8.6.2015 Deutscher Bundestag, Ausschuss für Recht und Verbraucherschutz, Protokoll der 56. Sitzung vom 8.6.2015, Protokoll-Nr. 18/56, S. 19, 28.

[83] *Schünemann* ZRP 2015, 68 (69).

[84] Siehe hierzu BDI-Leitfaden zur gegenseitigen Anerkennung von Codes of Conduct, abrufbar unter https://bdi.eu/media/themenfelder/recht/downloads/2010_BDI-Modell_Anerkennungsvereinbarung_deutsch.pdf (zuletzt aufgerufen am 20.3.2018) sowie *Tabbert* CCZ 2017, 225.

zu beachten sind. Auch ist relevant, ob rein projektbezogene, ggf. spezielle Regelungen existieren und ob diese nur zwischen den Geschäftspartnern vertraglich vereinbart und/oder arbeitsrechtlich individuell wirksam implementiert wurden.

Für die strafrechtliche Beurteilung haben jedenfalls vertraglich nicht verbindliche bzw. nicht wirksam vereinbarte Pflichten grundsätzlich keine Relevanz, abgesehen von Vorsatz- bzw. Irrtumsfragen. Ebenso können schon nach Zivil- bzw. Arbeitsrecht zu beurteilende nichtige bzw. unbillige oder sich gegenseitig widersprechende Weisungen und Pflichten[85] nicht herangezogen werden.

Zu beachten ist allerdings, dass bei Zweifeln im Umfang der arbeitsrechtlichen Vertragspflichten unter Umständen arbeitsrechtlich auf das gelebte Rechtsverhältnis als Ausdruck des wirklichen Parteiwillens abgestellt werden kann, insbesondere, wenn eine mehrjährige übereinstimmende und ohne entgegenstehende Bekundung geübte Vertragspraxis zugrunde liegt.[86]

Hervorgehoben wird schließlich, dass die pflichtenbezogenen Tatbestände des § 299 StGB ein nicht zu verachtendes Risiko für die Mitarbeiter eines Unternehmens darstellen und Compliance-Verantwortliche vor praktische Herausforderungen stellen.[87] Dies zeigt sich im Weiteren zusätzlich mit Blick auf das Tatbestandsmerkmal der Einwilligung.

5. *Die Einwilligung des Geschäftsherrn*

a) *Ausgestaltung und Relevanz der Einwilligung*

Durch das Tatbestandsmerkmal „ohne Einwilligung des Unternehmens" wollte der Gesetzgeber die Rechtssicherheit für Angestellte und Beauftragte erhöhen, die transparent vorgehen.[88] Ob mit dem Merkmal der Einwilligung allerdings tatsächlich Rechtssicherheit geschaffen werden konnte, ist zweifelhaft. Denn nach dem Wortlaut des Gesetzes ist die Einwilligung des „Unternehmens" erforderlich, womit sich die umstrittenen Fragen stellen, wie sie bereits im Anwendungsbereich des § 266 StGB kontrovers diskutiert werden, also insbesondere, wer die Einwilligung im Fall einer Personengesellschaft und für Kapitalgesellschaften erteilen kann und in welchen Fällen diese wirksam bzw. unwirksam ist;[89] vor allem, ob die Einwilligung, wenn sie ihrerseits pflichtwidrig erfolgt, wirksam sein kann.[90] Sofern daher die Relevanz der Einwilligungsmöglichkeit in Frage gestellt wird, weil ein Handeln ohnehin nicht pflichtwidrig sein könne, wenn es mit Einwilligung des Unterneh-

---

[85] Zur Unbilligkeit von Weisungen und ihre Verbindlichkeit *BAG* NZA 2012, 858; kritisch *Hromadka* NZA 2017, 601; *Hromadka* NJW 2018, 7; siehe va den Vorlagebeschluss des 10. Senats des *BAG* NZA 2017, 1185 und die abschließende Entscheidung des 10. Senats des *BAG* NZA 2017, 183.

[86] Siehe *BAG* NZA 2017, 187.

[87] Zu praktischen Fragen des Geschäftsherrenmodells *Heuking/v. Coelln* BB 2016, 323.

[88] BT-Drs. 18/6389, 10, 15.

[89] Siehe nur *Fischer,* 65. Aufl. 2018, StGB § 266, Rn. 79ff., insbesondere Rn. 93ff., 99ff. mit zahlreichen weiteren Nachweisen auch aus der Rechtsprechung; zur Genehmigungsmöglichkeit des privaten Arbeitgebers bzw. privater Unternehmen, die öffentliche Aufgaben wahrnehmen, siehe *Michalke* FS Egon Müller, 2008, 447 mwN. sowie *Fischer,* 65. Aufl. 2018, StGB § 331, Rn. 34 mwN.

[90] Vgl. hierzu nur *Fischer,* 65. Aufl. 2018, StGB § 266, Rn. 93ff., 99ff.

mens erfolge,[91] ist anzumerken, dass im Fall von vertraglichen Pflichten die Einwilligung (grundsätzlich) die Pflichtwidrigkeit auszuschließen vermag, nicht hingegen (zwingend) im Fall von gesetzlichen.[92] Die strafrechtliche Relevanz der Einwilligung ist vielmehr unter Beachtung der zivil- bzw. arbeitsrechtlichen, insbesondere auch unter Einbezug (außerstrafrechtlicher) spezialgesetzlicher Vorgaben (unternehmens- und branchenspezifische Pflichten) zu bestimmen. Die Einwilligung muss zudem frei von Willensmängeln erklärt worden sein, soweit diese die Einwilligung unwirksam machen.[93]

Mit Blick auf das Merkmal der Einwilligung wird im Schrifttum bereits eine einschränkende Auslegung befürwortet und die Einwilligung des direkten Vorgesetzten oder des Geschäftsführervorstandes als ausreichend angesehen. Eine gewisse Flexibilität könne zudem über eine Öffnungsklausel in Compliance-Regeln vorgesehen werden, wonach eine vorherige Einwilligung im Einzelfall durch den Vorgesetzten jedenfalls einen Verstoß gegen die internen Compliance-Regeln ausschließe, solange kein anderer Straftatbestand erfüllt werde. Um gewisse Rechtssicherheit für den Mitarbeiter zu schaffen, wird sogar schon angeregt, in den internen Compliance-Regeln des Unternehmens direkt vorzusehen, dass von diesen Regeln nicht abgewichen werden dürfe und Einwilligungen im Einzelfall ausgeschlossen seien.[94]

Nach dem Gesetzgeber ist jedenfalls eine vor der Tat erfolgte Einwilligung erforderlich – sowohl in die Annahme bzw. Gewährung des Vorteils als auch in die Verbindung des Vorteils mit der Handlung oder Unterlassung des Angestellten oder Beauftragten.[95] Eine nachträgliche Genehmigung ist bedauerlicherweise nicht vorgesehen.[96] Beachtlich ist aber, wenn Angestellte oder Beauftragte (nur) unter dem Vorbehalt einer Einwilligung beispielweise einen Vorteil fordern oder sich versprechen lassen, denn ihr Verhalten ist dann noch nicht auf eine pflichtwidrige Handlung oder Unterlassung subjektiv gerichtet, so dass es am erforderlichen Vorsatz in Bezug auf eine Unrechtsvereinbarung fehlt.

Durch Einfügen des Merkmals der Einwilligung lässt sich allerdings die bereits oben angeführte, grundsätzliche Kritik am Geschäftsherrenmodell nicht entkräften.[97] Der Gesetzgeber hat (auch) mit der Einwilligungsmöglichkeit die Frage, ob Strafbarkeit vorliegt oder nicht, weiterhin in der Hand des Privaten belassen, denn dieser ist zu einer solchen jedenfalls grundsätzlich[98] nicht verpflichtet.

---

[91] So *Lorenz/Krause* CCZ 2017, 74 (76); siehe auch *Walther* DB 2016, 95 (98).

[92] Siehe *Sahan* in Graf/Jäger/Wittig, Wirtschafts- und Steuerstrafrecht, 2. Aufl. 2017, StGB § 299, Rn. 53e.

[93] In diesem Sinne BT-Drs. 18/6389, 15.

[94] Siehe hierzu *Lorenz/Kraus* CCZ 2017, 74 (77); zur „Null-Toleranz-Regel" *Heuking/v. Coelln* BB 2016, 323 (332); zur Ausgestaltung von Compliance-Richtlinien und weiterer Einschränkungsmöglichkeiten *Wolfram/Peukert* NZWiSt 2017, 208 (211); *Süße/Odenthal* CB 2016, 215 (218).

[95] BT-Drs. 18/6389, 15; *Dann* NJW 2016, 203 (205); *Sahan* in Graf/Jäger/Wittig, Wirtschafts- und Steuerstrafrecht, 2. Aufl. 2017, StGB § 299, Rn. 53e; kritisch mit Blick auf die Bezugspunkte des Merkmals der Einwilligung *Krack* ZIS 2016, 83 (84f.).

[96] BT-Drs. 18/6389, 15.

[97] Siehe auch *Dann* NJW 2016, 203 (205).

[98] Zu diskutieren wäre allerdings im Einzelfall, ob – aus arbeitsrechtlicher Sicht – eine solche bestehen kann und wie sich eine solche Pflicht strafrechtlich auswirkt.

b) *Tatbestandsausschließende Einwilligung*

Diskutiert wird ferner, ob es sich im Anwendungsbereich des § 299 Abs. 1 Nr. 1 und Abs. 2 Nr. 2 StGB bei der Einwilligung um eine rechtfertigende Einwilligung handelt.[99] Trotz des Wortlautes ist die Einwilligung als Merkmal des objektiven Tatbestands zu verstehen, die als Einverständnis tatbestandsausschließende Wirkung entfaltet. Davon wird ganz deutlich in der Beschlussempfehlung ausgegangen, in der von dem Tatbestandsmerkmal „ohne Einwilligung des Unternehmens" die Rede ist.[100] Im Übrigen ist dies das Verständnis der Verfasser des Änderungsentwurfes, die mit den Begriffen „Einverständnis" bzw. „Einwilligung" weniger das herkömmliche Verständnis im Blick hatten und ausdrücklich eine Klarstellung in Bezug auf die Einwilligung als Tatbestandsmerkmal in die Beschlussempfehlung mitaufgenommen haben. Für die Pflichtverletzungsvariante erkennt der Gesetzgeber ausdrücklich an, dass der Geschäftsherr ein tatbestandsausschließendes Einverständnis geben kann.[101] Damit kommt gerade das vom Gesetzgeber für § 299 Abs. 1 Nr. 2, Abs. 2 Nr. 2 StGB anerkannte Rechtsgut (!) zum Tragen, denn in diesem Fall ist ein Loyalitätsschutz des Geschäftsherrn nach dem ausdrücklich erklärten Willen des Gesetzgebers entbehrlich.[102]

VII. Fazit

Es ist mehr als bedauerlich, dass der Gesetzgeber das Geschäftsherrenmodell in § 299 StGB eingefügt hat. Die Neuregelungen des § 299 StGB sind weder legitimiert noch erforderlich. Auch die – durchaus ernsthaften – Bemühungen des Gesetzgebers um Einschränkung der tatbestandlichen Weite der pflichtenbezogenen Varianten des § 299 StGB können nicht darüber hinwegsehen lassen, dass das Geschäftsherrenmodell jedenfalls kein strafrechtlich schützenswertes Rechtsgut aufweist, im System der Wettbewerbsdelikte im 26. Abschnitt des StGB deplatziert ist und vor allem eine bedenkliche (Teil-)Privatisierung des materiellen Strafrechts bedeutet.

---

[99] Siehe nur *Krack* ZIS 2016, 83 (86) mwN; *Gaede* in Leitner/Rosenau, Handbuch Wirtschaftsstrafrecht, 1. Aufl. 2017, StGB § 299, Rn. 86.

[100] BT-Drs. 18/6389, 15.

[101] So zutreffend *Gaede* in Leitner/Rosenau, Handbuch Wirtschaftsstrafrecht, 1. Aufl. 2017, StGB § 299, Rn. 86.

[102] BT-Drs. 18/6389, 15.

FELIX HERZOG

„Stealthing“: Wenn Männer beim Geschlechtsverkehr heimlich das Kondom entfernen. Eine Sexualstraftat?

I. Einführung

In der ersten Hälfte 2017 verbreitete es sich wie ein Lauffeuer im Netz, dass ein neuer „Sextrend“ auf dem Vormarsch sei: „Stealthing“. Ende April hatte der Begriff bereits den Status eines Wikipedia-Stichworts erreicht und wird dort als „eine Form des Missbrauchs“ beschrieben, „bei der ein Sexualpartner sein Kondom heimlich und ohne Einwilligung des anderen Partners entfernt und ohne Kondom in dessen Körper eindringt“.[1] Bald fanden sich bei einem Google-Abruf unzählige Einträge aus Zeitschriften und Foren, die von Vorsichtsmaßnahmen gegen diese Praxis über rechtliche Einordnungen bis hin zu Anleitungen zur heimlichen Entfernung des Kondoms durch den Mann reichten.

In dieser Zeit ist auch die Untersuchung von *Alexandra Brodsky „‚Rape-Adjacent‘: Imagining Legal Responses to Nonconsensual Condom Removal“* im Columbia Journal of Gender and Law (32 (2), April 2017) erschienen, die sogleich große Resonanz auch in nicht-juristischen Publikationen gefunden hat. Unter Verweis u. a. auf diese Publikation hieß es dann in verschiedenen Zeitungen und Foren, dass *Stealthing* als Vergewaltigung strafbar sei – so etwa in der Publikation *DER WESTEN* der Funke Medien Gruppe: „Auch in Deutschland gilt „Stealthing“ nach Paragraf 177 Strafgesetzbuch als Straftat, wie Jurist Udo Vetter Deutschlandfunk Nova erklärt hat. Höchststrafen bis zu fünf Jahren, möglicherweise auch bis zu 15 Jahren seien möglich“.[2]

Schön, dass sich Herr Vetter in der Lage sieht, dies so einfach und prompt zu subsumieren … Ich neige dann doch eher zur Vorsicht und pflege meinen Studierenden in der Vorlesung immer wieder zu sagen, dass nicht alles, was unmittelbar als unanständig und moralisch verwerflich erscheint, auch umstandslos einem Straftatbestand subsumiert werden kann. Worum geht es denn nun bei *Stealthing* auf der Ebene des Lebenssachverhalts?

---

[1] Wikipedia-Stichwort https://de.wikipedia.org/wiki/Stealthing (Stand: 22.6.2017).

[2] https://www.derwesten.de/panorama/stealthing-dieser-gefaehrliche-sex-trend-wird-unter-maennern-immer-beliebter-und-ist-eine-straftat-id210372433.html (Stand: 17.5.2018).

II. Ein Erfahrungsbericht

Dem Bericht einer betroffenen Frau aus *The Guardian* vom 22.5.2017 unter dem Titel *Stealthing isn't a ‚sex trend'. It's sexual assault – and it happened to me* können einige Informationen entnommen werden, die mir für die Bewertung der Sach- und Rechtslage von Bedeutung erscheinen:

„A few months ago I got chatting to a guy on Tinder. He was an architect who came across as intelligent and polite, and we set a date to meet. We were getting on really well when he asked me to go back to his house and I thought, why not? Later on, sex began consensually. I wanted him to wear a condom and he did. During sex he asked if he could take the condom off and I told him no. A few minutes later he asked again; again I said no. Noticing me checking that the condom was still on, he turned me to face away from him. Immediately after sex I realised that he had removed it and ejaculated inside me …

On realising what had happened to me during my Tinder date, I rushed to get my things and leave his house. When I asked him if he had taken off the condom, he didn't give a clear answer and appeared confused by my outrage and upset. I took a cab to a nearby friend's flat and went straight to her shower, not even thinking that I was washing away evidence of an assault. I wasn't aware a crime had been committed – I just felt violated, and my instinctive reaction was to wash it off…

My experience with the police abruptly ended after my perpetrator was called in to give his statement. He said that the condom fell off without his knowledge and all charges were dropped. I was left with no real way to move forward."[3]

III. Besonnenes Herangehen

Niemand weiß besser als der verehrte Jubilar, welche empörten Reaktionen Zweifel an der Reichweite, Anwendbarkeit und Beweisbarkeit von Sexualdelikten bei engagierten Kreisen auslösen können. Noch dazu, wenn diese Zweifel in klaren Worten und lebensnah vorgetragen werden. Es ist freilich ein Irrtum, wenn hinter solchen Zweifeln ein Frauenfeind vermutet wird. Es geht *Thomas Fischer* darum, das rechtsstaatlich-liberale Strafrecht mit seinen Garantien und Grenzen gegen solche Kampagnen von Moralunternehmer/inne/n[4] zu verteidigen, die als Kern des Strafrechts die lückenlose Durchsetzung von gesellschaftspolitischen Leitbildern und Parolen ansehen und dabei den Gedanken des Rechtsgüterschutzes, den fragmentarischen Charakter des Strafrechts und die Beweisregeln des Strafverfahrens aus den Augen verlieren. Die Verwandlung der Vergewaltigung von einem nötigenden Übergriff in ein non-konsensuales Sexualverhalten birgt in dieser Hinsicht zahlreiche Gefahren.[5]

---

[3] https://www.theguardian.com/commentisfree/2017/may/22/stealthing-sex-trend-sexual-assault-crime (Stand: 17.5.2018).

[4] Klassisch dazu der Aufsatz von *Scheerer;* Atypische Moralunternehmer, Kriminologisches Journal 1986, Beiheft 1, 133.

[5] Ausführlich dazu *Herzog* KritV 2015, 18ff.

In einem ersten Schritt möchte ich diskutieren, mit welchen Argumenten *Brodsky* das heimliche Entfernen des Kondoms beim Geschlechtsverkehr als „vergewaltigungsnahes“ Verhalten einordnet. Sodann sollen Überlegungen zur Einordnung des *Stealthing* nach der neuen Rechtslage in Deutschland angestellt und um den Aspekt des *Stealthing* unter den Bedingungen von käuflichem Sex und der Kondompflicht erweitert werden. Es stellt sich abschließend die Frage, wie heimliche Kondomentfernung – soweit Sie denn beweisbar ist – geahndet werden kann.

IV. Die Natur des Unrechts

Alexandra Brodsky geht in ihrer Untersuchung (o. unter I) von folgenden Prämissen aus:

„Nonconsensual condom removal during sexual intercourse exposes victims to physical risks of pregnancy and disease and, interviews make clear, is experienced by many as a grave violation of dignity and autonomy“ (183).

Die Gefährdungsdimension entspricht den vernünftigen und allgegenwärtigen gesundheitspolitischen Warnhinweisen (s. die Aufklärungskampagne der BZgA „mach's mit“),[6] sich durch die Benutzung von Kondomen vor sexuell übertragbaren Krankheiten zu schützen. Der Schutz vor ungewollter Schwangerschaft dürfte unter den heutigen Bedingungen von Empfängnisverhütung eher in den Hintergrund treten. Zudem stellt sich zivilrechtlich die Frage, ob sich aus der heimlichen Entfernung unter dem Gesichtspunkt der Schwängerung als „Körperverletzung“ etwa Schadenersatzansprüche ableiten lassen würden.[7] – Für *Stealthing* bei homosexuellen Kontakten ist dieser Gesichtspunkt bedeutungslos. Nimmt man die potentielle Gefährdung der Gesundheit der betroffenen Person als das Unrecht einer heimlichen Kondomentfernung an, dann wäre von einer Art abstraktem Gefährdungsdelikt beim Geschlechtsverkehr auszugehen. Dies ist in vielerlei Hinsicht problematisch, was gleich zu zeigen sein wird.

Kein strafrechtsdogmatisches Kunststück, wohl aber ein erhebliches Beweisproblem stellt dagegen die Einordnung des *Stealthing* vor dem Hintergrund der in den 80er Jahren „AIDS-Desperado“ genannten Konstellation dar:[8] Würde sich nachweisen lassen, dass die handelnde Person von ihrer sexuell übertragbaren Krankheit wusste, und würde sich weiter wenigstens der Eventualvorsatz feststellen lassen, durch die Entfernung des Kondoms billigend die Übertragung auf den Sexualpartner in Kauf zu nehmen, dann wäre diese Handlung auf jeden Fall eine versuchte bzw. bei zurechenbarem Infektionserfolg eine vollendete Körperverletzung.

Die Demütigungs- und Instrumentalisierungsdimension bezieht sich auf das Erleben einer so verlaufenden sexuellen Begegnung durch die betroffene Person. Nehmen wir unser Eingangsbeispiel: A und B treffen sich erstmalig, flüchtig, nach

---

[6] S. die Informationsseite Liebesleben der BZgA unter https://www.liebesleben.de/fuer-alle/ (Stand: 17.5.2018).

[7] *Brüggemeier,* Haftungsrecht: Struktur, Prinzipien, Schutzbereich, 2006, 229.

[8] Vgl. dazu *Herzog* in Burkel, Der AIDS-Komplex, 1991, 329ff.

einem kurzen *Tinder*-Kontakt; jedenfalls gibt es keine Vertrautheit und an diesem Punkt keine weitere Perspektive für eine Beziehung – das also, was gemeinhin als One-Night-Stand bezeichnet wird. Es geht darum, sexuellen Bedürfnissen nachzugehen, ohne das Interesse, eine Bindung einzugehen. Im Mittelpunkt steht die Erfüllung der aktuellen sexuellen Bedürfnisse. Zu diesen Bedürfnissen wird häufig auch die Penetration durch die andere Person gehören, was man umgangssprachlich so unbestimmt als „Miteinander-ins-Bett-gehen" bezeichnet. Wegen der Oberflächlichkeit und Flüchtigkeit des Kontakts ist es eine gut nachvollziehbare und häufig anzutreffende Entscheidung, dabei die körperliche Vereinigung nicht ohne Schutz zu vollziehen und nicht das Ejakulat des Partners in den Körper aufnehmen zu wollen. Das Kondom schafft dabei nicht nur in einem mechanischen, sondern auch in einem mentalen Sinn eine Barriere vor zu enger Intimität.

Dieses setting beinhaltet eine Kontrolle darüber, dass sich der sexuelle Kontakt in gewisser Weise nicht zu eng gestalten soll und den Willen, nicht durch eine andere Person vollständig als Objekt („Hereinejakulieren") benutzt zu werden. Wer auf der Suche nach einem One-Night-Stand ist, will sich aus guten Gründen nicht völlig preisgeben und dadurch zum „Freiwild" werden.

Wird von dieser Dimension des Geschehens ausgegangen, dann ist die heimliche Kondomentfernung nach Einigung auf geschützten Geschlechtsverkehr auf jeden Fall eine Verhaltensweise, die das sexuelle Selbstbestimmungsrecht der betroffenen Person verletzt und sie mit dem Gefühl einer Aus-/Benutzung zurücklässt. Das Hineinspritzen des Ejakulats stellt sich für die betroffene Person, die dies gerade nicht wollte, als eine ungewollte grenzüberschreitende Benutzung und Beschmutzung ihres Körpers dar. Wie sich dies in die Systematik des deutschen Sexualstrafrechts einordnen lässt, wird sogleich zu diskutieren sein.

Doch kommen wir zuvor noch einmal auf die Begründung der Strafwürdigkeit mit dem Argument der Erhöhung des Risikos der Ansteckung durch sexuell übertragbare Krankheiten zurück. Diese Begründung müsste zu einem abstrakten Gefährdungsdelikt führen, das als Voraussetzung der Strafbarkeit alleine das nicht-konsentierte Abstreifen des Kondoms durch den Täter hat. Nach der allgemeinen Doktrin muss der Gesetzgeber bei abstrakten Gefährdungsdelikten zeigen können, dass es um die Bestrafung einer Verhaltensweise geht, die für das Schutzobjekt generell gefährlich ist.[9] Auch wenn sicherlich gesagt werden kann, dass sich das Risiko der Übertragung einer Krankheit durch das Entfernen des Kondoms erhöht, so verschiebt diese Strafbegründung doch das Unrecht des Handelns auf eine falsche Ebene: Es geht dann nämlich letztlich um eine Art Gesundheitsgefährdungsdelikt, während das Spezifikum der Sexualdelikte, die Verletzung der sexuellen Selbstbestimmung, in den Hintergrund tritt. Da auch bei diesem Delikt zur Verurteilung das vorsätzliche Abstreifen des Kondoms bewiesen werden muss, lässt sich gut vorstellen, mit welcher Vielzahl von Erklärungen über den Verlust des Kondoms während des Verkehrs zu rechnen ist.

Zurück zu der Begründung des Unrechts auf der Ebene des sexuellen Selbstbestimmungsrechts. In der praktischen Handlungssequenz lässt sich *Stealthing* wie

[9] *Wessels/Beulke/Satzger,* Strafrecht Allgemeiner Teil, 47. Aufl. 2017, Rn. 43.

folgt beschreiben (*Brodsky,* 191): „a perpetrator will need to interrupt intercourse to withdraw, remove the condom, and then re-penetrate". Entscheidend ist das Moment der Re-Penetration.

Wir haben es mit einem mehraktigen Geschehen zu tun: Zunächst einigen sich A und B darauf, Geschlechtsverkehr unter Benutzung eines Kondoms miteinander zu haben. A dringt in B *geschützt* ein. Für diesen Teilakt schlägt *Brodsky* (191) eine naturalistische Betrachtungsweise vor: „the victim consented to touch by a condom, not touch by the skin of a penis".

Das ist für die betroffene Person eine essentielle Bedingung dafür, dass sie überhaupt mit einer Penetration einverstanden ist. Ob diese Bedingung im Verlauf des Geschlechtsverkehrs verhandelbar sein könnte, spielt für Fälle des *Stealthing* als einseitige heimliche Entfernung des Kondoms keine Rolle. Vergleicht man die Konstellation mit anderen Verlaufsveränderungen von Geschlechtsverkehr, dann ist kein grundsätzlicher Unterschied zu erkennen: der überraschende Wechsel von vaginaler zu analer Penetration, das forcierte tiefe orale Eindringen („deep throat"), ja selbst schon das Eindringen mit Fingern in die Vagina sind nicht in das Belieben der handelnden Person gestellt, sondern bedürfen irgendeiner Form der Abstimmung zwischen den Beteiligten, denn sexuelle Selbstbestimmung bedeutet das Recht der Person über „Art und Form … sexueller Betätigung nach eigenem Belieben zu entscheiden".[10]

Das Einverständnis gerade und nur in die durch ein Kondom geschützte Penetration muss vor diesem Hintergrund ernst und genau beim Wort genommen werden. Dies gilt nicht nur für das amerikanische Recht, sondern kann als ein universeller Kerngehalt des sexuellen Selbstbestimmungsrechts angesehen werden: „The law is clear that one may consent to one form of sexual contact without providing blanket future consent to all sexual contact" (*Brodsky,* 191).

Was bedeutet dies nun für die Handlungssequenz nach dem Modell von *Brodsky?* Bis zu dem Zeitpunkt der heimlichen Entfernung handelt es sich um einen konsentierten Geschlechtsverkehr, mit der Re-Penetration nach Kondomentfernung beginnt ein neuer Geschlechtsverkehr unter Verletzung des sexuellen Selbstbestimmungsrechts der betroffenen Person.

Dass der Handelnde das Kondom *heimlich* entfernt, ist einer klarer Indikator dafür, dass er sich des zu erwartenden Widerstands bei Offenlegung seines Wunsches bewusst ist und weiß, dass es sich um ein *no go* handelt.

Wir können jedenfalls sagen, dass es sich um eine grobe unethische Handlung (im Kantischen Sinne) handelt, die den praktischen Imperativ verletzt: „Handle so, daß du die Menschheit sowohl in deiner Person, als in der Person eines jeden andern jederzeit zugleich als Zweck niemals bloß als Mittel brauchst".[11]

Indes – das hatte ich schon zu Beginn betont – folgt daraus nicht *zwangsläufig,* dass dieses Verhalten als *strafbares* Unrecht einzustufen ist. Auch manipulative Erziehungsmethoden, die die betroffenen Kinder zum Objekt herabwürdigen und ein Leben lang schwer an der Seele schädigen, sind im höchsten Maße moralisch ver-

[10] *Fischer,* 65. Aufl. 2018, StGB § 177 Rn. 2.
[11] *Kant,* Grundlegung zur Metaphysik der Sitten, 1785, Akademie-Ausgabe IV, S. 429.

werflich, erreichen aber nur die Qualität strafbaren Unrechts, wenn die Erziehungsmethoden den Tatbeständen der Körperverletzung oder der Misshandlung von Schutzbefohlenen subsumiert werden können. Somit stellt sich also die Frage, wie die beschriebene Handlungssequenz mit Blick auf den Grundtatbestand des neuen § 177 Abs. 1 StGB zu beurteilen ist.

V. Eine Straftat gegen die sexuelle Selbstbestimmung

Grundsätzlich ist zu der Einordnung von sexuellen Handlungen als Straftat zu sagen, dass ein sexueller Kontakt der in den Bahnen eines kommunikativen und körperlich-interaktiven Einvernehmens verläuft, nach den Regeln über das tatbestandsausschließende Einverständnis als strafrechtlich irrelevant anzusehen ist. Von *El-Ghazi* wird das anschaulich auf den Punkt gebracht:

„Eine sexuelle Handlung, die sich der Rechtsgutsträger wünscht und die mit seinem Willen übereinstimmt, beeinträchtigt nicht das Rechtsgut auf sexuelle Selbstbestimmung. Gerade das Gegenteil ist der Fall: Der Rechteinhaber macht in einem solchen Fall von seinem Rechtsgut frei und eigenverantwortlich Gebrauch".[12]

In den hier zu diskutierenden Fällen steht am Beginn des Geschlechtsverkehrs ein Einverständnis in die Penetration unter der maßgeblichen Bedingung, dass der Partner ein Kondom benutzt. Diese Bedingung gilt für den gesamten Verlauf des Geschlechtsverkehrs – es sei denn, sie wird durch eine neuerliche Verständigung aufgehoben. Das heimliche Abstreifen des Kondoms setzt eine Zäsur des Geschehens voraus; der Handelnde zieht sein Glied zurück, streift das Kondom rasch ab und beginnt einen *neuen* ungeschützten Geschlechtsverkehr, ohne den anderen Partner darüber zu informieren. Insofern handelt es sich ab diesem Zeitpunkt *nicht* mehr um einen Geschlechtsverkehr der als Akt der sexuellen Selbstbestimmung der betroffenen Person angesehen werden kann, vielmehr ist die betroffene Person nunmehr ohne Einverständnis zum Objekt der Befriedigung der sexuellen Bedürfnisse der anderen Person herabgesetzt.

Die Einordnung des Geschehens als Straftat gegen die sexuelle Selbstbestimmung könnte mit dem Dogma, dass die sexuelle Selbstbestimmung nicht gegen Täuschung geschützt wird,[13] in Frage gestellt werden.

Indes sind hier zwei Aspekte lebensnah zu betrachten:

(1) haben sich die Beteiligten eines Geschlechtsverkehrs als *conditio sine qua non* darauf verständigt, dass der Geschlechtsverkehr nur geschützt durchgeführt werden soll, dann muss keine ständige weitere kontinuierliche Verständigung und Vergewisserung darüber stattfinden, sondern auf die Gültigkeit der anfänglichen Verständigung muss man sich ohne weiteres für den gesamten Verlauf verlassen können;

---

[12] So *El-Ghazi* in seiner subtilen Analyse des neuen Sexualstrafrechts, *El-Ghazi* ZiS 2017, 157 (162).

[13] *Fischer,* 65. Aufl. 2018, StGB § 177 Rn. 2.

(2) der Handelnde beginnt nach dem heimlichen Abstreifen des Kondoms einen neuen, ersichtlich nicht dem Willen der betroffenen Person entsprechenden Geschlechtsverkehr.

Es stellt sich vor dem Hintergrund der turbulenten kommunikativen und interaktiven Verhältnisse eines Geschlechtsverkehrs und der damit verbundenen Überflutung der Sinne die Frage, ob der Geschlechtsverkehr *nach der Zäsur* als durch Täuschung bewirkt angesehen werden muss oder ob dann – bezogen auf die Kondombenutzung als Bedingung des grundlegenden Einverständnisses zum Geschlechtsverkehr – von einem tatbestandlichen Geschehen gegen den Willen der betroffenen Person auszugehen ist.

Sieht man von sichtbaren Handlungen des Partners zu Beginn des Geschlechtsverkehrs ab, wird die betroffene Person oft nur schwer verlässliche Eindrücke darüber gewinnen können, ob der Geschlechtsverkehr geschützt vollzogen wird. Etwa dann wenn die betroffene Person, wie in dem Fall aus dem *Guardian,* in eine Position gebracht wird, in der der Handelnde von hinten in sie eindringt. Kondome werden zunehmend seitens der Industrie so produziert, dass sie nicht als Fremdkörper beim Verkehr zu spüren sind („hauchdünn“, „gefühlsecht“ uä). Es kommt schließlich etwa auch auf die Lichtverhältnisse an. Es wäre lebensfremd, von der betroffenen Person eine kontinuierliche Tastkontrolle, ob das Kondom noch vorhanden ist, zu erwarten. Unter diesen Umständen ist die zu Beginn getroffene Verabredung über die Benutzung eines Kondoms beim Geschlechtsverkehr die grundlegende Bedingung dafür, überhaupt eine Penetration zuzulassen, und wirkt von Beginn bis zum Zeitpunkt der Erwartungsenttäuschung fort. Die Kondomentfernung dringt unter den genannten Umständen gar nicht ins Bewusstsein der betroffenen Person als Täuschungshandlung vor; sie beteiligt sich *durchgängig* am Geschlechtsverkehr in dem Vertrauen darauf, dass die getroffene Verabredung gilt und sie also beim Geschlechtsverkehr geschützt ist. Spiegelbildlich steht diesem Bewusstseinsgehalt der Wille gegenüber, auf keinen Fall ungeschützten Geschlechtsverkehr zu praktizieren.

Für die heimliche manipulative Vorgehensweise der anderen Person kann es keinen anderen Grund geben, als dass ihr das Einverständnis unter Vorbehalt und folglich der dem ungeschützten Sex entgegenstehende Wille bekannt sind. Die Fortsetzung des Geschlechtsverkehrs nach der heimlichen Entfernung des Kondoms ist ihrem ganzen Handlungssinn nach ohne Zweifel eine sexuelle Handlung gegen den erkennbaren Willen der betroffenen Person und erfüllt damit den Tatbestand des § 177 Abs. 1 StGB.

VI. Unter den Bedingungen der Prostitution

Besondere Aufmerksamkeit verdienen Fälle des *Stealthing* bei der Nutzung käuflicher Sex-Dienstleistungen. Nach einer Reihe von Regelungen in Bundesländern wurde mit § 32 I des Prostituiertenschutzgesetzes ab dem 1.7.2017 erstmals bundesweit eine allgemeine Kondompflicht im Bereich der Prostitution eingeführt. Jenseits der zuweilen ins Lächerliche gezogenen Frage, wie die Beachtung dieser Regelung wohl überwacht werden soll, verfolgt die Regelung neben dem Schutz vor der Übertragung und Verbreitung sexueller übertragbarer Krankheiten das Ziel, Prostituierte gegenüber Kunden, Betreibern und Personen ihres Umfeldes „darin zu bestärken, zum eigenen Schutz auf der Verwendung infektionsschützender Sexualpraktiken zu bestehen und sich anderslautenden Kundenwünschen zu widersetzen, indem sie auf das Verbot verweisen".[14] Es handelt sich somit nicht um eine paternalistische Regelung, sondern um den Versuch, Prostituierten gegenüber der Zumutung „ohne Gummi" durch Freier den Rücken zu stärken, modern gesprochen verfolgt die Regelung das Ziel des *empowerment*.

Offenbar besteht bei vielen Freiern in einer psychischen Gemengelage, sich einen „normalen" sexuellen Kontakt vorzugaukeln, einen *kick* durch den ungeschützten Sex zu erleben und letztlich dadurch auch Macht über das gekaufte Sexualobjekt auszuüben, das Bedürfnis nach ungeschützter Gestaltung des Geschlechtsverkehrs. Wegen der häufigen Geringschätzung für das (auch im käuflichen Sex bestehende) sexuelle Selbstbestimmungsrecht der dienstleistenden Personen wird mit Fällen von *Stealthing* gerade unter diesen Rahmenbedingungen in besonderer Weise als Degradierung der betroffenen Person zum Objekt der sexuellen Befriedigung zu rechnen sein.

Geschieht dies nach der expliziten Ablehnung von ungeschütztem Geschlechtsverkehr unter Verweis auf § 32 ProstSchG dann gelten die gerade gemachten Ausführungen umso mehr, dass der Geschlechtsverkehr ab dem heimlichen Abstreifen des Kondoms als eine sexuelle Handlung gegen den erkennbaren Willen der betroffenen Person anzusehen ist.

VII. Hürden für die Strafverfolgung

„Rape-adjacent" ≈ Nahezu-Vergewaltigung – so bezeichnet *Brodsky* unter Rückgriff auf die Beschreibungen der Auswirkungen der heimlichen Kondomentfernung auf die betroffenen Frauen die Tat.

Diese Relativierung erstaunt ein wenig im Hinblick auf die aktuellen Gesetzesänderungen, gesellschaftlichen und kriminalpolitischen Diskussionen in den USA und Europa. *Brodsky* selber schreibt:

„Given contemporary momentum to treat consent rather than force as the distinguishing factor between sex and rape, an updated, expansive vision of gender violence might consider nonconsensual condom removal a form of rape" (Brodsky, S. 188).

Indes hielten aber zahlreiche Opfer noch an der traditionellen Verbindung von Vergewaltigung mit Zwang und Gewalt fest; sie würden *Stealthing* zwar den Stellenwert eines Sexualdelikts zuweisen, aber es doch unterhalb der Schwere einer Vergewaltigung ansiedeln.

Weiterhin diskutiert *Brodsky* die mögliche rechtliche Einordnung nach dem Straf- und Zivilrecht in den USA. Hier sieht sie zwar auch eine Schwierigkeit der Subsumtion von *Stealthing* unter die Tatbestandsvoraussetzungen von Vergewalti-

[14] Gesetzesbegründung BT-Drs. 18/8556, 94.

gung und einer schadensersatzpflichtigen Verletzung von Rechten des Opfers (tort), aber eine noch größere Schwierigkeit darin, Gerichte davon zu überzeugen, dass sie *Stealthing* so einordnen sollten.

So sei es eine enorme Herausforderung, ein Gericht und davor bereits die Staatsanwaltschaft davon zu überzeugen, dass „the sexual contact fundamentally changes when the condom is removed such that new consent is needed for intercourse without a condom and the „old consent“ to intercourse with a condom is not preserved during the removal ... courts may refuse to parse these distinct aspects of the acts“ (*Brodsky,* S. 198).

Neben dieser dogmatisch nicht zwingenden Sperre gegen die Einordnung des *Stealthing* als Vergewaltigung, muss natürlich auch die Sperre der Beweisbarkeit einer solchen Vorgehensweise gesehen werden. Wer als *Stealther* mit einem solchen Vorwurf konfrontiert wird, hat neben dem bloßen Schweigen eine breite Palette von Einlassungen zur Verfügung, die ihm schwer widerlegt werden können. Gleich in dem Eingangsfall haben wir die naheliegende Einlassung kennengelernt, dass das Kondom abgerutscht sei. Da es sich regelmäßig um Situationen intimer Begegnung ohne Zeugen handelt, wird die Konstellation Aussage gegen Aussage eintreten. Schließlich eröffnen die subjektive Tatseite und der Bereich von Irrtümern noch ein weites Feld zur Verteidigung und verlangt den Gerichten schwierige Feststellungen und Beweiswürdigungen ab. Einen Täter, der sich offensiv dazu bekennt, das Kondom heimlich abgestreift zu haben, um seine sexuellen Wünsche auszuleben und die andere Person dazu ohne ihr Wissen zu benutzen, wird man kaum finden.

Weil bei einer genaueren Betrachtung des Verhaltens nicht nur der Grundbestand des § 177 Abs. 1 StGB erfüllt sein kann, sondern weil es nach dem hier vorgestellten Modell der Re-Penetration ohne Einverständnis mit dem Moment des Eindringens ohne Kondom naheliegt, von einem besonders schweren Fall nach § 176 IV StGB auszugehen, würde an dieser Stelle nun zu diskutieren sein, ob die einzelnen Bedingungen des besonders schweren Falls anzunehmen sind oder ob der Gedanke der Nahezu-Vergewaltigung als Ausnahme zum Regelfall zum Tragen kommen kann. – Doch dazu bei einer nächsten Gelegenheit.

ANDREAS HOYER

Zur Strafbarkeit der Zueignung von Betäubungsmitteln als Eigentumsdelikt

I. *Illegaler Betäubungsmittelbesitz als Vermögensbestandteil*

Der 2. Strafsenat des BGH unter der Leitung *Thomas Fischers* als seines Vorsitzenden Richters hat mit Beschluss vom 1.6.2016 gem. § 132 Abs. 3 GVG bei den anderen Strafsenaten angefragt, ob diese ihm darin zu folgen bereit seien, dass der illegale Besitz von Betäubungsmitteln entgegen deren bisheriger divergenter Rechtsauffassung keinen Bestandteil des strafrechtlich geschützten Vermögens bilde und daher insbesondere nicht Gegenstand einer Erpressung sein könne.[1] Die anderen Strafsenate haben daraufhin unisono erklärt, an ihrer bisherigen Rechtsprechung festhalten zu wollen,[2] woraufhin der 2. Strafsenat am 16.8.2017 von einer Vorlage an den Großen Strafsenat absah und ebenfalls keinen Anlass mehr dazu erkannte, „den bewährten und kriminalpolitisch sachgerechten wirtschaftlichen Vermögensbegriff aufzugeben".[3]

In seiner Argumentation schloss sich der 2. Strafsenat nunmehr dem 3. und dem 5. Strafsenat in deren Antworten auf seine Anfrage an, „es entstünden nicht hinnehmbare Wertungswidersprüche gegenüber den Eigentumsdelikten", wenn Betäubungsmittel, deren Besitz verboten ist, einerseits weiter taugliche Tatobjekte eines Raubes blieben, andererseits aber mangels Zuordnung zum Vermögen des Genötigten nicht mehr Gegenstand einer räuberischen Erpressung diesem gegenüber sein könnten.[4] Bei der Abgrenzung von Raub und räuberischer Erpressung hänge es vielfach von Zufälligkeiten des Gebens oder Nehmens ab, ob für Verhaltensweisen, die sich im Unrechtsgehalt praktisch nicht unterschieden, der Anwendungsbereich der §§ 253; 255 StGB oder derjenige der §§ 249ff. StGB eröffnet sei.[5] Dem 3. Strafsenat erschiene es „nicht nachvollziehbar, warum – unabhängig von der jeweiligen Begehung eines Betäubungsmitteldelikts – etwa derjenige, der durch Drohung mit einer Waffe erzwingt, dass sein Opfer die Wegnahme von Betäubungs-

[1] BGH 2 StR 335/15, NStZ 2016, 596.

[2] BGH 1 ARs 16/16, NStZ-RR 2017, 112f.; BGH 3 ARs 16/16, NStZ-RR 2017, 244; BGH 4 ARs 17/16, NStZ-RR 2017, 44f.; BGH 5 ARs 47/16, NStZ-RR 2017, 110.

[3] BGH 2 StR 335/15, StV 2018, 27 (29); vgl. in diesem Sinne auch bereits BGH 2 StR 27, 16, BGHSt 61, 263ff. und BGH 2 StR 522/15, NStZ 2017, 111f.; ebenso jüngst BGH 2 StR 560/15, 15f., NStZ-RR 2018, 15.

[4] BGH 2 StR 335/15, StV 2018, 27 (29); ähnlich BGH 3 ARs 16/16, NStZ-RR 2017, 244 (246); BGH 5 ARs 47/16, NStZ-RR 2017, 110.

[5] BGH 2 StR 335/15, StV 2018, 27 (29); ähnlich BGH 3 ARs 16/16, NStZ-RR 2017, 244 (246); BGH 5 ARs 47/16, NStZ-RR 2017, 110.

mitteln duldet, sich wegen besonders schweren Raubes nach § 250 Abs. 2 Nr. 1, § 249 Abs. 1 StGB mit einer Mindeststrafdrohung von fünf Jahren Freiheitsstrafe strafbar macht, derjenige, der bei gleicher Drohung erreicht, dass sein Opfer ihm die Betäubungsmittel aushändigt, jedoch nur wegen Nötigung nach § 240 Abs. 1 StGB, gegebenenfalls in Tateinheit mit einem Waffendelikt".[6] Ähnlich „erhebliche Wertungswidersprüche" könnten auftreten, wenn der Gewahrsam an Betäubungsmitteln zwar nicht über den Betrugstatbestand als Vermögensbestandteil gewertet würde, wohl aber über den Diebstahlstatbestand als Wegnahme einer „jedenfalls kraft Gesetzes (§§ 950; 953 BGB)" fremden Sache.[7]

II. Betäubungsmittel als fremde Sachen im Sinne der Eigentumsdelikte

In seinem Anfragebeschluss vom 1.6.2016 hatte der 2. Strafsenat durchaus gesehen, dass die von ihm vorgeschlagene Aufgabe des wirtschaftlichen Vermögensbegriffs zu „Divergenzen zwischen dem Schutz von Eigentum und Vermögen" führen könnte.[8] Da bei einer Herstellung von Betäubungsmitteln kraft bürgerlichen Rechts aber „jedenfalls kein vollwertiges Eigentum" entstehe, hatte der 2. Strafsenat sich seinerzeit für „eine teleologische Reduktion der Eigentumsdelikte" ausgesprochen: Das „kraft Gesetzes formal erworbene Eigentum" bilde eine „Rechtsposition ohne Substanz", zu deren Schutz der Einsatz des Strafrechts als staatlicher „ultima ratio" nicht geboten, dh unverhältnismäßig, erscheine.[9]

Tatsächlich lässt sich der Gefahr eines Wertungswiderspruchs zwischen Eigentums- und Vermögensdelikten, falls man sie nicht hinzunehmen bereit ist,[10] auf zweierlei Weise begegnen: entweder durch ein allseits Strafbarkeitslücken vermeidendes Festhalten am wirtschaftlichen Vermögensbegriff, wie es die fünf Strafsenate des BGH nunmehr einträchtig als vorzugswürdig erachten, oder aber durch eine strafbarkeitseinschränkende Auslegung (auch) der Eigentumsdelikte, sodass sie mit einem entsprechend verengten Vermögensbegriff bei den -delikten harmonisierten. Im Folgenden soll es um die dogmatische Konstruktion der zweitgenannten Harmonisierungsstrategie gehen, da nur auf diesem Wege ein anderer Wertungswiderspruch vermieden werden kann, der bei einem extensiven Verständnis der Eigentums- und Vermögensdelikte drohte: der Widerspruch nämlich, dass sowohl die Herstellung als auch der Besitz von Betäubungsmitteln durch § 29 Abs. 1 Nr. 1 BtMG straftatbestandlich missbilligt wird und dem Gesetzgeber nicht ohne Weiteres unterstellt werden kann, er habe die also straftatbestandsmäßig erlangte Position auf der anderen Seite zugleich auch mit straftatbestandsmäßigem Schutz umhegen wollen, sie damit als strafrechtlich schützenswert gebilligt.[11]

---

[6] BGH 3 ARs 16/16, NStZ-RR 2017, 244 (246).

[7] BGH 3 ARs 16/16, NStZ-RR 2017, 244 (246).

[8] BGH 2 StR 335/15, NStZ 2016, 596 (599).

[9] BGH 2 StR 335/15, NStZ 2016, 596 (599); zust. *Jahn* JuS 2016, 848 (850).

[10] Auch diese Möglichkeit hält BGH 2 StR 335/15, NStZ 2016, 596 (599) für angängig; ebenso *Krell* NStZ 2016, 599 (600).

[11] So auch BGH 2 StR 335/15, NStZ 2016, 596 (598).

Eine erfolgversprechende Restriktion der Eigentumsdelikte, soweit es um Betäubungsmittel als Tatobjekte geht, kann zunächst am Tatbestandsmerkmal „fremd" ansetzen, indem entweder schon die bürgerlich-rechtlichen Regelungen über den Eigentumserwerb so ausgelegt werden, dass Betäubungsmittel herrenlose Sachen bleiben, oder indem das Strafrecht einen eigenen Eigentumsbegriff unter Loslösung vom Zivilrecht kreiert, der statt auf die formale Eigentümerstellung auf die materielle Befugnis abhebt, mit der Sache „nach Belieben" zu verfahren, die einem Eigentümer gem. § 903 BGB grundsätzlich zusteht, die einem Eigentümer von Betäubungsmitteln aber durch das Betäubungsmittelrecht bis aber auf die gerade nicht in seinem „Belieben" stehende Pflicht zur Vernichtung „seiner" Betäubungsmittel (§ 16 BtMG) vollständig aberkannt wird.[12]

1. *Zivilrechtliche Eigentumsverhältnisse an Betäubungsmitteln*

Inwieweit sich durch eine restriktive Auslegung der entsprechenden bürgerlichrechtlichen Regelungen bereits ein Eigentumserwerb an Betäubungsmitteln bestreiten lässt, hat *Gereon Wolters* eingehend untersucht.[13] Er schlägt vor, den Rechtsgedanken des § 134 BGB dafür nutzbar zu machen, um über den rechtsgeschäftlichen Bereich hinaus auch einen gesetzlichen Eigentumserwerb nach §§ 950; 953 BGB an Betäubungsmitteln auszuschließen.[14] Selbst dann, wenn die Herstellung oder Veräußerung der Betäubungsmittel in einem ausländischen Staat erfolgt ist, dessen Rechtsordnung diese Vorgänge als eigentumsbegründend anerkennt, eröffne Art. 6 S. 1 EGBGB mit seinem ordre public-Vorbehalt die Möglichkeit, das im Ausland wirksam entstandene Eigentum als „mit den wesentlichen Grundsätzen des deutschen Rechts offensichtlich unvereinbar" anzusehen, sobald die Betäubungsmittel ins Inland gelangen.[15]

Dass jede andere als die von *Wolters* vorgeschlagene neue Auslegung der deutschen Eigentumserwerbsvorschriften „offensichtlich" mit „wesentlichen" Grundsätzen des deutschen Rechts kollidieren soll, belegt aber wohl die „allzu große Kühnheit"[16] (zumindest von Teilelementen) dieses Vorschlags. Eine abschließende Auseinandersetzung mit *Wolters*' Auslegung des deutschen Sachenrechts erübrigt sich aber hier[17] bereits deswegen, weil auch *Wolters* zufolge Betäubungsmittel fremde Sachen bilden, „wenn sie im Inland oder Ausland mit behördlicher Erlaubnis angebaut, hergestellt etc. worden sind"[18] (vgl. § 3 BtMG). Mit diesen erlaubt hergestellten Betäubungsmitteln würden also fremde bewegliche Sachen i. S. d. §§ 242; 249 StGB weggenommen – und zwar nicht nur, wenn ihr Eigentümer zum Zeitpunkt der Wegnahme auch Gewahrsamsinhaber war, sondern auch, wenn er seinen Gewahrsam

---

[12] So BGH 2 StR 335/15, NStZ 2016, 596 (599); *Schmitz* in MüKoStGB, 3. Aufl. 2017, § 242 Rn. 18.

[13] *Wolters* FS Samson, 2010, 495 ff.; iE ebenso schon *Engel* NStZ 1991, 520 (522).

[14] *Wolters* FS Samson, 2010, 495 (501, 503).

[15] *Wolters* FS Samson, 2010, 495 (506 f.).

[16] Dass dieser Einwand naheliegt, räumt *Wolters* FS Samson, 2010, 495 (507), selbst ausdrücklich ein und sieht sich dadurch zu hilfsweisen Erwägungen veranlasst.

[17] Vgl. dazu *Bechtel* JR 2017, 197 (199 f.).

[18] *Wolters* FS Samson, 2010, 495 (512).

zuvor bereits an einen Dritten verloren hatte, sei es aufgrund einer von diesem verübten Wegnahme oder aufgrund eines gem. § 134 BGB unwirksam gebliebenen Veräußerungsgeschäfts. Mag es sich bei derartigen Fällen auch „praktisch um eine seltene Ausnahme handeln“,[19] so belegen sie doch, dass es *Wolters*‘ Vorschlag bei aller seiner Radikalität nicht ermöglicht, auf den wirtschaftlichen Vermögensbegriff verzichten zu können und trotzdem Wertungswidersprüche zwischen Eigentums- und Vermögensdelikten auszuschließen.

Eine derartige Harmonisierung herbeizuführen, bildet im Übrigen auch nicht das Anliegen von *Wolters:* Selbst wenn seiner Auslegung zufolge bei einer „Wegnahme mit nötigendem Zwang“ eine Strafbarkeit wegen Raubes dieser Betäubungsmittel mangels deren Fremdheit ausschiede, so unterfiele diese Wegnahme doch „der (räuberischen) Erpressung“.[20] Wird der bisherige Inhaber des Gewahrsams an den herrenlosen Betäubungsmitteln getäuscht, so soll ein Betrug in Betracht kommen;[21] werden ihm die Betäubungsmittel ohne nötigenden Zwang weggenommen, soll eine Hehlerei – unter Verzicht auf das dafür ganz überwiegend aufgestellte Erfordernis eines derivativen Erwerbs[22] – angenommen werden können.[23] Letztlich führt *Wolters*‘ einschränkende Auslegung der bürgerlich-rechtlichen Eigentumserwerbsvorschriften somit lediglich zu einer Verlagerung des Wertungswiderspruchs in die umgekehrte Richtung: Den restriktiv verstandenen Eigentumsdelikten stehen äußerst extensiv interpretierte Vermögensdelikte gegenüber. Strafbarkeitslücken mögen sich auf diese Weise vermeiden lassen, Wertungswidersprüche zwischen Eigentums- und Vermögensdelikten aber gewiss nicht.

2. *Teleologische Reduktion des strafrechtlichen Fremdheitsbegriffs*

Der von *Wolters* herangezogene „Rechtsgedanke des § 134 BGB“[24] müsste doch, wenn schon einem gesetzlichen Erwerb bürgerlich-rechtlichen Eigentums, so erst recht einem strafrechtlichen Schutz der dadurch erlangten Position entgegenstehen. Wird aber mit Rücksicht auf den Rechtsgedanken des § 134 BGB der wirtschaftliche Vermögensbegriff aufgegeben, so fragt sich weiter, wie diesem Gedanken auch im Rahmen der Eigentumsdelikte durchgehend Rechnung getragen werden kann. Möglicherweise eignet sich dazu aber eher der Ansatz, sich bei der Auslegung des strafrechtlichen Fremdheitsbegriffs von der zivilrechtlichen Bestimmung der Eigentumsverhältnisse zu lösen und (statt auf das formale Eigentum) auf die materielle Befugnis abzustellen, mit der Sache „nach Belieben“ zu verfahren, wie sie § 903 BGB grundsätzlich dem Eigentümer zuweist.[25] Der 2. Strafsenat hat eine solche Auslegung in seinem Anfragebeschluss vom 1.6.2016 als „teleologische Reduktion

[19] So *Wolters* FS Samson, 2010, 495 (512).
[20] *Wolters* FS Samson, 2010, 495 (512).
[21] *Wolters* FS Samson, 2010, 495 (497).
[22] Vgl. BGHSt 7, 134 (137) = NJW 1955, 390ff.; 15, 53 (57) = NJW 1960, 2008f.; 42, 196 (197) = NJW 1996, 2877f. ; *Fischer,* 65. Aufl. 2018, StGB § 259 Rn. 11 mwN.
[23] *Wolters* FS Samson, 2010, 495 (511).
[24] *Wolters* FS Samson, 2010, 495 (501, 503).
[25] So *Schmitz* in MüKoStGB, 3. Aufl. 2017, § 242 Rn. 17; *Bechtel* JR 2017, 197 (201f.); insoweit zust. *Otto* FS Beulke, 2015, 507 (513f.); *Hillenkamp* FS Achenbach, 2011, 189 (205).

der Eigentumsdelikte“ bezeichnet:[26] Dass ein anderer als der Täter Allein- oder Miteigentümer der Sache ist, soll also offenbar zwar notwendige Bedingung für deren Fremdheit bleiben, aber keine hinreichende Bedingung mehr dafür bilden.

In Bezug auf Betäubungsmittel wird die Anzahl der materiellen Befugnisse, die dem Eigentümer noch zur Verfügung stehen, durch das Betäubungsmittelrecht auf eins reduziert, nämlich auf die (Pflicht zu deren) Vernichtung gem. § 16 BtMG. Eine sogar noch weitergehende Reduktion der materiellen Eigentümerbefugnisse auf null geht aber mit der Eröffnung eines Insolvenzverfahrens einher, durch die gem. § 80 Abs. 1 InsO „das Recht des Schuldners, das zur Insolvenzmasse gehörende Vermögen zu verwalten und über es zu verfügen, auf den Insolvenzverwalter“ übergeht. Obwohl dem Eigentümer hier noch nicht einmal die Vernichtung seiner zur Insolvenzmasse gehörenden Sachen als rechtmäßige Verhaltensoption offensteht, bleiben diese unbestreitbar für jeden Dritten (auch für den Insolvenzverwalter) „fremd“ iSd Eigentumsdelikte. Daraus folgt dann aber, dass auch bei Betäubungsmitteln als Tatobjekten kein noch so weitgehender Mangel an materiellen Eigentümerbefugnissen (allein) bewirken kann, das um diese Befugnisse entkernte Eigentum als strafrechtlich nicht existent oder jedenfalls unbeachtlich abzuqualifizieren.[27]

III. Rechtlich missbilligtes Eigentum als Gegenstand eines Zueignungsdelikts

Vielmehr wäre zu begründen, weshalb das nur noch formelle Eigentum an einer zur Insolvenzmasse gehörenden Sache strafrechtlichen Schutz gegen Eigentumsdelikte erhalten soll, das gleichfalls nur noch formelle Eigentum an unerlaubt hergestellten Betäubungsmitteln dagegen nicht: Der wertungsmäßige Unterschied zwischen beiden genannten Fällen nur (noch) formell bestehenden Eigentums lässt sich m. E. nicht daraus ableiten, in welchem Ausmaß aus dem betreffenden Stammrecht einzelne rechtlich gebilligte Handlungsalternativen folgen, sondern allein daraus, in welchem Maße die Innehabung dieses Stammrechts selbst rechtlich gebilligt wird. Indem die Rechtsordnung beispielsweise demjenigen, der sein Eigentum aufgrund einer Täuschung oder Drohung verloren hat, einen Rückabwicklungsanspruch gegen den dadurch Berechtigten nach § 812 Abs. 1 S. 1 Alt. 1 i. V. m. § 142 Abs. 1 BGB einräumt, bringt sie zum Ausdruck, dass sie die (weitere) Innehabung des auf diese Weise erlangten Eigentums durch den Bereicherten rechtlich missbilligt.

Dem Eigentümer von Betäubungsmitteln gebietet die Rechtsordnung nicht nur durch § 16 BtMG deren kostenpflichtige Vernichtung (wodurch das Substrat des Eigentumsrechts untergeht), sondern gewährt dem Staat durch § 33 BtMG; § 74 Abs. 2 StGB; §§ 74a; 75 Abs. 1 StGB zudem ein Recht auf Einziehung der Betäubungsmittel, d. h. auf entschädigungslosen Übergang des Eigentums an ihnen. Dass

[26] BGH 2 StR 335/15, NStZ 2016, 596 (599); zust. *Ladiges* wistra 2016, 479 (482); *Bechtel* JR 2017, 197, (201).

[27] So auch BGH 3 StR 295/05, NJW 2006, 72; BGH 4 StR 92/15, NStZ 2015, 571 (572); zust. *Oğlakcıölu* NStZ 2015, 573; *Hauck* ZIS 2006, 37 (39).

§ 33 BtMG dem Staat dieses gesetzliche Recht auf Eigentumsübergang zubilligt, dokumentiert nicht nur die rechtliche Missbilligung der bislang bestehenden Eigentumsverhältnisse. Es ergibt sich daraus vielmehr auch, welches Tatbestandsmerkmal innerhalb der Prüfung eines Eigentumsdelikts durch die rechtliche Missbilligung der bestehenden Eigentumsverhältnisse infrage gestellt wird. Dies ist nämlich nicht die Fremdheit, für die es nur auf die gegenwärtige dingliche Rechtslage, das formelle Eigentum eines anderen an der Sache, ankommt, sondern die Rechtswidrigkeit der Zueignung, die nach ganz herrschender Auffassung jedenfalls aufgrund eines bestehenden Speziesanspruchs auf die fremde Sache entfällt.[28] Ordnet das für ein Betäubungsmitteldelikt zuständige Gericht (§ 436 StPO) die Einziehung der Betäubungsmittel an, auf die sich die Tat bezieht, so entfällt im Rahmen der Prüfung einer Unterschlagung also zwar nicht das Tatbestandsmerkmal der Fremdheit,[29] das vielmehr zum Zeitpunkt der Tathandlung (§ 8 StGB) noch erfüllt war, wohl aber die Rechtswidrigkeit sowohl der Aneignung als auch der Enteignung.

1. *Rechtswidrigkeit der Aneignung bei gleichzeitiger Rechtmäßigkeit der Enteignung*

Es ist allerdings nicht die verfahrensordnungsgemäße Durchsetzung des staatlichen Einziehungsrechts, die bei der Bestimmung der tatbestandlichen Reichweite von Eigentumsdelikten, soweit sie sich auf Betäubungsmittel beziehen, Probleme aufwirft. Die Frage nach Wertungswidersprüchen zwischen Eigentums- und Vermögensdelikten stellt sich vielmehr erst, wenn es um einen Täter geht, der die im Eigentum eines anderen stehenden Betäubungsmittel sich selbst oder einem Dritten zueignet (§ 246 StGB) bzw. zuzueignen beabsichtigt (§§ 242; 249). In einem solchen Fall erfolgt die (beabsichtigte) Aneignung unzweifelhaft rechtswidrig, da weder der Täter noch der Dritte (im Falle einer Drittzueignung) einen Anspruch gegen den Eigentümer auf dessen Betäubungsmittel hat (zumindest steht § 134 BGB einem solchen Anspruch im Wege).[30]

Etwas anderes gilt für die dauernde Enteignung des Eigentümers, auf die sich gem. § 33 BtMG ein staatliches Recht bezieht, die also im Ergebnis durchaus dem Recht entspricht. Dass die vom Recht gebilligte dauernde Enteignung des Betäubungsmitteleigentümers hier nicht auf verfahrensordnungsgemäße Weise geschieht, ändert nichts an der (materiellen) Rechtmäßigkeit der dauernden Enteignung, da die §§ 242ff. StGB keine staatliche Verfahrensordnung, sondern den individuellen Eigentümer zu schützen bestimmt sind.[31]

Bei der Prüfung einer Strafbarkeit wegen Eigentumsdelikts stellt sich also die Frage, ob ungeachtet der Rechtmäßigkeit einer dauernden Enteignung allein die Rechtswidrigkeit der vorübergehenden Aneignung genügt, um auch die aus Aneignungs- und Enteignungskomponente zusammengesetzte Zueignung rechtswidrig erscheinen zu lassen. Dabei ist zu berücksichtigen, dass die rechtswidrige Zueig-

[28] BGHSt 17, 87 (88); *Fischer,* 65. Aufl. 2018, StGB § 242 Rn. 50.
[29] *Hoyer* in SK-StGB, 6. Aufl. 1999, § 242 Rn. 18f.
[30] *Fischer,* 65. Aufl. 2018, StGB § 242 Rn. 5a.
[31] *Hoyer* in SK-StGB, 6. Aufl. 1999, § 242 Rn. 102.

nung einer fremden Sache nach den Wertungen der §§ 242ff. StGB ein schwereres Unrecht darstellt als deren bloße, ebenfalls rechtswidrige vorübergehende Aneignung, die gem. § 248b StGB nur bei Kraftfahrzeugen und Fahrrädern als Tatobjekten überhaupt strafbar ist, und auch als eine bloße dauernde rechtswidrige Enteignung, für die gem. § 303 StGB zumindest ein niedrigerer Strafrahmen gilt als bei allen Zueignungsdelikten.[32] Wenn nun im Rahmen einer bestimmten Tat nur entweder die vorübergehende Aneignung oder die dauerhafte Enteignung als rechtswidrig zu beurteilen ist, dann verwirklicht der Täter nicht mehr das „ganze" qualifizierte Unrecht eines Zueignungsdelikts, sondern allenfalls noch das geringere Unrecht eines bloßen Aneignungs- bzw. Enteignungsdelikts. Ginge es um ein Kraftfahrzeug als Tatobjekt, auf das sich ein staatliches Einziehungsrecht beispielsweise wegen einer Trunkenheitsfahrt bezieht, so käme also nur noch § 248b StGB wegen der rechtswidrigen Ingebrauchnahme (Aneignung) des Fahrzeugs durch einen unbefugten Dritten in Betracht, mangels Rechtswidrigkeit auch der dauernden Enteignung aber keineswegs mehr § 242 StGB.

Dass bloßes Aneignungsunrecht in Bezug auf Betäubungsmittel nicht selbstständig im Strafgesetzbuch tatbestandlich erfasst ist, berechtigt nicht dazu, dem Täter stattdessen gem. § 242 StGB qualifiziertes Zueignungs- und damit auch Enteignungsunrecht vorzuwerfen, obwohl doch dem Eigentümer der Betäubungsmittel mit der dauernden Enteignung um diese wegen des ohnehin bestehenden staatlichen Einziehungsrechts gar kein Unrecht geschieht. Indem sich der Täter unbefugt die Betäubungsmittel aneignet, wird zwar das staatliche Einziehungsrecht gefährdet oder gar mangels noch vorhandenen Substrats vereitelt, durch die Beeinträchtigung eines solchen bloßen Aneignungsrechts als eines Minus zum Eigentumsrecht wird aber jedenfalls kein Eigentumsdelikt begangen.[33] Der Staat als Einziehungsberechtigter kann also schon mangels bestehenden Eigentumsrechts nicht dauerhaft enteignet werden, der Noch-Eigentümer infolge des staatlichen Einziehungsrechts nicht rechtswidrig enteignet werden.

2. *Rechtmäßigkeit der Aneignung bei gleichzeitiger Rechtswidrigkeit der Enteignung*

Ebenso wie sich Fallkonstellationen bilden lassen, in denen lediglich die vorübergehende Aneignung, aber nicht die dauernde Enteignung rechtswidrig ist, verdient auch die umgekehrte Fallkonstellation Beachtung: Wenn beispielsweise der Mieter eines Kraftfahrzeugs dieses dem erfüllungsunwilligen Eigentümer wegnimmt, um es zunächst bis zum Ablauf der Mietzeit als Transportmittel für eine Urlaubsreise zu nutzen und anschließend eine Klippe hinab ins Meer zu stürzen, so stellt sich die vorübergehende Aneignung als rechtmäßig dar. Obwohl der Täter schon zum Wegnahmezeitpunkt plante, den Eigentümer später rechtswidrig dauerhaft zu enteignen, zielte er mit seiner Tat nicht auf Aneignungs- und damit auch nicht auf Zueignungsunrecht (als der Summe aus Aneignungs- und Enteignungsunrecht) ab,

---

[32] Vgl. *Hoyer* in SK-StGB, 6. Aufl. 1999, Vor § 242 Rn. 7f.

[33] *Fischer,* 65. Aufl. 2018, StGB § 242 Rn. 6; *Schmitz* in MüKoStGB, 3. Aufl. 2017, § 242 Rn. 31.

sondern allein auf Enteignungsunrecht. Also kann er auch lediglich nach § 303 StGB bestraft werden und dies auch erst, nachdem er zur Verwirklichung von dessen Tatbestand gem. § 22 StGB zumindest unmittelbar angesetzt hat.

Selbst dann, wenn der Täter bereits zum Wegnahmezeitpunkt beabsichtigte, das Kraftfahrzeug auch nach Ablauf der Mietzeit bis zu dessen vollständigem Verschleiß weiterzunutzen, ergäbe sich daraus keine Strafbarkeit wegen Diebstahls, sondern allenfalls wegen (versuchter) Unterschlagung – und dies auch erst ab seinem unmittelbaren Ansetzen zu einer Fortsetzung des Fahrzeuggebrauchs nach Ablauf der Mietdauer. Denn allenfalls mit dieser Weiternutzung begann der Täter damit, seinen Zueignungswillen zu manifestieren[34] und objektiv Zueignungsunrecht zu verwirklichen,[35] während die Wegnahme wegen des mit ihr durchgesetzten Anspruchs auf die Mietsache noch nicht als Manifestation eines Zueignungswillens oder gar als unmittelbares Ansetzen zur Zueignung selbst gewertet werden kann.

3. *Zur Rechtswidrigkeit der Zueignung bei dauernder, aber nur vorübergehend rechtswidriger Enteignung*

Aufgrund der Teilbarkeit des Zueignungsunrechts in Aneignungs- und Enteignungsunrecht entfiele die Strafbarkeit eines Erwerbers wegen Zueignungsdelikts sogar dann, wenn dessen Anspruch auf dauernde Enteignung des bisherigen Eigentümers zum Zeitpunkt der Wegnahme noch nicht einmal fällig war: Der Vorsatz des Erwerbers (etwa eines Käufers) bezieht sich in diesem Fall nämlich zwar sowohl auf eine vorübergehende rechtswidrige Aneignung als auch auf eine vorübergehende rechtswidrige Enteignung, aber eben nicht auf eine dauernde rechtswidrige Enteignung, wie es für seine Strafbarkeit nach §§ 242; 246; 249 StGB erforderlich wäre. Zum Schutz des Eigentümers gegenüber einer vorzeitigen Ingebrauchnahme seines Kraftfahrzeugs durch den Erwerber greift daher dann lediglich § 248b ein.

4. *Die Rechtswidrigkeit der Zueignung als Rechtswidrigkeit sowohl der Aneignung als auch der Enteignung*

Der hier entwickelte Ansatz verzichtet also auf alle sachenrechtlichen und strafrechtlichen Sonderkonstruktionen für Betäubungsmittel, um entweder schon das formelle Eigentum an ihnen (Rechtsgedanke des § 134 BGB) oder jedenfalls ihre Fremdheit (Defizit an materiellen Eigentümerbefugnissen) verneinen zu können. Stattdessen wird das auf Betäubungsmittel bezogene Einziehungsrecht des Staates etwaigen Speziesansprüchen von Privatpersonen auf die (weggenommene) fremde Sache insoweit gleichgesetzt, als beide die Rechtswidrigkeit der Zueignung im Rahmen der Eigentumsdelikte ausschließen. Da sich das Adjektiv „rechtswidrig" im Rahmen der §§ 242; 246; 249 StGB sowohl auf die Aneignungs- als auch auf die Enteignungskomponente der Zueignung bezieht und beziehen muss, um die Notwendigkeit von Zueignungs- statt nur von bloßem Aneignungs- oder Enteignungsunrecht zu bezeichnen, genügt eine Rechtfertigung entweder der Aneignung

---

[34] Darauf abstellend *Eser/Bosch* in Schönke/Schröder, 29. Aufl. 2014, StGB § 246 Rn. 11.

[35] Darauf abstellend *Hoyer* in SK-StGB, 6. Aufl. 1999, § 246 Rn. 22.

oder der Enteignung, um das qualifizierte Unrecht einer Zueignung entfallen zu lassen. Auch diese Aussage gilt für Betäubungsmittel nicht mehr und nicht weniger als für alle sonstigen Tatobjekte. Sie führt dazu, dass bei jedem Tatobjekt, um das der Eigentümer infolge eines entsprechenden subjektiven Rechts von irgendeiner natürlichen oder juristischen Person dauerhaft enteignet werden darf, allenfalls noch das Unrecht einer unbefugten Aneignung durch einen anderen als den Rechtsinhaber verwirklicht werden kann, jedenfalls aber kein volles Zueignungsunrecht mehr.

V. Der Einwand drohender Strafbarkeitslücken bei der Erlangung von Betäubungsmitteln

Für illegal hergestellte oder besessene Betäubungsmittel hat dies anders als für sonstige Tatobjekte zur Konsequenz, dass eine Strafbarkeit wegen Eigentumsdelikts bei ihnen ausscheidet. Dass eine Aufgabe des wirtschaftlichen Vermögensbegriffs, wie sie der 2. Strafsenat in seinem Anfragebeschluss vom 1.6.2016 vorgeschlagen hat,[36] „nicht hinnehmbare Wertungswidersprüche" zwischen Eigentums- und Vermögensdelikten zur Folge hätte, trifft also entgegen dem Urteil der anderen Strafsenate des BGH nicht zu.[37] Im Gegenteil würde eine Aufgabe des wirtschaftlichen Vermögensbegriffs – wie gezeigt – erheblich dazu beitragen, dass sonst unvermeidliche Wertungsdivergenzen zwischen Eigentums- und Vermögensdelikten aufgelöst werden können.

Sowohl bei den Eigentums- als auch bei den Vermögensdelikten eröffneten sich durch eine auf diesem Wege vorgenommene Harmonisierung allerdings sog. „Strafbarkeitslücken".[38] Gerade *Thomas Fischer* aber hat immer wieder zu Recht betont,[39] dass es keinen Qualitätsnachweis einer gelungenen Auslegung des geltenden Strafrechts darstellt, möglichst lückenlos zur Strafbarkeit sämtlicher theoretisch denkbaren oder praktisch vorkommenden Rechtsgutsbeeinträchtigungen zu führen. Wer beklagt, dass die Entwendung von Betäubungsmitteln durch Wegnahme, nötigenden Zwang oder Täuschung den hiesigen Ausführungen zufolge weder ein Eigentums- noch ein Vermögensdelikt begründen soll, müsste zunächst die strafrechtliche Schutzwürdigkeit desjenigen dartun, der in seinem rechtswidrigen Besitz oder seinem ihm von Rechts wegen zu entziehenden Eigentum durch die Tat betroffen wird.[40] Und wer bereits die rechtswidrige Aneignung von Betäubungsmitteln als solche für strafwürdig erachtet, obwohl weder deren bisheriger Besitzer noch deren formeller Eigentümer schutzwürdig erscheinen, müsste zunächst ein-

---

[36] BGH 2 StR 335/15, NStZ 2016, 596.

[37] BGH 1 ARs 16/16, NStZ-RR 2017, 112; BGH 3 ARs 16/16, NStZ-RR 2017, 244; BGH 4 ARs 17/16, NStZ-RR 2017, 44f.; BGH 5 ARs 47/16, NStZ-RR 2017, 110.

[38] Darauf weist *Jäger* JA 2016, 790 (792) hin.

[39] Ua in seinem am 18.11.2016 an der Christian-Albrechts-Universität zu Kiel gehaltenen Vortrag zur damals gerade in Kraft getretenen Reform der Sexualdelikte.

[40] Vgl. *Fischer,* 65. Aufl. 2018, StGB § 263 Rn. 108f.; *Schmitz* in MüKoStGB, 3. Aufl. 2017 § 242 Rn. 18.

sichtig machen, weshalb die Strafbarkeit des Sichverschaffens von Betäubungsmitteln nach § 29 Abs. 1 Nr. 1 BtMG diesem Strafbedürfnis noch nicht hinreichend Rechnung trägt.[41] Und selbst derjenige, dem auch diese Begründung glückt, darf eine entsprechende Strafnorm allenfalls vom Gesetzgeber fordern, aber sich nicht zum Ersatzgesetzgeber aufwerfen, indem trotz Rechtmäßigkeit der dauernden Enteignung des Betäubungsmitteleigentümers ein an diesem begangenes Zueignungsunrecht bejaht wird.

---

[41] BGH 2 StR 335/15, NStZ 2016, 596 (598).

MARKUS JÄGER

Schätzungen in der steuerstrafrechtlichen Rechtsprechung des Bundesgerichtshofs

I. Einleitung

Beim Frühjahrs-Symposium der Arbeitsgemeinschaft Strafrecht des Deutschen Anwaltvereins am 20.4.2012 in Karlsruhe machte *Thomas Fischer* die Schätzungen in der strafrechtlichen Rechtsprechung des Bundesgerichtshofs zum Thema seiner Ausführungen.[1] Er schloss seinen Vortrag mit den Worten: *„Das scheinbar dröge Thema hat sich – für mich persönlich – als durchaus spannende Einblicksöffnung in einen Überschneidungsbereich von Tatsachenfeststellung, Aufklärungspflicht und Beweiswürdigung erwiesen.“*[2] Warum er sich überhaupt mit dieser Thematik befasst hat, liegt auf der Hand: Schätzungen haben im Strafverfahren eine erhebliche Bedeutung. Der Jubilar selbst weist auf die folgenden „wesentlichen Anwendungsbereiche von Schätzungen“ hin:[3]

- Mengenfeststellungen und Wirkstoffkonzentrationen im Betäubungsmittelstrafrecht,
- Einkommenshöhen bei der Geldstrafenfestsetzung (§ 40 Abs. 3 StGB),
- Umfang und Wert des Erlangten sowie Höhe von Ersatzansprüchen Verletzter bei Verfall[4] und Einziehung,
- Tatanzahl bei Serientaten,
- Schadenshöhen bei Vermögensstraftaten.

Schätzungen im Steuerstrafverfahren hat *Thomas Fischer* dabei im Rahmen seiner Ausführungen – sicherlich bewusst[5] – ausgespart. Auch bei den von ihm initiierten und veranstalteten 1. Baden-Badener Strafrechtsgesprächen am 23. und 24.4.2015 zum Thema „Dogmatik und Praxis des strafrechtlichen Vermögensschadens“ wurde die Schätzung im Steuerstrafrecht nur im Zusammenhang mit der Schätzung des Schadens im Vermögensstrafrecht kurz angesprochen.[6] Im Folgenden sollen

[1] *Fischer* StraFo 2012, 429.

[2] *Fischer* StraFo 2012, 429 (433).

[3] *Fischer* StraFo 2012, 429.

[4] Infolge der gesetzlichen Änderungen durch das Gesetz zur Reform der strafrechtlichen Vermögensabschöpfung vom 13.4.2017 (BGBl. 2017 I 872) verwendet das Strafgesetzbuch seit 1.7.2017 in den §§ 73ff. StGB einheitlich den Begriff der Einziehung.

[5] Die Revisionen gegen Urteile in Steuer- und Zollstrafsachen sind in der Geschäftsverteilung des Bundesgerichtshofs allein dem 1. Strafsenat zugewiesen.

[6] Vgl. *Noll* in Fischer/Hoven/Huber/Raum/Rönnau/Saliger/Trüg, Dogmatik und Praxis des strafrechtlichen Vermögensschadens, 2015, 313, 318f.

nun die Schätzung im Steuerstrafverfahren und die hierzu ergangene Rechtsprechung des Bundesgerichtshofs näher in den Blick genommen werden.

II. Notwendigkeit und Grenzen einer Schätzung im Steuerstrafecht

1. Zweck und Struktur der Schätzung

Zwar gelingt der Beweis, dass die von Steuerpflichtigen vorgelegten Zahlen unrichtig sein müssen, aufgrund einer Verprobung[7] anhand geeigneter Analyseverfahren[8] oft sehr leicht. Der Nachweis, in welcher konkreten Höhe Steuern verkürzt wurden, ist demgegenüber regelmäßig mühsam und oft gar nicht zu erbringen.[9] Ein Freispruch scheidet aber aus, wenn die Tatbestandserfüllung feststeht und lediglich die Höhe der verkürzten Steuern ungewiss ist. Es ist dann erforderlich, den Schuldumfang ohne Verletzung des Grundsatzes „in dubio pro reo" zumindest so genau zu bestimmen, dass daran eine Strafzumessung anknüpfen kann.

Hier setzt die Schätzung als Methode zur Gewinnung von Tatsachenfeststellungen im Sinne eines Erkenntnisprozesses an.[10] An die Stelle von Zählen, Messen und Berechnen tritt das Schätzen als näherungsweises Bestimmen aufgrund von Wahrscheinlichkeitserwägungen[11], bei dem in Kauf genommen wird, dass das Ergebnis nicht exakt mit der Wahrheit übereinstimmt.[12] Dabei wird aufgrund von feststehenden Tatsachen, den sog. Schätzungsgrundlagen, nach bestimmten Methoden auf das Schätzungsergebnis geschlossen.[13] Mit Recht hat *Thomas Fischer* darauf hingewiesen, dass das Schätzen nicht die Feststellung der Wahrheit liefert, sondern nur ein Bemühen um die Feststellung der Wahrheit darstellt, ohne dass dabei aber der Anspruch auf Wahrheit endgültig aufgegeben wird.[14]

2. Grenzen einer strafrechtlichen Schätzung

Im Besteuerungsverfahren stellt § 162 Abs. 1 AO die erforderliche Rechtsgrundlage für die Schätzung von Besteuerungsgrundlagen dar. Danach hat die Finanzbehörde die Besteuerungsgrundlagen zu schätzen, soweit sie diese nicht ermitteln

---

[7] Die Verprobung dient – anders als die Schätzung – allein dem Zweck festzustellen, ob gegen das Ergebnis einer Buchführung sachliche Bedenken bestehen; vgl. *Bilsdorfer* DStZ 1982, 298 (299).

[8] Hierzu gehören etwa stochastische Methoden zur Aufdeckung von Manipulationen in der Buchführung. Bei der Verprobung nach dem *Benfordschen Gesetz* oder dem *Chi-Quadrat-Test* werden empirisch beobachtete mit theoretisch erwarteten Häufigkeiten verglichen. Dabei wird dem Umstand Rechnung getragen, dass gewisse Zahlen in der Wirklichkeit mit einer gewissen Häufigkeit vorkommen und dass Menschen Lieblingszahlen haben, die bei Manipulationen dann auffallend häufig auftreten; vgl. dazu *Gehm* NZWiSt 2012, 408 (409) und *Schützeberg* StBp 2009, 33 (35).

[9] Vgl. bereits *Stypmann* wistra 1983, 95.

[10] *Fischer* StraFo 2012, 429.

[11] Vgl. *Krause* StraFo 2002, 249.

[12] *Fischer* StraFo 2012, 429; vgl. auch *Krause* StraFo 2002, 249 (254).

[13] *Krause* StraFo 2002, 249.

[14] *Fischer* StraFo 2012, 429.

oder berechnen kann. Ziel dieser Schätzung ist es, in einem Akt des Schlussfolgerns aus bloßen Anhaltspunkten diejenigen Tatsachen zu ermitteln, welche die größtmögliche erreichbare Wahrscheinlichkeit für sich haben.[15] Das Schätzungsergebnis soll dem wahren Sachverhalt möglichst nahe kommen.[16]

An eine solche Schätzung sind aber – selbst wenn sie in einen Steuerbescheid Eingang gefunden hat, der im finanzgerichtlichen Verfahren bestätigt worden ist – weder die Staatsanwaltschaften noch die Strafgerichte gebunden. Die Strafjustiz darf die im Besteuerungsverfahren oder finanzgerichtlichen Verfahren getroffenen Feststellungen auch nicht ungeprüft übernehmen.[17] Denn während sich die Schätzung im steuerlichen Verfahren mit einem Wahrscheinlichkeitsmaßstab begnügt, muss das Strafgericht die erforderlichen Tatsachenfeststellungen nach den Maßstäben des § 261 StPO treffen.[18] Es muss mithin davon überzeugt sein, dass der Angeklagte Steuern in der ausgehend von der Schätzung ermittelten Höhe tatsächlich verkürzt hat.[19] Damit kommt im Strafprozess eine Schätzung nur insoweit in Betracht, wie gewährleistet ist, dass die Schätzung nicht zum Nachteil des Beschuldigten zur Annahme eines überhöhten Hinterziehungs- und damit Schuldumfangs führt. Im Hinblick auf den Grundsatz „In dubio pro reo“ kann der Zweck einer Schätzung im Steuerstrafverfahren letztlich nur darin bestehen, gesicherte Mindestfeststellungen im Sinne einer freien richterlichen Überzeugung nach den Maßstäben des § 261 StPO zu ermöglichen. Bei einer nach diesen Maßstäben vorgenommenen strafrechtlichen Schätzung der Besteuerungsgrundlagen bedarf es dann auch keines weiteren (Un-)Sicherheitsabschlages[20] mehr. Durch die Anwendung des In-dubio-pro-reo-Grundsatzes wird eine Beschwer des Angeklagten durch die Schätzung vermieden.[21] Im Ergebnis können damit die Schätzungsergebnisse im Besteuerungsverfahren und im Strafprozess erheblich voneinander abweichen.

3. *Gefahr einer bloßen Scheingenauigkeit*

Schätzungen schaffen leicht die Illusion einer Genauigkeit, die in Wirklichkeit nicht vorhanden ist, weil oft vage Parameter Verwendung finden.[22] Dies gilt nicht nur für die Schätzung von Größen oder Mengen, sondern auch für die Schätzung von Besteuerungsgrundlagen. So werden nicht selten ausgehend von einer groben Schätzung von Besteuerungsgrundlagen Hinterziehungsbeträge genau berechnet, was den unzutreffenden Eindruck einer exakten Bestimmung der Höhe der Steuerverkürzung und damit des Schuldumfangs erweckt. Als Beispiel hierfür wird etwa

---

[15] Vgl. BFH Urt. v. 19.1.1993 – VIII R 128/84, BStBl. II 1993, 594; *Rüsken* in Klein, AO, 14. Aufl., § 162 Rn. 36 mwN.

[16] BFH Urt. v. 13.3.1999 – V R 78/98, BFHE 188, 160 = DStR 1999, 848.

[17] Vgl. BGH Urt. v. 5.2.2004 – 5 StR 580/03, wistra 2004, 185; BGH Beschl. v. 9.6.2004 – 5 StR 579/03, wistra 2004, 424; *Volk* FS Kohlmann, 2003, 579 (586).

[18] Vgl. *Stypmann* wistra 1983, 95 (96).

[19] Vgl. *Spriegel* wistra 1987, 48.

[20] Vgl. dazu *Stypmann* wistra 1983, 95 (97), *Spriegel* wistra 1987, 48 und *Joecks* wistra 1990, 52 (55).

[21] Vgl. *Hofmann* StraFo 2003, 70 (76).

[22] Vgl. *Noll* in Fischer/Hoven/Huber/Raum/Rönnau/Saliger/Trüg, Dogmatik und Praxis des strafrechtlichen Vermögensschadens, 2015, 313.

die Schätzung von Schwarzlohnzahlungen an eine unbekannte Zahl von über einen unbekannten Zeitraum illegal Beschäftigten auf zwei Stellen hinter dem Komma genannt, auf deren Grundlage im Steuerstrafverfahren der daraus folgende Steuer- und Sozialabgabenschaden genauestens errechnet wird.[23] Zwar ergibt sich in einem solchen Fall für den Beschuldigten hieraus kein unmittelbarer Nachteil, weil bei unklarer Tatsachengrundlage die Schätzung nur auf Mindestfeststellungen gestützt werden darf. Anders ist dies allerdings dann, wenn sich bei dieser „genauen Berechnung“ auch noch Rechenfehler einschleichen.

Ein anschauliches Beispiel der bloßen Scheingenauigkeit einer Schätzung findet sich in der Entscheidung des 1. Strafsenats des Bundesgerichtshofs im Verfahren 1 StR 147/11. Gegenstand der Schätzung in diesem Verfahren waren zwar keine Besteuerungsgrundlagen, sondern die Menge gehandelter Drogen. Für die Frage der Zuverlässigkeit der Schätzung stellt dies jedoch keinen Unterschied dar. In der Hauptverhandlung vor dem Landgericht hatte ein Zeuge angegeben, er habe vom Angeklagten jeweils durchsichtige, wurstähnliche Tüten mit einem braunen Pulver zum Weitergeben erhalten. Die Tüten seien etwa 15 cm lang gewesen, mit einem Durchmesser von etwa drei Zentimetern, und hätten jeweils etwa 100 g beinhaltet. Genaue Angaben zur Menge und zum Gewicht könne er nicht machen, weil er die Tüten nicht gewogen habe. Damit gab sich die Strafkammer jedoch nicht zufrieden. Zur genauen Feststellung der in den Tüten befindlichen Heroinmenge ließ sie den Zeugen die Form der Tüten zeichnen. Anschließend vermaß sie die Zeichnung mit einem handelsüblichen Lineal und ermittelte dabei die Abmessungen. Um festzustellen, welche Heroinmenge sich in den von dem Zeugen beschriebenen wurstähnlichen Verpackungen befand, holte sie ein Sachverständigengutachten ein. Zur Berechnung des Innenvolumens der Tüten ging der Gutachter von einer Dicke der Verpackung von maximal einem Millimeter und an den Enden der wurstähnlichen Verpackungseinheit von einem halben Zentimeter aus. Dieses Volumen multiplizierte er mit der für locker geschütteltes Heroinpulver zunächst experimentell auf drei Nachkommastellen bestimmten, dann aber auf zwei Stellen nach dem Komma abgerundeten Dichte. Der Bundesgerichtshof hob das Urteil auf, weil der Sachverständige die mathematische Formel für Kreiszylinder fehlerhaft angewendet hatte. Ergänzend wies der Bundesgerichtshof darauf hin, dass die „exakte“ Bestimmung einer Menge, womöglich noch auf drei Nachkommastellen, mit einer Berechnung, die auf vagen Parametern aufbaue, in der Regel nicht nur nicht geboten, sondern sogar untunlich sei. Sie führe unter diesen Voraussetzungen nur zu einer Scheingenauigkeit. Derartige Berechnungen könnten allenfalls dazu dienen, die Angaben der Auskunftsperson im Wege einer Plausibilitätskontrolle auf ihre Verlässlichkeit zu überprüfen. Da es nur auf die Größenordnung der Rauschgiftmenge ankam, wäre das Landgericht nicht gehindert gewesen, die plausibel erscheinenden Angaben des Zeugen seiner Überzeugung zugrunde zu legen.[24]

[23] Vgl. *Noll* in Fischer/Hoven/Huber/Raum/Rönnau/Saliger/Trüg, Dogmatik und Praxis des strafrechtlichen Vermögensschadens, 2015, 313 mit Hinweis auf BGH Urt. v. 2.12.2008 – 1 StR 416/08, NJW 2009, 528 (529).

[24] BGH Beschl. v. 12.7.2011 – 1 StR 147/11, BeckRS 2011, 21643.

Für die Schätzung in Steuerstrafsachen gilt nichts anderes. Stehen für eine Schätzung nur vage Parameter zur Verfügung, ist der Eindruck einer tatsächlich nicht vorhandenen Genauigkeit bei der Feststellung der Besteuerungsgrundlagen zu vermeiden. Vielmehr sind in diesem Fall Mindestfeststellungen zu treffen, von denen das Tatgericht überzeugt ist. Auf dieser Grundlage kann dann der Schuldspruch und der Strafausspruch getroffen werden.

III. Gegenstände der Schätzung im Steuerstrafecht

Dasjenige Tatbestandsmerkmal des Straftatbestands der Steuerhinterziehung (§ 370 AO), bei dem eine Schätzung von Bedeutung sein kann, ist das der Verkürzung von Steuern oder der Erlangung nicht gerechtfertigter Steuervorteile für sich oder einen anderen (§ 370 Abs. 1 aE i. V. m. Abs. 4 S. 1 AO). Im Fall der Steuerhinterziehung im steuerlichen Festsetzungsverfahren durch zu niedrige Festsetzung von Steuern aufgrund unrichtiger Angaben des Steuerpflichtigen ergibt sich die Höhe der Steuerverkürzung aus einem Vergleich der festgesetzten mit der tatsächlich geschuldeten Steuer. Unter den Voraussetzungen des § 168 AO stehen Steueranmeldungen (zB Umsatzsteuervoranmeldungen, Umsatzsteuerjahreserklärung und Lohnsteueranmeldungen) einer Steuerfestsetzung gleich. In Schätzungsfällen bedeutet dies, dass die zunächst veranlagte Steuer mit derjenigen zu vergleichen ist, die sich auf der Grundlage einer (Zu-)Schätzung ergibt.[25] Hat der Steuerpflichtige überhaupt keine Erklärung abgegeben, ist eine Steuerverkürzung im Gesamtbetrag der Steuer eingetreten, der sich auf der Grundlage der im Schätzungswege ermittelten Besteuerungsgrundlagen ergibt.[26]

Gegenstand der Schätzung sind immer nur die Besteuerungsgrundlagen, nicht der zugrunde liegende Lebenssachverhalt[27] oder die Steuer,[28] erst recht nicht die Verwirklichung von Tatbestandsmerkmalen.[29] Notwendige Voraussetzung jeder Schätzung ist die Feststellung eines strafbaren Verhaltens,[30] denn dieses kann nicht durch Schätzung ermittelt werden. Geschätzt werden können aber die für die Berechnung der verkürzten Steuern maßgeblichen Besteuerungsgrundlagen, etwa bei der Umsatzsteuerhinterziehung die Höhe der getätigten Umsätze oder bei der Lohnsteuerhinterziehung die Höhe der Nettolöhne. Die verkürzten Steuern, die selbst nicht geschätzt werden können, sind ausgehend von den festgestellten Besteuerungsgrundlagen unter Anwendung der Steuergesetze zu berechnen.

Eine Schätzung ist auch bei Serientaten zulässig, wenn zwar nach Überzeugung des Tatrichters ein strafbares Verhalten feststeht, die Verteilung des Gesamtschadens

---

[25] Vgl. *Joecks* wistra 1990, 52 (54).
[26] Vgl. *Joecks* wistra 1990, 52 (54).
[27] Vgl. *Tormöhlen* AO-StB 2013, 256 sowie *Spriegel* wistra 1987, 48 (49), der beispielhaft darauf hinweist, dass etwa die Frage, ob der Steuerpflichtige ein Gewerbe betreibt oder nicht, einer Schätzung nicht zugänglich ist.
[28] Vgl. *Jäger* StraFo 2006, 477 (480).
[29] *Krause* StraFo 2002, 249 (250).
[30] *Krause* StraFo 2002, 249 (254).

auf die Einzelakte sich aber einer genauen Feststellung entzieht.[31] Sie kann sich auch auf den anzuwendenden Lohnsteuersatz beziehen.[32] Wenn sich die erforderlichen Feststellungen zum Schuldumfang nicht auf andere Weise treffen lassen, ist eine Schätzung sogar unumgänglich. Dies ist insbesondere dann der Fall, wenn für kriminelle, aber gleichwohl steuerpflichtige Geschäfte keine Belege und Aufzeichnungen vorhanden sind. Der Tatrichter muss dann einen als erwiesen angesehenen Mindestschuldumfang feststellen[33] und die Zahl der Einzelakte sowie die Verteilung dieses Schuldumfangs auf die Einzeltaten nach dem Zweifelssatz vornehmen.[34]

IV. Zulässigkeit der Schätzung im Steuerstrafverfahren

Es ist allgemein anerkannt, dass die Schätzung von Besteuerungsgrundlagen im Steuerstrafverfahren grundsätzlich zulässig ist. Diese Aussage bedarf aber einer Einschränkung. Mit Recht hat *Thomas Fischer* darauf hingewiesen, dass der Einsatz von Schätzungen im Strafverfahren Grenzen unterliegt, die „allein normativer Art sind und aus den Anforderungen des Strafrechts abgeleitet werden müssen."[35] Hierzu gehört auch das materielle Schuldprinzip. Nach der Rechtsprechung des Bundesverfassungsgerichts ist die Ermittlung des wahren Sachverhalts „zentrales Anliegen des Strafprozesses … ohne den das materielle Schuldprinzip nicht verwirklicht werden kann."[36] Mithin besteht ein Spannungsverhältnis zwischen dem Ziel des Strafprozesses – der Aufklärung der materiellen Wahrheit – und dem Wesen einer Schätzung, nämlich der bewussten Inkaufnahme einer Abweichung von der Realität.[37] Deshalb muss allgemein für Schätzungen gelten: Was sich ohne Schwierigkeiten exakt bestimmen lässt, muss und darf nicht geschätzt werden.[38] Infolgedessen kommt nach der Rechtsprechung des Bundesgerichtshofs im Steuerstrafverfahren eine Schätzung von Besteuerungsgrundlagen nur dann in Betracht, wenn zwar feststeht, dass der Steuerpflichtige einen Besteuerungstatbestand erfüllt hat, aber ungewiss ist, welches Ausmaß die Besteuerungsgrundlagen haben.[39]

Nicht abschließend geklärt ist, welcher Aufwand zu treiben ist, um den wahren Sachverhalt möglichst ohne eine Schätzung ermitteln zu können. In der Literatur

---

[31] BGH Beschl. v. 10.11.2009 – 1 StR 283/09, NStZ 2010, 635 = BGHR AO § 370 Abs. 1 Steuerschätzung 4.

[32] Vgl. BGH Beschl. v. 14.6.2011 – 1 StR 90/11, NStZ 2011, 645.

[33] Vgl. BGH Beschl. v. 10.11.2009 – 1 StR 283/09, NStZ 2010, 635 (636); BGH Urt. v. 5.5.2004 – 5 StR 139/03, wistra 2004, 391; BGH Urt. v. 12.8.1999 – 5 StR 269/99, NStZ 1999, 581.

[34] Vgl. *Hofmann* StraFo 2003, 70 (73).

[35] *Fischer* StraFo 2012, 429 (432).

[36] BVerfG Beschl. v. 26.5.1981 – 2 BvR 215/81, BVerfGE 57, 250 = NJW 1981, 1719 (1722).

[37] *Krause* StraFo 2002, 249.

[38] *Fischer* StraFo 2012, 429 (432).

[39] St. Rspr.; vgl. BGH Beschl. v. 20.12.2016 – 1 StR 505/16, Rn. 14, HFR 2017, 970 = BeckRS 2016, 121213; BGH Beschl. v. 6.4.2016 – 1 StR 523/15, NStZ 2016, 728 = BGHR AO § 370 Abs. 1 Steuerschätzung 5; BGH Beschl. v. 29.1.2014 – 1 StR 561/13, NZWiSt 2014, 353; BGH Urt. v. 8.7.2009 – 1 StR 643/09, NStZ 2011, 233 und BGH Beschl. v. 24.5.2007 – 5 StR 58/07, NStZ 2007, 589 = BGHR AO § 370 Abs. 1 Steuerschätzung 3.

wird etwa die Auffassung vertreten, Schätzungen aus prozessökonomischen Gründen seien mit dem Grundsatz der freien Beweiswürdigung (§ 261 StPO) unvereinbar.[40] Andere Autoren sind demgegenüber der Ansicht, von weiteren Ermittlungen könne dann abgesehen werden, wenn der damit verbundene Aufwand, die eintretenden Verfahrensverzögerungen oder die Belastung für den Angeklagten unangemessen erschienen.[41] Nach der Rechtsprechung des Bundesgerichtshofs kann die Schätzung „auch aus verfahrensökonomischen Gründen angezeigt sein, etwa dann, wenn eine exakte Berechnung einen unangemessenen Aufklärungsaufwand erfordert und bei exakter Berechnung für den Schuldumfang nur vernachlässigbare Abweichungen zu erwarten sind."[42] Daher ist es nach der Rechtsprechung etwa „dem Tatrichter grundsätzlich gestattet, bei der Bestimmung des Beitragsschadens nach § 266a StGB bzw. der hinterzogenen Lohnsteuer die Höhe des an Arbeitnehmer ausbezahlten Schwarzlohns zu schätzen, soweit zu einer konkreteren Bestimmung – etwa anhand erbrachter Arbeitszeiten und konkreter, branchenüblicher oder tarifvertraglicher Stundenlöhne – keine zuverlässigen Beweismittel zur Verfügung stehen oder nur mit unverhältnismäßigem Aufwand und ohne nennenswerten zusätzlichen Erkenntnisgewinn zu beschaffen sind."[43] Letztlich werden damit in diesem Zusammenhang die für die Amtsaufklärungspflicht (§ 244 Abs. 2 StPO) geltenden Grundsätze in den Blick zu nehmen sein.[44]

Werden Beweisanträge gestellt, welche die notwendigen Schätzgrundlagen betreffen, dürfen diese nur unter den Voraussetzungen von § 244 Abs. 3–5 StPO abgelehnt werden.[45] Beweisanträge, die – obwohl ausreichende tatsächliche Grundlagen für die Schätzung vorhanden sind – auf das Ergebnis der Schätzung oder auf eine Erweiterung der Schätzgrundlagen abzielen, können vom Tatrichter zurückgewiesen werden. Als Rechtsgrundlagen kommen in diesen Fällen die Ablehnungsgründe der Bedeutungslosigkeit gemäß § 244 Abs. 3 S. 2 StPO und der eigenen Sachkunde des Tatrichters gemäß § 244 Abs. 4 S. 1 StPO in Betracht.[46] Liegen die Voraussetzungen einer Schätzung vor ist das Gericht nicht nur zu einer Schätzung berechtigt, sondern auch verpflichtet.[47]

---

[40] *Krause* StraFo 2002, 249 (251).

[41] *Schmitt* in Meyer-Goßner/Schmitt, 61. Aufl., StPO § 244 Rn. 15a mwN.

[42] BGH Beschl. v. 10.11.2009 – 1 StR 283/09, Rn. 12, NStZ 2010, 635.

[43] BGH Beschl. v. 6.2.2013 – 1 StR 577/12, Rn. 55, wistra 2013, 277.

[44] *Noll* in Fischer/Hoven/Huber/Raum/Rönnau/Saliger/Trüg, Dogmatik und Praxis des strafrechtlichen Vermögensschadens, 2015, 316.

[45] Vgl. *Krause* StraFo 2002, 249 (254); *Hofmann* StraFo 2003, 70 (76).

[46] *Hofmann* StraFo 2003, 70 (76).

[47] BGH Urt. v. 26.11.2008 – 5 StR 425/08, NStZ-RR 2009, 94; *Krause* StraFo 2002, 249 (252).

V. Methoden der Schätzung im Steuerstrafrecht

1. Schätzungsarten

Bei der Schätzung ist nach den Schätzungsarten zu differenzieren. Unterschieden wird dabei nach Vollschätzung und einer Teil- oder Ergänzungsschätzung.[48] Die Vollschätzung von Besteuerungsgrundlagen kommt nur ausnahmsweise in Betracht, wenn keine Aufzeichnungen oder Belege vorhanden sind, an die angeknüpft werden kann.[49] In allen übrigen Fällen ist das Buchführungsergebnis durch eine Schätzung zu ergänzen. Bei einer solchen Teil- oder Ergänzungsschätzung ist als Grundlage von den Aufzeichnungen des Steuerpflichtigen auszugehen, wobei erkannte Fehler durch die Schätzung beseitigt werden.[50]

2. Schätzungsmethoden

Häufiger Ausgangspunkt einer steuerrechtlichen (§ 162 AO) wie steuerstrafrechtlichen (§ 261 StPO) Schätzung von Besteuerungsgrundlagen ist eine mangelhafte oder manipulierte Buchführung. Typische Fehler der Buchführung sind dabei Rechenfehler, die Nichtverbuchung von Einnahmen oder Ausgaben, die unvollständige Aufzeichnung des Wareneingangs, die Nichtverbuchung von Löhnen sowie fehlende oder fingierte Belege.[51] Einer Buchhaltung mit solchen Mängeln fehlt nicht nur im Besteuerungsverfahren die Beweiskraft im Sinne des § 158 AO. Sie rechtfertigt regelmäßig auch die Schätzung der Besteuerungsgrundlagen im Steuerstrafverfahren.[52]

Nach der Rechtsprechung des Bundesgerichtshofs[53] kann grundsätzlich auch im Steuerstrafverfahren, in dem die Überzeugungsbildung nach den Maßstäben des § 261 StPO zu erfolgen hat, auf die für das Besteuerungsverfahren anerkannten Schätzungsmethoden zurückgegriffen werden. Im Wesentlichen kommen für die strafrechtliche Schätzung die nachfolgend genannten Methoden in Betracht, die auch kombiniert werden können[54] und vielfach auch müssen. Regelmäßig sind steuerpflichtige Einkünfte oder Umsätze zu schätzen. Soweit – etwa für die Zwecke der Strafzumessung – im Steuerstrafverfahren die Höhe von Betriebsausgaben oder Werbungskosten von Bedeutung ist, ist auch insoweit eine Schätzung möglich.

a) Innerer Betriebsvergleich

Ein innerer Betriebsvergleich kommt in Betracht, wenn Vergleichszahlen desselben Betriebes, etwa zum Wareneinsatz, vorhanden sind.

---

48 Vgl. *Joecks* wistra 1990, 52 (53); *Spriegel* wistra 1987, 48 (49).
49 Vgl. *Joecks* wistra 1990, 52 (53).
50 *Bilsdorfer* DStZ 1982, 298 (300).
51 Vgl. *Noll* in Fischer/Hoven/Huber/Raum/Rönnau/Saliger/Trüg, Dogmatik und Praxis des strafrechtlichen Vermögensschadens, 2015, 319
52 BGH Beschl. v. 6.10.2014 – 1 StR 214/14, NZWiSt 2015, 108.
53 St. Rspr.; vgl. nur BGH Beschl. v. 29.1.2014 – 1 StR 561/13, NZWiSt 2014, 353.
54 Vgl. *Joecks* wistra 1990, 52 (55); *Krause* StraFo 2002, 249 (255).

Hierzu gehört die *Nachkalkulation*. Sie vollzieht anhand der Kalkulationsgrundlagen des Steuerpflichtigen nach, welche Umsätze erzielt worden sind, und ermöglicht dadurch Rückschlüsse auf den Gewinn.[55] Bei der Nachkalkulation werden die betriebsindividuellen Rohgewinnaufschläge ermittelt und auf den tatsächlichen Wareneinsatz bezogen.[56] Schwierigkeiten bei der Anwendung dieser Schätzungsmethode ergeben sich dann, wenn Unternehmen, die verschiedene Warengruppen im Sortiment haben, mit unterschiedlichen Aufschlagsätzen arbeiten. Grundsätzlich muss der Wareneinsatz dann in so viele Warengruppen aufgeteilt werden, wie unterschiedliche Aufschlagsätze im Betrieb vorkommen.[57] Auch sind betriebliche Besonderheiten – wie etwa Gutschein- und Rabattaktionen – zu berücksichtigen.[58]

Der *Zeitreihenvergleich* als Unterart der Nachkalkulation ist ebenfalls eine Methode des inneren Betriebsvergleichs. Beim Zeitreihenvergleich werden Werte desselben Betriebes wie etwa Wareneinkauf, Materialeinsatz oder Rohgewinn durch Gegenüberstellung von Referenzzeiträumen miteinander verglichen.[59] Aus der Vergangenheit stammende Umsatz- und Gewinnzahlen können allerdings nicht ohne weiteres auf einen späteren Zeitraum übertragen werden. Vielmehr ist in den Blick zu nehmen, ob Anhaltspunkte für eine geänderte Geschäftsentwicklung, auch aufgrund konjunktureller Schwankungen, bestehen.[60] Aus anderen besonderen Umständen wie etwa saisonalen Schwankungen oder Verderb können sich ebenfalls Unsicherheitsfaktoren ergeben.[61]

b) Gesamtvermögensvergleich (Vermögenszuwachsrechnung)

Auch aus der Entwicklung des Vermögenszuwachses lassen sich zuweilen Rückschlüsse auf die Höhe der Einkünfte ziehen. Ausgangsüberlegung ist dabei, dass niemand mehr Geld ausgeben kann oder über mehr Geld verfügen kann, als er zuvor eingenommen hat.[62] Bei der Schätzungsmethode des Gesamtvermögensvergleichs bzw. der Vermögenszuwachsrechnung werden daher für einen bestimmten Zeitraum Anfangs- und Endvermögen miteinander verglichen und dabei die Kosten der persönlichen Lebensführung hinzugerechnet.[63] Anfangs- und Endvermögen des Zeitraums müssen dabei aber zuverlässig bestimmbar sein.[64] Das steuerpflichtige Einkommen wird nach dem Grundsatz ermittelt, dass ein Vermögenszuwachs in einem bestimmten Zeitraum nur aus steuerpflichtigen Einkünften, steuerfreien Einnahmen und einmaligen Vermögensanfällen entstanden sein kann.[65]

---

[55] Vgl. *Schützeberg* StBp 2009, 33 (35).
[56] Vgl. *Tormöhlen* AO-StB 2013, 256 (258).
[57] *Schützeberg* StBp 2009, 33 (35).
[58] Vgl. BGH Beschl. v. 29.1.2014 – 1 StR 561/13, NZWiSt 2014, 353 zu einer Gutscheinaktion „2 für 1" in der Gastronomie.
[59] Vgl. *Gehm* NZWiSt 2012, 408 (409).
[60] Vgl. *Stypmann* wistra 1983, 95 (97).
[61] *Schützeberg* StBp 2009, 33 (38).
[62] Vgl. *Gehm* NZWiSt 2012, 408 (410); *Schützeberg* StBp 2009, 33 (36 und 38).
[63] Vgl. *Tormöhlen* AO-StB 2013, 256 (257).
[64] Vgl. *Stypmann* wistra 1983, 95 (98).
[65] Vgl. *Spriegel* wistra 1987, 48 (50).

c) Geldverkehrsrechnung

Ähnlich wie bei der Vermögenszuwachsrechnung wird bei der Geldverkehrsrechnung vorgegangen, die insbesondere bei Steuerpflichtigen in Frage kommt, die ihren Gewinn nach § 4 Abs. 3 EStG ermitteln. Es handelt sich dabei um eine Gegenüberstellung der zugeflossenen Mittel und der getätigten Ausgaben ohne Absetzung für Abnutzung. Unerklärbare Differenzen müssen aus verschwiegenen Einnahmen stammen.[66] Ebenso wie für die Vermögenszuwachsrechnung benötigt die Geldverkehrsrechnung Daten über Vorgänge aus der privaten Sphäre des Steuerpflichtigen, für die weder Aufzeichnungs- noch Aufbewahrungspflichten bestehen. Für die Aussagekraft der Geldverkehrsrechnung kommt aber der Vollständigkeit des ermittelten privaten Geldverkehrs entscheidende Bedeutung zu.[67]

d) Äußerer Betriebsvergleich

Beim äußeren Betriebsvergleich werden Faktoren wie etwa Umsatz und Rohgewinn eines vergleichbaren Betriebes herangezogen und mit denen des Betriebes des Steuerpflichtigen verglichen. Dabei sind die Umstände des Einzelfalls wie räumliche Lage des Betriebes, wirtschaftliche Verhältnisse des Unternehmens uÄ zu berücksichtigen.[68] Es kann sich dabei um einen einzelnen Vergleichsbetrieb oder um einen durchschnittlichen Betrieb handeln.

e) Pauschale Schätzung nach der Richtsatzsammlung

Erweist sich eine konkrete Ermittlung als nicht möglich und kommen ausgehend von der vorhandenen Tatsachenbasis andere Schätzungsmethoden nicht in Betracht, darf der Tatrichter die Besteuerungsgrundlagen auch pauschal und – hinsichtlich der Höhe der Rohgewinnaufschläge – gestützt auf die Richtsatzsammlung des Bundesministeriums der Finanzen schätzen.[69] Hierbei handelt es sich um einen äußeren Betriebsvergleich im weiteren Sinne. Die Richtsatzsammlung enthält die Vergleichsdaten anderer Betriebe, welche auf Außenprüfungen in den einzelnen Gewerbeklassen beruhen[70] und nach Umsatzgrößen differenziert einen Rahmen für den Rohgewinn in der jeweiligen Branche liefern.[71] Eine solche Vorgehensweise ist regelmäßig dann erforderlich, wenn Buchhaltungsunterlagen völlig fehlen.[72] Da es sich bei der Anwendung der Richtsätze um ein eher grobes Schätzungsverfahren handelt, müssen auch bei dieser Schätzungsmethode die festgestellten Umstände des Einzelfalls in

---

[66] *Tormöhlen* AO-StB 2013, 256.

[67] *Dörn* wistra 1993, 1 (4).

[68] Vgl. *Stypmann* wistra 1983, 95 (97).

[69] BGH Beschl. v. 6.4.2016 – 1 StR 523/15, NStZ 2016, 728 = BGHR AO § 370 Abs. 1 Steuerschätzung 5, Rn. 32; vgl. auch BGH Beschl. v. 29.1.2014 – 1 StR 561/13, NStZ 2014, 337; BGH Beschl. v. 6.10.2014 – 1 StR 214/14, wistra 2015, 63; BGH Beschl. v. 10.8.2016 – 1 StR 233/16, ZWH 2017, 133 = BeckRS 2016, 17112.

[70] Vgl. § 37 BpO sowie *Schützeberg* StBp 2009, 33 (36).

[71] Vgl. *Gehm* NZWiSt 2012, 408 (410).

[72] Vgl. *Jäger* in Klein, AO, 14. Aufl., § 370 Rn. 96b.

den Blick genommen werden.[73] Dazu gehören etwa die Lage des Betriebes, Absatzmöglichkeiten und gegebenenfalls vorhandene günstige Einkaufsmöglichkeiten.[74]

Dies bedeutet einerseits, dass der Tatrichter bei der Beweiswürdigung zum Rohgewinnaufschlag nicht gehalten ist, sich zugunsten des Angeklagten an den unteren Werten in den in der Richtsatzsammlung genannten Spannen zu orientieren, wenn sich Anhaltspunkte für eine positivere Ertragslage ergeben.[75] Bei ausreichenden tatsächlichen Anhaltspunkten darf das Tatgericht sogar über die Mittelwerte der Richtsatzsammlung hinausgehen.[76] Vorhandene Erkenntnisse über Besonderheiten des Einzelfalls müssen aber jedenfalls berücksichtigt werden. Andererseits darf der Tatrichter, wenn Zweifel verbleiben, nicht ohne weiteres einen als wahrscheinlich angesehenen Wert zugrunde legen. Vielmehr muss er dann einen als erwiesen angesehenen Mindestschuldumfang feststellen.[77]

Hat der Tatrichter keine Zweifel, muss er auch bei Zugrundelegung des Mittelsatzes aus der amtlichen Richtsatzsammlung in den Urteilsgründen ausführen, aufgrund welcher Anknüpfungstatsachen er davon überzeugt ist, dass es sich bei dem verfahrensgegenständlichen Betrieb um einen solchen handelt, bei dem jedenfalls dieser Mittelsatz erreicht ist. Zwar handelt es sich bei dem Mittelsatz um das gewogene Mittel aus den geprüften Betrieben einer Gewerbeklasse, weshalb die Anwendung der Mittelsätze bei der Schätzung nach Richtsätzen im Allgemeinen zu dem Ergebnis führt, dass die Schätzung mit der größten Wahrscheinlichkeit den tatsächlichen Verhältnissen am nächsten kommt. Auch die Richtsatzsammlung geht aber davon aus, dass ein Abweichen durch besondere betriebliche oder persönliche Verhältnisse begründet sein kann. Da die in der Richtsatzsammlung enthaltenen Rohgewinnaufschläge auf bundesweite Prüfungsergebnisse zurückgehen, muss der Tatrichter deshalb bei Anwendung der Richtsatzsammlung für die Schätzung im Strafprozess erkennen lassen, dass er die örtlichen Verhältnisse in den Blick genommen hat.[78]

VI. Durchführung der Schätzung im Steuerstrafverfahren

1. Schätzung durch das Gericht

Die Schätzung obliegt immer dem Tatrichter selbst.[79] Er darf weder Betriebsprüfungs- oder Fahndungsberichte[80] noch das Berechnungsergebnis eines als Zeugen

[73] BGH Beschl. v. 6.4.2016 – 1 StR 523/15, NStZ 2016, 728 = BGHR AO § 370 Abs. 1 Steuerschätzung 5; BGH Beschl. v. 20.12.2016 – 1 StR 505/16, HFR 2017, 970 = BeckRS 2016, 121213.

[74] *Bilsdorfer* DStZ 1982, 298 (300).

[75] BGH Beschl. v. 6.4.2016 – 1 StR 523/15, NStZ 2016, 728 = BGHR AO § 370 Abs. 1 Steuerschätzung 5; BGH Beschl. v. 29.1.2014 – 1 StR 561/13, NStZ 2014, 337 und Urt. v. 28.7.2010 – 1 StR 643/09, NStZ 2011, 233.

[76] BGH Beschl. v. 29.1.2014 – 1 StR 561/13, wistra 2014, 275 (277, Rn. 19).

[77] BGH Beschl. v. 6.4.2016 – 1 StR 523/15, BGHR AO § 370 Abs. 1 Steuerschätzung 5

[78] BGH Beschl. v. 20.12.2016 – 1 StR 505/16, HFR 2017, 970 = BeckRS 2016, 121213.

[79] *Joecks* wistra 1990, 52 (54).

[80] Vgl. BGH Urt. v. 5.2.2004 – 5 StR 580/03, wistra 2004, 185 mwN.

gehörten Finanzbeamten ungeprüft übernehmen.[81] Einer Verurteilung dürfen nur diejenigen Beträge zugrunde gelegt werden, die der vollen Überzeugung des Gerichts entsprechen.[82] Eine Übernahme von Schätzungen der Finanzverwaltung kommt daher nur in Betracht, wenn der Tatrichter von ihrer Richtigkeit auch unter Berücksichtigung der vom Besteuerungsverfahren abweichenden Grundsätze des Strafverfahrens überzeugt ist. Dies muss er in den Urteilsgründen nachvollziehbar darlegen.[83]

Bei der Entscheidung, welche Schätzungsmethode dem Ziel, der Wirklichkeit durch Wahrscheinlichkeitsüberlegungen möglichst nahe zu kommen, am besten gerecht wird, kommt dem Tatrichter ein Beurteilungsspielraum zu[84]. Er hat dabei selbst zu entscheiden, welche Schätzungsmethode für den konkreten Einzelfall am geeignetsten ist.[85]

Die Auswahl der am besten geeigneten Schätzungsmethode ist nicht nur abhängig von den vorhandenen Unterlagen, an denen eine Schätzung anknüpfen kann, sondern bei Ertragsteuern auch von der Gewinnermittlungsmethode.[86] Diese bestimmt, welche Besteuerungsgrundlagen zu ermitteln sind.[87] Maßgeblich für die Schätzung – und damit auch für die Wahl der Schätzungsmethode – ist daher, ob der Gewinn durch Betriebsvermögensvergleich (§ 4 Abs. 1 EStG, § 5 EStG) oder nach Maßgabe von § 4 Abs. 3 EStG als Überschuss der Betriebseinnahmen über die Betriebsausgaben zu bestimmen war. Die für die Bestimmung des tatbestandlichen Schuldumfangs maßgeblichen Besteuerungsgrundlagen hängen auch davon ab, ob im Rahmen der steuerlichen Erklärungen nicht geltend gemachte steuermindernde Tatsachen bei der Feststellung der Steuerverkürzung wegen des Kompensationsverbots (§ 370 Abs. 4 S. 3 AO) nicht zu berücksichtigen sind. Auf diese hat sich dann die Schätzung der für den tatbestandlichen Schuldumfang bedeutsamen Tatsachen auch nicht zu erstrecken.[88] Die vom Kompensationsverbot erfassten steuermindernden Tatsachen sind dann aber bei der Strafzumessung zu berücksichtigen; ihr Umfang ist erforderlichenfalls ebenfalls durch Schätzung zu bestimmen.[89]

Eine strafrechtliche Schätzung erfordert ein mehrstufiges Vorgehen:[90]

– Zunächst ist anhand der Umstände des Einzelfalls zu prüfen, ob überhaupt eine Schätzungsbefugnis besteht.

---

[81] Vgl. BGH Beschl. v. 15.5.1997 – 5 StR 45/97, wistra 1997, 302; vgl. auch *Jäger* in Klein, AO, 14. Aufl. § 370 Rn. 96a.

[82] BGH Urt. v. 11.12.1952 – 3 StR 69/52, BGHSt 3, 377 (383) = NJW 1953, 872; BGH Beschl. v. 4.5.1990 – 3 StR 72/90, BGHR AO § 370 Abs. 1 Berechnungsdarstellung 5.

[83] St. Rspr.; vgl. nur BGH Beschl. v. 13.7.2011 – 1 StR 154/11 = BeckRS 2011, 19806; BGH Urt. v. 17.3.2005 – 5 StR 461/04, NStZ-RR 2005, 209 (211).

[84] Vgl. BGH Beschl. v. 10.11.2009 – 1 StR 283/09, NStZ 2010, 635; BGH Beschl. v. 4.2.1992 – 5 StR 655/91, wistra 1992, 147 = BGHR AO § 370 Abs. 1 Nr. 2 Steuerschätzung 5.

[85] BGH Beschl. v. 4.2.1992 – 5 StR 655/91, wistra 1992, 147 = BGHR AO § 370 Abs. 1 Nr. 2 Steuerschätzung 5; vgl. auch *Hofmann* StraFo 2003, 70 (72).

[86] Vgl. *Spriegel* wistra 1987, 48 (50) und *Gehm* NZWiSt 2012, 408 (413).

[87] BGH Urt. v. 6.9.2011 – 1 StR 633/10, Rn. 118, wistra 2012, 29 (36).

[88] BGH Urt. v. 6.9.2011 – 1 StR 633/10, Rn. 119, wistra 2012, 29 (36f.).

[89] BGH Urt. v. 6.9.2011 – 1 StR 633/10, Rn. 120, wistra 2012, 29 (37).

[90] Vgl. auch *Gehm* NZWiSt 2012, 408 (415) mwN.

- In einem zweiten Schritt ist die geeignete Schätzungsmethode zu bestimmen, anhand deren dann die Schätzung durchgeführt werden kann. Dabei hat der Tatrichter anhand einer Methodenprüfung zu entscheiden, welche Schätzungsmethoden er im konkreten Fall für geeignet erachtet, ein Schätzungsergebnis zu erreichen, das der Wirklichkeit am nächsten kommt. Er muss hierbei in den Blick nehmen, dass die im Steuerrecht angewendeten Schätzungsmethoden für das Steuerstrafrecht einen unterschiedlichen Beweiswert haben. Es kann daher angezeigt sein, mehrere Schätzungsmethoden kombiniert anzuwenden.[91]
- Sodann muss der Tatrichter die Schätzungsgrundlagen (Parameter) bestimmen, auf deren Grundlage er die Schätzung vornehmen will. Auf bloße Vermutungen kann eine Schätzung nicht gestützt werden.[92]
- Schließlich hat der Tatrichter die Schätzung ausgehend von den Schätzungsgrundlagen anhand der Schätzungsmethoden ordnungsgemäß vorzunehmen.

2. *Grundsätze der richterlichen Überzeugungsbildung bei der Schätzung*

Bei einer Schätzung im Strafverfahren müssen die vom Besteuerungsverfahren abweichenden Verfahrens- und Beweisgrundsätze eingehalten werden. Maßgeblich ist der Maßstab des § 261 StPO und die danach erforderliche Überzeugung des Tatrichters.[93] Erforderlichenfalls hat der Tatrichter – dies wurde bereits dargelegt – einen als erwiesen angesehenen Mindestschaden zu bestimmen.[94]

Der Tatrichter ist nicht gehindert, mögliche, wenn auch nicht zwingende Schlussfolgerungen aus bestimmten Tatsachen zu ziehen.[95] Die Feststellung von Schätzungsgrundlagen erfordert danach – wie allgemein die Überzeugungsbildung – „ein nach der Lebenserfahrung ausreichendes Maß an Sicherheit, demgegenüber vernünftige und nicht auf bloß denktheoretische Möglichkeiten gegründete Zweifel nicht mehr aufkommen."[96] Die zur richterlichen Überzeugung erforderliche persönliche Gewissheit des Richters setzt dabei objektive Grundlagen voraus, die aus rationalen Gründen den Schluss erlauben, dass das festgestellte Geschehen mit hoher Wahrscheinlichkeit mit der Wirklichkeit übereinstimmt.[97] „Deshalb müssen die Urteilsgründe erkennen lassen, dass die Beweiswürdigung auf einer tragfähigen verstandesmäßig einsehbaren Tatsachenfeststellung beruht und dass die vom Gericht gezogene Schlussfolgerung nicht etwa nur eine Annahme ist oder sich als bloße Vermutung erweist, die letztlich nicht mehr als einen Verdacht zu begründen vermag".[98]

---

[91] Vgl. *Joecks* wistra 1990, 52 (55).

[92] *Hofmann* StraFo 2003, 70 (75).

[93] Zutr. *Noll* in Fischer/Hoven/Huber/Raum/Rönnau/Saliger/Trüg, Dogmatik und Praxis des strafrechtlichen Vermögensschadens, 2015, 322.

[94] BGH Beschl. v. 6.4.2016 – 1 StR 523/15, HFR 2016, 1025, Rn. 20 = NStZ 2016, 728; BGH Beschl. v. 10.11.2009 – 1 StR 283/09, NStZ 2010, 635; *Jäger* in Klein, AO, 14. Aufl. § 370 Rn. 96.

[95] Vgl. BGH Urt. v. 30.3.2004 – 1 StR 354/03, NStZ-RR 2004, 238 (240).

[96] *Schmitt* in Meyer-Goßner/Schmitt, StPO, 61. Aufl. § 261, Rn. 2 mwN.

[97] Vgl. BGH Beschl. v. 26.9.1954 – 5 StR 453/94, StV 1995, 453; BGH, Urt. v. 24.11.1992 – 5 StR 456/92, StV 1993, 510 (511, Rn. 14).

[98] BGH Beschl. v. 8.11.1996 – 2 StR 534/96, BGHR StPO § 261 Überzeugungsbildung 26 mwN.

Andererseits dürfen – auch bei der Schätzung im Steuerstrafverfahren – die Anforderungen an die Überzeugungsbildung nicht überspannt werden.[99] „Voraussetzung für die Überzeugung des Tatrichters von einem bestimmten Sachverhalt ist nicht eine absolute, das Gegenteil oder andere Möglichkeiten denknotwendig ausschließende oder ‚zwingende' Gewissheit. Vielmehr genügt ein nach der Lebenserfahrung ausreichendes Maß an Sicherheit, das vernünftige Zweifel nicht aufkommen lässt."[100] So ist eine mathematische, jede Möglichkeit eines abweichenden Geschehensablaufes ausschließende, von niemandem mehr anzweifelbare Gewissheit nicht erforderlich.[101] Auch ist der Tatrichter nicht gehalten, Angaben eines Angeklagten als unwiderlegbar hinzunehmen, wenn hinreichende Anhaltspunkte für die Richtigkeit dieser Angaben fehlen.[102] Ihrer Struktur nach[103] ist die Schätzung im Strafprozess ein strafrechtlicher Indizienbeweis, der den dafür gegebenen Voraussetzungen genügen muss.[104] Insbesondere bedarf es einer umfassenden Gesamtwürdigung aller Beweisanzeichen. Der wesentliche Unterschied zum Indizienbeweis liegt aber in ihrem Gegenstand. Während Schätzungen der Ermittlung von Quantitäten, etwa der Höhe von Umsätzen oder Einkünften, dient, wird beim Indizienprozess auf das Vorliegen einer Haupttatsache geschlossen.[105]

Steuerliche Beweislastregeln finden bei der Schätzung im Steuerstrafverfahren grundsätzlich keine Anwendung; sofern Nachweise eine materielle Tatbestandsvoraussetzung für einen Betriebsausgaben- oder Werbungskostenabzug darstellen, sind sie dagegen zu berücksichtigen.[106]

3. *Schätzungen bei Schwarzlohnzahlungen*

Zur Bestimmung der Höhe hinterzogener Lohnsteuer bei Schwarzarbeitern[107] darf die Höhe des an die Arbeiter ausbezahlten Schwarzlohns geschätzt werden, sofern zu einer konkreteren Bestimmung keine zuverlässigeren Beweismittel zur Verfügung stehen oder nur mit unverhältnismäßigem Aufwand und ohne nennenswerten zusätzlichen Erkenntnisgewinn zu beschaffen sind.[108] Bei der Ermittlung der Schwarzlohnsumme darf allerdings nicht vorschnell auf eine Schätzung der Lohnquote in Form eines Anteils an der Nettolohnsumme ausgewichen werden, wenn eine tatsachenfundierte Berechnung anhand der bereits vorliegenden und erhebbaren Beweismittel möglich erscheint.[109]

---

[99] Vgl. *Dörn* wistra 1993, 50.

[100] St. Rspr.; vgl. nur BGH Beschl. v. 29.10.2009 – 4 StR 368/09, NStZ 2010, 292.

[101] Vgl. *Joecks* wistra 1990, 52 (54).

[102] St. Rspr.; vgl. nur BGH Beschl. v. 20.10.2011 – 1 StR 354/11, Rn. 10, NZWiSt 2012, 110.

[103] *Krause* StraFo 2002, 249.

[104] Vgl. *Joecks* wistra 1990, 52 (54) sowie *Klein* Die Auswirkungen der unterschiedlichen Beweislast im Steuerrecht und im Steuerstrafrecht, 1989, 74.

[105] Krause StraFo 2002, 249.

[106] Vgl. dazu auch *Grötsch* Stbg 2017, 500 (502).

[107] BGH Beschl. v. 6.2.2013 – 1 StR 577/12, wistra 2013, 277.

[108] BGH Beschl. v. 6.2.2013 – 1 StR 577/12, wistra 2013, 277.

[109] BGH Beschl. v. 10.11.2009 – 1 StR 283/09, NStZ 2010, 635; *Jäger* in Klein, AO, 14. Aufl. § 370 Rn. 98.

Soweit feststellbar, ist an tatsächliche Arbeitszeiten und den vereinbarten Stundenlohn anzuknüpfen. Hilfsweise kann auch vom Auftragsvolumen der Auftraggeber ausgegangen werden. Es darf dann an eine branchenübliche Nettolohnquote des jeweiligen Gewerbes als Schätzungsgrundlage angeknüpft werden. In Fällen illegaler Beschäftigung können dabei höhere Nettolohnquoten zugrunde gelegt werden als bei legaler Beschäftigung, weil die Sozialabgaben ja nicht abgeführt werden sollen. Für die Baubranche kann angesichts der Lohn- und Dienstleistungsintensität eine Nettolohnquote von 66% angesetzt werden.[110] Der illegal tätige Unternehmer wendet nämlich, anders als der legal handelnde Unternehmer, außer den Nettolohnzahlungen keine nennenswerten anderweitigen Kosten auf, vor allem keine Lohnneben- und –zusatzkosten sowie Fixkosten, die bei einem legal tätigen Unternehmen anfallen. Das hat zur Folge, dass bei ihm – anders als beim legal handelnden Unternehmer – ein wesentlich größerer Teil des Nettoumsatzes auf Nettolohnzahlungen an seine Arbeitnehmer entfällt, so dass seine Nettolohnquote deutlich höher liegt.[111]

VII. Darstellung der strafrechtlichen Schätzung in tatrichterlichen Urteilen

Der Tatrichter muss in den Urteilsgründen für das Revisionsgericht nachvollziehbar sowohl die Schätzungsmethoden als auch die Schätzungsgrundlagen und Schätzungsergebnisse darlegen.[112] Dies ergibt sich bereits aus § 267 Abs. 1 StPO. Bei einer Schätzung anhand der Richtsatzsammlung des Bundesministeriums der Finanzen treffen das Tatgericht zudem zwei besondere Begründungsanforderungen: Zum einen muss in den Urteilsgründen nachvollziehbar dargelegt werden, dass keine genauere Schätzungsmethode zur Verfügung stand. Zum anderen muss das Tatgericht darlegen, aufgrund welcher Anknüpfungstatsachen es sich davon überzeugt hat, dass es sich bei dem verfahrensgegenständlichen Betrieb um einen solchen handelt, bei dem jedenfalls der Mittelsatz oder ein bestimmter darunter oder darüber liegender Wert erreicht ist.[113]

Fehlt es in den Urteilsgründen an einer für das Revisionsgericht nachprüfbaren[114] Darstellung der Schätzungsgrundlagen, stellt dies einen Rechtsfehler in Form eines Darstellungsmangels dar, der zum Erfolg einer Revision führen kann (§ 337 StPO).[115]

---

[110] BGH Beschl. v. 6.2.2013 – 1 StR 577/12, wistra 2013, 277.

[111] BGH Beschl. v. 10.11.2009 – 1 StR 283/09, Rn. 23, NStZ 2010, 635.

[112] Vgl. *Krause* StraFo 2002, 249 (254).

[113] Vgl. BGH Beschl. v. 20.12.2016 – 1 StR 505/16, HFR 2017, 970 = BeckRS 2016, 121213, mit Anm. *Ebner* HFR 2017, 970.

[114] BGH Beschl. v. 10.11.2009 – 1 StR 283/09, NStZ 2010, 635 (636); vgl. auch BGH Urt. v. 28.7.2010 – 1 StR 643/09, wistra 2011, 28 und *Jäger* StraFo 2006, 477 (481).

[115] Vgl. BGH Beschl. v. 10.11.2009 – 1 StR 283/09, NStZ 2010, 635 (636).

VIII. Schluss

Das Steuerstrafverfahren wird ein Hauptanwendungsgebiet der Schätzung bleiben; denn es ist selbst in Fällen, in denen die Täter einer Steuerhinterziehung nicht zur zielgerichteten Verschleierung durch Manipulation von Belegen oder der Buchführung greifen[116], nicht damit zu rechnen, dass sie besondere Sorgfalt auf die Dokumentation steuerlich erheblicher Tatsachen legen. Zur Zulässigkeit und zu den Methoden der Schätzung besteht mittlerweile eine gefestigte höchstrichterliche Rechtsprechung. Für die Tatgerichte wird die Schätzung gleichwohl in vielen Fällen ein gleichermaßen aufwändiges wie fehleranfälliges Verfahren zur Feststellung der Besteuerungsgrundlagen bleiben. Denn regelmäßig bedarf es der Feststellung einer Vielzahl steuerlich erheblicher Tatsachen, für die jeweils eine Beweisaufnahme und -würdigung vorzunehmen ist, um die geschuldete Steuer und hieran anknüpfend den Umfang der Steuerverkürzung feststellen zu können. Das steuerstrafrechtliche Kompensationsverbot gemäß § 370 Abs. 4 S. 3 AO[117] schafft hier nur geringe Erleichterung, weil spätestens im Rahmen der Strafzumessung auch die für den tatbestandlichen Schuldumfang bedeutungslosen nicht erklärten steuermindernden Faktoren, wie etwa Vorsteuern,[118] in den Blick zu nehmen und erforderlichenfalls durch Schätzung zu bestimmen sind.[119] Hinzu kommt, dass im Steuerstrafverfahren tätige Richter im Bereich der Schätzung die (steuerlichen) Schätzungsmethoden beherrschen müssen, was erheblichen Aus- und Fortbildungsaufwand erfordert. Schließlich bleiben für den Tatrichter auch noch Unwägbarkeiten bei der Urteilsdarstellung der Schätzung. Zwar sind die Anforderungen an die Urteilsdarstellung an sich höchstrichterlich geklärt. Da bei der Schätzung aber immer die besonderen Verhältnisse des Einzelfalls in den Blick genommen werden müssen, wird es für den Tatrichter eine Herausforderung bleiben, die Vielzahl der für die Schätzung bedeutsamen Tatsachen in den Urteilsgründen so darzustellen, dass das Revisionsgericht die Schätzung nachvollziehen kann.

---

[116] Nach der Einschätzung von *Stypmann* (wistra 1983, 95 (96)) sorgen Steuerhinterzieher fast immer dafür, dass Originalbelege, wie etwa Rechnungen, verschwinden.

[117] Das Kompensationsverbot bestimmt, dass eine Steuerhinterziehung auch dann vorliegt, wenn die Steuer, auf die sich die Tat bezieht, aus anderen Gründen hätte ermäßigt oder der Steuervorteil aus anderen Gründen hätte beansprucht werden können.

[118] Vgl. BGH Urt. v. 12.7.2002 – 5 StR 516/01, BGHSt 47, 343 (351); BGH Beschl. v. 8.1.2008 – 5 StR 582/07, wistra 2008, 153; BGH Urt. v. 5.2.2004 – 5 StR 420/03, NStZ 2004, 579 (580).

[119] BGH Urt. v. 6.9.2011 – 1 StR 633/10, Rn. 120, wistra 2012, 29 (37).

SIMONE KÄMPFER

Diffamierende Bildwerke im öffentlichen Raum

Thomas Fischer hat sich immer wieder intensiv mit den Äußerungsdelikten und ihren politischen und gesellschaftlichen Bezügen auseinandergesetzt. Zu nennen sind vor allem *Fischers* Dissertation *„Öffentlicher Friede und Gedankenäußerung. Grundlagen und Entwicklung des Rechtsguts ‚Öffentlicher Friede' insbesondere in den §§ 126, 130, 140 Nr. 2, 166 StGB."*[1] sowie seine Aufsätze *„Die Eignung, den öffentlichen Frieden zu stören"*[2] und *„Das Verhältnis der Bekenntnisbeschimpfung (§ 166 StGB) zur Volksverhetzung (§ 130 StGB)"*.[3] Der Straftatbestand der „Volksverhetzung" war auch Gegenstand der Kolumne *„Fischer im Recht"*.[4]

Diffamierende Bildwerke im öffentlichen Raum sind in den vergangenen Jahren ein wiederkehrendes Thema des Feuilletons bzw. der politischen Rubriken publizistischer Medien gewesen.[5] Die Diskussion wird bisher politisch, nicht jedoch (straf-)rechtlich geführt.

Mit diesem Beitrag aus Anlass des 65. Geburtstages von *Thomas Fischer* soll dies geändert werden:

I. Beispiele diffamierender Bildwerke im öffentlichen Raum

Seit dem Mittelalter sind an Kirchen und anderen Gebäuden im öffentlichen Raum vereinzelt Skulpturen anzutreffen, die einzelne Menschen oder Gruppen diffamieren. Ausdrucksform etwa des Hasses auf Juden waren die sogenannten „Judensäue". *Hans Thomas Carstensen* und *Wolfgang Henningsen* beschreiben in ihrem Beitrag *„Die Emmelsbüller ‚Judensau'"*[6] zutreffend:

„Bisher ist aber übersehen worden, daß die Darstellung des Schweines auf dem Emmelsbüller Granitquader durch die hinzugefügten menschlichen Gestalten aus einer so allgemeinen

---

[1] *Fischer,* Öffentlicher Friede und Gedankenäußerung. Grundlagen und Entwicklung des Rechtsguts „Öffentlicher Friede", insbesondere in den §§ 126, 130, 140 Nr. 2, 166 StGB, 1986.

[2] *Fischer* NStZ 1988, 159.

[3] *Fischer* GA 1989, 445.

[4] ZB *Fischer,* Warum Volksverhetzung strafbar ist, ZEIT ONLINE vom 27.10.2015, http://www.zeit.de/gesellschaft/zeitgeschehen/2015-10/volksverhetzung-strafrecht-fischer-im-recht (letztes Abrufdatum: 16.5.2018).

[5] Zunächst *Bartetzky,* Die Tyrannei der Beleidigten, Frankfurter Allgemeine Zeitung, 24.8.2016. Dann *Freidel,* Eine große Sauerei, Frankfurter Allgemeine Sonntagszeitung, 20.8.2017 sowie *Wirnshofer,* Schweinerei, SZ Magazin, Heft 51/2017.

[6] *Carstensen/Henningsen* in Lohmeier/Paczkowki/Schulte-Wülwer, Nordelbingen, Beiträge zur Kunst- und Kulturgeschichte, 1989, 7, 9.

Typologisierung herausfällt und einer ganz eigenen Deutung zugeordnet werden kann. Diese läßt das Schwein im Kontext eines seit dem 13. Jahrhundert in Deutschland neu aufflammenden Judenhasses erscheinen, in dessen Gefolge judenfeindliche Darstellungen an Kirchen, Rathäusern, Brücken, Dachgesimsen und Chorstühlen geläufig wurden. Solche Skulpturen aus Stein oder Holz in der Form von Reliefs dienten der Verächtlichmachung und Verunglimpfung des jüdischen Volkes und seiner Religion und benutzten dazu bevorzugt das Bild des bei den Juden als unrein geltenden Schweines. Schon bald tritt das Spottmotiv der sog. ‚Judensau' als besondere und anscheinend von Beginn an festgefügte künstlerische Gestaltung hervor, um von nun an zur wirksamsten antisemitischen Karikaturform der abendländischen Kunst zu werden.

Die früheste bisher bekannte Darstellung wird um 1230 datiert und befindet sich im Brandenburger Dom (Abb. 2). Ein Terrakottarelief an einem Kapitell stellt ein Schwein dar, an dessen Zitzen fünf Ferkel saugen. Es trägt jedoch einen Menschenkopf mit einem spitzen Judenhut. Statt eines rechten Vorderbeines winkt ein menschlicher Arm dem Betrachter grüßend zu. […] Im 14. Jahrhundert werden die Szenen dann zunehmen drastischer und derber […].“

Spätere Darstellungen zeigen etwa Säue, an deren Zitzen Menschen saugen oder Menschen, die Exkremente der Säue zu essen scheinen, bzw. den After der Sau inspizieren. Die abgebildeten Menschen sollen hierbei Anhänger der jüdischen Religion darstellen (zB sog. „Spitzhut“). „Judensäue“ an den Außenwänden von Gebäuden waren oftmals so ausgerichtet, dass sie in Richtung des jüdischen Viertels der Stadt zeigten.[7]

Bis heute finden sich „Judensäue“ – teilweise sehr prominent platziert – an Kirchen und anderen Gebäuden.[8] Der (kritische) Umgang mit diesen Bildwerken ist dabei höchst unterschiedlich:

1. *Hohe Domkirche Sankt Petrus (Kölner Dom)*

Am Kölner Dom sind bis heute zwei „Judensäue“ installiert: Außen am Südostchor des Gebäudes angebracht ist ein Wasserspeier, der eine Sau darstellt. An ihrer Zitze saugt ein Mensch. Im Inneren des Doms ist aus Holz im Chorgestühl eine Schnitzerei zu finden, die neben einer „Judensau“-Darstellung mit der sog. „Ritualmordlegende“ ein weiteres judendiffamierendes Motiv zeigt.[9]

Hinweistafeln, die eine Distanzierung vom Aussageinhalt der Darstellungen enthalten, sind – Stand heute – nicht am Gebäude angebracht. Auf der Internetseite des Kölner Doms findet sich eine kritische Auseinandersetzung mit den antijüdischen Darstellungen im Chorgestühl.[10]

---

[7] Vgl. *Freidel*, Eine große Sauerei, Frankfurter Allgemeine Sonntagszeitung, 20.8.2017.

[8] Eine Übersicht zu bekannten und erhaltenen bzw. restaurierten „Judensäuen“ mit Ort-, Art-, Gebäude- und ua Zustandsbeschreibung findet sich auf https://de.wikipedia.org/wiki/Judensau bzw. bei *Wirnshofer* (letztes Abrufdatum: 16.5.2018), Schweinerei, SZ Magazin, Heft 51/2017.

[9] Vgl. dazu etwa https://de.wikipedia.org/wiki/Judensau_am_Chorgest%C3%BChl_des_K%C3%B6lner_Domes (letztes Abrufdatum: 16.5.2018).

[10] https://www.koelner-dom.de/rundgang/ausstattung/wange-nc-westen-judensau/info/ (letztes Abrufdatum: 16.5.2018).

2. St. Sebald (Nürnberg)

Auch an der Sebalduskirche in Nürnberg ist – ebenfalls am Südostchor – eine „Judensau" angebracht:

„Die Judenfeindschaft in der christlichen Kunst im extremen Motiv der ‚Judensau' hat sich auch an der Sebalduskirche niedergeschlagen. Das Motiv der ‚Judensau' verhöhnt und verteufelt Juden in besonders krasser Weise. Das Schwein gilt im Judentum als unrein und verkörpert in der christlichen Kunst Ausschweifung, Gier, vor allem aber auch den Teufel. Die ‚Judensau'-Plastik stammt aus der Zeit um 1380 und befindet sich versteckt an einem Stützpfeiler am Ostchor in etwa sieben Metern Höhe. Neben Juden, die an den Zitzen des Schweins saugen, stellt die Sebalder ‚Judensau'-Plastik einen Juden dar, der der Sau eine Fressschale unter das Maul hält, und einen weiteren, der ihre Exkremente mit einem Topf auffängt."[11]

In 2005 hat der damalige Kirchenvorstand eine Erklärung zu der Skulptur abgegeben, in der es ua heißt: *„Das ‚Judensau'-Schmähbild aus dem Spätmittelalter drückt den Judenhass aus, der die Schoa vorbereitet hat. (…) Voller Scham verbeugen wir uns vor den Millionen Opfern des Judenhasses. Wir bitten sie und unseren gemeinsamen Gott um Vergebung."*[12]

Die Erklärung ist in einem Schaukasten vor der Kirche ausgehängt. Ferner liegen dazu Faltblätter aus. Eine Tafel an der Außenmauer wurde nicht installiert.[13]

3. Stiftskirche St. Peter (Bad Wimpfen)

An der Stiftskirche St. Peter in Bad Wimpfen ist in Form eines Wasserspeiers eine „Judensau" angebracht. Die Originalplastik war verwittert und wurde zwischen 1984 und 1986 restauriert.[14]

In 2013 wurde unterhalb des Wasserspeiers eine Tafel angebracht, die sich kritisch mit dem Motiv auseinandersetzt.[15]

II. Gesellschaftliche und publizistische Auseinandersetzung mit diffamierenden Bildwerken im öffentlichem Raum

In der aktuellen publizistischen Debatte um den „richtigen" Umgang mit den „Judensau"-Darstellungen wird darauf verwiesen, dass diese erstmals (wieder) in 2002 in das Licht der Öffentlichkeit gerückt seien, als der Künstler *Wolfram P. Kastner* vor dem Kölner Dom mit einer Kunstaktion auf die „Judensäue" des Kölner Doms aufmerksam gemacht habe.[16] Doch hat es etwa um die „Judensau"-Darstellung an der Wittenberger Stadt- und Pfarrkirche St. Marien bereits in den Achtzigerjahren Diskussionen gegeben, die 1988 in der Installation einer Gedenktafel

---

[11] http://www.sebalduskirche.de/judensau/ (letztes Abrufdatum: 16.5.2018).
[12] Zitiert nach *Wirnshofer,* Schweinerei, SZ Magazin, Heft 51/2017.
[13] *Wirnshofer,* Schweinerei, SZ Magazin, Heft 51/2017.
[14] *Wirnshofer,* Schweinerei, SZ Magazin, Heft 51/2017.
[15] Vgl. dazu *Wirnshofer,* Schweinerei, SZ Magazin, Heft 51/2017.
[16] *Freidel,* Eine große Sauerei, Frankfurter Allgemeine Sonntagszeitung, 20.8.2017.

mündeten, die eine zweifelsfreie Distanzierung vom Aussageinhalt der Skulptur zeigt.[17]

Während sich einige Stimmen für eine Entfernung der diffamierenden Bildwerke aus dem öffentlichen Raum aussprechen, halten andere das Anbringen von Hinweistafeln für ausreichend, aber eben auch erforderlich, um über den damaligen Kontext sowie die heutige Ablehnung der Skulpturen aufzuklären.[18] Die Argumente sind auf beiden Seiten nachvollziehbar:

Richard Harvey etwa positioniert sich in seiner Petition aus 2017 mit Blick auf die Verlegung der Wittenberger „Judensau" wie folgt:

„Diese Skulptur ist bis heute ein Angriff auf Juden und verspottet sie und ihren Glauben. Sie muss entfernt und an einem anderen Ort in einem Rahmen ausgestellt werden, in dem der historische Bezug hergestellt werden kann, anstatt dass sie weiterhin öffentlich an der Außenwand einer Kirche sichtbar bleibt. Andernfalls werden Juden weiterhin diesem antisemitischem und schändlichen Abbild begegnen und darin ihre schlimmsten Erwartungen gegenüber dem Christlichen Glauben bestätigt sehen."[19]

Dem entgegnet *Salomon Korn:*

„Man kann aus der Auseinandersetzung an Ort und Stelle wesentlich mehr lernen als im künstlichen Umfeld eines Museums; im Übrigen auch deshalb, weil in ein Museum ein anderes Publikum geht als in den öffentlichen Raum einer Kirche. (...) Aufklärung geht vor Beseitigung."[20]

Aus (straf-)rechtlicher Sicht stellt sich die Frage, ob die diffamierenden Bildwerke in der heutigen Zeit strafrechtliche Relevanz für die Personen aufweisen, die die Bildwerke reinigen, restaurieren bzw. in deren Herrschaftsbereich sie sich befinden.

III. Strafbares Verhalten durch das Anbringen diffamierender Bildwerke

Es liegt auf der Hand, dass sich die damals handelnden Personen (Ideengeber, Architekten, Bildhauer, Künstler, Baumeister und Handwerker) – bei unterstellter Geltung des heutigen Strafrechts – durch die Herstellung und Installation entsprechender Skulpturen (insbesondere der „Judensäue") wegen Volksverhetzung gem. § 130 Abs. 1 Nr. 1 u. 2, Abs. 2 Nr. 1 lit. a, c StGB sowie wegen Beleidigung gem. § 185 StGB strafbar gemacht hätten. Auch § 166 Abs. 1, 2 StGB (Beschimpfung von Bekenntnissen, Religionsgesellschaften und Weltanschauungsvereinigungen) wäre erfüllt:

---

[17] Vgl. *Bartetzky,* Die Tyrannei der Beleidigten, Frankfurt Allgemeine Zeitung, 24.8.2016.

[18] Vgl. Übersicht bei *Freidel,* Eine große Sauerei, Frankfurter Allgemeine Sonntagszeitung, 20.8.2017.

[19] https://www.change.org/p/relocate-the-wittenberg-judensau (letztes Abrufdatum: 16.5.2018).

[20] Zitiert nach *Freidel,* Eine große Sauerei, Frankfurter Allgemeine Sonntagszeitung, 20.8.2017.

1. *§ 130 Abs. 1 Nr. 1, 2, Abs. 2 Nr. 1 lit. a, c StGB (Volksverhetzung)*

Als „Teile der Bevölkerung" sind Juden taugliches Angriffsobjekt iSd § 130 Abs. 1 und 2 StGB.

a) § 130 Abs. 1 StGB – Friedensstörende Hetze

Die Tathandlung des „Aufstachelns zum Hass" iSd § 130 Abs. 1 Nr. 1 Var. 1 StGB ist eine auf die Gefühle des Adressaten abzielende, über bloße Äußerung von Ablehnung und Verachtung hinausgehende Form des Anreizens zu einer feindseligen Haltung.[21] Es ist nicht erforderlich, dass tatsächlich Hass erzeugt wird; ausreichend ist eine abstrakte Eignung aus Sicht des Täters.[22] Die vorstehend beschriebenen „Judensäue" sind so gestaltet, dass sie Menschen jüdischen Glaubens nicht bloß ablehnen. Vielmehr kommt durch den gezielten Einsatz etwa des anstößigen Motivs des Schweins – in einigen Fällen zusätzlich durch den angedeuteten Verzehr von Exkrementen sowie das Saugen an den Zitzen der Säue – eine feindselige Haltung zum Ausdruck, die Juden als unwürdig und außerhalb der Gesellschaft stehend zeigt. Hierbei ist auch der räumliche Kontext zu berücksichtigen, in dem die „Judensäue" angebracht worden sind. Dies sind zT Außenfassaden von Kirchen und öffentlichen Gebäuden. Staat und Kirche machten sich damit die Sichtweise zu eigen, dass Juden außerhalb des Gesellschaft stünden.

Die Tathandlung des § 130 Abs. 1 Nr. 2 StGB setzt einen „Angriff auf die Menschenwürde" anderer durch „Beschimpfung" oder „böswillige Verächtlichmachung" voraus. Beschimpfen ist eine nach Inhalt oder Form besonders herabsetzende Kundgabe der Missachtung.[23] Böswilliges Verächtlichmachen ist die aus verwerflichen Beweggründen erfolgende Darstellung anderer als verachtenswert, minderwertig oder unwürdig.[24] Die Äußerung des Täters muss die Menschenwürde anderer angreifen. Dies ist etwa der Fall, wenn der Angegriffene mit Tieren gleichgesetzt oder als „Dreck", Unrat, Ungeziefer usw geschmäht wird.[25] Es bedarf keiner näheren Darlegung, dass die vorstehend beschriebenen Darstellungen diese Voraussetzungen erfüllen.

Alle Tathandlungen des § 130 Abs. 1 StGB setzen voraus, dass die Tat in einer Weise begangen wird, die geeignet ist, den öffentlichen Frieden zu stören. *Thomas Fischer* hat sich mit der Frage, was „öffentlicher Friede" bedeutet, intensiv auseinandergesetzt. Ob man mit der hM hierin ein deskriptives Tatbestandsmerkmal oder mit *Fischer* eine Wertungsformel zur Beschreibung von Strafwürdigkeit erkennt,[26] kann hier dahinstehen. Die vorstehend beschriebenen Skulpturen sind einerseits konkret geeignet, iSd hM das psychische Klima aufzuhetzen, andererseits erscheinen sie auch strafwürdig iS *Fischers.*

---

[21] BGH Urt. v. 3.4.2008 – 3 StR 394/07, Rn. 15, BeckRS 2008, 06865; *Fischer,* 65. Aufl. 2018, StGB § 130, Rn. 8.
[22] *Fischer,* 65. Aufl. 2018, StGB § 130, Rn. 8.
[23] *Fischer,* 65. Aufl. 2018, StGB § 130, Rn. 11 mwN.
[24] *Fischer,* 65. Aufl. 2018, StGB § 130, Rn. 11 mwN.
[25] vgl. *Fischer,* 65. Aufl. 2018, StGB § 130, Rn. 12f.
[26] Vgl. dazu mit Nachweisen für beide Seiten *Fischer,* 65. Aufl. 2018, StGB § 130, Rn. 13ff.

Im Ergebnis wären sowohl § 130 Abs. 1 Nr. 1 StGB als auch § 130 Abs. 1 Nr. 2 StGB tatbestandlich – auch in subjektiver Hinsicht – erfüllt.

b) § 130 Abs. 2 StGB – Volksverhetzende Schriften

Die Tatbestände des § 130 Abs. 2 Nr. 1 und 3 StGB setzen als Tathandlungen ua die „öffentliche Zugänglichmachung" (§ 130 Abs. 2 Nr. 1 Var. 2 StGB) bzw. die „Herstellung" (§ 130 Abs. 2 Nr. 3 Var. 1 StGB) einer „Schrift" iSd § 11 Abs. 3 StGB (Tatmittel) voraus, die zum Hass gegen Teile der Bevölkerung aufstachelt, bzw. die Menschenwürde von Teilen der Bevölkerung dadurch angreift, dass diese beschimpft bzw. böswillig verächtlich gemacht werden. Dass die „Judensau"-Darstellungen den zuletzt genannten volksverhetzenden Charakter aufweisen, ist bereits unter a) dargelegt worden.

Oberbegriff der Schriften iSd § 11 Abs. 3 StGB ist die „Darstellung".[27] Dies umfasst jedes körperliche Gebilde, das – sinnlich wahrnehmbar – einen gedanklichen Inhalt ausdrückt.[28] Auch Plastiken – und damit die vorstehend beschriebenen „Judensäue" – gehören dazu.[29]

Durch die Installation der Plastiken wurden die Motive der Öffentlichkeit zugänglich gemacht. Die vorangehende Ausarbeitung ist als Herstellung strafbar.

Die – auch in subjektiver Hinsicht – erfüllten Tatbestände der § 130 Abs. 2 Nr. 1 und 3 StGB stehen zu den Taten des § 130 Abs. 1 StGB in Tateinheit.[30]

c) Kein Tatbestandsausschluss gem. § 130 Abs. 7 StGB iVm § 86 Abs. 3 StGB

Für die initiale Installation der „Judensau"-Darstellungen hätten sich ihre Erschaffer nicht auf die Sozialadäquanzklausel des § 130 Abs. 7 StGB iVm § 86 Abs. 3 StGB berufen können, die den Tatbestand u. a. ausschließt, wenn der Einsatz des Tatmittels der Kunst dient. Die Installationen dienten ersichtlich allein dem Zweck, Juden verächtlich zu machen – baukünstlerische Zwecke traten seinerzeit demgegenüber vollständig in den Hintergrund (vgl. erg. nachstehend IV.2.b.aa). Dafür spricht auch, dass die Installationen an den Außenwänden der Gebäude teilweise in Richtung des jeweiligen jüdischen Viertels der Stadt angebracht wurden. Es handelte sich nicht um kunstvolle Gebäudeverzierung, sondern um ein „Statement".

2. *§ 185 StGB (Beleidigung)*

Tathandlung der Beleidigung ist eine Äußerung, die auch bildlich erfolgen kann.[31] Voraussetzung der Beleidigung ist, dass die Äußerung herabsetzende Werturteile über den Achtungsanspruch des betroffenen Rechtsgutsträgers beinhaltet.[32] Durch die

---

[27] Vgl. nur *Fischer,* 65. Aufl. 2018, StGB § 11, Rn. 33.

[28] *Fischer,* 65. Aufl. 2018, StGB § 11, Rn. 33 mwN.

[29] *Hilgendorf* in LK-StGB, 12. Aufl. 2007, § 11, Rn. 125; *Saliger* in NK-StGB, 5. Aufl. 2017, § 11, Rn. 80.

[30] Vgl. mit begleitender Erklärung dazu *Schäfer* in MüKoStGB, 3. Aufl. 2017, § 130, Rn. 116.

[31] *Fischer,* 65. Aufl. 2018, StGB § 185, Rn. 5.

[32] *Fischer,* 65. Aufl. 2018, StGB § 185, Rn. 5.

vorstehend beschriebenen Darstellungen werden Juden als unrein, gierig und teuflisch verunglimpft.

Der Tatbestand des § 185 StGB wäre – auch in subjektiver Hinsicht – verwirklicht und stünde in Tateinheit zu den Volksverhetzungen (§ 130 Abs. 1, 2 StGB).

3. § 166 Abs. 1 StGB (Beschimpfung von Bekenntnissen, Religionsgesellschaften und Weltanschauungsvereinigungen)

Angriffsobjekt des § 166 StGB sind neben dem Inhalt des religiösen oder weltanschaulichen Bekenntnisses (Abs. 1) auch eine im Inland bestehende Kirche oder andere Religionsgesellschaft oder Weltanschauungsvereinigung, ihre Einrichtungen oder Gebräuche (Abs. 2). „Gebräuche" von Religionsgesellschaften sind allgemeine persönliche oder örtliche tatsächliche Übungen von Ordnungen der Vereinigungen.[33] Im Judentum gelten als Gebräuche die tatsächlichen Übungen, in denen die Pflichten gegenüber Gott kultisch-zeremoniellen Ausdruck finden, so in der Observanz der Sabbatfeier und der Festtage, in der Beschneidung und in der Befolgung der differenzierten Reinheits- und Speisegesetze.[34] Solche finden sich spezifisch mit Blick auf das Schwein in der Tora im 3. Buch Mose, Kapitel 11. Hiernach gilt das Schwein als unrein – der Verzehr von Schweinefleisch ist untersagt.

Dieser „Gebrauch" muss für eine Tatbestandsmäßigkeit öffentlich bzw. durch Verbreiten von Schriften i. S. d. § 11 Abs. 3 StGB „beschimpft" werden. Dies kann ua durch verhöhnende Darstellung geschehen.[35] Die „Judensau"-Skulpturen sind öffentlich installiert worden und verhöhnen u. a. die jüdischen Reinheits- und Speisegesetze mit Bezug zum Schwein.

Es bedarf auch hier keiner näheren Darlegung, weshalb die „Judensau"-Darstellungen eine Eignung zur Friedensstörung – die auch bei § 166 StGB erforderlich ist – aufweisen.

Der Tatbestand des § 166 Abs. 1, 2 StGB wäre – auch in subjektiver Hinsicht – verwirklicht und stünde in Tateinheit zu den Volksverhetzungen des § 130 Abs. 1, 2 StGB und der Beleidigung gem. § 185 StGB.

IV. Strafbares Verhalten durch Reinigen, Restaurieren oder Nichtentfernen historischer Bildwerke mit diffamierendem Aussagegehalt?

Welche strafrechtliche Verantwortung aber trifft die heute handelnden Personen, die zB Gebäude pflegen und dabei die historischen Skulpturen mit diffamierendem Aussagegehalt (zB „Judensau"-Darstellungen) reinigen (Auftraggeber und Reinigungskräfte) bzw. restaurieren (Auftraggeber, Restaurator und Handwerker)? Besteht für Grundstückeigentümer ggf. sogar eine strafrechtliche Handlungspflicht, historische Skulpturen zu entfernen?

---

33 *Fischer,* 65. Aufl. 2018, StGB § 166, Rn. 11.
34 *Dippel* in LK-StGB, 12. Aufl. 2010, § 166, Rn. 98.
35 *Fischer,* 65. Aufl. 2018, StGB § 166, Rn. 12.

1. *Handlungsform*

Zunächst gilt es, zu untersuchen, ob die denkbaren tatsächlichen Handlungen (Reinigung, Restaurierung, Nichtentfernung) in rechtlicher Hinsicht überhaupt als Tathandlungen der vorstehend skizzierten Äußerungsdelikte eingestuft werden können:

a) Reinigung und Restaurierung von Skulpturen (aktives Tun)

Reinigung und Restaurierung der Skulpturen stellen aktives Tun dar. Doch stellen sie für sich betrachtet auch eine „Äußerung" dar?

Falls nein, dürfte allenfalls eine Beihilfehandlung in Betracht kommen. Täter der in Betracht kommenden Delikte ist nämlich allein der (vorsätzlich) Kundgebende.[36] Eine strafbare Beihilfe scheidet indes aus, da die vorstehend skizzierten Äußerungsdelikte der damals handelnden Personen sämtlich mit Aufstellung der Skulpturen vollendet und gleichzeitig beendet waren.[37] Eine (sukzessive) Beihilfe ist allein im Stadium zwischen Vollendung und Beendigung, nicht aber nach Beendigung möglich.[38] Heute kann zu den mit Aufstellung der historischen Skulpturen verwirklichten Delikten also keine Beihilfe mehr geleistet werden.

Im Fall der Reinigung der Skulpturen wird zwischen dem Ausmaß der Verschmutzung zu differenzieren sein:

Wird zB eine bereits vor der Reinigung gut sichtbare Skulptur lediglich von kleineren Moosbesätzen oÄ befreit, stellt die Reinigungshandlung keinen eigenständigen Äußerungsakt dar – eine täterschaftliche Handlung liegt demnach nicht vor.

Anders liegt der Fall, wenn die Skulptur vor der Reinigung überhaupt nicht mehr sicht- oder erkennbar ist. Wenn die Reinigung eine Wahrnehmung der diffamierenden Botschaft der Skulptur erst (wieder) ermöglicht, liegt eine (zudem vorsätzliche – es geht der handelnden Person gerade um Wiederherstellung von Erkennbarkeit) Kundgabe der handelnden Person vor. Mit „Sichtbarmachung" der Skulptur macht sich der Handelnde den gedanklichen Inhalt der mit der Skulptur transportierten Erklärung jedenfalls zu eigen.[39]

Die Restaurierung einer Skulptur dürfte regelmäßig einen eigenen Äußerungsakt des Handelnden darstellen. Wird die Skulptur – wie im Fall der „Judensau" an der Stiftskirche St. Peter in Bad Wimpfen – etwa nachgebildet und neu installiert, dürfte dieser Befund eindeutig sein.

Der Auftraggeber einer (Intensiv)Reinigung oder Restaurierung dürfte – je nach Fallgestaltung – als potentieller Anstifter bzw. (je nach Kenntnisstand des unmittelbar Handelnden) mittelbarer Täter in Frage kommen.

---

[36] *Fischer,* 65. Aufl. 2018, StGB § 185, Rn. 13.

[37] Vgl. *Ceffatino* JuS 2017, 403 (407); *Weber* FS Oehler, 1985, 86. AA für Internetbeleidigungen *Krischker* JA 2013, 488 (491).

[38] *Fischer,* 65. Aufl. 2018, StGB § 27, Rn. 6.

[39] Vgl. dazu *Fischer,* 65. Aufl. 2018, StGB § 130, Rn. 11.

b) Nichtentfernung von Skulpturen (Unterlassen)

Die Nichtentfernung von Skulpturen durch die Grundstückseigentümer, bzw. die für sie verantwortlich handelnden Personen, stellt ein Unterlassen dar.

aa) Täterschaftliches Handeln durch Nichtentfernung von Skulpturen?

Äußerungsdelikte können durch Unterlassen begangen werden.[40] Voraussetzung einer Unterlassensstrafbarkeit ist aber selbstverständlich das Vorliegen einer Garantenstellung iSd. § 13 Abs. 1 StGB (dazu nachstehend bb).

Für Äußerungsdelikte wird mit der hM allerdings eingewandt, dass sich ein Garant, der eine Beleidigung durch einen Dritten nicht verhindert, nur der Beihilfe schuldig mache, weil Täter nur derjenige sein könne, der selbst Subjekt der ehrenrührigen Äußerung sei und den Achtungsanspruch des Adressaten in Frage stelle.[41] Dabei unterstellt die hM allerdings die rechtstreue Einstellung des Unterlassenden. Was aber, wenn der Unterlassende den beleidigenden Inhalt der Äußerung, die er nicht entfernt, teilt? Dann ist auch er Subjekt der ehrenrührigen Äußerung, auch wenn er dies nicht durch aktives Tun zum Ausdruck gebracht hat. Es erscheint konsequent, in diesen Fällen (konstruktiv) täterschaftliches Handeln zu erkennen.

Diese Lösung bricht auch nicht mit der Abgrenzung von Täterschaft und Teilnahme im Bereich der Unterlassensdogmatik. Die Rechtsprechung nimmt – wie der Jubilar[42] – für den Fall der Beteiligung durch Unterlassen an einer durch aktives Tun begangenen Tat eines anderen vielmehr täterschaftliches Handeln an, wenn der unterlassende Garant das aktive Handeln des anderen „als eigenes" verwirklichen will.[43]

Es kommt hinzu, dass das hier untersuchte Problem etwas anders gelagert ist als die in der Literatur und Rechtsprechung diskutierten Konstellationen: Es geht nicht um die Nicht*verhinderung* der Tat eines aktiv Handelnden, sondern um die unterbleibende Beseitigung eines rechtswidrigen Zustands. Jeder Betrachter der Skulpturen wird als Subjekt der ehrenrührigen Äußerung (auch) den Grundstückseigentümer identifizieren, in dessen Hand es liegt, ob mit der Skulptur weiterhin die in Rede stehende Botschaft gesendet wird oder nicht.

bb) Garantenpflicht zur Entfernung der Skulpturen?

Als spezifische Voraussetzung der Unterlassensstrafbarkeit müsste für die Grundstückseigentümer aber eine Pflicht zur Entfernung der Skulpturen bestehen (Garantenstellung).

In der Literatur ist einhellige – und überzeugende – Meinung, dass allein aus der Sachherrschaft keine strafbewehrte Pflicht folge, beleidigende Inhalte zu entfernen,

---

[40] Vgl. für § 185 StGB etwa: *Fischer,* 65. Aufl. 2018, StGB § 185, Rn. 7; *Rogall* in SK-StGB, 9. Aufl. 2017, § 185, Rn. 17.

[41] OLG Köln Urt. v. 19.3.1996 – Ss 32/96, NJW 1996, 2878f.; *Hilgendorf* in LK-StGB, 12. Aufl. 2010, § 185, Rn. 26 mwN; *Rogall* in SK-StGB, 9. Aufl. 2017, § 185, Rn. 17; *Sinn* in SSW StGB, 3. Aufl. 2016, § 185, Rn. 23.

[42] *Fischer,* 65. Aufl. 2018, StGB § 13, Rn. 96.

[43] BGH Urt. v. 19.12.1997 – 5 StR 569/96, BGHSt 43, 381 (396) = NJW 1998, 1568 (1573).

die Dritte (etwa an Häuserwänden) platziert haben.[44] Es gebe keine spezifischen Vorschriften, die zu ehrschützendem Verhalten verpflichteten. Anders sei dies bei Gefahren für Leib und Leben, die aus dem Zustand einer Sache bzw. dessen Nutzung resultierten.[45] Dort gebe es außerstrafrechtliche Handlungspflichten, die den Sachherrschaftsinhaber zu Schutzhandlungen verpflichteten.

Zwar weist die hier untersuchte Konstellation gewichtige Besonderheiten auf: Es handelt sich jeweils nicht um private Gebäude, sondern um staatlich bzw. kirchlich (ebenfalls Körperschaften des öffentlichen Rechts) getragene Gebäude. Staat und Kirche (jedenfalls im Falle der Körperschaften öffentlichen Rechts) trifft sicherlich eine besondere Verantwortung zur Achtung der Würde und des Persönlichkeitsrechts der Menschen. Es fehlt indes an *spezifischen* Vorschriften, die zu ehrschützendem Verhalten verpflichten, und eine strafbewehrte Garantenpflicht auslösen könnten.

In Abwesenheit einer Garantenstellung der Akteure kommt die bloße Nichtentfernung von Skulpturen mithin nicht als strafbares Verhalten in Betracht.

2. *Einwände gegen eine Strafbarkeit der heute (aktiv) handelnden Personen*

Erfüllt aber das Reinigen und Restaurieren diffamierender Bildwerke im Einzelfall die Voraussetzungen straftatbestandlicher Handlungen (s. o.), stellt sich die Frage, ob eine Strafbarkeit gleichwohl ausscheiden könnte:

a) Einwand auf subjektiver Tatbestandsebene

Sowohl die Tatbestände der Volksverhetzung als auch diejenigen der Bekenntnisbeschimpfung und Beleidigung setzen vorsätzliches Handeln voraus:

§ 130 Abs. 1 Nr. 1 Var. 1 StGB (Aufstacheln zum Hass) setzt darüber hinaus zielgerichtetes Handeln voraus.[46] Es liegt auf der Hand, dass Restauratoren und Reinigungskräfte – auch deren Auftraggeber – mit Reinigung und Instandhaltung regelmäßig nicht zum Hass aufstacheln wollen.

Der subjektive Tatbestand des böswilligen Verächtlichmachens (§ 130 Abs. 1 Nr. 2 StGB) setzt auf feindseliger Gesinnung beruhenden Vorsatz der Herabwürdigung und Kränkung im Kernbereich der Adressatenpersönlichkeit voraus.[47] Eine entsprechende Gesinnung werden die handelnden Akteure regelmäßig nicht in sich tragen.

Die subjektiven Tatbestände der Volksverhetzung durch Beschimpfung usw. (§ 130 Abs. 1 Nr. 2, Abs. 2 StGB), Bekenntnisbeschimpfung (§ 166 StGB) und der Beleidigung (§ 185 StGB) sind hingegen bereits im Falle bedingt vorsätzlichen

---

[44] Instruktiv: *Weber* FS Oehler, 1985, 83. Ihm folgend etwa: *Fischer,* 65. Aufl. 2018, StGB § 13, Rn. 63; *Lenckner/Eisele* in Schönke/Schröder, 29. Aufl. 2014, StGB § 185, Rn. 12; *Zaczyk* in NK-StGB, 5. Aufl. 2017, § 185, Rn. 4.

[45] *Weber* FS Oehler, 1985, 91.

[46] *Fischer,* 65. Aufl. 2018, StGB § 130, Rn. 44; *Schäfer* in MüKoStGB, 3. Aufl. 2017, § 130, Rn. 101.

[47] BGH Urt. v. 15.12.2005 – 4 StR 283/05, NStZ-RR 2006, 305 (306); *Fischer,* 65. Aufl. 2018, StGB § 130, Rn. 44.

Handelns erfüllt.[48] Der Täter muss den (objektiv) volksverhetzenden/religions-/ehrverletzenden Charakter der Äußerung allerdings als solchen in Kauf nehmen[49] und damit rechnen, dass der Adressat/Betrachter die Äußerung auch in diesem Sinne versteht.[50]

Für die hier untersuchte Konstellation haben es die heute handelnden Akteure in der Hand, die von ihnen (durch Reinigung/Restaurierung) gesetzte Äußerung mit Erklärungen zu flankieren, um nach außen erkennbar zu zeigen, dass der volksverhetzende/religions- bzw. ehrverletzende Charakter der Äußerung gerade nicht als solcher transportiert werden soll. Eine entsprechend erklärte inhaltliche Distanzierung von den Aussagen der Skulpturen schließt vorsätzliches Handeln aus. Insoweit sind die an einigen Skulpturen bereits aufgestellten Gedenk- bzw. Erklärungstafeln und -flyer begrüßenswerte Schritte, die auch dem strafrechtlichen Selbstschutz der verantwortlichen Personen dienen.

b) Einwände auf Rechtfertigungsebene

Auch auf Rechtfertigungsebene könnte eine Strafbarkeit durch Reinigung/Restaurierung diffamierender Bildwerke im öffentlichen Raum ausscheiden:

aa) Kunstfreiheit und staatsbürgerliche Aufklärung iSv Geschichtserziehung?

Bei Beantwortung der Frage, ob die Kunstfreiheit oder das Anliegen staatsbürgerlicher Aufklärung einer Strafbarkeit von Reinigung und Restauration entgegenstehen können, ist zunächst festzustellen, dass die dogmatische Zuordnung entsprechender Einwände in den verschiedenen Äußerungsdelikten höchst unterschiedlich vorgenommen wird:

§ 193 StGB (Wahrnehmung berechtigter Interessen) stellt für die Beleidigung iSd § 185 StGB nach hM einen Rechtfertigungsgrund dar.[51]

Demgegenüber ist in § 130 Abs. 7 StGB iVm § 86 Abs. 3 StGB eine Sozialadäquanzklausel für ua § 130 Abs. 2 StGB vorgesehen, die (bereits) den Tatbestand ausschließt.[52]

Keine entsprechende Regelung findet sich für § 166 StGB. Folgerichtig ist umstritten, ob Einwände gegen die Strafbarkeit unter dem Gesichtspunkt der Kunstfreiheit durch restriktive Auslegung des Tatbestandsmerkmals „Beschimpfen“[53] oder auf Rechtfertigungsebene berücksichtigt werden.[54]

---

[48] *Fischer,* 65. Aufl. 2018, StGB § 166, Rn. 15 und StGB § 185, Rn. 17.

[49] Zu § 185 StGB: *Fischer,* 65. Aufl. 2018, StGB § 185, Rn. 17.

[50] *Hilgendorf* in LK-StGB, 12. Aufl. 2010, § 185, Rn. 36.

[51] *Fischer,* 65. Aufl. 2018, StGB § 193, Rn. 1 mwN; *Joecks/Pegel/Regge* in MüKoStGB, 3. Aufl. 2017, § 193, Rn. 1 mwN zu allen Meinungen. Die Rechtfertigung tatbestandsmäßigen Verhaltens im Fall künstlerischer Gestaltungen folgt nicht aus § 193 StGB, sondern aus Art. 5 Abs. 3 S. 1 GG unmittelbar, vgl. *Fischer,* 65. Aufl. 2018, StGB § 193, Rn. 36.

[52] BGH Urt. v. 10.4.2002 – 5 StR 485/01, NJW 2002, 2115 (2116); *Steinmetz* in MüKoStGB, 3. Aufl. 2017, § 86, Rn. 36; *Schäfer* in MüKoStGB, 3. Aufl. 2017, § 130, Rn. 105. *Fischer,* 65. Aufl. 2018, StGB § 86, Rn. 17 und § 130, Rn. 52 zweifelt an dieser dogmatischen Einordnung.

[53] So etwa *Hörnle* in MüKoStGB, 3. Aufl. 2017, § 166, Rn. 20 mwN.

[54] So etwa *Fischer,* 65. Aufl. 2018, StGB § 166, Rn. 16.

Praktische Bedeutung haben diese Zuordnungsfragen nicht.[55] Dennoch ist die unterschiedliche dogmatische Lösung des einen Problems in den verschiedenen Tatbeständen unbefriedigend und nicht überzeugend. *Thomas Fischer* plädiert mit guten Gründen für eine Eingruppierung auf Rechtfertigungsebene, da im Einzelfall eine differenzierte Abwägung vorzunehmen sei.[56]

Mit Blick auf die Kunstfreiheit wird die Abwägung in den hier untersuchten Konstellationen allerdings zweifellos zugunsten der Rechte der diffamierten Betroffenen ausgehen: Erforderlich ist im Rahmen der vorzunehmenden Abwägung eine Bewertung des Äußerungsinhalts im Verhältnis zur künstlerischen Abstraktion.[57] Der Schutz des Art. 5 Abs. 3 S. 1 GG wiegt schwerer, je mehr der Äußerungsinhalt selbst Element der Kunst ist; er wiegt weniger, je mehr er, ohne seinen Sinn zu verändern, sich einer Kunstform nur als Äußerungsmittel bedient.[58] Letzteres ist vorliegend der Fall: Die in Rede stehenden Werke hatten den alleinigen Zweck, eine verunglimpfende Botschaft zu transportieren. Sofern im Einzelfall die künstlerisch-handwerkliche Leistung hinter den Skulpturen einen gewissen Wert aufweist, so wird dieser durch die jeweils plump-konkrete Darstellung unterminiert und aufgewogen. Die Reinigung oder Restaurierung eines Objekts kann für sich nicht „mehr" an Kunstfreiheit beanspruchen als das ursprüngliche Werk. Eine Rechtfertigung unter dem Gesichtspunkt der Kunstfreiheit scheidet mithin für die untersuchten Konstellationen aus.

In § 86 Abs. 3 StGB ist indes ein Tatbestandsausschluss vorgesehen, wenn die Tathandlung der „staatsbürgerlichen Aufklärung" dient. Dies sind Handlungen, welche der Vermittlung von Wissen zur Anregung politischer Willensbildung dienen.[59] Als sozialadäquate staatsbürgerliche Aufklärung angesehen wurde etwa der Fall, dass der Betreiber einer Internet-Homepage Hyperlinks zu nationalsozialistischen Propagandaseiten setzt, um eine umfassende Diskussion über Zensur im Internet zu ermöglichen, wenn er sich vom Inhalt der verlinkten Seiten ausdrücklich distanziert.[60]

Vergleichbar liegt der Fall in den hier untersuchten Konstellationen, wenn diffamierende Bildwerke mit einer Hinweistafel versehen werden, die das Gezeigte in den historischen Kontext einbettet und eine inhaltliche Distanzierung von den Schmähungen deutlich macht.

Allerdings gilt die Sozialadäquanzklausel des § 86 Abs. 3 StGB gemäß § 130 Abs. 7 StGB nur für Handlungen nach § 130 Abs. 2 StGB und explizit nicht für § 130 Abs. 1 StGB. Eine (tätergünstige) analoge Anwendung auf § 130 Abs. 1 StGB scheitert an dem insoweit eindeutig entgegenstehenden gesetzgeberischen Willen.

Für § 185 StGB und § 166 StGB ist die Anwendung der Sozialadäquanzklausel des § 86 Abs. 3 StGB – insbesondere der „staatsbürgerlichen Aufklärung" – im Ge-

---

55 *Fischer,* 65. Aufl. 2018, StGB § 86, Rn. 17.

56 *Fischer,* 65. Aufl. 2018, StGB § 86, Rn. 17 und § 166, Rn. 16.

57 *Fischer,* 65. Aufl. 2018, StGB § 185, Rn. 37.

58 *Fischer,* 65. Aufl. 2018, StGB § 185, Rn. 37.

59 *Fischer,* 65. Aufl. 2018, StGB § 86, Rn. 19.

60 OLG Stuttgart Urt. v. 24.4.2006 – 1 Ss 449/05, MMR 2006, 387; *Krauß* in LK-StGB, 12. Aufl. 2009, § 130, Rn. 132.

setzestext nicht vorgesehen. Die hier untersuchten Konstellationen offenbaren aber eine entsprechende Notwendigkeit. Für eine (tätergünstige) analoge Anwendung bei § 185 StGB und § 166 StGB spricht der hinter § 86 Abs. 3 StGB stehende Rechtsgedanke, wonach *„übliche, von der Allgemeinheit gebilligte und daher in strafrechtlicher Hinsicht im sozialen Leben gänzlich unverdächtige, weil im Rahmen der sozialen Handlungsfreiheit liegende Handlungen"* nicht strafbar seien.[61] Die Vorschrift dient darüber hinaus der Sicherung gewährleisteter Grundrechte vor Einschränkungen, die zum Schutz des freiheitlichen demokratischen Rechtsstaats nicht erforderlich sind.[62]

Allein für die Straftaten der Volksverhetzung nach § 130 Abs. 1 StGB kann *de lege lata* mithin unter dem Gesichtspunkt der „staatsbürgerlichen Aufklärung" keine Straflosigkeit eintreten.

bb) Rechtfertigende Pflichtenkollision?

Darüber hinaus kann auf Ebene der Rechtswidrigkeit eine ggf. rechtfertigende Pflichtenkollision anzunehmen sein, wenn das in Rede stehende Gebäude – und das entsprechende diffamierende Bildwerk – unter Denkmalschutz steht:

Eine rechtfertigende Pflichtenkollision ist gegeben, wenn den Täter mehrere sich ausschließende, verschiedenwertige Handlungspflichten treffen und er die objektiv höherwertige zum Nachteil der geringwertigeren erfüllt.[63] Bei gleichwertigen Handlungs- bzw. Unterlassungspflichten steht dem Täter nach hM ein Wahlrecht zu.[64] Ob die Lösung in derartigen Konstellationen über § 34 StGB oder außergesetzlich gefunden werden muss,[65] sei dahingestellt.

Steht das diffamierende Bildwerk unter Denkmalschutz, ist nach den Denkmalschutzgesetzen der Länder – in Nordrhein-Westfalen gem. § 7 Abs. 1 S. 1 DSchG – die Instandhaltung und Instandsetzung des Denkmals verpflichtend. Gem. § 7 Abs. 2 DSchG kann die Untere Denkmalbehörde im Fall eines Verstoßes gegen diese Pflichten sogar notwendige Anordnungen – auch Zwangsmaßnahmen – treffen.

Die Pflicht, das Denkmal zu erhalten, kollidiert dann mit der – strafbewehrten – Pflicht, die Aussage des diffamierenden Bildwerkes nicht durch Restaurierung oder Reinigung zu „reaktivieren". Fraglich ist allerdings, in welcher Wertigkeit sich Denkmalschutz und Ehrschutz etc. gegenüberstehen. Nur, wenn der Ehrschutz etc. den Denkmalschutz in seinem Gewicht überwiegen, bestünde eine strafbewehrte Verpflichtung, Reinigung und Restaurierung zu unterlassen. In jedem Einzelfall wird eine Abwägung erforderlich sein, um zu tragfähigen Ergebnissen zu gelangen. Dabei werden Ort und Sichtbarkeit des jeweils diffamierenden Bildwerks zu berücksichtigen sowie der Diffamierungsgehalt des Motivs der historischen Relevanz der Bildwerke aus künstlerischen, wissenschaftlichen, volkskundlichen oder städtebaulichen Gründen (vgl. § 2 Abs. 2 S. 2 DSchG) gegenüberzustellen sein.

---

[61] BGH Urt. v. 25.7.1979 – 3 StR 182/79, BGHSt 29, 73 (84) = NJW 1979, 2216 (2218); *Laufhütte/Kuschel* in LK-StGB, 12. Aufl. 2007, § 86, Rn. 36.

[62] *Laufhütte/Kuschel* in LK-StGB, 12. Aufl. 2007, § 86, Rn. 36.

[63] *Fischer,* 65. Aufl. 2018, StGB Vor § 32, Rn. 11.

[64] Übersicht bei *Fischer,* 65. Aufl. 2018, StGB Vor § 32, Rn. 11 a.

[65] Vgl. dazu *Fischer,* 65. Aufl. 2018, StGB Vor § 32, Rn. 11 d.

V. Schlussbemerkung

Das Strafrecht kann die gesellschaftlichen und politischen Herausforderungen um den richtigen Umgang mit „Judensau"-Darstellungen und anderen diffamierenden Bildwerken im öffentlichen Raum nicht abschließend lösen.

Je nach Konstellation kommt eine Strafbarkeit der heute handelnden Personen bei Restauration oder Intensivreinigung in Betracht. Strafbarkeit scheidet aus, wenn die Bildwerke im Kontext begleitender Erklärungen präsentiert werden (Hinweistafel), die eine klare inhaltliche Distanzierung von den Darstellungen erkennen lassen.

MATTHIAS KORTE

Kumulativ, alternativ, selektiv? Autonom!

– Ein Beitrag zur Auslegung des § 335a Abs. 1 Nr. 2 Buchst. a StGB –

Vor 20 Jahren wurden in Deutschland internationale Korruptionstaten unter Strafe gestellt. Die Gleichstellung ausländischer Amtsträger[1] mit den deutschen Amtsträgern erfolgte durch das Gesetz zur Bekämpfung internationaler Bestechung (IntBestG) und das EU-Bestechungsgesetz (EUBestG).[2]

Seit dem Inkrafttreten des Gesetzes zur Bekämpfung der Korruption vom 20.11.2015[3] am 26.11.2015 richtet sich die Strafbarkeit der Bestechlichkeit und Bestechung von Bediensteten und Beauftragten ausländischer Staaten nicht mehr nach den Regelungen im IntBestG und EUBestG, sondern nach der Gleichstellungsregelung im neuen § 335a Abs. 1 Nr. 2 Buchst. a StGB. Danach steht für die Anwendung der §§ 332 und 334 StGB, jeweils auch in Verbindung mit § 335 StGB, auf eine Tat, die sich auf eine künftige Diensthandlung bezieht, einem Amtsträger im Sinne des § 11 Abs. 1 Nr. 2 StGB gleich: „ein Bediensteter eines ausländischen Staates und eine Person, die beauftragt ist, öffentliche Aufgaben für einen ausländischen Staat wahrzunehmen".

Die Fassung der neuen Vorschrift ist einfach, ihre Auslegung jedoch umstritten. Dies liegt daran, dass mit der Regelung gleich mehrere supra- und internationale Rechtsinstrumente zur Korruptionsbekämpfung in das deutsche Recht umgesetzt werden sollen,[4] die bei der Definition des ausländischen Amtsträgers unterschiedliche Konzeptionen verfolgen. Der Jubilar hat deshalb den Hinweis des Gesetzgebers auf die verschiedenen Rechtsinstrumente als „wenig hilfreich" bezeichnet.[5]

Diese Abhandlung soll zum Verständnis der neuen Gleichstellungsregelung beitragen.

---

[1] Die Gleichstellungsregelungen gelten auch für die Amtsträger internationaler Organisationen mit den deutschen Amtsträgern; dies soll jedoch nicht Gegenstand dieses Beitrags sein.

[2] Zum Hintergrund der beiden Gesetze *Korte* wistra 1999, 81 ff.

[3] BGBl. I 2025.

[4] BT-Drs. 18/4350, 24 f.

[5] *Fischer,* 65. Aufl. 2018, StGB § 335a Rn. 6; krit. hierzu ua auch *Walther* DB 2016, 95 (100); *Grützner* ZIP 2016, 253 (254); *Hoven,* Auslandsbestechung, 2018, 62.

I. Supra- und internationale Vorgaben

Den Definitionen des ausländischen Bediensteten und Beauftragten liegen die Vorgaben der Organisation für wirtschaftliche Zusammenarbeit und Entwicklung (OECD), der Vereinten Nationen (VN), des Europarats (ER) und der Europäischen Union (EU) zugrunde.

1. OECD und Vereinte Nationen

a) OECD – Übereinkommen gegen die Bestechung ausländischer Amtsträger

Nach Art. 1 Nr. 4 Buchst. a des OECD-Übereinkommens gegen die Bestechung ausländischer Amtsträger im internationalen Geschäftsverkehr v. 17.12.1997 bedeutet der Ausdruck „ausländischer Amtsträger" im Sinne dieses Übereinkommens eine Person, die in einem anderen Staat durch Ernennung oder Wahl ein Amt im Bereich der Gesetzgebung, Verwaltung oder Justiz innehat, und eine Person, die für einen anderen Staat einschließlich einer Behörde oder eines öffentlichen Unternehmens öffentliche Aufgaben wahrnimmt.[6] Auf der Grundlage dieser Definition müssen die Vertragsstaaten des Übereinkommens in ihrem nationalen Strafrecht definieren, wer Amtsträger eines ausländischen Staates ist. Detaillierte Auslegungshilfen insbesondere zur Wahrnehmung öffentlicher Aufgaben enthalten Nr. 12 bis 16 der offiziellen Erläuterungen zu dem Übereinkommen.[7] Das OECD-Übereinkommen enthält nur Vorgaben zur (aktiven) Bestechung.

Der 2. Strafsenat des BGH hatte 2008 unter Mitwirkung des Jubilars zu entscheiden, ob die Zahlung von Bestechungsgeldern durch einen leitenden Angestellten der Siemens AG an den Geschäftsführer und das geschäftsführende Mitglied des Verwaltungsrats der italienischen Firma ENEL S.p.A. nach deutschem Recht als Amtsträgerbestechung nach § 334 StGB iVm Art. 2 § 1 Nr. 2 IntBestG strafbar war. In Italien waren die ENEL-Mitarbeiter als Amtsträger wegen Bestechlichkeit bestraft worden. Der BGH entschied entgegen mehreren Stimmen in der Literatur[8], dass der Amtsträgerbegriff des IntBestG nicht nach dem Recht des Staates zu bestimmen sei, in dem der Betreffende tätig ist, sondern autonom auf der Grundlage des OECD-Übereinkommens über die Bekämpfung der Bestechung ausländischer Amtsträger im internationalen Geschäftsverkehr auszulegen sei. Er verneinte die Amtsträgereigenschaft der ENEL-Mitarbeiter und lehnte – anders als die Vorinstanz[9] – auch eine Strafbarkeit wegen Bestechung im geschäftlichen Verkehr nach § 299 Abs. 2 StGB ab.[10] Große Beachtung hat das Urteil insbesondere im Hinblick auf die Ausführungen zur Untreue durch die Einrichtung und Unterhaltung „schwarzer Kassen" gefunden.[11]

---

[6] Die Definition erfasst als „ausländische Amtsträger" zudem Amtsträger und Bevollmächtigte einer internationalen Organisation.

[7] Abgedruckt in BT-Drs. 13/10428, 23ff.

[8] *Krause/Vogel* RIW 1999, 488 (492); *Pelz* StraFo 2000, 302 (303); *Taschke* StV 2001, 78 (79); *Androulakis,* Die Globalisierung der Korruptionsbekämpfung, 2007, 405.

[9] LG Darmstadt Urt. v. 14.5.2007 – 712 Js 5213/04 – 9 KLs, CCZ 2008, 37.

[10] BGH Urt. v. 29.8.2008 – 2 StR 587/07, BGHSt 52, 323 = NJW 2009, 89 = wistra 2009, 61.

[11] Dazu: *Fischer* NStZ-Sonderheft 2009, 8.

Der 1. Strafsenat des BGH hat sich 2014 der Entscheidung des 2. Strafsenats bei der Auslegung des Amtsträgerbegriffs im IntBestG angeschlossen und entschieden, dass die autonome Auslegung auch für beauftragte Personen im Sinne des Art. 2 § 1 Nr. 2 Buchst. b IntBestG und Soldaten im Sinne des Art. 2 § 1 Nr. 3 Buchst. a IntBestG gilt.[12]

b) Vereinte Nationen – Übereinkommen gegen Korruption

Das Übereinkommen der Vereinten Nationen gegen Korruption (UNCAC) v. 31.10.2003 hat die Definition des ausländischen Amtsträgers aus dem OECD-Übereinkommen im Wesentlichen übernommen. Nach Art. 2 Buchst. b des VN-Übereinkommens bezeichnet der Ausdruck „ausländischer Amtsträger" im Sinne des Übereinkommens eine Person, die in einem anderen Staat durch Ernennung oder Wahl ein Amt im Bereich der Gesetzgebung, Exekutive, Verwaltung oder Justiz innehat, und eine Person, die für einen anderen Staat einschließlich einer Behörde oder eines öffentlichen Unternehmens eine öffentliche Aufgabe wahrnimmt. Anders als im OECD-Übereinkommen gilt die Definition nicht nur für die (aktive) Bestechung (Art. 16 Abs. 1 VN-Übereinkommen), sondern auch für die Straftat der Bestechlichkeit (passive Bestechung) ausländischer Amtsträger (Art. 16 Abs. 2 VN-Übereinkommen).

2. Europarat und Europäische Union

Die Rechtsinstrumente des Europarats und der EU sehen eine andere Definition des ausländischen Amtsträgers vor.

a) Europarat – Strafrechtsübereinkommen über Korruption

Nach Art. 1 Buchst. a des Strafrechtsübereinkommens des Europarats über Korruption v. 27.1.1999 wird der Ausdruck „Amtsträger" entsprechend der Bestimmung des Begriffs „Beamter", „Bediensteter im öffentlichen Dienst", „Bürgermeister", „Minister" oder „Richter" im innerstaatlichen Recht des Staates, in dem die betreffende Person die entsprechenden Aufgaben wahrnimmt, und so, wie er in dessen Strafrecht verwendet wird, ausgelegt. Die Auslegung erfolgt daher nicht autonom, sondern durch eine Verweisung auf das ausländische Recht. Art. 1 Buchst. c des ER-Strafrechtsübereinkommens erlaubt den Vertragsstaaten zudem eine Beschränkung des Amtsträgerbegriffs. Danach braucht der verfolgende Staat im Fall eines Verfahrens wegen einer Straftat, an der ein Amtsträger eines anderen Staates beteiligt ist, die Bestimmung des Begriffs „Amtsträger" nur insoweit anzuwenden, als sie mit seinem innerstaatlichen Recht vereinbar ist.

b) EU – Protokoll zum PIF-Übereinkommen und Übereinkommen gegen Bestechung

Die im Gesetz zur Bekämpfung der Korruption berücksichtigten Rechtsinstrumente der EU, das Protokoll v. 27.9.1996 zum Übereinkommen über den Schutz

---

[12] BGH Beschl. v. 13.2.2014 – 1 StR 336/13, NStZ 2014, 469 = wistra 2014, 354 (Rn. 28).

der finanziellen Interessen der EG[13] (PIF-Übereinkommen) und das Übereinkommen v. 26.5.1997 über die Bekämpfung der Bestechung, an der Beamte der EG oder der Mitgliedstaaten der EU beteiligt sind,[14] enthalten vergleichbare Definitionen und Beschränkungsmöglichkeiten wie das ER-Strafrechtsübereinkommen. Nach Art. 1 Buchst. c des EU-Übereinkommens über die Bekämpfung der Bestechung wird der Ausdruck „nationaler Beamter" entsprechend der Definition für den Begriff „Beamter" oder „Amtsträger" im innerstaatlichen Recht des Mitgliedstaates, in dem der Betreffende diese Eigenschaft für die Zwecke der Anwendung des Strafrechts dieses Mitgliedstaates besitzt, ausgelegt. Handelt es sich jedoch um ein Verfahren, das ein Mitgliedstaat wegen einer Straftat einleitet, an der ein Beamter eines anderen Mitgliedstaates beteiligt ist, braucht ersterer nach dieser Vorschrift die Definition für den Begriff „nationaler Beamter" jedoch nur insoweit anzuwenden, als diese mit seinem innerstaatlichen Recht im Einklang steht.

Mit dem Amtsträgerbegriff des Art. 2 § 1 Abs. 1 Nr. 2 EUBestG, das der Umsetzung dieser beiden Rechtsinstrumente diente, hat sich – kurz vor der Aufhebung dieses Gesetzes durch Art. 2 des Gesetzes zur Bekämpfung der Korruption – der 1. Strafsenat des BGH befasst. Der BGH hob ein Urteil des LG München I[15] auf, das die Amtsträgerstellung eines portugiesischen Honorarkonsuls nach dem EUBestG allein auf der Grundlage einer Bewertung seiner Stellung nach deutschem Recht (§ 11 Abs. 1 Nr. 2 StGB) angenommen hatte.[16] Er wies darauf hin, dass der Gleichstellungsregelung im EUBestG eine zweistufige Struktur zugrunde liege. Bei einem Funktionsträger eines Mitgliedstaates der EU setze diese voraus, dass dieser Amtsträger sowohl nach dem Recht des betroffenen Mitgliedstaates als auch in Ansehung deutschen Rechts (§ 11 Abs. 1 Nr. 2 StGB) sei.[17]

c) EU – PIF-Richtlinie

Inzwischen hat die EU die Richtlinie v. 5.7.2017 über die strafrechtliche Bekämpfung von gegen die finanziellen Interessen der Union gerichtetem Betrug (PIF-Richtlinie) erlassen,[18] die u. a. das Protokoll v. 27.9.1996 ersetzt.[19]

Im Vorschlag der Kommission für die PIF-Richtlinie[20] war noch vorgesehen, eine autonome Amtsträgerdefinition zu verwenden, die den Rechtsinstrumenten der OECD und Vereinten Nationen ähnelt. Nach Art. 4 Abs. 5 Buchst. a des Kommissionsvorschlags sollte „öffentlicher Bediensteter" im Sinne der Vorgaben zur Bestechlichkeit und Bestechung eine Person sein, die ein Amt gesetzgebender, admi-

---

[13] ABl. EG 1996 C 313, 1, v. 23.10.1996.
[14] Abl. EG 1997 C 195, 1, v. 25.6.1997.
[15] LG München I Urt. v. 20.2.2014 – 6 KLs 565 Js 147915/12.
[16] BGH Beschl. v. 10.6.2015 – 1 StR 399/14, BGHSt 60, 266 = NJW 2015, 2675 = wistra 2015, 429.
[17] BGH Beschl. v. 10.6.2015 – 1 StR 399/14, BGHSt 60, 266 = NJW 2015, 2675 = wistra 2015, 429 (Rn. 17).
[18] ABl. EU 2017 L 198, 29, v. 28.7.2017.
[19] Art. 16 der PIF-Richtlinie.
[20] COM(2012) 363 final v. 11.7.2012.

nistrativer oder justizieller Art bekleidet und in dieser Eigenschaft (...) in den Mitgliedstaaten oder in Drittstaaten öffentliche Aufgaben wahrnimmt.

Die von Rat und Parlament erlassene PIF-Richtlinie verwendet jedoch wieder die aus den bisherigen Rechtsinstrumenten der EU und des Europarats bekannte Konzeption. Nach Art. 4 Abs. 4 Buchst. a S. 1 Nr. ii der PIF-Richtlinie ist der Ausdruck „nationaler Beamter" im Sinne der Definition des Begriffs „Beamter" oder „öffentlicher Bediensteter" im nationalen Recht des Mitgliedstaates oder Drittlands zu verstehen, in dem die betreffende Person ihr Amt ausübt. Handelt es sich um ein Verfahren, das ein Mitgliedstaat wegen einer Straftat einleitet, an der ein nationaler Beamter eines anderen Mitgliedstaates oder ein nationaler Beamter eines Drittlands beteiligt ist, so braucht ersterer nach Art. 4 Abs. 4 Buchst. a S. 2 der PIF-Richtlinie die Definition für den Begriff „nationaler Beamter" nur insoweit anzuwenden, als diese Definition mit seinem nationalen Recht im Einklang steht.

II. Amtsträgerbegriff des § 335a Abs. 1 Nr. 2 Buchst. a StGB

Welche Konzeption folgt nun die Definition des ausländischen Bediensteten und Beauftragten in § 335a Abs. 1 Nr. 2 Buchst. a StGB? Die Auslegung der Gleichstellungsregelung wird derzeit in der Literatur diskutiert. Veröffentlichte Entscheidungen von Gerichten zum neuen Recht gibt es bisher noch nicht.

1. Kumulativ?

Von einer großen Zahl der Autoren wird die Auffassung vertreten, dass bei der Auslegung der Merkmale „ausländischer Bediensteter" und „Person, die beauftragt ist, öffentliche Aufgaben für einen ausländischen Staat wahrzunehmen" in § 335a Abs. 1 Nr. 2 Buchst. a StGB kumulativ die Anforderungen aller internationalen Rechtsinstrumente zugrunde gelegt werden müssen.[21] Bediensteter oder mit der Wahrnehmung von öffentlichen Aufgaben Beauftragter eines ausländischen Staates soll danach nur sein, wer sowohl eine Amtsträgerstellung im Sinne der autonomen Definitionen in den Rechtsinstrumenten der OECD und der VN innehat als auch nach dem innerstaatlichen (Straf-) Recht seines Heimatstaates Amtsträger ist.

Diese Auslegung der gesetzlichen Regelung ist ersichtlich von dem Bestreben getragen, den Anwendungsbereich der Regelung möglichst restriktiv zu fassen. Angesichts der Weite internationaler Übereinkommen ist dies durchaus verständlich. Der Verfasser selbst hatte unter Geltung des IntBestG die Auffassung vertreten, dass man die Kriterien des § 11 Abs. 1 Nr. 2 StGB in die Gleichstellungsvorschrift hineinlesen müsse, um ihr Kontur zu geben.[22] Damit sollte verhindert werden, dass die

---

[21] *Kubiciel/Spörl* KPKp 4/2014, 24f.; *Rübenstahl/Dust* JR 2016, 106 (111); *Rübenstahl* in ERST, Wirtschaftsstrafrecht, 2017, § 335a, StGB Rn. 26ff.; *Kuhlen* in NK-StGB, 5. Aufl. 2017, § 335a Rn. 31; *Papathanasiou* wistra 2016, 175 (176f.); ähnlich *Walther* WiJ 2015, 152 (155), der zwar von einer autonomen Definition ausgeht, jedoch zusätzlich eine Amtsträgerstellung nach dem Heimatrecht des Amtsträgers fordert; im Erg. wohl auch *Kappel/Junkers* NZWiSt 2016, 382 (386), obwohl sie dies als alternative Auslegung bezeichnen.

[22] *Korte* in MüKoStGB, 1. Aufl. 2006, § 334 Rn. 7.

Gleichstellungsregelung des IntBestG deutlich weiter geht als die Regelung des nationalen Amtsträgerbegriffs. Der Generalbundesanwalt hatte in dem Verfahren „Siemens/ENEL" diese Auffassung geteilt.[23] Der BGH hat die Einschränkung aber als nicht mit den Vorgaben des OECD-Übereinkommens vereinbar – im Ergebnis wohl zu Recht – abgelehnt.[24]

Wenn die Auslegung, nach der die Voraussetzungen kumulativ anzuwenden sind, richtig wäre, würde Deutschland die Vorgaben der internationalen Rechtsinstrumente nicht vollständig erfüllen.[25] Soweit Personen in einem anderen Staat, die Bestechungsgelder im internationalen Geschäftsverkehr angenommen haben, zwar eine Stellung im Sinne der autonomen Amtsträgerdefinition innehaben, aber nach dem innerstaatlichen Recht des anderen Staates keine Amtsträger sind, wären sie nach dieser Auslegung keine Bediensteten oder mit der Wahrnehmung öffentlicher Aufgaben Beauftragte eines ausländischen Staates im Sinne des § 335a Abs. 1 Nr. 2 Buchst. a StGB, und die Bestechung der Person wäre nach deutschem Recht jedenfalls nicht als Amtsträgerbestechung strafbar.

In Betracht käme zwar, dass solche Fälle zumindest von dem Straftatbestand der Bestechung im geschäftlichen Verkehr nach § 299 Abs. 2 StGB erfasst werden. Auch damit können die internationalen Vorgaben erfüllt werden, da diese nicht voraussetzen, dass die in den Übereinkommen als Straftaten umschriebenen Taten als Amtsträgerbestechung strafbar sind; es reicht aus, dass die Vertragsstaaten solche Taten unter Strafe stellen.[26] Allerdings bleibt der Anwendungsbereich des § 299 Abs. 2 StGB auch nach der zwar viel diskutierten, aber im Ergebnis eher marginalen Erweiterung um das sogenannte „Geschäftsherrenmodell"[27] durch das Gesetz zur Bekämpfung der Korruption deutlich hinter dem Anwendungsbereich des § 334 StGB zurück, da nur Taten von und gegenüber Angestellten und Beauftragten eines Unternehmens und im Zusammenhang mit dem Bezug von Waren oder Dienstleistungen erfasst werden. Dies reicht nicht aus, um alle nach den Vorgaben des OECD- und VN-Übereinkommens unter Strafe zu stellenden Taten zu erfassen.

Die Schaffung einer Gleichstellungsregelung, mit der Deutschland seine internationalen Verpflichtungen nicht vollständig erfüllt, war ersichtlich nicht das Bestreben des Gesetzgebers. Auch mit dem Wortlaut der Gleichstellungsregelung lässt sich die Auslegung, dass die Voraussetzungen aller internationalen Rechtsinstrumente kumulativ vorliegen müssen, nicht belegen.

---

[23] S. dazu *W. Schmidt/Fuhrmann* FS Rissing-van Saan, 2011, 585 (603ff.)

[24] BGH v. 29.8.2008 – 2 StR 587/07, BGHSt 52, 323 = NJW 2009, 89 = wistra 2009, 61 (Rn. 65).

[25] AA *Papathanasiou* wistra 2016, 175 (176f.); dagegen zu Recht *Hoven,* Auslandsbestechung, 2018, 66ff.; auch nach *Kuhlen* in NK-StGB, 5. Aufl. 2017, § 335a Rn. 29 erfüllt die kumulative Auslegung nicht die Vorgaben der OECD und der VN; dennoch spricht er sich für den kumulativen Ansatz als vergleichsweise restriktive Lösung aus (Rn. 31).

[26] Prinzip der „funktionalen Äquivalenz"; nach Nr. 2 der Erläuterung zum OECD-Übereinkommen soll mit dem Übereinkommen nur sichergestellt werden, dass die Maßnahmen der Vertragsparteien zur Sanktionierung der Bestechung ausländischer Amtsträger in ihrer Wirkungsweise gleichwertig sind, abgedr. in BT-Drs. 13/10428, 23; s. dazu *Pieth* in Dölling, Handbuch der Korruptionsprävention, 2007, 9. Kap., Rn. 11f.

[27] S. hierzu *Walther* DB 2016, 95ff.

2. *Alternativ?*

Erheblich weiter wäre der Anwendungsbereich des § 335a Abs. 1 Nr. 2 Buchst. a StGB, wenn die Begriffe des ausländischen Bediensteten und Bediensteten alternativ sowohl als autonome Definition als auch im Sinne einer Verweisung auf das ausländische Recht auszulegen sind. Erfasst würden damit alle Taten, bei denen die Person, die bestochen wird, entweder Amtsträger im Sinne der Vorgaben der OECD und der Vereinten Nationen zu einer autonomen Definition ist oder aber zumindest nach dem Strafrecht des Staates, in dem sie tätig wird, Amtsträger im Sinne der Bestechungsdelikte ist. Diese Auslegung würde am besten gewährleisten, dass Deutschland seine internationalen Verpflichtungen vollständig umgesetzt hat.[28]

Wäre diese Auslegung richtig, stellen sich allerdings verfassungsrechtliche Probleme bei der Alternative des Verweises auf das ausländische Recht. Der Gesetzgeber hat in § 335a Abs. 1 Nr. 2 Buchst. a StGB – anders als in Art. 2 § 1 Nr. 2 Buchst. a EUBestG aF – keine Einschränkung dahingehend vorgenommen, dass die Stellung des ausländischen Bediensteten oder Beauftragten der eines Amtsträgers im Sinne des § 11 Abs. 1 Nr. 2 StGB entsprechen muss. Die Einschränkung ist nach den bisherigen und aktuellen Rechtsinstrumenten der EU sowie nach Art. 1 Buchst. c des ER-Strafrechtsübereinkommens zulässig. Bei einer Verweisung auf das ausländische Recht ohne die Einschränkung würde aber ein Blanketttatbestand entstehen, der allein durch das ausländische Recht auszufüllen wäre.[29]

Entscheidend gegen die alternative Auslegung sprechen aber auch der Wortlaut und der darin zum Ausdruck kommende Wille des Gesetzgebers. Wenn eine alternative Heranziehung der Kriterien der internationalen Rechtsinstrumente bei der Auslegung der Merkmale geregelt werden sollte, hätte der Gesetzgeber die bisherigen Konzeptionen des EUBestG und IntBestG in das StGB übertragen und als Alternativen geregelt. Bei der Alternative „Verweisung auf das ausländische Recht" hätte er zudem die Einschränkung über die Kriterien des deutschen Amtsträgerbegriffs vorgenommen. Das hat er aber ersichtlich nicht getan.

3. *Selektiv?*

In Betracht könnte auch kommen, dass der Gesetzgeber die Bestechung und Bestechlichkeit ausländischer Bediensteter und Beauftragter im Sinne einer 1:1-Umsetzung nur genau in dem Umfang unter Strafe stellen wollte, den die supra- und internationalen Vorgaben zwingend vorgeben. Die Regelung in § 335a Abs. 1 Nr. 2 Buchst. a StGB wäre danach so zu verstehen, dass je nach anzuwendendem internationalen Rechtsinstrument die Mindestvorgaben in die Definition hineingelesen werden müssten. Für die (aktive) Bestechung ausländischer Amtsträger im internationalen Geschäftsverkehr wäre dann im Hinblick auf die zwingenden Vor-

---

[28] Für diese Auslegung der Begriffe daher *Hoven,* Auslandsbestechung, 2018, 62ff.; *Fischer,* 65. Aufl. 2018, StGB § 335a Rn. 6.

[29] BGH 29.8.2008 – 2 StR 587/07, BGHSt 52, 323 = NJW 2009, 89 = wistra 2009, 61 (Rn. 65); *Saliger/Gaede* HRRS 2008, 57 (61); aA hinsichtlich der Verfassungswidrigkeit einer Verweisung auf das ausländische Recht bei der Ausfüllung der Merkmale *Hoven,* Auslandsbestechung, 2018, 63f.

gaben im OECD- und VN-Übereinkommen ein autonomer Amtsträgerbegriff anzuwenden. Im Übrigen wäre von einer Verweisung auf das ausländische Recht auszugehen,[30] die zudem, da das ER-Strafrechtsübereinkommen und die EU-Rechtsinstrumente dies zulassen, noch eine Einschränkung dahingehend erfahren, dass die Stellung des ausländischen Bediensteten und Beauftragten der eines (deutschen) Amtsträgers im Sinne des § 11 Abs. 1 Nr. 2 Buchst. a StGB entsprechen muss. Diese Auslegung hätte den Vorteil, dass das deutsche Recht bei der Unterstrafestellung der Bestechlichkeit der Bediensteten und Beauftragten ausländischer Staaten nicht weiter gehen kann als das Recht des ausländischen Staates.

Allerdings hat sich der deutsche Gesetzgeber nicht auf eine Minimal-Umsetzung der supra- und internationalen Vorgaben beschränkt. Zwingend war die Unterstrafestellung der Bestechlichkeit nur im Anwendungsbereich der EU-Rechtsinstrumente. Gegen die Vorgabe zur Bestechlichkeit im ER-Strafrechtsübereinkommen hätte Deutschland einen Vorbehalt einlegen können (Art. 37 Abs. 1 iVm Art. 5 ER-Strafrechtsübereinkommen).[31] Das VN-Übereinkommen enthält nur die Vorgabe, die Unterstrafestellung der Bestechlichkeit zu erwägen (Art. 16 Abs. 2 VN-Übereinkommen). In der Begründung des Entwurfs eines Gesetzes zur Bekämpfung der Korruption wird aber ausgeführt, dass die Gleichstellung der ausländischen Bediensteten und Beauftragten mit den (deutschen) Amtsträgern für die Anwendung der Vorschrift über die Bestechlichkeit auch der Umsetzung dieser nicht verbindlichen Vorgabe dient.[32] Insoweit ist die Erwägung des deutschen Gesetzgebers bei der Umsetzung des VN-Übereinkommens dahingehend ausgegangen, dass auch die Bestechlichkeit ausländischer Bediensteter und Beauftragter nach Maßgabe des Art. 16 Abs. 2 VN-Übereinkommen nach deutschem Recht strafbar sein soll. Art. 16 Abs. 2 VN-Übereinkommen liegt ein autonomer Amtsträgerbegriff zugrunde (Art. 2 Buchst. b VN-Übereinkommen) und erfasst, anders als die Vorgabe zu (aktiven) Bestechung in Art. 16 Abs. 1 VN-Übereinkommen, nicht nur Taten im internationalen geschäftlichen Verkehr.

Eine selektive Auslegung kommt daher nicht zu eindeutigen Ergebnissen. Entscheidend gegen eine solche Auslegung spricht aber insbesondere, dass auch Anhaltspunkte für diese Auslegungsmethode dem Wortlaut der Vorschrift nicht zu entnehmen sind.[33]

4. *Autonom!*

Die Möglichkeiten einer kumulativen, alternativen oder selektiven Auslegung sind zwar interessante Gedankenspiele. Tatsächlich lassen sich diese Auslegungsmöglichkeiten aber nicht mit dem Wortlaut und der Gesetzgebungshistorie belegen. Der Gesetzgeber hat mit der Regelung in § 335a Abs. 1 Nr. 2 Buchst. a StGB schlicht das bisherige Konzept des IntBestG mit dem autonomen Amtsträgerbegriff

---

[30] In diese Richtung *Nestler* StV 2009, 313 (318).

[31] Durch die Nichteinlegung eines Vorbehalts bei der Ratifizierung des Übereinkommens ist die Vorgabe dann allerdings wiederum zwingend geworden.

[32] BT-Drs. 18/4350, 24.

[33] Ablehnend auch *Hoven*, Auslandsbestechung, 2018, 67f.

in das StGB überführt.[34] Nach Art. 2 § 1 Nr. 2 Buchst. a und b IntBestG aF wurden einem (deutschen) Amtsträger „ein Amtsträger eines ausländischen Staates" (Buchst. a) und „eine Person, die beauftragt ist, bei einer oder für eine Behörde eines ausländischen Staates, für ein öffentliches Unternehmen mit Sitz im Ausland oder sonst öffentliche Aufgaben für einen ausländischen Staat wahrzunehmen" (Buchst. b) gleichgestellt. In § 335 a Abs. 1 Nr. 2 Buchst. a StGB wurden gegenüber dieser Fassung lediglich die in den Buchst. a und b des Art. 2 § 1 Nr. 2 IntBestG geregelten Fälle in einem Buchst. a des neuen § 335 a Abs. 2 Nr. 2 StGB zusammengeführt, das Merkmal „Amtsträger" durch „Bediensteter" ersetzt[35] und auf die Beispiele für die Wahrnehmung öffentlicher Aufgaben („bei einer oder für eine Behörde eines ausländischen Staates" und „für ein öffentliches Unternehmen mit Sitz im Ausland") verzichtet, ohne dass damit inhaltliche Änderungen verbunden sein sollten.[36]

Erklärungsbedürftig ist dann allerdings, wie der Gesetzgeber mit dieser Vorgehensweise die Vorgaben der EU und des Europarats umsetzt und warum er nicht eine andere Regelungstechnik, z. B. eine gesetzlich geregelte alternative autonome und auslandsrechtsakzessorische Definition, gewählt hat.

a) Umsetzung der europäischen Vorgaben durch eine autonome Definition?

Nach der Begründung des Gesetzentwurfs soll der in § 335 a Abs. 1 Nr. 2 Buchst. a StGB umschriebene Personenkreis nicht nur alle Personen erfassen, die bisher von Art. 2 § 1 Nr. 2 Buchst. a und b IntBestG aF erfasst waren, sondern auch die bisher von Art. 2 § 1 Abs. 1 Nr. 2 Buchst. a EUBestG erfassten Amtsträger eines anderen EU-Mitgliedstaates.[37] Zudem soll die Regelung auch der Umsetzung des ER-Strafrechtsübereinkommens dienen und der Personenkreis nicht nur nach den Vorgaben des OECD- und des VN-Übereinkommens, sondern auch nach der Vorgabe in Art. 1 Buchst. a des ER-Strafrechtsübereinkommens definiert werden.[38]

Dahinter steckt folgende Überlegung: Soweit der Amtsträgerbegriff eines anderen Staates im Einzelfall weiter geht als die autonome Definition, würden die Rechtsinstrumente der EU und des Europarats zwar grundsätzlich einen weiteren Anwendungsbereich fordern. Da der Amtsträgerbegriff nach den Rechtsinstrumenten der EU und des Europarats aber über die Anlegung der Kriterien für den nationalen Amtsträgerbegriff wieder eingeschränkt werden darf, reicht es zur Erfüllung der Vorgaben aus, dass die Gleichstellungsregelung in § 335 a Abs. 1 Nr. 2 Buchst. a

---

[34] So auch *Brodowski* HRRS 2016, 14 (17); *Dann* NJW 2016, 203 (206); *Rosenau* in SSW StGB, 3. Aufl. 2017, § 335 a Rn. 9; s. dazu auch *Korte* in MüKoStGB, 3. Aufl. 2018, § 335 a Rn. 21; nach *Brockhaus/Haak* HRRS 2015, 218 (222) sei „wohl oder übel" eine autonome Bestimmung vorzunehmen; für den Begriff des „Bediensteten eines ausländischen Staates" so auch *Meißner* StV 2017, 128 (130), anders aber beim Begriff des „Beauftragten" (131 f.).

[35] Die Änderung wurde damit begründet, dass es sich bei dem Begriff „Amtsträger" um einen rechtstechnischen Begriff handelt, der in § 11 Abs. 1 Nr. 2 StGB („... wer nach deutschem Recht ...") gesetzlich definiert ist und daher nicht für Personen verwandt werden kann, die nach ausländischem oder internationalem Recht öffentliche Aufgaben wahrnehmen, vgl. BT-Drs. 18/4350, 24.

[36] BT-Drs. 18/4350, 25.

[37] BT-Drs. 18/4350, 24.

[38] BT-Drs. 18/4350, 25.

StGB nicht enger gefasst ist als die Definition des Amtsträgers in § 11 Abs. 1 Nr. 2 StGB. Angesichts der Weite der autonomen Definition im OECD- und VN-Übereinkommen[39] dürfte es tatsächlich kaum einen Fall geben, der nicht unter die autonome Definition fällt, aber von den zwingenden Vorgaben der Rechtsinstrumente der EU und des Europarats unter Berücksichtigung der Einschränkungsmöglichkeit erfasst wird.[40] Hinzu kommt, dass man bei der Bestimmung des ausländischen Bediensteten, zu denen die ausländischen Beamten und in einem sonstigen öffentlichen Dienstverhältnis stehenden Personen gehören, auch beim autonomen Amtsträgerbegriff nicht ganz ohne Rückgriff auf das ausländische Recht auskommt. Heranzuziehen sind hierfür nicht die strafrechtlichen, sondern die öffentlichenrechtlichen (beamtenrechtlichen) Vorschriften des anderen Staates.[41]

b) *Warum keine Verweisung auf das ausländische Recht?*

Übrig bleibt die Frage, warum der Gesetzgeber diesen Weg gewählt und nicht auf die sichere Karte der gesetzlich geregelten alternativen Anwendbarkeit beider Definitionen gesetzt hat. Der Grund hierfür ist, dass es den Normunterworfenen und Rechtsanwendern nicht zu schwer gemacht werden sollte. Man mag zwar bereits die Anwendung der autonomen Definition für schwierig halten, da für die Auslegung der gesetzlichen Regelung auf die zugrunde liegenden Rechtsinstrumente zurückgegriffen werden muss und häufig Kenntnisse des ausländischen Dienst- und Wirtschaftsrechts erforderlich sind.[42]

Da die neue Gleichstellungsregelung im Wesentlichen eine Übernahme der Regelung aus dem IntBestG in einer rechtstechnisch an den Sprachgebrauch des StGB angepassten Fassung ist, kann für ihre Auslegung aber immerhin auf die – wenn auch nicht sehr umfangreiche – Rechtsprechung zum IntBestG und die – schon etwas umfangreichere – Literatur zu diesem Gesetz zurückgegriffen werden.

Ein Verweis auf ausländisches Recht macht es den Strafverfolgungsbehörden dagegen sehr schwer.[43] Schon innerhalb der EU ist es nicht einfach, den Umfang des Amtsträgerbegriffs im Strafrecht anderer Staaten zu bestimmen. Möglicherweise deshalb war das Landgericht München I in seiner Entscheidung zum portugiesischen Honorarkonsul auf den Weg verfallen, von Anfang an nur die Kriterien des § 11 Abs. 1 Nr. 2 StGB anzuwenden. Aufgrund der Vorgaben des Europarats muss die neue Regelung aber auch auf Taten in Staaten außerhalb der EU Anwendung finden. Hier würde eine auslandsrechtsakzessorische Definition auf noch viel größere Probleme stoßen.

---

[39] S. dazu *Korte* in MüKo-StGB, 3. Aufl. 2018, § 335a Rn. 23.

[40] *Brodowski* HRRS 2016, 14 (18), vermutet, dass die Sorge, die KOM könne wegen einer Nichtumsetzung der Vorgaben der EU ein Vertragsverletzungsverfahren einleiten, eher eine theoretische bleiben dürfte.

[41] *Korte* in MüKo-StGB, 3. Aufl. 2018, § 335a Rn. 24.

[42] *Hoven,* Auslandsbestechung, 2018, 62.

[43] *Saliger/Gaede* HRRS 2008, 57 (61); *Reyhn/Rübenstahl* CCZ 2011, 161 (163); *Kuhlen* in NK-StGB, 5. Aufl. 2017, § 335a Rn. 32; teilweise wird auch eine autonome Auslegung für schwieriger gehalten: *Rosenau* in SSW StGB, 3. Aufl. 2017 § 335a Rn. 9, *Brockhaus/Haak* HRRS 2015, 218 (222).

Bei den Verhandlungen auf der OECD-Ebene hatte sich Deutschland zwar lange für eine Übernahme der EU-Systematik ausgesprochen. Heute kann man es aber gut verstehen, warum viele Staaten, insbesondere solche, die – wie die USA – bereits Erfahrungen mit der Verfolgung von Auslandsbestechungen hatten, auf einer autonomen Definition bestanden.

III. Probleme mit der autonomen Definition?

1. Bestechlichkeit ausländischer Bediensteter

Kritisiert wird, dass die autonome Definition dazu führen könne, dass sich ausländische Bedienstete und Beauftragte im Sinne des § 335a Abs. 1 Nr. 2 Buchst. a StGB in Deutschland wegen Bestechlichkeit strafbar machen können, weil sie unter die weite Definition fallen, obwohl sie nach dem Recht ihres Staates keine Amtsträger sind und sich daher nicht wegen Amtsträgerbestechlichkeit strafbar machen könnten.[44]

Tatsächlich handelt es sich dabei aber wohl – wenn überhaupt – nur um ein theoretisches Problem. Zum einen haben alle Staaten der Welt strenge Strafvorschriften gegen Korruption im nationalen Bereich. Die 186[45] Vertragsstaaten des VN-Übereinkommens haben sich zumindest verpflichtet, für die Bestechlichkeit ihrer nationalen Amtsträger einen Straftatbestand vorzusehen, der bei der Definition des Amtsträger die Vorgaben des Art. 1 Buchst. a VN-Übereinkommen erfüllt. Es dürfte daher, jedenfalls soweit die Vertragsstaaten des VN-Übereinkommens betroffen sind, fast ausgeschlossen sein, dass ein ausländischer Bediensteter oder Beauftragter zwar unter die Definition des § 335a Abs. 1 Nr. 2 Buchst. a StGB fällt, nicht aber unter den Straftatbestand, der für Fälle der Bestechlichkeit in seinem Heimatstaat vorgesehen ist.

Zum anderen dürfte der Fall, dass ausländische Bedienstete und Beauftragte wegen Bestechlichkeit in Deutschland vor Gericht stehen, eher selten sein. Nach dem internationalen Strafanwendungsrecht gilt das deutsche Strafrecht für solche Taten nur, wenn die Tat in Deutschland begangen wurde (§ 3 StGB) oder die Tat zwar im Ausland begangen wurde, der Täter aber zur Zeit der Tat Deutscher ist (§ 5 Nr. 15 Buchst. a StGB). Beide Fallkonstellationen kommen kaum vor. Sie können aber – wie der vom BGH entschiedene Fall des portugiesischen Honorarkonsuls zeigt – vorkommen. Hätte das Landgericht in diesem Fall bereits das neue Recht anzuwenden gehabt, wäre es wohl nicht aufgehoben worden. Lässt sich ausnahmsweise ein ausländischer Bediensteter in Deutschland oder ein Deutscher als ausländischer Bediensteter im Ausland bestechen, ist es aber nicht unbillig, dass er den Regeln des deutschen Strafrecht unterworfen wird. Der Bezug der Tat zu Deutsch-

[44] Krit. zB *Walther* WiJ 2015, 152 (155); *Walther* DB 2016, 95 (99f.) unter Hinweis auf das nach der Begründung des Gesetzentwurfs zu schützende Rechtsgut der Lauterkeit des ausländischen öffentlichen Dienstes und des Vertrauens der Öffentlichkeit in diese Lauterkeit.

[45] Stand: 26.6.2018; s. http://www.unodc.org/unodc/en/corruption/ratification-status.html (zuletzt abgerufen am 12.7.2018).

land muss den Empfänger von Bestechungsgeldern dafür sensibilisieren, dass für ihn zusätzliche andere rechtliche Maßstäbe als die seines Anstellungsstaates gelten.[46]

Im Übrigen ist es nicht ungewöhnlich, dass im Strafrecht eines Staates Handlungen von Amtsträgern, die nicht Bedienstete des Verfolgungsstaates sind, unter Strafe gestellt werden. Obwohl Bedienstete internationaler Organisationen durch ihre Organisation mangels Strafgewalt überhaupt nicht wegen Bestechlichkeit strafrechtlich zur Verantwortung gezogen werden können, wird das Recht der Staaten, Korruptionstaten durch diese Bediensteten unter Strafe zu stellen, wenn es sich um Staatsangehörige des verfolgenden Staates handelt oder die Tat im Verfolgungsstaat begangen wird, nicht in Frage gestellt.

2. *Wie sehen das die internationalen Organisationen?*

a) Europarat/GRECO

Die Staatengruppe gegen Korruption (GRECO) des Europarats hat in ihrer 3. Evaluierungsrunde die Umsetzung der Vorgaben zum Strafrecht geprüft. Obwohl Grundlage für die Prüfungen von GRECO das ER-Strafrechtsübereinkommen ist, das bei der Definition des ausländischen Amtsträgers einen Verweis auf das ausländische Recht vorsieht, hat GRECO in seinem 2. Compliance Bericht über Deutschland in der 3. Evaluierungsrunde die Definitionen in § 335a StGB nicht beanstandet.[47]

b) OECD/Arbeitsgruppe gegen Bestechung

Die OECD-Arbeitsgruppe gegen Bestechung im internationalen Geschäftsverkehr müsste eigentlich mit der autonomen Amtsträgerdefinition sehr zufrieden sein, da sie den Vorgaben des OECD-Übereinkommens vollständig entspricht.

Allerdings hat die OECD in ihrer Phase-3-Prüfung von Deutschland die Entscheidung des BGH im Fall „Siemens/ENEL" aufgegriffen. Der BGH hatte entschieden, dass es sich bei den Mitarbeitern des italienischen Unternehmens auf dem Gebiet der Stromproduktion (ENEL), an die Mitarbeiter von Siemens Bestechungsgelder gezahlt hatten, nicht um Amtsträger im Sinne des IntBestG handelt. Begründet hat er dieses Ergebnis damit, dass die Firmen zwar öffentliche Unternehmen im Sinne des IntBestG und des OECD-Übereinkommens sind, aber keine öffentlichen Aufgaben wahrnehmen, da sie auf dem jeweiligen Markt ohne Monopolstellung und ohne bevorzugende Subventionen oder sonstige Vorrechte auf einer normalen geschäftlichen Grundlage tätig wurden. Berufen hat sich der BGH dabei auf die Erläuterungen zum OECD-Übereinkommen.[48]

Die OECD war mit der Entscheidung des BGH nicht zufrieden. Deutschland wurde dafür kritisiert, dass der BGH auf der Grundlage des deutschen Rechts nicht

---

[46] *Hoven,* Auslandsbestechung, 2018, 68.

[47] Bericht GrecoRC3(2016)5, Rn. 16; thematisiert wird lediglich die Begrenzung der Gleichstellungsregelung in § 335a Abs. 1 StGB auf die Fälle der Bestechlichkeit und Bestechung.

[48] BGH Urt. v.29.8.2008 – 2 StR 587/07, BGHSt 52, 323 = NJW 2009, 89 = wistra 2009, 61 (Rn. 69).

zu einer Verurteilung wegen Bestechung gekommen ist. Nach Auffassung der OECD sei der Amtsträgerbegriff des OECD-Übereinkommens weit auszulegen und die autonome Definition dürfe nicht dazu führen, dass die Amtsträgereigenschaft abgelehnt wird, wenn bereits Gerichte im Amtsträgerstaat – so Italien im Fall ENEL – die Amtsträgereigenschaft nach ihrem nationalen Recht angenommen haben.[49]

Diese Kritik lässt sich nicht mit den Vorgaben des OECD-Übereinkommens in Einklang bringen, nach der bei der Definition des ausländischen Amtsträgers gerade nicht auf das ausländische Rechts abzustellen ist.[50] Mit dem Problem wird sich jedoch auch das neue Recht auseinandersetzen müssen. Der Fall „Siemens/ENEL" wäre nach neuem Recht genauso zu entscheiden wie nach altem Recht.

IV. Ausblick

Es bleibt abzuwarten, ob die Gerichte und insbesondere der BGH der vom Gesetzgeber intendierten Auslegung des § 335a Abs. 1 Nr. 2 Buchst. a StGB folgen.

Zudem wird der Gesetzgeber bei der Umsetzung der PIF-Richtlinie erneut vor der Frage stehen, ob neben dem autonomem Amtsträgerbegriff vorsorglich auch eine auslandsrechtsakzessorische Definition vorzusehen ist.[51] Angesichts der Entstehungsgeschichte der auslandsrechtsakzessorischen Definition des „nationalen Beamten" in der PIF-Richtlinie und der Ablehnung der autonomen Definition durch den Rat und das EP wird die Umsetzung sicher genau geprüft werden.

Ein genereller Verweis auf das ausländische Recht bei der Bestimmung des ausländischen Bediensteten würde die Praxis allerdings vor erhebliche Probleme stellen. Da die PIF-Richtlinie, anders als die bisherigen EU-Rechtsinstrumente, auch Taten von und gegenüber Bediensteten von Nicht-EU-Mitgliedstaaten erfasst, könnte die auslandsrechtsakzessorische Definition nicht nach dem Vorbild des EUBestG nur auf Taten von und gegenüber Bediensteten der anderen EU-Mitgliedstaaten begrenzt werden.

Die PIF-Richtlinie gibt aber nur vor, Straftaten zum Nachteil der finanziellen Interessen der EU unter Strafe zu stellen. Daher kommt in Betracht, die auslandsrechtsakzessorische Definition nur für die Bestechlichkeit und Bestechung ausländischer Bediensteter vorzusehen, soweit die Annahme und Gewährung von Vorteilen für Handlungen in Ausübung des Dienstes erfolgt und dadurch die finanziellen Interessen der Union geschädigt werden oder wahrscheinlich geschädigt werden. Die

[49] OECD-Phase-3-Bericht, para. 33; krit. zu der Entscheidung des BGH im Hinblick auf die Nichtberücksichtigung der Bindung von ENEL an das öffentliche Vergaberecht auch *Zerbes* in Pieth/Low/Cullen, The OECD Convention on Bribery, 2. Aufl. 2014, 83f.; s. dazu auch *Pieth* in Hoven/Kubiciel, Das Verbot der Auslandsbestechung, 2016, 191 (196); *Schuster/Rübenstahl* wistra 2008, 201 (204).

[50] *Reyhn/Rübenstahl* CCZ 2011, 161 (162f.), *Walther* JURA 2009, 421 (422); *Hoven,* Auslandsbestechung, 2018, 61f.; *Korte* in MüKoStGB, 3. Aufl. 2018, § 335a Rn. 29.

[51] S. dazu auch Gesetzgebungsvorschlag von *Hoven,* Auslandsbestechung, 2018, 549, der geeignet ist, alle Vorgaben zu erfüllen, und dennoch enger als eine alternative Geltung beider Regelungskonzepte ist.

Frage, ob in das deutsche Strafrecht spezielle PIF-Delikte eingefügt werden sollten, wird sich auch bei der Umsetzung der weiten Vorgaben zu Betrugs- und Geldwäschetaten in der PIF-Richtlinie ohnehin stellen.[52] Allerdings würde die Einführung von PIF-Delikten wiederum die Frage aufwerfen, warum die finanziellen Interessen der EU strafrechtlich umfassender geschützt werden sollen als die nationalen, sonstigen ausländischen oder privaten finanziellen Interessen.

Wenn es für erforderlich gehalten wird, aufgrund der Vorgaben der PIF-Richtlinie den Anwendungsbereich der Bestechungsdelikte zu erweitern, bietet sich jedoch ein anderer Weg an. Die PIF-Richtlinie erlaubt es, den Begriff des „nationalen Beamten" eines anderen EU-Mitgliedstaates oder Drittstaates nur insoweit anzuwenden, als die Definition mit seinem nationalen Recht im Einklang steht. Wenn sichergestellt ist, dass die autonome Definition in § 335a Abs. 1 Nr. 2 Buchst. a StGB jedenfalls nicht hinter der Definition des (deutschen) Amtsträgers zurückbleibt, erfüllt die autonome Definition die Vorgaben der PIF-Richtlinie. Das ließe sich erreichen, indem die ohnehin komplexe Definition des (deutschen) Amtsträgers in § 11 Abs. 1 Nr. 2 StGB[53] geändert und an die aktuelleren Definitionen in den internationalen Rechtsinstrumenten angeglichen wird. Die Vorgabe in Art. 2 Buchst. a des VN-Übereinkommens zum nationalen Amtsträgerbegriff könnte Anlass für entsprechende Überlegungen geben.

[52] Nach der Stellungnahme der BRAK Nr. 36/2017 besteht bei den Vorgaben zu den Betrugs- und Bestechungstaten kein Umsetzungsbedarf; allerdings schlägt die BRAK vor, bei der notwendigen Erweiterung der Vortaten der Geldwäsche eine Einschränkung auf Straftaten vorzusehen, durch die die finanziellen Interessen der EU geschädigt wurden.

[53] Zu den häufig nicht leicht vorhersehbaren Kriterien für die Auslegung des § 11 Abs. 1 Nr. 2 Buchst. c StGB s. *Fischer,* 65. Aufl. 2018, StGB § 11 Rn. 17 ff.

BERNHARD KRETSCHMER

Blutrache: Selbstjustiz als Mordmerkmal?

I. Rache im Kultur- und Rechtsleben

Es dürfte nicht übertrieben sein, die Rache mit der Liebe, mit der sie oft zusammenhängt, zu den stärksten Motiven menschlichen Kulturlebens zu zählen. Schon die Sagen und Sagas sind voll davon. Was wären etwa die Nibelungen ohne die Rachepläne von Brünhild und Kriemhild? Wir hätten uns gewiss ein anderes Nationalepos suchen müssen. Noch drastischer als die beiden Königinnen rächt sich Wieland in der nach ihm benannten Sage, zu deren schaurigen Details ich zum Selbststudium aufrufe. Nur so viel: Siegfried – den wir aus den Nibelungen kennen – und Wieland gingen einst beim berühmten Schmied Mime zur Lehre (heute nennt sich das Ausbildung zum Metallbauer). Wieland litt aber arg unter dem wilden Siegfried, der ihn und andere ständig durchwalkte, weshalb er lieber seine Lehrstelle wechselte und zu den Zwergen im Felsen Ballova ging, wo er zum kunstfertigsten aller Schmiede wurde. Örtlich dürfte das die Höhle im sauerländischen Balve gewesen sein, das ursprünglich Ballova hieß. Damit sind wir aber nur noch wenige Kilometer entfernt von Werdohl, wo der Jubilar das Licht der Welt erblickt hat, sowie dem kleinen Ort, in dem er seine Kindheit verbrachte. Sollte hier die nahe Erklärung zu finden sein, warum Thomas Fischer das juristische Schmiedehandwerk – und zwar auch in Bezug auf das gegenständliche „Gesetz der Rache“[1] – in so vollendeter Weise zu erlernen vermochte?

Siegfried und Wieland – vielleicht auch der Jubilar – gehören folglich demselben Sagenkreis an, welchen die Thidrekssaga und die Lieder-Edda zusammenfügen. Wem das zu altbacken daherkommt: In der modernen Welt können wir das mit den Comic-Welten des DC- oder des Marvel-Universums vergleichen, derer sich Hollywood in den letzten Jahren sattsam bemächtigt hat. Doch Obacht: Diese Welten sind strikt auseinanderzuhalten, weil alles andere in den Augen ihrer Fans todeswürdig ist (ähnlich wie es für Star Trek und Star Wars gilt). Zwar sind Crossover nicht per se ausgeschlossen, doch muss die Zuordnung klar bleiben. Allein die nordischen Götter stehen darüber, weil Thor als Sohn des Odin nicht nur in den nach ihm benannten Comics den Marvel-Kosmos erobert hat, sondern zuweilen auch in der DC-Welt auftaucht. Doch auch unser aller Siegfried hat den Schritt zum Co-

---

[1] Womit ich auf einen Beitrag in seiner berühmten Zeit-Kolumne „Fischer im Recht“ anspiele, genauer: „Das Gesetz der Rache“, ZEIT ONLINE vom 15.3.2016. Nicht gemeint ist hier der sehenswerte US-Spielfilm „Gesetz der Rache“ (USA 2009) mit Gerard Butler und Jamie Foxx, der die Zweifelhaftigkeit der justiziellen Deals auf originelle Weise offenlegt (Originaltitel: Law Abiding Citizen).

mic-Helden gewagt, durchaus erfolgreich selbst in modernen Reihen. Hier wie da geht es dann natürlich einmal mehr um Rache und Selbstjustiz, wie dies für Comics genretypisch ist. Jugendfreie Mainstreamhelden wie Batman (DC) oder Spiderman (Marvel) arbeiten dabei immerhin noch der Polizei zu, selbst wenn sie mit dieser wiederholt über Kreuz geraten und zuweilen selbst von ihr gesucht werden. Geht es jedoch um Rächer, die uns Erwachsenen vorbehalten sind – wie Frank Castle als „Punisher" (Marvel, seit 2017 auch als Netflix Original) oder Marv aus „Sin City" (Dark Horse Comics) –, lässt sich von derlei Zuarbeit nicht mehr sprechen. Dann geht es um nackte Selbstjustiz, werden Verbrecher kühl liquidiert und gerät die als korrupt dargestellte Polizei selbst zum Feind. Gleichgültig, ob nun Avengers (Marvel) oder Justice League (DC): Kaum einer der Comic- oder Superhelden ist auf unser Recht und Gesetz eingeschworen, auch wenn sie sich alle irgendwie der Gerechtigkeit verpflichtet fühlen. Dass ihre Anmaßung ungeachtet aller Sympathie, die wir für sie hegen, allemal zweifelhaft ist, klingt freilich in vielen Comics an – auch das ist genretypisch.

Aber auch fern der gezeichneten Werke ist das menschliche Kulturschaffen voll von Rachetaten: In vielen Opern ist Rache das tragende Handlungsmotiv, denken wir nur an Mozarts „Zauberflöte", Richard Strauss' „Elektra" oder Verdis „Rigoletto". Desgleichen steht sie in der Mitte unzähliger Romane – von Dumas „Grafen von Monte Christo" bis hin zu Schirachs „Collini".[2] Und nicht weniger, wahrscheinlich noch mehr gilt dies für die überreiche Film- und Kinowelt, ganz besonders für den Western. Schweren Herzens verzichte ich hier auf Beispiele, weil ich angesichts ihrer Mannigfaltigkeit kaum wüsste, wo zu beginnen und wo zu enden: Es wäre ein eigenes Buch (wobei ich denke, dass es dem Jubilar als begeistertem Cineasten ähnlich geht). Dass im Folgenden gleichwohl immer wieder Filme in die Ausführungen einsickern, sei hier angedroht.

Die ausgeprägte Kulturbefangenheit der Rache macht schon für sich deutlich, dass sie offenbar ein urmenschliches Phänomen ist.[3] Tatsächlich dürfte es wohl niemanden unter uns geben, der nicht schon (im Zweifel: mehrfach) daran gedacht hat, sich für erlittene Unbill zu rächen (und nicht wenige werden es nicht beim dunklen Brüten belassen haben). Wäre das anders und grasten wir fromm wie Lämmer, hätte der liebe Gott gewiss nicht so oft wiederholen müssen, dass Rache und Vergeltung sein seien. Dies vor Augen darf überraschen, dass unserer Gesetzesjargon die Rache gar nicht kennt, geschweige denn Blutrache oder sonstige Fehden. Lediglich die Selbstjustiz nennt das Bundesrecht an zwei versteckten Stellen: Erstens sind nach dem Jugendschutzgesetz solche Medien als jugendgefährdend zu listen, in denen „Selbstjustiz als einzig bewährtes Mittel zur Durchsetzung der vermeintlichen Gerechtigkeit nahe gelegt wird" (§ 18 Abs. 1 S. 2 Nr. 2 JuSchG) – hier sehe ich Charles Bronson (1921–2003) als Paul Kersey vor mir („Death Wish" I–V, USA 1974/81/85/87/94).[4] Und zweitens nennt das Bundesrecht die Selbstjustiz

---

[2] Dazu ausführlich *Kretschmer* in Zabel/Kretschmer, Leidenschaftliches Rechtsdenken, Interdisziplinäre Beiträge zum 70. Geburtstag von Wolfgang Schild, 2018, 169.

[3] Sehr zutreffend pointiert auch von *Fischer,* Das Gesetz der Rache, Zeit Online vom 15.3.2016.

[4] Dass sich hier auch *Bronsons* Rollenfiguren als legendärer „Harmonika" (Spiel mir das Lied

neben dem Waffenbesitz, dem Faustrecht und der Meinungsfreiheit als mögliche Antwort auf eine Frage des Einbürgerungstests, nämlich: „Welches Recht gehört zu den Grundrechten in Deutschland?"[5] Die richtige Lösung verrät das Bundesgesetzblatt zwar nicht. Doch allzu viel müssen wir nicht über die richtige Antwort grübeln: Weil nur 17 von 33 Fragen richtig beantwortet werden müssen, zählen selbst Vigilanten aller Art zu aussichtsreichen Neubürgern.[6]

Kontrastiert wird die besagte Zurückhaltung des Gesetzgebers vom sozialen Leben, welches – vom Kindergarten bis ins Altenheim – alles andere als frei ist von Rache und Selbstjustiz. Vor die Schranken der Gerichte geraten derlei Fälle gleichwohl selten (jedenfalls nicht offen), was freilich daran liegt, dass die meisten Streitereien außergerichtlich beigelegt werden. Bei drastischen Tatfolgen, wie sie bei einer Blutrache zu gewärtigen sind, lässt sich die Justiz aber nicht mehr so leicht heraushalten, auch wenn die Opferseite in verschiedenen Milieus gar kein Interesse an staatlicher Intervention hat. Greift der Staat die Sache auf, ist den Rächern jedenfalls angeraten, Motive der Blutrache oder Selbstjustiz zu verleugnen, weil unsere Justiz diese nicht goutiert. Dies übrigens im Unterschied zum Boulevard und Stammtisch, der stets Beifall klatscht, wenn sich Selbstjustiz gegen böse Menschen richtet – ansonsten hätten die genannten Rächerfiguren gewiss nicht so viele Fans. Nehmen wir zwei reale Beispiele, die für viel Aufsehen gesorgt haben:

Genannt sei zuerst der Fall der Marianne Bachmeier (1950–1996), die vor gut 35 Jahren – genauer: am 6.3.1983 – vom Lübecker Landgericht wegen Totschlags und unerlaubten Waffenbesitzes zu einer Freiheitsstrafe von sechs Jahren verurteilt worden ist (die sie zur Hälfte verbüßt hat).[7] Zwei Jahre zuvor hatte sie im Lübecker Schwurgerichtssaal den Mörder ihrer siebenjährigen Tochter Anna mit sechs Schüssen in den Rücken getötet, wofür sie weltweit unzählige Claqueure fand. Dennoch lautete die Anklage gegen die Schützin unverdrossen auf Mord, wobei die Staatsanwälte auf Heimtücke und sonstige niedrige Beweggründe abhoben. Um von der lebenslangen Freiheitsstrafe herunterzukommen, hätte zwar die freihändige Rechtsfolgenlösung bemüht werden können, die der Große Strafsenat des BGH erst kurz zuvor entwickelt hatte.[8] Das Schwurgericht folgte stattdessen der fast schon verzweifelten Einlassung, dass es sich um eine spontane Tat gehandelt hätte, was die Tür dafür öffnete, die Mordmerkmale dezent auszudeuten. An richterliche Naivität mag ich hier nicht glauben, eher an salomonische Rechtsbeugung. Jedenfalls dürfte sicher sein, dass dasselbe äußere Geschehen bei einer anderen Täter- und Opfer-

---

vom Tod, I/USA 1968) oder *Vince Majestyk* (Das Gesetz bin ich, USA 1974) gut einfügen, sei nur erwähnt.

[5] Frage 4 von 300 allgemein zugelassenen Katalogfragen, zu finden in Anlage 1 der Einbürgerungstestverordnung vom 5.8.2008 (BGBl. 2008 I 1649), hier: im Anlageband zum BGBl. 2008 I 4, geändert durch ÄnderungsVO vom 18.3.2013 (BGBl. 2013 I 585).

[6] Unter der Prämisse, dass nur eine Lösung richtig ist, können wir beim Erraten der Lösung unsere Chancen von 25% auf 50% erhöhen: Selbstjustiz und Faustrecht lassen sich nämlich nicht sinnvoll scheiden, weshalb die richtige Antwort eine andere sein muss.

[7] Zu diesem Fall gibt es zwei deutsche Verfilmungen, die man nicht gesehen haben muss, beide aus 1984: „Annas Mutter" (R: Burkhard Driest) und – etwas besser – „Der Fall Bachmeier – Keine Zeit für Tränen" (R: Hark Bohm).

[8] BGHSt 30, 105 (119) = NJW 1981, 1965.

typik als Mord gewürdigt worden wäre. Viele Jahre später – am 21.9.1995 – gab die Erinnye dann in der ARD-Talkshow „Fliege" zu, dass sie die Tat sehr wohl nach reiflicher Überlegung und heimlichen Schießübungen begangen hat, um Recht über den Mörder ihrer Tochter zu sprechen. Außerdem habe der Täter keine Unwahrheiten mehr über ihre Tochter verbreiten sollen.[9] Es war also ein lupenreiner Fall von Selbstjustiz, indem die Täterin die frühere Tötungstat, die – wenn man so will – gegen ihr Blut gerichtet war, ihrerseits blutig rächte. Mit Recht hatte die Öffentlichkeit nie daran gezweifelt: Zwar gab es auch viele, die sich gegen diese Selbstjustiz stellten. Meist arbeiteten sich Kritiker aber weniger an der Tat ab, sondern an der Person der angeblichen Rabenmutter, die sich als Gastronomin nicht genug um Anna gekümmert hätte und ihre ersten beiden Kinder zur Adoption freigegeben hatte. Sollte daraus eine Verwirkung der „Rachebefugnis" herzuleiten sein? Jede Zeit hat ihre Vorurteile.

Als zweites Beispiel ist der Fall des Witalij Kalojew (* 1956) zu nennen, der am 24.2.2004 in Kloten (nahe Zürich) den früheren Fluglotsen Peter Nielsen (1967–2004) vor den Augen dessen Familie erstach. Beim Toten handelte es sich just um jenen Guide, der bald zwei Jahre zuvor diensthabend war, als ein Passagierflugzeug der Bashkirian Airline mit einem Frachtflugzeug der DHL kollidierte. Bei diesem Crash nahe Überlingen starben am 1.7.2002 alle 71 Flugzeuginsassen, darunter die Ehefrau des Täters, sein 10-jähriger Sohn und seine 4-jährige Tochter. Wegen vorsätzlicher Tötung wurde Kalojew zunächst – 2005 – zu acht Jahren Haft, später – 2007 – wegen Zurechnungsminderung zu fünf Jahren und drei Monaten verurteilt. Erspart blieb ihm damit eine Verurteilung wegen Mordes, die nach schweizerischem Recht – durchaus ähnlich dem deutschem Recht – dann erfolgt, wenn der Täter „besonders skrupellos" handelt, „namentlich sein Beweggrund, der Zweck der Tat oder die Art der Ausführung besonders verwerflich sind" (Art. 112 schwStGB). Die Verteidigung war natürlich so klug, jedwede Selbstjustiz zu verneinen und stattdessen das unvergleichliche Leid herauszustellen, an dem wohl jeder irgendwie zerbrochen wäre. Als das Bundesgericht das Urteil am 8.11.2007 bestätigte,[10] hatte Kalojew bereits zwei Drittel der Haft verbüßt, weshalb er sogleich freikam. Einigermaßen bemerkenswert ist, was folgte: Bei seiner Rückkehr nach Russland und in seine ossetische Heimat wurde der Gewalttäter schon am Flughafen begeistert empfangen, anschließend zum Osseten des Jahres gewählt und kaum zwei Monate später zum nordossetischen Vize-Bauminister ernannt. Im Januar 2016 trat er mit seinem 60. Geburtstag in den Ruhestand, zugleich versehen mit der höchsten staatlichen Auszeichnung. Sollte das nur ein Musterbeispiel besonders gelungener Resozialisierung sein? Oder doch eher ein Ausdruck dessen, dass die Blutrache im Kaukasus eine lange Tradition besitzt und dort nach wie vor tief verwurzelt ist? Nur ergänzend: Der Stoff ist jüngst – recht frei – mit einem früheren

[9] Der wegen sexuellen Missbrauchs vorbestrafte Grabowski war früher aus der Haft entlassen worden, weil er sich 1976 hatte kastrieren lassen. Nach der Haft unterzog er sich einer Hormonbehandlung. Strafanzeigen gegen den behandelnden Urologen blieben erfolglos. Der Kindermörder hatte sich eingelassen, dass ihn die kleine Anna um 1 DM habe erpressen wollen, dabei habe er sie gar nicht unsittlich berührt, wie sie dies ihrer Mutter habe erzählen wollen.

[10] BGE 134 IV 132. Die Oberstaatsanwaltschaft hatte eigentlich eine höhere Strafe angestrebt.

kalifornischen Gouverneur in der Rolle des Rächers verfilmt worden.[11] Achtung Spoiler: Dort sinnt der Sohn des getöteten Fluglotsen dann selbst auf Rache, auf die er am Ende verzichtet. Das soll uns wohl lehren, dass Gewalt- und Rachespiralen nicht zwangsläufig sind und ein Ende finden können.

II. Blutrache als niedriger Beweggrund – Vol. I

Wie bewerten nun unsere Strafgerichte die Blutrache? Den aktuellen Stand spiegelt nach wie vor der Beschluss des 5. Strafsenats des BGH vom 10.1.2006 wider,[12] der die frühere Rechtsprechung fortführt und sie mit einem starken ersten Leitsatz versieht, den es im Folgenden zu überprüfen gilt. Er lautet:

„Das Motiv der ‚Blutrache' ist regelmäßig als niedriger Beweggrund anzusehen."

Zugrunde lag ein Fall, in dem sich zwei aus dem türkischen Kurdengebiet stammende Familien befehdeten. Dort war 1998 nach (!) einem Versöhnungstreffen der Ehemann, Vater und Onkel der späteren Täter hinterrücks erschossen worden. Während sich die deutsche Justiz schwer tat, diesen Mord aufzuklären, meinten die Rächer – also: Ehefrau, Sohn und Neffe – zu wissen, wer die Tat zu verantworten hat und erschossen ihn geschlagene fünf Jahre später. Für das Schwurgericht war die Sache klar: Die Angeklagten hätten aus dem Motiv der Blutrache gehandelt, was auf moralisch tiefster Stufe stehe, weshalb die Tat als Mord aus niedrigen Beweggründen zu bewerten sei. Dabei konnte es sich auf einschlägige BGH-Judikate stützen, die derlei Sentenzen in ähnlicher Weise vordiktiert hatten.

In dieser Bewertung spiegelt sich die überkommene Scheindefinition, wonach der Beweggrund zur Tat dann niedrig sei, wenn er nach allgemeiner sittlicher Wertung auf tiefster Stufe stehe und deshalb als besonders verachtenswert erscheint. Das ist freilich kaum mehr als eine Phrase, die an die Stelle des „niedrig" ein Synonym setzt (statt „tief" hätte es auch „unten" heißen können) und es denkwidrig zum Superlativ steigert (als wenn „niedrig" ein besonders tiefes Tief wäre). In ständiger Rechtsprechung heißt es dann weiter, dass Gefühlsregungen wie Wut, Zorn, Ärger, Hass und Rachsucht als niedrige Beweggründe zu gelten haben, wenn sie „ihrerseits auf niedrigen Beweggründen beruhen, also nicht menschlich verständlich, sondern Ausdruck einer niedrigen Gesinnung des Täters" seien.[13] Damit ist der begriffliche Teufelskreis weithin geschlossen: Denn wenn gefragt wird, wann denn nun die Gesinnung niedrig ist, müsste es wohl heißen, wenn sie nach allgemein sittlicher Wertung auf tiefster Stufe steht und schlechthin verachtenswert ist.

Aber vielleicht hilft hier noch irgendwie der beiläufige Nebensatz, der darauf abhebt, ob die Motivation menschlich verständlich sei. Laut BGH spreche es jedenfalls „gegen eine Bewertung als ‚niedrig' im Sinne der Mordqualifikation" (sic!), wenn

---

[11] „Aftermath" (USA 2017), dt. Titel (DVD/Blu-ray): „Vendetta – Alles was ihm blieb war Rache". Noch aktueller ist die auch für den internationalen Markt bestimmte russische Verfilmung des Dramas: „Unforgiven"/„Непрощенный" (RUS 2018).

[12] BGH NJW 2006, 1008.

[13] BGH NJW 2006, 1008 (1011).

die Gefühlsregungen „auf dem (berechtigten) Gefühl erlittenen schweren Unrechts" beruhen, weil sie dann eben „nicht eines beachtlichen, jedenfalls einleuchtenden Grundes" entbehrten.[14] Das bleibt zwar gleichfalls vage. Aber gleichwohl gibt uns das Gesetz noch gewisse Hinweise an die Hand: Keine Nachsicht übt es nämlich bei Beweggründen, die es in § 211 StGB explizit als niedrig hervorhebt (also: Mordlust, Befriedigung des Geschlechtstriebs und Habgier), was zu einer tatbestandlichen Analogbildung aufruft, um die wir hier zu ringen haben. Verständnis zeigt der Gesetzgeber hingegen für bestimmte Tötungen, nämlich wenn der Getötete den späteren Täter oder einen von dessen Angehörigen kurz zuvor misshandelt oder schwer beleidigt hat. Das hört sich zwar schwer nach Rache und Selbstjustiz an (wenn auch auf handhafte Tat und nicht als kalt serviertes Gericht)[15], doch soll es sich gleichwohl nur um einen minder schweren Totschlagsfall (§ 213 StGB) handeln, sofern nur keine Mordmerkmale vorliegen – eine Kontradiktion?[16]

Kommen wir zurück auf den genannten Leitsatz, wonach Blutrache regelmäßig ein niedriger Beweggrund sei. Der BGH erklärt dazu, dass das Motiv der Blutrache „in aller Regel deshalb als besonders verwerflich und sozial rücksichtslos anzusehen" sei, „weil sich der Täter dabei seiner persönlichen Ehre und der Familienehre wegen gleichsam als Vollstrecker eines von ihm und seiner Familie gefällten Todesurteils über die Rechtsordnung und einen anderen Menschen erhebt."[17] Sollte das so richtig sein, wäre die Blutrache eine Ausprägung des sog. Ehrenmords, was – das darf ich vorwegnehmen – nur bedingt überzeugen kann. Jedenfalls nennt der Senat noch drei Fallgruppen von Blutrachen, in denen ein niedriger Beweggrund „in aller Regel" „ohne weiteres" anzunehmen sei: Erstens, wenn „allein die Verletzung eines Ehrenkodex als todeswürdig angesehen" wird; zweitens, sofern ein Sippenangehöriger als Vergeltung für das Verhalten eines anderen Sippenmitglieds getötet wird, ohne dass ihn persönliche Schuld trifft; und drittens, falls die Tötung zur Vergeltung eines für ehrenwidrig bewerteten Verhaltens erfolgt, das nicht in der Tötung oder zumindest schweren Verletzung einer anderen Person bestand.[18] Verkürzt: nur der Ehre wegen oder unter Verletzung des Schuldprinzips oder des Verhältnismäßigkeitsgrundsatzes. Diese eher schlichten Überlegungen mögen gesinnungstüchtig sein, legen aber ziemlich deutlich offen, dass der Senat das Phänomen der Blutrache (dazu sogleich) nicht recht verstanden hat.

---

[14] BGH NJW 2006, 1008 (1011).

[15] Nach dem oft bemühten Sprichwort, das sich literarisch wohl erstmals im Roman „Mathilde" des einst berühmten Eugène Sue (1804–1857) findet („Et puis la vengeance *se mange très-bien froide,* comme on dit vulgairement", 1841, Vol. 3, S. 53). Die kalt servierte bzw. genossene Rache weiß freilich erst Don Corleone recht zu schätzen (in Puzos „Der Pate", 1969) und sie findet sich nicht weniger im filmischen Rache-Drama „Colombiana" (F 2011). Aus „Star Trek II – Der Zorn des Khan" (1982) wissen wir gar, dass es sich um ein altes klingonisches Sprichwort handelt, was im Intro von Tarantinos Rache-Epos „Kill Bill Vol. I" (USA 2003) bestätigt wird. Daher sei hier das klingonische Original zitiert: „bortaS bIr jablu'DI' reH QaQqu' nay'" (auch als T-Shirt-Aufschrift von Dr. Cooper in „Big Bang Theory", S3E05).

[16] Gegenläufigkeit von Schärfung und Milderung sind freilich nicht untypisch für den Mord. Man denke an das Mordmerkmal der Mordlust, dessen Bejahung zugleich die Prüfung der §§ 20, 21 StGB nahelegt. Nicht viel anderes gilt für Morde zur Befriedigung des Geschlechtstriebs.

[17] BGH NJW 2006, 1008 (1011).

[18] BGH NJW 2006, 1008 (1011).

Aber immerhin: Erfolgte die Tötung zur Vergeltung an jemanden, der nachvollziehbar als schuldig an der Tötung eines anderen Menschen erachtet wird, soll die Tat nicht per se als niedrig anzusehen sein. Stattdessen gilt dies anhand der folgenden Kriterien zu bewerten: Gewicht und nähere Umstände der Vortat; unter Umständen deren strafjustizielle Aufarbeitung; Näheverhältnis zum Getöteten (orientiert an der Nebenklagebefugnis gem. § 395 Abs. 2 Nr. 1 StPO); Grad der fortdauernden persönlichen Betroffenheit (auch mit Blick auf die wirtschaftliche Abhängigkeit); konkrete objektive Umstände der Tötung.[19] Wenn man so will, lassen sich diese Kriterien als „Segelanweisung" verstehen, die sich nicht nur an Strafkammern richtet, sondern auch an Strafverteidiger, um eine passgenaue Einlassung herauszuarbeiten. In der Fortsetzung des oben zitierten Leitsatzes findet sich das angedeutet wie folgt:

„Eine Ausnahme [von der Regel, Blutrache als niedrigen Beweggrund anzusehen] kann gelten, wenn dem Täter seinerseits durch das Opfer mit der Tötung eines nahen Angehörigen erhebliches Leid zugefügt wurde, das ihn zur Tatzeit noch gravierend belastete."

Im Vordergrund steht dann die eigene Seelenqual, in die sich ein BGH-Richter bei Verlust eines nahen Angehörigen einfühlen kann. Spiegelt man die Kriterien auf den Fall Bachmeier, so dürfte es wohl niemanden geben, der es menschlich nicht nachvollziehen kann, dass die Mutter eines hingemordeten Kindes sich am Täter rächt. Etwas heikler ist es im Fall Kalojew, weil dem Fluglotsen gewiss kein Tötungsvorsatz vorzuwerfen war, sondern – wenn überhaupt – Fahrlässigkeit. Gleichwohl ist zu sehen, dass Kalojew – was unstreitig ist – am unbarmherzigen Schicksal, das ihm widerfahren war, weithin zerbrochen und zeitweise in Verwahrlosung abgeglitten war. Glaubt man seiner Einlassung, wäre die Tat vielleicht ausgeblieben, wenn sein Opfer nicht beharrt hätte, ohne Schuld zu sein. Aber auch wenn wir die Rache in beiden Fällen nicht auf die tiefste Stufe stellen, hatten beide guten Grund, ihr Rachemotiv mit Blick auf Heimtücke respektive Tatplanung zu leugnen. Und um auf den angesprochenen BGH-Fall zurückzukommen: Der rächenden Ehefrau wie dem rächenden Sohn wurde die angesprochene Ausnahme zugestanden, weshalb beide wegen Totschlags davonkamen.[20] Der Neffe soll jedoch zum Mörder aus niedrigen Beweggründen geworden sein, als er seinen Onkel rächte – ein Verwandtschaftsgrad zu viel.[21] Überzeugend oder doch eher Ausdruck kleinbürgerlichen Denkens, welches großfamiliäres Fühlen und Denken längst vergessen hat?

III. Das Phänomen der Blutrache

Blutrache ist allerdings mitnichten nur Gegenstand des Strafrechts. In der Jurisprudenz sind es noch mehr die Verwaltungs- als die Strafgerichte, die sich mit Blick auf das Aufenthalts- bzw. Asylrecht mit ihr zu befassen haben, wenn sie als Flucht-

[19] BGH NJW 2006, 1008 (1011).
[20] BGH NJW 2006, 1008 (1011 f.).
[21] BGH NJW 2006, 1008 (1012).

grund angegeben wird. Im öffentlichen Eindruck geht es dann um den Orient, den Balkan oder pauschal den Islam. Und tatsächlich wird die hierzulande vollzogene Blutrache meist von Migranten aus den genannten Gebieten verübt. Gleichwohl ist diese Blickrichtung trügerisch, weil sich Blutrache in der Gesamtschau keineswegs auf eine bestimmte Region oder Weltanschauung beschränkt. Vielmehr ist sie – was im Folgenden nur angedeutet werden kann – ein universelles Phänomen, das sich korrespondierend mit den jeweiligen gesellschaftlichen Entwicklungsständen allerorts ausdifferenziert hat. Bestand hat die institutionalisierte Blutrache, bis sich statt ihrer ein überlegenes Reaktionssystem etablieren kann, gemeint: die staatliche Strafe.

(Blut-)Rachesysteme finden sich in allen Gesellschaften ohne ausgeprägte staatliche Struktur, weil Schutz dann nur durch engere soziale Gemeinschaften zu leisten ist, die zumeist verwandtschaftlich verflochten sind. Typische Beispiele solcher Sippenverbände sind Beduinenstämme (in Gestalt der Khamsa-Gruppen),[22] Indianervölker oder somalische Clans, ohne sich hierauf zu verengen. Aber auch innerhalb eines eigentlich intakten Staates können Rachesysteme überdauern, dann vorzugsweise in staatsfernen Örtlichkeiten. Dies gilt etwa für dörfliche Strukturen der östlichen Türkei oder des südlichen Italiens, von wo wir die Vendetta kennen. Desgleichen galt lange Zeit für die korsischen Berge (insbes. im 19. Jh.), weil sich die staatliche Hoheitsgewalt (früher der Genueser, später der Franzosen) nur in den Küstenregionen festzusetzen vermochte. Aktuell gilt dies immer noch für den Kaukasus und wohl noch mehr für Albanien, vor allem in der nördlichen Bergwelt. Hier gilt der Kanun, der das dortige Gewohnheitsrecht abbildet, zu dessen normativem Bestand die Blutrache mitsamt ihren formalisierten Anforderungen gehört.[23] Außerdem ist Blutrache ein Phänomen sogenannter Parallelgesellschaften, sei es im Falle krimineller Organisationen oder in der Folge von Immigration (so wiederholt bei Jeziden, die schon in Kurdistan unter sich lebten, ohne dass in ihre Gemeinschaft eingeheiratet werden könnte).

Wenngleich Rache und Blutrache keine Strafen im modernen Begriffssinne sein mögen, so sind sie zumindest „archaische", „primitive" oder schlicht „simple" Vorformen. Dabei wirkt Rache keineswegs nur vergeltend, sondern kann sehr wohl der Prävention dienen. Das gilt zumal im Falle der Blutrache, soweit sie von den Beteiligten in einem normativen Sinne verstanden wird, die sowohl Recht als auch Pflicht ist. Denn dann richtet sie sich nicht allein gegen den eigentlichen Täter, sondern dürstet nach seinem ganzen Blut, soll heißen: dem der Sippe, der er angehört (wobei sich ggf. auch verwandtschaftlich verbundene Gemeinschaften entzweien können). Weil das die Angehörigen wissen, hat jede Sippe ein handgreifliches Interesse daran, ihre Mitglieder zu kontrollieren, damit deren Missetaten nicht auf alle zurückfällt. Blutrachesysteme sind daher – was manche überraschen mag – durchaus taugliche Mittel der Sozialkontrolle.

---

[22] Näher *Alafenish* in Scholz/Janzen, Nomadismus – ein Entwicklungsproblem?, 1982, 143 (147 ff.).

[23] *Elsie,* Der Kanun. Das albanische Gewohnheitsrecht nach dem sogenannten Kanun des Lekë Dukagjini, 2014.

Sie tragen allerdings zugleich den natürlichen Keim zur Eskalation in sich, sodass es zuweilen zu Blutfehden kommt, die über Generationen ausgetragen werden und deren Ursprung womöglich niemand mehr kennt. Weil das die jeweiligen Gesellschaften zerstören kann, haben sich offenbar in allen Rechts- und Sozialsystemen, die Blutrache betrieben haben, sehr frühzeitig Mechanismen zur Begrenzung von Rache entwickelt. Wir alle kennen die Talion im Sinne des „Auge um Auge, Zahn um Zahn" (2. Mos. 21, 23–25), die sich keineswegs auf die Bibel verengt. Was bei unbefangener Lesart brutal erscheinen mag (und die spiegelnden Strafen des Mittelalters inspiriert hat), war recht eindeutig darauf ausgerichtet, Maßlosigkeit zu verhindern: Eben nur ein Leben, ein Auge oder einen Zahn – und nicht im blinden Racherausch derer viele, wie dies im Krieg bei den sog. Geiselerschießungen erfolgt ist.[24] In variierendem Maße kamen eigentlich überall Sühneverträge in Gebrauch, mit denen das Recht auf Rache gewissermaßen abgekauft werden konnte, was zugleich von der Pflicht zur Rache entband. Dank Solidarhaftung der Sippe war es möglich, das Sühnegeld aufzubringen, was den einzelnen meist überfordert hätte. Einher ging das mit verfahrensmäßigen Absicherungen, außerdem – schon alttestamentarisch – mit Asylstätten, die vor Häschern schützen sollten.

All das gilt auch für den Islam, den viele vorschnell mit Blutrache assoziieren. Als der Koran entstand, konnte es bestenfalls um Zügelung und Begrenzung des beduinischen Gewohnheitsrechts gehen, das sich nicht schlicht derogieren ließ.[25] Dabei legt insbesondere Sure 2.178 nahe, Sühneverträge einzugehen, in denen die Rache durch ein Blutgeld (diyet bzw. diya) abgelöst wird. Ein Ehrverlust liegt in einer solchen Einigung nicht, weil der Koran und die Scharia das Verzeihen als gottgefällige Tugend begreifen. Das wird von verfahrensmäßigen Regeln begleitet, wobei es in der Scharia auch um Schuldfeststellung statt Kollektivverantwortung geht. In der Sache ist das sehr ähnlich mit den Entwicklungen, wie sie sich einst bei den sogenannten Germanen vollzogen.[26] Schon Tacitus hatte in seiner „Germania" von Blutrache und Sühneverträgen berichtet. Auch die frühmittelalterlichen Volksrechte haben die Rache im Grundsatz anerkannt, die sie als Sache der Sippe verstanden, auch wenn es deutliche Bestrebungen gab, sie zurückzudrängen. Nur hinzuweisen ist hier auf die damaligen Sühnekataloge, wobei die Blüte des Kompositionensystems in fränkischer Zeit lag. Die Höhe der gelisteten Sühnezahlung, die im Falle der Einigung zu zahlen war, bestimmte sich nach der Einbuße, wie wir dies heute von den Schmerzensgeldtabellen kennen. Das (germanische) Wergeld (Manngeld) und das (islamische) Blutgeld sind weithin deckungsgleiche Erscheinungsformen desselben Gedankens. Der rechtsevolutive Vorteil des fränkischen Rechts liegt allerdings darin, dass es keinen Ewigkeitsanspruch postuliert.

---

[24] Dazu *Kretschmer* in Zabel/Kretschmer, Leidenschaftliches Rechtsdenken, Interdisziplinäre Beiträge zum 70. Geburtstag von Wolfgang Schild, 2018, 169 (180ff.); *Kretschmer* FS Kreuzer, 2018 (im Erscheinen).

[25] Vgl. *Procksch,* Über die Blutrache bei den vorislamischen Arabern und Mohammeds Stellung zu ihr, 1899.

[26] Dazu und zum Folgenden bereits *Frauenstädt,* Blutrache und Todtschlagsühne im Deutschen Mittelalter, 1881 (ND 1980); *Zacharias,* Die Blutrache im deutschen Mittelalter, 1961.

Etwa um das Jahr 1000 entwickelte sich sodann die Friedensbewegung, die mit ihrem Namensvetter der 1980er wenig gemein hat.[27] Die von den Kirchen ausgehenden Gottesfrieden drängten dabei ebenso wie die herrschaftlichen Landesfrieden darauf, das Fehdewesen zu begrenzen. So wurden die Racheränke auf bestimmte Zeiten, Tage (etwa Montag bis Mittwoch) oder Orte begrenzt bzw. von dort ausgeschlossen (so etwa vom Friedhof als Raum um die Kirche, den wir begrifflich erst später den Toten zugewiesen haben). Der Bruch des Friedens war keine private Angelegenheit, sondern kostete den Friedensbrecher leicht das Leben. So wurde das Fehdewesen zwar zugunsten eines sich allmählich herausbildenden öffentlichen Strafrechts zurückgedrängt, gleichwohl fand es noch lange Zeit subsidiäre Anerkennung, auch wenn formale Regeln einzuhalten waren, worauf etwa die Goldene Bulle von 1356 besteht (Cap. XVII). Erst der auf dem Reichstag zu Worms beschlossene Ewige Landfriede von 1495 stellte sich ein für alle mal gegen jedes Fehdewesen. Seither ist es die alleinige Aufgabe der territorialen Gewalt und aufkommenden Staatlichkeit, Verbrechen mit öffentlicher Strafe zu vergelten. Der Friedensbrecher und alle seine Unterstützer fielen sodann in die Reichsacht. Selbsthilfe war und ist nur noch im Eilfall erlaubt, auch wenn sich in Privat- und Nebenklage einige Relikte finden. Kurz: Der Ewige Landfrieden ist nichts weniger als die Geburtsurkunde des staatlichen Gewaltmonopols.

Erst das wirkungsvolle staatliche Strafen verdrängt/e die private Vergeltung. Unter Zuständigkeit der neu geschaffenen Rechtskreise setzte sich das staatliche Gewaltmonopol zunehmend durch, wenngleich es natürlich auch nach 1495 noch zu Fehden kam (die im 16. Jh. den Begriff des Faustrechts heraufbrachten). Das Gelingen und die Legitimation des staatlichen Gewaltmonopols hängt ganz maßgeblich von einer funktionierenden Strafjustiz ab, was schon die Väter des Landfriedens wussten, die deshalb zugleich die Gründung des Reichskammergerichts beschlossen hatten. Dabei ist zu sehen, dass „Selbsthilfe“ sehr rasch zurückkehrt, wenn das staatliche Strafen nicht oder nur noch unzureichend gelingt. Als Beispiel mögen die berüchtigten Bürgerwehren dienen, die sich bei staatlichem Versagen rasch etablieren. Doch muss man dafür gar nicht bis nach Mexiko oder sonst in die Ferne schauen, weil derlei Ansätze auch bei uns aufschimmern. Cineastisch fand sich das schon in Fritz Langs Meisterwerk „M“ (D 1931), mittlerweile gerne katalysiert durch Social Media. Einmal mehr: die zivilisatorische Decke ist ziemlich dünn.

IV. Blutrache als niedriger Beweggrund – Vol. II

Hier ist nicht der Ort, um sich eingehender mit den geschichtlichen, ethnologischen oder kulturellen Erscheinungsformen der Blutrache zu befassen. Jedoch sollte hinreichend klar geworden sein, dass plumpes Vorverständnis allemal unangebracht ist. Dass Menschen ein Bedürfnis nach Vergeltung besitzen, ist im Grundsatz verständlich. Dass es uns gelungen ist, die Rache weithin dem Staat zu überlassen, sie

---

[27] Näher zum Folgenden *Schild* in Gehl/Reichertz, Leben im Mittelalter, Bd. 2, 1998, 95 ff.

nur noch gedanklich durchzuspielen und kulturell zu sublimieren, ist ein wichtiger zivilisatorischer Fortschritt, den es vor einem Rückfall zu sichern gilt. Gleichwohl ist zu sehen, dass die Blutrachesysteme, wie sie in manchen Herkunftsländern praktiziert werden, regelhaft ein ausdifferenziertes Gewohnheitsrecht mit diversen Verfahrensregeln abbilden, das keineswegs so primitiv ist, wie einfältig geglaubt wird. Das gilt für den albanischen Kanun[28] genauso wie für die beduinischen Blutfehden mit dem obersten Leitsatz des *Dum butlab dum* (Blut erzeugt Blut). Als Rechtssystem ist diese Form der institutionalisierten Blutrache luzide abzugrenzen von der emotional durchtränkten Hassrache, zu der es nach dem Verlust einer engen Bezugsperson kommen kann, auch wenn das ebenfalls oft als Blutrache plakatiert wird. Das konstituierende Element der gewohnheitsrechtlich fundierten Blutrache ist die Solidargemeinschaft, in der man sich einander Schutz gibt, was gleichermaßen Recht und Pflicht ist. Wenn dann von Familienehre die Rede ist, wird das oft missverstanden, weil es bei diesen nach außen gestellten Ehrencodes (bei den beduinischen Männern der *Sharaf*) um das gemeinsame Schutzband geht, das kollektive Haftung und Verantwortung begründet. Mit den Ehrenmorden, die sich vor allem gegen junge Frauen richten,[29] hat die Blutrache nicht arg viel gemein, beides gleicht sich wie Familien- und Strafrecht.

Die deutsche Kleinfamilie – die ohne den Staat gar nicht überdauern kann – hat die Solidarisierung innerhalb großfamiliärer Sippenverbände längst vergessen. Für irgendwelche Basen und Vettern, die wir nur selten sehen, riskiert niemand mehr seine Haut. Die Zuwanderungsprozesse der vergangenen Jahrzehnte haben uns aber wieder in Kontakt zu traditionellen Systemen gesetzt, in denen dies ganz anders aussieht. Um noch einmal das beduinische Recht der Wüste heranzuziehen: Hier besteht die Rachepflicht für Cousins bis ins fünfte Glied (danach teilen sich die Khamsa-Gruppen, weil sie sonst zu groß werden). Menschen, die in einem solchen oder ähnlichen Normsystem aufgewachsen sind, können sich ihm nicht so leicht entziehen, weil sie dies mit dem Ausschluss aus der Familie oder mehr zu zahlen haben. Derlei Normkonflikte in kultureller Dominanz abzutun, wird der ernsten Angelegenheit nicht gerecht. In diesem Sinne erweisen sich auch die drei vom 5. Strafsenat genannten Fallgruppen als unzureichend reflektiert:

Handelt es sich um institutionalisierte Blutrache, die systembedingt auf Kollektivhaftung setzt, ist es zwangsläufig, vom Schuldprinzip abzuweichen, welches wir seit Jahrhunderten in unser Strafrecht eingebaut haben. Gleichwohl erfolgt der Zugriff auf einen anderen Verwandten meist erst dann, wenn der eigentliche Täter flüchtig ist und keine Sühneverständigung erzielt wird. Es liegt in der Kollektivverantwortung der Tätersippe, hier auf Begrenzung zu drängen, was auch – selten – durch Ausstoßung des eigentlichen Urhebers erfolgen kann. Ein solches Rechtssystem muss man nicht gut finden, doch ist die innere Mechanik der Sozialkontrolle schlüssig, was im rechtsethnologischen Schrifttum schon vor langer Zeit durch-

[28] Zusammengestellt bei *Elsie,* Der Kanun. Das albanische Gewohnheitsrecht nach dem sogenannten Kanun des Lekë Dukagjini, 2014.

[29] Dazu *Agel,* (Ehren-)Mord in Deutschland, 2013; *Elyafi-Schulz,* Das Phänomen des „Ehrenmordes", 2012; *Pohlreich,* „Ehrenmorde" im Wandel des Strafrechts, 2009.

schaut worden ist.[30] Keineswegs geht es hier allein um die Ehre – wie dies die erste der oben genannten Fallgruppen insinuiert –, zudem finden sich stets Übermaßbegrenzungen. Exzesse sind auch vom Gewohnheitsrecht nicht gedeckt.

Es ist daher nach allem nicht einsichtig, warum der Bundesgerichtshof so vehement darauf beharrt, dass Blutrache „in aller Regel" ein niedriger Beweggrund sei. Auch wenn der Löwe noch so laut brüllt, fehlen die Begründungen. So wird wiederholt erklärt, dass für die Bewertung als niedrig ein inländischer Bewertungsmaßstab gelte und nicht die Herkunftsregion maßgeblich sei.[31] Diese Einsicht ist freilich so banal, dass ihre Niederschrift fast peinlich ist. Selbstverständlich bewerten wir nach deutschem Strafrecht. Wäre ausländisches Gewohnheitsrecht anzulegen, müssten wir die Rächer womöglich freisprechen. Dabei ist an der Bestrafung wegen Totschlags (vorbehaltlich weiterer Mordmerkmale wie Heimtücke) überhaupt nicht zu rütteln (das strafrechtliche Kollisionsrecht lässt da keine Fragen offen). Die Frage ist allein, inwieweit wir bei der Bewertung des Tätermotivs in Blick nehmen müssen, dass sich ein Täter in einem veritablen Normkonflikt befand, weil das Gewohnheitsrecht seiner Heimat einen gegenläufigen Befehl erteilt hat. Das ist eine weit konkretere Fragestellung als jene, ob fremde soziokulturelle Wertvorstellungen berücksichtigt werden dürfen.[32]

Für die Bewertung eines Beweggrundes als niedrig ist entscheidend, was den Täter zur Tat bewegt hat, wofür eine einheitliche Gesamtwürdigung der Tätermotivation nötig ist. Eine künstliche Aufspaltung des Mordmerkmals der niedrigen Beweggründe in objektive und subjektive Anteile, wie sie so oft anzutreffen ist, hilft dafür nicht wirklich, auch wenn sie nicht schadet.[33] Zu sehen ist jedenfalls, dass sich wohl nichts mehr auf den Täter bezieht als die Motive, die ihn bewegt haben.[34] War der Bundesgerichtshof früher eine Zeit lang dafür offen, die spezifischen Besonderheiten von Tätern aus fremden Kulturkreisen in den wertenden Blick zu nehmen,[35] hat er die Zügel danach zu Unrecht wieder angezogen.[36] Eigentlich

[30] Dazu eingehend *Post,* Bausteine für eine allgemeine Rechtswissenschaft auf vergleichend-ethnologischer Basis, B. 1, 1880, 142ff.; *Steinmetz,* Ethnologische Studien zur ersten Entwicklung der Strafe, 2. Aufl. 1928, Bd. 1, 301ff. u. Bd. 2, 116ff.; vgl. weiter bspw. *Ankermann,* Das Eingeborenenrecht, Bd. 1: Ostafrika, 1929, 289ff.; *Post,* Afrikanische Jurisprudenz, 1887, Bd. 1, 57ff. u. Bd. 2, 20ff.

[31] So bspw. nachdrücklich BGH NStZ 2006, 284 (285).

[32] Vgl. dazu *Kudlich/Tepe* GA 2008, 92 (95f.); *Schorn,* Mord aus niedrigen Beweggründen bei fremden soziokulturellen Wertvorstellungen, 2014, 87ff. mwN.

[33] Hier ist nicht der Raum, um die Differenzierung in objektiven Gehalt und subjektive Anforderungen auszubreiten, wozu auf die einschlägigen Kommentierungen verwiesen sein darf; vgl. außerdem *Schorn,* Mord aus niedrigen Beweggründen, 2014, 169ff. mwN.; s.a. *Baumeister,* Ehrenmorde. Blutrache und ähnliche Delinquenz in der Praxis bundesdeutscher Strafjustiz, 2007; *Krais,* Blutrache und Strafrecht, 2009.

[34] Dass früher versucht worden ist, die niedrigen Beweggründe tatbezogen zu deuten, hatte Gründe, die mit der Verjährung der NS-Verbrechen verwoben sind; dazu näher *Kretschmer* in Zabel/Kretschmer, Leidenschaftliches Rechtsdenken, Interdisziplinäre Beiträge zum 70. Geburtstag von Wolfgang Schild, 2018, 169 (217ff.).

[35] Vgl. bspw. BGH GA 1967, 244; JZ 1980, 238; StV 1981, 399.

[36] So etwa in BGH NJW 1995, 602; 2004, 1466 (1467); NStZ 2002, 369 (370); vgl. weiterführend *Baumeister,* Ehrenmorde, 2007; *Erbil,* Toleranz für Ehrenmörder?, 2008; *Krais,* Blutrache und Strafrecht, 2009; *Schorn,* Mord aus niedrigen Beweggründen, 2014, 87ff. u.ö.

will er den Rächer nur noch aus dem Mordvorwurf entlassen, wenn es diesem nicht möglich gewesen sei, sich aus dem traditionellen Gefüge zu lösen.[37] Doch denkt das viel zu kurz: Der vermeidbare Normungehorsam begründet zwar die Strafbarkeit wegen vorsätzlicher Tötung, erlaubt aber für sich nicht den Schluss auf niedrige Motive.

Etwas völkisch angehaucht ist sodann der Begründungsversuch, den 2005 der damalige Generalbundesanwalt in einem Festschriftbeitrag unternommen hat. Um die Niedrigkeit des Beweggrundes zu belegen, fabuliert er von einem Ausländerprivileg, wenn Blutrache übende Ausländer ohne Zuweisung niedrigen Beweggrundes davonkämen.[38] Besondere Expertise im Umgang mit dem Gleichheitssatz zeigt das nicht. Erneut: Es gilt zu bewerten, wie mit Tätern zu verfahren ist, die sich in einem handfesten Normkonflikt gegen das staatliche Recht entschieden haben. Mit Staatsangehörigkeiten hat das nur reflexhaft zu tun, weil sich die Frage auch stellen würde, wenn in einem finsteren deutschen Tal das Fehdewesen überdauert hätte.[39] Dass es letzteres nicht (mehr) gibt, ist gut für unsere staatliche Gemeinschaft, hat aber nichts mit Inländerdiskriminierung zu tun. Wer in eine traditionell gebundene Großfamilie hineingeboren worden ist, hat sich dies nicht ausgesucht. Dann noch die Mordverurteilung mitsamt der lebenslangen Freiheitsstrafe als gelungenes Zeichen dafür zu feiern, Ausländer nicht zu diskriminieren,[40] ist maximal zynisch. Hilflos ist aber auch die Begründung, dass die Niedrigkeit des Motivs aus der verfassungsmäßigen Abschaffung der Todesstrafe (Art. 102 GG) folge. Im Gegenteil belegt die wenig geglückte Assoziation eher das Gegenteil: Gewiss ist es ein zivilisatorischer Fortschritt, dass wir auf die staatliche Tötung von Verbrechern verzichten. Wer jedoch postuliert, dass die Todesstrafe auf sittlich tiefster Stufe stehe, möge nur Art. 2 Abs. 1 S. 2 der Europäischen Menschenrechtskonvention nachlesen: Erst das 6. Zusatzprotokoll vom 28.4.1983 (ETS Nr. 114) brachte die menschenrechtliche Abkehr von der Todesstrafe.

Der wahre Grund für die rigorose Einordnung des Blutrachemotivs liegt woanders und korreliert mit dem energischen Eintreten der Strafgerichte gegen jede Selbstjustiz. Blutrache und Faustrecht stellen nämlich ihre Autorität und die des staatlichen Rechts infrage. Im Falle „echter" Blutrache optiert der Täter zugunsten des fremden Gewohnheitsrechts und missachtet die inländische Rechtsordnung. Dass sich das staatliche Recht dies nicht gefallen lässt und in der Kollision der Normordnungen auf Selbstbehauptung pocht, ist unabdingbar, wenn es sein Fundament erhalten will. Dass die Strafgerichte infolgedessen darauf drängen, Selbstjustiz zu bestrafen, verdient daher Beifall. Dabei stellt sich die Normkollision im Falle von Blutrache nicht nur bei uns. Wir finden sie noch mehr in den Herkunftsstaaten, in denen die zentralstaatliche Ordnung gegen die lokalen Gewohnheiten angeht. So sieht das türkische Strafrecht ausdrücklich ein Mordmerkmal darin, wenn die Tötung „aus

---

[37] In diesem Sinne BGH NStZ 2002, 369 (370); NJW 2004, 1466 (1467).

[38] *Nehm* FS Eser, 2005, 419 (427 f.).

[39] Das spielt an auf „Das finstere Tal" (2010) von Thomas Willmann, dessen Verfilmung (A/D 2014) mehrfach ausgezeichnet wurde – auch da geht es um Rache.

[40] So *Nehm* FS Eser, 2005, 419 (428 Fn. 32).

Gründen der Blutrache" erfolgt (Art. 82 Abs. 1 lit. j türkStGB).[41] Das war zunächst sogar mit dem Tode bedroht (seit 1953 zunächst in Art. 450 Abs. 1 Nr. 10 türkStGB), womit der moderne türkische Staat eine scharfe Kampfansage an das traditionelle Gewohnheitsrecht adressiert. Dass die Durchschlagskraft dieses Imperativs dennoch überschaubar geblieben ist, kann freilich kaum überraschen.

Blicken wir auf unseren Rechtskreis, finden wir eine Parallele in den besagten Landfriedensbestimmungen. Indem der Ewige Landfriede die Reichsacht androhte, pochte er in aller Schärfe auf das neue Recht, dass sich im praktischen Kampf mit der alten Ordnung sah. In solcherlei Konkurrenz-, Kollisions- und Selbstbehauptungsdenken liegt der tiefere Grund, warum tödliche Selbstjustiz den niedrigen Beweggründen zugeschlagen wird. Indes darf daran gezweifelt werden, dass sich das praktisch förderlich auswirkt (was schon im türkischen Recht nicht gelingt): Abgesehen davon, dass ohnehin oft Heimtücke vorliegt, sind Fehlentwicklungen zu gewärtigen, wenn Jugendliche als Rächer herhalten müssen, weil ihnen „nur" Jugendstrafe droht. Und viel mehr noch sollte unsere staatliche Rechtsordnung selbstbewusst genug sein, gelegentliche Blutrachefälle nicht als ernsthafte Behauptungskämpfe zu dramatisieren. Falls ein im echten Normkonflikt stehender Täter seine alte Herkunftsordnung wählt, verdient er sich dafür Bestrafung. Dass er deshalb „in aller Regel" auf sittlich tiefster Stufe zu stellen sei, verdient aber keinen Beifall. Vorbehaltlich anderer Mordmerkmale ist die Totschlagsstrafe rundum hinlänglich, um mit ihrer beachtlichen Spannweite für eine wirksame Bußwirkung zu sorgen. Was der Bundesgerichtshof apodiktisch in das Mordmerkmal hineingelegt hat, ist die Verteidigung der Rechtsordnung, deren richtiger Standort die Strafzumessung ist. Der Gesetzgeber sieht das übrigens ganz genauso, alldieweil er den Landfriedensbruch (§ 125 StGB) heutzutage in einem weit milderen Licht sieht als in seinen Anfängen.

V. Schluss

Obgleich der Bundesgerichtshof eine Regelvermutung dafür aufstellt, dass Blutrache ein niedriger Beweggrund sei, hält dies näherem Blick nicht stand. Ein Täter, der im echten Normkonflikt mit dem Gewohnheitsrecht seiner Herkunft steht, handelt nicht „in der Regel" niedrigen Beweggrundes, wenn er das Tötungsgebot befolgt. Zwar verdient er die staatliche Bestrafung, weil er einen für uns nicht akzeptablen Weg aus der Rechtskollision gewählt hat. Gleichwohl ist eine Mordverurteilung in diesem Fall ebenso wenig angebracht wie bei emotionaler Betroffenheit, welche der Bundesgerichtshof berücksichtigt. Damit ist freilich mitnichten gesagt, dass bei Rachetätern keine niedrigen Beweggründe vorliegen könnten, im Gegenteil: Entscheidend ist – um es nochmals zu betonen – eine Gesamtwürdigung, in die beispielsweise einfließt, inwieweit der Täter emotional attachiert war und ob er den Norm-, vielleicht auch Identitätskonflikt längst überwunden hat. Bedeutung behalten wird dies auch dann, wenn es doch noch einmal zur über-

[41] Dazu näher *Kudlich/Tepe* GA 2008, 92 (96ff.) mwN.

fälligen Reform des leidigen § 211 StGB kommen sollte. Denn wie Blutrache und Selbstjustiz zu vergelten sind, wird auch in Zukunft beantwortet werden müssen (ob das unter der Überschrift niedrigen Beweggrundes, besonderer Verwerflichkeit oder in ähnlicher Weise geschieht, ist ziemlich einerlei). Und für das menschliche Kulturschaffen bleibt die Rache ohnehin zeitlos.

KLAUS LAUBENTHAL

Der 13. Abschnitt des StGB-BT – Vorschläge für eine Systematisierung der Delikte gegen die sexuelle Selbstbestimmung

I. Einleitung

Ein besonderes Anliegen für *Thomas Fischer* ist es sowohl als Praktiker wie in seinen Veröffentlichungen, über den Tag hinaus zu wirken. Deshalb mag es passend sein, zu seinen Ehren einige Gedanken zu einer schlüssigeren Systematisierung der Straftaten gegen die sexuelle Selbstbestimmung zu unterbreiten. Einzubeziehen in die Überlegungen wären dabei eigentlich auch die einschlägigen Varianten der Menschenhandelsdelikte, die sich im 18. Abschnitt des StGB-BT als Straftaten gegen die persönliche Freiheit eingruppiert finden (§§ 232ff. StGB).[1] Diese müssen aber aus Platzgründen hier unberücksichtigt bleiben. Ausgegangen wird von der Gesetzeslage, wie sie sich nach den Änderungen der relevanten Bereiche durch das 50. StGB-ÄndG (Verbesserung des Schutzes der sexuellen Selbstbestimmung)[2] sowie das Gesetz zur Reform der strafrechtlichen Vermögensabschöpfung[3] mit Streichung von § 181 c StGB darstellt.

II. Sexualstraftaten im System des Besonderen Teils

Bei der Systematisierung des Besonderen Teils des Strafgesetzbuchs geht es darum, Gruppen von Tatbeständen zusammenzufassen und diese in eine bestimmte Ordnung zu bringen.[4] Damit soll den Adressaten der Zugang zu den Regelungsmaterien erleichtert werden – zugleich strahlt die Systematik insoweit auf die Auslegung einzelner Tatbestände aus.

Was die Einordnung der Sexualstraftaten in das System des Besonderen Teils betrifft, so bildeten diese schon im RStGB vom 15.5.1871[5] als „Verbrechen und Vergehen wider die Sittlichkeit" den 13. Abschnitt. Sie waren in der herkömmlichen Aufgliederung des Besonderen Teils nach Delikten gegen die Gesamtheit und Delikten gegen den Einzelnen keiner dieser beiden Gruppen eindeutig zuzuord-

---

[1] Hierzu *Eisele* KriPoZ 6/2017, 330; vgl. ferner *Renzikowski* ZRP 2014, 75 (78).

[2] Vom 4.11.2016, BGBl. 2016 I 2460; dazu *Deckers* StrVert 2017, 410; *Eisele* RPsych 2017, 7; *Hörnle* NStZ 2017, 13; *Hoven/Weigend* JZ 2017, 182; *Lamping* JR 2017, 347; *Renzikowski* NJW 2016, 3553; *Wolters* in SSW StGB, 3. Aufl. 2016, Vor §§ 174ff. Rn. 10ff.

[3] Vom 13.4.2017, BGBl. 2017 I 872.

[4] Dazu *Schroeder* FS Welzel, 1974, 859ff.

[5] RGBl. 1871, 127, 160.

nen,[6] weshalb in der Entwicklung des Strafgesetzbuchs ihre Einordnung zwischen diesen Gruppen erfolgte. Ihre systematische Stellung behielten die Sexualdelikte als „Straftaten gegen die sexuelle Selbstbestimmung“ im 4. StrRG vom 23.11.1973[7] bei, obwohl zwischenzeitlich nach Aufhebung einiger überkommener Tatbestände des Besonderen Teils im 1. StrRG vom 25.6.1969[8] (Ehebruch, Homosexualität unter Erwachsenen usw.), sowie partiell infolge der Verlagerung des Tatbestandes des Beischlafs zwischen Verwandten (§ 173 StGB) in den 12. Abschnitt, die Sexualstraftaten sich ganz überwiegend zu Delikten gegen den Einzelnen gewandelt hatten. Denn das Recht auf sexuelle Selbstbestimmung im strafrechtlichen Sinne enthält die Freiheit jeder Person vor Fremdbestimmung auf sexuellem Gebiet und ist deshalb als ein Abwehrrecht des Einzelnen zu verstehen.[9] Mit dem am 1.1.1975 in Kraft getretenen 4. StrRG beschränkte der Gesetzgeber sich im Bereich des 13. Abschnitts des Besonderen Teils des StGB auf die Strafbarkeit der zum damaligen Zeitpunkt aus seiner Sicht zweifelsfrei sozialschädlichen Verhaltensweisen. Wesentliches Anliegen der Legislative stellte neben der Freiheit des Einzelnen vor Beeinträchtigungen seiner sexuellen Selbstbestimmung vor allem auch der Jugendschutz dar.[10]

Eine Systematisierung der Vorschriften des Besonderen Teils des StGB sollte sich allerdings nicht auf das Zusammenfassen von Tatbestandsgruppen und zugehörigen sonstigen Vorschriften in Abschnitten nach den jeweils zugrunde liegenden Rechtsgütern beschränken. Gerade der Aspekt des Zugangs zu den Normen für das Recht anwendende Personen oder für an bestimmten Regelungen interessierte Bürger macht es zur einfacheren und schnelleren Orientierung zweckmäßig, innerhalb der jeweiligen Abschnitte die Tatbestände wiederum in eine sinngebende Ordnung zu bringen. Denn speziell für die Normadressaten sollte sowohl die Gesamtsystematik als auch das in den einzelnen Vorschriften unter Strafe gestellte Verhalten klar erkennbar sein. Dies gilt für alle Abschnitte des Besonderen Teils des StGB gleichermaßen und damit auch für den 13. Abschnitt über die Straftaten gegen die sexuelle Selbstbestimmung.

III. Historische Entwicklung und Kritik

Die derzeitige Reihenfolge der Bestimmungen des 13. Abschnitts findet ihre Grundlage bereits im RStGB von 1871, mit dem das Strafgesetzbuch des Norddeutschen Bundes von 1870 übernommen worden war. Lässt man in späteren Reform- und Änderungsgesetzen aufgehobene bzw. in einen anderen Abschnitt verlagerte Tatbestände außer Acht, stellt sich die Reihung im RStGB folgendermaßen dar:[11]

---

[6] Vgl. *Maurach/Schroeder/Maiwald,* Strafrecht Besonderer Teil Teilbd. 1, 10. Aufl. 2009, 187; *Schroeder,* Das neue Sexualstrafrecht. Entstehung – Analyse – Kritik, 1975, 18.

[7] BGBl. 1973 I 1725.

[8] BGBl. 1969 I 645.

[9] *Laubenthal,* Handbuch Sexualstraftaten, 2012, 13 mwN.

[10] Siehe BT-Drs. 6/1552, 9.

[11] Das RStGB von 1871 kannte noch keine amtlichen Normüberschriften; diese sind einer späteren Kommentierung entnommen (*Schwarz/Dreher,* 29. Aufl. 1967, StGB §§ 174ff.).

- § 174 RStGB Unzucht mit Abhängigen,
- § 176 RStGB Nötigung zur Unzucht. Unzucht mit Kindern,
- § 177 RStGB Notzucht,
- § 178 RStGB Notzucht mit Todesfolge,
- § 180 RStGB Kuppelei,
- § 181 RStGB Schwere Kuppelei,
- § 182 RStGB Verführung,
- § 183 RStGB Erregung geschlechtlichen Ärgernisses,
- § 184 RStGB Unzüchtige Darstellungen.

Bereits das RStGB 1871 fasste die den Schutz speziell des Sexuallebens Minderjähriger betreffenden Tatbestände nicht zusammen. Diese waren vielmehr über den 13. Abschnitt hinweg verteilt: Unzüchtige Handlungen mit minderjährigen Abhängigen in § 174 S. 1 Nr. 1 RStGB, die Vornahme und das Verleiten zur Verübung oder Duldung unzüchtiger Handlungen mit Personen unter vierzehn Jahren in § 176 S. 1 Nr. 3 RStGB, die Schwere Kuppelei von Minderjährigen durch in einem besonderen Schutzverhältnis stehende Verpflichtete in § 181 S. 1 Nr. 2 RStGB, die Verführung eines Mädchens unter sechzehn Jahren zum Beischlaf in § 182 RStGB.

Die oben angeführte Reihenfolge der Bestimmungen des 13. Abschnitts des RStGB überstand vom Ansatz her auch die Große Strafrechtsreform Ende der 1960er und Anfang der 1970er Jahre. In der Folge des Inkrafttretens des 4. StrRG vom 23.11.1973 blieb der 13. Abschnitt des Besonderen Teils zunächst fast zwei Jahrzehnte lang unangetastet. Dann haben vor allem Schwierigkeiten der Justizbehörden bei der Strafverfolgung in Einzelbereichen der Sexualdelikte, eine vermehrte Sensibilisierung der Öffentlichkeit im Hinblick auf sexuelle Handlungen zum Nachteil von Kindern – verbunden mit der bereits im 4. StrRG zum Ausdruck gekommenen verstärkten legislatorischen Fokussierung auf den Jugendschutz – zu Ergänzungen und Umgestaltungen in den einzelnen Bereichen des Sexualstrafrechts geführt. Hinzu kamen kriminalpolitische Veränderungen sowie internationale Vorgaben, insbesondere solche auf europäischer Ebene.[12]

Die Änderungen erfolgten ab dem 26. StrÄndG vom 14.7.1992[13] in einer solchen Anzahl und in einem derartigen Umfang, dass sie eine Unübersichtlichkeit des Sexualstrafrechts – verbunden mit Wertungswidersprüchen – herbeiführten, was in der strafrechtswissenschaftlichen Literatur zu einhelliger Kritik führte. Schon bald wird eine „völlig verlorengegangene Systematik des 13. Abschnitts des StGB"[14] beklagt. *Thomas Fischer* konstatiert angesichts der weiteren zahlreichen die Sexualstraftaten betreffenden Änderungsgesetze in Bezug auf die Regelungen zu den Sexualdelikten im StGB, dass die Normen partiell kompliziert und ungeordnet seien,

---

[12] Zur gesetzlichen Entwicklung siehe *Eisele* in Schönke/Schröder, 29. Aufl. 2014, StGB Vor §§ 174ff. Rn. 3ff.; *Hörnle* in LK-StGB, 12. Aufl. 2009, Vor § 174 Rn. 12ff.; *Laubenthal,* Handbuch Sexualstraftaten, 2012, 14ff.; *Renzikowski* in MüKoStGB, 3. Aufl. 2017, Vor §§ 174ff. Rn. 80ff.; *Wolters* in SSW StGB, 3. Aufl. 2016, Vor §§ 174ff. Rn. 2ff.

[13] BGBl. 1992 I 1255.

[14] *Schroeder* NJW 1994, 1504; s. auch *Nelles* in Dencker ua, Einführung in das 6. Strafrechtsreformgesetz, 1998, 69; *Pott* KritV 1999, 101.

was deren Verständnis durch den Bürger letztlich ausschließe.[15] Die Anordnung der Bestimmungen im 13. Abschnitt wird als „verwirrend“[16] bezeichnet, die Rede ist sogar von einem „inzwischen einem Irrgarten ähnlich gewordenen Gebiet strafrechtlicher Vorschriften“.[17] Die Bemängelung gipfelt schließlich in der These, dass ein „großer systematisch-ordnender Zugriff auf das Sexualstrafrecht (...) anscheinend Regelungsfähigkeiten und -interesse der Kriminalpolitik“[18] übersteige.

Erneuten Anlass zu heftigen Einwänden bot das 50. StGB-ÄndG, bei dessen Erlass man die Gelegenheit zu einer Neukonzeption wiederum verstreichen ließ. *Fischer* spricht in der 64. Auflage seines StGB-Kommentars insofern von „nach überaus emotionalisierter, rechtspolitisch auf abwegige äußere Anlässe gestützter Diskussion“ zustande gekommenen Änderungen, bei denen häufig Tatbestands- und Beweisfragen vermischt worden seien, woraus die schwierige Aufgabe erwachse, „die sich vielfach überschneidenden, teilweise widersprüchlichen ... Straftatbestände in eine sinnvolle Ordnung zu bringen.“[19] Ganz besonders in der Kritik steht weiter die schon im RStGB ansatzweise vorzufindende und in der weiteren Entwicklung des Sexualstrafrechts angesichts der ab dem 4. StrRG allmählichen nachträglichen Herausbildung des Minderjährigenschutzes in diesem Bereich vorhandene unsystematische und zusammenhanglose Streuung der insoweit einschlägigen Bestimmungen (§§ 174, 176, 176a, 176b, 180, 180a Abs. 2 Nr. 1 StGB, §§ 182, 184 Abs. 1 Nr. 1, 2, 3a, 5 StGB, §§ 184b, 184c, 184d, 184e, 184g StGB) über den 13. Abschnitt hinweg.[20]

IV. Herausbildung von Normgruppen

Mit der Überschrift „Straftaten gegen die sexuelle Selbstbestimmung“ ist der 13. Abschnitt des Besonderen Teils des StGB zunächst in einem gewissen Maße abstrakt bezeichnet: Es geht um die Freiheit vor Fremdbestimmung auf sexuellem Gebiet insgesamt. Welche Rechtsgüter die einzelnen Tatbestände jeweils schützen, hat der Gesetzgeber jedoch nicht konkret definiert. Er geht nur davon aus, dass das Schutzgut der sexuellen Selbstbestimmung im weiteren Sinne sich in den Tatbeständen in unterschiedlicher Weise konkretisiert.

Damit werden die Rechtsgüter von Tatbestand zu Tatbestand gesondert bestimmt, wobei allerdings einige der Strafnormen untereinander wiederum Überschneidungen aufweisen. Eine sinnhafte Neuordnung des 13. Abschnitts kann sich daher zunächst an den jeweiligen Rechtsgütern orientieren, deren Schutz die ein-

15 *Fischer,* 65. Aufl. 2018, StGB Vor § 174 Rn. 4; krit. auch *Deckers* in AnwK-StGB, 2. Aufl. 2015, Vor § 174 Rn. 3a; *Eisele* in Schönke/Schröder, 29. Aufl. 2014, StGB Vor §§ 174ff. Rn. 9; *Heger* in Lackner/Kühl, 28. Aufl. 2014, StGB Vor § 174 Rn. 11; *Laubenthal,* Handbuch Sexualstraftaten, 2012, 32.

16 *Hörnle* in LK-StGB, 12. Aufl. 2009, Vor § 174 Rn. 49.

17 *Gössel,* Das neue Sexualstrafrecht, 2005, S. VI.

18 *Renzikowski* in MüKoStGB, 3. Aufl. 2017, Vor §§ 174ff. Rn. 82.

19 *Fischer,* 64. Aufl. 2017, StGB Vor § 174 Rn. 3c.

20 Siehe *Laubenthal,* Handbuch Sexualstraftaten, 2012, 169; *Maurach/Schroeder/Maiwald,* Strafrecht Besonderer Teil Teilbd. 1, 10. Aufl. 2009, 219; *Schroeder* NJW 1994, 1504.

zelnen Bestimmungen in erster Linie dienen sollen. Unter dieser Perspektive lassen sich folgende Schutzbereiche und damit Gruppen von Delikten herausbilden und zusammenfassen:

- Tatbestände zum Schutz der Freiheit der sexuellen Selbstbestimmung im engeren Sinne,
- Tatbestände zum Schutz vor Ausnutzung durch staatliche Macht begründeter institutioneller Abhängigkeit,
- Tatbestände zum Schutz minderjähriger Personen,
- Tatbestände zum Schutz vor Straftaten im Zusammenhang mit der Prostitutionsausübung,
- Tatbestände zum Schutz vor Straftaten im Zusammenhang mit der Pornographie,
- Tatbestände zum Schutz vor sexuellen Belästigungen.

Die Bildung von Deliktsgruppen sollte im Hinblick auf die Zielsetzung eines besseren Zugangs zu den einzelnen Regelungen auch durch eine übersichtlichere Gestaltung des 13. Abschnitts nicht dazu anregen, bei einer Neuordnung bisherige oder neue Vorschriften zu wiederum unübersichtlicheren Vorschriften zusammenzufassen; der reformierte § 177 StGB mit nunmehr neun Absätzen und Missbrauchs- wie Nötigungsvarianten gibt hierfür kein Vorbild ab.[21] Es empfiehlt sich idR eher – wo es im Einzelfall sinnvoll erscheint – Normen aufzuteilen.

Geht es um eine sinnhafte Neuordnung des 13. Abschnitts insgesamt, müssen bei einer solchen neben den Tatbeständen auch die sonstigen Vorschriften einbezogen werden. Das betrifft § 181b StGB, wo iSd § 68 Abs. 1 StGB für Teilbereiche des 13. Abschnitts Führungsaufsicht besonders vorgesehen wird. Zu den sonstigen Regelungen zählt ferner § 184h StGB mit den Begriffsbestimmungen von sexuellen Handlungen und sexuellen Handlungen vor einer anderen Person.

V. Neuordnung des 13. Abschnitts

1. Delikte gegen die sexuelle Freiheit im engeren Sinne

An der Spitze der Tatbestände und sonstigen Vorschriften des 13. Abschnitts des Besonderen Teils des StGB sollten die Bestimmungen zum Schutz der Freiheit der sexuellen Selbstbestimmung im engeren Sinne und insoweit die Straftaten des sexuellen Übergriffs, der sexuellen Nötigung und Vergewaltigung (§§ 177, 178 StGB)[22] stehen.

---

[21] Krit. *Fischer,* 65. Aufl. 2018, StGB § 177 Rn. 5; *Renzikowski* in MüKoStGB, 3. Aufl. 2017, § 177 nF Rn. 10ff.; *Wolters/Noltenius* in SK-StGB, 9. Aufl. 2017, § 177 Rn. 4; zurückhaltender *Frommel* in NK-StGB, 5. Aufl. 2017, § 177 Rn. 100f. (130).

[22] Die Bezeichnung der Delikte orientiert sich an derjenigen der aktuellen Fassung des StGB.

a) Sexueller Übergriff; sexuelle Nötigung; Vergewaltigung

Die eigentlichen Sexualfreiheitsdelikte beginnend mit der sexuellen Nötigung und Vergewaltigung an die Spitze der Tatbestände über die Sexualstraftaten zu stellen, wurde in der Vergangenheit in Regelungsentwürfen immer wieder vorgeschlagen.[23] Die Forderung nach einer Voranstellung des bezeichneten Bereichs kam vereinzelt auch seitens der Wissenschaft zum Ausdruck.[24] Im Übrigen stehen Vergewaltigungsdelikte und Delikte Geschlechtlicher Nötigung ebenso im Französischen Code Pénal wie im Österreichischen StGB an der Spitze der Sexualstraftaten. Entsprechendes findet sich zudem bspw. in den Strafgesetzen von Dänemark, Finnland, Norwegen, Spanien und Portugal.[25]

Geht man vom aktuellen Regelungsgehalt des § 177 StGB[26] aus, empfiehlt es sich im Hinblick auf einen besseren Zugang zu den einzelnen Tatbeständen, den Deliktsbereich – vergleichbar mit der Unterteilung der Vorschriften im Zusammenhang mit den sexuellen Handlungen zum Nachteil von Kindern (§§ 176, 176a, 176b StGB) – aufzuteilen: jedenfalls in einen Grundtatbestand des sexuellen Übergriffs sowie einen gleichartigen der sexuellen Nötigung. Bedenkenswert erscheint, ob man auch einen solchen des sexuellen Übergriffs auf Kranke und Behinderte vorsieht, wie er früher in § 179 StGB enthalten war, oder es bei der aktuellen Ausgestaltung als Qualifikation der sexuellen Nötigung gem. § 177 Abs. 2 Nr. 1 StGB[27] (§ 177 Abs. 4 StGB) belässt. Auch insoweit steht Freiheit vor Fremdbestimmung auf sexuellem Gebiet[28] von Personen, die aus psychischen oder physischen Gründen gänzlich oder vorübergehend nicht in der Lage sind, ihr sexuelles Selbstbestimmungsrecht auszuüben, in Rede, so dass es sich um ein Delikt gegen die sexuelle Freiheit im engeren Sinne handelt, weshalb ein Zusammenhang mit den sonstigen Regelungen des § 177 StGB durchaus existiert.

Anzuschließen wäre einem umgestalteten bisherigen § 177 StGB eine Vorschrift über schweren sexuellen Übergriff, schwere sexuelle Nötigung und Vergewaltigung, welche den bisherigen Regelungsgehalt der Qualifikationen von § 177 Abs. 5, Abs. 7 und Abs. 8 sowie der besonders schweren Fälle von § 177 Abs. 6 StGB umfasst; schließlich die Erfolgsqualifikation des sexuellen Übergriffs, der sexuellen Nötigung und Vergewaltigung mit Todesfolge.

---

[23] Näher *Laubenthal* in Abschlussbericht der Reformkommission zum Sexualstrafrecht, 2017, 1148f.

[24] Siehe etwa *Schroeder* NJW 1994, 1504; ferner bereits *Maurach* in Materialien zur Strafrechtsreform. 1. Band. Gutachten der Strafrechtslehrer, 1954, 242.

[25] Siehe *Laubenthal* in Abschlussbericht der Reformkommission zum Sexualstrafrecht, 2017, 1149.

[26] Zu verfassungsrechtlichen Bedenken *Lamping* JR 2017, 353; *Löffelmann* StrVert 2017, 413ff.; aA *Bezjak*, SchlHA 2017, 371 (374).

[27] Siehe *Fischer,* 65. Aufl. 2018, StGB § 177 Rn. 53; *Renzikowski* in MüKoStGB, 3. Aufl. 2017, § 177 nF Rn. 33.

[28] *Eisele* in Schönke/Schröder, 29. Aufl. 2014, StGB § 179 Rn. 1; *Wolters/Noltenius* in SK-StGB, 9. Aufl. 2017, § 177 Rn. 8.

b) Ausnutzung anderer Widerstandsschwächen

Zu ergänzen bleiben andere Formen der unzulässigen Ausnutzung konstitutioneller und situativer Widerstandsschwächen. Das betrifft den sexuellen Missbrauch von Kranken und hilfsbedürftigen Personen (§ 174a Abs. 2 StGB) sowie den sexuellen Missbrauch unter Ausnutzung eines Beratungs-, Behandlungs- oder Betreuungsverhältnisses (§ 174c StGB). Die Regelungsbereiche stehen insoweit in einem engeren Bezug zueinander, als die beiden Bestimmungen als Sonderdelikte ebenfalls die sexuelle Selbstbestimmung im engeren Sinne schützen.

2. Delikte der Störung aufgrund staatlicher Macht begründeter Verwahrungs- und Abhängigkeitsverhältnisse

Primär geschütztes Rechtsgut ist bei den Tatbeständen des sexuellen Missbrauchs von Gefangenen und behördlich Verwahrten (§ 174a Abs. 1 StGB) sowie des sexuellen Missbrauchs unter Ausnutzung einer Amtsstellung (§ 174b StGB) die sexuelle Selbstbestimmung. Allerdings treten bei beiden Regelungsbereichen weitere Schutzgüter hinzu. Das Delikt des sexuellen Missbrauchs Gefangener und behördlich Verwahrter bezweckt auch den Schutz des Interesses der Allgemeinheit an der Erhaltung störungsfreier Anstaltsfunktionen, an einer Gleichbehandlung der untergebrachten Personen sowie den Schutz des Vertrauens der Gesellschaft in die Objektivität des Betreuungspersonals.[29] Beim Delikt des sexuellen Missbrauchs unter Ausnutzung einer Amtsstellung tritt neben der sexuellen Selbstbestimmung hinzu der Schutz des Vertrauens der Allgemeinheit in die Integrität staatlicher Macht bei den in der Norm genannten Verfahren durch die jeweiligen Behörden.[30]

Da die Schutzbereiche somit über denjenigen der Delikte gegen die sexuelle Freiheit im engeren Sinne hinausgehen, erscheint es sinnvoll, die Regelungsbereiche des sexuellen Missbrauchs von Gefangenen und behördlich Verwahrten sowie des sexuellen Missbrauchs unter Ausnutzung einer Amtsstellung bei einer Neuordnung des 13. Abschnitts den erstgenannten nachfolgen zu lassen.

3. Tatbestände zum Schutz Minderjähriger

Gerade die bisherige unsystematische und partiell ohne erkennbaren Zusammenhang erfolgte Streuung der einschlägigen Bestimmungen zum Schutz der ungestörten sexuellen Entwicklung von Kindern und Jugendlichen über den 13. Abschnitt des Besonderen Teils hinweg ist zu beenden. Die dem unmittelbaren Minderjährigenschutz dienenden Normen sollten deshalb – soweit sinnvoll – zusammengefasst werden, um gerade auch in diesem Bereich das in den einzelnen Regelungen unter Strafe gestellte Verhalten sowohl für den Rechtsanwender als auch für die Normadressaten erkennbarer zu machen.

---

[29] BT-Drs. 6/3521, 25; BGH NStZ-RR 2000, 354; OLG München NStZ 2011, 466; *Eisele* in Schönke/Schröder, 29. Aufl. 2014, StGB § 174a Rn. 1; *Fischer,* 65. Aufl. 2018, StGB § 174a Rn. 2; *Gössel,* Das neue Sexualstrafrecht, 2005, 94; *Laubenthal* FS Gössel, 2002, 360; *Laubenthal* FS Otto, 2007, 670.

[30] BT-Drs. 6/3521, 28; *Eisele* in Schönke/Schröder, 29. Aufl. 2014, StGB § 174b Rn. 1; *Fischer,* 65. Aufl. 2018, StGB § 174b Rn. 2; *Laubenthal,* Handbuch Sexualstraftaten, 2012, 163.

Zwar ist der Begriff des sexuellen Missbrauchs gerade im Hinblick auf sexualbezogene Übergriffe zum Nachteil von Minderjährigen in unserer Gesellschaft verbreitet. Es handelt sich dennoch um einen in diesem Zusammenhang misslungenen Terminus,[31] denn es gibt keinen rechtmäßigen sexuellen „Gebrauch" von Kindern und Jugendlichen. Man sollte also auf die Bezeichnung sexueller „Missbrauch" bei den amtlichen Überschriften der Normen zum Schutz Minderjähriger verzichten.

An der Spitze der Straftaten des 13. Abschnitts steht das Delikt des sexuellen Missbrauchs von Schutzbefohlenen. Dies findet seinen Grund lediglich in historischen Zufälligkeiten.[32] Der Tatbestand des § 174 StGB stellt eine Norm ausschließlich zum Schutz Minderjähriger dar, seitdem mit § 174a StGB und § 174b StGB im Hinblick auf bestimmte, auch Erwachsene betreffende institutionelle Abhängigkeitsverhältnisse eigene Sonderdelikte geschaffen worden sind. Es ist kein Grund erkennbar, bei der Zusammenfassung der Bestimmungen zum Minderjährigenschutz im Rahmen einer Neuordnung des 13. Abschnitts den Regelungsbereich des bisherigen § 174 StGB als Delikt der sexuellen Handlungen mit Schutzbefohlenen weiterhin an der Spitze einer solchen Deliktsgruppe zu belassen. Sinnvoller erscheint es, nach Normen zu ordnen, welche zum einen ausschließlich den Schutz von Personen unter vierzehn Jahren bezwecken, und zum anderen nach solchen, die darüber hinaus ältere Minderjährige in ihren Schutzbereich einbeziehen.

a) Schutz der Sexualentwicklung von Kindern

Die strafgesetzlichen Regelungen bringen im Hinblick auf Kinder ein absolutes Abstinenzgebot zum Ausdruck. In der sie betreffenden Schutzzone haben sexuelle Kontakte ausnahmslos zu unterbleiben. Die eine ungestörte Sexualentwicklung von Kindern sichernden Tatbestände sollten daher vor die allgemeinen sexualstrafrechtlichen Jugendschutznormen gestellt werden.

Beibehalten werden kann prinzipiell die bisherige Reihenfolge der jetzigen Kinderschutznormen von dem Grundtatbestand § 176 StGB als sexuelle Handlungen mit Kindern über den Qualifikationstatbestand des § 176a StGB als Schwerer Fall sexueller Handlungen mit Kindern bis zur Erfolgsqualifikation des § 176b StGB als sexuelle Handlungen mit Kindern mit Todesfolge.

Allerdings wäre es ratsam, den Grundtatbestand der sexuellen Handlung mit Kindern in zwei Normen aufzuteilen. Denn in diesem sind Vorverlagerungen der Vollendungsstrafbarkeit enthalten, also mehrere Vorbereitungshandlungen als selbständige Tatbestände unter Strafe gestellt. Das betrifft den Vorfeldtatbestand des sog. Cyber-Grooming gem. § 176 Abs. 4 Nr. 3 lit. a und lit. b StGB. Gleiches gilt mit § 176 Abs. 5 StGB für das Anbieten eines Kindes zu sexuellen Handlungen als Sonderform der versuchten Beteiligung, für den Versuch der Verabredung zur Beihilfe in Form des Versprechens des Nachweises eines Kindes für sexuelle Handlun-

[31] Krit. auch *Herrmann* in Roggenwallner/Herrmann/Jansen, Straftaten gegen die sexuelle Selbstbestimmung, 2011, 27; *Renzikowski* in MüKoStGB, 3. Aufl. 2017, § 176 Rn. 2; *Wolters* in SK-StGB, 9. Aufl. 2017, § 174 Rn. 2.

[32] Näher *Laubenthal* in Abschlussbericht der Reformkommission zum Sexualstrafrecht, 2017, 1152.

gen mit diesem sowie für das Verabreden zu Vergehenstatbeständen des Delikts der sexuellen Handlungen mit Kindern. Den eigentlichen Grundtatbestand der sexuellen Handlungen mit Kindern würden dann die jetzigen Tathandlungen von § 176 Abs. 1 bis 3 und Abs. 4 Nr. 1, 2, 4 StGB bilden – ein weiteres Delikt die Vorfeldtatbestände beinhalten.

b) Schutz sowohl von Kindern als auch von Jugendlichen

Damit der Jugendschutz nicht weiterhin durch den ganzen 13. Abschnitt „hüpft“,[33] sollten die sowohl Kinder als auch Jugendliche gleichermaßen schützenden Bestimmungen unmittelbar denjenigen speziell zum Schutz von Kindern vor sexuellen Handlungen nachfolgen.

Das betrifft zunächst den Regelungsgehalt von § 174 StGB. Mit dieser Norm unter der Bezeichnung des sexuellen Missbrauchs von Schutzbefohlenen will der Gesetzgeber neben Kindern auch Jugendliche vor Beeinträchtigungen ihrer sexuellen Entwicklung bewahren, soweit diese in bestimmten Unterordnungs- und Abhängigkeitsverhältnissen eines spezifischen strafrechtlichen Schutzes bedürfen. Denn in diesen Schutzverhältnissen sind sie besonders gefährdet und anfällig, Opfer von sexuellen Übergriffen durch die jeweiligen Autoritätspersonen zu werden.[34] Daneben dient die Norm – gerade in § 174 Abs. 1 Nr. 1 und Nr. 3 StGB – auch dem Zweck, Autoritäts-, Betreuungs- und Eltern-Kind-Verhältnisse von sexuellen Kontakten freizuhalten.[35] Geschützt werden zudem Minderjährige im Rahmen struktureller, institutionell bedingter Macht- und Autoritätsgefälle.[36]

§ 174 StGB umfasst Tathandlungen zu eigenen täterbezogenen Sexualkontakten. § 174 Abs. 1 Nr. 2 und Abs. 2 Nr. 2 StGB werden ergänzt durch § 180 Abs. 3 StGB. Dieser Tatbestand pönalisiert das Bestimmen der minderjährigen Person zu sexuellen Handlungen an oder vor einem Dritten unter Missbrauch von Abhängigkeitsverhältnissen. Systematisch gehört § 180 Abs. 3 StGB damit zu § 174 StGB.[37] Es empfiehlt sich daher, den Tatbestand des § 180 Abs. 3 StGB in die Bestimmung des § 174 StGB zu integrieren und beide Regelungen aufeinander abzustimmen. Dies gilt umso mehr, als die Schutzverhältnisse von § 180 Abs. 3 StGB und § 174 Abs. 1 Nr. 2 StGB sich entsprechen. Zudem stellt § 180 Abs. 3 StGB ebenso wie § 174 – aber im Gegensatz zu § 180 Abs. 1 und Abs. 2 StGB – ein Sonderdelikt dar.[38] Denn auch bei § 180 Abs. 3 StGB kann nur Täter sein, wer im Verhältnis zu dem minderjährigen Opfer Inhaber einer bestimmten Stellung im Rahmen der gesetzlich benannten Obhutsverhältnisse ist.

---

[33] *Schroeder* NJW 1994, 1504.

[34] *Laubenthal* in Müller/Wijlens, Aus dem Dunkel ans Licht, 2011, 123.

[35] *Eisele* in Schönke/Schröder, 29. Aufl. 2014, StGB § 174 Rn. 1; *Wolters* in SK-StGB, 9. Aufl. 2017, § 174 Rn. 6.

[36] BT-Drs. 18/2601, 27.

[37] *Eisele* in Schönke/Schröder, 29. Aufl. 2014, StGB § 180 Rn. 1; *Fischer,* 65. Aufl. 2018, StGB § 180 Rn. 17; *Hörnle* in LK-StGB, 12. Aufl. 2009, § 180 Rn. 7; s. auch *Wolters* in SK-StGB, 9. Aufl. 2017, § 180 Rn. 48.

[38] *Hörnle* in LK-StGB, 12. Aufl. 2009, § 180 Rn. 64; *Laubenthal,* Handbuch Sexualstraftaten, 2012, 253.

Nicht verwirklicht werden sollte der Vorschlag,[39] bei den Jugendschutznormen des 13. Abschnitts die jetzigen §§ 180 und 182 StGB zusammenzufassen. Damit würde man nur eine weitere eher unübersichtliche Norm schaffen. Einem Zusammenführen steht unter der Prämisse der Übersichtlichkeit entgegen, dass es sinnvoller erscheint, § 182 Abs. 2 StGB und § 180 Abs. 2 StGB durch spezifische Tatbestände der Minderjährigenprostitution unter Einbeziehung – der nicht zwischen Kindern und Jugendlichen differenzierenden Bestimmung – von § 180a Abs. 2 Nr. 1 StGB[40] zu einer Jugendschutzvorschrift des Delikts der sexuellen Handlungen mit Jugendlichen gegen Entgelt zu ergänzen.[41] Neben dieser – in der Reihenfolge vorgelagert – sollte gesondert als weitere Jugendschutzbestimmung das Delikt der sexuellen Handlungen mit Jugendlichen unter Ausnutzung einer Zwangslage iSd § 182 Abs. 1 StGB stehen.

4. *Prostitutionsdelikte*

Im Rahmen einer sinnreichen Neuordnung könnten sich der Regelung der sexuellen Handlungen mit Jugendlichen gegen Entgelt die nicht nur Minderjährige betreffenden Prostitutionsdelikte anschließen. Damit wäre ein Sachzusammenhang hergestellt. Weiter verbleiben in der Gruppe der Tatbestände zum Schutz vor Straftaten im Zusammenhang mit der Prostitutionsausübung die Bestimmungen über die Ausbeutung von Prostituierten (§ 180a StGB, ggf. ohne die in ein Delikt der sexuellen Handlungen mit Jugendlichen gegen Entgelt verlagerte Jugendschutzregelung des § 180a Abs. 2 Nr. 1 StGB[42]), die Zuhälterei (§ 181a StGB), die Ausübung der verbotenen Prostitution (§ 184f StGB) und die Jugendgefährdende Prostitution (§ 184g StGB).

Stehen die beiden Normen über die Ausbeutung von Prostituierten und die Zuhälterei im 13. Abschnitt hintereinander, so beruht dies nicht auf einer systematischen Ordnung, sondern auf dem Freiwerden von § 180b und § 181 StGB durch das 37. StÄndG. Im Lichte einer sinnvollen Neuordnung des Abschnitts ist es ratsam, zum Zweck des einfacheren Zugangs zu den Normen die Regelungsbereiche von §§ 180a, 181a,[43] 184f (und ggf. § 184g) StGB auch in einer Gruppe der Prostitutionsdelikte aneinanderzureihen. Im Zuge einer umfassenderen Reform wäre zudem der Vorschlag zu bedenken, die Vorschrift des § 180a Abs. 1 StGB zu streichen, ihren Inhalt im Rahmen eines reformierten § 181a Abs. 1 StGB sowie einer wieder in den Bereich der Straftaten über die sexuelle Selbstbestimmung integrierten Bestimmung gegen Zwangsprostitution (zzt. § 232a StGB) zu berücksichtigen und so – ggf. unter Schaffung zweier Normen – sich aus den divergierenden Strafrahmen ergebende Wertungswidersprüche und Überschneidungen zu beseitigen.[44]

---

[39] So *Schroeder* NJW 1994, 1504.

[40] Siehe auch *Wolters* in Abschlussbericht der Reformkommission zum Sexualstrafrecht, 2017, 1372f.

[41] Zur Berücksichtigung der jetzigen §§ 232ff. StGB in diesem Rahmen *Eisele* KriPoZ 6/2017, 330 (337).

[42] Für Streichung *Eisele* KriPoZ 6/2017, 330 (332).

[43] Änderungsvorschläge zu letztgenannter Norm bei *Eisele* KriPoZ 6/2017, 330 (334f.).

[44] Ausführlich *Eisele* KriPoZ 6/2017, 330 (332, 333).

Zudem wird man zu überlegen haben, ob das Anhalten zur Prostitution (§ 180a Abs. 2 Nr. 2 1. Alt. StGB) im Lichte der aus ProstG[45] und ProstSchG abzuleitenden Wertungen überhaupt noch strafbares Unrecht darstellt.[46] Nachdem die Ausbeutung durch den Wohnungsgeber (§ 180a Abs. 2 Nr. 2 2. Alt. StGB) ebenfalls starke Bezüge zum Gehalt des § 181a StGB aufweist, bleibt eine Integration in den Kontext dieser Bestimmung möglich,[47] wodurch letztlich ein gänzlicher Verzicht auf § 180a StGB möglich wäre.

Das Delikt der Jugendgefährdenden Prostitution (§ 184g StGB) dient im weiteren Sinne wie § 184f StGB dem Schutz vor Belästigungen Unbeteiligter, allerdings beschränkt im Hinblick auf Minderjährige. Diese sollen vor einer Konfrontation mit den sozialen Gegebenheiten der Prostitution bewahrt, durch deren Zurschaustellung in ihren sittlichen Wertvorstellungen nicht negativ beeinflusst werden. Angesichts der in den Massenmedien heute gängigen Darstellungen von Prostitutionsausübung und der Werbung für sexuelle Dienstleistungen in Jugendlichen zugänglichen Zeitungen, Magazinen und Datennetzen erscheint die Legitimität der Vorschrift des § 184g StGB als Strafrechtsnorm mehr als fraglich.[48] Eine vermehrte Beeinträchtigung der sittlichen Wertvorstellungen junger Menschen durch eine Wahrnehmung realer Prostitution im Gegensatz zu der für Minderjährige jederzeit zugänglichen Beschreibung und Darstellung von Prostitution ist nicht belegt. Problematisch bleibt auch im Lichte von Art. 103 Abs. 2 GG, ob es sich bei § 184g StGB überhaupt um einen rational fassbaren – hinreichend bestimmten – Tatbestand handelt. Denn der Begriff der Sittlichkeit stellt ein Einfallstor für subjektiv divergierende moralische Wertungen dar.

Will man dennoch an einer Strafnorm der Jugendgefährdenden Prostitution festhalten, erscheint es von der Systematik her weniger angebracht, diese in einen Jugendschutztatbestand der sexuellen Handlungen mit Jugendlichen gegen Entgelt zu integrieren.[49] Denn im Gegensatz dazu geht es nicht um den Schutz Minderjähriger vor einer Einbindung in sexualbezogene Aktivitäten, für die sie eine geldwerte Gegenleistung erhalten, sondern um eine abstrakte Gefährdung durch eine beständige Konfrontation. Angesichts der engen Verknüpfung mit der Prostitution sollte der Regelungsgehalt von § 184g StGB – im Fall der Beibehaltung – mit Blick auf Normanwender und -adressaten auch nicht der Deliktsgruppe der Tatbestände zum Schutz Unbeteiligter vor Belästigungen zugeordnet werden, sondern derjenigen der Prostitutionsdelikte.

---

[45] Prostitutionsgesetz vom 20.12.2001, BGBl. 2001 I 3983, geändert durch Art. 2 Prostituiertenschutzgesetz (ProstSchG) vom 21.10.2016, BGBl. 2016 I 2372.

[46] Ablehnend *Eisele* KriPoZ 6/2017, 330 (333).

[47] Für Streichung des als ungerechtfertigt bewerteten Vermieterprivilegs aber *Eisele* KriPoZ 6/2017, 330 (333).

[48] Dafür §§ 184f und 184g StGB allenfalls als Ordnungswidrigkeiten beizubehalten: *Eisele* KriPoZ 6/2017, 330 (337).

[49] Angedacht bei *Wolters* in Abschlussbericht der Reformkommission zum Sexualstrafrecht, 2017, 1381.

5. *Strafrechtliche Pornographieverbote*

Denkbar wäre es, bereits bei einem Zusammenfassen der Tatbestände zum Schutz der sexuellen Entwicklung von Kindern, die Kinderpornographie betreffenden Tatbestände an die Regelungen über die sexuellen Handlungen mit Kindern anzufügen. Denn die in § 184b StGB normierten Verbote dienen auch dem Schutz von Personen unter 14 Jahren davor, als Darsteller für kinderpornographisches Material Opfer sexueller Handlungen zu werden.[50] Neben dem Entgegenwirken der mittelbaren Förderung[51] soll potentiellen Tätern zudem kein Anreiz zu sexualbezogenen Taten zum Nachteil von Kindern gewährt werden.[52] Dem entspricht insoweit die Gesetzesratio von § 184d StGB und § 184e StGB.

Der Zweck der Bestimmungen zur Kinderpornographie bleibt jedoch nicht auf diese Aspekte des Schutzes der sexuellen Integrität des an der Herstellung mitwirkenden Kindes sowie die Unterbindung von Nachahmungshandlungen beschränkt. Rechtsgut ist – wie bei Regelungen zur einfachen Pornographie gem. § 184 Abs. 1 Nr. 1, 2, 3a und 5 StGB – zudem ausdrücklich der Jugendschutz.[53] § 184 StGB dient ferner der Bewahrung des Bürgers an sich vor unerwünschter Konfrontation mit Pornographie.[54] Selbst nach Inkrafttreten des 49. StrÄndG vom 21.1.2015[55] ist der Regelungsbereich zur Kinderpornographie nicht losgelöst von demjenigen zur einfachen Pornographie des § 184 StGB. Es liegt deshalb nahe, es im Rahmen einer Neuordnung des 13. Abschnitts bei einem Zusammenfassen der Tatbestände zum Schutz von Straftaten im Zusammenhang mit der Pornographie in einer eigenen Deliktsgruppe zu belassen.

Hierfür spricht ferner, dass anderenfalls konsequenterweise auch die Regelungen von §§ 184c, 184d und 184e StGB zur Jugendpornographie aus dem Zusammenhang der die Pornographie betreffenden Straftaten herauszulösen und den alle Minderjährigen betreffenden strafrechtlichen Jugendschutznormen zuzuordnen wären. Dies hätte eine Aufteilung der Pornographiebestimmungen in Kinderschutz-, Jugendschutzregelungen sowie sonstige Regelungen zur einfachen bzw. harten Pornographie zur Folge. Es würde zu einer Streuung über den 13. Abschnitt hinweg führen, was im Hinblick auf die Zielsetzung einer systematischen Ordnung der Tatbestände dieses Abschnitts gerade auch zu dem Zweck eines einfacheren Zugangs für Normanwender und -adressaten zu den Regelungen kontraproduktiv wäre.

---

[50] BT-Drs. 12/3001, 4; BT-Drs. 12/4883, 8; BGHSt 45, 45 = NJW 1999, 1979; BGHSt 47, 61 = NJW 2001, 3558; BGHSt 59, 180f. = StV 2014, 736; *Baier* ZUM 2004, 40; *Eisele* in Schönke/Schröder, 29. Aufl. 2014, StGB § 184b Rn. 1; *Fischer,* 65. Aufl. 2018, StGB § 184b Rn. 2; *Heger* in Lackner/Kühl, 28. Aufl. 2014, StGB § 184b Rn. 1; *Hörnle* in MüKoStGB, 3. Aufl. 2017, § 184b Rn. 1; *Laubenthal,* Handbuch Sexualstraftaten, 2012, 391; *Wolters/Greco* in SK-StGB, 9. Aufl. 2017, § 184b Rn. 2.

[51] BGH StrVert 2012, 212; BGH NStZ-RR 2013, 340.

[52] BGHSt 59, 181 = StV 2014, 736; *Fischer,* 65. Aufl. 2018, StGB § 184b Rn. 2; *Hörnle* in MüKoStGB, 3. Aufl. 2017, § 184b Rn. 3; zurückhaltender nunmehr *Wolters/Greco* in SK-StGB, 9. Aufl. 2017, § 184b Rn. 1f.

[53] *Heger* in Lackner/Kühl, 28. Aufl. 2014, StGB § 184b Rn. 1; *Laufhütte/Roggenbuck* in LK-StGB, 12. Aufl. 2009, § 184b Rn. 1.

[54] BGHSt 59, 181 = StV 2014, 736.

[55] BGBl. 2015 I 10.

Innerhalb der Gruppe der Pornographietatbestände kann die mit dem 49. StrÄndG gefestigte Reihenfolge der Delikte Verbreitung pornographischer Schriften; Verbreitung gewalt- oder tierpornographischer Schriften; Verbreitung, Erwerb und Besitz kinderpornographischer Schriften; Verbreitung, Erwerb und Besitz jugendpornographischer Schriften; Zugänglichmachen pornographischer Inhalte mittels Rundfunk oder Telemedien; Abruf kinder- und jugendpornographischer Inhalte mittels Telemedien; Veranstaltung und Besuch kinder- und jugendpornographischer Darbietungen prinzipiell beibehalten werden. Zu denken ist allerdings hinsichtlich des Delikts der Verbreitung pornographischer Schriften nicht nur an eine Bereinigung der Bestimmung von nicht mehr zeitgemäßen Tatbeständen dieser Norm. Der besseren Übersichtlichkeit wegen empfiehlt es sich im Rahmen einer Neuordnung die Verbote (§ 184 Abs. 1 StGB) in zwei Absätze aufzuteilen: zum einem die explizit auch den Jugendschutz betreffenden Regelungen (§ 184 Abs. 1 Nr. 1, 2, 3a und 5 StGB), zum anderen die sonstigen Strafbarkeitsbereiche (§ 184 Abs. 1 Nr. 3, 4, 6, 7 und 8 StGB). Im Zuge einer Anpassung des Schriftenbegriffes an modernere Formen der Inhalteverbreitung wird zudem die Integration des Inhalts von § 184d StGB, der an eine Tatbegehung mittels Rundfunk oder Telemedien anknüpft, in die §§ 184 bis 184c StGB zu erwägen sein.[56]

Will man – trotz Zweifel an der selbst ein im Inland strafloses Handeln nur wegen ausländischer Strafdrohungen sanktionierenden Norm auch unter dem Aspekt des Schuldprinzips[57] – eine Bestimmung mit dem Regelungshalt von § 184 Abs. 1 Nr. 9 StGB beibehalten,[58] sollte insoweit eher an eine Verlegung in den 3. Abschnitt des Besonderen Teils des StGB über die Straftaten gegen ausländische Staaten gedacht werden. Denn § 184 Abs. 1 Nr. 9 StGB ist im 13. Abschnitt über die Straftaten gegen die sexuelle Selbstbestimmung systemfremd, da die Norm zumindest unter anderem dem Schutz außenpolitischer Beziehungen dient.[59] Vermieden werden sollen Konflikte mit anderen Staaten, soweit in diesen strengere Verbotsnormen für pornographische Darstellungen bestehen.

6. *Tatbestände zum Schutz vor sexuellen Belästigungen*

Die Vermeidung von Belästigungen bezwecken § 184i StGB sowie einige der in §§ 184ff. StGB enthaltenen Handlungsmodalitäten im Rahmen der Verbreitung pornographischer Schriften. Eine entsprechende Zielrichtung verfolgt die Strafnorm der Ausübung der verbotenen Prostitution (§ 184f StGB). Vor einer Konfrontation mit sexuellen Handlungen sollen speziell im Bereich der Normen des Kinder- und Jugendschutzes zudem Minderjährige bewahrt werden. So macht sich etwa wegen Sexueller Handlungen zum Nachteil von Schutzbefohlenen gem.

---

[56] So BMJV, Abschlussbericht der Reformkommission zum Sexualstrafrecht, 2017, S. 19.

[57] *Fischer,* 65. Aufl. 2018, StGB § 184 Rn. 22.

[58] Für eine Streichung bereits *Beisel,* Die Kunstfreiheitsgarantie des Grundgesetzes und ihre strafrechtlichen Grenzen, 1997, 238.

[59] BT-Drs. 6/3521, 61; *Eisele* in Schönke/Schröder, 29. Aufl. 2014, StGB § 184 Rn. 5; *Gössel,* Das neue Sexualstrafrecht, 2005, 211; *Heger* in Lackner/Kühl, 28. Aufl. 2014, StGB § 184 Rn. 1; *Hörnle* in MüKoStGB, 3. Aufl. 2017, § 184 Rn. 9; *Laufhütte/Roggenbuck* in LK-StGB, 12. Aufl. 2009, § 184 Rn. 1; *Wolters/Greco* in SK-StGB, 9. Aufl. 2017, § 184 Rn. 83.

§ 174 Abs. 3 Nr. 1 StGB strafbar, wer sich vor einer ihm schutzbefohlenen Person sexuell betätigt. Im Bereich der Tatbestände der sexuellen Handlungen zum Nachteil von Kindern schützt § 176 Abs. 4 Nr. 1 StGB vor der Vornahme solcher Aktivitäten vor einem Kind. Besonders werden Kinder zudem durch § 176 Abs. 4 Nr. 4 StGB vor einer Konfrontation mit pornographischen Inhalten geschützt. Diese Bestimmungen sind bereits in andere Deliktsgruppen einbezogen. Damit verbleiben in der Deliktsgruppe der Tatbestände zum Schutz vor sexuellen Belästigungen im Hinblick auf eine Einordnung in den 13. Abschnitt noch die Regelungsbereiche von § 183 und § 183a StGB.

a) Belästigungen Unbeteiligter durch ungewollte Wahrnehmung

§ 183 und § 183a StGB schützen den Einzelnen davor, bestimmte Vorgänge sexualbezogener Art ungewollt wahrnehmen zu müssen. Der Tatbestand des § 183 StGB soll als Ausprägung des Rechts auf sexuelle Selbstbestimmung vor Belästigungen durch exhibitionistische Betätigung eines Mannes bewahren,[60] also davor schützen, dass dieser einer männlichen oder weiblichen Person ohne deren Einverständnis – in der Regel für das Opfer überraschend – sein entblößtes Geschlechtsteil zeigt. Dabei wird die Entblößung in der Absicht vorgenommen, eine optische Beziehung zu dem körperlich anwesenden anderen herzustellen, indem eine Wahrnehmung durch diesen erfolgt.[61]

In einem engen Zusammenhang mit § 183 StGB steht das Delikt der Erregung öffentlichen Ärgernisses. Auch hier wird ein Individualanspruch geschützt. Bei § 183a StGB ist es das Bewahrtwerden davor, mit in der Öffentlichkeit vorgenommenen sexuellen Aktivitäten ungewollt unmittelbar so konfrontiert zu sein, dass diese zu einer Verletzung des Scham- und Anstandsgefühls führen.[62] Eine Strafbarkeit nach § 183a StGB setzt als sexuelle Handlung eine solche mit einer objektiven Sexualbezogenheit im äußeren Erscheinungsbild des Täterverhaltens voraus,[63] welche die Erheblichkeitsschwelle (§ 184h Nr. 1 StGB) überschreitet.

Die Legitimität von § 183 und § 183a StGB als Strafnormen wird immer wieder in Frage gestellt.[64] Forderungen gehen in Richtung einer Verlagerung in das Ordnungswidrigkeitenrecht. Dies betrifft sowohl § 183 StGB[65] als auch § 183a StGB.[66] Sollen beide Strafnormen erhalten bleiben, wird der enge Zusammenhang weiter-

---

[60] *Eisele* in Schönke/Schröder, 29. Aufl. 2014, StGB § 183 Rn. 1; *Fischer,* 65. Aufl. 2018, StGB § 183 Rn. 2, 4; s. auch *Wolters* in SK-StGB, 9. Aufl. 2017, § 183 Rn. 2 mit Fn. 5 zu abweichenden Positionen.

[61] *Laubenthal,* Handbuch Sexualstraftaten, 2012, 274.

[62] *Laubenthal,* Handbuch Sexualstraftaten, 2012, 285.

[63] *Eisele* in Schönke/Schröder, 29. Aufl. 2014, StGB § 183a Rn. 3; *Hörnle* in MüKoStGB, 3. Aufl. 2017, § 183a Rn. 4.

[64] Siehe bereits *Hanack,* Empfiehlt es sich, die Grenzen des Sexualstrafrechts neu zu bestimmen? Gutachten für den 47. Deutschen Juristentag, 1968, S. A 225ff.; ferner *Bloy* FS Eser, 2005, 254; *Fischer,* 65. Aufl. 2018, StGB § 183 Rn. 2, StGB § 183a Rn. 2a; BMJV, Abschlussbericht der Reformkommission zum Sexualstrafrecht, 2017, S. 18.

[65] *Hörnle,* Grob anstößiges Verhalten. Strafrechtlicher Schutz von Moral, Gefühlen und Tabus, 2005, 462 (für nicht bedrohliche Handlungen).

[66] *Fischer,* 65. Aufl. 2018, StGB § 183a Rn. 2f.; *Sick/Renzikowski* FS Schroeder, 2006, 613.

hin durch deren Einordnung in den 13. Abschnitt mittels zweier aufeinanderfolgenden Paragraphen gewahrt. Dieser enge Zusammenhang ergibt sich bereits aus der Historie der beiden Bestimmungen, als der strafrechtliche Schutz gegen ungewollte Wahrnehmung sexualbezogener Aktivitäten mit dem 4. StrRG vom 23.11.1973 in die beiden Tatbestände § 183 und § 183a StGB ausdifferenziert wurde. Die besondere Verknüpfung der beiden Vorschriften zeigt sich zudem darin, dass kraft ausdrücklicher gesetzlicher Anordnung in § 183a StGB das Delikt der Erregung öffentlichen Ärgernisses gegenüber § 183 StGB subsidiär[67] bleibt, wenn es sich bei der öffentlichen Ärgerniserregung zugleich um eine exhibitionistische Betätigung handelt.

b) Sexuelle Belästigungen mit Körperkontakt

Die Einfügung des Tatbestandes des § 184i StGB, der sexuell intendierte körperliche Berührungen einer anderen Person auch unterhalb der Schwelle der sexuellen Handlungen von einiger Erheblichkeit i.S.v. § 184h Nr. 1 StGB unter Strafe stellt,[68] in den 13. Abschnitt des StGB Besonderer Teil erscheint unter dem Blickwinkel der Systematik sachgerecht.[69] Mit einer solchen Verortung erfolgte eine auch im Gesetzestext sichtbare Grenzziehung zwischen einer Beeinträchtigung des Rechtsguts der sexuellen Selbstbestimmung durch eine Belästigung in grob anstößiger Weise einerseits und einer Missachtung des personalen Geltungswerts als einem Angriff auf die Ehre einer Person iSd § 185 StGB andererseits.[70]

Der Verzicht auf eine Erheblichkeitsschwelle entsprechend § 184h Nr. 1 StGB ließ es zudem als ratsam erscheinen, den neuen Belästigungstatbestand als Norm erst hinter derjenigen über die Begriffsbestimmungen in den 13. Abschnitt einzufügen. Im Fall einer Beibehaltung des Regelungsgehalts der Belästigungsdelikte von § 183 und § 183a StGB als Strafnormen wäre es zwar sinnvoll, diese mit der neuen Belästigungsbestimmung in einer Deliktsgruppe zusammenzufassen. Allerdings enthält der Tatbestand der Erregung öffentlichen Ärgernisses den Begriff der sexuellen Handlung, welcher sich nach § 184h Nr. 1 StGB bestimmt, während der Belästigungstatbestand des § 184i StGB sich auch auf sexuelle Übergriffe unterhalb der Erheblichkeitsschwelle bezieht.

7. *Sonstige Vorschriften*

Im Hinblick auf eine Neuordnung des 13. Abschnitts bleiben noch der Tatbestand des § 184j StGB sowie § 181b und § 184h StGB zu berücksichtigen.

---

[67] *Eisele* in Schönke/Schröder, 29. Aufl. 2014, StGB § 183a Rn. 8; *Laubenthal,* Handbuch Sexualstraftaten, 2012, 287; *Wolters* in SK-StGB, 9. Aufl. 2017, § 183a Rn. 8.

[68] BT-Drs. 18/9097, 30; *Hörnle* NStZ 2017, 20; *Renzikowski* in MüKoStGB, 3. Aufl. 2017, § 184i Rn. 1; krit. *Fischer,* 65. Aufl. 2018, StGB § 184i Rn. 2; *Frommel* in NK-StGB, 5. Aufl. 2017, § 184i Rn. 4; *Noltenius* in SK-StGB, 9. Aufl. 2017, § 184i Rn. 2.

[69] So auch *Hermann* in Abschlussbericht der Reformkommission zum Sexualstrafrecht, 2017, 989ff.

[70] Zur Sexualbeleidigung siehe *Laubenthal,* Handbuch Sexualstraftaten, 2012, 49ff.

a) Straftaten aus Gruppen

Die im Jahr 2016 in das StGB eingefügte Norm der Straftaten aus Gruppen ist zu Recht auf mannigfache Kritik im Hinblick auf ihre Bestimmtheit und das Schuldprinzip gestoßen, die darin gipfelt, der Gesetzgeber habe „etwas Einzigartiges geschafft: einen Straftatbestand, der aufgrund seiner inneren Widersprüchlichkeit unanwendbar ist."[71] Mit § 184j StGB sollen vermeintliche Strafbarkeitslücken im Vorfeld strafbarer sexueller Handlungen und Belästigungen, die aus Gruppen heraus verübt werden, durch ein Gefährdungsdelikt[72] geschlossen werden, indem die bloße Beteiligung an einer Personengruppe, die andere Personen zur Begehung von Straftaten bedrängt, pönalisiert ist. Die Bestimmung schützt jedenfalls keine anderen Rechtsgüter als diejenigen, die §§ 177, 184i StGB zugrunde liegen,[73] sondern knüpft an diese Normen, deren Verwirklichung hier nach dem Willen des Gesetzgebers eine objektive Strafbarkeitsbedingung bildet, an.[74] Systematisch erscheint die Positionierung der Bestimmung nach den Begriffsbestimmungen damit durchaus sachgerecht, weil sie sich mit § 184i StGB auch auf eine Norm bezieht, die gerade keine sexuelle Handlung iSv § 184h Nr. 1 StGB voraussetzt. Vorzugswürdig bliebe allerdings die alsbaldige Streichung der unklaren und unnötigen Vorschrift.[75] Dem Vorschlag, sie stattdessen im Allgemeinen Teil des StGB bei den Vorschriften über Täterschaft und Teilnahme (§§ 25 ff. StGB) anzusiedeln,[76] sollte also im Hinblick auf die zahlreichen, gegen die Bestimmung gerichteten Einwände grundsätzlicher Natur nicht nähergetreten werden.

b) Führungsaufsicht

Die Anordnung von Führungsaufsicht bei Sexualstraftaten des 13. Abschnitts ermöglicht § 181 b StGB unter den Voraussetzungen des § 68 Abs. 1 StGB. Diese Norm bezieht sich auf den Anwendungsfall der Maßregel der Besserung und Sicherung bei bestimmten rückfallträchtigen Delikten. Hat bei diesen der Täter eine zeitige Freiheitsstrafe von mindestens sechs Monaten verwirkt und besteht die Gefahr der Begehung weiterer Straftaten, kann das Gericht neben der Strafe die Führungsaufsicht anordnen. § 181 b StGB sieht ein solches Vorgehen jedoch ausdrücklich nur in den Fällen von § 174 bis § 174c, § 176 bis § 180, § 181a und § 182 StGB vor. Dieser Katalog begrenzt zugleich im Hinblick auf den 13. Abschnitt das Delikts-

---

[71] *Renzikowski* in MüKoStGB, 3. Aufl. 2017, § 184j Rn. 1; krit. weiter *Eisele* RPsych 2017, 26; *Fischer,* 65. Aufl. 2018, StGB § 184j Rn. 20f.; *Frommel* in NK-StGB, 5. Aufl. 2017, § 184j Rn. 5ff.; *Hoven/Weigend* JZ 2017, 190f.; *Noltenius* in SK-StGB, 9. Aufl. 2017, § 184j Rn. 2, 12; zustimmend aber *Hörnle* NStZ 2017, 21.

[72] Für abstraktes Gefährdungsdelikt *Renzikowski* in MüKoStGB, 3. Aufl. 2017, § 184j Rn. 6, für konkretes *Frommel* in NK-StGB, 5. Aufl. 2017, § 184j Rn. 1.

[73] Weitergehend *Frommel* in NK-StGB, 5. Aufl. 2017, § 184j Rn. 2: kein individuelles Gut geschützt.

[74] Dazu BT-Drs. 18/9097, 31; zur Kritik insofern *Fischer,* 65. Aufl. 2018, StGB § 184j Rn. 20; *Noltenius* in SK-StGB, 9. Aufl. 2017, § 184j Rn. 13; *Renzikowski* in MüKoStGB, 3. Aufl. 2017, § 184j Rn. 5.

[75] So auch BMJV, Abschlussbericht der Reformkommission zum Sexualstrafrecht, 2017, S. 14; vgl. ferner *Bezjak* KJ 2016, 557 (569).

[76] *Hörnle* NStZ 2017, 21.

spektrum, in welchem nach § 68f Abs. 1 S. 1 StGB schon nach vollständiger Vollstreckung einer mindestens einjährigen Freiheitsstrafe Führungsaufsicht kraft Gesetzes eintritt.

Eine Erweiterung des Anwendungsbereichs von § 181b StGB über den dort normierten Katalog hinaus (zB Verurteilungen wegen Straftaten in Bezug auf die sog. harte Pornographie) bleibt nicht ausgeschlossen. Daher sollte die Bestimmung nicht weiterhin unsystematisch inmitten von Straftatbeständen stehen mit dem Paragraphen zur Führungsaufsicht vorgelagerten Bestimmungen und der erst folgenden Regelung von § 182 StGB. Sinnvoller erscheint es, die Vorschrift, welche für die Führungsaufsicht besonders vorgesehene Straftaten bezeichnet, unmittelbar vor der Begriffsbestimmungen beinhaltenden Norm einzufügen. Alternativ könnte sie an das Ende des Abschnitts als § 184k StGB gestellt werden.

c) *Begriffsbestimmungen*

Die Einordnung des Belästigungstatbestandes in den 13. Abschnitt des Besonderen Teils des StGB und dessen Anfügen an die Norm über Begriffsbestimmungen als § 184i StGB hätte es nahe legen können, den Inhalt von § 184h StGB statt „Im Sinne dieses Gesetzes sind …" mittels Bezugnahme auf die vorangehenden Regelungen des 13. Abschnitts zu konkretisieren. Der Begriff der sexuellen Handlungen ist jedoch nicht nur in zahlreichen Vorschriften des 13. Abschnitts enthalten. Die sexuelle Handlung findet sich auch als Tatbestandsmerkmal in § 232 Abs. 1 und § 232a Abs. 1, 3 und 6 StGB. Bei Beibehaltung von § 184h StGB sollte sich somit insoweit nichts ändern.[77]

[77] Für eine Streichung von § 184h Nr. 1 StGB *Laubenthal* FS Streng, 2017, 99.

REGINA MICHALKE

Geldwäsche: Die Kriminalpolitik oder was uns der Fall Al Capone lehren sollte

I. Der Fall Al Capone

Der Überlieferung nach hat der berüchtigte amerikanische Gangsterboss Alphonse „Al“ Capone die Geldwäsche erfunden.[1]

Als Al Capone im Jahr 1931 ein einziges Mal vor Gericht stand und nach seinem Beruf gefragt wurde, gab er an, im „Wäscherei-Business“ (laundry business) tätig zu sein.[2] Dies entsprach insoweit den Tatsachen, als er Jahre zuvor eine in den USA weit verzweigte Kette von Waschsalons erworben hatte. Man vermutete allerdings, dass der Einkauf in dieses florierende „Business“ auch von der Zielsetzung getragen war, den durch die Bestückung der Waschautomaten mit Bargeld unübersichtlichen Geldumlauf dazu auszunutzen, Einnahmen aus seinen anderen und illegalen Geschäften damit zu vermischen und sie somit – wie die schmutzige Wäsche in den Maschinen – zu „waschen“.

In seinem Prozess half Al Capone die Angabe dieses Berufs nicht viel. Er wurde verurteilt, allerdings nicht wegen Geldwäsche. Ein solches Delikt gab es damals noch nicht. Das Gericht sprach ihn vielmehr der Steuerhinterziehung schuldig und ahndete dies mit einer langjährigen Freiheitsstrafe.

Dass es überhaupt zu diesem Prozess kam, war erstaunlich. War es doch der Justiz in den Jahren davor nicht gelungen, Al Capone all der schweren Straftaten zu überführen, derer man ihn seit langem verdächtigte, darunter illegales Glückspiel, Korruption, Schmuggel, Schutzgelderpressung, Mord. Es fehlten den Ermittlungsbehörden trotz aller Bemühungen die notwendigen Beweise gegen den Verdächtigen.

Die Chance, dieses Manko wettzumachen kam 1927. In diesem Jahr entschied der Supreme Court der USA in einem Verfahren gegen Manley Sullivan, der über illegalen Alkoholschmuggel während der Prohibitionszeit steinreich geworden war, dass die Ungesetzlichkeit eines Geschäftes kein Grund sei, die daraus erzielten Erträge von der Steuerpflicht auszunehmen.[3] In Ansehung dieser Entscheidung soll der damalige Präsident der Vereinigten Staaten Herbert Clark Hoover zu seinem Fi-

---

[1] Aus *Ulli Kulke,* welt.de, veröffentlicht 25.4.2016: https://www.welt.de/geschichte/article154717096/Waeschereibesitzer-Al-Capone-erfand-die-Geldwaesche.html; https://anticorruptiondigest.com/anti-corruption-news/2017/07/06/how-al-capone-gave-us-the-term-money-laundering/, 21.5.2018: s. auch die Lit.-Hinweise bei Herzog/Achtelik GwG, 2. Aufl., Einleitung Rn. 2.

[2] aaO.

[3] United States v. Sullivan, 274 US 259 (1927).

nanzminister Andrew Mellon geäußert haben: *„I want that man Capone in jail“*[4]. Daraufhin machten sich der Ermittler Frank Wilson und fünf Beamte des Finanzministeriums daran, Beweise für Steuerdelikte gegen Al Capone zusammenzutragen.[5] Die Ermittlungen gestalteten sich vor allem deshalb schwierig, weil Al Capone anscheinend über kein eigenes Einkommen verfügte. Wie die Ermittler anhand der Buchhaltungsunterlagen von Hotels, Autohändlern, Juwelieren und hochpreisigen Einkaufsstätten herausfanden, pflegte er zwar einen überaus luxuriösen Lebensstil, verkehrte in den besten Hotels, bewohnte die teuersten Anwesen, fuhr die größten Autos und war großzügiger Gastgeber von begehrten Partys. Von daher sprach alles dafür, dass er sich aus den illegalen Einkünften aus Spielhöllen, Rennställen, Schmuggelei, Bordellen in Höhe von jährlich mehreren Hundert Millionen Dollar finanzierte. Ein luxuriöses Leben zu führen ist aber allein noch kein Beleg für illegale Gewinne. Und da Al Capone über keine Bankkonten verfügte und niemals einen Scheck oder eine Quittung ausstellte, war der Beweis für ein eigenes Einkommen nicht zu führen. Der Chefermittler Frank Wilson erinnerte sich Jahre später an die frustrierenden Ermittlungen: *„I prowled the crummy streets of Cicero*[6]*, where a twitch of Al's little finger had the force of an edict, but there was no clue that a dollar from the big gambling places, the horse parlors, the brothels, or the bootleg joints ever reached his coffers.“*[7]

Erst als ein „Insider“ sich zur Aussage entschloss und erklärte, dass Al Capone Schecks von ihm in einer Spielhalle erhalten hatte und nachdem die Anwälte Al Capones, um einen Deal („plea bargaining“) zu erreichen, auf die Finanzbehörden zugingen und freiwillig „Zahlen“ über Einkünfte auf den Tisch legten, gelang den Ermittlern der Durchbruch. Es kam zum Prozess, in dem das wichtigste Beweisstück das Blatt Papier war, auf dem die Anwälte die Beträge von (einigen) Einkünften aufgeschrieben hatten. Der Schuldspruch der Jury lautete auf Steuerhinterziehung in Höhe von 200.000 US-Dollar und Al Capone wurde zu einer Freiheitsstrafe von 11 Jahren verurteilt. Dies war die höchste Strafe, die bis dahin ein Gericht für Steuerhinterziehung verhängt hatte.

II. Versuch einer vergleichenden Betrachtung

Der Prozess gegen Al Capone war eine „Alibi“-Veranstaltung. Die schweren Straftaten, deren man Al Capone verdächtigte, konnten trotz aller Ermittlungsbemühungen nicht bewiesen werden. Der Vorwurf der Steuerhinterziehung diente

[4] „Ich will den Mann Capone im Gefängnis sehen.“, *Douglas O. Linder,* „Al Capone Trial (1931) An Account“: http://famous-trials.com/alcapone/1474-home, 21.5.2018.

[5] *Douglas O. Linder,* „Al Capone Trial (1931) An Account“: http://famous-trials.com/alcapone/1474-home, 21.5.2018.

[6] Stadt in Illinois

[7] „Ich streifte durch die lausigen Straßen von Cicero, wo ein Fingerschnipp Al Capones Gesetz war, aber es gab nicht den geringsten Beweis dafür, dass auch nur ein einziger Dollar aus den Spielhallen, den Pferderennbahnen, den Bordellen oder den Schmuggeleien jemals in seinen Taschen landete.“, *Douglas O. Linder,* „Al Capone Trial (1931) An Account“: http://famous-trials.com/alcapone/1474-home, 21.5.2018.

dazu, ihn überhaupt vor Gericht zu bringen. Und hätte er nicht selbst (einige wenige) Einkünfte zugestanden, wäre womöglich auch dieser Vorwurf in sich zusammengefallen. Die drakonische Freiheitsstrafe dürfte weniger der überschaubaren hinterzogenen Steuer gegolten haben, als den vielen und schweren, wenn auch nicht beweisbaren anderen Straftaten.

Auch unsere heutige Geldwäschebekämpfung lebt von Mythen, von dem Mythos der volkswirtschaftlichen Schäden in Milliardenhöhe und dem Mythos einer überbordenden Kriminalität. Beides erscheint so offensichtlich, ist aber dennoch in der Realität nicht zu fassen. Sie befeuern fortlaufend den Gesetzgeber, immer weitergehende Regelungen zur Überwachung der Bürger zu schaffen und diese sogar selbst zu verpflichten, in einem Jeden, der am Wirtschaftsleben teilnimmt, einen potentiellen Geldwäscher zu sehen. Die jährlich eingehenden Geldwäsche-Verdachtsanzeigen aufgrund der Verpflichtungen im Geldwäschebekämpfungsgesetz belaufen sich inzwischen auf jährlich mehrere Zehntausende. Für diese vielen „Verdächtigen" dürfte es ein geringer Trost sein, dass gleichzeitig festzustellen ist, dass sich die strafrechtlichen Verurteilungsquoten für Geldwäsche seit Jahren auf dem gleichen verschwindend niedrigen Level bewegen.

Wie erklären sich diese Widersprüche? Brauchen wir eine Geldwäschebekämpfung als „Alibi", um Aktionismus vorzutäuschen, weil die eigentliche Kriminalitätsbekämpfung versagt? Was handeln wir uns ein mit Zehntausenden von unschuldig Verdächtigen, die beständig neu generiert werden? Welche Gefahren erwachsen daraus?

Der Beitrag versucht Antworten auf diese Fragen zu finden und greift dabei gerne auch auf die zahlreichen Publikationen des verehrten Jubilars zu diesem Thema zurück.

1. § 261 StGB

Was in Deutschland unter Geldwäsche verstanden wird, ergibt sich aus dem Straftatbestand des § 261 StGB. Die Vorschrift wurde im Jahr 1992[8] neu in das Strafgesetzbuch aufgenommen. Ihr Ziel ist, die Erträge aus Straftaten verkehrsunfähig zu machen. Straftaten sollen sich auch finanziell nicht lohnen. Mit § 261 StGB soll die Geldwäsche „ausgemerzt"[9] werden. Der Katalog der Delikte, an die § 261 StGB anknüpft (sog. Katalog- oder Vortaten), wurde über die Jahre immer wieder erweitert, so dass es heute nur noch wenige Straftatbestände gibt, deren daraus erzielte Erträge nicht „geldwäschetauglich" im Sinne des § 261 StGB sind. Das Rechtsgut der Bestimmung ist die staatliche Rechtspflege sowie das durch die Vortat verletzte Rechtsgut.[10]

§ 261 StGB, der seit 1992 bereits 24 Mal[11] geändert wurde[12], ist nicht nur ein dogmatisches, sondern mit seinen neun Absätzen auch ein sprachliches Monstrum.

---

[8] BGBl. 1992 I 1302.

[9] Europäischer Rat in Tampere im Oktober 1999, Bulletin Nr. 84, Nr. X. 51, abgedruckt NJW 2000, 339f.; hierzu auch *Fischer,* ZEIT-Kolumne „Woher haben Sie dieses Geld": http://www.zeit.de/gesellschaft/zeitgeschehen/2015-10/geldwaesche-fischer-im-recht, 21.5.2018.

[10] BT-Drs. 12/989, 27: *Kargl* Neue Justiz 2001, 57ff.; das Rechtsgut als „vage" bezeichnet hat das BVerfG 2 BvR 1520/01, Rn. 100, NJW 2004, 1305.

[11] Nach Zählung der Autorin.

[12] S. auch die Übersicht bei *Fischer,* 65. Aufl. 2018, StGB § 261 Rn. 1.

So manchem juristischen Laien und bisweilen auch dem nicht strafrechtlich kundigen Juristen ist deshalb wenig geläufig, dass der Tatbestand der Geldwäsche nicht allein dadurch erfüllt wird, dass der Täter, zB eines gewerbsmäßigen Betruges, daraus irgendwelche Erträge (zB Geld) erzielt. Dieser Umstand ist bereits Bestandteil des betreffenden Betrugstatbestands und die Tatbeute kann aufgrund der erst kürzlich novellierten Abschöpfungsregeln (§§ 73ff. StGB[13]) konfisziert werden. Geldwäsche begeht demgegenüber erst derjenige, der in dem Bewusstsein der strafbaren Herkunft einen Gegenstand (zB Geld) *„verbirgt, dessen Herkunft verschleiert oder die Ermittlung der Herkunft verschleiert oder die Ermittlung der Herkunft, das Auffinden, die Einziehung oder die Sicherstellung eines solchen Gegenstands vereitelt oder gefährdet"* (Abs. 1) – oder sich schlicht *„verschafft"* (Abs. 2). Der Bankräuber verübt den Raub und erbeutet Geld (= die Vortat) und derjenige, der in dem Bewusstsein dieser Vortat auch nur leichtfertig das Geld von dem Räuber annimmt (ihm zB ein Auto verkauft), macht sich wegen Geldwäsche strafbar.[14] Die Geldwäsche hat also immer zwei „Stufen". Zunächst muss feststehen, dass eine Straftat, die Vortat, begangen wurde, und erst dann ist Raum für die Erfüllung des Geldwäschetatbestands. Dies bedeutet auch, dass wer auch immer einen Verdacht auf eine Geldwäschetat äußert, diese beiden Komponenten im Auge haben muss.

Die Weite des Geldwäschetatbestandes wird ua daran deutlich, dass selbst ersparte Steueraufwendungen als das Ergebnis von gewerbsmäßiger Steuerhinterziehung als bemakelt gelten. Bei der sog. Steuerhehlerei (§§ 373 und 374 AO) bezieht sich die Geldwäsche sogar auf diejenigen Gegenstände, hinsichtlich derer die Abgaben hinterzogen wurden (§ 261 Abs. 1 S. 3 StGB). Das heißt, um es vereinfacht auszudrücken, dass auch originär legal erworbene Vermögensbestandteile wie zB bebaute oder unbebaute Grundstücke zum Geldwäsche tauglichen Gegenstand werden.[15] Wenn dies noch nicht reicht, führt jedenfalls die sog. „Infizierungstheorie", nach der auch die Vermischung von (nicht völlig unerheblichen[16]) bemakelten Vermögensteilen mit legalen die Kontamination des gesamten vorhandenen Vermögens bewirkt, zum Tatbestandserfolg.[17]

Der verehrte Jubilar weist seit Jahren darauf hin, dass die Theorie von der ubiquitären Bemakelung nahezu des gesamten Umlauf- und Anlagevermögens auf der Welt eine objektiv tatbestandliche – und in Ansehung solcher offenkundiger Erkenntnisse auch subjektive – Geldwäsche durch einen jeden von uns praktisch unvermeidbar mache.[18] Dem Ansinnen, mit Hilfe des § 261 StGB die Geldwäsche auf unserem Erdball „auszumerzen"[19], begegnet er daher zu Recht mit Skepsis. Ein sol-

---

[13] G v. 13.4.2017, BGBl. 2017 I 872, in Kraft seit 1.7.2017.

[14] Des besseren Verständnisses halber soll hier das Sonderproblem außer Betracht bleiben, dass unter bestimmten Voraussetzungen auch der Vortäter selbst sich wegen Geldwäsche strafbar machen kann; vgl. hierzu *Fischer,* 65. Aufl. 2018, StGB § 261 Rn. 18 mwN.

[15] *Fischer,* 65. Aufl. 2018, StGB § 261 Rn. 8a.

[16] OLG Karlsruhe NJW 2005, 767ff.

[17] Näheres hierzu *Fischer,* 65. Aufl. 2018, StGB § 261 Rn. 8.

[18] Zur Infizierungstheorie *Michalke,* Strafverteidigung im Rechtsstaat, 25 Jahre Arbeitsgemeinschaft des Deutschen Anwaltvereins, 2009, 346ff.

[19] Bulletin Europäischer Rat in Tampere, NJW 2000, 339f.; *Fischer,* 65. Aufl. 2018, StGB § 261 Rn. 4a.

ches Vorhaben, so *Fischer,* sei realitätsfern, weil es entweder das Ende von Kriminalität oder die Abschaffung des Geldes voraussetzte.

2. *Das Geldwäschebekämpfungsgesetz*

§ 261 StGB wird flankiert ua durch das Gesetz über das Aufspüren von Gewinnen aus schweren Straftaten, auch Geldwäschebekämpfungsgesetz genannt (GwG)[20]. Auch das GwG wurde seit seinem Inkrafttreten mehrfach geändert. Die jetzige im Juni 2017 novellierte Fassung ist der Umsetzung der 4. Geldwäscherichtlinie der EU[21] geschuldet, in der zahlreiche Regularien für die Bekämpfung der Geldwäsche und Terrorismusfinanzierung neu geschaffen wurden. Diese gehen wieder maßgeblich auf Empfehlungen der Financial Action Task Force (FATF) zurück, einer zwischenstaatlichen Arbeitsgruppe mit Sitz in Paris, die 1989 von den G7-Staaten ins Leben gerufen wurde.[22] Durch die Neufassung ist das GwG von vormals 17 auf jetzt 59 Vorschriften angewachsen.

Im Mittelpunkt des GwG steht der sog. „risikobasierte Ansatz", was bedeutet, dass von den Adressaten des GwG, den „Verpflichteten", im Hinblick auf jeden Geschäftspartner und für jede Geschäftsbeziehung oder Transaktion zu beurteilen ist, welches Risiko im Hinblick auf Geldwäsche und Terrorismusfinanzierung besteht.

Der Kreis der „Verpflichteten" ist groß und in § 2 GwG in 16 Unterpunkten festgelegt. Es sind dies: Alle Kredit-, Finanzdienstleistungs- und Zahlungsinstitute, selbständige Gewerbetreibende, Finanz- und Versicherungsunternehmen, Versicherungsvermittler, Kapitalverwaltungsgesellschaften, Rechtsanwälte, Notare, Wirtschaftsprüfer, Immobilienmakler, Veranstalter und Vermittler von Glücksspielen und Güterhändler. Teil des einzurichtenden Risikomanagements[23] sind regelmäßige Risikoanalysen[24] und durch das GwG im Einzelnen festgelegte umfangreiche interne Sicherungsmaßnahmen[25]. Hierzu zählt neben weitreichenden Identifizierungspflichten[26] die Bestellung eines Geldwäschebeauftragten[27], die Einrichtung eines Hinweisgebersystems[28] sowie umfangreiche Aufzeichnungs- und Aufbewahrungspflichten[29]. Kontrolliert wird die Einhaltung der Pflichten der „Verpflichteten" von den jeweiligen (berufsspezifischen) Aufsichtsbehörden, darunter zB die Bundesanstalt für Finanzdienstleistungsaufsicht, die Aufsichtsbehörde für das Ver-

---

[20] Gesetz zur Umsetzung der Vierten EU-Geldwäscherichtlinie, zur Ausführung der EU-Geldtransferverordnung und zur Neuorganisation der Zentralstelle für Finanztransaktionsuntersuchungen (Geldwäschebekämpfungsgesetz) vom 23.6.2017, BGBl. 2017 I 1822ff. (Nr. 39).

[21] RL (EU) 2015/849 des Europäischen Parlaments und des Rates vom 20.5.2015: http://eur-lex.europa.eu/legal-content/DE/TXT/PDF/?uri=CELEX:32015L0849&from=DE.

[22] FATF-Empfehlungen 2012, Ziff. 1; BT-Drs. 18/11555, 88; vgl. auch *Yoo Jin Kim* ZWH 2017, 365ff.

[23] § 4 GwG.

[24] § 5 GwG.

[25] § 6 GwG.

[26] §§ 11ff. GwG.

[27] § 7 GwG.

[28] § 6 Abs. 5 GwG.

[29] § 8 GwG.

sicherungswesen, die Rechtsanwalts-, Wirtschaftsprüfer- und Steuerberaterkammern sowie für die Notare der Präsident des örtlichen Landgerichts.[30]

Im Mittelpunkt des GwG steht – wie bei den Vorgängerfassungen – die Verpflichtung zur Anzeige von Verdächtigen und verdächtigen Transaktionen nach § 43 GwG. Zuständig für die Entgegennahme der Anzeigen ist (jetzt) ausschließlich die Zentralstelle für Finanztransaktionsuntersuchungen (FIU[31]). Sie war bisher beim Bundeskriminalamt angesiedelt[32], wurde nunmehr aber in den Geschäftsbereich der Generalzolldirektion verlagert und untersteht der Aufsicht des Bundesministeriums der Finanzen.[33] Von den „Verpflichteten" nach dem GwG müssen Verdachtsanzeigen erstattet werden, wenn Tatsachen vorliegen, die *„darauf hindeuten"*, dass ein Vermögensgegenstand im Zusammenhang mit einer strafbaren Vortat der Geldwäsche oder mit Terrorismusfinanzierung stehen könnte oder wenn der Vertragspartner seiner Pflicht nicht nachkommt, offenzulegen, ob er die Geschäftsbeziehung oder die Transaktion für einen wirtschaftlichen Berechtigten begründen, fortsetzen oder durchführen will (§ 43 Abs. 1 GwG). Über die Verdachtsanzeige darf der „Verdächtige" nicht informiert werden (§ 47 GwG).

Um solche Tatsachen ermitteln zu können, müssen Wirtschaftsunternehmen, Kreditinstitute, Versicherungen und praktisch alle, die am Wirtschaftsleben teilnehmen, ihre Geschäftspartner und Kunden systematisch „screenen" und „monitoren". Dies gilt grundsätzlich auch für Rechtsanwälte und Steuerberater, es sei denn, der meldepflichtige Sachverhalt bezieht sich auf Informationen, die sie Rahmen eines der Schweigepflicht unterliegenden Mandatsverhältnisses erhalten haben. Die Rückausnahme ist, dass sie positiv wissen, dass der Vertragspartner das Mandatsverhältnis für Geldwäsche oder Terrorismusfinanzierung nutzt (§ 43 Abs. 2 GwG).

Die Zentralstelle kann die im Zuge von Verdachtsmeldungen erhaltenen Informationen und Daten u. a. mit den polizeilichen Informationssystemen abgleichen und Daten bei den Finanzbehörden abrufen[34]. Des Weiteren ist die Datenübermittlung an die Strafverfolgungsbehörden, das Bundesamt für Verfassungsschutz[35] sowie der Datenaustausch mit europäischen und internationalen Stellen[36] vorgesehen. Nur eingeschränkt kann der von einer Verdachtsanzeige Betroffene hierüber im Nachhinein Informationen erhalten.[37]

Eine dabei ganz neue Errungenschaft ist das Transparenzregister (§§ 18–26 GwG), das Unternehmen aufgibt, Angaben zum wirtschaftlichen Berechtigten einzuholen, aufzubewahren, auf dem neuesten Stand zu halten und der registerführenden Stelle unverzüglich mitzuteilen. Zur Einsichtnahme in dieses Transparenzregister sind die in § 23 GwG aufgeführten Behörden befugt, aber nach § 23 Abs. 1 S. 1

---

[30] § 50 GwG.

[31] § 27f. GwG. Vor der Novellierung konnten zB die Rechtsanwälte, Notare, Steuerberater und Wirtschaftsprüfer die Geldwäsche-Verdachtsanzeigen gegenüber ihren Berufskammern auf Bundesebene abgeben.

[32] Dort Aufsichtsbehörde: Bundesministerium des Innern.

[33] Vgl. BT-Drs. 18/11555, 136; *Yoo Jin Kim* ZWH 2017, 365ff. (370).

[34] § 31 GwG.

[35] § 32 GwG.

[36] §§ 33 und 34 GwG.

[37] § 49 GwG.

GwG auch *„jeder, der der registerführenden Stelle darlegt, dass er ein berechtigtes Interesse an der Einsichtnahme hat"*. Das Gesetz konkretisiert nicht näher, was unter diesem „berechtigten Interesse" verstanden wird. Aus der Gesetzesbegründung geht hervor, dass zu den insoweit Berechtigten an der Einsicht auch Nichtregierungsorganisationen und recherchierende Journalisten gehören sollen, die den Nachweis ihres Interesses durch die Satzung, das Mandat oder auch bloß durch den Journalistenausweis führen können.[38]

Die Bußgeldvorschrift ist von vormals 17 Fallgruppen auf jetzt 64 angewachsen (§ 56 GwG). Die Obergrenze des Bußgeldes wurde von 100.000 EUR auf jetzt 1 Million EUR oder das Zweifache des aus dem Verstoß gezogenen wirtschaftlichen Vorteils heraufgesetzt.[39] Bei Kredit- und Finanzinstituten kann das Bußgeld bis zu 5 Millionen EUR oder darüber hinaus bis zu 10% des Gesamtumsatzes des (dem Verstoß vorausgegangen) Geschäftsjahrs betragen. Nur zur Klarstellung: Geahndet werden damit keine Geldwäschetaten, sondern die Verletzung der durch das neue GwG den „Verpflichteten" aufgegebenen Pflichten.

Die Aufsichtsbehörden, die die Einhaltung der Verpflichtungen nach dem GwG zu beaufsichtigen und kontrollieren haben, müssen auf ihrer Webseite für fünf Jahre die bestandskräftigen Maßnahmen und Bußgeldanordnungen gegen diejenigen, die sich nicht an die Vorschriften des GwG gehalten haben, unter namentlich Nennung der betreffenden Personen oder der Unternehmen (*„naming & shaming"*[40]) aufführen.

Der Erfüllungsaufwand für die Wirtschaft zur Umsetzung der 4. Geldwäscherichtlinie wird in der Begründung des GwG mit jährlich 10.4 Mio. EUR angegeben, für die Verwaltung soll er mit 17.2 Mio. EUR zu Buche schlagen.[41] Das macht jährlich zusammen 27.6 Mio. EUR.

3. *Schätzungen von „Schäden"*

Die Erweiterungen der Vorschriften zur Bestrafung oder zur Bekämpfung von Geldwäsche werden regelmäßig mit immensen durch Geldwäsche verursachten Schäden für die Weltwirtschaft begründet. Der Internationale Währungsfond IWF hat bereits im Jahr 2003 eine Hochrechnung vorgelegt, nach der jährlich zwischen zwei und fünf Prozent des globalen Weltbruttoinlandsprodukts, also ca. 700 bis 1500 Milliarden US-Dollar, der Geldwäsche unterzogen werden. Diese Zahlen erschienen erneut in einem Arbeitspapier der Organisation aus dem Jahr 2007.[42] Ähnliche Schätzungen liegen auch für Deutschland vor. Danach werden hierzulande – mit steigender Tendenz – jährlich Hunderte von Milliarden Euro durch Kriminelle erfolgreich gewaschen – davon allein 20 Milliarden EUR durch Immobiliengeschäfte.[43] Eine italienische Studie gibt die Höhe der von der Mafia erwirt-

---

[38] BT-Drs. 18/12405, 155; vgl. zu den Bedenken auch *Yoo Jin Kim* ZWH 2017, 365ff. (370f.).
[39] § 56 Abs. 2 S. 1 Nr. 1 bis 2 GwG.
[40] Erstmals durch § 40c WpHG kreiert.
[41] BT-Drs. 18/11555, 3f., in Einzelpositionen aufgeschlüsselt S. 94ff.
[42] Aus *Herzog/Achtelik,* 2. Aufl. 2014, GwG Einl. Rn. 103 unter Bezug auf *Schott,* Reference Guide to Anti.-Money Laundering, The World Bank 2003, I.6 und Working Paper 96/55, S. 3.
[43] *Bussmann,* Der Umfang der Geldwäsche in Deutschland und weltweit, 2016.

schafteten Einnahmen aus Geldwäsche in den Jahren 1999 bis 2003 mit 343 Milliarden EUR an.[44]

Es ist das Problem solcher Schätzungen, die meist im Zusammenhang von kriminalpolitischen Kampagnen erscheinen[45], dass es sich um keine belastbaren Erkenntnisse handelt. Dass man nur schätzen kann, wird in den Studien stets mit der hohen Dunkelziffer erklärt, wobei nicht immer mit der erforderlichen Deutlichkeit unterschieden wird, ob damit das Dunkelfeld der Vortaten des § 261 StGB oder das der anschließenden Geldwäschetaten durch Dritte gemeint sind. Manche von ihrer Größenordnung beeindruckende Hochrechnung dürfte dadurch zustande kommen, dass einfach beide Schätzwerte zusammengerechnet werden, nur damit die Zahlen hoch genug ausfallen.

Inzwischen weist selbst die Bundesregierung auf die fehlende Validität dieser Art von Schätzungen hin. In ihrer Antwort auf eine Kleine Anfrage von Abgeordneten der Fraktion der LINKEN vom 17.6.2015[46] nach der Höhe der „Schäden", die durch Geldwäsche entstehen bzw. entstanden sind, heißt es:

„Unabhängig von der Bezifferung des Schadens der rechtlich verfolgten Fälle, existiert – auch auf internationaler Ebene – keine belastbare Berechnungsgrundlage zur Errechnung oder Schätzung der insgesamt durch Geldwäsche generierten Vermögenswerte bzw. des dadurch verursachten ökonomischen Schadens. Die insbesondere von einigen Interessenverbänden und Nichtregierungsorganisationen veröffentlichten Zahlen basieren auf Schätzungen, die nicht belastbar sind. Diese Aussagen sind nicht durch eine wissenschaftlichen Ansprüchen genügende Dunkelfeldstudie abgesichert."

Es ist allerdings nicht ersichtlich, dass hieraus kriminalpolitisch Konsequenzen gezogen werden. Dies lässt sich unschwer der Neufassung des GwG entnehmen. Zwar kommt die Begründung des Gesetzes optisch ohne solche „Zahlen" aus. Der neue erweiterte Maßnahmenkatalog zur Bekämpfung der weltweiten Geldwäsche lässt aber keinen anderen Schluss zu, als dass man auf die mit solchen Hypothesen begründeten weltwirtschaftlichen Katastrophenszenarien reagierten wollte – nur jetzt ohne sich auf das Glatteis einer zahlenmäßigen Schätzung zu begeben.

4. *Die Verurteilungszahlen*

Die Zahl der Verurteilungen wegen Geldwäsche nach § 261 StGB konterkariert alle diese Bemühungen des Gesetzgebers; denn sie fällt außerordentlich bescheiden aus. Aus der oben zitierten Antwort der Bundesregierung auf die oa Kleine Anfrage der Fraktion der LINKEN[47] geht hervor, dass im Jahr 2012 insgesamt 14.361 Verdachtsfälle nach dem GwG an das (damals noch zuständige) Bundeskriminalamt gemeldet wurden. Daraus resultierten 897 Verurteilungen.

---

[44] Aus *Herzog/Achtelik,* 2. Aufl. 2014, GwG Einl. Rn. 103.

[45] Näheres hierzu *Van Dyne,* Geldwäscherei. Nebulöse Umfangschätzungen, Kriminologische Bulletin 1994 I, S. 28ff.; vgl. auch *Herzog/Achtelik,* 2. Aufl. 2014, GwG Einleitung Rn. 103 mwN.

[46] BT-Drs. 18/1763.

[47] BT-Drs. 18/1763.

Im Jahr 2014 gingen nach dem Jahresbericht[48] der Zentralen Meldestelle FIU 24.054 Anzeigen ein. Zu 87% kamen die Meldungen aus den Finanzinstituten. Lediglich 1.272 waren ernst zu nehmende Verdachtsfälle. In 414 Fällen wurden von den Strafverfolgungsbehörden der Erlass von Urteilen, Strafbefehlen oder die Verfassung von Anklageschriften rückgemeldet.

Die Kriminalstatistik für das Jahr 2016, die den polizeilichen Erkenntnisstand vor Abgabe der Verfahren an die Staatsanwaltschaft wiedergibt,[49] weist 11.541 Fälle mit einer Aufklärungsrate von 88,8% aus. Die hohe Aufklärungsquote wird damit begründet, dass die „Tatverdächtigen" regelmäßig bereits mit der Verdachtsanzeige bekannt werden.[50] Was hieraus an Verurteilungen nach § 261 StGB resultiert (oder später noch resultieren wird), ist aus der Kriminalstatistik nicht zu ersehen.

Aus dem Jahresbericht der Zentralen Meldestelle FIU für das Jahr 2016[51] geht hervor, dass in diesem Jahr 40.690 Verdachtsmeldungen registriert wurden, davon 35.038 der Meldungen aus dem Kreis der Kreditinstitute. Zusammen mit den restlichen Verpflichtetengruppen des Finanzsektors entfielen nach dem Bericht 99,4% des gesamten Meldeaufkommens auf diesen Sektor. Aus dem Nicht-Finanzsektor wurden demgegenüber lediglich 249 Meldungen abgegeben.[52] In 46% der Fälle hat sich der Tatverdacht nicht bestätigt. „Deliktische Bezüge" wurden in 17.178 Fällen festgestellt.[53] Rückmeldungen von Seiten der Strafverfolgungsbehörden erfolgten in insgesamt 23.725 Fällen. Davon wurden 95% eingestellt.[54] Der Rest bestand aus 447 Urteilen, Strafbefehlen oder Anklagen. Die damit in der Gesamtschau 2% an gerichtlichen Reaktionen entsprechen, so der Jahresbericht 2016, dem Stand der Vorjahre.[55] Dabei dürfte noch unklar sein, ob diese Entscheidungen rechtskräftig geworden sind.

Nach Presseberichten haben sich im Jahr 2017 gewaltige Mengen an Geldwäsche-Verdachtsanzeigen bei der FIU Zentralstelle aufgestaut. Es soll sich dabei um mehr als 24.000 Meldungen handeln, die dort „auf Halde liegen" und noch nicht bearbeitet werden konnten.[56]

Alles in allem ist also festzuhalten, dass die Bemühungen des Gesetzgebers, die jährlich zu vielen tausend Verdachtsanzeigen aufgrund des GwG führen, in einem auffälligen Gegensatz zu ihrem „Ertrag", nämlich den strafrechtlichen Verurteilun-

---

[48] S. 8, 9, 21 des Berichts:https://www.bka.de/SharedDocs/Downloads/DE/Publikationen/JahresberichteUndLagebilder/FIU/Jahresberichte/fiuJahresbericht2014.html, 21.5.2018.

[49] PKS, Polizeiliche Kriminalstatistik 2016, S. 7.

[50] PKS, Polizeiliche Kriminalstatistik 2016, Bd. 4, S. 116.

[51] https://www.bka.de/SharedDocs/Downloads/DE/Publikationen/Jahresberichte UndLagebilder/FIU/Jahresberichte/fiuJahresbericht2016.html, 21.5.2018.

[52] Bericht https://www.bka.de/SharedDocs/Downloads/DE/Publikationen/Jahresberichte UndLagebilder/FIU/Jahresberichte/fiuJahresbericht2016.html, 21.5.2018 S. 8.

[53] Bericht https://www.bka.de/SharedDocs/Downloads/DE/Publikationen/Jahresberichte UndLagebilder/FIU/Jahresberichte/fiuJahresbericht2016.html, 21.5.2018 S. 12 und 13.

[54] Bericht https://www.bka.de/SharedDocs/Downloads/DE/Publikationen/Jahresberichte UndLagebilder/FIU/Jahresberichte/fiuJahresbericht2016.html, 21.5.2018 S. 18.

[55] Bericht https://www.bka.de/SharedDocs/Downloads/DE/Publikationen/Jahresberichte UndLagebilder/FIU/Jahresberichte/fiuJahresbericht2016.html, 21.5.2018 S. 17.

[56] *Jörg Diehl,* SPIEGEL ONLINE, 12.12.2017: http://www.spiegel.de/panorama/justiz/tausende-geldwaesche-meldungen-stauen-sich-beim-zoll-a-1182789.html, 21.5.2018.

gen wegen Geldwäsche, stehen. Die Verurteilungszahlen halten sich ungeachtet steigender Verdachtsmeldungen seit Jahren auf dem gleichen niedrigen Niveau.

Auch in den Medien wird die Diskrepanz zwischen Anspruch und Wirklichkeit bei der Geldwäschebekämpfung registriert. Dort kommen Staatsanwälte zu Wort, die erklärten, es seien meist *„kleine Fische"*, die man fasse, etwa eine Sozialhilfeempfängerin aus Bautzen, die gegen Beteiligung ihr Girokonto Kriminellen zur Nutzung für Überweisungen zur Verfügung stellte. Das BKA wird mit Äußerungen zitiert, wonach der Finanzagent als Geldkurier des Betrügers – vornehmlich im Zusammenhang mit Phishing-Attacken – das große Massenphänomen bei den eingegangenen Verdachtsmeldungen darstelle. Damit würden Täter gefasst, *„die Passwörter geknackt oder nicht vorhandene Waren auf Ebay versteigert haben, nicht aber Schwerverbrecher wie etwa die Hintermänner von Drogen- oder Schleuserbanden oder terroristische Bombenbastler"*.[57]

III. *Was folgt aus alledem?*

1. *Nutzen-Kosten-Analyse*

Jede nüchterne und finanzwirtschaftlich orientierte Lageeinschätzung käme angesichts der Feststellung, dass sich im Schnitt 98% der jährlichen Verdachtsmeldungen nicht bestätigt haben, zu dem Ergebnis, dass es aber dringend notwendig sei, sich die Frage zu stellen, ob es sich in Anbetracht des einerseits geringen Nutzens und andererseits des immensen Aufwandes und der exorbitanten Kosten rechtfertigen lässt, in dieser Form weiter zu verfahren – nur um dann jedes Jahr aufs Neue doch nur festzustellen, dass man wieder nicht die „Richtigen" gefasst habe, weshalb das Monitoring und Screening der Bevölkerung nur noch mehr forciert werden müsse. Auf keinem anderen kriminalpolitischen Feld fallen Wunsch und Wirklichkeit – auch noch statistisch belegbar – so gravierend auseinander. Der Angeklagte in einem Wirtschaftsstrafprozess, in dem ihm Anlagebetrug unter Verwendung eines „Schneeballsystems" vorgeworfen wird, fände jedenfalls wenig Gehör mit der Rechtfertigung, dass man ihn nur hätte weitermachen lassen müssen und dann wäre der Erfolg schon irgendwann eingetreten. Auf dieser Ebene bewegt sich aber die Argumentation der Verfechter des „weiter so" und es wird zunehmend teurer.

Der verehrte Jubilar hat immer wieder auf den systematischen Zirkelschluss einer solchen Kriminalpolitik mit den Worten hingewiesen: *„In paradoxer Logik speist sich die Legitimität so aus der Erfolglosigkeit. Je erfolgloser die ‚Bekämpfung' bleibt, desto größer muss wohl die Gefahr sein."*[58] Dem ist auch weiter nichts entgegen zu halten.

---

[57] *Joachim Jahn*, FAZ vom 29.3.2016: http://www.faz.net/aktuell/wirtschaft/staat-im-kampf-gegen-geldwaesche-14148510.html, 21.5.2018.

[58] Fischer, 65. Aufl. 2018, StGB § 261 Rn. 4c.

2. *Ziel verfehlt*

Bei den vielen Begründungen für die immer weitergehende Aufrüstung der Geldwäschebekämpfung fällt auf, dass verdächtig wenig Augenmerk auf die der Geldwäsche i. S. d. § 261 StGB zwangsläufig vorausgehenden Katalogtaten gelegt wird. Geldwäsche führt ein *„vom Alltag seltsam unberührtes Eigenleben“*[59], so als wäre dieses Delikt das Problem und nicht die Vortaten. Die Vortaten machen aber das eigentliche Kriminalitätsproblem aus und die Anstrengungen der Kriminalpolitik sollten sich viel mehr auf die Bekämpfung der Katalogtaten des § 261 StGB konzentrieren. Die Geldwäsche, deren Rechtsgut auch das durch die Vortat verletzte Rechtsgut umfassen soll, ist nur eine Folgeerscheinung. Wenn es gelänge, die Katalogtaten besser zu bekämpfen, verlöre auch die Geldwäscheverfolgung die ihr zugesprochene für die Weltwirtschaft angeblich so schicksalhafte Bedeutung. Oder anders ausgedrückt: Wo keine Vortat ermittelt werden kann, kann auch keine Geldwäsche angenommen werden. Die vielleicht verlockende Vorstellung, dass durch die Aufdeckung der Geldwäsche *„manchmal dadurch erst die eigentliche Haupttat aufgedeckt“*[60] wird, ist der falsche Weg. Dann würde man das Pferd von hinten aufzäumen und man wäre wieder bei der „Methode Al Capone“ angekommen. Bei ihr erhoffte man sich, über das Vehikel einer mutmaßlichen Steuerhinterziehung den Vortaten, als der Quelle für die (illegalen) Einkünfte, auf die Spur zu kommen. Eine Bestrafung wegen Geldwäsche bei Nicht-Erweislichkeit der Vortaten liefe aber letztendlich auf eine rechtsstaatlich unzulässige Verdachtsstrafe hinaus.

3. *Privatisierte Strafverfolgung*

Ungeachtet des blinden Aktionismus auf Seiten des Gesetzgebers zeigt doch das GwG selbst, auf welchem niedrigen Level die „Bekämpfung“ von Geldwäsche verortet ist. Der (private) Bürger ist es, dem aufgegeben ist, die Feststellung eines Geldwäschetatverdachts zu beurteilen. Er – und nicht die Strafverfolgungsbehörde – ist es, der zur Anzeige verpflichtet wird, für den Fall, dass *er* einen Anfangsverdacht für eine Geldwäschehandlung feststellt. Dieser Anfangsverdacht einer Geldwäsche setzt aber zum einen die Prüfung voraus, ob die „verdächtige“ Person eine Vor-Straftat begangen haben könnte, zum anderen, ob dann auch noch ein „Verdacht“ auf eine (vielleicht auch nur versuchte!) Geldwäschetat hinzukommt. Es wäre nicht allzu fernliegend, wenn man in der Überforderung der Bürger, solche juristischen Wertungen zu treffen, und der daraus resultierenden Haltung von „im Zweifel Anzeige“ die Erklärung für die hohe Diskrepanz zwischen den wenigen Fällen von nachgewiesenen gerichtlichen Verurteilungen wegen Geldwäsche und den jährlich vielen zehntausend im Ergebnis dann doch unbegründeten Verdachtsanzeigen sähe.

---

[59] Fischer, 65. Aufl. 2018, StGB § 261 Rn. 4b.

[60] Christian Schröder, zit. bei *Joachim Jahn,* FAZ vom 29.3.2016: http://www.faz.net/aktuell/wirtschaft/staat-im-kampf-gegen-geldwaesche-14148510.html, 21.5.2018.

4. *Die Kosten trägt der Bürger*

Und dann wären da noch die Kosten für die „Verpflichteten" nach dem GwG, also für die Privaten und die Unternehmen. Nach einem Gutachten des Instituts der Deutschen Wirtschaft Köln aus dem Jahr 2006 beliefen sich schon damals die Kosten der Kreditwirtschaft für Maßnahmen zur Bekämpfung der Geldwäsche auf jährlich 775 Mio. Euro[61]. Weltweit werden die Kosten auf 5 Milliarden US-Dollar jährlich geschätzt. Zum Teil soll deren exorbitante Höhe dadurch verursacht sein, dass die entsprechenden US-Aufsichtsbehörden drakonische Strafen wegen Verletzung der vorgeschriebenen Pflichten verhängt haben.[62]

Neuerlich wird zur Rechtfertigung der Belastung der Privaten mit Überwachungskosten auf die Entscheidung des BVerfG zur Ausgestaltung der Vorratsdatenspeicherung[63] verwiesen. Das BVerfG hatte dort in bedenklich generalisierender Weise die den Telekommunikationsunternehmen entstehenden Kosten staatlicher Überwachungsmaßnahmen als Teil der den Privaten übertragenden Aufgabe zur Sicherstellung von Gemeinwohlbelangen angesehen.[64] Der Unterschied zu den Kosten für die Bekämpfung von Geldwäsche besteht aber darin, dass hier aktive Ermittlungsmaßnahmen von den „Verpflichteten" verlangt werden, die eine Wertung und eine Ermessensentscheidung voraussetzen, während sich die Hilfestellung der Telekommunikationsunternehmen „nur" auf die Zurverfügungstellung von technischen Einrichtungen beschränkt.

5. *Grundrechtseingriff*

Das System der Geldwäschebekämpfung ist geradezu darauf angelegt, in einem immer umfangreicheren Maße Verdächtige zu generieren, wobei von vornherein feststeht, dass die zugrunde liegenden Anschuldigungen meistens ohne Substanz sind. Die Verdachtsanzeigen haben aber für die angezeigten „Verdächtigen" weitreichende Folgen. Geschäftsbeziehungen müssen „unverzüglich" abgebrochen, Konten gesperrt, Mandate gekündigt werden, ohne dass die Betroffenen die Gründe erfahren dürfen. Gleichzeitig findet die elektronische Übermittlung von hochsensiblen persönlichen Daten an innerstaatliche, europäische und internationale Stellen statt, über die der Angezeigte nur eingeschränkt im Nachhinein Informationen erhalten kann. Der seit Jahren geringe „Ertrag" der Verdachtsanzeigen ist der Beleg dafür, dass man bei alledem unverhältnismäßige Eingriffe in elementare Grundrechte der Betroffenen bewusst in Kauf nimmt.

6. *Verfehlte Kriminalpolitik*

Betrachtet man schließlich die neue Bußgeldvorschrift des GwG, die jetzt aus 64 Ziffern besteht und sich vornehmlich auf die Ahndung von Verstößen gegen

---

[61] BR-Drs. 161/1/08 vom 25.4.2008.

[62] *Herzog/Achtelik,* 2. Aufl. 2014, GwG Einl. Rn. 106 mwN.

[63] BVerfG Urt. v. 2.3.2010 – 1 BvR 256/08, 1 BvR 263/08, 1 BvR 586/08, NJW 2010, 833.

[64] Zur Kritik an solchen Verlagerungen von staatlichen Aufgaben mit einer hohen Eingriffsintensität vgl. *Herzog* WM 1996, 1753ff.

die zahlreichen Melde- und Sorgfaltspflichten durch die „Verpflichteten" nach GwG bezieht, kann vermutet werden, dass in Kürze die Anzahl der mit einem Bußgeld geahndeten Verstöße der Hunderttausenden von „Verpflichteten" sicherlich noch die der Verdachtsmeldungen übersteigen. Man hätte dann die groteske Situation, dass Bußgelder verhängt würden, obwohl gleichzeitig – durch die Jahresberichte der FIU nachgewiesen – die bußgeldbelegten Maßnahmen als solche ihren Zweck verfehlen.

IV. Die Lehren

Zurück zum Fall Al Capone und dazu, was er uns im Hinblick auf die Geldwäschebekämpfung lehren sollte: Eine nur dem blinden Aktionismus und der Optik geschuldete Alibi-Kriminalpolitik bringt nur scheinbar einen Erfolg. Längerfristig muss sie scheitern, schon weil sie Ressourcen bindet, die anderswo dringender für eine wirklich effiziente Kriminalitätsbekämpfung benötigt werden. Geldwäsche ist nur ein kriminalpolitisches Konstrukt, nämlich ein künstlich als eigenständiges Delikt hochstilisiertes Nachtatverhalten von Kriminalitätsformen, bei denen die Täter global und professionell agieren und deshalb umso mehr intelligent bekämpft werden müssen. Zu Letzterem gehören Mechanismen und Maßnahmen, die ernst genommen werden können und nicht auf Mythen, Schätzungen und gelegentlichen Zufallsfunden aufbauen. Ein dogmatisch mit einem so unsinnigen Universalanspruch überfrachteter Straftatbestand § 261 StGB, der – zu Ende gedacht – sich selbst zur Prämisse macht, dass wir alle längst Geldwäscher sind, und ein Bekämpfungsgesetz, das die Bürger zu blindem Bürokratismus verpflichtet und zum Misstrauen gegeneinander zwingt, gehört nicht dazu.

INGEBORG PUPPE

Ein mutiger Vorstoß und sein klägliches Ende

Zu neuesten Entwicklungen in der Rechtsprechung zum Vermögensbegriff

I. Einleitung

„Die Unterscheidung zwischen „wirtschaftlichem" und „rechtlichem" Vermögen (und Schaden) ist im Ansatz verfehlt. Denn es gibt „Vermögen" als Rechtsgut nicht außerhalb des Rechts. Vermögen ist kein „Natur"-Phänomen, sondern sozial und rechtlich konstruierte Welt-Bemächtigung und -Verteilung. Was wir als „wirtschaftliches" Gut ansehen, ist das Ergebnis, nicht die Voraussetzung dieser Verteilung. Es ist also, altmodisch ausgedrückt, „geronnenes" Recht."[1]

„Das Strafrecht kann zwar bestimmen, in welchem Umfang es das Vermögen schützen will; es kann sich aber nicht von den für die rechtliche Zuteilung von Gütern maßgebenden Normen emanzipieren und etwa entgegen den Regeln des Privatrechts auch die faktische Erwerbschance aus einem unsittlichen Rechtsgeschäft zu einem Vermögensbestandteil und damit zu einem im Rahmen des Rechts verfügbaren Gut machen"[2]

Im Widerspruch zu den hier ausgedrückten Rechtsprinzipien vertritt das RG und der BGH seit über 100 Jahren einen sog. wirtschaftlichen Vermögensbegriff, der auch solche Positionen umfasst, die der Rechtsordnung zuwider existieren, die also der Interessent von Rechts wegen nicht haben bzw. nicht erlangen soll, vorausgesetzt, dass er sie rein faktisch innehat oder rein faktisch eine Aussicht hat, sie zu erlangen.[3] Nun hat der 2. Senat des BGH unter dem 1.6.2016 – 2 StR 335/15, NStZ 2016, 596, einen Anfragebeschluss sowohl wegen Divergenz als auch wegen besonderer Bedeutung der Rechtsfrage erlassen, mit dem diese überlieferte Rechtsprechung umfassend in Frage gestellt wird, auch wenn sich im zu entscheidenden Fall lediglich die Frage stellt, ob der illegale Besitz von Betäubungsmitteln strafrechtlich geschützt werden soll.[4] Der Anfragebeschluss verneint diese Frage. Er soll

---

[1] *Fischer* in Fischer ua, Dogmatik und Praxis des strafrechtlichen Vermögensschadens, 2015, 51 (54).

[2] *Gallas* FS Eb. Schmidt, 1961, 401 (408f.).

[3] RGSt 44, 230 (232ff.); BGHSt 2, 364 (365ff.) = NJW 1952, 832; BGH NStZ 2011, 699 (701) und zahllose andere weitere Nachweise bei *Hefendehl* in MüKoStGB, Bd. 5, 2. Aufl. 2014, § 263 Rn. 341f.

[4] BGH NStZ 2016, 596.

im Folgenden ausführlich dargestellt, seine weiteren Konsequenzen für andere Tatbestandskonstellationen sollen gezogen werden, sein weiteres Schicksal im Anfrageverfahren wird verfolgt sowie dessen Gründe analysiert. Diese geben Anlass, sich kritisch mit dem Anfrageverfahren nach § 132 Abs. 3 GVG zu beschäftigen.

II. Der mutige Vorstoß

Die wesentlichen Gründe des Anfragebeschlusses seien hier wörtlich wiedergegeben:

„*Der* Senat *hält die Revisionen der Angekl. für begründet, soweit sie sich gegen die Verurteilung wegen Beteiligung an einer besonders schweren räuberischen Erpressung richten. Der Tatbestand der Erpressung setzt voraus, dass der Täter dem Vermögen eines Anderen einen Nachteil zufügt. Der Begriff des Vermögens entspricht hier demjenigen des Betrugstatbestands. Nach der Rspr. des* BGH *ist dem Vermögen im Sinne der §§ 253, 263 StGB auch der unerlaubte Besitz von Betäubungsmitteln zuzurechnen, weil der strafrechtliche Vermögensbegriff wirtschaftlich betrachtet werden soll. Daran will der* Senat *nicht festhalten. Er beabsichtigt zu entscheiden, dass die Nötigung zur Übertragung von unerlaubtem Besitz an Betäubungsmitteln nicht das strafrechtlich geschützte Vermögen betrifft. Er fragt deshalb wegen Divergenz und grundsätzlicher Bedeutung der Rechtsfrage bei den anderen* Strafsenaten *an, ob diese ihm folgen oder an der bisherigen Rspr. festhalten. (…)*

Der unerlaubte Besitz von Betäubungsmitteln ist kein Bestandteil des nach §§ 253, 263 StGB geschützten Vermögens. 1. Es gibt kein strafrechtlich schutzwürdiges Vermögen außerhalb des Rechts (vgl. Fischer in Fischer/Hoven/Huber/Raum/Rönnau/Saliger/Trüg, Dogmatik und Praxis des strafrechtlichen Vermögensschadens, 2016, 51, 54) oder sogar im Widerspruch dazu. Auch der Besitz ist nur dann ein Bestandteil des geschützten Vermögens, wenn er auf einem Recht zum Besitz beruht (vgl. Gallas FS Eb. Schmidt, 1961 401, 408, 417, 426). Der strafbare Besitz von Betäubungsmitteln ist deshalb kein durch Strafrecht zu schützendes Rechtsgut. Vielmehr ist der Verlust dieses unerlaubten Besitzes gerade der rechtlich erwünschte Zustand (vgl. Mitsch JuS 2003, 122 (124)).

Die gleichzeitige Strafdrohung gegen denjenigen, der unerlaubt Betäubungsmittel besitzt (§ 29 Abs. 1 Nr. 3 BtMG, § 29a Abs. 1 Nr. 2 BtMG) und gegen denjenigen, der dem Besitzer diesen unerlaubten Besitz durch Täuschung (§ 263 StGB) oder Nötigung (§§ 253, 255 StGB) entzieht, stellt einen offenkundigen Widerspruch dar. Zugleich fehlt es an einer Legitimation des Staates zur Bestrafung der auf die Entziehung eines seinerseits strafbaren Besitzes gerichteten Handlung unter dem speziellen Gesichtspunkt eines Vermögensdelikts (vgl. Hillenkamp FS Achenbach 2011, 189 (198ff.)).

(…)

Das Strafrecht darf nicht dazu dienen, strafbare Positionen zu schützen und insoweit eine „faktische Anerkennung des Unrechtsverkehrs“ vorzunehmen (vgl. Cramer JuS 1966, 472 (476)); denn dies verstieße seinerseits gegen Wertentscheidungen der Verfassung (vgl. Zieschang FS H.J. Hirsch 1999, 831 (838ff.)).

Die Formel, dass es ein strafrechtlich nicht geschütztes Vermögen nicht gebe (krit. bereits Binding DJZ 1911, Sp. 553 (561f.)), ist tautologisch und mit Blick auf den strafbaren Besitz von Betäubungsmitteln jedenfalls unzutreffend. 2. Die Argumente, die bisher für die Anwendung der Vermögensdelikte auf die Entziehung unerlaubten Betäubungsmittelbesitzes angeführt werden, sind nicht tragfähig. a) Nicht die „Gefährlichkeit des Täters" oder seine „kriminelle Gesinnung", sondern die Tatbestandsmäßigkeit seiner Handlung bestimmt im geltenden Tatstrafrecht die Strafbarkeit. Das von einem Täterstrafrecht geprägte Vorstellungsbild des Reichsgerichts ist überholt. b) Die Strafbarkeit nach anderen Straftatbeständen als den Vermögensdelikten (§§ 29ff. BtMG, §§ 240, 261 StGB ua) bleibt bei der Ausklammerung des unerlaubten Besitzes aus dem strafrechtlich geschützten Vermögen unberührt und verhindert, dass ein strafrechtsfreier Raum entsteht (vgl. Fischer, 63. Aufl. 2016, StGB § 263 Rn. 109).

Aufgabe der spezifischen Vermögensdelikte ist es zudem nicht, zur Vermeidung einer sonst zu befürchtenden Strafbarkeitslücke den Rechtsfrieden zu bewahren (vgl. Gallas FS Eb. Schmidt 1961, 426). Erst recht ist es nicht geboten, den Anwendungsbereich der Vermögensdelikte anhand von kriminalpolitischen Billigkeitserwägungen der Rspr. auszudehnen (vgl. Zieschang FS H.J. Hirsch 1999, 841ff.) (...)

Das Strafrecht trachtet danach, den Betäubungsmitteln und dem bei Betäubungsmittelgeschäften eingesetzten Geld die Verkehrsfähigkeit abzuerkennen, indem nahezu jeder Umgang damit bei Strafe verboten wird (§§ 29ff. BtMG, § 261 Abs. 1 und 2 StGB). Das Argument, der Straftäter dürfe „nicht friedlos gestellt" werden, wird dadurch ebenfalls entwertet. c) Die Besitzschutzregeln der §§ 858ff. BGB, die bisweilen als Grund für die Forderung nach einem flankierenden strafrechtlichen Schutz des Besitzes angeführt werden, dienen nicht dem Schutz des Vermögensbestands (vgl. Kindhäuser in NK-StGB 4. Aufl. 2013, § 263 Rn. 239) und besagen nichts über die Legitimität des Besitzes. Sie ändern deshalb nichts an der strafrechtlichen Bewertung des Vermögens (vgl. Cramer, Vermögensbegriff und Vermögensschaden im Strafrecht, 1969, 226ff.; Gallas FS Eb. Schmidt 1961, 426). Ein Anspruch auf Einräumung des – strafbaren – Besitzes an Betäubungsmitteln kann daraus nicht hergeleitet werden (vgl. Dehne-Niemann NStZ 2009, 37f.; Hillenkamp, FS Achenbach 2011, 205; Zieschang FS H.J. Hirsch 1999, 837ff.).

d) Der Schutz des unerlaubten Besitzes von Betäubungsmitteln gegen Wegnahme durch Eigentumsdelikte erscheint zudem seinerseits nicht zwingend (abl. etwa Engel NStZ 1991, 520ff.; Schmitz in MüKoStGB 2. Aufl. 2012, § 242 Rn. 17f.; Wolters FS Samson 2010, 495ff.; sa Fischer, 63. Aufl. 2016, StGB § 242 Rn. 5a; dafür aber BGH Beschl. v. 20.9.2005 – 3 StR 295/05 = NJW 2006, 72, ZIS 2006, 36f. mAnm Hauck; Marcelli NStZ 1992, 220ff.; Vitt NStZ 1992, 221ff.).

Werden Betäubungsmittel entgegen einem strafrechtlichen Verbot hergestellt, entsteht kraft bürgerlichen Rechts (§§ 950, 953 BGB) jedenfalls kein vollwertiges Eigentum. Die Eigentumsposition des Herstellers besteht praktisch nur aus Pflichten zur Ablieferung an die Behörden oder Vernichtung der Drogen, während seine Rechte gemäß §§ 903, 985ff. BGB durch die Verbote nach § 29 BtMG ausgeschlossen werden. Das „Recht" auf Eigentumsaufgabe oder Vernichtung (BGH Beschl. v. 20.9.2005 – 3 StR 295/05 = NJW 2006, 72; Schramm JuS 2008, 678 (680)) wird durch das Betäubungsmittelgesetz (§ 16 BtMG) zur Pflicht (vgl. Schmitz in MüKoStGB, 2. Aufl. 2012, StGB § 242 Rn. 18). Nach allem kann das Strafrecht auch mit der Strafdrohung der §§ 242, 249 StGB gegen Wegnahme des – unerlaubten – Besitzes von Betäubungsmitteln keinen sinnvollen Rechtsgüterschutz darbieten (vgl. Otto FS Beulke 2015 507 (520)). Dies spricht vielmehr für eine teleologische Reduktion der Eigentumsdelikte.“

Die Gründe, die sich auf zahlreiche und gewichtige Stimmen in der Literatur stützen, lassen sich in zwei Sätzen zusammenfassen: 1. Wer einem anderen einen Vorteil entzieht, den dieser von Rechts wegen nicht haben soll, tut ihm auch dann kein Unrecht, wenn er selbst den Vorteil ebenfalls nicht haben soll. 2. Wer kein Unrecht tut oder zu tun versucht, sollte für seine Tat auch dann nicht bestraft werden, wenn er in ihr eine anstößige Gesinnung offenbart.

III. Zu den Konsequenzen des Beschlusses für andere Fälle

Der Beschluss gibt allerdings Anlass, seine Konsequenzen für andere Fälle zu überprüfen. Zwei dieser Konsequenzen deutet der Senat selbst an. Die erste ist, dass ein Vorteil, der nicht gegen Entziehung durch Erpressung geschützt ist, konsequenterweise auch nicht gegen Entziehung durch Wegnahme geschützt werden soll. Die zweite Konsequenz ist, dass derjenige, dem ein rechtswidriger Vorteil von einem anderen vorenthalten wird, obwohl ihm dieser versprochen worden ist, konsequenterweise nicht in seiner Erwartung auf die Erlangung dieses Vorteils zu schützen ist, auch wenn er dafür „gutes Geld“ gegeben hat. Beiden Problemen wollen wir uns im Folgenden zuwenden.

IV. Strafrechtlicher Schutz des unerlaubten Besitzes

In dem Antwortbeschluss, mit dem der 5. Senat der Ansicht des 2. Senats entgegentrat, führt er als einzige materielle Begründung für sein Festhalten an der bisherigen Rechtsprechung an, es sei widersprüchlich, denjenigen, der den Rauschgiftbesitzer zur Überlassung des Rauschgifts mit Gewalt oder Drohung nötigt, vom Vorwurf der räuberischen Erpressung freizusprechen, während man denjenigen, der sich das Rauschgift mit Gewalt oder Drohung nimmt, doch wegen Raubes verurteilen müsste.[5] Der 5. Senat geht also gar nicht darauf ein, dass der 2. Senat auch die Strafbarkeit eines eigenmächtigen Entzuges des unerlaubten Besitzes als Vermögensdelikt in Zweifel gezogen hat.

Die Frage, ob ein von Rechts wegen verbotener Besitz strafrechtlich gegen Entzug durch Dritte geschützt werden soll, stellt sich nicht nur bei den Betäubungsmitteln, sondern auch beim unerlaubten Besitz von Waffen, Kriegswaffen oder Sprengstoff. Alle diese Besitzarten sind legal, sofern sie staatlich genehmigt sind und dann natürlich auch schutzwürdig. Wer dem illegalen Besitzer den Besitz entzieht, macht sich nach dem Betäubungsmittelgesetz, dem Waffengesetz, dem Kriegswaffenkon-

[5] BGH NStZ-RR 2017, 110; so auch der 3. Senat, BGH NStZ-RR 2017, 244 (246).

trollgesetz oder dem Sprengstoffgesetz schon deshalb strafbar, weil er sich den Besitz dieser Gegenstände verschafft hat. Die bisherige Rechtsprechung und ihre Anhänger in der Literatur berufen sich zur Begründung dafür, dass auch der verbotene Besitz unter den Schutz des Strafrechts fällt darauf, dass auch gegenüber dem deliktischen Besitzer verbotene Eigenmacht i. S. von § 858 BGB begangen werden kann.[6] Daraus folgt aber nicht, dass das Besitzinteresse des deliktischen Besitzers vom Recht oder gar vom Strafrecht zu schützen ist. Denn zur Begründung des Verbots der Eigenmacht genügt es, dass Eigenmacht in jedem Fall gegen das staatliche Gewaltmonopol verstößt.[7] Jenseits der Selbsthilferechte des Besitzers nach § 859 (Notwehr und Nacheile) ist nicht einmal der zum Besitz Berechtigte befugt, sein Besitzrecht gegen den unberechtigten Besitzer eigenmächtig durchzusetzen. Trotzdem hat der deliktische Besitzer kein rechtlich schutzwürdiges Interesse am Besitz. Demgemäß wird ihm im Zivilrecht auch ein Schadensersatzanspruch nach § 823 Abs. 2 BGB iVm § 858 BGB abgesprochen.[8]

V. Der „bestohlene" Dieb

Dass derjenige, der einem Dieb seine Beute in Zueignungsabsicht wegnimmt, nicht nur eine Gewahrsamsverletzung, sondern auch eine Eigentumsverletzung begeht, begründet die herrschende Lehre damit, dass sich seine Tat gegen das Eigentum des Bestohlenen richtet, indem sie die Sache weiter von diesem entfernt.[9] Das ist eine Anleihe bei der Perpetuierungstheorie der Hehlerei, die deren Strafbarkeit damit begründet, dass der Hehler die unrechtmäßige Besitzlage perpetuiert.[10] Das ist als tatsächliche empirische Aussage ebenso wenig sinnvoll, wie als normative. Ob der Eigentümer eine bessere Chance gehabt hätte, sein Eigentum beim ersten Dieb wiederzubekommen als beim zweiten hängt vom Zufall ab und seine Chance, die Sache beim „örtlich und sachlich zuständigen" Hehler wiederzufinden, ist oftmals größer, als bei den Dieben, die längst über alle Berge sind.[11] Normativ be-

---

[6] BGH NStZ 2009, 37; *Hillenkamp* FS Achenbach, 2011, 189 (200); vgl. *Hefendehl* in MüKoStGB, Bd. 5, 2. Aufl. 2014, § 263 Rn. 471 f.; ebenso der 3. Senat in seinem Antwortbeschluss.

[7] *Kindhäuser* in NK-StGB, 5. Aufl. 2017, § 263 Rn. 239; *Gallas* FS Eb. Schmidt, 1961, 401 (426); *Pawlik,* Das unerlaubte Verhalten beim Betrug, 1999, 260; *D. Geerds,* Wirtschaftsstrafrecht und Vermögensschutz, 1990, 124.

[8] *Wagner* in MüKoBGB, Bd. 6, 7. Aufl. 2017, § 823 Rn. 290; *Hager* in Staudinger, Unerlaubte Handlungen 1 – Teilbd. 2, Neubearbeitung 2009, § 823 Rn. G 41; *Medicus/Petersen,* Bürgerliches Recht, 26. Aufl. 2017, Rn. 621; ebenso BGH NStZ 2015, 571 (572 f.). In dieser Entscheidung werden dem deliktischen Besitzer sogar die Besitzschutzrechte selbst abgesprochen, dagegen nicht der strafrechtliche Schutz nach § 242 StGB, vgl. dazu *Schmitz* in MüKoStGB, Bd. 4, 3. Aufl. 2017, § 242 Rn. 18.

[9] RGSt 70, 7 (9); *Roth,* Eigentumsschutz nach der Realisierung von Zueignungsunrecht, 1986, 75 ff.; *Hillenkamp* FS Achenbach, 2011, 189 (201); *Engel* NStZ 1991, 520 (522); *Zieschang* FS Hirsch, 1999, 831 (838); kritisch *Otto* FS Beulke, 2015, 507 (509); *Oğlakcıoğlu* NStZ 2015, 573 (574).

[10] BGHSt 7, 134 (137); *Oellers* GA 1967, 6 (17); *Maier* in MüKoStGB, Bd. 4, 3. Aufl. 2017, § 259 Rn. 2; *Stree/Hecker* in Schönke/Schröder, 29. Aufl. 2014, StGB § 259 Rn. 1.

[11] *Otto,* Die Struktur des strafrechtlichen Vermögensschutzes, 1970, 91 f; *Roth,* Eigentumsschutz nach der Realisierung von Zueignungsunrecht, 1986, 73 f.

trachtet gehört zur Zueignung nicht nur eine Aneignung, sondern auch eine Enteignung, und die ist nicht wiederholbar.[12] Mit dem (ersten) Diebstahl verliert der Eigentümer seine faktische Position, die Möglichkeit, mit der Sache nach Belieben zu verfahren. Dieser Verlust kann sich nicht dadurch wiederholen, dass die Sache in eine zweite Hand verschoben wird.[13] Die Strafbarkeit der Hehlerei erklärt sich nicht daraus, dass der rechtswidrige Zustand der Enteignung perpetuiert wird – als wenn er sich ohne die Hehlerei von selbst verflüchtigen würde – sondern damit, dass es keinen legalen und offenen Markt für „heiße Ware" geben soll. Wie die Erfahrung mit anderen strafbewehrten Handelsverboten lehrt, beispielsweise mit dem Verbot des Handels mit Produkten geschützter Tierarten, sind solche Verbote und ihre Bewehrung mit Strafe oft wirksamer als das Verbot der Herstellung der illegalen Besitzlage und sie sind auch legitim. Es ist nach alledem die These nicht zu begründen, dass derjenige, der einem Dieb die Beute entzieht, sich gegen das Eigentum des Berechtigten vergeht. Das Quasieigentum des Diebes aber, also seine faktische Möglichkeit, mit der Sache nach Belieben zu verfahren, verdient den Schutz des Rechts nicht und schon gar nicht den des Strafrechts.[14]

Der Besitzer von verbotenen Rauschmitteln ist nun allerdings rein sachenrechtlich betrachtet auch dessen Eigentümer. Aber sein Eigentum verdient ebenso wenig den Schutz des Strafrechts, wie das Quasi-Eigentum des Diebes. Der 2. Senat weist darauf hin, dass der Eigentümer illegaler Drogen eben gerade nicht das Recht hat, mit diesen nach Belieben zu verfahren. Das einzige, was er mit dem Rauschgift tun darf, ist, es bei der Polizei abzuliefern oder zu vernichten.[15] Wenn ein anderer ihm das Rauschgift wegnimmt, so nimmt er ihm also nur die Möglichkeit, einen illegalen Gebrauch davon zu machen, und das Interesse an einem solchen illegalen Gebrauch ist von Rechts wegen nicht zu schützen.[16] Wer dem illegalen Rauschgiftbesitzer das Rauschgift wegnimmt, vergeht sich gegen das Betäubungsmittelgesetz, indem er es sich verschafft, aber nicht gegen ein rechtlich geschütztes Interesse des Besitzers.[17]

VI. „Betrug" bei der Abwicklung sittenwidriger Geschäfte

Während es bei Raub und Diebstahl einer gewissen teleologischen Reduktion des Wortlautes des Tatbestandes, nämlich der Begriffe Wegnahme und Zueignung bedarf, um das Prinzip durchzusetzen, dass verbotene Vorteile auch im Strafrecht keinen Rechtsschutz genießen, ist das beim Betrug nicht nötig. Während es bei

---

[12] *Hohmann* in MüKoStGB, Bd. 4, 3. Aufl. 2017, § 246 Rn. 41; *Kudlich* in SSW StGB, 3. Aufl. 2016, § 246 Rn. 20.

[13] *Otto* FS Beulke, 2015, 507 (509).

[14] RGSt 70, 7 (9); *Zieschang* FS Hirsch, 1999, 831 (837); *Mitsch* JuS 2003, 122 (123 f.).

[15] BGH NStZ 2016, 596 (599).

[16] *Schmitz* in MüKoStGB, Bd. 4, 3. Aufl. 2017, § 242 Rn. 18; vgl. *Fischer,* 65. Aufl. 2018, StGB § 253 Rn. 14 a. Anders der 3. Senat in seinem Antwortbeschluss, BGH NStZ-RR 2017, 244 (245 f.).

[17] *Engel* NStZ 1991, 520 (521 f.); *Wolters* FS Samson, 2010, 495 (497); *Ladiges* wistra 2016, 479 (482); *Bechtel* JR 2017, 197 (202); *Schmitz* in MüKoStGB, Bd. 4, 3. Aufl. 2017, § 242 Rn. 18.

den Eigentumsdelikten noch ein rechtlich relevantes Substrat, nämlich den Besitz und das formelle Eigentum gibt, an die ein Rechtsschutz anknüpfen könnte, gibt es bei der Eingehung und Abwicklung verbotener Geschäfte nichts dergleichen. Es wäre ein normtheoretischer Widerspruch, aus einem verbotenen Geschäft Rechte und Pflichten abzuleiten, denn der Normgeber kann nicht ein Handeln a limine verbieten und dann Normen darüber aufstellen, wie dieses Handeln vorzunehmen ist, falls man sich über dieses Verbot hinwegsetzt. Was verboten ist, ist eben unter keinen näheren Bedingungen erlaubt.[18] Es ist also nur konsequent, dass § 134 und § 138 BGB Ansprüche aus verbotenen Geschäften ausschließen und § 817 auch der Rückabwicklung solcher Geschäfte den Beistand des Rechts entzieht. Es ist ein grundlegendes Missverständnis, § 817 BGB statt als Ergänzung von §§ 134, 138 BGB als „Ausnahmevorschrift" aufzufassen und dem übervorteilten Teilnehmer eines verbotenen Geschäfts zum Ausgleich einen Schadensersatzanspruch aus § 826 BGB oder § 823 Abs. 2 BGB iVm § 263 StGB zuzuerkennen.[19] Das Interesse eines Geschäftspartners, die von dem anderen versprochene Leistung zu erlangen, ist also von Rechts wegen nicht anerkannt und hat deshalb von Rechts wegen keinen Wert.[20] Der getäuschte Partner hat allenfalls eine tatsächliche Aussicht, die versprochene Leistung zu erlangen, falls er die Täuschung durchschaut. Diese Aussicht ist aber ganz von den Interessen der Beteiligten, insbesondere den zwischen ihnen herrschenden Machtverhältnissen abhängig. Eine solche Aussicht strafrechtlich zu schützen, bedeutet lediglich, den Mächtigeren gegen den Ohnmächtigen, den Stärkeren gegen den Schwächeren, den Skrupellosen gegen den Skrupelhaften zu schützen.[21] Die Aussicht auf eine rechtswidrige oder sittenwidrige Leistung stellt also keinen Vermögenswert iSd § 263 dar.[22]

Der sog. wirtschaftliche Vermögensbegriff, der außerhalb des Rechts begründet ist, passt auch nicht zur Bestimmung der Rechtswidrigkeit der beabsichtigten Bereicherung, die der BGH streng an das Recht bindet, indem er sie nur dann ausschließt, wenn der Täter einen einklagbaren Anspruch auf sie hat,[23] nicht aber, wenn er nur eine faktische Bereicherungsaussicht hat. Das ist auch richtig, denn wer eine bloß faktische Erwerbsaussicht mit erpresserischen oder betrügerischen Mitteln durchsetzt, begeht Unrecht gegen das Vermögen des Betroffenen. Aus der Rechtsprechung zur Strafbarkeit der Vereitelung faktischer Bereicherungsaussichten aus verbotenen Geschäften folgt aber, dass eine solche Bereicherungsaussicht zu

---

[18] *Puppe,* Kleine Schule des juristischen Denkens, 3. Aufl. 2014, 228ff., 252f. Deshalb entsteht hier auch kein rechtsfreier Raum vgl. *Fischer,* 65. Aufl. 2018, StGB § 263 Rn. 109.

[19] So aber BGH NStZ 2003, 151 (152); *Spickhoff* JZ 2002, 970 (977); *Engländer* JR 2003, 164 (165); *Satzger* in SSW StGB, 3. Aufl. 2016, § 263 Rn. 169; *Wessels/Hillenkamp,* Strafrecht Besonderer Teil 2, 40. Aufl. 2017, Rn. 565; vgl. dagegen *Medicus/Petersen,* Bürgerliches Recht, 26. Aufl. 2017, Rn. 697f.

[20] *Gaede* in AnwK-StGB, 2. Aufl. 2015, § 263 Rn. 79.

[21] *Puppe,* Kleine Schule des juristischen Denkens, 3. Aufl. 2014, 254;*Puppe* ZIS 2010, 216; vgl. auch *Kindhäuser* in NK-StGB, 5. Aufl. 2017, § 263 Rn. 24; *Hefendehl* in MüKoStGB, Bd. 5, 2. Aufl. 2014§ 263 Rn. 352; das wird sogar zugegeben von OLG Hamburg NJW 1966, 1525 (1526): „Im Übrigen kommt es auch sonst vor, dass der Skrupellose zuweilen besser fährt."

[22] *Fischer* in Fischer ua, Dogmatik und Praxis des strafrechtlichen Vermögensschadens, 2015, 51 (56); *Kindhäuser* in NK-StGB, 5. Aufl. 2017, § 263 Rn. 234; *Cramer* JuS 1966, 472 (475f.).

[23] Zuletzt BGH NStZ 2017, 465 (466f.).

einem einklagbaren Anspruch aus § 823 Abs. 2 BGB iVm § 253 oder § 263 StGB erstarkt, sobald der Vertragspartner diese Bereicherung mit erpresserischen oder betrügerischen Mitteln vorläufig vereitelt. Danach macht sich der andere Partner nicht nach § 253 oder § 263 StGB strafbar, wenn er sich die Bereicherung seinerseits mit erpresserischen oder betrügerischen Mitteln zurückholt.[24]

Mit dem Satz, dass eine verbotene Leistung von Rechts wegen keinen Vermögenswert darstellt, kann man ohne weiteres begründen, dass derjenige, der eine solche Leistung erbracht hat, ohne die versprochene Gegenleistung, etwa in Geld, zu erhalten, keinen Vermögensschaden erleidet, aber im umgekehrten Fall ist nicht zu leugnen, dass derjenige, der Geld aufgewandt hat, um eine solche sittenwidrige Leistung zu erhalten, einen Vermögensschaden erlitten hat. Die Rechtsprechung hat denn auch vielfach nur den Abnehmer der sittenwidrigen Leistung gegen Täuschung geschützt, nicht aber den Anbieter.[25] Man denke an die unselige Dirnenrechtsprechung, der erst das Prostitutionsgesetz ein Ende machte. Nach dieser Rechtsprechung ist eine Dirne nicht betrogen, wenn der Freier ihr nach Erbringung ihrer Leistung den Lohn verweigert oder sie mit Falschgeld bezahlt, weil ihre Leistung wirtschaftlich nichts wert ist.[26] Im Gegensatz dazu betrügt sie den Freier, wenn sie ihm nach Zahlung des Lohnes die Leistung verweigert, weil der Freier ja schließlich „gutes Geld" gegeben hat.[27] Das KG Berlin hat aus dem Grundsatz pecunia non olet die Konsequenz gezogen, dass derjenige, der zum Schein den Auftrag angenommen hatte, gegen einen Werklohn einen Menschen umzubringen und sich dann wie geplant mit dem Vorschuss abgesetzt hat, den „Besteller" betrogen hat.[28]

In einer brandneuen Entscheidung vom 11.4.2018 – 5 StR 595/17 bestätigt der 5. Senat die Verurteilung eines Angeklagten zu zwei Jahren Freiheitsstrafe wegen Betrugsversuchs, der einem vermeintlichen Funktionär des IS vorgetäuscht hatte, in Deutschland und anderen europäischen Ländern Anschläge mit bis zu 1000 Toten zu begehen, wenn der IS ihm 180.000 € zur Beschaffung von Autos und Sprengstoff zur Verfügung stellt. Mehr als einen Hinweis auf die ständige Rechtsprechung zum „wirtschaftlichen Vermögensbegriff" gibt er zur Begründung nicht an. Wäre also der „Betrug" gelungen, so stünde jetzt ein Vertreter des IS vor einem deutschen Amtsrichter um Schadensersatz von dem Angeklagten zu verlangen, weil dieser ihm die versprochenen 1000 toten Europäer schuldig geblieben ist. Denn erst dadurch ist ja der Schaden beim IS entstanden. Hätte dagegen der Angeklagte vorgeleistet, so könnte er vom IS den versprochenen Werklohn nicht verlangen, denn 1000 Tote sind kein „gutes Geld". Im Schrifttum ist diese Ungleichbehandlung von Besteller und Anbieter einer verbotenen Leistung durchaus auf Zustimmung gestoßen.[29]

---

[24] BGH NJW 2002, 2117.

[25] Vgl. die Darstellung bei *Fischer,* 65. Aufl. 2018, StGB § 253 Rn. 14a ff., § 263 Rn. 104ff.

[26] BGHSt 4, 373 = NJW 1953, 1839; BGH NStZ 1987, 407; vgl. die Darstellung bei *Fischer,* 65. Aufl. 2018, StGB § 263 Rn. 107 mwN.

[27] OLG Hamburg NJW 1966, 1525f.; weitere Nachweise bei *Fischer,* 65. Aufl. 2018, StGB § 263 Rn. 107.

[28] KG Berlin NJW 2001, 86f.

[29] *Neumann* JuS 1993, 746 (749); *Zieschang* FS Hirsch, 1999, 831 (845f.); *Satzger* in SSW StGB, 3. Aufl. 2016, § 263 Rn. 169; *Tiedemann* in LK-StGB, Bd. 9/Teil 1, 12. Aufl. 2012, § 263 Rn. 138.

Das ist aber nicht im Sinne des Vorlagebeschlusses des 2. Senats. Der Senat verweist darauf, das Geld, das zum unerlaubten Erwerb von Betäubungsmitteln verwendet wird, als Tatmittel der Einziehung unterliegt und in der Hand des Betäubungsmittellieferanten der Geldwäsche,[30] also eben doch stinkt. Man könnte das dahin interpretieren, dass derjenige, der Geld für eine sittenwidrige Leistung aufgewendet hat, dieses von Rechts wegen bereits dadurch verloren hat, unabhängig davon, ob der andere ihm seine Gegenleistung erbringt oder nicht, weil das Geld von dem Moment an der Einziehung unterliegt.[31]

Aber diese kühne Behauptung braucht man nicht einmal aufzustellen, um zu begründen, dass der Nachfrager einer verbotenen Leistung ebenso wenig wie im umgekehrten Fall der Anbieter durch den Betrugstatbestand geschützt ist. Da der Betrug ein Vermögensdelikt und nicht ein Delikt gegen die Dispositionsfreiheit ist, muss der Irrtum des Täters sein Vermögen betreffen. Er muss also darüber getäuscht worden sein, dass er sich durch seine Verfügung einen Vermögensschaden zuzieht. Geht man davon aus, dass rechtswidrige oder sittenwidrige Leistungen keinen Vermögenswert darstellen, so wird derjenige, der Geld vergeblich aufwendet, um solche Leistungen zu erlangen, auch dann nicht über den schädigenden Charakter seiner Verfügung getäuscht, wenn der Geschäftspartner ihm die Leistungsbereitschaft nur vorgespiegelt hat, denn er weiß, dass er sein Geld für eine Gegenleistung aufwendet, die von Rechts wegen keinen Vermögenswert hat,[32] er gibt sein gutes Geld also unentgeltlich her. Die Täuschung beeinträchtigt ihn nur in seiner Dispositionsfreiheit über sein Vermögen, nicht aber im Vermögen selbst.

VII. Das klägliche Ende

Noch ehe einer der angefragten Senate zur Anfrage Stellung genommen hatte, bestätigte der 2. Senat eine Verurteilung wegen Anstiftung zur räuberischen Erpressung mit den folgenden Worten: „*Wer … einen Rauschgifthändler oder -kurier mit Gewalt oder durch Drohung mit einem empfindlichen Übel zur Herausgabe von Drogen nötigt, um sich oder einen Dritten zu Unrecht zu bereichern, macht sich der räuberischen Erpressung schuldig.*" Zu diesem diametralen Widerspruch gegen den Anfragebeschluss fühlten sich die entscheidenden Richter deshalb berechtigt, weil es sich um eine „andere Sitzgruppe" handelte. Die beiden Sitzgruppen unterschieden sich um eine Person. Nach meiner Rechnung kann man aus einem Senat, der über sieben Richter verfügt und mit fünf Richtern ausreichend besetzt ist, 15 Sitzgruppen bilden, die sich um mindestens eine Person unterscheiden, wenn der Vorsitzende an jeder Sitzgruppe teilnimmt.

---

[30] BGH NStZ 2016, 596 (598); dazu *Fischer,* 65. Aufl. 2018, StGB § 263 Rn. 108.

[31] *Kindhäuser/Wallau* NStZ 2003, 152 (153f.); *Fischer,* 65. Aufl. 2018, StGB § 253 Rn. 14b; § 263 Rn. 108; *Swoboda* NStZ 2005, 476 (481); *Hoyer* in SK-StGB, 60. Lfg. 2004, § 263 Rn. 132; *Gaede* in AnwK-StGB, 2. Aufl. 2015, § 263 Rn. 79; dagegen *Zimmermann* GA 2017, 544 (551f.).

[32] *Cramer* JuS 1966, 472 (477); vgl. *Kindhäuser* in NK-StGB, 5. Aufl. 2017, § 263 Rn. 345; *Perron* in Schönke/Schröder, 29. Aufl. 2014, StGB § 263 Rn. 150; *Hefendehl* in MüKoStGB, Bd. 5, 2. Aufl. 2014, § 263 Rn. 487f.

Die materielle Begründung des Urteils besteht aus einer Berufung auf die ständige Rechtsprechung, die die andere Sitzgruppe doch gerade in Zweifel gezogen hat, sowie aus dem Satz *„Die Rechtsordnung kennt im Bereich der Vermögensdelikte kein wegen seiner Herkunft, Entstehung oder Verwendung schlechthin schutzunwürdiges Vermögen"*.[33] Diesen Satz hatte die erste Sitzgruppe mit Recht als tautologisch entlarvt.[34] Denn der Satz, dass es ein strafrechtlich ungeschütztes Vermögen gäbe, wenn unrechtmäßige Vorteile nicht strafrechtlich geschützt wären, setzt voraus, dass unrechtmäßige Vorteile zum Vermögen gehören.[35]

Die gruppendynamischen Prozesse,[36] die sich im 2. Senat abgespielt haben, bleiben unter dem Schleier des Beratungsgeheimnisses verborgen, aber der Eindruck von Beliebigkeit, Zerstrittenheit, Wankelmut und Mangel an Achtung vor der abweichenden Meinung von Senatskollegen, den dieses Urteil vermittelt, ist nicht dazu angetan, das Vertrauen der Bürger in die höchstrichterliche Rechtsprechung zu befestigen. Vielleicht hat der 2. Senat über inoffizielle Kanäle erfahren, dass sein Vorschlag bei den anderen Senaten nicht gut ankommt, und deshalb gleich das Handtuch geworfen.[37] Auch das werden wir nie erfahren. Aber selbst wenn es sich so verhält, hätte es dem Senat besser angestanden, sein Schiff mit wehender Flagge untergehen zu lassen, als ein solches Beispiel vorauseilenden Gehorsams zu geben.

Es versteht sich, dass die anderen Senate sich danach mit der Beantwortung des Anfragebeschlusses keine besondere Mühe mehr gegeben haben. Der 4. Senat führt in seinem Antwortbeschluss vom 10.11.2016 – 4 ARs 17/16 = NStZ-RR 2017, 44, zunächst aus, dass der Anfragebeschluss schon deshalb abzulehnen sei, weil er zu weit gefasst ist. Er umfasst nämlich seinem Wortlaut nach auch den legalen Besitz von Betäubungsmitteln. Weiter heißt es: *„Der Senat hat sich zu dieser Frage in seinem Urt. v. 25.11.1951 (4 StR 574/51 = BGHSt 2, 364 (365ff.) = NJW 1952, 833) der Rechtsprechung des RG angeschlossen, die seit der Entscheidung vom 14.12.1910 = RGSt 44, 230 vom wirtschaftlichen Vermögensbegriff ausgeht."* Es war der 4. Senat, aber sicherlich eine andere Sitzgruppe. Weiter heißt es: *„Die Anfrage gibt keinen Anlass, den in der Praxis bewährten und insbesondere aus kriminalpolitischen Gesichtspunkten sachgerechten wirtschaftlichen Vermögensbegriff – mit erheblichen Weiterungen auch für zahlreiche andere Fallkonstellationen – generell aufzugeben."*[38] Mit solchen Worten pflegt der BGH sonst nur die, wenn auch noch so einhellige, Kritik der Wissenschaft an seiner Rechtsprechung zu erledigen, nicht die Kritik aus dem eigenen Haus.

Auch der 1. Senat lehnt in seinem Antwortbeschluss vom 21.2.2017 – 1 ARs 16/16 = NStZ-RR 2017, 112, den Anfragebeschluss wegen einer zu weiten Formulierung ab, weil er sich auch auf legal im Ausland erworbenes Rauschgift be-

---

[33] BGH NJW 2017, 1559. Eine dritte Sitzgruppe des 2. Senats verfuhr genauso wie die zweite, BGH NStZ-RR 2017, 111.

[34] BGH NStZ 2016, 596 (598)

[35] *Cadus,* Die faktische Betrachtungsweise, 1984, 166; *Puppe,* Kleine Schule des juristischen Denkens, 3. Aufl. 2014, 230f.; *Arzt/Weber/Heinrich/Hilgendorf,* Strafrecht Besonderer Teil, 3. Aufl. 2015, § 20 Rn. 88; *Maurach/Schroeder/Maiwald,* Strafrecht Besonderer Teil Teilbd. 1, 10. Aufl. 2009, § 41 Rn. 100.

[36] Dazu *Fischer* FS Hamm, 2008, 63 (75).

[37] Vgl. BGH NJW 2005, 1589.

[38] BGH NStZ-RR 2017, 44 (45).

ziehe. Außerdem müsse der illegale Betäubungsmittelbesitz dann geschützt sein, wenn der Vorbesitz etwa von Apothekern oder Krankenhäusern legal gewesen sei. Der Senat denkt dabei wohl an den Besitzerwerb durch Diebstahl. Dabei bleibt unerwähnt, dass nach der Rechtsansicht des Vorlagebeschlusses auch der diebische Besitz strafrechtlich nicht geschützt werden soll. Schließlich wiederholt auch der 1. Senat den tautologischen Satz „dass die Rechtsordnung im Bereich der Vermögensdelikte ein wegen seiner Herkunft, Entstehung oder Verwendung schlechthin schutzunwürdiges Vermögen nicht kennt".[39]

Der 5. Senat führt in seinem ablehnenden Antwortbeschluss vom 7.2.2017 – 5 ARs 47/16 = NStZ-RR 2017, 110, wie schon erwähnt als einziges Sachargument gegen die Ansicht des Anfragebeschlusses an, dass die Ablehnung der Strafbarkeit des Abpressens von Rauschgiftbesitz wegen räuberischer Erpressung unvereinbar sei mit der Strafbarkeit der gewaltsamen Wegnahme von Betäubungsmitteln wegen Raubes.[40]

Am eingehendsten setzt sich der 3. Senat in seinem ablehnenden Antwortbeschluss vom 15.11.2016 – 3 ARs 16/16 = NStZ-RR 2017, 244, mit der Argumentation des Anfragebeschlusses auseinander. Er führt dazu aus: *„Betäubungsmittel sind unzweifelhaft bei wirtschaftlicher Betrachtung in hohem Maße wertvoll. Dieser Wert bietet gerade den Anreiz, etwa sie herzustellen, sie einzuführen, mit ihnen Handel zu treiben oder sie in sonstiger Weise an sich zu bringen, obwohl diese und nahezu alle anderen Umgangsformen mit Betäubungsmitteln gesetzlich verboten und Verstöße gegen dieses Verbot strafbewehrt sind. Wenn der 2. Senat demgegenüber darauf hinweist, dass Betäubungsmittel auf dem legalen Markt keinen Wert besitzen, so mag dies der Sache nach grundsätzlich zutreffen, ist jedoch bei wirtschaftlicher Betrachtungsweise für sich ohne Belang; denn diese knüpft nicht an die Klagbarkeit einer Sache oder eines Rechts an, sondern allein an tatsächliche Verhältnisse, ohne dass hierdurch faktisch ein illegaler Markt geduldet oder gar anerkannt würde."*[41] Dass es keine Anerkennung des illegalen Marktes mit Betäubungsmitteln darstellen soll, wenn man um des Interesses willen, an diesem Markt teilzunehmen, die Verletzung des illegalen Besitzes und Eigentums an Betäubungsmitteln unter Strafe stellt, ist nicht zu verstehen, führt doch der 3. Senat selbst aus, dass es gerade dieses Interesse ist, dass den Anreiz ausmacht, gegen das Betäubungsmittelgesetz zu verstoßen. Soll also das Strafrecht dazu dienen, diesen Anreiz aufrecht zu erhalten und zu schützen? Ausführlich werden die Besitzschutzrechte dargestellt, die auch dem unrechtmäßigen Besitzer zustehen und das Argument, dass diese nur dem Rechtsfrieden dienen mit folgenden Worten zurückgewiesen: *„Denn auch wenn die letztgenannte Zielsetzung vorrangiger Zweck der §§ 858ff. BGB sein mag, ist nicht zu verkennen, dass diese auch für den unrechtmäßigen Besitzer einer Sache eine – zumindest vorläufige – Herrschaftsposition schaffen, die ihm gegenüber Außenstehenden eine rechtlich stärkere Stellung verschaffen und zudem faktische Verwertungsmöglichkeiten bieten. Dies rechtfertigt es, auch den unrechtmäßigen Besitz an einer Sache als Vermögenswert anzusehen, wenn die besessene Sache ihrerseits einen wirtschaftlichen Wert hat."*[42]

---

[39] BGH NStZ-RR 2017, 112f.
[40] NStZ-RR 2017, 110.
[41] BGH NStZ-RR 2017, 244 (245).
[42] BGH NStZ-RR 2017, 244 (245).

Den Gedanken des Anfragebeschlusses, auch die Eigentumsdelikte teleologisch einzuschränken, hält der 3. Senat für unvereinbar mit dem Wortlaut des Gesetzes. *„Angesichts des eindeutigen Wortlauts, etwa des § 242 Abs. 1, § 249 Abs. 1 StGB, die „fremde" bewegliche Sachen als Wegnahmeobjekte nennen, also Sachen, die nach bürgerlichem Recht im Eigentum (irgend-)einer anderen Person stehen, würde diese Wortlautgrenze hier verletzt."*[43] Abgesehen davon, dass diese Auslegung des Begriffs „fremde Sache" nicht ganz so zwingend ist, wie der 3. Senat meint,[44] ist es doch gerade das Wesen jeder teleologischen Reduktion, dass sie die Anwendung des Gesetzes über die Wortlautgrenze hinaus einschränkt.[45]

Es ist festzuhalten, dass auch der 3. Senat alle Argumente, mit denen er den Anfragebeschluss ablehnt, bis auf das letzte, unmittelbar aus dem wirtschaftlichen Vermögensbegriff der herrschenden Rechtsprechung ableitet, den der anfragende Senat doch gerade entthronen wollte.

Angesichts dieser verfahrenen Situation, zu der zwei Sitzgruppen des 2. Senats selbst entscheidend beigetragen haben, blieb dem 2. Senat kaum etwas anderes übrig, als seinen Anfragebeschluss zurückzuziehen. Er hätte dies ohne Gesichtsverlust damit begründen können, dass keine Aussichten vorhanden seien, sich mit der neuen Rechtsansicht beim Großen Senat durchzusetzen. Dann hätte er die alte und neue Rechtsansicht der übrigen Senate auf seinen Fall anwenden können, indem er den Verlust rechtswidrigen Besitzes unter den Begriff des Vermögensschadens subsumiert hätte. Aber der Senat tut ein Übriges und begründet seine Rücknahme auch sachlich, indem er zwei Argumente der anderen Senate aufgreift, wie folgt: *„Betäubungsmittel besitzen bei wirtschaftlicher Betrachtung einen erheblichen Wert, der auch einen besonderen Anreiz dazu bietet, damit Handel zu treiben, obwohl nahezu jeder nicht von einer staatlichen Genehmigung getragene Umgang damit bei Strafandrohung verboten ist. Die Rechtsordnung kennt im Bereich der Vermögensdelikte kein wegen seiner Herkunft, Entstehung oder Verwendung schlechthin schutzunwürdiges Vermögen … Es besteht kein Anlass, den bewährten und kriminalpolitisch sachgerechten wirtschaftlichen Vermögensbegriff aufzugeben. Andernfalls entstünden nicht hinnehmbare Wertungswidersprüche gegenüber den Eigentumsdelikten"* (BGH Urt. v. 16.8.2017 – 2 StR 335/15 = StV 2018, 27). Dabei setzt er sich mit keinem Wort mit den Gegenargumenten des Anfragebeschluss auseinander, sie werden offenbar keiner weiteren Befassung für wert befunden. Als ältere Bürgerin fühlt man sich fast an die Sitte der Selbstkritik erinnert, wie sie in herrschenden kommunistischen Parteien geübt wurde. Nun ja, es war eben eine andere Sitzgruppe.

---

[43] BGH NStZ-RR 2017, 244 (246).

[44] Vgl. *Otto* FS Beulke, 2015, 507 (511); auch *Krell* NStZ 2016, 599 (600).

[45] *Puppe*, Kleine Schule des juristischen Denkens, 3. Aufl. 2014, 147 ff.; *Larenz/Canaris,* Methodenlehre der Rechtswissenschaft, 3. Aufl. 1995, 210 f.; *Bydlinski,* Grundzüge der juristischen Methodenlehre, 2. Aufl. 2011, 90 f.

VIII. Vom Anfrageverfahren zum Umfrageverfahren

Mit dem vorliegenden Anfragebeschluss hat eine Sitzgruppe des 2. Senats einen Grundsatz zur Diskussion gestellt, der in der Rechtsprechung seit mehr als 100 Jahren gegolten hat, aber seit ebenso langer Zeit auf den entschiedenen Widerstand der besten Köpfe der Wissenschaft gestoßen ist[46] und heute von der wohl überwiegenden Meinung in der Wissenschaft abgelehnt wird.[47] Dieser Grundsatz lautet: Das Strafrecht ist auch dazu da, rechtswidrige Wirtschaftsinteressen gegen Beeinträchtigung mit diebischen, erpresserischen oder betrügerischen Mitteln zu schützen. Es ist eine Frage von grundsätzlicher Bedeutung, nicht nur für das Strafrecht, sondern für das gesamte Recht.[48] Nachdem zwei andere Sitzgruppen des 2. Senats sowie alle anderen Senate des BGH sich dafür ausgesprochen haben, auch illegale Wirtschaftsinteressen weiterhin als Vermögensbestandteile strafrechtlich zu schützen und daraufhin der anfragende Senat seinen Anfragebeschluss mit der dargestellten Begründung zurückgenommen hat, dürfte diese Frage für absehbare Zeit entschieden sein. Denn so bald wird es keine Sitzgruppe eines Senats mehr wagen, sie aufzuwerfen. Dabei ist es nicht zu einem Diskurs zwischen den konkurrierenden Rechtsauffassungen gekommen. Das Anfrageverfahren macht's möglich. Es lohnt sich also, abschließend einen Blick auf das Anfrageverfahren im Allgemeinen und das vorliegende Verfahren im Besonderen zu werfen.

Schon lange vor der Einführung des § 132 Abs. 3 GVG wurde das Anfrageverfahren von den Senaten des BGH aufgrund von deren Geschäftsordnungen inoffiziell und außerhalb der Öffentlichkeit praktiziert.[49] Welche Anfragen auf diese Weise erledigt wurden, können wir also nicht wissen. Aber es ist zweierlei, ob ein Anfrageverfahren inoffiziell praktiziert wird, oder ob es als Zulässigkeitsvoraussetzung für die Vorlage an den Großen Senat gesetzlich vorgeschrieben ist. In letzterem Fall bedarf es der genauen gesetzlichen Regelung dieses Verfahrens, und daran hat es der Gesetzgeber fehlen lassen. Ein Teil dieser Regelungslücken ist im vorliegenden Verfahren zutage getreten.

---

[46] *Binding,* Deutsches Strafrecht, Besonderer Teil, Erster Band, 2. Aufl. 1902, 240, 356; *Binding* DJZ 1911, 559f.; *Frank,* Das Strafgesetzbuch für das Deutsche Reich, 18. Aufl. 1931, 589f.; *Gallas* FS Eb. Schmidt, 1961, 401 (408f.); *Lackner* in LK-StGB, Bd. 6, 10. Auflage 1988, § 263 Rn. 122f.

[47] *Fischer,* 65. Aufl. 2018, StGB, § 263 Rn. 108f.; *Kindhäuser* in NK-StGB, 5. Aufl. 2017, § 263 Rn. 35ff., 234; *Perron* in Schönke/Schröder, 29. Aufl. 2014, StGB § 263 Rn. 93, 150; *Hoyer* in SK-StGB 60. Lfg. 2004, § 263 Rn. 121, 130ff.; *Hefendehl* in MüKoStGB, Bd. 5, 2. Aufl. 2014, § 263 Rn. 474ff., 485ff.

[48] Man denke an § 1 Abs. 2 Nr 2 SchwarzArbG, durch den die Schwarzarbeit bekämpft werden sollte, und die dazu ergangene Rechtsprechung, die § 134 BGB (BGHZ 198, 141 (144ff.) = NJW 2013, 3167) und § 817 BGB (BGHZ 201, 1 = NJW 2014, 1805; BGHZ 206, 69 = NJW 2015, 2406) auf Schwarzarbeitsverträge anwendet, so dass aus diesen keinerlei Ansprüche erwachsen sollen. Wie in anderen Fällen verbotener Verträge wird auch hier der Zweck des Verbots und des § 134 BGB zum erheblichen Teil durch eine Strafrechtsprechung konterkariert, die Erwartungen aus nichtigen Verträgen schützt und dem Enttäuschten einen Schadensersatzanspruch aus § 823 Abs. 2 BGB iVm § 263 StGB zuerkennt, wenn er vorgeleistet hat und der Andere schon bei Vertragsschluss vorhatte, sein Leistungsversprechen zu brechen.

[49] *Rissing-van Saan* FS Widmaier, 2008, 505 (515f.).

Erstens ist die Frage offen, ob der anfragende Senat an seinen Anfragebeschluss gebunden ist oder ob er bei einem gleichartigen Fall, sei es in gleicher, sei es in abweichender Besetzung, weiterhin im Sinne der bisher herrschenden Rechtsprechung entscheiden darf. Die zweite und dritte Sitzgruppe des 2. Senats haben, wie oben dargestellt, eine Bindung an den Anfragebeschluss abgelehnt, solange dieser nicht von den anderen Senaten gebilligt worden ist. Fischer will eine Binnendivergenz genauso behandeln wie eine Außendivergenz, indem er eine Sitzgruppe als Senat iS von § 132 GVG versteht, so dass die anderen Sitzgruppen nicht mehr dagegen entscheiden können.[49a] Der 1. Senat hat eine Bindung bejaht. Dieser Senat hält es für unzulässig, dass der anfragende Senat ein seinem Anfragebeschluss widersprechendes Urteil fällt. Da man aber, sofern sich der anfragende Senat über diese Bindung hinweggesetzt hat, das Urteil nicht aus der Welt schaffen kann, so schafft man eben den Anfragebeschluss aus der Welt, indem man ihn für unzulässig erklärt.[50] Um einen Widerspruch zwischen den einzelnen Sitzgruppen eines Senats zu vermeiden wird empfohlen, auch diejenigen Mitglieder des Senats zu befragen, die der entscheidenden Sitzgruppe nicht angehören, was allerdings nichts daran ändert, dass diese kein Stimmrecht haben.[51] Konsequenterweise müssten die angefragten Senate ebenso verfahren.

Zweitens stellt sich die Frage, wie der Gefahr zu begegnen ist, dass ein mit dem Anfragebeschluss unvereinbares Urteil eines Senats unentdeckt bleibt und dieser deshalb nicht angefragt wird. Deshalb wird vorgeschlagen, sicherheitshalber alle Senate zu befragen, ob sie sich der Rechtsansicht des anfragenden Senats anschließen.[52] Damit wird das Anfrageverfahren zum Umfrageverfahren.

Streitig ist auch, ob das Umfrageverfahren nur bei einer Divergenzvorlage oder auch bei einer Vorlage wegen grundsätzlicher Bedeutung der Rechtsfrage durchzuführen ist. Da auch in diesem Fall eine Divergenz zwischen der neuen Auffassung des vorlegenden Senates und der bisherigen Rechtsprechung vorliegt, sofern die Rechtsfrage nicht neu ist, wird in der Literatur auch bei einer Vorlage wegen grundsätzlicher Bedeutung der Rechtsfrage die Durchführung des Umfrageverfahrens als Zulässigkeitsvoraussetzung gefordert.[53] Anderer Auffassung ist aber der Große Senat des BGH.[54] Danach hätte der 2. Senat im vorliegenden Fall das Umfrageverfahren gar nicht durchführen sollen. Wird aber das Umfrageverfahren

---

[49a] *Fischer* FS Schlothauer, 2018, 471 (483).

[50] BGH NStZ-RR 2017, 112; ebenso *Schmitt* in Meyer-Goßner/Schmitt, 59. Aufl. 2016, GVG § 132 Rn. 10a; *Graf* in BeckOK StPO, 27. Ed. Stand 1.1.2017, GVG § 132 Rn. 19; ausdrücklich offengelassen vom 5. Senat, BeckRS 2017, 102391.

[51] *Rissing-van Saan* FS Widmaier, 2008, 505 (516); *Franke* in Löwe-Rosenberg, Bd. 10, 26. Aufl. 2010, GVG § 132 Rn. 27; *Schmitt* in Meyer-Goßner/Schmitt, 59. Aufl. 2016, GVG § 132 Rn. 9; *Hannich* in KK-StPO, 7. Aufl. 2013, GVG § 132 Rn. 13; *Rappert* in Radtke/Hohmann, 2011, GVG § 132 Rn. 13; dagegen *Fischer* FS Schlothauer, 2018, 471 (482).

[52] *Rissing-van Saan* FS Widmaier, 2008, 505 Fn. 41; *Hannich* in KK-StPO, 7. Aufl. 2013, GVG § 132 Rn. 13; *Graf* in BeckOK StPO, 27. Ed. Stand 1.1.2017, GVG § 132 Rn. 13.

[53] *Rissing-van Saan* FS Widmaier, 2008, 505 (517f.); *Graf* in BeckOK StPO, 27. Edition, Stand 1.1.2017, GVG § 132 Rn. 25, 31; *Franke* in Löwe-Rosenberg, Bd. 10, 26. Aufl. 2010, GVG § 132 Rn. 39.

[54] BGH NJW 2018, 94 (95), nebst Vorlage des 2. Senats, BGH 24.2.2016 – 2 StR 656/13, Rn. 39, BeckRS 2016, 06840 und BGH NJW 2008, 860f. nebst Vorlage des 3. Senats, BGH NJW 2007, 3294 (3298).

durchgeführt, so entscheidet es praktisch endgültig über den Anfragebeschluss, denn der anfragende Senat wird sich hüten, die Anfrage dem Großen Senat vorzulegen, nachdem er im Umfrageverfahren unterlegen ist.[55] Dabei ist dieses Verfahren gar nicht geeignet, eine grundsätzliche Änderung der Rechtsprechung herbeizuführen. Denn es sind zwar nun alle Senate zur Entscheidung der Rechtsfrage berufen, aber es findet keine gemeinsame Beratung statt, sodass der vorlegende Senat keine Gelegenheit erhält, die anderen Senate von der Richtigkeit seiner neuen Rechtsauffassung zu überzeugen oder Missverständnisse aufzuklären, wie beispielsweise im vorliegenden Fall das Missverständnis des 4. Senats, dass gemäß dem Anfragebeschluss auch rechtmäßiger Besitz von Betäubungsmitteln strafrechtlich schutzlos gestellt werden soll, oder weiterführende Fragen zu beantworten, wie beispielsweise die, wie sich die neue Rechtsauffassung auf die Eigentumsdelikte auswirken soll. Die einzelnen Senate haben nach interner Beratung lediglich zu erklären, ob sie aus den Gründen des Anfragebeschlusses sich diesem anschließen, oder ob sie aus den Gründen der bisher herrschenden Rechtsprechung bei dieser bleiben wollen.[56] Das sind nicht die Methoden der Rechtsfindung, sondern die der Meinungsforschung.[57]

---

[55] Vgl. BGH NJW 2005, 1589: „Doch hält [der Senat] es im Hinblick auf das Ergebnis des Anfrageverfahrens für aussichtslos, eine Mehrheit für eine Neubestimmung des Begriffs zu gewinnen."

[56] *Franke* in Löwe-Rosenberg, Bd. 10, 26. Aufl. 2010, GVG § 132 Rn. 19; *Hannich* in KK-StPO, 7. Aufl. 2013, GVG § 132 Rn. 14; *Frister* in SK-StPO, Bd. IX, 3. Aufl. 2016, Rn. 20; *Graf* in BeckOK StPO, 27. Ed. Stand 1.1.2017, GVG § 132 Rn. 17; *Schmidt/Temming* in Gercke/Julius/Temming/Zöller, 5. Aufl. 2012, GVG § 132 Rn. 11.

[57] *Puppe* NStZ 2003, 308 (310).

ROLF RAUM

Die intersubjektive Wertsetzung – nochmals aufgerufen

Eines von vielen Verdiensten des Jubilars ist sicherlich, dass er die Baden-Badener Strafrechtsgespräche ins Leben gerufen hat und am Leben hält.[1] Die hochrangig besetzten Runden, die jeweils einem konkreten Oberthema gewidmet sind, haben nicht nur zu einem Austausch innerhalb der juristischen Berufsgruppen (und manchmal darüber hinaus)[2], sondern auch zu einer erheblichen Vertiefung und am Ende immer zu einem Erkenntnisgewinn geführt. Das erste Thema dieser Reihe war der Schaden, genauer: Dogmatik und Praxis des strafrechtlichen Vermögensschadens. Dabei war die Frage, inwieweit der Schaden, der an sich objektiviert ist, in Teilbereichen dann doch zumindest subjektiv bestimmt werden kann, ein wesentlicher Diskussionspunkt.[3] Entzündet hat sich die Debatte an der Frage, inwieweit (beim Eingehungsbetrug) die Vereinbarung der Parteien über den Wert des Kaufgegenstandes oder einer Dienstleistung bei der Schadensmessung herangezogen werden darf. Dies würde im Ergebnis nämlich dazu führen, dass Schädiger und Geschädigter letztlich durch ihre Vereinbarung zugleich auch den späteren Betrugsschaden bestimmen können.[4]

I. Die Rechtsprechung

Ausgelöst wurde die Diskussion durch ein Urteil des 5. Strafsenats des Bundesgerichtshofs, das schon deshalb ungewöhnlich war, weil es sich gegen die Auffassung des Generalbundesanwalts wandte, der einen umfassenden Aufhebungsantrag gestellt hatte. In der Folge kam es zu weiteren (uneinheitlichen) Entscheidungen des 1. und 5. Strafsenats, die zum Teil das Problem nicht mehr ausdrücklich ansprachen, sich distanzierten oder aber die ursprüngliche Leitentscheidung des 5. Strafsenats ausdrücklich billigten. Insgesamt ergibt sich kein einheitliches Bild; im Einzelnen:

---

[1] Bislang sind in den Jahren 2015 bis 2017 drei Tagungen erfolgt; im April 2018 steht eine weitere zum Thema Beweis an.

[2] Bei der 2. Tagung im Jahre 2016 waren mit *Rolf Fimmers* (Biometrie), *Hans-Ludwig Kröber* (Psychiatrie) und *Sabine Rückert* (Chefredaktion der ZEIT) Fachfremde beteiligt.

[3] Vgl. Baden-Badener Strafrechtsgespräche, Band 1, 2015, 343ff.

[4] Zur Problematik, ob der Marktwert dem objektiven Wert entspreche, kritisch *Becker,* Baden-Badener Strafrechtsgespräche, Band 1, 2015, S. 343.

1. Der Ausgangsfall (BGH 5 StR 344/12)[5]

Der zugrunde liegende Sachverhalt war ungewöhnlich und prominent. Kaufgegenstand war das damalige Rundfunkgelände der DDR in Berlin, das im Eigentum der neuen Bundesländer und des Landes Berlin stand, und auf dem erhebliche Lasten von bis zu 150.000 EUR monatlich ruhten, die von der Eigentümergemeinschaft zu tragen waren. Das Grundstück stand unter Denkmalschutz und war erheblich kontaminiert. Der Angeklagte, ein vermögender Immobilienkaufmann, war an dem Erwerb interessiert. Er kaufte über eine von ihm beherrschte, allerdings vermögenslose GmbH das Grundstück. Als Gegenleistung war neben der Zahlung des Kaufpreises von 350.000 EUR auch eine Lastenfreistellung vereinbart. Während der Kaufpreis durch Verrechnung bezahlt wurde, erfolgte keine Lastenfreistellung, was der Angeklagte von vornherein beabsichtigt hatte. Hierdurch entstand der Verkäuferin ein Schaden in Höhe von mindestens 290.000 EUR. Die vermögenslose Bewerberin hatte das Grundstück sofort weiter übertragen; es wurde einige Monate später zu einem Teil für knapp 3,5 Millionen EUR veräußert. Der 5. Strafsenat des Bundesgerichtshofs hat in Übereinstimmung mit dem Landgericht dieses Verhalten wegen der von Anfang an vorhandenen Leistungsunwilligkeit des Angeklagten als einen Eingehungsbetrug gewertet und die fehlgeschlagene Lastenfreistellung in Höhe von 290.000 EUR als Schaden angesehen, die Bestandteil des Kaufpreises gewesen sei.

Der 5. Strafsenat hat ausgeführt, dass es auf eine objektive Wertfeststellung des Grundstücks nicht ankomme und deshalb auch nicht zu beanstanden sei, dass die Strafkammer kein Wertgutachten (§ 194 BauGB) eingeholt habe. Grundsätzlich komme es – so der Bundesgerichtshof – in einem von Angebot und Nachfrage bestimmten marktwirtschaftlichen System nämlich nicht auf den objektiven Wert des Gegenstandes an. Der Tatrichter sei nicht gehalten, den Wert unter Hinzuziehung sachverständiger Hilfe objektiv zu bestimmen, zumal derartige Wertbestimmungen häufig scheingenau seien, weil sie ihrerseits auf Rückschlüssen aus den Marktgegebenheiten beruhten.[6] Anderes ergebe sich auch nicht aus der Rechtsprechung des Bundesverfassungsgerichts. Dem Bezifferungsgebot, das vom Bundesverfassungsgericht für die Schadensbestimmung gefordert werde, lasse sich nicht entnehmen, dass es bei Betrugshandlungen im Zusammenhang mit dem Abschluss von Austauschverträgen stets die Bestimmung des objektiven Wertes des Vertragsgegenstands erfordere. Grundsätzlich legten in einem vom Angebot und Nachfrage geprägten marktwirtschaftlichen System die Vertragsparteien den Wert des Gegenstandes fest. Diese intersubjektive Wertsetzung müsse nicht deshalb infrage gestellt werden, weil sich eine Partei vorgenommen habe, die vertraglich übernommene Verpflichtung ganz oder teilweise nicht zu erfüllen. Deswegen habe dieser von den Parteien selbst – auf der Grundlage übereinstimmender, von Willens und Wissensmängeln nicht beeinflusster Vorstellungen über Art und Güte des Vertragsgegenstandes bestimmte Wert grundsätzlich auch die Basis der Schadensfeststellung im Rahmen des Betruges

---

[5] BGH Urteil v. 20.3.2013 – 5 StR 344/12; BGHSt 58, 205 = NJW 2013, 1460.
[6] BGH 58, 205, Rn. 19 = NJW 2013, 1460.

zu sein.[7] Dies betreffe sämtliche Fallgestaltungen, in denen Leistung und Gegenleistung in keinem augenfälligen Missverhältnis zueinander stehen.

2. *Die Folgeentscheidungen*

Eine erste Distanzierung ist durch den 5. Strafsenat selbst erfolgt. In einem Beschluss vom 2.9.2015,[8] in dem der Senat die Begründung eines Teilaufhebungsantrags in Teilen eingerückt hatte, lässt er in einem eigenständigen Begründungsteil ausdrücklich offen, ob an der vorgenannten Ausgangsentscheidung noch festzuhalten sei. Unterstrichen wird die wohl ins Auge gefasste Abkehr zusätzlich noch dadurch, dass die Ausgangsentscheidung auf einen „außergewöhnlichen Sachverhalt" zurückgeführt wird und den Anhängern der Gegenauffassung in der Literatur" beachtliche Argumente „attestiert" werden.[9]

Der 1. Strafsenat hat den vereinbarten Kaufpreis in einem Beschluss vom 19. August 2015 dann nicht als taugliches Abgrenzungskriterium angesehen, wenn es dem Täter lediglich um den schnellen Erwerb ging und er von vorneherein nicht die Absicht hatte, den Kaufpreis zu bezahlen.[9a] Derselbe Senat wiederum hatte sich in zwei Urteilen vom 2.2.2016,[10] die allerdings in unterschiedlicher Besetzung ergangen sind, mit dieser Rechtsfrage zu beschäftigen. In dem Verfahren 1 StR 435/15[11] hat sich der Senat – auch unter ausdrücklicher Berufung auf diesen Begriff – mit der intersubjektiven Wertsetzung befasst. In diesem Fall, der neben dem Erwerb von PKWs auch die Inanspruchnahme einer Domina mit ungedeckten Schecks zum Gegenstand hatte, hat der 1. Strafsenat die Bemessung des Schadens auf der Grundlage des vereinbarten Preises ausdrücklich gebilligt. Innerhalb bestehender und funktionierender Märkte ist diese Form der Wertbestimmung der vom Tatopfer erbrachten Leistung gleichwertig zu einer objektiv zu verstehenden Ermittlung des Verkehrs- oder Marktwerts. Anderes solle sich aber bei einem auffälligen Missverhältnis von Leistung und Gegenleistung ergeben. Hier komme eine an dem vereinbarten Preis orientierte Bestimmung der Höhe des Vermögensschadens dagegen in der Regel nicht in Betracht. In dem zu entscheidenden Fall hat der 1. Strafsenat ein solches krasses Missverhältnis nicht erkennen können und deshalb die Auffassung des Landgerichts gebilligt, das jeweils die Parteivereinbarungen zu Grunde gelegt hat. In seiner zweiten Entscheidung vom selben Tag[12] fällt der Begriff der intersubjektiven Wertsetzung in den Urteilsgründen des 1. Strafsenats allerdings nicht. Stattdessen findet sich die Bezugnahme auf eine frühere Entscheidung des Senats[13], wonach bei nur einem Nachfrager die Festlegung des Wertes einer Leistung sich nach dem von den Vertragsparteien vereinbarten Preis unter Berücksichtigung der für die

[7] Insoweit könne die Schadensbestimmung beim Betrug auch von der bei der Untreue abweichen, BGH 58, 205 Rn. 20 = NJW 2013, 1460.
[8] BGH, Beschl. v. 2.9.2015 – 5 StR 186/15, StraFo 2015, 480.
[9] BGH 58, 205 Rn. 7 = NJW 2013, 1460.
[9a] BGH, 1 StR 334/15, Rn. 5, StraFo 2016, 34.
[10] BGH 1 StR 437/15 = NStZ 2016, 286 und BGH 435/15 = 2016, 2436.
[11] BGHSt 61, 149 = NJW 2016, 2434.
[12] BGH 1 StR 437/15, NStZ 2016, 286.
[13] BGH, Beschl. v. 14.7.2010 – 1 StR 245/09, NStZ 2010, 700.

Parteien des fraglichen Geschäfts maßgeblichen preisbildenden Faktoren bestimmt. Freilich legt auch das zweite Urteil im Ergebnis den von den Vertragsparteien ausgehandelten Preis ohne weiteres als Schaden zugrunde.[14] Sie geht sogar so weit, dass sie auch eine vertraglich vereinbarte Maklercourtage als Schaden des Maklers ansieht, nachdem der vermögenslose Angeklagte weder den von ihm abgeschlossenen Grundstückskaufvertrag noch die danach fällige Maklercourtage bedienen konnte.[15]

II. Kritik

Die intersubjektive Wertsetzung ist nicht nur auf Zustimmung gestoßen.[16] Von den Kritikern wird an erster Stelle die Versubjektivierung eines an sich objektiven Schadensbegriffs genannt.[17] Der Wert einer Sache und ihr Preis dürften nicht gleichgesetzt werden.[18] Das Abheben auf den vereinbarten Preis für die Bestimmung der Gegenleistung führe weg von der gebotenen Gesamtsaldierung des Vermögens, die beim Eingehungsbetrug auf den Zeitpunkt des Vertragsschlusses zurückzubeziehen sei. Im Ergebnis sei die Schadensbestimmung derjenigen beim Erfüllungsbetrug angenähert. Für den Eingehungsbetrug komme es dagegen gerade nicht auf den Vergleich zwischen vertraglich versprochener und tatsächlich erbrachter Leistung an.[19] Maßgeblich sei nicht der zwischen den Vertragsparteien ausgehandelte Preis. Vielmehr würden die potentiellen Geschäfte aller auf dem relevanten Markt vorhandenen Marktteilnehmer, ob auf Angebots- oder auf Nachfrageseite über den Wert einer Leistung entscheiden.[20] Den Bezugspunkt des Werts bilde damit nicht das konkrete Geschäft, sondern das hypothetische Drittgeschäft. Die Verschiebung von der objektiven Wertbestimmung und Saldierung zu einer intersubjektiven Wertsetzung führe deshalb auch dazu, dass nicht mehr das Vermögen, sondern die Dispositionsfreiheit geschützt werde, was für den Betrugstatbestand systemwidrig sei.[21]

Der zweite wesentliche Angriffspunkt gegen die intersubjektive Wertsetzung richtet sich weniger gegen den dogmatischen Ausgangspunkt dieser Form der Schadensbestimmung, sondern zieht deren Tauglichkeit in Zweifel. Dem zahlungswilligen oder zahlungsunfähigen Geschäftspartner ginge es nämlich vor allem um die Erlangung der Kaufsache. Da er sowieso nicht vorhabe, den Kaufpreis zu entrichten, werde er sich regelmäßig gar nicht bemühen, Preissenkungsspielräume wahrzunehmen.[22] Damit sei auch nicht unwahrscheinlich, dass er sich auf ein aus

---

[14] BGH Urteil v. 2.2.2016 – 1 StR 437/15, Rn. 57 = NStZ 2016, 286.

[15] BGH Urteil v. 2.2.2016 – 1 StR 437/15, Rn. 62 = NStZ 2016, 286.

[16] Allerdings hat es auch positive Stimmen gegeben vgl.: *Rostalski* JR 2016, 634ff.; Kubiciel JZ 2014, 99ff.; *Hefendehl* in Baden-Badener Strafrechtsgespräche, Band 1, 2015, 77ff., S. 85ff.; wohl auch *Kindhäuser* in NK-StGB, 5. Aufl. 2017, § 263 Rn. 317; Schilling NStZ 2018, 316 (321).

[17] *Satzger* in SSW StGB, 3. Aufl. 2017, § 263 Rn. 208, 258.

[18] *Albrecht* NStZ 2014, 17, 19.

[19] *Albrecht* NStZ 2014, 17, 19.

[20] *Dannecker* NStZ 2016, 318 (320).

[21] *Dannecker* NStZ 2016, 318 (321).

[22] *Albrecht* NStZ 2014, 17 (19); *Dannecker* NStZ 2016, 318 (320); *Krehl* NStZ 2016, 346 (347f.).

seiner Sicht überhöhtes Angebot einlassen werde. Eine wie ansonsten für den Marktpreis typische gemeinsame Vorstellung von Käufer und Verkäufer über den Wert einer Sache fehle hier.[23]

III. Standortbestimmung

Die Frage der intersubjektiven Wertsetzung bleibt dogmatisch spannend. Für die Praxis ist sie nach wie vor von höchster Relevanz. Sie ist aus meiner Sicht vom Ansatz her zu verteidigen; freilich können die Einwände nicht völlig zur Seite gefegt werden.

1. Kriminalpolitische Ausgangslage

Betrug ist immer noch eine der am weitesten verbreiteten Straftaten. Der Schweregrad reicht vom Kleinbetrug bis zu millionenschweren Betrügereien in Wirtschaftsstrafsachen. Von den Betrugstaten fällt ein großer Anteil auf die Sachverhaltsgestaltungen, die hier Gegenstand der Erörterungen sind, nämlich Betrugstaten von Zahlungsunwilligen oder -unfähigen. Ein wesentliches kriminalpolitisches Anliegen muss es deshalb sein, diese Straftaten mit einem vernünftigen und zumutbaren Aufwand zügig erledigen und aburteilen zu können. Nur dann kann ein Straftatbestand seine befriedende Wirkung entfalten und auch das Rechtsbewusstsein der Bürger stärken.

Auf diesem Hintergrund ist die Diskussion um die tatsächliche Feststellung und Ausfüllung des Tatbestandsmerkmals „Vermögensschaden" im Sinne des § 263 StGB zu sehen. Es gilt zu vermeiden, ohne Not juristische Anforderungen zu postulieren, die in der Praxis kaum noch zu erfüllen sind. Eine Verabsolutierung des Schadens auf einen objektiven Wert gerät aber genau in diese Gefahr. Den objektiven Wert einer Sache gibt es in dem strengen Sinn gar nicht, was in der Realität schon häufig dadurch deutlich wird, dass der gleiche Gegenstand zu signifikant unterschiedlichen Preisen verkauft wird. Wert ist immer eine Funktion aus den Marktgegebenheiten. Insofern ist auch der sich anbietende Weg eines Sachverständigengutachtens kein Königsweg. Abgesehen davon, dass dies zahlen-, kosten- und aufwandsmäßig in der Praxis der Land- und vor allem der Amtsgerichte überhaupt nicht leistbar ist,[24] sind solche Verkehrswertgutachten nur eine scheinbar optimale Problemlösung. Jeder, der in der Rechtspraxis mit entsprechenden Gutachten befasst war, kennt dies und weiß um die erstaunliche Schwankungsbreite der angeblich so objektiven Wertbestimmungen. Für deren Einordnung gilt nach wie vor das, was der 5. Strafsenat im Ausgangsfall zu der im Verfahren vorgebrachten Behauptung der Alternativlosigkeit eines Sachverständigengutachtens niedergeschrieben hat:[25] „Abgesehen davon, dass dies mit einem nicht hinzunehmenden Aufwand verbunden und für Fälle der gängigen Betrugskriminalität auch kriminalpolitisch

[23] *Albrecht* NStZ 2014, 17 (19).

[24] Über die Probleme der Praxis schreibt *Albrecht* recht forsch hinweg: *Albrecht* NStZ 2014, 17 (21).

[25] BGH Urteil v. 20.3.2015 – 5 StR 344/123, Rn. 19, BGHSt 58, 205 = NJW 2013, 1460.

fragwürdig wäre, ist eine solche verobjektivierte Feststellung auch im Regelfall nicht veranlasst, zumal solche Wertbestimmungen häufig nur scheingenau sind, weil sie ihrerseits auf Rückschlüssen aus den Marktgegebenheiten beruhen. Grundsätzlich legen in einem von Angebot und Nachfrage bestimmten marktwirtschaftlichen System die Vertragsparteien den Wert des Gegenstandes fest."

Freilich darf auch dieser Ansatz seinerseits nicht verabsolutiert werden. Es gibt Fallgestaltungen, die sich nur auf der Grundlage von Sachverständigengutachten lösen lassen.[26] Dies gilt vor allem, wenn es um Wertberichtigungsbedarf oder um Rückzahlungswahrscheinlichkeiten bei Darlehen[27] geht. Aber auch hier kommt es – wie häufig – auf das richterliche Ermessen an. Der Tatrichter muss grundsätzlich in eigener Verantwortung entscheiden und begründen, ob er ein Sachverständigengutachten braucht oder dieses sogar möglicherweise, weil es vorzugswürdigere Methoden der Schadensbestimmung gibt, eher unangemessen erscheint. Zu den alternativen Berechnungsansätzen kann auch die Wertbestimmung auf der Grundlage des vereinbarten Preises, die intersubjektive Wertsetzung zählen.

2. *Dogmatische Einordnung*

Die intersubjektive Wertsetzung ist von Befürwortern dafür gefeiert worden, dass sie die Privatautonomie auch in die Schadensbemessung durchschlagen lässt.[28] Sie schütze das Vermögen als Individualrechtsgut. Deshalb sei es nur folgerichtig, wenn sie das (aus dem Vertragsschluss entstandene) subjektive Recht schütze.[29] Dies ist überschießend und verwischt die Abgrenzung von Eingehungs- und Erfüllungsbetrug.[30] Die Privatautonomie wird durch den Erfüllungsbetrug geschützt. Der wirksame Vertrag soll vertragskonform durchgeführt werden. Die Einhaltung des vertragskonformen Austausches wird durch einen Vergleich von versprochener und bewirkter Leistung ermittelt. Der Minderwert gegenüber der versprochenen Leistung ist beim Erfüllungsbetrug dann der Betrugsschaden im Sinne des § 263 StGB.[31] Demgegenüber schützt der Eingehungsbetrug nicht den Bestand des eingegangenen Rechtsgeschäfts. Er bezieht sich vielmehr auf das Vermögen des Geschädigten an sich. Die Folge davon ist logisch fast zwangsläufig eine Gesamtsaldierung des Vermögens, bezogen auf den Zeitpunkt des Vertragsschlusses. Ein Schaden liegt dann vor, wenn sich ein Negativsaldo zu Lasten des Getäuschten ergibt. Die

---

[26] Deshalb ist auch BGH Urt. v. 26.11.2015 – 3 StR 247/15, NStZ 2016, 34 zum Kreditbetrug fraglos richtig, wo hier der von Dannecker (NStZ 2016, 318 (325ff.)) behauptete Dissens zu dem hier besprochenen Ausgangsfall des 5. Strafsenats liegen soll, bleibt unerfindlich.

[27] BGH Beschl. v. 13.4.2012 – 5 StR 442/11, NJW 2012, 2370 zum Kreditbetrug oder BGH Urt. vom 20.12.2012 – 4 StR 55/12, NJW 2013, 883 – Sportwetten.

[28] *Rostalski* JR 2016, 634 (641).

[29] *Kubiciel* JZ 2014, 99 (100ff.); *Hefendehl* in Baden-Badener Strafrechtsgespräche, Band 1, 2015, 77, 85ff.

[30] Allerdings ist einzuräumen, dass der Betrugsvorwurf der mangelnden Leistungsfähigkeit bzw. -willigkeit seiner Natur nach eine gewisse Nähe auch zum Erfüllungsbetrug aufweist; gleichwohl wird er als Fall des Eingehungsbetrugs gesehen, weil in dem Vertragsschluss die konkludente Erklärung vorhandener Zahlungsfähigkeit und -willigkeit gesehen wird.

[31] BGH Urteil v. 21.12.1983 – 2 StR 566/13; BGHSt 32, 211 (213) = NJW 1985, 75; *Satzger* in SSW StGB, 3. Aufl. 2017, § 263 Rn. 261.

Gesamtsaldierung bewertet damit den Vertrag und setzt ihn – anders als beim Erfüllungsbetrug – nicht unbedingt voraus. Dies bedeutet aber auch, dass beim Eingehungsbetrug im Austauschverhältnis der Schaden jedenfalls im Grundsatz verobjektiviert ist.

Dass auch der 5. Strafsenat in seiner Ausgangsentscheidung diesen grundsätzlichen Zusammenhang nicht infrage stellen wollte, ergibt sich schon daraus, dass er ausdrücklich auf das Erfordernis der Gesamtsaldierung abgehoben hat.[32] Die Entscheidung setzt vielmehr eine Stufe später an, nämlich wie der täuschungsbedingte Nachteile zu bewerten ist. Erst für die Frage, welchen Vermögensverlust die Verkäuferseite durch das veräußerte Grundstück erlitten hat, macht der Senat die intersubjektive Wertsetzung fruchtbar. Der Sache nach war dies ein Berechnungsansatz für die auf Verkäuferseite eingetretene Wertminderung.[33] Dass dies in der Entscheidung vielleicht nicht ausreichend verdeutlicht worden ist, mag konzediert werden. Für den seinerzeit entschiedenen Fall war dies letztlich auch nicht maßgebend, weil es im Ergebnis keinen vernünftigen Zweifel unterliegen konnte, dass das Grundstück den (aus verrechneter Geldzahlung und übernommener Lastenfreistellung) bestehenden Kaufpreis „wert" war, wie die Veräußerung eines Teilstücks zum achtfachen Preis wenige Monate später eindrucksvoll belegt hatte. Letztlich war die Entscheidung eine Folge aus der damaligen Frontstellung gegenüber Generalbundesanwalt und Verteidigung, die übereinstimmend die Auffassung vertreten hatten, dass der Grundstückswert nur auf der Grundlage eines Verkehrswertgutachtens rechtsfehlerfrei bestimmbar gewesen wäre.[34] Dem musste von Seiten des Senats entgegengetreten werden.

3. *Subjektiver Berechnungsansatz*

Einigkeit besteht, dass die intersubjektive Wertsetzung keine notwendige Berechnungsform darstellt. Sie bleibt aber ein möglicher Berechnungsansatz. Verfassungsrechtliche Bedenken bestehen nicht. Der Berechnungsansatz ermöglicht nicht nur, sondern er dient geradezu einer Schadensbezifferung. Der Schaden bleibt auch ein wirtschaftlicher Schaden.[35] Wirtschaftlich ist in der Diktion des Bundesverfassungsgerichts[36] als Gegenbegriff zum bloß normativen Schaden zu sehen, also einem solchen Schaden, der bei wirtschaftlicher Betrachtung nicht eingetreten wäre.[37] Dass der Schaden aber „objektiv" (gemeint ist durch ein Verkehrswertgut-

---

[32] BGH Urt. v. 20.3.2015 – 5 StR 344/123, Rn. 13, BGHSt 58, 205 = NJW 2013, 1460.

[33] Zustimmend Hefendehl in Baden-Badener Strafrechtsgespräche, Band 1, 2015, 77, 85ff., dem in der Beschreibung der Atmosphäre der Diskussion und in seiner zutreffenden Einordnung der Gesamtproblematik nur beizupflichten ist.

[34] Vgl. BGH Urt. v. 20.3.2015 – 5 StR 344/123, Rn. 15, BGHSt 58, 205 = NJW 2013, 1460.

[35] Hier sieht wohl *Krehl* NStZ 2016, 346 (347) bereits einen Kollisionspunkt mit der Rechtsprechung des Bundesverfassungsgerichts.

[36] BVerfG, Beschl. v. 7.12.2011 – 2 BvR 2500/09, Rn. 176ff., BVerfGE 130, 1 = NJW 2012, 907.

[37] Was bloß normative Schäden oder normativ überlagerte Schäden in der Terminologie des Bundesverfassungsgerichts sein sollen, ist weitgehend unklar; zu denken ist an sozialversicherungsrechtlichen Regelungen, die einen Vergütungsanspruch ausschließen, obwohl die Leistungen wirtschaftlich im vollen Umfang erfolgt sind (etwa weil sie von einem angestellten, aber nicht

achten) zu bestimmen ist, kann der einschlägigen Entscheidung des Bundesverfassungsgerichts nicht entnommen werden.[38]

Die Schadensbestimmung auf der Grundlage des vereinbarten Preises ist aber im Grundsatz ein gangbarer Weg. Damit wird ein wesentlicher Anhaltspunkt geschaffen, wie der Wert eines Gegenstandes von den Marktteilnehmern eingeschätzt wird. Dies gilt erst recht dann, wenn der Gegenstand auf der Grundlage von allgemeinen Preislisten verkauft wird (siehe Möbelkauf).[39] Eine Schadensbestimmung auf der Grundlage des ausgehandelten Preises wird aber auch bei nicht Preislisten gestützten Individualvereinbarungen (Bestellung von Domina-Diensten oder Kauf von gebrauchten Kfz[40]) in Betracht kommen. Allerdings bestehen Einschränkungen:

a) Der zahlungsunfähige und zahlungsunwillige Marktteilnehmer

Ein beachtlicher Einwand[41] gegen die intersubjektive Wertschätzung ist sicherlich, dass der zahlungsunwillige oder zahlungsunfähige Käufer regelmäßig nicht wie ein normaler Marktteilnehmer verhandeln würde. Hierfür spricht auf den ersten Blick schon der Gesichtspunkt, dass derjenige, der die Gegenleistung nicht erbringen wird, auch nicht bestrebt sein wird, Preissenkungsspielräume wahrzunehmen. Da er ihn nicht zahlt, könnte ihm der Preis auch gleichgültig sein.

Dies ist sicherlich ein Gesichtspunkt, den es bei der Schadensbestimmung im Auge zu behalten gilt. Diesem Ansatz gänzlich jede Relevanz abzusprechen mit der Erwägung, dann hätte der Käufer eben einen hohen Kaufpreis für sich akzeptiert, an dem er sich bis zur Grenze der Sittenwidrigkeit festhalten lassen müsse,[42] entfernt sich zu weitgehend vom Leitbild eines irgendwie objektiven Schadens. Umgekehrt erscheint das Argument nicht als so stark, dass es der intersubjektiven Wertsetzung an sich insgesamt den Boden entziehen könnte. In der Rechtswirklichkeit sind die Fälle, in denen Preise ausverhandelt werden, eher selten und Zahlungsfähigkeit bzw. -unwilligkeit bedeutet – wie übrigens der Ausgangsfall des 5. Strafsenats, in dem lange und zäh verhandelt wurde, auch zeigt – nicht zwangsläufig, dass der betreffende sich überhaupt nicht um den Preis kümmert. Die Gründe hierfür sind vielschichtig. Sie können darauf zurückzuführen sein, dass der Zahlungsunwillige dennoch mit der Möglichkeit rechnet, doch in Anspruch genommen zu werden. Bei der Gruppe der Zahlungsunfähigen ist es häufig so, dass diese immer noch subjektiv Hoffnung haben, ihr Unternehmen zu retten und wirtschaftlich weiter zu existieren, auch wenn diese Hoffnung rechtlich nicht mehr an-

---

von einem freiberuflichen Laborarzt erbracht wurden – selbst diese Schäden sieht jedoch der Bundesgerichtshof als solche im Sinne des § 263 StGB an, vgl. BGH, Beschluss v. 25.1.2012 – 1 StR 45/11, NJW 2012, 1377 zu Recht kritisch Satzger in SSW StGB, 3. Aufl. 2017, § 263 Rn. 266.

[38] AA wohl *Albrecht* NStZ 2014, 17 (21), die aus der Untreueentscheidung des Bundesverfassungsgerichts auch für den Betrug eine Pflicht zur sachverständigen Hilfe ableitet, dabei aber übersieht, dass bei der Untreue anders als beim Betrug regelmäßig keine Parteivereinbarung zugrunde liegt.

[39] BGH, Urteil v. 2.2.2016 – 1 StR 437/15, NStZ 2016, 286.

[40] BGH, Urteil v. 2.2.2016 – 1 StR 435/15, BGHSt 61, 149 = NJW 2016, 2434.

[41] *Dannecker* NStZ 2016, 318 (320); *Krehl* NStZ 2016, 346 (347f.).

[42] In diesem Sinne *Rostalski* JR 2016, 634 (640f.).

erkennungsfähig ist. Ein marktkonformes Verhalten kann schließlich dadurch verursacht werden, dass der Täter, um nicht aufzufallen, auf Preissenkungen dringt. Gleiches kann auch umgekehrt gelten, wenn der Verkäufer von vorneherein nur einen marktkonformen Preis verlangt.

Alle diese Erwägungen über ein bestimmtes Täterverhalten erschöpfen sich aber im Spekulativen.[43] Deshalb kann die Vereinbarung zahlungsunwilliger oder zahlungsunfähiger Marktteilnehmer für die Schadensbestimmung weiterhin Relevanz entfalten. Es sind allerdings in zweierlei Hinsicht Einschränkungen veranlasst. Einmal muss sorgfältig geprüft werden, ob die versprochene Leistung in einem auffälligen Missverhältnis zur Gegenleistung steht.[44] Zum anderen kann im Einzelfall veranlasst sein, die Umstände der Preisvereinbarung in den Blick zu nehmen, ob Auffälligkeiten bestanden haben, die einer intersubjektiven Wertsetzung entgegen gestanden haben können. Grundsätzlich werden sich aber innerhalb bestehender und funktionierender Märkte die vereinbarten Leistungen als äquivalent erweisen.[45]

b) Herauszurechnender Gewinnanteil

Bisher nicht im Fokus stand die Überlegung, inwieweit die intersubjektive Wertsetzung möglicherweise einer weiteren Einschränkung bedarf. Vereinbarte Preise können, wenn sie mit Gewerbetreibenden oder Wiederverkäufern getroffen werden, einen Gewinnanteil enthalten. In dem Ausgangsfall des 5. Strafsenats stand dies nicht infrage, wohl aber in den beiden Folgeurteilen des 1. Strafsenats vom 2.2.2016. Dort hätte sich die Problematik jedenfalls bei den Möbelkäufen[46] wie auch bei zumindest einem Teil der Gebrauchtwagenkäufe[47] gestellt, die über Kfz Händler abgewickelt wurden. Dagegen dürfte bei den Domina Diensten eine vergleichbare Situation nicht gegeben gewesen sein. Letztlich stand da nur die Arbeitsleistung der Domina in einem bestimmten Arbeitsumfeld in ihrer Gesamtheit zur Debatte, die nicht trennbar ist und intersubjektiv bewertet wurde.

Nach der bisherigen Rechtsprechung des Bundesgerichtshofs, die zu betrügerisch erlangten Rabatten ergangen ist, ist durch den Tatbestand des Betrugs das bloße Ausbleiben einer Vermögensmehrung nicht geschützt. Die bloße Vereitelung einer Vermögensvermehrung begründet deshalb keinen Betrug im Sinne des § 263 StGB.[48] Entscheidend ist für die Tatbestandserfüllung beim (Eingehungs-)Betrug nämlich, dass der Verfügende aus dem Bestand seines Vermögens aufgrund der Täuschung mehr weggibt als zurückerhält. Eine Ausnahme lässt die Rechtsprechung lediglich dann zu, wenn die unterlassene Vermögensmehrung sich nicht nur auf eine

[43] Vgl. auch Albrecht NStZ 2014, 17 (19) zu möglichen Motivbildern der Vertragsparteien.

[44] Woran vor allem bei dem Preis für die Domina-Dienste zu denken war, aber vom 1. Strafsenat verneint wurde, vgl. BGH Urt. v. 2.2.2016 – 1 StR 435/15, Rn. 33 = NJW 2016, 2436.

[45] Hierauf stellt BGH Urt. v. 2.2.2016 – 1 StR 435/15, Rn. 33 = NJW 2016, 2436. unter Bezugnahme auf ein Urteil des 4. Strafsenats (4 StR 115/15 = NStZ 2016, 280) ab.

[46] BGH 1 StR 435/15 = NJW 2016, 2436.

[47] BGH 1 StR 437/15 = NStZ 2016, 286.

[48] Vgl. schon RGSt 41, 373, 375; 64, 181 f.; zuletzt BGH Beschl. v. 9.6.2004 – 5 StR 136/04, NJW 2004, 2603 ff.; BGH Beschl. v. 5.7.2012 – 5 StR 1/12, NStZ 2012, 628 jeweils mit umfassenden Nachweisen.

tatsächliche Erwerbs- oder Gewinnaussicht bezieht, sondern bereits so verdichtet ist, dass ihr der Geschäftsverkehr deswegen bereits wirtschaftlichen Wert beimisst, weil sie mit Wahrscheinlichkeit einen Vermögenszuwachs erwarten lässt.[49] Dann erstarkt nämlich die Geschäftschance selbst zum Vermögenswert, welcher dann – und hierin liegt der Vermögensschaden im Sinne des § 263 StGB – durch die Täuschungshandlung beeinträchtigt wird.

Ob im Einzelfall eine solche verdichtete Geschäftschance besteht, müsste anhand der Umstände ermittelt werden. Die insoweit maßgebliche Frage lautet, ob der Gegenstand mit einem vergleichbaren Gewinnsaufschlag sich anderweit ohne weiteres hätte veräußern lassen. Nur wenn der Tatrichter dies zuverlässig feststellen und bejahen kann, darf er den vollen Betrag ansetzen. Zugegebenermaßen ist dies in der Praxis kaum zu leisten. Das Mittel der Wahl wird sein, wenn ein Gewinnanteil überhaupt im Raum steht, insoweit einen Sicherheitsabschlag vorzunehmen. Dessen Höhe kann auf der Grundlage allgemeiner Renditeüberlegungen großzügig geschätzt werden, so dass der Angeklagte im konkreten Einzelfall jedenfalls nicht beschwert sein kann.

c) Maklercourtage

Die Entscheidung des 1. Strafsenats[50] zur Maklercourtage kollidiert wohl schon im Ansatz mit den aufgezeigten Vorgaben, so dass ihr nicht gefolgt werden kann.[51] Die Parteivereinbarung über die Höhe der Courtage ist schon an sich kein tauglicher Anknüpfungspunkt. Die Maklerprovision ist – mag sie auch vereinbart worden sein – ein Erfolgshonorar, weil sie nach § 652 BGB von dem Zustandekommen des vermittelten Grundgeschäfts abhängt. Sie spiegelt damit nicht den betriebenen Tätigkeitsumfang des Maklers wider, sondern knüpft an dem Umstand an, dass zwischen den Parteien des Grundstückskaufvertrages eine notariell beurkundete Einigung erzielt werden konnte. Die Maklerprovision entsteht auch unabhängig von dem Maß der Aufwendungen, die der Makler zur Herbeiführung dieses Ergebnisses erbracht hat. Für die Schadensbestimmung im Sinne des § 263 StGB hat das Auswirkungen. Da der Wert dessen, was der Getäuschte in Gestalt seiner Leistung weg gibt, der Anknüpfungspunkt der relevanten Vermögenseinbuße ist, kann nicht eine Vereinbarung, die sich kraft Gesetzes allein am Vermittlungserfolg orientiert, die Grundlage für die Schadensbemessung bilden. Wenn nach objektiven Kriterien bewertet werden soll, dann müsste die Arbeitsleistung des Maklers, die er täuschungsbedingt erbracht hat, den Bezug darstellen.

Im Übrigen hinkt die Zugrundelegung der Maklercourtage bei der Schadensbemessung auch noch aus einem anderen Grund. Infolge der Vorspiegelung der wirtschaftlichen Leistungsfähigkeit erbringt der Makler Dienstleistungen. Anders als bei sonstigen gegenseitigen Verträgen sichert ihm der Abschluss des Maklerver-

---

[49] BGH Beschl. v. 9.6.2004 – 5 StR 136/04, NJW 2004, 2603ff.; BGH Beschl. v. 5.7.2012 – 5 StR 1/12, NStZ 2012, 628; BGH, Urteil v. 20.2.1962 – 1 StR 496/6, BGHSt 17, 147, 148 = NJW 1983, 1807; vgl. auch BGH, Urteil v. 19.1.1965 – 1 StR 497/64, BGHSt 20, 143, 145; BGH, Urteil v. 28.1.1983 – 1 StR 820/81, BGHSt 31, 232, 234 = NJW 1983, 1807 zur Untreue.

[50] BGH Urt. v. 2.2.2016 – 1 StR 437/15, Rn. 52ff., 62 = NStZ 2016, 286.

[51] Dagegen hat *Dannecker* hiermit offensichtlich gar keine Probleme NStZ 2016, 318 (323).

trags aber keinen Honoraranspruch. Sein Honoraranspruch entsteht erst mit dem Grundstückskaufvertrag, weil dieser die notwendige Bedingung für das Entstehen des Anspruchs auf Maklerprovision darstellt. Dann sind aber die Arbeiten des Maklers bereits abgeschlossen. Das zeigt auch, dass es für den Aufwand des Maklers, der ja seinen zu bewertenden Schaden darstellt, es keinen Unterschied machen kann, ob der Zahlungsunfähige bzw. Zahlungsunwillige noch formal den Grundstückskaufvertrag abschließt, den er sowieso nicht erfüllen kann oder will.

IV. Resümee

Die intersubjektive Wertsetzung[52] hat in der Praxis vor allem auf der amtsgerichtlichen Ebene eine nicht zu unterschätzende Bedeutung, weil sie letztlich zu lebensnahen Ergebnissen führt, wenn sie mit Augenmaß angewandt wird. Sie ist ein erster greifbarer Fixpunkt für die Bestimmung desjenigen, was der Getäuschte durch den Vertragsschluss an geldwerten Vermögensbestandteilen eingebüßt hat. Dies soll abschließend noch an einem Beispiel illustriert werden.

Der Zechpreller, der sich in einem Restaurant eine Flasche Mineralwasser bestellt, schädigt den Wirt nicht nur um den Einkaufspreis des Mineralwassers. Er schließt einen Vertrag, der wesentlich mehr umfasst, nämlich Bedienung, Sitzgelegenheit und Teilhabe an dem vom Restaurantbetreiber geschaffenen Ambiente.[53] Für alle diese von ihm zur Verfügung gestellten Leistungen muss der Restaurantbetreiber seinerseits zahlen. Seine Aufwendungen deckt er allein über den Preis der von ihm angebotenen Speisen und Getränke ab. Dies kann bei der Schadensbestimmung nicht unberücksichtigt bleiben. Insofern hilft auch das Argument nicht weiter, dass der Restaurantbetreiber diese Gemeinkosten sowieso hätte. Diese Leistungen und den sie beinhaltenden fiktiven Gemeinkostenanteil wendet er dem Zechpreller nämlich ebenfalls zu. Sie sind Bestandteil des Vertrages, der auf die Bewirtung mit dem Mineralwasser gerichtet ist. Auch um diesen Gemeinkostenanteil, der einen realen Geldwert hat, ist der Wirt geschädigt. Um den Schaden möglichst realitätsnah abbilden zu können, liegt es nahe, auf die versprochene Gegenleistung (Preis für das Mineralwasser laut Speisekarte) abzustellen, die im Übrigen die rechtstreuen Gäste auch tatsächlich bezahlen. Dieser Preis spiegelt die Kalkulation des Gastwirts wider, mit der auch der Zechpreller nach außen hin sein Einverständnis erklärt hat, indem er die Flasche Mineralwasser bestellt hat. Auch hier bewährt sich die intersubjektive Wertsetzung vor dem Hintergrund der Schadensdogmatik. Wenn man im Zechprellerfall allerdings dogmatisch ganz präzise sein will, mag man noch einen Gewinnaufschlag vom vereinbarten Preis laut Speisekarte abziehen.[54]

---

[52] *Dannecker* will allerdings stattdessen den Begriff „gegenleistungsbasierte Schadensermittlung" einführen, NStZ 2016, 318 (322).

[53] Zur zivilrechtlichen Einordnung solcher Bewirtungsverträge vgl. *Sprau* in Palandt, 77. Aufl. 2018, BGB Einf. v. § 701 Rn. 3.

[54] AA *Dannecker* NStZ 2016, 318 (320), der meint, der Zechpreller betrüge den Wirt um das Essen, aber nicht um die Zeche; er verrät freilich nicht, wie er den Wert des Essens als Schadensposition näher bestimmen will.

ALEXANDER AICHELE/JOACHIM RENZIKOWSKI

Wollt ihr das totale Strafrecht?

Über eine neuerdings auftretende rechtstaatsferne Tendenz in der deutschen Strafgesetzgebung am Beispiel von § 184j StGB

I. *Was ist totales Strafrecht?*

Naturgemäß ist die finstere Assoziation, die der Titel aufruft, Absicht. Freilich ist der Bundestag trotzdem bei weitem nicht der Sportpalast. Indes hat der Gesetzgeber seit dem 50. StrÄndG vom 4.11.2016[1] mit § 184j StGB eine Norm geschaffen, die in einer rechtstaatlichen, liberalen und von der Tradition subjektiver Rechte geprägten Ordnung nichts verloren haben, sondern eher in einer totalitären Diktatur welcher Färbung auch immer zu finden sein sollte. Denn jene, nebenbei auch technisch bis zur Unanwendbarkeit missratene Norm schleift das Bollwerk subjektiven Rechts, schränkt Freiheit willkürlich ein und verstößt an grundsätzlichen Stellen gegen das Rechtsstaatsprinzip. Sie tut dies insbesondere, indem sie unzweifelhaft versucht, die Unschuldsvermutung, die staatliche Beweispflicht und die Bestimmtheit des Deliktvorwurfs zu umgehen, ja zu eliminieren. Daraus folgt, dass die Norm ihrer Struktur nach jederzeit jede Person treffen kann, die in einem rein quantitativ und zugleich sehr ungefähr bestimmten Rahmen irgendwie mit irgendjemand interagiert, sich aufgrund von dessen Tun oder Wollen selbst des gleichen Tuns oder Wollens verdächtig machen soll und schon deswegen für derselben Strafe würdig gehalten wird. Aus diesen Gründen nennen wir diese, vielleicht gar nicht so neue Art von umfassendem und gleichzeitig wahllosem, jede und jeden, womöglich trotz aller Bemühung um Wohlverhalten oder besten Gewissens bedrohendem Strafrecht „totales Strafrecht". Systematisch hinter dieser Bezeichnung steckt der Begriff einer idealen Totalität des Strafbaren, der zu erfüllen ist, um schon die bloße Möglichkeit einer jeden Strafbarkeitslücke auszuschließen. Er wird angelegentlich der Untersuchung dieses Ausdrucks erläutert. Dass nun § 184j StGB unter den Begriff des totalen Strafrechts so sehr fällt, dass man diesen geradezu anhand von jenem erklären kann, soll im Folgenden gezeigt werden.

Keineswegs aber soll dabei unterstellt oder in irgendeiner Weise suggeriert werden, dass ein derart eklatanter Bruch mit dem Rechtsstaatsprinzip vom Gesetzgeber als solcher intendiert war. Ebenso wenig wie das inkriminierte Verhalten soll die Moralität seiner Motive in Zweifel gezogen werden – vielleicht aber gehört sie

---

[1] BGBl. 2016 I 2460.

zum Problem oder ist sie es gar. § 184j StGB entstand nämlich unter ganz erheblichem moralischem Druck öffentlicher Empörung: Die Vorschrift reagiert auf die Vorfälle in der Silvesternacht 2015 in Köln und anderswo. So kritisiert das soweit ersichtlich erste offizielle Dokument, die Äußerung des Bundesrates zum Regierungsentwurf eines Gesetzes zur Verbesserung des Schutzes der sexuellen Selbstbestimmung vom 1.6.2016, das geltende Recht dahingehend, dass es dem dort sog. „Gruppenphänomen" nicht gerecht werde. Bei der gemeinschaftlichen Begehung eines Sexualdelikts müsse nämlich jedem einzelnen Beteiligten ein entsprechender Vorsatz nachgewiesen werden. Davon werde man jedoch „häufig nicht mit der entsprechenden Sicherheit ausgehen können". Angeraten wird daher eine „Regelung, nach der sich bereits derjenige – als Täter – strafbar macht, der sich an einer Gruppe beteiligt, aus der heraus oder durch die, sexuelle Handlungen an einer anderen Person, gegen oder ohne deren Willen, vorgenommen werden".[2] Aus der Sicht des „Praktiker(s)" heißt das: Zwar ist ein „individuelle(r) Tatnachweis" praktisch ausgeschlossen, unschwer kann hingegen durch Zeugenaussagen bewiesen werden, „dass der Beschuldigte zu einer Gruppe gehörte und gemeinsam mit anderen agierte".[3] MaW: Der Wille zur Strafe bei gleichzeitiger Unfähigkeit, das gewünschte Delikt nachzuweisen, führt zu einem Gesetz, das anstatt dessen ein völlig anderes, aber leicht nachweisbares Verhalten als eben jenes Delikt definiert. Dieses Vorgehen kann man mit jemandem vergleichen, der sehr gerne Hecht isst, sich aber, weil Hechte ziemlich schwierig zu fangen sind, auf Steine verlegt und behauptet, Hecht zu essen, während er an seinem Stein knuspert. Wenn man glaubt, jemanden bestrafen zu müssen, ihm aber kein Unrecht nachweisen kann, muss eben das Gesetz passend gemacht werden. Und so ist es dann ja auch gekommen.

Nach einer kurzen Rückbesinnung auf die Grundlagen der Unschuldsvermutung (II.) soll demonstriert werden, dass die rechtspolitischen Überlegungen und die Ausgestaltung von § 184j StGB das für ein totales Strafrecht fundamentale Ziel verfolgen, die Unschuldsvermutung so weit als nur möglich auszuhebeln (III.).

II. Die Unschuldsvermutung

Die Unschuldsvermutung besteht darin, dass jede Person, die einer Straftat angeklagt ist, solange als unschuldig gilt, bis der Beweis ihrer Schuld in einem gesetzlichen Verfahren geführt und durch die Rechtskraft des richterlichen Schuldspruchs bestätigt worden ist. Die Unschuldsvermutung bildet ein zentrales Grundprinzip eines rechtsstaatlichen Strafverfahrens. Auch wenn sich Spuren bis in die Antike zurückverfolgen lassen, gewinnt sie erst ab der Neuzeit eigenständige Bedeutung.[4] Sie erwächst zunächst der Forderung, den Einzelnen vor obrigkeitlicher Willkür zu schützen. Diesem Schutzzweck dienen vor allem das positive Recht und die von ihm angeleitete Kontrolle hoheitlicher Akte durch den Richter. So schreibt etwa

---

[2] BT-Drs. 18/8626, 6.

[3] Rechtsausschuss, Öffentliche Anhörung vom 1.6.2016, Prot. 18/101, 19 und 32.

[4] Näher zur Geschichte der Unschuldsvermutung und zum Folgenden *Stuckenberg*, Untersuchungen zur Unschuldsvermutung, 1998, 12ff.

Thomas Hobbes: „Harme inflicted for a Fact done before there was a Law that forbad it, is not Punishment, but an act of Hostility." Damit aber ein staatlich auferlegtes Übel als Strafe verstanden werden kann, bedarf es einer gerichtlichen Schuldfeststellung: „But Punishment supposeth a fact judged, to have been a transgression of the Law."[5] Bei *Christian Wolff* heißt es: *„Innocentem puniri non licet."*[6] Daher gilt: *„Nemo puniendus, antequam de facto ejus, quod pœnam meretur, certo constet."*[7] Der überkommene Strafprozess, der schon den Verdacht als Schuldbestandteil behandelte, der Strafe verdiene,[8] wird zunehmend als überholt und ungerecht angesehen. Die Unschuldsvermutung wird zum Grundrecht des Einzelnen, zu einer Ausformung des „einzige(n), ursprüngliche(n), jedem Menschen kraft seiner Menschheit zustehende(n) Recht (...) im gleichen die [Qualität] eines u n b e s c h o l t e n e n Menschen *(iusti),* weil er vor allem rechtlichen Akt kein Unrecht getan hat."[9] Damit wird die Unschuldsvermutung auch zum Ausgangspunkt der Stellung des Angeklagten im Strafverfahren als Rechtssubjekt mit eigenen Befugnissen.

Heute kann man von einem universell anerkannten Grundsatz sprechen. So findet sich die Unschuldsvermutung etwa in Art. 11 Abs. 1 der Allgemeinen Erklärung der Menschenrechte der Vereinten Nationen vom 10.12.1948, in Art. 6 Abs. 2 der Europäischen Konvention der Menschenrechte und Grundfreiheiten vom 4.11.1950 sowie in Art. 14 Abs. 2 des Internationalen Paktes über bürgerliche und politische Rechte vom 16.12.1966. Angesichts ihrer großen Bedeutung mag es erstaunen, dass die deutsche Verfassung keine ausdrückliche Verbürgung der Unschuldsvermutung enthält. Sie wird jedoch seit jeher vom BVerfG aus dem Rechtsstaatsprinzip (Art. 20 Abs. 3 GG) abgeleitet und in einen engen Zusammenhang mit dem Anspruch auf ein faires Verfahren und eine effektive Verteidigung gestellt.[10]

Wenngleich die einzelnen Gewährleistungen der Unschuldsvermutung umstritten sein mögen, so besteht jedenfalls über ihren Kern Einigkeit: Wer einer Straftat beschuldigt wird, muss nicht seine Unschuld, sondern der Staat muss die Schuld beweisen. Daher ist der Angeklagte auch nicht verpflichtet, an seiner eigenen Überführung mitzuwirken („nemo tenetur se ipsum prodere"),[11] und der Staat trägt die

---

[5] *Hobbes,* Leviathan or The Matter, Forme, & Power of a Common-Wealth Ecclesiasticall and Civill, 1651, Chap. XXVIII.

[6] *Wolff,* Jus Naturæ Methodo Scientifica Pertractatum, Pars Prima, Halle/Magdeburg 1740, § 1086 (Hervorhebung im Original).

[7] *Wolff,* Jus Naturæ Methodo Scientifica Pertractatum, Pars Prima, Halle/Magdeburg 1740, § 1087 (Hervorhebung im Original).

[8] Der unvollständige Beweis galt lediglich als Strafmilderungsgrund, vgl. Newe, peinliche Landtgerichtsordnung in Oesterreich unter der Ennß des Kaisers Ferdinand III. vom 30.12.1656, Teil I Art. 44 § 14: „So einer die Übelthat bekennet, der Richter aber nit aigentlich darauff kommen kan, daß solche würcklich beschehen, entschuldiget die ordinari Straff."

[9] *Kant,* Metaphysik der Sitten, 1797, in Kants gesammelte Schriften. Hrsg. v. d. Königlich Preußischen Akademie der Wissenschaften. Erste Abteilung, Band 6, 1907, 203 (237f.). (Hervorhebung im Original)

[10] S. BVerfGE 74, 358 (370ff.); 82, 106 (114ff.); zu weiteren Ableitungen s. *Stuckenberg* Untersuchungen zur Unschuldsvermutung, 1998, 48ff. mwN.

[11] Nach *Staudinger,* Welche Folgen hat die Unschuldsvermutung im Strafprozess?, 2015, 74f. ist die Selbstbelastungsfreiheit von der Unschuldsvermutung trotz ihrer funktionalen Verknüpfung zu unterscheiden.

Beweislast für die Schuld des Angeklagten.[12] Wenn der Richter keine Überzeugung im Sinne von praktischer Gewissheit jenseits allen vernünftigen Zweifels von der Schuld des Angeklagten gewinnen kann, ist er freizusprechen („in dubio pro reo iudicandum est").[13] Der römisch-rechtliche Grundsatz „satius enim esse impunitum relinqui facinus nocentis quam innocentem damnari"[14] ist in einem Rechtsstaat eine Selbstverständlichkeit oder sollte es zumindest sein. Mit der prozeduralen Seite der Unschuldsvermutung korrespondiert materiell-rechtlich der Grundsatz „keine Strafe ohne Schuld" oder auch das Schuldprinzip, welches ebenfalls verfassungsrechtliche Dignität genießt[15] und beispielsweise bloße Verdachtsstrafen verbietet.[16]

§ 184j StGB zeigt nun, wie die Unschuldsvermutung durch eine Strafvorschrift zu einer Farce gemacht werden kann.

III. § 184j StGB – eine kritische Analyse

In der Silvesternacht 2015 kam es nicht nur auf der Domplatte in Köln, sondern auch anderswo zu zahlreichen Übergriffen aus Gruppen heraus. Angezeigt wurden vor allem Eigentumsdelikte und Sexualdelikte.[17] Im Hinblick auf die berichteten Vorfälle spricht viel für ein Versagen der staatlichen Sicherheitsbehörden,[18] aber eine „Strafbarkeitslücke" drängt sich für die gravierenderen Fälle nicht auf.[19] Wer sexuelle Handlungen an einer anderen Person durch Gewalt erzwang, machte sich schon bislang wegen sexueller Nötigung nach § 177 I StGB a. F. strafbar. Seit dem 50. StrÄndG ist auch „schlichtes" Begrapschen unterhalb der Erheblichkeitsschwelle des § 184h Nr. 1 StGB als sexuelle Belästigung strafbar. Die Schwierigkeit bei den Kölner Vorfällen lag freilich im Tatnachweis, wobei es hier nicht um die notorische Konstellation von Aussage gegen Aussage, sondern darum ging, die je-

---

[12] *Kühne* in Löwe-Rosenberg, Bd. 1, 27. Aufl. 2016, StPO Einl. J Rn. 74; *Paeffgen* in SK-StPO, Bd. X, 4. Aufl. 2012, Art. 6 Rn. 183; *Stuckenberg,* Untersuchungen zur Unschuldsvermutung, 1998, 552ff.

[13] *Zopfs,* Der Grundsatz „in dubio pro reo", 1999, 307ff.; *Roxin/Schünemann,* Strafverfahrensrecht, 27. Aufl. 2012, § 45 Rn. 56; vgl. auch *EGMR* v. 24.7.2008 – 35450/04 (Melich und Beck gegen Tschechische Republik), § 49. Die Ableitung des Zweifelsgrundsatzes von der Unschuldsvermutung bestreitet *Staudinger,* Welche Folgen hat die Unschuldsvermutung im Strafprozess?, 2015, 71ff.

[14] Dig. 48.19.5.

[15] BVerfGE 20, 323 (331); 25, 269 (285f.); 45, 187 (228, 259f.); 50, 205 (214f.); 90, 96 (140); 110, 1 (13f.); 123, 267 (413); BVerfG NJW 2016, 1149 (1152f.).

[16] S. dazu etwa *Frister,* Schuldprinzip, Verbot der Verdachtsstrafe und Unschuldsvermutung als materielle Grundprinzipien des Strafrechts, 1988, 69ff. et passim; den Zusammenhang von Schuldprinzip und Unschuldsvermutung bestreitet *Stuckenberg,* Untersuchungen zur Unschuldsvermutung, 1998, 510ff.

[17] Zu den Vorfällen in Köln s. den Schlussbericht des Parlamentarischen Untersuchungsausschusses IV vom 23.3.2017, Landtag NRW-Drs. 16/14450, 15ff.

[18] Der Parlamentarische Untersuchungsausschusses IV vom 23.3.2017, Landtag NRW-Drs. 16/14450, 15ff. hat in seinem Abschlussbericht weder entsprechende Feststellungen getroffen, noch Ergänzungen des Sexualstrafrechts gefordert.

[19] Vgl. auch die Bewertung des Parlamentarischen Untersuchungsausschusses IV vom 23.3.2017, Landtag NRW-Drs. 16/14450, 15ff., Landtag NRW-Drs. 16/14450, 222ff., 431ff.

weiligen Tatverdächtigen überhaupt erst einmal zu identifizieren.[20] Bei § 184i StGB stellt sich dieses Problem nicht anders. Allerdings sollte die Vorschrift nun tatsächlich eine Strafbarkeitslücke füllen, die hinsichtlich des bereits erwähnten Gruppenphänomens ausgemacht wurde.

1. *Der Ausschluss von Strafbarkeitslücken durch das totale Strafrecht*

Die Rede von Strafbarkeitslücken – wahlweise unerträglichen oder skandalösen – erfreut sich seit einiger, indes noch nicht allzu langer Zeit großer Beliebtheit. Der Ausdruck verdient eine gewisse Aufmerksamkeit.

Er beruht offenkundig auf einer Analogie. So kennt der allgemeine Sprachgebrauch eher Baulücken, Zaunlücken oder Zahnlücken. Dabei indiziert der Gebrauch des Wortes „Lücke", dass irgendetwas – Haus, Latte, Zahn – fehlt, wo – Straßenzug, Zaun, Gebiss – eigentlich etwas sein sollte. „Lücke" ist daher ein relationaler Begriff, d. h., er wird nur verständlich in Bezug auf ein Ganzes, dessen Defekt er anzeigt. Unabhängig von diesem, eigens zu bestimmenden Ganzen kann es keine Lücken geben. Dabei braucht das Ganze, um dessen Unvollständigkeit es geht, keineswegs von der Art sein, dass jedermann seine Lückenhaftigkeit bemerken kann, wie das etwas bei materiellen Dingen wie Zäunen oder Gebissen der Fall ist. Schon bei Baulücken kann man geteilter Meinung sein und erst recht, wenn man etwa von „Lücken in der Landschaft" spricht. Dann hat man es offenbar mit Vorstellungen zu tun, die nicht universal anerkannten und intuitiv anwendbaren Ganzheitsprinzipien folgen.

Anders als Gesetzeslücken, welche die unvollständige Erfassung genau eines bereits definierten Normgegenstands, oder Schutzlücken, welche sich in analoger Weise auf einen bereits definierten gesetzlichen Schutzanspruch beziehen, sind Strafbarkeitslücken von jener indefiniten Art, der so etwas wie Normier- bzw. Schützbarkeitslücken entsprächen. Diese eigentümliche Beliebigkeit beruht auf seiner bloßen Bestimmung durch eine Möglichkeit, deren Realisierungsweisen noch nicht durch Gründe differenziert worden sind und daher eine unterschiedslose Einheit bilden. Strafbarkeitslücken setzen daher zumindest voraus, dass es so etwas wie eine ideale Ganzheit von Strafbarkeit – eine Totalität des Strafbaren – gibt. Denn erst dann kann man sinnvoll von Lücken darin reden oder sie gar feststellen. Zweifelsohne ist die Entwicklung einer solchen umfassenden Vorstellung von Strafbarkeit eine äußerst anspruchsvolle Aufgabe. Man darf sogar fragen, ob es überhaupt möglich ist, sie auf rein rechtlicher Grundlage zu lösen. Denn um dies zu tun, kennt – salopp formuliert – das Recht viel zu viel Erlaubtes. Das Erlaubte nämlich, das sich hinsichtlich einer Pflicht zum Tun oder Unterlassen indifferent verhält, ist das eigentliche Problem, weil es ein scheinbar unerschöpfliches Reservoir von Strafbarkeitslücken bildet. Man sieht das daran, dass das Füllen einer Strafbarkeitslü-

---

[20] S. hierzu das Gutachten des Sachverständigen Prof. Dr. *Egg,* Landtag NRW-Drucks. 16/ 14450, 1221 ff., der aufgrund der Auswertung von 1.022 Fallakten zu folgenden Ergebnissen gelangt: In 477 Fälle wurden Sexualdelikte angezeigt, davon in 175 Fällen in Zusammenhang mit Eigentumsdelikten (1233). Nur in 3% aller Fälle waren die Opfer in der Lage, zur Identifizierung der Tatverdächtigen beizutragen (1260 f.).

cke darin besteht, dass eine bislang rechtlich erlaubte oder indifferente oder auch nur straflose Handlung nunmehr gesetzlich verboten oder unter Strafe gestellt wird. Wäre nun jede mögliche Handlung unter Ausschluss eines Dritten entweder geboten oder verboten, wären zugleich alle möglichen Bewertungslücken ausgeschlossen. Das Ideal einer totalen und also lückenlosen Strafbarkeit impliziert daher ein derartiges moralisches, also ethisches oder iuridisches Bivalenzprinzip samt ausgeschlossenem Dritten.

Diese Überlegung ist keineswegs neu. Etliche, auch neuzeitliche moralphilosophische Modelle – am prominentesten vielleicht dasjenige *Christian Wolffs* – kennen es, allerdings nur im Bereich der Ethik, in der jede durch den Menschen mögliche Handlung durchaus als nur entweder gut oder böse – und sogar mit gar nicht so schlechten Gründen – gedacht werden kann.[21] Neu ist aber die Übertragung dieses zweiwertigen Modells auf den Bereich des Rechts. Demgemäß wäre eine jede mögliche Handlung nicht nur gut oder böse, sondern auch dementsprechend recht oder unrecht. Es ist kein Wunder (oder vielleicht doch), dass bislang kein ernstzunehmender Philosoph auf diesen Gedanken verfallen ist. Denn jenes Ideal einer Strafbarkeitstotalität impliziert dann zugleich die Eliminierung alles bloß indifferent Erlaubten, das nun leider den Raum persönlicher oder auch privater Freiheit einer jeden Person ausmacht, die unter rechtlichen oder staatlichen Gesetzen lebt. Im Gegenzug erhält man dafür aber die Gewissheit, keinen möglichen Straftatbestand zu übersehen oder sich zumindest an den ersehnten Zustand eines wahrhaft vollständigen Strafrechts anzunähern: Das totale Strafrecht kennt keine Strafbarkeitslücken. Der mit ihm verbundene Durchgriff auf alle Lebensbereiche ermöglicht es dem Staat zudem, seine Bürger – oder besser: Untertanen – vor jedem Risiko und jedem Übel, das sie sich selbst oder anderen antun möchten, optimal zu schützen. Schon aus praktischen und ökonomischen Gründen scheint dann die Aufgabe der Unschuldsvermutung zugunsten der Schuldvermutung empfehlenswert: Denn die durch strafrechtliche Rundumbetreuung der Bürger entstehende Mehrarbeit in Ermittlung und Nachweis wäre kaum mehr durch die Strafverfolgungsbehörden und vermutlich auch nicht durch ihre Delegierung an Privatpersonen zu leisten, wie das derzeit scheinbar mit dem sog. Netzwerksdurchsetzungsgesetz erprobt werden soll. Ungleich effizienter und billiger ist hier die Umkehr der Beweislast, dh der Nachweis eigener Unschuld durch den Beklagten. Freilich verträgt sich totales Strafrecht nicht mit einem freiheitlich verfassten Rechtsstaat, sondern widerspricht schon dessen Begriff.

2. *Empörung als Argumentationsersatz: Die Begründung des Gruppenparagraphen*

Die Kölner Vorfälle wurden alsbald von der Rechtspolitik aufgegriffen. So forderte das als Tischvorlage erstellte „Eckpunktepapier zur Reform des Sexualstrafrechts – mit dem Grundsatz ‚Nein heißt Nein'" vom 1.6.2017, sexuelle Übergriffe durch oder aus Gruppen heraus angemessen zu bestrafen. „Jeder, der sich an einer Gruppe beteiligt, aus der heraus sexuelle Übergriffe vorgenommen werden, sollte

---

[21] Vgl. *Aichele,* Rechtsgeschichte, 2016, 90ff.

sich künftig als Täter eines Sexualdelikts verantworten müssen", und zwar auch und gerade dann, wenn er „selbst keine sexuellen Handlungen vorgenommen hat bzw. [ihm] solche nicht nachgewiesen werden können".[22] Von vornherein geht es also um die Substitution des eigentlichen und zu Recht strafwürdigen Delikts durch ein anderes Verhalten. Dessen, wie sich zeigen wird, außerordentlich geringe Spezifizierung führt im Ergebnis zur Identifikation der bloßen Präsenz einer Person in einer Situation, nämlich ihrem Aufenthalt bei einer Anzahl von Leuten, mit einem Sexualdelikt. Und ebenso wird von vornherein der Verzicht auf die staatliche Beweispflicht persönlicher Schuld, welche zum Kern der Unschuldsvermutung gehört, nicht nur in Kauf genommen, sondern intendiert. Wie und aus welchen Gründen es zu diesem Bruch mit der Rechtsstaatlichkeit kommen konnte, lässt sich anhand der offiziellen Quellen rekonstruieren. Herangezogen werden die Protokolle der öffentlichen Sachverständigenanhörung des Rechtsauschusses vom 1.6.2016 sowie der Plenardebatte des Deutschen Bundestages vom 7.7.2016.

Weitgehende Einigkeit herrscht zunächst in zwei Punkten. Unstrittig ist zum einen, dass fürderhin sexuelle Belästigung in den Rang eines strafbaren Delikts erhoben werden soll, und zum anderen, dass dessen Nachweis unter gewissen Umständen noch schwieriger zu führen ist, als dies ohnehin allzu häufig der Fall ist. Diese besondere Schwierigkeit zeigte sich in der Kölner Silvesternacht, und auf sie reagiert der spätere § 184j StGB. Repräsentativ formuliert den Ausgangspunkt der späteren Mehrheitsauffassung der Beitrag von *Ohlenschlager* (LOStA) bei der Sachverständigenanhörung:

„Wir müssen etwas gegen diese Horden, die Frauen aus der Gruppe heraus angreifen, unternehmen. Ich würde mir wünschen, dass wir einen Beteiligungstatbestand schaffen, der dem der Schlägerei ähnlich ist. Das kann man auch gut begründen." – „Es ist für die Opfer sicherlich extrem belastend, wenn sich eine größere Anzahl männlicher Sexualtäter zu einem Rudel zusammenbildet und die Anonymität der Gruppe nutzt. Hinzu kommt die gruppendynamische Steigerung, weil sich die Täter gegenseitig auch noch anstacheln. Das wissen wir aus der Psychologie. Zusätzlich sind auch noch die Schutzmöglichkeiten herabgesetzt, weil sich das Opfer aufgrund der durch die vielen Personen entstehenden unübersichtlichen Lage nicht richtig wehren kann. (...) Eines müssen wir uns klar machen: Den individuellen Tatnachweis werden wir in der Regel nicht führen können. (...) Wir können hingegen beweisen, dass der Beschuldigte zu einer Gruppe gehörte und gemeinsam mit anderen agierte. In der Regel gibt es Zeugen, die das beschreiben können. Aber wir können nicht ermitteln, was die einzelnen Täter konkret gemacht haben, zum Beispiel wessen Hand welches Körperteil berührt hat. Dass diese Täter straffrei ausgehen sollen, obwohl sie Frauen in einer besonders dreisten Weise sexuell angehen, ist für mich als Praktiker unbefriedigend."[23]

Hinter diese Position wird die Mehrheitsauffassung in den folgenden Diskussionen und Beratungen samt der pejorativen, eher wenig sachlichen Diktion (‚Horde', ‚Rudel') und der Geschlechtsspezifität – nur Männer begehen sexuelle Belästigun-

[22] Tischvorlage: Eckpunktepapier zur Reform des Sexualstrafrechts – mit dem Grundsatz „Nein heißt Nein" vom 1.6.2017, 3f.

[23] Rechtsausschuss, Öffentliche Anhörung vom 1.6.2016, Prot. 18/101, 19 und 32.

gen ‚aus Gruppen heraus' – nicht mehr zurückfallen. Ihre Hauptpunkte – Deliktsubstitution und Aufgabe von staatlicher Nachweispflicht persönlicher Schuld bzw. Unschuldsvermutung – wurden bereits in der Einleitung herausgearbeitet. Allerdings lassen weitere Debattenbeiträge eine deutliche Tendenz zu noch größerer Verschärfung durch größere Unschärfe bzw. Ausweitung der Deliktsbestimmung sehen. So etwa die Einlassung von *Winkelmeier-Becker* (CDU/CSU):

„In dieser Konstellation ist es eben typisch, dass dem Mitmacher in der dritten oder vierten Reihe nicht mehr genau nachgewiesen kann, dass er wusste, was die da vorne machen, und diesen Vorsatz in sein Handeln mit aufgenommen hat. (...) Wir sind aber der Auffassung, dass derjenige, der in der dritten oder vierten Reihe durch sein Mitdrängen das Gefahrenpotenzial für das Opfer erhöht, die Verletzung des Opfers mitverursacht und sein Verhalten ein erhebliches Unrecht darstellt."[24]

Neben dem Verstoß gegen das Schlussverbot von der Möglichkeit (Erhöhung der Gefährdung) auf die Wirklichkeit (Verursachung einer Verletzung), auf das wir später noch kurz zu sprechen kommen werden, fällt hier vor allem auf, dass ein weiterer großer Schritt in Richtung einer Art bloßen Aufenthaltsdelikts getan wird. Denn nun erweist sich die Irrelevanz von täterseitigem Wissen und Vorsatz für die Strafbarkeit seines Handelns. Dabei geht es keineswegs um einen schlichten Tatumstandsirrtum, sondern um die Unwissenheit des Delinquenten darum, was die Gruppe tut, für deren Untaten er bestraft werden soll. Genauer: Bewegt sich eine Person A inmitten und irgendwo in einer Gruppe (‚in der dritten oder vierten Reihe') mit und begeht eine andere Person B (in der ersten Reihe) eine sexuelle Belästigung, von der A weder etwas wissen noch diese intendieren muss, begeht auch A eine sexuelle Belästigung. Daraus folgt zumindest, dass besagte Gruppe – was immer dies näherhin auch sein mag – jedenfalls nicht durch eine gemeinsam gefasste Absicht bestimmt sein kann. Denn sonst müsste A die durch B begangene Tat ebenfalls wissen und intendieren oder ihre Begehung zuallermindest für möglich halten und gutheißen.

Dass also nicht mehr das „Mitmachen" bei einer sexuellen Belästigung, mithin nicht mehr die konkrete Beteiligung an einer konkreten Tat für die Strafbarkeit ausschlaggebend ist, sondern dass eine Gefährdung – unabhängig vom Wissen um diese – genauso wie ihre Verwirklichung behandelt und geahndet werden soll, ergibt sich aus dem Beitrag von *Widmann-Mauz* (CDU/CSU):

„Täter gehen umso ungehemmter vor, je sicherer sie sich in einer Gruppe Gleichgesinnter fühlen. Von solchen Gruppen darf sich der Rechtsstaat doch nicht verhöhnen lassen. Wollen wir wirklich weiter zusehen, dass diejenigen, die mitmachen, umdrängen und so die Tat erst ermöglichen und die Situation für das Opfer verschärfen, ungeschoren davonkommen? Wer mitmacht, auch wenn er nicht selbst übergriffig wird, muss auch bestraft werden. Wer, statt sich zu distanzieren oder dem Opfer zu helfen, in der Gruppe mitmacht, der ist auch mitverantwortlich. Das Strafrecht muss hier ein Stoppschild aufstellen; denn das sagt auch etwas über die Definition von sozial adäquatem Verhalten aus."[25]

---

[24] PlenProt.18/183 v. 7.7.2016, 18002D.
[25] Ibid., 18007A.

Nun ergibt sich die Absicht aus dem ‚Mitmachen in der Gruppe'. In einer solchen finden sich nämlich nur ‚Gleichgesinnte'. Wäre dies nämlich nicht so, würde die Gruppe verlassen oder dem Opfer geholfen. „Denn" – so *Elke Ferner* (SPD) – „jeder in einer Gruppe hat die Möglichkeit, einzugreifen, Täter an Übergriffen zu hindern oder einfach nur wegzugehen und Hilfe zu holen."[26] Dass, um all dies zu tun, demjenigen, der sich irgendwie mit jener Gruppe bewegt und solche Taten nicht billigt, wenigstens bekannt sein muss, dass sie gerade geschehen, wie *Antje Künast* (Grüne) einwendet,[27] soll wiederum keine Rolle für seine Strafwürdigkeit spielen. Von irgendeiner vorgängigen Verabredung zu Gruppenverbrechen, wie sie, vielleicht um noch einen gewissen Eindruck von juristischer Korrektheit hervorzurufen, *Hoffmann* (CDU/CSU), unterstellen will, kann daher keine Rede sein:

„Deswegen wollen wir einen neuen Tatbestand. Da geht es selbstverständlich um Beweisprobleme. Aber, meine Damen, meine Herren, wir sagen: Wer sich zu einer Gruppe verabredet, um eine Frau zu bedrängen, um in dieser Situation Straftaten zu begehen, der verwirklicht eigenes Unrecht, und wer eigenes Unrecht begeht, den darf man auch bestrafen. Der Täter verursacht eine objektiv gefährliche Situation. Er setzt nämlich einen Kausalverlauf in Gang, den er später nicht mehr beherrschen kann, und der einer gewissen Dynamik unterliegt, weil aus dem Ausgeliefertsein der Frau, aus der übermächtigen Stellung der Gruppe, der eine oder andere dann doch noch mutiger wird. Und dann kommt es zu sexuellen Übergriffen. (...) Wer bei uns einen Verursachungsbeitrag leistet, das heißt, die Kausalkette in Gang setzt mit der Verabredung zur Gruppe, der leistet mehr als jemand, der einfach nur applaudiert. Deswegen glauben wir, dass das eine Strafbarkeit trägt. (...) Der zweite Punkt, meine Damen, meine Herren: Beschäftigen Sie sich einmal mit Opfern aus der Kölner Silvesternacht. Dabei sind Frauen, die schwer traumatisiert sind, die heute in keine Menschenmenge mehr gehen können, geschweige denn in den Kölner Hauptbahnhof. Ich will Ihnen sagen: Wir stehen hinter dieser Norm, wir sind zuversichtlich, dass sie verfassungsgemäß sein wird."[28]

Trotz des juristisch eher konservativen Beharrens auf einer Verabredung zur Begehung irgendwelcher Straftaten – nicht spezifisch: sexueller Belästigung – zur Konstitution bzw. Bestimmung einer Gruppe tut auch dieser Beitrag einen weiteren Schritt in Richtung eines totalen Strafrechts. Nun nämlich gilt bereits die Bildung einer Gruppe – von einer Verabredung wird später ja nicht mehr die Rede sein – als Ursache der in Rede stehenden Straftat, d. h. einer sexuellen Belästigung oder jeder beliebigen anderen. Und zwar deswegen, weil schon die Bildung einer Gruppe ‚eine objektiv gefährliche Situation' schafft, die sodann – gemäß der Verwendung des Kausalitätsbegriffs – mit Notwendigkeit zu Straftaten, insbesondere ‚sexuellen Übergriffen' führt. Dies mag zwar schlicht falsch sein, weil im allgemeinen aus einer Möglichkeit nicht die ihr entsprechende Wirklichkeit folgt – sonst nämlich müssten alle einander widersprechenden Möglichkeiten zugleich verwirklicht sein: der vollständig weiße Ball müsste zugleich vollständig rot, schwarz, grün, gelb etc. sein und Person X müsste wie jede andere Person zugleich lebendig und

---

[26] Ibid., 18009B.
[27] Ibid., 18009C und D.
[28] Ibid., 18010D, 18011A, 18011C.

tot sein etc. – und weil im Besonderen aus der Existenz irgendeiner Gruppe von Leuten – sagen wir: 77 zufällig und spontan miteinander singende und tanzende, einander sonst unbekannte Besucher eines evangelischen Kirchentags – nicht mit Notwendigkeit die Begehung von Verbrechen folgt. Unterstellt man aber diese verquere Auffassung von Kausalität, müsste man zu dem Gedanken gelangen, Gruppenbildung überhaupt unter Strafe zu stellen. Dass § 184j StGB darauf letztlich hinauslaufen müsste, werden wir noch sehen.

Die teils emotional sehr durch die Sorge um die Würde des Rechtsstaats und das Schicksal der Kölner Opfer bewegten Beiträge zielen trotz ihrer geringen sachlichen Präzision allesamt in dieselbe Richtung, nämlich die Ausschaltung aller Probleme beim Beweis der persönlichen Schuld an einer sexuellen Belästigung durch deren Ersetzung durch den Nachweis der „Beteiligung" an einer Gruppe. § 184j StGB soll dies leisten, indem jeder, der „eine Straftat dadurch fördert, dass er sich an einer Personengruppe beteiligt, die eine andere Person zur Begehung einer Straftat an ihr bedrängt", bestraft werden kann, „wenn von einem Beteiligten der Gruppe eine Straftat nach den §§ 177 oder 184i begangen wird und die Tat nicht in anderen Vorschriften mit schwererer Strafe bedroht ist". Der Gesetzestext ist zwar kaum verständlich, aber aus der deswegen etwas ausführlicher dargelegten Gesetzesbegründung wird deutlich, warum diese Fassung bewusst so gewählt wurde.

2. *A riddle, wrapped in a mystery, inside an enigma: 184j StGB*

Der Gesetzesbegründung zufolge soll durch die neue Strafvorschrift „dem besonderen Gefahrenpotential von Gruppendelikten begegnet werden".[29] Bei der Tatbegehung aus Gruppen heraus handele es sich um ein „neues und gewichtiges Phänomen".[30] Schon dieser Satz ist entweder naiv oder dreist, denn Menschenmengen sind per se wegen des Gedränges und wegen der abgelenkten Aufmerksamkeit ein ideales Umfeld für Kriminelle, etwa für Taschendiebe. Das ist mitnichten neu. Das „erhöhte Gefahrenpotential" erblickt der Gesetzgeber darin, „dass sich das Opfer nicht nur einem Täter ausgesetzt sieht, sondern einer Vielzahl von Personen, so dass die Verteidigungs- und Fluchtchancen für das Opfer stark eingeschränkt werden. Zum anderen sind solche Gruppen durch eine motivierende Dynamik gekennzeichnet, die durch die gegenseitige Bestärkung der Gruppenmitglieder gespeist wird und die dazu führt, dass der Einzelne anderenfalls bestehende Hemmungen überwindet bzw. gar nicht erst zulässt".[31]

Gegen diese Überlegung ist an sich nicht viel einzuwenden. Allein, das StGB enthält mit den sog. „Konvergenzdelikten" bereits eine Reihe von Strafvorschriften – zumeist Strafschärfungen –, die genau diesen Umständen Rechnung tragen sollen: Grundgedanke dieser Delikte ist die besondere Gefährdung für das Opfer, das am Tatort einer Übermacht gegenüber steht, die seine Abwehrmöglichkeit einschränkt. Zusätzlich bergen gruppendynamische Prozesse das Risiko der Eskalation

---

[29] BT-Drs. 18/9097, 21.
[30] BT-Drs. 18/9097, 31.
[31] Ibid.

in sich.[32] Auch das Sexualstrafrecht kennt solche Vorschriften, die teils als Qualifikation (§ 176a Abs. 2 Nr. 2 StGB), teils als Regelbeispiele (§ 177 Abs. 6 Nr. 2 StGB, § 184i Abs. 2 S. 2 StGB) ausgestaltet sind.[33] Die genannten Vorschriften setzen freilich voraus, dass das Zusammenwirken der Beteiligten am Tatort festgestellt wird. Eben auf dieses Beweiserfordernis verzichtet § 184j StGB.[34] Die strafrechtliche Reaktion auf ein erhöhtes Gewaltpotential ist daher nur vorgeschoben. Tatsächlich geht es ausschließlich um die Vermeidung von Beweisproblemen.

Im Zentrum der Vorschrift steht der Begriff der Personengruppe. Denn die Tathandlung selbst besteht in der Beteiligung an einer solchen, und zwar dann, wenn diese eine andere Person „bedrängt". Vor aller weiteren Spezifikation empfiehlt es sich, kurz an den basalen Begriff einer Gruppe im rechtlichen Sinne zu erinnern, wenngleich dieser nicht sonderlich reichhaltig ist. Ihm zufolge bildet eine Mehrheit von mindestens drei Personen eine Gruppe.[35] Es gibt also eine quantitative Untergrenze, eine Obergrenze fehlt. Eine Gruppe kann daher unendlich groß sein. Eine solche, rein quantitative und obendrein extrem ungefähre Bestimmung reicht freilich keineswegs zur Unterscheidung verschiedener Personengruppen voneinander bzw. zur Auszeichnung genau einer unter den unendlich vielen möglichen oder auch nur unter der einen Supergruppe aller Personen überhaupt aus. Hierzu bedarf es weiterer Kriterien. Diese können entweder ebenso rein äußerlich, mithin „objektiv", wie das schon angegebene quantitative, oder innerlich, mithin „subjektiv", oder von beider Art sein. Rein äußerliche Kriterien müssten solche sein, die ausschließlich durch externe Beobachtung und Beschreibung der in Frage kommenden Personen feststellbar sind – ihre Personalität gehört also etwa schon einmal nicht dazu. Hier bieten sich bestimmte Kennzeichen an, welche die Gruppenangehörigen von anderen Leuten unterscheiden, wie z. B. das Tragen roter Mützchen, der linken Sandale hoch erhoben über dem Haupt oder napoleonischer Kürassieruniformen. Dies hat den Vorteil, dass derartig angetane Leute auch dann ihrer Gruppe zugeordnet werden können, wenn sie von dieser getrennt auftreten. Ebenso sind rein räumliche oder dynamische externe Kriterien für Gruppenzugehörigkeit möglich. Sie bestünden einerseits darin, dass sich verschiedene Personen zur gleichen Zeit an einem angebbaren Ort in größerer räumlicher Nähe als für einsame Reflexion üblich, also gleichsam in Plauderdistanz, zusammen aufhalten und eventuell interagieren, also etwa zusammenstehen und sich unterhalten oder auch nach einer komplexen Choreographie die gleichen Körperbewegungen vollziehen, und andererseits darin, dass sie nicht nur an einem Platz herumstehen, sondern sich auch gemeinsam in ein und dieselbe Richtung fortbewegen bzw. gemeinsam Richtungsänderungen durchführen. Innerliche Kriterien bestehen üblicherweise in gleichen bzw. identi-

---

[32] Eingehend dazu *Küper* GA 1997, 301 ff.; *Küper* GA 2003, 363 (367 ff.) zu § 224 Abs. 1 Nr. 4 StGB.

[33] Darauf weist auch *Bezjak* KJ 2016, 557 (569) hin.

[34] Beschönigend BT-Drs. 18/9097, 31: Das „neue Phänomen" werde von Strafschärfungen in Fällen gemeinschaftlichen Handelns „nicht vollständig erfasst".

[35] BT-Drs. 18/9097, 31. Dieselbe Mindestanzahl verlangt man für die verfassungsfeindliche Sabotage nach § 88 I StGB durch eine Gruppe (vgl. *Steinmetz* in MüKoStGB, 3. Aufl. 2017, § 88 Rn. 4) und für die Bildung bewaffneter Gruppen gemäß § 127 StGB (vgl. *Schäfer* in MüKoStGB, 3. Aufl. 2017, § 127 Rn. 13).

schen mentalen Einstellungen,[36] also Überzeugungen, Absichten, Willensakten uÄ. Feststellen lässt sich so etwas nicht mehr durch einfache Beobachtung und Beschreibung, sondern nur durch ziemlich komplizierte epistemische Manöver, die gewiss die Befragung einzelner Personen und die Untersuchung von gegebenenfalls auftretenden Handlungsweisen auf ihre Koordiniert- und Geplantheit hin und deshalb immer problematische Schlüsse von körperlichem Verhalten auf mentale Einstellungen, insbesondere Absichten,[37] enthalten müssen.

Klar ist aber jedenfalls, dass sich keinesfalls schon vom Aufenthalt an einer bestimmten Stelle im Raum oder von der Bewegung durch einen bestimmten Raum, die in räumlicher Nähe zu anderen, gleichzeitig anwesenden Leuten stattfinden, ohne weiteres auf eine über die bloße räumliche Verortung ihrer selbst hinausgehende innere Einstellung einer Person schließen lässt. Weder muss die räumliche Nähe zu anderen Leuten noch die Bewegung in die gleiche Richtung intendiert sein, wie jeder wissen wird, der schon einmal versucht hat, bei einem Volksfest einen wohlgefüllten Marktplatz zu überqueren, während irgendeines heiteren Umzugs die Straßenseite zu wechseln oder sich gar mit einem Bekannten am Rande einer sich diffus bewegenden Menschenmenge zu unterhalten. Es ist hier ganz klar, dass man dann zwar im räumlichen Sinne zu diesen Gruppen zu zählen sein wird, sich aber zugleich strengstens dagegen verwahren wird, auch deren Absichten zu teilen, für die man sich überdies nicht einmal interessieren oder sie auch nur erahnen muss. Denn man selbst möchte ja im Augenblick etwas ganz anderes, nämlich auf die andere Seite des Platzes oder der Straße oder die Fortsetzung eines Gesprächs. Oder umgekehrt ausgedrückt: Teile ich die Absichten der Gruppe, muss ich auch irgendwelche spezifischen Handlungen vollziehen, welche diese Absichten erfordern und auszeichnen. Meine bloße gleichzeitige Präsenz an irgendeiner Stelle im Raum, die nahe genug ist, um mich äußerlich einer Gruppe zuzuordnen, reicht hierfür nicht zu. Folglich ist eine rein äußerliche bzw. objektive Definition irgendeiner bestimmten Gruppe zwar möglich, erlaubt aber keinesfalls einen Schluss auf die inneren Einstellungen bzw. Absichten einer jeden einzelnen Person, die nach diesen Kriterien der Gruppe zugeordnet wird. Hierzu sind weitere, nicht bloß äußerliche und eindeutig bestimmte Kriterien unhintergehbar notwendig. Nach dieser Vorklärung kann mit der konkreten Analyse der Vorschrift fortgefahren werden.

Tathandlung in § 184j StGB ist die Beteiligung an einer Personengruppe, die eine andere, einzelne Person „bedrängt". Dieser Ausdruck taucht bislang im Strafrecht nicht auf. Nach der Gesetzesbegründung wird eine andere Person dann bedrängt, wenn sie „mit Nachdruck an der Ausübung (ihrer) Bewegungsfreiheit oder (ihrer) sonstigen freien Willensbetätigung gehindert wird. Dabei muss die Gruppe mit einer gewissen Hartnäckigkeit auf das Opfer einwirken. So genügt es nicht, dem Opfer lediglich kurzfristig den Weg zu versperren oder dieses im Zuge einer lautstarken Präsenz der Gruppe (lautes Grölen etc.) kurzfristig einzuschüchtern".[38]

---

[36] Vgl. *Aichele,* Persona naturalis und persona moralis, JRE 16 (2008), 1-21.
[37] Vgl. *Anscombe,* Intention, 1985.
[38] BT-Drs. 18/9097, 31.

Ein derartiges Verhalten ist üblicherweise als Freiheitsberaubung nach § 239 Abs. 1 StGB oder als Nötigung nach § 240 Abs. 1 StGB strafbar. Freiheitsberaubung ist eine nicht nur unerhebliche Aufhebung der Fortbewegungsfreiheit,[39] etwa durch Gewalt oder Drohung. Gewalt und Drohung sind auch Nötigungsmittel gemäß § 240 Abs. 1 StGB. „Nötigen" ist die Veranlassung eines anderen zu einem von ihm nicht gewollten Verhalten.[40] Gewalt liegt bereits dann vor, wenn mehrere einer anderen Person den Weg versperren und sie dadurch am Weitergehen hindern.[41] Der Gesetzgeber hat jedoch bewusst eine andere Formulierung gewählt, weil § 184j StGB wegen der Subsidiaritätsklausel sonst gegenstandslos wäre: Nötigung und Freiheitsberaubung sowie die Beteiligung daran werden nämlich strenger bestraft. Eine andere, von diesen Delikten irgendwie unterschiedene und eigenständige Tathandlung des Bedrängens wird nicht definiert. Es kann daher kein Unterschied zu Nötigung und Freiheitsberaubung angegeben werden. Folglich scheint gemäß des Prinzips der Identität des Ununterscheidbaren auch kein Unterschied zwischen Nötigung und Freiheitsberaubung einerseits und dem Bedrängen andererseits zu bestehen. Es gilt trotz des Versuchs der Neuformulierung – zumindest bis zu ihrer Klärung – die Subsidiaritätsklausel.

Die Personengruppe, also wenigstens drei Personen, muss die andere Person „zur Begehung einer Straftat an ihr" bedrängen. Dieses Merkmal ist ebenfalls kryptisch. Der Gesetzeswortlaut konkretisiert diese Straftat nicht näher; es genügt vielmehr „irgendeine Straftat".[42] Nun deutet der Ausdruck „zur Begehung" auf eine Absicht hin. Demnach müsste die Gruppe eine entsprechende Absicht gefasst haben. Personenmehrheiten können einen gemeinsamen Willen durch Zustimmung und Kooperation bilden. Das wäre dann aber nichts anderes als der gemeinsame Tatplan bei Mittäterschaft.[43] Bei einem derartigen Verständnis wäre § 184j StGB eine Zurechnungsnorm für einen Mittäterexzess. Der Beteiligte an einer gemeinsamen Straftat wird auch für ein Sexualdelikt bestraft, die ein Mittäter bei dieser Gelegenheit außerhalb der Absprache begangen hat. Auch dazu aber – dies ist ausdrücklich zu betonen – ist eine Absprache nötig. Inwieweit eine solche Zurechnung dann mit dem Schuldgrundsatz vereinbar wäre, kann vorläufig offen bleiben.

Der gesetzgeberischen Zielsetzung läuft diese Interpretation jedenfalls zuwider, müsste doch die Koordination zwischen allen Gruppenmitgliedern nachgewiesen werden. Die Tathandlung „Beteiligen" soll gerade dieses Beweisproblem vermeiden. Außerdem würde auch hier die Subsidiaritätsklausel faktisch zur Unanwendbarkeit der Vorschrift führen, weil der mindestens vorliegende mittäterschaftliche Versuch höher bestraft würde als die Tat nach § 184j StGB. Es gibt nur wenige Straftatbestände im StGB mit einem niedrigeren Strafrahmen oder ohne Versuchsstrafbarkeit. Diese Schwierigkeiten lassen sich vermeiden, wenn die Personen-

---

[39] Vgl. *Wieck-Noodt* in MüKoStGB, 3. Aufl. 2017, § 239 Rn. 18f. mwN.

[40] Vgl. *Sinn* in MüKoStGB, 3. Aufl. 2017, § 240 Rn. 25 mwN.

[41] Vgl. bereits RGSt 45, 153 (156f.); anders, wenn sich nur eine einzelne Person in den Weg stellt, s. OLG Düsseldorf NJW 1999, 2912 m. krit. Anm. *Erb* NStZ 2000, 199.

[42] Vgl. BT-Drs. 18/9097, 31.

[43] Vgl. *Renzikowski* in Maurach/Gössel/Zipf, Strafrecht Allgemeiner Teil, Teilbd. 2, 8. Aufl. 2014, § 49 Rn. 11; ebenso *Fischer,* 64. Aufl. 2017, StGB § 184j Rn. 5.

gruppe keine gemeinsame Straftat beabsichtigen muss, sondern wenn man es ausreichen lässt, dass die Gruppe aus verschiedenen Personen besteht, die jede für sich eine andere Straftat beabsichtigen können. Die Absicht, die die Gruppe konstituiert, ist dann irgendeine deliktische Absicht schlechthin. Gleichwohl bleibt dann die Bildung der Gruppe, wenn sich ihre Glieder nicht darüber verständigen, dass jedes für sich in verschiedenster Weise verbrechen will, zufällig. Eine geheime, für sich gefasste Absicht taugt nicht zur Bestimmung einer Gruppe. Der Gesetzeswortlaut lässt diese Deutung jedoch zu.

Vor diesem Hintergrund wird auch verständlich, wie der Gesetzgeber die „Beteiligung" sieht. Gewöhnlich kann man eine Straftat durch Beteiligung als (Mit-)Täter, mittelbarer Täter, Anstifter oder Gehilfe (vgl. § 29 StGB) fördern. Aber dann hätte § 184j StGB wegen der Subsidiaritätsklausel ebenfalls keinen Anwendungsbereich, ganz abgesehen von der Notwendigkeit, die Voraussetzungen deliktischer Beteiligung festzustellen. Nach der Vorstellung des Gesetzgebers soll die Beteiligung wie bei § 231 StGB untechnisch, also nicht iSd §§ 25ff. StGB verstanden werden, sondern „im umgangssprachlichen Sinn". Irgendein bewusstes und gewolltes Zusammenwirken soll nicht erforderlich sein.[44] Dann folgt gemäß unserer Vorüberlegungen, dass ausschließlich äußerliche Kriterien zur Bestimmung der Gruppe in Frage kommen. Also kann diese nicht mehr durch irgendeine gemeinsame Absicht definiert werden.[45]

Demgegenüber hilft auch die Parallele zu § 231 StGB nicht weiter. § 231 StGB verzichtet auf den Nachweis der Beteiligung iSd §§ 25ff. StGB, weil es für die Gefährlichkeit der Schlägerei nicht darauf ankommt, auf wessen Seite der Täter steht und welche konkreten Körperverletzungsdelikte er durch sein Verhalten fördert. Vielmehr genügt es, dass er auf irgendeine Weise zur Eskalation der tätlichen Auseinandersetzung, dh zu wechselseitig begangenen Körperverletzungen beiträgt. Die geförderte Deliktsart steht also bei § 231 StGB immerhin fest. Bei § 184j StGB soll es aber gerade nicht auf ein bestimmtes Delikt ankommen – und, wie wir jetzt sehen, auch nicht auf einen bestimmten Vorsatz, da sich dieser durch die indizierte Art der Gruppenbeteiligung gar nicht mehr erfassen lässt.

Die Beteiligung soll eine Straftat „fördern". Auch diese Voraussetzung ist unklar. Nach dem üblichen Verständnis wird eine Straftat gefördert, wenn ihre Begehung auf irgendeine Weise erleichtert wird.[46] Auf das Gewicht des unterstützenden Beitrags kommt es ebenso wenig an wie darauf, ob der andere Tatbeteiligte den Hilfeleistenden oder die Förderung der Tat erkennt. Die Anforderungen an den Nachweis einer Beihilfe sind also nicht besonders hoch. Gleichwohl geht es um ein Mindestmaß an Koordination und Kooperation, dessen Feststellung durch die Tat-

---

[44] BT-Drs. 18/9097, 31.

[45] Zum Ganzen auch *Fischer* FS Neumann, 2017, 1089 (1094ff.), der die Bestimmung der Beteiligung an einer Gruppe freilich etwas unterschätzt. § 184j enthält kein „kompliziertes Geflecht objektiver und subjektiver Voraussetzungen", sondern die geforderte Feststellung ist schon aus logischen Gründen nicht möglich.

[46] So die Rspr. zu § 27 StGB, s. BGHSt 2, 129 (131); 54, 140 (142f.); BGH, NStZ 2012, 316. Die hL verlangt dagegen Kausalität der Hilfeleistung. Der Streit hat keine große praktische Bedeutung. Vgl. dazu auch *Joecks* in MüKoStGB, 3. Aufl. 2017, § 27 Rn. 33ff.

handlung der „Beteiligung“, wie gezeigt, gerade vermieden werden soll. Ferner setzt Beihilfe nach § 27 StGB voraus, dass die Haupttat zumindest in das Stadium eines strafbaren Versuchs gelangt ist.[47] Abermals würde § 184j StGB bei einem solchen Verständnis wegen der Subsidiaritätsklausel leerlaufen.

Damit stellt sich die Frage, wie die nach § 184j StGB strafbare Beteiligung von der zufälligen Anwesenheit in einem Gedränge unterschieden werden kann, denn nach der Gesetzesbegründung soll sich nicht strafbar machen, wer beispielsweise „in der überfüllten U-Bahn mitfährt, in der eine andere Person sexuelle Handlungen an einem Opfer vornimmt und hierbei den Umstand nutzt, dass die U-Bahn überfüllt ist“.[48] Äußere Kriterien sind dafür nicht ersichtlich und auf sie verzichtet der Gesetzeswortlaut bewusst. Es genügt ja jedwedes Gedränge, und irgendeine Form von Kooperation und Koordination der Gruppe. Es bleibt der innere böse Wille, dessen Zuschreibung immer besonders intrikat ist. Mentale Akte können zwar begrifflich analysiert, aber im Unterschied zu Körperbewegungen nicht beobachtet werden. Deshalb behilft man sich damit, vom äußeren Geschehensablauf auf den (inneren) Vorsatz zu schließen.[49] Ein solcher Schluss ist aber kaum möglich, wenn der Anknüpfungspunkt dafür die bloße Anwesenheit zur falschen Zeit am falschen Ort ist. Daraus folgt schlicht, dass die gewünschte und notwendige Unterscheidung zwischen zufälliger Anwesenheit und strafbarer Beteiligung mit den bereitgestellten, allein äußerlichen Kriterien schlechterdings nicht getroffen werden kann. Die Anwendung der Vorschrift setzt demzufolge keine Schuld voraus.

Hinzu kommt, dass § 184j StGB auch den notwendigen Vorsatz erheblich entkernt. Es reicht aus, dass der Täter billigend in Kauf nimmt, dass die Bedrängung – was immer das auch sein mag – irgendeine Straftat begünstigt. Seine eigenen deliktischen Pläne müssen wie gezeigt nicht mit den deliktischen Plänen der anderen Gruppenmitglieder übereinstimmen. Jeder verbricht gewissermaßen für sich allein.[50] Der nachmalige Täter braucht genaugenommen für sich nicht einmal irgendwelche deliktische Pläne zu haben, weil ihr Vorhandensein aufgrund der Irrelevanz ihres Nachweises selbst irrelevant ist. Die nach §§ 174 oder 184i StGB strafbare Tat, wegen deren Begehung der Täter des § 184j StGB bestraft werden soll, muss sich der Täter nicht vorgestellt haben. Es kommt noch nicht einmal darauf an, ob er mit einem derartigen Übergriff hätte rechnen müssen, denn nach der Vorstellung des Gesetzgebers handelt es sich um eine objektive Bedingung der Strafbarkeit.[51] Wer sich also in einem Gedränge mit der Vorstellung bewegt, die Situation etwa zu einem Taschendiebstahl auszunutzen und dabei annimmt, dass andere die günstige Gelegenheit ebenso nutzen werden, wird für ein Sexualdelikt verantwortlich gemacht, welches zufällig von einer anderen Person in diesem Gedränge an einem anderen Opfer begangen wird. Das kann ihm allerdings ebenso

---

[47] Vgl. dazu *Renzikowski* in Maurach/Gössel/Zipf, Strafrecht Allgemeiner Teil, Teilbd. 2, 8. Aufl. 2014, § 50 Rn. 7 f., § 53 Rn. 1.

[48] BT-Drs. 18/9097, 31.

[49] Eingehend zum sog. dolus ex re“ *Hruschka* FS Kleinknecht, 1985, 191 (195 ff.).

[50] Vgl. auch BT-Drs. 18/9097, 31: „Dabei kommt es auf subjektiver Ebene aber nur darauf an, dass irgendeine Straftat gemeint ist.“ Krit. *Fischer* FS Neumann, 2017, 1096 f.

[51] BT-Drs. 18/9097, 31.

passieren, wenn er einfach nur in einem Gedränge oder einer Menschenmenge nicht nur in der dritten oder vierten, sondern auch in der dreißigsten oder vierzigsten Reihe mitfließt, ohne irgendeine deliktische Neigung in seinem schwarzen Herzen zu hegen. Eine derartige Zufallshaftung nach dem alten Prinzip des „versari in re illicita"[52] hätte sich der rigoroseste Kanoniker des Mittelalters nicht erträumt. Mit dem Schuldprinzip hat das alles nichts mehr zu tun.[53]

Objektive Bedingungen der Straftat sind grundsätzlich problematisch, weil hier die Strafbarkeit an den Eintritt einer Folge geknüpft wird, die der Täter nicht einmal fahrlässig herbeigeführt haben muss.[54] Um diese Form der Zufallshaftung zu retten, bemüht die hL das sog. „Subtraktionsprinzip": Demzufolge soll die Bestrafung dann nicht gegen das Schuldprinzip verstoßen, wenn bereits das tatbestandsmäßige Verhalten ohne den Eintritt der schweren Folge Unrecht darstellt.[55] Der Vergleich mit § 231 StGB zeigt allerdings erhebliche Unterschiede. Der Zusammenhang zwischen der Beteiligung an einer tätlichen Auseinandersetzung, die immer in Körperverletzungsdelikte münden muss, und gravierenden Verletzungen ist offensichtlich. Ein Zusammenhang zwischen einer beliebigen Straftat, die aber noch nicht einmal versucht worden sein muss, so dass offensichtlich gerade in äußerlicher bzw. objektiver Hinsicht gar nichts Deliktisches geschehen zu sein braucht, und einem Sexualdelikt liegt dagegen nicht nur nicht auf der Hand, sondern offenbart eine Art magisches Denken.[56]

IV. „Einfach" Mengen meiden?

Es dient dazu – und deswegen passt das Bild der akausal operierenden Magie erstaunlich gut –, jemanden zu präsentieren, der Schuld für ein Vergehen zu tragen hat, ohne es begangen haben zu müssen, damit die Weltordnung, vulgo: die gesellschaftliche Ordnung wiederhergestellt werde, der Staat sein furchterregendes, strafbarkeitslückenloses Gebiss zeige und sich alle, die ihm angehören, sicher und behütet fühlen mögen. Zu diesem hehren Zwecke kann man, so scheint es, auch erlauben, lieber zehn Unschuldige zu bestrafen, als auch nur einen Schuldigen ungeschoren zu lassen. Dass die Unschuldsvermutung bei diesem segensreichen Unternehmen erheblich stört, liegt auf der Hand. Bislang wird sie nur durch § 184j StGB eliminiert, der sich aufgrund seiner grotesken Missratenheit allerdings eigentlich gar nicht anwenden lässt – was freilich nicht heißt, dass auch er seine Anwender finden und einstmals durch das Bundesverfassungsgericht verworfen werden wird. Die vom Bundesjustizminister eingesetzte Expertenkommission zur Reform des

---

[52] Vollständig heißt es: „Versanti in re illicita imputantur omnia quae sequuntur ex delicto." Eingehend dazu *Löffler,* Die Schuldformen des Strafrechts, Bd. I, 1985, 139ff., 266ff.; *Kuttner,* Kanonistische Schuldlehre von Gratian bis zu den Dekretalen Gregors IX., 1935, 185ff., 201ff.

[53] Ebenso *Fischer,* 64. Aufl. 2017, StGB § 184j Rn. 11; *Hoven/Weigend* JZ 2017, 182 (191).

[54] Zur Kritik s. etwa *Frister,* Schuldprinzip, Verbot der Verdachtsstrafe und Unschuldsvermutung als materielle Grundprinzipien des Strafrechts, 1988, 46ff.; *Geisler,* Zur Vereinbarkeit objektiver Bedingungen der Strafbarkeit mit dem Schuldprinzip, 1988, 139ff.

[55] Darauf beruft sich auch *Hörnle* BRJ 2017, 57 (59f.).

[56] Krit. auch *Fischer* FS Neumann, 2017,1101f.

Sexualstrafrechts hat in ihrem Abschlussbericht vom 19.7.2017 in seltener Einmütigkeit bei einer Gegenstimme und einer Enthaltung die ersatzlose Streichung des § 184j StGB jedenfalls schon empfohlen.[57]

Ob mit dem Erlass jener Vorschrift indes wunschgemäß die Verhöhnung des Rechtsstaats nachlassen wird, lässt sich füglich fragen. Denn ein Staat, der derart totales Strafrecht zulässt oder gar befördert, dürfte ohnehin nicht mehr als Rechtsstaat bezeichnet werden. Das von ihm – man sieht es allerwege an totalitären Diktaturen – propagierte absolute Sicherheitsgefühl unterscheidet sich nicht von einem absoluten Unsicherheitsgefühl: Man weiß ja nie so genau, was man jetzt wieder angestellt haben mag. Momentan kann man ihm noch entgehen, wenn man die von § 184j StGB ins Visier genommenen Menschenansammlungen ‚einfach' *(Ferner)* meidet. Da ist es freilich schlecht, wenn man gern zu Karnevalsumzügen, Volksfesten, Bundesligaspielen, Rockkonzerten, Kirchentagen, in die Oper oder ins Wirtshaus geht. Andererseits bilden freilich auch Bundestagsabgeordnete eine durch rein äußerliche Kriterien bestimmbare Gruppe, die sogar aus deutlich mehr als aus drei oder vier Reihen besteht.

---

[57] Abschlussbericht, S. 313f.; erhältlich unter: www.bmjv.de/SharedDocs/Downloads/DE/StudienUntersuchungenFachbuecher/Abschlussbericht_Reformkommission_Sexualstrafrecht.pdf;jsessionid=6B971B81EED50D1D4B26DD063994EB4F.1_cid297?__blob=publicationFile&v=1 – abgerufen am 13.1.2017.

CLAUS ROXIN

Die Tötung auf Verlangen in der neueren Diskussion

I. Der Problemstand

Die von einem Sterbewilligen verlangte Tötung wird strafrechtlich von zwei Prinzipien geleitet: der Patientenautonomie auf der einen und dem Fremdtötungsverbot auf der anderen Seite.

Der Gesetzgeber tut bald einen Schritt in die eine und bald in die andere Richtung. Das Patientenverfügungsgesetz vom 29.7.2009 (§§ 1901a ff. BGB) gestattet einwilligungsfähigen Personen auch für den Fall ihrer Einwilligungsunfähigkeit bindende Verfügungen zu treffen,[1] ob und inwieweit sie ärztlich behandelt werden wollen. Es gibt also der Patientenautonomie eindeutig den Vorrang; ein erkrankter Patient kann sich für das Sterben entscheiden, auch wenn die Ärzte ihn retten oder wenigstens sein Leben verlängern könnten. Andererseits wird die geschäftsmäßige Förderung der Selbsttötung durch Gesetz vom 3.12.2015 mit Strafe bedroht, der Patientenwille also im übergeordneten Interesse des Lebensschutzes für unbeachtlich erklärt.[2]

Die Rechtsprechung verfährt nicht anders. Einerseits hat die viel beachtete Grundsatz-Entscheidung des 2. Senats vom 25.6.2010[3], an der *Thomas Fischer* mitgewirkt hat, den „Behandlungsabbruch" (das „Unterlassen, Begrenzen oder Beenden einer begonnenen medizinischen Behandlung") für gerechtfertigt erklärt, „wenn dies dem tatsächlichen oder mutmaßlichen Patientenwillen entspricht", und zwar einerlei, ob dieser Abbruch durch Unterlassen oder durch aktives Tun erfolgt. Damit wird die Patientenautonomie dem ärztlich möglichen Lebensschutz eindeutig übergeordnet. Andererseits sagt dieselbe Entscheidung:[4] „Die tatbestandlichen Grenzen des § 216 StGB bleiben hiervon unberührt", was doch nur bedeuten kann, dass die Bedürfnisse des Lebensschutzes dem ausdrücklichen Verlangen eines Sterbewilligen vorgezogen werden.

Es ist nicht leicht zu sehen, wie diese – mindestens auf den ersten Blick – gegenläufigen Tendenzen miteinander in Einklang zu bringen sind. *Thomas Fischer,* der verehrte Jubilar, hat sich deshalb nicht ohne Grund in einer mir gewidmeten Festschrift[5] mit dem Thema „Direkte Sterbehilfe – Anmerkung zur Privatisierung des

---

[1] Dazu im Einzelnen *Fischer,* 64. Aufl. 2017, StGB Vor §§ 211–217, Rn. 49ff.
[2] Vgl. dazu nur *Roxin* NStZ 2016, 185.
[3] BGHSt 55, 191ff. = NJW 2010, 2963; Zitate aus den beiden ersten Leitsätzen.
[4] BGHSt 55, 205, Rn. 37 = NJW 2010, 2963.
[5] *Fischer* FS Roxin („Strafrecht als Scientia Universalis"), 2011, 557ff.

Lebensschutzes" befasst. Auch *Rosenau* behandelt in demselben Band[6] die „Aktive Sterbehilfe", und drei weitere Abhandlungen[7] beschäftigen sich mit Patientenverfügungen und Behandlungsabbruch.

Diese Entwicklung hat zu einem erheblichen Klärungsbedarf geführt. *Fischer* sagt:[8] „Die Grenze des § 216 StGB gerät ... dogmatisch, legitimatorisch und praktisch zunehmend unter Druck." Und *Rosenau* meint,[9] das „Tabu des Verbots aktiver Sterbehilfe" sei durch das erwähnte Urteil zum Behandlungsabbruch „erschüttert, indem es in Teilbereichen Formen aktiver Sterbehilfe für zulässig erklärt hat". Dieser Stand der Diskussion lässt es gerechtfertigt erscheinen, den alten und neuen Problemen der aktiven Sterbehilfe ein weiteres Mal nachzugehen.

II. Die Vereinbarkeit von Lebensschutz und Patientenautonomie

Meine These ist: § 216 StGB dient zwar dem Lebensschutz. Die Vorschrift ist aber so auszulegen, dass sie dies nur insoweit tut, als sich dieser Schutz mit der Wahrung der Patientenautonomie vereinbaren lässt. Wo das nicht der Fall ist, ermöglichen verschiedene Formen der Auslegung sachgerechte Ergebnisse.

§ 216 StGB lässt sich durch drei unterschiedliche Gesichtspunkte rechtfertigen.

1. § 216 StGB als generalpräventiv motivierter Lebensschutz

Es soll verhindert werden, dass durch die generelle Zulassung einer Tötung auf Verlangen diese Art der Todesherbeiführung zu einer rechtlich anerkannten Form der Lebensbeendigung wird und dadurch alte und kranke Menschen in den Tod treibt, anstatt dass ihnen das Leben durch sachliche Hilfe und menschliche Zuwendung erhaltenswert gemacht wird. Bedenkt man die hohen Kosten einer ausreichenden Pflege im Alter und die aus der Pflege erwachsenden Belastungen der Angehörigen, so ist damit zu rechnen, dass mancher seinen Tod verlangen würde, wenn dies ein gangbarer Weg wäre. Ein eigenhändiger Suizid, der jedem offensteht, hat weit größere innere Widerstände zu überwinden, als ein legalisiertes Tötungsverfahren es hätte. Immerhin ist ein Suizid unverboten (selbst mit fremder Hilfe), so dass die Autonomie des Patienten insoweit gewahrt bleibt.

Pawlik[10], der sich ebenfalls mit dem Problem einer „erlaubten aktiven Sterbehilfe" befasst, räumt ein, die Befürchtung, dass die „Bereitschaft zu selbstherrlich vollzogenen ‚Barmherzigkeitstötungen' bei einer Zulassung der Tötung auf Verlangen zunehmen werde", lasse sich „nicht ohne Weiteres als unbegründet abtun". Er hält es aber für „zweifelhaft", „ob die Zementierung des heutigen strafrechtlichen Ist-Zustandes dazu geeignet ist, dieser Tendenz Einhalt zu gebieten".

---

[6] *Rosenau* FS Roxin, 2011, 577ff.

[7] *Sternberg-Lieben* FS Roxin, 2011, 537ff.; *Joerden* FS Roxin, 2011, 593ff.; *Nuñez Paz* FS Roxin, 2011, 609ff.

[8] *Fischer* FS Roxin, 2011, 573, 574.

[9] *Rosenau* FS Roxin, 2011, 585.

[10] *Pawlik* FS Wolter, 2013, 627ff. (638).

Das scheint mir widersprüchlich. Denn wenn die Befürchtung, Tötungen könnten bei Zulassung eines darauf gerichteten Verlangens zunehmen, nicht unbegründet ist, bedeutet dies doch, dass der Ist-Zustand (also die Geltung des § 216 StGB) zu einer geringeren Zahl von Tötungen führt und den gesellschaftlichen Respekt vor der Lebenserhaltung erhöht. Abgesehen davon ist anerkannt, dass dem Gesetzgeber bei der Folgenabschätzung ein Beurteilungsspielraum zusteht. Dieser ist hier jedenfalls nicht überschritten, weil die Patientenautonomie, wie gesagt, auch beim Verbot einer Tötung auf Verlangen noch gewahrt ist.

2. § 216 StGB als Schutzwall gegen die Verwirklichung voreiligen Tötungsverlangens

Ein zweiter Grund zur Rechtfertigung des § 216 StGB liegt darin, dass er übereilten Sterbewünschen vorbeugt. Jeder Mensch kann in Situationen kommen, die den Wunsch nahelegen, aus dem Leben zu scheiden. Schwere menschliche Enttäuschungen, der Verlust nahestehender Personen, Krankheiten, ein geschäftlicher Zusammenbruch und andere Schicksalsschläge mögen dazu Anlass geben. Ein Sterbewunsch kann in solchen Fällen durchaus ernstlich sein. Der Zeitablauf und sich entwickelnde neue Perspektiven sinnvollen Weiterlebens werden diesen Wunsch aber vielfach verblassen lassen.

Ich habe deshalb seit Langem darauf hingewiesen,[11] dass es vernünftig ist, wenn der Gesetzgeber davon ausgeht, ein unwiderruflicher Sterbewille könne nur durch die eigenhändige Selbsttötung bewiesen werden. Ein legalisiertes Verlangen der Tötung von fremder Hand könnte Tötungen begünstigen, die dem Opfer selbst bei längerem Leben nicht mehr als sachgerecht erschienen wären.

Jakobs[12] betont denn auch, die Strafbarkeit der Tötung auf Verlangen garantiere, „dass – bei grundsätzlicher Straffreiheit der Selbsttötung – der Selbsttötungswille des Lebensmüden nur dann verwirklicht wird, wenn er subjektiv vollzugsreif, das heißt, vollständig aus einer Zwecksetzung des Lebensmüden begründet ist". Auf diese Weise würden „Zweifel an der subjektiven Vollzugsreife a limine ausgeschlossen".

Sein Schüler *Pawlik* hat solche Überlegungen in weniger abstrakter Form aufgenommen. Er meint,[13] in der Regel sprächen „plausible Gründe" dafür, „dass das Tötungsverlangen trotz seiner Ernstlichkeit die längerfristigen Zielsetzungen und Werte des Verlangenden nur unzureichend zum Ausdruck bringt". Er weist dabei auf „die Schwere und Endgültigkeit des in Rede stehenden Verlustes" und darauf hin, dass dem Todesverlangen oft ein verdeckter Appell um Zuwendung in einer verzweifelten Situation zugrunde liege.

Daraus ergibt sich, dass § 216 StGB nicht nur eine generalpräventive Funktion hat, sondern auch den Lebensmüden selbst schützen soll. Er soll vor übereiltem Sterben bewahrt werden. Das ist Ausdruck eines weichen Paternalismus,[14] der dem

---

[11] Vgl. nur die Belege bei *Pawlik* FS Wolter, 2013, 639, Anm. 62; zuletzt *Roxin* GA 2013, 318 (319).

[12] *Jakobs,* Tötung auf Verlangen, Euthanasie und Strafrechtssystem, 1998, 23.

[13] *Pawlik* FS Wolter, 2013, 640.

[14] So auch *Pawlik* FS Wolter, 2013, 639.

Leitgedanken der Patientenautonomie nicht nur nicht widerstreitet, sondern ihn sogar besonders eindringlich zur Geltung bringt. Denn einerseits werden seine wahren Interessen gegen vorschnelle Entscheidungen geschützt; und andererseits kann der Lebensmüde einen unerschütterlichen Sterbewillen immer noch durch den eigenhändigen Vollzug verwirklichen.

Auch insoweit besteht also kein Widerspruch zwischen der Patientenautonomie und dem durch § 216 StGB bezweckten Lebensschutz.

3. § 216 StGB als Garant beweiskräftigen Tötungswillens

§ 216 StGB dient drittens auch der Sicherstellung gegen unverlangte Tötungen von fremder Hand. Wäre die Tötung auf Verlangen prinzipiell zulässig, müsste einem Tötungstäter, der sich zu Unrecht auf ein ausdrückliches und ernstliches Verlangen des Getöteten beruft, diese Einlassung erst einmal widerlegt werden, wenn er wegen Totschlages bestraft werden soll. Das wird oft schwierig sein, weil solche Taten sich in der Regel außerhalb der Öffentlichkeit und ohne Zeugen abspielen. Was soll der Richter tun, wenn die Umstände auf eine Fremdtötung hindeuten, der Verdächtige sich aber auf das Verlangen des Getöteten beruft?

§ 216 StGB verhindert also Beweisschwierigkeiten und dient dadurch nicht nur dem Lebensschutz, sondern in demselben Maße dem von der Tötung Betroffenen, weil sie eine Bestrafung des Täters auch bei unberechtigter Berufung auf das Verlangen des Opfers in jedem Fall sicherstellt. Die Bestimmung entfaltet dadurch eine Tötungsdelikten vorbeugende Wirkung, die auch durch die Begrenzung des in § 216 StGB vorgesehenen Strafrahmens nicht aufgehoben wird.

Auch in dieser dritten Hinsicht stehen also im Rahmen des § 216 StGB der Lebensschutz und die Interessen des Opfers in vollem Einklang.

III. Die Auslegung in Grenzfällen

Die bisherigen Darlegungen haben gezeigt, dass § 216 StGB im Regelfall nicht nur lebensschützende Wirkung hat, sondern auch die Willensentschließung des Patienten in ausreichendem Maße respektiert. Das schließt freilich nicht aus, dass in Grenzfällen die beiden gesetzlichen Schutzrichtungen nur durch eine sinnvolle Auslegung in Einklang gebracht werden können. In Rechtsprechung und Literatur sind bisher sechs solcher Problemkonstellationen bekannt geworden. Ihre Behandlung sollte in der Weise erfolgen, dass kein berechtigtes Schutzbedürfnis verletzt wird und vor allem die Entscheidung des Sterbewilligen gewahrt bleibt.

1. Die indirekte Sterbehilfe

Dieser Sachverhalt betrifft den Fall,[15] dass „eine ärztlich gebotene schmerzlindernde Medikation" bei einem Patienten „als unbeabsichtigte, aber in Kauf genommene unvermeidbare Nebenfolge den Todeseintritt beschleunigen kann". Die

---

[15] BGHSt 42, 301 ff. (305) = NJW 1997, 807.

Rechtsprechung stützt dies auf eine Abwägung: „Denn die Ermöglichung eines Todes in Würde und Schmerzfreiheit gemäß dem erklärten oder mutmaßlichen Patientenwillen … ist ein höherwertiges Rechtsgut als die Aussicht, unter schweren, insbesondere sog. Vernichtungsschmerzen noch kurze Zeit länger leben zu müssen.“

Dem ist uneingeschränkt zuzustimmen. Die Entscheidung trägt dem Patientenwillen Rechnung, verzichtet aber nur deshalb auf den Lebensschutz, weil in einem solchen Fall nichts mehr zu schützen ist. Ein qualvolles Sterben ist nichts, was den Lebensschutz fördert.

Der BGH ist sogar sehr vorsichtig, indem er eine indirekte Sterbehilfe nur bei „sterbenden Patienten“ zulassen will. Hier wird man etwas weitergehen müssen und mit dem „Alternativ-Entwurf Sterbebegleitung“ (§ 214a)[16] eine indirekte Sterbehilfe schon bei „tödlich Kranken“ ermöglichen müssen, auch wenn der Tod noch nicht unmittelbar bevorsteht, die Hilfe aber dem Willen des Patienten entspricht und „zur Linderung schwerer, anders nicht zu behandelnder Leidenszustände“ notwendig ist. Denn auch wenn ein unrettbar tödlich Kranker noch nicht im Sterben liegt, sollte man ihm unerträgliche Qualen – die länger dauern würden als bei einem Sterbenden – nicht zumuten.

Man wird davon ausgehen müssen, dass die indirekte Sterbehilfe nicht nur im Fall des dolus eventualis, sondern auch dann zulässig ist, wenn der Behandelnde weiß, dass die Schmerzlinderung mit einer Lebensverkürzung einhergehen wird. Das meint wohl auch der BGH. Denn zwar ließe sich die Formulierung, wonach die gebotene Medikation „den Todeseintritt beschleunigen kann“, im Sinne des dolus eventualis deuten. Aber damit soll vermutlich nur auf die häufig unsichere Prognose hingewiesen werden. Denn an der Abwägung, auf die der BGH die Zulässigkeit der indirekten Sterbehilfe stützt, ändert sich auch dann nichts, wenn der Handelnde davon ausgeht, dass die Schmerzlinderung eine Lebensverkürzung mit sich bringt. Dass auch der BGH das so sieht, lässt sich aus der Bemerkung des Urteils entnehmen,[17] die Angeklagten seien davon ausgegangen, „dass Frau V. ohnehin sterben werde, und es nur noch darum ging, sie möglichst rasch sterben zu lassen, um ihr weiteres Leiden zu ersparen“.

Unzulässig ist dagegen im Rahmen der indirekten Sterbehilfe eine absichtliche Lebensverkürzung. Zwar meint *Rosenau,*[18] das überzeuge „schon aus schlicht strafrechtsdogmatischen Gründen wenig. Denn es gilt der Grundsatz, dass die drei Vorsatzformen gleich zu behandeln sind … Damit beweist sich die indirekte Sterbehilfe als ein bestimmter Unterfall der aktiven Sterbehilfe.“

Der Gesetzgeber behandelt aber durchaus nicht immer alle Vorsatzformen gleich.[19] Zunächst einmal kommt eine indirekte Sterbehilfe nur im Rahmen einer Schmerzbehandlung in Frage. Wer einen anderen auf dessen Verlangen erschießt, um auf diese Weise seine Schmerzen zu beenden, hat absichtlich getötet, kann sich aber nicht auf indirekte Sterbehilfe berufen. (Wenn er dadurch unerträglichen Qua-

[16] GA 2005, 585.
[17] BGHSt 42, 301 (304) = NJW 1997, 807.
[18] *Rosenau* FS Roxin, 2011, 578.
[19] Vgl. nur *Roxin,* Strafrecht Allgemeiner Teil Bd. I, 4. Aufl. 2006, § 12 Rn. 1 ff.

len ein Ende bereiten will, ist das ein Fall, der hier – unter 3. – als selbständige Konstellation behandelt wird.)

Sodann muss aber auch, wenn dem tödlich Kranken lebensverkürzende Schmerzmittel zugeführt werden, das Motiv des Handelnden die Schmerzlinderung sein. Ist das Motiv die Tötung (handelt der Täter also mit Tötungsabsicht), scheidet eine Rechtfertigung im Wege indirekter Sterbehilfe aus. So stand in dem vom BGH entschiedenen Fall „die Absicht im Vordergrund ..., durch einen schnellen Tod Frau V. mittels eines gefälschten Testaments beerben zu können“[20]. Es liegt auf der Hand, dass dies keine Rechtfertigung verdient, sondern als Mord zu bestrafen ist.

Die Problematik ist durchaus ernst zu nehmen. Denn es gibt Fälle, bei denen in Kliniken unter dem Deckmantel der Schmerztherapie Tötungen aus anderen Motiven vorgenommen worden sind. Es wäre daher im Interesse des Lebensschutzes durchaus sinnvoll, eine Dokumentationspflicht für den Verlauf der Schmerzbehandlung und bei sehr hohen Dosierungen auch die Konsultation eines weiteren Arztes vorzuschreiben. So ist es in § 1 eines von den Verfassern der Alternativ-Entwürfe vorgelegten Sterbebegleitungsgesetzes vorgesehen.[21] Die Vernachlässigung dieser Pflichten soll danach als Ordnungswidrigkeit geahndet werden (§ 3).

Strittig ist die dogmatische Einordnung zulässiger indirekter Sterbehilfe. Es wird teils ein Tatbestandsausschluss, teils ein rechtfertigender Notstand nach § 34 StGB angenommen. Der BGH[22] erwähnt beide Meinungen, ohne dazu Stellung zu nehmen. In der Tat ist die Frage ohne besondere praktische Bedeutung. Doch liegt die Annahme eines rechtfertigenden Notstandes (§ 34 StGB) näher.[23] Denn auch die Lebensverkürzung ist tatbestandlich eine Tötung. Und da die Rechtfertigung bei indirekter Sterbehilfe auf einer Abwägung in einer unbehebbaren Notsituation beruht, wird eine analoge Anwendung[24] des § 34 StGB auf einen interpersonellen Konflikt der Interessenlage am besten gerecht.

2. *Der Behandlungsabbruch*

Auch beim Behandlungsabbruch geht es, wie der BGH in seinem Grundsatzurteil von 2010[25] ausgeführt hat,[26] darum, „das verfassungsrechtlich garantierte Selbstbestimmungsrecht der Person“ gegen den „ebenfalls von der Verfassung gebotenen Schutz des menschlichen Lebens“ (§§ 212, 216 StGB) abzuwägen.

Diese Abwägung fällt aber anders aus als im Regelfall des § 216 StGB. Denn da auch der aktive Behandlungsabbruch (im konkreten Fall: Durchtrennen einer Magensonde), wenn er dem tatsächlichen oder mutmaßlichen Willen des Patienten entspricht, zugelassen wird, kommt man nach Meinung vieler neuerer Autoren[27] „nicht darum herum“, in solchen Fällen „eine aktive Sterbehilfe anzunehmen“.

---

[20] BGHSt 42, 301 (303) = NJW 1997, 807.
[21] GA 2005, 586.
[22] BGHSt 42, 301 (305) = NJW 1997, 807.
[23] Dazu *Roxin* in Roxin/Schroth, Handbuch des Medizinstrafrechts, 4. Aufl. 2010, 87f.
[24] Zur Analogie näher *Rosenau* FS Roxin, 2011, 585.
[25] → I., bei Fn. 3.
[26] BGHSt 55, 191 (198) = NJW 2010, 2963.
[27] Ich zitiere *Rosenau* FS Roxin, 2011, 580.

Wie lässt sich das mit dem Lebensschutz vereinbaren? Die Vermeidung übereilten Tötungsverlangens, die ich oben (→ II. 2.) zur Legitimierung des § 216 StGB angeführt habe, würde auch hier eine Lösung begünstigen, bei der unvernünftige Behandlungsablehnungen auf Grund besserer ärztlicher Einsicht unberücksichtigt gelassen werden können.

Der BGH beruft sich für seine Entscheidung im Wesentlichen darauf, der Gesetzgeber habe im Patientenverfügungsgesetz entschieden,[28] „dass der tatsächliche oder mutmaßliche ... Wille eines aktuell einwilligungsunfähigen Patienten unabhängig von Art und Stadium seiner Erkrankung verbindlich sein und den Betreuer sowie den behandelnden Arzt binden soll". Für den aktuell entscheidungsfähigen Patienten muss das dann natürlich erst recht gelten.

Was aber ist die Ratio, die hinter dieser gesetzgeberischen Entscheidung steht, und wie verhält sie sich zu § 216 StGB? Liegt hier wirklich ein zulässiger Fall aktiver Tötung auf Verlangen vor?

Ich sehe zwei Gründe. Der erste liegt darin, dass selbstverständlich niemand sich gegen seinen Willen in ärztliche Behandlung begeben muss. Das folgt aus dem Selbstbestimmungsrecht jedes verantwortungsfähigen Menschen. Wenn die Selbsttötung unverboten ist und auch durch § 216 StGB nicht erfasst wird, muss der Verzicht auf eine Heilbehandlung erst recht unverboten sein, auch wenn dieser Verzicht zum Tode dessen führt, der sich nicht behandeln lässt. Das klingt auch in der BGH-Entscheidung an, wo es heißt:[29] „... wenn ein Patient das Unterlassen einer Behandlung verlangen kann, muss dies gleichermaßen auch für die Beendigung einer nicht (mehr) gewollten Behandlung gelten ..."

Der zweite Grund ergibt sich daraus, dass unsere Rechtsordnung in Übereinstimmung mit dem Urteil der Rechtsgemeinschaft einen entscheidenden normativen Unterschied darin sieht, ob jemand seinem natürlichen Tod durch aktives Handeln vorgreift, oder ob er nur – mit den Worten des BGH[30] – „einem ohne Behandlung zum Tode führenden Krankheitsprozess seinen Lauf" lässt. Ein Suizid liegt nur im ersten, nicht aber im zweiten Fall vor.

Man denke nur an den – auch literarisch dokumentierten – Fall des Strafrechtslehrers Peter Noll! Er erkrankte an Blasenkrebs, verweigerte aber eine Operation, die sein Leben möglicherweise hätte retten oder verlängern können. Die Krankheit führte zu seinem baldigen Tod. Doch würde niemand in einem solchen Fall von Suizid sprechen. Ebenso wenig ist es ein Suizid, wenn ein Patient eine lebenserhaltende medizinische Behandlung – etwa eine künstliche Beatmung oder Ernährung – abbricht und daraufhin stirbt. Wer dies in Befolgung des tatsächlichen oder mutmaßlichen Patientenwillens durch aktives Handeln herbeiführt, begeht daher von vornherein keine Tötung auf Verlangen. Er tötet nicht, sondern respektiert den Wunsch des Patienten, auf natürliche Weise zu sterben.

Wenn man die Dinge so sieht, hat der BGH recht mit den Worten:[31] „Die tatbestandlichen Grenzen des § 216 StGB bleiben hierdurch unberührt." Keine Zu-

[28] BGHSt 55, 191 (199) = NJW 2010, 2963.
[29] BGHSt 55, 191 (203) = NJW 2010, 2963.
[30] BGHSt 55, 191 = NJW 2010, 2963.
[31] BGHSt 55, 191 (205) = NJW 2010, 2963.

stimmung verdient es aber, wenn der BGH sagt:[32] „Eine Rechtfertigung der Tötungshandlung könnte sich ... allein aus dem ... Willen der Betroffenen, also ihrer Einwilligung ergeben, die künstliche Ernährung abzubrechen ...“ Denn es geht nicht um eine rechtfertigende Einwilligung in eine Tötung. Erstens handelt es sich, wie dargelegt, bei einer dem Willen des Patienten entsprechenden Einstellung der medizinischen Behandlung überhaupt nicht um eine Tötung. Und zweitens würde § 216 StGB auch einer solchen Lösung entgegenstehen. *Rosenau* betont zutreffend:[33] „§ 216 StGB ist insofern eindeutig. Jeder Weg, der allein auf die Einwilligung des Patienten abstellt und darin einen Rechtfertigungsgrund sieht, ist rechtlich versperrt.“ Das ändert freilich nichts daran, dass es auf den Willen des Patienten ankommt. Aber dieser rechtfertigt nicht eine Tötung, sondern schließt eine solche und damit eine Tatbestandserfüllung nach § 216 StGB von vornherein aus. § 216 StGB und die Patientenautonomie geraten also auch in diesem Fall nicht in Konflikt.

3. Soll eine Tötung auf Verlangen bei sterbenskranken Patienten zugelassen werden, wenn deren unerträgliche Leiden durch eine Schmerzbehandlung nicht hinreichend zu lindern sind?

Wenn man die Zulässigkeit einer indirekten Sterbehilfe auf Schmerzbehandlungen beschränkt, stellt sich die Frage, was geschehen soll, wenn der Leidenszustand des tödlich kranken Patienten einer nachhaltig wirksamen therapeutischen Behandlung nicht zugänglich ist. Solche Fälle sind selten, aber immerhin nicht auszuschließen.

Nicht wenige Autoren treten dafür ein, unter diesen Voraussetzungen eine Tötung auf Verlangen zuzulassen. So hat *Reinhard Merkel*[34] schon früh gesagt: „Auch die gezielte aktive Tötung auf Verlangen ist in Fällen, in denen das (bekundete) Interesse eines Menschen an der Beendigung seines Leidens sein Lebensinteresse eindeutig überwiegt, nach § 34 StGB als Notstandshandlung gerechtfertigt.“ *Jakobs*[35] hat in einem Vortrag vor der Bayerischen Akademie der Wissenschaften die Meinung vertreten, „das Verbot der Tötung auf Verlangen“ gelte nur für solches Verlangen, „das nicht als objektiv vernünftig feststeht. Schon der Tatbestand der Tötung auf Verlangen ist entsprechend zu reduzieren, weil von einem objektiv vernünftigen Verlangen rechtlich zu vermuten ist, dass es Bestand habe, nicht aber, dass ihm die Vollzugsreife fehle.“ Die objektive „Vernünftigkeit des Verlangens“ werde „vom Recht kontrolliert“[36].

Auch in den letzten Jahren findet eine erweiterte Zulassung der Tötung auf Verlangen neue Anhänger. So plädiert *Rosenau*[37] für eine „begrenzte Freigabe aktiver Sterbehilfe ... Abzuwägen sind Situationen unerträglichen Leidens gegen eine Le-

---

[32] BGHSt 55, 191 (198) = NJW 2010, 2963.
[33] *Rosenau* FS Roxin, 2011, 583.
[34] *Merkel* in Hegselmann/Merkel, Zur Debatte über Euthanasie, 1991, 71 ff. (97).
[35] *Jakobs,* Tötung auf Verlangen, Euthanasie und Strafrechtssystem, 1998, 29. Vgl. zu seiner Konzeption meine Kritik in *Roxin* FS Jakobs, 2007, 571 ff.
[36] *Jakobs,* Tötung auf Verlangen, Euthanasie und Strafrechtssystem, 1998, 35.
[37] *Rosenau* FS Roxin, 2011, 590.

bensverlängerung." Er hält eine Rechtfertigung nach § 34 StGB für möglich, votiert aber für eine gesetzliche Regelung mit Kontrollmöglichkeiten.

Pawlik[38] fordert für die Straflosigkeit einer Tötung auf Verlangen, dass sie sich „aus der Warte eines objektiven Dritten als eine ... sachgemäße Reaktion auf den Leidenszustand des Sterbewilligen" darstellt. Das sei dann der Fall, wenn „der Kranke schweren, nicht wirksam zu bekämpfenden Schmerzen ausgesetzt und sein natürliches Lebensende nahe herangerückt ist". Er will in diesem Fall eine teleologische Reduktion des § 216 StGB annehmen.

Thomas Fischer[39] meint: „Nach der hier vertretenen Ansicht sollte § 216 StGB um eine Rechtfertigungsnorm für Ärzte ergänzt werden, die – in Verbindung mit engen prozeduralen Voraussetzungen – eine aktive Tötung erlaubt." Auch viele andere Autoren[40] plädieren – mit unterschiedlichen Kontrollvoraussetzungen – bei unbehebbaren Leidenszuständen de lege ferenda für die Zulassung einer aktiven Tötung auf Verlangen, wobei sie sich zum Teil an ausländische Vorbilder anlehnen.

Ich halte das freilich nicht für eine optimale Problemlösung, einerlei, ob man sie schon mit dem geltenden Recht für vereinbar hält oder erst de lege ferenda einführen will.

Wenn man auf besondere Kontrollen verzichtet, würde das eine erhebliche und nicht ohne Weiteres hinnehmbare Einschränkung des durch § 216 StGB bezweckten Lebensschutzes bedeuten. Denn über das Ausmaß des Leidens und die Möglichkeit einer helfenden Schmerzbehandlung würde allein das Urteil der beiden Beteiligten (des Täters und des Sterbewilligen) entscheiden, das unsachgemäß oder sogar manipuliert sein kann. Auch die Beweisschwierigkeiten, die hinsichtlich der Einlassung des Getöteten auftreten können, dürfen nicht unterschätzt werden.

Auch die Befürworter einer begrenzten Freigabe der Tötung auf Verlangen sehen das durchweg und bestehen deshalb – mit den Worten *Fischers* – meist auf „engen prozeduralen Voraussetzungen": auf Dokumentationspflichten, auf der Zuziehung mehrerer Ärzte, zum Teil auch der Zustimmung einer interdisziplinär besetzten Ethikkommission oder des Vormundschaftsgerichtes.

Auf diese Weise lässt sich zwar die Missbrauchsgefahr weitgehend bannen. Aber eine derart herbeigeführte Institutionalisierung und Bürokratisierung der Tötung sterbenskranker Menschen würde dem Lebensschutz auf andere Weise schaden. Denn wenn ein legaler Weg zur Ermöglichung einer Tötung von fremder Hand eröffnet wird, werden viele alte und kranke Menschen diesen Weg gehen wollen. Ob die Kontrollen überall gleich zuverlässig sein würden, bleibt eine offene Frage. Auch würde eine offizielle Ablehnung des Sterbeverlangens den Kranken vielfach in eine zusätzliche seelische Krise stürzen.

Wir können auf ein gesetzlich geregeltes staatliches Tötungsverfahren mit seinen unübersehbaren sozialpsychologischen Wirkungen verzichten, weil es einen einfacheren und gesetzestreueren Weg der Hilfe bei auswegloser Erkrankung gibt: die ärztlich assistierte Selbsttötung.

---

[38] *Pawlik* FS Wolter, 2013, 641.

[39] *Fischer*, 64. Aufl. 2017, StGB Vor §§ 211–217, Rn. 72.

[40] Näher dazu *Roxin* in Roxin/Schroth, Handbuch des Medizinstrafrechts, 4. Aufl. 2010, 112ff.

Eine solche Lösung wird in § 4 des Alternativ-Entwurfs eines Sterbebegleitungsgesetzes vorgeschlagen.[41] Die Bestimmung hat folgenden Wortlaut:

(1) Ein Arzt darf auf ausdrückliches und ernstliches Verlangen eines tödlich Kranken nach Ausschöpfung aller therapeutischen Möglichkeiten zur Abwendung eines unerträglichen und unheilbaren Leidens Beihilfe zur Selbsttötung leisten.

(2) Ein Arzt ist zu einer solchen Hilfe nicht verpflichtet, soll jedoch auf ausdrücklichen Wunsch des Patienten nach Möglichkeit an einen anderen Arzt verweisen, der hierzu bereit ist.

Eine solche Regelung ließe sich schon nach geltendem Recht praktizieren, da ja die Beihilfe zur Selbsttötung straflos ist.[42] Sie hat den großen Vorteil, dass sie einerseits den § 216 StGB und die durch ihn gesicherten Belange des Lebensschutzes unangetastet lässt, andererseits aber den durch den eigenhändigen Vollzug bewiesenen unerschütterlichen Sterbewillen des leidensgequälten Todkranken respektiert. Ein solches Verfahren, das den Grundgedanken des geltenden Rechtes – Zulässigkeit der Suizidhilfe, aber keine Tötung auf Verlangen – beibehält, hat zugleich den weiteren Vorzug, dass sie das gewollte Sterben in der schmerzhaften Endphase des Lebens aus dem Bereich eines staatlich überwachten, juristisch komplizierten Verfahrens in die Zone der höchstprivaten Arzt-Patienten-Beziehung rückt. Eine schriftliche Dokumentierung durch den Arzt, wie sie § 2 Abs. 2 des erwähnten Sterbebegleitungsgesetzes vorsieht, entspricht dem allgemeinen ärztlichen Standard, ist also keine ärztliche Besonderheit.

Eine ärztlich assistierte Selbsttötung macht eine den § 216 StGB einschränkende Ausweitung der Tötung auf Verlangen überflüssig. Sie ist auch durch Verschreibung eines schmerzlos tötenden Medikamentes im Regelfall ohne Weiteres möglich (wenn die arzneimittelgesetzlichen Voraussetzungen dafür geschaffen werden).

Eine Ausnahme gilt nur für den Extremfall, dass der schwer leidende Todkranke nicht mehr in der Lage ist, eine persönliche Suizidhandlung vorzunehmen: etwa im Fall einer vollständigen Lähmung. Hier sollte dann allerdings eine ärztliche Tötung auf Verlangen zugelassen werden. Sie ließe sich ohne Weiteres auf § 34 StGB stützen, ohne das es dabei einer speziellen gesetzlichen Regelung bedürfte. Hier würde dann – ähnlich wie bei der lebensverkürzenden indirekten Sterbehilfe – ein nicht mehr schützbares Leben der Patientenautonomie geopfert.

4. *Das Sterbenlassen eines verantwortungsfähigen Suizidenten*

Wenn jemand in verantwortungsfähigem Zustand eine Selbsttötungshandlung vornimmt, entspricht es der gesetzlichen Konzeption, einen solchen, durch den eigenhändigen Vollzug bewiesenen irreversiblen Suizidentschluss des Sterbewilligen zu respektieren. Das zeigt die Straflosigkeit einer – nicht geschäftsmäßigen – Beihilfe zum Suizid.

---

[41] GA 2005, 586.

[42] Der neue § 217 StGB wird allerdings den Bedürfnissen eines ärztlich assistierten Suizids wenig gerecht; dazu näher *Roxin* NStZ 2016, 185.

Der BGH hat bekanntlich im Fall des Arztes Dr. Wittig[43] eine andere Auffassung vertreten. Ein Arzt oder sonstiger Garant dürfe sich, wenn er eine Bestrafung als Unterlassungstäter vermeiden wolle, dem Todeswunsch des Suizidenten grundsätzlich nicht beugen.

Es dürfte heute allgemein anerkannt sein, dass diese Rechtsprechung verfehlt war.[44] Wenn die aktive Förderung eines Suizids, sofern sie nicht geschäftsmäßig erfolgt, straflos ist, muss das bloße Unterlassen seiner Abwendung erst recht straflos sein. Und warum sollte, wenn ein an einer normalen Krankheit Leidender sich jede ärztliche Behandlung verbitten und sogar deren aktiven Abbruch verlangen kann, ein Suizident, der sich absichtlich in einen lebensbedrohenden Zustand versetzt hat, dies nicht tun dürfen?

Dahinter stecken moralisierende, vermeintlich naturrechtliche Vorstellungen der frühen Nachkriegsrechtsprechung, die dem modernen Verständnis von Patientenautonomie nicht mehr entsprechen. Ebenso sieht das *Thomas Fischer,* wenn er schreibt:[45] „Die auf religiös-sittliche Gründe gestützte Ablehnung der rechtlichen Anerkennung auch freiverantwortlicher Suizidentschlüsse … ist mit den heutigen Anschauungen von der Bedeutung des Selbstbestimmungsrechts und der religiösen Neutralität der Verfassung nicht mehr vereinbar …“

Die Münchener Staatsanwaltschaft hat daher mit Recht ein Verfahren eingestellt,[46] in dem eine an Alzheimer-Demenz erkrankte Frau nach einem Abschiedsessen mit ihren Kindern in deren Beisein durch eine Überdosis von Tabletten ihren Tod absichtlich herbeigeführt hatte. Die Kinder hatten in ihrer Wohnung des Todeseintritt abgewartet, ohne in das Geschehen einzugreifen.

Die Staatsanwaltschaft hat mit Recht betont: „Entscheidend ist der sicher feststellbare oder mutmaßliche Wille des Suizidenten. Einem Angehörigen kann kein strafrechtlicher Vorwurf gemacht werden, wenn er den ernsthaften Todeswillen seines Angehörigen respektiert und nicht sofort bei Verlust der Handlungsfähigkeit und des Bewusstseins ärztliche Hilfe oder sonstige Rettungsmaßnahmen einleitet.“ Nur diese Lösung entspricht der gesetzlichen Konzeption, die abgesehen von der aktiven Tötung auf Verlangen das helfende Eingreifen in den Sterbeprozess der autonomen Entscheidung des Patienten überantwortet.

5. Die vom Suizidenten verlangte Nachbesserung einer eigenverantwortlich vollzogenen Selbsttötungshandlung

Der BGH hat im Jahr 1986[47] einen Fall entschieden, in dem ein 70-jähriger Facharzt für Psychiatrie bei schwerer Krankheit und eingetretener Bettlägerigkeit sich zu einem Suizid entschlossen hatte. „Keinesfalls wollte er anderen zur Last fallen und lehnte auch jede intensiv-medizinische Behandlung ab.“ Zusammen mit seinem später angeklagten Neffen, „den er liebte und … der ihn auch seinerseits als

[43] BGHSt 32, 367ff. = NJW 1984, 2639.
[44] Näher *Roxin* GA 2013, 316–318.
[45] *Fischer,* 64. Aufl. 2017, StGB Vor §§ 211–217, Rn. 41.
[46] StA München I NStZ 2011, 345.
[47] BGH NStZ 1987, 365f.

Ersatzvater ansah", kaufte er zu Selbsttötungszwecken 30 Ampullen Scophedal (eines Narcoanalgeticums).

Er fragte seinen Neffen: „Würdest du mir helfen, die Spritze zu geben, wenn ich es nicht kann?" Als er das erschrockene Zurückweisen des Angekl. bemerkte, fügte er … hinzu: „,… ich werde dich da raushalten … Du sollst damit nichts zu tun haben."

Einige Tage später spritzte sich der Onkel – vom Angeklagten unbemerkt – 15–20 ml Scophedal ein. Als „der Angekl. dies bemerkt hatte", befürchtete er, „der Selbstmordversuch würde möglicherweise misslingen". „Nach einigem Zögern entschloss er sich, das Leben seines Onkels ‚mit Sicherheit' zu beenden" und verabfolgte ihm weitere Spritzen. „Das führte etwa 1 Stunde später zum Tode des Onkels, der möglicherweise auch an der von ihm selbst gesetzten Spritze gestorben wäre, ohne das Eingreifen des Angekl. aber mit Sicherheit 1 Stunde länger gelebt hätte."

„Der Angekl. handelte in der Vorstellung, dass auf Grund der Äußerung des Onkels … zwischen ihnen beiden eine stillschweigende Übereinkunft bestand, dem Onkel für den Fall zu helfen, dass er seinen Selbstmord nicht selbst zu Ende führen könne."[48] Der BGH gründet auf diesen Sachverhalt eine Strafbarkeit nach § 216 StGB und kritisiert die Vorinstanz, die sogar einen Totschlag (mit 3½ Jahren Freiheitsstrafe!) angenommen hatte.

Die Möglichkeit einer straflosen Beihilfe zum Suizid zieht auch der BGH nicht einmal in Erwägung. Und doch wäre diese Lösung angemessen gewesen. Ich habe schon vor 30 Jahren die Gründe dafür im Einzelnen dargelegt[49] und will das hier nicht wiederholen. Der zentrale Gedanke ist, dass der sterbewillige Psychiater in verantwortungsfähigem Zustand eine erfolgreiche Suizidhandlung eigenhändig durchgeführt und damit alle Voraussetzungen erfüllt hat, unter denen eine fremde Mitwirkung noch als straflose Beihilfe in Betracht kommt.

Da man zugunsten des Angeklagten davon ausgehen muss, dass sein Verhalten den Tod des Onkels nur um eine Stunde beschleunigt hat, kann eine derart geringfügige Modifikation einer eigenhändigen und verantwortlichen Selbsttötung nur als Beihilfe beurteilt werden. Die Patientenautonomie hat hier – wie in allen sonstigen Fällen eigenhändiger und verantwortlicher Selbsttötung – den Vorrang, so dass ein Tötungsdelikt ausscheiden muss.

Jakobs[50] kommt zu einer im Ergebnis identischen Lösung, die aber „zugleich radikaler als auch zurückhaltender ist". Er zitiert meine Begründung, wonach nur eine straflose Beihilfe vorliegt, weil der Suizident „den letzten unwiderruflichen Schritt selbst zu tun in der Lage war"[51] und meint – insoweit radikaler –: „der Neffe wäre … auch dann nicht zu bestrafen gewesen, wenn er dem Onkel schon die erste Dosis des Giftes injiziert hätte". Das widerstreitet aber dem Grundgedanken des § 216 StGB, wonach man sich den Suizid nicht durch eine straflose Tötung auf Ver-

[48] BGH NStZ 1987, 366.
[49] *Roxin* NStZ 1987, 345 ff.
[50] *Jakobs,* Tötung auf Verlangen, Euthanasie und Strafrechtssystem, 1998, 31.
[51] *Roxin* NStZ 1987, 348.

langen abnehmen lassen kann. Dass dies gute Gründe hat, ist oben (→ II.) dargelegt worden.

Andererseits meint *Jakobs* – insoweit zurückhaltender –: „Hätte etwa der Onkel aus Liebeskummer gehandelt, wäre der Neffe auch bei einem Verlauf der geschilderten Art wegen Tötung auf Verlangen zu bestrafen." Er bestreitet hier die objektive Vernünftigkeit der Suizidhandlung und kommt deshalb trotz des nur marginalen Tatbeitrages durch den Neffen zur Tötungsstrafbarkeit. Die Patientenautonomie beruht aber nicht auf der Vernünftigkeit, sondern allein auf der Verantwortlichkeit des Patientenwillens. Das Patientenverfügungsgesetz zeigt deutlich genug, dass auch eine unter ärztlichen Gesichtspunkten unvernünftige Verfügung des Patienten zu respektieren ist, sofern sie auf einem verantwortlichen Willen beruht.

6. Das eigenverantwortliche, persönliche Durchstehen des Selbsttötungsentschlusses beim Doppelselbstmord

Eine Überdehnung des § 216 StGB zeigt schließlich auch eine viel diskutierte Entscheidung des BGH zum einseitig fehlgeschlagenen Doppelselbstmord.[52] Der Angeklagte und seine Freundin Gisela hatten – beide in verantwortungsfähigem Zustand – den Plan gefasst, gemeinsam aus dem Leben zu scheiden, weil die Eltern ihre Verbindung verhindern wollten. Sie beschlossen – vornehmlich auf Betreiben des Mädchens – sich durch die Auspuffgase ihres Autos tödlich zu vergiften. Der Angeklagte schloss einen Schlauch an das Auspuffrohr an und führte ihn durch das Fenster in das Innere des Wagens. Beide nahmen auf den Vordersitzen Platz; Gisela verriegelte die Tür. Der Angeklagte ließ den Motor an und trat das Gaspedal durch, bis das einströmende Kohlenoxyd ihm die Besinnung raubte. Am anderen Morgen wurden beide bewusstlos, aber noch lebend aufgefunden. Doch konnte nur der Angeklagte gerettet werden.

Der BGH ist der Meinung, dass der Angeklagte einer Tötung auf Verlangen schuldig sei. Dem ist deswegen nicht zuzustimmen, weil Gisela, indem sie sich bei vollem Bewusstsein der tödlichen Vergiftung aussetzte, durch einen eigenverantwortlichen Suizid in den Tod gegangen ist. Der BGH sagt selbst:[53] „Soll ... der Beitrag eines Beteiligten ... nur die Ursachenreihe so in Gang setzen, „dass *nach* seinem Vollzug dem anderen Beteiligten noch die volle Freiheit verbleibt, sich den Auswirkungen zu entziehen ..., so liegt nur Beihilfe zur Selbsttötung vor." Demgegenüber soll hier ein Fall des § 216 StGB vorliegen, weil der Angeklagte nicht nur den Geschehensverlauf angestoßen, sondern „die auf den beiderseitigen Tod abzielende Ausführungshandlung bis zum Eintritt eigener Bewusstlosigkeit fortsetzen" sollte. „Ob er vor oder nach Gisela das Bewusstsein verlor, ist unerheblich."

Es ist jedoch unverständlich, warum es für die Annahme einer strafbaren Tötung darauf ankommen soll, ob der Angeklagte den Gashebel bis zum Eintritt der Bewusstlosigkeit durchtrat. Denn unabhängig davon war seine Freundin, wie auch der BGH zugesteht, bis zum Eintritt eigener Bewusstlosigkeit „in der Lage ..., die

---

[52] BGHSt 19, 135 ff. = NJW 1965, 699. Ausführlich dazu *Roxin,* Täterschaft und Tatherrschaft, 9. Aufl. 2015, 567 ff.

[53] BGHSt 19, 135 (140) = NJW 1965, 699.

rechte Wagentür wieder zu öffnen oder den Fuß des Angeklagten wieder vom Gashebel zu stoßen". Indem sie dies bewusst unterließ, hat sie ihren Tod selbst herbeigeführt. Es liegt also ein Suizid vor, zu dem ihr der Angeklagte durch dessen Ermöglichung straflose Beihilfe geleistet hat.

Thomas Fischer[54] spricht mit Recht davon, dass der BGH sich mit seiner Entscheidung dem „Vorwurf der Abhängigkeit von Zufälligkeiten" aussetze. Wer sich durch eine Gasvergiftung zu Tode bringen will, begeht auch dann Suizid, wenn er sich bewusst dem Gas aussetzt, das ein anderer einströmen lässt. Darauf, wie lange der andere aktiv handelt, kann es dabei nicht ankommen.

IV. Fazit

Es ergibt sich also eine allgemeingültige Lösung. Eine Handlung, die entsprechend dem tatsächlichen oder (im Falle der Erklärungsunfähigkeit) mutmaßlichen Wunsch des Sterbewilligen dessen Tod ermöglicht, ist entweder, wie beim aktiven Behandlungsabbruch, von vornherein keine Tötung im Sinne des Strafrechts, oder sie ist, wenn sie eine bewusste Selbsttötung nur unterstützt, eine straflose Beihilfe zum Suizid.

Eine aktive Tötung auf Verlangen kann in entsprechender Anwendung des § 34 StGB nur in zwei seltenen Ausnahmefällen gerechtfertigt werden: Erstens, wenn ein tödlich Kranker unerträglich leidet und die notwendige Schmerztherapie eine Lebensverkürzung nach sich zieht; und zweitens, wenn eine ausreichende Schmerzlinderung nicht möglich ist, der Sterbewillige aber seinen Tod auch unter ärztlicher Assistenz nicht selbst herbeiführen kann.

Diese Ergebnisse lassen sich ohne Weiteres durch eine sinnvolle Auslegung des geltenden Rechts erzielen. Die ältere BGH-Rechtsprechung hat allerdings, wie die von mir unter → III. 4.-6. behandelten Konstellationen zeigen, der Patientenautonomie noch eine zu geringe Bedeutung beigemessen. Unter der Geltung des Patientenverfügungsgesetzes sollte sich das korrigieren lassen.

Damit schließe ich meinen Beitrag, indem ich *Thomas Fischer* zu seinem 65. Geburtstag von Herzen Glück und Gesundheit wünsche! Der Jubilar war nicht nur ein hoher Richter, sondern ist auch ein bedeutender Strafrechtswissenschaftler. Möge ihm seine bewundernswerte Schaffenskraft noch lange erhalten bleiben!

---

[54] *Fischer,* 64. Aufl. 2017, StGB § 216, Rn. 5; kritisch auch *Jakobs,* Tötung auf Verlangen, Euthanasie und Strafrechtssystem, 1998, 24, 25.

FRANK SALIGER

Zum Verbot der Verschleifung von Tatbestandsmerkmalen

I. Die Karriere des Verschleifungsverbots

Vor nunmehr 18 Jahren hat der *Verfasser* als Ergebnis einer kritischen Analyse der Rechtsprechung zum Begriff des Vermögensnachteils bei § 266 StGB die Verschleifung von Tathandlung und Taterfolg als zentrales Strukturproblem des Untreuetatbestandes ausgemacht. Die Verschleifung zeigte sich dabei in zwei Formen: als Rückschluss vom Taterfolg auf die Tathandlung und als Schluss von der Tathandlung auf den Taterfolg.[1] Der Beitrag endete mit einer Erörterung diverser Ansätze zur Eindämmung der Extensionstendenzen, insbesondere der Empfehlung, Tathandlung und Taterfolg im Untreuetatbestand „trennbar zu halten".[2] Im Jahr 2005 hat der Verfasser seine kritische Analyse der Verschleifung bei der Untreue u. a. um zwei Punkte ergänzt. Zum einen hat er auf die Möglichkeit der Verschleifung von Täterschaft (Vermögensbetreuungspflicht) und Tathandlung als dritte Erscheinungsform der Verschleifung bei der Untreue hingewiesen.[3] Zum anderen erblickte er in der verwendungszweckunabhängigen Bestimmung des Vermögensnachteils bei der „schwarzen Kasse" eine volldeckungsgleiche Verschleifung von Tathandlung und Taterfolg, weil sich auf Basis dieser Lesart der Vermögensnachteil in dem reinen Handlungsunwert des Entzugs von Kontroll-, Prüfungs- und Verwendungsmöglichkeiten erschöpft.[4]

Das *BVerfG* hat in seinem berühmten Untreuebeschluss aus dem Jahre 2010 bekanntlich zentrale Aussagen sowohl zum verfassungsrechtlichen Stellenwert des Verschleifungsverbots im Allgemeinen wie zu seiner Bedeutung im Untreuetatbestand im Besonderen ausgesprochen. So darf im Lichte des Gesetzlichkeitsprinzips nach Art. 103 Abs. 2 GG die Auslegung strafrechtlicher Begriffe nicht dazu führen, dass die dadurch bewirkte Eingrenzung der Strafbarkeit im Ergebnis wieder aufgehoben wird. „Einzelne Tatbestandsmerkmale dürfen also auch innerhalb ihres möglichen Wortsinns nicht so weit aufgelegt werden, dass sie vollständig in anderen Tatbestandsmerkmalen aufgehen, also zwangsläufig mit diesen mitverwirklicht werden (Verschleifung oder Entgrenzung von Tatbestandsmerkmalen …)."[5] Zur Untreue im Besonderen knüpft das BVerfG ausdrücklich an Ausführungen des Verfassers an und betont: „Im Falle des Nachteilsmerkmals muss die Auslegung den

---

[1] *Saliger* ZStW 112 (2000), 563 (610ff.).
[2] *Saliger* ZStW 112, (2000), 563 (611ff., 613).
[3] *Saliger,* Parteiengesetz und Strafrecht, 2005, 30 Fn. 57.
[4] *Saliger,* Parteiengesetz und Strafrecht, 2005, 420f.
[5] BVerfG NJW 2010, 3209 Rn. 79.

gesetzgeberischen Willen beachten, dieses Merkmal als selbständiges neben dem der Pflichtverletzung zu statuieren; sie darf daher dieses Merkmal nicht mit dem Pflichtwidrigkeitsmerkmal verschleifen, dh es in diesem Merkmal aufgehen lassen ... Deswegen und um das Vollendungserfordernis zu wahren, sind eigenständige Feststellungen zum Vorliegen eines Nachteils geboten."[6]

Mit diesen Aussagen ist das Verschleifungs- bzw. Entgrenzungsverbot von Tatbestandsmerkmalen als *zentrale strafrechtliche Auslegungsregel geboren* worden, die seitdem in der *Praxis vielfach aufgegriffen* worden ist und auch von der *Strafrechtswissenschaft* breit behandelt wird. So hat bereits das *BVerfG* selbst in zwei späteren Entscheidungen, davon eine zum Betrug, Auslegungen der Fachgerichte ua wegen Verstoßes gegen das Verschleifungs- und Entgrenzungsverbot[7] verworfen und in einem dritten Judikat dessen Grundsätze bestätigt und konkretisiert.[8] Auch der *BGH* ist mittlerweile in zahlreichen Entscheidungen *auch jenseits des Vermögensstrafrechts* auf das Verschleifungs- und Entgrenzungsverbot eingegangen.[9] Schließlich zeigt die *Strafrechtswissenschaft* inzwischen eine intensive, sich über die *unterschiedlichsten strafrechtlichen Felder* erstreckende Beschäftigung mit dem Verschleifungsverbot.[10] Der Verfasser sieht sich daher in seiner Einschätzung bestätigt, dass der Untreue-Beschluss des BVerfG von 2010 den Schlüssel für eine verfassungsrechtliche Revision der Auslegung des gesamten Strafrechts am Maßstab des Bestimmtheitsgrundsatzes enthält und zum Handwerkzeug eines jeden Strafjuristen gehört.[11]

So ubiquitär der Gebrauch des Verschleifungsverbots in der strafjuristischen Auslegung einerseits geworden ist, so *unklar und strittig* sind nach wie vor viele das Verbot betreffende Fragen.[12] Das beginnt mit der Frage, was das Gebot *inhaltlich* genau bedeutet, insbesondere wie sich Verschleifungs- und Entgrenzungsverbot zueinander verhalten und ob das Verbot einen formalen oder materialen Charakter hat. Streitig sind ferner die Fragen, ob das Verschleifungsverbot etwas *Neues* bezeichnet, wie es *verfassungsrechtlich verankert* ist und wie weit es *reicht,* namentlich ob es auch ein Verschleifungsverbot von Straftatbeständen umfasst. Schließlich sind mehrere

---

[6] BVerfG NJW 2010, 3209 Rn. 113 unter Bezug auf *Saliger* ZStW 2000, 563 (610) und *Saliger* HRRS 2006, 10 (14); ebenso BVerfG NJW 2013, 365 (366).

[7] BVerfG NJW 2012, 907 Rn. 176 ff. – Al Qaida; BVerfG NJW 2013, 365 (366 f.) – Fall Schäch.

[8] BVerfG NJW 2015, 2949 Rn. 62, 68.

[9] Siehe zu § 266 StGB nur BGH NJW 2011, 88 Rn. 43 – AUB-Fall; BGH ZWH 2014, 72 Rn. 18; BGH wistra 2014, 139 (140). Zu § 263 StGB BGH NStZ 2013, 37 (38) und BGH NStZ 2017, 30 (31); auch BGH NJW 2011, 2675 Rn. 12 und BGH NJW 2013, 883 Rn. 36. Ferner BGH NJW 2013, 1750 Rn. 7 zu § 370 Abs. 1 AO; BGH NJW 2016, 2965 (2966 f.) zu § 174 c Abs. 1 StGB; BGH NStZ 2014, 392 (394) und BGHGS NStZ 2018, 41 (43) zur Wahlfeststellung.

[10] Ohne Anspruch auf Vollständigkeit *Bittmann* wistra 2013, 1; *von der Meden* HRRS 2013, 158 (162 f.); *Krell* ZStW 126 (2014), 902; *Fröba/Straube* StraFo 2014, 500; *Rostalski* HRRS 2016, 73; *Gerhards,* Die Strafbarkeit des Versicherungsmaklers wegen der Teilnahme an Verkaufswettbewerben eines Versicherungsunternehmens, 2016, 178 ff.; *Kuhlen* FS Schünemann, 2014, 611 (625 ff.) und *Kuhlen* FS Neumann, 2017, 943.

[11] *Saliger* NJW 2010, 3195 (3198); ebenso *Kuhlen* JR 2011, 246 (247, 253); ferner *Neumann* FS Beulke, 2015, 197 (205). AA *Radtke* GmbHR 2010, 1121 (1125): „vertraute Bahnen"; auch *Krüger* NStZ 2011, 369 (371): „Bekanntes neu formuliert".

[12] Vgl. dazu nur *Bittmann* wistra 2013, 1 ff.; *Krell* ZStW 126 (2014), 902 (903 ff.); *Kuhlen* FS Neumann, 2017, 943 (945 ff.).

Anwendungen des Verschleifungsverbots im *Vermögensstrafrecht* hochkontrovers geblieben.

Der nachfolgende Beitrag nimmt zu diesen unklaren Fragen des Verschleifungsverbots Stellung. Zunächst thematisiert er allgemeine Fragen des Verschleifungsverbots, fragt also nach Inhalt und Charakter, verfassungsrechtliche Verortung und Begründung sowie nach der Reichweite des Verschleifungsverbots (unten II.). Danach widmet er sich ausgewählten Anwendungsfragen des Verschleifungsverbots im Vermögensstrafrecht (unten III.). Er weiß sich damit im Einklang mit einem Hauptforschungsinteresse von *Thomas Fischer,* der sich gerade mit Fragen des Vermögensschadens auch über seinen Kommentar hinaus vielfach wissenschaftlich beschäftigt hat.[13] Der Beitrag sei dem hoch geschätzten Jubilar in Freundschaft und Dankbarkeit für viele fruchtbare, nicht nur wissenschaftliche Begegnungen gewidmet.

II. Allgemeine Fragen des Verschleifungsverbots

Als erstes ist zu klären, welchen genauen Inhalt das Verbot der Verschleifung von Tatbestandsmerkmalen hat. Dazu besteht zum einen Anlass, weil bereits das BVerfG in einem Atemzug von einer „Verschleifung oder Entgrenzung von Tatbestandsmerkmalen" spricht[14] und deshalb im Schrifttum untersucht wird, wie sich Verschleifung und Entgrenzung zueinander verhalten.[15] Zum anderen wird insinuiert, dass es sich bei dem Verschleifungsverbot „nach üblichem Verständnis" um ein *strikt formales,* durch reine begriffliche Analyse zu erschließendes und daher einfach zu handhabendes Prinzip handeln könnte, um dann herauszuarbeiten, dass das Verschleifungsverbot in Wahrheit einen *materialen* Grundsatz darstellt, der „nicht so einfach funktioniert".[16]

1. Inhalt und Charakter des Verschleifungsverbots

Das BVerfG verbietet strafrechtliche Auslegungen, bei denen die eingrenzende Wirkung eines das strafbare Verhalten bezeichnenden Begriffs wieder *aufgehoben* wird. Das ist der Fall, wenn einzelne Tatbestandsmerkmale *vollständig* in anderen Tatbestandsmerkmalen *aufgehen,* also *zwangsläufig* mit diesen mitverwirklicht werden.[17] Bereits diesen Bestimmungen können wesentliche Aussagen zum Verschleifungsverbot und seiner Handhabung entnommen werden.

---

[13] Siehe nur *Fischer* StraFo 2008, 269; *Fischer* NStZ-Sonderheft für Miebach, 2009, 8; *Fischer* StV 2010, 95 und vor allem *Fischer* in Fischer ua, Dogmatik und Praxis des strafrechtlichen Vermögensschadens, 2015, 51.

[14] BVerfG NJW 2010, 3209 Rn. 79.

[15] *Krell* ZStW 126 (2014), 902 (904 ff.); *Kuhlen* FS Neumann, 2017, 943 (945 ff.).

[16] *Kuhlen* FS Neumann, 2017, 943 (944, 949 m. Fn. 50).

[17] BVerfG NJW 2010, 3209 (3211 Rn. 79); zuletzt BVerfG NJW 2015, 2949 Rn. 62.

a) *Vollständige Deckungsgleichheit als unzulässiges Auslegungsergebnis*

Zunächst brandmarkt das Verschleifungsverbot *nicht jede* Verschleifung von Tatbestandsmerkmalen, sondern nur solche Auslegungen, die infolge der *vollständigen Deckungsgleichheit* zweier Tatbestandsmerkmale die *begrenzende Wirkung* eines Tatbestandsmerkmals *ganz aufheben*. Auslegungen, die nicht zur Volldeckung zweier Tatbestandsmerkmale führen, weil sie einem Merkmal Teile seiner begrenzenden Funktion bewahren, verletzen nicht das Verschleifungsverbot. Untersagt sind damit nur zur vollen Deckungsgleichheit zweier Tatbestandsmerkmale führende Interpretationen, während *teildeckungsgleiche* Lesarten verfassungsrechtlich zulässig bleiben.

Mit dieser Aussage erhellt zugleich, dass es beim Verschleifungsverbot nicht auf das Auslegungsverfahren, sondern *allein auf das Auslegungsergebnis* ankommt. Es ist daher zumindest ungenau, wenn die Verschleifung als unzulässige Auslegung beschrieben wird, „bei der Differenzen zwischen Tatbestandsmerkmalen geglättet und am Ende womöglich ganz eingeebnet werden", sowie geschlussfolgert wird, dass die Verschleifung „ein unzulässiges Auslegungsverfahren und -ergebnis" kennzeichnet.[18] Denn nur die vollständige Einebnung der Differenzen als Auslegungsergebnis begründet einen Verstoß gegen das Verschleifungsverbot. Das gilt umso mehr, als verschiedene Tatbestandsmerkmale (teils auch fallgruppenabhängig) eine unterschiedliche Nähe zueinander haben, ja sich sogar überschneiden können.[19] Daher kann auch die Verschleifung von Tatbestandsmerkmalen nur ein *gradueller* Begriff sein, bei dem sich ein verfassungsrechtlich unzulässiges Auslegungsergebnis erst bei völliger Deckungsgleichheit der verschiedenen Tatbestandsmerkmale einstellt.

Relativ unproblematisch erscheint für das BVerfG das *Verhältnis zwischen Verschleifung und Entgrenzung:* Nur solche Verschleifungen sind unzulässig, die einem Tatbestandsmerkmal die eingrenzende Wirkung vollständig nehmen. Die völlige Entgrenzung eines Tatbestandsmerkmals muss also *Folge* der Verschleifung sein. Das ist nicht der Fall, wenn der betroffene Begriff gar keine „das unter Strafe gestellte Verhalten" bezeichnende Funktion[20] hat, weil er bestenfalls der systematischen Abgrenzung dient (siehe etwa „ohne Mörder zu sein" in § 211 StGB) oder weil er nach herrschender Auffassung nur auf die allgemeine Rechtswidrigkeit verweist (z. B. „unbefugt" in § 203 StGB[21]).[22] Gleichfalls nicht berührt ist das Verschleifungsverbot, wenn die Auslegung zu einer Täterbegünstigung führt. Denn soweit die Entgrenzung eines Tatbestandsmerkmals durch Funktionsverlust im Wege vollständiger Deckungsgleichheit mit einem anderen Tatbestandsmerkmal notwendig zur *Entgrenzung des gesetzlichen Tatbestands insgesamt* führt[23], können sich unzulässige Verschleifungen *nur strafbarkeitsausweitend* und damit *täterbelastend* auswirken.[24]

---

[18] So aber *Krell* ZStW 126 (2014), 902 (905).

[19] Vgl. dazu bereits *Saliger* ZStW 112 (2000), 563 (589, 600, 609 ff.).

[20] BVerfG NJW 2010, 3209 Rn. 79.

[21] Dazu exemplarisch *Fischer,* 65. Aufl. 2018, StGB § 203 Rn. 61.

[22] Näher *Kuhlen* FS Neumann, 2017, 943 (948 ff.); *Rostalski* HRRS 2016, 73 (81); vgl. auch *Gerhards,* Die Strafbarkeit des Versicherungsmaklers wegen der Teilnahme an Verkaufswettbewerben eines Versicherungsunternehmens, 2016, 179.

[23] *Kuhlen* FS Neumann, 2017, 943 (945).

[24] *Krell* ZStW 126 (2014), 902 (905).

b) Primat des Verschleifungsverbots

Davon abgesehen ist im Schrifttum eine Ansicht verbreitet, welche die Kernaussage des Verschleifungsverbots in dem *Verbot eines Automatismus* erblickt, selbständige Tatbestandsmerkmale entweder gleichzusetzen oder sich zwingend auseinander ergeben zu lassen.[25] Diese Kernaussage wird in unterschiedliche Erläuterungen eingebettet: Teils wird ausgeführt, dass die Tatbestandsmerkmale der Pflichtverletzung und des Vermögensnachteils bei der Untreue sich auf verschiedenen Ebenen befinden, folglich eigentlich gar nicht miteinander gleichgesetzt werden können und eines Bindegliedes bedürfen, das in der Kausalität besteht. Deshalb würde man das Verschleifungsverbot missverstehen, wenn man daraus das Verbot ableiten würde, denselben tatsächlichen Umstand sowohl zur Begründung der Pflichtwidrigkeit als auch zur Begründung des Vermögensnachteils heranzuziehen.[26] Andere stellen das Verschleifungsverbot in Verhältnis vor allem zum Entgrenzungsverbot und zum Präzisierungsgebot; sie meinen, dass die Entgrenzung der Oberbegriff, die Reichweite des Entgrenzungsverbots deshalb wesentlich wichtiger sei und zudem zwischen Verschleifungsverbot und Präzisierungsgebot deutliche, obgleich nicht zwingende Überschneidungen bestünden.[27] Wohl mit Blick auf diese Ansicht vom Automatismus ist die Einschätzung geäußert worden, dass das Verschleifungsverbot nach üblichem Verständnis einen *strikt formalen,* durch rein begriffliche Analyse zu ermittelnden und daher leicht handhabbaren Charakter habe.[28]

Diesen Ausführungen kann nur teilweise zugestimmt werden. Richtig ist, dass das Verschleifungsverbot einer *Doppelberücksichtigung von tatsächlichen Umständen* bei Pflichtverletzung und Vermögensnachteil *nicht* entgegensteht. Wenn ein Bankmitarbeiter ohne gebotene Risikoprüfung einen Kredit gewährt, dann kann der Umstand der nicht ordnungsgemäß geprüften Kreditgewährung sowohl bei der Pflichtwidrigkeit als auch beim Vermögensnachteil in Ansatz gebracht werden. Mit Verschleifung hat das nichts zu tun. Nur hat das bislang auch niemand behauptet. Schon in Besprechungen zum Beschluss des BVerfG ist das klargestellt worden.[29] Entsprechend ist die Irrelevanz der Doppelberücksichtigung von tatsächlichen Umständen für das Verschleifungsverbot unstreitig.[30] Mit Fug kann die Ansicht ferner von einem *Automatismus* sprechen. Denn das BVerfG selbst hat das Verschleifungsverbot u. a. damit umschrieben, dass ein Tatbestandsmerkmal „zwangsläufig" mit einem anderen Tatbestandsmerkmal „mitverwirklicht" wird.[31]

---

[25] *Fischer,* 65. Aufl. 2018, StGB § 1 Rn. 8; *Bittmann* wistra 2013, 1 (2); *Krell* ZStW 126 (2014), 902 (903, 905); *Gerhards,* Die Strafbarkeit des Versicherungsmaklers wegen der Teilnahme an Verkaufswettbewerben eines Versicherungsunternehmens, 2016, 179.

[26] *Bittmann* wistra 2013, 1 f.

[27] *Krell* ZStW 126 (2014), 902 (906, 908).

[28] *Kuhlen* FS Neumann, 2017, 943 (944 und 949 mit Fn. 50), ohne allerdings Belege anzuführen; vgl. auch *Schlösser* NStZ 2012, 473 (475 f.) mit starker Betonung der Begriffsauslegung.

[29] Siehe etwa *Kuhlen* JR 2011, 246 (253).

[30] Vgl. nur *Krell* ZStW 126 (2014), 902 (910) mwN; *Gerhards,* Die Strafbarkeit des Versicherungsmaklers wegen der Teilnahme an Verkaufswettbewerben eines Versicherungsunternehmens, 2016, 179.

[31] BVerfG NJW 2010, 3209 Rn. 79.

Mit diesen beiden Aspekten endet freilich die Zustimmung. So ist bereits der These entgegenzutreten, dass das Entgrenzungsverbot wesentlich wichtiger ist als das Verschleifungsverbot. Zwar ist es jene Entgrenzung von Tatbestandsmerkmalen und damit des gesamten Straftatbestandes als Garantietatbestand, welcher das auch verfassungsrechtlich fundierte Gesetzlichkeitsprinzip nach Art. 103 Abs. 2 GG entgegenwirken soll. Jedoch löst erst der Verstoß gegen das *konkretere* Verschleifungsverbot die Entgrenzung aus, weshalb das Verschleifungsverbot mit Recht im *Mittelpunkt des Interesses* steht.[32]

c) Verschleifungsverbot als materialer Grundsatz

Darüber hinaus und entscheidend ist, dass das Verschleifungsverbot kein formales, sondern ein *materiales* Prinzip bezeichnet.[33] Das wird deutlich, wenn man sich die Anwendung des Verschleifungsverbots bei der Untreue bzw. allgemein im Vermögensstrafrecht vor Augen führt. Bei der Untreue prägt das BVerfG das allgemeine Verschleifungsverbot nicht nur als *untreuespezifisches Verschleifungsverbot* von Pflichtverletzung und Vermögensnachteil aus.[34] Das untreuespezifische Verschleifungsverbot wird zudem unmittelbar durch die *eingrenzenden Maßgaben des BVerfG* für die Auslegung der Pflichtverletzung und des Vermögensnachteils konkretisiert.[35] Danach ist die Anwendung des Merkmals der *Pflichtwidrigkeit* auf „klare und deutliche (evidente) Fälle" zu beschränken, sind „Wertungswidersprüche zur Ausgestaltung spezifischer Sanktionsregelungen zu vermeiden" und ist „der Charakter des Untreuetatbestands als eines Vermögensdelikts" zu wahren.[36]

Noch wichtiger sind die Maßgaben des BVerfG für den *Vermögensnachteil.* So müssen die Strafgerichte, „von einfach gelagerten und eindeutigen Fällen – etwa bei einem ohne Weiteres greifbaren Mindestschaden – abgesehen, ... den von ihnen angenommenen Nachteil der Höhe nach beziffern und dessen Ermittlung in wirtschaftlich nachvollziehbarer Weise in den Urteilsgründen darlegen."[37] Dabei können „normative Gesichtspunkte ... durchaus eine Rolle spielen. Sie dürfen aber, soll der Charakter der Untreue als Vermögensdelikt und Erfolgsdelikt bewahrt bleiben, wirtschaftliche Überlegungen nicht verdrängen."[38] Dazu erklärt das BVerfG explizit, was häufig vernachlässigt wird, dass „die Verwendung des anvertrauten Vermögens zu verbotenen Zwecken nicht per se als nachteilsbegründend angesehen werden (kann); vielmehr bleibt es auch in solchen Fällen erforderlich, zu prüfen, ob das verbotene Geschäft – wirtschaftlich betrachtet – nachteilhaft war."[39]

Schon mit Blick auf diese Ausführungen erhellt, dass das Verschleifungsverbot nach dem Verständnis des BVerfG nur ein materiales Prinzip sein kann, dessen An-

---

[32] Ebenso im Ergebnis *Kuhlen* FS Neumann, 2017, 943 (946).
[33] *Kuhlen* FS Neumann, 2017, 943 (951); in der Sache genauso *Rostalski* HRRS 2016, 73 (81 ff.).
[34] → I. mit Fn. 6.
[35] Dazu schon *Saliger* ZIS 2011, 902 (905 ff.).
[36] BVerfG NJW 2010, 3209 Rn. 111.
[37] BVerfG NJW 2010, 3209 Rn. 113; BVerfG NJW 2013, 365 (366).
[38] BVerfG NJW 2010, 3209 Rn. 115; BVerfG NJW 2013, 365 (366).
[39] BVerfG NJW 2010, 3209 Rn. 115; BVerfG NJW 2013, 365 (366).

wendungen unter Umständen komplexe *normative* Überlegungen erfordert.[40] Schon die eingrenzende Auslegung der Merkmale Pflichtverletzung und Vermögensnachteil je für sich nach den Vorgaben des BVerfG stellt keine rein begriffliche Operation dar. Erst recht normativ ist die Bejahung oder Ablehnung einer vollständigen Deckungsgleichheit von Pflichtverletzung und Vermögensnachteil. Das erklärt, warum seit Jahren so heftig in vielen Fällen über die Bejahung einer unzulässigen Verschleifung zwischen Staatsanwaltschaft, Verteidigung und Gerichten, aber auch innerhalb der Strafrechtswissenschaft gestritten wurde und wird. Erinnert sei nur an die Fälle *Schäch* zur Haushaltsuntreue und Al Qaida zum Versicherungsbetrug, wo erst das BVerfG mit Recht Verstöße gegen das Verschleifungsverbot angenommen hat. Im Fall *Schäch* sah das BVerfG eine Verletzung des Verschleifungsverbots darin, dass die Fachgerichte Pflichtverletzung und Vermögensnachteil auf die Begründung von Kreditzinsen durch die Aufnahme von Kassenkrediten unter Verstoß gegen Bestimmungen der gemeindlichen Haushaltssatzung und der Bayerischen Gemeindeordnung gestützt hatten, ohne auf die konkrete Haushaltslage der Gemeinde einzugehen.[41] Im Fall *Al Qaida* wertete das BVerfG die Annahme eines vollendeten Betrugs durch den Abschluss von Lebensversicherungsverträgen als verfassungswidrige Entgrenzung des Tatbestands, weil die angenommenen Verlustwahrscheinlichkeiten so diffus waren bzw. sich in so niedrigen Bereichen bewegten, dass der Eintritt eines realen Schadens abstrakt blieb.[42]

Jenseits des untreuespezifischen Verschleifungsverbots liegt die Schwierigkeit der *Anwendung des allgemeinen Verschleifungsverbots* für die Fachgerichte darin, *tatbestandsspezifische Konturierungen* der betroffenen Tatbestandsmerkmale zu entwickeln, die deren *begrenzende Eigenständigkeit erhalten.* An dieser Stelle kommt das *allgemeine Präzisierungsgebot* des BVerfG zum Tragen, wonach die Rechtsprechung gehalten ist, „verbleibende Unklarheiten über den Anwendungsbereich einer Norm durch Präzisierung und Konkretisierung im Wege der Auslegung nach Möglichkeit auszuräumen", ergänzt durch das *Rechtsunsicherheitserhöhungsverbot.*[43] Der Zusammenhang zwischen Präzisierungsgebot und Verschleifungsverbot liegt darin, dass das Verschleifungsverbot auch als *Trennungsgebot* von (kumulativ) strafbegründenden Tatbestandsmerkmalen gedeutet werden kann.[44] Das Trennungsgebot geht dahin, selbständige strafbegründende Tatbestandsmerkmale bei der Auslegung stets so getrennt zu halten, dass ihre völlige Deckungsgleichheit vermieden wird. Insoweit lässt sich das Trennungsgebot auch als Unterfall des Präzisierungsgebots verstehen. Im Übrigen kommt es bei der Anwendung des Verschleifungsverbots nur darauf an, ob zwei selbständige Tatbestandsmerkmale mit strafeingrenzender Funktion betroffen sind, nicht darauf, ob sie sich auf – vermeintlich – „verschiedenen Ebenen"[45] bewegen.

---

[40] In die gleiche Richtung *Rostalski* HRRS 2016, 73 (81 ff.).

[41] BVerfG NJW 2013, 365 (366 f.).

[42] BVerfG NJW 2012, 907 Rn. 176 ff. Soweit *Schlösser* NStZ 2012, 473 (475 mit Fn. 25) aus dieser Entscheidung ein eigenständiges verfassungsrechtliches Bedeutungsgebot herauslesen will, handelt es sich um nichts anderes als das Verschleifungsverbot.

[43] BVerfG NJW 2010, 3209 Rn. 81; vgl. auch *Saliger* ZIS 2011, 902 (904).

[44] Vgl. bereits *Saliger* ZStW 112 (2000), 563 (613) und → I. mit Fn. 2; *Saliger* NJW 2010, 3195.

[45] Vgl. aber *Bittmann* wistra 2013, 1.

2. *Verfassungsrechtliche Begründung und Verortung*

Dem Verschleifungsverbot wird von einigen Autoren attestiert, dass es eine *Selbstverständlichkeit* sei,[46] sowohl rechtsstaatlich[47] als auch methodisch.[48] Zugleich wird – unabhängig davon – behauptet, dass das Verschleifungsverbot „in der Sache nicht neu" ist und „schon im letzten Jahrhundert auf Art. 103 Abs. 2 GG gestützt" wurde.[49] Trotz dieser vermeintlichen Selbstverständlichkeit und angeblich fehlenden Neuheit ist die genaue verfassungsrechtliche Verortung des Verschleifungsverbots interessanterweise bis heute umstritten: Teilweise wird das Verschleifungsverbot dem *Analogieverbot,*[50] teilweise – ua vom BGH – dem *Bestimmtheitsgrundsatz* (bzw. -gebot) zugeordnet.[51]

Unstreitig ist dabei der Ausgangspunkt, dass nämlich das Verschleifungsgebot sich aus dem *Gesetzlichkeitsprinzip* nach Art. 103 Abs. 2 GG herleitet. In der Tat ist das Gesetzlichkeitsprinzip berührt, wenn Strafgerichte durch verschleifende Auslegungen die völlige Deckungsgleichheit zweier selbständiger strafbegründender Tatbestandsmerkmale herbeiführen, weil sie dann das gesetzliche Normprogramm verkürzen. Das verletzt den Grundsatz der Gewaltenteilung zwischen Gesetzgebung und Rechtsprechung, der nach ständiger Rechtsprechung des BVerfG ein Schutzzweck des Gesetzlichkeitsprinzips ist. Denn das Gesetzlichkeitsprinzip soll sicherstellen, dass der Gesetzgeber selbst über die Voraussetzungen der Strafbarkeit entscheidet, während es den Gerichten verwehrt ist, die Entscheidung des Gesetzgebers zu korrigieren.[52] Deshalb maßt sich die Rechtsprechung mit einer Auslegung, die das Verschleifungsverbot missachtet, Kompetenzen an, die nur dem Gesetzgeber zustehen.[53]

Mit der verfassungsrechtlichen Begründung aus dem Gesetzlichkeitsprinzip ist allerdings noch nicht entschieden, welchem der vier Unterprinzipen des Gesetzlichkeitsprinzips das Verschleifungsverbot zuzuordnen ist. In Betracht kommen allein das Bestimmtheitsgebot und das Analogieverbot. Das *BVerfG* vermeidet eine explizite Entscheidung, dürfte aber zu einer Zuordnung zum *Bestimmtheitsgrundsatz* tendieren.[54] So spricht zwar für eine Zuordnung zum Analogieverbot, dass das BVerfG das allgemeine Verschleifungsverbot im unmittelbaren Anschluss an das Analogieverbot einführt („dementsprechend") und letzteres dabei nicht im engeren

---

[46] Zuerst von *Krüger* NStZ 2011, 369 (371).

[47] *Bittmann* wistra 2013, 1.

[48] *Schlösser* NStZ 2012, 473 (475).

[49] *Kuhlen* FS Neumann, 2017, 943 (944); vgl. auch *Gerhards,* Die Strafbarkeit des Versicherungsmaklers wegen der Teilnahme an Verkaufswettbewerben eines Versicherungsunternehmens, 2016, 179 Fn. 890.

[50] *Kuhlen* JR 2011, 246 (248) und *Kuhlen* FS Neumann, 2017, 943 (946f.); *Gaede* in AnwK-StGB, 2. Aufl. 2015, § 1 Rn. 29; *Krell* ZStW 126 (2014), 902 (909); *Brüning* ZJS 2015, 535 (536).

[51] BGH NStZ 2013, 37 (38); BGH NStZ 2017, 30 (31); *Saliger* NJW 2010, 3195 (3196) und *Saliger* ZIS 2011, 902 (903f.); *Schlösser* NStZ 2012, 473 (475f.); *Fischer,* 65. Aufl. 2018, StGB § 1 Rn. 4ff. (8); *Dannecker/Bülte* in Wabnitz/Janovsky, Handbuch des Wirtschafts- und Steuerstrafrechts, 4. Aufl. 2014, § 1 Rn. 108.

[52] BVerfG NJW 2010, 3209 Rn. 70, 78) mwN; BVerfG NJW 2012, 907 Rn. 165; BVerfG NJW 2016, 3648 Rn. 36.

[53] Im Ergebnis ebenso *Rostalski* HRRS 2016, 73 (81).

[54] AA wohl *Kuhlen* FS Neumann, 2017, 943 (947).

technischen Sinne versteht, sondern darunter jede Rechtsanwendung fasst, die – tatbestandsausweitend – über den Inhalt einer gesetzlichen Sanktionsnorm hinausgeht.[55] Andererseits leitet das BVerfG das Analogieverbot aus dem Bestimmtheitsgrundsatz her[56], so dass jede Verletzung des Analogieverbots auch gegen den Bestimmtheitsgrundsatz verstößt.[57] Demgemäß bezeichnet das BVerfG die Verletzung des Verschleifungsverbots auch regelmäßig als Verletzung des Bestimmtheitsgebots.[58] Darin mag der Grund liegen, warum auch die BGH-Rechtsprechung das Verschleifungsverbot dem Bestimmtheitsgebot zuordnet.[59]

Unabhängig von der Frage, wie die Position des BVerfG einzuordnen ist, hängt die Zuordnung des Verschleifungsverbots zum Analogieverbot oder zum Bestimmtheitsgebot davon ab, wie weit man das Analogieverbot verstehen und wie man dessen Verhältnis zum Bestimmtheitsgebot auffassen will. *Konstruktiv* sind beide Zuordnungen möglich.[60] Insbesondere würde auch eine *rechtstheoretische* Herleitung des Verschleifungsverbotes etwa aus der Idee des rationalen Gesetzgebers,[61] der keine redundanten Bestimmungen treffe, die Entscheidung nicht präjudizieren. Versteht man allerdings das Verschleifungsverbot wie hier als materiales Prinzip, dessen Anwendung komplexe normative Erwägungen erfordert,[62] so liegt dessen *Zuordnung zum Bestimmtheitsgebot näher,* weil das Analogieverbot stärker der begrifflichen Dimension verhaftet ist. Dafür spricht auch die enge Verbindung des Verschleifungsverbots bzw. Trennungsgebots mit dem Präzisierungsgebot,[63] das als Kernausprägung des auch an die Rechtsprechung adressierten Bestimmtheitsgebots gelten kann.

Diese Inhalte und Hintergründe des Verschleifungsverbots lassen es zweifelhaft erscheinen, ob das Verschleifungsverbots tatsächlich, wie teilweise vertreten,[64] in der Sache nichts Neues bezeichnet. Das hängt auch davon ab, was man unter *„in der Sache neu"* verstehen will. Zuzugeben ist den Vertretern des „nothing new", dass Gerichte und Autoren bereits vor der Untreueentscheidung des BVerfG von 2010

---

[55] BVerfG NJW 2010, 3209 Rn. 78f.; ebenso BVerfG NJW 2012, 907 Rn. 165; BVerfG NJW 2013, 365 (367).

[56] BVerfG NJW 2010, 3209 Rn. 78: „Aus dem Erfordernis gesetzlicher Bestimmtheit folgt anerkanntermaßen ein Verbot analoger ... Strafbegründung." Ebenso BVerfG NJW 2012, 907 165; BVerfG NJW 2013, 365 (366); BVerfG NJW 2015, 2949 Rn. 61.

[57] Konzedierend *Kuhlen* FS Neumann, 2017, 943 (947 Fn. 32). Sofern *Kuhlen,* aus der Formulierung des BVerfG, dass das Analogieverbot ein dem – an den Gesetzgeber adressiertes – Bestimmtheitsgebot „korrespondierendes", an die Rechtsprechung gerichtetes Verbot darstellt, einen Wandel der Ansicht des BVerfG ableiten will, überzeugt das nicht. Diese Formulierung findet sich nicht erst in BVerfG NJW 2016, 3648 Rn. 35, wie *Kuhlen* meint, sondern ist stRspr, s. nur BVerfG NJW 2010, 3209 Rn. 69 mwN und BVerfG NJW 2012, 907 Rn. 164.

[58] BVerfG NJW 2010, 3209 Rn. 153 iVm. Rn. 136, 149; BVerfG NJW 2013, 365 (367); vgl. auch BVerfG NJW 2012, 907 Rn. 175ff.

[59] Vgl. BGH NStZ 2013, 37 (38); BGH NStZ 2017, 30 (31).

[60] So wohl auch *Krell* ZStW 126 (2014), 902 (909).

[61] Auf den Gedanken des rationalen Gesetzgebers führt das Verschleifungsverbot zurück *Kuhlen* FS Neumann, 2017, 943 (947ff.).

[62] → oben II. 1. c.

[63] → oben II. 1. c. AA *Kuhlen* FS Neumann, 2017, 943 (947).

[64] *Kuhlen* FS Neumann, 2017, 943 (944); vgl. auch *Gerhards,* Die Strafbarkeit des Versicherungsmaklers wegen der Teilnahme an Verkaufswettbewerben eines Versicherungsunternehmens, 2016, 179 Fn. 890.

unter den Aspekten des Bestimmtheitsgebots und des Analogieverbots die entgrenzende Auslegung von Tatbestandsmerkmalen gerügt bzw. erörtert haben. So hat das BVerfG in den 90er Jahren mit Blick auf das Bestimmtheitsgebot eine Auslegung des Tatbestandsmerkmals der „die Menschenwürde verletzenden" Darstellungsart in § 131 Abs. 1 StGB, welche das aufdringliche Zeigen bloßer Gewalttaten um ihrer selbst willen genügen ließ,[65] oder die erweiterte Auslegung des Gewaltbegriffs in § 240 Abs. 1 StGB, die allein auf das Gewicht der psychischen Zwangswirkung beim Genötigten abstellte,[66] als entgrenzend und damit verfassungswidrig verworfen. Gerade auf diese Entscheidungen verweist das BVerfG in seinem Beschluss von 2010 zum Verschleifungsverbot.[67] Auch im Schrifttum war unter Bezugnahme auf das Analogieverbot z. B. die mögliche Verfassungswidrigkeit der Interpretation des Tatbestandsmerkmals der Veränderung von Gewässereigenschaften in § 324 Abs. 1 StGB, die dessen potentielle Nachteilhaftigkeit miteinschließt und damit das Merkmal der Nachteiligkeit funktionslos macht, angesprochen und mit Recht abgelehnt worden.[68]

Allerdings finden sich in keiner der vorgenannten Prüfungen Bezugnahmen auf ein allgemeines Verschleifungsverbot oder Ausführungen zu dessen Einbettung in ein verfassungsrechtliches Prüfungsprogramm aus Präzisierungsgebot, Rechtsunsicherheitserhöhungsverbot, Erhöhung des Vertrauensschutzes bei Rechtsprechungsänderungen und Konkretisierung der verfassungsgerichtlichen Kontrolltiefe.[69] Entsprechend kennzeichnet das BVerfG beim Verschleifungsverbot seine Referenznahmen auf die erwähnten Entscheidungen auch nur mit „vgl.".[70] Neu ist daher vor allem der *systematische Zugriff,* mit dem das allgemeine Verschleifungsverbot in der Untreueentscheidung des BVerfG von 2010 eingeführt wird.[71]

3. *Reichweite des Verschleifungsverbots*

Dass das Verschleifungsverbot neue Wege eröffnet, zeigt sich auch daran, dass über dessen Reichweite intensiv diskutiert wird.

Unstreitig sind zunächst zwei Aspekte. Erstens gilt das Verschleifungsverbot nach dem BVerfG *allgemein für Tatbestandsmerkmale,* ist also nicht auf bestimmte Straftaten wie die Untreue beschränkt, sondern gilt für *alle Delikte* des *StGB* wie des *Nebenstrafrechts.*[72] Zutreffend hat daher das BVerfG selbst nach dem Untreuebeschluss das Verschleifungs- bzw. Entgrenzungsverbot auf den Betrugstatbestand[73] und den

---

[65] BVerfG NJW 1993, 1457 (1459) unter Bezug auf das Bestimmtheitsgebot.

[66] BVerfG NJW 1995, 1141 (1142f.) unter Bezug auf das Bestimmtheitsgebot.

[67] Siehe BVerfG NJW 2010, 3209 Rn. 79.

[68] *Kuhlen* GA 1986, 389 (400f.); vgl. dazu auch *Gerhards,* Die Strafbarkeit des Versicherungsmaklers wegen der Teilnahme an Verkaufswettbewerben eines Versicherungsunternehmens, 2016, 179 Fn. 890 und *Kuhlen* FS Neumann, 2017, 943 (944 mit Fn. 11).

[69] So aber der umfassende Ansatz in BVerfG NJW 2010, 3209 Rn. 69ff.

[70] BVerfG NJW 2010, 3209 Rn. 79.

[71] Vgl. bereits *Saliger* NJW 2010, 3195.

[72] *Saliger* NJW 2010, 3195 und *Saliger* ZIS 2011, 902; *Krell* ZStW 126 (2014), 902 (905f., 917ff.); *Kuhlen* FS Neumann, 2017, 943 (944ff.).

[73] BVerfG NJW 2012, 907 Rn. 175ff.

Geldwäschetatbestand[74] angewandt. Auch der BGH wendet das Verschleifungsverbot mittlerweile außerhalb des Vermögensstrafrechts an. So hat der 1. Strafsenat bei § 174c Abs. 1 StGB mit Fug eine Auslegung als verfassungswidrig verworfen, nach der schon jeder sexuelle Kontakt im Rahmen eines Beratungs-, Behandlungs- oder Betreuungsverhältnisses per se missbräuchlich iSv § 174c StGB sein soll, weil dann das Tatbestandsmerkmal „unter Missbrauch" jede Bedeutung verlieren würde.[75] Zweitens erfasst das Verschleifungsverbot unstrittig *selbständige* (und damit kumulativ) *strafbegründende* wie *strafschärfende Tatbestandsmerkmale.*[76] Denn deren völlige Verschleifung führt unproblematisch zu einer Entgrenzung der Strafbarkeit wider das Gesetzlichkeitsprinzip.[77]

Darüber hinaus entsteht Auslegungsspielraum. Da das BVerfG selbst von einer Gleichbedeutung von Verschleifungs- und Entgrenzungsverbot ausgeht, bezieht sich das Verschleifungsverbot jenseits von Tatbestandsmerkmalen allgemein auf „Begriffe, mit denen der Gesetzgeber das unter Strafe gestellte Verhalten bezeichnet hat".[78] Darunter wird man gewiss die Vorschriften des *Allgemeinen Teils* fassen dürfen, soweit sie zusammen mit den Straftatbeständen des Besonderen Teils die Strafbarkeit begründen bzw. erweitern, also etwa die §§ 11, 13, 14, 22, 23, 25ff. StGB, aber auch die §§ 3–9 StGB. Auch die *Regelbeispiele* zählen dazu, die nach der Rechtsprechung des BVerfG ebenfalls dem Analogie- und Bestimmtheitsgebot unterfallen.[79] Dagegen können *Strafbefreiungsgründe* nicht „verschliffen" werden im Sinne des Verschleifungsverbots. Zwar bezeichnen auch sie das unter Strafe gestellte Verhalten. Jedoch führt die völlige Deckungsgleichheit von Merkmalen eines Strafbefreiungsgrundes nicht zur Entgrenzung, sondern zur stärkeren Begrenzung von Strafbarkeit und verstößt damit nicht gegen das Entgrenzungsverbot.[80]

Kontrovers diskutiert wird, ob das Verschleifungsverbot auch für die *Verschleifung von Straftatbeständen* gilt. Der *2. Strafsenat* des BGH, dem der Jubilar als Vorsitzender vorstand, hat das für den Fall der *gesetzesalternativen Wahlfeststellung* bejaht: Soweit die wahldeutige Verurteilung nur aufgrund eines „Rumpftatbestandes" erfolge, laufe dies „auf eine ‚Entgrenzung' von Tatbeständen oder auf ‚Verschleifung' zweier Straftatbestände durch alternative Vereinigung der Einzelvoraussetzungen hinaus, die über die Verschleifung von verschiedenen Tatbestandsmerkmalen einer einzigen Strafnorm … noch weit hinausgeht."[81] Auch im strafrechtlichen Schrifttum findet

---

[74] BVerfG NJW 2015, 2949 Rn. 62, 68.

[75] BGH NJW 2016, 2965 Rn. 21ff. Weitere Nachw. zu Rspr. und Schrifttum → I. mit Fn. 9 und 10.

[76] BVerfG NJW 2015, 2949 Rn. 68.

[77] Vgl. *Fischer,* 65. Aufl. 2018, StGB § 1 Rn. 8; *Krell* ZStW 126 (2014), 902 (905ff.); *Rostalski* HRRS 2016, 73 (81); *Gerhards,* Die Strafbarkeit des Versicherungsmaklers wegen der Teilnahme an Verkaufswettbewerben eines Versicherungsunternehmens, 2016, 179; *Kuhlen* FS Neumann, 2017, 943 (946ff.).

[78] BVerfG NJW 2010, 3209 Rn. 79.

[79] BVerfG NJW 2008, 3627 Rn. 14 zu § 113 Abs. 2 S. 2 Nr. 1 StGB.

[80] Zutreffend *Kuhlen* FS Neumann, 2017, 943 (945f.); vgl. auch *Krell* ZStW 126 (2014), 902 (905f.).

[81] BGH NStZ 2014, 392 Rn. 26.

sich die Auffassung, dass das Verschleifungsverbot ebenfalls für das Verhältnis von Strafnormen untereinander gilt.[82]

Ob die behaupteten Verschleifungen von Straftatbeständen der Sache nach zutreffen, mag hier dahinstehen.[83] Entscheidend ist, dass das Verschleifungsverbot von Tatbestandsmerkmalen sich *nicht* zu einem Verschleifungsverbot von Straftatbeständen erweitern lässt.[84] Denn zum einen sind im StGB Überschneidungen zwischen Straftatbeständen an der Tagesordnung, etwa im Verhältnis von Grundtatbestand und Qualifikation oder in den Fällen formeller Subsidiarität. Problematische Verschleifungen liegen darin nicht. Zum anderen kann die Verschleifung von Straftatbeständen durch die Dysfunktionalisierung eines Delikts zu einer Entgrenzung der Strafbarkeit führen, muss dies aber nicht.[85] Insoweit ist dem BVerfG beizupflichten, wenn es formuliert: Das Verschleifungsverbot von Tatbestandsmerkmalen ist auf „das Verhältnis mehrerer selbstständiger Straftatbestände zueinander … nicht übertragbar. Insoweit stellen sich in erster Linie Konkurrenzfragen."[86]

III. Ausgewählte Anwendungsprobleme des Verschleifungsverbots im Vermögensstrafrecht

Nach der Klärung von allgemeinen Fragen des Verschleifungsverbots kann auf ausgewählte Anwendungsprobleme des Verschleifungsverbots im Vermögensstrafrecht eingegangen werden. Der Verfasser hat bereits wiederholt mehrere Fallgruppen bei Untreue und Betrug unter dem Gesichtspunkt einer Verletzung des Verschleifungsverbots kritisiert, etwa die Rechtsprechung zu den *schwarzen Kassen* bei der Untreue oder die *streng sozialrechtliche Schadensbestimmung beim ärztlichen Abrechnungsbetrug.*[87] In diesem Beitrag sollen allein folgende drei Problemkreise angesprochen werden: die Telekom-Spitzel-Entscheidung des BGH aus dem Jahr 2012, die Möglichkeit einer Verschleifung von Täterstellung und Tathandlung bei der Untreue und die Fallgruppen des persönlichen Schadenseinschlags und der Zweckverfehlungslehre. Die ersten beiden Aspekte werden erörtert, weil in einem allgemeinen Aufsatz zum Verschleifungsverbot bestritten wurde, dass in der Telekom-Spitzel-Entscheidung gegen das Verschleifungsverbot verstoßen worden ist und dass

[82] *V. d. Meden* HRRS 2013, 158 (162f.) für die – vermeintliche – Verschleifung von §§ 223, 224 Abs. 1 Nr. 4 StGB mit § 231 StGB; *Grabow* NStZ 2014, 121 (125) unter Bezug auf *Bydlinski,* Methodenlehre, 2. Aufl. 2011, 444f. und *Schmalz,* Methodenlehre, 4. Aufl. 1998, Rn. 252.

[83] Zur Wahlfeststellung ablehnend BGHGS NStZ 2018, 41 Rn. 18; gegen einen Leerlauf von § 231 StGB *Mitsch* NJW 2015, 1545f. Zu beidem kritisch *Kuhlen* FS Neumann, 2017, 943 (953).

[84] BVerfG NJW 2015, 2949 Rn. 68; *Krell* ZStW 126 (2014), 902 (905f.); *Kuhlen* FS Neumann, 2017, 943 (951ff.).

[85] Dazu überzeugend mit weiteren Argumenten *Kuhlen* FS Neumann, 2017, 943 (952ff.).

[86] BVerfG NJW 2015, 2949 Rn. 68.

[87] Zuletzt *Salinger* in Esser/Rübenstahl/Saliger/Tsambikakis, Wirtschaftsstrafrecht, 2017, StGB § 263 Rn. 28, 36, 51, 149ff., 153, 155, 191ff., 196, 205, 213ff. (ärztlicher Abrechnungsbetrug), 218, 222ff.; § 266 Rn. 4, 8, 32, 36ff., 65f., 84ff., 90ff., 97ff. (schwarze Kassen), 117ff., 128f. Ferner *Saliger* FS Samson, 2010, 455; *Saliger* ZIS 2011, 902 (908ff., 916ff.); *Saliger* HRRS 2012, 363 (365ff.); *Saliger* FS Roxin, 2012, 307 (313ff.); *Saliger* in Fischer ua, Dogmatik und Praxis des strafrechtlichen Vermögensschadens, 2015, 15.

bei der Untreue eine unzulässige Verschleifung von Täterstellung und Tathandlung möglich ist.[88] Hinsichtlich der Fallgruppen des persönlichen Schadenseinschlags und der Zweckverfehlungslehre soll entgegen anders lautenden Stimmen erneut klargestellt werden, dass und warum ihre grundsätzliche Anerkennung das Verschleifungsverbot nicht verletzt.

1. BGH NJW 2013, 401 – Telekom-Spitzel-Entscheidung

In der Telekom-Spitzel-Entscheidung hatte ein leitender Angestellter der Abteilung Konzernsicherheit der Telekom-AG zur Ermittlung der Urheber einer Indiskretion rechtswidrig Mobilfunkverbindungsdaten erheben und von einer beauftragten externen Firma auswerten lassen. Die Telekom-AG erhielt die Auswertungsberichte und bezahlte nach Bestätigung der Richtigkeit durch den Angeklagten die Rechnungen der externen Firma.

Der 2. Strafsenat des BGH bestätigt die landgerichtliche Verurteilung des Angeklagten u. a. wegen Untreue. Er sieht die Pflichtverletzung des Angekl. darin, dass er die Begleichung einer – wegen der diversen Straftaten durch den Umgang mit den Mobilfunkverbindungsdaten – nichtigen und damit rechtsgrundlosen Zahlung veranlasste. Dadurch sei der Telekom-AG ein Vermögensnachteil entstanden. Denn die Bezahlung der Rechnungen, „soweit diese die Vergütung für die Begehung von Straftaten einforderten, … (wurde) nicht durch einen gleichwertigen Vorteil – Erlöschen wirksamer Forderungen – kompensiert“.[89]

Diese Schadensbegründung ist vom überwiegenden Schrifttum mit Recht als *Verletzung des Verschleifungsverbots kritisiert* worden.[90] Dazu muss man sehen, dass der 2. Strafsenat die Verschleifung gleich von zwei Seiten her befördert: Von der Seite der *Pflichtverletzung* treibt das Gericht sie voran, weil es in Abkehr von der Rechtsprechung anderer Strafsenate auf den „vermögensschützenden Charakter eines Primärverstoßes“ explizit verzichtet.[91] Damit löst es sich von der Maßgabe des BVerfG, bei der Pflichtverletzung u. a. „den Charakter des Untreuetatbestands als eines Vermögensdelikts zu bewahren.“[92] Von der Seite des *Vermögensnachteils* befördert der 2. Strafsenat die Verschleifung, soweit er in Abkehr von einem wirtschaftlichen Vermögens- und Schadensbegriff die geldwerten Auswertungsberichte bei der Kompensation nicht berücksichtigt, sondern dort allein auf das Nichterlöschen wirksamer Forderungen abstellt. Dieser Aspekt ist freilich untauglich, weil bei nichtigen Verträgen wirksame Ansprüche gar nicht erlöschen können. Zudem ist *wirtschaftlich* betrachtet die *Gegenleistung* für die Zahlungen der Telekom-AG der *Erhalt*

---

[88] So *Krell* ZStW 126 (2014), 902 (912f. und 916f.).

[89] BGH NJW 2013, 401 Rn. 30 mAnm bzw. Bspr. *Cornelius* NZWiSt 2013, 166; *v. Galen* ZWH 2013, 198; *Wessing* NZG 2013, 494.

[90] *Cornelius* NZWiSt 2013, 166 (169f.); *v. Galen* ZWH 2013, 198; *Walischewski* FS Feigen, 2014, 293 (305ff.); *Waßmer* in Fischer ua, Dogmatik und Praxis des strafrechtlichen Vermögensschadens, 2015, 175 (182f.); *Saliger* in SSW StGB, 3. Aufl. 2016, § 266 Rn. 39 und *Saliger* in Esser/Rübenstahl/Saliger/Tsambikakis, Wirtschaftsstrafrecht, 2017, StGB § 266 Rn. 40. Dem BGH zustimmend *Wessing* NZG 2013, 494 und *Krell* ZStW 126 (2014), 902 (912f.).

[91] BGH NJW 2013, 401 Rn. 31. Zu diesem Erfordernis *Saliger* in Esser/Rübenstahl/Saliger/Tsambikakis, Wirtschaftsstrafrecht, 2017, StGB § 266 Rn. 36ff.

[92] BGH NJW 2010, 3209 Rn. 111; →II. 1. c.

der beauftragten Auswertungsberichte, nicht das Erlöschen von Forderungen. Indem der BGH diesen Umstand bei der Kompensation ausblendet, erschöpft sich die Nachteilsbestimmung völlig in der rechtsgrundlosen Zahlung. Letztere begründet aber bereits die Pflichtverletzung, so dass Vermögensnachteil und Pflichtverletzung sich in der Auslegung des 2. Senats *vollständig decken.* Es liegt mithin eine verfassungsrechtlich unzulässige Verschleifung vor.

Gegen diese Argumentation lässt sich nicht einwenden, dass man doch den Umstand der Zahlung auf eine rechtswidrige (strafbare) Leistung sowohl bei der Pflichtverletzung als auch beim Vermögensnachteil berücksichtigen dürfe, so dass keine Verschleifung vorliege. In der Tat darf dieser Umstand doppelt in Rechnung gestellt werden.[93] Er führt aber nach dem *Grundsatz der Gesamtsaldierung* nur dann zu einem Vermögensnachteil der Telekom-AG, wenn die Gegenleistung ausgeblieben ist oder wirtschaftlich minderwertig war. Das ist aber nicht der Fall gewesen.

Im Schrifttum ist die Entscheidung des BGH wie folgt verteidigt worden: „Sieht man die Pflichtverletzung in der Anweisung der Zahlung ohne Rechtspflicht, den Vermögensnachteil dagegen in der kompensationslosen Minderung des Kontostandes, so werden beide Merkmale eigenständig begründet. Man kann dann zwar noch kritisieren, dass die gesetzeswidrige Gegenleistung überhaupt nicht berücksichtigt wird, obwohl sie möglicherweise bei wirtschaftlicher Betrachtung werthaltig war. Aber das ist eine Frage, die ausschließlich die Auslegung des Nachteilsmerkmals betrifft und somit nichts mit Verschleifung zu tun hat."[94]

Diese Argumentation lässt ein Fehlverständnis des Verschleifungsverbots erkennen. Die Annahme, die Verschleifung von Pflichtverletzung und Vermögensnachteil bei der Untreue könne ohne Rücksicht auf die Kompensation beurteilt werden, ist unzutreffend. Die Prüfung der Verschleifung von eigenständigen Tatbestandsmerkmalen setzt allgemein und auch bei der Untreue die *vollständige Würdigung aller betroffenen Merkmale* voraus.[95] Nur so kann festgestellt werden, ob zwei eigenständige Tatbestandsmerkmale infolge einer Auslegung völlig deckungsgleich werden. Speziell für die Untreue hat das BVerfG selbst die *zentrale Bedeutung der Kompensation* bei der Prüfung von Verschleifungen hervorgehoben. Denn es hat betont, dass die „Verwendung des anvertrauten Vermögens zu verbotenen Zwecken nicht per se als nachteilsbegründend angesehen werden darf". Vielmehr ist stets zu prüfen, „ob das verbotene Geschäft – wirtschaftlich betrachtet – nachteilhaft war."[96] Genau das findet in der Entscheidung zum Telekom-Spitzel-Fall nicht statt.[97] Denn „die kompensationslose Minderung des Kontostandes" ist nur den Worten nach eine eigenständige Begründung des Vermögensnachteils, wenn die wahre wirtschaftliche Gegenleistung – die Auswertungsberichte – bei der Kompensation nicht berücksichtigt wird.

---

[93] → II. 1. b.

[94] *Krell* ZStW 126 (2014), 902 (913).

[95] → II. 1. c.

[96] BVerfG NJW 2010, 3209 Rn. 115. Zum Kontext dieser Stelle → II. 1. c.

[97] *Cornelius* NZWiSt 2013, 166 (170); *Saliger* in SSW StGB, 3. Aufl. 2016, § 266 Rn. 39; *Waßmer* in Fischer ua, Dogmatik und Praxis des strafrechtlichen Vermögensschadens, 2015, 175 (183).

Die zentrale Bedeutung der Kompensation bei der Prüfung des untreuespezifischen Verschleifungsverbots erklärt im Übrigen den Vorwurf, dass die Verkürzung, Kappung oder das Verbot der Kompensation bei der Saldierung auf eine *juristische Schadenslehre* hinausläuft.[98] Denn nach der juristischen Schadenslehre liegt ein Schaden bei jedem Minus im Rechtssinne vor, ohne dass es auf eine Schadenskompensation ankommt.[99] Dabei spielt es keine Rolle, ob die in Rede stehende Auslegung sich ausdrücklich auf die juristische Schadenslehre beruft oder vorgibt, wirtschaftlich zu verfahren. Es kommt nur darauf an, was für manche schwer verständlich sein mag,[100] ob eine Auslegung *der Sache nach* auf einer juristischen Schadenslehre beruht. Das Monitum ist daher auch dem Urteil des 2. Strafsenats mit Fug zur Last gelegt worden.[101]

2. *Verschleifung von Täterstellung und Tathandlung*

Wie eingangs angesprochen,[102] hat der Verfasser bei seinen Analysen zum Untreuetatbestand eine dritte Erscheinungsform der Verschleifung, nämlich jene zwischen Täterstellung bzw. Vermögensbetreuungspflicht und Tathandlung bzw. Pflichtverletzung, ausgemacht. Diese Verschleifungsform tritt im Vergleich zu den Rückschlüssen vom Vermögensnachteil auf die Pflichtverletzung und umgekehrt[103] in der Praxis wohl am *seltensten* auf. Gleichwohl ist sie in jüngerer Zeit sowohl in der Rechtsprechung als auch im Schrifttum aufgegriffen worden.

So hat das *OLG Celle* die Annahme einer Vermögensbetreuungspflicht von Bankvorständen, die dem Kreditnehmer und Sicherungsgeber übersichertes Sicherungsgut nicht freigegeben hatten, u. a. mit folgender Argumentation abgelehnt: Die Bejahung einer Vermögensbetreuungspflicht „birgt nämlich die Gefahr eines Verstoßes gegen das Verbot der Verschleifung und Entgrenzung von Tatbestandsmerkmalen … in sich, weil durch das Tatbestandsmerkmal der Vermögensbetreuungspflicht zugleich dasjenige der Pflichtverletzung mitverwirklicht wird. Denn die Vermögensbetreuungspflicht des Sicherungsnehmers soll danach ja erst durch die Übersicherung überhaupt entstehen, zu deren Beseitigung sie ihn aber im gleichen Moment verpflichtet. Letztendlich hieße das, den Täter dafür zu bestrafen, dass er den Entstehungsgrund für seine Vermögensbetreuungspflicht nicht beseitigt hat."[104] Darüber hinaus ist in *Anmerkungen* zu der Grundsatzentscheidung des 4. Strafsenats des BGH zur *Vertragsarztuntreue* aus dem Jahr 2016[105] ein Verstoß gegen das Verbot der Verschleifung von Täterstellung und Pflichtverletzung gerügt worden, weil das Gericht die Annahme einer Vermögensbetreuungspflicht des Ver-

---

[98] Dazu näher *Saliger* HRRS 2012, 363 (365ff.).

[99] So explizit *Binding,* BT/1, 2. Aufl. 1902, § 63 S. 238, § 85 S. 356.

[100] Vgl. etwa *Bittmann* wistra 2013, 1 (2f.).

[101] *Cornelius* NZWiSt 2013, 166 (169f.); *Saliger* in SSW StGB, 3. Aufl. 2016, § 266 Rn. 39.

[102] Oben I. mit Fn. 3; ferner *Saliger* in SSW StGB, 3. Aufl. 2016, § 266 Rn. 8 und *Saliger* in Esser/Rübenstahl/Saliger/Tsambikakis, Wirtschaftsstrafrecht, 2017, StGB § 266 Rn. 8.

[103] → oben I, *Saliger* ZStW 112 (2000), 563 (610ff.); auch *Saliger* in SSW StGB, 3. Aufl. 2016, § 266 Rn. 8 und *Saliger* in Esser/Rübenstahl/Saliger/Tsambikakis, Wirtschaftsstrafrecht, 2017, StGB § 266 Rn. 8.

[104] OLG Celle, BeckRS 2013, 15199.

[105] BGH NJW 2016, 3253.

tragsarztes u. a. damit begründet hat, dass es sich bei der groben Missachtung des Wirtschaftlichkeitsgebots um eine gravierende Pflichtverletzung gehandelt habe.[106]

Es ist hier nicht der Raum, die Richtigkeit der Rede von einer Verletzung des Verschleifungsverbots in den genannten Fällen, für die Einiges spricht, zu hinterfragen. Gezeigt werden soll allein, dass die Prüfung *legitim* ist. Denn im Schrifttum wird die Verschleifung von Täterstellung und Pflichtverletzung als mögliche Erscheinungsform des untreuespezifischen Verschleifungsverbots auch wie folgt bestritten: „Die Vermögensbetreuungspflicht und ihre Verletzung sind … schon nach dem Gesetzeswortlaut und der Struktur der Untreue eng miteinander verknüpft. Täter einer Untreue kann nur sein, wen die Pflicht trifft, ‚fremde Vermögensinteressen wahrzunehmen'. Die Untreuehandlung liegt in der Verletzung eben dieser Pflicht. Aus diesem Grunde erscheint es widersinnig, diese vom Gesetz vorgegebene Verknüpfung durch ein Verbot der Verschleifung zu konterkarieren."[107]

Diese Argumentation überzeugt nicht. Zwar trifft es zu, dass die Vermögensbetreuungspflicht, welche die Täterstellung bei der Untreue als Sonderdelikt begründet, und die Pflichtverletzung als Tathandlung in *enger Verbindung* zueinanderstehen. Entsprechend wird in der Untreuedogmatik diskutiert, ob zwischen Vermögensbetreuungspflicht und Pflichtverletzung ein inklusiver, innerer oder – richtig – ein funktionaler Zusammenhang besteht.[108] Das bedeutet aber nicht, dass Vermögensbetreuungspflicht und Pflichtverletzung keine zwei *streng zu unterscheidende Prüfungspunkte* des objektiven Untreuetatbestandes sind.[109] Insbesondere sind ältere Auffassungen überwunden, welche Vermögensbetreuungspflicht und Pflichtverletzung gleichgeschaltet hatten.[110] So macht sich der Geschäftsführer eines Unternehmens eben nicht wegen Untreue strafbar, wenn er das Firmenfahrzeug bedingt vorsätzlich ins Halteverbot stellt und dadurch Bußgeld und Abschleppkosten für die Firma auslöst.[111] In der Rechtsprechung ist deshalb anerkannt, dass ein Treueverhältnis auch Verpflichtungen enthalten kann, deren Verletzung nicht vom Untreuetatbestand geschützt ist.[112] Wenn aber Vermögensbetreuungspflicht und Pflichtverletzung strukturell eigenständige und strafbegründende Merkmale des objektiven Untreuetatbestandes sind, dann ist nicht zu sehen, warum für sie nicht das Verschleifungsverbots gelten sollte.

---

[106] *T. Schneider* HRRS 2017, 231 (234f.) unter Bezug ua auf *Saliger* in Esser/Rübenstahl/Saliger/Tsambikakis, Wirtschaftsstrafrecht, 2017, StGB § 266 Rn. 16 Fn. 20, wo dieser Gedanke bereits angesprochen wird; *Wengenroth/Wallerstorfer* NZWiSt 2017, 157 (159f.).

[107] *Krell* ZStW 126 (2014), 902 (916f.).

[108] Statt aller *Saliger* in SSW StGB, 3. Aufl. 2016, § 266 Rn. 41ff. (44ff.) mwN.

[109] *Saliger* in SSW StGB, 3. Aufl. 2016, § 266 Rn. 31, 41; *Matt* in Matt/Renzikowski, StGB, 2013, § 266 Rn. 13; vgl. auch *Fischer,* 65. Aufl. 2018, StGB § 266 Rn. 9ff. und 24ff. bzw. 33ff. und 50ff.

[110] Dazu *Saliger* in SSW StGB, 3. Aufl. 2016, § 266 Rn. 42.

[111] Dafür aber *Wolf* KJ 2000, 548.

[112] Siehe nur BGH wistra 1986, 71 und 256; BGHSt 47, 295 (297) = NJW 2002, 2801; BGH NZG 2016, 703 (716).

3. *Persönlicher Schadenseinschlag und Zweckverfehlungslehre*

Zum Abschluss der Untersuchung sei auf die Frage eingegangen, ob die Fallgruppen des persönlichen Schadenseinschlags und der Zweckverfehlung mit dem Verschleifungsverbot vereinbar sind oder ob sich bei ihnen etwa im Betrug Täuschung und Vermögensschaden verschleifen. Für die Klärung besteht aus doppeltem Grund Anlass: Zum einen hat der 5. Strafsenat des BGH wiederholt die Frage aufgeworfen und offengelassen, ob die Rechtsfigur des persönlichen Schadenseinschlags im Hinblick auf die neuere Rechtsprechung des BVerfG zumindest in Teilen der Korrektur bedarf.[113] Zum anderen ist im Schrifttum mit Blick auf die Maßgaben des BVerfG wiederholt die Verfassungsmäßigkeit der Lehre von der Zweckverfehlung in Abrede gestellt worden.[114]

Richtigerweise verstößt die *grundsätzliche Anerkennung* sowohl der Zweckverfehlungslehre als auch des persönlichen Schadenseinschlags *nicht* gegen das Verschleifungsverbot. Was die *Zweckverfehlungslehre* beim Betrug anbelangt, ist zu berücksichtigen, dass nach ihr nicht jede Frustration einer subjektiven Zwecksetzung des Getäuschten zu einem Vermögensschaden führt. Bloße Motivirrtümer oder die Enttäuschung von Affektionsinteressen genügen nicht für eine schadenstaugliche Zweckverfehlung.[115] Deshalb begeht der bedürftige Bettler, der den Spender durch die Täuschung, er sei ebenfalls Anhänger einer bestimmten Fußballmannschaft, zur Spende an ihn veranlasst, keinen strafbaren Spendenbetrug.[116] Umgekehrt ist auch das vernünftige Wirtschaften im Non-Profit-Raum strafrechtlich schützenswert. Das ist der Strafgrund der Zweckverfehlungslehre. Soweit sie dabei auf die Frustration von *sozialen, zumindest mittelbar wirtschaftlich objektivierbaren und der Leistung immanenten Zwecken* beschränkt wird, erhält die Schadensbestimmung bereits einen eigenständigen, von der Täuschung unabhängigen Gehalt und ist verfassungsrechtlich zulässig.[117]

Das gilt im Ergebnis auch für die Lehre vom *persönlichen Schadenseinschlag,* die bei Betrug und Untreue zugleich praxisrelevant wird. Ihr berechtigter Strafgrund ist, dass der Wert von Vermögen auch auf Basis einer grundsätzlich wirtschaftlichen Vermögens- und Schadenstheorie nicht völlig losgelöst von den individuellen Vermögensverhältnissen und – auf Basis eines *sachlichen Beurteilers – vernünftigen wirtschaftlichen* Zwecksetzungen des Vermögenssubjekts betrachtet werden kann.[118] In

---

[113] BGH NStZ 2014, 318 (320) und 517 (519); zweifelnd auch *Jäger* JA 2014, 877 und *Kudlich* in Fischer ua, Dogmatik und Praxis des strafrechtlichen Vermögensschadens, 2015, 123 (129ff.).

[114] *Schlösser* HRRS 2011, 254 (257ff.); *Schlösser* in Fischer ua, Dogmatik und Praxis des strafrechtlichen Vermögensschadens, 2015, 89 (96ff.); *Fröba/Straube* StraFo 2014, 500 (502ff.).

[115] BGH NJW 1992, 2167; BGH wistra 2003, 457 (459); *Satzger* in SSW StGB, 3. Aufl. 2016, § 263 Rn. 237; *Saliger* in Esser/Rübenstahl/Saliger/Tsambikakis, Wirtschaftsstrafrecht, 2017, StGB § 263 Rn. 179.

[116] Beispiel von *Maiwald* NJW 1981, 2777 (2781).

[117] Zum Vorstehenden bereits *Saliger* in Fischer ua, Dogmatik und Praxis des strafrechtlichen Vermögensschadens, 2015, 15 (29); auch *Saliger* in Esser/Rübenstahl/Saliger/Tsambikakis, Wirtschaftsstrafrecht, 2017, StGB § 263 Rn. 178, 180f.

[118] Dazu *Saliger* in Esser/Rübenstahl/Saliger/Tsambikakis, Wirtschaftsstrafrecht, 2017, StGB § 263 Rn. 171ff.; *Perron* in Schönke/Schröder, 29. Aufl. 2014, StGB § 263 Rn. 121f.; auch *Satzger* in SSW StGB, 3. Aufl. 2016, § 263 Rn. 228ff. Krit. zB *Gaede* in AnwK-StGB, § 263 Rn. 135.

dem Maße, wie die wirtschaftlichen Zwecksetzungen *individuell objektiviert* werden jenseits eines selbständigen Schutzes der Dispositionsfreiheit, erfolgt eine eigenständige Begründung des Vermögensschadens, die dem Vorwurf einer Verschleifung entgegensteht. Entsprechend hat das *BVerfG* den individuellen Schadenseinschlag mittlerweile im Grundsatz *gebilligt.* Denn die Rechtsfigur konkretisiert laut BVerfG das Tatbestandsmerkmal des Vermögensschadens und ist daher zur Begrenzung des Tatbestands im Sinne des Bestimmtheitsgebots geeignet.[119]

Zuzustimmen ist deshalb der neueren Rechtsprechung, soweit sie um eine *Eingrenzung* der Lehre vom persönlichen Schadenseinschlag bemüht ist.[120] So verneint der 5. Strafsenat des BGH für den *Eingehungsbetrug* einen Vermögensschaden, wenn trotz vertragswidriger Absichten einer Vertragspartei im Zeitpunkt des Vertragsschlusses und damit erhöhten Verlustrisikos ein *verbleibender Geldwert noch realisierbar* ist.[121] Ebenfalls eingrenzend hat derselbe Senat wenig später für den persönlichen Schadenseinschlag beim *Immobilienkauf* klargestellt, dass zwischen der nicht im versprochenen Umfang vorhandenen Eignung des erworbenen Gegenstands und dem Erwerb eines völlig unbrauchbaren, weil vertragswidrigen „aliud“ zu unterscheiden ist, und dass von einer relevanten Beeinträchtigung der wirtschaftlichen Dispositionsfreiheit der Erwerber keine Rede sein kann, wenn das Erlangte einen für jedermann ohne größeren Aufwand realisierbaren Geldwert aufweist.[122]

IV. Zusammenfassung

1. Das Verschleifungsverbot (oder Trennungsgebot) ist verletzt, wenn als Auslegungsergebnis (mindestens) zwei selbständige (kumulativ) strafbegründende Tatbestandsmerkmale vollständig deckungsgleich werden, so dass die Strafbarkeit entgrenzt wird.
2. Das Verschleifungsverbot ist ein materialer Grundsatz, dessen Anwendung komplexe normative Erwägungen zu allen betroffenen Tatbestandsmerkmalen erfordert. Als allgemeines Verschleifungsverbot steht es in Zusammenhang insbesondere mit dem Präzisierungsgebot und dem Rechtsunsicherheitserhöhungsverbot. Das untreuespezifische Verschleifungsverbot ist eng verbunden mit den eingrenzenden Maßgaben des BVerfG zur Pflichtverletzung und zum Vermögensnachteil. Insbesondere verdient die Kompensation bei der wirtschaftlichen Gesamtsaldierung besondere Berücksichtigung.
3. Das Verschleifungsverbot folgt aus dem Gesetzlichkeitsprinzip nach Art. 103 Abs. 2 GG. Es ist dort dem Bestimmtheitsgebot zuzuordnen.

---

[119] BVerfG NJW 2013, 365 (367) zu § 266 StGB – Fall Schäch; im Ergebnis ebenso *Saliger* in Fischer ua, Dogmatik und Praxis des strafrechtlichen Vermögensschadens, 2015, 15 (29).

[120] Für eine Begrenzung auf Ausnahmefälle *Fischer,* 65. Aufl. 2018, StGB § 263 Rn. 150.

[121] BGH NStZ 2014, 318 (320 Rn. 17) zu § 263 StGB – Fall Inhaberschuldverschreibung – m. Bspr. *Rostalski* HRRS 2016, 73.

[122] BGH NStZ 2014, 517 (519) zu § 266 StGB mAnm *Trüg* und Bspr. *Jäger* JA 2014, 875; *Schlösser* HRRS 2014, 395.

4. Das Verschleifungsverbot gilt für alle Straftatbestände des StGB und des Nebenstrafrechts. Es erfasst selbständige strafbegründende wie strafschärfende Tatbestandsmerkmale, ferner strafbegründende bzw. erweiternde Vorschriften des Allgemeinen Teils sowie die §§ 3–9 StGB und Regelbeispiele. Auf Strafbefreiungsgründe ist es dagegen nicht anwendbar. Ebenso wenig lässt sich das Verschleifungsverbot von Tatbestandsmerkmalen zu einem Verschleifungsverbot von Straftatbeständen erweitern.
5. Die Telekom-Spitzel-Entscheidung verstößt gegen das Verschleifungsverbot.
6. Das untreuespezifische Verschleifungsverbot gilt auch für die Möglichkeit der Verschleifung von Vermögensbetreuungspflicht und Pflichtverletzung.
7. Die grundsätzliche Anerkennung des persönlichen Schadenseinschlags und der Zweckverfehlung verletzen nicht das Verschleifungsverbot.

CARL-FRIEDRICH STUCKENBERG

Von weggenommenen Rettungsringen, treulosen Bergführern und Lastwagen voll Sand – Probleme eines überflüssigen Tatbestands (§ 221 StGB)

I. Problemaufriss

Macht sich wegen Aussetzung gem. § 221 Abs. 1 Nr. 1 StGB strafbar, wer einem am Strand dösenden Nichtschwimmer den Rettungsring wegnimmt?[1] Oder auf den ahnungslos Sonnenbadenden einen Lastwagen voll Sand schüttet?[2] Wenn ein Kapitän einen blinden Passagier auf einer unbewohnten Insel oder ein Bergführer den unkundigen Touristen im Hochgebirge allein zurücklässt,[3] wird das Opfer dann in eine hilflose Lage versetzt (§ 221 Abs. 1 Nr. 1 StGB) oder in einer hilflosen Lage im Stich gelassen (§ 221 Abs. 1 Nr. 2 StGB)? Wie unterscheidet sich die „hilflose Lage" von der vom Tatbestand zudem verlangten konkreten Gefahr des Todes oder einer schweren Gesundheitsschädigung? Ist hilflos jeder, der sich selbst nicht helfen kann, oder nur der, dem auch Dritte oder der Täter nicht helfen können oder wollen? Ist die hilflose Lage in beiden Nummern des § 221 Abs. 1 StGB gleich zu verstehen oder nicht?

Diese dem Schrifttum entnommenen Fragen zeigen beispielhaft, dass die Formulierung des ersten Absatzes des Straftatbestands der Aussetzung nach zwei Jahrzehnten und vielfachen, auch monographischen[4] Bemühungen immer noch zu den zahlreichen Rätseln gehört, die das 6. Strafrechtsreformgesetz im Besonderen Teil des StGB hinterlassen hat. Der *Jubilar* hat die Neufassung in seiner Kommentierung von Beginn an mit Kritik bedacht.[5] Dieser kleine Beitrag zu seinen Ehren will

---

[1] Beispiel von *Hardtung* in MüKoStGB, 1. Aufl. 2003, § 221 Rn. 5; aufgenommen von *Fischer,* ab der 56. Aufl. 2009, StGB § 221 Rn. 9.

[2] Beispiel von *Fischer,* ab 56. Aufl. 2009, StGB § 221 Rn. 9.

[3] Beispiele aus dem Amtlichen Entwurf eines Allgemeinen Deutschen Strafgesetzbuchs nebst Begründung, veröffentlicht auf Anordnung des Reichsjustizministeriums, 1925 (E 1925), S. 119, die an frühere Diskussionen anknüpfen, vgl. *Schubert,* Protokolle der Kommission für die Reform des Strafgesetzbuchs, Band 3, 1990, 38 (144. Sitzung vom 19.6.1912); sa *Binding,* Lehrbuch des Gemeinen Deutschen Strafrechts, BT 1, 2. Aufl. 1902, 62.

[4] *Laue,* Die Aussetzung – Eine Klarstellungsvorschrift, 2002; *Lucks,* Der Aussetzungstatbestand nach dem 6. Strafrechtsreformgesetz – ein allgemeines Lebens- und Gesundheitsgefährdungsdelikt?, 2003; *S. Heinrich,* Die geschichtliche Entwicklung des Aussetzungsdelikts, 2004; *Wielant,* Die Aussetzung nach § 221 Abs. 1 StGB, 2009; *Chilecki,* Zur Dogmatik der Aussetzung (§ 221 StGB) nach dem sechsten Strafrechtsreformgesetz, 2010; *Lautner,* Die Systematik des Aussetzungstatbestands (§ 221 I StGB), 2010.

[5] *Fischer* in Tröndle/Fischer, 50. Aufl. 2009, StGB § 221 Rn. 7, 9; zuletzt *Fischer,* 65. Aufl. 2018, StGB § 221 Rn. 9.

daran anknüpfen und einigen ausgewählten – für mehr ist kein Raum – mir grundlegend erscheinenden Zweifelsfragen nachgehen, namentlich auch der dogmatischen und kriminalpolitischen Berechtigung sowohl der problematischen Tatbestandsmerkmale als auch der Vorschrift insgesamt, weil dieser Aspekt neben den exegetischen Anstrengungen bisweilen aus dem Blick zu geraten scheint.

Anders als bei anderen Tatbeständen[6] sind die Auslegungsschwierigkeiten bei § 221 StGB nF älteren Ursprungs und kein genuines Produkt des viel gescholtenen Reformgesetzgebers von 1998, der sich hier im Wesentlichen an § 139 des E 1962[7] angelehnt und dessen Begründung teilweise wörtlich übernommen hat.[8] Der E 1962 selbst setzt dabei nur Bestrebungen fort, die schon in Entwürfen von 1913 zu finden sind[9] und die die von *Radbruch* geforderte[10] Ausweitung des vordem auf Personensorgeverhältnisse beschränkten Deliktstyps in Richtung auf ein allgemeines Lebensgefährdungsdelikt zum Ziel hatten. Die Wortlautfassung, die heute der Strafrechtsdogmatik – in der Praxis ist das Delikt erfreulicherweise fast völlig bedeutungslos[11] – Kopfzerbrechen bereitet, geht letztlich auf die Formulierung in *Radbruchs* Entwurf von 1922[12] zurück. Wie konnte es dazu kommen?

II. *Vom „vagen Verbrechen" zum beschränkt-allgemeinen Gefährdungsdelikt*

Die Bestrafung der Aussetzung geht auf das gemeinrechtliche Delikt der Kindsweglegung (*expositio infantis* oder *infantum*) zurück, die ab dem 19. Jahrhundert nur noch „Aussetzung" genannt wurde und in unklarem Verhältnis – vgl. Art. 132 CCC – zwei Unrechtsmomente enthielt: zum einen die rechtswidrige Vernachlässigung bzw. Aufgabe der Fürsorgepflicht, zumeist zur Vermeidung der Schande unehelicher Geburt oder der Ernährungskosten, und zum anderen die dadurch eintretende Gefährdung von Gesundheit oder Leben des Tatopfers; mitunter wurde noch ein drittes, heute obsoletes, Unrechtsmoment in der Verschleierung des Personenstands (ehelich/unehelich) erblickt.[13] Diese Mehrzahl von Rechtsverletzungen führte verbreitet zur Einreihung des Tatbestandes in die Klasse der „vagen",[14]

---

[6] Man denke nur an die „Strafrahmenrätsel" der neugefassten Brandstiftungsdelikte, *Fischer* NStZ 1999, 13.

[7] BT-Drs. IV/650, 35, 276f.

[8] BT-Drs. 13/8587, 34f.

[9] Dazu *Wielant,* Die Aussetzung nach § 221 Abs. 1 StGB, 2009, 58ff. mwN, Texte auf S. 488f.

[10] *Radbruch* in Birkmeyer et al., Vergleichende Darstellung des Deutschen und Ausländischen Strafrechts, BT (VDBT), Band V, 1905, 185 (195, 200ff.).

[11] *Wielant,* Die Aussetzung nach § 221 Abs. 1 StGB, 2009, 38ff. mit Verurteilungsziffern, die seit 1970 den Wert 25 nie über-, zumeist aber deutlich unterschritten haben (2016: 6 Verurteilte, *Statistisches Bundesamt,* Fachserie 10, Reihe 3, 2016, S. 32f.).

[12] *Gustav Radbruchs* Entwurf eines allgemeinen deutschen Strafgesetzbuchs (1922), 1952, 29: „§ 227. Aussetzung. Wer einen anderen aussetzt und dadurch in eine hilflose Lage bringt, die sein Leben gefährdet, wird mit Gefängnis bestraft ..."; identisch mit § 230 E 1925, § 234 E 1927 und § 257 E 1930, dazu *Wielant,* Die Aussetzung nach § 221 Abs. 1 StGB, 2009, 61ff.

[13] Dazu *Radbruch* in Birkmeyer et al., Vergleichende Darstellung des Deutschen und Ausländischen Strafrechts, BT (VDBT), Band V, 1905, 185f. mwN.

[14] *Feuerbach,* Lehrbuch des gemeinen in Deutschland gültigen peinlichen Strafrechts, 14. Aufl. 1847, §§ 388ff.

„schwankenden",[15] „vielfachen"[16] oder „unbestimmten"[17] Delikte. In den Partikularrechten des 19. Jahrhunderts stand die Fürsorgepflichtverletzung als abstrakte Gefährdung einer hilfsbedürftigen Person im Vordergrund, konkrete Gefahren und Verletzungserfolge schärften oftmals die Strafe,[18] waren aber zur Strafbegründung, anders als im preußischen und später im Reichsrecht, nicht notwendig.[19] Die von 1871 bis 1998 geltende Fassung des § 221 Abs. 1 StGB:

„Wer eine wegen jugendlichen Alters, Gebrechlichkeit oder Krankheit hilflose Person aussetzt, oder wer eine solche Person, wenn dieselbe unter seiner Obhut steht oder wenn er für die Unterbringung, Fortschaffung oder Aufnahme derselben zu sorgen hat, in hilfloser Lage verläßt, ..."

bleibt nahe am tradierten Tatbild, vor allem durch Beibehalten des gemeinrechtlichen Tatbildpaares „Weglegen"/„Aussetzen" (Wegtragen eines Kindes, um es aufzugeben) und „Verlassen" (Aufgeben eines Kindes an einem Ort, an den man mit

---

[15] *Martin,* Lehrbuch des Teutschen gemeinen Criminal-Rechts, 2. Aufl. 1829, § 182.

[16] *Tittmann,* Handbuch der Strafrechtswissenschaft und der deutschen Strafgesetzkunde, 2. Theil, 1807, § 258.

[17] *Grolman,* Grundsätze der Criminalrechtswissenschaft, 2. Aufl. 1805, §§ 285ff.; *Abegg,* Lehrbuch der Strafrechts-Wissenschaft, 1836, §§ 318, 326ff.

[18] S. schon *Carpzov,* Practica nova imperialis Saxonica rerum criminalium, 1635, pars 1, qu. 10 nn. 5ff.

[19] Dazu *Radbruch* in Birkmeyer et al., Vergleichende Darstellung des Deutschen und Ausländischen Strafrechts, BT (VDBT), Band V, 1905, 188ff., 190; *Wielant,* Die Aussetzung nach § 221 Abs. 1 StGB, 2009, 47ff., jew. mwN. Die ausführlichste Regelung, die nach Schadensfolge und Tätervorstellung staffelt, wiesen das hessische StGB von 1841 und das gleichlautende nassauische StGB von 1849 (Art. 279ff.) auf. Die hessischen Vorschriften lauteten: „Art. 286. Eltern, welche ihr Kind in der Absicht, sich von der Sorge für dasselbe zu befreien, in einem Alter oder Zustande, in welchem es sich selbst zu helfen unvermögend ist, hülflos verlassen oder in gleichem Zustande von sich entfernen, machen sich des Verbrechens der *Aussetzung* schuldig. Desselben Verbrechens machen sich unter der nämlichen Voraussetzung auch Andere schuldig, wenn sie gegen fremde Kinder in solchem Alter oder Zustande, oder gegen andere hülflose Personen, die ihrer Obhut anvertraut, oder zu deren Verpflegung, Erziehung, Ernährung, Bewahrung, Transportierung oder Aufnahme sie rechtlich verpflichtet sind, solche Handlung begehen. Art. 287. Ist Aussetzung auf eine solche Art, an einem solchen Orte und unter solchen Umständen geschehen, daß eine Gefahr für das Leben des Ausgesetzten von dem Thäter nicht befürchtet werden konnte, so soll derselbe bestraft werden: 1) mit Correctionshaus von sechs Monaten bis zu vier Jahren, wenn demungeachtet der Ausgesetzte dabei um das Leben gekommen ist; 2) mit Correctionshaus bis zu Einem Jahre, wenn er nicht um das Leben gekommen; wobei die Gerichte darauf Rücksicht zu nehmen haben, ob der Ausgesetzte mehr oder weniger Schaden gelitten, oder ganz unversehrt geblieben ist. Art. 288. Geschah die Aussetzung auf eine dem Leben des Ausgesetzten zwar nicht ungefährliche Art, jedoch dergestalt, an einem solchen Orte und unter solchen Umständen, daß dessen Rettung mit Wahrscheinlichkeit von dem Thäter erwartet werden konnte, so ist derselbe zu bestrafen: 1) zu Zuchthausstrafe bis zu acht Jahren, wenn der Ausgesetzte sein Leben verloren hat; 2) zu Correctionshausstrafe von Ein bis drei oder Zuchthausstrafe bis zu vier Jahren, wenn er nicht um das Leben gekommen ist, jedoch Schaden erlitten hat; 3) zu Correctionshausstrafe von sechs bis achtzehn Monaten, wenn er unbeschädigt geblieben ist. Art. 289. Ist die Aussetzung auf eine solche Art, an einem solchen Orte und unter solchen Umständen geschehen, daß der Thäter die Rettung des Ausgesetzten mit Wahrscheinlichkeit nicht erwarten konnte, so treten folgende Strafen ein: 1) Zuchthausstrafe von zehn bis sechzehn Jahren, wenn der Tod erfolgte; 2) Zuchthausstrafe von vier bis zehn Jahren, im Falle der Beschädigung des Ausgesetzten; 3) Correctionshausstrafe von zwei bis vier Jahren, wenn derselbe keinen Schaden erlitten hat."

ihm ohne *animus abdicandi* gelangt ist),[20] auch wenn der Kreis der Tatobjekte auf weitere konstitutionell hilfsbedürftige Personen ausgedehnt wurde und die erste Variante keine Sonderpflicht voraussetzt. Die Rechtsprechung verlangte von Beginn an für die in beiden Tatvarianten vorausgesetzte „hilflose Lage" in Abkehr vom gemeinen Recht eine konkrete Leibes- oder Lebensgefahr.[21]

Dass die Kinderaussetzung nur ein Sonderfall einer an jedweder hilfsbedürftigen Person begehbaren Aussetzung ist, hatten schon gemeinrechtliche Autoren erkannt.[22] An der Fassung des RStGB wurde daher bald kritisiert, dass die aus anderen Gründen Hilflosen ausgeschlossen seien,[23] etwa der Bergführer, der den Touristen „im kritischen Augenblicke im Stiche läßt und in größte Lebensgefahr bringt",[24] nicht wegen Aussetzung bestraft werden könne. Namentlich *Radbruch* bemängelte, dass das StGB beide Rechtsgüter – Leben und Fürsorgerecht – gleichzeitig schützen wolle und deshalb beide unvollkommen schütze:

> *„es bedroht die Lebensgefährdung nicht, soweit [sie] nicht zugleich Verletzung der Fürsorgepflicht, die Verletzung der Fürsorgepflicht nicht, soweit sie nicht zugleich Lebensgefährdung ist".*[25]

Stattdessen schlug er vor,[26] künftig beide Rechtsgüter je für sich konsequent in eigenen Tatbeständen zu schützen, nämlich zum einen durch ein auch von *von Liszt*[27] gefordertes allgemeines Lebensgefährdungsdelikt, das jedermann, nicht nur der Obhutspflichtige, an jedem, nicht nur dem Hilflosen, begehen könne, ähnlich dem schweizerischen Vorentwurf von 1903,[28] zum anderen durch einen Tatbestand der Fürsorgepflichtverletzung. Die alte Aussetzung könne allenfalls noch als qualifizierte Form der Fürsorgepflichtverletzung beibehalten werden.

Innerhalb dieser Grenzen bewegen sich seitdem alle Reformentwürfe, die sich aber weder getraut haben, diese Grenzen auszuloten und in *Radbruch*scher Radikalität das „vielfache" Delikt auseinanderzureißen, noch, wie schon Mitte des 19. Jahr-

---

[20] Vgl. *Tittmann,* Handbuch der Strafrechtswissenschaft und der deutschen Strafgesetzkunde, 1. Band, 2. Aufl. 1822, § 202, S. 416 Anm. *l).*

[21] RGSt 7, 111 (112); 31, 165 (167); RGRspr. 7 (1885), 250 (251 f.).

[22] *G. J. F. Meister,* Principia iuris criminalis Germaniae communis, 7. Aufl. 1828, § 162 Anm. a): „Notandum quoque est, quod infantis expositio est species *expositionis in genere,* quae in quibuslibet personis, quae sine auxilio aliorum hominum perire debent, locum habent." (Hervorh. im Original).

[23] *Radbruch* in Birkmeyer et al., Vergleichende Darstellung des Deutschen und Ausländischen Strafrechts, BT (VDBT), Bd. V, 1905, 195.

[24] *Wachenfeld* in v. Holtzendorff/Kohler, Encyclopädie der Rechtswissenschaft, Bd. II, 6. Aufl. 1904, 296.

[25] *Radbruch* in Birkmeyer et al., Vergleichende Darstellung des Deutschen und Ausländischen Strafrechts, BT (VDBT), Bd. V, 1905, 195.

[26] *Radbruch* in Birkmeyer et al., Vergleichende Darstellung des Deutschen und Ausländischen Strafrechts, BT (VDBT), Bd. V, 1905, 200 ff.

[27] *von Liszt* in Birkmeyer et al., Vergleichende Darstellung des Deutschen und Ausländischen Strafrechts, BT (VDBT), Bd. V, 144 (155).

[28] Jetzt Art. 129 schweiz. StGB, Gefährdung des Lebens: „Wer einen Menschen in skrupelloser Weise in unmittelbare Lebensgefahr bringt, wird mit Freiheitsstrafe bis zu fünf Jahren oder Geldstrafe bestraft." Zur Diskussion s. *Hettinger/Wielant* FS Herzberg, 2008, 649 (651 ff.).

hunderts[29] und danach wieder vom Arbeitskreis Alternativ-Entwurf vorgeschlagen,[30] es wegen praktischer Irrelevanz zu streichen. Aus Scheu vor dem von *Binding* mit gewohnter Heftigkeit („kriminelle Mißbildung"[31]) verworfenen allgemeinen Lebensgefährdungsdelikt wurden stattdessen ab 1913 die oben erwähnten Erweiterungen der Lebensgefährdungsvariante auf beliebige hilflose Lagen vorgeschlagen, mitunter in Kombination mit einem auf schwerste Fälle beschränkten allgemeinen Lebensgefährdungstatbestand. Die bis heute maßgebende Weichenstellung erfolgte 1958 in der Großen Strafrechtskommission, die sich nicht zu einem allgemeinen Gefährdungstatbestand durchzuringen vermochte,[32] wohl aber zur Bestrafung desjenigen, der „einen anderen in eine hilflose Lage versetzt und dadurch sein Leben gefährdet"[33]. Diese Tatvariante streicht den Numerus clausus der Hilflosigkeitsgründe und das mit dem Verb „aussetzen" bisher verbundene Erfordernis einer Ortsveränderung.

Der E 1962 blieb dabei und wollte nicht jedwede Lebensgefährdung, sondern nur solche, die aus einer hilflosen Lage entstehen, poenalisieren.[34] In dieser Fassung, die erst das 6. StrRG in Kraft setzt, behält die Aussetzung ihren Charakter als Mischtatbestand, der einerseits die auf bestimmte Weise verursachte Lebensgefährdung und andererseits die durch Lebensgefahr qualifizierte Obhutspflichtverletzung mit Strafe bedroht. Die Frage, warum nur die Lebensgefährdung infolge hilfloser Lage und nicht auch sonst Strafe verdient, worin also das spezifische Aussetzungsunrecht des § 221 Abs. 1 Nr. 1 StGB liegen soll, wurde, soweit ersichtlich, nicht erörtert. Trotz des beträchtlichen Alters der ersten sachlich übereinstimmenden Entwürfe erscheint die heutige Textfassung des § 221 Abs. 1 StGB angesichts der Fülle der inzwischen zutage getretenen Auslegungsprobleme als unzureichend durchdacht, wenn nicht als missglückt.

III. *„Hilflose Lage" und konkrete Gefahr*

Auf den ersten Blick erscheint jede Variante des § 221 Abs. 1 StGB als zweiphasiger Tatbestand wie andere konkrete Gefährdungsdelikte, zB §§ 315b, 315c StGB, auch, bei denen aus einer typisierend umschriebenen („geschlossenen"[35]), abstrakt

---

[29] *Temme,* Critik des Entwurfs des Strafgesetzbuchs für die Preußischen Staaten, 2. Theil, 1843, 280f.

[30] *Baumann et al.,* Alternativ-Entwurf eines Strafgesetzbuches, BT, Straftaten gegen die Person, 1. Halbbd., 1970, 23; *Arzt et al.,* Alternativ-Entwurf eines Strafgesetzbuches, BT, Straftaten gegen die Person, 2. Halbbd., 1971, 99; sa *Wielant,* Die Aussetzung nach § 221 Abs. 1 StGB, 2009, 41f., 477 mwN.

[31] *Binding* GS 86 (1919), 353 (362); sa *Binding,* Die Normen und ihre Übertretung, Band I, 4. Aufl. 1922, 384; wN bei *Hettinger/Wielant* FS Herzberg, 2008, 649 (653f.).

[32] Dazu *Hettinger/Wielant* FS Herzberg, 2008, 649 (655).

[33] *Große Strafrechtskommission,* Niederschriften, Bd. 7, 1959, 96ff., Anh. K 53, S. 351; Band 12, Anh. B, S. 593. Der Grund für die Formulierung bleibt dunkel, vgl. *Küper* ZStW 111 (1999), 30 (41 Fn. 49); *Struensee* in *Dencker/Struensee/Nelles/Stein,* Einführung in das 6. Strafrechtsreformgesetz, 1998, 34 Rn. 24.

[34] Vgl. BT-Drs. IV/650, 276; *Hettinger/Wielant* FS Herzberg, 2008, 649 (659ff.).

[35] *Binding* GS 86 (1919), 353 (362).

gefährlichen und bisweilen (§ 316 StGB) selbständig mit Strafe bedrohten Verhaltensweise, zusätzlich eine konkrete Gefahr für bestimmte Rechtsgüter entspringen muss. Dies entspricht auch offensichtlich dem Willen der verschiedenen Entwurfsverfasser und letztlich des Reformgesetzgebers, insofern ein allgemeines Lebensgefährdungsdelikt, das mit der bloßen Kausierung einer konkreten Lebensgefahr durch beliebige, nicht einschränkend beschriebene Verhaltensweisen erfüllt ist, gerade nicht gewollt war.[36] Die begriffliche Selbständigkeit von hilfloser Lage und konkreter Gefahr für Gesundheit oder Leben ist also Voraussetzung dafür, dass das mit der Neufassung verfolgte Regelungskonzept überhaupt funktioniert.[37]

Zu Recht hat daher *Struensee* sogleich die Frage gestellt, ob es konkrete Gefahren geben könne, denen keine hilflose Lage vorausgeht, jedoch gemeint, dies verneinen zu müssen,[38] ebenso wie danach *Jähnke*[39] und andere. Auch *Fischer* hat mit den anfangs berichteten Beispielen erhebliche Zweifel geäußert.[40]

1. *Zur Möglichkeit einer begrifflichen Unterscheidung*

Wie erwähnt hatte die Rechtsprechung mit Zustimmung des Schrifttums über 120 Jahre lang die „hilflose Lage" als Merkmal der alten Fassung des § 221 StGB durch die konkrete Gefahr definiert.[41] Ein Blick auf die gemeinrechtliche Doktrin und die Partikulargesetzgebung des 19. Jahrhunderts mit Ausnahme Preußens zeigt indes, dass eine hilflose Lage ohne konkrete Gefahr durchaus vorstellbar ist. Ob dies im aktuellen Normkontext auch sinnvoll ist, ist eine davon getrennt zu beantwortende Frage.

Nach heute herrschendem Verständnis liegt eine „konkrete Gefahr" für ein Rechtsgutsobjekt dann vor, wenn ein Schadenseintritt naheliegt und nur noch „vom Zufall abhängt" in dem Sinne, dass der Täter nicht mehr vernünftigerweise darauf vertrauen kann, dass der Schaden nicht eintritt.[42]

Das semantische Feld um die Ausdrücke „hilflose" oder auch „hilfsbedürftige Person" und „hilflose Lage" ist mittlerweile mehrfach umgepflügt worden.[43] Dem herkömmlichen Sprachgebrauch nach ist „hilflos" derjenige, der sich selbst nicht

---

[36] Wäre § 221 StGB hingegen ein allgemeines Lebensgefährdungsdelikt, hätte dies die seltsame Konsequenz, dass §§ 315a bis 315d StGB als Privilegierungen anzusehen wären, *Ebel* NStZ 2002, 404.

[37] Auch der Auslegungsvorschlag, dass die Gefährdungsklausel lediglich dazu dienen könnte, klarzustellen, dass die bereits in der hilflosen Lage enthaltene konkrete Gefahr eine solche für Leben oder der schweren Gesundheitsschädigung sei, *Küper* ZStW 111 (1999), 30 (48f.), macht § 221 Abs. 1 StGB zu einem generellen Gefährdungsdelikt.

[38] *Struensee* in Dencker/Struensee/Nelles/Stein, Einführung in das 6. Strafrechtsreformgesetz, 1998, 35f. Rn. 29.

[39] *Jähnke* in LK-StGB, 11. Aufl. 1999, § 221 Rn. 7, 18.

[40] *Fischer,* ab der 56. Aufl. 2009, StGB § 221 Rn. 9; ebenso *Eschelbach* in BeckOK StGB, 36. Ed. 1.11.2017, § 221 Rn. 2.

[41] RGSt 7, 111 (112); 31, 165 (167); RGRspr. 7 (1885), 250 (251f.).

[42] Statt vieler *Fischer,* 65. Aufl. 2018, StGB § 315c Rn. 15a; *Zieschang* in NK-StGB, 5. Aufl. 2017, § 315 Rn. 33, jew. mwN; sa *Kindhäuser,* Gefährdung als Straftat, 1989, 189ff.; *Zieschang,* Die Gefährdungsdelikte, 1998, 43ff. (51).

[43] Beginnend mit *Radbruch* in Birkmeyer et al., Vergleichende Darstellung des Deutschen und Ausländischen Strafrechts, BT (VDBT), Band V, 1905, 191 mit Fn. 2, 196 Fn. 1.

helfen kann, also bestimmter Hilfsmittel oder der Hilfe anderer Menschen bedarf und diese Hilfsmittel oder Hilfe nicht hat. „Hilfe“ ist ein finaler Begriff, der die Verbesserung eines bestimmten Zustands, eines Mangels, einer Notlage meint; dementsprechend ist die Ableitung „Hilfsbedürftigkeit“ und die Negation „Hilflosigkeit“ bezogen auf bestimmte negativ bewertete Zustände, hier Gefahren des Todes und schwerer Gesundheitsschädigung.[44] In älteren Gesetzen und im älteren Schrifttum finden sich solche Umschreibungen mitunter explizit („quis sine auxilio aliorum hominum perire debet“[45]). Auf welchen Gründen die Hilfsbedürftigkeit beruht, ob konstitutionell oder situativ bedingt, ist seit der Neufassung belanglos. Damit ist die „hilflose Lage“ aber noch nicht zureichend bestimmt, denn man kann darunter entweder einen Zustand *akuter* Hilfsbedürftigkeit nebst aktuell fehlender Hilfe verstehen, so dass unmittelbar Schaden für Leib oder Leben droht, oder einen Zustand *latenter* Hilfsbedürftigkeit, wo zwar Hilfe fehlt, aber aktuell (noch) nicht benötigt wird. Im ersten Verständnis, das dem zu § 221 aF StGB entspricht, fallen hilflose Lage und konkrete Gefahr zusammen; im zweiten Verständnis wird „Hilfsbedürftigkeit“ und damit auch die „hilflose Lage“ als *Disposition* aufgefasst, d. h. als hypothetischer Bedingungssatz:[46] Die Person ist in einer Situation, in der sie, *wenn* eine akute Bedrohung für ihre Gesundheit oder ihr Leben aufträte, diese nicht abwenden könnte. Nun ist, wie *Radbruch* beobachtet hat,[47] niemand immer hilfsbedürftig und umgekehrt keine Lage für jedermann eine hilflose, so dass sinnvollerweise nur solche Lagen als (latent) „hilflos“ beschrieben werden, bei denen die fraglichen Gefahren erfahrungsgemäß generell oder typischerweise auftauchen *können,* weshalb *Feuerbach* von „entfernten“ Gefahren sprach[48] und heute im Schrifttum von abstrakten,[49] potentiellen,[50] hypothetischen,[51] drohenden[52] etc[53] Gefahrenlagen die Rede ist. Eine bloß theoretisch „mögliche“[54] Gefahr dürfte nicht reichen, denn möglich ist eine unendliche Vielzahl von Ereignissen wie das Überschütten mit einem Lastwagen voll Sand, von denen die meisten aber nicht

---

[44] Ebenso *Neumann/Saliger* in NK-StGB, 5. Aufl. 2017, § 221 Rn. 6 (Hilflosigkeit als relationaler Begriff).

[45] Vgl. *G. J. F. Meister,* Principia iuris criminalis Germaniae communis, 7. Aufl. 1828, § 162 Anm. a).

[46] Zu Dispositionen s. nur *Ryle,* The Concept of Mind, 1949, 43; *Carnap,* Erkenntnis 3 (1932/33), 107 (130); sa *Stuckenberg,* Vorstudien zu Vorsatz und Irrtum im Völkerstrafrecht, 2007, 82ff. mwN.

[47] *Radbruch* in Birkmeyer et al., Vergleichende Darstellung des Deutschen und Ausländischen Strafrechts, BT (VDBT), Bd. V, 1905, 196 Fn. 2.

[48] *Feuerbach,* Lehrbuch des gemeinen in Deutschland gültigen peinlichen Strafrechts, 14. Aufl. 1847, § 390 III.

[49] BGH NStZ 2008, 395; *Hardtung* in MüKoStGB, 3. Aufl. 2017, § 221 Rn. 5ff. mwN.

[50] *Eschelbach* in BeckOK StGB, 36. Ed. 1.11.2017, § 221 Rn. 3.

[51] *Küper* ZStW 111 (1999), 30 (48); *Eser* in Schönke/Schröder, 29. Aufl. 2014, § 221 Rn. 9; *Wolters* in SK-StGB, 9. Aufl. 2017, § 221 Rn. 3; krit. *Fischer,* 65. Aufl. 2018, § 221 Rn. 7, 9; *Hardtung* in MüKoStGB, 3. Aufl. 2017, § 221 Rn. 5.

[52] *Ebel* NStZ 2002, 404 (405, 407).

[53] Zusammenstellung bei *Lautner,* Die Systematik des Aussetzungstatbestands (§ 221 I StGB), 2010, 31ff.

[54] *Schroeder* in Maurach/Schroeder/Maiwald, Strafrecht Besonderer Teil Teilbd. 1, 10. Aufl. 2009, § 4 Rn. 5 mit Fn. 269 (abstrakte Gefahr sei „abwegig“).

praktisch, d. h. erfahrungsgemäß handlungsrelevant sind. Daher ist der am Strand dösende Nichtschwimmer auch ohne Rettungsring weder in einer akut noch latent hilflosen Lage, falls nicht gerade eine Flutwelle ihn sogleich oder alsbald wegzuspülen drohte.[55] Solange Moses oder Romulus und Remus friedlich in ihren Weidenkörben auf Nil oder Tiber trieben, Hänsel und Gretel noch Brot und wärmendes Feuer hatten,[56] befanden sie sich in abstrakten Gefahrenlagen, die erst dann konkret geworden wären, wenn die Körbchen zu kentern drohten, hungrige Krokodile, Wölfe oder Hexen sich nähern usw.

In welchem Sinne die „hilflose Lage" in § 221 Abs. 1 Nr. 1 und 2 nF StGB zu verstehen ist, ist mithin nicht durch den Sprachgebrauch vorgegeben, sondern eine normative Entscheidung gemäß Sinn und Zweck der Vorschrift. Steht als Strafgrund die Fürsorgepflichtverletzung im Vordergrund wie vor 1871 – *Carpzov* hielt eine solche Verletzung der elterlichen Pflichten für widernatürlich und unmenschlicher als einen Totschlag[57] –, so erscheint es konsequent, an die durch die Pflichtverletzung bedingte abstrakte Gefahrenlage anzuknüpfen[58] und konkrete Gefahren oder Schäden lediglich strafschärfend zu berücksichtigen. Soll hingegen „das objective Moment einer Gefahr für die ausgesetzte oder verlassene Person der hauptsächliche Strafgrund"[59] sein wie im preußischen StGB, das den Tatbestand unter die Verbrechen wider das Leben einreihte, so liegt ein Abstellen auf eine wirkliche oder konkrete Gefahr nahe. Ist die konkrete Gefahr Strafgrund,[60] soll aber nicht jedwede Form der Gefahrverursachung genügen, sondern nur die des Versetzens in eine hilflose Lage wie in § 221 nF StGB, so gebietet dieses Regelungskonzept eine begriffliche Scheidung von hilfloser Lage als Tatmittel und konkreter Gefahr als Taterfolg.

Wenn man sich hilflose Lagen ohne konkrete Gefahren vorstellen kann, so folgt daraus noch nicht, dass es auch konkrete Gefahren ohne hilflose Lagen geben müsse: Entgegen *Struensee,* der das zu § 221 aF StGB herrschende Verständnis der hilflosen Lage zugrunde legt,[61] lassen sich konkrete Gefahrenlagen denken, in denen der Gefährdete nicht „hilflos" ist. Das kommt dann in Betracht, wenn eine Person zwar über Fähigkeiten, Hilfsmittel oder Unterstützung Dritter verfügt, um einer Gefahr zu begegnen, diese Hilfe jedoch kritische Situationen mit einem beträchtlichen Risiko des Schadenseintritts nicht sicher auszuschließen vermag. Wer an einem dunklen Dezembertag einen Nichtschwimmer in der Mitte des Stroms

---

55 *Heger* ZStW 119 (2007), 593 (604); sa *Hacker/Lautner* Jura 2006, 274 (279).

56 Vgl. *Ebel* NStZ 2002, 404 (405); *Heger* ZStW 119 (2007), 593 (607).

57 *Carpzov,* Practica nova imperialis Saxonica rerum criminalium, 1635, pars 1, qu. 10 n. 2: „hancque inhumanitatem tanto quovis homicidium pejorem esse".

58 *Hälschner,* Das Preußische Strafrecht, Dritter Theil (= System des Preußischen Strafrechts, Zweiter Theil: Die Verbrechen gegen das Recht der Privatperson), 1868, 124; ebenso die Ausführungen der rheinischen Juristen in der preußischen Staatsrats-Kommission von 1847, bei *Goltdammer,* Die Materialien zum Straf-Gesetzbuche für die Preußischen Staaten, Theil II, 1852, 393.

59 *Goltdammer,* Die Materialien zum Straf-Gesetzbuche für die Preußischen Staaten, Theil II, 1852, 393; *Hälschner,* Das Preußische Strafrecht, Dritter Theil (= System des Preußischen Strafrechts, Zweiter Theil: Die Verbrechen gegen das Recht der Privatperson), 1868, 125 f.

60 Vgl. *Große Strafrechtskommission,* Niederschriften, Bd. 7, 1959, S. 96 ff., 298.

61 *Struensee* in Dencker/Struensee/Nelles/Stein, Einführung in das 6. Strafrechtsreformgesetz, 1998, 35 f. Rn. 29.

von einer Rheinbrücke stößt, versetzt diesen in eine hilflose Lage, weil ihm die Fähigkeit fehlt, sich allein gegen das Ertrinken zu wehren, Hilfe Dritter derzeit fehlt und nur zufällig noch rechtzeitig käme – die konkrete Lebensgefahr setzt, wie im Sandbeispiel, (fast) gleichzeitig ein.[62] Stößt der Täter stattdessen einen ausgebildeten Rettungsschwimmer in den Rhein, so hat dieser zwar die Fähigkeit, an das rettende Ufer zu schwimmen, und ist insofern nicht hilflos, gleichwohl besteht das Risiko, dass ihm das wegen Kälte und Schiffsverkehr nicht gelingt. Wenn man allerdings als „Hilfe" nur durchgehen ließe, was eine Gefahr *sicher* ausschließt, dann korrelierten konkrete Gefahr und aktuelle Hilflosigkeit *per definitionem* – dies liefe aber auf die wenig einleuchtende Gleichsetzung von „Hilfe" mit „erfolgreicher Hilfe" und „Hilflosigkeit" mit „fehlender oder erfolgloser Hilfe" hinaus. Dann müsste man auch bei jedem vollendeten Tötungsdelikt, dem notwendig eine konkrete Lebensgefahr vorausgeht, eine hilflose Lage und damit § 221 nF StGB bejahen.[63]

2. Sinn der Zweistufigkeit des Aussetzungstatbestands

Ist eine begriffliche Scheidung von hilfloser Lage und konkreter Gefahr somit darstellbar, so bleibt die wesentlichere Frage, ob es ein vernünftiges Regelungskonzept ist, nicht jede Verursachung einer konkreten Leibes- oder Lebensgefahr, sondern nur diejenigen zu bestrafen, die mittels einer hilflosen Lage begangen werden. Es genügt gewiss nicht, dass damit lediglich die Schaffung eines kontroversen allgemeinen Gefährdungsdelikts vermieden wird, denn das ließe sich durch beliebige Beschränkungen erreichen. Das Schaffen einer hilflosen Lage müsste vielmehr einen originären Unrechtsgehalt aufweisen, der *nicht* in der Verletzung einer Obhutspflicht und *nicht* in der Verursachung einer Gefahr bestünde.

Bezeichnenderweise findet sich von den Entwürfen der Kaiserzeit an[64] bis heute dazu keine nähere Erläuterung. Stattdessen wird – gleichgültig, wie die Entwurfstexte lauten – immer wieder auf dieselben zwei bis drei erdachten Beispielsfälle verwiesen, die hier, wie oft in der Juristerei, als das fungieren, was der amerikanische Philosoph *Daniel Dennett*[65] als „intuition pumps" bezeichnet hat. Gemeint sind damit anschauliche Szenarien mit intuitiv evidenter Beurteilung – in der modernen Philosophie des Geistes *(philosophy of mind)* sind es Gedankenexperimente –, die einen Gedankengang vorantreiben, aber auch in die Irre führen können. Das über hundert Jahre alte Bergsteigerbeispiel ist so eine Intuitionspumpe, die zuerst axiologische Inkonsistenz – der bergunkundige Tourist ist nicht minder hilflos als eine wegen „jugendlichen Alters, Gebrechlichkeit oder Krankheit hilflose Person" – und dann rechtspolitische Konsequenzen suggeriert: Folglich müsse auch das Aussetzen generell, sofern nur eine hilflose Lage entsteht, bestraft werden. Das ist freilich solange ein kriminalpolitischer Fehlschluss, wie nicht dargelegt ist, dass dieses, ebenso wie das Inselbeispiel eher exotische[66] Szenario nicht in genügender Weise

[62] Vgl. allg. BGHSt 52, 153 (157) mAnm *Hardtung* JZ 2008, 953.
[63] Zutr. *Hettinger/Wielant* FS Herzberg, 2008, 649 (663ff.).
[64] Vgl. *Küper* ZStW 111 (1999), 30 (34f. mwN).
[65] *Dennett,* Elbow Room, 1984, 12 und passim.
[66] *Jähnke* in LK-StGB, 11. Aufl. 1999, § 221 Entstehungsgeschichte; spöttisch *Küper* ZStW 111

durch andere Strafvorschriften erfasst ist – in allen Beispielsfällen verletzen Garanten ihre Garantenpflicht – und daher, angesichts der vermuteten Fallzahlen, eine ausfüllungsbedürftige Bestrafungslücke besteht. Die Erfahrung sprach seit jeher dagegen.[67] Auch in systematischer Hinsicht ist der Schluss schon deshalb defizitär, weil systematische Erwägungen gar nicht angestellt wurden.[68] Man könnte ebenso gut, vielleicht besser, mit *Radbruch* argumentieren, dass es maßgebend auf die Schaffung einer konkreten Gefahr ankomme, ungeachtet vorheriger hilfloser Lage, so dass jegliche konkrete Gefährdung bestraft gehöre.

Der hilflosen Lage einen eigenständigen Unwert zuzuweisen, hat sich nach der Neufassung des § 221 StGB vor allem *Ebel* bemüht: Die Hilflosigkeit einer Person sei Anlass zu besonderer Fürsorge, weshalb derjenige, der sie umgekehrt für seine Zwecke dienstbar mache, die benachteiligte Person in besonderer Weise demütige: „Es handelt sich gewissermaßen um eine Art zusätzlicher Beleidigung oder Entmündigung, um eine Herabsetzung im Hinblick auf ihre Schwäche …".[69] Darin liege etwa das Gravamen des § 243 Abs. 1 S. 2 Nr. 6 StGB. Der Gedanke findet sich auch sonst öfters im StGB, man denke an die Ausnutzung der Wehrlosigkeit beim Heimtückemord, der Schutzlosigkeit in § 177 Abs. 5 Nr. 3 StGB oder an die Misshandlung von Schutzbefohlenen (§ 225 Abs. 1 StGB). Der Gesichtspunkt spielt aber regelmäßig nur die Rolle eines unrechtserhöhenden Moments, während er bei § 221 Abs. 1 nF StGB insoweit strafbegründend wirkt, weil die bloße Lebensgefährdung allein nicht strafbar ist. Die Demütigung des Hilflosen durch Verweigerung der Hilfe, die *Welzel* zwar als Verstoß gegen die Pflichten der Humanität und der Anständigkeit, aber ohne Gefahrschaffung nicht als strafwürdig ansah,[70] erscheint im Verhältnis zur Lebensgefährdung als das deutlich geringere Unrecht, sofern es nicht nur ein Gesinnungsmerkmal ist, und damit ungeeignet, über die Strafbarkeit des gefährdenden Verhaltens zu entscheiden. Warum sollte der Bergführer der Strafbarkeit entgehen, der seinen unerfahrenen Touristen nicht ganz hilflos, sondern mit einer groben Wegeskizze versehen im Hochgebirge zurücklässt, oder derjenige, der dem Nichtschwimmer einen Rettungsring in die Hand drückt, bevor er ihn von der Rheinbrücke stößt, sofern beide Situationen gleichwohl lebensgefährlich bleiben? Wenn die Gefahr zum Schaden geführt hat, leuchtet es ferner nicht ein, die enorme Strafrahmendifferenz von § 222 StGB und § 221 Abs. 3 StGB davon abhängig zu machen, ob das Opfer die Möglichkeit hatte, die Situation zu meistern, oder dies nicht auszuschließen war.[71]

(1999), 30 (32) („dringendes Pönalisierungsbedürfnis – etwa zur Bekämpfung typischer Hochgebirgskriminalität").

[67] So meinte der Senatspräsident *Baldus* in der Großen Strafrechtskommission, Niederschriften, Bd. 7, S. 100, er habe noch nie einen Fall der Aussetzung erlebt, der nicht mit einem sehr schweren anderen Delikt konkurriert hätte.

[68] Eine umfassende Neuregelung der Lebensgefährdungsdelikte hat hingegen der französische Gesetzgeber bei Schaffung des neuen Code pénal von 1994 unternommen in Art. 223-1 ff., die dem *Radbruch*schen Vorschlag nahekommt mit einem Tatbestand der allgemeinen pflichtwidrigen Lebensgefährdung (Art. 223-1) einerseits und des obhutspflichtwidrigen Verlassens hilfloser Personen andererseits (Art. 223-3), dazu *Caron/Carbonaro,* in: JurisClasseur Code Pénal, fasc. 20 (Risques causés à autrui), Art. 223-1 et 223-2 (6 juin 2017), no. 1.

[69] *Ebel* NStZ 2002, 404 (407).

[70] *Große Strafrechtskommission,* Niederschriften, Bd. 7, 1959, S. 101.

[71] Vgl. LG Offenbach Urt. v. 12.7.2002 – 1 Ks 10 Js 3709/00, BeckRS 2003, 02368.

IV. Versetzen und Imstichlassen

Die im gemeinen Recht anzutreffende Unterscheidung von „Aussetzen" *(exposer)* und „Verlassen" (*délaisser*[72]) hatte beim Delikt der Kindsweglegung allenfalls eine äußerliche, phänotypische Plausibilität, denn normativ maßgebend war in beiden Fällen die Fürsorgepflichtverletzung, gleichgültig, auf welche Weise sie geschah. Eine scheinbare Plausibilität gewinnt sie in der Fassung des § 183 prStGB, der § 221 aF StGB insoweit entspricht, nicht weil Versetzen eine Ortsveränderung verlangte und Imstichlassen nicht,[73] sondern weil zugleich die Begehensweise des Aussetzens zum Allgemeindelikt erweitert wurde: Durch Unterlassen kann die Tat nur der Obhutspflichtige begehen, während jedermann nur dann haftet, wenn er aktiv eine hilflose Lage schafft.

Die Neuformulierung des § 221 Abs. 1 StGB bewirkt mehr als den Verzicht auf das Merkmal der Ortsveränderung, vielmehr scheint die Unterscheidung beider Tatvarianten nun darin zu bestehen, ob eine hilflose Lage erst geschaffen wird (Nr. 1) oder schon besteht (Nr. 2). Abgesehen davon, dass das Garantendelikt der Nr. 2 neben § 221 Abs. 1 Nr. 1 iVm § 13 StGB überflüssig erscheint,[74] ergeben sich Auswirkungen auf den Begriff der „hilflosen Lage", die weder in der Großen Strafrechtskommission noch später bemerkt worden zu sein scheinen: Zum einen fragt sich, ob der Obhutspflichtige nun, wenn man die hilflose Lage als abstrakte Gefahrenlage versteht, wirklich schon *vor* Eintritt einer konkreten Gefahr handlungspflichtig werden soll,[75] womit ein (Un-)Tätigkeits- und damit echtes Unterlassungsdelikt etabliert wäre. Zum anderen fragt sich, wie jemand, der in der Obhut eines anderen ist, in einer hilflosen Lage sein kann, *bevor* der andere ihn im Stich lässt.[76]

Bei der Beantwortung der zweiten Frage zeigt sich, welche gänzlich unnötigen Auslegungsprobleme eine unvorsichtige Gesetzesformulierung hervorbringen kann, wie die umstrittene Lösung des notorischen Bergführerfalls[77] illustriert: Die Verfasser der Entwürfe von 1925, 1960 und 1962 ebenso wie der Reformgesetzgeber von 1998 führen den Beispielsfall, dass der Bergführer seinen unerfahrenen Touristen „im pfadlosen Hochgebirge allein zurücklässt", sowohl für die Notwendigkeit der Ausdehnung des Kreises der geschützten Personen auf gesunde Erwachsene in der ersten Tatbestandsvariante als auch (außer dem E 1925) für ein Obhuts-

---

[72] Vgl. Art. 349 des frz. Code pénal von 1810.

[73] *Goltdammer,* Die Materialien zum Straf-Gesetzbuche für die Preußischen Staaten, Theil II, 1852, 394.

[74] Bis auf den Ausschluss des § 13 Abs. 2 StGB, *Struensee* in *Dencker/Struensee/Nelles/Stein,* Einführung in das 6. Strafrechtsreformgesetz, 1998, 40 Rn. 42; *Küper* ZStW 111 (1999), 30 (56 Fn. 104); umgekehrt *Jähnke* in LK-StGB, 11. Aufl. 1999, § 221 Rn. 3.

[75] Weshalb *Küper* ZStW 111 (1999), 30 (54), vorschlug, die hilflose Lage in Nr. 2 enger zu verstehen als in Nr. 1.

[76] *Ebel* NStZ 2002, 404 (408).

[77] Entsprechendes gilt für den Fall der Krankenschwester, die neben dem Bett des ihr anvertrauten Patienten sitzt, aber ihm nicht hilft, vgl. *Wielant,* Die Aussetzung nach § 221 Abs. 1 StGB, 2009, 352, 425, 477 Fn. 6. Solange die Entwürfe vom Imstichlassen einer „hilflosen Person" sprachen, wurde dieser Fall hierunter eingeordnet, so E 1925 (Fn. 3), S. 119.

verhältnis im Sinne der zweiten Variante an,[78] ohne deutlich zu machen, welche Variante nun erfüllt wäre. Das Schrifttum ist gespalten:[79] Während einige Stimmen davon ausgehen, der Bergsteiger versetze sein Opfer in eine hilflose Lage,[80] will die Gegenansicht[81] ein Imstichlassen annehmen.

Teilweise wird eine Lösung über eine Verengung des Begriffs der „hilflosen Lage" gesucht: Verbreitet wird die hilflose Lage so definiert, dass der Betroffene sich selbst nicht helfen kann;[82] ob die Hilfsbereitschaft Dritter damit bewusst für unbeachtlich erklärt werden soll, ist jedoch nicht stets klar. Einige Stimmen ergänzen, dass hilfsfähige und -willige Dritte bei der Beurteilung der Hilflosigkeit zu berücksichtigen seien, aber mit Ausnahme des Täters.[83] Danach wäre der unerfahrene Tourist während der ganzen Bergtour in einer hilflosen Lage und würde folglich vom Bergführer nicht nach § 221 Abs. 1 Nr. 1 StGB in eine solche versetzt, sondern in ihr nach Nr. 2 im Stich gelassen. Eine textliche Stütze scheint § 221 Abs. 1 Nr. 2 StGB zu bieten, wonach man jemanden in einer hilflosen Lage im Stich lassen kann, „obwohl" man ihn in seiner Obhut hat.[84] Mitunter wird die „hilflose Lage" verschieden bestimmt, nämlich die Hilfsbereitschaft des Täters nur bei Nr. 2 außer Betracht gelassen.[85]

---

[78] E 1925 (Fn. 3), S. 119; BT-Drs. III/2150, 260; BT-Drs. IV/650, 276; BT-Drs. 13/8587, 34; sa *Wielant,* Die Aussetzung nach § 221 Abs. 1 StGB, 2009, 365 mwN.

[79] Ausführl. Darstellung bei *Lucks,* Der Aussetzungstatbestand nach dem 6. Strafrechtsreformgesetz – ein allgemeines Lebens- und Gesundheitsgefährdungsdelikt?, 2003, S. 170ff., *Wielant,* Die Aussetzung nach § 221 Abs. 1 StGB, 2009, 352ff. und *Lautner,* Die Systematik des Aussetzungstatbestands (§ 221 I StGB), 2010, 88ff.

[80] *Gössel/Dölling,* Strafrecht Besonderer Teil 1, 2. Aufl. 2004, § 7 Rn. 15; *Kindhäuser,* Strafrecht Besonderer Teil I, 8. Aufl. 2017, § 5 Rn. 7; *Klesczewski,* Strafrecht Besonderer Teil, 2016, § 3 Rn. 138; *Wessels/Hettinger/Engländer,* Strafrecht Besonderer Teil 1, 41. Aufl. 2017, Rn. 222, 225; *Lautner,* Die Systematik des Aussetzungstatbestands (§ 221 I StGB), 2010, 92; *Wielant,* Die Aussetzung nach § 221 Abs. 1 StGB, 2009, 361ff., 421ff.; *Baier* JA 2000, 300 (305); *Wengenroth* JA 2012, 584 (587). *Eser* in Schönke/Schröder, 29. Aufl. 2014, nimmt Versetzen durch Unterlassen an (§ 221 Rn. 5), da aber regelmäßig ein Imstichlassen nachfolge, gehe § 221 Abs. 1 Nr. 2 StGB als wegen fehlender Milderungsmöglichkeit nach § 13 Abs. 2 StGB schwereres Delikt vor (§ 221 Rn. 18); umgekehrt hält *Hardtung* in MüKoStGB, 3. Aufl. 2017, § 221 Rn. 11, 49, beide Tatvarianten, aber mit Vorrang der Nr. 1, für verwirklicht.

[81] *Neumann/Saliger* in NK-StGB, 5. Aufl. 2017, § 221 Rn. 9; *Wolters* in SK-StGB, 9. Aufl. 2017, § 221 Rn. 4, 6; *Eisele,* Strafrecht – Besonderer Teil 1, 4. Aufl. 2017, Rn. 247f.; *Küper/Zopfs,* BT – Definitionen mit Erläuterungen, 9. Aufl. 2015, Rn. 348; *Rengier,* Strafrecht Besonderer Teil II, 18. Aufl. 2017, § 10 Rn. 12; *Laue,* Die Aussetzung – Eine Klarstellungsvorschrift, 2002, 114; *Lucks,* Der Aussetzungstatbestand nach dem 6. Strafrechtsreformgesetz – ein allgemeines Lebens- und Gesundheitsgefährdungsdelikt?, 2003, 180; *Küper* ZStW 111 (1999), 30 (62 Fn. 125); *Jäger* JuS 2000, 31 (33f.); *Ebel* NStZ 2002, 404 (408); *Heger* ZStW 119 (2007), 593 (597); *Ladiges* JuS 2012, 687 (688); wohl auch *Jähnke* in LK-StGB, 11. Aufl. 1999, § 221 Rn. 26.

[82] *Heger* in Lackner/Kühl, 28. Aufl. 2014, § 221 Rn. 2; *Jähnke* in LK-StGB, 11. Aufl. 1999, § 221 Rn. 18; *Kindhäuser,* Strafrecht Besonderer Teil I, 8. Aufl. 2017, § 5 Rn. 6; *Krey/Hellmann/Heinrich,* Strafrecht Besonderer Teil, Bd. 1, 16. Aufl. 2015, § 1 Rn. 127; *Jäger* JuS 2000, 31 (32); *Ellbogen* JuS 2002, 151 (155).

[83] *Neumann/Saliger* in NK-StGB, 5. Aufl. 2017, § 221 Rn. 9; *Chilecki,* Zur Dogmatik der Aussetzung (§ 221 StGB) nach dem sechsten Strafrechtsreformgesetz, 2010, 160ff. (170); *Jäger* JuS 2000, 31 (34); *Ebel* NStZ 2002, 404 (408); *Hacker/Lautner* Jura 2006, 274 (277); *Heger* ZStW 119 (2007), 593 (596).

[84] Vgl. *Wielant,* Die Aussetzung nach § 221 Abs. 1 StGB, 2009, 326, 329.

[85] *Hardtung* in MüKoStGB, 3. Aufl. 2017, § 221 Rn. 16; *Safferling* in Matt/Renzikowski, 2013, § 221 Rn. 12.

Gleichwohl überzeugt dieser Interpretationsansatz nicht. Hilfsbereite Dritte generell auszuklammern und nur auf die Möglichkeit der Selbsthilfe abzustellen, hätte die missliche Folge, dass alle Kleinkinder, Pflegebedürftigen sowie die meisten Patienten eines Krankenhauses[86] trotz permanenter Fürsorge, alle Passagiere eines Flugzeugs oder Schiffs, das sie selbst nicht zu steuern vermögen, usw., in einer hilflosen Lage wären. Seltsam wäre auch die Konsequenz, dass der unerfahrene Tourist, der mit zwei Bergführern eine Tour unternimmt, in hilfloser Lage im Stich gelassen würde, wenn nur ein Bergführer seine Hilfe einstellt, obwohl der andere zur sicheren Vollendung der Tour genügte. Der Grund für die Misslichkeit liegt darin, dass damit der begriffliche Unterschied zwischen Hilfsbedürftigkeit – die keineswegs nur bei konstitutionellen Defiziten wie in § 221 aF StGB,[87] sondern auch bloß situativ bedingt auftreten kann wie beim kerngesunden und kraftstrotzenden Mountainbiker, der stürzt und bewusstlos liegen bleibt – und Hilflosigkeit eingeebnet wird: „Hilflos" ist jedoch nur derjenige, der hilfsbedürftig ist und die nötige Hilfe nicht hat.[88] Denn wer hilfsbedürftig ist, aber genau die Hilfe hat, derer er bedarf, ist nicht ohne Hilfe, also nicht hilflos. Wenn andere Personen, die helfen können und dies auch wollen, bei der Bestimmung der „hilflosen Lage" zu berücksichtigen sind,[89] dann auch der Täter, denn eine Unterscheidung des Täters von sonstigen Dritten ist, wie *Wielant* gezeigt hat,[90] nicht möglich: Woher weiß man, ob der Bergführer relevanter Dritter oder irrelevanter Täter ist, solange er seine Hilfspflicht erfüllt? Vielleicht weiß er es selbst nicht, bis er den Entschluss fasst, den nervtötenden Touristen zu verlassen?

Wer die einzige verfügbare Hilfsquelle ist und dem Hilfsbedürftigen seine Hilfe verweigert, der verursacht dadurch eine zuvor nicht bestehende hilflose Lage. Der streikende Bergführer verwirklicht insoweit also § 221 Abs. 1 Nr. 1 StGB. Dagegen wird eingewandt, dass der Schwerpunkt hier auf dem Unterlassen liege und durch die Subsumtion unter Nr. 1 womöglich die engere, auf Beschützergaranten beschränkte Fassung der Nr. 2 umgangen werde.[91] Es fragt sich in der Tat noch, ob

---

[86] Zutr. *Wessels/Hettinger/Engländer,* Strafrecht Besonderer Teil 1, 41. Aufl. 2017, Rn. 225; *Neumann/Saliger* in NK-StGB, 5. Aufl. 2017, § 221 Rn. 8.

[87] So aber zB *Jähnke* in LK-StGB, 11. Aufl. 1999, § 221 Rn. 7; *Heger* ZStW 119 (2007), 593 (604).

[88] Ähnl. *Bockelmann,* Strafrecht Besonderer Teil 2, 1977, § 13 II; *Hall* SchwZStR 46 (1932), 328 (330f.); *Lucks,* Der Aussetzungstatbestand nach dem 6. Strafrechtsreformgesetz – ein allgemeines Lebens- und Gesundheitsgefährdungsdelikt?, 2003, 97f.; aA *Lautner,* Die Systematik des Aussetzungstatbestands (§ 221 I StGB), 2010, 38 Fn. 238.

[89] So schon die frühe Rspr., RGSt 2, 15 (16); 7, 250 (252); jüngst BGH NStZ 2008, 395; *Fischer,* 65. Aufl. 2018, § 221 Rn. 7; *Eschelbach* in BeckOK StGB, 36. Ed. 1.11.2017, § 221 Rn. 2, 6; *Eser* in Schönke/Schröder, 29. Aufl. 2014, § 221 Rn. 5; *Momsen* in SSW StGB, 3. Aufl. 2016, § 221 Rn. 3; *Küper/Zopfs,* BT – Definitionen mit Erläuterungen, 9. Aufl. 2015, Rn. 348; *Schroeder* in Maurach/Schroeder/Maiwald, Strafrecht Besonderer Teil Teilbd. 1, § 4 Rn. 5; wN bei *Wielant,* Die Aussetzung nach § 221 Abs. 1 StGB, 2009, 325ff.; *Chilecki,* Zur Dogmatik der Aussetzung (§ 221 StGB) nach dem sechsten Strafrechtsreformgesetz, 2010, 155ff.; *Lautner,* Die Systematik des Aussetzungstatbestands (§ 221 I StGB), 2010, 42ff.; *Laue,* Die Aussetzung – Eine Klarstellungsvorschrift, 2002, 114; *Wengenroth* JA 2012, 584 (585).

[90] *Wielant,* Die Aussetzung nach § 221 Abs. 1 StGB, 2009, 328ff.; zust. *Lautner,* Die Systematik des Aussetzungstatbestands (§ 221 I StGB), 2010, 46f.

[91] *Rengier,* Strafrecht Besonderer Teil II, 18. Aufl. 2017, § 10 Rn. 12; *Eisele,* Strafrecht – Besonderer Teil 1, 4. Aufl. 2017, Rn. 248.

ein Tun oder Unterlassen vorliegt. Bisweilen wird beim räumlichen Entfernen aktives Tun angenommen,[92] doch rechtlich interessiert nur ein Unterlassen, denn die hilflose Lage entsteht nicht dadurch, dass der Täter etwas bestimmtes tut, sondern etwas bestimmtes nicht tut, nämlich nicht hilft – was er anstelle der Hilfeleistung tut, ist vielmehr völlig belanglos.[93] Dann aber haftet nach allgemeinen Regeln nur der Garant (§ 13 Abs. 1 StGB) nach § 221 StGB, nicht der hilfsunwillige *quivis ex populo,* für den nur § 323c StGB in Betracht kommt. Eine Unstimmigkeit freilich bleibt, weil bei § 221 Abs. 1 Nr. 1, § 13 StGB die Milderung nach § 13 Abs. 2 StGB eröffnet ist, die für § 221 Abs. 1 Nr. 2 StGB ausgeschlossen erscheint[94] – eine ohnehin ungereimte Regelung, weil bei Verletzung durch garantenpflichtwidriges Unterlassen (§§ 212, 223, 13 StGB) die Milderung auch offen steht[95].

Welche Fälle verbleiben dann für § 221 Abs. 1 Nr. 2 StGB? Diejenigen, in denen der Garant seinen Schützling in einer nicht durch seine Hilfeweigerung entstandenen hilflosen Lage antrifft und ihm pflichtwidrig nicht hilft,[96] wie in den im E 1925 (Feuerwehrmann unternimmt keine Anstalten, die in einem brennenden Haus eingeschlossenen Personen zu retten)[97] und von *Dreher* (Bergführer findet bei Schneesturm einen verirrten Bergsteiger und hilft ihm nicht)[98] angeführten Beispielen.

V. Entbehrlichkeit des § 221 StGB?

Verlässt der Täter sein hilfloses Opfer mit bedingtem Verletzungsvorsatz, tritt die Aussetzung hinter die entsprechenden Körperverletzungs- und Tötungsdelikte zurück;[99] dies war schon im gemeinen Recht anerkannt[100] und später mitunter, wie im preußischen StGB von 1851 (§ 183 Abs. 3), ausdrücklich ausgesprochen. Eigenständige Bedeutung hat die Aussetzung mithin nur, wenn es bei bloßer Gefährdung bleibt oder bezüglich einer daraus entstandenen Schädigung nur Fahrlässigkeit nachzuweisen ist. Letzterenfalls stellen sich § 221 Abs. 2 Nr. 2 und Abs. 3 StGB als massive Qualifikationen zu §§ 222, 229 StGB dar. Auch wenn zuzugeben ist, dass

---

[92] *Hardtung* in MüKoStGB, 3. Aufl. 2017, § 221 Rn. 11; *Momsen* StV 2013, 54 (55); vgl. *Jähnke* in LK-StGB, 11. Aufl. 1999, § 221 Rn. 22.

[93] Zutr. *Jäger* JuS 2000, 31 (34); *Wielant,* Die Aussetzung nach § 221 Abs. 1 StGB, 2009, 422; vgl. BGH NStZ 1999, 607.

[94] BGHSt 57, 28 (30f.) mAnm *Krüger/Wengenroth* NStZ 2013, 102; *Momsen* StV 2013, 54.

[95] *Roxin,* Strafrecht allgemeiner Teil Band II, 2003, § 31 Rn. 250; sa *Wielant,* Die Aussetzung nach § 221 Abs. 1 StGB, 2009, 402ff.; für eine Sperrwirkung des von §§ 212 Abs. 1, 13 StGB verdrängten § 221 Abs. 3 StGB s. BGHSt 57, 28 (31) = NJW 2012, 546 (547).

[96] Ebenso *Wielant,* Die Aussetzung nach § 221 Abs. 1 StGB, 2009, 427.

[97] Amtlichen Entwurf eines Allgemeinen Deutschen Strafgesetzbuchs nebst Begründung, veröffentlicht auf Anordnung des Reichsjustizministeriums, 1925 (E 1925), S. 119.

[98] *Große Strafrechtskommission,* Niederschriften, Band 7, 1959, S. 98.

[99] Vgl. nur BGH NStZ 2017, 90f. mwN.

[100] S. nur *Carpzov,* Practica nova imperialis Saxonica rerum criminalium, 1635, pars 1 qu. 10 nn. 5f.; sehr deutlich *Matthaeus,* De criminibus, Ad lib. XLVII et XLVIII Dig. commentarius (zit. Ausgabe: Antwerpen 1766), ad lib. XLVII Dig. tit. ult., cap. II n. 2 (mit Verweis auf *Ulpian,* D. 48, 8, 15: „nihil interest, occidat quis, an mortem causam praebeat", und *Paulus,* D. 25, 3, 4: „necare videtur, qui abjicit et alimenta denegat"); *G. J. F. Meister,* Principia iuris criminalis Germaniae communis, 7. Aufl. 1828, § 162.

die Strafobergrenze des § 222 StGB aus historischen Gründen zu niedrig angesetzt ist,[101] ist der Strafrahmensprung zu § 221 Abs. 3 StGB ungereimt, weil die fahrlässige Verursachung des Todes durch eine vorsätzliche Gefährdung von Gesundheit oder Leben mit der durch eine vorsätzliche Körperverletzung verursachten (§ 227 StGB) und, abgesehen von der leicht abgesenkten Strafuntergrenze, der vorsätzlichen Tötung (§ 212 StGB) gleichgesetzt wird.[102]

Der Gefährdungsvorsatz muss nicht nur die hohe Strafandrohung rechtfertigen, von ihm hängt auch ab, ob die Aussetzung überhaupt eine eigenständige Existenz haben kann. Denn dies ist nur der Fall, wenn man mit der Rechtsprechung und herrschenden Meinung einen Unterschied zwischen dem Vorsatz hinsichtlich einer konkreten Gefahr und dem Verletzungsvorsatz anerkennt, der im fehlenden voluntativen Vorsatzelement bezüglich des Verletzungserfolges liegen soll, so dass der Gefährdungsvorsatz der bewussten Verletzungsfahrlässigkeit entspreche.[103] Wenn aber derjenige, der einen anderen in eine hilflose Situation bringt oder darin verlässt und erkennt, dass es nur noch vom Zufall – also nicht mehr von seinem Willen – abhängt,[104] ob ein Schaden an Leib oder Leben eintritt, damit auch bedingten Vorsatz bzgl. dieses Verletzungserfolges hat,[105] dann verwirklicht der Aussetzungstäter in beiden Varianten des § 221 Abs. 1 StGB stets wenigstens einen Versuch der schweren Körperverletzung oder des Totschlags, sei es durch aktives Tun, sei es durch garantenpflichtwidriges Unterlassen.

Auch dies spricht dafür, nach 175 Jahren immer noch *Temme* beizupflichten, der die Vorschriften über die Aussetzung als längst obsolet ansah:

„Die allgemeinen Grundsätze über Tödtung und Körperverletzung reichen mithin völlig aus, diese, nur durch die Form der Handlung sich unterscheidende Spezies derselben zu bestrafen. Besondere Vorschriften über die Aussetzung hülfloser Personen sind nur überflüssige und irreleitende Vorschriften der Casuistik, oder polizeiliche Bestimmungen, oder beides zugleich.“[106]

---

[101] S. nur *Stuckenberg* FS Jakobs, 2007, 693 (698f. mwN).

[102] Sehr krit. *Fischer,* 65. Aufl. 2018, § 221 Rn. 24; *Jähnke* in LK-StGB, 11. Aufl. 1999, § 221 Rn. 29; *Struensee* in *Dencker/Struensee/Nelles/Stein,* Einführung in das 6. Strafrechtsreformgesetz, 1998, 44 Rn. 56f.; *Heger* ZStW 119 (2007), 593 (614f.).

[103] BGHSt 22, 67 (73ff.) = NJW 1968, 1244 (1245); BGHSt 26, 176 (182); 26, 244 (246); BGH NStZ-RR 2008, 309 (310); *Jähnke* in LK-StGB, 11. Aufl. 1999, § 221 Rn. 36; *Chilecki,* Zur Dogmatik der Aussetzung (§ 221 StGB) nach dem sechsten Strafrechtsreformgesetz, 2010, 248; allg. *Sternberg-Lieben/Schuster* in Schönke/Schröder, 29. Aufl. 2014, § 15 Rn. 98a mwN; *Zieschang,* Die Gefährdungsdelikte, 1998, 122ff.; *Küpper* ZStW 100 (1988), 758 (768ff.); s. aber *Eschelbach* in BeckOK StGB, 36. Ed. 1.11.2017, § 221 Rn. 22.

[104] Anders, wenn die konkrete Gefahr so definiert wird, dass ein Schadensverlauf lediglich nicht außerhalb aller Wahrscheinlichkeit liegt, *Puppe* in NK-StGB, 5. Aufl. 2017, § 15 Rn. 86.

[105] *Struensee* in *Dencker/Struensee/Nelles/Stein,* Einführung in das 6. Strafrechtsreformgesetz, 1998, 40ff. Rn. 44ff.; *Laue,* Die Aussetzung – Eine Klarstellungsvorschrift, 2002, 52ff.; *Horn,* Konkrete Gefährdungsdelikte, 1973, 204ff.; *Wolters* in SK-StGB, 9. Aufl. 2016, Vor §§ 306ff. Rn. 14f. mwN; sa *Armin Kaufmann* ZStW 70 (1958), 64 (77, 79); *Mezger,* Lehrbuch, 3. Aufl. 1949, 346; ebenso für den Fall, wenn der Täter erkennt, dass die Gefahr von entscheidungserheblicher Dichte ist, *Jakobs,* Strafrecht, Allgemeiner Teil, 2. Aufl. 1991, Tz. 6/79 aE.

[106] *Temme,* Critik des Entwurfs des Strafgesetzbuchs für die Preußischen Staaten, 2. Theil, 1843, 280f.

Die für das preußische StGB vorgeschlagenen Vorschriften, so fuhr *Temme* fort, würden nur verwirren, so wie die Vorschriften des Allgemeinen Landrechts bei jedem, glücklicherweise nur selten vorkommenden Fall verwirrten. Nun hat, wie die Diskussion zu § 221 nF StGB zeigt, die Strafrechtswissenschaft als autopoietisches System, das seine Umwelt nur nach eigenen Regeln und dann als Störung wahrnimmt, Vergnügen an verwirrenden Gesetzen, bei deren Exegese sich die Wonnen geistiger Akrobatik mit wohliger Empörung auf das angenehmste verbinden. Straftatbestände sind aber nicht dazu da, nur der Strafrechtswissenschaft Beschäftigung zu verschaffen. § 221 StGB ist praktisch nutzlos und theoretisch mangelhaft und sollte daher gestrichen werden.

MICHAEL TSAMBIKAKIS

Korruption im Gesundheitswesen

– insbesondere „Zuführung von Patienten" nach §§ 299a Nr. 3, 299b Nr. 3 StGB –

I. Einleitung

Niemand hat das deutsche Strafrecht in den letzten zehn Jahren so geprägt wie *Thomas Fischer* – als einflussreichster Kommentator des StGB, als Vorsitzender Richter des 2. Strafsenats des Bundesgerichthofs, als Kolumnist der Zeitschrift „DIE ZEIT", als gern gesehener Redner und Referent auf unzähligen Veranstaltungen. Korruption im Gesundheitswesen bzw. – mit den Worten des *Jubilars* – Korruption im „System unserer Krankheitsindustrie"[1] hat ihn nie kalt gelassen. Bereits die Überschrift seines Artikels „Nieder mit der Ärzte-Korruption!" gleicht einem Schlachtruf. An der wegweisenden Entscheidung des Großen Strafsenat des Bundesgerichtshofs zur (Nicht-)Strafbarkeit von Vertragsärzten nach den §§ 299, 331 ff. StGB[2] war er als Richter beteiligt. Der Beschluss endet mit einem nicht alltäglichen Appell an den Gesetzgeber, einen neuen Straftatbestand zu schaffen.[3] Die Entscheidung bildet insoweit die Persönlichkeit des *Jubilars* ab, der sich nie darauf beschränkt hat, allein das geltende Recht auf ihm vorgelegte Fälle anzuwenden.

II. Gesetzgebungsgeschichte

Der erwähnte Beschluss des Großen Senats vom 29.3.2012 beendete die Diskussion, ob sich ein Vertragsarzt wegen Korruptionsstraftatbeständen strafbar machen kann.[4] Damit stand fest: Einen Vertragsarzt zu bestechen, damit dieser bevorzugt ein Arzneimittel verordnet, war nicht strafbar.[5] Ein Vertragsarzt sei weder ein Amtsträger im Sinne des § 11 Abs. 1 Nr. 2 lit. c StGB noch ein Beauftragter der gesetz-

[1] *Fischer,* Bestechung: Nieder mit der Ärztekorruption!, ZEIT ONLINE vom 4.8.2015, abrufbar im Internet: ‹http://www.zeit.de/gesellschaft/zeitgeschehen/2015-08/aerzte-bestechung-korruption-pharmaindustrie› (zuletzt abgerufen am 13.2.2018).
[2] BGHSt 57, 202 ff. = NJW 2012, 2530 ff.
[3] BGHSt 57, 202, Rn. 46 = NJW 2012, 2530 Rn. 46.
[4] Zum Meinungsstreit *Dannecker* in NK-StGB, 5. Aufl. 2017, § 299 Rn. 39 mwN; *Geiger* medstra 2015, 97 (98); *Schröder* NZWiSt 2015, 321 (322); *Taschke/Zapf* medstra 2015, 332 (333); *Tsambikakis* JR 2011, 538.
[5] BGHSt 57, 202 ff. = NJW 2012, 2530 ff.

lichen Krankenkassen im Sinne des § 299 StGB[6] und damit kein tauglicher Täter eines Korruptionsdelikts auf der Nehmerseite. Der Große Senat forderte in den Beschlussgründen den Gesetzgeber unverhohlen auf, die aufgezeigte Strafbarkeitslücke zu schließen,[7] da die bestehenden berufsrechtlichen Sanktionsmöglichkeiten nicht ausreichten.[8] *Fischer* hielt (und hält) im Übrigen die Entscheidung des Großen Senats, an der er selbst beteiligt war, für „wenig überzeugend"[9] und verlangte ebenfalls eine strafrechtliche Lösung.[10]

III. Die neuen Straftatbestände §§ 299a, 299b StGB

Der Gesetzgeber folgte – mit einiger zeitlicher Verzögerung – dem Ruf nach einer neuen Strafvorschrift. Die Einführung der neuen Gesundheitskorruptionstatbestände ist zwar nicht monokausal auf die Aufforderungen *Fischers* zurückzuführen; diese werden aber einen nicht zu unterschätzenden Anteil daran haben: Wenn sich Deutschlands prominentester Strafrechtler vehement publizistisch für die Schaffung eines Straftatbestandes einsetzt, hat das politisches Gewicht. Am 4.6.2016 trat also das Gesetz zur Bekämpfung von Korruption im Gesundheitswesen – und damit ua die §§ 299a, 299b StGB – in Kraft.[11]

§ 299a StGB Bestechlichkeit im Gesundheitswesen

Wer als Angehöriger eines Heilberufs, der für die Berufsausübung oder die Führung der Berufsbezeichnung eine staatlich geregelte Ausbildung erfordert, im Zusammenhang mit der Ausübung seines Berufs einen Vorteil für sich oder einen Dritten als Gegenleistung dafür fordert, sich versprechen lässt oder annimmt, dass er

1. bei der Verordnung von Arznei-, Heil- oder Hilfsmitteln oder von Medizinprodukten,
2. bei dem Bezug von Arznei- oder Hilfsmitteln oder von Medizinprodukten, die jeweils zur unmittelbaren Anwendung durch den Heilberufsangehörigen oder einen seiner Berufshelfer bestimmt sind, oder
3. bei der Zuführung von Patienten oder Untersuchungsmaterial

einen anderen im inländischen oder ausländischen Wettbewerb in unlauterer Weise bevorzuge, wird mit Freiheitsstrafe bis zu drei Jahren oder mit Geldstrafe bestraft.

§ 299b StGB Bestechung im Gesundheitswesen

Wer einem Angehörigen eines Heilberufs im Sinne des § 299a im Zusammenhang mit dessen Berufsausübung einen Vorteil für diesen oder einen Dritten als Gegenleistung dafür anbietet, verspricht oder gewährt, dass er

1. bei der Verordnung von Arznei-, Heil- oder Hilfsmitteln oder von Medizinprodukten,

---

[6] BGHSt 57, 202, Rn. 8ff., 25ff. = NJW 2012, 2530ff.

[7] BGHSt 57, 202, Rn. 46 = NJW 2012, 2530, Rn. 46; dazu *Dannecker* ZRP 2015, 37f.

[8] Dazu *Gädigk* medstra 2015, 268 (272); *Wigge* NZS 2015, 447 (448); zum Verhältnis von Korruptionsregelungen zum Berufsrecht *Stollmann* GesR 2016, 76ff.

[9] *Fischer,* 65. Aufl. 2018, StGB § 299a Rn. 2.

[10] *Fischer* medstra 2015, 1f.; *Fischer,* Bestechung: Nieder mit der Ärztekorruption!, ZEIT ONLINE vom 4.8.2015.

[11] BGBl. 2016 I 1254. Zum diskussionsreichen Gesetzgebungsverfahren *Dannecker/Schröder* in Kubiciel/Hoven, Korruption im Gesundheitswesen, 2016, 43 (48ff.); *Rübenstahl/Teubner* in Esser/Rübenstahl/Saliger/Tsambikakis, Wirtschaftsstrafrecht, 2017, § 299a StGB Rn. 1ff.

2. bei dem Bezug von Arznei- oder Hilfsmitteln oder von Medizinprodukten, die jeweils zur unmittelbaren Anwendung durch den Heilberufsangehörigen oder einen seiner Berufshelfer bestimmt sind, oder
3. bei der Zuführung von Patienten oder Untersuchungsmaterial

ihn oder einen anderen im inländischen oder ausländischen Wettbewerb in unlauterer Weise bevorzuge, wird mit Freiheitsstrafe bis zu drei Jahren oder mit Geldstrafe bestraft.

Seither werden die rechtlichen Aspekte dieser neuen Straftatbestände in der Literatur rege diskutiert;[12] an Rechtsprechung fehlt es noch. Der vorliegende Beitrag soll die neuen Vorschriften nicht insgesamt kommentieren,[13] sondern einzelne praxisrelevante Probleme bei der Auslegung näher beleuchten.

1. Geschütztes Rechtsgut

Da sich die Auslegung eines Straftatbestandes an dem geschützten Rechtsgut zu orientieren hat,[14] stellt sich zunächst die Frage, welches Rechtsgut bzw. welche Rechtsgüter §§ 299a, 299b StGB schützen. Nach der Begründung des Regierungsentwurfs sollen die neuen Straftatbestände einen doppelten Rechtsgüterschutz dienen: Zum einen sichern sie den fairen Wettbewerb im Gesundheitswesen und zum anderen schützen sie das Vertrauen der Patienten in die Integrität heilberuflicher Entscheidungen.[15] Der Große Senat hat in seinem Beschluss vom 29.3.2012 zwar betont, das Verhältnis von Vertragsärzten zu ihren Patienten werde wesentlich bestimmt von Elementen persönlichen Vertrauens,[16] dieses Vertrauen (u. a.) deshalb zu einem Schutzgut der §§ 299a, 299b StGB zu erheben, überzeugt aber nicht.[17] Vertrauen mag für die Wirtschaft und die Funktionsfähigkeit der Märkte – auch des Gesundheitsmarktes – von großer Bedeutung sein.[18] Der Begriff ist allerdings vage und kaum konkretisierungsfähig.[19] Mit dem *Jubilar* ist zu bezweifeln, ob ein – wie vom Großen Senat behauptetes – persönliches Vertrauensverhältnis zwischen Arzt und Patient als ein solches überhaupt besteht bzw. schutzwürdig ist.[20] Das Vertrauen des Patienten gegenüber dem Arzt, von diesem eine unbeeinflusste Behand-

[12] Siehe nur *Damas* wistra 2017, 128ff.; *Grzesiek/Sauerwein* NZWiSt 2016, 369ff.; *Graalmann-Scheerer* MedR 2017, 601ff.; *Jäger* MedR 2017, 694ff.; *Krüger* NZWiSt 2017, 129ff.

[13] Dazu etwa *Tsambikakis* medstra 2016, 131ff.

[14] Statt vieler *Joecks/Jäger,* StGB , 12. Aufl. 2018, Vor § 1 Rn. 5.

[15] BT-Drs. 18/6446, 12f. Diesem folgend *Bahner,* Gesetz zur Bekämpfung von Korruption im Gesundheitswesen, 2017, 20ff.; *Sahan* in Graf/Jäger/Wittig, Wirtschafts- und Steuerstrafrecht, 2. Aufl. 2017, StGB § 299a Rn. 3.

[16] BGHSt 57, 202, Rn. 20 = NJW 2012, 2530ff.

[17] Anders wohl *Bahner,* Gesetz zur Bekämpfung von Korruption im Gesundheitswesen, 2017, 21.

[18] Vgl. *Beckemper* ZIS 2011, 318; ebenso *Stage,* Strafbare Marktmanipulation während der Aktienemission im engeren Sinne, 2016, Rn. 201.

[19] Vgl. eingehend zu dem (vermeintlichen) Rechtsgut Vertrauen der Funktionsfähigkeit der Märkte im Wirtschaftsstrafrecht *Beckemper* ZIS 2011, 318ff.; dieser zustimmend *Hellmann* in Karsai/Nagy/Szomora, Freiheit – Sicherheit – (Straf)Recht, Beiträge eines Humboldt-Kollegs, 2011, 91 (97f.).

[20] Vgl. *Fischer,* Bestechung: Nieder mit der Ärztekorruption!, ZEIT ONLINE vom 4.8.2015, dem „das von den Lobbyisten beschworene Vertrauensverhältnis zwischen Patient und Arzt" doch recht einseitig erscheint und der dazu rät, das Vertrauensverhältnis, das die Bundesärztekammer von den Patienten fordert, zu kündigen.

lung und Beratung zu erhalten, ist zwar legitim und nachvollziehbar, aber spätestens nach der Streichung der Tatbestandskonstellationen der Verletzung der berufsrechtlichen Pflicht im ursprünglich im Regierungsentwurf vorgesehenen § 299a Abs. 1 Nr. 2 StGB-E, § 299b Abs. 1 Nr. 2 StGB-E sowie die Auflösung der Anknüpfung der Bezugsentscheidung an die berufsrechtliche Pflicht zur Wahrung der heilberuflichen Unabhängigkeit in §§ 299a, 299b Abs. 2 StGB-E findet es keine Stütze mehr im Gesetz und ist es als Schutzgut nicht mehr vertretbar[21] (gleichwohl wird es in der Beschlussempfehlung des Ausschusses für Recht und Verbraucherschutz weiter verfolgt)[22]. §§ 299a, 299b StGB schützen allein den Wettbewerb im Gesundheitswesen.[23] So setzt das grundsätzlich berechtigte Interesse des Patienten, eine von dritter Seite unbeeinflusste Behandlung durch seinen Arzt zu erfahren[24], bei §§ 299a, 299b StGB nunmehr stets eine auf die Beeinträchtigung des Wettbewerbs gerichtete Handlung voraus.[25] Anknüpfungspunkt für eine Unrechtsvereinbarung ist damit stets die unlautere Bevorzugung im Wettbewerb, so dass die Integrität heilberuflicher Entscheidungen nur noch mittelbar berücksichtigt wird. Ein (isolierter) Verstoß gegen die berufsrechtlichen Pflichten genügt damit alleine nicht, um den objektiven Straftatbestand zu erfüllen, so dass zwar ein eigener Anwendungsbereich für den Schutz des Wettbewerbs unabhängig von dem Schutz der Patienteninteressen betroffen sein kann, nicht aber umgekehrt eine Verletzung von Patienteninteressen von einer Beeinträchtigung des Wettbewerbs isoliert denkbar ist.[26] Das Interesse des Patienten an der Integrität heilberuflicher Entscheidungen kann allerdings, ebenso wie die Vermögensinteressen der Wettbewerber, Patienten und der Gesetzlichen Krankenversicherung,[27] einem mittelbaren Schutz unterliegen.[28] Denn es ist durchaus denkbar, dass durch eine Handlung sowohl das Patienteninteresse als auch der faire Wettbewerb beeinträchtigt wird.[29] Im Übrigen spricht – systematisch – für das alleinige Schutzgut der Sicherung eines fairen Wettbewerbs im Gesundheitswesen, dass der Gesetzgeber die beiden Tatbestände im 26. Abschnitt des Strafgesetzbuchs bei den „Straftaten gegen den Wettbewerb" eingeordnet hat.[30] In dem Gesetzesentwurf der Bundesregierung heißt es zudem, Korruption im Gesundheitswesen störe den Wettbewerb und benachteilige lauter agierende Marktteilneh-

---

[21] *Tsambikakis* medstra 2016, 131 (132). Vgl. *Schröder* NZWiSt 2015, 321 (325), der zwar für einen doppelten Rechtsgüterschutz plädiert, den Schutz des Vertrauens der Patienten in die Integrität heilberuflicher Entscheidungen aber durch die gestrichenen bzw. modifizierten Tatbestandskonstellationen verwirklicht sah; dazu auch *Brettel/Duttge/Schuhr* JZ 2015, 929 (933); *Dieners* PharmR 2015, 529 (530); *Gaede* medstra 2015, 263 (264); *ders.* in NK-WSS, 2017, § 299a StGB Rn. 13.

[22] BT-Drs. 18/8106, 14 (17).

[23] Ebenso *Gaede* in NK-WSS, 2017, § 299a StGB Rn. 8ff. mwN; *Wittig,* Wirtschaftsstrafrecht, 4. Aufl. 2017, § 26 Rn. 65.

[24] *Schröder* NZWiSt 2015, 321 (325).

[25] Zum Referentenentwurf bereits *Gaede/Lindemann/Tsambikakis* medstra 2015, 142 (150).

[26] Vgl. *Gaede* medstra 2015, 263 (264) zum doppelten Rechtsgut des Regierungsentwurfs; zum Referentenentwurf *Gaede/Lindemann/Tsambikakis* medstra 2015, 142 (147).

[27] BT-Drs. 18/6446, 13.

[28] Vgl. *Gaede/Lindemann/Tsambikakis* medstra 2015, 142 (147).

[29] *Tsambikakis* medstra 2016, 131 (133).

[30] *Tsambikakis* medstra 2016, 131 (132).

mer.[31] Sie könne zu Lasten der Qualität in der medizinischen Versorgung gehen, weil Wettbewerbsvorteile nicht mehr durch Preis und Qualität, sondern mit Hilfe unlauterer Bevorzugung erzielt werden.[32]

2. *Aktuelle Probleme in der Praxis*

Die beiden neu eingeführten Straftatbestände werfen über die Rechtsgutsbestimmung hinaus bei ihrer Auslegung eine Vielzahl von Fragen auf. Die Grenze zwischen erlaubter Kooperation und strafbarer Korruption kann oftmals nicht trittsicher bestimmt werden. In der Praxis hat dies zur Verunsicherung der Beteiligten geführt. Nicht selten wurden bzw. werden Kooperationsvereinbarungen – zB Honorararztverträge – aus Unsicherheit aufgelöst, nicht verlängert oder neue Verträge nicht geschlossen, obwohl die berufliche Zusammenarbeit – etwa zwischen einem Honorararzt und einem Krankenhaus – gesundheitspolitisch grundsätzlich gewollt ist.[33] Im Folgenden soll daher zunächst kurz die prozessuale Seite der Gesundheitskorruption betrachtet werden, sodann wird exemplarisch die praktisch relevante Konstellation der Kooperation des Honorararztes mit dem Krankenhaus näher beleuchtet. Ein besonderes Augenmerk gilt dem Begriff Zuführung nach §§ 299a Nr. 3, 299b Nr. 3 StGB und der Frage, inwieweit dieses Tatbestandsmerkmal strafbarkeitsbegrenzend wirken kann.

a) Anfangsverdacht

§§ 299a und 299b StGB sind – anders als noch im Regierungsentwurf vorgesehen[34] – Offizialdelikte, d. h., die Strafverfolgung erfolgt von Amts wegen, sofern zureichende tatsächliche Anhaltspunkte für eine verfolgbare Straftat vorliegen.[35] Für die Annahme eines solchen Anfangsverdachts (§ 152 Abs. 2 StPO) ist das Vorliegen konkreter Tatsachen erforderlich, wobei kriminalistische Erfahrungen[36] und entfernte Indizien genügen, bloße Vermutungen hingegen nicht ausreichen.[37] Typische Ermittlungsansätze wegen Korruptionsverdachts ergeben sich u. a. (1) durch – ggf. anonyme – Anzeigen, Whistleblowing, enttäuschte nahestehende Personen, Konkurrenten, (2) Betriebsprüfungen, (3) Anzeigen von Behörden oder Krankenkassen, Stellen zur Bekämpfung von Fehlverhalten im Gesundheitswesen sowie (4) interne Ermittlungen.[38] Es wurden bereits erste Ermittlungsverfahren wegen des Verdachts der Bestechlichkeit und Bestechung im Gesundheitswesen eingeleitet.[39] Einzelne Staatsanwälte legten die Straftatbestände §§ 299a, 299b StGB zunächst sehr weit aus; Thüringer Staatsanwälte sollen etwa vorübergehend einen Anfangsverdacht an-

---

[31] BT-Drs. 18/6446, 12.
[32] BT-Drs. 18/6446, 12; siehe auch *Schneider* StV 2010, 365 (368).
[33] BT-Drs. 18/6446, 18.
[34] BT-Drs. 18/6446, 8 (relatives Antragsdelikt).
[35] *Graalmann-Scheerer* MedR 2017, 601 (602).
[36] BVerfG NJW 2015, 851.
[37] *Graalmann-Scheerer* MedR 2017, 601 (609).
[38] Vgl. *Tsambikakis* in AG Medizinrecht im DAV/IMR (Hrsg.), Aktuelle Entwicklungen im Medizinstrafrecht, 7. Düsseldorfer Medizinstrafrechtstag, 2017, 97, 102.
[39] *Badle* medstra 2017, 1 (2), mit Beispielen.

genommen haben, wenn die Teilnahme von Ärzten an einer Fortbildungsveranstaltung von der Industrie finanziert wurde, obwohl dies nach der berufsrechtlichen Regelung[40] – in bestimmten Grenzen – erlaubt ist.[41] So führt die Unsicherheit über strafrechtliche Risiken teilweise zu präventiven, defensiven Maßnahmen,[42] zB haben pharmazeutische Hersteller die kostenlose Abgabe von bestimmten Blutzuckermessgeräten an Ärzte, die zur Weitergabe an Patienten bestimmt waren, eingestellt, und zwar deshalb, weil im Entscheidungszeitpunkt die Frage, ob die Abgabe der Geräte strafrechtlich erlaubt ist, nicht hinreichend sicher beantwortet werden konnte.[43] Ein erhöhtes Strafverfolgungsrisiko wird sich selten ausschließen lassen, da die Eintrittsschwelle für ein Ermittlungsverfahren, der Anfangsverdacht, generell recht schnell überwunden werden kann. Der Weg zum dringenden Tatverdacht oder bis zur strafrechtlichen Verurteilung dürfte hingegen umso schwerer zu beschreiten sein. Das wird die Betroffenen allerdings eher weniger beruhigen, weil allein Durchsuchungsmaßnahmen – selbst bei noch so diskretem Vorgehen der Kriminalpolizei, Staatsanwaltschaft – der Öffentlichkeit, vor allem den Medien, häufig nicht verborgen bleiben.[44]

b) Zuführungsvariante nach §§ 299a Nr. 3, 299b Nr. 3 StGB

Vor allem bei der Zuführungsvariante nach § 299a Nr. 3 StGB, § 299b Nr. 3 StGB besteht die Gefahr strafrechtlicher Ermittlungen für die Beteiligten von Kooperationen, selbst wenn alle Beteiligten den Rahmen der politisch gewollten und geforderten Zusammenarbeit im Gesundheitswesen einhalten wollen. Es fehlt derzeit an Rechtssicherheit durch Judikate und durch klare gesetzgeberische Vorgaben. Im Fokus der weiteren Betrachtung soll daher die – in der Praxis (jedenfalls bisher) häufig anzutreffende – Kooperation zwischen einem niedergelassenen Arzt und einem Krankenhaus liegen, in dem dieser Arzt als Honorararzt tätig wird.[45]

---

[40] Vgl. § 32 Berufsordnung der Landesärztekammer Thüringen.

[41] So wohl Vertreter der thüringischen Staatsanwaltschaften laut *Landesärztekammer Thüringen,* Ärzteblatt Thüringen 2017, 292f.; kritisch dazu *Geiger* medstra 2017, 193. Anders aber *Winnat,* Fortbildung auf Industriekosten, Alles Korruption – oder was?, Ärzte Zeitung online vom 7.12.2017, abrufbar im Internet: ‹https://www.aerztezeitung.de/praxis_wirtschaft/vertragsarztrecht/article/948947/fortbildung-industriekosten-alles-korruption.html› (zuletzt abgerufen am 13.2.2018), nach dem die „Generalstaatsanwaltschaft Thüringen bestreitet, jemals über Korruptionsermittlungen nachgedacht zu haben, nur weil ein Arzt sich Reisekosten oder Tagungsgebühren zu Fortbildungsveranstaltungen von der Industrie bezahlen lässt".

[42] Es handelt sich um eine typische Folge des legislativen Aktionismus im Wirtschaftsstrafrecht: Die Adressaten sehen sich nicht mehr in der Lage, die Grenzen zur Strafbarkeit selbst zu erkennen. Geschäftliche Aktivitäten werden dann nicht nur als ökonomisches Risiko identifiziert, was zu einem zurückhaltenderen Verhalten führen kann, als es vom Gesetzgeber ursprünglich intendiert war.

[43] *Wostry* in AG Medizinrecht im DAV/IMR (Hrsg.), Aktuelle Entwicklungen im Medizinstrafrecht, 7. Düsseldorfer Medizinstrafrechtstag, 2017, 11, 19f., mit Verweis auf *Wesser,* DAZ.online vom 22.8.2016 und DAZ.online vom 15.8.2016. Näher zu dieser Problematik *Rönnau/Wegner* MedR 2017, 206ff.

[44] *Graalmann-Scheerer* MedR 2017, 601 (610). Sehr lesenswert zu dieser modernen Prangerwirkung *Jahn,* Ein Bild im Kopf sagt mehr als 1000 Urteile, FAZ vom 19.12.2017.

[45] Nach dem Urteil des BGH vom 16.10.2014 (BGHZ 202, 365), nach dem im Krankenhaus nicht angestellte Honorarärzte keine wahlärztlichen Leistungen abrechnen dürfen, werden in der

Systematisch ist die Zuführungsvariante beim Tatbestandsmerkmal „Unrechtsvereinbarung" zu verorten. Das Erfordernis der Unrechtsvereinbarung ergibt sich im Gesetz aus der Verknüpfung „dafür". Unrechtsvereinbarung meint dabei, dass dem Vorteil auf der einen Seite auf der anderen Seite die unlautere Bevorzugung des Bestechenden im Wettbewerb gegenübersteht,[46] es muss also eine inhaltliche Verknüpfung von Vorteil und Gegenleistung bestehen.[47] Bei §§ 299a Nr. 3, 299b Nr. 3 StGB muss der Vorteil als Gegenleistung „bei der Zuführung von Patienten oder Untersuchungsmaterial" erfolgen.

Fraglich ist, was unter einer Zuführung zu verstehen ist. Die Auslegung des Begriffs ist von erheblicher Bedeutung, denn das Merkmal hat bei einem engen Verständnis ein nicht unerhebliches Potential, die Tatbestände §§ 299a Nr. 3 StGB, 299b Nr. 3 StGB einzuschränken. Liegt nämlich bereits keine Zuführung vor, können diese Tatbestände nicht verwirklicht werden und es kommt etwa auf eine Prüfung einer unlauteren Bevorzugung, insbesondere auf die Untersuchung der als Indiz für eine Unrechtsvereinbarung geltenden Unangemessenheit der Vergütung des vermeintlich zuführenden Arztes, nicht mehr an.

Es existiert keine Legaldefinition der Zuführung. Nach der Begründung des Regierungsentwurfs – der *Fischer* in seiner Kommentierung folgt[48] – soll der Begriff dem Zuweisungsbegriff des Sozial- und Berufsrechts in § 73 Abs. 7 SGB V sowie § 31 MBO-Ä grundsätzlich entsprechen;[49] hierunter sei also jede Einwirkung auf einen Patienten zu verstehen, die mit dem Ziel erfolgt, dessen Auswahlentscheidung in Bezug auf einen Arzt oder anderen Leistungserbringer zu beeinflussen.[50] Die Wahl des Begriffs „Zuführung" statt „Zuweisung" soll nach der Entwurfsbegründung sicherstellen, dass eine Strafbarkeit unabhängig von der Form der Einwirkung auf den Patienten in Betracht komme, so dass auch mündliche und unverbindliche Empfehlungen erfasst seien.[51]

Die Begründung der Wahl des Begriffs „Zuführung" anstatt „Zuweisung" überzeugt allerdings nicht. Schon beim Begriff Zuweisung im Berufs- und Sozialversicherungsrecht ist seine Bedeutung im Grenzbereich des Wortsinns nicht hinreichend geklärt. So wird unter dem Begriff der Zuweisung bereits im Rahmen des § 31 MBO-Ä jede Überweisung oder mündliche und unverbindliche Erklärung verstanden,[52] so dass die Wahl eines anderen Begriffs lediglich die Gefahr einer rechtsunsicheren Interpretation dieser Tatbestandsvariante in sich birgt. Umgangssprachlich meint der Begriff „Zuführung" jemanden oder etwas mit jemanden

---

Praxis oftmals die bisher bestehenden Honorararztverträge aufgehoben bzw. gekündigt; stattdessen wird nunmehr zwischen dem Krankenhaus und dem niedergelassenen Arzt ein Teilzeitarbeitsvertrag geschlossen. Die folgenden Ausführungen zum Honorararzt gelten gleichermaßen für diese neue Vertragsgestaltung.

[46] *Tsambikakis* medstra 2016, 131 (134).

[47] BT-Drs. 18/6446, 18.

[48] *Fischer,* StGB, 65. Aufl. 2018, § 299a Rn. 16.

[49] BT-Drs. 18/6446, 20.

[50] BT-Drs. 18/6446, 20.

[51] BT-Drs. 18/6446, 20.

[52] *Scholz* in Spickhoff/Medizinrecht, 2. Aufl., 2014, MBO § 31 Rn. 3; *Pragal/Handel* medstra 2015, 337 (341).

oder etwas versorgen, zusammenbringen, etwa einer Firma Kunden zuführen; es bedeutet auch auf etwas hinführen, in die Richtung (auf etwas hin) verlaufen.[53] Abgeleitet ist der Begriff vom Verb „führen", also dirigieren, lenken, steuern.[54] Der Begriff beinhaltet mithin ein subjektives Element, in unserem Zusammenhang namentlich das Ziel, die Auswahlentscheidung des Patienten in Bezug auf einen Arzt oder anderen Leistungserbringer zu beeinflussen – wie es ebenfalls die Definition nach dem Willen des Gesetzgeber vorsieht. In diese Richtung und darüber hinaus konkretisieren *Schneider/Ebermann* den Zuführungsbegriff, wobei sie als entscheidendes Abgrenzungskriterium zwischen einer Zuführung im Sinne der §§ 299a Nr. 3, 299b Nr. 3 StGB und einer straflosen Beeinflussung von Patienten auf die Autonomie des Patienten abstellen.[55] Zwischen dem Arzt und dem Patienten bestehe eine „Informationsasymmetrie"; nicht jede Information des Arztes, die eine Entscheidung des Patienten in Richtung auf eine weitergehende medizinische Behandlungsmaßnahme beeinflusse, stelle eine tatbestandsmäßige Zuführung dar. Es liege ein tatbestandsmäßiges Marktverhalten im Sinne der §§ 299a Nr. 3, 299b Nr. 3 StGB vielmehr nur vor, „wenn die gegebene Informationsasymmetrie zwischen Arzt und Patient dazu missbraucht wird, um den Patienten gezielt in Richtung eines bestimmten Dritten (zB einer Klinik, einer Apotheke, eines Physiotherapeuten usw) zu lenken".[56] Entscheide der Patient eigenverantwortlich und habe somit persönlich die Führung bzw. das Steuer übernommen, sei keine Zuführung gegeben.[57] Mit anderen Worten: Nur wenn der Arzt die Informationsasymmetrie zwischen sich und dem Patienten missbraucht und dadurch die Auswahl eines Arztes oder anderen Leistungserbringers durch den Patienten beeinflussen will, liegt ein tatbestandsmäßiges Zuführen im Sinne der §§ 299a Nr. 3, 299b Nr. 3 StGB vor. Legt der Arzt seine möglichen Interessenkonflikte offen, entscheidet der Patient autonom, eine Zuführung liegt nicht vor. Diesem engen Verständnis des Zuführungsbegriffs ist zuzustimmen. Nur bei einem „Machtmissbrauch" des Arztes liegt eine tatbestandliche Zuführung vor. Der von §§ 299a, 299b StGB geschützte faire Wettbewerb wird lediglich verletzt, wenn der Arzt den Patienten in missbräuchlicher Art und Weise einem anderen Arzt oder Leistungserbringer zuführt. Ein solcher Missbrauch und somit ein tatbestandsmäßiges Zuführen liegt etwa vor, wenn der Arzt den Patienten täuscht.[58] Eine solche Täuschung ist zB gegeben, wenn ein Orthopäde seinem Patienten nahelegt, die Physiotherapie in einer bestimmten Einrichtung in Anspruch zu nehmen, wobei er verschweigt, dass ihm der Betrieb gehört.[59] Hier täuscht der Orthopäde konkludent über eine Einkommensmöglichkeit. Diese Information kann für die Abwägungsentscheidung des Patienten von Bedeutung sein – sei es in die eine oder in die andere Richtung.[60] Der Arzt muss

---

[53] Wermke/Kunkel-Razum/Scholze-Stubenrecht, Duden, Bedeutungswörterbuch, 4. Aufl. 2010, 1128 (Stichwort: „zuführen").
[54] *Schneider* medstra 2016, 195ff.; *Schneider/Ebermann,* medstra 2018, 67 (68).
[55] Eingehend dazu *Schneider/Ebermann,* medstra 2018, 67ff.
[56] *Schneider/Ebermann,* medstra 2018, 67 (68).
[57] *Schneider/Ebermann,* medstra 2018, 67 (68).
[58] Vgl. *Schneider/Ebermann,* medstra 2018, 67 (68).
[59] Vgl. *Schneider/Ebermann,* medstra 2018, 67 (68).
[60] Vgl. *Schneider/Ebermann,* medstra 2018, 67 (68).

allerdings nicht immer über seine Einkommensmöglichkeit aufklären. So darf ein niedergelassener Arzt dem Patienten mitteilen, dass er mit einem bestimmten Krankenhaus kooperiert und ihn dort als Honorararzt operieren könne. Dass der Arzt die Operation nicht unentgeltlich vornimmt, ergibt sich bereits aus der Lebenserfahrung. Der Arzt muss bei dieser Mitteilung an den Patienten allerdings seiner Aufklärungspflicht nachkommen. Er hat den Patienten über geeignete Krankenhäuser zu beraten und die „beiden nächsterreichbaren geeigneten Krankenhäuser" anzugeben (vgl. § 73 Abs. 4 S. 3, 4 SGB V; § 6 Abs. 1 S. 6 Krankenhauseinweisungs-Richtlinie; § 26 Abs. 2 BMV-Ä). Kommt der Arzt dieser Aufklärungspflicht nach – und dokumentiert dies zu Beweiszwecken bestenfalls noch – mag er zwar die Entscheidung des Patienten beeinflussen, aber nicht in missbräuchlicher Art und Weise, so dass eine tatbestandsmäßige Zuführung im Sinne der §§ 299a Nr. 3, 299a Nr. 3 StGB nach zutreffender Auffassung nicht vorliegt.[61] Da der Patient letztlich frei entscheiden kann, wird der faire Wettbewerb im Gesundheitswesen nicht beeinträchtigt.

Weil Zuführen ein Einwirken auf den Patienten mit dem Ziel voraussetzt, dessen Auswahl eines Arztes oder eines anderen Leistungserbringers missbräuchlich zu beeinflussen, sollten präventiv Indizien gegen das Vorliegen einer solche Absicht geschaffen werden, um einen möglichen Anfangsverdacht in prozessualer Hinsicht zügig zu entkräften. Gegen das Vorliegen einer solchen Absicht spricht etwa ordnungsgemäßes berufsrechtliches und sozialrechtliches Verhalten. Es ist daher zu empfehlen, zB den wesentlichen Inhalt des Aufklärungsgesprächs über die freie Krankenhauswahl zu dokumentieren.[62] Ein Indiz für das Vorliegen einer solchen Absicht ist hingegen die Täuschung über den Erhalt eigener Vorteile. Werden solche (und andere) Interessenkonflikte offengelegt – und dokumentiert –, ist ein Gegenindiz für das Vorliegen der Absicht geschaffen. Es ist also insbesondere das Transparenz- und das Dokumentationsprinzip einzuhalten. Ein objektives Indiz gegen das Vorliegen der Zuführungsvariante ist im Übrigen gegeben, wenn ein niedergelassener Arzt in den „beiden nächsterreichbaren geeigneten Krankenhäuser" als Honorararzt tätig ist. Selbst wenn der Arzt in diesem Fall nicht ordnungsgemäß den Patienten darüber aufklären sollte, dass er in den Krankenhäusern als Honorararzt tätig ist, missbraucht der Arzt die Informationsasymmetrie nicht, um den Patienten gezielt in Richtung einer Klinik zu lenken; schließlich hat er die „beiden nächsterreichbaren geeigneten Krankenhäuser" bei einem notwendigen stationären Aufenthalt des Patienten in einem Krankenhaus anzugeben.

IV. Fazit

In der Praxis haben die neuen Straftatbestände zu erheblicher Unsicherheit bei der Abgrenzung erlaubter Kooperation und strafbarer Korruption geführt. Es ist zu hoffen, dass die Staatsanwaltschaften und Gerichte die Normen mit Augenmaß an-

---

[61] Eingehend dazu *Schneider/Ebermann,* medstra 2018, 67 (69ff.).
[62] *Schneider/Ebermann,* medstra 2018, 67 (70).

wenden werden[63]; die Bundesregierung ging davon aus, dass die Zahl der Personen, die wegen einer Straftat nach §§ 299a, 299b StGB verdächtigt werden, im „niedrigen dreistelligen Bereich" pro Jahr liegen dürfte.[64] Die bestehenden Unsicherheiten können letztlich erst durch die (höchstrichterliche) Rechtsprechung beseitigt werden. Es ist daher empfehlenswert, die Kooperationen schriftlich transparent zu gestalten und keine Indizien für eine Unrechtsvereinbarung zu schaffen, bspw. durch eine so hohe Vergütung eines Honorararztes, die keinen anderen Schluss mehr zulässt, als dass sie die Gegenleistung für eine Zuführung von Patienten sein muss. Zudem gilt stets: Papier ist geduldig. Für die strafrechtliche Bewertung wird es immer darauf ankommen, wie die Verträge gelebt werden.

---

63 Zutreffend *Badle* medstra 2017, 1.

64 BT-Drs. 18/6446, 3 (15). S. auch *Graalmann-Scheerer* MedR 2017, 601 (610), nach der die Verurteilungsquote – wie bei §§ 299, 331 ff. StGB – künftig eher niedrig sein dürfte.

THOMAS WEIGEND

Rennen und Rasen

Bemerkungen zu § 315d StGB

Man kann dem deutschen Strafgesetzgeber manches vorwerfen, aber sicher nicht (mehr), dass er zu zögerlich auf neuartige Formen störenden Verhaltens reagieren würde. In den letzten Jahren haben einige aufsehenerregende Fälle mit Toten und Verletzten das Phänomen illegaler Autorennen in die Medien und damit in das Bewusstsein der Öffentlichkeit katapultiert. Obwohl statistische Informationen über die Häufigkeit solcher Rennen nicht vorhanden sind,[1] hat der Gesetzgeber schnell reagiert und im Jahre 2017 eine Strafvorschrift über Verbotene Kraftfahrzeugrennen (§ 315d StGB) verabschiedet. Die Vorschrift enthält ein abstraktes Gefährdungsdelikt in mehreren Varianten: das Ausrichten oder Durchführen eines nicht genehmigten Kraftfahrzeugrennens sowie die Teilnahme an einem solchen Rennen (§ 315d Abs. 1 Nr. 1 und 2 StGB). Gleichgestellt ist das Sich-Fortbewegen eines einzelnen Kraftfahrers mit nicht angepasster Geschwindigkeit, „um eine höchstmögliche Geschwindigkeit zu erreichen" (§ 315d Abs. 1 Nr. 3 StGB). Ergänzt wird der Grundtatbestand durch verschiedene qualifizierte Fälle der konkreten Gefährdung sowie der Verursachung des Todes oder erheblicher Gesundheitsschäden (§ 315d Abs. 2, 4 und 5 StGB).

Thomas Fischer, dem diese Zeilen in großer Hochachtung für sein eindrucksvolles Lebenswerk gewidmet sind, hat die neue Vorschrift gleich nach ihrem Inkrafttreten mit kritischem Problembewusstsein kommentiert. Auch in der Wissenschaft hat die Regelung großes Interesse gefunden.[2] Im Folgenden möchte ich mich zunächst mit der Frage der Notwendigkeit einer Strafvorschrift gegen illegale Rennen und gegen gefährliches Rasen beschäftigen und dann auf einzelne Zweifelsfragen eingehen, die der neue Tatbestand aufwirft.

---

[1] Der Bundesrat führte zur Begründung seiner Gesetzesinitiative an, dass „immer häufiger" Fälle von illegalen Kraftfahrzeugrennen zu beobachten seien und dass es „vielerorts" eine „etablierte ‚Raser-Szene'" gebe; BT-Drs. 18/10145, 7. *Fischer,* 65. Aufl. 2018, StGB § 315d Rn. 3, bemerkt mit Recht, dass das Problem wohl auch in der Vergangenheit schon vorhanden war, aber nicht beachtet wurde. Zur mangelnden Belegen für den Umfang des „Raser"-Problems auch *Piper* NZV 2017, 70 (71); *Eisele* KriPoZ 2018, 32; *Kulhanek* in BeckOK StGB, 37. Edition 2018, § 315d Rn. 5.

[2] Siehe zB *Zieschang* JA 2016, 721; *Dahlke/Hoffmann-Holland* KriPoZ 2017, 35; *Jansen* NZV 2017, 214; *Kubiciel/Hoven* NStZ 2017, 439; *Kusche* NZV 2017, 414; *Mitsch* DAR 2017, 69; *Piper* NZV 2017, 70; *Preuß* NZV 2017, 105; *Walter* NJW 2017, 1350; *Eisele* KriPoZ 2018, 31.

I. Zur kriminalpolitischen Legitimität des Tatbestandes

1. Strafwürdigkeit

Wenn mehrere Kraftfahrer – in organisierter Form oder auch spontan – ein Wettrennen auf öffentlichen Straßen durchführen, liegt darin eine spezifische, gegenüber der normalen Verkehrsteilnahme wesentlich gesteigerte Gefahr nicht nur für die Fahrer selbst, sondern auch für alle Personen und Sachwerte, die mit dem Rennen in Berührung kommen (können). Die Gefährlichkeit ergibt sich aus der unheilvollen Kombination mehrerer Elemente: Der Wettbewerbscharakter veranlasst die Teilnehmer dazu, die Geschwindigkeit ihrer Fahrzeuge ohne Rücksicht auf die Verkehrsregeln zu erhöhen; die Konzentration der Fahrer ist ausschließlich darauf gerichtet, als erste am Ziel zu sein, so dass sie hauptsächlich die Konkurrenten beobachten und die Interessen anderer Verkehrsteilnehmer vernachlässigen; und durch die Beteiligung mehrerer Fahrzeuge werden die Risiken für Unbeteiligte noch vervielfacht. Damit schaffen die Täter massive Gefahren für die Verkehrssicherheit, die deutlich über diejenigen hinausgehen, die typischerweise durch die „sieben Todsünden des Kraftfahrers" (§ 315c Abs. 1 Nr. 2 StGB) verursacht werden. Insofern war es nicht nur vertretbar, sondern geradezu kriminalpolitisch geboten,[3] schon die Veranstaltung von motorisierten Wettrennen im öffentlichen Verkehrsraum als solche ebenso wie die Teilnahme an ihnen nicht (wie bis 2017) als Ordnungswidrigkeiten, sondern als Straftaten zu pönalisieren.[4]

Weit weniger plausibel ist die (im Gesetzgebungsverfahren nachträglich eingefügte) Inkriminierung des „Einzelrasens" (§ 315d Abs. 1 Nr. 3 StGB), fehlt es hier doch an dem Gefahrelement des Wettbewerbs wie auch an der Multiplikation der Risiken durch die Teilnahme mehrerer Fahrzeuge. Als spezifische Gefahr für die Verkehrssicherheit bleibt hier – neben der sonst nur als Ordnungswidrigkeit ahndbaren Überschreitung der zulässigen Höchstgeschwindigkeit – lediglich die Konzentration des Fahrers auf das Ziel, möglichst schnell zu fahren. Dies ist jedoch, wie auch *Fischer* zutreffend feststellt,[5] keine Besonderheit kriminellen Verhaltens, sondern entspricht der Absicht der meisten Verkehrsteilnehmer: Man möchte sein Ziel so rasch wie möglich erreichen. Im übrigen wird die Konzentration des Fahrers auch sonst häufig durch verschiedene Umstände beeinträchtigt,[6] so dass dieser Effekt allein eine Inkriminierung des Schnellfahrens als solchen nicht zu begründen vermag.[7]

---

[3] Der Bundesrat wies in der Gesetzesbegründung mit Recht darauf hin, dass die Maßnahmen nach dem OWiG keine nennenswerte Abschreckungswirkung auf den in Frage kommenden Täterkreis entfalteten; BT-Drs. 18/10145, 7. Zur Psychologie und Motivation der „Raser" näher *Franzke* Kriminalistik 2017, 362.

[4] Ebenso *Hoven/Kubiciel* NStZ 2017, 439 (445); *Jansen* NZV 2017, 214 (219); *Kusche* NZV 2017, 414 (418); *Mitsch* DAR 2017, 69 (71); *Neumann* JURA 2017, 160 (170); *Eisele* KriPoZ 2018, 31 (34); aA *Walter* NJW 2017, 1350 (1353) mit der Begründung, dass illegale Rennen, bei denen keiner der Fälle von § 315c Abs. 1 Nr. 2 StGB verwirklicht wird, nicht strafwürdig seien.

[5] *Fischer,* 65. Aufl. 2018, StGB § 315d Rn. 16, 18.

[6] Ebenso *Kusche* NZV 2017, 414 (419); vgl. auch *Eisele* KriPoZ 2018, 31, 34; aA (vergleichbare Gefährlichkeit wie bei Wettfahrten) *Hoven* DPolBl 2017, 26 (29).

[7] Keinen legitimen Grund für eine Pönalisierung bietet die Erwägung von *Kulhanek* in BeckOK StGB, 37. Edition 2018, § 315d Rn. 32, dass § 315d Abs. 1 Nr. 3 StGB geeignet sei, „ge-

2. *Notwendigkeit eines eigenen Tatbestandes*

Angesichts des Vorhandenseins anderer Strafvorschriften gegen regelwidriges Fahren mit Kraftfahrzeugen stellt sich die Frage, ob es der Einführung einer weiteren Norm bedurfte, um eine Bestrafung von Beteiligten an illegalen Wettrennen zu ermöglichen.

Überflüssig wäre ein neuer Tatbestand gegen unerlaubte Kraftfahrzeugrennen, wenn deren Teilnehmer bereits – je nach Ausgang – wegen vollendeter oder versuchter vorsätzlicher Tötung[8] strafbar wären. Ein bedingter Tötungsvorsatz kann durchaus bejaht werden, wenn ein an dem Rennen beteiligter Fahrer erkennt, dass nach den Umständen eine tödliche Kollision seines Fahrzeugs oder des Autos eines Konkurrenten mit Fußgängern oder anderen Verkehrsteilnehmern möglich ist und durch sein eigenes Fahrverhalten auch nicht zuverlässig vermieden werden kann.[9] Fährt er dennoch weiter, so nimmt er den Tod Unbeteiligter in Kauf, auch wenn er ihm nicht erwünscht ist, und handelt folglich mit bedingtem Tötungsvorsatz. Diese psychische Einstellung wird jedoch nicht in allen Wettrenn-Fällen festzustellen sein. Ob ein Fahrer mit Tötungsvorsatz handelt, hängt vielmehr davon ab, ob die Umstände der Fahrt (Geschwindigkeit, Sichtverhältnisse, Verkehrsaufkommen usw) bei ihm die rational begründete Annahme zulassen, dass er die Schädigung Dritter durch schnelle Reaktion und fahrerisches Geschick vermeiden kann.[10]

Man könnte ferner an eine Strafbarkeit der Wettfahrer nach § 315b Abs. 1 Nr. 3 StGB denken, mit der Erwägung, dass sie mit ihrer Teilnahme am Straßenverkehr ein anderes Ziel als „normale" Verkehrsteilnehmer verfolgen: Sie wollen nicht einfach vom Startpunkt zum Ziel der Fahrstrecke gelangen, sondern es geht ihnen nur um die Erzielung der Höchstgeschwindigkeit und den Sieg über die Konkurrenten. Insofern „pervertieren" sie in gewisser Weise die Fortbewegung im Straßenverkehr.[11] Dennoch liegt in illegalen Wettrennen kein „ebenso gefährlicher Eingriff" in den Straßenverkehr iSv § 315b Abs. 1 Nr. 3 StGB. Denn abgesehen davon, dass den Tätern häufig der von der Rechtsprechung verlangte Vorsatz, andere zu schädigen,[12] fehlen wird, kann man ihnen nicht die primäre Absicht absprechen, sich im Straßenverkehr von einem Start- zu einem Zielort fortzubewegen. Sie missbrauchen ihre Fahrzeuge also nicht etwa als Waffen oder Nötigungsmittel, sondern ver-

---

wissermaßen als Auffangtatbestand für Fälle herzuhalten, in denen eine Subsumtion unter den Rennbegriff mangels Nachweis der wechselseitigen Übereinkunft nicht gelingt".

[8] Da eine Kollision mit einem heranrasenden Auto nicht nur für die Insassen des anderen Fahrzeugs, sondern auch für unbeteiligte Menschen im Umkreis zu schweren Körperschäden führen kann, wäre in der Regel das Mordmerkmal des „gemeingefährlichen Mittels" erfüllt, also (versuchter) Mord gegeben. Daneben werden bei den Tätern häufig auch „niedrige Beweggründe" für die Tötung zu bejahen sein. Siehe hierzu *Kubiciel/Hoven* NStZ 2017, 439 (442f.).

[9] Siehe hierzu LG Berlin NStZ 2017, 471 (473f.) und aus der umfangreichen Literatur zur Frage des Tötungsvorsatzes in „Raser"-Fällen *Kubiciel/Hoven* NStZ 2017, 439 (440ff.); *Walter* NJW 2017, 1350; *Herzberg* JZ 2018, 122.

[10] *H. Schneider* in MüKoStGB, 3. Aufl. 2017, § 212 Rn. 23a f.; *Eisele* KriPoZ 2018, 32.

[11] Zu den Voraussetzungen eines strafbaren „verkehrsfremden Inneneingriffs" in den Straßenverkehr im einzelnen siehe *Sternberg-Lieben/Hecker* in Schönke/Schröder, 29. Aufl. 2014, StGB § 315b Rn. 10; *Fischer,* 65. Aufl. 2018, StGB § 315b Rn. 9ff.

[12] BGHSt 48, 233 (237f.) = NJW 2003, 1613; BGH NStZ 2010, 392.

halten sich durchaus als Verkehrsteilnehmer, wenngleich unter Missachtung von Verkehrsregeln und mit einer speziellen Motivation.[13]

In vielen Fällen wird bei Wettrennen mit Kraftfahrzeugen auch eine Verletzung von § 315c Abs. 1 Nr. 2 StGB vorliegen, insbesondere durch „falsches" Überholen (lit. b) oder zu schnelles Fahren an Kreuzungen oder Einmündungen (lit. d). Eine Strafbarkeit nach dieser Vorschrift hat jedoch noch zwei weitere Voraussetzungen: die konkrete Gefährdung von Leben, Gesundheit oder wertvollem Eigentum sowie den Zurechnungszusammenhang zwischen dem Verkehrsverstoß und dieser Gefährdung. Insofern hängt die Strafbarkeit nach § 315c StGB von einem Zufallselement ab. Die inhärente Gefährlichkeit von Wettrennen auf öffentlichen Verkehrswegen mit ihren unbeherrschbaren Risiken für die Rechtsgüter Unbeteiligter ist jedoch so groß, dass eine unbedingte strafrechtliche Sanktionierung geboten ist.[14]

Für das „Einzelrasen" hingegen, das aus den oben dargelegten Gründen geringere Risiken birgt als ein Wettrennen, würde es ausreichen, die Strafbarkeit auf Fälle zu beschränken, in denen mindestens eine konkrete Gefährdung Dritter eingetreten ist. Es wäre daher besser gewesen, dieses Verhalten bei § 315c Abs. 1 Nr. 2 StGB einzuordnen.[15] Nachdem der Gesetzgeber anders entschieden hat, besteht jedenfalls Grund für eine enge Auslegung der Tatbestandsvoraussetzungen, um eine übermäßige Kriminalisierung von zu schnellem Fahren zu vermeiden.

Im Ergebnis erweist sich die Einführung der Strafbarkeit von Wettrennen auf öffentlichen Straßen (§ 315d Abs. 1 Nr. 1 und 2 StGB) als eine grundsätzlich[16] sinnvolle kriminalpolitische Maßnahme, während das High-Speed-Fahren eines Einzelnen besser in § 315c Abs. 1 Nr. 2 StGB integriert worden wäre.

II. Auslegungsfragen

1. Teilnehmen an einem Kraftfahrzeugrennen (§ 315d Abs. 1 Nr. 2 StGB)

Die zentrale Modalität des neuen Straftatbestandes ist das Teilnehmen an einem unerlaubten Kraftfahrzeugrennen. *Täter*[17] dieser Begehungsform des § 315d Abs. 1 Nr. 2 StGB kann nach dem Wortlaut der Norm nur der „Kraftfahrzeugführer" sein. Dies spricht gegen die von *Fischer* präferierte weite Auslegung, nach der Teilnehmer jeder sein kann, der sich „als Wettbewerber" an dem Rennen beteiligt, also etwa auch ein Mitfahrer, der durch renn-steuernde Hinweise aktiv am Renngeschehen mitwirkt.[18] Ein solcher Mitfahrer kann ungeachtet seiner wichtigen Rolle bei der

---

[13] Ebenso *Kubiciel/Hoven* NStZ 2017, 439 (444f.); *Eisele* KriPoZ 2018, 31 (33).

[14] *Jansen* NZV 2017, 214 (217); *Kubiciel/Hoven* NStZ 2017, 439 (445); *Preuß* NZV 2017, 105 (111); *Eisele* KriPoZ 2018, 32 (33).

[15] Übereinstimmend *Dahlke/Hoffmann-Holland* KriPoZ 2017, 306 (310); *Kubiciel/Hoven* NStZ 2017, 439 (445); *Eisele* KriPoZ 2018, 31 (38).

[16] Zu der Frage der Erstreckung der Täterschaft auf Personen im Vorfeld des Rennens siehe unten II.2.

[17] Trotz des Wortlauts („teilnimmt") ist klar, dass die Tat nichts mit strafbarer Teilnahme iSv §§ 26, 27 StGB zu tun hat.

[18] *Fischer,* 65. Aufl. 2018, StGB § 315d Rn. 10.

Wettfahrt nicht als „Führer" des Fahrzeugs angesehen werden. Mit Recht betrachtet daher die überwiegende Ansicht § 315d Abs. 1 Nr. 2 StGB als eigenhändiges Delikt, dessen Täter nur sein kann, wer selbst „zumindest einen Teil der wesentlichen technischen Vorrichtungen zur Fortbewegung des Fahrzeugs bedient".[19] Beifahrer können jedoch als Gehilfen bestraft werden, wenn sie die Fahrt durch Rat oder Tat (zB Einwirken auf Wettbewerber, Warnung vor Hindernissen, auch „Tunen" der Fahrzeuge) unterstützen.[20]

Als *„Rennen"* bezeichnet die Gesetzesbegründung einen „Wettbewerb oder Wettbewerbsteil zur Erzielung von Höchstgeschwindigkeiten mit Kraftfahrzeugen, bei denen zwischen mindestens zwei Teilnehmern ein Sieger durch Erzielung einer möglichst hohen Geschwindigkeit ermittelt wird".[21] Für die Variante der „Teilnahme" ist weder die Existenz eines Regelwerks noch eine vorherige Organisation des Rennens vorausgesetzt; auch die spontane Verabredung der Teilnehmer unmittelbar vor dem Start genügt der Definition.[22] Fraglich ist, ob der Begriff des „Rennens" auch solche Fälle erfassen soll, in denen ausnahmsweise das Risiko nicht über die „normale" Gefahr des Straßenverkehrs hinausgeht. Dieser Fall ist gegeben, wenn die Rennteilnehmer vereinbaren, alle Verkehrsregeln einschließlich der bestehenden Geschwindigkeitsbeschränkungen einzuhalten.[23] In dieser Situation wird trotz der Wettbewerbs-Abrede kein unerlaubtes Risiko[24] für Dritte geschaffen; da also die Ratio der Strafbarkeit nach § 315d Abs. 1 StGB nicht eingreift, sollte bei teleologischer Betrachtung die Erfüllung des Tatbestandes verneint werden.[25] Eine ähnliche Reduktion des Anwendungsbereichs des Tatbestandes kommt in Betracht, wenn die Wettfahrt unter Umständen durchgeführt wird, in denen mit einer Gefährdung oder Beeinträchtigung Dritter nicht zu rechnen ist.[26] Ähnlich wie bei dem abstrakten Gefährdungstatbestand der Brandstiftung an Wohngebäuden (§ 306a Abs. 1 Nr. 1 StGB) lässt sich argumentieren, dass kein Grund für eine Bestrafung besteht, wenn eine Verwirklichung der Gefahr praktisch ausgeschlossen ist.[27]

---

[19] So *Kulhanek* in BeckOK StGB, 37. Edition 2018, § 315d Rn. 28. Ebenso *Zieschang* JA 2016, 721 (725); *Jansen* NZV 2017, 214 (217); *Kusche* NZV 2017, 414 (416); *Preuß* NZV 2017, 105 (109).

[20] *Eisele* KriPoZ, 2018, 31 (35). Mit Recht stellt *Fischer,* 65. Aufl. 2018, StGB § 315d Rn. 20 fest, dass das bloße passive Mitfahren keine strafbare Beihilfe ist.

[21] BT-Drs. 18/10145, 9.

[22] *Fischer,* 65. Aufl. 2018, StGB § 315d Rn. 6f.; *Kulhanek* in BeckOK StGB, 37. Edition 2018, § 315d Rn. 6. *Jansen* NZV 2017, 214 (216) weist mit Recht darauf hin, dass von spontanen Rennen mangels jeglicher Sicherheitsvorkehrungen häufig größere Gefahren ausgehen als von organisierten Veranstaltungen.

[23] Nach dem Bericht des Rechtsausschusses zu dem Gesetzentwurf soll die Einhaltung der Verkehrsregeln dem Renncharakter nicht widersprechen; BT-Drs. 18/12964, 5.

[24] Die Konzentration der Fahrer auf den Sieg stellt als solche noch keine übermäßige Gefährdung der Verkehrssicherheit dar; zutr. *Eisele* KriPoZ 2018, 32 (34).

[25] Ebenso *Kubiciel/Hoven* NStZ 2017, 439 (445); *Kusche* NZV 2017, 414 (415); *Eisele* KriPoZ 2018, 32 (34); *Kulhanek* in BeckOK StGB, 37. Edition 2018, § 315d Rn. 14.

[26] Dafür wohl auch *Zieschang* JA 2016, 721 (722) (Bestrafung wäre Verstoß gegen das Schuldprinzip); *Kusche* NZV 2017, 414 (419); anders *Mitsch* DAR 2017, 70 (72).

[27] In diesem Sinne etwa *Wolters* JR 1999, 209; *Heine/Bosch* in Schönke/Schröder, 29. Aufl. 2014, StGB § 306a Rn. 2; grundsätzlich für Ausnahmefälle anerkannt in BGHSt 26, 121 (124f.) = NJW 1975, 1369; 34, 115 (118) = NJW 1987, 140.

Das Problem liegt dann freilich in der Festlegung der Umstände, unter denen diese Bedingung erfüllt sein soll; gerade bei Wettfahrten auf öffentlichen Straßen wird sich eine Gefahr für Dritte kaum je verlässlich ausschließen lassen.[28]

Die Tat ist *vollendet,* sobald der Kraftfahrzeugführer das Fahrzeug zum Zweck des Rennens in Bewegung setzt.[29] Vorher ist die Person weder „Fahrzeugführer" im Sinne der Vorschrift noch nimmt sie an einem „Rennen" teil. Auch wird die (abstrakte) Gefahr für die Verkehrssicherheit erst mit dem tatsächlichen Start des Rennens geschaffen, nicht bereits mit der Vorbereitung zum Losfahren.[30]

2. *Ausrichten und Durchführen eines Kraftfahrzeugrennens (§ 315d Abs. 1 Nr. 1 StGB)*

Mit den Tatbestandsvarianten des Ausrichtens und Durchführens werden organisatorische Tätigkeiten selbständig unter Strafe gestellt, die das Rennen ermöglichen oder erleichtern sollen. Der Gesetzgeber hat die Modalität des Ausrichtens definiert als die Vorbereitung, Organisation oder eigenverantwortliche Gestaltung eines Rennens als geistiger und praktischer Urheber, Planer und Veranlasser.[31] Erfasst werden soll – anders als mit dem ursprünglich vorgesehenen Begriff des „Veranstaltens" – auch der Organisator, der im Hintergrund bleibt.[32] Die Variante des Durchführens bezieht sich demgegenüber auf die Personen, die zwar nicht selbst als Fahrer am Rennen teilnehmen, aber „vor Ort" für den plangemäßen Ablauf der Wettfahrt verantwortlich sind.

Maßgeblich für die Auslegung der Vorschrift des § 315d Abs. 1 Nr. 1 StGB sollte die Einsicht sein, dass es sich bei den beiden Tatmodalitäten um Verhaltensweisen handelt, die in Bezug auf die Teilnahme am Rennen eher einer Anstiftung oder Beihilfe gleichkommen und dennoch zu Formen der Täterschaft hochgestuft wurden. Hinzu kommt, dass § 315d Abs. 3 StGB sogar bereits den Versuch des Ausrichtens oder Durchführens unter Strafe stellt.

Daher sollten die beiden Tatmodalitäten eng ausgelegt werden. Zunächst ist für die Vollendung des Ausrichtens (und erst recht des Durchführens) zu verlangen, dass das Rennen tatsächlich stattfindet.[33] Gegen die Annahme, dass schon die bloße Organisationstätigkeit als solche als „Ausrichten" strafbar sein sollte,[34] spricht schon die Existenz der (sonst überflüssigen) Versuchsstrafbarkeit, aber auch das Fehlen irgendeiner auch nur abstrakten Gefährdung der Verkehrssicherheit durch vergeblich gebliebene Bemühungen des erfolglosen Ausrichters. Auch wenn anzuerkennen ist,

---

[28] Zu denken wäre etwa an eine Fahrt über 1000 Meter nachts auf einer abgelegenen Landstraße, bei der Wachposten für die Warnung etwa herankommender unbeteiligter Verkehrsteilnehmer bereit stehen.

[29] Ebenso *Preuß* NZV 2017, 105 (109); *Eisele* KriPoZ 2018, 31 (34).

[30] So aber *Zieschang* JA 2016, 721 (725); *Jansen* NZV 2017, 214 (217); *Kulhanek* in BeckOK StGB, 37. Edition 2018, § 315d Rn. 26 (Vollendung schon mit Bereitstehen an der Startlinie).

[31] Siehe BT-Drs. 18/12964, 5.

[32] *Eisele* KriPoZ 2018, 31 (35).

[33] Ebenso *Kusche* NZV 2017, 414 (416); *Eisele* KriPoZ 2018, 31 (35); *Fischer,* 65. Aufl. 2018, StGB § 315d Rn. 21.

[34] So aber für das Merkmal des „Veranstaltens" *Zieschang* JA 2016, 721 (723); *Preuß* NZV 2017, 105 (110f.).

dass schon die Verbreitung der Information über ein bevorstehendes organisiertes Rennen gefährliche gruppendynamische Prozesse auslösen kann, die für den Organisator unter Umständen nicht mehr steuerbar sind,[35] wäre bei einer solchen Interpretation des „Ausrichtens“ die täterschaftliche Strafbarkeit allzu weit ins Vorfeld der eigentlichen Verkehrsgefährdung verlegt.[36]

Ferner setzt *täterschaftliches* Ausrichten oder Durchführen eigenverantwortliche, steuernde, für den Erfolg des Unternehmens bedeutsame Handlungen voraus; bloß unterstützende Tätigkeiten wie die Weitergabe von Informationen über ein geplantes Rennen, die Beleuchtung der Rennstrecke oder eine Mitwirkung als Streckenposten können nicht zu einer Strafbarkeit wegen täterschaftlichen Ausrichtens oder Durchführens, sondern allenfalls wegen Beihilfe hierzu führen.[37] Auch können die Teilnehmer einer spontan verabredeten Fahrt nicht schon wegen dieser Verabredung gleichzeitig als „Ausrichter“ – mit der Folge einer Versuchsstrafbarkeit, selbst wenn das Rennen gar nicht stattfindet! – angesehen werden.[38] Schließlich setzt auch das unmittelbare Ansetzen zur Tat nach § 315c Abs. 1 Nr. 1, Abs. 3 iVm § 22 StGB voraus, dass der Versuchstäter über das Stadium des internen Planens hinaus gegangen ist und mindestens Kontakt zu anderen möglichen Organisatoren oder potentiellen Rennteilnehmern aufgenommen hat.[39]

3. *„Alleinrasen“ (§ 315d Abs. 1 Nr. 3 StGB)*

Die größten Auslegungsprobleme bietet der – wie dargelegt – kriminalpolitisch sehr zweifelhafte Tatbestand des „Alleinrasens“. Die tatbestandliche Handlung besteht hier allein darin, dass der Täter „sich[40] als Kraftfahrzeugführer mit nicht angepasster Geschwindigkeit[41] und[42] grob verkehrswidrig und rücksichtslos fortbewegt“.[43] Das Fahren mit „nicht angepasster“ Geschwindigkeit[44] ist eine typische

[35] In diesem Sinne (für das ursprünglich vorgesehene Merkmal des „Veranstaltens“) *Jansen* NZV 2017, 214 (217); *Piper* NZV 2017, 70 (74); *Preuß* NZV 2017, 105 (110).

[36] *Ceffinato* ZRP 2016, 201 (202); *Mitsch* DAR 2017, 69 (72); *Eisele* KriPoZ 2018, 31 (35f.). *Kusche* NZV 2017, 414 (418f.) vermutet wahrscheinlich nicht zu Unrecht, dass die Vorverlagerung der Strafbarkeit „weniger auf materiellen Strafbedürfnissen denn strafprozessualen Nützlichkeitserwägungen beruht“.

[37] *Eisele* KriPoZ 2018, 31 (35); aA *Kusche* NZV 2017, 414 (416).

[38] Freilich ist es möglich, dass der Organisator eines Rennens dann auch als Fahrer an ihm teilnimmt; in diesem Fall liegt eine Strafbarkeit nach § 315d Abs. 1 Nr. 1 *und* Nr. 2 vor.

[39] *Eisele* KriPoZ 2018, 31 (35); *Kulhanek* in BeckOK StGB, 37. Edition 2018, § 315d Rn. 65. Ähnlich für das Merkmal des „Veranstaltens“ *Jansen* NZV 2017, 214 (217); *Preuß* NZV 2017, 105 (111).

[40] Die Formulierung ist schon sprachlich misslungen: Der Täter bewegt nicht „sich“ fort, sondern er bewegt das Fahrzeug.

[41] Siehe hierzu *Dahlke/Hoffmann-Holland* KriPoZ 2017, 306 (307).

[42] Die (anders als in § 315c Abs. 1 Nr. 2 StGB) additive Formulierung suggeriert, dass ein (weiteres) grob verkehrswidriges Verhalten zu der Geschwindigkeitsüberschreitung *hinzutreten* müsse. So dürfte es der Gesetzgeber aber nicht gemeint haben – schon in der wesentlichen Überschreitung der angepassten Geschwindigkeit kann und wird häufig die „grobe Verkehrswidrigkeit“ liegen; vgl. *Kusche* NZV 2017, 414 (417).

[43] Die Tat ist vollendet, sobald der Fahrer (mit der notwendigen Absicht) eine deutlich unangepasste Geschwindigkeit erreicht; zutr. *Kulhanek* in BeckOK StGB, 37. Edition 2018, § 315d Rn. 71.

[44] Siehe § 3 Abs. 1 StVO: „Wer ein Fahrzeug führt, darf nur so schnell fahren, dass das Fahrzeug ständig beherrscht wird. Die Geschwindigkeit ist insbesondere den Straßen-, Verkehrs-, Sicht-

Verkehrsordnungswidrigkeit (§ 49 Abs. 1 Nr. 3 StVO); der Umstand, dass sich der Fahrer dabei „grob" verkehrswidrig und „rücksichtslos" verhält, ändert daran eigentlich nichts. Nur wenn die so qualifizierte Geschwindigkeitsüberschreitung in bestimmten besonders gefahrträchtigen Situationen (zB an unübersichtlichen Stellen oder Kreuzungen) stattfindet *und* eine konkrete Gefahr für Leib, Leben oder wertvolles Eigentum verursacht, stand sie bisher nach § 315c Abs. 1 Nr. 2 lit. d StGB unter Strafe. Von diesem bewährten Konzept ist der Gesetzgeber mit der Einführung von § 315d Abs. 1 Nr. 3 StGB abgewichen. Das Element, das aus der Ordnungswidrigkeit eine Straftat macht, ist nach der neuen Vorschrift nicht etwa eine Gefährdung anderer, sondern ein subjektives Streben des Täters: sein Handeln, „um eine höchstmögliche Geschwindigkeit zu erreichen".

Es erleichtert möglicherweise die Interpretation dieses Tatbestandselements, wenn man die Motive des Gesetzgebers für die Formulierung der erst im Rechtsausschuss eingefügten Vorschrift kennt. Die offizielle Begründung ist allerdings mager und kryptisch: „Die Regelung des § 315d Abs. 1 Nr. 3 StGB erfasst diejenigen Fälle, in denen nur ein einziges Fahrzeug objektiv und subjektiv ein Kraftfahrzeugrennen nachstellt."[45] Speziell das subjektive Tatbestandsmerkmal „soll insbesondere dem Erfordernis des Renncharakters (...) gerecht werden. Bloße Geschwindigkeitsüberschreitungen sollen hingegen nicht von der Strafbarkeit umfasst werden, auch wenn sie erheblich sind."[46] Diese Ausführungen generieren mehr Fragen als Antworten. Wie soll, beispielsweise, ein einziges Fahrzeug „ein Kraftfahrzeugrennen nachstellen"? Abgesehen davon, dass Fahrzeuge schwerlich etwas „nachstellen" können, setzt ein Wettrennen nun einmal mehrere Teilnehmer voraus – mit einem einzigen Auto kann man ebenso wenig ein Autorennen durchführen wie man mit einer Hand klatschen kann.[47] Im übrigen bleibt – worauf schon *Kubiciel* hingewiesen hat – unerklärt, weshalb gerade das „Nachstellen eines Rennens" strafwürdig sein soll.[48] Auch fragt man sich, worin der Gesetzgeber (im Rahmen des subjektiven Tatbestandes?) den „Renncharakter" sieht, wenn doch die erhebliche Geschwindigkeitsüberschreitung explizit nicht zur Begründung der Strafbarkeit ausreichen soll.[49] Angesichts dieser wenig hilfreichen authentischen Hinweise bleibt der Gesetzesanwender bei dem Bemühen, der Vorschrift einen Sinn zu geben, sich selbst überlassen.

---

und Wetterverhältnissen sowie den persönlichen Fähigkeiten und den Eigenschaften von Fahrzeug und Ladung anzupassen."

[45] BT-Drs. 18/12964, 5.

[46] BT-Drs. 18/12964, 6.

[47] So versteht auch *Fischer,* 65. Aufl. 2018, StGB § 315d Rn. 12, das dem Gesetzgeber vorschwebende Tatbild in paradoxer Weise als „ein ‚renn'artiges Verhalten ohne Rennen". Zu denken wäre allenfalls an ein „Rennen gegen die Uhr", das ein einzelner Fahrer aus Ehrgeiz oder Abenteuerlust unternimmt. Auch dann stellt er jedoch keinen Wettbewerb nach, sondern bemüht sich nur um möglichst schnelles Fahren.

[48] *Kubiciel,* Die Strafbarkeit sog. Solorennen nach § 315d Abs. 1 Nr. 3 StGB, Augsburger Papier zur Kriminalpolitik Nr. 3/2017, S. 4.

[49] Möglicherweise schwebte dem Gesetzgeber der Bremer Motorradfahrer vor, der seine Höchstgeschwindigkeitsfahrten allein unternahm, um sie auf Youtube zu dokumentieren; *Kusche* NZV 2017, 414 (416).

Weitgehend einig ist man sich immerhin darin, dass mit der Voraussetzung, dass der Täter handeln muss, „um eine höchstmögliche Geschwindigkeit zu erreichen", nicht das objektiv erreichbare Maximum dessen gemeint ist, was aus dem Fahrzeug „herauszuholen" ist. In der – auch in diesem Punkt sehr dunklen – Gesetzesbegründung heißt es dazu, diese Formulierung bringe „möglichst viele relevante Komponenten auf einen Nenner […], wie die fahrzeugspezifische Höchstgeschwindigkeit und Beschleunigung – wobei diese im Einzelfall nicht immer erreicht sein muss –, subjektives Geschwindigkeitsempfinden, Verkehrslage, Witterungsbedingungen und anderes".[50] Dem ist immerhin zu entnehmen, dass es auf die maximale[51] Geschwindigkeit unter den gegebenen realen Umständen ankommen soll, nicht auf das (notwendig vergebliche) Anstreben einer Höchstgeschwindigkeit, die nur unter idealen Voraussetzungen erreicht werden könnte.[52]

Damit steht ein Gericht bei einer Anklage nach § 315d Abs. 1 Nr. 3 StGB aber (eigentlich) vor der Aufgabe, zunächst mit sachverständiger Beratung festzustellen, welche Geschwindigkeit unter den konkreten Umständen, die der Täter vorgefunden hat, im günstigsten Fall erreichbar war. Sodann muss dem Fahrer nachgewiesen werden, dass er gerade diese Geschwindigkeit angestrebt hat.[53] Falls er jedoch so klug ist, diese Zielsetzung nicht selbst einzugestehen, wird ihm das Gericht eine solche subjektive Intention allenfalls dann zuschreiben können, wenn er tatsächlich mit der situativen Höchstgeschwindigkeit unterwegs war.[54]

Selbst für diesen Fall besteht jedoch eine weitere Schwierigkeit für eine Verurteilung: Mit der Formulierung „um … zu …" verlangt der Gesetzgeber in § 315d Abs. 1 Nr. 3 StGB eine Absicht im engeren Sinne, so dass das Erreichen der Höchstgeschwindigkeit (nachweislich) das primäre Handlungsziel des Täters gewesen sein muss. Gibt der Angeklagte vor Gericht etwa unwiderlegbar an, er sei zwar bewusst so schnell wie möglich gefahren, aber er habe dies nur getan, um rechtzeitig zu einer Fernseh-Sendung nach Hause zu kommen, so kann man nicht annehmen, dass das Erzielen einer Höchstgeschwindigkeit sein primäres Handlungsziel war. Auch von einer Absicht zur Verwirklichung eines „Zwischenziels"[55] kann man in diesem Fall eigentlich nicht sprechen; denn die höchstmögliche Geschwindigkeit zu erreichen ist – die Richtigkeit der Behauptung des Fahrers unterstellt – eigent-

---

[50] BT-Drs. 18/12964, 5f.

[51] *Fischer,* 65. Aufl. 2018, StGB § 315d Rn. 17 meint, der Begriff „höchstmögliche" Geschwindigkeit müsse als (aus der Sicht des Täters) „möglichst hohe" Geschwindigkeit verstanden werden; ebenso *Eisele* KriPoZ 2018, 31 (36). In der Sache besteht allerdings zwischen „höchstmöglich" und „möglichst hoch" wohl kein Unterschied, wenn man – was zutreffend ist – beide Begriffe aus der subjektiven Sicht des Täters interpretiert: Er möchte die höchste Geschwindigkeit erreichen, die für ihn unter den gegebenen Umständen zu erreichen ist. Jedenfalls genügt es nicht, wenn der Täter nur mit einer „sehr hohen" Geschwindigkeit fahren möchte; so zutr. *Dahlke/Hoffmann-Holland* KriPoZ 2017, 306 (308).

[52] Ebenso *Dahlke/Hoffmann-Holland* KriPoZ 2017, 306 (308).

[53] *Kulhanek* in BeckOK StGB, 37. Edition 2018, § 315d Rn. 42.

[54] *Dahlke/Hoffmann-Holland* KriPoZ 2017, 306 (308); *Kulhanek* in BeckOK StGB, 37. Edition 2018, § 315d Rn. 42.

[55] Zur Annahme von Absicht in solchen Fällen siehe *Joecks* in MüKoStGB, 3. Aufl. 2017, § 15 Rn. 22 mwN.

lich kein „Ziel", sondern eben nur das Mittel, um rechtzeitig zu Hause anzukommen.[56]

Insgesamt kommt man mit Blick auf die schier unüberwindlichen Beweisschwierigkeiten nicht umhin festzustellen, dass der Gesetzgeber mit § 315d Abs. 1 Nr. 3 StGB eine Totgeburt produziert hat, „die politischen Handlungswillen nur simuliert, nicht aber entfaltet"[57]. Dieses Ergebnis hätte sich vermeiden lassen, wenn man die Fälle der Überschreitung der zulässigen Höchstgeschwindigkeit um einen bestimmten Prozentsatz bei den „Todsünden" des § 315c Abs. 1 Nr. 2 StGB eingereiht hätte, wie dies die Fraktion Bündnis 90/Die Grünen vorgeschlagen hatte.[58]

4. *Qualifizierte Fälle (§ 315d Abs. 2, 4 und 5 StGB)*

a) *Grundsätzliches*

Die qualifizierten Fälle des verbotenen Wettrennens und des „Einzelrasens" sehen erhöhte Strafen für die Fälle vor, dass der Kraftfahrzeugführer[59] vorsätzlich (Abs. 2) oder fahrlässig (Abs. 4) Leib oder Leben eines anderen Menschen oder fremde Sachen von bedeutendem Wert konkret gefährdet,[60] sowie für die (gemäß § 18 StGB mindestens fahrlässige) Herbeiführung des Todes oder einer schweren Gesundheitsschädigung eines anderen Menschen oder einer Gesundheitsschädigung einer großen Zahl von Menschen (Abs. 5). Nach § 315d Abs. 5 StGB beträgt die Höchststrafe immerhin zehn Jahre Freiheitsstrafe, so dass die „Lücke" zwischen den Strafdrohungen für Mord und fahrlässige Tötung (§ 222 StGB: Höchststrafe 5 Jahre) für die Konstellation des nicht nachweisbaren Tötungsvorsatzes einigermaßen geschlossen wird.

Verschiedentlich wurde kritisiert, dass die konkreten Gefährdungsdelikte in § 315d Abs. 2 und 4 StGB überflüssig seien, da § 315c Abs. 1 Nr. 2 StGB die ent-

---

[56] Im Ergebnis übereinstimmend *Dahlke/Hoffmann-Holland* KriPoZ 2017, 306 (309) (der Wunsch, die höchstmögliche Geschwindigkeit zu erreichen, muss „als solcher der unmittelbare Hauptbeweggrund" sein); *Kubiciel,* Die Strafbarkeit sog. Solorennen nach § 315d Abs. 1 Nr. 3 StGB, 2017, 4f.

[57] So das Fazit von *Kubiciel,* Die Strafbarkeit sog. Solorennen nach § 315d Abs. 1 Nr. 3 StGB, 2017, 5.

[58] BT-Drs. 18/12964, 4. Ebenso *Eisele* KriPoZ 2018, 31 (36).

[59] Für Ausrichter und „Durchführer" sieht § 315d StGB keine Qualifikation für den Fall von Gefährdungen oder schweren Folgen vor. Insofern kann bei (bedingtem) Vorsatz die sonst zurücktretende Anstiftung oder Beihilfe zur Tat des Kraftfahrzeugführers Bedeutung erlangen (§ 315d Abs. 1 Nr. 2 StGB, §§ 26 oder 27 StGB mit Strafmilderung nach § 28 Abs. 1 StGB).

[60] Ohne erkennbaren Grund hat es der Gesetzgeber unterlassen, in § 315d Abs. 2 StGB etwa durch die Formulierung „Wer in den Fällen des Absatzes 1 Nummer 2 oder 3 *durch die Tat* Leib oder Leben ..." zum Ausdruck zu bringen, dass ein Zurechnungszusammenhang zwischen der Gefährlichkeit des Wettrennens und der konkreten Gefährdung Dritter bestehen muss. Man wird diese Voraussetzung aber auch ohne verbalen Anhalt im Gesetzestext nach allgemeinen Grundsätzen in die Vorschrift hineinzulesen haben. Bei einer rein zufälligen Gefährdung eines Dritten durch den Teilnehmer eines Wettrennens (Beispiel: Dem weit zurückliegenden Rennteilnehmer T wird durch einen unbeteiligten Dritten D die Vorfahrt genommen; es kommt zu einer Kollision, bei der D leicht verletzt wird) wird daher die Anwendung von § 315d Abs. 2 StGB ausscheiden. Ebenso *Kulhanek* in BeckOK StGB, 37. Edition 2018, § 315d Rn. 46.

sprechenden Fallgestaltungen bereits hinreichend abdecke.[61] Da sich der Gesetzgeber jedoch in vertretbarer Weise dafür entschieden hat, die Teilnahme an einem Wettrennen wegen ihrer hohen abstrakten Gefährlichkeit bereits als solche unter Strafe zu stellen, ist es nur konsequent, dass er den Fall einer konkreten Gefährdung als Qualifikation dieses Grundtatbestandes ausgestaltet hat, zumal durchaus Fälle denkbar sind, bei denen zwar ein Wettrennen vorliegt, aber § 315c Abs. 1 Nr. 2 StGB nicht verwirklicht wird.[62] Wenig einleuchtend ist allerdings, dass der Gesetzgeber bei § 315c und § 315d StGB das Strafmaß für den Fall der fahrlässigen Herbeiführung der Gefahr unterschiedlich festgesetzt hat (§ 315c Abs. 3 Nr. 1 StGB: Höchststrafe zwei Jahre; § 315d Abs. 4: Höchststrafe drei Jahre).

b) Besondere Zurechnungsprobleme

Die qualifizierten Fälle von § 315d Abs. 1 Nr. 2 StGB werfen wegen der notwendigen Beteiligung mehrerer Personen an einem Kraftfahrzeugrennen spezifische Zurechnungsprobleme auf.[63] Sie sollen hier für den Fall der fahrlässig herbeigeführten Tötung eines Menschen (§ 315d Abs. 5 StGB) kurz besprochen werden.

Unzweifelhaft ist nach § 315d Abs. 5 StGB strafbar, wer als Fahrer (F) im Verlaufe eines unerlaubten Rennens einen unbeteiligten Dritten erfasst und dadurch dessen Tod verursacht. Schwerer ist die Frage zu beantworten, ob in diesem Fall auch der *Konkurrent* K, der am Steuer eines anderen Fahrzeugs sitzt, nach § 315d Abs. 5 StGB strafbar ist. Nahe scheint zunächst die Annahme einer Mittäterschaft zwischen F und K zu liegen, aufgrund derer sich der Tod des Dritten dem K leicht zurechnen ließe. Probleme wirft jedoch der Umstand auf, dass die Tathandlung bei § 315d Abs. 1 Nr. 2 StGB nicht irgendeine Art der Beteiligung an einer Wettfahrt ist, sondern die Teilnahme „als Kraftfahrzeugführer". Das Führen des Kraftfahrzeugs bei dem Rennen geschieht aber eigenhändig und exklusiv durch die Person, die den Wagen steuert; insoweit ist die gleichberechtigte Mittäterschaft eines Anderen nicht vorstellbar[64] – jedenfalls dann nicht, wenn der Andere sich in einem anderen Fahrzeug befindet. Man muss also fragen, ob dem Konkurrenten K auch in seiner Eigenschaft als Alleintäter des § 315c Abs. 1 Nr. 2 (iVm Abs. 2) StGB der Tod des Dritten zugerechnet werden kann. Das Mitfahren des K ist gewiss kausal für den Tod des Dritten. Sperrt aber vielleicht die autonome Herbeiführung des Todes durch F die Zurechnung des Erfolges zu K? F handelt jedoch nicht in dem Sinne autonom, dass er aus eigenem Entschluss und vorsätzlich den Dritten anfährt; vielmehr verwirklicht sich auch in F's fahrlässigem Verhalten gegenüber dem Verletzten gerade die Gefahr, die K durch seine Rennteilnahme auch für Dritte schafft:[65]

---

[61] *Ceffinato* ZRP 2016, 201; *Piper* NZV 2017, 70 (72).

[62] In Frage kommt etwa eine Wettfahrt auf dem kreuzungsfreien Abschnitt einer übersichtlichen Landstraße.

[63] Gute Erörterung der Fallkonstellationen bei *A. Schneider* ZJS 2013, 362; *Jansen* NZV 2017, 214 (218f.).

[64] Ebenso BGH StraFo 2007, 475; *Pegel* in MüKoStGB, 2. Aufl. 2014, § 315c Rn. 118; *Kulhanek* in BeckOK StGB, 37. Edition 2018, § 315d Rn. 51.

[65] *A. Schneider* ZJS 2013, 362 (371f.); *Preuß* NZV 2017, 105 (108); *Kulhanek* in BeckOK StGB, 37. Edition 2018, § 315d Rn. 51, 54.

K sorgt mit dafür, dass F um des erstrebten Sieges willen die notwendige Sorgfalt im Straßenverkehr außer Acht lässt. Auch dem K ist daher der Tod des Dritten zuzurechnen, so dass er sich – außer wenn der Tod für ihn ausnahmsweise nicht vorhersehbar war – nach § 315d Abs. 5 StGB strafbar macht.[66]

Zweifelhaft ist die Anwendbarkeit der Vorschrift auch in dem Fall, dass ein *Beifahrer* – der in die Durchführung des Rennens eingewilligt hatte – durch fahrlässiges Verhalten des Fahrers zu Tode kommt. Hier stellt sich zunächst die Frage, ob in dem Mitfahren eine bloße (autonome) Selbstgefährdung des Beifahrers (B) liegt, die ebenso wie im Fall eines Suizids – außer in den Fällen des § 217 StGB – eine Strafbarkeit anderer kausal beteiligter Personen ausschließt. Der BGH[67] hat dies mit Recht verneint: Bei einem Wettrennen sind es allein die Fahrer, die das Geschehen (im wahrsten Sinne des Wortes) steuern und damit beherrschen; dies gilt auch für den Fall, dass alle Beteiligten in Bezug auf den Erfolgseintritt lediglich fahrlässig sind.[68] Der Beifahrer ist also Opfer einer Fremdschädigung durch den Fahrer. Das führt zu der Frage, ob der Beifahrer zu dem von § 315d Abs. 5 StGB geschützten Personenkreis gehört. In seiner Rechtsprechung zu § 315c StGB hat der BGH angenommen, dass „Tatbeteiligte" – bei § 315d StGB also auch Beifahrer, die als Gehilfen aktiv zu der Wettfahrt beitragen oder den Fahrer psychisch unterstützen – durch die Vorschrift nicht geschützt seien.[69] Es leuchtet jedoch wenig ein, dass jemand durch die Beteiligung an einer Straßenverkehrsgefährdung den sonst weitgehend (siehe §§ 216, 228 StGB) unverzichtbaren strafrechtlichen Schutz seines Lebens und seiner Gesundheit verwirken sollte. Daher ist mit der Gegenauffassung[70] anzunehmen, dass sich der Schutzbereich von § 315d Abs. 2, 4 und 5 StGB auch auf Anstifter und Gehilfen zur Tat erstreckt.

Die Anwendbarkeit des Qualifikationstatbestandes könnte aber daran scheitern, dass der Beifahrer wirksam in die Gefährdung seines Lebens eingewilligt hat. Bei § 315c StGB sieht die Rechtsprechung eine solche Einwilligung allerdings als irrelevant an: Das geschützte Rechtsgut sei die Sicherheit des Straßenverkehrs, und dieses Gut stehe nicht zur Disposition eines Einzelnen.[71] Dem ist jedoch insbesondere für § 315d StGB nicht zu folgen. Denn dort richtet sich zwar der Grundtatbestand auf den Schutz der allgemeinen Verkehrssicherheit; die Strafschärfung in den quali-

---

[66] Im Ergebnis übereinstimmend *Jansen* NZV 2017, 214 (219).

[67] BGHSt 53, 55 = NJW 2009, 1155.

[68] BGHSt 53, 55 Rn. 22–27; zust. *Duttge* NStZ 2009, 690 (691).

[69] BGHSt 27, 40 = NJW 1977, 1109; BGH NJW 1989, 1227; NStZ 2013, 167; zust. *Fischer,* 65. Aufl. 2018, StGB § 315c Rn. 15b; *Kulhanek* in BeckOK StGB, 37. Edition 2018, § 315d Rn. 60. Seltsamerweise wird dieser Gesichtspunkt in der für Wettfahrten einschlägigen Entscheidung BGHSt 53, 55 nicht erwähnt.

[70] Siehe zB *Hillenkamp* JuS 1977, 166; *Schroeder* JuS 1997, 847; *Eisele* JA 2007, 171; *König* in LK-StGB, 12. Aufl. 2008, § 315c Rn. 160; *Sternberg-Lieben/Hecker* in Schönke/Schröder, 29. Aufl. 2014, StGB § 315c Rn. 31.

[71] BGHSt 6, 232 (234); 23, 261 (262ff.); 53, 55 Rn. 31. Zust. *König* in LK-StGB, 12. Aufl. 2008, § 315c Rn. 161 mwN; *Fischer,* 65. Aufl. 2018, StGB § 315c Rn. 17. Im Schrifttum überwiegen die Gegenstimmen; siehe etwa *Hillenkamp* JuS 1977, 166; *Geppert* JURA 2001, 559 (565); *Hilgendorf* in Arzt/Weber/Heinrich, Strafrecht Besonderer Teil, 2. Aufl. 2009, § 38 Rn. 43; *Sternberg-Lieben/Hecker* in Schönke/Schröder, 29. Aufl. 2014, StGB § 315c Rn. 41; *Rengier,* Strafrecht Besonderer Teil II, 16. Aufl. 2015, § 44 Rn. 19a.

fizierten Tatbeständen der Absätze 2, 4 und 5 beruht aber gerade darauf, dass der Täter über die allgemeine Verkehrssicherheit hinaus individuelle Interessen schädigt oder gefährdet. Insoweit wirkt aber eine Einwilligung des betroffenen Individuums als Disposition über dessen Interessen und beseitigt so den Grund für eine Strafsteigerung.[72]

Dies gilt freilich nur dann, wenn die Einwilligung rechtlich wirksam ist. Der BGH hat die Beachtlichkeit der Einwilligung in eine Lebensgefährdung in seiner Wettfahrt-Entscheidung von 2008 verneint: In diesem Fall sei die rechtfertigende Kraft der Einwilligung begrenzt, „da das Gesetz ein soziales bzw. Allgemeininteresse am Erhalt dieser Rechtsgüter auch gegen den aktuellen Willen des Betroffenen verfolge".[73] Diese Begründung, die auf die Einwilligungsschranken in §§ 216 und 228 StGB verweist, ist jedoch sowohl gesetzestechnisch als auch materiell verfehlt. § 216 StGB betrifft den hier nicht gegebenen Fall vorsätzlicher Tötung, und § 228 StGB bezieht sich auf („sittenwidrige") vorsätzliche Körperverletzungen, während es *in casu* um fahrlässige Tötung geht. Materiell enthält die Argumentation des BGH eine *petitio principii;* denn es wäre ja gerade erst zu begründen, dass „das Gesetz" ein (angebliches) Allgemeininteresse am Erhalt von Gesundheit und Leben aller Menschen höher bewertet als die Autonomie der betroffenen Individuen. Tatsächlich wird man in dem hier zugrunde gelegten Fall die Einwilligung des Beifahrers in die Gefährdung seines Lebens durch das Autorennen als wirksam anzusehen haben, da die gesetzlichen Einwilligungsschranken einem Eingehen von Lebens*gefahren* (außer vielleicht im Fall vorsätzlicher Körperverletzung, § 228 StGB) nicht entgegenstehen.

Kommt nicht ein Beifahrer, sondern ein *Konkurrent* am Steuer eines anderen am Rennen beteiligten Fahrzeugs ums Leben, so sind zwei Situationen zu unterscheiden: Beruht der Tod des Konkurrenten (K) auf dessen eigenem Fahrfehler (er lenkt beispielsweise sein Auto gegen einen Baum), so realisiert sich im Todeserfolg die Gefahr, die K bewusst für sich eingegangen ist. Da hier eine autonome Selbstgefährdung des K vorliegt, kann dem anderen Fahrer (F) der Tod des K nicht zugerechnet werden, auch wenn F durch das Eingehen auf die Wettfahrt einen Kausalbeitrag dafür gesetzt hat.[74] Beruht dagegen K's Tod darauf, dass F selbst einen Fahrfehler begangen hat und deswegen mit K's Fahrzeug kollidiert ist, dann liegt die Steuerung des Geschehens bei F und der Erfolg kann ihm zugerechnet werden. Allerdings schließt es die Einwilligung des K in das mit dem Wettrennen verbundene Lebensrisiko hier ebenso wie in dem oben behandelten Fall der Tötung des Beifahrers aus, den Fahrer F nach § 315d Abs. 5 StGB zu bestrafen.

Als Ergebnis kann festgehalten werden: Der Fahrer, der an einem verbotenen Wettrennen teilnimmt, ist nach § 315d Abs. 5 StGB verantwortlich für den Tod unbeteiligter Dritter, gleichgültig ob der Tod durch sein eigenes Fahrzeug oder durch das Auto eines Konkurrenten herbeigeführt wurde. Bei der Tötung von Beifahrern oder Konkurrenten blockiert jedoch deren bewusstes Eingehen des Lebensrisikos eine Anwendung von § 315d Abs. 5 StGB.

---

[72] Ebenso *Kulhanek* in BeckOK StGB, 37. Edition 2018, § 315d Rn. 74.
[73] BGHSt 53, 55 Rn. 28 unter Hinweis auf BGHSt 49, 34 = NJW 2004, 1054.
[74] Ebenso *Jansen* NZV 2017, 214 (218); *Preuß* NZV 2017, 105 (107).

GEREON WOLTERS

Das Lebensalter als tatbestandliches Merkmal im dreizehnten Abschnitt des Besonderen Teils des Strafgesetzbuchs

Thomas Fischer hat in diesem Jahr sein fünfundsechzigstes Lebensjahr vollendet. In dieses fällt auch ein weiteres mit ihm verbundenes Jubiläum: Vor zwanzig Jahren ist er als Bearbeiter desjenigen Werkes auf den Plan getreten, welches heute weit mehr als seinen Namen auf dem Deckel trägt, sondern mit der Bezeichnung „der Fischer" felsenfest im Sprachgebrauch und im Alltag (nicht nur) eines jeden Strafjuristen verankert ist. Als *Herbert Tröndle,* bald achtzigjährig und wohl auch angeschoben von der Menge der durch das sechste Strafrechtsreformgesetz neu zu bearbeitenden Strafvorschriften,[1] weiland den von *Otto Schwarz* 1932 begründeten Kommentar – zunächst teilweise – „in jüngere Hände übergehen" lassen wollte, gab er den Wunsch mit auf den Weg, dass „der Rang dieses Buches in Praxis und Wissenschaft auch künftig erhalten bleibt".[2] Es ist hier nicht der Ort, das Gewicht der Vorauflagen zu bemessen oder mit dem heutigen zu vergleichen, gewiss ist aber, dass sich die verlegerische Entscheidung, den Ministerialrat im Sächsischen Staatsministerium der Justiz *Thomas Fischer* auszuwählen, als im höchsten Maße glücklich herausgestellt hat: Dieses Werk stellt nämlich heute nicht nur *das* Maß für die Strafgerichtsbarkeit dar, sondern der Verfasser wird auch in der Strafrechtswissenschaft wie wohl kein Zweiter wahrgenommen und diskutiert. Dass sein (auch über die Fachöffentlichkeit hinaus) stets engagiert erhobenes und breit aufgenommenes Wort zu ungezählten zumeist kriminalpolitischen, durchaus aber auch einmal allgemeingesellschaftlichen Themen gelegentlich zu erbitterter Gegenwehr, teils polemischen Entgegnungen führt, liegt wohl in der Natur eines Geistes, der sich überaus streitbar, häufig auch den Stachel löckend zeigt.[3] Ob *Thomas Fischer* wie sein Vorgänger „Jurist aus Leidenschaft"[4] ist, vermag hier nicht beurteilt zu werden, jedenfalls ist er leidenschaftlich scharfsinnig – und das schafft neben berechtigter Kritik bisweilen auch Neid und Missgunst.

Schon *Thomas Fischers* Vorvorgänger *Dreher* betonte in Bezug auf seinen Nachfolger *Tröndle,* der Autor eines Kurzkommentars habe es nicht leicht, schließlich sei „auf möglichst kleinem Raum ein Höchstmaß an Information und Meinung in an-

---

[1] S. *Tröndle/Fischer,* 49. Aufl. 1999, StGB Vor S. V.

[2] *Tröndle/Fischer,* 49. Aufl. 1999, StGB Vor S. VIII.

[3] Auch sein Vorgänger äußerte sich zu aktuellen kriminalpolitischen Themen, war aber wohl ganz anders zu lozieren; Beispiele bei *Dreher* FS Tröndle, 1989, 1 (15).

[4] *Dreher* FS Tröndle, 1989, 1 (14).

sprechender Form … zusammenzudrängen".[5] Es wird keinen Zweifel geben, dass dies *Thomas Fischer* in den vergangenen beiden Dekaden wahrlich meisterhaft gelungen ist. Dass dabei sein besonderes Augenmerk neben dem aktuellen Stand der höchstrichterlichen Rechtsprechung dem der Strafgesetzgebung galt und gilt, liegt in der Natur des inzwischen im Jahrestakt erscheinenden, den Puls des Rechts also „in Echtzeit" widerspiegelnden Werks. Wo seiner Meinung nach judikativ Unrechtes oder legislativ Unausgegorenes in die Welt gesetzt worden ist, begegnet er ihm mit Verve und spitzer Feder. So suchte er zuletzt, um nur einige wenige Beispiele herauszugreifen, als Vorsitzender Richter des zweiten Strafsenats des Bundesgerichtshofs die vage „Wahlfeststellung" auf die Beine des Bestimmtheitsgrundsatzes zu stellen[6] und legte als Kommentator die zahlreichen Schwächen der neu geschaffenen §§ 177[7] oder 217 StGB[8] offen.

I. Vorbemerkung zur Gegenwart der Strafgesetzgebung

Im Vorwort der aktuellen Auflage seines Kurzkommentars hebt *Thomas Fischer* die eigene Herkulesarbeit hervor, indem er feststellt, dass in einem einzigen Jahr beinahe einhundert Vorschriften legislatorisch verändert worden sind.[9] Man könnte dies – wohlmeinend – als Zeichen deuten für einen nimmermüden parlamentarischen und ministerialen Einsatz, das geschriebene Recht auf dem Stand der gesellschaftlichen Erfordernisse zu halten. Wohl näher dürfte das Attest liegen, dass sich die Strafgesetzgebung heute in keinem guten Zustand befindet. Jedenfalls sind die Zeiten zügiger als jene, in welchen eine „Große Strafrechtskommission" jahrelang der Frage nachgehen konnte und durfte, „ob die Reform nötig und ob ihr Zeitpunkt günstig ist".[10] Für die Grundlagen des Strafens und des Strafrechts stehende Namen wie *Binding, Liszt, Kant, Feuerbach* oder *Hegel*[11] finden in Gesetzgebungsverfahren keine Erwähnung mehr, vielmehr geben einzelne, teils singuläre Ereignisse (wie „die" Silvesternacht zu Köln)[12] bzw. mutmaßliche oder auch nur vermeintliche Erscheinungen[13] den (wohl allzu willkommenen) Takt vor, ein neues Strafgesetz zu schaffen oder ein geltendes zu verschärfen. Demgegenüber wird in

[5] *Dreher* FS Tröndle, 1989, 1 (9).

[6] S. etwa BGH NStZ 2014, 392 und BGH StV 2016, 212; vgl. BGH (GS) NJW 2017, 2842.

[7] *Fischer,* 65. Aufl. 2018, StGB § 177 Rn. 4, 10, 15f.

[8] *Fischer,* 65. Aufl. 2018, StGB § 217 Rn. 2ff.

[9] *Fischer,* 65. Aufl. 2018, StGB S. V.

[10] So der Auftrag des Bundesministers der Justiz *Neumayer* in Niederschriften über die Sitzungen der Großen Strafrechtskommission, Band 1, Grundsatzfragen, Sitzung 1 bis 13, 1954, 20.

[11] Bundesminister der Justiz *Neumayer* in Niederschriften über die Sitzungen der Großen Strafrechtskommission, Band 1, Grundsatzfragen, Sitzung 1 bis 13, 1954, 21 hinsichtlich der zuletzt Genannten: „drei sich folgende Sterne".

[12] „Fünfzigstes Gesetz zur Änderung des Strafgesetzbuches – Verbesserung des Schutzes der sexuellen Selbstbestimmung" vom 4.11.2016 (BGBl. 2016 I 2460).

[13] Beispielsweise das „Fünfundfünfzigste Gesetz zur Änderung des Strafgesetzbuches – Wohnungseinbruchsdiebstahl" vom 17.7.2017 (BGBl. 2017 I 2442) und das „Zweiundfünfzigste Gesetz zur Änderung des Strafgesetzbuches – Stärkung des Schutzes von Vollstreckungsbeamten und Rettungskräften" vom 23.5.2017 (BGBl. 2017 I 1226).

der Kriminalpolitik kaum jemals darüber diskutiert, Überkommenes zu entrümpeln. Der noch vor nicht allzu langer Zeit durchaus modern konnotierte Begriff der „Entkriminalisierung" kennt kaum mehr prominente Fürsprecher, der liberale Geist scheint der eisernen Faust gewichen. Selbst wenn – vielversprechend klingend – von „Harmonisierung" oder „Systematisierung" die Rede ist, wird in der Regel zumeist nur euphemistisch verschleiert, dass der Anwendungsbereich einer Strafbewehrung vergrößert oder der Strafrahmen nach oben verschoben wird. Dabei suggerieren Gesetzesbenennungen wie die „Verbesserung des Schutzes"[14] oder die „Stärkung des Schutzes"[15] legislatorische Fürsorglichkeit oder zeigen solche, welche Worte oder Wendungen wie „Bekämpfung"[16] oder „Verbesserung der Bekämpfung"[17] in sich führen, dem sich etwaig Sträubenden die Zähne. Trotz besserer kriminologischer Erkenntnis wird die Erweiterung oder Verschärfung von Verbotsgesetzen stets als Heilsbringer vermarktet. Wo sich einzelne dem gesetzgeberisch für richtig Erachteten nicht angemessen beugen, soll mit dem Strafrecht gar „Respekt und Wertschätzung"[18] eingebläut, Benimm gelehrt werden.[19] Da man hoffen darf, dass auch dem Gesetzgeber Formeln vom „fragmentarischen Charakter", der „Subsidiarität des Strafrechts" oder der „ultima ratio" jedenfalls theoretisch geläufig sind, wird man vermuten müssen, dass sich in dieser Aktivität seine geradezu apokalyptische Bestandsaufnahme des gesellschaftlichen Zusammenlebens spiegelt. Anders lässt es sich nicht erklären, dass in den vergangenen zwanzig Jahren Hunderte von Vorschriften allein des Kernstrafrechts geändert worden sind.

II. Gesetzgebung im Bereich der Straftaten gegen die sexuelle Selbstbestimmung

Die Frage, ob der Gesetzgeber dem Auftrag, mit seinem schärfsten Instrument einzig *sozialschädlichem* Verhalten zu begegnen, gerecht wird, dürfte im Bereich des Sexualstrafrechts seit jeher in besonderer Weise zu Tage treten. Eine besondere Aktualität gewinnt sie durch den mit dem „Gesetz zur Verbesserung des Schutzes der sexuellen Selbstbestimmung"[20] eingeführten Tatbestand der „Sexuellen Belästigung" nach § 184i StGB,[21] der gesetzgeberisch gewollt eben solches Verhalten erfassen soll, welches durch das Raster des § 184h Nr. 1 StGB fällt, der hier als quan-

---

[14] Wie das „Gesetz zur Verbesserung des Schutzes gegen Nachstellungen" vom 1.3.2017 (BGBl. 2017 I 386).

[15] Wie das „Gesetz zur ... Stärkung des Schutzes von Vollstreckungsbeamten und Rettungskräften" vom 23.5.2017 (BGBl. 2017 I 1226).

[16] Wie das „Gesetz zur Bekämpfung der Korruption" vom 20.11.2015 (BGBl. 2015 I 2025) oder das „Gesetz zur Bekämpfung von Korruption im Gesundheitswesen" vom 30.5.2016 (BGBl. 2016 I 1254).

[17] Wie das „Gesetz zur Verbesserung der Bekämpfung des Menschenhandels ..." vom 11.10.2016 (BGBl. 2016 I 2226).

[18] So ausdrücklich BT-Drs. 18/11161, 1. Vgl. dazu den treffenden Titel des Beitrags von *Singelnstein* in Süddeutsche Zeitung vom 2.2.2017: „Respekt entsteht nicht durch Drohung".

[19] *Wolters* in SK-StGB, 9. Aufl. 2018, § 114 Rn. 2.

[20] Vom 4.11.2016 (BGBl. 2016 I 2460).

[21] Vgl. *Noltenius* in SK-StGB, 9. Aufl. 2017, § 184i Rn. 2 („unterhalb einer strafrechtlich bedeutsamen Rechtsverletzung").

titativer Aspekt[22] gerade die Schädlichkeit und damit – nach herkömmlicher Lesart – auch die Straf*würdigkeit* kennzeichnet. Im Gesetzgebungsverfahren gab man sich insoweit ganz unverblümt: Die spezifischen Handlungen sind nach dem Maßstab des Gesetzes zwar „im Hinblick auf das geschützte Rechtsgut" (hier also: die sexuelle Selbstbestimmung) *nicht* „von einiger Erheblichkeit", dennoch seien sie „geeignet, das geschützte Rechtsgut der sexuellen Selbstbestimmung in einem Ausmaß zu tangieren, dass sie als strafwürdig anzusehen sind".[23] Diese Änderung, laut *Thomas Fischer* „nach überaus emotionalisierter, rechtspolitisch auf abwegige Anlässe gestützter Diskussion zustande gekommen",[24] lässt besorgen, dass dem Gesetzgeber weniger der Ausnahmecharakter des Strafrechts vor Augen steht als die Vorstellung, mit seiner Hilfe auch das alltägliche gesellschaftliche Leben zu prägen. Zwischenzeitlich schien es immerhin so, als habe er erkannt, dass das Strafrecht „gerade auf diesem Gebiet … weit mehr Schaden als Nutzen stiften könne"[25] und die „sittlichen Grundanschauungen des Volkes"[26] kein leitendes Kriterium mehr sei.

Das heftige Ringen um jede Reform, um die Änderung einer jeden Strafvorschrift in diesem Bereich zeigt, wie vermint dieses Gelände ist.[27] Wie nirgends sonst verschwimmen hier Moral und Recht, schon der Vorwurf, jemanden sexuell belästigt zu haben, schlägt höchste Wellen der Empörung, die Verurteilung wegen eines Sexualdelikts zerstört Existenzen selbst dann, wenn die sachliche Analyse zeigt, dass der Gesetzgeber dieser Tat ausweislich der abstrakten Strafdrohung das Etikett einer Bagatelle gegeben hat: So dürfte etwa das Äußern des (sachlich unbestreitbaren) Hinweises, das Unrecht, eine kinderpornographische Schrift nach § 184b Abs. 3 StGB zu besitzen, entspreche im Generellen demjenigen, ein Fahrrad nach § 248b Abs. 1 StGB gegen den Willen des Berechtigten in Gebrauch zu nehmen, für reflexartige Proteststürme sorgen, obwohl nichts anderes als die gleichlautende Rechtsfolgenseite zitiert wird und eben sie doch die Bedeutung und den Rang der jeweiligen Verbotsnorm innerhalb unserer Sozialordnung kennzeichnen sollte.[28] Zu dieser Emotionalisierung von Strafnormen passt, dass ein Bundestagsabgeordneter sich aus seinem Betrieb trotz dort erworbener großer Wertschätzung selbst dann zu verabschieden hat, wenn er *kein* kinderpornographisches, aber „verwandtes" Material besitzt, sich also immerhin „fast strafbar" gemacht hat.[29]

III. Thematische Annäherung

Im Folgenden soll sich jenseits der – zuvor nur angerissenen – aktuellen „großen Themen" der Strafgesetzgebung der speziellen Frage zugewandt werden, ob die verschiedenen Schutzaltersgrenzen der geltenden Strafvorschriften (vor allem) des

[22] Vgl. *Wolters* in SK-StGB, 9. Aufl. 2017, § 184h Rn. 10.
[23] So ausdrücklich BT-Drs. 18/9097, 30.
[24] *Fischer,* 64. Aufl. 2017, StGB Vor § 174 Rn. 3c.
[25] Vgl. BT-Drs. IV/650, 359.
[26] So noch BT-Drs. IV/650, 359.
[27] *Weigend* ZStW 129 (2017), 513 (515).
[28] Vgl. BVerfGE 25, 269 (286) = NJW 1969, 1059 (1061).
[29] S. dazu eingehend *Frommel* NK 2014, 205; *Herzberg* ZIS 2015, 136; *Hoven* NStZ 2014, 361.

dreizehnten Abschnitts des Besonderen Teils des Strafgesetzbuchs einem widerspruchsfreien oder doch nachvollziehbaren System folgen.

Die sexuelle Selbstbestimmung ist – unabhängig vom Lebensalter – dem Kern der Persönlichkeit zuzuordnen, sie verdient Anerkennung durch jeden, ihre Verletzung ist auch mit den Mitteln des Strafrechts staatlich zu sanktionieren. Dabei zeigt sich gerade mit Blick auf das Lebensalter der in das sexualbezogene Geschehen einbezogenen Person beim Versuch, das Rechtsgut im Sinne der in der Abschnittsüberschrift[30] zu findenden Bezeichnung einheitlich einzugrenzen, eine kaum mehr als sehr vergröbernde Zusammenfassung: So setzt schon die Formulierung des § 182 Abs. 3 StGB voraus, dass auch und gerade solche Personen eines besonderen Schutzes bedürfen, welche nicht *selbst* über ihre Sexualität bestimmen können. Dies gilt etwa auch für Betroffene, die einen entsprechenden Willen nicht bilden oder äußern können (§ 177 Abs. 2 Nr. 1 StGB) oder sehr jung sind (§ 176 StGB). Hier kann es dem Gesetzgeber also von vornherein nicht um den Schutz der Möglichkeit gehen, autonom über das Rechtsgut zu verfügen, vielmehr soll die jeweilige ein entsprechendes Defizit aufweisende Person vor sexueller *Fremd*bestimmung bewahrt werden.[31]

Zwischen den Idealen der gänzlich autonomen und der völlig heteronomen Sexualität zeigen sich nun unzählige Schattierungen. Geradezu als Musterbeispiel mag der neu geschaffene § 177 Abs. 2 Nr. 2 StGB dienen, dessen Formulierung einen Zustand des Handlungsobjekts im Graubereich[32] und einen solchen des Handlungssubjekts in überlegener Selbstbestimmung vorauszusetzen scheint. Ohne an diesem Ort eine Gesamtschau vornehmen zu können, wird sich doch sagen lassen können, dass die Vorschriften dieses Abschnitts zumeist danach trachten, Zustände zu beschreiben, in welchen sich die Grade der Fähigkeit zur sexuellen Selbstbestimmung derart gewichtig unterscheiden, dass zum Schutz des Unterlegenen sexualbezogene Handlungen nicht stattfinden sollen, strafbewehrte Verbote also angezeigt sind. Diese gesetzgeberische Bewertung mag ihren Grund finden in äußeren Umständen, die sich als (insbesondere nötigungsbedingte) Zwangslage, als Schutzlosigkeit, als Krankheit oder als (institutionelle oder persönliche) Abhängigkeit zeigen. Anders gelagert sind solche Vorschriften, die unbeschadet eines solchen Rahmens ein sexualbezogenes Verhalten schon deswegen verbieten, weil es eine Person einbezieht, welche ein bestimmtes Lebensalter noch nicht vollendet hat, sei es – wie bei § 176 StGB – als alleiniger Anknüpfungspunkt, sei es – wie bei § 174 Abs. 1 Nr. 3 StGB – neben einer besonderen persönlichen Beziehung oder sei es – wie bei § 182 Abs. 3 StGB – neben weiteren Feststellungen im Einzelfall.

Nun ist jede Interaktion von Menschen und damit auch jedes sexualbezogene Geschehen zwischen (mindestens) zwei Personen dadurch gekennzeichnet, dass es stärker und schwächer ausgeprägte Persönlichkeiten gibt: So wird auch die Sexualität zwischen Menschen sehr häufig gelebt mit einem großen Gefälle an Erfahrung, einem deutlichen Unterschied des Lebensalters, in Verhältnissen der beruflichen

---

[30] Zur Diskussion um die Überschrift des Abschnitts s. nur *Schroeder* ZRP 1971, 14f.; vgl. Abschlussbericht der Reformkommission zum Sexualstrafrecht, 2017, 179.

[31] *Wolters* in SK-StGB, 9. Aufl. 2017, § 176 Rn. 3.

[32] Sehr kritisch *Fischer,* 65. Aufl. 2018, StGB § 177 Rn. 29.

Subordination oder mit gewichtiger wirtschaftlicher Unausgeglichenheit. Hier mag sich die weniger erfahrene, die jüngere, die untergebene oder die ärmere Person auf die gemeinsame Sexualität durchaus auch einmal deswegen einlassen, weil sie gerade hierin einen besonderen körperlichen oder geistigen Reiz sieht oder einen Anreiz für ein biographisches Fortkommen setzen möchte. Dies ist weder moralisch anrüchig noch strafwürdig, es ist gerade Ausfluss einer selbstbestimmten Persönlichkeit. Diskrepanzen der beschriebenen Art können aber auch ein Hinweis dafür sein, dass die Interessen der überlegenen Person die der anderen in einer Weise überlagern, dass von Selbstbestimmung keine Rede mehr ist. Im Folgenden soll sich insoweit nur dem Ausschnitt zugewandt werden, in welchem das Gesetz die Strafbarkeit an bestimmte Altersgrenzen (insbesondere des Handlungsobjekts) knüpft.

IV. Die Abstufungen der Schutzalter

Im Unterschied zu den meisten anderen Abschnitten des Besonderen Teils, in denen der Täterkreis („wer" etc.) und die Opfereigenschaft („eine andere Person" etc.) ohne Ansehung des Alters beschrieben werden, sind in den §§ 174 bis 184j StGB eine Vielzahl von Strafvorschriften zu finden, die entweder junge Personen schützen oder nur volljährige oder gar (im strafrechtlichen Sinne) erwachsene Personen als Tatsubjekt vorsehen. Auf der Verletztenseite beziehen sich etwa einzelne Tatbestände lediglich auf Personen, welche das *vierzehnte* (§§ 176 und 176a StGB), das *sechzehnte* (wie die §§ 174 Abs. 1 Nr. 1 und 182 Abs. 3 StGB)[33] oder das *achtzehnte* (wie die §§ 174 Abs. 1 Nr. 3 und 182 Abs. 1 StGB)[34] Lebensjahr noch nicht vollendet haben. Außerhalb des Abschnitts findet sich mit § 232a Abs. 1 StGB noch eine verwandte Regelung, die das Veranlassen der Aufnahme etc. der Prostitution einer Person unter *einundzwanzig* Jahren verbietet.[35]

Im Bereich der Sexualdelikte fußt dieses System der Altersstufen – vereinfacht – auf folgendem Gedanken: Der Schutz vor sexueller Fremdbestimmung sehr junger Menschen ist absolut; jede Einbeziehung in ein sexualbezogenes Geschehen mit oder ohne Körperkontakt ist jedem unterschiedslos verboten, auf weitere Feststellungen (Alter des Täters oder spezifische Verhältnisse zu ihm, Zwangslagen, Entgeltgewährung, Einvernehmlichkeit, Fähigkeit zur sexuellen Selbstbestimmung etc.) kommt es also nicht an. Wer eine dergestalt rigoros geschützte Person ist, folgt aus der gesetzlichen Bestimmung des § 176 Abs. 1 StGB: In diese Gruppe („Kind") ordnet das deutsche Strafrecht – im Unterschied zum europarechtlichen Verständnis – jede „Person unter vierzehn Jahren" ein (s. auch § 19 StGB). In der europarechtlichen Terminologie wird damit auch die nationale Grenze des „Alters der se-

---

[33] S. auch § 171 StGB im vorangehenden Abschnitt.

[34] S. außerhalb des Abschnitts auch § 130 Abs. 2 Nr. 1 StGB, § 130 Abs. 2 Nr. 2 StGB, § 130 Abs. 5 StGB, § 131 Abs. 1 Nr. 1 lit. b StGB, § 131 Abs. 1 Nr. 2 lit. a StGB, § 173 Abs. 3 StGB, § 201a Abs. 3 StGB, § 225 Abs. 1 StGB, § 232 Abs. 3 Nr. 1 StGB, § 233 Abs. 2 Nr. 1 StGB, § 235 Abs. 1 Nr. 1 StGB, § 236 StGB.

[35] Diese Altersgrenze findet sich auch in § 232 Abs. 1 StGB, § 232b Abs. 1 StGB und § 233 Abs. 1 StGB.

xuellen Mündigkeit" gezogen: Mit anderen Worten fehlt nach deutscher Lesart Personen unterhalb dieser *ausnahmslos* die Fähigkeit zur sexuellen Selbstbestimmung, während sie umgekehrt bei Personen über vierzehn Jahren strafgesetzlich vermutet wird. Hier greift das Strafgesetz erst und nur dann ein, wenn zu dem (immer noch jungen) Alter des Handlungsobjekts weitere Umstände treten. Diese können bei unter Sechzehnjährigen etwa zu sehen sein in einer bestimmten Beziehung zwischen dem Opfer und dem Täter (etwa das Anvertrautsein zur Erziehung nach § 174 Abs. 1 Nr. 1 StGB) oder auch einem relativ großen Altersunterschied (§ 182 Abs. 3 StGB); tragend ist in diesem Bereich die gesetzgeberische Wertung, dass in dieser Altersgruppe zwar die sexuelle Selbstbestimmung generell bereits ausreichend entwickelt ist, die Fähigkeit zur Selbst*behauptung* in bestimmten Situationen aber noch nicht hinlänglich gefestigt ist. Vergleichbares hat den Gesetzgeber denn auch bewogen, sogar ältere (über sechzehnjährige) Jugendliche dann zu schützen, wenn besondere Abhängigkeitsverhältnisse die Vermutung tragen, dass des Täters Fremdbestimmung des anderen zwar fortgeschrittene, aber noch nicht abgeschlossene Fähigkeit zur Selbstbestimmung überlagert.

V. Zum Schutz der unter vierzehnjährigen Personen

Der „(Schwere) Sexuelle Missbrauch von Kindern" nach den §§ 176 und 176a StGB verbietet sexuelle Handlungen unter Einbeziehung einer Person unter vierzehn Jahren (Kind) in Gänze. Hier knüpft das Gesetz allein an die Altersgrenze: Sexuelle Körperkontakte mit Kindern (Abs. 1 und 2) und andere sie einbeziehende sexuelle Vorgänge (Abs. 4) haben stets und ohne Feststellung einer etwaigen Ausnutzung oder eines etwaigen Missbrauchs[36] im Einzelfall zu unterbleiben.

Der Gesetzgeber nimmt also – verfassungsrechtlich zulässigerweise[37] – *unwiderleglich* an, dass die als „Kind" kategorisierte Personengruppe *unter keinen Umständen* in der Lage ist, eigenverantwortlich über ihr Sexualleben zu bestimmen, und dass die tatbestandlich bezeichneten Vorgänge ihrer („ungestörten"[?]) Entwicklung zur sexuellen Selbstbestimmung[38] stets schaden. Da es in der Natur dieser Abstraktheit des Verbots liegt, dass es nicht jedem Einzelfall gerecht werden kann, bedarf es guter Gründe für das alleinige Abstellen auf eine starre Altersgrenze. Indem die Norm nämlich jedes Kind vor jeder sexuellen Fremdeinwirkung bewahren möchte, vernachlässigt sie, dass die sexuelle Reifung niemals schlagartig (und schon gar nicht kalendarisch festgelegt) einsetzt und (inzwischen) bei beinahe allen Menschen früher beginnt.[39] Zudem verschließt sie sich der Erkenntnis, dass „Reifung" nicht im menschenleeren Umfeld erfolgen kann, sondern einen Prozess darstellt, der neben

---

[36] Zum sprachlich unzutreffenden Begriff des „Missbrauchs" s. *Wolters* in SK-StGB, 9. Aufl. 2017, § 174 Rn. 2.

[37] S. aber *Renzikowski* in MüKoStGB, 3. Aufl. 2017, § 176 Rn. 2f.

[38] Zur Diskussion um die zutreffende Beschreibung des geschützten Interesses s. *Hörnle* in LK-StGB, 12. Aufl. 2010, § 176 Rn. 1ff.

[39] S. dazu eingehend die pädiatrische Untersuchung bei *Herman-Giddens* et al., Pediatrics, 2012, 1068ff.

Selbsterprobungen auch nach Lernräumen mit anderen verlangt, im wertungsneutralen Sinne also ohne „Störungen" nicht auskommt. So ist auch im seinerzeitigen Gesetzgebungsverfahren diese (starre) Grenze durchaus zögerlich und mit dem Hinweis gezogen worden, dass „die getroffenen Entscheidungen ... zu überprüfen sein (werden), sobald eindeutigeres wissenschaftliches Material vorliegt".[40]

Wird der geltende § 176 Abs. 1 StGB beim Wort genommen, stellt auch das gemeinsame Erproben von Sexualität zweier gerade noch Dreizehnjähriger eine wechselseitige „rechtswidrige Tat" dar, da zwar beide durch die Norm geschützt werden, aber auch beide das Rechtsgut des jeweils anderen berühren, von „notwendiger Teilnahme" also nicht die Rede sein kann. Im Lichte des § 19 StGB mag diese Einordnung als im Ergebnis folgenlos hinzunehmen sein. Warum aber mit der vierzehnten Wiederkehr des Geburtstages einer der beiden Personen für sie sämtliche Voraussetzungen einer Straftat vorliegen, wird nicht nur dann grotesk, wenn die andere am folgenden Tag dasselbe Lebensalter erreicht.

Nicht nur letzteres Extrembeispiel mag Anlass zu der Frage geben, ob der dringend gebotene Schutz vor sexueller Fremd*bestimmung* nur mittels einer (dieser oder einer anderen) naturgemäß vergröbernden Altersgrenze zu gewährleisten ist, die ja auch des Opfers Freiheitssphäre nachteilig zu berühren vermag.[41] Eine generelle Absenkung[42] der Schutzaltersgrenze wegen zu erkennender biologischer Veränderungen (etwa auf dreizehn oder zwölf Jahre)[43] wäre dabei naturgemäß derselben Kritik ausgesetzt wie die geltende. Zudem läge es dann nahe, in der Zwischengruppe eine § 182 Abs. 3 StGB vergleichbare Einzelfallbetrachtung vorzunehmen, obwohl die Fähigkeit des Opfers zur sexuellen Selbstbestimmung hier zumeist noch weniger entwickelt ist, dies aber dennoch jeweils forensisch festzustellen wäre, was zu unerwünschten Belastungen der zu explorierenden Person führen würde.[44]

Soll einerseits die teils bereits entwickelte und *erwünschte* Selbstbestimmung ermöglicht, andererseits aber die unerwünschte Fremdbestimmung ausgeschlossen werden, fragt sich, ob der geltende „harte Schmerz der Grenze"[45] nicht auch auf einem anderen *materiell*rechtlichen Weg gedämpft werden kann: Eine Möglichkeit liegt in der Einführung einer an § 174 Abs. 5 StGB angelehnten Privilegierungsklausel[46] auf der Rechtsfolgenseite. Ihr haftet indes der Nachteil an, dass sie sich einerseits kaum von den heutigen *prozessualen* Lösungen (vor allem nach den §§ 45 und 47 JGG) unterscheidet und andererseits das Gesetz weiter von einem *unrechten*

---

[40] BT-Drs. VI/1552, 10.

[41] Vgl. *Renzikowski* in MüKoStGB, 3. Aufl. 2017, § 176 Rn. 3.

[42] Eine *allgemeine Anhebung* der Altersgrenze (etwa auf sechzehn Jahre) dürfte nicht in Betracht zu ziehen sein, da der Prozess der sexuellen Reifung in dieser Phase durchaus häufig jedenfalls derart weit fortgeschritten ist, dass ein rigoroses Verbot, das sich stets auch an den Freiheitsinteressen der zu schützenden Person zu messen hat, nicht tunlich und schon gar nicht alltagsgerecht sein dürfte.

[43] Dagegen etwa auch *Hörnle* in LK-StGB, 12. Aufl. 2010, § 176 Rn. 5: „keine bessere Alternative".

[44] Vgl. zu schweizerischen Reformüberlegungen BBl. 1985 II 1009 (1065).

[45] Vgl. *Renzikowski* in MüKoStGB, 3. Aufl. 2017, § 176 Rn. 2.

[46] Vgl. *Hörnle* in LK-StGB, 12. Aufl. 2010, § 176 Rn. 5.

Verhalten ausgeht, was eben gerade vielen Einzelfällen nicht gerecht wird. Vorzugswürdig erscheint es daher, zwar an der heutigen Altersgrenze festzuhalten, die unwiderlegliche Vermutung eines „Missbrauchs" aber durch das zusätzliche Erfordernis eines gewissen Altersunterschiedes oder Machtgefälles zwischen Opfer und Täter *tatbestandlich* einzufangen.[47] So könnten sexuelle Handlungen zwischen annähernd gleichaltrigen Personen etwa dergestalt schon auf der Voraussetzungsseite ausgenommen werden, dass eine Klausel etwa folgenden Inhalts eingefügt wird:

„Der Tatbestand ist nicht verwirklicht (oder: Nach dieser Vorschrift ist nicht zu bestrafen), wenn der Täter nicht mehr als zwei Jahre älter als das Opfer ist und er weder unter Ausnutzung einer Zwangslage gehandelt noch er oder ein Dritter ein Entgelt als Gegenleistung gewährt hat".

Gestärkt wird dieser Vorschlag durch einen Blick auf die Regelungen unserer deutschsprachigen Nachbarländer: So setzt § 206 Abs. 4 des *österreichischen* Strafgesetzbuchs bei einem Mindestalter von *dreizehn* Jahren (für [nicht mit einem Gegenstand] penetrierenden Handlungen) einen Altersunterschied von *drei* Jahren und § 207 Abs. 4 (für nicht penetrierenden Handlungen) bei einem Mindestalter von nur *zwölf* Jahren sogar einen solchen von *vier* Jahren voraus.[48] Ein ähnliches Bild zeigt sich in Art. 187 des *schweizerischen* Strafgesetzbuchs: Hier wird die nationale Grenze der Mündigkeit zwar bei sechzehn Jahren, also relativ spät,[49] gezogen (Nr. 1), eine Strafbarkeit ist aber nicht (mehr) absolut, sondern setzt einen Altersunterschied von drei Jahren voraus (Nr. 2), womit die gesetzgeberische Wertung verbunden ist, dass einschlägige Erfahrungen mit Ähnlichaltrigen die sexuelle Reifung jedenfalls nicht nachteilig berühren.[50] Eine bereits tatbestandliche Einschränkung mag so dem Gesichtspunkt Rechnung tragen, dass bei sexuellen Handlungen zwischen älteren Kindern und jungen Jugendlichen kaum jemals von Missbrauch zu sprechen ist, sondern das durchaus erwünschte (und damit ausdrücklich zu erlaubende) Sammeln sexueller Selbsterfahrungen im Vordergrund stehen wird. Einen (weit größeren) Altersunterschied setzt auch die Qualifikation des § 176a Abs. 2 Nr. 1 StGB (Vollzug des Beischlafs etc.) voraus, eine Einschränkung auch des Grundtatbestands passte also durchaus in das Schutzsystem. Angesichts der geringen Altersdifferenz bedürfte es einer einschränkenden Ergänzung um den Inhalt des § 182 Abs. 3 StGB („Ausnutzung der ihr gegenüber fehlenden Fähigkeit des Opfers zur sexuellen Selbstbestimmung") nicht.

Zu § 176a Abs. 2 Nr. 1 StGB im Übrigen: Täter kann „in den Fällen des § 176 Abs. 1"[51] nur eine Person über achtzehn Jahren sein, die mit dem Kind selbst den

---

[47] S. dazu auch Abschlussbericht der Reformkommission zum Sexualstrafrecht, 2017, 109f.

[48] Dazu *Fabrizy*, 13. Aufl. 2016, öst. StGB § 206 Rn. 9: Die „„Alterstoleranzklausel'… fußt auf der Überlegung, dass geschlechtliche Kontakte zwischen annähernd gleich alten jungen Menschen oft die Grenze der Strafwürdigkeit nicht übersteigen".

[49] S. zu Überlegungen, diese Grenze abzusenken, BBl. I 1985 II 1009 (1065f.).

[50] *Maier* in BSK-StGB, 3. Aufl. 2013, Art. 187 Rn. 5 („Mit dieser Bestimmung soll erreicht werden, dass praktizierte Sexualität in partnerschaftlichen Beziehungen unter Jugendlichen [sog. Jugendliebe] nicht kriminalisiert wird"); *Bertossa* in Trechsel/Pieth, 3. Aufl. 2018, schweiz. StGB Art. 187 Rn. 2ff.

[51] Abweichend von dem bis zum 31.3.1998 geltenden Regelbeispiel des § 176 Abs. 3 S. 2 Nr. 1 StGB.

Beischlaf vollzieht. Anders liegt die Altersgrenze des Tatsubjekts „in den Fällen des § 176 Abs. 2“: Da Abs. 2 Nr. 1 nur bestimmt, dass die an dem Beischlaf etc. *selbst* beteiligte „Person“ über achtzehn Jahre alt sein muss, kann der ein Kind im Sinne des § 176 Abs. 2 bestimmende Täter (der selbst keine körperliche Berührung vornimmt bzw. vornehmen lässt) durchaus jünger sein, wogegen ein Erwachsener, der das Bestimmen auf einen qualifizierten Sexualkontakt des Kindes mit einem Jugendlichen oder einem Kind richtet, dem Qualifikationstatbestand nicht unterfällt. Die Erfassung der ersten Konstellation dürfte nicht nur dem gesetzgeberischen Ziel, jugendliche Täter jedenfalls in Bezug auf die Qualifikation zu privilegieren,[52] zuwiderlaufen, sie ist auch nicht geboten: Der Schutz vor dem Vollzug des Beischlafs etc. eines Erwachsenen mit einem Kind wird hinreichend darüber gewährt, dass sich ersterer unmittelbar über die §§ 176a Abs. 2 Nr. 1, 176 Abs. 1 StGB strafbar macht; eines über den § 176 Abs. 2 StGB hinausgehenden Schutzes auch gegenüber dem nicht erwachsenen Bestimmenden dürfte es nicht bedürfen. Demgegenüber vermag das Nichterfassen der zweiten Konstellation nicht zu überzeugen: Sieht man den Normzweck nämlich naheliegend darin, Kinder davor zu schützen, einen Beischlaf etc. auf Initiative einer Person zu vollziehen, die angesichts ihres Altersabstands über deutlich größere sexuelle Reife verfügt, so steht im Vordergrund *die Veranlassung* als ein Akt der sexuellen Fremdbestimmung in einem Machtgefälle.[53] Um Widersprüche zu vermeiden, könnte § 176a Abs. 2 mithin folgende Fassung erhalten:

„Der sexuelle Missbrauch von Kindern wird in den Fällen des § 176 Abs. 1 mit Freiheitsstrafe nicht unter zwei Jahren bestraft, wenn eine Person über achtzehn Jahren mit dem Kind den Beischlaf vollzieht oder ähnliche sexuelle Handlungen an ihm vornimmt oder an sich von ihm vornehmen lässt, die mit einem Eindringen in den Körper verbunden sind. Ebenso wird der sexuelle Missbrauch von Kindern in den Fällen des § 176 Abs. 2 bestraft, wenn eine Person über achtzehn Jahren das Kind dazu bestimmt, mit einem Dritten den Beischlaf zu vollziehen oder ähnliche sexuelle Handlungen an ihm vorzunehmen oder an sich von ihm vornehmen zu lassen, die mit einem Eindringen in den Körper verbunden sind“.

Strukturell würde hiermit auch ein Gleichklang zu § 182 Abs. 3 StGB hergestellt, der ebenfalls allein auf den Altersunterschied des Täters zu dem Opfer abstellt, während das Alter des in den Sexualkontakt eingebundenen Dritten unerheblich ist.[54]

VI. Zum Schutz der unter sechzehnjährigen Personen

Während die Strafvorschriften zum Schutz der Kinder in den §§ 176 bis 176b StGB zusammengefasst und im Strafrahmen nachvollziehbar aufeinander ab-

---

52 BT-Drs. 13/8587, 32.

53 Vgl. zu § 182 Abs. 3 *Renzikowski* in MüKoStGB, 3. Aufl. 2017, § 182 Rn. 9.

54 Am Rande: Eine Novellierung des § 176a Abs. 2 StGB sollte auch die missverständliche Fassung seiner Nr. 2 ändern, um klarzustellen, dass es der „gemeinschaftlichen“ Begehung einer Tat nach § 176 Abs. 1 *oder* der gemeinschaftlichen Begehung einer Tat nach § 176 Abs. 2 StGB bedarf, es also nicht genügt, dass ein Täter die Nr. 1 und der andere die Nr. 2 verwirklicht (dazu eingehend *Wolters* in SK-StGB, 9. Aufl. 2017, § 176a Rn. 19).

gestimmt sind, verteilen sich die Tatbestände zum Schutz von Personen unter sechzehn Jahren nicht nur über den Abschnitt, sondern zeigen auch auf der Rechtsfolgenseite keine ganz klare Linie.

Ist der Schutz des Kindes ein absoluter, wird die Einbeziehung eines jüngeren Jugendlichen in ein sexualbezogenes Geschehen erst dann zu einer Straftat, wenn weitere Umstände hinzutreten.

So ist nach § 174 Abs. 1 Nr. 1 StGB strafbewehrt der Sexualkontakt mit einer Person unter sechzehn Jahren, wenn sie dem Täter „zur Erziehung, zur Ausbildung oder zur Betreuung in der Lebensführung anvertraut ist"; unter entsprechenden Umständen werden nach § 174 Abs. 3 StGB sexuelle Handlungen vor dem Schutzbefohlenen (Nr. 1) bzw. von ihm vor dem Täter (Nr. 2) bestraft. Erkennt man den Regelungsgrund darin, dass Jugendliche gegen sexuelle Ansinnen von Autoritätspersonen besonders anfällig sind,[55] erscheint es schon nicht schlüssig, dass ein Tatbestand fehlt, der es verbietet, die schutzbefohlene, noch *nicht sechzehnjährige* Person dazu *zu bestimmen,* sexuelle Handlungen an einem Dritten vorzunehmen oder von einem Dritten an sich vornehmen zu lassen (vgl. demgegenüber für jüngere Personen den § 176 Abs. 2 oder für ältere Personen den § 182 Abs. 1 Nr. 2 StGB). Hier verlangt § 180 Abs. 3 StGB die Feststellung des Missbrauchs dieses Autoritätsverhältnisses im Einzelfall, unterscheidet also die Altersgruppen im Unterschied zu § 174 Abs. 1 und Abs. 3 StGB nicht.

§ 180 Abs. 1 StGB verbietet es jedermann, durch „Vermittlung" oder „Gewähren und Verschaffen von Gelegenheit" sexuellen Handlungen einer Person unter sechzehn Jahren „Vorschub" zu leisten. Hier begegnet schon der herkömmlich genannte Normzweck, die „ungestörte sexuelle Entwicklung des Minderjährigen" zu bewahren, besonderen Bedenken, weil die geschützte Person den sexuellen Kontakt mit dem Dritten leben darf, ihn zumeist ausdrücklich wünscht, von fremdbestimmter Sexualität also grundsätzlich keine Rede sein kann.[56] Auch dürfte eine etwaige gesetzgeberische Vermutung kaum tragen, es solle mit dieser Vorschrift eine bereits im Gange befindliche sexuelle Fehlentwicklung des Jugendlichen durch Vorenthalten der Basis für weitere sexuelle Aktivitäten verhindert bzw. aufgehalten werden, da das eigentliche sexuelle Verhalten ausdrücklich als Ausfluss der Selbstbestimmung erlaubt ist.[57] Im Übrigen zeigt sich der Systembruch bei der Betonung des Umstandes besonders deutlich, dass der Gehilfe für eine Handlung bestraft wird, die lediglich mittelbar bewirkt, was er sogar selbst und eigenhändig mit der geschützten Person vornehmen dürfte.[58]

Diese Wertungswidersprüche sollten dadurch aufgelöst werden, dass die Strafbarkeit allein dort begründet ist, wo die Handlung fremdes, gegen unter sechzehnjährige Personen gerichtetes *Unrecht* (§ 174 Abs. 1 Nr. 1 StGB, § 176 Abs. 2 StGB und § 182 Abs. 3 StGB) fördert. Da insoweit § 27 StGB ausreichen dürfte, sollte § 180 Abs. 1 StGB gänzlich gestrichen werden.

---

[55] S. BT-Drs. VI/3521, 20.

[56] Zur Beschreibung des Rechtsgutes des Abs. 1 s. *Hörnle* in LK-StGB, 12. Aufl. 2010, § 180 Rn. 1ff.

[57] *Wolters* in SK-StGB, 9. Aufl. 2017, § 180 Rn. 2.

[58] *Schroeder* NJW 1994, 1501 (1503).

Eine Schutzaltersgrenze von sechzehn Jahren sieht zuletzt § 182 Abs. 3 StGB vor, der Sexualkontakte mit einer über einundzwanzigjährigen Person oder von ihr dazu bestimmt erfasst, wenn dabei die „ihr gegenüber fehlende Fähigkeit des Opfers zur sexuellen Selbstbestimmung" ausgenutzt wird. Hier erschließt sich nicht so recht, warum eine Person, die nach den Buchstaben des Gesetzes nicht selbstbestimmt über ihre Sexualität verfügen kann, also doch als (gerade in Bezug auf den Täter [„ihr gegenüber"]) besonders angreifbar erscheint, nur von Personen missbraucht werden können soll, die mindestens fünf Jahre älter sind.[59] Es dürfte naheliegen, den gebotenen Schutz auszuweiten, wobei es aber praktisch vernünftig sein wird, ihn nur gegenüber solchen Personen zu gewähren, die selbst die Grenze des Schutzalters überschritten haben.

Steht fest, dass einer Person die Fähigkeit zur sexuellen Selbstbestimmung gegenüber dem Täter fehlt, fragt sich weitergehend, warum der Schutz sich beschränkt auf Opfer, die das *sechzehnte* Lebensjahr nicht vollendet haben. Nachgedacht werden sollte jedenfalls darüber, ob der Anwendungsbereich auf *alle* minderjährigen Personen auszuweiten ist (wobei in der Folge darüber zu befinden ist, ob Täter nur eine mindestens ebenso alte Person sein kann). So träte ein umfassender Jugendschutz neben die Regelung des § 177 Abs. 2 Nr. 1 StGB. Die Anwendungsbereiche beider Verbote ergänzten sich jedenfalls dann treffend, wenn man letzteren – was im Wortlaut nicht unzweideutig hervortritt – im Sinne seiner Schöpfer und Schöpferinnen[60] dergestalt deutet, dass er an die *absolute* Unfähigkeit zur Willensbildung oder -äußerung knüpft,[61] während bei ersterem das (gerade dem Täter gegenüber bestehende, also *relative*) Selbstbestimmungsdefizit im Vordergrund steht. Hierbei darf angedeutet werden, dass mit vorgenanntem Vorschlag das Verhältnis zu § 177 Abs. 2 Nr. 2 StGB unscharf bliebe: Da diese Vorschrift nur auf den „psychischen Zustand" abstellt, der nach der innertatbestandlichen Systematik ein anderer als eine „Krankheit" (Abs. 4) und kein vorübergehender sein muss,[62] sind – jedenfalls nach seinen Buchstaben – auch solche intellektuellen Einschränkungen (gegenüber der „normalen" psychischen Verfassung des Bevölkerungsdurchschnitts?)[63] erfasst, die sich zeigen als dem Täter „gegenüber fehlende Fähigkeit des Opfers zur sexuellen Selbstbestimmung". Dass trotz dieses tatbestandlich angelegten Defizits nach dem Gesetz die „Zustimmung" der insoweit gerade nicht autonomen, mithin an sich nicht einwilligungsfähigen Person zur Straflosigkeit führt, stellt einen der vielen offenen Widersprüche der jüngsten Reform des § 177 StGB dar.[64]

---

[59] Vgl. *Renzikowski* in MüKoStGB, 3. Aufl. 2017, § 182 Rn. 9.
[60] Vgl. BT-Drs. 18/9097, 23f.
[61] So *Renzikowski* in MüKoStGB, 3. Aufl. 2017, § 177 Rn. 62.
[62] Vgl. *Renzikowski* in MüKoStGB, 3. Aufl. 2017, § 177 Rn. 72.
[63] Vgl. *Renzikowski* in MüKoStGB, 3. Aufl. 2017, § 177 Rn. 71.
[64] Vgl. *Fischer,* 65. Aufl. 2018, StGB § 177 Rn. 29f.

VII. Zum Schutz der unter achtzehnjährigen und der unter einundzwanzigjährigen Personen

Personen unter achtzehn Jahren (also nach der deutschen Begrifflichkeit: Kinder *und* Jugendliche) werden zunächst von den Nr. 2 und 3 des § 174 Abs. 1 StGB und § 174 Abs. 3 StGB erfasst. Während nach § 174 Abs. 1 Nr. 3 StGB (auch in Verbindung mit § 174 Abs. 3 StGB) Handlungen in Bezug auf leibliche, angenommene oder sonst familienrechtlich bzw. familienrechtsähnlich eng verbundene Personen dieser Altersgruppe ohne jede weitere Ansehung verboten sind, setzt § 174 Abs. 1 Nr. 2 StGB voraus, dass eine dem Täter „zur Erziehung, zur Ausbildung oder zur Betreuung in der Lebensführung anvertraute oder im Rahmen eines Dienst- oder Arbeitsverhältnisses untergeordnete" Person in ein sexualbezogenes Geschehen mit ihm „unter Mißbrauch einer mit dem Erziehungs-, Ausbildungs-, Betreuungs-, Dienst- oder Arbeitsverhältnis verbundenen Abhängigkeit" eingebunden wird. Unter denselben Umständen ist nach § 180 Abs. 3 StGB zu bestrafen, wenn zu einem Sexualgeschehen *bestimmt* wird, das auf einen Dritten bezogen ist. Hier wird hinsichtlich einer Systematisierung zweierlei zu bedenken sein: *Erstens* dürfte es angesichts des engen sachlichen Bezugs angeraten sein, beide Vorschriften in einer Norm zusammenzuführen und dabei auch inhaltlich aufeinander abzustimmen. So fällt bei den Handlungen *ohne* Körperkontakt auf, dass § 174 Abs. 3 StGB im Unterschied zu § 180 Abs. 3 StGB eine Erregungsabsicht verlangt, die kaum schlüssig in das Schutzkonzept einzubauen ist,[65] und ihr geringeres Unrecht in letzterem nicht in einem nach unten abgestuften Strafrahmen zum Ausdruck kommt; so reibt sich die angedrohte Freiheitsstrafe bis zu drei Jahren für eigennütziges Verhalten (§ 174 Abs. 3 StGB) mit derjenigen von bis zu fünf Jahren bei fremdnützigem (§ 180 Abs. 3 StGB). *Zweitens* sollte die Regelung – nicht zuletzt im Lichte der „Richtlinie 2011/93/EU des Europäischen Parlaments und des Rates zur Bekämpfung des sexuellen Missbrauchs und der sexuellen Ausbeutung von Kindern …" vom 13. 12. 2011[66] – vereinfacht werden: Zwar verlangt deren Art. 3 Abs. 5 ii) nur ein „Ausnutzen" einer „besonders schwachen Position", insbesondere „einer Abhängigkeitssituation", des (noch nicht achtzehnjährigen) Minderjährigen, was in der Nr. 2 des geltenden § 174 Abs. 1 StGB zum Ausdruck kommt. Jedoch erschließt es sich nicht, warum in der Nr. 3 ein striktes Abstinenzverbot beschrieben ist, während es bei Abhängigkeitsverhältnissen, die kein minderes Gewicht haben müssen (Erziehung etc.), weiterer – nicht nur forensisch schwierig einzufangender – Voraussetzungen bedarf. So mag etwa die Subordination hinsichtlich eines nicht im Haushalt wohnenden angenommenen Kindes einer mit dem Täter in eheähnlicher Gemeinschaft lebenden Person deutlich weniger ausgeprägt sein als hinsichtlich des bei ihm lebenden Pflegekindes. Während die tatbestandliche Einschränkung im Sinne einer Ausnutzungsformel bei den Missbrauchstatbeständen der §§ 174a bis 174c StGB notwendig ist, weil sie volljährige Personen vor Augen haben, deren sexuelle Selbstbestimmung im Generellen gänzlich entwickelt, aber allein wegen

[65] Dazu *Hörnle* in LK-StGB, 12. Aufl. 2010, § 174 Rn. 49.

[66] Abl. EU 2011 L 335, 1 vom 17. 12. 2011.

einer äußeren Ausnahmesituation besonderen Gefahren ausgesetzt ist, betrifft § 174 StGB mit allen Minderjährigen solche Personen, welche wegen ihres Alters *allgemein* als noch nicht derart gefestigt anzusehen sind, dass sie auch Autoritätspersonen in einem Umfeld mit besonderem Machtgefälle widerstehen können. Dies dürfte es gebieten, den Schutzbereich auf sämtliche Personen unter achtzehn Jahren auszudehnen. Konsequenterweise müsste dies auch Weiterungen des Abs. 2 mit sich bringen, da auch er durch Bezugnahme auf dieselben Abhängigkeitsverhältnisse das Bild struktureller Defizite zeichnet, das mit sexuellen Beziehungen – unabhängig vom Alter – unvereinbar ist.[67] Erweitert man so in Abs. 1 das strikte Abstinenzverbot der Nr. 1 auf die Altersgruppe der Nr. 2, werden auch Unschärfen zur Nr. 3 ausgeglichen; etwaigen Härten (etwa „echten [?]" Liebesbeziehungen) wird über einen entsprechend angepassten Abs. 5 zu begegnen sein. Demgegenüber sollte an der Ausnutzungsklausel bei (gewöhnlichen) Dienst- und Arbeitsverhältnissen festgehalten werden. Zugleich wird die jüngst vorgenommene Erweiterung der Nr. 3 des Abs. 1[68] in den geltenden Abs. 5 einzukleiden sein.

Ein künftiger – den heutigen § 180 Abs. 3 StGB einbeziehender – § 174 StGB könnte demnach wie folgt gefasst sein:

„§ 174 Sexuelle Handlungen mit Schutzbefohlenen

(1) Wer sexuelle Handlungen an einer Person unter achtzehn Jahren,

1. *die sein leiblicher oder rechtlicher Abkömmling ist, oder*
2. *die leiblicher oder rechtlicher Abkömmling seines Ehegatten, seines Lebenspartners oder einer Person, mit der er in eheähnlicher oder lebenspartnerschaftsähnlicher Gemeinschaft lebt, ist, oder*
3. *die ihm zur Erziehung, zur Ausbildung oder zur Betreuung in der Lebensführung anvertraut ist,*

vornimmt oder an sich von dem Schutzbefohlenen vornehmen lässt, wird mit Freiheitsstrafe von drei Monaten bis zu fünf Jahren bestraft.

(2) Ebenso wird eine Person bestraft, der in einer dazu bestimmten Einrichtung die Erziehung, Ausbildung oder Betreuung in der Lebensführung von Personen unter achtzehn Jahren anvertraut ist und die sexuelle Handlungen an einer Person unter achtzehn Jahren, die zu dieser Einrichtung in einem Rechtsverhältnis steht, das ihrer Erziehung, Ausbildung oder Betreuung in der Lebensführung dient, vornimmt oder an sich von ihr vornehmen lässt.[69]

(3) Ebenso wird bestraft, wer sexuelle Handlungen an einer Person unter achtzehn Jahren, die ihm im Rahmen eines Dienst- oder Arbeitsverhältnisses untergeordnet ist, unter Missbrauch der mit ihm verbundenen Abhängigkeit vornimmt oder an sich von dem Schutzbefohlenen vornehmen lässt.

(4) Wer unter den Voraussetzungen der Absätze 1 bis 3

1. *sexuelle Handlungen vor dem Schutzbefohlenen vornimmt oder*
2. *den Schutzbefohlenen dazu bestimmt, dass er sexuelle Handlungen vor ihm (oder einem Dritten [vgl. § 180 Abs. 3]) vornimmt,*

wird mit Freiheitsstrafe bis zu drei Jahren oder mit Geldstrafe bestraft.

---

[67] *Renzikowski* in MüKoStGB, 3. Aufl. 2017, § 174 Rn. 40; vgl. BT-Drs. 18/2601, 15, 27.

[68] Durch das am 27.1.2015 in Kraft getretene „Neunundvierzigste Gesetz zur Änderung des Strafgesetzbuches – Umsetzung europäischer Vorgaben zum Sexualstrafrecht" vom 21.1.2015 (BGBl. 2015 I 10).

[69] Außen vor bleiben soll bei diesem Gesetzesvorschlag die Frage, ob an der Regelung des durch das „Neunundvierzigste Gesetz zur Änderung des Strafgesetzbuches – Umsetzung europäischer Vorgaben zum Sexualstrafrecht" vom 21.1.2015 (BGBl. 2015 I 10) neu gefassten § 174 Abs. 2 StGB festgehalten werden soll.

(5) … (Bisheriger Absatz 4)

(6) In den Fällen des Absatzes 1 Nummer 2 und 3, des Absatzes 2 oder des Absatzes 4 in Verbindung mit Absatz 1 Nummer 2 und 3 oder Absatz 2 kann das Gericht von einer Bestrafung nach dieser Vorschrift absehen, wenn das Unrecht der Tat gering ist."[70]

In zwei weiteren Vorschriften, die für den Schutz von unter achtzehnjährigen Personen antreten, finden sich Tatbestände, in welchen das Sexualgeschehen mit einer *Entgeltgewährung* verknüpft wird. So wird nach § 182 Abs. 2 StGB (nur) der Volljährige bestraft, der sexuelle Handlungen mit Körperkontakt mit einer Person unter achtzehn Jahren mit sich „gegen Entgelt" bewirkt. § 180 Abs. 2 StGB erfasst Fälle, in welchen der Täter eine Person unter achtzehn Jahren zu einer sexuellen Handlung mit einem Dritten mit oder ohne Körperkontakt „gegen Entgelt" bestimmt etc. Beide Regelungen sind zwar hinsichtlich des Schutzzwecks eng verwandt, zeigen aber zueinander Unstimmigkeiten: So ist es kaum verständlich, dass sich zwar die geschützte Altersgruppe deckt, der Kreis der Tatsubjekte aber in § 180 Abs. 2 StGB deutlich weiter gezogen ist, da hier kein angehobenes Alter verlangt wird: Es ergründet sich nicht, dass ein Jugendlicher *eigenen* Sexualkontakt mit einem Jugendlichen haben darf, nicht aber einen fremden mit einem Jugendlichen fördern dürfen soll. Hier wird es naheliegen, die Altersgrenzen des jeweiligen Täters aufeinander abzustimmen, also auch die Bestimmens- und Vermittlungsmodalität auf volljährige Täter zu beschränken. Ähnlich zweifelhaft ist die gesetzliche Wertung, die materiell *täterschaftliche* Begehung (§ 182 Abs. 2 StGB) auf sexuelle Handlungen mit Körperkontakt zu beschränken, während die materiell *nur teilnehmende* (§ 180 Abs. 2 StGB) auch auf solche ohne ihn erstreckt ist.[71] Auch hier erscheint eine inhaltliche Abstimmung sachgerecht, wobei eine Verengung im Sinne des § 182 StGB vernünftig sein dürfte.[72]

Eine Verwandtschaft zu den Strafvorschriften, welche die Verknüpfung von sexueller Handlung und Entgeltgewährung bei Einbeziehung junger Menschen verbieten, weisen solche auf, die Handlungen unter Strafe stellen, welche das Veranlassen oder Fördern der *Prostitution* dieser Personengruppe zum Gegenstand haben. So bestraft § 180a Abs. 2 Nr. 1 StGB das Gewähren von Wohnung etc. einer Person unter achtzehn Jahren zur Ausübung der Prostitution. Dieses Verbot fügt sich nicht ohne weiteres in die Vorschriften der § 180a Abs. 1 StGB, § 180a Abs. 2 Nr. 2 StGB und § 181a StGB, da sie im Übrigen – wie auch in der gesetzlichen Überschrift des § 180a StGB deutlich wird – Strukturen und Institutionen begegnen, die Abhängigkeiten begründen, welche typischerweise einerseits bei der prostitutionsausübenden Person die Neigung zu fremdbestimmter Sexualität erhöhen und andererseits deren Vermögen zu beeinträchtigen geeignet sind. Selbst wenn man ein gewisses Potential für eine Abhängigkeit darin vermuten mag, dass der nicht (zivil-

[70] Die Streichung der Klausel „bei Berücksichtigung des Verhaltens des Schutzbefohlenen" soll hier fortgeschrieben werden, wenn sie auch in der Begründung des Gesetzentwurfs (BT-Drs. 18/2601, 28) wenig überzeugend dargelegt ist.

[71] Vgl. *Hörnle* in LK-StGB, 12. Aufl. 2010, § 182 Rn. 29.

[72] Auf der Grundlage des geltenden § 180 Abs. 1 bis 3 StGB fragt sich zudem, ob das Herausnehmen von sexuellen Handlungen des Dritten *vor* dem Jugendlichen, abweichend von § 176 Abs. 4 Nr. 1 StGB, einem gesetzgeberischen Konzept folgt.

rechtlich) Geschäftsfähige am Wohnungsmarkt nicht frei tätig sein kann,[73] zielt das Gesetz doch deutlich in die Richtung, jeden *Anreiz* zur Prostitutionsausübung zu unterbinden. Insoweit zeigen sich Gemeinsamkeiten zu der junge Menschen schützenden Modalität des § 232a Abs. 1 StGB.[74]

Mit den beiden vorgenannten Regelungen möchte der Gesetzgeber allem voran ein Abgleiten *junger* Menschen in die Prostitution bzw. ein dortiges Verhaften verhindern. So hat zwar das „Gesetz zur Regelung der Rechtsverhältnisse der Prostituierten" vom 20.12.2001[75] die Prostitutionsausübung in den rechtlichen Raum verbracht, dennoch wird der Gesetzgeber – ob gut beraten oder nicht[76] – jedenfalls daran festhalten dürfen, junge Menschen von dieser Tätigkeit jedenfalls insoweit abhalten zu wollen, wie andere Personen begünstigend einwirken. Hier mag nämlich die Vermutung bestehen, dass die noch nicht gänzlich abgeschlossene sexuelle Entwicklung der besonderen Gefahr ausgesetzt ist, von fremdbestimmten Interessen beeinträchtigt oder gar überlagert zu werden. Sieht man einmal darüber hinweg, dass die geltende Norm des § 180a Abs. 2 Nr. 1 StGB kriminalpolitisch zweifelhaft ist, weil der zur Prostitution – unabhängig vom Täterhandeln – entschlossene Minderjährige bei Nichtgewähren der Unterkunft häufig in weit größere Gefahren (namentlich der Straßenprostitution) versetzt wird,[77] so müsste es für den dargelegten Schutz der (positiven) Sexualentwicklung des Jugendlichen aber verhindert werden, dass er *überhaupt* in die Abhängigkeiten gerät, welche eine jede Prostitutionsausübung mit sich bringt. Das Abstellen auf die Gewährung von Wohnung etc. bleibt hier Stückwerk, vielmehr bedürfte es eines Verbots, das jede Förderung erfasst.

Eine ähnliche Kritik gilt dem neuen Tatbestand der „Zwangsprostitution" nach § 232a Abs. 1 Nr. 1 StGB, in welchen der Gesetzgeber Geist und Buchstaben des Artikel 4 Abs. 5 der „Richtlinie 2011/93/EU des Europäischen Parlaments und des Rates zur Bekämpfung des sexuellen Missbrauchs und der sexuellen Ausbeutung von Kindern ..." vom 13.12.2011[78] übertragen zu haben glaubt. Auch diese Strafvorschrift erscheint hinsichtlich junger Menschen nicht hinreichend geglückt, weil in ihr die Ausnutzung einer Zwangslage etc., also eine nötigungsähnliche Situation, die „Zwangsprostitution" im herkömmlich verstandenen Sinne, neben den klassischen Jugend- und (hier auch) Heranwachsendenschutz tritt. Stimmig zeigt sich dies nur dann, wenn zu dem Zwang etc. das junge Alter *hinzutritt,* was die § 232a Abs. 4 StGB, § 232 Abs. 3 S. 1 Nr. 1 StGB für die unter Achtzehnjährigen sachgerecht einfangen.

Sinnvoller wäre es, das Fördern der Prostitutionsausübung jugendlicher und (soweit gesetzgeberisch gewünscht auch) heranwachsender Menschen dort zu lozieren, wo es hingehört: in die Straftaten gegen die sexuelle Selbstbestimmung. Unab-

[73] *Wolters* in SK-StGB, 9. Aufl. 2017, § 180a Rn. 16.

[74] Eingeführt durch das „Gesetz zur Verbesserung der Bekämpfung des Menschenhandels ..." vom 11.10.2016 (BGBl. 2016 I 2226).

[75] BGBl. 2001 I 3983.

[76] Zur Wandelbarkeit selbst der Grundentscheidung vgl. *Renzikowski* in MüKoStGB, 3. Aufl. 2017, § 180a Rn. 19.

[77] S. dazu auch Abschlussbericht der Reformkommission zum Sexualstrafrecht, 2017, 205f.

[78] Abl. EU 2011 L 335, 1 vom 17.12.2011.

hängig von dem beschriebenen wenig systematischen Nebeneinander ist der Anwendungsbereich der auf junge Menschen bezogenen „Zwangsprostitution" aber auch ein unangemessen eingeschränkter: Im Unterschied zu § 180a Abs. 2 Nr. 1 StGB erfasst § 232a Abs. 1 Nr. 1 StGB nämlich nur solche Förderungshandlungen, welche auf eine noch nicht zur Aufnahme der Prostitution oder eine zu ihrer Aufgabe entschlossene Person treffen.[79] Dies vermag nicht zu überzeugen, da der junge Mensch ja (paternalistisch) auch und gerade vor sich selbst geschützt werden soll, es also keinen signifikanten Unterschied zeigt, ob sein Entschluss geweckt bzw. entkräftet oder gestärkt wird.

In einer größeren Gesamtschau erscheint es mithin sinnvoll, solche bereits geltenden Tatbestände zusammenzuführen, welche verhindern möchten, dass junge Personen unter achtzehn Jahren in sexualbezogenen Handlungen eingebunden werden, für die sie eine *geldwerte Gegenleistung* erhalten, und sie um eine allgemeine Regelung zur Förderung der Prostitution Minderjähriger und junger Erwachsener zu ergänzen.[80] Eine Vorschrift könnte lauten:[81]

„§ 182a Sexuelle Handlungen Jugendlicher und Heranwachsender gegen Entgelt

(1) Eine Person über achtzehn Jahren, die eine Person unter achtzehn Jahren dadurch missbraucht, dass sie gegen Entgelt sexuelle Handlungen an ihr vornimmt oder an sich von ihr vornehmen lässt, wird mit Freiheitsstrafe bis zu fünf Jahren oder mit Geldstrafe bestraft. (Bisheriger § 182 Abs. 2 StGB)

(2) Ebenso wird eine Person über achtzehn Jahren betraft, die eine Person unter achtzehn Jahren dazu bestimmt, sexuelle Handlungen gegen Entgelt an einem Dritten vorzunehmen oder von einem Dritten an sich vornehmen zu lassen. (Teil des bisherigen § 180 Abs. 2 StGB [mit Körperkontakt])

(3) Eine Person über achtzehn Jahren, die eine Person unter achtzehn Jahren dazu bestimmt, sexuelle Handlungen gegen Entgelt vor sich oder einem Dritten vorzunehmen, wird mit Freiheitsstrafe bis zu drei Jahren oder mit Geldstrafe bestraft. (Teil des bisherigen § 180 Abs. 2 StGB [ohne Körperkontakt und unter – zweifelhafter – Beibehaltung des Nichterfassens von entsprechenden Handlungen vor dem Minderjährigen])

(4) Mit Freiheitsstrafe von drei Monaten bis zu zehn Jahren wird eine Person über achtzehn Jahren bestraft, die eine Person unter achtzehn Jahren zur Aufnahme der Prostitution bringt oder sie davon abhält, die Prostitution aufzugeben. (Teil des heutigen § 232a Abs. 1 StGB mit geringerer Strafdrohung)

(5) Mit Freiheitsstrafe bis zu fünf Jahren oder mit Geldstrafe wird eine Person über achtzehn Jahren bestraft, die eine Person unter einundzwanzig Jahren zur Aufnahme der Prostitution bringt oder sie davon abhält, die Prostitution aufzugeben. (Teil des heutigen § 232a Abs. 1 StGB mit geringerer Strafdrohung)

(6) Mit Freiheitsstrafe bis zu drei Jahren oder mit Geldstrafe wird eine Person über achtzehn Jahren bestraft, die die Ausübung der Prostitution einer Person unter achtzehn Jahren fördert. (§ 180a Abs. 2 StGB modifizierende Vorschrift)"

---

[79] Vgl. *Wolters* in SK-StGB, 8. Aufl. 2014, § 232 Rn. 13.

[80] Hier stellt sich natürlich die weitergehende Frage, warum in der einen Kategorie nur Jugendliche, in der anderen aber auch Heranwachsende erfasst werden, da die Gewährung eines Entgelts durchaus als Anreiz für das spätere Abgleiten in die Prostitution gewertet werden könnte.

[81] Eingedenk des Schutzzwecks mag auch der abstrakte Gefährdungstatbestand des § 184f StGB, der Prostitutionsausübungen in der Nähe einer Örtlichkeit oder eines Hauses bestraft, die bzw. das von Personen unter achtzehn Jahren bestimmungsgemäß besucht bzw. bewohnt wird, in diese Strafvorschrift eingebettet werden (möchte man an diesem Delikt festhalten).

Die vorgeschlagenen Strafrahmen erscheinen auch gegenüber § 182 Abs. 1 StGB angemessen, der Sexualkontakte einer Person unter achtzehn Jahren mit dem Täter oder einem Dritten „unter Ausnutzung einer Zwangslage“ sanktioniert.

VIII. Perspektive

Wenn im erwähnten aktuellen kriminalpolitischen Umfeld auch kaum mit einer größeren Reform des Sexualstrafrechts zu rechnen ist,[82] so darf doch in der Hoffnung geschlossen werden, dass sich der Gesetzgeber wenigstens zu einer Harmonisierung der Schutzaltersgrenzen in diesem Bereich entschließen mag.[83]

Der Gesetzgebung und der Strafrechtswissenschaft sind natürlich weit über diesen sehr schmalen Ausschnitt hinaus zu wünschen, dass *Thomas Fischer* noch sehr viele Legislaturperioden gewohnt kritisch, geistvoll und befruchtend begleitet. Möge ihm auch sonst noch lange, lange gute Gesundheit und viel Glück beschieden sein!

---

[82] S. aber immerhin das Geleitwort des Bundesministers der Justiz und für Verbraucherschutz *Maas* in Abschlussbericht der Reformkommission zum Sexualstrafrecht, 2017, 5f.

[83] Nur am Rande: Auch die Strafvorschrift des § 184 Abs. 1 StGB bezieht in ihren Nr. 1, 2 und 5 den Schutzbereich ausdrücklich auf Personen unter achtzehn Jahren. Da eine Stellungnahme zu diesen Vorschriften erst bei einer Gesamtrevision der Pornographiedelikte sinnvoll erscheint, ist sie bewusst ausgelassen worden.

V. STRAFVERFAHRENSRECHT

CHRISTIAN BECKER

Strafprozessuale Verständigung und philosophische Wahrheitstheorien

I. Einleitung

Wo viel von Wahrheit die Rede ist, kommt die Wahrheit selten zur Sprache. Deshalb findet sich in den Kolumnentexten von *Thomas Fischer* so viel Wahrheit, finden sich dort so viele Wahrheiten. Weil er, anstatt sich als Verkünder der einen Wahrheit zu inszenieren, die Vorstellung nur einer einzigen Wahrheit schonungslos dekonstruiert.

Im Strafprozess spielt Wahrheit eine zentrale Rolle[1] – oder sollte man hier die Vergangenheitsform verwenden, weil seit der 2009 – gegen den Widerstand auch von *Thomas Fischer*[2] – erfolgten Legalisierung der konsensualen Verfahrensbeendigung durch das sog. Verständigungsgesetz[3] die Pflicht zur Ermittlung der Wahrheit als Voraussetzung einer möglichst gerechten Entscheidung praktisch aufgehoben ist?[4] Denn obwohl Gesetzgeber und BVerfG es in Abrede gestellt und sich gewissermaßen hinter der sog. „Angstklausel" des § 257c Abs. 1 S. 2 StPO versteckt haben,[5] lässt sich kaum ernstlich bestreiten, dass die Architektur des deutschen Strafprozessrechts durch das Verständigungsgesetz grundsätzlich verändert wurde.[6]

Der vorliegende Beitrag dient nicht der Grundsatzdiskussion über Sinn oder Unsinn konsensualer Verfahrensmodelle.[7] Stattdessen möchte ich auf die Rolle eingehen, die sog. philosophische Wahrheitstheorien (oder Wahrheitsbegriffe) in dieser

---

[1] Von einem „für den deutschen Strafprozeß schlechthin fundamentalen Grundsatz" spricht etwa *Schünemann* StV 1993, 657 (658); ähnlich *Fischer* in KK-StPO, 7. Aufl. 2013, Einleitung Rn. 12 mN aus der Judikatur des BVerfG. *Stuckenberg* weist darauf hin, dass die Erforschung der Wahrheit in praktisch allen Rechtsordnungen als Ziel des Strafverfahrens gilt, siehe *Stuckenberg* in Kudratov/F.C. Schroeder, Die strafprozessuale Hauptverhandlung zwischen inquisitorischem und adversatorischem Modell, 2014, 39.

[2] Vgl. den „Appell zum Innehalten" in NStZ 2007, 433; aus seinen sonstigen Publikationen zum Thema der strafprozessualen Absprachen beispielhaft *Fischer* HRRS 2014, 324ff.; *Fischer* FS Kühne, 2013, 203ff.; *Fischer* StraFo 2009, 177ff.

[3] Gesetz zur Regelung der Verständigung im Strafverfahren vom 4.8.2009, BGBl. 2009 I 2353.

[4] Eine fulminante Kritik (mit umfangreichen weiteren Nachw.) bietet die Kommentierung von *Eschelbach* in BeckOK StPO, 28. Ed. 1.7.2017, der mit Blick auf die gesetzliche Regelung von einem „gescheiterten Experiment" und einem „Verrat am Gebot des Strebens nach Wahrheit und Gerechtigkeit" spricht (Rn. 1).

[5] *Becker* JA 2017, 641 (642) mwN.

[6] Von einer der „tiefgreifendsten Änderungen der StPO seit ihrem Inkrafttreten" sprechen *Jahn/Kudlich* in MüKoStPO, Bd. 2, 2016, § 257c Rn. 1, die zu den prominentesten Fürsprechern eines (iwS) konsensualen Verfahrens zählen dürften.

[7] Vgl. insofern die weiterführenden Nachw. bei *Becker* JA 2017, 641 m. Fn. 1.

Debatte spielen bzw. berechtigterweise (nicht) spielen sollten.[8] Das hat nicht nur deshalb einen Bezug zum Werk des Jubilars, weil die Verständigung zu den von ihm intensiv bearbeiteten Themen zählt,[9] von denen es zugegebenermaßen viele gibt. Ich hoffe zudem zeigen zu können, dass bzw. inwieweit kein Widerspruch besteht zwischen einer – von *Fischer* vor allem in seinen Kolumnen immer wieder mit Recht eingenommenen – Haltung, die absolute Wahrheiten zurückweist, und einem gleichzeitigen Festhalten an der Wahrheitserforschung als zentraler Säule des Strafprozesses.

II. Wahrheit und Strafverfahren

In der strafprozessualen Diskussion taucht der Wahrheitsbegriff vor allem im Zusammenhang mit der Frage nach dem Verfahrensziel auf.[10] Insofern herrscht heute zwar wohl weitgehend Einigkeit darüber, dass Wahrheitserforschung im Strafprozess kein Selbstzweck ist, sondern verkürzt gesagt als Voraussetzung möglichst gerechter Entscheidungen dient,[11] und dass es schon aufgrund der Orientierung am materiellen Recht und seinen Voraussetzungen nicht das Ziel des Strafverfahrens ist, eine umfassende historische Wahrheit zu ermitteln[12]. Aber trotz solcher Einschränkungen bleibt im Grundsatz festzuhalten, dass ohne eine möglichst erfolgreiche Erforschung der Wahrheit kein relevantes Prozessziel erreicht werden kann.[13] Vieles spricht dafür, dass insoweit auch die Unterschiede zwischen dem reformierten Inquisitionsprozess kontinentaleuropäischer Prägung und dem im anglo-amerikanischen Recht verbreiteten adversatorischen Verfahrensmodell überbewertet werden, weil auch das Letztgenannte keineswegs auf die Beantwortung der Frage verzichten kann, ob es sich wirklich so zugetragen hat, wie die Anklage behauptet.[14] „Entschei-

---

[8] In der Sache stimmt meine Auffassung zur (Ir-)Relevanz philosophischer Wahrheitstheorien weitgehend mit der von *Stuckenberg* in Kudratov/F.C. Schroeder, Die strafprozessuale Hauptverhandlung zwischen inquisitorischem und adversatorischem Modell, 2014, 39ff. (insbesondere S. 43) überein.

[9] Für eine Auswahl siehe die Nachw. oben in Fn. 2.

[10] *Beulke* in SSW StPO, 2. Aufl. 2016, Einleitung Rn. 7ff.; *Kudlich* in MüKoStPO, Bd. 1, 2014, Einleitung Rn. 7 – jew. mwN; weiterführend *Weigend,* Deliktsopfer und Strafverfahren, 1989, 177ff.; grundsätzlich zum Ziel/zu den Zielen des Strafprozesses aus dem jüngeren Schrifttum etwa *Murmann* GA 2004, 65ff.; *Duttge* ZStW 115 (2003), 539 (542ff.)

[11] *Weigend,* Deliktsopfer und Strafverfahren, 1989, 179; *Stuckenberg* in Kudratov/F.C. Schroeder, Die strafprozessuale Hauptverhandlung zwischen inquisitorischem und adversatorischem Modell, 2014, 50 mwN.

[12] Zum verbreiteten Hinweis auf die Unterscheidung der strafprozessualen von der historischen „Wahrheitssuche" siehe etwa *Volk* FS Salger, 1996, 411 (412), der von materieller Wahrheit als „Wahrheit des materiellen Rechts" spricht; luzide sind die Unterschiede herausgearbeitet bei *Stuckenberg* in Kudratov/F.C. Schroeder, Die strafprozessuale Hauptverhandlung zwischen inquisitorischem und adversatorischem Modell, 2014, 44f.

[13] *Weigend,* Deliktsopfer und Strafverfahren, 1989, 183: „unverzichtbares Mittel zur Erreichung jedes denkbaren Prozeßzwecks".

[14] Vgl. die umfassenden Nachw. hierzu bei *Stuckenberg* in Kudratov/F.C. Schroeder, Die strafprozessuale Hauptverhandlung zwischen inquisitorischem und adversatorischem Modell, 2014, 46 m. Fn. 34; ferner *Weßlau* FS Schünemann, 2014, 995 (998ff.).

dungsgrundlage dürfen weder falsche Tatsachen noch bloße Vermutungen sein."[15] Dieser Satz hat eine geradezu evidente Plausibilität.

Dabei darf freilich nicht übersehen werden, dass der Zugriff auf eine gleichsam absolute Wahrheit durch staatliche Organe eher charakteristisch für autoritäre Regime ist.[16] Auch heute erfolgt die Berufung auf die Notwendigkeit der Ermittlung der Wahrheit nicht selten in einer Weise, die vor allem eine Einschränkung von Verfahrensrechten des Angeklagten bezweckt.[17] Gemeint sein kann im Strafprozess des freiheitlichen Staates aber immer nur eine prozessordnungsgemäß, also insbesondere unter Wahrung der elementaren Rechte des Beschuldigten zustande gekommene Wahrheit; eine Erforschung der Wahrheit um jeden Preis ist unserer Verfahrensordnung fremd.[18] Ob man insofern gleichwohl von *materieller,* von bloß *formeller, prozessualer* oder *forensischer* Wahrheit spricht, ist am Ende eine terminologische Frage.[19]

Wenn aber die Suche nach einer absoluten und letztgültigen Wahrheit schon aus strafprozessualen bzw. verfassungsrechtlichen Gründen nicht Aufgabe des Strafverfahrens sein kann, ließe sich zur Legitimation konsensualer Elemente des Strafverfahrens (vermeintlich) „aus rechtstheoretischer Sicht [...] ins Feld führen, dass Wahrheit auch im deutschen Strafprozess ‚nur als Konstruktion im Wege eines Konsenses entsteht'".[20] Diese rechtstheoretische Sicht wird dann ergänzt durch (bzw. gestützt auf) den Bezug zu philosophischen (bzw. soziologischen) Wahrheitstheorien.[21] Und dieser Rekurs ist in der Tat verführerisch, denn wenn die Philosophie uns darüber belehrt, dass es „die" Wahrheit sowieso nicht gibt, dann brauchen wir uns weniger darum zu sorgen, dass wir die Suche nach ihr zugunsten eines verständigungsorientierten Verfahrens aufgeben oder zumindest signifikant einschränken. Ökonomische Vorteile des konsensualen Modells wären dann ein angenehmer Nebeneffekt einer Verfahrensordnung, deren Vernünftigkeit sich nach anderen Maßstäben begründen lässt.

Ich werde nachfolgend zu zeigen versuchen, dass eine philosophische Reflektion uns zwar womöglich dazu veranlassen sollte, den Begriff *der* Wahrheit nur sehr vor-

---

[15] *Weigend,* Deliktsopfer und Strafverfahren, 1989, 183.

[16] Vgl. insofern zu den Entwicklungen im Nationalsozialismus *I. Müller,* Rechtsstaat und Strafverfahren, 1980, 185 ff.

[17] In diese Richtung geht insbesondere die häufige Berufung der Rechtsprechung auf die Funktionstüchtigkeit der Strafrechtspflege, siehe dazu *Kühne* GA 2008, 361 (368 f.); unter Berücksichtigung der europarechtlichen Dimension *Gaede* wistra 2016, 89, beide mwN.

[18] Siehe nur BGHSt 14, 358 (365); *Kühne* GA 2008, 361 (364).

[19] Vertiefend zum spezifischen Wahrheitsbegriff des Strafprozessrechts *Paulus* FS Spendel, 1992, 687, der als „prozessuales Wahrheitskriterium" die „prozessuale Rechtsrichtigkeit beweiswürdigender Überzeugungsbildung" (S. 703) herausarbeitet; siehe ferner *Volk,* Wahrheit und materielles Recht im Strafprozess, 1980, passim; *Volk* FS Salger, 1996, 411 ff.

[20] *Jahn/Kudlich* in MüKoStPO, 2016, § 257 c Rn. 42, wobei dort eine Formulierung aufgegriffen wird von *Theile* NStZ 2012, 666 (671).

[21] Vgl. etwa (unter Rückgriff auf die Diskurstheorie) *Jahn* GA 2004, 272; aus einer neo-pragmatistischen Perspektive *Grasnick* in Wolter, 140 Jahre Goltdammer's Archiv für Strafrecht, 1993, 55 ff.; systemtheoretisch ausgerichtet *Theile* NStZ 2012, 666 ff.; weitere Nachw. zu philosophisch gestützten Argumenten in der strafprozessualen Diskussion bei *Stuckenberg* in Kudratov/F.C. Schroeder, Die strafprozessuale Hauptverhandlung zwischen inquisitorischem und adversatorischem Modell, 2014, 40 m. Fn. 1.

sichtig – und vielleicht am besten gar nicht – zu verwenden, dass es aber zugleich in gewissen Grenzen eine evidente Form von Wahrheit gibt, die ausreicht, um der Legitimation eines konsensualen Strafprozesses unter Rückgriff auf philosophische Wahrheitstheorien entgegenzutreten.

III. Konsensualer Wahrheitsbegriff = Konsensualer Strafprozess?

1. Wahrheit und Philosophie

Mit dem Begriff „Wahrheit“ waren in der philosophischen Diskussion seit jeher – schon lange vor der heute geläufigen und auch im strafprozessualen Schrifttum verbreitet aufgegriffenen Unterscheidung zwischen Korrespondenz-, Kohärenz- und Konsenstheorie[22] – weitere nicht weniger problembelastete Kategorien wie „Realität“, „Wissen“ oder „Erkenntnis“ verknüpft.[23] Schon in der vorplatonischen Zeit erstreckte sich die Reichweite der Wahrheitsverständnisse vom Wahren als dem ewigen Sein bis zur Abhängigkeit der Wahrheit von subjektiven Vorstellungen.[24] Als Wahrheitskriterien wurde vor allem auf Sinneswahrnehmungen oder bestimmte vorgegebene Begriffsinhalte zurückgegriffen.[25] Bei *Aristoteles* erfolgte dann die wegweisende Verknüpfung von Wahrheit und Aussagen, die in der folgenden klassischen Definition mündete: „Von etwas, was ist, zu sagen, daß es nicht ist, oder von etwas, was nicht ist, zu sagen, daß es ist, ist falsch; hingegen von etwas, was ist, zu sagen, daß es ist, oder von etwas, was nicht ist, zu sagen, daß es nicht ist, ist wahr“.[26] Spätestens hier war der Grundstein für den heute meist sog. korrespondenztheoretischen Wahrheitsbegriff gelegt, der Wahrheit vereinfacht gesprochen als die Übereinstimmung von Aussage und Wirklichkeit begreift.[27] Seitdem dieses Konzept seinen Höhepunkt (vielleicht Scheitelpunkt) im logischen Positivismus und der ihm nachfolgenden analytischen Philosophie erlebte, haben jedoch unterschiedliche Entwicklungen Zweifel daran aufkommen lassen, dass es sich bei der Korrespondenztheorie der Wahrheit – unbeschadet der an Evidenz grenzenden intuitiven Plausibilität – um ein stimmiges theoretisches Konzept handelt.[28] Dabei kann man zwischen Unschärfen

---

[22] Instruktiv *Stuckenberg* in Kudratov/F.C. Schroeder, Die strafprozessuale Hauptverhandlung zwischen inquisitorischem und adversatorischem Modell, 2014, 39ff.

[23] Im Wahrheitsbegriff sind epistemologische und ontologische Elemente kaum trennbar ineinander verwoben, siehe auch *Toepel,* Grundstrukturen des Sachverständigenbeweises im Strafprozessrecht, 2002, S. 69f., der von epistemischen und nichtepistemischen Elementen spricht.

[24] *Szaif* in Historisches Wörterbuch der Philosophie, Bd. 12, 2005, 48ff.

[25] *Szaif* in Historisches Wörterbuch der Philosophie, Bd. 12, 2005, 52f.

[26] Metaphysik IV, 101 1b; der Sache nach findet sich diese Definition bereits bei *Platon* im *Sophistes,* vgl. *Platon,* Sämtliche Werke in 3 Bänden, Bd. 2, 1982, 699; zur Verknüpfung von Wahrheitsbegriff und Ideenlehre bei *Platon* siehe *Szaif* in Historisches Wörterbuch der Philosophie, Bd. 12, 2005, 49f.

[27] Besonders einflussreich war insofern die Theorie von *Tarski,* vgl. *Tarski,* Stud. Philos. I, 1935, 261ff.; zu demgegenüber weiterentwickelten Formen korrespondenztheoretischer Wahrheitsbegriffe *Toepel,* Grundstrukturen des Sachverständigenbeweises im Strafprozessrecht, 2002, 70ff. mwN.

[28] Zugestanden von *Stuckenberg* in Kudratov/F.C. Schroeder, Die strafprozessuale Hauptverhandlung zwischen inquisitorischem und adversatorischem Modell, 2014, 41, der im Ergebnis

auf der Ebene der Begriffe einerseits sowie im Prozess der Wahrnehmung einer vermeintlich mit den Aussagen korrespondierenden Realität andererseits unterscheiden.

In der Nachfolge *Wittgensteins* – vor allem seiner sog. „Spätphilosophie" – ist zunehmend betont worden, dass Sprache eine historisch-kontingente, sich fortlaufend evolutionär weiterentwickelnde soziale Praxis ist, innerhalb derer sich Bedeutungen und Begriffsinhalte ständig in Bewegung befinden.[29] Die Korrespondenz von Aussage und Wirklichkeit wäre nur dann ein theoretisch stimmiges Kriterium für die Wahrheit von Aussagen, wenn für die Überprüfung eine Metaperspektive, ein archimedischer Punkt außerhalb aller möglichen Sprachspiele zur Verfügung stünde. Aber jede Aussage ist selbst ein „Zug im Sprachspiel" und beeinflusst damit in ihrem Vollzug die Bedeutung der verwendeten sprachlichen Ausdrücke, weshalb die Aussage ihre eigene Bedeutung niemals einholen kann.[30]

Es fehlt aber nicht nur der sprachlichen Ebene des korrespondenztheoretischen Wahrheitsbegriffs an der von ihm suggerierten Präzision; auch unsere Feststellungen darüber, was der Fall ist, unsere Erkenntnis der vermeintlich mit den Aussagen korrespondierenden Wirklichkeit ist mit Unsicherheiten behaftet.[31] So ist aus der Sicht eines neurowissenschaftlich fundierten Konstruktivismus immer wieder darauf hingewiesen worden, dass die Codierung äußerer Reize im Gehirn undifferenziert und ohne direkten Bezug zur „Ursache" des Reizes stattfindet.[32] Bei dieser Sichtweise ist Erkenntnis im Gehirn ein zirkulärer Prozess, das Gehirn wird zum autopoietischen System, bei dem ein „außen" und ein „innen" und eine direkte Ursache-Wirkung-Relation zwischen beiden Ebenen nur von einem externen Beobachter behauptet werden können.[33] Weder im alltäglichen noch (und erst recht nicht) im wissenschaftlichen Bereich gibt es daher einen unvermittelten Zugriff auf „die" Wirklichkeit.[34]

Wie bereits angedeutet, gibt es im Großen und Ganzen zwei philosophische Richtungen, die in unterschiedlicher Weise auf die Probleme eines korrespondenztheoretischen Wahrheitsbegriffs reagieren. Die sog. Kohärenztheorie der Wahrheit hat ihren Ursprung ua bei *Otto Neurath,* der dem sog. „Wiener Kreis" zuzuordnen ist und das Problem des fehlenden archimedischen Punktes in der eingängigen Me-

---

weitgehend wie hier gleichwohl an der Relevanz des mit der Korrespondenztheorie verknüpften Grundgedankens für den Strafprozess festhält.

29 Unter dem Rubrum der „Postmoderne" habe ich dieses Sprachverständnis etwas näher ausgearbeitet in *Becker,* Was bleibt? Recht und Postmoderne, 2014, 19ff. und *passim.*

30 *Becker,* Was bleibt? Recht und Postmoderne, 2014, 60ff. mwN.

31 Freilich ist ein korrespondenztheoretischer Wahrheitsbegriff nicht zwingend mit einer Vorstellung von Wirklichkeit verknüpft, in der diese als „Ding an sich" erscheint; auch eine Wirklichkeit, die aus durch Verstandestätigkeit konstituierten Gegenständen im *Kant'schen* Sinne besteht, kann auf ihre Korrespondenz mit Aussagen hin geprüft werden, siehe *K. Lorenz* in Mittelstraß, Enzyklopädie Philosophie und Wissenschaftstheorie, Bd. 4, 1996, 596.

32 Vgl. hierzu *v. Foerster/Pörksen,* Wahrheit ist die Erfindung eines Lügners, 2011, 15ff.

33 *Maturana/Pörksen,* Vom Sein zum Tun – Die Ursprünge der Biologie des Erkennens, 2002, 63; zu unterschiedlichen Begründungsansätzen des Konstruktivismus instruktiv *Pörksen,* Schlüsselwerke des Konstruktivismus, 2. Aufl. 2011, 6ff.

34 Deutlich *Habermas,* Kommunikatives Handeln und detranszendentalisierte Vernunft, 2001, S. 23: „Es gibt keine schlechthin kontextfreien Weltbezüge".

tapher vom auf offener See zu reparierenden Boot („Neuraths Boot“) ausgedrückt hat.[35] Wahrheit hängt demnach davon ab, inwiefern eine Aussage in schlüssiger („kohärenter“) Weise in ein bereits bestehendes – als in sich konsistent anerkanntes – System von Aussagen eingegliedert werden kann. Für die strafprozessuale Debatte mit Blick auf die Verständigung bedeutender ist die sog. Konsenstheorie der Wahrheit.[36] Sie findet sich grob gesagt in zwei unterschiedlichen Varianten: als Theorie des rationalen Diskurses, wo Wahrheit durch einen Konsens hergestellt wird, der auf einer hypothetischen idealen Sprechsituation basiert;[37] und als gleichsam behavioristische Variante, wo Wahrheit vollständig zur Funktion sozialer Praxis wird und letztlich alles wahr ist, was in einem Gespräch zwischen kompetenten Sprechern begründet behauptet werden kann[38].

Hier soll nun aber gewiss nicht der Anspruch erhoben werden, eine Stellungnahme zur philosophischen Debatte über *den* Wahrheitsbegriff abzugeben. Meine These lautet vielmehr, dass es selbst für den Fall, dass sich die Korrespondenztheorie der Wahrheit als theoretisch-philosophisches Konzept nicht aufrechterhalten lässt, gute Gründe dafür gibt, das damit verbundene Wahrheitsverständnis gleichwohl jedenfalls in gewissem Umfang als Grundlage des Strafprozesses beizubehalten.

2. *Wahrheit und physisch-reale Außenwelt*

Wahrheit im korrespondenztheoretischen Sinne ist ein Prädikat von Aussagen, nicht von Dingen. Mit Blick auf Letztere, also auf die Seinswelt, ist die Korrespondenztheorie der Wahrheit meist mit einem sog. externen Realismus verknüpft, also mit der Auffassung, dass eine unserem Bewusstsein gegenüber äußerliche Wirklichkeit existiert.[39] Diese Verknüpfung bedeutet allerdings nicht, dass eine etwaig gut begründete Ablehnung des korrespondenztheoretischen Wahrheitsbegriffs zwingend dazu führt, auch die Existenz einer außersprachlichen Wirklichkeit zu leugnen. Denn unsere Argumente gegen die Korrespondenztheorie der Wahrheit lauteten ja im Wesentlichen, dass weder die in den Aussagen verwendeten Begriffe noch die Sinneswahrnehmung es ermöglichen, einen hinreichend genauen und unvermittelten Abgleich von Wirklichkeit und Aussage durchzuführen. Gegen die Exis-

[35] Siehe hierzu die Nachw. bei *Toepel,* Grundstrukturen des Sachverständigenbeweises im Strafprozessrecht, 2002, 80; ferner *K. Lorenz* in Mittelstraß, Enzyklopädie Philosophie und Wissenschaftstheorie, Bd. 4, 1996, 598f.; lesenswert zum „Wiener Kreis“ *Sigmund,* Sie nannten sich Der Wiener Kreis – Exaktes Denken am Rand des Untergangs, 2015.

[36] Instruktive Zusf. bei *Stuckenberg* in Kudratov/F.C. Schroeder, Die strafprozessuale Hauptverhandlung zwischen inquisitorischem und adversatorischem Modell, 2014, 42 mwN.

[37] *Habermas,* Vorstudien und Ergänzungen zur Theorie des kommunikativen Handelns, 1984, 127ff.; einschränkend später *Habermas,* Wahrheit und Rechtfertigung, 1999, 286ff.; zur spezifischen Diskussion um die Diskurstheorie des Rechts *Jahn* GA 2004, 272 (277ff.); für eine luzide Kritik der diskurstheoretischen Konsenstheorie *Engländer* in Kempf/Lüderssen/Volk, Gemeinwohl im Wirtschaftsstrafrecht, 2013, 303 (310f.); eine weiterführende kritische Analyse des Vernunftanspruchs der Diskurstheorie findet sich bei *Ortmann,* Formen der Produktion, 1995, 226ff.

[38] Vgl. hierzu *Rorty,* Der Spiegel der Natur, 1986, 190ff.

[39] Dazu mwN *Toepel,* Grundstrukturen des Sachverständigenbeweises im Strafprozessrecht, 2002, 70ff.

tenz der Wirklichkeit haben wir damit nicht argumentiert.[40] Wir gehen vielmehr selbstverständlich im Rahmen nahezu jeder beliebigen sozialen Praxis bis hin zu unserem Alltagsleben davon aus, dass es eine uns gegenüber äußerliche Wirklichkeit gibt und dass wir in dieser auch auf einen gleichsam physischen Widerstand durch bestimmte in dieser Wirklichkeit befindliche „Dinge" treffen.[41] Diese Widerständigkeit können wir z. B. überprüfen, indem wir durch eine Wand zu gehen versuchen, uns ein Fleischermesser in den Oberschenkel rammen oder aus dem Fenster im 15. Stock eines Hochhauses springen. Aussagen über die Anwesenheit widerständiger Objekte, zB „Dort ist eine Wand", lassen sich mit einem Grad an Gewissheit überprüfen, den zu bestreiten zwar theoretisch wohl konsistent möglich,[42] jedoch praktisch vollkommen sinnlos und für soziale Kontexte ab einem gewissen Punkt schlicht irrelevant ist.[43] „[W]er die Wahrheit leugnet, macht sich lächerlich",[44] und wer es beharrlich tut, dem ist in letzter Konsequenz nur mit pathologischen Kategorien beizukommen, da hilft auch nicht die Berufung auf konstruktivistische oder andere philosophische Theorien.

Wir gehen also selbstverständlich davon aus, dass jene physische Dingwelt existiert und dass wir selbst uns in dieser Welt bewegen – und zwar (trotz dem widersprechender Vorgänge auf der Quantenebene)[45] immer nur an einem Ort zur selben Zeit. Würde ich morgen behaupten, ich hätte nicht am Morgen des 19.1.2018 gegen 9.20 Uhr mitteleuropäischer Zeit an meinem Schreibtisch in Hamburg gesessen und diese Zeilen geschrieben, so wäre das eine unwahre Aussage, denn die Wahrheit

---

[40] Auch *Kant* hat sich stets dagegen gewehrt, wenn aus seiner These zur Unmöglichkeit der Erkenntnis des „Ding an sich" geschlossen wurde, er würde dessen Existenz bestreiten, vgl. dazu *Irrlitz,* Kant Handbuch, 2002, 172 und 295.

[41] Den Begriff des Widerstands gebrauche ich hier in Anlehnung an *de Man,* The resistance to theory, 1986; vgl. auch *Habermas,* Kommunikatives Handeln und detranszendentalisierte Vernunft, 2001, 19, der im Anschluss an *Peirce* „zwischen der sprachabhängig dargestellten ‚Realität' […] und der im praktischen Umgang als widerständig erfahrenen ‚Existenz'" unterscheidet.

[42] In gewisser Weise lässt sich die von *Stegmüller* auf den Evidenzbegriff gemünzte Formulierung auf das hier angesprochene naive Wahrheitsverständnis beziehen: Jedes Argument dafür ist ein Zirkel, jedes Argument dagegen ein Selbstwiderspruch, vgl. *Stegmüller,* Skepsis, Metaphysik, Wissenschaft, 2. Aufl. 1969, 168f. Wer einen solchen naiven externen Realismus bestreiten möchte, müsste vermutlich nur lange genug auf die unvermeidliche Zirkularität aller dafür vorgebrachten Argumente insistieren.

[43] Daran ändert sich auch nichts dadurch, dass wir nicht *genau* angeben können, wie sich eine „Wand" von einer „Mauer" unterscheidet oder warum wir anstelle der Wand nicht den um sie herumliegenden Raum bezeichnen. Das alles ist historisch-kontingent und in fortlaufender Evolution begriffen. Aber wenn wir auf die Wand zulaufen, erleben wir irgendwann jenen physischen Widerstand, der uns Anlass bietet, uns im Vertrauen auf die Existenz einer äußerlichen Dingwelt im Leben zu orientieren (und Sprache als ein zentrales Werkzeug bei dieser Orientierung zu benutzen). Die Unbrauchbarkeit konstruktivistischer Ansätze für alltägliche soziale Praxis betont insofern zu Recht *Stuckenberg* in Kudratov/F.C. Schroeder, Die strafprozessuale Hauptverhandlung zwischen inquisitorischem und adversatorischem Modell, 2014, 43.

[44] *Stuckenberg* in Kudratov/F.C. Schroeder, Die strafprozessuale Hauptverhandlung zwischen inquisitorischem und adversatorischem Modell, 2014, 51.

[45] Gemeint ist die sog. Superposition, bei der sich ein Teilchen – sehr vereinfacht gesprochen – an mehreren Orten gleichzeitig befindet, zu diesem Phänomen *Hawking/Mlodinow,* The grand design, 2010, 63ff.

ist, dass ich zu der besagten Zeit genau dort gewesen bin, mag es auch purer historischer Kontingenz geschuldet sein, dass wir diese (oder überhaupt) Worte dafür verwenden, diesen Vorgang zu bezeichnen. Mit Blick auf die Überprüfbarkeit basaler singulärer Ereignisse der physischen Außenwelt ist eine *Entzauberung des Prinzips der materiellen Wahrheit durch soziologische Aufklärung*[46] auf absehbare Zeit nicht zu erwarten. Der Strafprozess muss insoweit vielmehr wie jede gesellschaftliche Praxis ein Wahrheitsverständnis voraussetzen, das keiner soziologischen oder philosophischen Fundierung bedarf.

3. *Die Grenzen der Philosophie bei der Legitimation konsensualer Verfahrenselemente*

Damit wird nun aber deutlich, dass es jedenfalls bestimmte Elemente des einer strafgerichtlichen Entscheidung zu Grunde liegenden Sachverhalts gibt, über die unabhängig von irgendeinem Konsens wahre oder falsche Aussagen als solche identifiziert werden können. Ob der Angeklagte zum behaupteten Tatzeitpunkt am Tatort war oder nicht, ob das Opfer vom Balkon gestürzt ist, ohne dass eine andere Person in der Nähe war, oder ob der Angeklagte anwesend war und das Opfer geschubst hat, all diese Dinge haben sich entweder zugetragen oder nicht. Wahrheit ist i*n diesem Sinne* ohne Frage ein „rekonstruierbares, außerhalb des Prozesses liegendes Geschehen"[47]. Werden auch solche „Tatsachen" unter Rückgriff auf konsensual- bzw. diskurstheoretische Erwägungen zum Gegenstand einer Verständigung gemacht,[48] setzt sich die konsensuale Wahrheitstheorie gegen den naiven externen Realismus durch, den in Abrede zu stellen auch dann kein Anlass besteht, wenn man einen konsensualen Wahrheitsbegriff mit guten Gründen einer Korrespondenztheorie der Wahrheit vorzieht.

Es muss freilich betont werden, dass nur eine sehr fundamentale Art von *Ereignissen* oder *Vorgängen* eindeutig der physisch-realen Außenwelt in einer Weise zugeordnet werden kann, dass im skizzierten Sinne mit Gewissheit wahre oder unwahre Aussagen darüber möglich sind. Keineswegs ist dies im gesamten Bereich der vom materiellen Strafrecht in Bezug genommenen Realitätsausschnitte der Fall und womöglich nicht einmal in der Mehrzahl der in einem Verfahren auftretenden Fragestellungen. Das betrifft nicht nur innere Tatsachen oder die Bezugsgegenstände von komplexen normativen Tatbestandsmerkmalen. Wir können etwa bereits im (Raub-)Fall von BGH NStZ 2013, 471 keine im Sinne der hier angedeuteten naiven Korrespondenztheorie wahre Aussage darüber treffen, ob der Angeklagte konkludent mit weiterer Gewaltanwendung drohte, als er dem Opfer das Mobiltelefon wegnahm, oder ob dieses sich lediglich in einem Zustand fortwirkender Einschüchterung aufgrund der vorausgegangenen Gewalthandlungen befand. Je weiter wir uns entfernen von der „rohen" Anwesenheit und/oder der Bewegung physischer

---

[46] So *Jahn* GA 2004, 272 (279).

[47] *Weßlau* FS Schünemann, 2014, 995 (999).

[48] Deutlich *Jahn* GA 2004, 272 (276): „Die Einigungsprozesse beziehen sich vielmehr auf die dem Verfahren zugrunde zu legenden Tatsachen".

Objekte[49] und je mehr wir uns dem Bereich der sozial überformten Kommunikation nähern – von theoretisch-wissenschaftlichen Aussagen, solchen über gesellschaftliche Zusammenhänge oder moralischen Urteilen ganz zu schweigen –, desto weiter weg sind wir von der Möglichkeit einer intuitiven, evidenzbasierten Überprüfung der Korrespondenz unserer Aussagen mit *der* Wirklichkeit.[50] Aber ob es der Angeklagte oder eine andere Person war, die gegenüber dem Opfer im besagten Beispiel zum fraglichen Zeitpunkt zudringlich und gewalttätig wurde und danach mit dem Mobiltelefon verschwand, das lässt sich eindeutig wahr oder falsch beantworten – und jedenfalls der Angeklagte kennt die *wahre* Antwort, sofern bei ihm keine signifikanten kognitiven (pathologischen) Defizite vorliegen.

Im verständigungsbasierten Strafprozess kann es für den Angeklagten nun aber womöglich gute Gründe dafür geben, ein Geständnis auch dann abzugeben, wenn der angeklagte Sachverhalt nicht stattgefunden hat[51] – und zwar in jenem ganz naiven Sinne „nicht stattgefunden hat", den zu verstehen niemand irgendeinen philosophischen Wahrheitsbegriff benötigt. Ein solches nicht wahrheitsgemäßes Geständnis kann vollkommen rational sein, es kann jenem ökonomisch-instrumentellen Paradigma folgen, dem auch der Strafprozess zunehmend unterworfen wird. Bei schwieriger Beweislage etwa kann eine rationale Abwägung zu dem Ergebnis führen, dass die „ausgedealte" Bewährungsstrafe gegenüber dem Risiko einer Freiheitsstrafe im nicht aussetzungsfähigen Bereich vorzuziehen ist, selbst wenn im streitigen Verfahren die Chance auf einen Freispruch besteht.[52]

Der konsensuale Strafprozess birgt also – zumal in der Kombination mit anderen strukturellen Schwächen des Strafverfahrens[53] – latent die Gefahr von Entscheidungen, denen ein *falscher,* ein *unwahrer* Sachverhalt zu Grunde liegt. Das ist mit Blick auf die unauflösbare Verknüpfung der Pflicht zur Wahrheitserforschung mit dem Schuldgrundsatz[54] in höchstem Maße problematisch. Darauf mag man erwidern, dass diese Gefahr rein theoretischer Natur sei oder durch Transparenz- und Mitteilungspflichten eingehegt werden kann; man mag im Übrigen andere Erwägungen – auch solche, die Beschuldigteninteressen in den Blick nehmen – *für* eine Etablierung konsensualer Elemente im Strafprozess anführen[55]. Was dabei aber nicht oder allenfalls sehr bedingt ins Feld geführt werden kann – und allein das sollte dieser Beitrag zeigen –, sind konsensuale Wahrheitstheorien. Zumindest ab einem be-

[49] In der philosophischen Debatte wird meist – im Anschluss an die „Wittgenstein-Schülerin" *Elisabeth Anscombe* – von *brute facts,* von *rohen Tatsachen* gesprochen, siehe hierzu die Nachweise bei *Kuhli,* Normative Tatbestandsmerkmale in der strafrichterlichen Rechtsanwendung, 2018, 88f.

[50] Es handelt sich insofern aber nicht um kategoriale, sondern um graduelle Unterschiede, weil auch sog. *brute facts* nur in der sozial überformten Kommunikation unterschieden bzw. bezeichnet werden.

[51] Zur Gefahr von Falschgeständnissen *Eschelbach* in BeckOK StPO, 28. Ed. 1.7.2017, StPO § 257c Rn. 1.13 mwN.

[52] Zumal der Angeklagte wird bedenken müssen, wie es sich auswirkt, wenn er sich einer Arbeitsentlastung für das Gericht versprechenden Verständigung verweigert und anschließend dasselbe Gericht die Hauptverhandlung durchführt, vgl. dazu krit. *Vogel* GA 2011, 520 (523).

[53] Angedeutet bei *Fischer* NStZ 2007, 433 (435); weiterführend etwa *Paeffgen/Wasserburg* GA 2012, 535ff.

[54] Statt aller *Fischer* in KK-StPO, 7. Aufl. 2013, Einleitung Rn. 12.

[55] Vgl. etwa *Theile* NStZ 2012, 666 (669f.); *Jahn* GA 2004, 272 (280ff.).

stimmten Punkt berührt die hier behandelte Thematik eine Dimension des Wahrheitsbegriffs, deren „philosophische" Untersuchung letztlich mehr Schwierigkeiten bereitet als sie löst,[56] wie wichtig wahrheits-, wissenschafts- und erkenntnistheoretische Überlegungen in vielen anderen Bereichen (auch für das Recht) sein mögen.

IV. Schluss

Es ist bezeichnend für eine postmoderne Philosophie, die alle Hoffnungen auf ein fest verankertes, dem Sog von kontingenter Geschichte und gesellschaftlich-kultureller Dynamik entzogenes Fundament für Erkenntnis weitgehend aufgegeben hat, dass Widersprüche „stehen bleiben", weil es keine Metaperspektive gibt, aus der sie sich ohne bleibenden Rest aufheben lassen. Die Wahrheit ist einerseits etwas, das jeder ohne irgendwelche theoretischen Kenntnisse sofort überprüfen und feststellen kann, während sie andererseits ein hoffnungslos überfordertes Konzept ist, auf dessen Gebrauch man insbesondere in Diskussionen über politische, also das Gemeinwesen betreffende Angelegenheiten vermutlich ganz verzichten sollte.[57] Ich habe die Kolumnentexte von *Thomas Fischer* u.a deshalb immer mit großer Begeisterung gelesen, weil sie nach meinem Empfinden Ausdruck einer solchen Denkweise sind, die Skeptizismus gegenüber *der* Vernunft und unbändiges Beharren auf der Forderung nach Vernunftgründen miteinander vereint; nicht in einem feststehenden Begriffs- oder Wertesystem, sondern in einem nicht endenden Prozess des Argumentierens, der Konfrontation mit Widersprüchen und Aporien, die in *Fischers* Texten so handgreiflich und drängend werden, dass keine andere Möglichkeit bleibt, als neu- und weiterzudenken.

Ich bin sehr froh, dass ich neben der Lektüre zahlreicher solcher Texte auch einige wenige Gelegenheiten zu längeren persönlichen Gesprächen mit *Thomas Fischer* hatte. Diese haben die Sicht auf meinen Beruf, mein Weltbild als Jurist nachhaltig geprägt, sie haben einen (Denk-)Prozess in Bewegung gebracht, der sich fortwährend an der Suche nach Wahrheiten abarbeitet, ohne diese jemals festhalten zu können. Dieser Text, den ich *Thomas Fischer* in aufrichtiger Bewunderung zueigne, ist Teil des besagten Prozesses. Falls er den Gefallen des Jubilars finden sollte, würde mich das vermutlich mit echtem Stolz erfüllen.

---

[56] Die Schwierigkeiten der Philosophie, wenn sie mit großem Aufwand versucht, furchtbar banale Dinge zu „beweisen" und dabei bisweilen eher für Konfusion als für Klarheit sorgt, sind großartig umschrieben in einem Zitat von Ludwig Wittgenstein, das bei *Sigmund,* Sie nannten sich Der Wiener Kreis – Exaktes Denken am Rand des Untergangs, 2015, 3 abgedruckt ist: „Ich sitze mit einem Philosophen im Garten; er sagt zu wiederholten Malen ‚Ich weiß, dass das ein Baum ist', wobei er auf einen Baum in unserer Nähe zeigt. – Ein Dritter kommt daher und hört das, und ich sage ihm: ‚Dieser Mensch ist nicht verrückt, wir philosophieren bloß.'"

[57] Ich zitiere hier *Heinz v. Foerster* (*v. Foerster/Pörksen,* Wahrheit ist die Erfindung eines Lügners, 2011, 25) mit einer Formulierung über den „tiefen Schrecken der Ontologie", die vielleicht im Großen und Ganzen die Zustimmung des Jubilars finden könnte: „[D]ie Referenz auf die Außenwelt läßt sich … wunderbar verwenden, um die eigene Verantwortung zu eliminieren … Man führt die unschuldig erscheinende Formel ‚es ist' ein … und sagt mit autoritärer Gewalt: ‚Es ist so … es gibt …' Und so weiter. Aber wer gibt? Wer behauptet, dass etwas der Fall ist? Ich plädiere dafür, dass wir dieses Wirkliche und vermeintlich Gegebene als unsere eigene Erzeugung und Erfindung begreifen."

KLAUS BERNSMANN

„Nach Gutsherrenart"? Zur „Terminshoheit" des Vorsitzenden nach § 213 StPO

„Strafverteidigung hat … eine klare Aufgabe: Sie steht auf der Seite des … Beschuldigten …, gegen die letztlich unbeschränkte Macht des Staates. Ein Staat, der das nicht aushält, gibt seine Legitimation als Rechtsstaat auf; Strafverteidiger, die es nicht aushalten, erfüllen ihre Aufgaben unzureichend."[1]

Diese Feststellung *Fischers* ist ebenso selbstverständlich zutreffend wie seine an Justiz und Strafverteidigung gerichtete Mahnung darauf zu verzichten, *„sich gegenseitig gute Ratschläge zur Berufsausübung"* zu geben.[2] Das Maß gegenseitiger Ratschläge müsse sich vielmehr auf *„Grundregeln der Form beschränken, denen beide durch Verfahren verpflichtet sind: Offenheit, Klarheit, Fairness."*[3]

Fischer meint dabei in erster Linie *„viele Richter … gerade auch in Strafsenaten des Revisionsgerichts"* und eine von dort ausgehende *„Kultur der Belehrung"*. Diese führe zu der gelegentlichen penetranten Haltung der Besserwisserei, die sich *„letztlich auf nichts anderes stützt als auf die Macht der eigenen Rechtssprüche"*. Dies sei *„… von Herablassung geprägt, die keinen inhaltlichen Grund braucht."* Für Strafverteidiger sei dies strukturell, aber auch individuell biografisch, *„nicht selten schwierig zu verdauen"*.[4]

Auch diese Einschätzung dürften nicht ganz wenige Strafverteidiger teilen.[5]

All das gilt aber nicht nur, wahrscheinlich nicht einmal vorrangig, für allfällige Reaktionen von Strafverteidigern auf den revisionsgerichtlichen Umgang(-ston)[6] mit ihnen. Auch bzw. gerade auf der alltäglichen Ebene des tatgerichtlichen Mas-

---

[1] *Fischer,* Symposion für Widmaier, 2013, 101, 106.

[2] *Fischer,* Symposion für Widmaier, 2013, 101, 106.

[3] *Fischer,* Symposion für Widmaier, 2013, 101, 106.

[4] *Fischer,* Symposion für Widmaier, 2013, 101, 106.

[5] Einem („ordentlichen") Universitätsprofessor des Rechts, dem die universitäre Subkultur einen vergleichbar „autokratischen" Status einräumt wie die justizielle u. a. dem Revisionsrichter, sind „Besserwisserei", die Verabreichung von „guten Ratschlägen" oder auch Idiosynkrasie nicht ganz fremd. Dass eine zunehmende Zahl von Revisionsrichtern (und Anwälten) nach universitären Weihen in Form des Titels eines (Honorar-)Professors strebt und damit zusätzlich auch noch die Besserwisserei sog. „Lehre" beanspruchen könnte, fällt aus Perspektive der „Lehre" kaum ins Gewicht. Die Kommentar-„Literatur" ist ohnehin übersät mit professoral unterfütterten Richtern (und Anwälten). Lediglich die – möglicherweise spezifisch „höchstrichterliche" – Selbstvergewisserung von Richtern, die sich gegenseitig versichern, (auch) in der Wissenschaft *„auf höchstem Niveau tätig zu sein"*, mag etwas verwundern (vgl. *Mosbacher* NJW 2017, 1288 (1292)).

[6] In Zusammenhang mit Revisionsentscheidungen muss der (habilitierte) Professor zur Kenntnis nehmen, dass auch für ihn § 349 Abs. 2 StPO gilt und ein noch so – subjektiv – wohlbegründeter Antrag denkbar lapidar verworfen wird. Dabei befremden die Unterschriften einer Mehrheit von professoralen Senatsmitgliedern, denen die Achtung vor dem ernsthaften Argument des Gegenübers geläufig sein sollte.

senbetriebes begegnen der Strafverteidigung (allzu) häufig vielgestaltige Formen ebenso trivialer, wie nicht selten feudal anmutender, gerichtlicher Machtdemonstrationen.

Wer sich als Strafverteidiger der eingangs zitierten *Fischerschen* Aufgabenbeschreibung verpflichtet fühlt und tatsächlich auf Offenheit, Klarheit und Fairness auch des Gerichts pocht, sieht sich – den Mühen der Ebenen von Tatgerichten ausgesetzt – immer wieder einmal mit dem Gefühl konfrontiert, dass es sich um sisyphosartige, d. h. im Ergebnis immer von neuem fruchtlose Bemühungen handeln könnte.[7]

Ein Beispiel dafür ist die sog. „Terminshoheit" des Vorsitzenden.[8] Dazu gibt es eine Fülle von Rechtsprechung. Von Seiten der „Theorie" war das Interesse dagegen immer recht gering.[9]

Im Zuge einer kürzlich erfolgten „Reform" des Strafverfahrens[10], der es – so die Gesetzesbegründung – darum gehe, *„eine funktionstaugliche Strafrechtspflege zu gewährleisten, ohne die der Gerechtigkeit nicht zum Durchbruch verholfen werden"* könne, zugleich aber auch *„dem mit Strafe Bedrohten eine wirksame Sicherung seiner Grundrechte zu gewährleisten"*[11], wurde die überwiegend als Sitz der „Terminshoheit" betrachtete Vorschrift des § 213 StPO um einen Abs. 2 erweitert.

Nach § 213 Abs. 2 StPO soll der Vorsitzende in *„besonders umfangreichen erstinstanzlichen Verfahren vor dem Land- oder Oberlandesgericht ... den äußeren Ablauf der Hauptverhandlung vor der Terminbestimmung mit dem Verteidiger, der Staatsanwaltschaft und dem Nebenklägervertreter abstimmen."* Die um Abs. 2 ergänzte Vorschrift des § 213 StPO, in der festgeschrieben ist, was zuvor der Rechtsprechung zumindest des Bundesgerichtshofes entsprach, soll entsprechend der Überschrift des Reformgesetzes vom 17.8.2017 der *„Effektivität"* und *„Praxistauglichkeit"* der Justiz dienen. *Fischers* Maximen von „Offenheit, Klarheit und Fairness" werden durch diese Vorschrift dagegen ebenso wenig befördert wie der Anspruch des Gesetzgebers, die Grundrechte des Beschuldigten *„wirksam zu sichern"*.[12]

Die Vorschrift des § 213 StPO kann auf ganz spezifische Weise eine prädisponierende Wirkung auf den Gang der Hauptverhandlung nehmen. Sie steht insoweit im Einzelfall in mittelbarem Zusammenhang mit der von *Fischer* hervorgehobenen, im

---

[7] Die Fruchtlosigkeit solcher und (aller) sisyphosartiger Bemühungen dürfte Strafverteidiger im Übrigen kaum zu glücklichen Menschen machen. Insoweit mag *Camus: „Der Kampf gegen Gipfel vermag ein Menschenwesen auszufüllen ..."* (Der Mythos des Sisyphos, 1942, S. 160) zwar einer Hoffnung Ausdruck geben, im Regelfall eines Strafverteidigers aber wohl irren.

[8] Dieses „Institut" weist dem Vorsitzenden die Aufgabe zu, die Termine zur Hauptverhandlung zu „bestimmen". Es schafft aber zugleich eine Möglichkeit, Einfluss auf das Verteidigungspersonal zu nehmen. Verteidiger, die sich gegen eine Terminierung zur Wehr setzen, sind nur ausnahmsweise erfolgreich mit der Begründung, dass sie Termine wegen vorrangiger, d.h. früher eingegangener anderer Verpflichtungen nicht wahrnehmen können.

[9] Vgl. *Lüderssen/Jahn* in Löwe/Rosenberg, 26. Aufl. 2007, StPO § 137 Rn. 276; nunmehr grundlegend allerdings: *Kasten,* Die „Terminshoheit" des Gerichts und das Recht auf Verteidigung, 2017.

[10] „Gesetz zur effektiveren und praxistauglichen Ausgestaltung des Strafverfahrens" vom 17.8.2017.

[11] BT-Drs. 18/11277, 1.

[12] BT-Drs. 18/11277, 1

Gegensatz zur „Terminshoheit" auch sonst viel diskutierten, „Absprache" i. S. von § 257c StPO:

Für *Fischer* ist der Strafprozess maßgeblich vom Umgang mit der Frage bestimmt, *„nach welchem Verfahrensrecht wird ein Ergebnis angestrebt und erzielt?"* D. h.: *„Wie ist das Verhältnis von Absprache-Verfahren und Normal-Verfahren?"*.[13]

Der Entscheidung, welches Verfahrensrecht angewandt werden soll, vorgelagert und prozessual im Einzelfall kaum weniger (vor-)entscheidend ist, wer auf Seiten der Verteidigung für den Beschuldigten an der Hauptverhandlung (und damit ggf. auch an der Erörterung der *Fischerschen* Gretchen-Frage) teilnimmt.

Auch bzw. gerade am Umgang des Vorsitzenden mit der Terminierung und der daraus sich ergebenden „Aufstellung" der Verteidigung ist ablesbar, ob und in welchem Umfang das Verfahren von *„Offenheit, Klarheit, Fairness"* dominiert sein wird, oder ob sich schon vor Beginn der Hauptverhandlung der Verdacht von Intransparenz oder unfairer Verhandlungsführung einstellt. An dieser Stelle kommt § 213 StPO ins Spiel. Diese Vorschrift verschafft dem Vorsitzenden mittelbar die Möglichkeit, bestimmenden Einfluss auf die Person(en) des/der Verteidiger(s) und damit in der Regel auch auf die (zu erwartende) Art und Weise bzw. Qualität der Verteidigung zu nehmen. § 213 Abs. 1 StPO vertraut die Anberaumung der Termine zur Hauptverhandlung dem Ermessen des Vorsitzenden an. Aus § 213 Abs. 1 StPO ergibt sich nicht, dass der Vorsitzende verpflichtet wäre, die Terminplanung mit den Verfahrensbeteiligten abzustimmen. Der Vorsitzende hat jedoch – so die hM zum alten Recht – nach pflichtgemäßem Ermessen unter Berücksichtigung des Beschleunigungsgebots und der Interessen der Verfahrensbeteiligten, darunter auch des Rechts des Angeklagten, sich von einem Verteidiger seines Vertrauens verteidigen zu lassen, zu versuchen, die Terminsverhinderungen des Verteidigers nicht zu übergehen.[14]

Der neue Abs. 2 des § 213 StPO scheint insoweit nur aufzugreifen, was schon vor seiner Einfügung in § 213 Abs. 1 StPO hineininterpretiert wurde. Aber es ist Vorsicht geboten: Immerhin war die Regelung des § 213 Abs. 2 StPO zunächst nicht nur für *„besonders umfangreiche erstinstanzlichen Verfahren vor dem Land- oder Oberlandesgericht, in denen die Hauptverhandlung voraussichtlich länger als zehn Tage dauern wird,"* vorgesehen.[15] Insbesondere unter Bezugnahme darauf ließe sich im Wege eines Umkehrschlusses folgern, dass der Regelungsgehalt von § 213 Abs. 2 StPO allein auf die vergleichsweise winzige Zahl von Umfangsverfahren anzuwenden ist, aber nicht mehr auf sonstige, vor allem auf die in hoher Zahl den Amtsgerichten anheimfallenden Verfahren. Anders gewendet, dass in der großen Mehrzahl der Verfahren nicht einmal der Sinngehalt der im Übrigen auch nur als „Sollvorschrift" konzipierten „Ordnungsvorschrift"[16] des § 213 Abs. 2 StPO Anwendung finden müsste. Dann läge außerhalb von § 213 Abs. 2 StPO die Terminbestimmung für

[13] *Fischer,* Symposion für Widmaier, 2013, 108.

[14] Vgl. BGH NStZ 2009, 650; NStZ-RR 2010, 312; OLG Stuttgart Justiz 2006, 8; *Jäger* in Löwe/Rosenberg, 26. Aufl. 2009, StPO § 213 Rn. 6; *Deiters* in SK-StPO 5. Aufl. 2015, § 213 Rn. 2ff.

[15] Vgl. *Claus,* juris PR-StrafR 19/2017, Anm. 1.

[16] Vgl. BT-Drs. 17/11277, 33.

die Hauptverhandlung im Dunkel des Ermessens des Vorsitzenden. Dieser wäre nicht gehalten, geschweige denn verpflichtet, die Terminplanung für die Hauptverhandlung vorab mit der Verteidigung in irgendeiner Form abzustimmen.

Letztlich blieb alles beim Alten, mit der Folge, dass grundsätzlich kein Beschuldigter darauf vertrauen kann, dass ihm in der Hauptverhandlung zu allen anberaumten Terminen ein Verteidiger seines Vertrauens zur Seite stehen wird.

An der „Terminshoheit" des Vorsitzenden vorbeizukommen und dem Beschuldigten die von ihm gewünschte Verteidigung für alle Termine der Hauptverhandlung zu verschaffen, ist im Falle eines dazu nicht bereiten Vorsitzenden sowohl in Fällen des § 213 Abs. 2 StPO, erst recht aber im Regelfall des § 213 Abs. 1 StPO, d. h. einer weniger als zehn Tage dauernden Hauptverhandlung, ausgeschlossen.

Zur Illustration ein – nicht erdachter und keinesfalls besonderer – Fall:
Der Beschuldigte befindet sich in Haft. Ihm wird vorgeworfen, ein versuchtes Tötungsdelikt begangen zu haben. Der Fall ist rechtlich vergleichsweise anspruchsvoll, weil er zahlreiche Probleme des Allgemeinen Teils bereithält (Vorsatz; Notwehr [-Provokation]; entschuldigender Notstand; Fehlschlag oder Rücktritt). Dem Beschuldigten wurde bei seiner Verhaftung ein Verteidiger bestellt. Dieser sagt von sich selbst und vermittelt das auch seinem Mandanten, dass er auf dem Gebiet der Strafverteidigung noch relativ unerfahren sei. Der Verteidiger hat u. a. noch nie in einer Schwurgerichtssache verteidigt. Der Beschuldigte lässt daraufhin einen Verwandten nach einem mit Schwurgerichtssachen vertrauten Verteidiger suchen. Zu dem schließlich „gefundenen" Verteidiger fasst der Beschuldigte Vertrauen und mandatiert ihn.

Einige Zeit nach Anklageerhebung erhält der Wahlverteidiger ein Schreiben des Vorsitzenden: Im Falle der Eröffnung des Hauptverfahrens seien zu dessen Durchführung mindestens 8 Termine geplant. Es stünden zwei Monate zur Verfügung. Man möge Verhinderungen mitteilen. Der Wahlverteidiger teilt 6 Termine mit, an denen er zur Verfügung stehe, und bittet unter Angabe von ihm möglichen Terminen um weitere Termine. Nach Eröffnung des Hauptverfahrens erhält er einen Terminplan mit 12 Terminen zur Hauptverhandlung. Von den von ihm angegebenen Terminen sind 2 (!) berücksichtigt. Eine Rückfrage beim Vorsitzenden ergibt, dass der Pflichtverteidiger doch zu sämtlichen Terminen zur Verfügung stehe. Der Vorsitzende erklärt, er habe in der Terminbestimmung auch die Terminvorstellungen der Verteidiger von – nicht inhaftierten – Mitangeklagten berücksichtigen müssen. Der vorgelegte Terminplan beruhe auf einer längeren, recht komplizierten Synchronisierung der verschiedenen (Un-)Abkömmlichkeiten. Der Hinweis des Verteidigers, dass bei ihm eine frühere Terminanfrage mit größerer Verfügbarkeit einhergegangen wäre, wird unter Hinweis auf die erhebliche (Über-)Belastung der Kammer, v. a. des Vorsitzenden, zurückgewiesen. Eine Abtrennung der Haftsache komme nicht in Betracht. Im Übrigen habe er dem Beschleunigungsgebot in Haftsachen Rechnung tragen müssen. Der zuständige Senat des Oberlandesgerichts sei – was zutrifft – in dieser Hinsicht sehr streng. Sodann weist der Vorsitzende – ebenfalls zu Recht – darauf hin, dass das Oberlandesgericht eine die Terminierung betreffende Beschwerde für unzulässig halten werde.

Dieser Fall, in dem der Vorsitzende immerhin eine Koordinierung der Verteidigertermine versucht haben könnte und dabei die aus § 213 StPO rührende „Obliegenheit" nicht verletzt haben dürfte, gehört zum Alltag der Strafverteidigung. Das Fehlen eines akut zur Verfügung stehenden Rechtsmittels tritt als regionale, aber weit verbreitete Besonderheit hinzu.

Dass es auch Vorsitzende gibt, die sich jede Mühe geben, Verhinderungen von Wahlverteidigern durch flexible, z. T. sogar auf den Nachmittag gelegte Termine gerecht zu werden, steht außer Frage. Verteidigungsgerechte Terminierung – d. h. aus der Perspektive des Beschuldigten die Ermöglichung der Wahrnehmung eines Grundrechts – kann aber nicht von der Einsatzbereitschaft eines Vorsitzenden abhängen. Die von *Fischer* erwartete „Offenheit, Klarheit und Fairness" des Verfahrens ist nur gewährleistet, wenn es eine rechtsmittelfähige Pflicht des Vorsitzenden gibt, bei der Terminierung Verhinderungen des Wahlverteidigers Rechnung zu tragen und, falls das tatsächlich nicht möglich bzw. für das Gericht unzumutbar sein sollte, dafür eine substantiierte Begründung zu geben.

Wenn immer *Fischers* Aufforderung, sich bei der Einflussnahme auf die gegenseitige Berufsausübung auf „Offenheit, Klarheit und Fairness" zu beschränken, sich auch auf Einflussnahmen auf konkrete Verfahrensbeteiligte bezieht, darf es eine Terminshoheit, die lediglich von einer „Obliegenheit" zur Berücksichtigung von Verteidigungsinteressen des Beschuldigten in Bezug auf den Verteidiger seines Vertrauens eingehegt ist, nicht geben.[17] Solange nicht von einer Pflicht des Vorsitzenden auszugehen ist, der zufolge er in durch Rechtsmittel überprüfbarer Form offenzulegen hat, warum er dem Wunsch (mindestens) eines Wahlverteidigers[18] an permanenter Anwesenheit in der Hauptverhandlung nicht entsprechen konnte, ist neben „Offenheit" und „Klarheit" vor allem die „Fairness" der Verhandlungsführung verletzt.

An dieser Stelle kann weder das Zusammenspiel bzw. der Konflikt des Rechts des Beschuldigten auf jederzeitigen Beistand durch einen von ihm gewählten Verteidiger seines Vertrauens (§ 137 Abs. 1 StPO) mit § 213 StPO und § 228 Abs. 2 StPO noch der Bezug dieser Vorschriften zu dem vom Grundgesetz[19] und Art. 6 Abs. 3 lit c EMRK[20] gewährten Schutz des Rechts auf Verteidigung in der gebotenen Gründlichkeit erörtert werden.[21]

[17] Die Justiz maßt sich in strafrechtlichen Angelegenheit – abgestuft, aber prinzipiell kaum diskutierbar bzw. diskutiert – allenthalben Herrschaft über die Zeit der mit ihr unfreiwillig oder beruflich in Kontakt tretenden Personen an. Z. B.: Der nicht ganz seltene Beginn von Terminen zur Hauptverhandlung am (sehr frühen) Morgen beruht sicher nicht auf den Bedürfnissen auswärtiger Verteidiger, aber wohl nicht ganz selten auf den Versorgungsinteressen der Kinder von Gerichtspersonen; auch das Beschleunigungsgebot in Haftsachen bezieht sich erkennbar nicht auf irgendeine Frist zur Entscheidung über eine Revision, die ihrerseits innerhalb von wenigen Wochen zu begründen war.

[18] Dass die „Reform" des § 213 StPO im Zuge einer geplanten Steigerung der Effektivität und Praxistauglichkeit des Strafverfahrens erfolgt, belegt, dass es – wie sonst in diesem Gesetzespaket – vornehmlich um die Herrschaft im Gerichtssaal geht (*Weigend,* Verhandlungen des 60. DJT M II [13]; auch: *Barton* FS Bemmann, 1997, 524 (537ff.).

[19] Zu Letzterem vgl. hier nur: BVerfGE 66, 313 (318f.) (Art. 1 Abs. 1 GG); BVerfGE 68, 237 (255); 110, 226 (253) (jeweils Art. 20 Abs. 3 GG iVm Art. 2 Abs. 1 GG „faires Verfahren").

[20] Vgl. EGMR-E 4, 450 (468) – Kaminski ./. Österreich.

[21] Dazu ebenso umfassend wie in den Ergebnissen überzeugend: *Kasten,* Die „Terminshoheit" des Gerichts und das Recht auf Verteidigung, 2017, passim.

Es muss daher dabei bleiben, auf einige der Gründe einzugehen, die einem durchsetzbaren Anspruch des Beschuldigten auf die Ermöglichung einer durchgängigen Anwesenheit eines Verteidigers seines Vertrauens in der Hauptverhandlung angeblich entgegenstehen.

Die Anwesenheit eines solchen Verteidigers in der Hauptverhandlung ist zentrales Element des grundgesetzlich verbürgten Rechts des Beschuldigten auf Verteidigung. Eine Verhandlung ohne den Verteidiger seiner Wahl schränkt dieses Recht im Kern ein. Die Einschränkung dieses Rechts bedarf der Begründung, die uneingeschränkte Gewährung dieses Rechts verstünde sich in einem Rechtsstaat von selbst.[22] Eine häufig benutzte Begründung dafür, dass es keine (akut durchsetzbare) Pflicht des Vorsitzenden zur Ermöglichung der uneingeschränkten Anwesenheit des Verteidigers des Vertrauens in der Hauptverhandlung geben könne, ist der Hinweis auf das Gebot der Berücksichtigung des Beschleunigungsgebotes[23], erwartungsgemäß vor allem dann, wenn sich der Beschuldigte in Haft befindet.[24] Dieses Argument beruht allerdings auf einer Missdeutung des Inhalts des „Beschleunigungsgebots“:

Das in Art. 6 Abs. 1 EMRK angesprochene Beschleunigungsgebot ist zwar ein subjektives Recht des Beschuldigten.[25] Dieses dient aber ausschließlich dem Schutz des Beschuldigten. Es richtet sich daher allein an bzw. gegen die Strafverfolgungsbehörden. Diese müssen sich im Falle ihrer Überlastung bemühen, die psychischen, sozialen und ökonomischen Wirkungen, die von einem Strafverfahren, insbesondere, wenn es sich mit Haft verbindet, nicht zuletzt in Ansehung der Unschuldsvermutung ausgehen, möglichst gering zu halten.[26]

Das Eigeninteresse der Justiz an einer zügigen Verfahrensabwicklung darf dem Interesse des Beschuldigten, vor überflüssigen Belastungen bewahrt zu werden, nicht vorgehen. Das Beschleunigungsgebot i. S. von Art. 6 Abs. 1 EMRK schützt allein den Beschuldigten. Diesem Schutz dient auch das Verteidigungsinteresse. Ein Verstoß gegen das Beschleunigungsgebot wird nur durch eine sachlich nicht gerechtfertigte Verfahrensverzögerung bewirkt. Eine verfahrensverzögernde Terminverschiebung im Interesse der vom Beschuldigten gewünschten Verteidigung ist aber nicht sachlich unangemessen. Eine dadurch eingetretene Verfahrensverzögerung ist dem Staat nicht zurechenbar. Sie beruht allein auf Berücksichtigung eines vom Beschuldigten geltend gemachten (Grund-)Rechts. Im Übrigen wird auch sonst eine die Verzögerung des Verfahrens verursachende Verteidigungsstrategie der Justiz nicht angelastet und begründet daher auch keinen Verstoß gegen das Be-

[22] Vgl. *Kasten,* Die „Terminshoheit“ des Gerichts und das Recht auf Verteidigung, 2017, 166.

[23] Vgl. etwa: BVerfG NJW 1984, 862 (863); BGH NJW 1973, 1985 (1986); NJW 1992, 849; BGH NStZ-RR 2007, 81 (82); BGH NJW 2008, 2451 (2453f.); OLG Frankfurt a. M. StV 1997, 402 (403); OLG Frankfurt a. M. NStZ-RR 2014, 250 (251); OLG Hamm NJW 2006, 2788 (2791); OLG Bamberg StraFo 2011, 232.

[24] Vgl. BVerfG StV 2006, 451; BGH NStZ 2006, 460 (461); 2007, 163 (164).

[25] BVerfG NJW 1995, 1277 (1278); BGH NJW 1999, 1198 (1199); *Rogall* in SK-StPO, 5. Aufl. 2016, Vor §§ 133ff. Rn. 118.

[26] Vgl. *Esser* in Löwe/Rosenberg, 26. Aufl. 2012, EMRK Art. 6 Rn. 309; *Rogall* in SK-StPO, 5. Aufl. 2016, Vor §§ 133ff. Rn. 119; *Hanack,* JZ 1971, 705 (706).

schleunigungsgebot.[27] Eine Abwägung zwischen dem Recht auf Verteidigung und einem angenommenen Recht des Beschuldigten auf Beschleunigung kann gegen seinen Willen zu keinem anderen Ergebnis führen. Zu diesem müsste allein die Entscheidung des Beschuldigten den Ausschlag geben: Der Beschuldigte ist Subjekt des Verfahrens. Eine ihm geltende Bevormundung in Bezug auf die ihm zustehende Wahl zwischen Beschleunigung und gewünschter Verteidigung ist nichts anderes als eine paternalistisch aufgedrängte „Rechts“-Wahrnehmung.[28]

Das Beschleunigungsgebot taugt daher als Begründung für eine Belastung des Verteidigungsrechts nicht. Vor dem von ihm gewählten Verteidiger bedarf der Beschuldigte keines hoheitlichen Schutzes.[29]

Dass das Beschleunigungsgebot gleichsam nach Bedarf eingesetzt wird, zeigt sich i. Ü. auch daran, dass weder ein Gericht noch der „Effektivität“ und „Praxistauglichkeit“ des Strafverfahrens angeblich fördernde Gesetzgeber sich ernsthaft der insbesondere in Haftsachen notorisch entschleunigenden Wirkung der Vorschrift des § 126 Abs. 2 S. 1 StPO angenommen haben. Immerhin soll nach dieser Vorschrift auch eine bereits erhobene weitere Haftbeschwerde zum Oberlandesgericht nach § 310 Abs. 1 Nr. 1 StPO selbst dann in einen Antrag auf Haftprüfung umzudeuten sein[30], wenn die Beschwerde unmittelbar vor einer Entscheidung steht. Das spart dem Oberlandesgericht Arbeit, kann den Inhaftierten, der „zurück auf Anfang“ muss, aber z. T. erhebliche Zeit und damit einhergehende Mühsal der Haft kosten – bis die Sache erneut beim Oberlandesgericht ansteht, in der Regel dann lange nach Beginn der Hauptverhandlung.

Als weitere Begründungen für eine im Ergebnis insbesondere diesseits des – denkbar kleinen – Regelungsbereichs des § 213 Abs. 2 StPO bestehende weitgehend freigegebene Terminshoheit des Vorsitzenden fungieren die – wie üblich – recht sorglos, d. h. ohne empirische Grundlagen erfolgenden notorischen Hinweise auf strafrechtliche „Grundwerte“.

Dazu gehört die vom Bundesverfassungsgericht[31] immer wieder als „Allzweckwaffe“ eingesetzte „Funktionsfähigkeit“ bzw. „-tüchtigkeit“ der Strafrechtspflege[32], deren Gefährdung und, damit eng verbunden, eine Überlastung der Strafrechts-

---

[27] BVerfG StV 2006, 456; zum Ganzen auch: *I. Roxin* GA 2010, 425 (433); *Kasten,* Die „Terminshoheit“ des Gerichts und das Recht auf Verteidigung, 2017, 181 ff.

[28] Zu einer vergleichbaren Konstellation in Bezug auf die angebliche Anwesenheitspflicht des Angeklagten vgl. *Bernsmann* FS Kriele 1997, 697 (708); *Welp* ZStW 90 (1978), 101 (116 ff.).

[29] Zu einem befremdlichen Vorschlag zum Umgang mit verteidigungsinduzierten Unterminierungen aus der „Föhrig“-Perspektive (*Fischer,* Symposion für Widmaier, 2013, 108) vgl. *Basdorf/Harms/Mosbacher,* Kleines Strafrichter-Brevier von Friedrich-Karl Föhrig, 2. Aufl. 2013, 24 f.

[30] Vgl. *Schultheis* in KK-StPO, 7. Aufl. 2013, StPO § 126 mit Nachweisen aus der Rechtsprechung.

[31] ZB in Zusammenhang mit der „Verständigung“ (BVerfGE 133, 1 [8]); zur Anwesenheitspflicht des Angeklagten (BVerfGE 41, 246 (250); 51, 24); zur Präklusion von Verteidigungsrechten (BVerfGE 122, 248); vgl. auch BT-Drs. 18/11277, 1 (zum Gesetz vom 17.8.2017).

[32] Etwa: OLG Köln StV 2006, 145.

pflege seit jeher befürchtet werden.[33] Einen empirisch-statistischen Nachweis für die Berechtigung solcher Ängste gab und gibt es nicht.[34]

Das dauernde, zumal öffentlich von scheinbar kompetenter Seite ausgehende Klagen über eine in Wahrheit nicht bestehende Gefährdung – hier der Funktionstüchtigkeit der Strafrechtspflege – kann bei den Adressaten, die eine solche Befürchtung übernehmen, leicht zu Handlungen und Überzeugungen führen, die nicht der objektiven, sondern allein der subjektiven Wirklichkeit entsprechen. Diese Annahme ist Gegenstand des bekannten „Thomas-Theorems".[35] Umso weniger darf das aber heißen, dass eine nicht-tatsachengestützte Lageeinschätzung u. a. dazu führen darf, dass eine objektiv nicht gegebene Beeinträchtigung der Strafrechtspflege eine Terminshoheit des Vorsitzenden legitimiert, die zu einer realen Beschränkung von Verteidigungsrechten führt.

Die durch die Terminshoheit des Vorsitzenden beförderte zügige Durchführung soll auch im Interesse der Herstellung von „Rechtsfrieden" liegen.[36] Diese Annahme verkennt, dass „Frieden" von allen („Kriegs"-)Parteien geschlossen werden muss. Im Strafrecht gehörte dazu auch der ggf. verurteilte Angeklagte. Auch er muss das Ergebnis, mag es für ihn auch schmerzhafte Folgen haben, zumindest tendenziell akzeptieren. Diese Akzeptanz verlangt aber ein Verfahren, das dem Angeklagten den Eindruck vermittelt, ausreichendes Gehör, insbesondere auch durch die von ihm favorisierte Verteidigung gefunden zu haben.[37] Dazu gehört, dass der Angeklagte das Gefühl hat, nicht Objekt eines ohne Not „kurzen Prozesses" gewesen zu sein.[38]

Auch sonst folgt Strafe der Tat kaum je unmittelbar auf dem Fuß.[39] Selbst wenn längere Verfahren die Wahrheitsermittlung und die Erreichung von Strafzwecken erschweren würden, ließe sich dies nicht zugunsten einer darauf dringenden Terminshoheit des Vorsitzenden verwenden. Wirklich lange Verfahren beruhen so gut wie nie auf Terminierungswünschen von Verteidigern. Abgesehen davon gilt insoweit § 113 Abs. 2 StPO.[40]

Auch die Befürchtung, Verteidiger könnten einen etwaigen Terminanspruch missbrauchen[41], ist nicht tatsachenfundiert. Obwohl immer wieder darauf hingewiesen wird, dass das Stattfinden eines Termins nach § 228 Abs. 2 StPO allein in der Hand des Vorsitzenden liegen müsse, um dem Verteidiger keine Möglichkeit zu geben, durch unberechtigte Verlegungswünsche Einfluss auf die Terminierung zu

---

[33] Vgl. schon: *Friedmann,* Kunst der Verteidigung, 1915, 72f.

[34] Dazu mit ausführlichen Nachweisen zur Datenlage: *Kasten,* Die „Terminshoheit" des Gerichts und das Recht auf Verteidigung, 2017, 196ff.

[35] Vgl. dazu *Merten,* Social Forces 74 (2), 1995, 379ff.

[36] Vgl. BVerfGE 122, 273; 130, 17; auch: *Landau* FS Hassemer, 2010, 1073, 10.

[37] Vgl. *Kühne* in Löwe/Rosenberg, 26. Aufl. 2006, Einl. B. Rn. 48f.; *Barton,* Einführung in die Strafverteidigung, 2. Aufl. 2013, § 1 Rn. 33.

[38] Vgl. *I. Roxin* GA 2010, 425 (435).

[39] Dazu näher: *Kasten,* Die „Terminshoheit" des Gerichts und das Recht auf Verteidigung, 2017, 219f.

[40] Auch dazu mit ausf. Daten: *Kasten,* Die „Terminshoheit" des Gerichts und das Recht auf Verteidigung, 2017, 237.

[41] Vgl. BVerfG NJW 1984, 862 (863); BGH NJW 1973, 1985 (1986); OLG Hamm StV 1989, 100 (101).

nehmen[42], sind echte Missbrauchsfälle selten. In diesem Zusammenhang mag zwar (immer noch) das Gespenst der „Konfliktverteidigung“ beschworen werden, wenn überhaupt, findet diese in der Regel aber in und nicht vor der Hauptverhandlung statt.

Damit bleibt: Ein Anspruch des Beschuldigten auf die Ermöglichung der Teilnahme des gewählten Verteidigers an den Terminen zur Hauptverhandlung widerspricht keinem anderen Verfahrensgrundsatz. Insbesondere das Beschleunigungsgebot steht einem solchen Anspruch nicht entgegen; die Funktionstauglichkeit der Rechtspflege wäre ebenfalls nicht bedroht. Auch (sonstige) Belange der Justiz stünden nicht ernsthaft auf dem Spiel. Von dem, wenn nicht feudal, so jedenfalls wenig zeitgemäß konnotierten Begriff der „Terminshoheit des Vorsitzenden“ sollte sich der Strafprozess nicht nur im Sprachgebrauch, sondern vor allem der Sache nach verabschieden.

Der Jubilar möge dies noch erleben!

---

[42] Vgl. *J. Heinrich,* Konfliktverteidigung im Strafprozess, 2013, 115 (152); *Fahl,* Rechtsmissbrauch im Strafprozess, 2004, 350 (597 f.); *Basdorf/Harms/Mosbacher,* Kleines Strafrichter-Brevier von Friedrich-Karl Föhrig, 2. Aufl. 2013, 24.

RÜDIGER DECKERS

Neuere Diskussionen zum Wiederaufnahmeverfahren

– Peters, Fehlerquellen im Strafprozess revisited –

I. Einleitung Verteidigung und Wiederaufnahmeverfahren

1. Es gehört zur Alltagspraxis in der professionellen Verteidigung, dass sie aus der Strafhaft ein Brief erreicht als Ausdruck der Verzweiflung, der letzten Hoffnung auf der Suche nach Beseitigung eines Zustands der Ungerechtigkeit und des Trachtens nach Rehabilitation. Häufig begegnen uns Fälle, in denen Strafgefangene, die an die zeitliche Grenze für einen Antrag nach Reststrafenaussetzung zur Bewährung – nach 2/3 Strafverbüßung – angelangt sind, aber wegen ihres beharrlichen Bestreitens, zu Recht verurteilt worden zu sein, weder Vollzugslockerungen noch einen die vorzeitige Entlassung begünstigenden Behandlungsvollzug erfahren haben.[1] Die Chancen für eine vorzeitige Entlassung sind gering. Wer sich zu Unrecht verurteilt fühlt, wird auf diese Weise in doppelter Hinsicht bestraft: Er erfährt die Strafe meist als sog. „Vollverbüßer", womöglich mit anschließender Führungsaufsicht.
2. Die Existenz der Vorschriften des vierten Buches der StPO hat unter anderem als Argumentation dafür gedient, dass in Verfahren beim Landgericht die Berufungsinstanz entfallen könne: Sollten Tatsachen unberücksichtigt geblieben sein, die das Urteil zu Fall zu bringen geeignet sind, bleibe ja noch der Weg über § 395 StPO.
3. Auch die Maxime im Revisionsverfahren, dass eine Rekonstruktion der Beweisaufnahme verboten sei, speist sich aus diesem Aspekt.
4. Dabei ist dem Antragsteller im Wiederaufnahmeverfahren erheblich erschwert, dass er sich nicht auf im Wortlaut dokumentierte Aussagen von Auskunftspersonen stützen kann – die audio- oder audiovisuelle Aufzeichnung wird nach wie vor verweigert. Auch Anträgen nach § 273 Abs. 3 StPO – etwa, wenn es um das Festhalten von Kernaussagen einer Auskunftsperson geht – stehen die Tatgerichte eher ablehnend gegenüber, so dass das Ausblenden oder Eliminieren wesentlichen Beweisstoffs[2] in der Beweiswürdigung revisionstechnisch nur dann

---

[1] Trotz: BVerfG NJW 1998, 2202; vgl. dazu *Fischer,* 65. Aufl. 2018, StGB § 57 Rn. 12a, 17b, Fischer formuliert: Auch „Lügner" und „Verdränger" können günstige Legalprognosen aufweisen.

[2] BGH StV 1994, 6 (4 StR 413/93): Eliminierung – Ausblendung – von Zeugenaussagen; BGH StV 2012, 67 (4 StR 401/10): Beweiswürdigung unter Außerachtlassung wesentlichen Verfahrensstoffs – Inhalt einer verlesenen Urkunde dokumentiert Spurenbefund, der als Indiz für die

operationalisiert werden kann, wenn der verkörperte Wortlaut nachvollzogen werden kann (Urkundsverlesung).
Auch ein möglicher Wiederaufnahmeansatz nach § 359 Nr. 2 StPO wird dadurch entscheidend erschwert.

5. Die bedeutsame Erweiterung der Wiederaufnahmegründe um den durch den EuGH festgestellten Verstoß gegen die EMRK im Falle des Beruhens des Urteils auf diesem Verstoß verlangt von der Verteidigung einen langen Atem und Geduld, die Verfahrenslaufzeit bis zu einer solchen Entscheidung ist – regelmäßig – beträchtlich.
6. Sie bekommt eine zusätzliche Dimension durch die Misere einer mangelnden finanziellen Ausstattung, in der sich Antragsteller regelmäßig befinden. Haben sie erst einmal ein Strafverfahren kontrovers bestritten, sind die materiellen Ressourcen meist aufgebraucht. Für den „letzten Hoffnungszipfel" ist dann nichts mehr übrig, dabei ist die Arbeit des Wiederaufnahmeverteidigers intensiv, qualitativ anspruchsvoll (Strate: Auf der Suche nach dem archimedischen Punkt) und quantitativ aufwendig (eigene Ermittlungen, Einarbeitung in Fachgebiete von Sachverständigen, Auswahl geeigneter Sachverständiger, etc).

II. Wachsendes Interesse am Schicksal von zu Unrecht Verurteilten

1. Es gibt nicht nur eine Öffentlichkeit, die sich von der Sensationspresse und -medien leiten lässt, fokussiert auf den Opferaspekt und geleitet von dem Wunsch, alles unter Strafrecht zu fassen, was Konflikte in das Zusammenleben trägt: auch die andere Seite des der StPO immanenten Spannungsverhältnisses, die Schutzgarantie vor der Verurteilung eines Unschuldigen findet einen hohen Aufmerksamkeitsgrad[3]. So hat das Thema eine zeitübergreifende Aktualität[4]. Spektakuläre Fälle der jüngeren Vergangenheit und deren qualifizierte Aufarbeitung haben nicht nur die Fachöffentlichkeit aufgerüttelt.[5]

Richtigkeit der Sacherklärung des Angeklagten in Betracht kommt, vgl. auch: BGH 3 StR 481/07, StV 2008, 288 Urkundsverlesung-Inhalt nicht berücksichtigt; BGH 1 StR 37/06, NStZ 2006, 650 Nichtberücksichtigung von Fakten bei Freispruch; BGH 3 StR 481/07, NStZ 2008, 475 zur Notwendigkeit, sich mit dem Inhalt einer verlesenen Urkunde auseinanderzusetzen u. BGH 2 StR 485/07, NStZ 2008, 705 unberücksichtigte Urkunde; BGH 3 StR 252/08, NStZ 2009, 404 Durchbrechung des Rekonstruktionsverbots bei verlesener Urkunde.

[3] So haben sich allein im Jahre 2017 drei Fachtagungen mit dem Thema beschäftigt: AK-Psychologie im Strafverfahren – 1. Sommerlehrgang des Arbeitskreises Psychologie im Strafverfahren in Bad Saarow, 6. Bielefelder Verfahrenstage, Alsberg – Tagung im Kammergericht Berlin.

[4] Exemplarisch; *Sello,* Die Irrtümer der Strafjustiz und ihre Ursachen, 1911; *Alsberg,* Justizirrtum und Wiederaufnahme, 1913; *Hirschberg,* Zur Psychologie des Wiederaufnahmerechts, 1930; *Graf zu Dohna,* Die Anfechtbarkeit rechtskräftiger Strafurteile DStrR 1936, 16; *Hirschberg,* Das Fehlurteil im Strafprozess, 1960; *Kleinknecht,* Das Fehlurteil im Strafprozess GA 1961, 47; *Kiwit,* Fehlurteile im Strafrecht, 1965; *Dippel,* Zur Reform des Rechts der Wiederaufnahme des Verfahrens im Strafprozess GA 1972, 97; *Hanack,* JZ 1973, 393: Vgl. zum Ganzen: Literaturübersicht bei *Peters,* Fehlerquellen im Strafprozeß, Bd. 3, 1974, S. XIII ff.

[5] *Rückert,* Unrecht im Namen des Volkes, 2007; *Darnstädt,* Der Richter und sein Opfer, 2013; *Schwenn* StV 2010, 705; *Steller,* Nichts als die Wahrheit? 2015, *Tavris/Aronson,* Ich habe Recht, auch wenn ich mich irre, 2010.

2. Nicht selten bereiten zivilgerichtliche Urteile den Weg zu einer erfolgreichen Wiederaufnahme. Die grundsätzlich anderen Bedingungen, unter denen die jeweilige Prozesswahrheit gefunden wird, lassen einen gänzlich anderen „Blick auf die Dinge" zu. So kann es der Verurteilte mitunter als glücklichen Umstand werten, wenn er nachträglich auch noch zu Schadensersatz oder Schmerzensgeld herangezogen werden soll und im zivilgerichtlichen Verfahren die Beweise – auch neue – unter anderen prozessualen Bedingungen erhoben werden, zB weil ergebnisoffen und nicht unter den Vorbedingungen der kognitiven Dissonanz[6] verhandelt wird.
   Exemplarisch sind hierfür die Fälle des *Harry Würz* und des beim OLG Saarbrücken[7] entschiedenen Falls, in dem eine aussagepsychologische Gutachterin wegen ihres Gutachtens, mit dem sie in einer Sexualstrafsache die Aussage der einzigen Belastungszeugin als glaubhaft erachtet und dabei gegen grundlegende wissenschaftliche methodische Regeln verstoßen hatte, zu Schadensersatz nach § 839a BGB verurteilt worden war.
3. Während der Untersuchung von *Peters*[8] ein Auftrag der Bundesregierung zugrunde lag[9], sind in den Jahren danach keine vergleichbaren Erhebungen[10] staatlich finanziert oder veranlasst worden, weshalb das Werk von *Peters* an Systematik, Fundiertheit und Gründlichkeit bisher unübertroffen geblieben ist. *Peters* war durch eigene leidvolle Erfahrungen als Staatsanwalt[11] hoch motiviert, diese umfassende Arbeit zu erstellen[12].
4. Erst eine aktuelle Arbeit der Kriminologischen Zentralstelle Wiesbaden[13] hat sich des Themas wieder in systematischer Form angenommen. Allerdings geht es in dieser Studie vorrangig um Strafrechtsentschädigungsfragen nach erfolgreicher Wiederaufnahme.
5. Für die Verteidigung sind Fehlerquellenanalysen von hohem Wert. Dabei geht es nicht nur um die Frage, wie ein Wiederaufnahmeverfahren aussichtsreich angegangen werden kann, sondern die Erfahrungen, die sich aus der Untersuchung ergeben, können der Verteidigung für ihre Tätigkeit in der Tatsacheninstanz wertvolle Hilfen vermitteln.
6. Der Beitrag wird sich diesen beiden Aspekten: neue Untersuchung zu Wiederaufnahmeverfahren und aktualisierte Schlussfolgerungen aus der Arbeit von *Peters* zuwenden.

---

[6] Dazu ausführlich: *Tavris/Aronson,* Ich habe Recht, auch wenn ich mich irre, 2010; *Schünemann* StV 1998, 391; 2000, 159.

[7] Urteil OLG Saarbrücken v. 23.11.2017 – 4 U 26/15, BeckRS 2017, 133752 zivilgerichtliches Urteil als Wegbereiter der Wiederaufnahme.

[8] *Peters,* Fehlerquellen im Strafprozess Bd. 1, 1970, 72 (74).

[9] Der Spiegel 19/1970, Justiz/Fehlurteile – eine Art Kismet; vgl. dazu: *Arndt* NJW 1962, 430.

[10] *Lange,* Fehlerquellen im Ermittlungsverfahren, 1980; *Schünemann,* das strafprozessuale Wideaufnahmeverfahren propter nova und der Grundsatz: in dubio pro reo, Z 84, 1972, 870.

[11] Vgl. dazu *Deckers* StraFo 2015, 45.

[12] *Peters,* Zeugenlüge und Prozessausgang, 1939; *Peters* FS Metzger, 1954, 477.

[13] *Hoffmann/Leuschner,* KrimZ Wiesbaden 2017, Rehabilitation und Entschädigung nach Vollstreckung einer Freiheitsstrafe und erfolgreicher Wiederaufnahme.

III. Die Untersuchung der KrimZ

1. Überblick über die Ergebnisse
   Es wurden 31 Fälle seit 1990 untersucht. Die Selektion sah vor, nur Fälle von Freiheitsstrafe zu untersuchen, die auch verbüßt wurden und in denen nach Wiederaufnahme ein Freispruch erfolgte. Es handelte sich überwiegend um Fälle von Sexualstraftaten (10) und schweren Gewaltdelikten (9). Der Anteil an Fällen, in denen der Verurteilte dann für schuldunfähig erklärt wurde, war auffällig groß (28.1), ebenso der Anteil an Fällen, in denen die zuvor verurteilte Tat tatsächlich nicht geschehen war (28.1). Der Anteil der Fälle, in denen die Tatbegehung durch eine andere Person ermittelt wurde, ist nicht gering (6.3).
   Die Fälle, in denen die Tat als solche nicht nachweisbar war, sind signifikant zahlreich (15.6). Die Fälle, in denen nicht nachweisbar war, dass die Tat durch den Angeklagten begangen wurde, ebenfalls (18.8).[14]
   Als besonders bemerkenswert ist die Anzahl der Fälle anzusehen, in denen als Ergebnis stand, dass die zuvor verurteilten Taten nicht geschehen waren. Wie konnte das zuvor urteilende Gericht zu seinen Feststellungen gelangen?
2. Einschränkend ist zu bemerken, dass die Studie nur ein sehr begrenztes Untersuchungsfeld bearbeitet hat unter der Vorgabe, die Wirklichkeit der Entschädigungsleistungen nachzuzeichnen.

IV. Die Untersuchung von Peters und neuere Erkenntnisse

1. Einleitung

Peters systematisiert die Befunde. Er konstatiert fehlerhafte und ungewisse Urteile. Deren Quelle seien zumeist ungenügende Sachverhaltsfeststellungen. Diese lägen wiederum einerseits in der Natur der Sache bei Kompliziertheit der Materie. Allerdings seien unzulängliche geistige Leistungen der Beteiligten als Mangelursache festzustellen. Dabei seien sowohl Mängel des Beweises als auch Mängel der Beweiserheber ursächlich für Fehler.

Beweismittel sind zu unterscheiden in: Personalbeweise: Beschuldigter, Mitbeschuldigter, Zeuge und Sachverständiger. Hier führe das Beweismittel intentional oder durch Irrtum zu falschen Ergebnissen oder aus sachgerechten Beweisen würden falsche Schlüsse (Inferenz) gezogen.[15]

Sachbeweise dienen der Beweisaufnahme durch ihr Da- und Sosein oder durch die aus ihnen zu entnehmenden Gedankenäußerungen. Sie können künstlich geschaffen oder falsch interpretiert werden.

Aus der Zeit nach *Peters*' Untersuchungen sind als Ansatzpunkte für Kritik zu nennen:

---

[14] *Hoffmann/Leuschner,* KrimZ Wiesbaden 2017, Rehabilitation und Entschädigung nach Vollstreckung einer Freiheitsstrafe und erfolgreicher Wiederaufnahme.

[15] Paradigmatisch aus neuerer Literatur: *Schünemann* FS Meyer-Goßner, 2001, 385ff.

- Die Überschätzung der Objektivität des Sachbeweises[16]
- Vernachlässigung der Vergänglichkeit der Methoden naturwissenschaftlicher oder rechtsmedizinischer Beweisführung und Nichtberücksichtigung neuer Erkenntnisse[17]
- Vernachlässigung des Faktors Mensch bei der Sicherung und Auswertung des „Sachbeweises"
- Lückenhafte Indizienbeweise werden überbewertet, insbesondere wird das Fehlen von zu erwartenden Indizien unterbewertet.[18]
- Fehlerhafte Vernehmungsmethoden sind Gegenstand unzähliger juristischer und aussagepsychologischer Sachbücher geworden.

In diesem Bereich sind die wiederum kritischen Betrachtungen des Jubilars wegweisend[19].

Die falsche Bewertung von Urkunden ist immer wieder Gegenstand höchstrichterlicher Beanstandungen[20].

2. *Geständnis*

Dem Geständnis widmet *Peters* erhöhte Aufmerksamkeit[21]. 7% der erfolgreichen Wiederaufnahmen in der Untersuchung stammen aus diesem Bereich[22]. Obwohl durchaus umstritten ist, wann in diesem Kontext von einer Neuheit des Beweismittels ausgegangen werden kann[23]. Das Tatgericht habe sich der Richtigkeit des Geständnisses sorgfältig zu vergewissern.

Zur Kontrolle gehe es um die Fragen: Gibt es originäres Täterwissen? Kann dieses Wissen wiederum aus dritten Quellen (Presse, Berichte Dritter, Vernehmun-

---

[16] Vgl. dazu das Interview *Herold/Cobler* in Kursbuch 61 (Hrsg. Markus Michel).

[17] Vgl. dazu etwa den wissenschaftlichen Streit um die exklusiv rechtsmedizinische Nachweisbarkeit eines Schütteltraumas (SBS-child abuse), *Lynöe* et al., Acta pediatrica, 2017, 106, p. 1021; Eisenberg medstra 2016, 203; *Stelzer,* Wie starb Baby Nils, Die ZEIT, 15.10.2015; vgl: https://www.theguardian.com/news/2017/dec/08/shaken-baby-syndrome-war-over-convictions (zuletzt abgerufen am 5.3.3018), der auch zur Einsetzung einer Enquete-Kommission in Canada unter der Leitung eines Richters geführt hat; ebenso wie die Wiederaufnahmeverfahren nach Dann – Gutachten in den USA – innocence project: aktuelle Zahlen: 354 Exonerations, 152 Identifications of alternative Perpetrators.

[18] *V. Schemm/Dreger/Köhnken* FPPK 2008, 20ff.

[19] *Fischer* NStZ 1994, 1; *Fischer* FS Widmaier, 2008, 189ff.

[20] BGH StV 1994, 6 (4 StR 413/93): Eliminierung – Ausblendung – von Zeugenaussagen; BGH 4 StR 401/10, StV 2012, 67: Beweiswürdigung unter Außerachtlassung wesentlichen Verfahrensstoffs – Inhalt einer verlesenen Urkunde dokumentiert Spurenbefund, der als Indiz für die Richtigkeit der Sacherklärung des Angeklagten in Betracht kommt, vgl. auch: BGH 3 StR 481/07, StV 2008, 288 Urkundsverlesung-Inhalt nicht berücksichtigt; BGH 1 StR 37/06, NStZ 2006, 650 Nichtberücksichtigung von Fakten bei Freispruch; BGH 3 StR 481/07, NStZ 2008, 475 zur Notwendigkeit, sich mit dem Inhalt einer verlesenen Urkunde auseinanderzusetzen u. BGH 2 StR 485/07, NStZ 2008, 705 unberücksichtigte Urkunde; BGH 3 StR 252/08, NStZ 2009, 404 Durchbrechung des Rekonstruktionsverbots bei verlesener Urkunde.; *Krause* in MAH Strafverteidigung, 2. Aufl. 2014, 290ff, Rn. 307ff.

[21] *Peters,* Fehlerquellen im Strafprozess Bd. 2, 1972, 6ff.

[22] *Peters,* Fehlerquellen im Strafprozess Bd. 2, 1972, 13.

[23] Vgl. dazu *Eisenberg,* Beweisrecht der StPO, 2015, Rn. 444; hingegen: *Schmitt* in Meyer-Goßner/Schmitt, 61. Aufl. 2018, StPO § 359 Rn. 21ff., 26.

gen-Vorhalte) stammen? Oder aus Schemawissen – allgemeines Wissen zu vergleichbaren Sachverhalten; domänspezifische Aussagekompetenz – herrühren? Es habe eine sorgfältige Untersuchung der Motive stattzufinden[24], insbesondere dort, wo sie sowohl für ein richtiges als auch ein falsches Geständnis herhalten können.

Die Bedeutung erfasst sowohl die Wiederaufnahme zugunsten als auch zuungunsten (§ 362 Nr. 4 StPO) des Verurteilten oder des Freigesprochenen. *Peters* gelangt zu der Konklusion:[25] Das Schwergewicht der Fälle liege bei allgemeiner Kriminalität, aber auch bei schwerer Kriminalität. Häufig wurde die Täterschaft anderer erwiesen[26]. Als Ursachen werden ausgemacht:

- Fehlerhafte Vernehmungsmethoden
- Die Entstehungsgeschichte wurde nicht hinreichend geprüft
- Die Lückenhaftigkeit der übrigen Beweise wurde nicht geprüft
- Es bestand eine besondere Disposition des Beschuldigten (jung, alt, labil, psychopathisch, schwachsinnig)
- Die Überprüfung des Geständnisses war häufig mangelhaft: Der Richter überbewertete das Geständnis und vergaß, dass ein Geständnis nur ein Indiz ist[27].

Bei Widerruf eines Geständnisses sind die Entstehungsgeschichten der alten und der neuen Aussage herauszuarbeiten und miteinander abzugleichen, ebenso die jeweiligen Motive und die Person des Geständigen. Wie stand es um die Widerstände des Widerrufsempfängers?

Schon *Peters* forderte:

- Eine sorgfältige *Dokumentation*[28], Einzelheiten, Genauigkeit, nach Möglichkeit Audioaufnahme – schon zur Kontrolle eines Widerrufs!
- Prüfung der Entstehungs- und Entwicklungsgeschichte des Geständnisses.

Aus der Nachbetrachtung ist darauf hinzuweisen, dass es in nicht seltenen Fällen Sinn macht, über die Glaubhaftigkeit eines Geständnisses wie auch eines Widerrufs ein aussagepsychologisches Gutachten einzuholen[29].

Die Verlesbarkeit eines richterlichen Protokolls bei Geständnissen oder Widersprüchen nach § 254 StPO soll auch dann zulässig sein, wenn es sich um eine Erklärung vor nichtrichterlichen Beamten (Polizei) handelt und der Angeklagte zu erkennen gegebenen hat, dass er diese Angaben als Bestandteil seiner Erklärungen vor dem Richter betrachten will[30], und wenn der vernehmende Richter sie darauf vollständig verlesen, nicht nur vorgehalten hat[31]. Der BGH gestattet an dieser Stelle einen Bruch in der Kontrolle der Entwicklungsgeschichte der Aussage. Die eigen-

---

[24] *Peters,* Fehlerquellen im Strafprozess, Bd. 2, 1972, 7.

[25] *Peters,* Fehlerquellen im Strafprozess, Bd. 2, 1972, 25.

[26] vgl. dazu den parallelen Befund in der Studie der KrimZ.

[27] *Peters,* Fehlerquellen im Strafprozess, Bd. 2, 1972, 27; vgl. *Bender/Nack,* Tatsachenfeststellung vor Gericht, 1995, Bd. 2 Rn. 702: „confessio non est regina probationum"; *Kaut/v. Dohna,* Kriminalistik, 1976, 53.

[28] Die neu ins Gesetz aufgenommene Vorschrift des § 136 Abs. 4 StPO – geltend ab 2020 – trägt dem für Kapitaldelikte Rechnung, bleibt aber hinter den Forderungen der Praxis zurück.

[29] Vgl. BGH NStZ 2005, 394.

[30] *Meyer-Goßner* in Meyer-Goßner/Schmitt, 61. Aufl. 2018, StPO § 254 Rn. 4 mwN.

[31] BGH NJW 1996, 1547 (1550).

ständige richterliche Kontrolle des Aussageinhalts – nach freiem Bericht der Auskunftsperson – entfällt. Der umfassende Vorhalt – durch Verlesung der gesamten Aussage aus der Ermittlungsvernehmung entfaltet – regelmäßig – eine solch suggestive Kraft, dass kaum ein Beschuldigter – zumal in Kapitalstrafsachen – die Kraft aufbringen wird, sich selbst zu widersprechen.

3. Die Bestreitende Erklärung des Angeklagten

Peters nennt zwei wesentliche Fehlerquellen:

Der Erklärende nutzt die Chance nicht, seine Erklärung zu substantiieren und – nach Möglichkeit – mit Beweisen zu unterlegen und er verpasst den richtigen Zeitpunkt, das heißt er gibt die Erklärung verspätet ab.

Der Beweiserheber wiederum wertet nach seinem Vorverständnis die Sacherklärung als „Schutzbehauptung", das heißt, er wird dem Grundrecht des Angeklagten auf rechtliches Gehör nach Art. 103 Abs. 1 GG nicht gerecht.

Peters resümiert:

„Ein qualifiziertes Bestreiten liegt aber auch im Interesse der Strafverfolgung, es ermöglicht den Verfolgungsbehörden, die Zuverlässigkeit des Belastungsmaterials zu überprüfen. Es ist dem Verteidigungsvorbingen im Ermittlungsverfahren möglichst breiter Raum zu gewähren. Je sorgfältiger Behauptung und Gegenbehauptung, Beweis und Gegenbeweis im Ermittlungsverfahren entgegengenommen und geprüft werden, um so mehr ist Gewähr für die Zuverlässigkeit des Urteils ...“[32]

Die Anmerkungen aus aktueller Sicht greifen auf zahlreiche neue Erkenntnisse zurück: Substanz und Plausibilität der Sacherklärung verstehen sich als wesentliches Element der Verteidigung[33].

Schon im Hinblick auf die Unschuldsvermutung nach Art. 6 Abs. 2 MRK ist es systemwidrig, bei der Erklärung des Angeklagten – im Gegensatz zu allen anderen Beweis und Verfahrenspersonen – von „Einlassung" und nicht von einer Erklärung zu sprechen, obwohl es im § 243 Abs. 5 S. 1 StPO ausdrücklich heißt, dass der Angeklagte darauf hingewiesen wird, dass es ihm freistehe, sich zu äußern oder nicht zur Sache auszusagen". Eisenberg und auch Prüfer weisen darauf hin, dass das Wort „Einlassung" eine den Anspruch des rechtlichen Gehörs vernachlässigende, den Angeklagten herabsetzende und den Wahrheitsgehalt seiner Aussage in Zweifel ziehende Konnotation haben kann.[34]

Mit dem durch die Neuregelung des § 243 Abs. 5 S. 3 StPO der Verteidigung an die Hand gegebenen Mittel des Eröffnungsvortrags (Opening statement) ist diesem Verfahrensabschnitt ein deutliches Gewicht verliehen.

Besondere Sorgen bereiten Verletzungen der Umgrenzungs- und Informationsfunktion einer Anklage. Bereits *Alsberg* hatte diesen Umstand als ein wesentliches

---

[32] *Peters,* Fehlerquellen im Strafprozess, Bd. 2, 1972, 28.

[33] Der Kollege *Christian Richter II* hat von einem „Kunstwerk" gesprochen, mit dem die Verteidigung als Antwort auf die Anklage zu erwidern habe.

[34] *Eisenberg,* Beweisrecht der StPO, 2015, Rn. 552.

Element für Fehlurteile beklagt. Zahlreiche höchstrichterliche Judikate haben sich mit dieser Problematik befasst[35].

Je großzügiger die Rechtsprechung mit den Anforderungen der Individualisierung und Konkretisierung des Tatvorwurfes umgeht[36]- zum Teil aus kriminalpolitischen Gründen –, desto schwieriger wird es für die Verteidigung, den Vorgaben von *Peters* zu genügen, die er – völlig zu Recht – postuliert hat, um auch die Verteidigung in die Richtigkeitsgewähr eines verurteilenden Judikats einzubinden.

Was den richtigen Zeitpunkt (Kairos) der kontradiktorischen Erklärung anbetrifft, so weist die Psychologie auf den sog. „inertia-effekt" hin, der die Schwierigkeiten aufzeigt, eine einmal gewonnene Überzeugung (des Gerichts) wieder umzustoßen[37]. Je später die Gegenrede – sei es über Erklärungen oder Beweisanträge – gesetzt werden, desto höher die Perseveranz[38] der durch den Eröffnungsbeschluss repräsentierten Entscheidung.

Wird der Tatzeitpunkt oder -zeitraum in der Anklage unbestimmt bezeichnet und nicht – wie vom BGH vorgegeben[39] – während der Hauptverhandlung nach dort gewonnenen Erkenntnissen konkretisiert[40], bleibt dem Angeklagten der Weg zum Alibibeweis versperrt[41] und dieses Defizit wirkt für alle präsumtiven Wiederaufnahmeanträge fort.

4. *Die Belastung durch den Mitbeschuldigten*[42]

Peters fordert die besondere Prüfung des Geständnisses des Mitbeschuldigten, in das die Belastung des Angeklagten eingebunden wird: Ist dessen Geständnis falsch? Das Geständnis muss besondere Prüfungssorgfalt auslösen[43].

Gibt es reale anderweitige Beweise, die es ermöglichen, die Aussage zu objektivieren? Wie steht es um die Zuverlässigkeit der belastenden Person? Die Motivlage ist zu ergründen[44]. Die Nichtfeststellung eines Belastungsmotivs gibt indes keine Gewähr für die Richtigkeit der Belastung, da das Motiv im Verborgenen (Dunkeln) liegen kann[45].

Peters kritisiert den strafprozessualen Rollentausch, wenn also der „anderweitig Verfolgte" als Zeuge im Prozess gegen den fraglichen Mittäter antritt.

---

[35] Exemplarisch: BGH StV 2015, 148; 2007, 171; 2007, 562; KG StV 2016, 547; vgl. auch *Wenske* NStZ 2013, 351.

[36] Vgl. BGHSt 40, 44 – 5 StR 683/93 – hingegen BGHSt 44, 153= NJW 1998, 3788.

[37] Vgl. dazu die bemerkenswerte Entscheidung BGH StV 2002, 350 (352).

[38] Vgl. dazu *Schünemann* StV 1998, 391.

[39] BGHSt 44, 153 = NJW 1998, 3788.

[40] BGH StV 1996, 410.

[41] Vgl. dazu *Schneider* in KK-StPO, 7. Aufl. 2013, StPO § 200 Rn. 5.

[42] Peters, Fehlerquellen im Strafprozess, Bd. 2, 1972, 38, widmet sein Kapitel der belastenden und entlastenden Aussage des Mitbeschuldigten, hier soll die Betrachtung auf die Belastungsaussage beschränkt bleiben.

[43] → IV 2.

[44] Vgl. dazu BGH StV 1983, 496; 1991, 101.

[45] *Peters,* Fehlerquellen im Strafprozess, Bd. 2, 1972, 42.

Bemerkungen dazu aus aktueller Sicht:

Die höchstrichterliche Rechtsprechung hat sich in vielen Entscheidungen dieser Konstellation gewidmet. Zunächst hat sie postuliert, dass das Moment der Selbstbelastung des Zeugen nicht überbewertet werden dürfe[46].

Ferner hat sie eine – regelmäßige – Aussageanalyse eingefordert, weil der „Mittäterzeuge" zu Details berichten kann, die er aus eigener Verstrickung kennt, der Belastete aber möglicherweise anders als geschildert, oder auch gar nicht beteiligt gewesen sein kann[47].

Anträge, ein aussagepsychologisches Gutachten einzuholen, können sich empfehlen, versagt der Mitangeklagte die Mitwirkung an einem Explorationsgespräch, steht dies einer Begutachtung nicht entgegen[48]. Die Verteidigung müsste allerdings dafür sorgen, dass ein Gutachter dessen Angaben in der Hauptverhandlung unmittelbar erfährt[49].

Sollte der „Mittäterzeuge" – etwa im Wege der Aufklärungshilfe oder als Kronzeuge – das einzige belastende Beweismittel gegen den Angeklagten sein, sind die Anforderungen der äußeren Homogenität zu stellen, wie sie in der höchstrichterlichen Rechtsprechung für die teilweise Falschbelastung entwickelt worden sind[50].

5. *Die Zeugenaussage*

a) *Peters* berichtet, der Zeuge sei – nach wie vor – das meist verwendete Beweismittel[51], obwohl man die Bedenken gegen die Zuverlässigkeit dieses Beweismittel allgemein kenne.

Er beklagt das Fehlen empirischen Materials, ein geringes Aufkommen an Strafverfolgung wegen uneidlicher oder eidlicher Falschaussage und dort wiederum eine hohe Rate an Einstellungen und Freisprüchen.

Das empirische Material sei spärlich, eine statistische Überprüfung fehlgeleiteter Verfahren durch bewusste oder irrtümliche Falschaussagen existiere nicht.

In den Kapiteln Aussagemängel, Entlastungszeugen, Belastungszeugen, die irrig falsche Aussage, das Wiedererkennen, die unüberlegte Aussage und Kapiteln zur

---

[46] BGH StraFo 2006, 411; 2007, 294; StV 2007, 402.

[47] BGH StV 2000, 243; 2007, 284, 285; HRRS 2012 Rn. 211 – 5 StR 508/11; StV 2017, 4 Rn. 14 – 2StR 308/15; vgl. dazu auch: *Lenckner* FS Peters, 1974, 333ff.

[48] BGH NStZ 2015, 299, s. auch StV 2013, 483.

[49] §§ 38, 245 Abs. 2 S. 1 StPO; ohne die nachgewiesene Ladung des Sachverständigen durch den Gerichtsvollzieher kann die Verteidigung sich in der Revision nicht auf dessen Ausführungen stützen, wenn sie etwa im Urteil unbehandelt geblieben sein sollten.

[50] BGH NStZ 2015, 602 = NStZ-RR 2015, 86 – 4 StR 427/14: Allein auf Angaben des einzigen Belastungszeugen, dessen Aussage in einem wesentlichen Punkt als bewusst falsch anzusehen ist, kann eine Verurteilung nicht gestützt werden. Vielmehr muss der Tatrichter regelmäßig außerhalb der Aussage liegende gewichtige Gründe nennen, die es ihm ermöglichen, der Zeugenaussage dennoch zu glauben." Die Berufung auf Konstanz der Aussage ist fehlerhaft, wenn auch die Falschbelastung konstant vorgetragen worden ist. BGHSt 44, 153 = NJW 1998, 3788; BGHSt 44, 256 = NJW 1999, 802; BGH NStZ 2000, 496; 2001, 161; StV 2002, 470 teilweises Nichterwähnen oder Nichtaufrechterhalten früherer Vorwürfe; BGH StV 2003, 544; Selbstbezichtigung früherer Falschaussage aus Rache: BGH NStZ 2003, 164 = StV 2004, 59; zum Ganzen auch *Ott* in KK-StPO, 7. Aufl. 2013, StPO § 261 Rn. 29ff.

[51] *Peters,* Fehlerquellen im Strafprozess, Bd. 2, 1972, 49ff.

Persönlichkeit des Zeugen setzt sich *Peters* ausführlich mit im Material vorgefundenen Problemstellungen auseinander. Diese Untersuchung sind zum großen Teil Leitfäden für die weitere Entwicklung in der Prüfung dieses Beweismittels im Strafprozess gewesen.

Inhaltlich postuliert *Peters* die Bereitschaft des Zeugen zur Wahrheit und die Fähigkeit zur wahrheitsgemäßen Darstellung als wesentliche Elemente der Glaubwürdigkeits- und Glaubhaftigkeitsprüfung. Bezogen auf die Person des Zeugen gehe es um die sittliche Leistung, wahrheitsgemäß und ehrlich auszusagen, auch wenn sich das mitunter nachteilig für ihn auswirke. Er stellt sich damit in Gegensatz zu Undeutsch, dem es vorrangig um das Aussagematerial gehe und die Persönlichkeit des Zeugen gänzlich in den Hintergrund der Betrachtung gerät. Arntzen und dessen Verknüpfung von Aussage und Persönlichkeit[52], der auch dem charakterlichen Bereich Bedeutung zumesse, sagt ihm offensichtlich schon eher zu, allerdings sei auch bei ihm „die sittliche Persönlichkeitshaltung" nicht erfasst.

Peters befasst sich sodann mit der Aussagerichtung und zunächst mit dem Entlastungszeugen.

Der Richter stehe dem Zeugenbeweis skeptisch gegenüber, das gelte in Sonderheit für die Entlastungsaussage, wenn diese sich nicht in das Gesamtbild füge. Es sei verständlich, dass Zeugen den Beschuldigten vor Strafe schützen wollten, schwerer nachzuempfinden sei, dass Menschen andere durch eine Falschaussage der Gefahr einer Verurteilung aussetzten, zumal wenn es um hohe Strafen ginge. Gleichwohl beinhalte das Material 50 Fälle in denen es um die Frage einer bewusst falschen Aussage ginge[53].

Peters leitet daraus die folgenden Forderungen ab:

- Anwendung einwandfreier Beweismethoden
- Durchgehende Prüfung alternativer Täterschaft
- Anwendung kriminologischer Erfahrungen
- Beachtung der Vernehmungsregeln
- Persönliche Ansprache zur Förderung der Korrekturbereitschaft
- Keine bloße Bezugnahme auf frühere Vernehmungen
- Unsicherheitsanzeichen bei häufigerem Widerruf beachten
- Konfliktverhältnisse beachten
- Kenntnis der Beziehungen der Zeugen untereinander
- Kenntnis der Person des Zeugen
- Ins Verhältnis-Setzen der Aussageinhalte zum Sachbeweis
- Material muss im Vorverfahren beigebracht sein
- In HV Kenntnis, unter welchen Umständen der Zeuge in das Verfahren gekommen ist, wie die Aussage entstanden ist und sich entwickelt hat und wie seine Zeugensituation ist.

[52] *Peters,* Fehlerquellen im Strafprozess, Bd. 2, 1972, 138ff.
[53] *Peters,* Fehlerquellen im Strafprozess, Bd. 2, 1972, 73.

Zur irrig falschen Aussage sieht *Peters* die Fehlerquellen auf der Ebene:

- Wahrnehmung
- Gedächtnisspeicherung
- Erinnerung
- Wiedergabe (Reproduktion)

Schließlich beklagt er die mangelnde Ausbildung der Vernehmenden.

b) Dazu seien einige Anmerkungen aus aktueller Sicht angefügt:

(1) Der modernen Aussagepsychologie folgend wird die Glaubhaftigkeitsprüfung auf das Aussagematerial konzentriert. Bezogen auf die Person des Zeugen wird Leistungs- und nicht Gesinnungsdiagnostik betrieben. In Beziehung gesetzt wird sodann die allgemeine und untersuchungsgegenstandsspezifische Aussagekompetenz zur Aussagequalität und danach gefragt, ob diese Person in der Lage gewesen wäre, die Aussage ohne einen konkreten Erlebnishintergrund zu erstatten[54].

Die höchstrichterliche Rechtsprechung hat diese Prüfungsmethodik weitgehend adaptiert[55]. *Fischer*[56] postuliert, dass Richter die von der Aussagepsychologie vorgegebene Methodik im Prinzip beherrschen müssen, und daraus ihre „ureigene Kompetenz" resultiere. Nur in den Ausnahmefällen besonderer psychischer Defizite, wenn es also um Fragen der medizinisch-psychiatrischen Kompetenz gehe, sei die Grenze eigener Sachkunde erreicht[57]. Diese – grundoptimistische – Sichtweise begegnet Einwänden:

Das juristische Interview (Vernehmung) ist dem Explorationsgespräch eines qualifizierten Aussagepsychologen[58] regelmäßig unterlegen. Schon die neutrale Atmosphäre, in der sich Sachverständiger und Explorand begegnen, kann der Polizeistube aber auch dem Gerichtssaal erheblich überlegen sein.

Anders als der Jurist erhebt der Aussagepsychologe – meist mithilfe von ausgewiesenen und überprüfbaren – Testverfahren Daten zur allgemeinen und (domän-) spezifischen Aussagekompetenz. Aus diesen Daten sind Erwartungswerte für die Anforderungen an die Qualität des vorgefundenen und analysierten Aussagematerials abzuleiten. Wie hoch liegt die Messlatte? Erwartungsquotient und Aussagequalität sind nun miteinander abzugleichen. Nur bei Überlegenheit der Aussagequalität kann die Annahme eines Erlebnisfundamentes der Aussage begründet werden.

Einzuwenden ist ferner, dass Suggestions- und Autosuggestionsprozesse, die zu einer unbewussten Falschaussage führen können, für einen nicht psychologisch ausgebildeten Richter eher ein böhmisches Dorf sein dürften.

Dazu, einem solchen Verzerrungsprozess zu unterliegen, muss die Aussageperson nicht psychische Defizite aufweisen, die Prozesse spielen sich im normalpsychologi-

---

[54] Vgl. dazu nur *Volbert/Steller* in Venzlaff/Foerster/Dreßing/Habermeyer, Psychiatrische Begutachtung, 2015, 683ff.

[55] BGHSt 45, 164ff. = NJW 1999, 2746; BGH 5 StR 224/08, StV 2011, 3.

[56] *Fischer* NStZ 1994, 1.

[57] *Fischer* FS Widmaier, 2008, 221.

[58] Paradigmatisch *Köhnken* in Deckers/Köhnken, Die Erhebung und Bewertung von Zeugenaussagen im Strafprozess, 2014, 1ff.

schen Bereich ab und bleiben im einfachen juristischen Interview regelmäßig unerkannt.

Nicht selten erschließen sich auch die psychischen Defizite, die zu einer Verfälschung der Aussage führen können, erst dem geschulten Blick des Psychologen. Die histrionische Persönlichkeitsstörung kommt in foro nicht selten mit detaillierter Schilderung, synchroner emotionaler Schwingung und Überzeugungskraft daher, der Hang nach einer gewissen Theatralik kommt letzterer besonders zugute und doch wäre eine vertiefte Prüfung dringend angezeigt.

Sind der allgemeinen Richterschaft solche Phänomene präsent, dass die Quelle einer Erinnerung eine zärtliche – strafrechtlich irrelevante – Begegnung zweier Menschen sein kann, nach der einer der Beteiligten – aus welchen Gründen auch immer: enttäuschte Liebe? Trennungskonflikt? – in eine psychische Krise gerät, sich mit der Frage fortgesetzt beschäftigt: Warum geht es mir so schlecht? Dazu vielleicht therapeutische oder freundschaftliche Hilfe in Anspruch nimmt, in diesem Prozess – entharmlosend – das ursprüngliche Geschehen als Quelle des Leids ausmacht und auf diese Weise den Vorgang in einen sexuellen Übergriff umdeutet?[59]

Die Bedeutung, die Sexualstrafverfahren kriminal- gesellschafts- und rechtspolitisch zwischenzeitlich erlangt haben[60], wird zu besonderer Sorgfalt und Gründlichkeit bei der Aufarbeitung und Aufklärung der Sachverhalte führen müssen, in denen sachverständige Hilfe[61] immer unverzichtbarer werden wird.

(2) Wiederaufnahmerechtlich von großer Bedeutung ist die strafrechtliche Verfolgung solcher Aussagepersonen, die unter Verdacht stehen, eine bewusste Falschaussage gemacht zu haben oder eine zunächst unbewusste Falschaussage durch unzutreffende abstützende Angaben zu rechtfertigen[62]. Hier wären – im Falle gerichtlichen Urteils über die Falschaussage eines Zeugen oder Sachverständigen – die Verurteilung nach § 359 Nr. 2 StPO und der Freispruch nach § 362 Nr. 2 StPO angreifbar[63].

In diesen Bereich fällt auch die große Zurückhaltung, nach Freispruch des Angeklagten in einer Aussage gegen Aussage-Konstellation den/die einzige(n) Belastungszeugen/in wegen falscher Verdächtigung zu verfolgen. Ein prominentes Beispiel in diesem Kontext ist der Wiederaufnahmefall des Lehrers Horst Arnold. Signifikant ist, dass erst das erfolgreiche Wiederaufnahmeverfahren die Strafverfolgung gegen die Zeugin ausgelöst hat, das schließlich mit einer hohen Verurteilung endete, als Horst Arnold schon verstorben war.

Ferner ist der Prozess gegen Gina Lisa Lohfink zu nennen, die sich in der Regenbogenpresse und Teilen feministischer Gruppierungen erfolgreich als unschuldig

[59] Vgl. dazu Steller, Die Entdeckung der Scheinerinnerung, Vortrag auf der Tagung des AK-Psychologie im Strafverfahren, Nov. 2016 – erscheint demnächst in der Neuauflage des Tagungsbandes, Köhnken a.a.O.

[60] Vgl. dazu die aktuelle Kommentierung des 13. Abschnitts des StGB bei Fischer, 65. Aufl. 2018.

[61] Beispielsweise zu den immer häufiger werdenden Fällen, in denen es um die fragliche Widerstandsunfähigkeit des Opfers geht, vgl. dazu Fischer, 65. Aufl. 2018, StGB § 177 Rn. 52.

[62] Vgl. dazu das Interview *Steller* im Buch von Sabine Rückert, Unrecht im Namen des Volkes, 2007.

[63] Vgl. dazu: *Marxen/Tiemann,* Die Wiederaufnahme in Strafsachen, 2014, Rn. 145ff.

Verfolgte darzustellen wusste, was sogar Auswirkungen auf die jüngste Sexualstrafreform gehabt haben soll.

Die Zurückhaltung der Strafverfolgungsbehörden dürfte darin gründen, dass man das Anzeigeverhalten fördern will. Verurteilungsrisiken für Auskunftspersonen wirken eher abschreckend. Dabei wäre dem normativen Aspekt, der den § 153, 154 StGB innewohnt, gerade gedient, wenn auch die „Kehrseite der Medaille" in gleicher Weise beleuchtet würde.

Der Appell *Peters*' ist hochgradig aktuell!

6. Der Sachverständige (zu Fragen der §§ 20, 21 StGB)

a) Die höchste Fehlerquote im Material der Wiederaufnahme liegt – überraschenderweise – bei der fehlerhaften Verneinung voller Schuldunfähigkeit nach § 20 StGB. Weiter verwundert, dass dieser Zustand sich nach der Untersuchung der KrimZ auch heute nicht wesentlich verändert hat. Möglicherweise liegt aber auch der „Erfolg" des Wiederaufnahmeverfahrens darin begründet, dass sich nur die „Vollstreckungsart" ändert, der „Fehler" also tolerabel erscheint.

In 70% der Fälle ist dem Gericht die Möglichkeit einer Geisteskrankheit nicht in den Sinn gekommen – in 161 Fällen von 231 ohne Einschaltung eines Gutachters.

Legislatorische Konsequenzen wie die des § 246a StPO können hierin ihre Ursache haben.

Bei *Peters* liegt hier die höchste Zahl der Wiederaufnahmefälle, wenn im Verfahren nicht Schuldunfähigkeit angenommen wurde, sich diese Diagnose aber später als falsch erwies.

Als Fehlerquelle benennt *Peters* den Fehlgriff bei der Auswahl des Sachverständigen, das Begnügen mit ungenügenden Untersuchungsmethoden, die Nichtbeschaffung der für die Untersuchung notwendigen Materialien, die mangelnde Kontrolle der Begutachtung.

Peters empfiehlt, eine Wiederaufnahme auch dann für zulässig zu erklären, wenn die Annahme verminderter Schuldfähigkeit zu einer erheblichen Abweichung im Strafmaß führen kann.

Peters erhebt weiter die Forderung: Gutachtensammelstellen einzurichten, Gutachtenauswertung zu betreiben und Fortbildung für forensische Gutachter bereitzustellen.

b) Die Anmerkungen aus aktueller Sicht sind die folgenden:

Die Hürden zur second opinion, zur Einschaltung eines „second expert" sind oft zu hoch[64]. Dabei sind die Differenzen zwischen den Gutachtern oft sehr groß und das Gericht wird sich selten – in schwierigen Fällen – zutrauen können, bei einseitiger Information zu eigener Sachkunde zu gelangen.

Der Zugang zu modernen Erkenntnissen bleibt oft verschlossen, und bleibt auch die wissenschaftliche Grundlage für die Beantwortung einer Beweisfrage unsicher, ist sie im wissenschaftlichen Raum auszutragen, das Gericht hat dann vom non liquet auszugehen.

[64] Vgl. dazu allerdings die vorbildliche Entscheidung BGHSt 55, 5 = NJW 2010, 1214 mit zust. Anmerkung Eisenberg JZ 2010, 471 ff.

Eine aus Juristen und Sachverständigen zusammengesetzte Kommission hat sog. Mindeststandards zur Begutachtung bei Schuldfähigkeitsfragen formuliert, die helfen sollen, den Begutachtungsprozess selbst qualitativ zu verbessern, aber auch die richterliche Kontrolle eines Gutachtens zu optimieren[65]. Solche Vorgaben sind geeignet, die Transparenz und die vertiefende Kontrolle des Begutachtungsprozesses zu ermöglichen[66]. Mindeststandards sind freilich stets fortzuschreiben und weiterzuentwickeln, sie zu überbieten eine ständige Aufgabe, die sich an die Sachverständigen wie auch den Richter wendet. Der ständige wechselseitige Lernprozess ist gerade in der Dialektik des Strafprozesses angelegt.

7. *Augenscheinseinnahmen*

a) Ein besonderes Kapitel widmet *Peters* den Augenscheinseinnahmen[67].

Ihre Zweckrichtung liege darin beweisbegründend oder – kontrollierend zu wirken (Überprüfung von Zeugenaussagen; Sachverständigenaussagen).

In der Form seien sie unmittelbar oder mittelbar.

Peters' Kritik lautet: Es finden zu wenige Augenscheinseinnahmen statt. Dabei seien sie im Ermittlungsverfahren besonders wichtig.

b) Eigene Bemerkung dazu aus aktueller Sicht:

Fehlervermeidung durch Verteidigung kann durch Visualisierung, Videorekonstruktionen, eigenen Augenschein und Beweisanträge betrieben werden.

Was Menschen sehen, vermittelt sich ihnen häufig erheblich besser, als eine Beschreibung mit Worten.

Viele Gerichtssäle sind mittlerweile technisch so ausgestattet, dass die Verteidigung sichtbar machen kann, was sie durch Rekonstruktionen[68] an den durch die Anklage vorgegebenen Verfahrensabläufen kritisieren möchten. Nicht selten verlassen Gerichte nach einer solchen Visualisierung den Gerichtssaal und begeben sich zum Tatort, um sich ein eigenes Bild zu machen.

V. Unzulängliche Ermittlungen

Eine Kernaussage von *Peters* lautet, dass Fehler im Ermittlungsverfahren im weiteren Verlauf kaum zu beseitigen sind und sich bis ins Urteil forttragen[69].

Er kritisiert verspätet einsetzende Ermittlungen (falsche Ausgangsthese),
unzureichende Planung (Wirtschaftsverfahren),
ungenügende Ausschöpfung der Beweismöglichkeiten,
ungenügende Beweissicherung (chain of custody),
unzureichende Beiziehung von Unterlagen,
die frühzeitige Festlegung auf eine Aufklärungslinie

---

[65] *Boetticher* et al. NStZ 2005, 57.

[66] Vgl. dazu *D. Krauss* in Heine/Pieth/Seelmann, Wer bekommt Schuld? Wer gibt Schuld?, 2011, 163ff zu den § 73, 78, 80 StPO; *Eisenberg,* Beweisrecht der StPO, 2015, Rn. 1602, 1607ff.

[67] *Peters,* Fehlerquellen im Strafprozess, Bd. 2, 1972, 190ff.

[68] Vgl. dazu nur BGH NStZ 2016, 118.

[69] *Peters,* Fehlerquellen im Strafprozess, Bd. 2, 1972, 195ff.

betreffend den Tathergang und den verdächtigen Täter,
die Anwendung unzulässiger Beweismethoden,
die unzulängliche Persönlichkeitserforschung,
das einseitige Verhältnis zu Sachverständigen.

Jedes Fehlurteil sei mit einem im Ermittlungsverfahren verbundenen Fehler verknüpft. Vor der juristischen steht die kriminalistische Aufgabe.

Die Kontrolle der Ermittlungen durch Staatsanwaltschaft sei unzureichend.

Sie sei selten selbst Ermittlerin, sie leide unter übermäßiger Arbeitsbelastung. Die wesentliche Kontrollfunktion besteht darin, dass die Einstellungsrate von Ermittlungsverfahren bei 70% liegt. Ungesicherte Anklagen rufen ungesicherte Urteile hervor.

Peters diskutiert sodann Reformvorschläge:

Das materielle Strafrecht muss seinen fragmentarischen und exemplarischen Charakter behalten. Eine unnötig sich verzettelnde Strafverfolgung kann nicht Sorgfalt, Zeit und Kraft aufwenden, um das Strafverfahren mit der eben möglichen Garantie von Zuverlässigkeit und Richtigkeit zu führen.

Dass sich in der Hauptverhandlung Fehler aus Ermittlungsverfahren nicht oder nur schwer korrigieren lassen, hat auch mit der Vorprägung durch die – meist einseitig ausgerichteten – Akten zu tun.

Peters hat formuliert:

„Auch wer sich mit Nachdruck gegen Vorurteile und Einseitigkeiten soziologischer Betrachtung wendet, wird grundsätzlich die Beschäftigung mit den Verfahrensbeteiligten und ihren Einstellungen nicht ablehnen. So wird auch hier ein Stück Strafprozesslehre notwendig"[70].

Peters reflektiert auf den psychologischen Mechanismus der Selbstrechtfertigung, der mit kognitiver Dissonanz und dem confirmatory bias umgesetzt wird.

Er führt dazu, dass die Erinnerungen gegen alles verteidigt werden, was sie infrage stellen könnte[71]. Der confirmation bias wiederum, also die tendenzielle Suche nach bestätigenden Information, ist dafür verantwortlich, dass die einmal als verlässlich betrachteten Information als verlässlich angesehen werden[72]. (S. 161)

Dissonanz, also Widerspruch, Zweifel, Kritik auszuhalten fällt schwer. Mit den Mitteln der kognitiven Dissonanz werden Widersprüche beseitigt, Lücken gefüllt bis man bekommt, was man will.

Diese Mechanismen sehen *Tavris/Aronson* in der (amerikanischen) Justiz grundsätzlich am Werk. In der Ermittlungsvernehmung, bei der Staatsanwaltschaft, bei schnellen Urteilen. Wer sich des Mechanismus der Selbstrechtfertigung nicht bewusst ist, erkennt nicht, dass der Feind der Gerechtigkeit nicht der Zweifel, sondern die übermäßige Selbstgewissheit ist.

Tavris/Aronson fordern dazu auf, wie Wissenschaftler zu denken. Alle Hinweise müssten fair bewertet und die Möglichkeit in Betracht gezogen werden, dass der

---

[70] *Peters,* Fehlerquellen im Strafprozess, Bd. 3, 1974, Vorwort S. VI.

[71] *Tavris/Aronson,* Ich habe Recht, auch wenn ich mich irre, 2010, 140.

[72] *Tavris/Aronson,* Ich habe Recht, auch wenn ich mich irre, 2010, 161, vgl. dazu auch: *Singelnstein* StV 2016, 830.

Verdacht unbegründet ist. Andernfalls diene man nicht dem Recht sondern dem Bedürfnis nach Selbstrechtfertigung[73].

Wissenschaftliches Denken konfrontiere uns mit der Möglichkeit, manchmal sogar mit der bitteren Wahrheit, dass wir Fehler machen. Es zwingt uns, unserer Selbstrechtfertigung frontal ins Gesicht zu sehen. Daher ist wissenschaftliches Denken im Kern ein wirksames Mittel zur Kontrolle der eigenen Arroganz.

Hier schließt sich nun der Kreis unserer Betrachtung:

Wenn das wissenschaftliche Denken als die im Grundsatz wirksamste Remedur gegen selbstrechtfertigenden bis selbstgefälligen Umgang mit dem Untersuchungsgegenstand angesehen werden kann, dann ist der Gehilfe, diese Denk- und Betrachtungsweise in den Strafprozess zu integrieren der qualifizierte Sachverständige. Über ihn kann also der Transfer nicht nur einer sachgerechten Aufklärung einer bestimmten einzelnen Beweisfrage gelingen sondern auch des Weges schlechthin, auf dem man zu sachgerechter Erkenntnis gelangt: Formulierung von Leitfragen entlang des Prinzips der Unschuldsvermutung, Generieren von Alternativhypothesen, die im voranschreitenden Prozess spezifiziert und ergänzt werden, die Frage danach, ob die Falsifizierung dieser Alternativhypothesen auf sachgerechtem Wege gelingt oder – naheliegende – Alternativen offenbleiben.

Es versteht sich von selbst, dass Sachverständige, die selbst – aus welchen Gründen auch immer – das Konzept der Selbstrechtfertigung verkörpern, sich am vermuteten Willen des Auftraggebers orientieren und nach dem Ansatz des confirmation bias alle Informationen unter die Ausgangsthese subsumieren, im Kampf gegen die „Reduktion von Komplexität" nicht helfen, sondern vielmehr mit den Missständen mitschwimmen, sie sogar verstärken.

Das Mittel, die qualifizierte Wissenschaft als Kontrapunkt in den Strafprozess einzubringen, ist der substantiierte Beweisantrag.

Zugegeben, es klingt fast wie die Quadratur des Kreises, von denen, die die Macht über die Entscheidung bezüglich eines strafrechtlichen Schuldvorwurfs gegen einen bestimmten Menschen haben, die Abwesenheit von Arroganz und Selbstrechtfertigung zu verlangen, sowie Einsicht in die Gefahren, die im confirmation bias und der kognitiven Dissonanz stecken. Wem Urteile über das Fehlverhalten anderer abverlangt werden, von dem erwartet ein nicht geringer Teil der Gesellschaft Rückgrat und Durchsetzungskraft, was nicht selten mit Schneid und Härte verwechselt wird. Aber unschuldig Verurteilte schaden dem Ansehen des Rechtsstaats mehr als dass ein vermeintlich Schuldiger nicht verurteilt wird. Das formale System wie auch der Reflektionsgrad der an der Strafverfolgung Beteiligten – damit sind auch Anwälte angesprochen – muss angetan sein, die Rate der unschuldig Verurteilten so gering wie möglich zu halten, dazu gehört auch, die Rechtskraft eines Urteils bei triftigen neuen Gründen durchbrechen zu können.

Die – rahmenbedingte – fragmentarisch bleibende Betrachtung verdient einen Schlussakzent, der vom Jubilaren stammt:

---

[73] *Tavris/Aronson,* Ich habe Recht, auch wenn ich mich irre, 2010, 176.

„Zweifel:

Dass der Zweifel die Gewissheit stört, ist banal und kein Argument gegen seine Existenz. Zweifel ist weder Selbstzweck noch Ziel des Rechts. Aber die Bereitschaft zu vernünftigem Zweifel ist das Mindeste, was wir anderen und diese uns schulden"[74].

[74] *Fischer,* Richtersprüche, 2017, 206.

ANDREA GROẞ-BÖLTING

Die Information des nachträglich beigeordneten Sicherungsverteidigers über den bisherigen Inhalt der Beweisaufnahme

– (K)Ein Ringen um (die Abschiebung von) Verantwortung –

I. *Einleitung und Widmung*

„Das Recht kümmert sich um ärztliche Kunstfehler und die Durchführung von Organtransplantationen; es ist zur Stelle, wenn ein Regisseur sich gegen die Veränderung seiner Operninszenierung wendet, Soldaten sich über ihre Vorgesetzten beschweren oder Nachbarn in Streit geraten, wenn Studenten Examen ablegen oder für die Einhaltung der Menschenrechte protestieren. Auch im internationalen Wirtschaftsverkehr und sogar bei kriegerischen Auseinandersetzungen beruft man sich auf Recht. So ist auch die Globalisierung zum Rechtsthema geworden. Recht kann in alle Lebensbereiche eindringen, soweit es sich nicht, wie durch die Positivierung der Menschen- und Bürgerrechte und des Rechtsstaatsprinzips geschehen, selbst Fesseln angelegt hat; und auch dann bleibt noch die Frage, ob diese Fesseln halten. Doch Recht ist mehr als das. Es ist ein Teil der Kultur, des Symbolgewebes, das dem Alltag wie dem Feiertag Bedeutung verleiht. Das Recht formt eigene und fremde Identitäten. Es beeinflusst uns nicht bloß von außen, sondern ist Teil unseres Selbstverständnisses.

Recht ist ein ubiquitärer Bestandteil der Sozialstruktur"[1]

Diese Erkenntnis, dass Recht ubiquitärer Bestandteil der Sozialkultur ist, steht im Zentrum des Wirkens des hoch verehrten Jubilars – sei es als Richter, sei es als Autor **des** Praxiskommentars zum Strafgesetzbuch, als Kommentator des Strafprozessrechts, als Autor unzähliger wissenschaftlicher Aufsätze und Beiträge in Fachzeitschriften, Fest- und Gedächtnisschriften, sei es als Experte bei Anhörungen im Gesetzgebungsverfahren, sei es als Kolumnist und Buchautor, sei es als Referent bei Juristentagungen, sei es als Professor oder sei es als Rebell im altehrwürdigen Bundesgerichtshof. Recht unter dem Blickwinkel sozialer Bezüge zu betrachten, die Forderung sozialwissenschaftlicher Fundierung der Jurisprudenz zu erheben und selbst entscheidende Beiträge zu dieser Fundierung zu leisten, sowie die Interdisziplinarität an der Schnittstelle von Soziologie und Rechtswissenschaft zu leben, ist

---

[1] *Röhl,* Rechtsoziologie-online, http://rechtssoziologie-online.de/?page_id=155 (abgefragt am 21.12.17, 14:38 Uhr).

ein Aspekt der herausragenden wissenschaftlichen und praktischen Arbeit von Thomas Fischer. Während Juristen aus der Teilnehmerperspektive fragen, Soziologen dagegen aus einer Beobachterperspektive,[2] verbinden sich beide Perspektiven in der Person des Jubilars, der so durch Perspektivwechsel, Fragen nach Grundsätzlichem und Grundgesetzlichem sowie einem steten Ringen um Legitimität juristischer Entscheidungen weit mehr als Rechtsanwendung und Rechtsauslegung leistet und geleistet hat. Leidenschaft in der Berufsausübung und ein unverwüstlicher und kluger Humor – zwei Eigenschaften, die den meisten Menschen in Verbindung mit dem Wort „Jurist" nicht sofort als erstes einfallen – zeichnen Thomas Fischer aus, der bei seinem gesamten Wirken stets den Menschen/das Menschliche im Blick hatte und hat.

Mit dem brillanten Denker, dem leidenschaftlichen Strafrechtler, dem streitbaren Mahner und Dogmatiker Thomas Fischer verbinde ich die Hoffnung, dass dogmatische juristische Durchdringung und die Integration sozialwissenschaftlicher Erkenntnisse in die Rechtswissenschaft sich nicht ausschließen, dass Rechtssoziologie mehr sein kann und soll, als „quasi säkularisierter Ersatz für die Rechtsphilosophie, und dabei die Rechtswissenschaft, wo sie konkret und aktuell wird, unberührt lässt".[3] Strafrecht ist eben nicht nur Rechtswissenschaft, sondern angewandte Macht und erlittene Ohnmacht, Kanalisation von Gewalt, gesellschaftspolitische Wunderwaffe, Schlachtfeld für Stellvertreterkriege („Nein heißt nein"), Bühne persönlicher Eitelkeiten und hat nicht zuletzt existenzielle Bedeutung für die meisten Angeklagten.

Dass Thomas Fischer als Vorsitzender Richter am Bundesgerichtshof (inzwischen a. D.) im Strafprozess den Angeklagten im Blick hatte, hat und behält, ist keineswegs selbstverständlich. Es wundert nicht, dass der hochgeschätzte Jubilar gerade in der Anwaltschaft, unter den Strafverteidigerinnen und Strafverteidigern, hierfür ein großes Ansehen genießt. Es ist nicht die postulierte „Verteidigerfreundlichkeit" von Thomas Fischer, sondern seine Trennung von Normativität und Moral, sein Widerstand gegen den punitiven Zeitgeist und sein streitbares Bekenntnis zum gelebten Verfassungsrecht, wofür ihn „die Verteidigung" bewundert.

Das Thema dieses Beitrags – ein prozessuales Thema aus dem Bereich der Praxis der Tatsacheninstanz – scheint auf den ersten Blick wenig mit dem verehrten Jubilar zu tun zu haben – zu präsent ist Thomas Fischer als **der** Kommentator des StGB. Auf den zweiten Blick passt jedoch die Frage nach einer Verteilung von Aufgaben und Verantwortung unter den Verfahrensbeteiligten des Strafprozesses zu seiner interdisziplinären wissenschaftlichen Arbeit. Mit meinem Beitrag über ein strafprozessuales (Rand)Problem möchte ich klassische juristische Fragen stellen und zu beantworten versuchen. Der Jurist fragt: Wie sollen die Richter entscheiden? Was sagen Gesetz und Recht? Wie haben BGH und Obergerichte bisher entschieden? Was sagen Kommentierungen und Literatur? Welche Lösung verdient am Ende den Vorzug? Fachfremd und lediglich soziologisch interessiert wage ich zum Schluss die so-

[2] *Hart,* Der Begriff des Rechts (The Concept of Law, 1961), aus dem Englischen von *Alexander von Baeyer,* 1. Aufl. 2011, S. 119ff. und 128ff.

[3] Vgl. *Röhl,* Rechtssoziologie, 1987, 2.

ziologischen Fragen: Warum entschieden die Richter bisher so? Wem nützt und wem schadet die Entscheidung? Sie dienen der Klärung, ob es ggf. wiederkehrende Verhaltensmuster gibt, und der Beschreibung der Reproduktion von Macht und Ordnung.

II. Problemstellung und hierzu ergangene Entscheidungen

Eine nachträgliche Bestellung eines anderen/weiteren Pflichtverteidigers oder „Sicherungsverteidigers" während der laufenden Hauptverhandlung und nach Durchführung eines Teils der Beweisaufnahme kommt in der Praxis recht häufig vor, ist jedoch selten Gegenstand weitergehender gerichtlicher Entscheidungen. In den meisten Fällen regeln nämlich die Verfahrensbeteiligten die nachträgliche Bestellung eines weiteren Pflichtverteidigers einvernehmlich und praktisch – mal mit und mal ohne bewussten Verzicht des Angeklagten auf umfassende Information des neuen Verteidigers.

Aufgrund der fehlenden lückenlosen Dokumentation der Hauptverhandlungsinhalte in den Tatsacheninstanzen bei Land- und Oberlandesgerichten,[4] ergibt sich bei einer nachträglichen Beiordnung eines weiteren Pflichtverteidigers stets die Frage, wie dieser über die Inhalte von Zeugenvernehmungen, Sachverständigengutachten, Erklärungen, Einlassungen, Stellungnahmen etc. aus der Hauptverhandlung informiert werden soll, wenn nicht die Hauptverhandlung wiederholt oder ausgesetzt und mit einer neuen begonnen werden soll.[5] Das (vorläufige) Hauptverhandlungsprotokoll mit seinen Anlagen, die Anträge der Verfahrensbeteiligten und die Entscheidungen des Gerichts vermögen nur einen unzureichenden Einblick zu vermitteln und geben insbesondere den Inhalt von Zeugenaussagen gar nicht wieder.

In den folgenden drei Umfangsverfahren wurden weitere Pflichtverteidiger nach mehr als 200[6] bzw. mehr als 70 Verhandlungstagen[7] beigeordnet. In zwei der Verfahren wurde jeweils einer der ursprünglich bestellten und seit Beginn der Haupt-

[4] Auch das Hauptverhandlungsprotokoll bei Amtsgerichten weist oft große Lücken auf und ist von einer wortwörtlichen Wiedergabe des gesprochenen Worts oft weit entfernt.

[5] Das scheint in einer auf Effektivität getrimmten, unter dem statistischen Druck von Erledigungszahlen stehenden und die Ressource Justiz und die steuerliche Belastung des rechtstreuen Bürgers gleichermaßen im Blick habenden Justiz nahezu undenkbar zu sein. Die Verfasserin ist der Auffassung, dass grundsätzlich von Amts wegen oder auf den erforderlichen Antrag des nachträglich beigeordneten Pflichtverteidigers die Hauptverhandlung auszusetzen oder weitgehend zu wiederholen ist. Berufs- und Haftungsrecht lassen nur dann ausnahmsweise eine Fortsetzung der begonnenen Hauptverhandlung aus Sicht des neuen Pflichtverteidigers zu, wenn ein umfassend beratener und über die Risiken informierter Mandant dies ausdrücklich wünscht.

[6] OLG Stuttgart 5 – 3 StE 6/10; OLG München – 6 St 3/12.

[7] Im Wirtschaftsstrafverfahren vor dem LG Stuttgart waren in einer ersten Runde ab August 2013 insgesamt 26 Hauptverhandlungstage verhandelt worden, bevor wegen der Schwangerschaft einer Beisitzerin das Verfahren ausgesetzt und am 25.3.2014 neu begonnen wurde. Zum Zeitpunkt der Beiordnung des weiteren Pflichtverteidigers waren mehr als 70 Hauptverhandlungstage in der neuen Hauptverhandlung verhandelt worden (vgl. Koch, Anmerkung zu OLG Stuttgart – 2 Ws 203/15, StV 2016, 482ff.).

verhandlung tätigen Pflichtverteidiger entpflichtet. In keinem der Verfahren stellte der neu beigeordnete Pflichtverteidiger einen Aussetzungsantrag (§ 145 Abs. 3 StPO) und in keinem der Verfahren setzte das Gericht die Hauptverhandlung aus (§ 145 Abs. 2 StPO).

1. *NSU-Verfahren*

Im NSU-Verfahren vor dem OLG München entzog die Angeklagte Z. ihren Verteidigern nach ca. 200 Hauptverhandlungstagen im Juli 2014 das Vertrauen. Nachdem das Gericht zunächst den Prozess unterbrochen[8] und eine Stellungnahme der Angeklagten abgewartet hatte, setzte es die Verhandlung fort, weil diese keine detaillierten Vorwürfe enthalte, die auf ein nachhaltig zerrüttetes Vertrauensverhältnis schließen ließen.[9]

Es folgten weitere Entpflichtungsanträgen der Angeklagten Z. gegen einzelne ihrer Verteidiger, die das OLG jeweils abwies.[10] Anfang Juli 2015 ordnete das Gericht Frau Z. aber einen vierten, von der Angeklagten benannten, Pflichtverteidiger ihres Vertrauens bei. Kurz darauf beantragten die bisherigen Pflichtverteidiger ihre Entpflichtung, weil sie „die Bedingungen für eine ordnungsgemäße Verteidigung nicht mehr gegeben" sahen.[11] Das Oberlandesgericht lehnte den Antrag ab.[12]

Im Oktober 2015 beantragte der Verteidiger eines Mitangeklagten die Aussetzung des Verfahrens und die Aufhebung der Untersuchungshaft für seinen Mandanten, da die ordnungsgemäße Verteidigung der Angeklagten Z. nicht mehr gewährleistet sei. Das Oberlandesgericht lehnte den Antrag, dem sich die Angeklagte Z. angeschlossen hatte, ab, weil die bisherigen Pflichtverteidiger eingearbeitet seien und regelmäßig und aktiv an der Verhandlung teilgenommen hätten. Die mangelnde Kommunikation seit der Verteidigerkrise sei hierbei unerheblich.[13]

Das Oberlandesgericht München hat die Frage, ob der nach mehr als 200 Hauptverhandlungstagen beigeordnete Pflichtverteidiger ordnungsgemäß eingearbeitet sei, offengelassen, und die Frage, wer für die Einarbeitung des nachträglich beigeordneten Verteidigers im Hinblick auf die nicht wörtlich protokollierten Hauptverhandlungsteile zuständig sei bzw. wie eine solche Einarbeitung nach einer solch langen Hauptverhandlung erfolgen können sollte, gar nicht erst gestellt.

---

[8] *Truscheit,* Es muss etwas Gravierendes gewesen sein, In: Frankfurter Allgemeine Zeitung, 16.7.2014.

[9] http://www.spiegel.de/panorama/justiz/nsu-prozess-zschaepe-begruendet-vertrauensentzug-fuer-anwaelte-schlecht-a-981903.html (abgefragt am 30.12.17, 18:06 Uhr).

[10] *Schultz,* Zschäpe muss Sturm behalten, Süddeutsche Zeitung, 26.6.2015, http://www.sueddeutsche.de/politik/nsu-prozess-staatsanwaelte-lehnen-ermittlungen-gegen-zschaepe-anwaelte-ab-1.2586735 (abgefragt am 30.12.17, 18:20 Uhr).

[11] http://www.sueddeutsche.de/politik/nsu-prozess-drei-zschaepe-verteidiger-wollen-mandate-niederlegen-1.2573862 (abgefragt am 30.12.17, 18:26 Uhr).

[12] *Müller,* Im Namen des Rechts, Frankfurter Allgemeine Zeitung vom 20.7.2015.

[13] *Ramelsberger,* Der Richter verteidigt die Verteidiger, in Süddeutsche Zeitung, 13.10.2015.

2. *Wirtschaftstrafverfahren vor dem LG Stuttgart*

In einem Wirtschaftsstrafverfahren des LG Stuttgart, in dem den Angeklagten gemeinschaftlicher Betrug in über 1000 Fällen vorgeworfen wurde, waren jedem der beiden Angeklagten zwei Pflichtverteidiger beigeordnet. Nach ca. 11-monatiger Verhandlungsdauer ordnete der Vorsitzende beiden Angeklagten im Februar 2015 jeweils einen vom Gericht ausgesuchten, ortsansässigen dritten Pflichtverteidiger bei. Beide Angeklagten wehrten sich mit – im Ergebnis erfolglosen – Beschwerden gegen diese Beiordnungen. Die nachträglich beigeordneten Pflichtverteidiger sicherten ihre lückenlose Teilnahme am weiteren Verfahren zu und erklärten nach einer Einarbeitungsphase von ca. 6 Wochen parallel zur laufenden Hauptverhandlung nach entsprechender Aufforderung durch das LG Stuttgart, dass sie nunmehr in den gesamten Verfahrensstoff eingearbeitet seien.[14]

Mit weiterer[15] Verfügung vom 23.11.2015 entpflichtete der Vorsitzende erneut einen der ursprünglich bestellten Pflichtverteidiger mit der Begründung, dass dieser wegen mangelnder Teilnahme an der Hauptverhandlung eine grobe Pflichtverletzung begangen habe. Die hiergegen gerichtete Beschwerde des betroffenen Angeklagten verwarf das OLG Stuttgart als unbegründet.[16]

Das OLG Stuttgart führte in seinem Beschluss aus: „... die Teilnahme an der Hauptverhandlung (gehört) zum Kernbereich der Verteidigertätigkeit, da Grundlage der Urteilsfindung der Inbegriff der Hauptverhandlung ist ...“ Ferner heißt es im Beschluss: „Die Entpflichtung eines Verteidigers stellt nämlich keine Sanktion für ein pflichtwidriges Verhalten in der Vergangenheit dar, sondern dient ausschließlich dazu, dem Angeklagten einen geeigneten Beistand sowie einen geordneten Prozessablauf für die Zukunft zu sichern ... Es ist zu befürchten, dass der Zweck der Pflichtverteidigung, dem Angeklagten einen geeigneten Beistand zu sichern und einen ordnungsgemäßen Verfahrensablauf zu gewährleisten, durch die ungenügende Teilnahme an der Hauptverhandlung ernsthaft gefährdet ist. Grundsätzlich ist dem Gericht auch unter Berücksichtigung der Fürsorgepflicht für den Angeklagten eine inhaltliche Überprüfung und Bewertung der Verteidigertätigkeit verwehrt ... Ist jedoch anhand konkreter äußerer Umstände ersichtlich, dass der Verteidiger seine Aufgabe nicht sachgerecht und mit dem gebotenen Einsatz erfüllt und hierdurch eine konkrete Gefährdung der Rechte des Angeklagten und dessen effektiver Verteidigung entsteht, hat das Gericht im Rahmen seiner Fürsorgepflicht einzugreifen.“[17]

Der angerufene OLG-Senat hatte ausgerechnet, dass der entpflichtete Verteidiger lediglich 40,21% der gesamten Hauptverhandlungsdauer anwesend war. Der

---

[14] Eine ausführlichere Darstellung der Prozessgeschichte findet sich in *Koch,* Anmerkung zu OLG Stuttgart – 2 Ws 203/15, StV 2016, 482.

[15] Mit Verfügung vom 27.4.2015 nahm der Vorsitzende die Beiordnung jeweils eines der ursprünglich bestellten Pflichtverteidiger zurück, weil die Pflichtverteidiger nur unzureichend an der Hauptverhandlung teilnähmen, wobei diese Entscheidung durch das angerufene OLG Stuttgart mit Beschluss vom 21.5.2015 aufgehoben wurde. Die Verfügung vom 23.11.2015 stellte den zweiten Entpflichtungsanlauf dar.

[16] OLG Stuttgart StV 2016, 479ff.

[17] OLG Stuttgart StV 2016, 479 (480f.).

prozentuale Anteil der Teilnahme des neuen, dritten Pflichtverteidigers an der gesamten Hauptverhandlung wurde nicht angegeben.

Die Frage, wer für die Einarbeitung des nachträglich beigeordneten Verteidigers zuständig sei bzw. wie eine solche Einarbeitung nach einer solch langen Hauptverhandlung erfolgen können sollte, wurde wiederum nicht gestellt, obwohl das OLG Stuttgart im zitierten Beschluss Folgendes ausgeführt hat:

„Der Inbegriff der Hauptverhandlung stellt angesichts des Unmittelbarkeitsgrundsatzes die Grundlage der Urteilsfindung dar und ist daher auch für die Tätigkeit des Verteidigers von überragender Bedeutung. Zwar kann eine Unterrichtung durch einen weiteren Verteidiger, der in der Sitzung anwesend war, im Ausnahmefall ausreichend sein, jedoch nicht im Regelfall, zumal in Anbetracht des Verfahrensumfangs und des komplexen Sachverhalts eine Unterrichtung über den Inhalt einer mehrstündigen Hauptverhandlung allenfalls kursorisch und nicht etwa „eins zu eins" erfolgen kann. Sie birgt zudem die Gefahr von Übertragungsfehlern und Auslassungen. Darüber hinaus ist es dem abwesenden Verteidiger beispielsweise nicht möglich, Zeugenaussagen anhand des persönlichen Eindrucks zu bewerten und spontan Fragen zu stellen oder Augenscheinsobjekte selbst wahrzunehmen und zu prüfen. Nimmt ein Verteidiger wie im vorliegenden Fall an beinahe der Hälfte der Hauptverhandlung nicht teil, liegt es auf der Hand, dass eine ordnungsgemäße Verteidigung hierdurch in konkreter und schwerwiegender Weise gefährdet ist, zumal eine vorausgegangene Einarbeitung hierdurch wieder entwertet wird. Insoweit ist die Aufgabe der Verteidigung als Beistand des Angeklagten auch nicht vergleichbar mit der Tätigkeit der Staatsanwaltschaft, welche die Hauptverhandlung durch unterschiedliche Sitzungsvertreter, die keinen Mandanten beraten müssen, wahrnehmen lassen kann."[18]

Nimmt man das OLG Stuttgart beim Wort, ergibt sich hieraus aber zumindest der Schluss, dass eine Information des nachträglich bestellten Pflichtverteidigers durch den bereits seit Beginn der Hauptverhandlung tätigen Pflichtverteidiger nicht ausreichend ist, um dem neuen Verteidiger eine ordnungsgemäße Verteidigung zu ermöglichen. Gleiches müsste dann aber auch für eine Information durch den zumeist nicht einmal juristisch geschulten Angeklagten gelten.

3. *VStGB – Verfahren vor dem OLG Stuttgart*

Das Oberlandesgericht Stuttgart hatte in einem Staatsschutzverfahren zu klären, ob den Vorsitzenden/den Senat die Pflicht zur Information des nachträglich bestellten Sicherungsverteidigers über den bisherigen Prozessverlauf und den Inhalt der bisherigen Beweisaufnahme nach mehr als 200 Hauptverhandlungstagen träfe oder nicht.[19]

Im Fall des OLG Stuttgart sollte einem der Angeklagten wegen der Erkrankung eines von zwei Pflichtverteidigern und dessen Ausfall seit mehreren Monaten während der laufenden Hauptverhandlung nach mehr als 200 Hauptverhandlungstagen ein neuer Pflichtverteidiger bestellt werden, um das Verfahren zu sichern. Die Bei-

[18] OLG Stuttgart StV 2016, 479 (481).
[19] OLG Stuttgart 3–5 StE 6/10; Eine ausführliche Darstellung der diesbezüglichen Verfahrensgeschichte findet sich bei *Thielmann* HRRS 2/2017, 71ff.

ordnung des erkrankten Pflichtverteidigers, der bis zum Schluss des Verfahren nicht mehr an der Hauptverhandlung teilnahm, wurde zu einem späteren Zeitpunkt zurückgenommen und zuvor ein anderer, ortsansässiger Pflichtverteidiger bestellt, der – im Gegensatz zu zwei vom betroffenen Angeklagten ausgewählten Verteidigern – gegenüber dem Senat die Erklärung abgab, er werde sich in einer anstehenden Sommerpause von 4 Wochen in das Verfahren einarbeiten und keinen Aussetzungsantrag stellen. Die Beiordnung eines der vom Angeklagten benannten Verteidiger wurde abgelehnt, weil diese die Erklärung, keinen Aussetzungsantrag zu stellen, nicht abgegeben, sondern vielmehr mit konkretem Sachvortrag auf die Unmöglichkeit hingewiesen hatten, sich innerhalb einer Frist von 4 Wochen in das laufende Verfahren einarbeiten zu können.[20]

Unmittelbar vor der Beiordnung des weiteren Pflichtverteidigers hatte der Vorsitzende in einem Schreiben an einen der vom Angeklagten gewählten Rechtsanwälte Folgendes mitgeteilt:

„Der Aktenumfang beträgt momentan 199 Bände, gestern fand der 247. Hauptverhandlungstag statt und es wurden bisher 50 Zeugen und ein Sachverständiger (+ vier Sprachsachverständige) zu der Struktur der Organisation, um die es in diesem Verfahren geht, und der Verantwortlichkeit der beiden Angeklagten zu Ende vernommen. Zu denselben Beweisthemen wurden außerdem 362 Urkunden verlesen und 206 Augenscheinsobjekte in Augenschein genommen. Eine Auszählung sämtlicher Anlagen des natürlich noch nicht fertig gestellten Protokolls ist aus zeitlichen und personellen Gründen derzeit nicht möglich, zumal nicht ersichtlich ist, inwieweit dieser Gesichtspunkt entscheidend für die von Ihnen erbetenen Zusicherungen ist.“[21]

Der betroffene Angeklagte und seine verbliebene Pflichtverteidigerin weigerten sich, mit dem nachträglich bestellten Pflichtverteidiger zusammen zu arbeiten. Der Angeklagte empfand die Zusage des neuen Pflichtverteidigers, keinen Aussetzungsantrag zu stellen, ohne mit ihm zuvor gesprochen zu haben oder den Umfang des Verfahrens zu kennen, als eine schwere Pflichtverletzung des neuen Verteidigers und untersagte seiner Pflichtverteidigerin, die Informationen aus dem Mandatsverhältnis an den neuen Pflichtverteidiger weiter zu geben. Eine Zusammenarbeit des Angeklagten oder seiner Verteidigerin mit dem nachträglich beigeordneten Verteidiger fand nicht statt.[22]

Der Senat stellte dem neuen Pflichtverteidiger – trotz entsprechender Anträge des Angeklagten – keine Mitschriften der Senatsmitglieder vom Inhalt der Hauptverhandlung zur Verfügung, informierte ihn auch nicht mündlich vom Inhalt der bisherigen Zeugenvernehmungen und vertrat die Auffassung, dass es nicht Aufgabe des Gerichts, sondern des Angeklagten und der Pflichtverteidigerin sei, den nachträglich beigeordneten Pflichtverteidiger über den Inhalt der bisherigen Hauptverhandlung zu informieren. Das Gericht selbst übersandte dem neuen Verteidiger nur die Verfahrensakten und das vorläufige Hauptverhandlungsprotokoll

[20] *Thielmann* HRRS 2/2017, 71 (74).
[21] *Thielmann* HRRS 2/2017, 71 (72).
[22] *Thielmann* HRRS 2/2017, 71 (74).

samt Anlagen.[23] Der nachträglich bestellte Pflichtverteidiger selbst beantragte wenig später seine Entpflichtung, was das Gericht jedoch ablehnte.[24]

4. *Desertifikation*

Andere obergerichtliche oder gar höchstrichterliche Entscheidungen dazu, wessen Aufgabe es sein soll, einen nachträglich bestellten Pflichtverteidiger in den nicht protokollierten Gang der bisherigen Hauptverhandlung einzuarbeiten, gibt es nach hiesiger Recherche nicht.

III. *Die Verfahrensbeteiligten und ihre Aufgaben nach dem Gesetz*

1. *Der neue Pflichtverteidiger*

Den *nachträglich bestellten Pflichtverteidiger* selbst trifft die erste Pflicht, sich in das Verfahren einzuarbeiten. „Alsbald nach seiner Bestellung hat der Verteidiger sich mit dem Prozessstoff vertraut zu machen. Er muss eigenverantwortlich beurteilen, ob er die Verteidigung ohne einen Antrag nach § 145 Abs. 3 StPO führen kann."[25] Es ist grundsätzlich nicht Sache des Gerichts, dies nachzuprüfen, denn als unabhängiges Organ der Rechtspflege hat der RA die Verteidigung selbstständig zu führen.[26]

Auch wenn der neu bestellte Pflichtverteidiger dieser Pflicht nach besten Kräften nachkommt, verbleiben Bereiche, in denen er eine Einarbeitung in das Verfahren nicht autonom leisten kann, weil es keine amtliche/keine verbindliche Dokumentation des gesamten Inhalts der Hauptverhandlung und damit kein Material gibt, auf das er ohne die Unterstützung anderer Verfahrensbeteiligter selbständig zurückgreifen könnte. Darüber hinaus kann es zu Fehleinschätzungen des neuen

---

[23] *Thielmann* HRRS 2/2017, 71 (80).

[24] In seinem Antrag hieß es: „Mithin ist festzustellen, dass der Angeklagte mit dem Unterzeichner nicht spricht und seine beiden Verteidiger nicht von der anwaltlichen Schweigepflicht entbunden hat, sodaß eine Verteidigung nicht sachgerecht geführt werden kann, nachdem der Unterzeichner von sämtlichen Informationen der Verteidigung ausgeschlossen ist. Das Vertrauensverhältnis ist nicht nur endgültig und nachhaltig erschüttert, es konnte überhaupt keines aufgebaut werden, weshalb eine sachgerechte Verteidigung nicht möglich ist. Schon deshalb bitte ich, mich von der Verteidigung zu entpflichten und die Beiordnung vom 7.8.2014 aufzuheben." (zitiert aus *Thielmann* HRRS 2/2017, 71 (74)).

[25] *Willnow/Laufhütte* in KK-StPO, 7. Aufl. 2013, StPO § 145 Rn. 9; vgl. auch *Pfeiffer,* 5. Aufl. 2005, StPO § 145 Rn. 4.

[26] BGH NStZ 1997, 401; BGH NStZ 2014, 45: „... Maßgeblich ist zunächst die Erwägung, wie der Strafverteidiger als Organ der Rechtspflege selbst beurteilt, ob er für die Erfüllung seiner Aufgabe hinreichend vorbereitet ist. Hält er die Vorbereitungszeit für ausreichend, ist das Gericht grundsätzlich nicht berufen, dies zu überprüfen. Doch gibt es greifbare Anhaltspunkte dafür, dass dies nicht der Fall sein könnte, gebietet die Fürsorgepflicht des Gerichts die Prüfung einer Aussetzung oder Unterbrechung des Verfahrens. Dies ist etwa der Fall, wenn der Verteidiger objektiv nicht genügend Zeit hatte, sich vorzubereiten".

Pflichtverteidigers aufgrund mangelnder Übersicht und Verfahrenskenntnis kommen.[27]

Die Zweifelhaftigkeit, ob der nachträglich bestellte Pflichtverteidiger selbst unmittelbar nach seiner Beiordnung überhaupt beurteilen kann, ob er sich pflichtgemäß auf die Verteidigung vorbereiten kann, ohne dass diese ausgesetzt werden müsste, ergibt sich bereits aus dem Zeitpunkt seiner notwendigen Entscheidung: Die Erklärung nach § 145 Abs. 3 StPO kann der Verteidiger nur bei Übernahme der Verteidigung abgeben. Er kann die Unterbrechung oder Aussetzung „nicht zu einem beliebigen späteren Zeitpunkt" erzwingen[28] – also gerade nicht zu einem späteren Zeitpunkt, zu dem ihm das Ausmaß der Lückenhaftigkeit seiner Einarbeitungsmöglichkeiten bewusst werden kann.

Vertritt man die Auffassung, dass ausschließlich den neuen Verteidiger die Verantwortung für seine Information über den bisherigen Inhalt der Beweisaufnahme trifft, muss daraus zwingend folgen, dass dann von nachträglich beigeordneten Verteidigern stets ein Aussetzungsantrag gestellt werden muss, wenn die Verhandlung nicht in seiner Anwesenheit wiederholt werden soll oder das Gericht signalisiert, von Amts wegen die Hauptverhandlung auszusetzen. Eine Erklärung, sich in den Verfahrensstand einzuarbeiten und die Verteidigung umfassend vorbereiten zu können, wenn dies in wesentlichen Teilen ohne Hilfe unmöglich ist und der neue Verteidiger die Verfahrenssituation gar nicht umfassend beurteilen kann, kann dem Anspruch des Angeklagten auf effektive Verteidigung niemals genügen.

Etwas anderes kann nur dann gelten, wenn die Pflicht des neuen Verteidigers zur Einarbeitung durch Pflichten anderer Verfahrensbeteiligter in den Punkten ergänzt wird, in denen der neue Verteidiger eine eigene Einarbeitung nicht leisten kann. Die Verfahrensbeteiligten, die – im Gegensatz zum nachträglich bestellten Verteidiger – seit Beginn der Hauptverhandlung an dieser teilgenommen haben, verfügen insoweit über überlegenes Wissen.

Die StPO enthält keine ausdrückliche Regelung dazu, wessen Aufgabe die zusätzliche Information ist. Und auch in der gängigen Kommentarliteratur finden sich nur einzelne Hinweise, jedoch keine systematische Befassung mit der Frage. Aus einigen gesetzlichen Vorschriften könnten sich jedoch Anhaltspunkte für eine bestehende oder fehlende Verantwortlichkeit bestimmter Verfahrensbeteiligter und ihre Grenzen ableiten lassen.

2. *Der Angeklagte*

Der *Angeklagte* ist im Strafverfahren grundsätzlich zur Anwesenheit, nicht jedoch zur Mitwirkung verpflichtet. Er muss vielmehr frei von Zwang eigenverantwortlich entscheiden können, ob und gegebenenfalls inwieweit er im Strafverfahren mit-

---

[27] Hier sei der Hinweis auf die Entscheidung des OLG Stuttgart erlaubt: „Ist jedoch anhand konkreter äußerer Umstände ersichtlich, dass der Verteidiger seine Aufgabe nicht sachgerecht und mit dem gebotenen Einsatz erfüllt und hierdurch eine konkrete Gefährdung der Rechte des Angeklagten und dessen effektiver Verteidigung entsteht, hat das Gericht im Rahmen seiner Fürsorgepflicht einzugreifen." (OLG Stuttgart StV 2016, 479 (481)).

[28] BGHSt 13, 339 = NJW 1960, 253.

wirkt.[29] Er muss nicht einmal mit seinem Verteidiger sprechen. Inwiefern den Angeklagten also eine Pflicht zur Information des nachträglich bestellten Verteidigers treffen sollte – wie es das OLG Stuttgart oben im dritten Beispielsfall entschieden hat – ist nicht erkennbar und lässt sich aus keiner StPO-Norm ableiten.

Dies muss umso mehr gelten, wenn der Vorsitzende einen Pflichtverteidiger nachträglich bestellt, der das Vertrauen des Angeklagten nicht genießt. Aus dem Grundsatz, dass das Vertrauensverhältnis zwischen einem Angeklagten und seinem Verteidiger nicht nur strafprozessual, sondern auch verfassungsrechtlich von besonderem Rang ist, weil das Recht des Beschuldigten, sich eines Verteidigers seines Vertrauens zu bedienen, „eine besondere Ausprägung des verfassungsrechtlich verbürgten Anspruchs auf ein faires Verfahren" und ein Recht „von hohem Rang" ist, das der „Waffengleichheit" im Prozess dient,[30] folgt umgekehrt, dass dem Angeklagten keine Zusammenarbeit mit einem Verteidiger aufgezwungen werden darf, der sein Vertrauen nicht besitzt. Da das Vertrauensverhältnis nach der Rechtsprechung des Bundesverfassungsgerichts eine „zwingende Voraussetzung für eine effektive Stärkung der Stellung des Beschuldigten, die ihm die aktive Wahrnehmung seiner Verteidigungsrechte im Prozess erst ermöglicht"[31] und damit „zur Wahrung seiner Rechte auf den Gang und das Ergebnis des Strafverfahrens Einfluss zu nehmen"[32] darstellt, hat der Verteidiger dem Angeklagten Beistand zu leisten und nicht umgekehrt.

3. *Der bisherige Pflichtverteidiger*

Der seit Beginn der Hauptverhandlung und auch nach der Beiordnung des weiteren Verteidigers tätige *„alte Pflichtverteidiger"*, der parallel zum nachträglich bestellten Pflichtverteidiger den Angeklagten verteidigt, ist zum einen über das Mandatsgeheimnis und die Strafbewährung dessen Bruchs, dem Angeklagten verpflichtet. Die Reichweite der in § 43a Abs. 2 BRAO und inhaltsgleich in § 2 BORA geregelten Verschwiegenheitspflicht des Rechtsanwalts betrifft alles, was dem Rechtsanwalt in Ausübung seines Berufs bekannt geworden ist, ohne dass es darauf ankommt, von wem und auf welche Weise er sein Wissen erworben hat.[33] Die Verschwiegenheitspflicht betrifft auch mandatsbezogenes Wissen, das über Dritte vermittelt wird, und Zufallswissen, das im Rahmen beruflicher Tätigkeit erlangt worden ist.[34] Von dieser Pflicht kann der Verteidiger nur durch seinen Mandanten befreit werden. Dieser ist „Herr des Geheimnisses".[35] Fehlt es also an einer Entbindung des „alten Pflichtverteidigers" von der Verschwiegenheitspflicht durch den

[29] Vgl. BVerfGE 38, 105; BVerfGE 56, 37.
[30] Vgl. BVerfGE 34, 293 (302); 38, 105 (111); 66, 313 (319); 68, 237 (255).
[31] BVerfG Beschl. v. 12.8.2002 – 2 BvR 932/02; vgl. auch BVerfGE 34, 293 (302); *Lüderssen* in Löwe/Rosenberg, 26. Aufl. 2007, StPO § 137 Rn. 2.
[32] BVerfG NJW 1978, 151; BVerfG NJW 1983, 1599.
[33] BGH NJW 2011, 1077.
[34] *Henssler* in Henssler/Prütting, 3. Aufl. 2010, BRAO § 43a Rn. 46, 48 und 62; *Feuerich* in Feuerich/Weyland, 7. Aufl. 2008, BRAO § 43a Rn. 16; *Hartung* in Hartung/Römermann, Berufs- und Fachanwaltsordnung, BerufsO § 2 Rn. 16.
[35] Vgl. BGH NJW 1990, 510.

Mandanten, trifft ersteren nicht nur keine Pflicht zur Information des nachträglich beigeordneten Pflichtverteidigers, die Information ist ihm sogar untersagt.

Zum anderen ist der seit Beginn der Hauptverhandlung tätige Pflichtverteidiger weiterhin verpflichtet, die Verteidigung zu führen. Die Kardinalpflichten eines Verteidigers sind „(1) Informations- und Aufklärungspflichten, (2) Rechtsprüfungspflichten, (3) Beratungs- und Belehrungspflichten sowie (4) Handlungs- und Schadensverhütungspflichten".[36] Diese Pflichten sind stets auf den Mandanten bezogen. Er hat also die weiterhin laufende Hauptverhandlung vor- und nachzubereiten, Anträge und Erklärungen vorzubereiten, Mandantengespräche, ggf. JVA-Besuche, durchzuführen und kann sich die Verteidigung mit dem nicht vollständig eingearbeiteten weiteren Pflichtverteidiger nicht teilen, so dass für die – möglicherweise umfangreiche – notwendige Information des neuen Verteidigers keine Zeit bleibt.

Schließlich bleibt auf die Zweifel des OLG Stuttgart zur Möglichkeit der umfassenden Information des einen Verteidigers durch den anderen hinzuweisen.[37]

4. *Staatsanwaltschaft*

Der Sitzungsvertreter der *Staatsanwaltschaft* ist als zur Objektivität verpflichtetes Organ der rechtsprechenden Gewalt dafür verantwortlich, dass das Ermittlungsverfahren rechtmäßig, sorgfältig und zuverlässig abläuft.[38] Aus der Stellung der Staatsanwaltschaft als „objektivste Behörde der Welt" und damit ihrer Neutralitätspflicht ergibt sich eine grundsätzliche Eignung der Sitzungsvertreter der StA, einen nachträglich bestellten Verteidiger über die Inhalte der Hauptverhandlung zu informieren, die durch das Hauptverhandlungsprotokoll nicht hinreichend dokumentiert werden. Wenn die Tätigkeit der Staatsanwaltschaft, welche die Hauptverhandlung durch unterschiedliche Sitzungsvertreter, die keinen Mandanten beraten müssen, wahrnehmen lassen kann, dadurch gewährleistet wird, dass sich mehrere Sitzungsvertreter über den Inhalt der Hauptverhandlung informieren, könnte diese Information auch an den nachträglich beigeordneten Pflichtverteidiger weitergegeben werden.

Hiergegen könnte zwar sprechen, dass das Vertrauensverhältnis zwischen dem neuen Pflichtverteidiger und dem von ihm verteidigten Angeklagten leiden könnte, diesem Einwand könnte man jedoch durch eine überprüfbare Form der Information mündlich in der Hauptverhandlung oder in schriftlicher Form begegnen.

---

[36] *Barton* in Münchener Anwaltshandbuch Strafverteidigung, 2. Aufl. 2014, § 41 Rn. 16.

[37] „Zwar kann eine Unterrichtung durch einen weiteren Verteidiger, der in der Sitzung anwesend war, im Ausnahmefall ausreichend sein, jedoch nicht im Regelfall, zumal in Anbetracht des Verfahrensumfangs und des komplexen Sachverhalts eine Unterrichtung über den Inhalt einer mehrstündigen Hauptverhandlung allenfalls kursorisch und nicht etwa „eins zu eins" erfolgen kann. Sie birgt zudem die Gefahr von Übertragungsfehlern und Auslassungen." OLG Stuttgart StV 2016, 479 (481).

[38] *Griesbaum* in KK-StPO, 7. Aufl. 2013, § 160 Rn. 4; vgl. BGH NJW 2009, 2612.

5. *Gericht*

Der *Vorsitzende* hat den Angeklagten nach dem Gesetz in mehreren Fällen vom Inhalt der Hauptverhandlung nachträglich zu informieren: nach § 231 a Abs. 2 StPO bei schuldhafter Herbeiführung seiner Verhandlungsunfähigkeit, nach § 231 b StPO bei Entfernung des Angeklagten wegen ordnungswidrigen Verhaltens, nach § 247 S. 4 StPO bei Entfernung des Angeklagten bei der Vernehmung von Zeugen und Mitangeklagten.

Der Vorsitzende informiert auch Sachverständige über den Inhalt von Hauptverhandlungstagen, an denen diese nicht teilgenommen haben.

Wenn in diesen gesetzlich geregelten Fällen eine Information durch den Vorsitzenden ausreichend und notwendig ist, um dem Angeklagten die Wahrnehmung seiner Verteidigungsrechte zu ermöglichen, liegt eine entsprechende Anwendung dieser Regelung auf die Information des nachträglich beigeordneten Pflichtverteidigers über die Hauptverhandlungsinhalte nahe, die sich der neue Verteidiger nicht selbst durch die eigene Einarbeitung verschaffen kann.

IV. Motive und Bilanz

Die Richter in den drei Beispielfällen hatten die weitere Durchführbarkeit der Hauptverhandlung im Blick und wollten eine Aussetzung der Hauptverhandlung unbedingt vermeiden. Im zweiten Beispielsfall könnte ggf. auch noch eine gewisse Disziplinierung und Erziehung der Verteidigung eine Rolle gespielt haben.

Keines der drei Gerichte hat die Hauptverhandlung – auch nur in Teilen – wiederholt. Allen Richtern in den drei genannten Verfahren muss bewusst gewesen sein, dass sich ein neuer Verteidiger nach mehr als 200 oder mehr als 70 Hauptverhandlungstagen nicht innerhalb weniger Wochen derart in das Verfahren eingearbeitet haben kann, dass er ein vollwertiger Verteidiger geworden wäre. Es ist zu vermuten, dass sich sämtliche Richter, wäre ein solches Ansinnen an sie herangetragen worden, vehement unter Hinweis auf den Umfang der bisherigen Hauptverhandlung gegen die Zumutung gewehrt und eine ggf. haftungsauslösende Erklärung, nun eingearbeitet zu sein, keinesfalls abgegeben hätten.

In allen drei Verfahren waren die Verfahrensakten und -daten bereits zu umfangreich und die Zahl der Beweiserhebungen, die nicht wortwörtlich im Hauptverhandlungsprotokoll dokumentiert sind, zu groß für eine kurzfristige, aber dennoch umfassende Einarbeitung. Der behauptete Zweck der Sicherung einer effektiven Verteidigung war erkennbar mit dem konkreten Vorgehen in allen drei Verfahren so nicht zu erreichen.

Den beiden letzten Beispielsverfahren ist gemeinsam, dass die richterliche Beiordnung des weiteren Verteidigers, der jeweils keinen Aussetzungsantrag stellte, gegen den Willen des Angeklagten erfolgte. In allen drei Fällen schadete die nachträgliche Beiordnung ohne Aussetzung der Hauptverhandlung und ohne umfassende Information des neuen Verteidigers über den Inhalt der bisherigen Hauptverhandlung dem Angeklagten/der Angeklagten und dessen/deren Möglichkeit zu effektiver Verteidigung durch einen Verteidiger des Vertrauens, während sie dem Gericht nutzte, das die Hauptverhandlung nahtlos fortsetzen konnte.

Die Argumentation, ob ein Verteidiger einen anderen Verteidiger umfassend über den bisherigen Gang der Hauptverhandlung informieren kann, schwankt in den gerichtlichen Entscheidungen zwischen den Extremen „unmöglich" und „unbedingte Pflicht". Ob es dem zweiten Verteidiger unmöglich sein soll, den Kollegen ausreichend zu informieren, oder ob der zweite Verteidiger verpflichtet sein soll, den Kollegen einzuarbeiten, wird von den Gerichten nicht an Rechtsnormen oder Rechtsgrundsätzen festgemacht, sondern hängt augenscheinlich davon ab, welchem Ziel die Argumentation dienen soll und erscheint austauschbar.

Erörterungsbedürftig ist zudem die Frage, warum die nachträglich beigeordneten Verteidiger die Erklärung abgaben, sich einarbeiten zu können oder bereits eingearbeitet zu haben, wenn dies in der zur Verfügung stehenden Zeit und mit den zur Verfügung stehenden Mitteln unmöglich war und teilweise dem Interesse ihrer Mandanten entgegenstand. War die Entscheidung des neuen Pflichtverteidigers, keinen Aussetzungsantrag zu stellen, autonom? War sie conditio sine qua non für seine Beiordnung? Hat der neue Pflichtverteidiger in diesem Bewusstsein entschieden? Es ist der gleiche Vorsitzende, der den nachträglich beizuordnenden Pflichtverteidiger aussucht und bestellt, der es später diesem Verteidiger überlässt, sich selbst einzuarbeiten, obwohl dies objektiv nicht vollständig möglich ist. Dies ist kein Respekt gegenüber einem Organ der Rechtspflege, sondern Abschieben von Verantwortung bei überlegenem Wissen.

V. Lösungsvorschlag

Im Vergleich der Verfahrensbeteiligten entspricht es von den gesetzlich normierten Informationsaufgaben, von den Möglichkeiten, Mitschriften oder ausreichende Dokumentationen zu erstellen bzw. erstellen zu lassen und von der idealtypisch gesetzlich vorgesehenen Unvoreingenommenheit und Unparteilichkeit am ehesten der Rolle des Vorsitzenden des Gerichts, die Lücke in den Einarbeitungsmöglichkeiten des nachträglich bestellten Verteidigers zu schließen.

Soll die Aussetzung einer langandauernden Hauptverhandlung vermieden werden, muss der Vorsitzende/das Gericht den nachträglich beigeordneten Pflichtverteidiger über den Inhalt der Hauptverhandlung informieren, der sich nicht aus dem Inhalt des Hauptverhandlungsprotokolls oder mitgeschnittener akustischer Aufzeichnungen ergibt. Diese Information muss umfassend sein und ist der Preis für eine Vermeidung der Aussetzung oder Wiederholung der Hauptverhandlung.

In Fällen, in denen der neue Verteidiger seine Fähigkeit zu sachgerechter Verteidigung nicht in Frage stellt, sondern die Hauptverhandlung ohne zeitliche Verzögerung fortsetzen will, in denen aber der Angeklagte zu erkennen gibt, dass er mehr Zeit zur Vorbereitung der Verteidigung benötigt, ist das Gericht in der Pflicht zu handeln.[39]

[39] Argumentum e contrario aus BGH NStZ 2013, 122.

In den Fällen, in denen in OLG-Senaten die Hauptverhandlungen zum Zwecke der Überprüfung der senatsinternen Mitschriften akustisch aufgezeichnet werden, könnten derartige Aufzeichnungen ausgehändigt werden, um den nachträglich beigeordneten Pflichtverteidiger zu informieren.

Wenn man das Gericht dieser Pflicht der ergänzenden Information des neuen Pflichtverteidigers nicht aussetzen möchte, führt kein Weg an einer umfassenden, nachträglich vollständig reproduzierbaren Dokumentation aller Hauptverhandlungsinhalte vorbei.

ROLF HANNICH

Akteneinsichtsrecht im Ordnungswidrigkeitenverfahren

I. Problemstellung

Zu Umfang und Ausgestaltung des Akteneinsichtsrechts des Betroffenen und des Verteidigers im Ordnungswidrigkeitenverfahren ist in den vergangenen Jahren eine fast nicht mehr zu überblickende Anzahl gerichtlicher Entscheidungen ergangen. Beinahe zu allen einschlägigen Problemen gibt es divergierende Entscheidungen. Im Vordergrund stehen dabei die Messmethoden und ihre Zuverlässigkeit. Die Gerichte sind beim Umgang mit den Beweiserleichterungen durch standardisierte Messverfahren unsicher. Für die Verteidiger sind Anträge auf Beiziehung weiterer Unterlagen häufig weniger von einem ernsthaften Wunsch nach Akteneinsicht getragen; sie dienen vielmehr dazu, mittelbare Ziele und prozesstaktische Überlegungen durchzusetzen. So kann es darum gehen, das Verfahren dem Eintritt der Verfolgungsverjährung einen Schritt näher zu bringen, das Gericht zu einer Verfahrenseinstellung zu „animieren" oder auch nur das Verfahren so zu verzögern, dass ein Fahrverbot zu einer dem Betroffenen angenehmen Zeit verbüßt werden oder gar wegen „fahrverbotsfeindlicher Verfahrensdauer" ganz wegfallen kann.[1] Ein wesentlicher Streitpunkt ist dabei die Klärung des Umfangs des Akteneinsichtsrechts bei standardisierten Messverfahren. Wertvolle Beiträge zur Darstellung und Systematisierung des Streitstandes haben *Cierniak*[2], *Cierniak/Niehaus*[3] und *Fromm*[4] geleistet. Hieran knüpft der vorliegende Beitrag an. Mit ihm soll versucht werden darzulegen, dass bei zutreffender Rechtsanwendung die Behandlung von Anträgen auf Beiziehung und Einsicht in weitere Unterlagen zu Unrecht als nicht ausreichend geregeltes Problem gesehen wird.

II. Grundlagen

1. Akteneinsicht des Betroffenen im Verfahren der Verwaltungsbehörde

Das Akteneinsichtsrecht des Betroffenen im Verfahren der Verwaltungsbehörde ist in § 49 Abs. 1 OWiG[5] geregelt. Die Vorschrift geht zurück auf das Justizmittei-

---

[1] Vgl. *Krumm* NJW 2017, 607.

[2] *Cierniak* ZfS 2012, 664.

[3] *Cierniak/Niehaus* DAR 2014, 2.

[4] *Fromm* NZV 2013, 16.

[5] Gesetz über Ordnungswidrigkeiten (OWiG) vom 24.5.1968 (BGBl. 1968 I 481), zul. geänd. durch Art. 5 des Gesetzes vom 27.8.2017 (BGBl. 2017 I 3295).

lungsgesetz (JuMiG) vom 18.6.1997.[6] Das Justizkommunikationsgesetz (JKomG) vom 22.3.2005[7] hatte im Ordnungswidrigkeitenverfahren Regelungen zur elektronischen Kommunikation und Aktenführung (§§ 110a bis e) geschaffen: Diese wurden – nachdem elektronische Aktenführung und Kommunikation auch im Strafverfahren eingeführt sind – durch das Gesetz zur Einführung der elektronischen Akte in der Justiz und zur weiteren Förderung des elektronischen Rechtsverkehrs vom 5.7.2017[8] an die entsprechenden neuen Vorschriften im Strafverfahren angeglichen. § 49 Abs. 1 OWiG gewährt dem Betroffenen auf Antrag einen Anspruch auf Einsicht in die Akten, soweit der Untersuchungszweck, auch in einem anderen Straf- oder Bußgeldverfahren, nicht gefährdet werden kann und nicht überwiegende schutzwürdige Interessen Dritter entgegenstehen. Regelungen zur Art und Weise der Gewährung von Akteneinsicht enthält § 110c OWiG, der seinerseits auf die Vorschriften der Strafprozessordnung, hier auf § 32f StPO verweist.[9]

2. *Akteneinsicht des Betroffenen im gerichtlichen Verfahren*

Im gerichtlichen Verfahren gilt für den Betroffenen § 147 Abs. 4 StPO iVm § 46 OWiG. Dem unverteidigten Betroffenen steht in entsprechender Anwendung der Abs. 1 bis 3 der Vorschrift ein Akteneinsichtsrecht zu, soweit der Untersuchungszweck auch in einem anderen Strafverfahren nicht gefährdet werden kann und überwiegende schutzwürdige Interessen Dritter nicht entgegenstehen. Mit dieser durch das Gesetz zur Einführung der elektronischen Akte in der Justiz vom 5.7.2017 geschaffenen Änderung des bis Ende 2017 geltenden Rechts, das in der Regel nur einen Anspruch auf Auskünfte und Abschriften beinhaltete,[10] ist die Prüfung der Erforderlichkeit der Einsicht für eine angemessene Verteidigung entfallen.[11] Beschränkt werden kann die Einsicht nur noch aus den in Abs. 4 genannten Gründen. Bei einem verteidigten Betroffenen wird das Akteneinsichtsrecht in der Regel vom Verteidiger ausgeübt.[12] In besonders gelagerten Fällen kann es jedoch geboten sein, auch dem Betroffenen selbst Akteneinsicht zu gewähren, so wenn die Akteneinsicht durch den Verteidiger nicht ausreichend erscheint, um eine sachgerechte Verteidigung zu gewährleisten.[13]

3. *Akteneinsicht des Verteidigers*

Das Akteneinsichtsrecht und das Recht auf Besichtigung der sichergestellten Beweisstücke steht dem Verteidiger nach Maßgabe der sinngemäß anzuwendenden

---

[6] BGBl. 1997 I 1430.

[7] BGBl. 2005 I 837.

[8] BGBl. 2017 I 2208.

[9] Vgl. dazu *Lampe* in KK-OWiG, 5. Aufl. 2018 § 49 Rn. 1 ff.; *Graf* in KK-OWiG, 5. Aufl. 2018 § 110c Rn. 79 ff.

[10] *Schmitt* in Meyer-Goßner/Schmitt, 61. Aufl. 2018, StPO § 147 Rn. 31 f.

[11] BT-Drs. 18/9416, 50.

[12] *Göhler/Seitz/Bauer,* 17. Aufl. 2017, OWiG § 60 Rn. 48; Rebmann/Roth/Herrmann (RRH), 3. Aufl. 18. Lfg. OWiG § 60 Rn. 38; *Krekeler* NStZ 1989, 146 (149).

[13] OLG Zweibrücken NJW 1977, 1699; *Krekeler* wistra 1983, 43 (46).

§§ 147, 32f StPO zu. Das Akteneinsichtsrecht entsteht mit der internen Entscheidung der Verwaltungsbehörde, einen Bußgeldbescheid zu erlassen.[14] Davor steht die Gewährung von Akteneinsicht an den Verteidiger im pflichtgemäßen Ermessen der Verwaltungsbehörde. Sie kann versagt werden, wenn durch die Akteneinsicht der Untersuchungszweck gefährdet würde (§ 147 Abs. 2 StPO iVm § 46 OWiG). Dem Verteidiger sollen die Akten auf seinen Antrag in seine Geschäftsräume oder seine Wohnung mitgegeben oder übersandt werden.[15]

4. *Aktenbegriff*

Auch im Ordnungswidrigkeitenverfahren gilt der „formelle Aktenbegriff".[16] Zu den Akten gehören alle Vorgänge, die von der Verfolgungsbehörde in Ausübung ihrer Objektivitätsverpflichtung als möglicherweise entscheidungserheblich den Verfahrensakten zugeordnet werden.[17] Dazu gehören sämtliche von der Verfolgungsbehörde und der Polizei gesammelten Vorgänge, die auch dem Gericht tatsächlich vorgelegt wurden,[18] sowie die danach entstandenen Aktenteile und die vom Gericht herangezogenen Beiakten.[19] Zu den vorgelegten Akten gehören nur diejenigen Unterlagen, die durch die Identität der Tat und des Täters konkretisiert werden.[20] Ferner gehören hierzu Unterlagen, die ohne Bezug zur Verfolgung der dem Täter konkret zur Last gelegten Tat von Bedeutung für die Schuld- oder Rechtsfolgenfrage sein können. Ein Einsichtsrecht in Unterlagen, die als solche nicht Bestandteil der dem Gericht vorliegenden Akten sind, kann daher auf § 147 Abs. 1 iVm § 46 OWiG nicht gestützt werden.[21] Der Aktenbegriff des § 147 Abs. 1 StPO gibt keinen Anspruch auf Erweiterung des Aktenbestands.[22] Deshalb hilft in der Regel auch die Berufung auf den Grundsatz der Aktenwahrheit und Aktenvollständigkeit[23] nicht weiter, weil die Unterlagen, in die Akteneinsicht begehrt wird, im Verfahren nicht beigezogen waren und deshalb konkrete Ermittlungsmaßnahmen, deren Ergebnisse zu Akten zu bringen gewesen wären, nicht durchgeführt worden sind.

---

[14] *Ellbogen* in KK-OWiG, 5. Aufl. 2018, OWiG § 69 Rn. 75.

[15] *Schmitt* in Meyer-Goßner/Schmitt, 61. Aufl. 2018, StPO § 147 Rn. 12; § 32f Rn. 10f.

[16] Zu den abweichenden Auffassungen („materieller" oder „funktioneller" Aktenbegriff) vgl. *Lüderssen/Jahn* in Löwe-Rosenberg, 26. Aufl., StPO § 147 Rn. 24ff.

[17] BVerfGE 63, 45 (62) = NJW 1983, 1043ff.; BGHSt 30, 131 = NJW 1981, 2267ff.; NStZ 2005, 569, 570; BGH StV 2010, 228; *Lampe* in KK-OWiG, 5. Aufl. 2018, § 49 Rn. 13.

[18] S. auch BGH NStZ 2009, 399; OLG Celle NZV 2017, 491.

[19] *Cierniak/Niehaus* DAR 2014, 2ff.

[20] OLG Celle NStZ 2014, 525 mAnm *Lampe* jurisPR-StrafR, 18/2013 Anm. 2.

[21] S. dazu OLG Bamberg NStZ 2018, 235ff. und OLG Düsseldorf NZV 2016, 140 m. krit. Anm. *Fromm* NZV 2016, 142; OLG Frankfurt a. M. NStZ-RR 2013, 223.

[22] *Göhler/Seitz/Bauer* 17. Aufl. 2017, OWiG § 60 Rn. 49; RRH 3. Aufl. 23. Lfg. OWiG § 49 Rn. 6; OLG Bamberg NStZ 2018, 235ff.; OLG Oldenburg DAR 2015, 406; OLG Celle NZV 2017, 491.

[23] KG StV 2017, 361; BGH NStZ 2017, 651 mAnm *Löffelmann* JR 2017, 58; OLG Celle NStZ 2014, 525.

III. Beiziehung weiterer Unterlagen

1. Aufklärungspflicht und Beweisanträge

Führt das Begehren auf Beiziehung und Einsicht in weitere Unterlagen nach § 49 OWiG oder § 147 StPO iVm § 46 OWiG zunächst nicht weiter, gilt es Verwaltungsbehörde oder Gericht auf anderem Wege zum Tätigwerden zu veranlassen. Zum einen kann der Hinweis auf die Aufklärungspflicht Anlass geben, weitere noch nicht bei den Akten befindliche Unterlagen beizuziehen, zum anderen können hierauf gerichtete Beweisanträge ein Tätigwerden erfordern. Bestehen zwischen Betroffenem oder Verteidiger und der Verwaltungsbehörde Unstimmigkeiten über die Beiziehung weiterer Unterlagen, kann ein Antrag auf gerichtliche Entscheidung nach § 62 OWiG gestellt werden.[24] Der daraufhin ergehende Beschluss des Amtsgerichts ist unanfechtbar.[25] Lehnt das Gericht in der Hauptverhandlung die Beiziehung weiterer Unterlagen ab, stehen dem Antragsteller unterschiedliche Rechtsmittel oder Rechtsbehelfe zur Verfügung.[26] In erster Linie kann der Betroffene Antrag auf Zulassung der Rechtsbeschwerde stellen oder Rechtsbeschwerde einlegen. Umstritten ist, ob gegen den die Beiziehung weiterer Unterlagen ablehnenden richterlichen Beschluss die Beschwerde (§ 304 Abs. 1 StPO iVm § 46 OWiG) gegeben ist. Nach der überwiegenden Rechtsprechung steht § 305 S. 1 StPO iVm § 46 Abs. 1 OWiG der Zulässigkeit der Beschwerde entgegen.[27]

2. Rechtliches Gehör, faires Verfahren und unzulässige Beschränkung der Verteidigung

Der Anspruch auf Beiziehung weiterer Unterlagen könnte sich aus der Verpflichtung zur Gewährung rechtlichen Gehörs und zur Gewährleistung eines fairen Verfahrens sowie aus einer unzulässigen Beschränkung der Verteidigung ergeben. Rügen von Verstößen gegen diese Verfahrensgarantien werden im Einzelfall aber nur Erfolg versprechen, wenn für diese bereits in der Hauptverhandlung durch entsprechende Anträge die Grundlagen gelegt werden.

3. Voraussetzungen für die Beiziehung weiterer Unterlagen

Anträge auf Beiziehung weiterer Unterlagen werden in Bußgeldsachen hauptsächlich bei Verkehrsordnungswidrigkeiten gestellt. Insbesondere geht es dabei um Unterlagen, welche Ermittlungen mittels technischer Gerätschaften und Verfahren betreffen. Häufig werden hierzu Messmethoden eingesetzt, die auch mit Fehlerquellen behaftet sein können. Zum Nachweis solcher Fehler ist es erforderlich, die

---

[24] *Krumm,* Fahrverbot in Bußgeldsachen, 4. Aufl. 2017, § 5 Rn. 57 ff.; aA AG Gütersloh VRR 2011, 75; AG Neumünster Beschl. v. 12.1.2016 – 23 OWi 1/16E –, juris.

[25] *Cierniak* ZfS 2012, 664 (672).

[26] Vgl. dazu *Krumm* NJW 2017, 607 mwN.

[27] *Schmitt* in Meyer-Goßner/Schmitt, 61. Aufl. 2018, StPO § 147 Rn. 41; *Cierniak* ZfS 2012, 664 (672); LG Neubrandenburg StRR 2015, 436; LG Lüneburg VRR 2011, 436; OLG Hamm NStZ 2005, 226; OLG Frankfurt a. M. NStZ-RR 2003, 177; aA *Krumm* NJW 2017, 607; LG Ellwangen DAR 2011, 418.

Ergebnisse der festgestellten Werte, die der Bußgeldentscheidung zugrunde gelegt werden sollen, nachprüfen zu können, wenn konkrete Anhaltspunkte für eine Fehlmessung vorliegen. Dabei sind die Anforderungen an die Darlegung von Fehlern davon abhängig, ob es sich um standardisierte Messverfahren handelt oder nicht.

IV. Standardisierte Messverfahren

1. Entstehung des Begriffs

Den Begriff des „standardisierten Messverfahrens" haben zunächst für den Bereich von Geschwindigkeitsmessungen zwei Entscheidungen des Bundesgerichtshofs[28] inhaltlich näher bestimmt.[29] Definiert wurde der Begriff in der Entscheidung vom 30.10.1997. Dort wurde klargestellt, dass „standardisiertes (Mess-)verfahren" nicht bedeutet, dass die Messung in einem voll automatisierten, menschliche Handhabungsfehler praktisch ausschließenden Verfahren stattfinden muss. Vielmehr ist unter dem Begriff ein durch Normen vereinheitlichtes (technisches) Verfahren zu verstehen, bei dem die Bedingungen seiner Anwendbarkeit und sein Ablauf so festgelegt sind, dass unter gleichen Voraussetzungen gleiche Ergebnisse zu erwarten sind.[30] Diesen Anforderungen werden grundsätzlich jedenfalls solche technischen Messsysteme gerecht, deren Bauart von der Physikalisch-Technischen Bundesanstalt (PTB) zur Eichung zugelassen ist.[31] Folgerungen aus der Anerkennung standardisierter Messverfahren ergeben sich dabei sowohl für die richterliche Aufklärungspflicht als auch für die Darlegungsanforderungen im Urteil. Neben dem Einsatz bei der Feststellung von Geschwindigkeitsüberschreitungen finden standardisierte Messverfahren auch bei Rotlichtfahrten[32] und Abstandsverstößen[33] sowie bei der Ermittlung von Atemalkoholwerten[34] bei Ordnungswidrigkeiten nach § 24a Abs. 1 StVG Anwendung. Die Ermittlung von Messwerten mittels standardisierter Verfahren führt dazu, dass die Behörden und Gerichte den Umfang der Beweisaufnahme beschränken können, zB keine Sachverständigengutachten einzuholen brauchen,[35] wenn nicht konkrete Anhaltspunkte für eine Abweichung vom Regelfall vorliegen. Zudem muss sich das Gericht in den Urteilsgründen nicht mit den

---

[28] BGHSt 39, 291 = NJW 1993, 3081 und BGHSt 43, 277 = NJW 1988, 321.

[29] Zu standardisierten Messmethoden vgl. auch BGHSt 46, 358= NJW 2001, 1952; BGH NStZ 2006, 296.

[30] BGHSt 43, 277 (284) = NJW 1998, 321; OLG Stuttgart NZV 2008, 43; OLG Saarbrücken NZV 1996, 207; *Cierniak/Niehaus* DAR 2014, 2; *Fromm* NZV 2013, 16.

[31] BGHSt 46, 358 = NJW 2001, 1952ff.; OLG Hamm NZV 1997, 187; OLG Düsseldorf VRR 2012, 193 mAnm *Krenberger* ZfS 2013, 52

[32] OLG Saarbrücken NZV 1996, 207; OLG Düsseldorf DAR 2017, 594; KG DAR 2016, 214.

[33] OLG Zweibrücken ZfS 2017, 412; OLG Bamberg StRR 2017 Nr. 11, 19; NZV 2015, 309.

[34] BGHSt 46, 358 = NJW 2001, 1952; KG VRS 131, 148; OLG Karlsruhe DAR 2016, 150; OLG Bamberg ZfS 2013, 711; BayObLG NJW 2005, 232.

[35] OLG Bamberg DAR 2016, 337.

Details der Messung auseinandersetzen.[36] Es genügt, die eingesetzte Messmethode anzugeben und das Ergebnis der Messung sowie den vorgenommenen Toleranzabzug (bei Geschwindigkeits- und Abstandsmessungen) mitzuteilen.[37]

2. *Standardisierte Messverfahren*

a) *Bei der Ermittlung von Atemalkoholwerten*

Zur Feststellung der Atemalkoholkonzentration werden im Unterschied zu den vielfältigen Messverfahren und – geräten bei der Feststellung von Geschwindigkeits-, Abstands- oder Rotlichtverstößen nur wenige Messgeräte verwendet. Bei diesen kommt es darauf an, dass sie den im Gutachten des Bundesgesundheitsamtes „Beweissicherheit der Atemalkoholanalyse"[38] beschriebenen Anforderungen, die mit der DIN VDE 0405[39] als Basis der Bauartzulassung fortentwickelt wurden, entsprechen und von der Physikalisch-Technischen Bundesanstalt zugelassen sind. Über eine Bauartzulassung durch die Physikalisch-Technische Bundesanstalt (PTB) verfügt derzeit in Deutschland ausschließlich das Gerät „Alcotest 7110 Evidential Typ MK III" der Fa. Dräger Sicherheitstechnik GmbH.[40] Mit der Zulassung im Wege eines Behördengutachtens hat die Bundesanstalt erklärt, dass bei dem zugelassenen Gerät ein durch Normen vereinheitlichtes technisches Verfahren vorliegt, bei dem die Bedingungen seiner Anwendbarkeit und sein Ablauf so festgelegt sind, dass unter gleichen Voraussetzungen gleiche Ergebnisse zu erwarten sind, es sich also um ein standardisiertes Messverfahren handelt. Nach ständiger Rechtsprechung genügt das Gericht in diesen Fällen seiner sachlich-rechtlichen Darlegungspflicht, wenn es im Urteil den konkreten Gerätetyp und das gewonnene Messergebnis mitteilt.[41] Voraussetzungen sind lediglich die Eichung des Geräts und die Beachtung der Bedienvorschriften.[42] Danach ist zwischen Trinkende und dem Beginn der ersten Messung eine Wartezeit von 20 Minuten einzuhalten.[43] Ferner ist eine Kontrollzeit von 10 Minuten zu beachten, innerhalb derer vor der Messung keine diese möglicherweise beeinflussenden Substanzen eingenommen werden dürfen.[44] Und schließlich dürfen zwischen den Messungen nicht mehr als 5 Minuten liegen. Die Nichtbeachtung der Kontrollzeit führt jedoch nicht in jedem Fall zur Unverwert-

---

[36] Zu standardisierten Messmethoden vgl. auch BGHSt 46, 358 = NJW 2001, 1952; BGH NStZ 2006, 296.

[37] Vgl. zuletzt OLG Bamberg DAR 2018, 93f.; OLG Saarbrücken Beschl. v. 25.10.2017 – SsRs 17/17 (30/17 OWi) –, juris; KG VRS 131, 308.

[38] Bundesanstalt für Straßenwesen (Hrsg.), Unfall- und Sicherheitsforschung im Straßenverkehr, Heft 86, 1992.

[39] Vgl. dazu *Knopf/Slemeyer/Klüß,* Bestimmung der Atemalkoholkonzentration nach DIN VDE 0405 NZV 2000, 195.

[40] VG Cottbus Urt. v. 15.6.2017 – 1 K 2073/15 –, juris; OLG Bamberg ZfS 2013, 711; *Burhoff/Böttger,* Handbuch für das straßenverkehrsrechtliche OWi-Verfahren, 3. Aufl. 2011, Rn. 2461ff., 1462.

[41] Vgl. OLG Bremen Blutalkohol 50, 89; OLG Bamberg ZfS 2013, 711; OLG Jena VRS 110, 32; OLG Brandenburg VRS 112, 280; eingehend auch AG Castrop-Rauxel Blutalkohol 52, 280.

[42] KG VRS 131, 148.

[43] OLG Saarbrücken ZfS 2013, 531.

[44] OLG Karlsruhe NStZ 2016, 160; NZV 2004, 426.

barkeit der Messung, sondern nur dann, wenn der Grenzwert gerade erreicht[45] oder nur knapp überschritten wird. In Fällen nicht nur geringfügiger Überschreitung des Grenzwerts lässt sich mit sachverständiger Hilfe feststellen, ob und in welcher Weise durch die Nichtbeachtung der Kontrollzeit die Messung beeinträchtigt worden sein könnte und ob ein entsprechender Sicherheitsabschlag vorzunehmen ist.[46] Sind allerdings die Bedingungen für ein ordnungsgemäßes Messverfahren eingehalten, bedarf es keines Sicherheitsabschlags auf den Messwert,[47] ua auch, weil im Atemalkoholgrenzwert bereits Sicherheitszuschläge eingerechnet sind.[48] Auffallend ist in den zur Messung der Atemalkoholkonzentration ergangenen Entscheidungen – anders als bei den Entscheidungen zur Geschwindigkeitsmessung – dass Anträge auf Beiziehung von Unterlagen zur Funktionstüchtigkeit der Messgeräte kaum eine Rolle spielen. Wenn es um Messfehler geht, wird überwiegend die Nichteinhaltung der Bedienungsvorgaben beanstandet, um die Messung in Zweifel zu ziehen. Offensichtlich bieten die Geräte zur Atemalkoholmessung – im Gegensatz zu den bei den sonstigen Verstößen verwendeten Messgeräten – keine geeigneten Angriffsflächen, um die Funktionstüchtigkeit anzuzweifeln.

b) Bei der Ermittlung von Geschwindigkeitsverstößen

Die Messungen bei Geschwindigkeitsverstößen entsprechen nur dann einem standardisierten Messverfahren, wenn das Gerät standardgemäß, dh in geeichtem Zustand, seiner Bauartzulassung entsprechend und gemäß der vom Hersteller herausgegebenen Bedienungsanleitung von hierfür geschultem Personal verwendet wird.[49] Dies muss nicht nur beim eigentlichen Messvorgang sondern auch bei den ihm vorausgehenden Gerätetests beachtet werden;[50] dann wird die Richtigkeit der Messung unterstellt. Dies hat seinen Grund darin, dass der Bauartzulassung durch die PTB die Qualität eines antizipierten Sachverständigengutachtens zukommt.[51] Die angewandten Messverfahren sind vielfältig; je nach der Funktionsweise[52] gibt es Radar-, Koaxialkabel-, Lichtschrankenmessgeräte, Einseitensensor-, Laser-, Police-Pilot- und Vidista-Verfahren sowie Messungen durch Voraus- oder Nachfahren oder durch Auswertung von Schaublättern.[53] Sind die Bedingungen für ein standardisiertes Messverfahren erfüllt, braucht das Gericht zur Überprüfung des

---

[45] OLG Bamberg Blutalkohol 45, 197.

[46] OLG Karlsruhe NStZ 2016, 160; OLG Stuttgart VRS 119, 372.

[47] BGHSt 46, 358= NJW 2001, 1952.

[48] BGHSt 46, 358 = NJW 2001, 1952ff.; BayObLG NZV 2000, 295; OLG Stuttgart VRS 119, 372ff.

[49] OLG Brandenburg Beschl. v. 31.5.2016 – (2B)53 Ss-OWi 217/16 (119/16) –, juris; OLG Bamberg DAR 2016, 146; OLG Frankfurt a.M. DAR 2015, 149; OLG Hamm Beschl. v. 6.7.2016 –III-1 RBs 38/16 –, juris.

[50] OLG Düsseldorf VRR 2012, 193; OLG Hamm NZV 2009, 248; OLG Koblenz DAR 2006, 101.

[51] OLG Hamm VRR 2017 Nr. 8, 18; OLG Frankfurt a.M. DAR 2015, 149; OLG Bamberg DAR 2016, 146 und DAR 2016, 337.

[52] Vgl. die Übersicht bei *Burmann/Böttger,* Handbuch für das straßenverkehrsrechtliche Bußgeldverfahren, 3. Aufl. 2011, Rn. 1251ff.

[53] Zu den Messmethoden und den dazu verwendeten Geräten s. *Fromm* NZV 2013, 16 mit zu den einzelnen Verfahren ergangenen Entscheidungen.

Messergebnisses aufgrund der richterlichen Aufklärungspflicht kein Sachverständigengutachten einzuholen,[54] wenn der Tatrichter keinen Zweifel an der Zuverlässigkeit der Messung hat.[55] Entsprechende Beweisanträge können abgelehnt werden, wenn keine konkreten Anhaltspunkte dafür vorliegen, dass die Anforderungen eines standardisierten Messverfahrens nicht erfüllt sind. Ein auf die Messergebnisse eines standardisierten Messverfahrens gestütztes Urteil ist nur eingeschränkt begründungspflichtig. Anzugeben sind nur die angewandte Messmethode, die nach Abzug der Messtoleranz ermittelte Geschwindigkeit und die Höhe des Toleranzabzugs.[56] Fehlt eine dieser Angaben, unterliegt das Urteil im Rechtsbeschwerdeverfahren auf die Sachrüge hin der Aufhebung.[57]

c) *Folgen für den Betroffenen*

Will die Verteidigung in solchen Fällen das Ergebnis der Messung erschüttern und die Einholung eines Sachverständigengutachtens beantragen, sieht sie sich vor einem nicht unerheblichen Dilemma. Im Ordnungswidrigkeitenverfahren stellt das Gesetz geringere Anforderungen an die Ablehnung von Anträgen. Zwar ist das Gericht gemäß § 77 Abs. 1 S. 1 OWiG verpflichtet, die Wahrheit von Amts wegen zu erforschen. Den Umfang der Beweisaufnahme hat der Amtsrichter aber – unter Berücksichtigung der Bedeutung der Sache (§ 77 Abs. 1 S. 2 OWiG) – nach pflichtgemäßem Ermessen zu bestimmen.[58] Ein entsprechender Beweisantrag kann daher nur Erfolg haben, wenn konkrete Anhaltspunkte für das Vorliegen eines Messfehlers vorgetragen werden können (vgl. § 77 Abs. 2 Nr. 1 OWiG)[59] und dem Gericht die Überzeugung vermittelt wird, dass die Beweiserhebung für die Wahrheitserforschung erforderlich (§ 77 Abs. 2 Nr. 1 OWiG) ist, woran es mangelt, wenn nach Auffassung des Gerichts der Sachverhalt geklärt und die Wahrheit gefunden ist.[60] Bloß abstrakte Zweifel oder die Behauptung, das Messgerät habe nicht richtig funktioniert,[61] die Gebrauchsanweisung sei nicht beachtet worden oder es seien Eingriffe in das Messgerät vorgenommen worden, die eine Nacheichung erforderlich gemacht hätten,[62] bewirken nicht, dass das Gericht einer Beweisbehauptung nachgehen muss.[63] Will der Verteidiger konkrete Anhaltspunkte dafür erlangen, dass die Messeinrichtung keine zuverlässigen Messwerte geliefert habe, muss er versuchen,

---

[54] OLG Braunschweig Beschl. v. 14.6.2017 –1 Ss (OWi) 115/17 –, juris; OLG Zweibrücken DAR 2017, 399; DAR 2017, 211; OLG Saarbrücken Beschl. v. 21.4.2017 – Ss Rs 13/2017 (26/17 OWi) –, juris; alle entgegen AG Mannheim DAR 2017, 213; vgl. auch OLG Frankfurt a. M. DAR 2015, 149f.

[55] Vgl. dazu auch OLG Hamm VRR 2013, 194 mAnm *Burhoff.*

[56] OLG Bamberg DAR 2018, 93; OLG Hamm VRR 2017 Nr. 8, 18.

[57] S. OLG Bamberg aaO S. 94.

[58] *Fromm* NZV 2013, 16 (18).

[59] OLG Saarbrücken Beschl. v. 25.10.2017 – SsRS 17/17 (30/17 OWi) –, juris; OLG Bamberg VRR 2017 Nr. 11, 14; OLG Braunschweig Beschl. v. 14.6.2017 –1 Ss (OWi) 115/17 –, juris.

[60] OLG Braunschweig Beschl. v. 14.6.2017 –1 Ss (OWi) 115/17 –, juris; *Göhler/Seitz/Bauer,* 17. Aufl. 2017, OWiG § 77 Rn. 11; RRH 3. Aufl. 14. Lfg. OWiG § 77 Rn. 11.

[61] OLG Celle NJW 2015, 3733.

[62] *Cierniak* ZfS 2012, 664.

[63] *Cierniak/Niehaus* DAR 2014, 2; *Deutscher,* Geschwindigkeitsmessungen im Straßenverkehr, VRR 2013, 7ff.

beim Gericht Zweifel für das Vorliegen eines standardisierten Messverfahrens hervorzurufen. Dessen Rechtswirkungen entfallen, wenn konkrete Anhaltspunkte für die Nichtbeachtung der vorgesehenen Einsatzbedingungen vorliegen. Gegebenenfalls muss die Verteidigung im Falle der Ablehnung der Beiziehung der Unterlagen durch Verfahrensanträge die Grundlagen für einen Antrag auf Zulassung der Rechtsbeschwerde oder eine Rechtsbeschwerde schaffen.

V. Weitere Unterlagen und Akteneinsichtsrecht

Akteninhalt des Bußgeldverfahrens bei Geschwindigkeitsmessungen ist in der Regel die Verfahrenshistorie, das Messprotokoll, der polizeiliche Vermerk im Fall des Anhaltens des Betroffenen, der Beschilderungsplan der Kontrollstelle, der Eichschein des Messgeräts, das Messfoto, eine Skizze von der Messörtlichkeit und vom Aufbau des Geräts, die Befähigungsnachweise der Messbeamten, eventuelle Videoaufzeichnungen, der Ermittlungsbericht, der Anhörungsbogen, der Bußgeldbescheid und gegebenenfalls die Auskunft aus dem Verkehrszentralregister.[64] Darüber hinaus gibt es Unterlagen, die nur dann der Akteneinsicht nach § 147 StPO iVm § 46 OWiG unterliegen, wenn sie bei den Akten sind. Dazu gehören die Bedienungsanleitung des Messgeräts, die Lebensakte des Geräts, Aufzeichnungen über vorherige oder nachfolgende Gerätetests, der Messfilm, die Rohmessdaten und anderes mehr. Wie mit Anträgen auf die Beiziehung solcher Unterlagen zu verfahren ist und welche Folgen die Ablehnung durch das Gericht hat, wird in der Rechtsprechung höchst unterschiedlich beurteilt. Das gilt sowohl für die Art der Unterlagen, wie zB die Bedienungsanleitung, die Lebensakte ua, als auch für die rechtlichen Folgerungen wie die Verletzung des fairen Verfahrens (Art. 20 Abs. 3 GG, Art. 6 EMRK), des rechtlichen Gehörs (Art. 103 Abs. 1 GG), des Anspruchs auf effektiven Rechtsschutz (Art. 19 Abs. 4) oder eine unzulässige Beschränkung der Verteidigung (§ 338 Nr. 8 StPO). Dazu im Einzelnen:

1. Bedienungsanleitung

Die Einhaltung der Bedienungsanleitung gewährleistet die Beachtung der Herstellervorgaben von Messgeräteherstellern bei der konkreten Anwendung. Nur wenn diese Vorgaben beachtet werden, ist von einem standardisierten Messverfahren auszugehen.[65] Hat die Verteidigung keinen Zugriff auf die Bedienungsanleitung, ist es kaum möglich, die nicht ordnungsgemäße Messung zu beanstanden, weil in der Regel keine konkreten Beanstandungen gegen die Messung erhoben werden können. Für einen substantiierten Vortrag muss die Verteidigung in der Lage sein, durch Einsichtnahme in die Bedienungsanleitung zu prüfen, ob Zweifel an der Messung zu erheben sind. Mängel der Messung durch Nichtbeachtung der Bedienungsanleitung dürfen nicht „ins Blaue hinein" behauptet werden, weil es sich dabei nach überwie-

---

[64] *Fromm* NZV 2013, 16 (18).
[65] OLG Düsseldorf VRR 2012, 193.

gender Ansicht mangels konkreter Beweisbehauptung[66] nicht um einen Beweisantrag sondern um einen Beweisermittlungsantrag handelt.[67] Unzweifelhaft besteht ein Anspruch auf Einsichtnahme in die Bedienungsanleitung des Messgeräts gemäß § 147 StPO iVm § 46 Abs. 1 OWiG, wenn diese vom Gericht beigezogen und damit Bestandteil der Verfahrensakten geworden ist.[68] Urheberrechtliche Gründe stehen der Gewährung der Einsicht nicht entgegen.[69] Wird dem Verteidiger nicht ausreichend Akteneinsicht gewährt, muss er in der Hauptverhandlung erneut Akteneinsicht beantragen, einen Antrag auf Unterbrechung oder Aussetzung der Hauptverhandlung stellen und gegebenenfalls einen Gerichtsbeschluss (§ 238 Abs. 2 StPO) erwirken. Die Nichtgewährung der Akteneinsicht in die bestehenden Akten kann dann mit einer Verfahrensrüge (§ 338 Nr. 8 StPO) geltend gemacht werden.[70] Umstritten ist, ob das Tatgericht, wenn sich die Bedienungsanleitung nicht bei den Akten befindet, verpflichtet ist, diese beizuziehen. Das OLG Düsseldorf[71] bejaht eine Verpflichtung zur Beiziehung der Bedienungsanleitung nur dann, wenn konkrete Anhaltspunkte für eine Fehlmessung vorliegen. Das OLG Frankfurt a. M.[72] nimmt eine Pflicht zur Beiziehung nur an, wenn der Tatrichter die Einsicht in die Bedienungsanleitung für seine Überzeugungsbildung für notwendig erachtet. Anderenfalls hält es die Beiziehung der Bedienungsanleitung nicht für erforderlich, weil „in aller Regel das Beweismittel für den ordnungsgemäßen Aufbau des konkreten Messgeräts der Messbeamte“ sei. Das OLG Celle[73] wiederum verneint einen Anspruch auf Beiziehung der Bedienungsanleitung mit dem Hinweis darauf, dass es dem Betroffenen oder seinem Verteidiger freistehe, sich eine Bedienungsanleitung zu beschaffen. Von der Gegenansicht wird darauf hingewiesen, dass die Beachtung der Bedienungsanleitung Voraussetzung für die Annahme eines standardisierten Messverfahrens ist. Die Wahrung der Rechte des Betroffenen im Vorverfahren, die Prüfung der Erfolgsaussichten eines Einspruchs und die sachgerechte Befragung des Messbeamten zur ordnungsgemäßen Durchführung der Messung setzten die Kenntnis und den ungehinderten Zugriff auf die Bedienungsanleitung voraus.[74] Danach müsse unter den rechtlichen Gesichtspunkten der Gewährleistung eines fairen Verfahrens und der Waffengleichheit zwischen Betroffenem und Ermittlungsbehörde[75] Anträgen auf Beiziehung der Bedienungsanleitung und Gewährung von Einsicht entsprochen werden.[76] Wird dem Antrag auf Einsichtnahme in die Bedienungsanleitung durch die Verwaltungsbehörde nicht entsprochen, steht dem Betroffenen der

---

[66] KG VRS 129, 143.

[67] *Schmitt* in Meyer-Goßner/Schmitt, 61. Aufl. 2018, StPO § 244 Rn. 20a, 25; vgl. auch OLG Koblenz Beschl. v. 16.10.2009 –1 SsRs 71/09 –, juris.

[68] KG DAR 2013, 211 mit zahlreichen weiteren Nachweisen.

[69] KG DAR 2013, 211; *Cierniak* ZfS 2012, 644 (675).

[70] KG DAR 2013, 211; OLG Celle NStZ 2014, 525; zu den Rügevoraussetzungen s. BGHSt 49, 317 Rn. 28ff.; *Schmitt* in Meyer-Goßner/Schmitt, 61. Aufl. 2018, StPO § 147 Rn. 42.

[71] Beschl. v. 30.4.2015 – IV-3 RBs 15/15 –, juris = VRR 2015, Nr. 6, 16–17; vgl. auch OLG Düsseldorf VRR 2014, 392.

[72] OLG Frankfurt a. M. NStZ-RR 2013, 223 mAnm *Peglau* jurisPR-StrafR 12/2013 Anm. 3.

[73] OLG Celle NZV 2017, 491.

[74] Zu den von den Gerichten gemachten Einschränkungen s. *Cierniak* ZfS 2012, 644ff.

[75] *Cierniak/Niehaus* DAR 2014, 2 mwN.

[76] OLG Naumburg DAR 2013, 37; so wohl auch KG DAR 2013, 211.

Antrag auf gerichtliche Entscheidung gem. § 62 OWiG zur Verfügung.[77] Ist die Entscheidung vor der Hauptverhandlung ergangen, muss der Antrag in der Hauptverhandlung erneut gestellt werden und ein Antrag auf Aussetzung oder Unterbrechung der Hauptverhandlung gestellt werden,[78] um sich im Rechtsmittelverfahren die Möglichkeit entsprechender Verfahrensrügen zu eröffnen. Denkbar sind insoweit die Aufklärungsrüge und die Rügen der Verletzung des rechtlichen Gehörs (Art. 103 Abs. 1 GG) oder des Anspruchs auf Gewährleistung eines fairen Verfahrens (Art. 20 Abs. 3, Art. 6 EMRK) einschließlich der Rüge des Verstoßes gegen § 338 Nr. 8 StPO.

a) Aufklärungsrüge

Die Zulässigkeit einer Aufklärungsrüge setzt die Angabe der Beweistatsachen, des Beweismittels und der Tatsachen voraus, die den Tatrichter zum Gebrauch des Beweismittels gedrängt haben sollen.[79] Da es erst um die Ermittlung solcher Tatsachen geht, scheitert die Rüge in der Regel an der Zulässigkeitsschwelle. Aufklärungsrügen sind zudem bei standardisierten Messverfahren unbegründet, weil sich der Tatrichter zur Beweiserhebung nicht gedrängt sehen musste[80] (§ 77 Abs. 2 Nr. 1 OWiG).

b) Verletzung rechtlichen Gehörs

Das Kammergericht hat im Falle der Verweigerung der Einsicht in die Bedienungsanleitung Verstöße unter den drei genannten Gesichtspunkten gesehen und auf die Rechtsbeschwerde des Betroffenen das erstinstanzliche Urteil aufgehoben.[81] Allerdings lag die Bedienungsanleitung offensichtlich als „Beistück zu den Akten" vor, weshalb sich der Anspruch auf Einsichtnahme schon aus § 147 StPO iVm § 46 OWiG ergab. Soweit die Versagung der Beiziehung der Bedienungsanweisung auf die Verletzung rechtlichen Gehörs (Art. 103 Abs. 1 GG) gestützt wird, was bei zulässiger Rüge sowohl der Rechtsbeschwerde als auch dem Antrag auf Zulassung (vgl. § 80 Abs. 1 Nr. 2, 79 Abs. 1 S. 1 Nr. 1 OWiG) zum Erfolg verhelfen könnte, greift dieser Ansatz nicht. Der Anspruch eines Betroffenen auf Gewährung rechtlichen Gehörs ist nur verletzt, wenn dem Betroffenen keine Möglichkeit eingeräumt wurde, sich zu allen entscheidungserheblichen Tatsachen und Beweisergebnissen zu äußern oder das Gericht entscheidungserhebliches Vorbringen[82] nicht zur Kenntnis genommen hat.[83] Durch die bloße Nichtüberlassung sich nicht bei der Akte befindlicher Messunterlagen und Messdaten, die auch nicht Gegenstand der Urteilsfindung gewesen sind, wird der Anspruch auf Gewährung rechtlichen Gehörs von

77 *Cierniak* ZfS 2012, 644 mwN.
78 OLG Hamm NZV 1998, 425.
79 OLG Hamm Beschl. v. 16.2.2016 – III-3RBs 385/15 –, juris = NJW Spezial 2016, 282.
80 *Göhler/Seitz/Bauer* 17. Aufl. 2017 OWiG § 77 Rn. 10f.; OLG Hamm Beschl. v. 16.2.2016 – III-3RBs 385/15, Rn. 13.
81 KG DAR 2013, 211.
82 Zur Ablehnung von Beweisanträgen vgl. OLG Oldenburg DAR 2015, 406.
83 OLG Brandenburg StraFo 2017, 31.

vornherein nicht beeinträchtigt.[84] Denn durch den Grundsatz des rechtlichen Gehörs wird lediglich garantiert, dass einer Entscheidung nur Tatsachen zugrunde gelegt werden, zu denen der Betroffene Stellung nehmen konnte;[85] einen Anspruch auf Erweiterung der Verfahrensakten vermittelt Art. 103 Abs. 1 GG hingegen nicht (→ II.4). Durch die unterlassene Beiziehung von Unterlagen, die das Gericht für seine Überzeugungsbildung nicht benötigt und somit auch nicht zugrunde gelegt hat, wird ein Verstoß gegen den Anspruch des Betroffenen auf rechtliches Gehör entgegen der Ansicht des OLG Celle[86] daher nicht begründet.[87] Denn einerseits ist eine Verletzung des rechtlichen Gehörs nur dann gegeben, wenn das Gericht Tatsachen oder Beweismittel verwertet hat, zu denen der Betroffene vorher nicht gehört worden ist.[88] Andererseits verletzt nur eine objektiv willkürliche Ablehnung eines Antrags, also eine solche ohne nachvollziehbare, auf das Gesetz zurückzuführende Begründung, die unter Berücksichtigung der das Grundgesetz beherrschenden Gedanken nicht mehr verständlich ist, das rechtliche Gehör.[89] Es kommt deshalb nicht darauf an, ob auch im Rahmen der Rüge einer Gehörsverletzung mitgeteilt werden muss, was der Betroffene im Fall seiner Anhörung vorgetragen hätte[90] oder dass er sich auch noch nach Abschluss seines Verfahrens bis zum Ablauf der Rechtsbeschwerdebegründungsfrist um Einsicht in die von ihm begehrten Unterlagen bemüht hat.[91] Auch die Rechtsschutzgarantie des Art. 19 Abs. 4 GG hilft nicht weiter, weil sich aus Art. 19 Abs. 4 GG kein allgemeines Akteneinsichts- oder Auskunftsrecht ableiten lässt.[92] Die Rüge der unzulässigen Beschränkung der Verteidigung erscheint ebenfalls wenig erfolgversprechend. Der Revisionsgrund des § 338 Nr. 8 StPO ist nur dann gegeben, wenn die Möglichkeit eines kausalen Zusammenhangs zwischen dem Verfahrensverstoß und dem Urteil konkret besteht. Es ist daher ein substantieller Vortrag erforderlich, welche Tatsachen sich bei der Gewährung von Einsicht in die beigezogenen Unterlagen ergeben hätten und welche Konsequenzen für die Verteidigung daraus folgten.[93]

c) Faires Verfahren

Rechtsgrundlage für das Einsichtsbegehren kann daher nur noch der Anspruch auf ein faires Verfahren (Art. 20 Abs. 3 GG, Art. 6 Abs. 1 Satz 1 EMRK) sein. Der

---

[84] OLG Saarbrücken Beschl. v. 25.10.2017 – Ss RS 17/17 (30/17 OWi) –, juris; OLG Düsseldorf NZV 2016, 140; OLG Bamberg DAR 2016, 337; *Cierniak/Niehaus* DAR 2014, 2.

[85] OLG Düsseldorf StRR 2015, 234; OLG Saarbrücken Beschl. v. 25.10.2017 – Ss RS 17/17 (30/17 OWi) –, juris; ebenso *Cierniak/Niehaus* DAR 2014, 2.

[86] OLG Celle 2. Senat StRR 2016, Nr. 8, 18.

[87] Vgl. auch *Krenberger* jurisPR-VerkR 2/2017 Anm. 4.

[88] OLG Celle 1. Senat DAR 2013, 283.

[89] OLG Saarbrücken NZV 2017, 393; OLG Bamberg Beschl. v. 20.1.2016 – 2 Ss OWi 1145/15 –, juris = Verkehrsrecht aktuell 2016, 102; OLG Düsseldorf Beschl. v. 15.4.2016 – IV-1 RBs 83/16 –, juris.

[90] OLG Celle StraFo 2017, 32; OLG Braunschweig ZfS 2014, 473; OLG Celle NStZ 2014, 526.

[91] Vgl. auch OLG Celle Beschl. v. 21.4.2016 – 2 Ss (OWi) 82/16 –, juris = Verkehrsrecht aktuell 2016, 102 und DAR 2013, 283; OLG Braunschweig NStZ-RR 2014, 354.

[92] *Cierniak/Niehaus* DAR 2014, 2.

[93] OLG Celle DAR 2013, 214; KG VRS 132, 31.

Begriff des „fairen Verfahrens" enthält als tragende Prinzipien die Waffengleichheit zwischen Betroffenem und Verfolgungsbehörde, rechtliches Gehör, Rechtssicherheit, Schutz vor Willkür sowie die in Art. 6 Abs. 2 und 3 EMRK genannten Garantien.[94] Die Beachtung von „fair trial" gebietet daher, was sich schon aus § 147 StPO iVm § 46 OWiG ergibt, dem Betroffenen die Gelegenheit zu geben, sich über verfahrensbezogene Ermittlungen durch Einsichtnahme in die Akten Kenntnis zu verschaffen.[95] Befinden sich das Messverfahren betreffende Unterlagen nicht bei den Akten, wird das Beiziehungsbegehren in der Literatur[96] als Folge des Rechts des Betroffenen auf ein faires Verfahren gesehen. Danach müsse dem Verteidiger auf seinen Antrag Einsicht in die Unterlagen gewährt werden, die ihn zur kritischen Überprüfung der von den Verfolgungsbehörden vorgelegten Messergebnisse erst befähigen. Auch Teile der obergerichtlichen Rechtsprechung gehen davon aus, dass unter anderem der fair-trial-Grundsatz die Beiziehung der weiteren Unterlagen und die Einsichtsgewährung gebiete.[97] Das OLG Düsseldorf[98] meint, dass selbst wann man ein Einsichtsrecht in weitere Unterlagen bejahte, dieses nur einen Anspruch gegenüber der aktenführenden Stelle begründen würde. Zutreffend wird in der genannten Entscheidung darauf hingewiesen, dass nichts dafür spricht, aus dem allgemeinen Gebot des fairen Verfahrens ein Recht des Betroffenen abzuleiten, die Beiziehung von Urkunden, Daten ua verlangen zu können, wenn zugleich seine gesetzlich geregelten prozessualen Rechte über Beweisanträge, Beweisermittlungsanträge oder Beweisanregungen im Bußgeldverfahren deutlich beschränkter seien. Es bestehe deshalb kein Anlass, die an der Aufklärungspflicht zu messenden Anforderungen unter Rückgriff auf das allgemeine Gebot des fairen Verfahrens auszuhöhlen und den Verfahrensstoff ohne sachliche Anhaltspunkte auszudehnen. Dabei erscheint es eher rabulistisch, wenn die gemäß § 77 Abs. 2 Nr. 1 OWiG beschränkte Aufklärungspflicht mit dem Argument ausgehöhlt wird, das Verlangen nach Einsicht im Vorverfahren stelle eine Besonderheit dar, die eine Ausnahme vom Grundsatz der Erforderlichkeit rechtfertige.[99] Das OLG Frankfurt a. M.[100] sieht, wenn der Tatrichter die Kenntnisnahme oder Einsicht in die Bedienungsanleitung für seine Überzeugungsbildung nicht für notwendig hält, weil in aller Regel das Beweismittel für den ordnungsgemäßen Aufbau des konkreten Messgeräts der Messbeamte ist, keine Verpflichtung zur Beiziehung der Bedienungsanleitung, wenn keine begründeten Zweifel an der Aussage bestehen. Einem Beweisantrag vorgelagerte Ermittlungen seien ureigene Aufgabe desjenigen, der solche Ermittlungen für notwendig erachte.[101] Das OLG Bamberg[102] hat ausgeführt, dass in Fällen, in dem es dem Betroffenen nur darum geht, unter Hinzuziehung sachkundiger Personen den Nachweis der Unrichtigkeit des ihm vorgeworfe-

---

[94] *Schädler/Jakobs* in KK-StPO 7. Aufl. 2013, MRK Art. 6 Rn. 19.
[95] *Schädler/Jakobs* in KK-StPO 7. Aufl. 2013, Rn. 27; BGHSt 36, 305 = NJW 1990, 584.
[96] *Cierniak* ZfS 2012, 644; *Cierniak/Niehaus* DAR 2014, 2.
[97] OLG Naumburg DAR 2013, 37; KG DAR 2013, 211.
[98] OLG Düsseldorf NZV 2016, 140.
[99] OLG Jena NJW 2016, 1457.
[100] OLG Frankfurt a. M. NStZ-RR 2013, 223 mAnm *Peglau* jurisPR-StrafR 12/2013 Anm. 3.
[101] Ähnlich OLG Celle DAR 2013, 283; abl. *Cierniak* ZfS 2012, 664 (674).
[102] OLG Bamberg DAR 2016, 337.

nen Fehlverhaltens zu führen, der Grundsatz des fairen Verfahrens nur tangiert ist, wenn es möglich erscheint, dass er durch die begehrte Einsicht dieses Ziel überhaupt erreichen kann. Das sei nicht der Fall, wenn sich aufgrund der durchgeführten Beweisaufnahme keine Anhaltspunkte für einen Messfehler ergeben haben, denn es sei gerade Zweck der amtlichen Zulassung von Geräten und Methoden, Behörden und Gerichte von der Sachverständigenbegutachtung und Erörterung des Regelfalles freizustellen. In den Fällen standardisierter Messverfahren muss das Gericht nur dann Anhaltspunkten für eine Fehlmessung nachgehen, wenn sich diese aus den äußeren Umständen ergeben. Diese Prüfung, ob derartige Anhaltspunkte gegeben sind, kann logischerweise nicht darauf hinauslaufen, dass die Messdatei mit Hilfe eines Sachverständigen überprüft werden müsste. Denn wollte man dies fordern, so wäre das standardisierte Messverfahren ad absurdum geführt.[103] Im Ergebnis ist der Ansicht zu folgen, dass die Ablehnung der Beiziehung weiterer Unterlagen bei der Verwendung standardisierter Messverfahren den Grundsatz des fairen Verfahrens nicht berührt.[104] Zum Grundsatz des fairen Verfahrens hat das Bundesverfassungsgericht[105] ausgeführt, dass eine Verletzung erst dann vorliegt, „wenn eine Gesamtschau auf das Verfahrensrecht auch in seiner Auslegung und Anwendung durch die Fachgerichte ergibt, dass rechtsstaatlich zwingende Folgerungen nicht gezogen worden sind oder rechtsstaatlich Unverzichtbares preisgegeben worden ist.“ Das ist gerade nicht der Fall, weil der Betroffene auch nach Beiziehung der Akten und Gewährung von Akteneinsicht keine Tatsachen beibringen könnte, die die richterliche Überzeugung beeinflussen und ein anderes Ergebnis herbeiführen könnten. Die Einräumung eines von den Verfahrensgarantien gewährleisteten Teilhaberechts an der Sachaufklärung unabhängigen Rechts auf Herbeischaffung jedweder Unterlagen, denen potentiell Beweisbedeutung zukommen kann, ist zur sachgerechten Verteidigung weder geboten, noch mit dem Prinzip eines effektiven Verfahrens in Einklang zu bringen.[106] Aus dem fair-trial Gedanken kann deshalb nicht abgleitet werden, dass die Gerichte jedwedem Begehren der Verteidigung, mag es aus der Sicht des Betroffenen auch sinnvoll erscheinen, nachzukommen habe. Zudem würde es einen unauflösbaren Wertungswiderspruch bedeuten, wenn einerseits der durch ein standardisiertes Messverfahren ermittelte Wert im Einklang mit den gesetzlichen Regelungen Grundlage für eine Verurteilung des Betroffenen sein kann, wenn die Beweisaufnahme die Einhaltung der Vorgaben für ein standardisiertes Verfahren ergeben hat, andererseits aber mit einem Antrag auf Beiziehung weiterer Unterlagen, die ausschließlich das Ziel haben, Anhaltspunkte für eine Unzuverlässigkeit der Messung zu liefern, unter dem Gesichtspunkt des fairen Verfahrens stattgegeben werden müsste.[107]

Als Zwischenergebnis ist damit festzuhalten, dass bei Einhaltung der Bedingungen eines standardisierten Messverfahrens die unterbliebene Beiziehung der Bedie-

---

[103] OLG Hamm VRR 2017, 18.

[104] OLG Bamberg StRR 2017 Nr. 11, 19.

[105] BVerfGE 130, 1 ff. Rn. 112 = NJW 2012, 907; vgl. dazu auch OLG Frankfurt a.M. NStZ-RR 2013, 223 und *Peglau* jurisPR-StrafR 12/2013 Anm. 3.

[106] OLG Bamberg StRR 2017 Nr. 11, 19.

[107] Vgl. dazu insbesondere OLG Bamberg DAR 2016, 337.

nungsanleitung der Messgeräte ohne konkrete Anhaltspunkte für das Vorliegen einer Fehlmessung weder mit einer Verfahrensrüge noch mit der Sachrüge erfolgreich angefochten werden kann.

2. *Lebensakte*

Der Annahme eines standardisierten Messverfahrens könnte entgegenstehen, dass Defekte am Messgerät vorliegen oder Eingriffe vorgenommen wurden, die möglicherweise Einfluss auf die Zuverlässigkeit des Geräts haben. Entsprechende Unterlagen werden in der Regel von der Verwaltungsbehörde in der „Lebensakte" (auch Reparaturbuch, Gerätebuch, Gerätestammkarte oder Werkstattkarte genannt) aufbewahrt. Derartige Unterlagen werden sich gewöhnlich nicht bei der Verfahrensakte befinden. Das Unterlassen der Beiziehung begründet aber nach herrschender obergerichtlicher Rechtsprechung keinen Verstoß gegen die gerichtliche Aufklärungspflicht.[108] Nachweise über Reparatur- und Wartungsunterlagen sowie sonstige Eingriffe am Messgerät (§ 31 Abs. 2 Nr. 4 MessEG) sind keine geeigneten Beweismittel, um tatsachenbegründete Zweifel an der Messrichtigkeit und Messbeständigkeit eines geeichten Messgerätes zu wecken.[109] Soweit das OLG Brandenburg[110] aus der Nichtbeiziehung der Nachweise über Wartungen, Reparaturen und sonstige Eingriffe einen Verstoß gegen das faire Verfahren ableiten will, kann dem deshalb nicht gefolgt werden. Das gilt auch für die Ansicht des OLG Jena,[111] das zwar anerkennt, dass grundsätzlich bei einem standardisierten Messverfahren ein Anspruch auf Beiziehung weiterer Unterlagen nicht besteht, jedoch meint eine abweichende Fallgestaltung deshalb annehmen zu müssen, weil sich die Verteidigung zuvor bereits mehrfach erfolglos um Akteneinsicht bemüht hatte.[112] Zutreffend hat das OLG Bamberg[113] entschieden, dass ein Antrag auf Beiziehung der Lebensakte bzw. des Prüfbuches oder des Eichscheins abgelehnt werden kann, wenn bereits eine Beweisaufnahme über entscheidungserhebliche Tatsachen stattgefunden hat, der Richter von der Klärung des wahren Sachverhalts überzeugt ist und eine weitere Beweiserhebung nach dem pflichtgemäßen Ermessen des Gerichts zur Erforschung der Wahrheit nicht erforderlich ist.[114] Den Umgang mit Unterlagen, die das Messgerät betreffen, regelt § 31 Abs. 2 Nr. 4 MessEG. Danach hat der Verwender eines Messgeräts Nachweise über Wartungen, Reparaturen oder sonstige Eingriffe an dem Messgerät für einen Zeitraum von bis zu 3 Monaten nach Ablauf

[108] KG NZV 2002, 335.

[109] Stellungnahme der Physikalisch-Technischen Bundesanstalt (PTB) vom 31.5.2016 zur „Lebensakte" http://dx.doi/10.7795/520.20160913C; OLG Frankfurt a. M. NStZ-RR 2016, 320; OLG Celle NZV 2017, 491.

[110] OLG Brandenburg StraFo 2017, 31.

[111] OLG Jena NJW 2016, 1457.

[112] Ähnlich auch OLG Celle DAR 2013, 283 und KG DAR 2017, 593.

[113] OLG Bamberg DAR 2012, 154.

[114] Vgl. auch OLG Düsseldorf Beschl. v. 15.4.2016 – IV-1 RBs 83/16 –, juris.

der nach § 41 Nr. 6 MessEG, längstens für 5 Jahre aufzubewahren.[115] Dies gilt auch für geeichte Messgeräte.[116] Eine Verfahrensrüge wegen der Ablehnung der Beiziehung oder Verlesung der Lebensakte oder von Reparatur- und Wartungsnachweisen, obwohl das Eichsiegel unversehrt ist und die Bußgeldbehörde mitgeteilt hat, dass keine Reparatur oder Wartungsarbeiten gemacht worden seien, kann daher nur Erfolg haben, wenn der Betroffene tatsachenfundiert vorträgt, dass an dem Messgerät Reparatur- oder Wartungsarbeiten ohne nachfolgende Eichung durchgeführt wurden.[117] Aus denselben Gründen, die einer erfolgreichen Rüge der Verletzung des fairen Verfahrens im Hinblick auf die Nichtbeiziehung der Bedienungsanleitung des Messgerätes entgegenstehen, kann deshalb die Nichtbeiziehung der Lebensakte oder der Reparatur- und Wartungsunterlagen mit der Rüge der Verletzung des fairen Verfahrens nicht mit Erfolg beanstandet werden.[118]

3. Rohmessdaten, Messfilm

Keine hinreichenden Erfolgsaussichten bieten nach neuerer obergerichtlicher Rechtsprechung Rügen, die Rohmessdaten und die damit zusammenhängenden Unterlagen (Entschlüsselungsprogramme uä) oder der Messfilm der gesamten Messreihe seien nicht beigezogen und insoweit keine Akteneinsicht gewährt worden. In der Literatur[119] wird hierin unter den Gesichtspunkten des rechtlichen Gehörs oder des Grundsatzes des fairen Verfahrens ein Verstoß gesehen, der mit einer entsprechenden Verfahrensrüge erfolgreich beanstandet werden kann. Teilweise hat die obergerichtliche Rechtsprechung[120] die verweigerte Überlassung der Messdatei als Verstoß gegen den Grundsatz der Gewährung rechtlichen Gehörs angesehen und die erstinstanzlichen Urteile aufgehoben. Die unterlassene Beiziehung der Rohmessdaten und die Nichtgewährung von Akteneinsicht hierin stellt jedoch, soweit ein standardisiertes Messverfahren vorliegt, keinen Verstoß gegen die Gewährung rechtlichen Gehörs, das faire Verfahren oder gegen § 338 Nr. 8 StPO dar und kann auch eine Aufklärungsrüge nicht begründen.[121] Die herrschende Rechtsprechung zieht insoweit dieselben Argumente heran, die auch zur Ablehnung eines Anspruchs auf Beiziehung der Bedienungsanleitung (→ V.1) maßgeblich sind. Der Annahme eines standardisierten Messverfahrens steht hierbei nicht entgegen, dass in

---

[115] OLG Celle NZV 2017, 491.

[116] So OLG Celle NZV 2017, 491 mit überzeugender Begründung; abw. OLG Frankfurt a. M. NStZ-RR 2016, 320.

[117] OLG Celle NZV 2017, 491; OLG Hamm Beschl. v. 31.8.2017 –3 RBs 173/17 –, juris; s. auch OLG Düsseldorf VRR 2014, 392; OLG Naumburg DAR 2016, 215.

[118] Mit eingehender Begründung OLG Bamberg VRR 2017, Nr. 11, 14.

[119] *Cierniak* ZfS 2012, 644; *Geißler* DAR 2014, 717; vgl. aber auch *Krenberger* jurisPR-VerkR 19/2016 Anm. 4.

[120] OLG Oldenburg DAR 2015, 406; OLG Celle Beschl. v. 16.6.2016 –1 Ss (OWi) 96/16 –, juris; insoweit unklar OLG Frankfurt a. M. NStZ-RR 2016, 185.

[121] OLG Bamberg DAR 2016, 337; StraFo 2016, 461; DAR 2017, 715; OLG Hamm Beschl. v. 6.7.2016 –III-1 RBs 38/16 –, juris; Beschl. v. 10.3.2017 – 2 RBs 202/16 –, juris; OLG Oldenburg ZfS 2017, 469; KG DAR 2017, 593; OLG Saarbrücken Beschl. v. 25.10.2017 – Ss RS 17/17 (30/17 OWi) –, juris.

die Rohmessdaten auch solche aus einem Messbereich eingeflossen sind, die der Bauartzulassung widersprechen.[122]

V. Schlussfolgerung

Mit Anträgen auf die Beiziehung von weiteren Unterlagen und die Gewährung von weiterer Akteneinsicht bei der Verfolgung von Verkehrsordnungswidrigkeiten kann der Betroffene bei einem im Verwaltungsverfahren gestellten Antrag auf gerichtliche Entscheidung (§ 62 OWiG), bei einem im gerichtlichen Verfahren gestellten Beweisantrag oder bei einem nach Erlass eines Urteils gestellten Antrag auf Zulassung der Rechtsbeschwerde oder mit einer Rechtsbeschwerde keinen Erfolg haben, wenn bei der Ermittlung der Messwerte standardisierte Messverfahren verwendet werden und es nicht gelingt, die Annahme eines standardisierten Messverfahrens zu erschüttern. Das gilt sowohl für die Erhebung der Sachrüge als auch für Verfahrensrügen. Zwar spricht die Vielzahl höchst unterschiedlicher Entscheidungen dafür, auch künftig weiteren Klärungsbedarf anzunehmen. Bei zutreffender Rechtsanwendung würden sich aber viele dieser Entscheidungen als überflüssig erweisen. Gleichwohl spricht nichts dagegen, die Problematik nicht gewährter Einsicht pragmatisch zu lösen. Bei den Bedienungsanleitungen wäre beispielsweise denkbar, diese bei den Verwaltungsbehörden in digitalisierter Form vorzuhalten und sie der Verteidigung unter der Auflage einer Verwendung nur im konkreten Verfahren zu überlassen. Und hilfreich wäre sicherlich auch die Beachtung des Hinweises des OLG Bamberg am Ende seiner Entscheidung vom 4.10.2017:[123] Auch wenn aus den dargelegten Gründen der Grundsatz des fairen Verfahrens durch die Nichtbeiziehung von außerhalb der Akte befindlicher Unterlagen nicht tangiert wird, wäre es jedenfalls bei überschaubaren und leicht zu erlangenden Urkunden, wie etwa der Lebensakte, von Schulungsunterlagen des Messbeamten und des Eichscheins, schon aus Gründen der Verfahrenseffizienz ratsam, diese rechtzeitig zum Verfahren beizuziehen.

---

[122] St. Rspr.; vgl. statt vieler OLG Hamm Beschl. v. 18.8.2017 – 1 RBs 47/17 –, juris; OLG Braunschweig Beschl. v. 14.6.2017 – 1 Ss (OWi) 115/17 –, juris; OLG Karlsruhe ZfS 2017, 532; OLG Zweibrücken ZfS 2017, 350.

[123] OLG Bamberg NStZ 2018, 235.

EBERHARD KEMPF

Zur Rechtswidrigkeit so genannter legendierter Kontrollen

Das Urteil des *2. Strafsenats* vom 26.4.2017[1] ist vermutlich eines der ersten, auf das der Jubilar aufgrund seines Eintritts in den Ruhestand keinen Einfluss mehr hatte. Ihm die folgende – kritische – Besprechung dieses Urteils zuzueignen, ist deshalb hoffentlich kein Fehlgriff.

I. Einführung

„Legendierte Kontrollen" bewegen sich in rechtsstaatlich höchst empfindlichen Gefilden. Schon die Bezeichnung des behördlichen Vorgehens legt nahe, dass etwas damit nicht stimmt. Wenn der Bundesgerichtshof dem noch „so genannte" voranstellt, wie seinerzeit auch die von der Bundesrepublik (West) nie anerkannte als „sogenannte" DDR bezeichnet worden ist, nährt das den berechtigten Verdacht, dass die deutsche Rechtsordnung hierfür keine ausdrückliche Regelung vorsieht. Der BGH hat die Ermittlungstaktik mit dem zu besprechenden Urteil für grundsätzlich zulässig erklärt.[2]

Es handelt sich dabei um Zugriffe, die typischerweise im Rahmen umfangreicher Ermittlungskomplexe stattfinden. Der Prototyp spielt sich auf dem Gebiet des BtM-Strafrechts und bei der Bekämpfung organisierter Kriminalität ab. Erlangt die Polizei dabei Hinweise auf unmittelbar bevorstehende Straftaten, insbesondere auf einen Drogentransport, sieht sie sich in einem Dilemma:[3] Auf der einen Seite untersteht sie gem. § 163 Abs. 1 StPO der Pflicht zur Strafverfolgung und können auch präventive Gründe zum Schutz von Rechtsgütern nach einem Zugriff verlangen. Auf der anderen Seite droht die Gefahr, dass ein zwischenzeitliches Einschreiten die aufwendigen, zeit- und kostenintensiven Geheimmaßnahmen offenbaren könnte und in der Folge die eigentlichen, von langer Hand geplanten Ermittlungsziele hinfällig werden. Insbesondere die Ergreifung von Hintermännern sowie die Aufdeckung und Zerschlagung verzweigter Kriminalitätsstrukturen könnten in weite Ferne rücken, wenn Mitglieder der Organisation Kenntnis von den langfristigen Ermittlungen erlangen.[4] Zur Auflösung des Zielkonflikts bedient sich die Polizei mit den so genannten legendierten Kontrollen also einer Methode, bei der sie sich ihre Doppelfunktion als Strafverfolgungs- und Gefahrenabwehrbehörde zu

---

[1] BGH Urt. v. 26.4.2017 – 2 StR 247/16, NJW 2017, 3173.

[2] Vgl. Pressemitteilung des BGH Nr. 54/2017 vom 26.4.2017; aA *Börner* StraFo 2018, 1.

[3] Vgl. auch *Lenk* StV 2017, 692 (693): „ermittlungstaktische[s] Dilemma".

[4] *Tönsgerlemann* AW-Prax 2012, 168.

Nutze macht: Sie kontrolliert, stellt sicher und nimmt fest – und gibt dabei vor, eine Straßenverkehrskontrolle[5] oder etwa (nach Einschaltung entsprechender Behörden) eine zollrechtliche[6] Anlass- oder eine Grenzschutzkontrolle durchzuführen. Von einem richterlichen Durchsuchungsbeschluss (§ 105 StPO, Bekanntmachung gem. § 35 StPO) und einer -bescheinigung (auf Verlangen zu erteilen, § 107 StPO) sehen die Ermittler dementsprechend ab; darüber hinaus machen sie die Hintergrundermittlungen weder aktenkundig noch belehren sie die neuen oder auch die alten/neuen Beschuldigten im Rahmen von Vernehmungen (auch) über den Gesamtumfang ihrer Ermittlungen und die darauf gestützten Vorwürfe. Selbst in den „neuen" Verfahren zuständige Haftrichter werden in Unkenntnis des Gesamtumfangs der Ermittlungen gehalten.

Vor diesem Hintergrund bildet die legendierte Kontrolle lediglich die über dem Wasser sichtbare Spitze eines Eisbergs; das vollständige Ermittlungsverfahren und der wahre Hintergrund werden (im besten Fall) erst kurz vor Anklageerhebung offenbart. Dass ein solches Vorgehen – wie es der *2. Senat* formuliert – „nicht unbedenklich"[7] ist, liegt auf der Hand. Im Folgenden werden die gegensätzlichen Interessen in der Ausgangssituation kurz aufgezeigt (II.), bevor das Urteil vom 26.4.2017 dargestellt wird (III.) und eine eigene Beurteilung der Zulässigkeits- (IV.) und Verwertungsfragen (V.) bei legendierten Kontrollen folgen.

II. Interessenlage der Beteiligten: Nutzen für die Strafverfolgungsbehörden und Kosten für die Beschuldigten

Die gegensätzlichen Interessen von Strafverfolgung und Gefahrenabwehr wurden bereits aufgezeigt: Es geht den Ermittlern mit der Legende „reiner" Gefahrenabwehr darum, eine vorzeitige Offenbarung der heimlichen Ermittlungen zu verhindern, um deren eigentliches Ziel, nämlich die Ermittlung von Hintermännern und das Aufdecken und nachhaltige Zerschlagen krimineller Strukturen, nicht zu gefährden.[8] Mit dem Gebot der effektiven Strafverfolgung lässt sich dem Vorgehen dabei durchaus ein in Rechtsprechung und Schrifttum anerkannter Verfahrensgrundsatz attestieren.[9] Das könnte auch gelten, wenn eine strafprozessual eindeutige Bewertung der Erkenntnisse – weil etwa konspirativ geführte Gespräche keinen sicheren Schluss auf einen Drogentransport erlauben[10] – zum Eingriffszeitpunkt noch nicht möglich ist. Die Vagheit des Verdachts mag das Zugriffsrisiko insofern noch erhöhen,

---

[5] Vgl. BGH NJW 2017, 3173 sowie BGH NStZ 2010, 294, bei dem die Ermittlungsbeamten eigens Luft aus einem Fahrzeugreifen abließen, um einen Anlass zur Kontrolle zu schaffen. Hierzu *Müller/Römer* NStZ 2012, 543 (545).

[6] Hierzu LG Münster NStZ 2016, 126; *Tönsgerlemann* AW-Prax 2012, 168.

[7] BGH NJW 2017, 3173 (3179); vgl. zudem BGH Beschl. v. 21.7.2011 – 5 StR 32/11, StraFo 2011, 358 („nicht unbedenklich"); BGH Urt. v. 11.2.2010 – 4 StR 436/09, NStZ 2010, 294 („rechtlich bedenklich").

[8] *Tönsgerlemann* AW-Prax 2012, 168; *Müller/Römer* NStZ 2012, 543.

[9] Vgl. *Nowrousian* NStZ 2015, 625 (627): „Allein die Verzahnung offener und heimlicher mit täuschenden Maßnahmen macht echte Ermittlungserfolge hier überhaupt noch möglich."

[10] Vgl. *Tönsgerlemann* AW-Prax 2012, 168.

als eine (offen durchgeführte) strafprozessuale Durchsuchung keinen sicheren Erfolg verspricht, aber gleichwohl die bisherigen Ermittlungen gefährdet; an der Interessenlage ändert dies nichts.[11] Zugleich verfolgen die Kontrollen einen präventiven Zweck, indem sie – um beim praktischen Prototyp des BtM-Handels zu bleiben – vorbeugen, dass gefährliche Betäubungsmittel in den Verkehr gelangen.[12]

Interessant ist, dass sich die Interessenlage im Vergleich zum heftig diskutierten, im Grundsatz aber anerkannten Lockspitzeleinsatz geradezu konträr gestaltet: Während hier in der Regel ebenfalls verdeckte Ermittlungen stattfinden, der große „Coup" aber ausbleibt und die Ermittler deshalb zur Provokation einer Straftat greifen, drängt sich den Ermittlern bei den legendierten Kontrollen der Ermittlungscoup geradezu auf, obwohl die Begleitumstände für das „Hauptermittlungsverfahren" (noch) nicht optimal sind. Als Vorsitzender des *2. Strafsenats*[13], aber auch aufgrund einer Publikation aus seiner Zeit als wissenschaftlicher Mitarbeiter beim *1. Strafsenat*[14], hat *Thomas Fischer* großen Einfluss auf die rechtliche Bewertung des Lockspitzeleinsatzes genommen. Dass beide Ermittlungsmaßnahmen in der Rechtsnatur eine wesentliche Parallele aufweisen, wird im weiteren Verlaufe des Beitrags noch zur Sprache kommen.[15]

Auf die Rechtsstellung des Beschuldigten wirkt sich eine legendierte Kontrolle in mehrfacher Hinsicht aus: Zunächst kommt mit dem Richtervorbehalt bei strafprozessualen Durchsuchungen (§§ 102, 105 StPO) die Verletzung eines Rechts in Betracht, das dem Betroffenen „durch die Einrichtung einer institutionalisierten vorbeugenden Kontrolle bereits im Vorfeld einer geplanten heimlichen Ermittlungsmaßnahme [...] die strikte Beachtung des Richtervorbehalts" sichert.[16] Bei legendierten Kontrollen, die über den Weg des Gefahrenabwehrrechts die richterliche Anordnung umgehen[17], fällt dieser Schutz weg – und er lässt sich auch im Nachhinein, dies liegt in seiner Natur, nicht kompensieren.[18] Im weiteren Verlauf eines Verfahrens nach einer legendierten Kontrolle kommt es zu Beeinträchtigungen der Selbstbelastungsfreiheit der Zielperson aufgrund unvollständiger Belehrung. Ferner wird der Grundsatz der Aktenwahrheit und Aktenvollständigkeit verletzt.[19] Durch eine (zu) späte Offenbarung der Ermittlungshintergründe könnte der Beschuldigte schließlich um eine Verteidigungsmöglichkeit als Kronzeuge (§ 31 BtMG, § 46b StGB) gebracht und dadurch die Effektivität seiner Verteidigung beeinträchtigt sein.[20] Auch eine Verletzung seines verfassungsrechtlichen Anspruchs

---

[11] Ähnlich *Müller/Römer* NStZ 2012, 543 (543f.).

[12] BGH NJW 2017, 3173 (3175).

[13] Siehe insb. BGHSt 60, 276 = NJW 2016, 91, wonach der *2. Senat* (erstmals wieder) auf ein Verfahrenshindernis als prozessuale Rechtsfolge eines rechtswidrigen Lockspitzeleinsatzes erkannt hat.

[14] *Fischer/Maul* NStZ 1992, 7.

[15] Vgl. auch *Gubitz* NStZ 2016, 128.

[16] Vgl. *Müller/Römer* NStZ 2012, 543 (545).

[17] Wie zB § 10 Abs. 3 ZollVG oder – im konkreten Fall – §§ 37 Abs. 1 Nr. 1 und 3 HSOG (iVm. § 36 Abs. 1 Nr. 1 HSOG).

[18] Vgl. *Mosbacher* JuS 2016, 706 (708); *Müller/Römer* NStZ 2012, 543 (546); *Mitsch* NJW 2017, 3124 (3125) („bewusste Umgehung der strafprozessual vorgesehenen Befugnisse").

[19] Instruktiv *Börner* StraFo 2018, 1 (3f.).

[20] Im konkreten Fall abgelehnt bei BGH NJW 2017, 3173 (3179).

auf rechtliches Gehör ist denkbar. Verfassungs- und konventionsrechtlich laufen die Bedenken in seinem Recht auf ein faires, rechtsstaatliches Verfahren (Art. 2 Abs. 1 GG iVm Art. 20 Abs. 3 GG; Art. 6 Abs. 1 EMRK) zusammen.

Legendierte Kontrollen werfen Grundfragen des Gefahrenabwehr- und des Strafprozessrecht auf. Namentlich geht es um das Verhältnis der beiden Materien zueinander, „die alte Frage nach der Freiheit der Formenwahl der Polizei."[21] Damit hängt mittelbar zusammen, inwiefern die Staatsanwaltschaft noch ihre Funktion als „Herrin des Ermittlungsverfahrens" innehat, wenn die Polizei nach eigenem Belieben ihre Rolle wechselt, Maßnahmen trifft, andernorts Verfahren zum gleichen Gegenstand anregt und dabei weder in den Akten noch auf anderem Wege Informationen an die Staatsanwaltschaft weiterleitet, sie – ganz im Gegenteil – gar implizit über die tatsächlichen Begebenheiten täuscht. Der Jubilar ist – zusammen mit Bundesrichter *Maul,* dem er 1991/1992 als wissenschaftlicher Mitarbeiter zugeordnet war – in der entsprechenden Bewertung von Lockspitzeleinsätzen zu folgendem Fazit gekommen:

„Tatprovokationen durch Lockspitzel sind nicht dem Bereich polizeilicher Prävention, sondern dem Bereich repressiver Strafverfolgung zuzurechnen. Der in der [damals, d.U.] neuen Polizeirechtsdiskussion sowie in den neuen Polizeigesetzen verwendete Begriff der ‚vorbeugenden Verbrechensbekämpfung' ist unklar, verschiebt die Grenzen polizeilicher Prävention unzulässig und ist zur rechtsstaatlichen Problemlösung ungeeignet."[22]

III. Das BGH-Urteil vom 26. April 2017

Nachdem der *4.* und der *5. Senat* die legendierten Kontrollen in zwei Entscheidungen der Jahre 2010[23] und 2011[24] noch mit rechtlichen Bedenken versehen hatten, hält der *2. Senat* legendierte Kontrollen im entschiedenen Fall nach § 37 Abs. 1 Nr. 1 und 3 (iVm § 36 Abs. 1 Nr. 1 bzw. § 40 Nr. 1 und 4) des Hessischen Gesetzes über die öffentliche Sicherheit und Ordnung (HSOG) für *„grundsätzlich zulässig"*[25], „um der effektiven Strafverfolgung willen einen Teil der Rechtsstaatlichkeit zu opfern"[26]: Da „zum Zeitpunkt der Durchsuchung […] alle Voraussetzungen der gefahrenabwehrrechtlichen Ermächtigungsgrundlage vor[lagen, bedurfte es] einer vorherigen richterlichen Anordnung […] nach diesen Vorschriften nicht."[27] Die gewonnenen Erkenntnisse seien im Hinblick auf § 161 Abs. 2 S. 1 StPO im Strafverfahren verwertbar, weil die Maßnahme der Durchsuchung des Fahrzeugs hypo-

---

[21] So *Börner* StraFo 2018, 1 (2).

[22] *Fischer/Maul* NStZ 1992, 7 (13).

[23] BGH Urt. v. 11.2.2010 – 4 StR 436/09, NStZ 2010, 294 („mit Blick auf den fair trial-Grundsatz rechtlich bedenklich").

[24] BGH, Beschl. v. 21.7.2011 – 5 StR 32/11, StraFo 2011, 358 (359)(„[…] Rechtsgrundlage […] nicht ohne Weiteres nachvollziehbar", mit Blick auf § 105 Abs. 1 StPO „nicht unbedenklich"). Zu beiden Entscheidungen vgl. *Altvater* FS Schlothauer, 2018, 3 (6); *Lenk* StV 2017, 692 (693f.).

[25] Pressemitteilung des BGH Nr. 54/2017 vom 26.4.2017.

[26] *Mitsch* NJW 2017, 3124 (3127).

[27] BGH NJW 2017, 3173 Rn. 16.

thetisch „hätte angeordnet werden dürfen".[28] Repression und Prävention könnten gleichberechtigt nebeneinander stehen; bei der Durchsuchung als „echte doppelfunktionale Maßnahme" könne daher auf die präventiv-polizeiliche Ermächtigungsgrundlage zurückgegriffen werden.[29] *Obiter dictu* wies der *Senat* noch darauf hin, dass das Verschweigen der Hintergrundermittlungen in den Akten und gegenüber dem Ermittlungsrichter „im Hinblick auf den Fair-trial-Grundsatz und das Gebot der Aktenwahrheit und der Aktenvollständigkeit nicht unbedenklich"[30] sei. Konsequenzen – auch dies führt er *obiter dictu* aus – hätte ein Verstoß gegen die Maßstäbe im konkreten Fall gleichwohl nicht gehabt, da die relevanten Informationen „mehrere Wochen vor Anklageerhebung zur Akte gelangt", sodass dem Beschuldigten keinerlei Verteidigungsrechte in der Hauptverhandlung beschnitten worden seien und die Strafkammer des Landgerichts den Umstand der Tatobservierung in die Strafzumessung habe einfließen lassen können.[31]

Im Ergebnis, so scheint es, sind die rechtlichen Bedenken also ausgeräumt, wenn die relevanten Informationen nur rechtzeitig vor Anklageerhebung bekannt gemacht werden. Dem ist entgegenzutreten: Dass Prävention und Repression nebeneinander bestehen können,[32] ist eine Binsenweisheit. Deren Verzahnung gestaltet sich bei den legendierten Kontrollen weitaus enger als angenommen: Die Behörden entnehmen in Fällen „doppelfunktionaler Maßnahmen"[33] in der Regel die Anhaltspunkte für den vermeintlich präventiven Einsatz ausschließlich dem Bereich der Strafverfolgung und streben letztlich an, ihr langfristiges (strafprozessuales) Ermittlungsziel zu verwirklichen; auf das Polizeirecht fällt die Wahl der Ermächtigungsgrundlage gerade (und allein), um die als lästige Randerscheinung der StPO empfundene Offenlegung der Ermittlungen zu umgehen. Da der Schwerpunkt des Eingriffs auf dem Bereich der Strafverfolgung liegt, muss sich die getroffene Maßnahme auch an der Ermächtigungsgrundlage der Strafprozessordnung messen lassen.

IV. Unzulässigkeit der legendierten Kontrollen

Dabei verdienen die Ausführungen des *2. Senats* durchaus Zustimmung, wenn der *Senat* – entgegen der Auffassung des *LG* – darlegt, dass die Fahrzeugdurchsuchung sich gerade nicht auf verkehrsbezogene Umstände bezog und deshalb § 36 Abs. 5

[28] BGH NJW 2017, 3173 Rn. 38. Für eine solche rechtliche Lösung auch *Altvater* FS Schlothauer, 2018, 3 (12); zur Fragwürdigkeit der Argumentation mit dem „hypothetischen Ersatzeingriff" generell *Rogall* NStZ 1988, 385ff.; konkret zu legendierten Kontrollen *Mitsch* NJW 2017, 3124 (3126).

[29] BGH NJW 2017, 3173 (3175ff.).

[30] BGH NJW 2017 Rn. 53.

[31] BGH NJW 2017 Rn. 54f.

[32] BGH NJW 2017 (3176); vgl. BVerfGE 32, 373 (380) = NJW 1972, 1123; BVerwG NVwZ 2001, 1285 (1286).

[33] Der BGH grenzt sog. „echte" doppelfunktionale Maßnahmen von „unechten" ab. „Unechte" doppelfunktionale Maßnahmen seien „polizeiliche Maßnahmen, die nur deswegen auch präventiven Charakter besitzen, weil durch die Strafverfolgung ein entsprechender unselbständiger Nebeneffekt erzielt wird, etwa dass der Betroffene durch Festnahme an der Fortsetzung seiner strafbaren Handlung faktisch gehindert wird" (BGH NJW 2017, 3173 (3175, Rn. 20)).

StVO als Ermächtigungsgrundlage ausscheiden musste.[34] Entsprechendes hat in parallel gelagerten Fällen zu gelten, wenn der Durchsuchungsvorwand auf zoll- oder grenzschutzrechtliche Gründe gestützt werden soll.[35] Die entscheidende Weiche also stellt sich zwischen dem jeweiligen Landespolizeigesetz und der Strafprozessordnung.[36] Ebenfalls zutreffend beschreibt der *Senat* im Folgenden, dass „strafprozessuale und gefahrenabwehrrechtliche Maßnahmen grundsätzlich nebeneinander anwendbar“[37] sind, was vor dem Hintergrund verschiedener Zielrichtungen und der wesentlichen Unterschiedlichkeit von Verdacht und Gefahr als zentralen Anknüpfungspunkten nicht überrascht. Gefahrenabwehrrechtliche Maßnahmen können in der Tat auch gegen Beschuldigte eines Strafverfahrens zulässig sein, sofern der verfolgte Zweck denn nichts mit seinem Beschuldigtenstatus zu tun hat.[38]

Die entscheidende Weiche jedoch stellt der *Senat* falsch. Über die Annahme einer „echten“ doppelfunktionalen Maßnahme und eines insofern bestehenden Wahlrechts[39] der Polizei gelangt er zur Rechtmäßigkeit der Durchsuchung nach HSOG. Gegen den eingeschlagenen Weg bestehen erhebliche Bedenken, die vom *Senat* unberücksichtigt geblieben sind (1.). Ferner werden im Zuge des anknüpfenden Ermittlungsverfahrens die wahren Hintergründe der Kontrolle verschwiegen, wodurch die „rechtlichen Fesseln“, die den Ermittlungsbehörden mit dem Richtervorbehalt gezogen worden sind, ausgehebelt werden[40] (2.) und gleichzeitig die Grundsätze der Aktenwahrheit und –vollständigkeit unterlaufen (3.). Ein faires, rechtsstaatliches Verfahren (Art. 2 Abs. 1 GG iVm Art. 20 Abs. 3 GG; Art. 6 Abs. 1 EMRK) wird dem Betroffenen in der Folge nicht mehr zuteil (4.). Das Volkszählungsurteil des BVerfG[41] hat bereits Anfang der 1980er Jahre auf die Notwendigkeit gesetzlicher Befugnisse bei geheimen Ermittlungsmaßnahmen gedrängt. Ob eine solche für legendierte Polizeikontrollen indessen denkbar ist, muss bezweifelt werden (5.). Die Durchsuchung hätte sich zutreffend nach den §§ 102, 105 StPO richten müssen, mit der Konsequenz, dass die Legendierung von Polizeikontrollen als rechtswidrig zu bewerten ist (6.).

1. *Bedenken gegen die Lösung des 2. Strafsenats*

a) Verflechtung mit andauernden Ermittlungen

Die rechtliche Lösung des *Senat*s suggeriert, dass eine legendierte Kontrolle von den verdeckten Ermittlungen im Hintergrund weitgehend unabhängig sei. Es scheint, als beschränke sich der Zusammenhang – ähnlich einem Zufallsfund[42] –

---

[34] BGH NJW 2017, 3173 Rn. 15.

[35] Vgl. auch *Herzog* FS Schlothauer, 2018, 37 (38ff.) zu möglichen Rechtsgrundlagen.

[36] Vgl. insofern auch *Altvater* FS Schlothauer, 2018, 3 (8ff.).

[37] BGH NJW 2017, 3173 Rn. 25.

[38] *Mitsch* NJW 2017, 3125f.

[39] Vgl. *Schiemann* NStZ 2017, 657; *Brodowski* JZ 2017, 1124 (1126) mVa *Gusy* StV 1991, 499: „Rosinentheorie“; *Börner* StraFo 2018, 1 (2): „alte Frage nach der Freiheit der Formenwahl“.

[40] *Mitsch* NJW 2017, 3124 (3127).

[41] BVerfGE 65, 1 = NJW 1984, 419.

[42] Insofern prägnant *Müller/Römer* NStZ 2012, 543: „Die gezielte Suche nach dem Zufallsfund“.

auf die Tatsachenkenntnis von der Gefahrenlage, und als sei für die Kontrolle nunmehr neu zu beurteilen, inwiefern sie der Gefahrenabwehr oder einer eigenständigen Strafverfolgung diene. Dabei wird verkannt, dass das legendierte Vorgehen de facto eng mit den verdeckten Maßnahmen verflochten ist, sich wegen des ursprünglich selben Verdachts gegen dieselben Täter (und Hinterleute) richtet und im Grunde lediglich einen Teilausschnitt des langfristig angelegten Ermittlungsverfahrens bildet. Dies wird deutlich, wenn das kontrollierte Fahrzeug zuvor mit einem Peilsender ausgestattet wurde,[43] wenn ein Diensthundeführer und Betäubungsmittelspürhund die Kontrolle begleiten[44] und wenn vor der Hauptverhandlung die maßgeblichen Hintergrundinformationen noch zur Akte gereicht werden,[45] damit eine Zusammenfügung der unterschiedlichen Teilausschnitte stattfindet. Die legendierte Durchsuchung und ihre Folgemaßnahmen bilden bei diesem Lichte betrachtet einen integralen Bestandteil des ursprünglichen Strafverfahrens.

b) *Keine Legitimation der Maßnahme durch den Rückgriff auf den hypothetischen Ersatzeingriff*

Der BGH begründet seine Entscheidung im Wesentlichen damit, dass die aus der polizeirechtlich gemäß § 37 Abs. 1 Nr. 1 und 3 HSOG zulässigen Maßnahme der Durchsuchung gewonnenen Erkenntnisse aufgrund § 161 Abs. 2 StPO mit der dort kodifizierten „Idee des hypothetischen Ersatzeingriffs“[46] im Strafverfahren verwendet werden dürften. Er spricht dabei ausdrücklich die „mögliche Gefahr der bewussten Umgehung der engeren formellen Voraussetzungen der strafprozessualen Eingriffsnorm“ an und beruft sich zu Unrecht, wie *Mitsch*[47] nachgewiesen hat, darauf, dass diese Gefahr vom „Gesetzgeber gesehen, aber ersichtlich hingenommen“ worden sei:

Mit § 161 Abs. 2 StPO[48] hat der Gesetzgeber, wie der BGH zu Recht ausführt,[49] „die ‚Umwidmung‘ und die Verwendung der durch verdeckte Ermittlungsmaßnahmen auf anderer – insbesondere präventiv-polizeilicher Rechtsgrundlage erlangter Daten als Beweismittel in Strafverfahren [...] gesetzlich geregelt.“[50] Ungeachtet der grundsätzlichen Bedenken gegenüber der Rechtsfigur vom „hypothetischen Ersatzeingriff“, die mit dieser Vorschrift legitimiert worden ist, geht der Gesetzgeber, wenn er den Transfer von „auf Grund einer entsprechenden Maßnahme nach anderen Gesetzen erlangten personenbezogenen Daten“ in das Strafverfahren unter bestimmten Bedingungen zulässt, davon aus, dass diese z. B. polizeirechtlichen Daten in einem Verfahren gewonnen worden sind, das *unabhängig von dem Strafverfahren* geführt worden ist, in das die Daten transferiert und dann verwendet werden sollen.

[43] BGH NJW 2017, 3173 (3174).
[44] BGH NJW 2017, 3173 (3174).
[45] Vgl. das *obiter dictum* in BGH NJW 2017, 3173 (3178f.).
[46] BGH NJW 2017, 3173 Rn. 38.
[47] *Mitsch* NJW 2017, 3124 (3127).
[48] Eingefügt durch das „Gesetz zur Neuregelung der Telekommunikationsüberwachung und anderer verdeckter Ermittlungsmaßnahmen [...] vom 21.12.2007“ (BGBl. 2007 I 3198).
[49] BGH NJW 2017, 3173 (3177, Rn. 38).
[50] Hierzu grundsätzlich *Singelnstein* ZStW 120, 854.

Ein hypothetischer Ersatzeingriff ist nur dann „hypothetisch", wenn über das Vorliegen der nicht nur formellen Voraussetzungen des Richtervorbehalts erst im Nachhinein entschieden werden kann, weil sich die Möglichkeit der Verwendung dieser Daten im Strafverfahren erst im Nachhinein ergibt. Ist die spätere Verwendung polizeirechtlich zu gewinnender Daten im Strafverfahren von vornherein beabsichtigt, ist deren Gewinnung, weil der Schwerpunkt des polizeilichen Vorgehens auf den strafrechtlichen Ermittlungen liegt, ausschließlich unter den strafprozessualen Voraussetzungen zulässig und das polizeirechtliche Vorgehen als bewusste Umgehung des strafprozessualen Richtervorbehalts und Aushöhlung von Beschuldigtenrechten unzulässig. Was der *Senat* als „hypothetischen Ersatzeingriff" abhandelt, ist weder ein *hypothetischer* noch ein *Ersatz*eingriff, sondern ein echter strafprozessualer Eingriff. Zu Unrecht beruft sich der BGH auf die Gesetzesbegründung in BR-Drs. 275/17. Sie erläutert lediglich, dass, *„um einer Umgehung der engen strafprozessualen Anordnungsvoraussetzungen vorzubeugen"*,[51] die Verwendung der polizeirechtlich gewonnenen Daten im Strafverfahren in der nachträglichen hypothetischen Bewertung auch eben jene strafprozessualen Anordnungsvoraussetzungen voraussetzt; nicht mehr und nicht weniger.

c) Täuschungskomponente nicht berücksichtigt

Darüber hinaus berücksichtigt der *Senat* nicht, dass die legendierte Kontrolle und das sich ihr anschließende Ermittlungsvorgehen mit weitreichenden Täuschungen der Beteiligten einhergeht.[52] Der Betroffene, sein Verteidiger sowie die neu mit der Kontrolle befassten Staatsanwälte und Ermittlungsrichter werden über weite Strecken über den wahren Anlass der Kontrolle und die verfahrensmäßige Einbettung des Vorgehens im Dunkeln gehalten. Wendet man dies auf die Grundrechte des Beschuldigten, so spiegelt die gefahrenabwehrrechtliche Ermächtigungsgrundlage und die Verwertung über § 161 Abs. 2 StPO vor, sein Allgemeines Persönlichkeitsrecht (Art. 2 Abs. 1 GG iVm Art. 1 Abs. 1 GG) bliebe gänzlich unberührt. Tatsächlich finden Grundrechtseingriffe statt, für die allenfalls eine hypothetische gesetzliche Grundlage denkbar wäre. Die Maßnahme stößt daher auch im Hinblick auf den Grundsatz vom Vorbehalt des Gesetzes auf Zweifel.

Die „Legendierung" des Vorgehens kommt mithin zwar in der Bezeichnung zum Ausdruck, in der rechtlichen Beurteilung durch den BGH erfährt sie aber lediglich durch ihre Isolierung vom „Hauptgeschehen" eine Legitimierung. *Leipold* und *Beukelmann*[53] haben in diesem Zusammenhang zu Recht darauf hingewiesen, dass das Urteil den Behörden „faktisch in gewissem Umfang die Möglichkeit ‚verdeckter' Durchsuchungen eröffnet [...], die in der StPO so nicht vorgesehen sind."

---

[51] BR-Drs. 275/17, 148.
[52] Eine Täuschung hingegen ablehnend *Altvater* FS Schlothauer, 2018, 3 (12).
[53] *Leipold/Beukelmann* NJW-Spezial 2017, 536.

d) Nebeneinander in gegenseitiger Ergänzung

Die Lösung des *2. Senats* macht sich nach alledem das an sich zulässige Nebeneinander von Prävention und Repression zu Nutze, um in gegenseitiger Ergänzung der Materien ein neuartiges ermittlungstaktisches Vorgehen zu legitimieren. Die vermeintliche Gemengelage und die umfassend diskutierte „Doppelfunktionalität" der Maßnahme wirken dabei wie vorgeschobene Probleme, auf die es tatsächlich nicht ankommt.[54] Auf diesem Wege können Regelungen der StPO, die eigens zum Schutz der Beschuldigteninteressen ausgestaltet wurden, gezielt umgangen werden.[55] Weiter gedacht begründet die Lösung des *Senats* die Besorgnis, da den Drogendelikten als Dauerdelikten stets eine gegenwärtige Gefahr innewohnt,[56] dass bei langfristig angelegten Ermittlungen im Drogenstrafrecht die strafprozessualen Maßnahmen zukünftig obsolet und durch ihre gefahrenabwehrrechtlichen Pendants (iVm § 161 Abs. 2 StPO) ersetzt werden könnten. Auch vom BtMG abgesehen haben diese Bedenken Konjunktur, denn „auf dem Weg in die Sicherheitsgesellschaft"[57] erfasst Strafrecht zunehmend Sachverhalte im Vorfeld von Rechtsgutsverletzungen,[58] die typischerweise einer Gefahr (iSd Polizeirechts) gleichkommen. Mit Zuerkennung eines Rechtsformenwahlrechts der Polizei (als „Chamäleon"[59]) ist in diesen Bereichen der Weg für eine strukturelle Umgehung der StPO-Vorschriften geebnet.

2. Verfahrensherrschaft der Staatsanwaltschaft und Kontrollfunktion des Ermittlungsrichters

Die Verortung der legendierten Kontrollen im Polizeirecht führt zu der keineswegs unbeabsichtigten Konsequenz, dass ein neues, vermeintlich selbständiges Ermittlungsverfahren gegen die Betroffenen eingeleitet wird. Dabei wird die neuerlich mit der Sache befasste Staatsanwaltschaft ebenso wie der dafür zuständige Ermittlungsrichter über die wahren Hintergründe, dass die Kontrolle nämlich keinesfalls zufällig erfolgte, sondern Teil einer langfristig angelegten Ermittlung bildet, im Dunkeln gehalten. Das Vorgehen setzt sich damit in Widerspruch zu den tradierten Funktionen der Justizorgane im Ermittlungsverfahren.

[54] Vgl. *Tönsgerlemann* AW-Prax 2012, 168 mVa ZOK Stuttgart: Gemengelage als „Scheinproblem".

[55] Vgl. jedoch *Altvater* FS Schlothauer, 2018, 3 (12): Der Gesetzgeber habe die Gefahr der Umgehung gesehen, im gesetzlich vorgesehenen Umfang aber hingenommen.

[56] Vgl. BGH NJW 2017, 3173 Rn. 17f. mVa BGH NStZ-RR 2016, 176: „Die gefahrenabwehrrechtlichen Vorschriften [gestatten] insbesondere auch die Suche nach illegalen Betäubungsmitteln[...]".

[57] Vgl. hierzu *Albrecht,* Der Weg in die Sicherheitsgesellschaft, Berlin 2010 (passim).

[58] *Altvater* FS Schlothauer, 2018, 3 (8) folgert aus diesem Umstand, dass kein formeller Vorrang der StPO-Vorschriften bestehen könne, weil ansonsten jene des besonderen Verwaltungsrechts leerliefen.

[59] *Brodowski* JZ 2017, 1124 (1126).

a) *Staatsanwaltschaft als „Herrin des Ermittlungsverfahrens"*

Wenngleich die Rolle der Staatsanwaltschaft mit Blick auf die „Unvereinbarkeit von inquirierender Tätigkeit und neutraler Objektivität"[60] nicht unbedenklich ist, herrscht Einigkeit über ihre Stellung im Gesamtgefüge des Strafverfahrens. Sie ist mit einer originären Ermittlungskompetenz ausgestattet, soll die Justizförmigkeit, Rechtsstaatlichkeit und Effizienz des Verfahrens gewährleisten und gilt mithin als „Herrin des Ermittlungsverfahrens".[61] Fraglich ist, inwiefern sie dieser Funktion bei legendierten Verfahren noch gerecht werden kann.[62]

Nicht allzu fern liegt der Einwand, durch die originär mit der verdeckten Ermittlung befasste Staatsanwaltschaft sei nach wie vor die Verfahrensherrschaft gewährleistet, die neu eingeschaltete Behörde insofern gewissermaßen als organinternes Vehikel zu verstehen, das die Gewährleistung der staatsanwaltlichen Verantwortlichkeit im Ergebnis unberührt lasse. Das Argument führt in einen Diskurs über die innere Struktur der Staatsanwaltschaft, über Wissenszurechnung („Organisationsverschulden"[63]) und das Verhältnis der jeweiligen Behörden zueinander, der hier jedoch keiner Vertiefung Bedarf. Denn die Entscheidung des *2. Senats* selbst versperrt den Einwand. Infolge der legendierten Kontrolle soll demnach gerade ein selbständiges Ermittlungsverfahren eingeleitet werden, das (mit eigenem Js-Aktenzeichen ausgestattet[64]) durch die neu berufene Behörde eine selbständige Verfahrensführung erfährt. Diese ist es, die weitere Ermittlungen anstellt, Zwangsmaßnahmen anordnet, hierfür die Polizei oder einen Ermittlungsrichter einspannt und am Ende die Klage erhebt. Davon, dass die originär ermittelnde Behörde die Verfahrensherrschaft noch ausübe, kann demnach keine Rede sein.

Bleiben der zuständigen Behörde indessen Teile des Sachverhalts vorenthalten, kann sie ihre Aufgaben nicht sachgerecht wahrnehmen. Jede Prüfung der Verhältnismäßigkeit bliebe unvollständig, etwaige Erkenntnisse über eine Berufs- oder Bandenmäßigkeit und damit zur Schwere des Tatvorwurfs außen vor. Umgekehrt lässt sich nicht ausschließen, dass der Beschuldigte etwa zeitnah ein umfassendes Geständnis ablegt und die Behörde eigene Maßnahmen gegen die Hinterleute anordnet, die sich mit jenen der originären Ermittler in gegenseitiger Unwissenheit überschneiden. Die Gewährleistung einer rechtsstaatlichen, fairen und ordnungsgemäßen Verfahrensdurchführung der Staatsanwaltschaft als „Herrin des Ermittlungsverfahrens" ist auf dieser Grundlage nicht möglich.

b) *Ermittlungsrichter als Kontrollorgan der Strafverfolgungsbehörden*

Entsprechendes muss für die Beurteilung eines im legendierten Verfahren berufenen Ermittlungsrichters gelten. Das Bundesverfassungsgericht hat dessen Stel-

---

[60] *Kühne* in Löwe-Rosenberg 27. Aufl. 2017, StPO Einl. Abschn. J, Rn. 51.

[61] *Kühne* in Löwe-Rosenberg 27. Aufl. 2017, StPO Einl. Abschn. J, Rn. 43; *Erb* in Löwe-Rosenberg 26. Aufl. 2008, StPO Vor § 158, Rn. 22 mwV.

[62] Krit. auch *Mansdörfer* LTO v. 2.5.2017.

[63] Vgl. *Brodowski* JZ 2017, 1124 (1128): „[…] den Ermittlungsbehörden als Organisationsverschulden vorzuwerfen, wenn diese nicht über den vollständigen Tatvorwurf belehren können."

[64] *Börner* StraFo 2018, 1 (3).

lung als „Kontrollorgan der Strafverfolgungsbehörden" unterstrichen, wonach es ihm in den gesetzlich bestimmten Fällen vorbehalten ist sicherzustellen, dass rechtsstaatliche Mindestanforderungen eingehalten werden.[65] Diese weitreichende, verfassungsrechtlich erforderliche Kontrolle kann er nicht vornehmen, wenn ihm die wahren Hintergründe eines Ermittlungsverfahrens vorenthalten werden.[66] Im Zuge legendierter Kontrollen findet insofern nicht bloß eine Aushebelung des Richtervorbehalts aus §§ 102, 105 StPO aufgrund des Spiels über die Bande des Polizeirechts statt, sondern ein Ermittlungsrichter kann die ihm zugewiesene Kontrollfunktion auch dann nicht erfüllen, wenn im weiteren Verfahren etwa die Anordnung von Untersuchungshaft (§§ 112, 114 StPO) beantragt wird.

3. *Aktenwahrheit und Aktenvollständigkeit*

Der Grundsatz der Aktenwahrheit und der Aktenvollständigkeit ist Ausfluss der Bindung der Verwaltung (und der Justiz) an Recht und Gesetz (Art. 20 Abs. 3 GG) und der aus dem Rechtsstaatsprinzip folgenden Pflicht zur Objektivität.[67] Das BVerfG hat in diesem Zusammenhang unterstrichen, dass es nicht im Belieben der Ermittlungsbehörden steht, ob und zu welchem Zeitpunkt (!) sie strafprozessuale Ermittlungsmaßnahmen in den Akten vermerken – in einem rechtsstaatlichen Verfahren muss „schon der bloße Anschein vermieden werden, die Ermittlungsbehörden wollten etwas verbergen."[68] Entsprechende Bedenken hat auch der *2. Senat* in seinem *obiter dictum* geäußert, letztlich jedoch darauf verwiesen, dass daraus aufgrund der Umstände des Falles – durch die rechtzeitige Offenbarung der Hintergründe „mehrere Wochen vor Anklageerhebung" seien die Verteidigungsrechte in der Hauptverhandlung unberührt geblieben – keine Konsequenzen zu ziehen waren.[69] *Börner*[70] sieht in diesen Ausführungen das eigentliche Verdienst der Entscheidung und folgert (entgegen der Presseerklärung des BGH[71]) das faktisch proklamierte Ende der legendierten Kontrollen. Unabhängig davon, ob man dem *obiter dictum* eine solche Bedeutung beimessen möchte, ist dem in der Sache zuzustimmen.

So weckt das Vorgehen nicht bloß den Anschein, sondern findet es seinen Grund gerade darin, die vorherigen Ermittlungen zu verbergen. Eine spätere Offenbarung, wie sie der *2. Senat* zugute hält, die schon wegen der zeitlichen Grenze des § 46b Abs. 3 StGB vor der Eröffnungsentscheidung liegen muss, mag zwar für die Hauptverhandlung noch die Verteidigungsrechte retten, die strategische Missachtung der

---

[65] BVerfGE 42, 212 (220) = NJW 1976, 1735; BVerfG NJW 2001, 1121 (1122).

[66] BVerfG NJW 2001, 1121 (1122): „Seine verfassungsrechtlich begründete Pflicht [...] kann er nur [...] durch [...] vollständige Information seitens der Strafverfolgungsbehörden über den Sachstand erfüllen." Vgl. zudem LG Stuttgart NStZ 1983, 520 (521).

[67] BVerfG StV 2017, 361 (362).

[68] BVerfG StV 2017, 361 (362) mwV; aufschlussreich zum Grundsatz *Schlothauer* MAH-Strafverteidigung, § 3, Rn. 35.

[69] BGH NJW 2017, 3173 (3179); zum Grundsatz der Aktenwahrheit auch *Altvater* FS Schlothauer, 2018, 3 (14f.).

[70] *Börner* StraFo 2018, 1 (5).

[71] Pressemitteilung des BGH Nr. 54/2017 vom 26.4.2017: „‚Legendierte Polizeikontrollen' grundsätzlich zulässig".

Aktenwahrheit und -vollständigkeit im Ermittlungsverfahren vermag sie jedoch nicht zu heilen.

Dies tritt beim Blick auf das Akteneinsichtsrecht des Verteidigers gem. § 147 StPO noch deutlicher hervor. § 147 StPO gewährt das Akteneinsichtsrecht als Konkretisierung des Anspruchs auf rechtliches Gehör (Art. 103 Abs. 1 GG)[72] und legt in Abs. 2 abschließend mögliche Beschränkungen zum Schutze der Ermittlungen fest. In Fällen von Untersuchungshaft wiederum hat der EGMR diese Beschränkung durch drei Entscheidungen gegen die Bundesrepublik Deutschland vom 13.2.2001[73] weiter begrenzt und unter Bezugnahme auf Art. 6 EMRK betont, „dass in einem strafrechtlichen Verfahren beide, die Staatsanwaltschaft sowie die Verteidigung, die Gelegenheit haben müssen, die Ermittlungen zur Kenntnis zu nehmen, und dazu sowie zu den von der Gegenseite beschafften Beweismitteln Stellung zu nehmen."[74] Hält die Polizeibehörde infolge einer legendierten Kontrolle die wahren Hintergründe der Maßnahme zurück, so wird das Verfahren diesen Anforderungen nicht gerecht. Über die Wahl des Gefahrenabwehrrechts bestimmt sie eine Geheimhaltung der Ermittlungen, die die gesetzlichen Regelungen und die ergangenen Judikate unterläuft.

4. *Recht auf ein faires, rechtsstaatliches Verfahren*

Das Vorgehen verletzt den Betroffenen schließlich in seinem Recht auf ein faires, rechtsstaatliches Verfahren (Art. 2 Abs. 1 GG iVm Art. 20 Abs. 3 GG sowie Art. 6 Abs. 1 EMRK). Dies ergibt sich jedenfalls aus dem vom EGMR für diese Prüfung stets vorausgesetzten Gesamtbild der beschriebenen Verstöße[75] des fehlenden richterlichen Durchsuchungsbeschlusses, der täuschenden, unzureichenden Belehrung im Zuge der Festnahme, der Manipulation der Staatsanwaltschaft und des in seiner Kontrollfunktion bewusst hintergangenen Ermittlungsrichters und der gleichwohl vorgenommenen Verwertung der aus der Kontrolle gewonnen Erkenntnisse. Ein etwaiger Ausgleich mit dem öffentlichen Interesse an einer effektiven Strafverfolgung lässt sich hier nicht mehr herbeiführen.

5. *Konsequenzen aus dem „Volkszählungsurteil" des BVerfG*

Das sog. „Volkszählungsurteil"[76] aus dem Jahre 1983 war nicht nur Geburtsstunde des Grundrechts auf informationelle Selbstbestimmung; das BVerfG hat dem Gesetzgeber darüber hinaus seine rechtsstaatliche Pflicht zur Schaffung gesetzlicher Ermächtigungen für staatliche Eingriffe in Freiheitsrechte deutlich vor Augen geführt. Dieser Aufgabe ist der Gesetzgeber im Anschluss durch die Aufnahme

---

72 *Thomas/Kämpfer* in MüKoStPO, 26. Aufl. 2007 § 147, Rn. 1.

73 EGMR Urt. v. 13.2.2001 – 24479/94 – Lietzow gegen Deutschland –, 25116/94 – Schöps gegen Deutschland –, 23541/94 – Garcia Alva gegen Deutschland, StV 2001, 201.

74 EGMR Urt. v. 13.2.2001 – 24479/94 – Lietzow gegen Deutschland –, Rn. 44; Urt. v. 13.2.2001 – 25116/94 – Schöps gegen Deutschland –, Rn. 44; Urt. v. 13.2.2001 – 23541/94 – Garcia Alva gegen Deutschland –, Rn. 39.

75 Näher *Esser* in Löwe-Rosenberg 26. Aufl. 2012, EMRK Art. 6, Rn. 179.

76 BVerfGE 65, 1 = NJW 1984, 419.

zahlreicher verdeckter Ermittlungsmaßnahmen in die StPO teilweise nachgekommen.[77] Es wäre Zeit, könnte man meinen, dass er auch bei den legendierten Kontrollen tätig wird und die polizeipraktischen Auswüchse in geordnete Bahnen lenkt.[78] Im Volkszählungsurteil hat das BVerfG jedoch weiterhin ausgeführt, dass der Gesetzgeber an den Grundsatz der Verhältnismäßigkeit gebunden ist.[79] In Anbetracht der Grundrechtseingriffe und der systematischen Brüche, die das Vorgehen mit sich bringt, scheint zweifelhaft, ob überhaupt eine verfassungsgemäße Ausgestaltung legendierter Kontrollen möglich ist. Ich sehe diese Möglichkeit nicht.

„Wenn auch die Zunahme des organisierten Verbrechens zweifellos den Einsatz geeigneter Mittel erfordert", so der EGMR in *Teixeira de Castro gegen Portugal* 1999, „nimmt das Recht auf Durchführung eines Verfahrens in billiger Weise gleichwohl einen so herausragenden Platz ein [...], dass es nicht Zweckmäßigkeitsüberlegungen geopfert werden kann."[80] Diese Botschaft steht mit der Tatprovokation – wie oben aufgezeigt – zwar in umgekehrtem Zusammenhang, sie scheint mir für die Beurteilung legendierter Kontrollen jedoch geradezu prädestiniert. Die Friktionen, die das Vorgehen mit sich bringt, reichen in grundlegende Voraussetzungen des deutschen Strafverfahrens. Eine verfassungsgemäße Ermächtigungsgrundlage ist hierfür nicht denkbar.

6. *Zusammenfassung*

Im Ergebnis muss die Legendierung einer Kontrolle und die praktizierte Geheimhaltung der Ermittlungen durch die Polizei als unzulässig bewertet werden. Entgegen dem Urteil des *2. Strafsenats* bietet das Gefahrenabwehrrecht keine taugliche Eingriffsgrundlage. Der Zusammenhang mit den verdeckten Ermittlungen im Hintergrund ist enger als die Urteilsgründe dies nahe legen, sodass sich eine „trockene" Abspaltung des Vorgehens als doppelfunktionale Maßnahme, für deren Formenwahl der Polizei ein Wahlrecht zustehe, verbietet. Hierfür spricht auch eine Entscheidung des OLG Celle vom 23.7.2012[81]: Wegen vorliegenden Verdachts einer Trunkenheitsfahrt hat das OLG den kontrollierenden Polizeibeamten verwehrt, ihr Vorgehen auf eine allgemeine Verkehrskontrolle gemäß § 36 Abs. 5 StVG zu stützen, die Diensthandlung wegen mangelnder Belehrung als rechtswidrig eingestuft und dem Betroffenen gar ein Notwehrrecht in der anschließenden körperlichen Auseinandersetzung zugebilligt.

Oben wurde ausgeführt, dass die Interessenlage der Ermittlungsbehörden sich konträr zu jener bei polizeilichen Tatprovokationen gestaltet.[82] Die verfahrensmäßige Begebenheit weist jedoch insofern eine entscheidende Parallele auf, als jeweils langfristig angelegte Ermittlungen einen entscheidenden Umbruch erfahren.

---

[77] Krit. *Hamm* StV 2001, 81 (82); in Bezug auf V-Leute existiert nach wie vor keine gesetzliche Grundlage, ihr Einsatz soll nach den allgemeinen Bestimmungen der §§ 161, 163 StPO zulässig sein.

[78] Vgl. *Müller/Römer* NStZ 2012, 543 (547); Zweifelnd *Herzog* FS Schlothauer, 2018, 37 (42).

[79] BVerfG NJW 1984, 419 (422).

[80] EGMR Urt. v. 9.6.1998 – 44/1997/828/1034 – *Teixeira de Castro v. Portugal* –, Rn. 36 mwV, StV 1999, 127 (128).

[81] OLG Celle StV 2013, 25.

[82] → II.

Dabei hat der BGH – unter Berufung auf den Aufsatz von *Maul* und des Jubilars – für den Lockspitzeleinsatz in aller Deutlichkeit erkannt, dass „es sich um eine Maßnahme [handelt], die nicht mehr der Gefahrenabwehr dient, sondern die darauf gerichtet ist, potentielle Straftäter bei einer Straftat zu ergreifen und der Strafverfolgung zuzuführen, um damit eine generalpräventive Wirkung zu erzielen (*Fischer/Maul* NStZ 1992, 7, 8 mwN.). [...] sie [die Tatprovokation] ist eine Maßnahme der Strafverfolgung, deren Rechtmäßigkeit gerade auch dann anhand der Strafprozessordnung zu bestimmen ist, wenn deren Regelungen enger sind als die des Polizeirechts [...].“[83] Für legendierte Kontrolle kann nichts anderes gelten.

Zutreffende Eingriffsgrundlage bildet mithin eine Durchsuchung gem. §§ 102, 105 StPO, die eine Legendierung in der praktizierten Weise nicht erlaubt. Das der Kontrolle folgende Ermittlungsverfahren mitsamt Sicherstellungen, Festnahmen und Vernehmungen kann zudem nicht isoliert unter eigenem Aktenzeichen betrachtet werden, sondern bildet einen Teil der zuvor eingeleiteten Strafverfolgung, mit der Konsequenz, dass die praktizierten Geheimhaltungen rechtswidrig sind.

V. Unverwertbarkeit der erhobenen Beweise

Zur Verwendung der gewonnen Erkenntnisse im Strafverfahren zieht der *2. Senat* die Umwidmungsvorschrift des § 161 Abs. 2 StPO heran und stellt auf das „Prinzip des hypothetischen Ersatzeingriffs“ ab, dem er ein rein materielles Verständnis zugrunde legt, sodass es auf „die formellen Anwendungsvoraussetzungen nach der StPO“ – auf eine richterliche Durchsuchungsanordnung – nicht ankomme.[84] Im Schrifttum ist diese Interpretation der Vorschrift bereits auf Kritik gestoßen.[85] Es wurde aufgezeigt, dass die Figur des „hypothetischen Ersatzeingriffs“ bei den legendierten Kontrollen nicht zur Anwendung kommen kann, da es sich ab initio und im Schwerpunkt um einen echten strafprozessualen Eingriff handelt.

Auf § 161 Abs. 2 StPO hätte es danach überhaupt nicht ankommen dürfen. Die bewusste Umgehung des Richtervorbehalts gem. § 105 StPO durch die Ermittlungsbehörden begründet einen „Verfahrensverstoß par excellence“[86], der nach den Prämissen der Rechtsprechung – bewusste oder willkürliche Missachtung oder gleichgewichtig grobe Verkennung der Voraussetzungen[87] – nur ein Beweisverwertungsverbot zur Folge haben kann.[88]

---

[83] BGHSt 41, 64 (68) = NJW 1995, 2237.

[84] BGH NJW 2017, 3173 (3177).

[85] Vgl. *Mitsch* NJW 2017, 3124 (3126): „Das Rechtsschutzniveau des tatsächlichen Eingriffs muss dem des hypothetischen entsprechen“; *Mansdörfer* LTO v. 2.5.2017; *Brodowski* JZ 2017, 1124 (1127); *Gubitz* NStZ 2016, 128.

[86] *Lenk* StV 2017, 692 (697).

[87] BVerfG NJW 2012, 907; 2009, 3225; BGH NStZ 2016, 551; 2007, 601 (603); für eine Fernwirkung OLG Düsseldorf NStZ 2017, 177 (m. krit. Anm. *Radtke*). Näher *Hegmann* in BeckOK StPO, Stand 1.1.2018, § 105, Rn. 28.

[88] So auch *Lenk* StV 2017, 692 (697) mVa AG Kiel Urt. v. 2.9.2013 – 36 Ls 599 Js 63059/11 (2/12).

Ferner führt der *Senat* zur Vernehmung des Beschuldigten zutreffend aus, dass der Vernehmungsbeamte im Rahmen der Belehrung nicht verpflichtet ist, alle bereits bekannten Tatumstände mitzuteilen, und dass ihm insbesondere hinsichtlich der Ausgestaltung der Eröffnung im Einzelnen ein gewisser Beurteilungsspielraum zusteht.[89] Zweifel äußert er, was den Belehrungsumfang bei mehreren tateinheitlich begangenen Straftaten (konkret der BtM-Einfuhr im Verhältnis zum Handeltreiben) anbelangt, lässt dies allerdings im Ergebnis mangels Entscheidungserheblichkeit dahinstehen.[90] In seiner Skepsis ist dem BGH zuzustimmen. Mehrere Taten können zwar grundsätzlich auch nacheinander zum Gegenstand einer Vernehmung gemacht werden, laufen diese jedoch – wie bei den legendierten Kontrollen – in einer prozessualen Tat zusammen, ist eine Trennung – auch in Bezug auf die einer Belehrung vorausgehenden Sachverhaltstiefe – unzulässig.[91] Es kann nicht darauf ankommen, ob der konkrete Vernehmungsbeamte über den Hintergrund der Kontrolle im Bilde war.[92] Der individuelle Beamte muss den Kenntnisstand der Ermittlungsbehörden aus dem richtigen und vollständigen Inhalt der Akten entnehmen können, damit die Erfordernisse an eine rechtmäßige Belehrung nicht ins Leere gehen.[93] Werden diese Anforderungen infolge einer legendierten Kontrolle missachtet, um die Ermittlungen geheim zu halten, hängt es von den Umständen des Einzelfalls ab, ob das Vorgehen auch das Aussageverhalten des Beschuldigten beeinflusst und ein Verwertungsverbot der Aussage nach sich zieht.[94]

VI. Fazit

Das Urteil des *2. Senats* überrascht, sowohl im Ergebnis als auch in der Begründung. Denn schließlich entspricht der Ablauf der Geschehnisse, wenn es zur Frage einer legendierten Kontrolle kommt, genau dem, was die Behörden von einer langfristig angelegten, geheimen Ermittlung erwarten können: Nach Observationen, Infiltrierungen und technischen Überwachungen nehmen sie Kenntnis von einer im Gang befindlichen (Dauer-)Straftat. Nun soll ein erster Zugriff erfolgen, die Ermittlungen aber fortgesetzt und weiterhin geheim gehalten werden. Der Strafprozessordnung ist diese Konstellation keineswegs fremd. Sie sieht Regelungen vor, die diesem Interesse nachkommen und gleichzeitig jenes an einem fairen, rechtsstaatlichen Verfahren schützen sollen: So soll es im Einzelfall etwa zulässig sein, die Bekanntmachung der Gründe eines Durchsuchungsbeschlusses (§ 35 StPO) zurückzustellen,[95] § 101 Abs. 2 StPO erlaubt, Informationen vorübergehend nicht zu

---

[89] BGH NJW 2017, 3173 (3178).

[90] BGH NJW 2017, 3173 (3178).

[91] Vgl. *Brodowski* JZ 2017, 1124 (1128); *Lenk* StV 2017, 692 (698) (Einfuhr und Handeltreiben als einheitlicher Vorgang iSd § 136 Abs. 1 S. 1 StPO); zum Inhalt der Tatvorwurfseröffnung *Diemer* in KK-StPO, 7. Aufl. 2013, § 136, Rn. 8.

[92] So aber BGH NJW 2017, 3173 (3178).

[93] *Brodowski* JZ 2017, 1124 (1128): „Organisationsverschulden"; *Lenk* StV 2017, 692 (698).

[94] Vgl. BGH NStZ 2012, 581.

[95] BGH NStZ 2003, 273; *Bruns* in KK-StPO, 7. Aufl. 2013, § 107, Rn. 3; *Hegmann* in BeckOKStPO, Stand: 1.1.2018, § 107, Rn. 2.

den Akten zu geben, Abs. 5, Benachrichtigungen an betroffene Personen zurückzustellen und gem. 147 Abs. 2 StPO können Akteneinsichtsgesuche bei Gefährdung des Untersuchungszwecks beschränkt werden. Der *Senat* hebelt diese Regelungen faktisch aus, indem er den Ermittlern bei legendierten Kontrollen den Weg über das Gefahrenabwehrrecht ebnet. Es bleibt zu hoffen, dass die Entscheidung zeitnah eine Korrektur erfährt. Eine Verfassungsbeschwerde liegt dem Zweiten Senat des Bundesverfassungsgerichts vor.

RALF KÖLBEL

Schutz der Opfergrundrechte im und durch Verfahren – aber ganz ohne Grundrechtsfundierung?

I. Einleitung

Einem international zu beobachtendem Trend[1] entsprechend hat die neuere Rechtsentwicklung in Deutschland das „Opfer“ (bzw. die durch die verfahrensgegenständliche Tat mutmaßlich geschädigte Person[2]) in den vergangenen Jahrzehnten so weit in den Mittelpunkt gerückt, dass die Prozessstruktur inzwischen die Züge eines verletztenzentrierten Verfahrens trägt.[3] Besonders deutlich zeigt sich der herausgehobene Status des „Opfers“, wenn man ihn mit der prozessualen Position anderer Verfahrensakteure vergleicht und wenn man beispielsweise die Rechtsstellung des Verletzten derjenigen des Zeugen als dem nächstverwandten Verfahrensbeteiligten[4] gegenübergestellt. So besteht zwar zwischen der Zeugen- und Verletztenrolle ein breiter Überschneidungsbereich, weil eine (mutmaßlich) geschädigte Person gerade wegen dieser (mutmaßlichen) Schädigung oft als eine Auskunftsperson amtiert[5] – doch zugleich lässt sich in diesem Verhältnis auch die juristische Sonderstellung des Verletzten sichtbar machen, weil diese in den deutlichen Ausstattungsunterschieden gegenüber dem nur-Zeugen plastisch zum Ausdruck kommt. Die darin sichtbar werdende Privilegierung hat verfassungsrechtliche Gründe und erscheint daher prima vista als durchaus legitim. Betrachtet man die grundgesetzliche Basis jedoch genau, so werden andere der dort vorhandenen Impulse im deutschen Strafprozess eher verschenkt: Die Verfassung bietet nämlich ein

[1] Vgl. dazu rechtsvergleichend *Weigend* in Barton/Kölbel, Ambivalenzen der Opferzuwendung des Strafrechts, 2012, 29ff.; speziell für das Jugendstrafverfahren vgl. den internationalen Überblick bei *Kölbel* in BMJV (Hrsg.), Berliner Symposium zum Jugendkriminalrecht und seiner Praxis, 2017, 22ff.

[2] Die strittigen Details zur Reichweite des technischen Verletztenbegriffs in den verschiedenen Einzelnormen der StPO (aus der diesbzgl. Debatte etwa OLG Hamburg v. 21.3.2012 – 2 Ws 11 – 12/12, BeckRS 2012, 15124; *Weiner* in BeckOK StPO, 29. Ed. 1.1.2018, § 406d Rn. 1ff.) sind für den hiesigen Zusammenhang ohne Belang.

[3] So bspw. *Kühne* in Löwe-Rosenberg, 26. Aufl. 2006, StPO Einl. Abschn. F Rn. 125; *Schünemann* NStZ 1986, 193; *Safferling* ZStW 122 (2010), 87.

[4] Der Begriff der Verfahrensbeteiligten wird hier untechnisch verstanden (nämlich iSv Personen, die in das Verfahren involviert und dort in eigenen Rechten betroffen sind). Eine engere Begriffsfassung bezieht sich dagegen nur auf Personen oder Stellen, die durch eigene Willenserklärungen im prozessualen Sinn gestaltend als Prozesssubjekt mitwirken müssen oder dürfen – also gerade keine Zeugen (vgl. *Griesbaum* in KK-StPO, 7. Aufl. 2013, § 160b Rn. 3 und 6; hierzu und zur Vielzahl der im untechnischen Sinne am Verfahren Beteiligten auch *Fischer* JZ 1998, 816).

[5] Denn Zeuge ist jeder, der „vor dem Richter seine Wahrnehmungen über Tatsachen durch Aussage kundgeben soll“ (RGSt 52, 289).

operatives Ausgleichsmodell für eine rationale Lösung von Güterkonflikten, also auch für die optimierende Handhabung von innerprozessualen Spannungsverhältnissen, in denen der prozessuale „Opfer"-Schutz steht. Und eben dieses Potenzial wird in der Legislativpraxis – deren verletztenfokussiertes Bias durch *Thomas Fischer* in der ihm eigenen Klarsichtigkeit schon vor 20 Jahren benannt worden ist[6] – weitgehend ignoriert.

II. Opferbezogener Grundrechtsschutz durch Verfahren

1. Die strafprozessuale Ausgangslage bis 1986

Die heutige Rechtslage ist nicht adäquat einzuordnen, ohne sich einmal mehr die bis Mitte der 1980er Jahre bestehende Situation vor Augen zu führen. Der Status des Zeugen war hiernach der eines Beweismittels und klar in die Aufklärungsfunktion des Strafprozesses integriert. Zeugen mussten – wie heute auch – auf Ladung vor Gericht oder der Staatsanwaltschaft erscheinen, dort aussagen und diese Aussage ggf. beschwören (wobei die StPO[7] damals insbesondere für die Eidespflicht noch eine größere Reichweite als heute vorsah). Allerdings wurde diese verfahrenszweckhafte Inanspruchnahme seinerzeit nur sehr punktuell durch gewisse Rechte durchbrochen. Im Wesentlichen bestanden diese in Ansprüchen auf Aufwandsentschädigung nach dem ZSEG (heute JVEG) und in einigen Zeugnis-, Aussage- und Eidesverweigerungsrechten. Um über deren Wahrnehmung auch ohne prozessuale Erfahrung und ohne juristischen Sachverstand kompetent entscheiden zu können, hatte das BVerfG dem Zeugen ferner eine Befugnis zuerkannt, sich (bei eigens aufzuzeigendem Bedarf) in der Vernehmung durch einen Rechtsbeistand begleiten und beraten zu lassen.[8]

Handelte es sich bei der Zeugen- um die mutmaßlich verletzte Person, gingen ihre Zeugenrechte kaum weiter.[9] Dies galt letztlich auch in Verfahrenslagen, in denen die pflichtgemäße Aussage zu Belastungen führen kann (etwa bei schambesetzten oder leidensreaktivierenden Inhalten) oder in denen die Vernehmung zugleich verantwortungszuweisende Züge anzunehmen droht. Im Hinblick hierauf bestanden lediglich die sehr unspezifischen und „weichen" Maßgaben, wonach Fragen, die dem Zeugen „zur Unehre gereichen können", allein bei Unerlässlichkeit gestellt werden sollen (§ 68a Abs. 1 StPO) und ungeeignete oder sachfremde Fragen der Verfahrensbeteiligten durch den Vorsitzenden zurückgewiesen werden dürfen (§ 241 Abs. 2 StPO). Den Angeklagten oder die Öffentlichkeit während der Zeu-

---

[6] Vgl. *Fischer* JZ 1998, 816 (818ff.).

[7] Die Pflicht, nicht irgendeine, sondern eine wahre Aussage machen zu müssen, besteht nur, soweit umgekehrt eine falsche Aussage gem. §§ 153ff., 145d, 164, 187, 257f. StGB strafbar wäre (näher *Kölbel* in MüKoStPO, 2016, § 161a Rn. 4 mwN).

[8] Vgl. BVerfG Beschl. v. 8.10.1974 – 2 BvR 747/73, BVerfGE 38, 105 = NJW 1975, 103.

[9] Zum Folgenden aus damaliger empirischer Warte *Jung* ZStW 93 (1981), 1147 (1156ff.); näher zur seinerzeitigen Rechtslage *Rieß,* 55. DJT, 1984, C 14ff.; speziell zu den innerdienstlich (in der RiStBV seit 1.4.1984) festgelegten Pflichten zur Rücksichtnahme gegenüber Opferzeugen vgl. *Dahs* NJW 84, 1921 (1923).

genvernehmung auszuschließen, erlaubte das Gesetz nur unter strengen Voraussetzungen (§ 274 S. 1 StPO, § 172 Nr. 2 GVG aF). Unabhängig von einer etwaigen Zeugenstellung gab die StPO der mutmaßlich verletzten Person noch einige weitere Optionen und Befugnisse an die Hand. Diese betrafen einmal die Initiierung der Strafverfolgung (Recht auf Strafantrag und Strafanzeige gem. § 158 StPO, §§ 77ff. StGB; Anspruch auf Einstellungsbescheid gem. § 171 StPO; Möglichkeit der Einstellungsbeschwerde und der Klageerzwingung gem. § 172 StPO). Ferner konnte sich der Verletzte aktiv in den atypischen Konstellationen des Adhäsions- und Privatklageverfahrens beteiligen. Die Nebenklagebefugnis bestand hingegen erst, wenn die Staatsanwaltschaft bei Bagatelldelikten mit Privatklageoption die Deliktsverfolgung übernommen und die private Klageerhebung damit unmöglich gemacht hatte.

2. *Die heutige strafprozessuale Situation*

Insgesamt deckte sich die Rechtsstellung des Verletzten in der Vernehmung also weitgehend mit der Rechtsstellung anderer Zeugen, während sich die (zusätzlichen) verletztenspezifischen Gewährleistungen, die außerhalb der Vernehmung eingerichtet waren, auf Aspekte von überwiegend geringer praktischer Relevanz bezogen.[10] Wie eingangs erwähnt wurde diese Rechtslage dann allerdings – mit dem Opferschutzgesetz vom 18.12.1986 beginnend – innerhalb von 30 Jahren durch eine hochfrequente gesetzgeberische Intervention radikal umgebaut,[11] so dass die Verletztenstellung inzwischen – im allgemeinen wie (kaum bemerkt auch) im Jugendstrafverfahren – in ein ausdifferenziertes und großdimensioniertes System aus Schutz-, Unterstützungs-, Informations- und Aktivrechten überführt worden ist.[12] Gemessen an dem früheren Rechtszustand sind die heutigen Unterschiede zwischen den Rechtspositionen von Verletzten und Zeugen dadurch deutlich stärker ausgeprägt.

---

[10] Zur bis heute eher geringen rechtstatsächlichen Bedeutung von Klageerzwingungs-, Adhäsions- und Privatklageverfahren vgl. mwN *Eisenberg/Kölbel,* Kriminologie, 7. Aufl. 2017, § 27 Rn. 58, 61; § 34 Rn. 16.

[11] Besondere folgenreich waren: Opferschutzgesetz (1986), Zeugenschutzgesetz (1998), Opferrechtsreformgesetz (2004), 2. Opferrechtsreformgesetz (2009), Gesetz zur Stärkung der Rechte von Opfern sexuellen Missbrauchs (2013), 3. Opferrechtsreformgesetz (2015). Hinzu kommen diverse Strafrechtsänderungsgesetze mit kleineren Revisionen, etwa bei der Nebenklage (so etwa 1998, 2005, 2007, 2011, 2013). Zu dieser sich zeitlich immer weiter verdichtenden Gesetzgebungsabfolge, in deren Verlauf auch Neuregelungen oft schon nach kurzer Zeit wieder novelliert (dh stets: erweitert) wurden, vgl. *Rieß* FS Jung, 2007, 751ff.; *Niemz,* Rationalisierung und Partizipation im Strafrechtssystem, 2016, 65ff. sowie auch *Fischer* (in KK-StPO, 7. Aufl. 2013, Einl. Vor § 1 Rn. 88, 90, 314ff., 506ff.). Diese Kette von „Reformgesetzen" wird mit Sicherheit weiter wachsen. Kennzeichnend für diese expansive Tendenz ist auch die einsetzende Transformation auf den Strafvollzug (vgl. etwa *Kubink* ZRP 2017, 237ff.) und auf außerstrafprozessuale Verfahrenskontexte (*Kilchling/Schädler/Hennighausen/Herzig,* Übertragung opferschützender Normen aus dem Strafverfahrensrecht in andere Verfahrensordnungen, 2017).

[12] Für eine ausführliche, nach allgemeinem und Jugendstrafverfahren differenzierende Zusammenstellung vgl. *Kölbel* in BMJV (Hrsg.), Berliner Symposium zum Jugendkriminalrecht und seiner Praxis, 2017, 30f.

Dieses Gefälle zeigt sich einmal in den exklusiven Verletztenansprüchen auf Information, Akteneinsicht und Aufklärung (§§ 406d f., 406i ff. StPO), klarer aber noch in einem anderen Bereich: Während dem Zeugen nämlich keinerlei Rechte zur Verfahrensgestaltung zustehen,[13] rückt der Verletzte durch einen Nebenklage-Anschluss in die Position eines aktiven Verfahrensbeteiligten[14] – dh anders als der Zeuge wird er hierdurch in dem Sinne zu einem Verfahrenssubjekt, als er den Verfahrensgang dank seiner Teilhaberechte nunmehr mitzugestalten vermag.[15] So hat er in der Hauptverhandlung namentlich Anwesenheits-, Beweisantrags- und die anderen in § 397 Abs. 1 StPO genannten Rechte. Dabei ist nach § 397a StPO die Existenz eines anwaltlichen Beistandes durch Prozesskostenhilfe oder Beiordnung sichergestellt. Die Berechtigung, in dieser Weise auf das Verfahren offensiv Einfluss zu nehmen, ist zwar an eine gewichtige oder sensible (mutmaßliche) Viktimisierung geknüpft, doch wird dem durch das Gesetz auch jene – ausgesprochen häufig begründbare! – Sachlage gleichgestellt, in dem der Anschluss als Nebenkläger (aus welchen Gründen auch immer) zur Wahrung der Verletzteninteressen geboten erscheint (§ 395 Abs. 3 StPO).[16] Im Übrigen haben jene Verletzte, die trotz ihrer Nebenklageberechtigung auf einen Verfahrensanschluss verzichten, anders als Zeugen ebenfalls einen Anspruch auf permanente anwaltliche Begleitung und auf Anwesenheit in der Hauptverhandlung (§ 406h StPO).

Etwas anders verhält es sich bei der Vernehmung, in der heute jeder Zeuge (unabhängig vom konkreten Bedarfsnachweis) einen gesetzlichen Anspruch auf Anwesenheit eines (ggf. auch von Amts wegen beizuordnenden) Rechtsbeistands hat (§ 68b StPO).[17] Handelt es sich indes um die verletzte Person, kann sie sich bei ihrer Aussage darüber hinaus auch noch durch psychosoziale Prozessbegleiter und eine Vertrauensperson flankieren lassen (§§ 406f f. StPO).[18] Zudem sieht das Gesetz eine Reihe von Maßgaben vor, die bei der Heranziehung bestimmter Personen eine besonders schonende Vorgehensweise und eine möglichst weitgehende Abschirmung gegenüber vernehmungsbedingten Belastungen gewährleisten sollen (Ausschluss des Angeklagten und der Verhandlungsöffentlichkeit (§ 247 StPO, § 171b, vgl. auch § 172 Nr. 4 GVG), Zurückhaltung bei persönlichen Fragen (§ 68a Abs. 1 StPO), Ausschluss der Parteivernehmung Minderjähriger ([§ 241a StPO), audio-

[13] BVerfGE 38, 105 (112) = NJW 1975, 103; *Fischer* JZ 1998, 816 (816).

[14] Dass sich deren Ausgestaltung darauf beschränkt, „als Abwehr- und Schutzinstrument für Opfer schwerer Gewalttaten gegen sekundäre Viktimisierung durch Konfliktverteidigung" zu dienen (*Schöch* in Dölling/Jehle, Täter, Taten, Opfer, 2013, 217 (227)), trifft angesichts der in § 397 StPO gewährten Rechte nicht zu (zu den Aktiv-Funktionen der Nebenklage etwa *Anders* ZStW 124 (2012), 374 (387 ff.)).

[15] Vgl. auch oben Fn. 4.

[16] Zu dieser Generalklausel und ihrer – auch durch BGH Beschl. v. 9.5.2012 – 5 StR 523/11, NStZ 2012, 466 – nicht aufgehobenen Problematik vgl. *Herrmann* ZIS 2010, 236 (241 f.); siehe ferner *Bung* StV 2009, 430 (435): § 395 Abs. 3 StPO „ermöglicht es, dass im Prinzip *jedes* Delikt zur Nebenklage berechtigt" (Herv. i.O.). Näher zum Ganzen auch *Jahn/Bung* StV 2012, 754 ff.

[17] Wobei dieser Beistand dabei nicht selten in die Lage kommt, höchst fragwürdige Zeugeninteressen in der Vernehmung sichern zu sollen. Vgl. dazu *Dahs* FS Puppe, 2011, 1545 (1548 ff.).

[18] Im Übrigen bleiben die konkreten Rechte des Zeugenbeistandes hinter denen des Verletztenbeistandes zurück (dazu und zu den strittigen Details etwa *Rogall* in SK-StPO, 4. Aufl. 2013, Vor §§ 48 ff. Rn. 122 f.; *Klengel/Müller* NJW 2011, 23 (24 f.)).

visuelle Vernehmung (§§ 168e, 247a StPO)).[19] Zwar gelten diese Optionen an sich für sämtliche Zeugen, so dass ihre Anwendungsvoraussetzung prinzipiell auch bei Nicht-Verletzten vorliegen kann. Bei einem (mutmaßlich) Verletzten ist dies aber von Amts wegen besonders gründlich zu prüfen – wie überhaupt seine Befragung (und jede andere ihn betreffende Untersuchungshandlung) „unter Berücksichtigung seiner besonderen Schutzbedürftigkeit durchzuführen" ist (§ 48 Abs. 3 S. 1 StPO). Auch sind die besagten Zeugenschutzinstrumente – ebenso wie die Mittel zur Vermeidung einer Mehrfachvernehmung (va die Anfertigung und Verwertung einer Vernehmungsaufzeichnung (§§ 58, 255a StPO))[20] – von vornherein auf sog. Opferzeugen zugeschnitten. Ihre Anwendungsvoraussetzungen liegen folglich bei anderen Zeugen (sieht man von den deliktisch gefährdeten ab[21]) kaum jemals vor. Im Ergebnis erfährt die Gruppe der Verletzten deswegen auch vernehmungsintern ein deutlich höheres Schutzniveau als die Gesamtheit sonstiger Auskunftspersonen.

III. Zur verfassungsrechtsmethodischen Schwäche der opferorientierten Prozessgesetzgebung

1. Grundrechtsbasis für den privilegierten Sonderstatus des Verletzten

Die Gründe für die erheblichen Unterschiede zwischen den Rechtsstellungen „normaler" und „verletzter" Zeugen liegen (scheinbar) auf der Hand[22]: Der Zeuge ist zunächst einmal nur ein Mensch, dem etwas „von dem Gegenstand seiner Vernehmung bekannt ist" (§ 69 Abs. 1 StPO). Seine Interessen sind durch diesen Gegenstand und seine Verhandlung nicht ohne weiteres betroffen. Dies verhält sich bei Verletzten typischerweise anders. Deren Informationsansprüche und Aktivrechte erklären sich damit, dass diese Personen (mutmaßlich) in das verfahrensgegenständliche Ereignis stärker involviert waren, als es bei (anderen) Zeugen der

---

[19] In Gestalt des Victim-Impact-Statements (§ 69 Abs. 2 S. 2 StPO) haben Opferzeugen auch in ihrer eigenen Vernehmung ein Aktivrecht.

[20] Vgl. aber § 24 Abs. 1 Nr. 3 GVG (Anklageerhebung vor dem Land- und nicht dem Amtsgericht, um eine zweite Tatsacheninstanz nebst neuerlicher Zeugenbefragung zu vermeiden). Hier sind nur Opferzeugen erwähnt.

[21] Bei (deliktisch) gefährdeten Zeugen kommen einige der genannten Regelungen durchaus zur Anwendung. Hier kennt das Gesetz im Übrigen auch noch andere spezielle Schutzoptionen, etwa die Einschränkung der Aussagepflicht gem. § 68 StPO sowie die ergänzenden Maßnahmen nach dem ZSHG (eingehend zum gesamten Problembereich *Rogall* in SK-StPO, 4. Aufl. 2013, Vor §§ 48ff. Rn. 73ff.; *Weyand,* Die Schutzinteressen des gefährdeten Zeugen und das Strafverfolgungsinteresse des Staates de lege lata, 2008, 55ff.).

[22] Weniger einsichtig ist es indes, dass Verletztenrechte die Beschuldigtenrechte gelegentlich übersteigen. Dieses Unstimmigkeit haben *Bung* StV 2009, 430 (435f.) und *Schiemann* KritV 2012, 161 (162ff.) am Beispiel der Nebenklägerbefugnisse (§ 397 StPO) gezeigt (ua betreffend die Nichtausschließbarkeit des Verletzten aus der Hauptverhandlung). Sie zeigt sich aber auch an der Institution der Psychosozialen Prozessbegleitung, für die es beim Beschuldigten – ungeachtet des dort oft gleichermaßen bestehenden Bedarfs! – nicht einmal ansatzweise ein Pendant gibt (im jugendstrafprozessualen Zusammenhang, wo diese Diskrepanz besonders deutlich ins Auge sticht, vgl. dazu *Kölbel* in BMJV, Berliner Symposium zum Jugendkriminalrecht und seiner Praxis, 2017, 19).

Fall ist, weshalb sie an Verlauf und Ausgang des Prozesses ein größeres Eigeninteresse haben. Schutzrechte erkennt man ihnen wiederum deshalb zu, weil sie infolge ihrer (mutmaßlichen) Deliktsbetroffenheit bei einer zeugenschaftlichen Heranziehung oft vulnerabler als andere Auskunftspersonen sind (dh weil sie verglichen mit anderen Zeugen in der Vernehmung tendenziell schneller und häufiger beeinträchtigt werden können).[23] In verfassungsrechtliche Kategorien übersetzt lauten diese Begründungslinien wie folgt:

Durch die Zeugenstellung werden Grundrechte der fraglichen Person virulent, namentlich das allgemeine Persönlichkeitsrecht in seinen verschiedenen Ausprägungen (Ehrschutz, Privatsphäre, informationelle Selbstbestimmung).[24] Diese Gewährleistungen verbürgen dem Grundrechtsträger die Möglichkeit, jede Preisgabe selbstbezüglicher Informationen kontrollieren zu können – weshalb die Heranziehung als Auskunftsperson geradezu regelhaft zu ihrer Beeinträchtigung führt. Durch das Strafprozessrecht wird das insofern un-/zulässige Eingriffsmaß konkretisiert.[25] Mit Blick auf Opferzeugen ist dabei indes deren gesteigerte Schutzbedürftigkeit zu berücksichtigen, da sich ihre Aussagepflicht oftmals nicht auf irgendwelche, sondern auf sensible Persönlichkeitsbereiche bezieht. Bisweilen kann damit sogar eine so massive seelische Belastung einhergehen, dass darin eine gesundheitliche Beeinträchtigung bzw. ein Eingriff in Art 2 Abs. 2 S. 1 GG liegt.[26] Deshalb ist der Rechtfertigungsbedarf der Zeugenpflichten bei dieser Teilgruppe deutlich erhöht. Das Strafprozessrecht reagiert darauf, indem es den Amtsträgern im Verfahren eine nicht-schonende Vernehmungsform versagt bzw. den Verletzten darauf gerichtete Abwehroptionen gibt (nebst der für deren Nutzung notwendigen Informations- und Beistandsrechte).[27]

Darüber hinaus ist zu berücksichtigen, dass der Staat den Zeugen durch seine Einbindung in die Beweisführung dem Risiko aussetzt, in den grundrechtlich geschützten Belangen von dritter Seite beeinträchtigt zu werden (bspw. durch eine ag-

---

[23] Vgl. etwa *Kilchling/Schädler/Hennighausen/Herzig,* Übertragung opferschützender Normen aus dem Strafverfahrensrecht in andere Verfahrensordnungen, 2017, 9ff.; zur dahingehenden empirischen Forschung, die diese Annahme in der Tendenz bestätigt, aber verletzungswertige Prozessfolgen bei Opferzeugen (sog. sekundäre Viktimisierungen) nur sehr bedingt (und keinesfalls als ein generalisierbares Problem) ausmachen kann, vgl. die umfassende Zusammenstellung bei *Kölbel/Bork,* Sekundäre Viktimisierung als Legitimationsformel, 2012, 38ff.; siehe auch *Niemz,* Rationalisierung und Partizipation im Strafrechtssystem, 2016, 103. Auch die seither erschienenen, neueren deutschen Studien können keine (über Belastungen hinausgehenden) Sekundärviktimisierungen belegen (vgl. *Kotlenga/Nägele/Nowak/Goergen,* Rechte und Bedarfe von Opfern häuslicher Gewalt im Strafverfahren, 2016; *Dölling/Kunz/Hinner ua,* Belastungen von Opfern im Ermittlungsverfahren, 2017).

[24] Vgl. *Rogall* in SK-StPO, 4. Aufl. 2013, Vor §§ 48ff. Rn. 99; *Weigend,* 62. DJT, 1998, C 17ff.; *Swoboda,* Videotechnik im Strafverfahren, 2002, 31; *Zapf,* Opferschutz und Erziehungsgedanke im Jugendstrafverfahren, 2012, 46; *Schöch* ZJJ 2012, 246 (251). Zu beachten sind ggf. auch das Recht am eigenen Wort/Bild sowie (soweit es um wirtschaftliche Belange geht) unter Umständen der Eigentums- und Vermögensschutz (Art. 2 Abs. 1, 14 GG).

[25] Vgl. allerdings *Swoboda* Videotechnik im Strafverfahren, 2002, 29f. zum eingriffsresistenten, da menschenwürderelevanten Kernbereich der Persönlichkeitssphäre (der in der Zeugenstellung jedoch kaum jemals betroffen ist).

[26] *Weigend,* 62. DJT, 1998, C 20; *Swoboda* Videotechnik im Strafverfahren, 2002, 33.

[27] *Zapf,* Opferschutz und Erziehungsgedanke im Jugendstrafverfahren, 2012, 48ff.

gressive Befragung der Verteidigung). Da die Möglichkeit solcher Verläufe durchaus absehbar ist, liegt in der Heranziehung des Opferzeugen eine sehenden Auges erfolgende Gefahrschaffung, die ihrerseits als ein staatlicher Eingriff eingestuft werden muss. Verhältnismäßig ist dieser Eingriffsakt nur bei weitest möglicher Reduzierung der Beeinträchtigungstiefe – d. h. nur, wenn der Staat das zur Gefahrenbegrenzung Mögliche unternimmt.[28] Gerecht wird er dieser Anforderung, indem er die Zeugenpflicht allein unter risikoreduzierten Maßgaben aktiviert – also die Vernehmung mit Maßnahmen flankiert, die sich gegen drittseitige Verletzungen richten (bspw. Ausschluss des Angeklagten gem. § 247 StPO), oder die den Verletzten zu eigenen Abwehrmaßnahmen in die Lage versetzen (bspw. durch Einräumung nebenklägerischer Handlungsoptionen). In der Regel operiert man diesbezüglich allerdings mit einem alternativen Begründungsstrang,[29] der auf objektiv-rechtliche Schutz- und Sicherungspflichten verweist. Hiernach hat der Staat solche Bedingungen zu schaffen, unter denen der Verletzte auch im strafprozessualen Zeugenstand seine Persönlichkeits- und Gesundheitsrechte unbeeinträchtigt durch drittseitige Einflüsse verwirklichen kann.

Allerdings ist keiner der beiden Begründungswege geeignet, um die Grundrechtsnotwendigkeit prozessualer Aktivrechte außerhalb der eigenen Vernehmung aufzuzeigen (oder gar für jene Verletzten zu begründen, die gar keine Zeugen sind und sich daher keinen vernehmungsbedingten Gefährdungen ausgesetzt sehen). Solche (Nebenkläger-)Befugnisse können verfassungsrechtlich vielmehr nur auf ein Genugtuungsbedürfnis zurückgeführt werden.[30] Während Teile der Literatur in diesem Interesse (aus gutem Grund) eine Sublimierung menschlich verständlicher, prozessual aber dysfunktionaler Racheimpulse sehen,[31] wird es von anderen Autoren als grundrechtlich gewährleistet anerkannt. Nach dieser Auffassung kann der Verletzte vom Staat verlangen, den Täter nicht nur überhaupt zu bestrafen, sondern dies auch so spürbar, dass es nicht als Verharmlosung des deliktischen Geschehens erscheint.[32] Blieben Unrechtsfeststellung und/oder adäquate Bestrafung aus, läge darin nämlich die Botschaft, dass das Unrecht fehle oder geringfügig bzw. vom Opfer zu verantworten sei – was nichts anderes als die Kundgabe einer grundrechtswidrigen, weil

---

[28] Näher *Zacharias,* Der gefährdete Zeuge, 1997, 105 ff. (108 ff.); ebenso wohl *Möstl* in Isensee/Kirchhof, Handbuch des Staatsrechts. Bd. VIII, 3. Aufl. 2010, § 179 Rn. 23 f.

[29] Hierzu etwa *Zacharias,* Der gefährdete Zeuge, 1997, 118 ff.; *Swoboda,* Videotechnik im Strafverfahren, 2002, 38 ff.

[30] So zutreffend Weigend FS Streng, 2017, 788. Aus dem Teil der Literatur, der diese Begründung in der Tat befürwortet, vgl. *Bommer,* Offensive Verletztenrechte im Strafprozess, 2006, 238 ff. (286); *Sautner,* Opferinteressen und Strafrechtstheorien, 2010, 294 f., 334 f.; *Möstl* in Isensee/Kirchhof, Handbuch des Staatsrechts. Bd. VIII, 3. Aufl. 2010, § 179, Rn. 23.

[31] *Roxin/Schünemann,* Strafverfahrensrecht, 29. Aufl. 2017, Vor § 63 Rn. 2.

[32] Hierzu in Auseinandersetzung mit sehr ähnlich gelagerten Ansätzen va *Weigend,* Rechtswissenschaft 2010, 39 (50 ff.); *Weigend* FS Streng, 2017, 790; ihm folgend *Hörnle* FS Roxin, 2011, 3 (16); ähnlich *Hörnle* FS Neumann, 2017, 593 (601 f.). Dieser Genugtuungsanspruch geht freilich in seiner Reichweite weit über jene des in der neueren BVerfG-Judikatur ausschnittsweise anerkannten Anspruchs auf effektive Strafverfolgung hinaus (dazu konziser Überblick bei *Diehm* in Scheffczyk/Wolter Linien der Rechtsprechung des Bundesverfassungsgerichts IV, 2016, 223 ff., va 240 f.).

persönlichkeitsrechtsverletzenden Ereignisbewertung sei.[33] Auf der Grundlage dieser Konstruktion muss der Verletzte – da ja seine Rechtsposition durch das Strafurteil beeinflusst wird – nach Art. 103 Abs. 1 GG vor Gericht mit seinen Strafvorstellungen angehört werden (was sodann in Gestalt der nebenklägerischen Aktivbeteiligung und des Victim-Impact-Statements (§ 69 Abs. 2 S. 2 StPO) geschieht).[34]

2. *Prozesspraktische und verfassungsrechtliche Kollisionslagen*

Der Bestand an Verletzten-Rechten wird vor diesem Hintergrund also in weiten Zügen als einfachrechtliche Umsetzung grundrechtlicher Vorbedingungen ausgeflaggt. Allerdings sind die Verfassungsvorgaben keineswegs so konkret, dass sie in der StPO einfach exekutiert werden könnten. Wie prozessbedingte Beeinträchtigen des Verletzten konkret zu unterbinden sind und wie dessen aktive Handlungsmöglichkeiten konkret beschaffen sein sollen, wird im Grundgesetz nicht definiert. Vielmehr ist der Gesetzgeber zwar verpflichtet, den Verletzten ein grundrechtsschonendes und grundrechtsschützendes Verfahren angedeihen zu lassen, doch verfügt er hierbei über ganz erhebliche Ausgestaltungsspielräume.[35] Die Sonderstellung des Verletzten gegenüber den anderen Zeugen und das gesamte Opferrechts-Arsenal nehmen sich in ihrer geltenden Fassung daher im Wesentlichen als Produkte politischer und nicht etwa verfassungsnotwendiger Entscheidungen aus.

Beruht die lex lata also auf nicht-determinierten Entscheidungsprozessen, muss es allerdings aufmerken lassen, wenn diese von unzutreffenden Voraussetzungen ausgingen. Das betrifft etwa die anfänglich verbreitete Annahme, dass der Ausbau der Verletzten-Rechtsstellung ganz ohne eine Beeinträchtigung anderer prozessrechtlich relevanter Funktionen, Interessen und Rechtspositionen möglich sei.[36] Diese Erwartung hat sich augenscheinlich als unzutreffend erwiesen – und zwar umso mehr, je stärker die ursprünglich binäre Beziehung, die aus den Befugnissen des inquirierenden Staates und den Abwehr- und Gegenrechten des Beschuldigten bestand, durch die Einbeziehung dezidiert opferbezogener Positionen in eine neue Strukturform überging. So hat sich bei einer ganzen Reihe der neuen opferdienlichen Regelungen gezeigt, dass hiermit eine Einschränkung anderer Belange einhergehen kann: sei es in den Verteidigungsmöglichkeiten oder in der gerichtlichen Sachverhaltsaufklärung oder in der spezialpräventiven Leistungsfähigkeit einer verfahrensabschließenden Verurteilung.[37]

---

[33] Ablehnend hierzu aber *Kölbel* StV 2014, 698; vgl. auch *Jahn/Bung* StV 2012, 754 (757 f.); *Lüderssen,* Rechtsfreie Räume, 2012, 455 (470 ff.); *Meier,* Strafrechtliche Sanktionen, 4. Aufl. 2015, 38 f.

[34] So in der Sache *Sautner,* Opferinteressen und Strafrechtstheorien, 2010, 291; *Anders* ZStW 124 (2012), 374 (402).

[35] Vgl. dazu mit Blick auf das Verhältnis von Grundgesetz und Strafverfahrensrecht näher und mwN etwa *Kölbel,* Selbstbelastungsfreiheiten, 2006, 147 ff.

[36] Vgl. BT-Drs. 10/5305, 8; BR-Drs. 178/09, 8; BT-Drs. 17/6261, 8. Siehe ferner *Rieß,* 55. DJT, 1984, C 54; zuletzt ebenso wieder *Schöch* in Dölling/Jehle, Täter, Taten, Opfer, 2013, 223: „keine Beeinträchtigung legitimer Verteidigungsinteressen".

[37] Teilweise ist eine solche Wirkung den Opferrechten immanent, teilweise zeichnen sich diese Effekte in der empirischen Justizforschung ab und teilweise ergibt sich aus der Analyse des Normmaterials jedenfalls eine entsprechende Gefahr.

Dass die Verteidigungsoptionen leiden, liegt beispielsweise auf der Hand, wenn die Staatsanwaltschaft durch die (fallkonkret an sich unzulässige) Anklageerhebung vor dem Landgericht ganz gezielt die Berufungsinstanz ausschalten kann, um dem Opferzeugen die dort gegebenenfalls anstehende Vernehmung zu ersparen (§ 24 Abs. 1 Nr. 3 GVG).[38] Wird die Opferzeugenvernehmung durch die Einführung einer Vernehmungsaufzeichnung ersetzt (§§ 58, 255a StPO), ist das Konfrontationsrecht des Angeklagten (Art 6 Abs. 3 Nr. d EMRK) nur noch mit Abstrichen sichergestellt.[39] Insbesondere bei „schwachen“ (etwa jugendlichen oder jungen) Angeklagten wird im Übrigen die Verteidigungskommunikation dadurch erschwert, dass sich ihm die Verhandlungssituation durch die zahlenmäßige Übermacht professioneller Akteure – namentlich durch die Beteiligung von Opferbeiständen, Psychosozialen Prozessbegleitern sowie Nebenklägern und Nebenklagevertretern – zusätzlich entfremdet.[40]

Zu den Nebenwirkungen, die bei der prozessualen Sachverhaltsrekonstruktion eintreten, zählt bspw. eine tendenzielle Entwertung des Opferzeugenbeweises durch die faktische Parteistellung der betreffenden Person. Im Falle der psychosozialen Prozessbegleitung beruht dies auf der Gefahr, dass eine Betreuung auch Elemente der aussagebezogenen Beeinflussung (von der unbewussten Induktion bis hin zum Coaching) enthalten kann[41] – und zwar ohne (!), dass das Gericht dies in irgendeiner Weise zu kontrollieren vermag.[42] Bei der Nebenklage kann der Verletzte aus verschiedenen Gründen (dh durch seine Akteneinsicht, durch die ihm garantierte Hauptverhandlungsanwesenheit oder durch die opferanwaltliche Beratung) instruiert oder jedenfalls mit Akten- bzw. Prozesswissen ausgestattet sein. Dadurch passt sich seine Prozessaussage allzu leicht an diese Informationslagen an oder sie orientiert sich gar gezielt an den eigenen Verfahrensinteressen (woraufhin sie als strategische Einlassung fungiert).[43]

Im Übrigen gehen von der Nebenklage gewisse Gefahren auch für die spezialpräventive Einwirkungsfunktion des Strafrechts aus. In einem Prozess, in dem das Opfer zur Durchsetzung seiner Rechte diverse Nebenkriegsschauplätze eröffnen und die Verfahrensverläufe zu beeinflussen vermag, geraten Gesichtspunkte, die

[38] Eingehende Kritik daher bei *Eschelbach* in BeckOKStPO, 29. Ed. 1.1.2018, § 24 GVG Rn. 12ff.

[39] Zu dieser Problematik näher zB *Roxin/Schünemann,* Strafverfahrensrecht, 29. Aufl. 2017, § 26 Rn. 52; *Walther* JZ 2004, 1107; *Eisenberg* HRRS 2011, 64 (67ff.); *Maaß,* Der Schutz besonders sensibler Zeugen durch den Einsatz von Videotechnik (…), 2012, 173ff.

[40] Vgl. dazu *Schünemann* NStZ 1986, 193 (198); *Schünemann* StV 1998, 391 (393); *Bung* StV 2009, 430 (431f.); *Eisenberg* ZJJ 2016, 33 (35); *Neuhaus* StV 2017, 55 (57). Durch die typische Prozesspassivität vieler Opferanwälte (*Barton/Flotho,* Opferanwälte im Strafverfahren 2010, 121ff.; *Niemz,* Rationalisierung und Partizipation im Strafrechtssystem, 2016, 301ff.) wird dieser Effekt allenfalls rechtstatsächlich abgeschwächt.

[41] Zum Problem der durch Zeugenbegleitung erzeugten Pseudoerinnerungen vgl. *Eschelbach* ZAP (Fach 22) 2014, 781 (790f.); *Neuhaus* StV 2017, 55 (61f.); zum Zeugencoaching siehe *Schwenn* StV 2010, 705 (708).

[42] So zutreffend *Eisenberg* ZJJ 2016, 33 (34).

[43] Zu dieser Gefahr bereits *Schünemann* NStZ 1986, 193 (199); ebenso vor dem Hintergrund der neueren Rechtsentwicklung bspw. *Schroth* NJW 2009, 2916 (2919); *Herrmann* ZIS 2010, 236 (238); *Weigend* FS Schöch, 2010, 956; *Baumhöfener* NStZ 2014, 135; *Hilgert* NJW 2016, 985 (987); *Eisenberg* JR 2016, 390.

während des Verfahrens für eine sinnvoll einwirkende Intervention notwendig sind (also Feststellungen zu relevanten Lebensumständen, biografischen Kontexten, Ressourcen- und Chancenbedingungen etc), zwangsläufig aus dem Blick. Stattdessen droht ein Anteil an Verfahren, in dem „der auf seine Rechte und Vergeltung pochende Verletzte für eine konfrontative Verhärtung der Positionen sorgt."[44] Auch führt die Nebenklage nach den vorliegenden ersten Hinweisen zu Bedingungen, die für ein rehabilitatives Anliegen kontraproduktiv sind: Wird sie erhoben, dauern die Verfahren länger und enden mit höheren Kosten und wohl auch härteren Strafen für die Angeklagten als in vergleichbaren Prozessen ohne Verletztenmitwirkung.[45]

Vor diesem Hintergrund heißt es denn in den neueren Legislativbegründungen auch, dass man die Rechtsstellung des Verletzten stärken wolle, „ohne (...) die Verteidigungsrechte des Beschuldigten über Gebühr zu beschränken".[46] Verfassungsdogmatisch schwenkt die Diskussion auf diese Linie ebenfalls ein: Da die grundrechtlich nahegelegte Berücksichtigung von Verletzten-Belangen „in einem Spannungsverhältnis zu anderen geschützten Verfassungspositionen wie dem Interesse an einer wirksamen Strafverfolgung sowie dem Recht auf Verteidigung steht",[47] habe man es mit einem mehrpoligen Verhältnis zu tun[48] – und in diesem Beziehungsgefüge seien die beteiligten Belange nicht durchgehend miteinander verträglich, sondern stünden sich nicht selten in Widerspruchs- und Kollisionslagen gegenüber. Verfassungsrechtlich hat dies zur Folge, dass in den konkreten Konfliktfällen das hierfür vorgesehene Verfahren eingesetzt wird. Und zumindest verbal wird eben hierauf (im Schrifttum) auch in der Tat rekurriert, wenn es heißt, dass zwischen Opfer-, Verteidigungs- und institutionellen Belangen in diesen Fällen ein (Interessen-)Ausgleich[49] oder eine Abwägung[50] vorzunehmen oder praktische Konkordanz[51] herzustellen sei.

---

[44] So mit Blick auf das Jugendstrafverfahren, aber prinzipiell verallgemeinerbar die 2. Jugendstrafrechtsreform-Kommission, DJVV Journal Extra Nr. 5, 2002, 58.

[45] Zum Ganzen die Befunde bei *Barton/Flotho,* Opferanwälte im Strafverfahren, 2010, 87ff., 189ff. sowie bzgl. der Dauer bereits *Dölling/Feltes/Dittmann,* Die Dauer von Strafverfahren vor den Landgerichten, 2000, 217. Zu U.S.-Befunden für tendenziell sanktionserschwerende Auswirkungen von Victim-Impact-Statements vgl. mwN *Kölbel* StV 2014, 698 (703).

[46] BT-Drs. 18/4621, 13. Treffend zur Verfänglichkeit der Formulierung „über Gebühr" *Pollähne* StV 2016, 671 (676).

[47] *Rogall* in SK-StPO, 4. Aufl. 2013, Vor §§ 48ff. Rn. 100; näher zur verfassungsrechtlichen Fundierung von Verteidigungsrechten und der staatlichen Pflicht zur Wahrheitserforschung *Möstl* in Isensee/Kirchhof, Handbuch des Staatsrechts. Bd. VIII, 3. Aufl. 2010, § 179 Rn. 18ff., 38ff., 52ff.

[48] *Schöch* ZJJ 2012, 246 (251); vgl. auch *Swoboda* Videotechnik im Strafverfahren, 2002, 26: „Dreiklang" zwischen Verletztenbelangen, Beschuldigtenrechten und Strafverfolgungsinteressen; *Maaß,* Der Schutz besonders sensibler Zeugen durch den Einsatz von Videotechnik (...), 2012, 78: „Interessentrias".

[49] *Zapf,* Opferschutz und Erziehungsgedanke im Jugendstrafverfahren, 2012, 13: Es bedürfe „eines verhältnismäßigen Ausgleichs".

[50] So bspw. *Albrecht,* 64. DJT 2002, D 135ff.

[51] So *Rogall* in SK-StPO, 4. Aufl. 2013, Vor § 48 Rn. 100; *Böttcher,* NK 2012, 121 (124); in der Sache ebenso *Swoboda,* Videotechnik im Strafverfahren, 2002, 54: Es wird je nach den konkreten Gegebenheiten „ein Kompromiss gefunden werden müssen, der jedem der abwägungserheblichen Belange eine optimale Berücksichtigung gewährleistet".

3. Grundzüge der Abwägungspraxis

Streng genommen kommt es überhaupt erst zu einer echten Kollision von Verfassungsgütern, wenn die Einschränkung eines Gutes geeignet und erforderlich ist, um ein anderes Gut zu verwirklichen.[52] Die hier notwendig werdende Abwägung zwischen den beiden Belangen hat sich dann an einer Maxime zu orientieren, der zufolge mit dem zunehmenden Beeinträchtigungsgrad des verkürzten Belanges der Wichtigkeitsgrad des anderen, hierdurch realisierten Verfassungsgutes steigen muss. Wird dabei zugleich der nach beiden Seiten hin schonendste Ausgleich angestrebt,[53] eröffnet sich auf verfassungsrechtlicher Ebene die Chance auf eine rationale Lösung von Güterkollisionen, und dies eben auch im Strafprozess. Freilich ist die Leistungsfähigkeit dieser Methode begrenzt. Da nämlich das konkrete Gewicht, das den kollidierenden Belangen gegeben wird, mit den Weltsichten, Grundhaltungen und Vorverständnissen der abwägenden Akteure variiert, gibt es auch bei Einhaltung dieses Abwägungsverfahrens verfassungsrechtlich in der Regel ein Spektrum gut begründbarer Interessenausgleichs-Ergebnisse und nur sehr selten ein einziges „richtiges" Resultat. Innerhalb dieser Zone der Wertungsunschärfe gilt es dann, die strafprozessuale lex lata als legislatorische Wahrnehmung von subkonstitutionellen Wertungsspielräumen[54] zu begreifen – und zwar auch bei der Ausgestaltung der prozessualen Verletztenrechte. Immerhin aber verkörpert das eben skizzierte Abwägungsverfahren aber auch einen operativen Standard, dem die Gesetzgebung entsprechen muss, um grundrechtsdogmatisch überzeugend zu sein. Deshalb liegt in der Akzeptanz legislativer Gestaltungsmacht auch keine Freistellung von Kritik, insbesondere wenn die gesetzgeberischen Abwägungsvorgänge offensichtlich anfechtbar sind. Und genau das ist namentlich bei den späteren Opferschutzgesetzen durchaus der Fall. Deren Begründungen erwecken nicht selten den Eindruck rechtspolitischer Einseitigkeit, insofern sie sich vorbehaltlos die Forderungen von Interessen- bzw. Opferschutzverbänden zu eigen machen.[55] Jedenfalls lassen die Legislativerwägungen die Vornahme echter Ausgleichsbemühungen schwerlich erkennen.[56] Dass und wo an den Strafverfolgungs- und Verteidigungsbelangen zugunsten der Verletzteninteressen welche

[52] Fehlt es an der Eignung oder Erforderlichkeit, ist der Eingriff schon aus anderen Gründen unzulässig.

[53] Vgl. etwa *Alexy,* Theorie der Grundrechte, 2 Aufl. 1994, 146 (152). Näher dazu im hier relevanten straf-/strafprozessrechtlichen Kontext bspw. *Zacharias,* Der gefährdete Zeuge, 1997, 122ff.; *Weyand,* Die Schutzinteressen des gefährdeten Zeugen und das Strafverfolgungsinteresse des Staates de lege lata, 2008, 148ff. sowie mwN *Kölbel,* Selbstbelastungsfreiheiten, 2006, 377ff.

[54] Dazu stellvertretend *Möstl* in Isensee/Kirchhof, Handbuch des Staatsrechts. Bd. VIII, 3. Aufl. 2010, § 179 Rn. 14, 23.

[55] So enthält bspw. der von den Regierungsfraktionen vorgelegte Entwurf zum 2. Opferrechtsreformgesetz (BT-Drs. 16/12098) insgesamt 20 Textstellen, in denen man die vorgeschlagenen Gesetzesänderungen ausschließlich mit „berechtigten Anliegen" oder „Forderungen der Opferschutzverbände" begründet. Nicht umsonst zieht *Schöch* (*Schöch* FS Böhm, 1999, 663ff.) für die rechtspolitische Durchschlagskraft des Weißen Rings (als den größten und einzigen bundesweit tätigen Opferschutzverband) schon vor Jahren eine aus Verbandssicht sehr zufriedene Bilanz. Als aufschlussreich muss auch die ungeschminkte Lobbyisten-Zuversicht gelten, wie sie *Böttcher* (*Böttcher* NK 2012, 121ff.) als Ehrenvorsitzender des Vereins artikuliert.

[56] Für die Vorgaben machende europäische Ebene (vgl. dazu den Überblick bei *Bock* in Barton/Kölbel, Ambivalenzen der Opferzuwendung des Strafrechts, 2012, 67ff.) gilt Ähnliches.

Abstriche aus welchen Erwägungen vorgenommen werden, wurde in Gesetzgebungstexten bislang kaum einmal thematisiert.

Abgesehen davon ist die legislatorische Begründungspraxis häufig schon hinsichtlich der Vorfragen – also der gegenstandskonkreten und empirisch fundierten (!) Aufarbeitung des jeweiligen Regelungsbedarfs – defizitär, insofern sie sich vielfacher Idealisierungen und Unterstellungen bedient.[57] Insbesondere aber ignoriert man bei der Ausgestaltung die Verletzten-Rechtstellung die prozessphasenimmanente Ungewissheitsstruktur:[58] Rechtspositionen verfahrensbetroffener Akteure kann es immer nur unter Berücksichtigung jener Unsicherheit geben, der zufolge das Ob und die Art ihrer Beteiligung an der verfahrensgegenständlichen Tat zu jenem Zeitpunkt, an dem die fraglichen Prozessrechte wahrgenommen werden, noch ungewiss sind. Verfahren müssen in ihrem Ausgang offen sein, weil sie sonst überflüssig wären. Deshalb kann ein Procedere, das die Schuldfrage zu klären bestimmt ist, die Konsequenzen der Schuld – d. h. die Haftung des Täters und die Anerkennung des Opfers – erst an seinem Ende festlegen. So darf der Prozess für den Beschuldigten bis zum Urteil keine strafenden oder straf-äquivalenten Folgen haben. Auch die verfahrensrechtliche Pflichtenstellung des Vorwurfsadressaten muss in dieser Phase unterhalb einer Eingriffsschwere liegen, die man nur beim Schuldigen

---

[57] Vielen Analysen zufolge ist das Opfer, so wie es in den Diskursen der Verbände, Interessengruppen und Rechtspolitiker üblicherweise kursiert, eine Projektion. Das „typische Opfer", das mit seinen Bedürfnissen und Gefährdungen der argumentativen Legitimation rechtlicher Umstellungen dient, besteht hiernach in einer Figur, die anhand des Stereotyps vom „innocent victim" konstruiert wird. Von den Uneindeutigkeiten in den empirisch auftretenden Täter-Opfer-Beziehungen wird dabei ebenso abstrahiert wie von der Vielfarbigkeit forensisch auftretender (Opfer-) Zeugen. Kommuniziert wird ausschließlich über das Bild einer solchen Person, die unschuldig in Leid verwickelt wurde, die nach der Tat des Schutzes bedarf und sich obendrein redlich verhält. Gezeichnet vom Schicksal sind diese Betroffenen über jede Skepsis erhaben. Andere Opfertypen tauchen in den Gesetzesmaterialien nicht auf (zu diesen Gesetzgebungsanalysen zusammenfassend *Kölbel* in BMJV, Berliner Symposium zum Jugendkriminalrecht und seiner Praxis, 2017, 20ff.). Dass und wie das Opferbild, an dem sich die Gesetzgebung ausrichtet, gegenüber der realen Vielschichtigkeit und Widersprüchlichkeit verengt und verselbstständigt ist, wurde für Deutschland in eindrücklichen Fallstudien dokumentiert, insbesondere anhand der Missbrauchsdebatte (*Schetsche,* Die Karriere sozialer Probleme, 1996; *Seifert,* Der Umgang mit Sexualstraftätern, 2014, 59ff.; hierzu ebenfalls *Fischer* in Barton/Kölbel, Ambivalenzen der Opferzuwendung im Strafrecht, 2012, 177 (179ff.)). Auch die „Gefahr der sekundären Viktimisierung", die als ein feststehendes Argumentationsmuster zur Begründung der meisten opferrechtlichen Umstellungen fungiert, hat sich als ein solches stilisiertes Konstrukt erwiesen. Natürlich werden Sekundärviktimisierungen in den fraglichen Diskursen nicht „erfunden", aber hinsichtlich Prävalenz und Zwangsläufigkeit als ein Problem aufgebaut, dass sich in seiner vermeintlichen Validierung und Eindeutigkeit keineswegs auf die deutlich differenziertere empirische Forschung berufen kann (vgl. bereits oben Fn. 23).

[58] „Victims are, after all, complainants in the criminal justice system as offenders are defendants. This is perhaps a rather pedantic point to raise, but it is nevertheless of crucial importance when endeavouring to introduce policies and practices designed to give the victim not only a voice in the criminal justice process but also a voice to be heard." (*Walklate,* Imagining the Victim of Crime, 2007, 131). Selbst wo es aus tatsächlichen oder rechtlichen Gründen im Einzelfall zweifelsfrei zu sein scheint, dass es sich beim Opfer tatsächlich um ein solches handelt, steht doch nicht fest, dass es auch ein Opfer der angeklagten Person bzw. der prozessgegenständlichen Tat ist – dass es also gerade im dem Prozessrechtsverhältnis wirklich Opfer ist, in dem ihm viktimisierungsbedingte Rechte zuerkannt werden sollen. Daher bleibt der Opferstatus bis zum Urteil unhintergehbar ein präsumtiver.

rechtfertigen kann.[59] Dies ist der Verfahrensidee immanent und wird durch die Unschuldsvermutung (Art. 6 Abs. 2 EMRK) nur deklaratorisch positiviert. Die Unschuldsvermutung füttert das Verbot der Schuldpräsumtion allerdings zusätzlich aus. Indem sie den beschuldigten Akteur zum formal Unbescholtenen erklärt,[60] schließt sie es aus, ihn wegen seiner Verdächtigkeit bestimmte Pflichten aufzuerlegen.[61] Wenn seine Rechte stärker als in einer Jedermannsstellung eingeschränkt werden können, dann nicht wegen der Statusaspekte der Verdächtigung (also nicht wegen einer reduzierten Schutzwürdigkeit des präsumtiven Täters),[62] sondern nur wegen der Sachaspekte des Tatbegehungsverdachts (bspw. wegen der bei den Verdachtsadressaten erhöhten Tatspurendichte und Aufklärungsnähe).[63]

Ähnlich wirkt sich die Verfahrensidee auch auf die Rechtsstellung des mutmaßlich Geschädigten aus. Sie besagt, dass die vorgreifend anerkannte Position des Verletzten[64] nicht unter Vorwegnahme des Ergebnisses begründbar ist;[65] vielmehr muss sie sich auch dann noch als legitim erweisen, wenn das Viktimisierungsereignis durch das Verfahrensergebnis falsifiziert wird.[66] Konkret bedeutet dies, dass sich aus den Statusaspekten des (Viktimisierungs-)Verdachts auch keine Vorrechte ergeben und diese daher nicht etwa aus einer erhöhten Anerkennungswürdigkeit des präsumtiven Opfers erwachsen. Privilegierungen gegenüber der Jedermannsposition können ausschließlich in der Weise begründet werden, in der man etwa die Sonderstellung des gefährdeten Zeugen (§ 68 Abs. 2–5 StPO) legitimiert: d. h. mit Sachaspekten, wie sie bspw. mit der besonderen Situation einer Zeugenperson einhergehen, die ihre Viktimisierung angezeigt hat oder die in ihrer Aussage vermutlich eine eigene Viktimisierung vorbringen wird. Nicht vereinbar mit der Verfahrensidee ist dagegen die übliche Herleitung von Opferrechtspositionen aus ergebnisvorgreifenden Gesichtspunkten, also bspw. der Tatbetroffenheit des Opfers oder dem

---

[59] Vgl. dazu *Rogall* in SK-StPO, 5. Aufl. 2016; Vor § 133 Rn. 75 f.; *Köhler* ZStW 105 (1995), 10 (22); *Neumann* FS Wolff, 1998, 373 (390).

[60] *Lesch* JR 2005, 302.

[61] *Neumann* FS Wolff, 1998, 373, (390 f.); ebenso *Frister,* Schuldprinzip, Verbot der Verdachtsstrafe und Unschuldsvermutung als materielle Grundprinzipien des Strafrechts, 1988, 109 ff.; vgl. auch *Stuckenberg,* Untersuchungen zur Unschuldsvermutung, 1998, 536.

[62] *Lesch* JR 2005, 302. Es scheidet also aus, „für den Beschuldigten eine höhere Belastungsschwelle mit der Begründung festzulegen, dass er mit einer gewissen Wahrscheinlichkeit schuldig sei, und dem Schuldigen gegenüber massivere Eingriffe zulässig seien als gegenüber dem Nichtschuldigen" (*Neumann* FS Wolff, 1998, 373 (390)).

[63] Vgl. *Frister,* Schuldprinzip, Verbot der Verdachtsstrafe und Unschuldsvermutung als materielle Grundprinzipien des Strafrechts, 1988, 112 ff.; *Neumann* FS Wolff, 1998, 373, (391); siehe ferner *Köhler* ZStW 105 (1995), 10 (22).

[64] „Der Verletztenstatus wird (...) vorgreifend anerkannt und reicht vom Beginn des Vorverfahrens bis zur rechtskräftigen Feststellung des Gegenteils." (*Kilchling/Schädler/Hennighausen/Herzig,* Übertragung opferschützender Normen aus dem Strafverfahrensrecht in andere Verfahrensordnungen, 2017, 5).

[65] Es geht auch hier also um Konsequenzen aus der Institution des Verfahrens – nicht um Ableitungen aus der Unschuldsvermutung, gegen die sich *Weigend* gewandt hat (*Weigend* in GS Walter, 2014, 243 (245 f.)).

[66] Insofern aber ebenso *Weigend* in GS Walter, 2014, 243 (249); vgl. auch *Pollähne* in Pollähne/Rode, Opfer im Blickpunkt – Angeklagte im Abseits?, 2012, 5 (7 ff.); *Pollähne* StV 2016, 671 (674).

Gedanken der Opfersolidarität.[67] Stattdessen bedürfen die besonderen Schutzrechte des Verletzten der konkreten Rückführung auf typische Bedingungen bei anzeigeerstattenden und Auskunft gebenden Personen (also auf deren physische und psychische Verfassung, wirtschaftliche Situation, Bedrohungslage usw.). Akteneinsichtsansprüche oder gar Aktivrechte (va solche prozessmitgestaltender Art) lassen sich auf diese Weise (dh aus einer besonderen Vulnerabilität und ohne Vorgriff auf die tatsächlichen [Genugtuungs-]Interessen eines als solches bereits festgestellten Opfers) dagegen nicht legitimieren[68] – oder jedenfalls nur in einer nachgelagerten Phase, in der das Schuldurteil (und damit die Tatrollenfestlegung) bereits verbindlich ist.

IV. Fazit

Anders als noch vor 30 Jahren liegen heute zwischen den Rechtsstellungen von Verletzten und Zeugen regelrecht Welten. Die Kaskade der strafprozessualen Opferrechtsgesetzgebung hat in Deutschland ein Ausmaß erreicht, durch das „eher der Verletzte als der Beschuldigte als die Zentralfigur des Strafverfahrens" amtiert und das – wie selbst ursprüngliche Aktivposten dieses Prozesses nachdenklich vermerken – in seinen „Auswirkungen auf unser hierfür nicht eingerichtetes Prozessmodell erheblich" ist.[69] Angesichts dieser Tragweite wäre zu erwarten gewesen, dass bei opferbezogenen Interventionen, die sich auf Strafverfolgungs- und Beschuldigtenbelange auswirken können, die jeweilige Notwendigkeit und Eignung aufgezeigt worden wäre – und zwar anhand einer differenzierenden Realitätserfassung, ohne moralisierende oder idealisierende Opferbilder und im Rahmen eines grundrechtsfundierten Abwägungsverfahrens. Dass sich diese methodische Grundrechtsfundierung mit jedem neuen Opferschutzgesetz immer weiter verliert, ist für *Thomas Fischer* kaum verwunderlich. Denn wer „das Strafrecht vom ‚Opfer' her denkt, muss den ‚Täter' jedenfalls gedanklich stets voraussetzen. Er muss fast notwendig in die Gefahr geraten, ein Infragestellen von Täterschaft oder Schuld als systemverschuldeten Angriff auf die Opfer-Position anzusehen, die Prüfung des Tatvorwurfs als Abwendung von der Betroffenheit des Tatopfers, die den Beschuldigten schützenden Formen des Verfahrens als das Opfer belastende Verhinderungen von Gerechtigkeit."[70] Wer das Strafverfahren vom „Opfer" her denkt, hat sich eine „Drauf-

[67] Dass bspw. die psychosoziale Prozessbegleitung für das mutmaßliche Opfer vorgesehen wird, nicht aber für den Angeklagten, bei dem die gleiche prozessuale Überforderungslage angenommen werden kann (vgl. bereits oben Fn. 22), ist ausschließlich als Ausdruck der antizipierten Tatrollenverteilung erklärbar.

[68] Dazu mit Differenzierungen näher *Weigend* in GS Walter, 2014, 243 (252, 254f.); vgl. auch *Weigend* in Barton/Kölbel, Ambivalenzen der Opferzuwendung des Strafrechts, 2012, 49f.; *Weigend* FS Schöch, 2010, 956 (959).

[69] So *Rieß* (*Rieß* ZIS 2009, 466 (477)), der in verschiedenen Funktionen im Bundesjustizministerium viele Jahre in die Kriminalgesetzgebung eingebunden war. Stellvertretend für die wachsenden Bedenken auch unter an sich wohlwollenden Beobachtern etwa *Rogall* in SK-StPO, 4. Aufl. 2013, Vor §§ 48ff. Rn. 100: Es ist ein „Schutzniveau erreicht worden, bei dem aber nicht sicher ist, ob es noch in einem angemessenen Verhältnis zum erforderlichen Schutz der Verteidigungsrechte des Beschuldigten steht".

[70] *Fischer* in Barton/Kölbel, Ambivalenzen der Opferzuwendung im Strafrecht, 2012, 190.

sicht“ und eine von hier aus mögliche Bearbeitung von Güterkollisionen verbaut. Schon deshalb muss der vom „Opfer“ her erfolgte Umbau der Prozessstruktur als ausgesprochen problematisch erscheinen.

CHRISTOPH KREHL

Was bedeutet die Neuregelung zur Fristsetzung für Beweisanträge für den Strafprozess?

Mit dem am 24.8.2017 in Kraft getretenen Gesetz zur effektiveren und praxistauglicheren Ausgestaltung des Strafverfahrens vom 17.8.2017[1] ist § 244 Abs. 6 StPO in den Sätzen 2 bis 4 um eine Regelung zur Fristsetzung von Beweisanträgen ergänzt worden. Sie sieht vor, dass der Vorsitzende nach Abschluss der von Amts wegen vorgesehenen Beweisaufnahme eine angemessene Frist hierzu stellen kann. Nach Fristablauf gestellte Anträge können im Urteil beschieden werden, es sei denn, ihre Stellung war vor Fristablauf nicht möglich. Die Umstände, die eine rechtzeitige Stellung unmöglich gemacht haben, sind ggf. vom Antragsteller glaubhaft zu machen. Die Neuregelung bildet damit (lediglich) eine Ausnahme von der ansonsten bestehenden Verpflichtung, einen Beweisantrag durch einen in der Hauptverhandlung ergehenden Beschluss abzulehnen, und begrenzt so im Ergebnis die unbeschränkte zeitliche Möglichkeit, jederzeit Beweisanträge zu stellen, ohne andernfalls negative prozessuale Konsequenzen befürchten zu müssen. Unberührt bleiben das Beweisantragsrecht als solches, der Katalog der gesetzlichen Ablehnungsgründe und auch der Amtsaufklärungsgrundsatz.

Eine Fristsetzung zur Stellung von Beweisanträgen ist für den deutschen Strafprozess nicht neu. Die jüngere Rechtsprechung des BGH, die auch das Bundesverfassungsgericht gebilligt hat,[2] ließ bereits eine – zu diesem Zeitpunkt gesetzlich nicht vorgesehene – Fristsetzung zu und wertete die grundlose Fristüberschreitung als wichtiges Indiz für die subjektive Seite des gesetzlichen Ablehnungsgrundes der Verschleppungsabsicht.[3] Daran knüpft die Neufassung des § 244 Abs. 6 StPO aber nicht an, der Gesetzgeber lässt sich vielmehr von vor allem von Justizpraktikern geäußerten Überlegungen leiten, die in dem Ablehnungsgrund der Verschleppungsabsicht kein taugliches Instrument sehen, dem Phänomen massenhaft und spät gestellter Beweisanträge Herr zu werden.[4] Deshalb packt die Neuregelung das Übel gewissermaßen an der Wurzel, wenn es die Verbescheidung nach Fristsetzung gestellter Beweisanträge im Urteil zulässt und damit das gewünschte (schnelle) Ende des Prozesses ermöglicht, ohne dass sich an eine Mitteilung von Beschlussgründen in der Hauptverhandlung noch weitere, neue Beweisanträge anschließen könnten.

---

[1] BGBl. 2017 I 3202.

[2] BVerfG NStZ 2010, 155.

[3] BGHSt 51, 333 = NJW 2007, 2501 m. Anm. *Beulke/Ruhmannseder* NStZ 2008, 300; *Jahn* Jus 2009, 372; *König* StV 2009, 171. Weiter: BGHSt 52, 355 = NJW 2009, 605.

[4] Vgl. etwa beispielhaft *Niemöller* StraFo 1996, 104 (109); *Niemöller* JR 2010, 332. Aus jüngerer Zeit *Tully* ZRP 2014, 46; *Radtke* DRiZ 2017, 190 (191).

Das damit verfolgte Ziel des Gesetzgebers, Verfahrensverzögerungen zu vermeiden, die dadurch entstehen, dass der Angeklagte oder der Verteidiger erst nach Abschluss des gerichtlichen Beweisprogramms oder auch noch nach Schluss der Beweisaufnahme wiederholt neue Beweisanträge stellen,[5] nimmt die Möglichkeit einer effizienten Verfahrensführung durch den Tatrichter in den Blick; diese soll freilich nach dem Willen des Gesetzgebers auf Fälle beschränkt sein, „dass Beweisanträge zu einem späten Verfahrenszeitpunkt mit dem Ziel der Verfahrensverzögerung gestellt werden und diese Anträge aufgrund der erforderlichen Bescheidung durch begründeten Beschluss das Verfahren lediglich verzögern, ohne es weiter zu befördern".[6]

Vor diesem Hintergrund und in Anerkennung eines Bedürfnisses (auch auf Seiten von Verteidigern)[7] für eine im Gesetz angelegte Handhabe des Tatrichters im Umgang mit missbräuchlicher Ausübung des Beweisantragsrechts lässt sich die gesetzgeberische Grundentscheidung zwar noch nachvollziehen. Ob die in § 244 Abs. 6 StPO vorgenommene Umsetzung, die eine Fristsetzung lediglich vom Ende der vorangegangenen amtlichen Beweisaufnahme abhängig macht und sich nicht zur bisherigen Rechtsprechung des BGH verhält, damit aber auf den vom Gesetzgeber an sich ins Auge gefassten Anwendungsbereich beschränkt bleibt, erscheint ebenso zweifelhaft wie auch die Beantwortung der Frage, ob damit, etwa mit Blick auf die Regelungen zur Glaubhaftmachung der Umstände, die die Stellung eines Beweisantrags vor Fristablauf unmöglich gemacht haben (sollen), das gesetzgeberische Anliegen überhaupt erreicht werden kann. Der dem Jubilar mit Blick auf seine Vorüberlegungen zur Rechtsprechung des BGH[8] gewidmete Beitrag will den damit aufgeworfenen Fragen nachgehen und den Versuch unternehmen, Voraussetzungen und Anwendungsbereich der Neuregelung zu konkretisieren.

I. Ersetzung der Rechtsprechung des BGH zur Fristsetzung für die Stellung von Beweisanträgen durch die gesetzliche Neuregelung?

Der 5. Strafsenat des BGH hatte erstmals in einer Entscheidung aus dem Jahre 2005 über die Zulässigkeit einer Fristsetzung zur Stellung von Beweisanträgen zu entscheiden.[9] Er billigte in einem Ausnahmefall extremer Verzögerung, insbesondere durch zum Zweck der Prozessverschleppung gestellte Beweisanträge, eine solche Vorgehensweise und ermöglichte damit eine Zurückweisung nach Fristablauf gestellter Beweisanträge in den Urteilsgründen (wie Hilfsbeweisanträge), machte dies aber von verschiedenen Voraussetzungen abhängig. Zum einen kam danach eine Fristsetzung erst in Betracht, wenn zuvor gestellte Beweisanträge wiederholt

[5] So ausdrücklich: BT-Drs. 18/12277, 34.

[6] BT-Drs. 18/12277, 35.

[7] Vgl. *Basar* KriPoZ 2017, 95 (102).

[8] *Fischer* hatte sich in seiner Kommentierung des § 244 StPO in der 6. Aufl. des Karlsruher Kommentars zur StPO kritisch mit der Rechtsprechung des BGH zur Fristenlösung befasst und damals eine gesetzgeberische Regelung angemahnt (Rn. 113).

[9] BGH NJW 2005, 2466. Dazu: *Dahs* StV 2006, 116; *Duttge* JZ 2005, 1012; *Gössel* JR 2006, 128.

wegen Verschleppungsabsicht (§ 244 Abs. 3 S. 2, § 245 Abs. 2 S. 3 StPO) abgelehnt worden waren. Zum anderen musste in dem fristsetzenden Beschluss mit „eingehender Begründung die pauschale Ablehnung nach Fristablauf gestellter Anträge wegen Verschleppungsabsicht vorab beschlossen werden". Schließlich musste eine Überprüfung dieser Anträge vor Urteilsverkündung ergeben, dass die vorab beschlossenen Gründe der Sache nach (weiter) zutreffen und die Amtsaufklärungspflicht die Beweiserhebung nicht gebietet. Bei Vorliegen dieser Voraussetzungen war es nach dieser Entscheidung zulässig, die Beweisanträge in den Urteilsgründen, auch wegen des Ablehnungsgrunds der Verschleppungsabsicht, zurückzuweisen.

Der BGH verband schon seine damalige Entscheidung mit dem Hinweis, der von ihm entschiedene Fall gebe Anlass für eine Prüfung durch den Gesetzgeber, ob eine „Änderung des derzeitigen, einen verfahrensverzögernden Missbrauch ermöglichenden Rechtszustands herbeigeführt werden sollte".[10] Bevor es dazu kam, folgte im Jahr 2007 eine Entscheidung des 1. Strafsenats des BGH, der aus der Sachleitungsbefugnis des Vorsitzenden (§ 238 Abs. 1 StPO) das Recht ableitete, nach mindestens zehntägiger Hauptverhandlung den Verfahrensbeteiligten eine Frist zur Stellungnahme von Beweisanträgen zu setzen und die grundlose Fristüberschreitung als wichtiges Indiz für die subjektive Seite des gesetzlichen Ablehnungsgrundes der Verschleppungsabsicht zu werten.[11] Allerdings mussten nach dieser Rechtsprechung nach Fristablauf gestellte Beweisanträge weiter in der Hauptverhandlung beschieden werden.[12]

Das BVerfG hat die Rechtsprechung des 1. Strafsenats des BGH grundsätzlich gebilligt. Es hat weder die Fristsetzung zur Stellung von Beweisanträgen noch die Ablehnung von nach Fristsetzung gestellten Hilfsbeweisanträgen im Urteil verfassungsrechtlich beanstandet. Es hat darin weder eine Umgehung des § 246 Abs. 1 StPO noch eine „verkappte Präklusion des Beweisantragsrechts" gesehen[13] und ist insoweit auch nicht von einer „unzulässigen richterlichen Rechtsfindung" ausgegangen.[14] Das BVerfG hat allerdings darauf hingewiesen, dass eine solche Fristsetzung nur in gewissen Prozesskonstellationen ernsthaft in Betracht zu ziehen sein wird, und hat insoweit die Rechtsprechung des BGH in den Blick genommen, die selbst von einer „vorsichtigen und zurückhaltenden" Handhabung spricht.[15]

Die gesetzliche Neuregelung wirft die Frage auf, ob die Rechtsprechung des BGH mit der gesetzgeberischen Entscheidung zur Ergänzung des § 244 Abs. 6 StPO obsolet geworden ist. Dafür könnte sprechen, dass es dem Gesetzgeber, der erkennbar auch an den Aufruf des BGH zum gesetzgeberischen Tätigwerden anknüpft, wie auch der Rechtsprechung des BGH um die gleiche Sache, die Bekämpfung missbräuchlich gestellter Beweisanträge und um die Möglichkeit einer

---

[10] BGH NJW 2005, 2466 (2468).

[11] BGHSt 51, 333 (344f.) = NJW 2007, 2501; BGHSt 52, 355 (361ff.) = NJW 2009, 605; BGH NStZ 2010, 161; 2011, 647.

[12] BGH NStZ 2011, 647. Zu Hilfsbeweisanträgen vgl. BGHSt 52, 355 (360) = NJW 2009, 605.

[13] BVerfG NJW 2010, 592 (593f.).

[14] BVerfG NJW 2010, 592 (593).

[15] BVerfG NJW 2010, 592 (594); 2010, 2036.

Fristsetzung zur Stellung von Beweisanträgen, geht. Ebenso ließe sich für diese Sichtweise in die Waagschale werfen, dass ein Nebeneinander zweier von unterschiedlichen Voraussetzungen abhängiger Fristanordnungen – zum einen auf der Grundlage des gesetzlichen Fristenmodells und zum anderen auf der Basis eines auf die Verschleppungsabsicht als Ablehnungsgrund gerichteten Vorgehens – praktisch kaum durchführbar sein könnte.[16] Maßgeblich für die Beantwortung der Frage aber kann nur der Wille des Gesetzgebers sein, der in Kenntnis der Rechtsprechung des BGH tätig geworden ist und dabei nicht an die von diesem gewählte Lösung der Bekämpfung missbräuchlich gestellter Beweisanträge anknüpft, sondern einen anderen Lösungsansatz wählt.[17] Dass er damit die Rechtsprechung des BGH, die verfassungsrechtlich unbedenklich auch kein unzulässiges Richterrecht darstellt, entfallen lassen wollte, lässt sich nun weder dem Wortlaut der Vorschrift noch der Gesetzesbegründung entnehmen.[18] Auch der Umstand, dass der Zweck der Norm – wenn auch in anderer Weise – durch eine bestehende Rechtsprechung verfolgt wird, spricht nicht ohne Weiteres dafür, diese als entbehrlich oder gar überflüssig anzusehen. Denn die Rechtsprechung ermöglicht es, den durch das Gesetz verfolgten Zweck zusätzlich dadurch zu erreichen, dass der Beweisantrag nicht nur grundsätzlich in den Urteilsgründen, sondern darüber hinaus auch wegen Verschleppungsabsicht zurückgewiesen werden kann. Da auch eine systematische Auslegung das Nebeneinander von bestehender Rechtsprechung und gesetzlicher Neuregelung nicht ausschließt, spricht vieles dafür anzunehmen, dass der Gesetzgeber durch seine Neuregelung der Rechtsprechung des BGH nicht die Grundlage entzogen hat.[19] Eine andere Frage ist die, ob der BGH nicht selbst gut daran täte, im Hinblick auf die Ergänzung des § 244 Abs. 6 StPO seine Rechtsprechung aufzugeben.

II. *Voraussetzungen einer Fristsetzung*

Die Fristsetzung ist eine Entscheidung des Vorsitzenden, die in seinem Ermessen liegt. Sie hat ihre Grundlage in der Sachleitungsbefugnis nach § 238 Abs. 1 StPO, eine Begründung ist von Gesetzes wegen nicht vorgeschrieben, kann aber zweckmäßig sein, um den Verfahrensbeteiligten die tatsächlichen Grundlagen für die Anordnung deutlich zu machen.[20] Die Fristsetzung ist grundsätzlich erst nach dem Abschluss der von Amts wegen vorgesehenen Beweisaufnahme möglich, weitere Voraussetzungen nennt das Gesetz nicht. Der Umfang der von Amts wegen vorgesehenen Beweisaufnahme ergibt sich dabei regelmäßig aus der Ladungsverfügung

[16] Börner StV 2016, 681 (683).

[17] Vgl. dazu *Basar/Schiemann* KriPoZ 2016, 177 (190); *Basar* KriPoZ 2017, 95 (102).

[18] Vgl. *Krehl* in KK-StPO, 8. Aufl. im Erscheinen begriffen, § 244 Rn 87a.

[19] Im Ergebnis so auch *Bachler* in BeckOK StPO, 29. Ed. 1.1.2018, § 244 Rn 30. Andere Ansicht *Börner* JZ 2018, 232 (238).

[20] Mit einem Bsp., allerdings auf der Grundlage der dort vorgenommenen Auslegung des § 244 Abs. 6 S. 2 StPO, *Mosbacher* NStZ 2018, 9 (11); strenger *Börner* JZ 2018, 232 (238): Begründungspflicht. S. im Übrigen schon BGH NJW 2005, 2466 (2467) im Zusammenhang mit der Fristsetzung zur Begründung des Vorliegens von Verschleppungsabsicht.

des Vorsitzenden zu Beginn einer Hauptverhandlung sowie weiteren Ladungen und Hinweisen während des laufenden Verfahrens, durch die das amtliche Beweisprogramm ergänzt wird. Zur „Beweisaufnahme" im Sinne der neuen Vorschrift zählt auch die Bescheidung gestellter Beweisanträge, erst durch sie wird klar, ob und in welchem Umfang nach Ende des gerichtlichen Beweisprogramms weiterer Beweis erhoben wird.[21]

Aus dem Zweck der Vorschrift ergeben sich allerdings Grenzen für die Fristsetzungsbefugnis des Vorsitzenden. Nicht in jedem Verfahren darf nach Abschluss der Beweisaufnahme eine Frist gesetzt werden. Die anlasslose Setzung einer Frist kommt nicht in Betracht.[22] Dem Gesetzgeber ging es nicht darum, allgemein eine Regelung zur Fristsetzung von Beweisanträgen zu schaffen, sondern dem Tatgericht in Fällen des Verdachts beabsichtigter Verfahrensverzögerung eine Möglichkeit an die Hand zu geben, das Verfahren gegen den Willen derjenigen, die prozessfremde Zwecke verfolgen, zu Ende zu bringen.[23] Damit ist der Anwendungsbereich der Vorschrift von vornherein auf Fallgestaltungen begrenzt, in denen es um die Verfolgung prozessfremder Zwecke geht. Er betrifft – wie es die vom Bundesministerium für Justiz und Verbraucherschutz im Vorgeld des Gesetzgebungsvorhabens eingesetzte Expertenkommission zum Ausdruck gebracht hat – um eine Regelung, die es dem Tatrichter erlaubt, solchen Ausnahmesituationen, in denen „wiederholt schubweise neue Beweisanträge" gestellt werden, angemessen zu begegnen.[24]

Ob ein Fall von beabsichtigter Verfahrensverzögerung vorliegt, beurteilt der Vorsitzende grundsätzlich anhand des gesamten Prozessverhaltens, insbesondere aber mit Blick auf den Umgang mit Beweisanträgen. Ist bis zum Ende der amtlichen Beweisaufnahme kein Beweisantrag gestellt worden, lässt sich allein darauf, dass Beweisanträge womöglich bis hierhin zurückgehalten worden sind, keine Fristsetzung stützen. Dies gilt selbst dann, wenn es Hinweise auf weiteres verfahrensverzögerndes Verhalten im Laufe des Verfahrens gegeben hat (etwa eine Vielzahl von Befangenheits- oder Aussetzungsanträgen).[25] Dies folgt aus dem verfassungsrechtlich geschützten Recht auf effektive Verteidigung. Die Entscheidung, wann ein Beweisantrag gestellt wird, ist ein Ausfluss dieses Rechts. Von der Verteidigung kann nicht erwartet werden, Beweisanträge zu einem bestimmten Zeitpunkt, etwa vor Abschluss der amtlichen Beweisaufnahme, zu stellen. Beweisanträge dürfen zurückgehalten werden, um den Verlauf der Beweisaufnahme abzuwarten. Eine verzögerte und am Verhandlungsverlauf orientierte Stellung von Beweisanträgen be-

---

[21] So auch *Mosbacher* NStZ 2018, 9 (10).

[22] So auch *Singelnstein/Derin* NJW 2017, 2651.

[23] S. BT-Drs. 18/11277, 35: „es muss sich der Verdacht aufdrängen, dass Beweisanträge zu einem späten Verfahrenszeitpunkt gestellt werden und diese Anträge aufgrund der erforderlichen Bescheidung durch begründeten Beschluss das Verfahren lediglich verzögern, ohne es weiter zu befördern."

[24] Vgl. BMJV (Hrsg.), Bericht der Expertenkommission zur effektiveren und praxistauglicheren Ausgestaltung des allgemeinen Strafverfahrens, 2015, 143.

[25] Anders wohl *Mosbacher* NStZ 2018, 9 (10), der sogar Prozessverhalten aus dem Ermittlungsverfahren berücksichtigen will und auch aus diesem Grund zu einem größeren Anwendungsbereich der gesetzlichen Neuregelung gelangt.

darf auch keiner besonderen Rechtfertigung, etwa durch Darlegung der Verteidigungsstrategie.[26] Eine Fristsetzung kommt danach nur dann in Betracht, wenn sich aus Beweisanträgen vor oder nach Abschluss der amtlichen Beweisaufnahme konkrete Hinweise auf verfahrensverzögerndes Verhalten ergeben. Dies ist nicht schon bei sukzessiver Beweisantragsstellung der Fall,[27] ebenso wenig genügt es etwa, dass eine Reihe oder auch eine Vielzahl von Beweisanträgen, denen nachgegangen worden ist, die Beweisbestätigung nicht erbracht haben. Erforderlich ist eine auf konkrete Umstände gestützte Erwartung, dass das Recht auf Stellung von Beweisanträgen (nach Abschluss der amtlichen Beweisaufnahme) der Verzögerung des Verfahrens dienen soll.[28] Sie setzt zwar nicht zwangsläufig voraus, dass schon vor der Fristsetzung Beweisanträge missbräuchlich gestellt und mit Blick auf den Ablehnungsgrund der Prozessverschleppungsabsicht auch abgelehnt worden sind, erfordert aber zumindest die in die Zukunft gerichtete Prognose, dass künftig „Beweisanträge nach Abschluss des gerichtlichen Beweisprogramms oder auch noch nach Schluss der Beweisaufnahme wiederholt neue Beweisanträge gestellt werden, die sodann im Laufe der Hauptverhandlung durch begründeten Beschluss beschieden werden müssen".[29]

Die Neuregelung ist – anders als die Rechtsprechung des BGH – nicht an eine bestimmte Dauer des Verfahrens geknüpft. Gleichwohl sorgt der Umstand, dass das Gesetz „lediglich" missbräuchliche Verfahrensverzögerungen verhindern will und nicht die allgemeine Beschleunigung sämtlicher Verfahren im Blick hat, dafür, dass die Fristsetzungsbefugnis von vornherein nur Verfahren von einem gewissen Umfang und einiger Dauer vorbehalten bleibt, weil es ansonsten regelmäßig an greifbaren Anhaltspunkten für das Vorliegen einer missbräuchlichen Verfahrensverzögerung fehlen wird.[30] Einfache, ein- und mehrtägige Verfahren vor dem Amts- und auch dem Landgericht fallen damit grundsätzlich aus dem Anwendungsbereich heraus.[31] Dies gilt im Übrigen auch für Fristsetzungen gegenüber dem Angeklagten.[32]

Gegen die Entscheidung des Vorsitzenden über die Anwendung der Fristenregelung können die Verfahrensbeteiligten nach § 238 Abs. 2 StPO vorgehen. Dies ist erforderlich, damit die Fristsetzung in der Revision erfolgreich angegangen werden kann.[33] Der zurückweisende Gerichtsbeschluss bedarf einer eingehenden Be-

---

[26] Vgl. BMJV (Hrsg.), Bericht der Expertenkommission zur effektiveren und praxistauglicheren Ausgestaltung des allgemeinen Strafverfahrens, 2015, 144.

[27] So aber *Mosbacher* NStZ 2018, 9 (11).

[28] Nach *Börner* JZ 2018, 232 (238) soll es demgegenüber nicht auf „erwartete missbräuchliche Verfahrensverzögerungen" des Antragstellers, sondern auf die „Qualität des bislang erreichten Diskurses und dessen zu erwartende Fortsetzung" ankommen.

[29] S. BT-Drs. 18/11277, 34: aus solchen Beweisanträgen herrührende Verfahrensverzögerungen sollen durch die Neuregelung vermieden werden.

[30] Vgl. *Basar/Schiemann* KriPoZ 2016, 177 (191), die eine Regelung über eine bestimmte vorangegangene Verfahrensdauer vermissen.

[31] S. BVerfG NJW 2010, 592 (594): länger dauernde Hauptverhandlung für Fristsetzungen nach BGH-Rechtsprechung erforderlich.

[32] S. dazu näher unten.

[33] *Bachler* in BeckOK StPO, 29. Ed. 1.1.2018, § 244, Rn. 30; *Mosbacher,* NStZ 2018, 9 (14); offen gelassen für das alte Recht von BGH NJW 2011, 2821.

gründung, der die Voraussetzungen einer Fristsetzung und auch die Dauer der vorgesehenen Frist für das konkrete Verfahren nachvollziehbar zur Überprüfung durch das Revisionsgericht darlegt.

III. Anwendbarkeit der Neuregelung auf präsente Beweismittel (§ 245 Abs. 2 StPO)?

§ 244 Abs. 6 S. 1 StPO bezieht sich in seinem unmittelbaren Anwendungsbereich auf Beweisanträge, die nach den in dieser Vorschrift geltenden Regelungen abgelehnt werden können. Die Ergänzung des Abs. 6 durch die Neuregelung erfasst danach grundsätzlich auch nur die von § 244 Abs. 3 bis 5 StPO betroffenen Beweisanträge. Es stellt sich die Frage, ob die neue Möglichkeit, Beweisanträge nach Fristsetzung erst im Urteil bescheiden zu können, gleichwohl auch für präsente Beweismittel nach § 245 Abs. 2 StPO gilt.

Eine umfassende Auslegung der Neuregelung nach den allgemeinen Auslegungskriterien ergibt keinen Anhalt, dass dadurch auch Beweisanträge, die auf eine Beweisaufnahme hinsichtlich präsenter Beweismittel zielen, erfasst sein sollen. Der Wortlaut der Norm gibt keinen Hinweis in diese Richtung, ebenso wenig lässt sich der Gesetzesbegründung entnehmen, dass der Gesetzgeber im Hinblick auf präsente Beweismittel – ungeachtet des Umstands, dass im Einzelfall der Zweck der Norm auch bei § 245 Abs. 2 StPO Anlass zum Eingreifen geben könnte – Handlungsbedarf gesehen hätte, auch insoweit die Möglichkeit einer Verbescheidung erst im Urteil einzuräumen.[34] Auch aus einer systematischen Auslegung ergibt sich nichts Anderes. Dass § 244 Abs. 6 StPO eine im Gesetzestext nachfolgende Regelung nach dem gesetzgeberischen Willen erfasst, liegt fern, ist im Übrigen auch in der Vergangenheit nicht behauptet worden. Der bisher schon bestehende Streit darüber, aufgrund welcher normativer Regelung die Ablehnung eines Beweisantrags nach § 245 Abs. 2 StPO zu begründen ist und dies vor Urteilsverkündung in einem Beschluss zu geschehen hat, betrifft die Frage, ob insoweit für § 245 Abs. 2 StPO allgemeine Regelungen gelten (§§ 34, 35 StPO) oder ob § 244 Abs. 6 StPO aF „entsprechend" anzuwenden ist.[35] Soweit in der Literatur die letztgenannte Ansicht vertreten worden ist, § 244 Abs. 6 StPO sei entsprechend anzuwenden, liegt darin – außerhalb der Auslegung der Norm – ein Eintreten für eine analoge Anwendung, für die angesichts des Eingreifens allgemeiner Regelungen kein Raum sein dürfte. Ungeachtet dessen würde auch die Annahme einer entsprechenden Anwendung des bisherigen § 244 Abs. 6 S. 1 StPO nicht zwangsläufig bedeuten, dass nun auch § 244 Abs. 6 S. 2 bis 4 StPO entsprechend auf präsente Beweismittel anzuwenden wäre. Auch insoweit wären die Voraussetzungen für eine analoge Anwendung, insbesondere eine Gesetzeslücke und eine vergleichbare Interessenlage, darzutun. Daran aber fehlt es.[36] Es ist schon zweifelhaft, ob eine Regelungslücke besteht, die durch eine analoge Anwen-

---

[34] Dazu schon: *Krehl* in KK-StPO, 8. Aufl., § 245, Rn. 34.

[35] S. dazu: *Becker* in Löwe-Rosenberg, 26. Aufl. 2009, StPO § 245, Rn. 55, dort Fn. 175.

[36] Anders, aber ohne jegliche Begründung *Mosbacher* NStZ 2018, 9 (11). Dagegen ausführlich *Börner* JZ 2018, 232 (239).

dung geschlossen werden müsste. Jedenfalls aber unterscheidet sich die Entscheidungssituation beim Umgang mit Beweisanträgen über präsente Beweismittel von derjenigen im Hinblick auf herkömmliche Beweisanträge, so dass sich eine Übertragung der hierfür in § 244 Abs. 6 S. 2 bis 4 StPO entwickelten Regelungen verbietet.

Es liegt auch nicht unbedingt auf der Hand, dass ein Antrag auf Beweiserhebung im Hinblick auf ein präsentes Beweismittel in erster Linie der Verzögerung des Verfahrens dient. § 245 Abs. 2 StPO ist – häufig im Anschluss an nach § 244 Abs. 3 bis 5 StPO abgelehnte Beweisanträge – ein darüber hinaus reichendes Mittel, das Gericht zu einer Beweisaufnahme zu zwingen, weil es die Zurückweisung von engeren Voraussetzungen als § 244 Abs. 3 ff. StPO abhängig macht. Es ist damit eine dem Betroffenen zugestandene weitere gesetzliche Möglichkeit einer Beweisantragstellung, die daran anknüpft, dass weder § 244 Abs. 2 StPO noch das Beweisantragsrecht das Gericht zu einer Beweisaufnahme veranlasst haben, und dessen ungeachtet eine Beweiserhebung unter den genannten Voraussetzungen für zulässig halten. Vor diesem Hintergrund spricht – ungeachtet der gesetzlich vorgesehenen Regelung, die eine Ablehnung eines Antrags wegen Prozessverschleppungsabsicht erlaubt – regelmäßig vielmehr viel dafür, dass derjenige, der über ein präsentes Beweismittel verfügt und insoweit eine Beweiserhebung beim Gericht beantragt, auch ein Interesse an der Durchführung der Beweisaufnahme hat. Ginge es um bloße Prozessverzögerung, genügte ein Antrag auf Beweiserhebung, ohne das Beweismittel in der Hauptverhandlung zu präsentieren. Aber selbst derjenige, der nach Ablehnung eines Beweisantrags nach § 244 Abs. 3 bis 5 StPO einen solchen nach § 245 Abs. 2 StPO stellt, macht sich nicht allein dadurch verdächtig, nur das Verfahren verzögern zu wollen. Hinzu kommt bei allem, dass die Verzögerung durch die Durchführung der Beweisaufnahme regelmäßig überschaubar sein dürfte.

Ob der Zweck, den § 244 Abs. 6 S. 2 bis 4 StPO für herkömmliche Beweisanträge verfolgt, damit regelmäßig in gleicher Weise bei präsenten Beweismitteln vorliegt und eine Fristsetzung mit Bescheidungsmöglichkeit rechtfertigt, erscheint deshalb doch mehr als fraglich. Schließlich darf nicht aus den Augen verloren werden, dass die Entscheidung über die Erhebung eines präsenten Beweises – auch aus Rücksicht gegenüber dem präsenten Beweismittel (Zeuge, Sachverständiger) – in der Hauptverhandlung regelmäßig nicht aufgeschoben werden darf und auch nicht aufgeschoben wird. Es wird deshalb unmittelbar oder zumindest rasch über den Beweisantrag zu beraten, schon um zu vermeiden, dass eine erneute Herbeischaffung durch das Gericht erforderlich wird und dadurch das Verfahren entsprechend in die Länge gezogen wird. Warum dann das (negative), schon durch die Nichterhebung des Beweises offenkundige Ergebnis einer Beratung im Anschluss daran nicht noch in der Hauptverhandlung, vielmehr erst im Urteil verkündet werden sollte, erschließt sich jedenfalls nicht aus dem vom Gesetzgeber – mit Blick auf die nach Schluss der Beweisaufnahme wiederholte Stellung von Beweisanträgen – verfolgten Zweck, ihre Bescheidung erst in den Urteilsgründen zuzulassen.

IV. Die Bemessung der Frist und ihre Festsetzung

Die Frist ist so zu bemessen, dass sie unter Berücksichtigung der Besonderheiten des Verfahrens die Stellung aller relevanten Beweisanträge ermöglicht. Dies setzt nach dem Abschluss der von Amts wegen durchgeführten Beweisaufnahme grundsätzlich eine am Umfang und der Schwierigkeit des bisherigen Verfahrens orientierte Zeit zur Bewertung der Beweislage durch den Verteidiger voraus, die in jedem Fall auch die Beratung mit dem Angeklagten einschließt.[37] Zeit für die Abfassung der Anträge muss ebenfalls eingerechnet werden. Arbeitsbelastungen eines Verteidigers oder Staatsanwalts finden Eingang in die Fristbemessung.[38] Von wesentlicher Bedeutung ist regelmäßig, ob sich in der Hauptverhandlung im Vergleich zum in der Anklageschrift wiedergegebenen Anklagegegenstand wesentliche Änderungen ergeben haben. Aber auch ohne solche besteht grundsätzlich Überlegungs- und Beratungsbedarf, den der Richter bei seiner Fristbemessung zu berücksichtigen hat. Eine angemessene Frist liegt danach vor, wenn jeder Verfahrensbeteiligter vor dem Hintergrund des bisherigen Prozessverlaufs, der Beweislage und des Gewichts, der Vorwürfe und der drohenden Rechtsfolgen sein Beweisantragsrecht effektiv ausüben kann.[39] Das Ende der Frist muss auf einen Hauptverhandlungstag fallen, da Beweisanträge nur in der Hauptverhandlung gestellt werden können. Starre Fristen kann es danach nicht geben. Ob die Frist in jedem Fall, in dem die Fristenregelung überhaupt Anwendung findet,[40] mindestens eine Woche betragen muss[41], erscheint deshalb zweifelhaft. Die Bewertung der Beweislage durch den Verteidiger, die Rücksprache mit dem Angeklagten und die Abfassung möglicher Anträge dürfte aber regelmäßig einige Tage in Anspruch nehmen.[42] Längere Fristen von durchaus drei Wochen (und auch mehr) werden in Umfangsverfahren und bei bestreitenden oder schweigenden Angeklagten bei ansonsten schwieriger Beweislage in Betracht kommen.[43]

Ob und in welchem Umfang die Verteidigung Anlass sieht, eine Ergänzung des von Amts wegen vorgesehenen Beweisprogramms zu beantragen oder dies auch nur zu erwägen, kann sich dem Vorsitzenden eines Spruchkörpers nicht ohne Weiteres von selbst erschließen. Aus diesem Grund wird er nicht nur das Ende der vom Gericht vorgesehenen Beweisaufnahme festzustellen, er wird auch anzukündigen haben, von der Möglichkeit einer Fristsetzung zur Stellung von Beweisanträgen Gebrauch machen zu wollen. Die Einräumung rechtlichen Gehörs gibt den Ver-

---

[37] Vgl. *Krehl* in KK-StPO, 8. Aufl., im Erscheinen begriffen, § 244, Rn. 87 c.

[38] *Mosbacher* NStZ 2018, 9 (11).

[39] Dazu: *Mosbacher* NStZ 2018, 9 (11).

[40] Da die Fristenregelung nur in Ausnahmesituationen in Betracht kommt, also – wie oben dargelegt – regelmäßig bei kurzen Hauptverhandlungen als Gestaltungsmittel des Vorsitzenden ausscheidet, dürfte damit auch das Problem kurzer Fristen – wie etwa eine Stunde (nach eintägiger Verhandlung) – vom Tisch sein.

[41] So aber wohl *Singelnstein/Derin* NJW 2017, 2561.

[42] Vgl. zur Angemessenheit der Frist auch *Conen* in seiner Stellungnahme im Gesetzgebungsverfahren; wenig überzeugend im Übrigen BVerfG zur alten Rechtslage (BVerfG NJW 2010, 2036 (2037)): im Einzelfall Frist von unter 24 Stunden nicht zu beanstanden.

[43] Ähnlich im Ergebnis: *Mosbacher* NStZ 2018, 9 (11).

fahrensbeteiligten Gelegenheit, zur „Angemessenheit" einer Frist vorzutragen und gegebenenfalls zu erläutern, welcher Zeitbedarf besteht. Eine Pflicht zur Stellungnahme besteht naturgemäß nicht, auch lassen sich aus dem Schweigen des Angeklagten oder des Verteidigers keine Rückschlüsse seitens des Gerichts ziehen. Allerdings besteht ohne Hinweise auf den Gegenstand und den Umfang der möglicherweise in Betracht gezogenen Beweisanträge die Gefahr, dass eine ohne sich daraus ergebende Erkenntnisse erfolgende Fristbestimmung aus Sicht der Verteidigung zu knapp bemessen ausfällt.

Ist die Frist aus Sicht der Verteidigung zu kurz bemessen, ist erforderlichenfalls ein Antrag auf Verlängerung der Frist zu stellen, der mit der Beanstandung (§ 238 Abs. 2 StPO) gegen die Fristsetzung als solche verbunden werden kann. Er ist regelmäßig vor Ablauf der gesetzten Frist zu stellen und ist – soll er Aussicht auf Erfolg haben – zu begründen. Über diesen Antrag hat das Tatgericht förmlich durch Beschluss zu entscheiden, regelmäßig auch, soweit noch möglich, vor Ablauf der Frist, damit sich Verteidiger und Angeklagter darauf im Hinblick auf die Stellung ihrer Beweisanträge einrichten können. Dadurch wird das Revisionsgericht hinreichend in die Lage versetzt, über die angemessene Dauer einer Fristsetzung zu befinden.[44] Eine nach Ansicht des Revisionsgerichts durch Gerichtsbeschluss zu kurz gesetzte Frist führt dazu, dass die Anordnung der Fristsetzung und eine darauf im Urteil erfolgte Bescheidung später gestellter Anträge rechtsfehlerhaft ist. Die Fristsetzung löst auch nicht den Lauf einer „angemessenen" Frist aus;[45] dagegen spricht schon, dass das Revisionsgericht im Hinblick auf den Beurteilungsspielraum des Tatrichters die Fristbemessung nicht in allen Einzelheiten überprüfen kann und deshalb daran gehindert ist, von sich aus eine ganz bestimmte, angemessene Frist zu bestimmen.

V. Die Bescheidung nach Fristsetzung gestellter Beweisanträge

Wird ein Beweisantrag innerhalb der gesetzten Frist gestellt, ist darüber im Beschlussweg nach Maßgabe der gesetzlichen Ablehnungsgründe des § 244 Abs. 3ff. StPO zu entscheiden. Dies muss nicht innerhalb der Frist erfolgen, auch wenn dies im Sinne der auch vom Gericht beabsichtigten Verfahrensbeschleunigung angestrebt werden sollte. Entscheidet das Gericht nach Ablauf der Frist, eröffnet der Wortlaut des § 244 Abs. 6 S. 3 StPO bei einem im Anschluss daran gestellten Beweisantrag die Begründung der Entscheidung im Urteil. Es mag zweifelhaft sein, ob bei solchen Beweisanträgen, die sich erst aus der Ablehnungsbegründung innerhalb der Frist gestellter Anträge ergeben, der Zweck der Vorschrift überhaupt eingreift, der sukzessiv zur Verfahrensverzögerung gestellte Beweisanträge verhindern möchte. Jedenfalls ist dies ein Fall, bei dem es auch ohne weitere Glaubhaftmachung auf der Hand liegt, dass die Stellung dieses Beweisantrags vor Fristablauf

---

[44] Zum Ganzen: *Krehl* in KK-StPO, 8. Aufl., § 244, Rn. 87c.

[45] Andere Ansicht ohne nähere Begründung *Mosbacher* NStZ 2018, 9 (11); dagegen zu Recht *Börner* JZ 2018, 232 (238).

nicht möglich war und deshalb über den Folgeantrag noch in der Hauptverhandlung zu befinden ist.

Nach Fristablauf gestellte Anträge, auch Hilfsbeweisanträge, können gemäß § 244 Abs. 6 S. 3 StPO im Urteil zurückgewiesen werden. Die gesetzlichen Ablehnungsgründe des § 244 Abs. 3 bis 5 StPO bleiben auch hier maßgebend, die Neuregelung schafft keinen neuen Ablehnungsgrund, räumt nur die Möglichkeit ein, den Beweisantrag erst im Urteil zu bescheiden. Nach hier vertretener Auslegung kann die Versäumung der Frist zwar ein Indiz für die Annahme von Verschleppungsabsicht nach der bisherigen Rechtsprechung des BGH sein, deren Voraussetzungen aber im Einzelfall näher zu prüfen sind. Anderes würde im Übrigen gelten, wenn man – ohne Begrenzung – eine Fristsetzung in jedem Fall und anlasslos zuließe. In diesem Fall wäre dem Verstreichen der Frist noch kein Hinweis auf ein missbräuchliches Verhalten zu entnehmen.[46]

Die Entscheidung darüber, ob durch Beschluss oder erst im Urteil dargelegt wird, warum der Beweisantrag keinen Erfolg hat, liegt im Ermessen des Gerichts, das über die Beweisanträge vor Urteilsverkündung unter Beachtung der gesetzlichen Ablehnungsgründe zu beraten hat. Das Ermessen hat aber Grenzen, die der Tatrichter in den Blick zu nehmen hat. Sie folgen aus der Funktion von Beweisanträgen, die auch nach der Ergänzung des § 244 Abs. 6 StPO unberührt bleibt, sowie aus einer ebenfalls durch das Gesetz zur effektiveren und praxistauglicheren Ausgestaltung des Strafverfahrens vom 17.8.2017 erfolgten Erweiterung von Hinweispflichten des Tatrichters nach § 265 StPO.

Das Recht zur Stellung von Beweisanträgen gibt den Verfahrensbeteiligten die Möglichkeit, das Gericht zu einer Beweiserhebung zu veranlassen, die dieses unter Beachtung des Amtsermittlungsgrundsatzes nicht für erforderlich hält. Das Gericht kann einen insoweit gestellten Beweisantrag nur unter den gesetzlich festgelegten Voraussetzungen ablehnen und ist grundsätzlich gehalten, darüber in der Hauptverhandlung durch begründeten Beschluss zu entscheiden. Zweck der Begründung ist zum einen die Unterrichtung des Revisionsgerichts, welches die Ablehnung nur dann prüfen kann, wenn ihm die Gründe hierfür bekannt sind. Zum anderen dient die Begründung eines Ablehnungsbeschlusses auch dazu, den Antragsteller davon zu informieren, aus welchem Grund das Gericht den Antrag ablehnt. Er soll damit zugleich in der Lage sein, sich auf die durch die Antragsablehnung entstandene Verfahrenslage einzustellen und gegebenenfalls in Reaktion auf die Antragsablehnung weitere Beweisanträge zu stellen.[47] Neben der im rechtlichen Gehör wurzelnden Informationsfunktion geht es um die Diskursfunktion eines abgelehnten Beweisantrags, wodurch sich das Gericht jedenfalls insoweit festlegt, als es sich zu der gegebenen Begründung im Urteil nicht in Widerspruch setzen darf. Die Ablehnungsbegründung schafft einen Vertrauenstatbestand, von dem sich das Gericht nur lösen kann, wenn es darauf in der Hauptverhandlung hinweist.[48]

---

[46] *Börner* StV 2016, 681 (683); s. auch *Eisenberg,* Beweisrecht der StPO, 10. Aufl. 2017, Rn. 179; aA aber wohl Bachler in BeckOK StPO, § 244, 29. Ed., 1.1.2018, Rn. 31.

[47] Vgl. dazu *Meyer-Goßner* in Meyer-Goßner/Schmitt, 60. Aufl. 2017, StPO § 244, Rn. 41a mN zur Rechtsprechung.

[48] Ausführlicher dazu: *Börner* JZ 2018, 232 (233f.).

Der Diskursfunktion des Beweisantrags korrespondiert die Erweiterung des § 265 Abs. 2 StPO, der das gesetzgeberische Anliegen zugrunde liegt, durch Auferlegung weiterer Hinweispflichten für den Tatrichter Überraschungsentscheidungen zu verhindern.[49] § 265 Abs. 2 Nr. 2 StPO nF erfordert einen Hinweis, wenn das Gericht von einer in der Verhandlung mitgeteilten vorläufigen Bewertung der Sach- und Rechtslage abweichen will. Die Norm knüpft – was das Beweisantragsrecht anbelangt – an den durch eine Ablehnungsbegründung geschaffenen Vertrauenstatbestand an und zwingt den Tatrichter, der sich davon lösen will, dies in der Hauptverhandlung förmlich mitzuteilen. Davon befreit ihn § 244 Abs. 6 StPO nicht, denn diese Regelung entscheidet nur, wann beschieden wird, aber nicht wie.[50]

§ 265 Abs. 2 Nr. 3 StPO verlangt einen Hinweis, wenn ein solcher im Hinblick auf eine „veränderte Sachlage zur genügenden Verteidigung des Angeklagten erforderlich" ist. Darunter wurde bisher (in § 265 Abs. 4 StPO) auch eine geänderte Verfahrenslage verstanden. Eine solche aber kann gerade auch mit der Entscheidung über einen Beweisantrag verbunden sein, vor allem dann, wenn sich aus ihr – entsprechend der Informationsfunktion – Hinweise ergeben, die bisher nicht Gegenstand der Hauptverhandlung gewesen sind. Schützt § 265 Abs. 2 Nr. 2 StPO nF die Kontinuität gerichtlicher Entscheidungen, zielt § 265 Abs. 2 Nr. 3 nF StPO auf die allgemeine Information des Angeklagten, der vor Überraschungsentscheidungen geschützt werden soll. Dem entspricht § 244 Abs. 6 S. 1 StPO, der zur Wahrung des gesetzlichen Gehörs eine Bescheidung in der Hauptverhandlung verlangt. Er ist in gewisser Weise Spezialregelung zur Hinweisnorm des § 265 Abs. 2 Nr. 3 nF StPO, entfaltet allerdings keine Sperrwirkung dieser Norm gegenüber. Dies ergibt sich schon daraus, dass § 265 Abs. 2 StPO zwingend zu Hinweispflichten führt, während § 244 Abs. 6 S. 2 bis 4 StPO zwar eine Durchbrechung der Informationspflicht in der Hauptverhandlung zulässt, diese aber in das Ermessen des Gerichts stellt. Dieses Ermessen ist deshalb vom Tatrichter so auszuüben, dass eine Bescheidung in den Urteilsgründen immer, aber auch nur dann in Betracht kommt, wenn es bei der Zurückweisung von Beweisanträgen um die Erstreckung bereits bekannt gegebener Ablehnungsgründe handelt.[51] Hingegen scheidet sie aus, wenn es um bisher nicht bekannte Ablehnungsgründe handelt. Ergeben sich bei einer grundsätzlich im Urteil möglichen Bescheidung eines Beweisantrags tragende Überlegungen, die bisher nicht erkennbar Gegenstand der Hauptverhandlung gewesen sind, droht angesichts eines in der Hauptverhandlung gestellten Beweisantrags eine Überraschungsentscheidung im Urteil, ist der Tatrichter gehalten, den Beweisantrag in der Hauptverhandlung zu entscheiden. Insoweit ist regelmäßig davon auszugehen, dass der Angeklagte die „neue Sachlage" nicht kennt und ihre Kenntnis auch zur genügenden Verteidigung vonnöten ist.[52] Dieses Ergebnis folgt im Übri-

---

[49] Zur Neuregelung des § 265 StPO s. *Börner* JZ 2018, 232 (234).

[50] *Börner* JZ 2018, 232 (236); *Krehl* in KK-StPO, 8. Aufl. im Erscheinen begriffen, § 244, Rn. 87d; so wohl auch *Mosbacher* NStZ 2018, 9 (13) zum Ablehnungsgrund der tatsächlichen Bedeutungslosigkeit.

[51] Dies entspricht im Übrigen auch dem vom 5. Strafsenat in seiner formellen Fristenlösung angestellten Überlegungen.

[52] Ebenso mit ausführlicher Begründung *Börner* JZ 2018, 232 (236f.).

gen auch aus einem anderen Gesichtspunkt heraus: bei einem Beweisantrag, der zu bisher nicht erörterten Überlegungen des Tatgerichts führt, fehlt es an einem tragfähigen Beleg für die Annahme, gerade dieser Antrag sei zur Prozessverschleppung gestellt.[53]

VI. Neue Fristsetzung nach Wiedereintritt in die Beweisaufnahme

Sofern das Gericht nach einer Fristsetzung aufgrund gestellter Beweisanträge oder auch von Amts wegen wieder in die Beweisaufnahme eintritt, bedarf es einer erneuten Fristsetzung durch das Gericht.[54] Die zurückliegende Fristsetzung ist damit vollständig gegenstandslos, eine Bescheidung von vor der Beweisaufnahme oder auch danach gestellten Anträgen im Urteil kommt nicht mehr in Betracht.[55] Das Ziel, das Verfahren ohne weitere Entscheidungen über Beweisanträge in der Hauptverhandlung zum Ende zu bringen, ist nicht mehr zu erreichen, weshalb die Legitimation für eine Bescheidung im Urteil entfallen ist. Nicht erledigte Beweisanträge, die nach der ersten Fristsetzung gestellt worden sind, müssen – wenn der Tatrichter wieder in die Beweisaufnahme eingetreten ist – deshalb in der Hauptverhandlung beschieden werden. Die neue Fristsetzung erfasst von vornherein nur solche Anträge, die zeitlich danach gestellt werden. Knüpfen neue Anträge aber an die durchgeführte Beweisaufnahme an, muss es der Verteidigung ohne Beschränkung möglich sein, Beweisanträge zu stellen, die auch in der Hauptverhandlung beschieden werden müssen.

VII. Unmöglichkeit früherer Stellung des Beweisantrags

Die Fristsetzung bleibt ohne Wirkung, wenn es unmöglich war, den Beweisantrag vor Fristablauf zu stellen (Abs. 6 S. 3 Hs. 2). Über den Beweisantrag ist sodann weiter in der Hauptverhandlung zu entscheiden. Das Gesetz stellt auf eine „Unmöglichkeit" ab, wobei offen bleibt, ob es um eine objektive oder subjektive Unmöglichkeit geht (vgl. § 275 Abs. 1 BGB).[56] Die in der Expertenkommission und im Referentenentwurf vorgeschlagene Regelung, die – wie es im Recht der Wiedereinsetzung üblich ist – auf das Verschulden abgestellt hatte, ist vom Gesetzgeber nicht übernommen worden.[57] Als Beispiel für eine Unmöglichkeit frühzeitiger Antragstellung führt der Regierungsentwurf an, das Beweismittel sei dem Antragsteller erst nach Fristablauf bekannt geworden.[58] Nicht maßgeblich ist, dass der Angeklagte oder sein Verteidiger das Beweismittel bei gehöriger Anspannung oder

---

[53] Zum Ganzen: *Krehl* in KK-StPO, 8. Aufl. im Erscheinen begriffen, § 244, Rn. 87d.
[54] BT-Drs. 18/11277, 35.
[55] AA wohl *Mosbacher* NstZ 2018, 9 (14): frühere, bereits verfristete Anträge können nicht erneut gestellt werden. Dagegen zutreffend: *Börner* JZ 2018, 232 (239).
[56] Vgl. dazu auch *Mosbacher* NstZ 2018, 9 (12).
[57] Vgl. *Basar* KriPoZ 2017, 95 (102).
[58] BT-Drs. 18/11277, 35.

Anstrengung hätte auffinden oder benennen können. Entscheidend ist – nach der Zielrichtung des Gesetzes, das missbräuchlicher Verfahrensverzögerung begegnen will –, dass ein Beweisantrag vor Fristablauf gestellt und ein bestimmtes Beweismittel hätte benannt werden können, wenn denn der Angeklagte bzw. sein Verteidiger es gewollt hätten. Angeklagter und Verteidiger müssen also dartun, dass sie nicht in der Lage waren, den Beweisantrag unter Benennung eines bestimmten Beweismittels, das ihnen erst nach Fristablauf bekannt geworden ist, vor Fristablauf zu stellen. Damit wird für das „taktische Zurückhalten von Anträgen" (als möglicher Teil einer Verteidigungsstrategie, die bewusst das Ende des gerichtlichen Beweisprogramms abwartet, um zu bewerten, wie sich die gerichtliche Beweisführung entwickelt)[59] eine zeitliche Grenze eingezogen. Solche zurückgehaltenen Anträge müssen nach dem Ende des vom Gericht vorgesehenen Beweisprogramms und vor Ablauf der vom Gericht im Beschluss gesetzten Frist gestellt werden, um zu vermeiden, dass sie erst im Urteil beschieden werden. Dies ist hinnehmbar, weil die Fristsetzung nach hier vertretener Ansicht erst erfolgen darf, wenn es konkrete Anhaltspunkte für eine vom Angeklagten oder vom Verteidiger intendierte Verfahrensverzögerung gibt. Die „Unmöglichkeit" vorheriger Beweisantragsstellung kann sich auch aus dem Ergebnis der Beweisaufnahme ergeben, wenn sich an deren Ende herausstellt, dass im Hinblick auf ein bestimmtes Beweisthema nunmehr erstmals Anlass für die Stellung eines Beweisantrags besteht.[60] Die Unmöglichkeit ist für jeden Antragsteller grundsätzlich gesondert zu prüfen, da das Beweisantragsrecht des Verteidigers etwa unabhängig von demjenigen des Angeklagten besteht. Offenbart der Angeklagte seinem Verteidiger erst nach Ablauf der vom Gericht gesetzten Frist, dass er noch einen Entlastungszeugen kenne, ist die Bescheidung des vom Verteidiger gestellten Beweisantrags – anders als ein solcher des Angeklagten – in den Urteilsgründen nicht möglich, sofern der Verteidiger die späte Kenntniserlangung ausreichend glaubhaft macht.[61]

VIII. Die Entscheidung über die Glaubhaftmachung

1. Mittel der Glaubhaftmachung

Tatsachen, die die Einhaltung der Frist unmöglich gemacht haben, sind glaubhaft zu machen (Abs. 6 S. 4). Mittel der Glaubhaftmachung sind grundsätzlich eidesstattliche Versicherungen, dienstliche oder anwaltliche Erklärungen, Urkunden, also alle Mittel, die geeignet sind, die Wahrscheinlichkeit des Vorbringens darzutun. Der Verteidiger wird die Glaubhaftmachung regelmäßig durch „anwaltliche Versicherungen" bewirken können. Dass er insoweit mit seiner anwaltlichen Schweigepflicht in Konflikt geraten kann, hat der Gesetzgeber hingenommen. Dies kann

---

[59] S. dazu nur *Basar* KriPoZ 2017, 95 (102).

[60] So auch *Mosbacher* NStZ 2018, 9 (12); s. schon: *Krehl* in KK-StPO, 8. Aufl., § 244, Rn. 87h.

[61] *Mosbacher* NStZ 2018, 9 (12), der im Übrigen darauf hinweist, dass die getrennte Betrachtung bei einem Wechsel des Verteidigers oder Staatsanwalts funktions-, nicht personenbezogen vorzunehmen sei.

im Einzelfall dazu führen, dass der Verteidiger in Wahrung seiner Schweigepflicht auf die Glaubhaftmachung von Umständen verzichten muss, die die Unmöglichkeit frühzeitigerer Antragstellung belegen können. Die Folge ist, dass der Verteidiger die Rechte des Angeklagten, der es allerdings in der Hand hat, ihn von der Schweigepflicht zu befreien, nur noch eingeschränkt wahrnehmen kann. Zu weit geht es freilich, bei Anträgen aus eigenem Recht des Verteidigers „aufgrund des sonst nicht fernliegenden Konflikts zwischen Eigeninteresse und Wahrheitspflicht" der eigenen Bestätigung, mag sie auch als „anwaltliche Versicherung" bezeichnet sein, keinen ausreichenden Beweiswert beizumessen.[162] Dies wäre Ausdruck einer nicht gerechtfertigten grundlegenden Skepsis gegenüber anwaltlicher Berufsausübung, die insoweit bisher weder Gegenstand gesetzgeberischer Überlegungen noch obergerichtlicher Rechtsprechung gewesen ist.

2. *Glaubhaftmachung durch den Angeklagten*

Noch schwieriger stellt sich die Lage für den Angeklagten dar. Er steht vor dem Problem, dass er die Richtigkeit seiner tatsächlichen Angaben nicht mit einer eidesstattlichen Versicherung glaubhaft machen kann. Auch die eigene (einfache) Erklärung ist als Mittel der Glaubhaftmachung ausgeschlossen.[63] Dass der Gesetzgeber hiervon abweichen und dessen eidesstattliche (oder einfache) Erklärung als Mittel der Glaubhaftmachung anerkennen wollte, ist weder dem Wortlaut der Norm noch den Gesetzgebungsmaterialien zu entnehmen. Es fehlt danach für den Angeklagten von Rechts wegen regelmäßig an einer eigenen Möglichkeit, die Tatsachen, aus denen sich die Unmöglichkeit frühzeitigerer Antragstellung ergibt, glaubhaft zu machen. Ihn auf Urkunden zu verweisen, die ohnehin eher selten als Mittel der Glaubhaftmachung in Betracht kommen dürften, oder eidesstattliche Versicherungen dritter Personen in den Blick zu nehmen, hieße, seine prozessualen Möglichkeiten in unangemessener Weise einzuschränken. Angesichts dessen ist es folgerichtig, Fristsetzung gegenüber einen – unverteidigten – Angeklagten, der mit eigenen Mitteln die Unmöglichkeit frühzeitigerer Antragstellung regelmäßig nicht glaubhaft machen kann (auch wenn ein Fall der Unmöglichkeit gegeben ist), aus dem Anwendungsbereich der Fristsetzungsbefugnis ganz herauszunehmen. Es folgenlos zu lassen, dass dem Angeklagten regelmäßig kein Mittel zur Glaubhaftmachung zur Verfügung steht, ist mit Blick auf den Eingriff in das Beweisantragsrecht durch die Möglichkeit einer Fristsetzung zur Stellung von Beweisanträgen, gerade gegenüber einem nicht verteidigten Angeklagten, ein nicht hinnehmbarer Eingriff in das Recht auf ein faires rechtsstaatliches Verfahren.[64]

3. *Die Entscheidung über die Glaubhaftmachung*

Die Entscheidung darüber, ob die glaubhaft gemachten Tatsachen ausreichen, von einer „Unmöglichkeit" frühzeitigerer Antragstellung auszugehen, trifft nicht der

---

[62] So aber *Mosbacher* NStZ 2018, 9 (13).
[63] So auch im Ergebnis: *Mosbacher* NStZ 2018, 9 (13) m. ausf. Begründung.
[64] Anders aber ohne jede Begründung: *Mosbacher* NStZ 2018, 9 (13).

Vorsitzende, sondern das Gericht, das auch entscheiden muss, ob der nach Fristablauf gestellte Beweisantrag erst im Urteil beschieden werden soll. Gelingt aus Sicht des Gerichts die Glaubhaftmachung nicht, muss es den Antragsteller vor Urteilsverkündung darauf hinweisen. Das Gesetz räumt zwar die Möglichkeit ein, den Beweisantrag im Urteil zu bescheiden, enthält aber keine entsprechende Regelung, die die Bescheidung des Antrags hinsichtlich der Glaubhaftmachung im Urteil erlaubt.[65] Die Zurückweisung der Glaubhaftmachung in der Hauptverhandlung ist der Gewährung rechtlichen Gehörs des Antragstellers geschuldet, der Gelegenheit erhält, die Bedenken des Gerichts noch in der Hauptverhandlung auszuräumen. Dem steht im Übrigen nicht entgegen, dass die Glaubhaftmachung „mit dem Antrag" (§ 244 Abs. 6 S. 4 StPO) zu erfolgen hat. Die Regelung schließt jedenfalls eine Konkretisierung des ursprünglichen Vorbringens im weiteren Verfahren nicht aus und zielt auch nicht darauf ab, die verfassungsrechtliche Gewährleistung des rechtlichen Gehörs im Hinblick auf die glaubhaft gemachten Tatsachen außer Kraft zu setzen. Es mag zwar sein, dass ein „Zwischenbescheid", der mitteilt, dass und warum die Glaubhaftmachung aus Sicht des Gerichts keinen Erfolg hat, dem Sinn und Zweck der neu geschaffenen Fristenregelung (jedenfalls teilweise) zuwiderläuft.[66] Dies ändert freilich nichts daran, dass der Gesetzgeber hinsichtlich der insoweit zu treffenden Entscheidung keine Bescheidungsmöglichkeit im Urteil vorgesehen hat. Im Übrigen ist nach dem Zwischenbescheid der Weg für eine Bescheidung der Beweisanträge im Urteil frei.

IX. *Die Fristsetzung in der Revision*

Ist gegen die Anordnung der Fristsetzung durch den Vorsitzenden gerichtliche Entscheidung nach § 238 Abs. 2 StPO beantragt worden, ist der Weg für eine Überprüfung der im Zusammenhang mit der Fristsetzung getroffenen Entscheidungen im Revisionsverfahren frei.

Die Revision kann sich dabei sowohl gegen die Fristsetzung als solche als auch gegen die Bescheidung nach Fristsetzung gestellter Beweisanträge im Urteil richten.

Erweist sich die Fristsetzung als solche als rechtsfehlerhaft, weil die Voraussetzungen für eine Fristsetzung nicht vorgelegen haben, etwa weil die von Amts wegen vorgesehene Beweisaufnahme noch nicht abgeschlossen war, die Fristsetzung sich gegen den Angeklagten als alleinigen Verfahrensbeteiligten richtete, Verfahren betroffen waren, bei denen eine Fristsetzung von vornherein ausgeschlossen war oder es sich um eine anlasslose Fristsetzung oder eine solche handelte, bei der keine genügenden Anhaltspunkte für missbräuchliche Beweisantragsstellung vorhanden waren, ist auch davon auszugehen, dass das Urteil auf der erst dort vorgenommenen, insoweit fehlerhaften Bescheidung (als Verstoß gegen § 244 Abs. 6 S. 1 StPO) be-

---

[65] *Krehl* in KK-StPO, 8. Aufl., § 244, Rn. 87g.; unklar: *Bachler* in BeckOK StPO, 29. Ed., 1.1.2018, § 244, Rn. 31.

[66] Darauf weist *Mosbacher* NStZ 2018, 9 (14) hin, der deshalb auch einen solchen Zwischenbescheid nicht fordert.

ruht. Es wird sich regelmäßig nicht ausschließen lassen, dass der Antragsteller bei Kenntnis der Ablehnungsgründe vor Urteilsverkündung andere Verteidigungsmöglichkeiten gehabt hätte, die ihm so verschlossen geblieben sind.[67] Revisionsvortrag dazu bedarf es grundsätzlich nicht.[68]

Die Revision kann auch darauf gestützt werden, dass das Gericht die Frist für eine Antragstellung nach Ende der von Amts wegen vorgesehenen Beweisaufnahme zu knapp bemessen hat. Hier ist allerdings zu beachten, dass eine ins Einzelne gehende Überprüfung der Fristbemessung dem Revisionsgericht verschlossen bleibt. Liegt aber eine aus Sicht des Revisionsgericht greifbar zu knapp bemessene Fristsetzung vor, handelt es sich um einen Rechtsfehler, auf dem das Urteil auch beruht.

Macht das Gericht bei an sich zulässig gesetzter Frist von seinem ihm eingeräumten Ermessen, ob über einen danach gestellten Antrag im Urteil entschieden werden kann, rechtsfehlerhaft Gebrauch (Fall des Ermessensfehlgebrauchs), liegt gleichfalls ein revisibler Rechtsfehler vor. Auch in diesem Fall lässt sich nicht ausschließen, dass der Antragsteller im Falle rechtzeitiger Kenntnis von den Ablehnungsgründen weitergehende Verteidigungsmöglichkeiten gehabt hätte. Schließlich unterliegt auch die Frage der Glaubhaftmachung der revisionsgerichtlichen Überprüfung. Wird über die Glaubhaftmachung erst im Urteil entschieden oder zwar noch in der Hauptverhandlung, aber rechtsfehlerhaft (weil sich aus den glaubhaft gemachten Umständen die Unmöglichkeit früherer Antragstellung ergibt),[69] ist auch dies ein Rechtsfehler, der zur Aufhebung der tatrichterlichen Entscheidung führen kann.

Die inhaltliche Überprüfung der erst im Urteil begründeten Zurückweisung von nach zulässiger Fristsetzung gestellten Beweisanträgen folgt allgemeinen Regeln. Sie richtet sich allein nach den Gründen der tatrichterlichen Antragsablehnung. Eine Auswechslung von Ablehnungsgründen oder das Nachschieben von Gründen durch das Revisionsgericht kommt – schon mit Blick auf die Neufassung des § 265 Abs. 2 StPO – nicht in Betracht.[70]

X. Die Folgen

Der Ruf (auch des Jubilars) nach einer gesetzlichen Regelung zur Fristsetzung für Beweisanträge hat nicht die damit erhofften klaren gesetzlichen Vorgaben ergeben. Das Fristenmodell der Rechtsprechung bleibt daneben anwendbar. Der vom Gesetzgeber verfolgte Zweck, Verfahrensverzögerungen durch missbräuchliche Beweisantragsstellung zu begegnen, kommt in der gesetzlichen Regelung nur unzureichend zum Ausdruck. Die unklaren Regelungen zur Glaubhaftmachung

---

[67] So wohl auch *Mosbacher* NStZ 2018, 9 (14).

[68] Gleichwohl empfiehlt *Mosbacher* NStZ 2018, 9 (14) dem Revisionsführer, entsprechende Umstände hierzu vorzutragen.

[69] S. auch *Mosbacher* NStZ 2018, 9 (14), der einen Verstoß gegen § 244 Abs. 6 S. 1 StPO annimmt, wenn die Unmöglichkeit vorheriger Antragstellung hinreichend glaubhaft gemacht ist. Dies bezieht er folgerichtig auf die im Urteil hierzu getroffene Entscheidung, da er eine Vorabentscheidung in der Hauptverhandlung nicht für erforderlich erachtet.

[70] Anders *Mosbacher* NStZ 2018, 9 (14) unter Hinweis darauf, dass die Informationsfunktion des Ablehnungsbeschlusses in dieser Konstellation keine Rolle (mehr) spiele.

der Unmöglichkeit einer früheren Beweisantragsstellung erlauben es, etwa mit Blick auf eine Bescheidung darauf gerichteter Anträge erst im Urteil, die Möglichkeit stark zu begrenzen, nach Fristsetzung Beweisanträge zu stellen, die noch in der Hauptverhandlung zu bescheiden sind.

Es ist damit nicht sichergestellt, dass die Vorschrift ihrem Ausnahmecharakter entsprechend auf den an sich vorgesehenen Anwendungsbereich beschränkt bleibt. Es ist vielmehr zu befürchten, dass die Praxis die Neuregelung weitergehend nutzen wird, um Verfahren allgemein zu beschleunigen. Die damit einhergehende Gefahr für das Beweisantragsrecht ist nicht zu unterschätzen. Es geht insoweit nicht (mehr) nur um einen „minimalinvasiven" Eingriff in prozessuale Handlungsmöglichkeiten, sondern letztlich um eine weitgehende Beschränkung des Beweisantragsrechts, das den Verfahrensbeteiligten, insbesondere der Verteidigung, als Kernstück möglicher Einflussnahme auf die gerichtliche Überzeugungsbildung dient. Es bleibt deshalb zu hoffen, dass die Praxis zwar die Neuregelung anwendet, um missbräuchlicher Anwendung des Beweisantragsrechts entgegen zu wirken, der Verlockung aber widersteht, das Recht, Beweisanträge zu stellen, über die Absicht des Gesetzgebers hinaus zu beschränken.

HANS KUDLICH

Telefonate von Krankheit, Sex und Tod – zum Kernbereich privater Lebensgestaltung bei der TKÜ

I. Hinführung

Im Einleitungsabsatz zu einem Festschriftenbeitrag ist es bekanntlich üblich, einen Bezug zum wissenschaftlichen Werk des *Jubilars* herzustellen. Hierfür würde es bei *Thomas Fischer* vielfältige Möglichkeiten geben – bei weitem nicht nur, aber besonders einfach mit Blick auf seinen Kommentar, in dem er zu jeder Vorschrift des StGB etwas zu sagen hat. Ohne deshalb den Einfluss dieses Opus Magnum oder auch seiner zahlreichen Aufsätze auf die Wissenschaft damit gering zu schätzen, ist aber möglicherweise die Bedeutung für die strafrechtliche Diskussion der vergangenen Jahre noch größer, welche die Entscheidungen aus dem zweiten Strafsenat – nicht umsonst vielfach auch als der „Fischer-Senat" bezeichnet – hatten, und zwar auch schon allein, wenn man sich nur auf die fünf Jahre seiner Zeit als Vorsitzender bzw. als leitender Stellvertretender Vorsitzender in der „vorsitzlosen Zeit" des Senats beschränkt.

Ohne Anspruch auf Vollständigkeit können hier etwa genannt werden die Untreue Rechtsprechung zu den Schwarzen Kassen in der Entscheidung Siemens/ENEL,[1] die verfassungsrechtlichen Zweifel am Institut der ungleichartigen Wahlfeststellung,[2] die Frage des Vermögens- und Eigentumsschutzes bei illegalen Drogen,[3] die Verwertung von vor dem Richter getätigten Zeugenaussagen mit Blick auf § 252 StPO,[4] die Rechtsprechung zur Befangenheit bei einer Benutzung des Mobiltelefons während der Hauptverhandlung[5] sowie nicht zuletzt die Unverwertbarkeit auch von Selbstgesprächen, welche einen Tatbezug haben, im Rahmen

---

[1] BGHSt 52, 323 = NJW 2009, 89 mAnm *Bosch* JA 2009, 233, *Knauer* NStZ 2009, 151, zum Ganzen auch *Kudlich/Oğlakcıoğlu,* Wirtschaftsstrafrecht, 2. Aufl. 2014, § 12.

[2] Vgl.zunächst BGH NStZ 2014, 392 mAnm *Jahn* JuS 2014, 742 sowie *v. Heintschel-Heinegg* JA 2014, 710; krit. *Schuhr* NStZ 2014, 437. Nach Rücknahme des ursprünglichen Beschlusses erfolgte mit BGH NJW 2016, 432 die Vorlage an den Großen Senat für Strafsachen. Dieser hielt – wie überwiegend prognostiziert – an der Verfassungsmäßigkeit der Wahlfeststellung fest, vgl. BGH GS NJW 2017, 2842 mAnm *Jahn* NJW 2017, 2846 und dazu *Kudlich* JA 2017, 870.

[3] BGH NStZ 2016, 596 mAnm *Krell* NStZ 2016, 599, mAnm *Jäger* JA 2016, 790; *Jahn* JuS 2016, 848. Von einer Vorlage an den Großen Senat hat der Zweite Senat nach geschlossener Ablehnung der anderen Strafsenate abgesehen und ist inzwischen wieder dazu übergegangen, die bisherige Rechtsprechung fortzuführen, vgl. BGH NStZ-RR 2017, 341.

[4] BGH NStZ 2014, 596 mAnm *Jäger* JA 2014, 948; *Jahn* JA 2014, 1138; die Entscheidung des Großen Senats infolge des Vorlagebeschlusses findet sich in BGHSt 61, 221 = NJW 2017, 94.

[5] BGH NJW 2015, 2986 mAnm *Jäger* JA 2015, 949.

eines kleinen Lauschangriffs,[6] womit der Zweite Strafsenat den Schutz des Kernbereichs des Persönlichkeitsrechts gegenüber der verfassungsgerichtlichen Tagebuch-Rechtsprechung noch fortgeführt bzw. zumindest konkretisiert hat.

Um diesen Persönlichkeitsschutz bei strafprozessualen Ermittlungsmaßnahmen, oder präziser: um den Schutz des vom Gesetzgeber in Anlehnung an das Bundesverfassungsgericht so bezeichneten „Kernbereich privater Lebensgestaltung" soll es im Folgenden gehen. Dabei stehen hier nicht die – aufgrund ihrer Bedeutung für den Tatnachweis für die Revisionsgerichte interessanten – Extremfälle im Mittelpunkt,[7] in denen einerseits ein deutlicher Tatbezug vorliegt, andererseits aber wie etwa im Fall des Selbstgesprächs der allerintimste Bereich der Persönlichkeitsäußerung in Rede steht, welcher noch vertraulicher als ein Tagebucheintrag unmittelbar an der Grenze zum bloßen *forum internum* liegt. Vielmehr soll hier der – statistisch zwar wahrscheinlich weitaus häufigere, aber – in der Literatur letztlich wenig behandelte[8] Fall interessieren, in dem bei einer Überwachung der Telekommunikation (TKÜ) rein private Angelegenheiten erörtert werden, die ersichtlich keinen Tatbezug haben. Soweit hier der Kernbereich privater Lebensgestaltung betroffen ist, spielt dies zwar für den Tat- und Schuldnachweis keine Rolle – sehr wohl aber für die im Gesetz statuierten Löschungsverpflichtungen hinsichtlich solcher Erkenntnisse. Die TKÜ ist hier etwa im Vergleich zum großen Lauschangriff (akustische Wohnraumüberwachung) nach § 100c StPO deshalb von größerem praktischen Interesse, weil diese zum einen auf Grund der (etwa mit Blick auf den Katalog des § 100a Abs. 2 StPO einerseits und des § 100c Abs. 1 Nr. 1 iVm. § 100b Abs. 2 StPO andererseits) geringen Anordnungsvoraussetzungen und der leichteren technischen Durchführbarkeit häufiger angeordnet wird und zum anderen hier auch die Streubreite der erfassten (und damit auch die Zahl der jeden Tatbezug entbehrenden) Gespräche zumindest vielfach größer sein wird.

II. Die gesetzliche Regelung zum Schutz des Kernbereichs privater Lebensgestaltung bei der TKÜ

1. Die Entwicklung der Idee eines Kernbereichsschutzes

Die Idee eines gegen die staatliche Gewalt zu schützenden Kernbereichs der privaten Lebensgestaltung hat lange – wenn auch nicht immer geradlinig verlaufende – Wurzeln, die jedenfalls bis zum Elfes-Urteil des Bundesverfassungsgerichts aus dem

[6] BGHSt 57, 71 = NJW 2012, 945 mAnm *Heintschel-Heinegg* JA 2012, 395; *Jahn/Geck* JZ 2012, 561; vertiefend *T. Zimmermann* GA 2013, 162.

[7] Vgl. BGHSt 57, 71 = NJW 2012, 945 auch BGHSt 50, 206 = NJW 2005, 3295 mAnm *Jahn* JuS 2006, 91; *Valerius* JA 2006, 15.

[8] Dies gilt auch und besonders für die Rechtsprechung; insbesondere Revisionsentscheidungen zu dieser Frage fehlen im Wesentlichen, weil bei einem vollständig fehlenden Tatbezug das Beruhen des Urteils auf einer etwaigen rechtswidrigen Beweiserhebung bzw. Beweiskonservierung von vornherein ausgeschlossen ist und diese Frage daher auch in einer Revisionsbegründung nicht thematisiert werden wird.

Jahr 1957 zurückreichen,[9] in welchem der Begriff des „Kernbereichs der Persönlichkeit" geprägt und mit der Menschenwürde verknüpft wurde.[10] Meilenstein bleibt dennoch die Entscheidung zum großen Lauschangriff vom 3.3.2004.[11] In dieser werden die Grundlagen des Kernbereichsschutzes abgesichert, der Kernbereich begrifflich näher bestimmt und auch das abgestufte Schutzkonzept explizit gemacht. Dieses Schutzkonzept sieht schon die Verhinderung der Erhebung von Kernbereichsinformationen auf der ersten Stufe sowie die Minimierung einer dennoch erfolgten Kernbereichsverletzung auf der zweiten Stufe durch Verwendungsbeschränkungen (Beweisverwertungsverbote) und Folgenbeseitigungsansprüche (Löschungsverpflichtungen) vor.[12]

Diese Entscheidung war unmittelbarer gesetzgeberischer Anlass, durch das „Gesetz zur Umsetzung des Urteils des Bundesverfassungsgerichts vom 3.3.2004 (akustische Wohnraumüberwachung)"[13] eine Regelung zum Kernbereichsschutz in die damalige Neufassung des § 100c Abs. 5 StPO aF aufzunehmen, welche auch das Vorbild für die durch das „Gesetz zur Neuregelung der Telekommunikationsüberwachung und anderer verdeckter Ermittlungsmaßnahmen sowie zur Umsetzung der Richtlinie 2006/24/EG vom 21.12.2007"[14] geschaffene und ab 1.1.2008 geltende frühere Regelung des § 100a Abs. 4 StPO aF zum Kernbereichsschutz bei der TKÜ war. In der seit 24.8.2017 geltenden Fassung der StPO durch das „Gesetz zur effektiveren und praxistauglicheren Ausgestaltung des Strafverfahrens"[15] sind die Kernbereichsregelungen nunmehr im neugefassten § 100d StPO zusammengefasst.

2. *Die einheitliche Regelung in § 100d StPO*

Dieser regelt (ohne dass es von den im Folgenden angesprochenen Punkten zum potentiellen Umfang des Kernbereichsschutzes abgesehen dadurch zu inhaltlichen Änderungen gekommen wäre) nunmehr in einer einheitlichen Vorschrift den Umgang mit Kernbereichsdaten bei den Maßnahmen nach §§ 100a – 100c StPO, also TKÜ, Online-Durchsuchung und akustische Wohnraumüberwachung. Im Einzelnen ordnet Abs. 1 an, dass beim Vorliegen tatsächlicher Anhaltspunkte für die Annahme, dass durch eine Maßnahme nach den §§ 100a bis 100c StPO allein Erkenntnisse aus dem Kernbereich privater Lebensgestaltung erlangt werden, diese Maßnahme unzulässig ist (1. Stufe). Kommt es – insbesondere in Fällen einer automatisierten Aufzeichnung – gleichwohl zu Erkenntnissen aus dem Kernbereich pri-

---

[9] Vgl. BVerfGE 6, 32 = NJW 1957, 297.

[10] Kurzer Überblick zur Rechtsprechungsentwicklung bei *Gercke* GA 2015, 339 (341ff.); auf die schon lange zurückreichenden Wurzeln weist etwa auch *Warg* NStZ 2012, 237 (238) hin; zur Entwicklungsgeschichte der neueren Rechtsprechung zum Schutz des Kernbereichs bei heimlichen staatlichen Überwachungsmaßnahmen vgl. *Schulenberg* in v. Scheffczyk/Wolter, Linien der Rechtsprechung des Bundesverfassungsgerichts erörtert von den wissenschaftlichen Mitarbeiterinnen und Mitarbeitern, 2017, 123 (126ff.).

[11] Vgl. BVerfGE 109, 279 = NJW 2004, 999.

[12] Zu diesen beiden Stufen vgl. *Schulenberg* in v. Scheffczyk/Wolter, Linien der Rechtsprechung, 2017, 123 (128ff.).

[13] BGBl. 2005 I 1841.

[14] BGBl. 2007 I 3198 (3202).

[15] BGBl. 2017 I 3202 (3205).

vater Lebensgestaltung, dürfen diese zum einen nicht verwertet werden und müssen Aufzeichnungen darüber unverzüglich gelöscht werden (2. Stufe), wobei der Umstand ihrer Erlangung und Löschung zu dokumentieren ist.

Differenzierungen nach Art der Maßnahme erfolgen dann in den Abs. 3 bis 5. Danach soll bei einer Online-Durchsuchung schon bei der Maßnahme selbst – soweit möglich – technisch sichergestellt werden, dass Daten, die den Kernbereich privater Lebensgestaltung betreffen, nicht erhoben werden; außerdem ist für Zweifelsfälle eine Vorlage an das anordnende Gericht vorgesehen (Abs. 3). Für die akustische Wohnraumüberwachung verlangt Abs. 4 schon für die Anordnung eine negative Kernbereichsprognose und ordnet eine Unterbrechung vom Abhören und Aufzeichnen an, wenn sich während der Überwachung Anhaltspunkte dafür ergeben, dass Äußerungen erfasst werden, die dem Kernbereich privater Lebensgestaltung zuzurechnen sind. Abs. 5 schließlich erklärt in den Fällen des § 53 StPO, also mit Blick auf Personen, die ein Zeugnisverweigerungsrecht aus beruflichen Gründen haben, Online-Durchsuchung und akustische Wohnraumüberwachung für unzulässig und ordnet für Fälle der §§ 52 und 53a StPO eine strenge Verhältnismäßigkeitsprüfung an.

Für die hier interessierende TKÜ sind die strengeren Sonderregelungen des § 100d Abs. 3–5 StPO gerade nicht anwendbar. Daraus kann man einerseits schließen, dass auch Gespräche mit zeugnisverweigerungsberechtigten Personen weder generell von der Aufzeichnung ausgeschlossen noch den erhöhten Verhältnismäßigkeitsanforderungen des § 100d Abs. 5 S. 2 StPO unterliegen; andererseits wird deutlich, dass hier auch automatisierte Überwachungs- und Aufzeichnungsmaßnahmen zulässig sind, die kein sofortiges Unterbrechen der Überwachung ermöglichen, sondern erst eine spätere Löschung. Andererseits zeigen die Vorschriften für die stets erforderliche Gesamtabwägung (vgl. u.) auch schon nach der einfachgesetzlichen Systematik die besondere Kernbereichsrelevanz der Kommunikation mit zeugnisverweigerungsberechtigten Personen.

3. *Anwendung der Neuregelung*

Mit Blick auf die gesetzliche Neuregelung aus dem Jahr 2017 ist zwar daran zu erinnern, dass nach den allgemeinen Grundsätzen für das intertemporale Prozessrecht[16] prozessuale Regelungen grundsätzlich ab dem Zeitpunkt ihres Inkrafttretens auch für bereits laufende Prozesse gelten, soweit – wie vorliegend – keine spezifischen Übergangsregeln angeordnet sind. Da jedoch der bis dahin geltende § 100a Abs. 4 StPO aF insoweit eine inhaltsgleiche Regelung enthalten hat, ergeben sich daraus keine nennenswerten Änderungen. In einer Hinsicht scheint die Neuregelung freilich „kernbereichsfreundlicher“: Obwohl in § 100a Abs. 4 StPO aF keine explizite (regelmäßige) Einschränkung mit Blick auf „Gespräche über begangene Straftaten“ enthalten war wie in § 100c Abs. 5 S. 3 StPO aF und auch auf diese Vorschrift nicht verwiesen wurde, wurde doch eine Kernbereichsrelevanz solcher

[16] Vgl. knapp mwN nur *Kudlich* in MüKoStPO, Bd. 1, 2014, Einl. Rn. 609f.

Gespräche auch für § 100a StPO regelmäßig abgelehnt,[17] zumal diese Einschränkung auch den verfassungsgerichtlichen Vorgaben zum Kernbereichsschutz entsprach.[18] Auf eine Übernahme dieser pauschalen Einschränkung wurde beim neu gefassten § 100d StPO im Jahre 2017 ganz bewusst verzichtet, vielmehr soll nun (auch) insoweit auf die Umstände des Einzelfalles abgestellt werden.[19]

III. Die Bestimmung des Kernbereichs der privaten Lebensgestaltung

1. Ausgangspunkt: jeweils Entscheidung im Einzelfall

Eine abstrakte Definition des Kernbereichs privater Lebensgestaltung ist nicht ganz einfach,[20] betonen doch Rechtsprechung und Literatur gleichermaßen, dass es hier stark auf die Umstände des jeweiligen Einzelfalles ankomme.[21] Hinzu kommt, dass die veröffentlichte obergerichtliche Rechtsprechung – wie oben bereits angedeutet – sehr stark durch Extremfälle geprägt ist, in denen einerseits zum Beispiel in Gestalt der Aufzeichnung von Selbstgesprächen bei der akustischen Überwachung ein besonders intimer Bereich der Lebensgestaltung ohne vom Grundrechtsträger beabsichtigten Sozialbezug betroffen ist, in denen aber andererseits – soweit in Strafverfahren um die Verwertbarkeit gestritten wird, nicht weiter erstaunlich – die fraglichen Aussagen vielfach einen mehr oder weniger unmittelbaren Tat-Bezug hatten,[22] sodass mit Blick auf die soeben geschilderte frühere Rechtslage[23] in besonderer Weise begründungsbedürftig war, ob überhaupt ein Kernbereichsschutz in Betracht kommt.[24]

---

[17] Vgl. zur alten Rechtslage etwa *Schmitt* in Meyer-Goßner/Schmitt, 60. Aufl. 2017, StPO § 100a Rn. 23.

[18] Vgl. nur BVerfGE 109, 279 (319) = NJW 2004, 999 und BVerfGE 80, 367 (375) = NJW 1990, 563 sowie zust. etwa *Warg* NStZ 2012, 237 (239); konzeptionell kritisch *Gercke* GA 2015, 339 (347).

[19] Vgl. BT-Drs. 18/12785, 57. Für das Entfallen des Schutzes zumindest „im Allgemeinen" auf Grund des damit verbundenen Sozialbezugs auch nach neuem Recht *Eschelbach* in SSW StPO, 3. Aufl. 2018, § 100d Rn. 6.

[20] Ähnlich auch *Roxin/Schünemann,* Strafverfahrensrecht, 29. Aufl. 2017, § 24 Rn. 55f.: „bereitet die Abgrenzung (...) erhebliche Probleme"; „Kriterien des Kernbereichs (...) bis heute nicht abschließend geklärt".

[21] Vgl. nur BVerfGE 109, 279 (314) = NJW 2004, 999 (1002), auch unter Verweis auf frühere Rechtsprechung in BVerfGE 34, 238 (248) und BVerfGE 80, 367 (374). *Schmitt* in Meyer-Goßner/Schmitt, 60. Aufl. 2017, StPO, § 100a Rn. 23; *Graf* in BeckOK StPO, 28. Ed. August 2017, § 100a Rn. 6; *Günther* in MüKoStPO Bd. 1, 2016, 2014, § 100a Rn. 110 (Abhängigkeit „von Art, Inhalt und situativem Kontext"). Vgl. auch BT-Drs. 18, 12785, 57.

[22] So etwa jeweils in BGHSt 50, 206 = NJW 2005, 3295 und BGHSt 57, 71 = NJW 2012, 945.

[23] Vgl. nur BVerfGE 109, 279 (319) = NJW 2004, 999 und BVerfGE 80, 367 (375) = NJW 1990, 563 sowie zust. etwa *Warg* NStZ 2012, 237 (239); konzeptionell kritisch *Gercke* GA 2015, 339 (347).

[24] Vgl. nochmals BGHSt 50, 206 (212f.) = NJW 2005, 3295 und BGHSt 57, 71 (76f.) = NJW 2012, 945.

2. *Kriterien*

Sucht man jenseits solcher Sonderfälle nach Indizien, welche Rechtsprechung und Literatur insoweit benennen, so lassen sich folgende Aspekte anführen:[25]

a) Räumliche Situation

In der Entscheidung des Bundesverfassungsgerichts zur akustischen Wohnraumüberwachung wird hervorgehoben, dass die räumliche Situation ein wichtiger Faktor für den Kernbereich privater Lebensgestaltung ist, so dass Gespräche in der Privatsphäre ein Indiz für die Kernbereichsrelevanz sind.[26] Dieser Gedanke lässt sich gewiss nicht eins zu eins auch auf die TKÜ für Gespräche, welche innerhalb der eigenen Wohnung geführt werden, übertragen,[27] betont doch auch das Bundesverfassungsgericht, dass der Bürger für seine persönliche Kommunikation nicht in gleicher Weise auf Telekommunikation angewiesen sei wie auf eine Wohnung.[28] Gleichwohl dürfte bei der Überwachung von Anschlüssen in der eigenen Wohnung ein größeres Vertrauen des Bürgers in die unüberwachte Kommunikation bestehen als etwa bei der Überwachung von Anschlüssen in Büroräumen oder gar öffentlichen Gebäuden. Hinzu kommt ein Weiteres: In der modernen, durch Mobilität und Internationalisierung geprägten Gesellschaft sind ohne weiteres Konstellationen vorstellbar, in denen der Bürger für die höchstpersönliche Kommunikation etwa mit seinem engeren Verwandtenkreis doch auf die Telekommunikation angewiesen ist, weil der Kommunikationspartner (mehr oder weniger) dauerhaft weit entfernt ist. Pointiert: Verbringt eine 19-jährige ihre Au-pair-Zeit in Neuseeland, ist sie bei Liebeskummer auf Telefonate oder Skype-Gespräche mit ihrer in Deutschland verbliebenen großen Schwester – und zwar gerade auf Grund der Entwurzelung aus ihrem übrigen Umfeld in Deutschland – für eine höchstpersönliche Kommunikation sogar stärker angewiesen, als sie es auf das heimische Wohnzimmer noch während ihrer Schulzeit war, während der sie sich mit der Schwester auch auf langen Waldspaziergängen austauschen konnte.

b) Anzahl der Kommunizierenden

Nach einer in der Literatur vertretenen Auffassung[29] ist auch die Anzahl der Kommunizierenden ein Faktor für die Beurteilung der Kernbereichsrelevanz. Vor

---

[25] Vgl. statt vieler nur *Graf* in BeckOK StPO, 28. Ed. August 2017, § 100d Rn. 5, 6; *Günther* in MüKoStPO, Bd. 1, 2014, § 100a Rn. 110; *Eschelbach* in SSW StPO, 3. Aufl. 2018, § 100d Rn. 4ff.; *Schmitt* in Meyer-Goßner/Schmitt, 60. Aufl. 2017, StPO § 100a Rn. 23; Auflistung möglicher Indikatoren auch bei *Gercke* GA 2015, 339 (343f.); vgl. ferner *Schulenberg* in v. Scheffczyk/Wolter, Linien der Rechtsprechung, 2017, 123 (127).

[26] BVerfGE 109, 279 (320) = NJW 2004, 999 (1000).

[27] Vgl. auch *Roggan* StV 2011, 762 (763).

[28] BVerfGE 113, 348 (391) = NJW 2005, 2603. Aus rechtsdogmatischer Perspektive daran zweifelnd aber *Schulenberg* in v. Scheffczyk/Wolter, Linien der Rechtsprechung, 2017, 123 (136), da die Menschenwürdefundierung des Kernbereichs privater Lebensgestaltung nicht von den jeweils betroffenen Freiheitsgrundrechten abhängig sei.

[29] Vgl. *Warntjen*, Heimliche Zwangsmaßnahmen und der Kernbereich privater Lebensgestaltung, 2007, 92; zustimmend *Gercke* GA 2015, 339 (344).

diesem Hintergrund wären – ohne dass dies allein selbstverständlich für eine Subsumtion unter den Kernbereich privater Lebensgestaltung genügen könnte! – klassische „2-Personen-Telefonate" schutzwürdiger als etwa der WhatsApp-Verkehr in einer Gruppe mit einer größeren Zahl von Teilnehmern. Dem ist im Grundsatz gewiss zuzustimmen, entspricht es doch der allgemeinen Lebenserfahrung, dass man für sich selbst als besonders vertrauenswürdig und intim empfundene Informationen regelmäßig nur einem kleineren Personenkreis und auch dies tendenziell eher in Vier-Augen- bzw. Vier-Ohren-Konstellationen anvertraut.

c) Vertrauensverhältnis der miteinander Kommunizierenden

Das BVerfG geht davon aus, dass bei „Personen des höchstpersönlichen Vertrauens"[30] der Kernbereich privater Lebensgestaltung leichter betroffen sein kann. Die §§ 52, 53 StPO haben hier allenfalls eine Indizwirkung; maßgeblich sind der konkrete Einzelfall und eine verfassungsrechtliche Sichtweise. Danach kommt Ehepartner und Familienangehörigen schon mit Blick auf Art. 6 GG eine besondere Bedeutung zu.[31] Freilich wird man auch hier nicht unabhängig vom Kommunikationsgegenstand bei jedem Gespräch ohne weiteres einen Kernbereichsbezug annehmen können. Geht es hier um den Schutz der Intimsphäre, wenn im Gespräch „das Innerste nach außen gekehrt" wird, so würde man deutlich über das Ziel hinausschießen, wenn man jedes mehr oder weniger banale Gespräch, nur weil es zwischen nahen Angehörigen geführt wird, dem *Kern*bereich privater Lebensgestaltung zuschlagen würde. Schon begrifflich muss dieser gegenüber der Privatheit, für die das Vertrauensverhältnis der Kommunizierenden ein gewichtiges Indiz ist, ein „mehr" sein. Aber ein automatischer Schluss von einem typischerweise engen Verhältnis auf Inhalte, die dem Kernbereich zugehören, ist nicht möglich (während man umgekehrt wohl sagen kann: Wenn jemand einem anderen Dinge erzählt, die thematisch der innersten Privatsphäre zuzuordnen sind, ist das ein gewichtiges Indiz dafür, dass zu dieser Person ein enges Vertrauensverhältnis empfunden wird, selbst wenn diese außerhalb eines formalen Näheverhältnisses steht).

d) Thematik der Kommunikation

Während die ersten drei genannten Kriterien letztlich nur – aber immerhin – eine Indizwirkung für eine größere oder geringere Schutzwürdigkeit haben, wohl aber selten allein zu einer Kernbereichsrelevanz führen können, ist das entscheidende Kriterium die Thematik des Gesprächs. Für die akustische Wohnraumüberwachung führt das BVerfG die hierzu aus:[32]

„Zur Entfaltung der Persönlichkeit im Kernbereich privater Lebensgestaltung gehört die Möglichkeit, innere Vorgänge wie Empfindungen und Gefühle sowie Überlegungen, Ansich-

---

[30] BVerfGE 109, 279 (322).

[31] So BVerfG 109, 279 (323). Vgl. auch zur Bedeutung des Verhältnisses der kommunizierenden Personen untereinander *Schmitt* in Meyer-Goßner/Schmitt, 60. Aufl. 2017, StPO § 100a Rn. 24a; *Wolters/Greco* in SK-StPO, Bd. II, 5. Aufl. 2016, § 100a Rn. 55; *Graf* in BeckOK StPO 28. Ed. August 2017, § 100d Rn. 6; *Eschelbach* in SSW StPO, 3. Aufl. 2018, § 100d Rn. 5.

[32] Vgl. BVerfGE 109, 279 (318f.) = NJW 2004, 999.

ten und Erlebnisse höchstpersönlicher Art zum Ausdruck zu bringen, und zwar ohne Angst, dass staatliche Stellen dies überwachen. Vom Schutz umfasst sind auch Gefühlsäußerungen, Äußerungen des unbewussten Erlebens sowie Ausdrucksformen der Sexualität.“

Inhaltlich geht es somit um Themen, bei denen eine Person „gleichsam ‚ihr Innerstes nach außen kehrt‘“[33] oder ihre „innersten Gefühle“ äußert.[34] Es ist also darauf abzustellen, in welchem Maße Themen wie das Gefühlsleben, Sexualität und Partnerschaft, Krankheiten etc. betroffen sind, wobei man faustformelartig darauf abstellen sollte, ob es sich jeweils um Umstände handelt, die typischerweise auch einem größeren, nicht vertrauten Personenkreis anvertraut werden würden oder aber um solche Themen und Aspekte, welche üblicherweise sehr exklusiv mit einem Kreis enger Vertrauter besprochen werden.[35] Soweit dabei auch die untersuchte Straftat eine Rolle spielt, gilt insoweit: Auch wenn solche Gespräche nicht mehr regelmäßig aus dem Kernbereich privater Lebensgestaltung herausfallen müssen (vgl. o.), wird der Kernbereich umso eher betroffen sein, desto weniger etwaige Straftaten bzw. die den Gegenstand des Verfahrens bildenden Vorwürfe besprochen werden – und umgekehrt.

IV. Die Anwendung der Parameter in der Praxis

1. Ein fiktives Beispiel

Wendet man diese Kriterien – die gegenüber den Schlagworten, die sich dazu in der Kommentarliteratur finden, gerade in der Forderung nach ihrer nur kumulativen Berücksichtigung[36] sogar eher noch ein restriktives Bild vom Kernbereich privater Lebensgestaltung umreißen – auf konkrete Ermittlungssituationen an, so wird deutlich, dass dieser Kernbereich gerade bei TKÜen schnell berührt sein wird. Stellen wir uns folgendes fiktives Beispiel vor:

---

[33] *Günther* in MüKoStPO, Bd. 1, 2014, § 100a Rn. 110.

[34] *Graf* in BeckOK StPO, 28. Ed. August 2017, § 100d Rn. 7. Zu Einzelbeispielen aus der Rechtsprechung vergleiche auch die Nachweise bei *Gercke* GA 2015, 339 (344).

[35] Das wirft natürlich die Frage auf, wie mit Fällen zu verfahren ist, in denen das „Offenbarungsverhalten“ einer Person atypisch freizügig oder aber atypisch verschlossen ist. Überzeichnet: Ist derjenige stärker geschützt, der auch über das Wetter nur mit einem Ehegatten und einem engen Freund spricht? Oder ist umgekehrt derjenige weniger schutzwürdig, der auch Details aus seinem Intimleben ganz schmerzfrei auf Facebook postet? Richtigerweise wird man beide Fragen verneinen müssen: Denn ebenso wenig, wie es der von der Maßnahme Betroffene in der Hand haben kann, durch übertriebene Diskretion im privaten Umgang der Bereich der durch die Strafverfolgungsbehörden rechtmäßigerweise erfassbaren Inhalte zu beschneiden, dürfen umgekehrt die Strafverfolgungsbehörden hinsichtlich der ihnen durch den Gesetzgeber gesetzten Grenzen davon profitieren, wenn der Betroffene sich in hohem Maße „schamfrei“ zeigt. Wenn Letzterer diese Informationen großzügig veröffentlicht, ist es für die Verfolgungsbehörden nicht schwer, auch ohne eingriffsintensive Ermittlungsmaßnahmen an sie zu kommen (sollte daran überhaupt irgendein Interesse bestehen).

[36] Also: Kein alleiniges Abstellen auf eine geringe Anzahl von Kommunikationsteilnehmern; kein alleiniges Abstellen auf den häuslichen Anschluss etc., sondern insbesondere auch Blick auf den Gesprächsinhalt.

Die pensionierte Sportlehrerin S steht im Verdacht, sich wegen besonders schwerer Fälle des Sportwettbetrugs nach §§ 265c, 265e StGB strafbar gemacht zu haben. Daraufhin wird die Überwachung ihres heimischen Telefonanschlusses nach § 100a Abs. 1 S. 1, Abs. 2 Nr. 1p StPO angeordnet. Außer durch die S selbst wird dieser Anschluss insbesondere auch durch ihren Mann M genutzt. Es kommt dabei u. a. zu folgenden Telefonaten:

a) zu einem Gespräch zwischen S und ihrem 200 km entfernt lebenden Bruder B, in dem sie zwar nicht über tatrelevante Umstände, aber über ihr bekannte Ermittlungen der Polizei gegen sie berichtet und dabei betont, dass sie sich selbstverständlich nichts zu Schulden hat kommen lassen, dass aber allein die Ermittlungen ihr Nervenkostüm stark beanspruchen.

b) zu einem Gespräch zwischen S und ihrer alten, am Ort wohnenden Freundin F, in welcher F davon berichtet, dass sich ihr langjähriger Lebensgefährte L von ihr trennen möchte, weil er sich „körperlich nicht mehr von ihr begehrt" fühle.

c) zu einem Gespräch zwischen S und ihrer 90-jährigen Mutter O, die in einem 50 km entfernten Pflegeheim lebt und sich immer sehr über die Anrufe ihrer Tochter freut, auch wenn die Themen sich stets auf das Mittagessen im Heim und das nachmittägliche Fernsehprogramm beschränken.

d) zu einem Gespräch zwischen M und dem mit S gemeinsamen Sohn J, welcher als Lehrer an einer deutschen Schule in Griechenland arbeitet und von einer bevorstehenden Operation wegen eines Prostata-Karzinoms berichtet und sich Sorgen um etwaige Folgen der Operation macht.

e) zu einem Gespräch zwischen M und der mit S gemeinsamen Tochter T, welche mit einem australischen Schafzüchter verheiratet ist und von ihren massiven Beziehungsproblemen und ihrem daraus resultierenden übermäßigen Alkoholkonsum berichtet.

f) zu einem Gespräch zwischen M und seinem im gleichen Ort lebenden Bruder N, bei dem das Frühstadium einer schweren cerebralen Erkrankung festgestellt wurde; N berichtet, dass er ernsthaft erwägt, im Ausland professionelle Suizidbeihilfe in Anspruch zu nehmen „so lange er noch Herr seiner selbst ist".

2. *Situative Einordnung der Einzelgespräche im Überblick*

Die hier erdachten Fallkonstellationen dürften bei der Überwachung eines privaten Telefonanschlusses (gerade auch von älteren Menschen) insgesamt nicht untypisch sein. Ein erster Abgleich mit den oben unter III. 2. a–c genannten Parametern ergibt dabei zunächst Folgendes:

- Hinsichtlich der räumlichen Situation ist der häusliche Anschluss und damit derjenige Telefonanschluss betroffen, der am stärksten „kernbereichsaffin" ist.
- Die Gespräche betreffen im Wesentlichen den Kontakt zwischen Familienangehörigen (Eltern/Kinder/Geschwister), welcher ebenfalls einen besonderen Kernbereichsbezug hat; ein Fall (Fall b) betrifft immerhin eine alte Freundin, zu der überdies ein so enges Verhältnis besteht, dass diese Details aus der Begründung ihres Lebensgefährten vorträgt, weshalb er sich von ihr trennen will.
- Dabei geht es in allen Fällen um einen kleinen Kreis an Kommunizierenden in typischen Zwei-Personen-Telefonaten.
- Teilweise (Fälle a, d und e; vielleicht auch Fall c?) werden diese Telefonate mit Personen geführt, welche vom überwachten Anschluss mehr oder weniger weit entfernt leben, so dass eine vertraute Kommunikation mit ihnen gerade nur über das Mittel der Telekommunikation möglich ist.

3. *Bewertung im Einzelnen*

Bei einer genaueren Betrachtung der einzelnen Konstellationen wird Folgendes deutlich:

a) Die drei Parameter „räumliche Situation“, „Anzahl der Kommunizierenden“ sowie „Vertrauensverhältnis der miteinander Kommunizierenden“ liefern für sich genommen und selbst in Kumulation nur (mehr oder weniger wichtige) Indizien, führen aber allein noch nicht zur Betroffenheit des Kernbereichs der privaten Lebensgestaltung: Selbst in einer überschaubaren und äußerlich schützenswerten Kommunikationssituation zwischen sehr vertrauten Personen würde es dem Wortlaut des Gesetzes, aber auch der verfassungsrechtlichen Schutzrichtung der Regelung widersprechen, „Alltagsbanalitäten“ zu einem Kernbereich hochzustilisieren.

So handelt es sich in Fall c) zwar um ein Zwei-Personen-Gespräch mit der Mutter als einer engen Bezugsperson, wobei die Situation (sehr alte Mutter in 50 km entferntem Pflegeheim) auch so beschaffen ist, dass für einen regelmäßigen Austausch zwischen S und O die Verwendung der Telekommunikation unabdingbar ist. Dennoch wird man das Mittagessen im Heim und das nachmittägliche Fernsehprogramm nicht zum Kernbereich der privaten Lebensführung zählen können, zumal es sich auch um Themen handelt, welche insoweit einen Sozialbezug haben, als die Heimatmahlzeiten einen größeren Kreis von Heimbewohnern und der Inhalt des nachmittäglichen Fernsehprogramms sogar Millionen von Fernsehzuschauern „angehen“.

b) Umgekehrt kann das Fehlen eines oder auch mehrerer dieser Parameter nicht dazu führen, dass die Betroffenheit des Kernbereichs privater Lebensgestaltung von vornherein ausgeschlossen wäre. Dies wird in Beispiel b) deutlich, in dem es sich zwar immerhin, aber auch nur um eine alte Freundin handelt, welche noch dazu vor Ort wohnt und daher auch anders als über die Nutzung der Telekommunikation erreichbar wäre. Gleichwohl besteht hier offenkundig ein sehr enges Vertrauensverhältnis zwischen S und F, die relativ intime Details aus ihrem Privatleben berichtet. Ob dabei nun der Umstand, dass sich F's Lebensgefährte L von ihr „körperlich nicht mehr begehrt“ fühlt, so tief in der Privatsphäre liegt, dass hier der Kernbereichsschutz bereits betroffen ist, mag man unterschiedlich beurteilen. Eine Aussage dieser Art dürfte – zumal es sich hier um ein Phänomen handeln dürfte, das in nicht wenigen Fällen für die Trennung von Paaren verantwortlich ist – noch nicht diesen ganz besonderen Schutz fordern. Gleichwohl ist natürlich zu sehen, dass es sich um eine Information handelt, welche die L in dieser Form möglicherweise wirklich nur engen Vertrauten in dieser Offenheit berichtet. Würden die Gespräche insoweit noch weitere Details (etwa auch zu konkreten Äußerungen des L und zu dadurch bei F ausgelösten Gefühlen) enthalten, könnte man auch anders entscheiden.

c) Dies macht zugleich deutlich: Ein entscheidender Aspekt bleibt die Thematik des Gesprächs, zumal aus dieser letztlich teilweise auch Rückschlüsse auf die Intensität des Vertrauensverhältnisses zwischen den Kommunizierenden möglich ist. Sollen aber die nicht nur in der Literatur benannten, sondern teilweise (wenngleich auch nur schlagwortartig) auch verfassungsgerichtlich fundierten weiteren Parameter eine Rolle spielen, muss man davon ausgehen, dass die Anforderungen an den kernbereichsrelevanten Inhalt in dem Maße (zumindest moderat) herabzuschrauben sind, in dem aufgrund der Kommunikationssituation (überwachter Anschluss, Teilnehmerzahl und Vertrauensverhältnis zwischen den Kommunizierenden) eine Kernbereichsbetroffenheit indiziert bzw. zumindest nahe gelegt wird.

Dies ist in den Beispielen a), d) und e) hinsichtlich aller Parameter der Fall; in Beispiel f) lebt der N zwar am gleichen Ort wie M, gehört aber als M's Bruder zu einem so engen Kreis von Vertrauten, dass auch hier eine besonders kritische Prüfung der Inhalte auf ihre Kernbereichsrelevanz vorzunehmen ist. Diese Prüfung führt für unsere Beispiele zu folgenden Ergebnissen:

– In Fall a) spricht zwar nicht etwa indiziell[37] gegen die Annahme eines Kernbereichsschutzes, dass es auch um die der S gemachten strafrechtlichen Vorwürfe geht; denn Gegenstand des Gesprächs sind nicht die Taten, sondern die Ermittlungen und die damit verbundene nervliche Beanspruchung. Der Bericht über eine persönliche Stresssituation dürfte dabei als solcher aber thematisch noch nicht genügen, um den Kernbereich privater Lebensgestaltung zu erfassen. Anderes würde freilich schon gelten, wenn S (nicht nur als Redensart, sondern ernsthaft) davon berichtet, dass sie etwa einen Nervenzusammenbruch oder ähnliches als schwere psychische Erkrankung erlitten hat. Zumindest erwägenswert könnte auf den ersten Blick sein, den Kernbereich auch deswegen als betroffen anzusehen, weil der Bericht über gegen den Sprecher gerichtete strafrechtliche Ermittlungen regelmäßig auch nur einem sehr kleinen Personenkreis zugänglich gemacht werden dürfte (wenn die Ermittlungen nicht etwa schon Gegenstand der Presseberichterstattung oder ähnliches sind); diese besondere „peinliche Berührung" durch einen gegen den Sprecher erhobenen strafrechtlichen Vorwurf ist indes möglicherweise gerade der Situation strafprozessualer Ermittlungen so weit immanent, dass es nach der ratio des strafprozessualen Kernbereichsschutzes nicht angemessen erscheint, diesen hier zu berücksichtigen.
– In Fall d) handelt es sich um eine schwere Erkrankung des J und um seine Angst vor den Folgen einer Operation. Unabhängig davon, ob dies „rational" erscheint, dürfte auch die von der Erkrankung betroffene Prostata noch immer zu den Körperregionen zählen, die stärker tabuisiert werden als andere, so dass dies ein weiteres Argument für die Annahme einer Kernbereichsrelevanz ist.
– Im Beispiel e) geht es mit den massiven Beziehungsproblemen ebenso wie mit der Alkoholerkrankung der T um sehr private Probleme, welche die Gefühlswelt der T im Zweifelsfall massiv beeinflussen, andererseits in ihrer ganzen Tragweite gerade vor einem von engen Vertrauten berichtet werden, so dass auch hier der Kernbereich privater Lebensgestaltung betroffen ist.
– Auch in Fall f) geht es zum einen um eine schwere Erkrankung; die ernsthaften Erwägungen eines Suizids betreffen darüber hinaus den im wahrsten Wortsinne existenziellen Bereich der Lebensführung, welcher bei vielen Personen (durch

[37] Dazu, dass ein Tatbezug den Kernbereichsschutz jedenfalls nicht grundsätzlich ausschließen kann, vgl. bereits oben.

die Einführung von § 217 StGB möglicherweise unterstützt) tabuisiert wird, so dass auch hier der Kernbereich privater Lebensgestaltung betroffen ist.

Zusammenfassend lässt sich also feststellen, dass aus den sechs zwar fiktiv gebildeten, für sich genommen aber jeweils nicht völlig untypischen Fallbeispielen drei relativ klar und zwei weitere zumindest vertretbarer Weise zum Kernbereich privater Lebensgestaltung zählen.

4. *Zwischenergebnis: Potentiell umfangreiche Löschungsverpflichtungen*

Führt man sich das vor Augen, so lässt sich ermessen, dass jedenfalls bei der Überwachung von privaten Telefonanschlüssen (bei denen aufgrund der räumlichen Situation, des bei Telefonaten regelmäßig engen Kreis von Kommunizierenden und der bei privaten Anschlüssen wohl nicht selten teilnehmenden engen Vertrauenspersonen eine besonders kritische Prüfung der Inhalte angezeigt ist) regelmäßig ein mehr oder weniger großer Teil von Gesprächen – ganz oder teilweise – dem Kernbereich privater Lebensführung zuzurechnen ist. Zwar wird dieser Anteil nicht groß genug sein, um zu einer Unzulässigkeit der Anordnung nach § 100d Abs. 1 StPO zu gelangen. Allerdings dürfte jedenfalls in vielen Fällen ein vergleichsweise hoher Anteil an Gesprächen vorliegen, der – jedenfalls bei einer automatisierten und damit nicht selektiven Aufzeichnung – nachträglich „unverzüglich zu löschen" ist, vergleiche § 100d Abs. 2 S. 2 StPO.

Ob dies in der Praxis immer so durchgeführt wird, lässt sich für den Verfasser als außenstehenden Betrachter aus dem Elfenbeinturm nicht mit Verlässlichkeit sagen; auffällig ist aber doch, dass in der veröffentlichten Rechtsprechung und Literatur die unverzügliche Löschung kernbereichsrelevanter Daten relativ stiefmütterlich behandelt wird. Ob dies daran liegt, dass regelmäßig ohne jeden Anlass für einen rechtlichen Konflikt dem Gesetz genüge getan wird,[38] oder aber daran, dass der unverzüglichen Löschung kernbereichsrelevanter Taten zumindest regelmäßig aufgrund der durch § 101 Abs. 8 StPO ohnehin angeordneten Löschungsverpflichtung nach Abschluss des Verfahrens keine besondere Aufmerksamkeit geschenkt wird (und über derartige Aufzeichnungen auch mit Blick auf den Verfahrensausgang mangels Tat-und Schuldbezuges niemals gestritten wird), ist für den Verfasser nicht zu entscheiden.

5. *Stimmigkeit des Ergebnisses im Vergleich zu anderen Ermittlungsmaßnahmen?*

Auf den ersten Blick mag man – und zwar unabhängig davon, wie ernst der gesetzliche Normbefehl hier von den Strafverfolgungsbehörden tatsächlich genommen wird – die Frage stellen, ob so weitreichende Löschungsverpflichtungen in Fällen der TKÜ auch angemessen und praktikabel erscheinen. Freilich ist hier zu berücksichtigen, dass es sich nicht nur um verfassungsgerichtlich erhobene Forderungen handelt, welche der Gesetzgeber nur umgesetzt hat, sondern dass die Ver-

[38] Vereinzelt werden hierzu in der Presse freilich Ausnahmen berichtet, vgl. etwa http://www.regensburg-digital.de/justizministerium-raeumt-fehler-bei-telefonueberwachung-in-der-korruptionsaffaere-ein/16112017/ (zuletzt abgerufen am 18.5.2018).

pflichtung letztlich auch das Spiegelbild der weit reichenden Beweismittelerhebung durch TKÜen (insbesondere, wenn diese automatisiert durchgeführt werden) sind: Werden etwa bei einer Durchsuchung in großer Menge Daten bzw. Dokumente vorläufig sichergestellt, so erfolgt die Beschlagnahme und damit die endgültige Widmung als Beweismittel nach der gesetzlichen Systematik erst nach einer Durchsicht der Unterlagen durch die Staatsanwaltschaft gemäß § 110 StPO. Bis zu diesem Zeitpunkt handelt es sich gleichsam nur um eine vorläufige Maßnahme, und Gegenstände, welche als Beweismittel ausscheiden, sind grundsätzlich auch wieder freizugeben.

Dem entspricht es dann auch, wenn von den zahlreichen gesammelten Daten einer TKÜ gegebenenfalls ein großer Teil durch Löschung wieder „freigegeben" werden muss. Dabei ist § 100d Abs. 2 StPO insoweit sogar noch vergleichsweise „großzügig", weil er nicht schon vor Abschluss des Verfahrens eine umfangreiche Löschung aller Aufzeichnungen verlangt, welche nicht verfahrensrelevant sind, sondern nur derjenigen, welche den Kernbereich privater Lebensgestaltung betreffen. Im Vergleich zu einer offenen Durchsuchung und Beschlagnahme besteht bei der TKÜ aufgrund der Heimlichkeit wohl eine größere Eingriffsintensität, andererseits aber mangels Verkörperung und wegen des daher regelmäßig geringeren Sozialbezugs eine größere Kernbereichsaffinität. Dann ist es aber durchaus stimmig und nicht ungewöhnlich, falls im Einzelfall bei einem Zugriff auf einen potentiell stark privatsphärenrelevanten Anschluss dann auch umfangreiche Löschverpflichtungen ausgelöst werden.

V. Fazit

Der Kernbereichsschutz bei der TKÜ ist insbesondere gegenüber der akustischen Wohnraumüberwachung sowohl hinsichtlich der gesetzlichen Detailausgestaltung in § 100d StPO als auch hinsichtlich der typischen Phänomenologie zwar etwas reduziert. Insbesondere bei der klassischen Überwachung eines privaten Festnetzanschlusses in einer Privatwohnung unterscheiden sich die situativen Rahmenbedingungen des Kernbereichsschutzes nicht allzu stark. Insbesondere sind auch viele Konstellationen denkbar, in denen – sei es auf Grund großer geographischer Entfernungen, sei es auf Grund von alters- oder krankheitsbedingt eingeschränkter Mobilität die Bedeutung der Telekommunikation für einen Austausch über Themen des innersten Privatbereichs nicht geringer sein muss als derjenige der geschützten Wohnung.

Nimmt man das ernst, findet man bei klassischen Zwei-Personen-Telefonaten insbesondere zwischen nahen Angehörigen eine Situation vor, in der es zwar immer noch entscheidend auf den Inhalt der Kommunikation ankommt, in welcher diesbezüglich aber ein ähnlich kritischer Maßstab zu Grunde zu legen ist wie bei der Wohnraumüberwachung. Wird dabei dann über vertrauliche Themen – neben den in der Überschrift genannten Topoi Krankheit, Sexualität und Tod etwas auch Beziehungskrisen, Sorge um nahe Angehörige oder erste Anzeichen eines schleichenden burn out – in einer Art gesprochen, wie sie üblicherweise nur einem engen Kreis von Vertrauen erfolgt, ist damit der Kernbereich privater Lebensgestaltung betroffen. Die Folge können für die Praxis häufig umfangreiche Löschungsverpflichtungen sein, selbst falls diese mangels Ergebnisrelevanz für das Verfahren nur vergleichsweise selten thematisiert werden.

Entfaltung der Persönlichkeit bedeutet – um noch einmal das BVerfG zu zitieren –, „innere Vorgänge wie Empfindungen und Gefühle sowie Überlegungen, Ansichten und Erlebnisse höchstpersönlicher Art zum Ausdruck zu bringen, und zwar ohne Angst, dass staatliche Stellen dies überwachen."[39] Voraussetzung dafür ist, dass man überhaupt innere Empfindungen verspürt, eigene Ansichten hat und berichtenswerte Erfahrungen höchstpersönlicher Art gemacht hat. An all dem kann bei Thomas Fischer – nicht nur, aber auch in seiner Laufbahn in der Justiz – kein Zweifel sein. Genau das macht ihn, neben seinem Scharfsinn, zu dem interessanten, kurzweiligen und manchmal auch lehrreichen Gesprächspartner, der er ist.

[39] Vgl. BVerfGE 109, 279 (318f.) = NJW 2004, 999.

KLAUS LEIPOLD

Vorlagen und Nicht-Vorlagen der Strafsenate des Bundesgerichtshofs – vom horror pleni zum horror luxemburgi?

I. Einleitung

Reflektiert man die Tätigkeit von *Thomas Fischer* als Vorsitzender des 2. Strafsenats des Bundesgerichtshofs, gelangt man recht schnell zu einem Themengebiet, das die Grundlage dieses Beitrags bildet: Die Zuschreibung an den Spruchkörper, dem *Thomas Fischer* zuletzt vorsaß, als sogenannter „Rebellensenat".[1] In die Zeit seiner Tätigkeit als Senatsvorsitzender fiel eine Vielzahl von Anfrageverfahren und Vorlagen nach § 132 GVG durch seinen Senat und die übrigen vier Strafsenate des Bundesgerichtshofs. Deutlich überschaubarer war die Zahl der Vorlagen an den Europäischen Gerichtshof (EuGH), was angesichts der Bedeutung des Unionsrechts für das nationale Strafrecht auf den ersten Blick überrascht.

Den Fragen, mit denen sich ein Senat eines obersten Gerichtshofs des Bundes bei der Entscheidung über eine Vorlage an einen anderen Spruchkörper oder ein anderes Gericht konfrontiert sieht, widmet sich dieser Beitrag. Zunächst wird die Vorlagepraxis an den Großen Strafsenat untersucht (II.), dann die erfolgten und unterlassenen Vorlagen der BGH-Strafsenate an den EuGH (III.). Die grundrechtliche Dimension der Vorlagepflicht ist ein weiteres Thema (IV.). Der Beitrag schließt mit dem Versuch, die Beweggründe für und gegen eine Vorlage an andere Spruchkörper oder Gerichte aufzuzeigen (V.).

II. Die Vorlagepraxis an den Großen Strafsenat

Alle deutschen Verfahrensordnungen kennen zur Sicherung der Einheitlichkeit der Rechtsprechung die Verpflichtung der Senate der obersten Gerichtshöfe des Bundes, im Falle von Divergenzen oder Fragen von grundsätzlicher Bedeutung den jeweils gebildeten Großen Senat anzurufen. Für den Bereich der ordentlichen

[1] Wer diesen Begriff zuerst verwendete, ließ sich mit den dem Autor zur Verfügung stehenden Mitteln nicht mehr aufklären; in Druckschriften findet er sich einer Recherche in den einschlägigen Datenbanken zufolge nicht, so dass er wohl aus dem Internet (im Blog des Kollegen *Burhoff* ist er beispielsweise schon früh mehrfach dokumentiert) stammt; er wird vielfach in Zusammenhang gebracht mit den Entscheidungen des 2. Senats „in eigener Sache", sprich denjenigen über die vorschriftsmäßige Besetzung zu Zeiten des Konkurrentenstreits um den Senatsvorsitz (kurze Zusammenfassung bei *Fischer* FS Schlothauer, 2018, 469 (477 f.); ausführlich *Schünemann* ZIS 2012, 1 ff.), gelegentlich aber auch mit Bezug zu den Vorlagen nach § 132 GVG.

Gerichtsbarkeit ist dieses Verfahren in § 132 GVG geregelt.[2] Für Divergenzen zwischen den Zivil- und Strafsenaten sind nach § 132 Abs. 2 GVG die Vereinigten Großen Senate zuständig, zwischen verschiedenen obersten Gerichtshöfen des Bundes nach Art. 95 Abs. 3 GG der Gemeinsame Senat der obersten Gerichtshöfe des Bundes. Das Zusammentreten der zuletzt genannten Einrichtungen ist dabei, anders als das der jeweiligen Großen Senate, eine seltene Ausnahme geblieben.[3]

1. Das Verfahren nach § 132 GVG und die BGH-Strafsenate

Nach § 132 Abs. 2 GVG sind die Senate des BGH verpflichtet, den jeweiligen Großen Senat anzurufen, wenn sie von der Entscheidung eines anderen Senats hinsichtlich einer Rechtsfrage abweichen wollen, nachdem der andere Senat erklärt hat, an seiner Rechtsauffassung festhalten zu wollen (§ 132 Abs. 3 S. 1 GVG). Zur Fortbildung des Rechts oder der Sicherung einer einheitlichen Rechtsprechung kann der Senat eine Frage von grundsätzlicher Bedeutung dem Großen Senat vorlegen (§ 132 Abs. 4 GVG).[4] Seit Bestehen des Großen Strafsenats ergingen 55 Entscheidungen, was im Hinblick auf die Gesamtzahl der zu erledigenden Revisionsverfahren eine zu vernachlässigende Größe darstellt.[5]

Für die zahlenmäßig geringe Bedeutung des Verfahrens nach § 132 GVG werden verschiedene Ursachen diskutiert. *Thomas Fischer* ist der Auffassung, dass verschiedene Hemmnisse bestehen, die allesamt eher zwischenmenschlicher Natur sind und mit den besonderen Bedingungen, unter denen Entscheidungen des Großen Senats zustande kommen, zu tun haben.[6] Ebenfalls in eine persönliche Richtung geht die Vermutung, gerade höchste Richter würden ihre Ansichten nicht gerne korrigiert sehen.[7]

Andere denkbare Erklärungsansätze wären beispielsweise die mit einem solchen Verfahren verbundene Arbeitsbelastung, oder die – angesichts einer Vielzahl von möglicherweise entgegenstehenden Vorentscheidungen und Literaturansichten nachvollziehbare – Befürchtung, mit dem Ansinnen keinen Erfolg zu haben; immerhin gibt es im deutschen Straf- und Strafprozessrecht kaum eine Frage, die nicht bereits Gegenstand zahlreicher Entscheidungen und einer ausführlichen Behandlung durch die Wissenschaft war, so dass der Spielraum für Innovationen in Anbetracht dieser Durchdringung denkbar klein ist.

Empirische Untersuchungen gibt es nicht, deshalb bewegen wir uns bei der „Ursachenforschung“ im Spekulativen.

---

[2] Vgl. § 45 ArbGG, § 11 FGO, § 41 SGG und § 11 VwGO.

[3] Eine Entscheidung der Vereinigten Großen Senate wird unten kurz dargestellt; der Gemeinsame Senat der obersten Gerichtshöfe des Bundes entschied zuletzt im Jahr 2012 über die Preisbindung für Versandhandelsapotheken (GmS-OGB NJW 2013, 1425); vgl. zuvor etwa GmS-OGB NJW 2000, 2340 zur formwirksamen Übermittlung von fristwahrenden Schriftsätzen per Fax.

[4] Ausführlich zu allen Konstellationen *Rissing-van Saan* FS Widmaier, 2008, 505 ff.

[5] Die Zahl ergibt sich aus der Zählung des Jubilars in *Fischer* StraFo 2014, 309 (53 Entscheidungen bis BGHSt Band 57) und einer eigenen Zählung des Autors, der zufolge bis BGHSt Band 61 zwei weitere Entscheidungen hinzugekommen sind.

[6] *Fischer* StraFo 2014, 309 (312 ff.).

[7] *Leisner* NJW 1989, 2246 (2448).

2. *Vorlagen des 2. Strafsenats und Entscheidungen des Großen Senats*

Von besonderem Interesse für diesen Beitrag ist naturgemäß die Situation im 2. Strafsenat unter *Thomas Fischer.* Besonderes Augenmerk soll daher auf den Verfahren nach § 132 GVG liegen, die in die Amtszeit des Jubilars als Vorsitzenden fallen. Zwei Entscheidungen des 2. Senats, denen jeweils einzigartige Konstellationen zugrunde liegen, werden anschließend vertieft betrachtet.

a) Verfahren in der Zeit des Senatsvorsitzenden Fischer

In die knapp vier Jahre andauernde Tätigkeit des Jubilars als Vorsitzender des 2. Strafsenats fallen – soweit ersichtlich – sechs Anfrageverfahren des Senats und daraus resultierend zwei Entscheidungen des Großen Strafsenats[8] und eine Entscheidung der Vereinigten Großen Senate.[9] Von den übrigen Vorlagen wurde eine zurückgenommen,[10] in einem Fall schloss sich der 2. Senat der Rechtsauffassung des angefragten 1. Senats an[11] und in einem weiteren Fall gaben die anderen Strafsenate ihre entgegenstehende Rechtsauffassung auf.[12]

Besondere Erwähnung verdienen darunter die Vorlagen zur Erforderlichkeit einer qualifizierten Belehrung[13] und zur Verfassungsmäßigkeit der ungleichartigen Wahlfeststellung.[14]

Die in der Literatur vielfach angegriffene[15] Ausnahme von § 252 StPO, wonach eine ermittlungsrichterliche Aussage eines zeugnisverweigerungsberechtigten Zeugen, der in der Hauptverhandlung von diesem Recht Gebrauch macht, verwertet werden kann, wollte der 2. Strafsenat abmildern, indem er eine dahingehende qualifizierte Belehrungspflicht anstrebte. Nachdem auf seinen Anfragebeschluss hin die anderen Strafsenate an ihrer Rechtsauffassung festhielten,[16] legte der Senat die Frage, ob eine solche qualifizierte Belehrung des Zeugen Voraussetzung für die anschließende Verwertung seiner Aussage ist, dem Großen Senat vor. Die Literatur

---

[8] Zu diesen Entscheidungen sogleich.

[9] Zur Berücksichtigung der wirtschaftlichen Verhältnisse von Schädiger und Geschädigtem bei der Bemessung einer billigen Entschädigung in Geld, vgl. BGH (VGS) NZV 2017, 179.

[10] Es ging um die Frage, ob verbotene Betäubungsmittel Tatobjekt von Vermögensdelikten sein können; dazu sogleich unter b).

[11] BGHSt 61, 290 = NJW 2017, 1043; zu den Erwägungen des 1. Senats BGH Beschl. v. 16.12.2015 – 1 ARs 10/15, BeckRS 2016, 05665.

[12] BGH NStZ 2017, 216 zur vom Senat verneinten Frage, ob die strafschärfende Berücksichtigung des Vorliegens von Tötungsabsicht bei vorsätzlichen Tötungsdelikten gegen § 46 Abs. 3 StGB verstößt; die im Laufe des Jahres 2017 ergangenen Antwortbeschlüsse tragen die Aktenzeichen BGH Beschl. v. 27.7.2017 – 1 ARs 20/16, BeckRS 2017, 120581, BGH Beschl. v. 7.3.2017 – 3 ARs 21/16, NStZ-RR 2017, 237, BGH Beschl. v. 7.6.2017 – 4 ARs 22/16, NStZ-RR 2017, 238 und BGH Beschl. v. 23.2.2017 – 5 ARs 57/16, BeckRS 2017, 103697.

[13] BGH NStZ 2014, 596 (Anfragebeschluss).

[14] BGH NStZ 2014, 392 (Anfragebeschluss)

[15] Nachweise zur Kritik bei *Sander/Cirener* in Löwe/Rosenberg, 26. Aufl. 2009, StPO § 252 Rn. 10 u. *Velten* in SK-StPO, 5. Aufl. 2015, § 252 Rn. 4.

[16] BGH NStZ-RR 2015, 48; BGH NStZ-RR 2015, 118; BGH Beck-RS 2015, 02348; BGH Beck-RS 2015, 02351.

neigte wohl überwiegend der Auffassung des vorlegenden Senats zu;[17] trotz allem konnte sich der Große Strafsenat – auch nachdem der 2. Senat seine Vorlage noch einmal nachgebessert hatte – zu einer Rechtsprechungsänderung nicht durchringen.[18]

Die besseren Argumente sprechen für die Sichtweise des vorlegenden Senats; die bisherige Handhabung von § 252 StPO, die nunmehr für einige Zeit festgezurrt sein dürfte, begegnet erheblichen rechtsstaatlichen Bedenken. Offenbar gewichtet der Große Senat jedoch das Interesse an der Wahrheitsermittlung und letztlich der Funktionstüchtigkeit der Strafrechtspflege – die Aspekte, die bei der Diskussion um Beweisverwertungsverbote regelmäßig die Sichtweise der Rechtsprechung prägen – erheblich höher als die entgegenstehenden Belange der Zeugen, die mangels einer qualifizierten Belehrung über alle für ihre Entscheidung relevanten Umstände letztlich nicht völlig frei über das Aussageverhalten entscheiden können. Der Ausgleich, den der 2. Strafsenat in dieser Konstellation anstrebte, ist leider ausgeblieben.

Auch über die Verfassungsmäßigkeit der ungleichartigen Wahlfeststellung entschied der Große Strafsenat und schloss sich – angesichts der bisherigen Rechtsprechung und des gefühlten Bedarfs an diesem Rechtsinstitut wenig überraschend – der Auffassung des vorlegenden Senats nicht an. Das Revisionsverfahren, dem eine Verurteilung wegen Taten im Zeitraum 2007 bis 2009 zugrunde liegt, setzte der Senat aufgrund der Anfrage bei den anderen Strafsenaten, ob sie an ihrer Rechtsprechung festhalten, im Januar 2014 aus. Er hielt die ungleichartige Wahlfeststellung – hier klassisch zwischen Diebstahl und Hehlerei – wegen eines Verstoßes gegen Art. 103 Abs. 2 GG insbesondere in seiner Ausprägung als Analogieverbot und mit Bezug auf die Strafdrohung als Bestimmtheitsgrundsatz für verfassungswidrig. In der Literatur wurde auch diese Frage aufgrund dieses Anstoßes (erneut) kontrovers diskutiert.[19] Die anderen Senate hielten an ihrer Auffassung fest,[20] weswegen der 2. Senat am 11.3.2015 dem Großen Strafsenat die Frage vorlegte, ob die Rechtsfigur der gesetzesalternativen Verurteilung mit Art. 103 Abs. 2 GG vereinbar ist.[21] Mit Beschluss vom 9.8.2016 nahm der Senat die Vorlage ohne Angabe von Gründen zurück; die erneute Vorlage an den Großen Senat folgte knapp drei Monate später; hinzu kam der Aspekt, dass nach Auffassung des vorlegenden Senats die Verurteilung auf wahldeutiger Grundlage gegen den Vorrang des Gesetzes (Art. 20 Abs. 3 GG) verstößt, wenn es sich bei beiden Tatbeständen um Katalogtaten der Geldwäsche handelt. Mit Beschluss vom 8.5.2017 entschied der Große Strafsenat, dass die gesetzesalternative Wahlfeststellung weiterhin zulässig ist, sie jedoch nicht

---

[17] *Ellbogen* in MüKoStPO, 1. Aufl. 2016, § 252 Rn. 54; *Henckel* HRRS 2014, 482 (484ff.); *Neumann* ZIS 2016, 121 (127ff.); *Farthofer/Rückert* HRRS 2017, 123 (134); *El-Ghazi* JR 2015, 343 (346) u. *Meyer* StV 2015, 319 (324f.) stellen mit beachtlichen Argumente maßgeblich darauf ab, dass selbst bei qualifizierter Belehrung die richterrechtlich entwickelte Ausnahme von § 252 StPO immer noch verfassungswidrig ist.

[18] BGHSt 61, 221 = NJW 2017, 94.

[19] Vgl. etwa *Stuckenberg* ZIS 2014, 461ff.; *Schuhr* NStZ 2014, 437; *Pohlreich* ZStW 128 (2016), 676; *Norouzi* HRRS 2016, 285 (289ff.); *Lindner* ZIS 2017, 311ff.

[20] Und zwar in den Beschlüssen, die in BGH NStZ-RR 2014, 307; 2014, 308; 2015, 39; 2015, 40 abgedruckt sind.

[21] BGH StV 2016, 212.

in Betracht kommt, wenn gleichzeitig § 261 StGB verwirklicht ist.[22] Seinen Abschluss fand das Revisionsverfahren schließlich im Herbst 2017; die Verurteilungen mussten zwar aufrechterhalten werden, immerhin aber konnte der Senat sechs Monate der verhängten Freiheitsstrafen aufgrund einer rechtsstaatswidrigen Verfahrensverzögerung für vollstreckt erklären.[23]

Nach Durchführung des Vorlageverfahrens war angesichts der Stimmverhältnisse im Großen Strafsenat auch in diesem Fall kaum damit zu rechnen, dass der Auffassung des vorlegenden 2. Strafsenats der Vorzug gegeben würde. Ähnlich wie bei der Vorlage zum Erfordernis der qualifizierten Belehrung bedurfte es daher einer gehörigen Portion Optimismus, um anzunehmen, dass sich die Mitglieder des Großen Senats von den – aus der (strafverteidigerfreundlichen) Sicht des Autors zweifellos zutreffenden – Argumenten der Vorlage überzeugen lassen würden.

b) Zeitliche Überschneidungen und Binnendivergenzen

Zwei Eigenheiten der Entscheidungspraxis der Strafsenate – die Möglichkeit der Sachbehandlung im Verfahren nach § 349 Abs. 2 StPO und die Überbesetzung der Senate, die zur Einrichtung von Spruchgruppen zwingt – haben sich in letzter Zeit als Bremse auf dem Weg zu Entscheidungen des Großen Senats erwiesen. Die diesen Verfahren zugrunde liegenden Besonderheiten sollen etwas ausführlicher erläutert werden, weil ein erneutes Auftreten nicht ausgeschlossen ist und sie schon deshalb von allgemeinem Interesse sind.

Interessant war zunächst die Konstellation, in der es zur Entscheidung über die Rechtsfolgen einer rechtsstaatswidrigen Tatprovokation kam.[24] Sie erging – trotz einer vorangegangenen Entscheidung des 1. Strafsenats, die eine völlig andere Bewertung vornahm[25] – ohne Anfrage- und Vorlageverfahren.[26]

Zunächst lässt sich festhalten, dass die Erwägungen zu den Rechtsfolgen einer rechtsstaatswidrigen Tatprovokation in der Entscheidung des 1. Strafsenats nicht tragend waren und damit eine Vorlage nicht erforderlich machten; vielmehr dürfte es sich um ein obiter dictum gehandelt haben, weil der Senat in der Entscheidung das Vorliegen der Voraussetzungen einer *rechtsstaatswidrigen* Tatprovokation verneinte.[27] Jedenfalls aber war es dem 2. Senat aufgrund der Besonderheiten des Verfahrens nach § 349 Abs. 2 StPO unmöglich, die entgegenstehende Auffassung des 1. Senats – zumal diese nach einer vorangegangenen Entscheidung des EGMR,[28] in der Deutschland in einer ähnlichen Konstellation verurteilt wurde, als kaum vertretbar zu bezeichnen sein dürfte – überhaupt zur Kenntnis zu nehmen: Die Gründe des zeitlich vor der Hauptverhandlung des 2. Senats in seinem Verfahren gefällten Ent-

---

[22] BGH (GS) NJW 2017, 2842.

[23] BGH Beschl. v. 25.10.2017 – 2 StR 495/12, Rn. 39, NStZ-RR 2018, 47.

[24] BGHSt 60, 276 = NJW 2016, 91; die von *El-Ghazi/Zerbes* HRRS 2014, 209 (217ff.) aufgeworfene Frage der Erforderlichkeit einer EuGH-Vorlage kann an dieser Stelle nicht vertieft werden.

[25] BGHSt 60, 238 = NStZ 2015, 541.

[26] Vgl. zu diesem Geschehen ausführlich *Jahn/Kudlich* JR 2016, 54ff.

[27] Das nimmt der 2. Senat an, vgl. BGHSt 60, 276 (301) = NJW 2016, 91 (97).

[28] EGMR NJW 2015, 3631.

scheidung gelangten erst über einen Monat nach dem in dieser Hauptverhandlung ergangenen Urteil zur Geschäftsstelle und noch später auf die Website des BGH; zuvor hatte der 2. Senat von dem Parallelverfahren und dessen Ausgang keine Kenntnis.[29]

In dieser Sonderkonstellation kann es folglich – auch in Zukunft – zu divergierenden Entscheidungen der Strafsenate kommen, wobei ein Ausgleich mangels Kenntnis von den jeweils anderen Verfahren und den sich dort stellenden Rechtsfragen sowie deren Beantwortung kaum möglich erscheint.

Mindestens ebenso spannend ist die Frage, wie mit sogenannten Binnendivergenzen – also der voneinander abweichenden Rechtsprechung von verschiedenen Spruchgruppen eines einzigen BGH-Senats – umzugehen ist. Ihr ist der Jubilar kürzlich ausführlich nachgegangen, so dass die Ausführungen an dieser Stelle etwas kürzer ausfallen können.[30]

Über die Frage, ob illegale Betäubungsmittel dem strafrechtlichen Vermögensschutz unterfallen, entschied der Große Strafsenat letztlich deswegen nicht, weil die Vorlage des 2. Senats hierzu in einer anderen Spruchgruppe als der, die das Verfahren in Gang brachte, gut drei Monate später zurückgenommen wurde.[31] Es kam damit zu einer Binnendivergenz innerhalb des 2. Strafsenats, aufgrund derer sich das Vorlageverfahren erledigte und die Revision in dem ursprünglichen Verfahren verworfen wurde.[32]

Die Spruchgruppe des Senats, die die Rechtsprechung änderte und sich damit wieder auf die Linie der übrigen Senate begab, hielt sich hierzu berechtigt, weil das Anfrageverfahren (auch wenn es aus dem eigenen Senat stammt) keine Bindungswirkung entfalte, sondern diese erst mit einer zustimmenden Antwort eines anderen Senats oder einer Entscheidung des Großen Senats eintrete.[33] Der 1. Strafsenat, der als einziger auch auf die prozessuale Seite dieser besonderen Vorlagekonstellation einging, trat dem bei.[34]

Von den mehreren denkbaren und vom Jubilar in seinem Beitrag präsentierten Lösungsansätzen[35] für diese missliche Lage erscheint dabei die wohl auch von ihm präferierte, vom 2. Strafsenat in der „Abweichung von der Abweichung“ jedoch verworfene Variante der Beratung einer solchen Frage im Senatsplenum vorzugswürdig. Freilich ist dessen Ergebnis ohne Bindungswirkung; halten sich die Richter in den verschiedenen Spruchgruppen dann jedoch quasi „freiwillig“ an die Senatsansicht, erweisen sie der Einheitlichkeit der Rechtsprechung einen wichtigen Dienst.[36]

---

[29] BGHSt 60, 276 (301) = NJW 2016, 91 (97).

[30] *Fischer* FS Schlothauer, 2018, 469 (476ff.).

[31] BGHSt 61, 263 = NJW 2017, 1559; angesichts der Auffassungen der anderen Senate, die an der gegenteiligen Auffassung festhielten (BGH NStZ-RR 2017, 44; 2017, 110; 2017, 112; 2017, 244) wären die Erfolgsaussichten im Großen Strafsenat vermutlich ohnehin gering gewesen.

[32] BGH StV 2018, 27.

[33] BGHSt 61, 263 (265) mwN und in der Folge BGH NStZ-RR 2017, 111.

[34] BGH NStZ-RR 2017, 112.

[35] *Fischer* FS Schlothauer, 2018, 469 (479ff.).

[36] In diesem Sinne wohl auch *Mosbacher* JuS 2017, 127 (130f.); bemerkenswert ist, dass der 4. Strafsenat in seiner Reaktion auf die Anfrage ausführt, dass der Antwortbeschluss auf einer Be-

3. *Fazit*

Die nicht geringe Zahl von Verfahren nach § 132 GVG, die in die Amtszeit des Jubilars als Senatsvorsitzenden fallen, scheint den Eindruck zu widerlegen, es handele sich hierbei um seltene und mit allen Mitteln vermiedene Ausnahmen. Auch wenn *Thomas Fischer* zurecht immer darauf bedacht ist, den öffentlichen Eindruck vom herausragenden Einfluss des Vorsitzenden auf die Entscheidungen „seines" Spruchkörpers zu widerlegen, lässt sich angesichts dieser Befunde und seiner vor einigen Jahren geäußerten Offenheit gegenüber dem Anfrage- und Vorlageverfahren[37] durchaus ein positives Fazit seiner Tätigkeit auf diesem Gebiet ziehen. Aus Sicht des Autors wäre es sogar wünschenswert gewesen, wenn sein Senat mit weiteren Vorlageverfahren Erfolg gehabt hätte.

III. *Die Vorlagepraxis an den Europäischen Gerichtshof*

Art. 267 AEUV regelt das Vorabentscheidungsverfahren, also Vorlagen nationaler Gerichte an den EuGH. Instanzgerichte der Mitgliedsstaaten können Fragen über die Auslegung der Verträge, deren Beantwortung diese zum Erlass ihres Urteils für erforderlich halten, dem EuGH zur Vorabentscheidung vorlegen; mitgliedsstaatliche Gerichte, deren Entscheidungen mit ordentlichen Rechtsmitteln nicht mehr angegriffen werden können, sind in diesem Fall zur Vorlage verpflichtet. Die 84 Vorabentscheidungsersuchen, die im Jahr 2016 aus der Bundesrepublik bei EuGH eingingen, markieren den höchsten Wert unter den Mitgliedsstaaten.[38] Von den insgesamt 2.300 Vorabentscheidungsersuchen, die den EuGH seit seiner Arbeitsaufnahme aus Deutschland erreichten, stammen etwa 9% vom BGH – eine nicht zu vernachlässigende Anzahl.[39]

1. *Vorgenommene und unterlassene EuGH-Vorlagen der BGH-Strafsenate*

Vorlagen von Strafsenaten des BGH sind trotz der Bedeutung des Unionsrechts auch und gerade für das Strafrechtssystem der Mitgliedsstaaten eine Rarität geblieben. Das gilt für alle Strafsenate – der im hiesigen Zusammenhang besonders interessierende 2. Senat nimmt insofern keine Sonderrolle ein.

---

ratung im Senatsplenum beruht (NStZ-RR 2017, 44 (45)), obwohl § 132 Abs. 3 S. 3 GVG die Entscheidung in der für Urteile vorgeschriebenen Besetzung mit fünf Berufsrichtern einschließlich des Vorsitzenden vorschreibt – offenbar besteht jedenfalls bei diesem Senat die Bereitschaft, in weit weniger verzwickten Situationen als der der Binnendivergenz sich vor einer Entscheidung der geschäftsplanmäßig zuständigen Spruchgruppe abzustimmen, was die hier vertretene Ansicht stützt.

[37] *Fischer* StraFo 2014, 309 (314).

[38] Bericht über die Rechtsprechungstätigkeit des Gerichtshof der Europäischen Union für 2016, S. 112 (abrufbar unter https://curia.europa.eu/jcms/upload/docs/application/pdf/2017-03/ra_2016_de.pdf, zuletzt abgerufen am 10.1.2018)

[39] Bericht über die Rechtsprechungstätigkeit des Gerichtshof der Europäischen Union für 2016, S. 113 (abrufbar unter https://curia.europa.eu/jcms/upload/docs/application/pdf/2017-03/ra_2016_de.pdf, zuletzt abgerufen am 10.1.2018)

a) EuGH-Vorlagen der Strafsenate

Seit der ersten Vorlage eines BGH-Strafsenats an den Gerichtshof[40] – sie betraf Fragen des gemeinsamen Mehrwertsteuersystems – legten die Senate dem EuGH einige Vorabentscheidungsersuchen vor, die Detailfragen zum Arzneimittelbegriff,[41] oder den umsatzsteuerlichen Ort der Leistung bei Treibhausgasemissionszertifikaten[42] betrafen, aber auch grundlegende Fragen der Einwirkungen des Unionsrechts auf die Rechtsordnung der Mitgliedsstaaten, wenn es um visarechtliche Grundlagen einer Verurteilung wegen Straftaten nach dem Aufenthaltsgesetz[43] oder die Bedeutung der Warenverkehrsfreiheit für die Strafbarkeit nach dem UrhG ging.[44] Wenngleich die Häufigkeit nicht der von Vorlagen der BGH-Zivilsenate entspricht, darf man aus dieser Aufzählung doch schließen, dass die Vorschrift des Art. 267 AEUV für die Strafsenate jedenfalls nicht völlig unbekannt ist.

b) Kritik an unterlassenen Vorlagen

Spannender ist aber – wie immer im Leben – die Frage, wo etwas schief gegangen sein könnte. Das betrifft im hiesigen Kontext die Fälle, in denen die Strafsenate eine an sich gebotene Vorlage nach Art. 267 AEUV unterlassen haben.

Hierfür gibt es einige Beispiele, anhand derer der Umgang mit Art. 267 AEUV bereits andernorts ausführlich erörtert wurde.[45]

Aus der Rechtsprechung des 2. Strafsenats sind dabei in der Vergangenheit zwei Entscheidungen besonders kritisiert worden, die sich jeweils mit der richtlinienkonformen Auslegung des Betrugstatbestands befassten.[46] Nach Auffassung des Senats wirkt sich das europäische Verbraucherleitbild nicht auf die Strafbarkeit wegen Betruges zum Nachteil besonders leichtgläubiger Menschen aus; zu diesem Schluss gelangte man, ohne den EuGH zu konsultieren. Das mag zutreffen – überraschend ist jedoch der Umstand, dass nach einer Auseinandersetzung mit den entsprechenden Sekundärrechtsakten über fast zwei Seiten in NJW-Schriftgröße der Senat zu dem Ergebnis gelangt, dass eine Vorlage nicht veranlasst ist, weil die dargelegte Auslegung der Richtlinie offenkundig und zweifelsfrei sei.[47] Der richtige Maßstab für diese Entscheidung ist jedoch ein anderer.[48]

Der 1. Strafsenat entschied im Jahr 2010 über das Verhältnis von Art. 50 GRCh zu Art. 54 SDÜ, ohne diese Frage dem EuGH vorzulegen.[49] Dem schloss sich wenig später – ohne eigene Begründung, sondern unter Bezugnahme auf die Gründe

[40] BGH NStZ 2000, 425.

[41] Unter anderem in den Entscheidungen BGH wistra 2014, 146; BGH NStZ-RR 2014, 182; BGH NStZ-RR 2014, 280.

[42] BGH NStZ-RR 2015, 375.

[43] Vgl. etwa BGH NJW 2012, 1669.

[44] BGH wistra 2011, 144.

[45] *Satzger* FS v. Heintschel-Heinegg, 2015, 391 ff.

[46] BGH NJW 2014, 2595 und in der Folge BGH wistra 2014, 439.

[47] BGH NJW 2014, 2595 (2598).

[48] Zum richtigen Prüfungsmaßstab (nämlich dem des EuGH) am Ende des nächsten Absatzes; kritisch daher *Satzger* FS v. Heintschel-Heinegg, 2015, 391 (398 f.); *Hecker/Müller* ZWH 2014, 329 (336); *Heger* HRRS 2014, 467 (471 ff.).

[49] BGHSt 56, 11 = NJW 2011, 1014.

der Entscheidung des 1. Senats – der 2. Strafsenat an. An dieser Entscheidung ist nicht das Ergebnis, sondern nur der Verzicht auf die Vorlage und dessen Begründung zu kritisieren:[50] Der Senat ist der Auffassung, die „*richtige Anwendung des Gemeinschaftsrechts ist angesichts der dargelegten Erläuterungen* [also seiner eigenen Ausführungen zu dieser Rechtsfragen] *offenkundig und zweifelsfrei*". Das genügt jedoch, wie noch darzulegen sein wird, nicht.[51]

Auch in jüngster Zeit begegnen zwei Entscheidungen der Strafsenate Bedenken im Hinblick auf die Beachtung der Vorlagepflicht nach Art. 267 AEUV.

Erhebliche Kritik verdient dabei ein Urteil des 3. Strafsenats aus dem Jahr 2016, und zwar sowohl hinsichtlich des Ergebnisses als auch hinsichtlich der Handhabung der Vorlagepflicht.[52] Der Fall betraf eine Frage, die nahezu ausschließlich anhand des Unionsrechts zu beurteilen war, nämlich die der Einstellung eines Verfahrens aufgrund des Doppelbestrafungsverbots des Art. 54 SDÜ; eine Norm, mit der schon der 1. Strafsenat – wie bereits erwähnt – seine Schwierigkeiten hatte. In der Sache entschied der Senat, dass einer Einstellung wegen überlanger Verfahrensdauer keine strafklageverbrauchende Wirkung zukommt. Diesem Ergebnis ist andernorts mit beträchtlichen Argumenten entgegengetreten worden,[53] hier aber soll es nur auf die Handhabung der Vorlagepflicht ankommen. Der Senat führt in seiner Entscheidung aus, dass eine Vorlage an den EuGH nicht in Betracht komme, weil allein die Frage, wie innerstaatlich mit Verfahrensverzögerungen in anderen Mitgliedsstaaten umzugehen ist, entscheidungserheblich sei und sich diese nach nationalen Vorschriften und solchen der EMRK richte.[54] Diese Sichtweise ist angesichts dessen, dass die einzig wirklich maßgebliche Vorschrift in diesem Verfahren Art. 54 SDÜ ist, der zum Sekundärrecht gehört, bestenfalls als abwegig zu bezeichnen.[55] Auch der Umstand, dass es EuGH-Rechtsprechung gibt, die den vom 3. Senat gezogenen Schluss jedenfalls nicht zwingend vorgibt,[56] macht es nicht besser.

Eine kürzlich ergangene Entscheidung des 1. Strafsenats[57] lässt – mag das Ergebnis, anders als beim vorherigen Beispiel auch zutreffen – eine Verkennung des Maßstabs besorgen, anhand dessen darüber zu entscheiden ist, ob eine Vorlage ausnahmsweise entbehrlich ist, weil es sich um einen acte clair handelt. Der Senat ist der Auffassung, es handele sich um einen acte clair, denn „die Steuerbarkeit von zum Rauchen bestimmten und geeigneten Wasserpfeifentabak, der lebensmittelrechtlichen Vorschriften nicht entspricht, ist noch von niemandem ernsthaft in Zweifel

---

[50] Der EuGH hat im Jahr 2014 auf eine Vorlage des OLG Nürnberg hin so entschieden, wie der BGH in der zitierten Entscheidung (EuGH NJW 2014, 3007 – Spasic; dazu *Gaede* NJW 2014, 2990).

[51] Die auf die Verletzung von Art. 101 Abs. 1 S. 2 GG gestützte Verfassungsbeschwerde blieb gleichwohl ohne Erfolg, BVerfG NJW 2012, 1202 (1203); vgl. dazu unter IV.

[52] BGH NJW 2016, 3044.

[53] Etwa von *Wegner* StV 2017, 227 ff.

[54] BGH NJW 2016, 3044 (3046).

[55] So auch *Wegner* StV 2017, 227 (229).

[56] EuGH NJW 2016, 2939 – Kossowski und zuvor EuGH NStZ 2007, 408 – Gasparini.

[57] BGH wistra 2017, 74.

gezogen worden"[58]. Zum Nachweis dessen, dass noch niemand diesen Umstand ernsthaft in Zweifel gezogen hat, bezieht sich der Senat auf ein Urteil des FG Hamburg und eine dieses bestätigende BFH-Entscheidung.[59] Der insoweit einzig maßgebliche Prüfungsmaßstab des EuGH – der auch für die anderen zuvor dargestellten Entscheidungen gegolten hätte – ist jedoch ein völlig anderer: In der grundlegenden C.I.L.F.I.T.-Entscheidung formulierte der Gerichtshof: *„Schließlich kann die richtige Anwendung des Gemeinschaftsrechts derart offenkundig sein, daß keinerlei Raum für einen vernünftigen Zweifel an der Entscheidung der gestellten Frage bleibt. Das innerstaatliche Gericht darf jedoch nur dann davon ausgehen, daß ein solcher Fall vorliegt, wenn es überzeugt ist, daß auch für die Gerichte der übrigen Mitgliedstaaten und den Gerichtshof die gleiche Gewißheit bestünde. [...] die Auslegung einer gemeinschaftsrechtlichen Vorschrift erfordert somit einen Vergleich ihrer sprachlichen Fassungen."*[60] Zudem ist die Auslegung der in Rede stehenden Vorschrift anhand der Methoden des Gemeinschaftsrechts erforderlich.[61] Daran orientierte der 1. Strafsenat sich offenbar nur in sehr groben Zügen.[62]

2. *Der horror luxemburgi*[63]*?*

Davon, dass die Strafsenate des BGH Vorlagen an den Großen Senat um jeden Preis zu vermeiden suchen – Stichwort „horror pleni", wie es etwa für die Zivilsenate im gleichen Haus[64] und die Nachbarn aus dem Schlossbezirk[65] angenommen wird – kann angesichts der obigen Befunde zumindest im Hinblick auf den 2. Senat unter dem Vorsitz von *Thomas Fischer* keine Rede sein.

Anders stellt sich das im Hinblick auf die Vorlagen nach Art. 267 AEUV dar; auf einen „horror luxemburgi" deutet einiges hin. Das wirft die Frage auf, wie diese Zurückhaltung, die schon bei isolierter Betrachtung der (Nicht-)Vorlagen an den EuGH auffällt und noch deutlicher wird, wenn man den Vergleich mit den Vorlagen nach § 132 GVG zieht, zu erklären ist.

Eine entscheidende Rolle spielt sicher das Beschleunigungsgebot.[66] Die Befürchtung, das Verfahren – das ohnehin meist, wenn es in der Revisionsinstanz angelangt ist, mehrere Jahre dauert – weiter zu verzögern, während man auf die Antwort des

---

[58] BGH wistra 2017, 74 (75); Bezug genommen wird für diesen Maßstab nicht etwa auf Rechtsprechung des EuGH, sondern auf eine Entscheidung des V. Zivilsenats in einer FamFG-Sache und eine weitere Entscheidung des 1. Strafsenats (BGH NStZ-RR 2016, 290).

[59] In beiden Entscheidungen findet sich weder zu einer etwaigen Vorlagepflicht noch zum Unionsrecht allgemein auch nur ein einziges Wort.

[60] EuGH NJW 1983, 1257 (1258) – C.I.L.F.I.T.

[61] Zu den Anforderungen an einen acte clair zuletzt ausführlich *Kühling/Drechsler* NJW 2017, 2950 (2952f.).

[62] Zudem fällt ins Auge, dass die von *Satzger* FS v. Heintschel-Heinegg, 2015, 391, 394 angebrachte pointierte Kritik an der offensichtlichen Unkenntnis des 1. Senats über die korrekte Schreibweise der Wendung acte clair ohne nachhaltige Wirkung blieb.

[63] Diese – bereits im Titel des vorliegenden Beitrags herangezogene – Formulierung geht auf *Jahn/Brodowski* ZStW 129 (2017), 363 (375) zurück, die sie mit Bezug zur Entscheidung über die Verfassungswidrigkeit von § 10 RiFlEtikettG (BVerfG NJW 2016, 3648) verwenden.

[64] *Jungmann* JZ 2009, 380 (386ff.).

[65] *Hong* Der Staat 54 (2015), 409 (412f.) mwN.

[66] Zum Spannungsverhältnis zwischen Beschleunigungsgebot und Vorlagepflicht ausführlich *Wolter,* Vorabentscheidungsverfahren und Beschleunigungsgebot in Strafsachen, 2011, 75ff.

Gerichtshofs wartet, ist nachvollziehbar, gerade wenn sich der erstinstanzlich verurteilte Angeklagte unter Umständen schon sehr lange in Untersuchungshaft befindet. Hier kann jedoch der Antrag, das Vorabentscheidungsersuchen im beschleunigten oder im Eilvorabentscheidungsverfahren (Art. 105, 107 der Verfahrensordnung des Gerichtshofs) durchzuführen, Abhilfe schaffen.

Gegen die zwei anderen hier vorgebrachten Erklärungsansätze hilft nur eine ausreichende Portion Vertrauen: Anders als im Strafrecht der Bundesrepublik, wo angesichts der ausdifferenzierten Rechtsprechung und der unermesslichen Schaffenskraft der Wissenschaft kaum eine (Straf-)Rechtsfrage völlig ungeklärt ist, drohen bei EuGH-Vorlagen unter Umständen unerwartete Antworten. Die Steigerung der unerwarteten Antwort stellt die nie gänzlich auszuschließende unerwünschte Antwort dar.[67] Hierauf muss sich das vorlegende Gericht jedoch im Interesse des Dialogs innerhalb der europäischen Rechtsgemeinschaft einlassen; die Erfahrung zeigt zudem, dass aus Luxemburg gerade in schwierigen Fällen auch unerwartet positive Antworten kommen.[68]

IV. Großer Strafsenat und EuGH als gesetzlicher Richter

Vom Gewährleistungsgehalt des Rechts auf den gesetzlichen Richter (Art. 101 Abs. 1 S. 2 GG) ist nicht nur die Entscheidung der Sache durch den gesetzlichen Richter im Sinne von Gerichtszuständigkeit und Geschäftsverteilung, sondern auch – in den zuvor aufgezeigten Konstellationen – die Befassung von Großem Senat und EuGH umfasst.[69] Ein inhaltlicher Gleichlauf der einfachrechtlichen Vorschriften des GVG oder der Maßstäbe des EuGH für die Vorlageverpflichtung mit den Anforderungen des Art. 101 Abs. 1 S. 2 GG ist damit jedoch nicht verbunden; der Prüfungsmaßstab, den das BVerfG hier anlegt, ist wesentlich weniger streng.

Das Bundesverfassungsgericht (BVerfG) nimmt einen Verstoß gegen das Recht auf den gesetzlichen Richter durch eine Nicht-Vorlage nur bei Vorliegen besonderer Voraussetzungen an.

Bei Nicht-Vorlagen an den Großen Strafsenat nach § 132 GVG ist für die Annahme eines Verfassungsverstoßes regelmäßig erforderlich, dass der nichtvorlegende Senat seine Vorlagepflicht willkürlich gehandhabt hat; das ist dann anzunehmen, wenn sich die Entscheidung über die Vorlage so weit von dem verfassungsrechtlichen Grundsatz des gesetzlichen Richters entfernt, dass sie nicht mehr zu rechtfertigen ist.[70] Art. 101 Abs. 1 S. 2 GG bietet insofern nur vor Willkür, nicht vor Irrtum Schutz.[71] In Anbetracht des insoweit stark verengten Schutzbereichs von Art. 101

---

[67] Prominente Beispiele: EuGH NJW 2013, 1215 – Melloni; EuGH NZWiSt 2015, 390 – Taricco.

[68] Zuletzt etwa EuGH NJW 2016, 1709 – Aranyosi und Caldararu und besonders prominent EuGH BeckRS 2017, 133802 – M. A. S. und M. B. (die Auflösung der Taricco-Problematik aus Fn. 67)

[69] Vgl. nur *Schulze-Fielitz* in Dreier, Bd. III, 2. Aufl. 2010, GG Art. 101 Rn. 29 mwN.

[70] Aus jüngerer Zeit etwa BVerfG NStZ 2008, 39 mwN; zur älteren Rechtsprechung des BVerfG und der Willkürschranke allgemein *Leisner* NJW 1989, 2446 (2447 ff.).

[71] BVerfG Beschl. v. 26. 1. 2006 – 2 BvR 1401/05, BeckRS 2006, 21447.

Abs. 1 S. 2 GG dürfte eine Verfassungsbeschwerde, die sich auf die Unterlassung einer Vorlage an den Großen Strafsenat stützt, in aller Regel ohne Erfolg bleiben.

Etwas anders stellt sich die Situation bezüglich der Unterlassung von Vorlagen an den EuGH dar. Zwar begründet nach Ansicht des BVerfG auch bei weitem nicht jede unterlassene Vorlage, die nach den Kriterien der EuGH-Rechtsprechung geboten gewesen wäre, eine Verletzung von Art. 101 Abs. 1 S. 2 GG; dennoch ergehen mit einer gewissen Regelmäßigkeit Kammerentscheidungen, in denen die nationalen Gerichte mit teilweise recht harschen Worten daran erinnert werden, ihrer Vorlagepflicht nach Art. 267 AEUV nachzukommen. Mitunter ist dann die Rede davon, dass aufgrund „dieser methodischen Mängel [...] die Anwendung von Art. 267 Abs. 3 AEUV [...] nicht mehr verständlich und offensichtlich unhaltbar“[72] ist oder ein Gericht seine Vorlagepflicht „offensichtlich unhaltbar gehandhabt [hat], weil es sich hinsichtlich des materiellen Unionsrechts nicht hinreichend kundig gemacht hat“.[73]

Die Anforderungen an einen Verstoß gegen Art. 101 Abs. 1 S. 2 GG sind Ergebnis einer jahrzehntelangen Rechtsprechungsentwicklung,[74] die sich etwa so zusammenfassen lässt:[75] Das Verfassungsgericht überprüft, ob die Vorlagepflicht bei verständiger Würdigung der das Grundgesetz bestimmenden Gedanken nicht mehr verständlich erscheint und offensichtlich unhaltbar ist. Das ist der Fall, wenn ein letztinstanzliches Hauptsachegericht eine Vorlage trotz der – seiner Auffassung nach bestehenden – Entscheidungserheblichkeit der unionsrechtlichen Frage überhaupt nicht in Erwägung zieht, obwohl es selbst Zweifel hinsichtlich der richtigen Beantwortung der Frage hegt und das Unionsrecht somit eigenständig fortbildet, sich das Gericht hinsichtlich des (materiellen) Unionsrechts nicht hinreichend kundig macht und damit die Bedingungen der Vorlagepflicht verkennt oder es offenkundig einschlägige Rechtsprechung des EuGH nicht auswertet. Liegen bereits Entscheidungen des EuGH zu der verfahrensgegenständlichen Frage vor, muss das Gericht diese auswerten und sich unter Anwendung und Auslegung des Unionsrechts die vertretbare Überzeugung bilden, dass die Rechtslage entweder von vornherein eindeutig oder durch Rechtsprechung in einer Weise geklärt ist, die keinen vernünftigen Zweifel offenlässt.

Wie verhält es sich nun mit den oben dargestellten Entscheidungen?

Von den nach § 132 GVG erforderlichen Vorlagen ist einzig die zur Einordnung der rechtsstaatswidrigen Tatprovokation als Verfahrenshindernis unterblieben. Hier kommt ein willkürlicher Verstoß gegen das Recht auf den gesetzlichen Richter jedoch keinesfalls in Betracht, weil angesichts der Sonderkonstellation in diesem Ver-

---

[72] BVerfG NZA 2015, 375 (379).

[73] BVerfG NJW 2016, 3153 (3157).

[74] Vgl. dazu *Schütter* in Becker/Lange, Linien der Rechtsprechung des Bundesverfassungsgerichts, Bd. 3, 2014, 365, (375 ff.).

[75] Angelehnt an BVerfG Beschl. v. 6.10.2017 – 2 BvR 987/16, BeckRS 2017, 130481, Rn. 5 ff. mwN; vgl. zuletzt in einem strafrechtlichen Kontext (Auslieferungsverfahren) auch BVerfG Beschl. v. 19.12.2017 – 2 BvR 424/17, Rn. 40 ff., NJW 2018, 686, wo festgestellt wird, dass der gesetzliche Richter entzogen ist, wenn ein Gericht bei einer unvollständigen Rechtsprechung des EuGH den ihm notwendig zukommenden Beurteilungsrahmen bei der Anwendung und Auslegung von Unionsrecht in unvertretbarer Weise überschreitet.

fahren der 2. Strafsenat von der auch nach der Furcht-Entscheidung des EGMR aufrechterhaltenen Ansicht des 1. Senats – unabhängig davon, dass diese nicht tragend war und somit eine Vorlage allenfalls nach § 132 Abs. 4 GVG in Betracht gekommen wäre – nicht wissen konnte und sich daher zur Durchführung eines Verfahrens nach § 132 GVG nicht veranlasst sehen musste.

Von den zuvor erwähnten Fällen, in denen eine Vorlage an den EuGH unterblieb, erscheint die Entscheidung des 2. Strafsenats zum europäischen Verbraucherleitbild unproblematisch; zwar verkennt der Senat das Verständnis des EuGH von Art. 267 AEUV, von Willkür kann jedoch keine Rede sein. Ähnlich stellt sich die Situation bezüglich der älteren Entscheidung des 1. Senats zum Verhältnis von Art. 50 GRCh und Art. 54 SDÜ und der weiteren Senatsentscheidung zur steuerrechtlichen Behandlung von Wasserpfeifentabak dar.

Anders jedoch die Entscheidung des 3. Strafsenats zum transnationalen ne bis in idem: Hier wurde die Vorlagepflicht willkürlich verletzt. Erstens verkennt der Senat, dass es zwar EuGH-Rechtsprechung zu ähnlichen Konstellationen gibt (die sich nicht zwingend in die Richtung der getroffenen Entscheidungen verstehen lässt), die dem Verfahren zugrunde liegende Frage aber noch nicht beantwortet wurde und insofern eine Fortentwicklung der Rechtsprechung des Gerichtshofs nicht unwahrscheinlich erscheint und zweitens – das ist der Hauptvorwurf – vermittelt er den Eindruck, er habe sich hinsichtlich des materiellen Unionsrechts nicht kundig gemacht, wenn er behauptet, einschlägig seien ausschließlich Vorschriften des nationalen Rechts und der EMRK.

Die Furcht vor einer verfassungsgerichtlichen Überprüfung erweist sich nach alledem im Hinblick auf Vorlagen an den Großen Strafsenat nicht und im Hinblick auf Vorlagen an den EuGH nur in Ausnahmefällen als bestimmender Motivationsfaktor.[76] Mit anderen Worten: Wenn die höchsten Richter der Republik eine Vorlage um jeden Preis vermeiden wollen, dürften sie in der Lage sein, die Entscheidung so zu formulieren, dass ihnen keine Aufhebung durch das BVerfG droht.

V. Fazit

Der vorliegende Beitrag wollte den Versuch unternehmen, der Ursache für die hohe Bedeutung des Verfahrens nach § 132 GVG und die geringe Bedeutung von Vorlagen nach Art. 267 AEUV in der Rechtsprechung der BGH-Strafsenate auf den Grund zu gehen. Mangels Innenansicht kann dies naturgemäß nur anhand von Indizien erfolgen, aus denen dann Schlüsse zu ziehen sind. Ausgangspunkt der Ursachenforschung ist die Feststellung, dass – namentlich der 2. Strafsenat – auch in völlig aussichtslosen Fällen (aussichtslos in dem Sinn, dass eine erstrebte Rechtsprechungsänderung aufgrund der Antworten der anderen Strafsenate im Anfrageverfahren mindestens unwahrscheinlich erscheint) der Große Strafsenat befasst wird, der EuGH jedoch in einigen Fällen, in denen eine Vorlage nach Art. 267 AEUV erforderlich gewesen wäre, nicht eingebunden wird.

---

[76] Diese Einschätzung teilt *Rönnau* StraFo 2014, 265 (272).

Neben den Anforderungen des Beschleunigungsgebots, die jedoch für Verfahren vor dem Großen Strafsenat gleichermaßen gelten, wurde als Hauptursache für die Zurückhaltung gegenüber Vorabentscheidungsersuchen die Furcht vor kaum absehbaren Antworten und Ergebnissen identifiziert. Mag diese Furcht berechtigt sein oder nicht – sie scheint jedenfalls im Ansatz nachvollziehbar, weil niemand gerne Fragen stellt, deren Antwort ihn möglicherweise völlig überraschen und in eine schwierig zu handhabende Situation manövrieren wird. Im Hinblick auf die Bedeutung des Verfahrens nach Art. 267 AEUV für die Rechtsgemeinschaft darf dies jedoch kein Argument sein.

Der Beitrag schließt daher mit dem Appell, Vorlagen an den EuGH mindestens so wohlwollend zu begegnen wie solchen an den Großen Strafsenat!

NORBERT MUTZBAUER

Strafklageverbrauch bei sukzessiver Tatbestandsverwirklichung

Als sukzessive Tatbestandsverwirklichung sollen im Folgenden Fallgestaltungen behandelt werden, bei denen der deliktische Erfolg erst nach und nach durch zeitlich getrennte Handlungen herbeigeführt wird.[1] Jedoch will ich mich im Folgenden nicht um eine exakte Definition oder die dogmatische Herleitung und Einordnung dieser (auch fortlaufende[2] Tatbestandsverwirklichung genannten oder als Tatbestände mit pauschalisierter Handlungsbeschreibung beschriebenen[3]) Deliktskategorie bemühen. Thema dieses Beitrags ist die Frage des Strafklageverbrauchs bei solchen Delikten, insbesondere in Konstellationen, bei denen ein „Teilakt" schon rechtskräftig abgeurteilt ist oder später noch abgeurteilt werden soll. Dies will ich an zwei Beispielen erörtern: der Nachstellung (§ 238 Abs. 1 StGB) und der Misshandlung von Schutzbefohlenen durch Quälen (§ 225 Abs. 1 StGB).

Objektive Voraussetzung für ein beharrliches Handeln gemäß § 238 Abs. 1 StGB ist ein wiederholtes, also mindestens zweifaches Tätigwerden.[4] Quälen iSd § 225 Abs. 1 StGB bedeutet das Verursachen länger dauernder oder sich wiederholender Schmerzen oder Leiden, die über die typischen Auswirkungen einzelner Körperverletzungshandlungen hinausgehen.[5] Dabei soll es hier um Fallgestaltungen gehen, bei denen mehrere Körperverletzungshandlungen für sich genommen noch nicht den Tatbestand des § 225 Abs. 1 StGB erfüllen, aber ein Quälen vorliegt, weil deren Wiederholung den gegenüber § 223 StGB gesteigerten Unrechtsgehalt ausmacht.[6]

---

[1] *Hochmayr* ZStW 2010, 757 (770f.); vgl. auch *Rissing-van Saan* in LK-StGB, 12. Aufl. 2007, Vor §§ 52ff. Rn. 36.

[2] *Hochmayr* ZStW 2010, 757 (770); *Rissing-van Saan* in LK-StGB Vor §§ 52ff., Rn. 36; *Sternberg-Lieben/Bosch* in Schönke/Schröder, 29. Auflage 2014, StGB Vor §§ 52ff. Rn. 17f, 18.

[3] Vgl. BGHSt 43, 1 (3) = NJW 1997, 1715.

[4] BGHSt 54, 189 (194f. Rn. 20) = NJW 2010, 1680; *Fischer,* 65. Aufl. 2018, StGB § 238 Rn. 18; vgl. auch BT-Drs. 16/1030, 7; BGH NStZ 2016, 724 (725) mAnm *Bock* NStZ 2016, 725.

[5] BGHR StGB § 225 Abs. 1 Misshandlung 1; BGH NStZ 2013, 466 (467) mAnm *Renzikowski/Sick* NStZ 2013, 468; BGH NStZ-RR 2015, 369 (370).

[6] BGHR StGB § 225 Abs. 1 Misshandlung 1; BGH NStZ 2013, 466 (467); 2016, 472; 2017, 282 (284); 410 (412); NStZ-RR 2007, 304 (306); 2015, 369 (370); *Fischer,* 65. Aufl. 2018, StGB § 225 Rn. 8a.

I. Tatbegriffe

1. Übersicht zu den Tatbegriffen

Dem in Art. 103 Abs. 3 GG geregelten Doppelbestrafungsverbot liegt ein prozessualer Tatbegriff zugrunde.[7] Für diesen ist nach der Rechtsprechung des Bundesverfassungsgerichts maßgeblich, ob nach natürlicher Auffassung ein einheitlich zu beurteilender Lebensvorgang vorliegt; eine Tat in diesem Sinn ist mithin der geschichtliche – und damit zeitlich und sachverhaltlich begrenzte – Vorgang, auf welchen Anklage und Eröffnungsbeschluss hinweisen und innerhalb dessen der Angeklagte als Täter oder Teilnehmer einen Straftatbestand verwirklicht haben soll.[8]

Ähnlich[9] wird der im Recht der Europäischen Union in Zusammenhang mit Fragen des Strafklageverbrauchs verwendete Tatbegriff umschrieben.[10] Nach der Rechtsprechung des Europäischen Gerichtshofs ist die – im konkreten Fall weitgehend der Beurteilung durch die nationalen Gerichte obliegende[11] – „Tat" unabhängig von der rechtlichen Qualifizierung[12] oder dem geschützten rechtlichen Interesse nur auf die tatsächliche Handlung zu beziehen und umfasst den mit ihr zusammenhängenden Komplex konkreter, unlösbar miteinander verbundener Umstände.[13] Ausgangspunkt ist dabei eine Gesamtbetrachtung;[14] wesentliches Kriterium ist der zeitliche und räumliche Zusammenhang.[15]

Für das in der Strafprozessordnung nicht ausdrücklich angesprochene[16] Doppelbestrafungsverbot gilt jedenfalls im Grundsatz[17] der Tatbegriff des § 264 StPO.[18] Dieser umfasst den geschichtlich und damit zeitlich sowie sachverhaltlich begrenzten Vorgang, auf den Anklage und Eröffnungsbeschluss hinweisen und innerhalb dessen der Angeklagte als Täter oder Teilnehmer einen Straftatbestand verwirklicht

---

7 BVerfGE 56, 22 (28); BVerfG NStZ 2004, 687 (688); vgl. auch BVerfG Beschl. v. 16.3.2006 – 2 BvR 111/06, BeckRS 2006, 22726.

8 BVerfGE 56, 22 (28); BVerfG NStZ 2004, 687 (688); BVerfG Beschl. v. 10.5.1999 – 2 BvR 2259/97, BeckRS 1999, 30058965; BVerfG Beschl. v. 16.3.2006 – 2 BvR 111/06, BeckRS 2006, 22726; vgl. auch BGH NStZ 1984, 469.

9 Vgl. aber Hackner NStZ 2011, 425 (427) mwN.

10 Zu Art. 54 SDÜ und Art. 50 GrCh: EuGH (Große Kammer) NJW 2016, 2939 Rn. 31, 55; BGHSt 56, 11 Rn. 14; vgl. dazu auch EuGH NJW 2014, 3007 Rn. 55ff.; zum Europäischen Haftbefehl: EuGH (Große Kammer) NJW 2011, 983 Rn. 38, 40; zu Art. 14 VII IPBPR und Art. 4 des Protokolls Nr. 7 zur EMRK: EuGH (2. Kammer) NJW 2006, 1781 Rn. 28; vgl. auch Hackner NStZ 2011, 425 (427) mwN.

11 EuGH NJW 2006, 1781 Rn. 38, 42; 2007, 3412 Rn. 34; 2007, 3416 Rn. 27, 36; Hackner NStZ 2011, 425 (428).

12 Vgl. insbesondere dazu EuGH NJW 2007, 3416 Rn. 23; 2006, 1781 Rn. 27, 42; 2007, 3412 Rn. 29; ferner BGHSt 59, 120 Rn. 15 = NJW 2014, 1025; BGH StraFo 2017, 324 (325f.).

13 EuGH NJW 2011, 983 Rn. 39; EuGH NJW 2006, 1781 Rn. 36f., 42; 2007, 3412 Rn. 29, 31, 37; 2007, 3416 Rn. 26, 28, 36; vgl. auch BGHSt 59, 120 Rn. 15 = NJW 2014, 1025; BGH StraFo 2017, 324 (325); Hackner NStZ 2011, 425 (427) mwN.

14 EuGH NJW 2007, 3416 Rn. 28.

15 EuGH NJW 2007, 3412 Rn. 34; vgl. auch EuGH NJW 2007, 3416 Rn. 27; BGH StraFo 2017, 324 (325).

16 Vgl. dazu *Kühne* in Löwe-Rosenberg, 27. Aufl. 2016, StPO Einl. K Rn. 76.

17 *Radtke* in Radtke/Hohmann, 1. Aufl. 2011, StPO § 264 Rn. 6, 9.

18 BGHSt 43, 252 (255) = NJW 1998, 168; BGHSt 59, 120 Rn. 13 = NJW 2014, 1025.

haben soll.[19] Maßgeblich hierfür ist, ob die einzelnen Handlungen nicht nur äußerlich ineinander übergehen, sondern auch innerlich derart miteinander verknüpft sind, dass der Unrechts- und Schuldgehalt der einen Handlung nicht ohne die Umstände, die zu einer anderen Handlung geführt haben, richtig gewürdigt werden kann und ihre getrennte Würdigung und Aburteilung als unnatürliche Aufspaltung eines einheitlichen Lebensvorgangs empfunden würde.[20]

Der materiell-rechtliche Tatbegriff wird überwiegend nach dem in §§ 52ff. StGB verwendeten Handlungsbegriff bestimmt. Insofern besteht Einigkeit darüber, dass eine natürliche Handlung auch eine Tat in diesem Sinn darstellt.[21] Darüber hinaus ist allgemein anerkannt, im Einzelnen aber streitig,[22] dass auch mehrere Handlungen zu einer Tat zusammengefasst sein können. So liegt nach der Rechtsprechung eine „natürliche Handlungseinheit" vor, „wenn zwischen einer Mehrheit gleichartiger strafrechtlich erheblicher Verhaltensweisen ein derart unmittelbarer räumlicher und zeitlicher Zusammenhang besteht, dass das gesamte Handeln des Täters objektiv auch für einen Dritten als ein einheitliches zusammengehöriges Tun erscheint, und wenn die einzelnen Betätigungsakte auch durch ein gemeinsames subjektives Element miteinander verbunden sind".[23] Die „tatbestandliche Handlungseinheit" wird, anders als die natürliche Handlungseinheit, vorrangig normativ bestimmt.[24] Bei ihr müssen die einzelnen Handlungen nicht in einem engen zeitlichen und räumlichen Zusammenhang stehen.[25] Weitgehend anerkannte Beispiele für solche natürliche oder tatbestandliche Handlungseinheiten sind Fallgestaltungen, bei denen der Tatbestand kurz nacheinander mehrfach verwirklicht wird (zB eine Körperverletzung durch mehrere Schläge),[26] mehraktige oder zusammengesetzte Delikte (zB § 249 StGB),[27] Bewertungseinheiten,[28] Dauerdelikte[29] und Tatbestände mit einer pauschalierten Handlungsbeschreibung[30] (zB § 99 StGB)[31]. Eine einheitliche

---

[19] BGHSt 59, 120 Rn. 13 = NJW 2014, 1025.

[20] BGHSt 43, 252, 255 mwN = NJW 1998, 168; vgl. auch die Nachweise bei *Rissing-van Saan* in LK-StGB, 12. Aufl. 2007, Vor §§ 52ff. Rn. 7; *Stuckenberg* in Löwe-Rosenberg, 26. Aufl. 2012, StPO § 264 Rn. 15 mwN.

[21] *Rissing-van Saan* in LK-StGB, 12. Aufl. 2007, Vor §§ 52ff. Rn. 9.

[22] Zur nicht immer einheitlichen Rechtsprechung auch: *Rissing-van Saan* in LK-StGB, 12. Aufl. 2007, Vor §§ 52ff. Rn. 28.

[23] Vgl. *Stuckenberg* in Löwe-Rosenberg, 26. Aufl. 2012, StPO § 264 Rn. 60; *Rissing-van Saan* in LK-StGB, 12. Aufl. 2007, Vor §§ 52ff. Rn. 10; *Norouzi* in MüKoStPO, 2016, § 264 Rn. 20 jeweils mwN.

[24] *Rissing-van Saan* in LK-StGB, 12. Aufl. 2007, Vor §§ 52ff. Rn. 23 mwN; vgl. auch BGHSt 43, 1 (3) = NJW 1997, 1715; ausführlich hierzu: *Keller,* Zur tatbestandlichen Handlungseinheit, 2004, 30ff.

[25] BGHSt 43, 1 (3) = NJW 1997, 1715; *Rissing-van Saan* in LK-StGB, 12. Aufl. 2007, Vor §§ 52ff. Rn. 23 mwN.

[26] *Rissing-van Saan* in LK-StGB, 12. Aufl. 2007, Vor §§ 52ff. Rn. 35 mit weiteren Beispielen und Nachweisen.

[27] *Rissing-van Saan* in LK-StGB, 12. Aufl. 2007, Vor §§ 52ff. Rn. 21; *Norouzi* in MüKoStPO, 2016, § 264 Rn. 21; dazu auch *Hochmayr* ZStW 2010, 757, 768ff.

[28] *Norouzi* in MüKoStPO, 2016, § 264 Rn. 22.

[29] Dazu *Rissing-van Saan* in LK-StGB, 12. Aufl. 2007, Vor §§ 52ff. Rn. 22, 49, 53.

[30] *Rissing-van Saan* in LK-StGB, 12. Aufl. 2007, Vor §§ 52ff. Rn. 24.

[31] BGHSt 43, 1 = NJW 1997, 1715; zu § 94 StGB: *Sternberg-Lieben/Bosch* in Schönke/Schröder, 29. Auflage 2014, StGB Vor §§ 52ff. Rn. 17f.

Tat liegt gemäß § 52 Abs. 1 StGB auch dann vor, wenn die Handlung(en) zugleich mehrere Tatbestände oder denselben Tatbestand mehrmals erfüllt.[32]

2. *Verknüpfungen der Tatbegriffe insbesondere bei mehraktiger Tatbegehung*

Die Frage, welche prozessuale Tat Gegenstand der Urteilsfindung oder eines (rechtskräftigen) Urteils ist, wird sowohl in der Rechtsprechung als auch im Schrifttum zumeist vom materiell-rechtlichen Tat- oder Handlungsbegriff her beantwortet.[33] Deshalb wird in Fällen einer Handlung im natürlichen Sinne,[34] einer natürlichen[35] oder einer tatbestandlichen Handlungseinheit[36] jedenfalls grundsätzlich eine einzige prozessuale Tat angenommen. Entsprechendes gilt in Fällen von Tateinheit. So verwendet die Rechtsprechung des Bundesgerichtshofs immer wieder die Formel, dass bei Tateinheit grundsätzlich auch eine Tat iSd § 264 StPO vorliegt.[37] Umgekehrt sollen im Falle sachlich-rechtlicher Tatmehrheit regelmäßig mehrere Taten im prozessualen Sinne gegeben sein.[38] Weitgehende Einigkeit besteht auch insofern, als allein der vom Täter ins Auge gefasste Endzweck seiner Straftaten, sein einheitlicher Vorsatz oder die (teilweise) Identität des Handlungsziels mehrere Handlungen nicht zu einer Tat im Sinne des Art. 103 Abs. 3 GG verbinden kann.[39]

Indes soll dies sowohl in Bezug auf den Handlungs- als auch den materiell-rechtlichen sowie prozessualen Tatbegriff nicht ausnahmslos gelten, etwa wenn untereinander an sich in Tatmehrheit stehende Straftaten durch ein jeweils tateinheitlich verwirklichtes (geringer gewichtiges) Delikt zur Tateinheit verklammert werden sollen,[40] bei Organisationsdelikten (zB §§ 129, 129a StGB)[41] oder in besonderen

---

[32] Zur Handlungs- und Tateinheit auch *Rissing-van Saan* in LK-StGB, 12. Aufl. 2007, Vor §§ 52ff. Rn. 88.

[33] Zu dieser grundsätzlichen Parallelität auch: *Stuckenberg* in Löwe-Rosenberg, 26. Aufl. 2012, StPO § 264 Rn. 71.

[34] *Stuckenberg* in Löwe-Rosenberg, 26. Aufl. 2012, StPO § 264 Rn. 59; *Norouzi* in MüKoStPO, 2016, § 264 Rn. 20.

[35] *Stuckenberg* in Löwe-Rosenberg, 26. Aufl. 2012, StPO § 264 Rn. 59; *Norouzi* in MüKoStPO, 2016, § 264 Rn. 20; Geppert NStZ 1996, 118 (119) mwN.

[36] Vgl. BVerfGE 56, 22 (31); *Stuckenberg* in Löwe-Rosenberg, 26. Aufl. 2012, StPO § 264 Rn. 59; *Norouzi* in MüKoStPO, 2016, § 264 Rn. 21, 22; vgl. zur Bewertungseinheit auch: BGHSt 43, 252 (257) = NJW 1998, 168; *Stuckenberg* in Löwe-Rosenberg, 26. Aufl. 2012, StPO § 264 Rn. 70; *Radtke* in Radtke/Hohmann, 1. Aufl. 2011, StPO § 264 Rn. 28.

[37] Vgl. BVerfG Beschl. v. 16.3.2006 – 2 BvR 111/06, BeckRS 2006, 22726; BGHSt 59, 120 Rn. 13 = NJW 2014, 1025; BGHSt 48, 153 (161) = NJW 2003, 1261; BGHSt 43, 252 (255) = NJW 1998, 168; BGH NJW 2004, 1539 (1540); weitere Nachweise bei *Rissing-van Saan* in LK-StGB, 12. Aufl. 2007, Vor §§ 52ff. Rn. 7.

[38] Vgl. BVerfG Beschl. v. 16.3.2006 – 2 BvR 111/06, BeckRS 2006, 22726; BGHSt 59, 120 Rn. 13 = NJW 2014, 1025; siehe ferner *Rissing-van Saan* in LK-StGB, 12. Aufl. 2007, Vor §§ 52ff. Rn. 7 mwN.

[39] BVerfGE 56, 22 (29) (zu § 129 StGB); EuGH NJW 2007, 3416 Rn. 29; BGHSt 44, 91 (94) = NJW 1998, 2684; vgl. zu Theorien über einen die Tat begründenden Gesamtvorsatz auch Geppert NStZ 1996, 118 (119) mwN.

[40] Vgl. BVerfGE 56, 22 (36); BGH Beschl. v. 9.7.2015 – 3 StR 537/14 = NJW 2016, 657; insofern in BGHSt 60, 308 nicht abgedruckt = NJW 2016, 657 nicht abgedruckt; BGHSt 44, 91 (94); 48, 153 (161) (Mord und Völkermord); 54, 189 Rn. 32) zu § 238 StGB; BGH Beschl. v. 22.5.2014 – 4 StR 223/13, BeckRS 2014, 13217; BGH NStZ-RR 2014, 146; dazu auch *Ris-*

Konstellationen bei Dauerstraftaten.[42] Auch soll bei einem mehraktigen Geschehen der Fehlschlag eines Versuchs eine Zäsur für die tatbestandliche Handlungseinheit bilden,[43] der regelmäßig zu einer neuen prozessualen Tat führt.[44] Begründet wird eine solche Mehrheit an materiell-rechtlichen und prozessualen Taten zum einen mit Gerechtigkeitserwägungen,[45] zum anderen mit der Bedeutung eines neuen Tatentschlusses,[46] dem Zäsurwirkung beigemessen wird,[47] etwa weil er das weitere Geschehen in anderer – gewichtigerer – Weise prägt.[48] Zu berücksichtigen sei ferner, dass bei einem weiten Verständnis des prozessualen Tatbegriffs die Kognitionspflicht des zuerst entscheidenden Tatgerichts ausgedehnt und damit seine Leistungsfähigkeit möglicherweise überschritten werde.[49] Auch würde die Rechtskraftwirkung sonst unübersehbar ausgedehnt und verlöre ihre feste Konturen,[50] weil etwa bei einer weit gefassten Tatbestandsstruktur (wie bei § 129 StGB) auch zeitlich weit auseinanderliegende Ereignisse verknüpft werden würden, dadurch den einzelnen Tätigkeitsakten aber ein Gewicht zukomme, das sie als verselbständigte Ereignisse iSd Art. 103 Abs. 3 GG erscheinen lässt.[51] Demensprechend hat der 3. Strafsenat des Bundesgerichtshofs in einer neueren Entscheidung[52] zu mitgliedschaftlichen Betätigungsakten bei § 129 StGB ausgeführt, dass die Verletzung eines Individualrechtsguts gegenüber dessen bloßer Gefährdung nicht untergeordnet sein könne, und sie deshalb nicht der tatbestandlichen Handlungseinheit unterfalle, sondern – idealkonkurrierend mit der eigenständigen, isolierten Erfüllung des § 129 StGB – in Tatmehrheit zu dieser trete und insofern auch prozessual selbständige Taten gegeben seien.

sing-van Saan in LK-StGB, 12. Aufl. 2007, Vor §§ 52ff. Rn. 7, § 52 Rn. 28ff.; *Stuckenberg* in Löwe-Rosenberg, 26. Aufl. 2012, StPO § 264 Rn. 83; anders noch BGH NStZ 1984, 135 (zum Fahren ohne Fahrerlaubnis und unterwegs begangenen Raubtaten); dazu: Erb GA 1994, 265 (281f.); *Stuckenberg* in Löwe-Rosenberg, 26. Aufl. 2012, StPO § 264 Rn. 84.

[41] BGHSt 60, 308 Rn. 23ff.; vgl. ferner BVerfGE 56, 22 (33); BGHSt 46, 349 (357f.); *Stuckenberg* in Löwe-Rosenberg, 26. Aufl. 2012, StPO § 264 Rn. 80; *Norouzi* in MüKoStPO, 2016, § 264 Rn. 24ff.

[42] Vgl. BGHSt 59, 120 Rn. 8; BGHSt 46, 349 (357f.); zu Bewertungseinheiten: BGHSt 43, 252 (257); BGH NStZ 1997, 508; vgl. auch *Stuckenberg* in Löwe-Rosenberg, 26. Aufl. 2012, StPO § 264 Rn. 64, 81f.; dazu auch *Hackner* NStZ 2011, 425 (428); zur älteren Rechtsprechung auch *Erb* GA 1994, 265 (270ff.).

[43] BGHSt 44, 91 (94).

[44] BGHSt 44, 91 (94); *Eschelbach* in BeckOK StPO, 29. Edition 2018, § 264 Rn. 10 mwN (für tatbestandliche Bewertungseinheiten).

[45] Vgl. BGHSt 60, 308 Rn. 29f.; zur fortgesetzten Handlung auch: BGHSt 40, 138 (149f.) (Großer Senat für Strafsachen); dazu aber auch *Kühne* in Löwe-Rosenberg, 27. Aufl. 2016, StPO Einleitung K Rn. 80; *Schlehofer* GA 1997, 101 (106f.).

[46] Vgl. BVerfG Beschl. v. 10.5.1999 – 2 BvR 2259/97, BeckRS 1999, 30058965; BGHSt 60, 308 Rn. 31.

[47] BGHSt 60, 308 Rn. 31.

[48] Vgl. BGHSt 59, 120 Rn. 25; ferner BGHSt 60, 308 Rn. 31.

[49] BGHSt 59, 120 Rn. 14.

[50] BVerfGE 56, 22 (29) zu einer Verknüpfung nur über den Endzweck.

[51] BVerfGE 56, 22 (33f.); vgl. dazu auch: *Stuckenberg* in Löwe-Rosenberg, 26. Aufl. 2012, StPO § 264 Rn. 80 sowie BGHSt 60, 308 Rn. 23ff.

[52] BGH Beschl. v. 9.7.2015 – 3 StR 537/14, BGHSt 60, 308 Rn. 35ff. = NJW 2016, 657, (zum Strafklageverbrauch in BGHSt 60, 308 nicht abgedruckt); vgl. dazu aber auch BGHSt 59, 120 Rn. 13f.; BGH NStZ-RR 2014, 146.

Die hier zu behandelnden sukzessiven Tatbestandsverwirklichungen werden nahezu durchweg den tatbestandlichen Handlungseinheiten zugerechnet, da sie – anders als die wiederholte („volle") Verwirklichung des Tatbestands insbesondere in Fällen natürlicher Handlungseinheit[53] – erst durch das Zusammentreffen mehrerer Handlungen den Tatbestand erfüllen.[54] Daraus wird hergeleitet, dass in Fällen, in denen nach einem rechtskräftigen Urteil weitere der Handlungseinheit zuzurechnende Einzelakte festgestellt werden, diese vom Strafklageverbrauch erfasst sind[55].

Zu den tatbestandlichen Handlungseinheiten, nicht den Dauerdelikten[56], werden auch § 238 StGB[57] und – bei sukzessiver Begehung – § 225 StGB in der Tatbestandsvariante des Quälens[58] gezählt. Eine Zäsur kann aber auch hier die Handlungseinheit unterbrechen.[59] Tateinheit besteht – auch infolge von Verklammerung[60] – zwischen Nachstellung und Beleidigung,[61] Bedrohung,[62] Körperverletzung,[63] (versuchter) Nötigung,[64] Hausfriedensbruch,[65] Sachbeschädigung[66] oder einem Vergehen nach § 4 GewaltSchG.[67] Beim Quälen kann Tateinheit bestehen

[53] *Rissing-van Saan* in LK-StGB, 12. Aufl. 2007, Vor §§ 52ff. Rn. 35f.

[54] BGHSt 54, 189 Rn. 30; vgl. auch BGHSt 43, 1 (4); *Rissing-van Saan* in LK-StGB, 12. Aufl. 2007, Vor §§ 52ff. Rn. 36; *Sternberg-Lieben/Bosch* in Schönke/Schröder, 29. Auflage 2014, StGB Vor §§ 52ff. Rn. 17f bezeichnen sie als Bewertungseinheit.

[55] Vgl. etwa BGH NStZ 1997, 508; ferner EuGH NJW 2006, 1781 Rn. 42; 2007, 3412 Rn. 37; *Sternberg-Lieben/Bosch* in Schönke/Schröder, 29. Auflage 2014, StGB Vor §§ 52ff. Rn. 17h mwN; allgemein auch: *Rissing-van Saan* in LK-StGB, 12. Aufl. 2007, § 52 Rn. 52.

[56] BGHSt 54, 189 Rn. 24ff.; OLG Stuttgart, Beschl. v. 4.5.2015 – 4 Ss 166/15, NJOZ 2015, 1909; vgl. auch *Timmermann* StraFo 2007, 358 (363); Gazeas JR 2007, 497 (504); *Valerius* JuS 2007, 319 (323).

[57] BGHSt 54, 189 Rn. 24; OLG Stuttgart Beschl. v. 4.5.2015 – 4 Ss 166/15, NJOZ 2015, 1909; *Fischer,* 65. Aufl. 2018, StGB § 238 Rn. 39; *Sternberg-Lieben/Bosch* in Schönke/Schröder, 29. Auflage 2014, StGB Vor §§ 52ff. Rn. 16; *Timmermann* StraFo 2007, 358 (363).

[58] BGHR StGB § 225 Abs. 1 Misshandlung 1; BGH NStZ 2013, 466 (467) mAnm *Renzikowski/Sick* NStZ 2013, 468; BGH NStZ-RR 2007, 304 (306); *Fischer,* 65 Aufl. 2018, StGB § 225 Rn. 8a; *Rissing-van Saan* in LK-StGB, 12. Aufl. 2007, Vor §§ 52ff. Rn. 27; *Warda* FS Hirsch, 1999, 39, (394, 399ff.); ablehnend: *Sternberg-Lieben/Bosch* in Schönke/Schröder, 29. Auflage 2014, StGB Vor §§ 52ff. Rn. 17 mwN.

[59] BGH NJW 2013, 3383 (3384); OLG Stuttgart Beschl. v. 4.5.2015 – 4 Ss 166/15, NJOZ 2015, 1909; vgl. auch *Mosbacher* NStZ 2007, 665 (669f.).

[60] BGHSt 54, 189 Rn. 32; OLG Stuttgart Beschl. v. 4.5.2015 – 4 Ss 166/15, NJOZ 2015, 1909; *Hochmayr* ZStW 2010, 757 (781); *Eisele* in Schönke/Schröder, 29. Aufl. 2014, § 238 Rn. 39; *Fischer,* 65. Aufl. 2018, StGB § 238 Rn. 39; *Mosbacher* NStZ 2007, 665 (670); kritisch Valerius JuS 2007, 319 (324).

[61] BGHSt 54, 189 Rn. 32; *Mosbacher* NStZ 2007, 665 (670); *Hochmayr* ZStW 2010, 757 (781).

[62] BGHSt 54, 189 Rn. 32; BGH NJW 2013, 3383 (3384); *Valerius* JuS 2007, 319 (323); *Hochmayr* ZStW 2010, 757 (781).

[63] Vgl. das angefochtene Urt. bei BGH NStZ 2016, 724 (725) und bei BGH NStZ-RR 2013, 145; *Mosbacher* NStZ 2007, 665 (670).

[64] BGH NJW 2013, 3383 (3384); *Mosbacher* NStZ 2007, 665 (670); *Hochmayr* ZStW 2010, 757 (781); vgl. auch das angefochtene Urt. bei BGH NStZ 2016, 724 (725).

[65] *Mosbacher* NStZ 2007, 665 (670); *Hochmayr* ZStW 2010, 757 (781).

[66] BGH NJW 2013, 3383 (3384); vgl. das angefochtene Urt. bei BGH NStZ 2016, 724 (725) mAnm Bock NStZ 2016, 725; ferner *Mosbacher* NStZ 2007, 665 (670).

[67] Vgl. OLG Celle Beschl. v. 21.9.2011 – 32 Ss 96/11, BeckRS 2012, 14130; *Mosbacher* NStZ 2007, 665 (670); aA *Fischer,* 65. Aufl. 2018, StGB § 238 Rn. 39.

mit Totschlag,[68] mit Körperverletzung mit Todesfolge,[69] mit schwerer[70] sowie mit gefährlicher Körperverletzung in der Variante des § 224 Abs. 1 Nr. 5 StGB.[71]

Konsequenz einer solchen Handlungseinheit ist – auch bei einer Verklammerung[72] – Strafklageverbrauch[73] für alle in ihr enthaltenen Teilhandlungen; diese dürfen nicht nochmals angeklagt oder abgeurteilt werden.[74]

II. Lösungsvorschlag

Ausgangspunkt für die Beantwortung der hier gestellten Frage ist die Selbständigkeit des prozessualen Tatbegriffs,[75] der – wie noch auszuführen sein wird – dem des Art. 103 Abs. 3 GG entspricht.

Diese Selbständigkeit beruht auf den unterschiedlichen Aufgaben, die dem prozessualen und dem materiell-rechtlichen Tatbegriff zukommen. Während der materiell-rechtliche Tatbegriff der §§ 52ff. StGB für den Strafrahmen (aber auch für andere materiell-rechtliche Regelungen, etwa § 22 StGB) maßgeblich ist,[76] dient der prozessuale Tatbegriff allein prozessualen Regelungszielen.[77] Er bestimmt den Gegenstand der gerichtlichen Untersuchung und den Umfang der materiellen Rechtskraft eines Urteils,[78] die mit dem Strafklageverbrauch das aus geschichtlichen Erfahrungen hergeleitete[79] Gebot der Rechtssicherheit und Rechtsruhe gewährleisten soll.[80] Er bewirkt, dass ein erneutes Verfahren wegen derselben Tat abgesehen von den eng umrissenen Ausnahmefällen der Wiederaufnahme des Verfah-

---

[68] BGH NStZ 1994, 79; vgl. auch BGHR StGB § 225 Konkurrenzen 4 sowie BGH NStZ 1984, 469.

[69] BGHSt 41, 113 (115).

[70] BGH NJW 1999, 72.

[71] BGH Urt. v. 6.6.2007 – 2 StR 105/07, BeckRS 2007, 10873; vgl. aber zu § 225 Abs. 3 Nr. 1 StGB: BGH NStZ 2016, 673; *Fischer,* 65 Aufl. 2018, StGB § 225 Rn. 21.

[72] *Hochmayr* ZStW 2010, 757 (781).

[73] So BGH NStZ 1984, 469 (für Quälen und Mord); OLG Zweibrücken Urt. v. 15.1.2010 – 1 Ss 10/09, BeckRS 2010, 04520, für eine bei Beginn noch nicht strafbare Nachstellung; vgl. auch OLG Celle Beschl. v. 21.9.2011 – 32 Ss 96/11, BeckRS 2012, 14130 für den Fall einer schon erfolgten Verurteilung wegen eines Verstoßes gegen § 4 Gewaltschutzgesetz.

[74] BGHSt 54, 189 Rn. 24ff.; OLG Stuttgart Beschl. v. 4.5.2015 – 4 Ss 166/15, NJOZ 2015, 1909; vgl. auch *Timmermann* StraFo 2007, 358 (363); *Gazeas* JR 2007, 497 (504); *Valerius* JuS 2007, 319 (323), sowie *Rissing-van Saan* in LK-StGB, 12. Aufl. 2007, § 52 Rn. 52.

[75] BVerfGE 56, 22 (29); BVerfG Beschl. v. 10.5.1999 – 2 BvR 2259/97, BeckRS 1999 30058965; BVerfG Beschl. v. 16.3.2006 – 2 BvR 111/06, BeckRS 2006, 22726; BGHSt 43, 252 (256, 257f.); *Stuckenberg* in Löwe-Rosenberg, 26. Aufl. 2012, StPO § 264 Rn. 8, 76; *Stuckenberg* in KMR-StPO, Stand Januar 2018, § 264 Rn. 3; *Rissing-van Saan* in LK-StGB, 12. Aufl. 2007, Vor §§ 52ff. Rn. 7, § 52 Rn. 52; hiergegen *Cording,* Der Strafklageverbrauch bei Dauer- und Organisationsdelikten, 1993, 191 (197, 199ff.).

[76] BVerfGE 56, 22 (30f.); BGHSt 43, 252 (256); 48, 153 (161).

[77] *Stuckenberg* in Löwe-Rosenberg, 26. Aufl. 2012, StPO § 264 Rn. 8; *Radtke* in Radtke/Hohmann, 1. Aufl. 2011, StPO § 264 Rn. 3.

[78] Vgl. BVerfGE 56, 22 (31f.); BGHSt 48, 153 (161).

[79] BVerfGE 56, 22 (32); *Kühne* in Löwe-Rosenberg, 27. Aufl. 2016, StPO Einleitung K Rn. 77.

[80] BVerfGE 56, 22 (31); *Kühne* in Löwe-Rosenberg, 27. Aufl. 2016, StPO Einleitung K Rn. 79; *Stuckenberg* in Löwe-Rosenberg, 26. Aufl. 2012, StPO § 264 Rn. 5.

rens[81] auch bei sachlich-rechtlich unzutreffenden Entscheidungen[82] unzulässig ist. Dem bereits Verurteilten oder auch dem Freigesprochenen sollen um des Rechtsfriedens willen erschwerende Umstände auch dann nicht mehr angelastet werden können, wenn sie dem Gericht im ersten Verfahren nicht bekannt waren.[83] Schon daraus folgt (zwingend), dass der prozessuale Tatbegriff unabhängig von der – auch konkurrenzrechtlichen – materiellen Bewertung der Tat sein muss und der „Gleichlauf" mit dem materiell-rechtliche Tatbegriff[84] der §§ 52ff. StGB nicht mehr als eine Regel – aber kein Argument – ist.[85] Dies bedeutet aber auch, dass die Selbständigkeit des prozessualen Tatbegriffs nicht „durch eine vorentscheidende Weichenstellung auf der Ebene der materiell-rechtlichen Konkurrenz"[86] gelöst werden kann,[87] die – je nach gewünschtem Ergebnis[88] – durch die Annahme einer oder mehrerer materiell-rechtlicher Handlungen bzw. Handlungseinheiten einen Strafklageverbrauch bejaht oder verneint. Einer (über eine Regel hinausgehende) Verknüpfung der beiden Tatbegriffe steht auch der im Recht der Europäischen Union verwendete prozessuale Tatbegriff entgegen, der die Tat gelöst vom materiellen Recht[89] und insbesondere unabhängig von der Bewertung, ob die verschiedenen begangenen Delikte nach deutschem Recht sachlich-rechtlich im Verhältnis von Tateinheit oder Tatmehrheit stehen, bestimmt.[90]

Aus dem Zweck und Regelungsgehalt des Art. 103 Abs. 3 GG folgt ferner, dass Gerechtigkeitserwägungen, die die Rechtsprechung nicht nur für die Bestimmung materiell-rechtlicher Tat- und Handlungseinheiten,[91] sondern auch für die Abgrenzung der prozessualen Tat heranzieht[92], hierfür kein geeignetes Kriterium sind. Denn Art. 103 Abs. 3 GG stellt die Rechtssicherheit und den Rechtsfrieden (und

---

[81] BGHSt 48, 153 (161); *Kühne* in Löwe-Rosenberg, 27. Aufl. 2016, StPO Einleitung K Rn. 79; *Stuckenberg* in Löwe-Rosenberg, 26. Aufl. 2012, StPO § 264 Rn. 13.

[82] *Kühne* in Löwe-Rosenberg, 27. Aufl. 2016, StPO Einleitung K Rn. 79.

[83] BVerfGE 56, 22 (31f.); vgl. auch *Stuckenberg* in Löwe-Rosenberg, 26. Aufl. 2012, StPO § 264 Rn. 5; *Kühne* in Löwe-Rosenberg, 27. Aufl. 2016, StPO Einleitung K Rn. 80; *Norouzi* in MüKo-StPO, Band 2, 2016, § 264 Rn. 27.

[84] Zur Trennung schon dieser Begriffe: *Rissing-van Saan* in LK-StGB, 12. Aufl. 2007, Vor §§ 52ff. Rn. 8.

[85] Vgl. BVerfGE 56, 22 (32f.); *Stuckenberg* in Löwe-Rosenberg, 26. Aufl. 2012, StPO § 264 Rn. 77; vgl. auch *Radtke* in Radtke/Hohmann, 2011, StPO § 264 Rn. 36; weitergehend ersichtlich Wesemann StraFo 2010, 452.

[86] Vgl. *Mitsch* MDR 1988, 1005 (1011).

[87] Vgl. *Stuckenberg* in KMR-StPO, Stand Januar 2018, § 264 Rn. 30ff.; *Radtke* in Radtke/Hohmann, 1. Aufl. 2011, StPO § 264 Rn. 19; im Ergebnis auch *Norouzi* in MüKoStPO, Band 2, 2016, § 264 Rn. 25ff.; *Erb* GA 1994, 265 (272ff.).

[88] Vgl. einerseits etwa *Mitsch* MDR 1988, 1005 (1011), andererseits etwa BGHSt 60, 308 Rn. 37, 41; ferner die Nachweise bei *Norouzi* in MüKoStPO, Band 2, 2016, § 264 Rn. 25ff.

[89] BGHSt 59, 120 Rn. 15f.

[90] BGHSt 59, 120 Rn. 15, 18; BGH StraFo 2017, 324 (325).

[91] BGHSt 60, 308 Rn. 37ff.

[92] Vgl. etwa BGHSt 43, 252 (255, 258) sowie die Nachweise bei *Mitsch* MDR 1988, 1005 (1008) und *Stuckenberg* in Löwe-Rosenberg, 26. Aufl. 2012, StPO § 264 Rn. 21 mwN; ferner *Geppert* NStZ 1996, 118 (119); *Norouzi* in MüKoStPO, Band 2, 2016, § 264 Rn. 25; für „diskontinuierliche Dauerdelikte" auch *Stuckenberg* in Löwe-Rosenberg, 26. Aufl. 2012, StPO § 264 Rn. 76.

damit die formelle Gerechtigkeit[93]) selbst dann über die materielle Gerechtigkeit,[94] wenn hierdurch ein Strafanspruch nicht oder nur unzureichend verwirklicht werden kann[95] und sogar eine „Unerträglichkeitsgrenze" überschritten ist.[96] Können somit aber Gerechtigkeitserwägungen zur Bestimmung der prozessualen Tat nicht herangezogen werden, so ist es ebenfalls ausgeschlossen, hierbei auf die Deliktschwere abzustellen.[97] Es ist daher mit Art. 103 Abs. 3 GG unvereinbar, einen Strafklageverbrauch allein mit der Begründung abzulehnen, weitere Straftatbestände seien wegen ihres „Charakters" oder aus Gründen der Gerechtigkeit nicht Gegenstand des früheren Verfahrens gewesen.[98]

Maßgeblich für die Bestimmung der prozessualen Tat ist vielmehr allein, ob – wie oben dargelegt – nach natürlicher Auffassung ein einheitlich zu beurteilender Lebensvorgang vorliegt, also ein geschichtlich – und damit zeitlich und sachverhaltlich begrenzter – Vorgang, bei dem eine getrennte Würdigung und Aburteilung als unnatürliche Aufspaltung eines einheitlichen Lebensvorgangs empfunden würde.[99] Mag diese unscharfe und mit Wertungen verbundene Umschreibung auch Schwächen haben, ist sie gleichwohl „alternativlos",[100] zumal das Europäische Recht für die Bestimmung der Tat in Zusammenhang mit dem ne bis in idem-Grundsatz – wie dargelegt – ebenfalls auf den einheitlichen historischen Vorgang im Sinne eines Komplexes konkreter, unlösbar miteinander verbundener Umstände abstellt.[101]

Es ist auch kein gangbarer Weg, für die Kognitionspflicht und den Strafklageverbrauch jeweils eigene Tatbegriffe zu bilden und diesen für erstere weiter zu fassen als den für Sperrwirkung der Rechtskraft.[102] Denn der Verbrauch der Strafklage für die „Tat" ist die eben diese betreffende Kehrseite der Kognitionspflicht und Umgestaltungsbefugnis.[103]

---

[93] *Stuckenberg* in Löwe-Rosenberg, 26. Aufl. 2012, StPO § 264 Rn. 5; vgl. auch Kühne in Löwe-Rosenberg, 27. Aufl. 2016, StPO Einleitung K Rn. 79f.

[94] *Stuckenberg* in Löwe-Rosenberg, 26. Aufl. 2012, StPO § 264 Rn. 13; *Norouzi* in MüKo-StPO, Band 2, 2016, § 264 Rn. 26f.; *Mitsch* MDR 1988, 1005 (1010).

[95] *Kühne* in Löwe-Rosenberg, 27. Aufl. 2016, StPO Einleitung K Rn. 79f.; *Stuckenberg* in Löwe-Rosenberg, 26. Aufl. 2012, StPO § 264 Rn. 13; vgl. demgegenüber BGHSt 43, 252 (258).

[96] *Stuckenberg* in Löwe-Rosenberg, 26. Aufl. 2012, StPO § 264 Rn. 13; *Stuckenberg* in KMR-StPO, Stand Januar 2018, § 264 Rn. 13; *Erb* GA 1994, 265 (266); ähnlich *Schlehofer* GA 1997, 101 (108), *Mitsch* MDR 1988, 1005 (1006) mwN; vgl. auch die Nachweise bei *Cording*, Der Strafklageverbrauch bei Dauer- und Organisationsdelikten, 1993, 181.

[97] BVerfGE 56, 22 (32); *Stuckenberg* in Löwe-Rosenberg, 26. Aufl. 2012, StPO § 264 Rn. 11, 85; hierzu auch BGHSt 60, 308 Rn. 40.

[98] Vgl. zu einer solchen „prozessualen Lösung" auch *Norouzi* in MüKoStPO, Band 2, 2016, § 264 Rn. 25ff. mwN.

[99] Vgl. Fn. 8, 21 und insbesondere BVerfGE 56, 22 (28, 29).

[100] Ähnlich *Radtke* in Radtke/Hohmann, 2011, StPO, § 264 Rn. 19.

[101] Vgl. dazu auch Fn. 10, 12 bis 15 und insbesondere EuGH NJW 2007, 3416 Rn. 26f., 29; BGHSt 59, 120 Rn. 15, 18; *Hackner* NStZ 2011, 425 (427).

[102] Vgl. zu solchen Versuchen auch *Stuckenberg* in Löwe-Rosenberg, 26. Aufl. 2012, StPO § 264 Rn. 7; *Stuckenberg* in KMR-StPO, Stand Januar 2018, § 264 Rn. 6; *Radtke* in Radtke/Hohmann, 2011, StPO § 264 Rn. 10, 12, 54; ferner *Erb* GA 1994, 265 (268f.); *Norouzi* in MüKoStPO, Stand Januar 2018, § 264 Rn. 26.

[103] *Stuckenberg* in Löwe-Rosenberg, 26. Aufl. 2012, StPO § 264 Rn. 7; *Stuckenberg* in KMR-StPO, Stand Januar 2018, § 264 Rn. 6.

Was ergibt sich hieraus für die Problematik, mit der sich dieser Beitrag befasst, etwa wenn (als beliebiges Beispiel) eine Körperverletzung schon vor einer Anklage wegen Quälens oder Nachstellung rechtskräftig abgeurteilt wurde bzw. nach einer solchen Verurteilung verfolgt werden soll, sie aber – zumindest möglicherweise – Teil dieser Taten war oder ist?

Bei der Beantwortung dieser Frage kann meines Erachtens kein Zweifel darüber bestehen, dass eine solche Körperverletzung im Rahmen eines (eigenen) geschichtlichen Vorgangs begangen wurde und daher als (eigene) prozessuale Tat zu werten ist, sofern nicht mit dem weiteren Geschehen ein enger räumlich-zeitlicher Zusammenhang besteht.

Ist eine solche Körperverletzung daher rechtskräftig abgeurteilt, so ist für diese Tat Strafklageverbrauch eingetreten, kann also der ihr zugrunde liegende geschichtliche Vorgang nicht erneut angeklagt oder abgeurteilt werden. Dieser Strafklageverbrauch betrifft aber nur den geschichtlichen Vorgang, der tatsächlich von der schon vorliegenden Verurteilung erfasst ist.[104] Er kann daher aus prozessualen Gründen (eben wegen des Strafklageverbrauchs) einer neuen Anklage oder Verurteilung wegen Quälens oder Nachstellung nicht mehr zugrunde gelegt oder hierfür herangezogen werden. Jedoch schließt die Verurteilung wegen des Körperverletzungsgeschehens eine neue Anklage oder Verurteilung wegen Quälens oder Nachstellung nicht aus, auch wenn die Körperverletzung mit diesen Straftatbeständen in Tateinheit stünde, sofern eine solche Anklage oder Verurteilung auf andere Handlungen bzw. geschichtlichen Vorgänge gestützt ist.[105] Dies ergibt sich aus der Selbständigkeit des prozessualen Tatbegriffs und der Struktur der sukzessiven Begehung solcher Taten. Denn ein sich über einen erheblichen Zeitraum, teilweise sogar Jahre oder Jahrzehnte,[106] hin erstreckendes Geschehen, das auch erhebliche straftatfreie Zeiträume umfasst, mag zwar als eine Tat des Quälens oder Nachstellens gewertet werden. Letztlich setzt sich diese Tat indes nur aus einzelnen geschichtlichen Vorgängen zusammen, hinsichtlich derer im Falle ihrer früheren Verurteilung auch ein lediglich sie betreffender Strafklageverbrauch eingetreten sein kann.[107] Denn auch ein durch eine Handlungseinheit zusammengefasster Sachverhalt kann aus mehr als einer Tat im Sinne des Art. 103 Abs. 3 GG bestehen, wenn er mehrere ihrer Natur nach selbständige Sachverhalte in sich aufnimmt.[108] Bei sich lange hinziehenden Delikten darf der Angeklagte auch nicht darauf vertrauen, dass durch das frühere Verfahren alle strafbaren Handlungen erfasst wurden, wenn nur einzelne Betätigungen Gegenstand der früheren Anklage und gerichtlichen Unter-

---

[104] Anderer Ansicht (für § 238 StGB) ersichtlich *Hochmayr* ZStW 2010, 757 (781); wohl auch OLG Celle Beschl. v. 21.9.2011 – 32 Ss 96/11, BeckRS 2012, 14130.

[105] Im Ergebnis ebenso BVerfGE 56, 22 (33f.).

[106] BGHSt 43, 1 (3); vgl. BGHR StGB § 225 Abs. 1 Misshandlung 1: der Tatrichter hat dort ein sich über mehr als drei Jahre hin erstreckendes Quälen angenommen; BGH NStZ 2017, 282: dort ging es um ein etwa fünf Jahre andauerndes Quälen.

[107] Im Ergebnis ähnlich auch *Schlehofer* GA 1997, 101 (105).

[108] BVerfGE 56, 22 (32); vgl. für eine Dauerstraftat und den europarechtlichen Tatbegriff auch BGHSt 59, 120 Rn. 18; anders aber für den Fall des Quälens und einen in Zusammenhang damit stehendem Mord: BGH NStZ 1984, 469.

suchung waren.[109] In solchen Fällen stehen deshalb weder der Grundsatz des Vertrauensschutzes noch der Gedanke der Rechtssicherheit in Verbindung mit Prinzipien der Rechtsdogmatik einer Verfolgung des verbleibenden rechtlichen Gesamtgeschehens entgegen.[110] Daher lässt sich dem die ersichtlich ergebnisgeleitete,[111] widersprüchliche[112] und inzwischen zu Recht faktisch aufgegebene Rechtsprechung zum Strafklageverbrauch bei einer fortgesetzten Handlung nicht entgegenhalten,[113] zumal sie wesentlich auf eine Gleichstellung von materiell-rechtlicher und prozessualer Tat gestützt war.

Im umgekehrten Fall, wenn also schon die Verurteilung wegen Quälens oder Nachstellung erfolgt war und nunmehr eine weitere Körperverletzung angeklagt oder abgeurteilt werden soll, ist die Lösung auf der Hand liegend, wenn diese Tat schon Gegenstand der früheren Anklage und Verurteilung war. Dann ist selbstverständlich Strafklageverbrauch eingetreten. War sie dagegen in der früheren Anklage und Verurteilung nicht erwähnt und damit von ihr auch nicht erfasst, handelt es sich – sofern nicht ein enger räumlich-zeitlicher Zusammenhang besteht[114] – aus den oben dargelegten Gründen auch hier um eine andere prozessuale Tat, die angeklagt und abgeurteilt werden kann.[115] Das gilt auch dann, wenn sie – wäre sie schon im ersten Verfahren angeklagt und abgeurteilt worden – „Teil" des dort ausgeurteilten Quälens oder Nachstellens gewesen wäre. Jedoch kann sie in einem solchen Fall nur mehr als Körperverletzung oder mit weiteren Handlungen, die ebenfalls nicht Gegenstand des früheren Urteils waren, als ein weiteres Quälen oder Nachstellen verfolgt werden.[116]

Zwar ist die Erfüllung der Mindestvoraussetzungen eines gesetzlichen Tatbestandes rechtlich immer eine einheitliche Handlung,[117] auch kann diese mehr umfassen als dieses unerlässliche Handlungsminimum, so dass Einzelakte, die hierüber hinausgehen, ebenfalls von der Bewertungseinheit erfasst werden.[118] Nimmt man aber die Trennung von materiell-rechtlichem und prozessualen Tatbegriff ernst, so kann der Strafklageverbrauch nur davon abhängen, ob bereits abgeurteilte geschichtliche

---

[109] BGHSt 59, 120 Rn. 14; BGHSt 46, 349 (358) mwN; hiergegen: *Stuckenberg* in Löwe-Rosenberg, 26. Aufl. 2012, StPO § 264 Rn. 29 mwN.

[110] Vgl. BGHSt 43, 252 (257 f.).

[111] Vgl. zum nicht angenommenen Strafklageverbrauch nach einem Freispruch: BVerfGE 56, 22 (35); BGHSt 43, 252 (256); ferner *Rissing-van Saan* in LK-StGB, 12. Aufl. 2007, Vor §§ 52 ff. Rn. 68.

[112] Vgl. BGHSt 43, 252 (255 f.) mwN; dazu auch *Erb* GA 1994, 265 (277).

[113] BGHSt 40, 138 (149) (Großer Senat für Strafsachen zur fortgesetzten Handlung); *Stuckenberg* in Löwe-Rosenberg, 26. Aufl. 2012, StPO § 264 Rn. 62; dazu auch *Geppert* NStZ 1996, 118 (119); zu Dauerstraftaten und Bewertungseinheiten *Stuckenberg* in Löwe-Rosenberg, 26. Aufl. 2012, StPO § 264 Rn. 64; *Rissing-van Saan* in LK-StGB, 12. Aufl. 2007, Vor §§ 52 ff. Rn. 67 mwN.

[114] *Radtke* in Radtke/Hohmann, 2011, StPO § 264 Rn. 54.

[115] Vgl. *Erb* GA 1994, 265 (274, 276); dazu *Stuckenberg* in Löwe-Rosenberg, 26. Aufl. 2012, StPO § 264 Rn. 78.

[116] Zur Beschränkung des Strafklageverbrauchs bezüglich eines Teils einer einheitlichen Tat auch BGHSt 44, 91 (94 f.) mwN.

[117] *Rissing-van Saan* in LK-StGB, 12. Aufl. 2007, Vor §§ 52 ff. Rn. 20; vgl. für das Quälen auch *Warda* FS Hirsch, 1999, 391 (394, 403).

[118] *Sternberg-Lieben/Bosch* in Schönke/Schröder, 29. Auflage 2014, StGB Vor §§ 52 ff. Rn. 17 f.

Vorgänge zur Begründung des Tatvorwurfs in einem zweiten Verfahren erneut verwendet werden sollen oder müssen.[119] Dies beträfe in einer solchen Fallgestaltung jedoch nur die Handlungen, die bereits im ersten Verfahren zur Begründung des Quälens bzw. der Nachstellung herangezogen wurden bzw. von der dortigen Anklage (ausdrücklich) erfasst waren. Hat sich die diesbezüglich angeklagte prozessuale Tat aus mehreren geschichtlichen Vorgängen zusammengesetzt, so umfasst auch das Urteil – nicht anders als in der oben erörterten umgekehrten Konstellation – nur diese geschichtlichen Vorgänge[120] und verbraucht daher die Strafklage hinsichtlich des der weiteren Körperverletzung zugrunde legenden geschichtlichen Vorgangs nicht. Dies belegt auch der Rückgriff auf § 155 Abs. 1 StPO, nach dem sich die Untersuchung und Entscheidung „nur" auf die in der Anklage bezeichnete (prozessuale)[121] Tat erstreckt. Insofern wird zwar angenommen, dass dort unter dem geschichtlichen Vorkommnis nicht nur die einzelne, im Eröffnungsbeschluss hervorgehobene Betätigung, sondern das ganze Tun des Angeklagten zu verstehen sei, soweit es mit jenem verknüpft ist und einen einheitlichen Vorgang darstellt.[122] Jedenfalls in Fällen sukzessiver, sich über einen erheblichen Zeitraum hin erstreckender Tatbestandsverwirklichung kann eine solche Verknüpfung zu einem einheitlichen Vorgang aber lediglich für die Subsumtion unter den Straftatbestand, mithin die materiell-rechtliche Bewertung, erforderlich sein. Für die Frage, welche prozessuale Tat angeklagt ist und der gerichtlichen Prüfung unterliegt, bietet sie dagegen keine Antwort, zumal der durch Art. 103 Abs. 3 GG gewährleistete Vorrang der Rechtssicherheit nur insofern besteht, als der Tatrichter die Möglichkeit hatte, einen Sachverhalt umfassend zu prüfen und abzuurteilen.[123] Anknüpfungspunkt für die prozessuale Tat kann daher auch bei § 155 Abs. 1 StPO nur der in der Anklageschrift geschilderte Sachverhalt sein.[124] Folge der hier vertretenen Ansicht wäre im Übrigen, dass hinsichtlich weiterer – erst während des Verfahrens bekannt gewordener – Taten Nachtragsanklage oder eine weitere Anklage (mit einer Verfahrensverbindung) erhoben werden müsste.[125] Dies würde aber dem Anklagegrundsatz Rechnung tragen,[126] würde die Kognitionspflicht des Gerichts nicht uferlos ausweiten[127] und wäre auch mit Blick auf die berechtigten Interessen eines

---

[119] *Stuckenberg* in Löwe-Rosenberg, 26. Aufl. 2012, StPO § 264 Rn. 85; für Bewertungseinheiten auch *Radtke* in Radtke/Hohmann, 2011, StPO § 264 Rn. 33.

[120] Vgl. *Schlehofer* GA 1997, 101 (111, 117f.); *Erb* GA 1994, 265 (276f.); ähnlich *Sternberg-Lieben/Bosch* in Schönke/Schröder, 29. Auflage 2014, StGB Vor §§ 52ff. Rn. 80 aE.

[121] Vgl. BGHSt 43, 252 (256).

[122] Vgl. etwa BGHSt 43, 252 (255); BGH NStZ 1984, 469; *Schmitt* in Meyer-Goßner/Schmitt, 61. Aufl. 2018 § 264 Rn. 9; ferner *Stuckenberg* in Löwe-Rosenberg, 26. Aufl. 2012, StPO § 264 Rn. 15f., 32; *Radtke* in Radtke/Hohmann, 2011, StPO § 264 Rn. 20.

[123] *Norouzi* in MüKoStPO, Band 2, 2016, § 264 Rn. 27.

[124] *Schlehofer* GA 1997, 101 (111, 117f.); *Stuckenberg* in Löwe-Rosenberg, 26. Aufl. 2012, StPO § 264 Rn. 32; *Stuckenberg* in KMR-StPO, Stand Januar 2018, § 264 Rn. 36.

[125] So auch *Erb* GA 1994, 265 (277); vgl. ferner *Stuckenberg* in Löwe-Rosenberg, 26. Aufl. 2012, StPO § 264 Rn. 79.

[126] Vgl. dazu BGHSt 46, 349 (358); BGHSt 43, 252 (257); *Stuckenberg* in Löwe-Rosenberg, 26. Aufl. 2012, StPO § 264 Rn. 76.

[127] BGHSt 46, 349 (358); BGHSt 43, 252 (257); *Stuckenberg* in Löwe-Rosenberg, 26. Aufl. 2012, StPO § 264 Rn. 76; dazu auch *Norouzi* in MüKoStPO, Band 2, 2016, § 264 Rn. 23; ferner *Cording*, Der Strafklageverbrauch bei Dauer- und Organisationsdelikten, 1993, 188ff.

Angeklagten nicht das schlechteste Ergebnis.[128] Allerdings würde sie den geschichtlichen Vorgang weitgehend auf die strafbare Handlung reduziert[129] und den „Gleichlauf von materieller und prozessualer Tat" aufheben, woraus sich indes – wegen der Selbständigkeit dieser Tatbegriffe – kein tragfähiges Argument gegen eine solche Lösung herleiten ließe.

Einem solchen – auch der Rechtsprechung des Europäischen Gerichtshofs nicht widersprechenden[130] – Verständnis des Strafklageverbrauchs stünde auch nicht entgegen, dass eine unterlassene tateinheitliche Verurteilung nach weiteren Strafgesetzen nicht nachgeholt werden kann.[131] Nach der hier vertretenen Ansicht stellen sich insofern den Schuldspruch betreffende Probleme nicht. Denn die Erwägung, dass all das, was in Tateinheit steht, auch Gegenstand eines einheitlichen Verfahrens sein muss,[132] trägt gerade nicht, wenn – wie hier vertreten – der Strafklageverbrauch ein prozessuales Hindernis lediglich für eine solche tateinheitliche Verurteilung bildet und es ausschließt, einen schon bestehenden Schuldspruch (wegen anderer prozessualer Tat/-en) nachträglich um einen weiteren Straftatbestand zu ergänzen. Insofern besteht auch kein Widerspruch zu den lediglich den Strafausspruch betreffenden Regelungen der §§ 52ff. StGB. Aber auch hinsichtlich des Strafausspruchs lassen sich die Probleme lösen[133] – und sei es über §§ 154, 154a StPO oder durch angemessene Berücksichtigung bei der (neuen) Straffindung und Strafzumessung.

Der Lösung kann auch nicht entgegengehalten werden, dass sie zu einer Vervielfachung der Strafbarkeit[134] oder einem Verstoß gegen die Unschuldsvermutung führt.[135] Denn es handelt sich lediglich um die Folge einer konsequenten Anwendung des prozessualen Tatbegriffs. Dass einem Täter die Vermeidung einer Vervielfachung der Strafbarkeiten zugutekommen soll, lässt sich gerade aus Gerechtigkeitserwägungen nicht herleiten, wenn es sich tatsächlich um ein gegenüber der früheren Verurteilung erheblich gesteigertes Unrecht handelt.[136]

---

[128] Vgl. dazu auch BGHSt 43, 252 (257); BGHSt 46, 349 (358).

[129] So auch die Kritik bei *Stuckenberg* in Löwe-Rosenberg, 26. Aufl. 2012, StPO § 264 Rn. 32.

[130] Vgl. die ausführliche Darstellung der Rechtsprechung des EuGH bei BGHSt 59, 120 Rn. 24f.; ferner *Hackner* NStZ 2011, 425 (428).

[131] *Rissing-van Saan* in LK-StGB, 12. Aufl. 2007, § 52 Rn. 52; vgl. auch BGHSt 60, 308 Rn. 41.

[132] So BGH NStZ 1997, 508f.

[133] Vgl. hierzu *Radtke* in Radtke/Hohmann, 2011, § 264 Rn. 33, 36; *Schlehofer* GA 1997, 101 (114); *Erb* GA 1994, 265 (278f.) mwN; ferner BGH NStZ 1997, 508; *Stuckenberg* in KMR-StPO, Stand Januar 2018, § 264 Rn. 82ff.; *Stuckenberg* in Löwe-Rosenberg, 26. Aufl. 2012, StPO § 264 Rn. 77f. fordert hierfür eine gesetzliche Regelung.

[134] So aber *Stuckenberg* in Löwe-Rosenberg, 26. Aufl. 2012, StPO § 264 Rn. 75; wie hier im Ergebnis auch BGHSt 60, 308 Rn. 41.

[135] Zu letztem auch *Stuckenberg* in Löwe-Rosenberg, 26. Aufl. 2012, StPO § 264 Rn. 85.

[136] Vgl. auch *Stuckenberg* in Löwe-Rosenberg, 26. Aufl. 2012, StPO § 264 Rn. 76; *Geppert* NStZ 1996, 118 (119).

ALI B. NOROUZI

Verfahrensrecht als Machtfrage – ein blinder Fleck in der strafprozessualen Methodenpraxis

„But to live outside the law, you must be honest."

Bob Dylan

I. Anfang

Warum ich in einer Festschrift für *Thomas Fischer* über die Methodenpraxis der Rechtsprechung nachdenken möchte, erklärt er vielleicht selbst:

„Jede Rechtsprechung ist, in einem weiteren Sinn, stets auch Rechtspolitik. Denn das im konkreten Einzelfall anzuwendende Recht wird nicht einfach ‚gefunden'; es ergibt sich nicht durch eine quasi automatisierte Anwendung naturgesetzartiger Regeln. Rechts-Anwendung ist daher stets auch Rechts-Gestaltung. Schon die Erkenntnis des Sachverhalts, der beurteilt, des Konflikts, über den entschieden oder der Rechtsfrage, die gelöst werden soll, ist keine bloße Abbildung von in der Wirklichkeit ein für alle Mal feststehenden Geschehnissen; Darstellung, Vermittlung und Erkenntnis sind stets auch Konstruktion von Wirklichkeit. Für die konkrete, Geltung von Rechtsregeln gilt das entsprechend. Recht und Rechtsgeltung entstehen zu einem erheblichen Teil also erst in der Anwendung abstrakter Regeln."[1]

Und noch was: *Thomas Fischer* hat an unterschiedlichen Stellen ebenso offen ausgesprochen, der Reiz des Strafrichterberufs kann auch in der Ausübung hoheitlicher Macht bestehen („Richter sein bedeutet: Macht haben").[2] Ich möchte daher bei der Auslegung von Verfahrensbegriffen im Strafverfahren in den Blick nehmen, inwieweit hierdurch Machtpositionen im Prozess strukturell besetzt, verteilt und gesichert werden können. Es geht dabei darum, wie das Revisionsgericht, das letztverbindlich über die Auslegung des einfachen Rechts entscheidet,[3] durch die Interpretation des Verfahrensgesetzes dem Tatrichter Entscheidungsräume überlassen, eigene Entscheidungsfreiräume schaffen und Steuerungsmöglichkeiten finden kann.

---

[1] Im Fachinterview bei *Fischer/Gerhardt* ZRP 2014, 58; s. auch *Fischer* FS Paeffgen, 2015, 737 (742): „Revisionsrecht macht Rechtspolitik."

[2] So etwa in seiner ZEIT-ONLINE-Kolumne *Fischer im Recht* im Beitrag v. 7.7.2015 „Der Richter und sein Selbstbild"; abrufbar unter www.zeit.de.

[3] Gelegentliche Einmischungen des Schlossbezirks à la BVerfGE 133, 169 = NJW 2013, 1058 in die revisionsgerichtliche Domäne bleiben hier unberücksichtigt (dazu und zu den unterschiedlichen Reaktionen des Bundesgerichtshofs *Norouzi* FS Schlothauer, 2018, 355).

Doch zunächst sind für die Vermessung dieses Rahmens ein paar Orientierungspunkte notwendig.

II. Methodik im Strafprozess

1. Defizit

In einem Rechtssystem, das, wie das unsrige, auf Kodifikation setzt, realisiert sich die Wirkmacht einer gesetzlichen Norm in der Interpretation und Anwendung ihres Normtextes. Das ist eine Binsenweisheit. Sie gilt gleichermaßen für das Strafverfahrensgesetz, das bis ins kleinste Detail das Verfahren zur Herstellung und Rekonstruktion einer Wirklichkeit („forensischen Wahrheit") regelt, in der sich die Befehle des materiellen Strafgesetzes realisieren sollen.[4] Welche allgemeinen Maßstäbe dabei für die Auslegung der Strafprozessordnung eine Rolle spielen, wird im Schrifttum nur am Rande berührt und so gut wie nie problematisiert.[5] Das ist kein Zufall. Ein kritisches Nachdenken über Methodenlehre und Methodenpraxis ist im Strafprozessrecht noch im Entstehen.[6]

Das kann mehrere Ursachen haben. Eine mag der genuine *Praxisbezug* des Strafprozessrechts sein. Seine Gesetze und Rechtssätze sind für die Praxis der Strafverfolgung und Strafverteidigung gemacht, in deren Realität müssen sie sich bewähren, durch die Praxis werden sie fortentwickelt. Im Vordergrund steht die Problemlösung, nicht die systematische Kohärenz. Dogmatische Argumente haben dann eine affirmative Funktion. Rechtswissenschaft dient hier als „Rechtsbegründungswissenschaft".[7] Und jüngere Untersuchungen[8] zur Argumentationstechnik höchstrichterlicher Entscheidungen bestätigen den Eindruck, die Rechtsprechung nutze die wissenschaftliche Diskussion als Referenz, soweit sie ihr gewünschtes Ergebnis bestätigt.[9] Methodische Reflexion findet dabei naturgemäß nicht statt.

Auch der *Verfassungsbezug* mag eine Rolle spielen. In zweifacher Hinsicht: Einerseits ist die Auslegung im Strafprozessrecht nicht so strikt an das Gesetz gebunden wie im materiellen Strafrecht durch Art. 103 Abs. 2 GG. Ein strafprozessuales Analogieverbot gilt nur im Bereich der Freiheitsentziehung (Art. 104 Abs. 1 GG, Art. 2 Abs. 2 S. 3 GG).[10] Das erleichtert methodische Freiheit (oder, negativ gesprochen, Beliebigkeit). Als Grundrechtseingriffsrecht wird das Strafverfahrensrecht andererseits durch die Grundrechtsdogmatik des Verfassungsrechts und die EMRK-Rechtsprechung des EGMR begrenzt und beeinflusst. Es muss verfassungs- bzw. konven-

---

[4] Dazu und zur Krise des Selbstverständnisses s. etwa *Kühne* GA 2008, 361.

[5] S. aber *Peters,* Strafprozeß, 4. Aufl. 1985, 88ff.; *Tiedemann* FS Peters, 1984, 131; lesenswert zur Methode des prozessrechtlichen Denkens *Eb. Schmidt,* Deutsches Strafprozeßrecht, 1967, Rn. 30ff.

[6] Maßstabsbildend sind dagegen die Ausführungen von *Lüderssen/Jahn* in Löwe-Rosenberg, 27. Aufl. 2016, Einl. M; s. ferner *Kudlich* in MüKoStPO, 1. Aufl. 2014, Einl. Rn. 577ff.

[7] Vgl. *Vesting,* Rechtstheorie, 2007, 15.

[8] *Kudlich/Christensen,* Die Methodik des BGH in Strafsachen, 2009, 39ff.

[9] S. dazu und zum allgemeinen Verhältnis von Strafrechtswissenschaft und Strafrechtspraxis *Fischer* FS Hamm, 2008, 63 (68).

[10] Progressiv hierzu *Lüderssen/Jahn* in Löwe-Rosenberg, 27. Aufl. 2016, Einl. M Rn. 62ff.

tions*konform* ausgelegt und es soll verfassungs- bzw. konventions*orientiert* verstanden werden.[11] Letzteres bezeichnet die Lösungswege, die den Verfahrensgrundrechten oder Wertentscheidungen der Verfassung bzw. Konvention im Rahmen der Auslegung des einfachen Rechts besondere Geltung verschaffen.[12]

2. *Dominanz der Topik*

In welchem Verhältnis die verfassungsorientierte Auslegung zu den anerkannten Auslegungsmethoden steht, bleibt unklar.[13] Und das muss die Praxis auch nicht zwingend klären. Strafprozessuale Argumentation bleibt nämlich vorwiegend *topisch*. Das liegt in ihrer Tradition. Sie sucht seit jeher eine Rückkopplung in Zwischenbegriffen, gemeinhin bekannt als Prozessmaximen.[14] Sie haben meist protolegalen Charakter, sind also vorgesetzlichen Ursprungs, und dienen der Realisierung rechtspolitischer Grundvorstellungen vom richtigen und guten Prozess.[15] Ihre Kodifikation ist uneinheitlich gelungen. Man muss sie hier und da nicht ohne Mühe in einzelne Normen hineinlesen,[16] und insbesondere gibt es hierzulande keine Vorschrift in der Strafprozessordnung, die festlegt, auf welchen Prinzipien der Prozess beruhen soll.[17] Der tradierten Neigung zur maximen-geleiteten Argumentation steht das nicht im Wege. Die solchermaßen im Strafprozessrecht angelegte Gewöhnung an gesetzesferne Begriffe erklärt, warum neben den *klassischen* Maximen, wie Öffentlichkeit, Mündlichkeit, Unmittelbarkeit, Anklage- und Amtsermittlungsgrundsatz, Legalität und Opportunität usw., in die Strafprozessdogmatik der letzten 50 Jahre weitere Funktionsbegriffe getreten sind, die ich als *Zwischenbegriffe zweiter Ordnung* bezeichnen möchte. Sie sind nur teilweise verfassungsrechtlichen Ursprungs und damit als Ausdruck der durch Art. 1 Abs. 3 GG vorgegebenen Konstitutionalisierung[18] des Strafverfahrensrechts erklärlich. Gemeint sind etwa: Faires Verfahren, Waffengleichheit, Fürsorgepflicht, prozessuale Eigenverantwortung, Opferschutz, Beschleunigung, Rechtsmissbrauchsverbot, Funktionstüchtigkeit der Strafrechtspflege, Leitbilder (einer „geordneten Strafverteidigung" usw.) oder Verhältnismäßigkeit. All diese Begriffe bleiben inhaltlich vage und ambivalent in ihrer Funktionszuschreibung.

Die Verlockung der topischen Argumentation liegt in ihrer Vielseitigkeit. Sie kann unterschiedliche Probleme einer sektoriellen Lösung zuführen, ohne auf sys-

---

[11] Dazu *Lüderssen/Jahn* in Löwe-Rosenberg, 27. Aufl. 2016, Einl. M Rn. 47 ff.

[12] *Lüderssen/Jahn* in Löwe-Rosenberg, 27. Aufl. 2016, Einl. M Rn. 49.

[13] *Kühne* in Löwe-Rosenberg, 27. Aufl. 2016, Einl. I Rn. 74 etwa bemängelt methodisch, wenn durch Staatsanwaltschaften und Gerichte „vorschnell und unmittelbar" auf „verfassungsrechtliche Postulate zurückgegriffen wird, anstatt das verfassungsrechtlich erforderliche Ergebnis mit der Anwendung derjenigen gesetzlichen Vorschriften zu begründen, in denen die jeweilige verfassungsrechtliche Maxime ihren Ausdruck findet".

[14] Umfassende Darstellung bei *Kühne* in Löwe-Rosenberg, 27. Aufl. 2016, Einl. I Rn. 2 ff.

[15] Vgl. auch die Charakterisierung und Funktionsbeschreibung bei *Rieß* FS Rebmann, 1989, 382; *Kühne* in Löwe-Rosenberg, 27. Aufl. 2016, Einl. I Rn. 2 ff.

[16] So etwa den Unmittelbarkeitsgrundsatz in § 250 StPO.

[17] Anders in Frankreich, dessen Code de procedure pénal seit 2001 einen article préliminaire kennt; näher dazu *Jung/Morsch* FS Neumann, 2017, 1311.

[18] Dazu *Jahn* in Tiedemann ua, Die Verfassung moderner Strafrechtspflege, 2016, 63 ff.

tematische Geschlossenheit achten zu müssen. Das erklärt etwa den Siegeszug der Abwägungslösung in der Rechtsprechung zu den Beweisverwertungsverboten.[19] Widersprüche werden durch kleinteilige Antworten geglättet. So kann beispielsweise der Rechtssatz, aus § 252 StPO folge ein umfassendes Verwertungsverbot für frühere Aussagen eines Zeugen aus dem Ermittlungsverfahren, wenn er sich später in der Hauptverhandlung auf sein Zeugnisverweigerungsrecht beruft, *neben* dem Satz bestehen bleiben, ausgenommen von dieser Regel seien frühere Aussagen vor dem Ermittlungsrichter.[20] Natürlich widerspricht Letzteres dem Schutzzweck-Argument, das gerade die Regel begründet.[21] Eine topische Argumentation ficht das nicht an. Sie beruft sich auf den besonderen Stellenwert einer richterlichen Vernehmung.[22]

3. *Subjektive Betroffenheit des Norminterpreten*

In diesem Kontext ist noch Eines bedeutsam: die *Betroffenheit* des Norminterpreten. Die Auslegung des Verfahrensrechts durch den damit betrauten Richter ist für ihn etwas anderes als die Interpretation des materiellen Rechts. Dieses betrifft ihn nicht persönlich in seiner Arbeit, es prägt nicht sein Erleben der Wirklichkeit. Die Auslegung dessen, was unter Heimtücke, Vermögensschaden oder grobem Eigennutz zu verstehen sein soll, vollzieht sich zwar nach einem lebensweltlichen Vorverständnis, bleibt aber in einer mehr oder weniger abstrakten Sphäre juristischer Begriffsschöpfung haften. Dagegen ist die Auslegung und Bestimmung dessen, wodurch sich ein zulässiger Beweisantrag auszeichnet, was Befangenheit begründet oder wann die Schwierigkeit der Sach- und Rechtslage die Mitwirkung eines Verteidigers gebietet, zugleich Reflexion dessen, was man selbst im Berufsalltag erlebt, erlebt hat oder nicht (mehr) erleben möchte.

Das betrifft den Tatrichter, der von ihm eingeräumten Ermessens- und Beurteilungsspielräumen Gebrauch macht, gleichermaßen wie den Revisionsrichter, der letztverbindlich über den Bedeutungsgehalt von Verfahrensbegriffen entscheidet. Denn regelmäßig gilt: Der Revisionsrichter, der fast immer zunächst Tatrichter (und manchmal auch Staatsanwalt) war, kennt das Geschäft desjenigen, über dessen Arbeit und Arbeitsbedingungen er entscheidet – ganz anders meist als die Lebenswelt desjenigen, über den es in der Sache zu urteilen gilt. Insoweit ist die Auslegung des Verfahrensrechts auch zugleich immer notwendig von dem eigenen Erleben der Verfahrenswirklichkeit (oder dessen, was einem hierüber berichtet wird) beeinflusst, wenn nicht gar geleitet. Das erklärt mühelos den Eingang und Einfluss einer „res-

---

[19] Dazu und dagegen überzeugend *Dallmeyer,* Beweisführung im Strengbeweisverfahren, 2002, 155ff.

[20] Zuletzt bestätigt durch den Großen Senat in BGHSt 61, 221 = NJW 2017, 94.

[21] Darum mit Recht kritisch der 2. Strafsenat in seinen Anfrage- und Vorlagebeschlüssen in BGH NStZ 2014, 596; NStZ 2015, 710; Beschl. v. 24.2.2016 – 2 StR 656/13, BeckRS 2016, 06840.

[22] BGHSt 61, 221 (232f.) = NJW 2017, 94; zur Schwäche dieses Arguments haben sich einige Großmeister des Strafprozessrechts hinreichend klar geäußert, in chronologischer Reihenfolge: *Eb. Schmidt* JR 1959, 369 (373); *Grünwald* JZ 1966, 489 (497f.); *Peters* JR 1967, 467f.; *Fezer* JZ 1990, 875 (876).

sourcen-ökonomischen Logik“[23] in die Verfahrensrechtsinterpretation wie auch die aus selbst erlebten oder berichteten Extremsituationen geschöpfte Rechtsmissbrauchs-Diktion gegenüber dem Verhalten der Verteidigung.[24] Die so bedingte strukturelle Betroffenheit des Norminterpreten bleibt jedoch ein blinder Fleck. Eine praxisbezogene strafprozessuale Methodenlehre sollte ihn nicht ausblenden. Für das Verständnis prozessualer Entwicklungen in der Rechtsprechung, insbesondere für die so bezeichnete „Materialisierung des Verfahrensrechts“,[25] kann dieser Aspekt Wesentliches beitragen. Schon vor 35 Jahren erkannte *Peters* – wer sonst? – in der letzten Auflage seines Klassikers „Strafprozeß“:

„Die Fortbildung des Rechts durch Auslegung darf niemals durch einseitige Interessenwahrnehmung erfolgen. Eine Gefahr in dieser Richtung ergibt sich daraus, daß der Richter im Wege der Auslegung seine eigene Position bestimmen kann. Die Auslegung hängt weitgehend von seinem Rollenverständnis ab. Daher haben die kriminalpolitischen Vorstellungen der Richter, insbesondere der Revisionsrichter, eine erhebliche Bedeutung. Die Auslegung kann zu einer einseitigen Stärkung der Richterposition führen, die zwar möglicherweise eine einfache Handhabung des Strafprozeßrechts und eine Beschleunigung des Verfahrens herbeiführt, zugleich aber die Möglichkeit der Verteidigung einschränkt, wenn nicht gar ‚abblockt‘.“[26]

Damit ist ein Übergang zum eigentlichen Thema dieser Betrachtung hergestellt:

III. Macht im Strafprozess

1. Bedeutung

Strafe ist ein vorkonstitutionelles Mittel der Gewaltausübung. Durch den Staat verhängt und vollzogen, realisiert sich in ihr hoheitliche Macht.[27] Mag auch im Rechtsstaat des Grundgesetzes der Zweck des Strafrechts wie des gesetzlichen Strafverfahrens in der Verrechtlichung, Rationalisierung („Strafe als Kommunikation“) und Begrenzung staatlicher Herrschaft liegen, so bleibt es doch im Kern Machtausübung.

Im Strafverfahren kommt diese nicht erst dann zum Vorschein, wenn am Ende ein Urteil gesprochen, eine Sanktion verhängt wird. Wer eine Hauptverhandlung terminiert, Zeugen lädt, über den Umfang von Akteneinsicht entscheidet, Beweisanträgen nachkommt oder sie ablehnt, Pflichtverteidiger beiordnet, Haftbefehle erlässt und vieles mehr entscheidet, übt Macht aus. Das lässt sich bei der Auslegung von Verfahrensbegriffen und ihrer Anwendung nicht ausblenden. Sie haben Macht-

---

[23] Dazu *Weßlau* FS Frisch, 2013, 1289.

[24] Zu den mitunter harschen Kommentaren in Revisionsentscheidungen gegenüber dem Vorbringen der Verteidigung s. die Zusammenstellung bei *Ventzke* FS Fezer, 2008, 477.

[25] Zur Bedeutung des Begriffs s. *Dallmeyer,* Beweisführung im Strengbeweisverfahren, 2002, 184ff.

[26] *Peters,* Strafprozeß, 4. Aufl. 1985, 89.

[27] Mit *Max Weber* definiere ich Macht als „Möglichkeit, den eigenen Willen dem Verhalten anderer aufzuzwingen“ (s. *Weber,* Wirtschaft und Gesellschaft: Herrschaft, Max Weber Studienausgabe I/22-4, 2009, 2).

bezüge, und zwar begonnen mit der Frage, wann eine Person als „Beschuldigter" gelten muss, der Rechte hat und Belehrungspflichten unterliegt, bis nach dem Abschluss des Revisionsverfahrens und der Frage, ob und unter welchen Umständen das Revisionsgericht den Gehörsanspruch eines Beteiligten „in entscheidungserheblicher Weise" verletzt hat.

Die Auslegung von Begriffen der Strafprozessordnung hat daher nicht selten das Austarieren, Erweitern oder Begrenzen von Machträumen im Strafverfahren zum Anlass und zur Folge. Auch wo dies nicht explizit durch den jeweiligen Verfahrensbegriff vorgezeichnet ist, können Machtgewinn und Machtverlust Gegenstand einer klandestinen Folgenbetrachtung sein.

2. *Beispiele*

Ich möchte das an einigen *Beispielen* veranschaulichen und vertiefen. Allesamt betreffen sie unverdächtige Gesetzesbegriffe: „Verletzung des Gesetzes", „offensichtlich", „Wortlaut". Und doch scheinen hinter ihnen grundsätzliche Machtfragen im Prozess auf, die manches über den Zustand des Strafverfahrens verraten.

a) § 337 Abs. 1 StPO: „Verletzung des Gesetzes"

§ 337 Abs. 1 StPO definiert kurz und, so scheint es, in begrifflicher Klarheit das Wesen der Revision. Sie kann „nur darauf gestützt werden, dass das Urteil auf einer Verletzung des Gesetzes beruhe". § 337 Abs. 2 StPO erklärt, was unter einer Gesetzesverletzung – nämlich: die unterbliebene oder unrichtige Anwendung von Rechtsnormen (dazu § 7 EGStPO) – zu verstehen ist. Das ändert jedoch nichts daran, dass der Anwendungsbereich von Gesetzesverletzungen nicht so einfach zu bestimmen ist, wie es den Anschein hat. Denn hierunter verbirgt sich zunächst eine Kompetenzfrage: Was keine Gesetzesverletzung sein kann, kann auch nicht durch das Revisionsgericht kontrolliert werden. Diese Kompetenzgrenze kann in beide Richtungen verschoben werden. Und so verschieben sich Machträume.

aa) Freiräume des Tatrichters

Es kommt vor, dass Beurteilungsspielräume bei der Subsumtion unter Rechtsbegriffe des materiellen Rechts zugebilligt werden, die sich anhand des klaren Wortlauts des Gesetzes nicht erklären lassen. Schließlich stellt die fehlerhafte Subsumtion eines Lebenssachverhalts unter eine Rechtsnorm eine Gesetzesverletzung dar, und § 337 Abs. 2 StPO kennt nur den binären Code „richtig/falsch". Für eine dritte Kategorie der Vertretbarkeit im Sinne eines „rechtlichen non liquet"[28] ist kein Raum.[29] Gleichwohl gestattet der Bundesgerichtshof dem Tatrichter einen Beurteilungsspielraum bei der Bewertung dessen, was noch und was nicht mehr als niedriger Beweggrund der Tötung eines anderen im Sinne des § 211 StGB gelten

[28] So aber *Maatz* StraFo 2002, 373 (379).

[29] So bereits *Tolksdorf* FS Meyer-Goßner, 2001, 523 (529ff.); s. ferner *Bartel* FS Frisch, 2013, 1255 (1275).

kann.[30] Gleiches gilt für die Abgrenzung, ob ein Tatbeitrag bereits mittäterschaftliche Zurechnung begründet oder noch im Bereich der Beihilfe bleibt.[31] Die Beispiele ließen sich fortsetzen.[32] Die Zubilligung von Beurteilungsspielräumen schafft hier wie dort ein weiches Kriterium, mit dem Macht zugestanden wird, ohne zugleich auf die Deutungshoheit so empfundener Grenzübertritte zwingend zu verzichten. Damit geht aber ein Kontrollverlust einher, der gerade in Anbetracht der Sanktionsfolgen (bei Mord: lebenslange Freiheitsstrafe, bei Beihilfe: Strafrahmenmilderung) im Lichte eines effektiven Revisionsrechtsschutzes nur schwer verständlich bleibt.[33]

Weitere Beispiele für die tatrichterfreundliche Relativierung des Begriffs der Gesetzesverletzung sind: die „natürliche [!] Stufung der Verfahrensvorschriften"[34], die nach dem Wortlaut des § 337 Abs. 2 StPO allesamt Rechtsnormen sind, aber in Ordnungsvorschriften, Rechtskreis-Normen etc. unterschieden werden sollen;[35] die Qualifizierung einer Gesetzesverletzung als willkürlich, wie sie die Rechtsprechung bei Verstößen gegen den gesetzlichen Richter oder gegen den Richtervorbehalt verlangt;[36] oder das Erfordernis eines gerichtlichen Verschuldens bei einer faktischen Beschränkung der Öffentlichkeit durch gerichtsorganisatorische Versäumnisse, ehe der absolute Revisionsgrund des § 338 Nr. 6 StPO bejaht wird,[37] was der eigentlich verschuldensunabhängigen Bewertung von Verfahrensverstößen widerspricht. Das ist die eine Seite.

bb) Erweiterte Kontrolle durch das Revisionsgericht

Auf der anderen steht eine Ausweitung der revisionsgerichtlichen Prüfungsbefugnisse, die seit langem als „erweiterte Revision" bekannt ist.[38] Danach soll es eine materielle Gesetzesverletzung darstellen, wenn das Urteil einem Darstellungsprofil nicht entspricht, das die Revisionsrechtsprechung am Wortlaut des eigentlich einschlägigen § 267 StPO vorbei entwickelt hat, um Fallgruppen zu bilden, in denen die eigentlich nicht begehbare Domäne des Tatrichters, die Würdigung des Beweisstoffes der Hauptverhandlung (§ 261 StPO), doch einer Aufhebung unterliegt. Warum hierfür die Sachrüge einschlägig sein soll, für deren Beurteilung der Revisionsrichter nicht der Macht (oder Ohnmacht) des Begründungsgeschicks des Revisionsführers unterworfen ist, ist bereits hinreichend bemerkt worden; ebenso der

---

[30] S. nur BGH NStZ 2006, 284 (285); NStZ-RR 2008, 308; krit. dazu *Schneider* FS Widmaier, 2008, 759 (767 f.).

[31] S. nur BGH NJW 2000, 3364; NStZ 2003, 153.

[32] S. nur die Auflistung bei *Tolksdorf* FS Meyer-Goßner, 2001, 523 (526 ff.).

[33] So auch *Bartel* FS Frisch, 2013, 1255 (1286 f.), die den Justizgewährungsanspruch des Einzelnen berührt sieht, „wenn der Bundesgerichtshof die tatrichterliche Subsumtion der Beweggründe als niedrig als vertretbar unbeanstandet ließe".

[34] So BGHSt 11, 213 (214) = NJW 1958, 557.

[35] Zur Kritik daran s. nur *Eb. Schmidt* JZ 1958, 596; s. ferner *Dallmeyer,* Beweisführung im Strengbeweisverfahren, 2002, 198 ff.

[36] Zum gesetzlichen Richter: BGH NStZ 2017, 491; NStZ 2015, 714; zum Richtervorbehalt: BGHSt 51, 285 = NJW 2007, 2269.

[37] S. nur BGHSt 21, 72 (74) = NJW 1966, 1570; krit. dazu *Kudlich* FS Fezer, 2008, 435 (446 f.).

[38] Grundlegend dazu *Fezer,* Die erweiterte Revision – Legitimierung der Rechtswirklichkeit?, 1974.

Hintergrund dieser Entwicklung, die allein in der strukturellen Letztverantwortlichkeit des Revisionsrichters für den Bestand der im tatrichterlichen Urteil getroffenen Feststellungen zu suchen ist und dessen Unwillen so empfundene Fehlurteile sehenden Auges hinzunehmen.[39] Auch das muss hier nicht wiederholt werden.

Es geht allein um die Flexibilität des Begriffsverständnisses einer Gesetzesverletzung, die das eine gestattet und das andere ausnimmt.

b) § 349 Abs. 2 StPO: „offensichtlich"

Eine kaum überbrückbare Kluft[40] zwischen Revisionsrechtsprechung, Wissenschaft und der hiervon betroffenen Revisionsverteidigung zeigt sich im Begriffsverständnis darüber, wann im Sinne des Gesetzes eine Revision „offensichtlich" unbegründet nach § 349 Abs. 2 StPO sein soll,[41] damit ein Verwerfungsbeschluss ergehen darf, der nicht begründet werden muss.

So nämlich, begründungslos verworfen, endet die weit überwiegende Mehrzahl der Angeklagtenrevisionen. Es geht hier nicht darum, welchen Hintergrund diese Praxis hat, aus welcher gesetzgeberischen Fehlkonstruktion sie entstanden ist und welche praktische Relevanz der flexible Beschlussweg für die Bewältigung der revisionsgerichtlichen Arbeitslast besitzt.[42] Wichtig für die Zusammenhänge dieses Beitrags ist allein der Umgang des Bundesgerichtshofs mit dem die Arbeit seiner Strafsenate unmittelbar treffenden und regelnden Verfahrensrecht. Er offenbart, wie anstelle einer an gesetzlichen Vorgaben orientierten Interpretation des Gesetzes die eigene Überzeugung dessen getreten ist, was eine pragmatische und ressourcenschonende Vorgehensweise sein soll.[43] Eine Definition dessen, was der Gesetzesbegriff „offensichtlich" besagen soll, findet man selten;[44] in Begründungen der Revisionsgerichte taucht er nicht auf, schon weil er im Tenor des Verwerfungsbeschlusses keine Erwähnung (mehr) findet. Hören wir *Thomas Fischer* zu:

---

[39] Zu beidem *Fezer* FS Hanack, 1999, 331 (332ff.).

[40] Zum aktuellen Meinungsstand s. nur *Keck,* Das Beschlussverfahren in der strafprozessualen Revision, 2016, 74ff.

[41] Das ist das materielle Kriterium. Prozedurale Sicherungen im Verfahren sind daneben der Antrag der Revisionsstaatsanwaltschaft, die Gelegenheit für den Revisionsführer zur Stellungnahme hierauf und die Einstimmigkeit im Revisionssenat (§§ 349 Abs. 2 und 3 StPO).

[42] Dazu grundlegend *Fezer* StV 2007, 40; s. ferner *Norouzi* StV 2015, 773; zu möglichen Reformen *Keck,* Das Beschlussverfahren in der strafprozessualen Revision, 2016, 337ff.

[43] Vgl. *Fezer* StV 2007, 40 (45): „Die Situation ist völlig verfahren. Wir haben es mit einer tiefgreifenden, lang andauernden, nicht von allen Beteiligten akzeptierten Diskrepanz zwischen normativer Lage und praktischem Prozesshandeln zu tun, die die Revisionspraxis selbst nicht beseitigen kann und auch gar nicht will."

[44] Tautologisch unscharf bleibt die wiederholt anzutreffende Definition, es sei „für jeden Sachkundigen ohne längere Prüfung erkennbar, dass das Urteil in sachlich-rechtlicher Hinsicht keine Fehler aufweist und die Revisionsrügen dem Rechtsmittel nicht zum Erfolg verhelfen können" (so BGH NStZ 2003, 103; s. ferner BVerfG NJW 2002, 814 (815)). Sie erklärt bereits nicht, warum grundsätzliche Rechtsfragen „ohne längere Prüfung" immerhin in der amtlichen Sammlung geklärt werden müssen. Der Anteil an Verwerfungsbeschlüssen in BGHSt ist konstant hoch (s. *Norouzi* StV 2015, 773 (775) bei und in Fn. 23).

„Die Anforderung der ‚Offensichtlichkeit' in § 349 Abs. 2 StPO wird behandelt, als sei sie nicht geschrieben. Sie hat in der Praxis des Revisionsgerichts keine Bedeutung und gilt als ‚überholt', ohne dass jemals ernsthaft begründet wird, durch was – Gesetzeslage, richterrechtliche Grundlagenentscheidungen oder Auslegungsergebnisse – eine solche Überholung eingetreten sein soll. In 17 Jahren der Zugehörigkeit zum Bundesgerichtshof hat der Verf. keinen einzigen Fall erlebt, in dem über das Merkmal der ‚Offensichtlichkeit' ernsthaft beraten wurde."[45]

Mit dieser eingeübten Vorgehensweise, die eine entsprechend eingeübte Antragspraxis der Revisionsstaatsanwaltschaft voraussetzt,[46] entfernt sich die Revisionsrechtsprechung vom Gesetz. Und das Bundesverfassungsgericht beanstandet dies nicht.[47] Der Hinweis, die Offensichtlichkeit legitimiere sich durch das Verfahren, also durch den Antrag der (normativ objektiven) Revisionsstaatsanwaltschaft und die Einstimmigkeit im Spruchkörper, verschleift die formellen und die sachlichen Tatbestandsvoraussetzungen der Beschlussverwerfung. Die so nutzbare und weit überwiegend auch genutzte Möglichkeit zur begründungslosen Verwerfung macht den Verfahrensbeteiligten nur die Entscheidung, also die Rechtsfindung, zugänglich. Ihre Begründung, also die Rechtfertigung, bleibt nicht einsehbar. Das ist im Lichte von Art. 103 Abs. 1 GG nicht unbedenklich, wenn für den Beschwerdeführer nicht ersichtlich wird, inwieweit sein Rügevortrag bei der Beratung Berücksichtigung fand und aus welchen Gründen er entkräftet wurde.[48] Vor allen Dingen entzieht das Revisionsgericht seine Begründung einer Kontrolle durch die (Fach-) Öffentlichkeit. Sie erfährt nur die begründeten Entscheidungen. Welche Rügen und welche durch die Revision aufgeworfenen Rechtsfragen dagegen ohne Begründung entschieden und erledigt worden sind, erfährt sie dagegen nicht.[49] Wer die Macht hat, muss sich daran nicht stören.

c) § 273 Abs. 3 StPO: „Wortlaut"

Die Auslegung des Gesetzes geht vom Wortlaut aus, aber sie muss ihn nicht wortwörtlich nehmen. Ausgerechnet am Rechtsbegriff „Wortlaut" in § 273 Abs. 3 StPO geschieht dies aber und demonstriert, wie die vielleicht problematischste tatrichterliche Machtstellung durch das Verständnis eines harmlos scheinenden Gesetzesbegriffs gesichert werden kann.

Um was geht es? Angenommen, ein Zeuge macht Angaben in der Hauptverhandlung, die den Angeklagten entlasten, so leuchtet das Interesse der Verteidigung ein, diese Angaben hieb- und stichfest zu sichern. Der richtige Ort hierfür scheint das Hauptverhandlungsprotokoll zu sein. Mag es im landgerichtlichen Verfahren

---

[45] *Fischer* FS Schlothauer, 2018, 471 (474).

[46] Zu den informellen Codes der Antragspraxis im Revisionsverfahren s. *Norouzi* StV 2015, 773 (775).

[47] S. zuletzt BVerfG StV 2015, 75.

[48] S. dazu *Pohlreich,* Das rechtliche Gehör im Strafverfahren, 2016, 264 ff.

[49] Ausgenommen sind öffentlichkeitswirksame Verfahren, in denen die Pressestelle eine Pressemitteilung über die Revisionsverwerfung herausgibt. Aber auch hier erfährt die Öffentlichkeit nur die Entscheidung.

grundsätzlich nur die Einhaltung der wesentlichen Formen beweisen, so räumt § 273 Abs. 3 StPO den Verfahrensbeteiligten ein Antragsrecht ein, wenn es „auf die Feststellung … des Wortlauts einer Aussage oder einer Äußerung an[kommt]". Gleichwohl wird die Verteidigung mit ihrem Antrag scheitern. Es komme ihr nämlich, so der vom Bundesgerichtshof gebilligte Begründungssatz, allein auf den Inhalt, nicht auf den Wortlaut der Aussage an.[50] Dieses Interesse sei nicht geschützt. Einfach gesprochen: Sobald man den Inhalt einer Aussage auch in anderen Worten wiedergeben kann, kommt es nach diesem Gesetzesverständnis nicht mehr auf ihren Wortlaut an. Damit läuft das Antragsrecht in der Praxis leer. Was dann noch bleiben soll, wären „sprachliche Skurrilitäten".[51] Kann dies das Gesetz wollen? Wortlaut und Inhalt einer Aussage lassen sich nicht trennen; erst jener verleiht dieser ihren Eigenwert und ihre Eigentümlichkeit.[52] Die Dokumentation des vollständigen Wortlauts einer Aussage kann darum in Anbetracht der inzwischen geltenden Maßstäbe zur Kontrolle der Aussagequalität ein berechtigtes Interesse begründen.

Dennoch scheint die im Jahre 1965 vom Bundesgerichtshof kurze Zeit nach Einführung des Protokollierungsantragsrechts aufgestellte Behauptung, allein der Tatrichter entscheide, „ob es auf den Wortlaut der Aussage ankommt",[53] nicht mehr hinterfragt worden zu sein. Die dort zitierten Entscheidungen des Reichsgerichts stammen aus einer Zeit, in der § 261 StPO als eine der Revision nicht zugängliche Norm galt, weil „auf einem angeblichen Widerspruch zwischen den Ergebnissen der Vernehmungen und den Feststellungen die Revision niemals gestützt werden kann".[54]

Das gilt heute in dieser Absolutheit nicht mehr, und genau aus diesem Grund ändert sich die Rechtsprechung zu § 273 Abs. 3 StPO nicht. Damit wären wir endlich bei der eigentlichen Machtfrage. Es sind die revisionsrechtlichen Folgen einer rechtlich verlässlichen Dokumentation des Inhalts der Beweisaufnahme. Wird nämlich eine Aussage wortwörtlich protokolliert, so dürfen später zwischen ihr und den schriftlichen Urteilsgründen keine „erörterungsbedürftigen Diskrepanzen" bestehen; andernfalls kann ein Verstoß gegen § 261 StPO gerügt werden.[55] Das ansonsten geltende sog. Rekonstruktionsverbot,[56] das sich normativ nicht überzeugend begründen lässt, sondern nur Folge eines faktischen Rekonstruktions*problems* bleibt,[57] gilt dann nämlich nicht. Der 2. Strafsenat konstatiert: „Der hohe [!] Beweiswert der nach § 273 Abs. 3 S. 1 StPO angeordneten Beurkundung schließt es

[50] S. nur *Meyer-Goßner* in Meyer-Goßner/Schmitt, 60. Aufl. 2017, StPO § 273 Rn. 22.

[51] Treffend *Müller* FS Volk, 2009, 485 (492).

[52] So auch *Stuckenberg* in Löwe-Rosenberg, 26. Aufl. 2013, § 273 Rn. 50.

[53] BGH NJW 1966, 63.

[54] So im Jahre 1881 RGSt 5, 352 (353); nicht anders 35 Jahre später RGSt 49, 315. Doch wurde diese Einschränkung der Beweiskraft inhaltlich protokollierter Aussagen bereits vom Reichsgericht nicht konsequent durchgehalten (s. RGSt 42, 157 (160); 43, 437 (438); 58, 58 (59)).

[55] BGH NJW 1992, 252.

[56] Umfassend dazu nunmehr *Bartel,* Das Verbot der Rekonstruktion der Hauptverhandlung, 2014.

[57] Dazu bis heute grundlegend die Kritik von *Fezer* in Ebert, Aktuelle Probleme der Strafrechtspflege, 1991, 89.

aus, die Diskrepanz oder Lücke unter Berufung auf den Grundsatz, daß es allein Sache des Tatrichters sei, die Ergebnisse der Beweisaufnahme festzustellen und zu würdigen, hinzunehmen[!]".[58] Welche Folgen dies haben könnte, bemerkt auch der 2. Strafsenat und stellt sogleich beschwichtigend klar: „Die Auffassung des Senats besagt nicht, daß die wörtliche Protokollierung zu dem Zweck gefordert werden kann, ‚ein Einfallstor für Verfahrensrügen nach §§ 244 Abs. 2, 261 StPO' … zu erlangen; sie ändert auch nichts daran, daß allein der Tatrichter zu beurteilen hat, ob es auf den Wortlaut der Aussage ankommt (vgl. BGH, NJW 1966, 63)."[59]

Das bestätigt: Je mehr Freiheit das Tatgericht darüber hat, ob und inwieweit es den Inbegriff der Hauptverhandlung objektiv dokumentieren möchte, desto weniger muss es insoweit eine revisionsrechtliche Kontrolle fürchten. Die Duldung dieses Rechtszustandes dient nicht nur der Gewährleistung tatrichterlicher „Wahrnehmungsherrschaft"[60] über das, was als Inbegriff der Hauptverhandlung gelten darf bzw. was als solcher nachgeprüft werden kann.[61] Sie schützt zugleich den Bundesgerichtshof vor einer die eigenen Kapazitätsgrenzen wohl übersteigenden Flut an Inbegriffsrügen. Schon aus Eigeninteresse bleibt es daher bei der wenig überzeugenden restriktiven Handhabung des § 273 Abs. 3 StPO. Und daran wird sich, das ist ein anderes Thema,[62] solange nichts ändern, solange der Gesetzgeber nicht eine Justizmodernisierung gestattet, die ihren Namen verdient und die vorhandenen technischen Möglichkeiten zur Dokumentation der Beweisaufnahme nutzt.[63] Die rechtspolitischen Widerstände[64] hiergegen bestätigen indes eindrucksvoll: Die Dokumentationsfrage ist eine Machtfrage, nichts anderes.

[58] BGH NJW 1992, 252 (253).

[59] BGH NJW 1992, 252 (253).

[60] So die plastische Bezeichnung von *Goecke* in Strafverteidigervereinigungen, Welche Reform brauch das Strafverfahren?, 2016, 1.

[61] In dieses Bild passt es freilich, wenn BGH NStZ 2012, 404 (405) die richterliche Mitschrift, welche „von den subjektiven Wahrnehmungen und Bewertungen des betreffenden Richters geprägt" ist und in der Praxis die alleinige Grundlage der späteren Urteilsberatung bildet, zu einem „höchstpersönlichen Akt, der den ‚Inbegriff der Verhandlung' aufbereitet und konkretisiert und die Grundlage für die Beratung und Urteilsabfassung bildet", verklärt.

[62] Die in der 18. Legislaturperiode eingesetzte Expertenkommission zur StPO-Reform hat zumindest empfohlen, die audiovisuelle Vernehmung zu prüfen; s. dazu den Bericht der Expertenkommission zur effektiveren und praxistauglicheren Ausgestaltung des allgemeinen Strafverfahrens und des jugendgerichtlichen Verfahrens, 2014, S. 128 ff.; abrufbar unter www.bmjv.de; Abrufdatum: 28.5.2018.

[63] Dazu nunmehr *Mosbacher* StV 2018, 182; speziell zu den revisionsrechtlichen Folgen *Wehowsky* NStZ 2018, 177.

[64] Eindrucksvoll belegt durch die Gründung des sog. Strafkammertags (dazu *Norouzi,* AnwBl. 2018, 290). Wie der Präsident des Oberlandesgerichts Bamberg *Clemens Lückemann* im Interview mit LTO v. 26.9.2017 einräumt, war es ua ein Ziel dieser Institution, den Prüfauftrag der Expertenkommission aus dem späteren Gesetzesvorhaben herauszuhalten.

IV. Ende

Zum Ende hin komme ich an den Anfang zurück, zu *Bob Dylan* und zu der zitierten Zeile aus Absolutely Sweet Marie: „But to live outside the law, you must be honest".[65]

Man mag einwenden, das passt nicht. Die Rechtsprechung lebt nicht außerhalb des Gesetzes. Das wäre auch schlimm. Die genannten Beispiele verdeutlichen jedoch, sie berührt seine Grenzen, manchmal strapaziert sie sie auch arg. Dass sich manches im Kontext der Machtbalance im Verfahren verstehen lässt, wird so wenig vertieft, wie Bedeutung und Eigentümlichkeit der richterlichen Macht im Strafverfahren Erwähnung finden. Dabei ist richterliche Macht legitimer Ausdruck der rechtsprechenden Gewalt, die das Grundgesetz nicht abstrakt und institutionell den Gerichten, sondern „den Richtern anvertraut" (Art. 92 S. 1 GG), Richtern, die durch ihren Amtseid (§ 38 Abs. 1 DRiG) zur Verfassungs- und Gesetzestreue, zur Neutralität und zum Streben nach Wahrheit und Gerechtigkeit verpflichtet bleiben. Das Sprechen über richterliche Macht ist darum kein Tabu. Ihre Bedeutung und das Interesse an Machtpositionen im Prozess muss man offen benennen und ansprechen. Erst recht dürfen Machtfragen im Strafprozess nicht durch topische Argumentationsstrategien oder mittels vager Zwischenbegriffe camoufliert werden. Auch wer sich innerhalb des Rechts bewegt, sollte hier ehrlich bleiben.

Was man am Werk und Wirken von *Thomas Fischer* mit Hochachtung betrachten kann, ist der scharfsichtige Blick durch die juristischen Begrifflichkeiten hindurch auf die eigentlichen Themen und Fragen, die hinter ihnen verhandelt werden.

---

[65] Das Zitat verdanke ich einem mündlichen Diskussionsbeitrag von *Michael Rosenthal* im Strafrechtsausschuss des Deutschen Anwaltvereins.

ANDREAS RANSIEK

Ineffective Assistance of Counsel – ein rechtsvergleichender Blick

I. Einführung

Jede angeklagte Person hat nach Art. 6 Abs. 3 lit. c EMRK das Recht, sich durch einen Verteidiger ihrer Wahl verteidigen zu lassen oder, falls ihr die Mittel zur Bezahlung fehlen, unentgeltlich den Beistand eines Verteidigers zu erhalten, wenn dies im Interesse der Rechtspflege erforderlich ist. Nach § 140 Abs. 1 und 2 StPO ist in den dort genannten Fällen die Mitwirkung eines Verteidigers im Strafverfahren notwendig, etwa dann, wenn ersichtlich ist, dass der Beschuldigte sich nicht selbst verteidigen kann. Nach dem 6th Amendment zur U.S. Constitution „in all criminal prosecutions, the accused shall enjoy the right (...) to have the Assistance of Counsel for his defence".

Bei einem solchen Befund liegt es nahe, einen rechtsvergleichenden Blick auf die strafverfahrensrechtlichen Folgen schlechter Verteidigerleistung zu werfen, natürlich in der Hoffnung, damit das Interesse von *Thomas Fischer* zu treffen, dem dieser Beitrag gewidmet ist. Es soll also um die Frage nach den Rechtsfolgen für die Fälle gehen, in denen gerade keine effektive Unterstützung des Beschuldigten erfolgt, sondern der Beistand seines Verteidigers mangelhaft ist.

Dass neben strafverfahrensrechtlichen Folgen dem Verteidiger auch zivilrechtliche Schadensersatzpflichten wegen Schlechterfüllung des Mandatsvertrages oder ggf. berufsrechtliche Folgen drohen,[1] ist demgegenüber zweitrangig und soll hier ausgeblendet bleiben: In den USA geht es in der großen Mehrheit der vom U.S. Supreme Court entschiedenen Fälle, in denen eine schlechte anwaltliche Vertretung des Verurteilten geltend gemacht wurde, um die Verhängung der Todesstrafe. Dass der zum Tode verurteilte Mandant wenig von zivilrechtlichen Ansprüchen gegenüber seinem Verteidiger hat, liegt auf der Hand. Allein die Aufhebung des die Todesstrafe aussprechenden Urteils ist aus seiner Sicht bedeutsam.[2]

Die (mögliche) Verhängung der Todesstrafe ist dabei jedenfalls eine Besonderheit, die bei einem Vergleich der Rechtslage zu berücksichtigen ist. Die Annahme

[1] Vgl. *Barton,* Einführung in die Strafverteidigung, 2. Aufl. 2013, § 6 Rn. 4; zur zivilrechtlichen Berufshaftung *Barton* StraFo 2015, 315 (318ff.).

[2] Nach der Rspr. des US Supreme Court greift das Recht auf effektiven anwaltlichen Beistand schon vor dem eigentlichen Hauptverfahren und umfasst sowohl die Rechtsmittelinstanz als auch die Verhandlung über die Strafzumessung, Lafler v. Cooper 566 U.S.__(2012): „The constitutional guarantee applies to pretrial critical stages that are part of the whole course of a criminal proceeding (...) defendants have a right to effective assistance of counsel on appeal (...) The precedents also establish that there exists a right to counsel during sentencing in both noncapital (...) and capital cases (...)."

einer „ineffectice assistance of counsel" könnte für U.S.-amerikanische Gerichte ggf. nur ein Vehikel sein, als unangemessen empfundene Todesurteile aufzuheben und die Verteidigerleistung besonders streng zu bewerten.[3]

Gegen eine Vergleichbarkeit des deutschen mit dem U.S.-amerikanischen Recht könnte zudem schon grundsätzlich die unterschiedliche Rolle der Prozessbeteiligten sprechen.[4] Handelt es sich um einen Parteiprozess (adversary process), scheint es wichtiger als in unserem Rechtssystem zu sein, dass „Waffengleichheit" zwischen Anklage und Verteidigung herrscht. Ein ineffektiver Rechtsbeistand für den Beschuldigten kann dort also möglicherweise eher prozessuale Folgen auslösen als in einem Verfahren, in dem sowohl die Staatsanwaltschaft nach § 160 Abs. 2 StPO zur Objektivität verpflichtet ist als auch das Gericht in der Hauptverhandlung nach § 244 Abs. 2 StPO sämtliche für die Tat erheblichen Umstände selbst aufzuklären hat.[5]

Der Unterschied ist gleichwohl im Ausgangspunkt nicht so groß, wie es der Begriff des Parteiverfahrens auf den ersten Blick erwarten lässt. Der Verteidiger im U.S.-amerikanischen Prozess hat das Recht, sämtliche Informationen, insbesondere also auch die entlastenden, die die Staatsanwaltschaft über seinen Mandanten ermittelt hat, zu erhalten.[6] Er wird also nicht ausschließlich darauf verwiesen, entlastende Umstände als Partei eigenständig zu ermitteln. Dem Staatsanwalt ist es verwehrt, Entlastendes zu verschweigen. Vor allem aber ist es selbstverständlich auch in einem Parteiprozess *nicht* die Aufgabe des Staatsanwalts, „seinen" Fall zu gewinnen und sich dazu notfalls für die Verurteilung eines Unschuldigen einzusetzen, sondern auch er hat unparteilich zu agieren, da es das Ziel des Verfahrens ist, der Gerechtigkeit Genüge zu tun – nur Schuldige zu verurteilen.[7] Das entspricht also (theoretisch)[8] § 160 Abs. 2 StPO.

Unabhängig von dieser der Anklage abverlangten Unparteilichkeit (oder wenn man so will: trotz dieser Unparteilichkeit) ist es die Aufgabe des Verteidigers, für

---

[3] Vgl. Wiggins v. Smith 539 U.S. 510, 557 (2003), *Scalia*, J., (dissenting): „death-is-different jurisprudence".

[4] Vgl. *Roxin/Schünemann*, Strafverfahrensrecht, 29. Aufl. 2017, § 17 Rn. 3ff.

[5] Vgl. zu diesem Anspruch aber *Kudlich* FS Beulke, 2015, 831 (833); *Griffin/Yaroshefsky* 30 GJLE 301, 312 (2017).

[6] Vgl. nur Brady v. Maryland 373 U.S. 83 (1963); U.S. v. Bagley 473 U.S. 667 (1985).

[7] Berger v. U.S. 295 U.S. 78, 88 (1935): „The United States Attorney is the representative not of an ordinary party to a controversy, but of a sovereignty whose obligation to govern impartially is as compelling as its obligation to govern at all, and whose interest, therefore, in a criminal prosecution is not that it shall win a case, but that justice shall be done. As such, he is in a peculiar and very definite sense the servant of the law, the two-fold aim of which is that guilt shall not escape or innocence suffer. He may prosecute with earnestness and vigor – indeed, he should do so. But, while he may strike hard blows, he is not at liberty to strike foul ones. It is as much his duty to refrain from improper methods calculated to produce a wrongful conviction as it is to use every legitimate means to bring about a just one."; zustimmend zitiert in Kyles v. Whitley 514 U.S. 419, 439 (1995); *Griffin/Yaroshefsky* 30 GJLE 301, 304f., 311f. (2017); *Medwed* 84 Wash. L. Rev. 35, 39ff. (2009).

[8] Vgl. aber zur Praxis *Boyne*, The German Prosecution Service, 2014, 4ff.; *Gould/Leo* 100 J. Crim.L.&Criminology 825, 854f. (2010); *Medwed* 84 Wash. L.Rev. 35, 44ff. (2009); *Berry* 30 N. Ky.L.Rev. 487, 488 (2003); *Weigend* ZStW 100 (1988), 733 (747f.); *Mehren/Murray*, Das Recht in den Vereinigten Staaten, 2008, 258.

ein faires Verfahren zugunsten des Angeklagten zu sorgen, dessen Ergebnis verlässlich ist.[9] „Without it (the guiding hand of counsel), though he be not guilty, he faces the danger of conviction because he does not know how to establish his innocence."[10] Es geht also insgesamt in beiden Verfahrensarten um nichts anderes als Wahrheitsfindung: „Court proceedings are held for the solemn purpose of endeavoring to ascertain the truth which is the *sine qua non* of a fair trial."[11]

Dementsprechend betont auch das BVerfG als Grund für die Bestellung eines Pflichtverteidigers, dass nur *dadurch* dem Interesse an der Wahrheitsfindung Genüge getan werde.[12] Und schon Art. 6 Abs. 3 lit. c EMRK sowie § 338 Nr. 5 StPO iVm mit den Vorschriften zur Pflichtverteidigung belegen, dass trotz Verpflichtung der Staatsanwaltschaft zur Objektivität und trotz Aufklärungspflicht des Gerichts ein zusätzlicher Beistand für den Beschuldigten für erforderlich erachtet wird. Dann aber kann die Qualität dieses Beistands wie in den USA auch hier nicht irrelevant sein. Das Ziel beider Verfahrensarten ist dasselbe: Nur der wirklich Schuldige soll verurteilt werden. Es ist insbesondere Aufgabe des Verteidigers, den Unschuldigen zu schützen.

II. *Effektive Verteidigung als Gebot des Rechtsstaatsprinzips*

Ebenso wie in den USA sind die Vorschriften der StPO über die notwendige Mitwirkung eines Verteidigers deshalb Konkretisierungen des Gebots fairer Verfahrensführung; seine Mitwirkung ist Ausfluss des Rechtsstaatsprinzips.[13] Muss dem Beschuldigten die Möglichkeit offenstehen, zur Wahrung seiner Rechte auf den Gang und das Ergebnis des Verfahrens Einfluss zu nehmen,[14] ist er dazu in aller Regel auf rechtskundige Hilfe angewiesen.[15] Die Möglichkeit zu wirksamer Verteidigung auf der Grundlage des Verfahrensrechts ist deshalb ein notwendiger Bestandteil des rechtsstaatlichen Strafverfahrens.[16] Der Verteidiger ist „essential to a fair trial"; „(…) any person haled into court, who is too poor to hire a lawyer, cannot be assured a fair trial unless counsel is provided for him."[17] Aus diesem Grund sind die Garantien des 6th Amendment über die „due process clause" des 14th Amendments auch für die Einzelstaaten verbindlich.[18]

---

[9] Lafler v. Cooper, 566 U.S. ___ (2012) *Scalia*, J. (dissenting).

[10] Gideon v. Wainwright 372 U.S. 335, 345 (1963); Washington v. Strickland 466 U.S. 668, 686 (1984): „(.L.) the trial cannot be relied on as having produced a just result."

[11] Estes v. Texas 381 U.S. 532, 540 (1965).

[12] BVerfGE 65, 171 (174) = NJW 1984, 113.

[13] BVerfGE 46, 202 = NJW 1978, 151.

[14] BVerfGE 46, 202; 26, 66 (71) = NJW 1969, 1423 unter Hinweis auf BVerfGE 9, 89 (95) = NJW 1959, 427; vgl. auch BVerfGE 38, 105 (111) = NJW 1975, 103.

[15] BVerfGE 65, 171 (174f.) = NJW 1984, 113.

[16] BGHSt 46, 36 (44) = NJW 2000, 2217.

[17] Gideon v. Wainwright 372 U.S. 335, 344 (1963); so schon Powell v. Alabama 287 U.S. 45, 71 (1932) im „The Scottsboro Boys"-trial; s. auch Washington v. Strickland 466 U.S. 668, 684 (1984); McMann v. Richardson 397 U.S. 759, 771 (1970).

[18] Gideon v. Wainwright 372 U.S. 335 (1963).

Wird die Bedeutung der Verteidigung für ein rechtsstaatliches Strafverfahren betont, heißt das gleichzeitig immer, dass es um eine wirkliche, also wirksame und effektive Verteidigung des Beschuldigten oder Angeklagten gehen muss.[19] Der Verteidiger muss demnach nicht nur grundsätzlich in der Lage sein, die Interessen des Angeklagten sachgemäß zu vertreten, sondern dies im Verfahren auch tatsächlich tun, und zwar insbesondere dann, wenn es um schwerwiegende Tatvorwürfe geht. Dem Beschuldigten einen Interessenvertreter zur Seite zu stellen, reicht allein nicht aus, um auch die Wirksamkeit dieser Vertretung zu garantieren.[20] Die Verteidigung darf demnach nicht nur formal bestehen; durch offenkundige Mängel der Verteidigung wird der Anspruch des Angeklagten auf eine wirksame Verteidigung verletzt.[21]

Genauso geht der U.S. Supreme Court davon aus, dass das Recht auf einen Verteidiger des 6. Zusatzartikels notwendigerweise meine, dass der Beschuldigte „effektiv" durch den Verteidiger unterstützt wird.[22]

Gründe, die eine solche effektive Verteidigung ausschließen, können dabei u. a. sein: mangelnde tatsächliche Aufklärung des Sachverhalts durch die Verteidigung, unzureichende Beschäftigung mit den materiell- und verfahrensrechtlichen Problemen, sei es „wegen Lustlosigkeit, Schludrigkeit oder rechtlicher Inkompetenz", oder aber wirtschaftliche Engpässe.[23] Bspw. war einem Verteidiger der Inhalt einer richterlichen Vernehmung einer Zeugin nicht bekannt, den er deshalb auch nicht in der Hauptverhandlung thematisierte. Die Zeugin hatte ausgesagt hatte, das Tatopfer habe versucht, sie zu einer Falschaussage gegen den Angeklagten zu bewegen.[24] Ein anderer Verteidiger war so angetrunken, dass die Hauptverhandlung für einen Tag unterbrochen werden musste und er wegen Missachtung des Gerichts in Ordnungshaft genommen wurde; das am nächsten Tag fortgesetzte Verfahren endete nach wenigen Verhandlungstagen mit der Todesstrafe für die Angeklagte. Dieser Verteidiger nahm Krankenhausberichte nicht zur Kenntnis, die Misshandlungen der Angeklagten durch den von ihr getöteten Ehemann belegten. Der von ihm benannte Sachverständige für häusliche Gewalt traf die Angeklagte erstmals um 20:00 Uhr am Vorabend seiner Aussage in der Hauptverhandlung.[25]

Oder: Für die Strafzumessung wesentliche Informationen über den Angeklagten wurden von der Verteidigung nicht thematisiert, wie etwa die, dass der Angeklagte über einen IQ von 49 verfügte und die intellektuelle Kapazität eines 7-jährigen besaß. Auch dieser Angeklagte wurde zum Tode verurteilt.[26]

---

[19] BVerfGE 65, 171 (174); 46, 202 (210); 38, 105 (111); EGMR NJW 2008, 2317 Rn. 122 mwN.; BGHSt 46, 36 (44) = NJW 2000, 2217; *Valerius* in BeckOK StPO, 28. Ed. Stand 1.7.2017, EMRK Art. 6 Rn. 42.

[20] EGMR NJW 2008, 2317 Rn. 122.

[21] BGH StV 2016, 770 unter Bezugnahme auf EGMR NJW 2003, 1229 (1230).

[22] Washington v. Strickland 466 U.S. 668, 686 (1984); McMann v. Richardson 397 U.S. 759, 771 (1970).

[23] *Neuhaus* StV 2002, 43; vgl. *Berry* 30 N.Ky.L.Rev. 487, 489ff. (2003); *Gould/Leo* 100 J.Crim. L.&Criminology 825, 855 (2010); *Kudlich* FS Beulke, 2015, 831 (834ff.); zu wirtschaftlichen Zwängen s. auch *Bright* 103 Yale L.J. 1835, 1838 (1994).

[24] BGH Beschl. v. 26.2.1998 – 4 StR 7/98 bei *Neuhaus* StV 2002, 43.

[25] Bei *Bright* 103 Yale L.J. 1835 (1994).

[26] *Bright* 103 Yale L.J. 1835, 1837 (1994).

III. Die Rechtsfolgen ineffektiver Verteidigung

1. Die Rechtsfolgen ineffektiver Verteidigung in der Bundesrepublik

Daraus allerdings den Schluss zu ziehen, dass eine schlechte Verteidigungsleistung notwendig (und wie selbstverständlich) auch strafverfahrensrechtliche Konsequenzen hat, wäre voreilig.

a) §§ 338 Nr. 5, 145 Abs. 1 StPO

Betont wird für die deutsche Rechtslage vielmehr im Hinblick auf § 338 Nr. 5 StPO, dass eine Revision nicht mit Erfolg darauf gestützt werden könne, dass der anwesende Verteidiger die Verteidigung nicht ordnungsgemäß geführt hat.[27] Eine mangelhafte Verteidigungsleistung könne nicht einfach mit der nicht vollständigen Abwesenheit des (Pflicht-)Verteidigers gleichgesetzt werden, wie sie der Wortlaut der Norm voraussetzt. Zwar wird anerkannt, dass die bloß körperliche Anwesenheit des Verteidigers nicht genügt, aber trotzdem soll nur ausnahmsweise der körperlich anwesende Verteidiger dem körperlich abwesenden bei § 338 Nr. 5 StPO gleichgestellt werden, etwa dann, wenn begründete Zweifel an seiner allgemeinen Prozessfähigkeit bestehen.[28] Auch ein nicht informierter Verteidiger, der zu einer sachgerechten Verteidigung nicht in der Lage sei(!), stehe einem abwesenden Verteidiger nicht gleich, da er im Interesse des Angeklagten immerhin prozessuale Rechte wahrnehmen, etwa Erklärungen abgeben, Anträge oder Fragen stellen könne.[29] Eine Weigerung, die Verteidigung im Sinne des § 145 StPO zu führen – mit der Folge dass ein neuer Pflichtverteidiger bestellt werden muss –, wird aus der Tatsache abgeleitet, dass der Verteidiger sich außerstande sieht, weiter zu verteidigen und faktisch auch keine Aktivitäten mehr entfaltet, obwohl seine Tätigkeit geboten war.[30]

Schon 1964 formulierte der BGH jedoch, dass Revisionsbegründungen die selbstverantwortliche Stellung des Verteidigers immer wieder verkennen würden, indem sie versuchten, aus eventuellen Fehlern des früheren Verteidigers einen verfahrensrechtlichen Verstoß des Gerichts und einen Revisionsgrund herzuleiten.[31]

Der Blick ist weniger auf die Mängel der Verteidigungsleistung gerichtet, sondern vielmehr auf die Aufgabe des *Gerichts:* Betont wird, dass das Gericht grundsätzlich nicht verpflichtet sei, den Verteidiger daraufhin zu überwachen, ob er seine Aufgaben ordnungsgemäß erfülle.[32] Es wird befürchtet, dass dann, wenn eine solche

---

[27] BGHSt 39, 310 (314) = NStZ 1993, 600; *Gericke* in KK-StPO, 7. Aufl. 2013, § 338 Rn. 79; *Beulke,* Der Verteidiger im Strafverfahren, 1980, 123, 128f.; *Beulke/Angerer* NStZ 2002, 443 (444); vgl. *Barton,* Einführung in die Strafverteidigung, 2. Aufl. 2013, § 4 Rn. 79. S. aber auch *Gaede* HRRS 2007, 402 (406ff.).

[28] *Nagel* in Radtke/Hohmann, 2011, StPO § 338 Rn. 44; *Frisch* in SK-StPO, 5. Aufl. 2016, § 338 Rn. 116; s. auch *Barton* StrFo 2015, 315 (318).

[29] BGH NStZ 2000, 212 (213).

[30] BGH NStZ 1992, 503 (504).

[31] Zitiert bei *Neuhaus* StV 2002, 43 (44).

[32] *Wiedner* in Graf, StPO, 2. Aufl. 2012, § 338 Rn. 107; *Gericke* in KK-StPO, 7. Aufl. 2013, § 338 Rn. 79

Überwachungspflicht bestünde, das Gericht insbesondere aktive, ihm lästige Verteidiger zum vermeintlichen Besten des Angeklagten nicht nur kontrollieren, sondern auch reglementieren könnte.

Der Verteidiger sei ein unabhängiges Organ der Rechtspflege, das die Verteidigung selbständig führe und in erster Linie selbst und in eigener Verantwortung beurteile, ob er für die Erfüllung seiner Aufgabe hinreichend informiert und vorbereitet sei.[33] Und auch der EGMR geht davon aus, dass dem Staat nicht die Verantwortung für jedes Versäumnis eines Pflichtverteidigers angelastet werden könne. Aus der Unabhängigkeit der Anwaltschaft vom Staat ergebe sich, dass die Führung der Verteidigung grundsätzlich dem Angeklagten und seinem Rechtsanwalt obliege und eine Pflicht zum Eingreifen nur dann bestehe, wenn das Versagen des Pflichtverteidigers offenkundig sei oder wenn die Behörden auf sonstige Weise davon Kenntnis erlangt hätten.[34]

Ein offenkundiger Mangel der Verteidigung, der zur Versäumung der Frist nach § 345 Abs. 1 StPO geführt habe, sei dem Angeklagten nicht zuzurechnen und auch für die Versäumung der zur Nachholung der ursprünglich versäumten Handlung gesetzten Frist habe der Angeklagte nicht einzustehen, wenn sie auf einem dem Gericht erkennbaren Verschulden des Pflichtverteidigers beruhe.[35] Denn das hätte zur Entpflichtung des Rechtsanwalts und Beiordnung eines neuen Pflichtverteidigers führen müssen.[36]

Selbst diese Ausnahmen bei offensichtlich ungenügender Verteidigungsleistung werden aber in Zweifel gezogen und eine vollständige Tabuisierung des Innenverhältnisses zwischen Beschuldigtem und Verteidiger eingefordert.[37] Die richterliche Fürsorgepflicht soll selbst in Extremfällen keine ausreichende Rechtsgrundlage darstellen, um ein Eingreifen des Gerichts gegenüber dem (Pflicht-)Verteidiger zu rechtfertigen.[38] Das Gericht dürfe auch dann nicht einschreiten, wenn sich der Verteidiger als unfähig erweise.[39] Die Frage, wann ein Verteidiger die Grenze der Unfähigkeit erreicht, entziehe sich jeder Verifizierung.[40]

Maßstab der §§ 145 Abs. 1, 338 Nr. 5 StPO ist danach also – wie durch den Wortlaut vorgegeben –, ob die Verteidigung überhaupt geführt, nicht wie sie geführt wird.[41] Der aus Sicht des Gerichts zu aktive Verteidiger fällt offensichtlich nicht darunter, selbst wenn seine Aktivitäten unsinnig sind.

---

[33] BGH NStZ 2000, 212 (213); vgl. auch zu den Thesen zur Strafverteidigung des Strafrechtsausschusses der BRAK *Jahn* StraFo 2017, 177 (181 f.).

[34] EGMR NJW 2003, 1229 Rn. 60.

[35] BGH StV 2016, 770; *Meyer-Goßner* in Meyer-Goßner/Schmitt, 60. Aufl. 2017, StPO § 345 Rn. 11 a.

[36] BGH StV 2016, 770.

[37] *Hamm* NJW 1993, 289 (295): „These 4: Eine dem Rechtsstaatsprinzip verpflichtete Strafverteidigung ist begrifflich und teleologisch auf die absolute Tabuisierung des Innenverhältnisses zum Mandanten angewiesen." „These 5: Die Tabuisierung des Innenverhältnisses müssen aber auch Verteidiger und Mandant gelten lassen. Auch die Frage, ob der Verteidiger seiner Beratungspflicht nachkommt, unterliegt nicht der Kontrolle durch die anderen Verfahrensbeteiligten."

[38] *Beulke* NStZ 2002, 443 (444).

[39] *Beulke* NStZ 2002, 443 (444).

[40] *Beulke,* Der Verteidiger im Strafverfahren, 1980, 129.

[41] *Barton,* Einführung in die Strafverteidigung, 2. Aufl. 2013, § 4 Rn. 82.

b) § 337 StPO

Für § 337 StPO ergibt sich kein anderes Bild: Aus dem Wortlaut des § 337 Abs. 2 StPO wird gefolgert, dass ein Rechtsfehler des Gerichts vorausgesetzt sei. Das Gesetz müsse falsch angewendet werden, was allenfalls dann der Fall sein könne, wenn das Gericht entgegen §§ 145 Abs. 1, 338 Nr. 5 StPO keinen neuen Verteidiger bestelle oder ausnahmsweise sonst die Fürsorgepflicht ein Eingreifen gebiete. Die Qualität der Verteidigung wird also auch über § 337 StPO nicht weitergehend überprüft.[42] Das Gericht ist nicht verpflichtet, besser: Es ist ihm untersagt, die Verteidigung zu kontrollieren.

Ergänzend unterstützen kann man das damit, dass ansonsten die Ergebnisse geradezu widersprüchlich werden könnten: Verlangt man mit der Rechtsprechung entgegen der überwiegenden Lehre, dass der Verteidiger der Verwertung eines ohne Belehrung erlangten Geständnisses[43] sowie der Ergebnisse einer Gesprächsüberwachung[44] in der Hauptverhandlung rechtzeitig widersprechen muss, so wäre es jedenfalls auf den ersten Blick kaum erklärbar, wenn die Revision bei Versäumung eines solchen Widerspruchs zwar nicht auf die unzulässige Verwertung des Beweismittels gestützt werden könnte, wohl aber darauf, dass der inkompetente Verteidiger wegen gänzlicher Unkenntnis der Rechtslage auf einen solchen Widerspruch verzichtet hatte.

Aber: Das Ergebnis ist trotzdem wenig befriedigend, wenn die Verurteilung eines Verteidigers zu Schadensersatz wegen unzureichender Verteidigung ohne weiteres anerkannt wird.[45] Und das völlig zu Recht: Gründe dafür, dass ein Verteidiger anders als ein sonstiger Anwalt oder Steuerberater[46] zivilrechtlich für eine Schlechterfüllung des Vertrages *nicht* haften sollte, sind nicht erkennbar.

2. Die Rechtsfolgen ineffektiver Verteidigung in den USA

a) Der Strickland-Test: „Tyrannosaurus Rex Without Teeth“[47]

Der leading case in den USA ist *Strickland v. Washington*[48] aus dem Jahr 1984, in dem vom Supreme Court der Maßstab dafür festgelegt wurde, ob die Verteidigung in einer Strafsache ineffektiv war oder nicht. Der in *Strickland* entwickelte Test besteht aus einer 2-stufigen Analyse: Die erste Frage ist, ob sich die Verteidigerleistung innerhalb des Rahmens bewegt, der von einem Verteidiger in Strafsachen vernünftigerweise erwartet wird.[49] Gefragt wird, ob „counsel's assistance was reasonable considering all the circumstances“.[50] In einem zweiten Schritt ist sodann zu klären,

---

[42] *Neuhaus* StV 2002, 43 mit Nachweisen in Fn. 59.
[43] BGHSt 38, 214 (225f.) = NStZ 1992, 294.
[44] Vgl. BGHSt 51, 1 (3) = NStZ 2006, 402; anders aber für aufgrund einer rechtswidrigen Durchsuchen beschlagnahmte Beweismittel BGH NJW 2017, 1332.
[45] Vgl. *Neuhaus* StV 2002, 43 (48).
[46] Vgl. etwa BGH NZI 2017, 312 zur Haftung des Steuerberaters.
[47] *Rigg* 35 Pepperdine L.Rev. 77, 78 (2007).
[48] Strickland v. Washington 466 U.S. 668, 687 (1984).
[49] Strickland at 687f.
[50] Strickland at 687. Ziel des 6th Amendments sei es nicht, die Qualität der Strafverteidigung zu verbessern, sondern nur zu sichern, dass ein faires Verfahren gewährt werde, at 689.

ob das Urteil anders ausgefallen wäre, wenn der Verteidiger den Fehler nicht begangen hätte.[51]

Es geht also um eine angemessene rechtliche Unterstützung des Beschuldigten. Für diese Angemessenheitsprüfung sollen die Standards der American Bar Association Leitlinien geben.[52] Die Untergerichte werden dabei allerdings zur Vorsicht ermahnt, nicht zu strenge und detaillierte Einzelanforderungen an die Verteidigertätigkeit aufzustellen, sondern einen weiten Entscheidungsspielraum des Verteidigers zu achten: Es gebe eine Vermutung für ein ordnungsgemäßes Verhalten des Verteidigers.[53] Betont wird – wie vom EGMR auch –, dass der Staat nicht verantwortlich für Fehler und Irrtümer des Verteidigers sei.[54]

Genügt die Verteidigerleistung diesen Anforderungen nicht und besteht im zweiten Schritt eine hinreichende Wahrscheinlichkeit dafür, dass durch die Verteidigungsfehler die Entscheidung zum Nachteil des Angeklagten beeinflusst wurde,[55] wird die Entscheidung aufgehoben.[56] In bestimmten Fällen – etwa dann, wenn überhaupt keine Unterstützung durch einen Verteidiger gewährt wurde – wird die Beeinflussung des Urteils vermutet, was § 338 Nr. 5 StPO entspricht.[57]

In *Strickland* bekannte sich der Beschuldigte für 3 Morde entgegen dem Rat seines Verteidigers für schuldig. Der Tatrichter lobte den Beschuldigten für die Übernahme der Verantwortung für seine Taten, machte aber keinerlei Versprechungen für die sich anschließende, abgetrennte Verhandlung über die Strafzumessung. Hier präsentierte der Verteidiger keinerlei Beweismittel zu Gunsten des Angeklagten; der Richter fand eine Fülle erschwerender Umstände und der Beschuldigte wurde zum Tode verurteilt. Im Anschluss behauptete der Verurteilte, dass seine Verteidigung ineffektiv gewesen sei. Der Verteidiger habe es u. a. versäumt, eine Unterbrechung des Verfahrens zu beantragen, um sich ausreichend auf die Strafzumessungsverhandlung vorbereiten zu können, er habe kein psychiatrisches Sachverständigengutachten eingefordert und weder untersucht, ob strafmildernde Charaktereigenschaften seines Mandanten vorlagen, noch entsprechende Leumundszeugen als Beweis angeboten.[58] Zudem habe er sich mit dem Gutachten eines medizinischen Sachverständigen nicht hinreichend beschäftigt und die medizinischen Sachverständigen nicht ins Kreuzverhör genommen.

Der Verteidiger vertraute demgegenüber auf die Bemerkungen des Richters in der Hauptverhandlung und auf sein Wissen, dass es diesem wichtig war, dass Verurteilte für ihre Taten einstehen; zusätzlich argumentierte er mit einer extremen

---

[51] Strickland at 694; s. auch Padilla v. Kentucky 559 U.S. ___ (2010).

[52] Strickland at 688; Padilla v. Kentucky 559 U.S. ___ (2010) mwN.

[53] Strickland at 689f.

[54] Strickland at 693.

[55] Strickland at 692ff.

[56] Strickland at 687.

[57] Strickland at 692; Strickland at 700, *Brennan, J.*, (concurring and dissenting); vgl. Muniz v. Smith 647 F.3d 619, 623 (6th Cir. 2011).

[58] Zur Unterstützung dieser Behauptung wurden 14 eidesstattliche Versicherungen von Freunden, Nachbarn und Verwandten vorgelegt, die bestätigten, dass sie als Leumundszeugen ausgesagt hätten. Vgl. *Bright* 103 Yale L.J. 1835, 1860 (1994).

seelischen Notlage seines Mandanten zum Zeitpunkt der Tat.[59] Das war nach Auffassung der Mehrheit des Court eine vertretbare strategische Entscheidung für die Strafzumessungsverhandlung, so dass nachvollziehbar sei, dass auf das Angebot weiterer Beweise zum seelischen Zustand des Angeklagten sowie auf Leumundszeugen verzichtet wurde.[60] Zudem sei es mehr als unwahrscheinlich, dass die angeblich fehlerhaft nicht angebotenen Beweise etwas am Urteil geändert hätten.[61]

In seiner dissenting opinion machte Justice *Marshall* geltend, dass der vom Gericht vorgegebene Standard so dehnbar sei, dass er den Untergerichten entweder überhaupt keinen Zugriff auf das Verhalten des Verteidigers eröffne oder aber exzessive Unterschiede in der Handhabung des Maßstabs zur Folge haben werde.[62] Verteidigern vorzugeben, dass sie vernünftig oder angemessen agieren müssten, „is to tell them almost nothing".[63]

In Folgefällen stand bspw. infrage, ob nach den genannten Kriterien eine hinreichend effektive Verteidigung vorlag, wenn der (Pflicht-)Verteidiger den Geisteszustand des Angeklagten nicht näher untersuchen ließ, obwohl dieser in einem früheren Verfahren wegen einer Geisteskrankheit für schuldunfähig befunden worden war, keine Expertenmeinung einholte, um medizinische Gutachten der Anklage bewerten zu lassen, und ebenso wenig den Verteidiger des früheren Verfahrens kontaktierte.[64] Der Verteidiger stellte nur einen Antrag auf die Untersuchung des Geisteszustands des Angeklagten und vertraute auf einen sehr zweifelhaften, vom Angeklagten selbst angebotenen Alibibeweis.[65] Vor der Hauptverhandlung verbrachte der Verteidiger lediglich 15 Minuten mit seinem Mandanten, um den Fall zu besprechen.[66] Kurz: Der Verteidiger untersuchte die einzig realistische Verteidigungsoption für seinen Mandanten nicht näher.[67] Trotzdem war die Mehrheit des Court gegen die dissenting opinion der Justices *Brennan* und *Marshall* der Auffassung, dass kein Verstoß gegen den 6th Amendment vorlag und nahm den Fall nicht zur Entscheidung an.

Als ebenfalls nicht ausreichend, um die Verteidigung als ineffektiv einzustufen, wurde es bspw. angesehen, wenn der Verteidiger betrunken zur Hauptverhandlung erschien, die Aussage der Angeklagten, vom Opfer missbraucht worden zu sein, nicht näher untersuchte, und einen Sachverständigen für häusliche Gewalt nicht ausreichend auf die Verhandlung vorbereitete.[68] Auch hier wurde die Angeklagte zum Tode verurteilt. Ein weiterer Verteidiger stellte den notwendigen Antrag nicht, der sicher die Verhängung der Todesstrafe für seinen Mandanten verhindert und zu einer Verurteilung zu lebenslanger Haft geführt hätte – trotzdem wurde die Strafzu-

[59] Strickland at 673, 699.
[60] Strickland at 699.
[61] Strickland at 699f.
[62] Strickland at 707.
[63] Strickland at 708.
[64] Alvord v. Wainwright 469 U.S. 956f. (1984).
[65] Alvord at 957f.
[66] Alvord at 962.
[67] Alvord at 958, 959, *Marshall, Brennan*, JJ. (dissenting).
[68] Bei *Bright* 103 Yale L. J. 1835f., 1855ff. (1994).

messungsverhandlung als fair angesehen.[69] Festgehalten wird von Kommentatoren deshalb, dass die Todesstrafe nicht gegen denjenigen verhängt werde, der das schlimmste Verbrechen begangen hat, sondern gegen den, der den schlechtesten Verteidiger hatte.[70]

Zehn Jahre nach *Strickland* stellte Justice *Blackmun* in einer dissenting opinion fest, dass der *Strickland*-Test letztlich nicht mehr sicherstelle, als dass der Beschuldigte von jemandem vertreten werde, der zufällig Rechtsanwalt sei.[71] Die Vermutung, dass gerade dann, wenn es um die Verhängung der Todesstrafe geht, die Verteidigerleistung besonders streng bewertet werden könnte,[72] lässt sich damit nicht bestätigen.

b) Williams, Wiggins und Rompilla: „The Turning Point"[73]

Das Jahr 2000 wird als „watershead year" für die Bewertung von Verteidigungsleistungen durch den Supreme Court angesehen[74]. In *Williams v. Taylor* wurde die Verteidigung als ineffektiv eingestuft, weil – wiederum für die Strafzumessung in einem Verfahren, in dem die Todesstrafe drohte – keine Hintergrundinformationen über den Mandanten eingeholt und in das Verfahren eingebracht wurden: ausführliche Berichte über die alptraummäßige Kindheit des Angeklagten, die Tatsache, dass *Williams* mental zurückgeblieben war, er nach Einschätzung des Wachpersonals im Gefängnis im Vergleich zu anderen Insassen am wenigsten gewalttätig, gefährlich oder provokativ war und er sich in einer entsprechenden Umgebung positiv entwickelte.[75] Im Gegensatz dazu hatten Sachverständige der Anklage ausgesagt, dass eine hohe Wahrscheinlichkeit bestehe, dass *Williams* auch in Zukunft eine ernsthafte Bedrohung für die Gesellschaft darstelle.[76] Der Supreme Court hob die Entscheidung auf, da das Unterlassen, eine ganze Reihe zugunsten von *Williams* sprechender Beweise einzuführen, nicht dadurch gerechtfertigt werden könne, dass als Verteidigungsstrategie für die Strafzumessung auf die Freiwilligkeit des von *Williams* abgelegten Geständnisses gesetzt wurde.

In *Wiggins v. Smith* wurde die Verteidigerleistung ebenfalls als unzureichend angesehen, weil eine genauere Untersuchung des Backgrounds des Mandanten durch die Verteidiger unterblieben war.[77] Eine solche Untersuchung hätte wiederum eine Reihe strafmildernder Faktoren zum Vorschein gebracht, die die Verteidigung ursprünglich später in einem abgetrennten Verfahrensabschnitt näher präsentieren wollte, während zunächst geltend gemacht werden sollte, dass *Wiggins* die Tat nicht eigenhändig begangen hatte. Der Antrag auf eine solche Abtrennung war jedoch abgelehnt worden. Bemängelt wird vom Supreme Court dabei nicht die taktische

---

[69] Lockhart v. Fretwell, 506 U.S. 364 (1993).
[70] So der Untertitel des Aufsatzes von *Bright* 103 Yale L. J. 1835 (1994).
[71] MacFarland v. Scott 512 U.S. 1256, 1259 (1994).
[72] Vgl. Wiggins v. Smith 539 U.S. 510, 557 (2003), *Scalia,* J., (dissenting): „death-is-different jurisprudence".
[73] *Rigg* 35 Pepperdine L.Rev. 77, 88 (2007).
[74] *Rigg* 35 Pepperdine L.Rev. 77, 88 (2007).
[75] Williams v. Taylor 529 U.S. 362, 395ff. (2000).
[76] Williams at 368.
[77] Wiggins v. Smith 539 U.S. 510 (2003).

Entscheidung, entweder auf die strafmildernden Umstände oder auf die nicht eigenhändige Tatbegehung abzustellen, sondern dass die Grundlage für diese taktische Entscheidung nicht hinreichend ermittelt wurde, was die dissenting opinion bestreitet.[78]

Schließlich hob der Supreme Court im Jahr 2005 ein weiteres Urteil, in dem die Todesstrafe verhängt wurde, wiederum mit der Argumentation auf, dass durch den Verteidiger Hintergrundinformationen über den Verurteilten nicht hinreichend ermittelt worden waren.[79] Ähnlich wie in den vorangegangenen Fällen ging es um die schwierige Kindheit des Beschuldigten, seine geistige Erkrankung und Alkoholismus; der Verteidiger vertraute allein auf die Angabe des Beschuldigten, seine Kindheit sei nicht außergewöhnlich gewesen. Akten über Vorverurteilungen wegen Vergewaltigung und Körperverletzung, die die Staatsanwaltschaft im Verfahren thematisierte, sah der Verteidiger nicht ein.[80] Der Supreme Court ist der Auffassung, dass es nicht nur der gesunde Menschenverstand gebiete, dass der Verteidiger Informationen einsehen müsse, die die Anklage gegen seinen Mandanten benutzen wolle, sondern dass auch die Richtlinien der American Bar Association eine dahingehende Verpflichtung so deutlich umschreiben würden, dass niemand sie missverstehen könne.[81]

In einer untergerichtlichen Entscheidung ging der 6th Circuit davon aus, dass der Verteidiger auch dann nicht von seiner Pflicht zu einer unabhängigen Untersuchung entbunden sei, wenn dies den Wünschen seines Mandanten entspreche, es sei denn, der Verteidiger habe seinen Mandanten auf die Gefahren des gewünschten Vorgehens hingewiesen.[82] Nach Auffassung des Supreme Court besteht die Pflicht zu eigenen Untersuchungen unabhängig davon, ob der Angeklagte die Tat oder bestimmte Fakten eingeräumt hat oder nicht.[83] Klar ist damit, dass insbesondere die Pflicht des Verteidigers, eigene Untersuchungen durchzuführen, deutlich verschärft wurde: Der ursprünglich zahnlose Tyrannosaurus hat Zähne bekommen.[84]

c) Padilla, Frye und Cooper: „Rewriting Strickland“[85]

Der Trend, schärfere Anforderungen an die Leistung des Verteidigers zu stellen, setzte sich im Anschluss an die bereits angesprochenen Entscheidungen fort. Gegenstand der folgenden Urteile sind jeweils die Informationspflichten des Verteidigers gegenüber seinem Mandanten.

In *Padilla v. Kentucky* ging der U.S. Supreme mit knapper 5:4-Mehrheit davon aus, dass die Verteidigerleistung den verfassungsrechtlichen Ansprüchen nicht genügte, weil der Verteidiger seinen Mandanten vor einem Schuldbekenntnis nicht darüber informiert hatte, dass als außerstrafrechtliche Folge der guilty plea eine Deportation

---

[78] Wiggins at 523, 538ff. (2003).
[79] Rompilla v. Beard 545. U.S. 374 (2005).
[80] Rompilla at 385f.
[81] Rompilla at 387.
[82] Coleman v. Mitchell 268 F. 3d 417 (6th Circ. 2001).
[83] Williams v. Taylor 529 U.S. 362, 396 (2000).
[84] *Rigg* 35 Pepperdine L.Rev. 77, 104f. (2007).
[85] *Myers* 45 Texas Tech. L.Rev. 229, 240 (2012).

des Beschuldigten drohte, der zuvor 40 Jahre lang legal in den USA gelebt hatte. Argumentiert wird mit dem engen Zusammenhang einer möglichen Deportation mit dem Ausgang des Strafverfahrens.[86] Die Gegenmeinung ist unter Berufung auf den Wortlaut des 6th Amendments der Auffassung, dass keine Informationspflichten des Verteidigers in Bezug auf Rechtsfragen bestehen, die im Strafverfahren gar nicht entschieden werden. Die Frage, ob bei hinreichender Information das Schuldbekenntnis unterblieben wäre, war vom Court nicht zu beantworten.

In der Entscheidung *Missouri v. Frye* entschied der Supreme Court – wiederum mit knapper Mehrheit –, dass Angebote der Anklage über eine mögliche einvernehmliche Verfahrensbeendigung dem Mandanten vom Verteidiger mitgeteilt werden müssen.[87] Eine im Nachhinein, nach Ablehnung des Angebots verhängte, schärfere Strafe belege den Einfluss der fehlenden Information, wenn der Angeklagte zeigen könne, dass er tatsächlich bei entsprechender Kenntnis die vergleichsweise geringere Strafe akzeptiert und auch erhalten hätte. Der Angeklagte muss also hinreichend wahrscheinlich machen, dass er bei entsprechenden Informationen das Einigungsangebot angenommen hätte und das Angebot im Anschluss nicht doch noch von der Anklage bzw. vom Gericht zurückgewiesen worden wäre.

In *Lafler v. Cooper*[88], ebenfalls eine 5:4 Entscheidung, gab der Verteidiger eine unrichtige Rechtsauskunft, die den Angeklagten veranlasst haben konnte, die angebotene Verständigung abzulehnen und auf der Durchführung des Hauptverfahrens zu bestehen. Geltend gemacht wurde, dass der Verteidiger den Angeklagten überzeugt habe, die Anklage sei nicht in der Lage, Tötungsvorsatz nachzuweisen, da das Opfer durch einen Schuss unterhalb der Taille verletzt worden sei. Da Einigkeit aller Beteiligten darin bestand, dass das Verteidigungsverhalten insoweit fehlerhaft war, wurde diese Frage vom Supreme Court nicht eigens untersucht.

Unklar ist nach beiden Entscheidungen allerdings, wie im Einzelnen belegt werden soll, dass der Beschuldigte das Einigungsangebot bei zutreffender Belehrung oder Information angenommen hätte, Staatsanwaltschaft und Gericht sich auch weiter an das Angebot gebunden gefühlt hätten und dass die Strafe für den Angeklagten geringer ausgefallen wäre.

Gegenstand der rechtlichen Untersuchung ist nunmehr jedenfalls die Kommunikation zwischen Verteidiger und Mandant. Befürchtet wird deshalb, dass es attraktiv sein könnte, eine unzureichende Information des Angeklagten durch den Verteidiger zu behaupten, wenn ein ursprüngliches Verständigungsangebot günstiger war als die später verhängte Strafe; Verteidiger könnten unzutreffende Ratschläge im Vorfeld des Verfahrens dokumentieren und so „Sicherheiten" für einen ggf. ungünstigen Prozessausgang einbauen.[89] Gerichte würden aus diesem Grund dazu übergehen, Angeklagte zu fragen, ob sie Kenntnis von Verständigungsangeboten hatten und diese verstanden haben.[90]

---

[86] Padilla v. Kentucky 559 U.S. 356 (2010); ebenso Lee v. U.S. 582 U.S.__ (2017); vgl. OLG Nürnberg StV 1997, 481.

[87] Missouri v. Frye 132 S.Ct. 1399, 1408 (2012).

[88] Lafler v. Cooper 566 U.S.__ (2012).

[89] *Myers* 45 Texas Tech. L.Rev. 229, 238f., 243 (2012).

[90] *Myers* 45 Texas Tech. L.Rev. 229, 238f., 243 (2012).

IV. Folgerungen

Sowohl im U.S.-amerikanischen als auch im deutschen und europäischen Recht ist es unstreitig, dass jedenfalls bei schweren Tatvorwürfen eine effektive Unterstützung des Beschuldigten oder Angeklagten durch einen Verteidiger ein Gebot des Rechtsstaatsprinzips ist.[91] Dann aber kann es wie im amerikanischen Recht auch hier allein entscheidend sein, ob der Beschuldigte diese effektive Unterstützung durch einen Verteidiger tatsächlich erhielt oder nicht.[92] Wird ihm effektive Unterstützung nicht zuteil – sei es, weil der Verteidiger dazu generell nicht in der Lage ist oder weil er im Verfahren fehlerhaft bzw. gar nicht agiert – ist das Verfahren rechtsstaatswidrig und der Anspruch des Angeklagten auf ein faires Verfahren wird verletzt. Vor allem die jüngeren Entscheidungen des U.S. Supreme Court belegen dabei, dass nicht allein die gänzliche Abwesenheit oder völlige Untätigkeit des Verteidigers eine ineffektive Verteidigerleistung darstellen kann, sondern auch einzelne Fehler in der Verteidigung.

Wird das Rechtsstaatsprinzip missachtet, liegt eine Verletzung des Gesetzes nach § 337 Abs. 1 StPO vor. Obwohl der Wortlaut des § 337 Abs. 2 StPO dies nahelegt, ist demgegenüber nicht relevant, ob das Gericht die Schlechtleistung des Verteidigers hätte erkennen und ggf. unterbinden können oder müssen. Es geht nicht um die Kontrolle der Verteidigung durch das Gericht, sondern um die Garantie effektiver Verteidigung selbst – das ist das Recht, das verletzt wird. Es geht nicht darum, ob ein Rechtsfehler vorliegt, der dem Gericht anzulasten wäre, sondern um die Frage, ob im Verfahren zwingendes Recht eingehalten wurde oder nicht.

Deutlich wird das insbesondere in den Fällen, in denen der Verteidiger für den Schuldspruch oder die Strafzumessung relevante Informationen, die nur ihm und dem Mandanten bekannt sind, dem Gericht vorenthält[93] oder seinen Mandanten vor prozessualen Entscheidungen nicht hinreichend informiert. Gerade die jüngeren Entscheidungen des U.S. Supreme Court belegen dabei überzeugend, dass auch einzelne, gravierende Mängel der Verteidigung den Anspruch auf effektive Verteidigung beeinträchtigen können.

Es geht also auch im deutschen Recht nicht nur darum, ob der Verteidiger körperlich abwesend ist oder um der körperlichen Abwesenheit vergleichbare Konstellationen, sondern auch um die inhaltliche Bewertung der Verteidigungsleistung. Den Verurteilten wegen schlechter Verteidigung allein auf zivilrechtliche Schadenersatzansprüche zu verweisen, ist offensichtlich nicht ausreichend, um seinem Anspruch auf ein faires Verfahren gerecht zu werden. Im Mittelpunkt steht das Gebot effektiver Verteidigung als Teil des Rechtsstaatsprinzips selbst, und damit der Anspruch des Angeklagten, nicht das Verhältnis des Verteidigers zum Gericht.

Deutlich ist aber auch, dass es nicht darum gehen kann, Entscheidungen über die gewählte Verteidigungsstrategie und einzelne Aktivitäten des Verteidigers im Nachhinein im Detail zu bewerten und zu korrigieren. Nicht jede, vielleicht falsche oder

---

[91] S. Abschnitt II.

[92] Zutreffend *Gaede* HRRS 2007, 402 (408f., 410); s. auch *Wohlers* FS Frisch, 2013, 1325 (1338ff.).

[93] Vgl. *Barton,* Einführung in die Strafverteidigung, 2. Aufl. 2013, § 8 Rn. 17.

zumindest zweifelhafte Entscheidung des Verteidigers vereitelt das Recht auf effektive Verteidigung. Es reicht nicht aus, dass eine andere Verteidigungsstrategie vielleicht erfolgreicher gewesen wäre. Es muss sich vielmehr um nicht nachvollziehbare, außerhalb eines vernünftigen Beurteilungsspielraums liegende Maßnahmen des Verteidigers handeln, bei denen, wären sie nicht getroffen worden, die greifbare Möglichkeit besteht, dass das Urteil für den Angeklagten günstiger ausgefallen wäre.

Das wird in der Regel nicht die Aktivitäten der Verteidigung betreffen, sondern – wie die amerikanischen Fälle zeigen – ihre nicht nachvollziehbare Untätigkeit. Ist etwa kein Grund dafür ersichtlich und wurde es erst gar nicht erwogen, der Verwertung eines ohne Belehrung erlangten Geständnisses rechtzeitig zu widersprechen,[94] und ist zudem erkennbar, dass dies Auswirkungen auf den Verfahrensausgang hatte, liegt ein Revisionsgrund wegen mangelhafter Verteidigung vor. Ist für das Gericht in der Hauptverhandlung erkennbar, dass ein sinnvoller Grund dafür, auf diesen Widerspruch zu verzichten, nicht vorhanden sein kann, hat eine entsprechende Information des Angeklagten zu erfolgen.[95] Ist das für das Gericht nicht erkennbar, ändert das nichts daran, dass die Verteidigungsleistung unzureichend und ineffektiv war. Denn es ist gerade nicht das Ziel eines rechtsstaatlichen Verfahrens, dass der Beschuldigte, der von einem inkompetenten Beistand verteidigt wurde, verurteilt wird, derjenige mit einem kompetenten Verteidiger hingegen nicht.

Der Maßstab, dem das Verteidigerverhalten unterworfen ist, ist dabei dem des § 244 Abs. 2 StPO vergleichbar:[96] Es muss naheliegen oder sich aufdrängen, dass eine bestimmte Verteidigungsmaßnahme hätte getroffen werden müssen, die sich wahrscheinlich zugunsten des Angeklagten ausgewirkt hätte.

---

[94] Vgl. BGHSt 38, 214 (225 f.) = NStZ 1992, 294 und *Wohlers* FS Frisch, 2013, 1325 (1335).

[95] Ich räume ein: Sonderliche Bedeutung dürfte dem Widerspruchserfordernis damit nicht mehr zukommen. Vgl. auch *Bohlander* StV 1999, 562 (567).

[96] Vgl. *Krehl* in KK-StPO, 7. Aufl. 2013, § 242 Rn. 33 mwN.; *Meyer-Goßner* in Meyer-Goßner/Schmitt, 60. Aufl. 2017, StPO § 242 Rn. 12.

HENNING ROSENAU

Das Gebot einer effektiven Revision nach Art. 19 Abs. 4 S. 1 GG, Art. 14 Abs. 5 IPBPR und Art. 13 EMRK

I. Einleitung

Nicht wenige Praktiker sehen in der Revision ein mittlerweile erstarrtes Rechtsgebiet, mit dem man schon klarkomme oder jedenfalls irgendwie klarkommen müsse. *Fischer* hat sich diesem Fatalismus nie hingegeben, sondern auch gegen große Widerstände und im Wissen um unbequeme Wahrheiten immer wieder versucht, auf die Defizite dieses Rechtsmittels im Strafverfahren hinzuweisen.[1] Die Reformbedürftigkeit der Revision ist nicht von der Hand zu weisen. Das ließe sich schon daran festmachen, dass sich der BGH mit der erweiterten Revision auf derselben Rechtsgrundlage wie derjenigen des Jahres 1878 bewegt, als das deutsche Strafverfahren noch den Wahrspruch der Geschworenen kannte! Hier muss heute zumindest praeter legem gearbeitet werden. Aber auch in der Ausgestaltung als erweiterte Revision bleibt sie das Roulette, das sie immer gewesen ist. „Am größten Unrecht kann sie versagen und beim größten Recht zur Aufhebung … führen", so *Alsberg* schon 1913.[2] Heute ist die Unsicherheit noch gestiegen, weil die Strafsenate jedes Urteil, das sie mit ihrem Bauchgefühl für goldrichtig empfinden,[3] halten, ein anderes mit denselben Verfahrens- und Feststellungsmängeln aber aufheben können. Floskelhafte Begründungen bemänteln diesen Umstand nur. Damit die Revision ein wirkmächtiges Format zur Qualitätskontrolle und Qualitätssicherung im Strafprozess wird,[4] sind Reformen unumgänglich.

Dass alle bisherigen Reformbemühungen der Rechtsmittel in der Vergangenheit gescheitert sind und eine Gesamtreform trotz des entsprechenden Beschlusses des Deutschen Bundestages vom 24.6.1964 auf sich warten lässt,[5] sollte uns nicht davon abhalten. Dies nicht zuletzt deshalb, weil solche Reformen auch verfassungsrechtlich geboten erscheinen. Ein Aspekt betrifft die offensichtlich ungesetzliche Verwerfung der Revision gem. § 349 Abs. 2 StPO als „offensichtlich unbegründet".[6] Zwar versucht das BVerfG, dem BGH bei dessen inflationärer Instrumentalisierung

---

[1] Pars pro toto *Fischer* in FS 200 Jahre Carl Heymanns Verlag, 2015, 463ff.; *Fischer* NStZ 2013, 425ff.; *Fischer/Krehl* StV 2012, 550ff., *Fischer/Eschelbach/Krehl* StV 2013, 395ff.

[2] *Alsberg*, Justizirrtum und Wiederaufnahme, 1913, 34.

[3] Zu diesem Motto vgl. *Barton*, Die Revisionsrechtsprechung des BGH in Strafsachen, 1999, 261f.; *Barton* FS Fezer, 2008, 333 (347 u. 351f.); ähnlich *Barton* GS Weßlau, 2016, 33 (39).

[4] Diesen Revisionszweck habe ich mit den Konsequenzen hergeleitet in *Rosenau* FS Widmaier, 2008, 521 (540ff.).

[5] Plenarprotokoll 4/132, 6478 (B) iVm Anlage 12, 6906.

[6] Dazu nur *Rosenau* FS Imme Roxin, 2012, 669ff.

dieses Beschlussweges immer wieder beizuspringen und die Regelung zu halten,[7] wobei in der Argumentation die Verwahrungswirklichkeit schlicht ausgeblendet wird. So steht das Einstimmigkeitserfordernis, welches vor einer missbräuchlichen Nutzung bewahren sollte, nur auf dem Papier des BGBl.[8] Es wird schlicht umgangen. Manche Richter stimmen der eigenen Rechtsansicht zu, um dem Senat die anderenfalls notwendig werdende, aufwendigere Hauptverhandlung mit nachfolgender schriftlicher Urteilsbegründung zu ersparen oder es sich nicht mit den Kolleginnen oder Kollegen zu verscherzen. „Vier zu Eins ist einstimmig".[9] Oder Vorsitzende legen Beratungstermine in die Urlaubszeit dissentierender Kollegen[10] oder der Berichterstatter wartet, bis ein anderer Kollege aus der Sitzgruppe wieder da ist.[11] Als ich solches ausformulierte,[12] erreichte mich ein Anruf *Fischers,* wonach die Realität noch viel schlimmer sei.

Der Reformbedarf geht aber über eine derart praktizierte „ou"-Verwerfung hinaus. Inwieweit er von der Verfassung gefordert ist, soll in diesem Beitrag analysiert werden.

II. Art. 19 Abs. 4 S. 1 GG

1. Rechtsschutz gegen den Strafrichter

Es dürfte einigermaßen überraschen, wenn im Zusammenhang mit einem ordentlichen Rechtsmittel wie der strafprozessualen Revision Art. 19 Abs. 4 S. 1 GG ins Spiel gebracht wird. Er wird zwar als „Schlußstein" im Gewölbe des Rechtsstaats bezeichnet,[13] doch hat sich den Juristen die griffige Formel eingeprägt, nach der Art. 19 Abs. 4 GG „Rechtsschutz durch den Richter, nicht gegen den Richter"[14] gewährleiste. Dieser Lehrsatz von *Dürig* aus dem Jahre 1958 war dermaßen einprägsam, dass er in ständiger Rechtsprechung vom BVerfG[15] wie in der Lehre[16] regelmäßig zitiert wurde und wird. Art. 19 Abs. 4 GG gewähre nur Rechtsschutz gegen die Exekutive,[17] die Rechtsprechung falle nicht darunter. Zwar spricht der Wortlaut des

---

[7] BVerfG NStZ 2002, 487 (488f.); StraFo 2007, 370; BVerfG, 3. Kammer d. 2. Senats, StV 2015, 75 (76f.).

[8] *Barton* FS Kühne, 2013, 139 (150f.).

[9] *Fischer/Krehl* StV 2012, 550 (551), vgl. auch *Groß-Bölting* StraFO 2012, 445 (446).

[10] *Fischer/Krehl* StV 2012, 550 (551).

[11] Zu dieser Option *Fischer* FS 200 Jahre Carl Heymanns Verlag, 2015, 463 (484).

[12] *Rosenau* ZIS 2012, 196 (201f.); zugleich *Rosenau* FS Imme Roxin, 2012, 669 (681).

[13] *Thoma,* zit. nach *Schmidt-Aßmann* in Maunz/Dürig, 72. Lfg., Stand: Juli 2014, GG Art. 19 Abs. 4 Rn. 16.

[14] *Dürig* in Maunz/Dürig, Erstbearbeitung 1958, GG Art. 19 Abs. 4 Rn. 17.

[15] S. nur BVerfGE 11, 263 (265); 15, 275 (280); 49, 329 (340); 76, 93 (98).

[16] S. nur *Jarass* in Jarass/Pieroth, 14. Aufl. 2016, GG Art. 19 Rn. 45; *Hofmann* in Schmidt-Bleibtreu/Klein, 14. Aufl. 2018, GG Art. 19 Rn. 44; *Hofmann* in Sodan, 3. Aufl. 2015, GG Art. 19 Rn. 28; *Enders* in Epping/Hillgruber, 2. Aufl. 2013, GG Art. 19 Rn. 517; *Schwachheim* in Umbach/Clemens, Bd. I, 2002, GG Art. 19 Abs. 4 Rn. 160; *Krüger/Sachs* in Sachs, 8. Aufl. 2018, GG Art. 19 Rn. 120; *Schmidt-Aßmann* in Maunz/Dürig, 72. Lfg., Stand: Juli 2014, GG Art. 19 Abs. 4 Rn. 96; *Schenke* in Kahl/Waldhoff/Walter, Bonner Kommentar zum Grundgesetz, Stand: 2009, GG Art. 19 Abs. 4 Rn. 372.

[17] *Rüping,* Das Strafverfahren, 3. Aufl. 1997, 182; vgl. auch *Maatz* StraFo 2002, 373 (379); *Schmidt-Aßmann* in Maunz/Dürig, 72. Lfg., Stand: Juli 2014, GG Art. 19 Abs. 4 Rn. 99.

Art. 19 Abs. 4 S. 1 GG davon, der Rechtsweg stehe offen, wenn „jemand durch die öffentliche Gewalt in seinen Rechten verletzt" wird, und unzweifelhaft ist die Rechtsprechung Teil der öffentlichen Gewalt. Die sich *Dürigs* bündiger Formel anschließende Auffassung behauptet aber eine teleologische Reduktion des Art. 19 Abs. 4 GG und gelangt so zum Ergebnis, dass die Rechtsschutzgarantie nicht die Rechtsprechung umfasse,[18] jedenfalls nicht den Kern der rechtsprechenden Gewalt wie die Strafrechtspflege.[19] Hintergrund ist die Befürchtung, dass andernfalls ausufernde Instanzenzüge einzurichten wären und es in letzter Konsequenz zu einem Rechtsschutz ad infinitum käme, der den Eintritt der Rechtskraft ausschlösse und mit dem Gebot der Rechtssicherheit unvereinbar wäre.[20] Eine Rolle spielt auch das Argument, dass das deutsche Verfahrensrecht gerichtliche Verfahren mit nur einer Instanz kannte, und die Verfassung erstinstanzlichen Zuständigkeiten oberster Gerichte nicht entgegenstehen dürfe.[21] Das ist in sich konsequent: wer eine verfassungsrechtliche Rechtsschutzgarantie gegen Entscheidungen des Richters ablehnt, muss auch ein aus Art. 19 Abs. 4 GG ableitbares Recht auf ein Rechtsmittel und damit auf einen Instanzenzug verneinen.[22] Insofern erscheint Art. 19 Abs. 4 GG in Bezug auf die Ausgestaltung eines Rechtsmittels wie der strafprozessualen Revision völlig indifferent und damit für diese Reformdiskussion irrelevant.

Die vielzitierte Formel *Dürigs* gibt den heutigen Stand der Diskussion nicht zutreffend wieder. Sie wird schon angesichts des klaren Wortlauts der Bestimmung angezweifelt.[23] Sie widerspricht zudem der Systematik der Verfassung, welche in Art. 1 Abs. 3 und Art. 20 Abs. 3 GG auch die dritte Gewalt an das Grundgesetz bindet.[24] Ebenso zeigt die historische Analyse, dass es den Verfassern des GG darum ging, jeglichen Eingriff des Staates in die Rechte der Bürger gerichtlich überprüfbar zu machen, weshalb der Herrenchiemseer Entwurf, der in Art. 138 lediglich einen

[18] *Schwachheim* in Umbach/Clemens, Bd. I, 2002, GG Art. 19 IV Rn. 160; *Windthorst* in Studienkommentar GG, 3. Aufl. 2017, Art. 19 Rn. 83.

[19] *Schmidt-Aßmann* in Maunz/Dürig, 72. Lfg., Stand: Juli 2014, GG Art. 19 Abs. 4 Rn. 99.

[20] *Schmidt-Aßmann* in Maunz/Dürig, 72. Lfg., Stand: Juli 2014, GG Art. 19 Abs. 4 Rn. 96; *Schenke* in Kahl/Waldhoff/Walter, Bonner Kommentar zum Grundgesetz, Stand: 2009, GG Art. 19 Abs. 4 Rn. 372; *Voßkuhle* NJW 2003, 2193f.

[21] BVerfGE 4, 74 (95); *Schenke* in Kahl/Waldhoff/Walter, Bonner Kommentar zum Grundgesetz, Stand 2009, GG Art. 19 Abs. 4 Rn. 103, 374; *Prütting* FS Nakamura, 1996, 457, 471. Freilich waren es auch Sondergerichte des Nationalsozialismus und der Volksgerichtshof, die jeweils erst- und letztinstanzlich entschieden, *Rüping* JR 2000, 311. Mit Schaudern liest man heute, weswegen gegen diese kein Rechtsmittel notwendig sei, wenn es bei *Schwarz* heißt, dass „die Richter gerade beim Volksgerichtshof besonders ausgesucht" seien; DStR 1936, 24 (27). Im Strafverfahren existierte bis 1969 in Staatsschutzsachen mit dem BGH als zuständigem Gericht eine einzige Instanz; vgl. Gesetz zur allgemeinen Einführung eines zweiten Rechtszuges in Staatsschutz-Strafsachen vom 8.9.1969, BGBl. 1969 I 1582ff.

[22] BVerfG NStZ 2002, 487 (488); *Frisch* in SK-StPO, Bd. IV, 5. Aufl. 2016, Vor § 296 Rn. 20; *Plöd* in KMR-StPO, Stand: 2008, Vor § 296 Rn. 9; *Windthorst* in Studienkommentar GG, 3. Aufl. 2017, Art. 19 Rn. 83.

[23] *Krebs* in v. Münch/Kunig, 6. Aufl. 2012, GG Art. 19 Rn. 63; *Ibler* in Berliner Kommentar zum Grundgesetz, Bd. 2, (Stand: Erg.-Lfg. X/02), GG Art. 19 Abs. 4 Rn. 91.

[24] *Voßkuhle,* Rechtsschutz gegen den Richter, 1993, 150f.; *Huber* in v. Mangoldt/Klein/Starck, Bd. 1, 6. Aufl. 2010, GG Art. 19 Abs. 4 Rn. 440.

Rechtsweg gegen Verwaltungshandeln vorsah,[25] in die umfassende Garantie des Art. 19 Abs. 4 S. 1 GG umformuliert wurde.[26] Eine solche breite Stoßrichtung der Rechtsschutzgewährleistung korrespondiert mit Sinn und Zweck des Art. 19 Abs. 4 GG. Er will im Grundsatz einen allgemeinen und lückenlosen Rechtsschutz gegen staatliche Rechtsverletzungen schaffen. Originäre Grundrechtsbeeinträchtigungen drohen angesichts der Eingriffsmacht richterlicher Tätigkeiten auch durch Rechtsprechungsakte, was besonders deutlich bei strafprozessualen Grundrechtseingriffen unter Richtervorbehalt zutage tritt.[27] Daran zeigt sich, dass richterliches Handeln nicht stets Garant individueller Rechte, sondern für sie auch eine Bedrohung sein kann.[28] Dann wäre es angesichts der kontrollstarken Gesamtkonzeption des GG schwer verständlich, wenn gerade die Rechtsprechung als die am wenigsten durch andere Gewalten kontrollierte Gewalt aus der Rechtsschutzgarantie herausfallen sollte.[29] Aus allem folgt, dass die Rechtsschutzgarantie auf richterliches Handeln zu erstrecken ist und Art. 19 Abs. 4 S. 1 GG ein gerichtliches Verfahren gebietet, in dem eine Überprüfung einer erstinstanzlichen richterlichen Ausgangsentscheidung durch eine weitere richterliche Instanz stattfinden kann.[30] Eine Kontrollspirale ohne Ende, die Art. 19 Abs. 4 S. 1 GG evident nicht wollen kann, ist damit nicht verbunden. Insoweit ist Platz für eine teleologische Reduktion des Gewährleistungsinhaltes[31] oder eine praktische Konkordanz[32] mit dem Rechtsstaatsgebot der Rechtssicherheit, die einen Rechtsschutz ad infinitum ausschließt.[33] Das Dogma, es gebe von Verfassungs wegen keinen Rechtsschutz gegen Richter, ist aber nicht zu halten.

Das hat schließlich auch das BVerfG erkannt. In einem der seltenen Fälle hat es – auf Vorlage des 1. Senats gem. § 16 BVerfGG – im Plenum aller sechzehn Richter entschieden. In einer kontroversen Entscheidung bei einem Abstimmungsverhältnis von 10:6 Stimmen[34] wurde der Sache nach die ständige Rechtsprechung, wonach

---

[25] „(1) Wer sich durch eine Anordnung oder durch die Untätigkeit einer Verwaltungsbehörde in seinen Rechten verletzt oder mit einer ihm nicht obliegenden Pflicht beschwert glaubt, kann gerichtliche Hilfe in Anspruch nehmen.", vgl. dazu BVerfGE 107, 395 (404f.).

[26] *Voßkuhle,* Rechtsschutz gegen den Richter, 1993, 151ff.; *Ibler* in Berliner Kommentar zum Grundgesetz, Bd. 2, (Stand: Erg.-Lfg. X/02), GG Art. 19 Abs. 4 Rn. 91; zweifelnd zu dieser historischen Deutung BVerfGE 107, 395 (405).

[27] *Dörr* JURA 2004, 334 (336); *Ibler* in Berliner Kommentar zum Grundgesetz, Bd. 2, (Stand: Erg.-Lfg. X/02), GG, Art. 19 Abs. 4 Rn. 91.

[28] *Huber* in v. Mangoldt/Klein/Starck, Bd. 1, 6. Aufl. 2010, GG Art. 19 Abs. 4 Rn. 447; *Spiecker* NVwZ 2003, 1464.

[29] *Ibler* in Berliner Kommentar zum Grundgesetz, Bd. 2, (Stand: Erg.-Lfg. X/02), GG Art. 19 Abs. 4 Rn. 91.

[30] *Voßkuhle* NJW 1995, 1377 (1383); *Voßkuhle/Sydow* JZ 2002, 673 (679); *Krebs* in v. Münch/Kunig, 6. Aufl. 2012, GG Art. 19 Rn. 63; *Ibler* in Berliner Kommentar zum Grundgesetz, Bd. 2, (Stand: Erg.-Lfg. X/02), GG Art. 19 Abs. 4 Rn. 92; *Huber* in v. Mangoldt/Klein/Starck, Bd. 1, 6. Aufl. 2010, GG Art. 19 Abs. 4 Rn. 442; *Schulze-Fielitz* in Dreier, Bd. I, 3. Aufl. 2013, Art. 19 Abs. 4 Rn. 49; *Dörr* JURA 2004, 334 (336).

[31] *Schulze-Fielitz* in Dreier, Bd. I, 3. Aufl. 2013, GG Art. 19 Abs. 4 Rn. 49.

[32] Vgl. *Hesse,* Grundzüge des Verfassungsrechts der Bundesrepublik Deutschland, 20. Aufl. 1995, 28.

[33] *Huber* in v. Mangoldt/Klein/Starck, Bd. 1, 6. Aufl. 2010, GG Art. 19 Abs. 4 Rn. 443; *Ibler* in Berliner Kommentar zum Grundgesetz, Bd. 2, (Stand: Erg.-Lfg. X/02), GG Art. 19 Abs. 4 Rn. 92.

[34] BVerfGE 107, 395 (418).

das Grundgesetz keinen Rechtsschutz gegen Richter gewährleistet, aufgegeben: „Die Rechtsschutzgarantie des Grundgesetzes ist nicht auf Rechtsschutz gegen Akte der vollziehenden Gewalt im Sinne von Art. 19 Abs. 4 GG beschränkt, sondern umfassend ausgelegt."[35] Anders als soeben hergeleitet hat das BVerfG dazu aber keine radikale Wende in der Auslegung des Art. 19 Abs. 4 S. 1 GG vollzogen. Er weise bei dem engen Verständnis der vormals herrschenden Meinung zwar ein Rechtsschutzdefizit auf.[36] Dieses hat sich aber auf anderem Wege beheben lassen, so dass das BVerfG nicht die Notwendigkeit gesehen hat, die bislang eherne Dogmatik zu Art. 19 Abs. 4 GG zu verlassen.[37]

Das BVerfG findet seine Lösung im allgemeinen Justizgewährungsanspruch, der aus dem Rechtsstaatsprinzip in Verbindung mit den Grundrechten, insbesondere mit Art. 2 Abs. 1 GG, herzuleiten ist.[38] Im konkreten Fall ging es um den grundrechtsgleichen Anspruch auf rechtliches Gehör nach Art. 103 Abs. 1 GG, den ein OLG als Berufungsgericht verletzt hatte. Der allgemeine Justizgewährungsanspruch stimmt in seinem Gehalt weitgehend mit Art. 19 Abs. 4 GG überein und gewährt wie Art. 19 Abs. 4 GG Rechtsschutz vor den Gerichten, soll aber in seiner Reichweite über Art. 19 Abs. 4 GG hinausgehen und auch Rechtsschutz gegen Entscheidungen eines Gerichts gebieten, wenn dieses erstmalig Verfahrensgrundrechte verletzt habe.[39]

Der Rückgriff auf das „flexiblere"[40] verfassungsrechtliche Institut der Justizgewährungspflicht, verankert im recht konturlosen „Sammel"-Begriff[41] des Rechtsstaates, lässt sich mit guten Gründen als methodisch zweifelhaft kritisieren, weil das BVerfG die lex generalis heranzieht, statt seine Lösung bei der verfassungsrechtlichen lex specialis für gerichtlichen Rechtsschutz zu suchen[42] – obwohl es ausdrücklich auf die Spezialität des Art. 19 Abs. 4 GG hinweist.[43] Festzuhalten bleibt – und das war das Bahnbrechende an dieser Plenumsentscheidung –, dass der alte Glaubenssatz „Kein Rechtsschutz gegen den Richter" ad acta gelegt wurde.

Das Gericht sperrt sich aber weiterhin gegen die auch hier vorgetragene Annahme, dass ein zweistufiger Instanzenzug verfassungsrechtlich geboten sei. Diese Entscheidung obliege dem Gesetzgeber. Es sei zwar das rechtsstaatliche Minimum, dass die Rechtsordnung eine einmalige Möglichkeit einer gerichtlichen Entscheidung eröffne, ein Instanzenzug sei von Verfassungs wegen nicht garantiert.[44]

---

[35] BVerfGE 107, 395 (401).

[36] BVerfGE 107, 395 (407).

[37] BVerfGE 107, 395 (404 und 406). Anders hatte es noch dem vorlegenden Senat vorgeschwebt, BVerfGE 107, 395 (404) A2; dazu *Spiecker* NVwZ 2003, 1464.

[38] BVerfGE 107, 395 (401) = NJW 2003, 1924.

[39] BVerfGE 107, 395 (407) = NJW 2003, 1924.

[40] *Schmidt-Aßmann* in Maunz/Dürig, 72. Lfg., Stand: Juli 2014, GG Art. 19 Abs. 4 Rn. 98; *Voßkuhle* NJW 2003, 2193 (2196).

[41] *Kunig,* Das Rechtsstaatsprinzip, 1986, 15; weswegen üblich geworden ist, deren Basiselemente aufzuzählen, die in ihrer Gesamtheit den Begriff füllen.

[42] *Voßkuhle* NJW 2003, 2193 (2196); *Dörr* JURA 2004, 334 (337); *Spiecker* NVwZ 2003, 1464f.; vgl. nur *Jarass* in Jarass/Pieroth, 14. Aufl. 2016, Art. 19 Rn. 34.

[43] BVerfGE 107, 395 (403).

[44] BVerfGE 107, 395 (402).

Beide Kernaussagen der Entscheidung muten zunächst recht widersprüchlich an, weil ein verfassungsrechtliches Gebot, auch gegen gerichtliche Entscheidungen Rechtsschutz zu gewähren, auf ein zwingendes verfassungsrechtliches Gebot hindeutet, einen Rechtsmittelzug zu sichern. Diesem Widerspruch entgeht das BVerfG, indem es einerseits unterscheidet zwischen normaler richterlicher Spruchtätigkeit und richterlichem bzw. gerichtlichem Handeln aufgrund eines ausdrücklich normierten Richtervorbehaltes, bei dem die Gerichte einen eigenständigen Eingriff vornehmen, und zwar funktional in Ausübung vollziehender Gewalt,[45] und andererseits darauf abstellt, dass Gerichte erstmalig Verfahrensgrundrechte verletzen.[46] Denn letztere seien überhaupt nur an Gerichte adressiert und könnten folglich nur von diesen verletzt werden. Nur insoweit bedürfe es einer verfassungsrechtlich abgesicherten Möglichkeit einer fachgerichtlichen Abhilfe,[47] also eines Rechtsschutzes auch gegen den Richter. Damit wird man das grundlegende Urteil des BVerfG nur als Plädoyer für eine beschränkte Überprüfung richterlichen Handelns lesen können, zumal auch nicht zwingend eine Befassung durch eine höhere Instanz vorgegeben wird.[48]

Eine vergleichbare Beschränkung, welche die normale Spruchtätigkeit der Gerichte offenbar ausspart, findet sich selbst bei denjenigen, die schon zuvor Art. 19 Abs. 4 GG anwenden wollten. Art. 19 Abs. 4 GG gelte nur für den Richter als Erstentscheider und Selbst-Handelnder, nicht aber, wenn er eine distanzierte Entscheidungsinstanz darstelle. Als Beispiele werden neben den Verfahrensgrundrechten genannt: Befugnisse der Sitzungspolizei; die durch Richtervorbehalte dem Richter bzw. Gericht aufgegebene Verantwortung für Wohnungsdurchsuchungen (Art. 13 Abs. 2 GG) und den großen Lauschangriff (Art. 13 Abs. 3–5 GG); strafprozessuale Eingriffe unter Richtervorbehalt – etwa die körperliche Untersuchung des Beschuldigten nach § 81a Abs. 2 S. 1 StPO, Anordnung der Beschlagnahme nach § 98 Abs. 1 S. 1 StPO etc. –; oder der Erlass eines Strafbefehls (§ 407 StPO).[49] Zwar wird auch Art. 104 Abs. 2 S. 1 GG erwähnt, aber die normale Strafrechtspflege, die mit freiheitsentziehenden Urteilen in die Rechte der Angeklagten eingreift, soll offenbar nicht gemeint sein. Dahinter steht die auch im Beschluss des BVerfG anklingende Vorstellung, dass im regulären Strafprozess die persönlich und sachlich unabhängigen Richter als neutrale, unbeteiligte Dritte handeln, ohne selbst am Prozessausgang und einem möglichen Freiheitseingriff interessiert zu sein.[50] Zudem genüge der Strafprozess mit seinen rechtsstaatlichen Verfahrenssiche-

[45] BVerfGE 107, 395 (406). Insoweit sieht auch das BVerfG Art. 19 Abs. 4 GG berufen, den gebotenen Rechtsschutz zu gewähren.

[46] BVerfGE 107, 395 (407).

[47] BVerfGE 107, 395 (407); *Huber* in v. Mangoldt/Klein/Starck, Bd. 1, 6. Aufl. 2010, Art. 19 Abs. 4 Rn. 440; *Dörr* JURA 2004, 334 (335).

[48] BVerfGE 107, 395 (408).

[49] Vgl. *Huber* in v. Mangoldt/Klein/Starck, Bd. 1, 6. Aufl. 2010, Art. 19 Abs. 4 Rn. 440; *Ibler* in Berliner Kommentar zum Grundgesetz, Bd. 2, (Stand: Erg.-Lfg. X/02), GG Art. 19 Abs. 4 Rn. 91; vgl. dazu auch *Schmidt-Aßmann* in Maunz/Dürig, 72. Lfg., Stand: Juli 2014, GG Art. 19 Abs. 4 Rn. 98.

[50] *Schenke* in Kahl/Waldhoff/Walter, Bonner Kommentar zum Grundgesetz, Stand 2009, GG Art. 19 Abs. 4 Rn. 276; *Schmidt-Aßmann* in Maunz/Dürig, 72. Lfg., Stand: Juli 2014, GG Art. 19 Abs. 4 Rn. 98.

rungen einem besonderen Rechtsschutzstandard und gewähre bereits einen lückenlosen Rechtsschutz.[51] So sieht das BVerfG die spruchrichterliche Tätigkeit als typische Aufgabe der Gerichte, in der sie als „Instanzen unbeteiligter Streitentscheidung" fungieren.[52]

Die Differenzierung beim verfassungsrechtlich gebotenen Rechtsschutz zwischen einer spruchrichterlichen Tätigkeit und sonstiger richterlicher Tätigkeit im Strafverfahren ist wenig überzeugend. Der vor einer Freiheitsentziehung stehende Richtervorbehalt macht keinen Unterschied danach, ob jene als Untersuchungshaft durch den Ermittlungsrichter bzw. im späteren Verfahrensstadium durch das erkennende Gericht (vgl. § 125 Abs. 2 und § 204 Abs. 4 StPO) oder durch ein verurteilendes Strafurteil angeordnet wird. Aus Sicht des Grundrechtsträgers dürfte letztere Entscheidung noch schwerer wiegen. Es vermag auch nicht einzuleuchten, warum der Ermittlungsrichter bzw. im späteren Stadium das erkennende Gericht weniger unbeteiligt und neutral agieren sollte als letzteres bei seiner erkennenden Urteilsfindung. Das Ideal des Gerichts eines neutralen Dritten mag im Parteiverfahren der ZPO oder auch im anglo-amerikanischen Strafprozess, bei dem Anklage wie Verteidigung den Prozessstoff bestimmen und dem Gericht eine Art Schiedsrichterfunktion zukommt, ansatzweise erfüllt sein.[53] Das inquisitorische Strafverfahren der StPO trifft es nicht. Hier geht mit der Zulassung der Anklage und Eröffnung des Hauptverfahrens die Verfahrensherrschaft von der Staatsanwaltschaft auf das Gericht selbst über,[54] das durchaus eigene Interessen am Ablauf des Verfahrens entwickelt. Genannt sei nur das persönliche Bestreben nach möglicher Minimierung der eigenen Arbeitsbelastung, welches nicht notwendig mit dem strafverfahrensrechtlichen Beschleunigungsgebot korreliert. Viele prozessordnungswidrige Absprachen etwa hatten ihren Ursprung im sachwidrigen Ansinnen des Gerichts, die eigene Entscheidung rechtskräftig werden zu lassen.[55]

Nicht nur bei den strafprozessualen „Nebenentscheidungen", sondern auch in der Hauptverhandlung selbst tritt das Gericht dem Angeklagten in unmittelbarer Ausübung staatlicher Hoheitsgewalt gegenüber. Auch in der Urteilsfindung ist es an die Grundrechte – naturgemäß insbesondere an Art. 2 Abs. 2 S. 2 GG – gebunden und einem prozessförmigen Verfahren verpflichtet. Jedes gesetzwidrige Urteil wäre ohne verfassungsrechtlich tragendes Fundament verfassungsdogmatisch ein

---

[51] *Ibler* in Berliner Kommentar zum Grundgesetz, Bd. 2, (Stand: Erg.-Lfg. X/02), GG Art. 19 Abs. 4 Rn. 91 und 92; *Schenke* in Kahl/Waldhoff/Walter, Bonner Kommentar zum Grundgesetz, Stand 2009, GG Art. 19 Abs. 4 Rn. 281 und 278.

[52] BVerfGE 107, 395 (406).

[53] *Zweigert/Kötz,* Einführung in die Rechtsvergleichung, 3. Aufl. 1996, 267f.; *Pollock/Maitland,* The History of English Law, 2. Aufl. 1968, 671, die das Strafverfahren mit einem sportlichen Wettkampf wie Kricket vergleichen und den Richter in der Funktion sehen, das faire Spiel zu kontrollieren.

[54] *Fezer,* Strafprozessrecht, 2. Aufl. 1995, 5; *Schroeder/Verrel,* Strafprozessrecht, 7. Aufl. 2017, 117. V.a. kann die Staatsanwaltschaft ab diesem Zeitpunkt die Anklage nicht mehr zurücknehmen: § 156 StPO.

[55] *Schünemann* behauptet sogar einen Schulterschluss der professionellen Juristen unter Einschluss des Gerichts, der zu Lasten des Angeklagten ginge, *Schünemann* StV 2000, 159 (162f. u. 164); gegen ihn *Rosenau* in Rosenau/Kim, Straftheorie und Strafgerechtigkeit, 2010, 67f.

Grundrechtsverstoß und müsste in das verfassungsrechtliche Rechtsschutz- und Kontrollsystem eingegliedert werden.[56]

Da das GG von einer kontrollstarken Gerichtsschutzkonzeption ausgeht und es angesichts der gerichtlichen Entscheidungsmacht stets dort, wo das Gericht potentiell Rechte verletzt, Rechtsschutz grundsätzlich auch gegen das Gericht gewährt, spricht vieles dafür, über die Entscheidung des BVerfG hinauszugehen und eine durch Art. 19 Abs. 4 S. 1 GG verbürgte Rechtsschutzgarantie auch gegen die strafprozessuale Spruchtätigkeit anzunehmen. Das hat zunächst die Konsequenz, dass für das Strafverfahren ein Rechtsmittel vorzusehen ist. Die Möglichkeit der Revision der §§ 333 ff. StPO erfüllt mithin ein verfassungsrechtliches Gebot. Diese Aussage stellt sich bei genauerer Lektüre nicht gegen das BVerfG; denn dieses hat ausdrücklich offengelassen, ob es Streitigkeiten geben könnte, für die aus rechtsstaatlichen Gründen eine Überprüfung durch eine weitere gerichtliche Instanz vorzusehen ist.[57] Immerhin hat es den im Justizgewährungsanspruch gesicherten Rechtsschutz auf alle Gerichtsinstanzen erstreckt, will ihn also auch dann annehmen, wenn wie im Ausgangsfall das Verfahrensgrundrecht erst im Rechtsmittelverfahren verletzt wird.[58] Und auch der BGH scheint die Revision als Gebot des Rechtsstaates zu verstehen. Eine auf eine Revision hin erfolgte Urteilsaufhebung und Zurückverweisung der Sache wird jedenfalls als „Ausfluss ... eines rechtsstaatlichen Rechtsmittelsystems" bezeichnet.[59] Die Rechtsschutzgarantie des Art. 19 Abs. 4 S. 1 GG schließt das Strafverfahren insgesamt in seinen Gewährleistungsumfang ein. Zu klären ist im folgenden, was das in concreto bedeutet.

2. *Das Gebot effektiven Rechtsschutzes*

Unbeschadet der soeben ausgebreiteten Streitfrage, ob Art. 19 Abs. 4 GG eng oder weit auszulegen ist, ist allgemein anerkannt, dass die Effektivität eines gerichtlichen Rechtsschutzes verfassungsrechtlich geboten ist.[60] Dieses Gebot ist in doppelter Weise im rechtsstaatlichen Gefüge der Verfassung verankert:[61] Es wird zum einen aus dem bereits genannten Justizgewährungsanspruch hergeleitet, der sich seinerseits auf das Rechtsstaatsprinzip des Art. 20 Abs. 3 GG stützt und der in Verbindung mit den materiellen Grundrechten praktische Wirkungen wie ein Jedermann-Grundrecht auf Gewährung eines wirkungsvollen Rechtsschutzes entfaltet.[62] Zum anderen wird es auch vom BVerfG unmittelbar Art. 19 Abs. 4 GG entnom-

---

[56] *Voßkuhle* NJW 1995, 1377 (1383); *Voßkuhle* NJW 2003, 2193 (2197 f.).

[57] BVerfGE 107, 395 (402).

[58] BVerfGE 107, 395 (410); vgl. *Meyer-Mews* NJW 2004, 716.

[59] BGH Beschl. v. 17.12.2003 – 1 StR 445/03, NStZ 2004, 504 (505).

[60] *Hofmann* in Schmidt-Bleibtreu/Klein, 14. Aufl. 2018, GG Art. 19 Rn. 53; *Krüger/Sachs* in Sachs, 8. Aufl. 2018, Art. 19 Rn. 143; *Sodan* in Sodan, 3. Aufl. 2015, Art. 19 Rn. 28.

[61] Kritisch zu dieser „überflüssigen" Duplizierung *Dörr,* Der europäisierte Rechtsschutzauftrag deutscher Gerichte, 2003, S. 37; *Ibler* in Berliner Kommentar zum Grundgesetz, Bd. 2, (Stand: Erg.-Lfg. X/02), GG Art. 19 Abs. 4 Rn. 362; *Schmidt-Aßmann* in Maunz/Dürig, 72. Lfg., Stand: Juli 2014, GG Art. 19 Abs. 4 Rn. 23.

[62] Z. B. BVerfGE 84, 366, 369 f.; 85, 337, 345; 88, 118, 123 f.; 93, 99, 107; 101, 275, 294 f.; BVerfGE 107, 395, 410; Epping/Hillgruber/*Enders,* Art. 19 Rn. 51; *Schulze-Fielitz* in Dreier, Bd. I, 3. Aufl. 2013, Art. 19 Abs. 4 Rn. 84.

men.[63] Denn wird ein Verfahren zweiter Instanz zugelassen, stellt dieses einen Rechtsweg im Sinne des Art. 19 Abs. 4 GG dar.[64] Das meint, dass stets dann, wenn das Prozessrecht eine weitere gerichtliche Instanz vorsieht, deren Effektivität oder Wirksamkeit gewährleistet sein muss.[65] Dem Rechtsmittelgericht ist es deshalb verboten, einen vom Gesetz eröffneten Rechtsbehelf ineffektiv zu machen oder unzumutbar zu erschweren, ohne dass Sachgründe eine Einschränkung rechtfertigen könnten.[66] Der substantielle Anspruch auf eine wirksame gerichtliche Kontrolle lässt demnach auch nicht zu, dass ein Rechtsschutz rein formal besteht, indem statthafte Rechtsbehelfe durch eine zu enge Auslegung und Anwendung der Verfahrensregeln leer laufen.[67]

Freilich sollte man sich davor hüten, vorschnell aus den allgemeinen Forderungen des Art. 19 Abs. 4 GG nach wirksamem Rechtsschutz konkrete Ableitungen für die Strafverfahren zu bilden. Das Problem dieser Maxime ist naturgemäß der hohe Abstraktionsgrad des Begriffes „Effektivität".[68] Nicht zu Unrecht wird angemahnt, das Postulat der Rechtsschutzeffektivität nicht als Zauberformel zu verwenden, um beliebige Maximalforderungen durchsetzen zu wollen. Nicht alles ist verfassungsrechtlich geboten, was de lege ferenda wünschenswert erscheint.[69] Andere entnehmen dem Effektivitätsgrundsatz zumindest ein Optimierungsgebot, dem der Gesetzgeber bei der Ausgestaltung des Rechtsweges Rechnung zu tragen habe.[70] Beispielsweise ist eher zweifelhaft, ob von Verfassungs wegen eine zweite Tatsacheninstanz geboten ist, wie das gelegentlich behauptet wird.[71] Näher liegt dagegen die Forderung, die Kontrolle der Tatsachenfeststellungen von der Effektivitätsgarantie des Art. 19 Abs. 4 GG umfasst zu sehen,[72] weil die Aufnahme und Beurteilung des Sachverhalts die entscheidende Grundlage für einen etwaigen Eingriff in die Freiheitsgrundrechte darstellen. Aber selbst insoweit herrscht verbreitet Skepsis. Die Praxis der erweiterten Revision mit einer Ausweitung des revisionsrechtlichen Kontrollumfangs auf Beweiswürdigung und Sachverhaltsfeststellung sei, so

---

[63] BVerfGE 79, 80, 84; 96, 27, 39; 101, 397, 408f.; 107, 395, 405.

[64] *Schenke* in Kahl/Waldhoff/Walter, Bonner Kommentar zum Grundgesetz, Stand: 2009, GG Art. 19 Abs. 4 Rn. 106.

[65] BVerfG NStZ 2002, 487 (488); BVerfGE 107, 395 (405); OLG Hamm wistra 2000, 318 (319).

[66] BVerfGE 40, 272 (274f.); 41, 23 (26); 78, 88 (99); 88, 118 (123f.); 101, 397 (408); BVerfGE 107, 395 (410); BVerfG 2. Kammer d. 1. Senats, NJW 2001, 2161 (2162); 3. Kammer d. 2. Senats StV 2002, 661, 662.

[67] BVerfGE 96, 27 (39); BVerfG 3. Kammer d. 2. Senats StV 2002, 661 (662); *Dörr* JURA 2004, 334 (336); *Kutzer* StraFo 2000, 325 (326); *Frisch* in SK-StPO, Bd. IV, 5. Aufl. 2016 Vor § 296 Rn. 17; *Huber* in v. Mangoldt/Klein/Starck, Bd. 1, 6. Aufl. 2010, Art. 19 Abs. 4 Rn. 459; *Schwachheim* in Umbach/Clemens, Bd. I, 2002, GG Art. 19 Abs. 4 Rn. 173.

[68] Vgl. in anderem Zusammenhang *Loos* in AK-StPO Bd. 1, 1988, Einl. III Rn. 36.

[69] *Schenke* in Kahl/Waldhoff/Walter, Bonner Kommentar zum Grundgesetz, Stand 2009, GG Art. 19 Abs. 4 Rn. 640.

[70] *Huber* in v. Mangoldt/Klein/Starck, Bd. 1, 6. Aufl. 2010, Art. 19 Abs. 4 Rn. 474.

[71] *Gilles* JZ 1985, 253 (260); *Bauer,* Gerichtsschutz als Verfassungsgarantie, 1973, 101; vgl. auch *Prütting* FS Nakamura, 1996, 457, 471f.

[72] *Huber* in v. Mangoldt/Klein/Starck, Bd. 1, 6. Aufl. 2010, Art. 19 Abs. 4 Rn. 506, der grundsätzlich auch die Tatsachengrundlage vom richterlichen Prüfungsauftrag umfasst sehen will. Nicht ganz deutlich indes wird, ob das nur im Hinblick auf Verwaltungsverfahren gelten soll. So wohl auch *Schwachheim* in Umbach/Clemens, Bd. I, 2002, GG Art. 19 Abs. 4 Rn. 176.

wird gesagt, verfassungsrechtlich nicht geboten.[73] Das Verfassungsrecht sei nicht bereits deshalb verletzt, weil eine Tatsachenfeststellung fehlerhaft sei und die Rechtsanwendung auf einem falsch festgestellten Sachverhalt fuße.[74] Unrichtige Urteile müssten von Verfassungs wegen nicht verhindert werden. *Wagner* stellt bei seiner Argumentation Art. 103 Abs. 1 GG und das Rechtsstaatsprinzip aus Art. 20 Abs. 3 GG in den Vordergrund.[75] Er übersieht dabei, dass rechtliches Gehör von Art. 103 Abs. 1 GG nicht um seiner selbst willen garantiert wird, sondern dass die Gewährleistung prozeduraler Mindeststandards – zu denen der Grundsatz audiatur et altera pars zu zählen ist – zugleich vor Fehlurteilen bewahren will.[76] Deswegen bezieht sich das rechtliche Gehör auch auf Tatsachen- und Beweisergebnisse.[77] Warum das Rechtsstaatsprinzip nicht auch für materiell gerechte, das heißt richtige Urteile stehen sollte, bleibt gänzlich offen. Der Rechtsstaat kann sich nicht damit begnügen, dass die in seinem Namen begangenen Fehlurteile nur lege artis begründet sind. Das machte das Rechtsstaatsprinzip zu einer leeren Hülse.

Schließlich geraten die Skeptiker angesichts der Relevanz gerade der Tatsachenfeststellung im Strafverfahren in Widerspruch zur eigenen Prämisse: Eine Kontrolle, die diese nicht einbezieht, reduziert den Rechtsschutz unterhalb des Effektiven. Ein effektiver Rechtsschutz bei den Rechtsmitteln findet mithin eine Stütze im GG, damit auch das Ziel der Qualitätskontrolle und der Qualitätssicherung durch die Revision.

Zu beachten ist dabei noch Folgendes: Das Gebot der Effektivität des Rechtsschutzes steht und fällt nicht mit der weiteren Annahme, Art. 19 Abs. 4 GG verlange einen zumindest zweistufigen Instanzenzug. In ständiger Rechtsprechung des BVerfG wird Art. 19 Abs. 4 GG bereits dann als eine Verbürgung effektiven Rechtsschutzes interpretiert, wenn die Prozessordnung eine Rechtsmittelinstanz vorsieht.[78] Anders gewendet wäre der Gesetzgeber nach dieser Ansicht zwar nicht durch Art. 19 Abs. 4 GG gehindert, die zweite Instanz wieder abzuschaffen;[79] sobald er sie jedoch installiert, muss er sie aufgrund Art. 19 Abs. 4 GG effektiv ausgestalten.

---

[73] *Stuckenberg* in KMR-StPO, Stand: 2008, § 261 Rn. 149; *Foth* DRiZ 1997, 201 (205); *Wagner* ZStW 106 (1994), 259 (298f.); v. *Schledorn,* Die Darlegungs- und Beweiswürdigungspflicht des Tatrichters …, 1997, 142f.

[74] *Wagner* ZStW 106 (1994), 257 (298f.).

[75] *Wagner* ZStW 106 (1994), 257 (282ff. und 291f.).

[76] *Rieß* in Löwe-Rosenberg, 24. Aufl. 1996, StPO Einl. H Rn. 71; *Kühne* in Löwe-Rosenberg, 27. Aufl. 2016, StPO Einl. I Rn. 75; BVerfGE 65, 305 (307).

[77] *Volk/Engländer,* Grundkurs StPO, 8. Aufl. 2013, 50f.

[78] BVerfGE 96, 27 (39); 107, 395 (405).

[79] BVerfGE 87, 48 (61); *Schwachheim* in Umbach/Clemens, Bd. I, 2002, GG Art. 19 Abs. 4 Rn. 173. AA *Prütting,* der in der generellen Abschaffung eine unerträgliche, auch verfassungsrechtlich nicht akzeptable Rechtsschutzlücke sieht; *Prütting* FS Nakamura, 1996, 457, 471f.

III. Art. 14 Abs. 5 IPBPR sowie Art. 13 EMRK

Völkerrechtlich gilt nichts anderes: Der Internationale Pakt für Bürgerliche und Politische Rechte vom 19.12.1966[80], der für Deutschland durch die Ratifikation vom 15.11.1973[81] mit dem Geltungsrang einfachen Bundesrechts verbindlich wurde,[82] aber mittelbar am Grundrechtsschutz teilhat,[83] schreibt die Gewährleistung eines Rechtsmittels gegen eine Verurteilung aufgrund einer strafbaren Handlung vor.[84] Damit ist die Überprüfung von Strafurteilen als Menschenrecht anerkannt.[85] Die Art der Urteilsanfechtung ist den nationalen Rechtsordnungen überlassen.[86] Umstritten ist dagegen, ob auch der Umfang der Anfechtung in das Ermessen der einzelnen Rechtsordnungen gestellt ist. *Esser* will das annehmen und hält die §§ 333ff. StPO für paktkonform. Allerdings räumt er ein, dass „eine echte substantielle Überprüfung der erstinstanzlichen Verurteilung durch das Rechtsmittelgericht" zu gewährleisten ist.[87] Es muss um eine wirkliche Nachprüfung gehen („being reviewed", „faire examiner").[88] In diesem Sinne lässt sich auch aus Art. 14 Abs. 5 IPBPR das Gebot einer effektiven Qualitätskontrolle herleiten.

Auf europäischer Ebene ist das Gebot effektiven Rechtsschutzes ebenfalls nachweisbar. Zwar hat das Recht auf Nachprüfung einer strafrechtlichen Verurteilung nicht in die EMRK vom 4.11.1950 Eingang gefunden, sondern findet sich erst in Art. 2 des 7. Zusatzprotokolls zur EMRK vom 22.11.1984. Aber die Forderung, dass ein bestehender Rechtsschutz effektiv ausgestaltet sein muss, ergibt sich aus Art. 13 EMRK.[89]

Auch hier erfolgt ein Verweis auf die innerstaatliche Rechtsordnung. Art. 13 EMRK will keine eigenen Rechtsschutzmöglichkeiten schaffen.[90] Umgekehrt werden die Europaratsstaaten verpflichtet, eine staatliche Instanz bereitzustellen, bei der diejenigen, die sich in ihren Menschenrechten und Grundfreiheiten verletzt sehen, eine Beschwerde anbringen können.[91] Ein mehrstufiger Instanzenzug wird

---

[80] BGBl. 1973 II 1534ff. Der Pakt wurde durch die UNO-Generalversammlung am 16.12.1966 in der Resolution 2200 (XXI), S. 49, mit 106:0 Stimmen angenommen.

[81] BGBl. 1973 II 1533.

[82] Vgl. nur BVerfGE 74, 358 (370).

[83] *Esser* in Löwe-Rosenberg, Bd. 11, 26. Aufl. 2012, Einf. IPBPR Rn. 87.

[84] „Jeder, der wegen einer strafbaren Handlung verurteilt worden ist, hat das Recht, das Urteil entsprechend dem Gesetz durch ein höheres Gericht nachprüfen zu lassen."

[85] *Rüping,* Das Strafverfahren, 3. Aufl. 1997, 182; *Schroeder/Verrel,* Strafprozessrecht, 7. Aufl. 2017, 199; *Kinzig* in Becker/Kinzig, Rechtsmittel im Strafrecht, Bd. 1, 2000, 553 (586).

[86] *Esser* in Löwe-Rosenberg, Bd. 11, 26. Aufl. 2012, Art. 14 Rn. 993; *Nowak,* CCPR-Kommentar, 1989, Art. 14 Rn. 65.

[87] *Esser* in Löwe-Rosenberg, Bd. 11, 26. Aufl. 2012, Art. 14 Rn. 994.

[88] *Nowak,* CCPR-Kommentar, 1989, Art. 14 Rn. 65.

[89] „Jede Person, die in ihren in dieser Konvention anerkannten Rechten oder Freiheiten verletzt worden ist, hat das Recht, bei einer innerstaatlichen Instanz eine wirksame Beschwerde zu erheben, auch wenn die Verletzung von Personen begangen worden ist, die in amtlicher Eigenschaft gehandelt haben." S. BGBl. 1952 II, 685, in der Fassung vom 17.5.2002, BGBl. 2002 II 1054.

[90] EGMR Urt. v. 25.3.1983 – 5947/72 ua (Silver/United Kingdom), EuGRZ 1984, 147, 154; *Schweizer* in Internationaler Kommentar zur Europäischen Menschenrechtskonvention, Bd. 1, Art. 13 Rn. 2; *Schmitt* in Meyer-Goßner/Schmitt, 60. Aufl. 2017, MRK Art. 13 Rn. 1.

[91] *Schorn,* Die Europäische Konvention zum Schutz der Menschenrechte und Grundfreiheiten, 1965, Art. 13, Nr. 7 und 8.

nicht verlangt,[92] wohl aber – und das folgern einige aus dem Merkmal der Wirksamkeit der Beschwerdemöglichkeit – der Zugang zu einer gerichtlichen Kontrollmöglichkeit.[93] Kaum bezweifelbar ist, dass Art. 13 EMRK den Fall strafrechtlicher Verurteilungen umfasst, so dass sich die Notwendigkeit einer wirksamen Beschwerdemöglichkeit und damit mittelbar einer weiteren Instanz ergibt.[94] Insofern wird durch Art. 13 EMRK zwar kein mehrstufiger Instanzenzug, wohl aber ein zweigliedriger verbürgt. Damit verengt sich das Interesse auf die Frage, was eine „wirksame Beschwerde" auszeichnet.

Der Begriff ist bewusst gewählt worden und findet sich bereits in der UNO-Deklaration vom 10.12.1948, die die EMRK in ihrer Präambel mehrfach als vorbildgebend bezeichnet.[95] In der UNO-Deklaration gibt Art. 8 jedem Menschen einen Anspruch auf „wirksamen Rechtsschutz vor den innerstaatlichen Gerichten" gegen alle Handlungen, die Menschenrechte verletzen. Schon hier wird die Wirksamkeit des Rechtsschutzes hervorgehoben. Darunter ist zu verstehen, dass mit der Beschwerde auch die Möglichkeit eines Erfolges gewährleistet wird.[96] Die Beschwerde darf nicht rein formal auf dem Papier stehen, sondern muss faktisch relevant werden, so sie denn begründet ist. Die entscheidende Stelle muss eine ausreichende Entscheidungsmacht haben, Verstöße verbindlich feststellen und für Abhilfe sorgen zu können.[97] Das wäre mit den bundesdeutschen Revisionsgerichten gewährleistet. Darüber hinaus wird Art. 13 EMRK aber auch herangezogen, um ein allgemeines Gebot effektiven Rechtsschutzes zu begründen. Neben Art. 13 EMRK wird dabei auf Art. 6 EMRK sowie die Verfassungstraditionen der europäischen Staaten verwiesen.[98] Auch die Europäischen Gerichtshöfe erblicken in der Gewährleistung eines effektiven Rechtsschutzes inzwischen einen allgemeinen Grundsatz, der ua in Art. 13 EMRK verankert ist.[99] Art. 47 S. 1 der Charta der

---

[92] *Schorn,* Die Europäische Konvention zum Schutz der Menschenrechte und Grundfreiheiten, 1965, Art. 13, Nr. 9; *Schweizer* in Internationaler Kommentar zur Europäischen Menschenrechtskonvention, Bd. 1, Art. 13 Rn. 71.

[93] *Schorn,* Die Europäische Konvention zum Schutz der Menschenrechte und Grundfreiheiten, 1965, Art. 13, Nr. 13; *Echterhölter* JZ 1956, 142 (146).

[94] Prinzipiell zustimmend *Schweizer* in Internationaler Kommentar zur Europäischen Menschenrechtskonvention, Bd. 1, Art. 13 Rn. 49.

[95] *Schorn,* Die Europäische Konvention zum Schutz der Menschenrechte und Grundfreiheiten, 1965, Art. 13, Nr. 11.

[96] *Schorn,* Die Europäische Konvention zum Schutz der Menschenrechte und Grundfreiheiten, 1965, Art. 13, Nr. 11; vgl. auch *Guradze,* Die Europäische Menschenrechtskonvention, 1968, Art. 13, Nr. 4.

[97] *Gollwitzer* in Löwe-Rosenberg, Bd. 8, 25. Aufl. 2005, MRK Art. 13 Rn. 23; Schweizer in Internationaler Kommentar zur Europäischen Menschenrechtskonvention, Bd. 1, Art. 13 Rn. 68 u. 73. AA *Frowein* in Frowein/Peukert, Europäische Menschenrechtskonvention, 2. Aufl. 1996, Art. 13 Rn. 6.

[98] *Grabenwarter/Pabel,* Europäische Menschenrechtskonvention, 6. Aufl. 2016, Rn. 169; *Dörr,* Der europäische Rechtschutzauftrag deutscher Gerichte, 2003, 55. Instruktiv zum Verhältnis von Art. 13 und Art. 6 EMRK *Gundel* DVBl. 2004, 17 (18f.); *Schweizer* in Internationaler Kommentar zur Europäischen Menschenrechtskonvention, Bd. 1, Art. 13 Rn. 42 mwN.

[99] EGMR Urt. v. 26.10.2000 – 30 210/96 (Kudla/Polen), NJW 2001, 2694 (2699f.); EuGH Urt. v. 15.5.1986 – 222/84 (Johnston/Chief Constable of the Royal Ulster Constabulary), Slg. 1986, 1651 (1682); Urt. v. 15.10.1987 – 222/86 (Unectef/Heylens), Slg. 1987, 4097 (4117);

Grundrechte der Europäischen Union nimmt diesen Gedanken auf, wenn dort die Rede vom Recht ist, bei einem Gericht einen *wirksamen* Rechtsbehelf einzulegen.[100] Das mehr oder weniger ungeschriebene Gebot des effektiven Rechtsschutzes garantiert, dass auch im Strafverfahren der Angeklagte die eigene Rechtsposition in effektiver Weise geltend machen kann.[101] Damit soll das Recht des Angeklagten einhergehen, die Richtigkeit der Tatsachenfeststellungen einer höheren Instanz zur Nachprüfung vorzulegen.[102]

Nach allem findet durch die völkerrechtlichen Menschenrechtsverbürgungen auf internationaler wie europäischer Ebene der für das deutsche Verfassungsrecht herausgearbeitete Befund seine Bestätigung, wonach ein effektiver Rechtsschutz etabliert und ein Rechtsmittel effektiv ausgestaltet sein muss.

IV. Folgerungen für die strafprozessuale Revision

1. Reformpunkt Verfahrensrüge

Jedem Kenner der Revision fällt beim Stichwort der Ineffektivität – wenn er nicht gleich die Revision angesichts der minimalen Erfolgsraten insgesamt für unwirksam einstuft – sogleich die Verfahrensrüge ein. Das kann im einzelnen nur skizzenhaft umrissen werden. Die Rechtsprechung hat die Hürden für erfolgreiche Verfahrensrügen stetig erhöht,[103] durchaus mit einigem Einfallsreichtum.[104] Es wird davon gesprochen, dass die Messlatte mittlerweile „auf fast olympischer Höhe" liege.[105] Strafverteidiger, die von immer wieder neuen Verschraubungen an den Erfordernissen des § 344 Abs. 2 S. 2 StPO überrascht werden, sehen sich zum Spielball des Richterrechts gemacht und empfinden die Verfahrensrüge als Vabanquespiel.[106] Der Befund einer äußerst restriktiven, außerordentlich strengen Handhabung der Regeln dürfte unstreitig sein.[107] Mit dem Erfordernis der Funktionsfähigkeit der Revision, die zunächst Ausgangspunkt für die Schaffung des § 344 Abs. 2 S. 2 StPO gewesen war, lässt sich diese restriktive Praxis nicht mehr rechtfertigen.[108] Wie schon bei § 349 Abs. 2 StPO ist auch im Zusammenhang mit § 344 Abs. 2 S. 2 StPO von einer Beschränkung der Justizgewährungspflicht[109] zu sprechen. Der

Gundel DVBl. 2004, 17 (21); *Esser* in Löwe-Rosenberg, Bd. 11, 26. Aufl. 2012, Art. 14 IPBPR Rn. 10; zur „Aufwertung" des Art. 13 EMRK s. *Britz/Pfeifer* DÖV 2004, 245 (246).

[100] ABl. 2007 C 303, 12 vom 14.12.2007; vgl. *Antoni* in HK-GG, 11. Aufl. 2016, Art. 19 Rn. 12.

[101] *Dörr,* Der europäisierte Rechtsschutzauftrag deutscher Gerichte, 2003, 53.

[102] *Weigend* ZStW 113 (2001), 271 (298f.).

[103] *Rieß* JR 2000, 253 (254 u. 255).

[104] *Fezer* FS Hanack, 1999, 331 (341).

[105] *Dahs/Dahs,* Die Revision im Strafprozeß, 6. Aufl. 2001, S. V.

[106] *Peters* FS Dünnebier, 1982, 53 (64); *Weiler* FS Meyer-Goßner, 2001, 571 (589f. u. 592); *Weider* StraFo 2000, 328 (331).

[107] *Hanack* in Löwe-Rosenberg, 25. Aufl. 1999, § 344 Rn. 80; *Nack* FS Rieß, 2002, 361 (367); *Rüping* RuP 2000, 180 (183); *Kutzer* StraFo 2000, 325; *Peters* FS Dünnebier, 1982, 53 (64).

[108] *Rieß* StraFo 2000, 364 (368).

[109] *Peters* FS Dünnebier, 1982, 53 (65).

BGH verschanzt sich hinter hohen Abwehrzäunen.[110] Andere nennen es Rechtsverweigerung.[111] Eine wirksame Absicherung eines prozessordnungsgemäßen Strafverfahrens findet in der gegenwärtigen Revisionswirklichkeit nicht mehr statt.[112] Die gegenteilige Behauptung, ein Nachlassen der Verfahrenskontrolle sei nicht feststellbar,[113] ist durch empirische Befunde widerlegt. Die restriktive Handhabung hat vielmehr dazu geführt, dass die Verfahrensrüge mit einer Erfolgsquote von etwa 1% zu einem faktisch ineffizienten Rechtsmittel geworden ist[114] und damit diametral den verfassungsrechtlichen Geboten widerspricht.

2. *Reformpunkt Tatsachenfeststellung als Gegenstand revisionsgerichtlicher Überprüfung*

Das verfassungsrechtliche Gebot effektiven Rechtsschutzes zielt auf eine Qualitätskontrolle, die mit der Revision bezweckt wird. Sie muss optimal in effektiver Weise wirken können. Anzustreben ist danach ein Höchstmaß an Qualitätskontrolle der strafrechtlichen Entscheidungen.[115] Das Qualitätssicherungsverfahren ist folglich so weit als möglich auszudehnen und das Überprüfungsspektrum hinsichtlich der tatrichterlichen Urteile voll auszureizen,[116] um ein Fehlverurteilungsrisiko auf das erreichbare Minimum zu reduzieren und weitreichenden Rechtsschutz zu erlangen.

Damit geraten die Tatsachenfeststellungen in den Blick. Diese stellen zwar die Grundlage jeder Verurteilung dar, werden aber in der herkömmlichen Auslegung des revisionsrechtlichen Instrumentariums trotz der erweiternden Ansätze des BGH noch weitgehend rechtsschutzlos gestellt. Denn sie sind nur mittelbar über die Darstellungsrüge überprüfbar und können damit nur in engen Grenzen angefochten werden. Wenn nur die nach der Urteilsverkündung verfassten schriftlichen Urteilsgründe – nach *Schünemann* ein „Selektions- und Filterungsprodukt dritten Grades“[117] – den Gegenstand revisionsrechtlicher Kontrolle auf Lücken, Widersprüche, Denkfehler, Unklarheiten etc. bilden, wird die eigentliche Sachverhaltserfassung gerade nicht kontrolliert. Die revisionsrechtliche Prüfung hängt an dem, was der Tatrichter in sein Urteil geschrieben hat.[118] Der gebotene Rechtsschutz wird wesentlich verkürzt. Sie bietet keine Gewähr gegen unrichtige Tatsachenfeststellungen. Wer dagegen das Ziel der Revision als (effektive) Qualitätskontrolle versteht, muss auch die Tatsachenfeststellungen zum unmittelbaren Gegenstand revisionsrechtlicher Überprüfung machen. Auch der festgestellte Sach-

---

110 *Widmaier* StraFO 2006, 437 (440).

111 *Franke* in Löwe-Rosenberg, Bd. 7/2, 26. Aufl. 2013, § 344 Rn. 81.

112 *Schlothauer* StraFo 2000, 289 (293).

113 *Kutzer* StraFo 2000, 325.

114 *Weiler* FS Meyer-Goßner, 2001, 571 (591); *Fezer* FS Hanack, 1999, 331 (350).

115 Vgl. *Michalke* in Vhdlg. des 63. DJT, 2000, S. M25 (M35); *Tröndle* in Lüttger, Probleme der Strafprozeßreform, 1975, 73 (92).

116 Vgl. *Rieß* JZ 2000, 813 (818); *Schröer,* Das Einheitsrechtsmittel der reformierten Revision, 2001, 141.

117 *Schünemann* JA 1982, 123 (126).

118 BGH NJW 2003, 150 (152); *Jähnke* FS Meyer-Goßner, 2001, 559 (567).

verhalt als solcher unterliegt der Kontrolle.[119] Hierfür kann paradigmatisch die Sachrüge stehen. Sie eröffnet, auch wenn sie unspezifisch erhoben wurde, dem Revisionsgericht die Gelegenheit, das angefochtene Urteil einer vollumfänglichen Prüfung zu unterziehen,[120] was die Sachverhaltsfeststellung wie Subsumtion und Strafzumessung einbezieht. Das Revisionsgericht hat sich als Organ der Qualitätskontrolle damit zu befassen. Aber es geht nur um eine Kontrolltätigkeit. Das Revisionsgericht wird nicht zum Berufungsgericht, das das Verfahren noch einmal von vorne aufrollt. Das wäre weder vom Begriff[121] noch vom Zweck einer Qualitätskontrolle umfasst.

Konkret bedeutet dies – und das liegt in der Logik der Entwicklungsgeschichte hin zur erweiterten Revision –, dass das Revisionsgericht auch den Akteninhalt ausschöpfen muss. Damit steht dem Revisionsgericht für die sachlich-rechtliche Nachprüfung nicht allein die Urteilsurkunde zur Verfügung. Das verlangt einen Bruch mit dem lange tradierten Dogma im Revisionsrecht,[122] nach dem es im Bereich der Sachrüge keine *Rüge der Aktenwidrigkeit* geben dürfe.[123]

Zugleich wäre das Dogma des *Rekonstruktionsverbots* tangiert. Dass in der Revision eine Rekonstruktion des Inhalts der Hauptverhandlung nicht zulässig sein soll, entspricht gefestigter Rechtsprechung[124] und wird auch von der Literatur meist unkritisch übernommen.[125] Dem Revisionsgericht soll es untersagt sein, sich eine eigene Überzeugung zu bilden und diese an die Stelle derjenigen des Tatrichters zu setzen.[126] Eine Stütze in der StPO hat dieses Dogma nicht.[127] Zur Begründung muss das halbwegs opake Wesen der Revision herhalten.[128] Tatsächlich ist es dogmatisch nicht begründbar.

Das entscheidende Gegenargument ist darin zu sehen, dass das Verbot der Effektivität entgegensteht. Mit der Vorstellung der Qualitätskontrolle ist die Tabuerklärung bestimmter Umstände nicht in Einklang zu bringen, welche sich anhand von Urkunden oder von Inhalten aus den Akten ergeben können. Daher ist *Otto* beizupflichten, wonach das Bedürfnis nach einem Revisionsgrund des wesentlichen Widerspruchs zwischen Akten- und Urteilsinhalt nicht von der Hand zu weisen

---

119 So bereits *Paulus* in KMR-StPO, Stand: 2008, § 244 Rn. 37.

120 S. nur *Beulke,* Strafprozessrecht, 13. Aufl. 2016, 391.

121 *Olfert/Rahn,* Lexikon der Betriebswirtschaftslehre, 4. Aufl. 1996, Ziff. 788.

122 *Fezer* FS Hanack, 1999, 331 (334).

123 BGH NJW 1992, 2840; für das Zivilverfahren: BGH MDR 1981, 654; *Schlüchter* in SK-StPO, 40. Lfg., Stand: Juli 2004, § 261 Rn. 104b; *Hanack* in Löwe-Rosenberg, 25. Aufl. 1999, § 337 Rn. 105; *Temming* in HK-GG, 5. Aufl. 2012, § 337 Rn. 17; *Gericke* in KK-StPO, 7. Aufl. 2016, § 337 Rn. 28; *Stuckenberg* in KMR-StPO, Stand: 2008, § 261 Rn. 168.

124 BGHSt 17, 351, 352f.; 21, 149, 159; 29, 18, 20, noch ohne den Begriff „Rekonstruktion der Hauptverhandlung" zu verwenden; BGHSt 43, 212 (213); BGH NJW 2002, 73 (75).

125 *Geißler,* Untersuchungen zur Revisibilität von Widersprüchen zwischen Strafurteil und Wortprotokoll, 2000, 93; *Stuckenberg* in KMR-StPO, Stand: 2008, § 261 Rn. 147; *Park* GA 2001, 405; *Detter,* Revision im Strafverfahren, 2011, 48f.; *Ostendorf,* Strafprozessrecht, 3. Aufl. 2018, Rn. 424.

126 *Rieß* JZ 2000, 813 (818); BGHSt 21, 149 (151); 29, 18 (20); 38, 14 (15).

127 Darauf weist zutreffend *Schmid* hin; *Schmid* ZStW 85 (1973), 360 (366f.). Kritisch auch *Fezer* JZ 1996, 655 (665).

128 *Willms* FS Heusinger, 1968, 393 (405).

ist.[129] Eine Qualitätskontrolle muss, um effektiv wirken zu können, grundsätzlich umfassend alle Faktoren in eine Überprüfung einbeziehen können, die zum Urteil des Tatgerichts beigetragen haben.[130] Die grundsätzliche Beschränkung allein auf das schriftliche Urteil ist in gleicher Weise mit Sinn und Zweck der Revision und den verfassungsrechtlichen Vorgaben unvereinbar wie die grundsätzliche Annahme, es bestehe hinsichtlich der tatsächlichen Elemente eines Strafurteils ein Rekonstruktionsverbot für das Revisionsgericht.

[129] *Otto* NJW 1978, 1 (11).
[130] Ähnlich der Ansatz von *Frister* einer vertikalen Arbeitsteilung, *Frister* FS Grünwald, 1999, 169 (195).

FRAUKE-KATRIN SCHEUTEN/SEBASTIAN JAKOBS

Zur entsprechenden Anwendung von § 225a StPO im Berufungsrechtszug

Neben dem materiellen Strafrecht bildet naturgemäß das Strafverfahrensrecht einen zweiten Schwerpunkt des wissenschaftlichen und praktischen Schaffens *Thomas Fischers,* dessen besonderes Augenmerk dabei stets auch der Garantie des gesetzlichen Richters galt.[1] Es liegt daher nahe, mit der umstrittenen Frage der entsprechenden Anwendbarkeit von § 225a StPO im Berufungsrechtszug in dieser ihm gewidmeten Festschrift ein Thema aus eben diesem Bereich aufzugreifen. Wenn es auch auf den ersten Blick ein wenig sperrig und trocken erscheinen mag, so dürfen wir doch hoffen, das Interesse des Jubilars, dem dieser Beitrag mit den besten Wünschen zugedacht ist, damit nicht gänzlich zu verfehlen.

I. *Verfahrensregelungen bei sachlicher Unzuständigkeit – Überblick*

Die grundrechtsgleiche Gewährleistung des gesetzlichen Richters in Art. 101 Abs. 1 S. 2 GG setzt einen Bestand von Rechtssätzen voraus, die für jeden denkbaren Streitfall den zuständigen Richter bezeichnen.[2] Sie enthält insofern einen Regelungsauftrag an den Gesetzgeber, dem jener auf dem Gebiet der Strafrechtspflege mit den Vorschriften über die sachliche und örtliche Gerichtszuständigkeit in Strafprozessordnung und Gerichtsverfassungsgesetz nachgekommen ist. Der sachlichen Zuständigkeit, die sich nach dem Gerichtsverfassungsgesetz bestimmt (§ 1 StPO), hat er dabei erhöhte Bedeutung beigemessen: Während das Gericht seine *örtliche* Zuständigkeit nur bis zur Eröffnung des Hauptverfahrens von Amts wegen zu prüfen hat und seine Unzuständigkeit danach nur auf einen bis zum Beginn der Vernehmung zur Sache zu erhebenden Einwand des Angeklagten hin aussprechen darf (§ 16 StPO), hat es seine *sachliche* Zuständigkeit nach § 6 StPO in *jeder* Lage des Verfahrens von Amts wegen zu prüfen. Dieser Grundsatz gilt auch nach Eröffnung des Hauptverfahrens, erfährt insoweit allerdings aus Gründen der Prozessökonomie und zur Verfahrensbeschleunigung eine Einschränkung durch § 269 StPO, demzufolge das Gericht sich im Hauptverfahren nicht (mehr) für unzuständig erklären darf, weil die Sache vor ein Gericht niedrigerer Ordnung gehöre. Dem liegt die Überlegung zugrunde, dass die weitergehende sachliche Zuständigkeit des Gerichts höherer Ordnung die des Gerichts niedrigerer Ordnung mitumfasse und

---

[1] Vgl. etwa BGH Beschl. v. 11.1.2012 – 2 StR 346/11, NStZ 2012, 406ff.
[2] Vgl. BVerfGE 27, 18 (34) = NJW 1969, 1619 (1922).

die Verhandlung vor einem unzuständigen Gericht höherer Ordnung den Angeklagten nicht benachteilige.[3] Nach der Rechtsprechung des Bundesgerichtshofs findet § 269 StPO wiederum keine Anwendung, wenn die unzutreffende Annahme seiner Zuständigkeit durch das Gericht höherer Ordnung auf sachfremden oder anderen offensichtlich unhaltbaren Erwägungen beruht und daher (objektiv) willkürlich ist, weil darin eine Verletzung der Garantie des gesetzlichen Richters liegt.[4]

Der jederzeitigen Pflicht zur Prüfung der sachlichen Zuständigkeit entsprechend eröffnet die Strafprozessordnung dem Gericht prinzipiell auch in jeder Verfahrenslage eine Möglichkeit, auf seine etwaige sachliche Unzuständigkeit durch Verweisung oder Vorlage der Sache an das sachlich zuständige Gericht zu reagieren. Im Zwischenverfahren gilt § 209 StPO. Hält das Gericht, bei dem die Anklage eingereicht ist, die Zuständigkeit eines Gerichts niedrigerer Ordnung in seinem Bezirk[5] für begründet, so eröffnet es das Hauptverfahren vor diesem Gericht (§ 209 Abs. 1 StPO), hält es ein Gericht höherer Ordnung, zu dessen Bezirk es gehört, für zuständig, so legt es diesem die Akten durch Vermittlung der Staatsanwaltschaft zur Entscheidung über die Eröffnung vor (§ 209 Abs. 2 StPO). Nach Eröffnung des Hauptverfahrens bestehen im Hinblick auf § 269 StPO lediglich Möglichkeiten zur Vorlage oder Verweisung an ein Gericht höherer Ordnung. Hält das Gericht des ersten Rechtszuges die sachliche Zuständigkeit eines Gerichts höherer Ordnung „*vor* Beginn einer Hauptverhandlung" für begründet – d. h. bis zum Aufruf der Sache (§ 243 Abs. 1 S. 1 StPO), unabhängig davon, ob erstmalig oder nach Aussetzung (§ 228 StPO) oder nicht rechtzeitiger Fortsetzung einer Hauptverhandlung (§ 229 Abs. 4 S. 1 StPO) oder nach Zurückverweisung der Sache durch das Revisionsgericht (§ 354 Abs. 2 StPO) erneut zu verhandeln ist[6] –, so legt es diesem nach § 225 a Abs. 1 S. 1 und 3 StPO die Akten durch Vermittlung der Staatsanwaltschaft zur Entscheidung über die Übernahme vor. „*Nach* Beginn einer Hauptverhandlung" verweist es die Sache selbst durch Beschluss gemäß § 270 Abs. 1 S. 1 StPO an das zuständige Gericht höherer Ordnung.

Im ersten Rechtszug führen damit sowohl in als auch außerhalb der Hauptverhandlung Wege zum sachlich zuständigen Gericht höherer Ordnung. Beide Wege haben zwar dasselbe Ziel, nämlich die Übertragung der Rechtshängigkeit der Sache von dem Gericht niedrigerer Ordnung an dasjenige höherer Ordnung durch Änderung des Eröffnungsbeschlusses und insbesondere der darin gemäß § 207 Abs. 1 StPO getroffenen Bestimmung des erkennenden Gerichts, vor dem die Hauptver-

---

[3] Vgl. RGSt 62, 265 (271); BGHSt 43, 53 (55) = NJW 1997, 2689 (2690); BGHSt 46, 238 (240) = NJW 2001, 1359 (1360).

[4] Vgl. BGHSt 43, 53 (55 f.) = NJW 1997, 2689 (2690); BGHSt 44, 34 (36) = NJW 1998, 2149 (2150); BGHSt 46, 238 (241) = NJW 2001, 1359 (1360).

[5] Bei örtlicher Unzuständigkeit erklärt sich das Gericht vor Eröffnung des Hauptverfahrens durch Beschluss gemäß § 16 StPO für unzuständig, nach Eröffnung des Hauptverfahrens stellt es das Verfahren durch Beschluss nach § 206 a StPO oder – in der Hauptverhandlung – durch Urteil nach § 260 Abs. 3 StPO ein, vgl. *Schmitt,* in Meyer-Goßner/Schmitt, 61. Aufl. 2018, StPO § 16 Rn. 4 mwN.

[6] Vgl. *Schmitt,* in Meyer-Goßner/Schmitt, 61. Aufl. 2018, StPO § 225 a Rn. 4 und StPO § 270 Rn. 6 mwN.

handlung stattfinden soll („Transportwirkung“);[7] sie sind aber durchaus unterschiedlich ausgestaltet. Vorlage- und Übernahmebeschlüsse nach § 225a Abs. 1 S. 1 und 3 StPO ergehen – ebenso wie Beschlüsse nach § 209 StPO – in der für Entscheidungen außerhalb der Hauptverhandlung vorgesehenen Gerichtsbesetzung,[8] Verweisungsbeschlüsse gemäß § 270 Abs. 1 S. 1 StPO hingegen in der Besetzung für die Hauptverhandlung. Im Fall des § 225a StPO entscheidet nicht das vorlegende, sondern erst das Gericht höherer Ordnung verbindlich über die Übernahme, während im Fall des § 270 StPO bereits der Verweisungsbeschluss des (erkennenden) Gerichts niedrigerer Ordnung, der die Wirkung eines Eröffnungsbeschlusses hat (§ 270 Abs. 2 S. 1 StPO), unmittelbar die Übertragung der Rechtshängigkeit der Sache auf das Gericht höherer Ordnung bewirkt und jenes grundsätzlich auch bindet. Diese Bindungswirkung entfällt nach der Rechtsprechung des Bundesgerichtshofs wiederum dann, wenn die Verweisung auf (objektiver) Willkür beruht und damit Art. 101 Abs. 1 S. 2 GG verletzt; die Sache wird dann zurückverwiesen.[9] Die Anfechtbarkeit von Übernahme- und Verweisungsbeschlüssen bestimmt sich jeweils nach den Regelungen des § 210 StPO über die Anfechtung des Eröffnungsbeschlusses, der durch diese Entscheidungen geändert wird (§ 225a Abs. 3 S. 3 StPO, § 270 Abs. 3 S. 2 StPO).[10]

Hat das Gericht des ersten Rechtszuges „mit Unrecht seine Zuständigkeit angenommen“ (§ 328 Abs. 2 StPO, § 355 StPO) – dh nach dem oben zu § 269 StPO Gesagten im Hinblick auf die sachliche Zuständigkeit: selbige entweder überschrit-

[7] Vgl. BGHSt 45, 58 (61); BGH NStZ-RR 2015, 250f.; *Schmitt* in Meyer-Goßner/Schmitt, 61. Aufl. 2018, StPO § 225a Rn. 14 und StPO § 270 Rn. 18; *Jäger* in Löwe-Rosenberg, 26. Aufl. 2009, StPO § 225a Rn. 30f.; *Stuckenberg* in Löwe-Rosenberg, 26. Aufl. 2013, StPO § 270 Rn. 32ff.; *Greger* in KK-StPO, 7. Aufl. 2013, § 270 Rn. 23. Soweit von einer „Ergänzung“ des Eröffnungsbeschlusses gesprochen wird (vgl. etwa *Gmel* in KK-StPO, 7. Aufl. 2013, § 225a Rn. 15; OLG Stuttgart NStZ 2009, 348 (349)), ist der Sache nach nichts anderes gemeint. Die Formulierung ist allerdings missverständlich, denn das Gericht höherer Ordnung soll nicht (ergänzend) neben das Gericht niedrigerer Ordnung, sondern (ersetzend) an dessen Stelle treten; anderenfalls wäre die Sache bei beiden Gerichten, also doppelt rechtshängig.

[8] Dh (jeweils ohne Mitwirkung von Schöffen) beim Schöffengericht durch den Richter beim Amtsgericht als Vorsitzendem (§ 30 Abs. 2 GVG) und bei der Strafkammer durch den Vorsitzenden und zwei weitere Berufsrichter (§ 76 Abs. 1 S. 2 GVG). Der Strafsenat des Oberlandesgerichts entscheidet über die Übernahme der Sache gemäß § 225a Abs. 1 S. 3 StPO in der durch § 122 Abs. 2 S. 1 GVG für Eröffnungsbeschlüsse vorgeschriebenen Besetzung mit fünf Richtern einschließlich des Vorsitzenden, vgl. OLG Stuttgart NStZ 2009, 348 (349).

[9] Vgl. BGHSt 29, 216 (219) = NJW 1980, 1586; BGHSt 45, 58 (59ff.) = NJW 1999, 2604 (2605).

[10] Der Angeklagte kann sie also gar nicht anfechten (§ 210 Abs. 1 StPO), der Nebenkläger ohnehin nicht (§ 400 Abs. 2 StPO) und die Staatsanwaltschaft nur dann, wenn sie die Übernahme der Sache durch bzw. ihre Verweisung an ein Gericht noch höherer Ordnung beantragt hatte (§ 210 Abs. 2 StPO). Die Ablehnung einer Verweisung nach § 270 StPO ist gemäß § 305 S. 1 StPO auch für die darauf antragende Staatsanwaltschaft unanfechtbar. Ob dies gleichermaßen für die Ablehnung einer Übernahme nach § 225a Abs. 1 S. 3 StPO gilt, ist hingegen streitig (vgl. *Schmitt* in Meyer-Goßner/Schmitt, 61. Aufl. 2018, StPO § 225a Rn. 24; *Gmel* in KK-StPO, 7. Aufl. 2013, § 225a Rn. 30, jeweils mwN.). Der Vorlagebeschluss gemäß § 225a Abs. 1 S. 1 StPO unterliegt jedenfalls ebenso wie die Ablehnung eines Antrags auf Vorlage keiner Anfechtung, weil er keine Auswirkungen auf die Rechtshängigkeit der Sache hat, welche die Rechtsstellung der Verfahrensbeteiligten tangieren könnten; die Entscheidung über die Übernahme der Sache wird erst durch das Gericht höherer Ordnung getroffen (im Ergebnis ebenso *Schmitt* in Meyer-Goßner/Schmitt, 61. Aufl. 2018, StPO § 225a Rn. 24).

ten oder willkürlich unterschritten –, muss dieser Fehler im Rechtsmittelverfahren korrigiert werden. Im Revisionsverfahren ist die Sache gemäß § 355 StPO an das zuständige Gericht zu verweisen; ob dies von Amts wegen oder nur auf eine form- und fristgerecht erhobene Verfahrensrüge hin zu erfolgen hat, hängt davon ab, ob die sachliche Zuständigkeit des erstinstanzlichen Gerichts eine auch im Revisionsverfahren von Amts wegen zu prüfende Verfahrensvoraussetzung bildet, was in der Rechtsprechung des Bundesgerichtshofs noch nicht abschließend geklärt ist.[11] Die Verweisung kann in der Revisionshauptverhandlung durch Urteil ausgesprochen werden (§ 349 Abs. 5 StPO), im – praktisch häufigsten – Fall der zugunsten des Angeklagten eingelegten Revision aber auch ohne Revisionshauptverhandlung durch einstimmig gefassten Beschluss (§ 349 Abs. 4 StPO).

Im Berufungsrechtszug ergibt sich indes zunächst ein anderes Bild. § 328 Abs. 2 StPO gestattet lediglich eine Verweisung der Sache an das zuständige Gericht durch Berufungsurteil, also *in* der Berufungshauptverhandlung. Eine Vorlage- oder Verweisungsmöglichkeit *außerhalb* der Berufungshauptverhandlung hat der Gesetzgeber demgegenüber nicht vorgesehen, obwohl das Berufungsverfahren strukturell eng an das erstinstanzliche Verfahren angelehnt ist und auch die sachliche Zuständigkeit des Berufungsgerichts nicht weiter geht als die des ersten Richters.[12] Denn während § 332 StPO für die *Durchführung* der Berufungshauptverhandlung pauschal auf die „im sechsten Abschnitt des zweiten Buches über die Hauptverhandlung gegebenen Vorschriften" verweist (§§ 226–275 StPO), sollen auf die *Vorbereitung* der Berufungshauptverhandlung gemäß § 323 Abs. 1 S. 1 StPO nicht etwa sämtliche Vorschriften des fünften Abschnitts des zweiten Buches über die Vorbereitung der Hauptverhandlung (§§ 212–225a StPO), sondern nur „die Vorschriften der §§ 214 und 216 bis 225 StPO" Anwendung finden. § 225a StPO wird von letztgenannter Vorschrift also gerade nicht erfasst.

II. Problemaufriss und Meinungsstand

Bliebe es bei diesem Befund, bestünde im Berufungsrechtszug keine Möglichkeit zur Vorlage oder Verweisung an das sachlich zuständige Gericht höherer Ordnung ohne eine Berufungshauptverhandlung und in der für Entscheidungen außerhalb derselben vorgesehenen Besetzung der kleinen Strafkammer allein mit dem Vorsit-

---

[11] Der 4. Strafsenat geht von einer Verfahrensvoraussetzung aus. Danach muss das Revisionsgericht die Sache auch ohne entsprechende Verfahrensrüge von Amts wegen an das sachlich zuständige Gericht verweisen, wenn das Gericht des ersten Rechtszuges seine sachliche Zuständigkeit überschritten oder willkürlich unterschritten hat (vgl. BGHSt 38, 172 (176) = NJW 1992, 1775 (1776); BGHSt 40, 120 (122) = NJW 1994, 2369 (2370); BGH NStZ 1992, 397). Nach Ansicht des 1. Strafsenats ist die sachliche Zuständigkeit des erstinstanzlichen Gerichts hingegen keine Verfahrensvoraussetzung und ihr Fehlen somit lediglich ein Verfahrensmangel, der mit einer entsprechenden Verfahrensrüge geltend gemacht werden muss (vgl. BGHSt 43, 53 (55ff.) = NJW 1997, 2689 (2690); im Ergebnis ebenso auch der 5. Strafsenat, vgl. BGHSt 42, 205 (212) = NJW 1997, 204 (205).

[12] Vgl. BGHSt 31, 63 (66) = NJW 1982, 2674; BGHSt 34, 159 (160) = NJW 1987, 1211 (1212); BGHSt 34, 204 (206) = NJW 1987, 1211 (1213); BGH StraFo 2010, 203 = NStZ-RR 2010, 284.

zenden (§ 76 Abs. 1 S. 2 GVG). Vielmehr müsste trotz bereits erkannter sachlicher Unzuständigkeit zunächst stets eine Berufungshauptverhandlung durchgeführt werden, damit die kleine Strafkammer in entsprechender Besetzung mit dem Vorsitzenden und zwei Schöffen (§ 76 Abs. 1 S. 1 GVG) die Sache durch Berufungsurteil nach § 328 Abs. 2 StPO verweisen kann. Aus prozessökonomischer Sicht wäre dies kaum zu rechtfertigen, zumal in Evidenzfällen, in denen es über die sachliche Zuständigkeit schlechterdings nichts zu verhandeln gibt.[13] Dies gilt gleichermaßen für die im Schrifttum (unter der zweifelhaften Grundannahme, die sachliche Zuständigkeit sei eine Verfahrensvoraussetzung) angeführte Alternative, das Berufungsgericht könne das Verfahren bei sachlicher Unzuständigkeit des Gerichts erster Instanz auch außerhalb der Berufungshauptverhandlung in der dafür vorgesehenen Besetzung durch Beschluss nach § 206a StPO einstellen, so dass eine neue Anklage vor dem sachlich zuständigen Gericht erhoben werden könne.[14]

Will man die (langen) Wege zum sachlich zuständigen Gericht höherer Ordnung über § 328 Abs. 2 StPO oder § 206a StPO meiden, bietet sich die analoge Anwendung von § 225a StPO im Berufungsrechtszug als eine prozessökonomische Abkürzung an, die der 1. Strafsenat des Bundesgerichtshofs denn auch für gangbar befunden hat.[15] Der von ihm vollzogene Analogieschluss wird in der Literatur zwar

---

[13] Beispiele: Ein in Vorbereitung der Berufungshauptverhandlung eingeholtes psychiatrisches Sachverständigengutachten belegt zweifelsfrei die Voraussetzungen einer Unterbringung des Angeklagten in einem psychiatrischen Krankenhaus gemäß § 63 StGB, die das Berufungsgericht ebenso wenig wie das Amtsgericht (§ 24 Abs. 1 Nr. 2 GVG) anordnen darf, oder in einem Strafverfahren wegen Körperverletzung wird im Berufungsrechtszug bekannt, dass das Opfer zwischenzeitlich den ihm vorsätzlich beigebrachten Verletzungen erlegen ist, so dass sich die Tat nunmehr als Körperverletzung mit Todesfolge darstellt und in die ausschließliche Schwurgerichtszuständigkeit fällt (§§ 24 Abs. 1 Nr. 1, 74 Abs. 2 GVG).

[14] Vgl. *Hegmann* NStZ 2000, 574 (575); *Deiters/Albrecht* in SK-StPO, 5. Aufl. 2015, § 225a Rn. 3; *Grube* in SSW StPO, 2. Aufl. 2015, § 225a Rn. 4; *Jäger* in Löwe-Rosenberg, 26. Aufl. 2009, StPO § 225a Rn. 6; ebenso auch schon BGHSt 25, 309 (311 f.), wo diese Möglichkeit freilich zu Recht als „unnötige Verlängerung des Verfahrens" verworfen wird. Warum – wie *Hegmann* NStZ 2000, 574 (575), meint – der Umweg über eine Verfahrenseinstellung und eine erneute Anklageerhebung möglicherweise sogar „vom Gesetzgeber aus Gründen der Rechtsklarheit" intendiert gewesen sein könnte, bleibt unklar. Aus den Gesetzesmaterialien ergibt sich dafür kein Anhalt, und dass die Regelungen der §§ 209, 225a, 270, 228 Abs. 2 und 355 StPO, mit denen der Gesetzgeber diesen Umweg ersichtlich vermeiden wollte, nicht geeignet seien, hinsichtlich der sachlichen Zuständigkeit Rechtsklarheit zu schaffen, wird man schwerlich behaupten können.

[15] Vgl. BGH NStZ 2003, 320. Die OLGe Düsseldorf und Stuttgart hatten bereits kurz nach dem Inkrafttreten des Strafverfahrensänderungsgesetzes 1979 eine (begrenzte) analoge Anwendung der in den §§ 209a, 225a Abs. 4 und 270 Abs. 1 S. 2 StPO getroffenen Regelungen im Berufungsrechtszug befürwortet, um Zuständigkeitsstreitigkeiten zwischen allgemeiner Strafkammer und Wirtschaftsstrafkammer, die in Wirtschaftsstrafsachen auch als Berufungskammer zuständig ist, systemkonform zu lösen, vgl. OLG Düsseldorf JR 1982, 514 f. m. zust. Anm. Rieß; OLG Stuttgart MDR 1982, 252; insoweit einer analogen Anwendung von § 209a StPO zustimmend auch *Meyer-Goßner* NStZ 1981, 168 (172 f.); aA noch das OLG München JR 1980, 77 (79) m. abl. Anm. Rieß, das bei solchen Zuständigkeitsstreitigkeiten eine Bestimmung des zuständigen Spruchkörpers durch das Oberlandesgericht analog §§ 14, 19 StPO für geboten gehalten hatte. Die genannten Entscheidungen sind vor dem Hintergrund zu sehen, dass bei den Amtsgerichten – anders als bei den Landgerichten – keine Spezialspruchkörper für Wirtschaftsstrafsachen vorgesehen sind, so dass sich die Zuständigkeitsfrage überhaupt erst im Berufungsverfahren und nicht schon zu den in § 6a StPO genannten Zeitpunkten stellen kann.

überwiegend befürwortet,[16] ist dort jedoch auch auf grundsätzliche Kritik gestoßen: Zum einen wird eingewandt, es fehle an einer Regelungslücke, die im Wege der Analogie geschlossen werden könnte, da bereits § 328 Abs. 2 StPO eine gesetzliche Regelung über die Zuständigkeitskorrektur durch das Berufungsgericht enthalte.[17] Zum anderen wird geltend gemacht, die prozessuale Situation in den Fällen des § 225a StPO sei mit derjenigen im Berufungsverfahren nicht vergleichbar, weil in jener bereits ein erstinstanzliches Urteil vorliege, das nur in der Berufungsinstanz, nicht aber in einem neuen erstinstanzlichen Verfahren aufgehoben oder bestätigt werden könne.[18] Durch eine entsprechende Anwendung von § 225a StPO werde ein Berufungsverfahren an ein erstinstanzliches Gericht verschoben, das für die Urteilsaufhebung nicht zuständig sei.[19]

Der 2. Strafsenat des Bundesgerichtshofs war jüngst in gleich zwei Revisionsverfahren mit der Frage der entsprechenden Anwendbarkeit von § 225a StPO im Berufungsrechtszug befasst. Er hat sie – ohne Mitwirkung *Thomas Fischers* – in beiden Fällen offen gelassen und sich darauf zurückgezogen, die jeweils in analoger Anwendung der Vorschrift auf Vorlage der Berufungskammer erfolgte Übernahme der Sache durch eine große Strafkammer des Landgerichts sei nach der Rechtsprechung des 1. Strafsenats sowie der herrschenden Lehre zulässig; die Verfahrensweise sei schon deshalb offensichtlich nicht willkürlich und demnach wegen § 269 StPO revisionsrechtlich unangreifbar.[20] Den Entscheidungen ist im Ergebnis – dies sei vorweggenommen – zuzustimmen. Ihre Begründung bleibt allerdings unbefriedigend, weil sie der im Schrifttum vorgebrachten Kritik weiträumig ausweicht. Zudem wird die unausgesprochene Prämisse, die Rechtsprechung des Bundesgerichtshofs könne von vornherein nicht als (objektiv) willkürlich bewertet werden, vom Bundesverfassungsgericht bekanntlich nicht immer vorbehaltlos geteilt;[21] ob zu Recht oder zu Unrecht, sei hier dahingestellt. Die Einwände, die gegen eine entsprechende Anwendung von § 225a StPO im Berufungsrechtszug vorgebracht werden, bedürfen daher näherer Betrachtung; hierzu muss zunächst die Entstehungsgeschichte der Vorschrift nachvollzogen werden.

---

[16] Vgl. *Hegmann* NStZ 2000, 574 (575); *Gmel* in KK-StPO, 7. Aufl. 2013, § 225a Rn. 4; *Deiters/Albrecht* in SK-StPO, 5. Aufl. 2015, § 225a Rn. 3; *Arnoldi* in MüKoStPO, 1. Aufl. 2016, StPO § 225a Rn. 4; *Pfeiffer*, 5. Aufl. 2005, StPO § 225a Rn. 2; *Ritscher* in BeckOK StPO, Stand: Juli 2017, § 225a Rn. 3; *Ritscher* in Graf StPO, 2. Aufl. 2012, § 225a Rn. 3; *Grube* in SSW StPO, 2. Aufl. 2015, § 225a Rn. 4; *Britz* in Radtke/Hohmann, 1. Aufl. 2011, StPO § 225 Rn. 1; einschränkend auch *Jäger* in Löwe-Rosenberg, 26. Aufl. 2009, StPO, § 225a Rn. 6, der nur in Wirtschaftsstrafsachen, für die beim Amtsgericht keine Spezialspruchkörper bestehen, im Berufungsrechtszug § 225a StPO entsprechend anwenden will, nicht aber dann, wenn der erste Richter seine Zuständigkeit zu Unrecht angenommen hat.

[17] Vgl. *Eschelbach* in KMR-StPO, Stand: Dez. 2001, § 225a Rn. 13.

[18] Vgl. *Eschelbach* in KMR-StPO, Stand: Dez. 2001, § 225a Rn. 13.

[19] Vgl. *Schmitt* in Meyer-Goßner/Schmitt, 61. Aufl. 2018, StPO § 225a Rn. 2.

[20] Vgl. BGH Urt. v. 3.3.2016 – 2 StR 159/15, NStZ-RR 2016, 220 (221 f.); BGH Urt. v. 3.3.2016 – 2 StR 481/14, StV 2016, 621 (622).

[21] Vgl. etwa BVerfG Beschl. v. 26.8.2014 – 2 BvR 2172/13, NStZ 2014, 592 (593 f.).

III. Entstehungsgeschichte des § 225a StPO

§ 225a StPO wurde durch Art. 1 Nr. 18 des Strafverfahrensänderungsgesetzes 1979 vom 5.10.1978[22] in die Strafprozessordnung eingefügt und ist seit dem 1.1.1979 inhaltlich unverändert in Kraft. Die Rechtsprechung hatte bis zu diesem Zeitpunkt folgende Entwicklung durchlaufen:

Das Reichsgericht hatte eine Verweisung an das sachlich zuständige Gericht höherer Ordnung im ersten Rechtszug nach Eröffnung des Hauptverfahrens ausschließlich im Wege eines Beschlusses gemäß § 270 StPO für zulässig erachtet,[23] der nur in der Hauptverhandlung des ersten Rechtszuges und in der dafür vorgeschriebenen Gerichtsbesetzung ergehen kann. Demgegenüber sei eine Befugnis zur Verweisung durch einen außerhalb der Hauptverhandlung (in entsprechender Besetzung) gefassten Beschluss „der Gestaltung unseres Prozessverfahrens fremd."[24] Der Bundesgerichtshof hatte sich diesem Verständnis von § 270 StPO als einer abschließenden Regelung der Verweisungsmöglichkeiten im ersten Rechtszug nach Eröffnung des Hauptverfahrens anfangs angeschlossen und dies mit der Erwägung gerechtfertigt, das erkennende Gericht solle, nachdem es unter Annahme seiner eigenen Zuständigkeit durch einen für die Prozessbeteiligten gemäß § 210 StPO im allgemeinen nicht anfechtbaren Beschluss das Hauptverfahren vor sich eröffnet habe, auch selbst an diese Entscheidung gebunden sein. Erst wenn es später in der Hauptverhandlung, nach weiterer Aufklärung der Sach- und Rechtslage die Zuständigkeit eines Gerichts höherer Ordnung für begründet erachte, werde ihm in § 270 StPO die Befugnis eingeräumt, von dem an sich auch für es selbst verbindlichen Eröffnungsbeschluss abzugehen und die Verweisung der Sache an das nach seiner Ansicht zuständige Gericht zu beschließen.[25]

Von dieser Linie war der Bundesgerichtshof dann aber in BGHSt 18, 290 abgerückt, indem er im ersten Rechtszug außerhalb einer mündlichen Verhandlung eine (nicht bindende) Abgabe – genauer: Vorlage – der Sache durch Beschluss des Gerichts niedrigerer Ordnung an das Gericht höherer Ordnung zur Entscheidung über die Übernahme in analoger Anwendung von § 209 StPO für zulässig gehalten hatte. Zur Begründung hatte er im Wesentlichen ausgeführt, entgegen der bisherigen Rechtsprechung regele § 270 StPO die Möglichkeit, die Sache nach Eröffnung des Hauptverfahrens an ein Gericht höherer Ordnung abzugeben, nicht abschließend. Nach ihrem Wortlaut und ihrer Einordnung im Abschnitt über die Hauptverhandlung betreffe die Vorschrift vielmehr nur den Fall, dass sich erst während

[22] BGBl. 1978 I 1645 (1648).

[23] Vgl. RGSt 52, 305 (306); 62, 265 (269f.).

[24] Vgl. RGSt 52, 305 (306). Allerdings hatte das Reichsgericht das Beruhen des Urteils auf einer Verletzung des (als abschließende Regelung verstandenen) § 270 StPO durch eine Verweisung außerhalb der Hauptverhandlung zunächst bei „unzweifelhaft gegebener" Zuständigkeit des Gerichts höherer Ordnung ausgeschlossen (vgl. RGSt 52, 305 (306f.)) und einem solchen Verfahrensmangel sodann unter Verweis auf § 269 StPO generell die Eignung zur Begründung der Revision abgesprochen, weil der Angeklagte dadurch, dass er von einem Gericht höherer Ordnung abgeurteilt worden sei, nicht schlechter, sondern besser gestellt sei (vgl. RGSt 62, 265 (270ff.)).

[25] Vgl. BGHSt 6, 109 (111).

der Hauptverhandlung begründete Anhaltspunkte für eine höhere sachliche Zuständigkeit ergäben. Es sei auch nicht sinnvoll, nach Eröffnung des Hauptverfahrens eine Abgabe nur noch aufgrund einer Hauptverhandlung zuzulassen; Anlass dazu könne auch schon vorher bestehen. Wäre die Abgabe des Verfahrens an die Voraussetzungen des § 270 StPO gebunden, müsste das Gericht gegebenenfalls eine Hauptverhandlung anberaumen, obwohl von vornherein feststehe, dass es nicht zu einem Urteil, sondern zur Verweisung der Sache an ein Gericht höherer Ordnung kommen werde. Dadurch würde das Verfahren unnötig verlängert; anstatt nur einer wären mehrere Hauptverhandlungen vor verschiedenen Gerichten erforderlich. Demnach fehle es für den Verfahrensabschnitt von der Eröffnung des Hauptverfahrens bis zur Hauptverhandlung an einer ausdrücklichen gesetzlichen Regelung. Indessen habe das Gericht nach § 6 StPO seine sachliche Zuständigkeit in jeder Lage des Verfahrens, auch in diesem Verfahrensabschnitt, zu prüfen. Dann aber müsse es ihm auch jederzeit möglich sein, seine etwaige Unzuständigkeit zu berücksichtigen und die gebotenen Folgerungen daraus zu ziehen. Dies rechtfertige die Annahme, dass es dem Gesetzgeber in § 270 StPO nur auf die bindende Wirkung des Verweisungsbeschlusses angekommen sei, die allerdings der gesetzlichen Festlegung bedurft habe, während er von der Möglichkeit, das Verfahren ohne bindende Wirkung abzugeben, als selbstverständlich ausgegangen sei.[26]

Diese Entscheidung hatte der Bundesgerichtshof in BGHSt 25, 309 unter deutlicher Akzentuierung der prozessökonomischen Erwägungen nochmals bestätigt. Stelle das Gericht des ersten Rechtszugs außerhalb einer Hauptverhandlung fest, dass seine sachliche Zuständigkeit nicht gegeben sei und die Sache vor ein Gericht höherer Ordnung gehöre, habe es die Möglichkeit, das Verfahren entweder nach § 206a StPO einzustellen, worauf die Staatsanwaltschaft erneut Anklage bei dem Gericht höherer Ordnung erheben könne, oder Termin zur Hauptverhandlung anzuberaumen und in dieser dann einen Verweisungsbeschluss gemäß § 270 StPO zu erlassen. Das aber bedeute eine unnötige Verlängerung des Verfahrens, die allenfalls dann in Kauf genommen werden könne, wenn die sachliche Zuständigkeit des Gerichts höherer Ordnung zweifelhaft sei, so dass eine bindende Entscheidung zweckmäßig erscheine. Bestünden solche Zweifel nicht, würde es sowohl dem Grundsatz, dass jedes Verfahren möglichst zügig zu Ende geführt werden solle, als auch dem der Prozesswirtschaftlichkeit widersprechen, wenn das Gericht das Verfahren entweder einstellen oder eine Hauptverhandlung lediglich mit dem Ziel anberaumen müsste, einen Verweisungsbeschluss zu erlassen. Es habe daher auch die Möglichkeit, die Sache durch Beschluss entsprechend § 209 StPO an das Gericht höherer Ordnung abzugeben, das dann zu entscheiden habe, ob es sie übernehmen wolle.[27]

Die damit vollzogene Wende in der höchstrichterlichen Rechtsprechung hat den Gesetzgeber zu der Regelung in § 225a StPO veranlasst. In der Begründung des (Regierungs-) Entwurfs des Strafverfahrensänderungsgesetzes 1979 heißt es dazu, der bislang geltende Gesetzeswortlaut regele die Frage der Verweisung an ein Gericht höherer Ordnung nur im Eröffnungsverfahren (§ 209 StPO) sowie für den

---

[26] Vgl. BGHSt 18, 290 (292f.) = NJW 1963, 695 (696).
[27] Vgl. BGHSt 25, 309 (311f.).

Fall, dass die Hauptverhandlung bereits begonnen habe (§§ 269, 270 StPO). Das Gesetz sehe dagegen nicht die Möglichkeit vor, nach Eröffnung des Hauptverfahrens, aber vor Beginn einer Hauptverhandlung die Sache an ein Gericht mit höherer Zuständigkeit abzugeben. Während eine solche Abgabemöglichkeit lange Zeit verneint worden sei, sei „seit der Entscheidung BGHSt 18, 290 [...] anerkannt, dass in diesem Fall entsprechend dem Grundgedanken des § 209 StPO zu verfahren" sei. Mit dem vorgeschlagenen neuen § 225a StPO wolle der Entwurf „diese durch die Rechtsprechung im Wege der richterlichen Rechtsfortbildung entstandene Rechtslage im Interesse der Gesetzesklarheit gesetzlich regeln"; dabei könne zugleich das Verfahren, hinsichtlich dessen einige Zweifelsfragen bestünden, bestimmt werden.[28] Weiter wurde in der Entwurfsbegründung zu § 225a Abs. 1 StPO ausgeführt, wie sich aus der Formulierung „einer" Hauptverhandlung ergebe, sei die Abgabe nach dieser Vorschrift nicht nur vor Beginn der ersten Hauptverhandlung möglich, sondern „stets dann", wenn sich außerhalb der Hauptverhandlung nach Eröffnung des Hauptverfahrens herausstelle, dass die Zuständigkeit eines Gerichts höherer Ordnung begründet sei.[29] Auf die Frage, ob dies auch dann gelten soll, wenn die Zuständigkeit des Gerichts höherer Ordnung erst im Berufungsrechtszug festgestellt wird, geht die Entwurfsbegründung gleichwohl mit keinem Wort ein. Das Problem wurde offenbar übersehen.[30]

IV. Lösung: Entsprechende Anwendung von § 225a StPO im Berufungsrechtszug

Vor diesem Hintergrund tritt deutlich hervor, dass die gesetzliche Regelung in § 225a StPO eine planwidrige Lücke aufweist, die im Wege der Analogie geschlossen werden kann und muss.

Ob eine solche „planwidrige Unvollständigkeit" des Gesetzes vorliegt, bestimmt sich nach dessen Regelungszweck, der im Wege der historischen und teleologischen Auslegung zu ermitteln ist. Maßgeblich ist insofern, ob das Gesetz, gemessen an der ihm zugrunde liegende Regelungsintention, unvollständig ist.[31] Die gesetzesimmanente Teleologie bildet nach der Rechtsprechung des Bundesverfassungsgerichts zugleich auch die Grenze zwischen verfassungsrechtlich zulässiger richterlicher Rechtsfortbildung einerseits und einer mit der Bindung der rechtsprechenden Gewalt an Gesetz und Recht (Art. 20 Abs. 3 GG) unvereinbaren Anmaßung normsetzender Befugnisse andererseits: Der Richter darf sich nicht dem

---

[28] Vgl. BT-Drs. 8/976, 48.
[29] Vgl. BT-Drs. 8/976, 48.
[30] Es stellte sich damals auch gar nicht in gleicher Weise wie heute, weil die Zuständigkeit für Berufungen gegen Urteile der Schöffengerichte bis zum Inkrafttreten des Gesetzes zur Entlastung der Rechtspflege vom 11.1.1993, BGBl 1993 I 50, bei den großen Strafkammern lag, die, sofern sie selbst als Gericht des ersten Rechtszuges sachlich zuständig waren, das Berufungsverfahren ohne Verweisung formlos in ein (neues) erstinstanzliches Verfahren überleiten konnten, vgl. BGHSt 21, 229 (230f.); 31, 63 (64f.); dazu *Schmitt* in Meyer-Goßner/Schmitt, 61. Aufl. 2018, StPO § 328 Rn. 10f.
[31] Vgl. *Larenz/Canaris,* Methodenlehre der Rechtswissenschaft, 3. Aufl., 194f.

vom Gesetzgeber festgelegten Sinn und Zweck des Gesetzes entziehen, sondern muss die gesetzgeberische Grundentscheidung respektieren und den Willen des Gesetzgebers möglichst zuverlässig zur Geltung bringen.[32] Mit dieser Maßgabe steht einer an teleologischen Gesichtspunkten ausgerichteten Gesetzesanwendung auch im Bereich des Strafverfahrensrechts, in dem das Analogieverbot des Art. 103 Abs. 2 GG nicht gilt, verfassungsrechtlich grundsätzlich nichts im Wege.[33]

Ausweislich der Gesetzesmaterialien hat sich der Gesetzgeber die tragenden Erwägungen, aufgrund derer der Bundesgerichtshof im ersten Rechtszug eine entsprechende Anwendung von § 209 StPO im Verfahrensabschnitt von der Eröffnung des Hauptverfahrens bis zur Hauptverhandlung für geboten gehalten hatte, zu Eigen gemacht und sie als Regelungsintention dem neu geschaffenen § 225a StPO zugrunde gelegt. Der Regelungszweck, der hinter dieser Vorschrift steht, lässt sich somit dahingehend zusammenfassen, dass nach Eröffnung des Hauptverfahrens stets – auch außerhalb einer Hauptverhandlung – die Möglichkeit eröffnet sein muss, die Sache zur Entscheidung über die Übernahme dem sachlich zuständigen Gericht höherer Ordnung vorzulegen, weil die dem Gericht nach § 6 obliegende Pflicht zur jederzeitigen Prüfung der sachlichen Zuständigkeit auch eine jederzeitige Möglichkeit erfordert, aus einer etwaigen Unzuständigkeit die gebotenen Folgerungen zu ziehen (BGHSt 18, 290), und weil es dem Grundsatz der Prozesswirtschaftlichkeit zuwiderliefe, wenn die Sache entweder eingestellt und vor dem zuständigen Gericht höherer Ordnung neu angeklagt oder aber allein zum Zwecke ihrer Verweisung an dieses Gericht eine Hauptverhandlung anberaumt werden müsste (BGHSt 25, 309). Diese Erwägungen beanspruchen aber über das erstinstanzliche Verfahren hinaus gleichermaßen auch für den Berufungsrechtszug Geltung. Denn auch dort sind die Pflicht zur jederzeitigen Prüfung der sachlichen Zuständigkeit sowie der Grundsatz der Prozesswirtschaftlichkeit zu beachten, mit dem unnötige Berufungshauptverhandlungen ebenso wenig zu vereinbaren sind wie überflüssiger Verhandlungsaufwand in erster Instanz. Gemessen an seinem damit umrissenen Regelungszweck greift § 225a StPO also zu kurz, weil die Vorschrift nach dem Gesetzeswortlaut nur für den ersten Rechtszug gilt, obwohl sie auch für den Berufungsrechtszug gelten müsste, wenn der Regelungszweck vollständig erreicht werden soll. Dessen unvollständige Umsetzung im Wortlaut des Gesetzes beruht auch nicht auf einer bewussten Entscheidung des Gesetzgebers, sondern darauf, dass die Frage der Anwendbarkeit von § 225a StPO im Berufungsrechtszug im Gesetzgebungsverfahren nicht bedacht worden ist. Eben dies kennzeichnet eine planwidrige Regelungslücke.

Der Verweis auf § 328 Abs. 2 StPO[34] erweist sich demgegenüber als methodischer Fehlgriff. Denn damit wird die Frage, ob die in § 225a StPO getroffene Regelung lückenhaft geblieben ist, nicht anhand der Regelungsintention beantwortet, die der Gesetzgeber mit *dieser* Vorschrift verfolgt hat, sondern von vornherein schon deshalb verneint, weil mit § 328 Abs. 2 StPO eine *andere* Regelung existiert, mit der

---

[32] Vgl. BVerfGE 128, 193 (209ff.) = NJW 2011, 842 (845).
[33] Vgl. BVerfGE 118, 212 (243.) = NJW 2007, 2977 (2980).
[34] Vgl. *Eschelbach* in KMR-StPO, Stand: Dez. 2001, § 225a Rn. 13.

sich die in Rede stehenden Fallgestaltungen irgendwie – wenn auch nicht unbedingt befriedigend – lösen lassen. Damit aber wird der in § 225a StPO zum Ausdruck kommende Wille des Gesetzgebers verfehlt, der eine alleinige Möglichkeit zur Verweisung der Sache in der Hauptverhandlung eben nicht für ausreichend gehalten hat. Letztlich findet sich immer eine rechtliche Regel, anhand derer sich eine bestimmte Fallgruppe auch ohne Analogieschluss (anders) entscheiden lässt. So ließe sich etwa im Zivilrecht gegen jedwede entsprechende Anwendung gesetzlicher Anspruchsgrundlagen einwenden, dass ebenso gut auch nach der allgemeinen Regel verfahren werden könne, dass eine Klage als unbegründet abzuweisen sei, wenn der geltend gemachte Anspruch einer Grundlage entbehre. Wer mit diesem Argument bestehende Regelungslücken kaschieren und die Zulässigkeit von Analogieschlüssen in Abrede stellen will, beraubt die Rechtsprechung ohne Not der Möglichkeit, dem Willen des Gesetzgebers jenseits des Gesetzeswortlauts in angemessener Weise Rechnung zu tragen. Das Auslegungsziel einer in sich stimmigen, widerspruchsfreien Rechtsordnung rückt damit in weite Ferne.

Der weitere Einwand gegen eine entsprechende Anwendung von § 225a StPO, die prozessuale Situation im Berufungsverfahren sei mit derjenigen im ersten Rechtszug nicht vergleichbar, weil bereits ein erstinstanzliches Urteil vorliege, das in einem neuen erstinstanzlichen Verfahren nicht aufgehoben oder bestätigt werden könne,[35] verfängt ebenfalls nicht. Er setzt voraus, was zu begründen wäre, dass nämlich ein – nicht rechtskräftiges – erstinstanzliches Urteil stets förmlich aufgehoben werden müsste, bevor eine neue Entscheidung in der Sache ergehen könnte. Das ist aber nicht der Fall. Beispielsweise kann die Sache auch im Rechtsmittelverfahren aus Opportunitätsgründen nach § 153 Abs. 2, § 153a Abs. 2 oder § 154 Abs. 2 StPO oder wegen eines Verfahrenshindernisses gemäß § 206a StPO eingestellt werden, ohne dass es hierzu einer förmlichen Aufhebung des erstinstanzlichen Urteils bedürfte. Da in ein und demselben Verfahren stets nur Raum für ein Urteil des ersten Rechtszuges sein kann, schließt jede Verweisung einer Sache an ein erstinstanzliches Gericht höherer Ordnung zwangsläufig den Fortfall eines zuvor ergangenen erstinstanzlichen Urteils als notwendige Folge ein. Nach der Rechtsprechung des Bundesgerichtshofs hat demgemäß der im Falle einer Verweisung durch Berufungsurteil in § 328 Abs. 2 StPO vorgeschriebene Ausspruch über die Aufhebung des angefochtenen Urteils keine konstitutive, sondern lediglich klarstellende Bedeutung. Sein Fehlen ist unschädlich, weil das erstinstanzliche Urteil schon mit der Verweisung zwangsläufig in Fortfall gerät.[36] Es spricht nichts dagegen, der Übernahmeentscheidung des sachlich unzuständigen Gerichts höherer Ordnung, dem eine Sache in analoger Anwendung von § 225a StPO durch das Berufungsgericht vorgelegt wird, dieselben Wirkungen beizumessen und das erstinstanzliche Urteil des sachlich unzuständigen Gerichts niedrigerer Ordnung mit dem Übernahmebeschluss ohne Weiteres – auch ohne seine förmliche Aufhebung – als gegenstandslos zu behandeln.[37] Dann aber wird bei entsprechender Anwendung von § 225a StPO im Beru-

[35] Vgl. *Eschelbach* in KMR-StPO, Stand: Dez. 2001, § 225a Rn. 13.
[36] Vgl. BGHSt 21, 245 (247); BGH StraFo 2010, 203f.
[37] Vgl. BGH NStZ 2003, 320.

fungsrechtszug auch kein Berufungsverfahren an ein erstinstanzliches Gericht verschoben.[38] Vielmehr wird durch den Übernahmebeschluss zum einen das Berufungsverfahren abgeschlossen und zum anderen ein neues erstinstanzliches Verfahren eröffnet.

V. Ergebnis

Im Ergebnis ist also den beiden oben genannten Entscheidungen des 2. Strafsenats des Bundesgerichtshofs beizupflichten. Eine entsprechende Anwendung von § 225a StPO im Berufungsrechtszug ist allerdings nicht nur nicht willkürlich, sondern geboten, um eine infolge eines gesetzgeberischen Versäumnisses entstandene und offensichtlich planwidrige Regelungslücke im Sinne der Regelungsintention des Gesetzes zu schließen und damit dem Willen des Gesetzgebers Geltung zu verschaffen.

---

[38] Vgl. *Schmitt* in Meyer-Goßner/Schmitt, 61. Aufl. 2018, StPO § 225a Rn. 2.

REINHOLD SCHLOTHAUER

Beweisantragsrecht unter Fristenregiment: Zur Neuregelung des § 244 Abs. 6 StPO*

I. *Ausgangslage*

In seiner Bearbeitung des Beweisantragsrechts in der 6. Auflage des Karlsruher Kommentars-StPO (2008) stellt der *Jubilar* zu der Frage, ob es zulässig sei, den Verfahrensbeteiligten eine Frist zur Stellung von Beweisanträgen zu setzen, um nach deren Ablauf gestellte Anträge nicht durch Beschluss nach § 244 Abs. 6 StPO in der Hauptverhandlung, sondern wie Hilfsbeweisanträge erst in den Urteilsgründen bescheiden zu können, lakonisch fest:

Dass dies „mit dem Begriff einer ‚Modifikation' des Gesetzes zutreffend umschrieben ist, erscheint zweifelhaft, denn die Verfahrensweise widerspricht der eindeutigen gesetzlichen Regelung des Abs. 6 i. V.m. § 246 Abs. 1. Ein solcher Eingriff dürfte dem Gesetzgeber vorbehalten sein."[1]

Zwei Jahre später erneuert der *Jubilar* seine Kritik an der „neueren Rechtsprechung" des Bundesgerichtshofs:

„Eine tendenzielle Umgehung klarer gesetzlicher Entscheidungen wie der Regelung des § 246 StPO durch ‚kreative' Auslegung der Voraussetzungen des Ablehnungsgrunds der Verschleppungsabsicht halte ich [. . .] für sehr problematisch, auch wenn sie im konkreten Fall die Grenzen der Rechtsfortbildung nicht sprengen mag. Wenn das Gesetz als unzureichend angesehen wird, sollte es geändert werden."[2]

Der Ruf nach einer Gesetzesänderung ist vom Gesetzgeber nunmehr erhört worden.

Durch das am 24.8.2017 in Kraft getretene Gesetz „Zur effektiveren und praxistauglicheren Ausgestaltung des Strafverfahrens"[3] vom 17.8.2017 wurden in § 244 Abs. 6 StPO nach dem Satz:

„Die Ablehnung eines Beweisantrages bedarf eines Gerichtsbeschlusses."

---

* Das Manuskript wurde im Dezember 2017 abgeschlossen.

1 *Fischer* in KK-StPO, 6. Aufl. 2008, § 244 Rn. 113 (Hervorhebung im Original). Zur Kritik an dem richterlichen Sonderrecht s. auch *Tepperwien* FS Widmaier, 2008, 551; *Schlothauer* StraFo 2011, 459 (460, 465f.).

2 *Fischer* StV 2010, 423 (428).

3 BGBl. 2017 I 3202.

folgende Sätze angefügt:

„Nach Abschluss der von Amts wegen vorgesehenen Beweisaufnahme kann der Vorsitzende eine angemessene Frist zum Stellen von Beweisanträgen bestimmen. Beweisanträge, die nach Fristablauf gestellt werden, können im Urteil beschieden werden; dies gilt nicht, wenn die Stellung des Beweisantrags vor Fristablauf nicht möglich war. Wird ein Beweisantrag nach Fristablauf gestellt, sind die Tatsachen, die die Einhaltung der Frist unmöglich gemacht haben, mit dem Antrag glaubhaft zu machen."

Damit ist der Gesetzgeber einem seit langem geäußerten Wunsch insbesondere aus den Reihen der Justiz nachgekommen, wonach einem Missbrauch des Beweisantragsrechts gesetzlich ein Riegel vorgeschoben werden müsse.[4] Jener bestehe in dem kontinuierlichen und massenhaften Stellen von Beweisanträgen, durch deren Verbescheidung das Gericht am Urteilsspruch gehindert werde.[5] Der Ablehnungsgrund der Prozessverschleppung erweise sich vielfach als untaugliches Instrument. Die von der höchstrichterlichen Rechtsprechung hierzu aufgestellten Voraussetzungen seien zu komplex und sperrig. Danach müsste die beantragte Beweiserhebung eine nicht nur unerhebliche Verzögerung des Verfahrens zur Folge haben, nach Überzeugung des Gerichts dürfte die Beweiserhebung auch nichts zugunsten des Antragstellers ergeben, dieses Umstandes müsste sich auch der Antragsteller bewusst sein und der Antrag würde ausschließlich zum Zwecke der Verfahrensverzögerung gestellt. Insbesondere die subjektive Voraussetzung der Verschleppungsabsicht sei im Einzelfall schwer nachweisbar.[6] Werde dieser Ablehnungsgrund herangezogen, stehe im Fall einer darauf bezogenen Verfahrensrüge zu besorgen, dass das Urteil mangels fehlerfreier Begründung des Ablehnungsbeschlusses aufgehoben werde.[7]

II. Die gesetzliche Neuregelung

Die gesetzliche Neuregelung macht sich nicht die von einzelnen Strafsenaten des BGH entwickelte „kreative Auslegung" des Ablehnungsgrundes der Prozessverschleppung gem. § 244 Abs. 3 StPO zu eigen: Danach konnte bei länger dauernden Verfahren mit mindestens zehn Verhandlungstagen eine Beweisantragstellung nach Ablauf einer vom Vorsitzenden gesetzten Frist ein Indiz für die innere Tatsache der Verschleppungsabsicht sein, wenn der Antragsteller die Gründe für die verspätete Antragstellung nicht nachvollziehbar und substantiiert darlegen könne; auch Hilfsbeweisanträge durften nach einem entsprechenden Hinweis abweichend von der bis dahin geltenden ständigen Rechtsprechung[8] wegen Verschleppungsabsicht erst in

[4] *Berg* DRiZ 1994, 380 (383); *Kintzi* DRiZ 1994, 325 (327f.); *Niemöller* NStZ 1996, 104 (109); BMJV (Hrsg.), Bericht der Expertenkommission zur effektiveren und praxistauglicheren Ausgestaltung des Strafverfahrens, 2015, 143ff.; zuletzt *Radtke* DRiZ 2017, 190 (191).

[5] *J.-P. Becker* in Löwe-Rosenberg, 26. Aufl. 2009, StPO § 244 Rn. 283.

[6] *Niemöller* NStZ 1996, 104 (107).

[7] *Schrader* NStZ 1991, 224 (225) mit dem Vorwurf, die Revisionsrechtsprechung habe „den ganzen § 244 StPO bis zur praktischen Unbrauchbarkeit verformt."

[8] Vgl. BGHSt 22, 124 (125) = NJW 1968, 1339; BGH NStZ 1986, 372; BGH NStZ 1998, 207 jew. mwN.

den Urteilsgründen abgelehnt werden.[9] Es sei in Extremfällen sogar zulässig, nach Fristablauf gestellte Beweisanträge grundsätzlich als Hilfsbeweisanträge zu behandeln und sie erst in den Urteilsgründen zu bescheiden.[10]

Der Gesetzgeber hat einen anderen Lösungsweg gewählt, um „zum Zwecke der Verfahrensverzögerung gestellten Beweisanträgen begegnen zu können, ohne das Beweisantragsrecht der Verfahrensbeteiligten einzuschränken".[11] Auch bei nach Ablauf einer vom Vorsitzenden gesetzten Frist sei das Gericht nämlich gehalten, Beweisanträge entgegen zu nehmen und diese im Falle ihrer Ablehnung – wenn auch i. d. R. im Urteil – zu bescheiden, wenn der Antragsteller nicht glaubhaft machen könne, dass ihm deren Stellung vor Fristablauf nicht möglich war. Auf diese Weise müsse weder der Katalog der Ablehnungsgründe erweitert werden, noch komme es zu einer Kollision mit § 246 Abs. 1 StPO.[12]

Nicht ausdrücklich geregelt wurde die Frage, ob die Fristenlösung auch für Beweisanträge gilt, die nach § 245 Abs. 2 StPO auf Erhebung sog. präsenter Beweise gestellt werden. In der Entwurfsbegründung wird § 245 Abs. 2 StPO lediglich im Zusammenhang mit der bislang bestehenden Möglichkeit erwähnt, Beweisanträge „ohne ersichtlichen sachlichen Grund zu einem sehr späten Zeitpunkt im Verfahren" zu stellen, die „nach Maßstab der §§ 244 Abs. 3 bis 5 und 245 Abs. 2 StPO zu prüfen und durch begründeten Beschluss im Lauf der Hauptverhandlung zu bescheiden" seien.[13] Im Zusammenhang mit der Erläuterung der Neuregelung des § 244 Abs. 6 StPO wird diese Frage in der Entwurfsbegründung nicht noch einmal aufgriffen. Eine klarstellende gesetzliche Regelung wäre aber erforderlich gewesen, weil umstritten ist, ob § 244 Abs. 6 StPO aF auch auf nach § 245 Abs. 2 StPO gestellte Beweisanträge anwendbar ist[14] oder nicht. § 244 Abs. 6 StPO betrifft nur diejenigen Beweisanträge, die nach § 244 Abs. 3 bis 5 StPO abgelehnt werden dürfen. Eine vergleichbare Vorschrift enthält § 245 Abs. 2 StPO nicht.[15] Einer von der überwiegenden Meinung im Schrifttum[16] herangezogenen entsprechenden Anwendung des § 244 Abs. 6 StPO für die nach § 245 Abs. 2 StPO zu bescheidenden Beweisanträge bedarf es nicht. Denn im Hinblick auf §§ 34, 35 StPO und die danach bestehende Pflicht zur Begründung der in der Hauptverhandlung bekanntzu-

[9] BGH Beschl. v. 23.9.2008 – 1 StR 484/08, BGHSt 52, 355 = StV 2009, 64 m Anm *König* StV 2009, 171; BGH Urt. v. 9.7.2009 – 5 StR 263/08, BGHSt 54, 39 = StV 2009, 581.

[10] BGH Beschl. v. 14.6.2005 – 5 StR 129/05, NStZ 2005, 648 Tz. 10.

[11] Begründung des von der Bundesregierung vorgelegten „Entwurfs eines Gesetzes zur effektiveren und praxistauglicheren Ausgestaltung des Strafverfahrens" v. 30.12.2016 BR-Drs. 796/16, 9.

[12] Begründung des von der Bundesregierung vorgelegten „Entwurfs eines Gesetzes zur effektiveren und praxistauglicheren Ausgestaltung des Strafverfahrens" v. 30.12.2016 BR-Drs. 796/16, 34f. Zu Vorläuferüberlegungen und -entwürfen s. bspw. den Beschluss der 52. Konferenz der Justizminister und -senatoren vom 1./2.10.1981 mit Vorschlägen für „Maßnahmen zur Entlastung der Gerichte und Staatsanwaltschaften", StV 1982, 325 (331f.).

[13] Entwurfsbegründung BR-Drs. 796/16, 34.

[14] *Fischer* in KK-StPO, 6. Aufl. 2008, § 245 Rn. 34; *Rieß* NJW 1978, 2265 (2270) (alle ohne Begründung).

[15] *Meyer* in Alsberg/Nüse, Der Beweisantrag im Strafprozess, 5. Aufl. 1983, 830.

[16] So *Meyer-Goßner* in Meyer-Goßner/Schmitt, 60. Aufl. 2017, StPO § 245 Rn. 28; *Frister* in SK-StPO, 5. Aufl. 2015, § 245 Rn. 58; *Sättele* in SSW StPO, 2. Aufl. 2015, § 245 Rn. 33 (alle ohne Begründung).

machenden Ablehnung von Anträgen[17] besteht keine Regelungslücke. Dass es im Ergebnis keinen Unterschied mache, ob die Begründungspflicht bei Ablehnung von Beweisanträgen gemäß § 245 Abs. 2 StPO aus § 244 Abs. 6 StPO oder aus § 34 StPO hergeleitet werde[18], kann im Hinblick auf die nunmehr in § 244 Abs. 6 StPO enthaltene Fristenlösung nicht mehr behauptet werden. Angesichts eines bei der Neuregelung unterbliebenen Verweises auf diese Vorschrift in § 245 Abs. 2 StPO findet die Fristenregelung darauf keine Anwendung.

Dafür hätte auch kein praktisches Bedürfnis bestanden. Durch die erforderliche Präsentstellung der Beweismittel tritt schon im Falle der Beweiserhebung keine relevante Verfahrensverzögerung ein. Angesichts des im Verhältnis zu § 244 Abs. 3 bis 5 StPO reduzierten Kreises der Ablehnungsgründe erfordert die Befassung mit Beweisanträgen gemäß § 245 Abs. 2 StPO keinen besonderen Aufwand. Auch kann hier ggf. der Ablehnungsgrund der Prozessverschleppungsabsicht (§ 245 Abs. 2 S. 3 StPO) zum Zuge kommen.

Trotz der nunmehr geschaffenen Möglichkeit, einem Missbrauch des Beweisantragsrechts in effektiver Weise entgegenwirken zu können, wurde auch bei den nach § 244 Abs. 6 StPO zu bescheidenden Beweisanträgen an dem Ablehnungsgrund der Prozessverschleppung gemäß § 244 Abs. 3 StPO festgehalten. Dies vermutlich in der allerdings nicht ausdrücklich erklärten Absicht, auch Verfahren Rechnung tragen zu können, in denen der Vorsitzende von der Möglichkeit einer Fristsetzung nach § 244 Abs. 6 S. 2 StPO keinen Gebrauch macht.

Ob es abgesehen von wenigen Ausnahmefällen[19] einer extremen Verfahrensverzögerung durch zum Zweck der Prozessverschleppung gestellte Beweisanträge einen tatsächlichen Bedarf für die Neuregelung gibt, darf bezweifelt werden. Dagegen spricht schon die Tatsache, dass von dem Beweisantragsrecht – auch von Verteidigerseite – nur mit erheblicher Zurückhaltung Gebrauch gemacht wird, wie verschiedene rechtstatsächliche Untersuchungen belegen.[20] Darüber hinaus wird in Verteidigerhandbüchern eine möglichst frühzeitige Antragstellung empfohlen, um den größeren Einfluss der Erstinformation („Primacy Effekt") zu sichern.[21] Es ist auch nicht ersichtlich, warum die Instanzgerichte „Extremfällen" mit dem Ablehnungsgrund der Prozessverschleppung nicht sollten Herr werden können.

---

[17] *Meyer* in Alsberg/Nüse, Der Beweisantrag im Strafprozess, 5. Aufl. 1983, 830.

[18] *J.-P. Becker* in Löwe-Rosenberg, 26. Aufl. 2009, StPO § 245 Rn. 55 Fn. 175.

[19] *Niemöller* JR 2010, 332 (339).

[20] *Barton* StV 1984, 394 (395 f.); *Dölling/Feltes/Dittmann/Laue/Törnig,* Die Dauer von Strafverfahren vor den Landgerichten, 2000, 144 f.

[21] Siehe nur *Malek,* Verteidigung in der Hauptverhandlung, 5. Aufl. 2017, Rn. 446; *Nobis,* Strafverteidigung vor dem Amtsgericht, 2011, Rn. 244; ferner *Hamm/Hassemer/Pauly,* Beweisantragsrecht, 2. Aufl. 2007, Rn. 143 mit weiteren Argumenten für eine frühzeitige Antragstellung; allg. zu den Auswirkungen der Theorie der kognitiven Dissonanz auf den für die gerichtliche Überzeugungsbildung „richtigen" Zeitpunkt des Informationsinputs *Sommer,* Effektive Strafverteidigung, 2011, Rn. 54 ff.; *Barton* StraFo 1993, 11. Zu den Ausnahmen einer sachlich begründeten späten Antragstellung s. Fn. 24.

III. Praktische Umsetzung der Neuregelung

Entgegen den vom Gesetzgeber mit der Neuregelung verbundenen Erwartungen[22] ist zu besorgen, dass sich Hauptverhandlungen in Zukunft komplizierter und konflikthafter gestalten werden. Denn sie eröffnet nicht nur Auslegungsspielräume, die rechtliche Kontroversen zur Folge haben werden, sondern auch ein von der Person des jeweiligen Vorsitzenden abhängiges Anwendungsspektrum, das neue Herausforderungen bei der Verhandlungsleitung und für den Verhandlungsablauf begründet.

1. Zeitpunkt der Fristsetzung

Die als Ermessensentscheidung ausgestaltete Möglichkeit einer Fristsetzung hat als einzige Voraussetzung den „Abschluss der von Amts wegen vorgesehenen Beweisaufnahme" (§ 244 Abs. 6 S. 2 StPO). Damit kann sie in Verfahren jeglicher Art Anwendung finden und ist nicht beschränkt auf solche, in denen der Umfang der Beweisaufnahme die Durchführung der Hauptverhandlung an mehreren Tagen erfordert. Demgegenüber war von der bisherigen Rechtsprechung die Zulässigkeit einer Fristsetzung auf Umfangsverfahren beschränkt worden, in denen an mehr als zehn Hauptverhandlungstagen verhandelt wurde.[23]

Nunmehr könnte dem Wortlaut der Vorschrift nach schon im Rahmen einer eintägigen Strafrichterverhandlung vor dem Amtsgericht von der Möglichkeit der Bestimmung einer „angemessenen" Frist zum Stellen von Beweisanträgen Gebrauch gemacht werden, sobald die von Amts wegen vorgesehene Beweisaufnahme abgeschlossen ist. Wann ein Ermessensmissbrauch anzunehmen ist, der zur Unwirksamkeit der Fristsetzung führen müsste, ist zunächst getrennt von der Frage der „Angemessenheit" der von dem Vorsitzenden zu bestimmenden Frist zu beantworten.

Gesetzlicher Anknüpfungspunkt für eine in Betracht gezogene Fristsetzung ist zunächst der Abschluss der von Amts wegen vorgesehenen Beweisaufnahme. Dieser ist nicht identisch mit dem Schluss der Beweisaufnahme (§ 258 Abs. 1 StPO), nach dem die Verfahrensbeteiligten nur noch das Wort für ihre Ausführungen und Anträge erhalten und dem Angeklagten das letzte Wort gebührt. Auch nach Abschluss der von Amts wegen vorgesehenen Beweisaufnahme besteht für die Verfahrensbeteiligten weiterhin Gelegenheit und möglicherweise nunmehr erstmaliger Anlass, Beweisanträge zu stellen.[24] Auch kann sich erst jetzt die Notwendigkeit ergeben,

---

[22] „Die vorgeschlagene Fristsetzung ermöglicht (...) dem Gericht eine effiziente Verfahrensführung in den Fällen, in denen sich der Verdacht aufdrängt, dass Beweisanträge zu einem späten Verfahrenszeitpunkt mit dem Ziel der Verfahrensverzögerung gestellt werden": Entwurfsbegründung BR-Drs. 796/16, 35.

[23] BGHSt 51, 333 = NStZ 2008, 300 mAnm *Beulke/Ruhmannseder,* StV 2007, 454 mAnm *Michalke* StV 2008, 228 = JZ 2009, 318 mAnm *Eidam;* BGHSt 52, 355 (362) = StV 2009, 64 mAnm *König* StV 2009, 171; BGHSt 54, 39 = StV 2009, 581. Daran knüpfen für die neue Rechtslage *Singelnstein/Derin* NJW 2017, 2646 (2651) an, die eine einschränkende Auslegung des § 244 Abs. 6 StPO anmahnen.

[24] Aus der Perspektive der Strafverteidigung wird in folgenden Situationen eine späte Antragstellung in Betracht gezogen: Eine Beweisbehauptung ist erst nach Eintritt eines bestimmten Zwi-

Nachforschungen zur Glaubwürdigkeit oder Sachkunde von Zeugen oder Sachverständigen anzustellen, die vom Gericht nachgeladen worden sind oder deren Vernehmung kurzfristig von anderen Verfahrensbeteiligten beantragt worden ist, weshalb „bis zum Schluss der Beweisaufnahme die Aussetzung [oder Unterbrechung[25]] der Hauptverhandlung zum Zweck der Erkundigung" beantragt werden kann (§ 246 Abs. 2 u. 3 StPO). Erst im Anschluss an einen den Aussetzungs- (bzw. Unterbrechungs-) Antrag ablehnenden Gerichtsbeschluss (§ 246 Abs. 4 StPO) oder eine weitere von den Verfahrensbeteiligten angeregte oder beantragte Beweisaufnahme kommt es zum Schluss der Beweisaufnahme gemäß § 258 Abs. 1 StPO.[26] Spätestens jetzt sind auch alle bis zu diesem Zeitpunkt gestellten Beweisanträge zu bescheiden.[27] Erst danach könnte der Vorsitzende eine angemessene Frist zur Stellung von Beweisanträgen bestimmen.

Damit dürfen die Verfahrensbeteiligten allerdings nicht überrascht werden. Ohne Kenntnis der von Amts wegen vorgesehenen Beweisaufnahme ist der Zeitpunkt ihres voraussichtlichen Abschlusses für die Verfahrensbeteiligten nicht zu prognostizieren. Von nur begrenztem Erkenntniswert sind die Informationen, die die Verfahrensbeteiligten mit ihrer Ladung erhalten. Nach § 222 Abs. 1 StPO hat das Gericht zwar die von ihm geladenen Zeugen und Sachverständigen namhaft zu machen. Ein Anspruch auf Angabe des Zeitpunktes, zu dem sie geladen worden sind, besteht aber nicht, auch wenn dies sachdienlich wäre. Die Verfahrensbeteiligten müssten ggf. im Wege der Akteneinsichtnahme in Erfahrung bringen, für welchen Verhandlungstag bzw. zu welchem Zeitpunkt Zeugen und Sachverständige geladen wurden.

Aber auch auf diese Weise lässt sich der voraussichtliche Zeitpunkt des Abschlusses der von Amts wegen vorgesehenen Beweisaufnahme nicht verlässlich eingrenzen. Denn auf Urkunden und Augenscheinsgegenstände ist § 222 Abs. 1 StPO nicht anwendbar.[28] Selbst wenn sich dazu Angaben in der Anklageschrift fänden (§ 200 Abs. 1 StPO), ließe sich der für ihre Einführung in die Hauptverhandlung erforderliche Zeitaufwand (Urkundenbeweis durch Verlesung gem. § 249 Abs. 1

---

schenergebnisses sinnvoll (zB Alibibeweis nach Klärung der Tatzeit); die frühzeitige Preisgabe bestimmter Sachverhaltskenntnisse könnte in die Vernehmung der von Amts wegen geladenen Zeugen einfließen, was durch taktische Befragung seitens des Gerichts oder der Staatsanwaltschaft zu einer Verwässerung oder Entwertung der zu Gunsten des Angeklagten unter Beweis gestellten Tatsache führen könnte: *Nobis,* Strafverteidigung vor dem Amtsgericht, 2011, Rn. 246; *Malek,* Verteidigung in der Hauptverhandlung, 5. Aufl. 2017, Rn. 444; für eine späte Antragstellung wird ferner der Umstand genannt, dass der Antragsteller nicht sicher ist, ob die beantragte Beweiserhebung zu dem erhofften Beweisergebnis führt, weshalb der Beweisantrag als Mittel der „letzten Wahl" gestellt werden soll (*Nobis,* Strafverteidigung vor dem Amtsgericht, 2011, Rn. 247. Eine späte Antragstellung ist insbesondere dann erforderlich, wenn diese die Reaktion auf erst während oder am Ende der Beweisaufnahme erlangte Erkenntnisse darstellt (*Knierim* in Gesamtes Strafrecht aktuell, 2018, Kap.18 Rn. 69). Gerade dies kann zu zeitaufwändigen Nachforschungen und Überlegungen führen.

25 *Meyer-Goßner* in Meyer-Goßner/Schmitt, 60. Aufl. 2017, StPO § 246 Rn. 6.

26 Dieser ist kein formalisierter Vorgang, weshalb er auch keine protokollierungspflichtige wesentliche Förmlichkeit iSd § 273 Abs. 1 StPO darstellt.

27 *J.-P. Becker* in Löwe-Rosenberg, 26. Aufl. 2009, StPO § 244 Rn. 133.

28 *Meyer-Goßner* in Meyer-Goßner/Schmitt, 60. Aufl. 2017, StPO § 222 Rn. 2.

oder im Wege des Selbstleseverfahrens gem. § 249 Abs. 2 StPO) und der geeignete Zeitpunkt nicht zuverlässig vorhersagen.

Um Überraschungssituationen für die Verfahrensbeteiligten zu vermeiden, ist es erforderlich, dass seitens des Vorsitzenden der von ihm geplante Ablauf der Hauptverhandlung nicht nur inhaltlich, sondern auch in zeitlicher Hinsicht frühestmöglich kommuniziert wird.[29] Auch wenn die Verfahrensbeteiligten auf eine solche Information keinen Anspruch haben dürften[30], ist der Zeitpunkt der Unterrichtung der Verfahrensbeteiligten über den vom Vorsitzenden geplanten zeitlichen Verlauf der Beweisaufnahme zumindest bei der Beantwortung der Frage zu berücksichtigen, welche Frist zur Stellung von Beweisanträgen „angemessen" ist. Je nachdem ob bzw. ab wann Dauer und Abschluss der von Amts wegen vorgesehenen Beweisaufnahme für die Verfahrensbeteiligten absehbar sind und sie sich auf die Stellung etwaiger Beweisanträge vorbereiten können, hat dies Einfluss auf die Angemessenheit der von dem Vorsitzenden bestimmten Frist.

2. Bestimmung einer „angemessenen" Frist

Ein weiteres wesentliches Kriterium, das bei der Konkretisierung der Angemessenheit der vom Vorsitzenden zu bestimmenden Frist zu berücksichtigen ist, leitet sich aus der Funktion des Beweisantragsrechts ab. Das Beweisantragsrecht ist eine Ausformung des Grundsatzes des rechtlichen Gehörs.[31] Es soll neben der Einführung von dem Gericht bislang unbekannten Tatsachen eine Reaktion auf die Ergebnisse der von Amts wegen durchgeführten Beweisaufnahme ermöglichen.

Je nachdem, welcher Akt der von Amts wegen durchgeführten Beweisaufnahme Anlass für eine Reaktion in Form eines Beweisantrages ist, ob dieser schon zu deren Beginn oder erst am Ende stattfand, hat auch dies Auswirkungen auf die Angemessenheit der zur Verfügung zu stellenden Frist.

Ferner hängt die Angemessenheit der zur weiteren Antragstellung benötigten Frist davon ab, ob über die gebotene Bedenk- und Formulierungszeit hinaus noch Recherchen zur Konkretisierung des Beweisthemas und/oder zum Ermitteln des Beweismittels erforderlich sind. Die „Angemessenheit" der nach § 244 Abs. 6 S. 2 StPO zu bestimmenden Frist lässt sich deshalb nicht abstrakt festlegen. Sie ist immer vom jeweiligen Einzelfall abhängig.

Der Vorsitzende wird deshalb nach ausdrücklicher und zu protokollierender Feststellung des Abschlusses der von Amts wegen vorgesehenen Beweisaufnahme zunächst ankündigen müssen, dass er beabsichtigt, von der Möglichkeit einer Fristsetzung zum Stellen von Beweisanträgen Gebrauch zu machen. Sodann ist den Verfahrensbeteiligten Gelegenheit zu geben, sich zur Angemessenheit einer zu bestimmenden Frist zu äußern. Denn es wird für den Vorsitzenden vielfach nicht

---

[29] Dazu gibt nunmehr insbes. § 213 Abs. 2 StPO Gelegenheit.

[30] Aus den erweiterten Hinweispflichten nach § 265 Abs. 2 StPO kann ein solcher Anspruch nicht abgeleitet werden. Auch Art. 103 Abs. 1 GG (rechtliches Gehör) bzw. Art. 6 Abs. 1 EMRK (faires Verfahren) lassen sich nicht im Sinne einer Informationspflicht konkretisieren.

[31] *Fischer* in KK-StPO, 6. Aufl. 2008, § 244 Rn. 67; *Dallmeyer* in Alsberg, Der Beweisantrag im Strafprozess, 6. Aufl. 2013, Rn. 38; BVerfGE 57, 250 (274) = NJW 1981, 1719 (1721); s. allg. BVerfG NJW 1986, 833.

erkennbar sein, auf welche Ergebnisse der bisherigen Beweisaufnahme aus Sicht der Verfahrensbeteiligten eine Reaktion in Form eines Beweisantrages erforderlich erscheint und welchen Aufwandes es bedarf, um einen solchen Beweisantrag stellen zu können. Die Verfahrensbeteiligten müssen sich deshalb zu Grund, Gegenstand und Umfang der zu beantragenden Beweisaufnahme äußern, wenn sie auf die Fristbestimmung Einfluss nehmen wollen. Eine erst nach Abschluss der Hauptverhandlung erhobene Beanstandung, die bestimmte Frist sei von vornherein unangemessen gewesen, liefe – von Extremfällen abgesehen – ansonsten ins Leere.

Die nach Gewährung rechtlichen Gehörs erfolgende Fristsetzung durch den Vorsitzenden (deren Angemessenheit ist unter Berücksichtigung des Vorbringens der Verfahrensbeteiligten zu begründen) ist als wesentliche Förmlichkeit iSd § 273 Abs. 1 StPO zu beurkunden.[32] Ferner muss auf die Folgen der Nichtwahrung der Frist hingewiesen werden.

Bestimmt der Vorsitzende eine Antragsfrist ohne vorherige Gewährung rechtlichen Gehörs oder ist die von ihm bestimmte Frist aus der Sicht eines Verfahrensbeteiligten unangemessen kurz, kann nach § 238 Abs. 2 StPO eine Entscheidung des Gerichts herbeigeführt werden. Für die Verteidigung ist dies zwingend, wenn im Falle einer Verurteilung des Angeklagten eine Verfahrensrüge mit der unzulässigen Beschränkung der Verteidigung (§ 338 Nr. 8 StPO) begründet werden soll. Spätestens mit der zu protokollierenden Beanstandung der Entscheidung des Vorsitzenden wäre dann darzulegen, warum es eines längeren als des eingeräumten Zeitraums bedarf, um einen in Erwägung gezogenen Beweisantrag stellen zu können.

Bestätigt das Gericht die Anordnung des Vorsitzenden, stellt sich die Frage, inwieweit diese Verfahrensweise einen revisiblen Rechtsfehler begründen kann. Da § 244 Abs. 6 S. 2 StPO eine Fristsetzung zur Stellung von Beweisanträgen zulässt, kann darin keine *unzulässige* Beschränkung der Verteidigung liegen. Erst wenn der durch die Frist eingeräumte Zeitraum nicht mehr „angemessen" ist, kann dies einen Verfahrensfehler begründen. Ein Rechtsfehler kann insbesondere darin liegen, dass der beanstandete Beschluss nicht alle wesentlichen Gesichtspunkte berücksichtigt, die für die Konkretisierung der „Angemessenheit" von Bedeutung sind oder diese einer unzutreffenden Wertung unterzieht. Hier kann auch die Frage mit einfließen, ob das Verfahren überhaupt Anlass bot, von der Möglichkeit einer Fristsetzung Gebrauch zu machen. Die Überprüfung des unbestimmten Rechtsbegriffs der „Angemessenheit" wird sich von der Beurteilung der Ermessensentscheidung, überhaupt von der Möglichkeit einer Fristsetzung Gebrauch zu machen, nicht immer trennscharf abgrenzen lassen.

Würde beispielsweise im Fall einer auf einen Tag anberaumten Hauptverhandlung eine einstündige Fristsetzung erfolgen, obwohl im Rahmen der Beweisaufnahme erstmalig entscheidungserhebliche Tatsachen zur Sprache kamen, zu denen die Verteidigung bis zu diesem Zeitpunkt weder Anlass noch Gelegenheit hatte, ihre Richtigkeit zu überprüfen, wäre dies als unzulässige Beschränkung der Verteidigung zu bewerten. Auf eine bloße Willkürprüfung darf sich die revisionsgericht-

---

[32] So auch schon zur Fristenlösung ohne gesetzliche Grundlage BGHSt 52, 355 (Ls. 3); *Frister* in SK-StPO, 5. Aufl. 2016, § 273 Rn. 7.

liche Kontrolle aber nicht beschränken. Mit einer Verfahrensrüge müsste dann nicht nur das Prozessgeschehen vorgetragen werden, sondern auch das mit der Beweiserhebung angestrebte Ergebnis, zu dem es nicht kommen konnte, weil eine fristgemäße Antragstellung aus darzulegenden Gründen nicht möglich war. Ergänzend wäre der weitere Verlauf der Hauptverhandlung nach Fristablauf bis zur Urteilsverkündung darzulegen und auszuführen, dass eine Antragstellung auch in dieser Zeitspanne nicht möglich war.

3. *Beweisantragstellung innerhalb der Frist*

Würde das Gericht nach Bestimmung einer Frist zum Stellen von Beweisanträgen wieder in die Beweisaufnahme eintreten, wäre die ursprüngliche Fristsetzung gegenstandslos. Es könnte allenfalls eine neue Frist bestimmt werden: „Denn ergibt sich aus der erneuten Beweisaufnahme die Erforderlichkeit neuer Beweisanträge, muss es der Verteidigung zunächst möglich sein, diese in einer Art und Weise zu stellen, die eine Bescheidung durch Beschluss im Laufe der Hauptverhandlung erfordert.“[33]

Für den Antragsteller kann sich aber auch aus der Begründung der Ablehnung eines innerhalb der bestimmten Frist gestellten Beweisantrages die Notwendigkeit weiterer Beweisanträge ergeben. Ist darüber erst nach Ablauf der von dem Vorsitzenden gesetzten Frist entschieden worden, können danach gestellte Beweisanträge keinesfalls als präkludiert gelten. Vielmehr wäre dies ein Fall des § 244 Abs. 6 S. 3 StPO, weil die Stellung des Beweisantrags vor Fristablauf nicht möglich war, so dass darüber noch in der Hauptverhandlung gemäß § 244 Abs. 6 S. 1 StPO zu entscheiden ist. Wurde über einen innerhalb der Frist gestellten Beweisantrag noch vor deren Ablauf entschieden, wird der Antragsteller bei weiteren nach Fristablauf gestellten Beweisanträgen darlegen müssen, dass eine Antragstellung vor Fristablauf nicht möglich war (§ 244 Abs. 6 S. 3 u. 4 StPO). Dies wird insbesondere dann der Fall sein, wenn der neue Beweisantrag aus der Ablehnung des noch innerhalb der Frist gestellten Beweisantrages resultierte und der Ablehnungsbeschluss so kurz vor Fristablauf verkündet wurde, dass der Antragsteller darauf nicht mehr rechtzeitig reagieren konnte.

4. *Beweisantragstellung nach Fristablauf*

Beweisanträge, die nach Fristablauf gestellt wurden, dürfen – wenn ihnen nicht gemäß § 244 Abs. 2 StPO nachgegangen werden muss – abweichend von § 244 Abs. 6 S. 1 StPO im Urteil beschieden werden, wenn es dem Antragsteller nicht gelingt, glaubhaft zu machen, dass ihm die Stellung des Beweisantrages vor Fristablauf nicht möglich war (§ 244 Abs. 6 S. 3 u.4 StPO). Es handelt sich hierbei um eine Ausnahme von der Regel des § 244 Abs. 6 S. 1 StPO, deren Voraussetzungen allgemeinen Auslegungsgrundsätzen entsprechend restriktiv zu interpretieren sind.

---

[33] Entwurfsbegründung BR-Drs. 796/16, 35.

a) Bescheidung im Urteil

Nach § 244 Abs. 6 S. 1 iVm § 35 Abs. 1 S. 1 StPO bedarf die Ablehnung eines in der Hauptverhandlung gestellten Beweisantrages eines dort zu verkündenden Beschlusses. Dieser mit Gründen zu versehende Beschluss (§ 34 StPO) soll dem Antragsteller Gelegenheit geben, sein weiteres Prozessverhalten auf die durch die Ablehnung geschaffene neue Prozesslage einzustellen und sein weiteres Verhalten darauf auszurichten. In Betracht kommt insbes. das Anbringen einer Gegenvorstellung oder die Stellung eines neuen Beweisantrages. Von der gesetzlichen Vorgabe der Bescheidung von Beweisanträgen in der Hauptverhandlung wurde bislang nur bei der Stellung von Hilfsbeweisanträgen abgewichen. Diese dürfen – sofern der Beweis nicht erhoben wird – in den Urteilsgründen beschieden werden, wenn nicht der Antragsteller auf einer Entscheidung noch vor Urteilsverkündung besteht.[34] Bei Eventualanträgen[35] ist strittig, ob deren Ablehnung nicht stets durch Beschluss gemäß § 244 Abs. 6 S. 1 StPO zu erfolgen hat.[36]

Die ausnahmsweise Zulässigkeit der Ablehnung von Beweisanträgen in den Urteilsgründen resultiert aus dem durch die Stellung eines Hilfsbeweisantrages zum Ausdruck gebrachten Verzicht des Antragstellers auf dessen Bescheidung in der Hauptverhandlung.[37] Eine Rückausnahme hiervon gilt nur für den Ablehnungsgrund der Prozessverschleppung (§ 244 Abs. 3 StPO). Hier muss der Antragsteller durch Verkündung des entsprechenden Ablehnungsbeschlusses in der Hauptverhandlung die Möglichkeit erhalten, den Vorwurf, er habe den Beweisantrag nur in Verschleppungsabsicht gestellt, zu entkräften.[38]

Die auf dem Gedanken der Zurechnung beruhende Zulässigkeit der Bescheidung von Hilfsbeweisanträgen im Urteil scheint auch bei der Neuregelung des § 244 Abs. 6 S. 3 u. 4 StPO Pate gestanden zu haben. Denn auch hier ist es das dem Antragsteller zugerechnete Prozessverhalten, das zur Folge hat, dass seine nach Fristablauf gestellten Beweisanträge erst im Urteil beschieden werden dürfen. Dem liegt der in diesen Fällen nach Auffassung des Gesetzgebers bestehende Verdacht zu Grunde, der Antragsteller stelle den Beweisantrag zu diesem Zeitpunkt nur mit dem Ziel der Verfahrensverzögerung.[39]

b) Nachweis der nicht möglichen Fristwahrung

Allerdings knüpft das Gesetz die Rechtsfolge der Zulässigkeit der Bescheidung von nach Fristablauf gestellten Beweisanträgen im Urteil nicht an den Nachweis einer zutreffenden Verdachtsannahme. Vielmehr handelt es sich nur um eine wider-

---

[34] *Frister* in SK-StPO, 5. Aufl. 2015, § 244 Rn. 90 mwN.

[35] Zur Abgrenzung zwischen Hilfs- und Eventualanträgen s. *Schlothauer* StV 1988, 542; *Niemöller* JZ 1992, 885; *Widmaier* FS Salger, 1995, 422.

[36] S. einerseits *Frister* in SK-StPO, 5. Aufl. 2015, § 244 Rn. 92; andererseits *Schlothauer* StV 1988, 546 jew. mwN.

[37] *Fischer* in KK-StPO, 6. Aufl. 2008, § 244 Rn. 92; einschränkend *Frister* in SK-StPO, 5. Aufl. 2015 § 244 Rn. 89.

[38] Grundlegend BGHSt 22, 124 = NJW 1968, 1339 mwN. auf die hM; ferner BGH NStZ 1986, 372; BGH StV 1990, 394; BGH NStZ 1998, 207, stRspr.

[39] Entwurfsbegründung BR-Drs. 796/16, 35.

legliche Vermutung (§ 244 Abs. 6 S. 3 StPO), bei der es dem Antragsteller obliegt, den Nachweis zu führen, dass in der Sache liegende Gründe die Antragstellung vor Fristablauf nicht zuließen und es ihm nicht um eine Verfahrensverzögerung ging. Liegt bei dem Ablehnungsgrund der Prozessverschleppung gem. § 244 Abs. 3 StPO die Pflicht zum Nachweis einer Verschleppungsabsicht bei dem Gericht, wird in § 244 Abs. 6 S. 4 StPO die Beweislast umgekehrt: Der Antragsteller muss zugleich mit dem verfristeten Beweisantrag diejenigen Tatsachen vortragen, die die Einhaltung der Frist unmöglich gemacht hatten und diese Tatsachen zusätzlich glaubhaft machen. Anderenfalls darf seine Ablehnung in den Urteilsgründen verbeschieden werden.

Auch wenn der Tatsachenvortrag nicht zum Nachweis genügt, dass dem Antragsteller die Einhaltung der Frist unmöglich war oder dieser nicht (ausreichend) glaubhaft gemacht wird, darf der Antrag erst im Urteil beschieden werden. Die Entscheidung darüber, ob der Tatsachenvortrag oder dessen Glaubhaftmachung ungenügend war, obliegt dem Gericht. Zwar steht die Befugnis zur Bestimmung einer Frist nach § 244 Abs. 6 S. 2 StPO dem Vorsitzenden zu, was es nahelegen könnte, dass dieser auch darüber zu befinden hat, ob dem Antragsteller deren Einhaltung möglich oder unmöglich war. Da aber auch die Bescheidung von Beweisanträgen im Urteil dem Gericht obliegt und die Zulässigkeit der Bescheidung im Urteil die vom Antragsteller zu vertretende Nichteinhaltung der Frist voraussetzt, muss auch diese Entscheidung durch das Gericht getroffen werden. Ohnehin muss das Gericht noch in der Hauptverhandlung entscheiden, ob der beantragten Beweiserhebung stattzugeben und zu diesem Zweck wieder in die Beweisaufnahme einzutreten ist. § 244 Abs. 6 S. 3 StPO erlaubt es nur, im Falle der Zurückweisung des Beweisantrages die dafür herangezogenen Ablehnungsgründe iSd § 244 Abs. 3 bis 5 StPO erst mit dem Urteil bekannt zu geben.

Die Begründung der Entscheidung, nach Fristablauf gestellte Beweisanträge nicht in der Hauptverhandlung zu bescheiden, darf allerdings nicht dem Urteil vorbehalten bleiben. Wie bei der Ablehnung eines Hilfsbeweisantrages wegen Prozessverschleppung muss der Antragsteller Gelegenheit erhalten, die Bedenken des Gerichts noch in der Hauptverhandlung auszuräumen. Deshalb muss das Gericht – ggf. nach Wiedereintritt in die Beweisaufnahme – mit einem in der Hauptverhandlung zu verkündenden Beschluss darlegen, warum die vom Antragsteller vorgebrachten Tatsachen zur Begründung für die Nichteinhaltung der Frist unzureichend bzw. nicht glaubhaft gemacht worden seien. Nur so hat der Antragsteller die Möglichkeit, beispielsweise im Wege einer Gegenvorstellung zusätzliche Tatsachen für die ihm nicht mögliche Fristwahrung vorzubringen oder weitere Mittel zur Glaubhaftmachung vorzulegen. Das Gesetz steht einem solchen Nachschieben von Gründen nicht entgegen. Zwar heißt es in § 244 Abs. 6 S. 4 StPO, dass „die Tatsachen, die die Einhaltung der Frist unmöglich gemacht haben, mit dem Antrag glaubhaft zu machen“ seien, was den Vortrag dieser Tatsachen mit einschließt. Dies ist aber nicht vergleichbar mit dem Konzentrationsgebot wie in § 25 Abs. 1 S. 2 oder § 222b Abs. 1 S. 3 StPO, wo ausdrücklich gefordert wird, dass „alle“ Ablehnungsgründe bzw. Beanstandungen „gleichzeitig“ vorzubringen seien. Der fehlende Vortrag der Tatsachen bzw. das Unterlassen, diese zum Nachweis der Unmöglichkeit der Fristwahrung glaubhaft zu machen, führt auch nicht zur Unzulässigkeit des Antrages, wie dies bei einem Befangenheitsgesuch (§ 26a Abs. 1 StPO)[40] oder bei einem Besetzungseinwand (§ 222b Abs. 2 StPO)[41] der Fall ist. Folge des fehlenden oder unzureichenden Nachweises ist lediglich, dass der Beweisantrag im Urteil beschieden werden darf.

Dies zu vermeiden, hat für den Antragsteller erhebliche Bedeutung. Denn so erfährt er noch in der Hauptverhandlung durch den zu begründenden Beschluss, warum das Gericht die unter Beweis gestellten Tatsachen als nicht aufklärungsbedürftig oder aufklärungsfähig bewertet. Er wäre dann noch in der Lage, auf eine Korrektur der Ablehnungsbegründung hinzuwirken oder weitere Anträge zu stellen, deren Notwendigkeit sich aus der Ablehnungsentscheidung ergeben könnte.

Unterbleibt die Bescheidung eines nach Fristablauf von einem Angeklagten oder seinem Verteidiger gestellten Beweisantrages in der Hauptverhandlung, ohne dass dem Antragsteller vor der Urteilsverkündung durch einen Gerichtsbeschluss mitgeteilt wurde, die von ihm vorgebrachten Tatsachen hätten die Einhaltung der Frist nicht unmöglich gemacht bzw. seien nicht glaubhaft gemacht worden, führt dies zu einer unzulässigen Beschränkung der Verteidigung (§ 338 Nr. 8 StPO). Wird ein nach Fristablauf gestellter Beweisantrag erst im Urteil mit der Begründung beschieden, der Antragsteller habe nicht nachgewiesen, ihm sei die Einhaltung der Frist nicht möglich gewesen, ist § 244 Abs. 6 StPO verletzt. Der Fall entspricht der Nichtbescheidung eines Beweisantrages in der Hauptverhandlung, ohne dass es zu der beantragten Beweisaufnahme gekommen ist. Auch in diesem Fall ist die Bescheidung in den Urteilsgründen unzureichend.[42] Dem Antragsteller wird zugleich das rechtliche Gehör zu den zur Ablehnung des Beweisantrages angeführten Gründe verweigert. Denn das Gesetz will dem Antragsteller durch das Beschlusserfordernis die Möglichkeit geben, sich in seinem weiteren Prozessverhalten auf die Ablehnung einzustellen.[43] Der Verfahrensfehler liegt deshalb unabhängig davon vor, ob die Ablehnungsgründe die Zurückweisung des Beweisantrages gerechtfertigt hätten oder nicht.

c) Glaubhaftmachung der Hinderungsgründe

Eine weitere Problematik ergibt sich aus der Notwendigkeit, diejenigen Tatsachen glaubhaft machen zu müssen, die die Einhaltung der Frist unmöglich gemacht haben (§ 244 Abs. 6 S. 4 StPO). Die entsprechende Obliegenheit trifft den jeweiligen Antragsteller.

Welcher Mittel sich der Antragsteller zum Zwecke der Glaubhaftmachung bedienen darf, wird weder im Gesetz geregelt noch in der Entwurfsbegründung angesprochen. Wie in anderen Vorschriften, in denen dem Gericht die Wahrscheinlichkeit der Wahrheit einer Behauptung glaubhaft zu machen ist (§ 26 Abs. 2 S. 1 StPO, § 45 Abs. 2 S. 1, 51 Abs. 2 S. 2 StPO, §§ 56, 74 Abs. 3 StPO und § 439 Abs. 1

[40] *Siolek* in Löwe-Rosenberg, 27. Aufl. 2017, StPO § 26a Rn. 21.
[41] *Deiters/Albrecht* in SK-StPO, 5. Aufl. 2015, § 222b Rn. 13 iVm Rn. 6.
[42] *Frister* in SK-StPO, 5. Aufl. 2015, § 244 Rn. 71.
[43] *Frister* in SK-StPO, 5. Aufl. 2015, § 244 Rn. 72.

StPO), kommen auch bei § 244 Abs. 6 S. 4 StPO schriftliche – auch eidesstattliche – Erklärungen von Zeugen und Sachverständigen, Urkunden, amtliche Bescheinigungen, ärztliche Zeugnisse oder die anwaltliche Versicherung des Rechtsanwalts für seinen Mandanten in Betracht. Dies sind auch im Falle des § 244 Abs. 6 S. 4 StPO geeignete Mittel, als damit beispielsweise belegt werden kann, dass der Antragsteller von einer in das Wissen eines Zeugen gestellten Tatsache oder von der Existenz eines Zeugen erst nach Fristablauf Kenntnis erlangt hat.

Die Frage, inwieweit der von der Obliegenheit zur Glaubhaftmachung Betroffene sich auf eine eigene eidliche Erklärung oder eidesstattliche Versicherung beziehen darf, ist in der Strafprozessordnung nicht einheitlich geregelt und bedarf auch für § 244 Abs. 6 S. 4 StPO der Klärung. § 56 StPO lässt die eidliche Versicherung eines Zeugen zur Glaubhaftmachung ausdrücklich zu; in §§ 26 Abs. 2 S. 2 und 74 Abs. 3 StPO ist der Eid des zur Ablehnung Berechtigten als Mittel der Glaubhaftmachung ausdrücklich ausgeschlossen. Die übrigen Vorschriften, bei denen entscheidungserhebliche Umstände glaubhaft zu machen sind, verhalten sich zu dieser Frage nicht. So liegt es auch bei § 244 Abs. 6 S. 4 StPO.

Soweit einzelne Vorschriften ausdrücklich die eigene eidliche Versicherung als Mittel der Glaubhaftmachung zulassen bzw. ausschließen, soll es sich um Ausnahmen von einer in der StPO allerdings ungeregelt gebliebenen allgemeinen Regel handeln.[44] Wie diese in Bezug auf eidliche Erklärungen desjenigen lautet, dem die Glaubhaftmachung obliegt, bleibt dabei unklar.

Aufschluss bringt zunächst § 56 StPO. Dieser wurde nach Inkrafttreten der RStPO als (notwendige) Abweichung von der – auch schon seinerzeit ungeschriebenen – Regel verstanden, wonach die „Beeidigung hier [i.e. für die Glaubhaftmachung der zur Wiedereinsetzung in den vorigen Stand vorgebrachten Tatsachen gem. § 45 Abs. 1 RStPO = § 45 Abs. 2 S. 1 StPO] wie im Allgemeinen kein zulässiges Mittel der Glaubhaftmachung" sei.[45] Wenn aber ein Zeuge die Tat, derentwegen eventuell Verfolgung eintreten könnte, glaubhaft machen müsse, würde er eben diese Tat zur Kenntnis des Gerichts bringen und die Gefahr der Verfolgung herbeiführen, vor der ihn sein Auskunftsverweigerungsrecht gem. § 55 Abs. 1 (R)StPO gerade schützen soll; deshalb sei die eidliche Versicherung regelmäßig das einzig mögliche Mittel der Glaubhaftmachung der ein Auskunftsverweigerungsrecht begründenden Tatsachen.[46] Im Übrigen handele es sich in § 56 StPO um eidliche Erklärungen eines Zeugen.[47] Dies erhellt, dass § 26 Abs. 2 S. 1 StPO und § 74 Abs. 3 StPO den Eid als Mittel der Glaubhaftmachung ausdrücklich ausschließen. Zur Begründung dieser Regelung wurde darauf verwiesen, dass die Strafprozessordnung

---

[44] *Rogall* in SK-StPO, 5. Aufl. 2018, § 56 Rn. 12.

[45] *Löwe,* Strafprozessordnung für das Deutsche Reich, 1879, § 45 Anm. 5.

[46] *Löwe,* Strafprozessordnung für das Deutsche Reich, 1879 § 55 (= § 56 StPO) Anm. 1; ihm folgend *Rosenberg* in Löwe-Rosenberg, 13. Aufl. 1913, StPO § 55 Anm. 1; *Tilmann* in Löwe-Rosenberg, 20. Aufl. 1958, § 56 Anm. 4; *Eb. Schmidt,* Lehrkommentar zur StPO, Teil II, 1957, § 56 Rn. 3.

[47] *Eb. Schmidt,* Lehrkommentar zur StPO, Teil II, 1957, § 45 Rn. 9.

den Parteieid als Beweismittel überhaupt nicht kenne[48], weshalb der Eid als Mittel der Glaubhaftmachung in §§ 26 und 74 StPO generell für alle zur Ablehnung Berechtigten ausgeschlossen sei[49]. In diesem Sinne wurden auch die seinerzeit ausdrücklich erwähnten Privat- und Nebenkläger[50] als „Partei" qualifiziert. Vor diesem Hintergrund wurde bei § 45 StPO differenziert zwischen Zeugen einerseits, die ihre Angaben über Versäumnisgründe mit ihrer eigenen eidesstattlichen Versicherung verbinden könnten, und Beschuldigten, Privat- und Nebenklägern, denen dies untersagt sein müsse.[51]

Erst im Verlauf der weiteren Diskussion wurde darauf verwiesen, dass die von § 26 Abs. 2 S. 2 StPO und § 74 Abs. 3 StPO „abweichende Fassung des § 45 Abs. 1 StPO nicht schlechthin unbeachtet bleiben" dürfe.[52] Deshalb müsse der Antragsteller eines Wiedereinsetzungsgesuchs grundsätzlich befugt sein, sich zur Glaubhaftmachung seiner eigenen eidesstattlichen Versicherung zu bedienen. Hiervon wurde allerdings folgende Ausnahme gemacht: Sei der Beschuldigte Antragsteller, könne dieser seinen eigenen Wiedereinsetzungsantrag nicht mit einer eigenen eidesstattlichen Versicherung glaubhaft machen.[53] Dies wurde aber nicht aus der „Parteirolle" des Beschuldigten abgeleitet, weshalb die Frage der Geltung dieser Ausnahme für andere Verfahrensbeteiligte wie Privat- und Nebenkläger nicht weiter verfolgt wurde.[54] Vielmehr wird nunmehr allein darauf abgestellt, dass eine eidliche Versicherung oder der Eid schlechthin mit der Stellung des Beschuldigten im Strafverfahren unvereinbar sei; er dürfe in keinen Zwiespalt zwischen Eidespflicht und Verteidigungsrecht gedrängt werden.[55]

Im vorliegenden Kontext führen die vorstehenden Ausführungen zu folgendem Ertrag: Geht es um Beweisanträge des Angeklagten, ist diesem die Bezugnahme auf eine eigene eidesstattliche Versicherung oder eidliche Erklärung als Mittel der Glaubhaftmachung derjenigen Tatsachen verwehrt, die ihm eine fristgerechte Antragstellung unmöglich machten. Nach überzeugender systematischer Auslegung von § 26 Abs. 2 S. 1 StPO, § 74 Abs. 3 StPO einerseits und § 56 StPO andererseits und der daraus abzuleitenden Differenzierung zwischen Ablehnungsberechtigten und Zeugen muss die Unzulässigkeit eidlicher Erklärungen im Falle des § 244 Abs. 6 S. 4 StPO auch für Neben- und Privatkläger gelten.

Anders verhält es sich bei dem Verteidiger, wenn dieser aus eigenem Recht[56] Beweisanträge stellt. Dieser ist befugt, die ihm innerhalb der vom Vorsitzenden gestell-

---

[48] *Rosenberg* in Löwe-Rosenberg, StPO, 13. Aufl. 1913, § 45 Anm. 5.

[49] *Eb. Schmidt,* Lehrkommentar zur StPO, Teil II, 1957, § 26 Rn. 6.

[50] *Eb. Schmidt,* Lehrkommentar zur StPO, Teil II, 1957, § 45 Rn. 9.

[51] *Eb. Schmidt,* Lehrkommentar zur StPO, Teil II, 1957, § 45 Rn. 9.

[52] So seit *Dünnebier* in Löwe-Rosenberg, 21. Aufl. 1963, StPO § 45 Anm. 6 u. fortlaufend bis *Graalmann-Scheerer* in Löwe-Rosenberg, 27. Aufl. 2016, StPO § 45 Rn. 23.

[53] *Dünnebier* in Löwe-Rosenberg, 21. Aufl. 1963, StPO § 45 Anm. 6 und fortlaufend bis *Graalmann-Scheerer* in Löwe-Rosenberg 27. Aufl. 2016, StPO § 45 Rn. 23.

[54] *Dünnebier* in Löwe-Rosenberg, 21. Aufl. 1963, StPO § 45 Anm. 6 u. *Graalmann-Scheerer* in Löwe-Rosenberg, 27. Aufl. 2016, StPO § 45 Rn. 23.

[55] BayObLG NStZ 1990, 340; daran anknüpfend *Ziegler* in KMR-StPO, Dez. 2015, § 45 Rn. 22 mwN.

[56] Zur Zulässigkeit *J.-P. Becker* in Löwe-Rosenberg, 26. Aufl. 2009, § 244 Rn. 118 mwN; *Schlothauer* FS Beulke, 2015, 1023 (1029) mN auch der abw. Auffassung.

ten Frist nicht mögliche Beweisantragstellung unter Berufung auf seine anwaltliche Versicherung oder auch durch seine eidliche Versicherung glaubhaft zu machen.

Dies findet eine zusätzliche Rechtfertigung in Gründen, die aus seiner anwaltlichen Pflichtenstellung resultieren. Bei den Tatsachen, die den Verteidiger daran gehindert haben, einen Beweisantrag fristgerecht zu stellen, kann es sich auch um solche handeln, die der anwaltlichen Schweigepflicht (auch in Bezug auf Dritte) unterliegen. Ein solcher Tatsachenvortrag ist ihm aber strafbewehrt untersagt, gleichgültig ob die Kenntnis aus einem anderen Mandatsverhältnis stammt oder sie ihm aus anderen Quellen beruflich bekannt geworden ist. Dies gilt erst recht, wenn die betreffenden Tatsachen ihm durch seinen Mandanten mitgeteilt worden sind und er insoweit nicht von der anwaltlichen Schweigepflicht befreit wurde. Legte er aber seine Informationsquellen nicht offen, hätte er nicht glaubhaft gemacht, dass ihm die Stellung des Beweisantrages vor Fristablauf nicht möglich war mit der Folge, dass der Antrag nur noch in den Urteilsgründen zu bescheiden wäre.

Um ihn vor diesem Dilemma zu bewahren, muss es im Falle verfristeter Beweisanträge des Verteidigers zulässig sein, dass dieser die Tatsachen für die nicht mögliche Wahrung der Frist durch eigene eidliche Versicherung glaubhaft macht.

IV. Ausblick

§ 244 Abs. 6 StPO birgt ein nicht unerhebliches Konfliktpotential. Dies geht nicht nur von solchen Verfahrensbeteiligten aus, die Anlass für die gesetzgeberische Neuregelung gegeben haben. Denn wer Beweisanträge mit dem ausschließlichen Ziel stellt, den Abschluss der Hauptverhandlung zu verhindern, wird jede Entscheidung im Zusammenhang mit der Bestimmung einer Frist und der Zurückweisung der für ihre Nichtwahrung angeführten Gründe zum Anlass nehmen, den Vorsitzenden bzw. die Mitglieder des Spruchkörpers wegen Besorgnis der Befangenheit abzulehnen, um auch auf diese Weise die Dauer der Hauptverhandlung zu verlängern. Zu Konflikten kann es nun aber auch mit solchen Verfahrensbeteiligten kommen, deren Beweisanträge eine sachlich begründete Reaktion auf Ergebnisse der Beweisaufnahme, Zwischenentscheidungen des Gerichts oder die Ausführungen in den Schlussanträgen der anderen Verfahrensbeteiligten darstellen.[57] Hier darf es nicht dazu kommen, dass § 244 Abs. 6 S. 2 StPO nur deshalb zur Anwendung gebracht wird, weil das Gericht meint, bereits eine feste Überzeugung vom Ergebnis der von Amts wegen durchgeführten Beweisaufnahme gewonnen zu haben. Eine Entwertung des Beweisantragsrechts durch ein formales Fristenregiment an Stelle der Offenlegung der inhaltlichen Gründe für die Ablehnung von Beweisanträgen noch in der Hauptverhandlung konterkariert das erklärte Ziel des am 24.8.2017 verkündeten Gesetzes, „durch eine verstärkt kommunikative und transparente Verfahrensführung gerade in umfangreicheren Strafverfahren zu einer Effektivierung beizutragen“.[58]

---

[57] *Knierim* in Gesamtes Strafrecht aktuell, 2018, Kap. 18 Rn. 69.
[58] Entwurfsbegründung BR-Drs. 796/16, 2.

JOHANN SCHWENN

Probation und Opferschutz[1]

I.

Steht die Opferrolle im Mittelpunkt der Wiederaufnahme des Verurteilten und erfährt auch die Nebenklage durch das Gewähren rechtlichen Gehörs von der bevorstehenden Probation,[2] so beginnt für das bloß vermeintliche Opfer ein Albtraum.

Dem echten Opfer kann das Prüfen der nova durch den Richter nicht viel anhaben. Knüpfen die beigebrachten neuen Tatsachen oder Beweismittel nur an Unterlassungen des Erstrichters an, so lassen sich diese spätestens in der Hauptverhandlung des Wiederaufnahmegerichts heilen. Wenn sich etwa der Erstrichter die für sein Urteil nötige medizinische Sachkunde entweder selbst zugetraut oder in der falschen Beweisart verschafft hat, nämlich durch die Vernehmung bloß sachverständiger *Zeugen,* muss das angegriffene Urteil darum nicht falsch sein.

Anlass zur Sorge besteht dagegen für Personen, die ihre behauptete Opferrolle nur erfunden und als Zeugen alles getan haben, damit aus einer falschen Verdächtigung ein rechtskräftiges Fehlurteil wurde. Solchen Scheinopfern droht jedenfalls nach der mit der überschießenden Feststellung seiner Unschuld verbundenen Freisprechung des angeblichen Täters nicht nur die Inanspruchnahme auf Schadensersatz und Schmerzensgeld oder die mediale Demontage:

Mag sich auch die Staatsanwaltschaft des Tatorts der uneidlichen Falschaussage und – bei erfundenen Vorwürfen von Gewicht – der versuchten oder vollendeten schweren Freiheitsberaubung noch so sehr gegen die Aufnahme der Ermittlungen sperren,[3] so kann der Rollentausch doch am Ende fast perfekt sein. Die Lügnerin, die den unschuldigen Horst Arnold wegen einer angeblich von ihm begangenen Vergewaltigung für volle fünf Jahre ins Gefängnis gebracht hat, wurde nach der Freisprechung dieses Verurteilten im Wiederaufnahmeverfahren am Ende zu einer

---

[1] Zugleich ein Beitrag zur „Krähentheorie", deren Anwendbarkeit der Jubilar auch auf Vertreter anderer Berufsgruppen als der ehemals eigenen für wahrscheinlich hält (siehe *Fischer,* Instanzen und Hierarchien, Zeit Online, 30.8.2016 und *Fischer,* Richter-Sprüche, 2017, 101).

[2] Siehe dazu *Marxen/Tiemann,* Die Wiederaufnahme in Strafsachen, 3. Aufl. 2014, Rn. 330.

[3] Sind Ermittlungen in Gang gebracht, kann es zu einem nur auf den ersten Blick überraschenden Gleichklang der Interessen des Freigesprochenen und des Scheinopfers an den Ursachen des Fehlurteils kommen. Während dem Freigesprochenen daran liegt, die Vermeidbarkeit des Urteils sichtbar zu machen, kann das unprofessionelle Stabilisieren der Opferrolle durch Staatsanwaltschaft und Erstrichter eine zugunsten des Scheinopfers wirkende bestimmende Zumessungserwägung abgeben.

ebenso hohen Freiheitsstrafe verurteilt wie der von ihr falsch Bezichtigte.[4] Scheinopfer lassen an der friedensstiftenden Wirkung der Rechtskraft zweifeln.

II.

Mit der Zulassung der Wiederaufnahme scheint der unschuldig Verurteilte das schwerste Hindernis auf dem Weg zu seinem Freispruch überwunden zu haben. Halten die beigebrachten nova der Überprüfung stand, so steht nach dem Gesetzeswortlaut der Beseitigung des Ersturteils nichts mehr im Wege. Soweit eine Beweisaufnahme erforderlich ist, verlangt § 369 Abs. 1 StPO die Prüfung der *angetretenen* Beweise. Zurücklehnen darf sich der Verteidiger deshalb nicht. Denn die Wirklichkeit der Wiederaufnahme sieht anders aus.

1.

a) Gestützt auf die Bekundungen der damals jugendlichen Nebenklägerin bei der Polizei und gegenüber privaten Dritten hatte die Jugendkammer des *Landgerichts Osnabrück* gegen deren Cousin wegen Vergewaltigung in zwei Fällen, davon in einem Fall in Tateinheit mit schwerem sexuellen Missbrauch eines Kindes und wegen sexuellen Missbrauchs einer Jugendlichen auf eine Gesamtfreiheitsstrafe von vier Jahren erkannt. Nach der Aufhebung des Schuldspruchs wegen sexuellen Missbrauchs einer Jugendlichen und der Gesamtfreiheitsstrafe hatte das Landgericht Osnabrück den dem rechtsfehlerhaften Teil des Schuldspruchs zugrunde liegenden Vorwurf nach § 154 Abs. 2 StPO erledigt und eine Gesamtfreiheitsstrafe von drei Jahren und drei Monaten verhängt, die bis zur Aussetzung des Strafrests nach § 57 Abs. 1 StGB im geschlossenen Vollzug vollstreckt worden war.

Aufgrund ihrer Klagen über Kopf- und Bauchschmerzen, Schwindel und Erschöpfung, der Behauptung, ihr werde bisweilen „schwarz vor Augen", und depressiver Anzeichen war der Hausarzt der Nebenklägerin zu der Diagnose gelangt, seine junge Patientin leide an einer posttraumatischen Belastungsreaktion. Deshalb hatte er sie nach der erfolglosen Behandlung durch ihn selbst und drei weitere Ärzte in eine Traumatherapie überwiesen. Dieser Diagnose war der Erstrichter nach der Zeugenvernehmung des Hausarztes gefolgt, ohne einen psychiatrischen Sachverständigen zu hören.

Zwar hatte der Erstrichter keinen Zusammenhang der Beschwerden mit den abgeurteilten Taten feststellen können. Dennoch hatte er bei der Bemessung der Gesamtstrafe die „vom Angeklagten verursachten nachteiligen gesundheitlichen Folgen in Form einer traumatischen Reaktion für die Nebenklägerin, die sich keiner konkreten Tat zuordnen lassen, sondern sich als Summe der sexuellen Übergriffe darstellen", strafschärfend bedacht. Offenbar war das Revisionsgericht der Ansicht,

[4] LG Darmstadt Urt. v. 13.9.2013 – 15 KLs 331 Js 7379/08, BeckRS 2013, 16243.

diesem Widerspruch mit der bloßen Aufhebung der Gesamtfreiheitsstrafe ausreichend gerecht zu werden.[5]

Mit dem bei der Jugendkammer des Landgerichts Oldenburg angebrachten Wiederaufnahmeantrag war als neues Beweismittel ein von einem psychiatrischen Sachverständigen auf der Grundlage der Urteilsausführungen des Erstrichters erstattetes Gutachten über die Aussagetüchtigkeit der Nebenklägerin zur Zeit der Aussageentstehung beigebracht worden. Der Sachverständige fand keine Hinweise auf die angenommene posttraumatische Belastungsreaktion, jedoch im Zeitraum der festgestellten Taten deutliche Anhaltspunkte für das Vorliegen einer *Pubertätskrise im Sinne einer Anpassungsstörung mit emotionalen Störungen und Störungen des Sozialverhaltens* (ICD-10: F43.25).

In der erst auf die sofortige Beschwerde des Verurteilten gegen die Zurückweisung des Wiederaufnahmeantrags als unzulässig[6] durchgeführten Probation war die Nebenklägerin ursprünglich bereit gewesen, sich von dem Urheber des beigebrachten Gutachtens untersuchen zu lassen. Nachdem jedoch die mit der Nebenklage betraute Rechtsanwältin durch einen männlichen Kollegen ersetzt worden war, erklärte dieser, seine – zuvor wegen der vermeintlichen Tatfolgen ausschließlich von männlichen Ärzten und einem niedergelassenen Psychologen behandelte – Mandantin werde sich keiner Exploration durch einen Mann unterziehen. Darauf nahm das Wiederaufnahmegericht den dem Sachverständigen auch von ihm erteilten Gutachtenauftrag zurück. Unter Hinweis auf die Aufklärungspflicht betraute die Jugendkammer an dessen Stelle eine örtliche Jugendpsychiaterin mit der Erstattung eines jugendpsychiatrischen Gutachtens und wies den Antrag zurück, zur Beweisaufnahme auch den Urheber des beigebrachten Gutachtens zu laden. Erst auf Gegenvorstellungen des Verteidigers ordnete der Strafkammervorsitzende später auch dessen Ladung an.

Auf die sofortige Beschwerde gegen die Zurückweisung des Wiederaufnahmeantrages als unbegründet sah sich das Oberlandesgericht Oldenburg wegen der Untauglichkeit des vom Landgericht eingeholten Gutachtens zu einer eigenen Probation veranlasst. Nachdem die nunmehr dritte, von dem Strafsenat beauftragte Sachverständige die Nebenklägerin untersucht und ein schriftliches Gutachten vorgelegt hatte, wollte auch der Strafsenat ursprünglich nur diese, nicht jedoch den beigebrachten Sachverständigen hören. Auf abermalige Gegenvorstellungen verfügte der Senatsvorsitzende die Ladung des vom Verteidiger beauftragten Sachver-

---

[5] Zur Bindung des Wiederaufnahmegerichts an den Beurteilungsmaßstab des Erstrichters vgl. RGSt 57, 317f. (318); BGHSt 17, 303ff. (304); 18, 225ff. (226); 19, 365ff. (366)); BGH JR 1977, 217 m. abl. Anm. *Peters* BGH JR 1977, 217 (218f.); OLG München Beschl. v. 9.3.2010 – 3 Ws 109–112/10); ebenso *Schmitt* in Meyer-Goßner/Schmitt, 61. Aufl. 2018, § 368 Rn. 9 und *Frister/Deiters* in SK-StPO, 4. Aufl. 2014, § 359 Rn. 56; *Gössel* in Löwe-Rosenberg, 26. Aufl. 2013, StPO § 359 Rn. 159ff.; siehe dagegen *Peters,* Fehlerquellen III, 99ff.; *Franke* in Löwe-Rosenberg, 26. Aufl. 2013, StPO § 359 Rn. 162 (unter Hinweis auf den Indikativ in § 359 Nr. 5 StPO) und *Strate* GS Meyer, 1990, 469ff. (472ff.); differenzierend *Eschelbach* in KMR-StPO, Stand Januar 2018, § 359 Rn. 214; vgl. ferner *Schmidt* in KK-StPO, 7. Aufl. 2013, § 368 Rn. 14. Dessen Ansatz, dem Ersturteil bei grober Fehlerhaftigkeit seiner Gründe die Verbindlichkeit für die Eignungsprüfung abzusprechen, dürfte gegenüber auf die Sachrüge durch das Revisionsgericht bestätigten Urteilen versagen und dem Verurteilten „Steine statt Brot“ geben.

[6] OLG Oldenburg Beschl. v. 7.6.2012 – 1 Ws 251/12.

ständigen zur Beweisaufnahme. An deren Ende hielt das Oberlandesgericht das Wiederaufnahmevorbringen nicht für genügend bestätigt.

b) Bei der Vorbereitung ihres Gutachtens hatte die für dessen Beweisaufnahme beauftragte jugendpsychiatrische Sachverständige von der früheren, von ihrer ärztlichen Verschwiegenheitspflicht befreiten Frauenärztin der Nebenklägerin auch auf eigene Untersuchungen gestützte Behandlungsunterlagen erhalten. Aus einem Auszug ihrer Patientenkartei ging hervor, dass die Nebenklägerin am 29.10.2009, im Jahr *nach* der ersten, dem Urteil des Erstrichters zufolge an „einem Tag zwischen Februar 2008 und dem 6.4.2008" begangenen, mit einer gewaltsamen Penetration verbundenen Tat noch Jungfrau war. Neben diesem Karteiauszug, der unverändert von der Verschwiegenheitspflicht entbundenen Frauenärztin und im Hinblick auf die mögliche Rücknahme der Entbindung jener jugendpsychiatrischen Sachverständigen und eines von der Verteidigung ausgewählten rechtsmedizinischen Sachverständigen als Zeugen für das ihnen jeweils von der Frauenärztin Mitgeteilte[7] bringt der neue Wiederaufnahmeantrag das Gutachten des rechtsmedizinischen Sachverständigen zur Frage der Vereinbarkeit der Feststellungen des Erstrichters zur ersten Tat mit den Erkenntnissen der Rechtsmedizin bei. Nach diesem Gutachten ist weder die Erhaltung des Hymens noch das Fehlen zu erwartender Entkleidungs-, Spreiz-, Fixier oder Widerlagerverletzungen mit den Feststellungen des Erstrichters zum Hergang der ersten Tat zu vereinbaren.

Aus den während der Probation dem Landgericht Oldenburg von ihrem Hausarzt übersandten Krankenakten der Nebenklägerin ergibt sich, dass deren unspezifische Befindlichkeitsstörungen, die der Erstrichter aufgrund der Bekundungen jenes Hausarztes für von dem Verurteilten durch die festgestellten Taten verursacht gehalten hatte, erstmals aufgetreten waren, als die Nebenklägerin neun Jahre alt war. Diese Tatsache hatte der Hausarzt dem Erstrichter bei seiner Zeugenvernehmung verschwiegen.

Das Landgericht Oldenburg hat die Wiederaufnahme zugelassen und seine Entscheidung auf den Auszug aus der Patientenkartei der Frauenärztin und das beigebrachte rechtsmedizinische Gutachten gestützt. Auch im Rahmen dieser zweiten Wiederaufnahme will die Jugendkammer, diesmal „zur Vermeidung etwaiger Befangenheitsvorwürfe" einen eigenen Sachverständigen hören, und hält sich abermals wegen der vermeintlich die Probation beherrschenden Offizialmaxime für verpflichtet, so zu verfahren. Allerdings hat der Strafkammervorsitzende klargestellt, dass keine Auswechslung des vom Verteidiger ausgewählten Sachverständigen beabsichtigt sei, der „im Probationsverfahren selbstverständlich" gehört werden solle.

[7] Vgl. BGHSt 18, 146ff. (150); BGH NStZ 2012, 281f. (281) u. Beschl. v. 24.9.1996 – 5 StR 441/96.

2.

Das Vorgehen der Strafkammer entspricht einer seit einigen Jahren verbreiteten Übung der Wiederaufnahmegerichte.[8] Beruft sich der Verurteilte auf das Gutachten eines psychiatrischen oder eines aussagepsychologischen Sachverständigen, so kann er sicher sein, dass das Wiederaufnahmegericht schon in der Probation[9] mindestens auch einen „eigenen" Sachverständigen hören will, was die Entscheidung über die Erneuerung der Hauptverhandlung beträchtlich verzögern kann. Beschwert wird der Verurteilte durch diese auf die herrschende Meinung in Rechtsprechung und Literatur[10] gestützte Praxis namentlich, wenn die Vollstreckung einer Freiheitsstrafe oder der Unterbringung noch nicht erledigt oder nach § 360 Abs. 2 StPO unterbrochen ist.

Dass der Beweisantritt das Mitteilen von Beweistatsache *und* Beweismittel erfordert, kann nicht ernstlich zweifelhaft sein.[11] Es fällt schwer, hinter der Missachtung der Wortlautschranke[12] – Gegenstand der Probation sind die *angetretenen* Beweise – nicht die Tendenz zu erkennen, den Erfolg der Wiederaufnahme so oft wie möglich zu vereiteln. Zwar kann sich die Ausdehnung der Aufklärungspflicht auf die Probation mitunter auch zugunsten des Verurteilten auswirken.[13] In der Mehrzahl

---

[8] So waren etwa jeweils die Landgerichte Lüneburg in den Fällen *Witte/Wulfhorst* (Urt. v. 8.9.2010 – 20 KLs 103040/09 (5/09)), Magdeburg im Fall *Becker* (Urt. v. 15.6.2012 – 25 Kls 19/11) und Memmingen im Fall *Gill* (Urt. v. 29.10.2013 – 1 KLs 220 Js 16257/11) verfahren. Alle Verurteilten waren später mit der überschießenden Feststellung ihrer Unschuld freigesprochen worden. Anders hielt es in der Probation das Landgericht *Osnabrück* im Wiederaufnahmeverfahren *Jürgen S.* Nach der Anhörung der beiden vom Verteidiger ausgewählten Sachverständigen in der Probation wurde das Urteil des Landgerichts Oldenburg durch Beschluss aufgehoben und der Verurteilte ohne Hauptverhandlung freigesprochen (LG Osnabrück Beschl. v. 3.9.2009 – 3 AR/103 Js 34749/04 – 4/07).

[9] Die Ausnahme geblieben zu sein scheint das Einholen eines methodenkritischen Gutachtens in der *Adition* zur Entkräftung des auf ein aussagepsychologisches Sachverständigengutachten Wiederaufnahmeantrags, siehe den Bericht von *Bock/Eschelbach/Geipel/Hettinger/Röschke/Wille* GA 2013, 328 (336).

[10] OLG Hamm GA 1926, 116f. (117); OLG Zweibrücken GA 1993, 463ff. (465); KG JR 1984, 393 mit zust. Anm. *Peters ;* Hans OLG Hamburg StV 2003, 229 (230); *Hentig,* Wiederaufnahmerecht, 1930, 229, *Peters,* Fehlerquellen III, 1974, 144f.; *Schmitt* in Meyer-Goßner/Schmitt, 61. Aufl. 2018, § 369 Rn. 5; *Gössel* in Löwe-Rosenberg, 26. Aufl. 2013, § 369 Rn. 3 *Schmidt* in KK-StPO, 6. Aufl. 2008, § 369 Rn. 2; dagegen *Marxen/Tiemann,* Die Wiederaufnahme in Strafsachen, 3. Aufl. 2014, Rn. 370 unter Hinweis auf den Gesetzeswortlaut, die Struktur des Wiederaufnahmeverfahrens und der Schwierigkeit, die zulässige Prüfung der Beweise von der unzulässigen Wiederholung der erstrichterlichen Hauptverhandlung abzugrenzen; gegen die Missachtung von Gesetzeswortlaut und Dispositionsmaxime bei der Wiederaufnahme *Frister* in SK-StPO, 5. Aufl. 2016, § 369 Rn. 8f., ähnlich *Eschelbach* in KMR-StPO, Stand Januar 2018, § 369 Rn. 3, der sich gegen den Vorgriff auf die Hauptverhandlung des Wiederaufnahmegerichts und das selektive Erheben von Gegenbeweisen wendet.

[11] vgl. dazu *Ditzen,* Dreierlei Beweis im Strafverfahren, 1926, 6.

[12] Vgl. BGH NStZ 2010, 646ff. (647). Das *Bundesverfassungsgericht* hat den Streit um die Geltung und den Umfang des Offizialprinzips bisher nicht entschieden. Der Beschluss der *2. Kammer des 2. Senats* vom 23.12.2002 (BGH StV 2003, 223ff.) gilt einem Fall der Verletzung des Rechts auf Gehör durch ungenügendes Ausschöpfen eines *angetretenen* Beweises (siehe dazu auch *Marxen/Tiemann,* Die Wiederaufnahme in Strafsachen, 3. Aufl. 2014, Rn. 370 Fn. 36).

[13] So verhielt es sich etwa in dem vom *OLG Hamburg* StV 2003, 229f. behandelten Fall. Der Strafsenat hatte im Beschwerdeverfahren nach der Unerreichbarkeit zweier und des Todes eines

der beobachteten Fälle war die Zulässigkeit der Wiederaufnahme mit dem *Oberlandesgericht Hamm* als Befugnis begriffen worden, unter Abweichung vom Vorbringen des Verurteilten „auch andere Beweise zu erheben, insbesondere solche, welche geeignet sind, die vom Antragsteller vorgebrachten zu entkräften."[14]

Etwaige Befangenheitsvorwürfe gegen den Urheber des beigebrachten rechtsmedizinischen Gutachtens konnte das *Landgericht Oldenburg* nur für möglich halten, weil es weder die Rolle des Sachverständigen noch die Eigenart der Wiederaufnahme erfasst hat:

Ein Sachverständiger, dessen Fähigkeit, sein Gutachten unparteiisch und nach bestem Wissen und Gewissen zu erstatten, nicht durch die Kollision mit anderen, Loyalität zu einem Verfahrensbeteiligten gebietenden Pflichten wie solchen des Arztes oder des Therapeuten beeinträchtigt wird, kann keinen verständigen Ablehnungsberechtigten die Befangenheit besorgen lassen. Mit gleichem „Recht" könnten Angeklagte in der Hauptverhandlung den ursprünglich von der Staatsanwaltschaft ausgewählten Sachverständigen ablehnen.

Die für den Wiederaufnahmeantrag erforderliche Stoffsammlung fällt nicht in den Verantwortungsbereich des Gerichts, sondern des Antragstellers[15] und damit regelmäßig in den des nach § 366 Abs. 2 StPO für den Wiederaufnahmeantrag nötigen Verteidigers, des faktischen „Verfahrensherrn" der Adition bis zum Eingang des Antrags bei Gericht. Der Verteidiger darf sich nicht auf das Anbringen eines auf die Vernehmung eines Sachverständigen gerichteten Beweisantrags beschränken, sondern hat dessen Gutachten beizubringen.[16] Deshalb eine Befangenheit auch nur für möglich zu halten, erscheint bemerkenswert abwegig.

Dabei steht es nicht in der Macht des Verteidigers, das vermeintliche Opfer zur Mitwirkung am Zustandekommen des Sachverständigengutachtens oder auch nur zu der Erklärung des Einverständnisses mit der Untersuchung in der Probation zu veranlassen. Könnte sich der Verurteilte deshalb nicht auf ein Sachverständigengutachten berufen, so würde die Entscheidung über die Zulässigkeit der Wiederaufnahme aus der Sphäre des Gerichts in die am Fortbestand der Rechtskraft auch eines Fehlurteils interessierter Personen verschoben.

Häufig kann sich der vom Verteidiger ausgewählte Sachverständige nicht auf eine im Verfahren des Erstrichters vorgenommene, aber durch den Erstrichter oder seinen Sachverständigen widersprüchlich, von den Anknüpfungstatsachen entfernt oder in Zweifel an der Sachkunde hervorrufenden Weise ausgewertete Untersuchung stützen. Unter solchen Umständen sind auch andere Wiederaufnahmegerichte als das Landgericht Oldenburg abnehmend geneigt, die Würdigung dieses Defizits seiner Hauptverhandlung zu überlassen.

Gestützt wird dies procedere auf einen nicht die Wiederaufnahme, sondern das Zwischenverfahren betreffenden Beschluss des *Kammergerichts*.[17] Der gesetzliche

---

dritten Zeugen eine im Wiederaufnahmeantrag nicht benannte Zeugin gehört und nach deren Vernehmung das Wiederaufnahmevorbringen genügend bestätigt gefunden.

[14] OLG Hamburg StV 2003, 229.

[15] Siehe *Marxen/Tiemann,* Die Wiederaufnahme in Strafsachen, 3. Aufl. 2014.

[16] Vgl. BGHSt 39, 75ff. (84).

[17] KG NJW 1997, 69f.

Vertreter hatte die Untersuchung der Nebenklägerin durch einen bestimmten Sachverständigen verweigert und auf diese Weise die Beauftragung eines ihm genehmen Sachverständigen durchgesetzt. Das entsprechende Verlangen eines *Angeklagten* hat das *Landgericht München I* mit der Billigung des *Bundesgerichtshofs* abgelehnt. Die einprägsame Formel, bei der Bestellung eines Sachverständigen bestehe kein Recht auf „freie Arztwahl“,[18] gilt für mögliche Opfer also nicht einmal dann, wenn das Gesetz, wie in § 369 Abs. 1 StPO, diesen ausdrücklich keinen Raum für solche Freiheiten lässt.

III.

Es liegt nahe, dass sich auch Wiederaufnahmegerichte der zunehmenden Dominanz des Opferschutzes im Strafverfahren[19] nicht entziehen wollen. In der Probation ist aber gerade wieder fraglich, wer Opfer und wer Täter ist. Dass manchmal der Eindruck entstehen kann, die Ausdehnung dieses Verfahrensabschnitts ohne Not gelte vor allem vermeidbaren Fehlurteilen, ist gewiss ein Zufall.

---

18 *BGHSt 44,* 26ff. (31).
19 Vgl. BGHSt 50, 40ff. (55).

RENATE WIMMER

Wahrheitserforschung (um jeden Preis?) im Wandel der Zeit: Eine Aufgabe für den Ermittlungsrichter oder den Gesetzgeber?

I. Problemdarstellung:

„Die Sicherung des Rechtsfriedens durch Strafrecht ist seit jeher eine wichtige Aufgabe staatlicher Gewalt. Die Aufklärung von Straftaten, die Ermittlung des Täters, die Feststellung seiner Schuld und seine Bestrafung wie auch der Freispruch des Unschuldigen sind die wesentlichen Aufgaben der Strafrechtspflege, die zum Schutz der Bürger den staatlichen Strafanspruch in einem justizförmigen und auf die Ermittlung der Wahrheit ausgerichteten Verfahren in gleichförmiger Weise durchsetzen soll.“[1]

In Erfüllung dieser Aufgaben stoßen die Strafverfolgungsbehörden vermehrt an Grenzen des ihnen zur Durchsetzung des staatlichen Strafanspruchs vorgegebenen rechtlichen Rahmens. Grund hierfür sind zum einen sich immer schneller wandelnde tatsächliche – va technische – Gegebenheiten. So führte ein verändertes Kommunikationsverhalten Verdächtiger weg von der klassischen Telekommunikation hin zur Nutzung von Messengerdiensten dazu, dass deren Kommunikation der Überwachung der Ermittlungsbehörden lange Zeit weitgehend entzogen war. Denn die durch die Messengerdienste verwandte Verschlüsselungstechnik bedarf idR einer Quellenüberwachung, deren Zulässigkeit erst durch Gesetz zur effektiveren und praxistauglicheren Ausgestaltung des Strafverfahrens[2] normiert wurde. Auch der „Import“ des Phänomens der Internal Investigations aus dem US-amerikanischen in den deutschen Strafprozess wirft Fragen auf, auf die die Strafprozessordnung (noch) keine Antworten gibt. Regelungslücken in der Strafprozessordung, die auf ein Versehen des Gesetzgebers bei der Abfassung von Eingriffsnormen zurückzuführen sind oder aber aus Umsetzungsschwierigkeiten, die im Gesetzgebungsprozess nicht gesehen wurden, resultieren, bringen Ermittler bei der Wahrheitserforschung nicht selten an aus ermittlungstaktischer Sicht unerwünschte Grenzen.

Ein Zuwarten auf ein Tätigwerden des Gesetzgebers erscheint unter dem laufenden Ermittlungsdruck – gerade bei der Aufklärung schwerwiegender Straftaten – oft problematisch, weshalb Ermittlungsbehörden – aus ihrer Sicht verständlich – zunächst versuchen unter einer entsprechend weiten Auslegung des bestehenden rechtlichen Instrumentariums richterliche Anordnungen zu erwirken. Die nachfolgenden Beispiele verdeutlichen dies.

[1] BVerfGE 113, 29 Rn. 111 mwN.
[2] Gesetz vom 17.8.2017 (BGBl. 2017 I 3202).

II. Beispiele:

1. Retrograde Erhebung von Standortdaten

Mit Gesetz zur Einführung einer Speicherfrist und einer Höchstspeicherfrist für Verkehrsdaten[3] hat der Gesetzgeber die Speicherung und Erhebung von durch Telekommunikation anfallenden Verkehrsdaten neu geregelt. Konnten nach der bislang geltenden Rechtslage nur Verkehrsdaten, die Telekommunikationsdienstleister nach § 96 TKG zur vertraglichen Abwickelung, genauer zum Zweck der Entgeltermittlung und -abrechnung freiwillig gespeichert hatten,[4] im Strafprozess erhoben werden, so wurden durch vorgenanntes Gesetz die Anbieter öffentlich zugänglicher Telekommunikationsdienste[5] zur sog. Vorratsdatenspeicherung nach § 113b TKG verpflichtet. Neben der Einführung der Vorratsdatenspeicherung wurde auch die retrograde Erhebung von Standortdaten, dh Daten, die Aufschluss darüber geben, wo sich der Kommunikationsteilnehmer zum Zeitpunkt der Nutzung eines Mobilfunkgerätes befindet, einer Neuregelung unterzogen. Konnten Standortdaten nach § 100g Abs. 1 Nr. 1 StPO in der bis zum Inkrafttreten des Gesetzes zur Einführung einer Speicherpflicht und einer Höchstspeicherfrist für Verkehrsdaten vom 10.12.2015 geltenden Fassung wie auch die übrigen Verkehrsdaten rückwirkend unter Abgriff der nach § 96 TKG gespeicherten Daten erhoben werden, so lässt die Neuregelung einen Rückgriff auf nach § 96 TKG gespeicherte Daten zur Erhebung retrograder Standortdaten nicht mehr zu. Im Hinblick auf die besondere Sensibilität der Standortdaten, die einen Rückschluss auf das Bewegungsprofil des überwachten Nutzers zulassen, sollten diese Daten rückwirkend nur mehr unter den strengeren Voraussetzungen der Vorratsdatenspeicherung gemäß § 100g Abs. 2 StPO iVm § 113b TKG erhoben werden können.[6] Um den Telekommunikationsdienstleistern eine Übergangsfrist zur Vorbereitung der Vorratsdatenspeicherung zu geben, wurden diese trotz Inkrafttretens des Gesetzes zum 17.12.2015 erst ab 1.7.2017 verpflichtet, die ihnen nach §§ 113b bis 113e und 113g TKG auferlegten Pflichten zu erfüllen, § 150 Abs. 13 TKG. Für die Erhebung retrograder Standortdaten hätte dies für den Zeitraum von 17.12.2017 bis 1.7.2017 zur Folge gehabt, dass eine Erhebung nicht mehr möglich gewesen wäre, da ein Rückgriff auf die Daten nach § 96 TKG nicht mehr zulässig war und eine Verpflichtung der Diensteanbieter Daten nach § 113b TKG zu speichern noch nicht bestand. Diese Regelungslücke hat der Gesetzgeber durch die Überleitungsvorschrift des § 12 Abs. 1 EGStPO geschlossen. Danach war die Erhebung retrograder Standortdaten nach der bislang geltenden Rechtslage bis 29.7.2017 zulässig. Mit Ablauf der Überleitungsvorschrift des § 12 Abs. 1 EGStPO besteht hingegen keine gesetzliche Grundlage mehr nach § 96 Abs. 1 S. 1 Nr. 1 TKG gespeicherte Standortdaten rückwirkend zu erheben, § 100g Abs. 1 S. 3 StPO. Die Erhebung von retrograden Standortdaten ist nunmehr aus-

[3] Gesetz vom 10.12.2015 (BGBl. 2015 I 2218).

[4] Vgl. zur Erhebung von Verkehrsdaten nach § 96 TKG: *Graf* in BeckOK StPO, Stand: 1. Juli 2017, TKG § 96 Rn. 3.

[5] Vgl. § 113a TKG.

[6] Vgl. Gesetzesbegründung BT-Drs. 18/5088, 35.

schließlich auf der Grundlage des § 100g Abs. 2 StPO iVm § 113b TKG zulässig.[7] Ersichtlich ging der Gesetzgeber bei dieser Regelung davon aus, dass die Pflichten zur Vorratsdatenspeicherung durch die Anbieter von Telekommunikationsdienstleistungen ab 1.7.2017 auch erfüllt werden bzw. im Weigerungsfall die hierfür zuständige Bundesnetzagentur entsprechende verwaltungsrechtliche Sanktionen ergreift.

Diese Erwartung hat sich jedoch nicht erfüllt. Mit Beschluss vom 22.6.2017[8] stellte das OVG Münster im Wege des einstweiligen Rechtsschutzes fest, dass die Antragstellerin – eine Anbieterin von Telekommunikationsdienstleistungen – bis zum rechtskräftigen Abschluss des Hauptsacheverfahrens vor dem Amtsgericht Köln nicht verpflichtet ist, Vorratsdaten i.S.v. § 113b TKG zu speichern. Das OVG Münster geht in der Entscheidung entgegen der Vorinstanz[9] davon aus, dass die in § 113a Abs. 1 iVm § 113b TKG geregelte Pflicht zur Speicherung von Telekommunikationsverkehrsdaten insgesamt mit Unionsrecht nicht vereinbar ist und das klagende IT-Unternehmen jedenfalls in seiner durch Art. 16 der Charta der Grundrechte der Europäischen Union geschützten unternehmerischen Freiheit verletzt.[10] Der Beschluss des OVG Münster vom 25.8.2017[11] zielt in die gleiche Richtung. Vorangegangen war dieser Rechtsprechung ein Urteil des EuGH[12] zu den Anforderungen an eine europarechtskonforme Vorratsdatenspeicherung sowie ein Gutachten des Wissenschaftlichen Dienstes des Bundestages zur „Vereinbarkeit des Gesetzes zur Einführung einer Speicherfrist und Höchstspeicherfrist für Verkehrsdaten mit dem EuGH-Urteil vom 21.12.2017".[13] Das genannte Gutachten kommt zwar zu dem Ergebnis, dass die Zulässigkeit der deutschen Regelung zur Vorratsdatenspeicherung nach den im Urteil des EuGH vom 21.12.2017 aufgestellten Kriterien letztlich einer Entscheidung des EuGH vorbehalten bleibt, äußert jedoch auch Zweifel der Vereinbarkeit der nationalen Regelung mit europarechtlichen Vorgaben.

Vor dem Hintergrund der vorgenannten Entscheidung des OVG Münster vom 22.6.2017[14] erklärte die Bundesnetzagentur am 28.6.2017 von Vollzugs- und Sanktionsmaßnahmen zur Durchsetzung der Pflicht zur Vorratsdatenspeicherung abzusehen.[15] Dies wiederum hatte zur Folge, dass Anbieter von Telekommunikationsdienstleistungen weitgehend Vorratsdaten nach § 113b TKG nicht speichern

---

[7] Vgl. BGH Beschl. v. 3.8.2017 – 1 BGs 237/17, NStZ 2018, 47f.; *Greier* in jursiPP-StrafR 2/2018 Anm. 3

[8] OVG Münster Beschl. v. 22.6.2017 – 13 B 238/17.

[9] VG Köln Beschl. v. 25.1.2017 – 9 L 1009/16.

[10] OVG Münster Beschl. v. 22.6.2017 – 13 B 238/17, Rn. 30.

[11] OVG Münster Beschl. v. 25.8.2017 – 13 B 762/17.

[12] Urt. v. 21.12.2017 – C-203/15 und C-698/15, C-203/15, C-698/15, NJW 2017, 717ff.

[13] https://www.bundestag.de/blob/492116/d7f0beffe3ae7b37bd666d6b70e2cd22/pe-6-167-16-pdf-data.pdf (zuletzt aufgerufen am 7.12.2017).

[14] OVG Münster Beschl. v. 22.6.2017 – 13 B 238/17.

[15] https://www.bundesnetzagentur.de/DE/Sachgebiete/Telekommunikation/Unternehmen_Institutionen/Anbieterpflichten/OeffentlicheSicherheit/Umsetzung110TKG/VDS_113aTKG/VDS.html;jsessionid=E36223FAF58671E081FEB78A14C08728 (zuletzt aufgerufen am 15.3.2018).

und daher entsprechenden Herausgabeverpflichtungen aus gerichtlichen Anordnungen nach § 100g Abs. 2 StPO nicht nachkommen (können).

Nachdem – wie ausgeführt – seit 29.7.2017 hinsichtlich der retrograden Erfassung von Standortdaten eine Erhebung der nach § 96 TKG gespeicherten Daten nicht mehr zulässig ist, führt dies faktisch dazu, dass derzeit Standortdaten rückwirkend nicht erhoben werden können. Dass diese Situation misslich ist und zu unerwünschten Lücken in der Strafverfolgung führt, liegt auf der Hand.

Ermittlungsbehörden versuchen daher derzeit dieses Problem durch Beantragung von Beschlüssen, mit denen die Diensteanbieter verpflichtet werden, für den Fall der unterlassenen Datenspeicherung nach § 113b TKG Standortdaten, die sie zu eigenen Vertragszwecken nach § 96 TKG gespeichert haben, herauszugeben, sofern die übrigen Voraussetzungen des § 100g Abs. 2 StPO gegeben sind, mithin insbesondere eine dort enumerativ aufgeführte Katalogtat vorliegt. Konkret bedeutet dies, dass, um die Verpflichtung zur Datenherausgabe nach § 100g Abs. 2 StPO erfüllen zu können, satt auf den nach den strengen Vorgaben der §§ 113b ff. TKG gespeicherten Datenpool, auf eine durch die Diensteanbieter zu eigenen Zwecken (nach weniger strengen Vorgaben) gespeicherten Datenpool zurückgegriffen wird, den der Gesetzgeber an sich von der Erhebung retrograder Standortdaten ausnehmen wollte. Begründet wird dies neben der kriminalistischen Notwendigkeit mit dem Willen des Gesetzgebers, bei Verdacht einer Katalogtat nach § 100g Abs. 2 StPO auch Standortdaten rückwirkend auswerten zu können. Die rechtliche Bewertung der Instanzgerichte ist uneinheitlich.[16]

Zwar steht die kriminalistische Notwendigkeit der Erhebung retrograder Standortdaten zur Aufklärung schwerer Straftaten außer Frage, die besseren Argumente dürften jedoch für die Ablehnung der vorgeschilderten sog. „Kombibeschlüsse" streiten. Der Gesetzgeber hat sich mit der Neuregelung der retrograden Erhebung von Standortdaten nicht nur dafür entschieden, diese unter die strengeren inhaltlichen Voraussetzungen des § 100g Abs. 2 StPO (zB das Vorliegen einer dort genannten Katalogtat) zu stellen, er hat vielmehr auch die Entscheidung getroffen, dass hierzu nur der nach §§ 113b ff. TKG gespeicherte Datenpool herangezogen werden darf. Die technische Speicherung, Verarbeitung und Verwendung der nach §§ 113b ff. TKG erhobenen Daten wurde gegenüber den Daten nach § 96 TKG einer differenzierten Regelung mit eigenen – erhöhten – Standards unterzogen; dies um die Datensicherheit nach den Vorgaben des Bundesverfassungsgerichts zu gewährleisten.[17] Der nach §§ 113b ff. erhobene Datenpool unterscheidet sich damit deutlich von den nach § 96 TKG erhobenen Daten. Ferner wurde in § 101a Abs. 1 Nr. 2 StPO durch eine sog. „Kennzeichnungspflicht" sichergestellt, dass der zur Herausgabe von Verkehrsdaten Verpflichtete stets mitzuteilen hat, welche der von ihm übermittelten Daten nach § 113b TKG gespeichert wurden. Bereits diese Argumente sprechen dafür, dass der Gesetzgeber einen nachträglichen Austausch der Datenpools gerade nicht gewollt hat. Auch die Übergangsregelung des § 12 Abs. 1 EGStPO, deren Hauptzweck es war, sicherzustellen, dass bis zum Inkrafttre-

[16] Vgl. dazu LG Mannheim Beschl. v. 18.1.2018 – 4 Qs 39/17, 4 Qs 42/17.
[17] Vgl. Gesetzesbegründung BT-Drs. 18/5088, 48ff.

ten der Verpflichtung zur Vorratsdatenspeicherung retrograde Standortdaten überhaupt erhoben werden können, spricht gegen die Möglichkeit, weiterhin auf nach § 96 TKG erhobene Standortdaten unter den übrigen Voraussetzungen des § 100g Abs. 2 StPO zurückgreifen zu können. Hätte der Gesetzgeber dies gewollt, so hätte es keiner Überleitungsvorschrift bedurft. Bemerkenswert erscheint in diesem Zusammenhang auch, dass der Gesetzgeber in Kenntnis der Bewertung durch den Wissenschaftlichen Dienst des Deutschen Bundestages und der Entscheidung des OVG Münster bzw. der Bundesnetzagentur diese Lücke in laufender Legislaturperiode zB im Rahmen des Gesetzes zur effektiveren und praxistauglicheren Ausgestaltung des Strafverfahrens vom 17.8.2017[18] – etwa durch eine Verlängerung der Übergangsregelung des § 12 Abs. 1 EGStPO – nicht geschlossen hat. Anlässlich ihrer Herbstkonferenz am 9.11.2017 haben sich die Justizministerinnen und Justizminister zwischenzeitlich der Thematik angenommen und für eine Rückkehr zur Rechtslage vor dem 18.12.2015 plädiert. Wann und wie der Gesetzgeber sich dieser drängenden Thematik annehmen wird, ist derzeit offen.[19]

2. *Auskunftsanspruch gegen Postunternehmen betreffend nicht mehr in deren Gewahrsam befindlicher Postsendungen*

Doch nicht nur bei der Anwendung neuer Gesetzte stoßen die Ermittlungsbehörden an kriminalpolitisch unerwünschte Grenzen. So gestaltet sich seit jeher die Rückverfolgung von bereits ausgelieferten Postsendungen als schwierig. Zur Aufklärung, wann und von wem ein wegen des Verdachts der Vorbereitung eines – zB unter Einsatz von Sprengstoff – geplanten Anschlages, Postsendungen, in denen Sprengstoffbauteile vermutet werden, erhalten hat, ist idR eine entsprechende Auskunftserteilung durch das betroffene Postunternehmen erforderlich. Eine Rechtsgrundlage für eine entsprechende richterliche Anordnung existiert indes, obwohl das Problem seit längerer Zeit bekannt ist, nicht.

Im Hinblick auf das Postgeheimnis aus Art. 10 Abs. 1 GG, § 39 PostG kommt als einzig denkbare Rechtsgrundlage § 99 StPO in Betracht. Nach dieser Vorschrift ist die Beschlagnahme der an den Beschuldigten gerichteten Postsendungen und Telegramme, die sich im Gewahrsam des Postunternehmens befinden, zulässig. Zwar enthält die Vorschrift des § 99 StPO nach allgemeiner Ansicht in der Rechtsprechung und Literatur als weniger einschneidende Maßnahme zur Beschlagnahme einen Auskunftsanspruch gegen das Postunternehmen.[20] Liegen die Voraussetzungen der Postbeschlagnahme vor, so kann – unter den Voraussetzungen des § 100 StPO – statt dieser Auskunft über Sendungen verlangt werden, die an den Beschul-

---

[18] BGBl. 2017 I 3202.

[19] https://jm.rlp.de/fileadmin/mjv/Jumiko/II.06_Erhebung_von_Standortdaten_ohne_Ab stimmungsergebnis.pdf (zuletzt aufgerufen am 15.3.2018); vgl dazu auch *l. Greier,* jursiPP-StrafR 2/2018 Anm. 3.

[20] BGH Beschl. v. 11.7.2012 – 3 BGs 211/12; LG Hamburg BeckRS 2009, 19797; LG Landshut BeckRS 2013, 10378; *Schmitt* in Meyer-Goßner/Schmitt, 60. Aufl. 2017, StPO § 99, Rn. 14; *Greven* in KK-StPO, 7. Aufl. 2013, § 99 Rn. 11; *Menges* in Löwe-Rosenberg, 26. Aufl. 2014, StPO § 99 Rn. 29; *Günther* in MüKoStPO, 1. Aufl., 2014, § 99 Rn. 42/43; *Graf* in BeckOK StPO, Stand: 1. Juli 2017, § 99 Rn. 19.

digten gerichtet sind oder bei denen Tatsachen vorliegen, aus denen zu schließen ist, dass sie von ihm herrühren oder für ihn bestimmt sind. Das Auskunftsverlangen ist jedoch nur dann von § 99 StPO gedeckt, wenn zum Zeitpunkt des Auskunftsersuchens die Voraussetzungen des § 99 StPO erfüllt sind, sich mithin die Postsendung noch im Gewahrsam des Postunternehmens befindet.[21] Zwar wird zum Teil[22] vertreten, der Auskunftsanspruch könne in entsprechender Anwendung des § 99 StPO auch auf Postsendungen bezogen werden, die sich nicht mehr im Gewahrsam des Postunternehmens befinden. Begründet wird dies zum einen mit einem Verweis auf Nr. 84 der Richtlinien für das Straf- und Bußgeldverfahren (RiStBV). Nach S. 2 dieser Vorschrift soll die Auskunft auch über solche Postsendungen erteilt werden, die sich bei Eingang des Ersuchens nicht mehr im Machtbereich des Postunternehmens befinden. Auch würde es dem Grundgedanken des § 99 StPO zuwider laufen dem Postgeheimnis nach Beendigung des Gewahrsams höheren Schutz als während des Postgewahrsams einzuräumen.

Nicht nur in der Literatur,[23] sondern auch in der Rechtsprechung[24] wird diese Meinung überwiegend nicht geteilt. Dies aus gutem Grund.[25]

Die Zulässigkeit der Auskunftserteilung über Umstände, die dem verfassungs- und einfachrechtlich geschützten Postgeheimnis unterliegen, ist gesetzlich nicht explizit geregelt. Im Gesetzgebungsverfahren zu § 39 PostG wurde diese Problematik gesehen und ausführlich diskutiert. Der Bundesrat hatte insoweit angeregt, mit Blick auf § 39 PostG ein Auskunftsrecht ausdrücklich gesetzlich zu regeln. Dem war die Bundesregierung mit dem Hinweis entgegengetreten, nach herrschender Meinung sei in der Beschlagnahmebefugnis das geringere Recht enthalten, von einem Postunternehmen Auskunft zu verlangen, so dass weiterer Gesetzgebungsbedarf nicht bestehe.[26] Die Problematik, dass nicht alle aus ermittlungstaktischer Sicht wünschenswerten Auskünfte vom direkten Anwendungsbereich des § 99 StPO erfasst sind, wurde dabei offenbar nicht gesehen und infolge dessen auch nicht geregelt. Eine direkte Anwendung des § 99 StPO kommt damit nicht in Betracht, eine analoge Anwendung der Eingriffsnorm verbietet sich aus verfassungsrechtlichen Gründen.[27]

Soweit in der Rechtsprechung[28] zT auf die allgemeinen Vorschriften zur Beschlagnahme gemäß §§ 94ff. StPO ausgewichen wird, verbietet sich dies im Hin-

[21] BGH Beschl. v. 27.10.2016 – 1 BGs 107/16, NJW 2017, 680.

[22] BGH Beschl. v. 11.7.2012 – 3 BGs 211/12; *Graf* in BeckOK StPO, Stand: 1.7.2017, § 99 Rn. 19; *Greven* in KK-StPO, 7. Aufl., § 99 Rn. 11; *Krause* NZWiSt 2017, 60ff., wobei sich Krause nicht explizit festlegt, ob er den Auskunftsanspruch aus einer analogen Anwendung des § 99 StPO oder einem Rückgriff auf die allgemeinen Beschlagnahmevorschriften der §§ 94ff. StPO herleiten will.

[23] Vgl. *Schmitt* in Meyer-Goßner/Schmitt, 60. Aufl. 2017, StPO § 99 Rn. 14; *Menges* in Löwe-Rosenberg, 26. Aufl. 2014, StPO § 99 Rn. 29; *Günther* in MüKoStPO, 1. Aufl., 2014, § 99 Rn. 42/43; § 99, Rn. 14.

[24] BGH Beschl. v. 27.10.2016 – 1 BGs 107/16, NJW 2017, 680; LG Hamburg BeckRS 2009, 19797; LG Landshut BeckRS 2013, 10378.

[25] Vgl. BGH Beschl. v. 27.10.2016 – 1 BGs 107/16, NJW 2017, 680.

[26] BT-Drs. 13/8453, 4, 12; *Menges* in Löwe-Rosenberg, 26. Aufl. 2014, StPO § 99 Rn. 29.

[27] Vgl. dazu ausführlich: BGH Beschl. v. 27.10.2016 – 1 BGs 107/16, NJW 2017, 680; vgl. auch BGH, Beschl. v. 28.11.2007 – 1 BGs 519/07, StV 2008, 225 Rn. 23.

[28] LG Landshut BeckRS 2013, 10378.

blick auf § 39 Abs. 3 S. 3 PostG, der bestimmt, dass Kenntnisse, die dem Postgeheimnis unterliegen, nur dann weitergegeben werden dürfen, wenn das Postgesetz oder eine andere gesetzliche Vorschrift dies vorsieht und sich dabei ausdrücklich auf Postsendungen oder Postverkehr bezieht. Letzteres ist zweifelsohne bei den allgemeinen Eingriffsnormen der Beschlagnahme nicht der Fall. Überdies handelt es sich bei Anordnungen nach §§ 94 ff. StPO um offene Maßnahmen, d. h. die Auskunftserteilung durch das Postunternehmen müsste dem Beschuldigten grundsätzlich bekannt gegeben werden.[29]

Auch in diesem Fall ist es bemerkenswert, dass diese für die Strafverfolgung missliche Lücke bislang trotz der gerade in jüngster Zeit hierzu erneut entfachten Diskussion in der Literatur[30] bislang durch den Gesetzgeber nicht geschlossen wurde.

3. Internal Investigations

Nicht minder schwierig als der Umgang mit unbedachten Lücken im Gefüge der Eingriffsnormen ist das Handling von „Fremdkörpern" im Strafprozess. Zu diesen „Fremdkörpern" zählen zweifelsohne die aus dem US-amerikanischen Strafprozess „importierten" unternehmensinternen Untersuchungen.

Die Problematik wird an einer im Frühjahr 2017 für Schlagzeilen sorgende Ermittlungsmaßnahme der Staatsanwaltschaft München II deutlich.[31]

Die Staatsanwaltschaft München II führt im Zusammenhang mit der „VW-Abgasaffäre" – konkret im Hinblick auf 3,0 Liter-Dieselmotoren der Audi AG – ein Ermittlungsverfahren wegen Betruges und strafbarer Werbung gegen Unbekannt. Zur Sachverhaltsaufklärung erwirkte sie nicht nur Durchsuchungsbeschlüsse gegen die Audi AG, sondern auch gegen die – nicht verdächtige – US-Kanzlei Jones Day. Die Beschlüsse wurden am 15.3.2017 vollzogen. Jones Day war anlässlich eines in den USA geführten Ermittlungsverfahrens wegen Abgasmanipulationen an Dieselfahrzeugen im September 2015 von der VW AG mit der Durchführung von Internal Investigations, rechtlicher Beratung und der Vertretung gegenüber den US-amerikanischen Strafverfolgungsbehörden beauftragt worden. Zu diesem Zweck führten Anwälte von Jones Day zahlreiche Mitarbeiterbefragungen durch und sichteten eine Vielzahl von Unterlagen. Im Januar 2017 einigte sich die VW AG mit dem U.S. Department of Justice im Rahmen eines sog. Plea Agreements auf die Zahlung eines Strafgeldes. Gegenstand des Ermittlungsverfahrens in den USA waren u. a. auch Manipulationen betreffend 3,0 Dieselmotoren, die von der Audi AG entwickelt und hergestellt worden waren. Unter dem 11.1.2017 gab die VW AG bekannt, dass sie von ihren ursprünglichen Plänen, die gesamten internen Ermittlungsergebnisse zu veröffentlichen, Abstand nehme.

---

[29] Vgl. dazu die Rechtsprechung des Bundesverfassungsgerichts zur Beschlagnahme eines E-Mail Accounts: BVerfGE 124, 43 Rn. 95.

[30] Vgl. Schmidt NJW 2017, 681; Krause NZWiSt 2017, 60; Pannenborg StV 2017, 433 f.

[31] Zum Sachverhalt vgl. ausführlich: BVerfG Beschl. v. 25.7.2017 – 2 BvR 1287/17 und 2 BvR 1583/17.

Daraufhin ergriff die Staatsanwaltschaft München II zur Erlangung der anlässlich der internen Untersuchung zusammengetragenen oder erstellten Unterlagen strafprozessuale Zwangsmittel und betrat damit unsicheres rechtliches Terrain.

Schon die Frage, ob Ermittlungsergebnisse aus Internal Investigations der Beschlagnahme unterliegen, ist in Literatur und Rechtsprechung umstritten und hängt im Wesentlichen davon ab, ob man das Beschlagnahmeverbot des § 97 Abs. 1 Nr. 3 StPO – so die hM – nur im Verhältnis Verteidiger – Beschuldigter für anwendbar hält.[32] Geht man davon aus, eine Beschlagnahmefreiheit für Unterlagen aus Internal Investigations bestehe nur für den Fall, dass diese Verteidigungsunterlagen des betroffenen Unternehmens darstellen, so stellt sich die im Einzelfall schwierig zu beurteilende Frage, wann eine von § 97 Abs. 1 Nr. 3 StPO erfasste Verteidigungssituation vorliegt. Auch hierzu existieren kontroverse Meinungen in der Literatur und eine uneinheitliche landgerichtliche Rechtsprechung.[33] Vermittelnd dürfte auf den Zeitpunkt abzustellen sein, zu dem sich den Ermittlungsbehörden der „Verdacht", dass eine Sanktionierung des Unternehmens gemäß § 30 OWiG in Betracht kommt, aufdrängt. Hinsichtlich der Qualifizierung der Papiere als Verteidigungsunterlagen ist neben dem Inhalt derselben auch der mit der Beauftragung verfolgte Zweck maßgeblich.

Eine besondere Dynamik bekam der Ausgangsfall jedoch nicht wegen der umstrittenen Frage der Beschlagnahmefähigkeit der entsprechenden Unterlagen, sondern wegen der zur Erlangung derselben durchgeführten Durchsuchungsmaßnahme in einer Rechtsanwaltskanzlei, deren Mandatsträger grundsätzlich dem Schutzbereich des § 160a Abs. 1 S. 1 StPO unterfallen. Die bislang existierende landgerichtliche Rechtsprechung beschäftigt sich ausschließlich mit der Frage der Beschlagnahmefähigkeit der Unterlagen aus Internal Investigations. Ob zur Erlangung der Unterlagen die mit den Untersuchungen beauftragte Kanzlei durchsucht werden darf, war in den bislang veröffentlichten Entscheidungen nicht entscheidungserheblich. Dies erscheint – vorbehaltlich der konkreten Ausgestaltung des Einzelfalls – problematisch. Denn § 160a StPO, der für Rechtsanwälte ein absolutes Erhebungsverbot beinhaltet, stellt allein auf das Bestehen eines Zeugnisverweigerungsrechts ab und kann daher auch Anwendung finden, wenn ein Beschlagnahmeverbot nach § 97 StPO nicht besteht.[34] Eine Durchsuchung käme demgemäß nur dann in Betracht, wenn die Durchführung von unternehmensinternen Untersuchungen insgesamt oder Teile hiervon nicht dem Schutzbereich des § 53 Abs. 1 Nr. 2 StPO unterfielen, mithin eine anwaltliche Tätigkeit nicht vorliegt. Das Vorliegen anwaltlicher Tätigkeit wurde in der Rechtsprechung zB hinsichtlich der Befassung eines Rechtsanwalts als Treuhänder mit dem Argument abgelehnt, der Beschuldigte solle sich nicht hinter

---

[32] Vgl. dazu LG Hamburg NJW 2011, 942 und LG Bonn NJW-spezial 2012, 602 contra LG Mannheim NStZ 2012, 713; ausführlich: *Wimmer* NK 2017, 356 (359f.); *Wimmer* in NK-WirtschaftsStStrafR, 2017, § 152 StPO Rn. 12ff.

[33] Vgl. LG Bonn NJW-spezial 2012, 602 contra LG Gießen wistra 2012, 409 und LG Braunschweig wistra 2016, 40; ausführlich zum Meinungsstand in der Literatur: Wimmer NK 2017, 356 (360); *Wimmer* in NK-WirtschaftsStStrafR, 2017, § 152 StPO Rn. 12ff.

[34] Vgl. *Schmitt* in Meyer-Goßner/Schmitt, 60. Aufl. 2017, StPO § 160a Rn. 1; LG Saarbrücken NZWiSt 2013, 153, Rn. 11.

dem Berufsgeheimnisträger „verstecken" dürfen; nur wenn ein Berufsgeheimnisträger mit Tätigkeiten betraut werde, die für seine berufliche Qualifikation und Stellung kennzeichnend sind, könne auch ein Beschlagnahmeschutz entstehen.[35] Bezogen auf die hier in Mitten stehenden Internal Investigations hängt das Vorliegen anwaltlicher Tätigkeit sicherlich von der jeweiligen Ausgestaltung des konkreten Falles ab. Da das Mandat zur Durchführung von Internal Investigation idR jedoch auch eine (rechtliche) Bewertung der erhobenen Beweise beinhaltet, dürfte in den meisten Fällen anwaltliche Tätigkeit vorliegen.[36]

Im Ausgangsfall blieben Beschwerden der VW AG wie auch der betroffene Kanzlei gegen die richterlichen Durchsuchungsanordnungen und die Bestätigung der anlässlich der Maßnahme am 15. März erfolgten Sicherstellung von Beweismitteln erfolglos.[37] Im Wege des einstweiligen Rechtsschutzes hat das Bundesverfassungsgericht mit Beschlüssen vom 25.7.2017[38] die Staatsanwaltschaft München II angewiesen bis zu einer Entscheidung über die Verfassungsbeschwerde, längstens sechs Monate, das Sicherstellungsgut beim Amtsgericht München versiegelt zu hinterlegen und von einer Datenauswertung Abstand zu nehmen. Die Entscheidung des Bundesverfassungsgericht beruht auf einer Folgenabwägung, in der die Gefahr einer möglicherweise irreparablen Beeinträchtigung des Mandanten-Vertrauensverhältnisses sowie die Gefahr einer nicht rückgängig zu machenden Kenntniserlangung von geschützten Daten aus dem Sicherstellungsgut gegenüber der bloßen Verzögerung der Ermittlungen um eine begrenzte Zeit als gravierender angesehen wurde. Eine Entscheidung in der Hauptsache war zum Zeitpunkt der Abfassung des Beitrages noch nicht ergangen.

Das Fallbeispiel zeigt anschaulich, wie schwierig der Umgang mit „Fremdköpern" in der Strafprozessordnung ist. Das aus dem US-amerikanischen Strafprozess „importierte" Phänomen der Internal Investigations war dem deutschen Strafprozess bis zur „Causa Siemens" im Jahr 2006 Jahren fremd, eine explizite Regelung in der Strafprozessordnung existiert bislang nicht. Gleichwohl haben unternehmensinterne Untersuchungen in den vergangenen zehn Jahren wachsende Bedeutung erlangt und sind de facto im deutschen Strafprozess „angekommen". Die Notwendigkeit Internal Investigations durchzuführen kann sich für die betroffenen Unternehmen aus verschiedenen Gründen ergeben. So können diese einerseits gesellschaftsrechtlich – zB zur Durchsetzung von Schadenersatzansprüchen gegen Organe oder Mitarbeiter bzw. um Complianceanforderungen Rechnung zu tragen – verpflichtet sein, interne Untersuchungen einzuleiten, zum anderen kann sich aus einer für das Unternehmen sinnvollen und gebotenen Kooperation mit Ermittlungsbehörden (va in Verfahren mit US-Bezug) oder zum Aufbau einer Verteidigungsstrategie die Notwendigkeit

---

[35] OLG Frankfurt a. M. NJW 2002, 1135.

[36] Zur weiten Annahme eines Zeugnisverweigerungsrechts für Berufsgeheimnisträger vgl. auch die Entscheidung des Bundesgerichtshofs vom 28.10.1992 (– 3 StR 367/92, BGHSt 38, 369, in der einer Ärztin, die die Nebenklägerin eines späteren Strafverfahrens in einem vorangegangenen Familienrechtsverfahren mit deren Einverständnis begutachtet hatte, ein Zeugnisverweigerungsrecht für die im Rahmen der Begutachtung gewonnenen Erkenntnisse zugebilligt wurde.

[37] Vgl. dazu: BVerfG Beschl. v. 25.7.2017 – 2 BvR 1287/17 und 2 BvR 1583/17.

[38] 2 BvR 1287/17, 2 BVR 1583/17 und 2 BvR 1405/17 sowie 2 BvR 1582/17.

von eigenen Untersuchungsmaßnahmen ergeben. Werden durch Internal Investigations strafrechtlich relevante Sachverhalte zu Tage befördert, kann das Unternehmen diese im Wege der Kooperation freiwillig den Ermittlungsbehörden offenbaren, eine Pflicht zur Kooperation besteht jedoch nicht. Dass Unterlagen und Ergebnisse aus unternehmensinternen Untersuchungen für die Strafverfolger – ungeachtet dessen, ob sie im Unternehmen selbst oder in der die Untersuchung führenden Rechtsanwaltskanzlei gelagert sind – von kriminalistischem Interesse sind, bedarf keiner Erörterung. Die Ermittlungsbehörden, die aufgrund des Legalitätsprinzips verpflichtet sind, alle rechtlich zulässigen Maßnahmen zur Aufklärung des Sachverhalts zu ergreifen, loten auch hier den rechtlichen Spielraum durch Beantragung entsprechender richterlicher Beschlüsse aus.

III. Bewertung:

Die Beantwortung der Eingangsfrage ist bezogen auf die Beispiele zu 1. und 2. eindeutig. Versehen des Gesetzgebers bei der Ausgestaltung von Eingriffsmaßnahmen dürfen – auch wenn die kriminalistische Notwendigkeit der Maßnahmen auf der Hand liegt und die Problemlösung zur Verfolgung schwerer Straftaten drängend ist – nicht durch den Ermittlungsrichter „ausgebügelt" werden. Letzteres liefe im Regelfall auf eine analoge Anwendung von Eingriffsnormen hinaus, was aus verfassungsrechtlichen Gründen nicht zulässig ist. Wünschenswert wäre insoweit eine Gesetzgebung, die auf sich in der Rechtsanwendung manifestierende (ungewollte) Regelungslücken schnell reagiert und nicht darauf vertraut, die Rechtsprechung „werde es schon richten".

Vielschichtiger ist die Problematik bezogen auf das Beispiel zu 3. Sicherlich ist es Aufgabe der Rechtsprechung auf offene Rechtsfragen im Zusammenhang mit sich wandelnden tatsächlichen Gegebenheiten im Strafprozess eine Antwort zu geben. Jedoch führt die Anwendung des vorhandenen gesetzlichen Instrumentariums – wie der Umgang mit unternehmensinternen Untersuchungen zeigt – nicht immer zu Lösungen, die einen adäquaten Ausgleich zwischen den widerstreitenden Interessen schaffen. So besteht hinsichtlich der privaten Untersuchungsergebnisse ein sicherlich nachvollziehbares Interesse der Strafverfolgungsbehörden, diese im Strafprozess zu verwerten. In gewisser Weise verständlich ist auch, dass die Strafverfolger einer Auslagerung dieser Ergebnisse auf Anwaltskanzleien und einem etwaig damit verbundenen Entzug der Erkenntnisse von den Ermittlungsbehörden entgegenwirken wollen. Demgegenüber ist jedoch zu berücksichtigen, dass die ungehinderte Zugriffsmöglichkeit der Ermittlungsbehörden den mit den Untersuchungen verfolgten Zweck zT ad absurdum führen kann. Für die betroffenen Mitarbeiter, die zumindest nach bisheriger arbeitsgerichtlicher Rechtsprechung im Rahmen von Internal Investigations auch zu selbstbelastenden Angaben verpflichtet sind,[39] kann die Sicherstellung und die Verwertung entsprechender Interviewprotokolle zu sehr weitreichenden Konsequenzen führen. Hinsichtlich der von Durchsuchungsmaß-

[39] Vgl. dazu näher: *Wimmer* in NK-WirtschaftsStStrafR, 2017, § 152 StPO Rn. 20.

nahmen betroffenen Anwaltskanzleien steht der Verlust des Mandanten-Vertrauensverhältnisses in Mitten. Eine Lösung dieses Spannungsfeldes ist mit dem bislang zur Verfügung stehenden gesetzlichen Instrumentarium schwer möglich. Überdies führen strafprozessuale Maßnahmen – egal, ob sie im gerichtlichen Instanzenzug letztlich für zulässig erachtet werden – gerade in Wirtschaftsgroßverfahren – dem Hauptanwendungsbereich von unternehmensinternen Untersuchungen – stets zu einem großen medialen Interesse. Dies kann – ungeachtet des Verfahrensausganges – zu massiven Imageschäden der Betroffenen führen.

Wünschenswert wäre daher auch in diesem Bereich eine Klarheit schaffende gesetzliche Regelung, die einen sinnvollen Ausgleich zwischen staatlichen Verfolgungsinteresse und der unternehmerischen Wirklichkeit gewährleistet. Mit Aufnahme einer entsprechenden Absichtserklärung in den Koalitionsvertrag 2018 zwischen CDU, CSU und SPD[40] dürfte ein zartes Pflänzchen hierfür gesetzt sein.

---

[40] Vgl. dort S. 126 (https://www.mdr.de/nachrichten/politik/inland/download-koalitionsvertrag-quelle-spd-100.html; zuletzt aufgerufen am 20.3.2018).

VI. SANKTIONENRECHT

DIETER DÖLLING

Die Nebenstrafe des Fahrverbots bei allgemeiner Kriminalität

I. Einleitung

Das deutsche Strafrecht sah bisher das Fahrverbot in § 44 StGB nur als Nebenstrafe für Straftaten vor, die bei oder im Zusammenhang mit dem Führen eines Kraftfahrzeugs oder unter Verletzung der Pflichten eines Kraftfahrzeugführers begangen wurden.[1] In der Kriminalpolitik wurde kontrovers diskutiert, ob das Fahrverbot als Hauptstrafe ausgestaltet und auf Straftaten ohne Bezug zum Straßenverkehr ausgedehnt werden sollte.[2] Im Koalitionsvertrag von CDU, CSU und SPD für die 18. Legislaturperiode war vorgesehen, das Fahrverbot als eigenständige Sanktion ohne Beschränkung auf Straßenverkehrsdelikte einzuführen.[3] Durch das Gesetz zur effektiveren und praxistauglicheren Ausgestaltung des Strafverfahrens vom 17.8.2017[4] wurde nun der Anwendungsbereich der Nebenstrafe des Fahrverbots auch auf Straftaten außerhalb des Straßenverkehrs erstreckt. Der verehrte *Jubilar* hat dazu in seinem Kommentar zum StGB kritisch Stellung genommen.[5] In dem vorliegenden Beitrag soll daher diese Neuregelung behandelt werden. Nach einer Darstellung der Gesetzesänderungen wird erörtert, unter welchen Voraussetzungen die Verhängung eines Fahrverbots bei Straftaten der allgemeinen Kriminalität in Betracht kommt und welche Probleme sich bei der Entscheidung über die Verhängung eines Fahrverbots stellen.

---

[1] Im Jahr 2016 ordneten die Strafgerichte gegen 25.697 Verurteilte ein Fahrverbot nach § 44 StGB an, vgl. Statistisches Bundesamt, Strafverfolgung 2016, S. 344.

[2] Dafür ua *Schöch,* Empfehlen sich Änderungen und Ergänzungen bei den strafrechtlichen Sanktionen ohne Freiheitsentzug? Gutachten C zum 59. Deutschen Juristentag, 1992, C 119f.; *Stöckel,* 39. Deutscher Verkehrsgerichtstag 2001, S. 83; Gesetzanträge des Freistaates Bayern vom 17.8.1999, BR-Drs. 449/99, und vom 17.10.2000, BR-Drs. 637/00; Gesetzesantrag des Landes Mecklenburg-Vorpommern vom 16.11.2000, BR-Drs. 759/00; Gesetzesentwurf des Bundesrates vom 15.2.2008, BR-Drs. 39/08; gegen die Erstreckung des Fahrverbots auf die allgemeine Kriminalität etwa *Streng* ZStW 111 (1999), 827 (851ff.); *Zopfs* FS Wolter, 2013, 815ff.; für das Fahrverbot als Hauptstrafe bei Delikten mit Kfz-Bezug Gesetzesentwürfe der Fraktion der SPD vom 11.11.1993, BT-Drs. 12/6141, und vom 24.4.1996, BT-Drs. 13/4462; Gesetzesantrag des Landes Baden-Württemberg vom 21.9.2000, BR-Drs. 564/00, und Gesetzesentwurf der Fraktion der SPD und der Fraktion Bündnis 90/Die Grünen vom 11.6.2002, BT-Drs. 14/9358.

[3] Koalitionsvertrag zwischen CDU, CSU und SPD, 18. Legislaturperiode, 5.1.

[4] BGBl. 2017 I 3202.

[5] *Fischer,* 65. Aufl. 2018, StGB § 44 Rn. 7.

II. § 44 StGB: Voraussetzungen für ein Fahrverbot und Anwendungsprobleme

Durch das Gesetz zur effektiveren und praxistauglicheren Ausgestaltung des Strafverfahrens wurde in § 44 Abs. 1 S. 1 StGB die Voraussetzung gestrichen, dass die Straftat, wegen der das Fahrverbot verhängt wird, bei oder im Zusammenhang mit dem Führen eines Kraftfahrzeugs oder unter Verletzung der Pflichten eines Kraftfahrzeugführers begangen sein muss. Damit wurde die Begrenzung des Fahrverbots auf Straßenverkehrsdelikte aufgehoben. Außerdem wurde die Höchstdauer des Fahrverbots von drei auf sechs Monate angehoben, um die „Lücke" zur mindestens sechs Monate währenden Entziehung der Fahrerlaubnis zu schließen.[6] Die Einordnung des Fahrverbots als Nebenstrafe wurde beibehalten. Den Vorschlägen, das Fahrverbot als Hauptstrafe auszugestalten, ist der Gesetzgeber nicht gefolgt, weil damit eine neue Sanktionsart mit einschneidenden Änderungen in das Sanktionensystem eingeführt und hiermit eine größere Mehrbelastung der Justiz einhergehen würde.[7] Nach dem neuen § 44 Abs. 1 S. 2 StGB kommt, auch wenn die Straftat keinen Bezug zum Straßenverkehr aufweist, die Anordnung eines Fahrverbots namentlich in Betracht, wenn sie zur Einwirkung auf den Täter oder zur Verteidigung der Rechtsordnung erforderlich erscheint oder hierdurch die Verhängung einer Freiheitsstrafe oder deren Vollstreckung vermieden werden kann. Durch diesen aufgrund der Beratungen des Ausschusses für Recht und Verbraucherschutz des Bundestages eingefügten Satz sollen den Gerichten Leitlinien für die Entscheidung über die Verhängung eines Fahrverbots gegeben und gegenüber dem Regierungsentwurf geltend gemachte Zweifel im Hinblick auf die Vereinbarkeit der Erstreckung des Fahrverbots auf die allgemeine Kriminalität mit dem Bestimmtheitsgebot des Art. 103 Abs. 2 GG[8] beseitigt werden[9]. Der bisherige § 44 Abs. 1 S. 2 StGB bleibt als S. 3 erhalten. Ein Fahrverbot ist also weiterhin in der Regel anzuordnen, wenn in den Fällen einer Verurteilung nach § 315c Abs. 1 Nr. 1a, Abs. 3 StGB oder § 316 StGB die Entziehung der Fahrerlaubnis nach § 69 StGB unterbleibt.

Während nach dem bisherigen § 44 Abs. 2 S. 1 StGB das Fahrverbot mit der Rechtskraft des Urteils wirksam wurde, tritt nach dem neuen § 44 Abs. 2 S. 1 StGB die Wirksamkeit des Fahrverbots ein, wenn der Führerschein nach Rechtskraft des Urteils in amtliche Verwahrung gelangt, spätestens jedoch mit Ablauf von einem Monat seit Eintritt der Rechtskraft. Durch diese Regelung soll dem Verurteilten Gelegenheit gegeben werden, seine persönliche Situation auf das Fahrverbot abzustimmen, und soll vermieden werden, dass Rechtsmittel aus rein taktischen Gründen eingelegt werden, um den Zeitpunkt des Wirksamwerdens des Fahrver-

[6] Regierungsentwurf eines Gesetzes zur Änderung des Strafgesetzbuchs, des Jugendgerichtsgesetzes, der Strafprozessordnung und weiterer Gesetze, BT-Drs. 18/11272, 17.

[7] BT-Drs. 18/11272, 27.

[8] Dazu *Bode* NZV 2017, 1 (3f.); *Berwanger* ZRP 2017, 26 (27).

[9] Beschlussempfehlung und Bericht des Ausschusses für Recht und Verbraucherschutz, BT-Drs. 18/12785, 43. Zu den Anforderungen des Art. 103 Abs. 2 GG an die gesetzliche Ausgestaltung der Strafandrohung siehe BVerfGE 105, 135 (153ff.) (zur für verfassungswidrig erklärten Vermögensstrafe gemäß § 43a StGB).

bots hinauszuzögern.[10] Der neue § 44 Abs. 4 StGB ordnet für den Fall der Verhängung mehrerer Fahrverbote an, dass die Verbotsfristen nacheinander zu berechnen sind. Hierdurch soll eine Privilegierung von Mehrfachtätern verhindert werden.[11]

Ein Fahrverbot nach § 44 StGB kann auch im Jugendstrafrecht angeordnet werden. Durch den neuen § 8 Abs. 3 S. 2 JGG wird die Höchstdauer eines nach Jugendstrafrecht verhängten Fahrverbots auf drei Monate begrenzt. Hierdurch soll dem anderen Zeitempfinden von jungen Menschen Rechnung getragen werden.[12] Dem Vorschlag, das Fahrverbot im Jugendstrafrecht als Zuchtmittel auszugestalten,[13] ist der Gesetzgeber nicht gefolgt.

In welchen Fällen kommt nun nach dem neuen Recht die Verhängung eines Fahrverbots in Betracht? Nach der Gesetzesbegründung soll diese Sanktion dazu beitragen, dass die Strafgerichte „zielgenau, spürbar und schuldangemessen" auf Straftäter einwirken können.[14] Das Fahrverbot sieht der Gesetzgeber dafür als geeignet an, weil es wegen des großen Wertes des Kraftfahrzeugs für die Gestaltung des Arbeits- und Privatlebens, des gesteigerten Ranges individueller Mobilität und des Prestigewertes des Kraftfahrzeugs ein empfindliches Übel darstelle.[15] Wie sich aus dem ersten Halbsatz von § 44 Abs. 1 S. 2 StGB[16] und der Regelvermutung des § 44 Abs. 1 S. 3[17] ergibt, soll das Fahrverbot weiterhin vor allem bei Verkehrsdelikten verhängt werden[18]. Für die Anordnung eines Fahrverbots wegen einer nicht verkehrsbezogenen Straftat sind in erster Linie die Kriterien des § 44 Abs. 1 S. 2 StGB maßgeblich, die allerdings – wie sich aus dem Wort „namentlich" ergibt – nicht abschließend sind[19]. Nach § 44 Abs. 1 S. 2 StGB kommt die Verhängung eines Fahrverbots zunächst in Betracht, wenn sie zur Einwirkung auf den Täter erforderlich erscheint. Nach der Gesetzesbegründung ist ein solcher Fall gegeben, wenn die Geldstrafe allein keinen hinreichenden Eindruck auf den Täter hinterlässt, eine Freiheitsstrafe aber zu einschneidend erscheint.[20] Als Tätergruppen werden in der Literatur genannt: Hooligans, politisch extremistische Täter, die Delikte mit Gewaltkomponente begehen, vandalistische Täter, Stalker und Graffiti-Sprayer mit vielen Taten.[21] Hierbei handelt es sich um Hinweise auf Tätergruppen, bei denen

---

[10] BT-Drs. 18/11272, 16, 18; BT-Drs. 18/12785, 45.

[11] BT-Drs. 18/11272, 19. Nach früherem Recht war die Frage, ob mehrere Fahrverbote parallel oder nacheinander zu vollstrecken sind, umstritten, vgl. *Geppert* in LK-StGB, 12. Aufl. Bd. 2, 2003, StGB § 44 Rn. 81 f.

[12] BT-Drs. 18/11272, 17.

[13] Siehe die in Fn. 2 angeführten Gesetzentwürfe des Freistaates Bayern, des Landes Mecklenburg-Vorpommern und des Bundesrates, den Gesetzentwurf der Fraktion der CDU/CSU vom 12.4.2000, BT-Drs. 14/3189; *Wedler* NZV 2015, 209 (214).

[14] BT-Drs. 18/11272, 1.

[15] BT-Drs. 18/11272, 14, 16.

[16] BT-Drs. 18/12785, 44.

[17] *Fischer,* 65. Aufl. 2018, StGB § 44 Rn. 13.

[18] *Oehmichen* in Knierim/Oehmichen/Beck/Geisler, Gesamtes Strafrecht aktuell, 2018, Kap. 14 Rn. 16.

[19] *Fischer,* 65. Aufl. 2018, StGB § 44 Rn. 24.

[20] BT-Drs. 18/11272, 14; BT-Drs. 18/12785, S. 44.

[21] *Schöch* NStZ 2018, 15 (16); vgl. auch BR-Drs. 449/99, 15; BR-Drs. 637/00, 7, 11; BR-Drs. 759/00, 6; *Stöckel,* 39. Deutscher Verkehrsgerichtstag 2001, S. 83, 88; *Beckstein* Stellungnahme zur Sachverständigenanhörung am 22.3.2017 im Ausschuss für Recht und Verbraucherschutz des

an ein Fahrverbot zu denken ist. Ob die Voraussetzungen vorliegen, muss jeweils im Einzelfall geprüft werden.[22] Der Gesetzgeber stuft das Fahrverbot als empfindliches Übel ein.[23] Es kommt daher nur bei nicht unerheblichen Straftaten in Betracht.[24]

Einen Anwendungsbereich des Fahrverbots sieht die Gesetzesbegründung insbesondere bei wirtschaftlich gut situierten Tätern, die durch eine Geldstrafe nicht ausreichend beeindruckt werden können.[25] Allerdings kann nach § 40 Abs. 2 S. 3 StGB die Höhe eines Tagessatzes bis zu 30.000 Euro betragen. Ein großes Vermögen darf bei der Bemessung der Tagessatzhöhe berücksichtigt werden, wenn ansonsten die Geldstrafe ohne spürbare Wirkung bleiben würde.[26] Die Justiz ist verpflichtet, die Möglichkeiten, zu einer der wirtschaftlichen Leistungsfähigkeit des Täters entsprechenden Geldstrafe zu kommen, auszuschöpfen.[27] Mit der Ausdehnung des Anwendungsbereichs des Fahrverbots soll nicht die Verpflichtung zur Ermittlung der Tagessatzhöhe nach § 40 Abs. 2 und 3 StGB gelockert werden. Die Anordnung eines Fahrverbots kommt daher nur in Betracht, wenn eine entsprechend den wirtschaftlichen Verhältnissen des Täters festgesetzte Geldstrafe diesen nicht hinreichend beeindruckt.

Ist dies der Fall, heißt dies freilich noch nicht, dass der Täter mit einem Fahrverbot ausreichend beeinflusst werden kann. So mag sich der wohlhabende Täter einen Chauffeur leisten können, sodass seine Fortbewegungsfreiheit nicht eingeschränkt ist.[28] Möglicherweise sind bei einem wirtschaftlich gut situierten Täter die Aufwendungen für Taxis und Busfahrten niedriger als eine nach dem Tagessatzsystem zu zahlende Geldstrafe.[29] Ob in solchen Fällen ein gewichtiges Strafübel darin gesehen werden kann, dass der Täter nicht selbst fahren darf,[30] kann zweifelhaft sein. Es muss somit sorgfältig geprüft werden, ob auf einen wohlhabenden Täter mit einem Fahrverbot hinreichend eingewirkt werden kann.

Für die bisherige Fassung des § 44 StGB war anerkannt, dass auf ein Fahrverbot zu verzichten ist, wenn eine Erhöhung der Geldstrafe zur Erreichung des spezialpräventiven Zwecks ausreicht.[31] Dies gilt auch für die Neufassung. Es ist daher zu

---

Deutschen Bundestages zum Entwurf eines Gesetzes zur Änderung des Strafgesetzbuchs, des Jugendgerichtsgesetzes, der Strafprozessordnung und weiterer Gesetze (BT-Drs. 18/11272, 1).

[22] Vgl. *Oehmichen* in Knierim/Oehmichen/Beck/Geisler, Gesamtes Strafrecht aktuell, 2018, Kap. 14 Rn. 19, die vor Pauschalisierungen warnt.

[23] Siehe BT-Drs. 18/11272, 14.

[24] Vgl. *König* NZV 2001, 6 (7): „gewichtige Kriminalität"; *Ohlenschlager,* Schriftliche Stellungnahme als Sachverständiger zur öffentlichen Anhörung im Ausschuss für Recht und Verbraucherschutz des Deutschen Bundestages am 22.3.2017 zum Entwurf eines Gesetzes zur Änderung des Strafgesetzbuches, des Jugendgerichtsgesetzes, der Strafprozessordnung und weiterer Gesetze, S. 5: „nicht unerhebliche Fälle"; *Schöch* NStZ 2018, 15 (18): „nicht für die Bagatellkriminalität".

[25] BT-Drs. 17/11272, 15, 16, 18.

[26] BayObLG NJW 1987, 2029; OLG Hamm MDR 1983, 1043; *Zöpf-Dölling* in Maurach/Gössel/Zipf, Strafrecht Allgemeiner Teil, Tbd. 2, 8. Aufl. 2014, § 59 Rn. 55 mwN.

[27] Vgl. *Röwer,* 39. Deutscher Verkehrsgerichtstag 2001, S. 71, 77; kritisch zur gegenwärtigen Praxis *Weidhaas* 55. Deutscher Verkehrsgerichtstag 2017, S. 13, 18 ff.

[28] *Streng* ZStW 111 (1999), 827 (854).

[29] *Schäpe,* 39. Deutscher Verkehrsgerichtstag 2001, S. 90, 91 f.

[30] So BT-Drs. 18/11272, 16; *König* NZV 2001, 6 (10).

[31] *Geppert* in LK-StGB, 12. Aufl. Bd. 2, 2003, StGB § 44 Rn. 28; *Böse* in NK-StGB, 5. Aufl. Bd. 1, 2017, § 44 Rn. 19; *Wolters* in SK-StGB, 9. Aufl. Bd. 2, 2016, § 44 Rn. 9.

prüfen, ob durch eine Verbindung von Geldstrafe und Fahrverbot die Rückfallverhinderung besser erreicht werden kann als durch eine gegebenenfalls erhöhte Geldstrafe.[32]

Als einen weiteren Grund, der dazu führen kann, dass eine Geldstrafe keinen ausreichenden Eindruck auf den Täter hinterlassen kann, führt die Gesetzesbegründung den Umstand an, dass mit der Zahlung der Geldstrafe durch einen Dritten zu rechnen ist.[33] Hiermit setzt sich eine problematische Entwicklung fort, die mit dem Urteil BGHSt 37, 226 = NJW 1991, 990 begonnen hat, in dem der BGH anders als das Reichsgericht[34] entschieden hat, dass die Bezahlung einer Geldstrafe für einen anderen keine Strafvollstreckungsvereitelung nach § 258 Abs. 2 StGB sei. Das soll nun dazu führen, dass bei Gefahr der Umgehung einer an sich für richtig gehaltenen Strafe eine andere Sanktion verhängt werden soll. Damit wird die Sanktionsentscheidung vom Verhalten zahlungskräftiger Dritter abhängig gemacht. Besser wäre es, die Bezahlung fremder Geldstrafen als Strafvereitelung zu werten, weil dadurch der Zweck der Geldstrafe vereitelt wird, den Verurteilten durch ein fühlbares Übel persönlich zu treffen.[35]

Ein weiterer Anwendungsfall der 1. Variante des § 44 Abs. 1 S. 2 StGB kann darin gesehen werden, dass die Geldstrafe bei wirtschaftlich schwachen Tätern zur Überlastung führen kann.[36] Eine solche Konstellation kann auftreten, obwohl die Mindesthöhe des Tagessatzes nach § 40 Abs. 2 S. 3 StGB 1 € beträgt, und – wenn die Möglichkeit zur Leistung gemeinnütziger Arbeit nicht genutzt wird – zur Verbüßung von Ersatzfreiheitsstrafe führen. Allerdings wird in solchen Fällen der Täter häufig auch nicht über eine Fahrerlaubnis und ein Kraftfahrzeug verfügen, sodass ein Fahrverbot ins Leere laufen würde.[37] Hat der Täter eine Fahrerlaubnis und ein Kraftfahrzeug, kann das Fahrverbot als Nebenstrafe die Geldstrafe nur teilweise ersetzen, aber dazu führen, dass die Risiken der Nichtzahlung der Geldstrafe und der Verhängung von Ersatzfreiheitsstrafe reduziert werden.[38]

Weiterhin kommt nach § 44 Abs. 1 S. 2 StGB die Anordnung eines Fahrverbots in Betracht, wenn sie zur Verteidigung der Rechtsordnung erforderlich erscheint. Der Begriff der Verteidigung der Rechtsordnung ist wie bei den §§ 47 Abs. 1, 56 Abs. 3 und 59 Abs. 1 Nr. 3 StGB auszulegen, also im Sinne von Generalprävention mit Schwerpunkt auf der positiven Generalprävention zu verstehen. Nach der Rechtsprechung gebietet die Verteidigung der Rechtsordnung zB nach § 56 Abs. 3 StGB die Vollstreckung einer Freiheitsstrafe ab sechs Monaten insbesondere dann,

---

[32] Kritisch hierzu *Fischer,* 65. Aufl. 2018, StGB § 44 Rn. 19: „Wann ein Fahrverbot – jenseits von Straßenverkehrsdelikten – zur Einwirkung auf den Täter erforderlich ist, ist kaum zu bestimmen".

[33] BT-Drs. 18/11272, 15.

[34] RGSt 30, 232 (235).

[35] *Hillenkamp* JR 1992, 74; Gössel/*Dölling,* Strafrecht Besonderer Teil 1, 2. Aufl. 2004, § 68 Rn. 20.

[36] BT-Drs. 18/11272, 16; *Verrel* Bonner Rechtsjournal 2014, 135 (136); *Schöch* NStZ 2018, 15 (16).

[37] *Röwer,* 39. Deutscher Verkehrsgerichtstag 2001, 71 (78); *Franke* ZRP 2002, 20 (22).

[38] Zur Verhängung eines Fahrverbots bei Unterhaltspflichtverletzungen siehe *Bode* NZV 2017, 1 (6); *Schöch* NStZ 2018, 15 (16).

„wenn eine Aussetzung zur Bewährung im Hinblick auf schwerwiegende Besonderheiten des Einzelfalles für das allgemeine Rechtsempfinden schlechthin unverständlich erscheinen müsste und das Vertrauen der Bevölkerung in die Unverbrüchlichkeit des Rechts und in den Schutz der Rechtsordnung vor kriminellen Angriffen dadurch erschüttert werden könnte".[39] Eine Vollstreckung der Freiheitsstrafe kann nach der Rechtsprechung auch notwendig sein, „wenn die Tat Ausdruck einer verbreiteten Einstellung ist, die eine durch einen erheblichen Unwertgehalt gekennzeichnete Norm nicht ernst nimmt und von vornherein auf die Aussetzung einer etwaigen Freiheitsstrafe vertraut".[40] Außerdem kann nach der Rechtsprechung eine erhebliche Nachahmungsgefahr das Bedürfnis der Strafvollstreckung begründen.[41] Nach diesen Maßstäben dürfte die Anordnung eines Fahrverbots neben einer Geldstrafe oder einer Freiheitsstrafe zur Verteidigung der Rechtsordnung nur in wenigen Fällen erforderlich sein, nach dem *Jubilar* eigentlich nur, wenn die Anlasstat in irgendeinem Zusammenhang mit dem Straßenverkehr steht[42].

Die Anordnung eines Fahrverbots kommt nach § 44 Abs. 1 S. 2 StGB auch dann in Betracht, wenn hierdurch die Verhängung einer Freiheitsstrafe vermieden werden kann. Das betrifft insbesondere den Anwendungsbereich des § 47 StGB.[43] Das Gericht muss also prüfen, ob bereits durch die Kombination einer Geldstrafe mit einem Fahrverbot die einschlägigen Strafzwecke erfüllt werden, sodass es einer Freiheitsstrafe nicht bedarf.[44] Außerdem kann die Verhängung eines Fahrverbots gemäß § 44 Abs. 1 S. 2 StGB in Betracht kommen, wenn hierdurch die Vollstreckung einer Freiheitsstrafe verhindert werden kann. Insoweit ist zu überlegen, ob durch die Verbindung einer zur Bewährung ausgesetzten Freiheitsstrafe mit einem Fahrverbot die Voraussetzungen für eine günstige Legalprognose geschaffen werden können, sodass die Freiheitsstrafe nicht vollstreckt werden muss. Denkbar ist es auch, dass durch die gleichzeitige Verhängung eines Fahrverbots die Höhe einer Freiheitsstrafe auf ein bewährungsfähiges Maß gesenkt werden kann.[45]

Bei der Frage, ob an die Stelle einer Freiheitsstrafe oder der Vollstreckung einer Freiheitsstrafe eine Kombination einer Hauptstrafe mit einem Fahrverbot treten kann, wird die Problematik der Belastungsgleichheit besonders virulent, die sich daraus ergibt, dass es sich bei dem Fahrverbot um eine Sondersanktion für Fahrerlaubnisinhaber handelt.[46] Von zwei Tätern (gegebenenfalls Mittätern) mit glei-

---

[39] BGHSt 24, 40 (46) = NJW 1971, 439.

[40] BGHSt 24, 40 (47) = NJW 1971, 439.

[41] BGHSt 24, 40 (44) = NJW 1971, 439.

[42] *Fischer,* 65. Aufl. 2018, StGB § 44 Rn. 20.

[43] BT-Drs. 18/11272, 18; BT-Drs. 18/12785, 44.

[44] Skeptisch zur Ersetzbarkeit einer Freiheitsstrafe durch ein Fahrverbot *Heghmanns* ZRP 1999, 297 (299); *Wolters* ZStW 114 (2002), 63 (71) (jeweils zum Fahrverbot als Hauptstrafe).

[45] *Ohlenschlager,* Schriftliche Stellungnahme als Sachverständiger zur öffentlichen Anhörung im Ausschuss für Recht und Verbraucherschutz des Deutschen Bundestages am 22.3.2017 zum Entwurf eines Gesetzes zur Änderung des Strafgesetzbuches, des Jugendgerichtsgesetzes, der Strafprozessordnung und weiterer Gesetze, 5f.; *Schöch* NStZ 2018, 15 (17).

[46] Siehe zu dieser Problematik *Fischer,* 65. Aufl. 2018, StGB § 44 Rn. 7; *Streng* ZStW 111 (1999), 827 (854); *Weßlau* StV 1999, 278 (285;); *Bittmann* NJ 2001, 509 (513); *Franke* ZRP 2002, 20 (22); *von Selle* ZRP 2002, 227 (231); *Kilger* ZRP 2009, 13 (14); *Zopfs* FS Wolter 2013, 815

cher Schuld und gleichen Präventionsbedürfnissen, bei denen jeweils „an sich" eine Freiheitsstrafe geboten ist, von denen aber nur einer über eine Fahrerlaubnis verfügt, müsste der Fahrerlaubnisinhaber dann, wenn die Kombination von Geldstrafe und Fahrverbot zur Erreichung der Strafzwecke ausreicht, zu dieser verurteilt werden, während der andere Täter eine Freiheitsstrafe (mit Bewährung) erhalten müsste. Ist bei beiden Tätern eine Freiheitsstrafe zwingend geboten und kann unter der Bedingung der Verhängung eines Fahrverbots eine günstige Prognose gestellt werden, müsste der Fahrerlaubnisinhaber Bewährung erhalten. Bei dem anderen Täter hinge die Bewährung davon ab, ob er durch Auflagen und Weisungen[47] genauso beeindruckt werden kann wie durch ein Fahrverbot. Der Gesetzgeber hat die mit dem Fahrverbot verbundenen Ungleichheiten in Kauf genommen.[48] Zur Begründung dieser Rechtslage kann angeführt werden, dass es nicht um eine Ungleichbehandlung, sondern um eine durch Unterschiede in der präventiven Ansprechbarkeit der Täter bedingte Differenzierung geht.[49] Eine präventiven Bedürfnissen entsprechende Ausgestaltung des Sanktionensystems ist zu befürworten. Hierbei müssen allerdings die Kriterien der Gerechtigkeit gewahrt sein. Es sollte daher zur Wahrung der Belastungsgleichheit geprüft werden, ob die gemeinnützige Arbeit als eine Sanktion, deren Anwendungsbereich nicht auf bestimmte Bevölkerungsteile begrenzt ist, in das Strafensystem aufgenommen werden sollte.[50]

Ein Fahrverbot ist nur sinnvoll, wenn es für den Täter tatsächlich ein fühlbares Übel darstellt. Das wurde für begüterte Täter bereits ausgeführt. Auch bei weniger wohlhabenden Tätern muss eine entsprechende Prüfung erfolgen. So ist das Fahrverbot keine geeignete Sanktion, wenn der Täter seine Fahrerlaubnis ohnehin nicht oder nur extrem selten nutzt.[51] Außerdem ist zu bedenken, ob zB Familienangehörige den Täter fahren werden, sodass fraglich ist, ob ein Fahrverbot den Täter hinreichend beeindrucken wird.[52] Andererseits kann ein Fahrverbot zB bei Berufskraftfahrern oder Selbständigen den Arbeitsplatz bzw. die wirtschaftliche Existenz gefährden.[53] In diesen Fällen ist zur Vermeidung unbilliger Härten auf ein Fahrverbot zu verzichten oder nur ein auf bestimmte Fahrzeugarten begrenztes Fahrverbot auszusprechen.[54]

---

(821). Für Verfassungswidrigkeit des Fahrverbots bei Nichtverkehrsdelikten wegen Verstoßes gegen Art. 3 Abs. 1 GG *Röwer,* 39. Deutscher Verkehrsgerichtstag 2001, 71 (74); *Schäpe,* 39. Deutscher Verkehrsgerichtstag 2001, S. 90, 94f., 97; Strafrechtsausschuss der Bundesrechtsanwaltskammer, Stellungnahme Nr. 2/2017, S. 5; für Vereinbarkeit mit Art. 3 Abs. 1 GG BT-Drs. 18/11272, 17; *Berwanger* ZRP 2014, 89f.; *Bode* NZV 2017, 1 (3ff.); *Schöch* NStZ 2018, 15 (17f.).

[47] Siehe dazu *Schöch* NStZ 2018, 15 (17).

[48] BT-Drs. 18/11272, 16, 17.

[49] *Verrel,* 55. Deutscher Verkehrsgerichtstag 2017, S. 1, 10.

[50] Vgl. dazu *Dölling* ZStW 104 (1992), 259 (281ff.).

[51] *Schöch* NStZ 2018, 15 (17).

[52] Vgl. dazu *Röwer,* 39. Deutscher Verkehrsgerichtstag 2001, S. 71, 78; *Franke* ZRP 2002, 20 (22).

[53] BT-Drs. 18/12785, 45: *Streng* ZStW 111 (1999), 827 (854); *Franke* ZRP 2002, 20 (22).

[54] *Schöch* NStZ 2018, 15 (17); *Bode* NZV 2017, 1 (7); *Oehmichen* in Knierim/Oehmichen/Beck/Geisler, Gesamtes Strafrecht aktuell, 2018, Kap. 14 Rn. 28.

Insgesamt dürfte der Anwendungsbereich des Fahrverbots begrenzt sein.[55] Entscheidet sich das Gericht für die Verhängung eines Fahrverbots, muss es bei der Bestimmung der Dauer berücksichtigen, dass sich ein Fahrverbot individuell sehr unterschiedlich auswirken kann.[56] Die Stärke der Belastung hängt u. a. davon ab, inwieweit der Verurteilte beruflich auf ein Kraftfahrzeug angewiesen ist, inwieweit er das Kraftfahrzeug im privaten Bereich zB zur Unterstützung hilfsbedürftiger Angehöriger oder für ehrenamtliche Tätigkeiten benötigt und wie gut der Wohnsitz des Verurteilten an öffentliche Verkehrsmittel angebunden ist. Je nach Strafempfindlichkeit des Verurteilten kann daher bei gleicher Schuld und Präventionsbedürftigkeit eine unterschiedliche Länge des Fahrverbots geboten sein. Die für die Bemessung des Fahrverbots relevanten Umstände müssen in der Hauptverhandlung festgestellt werden. Insbesondere dann, wenn eine Sanktionierung durch Strafbefehl in Betracht kommt, sind die entsprechenden Erhebungen bereits im Ermittlungsverfahren vorzunehmen.[57]

Die Hauptstrafe und die Nebenstrafe des Fahrverbots dürfen zusammen das Maß der Tatschuld nicht überschreiten.[58] Bei Anordnung eines Fahrverbots wird daher nach der Gesetzesbegründung in der Regel die ansonsten gebotene Hauptstrafe zu verringern sein.[59] Das Gesetz enthält keinen Maßstab, nach dem ein Fahrverbot auf eine Geldstrafe oder eine Freiheitsstrafe anzurechnen ist.[60] In Begründungen für Gesetzentwürfe wird angenommen, dass die Wirkung des Fahrverbots zwischen Geldstrafe und Freiheitsstrafe liegt.[61] Wegen der unterschiedlichen Wirkungen des Fahrverbots muss das Gericht die Stärke des Strafübels im jeweiligen Einzelfall abschätzen und in der Regel durch einen Abzug von der Hauptstrafe eine insgesamt schuldangemessene Gesamtsanktion bilden.[62]

Ordnet das Gericht ein Fahrverbot an, muss nach § 267 Abs. 3 S. 1 StPO in der Urteilsbegründung ausgeführt werden, welche Gründe für die Verhängung des Fahrverbots, die Festlegung seiner Dauer und die Ausbalancierung von Haupt- und Nebenstrafe maßgeblich waren.[63] Wegen möglicher Akzeptanzprobleme bei der Anordnung eines Fahrverbots für eine Straftat ohne Bezug zum Straßenverkehr[64] muss das Gericht den Sinn der Anordnung verdeutlichen. Nach der Geset-

---

[55] Siehe *Schöch* NStZ 2018, 15 (18): „keinesfalls der Regelfall für die Aburteilung der leichteren und mittleren Kriminalität".

[56] *Streng* ZStW 111 (1999), 827 (854); *Bittmann* NJ 2001, 509 (513); *Kilger* ZRP 2009, 13 (14).

[57] *Ohlenschlager,* Schriftliche Stellungnahme als Sachverständiger zur öffentlichen Anhörung im Ausschuss für Recht und Verbraucherschutz des Deutschen Bundestages am 22.3.2017 zum Entwurf eines Gesetzes zur Änderung des Strafgesetzbuches, des Jugendgerichtsgesetzes, der Strafprozessordnung und weiterer Gesetze, S. 7.

[58] BT-Drs. 18/12785, 43; *Fischer,* 65. Aufl. 2018, StGB § 44 Rn. 18.

[59] BT-Drs. 18/12785, 44.

[60] Kritisch zum Fehlen eines Maßstabs *Wolters* ZStW 114 (2002), 63 (71f.).

[61] BR-Drs. 449/99, 15; BR-Drs. 637/00, 11; BT-Drs. 14/9358; vgl. aber auch den Gesetzentwurf des Bundesrates vom 15.2.2008, BR-Drs. 39/08, der in § 51 Abs. 4 S. 2 StGB einen Umrechnungsmaßstab zu Geldstrafe und zu Freiheitsstrafe von jeweils 1: 1 vorsah.

[62] *Fischer,* 65. Aufl. 2018, StGB § 44 Rn. 25.

[63] *Geppert* in LK-StGB, 12. Aufl. Bd. 2, 2003, StGB § 44 Rn. 95; *Stuckenberg* in Löwe/Rosenberg, 26. Aufl. Bd. 6 Teil 2, 2013, StPO § 267 Rn. 127.

[64] Akzeptanzprobleme nehmen ua an *Schäpe,* 39. Deutscher Verkehrsgerichtstag 2001, S. 90, 94; *Kilger* ZRP 2009, 13 (14); *Zopfs* FS Wolter, 2013, 815 (822); keine erheblichen Akzeptanzpro-

zesbegründung genügt bei Nichtanordnung eines Fahrverbots die Feststellung, dass die Hauptstrafe ausreicht.[65] Liegt aber ein Fahrverbot nahe oder wird ein Antrag auf Verhängung eines Fahrverbots gestellt, wird das Gericht zu begründen haben, warum es von einem Fahrverbot abgesehen hat.[66]

Ist ein Fahrverbot rechtskräftig angeordnet worden, stellt sich die Frage seiner Einhaltung. Die Überwachungsmöglichkeiten sind begrenzt.[67] Nach dem Gesetzgeber wird aber die Strafvorschrift des § 21 StVG, die u. a. das Führen eines Kraftfahrzeugs entgegen einem Fahrverbot nach § 44 StGB unter Strafe stellt, auf die von einem Fahrverbot vornehmlich betroffenen Delinquenten der unteren und mittleren Kriminalität eine hinreichend abschreckende Wirkung entfalten.[68] Außerdem stelle die Höchstfrist von sechs Monaten einen hinreichend überschaubaren und damit die Befolgungsbereitschaft nicht überstrapazierenden Zeitraum dar.[69] Allerdings werden Delikte der unteren und mittleren Kriminalität nicht nur von „Durchschnittsbürgern" begangen, die durch die Strafdrohung des § 21 StVG möglicherweise wirksam abzuschrecken sind, sondern auch von stärker kriminell gefährdeten Personen, die durch Strafdrohungen weniger zu beeindrucken sind,[70] und könnte das Risiko der Nichtbefolgung steigen, wenn bei einer Kumulation mehrerer Fahrverbote nach § 44 Abs. 4 StGB die Gesamtdauer von sechs Monaten überschritten wird. Es wird freilich darauf hingewiesen, dass nach bisherigen Erfahrungen bei Fahrverboten wegen Straßenverkehrsdelikten und bei Entziehung der Fahrerlaubnis die Respektierung beachtlich ist,[71] wobei allerdings bei Tätern, die ein Fahrverbot wegen Delikten der allgemeinen Kriminalität erhalten, das Nichtbefolgungsrisiko größer sein könnte als bei Straßenverkehrsdelinquenten. In einer Reihe von Fällen wird es daher zu einer Strafbarkeit nach § 21 StVG kommen. Diese Strafbarkeit ist problematisch, weil zwar die Nichteinhaltung des Fahrverbots unter Strafe steht, nicht aber die Nichtbefolgung von Geldstrafe und Freiheitsstrafe.[72] Die Rechtslage könnte damit gerechtfertigt werden, dass die Befolgung einer Geldstrafe (bzw. einer Ersatzfreiheitsstrafe) und einer Freiheitsstrafe im Wege der Vollstreckung durchgesetzt werden kann, eine entsprechende Möglichkeit

---

bleme erwarten zB BT-Drs. 18/11272, 16; *Bode* NZV 2017, 1 (5); *Verrel,* 55. Deutscher Verkehrsgerichtstag 2017, S. 1, 3f.; *Janker* DAR 2017, 8 (12).

[65] BT-Drs. 18/11272, 17.

[66] Vgl. Strafrechtsausschuss der Bundesrechtsanwaltskammer, Stellungnahme Nr. 2/2017, S. 5, nach dem ein erhöhter Begründungsbedarf auch beim Absehen von einem Fahrverbot bestehen kann. Nach *Stuckenberg* in Löwe/Rosenberg, 26. Aufl. Bd. 6 Teil 2, 2013, StPO § 267 Rn. 127 ist die Nichtanordnung eines Fahrverbots zu begründen, wenn die festgestellten Umstände dazu drängten und dies notwendig ist, um die fehlerfreie Anwendung des materiellen Rechts aufzuzeigen.

[67] *Fischer* 65. Aufl. 2018, StGB § 44 Rn. 7.

[68] BT-Drs. 18/11272, 16f., 19.

[69] BT-Drs. 18/11272, S. 17.

[70] *Röwer,* 39. Deutscher Verkehrsgerichtstag 2001, 71, 78; *Schäpe,* 39. Deutscher Verkehrsgerichtstag 2001, S. 90, 92; *Franke* ZRP 2002, 20 (22); *Berwanger* ZRP 2017, 26 (27).

[71] *Schöch,* Stellungnahme zur öffentlichen Anhörung im Ausschuss für Recht und Verbraucherschutz des Deutschen Bundestages am 22.3.2017 zum Entwurf eines Gesetzes zur Änderung des Strafgesetzbuchs, des Jugendgerichtsgesetzs, der Strafprozessordnung und weiterer Gesetze, BT-Drs. 17/11272, 3f.; *Verrel,* 55. Deutscher Verkehrsgerichtstag 2017, 1, 7.

[72] *Weßlau* StV 1999, 278 (285); *Zopfs,* 55. Deutscher Verkehrsgerichtstag 2017, 25, 28.

beim Fahrverbot aber nicht besteht, sodass es einer Strafdrohung als Druckmittel zur Einhaltung der Sanktion bedarf.[73]

Bei der Entscheidung über die Verhängung eines Fahrverbots im Jugendstrafrecht für Delikte außerhalb des Straßenverkehrs ist zu bedenken, dass eine solche Anordnung insbesondere von Jugendlichen und Heranwachsenden als ungerecht empfunden werden kann und Trotzreaktionen auslösen kann.[74] Einen Hinweis auf die Problematik ergeben von *Streng* in den Jahren 2001 bis 2005 und 2010 geführte Befragungen von Jura-Studienanfängern der Universität Erlangen-Nürnberg. Auf die Frage, ob ein von Verkehrsdelikten unabhängiges Fahrverbot eingeführt werden sollte, wählten von insgesamt 1.082 Befragten 70,3% die Antwort: „Das lehne ich ab, weil aus Gerechtigkeitsgründen eine so spezielle Sanktion wie das Fahrverbot zu der abzustrafenden Tat in inhaltlichem Zusammenhang stehen muss". Weitere 6,2% sprachen sich aus anderen Gründen gegen das Fahrverbot als allgemeine Sanktion aus.[75] Ein Fahrverbot sollte daher bei Anwendung von Jugendstrafrecht nur verhängt werden, wenn dies im Einzelfall erzieherisch sinnvoll und erforderlich ist und nicht die Gefahr unverhältnismäßiger Nachteile wie Verlust des Ausbildungsplatzes oder Berufs[76] besteht. Denkbar ist, dass durch ein Fahrverbot ein Jugendarrest und unter Umständen eine Jugendstrafe vermieden werden kann.[77] Ordnet der Jugendrichter ein Fahrverbot an, muss er sich bemühen, dem jungen Verurteilten den Sinn des Fahrverbots zu vermitteln.[78]

III. Resümee

Die Erstreckung der Nebenstrafe des Fahrverbots auf Straftaten außerhalb des Straßenverkehrs hat den Handlungsspielraum der Strafrechtspraxis erweitert, stellt aber die Praxis vor schwierige Aufgaben. Es muss im Einzelfall entschieden werden, ob die Kombination einer Geldstrafe oder einer Freiheitsstrafe mit einem Fahrverbot eine schuldangemessene und präventiv wirksame Reaktion auf die Straftat ist, die einer Verurteilung „nur" zu einer Geldstrafe oder einer Freiheitsstrafe bzw. einer zu vollstreckenden Freiheitsstrafe vorzuziehen ist. Hierbei müssen die Strafgerichte das Fahrverbot in der Weise in die Strafzumessungspraxis einfügen, dass sich ein unter dem Gesichtspunkt der Belastungsgleichheit gerechtes und damit für die Bevölkerung akzeptables Strafzumessungssystem ergibt. Das Fahrverbot ist damit ein Prüfstein hinsichtlich der Frage, ob sich eine weitere Ausdifferenzierung des Strafensystems empfiehlt. Es sollte deshalb evaluiert werden, wie die Praxis das Fahrver-

[73] Vgl. *König* NZV 2001, 6 (10).

[74] *Brunner/Dölling,* 13. Aufl. 2018, JGG § 8 Rn. 8.

[75] *Streng,* Kriminalitätswahrnehmung und Punitivität im Wandel, 2014, S. 63.

[76] Siehe dazu *Ohlenschlager,* Schriftliche Stellungnahme als Sachverständiger zur öffentlichen Anhörung im Ausschuss für Recht und Verbraucherschutz des Deutschen Bundestages am 22.3.2017 zum Entwurf eines Gesetzes zur Änderung des Strafgesetzbuches, des Jugendgerichtsgesetzes, der Strafprozessordnung und weiterer Gesetze, S. 10.

[77] Vgl. *König* NZV 2001, 6 (7).

[78] Kritisch zum Fahrverbot im Jugendstrafrecht: Strafrechtsausschuss der Bundesrechtsanwaltskammer, Stellungnahme Nr. 2/2017, S. 6; *Zopfs,* 55. Deutscher Verkehrsgerichtstag 2017, 25, 31.

bot anwendet und wie sich das Fahrverbot auswirkt.[79] Hierdurch kann eine wichtige empirische Grundlage für die Entscheidung geschaffen werden, ob der Weg der Ausdifferenzierung der strafrechtlichen Sanktionen weitergegangen werden soll.

---

[79] *Verrel,* 55. Deutscher Verkehrsgerichtstag 2017, 1, 2. Eine Evaluation hat auch der Nationale Normenkontrollrat empfohlen (BT-Drs. 18/11272, 42). Die Bundesregierung hat allerdings eine Evaluation nicht als erforderlich angesehen (BT-Drs. 18/11272, 43).

KARSTEN GAEDE

Unbestimmte besonders schwere Fälle

Strafrechtliche Autoren und Autorinnen aus Wissenschaft und Praxis ziehen es – gerade auch in Festschriften – regelmäßig vor, sich den dogmatischen und möglichst aktuellen Fragen der Strafbarkeitsbegründung bzw. der Begründung der Strafe als solcher zu widmen. Insoweit behandeln ihre Beiträge dann nicht selten Bestimmtheitsdefizite, die nach der zarten Renaissance des Bestimmtheitsgrundsatzes immerhin für die Auslegung vermehrt folgenmächtig werden (sollten).[1] Die Rechtsfolgenwahl und die konkrete Strafzumessung stehen dahinter nicht zuletzt unter dem Aspekt der Bestimmtheit und damit der Vorhersehbarkeit des Rechts zurück, wenngleich offene Bekenntnisse, dass Strafzumessung eben allein ein Akt individueller richterlicher Kunst oder schlicht „Bauchgefühl" sei, selten geworden sind.[2]

Auch der Autor dieses Beitrages gibt sich nicht der Illusion hin, die von manchem kritisch gesehene „Verrechtlichung" der Strafzumessung durch eine vermeintlich allumfassende Lehre von der richtigen Strafe im Einzelfall fördern zu können.[3] Der Beitrag will aber beispielhaft dazu anregen, das Recht der konkreteren Bestimmung der Rechtsfolge bzw. ihres Ausmaßes vermehrt auf die Tagesordnung zu setzen.[4] Selbst wenn der Schuldspruch dogmatisch vorzüglich abgesichert ist, ist es bis zu einer konkret legitimierten staatlichen Übelszufügung noch ein langer Weg. Am Wegesrand wartet allzu schnell der Kurzschluss, dass man infolge der erforderlichen größeren Hinwendung zur Einzelfallgerechtigkeit letztlich gar keine leitenden Rechtsmaßstäbe entwickeln könne. Und ohne die kritische Debatte, die wir für den dogmatischen Weg zum Schuldspruch als selbstverständlich erachten, können selbst vorhandene gesetzliche Regelungen nur allzu leicht hinter das ehrfürchtige Vertrauen auf die stets gerechte richterliche Einzelfallentscheidung zurücktreten.

---

[1] Siehe grundlegend BVerfGE 126, 170ff.

[2] Zur heute anerkannten Natur der Strafzumessung als Rechtsanwendung mwN BVerfGE 118, 212 (229ff.); *Fischer,* 65. Aufl. 2018, § 46 Rn. 146, 14; vgl. demgegenüber aber auch zur Realität *Fischer,* ZEIT-Kolumne vom 29.3.2016, Schuld und Sühne Teil III. Siehe aber zur begrenzten Revisibilität etwa BGH NStZ-RR 2003, 297f.

[3] Zur insoweit geltenden sog. Spielraumtheorie *Fischer,* 65. Aufl. 2018, StGB § 46 Rn. 20 und krit., aber letztlich zust. *Streng* in NK-StGB, 5. Aufl. 2017, § 46 Rn. 97ff. Zur vielversprechenden Tatproportionalitätslehre vgl. hingegen grundlegend *von Hirsch,* Doing Justice, 1976; näher im deutschen Kontext mwN *Hörnle,* Tatproportionale Strafzumessung, 1999, 127ff., 143ff., 179ff., 324ff.; zu Konflikten mit dem deutschen Recht *de lege lata* mwN *Streng* in NK-StGB, 5. Aufl. 2017, § 46 Rn. 109ff.

[4] Siehe auch krit. *Hettinger* FS Paeffgen, 2015, 267 (282).

Konkret soll die ermattete Debatte um den durch Regelbeispiele gestalteten Sonderstrafrahmen für besonders schwere Fälle unter dem Aspekt der Bestimmtheit erneut aufgegriffen werden. Dieses früher umstrittenere Rechtsfolgeninstrument hat auch im Werk des Geehrten Kritik auf sich gezogen. Praxis und Lehre haben sich mit dem Status quo zwar trotz einer gestiegenen Bedeutung der Regelbeispiele arrangiert (dazu → I.). Der Rückgriff auf den Sonderstrafrahmen sollte aber nur im Fall von Regelbeispielen diskutabel sein, die begrifflich konturierbare Merkmale mit sich führen (dazu II.). Unbenannte besonders schwere Fälle sind dagegen weder zu rechtfertigen noch kriminalpolitisch unverzichtbar (dazu III.).

I. Status quo – zwischen kriminalpolitischer Freiheit und Wortlautachtung

Zunächst ist in Erinnerung zu rufen, dass auch die vom Gesetz angedrohten und ggf. verhängten strafrechtlichen Rechtsfolgen nach ihrer Art und ihrem Maß dem Gesetzlichkeitsprinzip unterstehen.[5] Art. 103 Abs. 2 GG erfasst damit auch strafschärfend wirkende Rechtssätze, wie sie in den Regeln über besonders schwere Fälle liegen.[6]

In der Sache ist die Erstreckung auf die Rechtsfolgen indes von Großzügigkeit geprägt: Vor allem infolge des Bedürfnisses, die für den konkreten Einzelfall gerechte und insbesondere schuldangemessene Rechtsfolge verhängen zu können, werden die Maßstäbe unter dem Aspekt der Bestimmtheit im engeren Sinne gering angesetzt.[7] So sollen etwa Strafrahmen lediglich nicht „uferlos" sein dürfen.[8] Entsprechend der allgemein vom Verfassungsgericht bejahten, extrem breiten kriminalpolitischen Prärogative des Parlaments steht auch die Strafrahmenbestimmung einschließlich der Festlegung von Mindeststrafen nicht unter einer engen verfassungsgerichtlichen Kontrolle.[9] Erst recht und aus gutem Grund wird dem Gesetzgeber nicht abverlangt, eine absolute bzw. punktgenaue Strafe für jede einzelne Tat vorzuzeichnen.[10]

Vor diesem Hintergrund können Sonderstrafrahmen für besonders schwere Fälle, die der Gesetzgeber seit einigen Jahrzehnten regelmäßig durch Regelbeispiele vorsteuert, nicht erstaunen. Bei diesen Strafrahmen führen bekanntlich Merkmale, die der Beteiligte analog §§ 15 und 16 StGB vorsätzlich verwirklichen muss,[11] zu einer grundsätzlichen Aufwertung zu einem besonders schweren Fall, für den sich ein er-

[5] BVerfGE 25, 269 (285ff.); 45, 363 (371f.); 105, 135 (152ff.); BVerfG NJW 2008, 3627ff.; *Maiwald* FS Gallas, 1973, 137ff.; *Gaede* in AnwK-StGB, 2. Aufl. 2015, § 1 Rn. 8.

[6] BVerfGE 45, 363 (366f.), 370ff.; mwN BVerfG NJW 2008, 3627 (3628f.).

[7] Siehe dafür besonders im Kontext des Schuldgrundsatzes mwN BVerfGE 105, 135 (154ff.).

[8] BVerfGE 105, 135 (156); *Eser/Hecker* in Schönke/Schröder, 29. Aufl. 2014, StGB § 1 Rn. 22; *Fischer,* 65. Aufl. 2018, StGB § 1 Rn. 17.

[9] Dazu BGHSt 50, 252ff. und zur Brandstiftung BVerfG BeckRS 2011, 48101.

[10] Zur möglichen Auswahl unter mehreren Rechtsfolgen und aus einem vergleichsweise breiten Strafrahmen BVerfGE 105, 135 (153ff.).

[11] Dafür etwa BGHSt 26, 176 (180ff.); mwN *Gaede* in Matt/Renzikowski, 1. Aufl. 2013, StGB § 16 Rn. 37.

höhter Strafrahmen öffnet. Kontraindizierende Sachverhaltsaspekte können diese Wertung in einer strafbegrenzenden Gesamtwürdigung jedoch noch entkräften.[12]

Während der Gesetzgeber anfangs für derartige Sonderstrafrahmen, die teilweise an die Stelle von funktional äquivalenten Qualifikationstatbeständen traten,[13] oft gescholten wurde,[14] dürfte heute eine breite, wenngleich selten auf näheren Ausführungen beruhende, Akzeptanz überwiegen. Auch sog. unbenannte besonders schwere Fälle werden überwiegend als verfassungsgemäß hingenommen.[15] Sie werden befürwortet, wenn eine Tat bei wertender Betrachtung den durch die Regelbeispiele benannten Fällen gleichzusetzen ist.[16]

Im konkreten Umgang mit den Regelbeispielen sind gemischte Signale festzuhalten. Ihre scheinbar freie Verfügbarkeit für den Gesetzgeber nahm dieser in Anspruch, als er zum Ersatz des gescheiterten Verbrechenstatbestandes der Steuerhinterziehung das als unbestimmt[17] bewertete frühere Tatbestandsmerkmal der Steuerverkürzung (des Steuervorteils) großen Ausmaßes kurzerhand als Regelbeispiel in § 370 Abs. 3 S. 2 Nr. 1 AO wiederauferstehen ließ.[18] Nicht schlecht staunen ließ dagegen das BVerfG das geneigte Fachpublikum, als es die Subsumtion eines Kfz unter die Waffe i. S. des § 113 Abs. 2 Nr. 1 StGB aF zurückwies.[19] Das Gericht betonte damit, dass die von Art. 103 Abs. 2 GG (§ 1 StGB) gezogene Wortlautgrenze bei der Anwendung der Regelbeispiele strikt zu beachten ist.[20]

Auch *Fischers* Standardkommentar äußert sich zu diesen Maßstäben. Und zwar im Wesentlichen kritisch. Neben einer Kritik der Flexibilisierung, die auch durch die Kombination von Qualifikationstatbeständen mit minder schweren Fällen erzielt werden kann, sieht er die Gefahr von Gesamtstrafrahmen, die von der Mindest- bis zur Höchststrafe reichen und damit doch uferlos sind.[21] Dass ein Merkmal, welches als Tatbestandsmerkmal unzureichend ist, in einem Regelbeispiel gute Dienste leisten können soll, bezweifelt *Fischer.*[22] Der „modernen" Verbreitung der Regelbeispielsmethode hält er die Frage nach ihrer Sachgerechtigkeit[23] und das

---

[12] Dazu mwN anhand des Betruges instruktiv BGHSt 48, 360 (361f.); BGH NJW 2004, 2394f.; KG StraFo 2011, 362f.; BT-Drs. 13/8587, 42.

[13] Siehe hierfür im Rückblick *Vogel* in LK-StGB, 12. Aufl. 2010, § 243 Entstehungsgeschichte, Rn. 2ff.

[14] Siehe repräsentativ etwa *Maiwald* FS Gallas, 1973, 137ff., 157ff.; mwN *Calliess* NJW 1998, 929 (933ff.); *Krahl,* Tatbestand und Rechtsfolge, 1999, 3ff.

[15] Hierzu BVerfGE 45, 363 (371ff.); BVerfG NJW 2008, 3627 (3628); *Dannecker* in LK-StGB, 12. Aufl. 2006, § 1 Rn. 234f.; *Eser/Hecker* in Schönke/Schröder, 29. Aufl. 2014, StGB § 1 Rn. 22, 29; *Wessels* FS Maurach, 1972, 295, (302ff.); nur mit Kritik *Satzger* in SSW StGB, 3. Aufl. 2017, § 1 Rn. 33; *Eisele,* Die Regelbeispielsmethode, 2004, 399ff., aber auf Basis einer sehr einschränkenden Auslegung, siehe S. 243ff.

[16] Für die hM zB *Fischer,* 65. Aufl. 2018, StGB § 300 Rn. 7; enger *Eisele,* Die Regelbeispielsmethode, 2004, 243ff.

[17] MwN BGH NJW 2004, 2990 (2991f.); 2005, 374 (375f.); mwN *Gaede* HRRS 2004, 318ff.

[18] BT-Drs. 16/5846, 74f.

[19] MwN BVerfG NJW 2008, 3627 (3628f.); *Fischer,* 65. Aufl. 2018, StGB § 1 Rn. 8.

[20] BVerfG NJW 2008, 3627f.; *Kudlich* JR 2009, 210f.; *Gaede* in AnwK-StGB, 2. Aufl. 2015, § 1 Rn. 38; *Hassemer/Kargl* in NK-StGB, 5. Aufl. 2017 § 1 Rn. 73f.

[21] *Fischer,* 65. Aufl. 2018, StGB § 1 Rn. 17.

[22] *Fischer,* 65. Aufl. 2018, StGB § 1 Rn. 17.

[23] *Fischer,* 65. Aufl. 2018, StGB § 46 Rn. 90.

Verdikt als „unklare Mischung von (unvollständigen) Qualifikationen und Auslegungshinweisen des Gesetzgebers" entgegen, welche die Verantwortung für die Vervollständigung des Tatbestands vom Gesetzgeber auf das Gericht verschiebe und die systematische Folgerichtigkeit des Strafrechts vermehrt preisgebe.[24] Dennoch wendet sich auch *Fischer* offenbar nicht gegen die Verfassungsmäßigkeit der Regelbeispielsmethode,[25] zumal er bei diversen Strafrahmen für besonders schwere Fälle Vorschläge für unbenannte besonders schwere Fälle macht.[26] So soll etwa ein besonders großer Wettbewerbsvorteil bzw. eine besonders ausgeprägte Bevorzugung beim Bezug von Waren oder Dienstleistungen einen unbenannten besonders schweren Fall des § 300 StGB ausmachen.[27] Gleiches soll gelten, wenn sich die Tat auf Vorteile bezieht, die unabhängig vom Charakter als Bestechungsmittel einen anstößigen oder sittenwidrigen Inhalt aufweisen.[28]

Bei alledem darf nicht vergessen werden, dass den Regelbeispielen durch eine zunehmende Einbindung in strafprozessuale Vorschriften Bedeutung zuwächst. Vor allem setzen gesetzliche Befugnisnormen oft schwerwiegender strafprozessualer Ermittlungsmaßnahmen an der Verwirklichung eines Regelbeispiels an. Dies gilt zum Beispiel für die Telekommunikationsüberwachung (§ 100a Abs. 1, 2 StPO) ebenso wie für die akustische Überwachung außerhalb von Wohnräumen (§ 100f Abs. 1 StPO). Im Recht der Verjährung hat der Gesetzgeber sogar vereinzelt an das Vorliegen eines besonders schweren Falles eine eigene Frist geknüpft. Bei der Steuerhinterziehung ist – abweichend von § 78 Abs. 4 StGB – gemäß § 376 Abs. 1 AO eine sonst nur für Verbrechen eingreifende Verjährungsfrist von zehn Jahren vorgesehen, wenn die Regelbeispiele der Steuerhinterziehung gemäß § 370 Abs. 3 S. 2 AO verwirklicht worden sind.[29]

Mehr noch hat auch die Rechtsprechung längst erkannt, welche „Chance" sich in Regelbeispielen finden lässt, wenn man sie nur ergreift. Erneut ist das Steuerstrafrecht das Experimentierfeld Nummer eins. Für die Steuerhinterziehung hat bekanntlich der 1. Strafsenat des BGH vor nun gut zehn Jahren eine Verschärfung der Ahndungspraxis gerade über die Interpretation und systematische Aufladung des zentralen Merkmals der Steuerverkürzung großen Ausmaßes gemäß § 370 Abs. 3 S. 2 Nr. 1 AO ins Werk gesetzt.[30] Der Senat hat mit dieser Judikatur gezeigt, dass Regelbeispiele, die der Gesetzgeber der Rechtsprechung anvertraut, in erheblichem Maße kriminalpolitisch „kampagnenfähig" sind. An anderer Stelle wurde diese Entwicklung bereits näher evaluiert.[31] Dabei zeigt sich, dass diese Rechtsprechung

---

[24] *Fischer,* 65. Aufl. 2018, StGB § 46 Rn. 96a.

[25] Siehe den Verweis auf BVerfGE 45, 363 in *Fischer,* 65. Aufl. 2018, StGB § 46 Rn. 90.

[26] Siehe neben *Fischer,* 65. Aufl. 2018, StGB § 46 Rn. 89 etwa § 243 Rn. 23, § 263 Rn. 227 und § 335 Rn. 12.

[27] *Fischer,* 65. Aufl. 2018, StGB § 300 Rn. 7.

[28] So *Fischer,* 65. Aufl. 2018, StGB § 300 Rn. 7.

[29] Dazu mwN näher *Gaede,* Der Steuerbetrug, 2016, 28, 286f.

[30] BGHSt 53, 71 (80f., 85, 87f.); zu § 373 AO BGH NJW 2012, 2599f.; *Bilsdorfer* NJW 2009, 476 (477); später etwa BGH NZWiSt 2013, 224 (225f.).

[31] Eingehend *Gaede,* Der Steuerbetrug, 2016, 796ff.

durchaus das Potential hat, auf andere, gleichgerichtete Regelbeispiele der Deliktsfamilie des Betruges im StGB auszustrahlen.[32]

II. Akzeptanz bei materieller Aussagekraft

Was ist von der Regelbeispielstechnik nun zu halten? Sollten wir Strafrahmen für besonders schwere Fälle auf dieser Basis als verfassungskonform bewerten?

1. Ausgangspunkte

Wasser auf die Mühlen der Anerkennung der Sonderstrafrahmen für besonders schwere Fälle ist natürlich der allgemein großzügige Stand der Bestimmtheitsdebatte. Schon im Rahmen der Strafbarkeitsbestimmung erkennen wir an, dass Art. 103 Abs. 2 GG nur eine sehr graduelle Vorhersehbarkeit gewährleistet; auch grobkörnige Regelungen und den Rückgriff auf Generalklauseln schließt das Gesetzlichkeitsprinzip angesichts der Nöte einer stets abstrakten Gesetzgebung nicht kategorisch aus.[33] Dem tritt nun noch das bereits erwähnte, nicht zuletzt dem Schuldprinzip geschuldete Bedürfnis zur Seite, dem Tatrichter eine auch dem Einzelfall gerecht werdende Sanktion zu ermöglichen, das allzu starren Maßstäben entgegensteht.[34]

In diesem Licht erweist sich die Regelbeispielsmethode als durchaus potentialreiches Instrument der Gesetzgebung:[35] Sie ermöglicht es *zum einen,* die Strafrahmen für eine Tat nicht von vornherein allzu weit zu strecken. Dies gilt zum Beispiel, wenn sich ein Delikt – wie es etwa beim Betrug der Fall ist – nach seinem Tatunrecht nicht als ein gleichsam geborenes Verbrechen erweist. *Zum anderen* gestattet sie es, im Fall von nennenswerten Unrechts- und Schuldsteigerungen unter dem Rückgriff auf begrifflich gefasste Merkmalsbeschreibungen wesentliche Strafschärfungen zu transportieren. Diese wiederum bleiben durch eine mögliche Gesamtwürdigung so hinreichend offen, dass sie noch immer im Einzelfall nicht als starr bzw. überhart bewertet werden müssen.

2. Notwendige Entscheidungen

So betrachtet lässt sich – wenig überraschend – festhalten, dass die Regelbeispielsmethode keineswegs per se zu verwerfen ist.

Gleichwohl ist ihr *selbstverständlicher und unbedachter Einsatz* tatsächlich kritikwürdig. Der frühere Ersatz von abschließenden Qualifikationen des Diebstahls durch

---

[32] Insofern näher *Gaede,* Der Steuerbetrug, 2016, 813ff., begründend auch S. 176ff.

[33] Dafür mwN BVerfGE 71, 108 (115); 78, 374 (384, 389); zur eigenen Ansicht *Gaede,* Der Steuerbetrug, 2016, 447ff.

[34] Dazu mwN BVerfGE 105, 135 (154ff.); *Basak* in Matt/Renzikowski, 1. Aufl. 2013, StGB § 1 Rn. 17; die Bedeutung des Schuldprinzips gerade für die Rechtsfolgendimension unterstreicht aber auch zutreffend *Maiwald* FS Gallas, 1973, 137 (142ff.).

[35] Siehe zu diesen und weiteren Vorzügen etwa auch *Eisele,* Die Regelbeispielsmethode, 2004, 143ff., 383ff.

die Regelbeispiele des § 243 StGB[36] zeigt beispielhaft, dass die Wahl der Regelbeispielsmethode immer auch eine Entscheidung gegen alternative, grundsätzlich bestimmtere Optionen zur Normsetzung darstellt, die über minder schwere Fälle immerhin ebenfalls mit einer die Schuldangemessenheit fördernden Flexibilisierung verbunden werden können. Bieten sich aber Alternativen an, denen der Vorwurf der Schuldunangemessenheit nicht zu machen ist, dann darf sich der Gesetzgeber tatsächlich nicht nur über die etwaige Modernität[37] der Regelbeispielsmethode Gedanken machen. Vielmehr ist der geltende Bestimmtheitsgrundsatz im Sinne eines Optimierungsgebotes[38] heranzuziehen und zu fragen, ob die offenere und damit weniger Vorhersehbarkeit schaffende Regelung tatsächlich notwendig ist. In diesem Sinne muss der Gesetzgeber in jedem Regelungskontext stets von neuem entscheiden, ob es legitim ist, auf die mindestens prinzipiell begriffliche Strafrahmenentscheidung über Qualifikationsmerkmale zu verzichten.[39]

Diese Vorsicht ist auch infolge des betroffenen Regelungsgegenstandes angemessen. Art. 103 Abs. 2 GG will qualifiziert vor Willkür schützen,[40] die der Bürger nicht nur durch ein mangelndes Strafgesetz, sondern ebenso durch eine unvertretbar hohe Strafe erleiden kann. Gerade weil die Strafzumessung nach allgemeiner Meinung eine Rechtsanwendung, keineswegs aber ein im Einzelnen völlig durchstrukturiertes Unterfangen ist, ist die Eröffnung eines erhöhten Strafrahmens durch das Gesetz insoweit ein sehr wesentlicher, etwa im Steuerstrafrecht nun besonders folgenreicher Schritt. Zudem legt der Gesetzgeber mit der Eröffnung besonders schwerer Fälle, die Regelbeispiele nur partiell konkretisieren, noch immer eine im Grunde drastische, nämlich oft *verdoppelnd* wirkende, Erhöhung des Strafrahmens in die Hand der Richter. Mindeststrafen werden geschaffen oder angehoben, weniger belastende Strafarten gestrichen. Etwa bei Betrug und Steuerhinterziehung springt der Strafrahmen von maximal fünf auf bis zu zehn Jahre Freiheitsstrafe. Dies gibt einen profunden Grund, flexible Wege zu erhöhten Strafrahmen zu begrenzen.

3. *Notwendige Konkretisierungsleistung des Gesetzgebers*

Allerdings ist auch realistisch festzuhalten, dass sich ein Votum für einen im Einzelfall bereits verfassungswidrigen Rückgriff auf die Regelbeispielsmethode vor dem Hintergrund der grundsätzlich dem Gesetzgeber zustehenden Prognose über die Wirkungen verschiedener Gesetzgebungsoptionen allzu selten einmal hinreichend fundieren lassen dürfte. Als bedeutsamer ist hingegen ein weiterer Aspekt einzuschätzen, der schon für die Akzeptanz der Regelbeispielsmethode als Prämisse betrachtet werden muss: die *Existenz aussagekräftiger Regelbeispiele.*

---

[36] Zu ihm etwa *Vogel* in LK-StGB, 12. Aufl. 2010, § 243 Entstehungsgeschichte, Rn. 2ff.; krit. als Tatmerkmale reinterpretierend *Calliess* NJW 1998, 929ff.

[37] So aber scheinbar BT-Drs. 13/8587, 36.

[38] *Dannecker* in LK-StGB, 12. Aufl. 2006, § 1 Rn. 195f.; *Satzger* in SSW StGB, 3. Aufl. 2017, § 1 Rn. 24; *Kuhlen* FS Otto, 2007, 89 (95f.); näher *Gaede,* Der Steuerbetrug, 2016, 447ff. Siehe zum hiesigen Problem auch iE gleichsinnig *Eisele,* Die Regelbeispielsmethode, 2004, 446.

[39] Siehe dazu bereits mit einer Beurteilung für die Steuerhinterziehung *Gaede,* Der Steuerbetrug, 2016, 808ff.

[40] BVerfGE 64, 389 (393); 113, 273 (308f.); BVerfG NJW 2001, 1848 (1849); *Hassemer/Kargl* in NK-StGB, 5. Aufl. 2017, § 1 Rn. 9 und 46.

Es ist zwar noch verständlich, wenn Stimmen in Rechtsprechung und Literatur Raum dafür sehen, an Tatbestandsmerkmale und Regelbeispiele *nicht notwendig die gleichen* Bestimmtheitsanforderungen anzulegen.[41] Tatmerkmale, die über die Strafbarkeit als solche (mit-)entscheiden, kennzeichnet ein besonderer Bestimmungsbedarf, der für Merkmale auf der Rechtsfolgenebene nicht stets gleichermaßen besteht. Tatbestandsmerkmale entscheiden immer auch über die Reichweite der jeweiligen Verhaltensnorm mit, die bei Strafe verboten ist. Wenn dem Bürger die prinzipielle Strafbarkeit mit dem Gesetz aber vor Augen geführt wurde, hält ihn dies normativ betrachtet bereits zur Tat- und Strafvermeidung an. Er kann sich nach den Bedingungen des Art. 103 Abs. 2 GG auf die grundsätzlich drohende Strafe einstellen. Dies gibt einen hinreichenden und mit der freiheitswahrenden Ratio des Gesetzlichkeitsprinzips vereinbaren Grund, den *Grad* der zu leistenden Vorhersehbarkeit hinsichtlich der Rechtsfolgen zugunsten der einzelfallgerechten Strafe zu senken, soweit nichts anderes gerade aus der Art oder dem Ausmaß der Strafe folgt.[42] Dies gilt auch deshalb, weil die Regelbeispiele – *wenn* sie nicht unsystematisch ein anderes Unrecht surrogieren – quantitative bzw. qualitative *Steigerungen* des innerhalb des Tatbestandes bereits geregelten Unrechts- und Schuldgehalts darstellen müssen.[43] Bei Qualifikationen kann, wenn sie etwa die Stufe zum Verbrechen überschreiten, insbesondere durch die §§ 23, 12 Abs. 1, § 30 StGB eine weitere strafbegründende Bedeutung hinzutreten. Die prozessuale Behandlung verschärft sich dann (s. etwa § 153a StPO).[44] In jedem Fall wird auch bei der Qualifikation der Schuldspruch belastender geprägt, während besonders schwere Fälle nicht in den Tenor aufzunehmen sind.[45]

Scharf zurückzuweisen ist jedoch der in der Praxis darüber hinaus anzutreffende Schluss, dass auf der Ebene der Strafzumessung letztlich jeder irgendwie verständlich zu machende sprachliche Ausdruck des Gesetzgebers genüge, solange sich *die Gerichte selbst* nur in der Lage sehen, ihm eine konkrete Bedeutung *zu verleihen*. Der *Gesetzgeber* steht auch bei der strafausdehnenden Etablierung von Sonderstrafrahmen unter der Anforderung, Tatbestand und Rechtsfolge gerecht aufeinander abzustimmen.[46] Und die Anforderungen, die an die Bestimmtheit zu stellen sind, richten sich nicht zuletzt nach dem Ausmaß der zu legitimierenden Folgen.[47] Eben

---

[41] MwN BGH NJW 2004, 2990 (2991).

[42] Dazu anhand des großen Ausmaßes der Steuerverkürzung/des Steuervorteils großen Ausmaßes näher mwN *Gaede,* Der Steuerbetrug, 2016, 808ff.; aA etwa *Stam* NStZ 2013, 144ff.; *Hochmayr* FS Szwarc, 2009, 235 (252f.).

[43] Anders aber – mit diversen Nachweisen für die hier vertretene hL – *Vogel* in LK-StGB, 12. Aufl. 2010,§ 243 Rn. 3f., der aber übersah, dass *der Gesetzgeber selbst* mit dem so konkretisierten Sonderstrafrahmen das Bedürfnis für eine Unrechts- und Schuldsteigerung signalisiert hat, siehe auch explizit BT-Drs. 13/8587, 42: tatmerkmalsähnlich wird erhöhter Unrechts- und Schuldgehalt typisiert.

[44] Siehe hierzu allerdings auch I. am Ende und zur Steuerhinterziehung *Gaede,* Der Steuerbetrug, 2016, 283ff.

[45] Vgl. gemäß § 260 Abs. 4 S. 1 StPO dazu BGHSt 27, 287 (289f.).

[46] Hierfür vgl. etwa BVerfGE 50, 205 (214f.); BGH NStZ 2004, 105 (107ff.).

[47] BVerfGE 14, 245 (251); 75, 329 (342); 105, 135 (155f.); BGH NJW 2004, 2990 (2992); mwN *Fischer,* 65. Aufl. 2018, StGB § 1 Rn. 7; *Satzger* in SSW StGB, 3. Aufl. 2017, § 1 Rn. 24; aA aber mwN *Dannecker* in LK-StGB, 12. Aufl. 2006, § 1 Rn. 186; dagegen *Gaede* in AnwK-StGB, 2. Aufl. 2015, § 1 Rn. 22, 24f.

diese sind jedoch auch im Kontext der Regelbeispiele beträchtlich und regelmäßig denjenigen des alternativ durchdachten Qualifikationsstrafrahmens ebenbürtig. Für diesen ist auch die Rechtsprechung[48] nicht auf den Gedanken gekommen, die Bestimmtheitsanforderungen schon deshalb uferlos herabzusenken, weil der Täter im Fall des verwirklichten Grundtatbestandes bereits eine gesetzlich bestimmt ausdifferenzierte Verhaltensnorm übertreten hat.

Soll die regelmäßige Verdoppelung des Strafrahmens nicht doch nur auf dem seinerseits unbestimmten Schwerekriterium („besonders schwerer Fall") beruhen und der Gesetzgeber tatsächlich auch für die Tragweite des Straftatbestands[49] die Verantwortung übernehmen, müssen die Regelbeispiele immer noch eine Anforderung erfüllen: Sie müssen trotz des Verzichts auf ihre abschließende Funktion über das Schwerekriterium hinaus für die Unrechts- und Schuldbegründung materiell aussagekräftig sein. Es muss dem Rechtsanwender möglich sein, den Wortlaut in Anknüpfung an eine Wertung des Gesetzgebers zu konkretisieren. Mit anderen Worten müssen die Regelbeispiele geeignet sein, eine Regelwertung gerade des Gesetzgebers zu transportieren. Hierzu muss es einen auf den Gesetzgeber zurückführbaren Ansatz zur Konkretisierung geben, der allerdings – in Ausprägung der graduell herabgesetzten Bestimmtheitsanforderungen – verstärkt durch den Rückgriff auf Materialien oder systematische Kontexte zu finden sein kann.[50]

Nur dann, wenn mit dem Wortlaut eine auf den Gesetzgeber zurückführbare Aussage verbunden ist, ist es überhaupt sinnvoll, über seine Wahrung auch bei den Regelbeispielen akribisch zu wachen, so wie es das BVerfG den Fachgerichten mustergültig vorgemacht hat.[51] Dürfte der Gesetzgeber nur Wortlaute zur Verfügung stellen, die der Rechtsanwender völlig beliebig aufladen könnte, wäre seine Übertretung sekundär und vielmehr allein der *vom Rechtsanwender* gesetzte Sinn Gesetz. Die Regelbeispiele könnten auch keine Beiträge zur mittelbaren Bestimmung[52] der von der herrschenden Auffassung akzeptierten unbenannten Fälle leisten. Denn im Verweis auf die Praxis zu den Regelbeispielen, die nur die Hülle des Gesetzes, nicht aber einen vom Gesetzgeber transportierten Sinn für sich beanspruchen kann, läge nur die Übertragung einer Dezision des Rechtsanwenders zugunsten einer weiteren Dezision in einem anderen Fall.

Zu guter Letzt darf, was nicht selten geschieht,[53] die Gewalten teilende zweite Ratio des Gesetzlichkeitsprinzips nicht übersehen werden. Ohne verbleibende Mindestanforderungen an die Schaffung von Regelbeispielen wäre das Verlangen nach Bestimmtheit nicht nur begrenzt, sondern zugunsten von beliebigen Setzungen *der Judikatur* aufgegeben. Etwa die raumgreifende kriminalpolitische Wende, die der 1. Strafsenat des BGH im Steuerstrafrecht vollzogen hat, wäre schon dann

---

48 So zu § 370 a AO aF etwa BGH NJW 2004, 2990 (2991 f.).

49 Siehe für die stRspr mwN BVerfG NJW 2008, 3627.

50 Zu diesem Ansatz bereits näher für das Beispiel der Steuerhinterziehung *Gaede,* Der Steuerbetrug, 2016, 808 ff.

51 MwN BVerfG NJW 2008, 3627 (3628 f.); zum Zusammenhang mit der Bestimmtheitsfrage auch *Hochmayr* FS Szwarc, 2009, 235 (253 f.).

52 Für diese etwa BT-Drs. 13/8587, 42.

53 Dazu krit. anhand der ungleichartigen Wahlfeststellung *Gaede* FS Neumann, 2017, 811 (820 ff.).

legitim zu nennen, wenn sie allein aus einem Strafwürdigkeitsvotum des Gerichts, nicht aber auch aus einer abstrakt maßstabssetzenden Haltung des Gesetzgebers herrühren würde. Die Gerichte dürften die Grundmaßstäbe setzen, obschon der Gesetzgeber mit dem Modell des Regelbeispiels kommuniziert, dass er die Entscheidung über den erhöhten Strafrahmen gerade *nicht* allein in die Hände der Gerichte legen wollte. Angesichts der beanspruchten Konkretisierungswirkung für unbenannte besonders schwere Fälle ist dem Gesetzgeber auch bei weiter gefassten Merkmalen nicht zu unterstellen, dass er die Entscheidung konkludent doch voll und ganz auf die Rechtsprechung habe delegieren wollen.

Damit ist festzuhalten, dass auch die Regelbeispiele selbst einer immer noch nennenswerten Bestimmtheitsprüfung zugeführt werden müssen, wenn sie den Rückgriff auf den Strafrahmen des besonders schweren Falles eröffnen sollen. Konkret verbietet es sich insbesondere, von der Verschiebung eines ehemaligen Qualifikationsmerkmals in einen Strafrahmen für besonders schwere Fälle auf seine hinreichende Bestimmtheit zu schließen.[54] Es ist einzig überzeugend, hinsichtlich des Ausmaßes der für die Auslegungsfähigkeit einzufordernden Anhaltspunkte *graduell* zwischen der Beurteilung von Tatmerkmalen und Regelbeispielen zu unterscheiden.

4. Notwendige tatsächliche Konkretisierung

Die vorangegangenen Ausführungen lassen allerdings, dies ist wieder zu bekennen, noch immer ein erhebliches Maß an Dezision des Rechtsanwenders und damit insbesondere seitens der Gerichte zu, da nur die Zurückführbarkeit auf den Gesetzgeber, nicht aber auch eine engmaschige Vorprägung der Rechtsprechung verlangt wurde. Hinzukommen muss aber noch ein weiteres: ein angemessener *Umgang* mit der immer noch beträchtlichen Konkretisierungsaufgabe, die der Gesetzgeber der Rechtsprechung etwa bei Merkmalen wie dem in der Praxis höchst bedeutsamen Erfolgseintritt oder Vorteil großen Ausmaßes gestellt hat.

Insofern verdient ein Zusammenhang Hervorhebung, der bislang noch kaum reflektiert wurde: Die Rechtsprechung des BVerfG hat in jüngerer Zeit abstrakt und allgemein herausgearbeitet, dass, nicht zuletzt angesichts der oft zunächst notwendig großen Offenheit des Gesetzeswortlautes, auch der Konkretisierung des Gesetzes durch die Rechtsprechung über das früher eng verstandene Analogieverbot hinaus gemäß Art. 103 Abs. 2 GG Bedeutung zukommt. Neben der Erweiterung des Analogieverbots[55] hat das BVerfG vornehmlich das Gebot unterstrichen, vergleichsweise unbestimmte, generalklauselartige Begrifflichkeiten der Strafgesetze zu präzisieren und vorhersehbarkeitsfördernd auszulegen.[56]

Diese bereits an anderer Stelle im Wesentlichen zustimmend analysierte Rechtsprechung[57] muss auf die Regelbeispiele übertragen werden und damit zu einer Prä-

---

[54] So aber BT-Drs. 16/5846, 74.

[55] Siehe hierzu BVerfG NJW 2007, 1666; mwN *Gaede* in AnwK-StGB, 2. Aufl. 2015, § 1 Rn. 29f.; *Kudlich* JR 2009, 210 (211).

[56] Grundlegend für die Tatbestandsmerkmale BVerfGE 126, 170 (196ff.); *Saliger* NJW 2010, 3195; *Kuhlen* JR 2011, 246 (248ff.); mwN *Gaede* in AnwK-StGB, 2. Aufl. 2015, § 1 Rn. 19ff.

[57] *Gaede*, Der Steuerbetrug, 2016, 447.

zisierungspflicht führen, die insbesondere bei allzu globalen oder schwer greifbaren Regelbeispielsmerkmalen zur Geltung kommt. Hierfür spricht zunächst erneut und über die unstreitige Geltung des Art. 103 Abs. 2 GG für die Rechtsfolgen hinaus, dass die Regelbeispiele eine regelmäßig verdoppelte und in jedem Falle beträchtliche Strafrahmenverschiebung vorzeichnen. Die erhebliche Rechtsfolgensteigerung legt die Orientierung an der Auslegung klassischer Tatmerkmale nahe. Dies gilt auch deshalb, weil in den Regelbeispielen, wie das BVerfG mit seiner „Waffen-Entscheidung" unterstrichen hat, allgemein streng begrifflich auszulegende Merkmale liegen.[58] Nicht selten tritt unterstützend hinzu, dass strafprozessuale Eingriffsnormen, die dem allgemeinen staats- bzw. grundrechtlichen Gesetzesvorbehalt und mithin auch einem eigenen Bestimmtheitsgrundsatz unterliegen, die Regelbeispiele inkorporieren. Im Fall der Steuerhinterziehung hebt zusätzlich das Recht der Verjährung mit § 376 Abs. 1 AO konstitutiv auf eine begriffliche Auslegung ab.

Es gibt auch keinen positiven Grund dafür, dass die Rechtsprechung im Fall der Regelbeispiele nur zur Beachtung der klassischen Wortlautschranke verpflichtet sein sollte. Für das vermeintlich einschlägige Anliegen, die einzelfallgerechte Strafzumessung im Einklang mit dem Schuldprinzip gewährleisten zu können, steht im Fall der Regelbeispielsmethode gerade gezielt die Gesamtwürdigung und darüber hinaus die nötige konkrete Strafzumessung zur Verfügung. Bei den Regelbeispielen und ihrer Auslegung geht es hingegen darum, dass der *Gesetzgeber* für die grundsätzliche Bewertung, ein Fall könne sich vorbehaltlich der abschließenden Einzelfallwürdigung für einen erheblich erhöhten Unrechtsvorwurf qualifizieren, *die Verantwortung übernimmt.* Diese Verantwortungsübernahme ist auch insofern notwendig, als die Gerichte nicht notwendigerweise überhaupt Näheres zur Gesamtwürdigung ausführen müssen, wenn das Regelbeispiel erst hergeleitet ist.[59] Mit den konkretisierend gedachten Regelbeispielen zielt der Gesetzgeber gerade auf eine immerhin prinzipielle Vorhersehbarkeit.[60] Gerade sie will aber auch die Präzisierungspflicht sichern, die aus der realistisch erkannten, tatsächlich mitentscheidenden Stellung der das Recht konkretisierenden Rechtsprechung abgeleitet ist. Was im Rahmen der Gesamtwürdigung und in der Strafzumessung im Übrigen in der Tat nur sehr eingeschränkt zu leisten ist, nämlich die konkrete Strafe vorhersehbar zu machen, steht der Rechtsprechung hinsichtlich der begrifflich gefassten verfassungskonformen Regelbeispiele ebenso offen, wie es ihr bei verfassungskonformen Tatbestandsmerkmalen offen steht. Steigt nun der Bedarf nach einer Konkretisierung, weil der Gesetzgeber vertretbar lediglich eine generalklauselartige Norm geschaffen hat, ist es in beiden Fällen möglich und im Sinne eines auf Optimierung bedachten Gesetzlichkeitsprinzips geboten, das Bedürfnis nach Präzisierung in die Rechtsprechung im Besonderen einzubeziehen.

---

[58] Siehe insoweit auch *Fischer,* 65. Aufl. 2018, StGB § 1 Rn. 6f., der im Anschluss an die Schilderung, dass die Norm um so präziser sein müsse, je schwerer die angedrohte Strafe ist, von der Übertragung der Anforderungen auf die Regelbeispiele ausgeht.

[59] BGH NJW 2011, 2450f.; *Fischer,* 65. Aufl. 2018, StGB § 263 Rn. 227.

[60] Statt vieler *Hassemer/Kargl* in NK-StGB, 5. Aufl. 2017, § 1 Rn. 74.

Konkret bedeutet dies, dass etwa das (Teil-)Anliegen des 1. Strafsenats des BGH, der Steuerverkürzung großen Ausmaßes (§ 370 Abs. 3 S. 2 Nr. 1 Alt. 1 AO),[61] aber zuvor auch schon dem Vermögensverlust großen Ausmaßes (§ 263 Abs. 3 S. 2 Nr. 2 Alt. 1 StGB)[62] durch eine objektivierende, vorhersehbarkeitsfördernde Bestimmung Konturen zu verschaffen – jenseits der hinreichenden Umsetzung und der Erstreckung auf die Wahl der Strafart und der Bewährung –, grundsätzlich auf Beifall stoßen muss.

Problematisch ist demgegenüber beispielsweise die sehr dem Einzelfall verhaftet bleibende Art und Weise, wie der 3. Strafsenat den vermehrt praxisrelevanten Vorteil großen Ausmaßes gemäß § 300 S. 2 Nr. 1 StGB derzeit bestimmt. Der Gesetzgeber sieht mit § 300 StGB auch für die Bestechlichkeit und die Bestechung im geschäftlichen Verkehr und die Bestechlichkeit und die Bestechung im Gesundheitswesen einen Sonderstrafrahmen für besonders schwere Fälle vor (S. 1), dessen Anwendung er partiell durch Regelbeispiele steuert (S. 2). Als erstes Regelbeispiel findet sich der Vorteil großen Ausmaßes, der auf der Vorteilsseite im Anschluss an §§ 299, 299a, 299b StGB zu interpretieren ist. Hinsichtlich des Ausmaßes hat es der Gesetzgeber jedoch unterlassen, das im Strafrecht wiederholt herangezogene und jeweils problematische Merkmal des großen Ausmaßes betragsmäßig zu bestimmen.[63] Dies führt zu der – im Fall des § 300 S. 2 Nr. 1 StGB auch unter dem Aspekt der geschützten Rechtsgüter – schwierigen Konkretisierungsaufgabe.

Dieser Aufgabe wird die Rechtsprechung nicht gerecht, wenn sie den Vorteil großen Ausmaßes – wie es der 3. Strafsenat vertritt – „schutzzweckspezifisch" bejaht, sofern der Vorteil besonders geeignet ist, den Vorteilsnehmer zu korrumpieren.[64] Hierzu will der Senat die Berücksichtigung einzelfallbezogener Umstände gestatten und damit auf die *individuelle Korrumpierbarkeit des jeweiligen Vorteilsnehmers* abstellen, weil die Korrumpierbarkeit von individuellen Kriterien wie den jeweiligen Verhältnissen des Vorteilnehmers abhänge.[65] Ob es im Hinblick auf eine vorhersehbare Rechtsanwendung einer betragsmäßig festgelegten Untergrenze als Begrenzung für den Einfluss individueller Kriterien bedarf, ließ das Gericht jenseits eines Vorteils von 50.000 € offen.[66]

Eine vorzugswürdige Lösung kann zwar, wie auch *Fischer* zu Recht betont,[67] kaum darin bestehen, kurzerhand und unter übermäßiger Ausblendung der Strukturunterschiede der Delikte und Regelbeispiele auf den von § 263 Abs. 3 S. 2 Nr. 2 Alt. 1 StGB bekannten Schwellenwert abzustellen.[68] Die Gerichte müssen aber erkennen, dass sie bei der Auslegung der Regelbeispiele nicht nur die breitestmög-

---

[61] BGHSt 53, 71 (81 ff.).

[62] BGHSt 48, 360 ff. (364).

[63] Dazu auch krit. BGH NStZ-RR 2015, 278 (280).

[64] So mwN BGH NStZ-R 2015, 278 (280); krit. auch bereits *Sinner* HRRS 2016, 196 (198 f.).

[65] BGH NStZ-R 2015, 278 (280); für das Abstellen auf den konkreten Einzelfall auch *Fischer,* 65. Aufl. 2018, StGB § 300 Rn. 4.

[66] BGH NStZ-R 2015, 278 (280); dafür iE auch *Fischer,* 65. Aufl. 2018, StGB § 300 Rn. 4.

[67] *Fischer,* 65. Aufl. 2018, StGB § 300 Rn. 4; siehe auch BT-Drs. 13/5584, 15.

[68] So aber nun sogar zu § 335 Abs. 2 Nr. 1 StGB der 5. Strafsenat in BGH NStZ 2016, 349 (350 f.); zu § 300 StGB *Rosenau* in SSW StGB, 3. Aufl. 2017, § 300 Rn. 2 (für den deutschen Markt).

liche Einzelfallgerechtigkeit, die der Gesamtwürdigung zugewiesen ist, sondern auch die vorhersehbare Konkretisierung des Strafrahmensprungs zu einem nennenswerten Auslegungskriterium machen müssen. Dem genügt eine nicht auf Untergrenzen zu sprechen kommende völlige Individualisierung des Vorteilsausmaßes unter breiter Öffnung für die Umstände des Einzelfalles mitnichten. Sie ließe das Gesetz, das ein großes Ausmaß des Vorteils verlangt, streng genommen in jeder Konstellation anwendbar sein, in der der Vorteilsnehmer subjektiv einen besonders wertvollen Vorteil erkennt.[69] Zu kritisieren ist dies auch deshalb, weil die Rechtsprechung durchaus differenzierende Obersätze – etwa zur Unterscheidung von deutschen und ausländischen Märkten – entwickeln könnte, um eine immer noch überzeugende, schutzzweckspezifische Auslegung zu leisten. Der pauschale Verweis auf die vermeintlich entscheidenden Umstände des Einzelfalls ist für eine *Rechtsfrage* hingegen einmal mehr nicht etwa eine kluge Kontextualisierung, sondern eine Flucht vor der Aufgabe, Vorhersehbarkeit schaffende Maßstäbe zu entwickeln. Sie setzt eine prinzipielle Objektivierung voraus, die kaum ohne eine betragsmäßige Untergrenze auskommen kann, wenn der BGH die Praxis wirkungsvoll anleiten will.[70]

III. Unbenannte oder unbestimmte besonders schwere Fälle

Die Regelbeispielsmethode wurde damit für sich genommen nicht verworfen. Offen bzw. bisher ohne Rechtfertigung geblieben ist jedoch das Phänomen der unbenannten besonders schweren Fälle. Wie ist es nun zu bewerten?

1. Konkretisierung durch Beispiele – über diese hinaus?

Die herrschende Ansicht spricht sich seit längerem dafür aus, den unbenannten besonders schweren Fall deshalb anzuerkennen, weil die Regelbeispiele die Einstufung als besonders schweren Fall konkretisieren und für eine vom Gesetzgeber hier gestattete Analogiebildung zur Verfügung stünden; sie sollen eine hinreichende gesetzliche Leitlinie bedeuten.[71]

Diese Sicht der Dinge ist zwar verbreitet, verdient jedoch keine Zustimmung.[72] Dies liegt im Kern schon darin begründet, dass die Regelbeispiele keine systematisch fassbare deliktsspezifische Kriterienschwelle etablieren, sondern vielmehr lediglich einzelne, oft disparate Sachverhaltsaspekte herausgreifen und bewerten.

---

[69] Gegen eine solche Praxis auch schon *Tiedemann* in LK-StGB, 12. Aufl. 2008, § 300 Rn. 4; *Rosenau* in SSW StGB, 3. Aufl. 2017, § 300 Rn. 2.

[70] Siehe zum im Einzelnen vertretenen Ansatz dann *Gaede* in NK-WSS1. Aufl. 2017, StGB § 300 Rn. 18f.

[71] Anhand § 94 Abs. 2 StGB BVerfGE 45, 363 (371ff.); *Dannecker* in LK-StGB, 12. Aufl. 2006, § 1 Rn. 234f.; ebenso etwa zu diversen Vorschriften BT-Drs. 13/8587, 4; für ähnliche Fälle *Fischer,* 65. Aufl. 2018, StGB § 46 Rn. 93 im Konflikt mit § 1 Rn. 8.

[72] Dazu iE wie hier mwN *Maiwald* FS Gallas, 1973, 137 (157ff.): *tertium comparationis* fehlt; *Hassemer/Kargl* in NK-StGB, 5. Aufl. 2017, § 1 Rn. 27, 74; *Stächelin* StV 1998, 98 (102); *H. Hirsch* FS Gössel, 2002, 287 (298ff.); *Zieschang* JURA 1999, 561ff.; *Schmitz* in MüKoStGB, 3. Aufl. 2017, § 1 Rn. 66 mit Ausnahme für Fälle, die einem Regelbeispiel entsprechen.

Mit *Fischer* sind sie nicht selten eher als „demonstrativ-symbolische Formulierung rechtspolitischer Anliegen" zu begreifen.[73] So bleiben etwa die in Regelbeispielen aufzufindenden Kriterien, die am Ausmaß des Erfolgsunrechts ansetzen, hinsichtlich der Ausprägungen des Handlungsunrechts ohne Aussagekraft und umgekehrt.[74] Auch für Strafzumessungstatsachen, die zum Beispiel unter dem Gesichtspunkt des (Vorlebens des) Täters diskutabel sein mögen, liefern sie – ebenso wie zu weiteren Kriterien des § 46 StGB – keine Maßstäbe.

Soweit ein Fallsachverhalt hingegen Ähnlichkeiten mit dem vom Regelbeispiel gemeinten Fall aufweist, ist gerade auf Grund der konkretisierenden Wirkung der Regelbeispiele davon auszugehen, dass insoweit eine *negative* Konkretisierung einschlägig ist: Es ist *nicht allein* aus den ähnlichen, aber doch mindestens dem Wortlaut *nicht* genügenden Sachverhaltselementen kurzerhand auf einen besonders schweren Fall zu schließen.[75] Anderenfalls würde der Rechtsanwender die gesetzgeberische Regelung unterlaufen. Entscheidend bleibt selbst hier die Gesamtwürdigung, in der erst zu bestimmen ist, *welche* zusätzlichen Umstände es wann gestatten, trotz der Verfehlung des nur *prima facie* naheliegenden Regelbeispiels insgesamt auf einen besonders schweren Fall zu schließen.[76] Die Gesamtwürdigung lädt nun aber wiederum unvermeidlich zu beliebigen Erwägungen ein, für die sich bei *Fischer* zu § 300 S. 1 StGB die Fallgruppe der Vorteile findet, die schon unabhängig vom Charakter als Bestechungsmittel einen anstößigen oder sittenwidrigen Inhalt aufweisen. Der unbenannte besonders schwere Fall erweist sich hier als Sammelbecken, in dem unbestimmte moralische und in jedem Falle rechtsgutsfremde Vorstellungen den beträchtlich erhöhten Strafrahmen in der Praxis ausfüllen.[77]

Es kommt hinzu, dass Regelbeispiele nicht selten nur *vereinzelt* oder gar nicht zur Verfügung stehen.[78] Vergleichsweise zahlreiche und eher noch homogenere Beispielsfälle wie in den § 263 Abs. 3 S. 2 StGB oder § 370 Abs. 3 S. 2 AO sind nicht die Norm. Vielmehr wirken die Regelbeispiele oft *ad hoc* und zufällig, was – mindestens bei einer solchen Regelung – einer bewusst gesetzten prägenden Vorbildwirkung für gänzlich andere Fälle nochmals mehr entgegensteht.

Anderes lässt sich auch nicht daraus ableiten, dass sich unsere Rechtsordnung schon im Rahmen der Tatbestandsbildung der sog. innertatbestandlichen Analogie

---

[73] Siehe repräsentativ die Kritik bei *Fischer,* 65. Aufl. 2018, StGB § 46 Rn. 96a, der überdies die mangelnde systematische Folgerichtigkeit der Regelbeispiele rügt und damit zugleich ihre Vorbildfunktion in Zweifel zieht.

[74] Siehe krit. mwN *Gaede,* Der Steuerbetrug, 2016, 821 ff.; siehe nun auch iE BGHSt 61, 28 (34 f.).

[75] So schon *Gaede* in NK-WSS, 1. Aufl. 2017, StGB § 300 Rn. 42; abweichend aber *Fischer,* 65. Aufl. 2018, StGB § 300 Rn. 7, § 46 Rn. 93; *Eisele,* Die Regelbeispielsmethode, 2004, 229 f., aber auch mit S. 443: Gegenschlusswirkung ebenso zu bedenken; zur Unterschreitung festgesetzter Beträge auch BGHSt 53, 71 (81 f., 87 f.).

[76] Ebenso *Hettinger* FS Paeffgen, 2015, 267 (275 f.).

[77] Abl. zum konkreten Fall schon *Gaede* in NK-WSS, 1. Aufl. 2017, StGB § 300 Rn. 41; *Heine/Eisele* in Schönke/Schröder, 29. Aufl. 2014, StGB § 300 Rn. 6.

[78] Siehe z. B. § 240 Abs. 4 S. 2 StGB, § 94 Abs. 2 S. 2 StGB und vor allem § 212 Abs. 2 StGB (aber mit § 211 StGB). In Materialien wird vermerkt, dass regelmäßig mindestens zwei Regelbeispiele vorhanden sein sollen, BT-Drs. 13/8587, 42.

bedient, die offen Ähnlichkeitsaussagen aufgreift.[79] Davon abgesehen, dass die Bestimmtheit/Akzeptanz entsprechender Regelungen nicht außer Debatte steht, sind solche Regelungen ihrerseits selbst beim problematischen Stalking (§ 238 Abs. 1 Nr. 5 StGB) in ein übergeordnetes Tatbestandsmerkmal („nachstellen") mit einer ableitbaren qualitativen Aussage eingefasst.[80] Die Anwendungsfälle des besonders schweren Falles werden hingegen nur durch die Wendung der besonderen Schwere auf den höchst allgemeinen Nenner eines Evidenzappelles gebracht. Er benennt nur das Ziel der Rechtsanwendung, nicht aber auch Kriterien zu ihrer Bewältigung.[81]

2. *Legitime Delegation?*

Beruhigt man sich nicht mit der vermeintlich konkretisierenden Wirkung der benannten Regelbeispiele für andere, von ihnen nicht erfasste Sachverhalte, kann man sich letztlich nur offen fragen, ob der Gesetzgeber „einfach frei sein sollte", die Entscheidung über eine erhebliche, regelmäßig verdoppelnde Steigerung des Strafrahmens im Wege eines bloßen „Schwereappells" an die Gerichte zu delegieren.

Legt man die jedenfalls in der Rechtsprechung akzeptierten weiten Prärogativen zugrunde, die dem Parlament bei der Inkriminierungsentscheidung zukommen sollen, liegt eine solche Sichtweise zunächst nahe. Sie entspricht der ebenfalls verbreiteten Anerkennung der Strafrahmen für besonders schwere Fälle, bei der unbenannte besonders schwere Fälle mitgedacht sind.

Gleichwohl sprechen die besseren Gründe gegen eine solche Delegationsbefugnis:[82] Wenn der Gesetzgeber einen besonders hohen Strafrahmen für ein Delikt nicht schon, wie es etwa bei § 94 StGB oder § 212 StGB der Fall ist, für die grundsätzliche Tatausführung vorsieht, gibt er damit gegenüber den rechtsunterworfenen Bürgern zu erkennen, dass es bei dem betroffenen Delikt konstitutiv hinzutretender Unrechts- und Schuldumstände bedarf, welche die Strafrahmensteigerung rechtfertigen.[83] Mit dem schlicht delegierten unbenannten besonders schweren Fall würden

---

[79] Siehe etwa mwN *Gaede* in AnwK-StGB, 2. Aufl. 2015, § 1 Rn. 26; *Kuhlen* FS Otto, 2007, 89 (97f.): Frage des Bestimmtheitsgebots; *Mosbacher* NStZ 2007, 665 (668); aA *Ransiek* FS Tiedemann, 2008, 171 (183ff.); partiell *Greco* GA 2012, 452ff.

[80] Nämliches gilt für § 315b Abs. 1 Nr. 3 StGB, der gerade eine für den Straßenverkehr gefährliche Handlung verlangt.

[81] Dabei geht auch der Verweis auf bestehende Rechtsprechung und § 46 StGB, der sich in BVerfG NJW 2008, 3267 (3268) wiederfindet, fehl, da die Setzungen der Rechtsprechung nicht auf gesetzgeberischer Autorisation beruhen und der – nicht abschließende – § 46 StGB zunächst für die konkrete Strafzumessung innerhalb eines Strafrahmens, nicht aber für die konstitutive Begründung eines solchen gedacht ist. Gegen die Argumentation über die Gesamtwürdigung auch näher *Hettinger* FS Paeffgen, 2015, 267 (271ff.) und *Eisele,* Die Regelbeispielsmethode, 2004, 400f. (443f.), der dann eine auf Einschränkung bedachte Tatbestandslösung vertritt.

[82] IE schon abl. *Schmitz* in MüKoStGB, 3. Aufl. 2017, § 1 Rn. 66; *Hassemer/Kargl* in NK-StGB, 5. Aufl. 2017, § 1 Rn. 27, 74; *Stächelin* StV 1998, 98 (102); eingehend *Krahl,* Tatbestand und Rechtsfolge, 1999, 3ff., 123ff.

[83] *H. Hirsch* FS Gössel, 2002, 287 (299); siehe insoweit auch *Calliess* NJW 1998, 929 (933): Gesetzgeber muss sich an der von ihm selbst gesetzten Normstruktur festhalten lassen; insoweit anders *Maiwald* FS Gallas, 1973, 137 (150): Problem mit Zulässigkeit besonders weiter Strafrahmen identisch; *Eisele,* Die Regelbeispielsmethode, 2004, 402.

wir dem Gesetzgeber aber zugleich gestatten, dass er die gerade als erforderlich kommunizierten konstituierenden Zusatzmerkmale fremdbestimmen lässt. Er handelte damit widersprüchlich und – gesteht man sich die mangelnde Konkretisierungswirkung der Regelbeispiele ein – irrig. Der Gesetzgeber übernähme, anders als bei den Regelbeispielen, nicht einmal mehr grundsätzlich die Verantwortung für den stets beträchtlichen Strafrahmensprung. Selbst wenn es dem Gesetzgeber im Einzelfall möglich gewesen sein mag, von vornherein einen weiträumigeren Strafrahmen zu schaffen, was hypothetisch und daher unmaßgeblich bleibt, ist er doch nicht darin frei, die von ihm als erforderlich bewertete Merkmalsetablierung auf andere Staatsgewalten ohne leitende Maßstäbe zu delegieren. Nur mit dieser Position hängt auch die vom BVerfG unterstrichene Wortlautbindung für die Regelbeispiele nicht mehr förmlich in der Luft, weil ihr der unbenannte besonders schwere Fall nicht länger die mehr als nur kosmetische Bedeutung raubt.[84]

Der Verzicht auf unbenannte besonders schwere Fälle muss entgegen der unausgesprochenen Befürchtung der herrschenden Ansicht auch nicht zu evident kriminalpolitisch untragbaren Ergebnissen führen: *Zum einen* fördert die Zurückweisung unbenannter besonders schwerer Fälle absehbar einen durchdachteren und systematischeren Umgang mit Regelbeispielen in der Zukunft. Der Gesetzgeber könnte und würde sich mit einer differenzierteren Regelung gegen den Ausfall des Strafrahmens in nennenswerten Fällen wenden und etwa den Vorschlag aufgreifen, auch eine tatgegenständliche Wettbewerbsbevorzugung großen Ausmaßes als Regelbeispiel in § 300 S. 2 StGB aufzunehmen. *Zum anderen* dürfen wir nicht vergessen, dass auch ohne den Sonderstrafrahmen bereits ein für sich genommen regelmäßig etwa beim Betrug beachtlicher Normalstrafrahmen zur Verfügung steht. Er kann – was bislang kaum geschieht – bis hin zu den oft beträchtlichen Höchststrafen erst einmal ausgeschöpft werden. Auf die gefürchteten atypischen Fälle kann die Justiz schon hier regelmäßig noch im Ergebnis vertretbar, jedenfalls aber sehr ernsthaft reagieren. Die Straflosigkeit ist nicht zu befürchten.

Dass diese kriminalpolitische Einschätzung durchaus plausibel ist, zeigt sich auch daran, dass die in den Kommentierungen genannten unbenannten besonders schweren Fälle kaum einmal Nachweise für gerichtlich herangezogene unbenannte besonders schwere Fälle bieten. Die unbenannten besonders schweren Fälle sind in der Praxis sicher nicht nur eine Chimäre oder lediglich ein Tummelplatz der „Lehrbuchkriminalität". Bei aller kriminologischen Begrenztheit der Beobachtung liegt aber jedenfalls eine größere Bedeutung der unbenannten Fallgruppe fern.

3. *Rückgriff auf Motive im Einzelfall?*

Vermittelnd mag man schließlich noch durchdenken, ob unbenannte besonders schwere Fälle nicht – wie bei der Konkretisierung breit formulierter Regelbeispiele (s. II. 3.) – immerhin dann legitim sein könnten, wenn sich aus dem Regelungskontext zum Beispiel über Ausführungen in den Gesetzesmaterialien mittelbar benannte besonders schwere Fälle ergeben. Insoweit könnte es überzeugend sein, die

[84] Zur Kritik schon *Kudlich* JR 2009, 210; *Schmitz* MüKoStGB, 3. Aufl. 2017, § 1 Rn. 66; *Hüpers* HRRS 2009, 66 (68f.): akademisches l'art pour l'art.

Anforderungen an das Gesetzlichkeitsprinzip analog zur Konkretisierung der Merkmale des Regelbeispiels gelockert zu verstehen (dazu II. 2.).

Diese Lösung würde die besonders schweren Fälle indes noch immer daran binden, dass der Gesetzgeber einen solchen begrifflich näher antizipiert hat. Die bisher beanspruchte enorme Offenheit des unbenannten besonders schweren Falles würde dieser Ansatz gerade nicht leisten: Nur dann, wenn sich etwa aus den Materialien bereits ergibt, dass der Gesetzgeber einen konkreten Fall vor Augen hatte, könnte die vermittelnde Lösung greifen.

Auch im Übrigen wäre diese auf den ersten Blick charmante Differenzierung zurückzuweisen. Die bestimmte Regelwertung, an der sich der Rechtsanwender orientieren kann, muss auch dem rechtsunterworfenen Bürger Orientierung bieten. Sie muss daher im Gesetz angesiedelt sein. Während im Fall der Regelbeispiele der Gesetzeswortlaut selbst noch die mögliche weitere Relevanz etwa von Ausführungen in Materialien mit den gewählten Begriffen vorzeichnet, bleibt bei der reinen Wertung der besonderen Schwere nur der völlig unspezifische Strafrahmen selbst. Er lässt aber fernab der Regelbeispiele nicht erkennen, in welchen Kontexten unrechts- und schuldsteigernde Sachverhaltsbesonderheiten zu finden sein könnten. Und wenn der Gesetzgeber ausweislich der Materialien weitere, absehbar seltene Regelfälle längst klar ausgemacht hat, ist es ihm auch ohne weiteres und ohne Verlust für die Kriminalpolitik zuzumuten, ein entsprechendes Regelbeispiel einzuführen.

IV. Fazit

In Sonderstrafrahmen für besonders schwere Fälle, die regelmäßig die Strafart zuspitzen und die Strafandrohung verdoppeln, liegen bestimmtheitswesentliche strafrechtliche Normen. Da der bloße Appell an die besondere Schwere des Einzelfalles keine Konkretisierungsleistung verbürgt, müssen die anwendungssteuernden Regelbeispiele als Träger der konstitutiven Unrechts- und Schuldsteigerung identifiziert und nicht nur hinsichtlich des Analogieverbots den Anforderungen des Art. 103 Abs. 2 GG unterworfen werden. Was als Tatbestandsmerkmal zu unbestimmt ist, kann insoweit nicht automatisch als Regelbeispiel zulässig sein. Ebenso muss die Rechtsprechung gerade bei generalklauselartigen Regelbeispielen ihrer Präzisierungspflicht gerecht werden.

Es kommt hinzu, dass die Regelbeispiele – anders als der Gesetzgeber wünscht – den Rückgriff auf unbenannte besonders schwere Fälle nicht legitimieren. Es handelt sich hier um un*bestimmte* besonders schwere Fälle, denen die Rechtsordnung ihre Anerkennung verweigern sollte.

ELISA HOVEN

Werden Männer strenger bestraft als Frauen? – Ein Experiment zur „Ritterlichkeitsthese"

I. Einleitung

Den Jubilar *Thomas Fischer* lernte ich kennen, als er an der Universität zu Köln einen Vortrag über die Rolle des Richters und mögliche Fehlerquellen von Gerichtsurteilen hielt. Damals beeindruckte mich, mit welcher Deutlichkeit er die Schwächen richterlicher Entscheidungsfindung darlegte und wie schonungslos selbstkritisch er auch die eigene Arbeit bei Gericht betrachtete. Nach vielen gemeinsamen Vortragsveranstaltungen und Tagungen weiß ich, dass dieser mutige Auftritt (vor einer Vielzahl unterschiedlich begeisterter Kollegen aus der Justiz) keine Ausnahme war, sondern ein „Markenzeichen" von *Thomas Fischer* ist: Er hat ein untrügliches Gespür für Widersprüche, Missstände und Opportunismus – und er scheut keinen Konflikt, wenn es darum geht, sie aufzudecken. In meinem Beitrag möchte ich das Thema, das *Thomas Fischer* und mich einst auf der Veranstaltung in Köln zusammengeführt hat, im weiteren Sinne aufgreifen. Bei der Frage, ob Männer und Frauen von der Justiz unterschiedlich behandelt werden, geht es schließlich nicht zuletzt um eine Reflexion der Rechtsprechung und ihrer menschlichen Fehler.

Ein zweiter Grund für die Wahl meines Themas ist dessen Interdisziplinarität. Der Jubilar kann, wie seine Kolumnen auf ZEIT online bewiesen haben, nicht nur über rechtliche Fragen, sondern auch aus dem Stand über Politik, Soziologie, Geschichte, Philosophie oder Filmwissenschaft sprechen (woher er die Zeit nimmt, sich neben seiner beeindruckenden Karriere als Richter und Kommentator all jenes Wissen anzueignen, bleibt sein Geheimnis). Bei der Konzeption von Tagungen legt er großen Wert darauf, über den juristischen Tellerrand hinauszuschauen und Ideen aus ganz verschiedenen Wissenschaftsdisziplinen einzubeziehen. Diese Freude an der Erweiterung des eigenen Horizonts und dem Entdecken neuer Perspektiven machen ihn zu einem ganz besonderen Juristen und spannenden Gesprächspartner. In diesem Beitrag wird versucht, zumindest am Rande Erkenntnisse aus der Soziologie und der Sozialpsychologie aufzugreifen; in der Hoffnung, das Interesse des *Jubilars* zu wecken.

II. Statistische Befunde

Ein Blick auf das statistische Hellfeld zeigt eine deutlich geringere Kriminalitätsbelastung von Frauen und Mädchen. Nach den Polizeilichen Kriminalstatistiken (PKS) der vergangenen Jahre sind rund 25% der Tatverdächtigen weiblich.[1] Mit Fortgang des Strafverfahrens nimmt ihr Anteil noch weiter ab: Lediglich etwa 20%[2] der Verurteilten und 6% der Inhaftierten (Strafgefangene und Sicherungsverwahrte)[3] sind weiblichen Geschlechts.

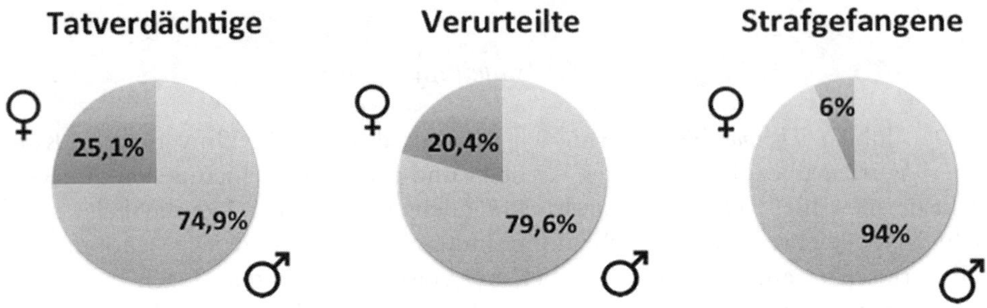

Abb. 1: Tatverdächtige, Verurteilte und Strafgefangene nach Geschlecht

Im Bereich der Gewaltkriminalität sind die Zahlen noch eindeutiger; der Anteil von Frauen an den registrierten Tatverdächtigen beträgt laut PKS 2016 13,9%.[4] Betrachtet man die Verurteilungszahlen für Gewaltdelikte, reduziert sich ihre Belastung auf 9,55%.[5] Unter den wegen Tötungs- oder Körperverletzungsdelikten Inhaftierten machen sie nur noch einen Anteil von 5% aus.[6]

III. Erklärungsansätze für die unterschiedliche Kriminalitätsbelastung von Männern und Frauen

Die in der kriminologischen Literatur diskutierten Theorien zur Erklärung des „Gender Gap" beruhen auf unterschiedlichen Prämissen: Während ätiologische Ansätze davon ausgehen, dass die statistischen Daten einen tatsächlich bestehenden Unterschied in der Kriminalitätsbelastung widerspiegeln, nehmen andere an, dass die empirisch zu beobachtenden Divergenzen in erster Linie Ausdruck von Konstruktionsprozessen sind.

[1] Polizeiliche Kriminalstatistik 2016, S. 47; Polizeiliche Kriminalstatistik 2015, S. 42; Polizeiliche Kriminalstatistik 2014, S. 36.
[2] Strafverfolgungsstatistik 2015, S. 45.
[3] Strafvollzugsstatistik 2016, S. 11.
[4] Polizeiliche Kriminalstatistik 2016, S. 86.
[5] Strafverfolgungsstatistik 2015, Anlage 36–38.
[6] Hierunter zählen Strafgefangene und Sicherungsverwahrte.

1. *Ätiologische Ansätze*

a) Biologische Faktoren

Ätiologische Ansätze führen eine unterschiedliche Delinquenzbereitschaft von Männern und Frauen auf physiologische, psychologische, evolutive oder soziale Faktoren zurück.

Heute nur noch von historischem Interesse sind die Theorien von *Lombroso* und *Ferrero,* die aus der Unbeweglichkeit der weiblichen Eizelle im Vergleich zur Mobilität der männlichen Samenzelle auf eine grundsätzliche Passivität von Frauen schlossen.[7] Zudem fehle es der Frau an Intelligenz, Leidenschaft, Mut und Willenskraft zur Begehung von Straftaten; ihre geringere Kriminalitätsbelastung wird hier als physiologisches Defizit gedeutet.

Jüngere Arbeiten insbesondere aus den USA untersuchen die unterschiedliche Chromosomenstruktur, den Pulsschlag oder die hormonelle Ausstattung von Männern und Frauen als mögliche Ursachen für die abweichende Delinquenzneigung.[8]

Von der Kriminologie bislang noch (zu) wenig beachtet sind evolutionssoziologische und -psychologische Erkenntnisse.[9] Die evolutionäre Psychologie erklärt menschliches Verhalten mit den Logiken der Darwin'schen Evolutionstheorie. Der Evolutionstheorie liegt die Vorstellung zugrunde, dass sich Merkmale und Eigenschaften im Zuge von umweltbedingten Anpassungsprozessen durch natürliche und sexuelle Selektion wandeln.[10] Evolutionspsychologen gehen davon aus, dass sich die Folgen der Adaption nicht auf die sichtbaren anatomischen Dichotomien zwischen den Geschlechtern beschränken, sondern sich ebenso in einem unterschiedlichen Verhalten von Männern und Frauen zeigen.[11] Während Männer sich nahezu unbegrenzt fortpflanzen können, sind die möglichen Schwangerschaften einer Frau begrenzt; sie muss ihre Sexualpartner daher sorgfältig – nach ihrer reproduktiven Fitness – auswählen. Hierdurch entstehen die Phänomene der intra- und intersexuellen Selektion.[12] Männer konkurrieren zunächst untereinander um den Zugang zu weiblichen Sexualpartnerinnen (intrasexuelle Selektion). Eine höhere Risiko- und Gewaltbereitschaft kann von Vorteil sein, um sich gegenüber männlichen Konkurrenten zu behaupten.[13] Gleichzeitig muss ein Mann die Frau davon überzeugen, ihn als Sexualpartner zu wählen (intersexuelle Selektion). Eine besondere Risikoaffinität oder eine durch Gewalt demonstrierte körperliche Überlegenheit können einen Zu-

---

[7] *Lombroso/Ferrero,* Das Weib als Verbrecherin und Prostituierte – anthropologische Studien, gegründet auf einer Darstellung der Biologie und Psychologie des normalen Weibes, 1894.

[8] Siehe etwa *Choy/Raine/Venables/Farrington* Criminology 55 (2) [2017], 465; *Boisvert/Vaske/Wright/Knopik* Journal of Contemporary Criminal Justice 28 (3) [2012], 293; *Vaske/Wright/Boisvert/Beaver* Psychiatry Research 185 (2011), 376; *Franke,* Frauen und Kriminalität. Eine kritische Analyse kriminologischer und soziologischer Theorien, 2000, 31ff.

[9] Grundlegend *Buss,* Evolutionary Psychology, 5. Aufl. 2015.

[10] *Darwin,* The Origins of Species, 1859; *Darwin,* The Descent of Man, and Selection in Relation to Sex, 1871; hierzu etwa *Tomiuk/Loeschcke,* Grundlagen der Evolutionsbiologie und Formalen Genetik, 2017, 77; *Zrzavý et al.,* Evolution, 2. Aufl. 2013, 64.

[11] Lautenbacher/Güntürkün/Hausmann, Gehirn und Geschlecht, 2007, 64.

[12] *Darwin,* The Descent of Man, and Selection in Relation to Sex, 1871, 369; Lautenbacher/Güntürkün/Hausmann, Gehirn und Geschlecht, 2007, 22f., 64ff.

[13] *Wilson/Daly* Ethology and Sociobiology 6 (1985), 59 (60).

gang zu Ressourcen und Schutz für den Nachwuchs signalisieren. Haben diese Eigenschaften die Reproduktion des Mannes begünstigt, so ist zu erwarten, dass sie sich in künftigen Generationen (in erster Linie bei männlichen Nachfahren) zunehmend durchsetzen. Folgt man den hier skizzierten Annahmen, so lässt sich argumentieren, dass Risiko- und Gewaltbereitschaft – und mithin eine Neigung zu deviantem oder aggressivem Verhalten – bei Männern stärker ausgeprägt ist als bei Frauen.

b) Soziale Faktoren

Von anderer Seite wird die geringere Kriminalitätsbelastung von Frauen in erster Linie mit der unterschiedlichen Sozialisation der Geschlechter und den hiermit verbundenen, divergierenden gesellschaftlichen Rollenerwartungen und Aktionsräumen erklärt.[14]

Lange Zeit ging man davon aus, dass die Beschränkung der Frau auf den geschützten Bereich von Haus und Familie ihr weniger Gelegenheit für die Begehung von Straftaten bot.[15] In diesem Umfeld unterlagen Frauen einer stärkeren Aufsicht und engeren Fremdkontrolle, die den Freiraum zum Normbruch weiter eingrenzte.[16] Hinzu traten Erwägungen auf Grundlage der Anomietheorie, der zufolge Kriminalität entsteht, wenn gesellschaftlich erwünschte Ziele für den Betroffenen nur durch illegale Mittel zu erreichen sind.[17] In Zeiten, in denen der Mann für die Versorgung der Familie zuständig war, musste die Frau nicht selbst nach materiellem Wohlstand und beruflichem Erfolg streben. Ihre, primär familiären, Ziele konnte sie ohne die Begehung von Straftaten verwirklichen.

Dafür, dass diese Thesen nicht vollständig von der Hand zu weisen sind, spricht die Entwicklung der Frauenkriminalität in den vergangenen Jahrzehnten. Während der Anteil der weiblichen Tatverdächtigen in den 1950er Jahren noch bei etwa 15,5% lag, hat er sich in den 2010er Jahren auf über 25% erhöht.[18] Dieser Trend ist in allen Industrienationen zu beobachten, in denen Frauen auf den Arbeitsmarkt streben.[19] Heute spielen diese Ansätze freilich nur noch eine untergeordnete Rolle. Im Zeitalter der Emanzipation können sie das Phänomen der geringeren Frauenkriminalität nicht mehr erklären.[20]

Doch auch wenn sich Sozialisation und Rollenbilder erheblich gewandelt haben, ist die Tendenz, Mädchen zu Passivität, Anpassung und Fügsamkeit zu erziehen, Jungen hingegen für Aktivität, Dominanz- und Konkurrenzverhalten zu belohnen,

---

[14] *Keupp* MschrKrim 65 (1982), 219.

[15] So auch *Adler,* Sisters in crime, 1975; *Simon,* Woman and crime, 1975, die die geringere Kriminalitätsbelastung von Frauen als Zeichen weiblicher Unterdrückung bewerten.

[16] *Brökling,* Frauenkriminalität. Darstellung und Kritik kriminologischer und devianzsoziologischer Theorien, 1980; *Messerschmidt* in Janssen/Kaulitzky/Michalowsky, Radikale Kriminologie. Themen und theoretische Positionen der amerikanischen Radical Criminology, 1988, 83.

[17] *Merton* in Sack/König, Kriminalsoziologie, 1968, 283.

[18] Polizeiliche Kriminalstatistik 1958, S. 49.

[19] *Neubacher,* Kriminologie, 3. Aufl. 2017, 80; *Schneider* in Schneider, Internationales Handbuch der Kriminologie, Bd. 1, 2007, 440.

[20] So bereits *Box/Hale* Criminology 22 (4) [1984], 473; *Leder,* Frauen- und Mädchenkriminalität. Eine kriminologische und soziologische Untersuchung, 1988, 117ff.; *Opp,* Abweichendes Verhalten und Gesellschaftsstruktur, 1974.

noch nicht überwunden.[21] Da gegenüber weiblicher Aggressivität eine geringe soziale Toleranz besteht,[22] greifen frühzeitig gesellschaftliche Kontrollmechanismen, um Gewaltbereitschaft und Normverletzungen entgegenzuwirken.[23]

Die Ablehnung insbesondere von Gewalttaten könnte sich auch als Folge erlernten Verhaltens erklären. Da sich Frauen gegenüber Männern tendenziell als körperlich unterlegen erleben, nehmen sie bereits frühzeitig Gewalt nicht als aussichtsreiche Strategie zur Durchsetzung ihrer Ziele wahr. Studien aus der Sportwissenschaft belegen etwa, dass Mädchen in gemischtgeschlechtlichen Sportgruppen deutlich zurückhaltender agieren als Jungen. In geschlechtshomogenen Umfeldern zeigen Mädchen indes dieselben dominanten Interaktionsmuster wie Jungen.[24] Eine mögliche Erklärung dieser Beobachtung liegt darin, dass Mädchen in dem artifiziellen Setting einer ausschließlich gleichgeschlechtlichen Umgebung eine vergleichbare Aggressivität und Körperlichkeit an den Tag legen, diese Verhaltensweisen jedoch im Zusammenspiel mit den im Durchschnitt stärkeren Jungen nicht für erfolgversprechend halten. Der Verzicht auf Gewalt wäre hiernach nicht biologisch determiniert, sondern das Ergebnis erlernter Einsicht in strukturelle körperliche Unterlegenheit. Eine andere Erklärung für das zurückgenommene und angepasste Verhalten der Mädchen in gemischtgeschlechtlichen Gruppen mag sein, dass soziale Rollenzuweisungen hier uneingeschränkt wirken und sich Mädchen in der Interaktion mit Jungen bemühen, den Erwartungen an geschlechtertypisches Verhalten zu entsprechen. Unterschiedliche Verhaltensmuster würden sich dann (auch) als Folge gesellschaftlicher Rollenbilder darstellen.

2. *Konstruktion von Unterschieden*

Den eben erörterten Ansätzen wird die These entgegengehalten, dass die beobachteten Kriminalitätsdivergenzen zwischen den Geschlechtern primär das Ergebnis unterschiedlicher Wahrnehmungs- und Zuschreibungsprozesse sind. Frauen seien also in Wahrheit nicht – oder nicht in dem behaupteten Umfang – weniger kriminell als Männer; die Gesellschaft reagiere jedoch anders auf ihr deviantes Verhalten.[25]

Nach dem Etikettierungsansatz (oder auch „Labeling Approach“) wird ein Handeln erst durch die gesellschaftliche Definition von Normerwartungen zu einer Straftat.[26] Die Festlegung von sozial akzeptiertem und abweichendem Verhalten

---

[21] *Whiting/Edwards* Journal of Social Psychology 91 (1973), 171 (184); *Schenk-Danzinger,* Entwicklung, Sozialisation, Erziehung, 2. Aufl. 2001, 120ff.; *Köhn,* Psychoanalyse und Verbrechen, 1992, 191ff.; *Kunert-Zier,* Erziehung der Geschlechter, 2005, 29ff.; *Trautner* in Frey/Haußer, Identität. Entwicklungen psychologischer und soziologischer Forschung, 1987, 29.

[22] *Junger-Tas/Ribeaud/Cruyff* European Journal of Criminology 1 (3) [2004], 333.

[23] *Popitz,* Der Begriff der sozialen Rolle als Element der soziologischen Theorie, 4. Aufl. 1975, 21; *Schneider* GS H. Kaufmann, 1986, 267 (272).

[24] *Schmerbitz/Seidensticker* Sportpädagogik 21 (1997), 25.

[25] Ausführlich hierzu: *Hermann* in Kerner/Marks, Internetdokumentation Deutscher Präventionstag, 2004, 4 (abrufbar unter: http://www.praeventionstag.de/nano.cms/archive-of-presentations/id/96 [Stand: 10.1.2018]).

[26] *Tannenbaum,* Crime and Community, 1938; *Sack* KrimJ 1972, 3; *Lemert,* Social pathology. A Systematic Approach to the Theory of Sociopathic Behaviour, 1951; *Becker,* Außenseiter. Zur Soziologie abweichenden Verhaltens, 2. Aufl. 2014.

wirke sich zum Nachteil männlicher Personen (insbesondere mit niedrigem sozioökonomischen Status) aus.[27] Hiervon ausgehend ließe sich argumentieren, dass das traditionell stärker auf Männer ausgerichtete Rechtssystem antisoziales Verhalten von Frauen häufiger ignoriert oder als weniger strafbedürftig bewertet.[28] Für Verhaltensweisen im Grenzbereich strafwürdigen Unrechts mag der Etikettierungsansatz zur Erklärung von Kriminalitätsunterschieden taugen. Doch auch wenn die Beschreibung strafbaren Verhaltens in Einzelfragen verhandel- und damit wandelbar ist, so stellt sich etwa die grundsätzliche Pönalisierung der Tötung oder der schweren körperlichen Verletzung eines Menschen nicht als Ergebnis definitorischer Aushandlungsprozesse, sondern als Folge eines naheliegenden Schutzes wichtigster Rechtsgüter dar.

Interessanter erscheint demgegenüber die Annahme, dass Abweichungen in der Kriminalitätsbelastung von Männern und Frauen Folge eines geschlechtsspezifischen Selektionsprozesses im Strafverfahren sind. Nach der bereits 1950 von *Pollak* vertretenen „Ritterlichkeitsthese" (oder auch „Kavalierstheorie") würden Frauen seltener angezeigt, angeklagt und verurteilt, da Männer gegenüber Frauen eine „beschützende Haltung" an den Tag legten.[29] Männer, so *Pollak,* „verabscheuen es, Frauen zu beschuldigen und sie dadurch indirekt ihrer Bestrafung zuzuführen; Polizisten nehmen sie nur ungern fest; Staatsanwälte klagen sie nur ungern an; Richter und Geschworene sprechen sie nur ungern schuldig, usw."[30]

Einige Einwände gegen die Ritterlichkeitsthese liegen auf der Hand. Zunächst können die erheblichen Divergenzen in der PKS nicht allein mit Selektionsprozessen erklärt werden. Ein unterschiedliches Anzeigeverhalten dürfte nur für Straftaten im Bagatellbereich eine wirkliche Rolle spielen. So liegt es eher fern, dass schwere Straftaten mit erheblichen Schäden, wie etwa ein Raub oder eine gefährliche Körperverletzung, deshalb nicht angezeigt werden, weil sie von einer Frau begangen wurden. Zudem können Unterschiede im Anzeigeverhalten nur dann relevant werden, wenn dem Opfer das Geschlecht der verdächtigen Person bekannt ist. Wird hingegen erst die Anzeige gestellt bzw. die Polizei alarmiert und anschließend der Täter ermittelt (etwa in Fällen des Einbruchsdiebstahls), bleibt kein Raum für eine selektive Anzeigepraxis. Im Bereich des Wohnungseinbruchsdiebstahls ist aber der Anteil von Frauen mit lediglich 14,9% besonders niedrig.[31]

Die Ritterlichkeitsthese in der von *Pollak* formulierten Form erscheint heute auch mit Blick auf die zunehmend „weibliche" Justiz zweifelhaft. Während Mitte der 1990er Jahre nur etwa 25%[32] der RichterInnen weiblich war, lag der Anteil

---

[27] *Sack* in Kaiser/Kerner/Sack/Schellhoss, Kleines Kriminologisches Wörterbuch, 1993, 277.

[28] So werden etwa die – häufiger von Männern begangenen – körperlichen Übergriffe strenger geahndet als die – öfter bei Frauen zu beobachtenden – seelischen Grausamkeiten; *Rittstieg,* Die stille Gegenrevolution, 2017; *Geißler/Marißen* KZfSS 1988, 505 mit Replik *Ludwig-Mayerhofer/Rzepka* KZfSS 1991, 542.

[29] *Pollak,* The Criminality of Women, 1950, 151.

[30] *Pollak,* The Criminality of Women, 1950, 151.

[31] Polizeiliche Kriminalstatistik 2016, S. 95.

[32] *Andersen/Woyke,* Handwörterbuch des politischen Systems der Bundesrepublik Deutschland, 7. Aufl. 2013, 208.

von Frauen im Richterdienst 2002 bereits bei 30%[33] und 2014 bei über 42%[34]; ähnliche Zahlen lassen sich für die Staatsanwaltschaft beobachten. Wären die geringen Anklage- und Verurteilungszahlen von Frauen maßgeblich auf ein „ritterliches“ Verhalten männlicher Richter zurückzuführen gewesen, so hätten sich die Daten in den vergangenen Jahren deutlicher erhöhen müssen.

3. Zwischenfazit

Die unterschiedlichen Begründungsansätze für die Kriminalitätsdivergenz zwischen Männern und Frauen weisen jeweils Schwächen, aber auch ein nachvollziehbares Erklärungspotenzial auf. Es spricht vieles dafür, sie nicht als einander ausschließend, sondern als einander ergänzend zu verstehen.[35] So kann ein abweichendes Verhalten von Männern und Frauen das Ergebnis evolutiver Prozesse sein und zugleich durch gesellschaftliche Rollenerwartungen verstärkt werden.

Dass eine abweichende Devianzneigung nicht ausschließlich durch unterschiedliche gesellschaftliche Reaktionen auf männliche und weibliche Kriminalität zu erklären ist, wird nicht zuletzt mit Dunkelfelduntersuchungen belegt.[36] Im Rahmen von Befragungsstudien gaben männliche Probanden deutlich häufiger als weibliche Befragte an, Straftaten begangen zu haben; im Bereich der Gewaltkriminalität waren die Zahlen besonders hoch.[37] Gleichwohl lässt sich allein auf Basis unsicherer Dunkelfeldstudien nicht ausschließen, dass weibliche Täterinnen im Strafverfahren bevorzugt werden. Da dieser Vorwurf schwerwiegend wäre, wurde er im Rahmen einer Studie, die die Verfasserin gemeinsam mit *Professor Dr. Thomas Weigend* an der Universität zu Köln durchgeführt hat, näher untersucht (→ IV. 2.).

---

[33] Bundesministerium der Justiz, Zahl der Richter, Staatsanwälte und Vertreter des öffentlichen Interesses in der Bundesrepublik Deutschland am 31.12.2002 (abrufbar unter: https://www.bundesjustizamt.de/DE/SharedDocs/Publikationen/Justizstatistik/Richterstatistik_2002.pdf;jsessionid=619863D31D721DACADD0A952C57268A9.1_cid377?__blob=publicationFile&v=2 [Stand: 10.1.2018]).

[34] Bundesamt für Justiz, Zahl der Richter, Richterinnen, Staatsanwälte, Staatsanwältinnen und Vertreter, Vertreterinnen des öffentlichen Interesses in der Rechtspflege in der Bundesrepublik Deutschland am 31.12.2014 (abrufbar unter: https://www.bundesjustizamt.de/DE/SharedDocs/Publikationen/Justizstatistik/Richterstatistik_2014.pdf;jsessionid=619863D31D721DACAD D0A952C57268A9.1_cid377?__blob=publicationFile&v=2, Stand: 10.1.2018).

[35] *Kreuzer* GS H. Kaufmann 1986, 291.

[36] Siehe etwa *Brettfeld/Wetzels* Praxis der Rechtspsychologie 13 (2003), 226 (239); *Baier et al.*, Jugendliche in Deutschland als Opfer und Täter von Gewalt: Erster Forschungsbericht zum gemeinsamen Forschungsprojekt des Bundesministeriums des Innern und des KFN, 2009, 69; *Boers/Walburg/Reinecke* MschrKrim 89 (2006), 63 (72).

[37] Statt aller *Heitmeyer et al.* Zeitschrift für Sozialisationsforschung und Erziehungssoziologie 15 (1995), 145, die Personen zwischen 15 und 22 Jahren befragten. Von den Befragten gaben 12,8% der Männer und nur 2,3% der Frauen an, in den vergangenen 12 Monaten eine Körperverletzung begangen zu haben.

IV. Untersuchung zur Ritterlichkeitsthese

1. Stand der Forschung

Studien über die Bereitschaft zur Anzeige weiblicher und männlicher Kriminalität zeichnen kein einheitliches Bild. So kommt *Mansel* in einer Untersuchung zu dem Ergebnis, dass Frauen einen männlichen Täter häufiger anzeigen als einen weiblichen; Männer wiederum würden gegenüber weiblichen Tätern seltener auf eine Anzeige verzichten.[38] Dieser Befund scheint die Ritterlichkeitsthese klar in Frage zu stellen. Doch *Mansel* hält auch eine andere Deutung für möglich: „Männern, als Vertreter des vermeintlich ‚starken' Geschlechts, bereitet es offensichtlich Probleme, sich als Opfer von Personen des ‚schwachen' Geschlechts zu begreifen. Vor diesem Hintergrund – so lässt sich schließen – interpretieren sie die gegen sie gerichteten Aktionen der Frauen seltener als Straftaten. Wenn sie sie aber als solche definieren, reagieren sie im besonderen Maße resolut und bringen dann ein entsprechendes Verhalten auch überproportional häufig zur Anzeige."[39]

Nun erscheint es ein wenig unlauter, zur Bestätigung der eigenen Hypothese nach Erklärungen zu suchen, weshalb die ermittelten empirischen Ergebnisse in Wahrheit das Gegenteil dessen aussagen, was sie belegen sollten. Nichtsdestotrotz ist *Mansels* Annahme einer unterschiedlichen Bewertung gewalttätigen Verhaltens als strafrechtsrelevant durchaus plausibel. Angesichts einer verbreiteten gesellschaftlichen Akzeptanz geringfügiger Gewalttaten durch Frauen – man denke an die Ohrfeige, die etwa in Filmen überwiegend nicht als Misshandlung, sondern als symbolischer Akt selbstbestimmten Auftretens der Frau gezeigt wird – ist es vorstellbar, dass sich Männer in vergleichbaren Konstellationen (und gerade bei Beziehungstaten) seltener als Opfer einer Straftat definieren. Verschiedene Stimmen im Schrifttum vermuten daher ein hohes Dunkelfeld weiblicher Gewalt im häuslichen Umfeld.[40]

Weshalb Männer eine tatsächlich als strafbare Körperverletzung erlebte Tat dann jedoch häufiger zur Anzeige bringen, kann verschiedene Gründe haben. Zum einen, so die These *Mansels,* muss die Tat – um von den Befragten als strafrechtlich relevant eingestuft worden zu sein – eine Schwelle überschritten haben (etwa mit gravierenden Verletzungen verbunden gewesen sein), die eine Anzeige nahelegt. Eine weitere Erklärung für das Phänomen könnte darin zu sehen sein, dass einer Frau, die ein schweres Gewaltdelikt begeht, zugleich (unterbewusst) vorgeworfen wird, die ihr traditionell zugedachte soziale Rolle der passiven und zurückhaltenden Frau verletzt zu haben.[41]

---

[38] *Mansel* in Lamnek/Boatca, Geschlecht – Gewalt – Gesellschaft, 2003, 384 (392).

[39] *Mansel* in Lamnek/Boatca, Geschlecht – Gewalt – Gesellschaft, 2003, 384 (391).

[40] *Kavemann* in Elz, Täterinnen, 2009, 104; *Köhler,* Straffällige Frauen. Eine Untersuchung der Strafzumessung und Rückfälligkeit, 2012, 11f.

[41] *Lloyd,* Double Deviant, Doubly Damned: Society's Treatment of Violent Women, 1995, 19; *Jewkes,* Media and Crime, 3. Aufl. 2015, 134.

Ob diese Ansätze die Ergebnisse der Befragungsstudien tatsächlich zu erklären vermögen, bleibt freilich empirisch zu verifizieren.

Andere Studien haben den Umgang von Staatsanwaltschaften und Gerichten mit männlichen und weiblichen Beschuldigten untersucht. In den vorliegenden Akten- und Urteilsanalysen wurden keine geschlechtsspezifischen Unterschiede nachgewiesen.[42] So kommt etwa *Köhler* auf Grundlage einer umfassenden Querschnittsanalyse zu dem Ergebnis, dass „sich die Annahme eines Frauenbonus auf der Ebene der Gerichte nicht halten lässt.“[43]

Vorbild für die hier vorgestellte Untersuchung ist eine von *Stroh et al.* durchgeführte Befragungsstudie aus dem Jahr 2012.[44] *Stroh et al.* legten den Probanden – deutschen und griechischen Studierenden und Berufsschülern – fiktive Fallvignetten vor und baten um eine Schwereeinschätzung der (teils von Männern, teils von Frauen begangenen) Delikte. Die Untersuchung zeigte keine signifikanten Unterschiede in der Bewertung weiblicher und männlicher Delinquenz; *Stroh et al.* beobachteten vielmehr eine „egalitäre Geschlechtsrollenorientierung“ der Probanden.

2. *Methodik und Forschungsfragen*

Eine mögliche Privilegierung von Frauen durch die Justiz lässt sich empirisch nur bedingt untersuchen. Die Auswertung von Verfahrensakten auf verschiedenen Selektionsstufen begegnet dem Einwand, dass die Einzigartigkeit einer jeden Fallkonstellation einem Vergleich unterschiedlicher Verfahren allein unter dem Blickwinkel des Geschlechtes entgegensteht. Experteninterviews mit StaatsanwältInnen und RichterInnen dürften von geringer Aussagekraft sein, da anzunehmen ist, dass eine etwaige Begünstigung eines Geschlechts nicht das Ergebnis bewusster Entscheidung, sondern unreflektierter Vorannahmen wäre.

Um die „Ritterlichkeitsthese“ zu überprüfen, bot sich daher eine experimentelle Befragung an. In Anbetracht der Erkenntnisse aus der Befragungsstudie von *Stroh et al.* war anzunehmen, dass der bloße Hinweis auf „einen Täter“ oder „eine Täterin“ nicht ausreicht, um den Entscheidungsprozess der Teilnehmer zu beeinflussen (hier konnten keine Unterschiede beobachtet werden). Eine unterschiedliche Behandlung zeigt sich womöglich erst bei einer intensiveren Wahrnehmung des Beschuldigten als Person, bei der das Geschlecht nicht allein als abstraktes Merkmal, sondern als Bestandteil der Persönlichkeit erscheint. In der vorliegenden Studie wurden den TeilnehmerInnen daher um biographische Informationen ergänzte Fallvignetten vorgelegt, die den Täter bzw. die Täterin als Menschen zum Gegenstand des Bewertungsprozesses machen sollten. Hierbei war zu beachten, dass die Angabe von Zu-

---

[42] *Rolinski,* Die Prägnanztendenz im Strafurteil, 1969; *Hornthal,* Analyse psychologischer Merkmale im Ermessen von Polizeibeamten, 1975; *Blankenburg/Sessar/Steffen,* Die Staatsanwaltschaft im Prozess strafrechtlicher Sozialkontrolle, 1978; *Köhler,* Straffällige Frauen. Eine Untersuchung der Strafzumessung und Rückfälligkeit, 2012, 81 ff.

[43] *Köhler,* Straffällige Frauen. Eine Untersuchung der Strafzumessung und Rückfälligkeit, 2012, 207.

[44] *Stroh et al.* MschrKrim 96 (2013), 382.

satzinformationen stets die Gefahr von Verzerrungen bietet, da etwa der Hinweis auf eine bestimmte Berufstätigkeit oder eine Freizeitbeschäftigung bei den Probanden positive oder negative Assoziationen hervorrufen kann. Um dies zu vermeiden, wurden allein solche Merkmale ausgewählt, die im Rahmen einer vorherigen Befragung (anderer Teilnehmer) bei beiden Geschlechtern in gleicher Weise als neutral, positiv oder negativ bewertet wurden, die also nicht geschlechtsspezifisch konnotiert waren.

Beispiel: Tina ist 22 Jahre alt und arbeitet als Kassiererin in einem Supermarkt./Timo ist 22 Jahre alt und arbeitet als Kassierer in einem Supermarkt.

Auf die Nutzung von Bildern wurde verzichtet, um die Antworten nicht durch individuelle Sympathien bzw. Antipathien zu beeinflussen.

Im Rahmen der Befragung sollten vier Forschungsfragen beantwortet werden:

1. Werden Frauen milder bestraft als Männer?
2. Erhalten Frauen eher eine Bewährungsstrafe als Männer?
3. Werden Frauen weniger streng bestraft, wenn sie mit einem Mann gemeinsam handeln?
4. Bestrafen männliche Probanden eine weibliche Täterin weniger streng als einen Mann?
5. Werden Frauen härter bestraft, wenn sie sich „geschlechtsuntypisch" verhalten?

Zur Überprüfung der Forschungsfragen wurden die Teilnehmer mit jeweils vier Fallkonstellationen konfrontiert, in denen Informationen zum Tathergang einer Straftat sowie zur Täterpersönlichkeit enthalten waren. Die Teilnehmer wurden gebeten, auf dieser Grundlage eine Entscheidung über die Sanktion zu treffen. Als Optionen wurden hierbei die Möglichkeit einer Verfahrenseinstellung gegen Geldauflage nach § 153a StPO sowie die Verhängung einer Geld- oder Freiheitsstrafe (wobei die jeweilige Höhe bzw. die Möglichkeit einer Bewährungsaussetzung zu nennen waren) angeboten. Die Fallvignetten schilderten vier unterschiedliche Straftaten:

- Fall 1: Einfache Körperverletzung[45]
- Fall 2: Unerlaubtes Entfernen vom Unfallort
- Fall 3: Gefährliche Körperverletzung
- Fall 4: Gemeinschaftlicher Raub

Für die Durchführung der Befragung wurden die Probanden – ohne ihr Wissen – in zwei Gruppen mit einer etwa gleichen Zahl von Teilnehmern eingeteilt. Die erste Gruppe erhielt Fallkonstellationen mit einer weiblichen Täterin, die zweite Gruppe Vignetten mit einem männlichen Täter.

An der Befragung nahmen 333 Studierende der Rechtswissenschaft aus dem 1. bis 6. Fachsemester teil.[46] Von den Befragten waren 61% weiblich und 34% männlich (bei 5% ohne Angabe). Für die Auswertung in SPSS wurden der t-Test

---

[45] Bei den Körperverletzungen in den Fällen 1 und 3 wurde das Opfergeschlecht dem Tätergeschlecht angepasst.

[46] Die relative Mehrheit der Befragen befand sich im 1. Semester (121 Personen).

für unabhängige Stichproben[47] und der Chi-Quadrat-Test[48] (mit Testkorrektur nach Fisher)[49] verwendet.

3. Ergebnisse der Befragung

Frage 1: Werden Frauen milder bestraft als Männer?

In keinem der den Probanden vorgelegten Fälle wurden Frauen milder bestraft als Männer. Im Gegenteil: Es zeigte sich eine Tendenz (die allerdings das Signifikanzniveau nicht erreichte), strengere Strafen für Frauen auszuweisen. Exemplarisch zeigt sich dies an der Verhängung von Freiheitsstrafen gegenüber Männern und Frauen in Fall 2 (unerlaubtes Entfernen vom Unfallort). Während weibliche und männliche Täter gleich häufig zu einer Freiheitsstrafe verurteilt wurden, zeigt sich in der Höhe der verhängten Sanktion eine tendenzielle Benachteiligung von Frauen.[50]

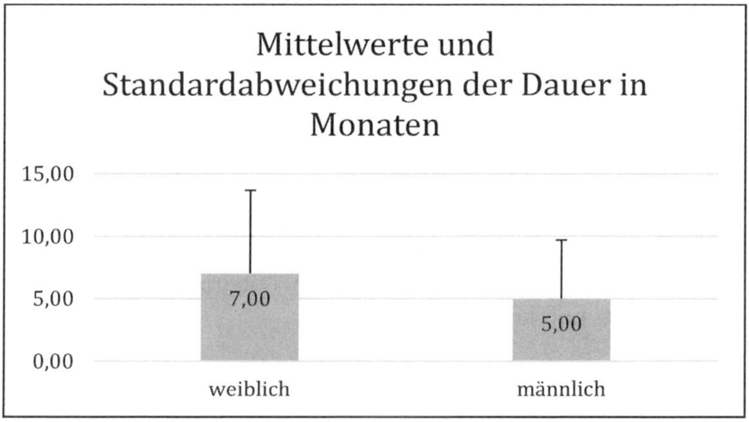

Abb. 2: 2. Fall, Höhe der verhängten Freiheitsstrafen

---

[47] Der t-Test für unabhängige Stichproben wurde verwendet, um den Unterschied zwischen Mittelwerten aus zwei unabhängigen Stichproben auf Signifikanz zu prüfen. Die Nullhypothese des Tests lautet, dass die beiden Mittelwerte in der Grundgesamtheit identisch sind. Ist der Test signifikant, so wird die Nullhypothese abgelehnt, sodass von einem Unterschied ausgegangen werden kann. Dabei können die Hypothesen gerichtet (also einseitig) oder ungerichtet (zweiseitig) formuliert werden.

[48] Der Chi-Quadrat-Test wurde verwendet, um den Zusammenhang zwischen zwei kategorialen Variablen auf Signifikanz zu prüfen (Unabhängigkeitstests) oder um zu testen, ob sich zwei Verteilungen voneinander unterscheiden (Anpassungstests). In diesem Fall geht es um die Frage, ob sich die Verteilung einer Variable (zB Urteil eines Falles) in den beiden Gruppen (Männer und Frauen) unterscheidet. Die Nullhypothese des Tests lautet, dass die beiden Verteilungen gleich sind. Diese Hypothese wird bei signifikanten Tests abgelehnt.

[49] Lagen die Voraussetzungen für den Chi-Quadrat-Test vor (dies ist der Fall, wenn die erwarteten Zellhäufigkeiten von einer oder mehr Zellen kleiner als 5 sind), so wurde eine Testkorrektur nach *Fisher* vorgenommen.

[50] Aufgrund der geringen Fallzahlen ergibt sich hier keine Signifikanz nach dem t-Test für die Mittelwertgleichheit, p = 0,598.

Frage 2: Erhalten Frauen eher eine Bewährungsstrafe als Männer?

Auch diese Frage kann auf Basis der Untersuchung verneint werden. Wenngleich kein signifikanter Unterschied in der Strafaussetzung zur Bewährung nachgewiesen wurde, zeigte sich auch hier eine Tendenz zu Ungunsten weiblicher Täterinnen.

Illustration am Beispiel von Fall 1:

	keine Bewährung	mit Bewährung	Gesamt
weiblich	6	28	34
	17,65%	82,35%	100,0%
männlich	1	23	24
	4,17%	95,83%	100,0%
Gesamt	7	51	58
	12,07%	87,93%	100,0%

Abb. 3: Fall 1, Strafaussetzung zur Bewährung

Von den 34 zu Freiheitsstrafen verurteilten Frauen wurde die Strafe in 28 Fällen (82,35%) zur Bewährung ausgesetzt, während dieser Anteil bei männlichen Tätern bei über 95% liegt (lediglich eine Person wurde ohne Bewährung verurteilt). Aufgrund der geringen erwarteten Häufigkeiten ließ sich ein Chi-Quadrat Test nur über eine nach *Fisher* korrigierte Signifikanzformel überprüfen, die allerdings ebenfalls nur eine Tendenz und keine Signifikanz zeigte.[51]

Frage 3: Werden Frauen weniger streng bestraft, wenn sie mit einem Mann gemeinsam handeln?

Dieser Forschungsfrage lag die Vermutung zugrunde, dass bei einer gemeinschaftlichen Tatbegehung der männliche Täter strenger bestraft werden würde als die weibliche Mittäterin. Diese Erwartung beruhte auf der Annahme, dass der Mann intuitiv als der aktivere Part, die Frau hingegen als „Mitläuferin" oder bloße Gehilfin angesehen würde. Zur Überprüfung der These wurde Fall 4 verwendet, der die Tatbeteiligung an einem Raub ohne jede Differenzierung schilderte.

Fall 4 (Version Gruppe 1): Die 25jährige Tanja ist seit einigen Monaten mit ihrem Freund Fritz zusammen. Beide haben hohe Schulden und kaum Einkünfte. Sie beschließen eines Tages gemeinsam, sich in illegaler Weise Bargeld zu verschaffen. In der Dämmerung warten sie an einem Geldautomaten, bis eine alleinstehende ältere Frau (Ottilie) dort Bargeld abhebt. Beide folgen der Ottilie. Als sie gerade ihre Haustür aufschließen will, drohen Tanja und Fritz ihr Schläge an, wenn sie ihnen nicht ihr Bargeld herausgibt. Zitternd vor Angst reicht Ottilie den beiden 300 Euro.

Das Gericht sieht Tanja als Mittäterin einer Räuberischen Erpressung (§§ 253, 255, 249 Abs. 2 StGB) an.

Die These von einer Verantwortungszuschreibung zu Lasten des männlichen Täters bestätigte sich in der Befragung nicht. Im Gegenteil zeigten sich (nicht signifi-

[51] Exakte Signifikanz nach *Fisher* Test 2-seitig: 0,221; 1-seitig: 0,125.

kante) Tendenzen, die Frau härter zu bestrafen (Ø = 17,14 Monate für die weibliche Täterin, Ø = 16,85 Monate für den männlichen Täter) und die Strafe seltener zur Bewährung auszusetzen (58,7% der Befragten, die eine Freiheitsstrafe gewählt hatten, setzten diese für die weibliche Täterin zur Bewährung aus; für den männlichen Täter entschieden sich 60,8% für eine Bewährung).

Frage 4: Bestrafen männliche Probanden eine weibliche Täterin weniger streng als einen Mann?

Frage 5: Werden Frauen härter bestraft, wenn sie sich „geschlechtsuntypisch" verhalten?

Fragen 4 und 5 lassen sich gemeinsam beantworten. Zunächst zeigt sich, dass männliche Probanden – entgegen den Annahmen der Ritterlichkeitsthese – eine weibliche Täterin nicht milder bestraften als einen männlichen Täter. Auch bei den weiblichen Probanden zeigte sich kein signifikanter Unterschied in der Bewertung weiblichen und männlichen Verhaltens.

Eine Ausnahme stellt jedoch Fall 3 dar, der eine gefährliche Körperverletzung zum Gegenstand hatte.

Fall 3 (Version Gruppe 1): Tessa ist 21 Jahre alt. Sie arbeitet in einer Gastwirtschaft als Kellnerin.

Tessa ist Mitglied einer Mädchengang. Eines Tages kommt es zu einem Streit zwischen der Gang und Olga, einem Mädchen aus einem Nachbardorf. Tessa und ihre Freundinnen prügeln so heftig auf Olga ein, dass sie einen Armbruch und mehrere Rippenbrüche erleidet. Anschließend drückt Tessa eine Zigarette auf Olgas Hand aus und fügt ihr auf diese Weise erhebliche Verbrennungen zu. Das Gericht nimmt an, dass Tessa der gefährlichen Körperverletzung (§ 224 Abs. 1 Nr. 2 und Nr. 4 StGB) schuldig ist.

Fall 3 (Version Gruppe 2): Thilo ist 21 Jahre alt. Er arbeitet in einer Gastwirtschaft als Kellner.

Thilo ist Mitglied einer Jugendgang. Eines Tages kommt es zu einem Streit zwischen der Gang und Otto, einem Jungen aus einem Nachbardorf. Thilo und seine Freunde prügeln so heftig auf Otto ein, dass er einen Armbruch und mehrere Rippenbrüche erleidet. Anschließend drückt Thilo eine Zigarette auf Ottos Hand aus und fügt ihm auf diese Weise erhebliche Verbrennungen zu. Das Gericht nimmt an, dass Thilo der gefährlichen Körperverletzung (§ 224 Abs. 1 Nr. 2 und Nr. 4 StGB) schuldig ist.

Fall 3 diente der Überprüfung der These, ob Frauen strenger bestraft werden, wenn sie sich „geschlechtsuntypisch" verhalten, also etwa eine besondere Gewaltbereitschaft an den Tag legen. Hier zeigte sich zunächst, dass männliche Probanden die Frau signifikant härter bestraften als es weibliche Probanden taten: Sie verhängten höhere Freiheitsstrafen und setzten die Strafe seltener zur Bewährung aus – ein Befund, der sich in den anderen Fallkonstellationen nicht offenbart hatte (dort straften männliche und weibliche Probanden nicht signifikant unterschiedlich). Auch in der Bestrafung des männlichen Täters in Fall 3 zeigten sich (zwar Tendenzen, aber) keine signifikanten Abweichungen zwischen männlichen und weiblichen Probanden.

	Bestrafung der Täterin durch männliche Probanden	Bestrafung der Täterin durch weibliche Probanden
Strafhöhe in Monaten	25,19[52]	18,42[53]
Aussetzung zur Bewährung (in %)	29,2[54]	48,7

Abb. 4: Bestrafung der weiblichen Täterin in Fall 3

Zudem bestraften männliche Probanden die weibliche Täterin in Fall 3 deutlich strenger als den männlichen Täter. Sie verhängten gegenüber der weiblichen Täterin signifikant häufiger (und ausnahmslos) eine Freiheitsstrafe als gegenüber dem männlichen Täter.

	Bestrafung der weiblichen Täterin	Bestrafung des männlichen Täters
Anteil Freiheitsstrafe in %	100[55]	90,5
Anteil Geldstrafe	0	9,5

Abb. 5: Bestrafung weiblicher und männlicher Täter in Fall 3 durch männliche Probanden

Auch mit Blick auf die Höhe der Strafe und die Aussetzung zur Bewährung unterschreiten die Daten nur knapp die Signifikanzschwelle. Männliche Probanden verhängten gegenüber weiblichen Täterinnen im Durchschnitt eine Freiheitsstrafe von 25,19 Monaten, während sie männliche Täter lediglich zu 21,25 Monaten verurteilten.[56] Bei männlichen Tätern wurde die Strafe zudem von 43,8% der männlichen Probanden zur Bewährung ausgesetzt; Frauen erhielten hingegen nur von 29,2% eine Bewährungsstrafe.[57]

V. Diskussion der Ergebnisse und Fazit

Die Ergebnisse der Studie können die „Ritterlichkeitsthese" nicht stützen. Weibliche und männliche Täter wurden von den Probanden in den Fällen 1, 2 und 4 nicht unterschiedlich bestraft. Die Daten weisen, wenngleich das Signifikanzniveau nicht erreicht wurde, eher in die gegenteilige Richtung. Auch erfolgte bei

---

[52] t-Test ist signifikant, p = 0,006.

[53] Weibliche Probandinnen bestraften den männlichen Täter ähnlich, die Strafhöhe lag bei durchschnittlich 18,96 Monaten und wich damit nicht signifikant von der Strafhöhe für weibliche Täterinnen ab (Exakte Signifikanz nach *Fisher,* 1-seitig: 0,477, 2-seitig: 0,700).

[54] Chi-Quadrat nach *Pearson,* Asymptotische Signifikanz (zweiseitig): p = 0,022.

[55] Exakte Signifikanz nach *Fisher,* 1-seitig: 0,020, 2-seitig: 0,029.

[56] t-Test knapp nicht signifikant, p = 0,161.

[57] Chi-quadrat Test knapp nicht signifikant, p = 0,138.

einer gemeinschaftlichen Tatbegehung keine Verantwortungszuschreibung zu Gunsten der weiblichen Täterin.

Das Geschlecht als solches scheint somit grundsätzlich kein relevanter Faktor in der Strafzumessung zu sein. Allerdings bleibt offen, ob eine Bevorzugung von Frauen durch den persönlichen Kontakt zwischen Beschuldigten und Strafverfolgungsbehörden eintritt. Dies läge dann nahe, wenn weibliche Beschuldigte häufiger Verhaltensweisen an den Tag legten, die von Staatsanwälten und Richtern honoriert werden; etwa Zurückhaltung, Einsicht oder Höflichkeit. Eine solche These kann durch eine Befragungsstudie nicht verifiziert werden, sondern wäre durch Experimente zu überprüfen, die eine Interaktion zwischen Beschuldigten und Staatsanwaltschaft/Gericht simulieren.

Bestätigt wurde hingegen die These, dass Frauen dann härter bestraft werden, wenn sie sich rollenuntypisch verhalten (hier: Begehung eines schweren Gewaltdelikts und Mitgliedschaft in einer Mädchengang). Erstaunlicherweise konnte ein Unterschied in der Bestrafung nur bei männlichen Probanden beobachtet werden.

Die strengere Ahndung der aggressiv handelnden, weiblichen Gewalttäterin wird in der Literatur überwiegend damit erklärt, dass die Verletzung von Rollenerwartungen (unterbewusst) als weitere Verfehlung wahrgenommen werde.[58] Gewalttäterinnen erschüttern den – unausgesprochenen – gesellschaftlichen Konsens über das richtige soziale Verhalten von Männern und Frauen und fordern damit die bestehenden Annahmen des Urteilenden über „weibliches" Handeln heraus. Die härtere Sanktionierung der Frau ist dabei nicht nur die Folge stereotyper Vorbehalte, sondern möglicherweise auch strafzumessungsrelevanter Erwägungen: So ließe sich vermuten, dass die Probanden eine Einwirkung auf die weibliche Täterin durch Strafe für besonders erforderlich hielten, da sie sich bereits weiter von gesellschaftlichen Verhaltensnormen entfernt zu haben schien. Es bleibt allerdings erklärungsbedürftig, weshalb diese Befunde nicht in gleicher Weise für weibliche Probanden gelten. Das unterschiedliche Bewertungsverhalten der Befragten könnte darauf zurückzuführen sein, dass männliche Probanden stärkere Annahmen über ein zu erwartendes „weibliches" Verhalten treffen; diese These wäre freilich zu überprüfen. Sollten sich diese Ergebnisse in anderen Studien bestätigen, könnte dies für Richter und Staatsanwälte Anlass sein, die eigene Bewertung männlichen und weiblichen Verhaltens kritisch zu überprüfen.

[58] *Morris,* Women, Crime and Criminal Justice, 1987; *Jewkes,* Media and Crime, 3. Aufl. 2015, 134.

HANS-LUDWIG KRÖBER

Automatisierte oder handgefertigte Kriminalprognose?

Zum Streit in der forensischen Psychiatrie und Psychologie über die Weiterentwicklung von „Risk Assessment"

I. Einleitung: Das Gutachten auf dem Hacktisch

Die Situation ist nichtöffentlich und bleibt unbemerkt, auch ihre nicht seltene Wiederholung: Ein erfahrener forensischer Sachverständiger hat über einen Maßregelpatienten oder einen Sicherungsverwahrten ein eingehendes psychiatrisches oder psychologisches Gutachten zur Kriminalprognose verfasst und nach Rekonstruktion von Biografie, Delinquenzgeschichte, Erörterung der gängigen Risikofaktoren, aber auch der Entwicklung des Verurteilten in den zwanzig Jahren seit der Tat und speziell in der Verwahrung die Empfehlung ausgesprochen, den Insassen nunmehr in ein definiertes, sozial stützendes und kontrollierendes Umfeld zu entlassen.

Postwendend hat der zuständige, bereits seit 2 Jahren in diesem Metier tätige zuständige Psychologe/in in einer Stellungnahme, gegengezeichnet von seinen Oberen, mitgeteilt, dass die Einrichtung keineswegs die Auffassung des Gutachters teilt, sondern bei der auch zuletzt erneut mitgeteilten Einschätzung bleibt, dass die Therapie des Untergebrachten erst ganz am Anfang stehe und er keineswegs entlassbar sei, nicht einmal zu lockern. Es erfolgt unter Verzicht auf sonstige Argumente die Berufung auf ein standardisiertes, ins Deutsche übersetztes Prognoseinstrument mit 9 oder 12 Items, wonach der Untergebrachte in der sechsten von sieben Risikogruppen rangiere und ein 5-Jahres-Rückfallrisiko von 78% aufweise, nach 10 Jahren von 94%. Das wird von dem blutjungen Sicherheitsverwahrer dann auch bei der Anhörung den von dieser drohenden Katastrophe sichtlich erschütterten Strafvollstreckungsrichtern wiederholt. Dem Sachverständigen entschlüpft entnervt der Gedanke: Mit VRAG oder Static-99 wird jeder Idiot schlagartig zum Prognose-Experten. Mitteilung per WhatsApp (verschlüsselt!) hätte eigentlich genügt. Leider bemerken auch akademische Mitarbeiter des Vollzugs, die deutlich höhere Intelligenzwerte aufweisen, oftmals nicht den Idiotismus dieser Antwort.

Wie in dieser Situation die Strafvollstreckungskammer entscheidet, unterliegt zumindest nicht wissenschaftlich stringenten Kriterien. Die Kammern sind erstaunlich verschieden, und sie ändern sich natürlich manchmal auch mit neuen Richtern, manchmal auch nicht. Es gibt Strafvollstreckungskammern, denen offenkundig sehr an einem guten Einvernehmen mit der Klinik oder Haftanstalt gelegen ist und die sehr ungern gegen das Votum der Institution entscheiden. Es gibt die spiegelbildlich agierenden Kammern, die ihre Einrichtung gern ein bisschen quälen und piesacken und ihr misstrauen und gern auch mal gegen die Einrichtung entscheiden – ja diesen Gutachter gleich ein weiteres Mal betrauen, auf dass er die Klinik ein wenig trainiere. Das allerdings sind Nebenpunkte. Die Hauptfrage ist, ob der Vorsitzende oder der Berichterstatter den Fall kennt und die Sichtweise des Gutachters, seine Argumentation verstehen will, oder aber ob er einfach nur Zahlen will. Das ist dann Variante b des Eingangsszenarios: Der Gutachter hat sich intensiv mit den einstigen Tatmustern befasst, die in der Biografie sichtbar gewordenen Schwächen und Stärken des Verurteilten zu verdeutlichen gesucht, aus all dem einen individuellen prognostischen Maßanzug geschneidert: Und die Anhörung soll dann allein dazu dienen, dem Gutachter einen Prozentwert abzupressen, weil man sich all dies ganze andere unjuristische Zeug gar nicht erst anverwandelt hat. Wenn dann der Anstaltspsychologe schon interveniert hat und 58% nach SORAG[1] in den Ring geworfen hat, kann der Gutachter einpacken und die Fortdauerentscheidung hält unter Verweis auf 58% auch beim OLG. Dafür muss kein Jurist wissen, was SORAG ist und wie es misst (außer dass es ein „anerkanntes Instrument" ist), 58% genügt. Das kippt 60 Seiten Gutachten, ganz ohne dessen Argumente zu widerlegen.

Man hat hier eine ähnliche Situation wie einst bei der Schuldfähigkeitsfeststellung mittels nicht-objektivierter Trinkmengenangaben: es wird erst messerscharf gerechnet, 3,71 Promille Alkohol im Serum, aber auch scharfes Rechnen macht aus Sprechblasen im Gericht keinen Alkohol. Eine gruppenstatistische Prozentzahl – unbekannt auf welches Gruppengesamt bezogen – auf junge Flüchtlinge, alleinerziehende Mütter, die Gesamtbevölkerung von Neustadt am Rübenberge oder alle (auch die bediensteten) Insassen einer Trinkerheilanstalt – ist keine individuelle Kriminalprognose. Aber allem Anschein nach eine große Entscheidungshilfe. Sicherlich ist rechtlich eine *individuelle* Prognose verlangt: Aber dann ist 58% eben die individuelle Prognose. Wer kennt denn schon groß den Unterschied zwischen gruppenstatistischem Risiko und der individuellen Schätzung. Der geht einem erst auf, wenn der Fassadenkletterer nach Absturz querschnittsgelähmt ist.

Die Tatsache, dass es von einem recht aktiven Teil der Rechtspsychologen (zumal wenn sie Prognoseinstrumente entwickelt oder übersetzt und validiert haben) starke Bestrebungen gibt, die wissenschaftlich basierte individuelle, idiografische Kriminalprognose zu ächten und nur noch standardisierte gruppenstatistische Prognoseinstrumente zuzulassen, gibt Veranlassung, diesen Konflikt zwischen Zahlenwerten und individueller Analyse zu beleuchten und daran zu erinnern, dass die Methodik der individuellen Kriminalprognose im Strafverfahren und in der Strafvollstreckung durchaus befestigt und praktikabel ist. Sie funktioniert keineswegs erst dann, wenn sich ein „genialer" Sachverständiger dieser Aufgabe annimmt, wie ein soziologisch gebildeter Kriminologe[2] glaubte, um stattdessen lieber das auf Göppingers ver-

---

[1] *Quinsey/Harris/Rice/Cormier,* Violent offenders: Appraising and managing risk. American Psychological Association, 1999.

[2] *Bock,* Wenn die ‚Welt' zur ‚Anstalt' schrumpft. Ein Beitrag zur kriminalprognostischen Bedeutung des Haftverhaltens. Forens Psychiatr Psychol Kriminol 12, 2018, 61.

dienstvoller Jungtäterstudie[3] beruhende Instrument MIVEA zu empfehlen. Der Verfasser möchte verdeutlichen, dass Kriminalprognose methodisch relativ einfach ist. Sie kann allerdings nicht aus dem Weg räumen, dass die Zukunft voller unvorhersehbarer positiver wie negativer Entwicklungen stecken kann (nicht muss, aber auch das können wir nicht wissen), voller Kontingenz, eben auch unliebsamer, riskanter Zufälle. Trotzdem kann man einigermaßen zufällig die Eignung eines näher zu beschreibenden Mittelklassewagen für eine Tour von Köln nach Teheran beschreiben. Ob irgendwo jenseits des Hellespont Räuber warten, gehört nicht zur Fragestellung. Jedenfalls ist eine Beschreibung der Stärken und Schwächen dieses Fahrzeugs voraussichtlich nützlicher als der Punktwert: 78%. Wir bleiben bei den Überlegungen, die wir seit dem Kriminalprognoseband[4] (2006) des Handbuchs der Forensischen Psychiatrie durchgängig beschrieben haben. Übrigens waren *Dahle* als Psychologe[5] und *Kröber* als Psychiater unabhängig voneinander (obwohl wir im gleichen Haus saßen), auf etwas unterschiedlichen Wegen, zu identischen methodischen Vorstellungen zur Kriminalprognose gekommen.

II. Kernbegriff: Gefährlichkeit – der Prüfauftrag

Dass forensische Psychiater und Rechtspsychologen Strafgefangene oder Maßregel-Insassen zur individuellen Kriminalprognose begutachten, ist eine relativ junge Entwicklung in der Strafrechtspflege. Bis weit in die 1980er Jahre trafen fast nur Richter kriminalprognostisch basierte Entscheidungen: die Aussetzung von Strafen oder Maßregeln zur Bewährung entschieden sie aus eigener Überlegung, ohne Gutachter. Kriminalprognostische Gutachten bei Strafgefangenen waren Raritäten; nur erfahrene Gutachter sollten so etwas machen. Manche dieser erfahrenen Gutachter neigten dazu, die Prognose aus der Diagnose und dem aktuellen psychischen Befund abzuleiten; das sind die Prognosen, die in der Rückschau als „intuitiv" und in Amerika als „clinical" bezeichnet wurden und die oftmals fehlgingen, weil sie die kriminologisch gesicherten Risikofaktoren nicht kannten oder nicht berücksichtigten.

Psychiater zu fragen ist aber keine dumme Idee. Tatsächlich hat Psychiatrie seit ihrem Beginn zu tun mit dem Erkennen und Behandeln von Gefährlichkeit – psychisch kranker Menschen, und psychiatrische Kliniken dienten von Beginn an dazu, gerade diese Kranken aus der Gesellschaft zu entfernen, zumindest vorübergehend. Und wenn möglich zu behandeln.

Vergeblich sucht man aber im StGB oder der StPO nach einer verbindlichen Definition des bei der bedingten Entlassung maßgeblichen Begriffs der *„Gefährlichkeit"*. In § 454 (2) StPO heißt es: „Das Gutachten hat sich namentlich zu der Frage

[3] *Göppinger,* Der Täter in seinen sozialen Bezügen. Ergebnisse der Tübinger Jungtäter-Vergleichsuntersuchung, 1983.

[4] *Kröber* in Kröber/Dölling/Leygraf/Saß, Handbuch der Forensischen Psychiatrie Bd. III: Psychiatrische Kriminalprognose und Kriminaltherapie, 2006, 69.

[5] *Dahle* Psychologische Kriminalprognose. Wege zu einer integrativen Methodik für die Beurteilung der Rückfallwahrscheinlichkeit bei Strafgefangenen, 2005.

zu äußern, ob bei dem Verurteilten keine Gefahr mehr besteht, dass dessen durch die Tat zutage getretene Gefährlichkeit fortbesteht". Seit Beginn der empirischen Kriminalwissenschaft, der mit Namen wie *Lombroso, Ferri* oder auch *Franz von Liszt* verknüpft ist, geht es um Auffinden von empirischem Material, aus dem sich die Gefährlichkeit eines Straftäters ableiten lässt. Gerade die sozialdemokratische, auf Prävention und „social defense" abgestimmte Rechtspolitik erhoffte sich viel von einer quasi naturwissenschaftlichen, objektiven Bestimmung und Messung von Gefährlichkeit[6].

Wegweisend für die Tätigkeit des forensischen Psychiaters wurde die Vorgabe des § 454 StPO. Die Formulierung „keine Gefahr mehr besteht, dass ... Gefährlichkeit fortbesteht", wirkt im ersten Zugriff sprachlich nicht besonders klar. Gemeint ist vermutlich, dass nicht nur die aktuell sichtbare Gefährlichkeit zu beurteilen ist, die ja eine gegenwärtige Gefahr darstellen würde. Es kann aber jemand unter Haftbedingungen ungefährlich sein, weil er gar keine Chance zur Begehung der ihm naheliegenden Straftaten hat, zB sexueller Missbrauch von Kindern. Oder es schließt sich bei ihm die Straffälligkeit jeweils an eine vorangehende kurze Strecke des Alkoholmissbrauchs und der sozialen Verwahrlosung an, die in Haft nun verhindert ist. „Gefahr der Gefährlichkeit" meint nun wohl, dass bislang eine baldige Wiederherstellung von solchen Risikosituationen noch nicht ausgeschlossen ist, weil der Verurteilte zB noch kein genügendes Problembewusstsein zum Alkoholmissbrauch oder zum Kontaktieren von Kindern entwickelt hat. Eine solche, durch benennbare Risikofaktoren und Risikosituationen vermittelte Gefährlichkeit unterscheidet sich also von der unmittelbar erkennbaren Gefährlichkeit eines Gefangenen, der ständig mit einer habituellen Gewaltbereitschaft zu kämpfen hat oder sich jetzt schon den ganzen Tag mit sadistischen Sexualphantasien befasst.

Sichtbar wird auch, dass es offenbar um einen Koppelungsprozess geht: die überdauernde Gefährlichkeit liegt in der Person des Probanden (oder eben nicht), und sie wird manifest in bestimmten Situationen. Situationen widerfahren einem aber nicht (oder nur selten), sondern Menschen schaffen sich aktiv die Situationen, die ihren Bedürfnissen entsprechen.

Als psychiatrischer Sachverständiger hat man den gerichtlichen Auftrag so zu verstehen, dass mit *Gefährlichkeit eine relevant erhöhte individuelle Disposition zur Begehung erheblicher Straftaten* gemeint ist. Diese Gefährlichkeit wird mit der Formulierung des § 454 Abs. 2 StPO „in der Tat zutage getretene Gefährlichkeit" festgemacht an der zurückliegenden Delinquenz und gleichzeitig eingegrenzt auf deren individuelle Hintergründe. Das ist ausgesprochen wichtig und hilfreich und wirkt einem spekulativen Herumirren in allen Himmelsrichtungen auf der verzweifelten Suche nach noch unerkannten Gefahren entgegen. Gefragt ist sodann, ob diese individuellen Ursachen fortbestehen oder nicht. Dies ist ein verstehbarer und grundsätzlich durchführbarer Auftrag.

Gefährlichkeit ist vom Psychiater nicht nur im Strafverfahren zu beobachten, zu erfassen und zu berücksichtigen. Im Rahmen der psychiatrischen Krankenversor-

---

[6] *Kröber* in Kröber/Albrecht, Verminderte Schuldfähigkeit und psychiatrische Maßregel, 2001, 33.

gung ist es Teil der ärztlichen Garantenstellung, den Kranken an der Begehung fremd- oder selbstschädigender Handlungen zu hindern, falls dieser zu verantwortlichem Handeln nicht mehr imstande ist. Bestimmte, nach Diagnose und Verlauf differenzierbare psychiatrische Untergruppen, zum Beispiel chronisch wahnkranke Männer, haben ein erhöhtes Risiko im Hinblick auf Gewaltdelinquenz, das bereits im Rahmen des Versorgungsauftrags immer erneut eingeschätzt werden muss. Es geht in diesen Fällen um die Nutzung der Möglichkeiten der Landes-Unterbringungsgesetze (Psychisch-Kranken-Gesetz) und des Betreuungsrechts. Gefährlichkeitseinschätzung gehört insofern zur alltäglichen Berufsausübung. Die dafür geforderten Kompetenzen liegen zum einen in einer soliden Diagnostik und Einschätzung des Aktualzustands eines Menschen, zum anderen in einem Wissen um die tatsächliche Gefährlichkeit von Menschen mit unterschiedlichen psychischen Erkrankungen und Störungen.

Gefährlichkeit ist als „potential for harm or injury“[7] eine mehrdimensionale Kapazität, die nicht ständig aktualisiert wird und die in ihrem Ausmaß von mehreren Faktoren abhängt, so den folgenden:

- der Intensität und der Art des zu befürchtenden Verbrechens,
- der Gegenwärtigkeit, zeitlichen Entfernung und Ausdehnung der Gefahr,
- der individuellen Fertigkeiten der gefährlichen Person zur Durchführung gefährlicher Taten (Kraft, Intelligenz, Training, Alter etc.),
- der sozialen Einbindung und den sozialen Interaktionen und ihrem zukünftigen Verlauf,
- die Erforderlichkeit bestimmter Rahmenbedingungen der Tat (hinsichtlich Tatort, Stimmung, vorherige Berauschung etc.),
- die Verfügbarkeit von Opfern.

Unter den forensischen Psychiater bestand seit gut 20 Jahren Einigkeit, festgehalten auch in den Mindestanforderungen für Prognosegutachten[8] (2007), dass der methodisch korrekte Zugang zur Bearbeitung kriminalprognostischer Fragestellungen darin liegt, vom Wortlaut der Strafprozessordnung auszugehen und zu klären, ob die in der Tat (oder den Taten) zutage getretene Gefährlichkeit eines Verurteilten fortbesteht. Die primäre Quelle der Erkenntnis ist nicht die psychiatrische Diagnose oder die Persönlichkeitsstruktur, sind nicht Einstellungen und Phantasien, sondern das, was der Täter über seine realen Handlungsbereitschaften dokumentiert hat in einer juristisch aufgeklärten Tat – oder in Tatserien oder in einem breiten Spektrum unterschiedlicher Taten. Wenn wir unterstellen, dass dies die Fakten sind, dann stellen wir von ihnen ausgehend die Beziehung her zu der Persönlichkeit, zu den Mustern von Denken, Fühlen, Werten, Sozialverhalten und Wünschen dieses Täters, und ihren Veränderungen in der Zeit und in unterschiedlichen sozialen Umgebungen.

Das Delinquenzmuster in der Vergangenheit ist wesentlicher Gegenstand der standardisierten kriminalprognostischen Instrumente, und es hat sich herausgestellt,

---

[7] *Leong/Silva/Weinstock* in Rosner, Principles and Practice of Forensic Psychiatry, 2nd ed, 2003, 564.

[8] *Boetticher/Kröber/Müller-Isberner/Böhm/Müller-Metz/Wolf* NStZ 2006, 537.

dass bereits ein relativ kleiner Satz von Merkmalen wie Alter bei Delinquenzbeginn, Zahl der Vorstrafen, Art der Delikte, Bewährungsbruch etc. ein erhebliches Maß an Aufklärung über die gruppenstatistische Wahrscheinlichkeit eines delinquenten Rückfalls ermöglicht. Will man jedoch eine individuelle Prognose stellen, wie dies unser Rechtssystem fordert, und will man zudem festhalten, auf welchen Feldern therapeutischer oder erzieherischer Interventionsbedarf besteht, so muss man sich der Problematik stellen, dass die Erhebung von Lebensgeschichten und die Deutung von Biografien wesentlich aufwendiger und komplexer ist als das Auszählen von Vorstrafen. Es geht dann um die Entwicklung einer Hypothese darüber, worin bei diesem bestimmten Menschen seine bisherige Delinquenz begründet lag.

III. Statt Gefährlichkeit: Rückfallfaktoren – Risk factors

Die Hinwendung zur tatüberdauernden Gefährlichkeit unterliegt dem Präventionsgedanken, mit all seinen Fallstricken[9]. Es geht nicht mehr um die Anordnung oder Verbüßung einer schuldangemessenen Strafe, der Blick geht vielmehr nach vorne: Es geht zunehmend nur noch um den Schutz der Allgemeinheit vor der nächsten Straftat dieser Person, die ja immerhin möglich sein dürfte, wo er doch nun schon einmal oder mehrmals straffällig geworden ist. Man weiß aber nun bereits aus schierer Lebenserfahrung wie aus kriminalistischer und kriminologischer Forschung, dass es – zumindest bei gesunden Straftätern – nicht die *eine,* isolierte Straftatursache gibt, und dass Menschen in Ihren Entscheidungen erhebliche Freiheitsspielräume haben. Also genügt es in unserer Rechtsordnung nicht, einen einzigen Faktor zu isolieren und zu eliminieren oder gleich alle (Hand abschlagen, Kastrieren, Hinrichten), sondern man versucht herauszufinden, was für ein Bündel von Einzelfaktoren das Rückfallrisiko erhöht, wobei das einzelne Merkmal für sich genommen relativ harmlos sein mag. Solche Merkmalslisten werden seit mehr als 100 Jahren zusammengestellt; in Deutschland wurden erste standardisierte Prognoseinstrumente zur Massenabfertigung (Unterteilung in wertloses, potentiell nutzbares und unmittelbar nützliches Menschenmaterial) in den 1930er Jahren in den Gefängnissen eingeführt[10]. Dass sie – aus den USA importiert – in der NS-Zeit etabliert wurden, spricht nicht gegen die Nützlichkeit einzelner Merkmale, verdeutlicht aber ihren markantesten Zug: die dergestalt möglich werdende Abkehr von der zeitaufwendigen Individualisierung, die dem Verurteilten Respekt noch erwies.

Auch die individuelle Kriminalprognose erfolgt natürlich stets vor dem Hintergrund des kriminologischen Wissens zu allgemeinen Rückfallfaktoren. Es gibt als Bezugspunkte der Prognose relativ bekannte Risikofaktoren wie Alkoholmissbrauch – wenn dieser in der Vergangenheit eine Rolle gespielt hat bei der sozialen

---

[9] *Bröckling* in Bröckling, Gute Hirten führen sanft. Über Menschenregierungskünste, 2017, 73; siehe auch: *Kröber,* Blitzlicht: Zur Logik von Behandlung und Risikomanagement. Forens Psychiatr Psychol Kriminol 12, 2018, 172.

[10] *Berg/Kröber,* Die Diskussion um die standardisierte Kriminalprognose in der NS-Zeit. Forens Psychiatr Psychol Kriminol 12, 2018, 21.

Labilisierung oder gar direkt im Tatvorfeld. Es gibt, wie man hier gleich sieht, manche Risikofaktoren, die in der Bevölkerung weit verbreitet sind, aber nur bei einer Minderheit tatsächlich mit Delinquenz in Zusammenhang geraten. Es gibt die sehr wichtigen, aber unbeeinflussbaren Rückfallfaktoren wie Lebensalter und Geschlecht. Es gibt spezielle Merkmale besonderer Tätergruppen, zum Beispiel bei Sexualstraftätern als wichtiges Merkmal das Vorliegen (oder eben nicht) einer stabilen sexuellen Perversion. Wichtig sind die in der empirischen Literatur immer wieder für die Prognose herangezogenen und zu quantifizierenden Bereiche, genannt die „großen Vier" (Andrews u. Bonta[11]): (1) die Vorgeschichte antisozialen und delinquenten Verhaltens, (2) die Ausprägung von Merkmalen der antisozialen Persönlichkeit, (3) das Ausmaß antisozialer Kognitionen und Einstellungen sowie (4) ein antisoziales Umfeld. Diese Aufmerksamkeitsbereiche der Begutachtung korrespondieren durchaus mit den juristisch in § 57 Abs. 1 S. 2 StGB angegebenen Merkmalen, die bei der Entlassung aus Freiheitsentziehung zu berücksichtigen sind: „Persönlichkeit des Verurteilten, sein Vorleben, die Umstände seiner Tat, das Gewicht des bei einem Rückfall bedrohten Rechtsguts, das Verhalten des Verurteilten im Vollzug, seine Lebensverhältnisse und die Wirkungen, die von der Aussetzung für ihn zu erwarten sind".

Die Prognose erfolgt nahezu zwangsläufig unter Zugrundelegung von „Basisraten", basalen Kriminalitätswahrscheinlichkeiten, die sich nicht auf die Gesamtbevölkerung beziehen, sondern im Rahmen der „sekundären Prävention" auf bereits identifizierte Straftäter anhand des empirischen Wissens über die Lebens- und Delinquenzverläufe *dieser* Personengruppen gesunder oder auch psychisch gestörter Rechtsbrecher. So ist die basale Wahrscheinlichkeit, dass jemand im nächsten Jahr ein vorpubertäres Kind sexuell missbraucht, extrem klein (etwa 1:3000); tausendmal so hoch mit 1:3 ist die Wahrscheinlichkeit jedoch, wenn es sich dabei um jemanden handelt, der bereits mehrfach mit sexuellem Missbrauch eines vorpubertären Kindes aufgefallen ist. Es soll mithin die Rückfallwahrscheinlichkeit einer mehr oder weniger spezifischen Klientel eingeschätzt werden. Bisweilen sind dabei die zu beurteilenden Gruppen von Tätern so klein und so spezifisch (zB „Kannibalen"), dass es kein gesichertes gruppenstatistisches Wissen gibt. Anderseits sind innerhalb bestimmter Tätergruppen (zB Ladendiebe) die interindividuellen Differenzen so groß, dass hier der Delikttypus wenig zur Eingrenzung beiträgt. Wir wissen auch relativ wenig über die sogenannten „Basisraten" der Rückfälligkeit für bestimmte Deliktgruppen; die von Nedopil[12] unter Verweis auf eine Dissertation angegebenen Basisraten werden nicht mit Literaturdaten belegt und wirken geschätzt, wie auch die Rückfalldaten in den kriminologischen Lehrbüchern[13] weite Varianzen aufweisen. Die Schätzungen von Basisraten anhand umschriebener Rückfallstudien sind so grob und weitgefasst, dass sie eigentlich nur triviale Aussagen zulassen, die jedem bekannt sind: mordende Pastöre sind selten, prügelnde Türsteher häufiger. Basisraten verändern sich sehr rasch, sobald man weitere Merkmale in die Be-

[11] *Andrews/Bonta,* The psychology of criminal conduct, 2nd ed, 1998.
[12] *Nedopil,* Forensische Psychiatrie, 2. Aufl., 2000.
[13] ZB *Göppinger,* Kriminologie, 5. Aufl. 1997.

trachtung einbezieht: Geschlecht, Alter, Delinquenzbeginn, Dissozialität ja/nein, Sozialstatus, Intelligenz etc. Dass ohnehin oft Rückfall*spektren* angegeben werden (bis hin zur Angabe „30–70%"), verringert den Informationsgehalt bis nahe Null. Hilfreich sind eigentlich nur Extremwerte: dass nicht vorbestrafte, nicht dissoziale, heterosexuelle Missbraucher der pubertären Tochter der Partnerin auch ohne jede Therapie, sofern sie bestraft werden, eine allenfalls einstellige Rückfallquote haben, und dass ähnliches für Mord gilt. Aber nicht für jeden Mörder: es gibt einzelne Täter, bei denen besteht sogar eine hohe spezifische Rückfallgefahr. Das erkennt man aber nicht mit Basisraten.

Während das Auszählen von Rückfallfaktoren nicht zu einer integrativen Beschreibung von individueller Gefährlichkeit (und ggf. Behandlungsbedürftigkeit) führt, sondern nur die Botschaft hinterlässt: er ist nicht ungefährlich, ist die Basisrate natürlich noch weniger informativ und in aller Regel verzichtbar.

IV. Standardisierte Prognoseinstrumente

Standardisierte Checklisten zur statistischen Risikoanalyse sind auch in den Augen des Verfassers kein Teufelswerk, sondern gegebenenfalls Hilfsmittel um herauszufinden, in welcher Risikokategorie ein Proband in dieser Sichtweise steckt. Zumeist ist dies eine Triage, und das Gros der schwerer Bestraften rangiert im Mittelfeld, womit wir dann erstmal keinen Schritt weiter wären. Dass er kein Eierdieb ist, wussten wir schon beim Lesen des Urteils.

Viele fügen aber in ihr kriminalprognostisches Gutachten einen Abschnitt ein, in dem sie dem Gericht oder der Institution die Ergebnisse solcher standardisierter Fremdbeurteilung darlegen. Gerade für den Anfänger ist dies absolut empfehlenswert, um sich in der Wahrnehmung der Risikofaktoren, schon im Explorationsgespräch, zu schulen. Manche Kollegen, auch einige renommierte, schaffen es aber auch nicht, aus eigenen Kraft zu einer Prognose zu gelangen, sondern glauben, sie müssten diese den Zahlenwerten entnehmen. In einer großen Klinik war es üblich, am Ende der Jahresstellungnahmen den HCR-20[14] Merkmal für Merkmal durchzudeklinieren, und nach diesen 20 Einzelbetrachtungen stand man dann etwas ratlos da, da ein schlichtes Auszählen verwehrt war und die in 20 heterogene Risk Factors atomisierte Gefährlichkeit nicht wiederherstellbar schien. Nach wie vor gibt es aber, so weit mir erkennbar, keine höchstrichterliche Entscheidung, dass man stets (auch) Prognoseinstrumente verwenden müsse. Das ist gut so. Man muss sich beim Tangotanzen auch nicht die Schrittfolge wiege-wiege-Tango-Schritt vorsagen. Wenn man's kann.

Man kann also die klinische Persönlichkeitsanalyse anhand eingehender Exploration zur Lebensgeschichte in einem Zwischenschritt überleiten in eine Risikobeschreibung anhand der **standardisierten Prognoseinstrumente** wie PCL-R[15],

---

[14] *Webster/Eaves/Douglas/Wintrup,* The HCR-20 Scheme, 1995; Deutsch: Müller-Isberner et al., Die Vorhersage von Gewalttaten mit den HCR-20. Haina, 1998.

[15] *Hare,* The Hare Psychopathy Checklist – Revised: Manual. Multi-Health Systems, 1991.

VRAG[16], HCR-20[17] und LSI-R[18], für Sexualstraftäter speziell auch SVR-20[19], SORAG[20] und SONAR[21]. Für jugendliche Täter werden Instrumente angeboten wie die Jugendversion des LSI-R oder das SAVRY[22], für jugendliche Sexualstraftäter das J-SOAP[23].

Es gibt auch deutsche Instrumente aus dem Strafvollzug[24] und dem Maßregelvollzug[25]. Eine Übersicht über den Aufbau dieser und weiterer Instrumente geben *Rettenberger* und *von Franqué* im „Handbuch kriminalprognostischer Verfahren"[26]. Es kommen ständig neue Instrumente auf den Markt, und das Wort Sicherheits-Markt kann man in Nordamerika durchaus wörtlich nehmen. Die internationalen Tagungen der forensischen Psychologen und Psychiater ähneln Verkaufsmessen für neue und verbesserte Prognoseinstrumente, und die gewichtige Sicherheitsindustrie richtet, auch in Deutschland, eigene Tagungen zur strafrechtlichen Thematik von Prognose und (sicherer) Therapie für die Mitarbeiter des Straf- und Maßregelvollzugs aus. Es sind natürlich auch Firmen und Konzerne sowie Dienste und die Polizei an gefährlichkeitsprognostischen Fragen sehr interessiert. Im Hintergrund warten die totalitären Verlockungen von Big Data.

Grundlage für eine zuverlässige Nutzung dieser Instrumente ist allerdings die detaillierte Kenntnis des Lebens dieses Probanden, seiner delinquenten Vorgeschichte, seiner Neigungen und sozialen Bezüge, seiner Freizeitgestaltung, seiner sexuellen Vorlieben etc – also das, was man einerseits aus einer eingehenden Aktenanalyse gewinnt, zum anderen aus einer ebenso eingehenden Exploration des Probanden. Nur wenn der Proband nicht kooperiert oder in bestimmten Forschungs-Settings wird man auf die ausführliche Exploration verzichten müssen. Ansonsten aber steht und fällt der Wert der statistischen Prognosemethoden mit der Güte der zugrunde gelegten Informationen. Prognosechecklisten listen in wenigen Items die großen und tiefgestaffelten Bereiche auf, die es zu erkunden gilt. Und Personenmerkmale, die z. B. auf eine Persönlichkeitsstörung verweisen, nach der in den meisten Check-

---

16 *Harris/Rice/Quinsey,* Violent recidivism of mentally disordered offenders: The development of a statistical prediction instrument. Criminal Justice and Behaviour 20, 1993, 315.

17 *Kröber* in Kröber/Albrecht, Verminderte Schuldfähigkeit und psychiatrische Maßregel, 2001, 33.

18 *Andrews/Bonta,* LSI-R: The Level of Service Inventory-Revised. Multi-Health Systems, 1995; deutsch: *Dahle/Harwarth/Schneider-Njepel,* LSI-R – Inventar zur Einschätzung des Rückfallrisikos und des Betreuungs- und Behandlungsbedarfs von Straftätern, 2012.

19 *Boer/Hart/Kropp/Webster,* Manual for the Sexual Violence Risk 20: Professional guidelines for assessing risk of sexual violence, 1997; Deutsch: Müller-Isberner et al., Die Vorhersage sexueller Gewalttaten mit den SVR-20. Haina, 2000.

20 *Quinsey/Harris/Rice/Cormier/,* Violent offenders: Appraising and managing risk, 1999.

21 *Hanson/Harris,* The Sex Offender Need Assessment Rating (SONAR): A Method for Measuring Change in Risk Levels. User Report 2000-1, 2000.

22 *Borum/Bartel/Forth,* Manual for the Structured Assessment of Violence Risk in Youth (SAVRY), 2002.

23 *Prentky/Harris/Frizzel/Righthand,* An Actuarial Procedure for Assessing Risk with Juvenile Sex Offenders. Sexual Abuse: A Journal of Research and Treatment 12, 2000, 71.

24 *Rehder,* RRS – Rückfallrisiko bei Sexualstraftätern: Verfahren zur Bestimmung von Rückfallgefahr und Behandlungsnotwendigkeit, 2001.

25 *Gretenkord,* Empirisch fundierte Prognosestellung im Maßregelvollzug nach § 63 StGB – EFP-63, 2001.

26 *Rettenberger/von Franqué,* Handbuch kriminalprognostischer Verfahren, 2013.

listen gefragt ist, gewinnt man nur bei entsprechender persönlichkeitsdiagnostischer Kompetenz und eingehender psychiatrischer Untersuchung eines Probanden.

Allseits gefordert und nur selten einmal eingehalten wird, dass die Verwender in der Anwendung der Instrumente geschult sein sollen, zumindest das Handbuch mit der Definition der einzelnen Items gelesen haben sollen. Es wird dies höchstens auf 20% der Benutzer zutreffen; im wesentlich sind das dieselben, die auch das Benutzerhandbuch ihres neuen Laptop durchlesen. Insofern ist es hilfreich, wenn die Bewertung jedes Einzelmerkmals im Gutachten offengelegt wird, auf dass der nächste Beurteiler grobe Fehler oder voreingenommene Bewertungen erkennen kann.

Hier ist auch der Platz ergänzender *testpsychologischer Verfahren* wie des MMPI und anderen Persönlichkeitsfragebögen und auch von Intelligenztests und Leistungserfassungen. Psychologen machen das gerne, wohl weil sie es erlernt haben. Die Ergebnisse können in keinem Fall eine direkte Aussage zur Kriminalprognose liefern, schon gar nicht die sogenannten Aggressionstests, in denen Straffällige angeben sollen, ob sie aggressiv sind. Sie können aber beitragen zur Einschätzung von Leistungspotential, Selbstbild und Wahrnehmungsstilen des Probanden. Da diese Tests in der Regel Selbstbeschreibungen anhand standardisierter Fragen sind, sind sie unbedingt zu ergänzen durch die Fremd-Wahrnehmung des Probanden durch den Untersucher, die üblicherweise in einem „psychischen Befund" dokumentiert wird. Interessant sind natürlich sowohl Übereinstimmungen wie auch krasse Diskrepanzen zwischen Selbstschilderung und Fremdwahrnehmung im Sinne einer „Diskrepanzdiagnostik" (*Steller*[27]).

V. Praxis der kriminalprognostischen Begutachtung

Gewappnet mit einer profunden Kenntnis der Akten und des Probanden geht es dann methodisch darum, der prognostischen Aussage im Einzelfall eine stabile Grundlage zu schaffen. Es geht um die Frage, worin bei dieser Person die „in den Taten zutage getretene Gefährlichkeit" besteht, was bei dieser Person die allgemeinen und besonderen Gründe ihrer Straffälligkeit sind. Ohne eine Antwort auf diese Frage ist jede Prognose ohne Basis und rein spekulativ. Oder wie *Dahle* es formuliert: Die erste diagnostische Teilaufgabe besteht darin, die bisherige delinquente Entwicklung der zu beurteilenden Person nachzuzeichnen und aufzuklären. Die wichtigsten inhaltlichen Grundlagen hierfür sind

1. die biographische Rekonstruktion der bisherigen Entwicklung der Person,
2. die retrograde Analyse der Entwicklung des bisherigen strafrechtsrelevanten Verhaltens einschließlich etwaiger antisozialer Verhaltensmuster und
3. die möglichst genaue Hergangsanalyse des Anlasstatgeschehens (und etwaiger ähnlicher Taten in der Vorgeschichte des Betreffenden), mit Ähnlichkeit zur „operativen Fallanalyse".

[27] *Steller* in Stieglitz/Baumann, Psychodiagnostik psychischer Störungen, 1994, 37.

Aus dieser Analyse der Dynamik, die den Anlasstaten zugrunde lag, und der sonstigen Tatursachen entwickelt der Sachverständige die „individuelle Handlungstheorie der bisherigen Delinquenz der fraglichen Person“[28]. Gemeint ist mit „individueller Handlungstheorie“ oder „individueller Delinquenztheorie“ nicht, welche Theorie das Individuum über die Gründe seines rechtswidrigen Handelns hat, sondern die ganz auf diese Person zugeschnittene Theorie des Sachverständigen, worin die Straffälligkeit bei diesem Individuum begründet liegt und ggf. aufrechterhalten wird. Es geht um die personalen und situationalen Bedingungsfaktoren der Straftaten und ihre zeitliche Stabilität, wobei die situativen Faktoren wiederum hochspezifische und unwiederholbare, oder aber überdauernde oder allgegenwärtige sein können. Mit anderen Worten: Worin besteht die in ihren bisherigen Taten zutage getretene Gefährlichkeit dieser Persönlichkeit? Wie stabil und überdauernd ist diese Gefährlichkeit?

Die zweite Teilaufgabe besteht dann in der Klärung der Frage, was der Verlauf seit der Anlasstat an Aussagen erlaubt über die Persönlichkeit des Probanden, über mögliche Veränderungsprozesse und über seine Gefährlichkeit. Die Prüfung der relevanten Entwicklungen in der Zeitetappe seit der Tat ist zugleich in gewissem Umfang eine Überprüfung der Theorie über die Persönlichkeitsentwicklung und die Handlungsbereitschaften bis zur Tat. Besondere Aufmerksamkeit gilt dabei natürlich den Risikopotentialen dieser Persönlichkeit und ihrer Veränderbarkeit. Die Beschreibung der Veränderungen führt weiter zu der Frage, wodurch diese bedingt sein mögen und welche Ressourcen und Möglichkeiten, aber auch Grenzen dabei sichtbar werden. Dies mündet in die Frage: Was hat sich an dieser Person seit der Tat geändert, und was besagt dies generell über die Veränderungspotentiale diese Persönlichkeit? Oder mit den Worten von *Dahle:* Ziel des zweiten Untersuchungsabschnitts ist die „Begründung einer individuellen Entwicklungstheorie der (Veränderbarkeit der) Persönlichkeit“.

Im dritten Teilabschnitt geht es um die „Feststellung des aktuellen Entwicklungsstandes im Hinblick auf die spezifischen Risikopotentiale der Person“ *(Dahle).* Tatsächlich werden der zweite und dritte Schritt in der Praxis oft zusammengefasst: wie ist die Entwicklung seit der Tat, und zu welchem Ergebnis hat sie bislang geführt, und was besagt dies über die Veränderungspotentiale des Probanden? Welche Risikofaktoren sind gänzlich unverändert, welche Faktoren sind deutlich verbessert, waren aber vielleicht nie Risikofaktoren? In der aktuellen Diskussion wendet man sich zunehmend ab vom gebannten Blick allein auf die Risikofaktoren und betrachtet die Frage, ob die *Resilienz* des Verurteilten[29] zugenommen hat, seine Belastbarkeit, seine Fähigkeiten zum Umgang mit Stress, Enttäuschungen, Verzögerungen, Niederlagen, seine Fähigkeit zum individuellen „Risikomanagement“.

---

[28] *Dahle* in Kröber/Steller, Psychologische Begutachtung im Strafverfahren – Indikationen, Methoden und Qualitätsstandards, 2000, 77. *Dahle,* Psychologische Kriminalprognose. Wege zu einer integrativen Methodik für die Beurteilung der Rückfallwahrscheinlichkeit bei Strafgefangenen, 2005.

[29] *Kröber,* Blitzlicht: Zur Logik von Behandlung und Risikomanagement. Forens Psychiatr Psychol Kriminol 12, 2018, 172.

Der vierte Teilschritt ist dann die Aufklärung der künftigen Lebensperspektiven eines Probanden, die Vermittlung zwischen erreichtem Stand zur normkonformen Lebensbewältigung und den notwendigen stützenden Maßnahmen. Das betrifft den sog. „sozialen Empfangsraum“: welche Möglichkeiten wird er im Fall einer Entlassung haben hinsichtlich Wohnen, Arbeiten, finanzieller Absicherung, persönlichen Beziehungen, Freizeitaktivitäten, gesundheitlicher Betreuung etc. Es betrifft dies aber auch die subjektiven Zukunftsperspektiven: individuelle Wünsche hinsichtlich Arbeit, Partnerschaft, Sexualität, Sport, Freizeit, Kontakte zur Verwandtschaft, Kontakte zu früheren Freunden, Bekannten oder gar Opfern etc. Es geht hier ganz wesentlich um den Abgleich zwischen noch vorhandenem Stützungsbedarf und dem ambulanten Angebot.

Aus der Zusammenführung von individueller Analyse der ursprünglichen Gefährlichkeit, der seitherigen Entwicklung gerade der Risikofaktoren, des erreichten Standes und der objektiven wie subjektiven Zukunftsperspektiven ergibt sich dann die Kriminalprognose, also die Beantwortung der Frage, ob die Gefahr besteht, dass die ursprüngliche Gefährlichkeit in relevantem Umfang fortbesteht. Die Methode besteht darin, die bisherigen Entwicklungslinien, deren Bedeutsamkeit, Stabilität und Bewegungsrichtung sorgsam geprüft wurden, in die Zukunft zu extrapolieren. Es ist aus allem Vorangehenden abzuleiten, und ob und wenn ja weshalb das Delinquenzrisiko derart gemindert ist, dass künftige erhebliche Straftaten unwahrscheinlich geworden sind, oder ob zumindest – und unter welchen Kautelen – der Weg von Lockerungen beschritten werden kann.

VI. Eigenes Denken schadet nur??

Der Rechtspsychologe und Kriminologe *Martin Rettenberger*[30] schildert in Vorträgen immer wieder den Siegeszug der standardisierten Prognoseinstrumente in Nordamerika, die zwischen 1960 und 1990 sämtliche Vergleichstests gegenüber intuitiven Prognosen haushoch gewannen und damit zugleich das auf die Aussagekraft von psychiatrischen Diagnosen setzende Erfahrungswissen des einzelnen Prognostikers in Frage stellten. *Rettenberger* behauptete, dass die einzelnen berufserfahrenen amerikanischen Psychiater, die einbezogen wurden, schlechtere Vorhersagen machten, wenn sie von den statistischen Vorhersagen abwichen und eine modifizierende eigene Einschätzung vornahmen. Allerdings scheinen die meisten teilnehmenden Psychiater kriminalprognostische Amateure gewesen zu sein, was in jener Zeit auch in Deutschland der Regelfall gewesen wäre: spezielle kriminologische und kriminalprognostische Kenntnisse waren bin in die 90er Jahre hinein in Deutschland unter gutachtenden Psychiatern und Psychologen rar.

Die Situation wandelte sich nach Implementierung der wesentlichen Risikofaktoren in das Bewusstsein und die Arbeit der Prognostiker. Gleichwohl bleiben die

[30] *Rettenberger,* Intuitive, klinisch-idiographische und statistische Kriminalprognose im Vergleich – die Überlegenheit wissenschaftlich strukturierten Vorgehens. Forens Psychiatr Psychol Kriminol 12, 2018, 28.

Psychologen um *Rettenberger* bei ihrer in jedem Vortrag vorgetragenen Kernaussage: Nichts ist besser als das reine standardisierte Risk-Assessment, und eigentlich ist nichts besser als die 10 – sämtlich in der Vergangenheit liegenden Delinquenzmerkmale des Static-99[31]. Die individuelle Modifizierung der statistischen Prognosewerte anhand des individuellen Eindrucks des Gutachters und seiner weiterführenden Überlegungen könne die Vorhersagegüte nur verschlechtern. Begründet wird dies, wie gesagt, durch 30 Jahre alte Vergleichstests in den USA.

Der Rechtspsychologe *Klaus-Peter Dahle* hat hingegen wiederholt empirisch nachgewiesen, dass Kriminalprognosen besser werden, wenn ein Experte über die vorhandenen Risikofaktoren hinausgeht und eine kohärente, individuelle Analyse der Gefährlichkeit entwickelt[32]. Er bestätigt insofern die intuitive Evidenz. Auch in der letzten diesbezüglichen Publikation[33] verweisen *Dahle* und *Lehmann* darauf, dass unsere Rechtsordnung eine individuelle Prognose vorschreibt und sich mit nur gruppenstatistischen Aussagen nicht begnügen kann. Sie erläutern die Stärken und Schwächen der beiden gebräuchlichen Vorgehensweisen, des standardisierten statistischen Vorgehens wie auch der komplexen klinisch-idiographischen Fallbeurteilung. Diese bezieht wesentliche Elemente und Muster des Lebenslaufes in die Fallerkundung ein und erreicht so einen deutlich höheren Individualisierungsgrad. Die Autoren haben die Methodik an 221 Strafgefangenen überprüft und konnten zeigen, dass die klinisch-idiografische Methode in Kombination mit der standardisierten Erfassung der basalen Risikofaktoren zu einer signifikanten Verbesserung der Prognosegüte führt.

Der eigene Beitrag im Schwerpunktheft zu „Lebenslauf und Kriminalprognose" der Zeitschrift „Forensische Psychiatrie Psychologie Kriminologie" verweist darauf, dass die Erstellung einer individuellen Kriminalprognose in der Tat weit aufwendiger ist als ein „Risk Assessment" und eine persönliche Auseinandersetzung voraussetzt, auch ganz konkret in der Begegnung mit dem Verurteilten. Bisher leisten wir uns diesen Aufwand, wenn auch durch die Inflationierung der Begutachtungen der ALDIfizierung des Procedere Vorschub geleistet wird; statt Gutachten wird man irgendwann nur noch Kennziffern mitteilen, per Smartphone, aber verschlüsselt. Der Verurteilte behält aber seine Würde und darf Respekt einfordern, solange der Sachverständige sich auf die ganze Person und sein ganzes Lebens einlassen muss. Vielleicht beinhaltet die Begegnung zwischen zwei realen Menschen statt zwischen einem Fragebogen und einem Computer die Gefahr, dass Gefühle in die Beurteilung einfließen. Aber, so endete mein Beitrag in diesem Heft[34]:

---

[31] *Harris/Phenix/Hanson*/Thornton, Static-99 Coding Rules Revised – 2003, 2003 (Nicht zufällig ein Instrument der Staatsanwaltschaft).

[32] *Dahle* in Rettenberger/von Franqué, Handbuch kriminalprognostischer Verfahren 2013, 337.

[33] *Dahle/Lehmann,* Zum prognostischen Mehrwert einer integrativen nomothetisch-idiografischen kriminalpsychologischen Prognosebeurteilung – Eine empirische Untersuchung an männlichen Gewalt- und Sexualstraftätern. Forens Psychiatr Psychol Kriminol 12, 2018, 37.

[34] *Kröber,* Lebensverlauf, Zufall und individuelle Kriminalprognose. Forens Psychiatr Psychol Kriminol 12, 2018, 73.

„Standardisierte Instrumente machen gruppenstatistische Aussagen. Sie indizieren nur eine gewisse Basiswahrscheinlichkeit. Die individuelle Trefferquote ist zu schlecht, als dass man sie für gerecht und für die Beurteilung ausreichend halten könnte. Fachgerechte klinische Prognosen können irren, weil ein gewisser Faktor unsichtbar geblieben war, oder aufgrund kontingenter Geschehnisse nach der Prognose. Im Zweifelsfall aber möchte man sich lieber mit einem sorgfältigen, für die Wahrnehmung des Fremden offenen, mit diesem sprechenden menschlichen Sachverständigen irren als mit einem Wahrscheinlichkeitsgenerator zufällig Recht behalten.“

MANUEL MAYER

„Über die „Bewertungsrichtung" quantifizierbarer Strafzumessungstatsachen"[1]

Am Beispiel der Strafzumessungsrelevanz geringer Überschreitung des Grenzwertes zur nicht geringen Menge im Betäubungsmittelstrafrecht – Zugleich Besprechung des Urteils des 2. Strafsenats des BGH vom 15.3.2017, 2 StR 294/16

I. Der Ausgangspunkt

1. Aus dem Leben eines Praktikers:

Im Rahmen eines vom Verfasser als Strafverteidiger geführten Revisionsverfahrens vor dem 2. Strafsenat des BGH, in dem es zunächst zentral um die Frage ging, ob das vom Angeklagten angefochtene Urteil auf einem „unstreitigen" Verstoß gegen die gerichtliche Dokumentationspflicht betr. außerhalb der Hauptverhandlung geführter, auf eine Absprache gerichteter Gespräche unter Verfahrensbeteiligten ging, ergab ein erster durchgeführter Hauptverhandlungstermin im September 2016 folgendes:

Diese Frage würde wohl für den Revisionsführer ungünstig beantwortet werden. Allerdings könnte angesichts eines gerade am 10.8.2016 unter Az. 2 StR 22/16 ergangenen Senatsurteils der Strafausspruch zugunsten des Revisionsführers der Aufhebung unterliegen, weil der Tatrichter strafschärfend gewertet hatte, dass der Angeklagte mit einer Drogenmenge strafbar Handel getrieben hätte, deren Menge den Grenzwert zur nicht geringen Menge um etwas mehr als das Sechsfache überschritten hatte. Denn in der genannten Entscheidung vom 10.8.2016 hatte der Senat es demgegenüber als rechtlich zutreffend bewertet, eine (nur) knapp 8fache Überschreitung des Grenzwertes strafmildernd zu berücksichtigen. Der Revisionsführer im vom Unterzeichner geführten Verfahren konnte danach zuversichtlich damit rechnen, dass die strafschärfende Bewertung der gut 6fachen Menge im konkreten Fall zur Aufhebung des Strafausspruchs führen würde.

Nachdem der ursprünglich auf einen Termin im Dezember 2016 angesetzte Verkündungstermin aufgehoben worden war, erhielt ich im Jahre 2017 die Mitteilung, es müsse nach dem Wechsel im Vorsitz des 2. Strafsenats am 26.4.2017 erneut

---

[1] (Titel in Anlehnung an *Bruns* „Über die „Bewertungsrichtung" negativ formulierter Strafzumessungstatsachen", JR 1987, 89ff) Für tatkräftige und kompetente Unterstützung danke ich dem Kollegen Dr. Felix Fleckenstein, Frankfurt a. M.

mündlich verhandelt werden. Zu Beginn dieser Verhandlung erhielt ich dann im Rahmen des Berichterstattervortrags die ernüchternde Mitteilung, mit am 15.3.2017 unter Az. 2 StR 294/16 ergangenem, noch nicht schriftlich vorliegendem Senatsurteil habe der Senat seine Rechtsprechung aus dem Senatsurteil vom 10.8.2016 (2 StR 22/16) vollständig aufgegeben. Jenseits einer Bagatellgrenze, die wohl im Bereich 3facher Überschreitung anzusiedeln sei, sei jedwede – auch geringfügige – weitere Überschreitung des Grenzwertes zur nicht geringen Menge als strafschärfend zu bewerten.[2] Ich plädierte daraufhin besonders knapp. Der Mandant war traurig und hat inzwischen seine Haftstrafe angetreten.

2. *Aktuelle Rechtsprechung zu dieser Frage im Übrigen:*

Die aktuelle Rechtsprechung des 1., 4. und 5. Strafsenats des BGH (letztlich auch des 2. Strafsenats) ging auch bis dahin davon aus, dass eine geringe Überschreitung des Grenzwertes zur nicht geringen Menge nicht (bestimmend) strafschärfend berücksichtigt werden darf (BGH Urt. v. 22.11.2016, 1 StR 329/16, Rn. 35; Beschl. v. 24.7.2012, 2 StR 166/12, Rn. 3; Beschl. v. 25.2.2016, 2 StR 39/16, Rn. 6; Beschl. v. 31.3.2016, 2 StR 36/16, Rn. 3; Urt. v. 13.10.2016, 4 StR 248/16, Rn. 31; Beschl. v. 14.3.2017, 4 StR 533/16, Rn. 6; Beschlüsse des 5. Strafsenats v. 8.11.2016, 5 StR 487/16, und v. 10.1.2017, 5 StR 552/16, lassen beide ausdrücklich offen, ob sie der Rechtsprechung des 2. Strafsenats aus seiner unter Az. 2 StR 22/16 ergangenen Entscheidung vom 10.8.2016 folgen könnten, sehen aber bei geringfügiger Überschreitung des Grenzwertes wohl auch kein Strafschärfungspotential).

Dabei ist allerdings darauf hinzuweisen, dass im Rahmen dieser Rechtsprechung unisono von einer max. Überschreitung der Grenze um das 3fache auszugehen war. Das bedeutet, dass in allen genannten aktuellen Entscheidungen der Strafsenate des BGH zu diesem Thema genau die Grenze nicht überschritten war, die der 2. Strafsenat in seinen beiden Entscheidungen aus dem Frühjahr 2017 (Urteile vom 15.3.2017, 2 StR 294/16, und vom 26.4.2017, 2 StR 506/15) als Bagatellgrenze andeutet, bis zu der eine Strafschärfung ebenfalls ausscheidet. Hinsichtlich der Frage, wie eine nicht mehr als 3fache Überschreitung des Grenzwertes einzuordnen ist, nämlich nicht strafschärfend, besteht demnach große Einigkeit unter den Senaten. Dass es Mengenbereiche gibt, die jenseits des Grenzwertes angesiedelt strafmildernde Wirkung entfalten, ist, mit der folgenden Ausnahme, keiner der Entscheidungen zu entnehmen.

Davon abweichend hat der 2. Strafsenat nämlich nur in seinem unter Az. 2 StR 22/16 ergangenen Urteil vom 10.8.2016 erklärt, eine Überschreitung um das knapp 8fache des Grenzwertes zur nicht geringen Menge wirke strafmildernd, und sich dabei, aus Sicht des Autors nicht vollständig zu Recht, auf eigene frühere Senatsrechtsprechung bezogen (ausdrücklich genannt werden 2 StR 166/12 und 2 StR 39/16). Nicht ganz zu Recht, weil beide letztgenannten Entscheidungen wie

[2] Die Entscheidung wird von *Burhoff* als „Fischer-Bereinigungs-Entscheidung" bezeichnet, vgl. *Burhoff*, Burhoff online Blog, „Strafzumessung I", 27.9.2017, http://blog.burhoff.de/2017/09/strafzumessung-i-6/, zuletzt aufgerufen: 15.1.2018.

die genannten Entscheidungen der übrigen Senate bei genauem Hinsehen nur konstatieren, eine Überschreitung bis zum 3fachen wirke sich nicht strafschärfend aus. Die beiden Senatsentscheidungen, auf die im Urteil vom 10.8.2016 (2 StR 22/16) Bezug genommen ist, konstatieren allerdings zusätzlich, eine darüberhinausgehende Überschreitung schlösse allerdings die Annahme eines minder schweren Falles (nach Gesamtwürdigung) nicht aus (2 StR 166/12, Rn. 3 und dem folgend dann 2 StR 36/16, Rn. 3).

Die angeklagtenfreundliche Auffassung aus seiner unter Az. 2 StR 22/16 ergangenen Entscheidung vom 10.8.2016 hat der 2. Strafsenat (nach angedeuteter Kritik durch den 5. Strafsenat (5 StR 487/16 und 5 StR 552/16) und einem wesentlichen Wechsel in der Senatsbesetzung) nunmehr mit den zwei aktuellen Entscheidungen in 2017 ausdrücklich aufgegeben (Urt. v. 15.3.2017, 2 StR 294/16, und in der Folge Urteil vom 26.4.2017, 2 StR 506/15). Nunmehr soll gelten:

Abgesehen von einer Überschreitung „im Bagatellbereich“ soll jede Überschreitung des Grenzwertes zur nicht geringen Menge „grundsätzlich strafschärfende Bedeutung haben“. Der Annahme eines minder schweren Falles soll eine nicht erhebliche Überschreitung des Grenzwertes in diesem Sinne allerdings nicht zwingend entgegenstehen (wohl Beibehaltung des entsprechenden Gedankens aus 2 StR 166/12). Die Bagatellgrenze, deren Festlegung im Einzelfall dem Tatrichter obliegen soll, scheint der Senat bei max. 3facher Überschreitung zu sehen.

Dies führt zu dem Ergebnis, dass sich diese nunmehr vertretene Auffassung, jenseits einer Bagatellgrenze wirke jede Überschreitung des Grenzwertes strafschärfend (klarer: Jede Überschreitung von mehr als dem 3fachen des Grenzwertes wirkt strafschärfend), sich nicht wirklich in Widerspruch zur bisherigen Rechtsprechung der Senate setzt. Denn auch dort wurde davon ausgegangen, eine Überschreitung bis zum 3fachen der nicht geringen Menge sei nicht strafschärfend zu berücksichtigen. Da der 2. Strafsenat in seinen beiden (wohl) neuesten Entscheidungen über die Annahme einer gleichfalls bei 3facher Überschreitung angesiedelten Bagatellgrenze für den Bereich bis zur 3fachen Überschreitung des Grenzwertes zu demselben Ergebnis kommt, liegt ein wirklicher Widerspruch hier nicht vor.

Mit der Frage der Bewertung einer höheren Überschreitung hatte sich zunächst nur das Urt. v. 10.8.2016 (2 StR 22/16) und in der Folge nun mit gegenteiligem Ergebnis die Urteile vom 15.3.2017 (2 StR 294/16) und 26.4.2017 (2 StR 506/15) befasst.

3. Fragestellung

Stellt sich die Frage, ob die Annahme, jenseits der skizzierten Bagatellgrenze wirke sich jede Überschreitung der Grenze immer nur in eine Richtung, nämlich strafschärfend aus, rechtlich tragfähig ist. Ich will versuchen, diese Frage wie folgt zu verneinen:

II. Die Frage der „Bewertungsrichtung" quantifizierbarer Strafzumessungstatsachen

Um die – hier letztlich ebenfalls entscheidende – Frage der *Bewertungsrichtung von Strafzumessungstatsachen* überhaupt entbrannte bereits in den 1980er Jahren Streit. Damals ging es zentral um die Frage, ob das *Fehlen* von wirtschaftlicher Not beim Täter eines Diebstahls als eine „negativ formulierte Strafzumessungstatsache" zu seinen *Ungunsten* gewertet werden dürfe. Auf diese Diskussion wird im weiteren Verlauf noch einzugehen sein. Die aktuelle Debatte weist jedoch einen entscheidenden Unterschied auf: Während die „wirtschaftliche Not" ein relativer, seinerseits voraussetzungsreicher und der näheren Bestimmung bedürftiger Begriff ist, handelt es sich bei der „Wirkstoffmenge" um eine eindeutig quantifizierbare Größe. Allein dies birgt die große Versuchung, im Rahmen der Strafzumessung formelhaft zu argumentieren und ein schematisches, aber letztlich zu schlichtes Vorgehen an den Tag zu legen. Die hier kritisierte Auffassung des Senats, jede Überschreitung der Grenze wirke stets strafverschärfend, sowie die (recht knappe) Begründung dieser Position, weisen an mehreren Stellen derartige Probleme auf, die im Folgenden aufgezeigt werden sollen.

1. Die „Bagatellgrenze" und das Doppelverwertungsverbot

Zuvor ist dem Senat jedoch zuzugestehen, dass grundsätzlich die Einführung der oben dargestellten „Bagatellgrenze" als sinnvoll erscheint. Und zwar gerade auch vor dem Hintergrund der sonstigen Aussagen in der kritisierten Entscheidung vom 15.3.2017, 2 StR 294/16.

Ohne eine solche Grenze würde diese Senatsrechtsprechung nämlich in kaum aufzulösende Konflikte mit dem Doppelverwertungsverbot aus § 43 Abs. 3 StGB geraten. Bekanntlich untersagt diese Regelung, solche Merkmale des Straftatbestandes, die bereits die Strafbarkeit begründen und damit der Bestimmung des gesetzlichen Strafrahmens zugrunde liegen, *nochmals* bei der konkreten Strafzumessung zu berücksichtigen[3]. Das Vorliegen einer nicht-geringen Menge ist bereits im (Qualifikations-)Tatbestand des § 29a Abs. 1 BtMG enthalten – deren Vorhandensein allein darf demnach nicht gleichzeitig im Rahmen der konkreten Strafzumessung negativ zu Buche schlagen.

Nun hat der Senat vertreten, dass sich *jede* Überschreitung der nicht geringen Menge strafschärfend auswirken müsse, liege sie auch Milligramm-Bereich. Konsequent umgesetzt würde dies zu der absurden Folge führen, dass zur *Mindest*strafe des § 29a Abs. 1 BtMG – immerhin eine einjährige Freiheitsstrafe – nur bei einer exakten Punktlandung auf der nicht-geringen Menge verurteilt werden kann. Bei jeder noch so geringen Überschreitung wäre es denklogisch unmöglich, auf Mindeststrafe zu erkennen. Dies führt faktisch zu einer Aushebelung des Doppelverwertungsverbots: Die o. g. Punktlandung dürfte realiter kaum vorkommen, es sind (im wahrsten Sinne des Wortes) zu viele Unwägbarkeiten und letztlich Zufälle im Spiel.

---

[3] *Fischer,* 65. Aufl. 2018, StGB § 46 Rn. 76.

Die Bagatellgrenze fungiert also letztlich als Notbehelf, der durch die einseitige Perspektive des 2. Strafsenats nötig wird. Allein dies deutet schon an, dass es nicht richtig sein kann, der Wirkstoffmenge jenseits der Bagatellgrenze eine ausschließlich strafschärfende Bewertungsrichtung zuzuschreiben.

2. Kritik der Begründung des Senats

a) Die unzureichende Ableitung der Bewertungsrichtung aus dem Qualifikationstatbestand

Letztlich leitet der Senat seine Auffassung, dass die „Bewertungsrichtung“ ausschließlich strafschärfend sein kann, aus der Tatsache ab, dass der Qualifikationstatbestand des § 29a BtMG die Überschreitung einer „Grenzmenge“ als Grund für die Erhörung des Strafrahmens bestimmt:

„Die Bewertungsrichtung wird insoweit durch die Anknüpfung des Qualifikationstatbestands gemäß § 29a Abs. 1 Nr. 2 BtMG an eine bestimmte Menge von Betäubungsmitteln vorgegeben.“[4]

Nach dieser Feststellung weist der Senat die Orientierung an einem „normativen Normalfall“ oder einem „statistischen Durchschnittsfall“ zurück – womit sich später näher zu befassen ist – und formuliert direkt im Anschluss:

„Es bleibt *daher bei der vom Qualifikationstatbestand des § 29a Abs. 1 Nr. 2 BtMG vorgegebenen Bewertungsrichtung, wonach das Maß der Überschreitung der nicht geringen Menge ein gegenüber der Mindeststrafe schärfender Gesichtspunkt ist.“*[5]

An diesem Vorgehen ist zu kritisieren:

aa) Zweistufiges Gesetz und stufenlose Strafschärfung

Zunächst fällt ein Wandel der Formulierungen in den hier wörtlich wiedergebenden Passagen auf: Heißt es zunächst noch, das Gesetz knüpfe zur Strafschärfung an „eine bestimmte Menge“ an, heißt es kurz darauf, ohne dass sich hierzu weitere Erklärungen finden, dass „das *Maß* der Überschreitung“ der strafschärfende Gesichtspunkt sei.

Während der ersten Feststellung ohne Weiteres zuzustimmen ist,[6] hat sich bei der zweiten Formulierung, die sich eigentlich als Zusammenfassung bzw. Ableitung aus ersterer Feststellung geriert (indem es dort heißt, es *„bleibt“* bei der vorgegebenen Richtung), ein entscheidender Unterschied eingeschlichen: Es wird nicht mehr *eine* bestimmte *Grenze,* sondern das *Maß* der Überschreitung genannt, welches der vom Gesetz vorgesehene, strafschärfende Gesichtspunkt sei. Die Differenz ist augenfällig:

---

[4] BGH 2 StR 294/16, Rn. 17, NJW 2017, 2776.

[5] BGH 2 StR 294/16, Rn. 18, NJW 2017, 2776, Herv. durch Verf.

[6] Einmal abgesehen davon, dass es strenggenommen keine „bestimmte“ Menge ist, an die das Gesetz anknüpft, sondern eine durch die Rspr. zu bestimmende Menge; die dadurch entstehenden Friktionen mit dem lex-scripta-Gebot aus Art. 103 Abs. 2 GG können hier aber nicht weiter vertieft werden.

Zunächst wird (zutreffend) festgestellt, dass die Überschreitung einer konkreten Grenze den Strafrahmen erhöht, womit Gesetz eine *Zweistufigkeit* vorsieht: Entweder ist § 29a Abs. 1 S. 2 BtMG erfüllt oder nicht; diesseits der Grenze droht dem Täter eine Freiheitsstrafe von „null“ bis fünf Jahren, jenseits der Grenze zwischen einem und fünfzehn Jahren. Dies ist ein *binärer* Modus.

Die zweite Aussage unterstellt demgegenüber ein *lineares* System: *Je* größer die Menge ist, *desto* schwerer soll die Strafe sein. Eine Überschreitung der Grenze um beispielsweise 0,2 g muss dann – die oben erörterte Frage der Bagetellgrenze aus Übersichtlichkeitsgründen einmal ausgeklammert – gegenüber einer Überschreitung um nur 0,1 g schärfend berücksichtigt werden, die um 0,3 g schärfend gegenüber einer Überschreitung von 0,2 g, die um 0,4 g schärfend gegenüber der um 0,3 g, etc pp.

Dass auf eine derart *lineare* Art und Weise vorgegangen werden muss, lässt sich aus einem *binären* System, wie es dem Gesetz eigentlich zugrunde liegt (s. o.), entgegen der Unterstellung des Senats gerade nicht ohne Weiteres ableiten. Eine weitergehende Begründung für diese – wie gezeigt: problematische – Herangehensweise bleibt der Senat in der hier kritisierten Entscheidung vom 15.3.2017 (2 StR 294/16) aber schuldig.

bb) Die Frage der „Richtung“: Wirklich eine Einbahnstraße?

Wenn man die Argumentation des Senats ernst nimmt, kann man mit der Kritik sogar noch früher ansetzen. Es ist nämlich durchaus fraglich, ob sich aus einem Gesetz, das für eine „nicht geringe Menge“ einen schärferen Strafrahmen vorsieht (§ 29a Abs. 1 Nr. 2 BtMG) als für eine „normale“ Menge (§ 29 Abs. 1 BtMG), wirklich zwingend eine nur strafschärfende Bewertungsrichtung der Wirkstoffmenge ableiten lässt. So unterstellt es der Senat aber recht apodiktisch.

Hier lohnt ein kurzer Blick auf die bereits angesprochene Diskussion um die „Bewertungsrichtung“ von Strafzumessungstatsachen aus der Mitte der 1980er Jahre. Anstoß der Debatte war, wie erwähnt, die Frage, ob die Tatsache, dass sich ein Dieb bei der „Begehung des Diebstahls *nicht in Geldnot befand,* zu seinen Ungunsten (strafschärfend) verwertet werden darf“.[7] In Streit stand also die These, dass das Fehlen eines mildernden Umstands keinen Strafschärfungsgrund darstellen dürfe, et vice versa. Neben Vielem wurde dabei auch die eigentliche Selbstverständlichkeit ausgesprochen, dass es zur Beantwortung dieser Frage *nicht* darauf ankommen kann, ob eine Tatsache positiv („wirtschaftlich gute Verhältnisse“) oder negativ („keine finanzielle Notlage“) *formuliert* ist, sondern auf den tatsächlichen Inhalt, der diese Formulierung ausfüllt.[8]

Nimmt man sich diese eigentlich triviale Feststellung zu Herzen und analysiert davon ausgehend die durch das BtMG statuierte Rechtslage, ist die These des Senats, diese zeige eindeutig eine strafschärfende Bewertungsrichtung, alles andere als zwingend:

---

[7] BGHSt 24, 345, NStZ 1987, 119. Dazu ua *Bruns* JR 1987, 89 und *Hettinger* StV 1987, 147.

[8] *Bruns* JR 1987, 89; *Horn* StV 1986, 168.

Die Feststellung, die Strafe sei bei einer „nicht geringen Menge“ schärfer als bei einer „normalen“ Menge, ist nämlich mit der Feststellung, die Strafe sei bei einer „normalen“ Menge *milder* als bei einer „nicht geringen“, deontisch vollkommen gleichwertig. Dass dies *lega lata* im Wege eine Qualifikation bei einer nicht geringen Menge gelöst wurde und nicht bspw. im Wege der *Privilegierung* einer „normalen Menge“, ändert inhaltlich nichts und folgt bloß der üblichen Gesetzgebungspraxis. Nebenbei: Die umständlich anmutende, ihrerseits negative Formulierung der „*nicht geringen* Menge“, die in § 29a Abs. 1 Nr. 2 BtMG verwendet wird, zeigt zusätzlich die Beliebigkeit der Formulierung auf.

Nun ließe sich aus der Formulierung, eine „geringere“ Menge müsse den Strafrahmen *mildern* (die, wie gezeigt, mit der tatsächlich gewählten Formulierung inhaltlich gleichwertig ist, wenn man dafür die „normale Menge“ des § 29 BtMG als Grenzwert zugrunde legt) mit ebensolchem Recht eine ausschließlich mildernde Bewertungsrichtung der „Menge“ ableiten, wie es der Senat aus dem Faktum der Strafrahmenerhöhung im Fall einer „nicht geringen“ Menge mit einer strafschärfenden Richtung tut.

Nebenbei: Dagegen ließe sich möglicherweise das praktische Problem ins Feld führen, dass es zwar eine feste *Untergrenze,* also die der nicht geringen Menge (zB konkret bei THC: 7,5 g) gibt, aber keine feste *Obergrenze.* Die abzuurteilende Wirkstoffmenge kann schließlich theoretisch unendlich groß sein. Man könnte dann argumentieren, dass es leichter umzusetzen sei, von einer festen Untergrenze ausgehend die Strafe je nach tatsächlicher Menge zu schärfen, während es nicht klar ist, ab welcher theoretischen „Maximalmenge“ man mit dem „mildern“ beginnen sollte, wenn die Strafe proportional zur Wirkstoffmenge ausfallen soll. Dies würde aber zu kurz springen: Schließlich gibt es zwar keine tatsächliche Obergrenze von Wirkstoffmengen, dafür aber eine *gesetzliche Obergrenze der Strafe.* Eine wirklich konsequent lineare Ausfüllung des Strafrahmens ließe sich also auch, wenn man von einer festen „Untergrenze“ ausgehend die Strafe immer weiter schärft, nur dann erreichen, wenn man eine mengenmäßige Obergrenze festlegen könnte, bei der auf Höchststrafe zu erkennen wäre. Aber auch dies ist, wie gezeigt, nicht möglich, womit beide Varianten vor einem ähnlichen Problem, nur aus unterschiedlicher Perspektiven, stehen.

b) Brüche in der Argumentation: Minder schwere Fälle und schärfende Strafzumessungstatsachen

Dass die Behauptung, die Bewertungsrichtung der Wirkstoffmenge könne ausschließlich eine strafschärfende sein, schief ist, zeigt sich auch daran, dass der Senat in der hier kritisierten Entscheidung vom 15.3.2017 (2 StR 294/16) gleichzeitig dazu ausführt, die (konkret: nicht besonders hohe) Wirkstoffmenge könne zulässigerweise als Grund herangezogen werden, einen *minder schweren* Fall iSd § 29a Abs. 2 BtMG anzunehmen, stehe einer solchen Annahme jedenfalls nicht entgegen.[9] Indem der Senat dies tut, gesteht er einer bestimmten (nicht sehr hohen)

---

[9] BGH 2 StR 294/16, Rn. 11 ff., NJW 2017, 2776.

Grenzwertüberschreitung in *dieser* Frage eben letztlich doch eine straf*mildernde* Bewertungsrichtung zu. Wäre die Auffassung zutreffend, *lega lata* könne die Bewertungsrichtung der Wirkstoffmenge *ausschließlich* eine schärfende sein, dann würde *dies* mit dem Gesetz in Konflikt stehen. Es würde dann dazu führen, dass der Senat für die Beantwortung der Frage, ob ein minder schwerer Fall vorliegt, alle möglichen Strafzumessungsgesichtspunkte heranziehen könnte *außer* der Wirkstoffmenge, bzw. des Maßes der Überschreitung des Grenzwertes.

Zurecht ist der 2. Strafsenat der Auffassung, dass dies nicht sein kann. Für die Beantwortung der Frage, ob ein besonderer Ausnahmefall iSd § 29a Abs. 2 BtMG vorliegt, sind nämlich, wie der Senat selbst feststellt, „*alle Umstände* einzubeziehen, die für die Wertung von Tat und Täterpersönlichkeit in Betracht kommen".[10] Nun ist die Wirkstoffmenge bei der Verletzung von §§ 29ff. BtMG zwar nicht das einzige, aber unstrittig das *zentrale* Strafzumessungskriterium.[11] Dieses auszuklammern würde eine adäquate Prüfung, ob ein Fall ein minder schwerer ist, unmöglich machen.

Daraus kann aber nichts anderes folgen, als dass die schematische Betrachtungsweise des Senats, das „Maß der Überschreitung" habe nur eine einzige (nämlich: schärfende) Bewertungsrichtung,[12] nicht zutreffend sein kann.

III. Wie ist die Wirkstoffmenge nun zu berücksichtigen?

Es steht also fest, dass die Wirkstoffmenge ein wichtiges Strafzumessungskriterium sein muss. Es wurde ebenfalls klar, dass es nicht überzeugt, diesem Kriterium nur eine einzige Bewertungsrichtung zuzuschreiben – die oben aufgeführte Kritik an einer rein „schärfenden" Richtung ließe sich auf die Vorstellung einer rein „mildernden" Bewertungsrichtung übertragen. Somit bleibt die wichtigste Frage bisher unbeantwortet: Wie ist die Wirkstoffmenge, bzw. das Maß der Grenzwertüberschreitung nun zu berücksichtigen?

Im ersten Zugriff drängt sich die Antwort auf: Die Wirkstoffmenge muss sich, wenn eine einseitige Bewertungsrichtung abzulehnen ist, in beide Richtungen auswirken können. Dies macht es aber nötig, eine Grenze zu markieren, bei deren Unterschreitung eine mildernde und bei deren Überschreitung eine schärfende Berücksichtigung geboten ist.

1. Normalfälle und Durchschnittsfälle

Einem derartigen Vorgehen hat der Senat in der hier kritisierten Entscheidung eine klare, aber recht kurz begründete Absage erteilt. Es heißt dort:

„Eine Orientierung an einem anderen Bezugspunkt, wie etwa einem normativen Normalfall, von dem aus ein einzelner Umstand im Rahmen seiner Bewertungsrichtung als „strafmil-

[10] BGH 2 StR 294/16, Rn. 12, NJW 2017, 2776, Herv. durch Verf.
[11] Vgl. nur *Weber*, 5. Aufl. 2017, BtMG Vor § 29, Rn. 943 mwN.
[12] BGH 2 StR 294/16, Rn. 15, NJW 2017, 2776.

dernd“ oder „strafschärfend“ bezeichnet werden könnte, oder einem statistischen Durchschnitts- oder Regelfall als Bezugspunkt für die Bestimmung der Bewertungsrichtung, scheidet nach der Rechtsprechung des Bundesgerichtshofs bei der konkreten Strafzumessung aus (BGH, Beschl. v. 10.4.1987 – GSSt 1/86, BGHSt 34, 345 (351) = NJW 1987, 3014)“[13]

Auch diese Feststellung fordert Widerspruch heraus.

So lehnt der Senat in der hier wiedergegebenen Passage sowohl die Vorstellung eines „normativen Normalfalles“ als auch die eines „statistischen Durchschnittsfalles“ als Ausgangspunkt der Straffindung ab und beruft sich dabei auf die frühere Entscheidung BGHSt 34, 345= NJW 1987, 3014. Dies tut er aber zu Unrecht. Dort heißt es nämlich explizit:

„Der Tatrichter kann bei der Entscheidung über die Bewertungsrichtung bestimmter wirtschaftlicher Verhältnisse – wie bei anderen zumessungserheblichen Umständen und bei der Strafzumessung überhaupt – nicht von einem (normativen) Normalfall (der nicht zu verwechseln ist mit dem „Durchschnitt der erfahrungsgemäß vorkommenden Fälle“, vgl. BGHSt 28, 318) ausgehen.“[14]

Der Senat war damals also zwar der Auffassung, dass die Orientierung an einem „normativen Normalfall“ zurückzuweisen ist, *nicht aber die an* dem „Durchschnitt der erfahrungsgemäß vorkommenden Fälle“;[15] Solches hat er vielmehr goutiert.

Betrachtet man nun die *beiden* in der kritisierten Entscheidung 2 StR 294/16 zurückgewiesenen Varianten, ist klar, dass der „statistische Durchschnitts- oder Regelfall“, von dem dort die Rede ist, *hier* mit dem „Durchschnitt der Erfahrungsgemäß vorkommenden Fälle“ gleichzusetzen ist, von dem BGHSt 34, 345 spricht. Dies wird umso deutlicher, wenn man dem die Variante des „normativen Normalfalles“ gegenüberstellt:

Dieser geht – wie der Name schon sagt – davon aus, dem *Gesetz* liege die „Vorstellung“ eines Regelfalles zugrunde, bei dem eine „Normalstrafe“ anzuwenden sei und von dem die abzuurteilenden Taten entweder positiv oder negativ abweichen können, was denn entweder schärfend oder mildernd zu berücksichtigen ist. Konsequenz dessen wäre ua die vollständige Überprüfbarkeit jeglicher Strafzumessungsentscheidungen im Wege der Revision, da sich jeder „Fehler“ als Rechtsfehler darstellen würde. Denn es würde jede (vermeintlich) falsche Einordnung einer Tat in Relation zu dem gesetzlich intendierten Normalfall als falsche Interpretation oder Anwendung des Gesetzes zu werten sein. Schon diese Konsequenz zeigt, dass *diese* Variante zurückzuweisen ist.[16] Daneben ist fraglich, ob ein solcher „Normalfall“ einigermaßen sicher aus „dem Gesetz“ – also dem Wortlaut? Der Gesetzesbegründung? Der Systematik? – abzuleiten wäre. Auch wäre unklar, ob die „Vorstellung“ des historischen Gesetzgebers, des aktuellen Gesetzgebers, der Rechtsprechung

[13] BGH 2 StR 294/16, Rn. 18, NJW 2017, 2776.

[14] BGHSt 24, 245.

[15] *Fahl,* Zur Bedeutung des Regeltatbildes bei der Bemessung der Strafe, 1995, 121 macht die Unterschiede beider Varianten noch einmal deutlich und spricht sogar von zwei gegenüberliegenden „Polen“. Auf ihn beruft sich das hier besprochene Urteil ausdrücklich und zu Unrecht.

[16] BGHSt 34, 345 (351) = NJW 1987, 3014.

oder einer sonstigen Instanz maßgeblich sein soll. Auslegungsprobleme würden potenziert.

Demgegenüber stellen die erstgenannten Varianten (also der „statistische Durchschnitts- oder Regelfall“ bzw. der „Durchschnitt der erfahrungsgemäß vorkommenden Fälle“) nicht auf die Norm, sondern die Empirie ab. Ob es dabei nun um eine (harte) Statistik der durchschnittlichen Fälle[17] oder eben eher die tatrichterliche „praktische Erfahrung der Alltagskriminalität“[18] geht, erscheint dann als zweitrangige Frage.

Da diese aber auch beantwortet werden muss: Lebensnäher als eine der ständigen Varianz unterliegende, exakte Statistik zugrunde zu legen scheint es zu sein, die „praktische Erfahrung“ der jeweiligen Tatrichter zum Maßstab zu machen. Realistisch betrachtet dürfte dies sowieso der Weg sein, den die Praxis – sei es ausdrücklich oder unausgesprochen – tagtäglich beschreitet.

Nebenbei bemerkt: In BGHSt 34, 345 (351) = NJW 1987, 3014, wo der „normative Normalfall“, aber gerade nicht der „statistische Durchschnittsfall“ zurückgewiesen wird (s. o.), beruft sich der Senat seinerseits auf die Entscheidung BGH NJW 1979, 1666, wo festgestellt wurde, es sei rechtsfehlerhaft, bei der Prüfung der Frage, ob ein besonders schwerer Fall vorliegt, *nicht* zu prüfen, ob die fragliche Tat vom „vom Durchschnitt der erfahrungsgemäß vorkommenden Fälle“ (dann: negativ) abweicht.[19] Dem *folgend* hat der 2. Strafsenat in der hier kritisierten Entscheidung vom 15.3.2017 (2 StR 294/16) festgestellt, für die Beantwortung Frage, ob ein minder schwerer Fall iSd § 29 a Abs. 2 BtMG vorliegt, müsse geprüft werden, ob die gegenständliche Tat vom „Durchschnitt der erfahrungsgemäß vorkommenden Fälle“ abweicht[20], s. o. Wieso dies dann nicht auf eben diese Weise für die konkrete Strafzumessung heranzuziehen sein soll, erschließt sich nicht. Vor allem ist dies, wie gezeigt, auch bisher in der Rechtsprechung des BGH niemals so vertreten worden, auch wenn der 2. Strafsenat hier Gegenteiliges suggeriert.

2. Fazit: Der Durchschnitt der erfahrungsgemäß vorkommenden Fälle als Bezugspunkt

Eine Orientierung am Durchschnitt der erfahrungsgemäß vorkommenden Fälle ist also tatsächlich der naheliegendste Weg:

Insgesamt dürfte es unstreitig sein, dass es „schwerere“ und „leichte“ Fälle gibt, auch jenseits von den normierten Strafzumessungsregeln. Ebenso wird man zustimmen müssen, dass – ganz abstrakt – ein „schwerer“ Fall schärfer zu bestrafen ist als ein „leichter“.

Es muss für die konkrete Strafzumessung also festgestellt werden können, ob sich eine Tat als (besonders) schwer darstellt, als durchschnittlich oder eben als „leicht“. Um sich nicht in die oben genannten Schwierigkeiten der vollständigen Überprüf-

[17] Zu Ermitteln wohl im Wege der Addition aller Wirkstoffmengen der gerichtsnotorisch gewordenen Fälle und der Teilung dieses Ergebnisses durch deren Anzahl.

[18] Dazu *Bruns* JZ 1988, 1053 (1057).

[19] Vgl. BGH NJW 1979, 1666.

[20] Vgl. BGH 2 StR 294/16, Rn. 12, NJW 2017, 2776.

barkeit der Strafzumessung und der Auslegung zu begeben und um einen völlig abstrakten Normativismus zu vermeiden – der letztlich darauf angewiesen ist, „dem Gesetz“ oder „dem Gesetzgeber“ irgendwelche vermeintlich zugrundeliegenden, aber kaum greifbaren Normalitätsvorstellungen anzudichten (s. o.), –, bleibt dafür wohl nur eine Betrachtung der *Wirklichkeit,* also eben die „erfahrungsgemäß vorkommenden Fälle“.

Die konkrete Wirkstoffmenge, bzw. das Maß der Grenzwertüberschreitung muss also, um ein Fazit zu ziehen, in beide Richtungen wirken können: Eine solche, die die Grenze zur nicht-geringen Menge (auch jenseits der Bagatellgrenze nur unwesentlich übersteigt, mildernd, eine solche, die sie deutlich, in hohem Maße, übersteigt, schärfend; „übliche“ Mengen schlagen in keine der beiden Richtungen aus. Die Vorstellung, die Wirkstoffmenge, bzw. das Maß der Grenzüberschreitung zur nicht geringen Menge könne nur in eine einzige Richtung (und zwar, wenig überraschend: strafschärfend) wirken, ist nach alledem zurückzuweisen. Dabei soll betont werden, dass damit über die Findung einer Bewertungsrichtung von nicht messbaren Strafzumessungstatsachen nichts gesagt sein soll.

3. Mutiges, nicht belegbares Praktikerschlußwort:

Würde dem von der Rechtsprechung irgendwann gefolgt, bin ich sicher, dass sich die „Wasserscheide“ der Bewertungsrichtung bei einer 10fachen Überschreitung des Grenzwertes zur nicht geringen Menge einpendeln würde.

THOMAS RÖNNAU

Neues Marktmissbrauchsstrafrecht stößt auf neues Vermögensabschöpfungsrecht – Zur Bestimmung des erlangten Etwas in veränderter Rechtsumgebung

I. Einführung

Der Jubilar *Thomas Fischer* ist eine außergewöhnliche Richterpersönlichkeit mit erstaunlicher Schaffenskraft, der sich gerne auch in aktuelle (kriminal-)politische Debatten einmischt. Man muss nicht in allem seiner Meinung sein. Seine scharfsinnigen, nicht selten soziologisch-empirisch hergeleiteten Argumente geben aber immer Anlass, die eigene Position noch einmal zu überdenken. An die gemeinsam in Leck (Schleswig-Holstein) veranstalteten Seminare mit Studierenden der Bucerius Law School denke ich gerne zurück.

Einen thematischen Anknüpfungspunkt zu seinem wissenschaftlichen Lebenswerk zu finden, ist nicht schwer, hat *Fischer* sich doch als Herausgeber und alleiniger Autor des Standardkommentars zum StGB mit praktisch allen Fragen des materiellen Strafrechts zu befassen – und das im fast unmenschlichen Rhythmus von einem Jahr. Natürlich musste er dabei in der 65. Aufl. 2018 auch erstmals das weitgehend neugefasste materiell-rechtliche Vermögensabschöpfungsrecht kommentieren. Hier möchte ich thematisch mit meinem nachfolgenden Beitrag einhaken.

Strafbare Kapitalmarktverstöße wie Insidergeschäfte und Marktmanipulationen werden in aller Regel aus Profitstreben begangen. Damit gerät bei Verwirklichung entsprechender Straftaten nach dem WpHG als Rechtsfolge auch die staatliche Vermögensabschöpfung in den Blick. Deren Ziel besteht bekanntlich darin, dem Täter (wie Teilnehmer) „die Früchte seiner Tat" zu entziehen („crime must not pay"), um ihm auf diese Weise einen starken Tatanreiz zu nehmen.[1] Das dafür einschlägige materiell-rechtliche Instrumentarium, das in den letzten 10–15 Jahren zunehmend auch im Bereich des Marktmissbrauchsstrafrechts eingesetzt wurde, fand sich schon seit 1975 in den §§ 73ff. StGB; die flankierenden Sicherstellungsnormen (mit ihren vielfältigen Bezügen zum Zivilprozess- und Zwangsvollstreckungsrecht) enthielten die §§ 111b ff. StPO. Dieser Rechtsbereich ist nun durch eine „große" Reform umfassend neu gestaltet worden. Dabei war es das Kernanliegen ihrer Initiatoren, das – trotz kleinerer Korrekturen in der Vergangenheit[2] – weiterhin als (zu) komplex und anwenderunfreundlich eingestufte Verfallsrecht „zu vereinfachen und

---

[1] *Rönnau,* Vermögensabschöpfung in der Praxis, 2. Aufl. 2015, Rn. 2 mwN zu den Zielen der Vermögensabschöpfung in Fn. 4.

[2] Dazu *Rönnau,* Vermögensabschöpfung in der Praxis, 2. Aufl. 2015, Rn. 2 mwN.

nicht vertretbare Abschöpfungslücken zu schließen".[3] Umzusetzen war weiter die Richtlinie 2014/42/EU.[4] Nach dem Willen des Reformgesetzgebers sollen die seit dem 1.7.2017 geltenden Neuregelungen[5] auch auf vor deren Inkrafttreten verwirklichte „Alttaten" und für am 1.7.2017 bereits laufende (Straf-)Verfahren Anwendung finden (vgl. Art. 316h S. 1 EGStGB), um ein „jahrelanges Nebeneinander von altem und neuem Recht" zu verhindern.[6] Gemäß Art. 316h S. 2 EGStGB gilt das aber nur, wenn bis zu diesem Zeitpunkt noch keine erstinstanzliche „Entscheidung über die Anordnung des Verfalls oder des Verfalls von Wertersatz ergangen ist". In langjährigen Rechtsmittelverfahren, die im wirtschaftsstrafrechtlichen Kontext keine Seltenheit sind, ist also weiterhin das alte Vermögensabschöpfungsrecht anzuwenden.[7] Aus diesem Grund und zwecks besserer Orientierung soll im Weiteren zunächst die für die Marktmissbrauchsdelikte ausgearbeitete bisherige Abschöpfungsdogmatik skizziert werden. Es folgen Ausführungen zum Einsatz des neuen Einziehungsrechts[8] in diesem Bereich, soweit die Folgen absehbar sind. Dabei ist zu berücksichtigen, dass auch das hier als Referenzmaterie ausgewählte Marktmissbrauchs(straf)recht grundlegend reformiert wurde.[9] Damit sind gleich zwei große Reformen dogmatisch zu verarbeiten. Keinesfalls kann an dieser Stelle das schon bisher und weiterhin einigermaßen schwierige und anspruchsvolle Vermögensabschöpfungsrecht auch nur in den wesentlichen Grundzügen ausgebreitet werden. Zu behandeln sind allein für das Marktmissbrauchsstrafrecht spezifische Fragestellungen; insbesondere die Sperrwirkung von Opferansprüchen und – vor allem – die Bestimmung des erlangten Etwas.[10]

---

[3] Vgl. den Regierungsentwurf eines Gesetzes zur Reform der strafrechtlichen Vermögensabschöpfung v. 5.9.2016 (im Folgenden: RegE), BT-Drs. 18/9525, 2 sowie Beschlussempfehlung und Bericht des Ausschusses für Recht und Verbraucherschutz v. 22.3.2017 (im Folgenden: Beschlussempfehlung), BT-Drs. 18/11640, 1.

[4] Richtlinie 2014/42/EU des Europäischen Parlaments und des Rates über die Sicherstellung und Einziehung von Tatwerkzeugen und Erträgen aus Straftaten in der Europäischen Union v. 3.4.2014 (ABl. EU 2014 L 127, 39; korrigiert in ABl. EU 2014 L 138, 114).

[5] Gesetz zur Reform der strafrechtlichen Vermögensabschöpfung v. 13.4.2017 (BGBl 2017 I S. 872).

[6] BT-Drs. 18/11640, 84.

[7] Der Reformgesetzgeber schließt das Meistbegünstigungsprinzip gem. § 2 Abs. 5 iVm Abs. 3 StGB aF in der Gesetzesbegründung *expressis verbis* aus und sieht sich zur partiellen Nichtanwendung des in Art. 103 Abs. 2 GG bzw. Art. 20 GG verankerten Rückwirkungsverbots berechtigt, weil „die Vermögensabschöpfung keinen Strafcharakter besitzt" und „ein etwaiges Vertrauen in den Fortbestand einer strafrechtswidrig geschaffenen Vermögenslage nicht schutzwürdig ist" (BT-Drs. 18/11640, 84). Anders das LG Kaiserslautern wistra 2018, 94: Da die Einziehung nach den §§ 73 ff. StGB eine „Strafe" iSd Art. 7 EMRK darstellt, verstößt Art. 316h S. 1 EGStGB gegen das Rückwirkungsverbot in Art. 7 Abs. 1 EMRK. Sehr krit. zur partiellen Aufhebung des Rückwirkungsverbots (mit Blick auf die Verjährung) auch *Hennecke* NZWiSt 2018, 121.

[8] Begrifflich wird im neuen Vermögensabschöpfungsrecht nicht mehr von „Verfall", sondern von „Einziehung" (der Taterträge usw.) gesprochen – auch, um international anschlussfähig zu sein („confiscation"), s. BT-Drs. 18/9525, 2.

[9] Ausführlich zur Reform *Veil* in Meyer/Veil/Rönnau, Handbuch zum Marktmissbrauchsrecht, 2018, § 1 Rn. 17 ff.

[10] Der nachfolgende Text ist in Anlehnung an einen Manuskriptteil entstanden, der in Meyer/Veil/Rönnau, Handbuch zum Marktmissbrauchsrecht, 2018, § 28 Rn. 138 ff. veröffentlicht worden ist.

II. Vermögensabschöpfung nach alter Rechtslage – einige Grundzüge

1. Allgemeines

Nach bisherigem Recht – das in diesem Punkt durch die Reform zum 1.7.2017 nicht verändert wurde – erfolgte die strafrechtliche Vermögensabschöpfung vornehmlich im sog. subjektiven Verfahren, das gegen natürliche Personen geführt wurde und an denen Dritte (insbesondere Unternehmen) bei Empfang von tatverstricktem Vermögen zu beteiligen waren (vgl. § 73 Abs. 3 StGB aF, § 442 iVm den §§ 431ff. StPO aF).[11] Lagen die Voraussetzungen der §§ 73ff. StGB aF vor, *musste* das Gericht – in den Grenzen der Härtevorschrift gem. § 73c StGB aF – im Strafurteil (oder Strafbefehl, § 407 Abs. 2 Nr. 1 StPO aF) den Verfall des „für" oder „aus" der Tat erlangten Etwas (nebst gezogenen Nutzungen oder erhaltenen Surrogaten) anordnen (§§ 73 Abs. 1 S. 1, Abs. 2, § 73e Abs. 1 StGB aF). Soweit es – wie regelmäßig – nicht möglich war, das ursprünglich deliktisch Erlangte einzuziehen, unterlag ein dessen Wert entsprechender Geldbetrag dem Wertersatzverfall (§ 73a StGB aF). Der Umfang des erlangten Etwas musste seit 1992 nach dem Bruttoprinzip bestimmt werden. Das heißt: Abzuschöpfen sind nicht mehr nur die Tatgewinne,[12] sondern alle Vermögenswerte, die einem Tatbeteiligten/Drittbegünstigten unmittelbar aus der Tatbestandsverwirklichung in irgendeiner Phase des Tatablaufs zufließen[13] (ohne Abzug von Gegenleistungen und Aufwendungen, die der Tatbeteiligte/Dritte zur Tatbegehung gemacht hat). Ein immens praktisches Problem des bis zum 1.7.2017 geltenden Rechts bestand allerdings darin exakt zu identifizieren, was genau „aus der Tat" erlangt wurde. Der hierzu auch innerhalb des *BGH* geführte heftige Streit[14] hatte dabei – wie noch zu zeigen sein wird – auch für das Marktmissbrauchsstrafrecht Bedeutung. Der Umfang des Erlangten und dessen Wert sowie die Höhe der Opferansprüche konnten geschätzt werden (§ 73b StGB aF). Wichtig für eine effektive Vermögensabschöpfung war (und wird es auch in Zukunft sein) das Sicherstellungsrecht, auf dessen Basis bereits im Ermittlungsverfahren bemakelte Gegenstände oder (im Falle des Wertersatzverfalles) auch legales Vermögen beschlagnahmt oder in Form des dinglichen Arrests festgesetzt werden können (§§ 111b ff. StPO aF).[15] Nach altem Recht konnte im Wege der sog. Zurückgewinnungshilfe nach denselben strafprozessualen Regeln zudem Vermögen für das Tatopfer gesichert werden, sofern eine Verfallsanordnung wegen § 73 Abs. 1 S. 2 StGB aF ausgeschlossen war (§ 111b Abs. 5 StPO aF). Dieser Verfallssperre – verbreitet „Totengräber des Verfalls" genannt – kam auch im kapitalmarktstrafrecht-

---

[11] Näher *Rönnau,* Vermögensabschöpfung in der Praxis, 2. Aufl. 2015, Rn. 356ff.; zum objektiven, nicht gegen eine bestimmte Person gerichteten Verfahren s. *Rönnau,* Vermögensabschöpfung in der Praxis, 2. Aufl. 2015, Rn. 412ff.

[12] Als „Vermögensvorteil" konnten zuvor nur *Nettobeträge* abgeschöpft werden; zur Umstellung s. *Rönnau,* Vermögensabschöpfung in der Praxis, 2. Aufl. 2015, Rn. 52 mwN.

[13] S. nur BGH NStZ 2017, 151 (152) mwN.

[14] Details dazu bei *Fischer,* StGB, 64. Aufl. 2017, StGB § 73 Rn. 15ff. und *Rönnau,* Vermögensabschöpfung in der Praxis, 2. Aufl. 2015, Rn. 37ff. – jew. mwN.

[15] Ausführlich zur Sicherstellung im staatlichen Interesse *Rönnau,* Vermögensabschöpfung in der Praxis, 2. Aufl. 2015, Rn. 152ff.

lichen Kontext Bedeutung zu; ihr Eingreifen entschied grundsätzlich darüber, ob das gesicherte Vermögen an den Staat (in Form des Landesjustizfiskus) fiel oder – bei bestimmten Aktivitäten des Opfers zur Durchsetzung seines Anspruchs[16] – an den Tatgeschädigten zurückfloss.[17] Gem. § 73 Abs. 1 S. 2 StGB aF konnte der Verfall nicht angeordnet werden, „soweit dem Verletzten aus der Tat ein Anspruch erwachsen ist, dessen Erfüllung dem Täter oder Teilnehmer den Wert des aus der Tat Erlangten entziehen würde". Maßgeblich war dabei allein das rechtliche Bestehen des Anspruchs, nicht jedoch, ob der Verletzte schon ermittelt war oder er den Anspruch tatsächlich geltend gemacht hatte.[18] Im Falle des Verzichts auf den Anspruch oder seiner Verjährung sollte aber die Anordnung des Verfalls wieder möglich sein.[19] Um zu verhindern, dass bei inaktiven Verletzten gesichertes Vermögen wieder an den (ggf. sogar rechtskräftig verurteilten!) Täter zurückgeschoben werden musste, hatte der Gesetzgeber zum 1.1.2007 den staatlichen Auffangrechtserwerb eingeführt, der allerdings mit einem recht komplizierten und fehleranfälligen Verfahren verknüpft war (vgl. dazu § 111i Abs. 2–8 StPO aF).[20]

2. *Verfall im Bereich des Marktmissbrauchsstrafrechts*

Vor diesem Regelungshintergrund hatte sich nach altem Recht bei Marktmissbrauchsstraftaten folgende Verfallsdogmatik herausgebildet:

a) Insiderdelikte

aa) Eingreifen der Verfallssperre

Bei strafbaren Insidergeschäften gem. § 38 Abs. 1 Nr. 1 WpHG aF[21] konnte nach lange vorherrschender Ansicht *immer* zugunsten des Staates abgeschöpft werden. § 73 Abs. 1 S. 2 StGB aF sollte hier nicht sperren, da das Verbot von Insidergeschäften unmittelbar nur die Funktionsfähigkeit der organisierten Kapitalmärkte schütze und daher geschädigte Anleger nicht Verletzte der Tat seien.[22] Von dieser allein auf die Qualität des Rechtsguts (Allgemein- oder Individualrechtsgut) abstellenden

---

[16] Dazu *Rönnau,* Vermögensabschöpfung in der Praxis, 2. Aufl. 2015, Rn. 258ff.

[17] Zur Exklusivität von Verfall und Zurückgewinnungshilfe *Rönnau,* Vermögensabschöpfung in der Praxis, 2. Aufl. 2015, Rn. 220.

[18] *Fischer,* StGB, 64. Aufl. 2017, StGB § 73 Rn. 18 m. vielen Rspr.-Nachw.

[19] Zum Ganzen *Rönnau,* Vermögensabschöpfung in der Praxis, 2. Aufl. 2015, Rn. 232 mwN.

[20] Näher zur Aufrechterhaltung der Sicherstellungsmaßnahmen gem. § 111i StPO aF bzw. zum staatlichen Auffangrechtserwerb *Rönnau,* Vermögensabschöpfung in der Praxis, 2. Aufl. 2015, Rn. 286ff.

[21] Zur Verschiebung des Straftatbestandbestands des Insidergeschäfts aus § 38 Abs. 1 Nr. 1 WpHG aF (Rechtslage vor dem 1. FiMaNoG) in den – weitgehend inhaltsgleichen – § 119 Abs. 3 Nr. 1 WpHG nF s. näher *Rönnau/Wegner* in Meyer/Veil/Rönnau, Handbuch zum Marktmissbrauchsrecht, 2018, § 28 Rn. 2ff.

[22] LG München I wistra 2003, 277 (280); LG Augsburg NStZ 2005, 109 (111); LG Berlin wistra 2005, 277 (278); *Lücker,* Der Straftatbestand des Missbrauchs von Insiderinformationen nach dem Wertpapierhandelsgesetz, 1998, 151f.; w. Nachw. bei *Vogel* in Assmann/Schneider, 6. Aufl. 2011, WpHG § 38 Rn. 94 m. Fn. 228. Konsequent für einen Verfallsausschluss, da § 38 WpHG aF als Vermögensgefährdungsdelikt einstufend, *Altenhain* in Kölner Komm WpHG, 2. Aufl. 2014, § 38 Rn. 162.

Meinung hat sich der *BGH (5. Strafsenat)* dann in einem Beschluss v. 27.1.2010 gelöst.[23] Mit Blick auf die *ratio* des § 73 Abs. 1 S. 2 StGB aF (insbesondere Erhaltung der Erfüllungsfähigkeit des Täters und Vermeidung seiner Doppelinanspruchnahme) betonte der Senat, dass es bei einem Verhalten, das tateinheitlich als Insidergeschäft und (informationsgestützte) Marktmanipulation strafbar war, für einen Verfallsausschluss nicht maßgeblich sei, „ob sich aus einer Verletzung eines Strafgesetzes der Ersatzanspruch eines Dritten ergibt“, sondern vielmehr, „dass sich der Ersatzanspruch aus dem historischen Sachverhalt herleitet, der auch der Verwirklichung der Strafnorm zu Grunde liegt“. Dementsprechend war stets sorgfältig zu prüfen, ob gegen den Insider zivilrechtliche Ansprüche – etwa (wie im genannten *BGH*-Fall) aus vorsätzlicher sittenwidriger Schädigung gem. § 826 BGB oder wegen unterlassener unverzüglicher bzw. unwahrer Veröffentlichung von Insiderinformationen (damals nach den §§ 37b, 37c WpHG aF) – bestehen.[24] Existierten solche Ansprüche, konnte der Verfall nicht angeordnet werden.

bb) Bestimmung des erlangten Etwas

Auch bei der Bestimmung des aus der Tat erlangten Etwas iSd § 73 Abs. 1 S. 1 StGB aF, § 73a S. 1 StGB aF wandelte sich bei Insiderverstößen die Bewertung. Nach ehemals hM empfing der Täter aus dem Insidergeschäft unmittelbar entweder Insiderpapiere (beim Erwerb) oder Gelder (bei der Veräußerung), die nach dem Bruttoprinzip in vollem Umfang (also ohne Abzug des für den Erwerb eingesetzten Kaufpreises bzw. des Wertes der veräußerten Insiderpapiere) abzuschöpfen waren.[25] Etwaige Aufwendungen oder ein zwischenzeitlich eingetretener Wertverfall der erworbenen Insiderpapiere war(en) allenfalls im Rahmen der Härteklausel gem. § 73c StGB aF zu berücksichtigen.[26] Teile der Literatur meinten dagegen (zu Recht), das vom Insider erlangte Etwas beschränke sich auf den „insiderspezifischen Sondervorteil“, also auf die Wertdifferenz, die sich daraus ergibt, dass der Insider im Vergleich zu uninformierten Marktteilnehmern noch zum hohen Börsenkurs verkaufen oder zum billigen Kurs kaufen konnte.[27] Dieser Auffassung schloss sich der *5. Strafsenat des BGH* im schon erwähnten Beschluss vom 27.1.2010 in der Sache an. Unter Rückgriff auf eine von ihm bereits 2002 getroffene Differenzierung zwischen (logisch) vorrangig zu bestimmendem Verfallsgegenstand (*Worin* besteht der erlangte Vorteil?) und nachrangig unter Berücksichtigung des Bruttoprinzips fest-

[23] BGH NStZ 2010, 326; bestätigend (in einem umweltstrafrechtlichen Fall) BGHSt 58, 152 (154) = NJW 2013, 950.

[24] Gleichsinnig *Vogel* in Assmann/Schneider, 6. Aufl. 2011, WpHG § 38 Rn. 91; *Waßmer* in Fuchs, 2. Aufl. 2016, WpHG § 38 Rn. 224; *Theile* in Esser/Rübenstahl/Saliger/Tsambikakis, 1. Aufl. 2017, WpHG aF § 38 Rn. 89. Weiterhin gegen das Eingreifen der Verfallssperre (da Allgemeinrechtsgut tangiert) *Pananis* in MüKoStGB, 2. Aufl. 2015, WpHG § 38 Rn. 254; *Szesny* in Böttger, Wirtschaftsstrafrecht in der Praxis, 2. Aufl. 2015, Kap. 6 Rn. 348.

[25] S. LG Augsburg NStZ 2005, 109 (111); zur Literatur vgl. nur *Altenhain* in Kölner Komm WpHG, 2. Aufl. 2014, § 38 Rn. 160 und *Trüg* NZG 2016, 459 (460) mit Fn. 14 – jeweils mwN.

[26] LG Augsburg NStZ 2005, 109 (111).

[27] *Hohn* wistra 2003, 321 (323); *Rönnau,* Vermögensabschöpfung in der Praxis, 1. Aufl. 2003, Rn. 195 (unter Berücksichtigung rechtmäßiger hypothetischer Kausalverläufe); *Kudlich/Noltensmeier,* wistra 2007, 121 (123); *Waßmer* in Fuchs, 1. Aufl. 2009, WpHG § 38 Rn. 83; auch LG Bonn, BeckRS 2009, 25769 (nur Gewinn, da sonst Zusatzstrafe).

zulegendem Verfallsumfang (*Höhe* des Erlangten?)[28] führte er aus:[29] Strafrechtlich sei nicht das Insidergeschäft „an sich" verboten, sondern nur die „Art und Weise" bemakelt, in der das Geschäft ausgeführt wurde. Dementsprechend müsse allein der auf den Insiderverstoß – konkret: das Ausnutzen einer Insidertatsache bei Verkauf von Aktien durch Vorstandsmitglieder einer börsennotierten Aktiengesellschaft – entfallende Sondervorteil herausgegeben werden, also die Verschonung von dem Wertverlust, den uninformierte Marktteilnehmer in Folge verspäteter Veröffentlichungen der aktienkursrelevanten (negativen) Tatsachen erleiden. Denn unmittelbar aus der Tat erlangt sei nur, „was den Unwertgehalt der Tat ausmacht", oder – mit anderen Worten – „was letztlich strafbewehrt ist".[30]

Die Kritik an dieser Rechtsprechung überzeugt nicht. So liegt in der Bestimmung des Verfallsbetrages anhand des Sondervorteils kein systemwidriger Rückgriff auf die Rechtsfigur des rechtmäßigen Alternativverhaltens und auch keine Rückkehr zum Nettoprinzip (durch die Hintertür).[31] Vielmehr ist die Abschöpfung nur des Sondervorteils Ausdruck einer am Verbotszweck orientierten (Wortlaut-)Auslegung.[32] Wer dabei den Verlust an (General-)Prävention moniert, gibt zu, dem Verfall (jedenfalls hinsichtlich des Bruttoanteils) Strafcharakter zuzumessen, obwohl er nach Ansicht der Anhänger einer einschränkungslosen Bruttoabschöpfung ein „quasi-kondiktionelles Ausgleichsinstrument" sein soll, mit dem allein vermögensordnende Ziele verfolgt werden. – Später hat das *OLG Stuttgart* in einem Beschluss vom 3.9.2015 die vom *BGH* für die Veräußerung von Insiderpapieren entwickelte Abschöpfungsrechtsprechung auch auf deren Erwerb übertragen. Der verfallsrelevante Vermögenszufluss liege beim „an sich" zulässigen Erwerb von Wertpapieren ebenfalls nur im Sondervorteil, nicht jedoch im gesamten Wert der erworbenen Papiere.[33]

---

[28] BGHSt 47, 260 (268ff.) = NJW 2002, 2257; zur bestätigenden Folgerechtsprechung s. *Fischer,* 64. Aufl. 2017, StGB § 73 Rn. 8d ff.

[29] BGH NJW 2010, 882 (884); zust. BGH NJW 2014, 1399 (1403) und BGH ZWH 2015, 303 (306); ebenso OLG Stuttgart NZWiSt 2016, 107 (109); idS – für viele – auch *Gehrmann* wistra 2010, 346; *Bauer* NStZ 2011, 396 (397); im Grundsatz zust. *Klöhn* DB 2010, 769 (772ff.) (mit Präzisierungen zur Sondervorteilsberechnung); ablehnend *Vogel* JZ 2010, 370 (372).

[30] Ausführlich zu diesem Grundansatz, der zur Bestimmung des erlangten Etwas den *Gedanken der Unrechtsspiegelung* aufgreift und dabei präzise den Schutzzweck der Strafnorm herausarbeitet, *Rönnau,* Vermögensabschöpfung in der Praxis, 2. Aufl. 2015, Rn. 36ff. mit allen Rechtsprechungs- und Literaturnachweisen. Ebenso (auch) für den Bereich der Insiderdelikte *Chr. Schröder,* Handbuch Kapitalmarktstrafrecht, 3. Aufl. 2015, Rn. 365b; *Pananis* in MüKoStGB, 2. Aufl. 2015, WpHG § 38 Rn. 235; *Szesny* in Böttger, Wirtschaftsstrafrecht in der Praxis, 2. Aufl. 2015, Kap. 6 Rn. 349; *Trüg* NZG 2016, 459 (460); *Theile* in Esser/Rübenstahl/Saliger/Tsambikakis, 1. Aufl. 2017, WpHG aF § 38 Rn. 90; radikal (aber nicht überzeugend) *Ordner* NZWiSt 2016, 110 (111) und *Ordner* ZWH 2017, 3 (4f.): „nichts erlangt"!

[31] So aber *Vogel* JZ 2010, 370 (372); *Vogel* in Assmann/Schneider, 6. Aufl. 2011, WpHG § 38 Rn. 94; *Altenhain* in Kölner Komm WpHG, 2. Aufl. 2014, § 38 Rn. 160; ablehnend auch *Eser* in Schönke/Schröder, 29. Aufl. 2014, StGB § 73 Rn. 17; *Schumann* in Müller-Gugenberger, 6. Aufl. 2015, § 68 Rn. 88f. Generell skeptisch zum Bemakelungszusammenhang als maßgeblichem Kriterium für oder gegen eine Bruttoabschöpfung *Ordner* NZWiSt 2016, 110 (111 mwN in Fn. 12); ebenso *Burghart* in SSW StGB, 3. Aufl. 2016, § 73 Rn. 12f.

[32] S. die Argumentation vom OLG Stuttgart NZWiSt 2016, 107 (108ff.).

[33] OLG Stuttgart NZWiSt 2016, 107 (108ff.); zust. *Pananis* ZWH 2015, 406 (407) und *Trüg* NZG 2016, 459. Kritisch *Pelz,* jurisPr-Compl 1/2016 Anm. 2; ablehnend *Ordner* ZWH 2017, 3 (5) und *Ordner* NZWiSt 2016, 110 (111): „nichts erlangt".

Bei Insidertaten (von Primär-Insidern) gem. § 38 Abs. 1 Nr. 2 StGB aF[34] (Mitteilungs- bzw. Verleitungsvariante) fehlte es nach altem Recht zumeist an einem unmittelbar „aus der Tat" erlangten Vorteil; möglich war es aber, die „für" die Mitteilung oder Empfehlung erhaltene Gegenleistung (vor allem Belohnungen) abzuschöpfen.[35] Da die Verfallssperre gem. § 73 Abs. 1 S. 2 StGB aF nur bei Vermögen Anwendung fand, das „aus der Tat" stammte, fiel in diesen Fällen das Erlangte an den Staat.

b) Marktmanipulationen

aa) Eingreifen der Verfallssperre

Blickt man auf die Marktmanipulation gem. § 38 Abs. 2 WpHG aF[36], lässt sich für alle Tatvarianten hinsichtlich der Verfallssperre bereits an dieser Stelle sagen: Die Anwendung des § 73 Abs. 1 S. 2 StGB aF war nach jüngerer *BGH*-Rechtsprechung vor der Reform nicht schon deshalb (pauschal) ausgeschlossen, weil die Marktmanipulationsverbote nach ganz hM im Kern überindividuelle Interessen schützen.[37] Wie auch beim Insiderstrafrecht musste vielmehr sorgfältig untersucht werden, ob auf dem manipulierten Markt aktive Anleger schadenbringende Geschäfte getätigt hatten, aus denen zivilrechtliche Ansprüche (vor allem gem. § 826 BGB) erwuchsen; war das – wie häufiger – der Fall, schied eine Verfallsanordnung aus.[38]

bb) Bestimmung des erlangten Etwas

Zur Bestimmung des Verfallsumfangs im Bereich der Marktmanipulationen war zu differenzieren. Denn der Gesetzgeber hatte drei Typen von Angriffen untersagt und diese Verbote – europäischen Vorgaben folgend – mit Sanktionsandrohungen flankiert.[39] Bei *informationsgestützten Marktmanipulationen* durch unrichtige, irreführende oder verschwiegene Angaben gem. § 38 Abs. 2 WpHG iVm § 39 Abs. 2

---

[34] Der § 38 Abs. 1 Nr. 2 StGB aF (Rechtslage vor dem 1. FiMaNoG) entspricht nach neuer Rechtslage dem § 119 Abs. 3 Nr. 2 WpHG, s. näher *Rönnau/Wegner* in Meyer/Veil/Rönnau, Handbuch zum Marktmissbrauchsrecht, 2018, § 28 Rn. 2ff.

[35] *Pars pro toto Waßmer* in Fuchs, 2. Aufl. 2016, WpHG § 38 Rn. 225 und *Diversy/Köpferl* in Graf/Jäger/Wittig, 2. Aufl. 2017, WpHG § 38 Rn. 247.

[36] Zur Verschiebung des Straftatbestandbestands der Marktmanipulation aus § 38 Abs. 2 WpHG aF (Rechtslage vor dem 1. FiMaNoG) in den – weitgehend inhaltsgleichen – § 119 Abs. 1 WpHG s. näher *Rönnau/Wegner* in Meyer/Veil/Rönnau, Handbuch zum Marktmissbrauchsrecht, 2018, § 28 Rn. 2ff.

[37] So aber das LG Berlin, das in zwei Entscheidungen in § 20a WpHG aF keine Norm gesehen hat, die den Schutz von Anlegern bezweckt (wistra 2005, 277 (278f.); BeckRS 2008, 10186).

[38] So zutreffend (für viele) *Vogel* in Assmann/Schneider, 6. Aufl. 2011, WpHG § 38 Rn. 95 und *Diversy/Köpferl* in Graf/Jäger/Wittig, 2. Aufl. 2017, WpHG § 38 Rn. 248. Eine Analyse zum Schutznormcharakter kapitalmarktrelevanter Vorschriften liefert *Gaßmann* wistra 2004, 41ff. Aus der Rechtsprechung für die Situation informationsgestützter Marktmanipulationen (iSv § 20a Abs. 1 S. 1 Nr. 1 WpHG aF) BGH NStZ 2010, 326; das Eingreifen der Verfallssperre in einem Fall handelsgestützter Marktmanipulation (iSv § 20a Abs. 1 S. 1 Nr. 2 WpHG aF) offenlassend BGHSt 59, 80 (92) = NJW 2014, 1399; für einen Scalping-Fall (= handlungsgestützte Marktmanipulation iSv § 20a Abs. 1 S. 1 Nr. 3 WpHG aF) damit *(obiter dictum)* sympathisierend BGH NZG 2016, 751 (754).

[39] *Gehrmann* WM 2016, 542 mwN.

Nr. 11 WpHG iVm § 20a Abs. 1 S. 1 Nr. 1 WpHG (jew. aF)[40] hatte der Täter nach einer im Schrifttum stark vertretenen Ansicht jedenfalls unmittelbar aus der Tat nichts erlangt; das spätere Ausnutzen des zuvor manipulierten Börsen- oder Marktpreises stelle keine Marktmanipulation dar und könne daher auch keine Verfallsanordnung auslösen.[41] Hier bleibt unberücksichtigt, dass auch der manipulierte Börsen- oder Marktpreis bzw. die in ihm enthaltene Gewinnchance, jedenfalls wenn diese(r) zu einem realen Wertzuwachs gehaltener Aktien führte, grundsätzlich als Verfallsobjekt taugt und der dafür anzusetzende Geldbetrag bei Ausnutzung der Position über den Wertersatzverfall abgeschöpft werden konnte.[42] Zudem sprach nach altem Recht viel dafür, in Konsequenz der vom *5.* und *3. BGH-Strafsenat* ausgearbeiteten Dogmatik allein den manipulationsspezifischen Sondervorteil („Per-Saldo-Gewinn") einzuziehen.[43] Für verfallen erklärt werden konnte zudem das Entgelt, das ein Journalist dafür bekam, dass er in einem Artikel unrichtige Angaben machte.[44]

Handelsgestützte Marktmanipulationen gem. § 38 Abs. 2 WpHG iVm § 39 Abs. 1 S. 1 Nr. 1 WpHG iVm § 20a Abs. 1 S. 1 Nr. 2 WpHG (jew. aF),[45] die sich in sog. „effektiven Geschäften"[46] vollziehen, führten bis zur Reform des Vermögensabschöpfungsrechts nach hM dazu, dass als „aus" der Tat erlangt der gesamte Verkaufserlös (und wohl auch der gesamte Aktienwert[47]) angesehen wurde. Der *BGH* stützte die Vollabschöpfung (des Verkaufserlöses) in einem Fall der „Improper

---

[40] Nach neuer Rechtslage (2. FiMaNoG) ist die informationsgestützte Marktmanipulation in § 119 Abs. 1 Var. 1 u. Var. 2 WpHG iVm § 120 Abs. 2 Nr. 3, Abs. 15 Nr. 2 WpHG iVm Art. 12 Abs. 1 lit. c) u. lit. d) MAR geregelt; näher zur Normentwicklung *Rönnau/Wegner* in Meyer/Veil/Rönnau, Handbuch zum Marktmissbrauchsrecht, 2018, § 28 Rn. 2ff.

[41] S. nur *Eichelberger,* Das Verbot der Marktmanipulation, 2006, 347f.; *Theile* in Esser/Rübenstahl/Saliger/Tsambikakis, 1. Aufl. 2017, WpHG aF § 38 Rn. 215; differenzierend *Schönhöft,* Die Strafbarkeit der Marktmanipulation gemäß § 20a WpHG, 2006, 180f.; *Sorgenfrei/Saliger* in Park, Kapitalmarktstrafrecht, 4. Aufl. 2017, Teil 2 Kap. 6.1. Rn. 351 mit (zT fehlgehenden) Nachweisen.

[42] Dazu nur *Vogel* in Assmann/Schneider, 6. Aufl. 2011, WpHG § 38 Rn. 95 (unter Hinweis auf BGHSt 52, 227 Rn. 76 = NStZ 2009, 275, wo der *1. Strafsenat* für eine Vermögensmehrung hat ausreichen lassen, dass zwischen Tat und Zufluss ein finaler „Bereicherungszusammenhang" besteht) und zustimmend *Altenhain* in Kölner Komm WpHG, 2. Aufl. 2014, § 38 Rn. 161. IdS jetzt auch – *obiter* – BGH NZG 2016, 751 Rn. 32f. mwN, der bei „informationsgestützten Manipulationen" in einem „Scalping-Fall" als erlangt die Wertsteigerung der Aktien bzw. den Kursgewinn ansieht.

[43] *Trüg* NJW 2014, 1346 (1348); letztlich auch BGH NZG 2016, 751 (754 mwN), wonach nur die Wertsteigerung bzw. der Kursgewinn abgeschöpft werden soll; offengelassen von *Vogel* in Assmann/Schneider, 6. Aufl. 2011, § 38 Rn. 95.

[44] *Pananis* in MüKoStGB, 2. Aufl. 2015, WpHG § 38 Rn. 255; *Altenhain* in Kölner Komm WpHG, 2. Aufl. 2014, § 38 Rn. 161; *Waßmer* in Fuchs, 2. Aufl. 2016, WpHG § 38 Rn. 226.

[45] Nach neuer Rechtslage (2. FiMaNoG) ist die handelsgestützte Marktmanipulation in § 119 Abs. 1 Var. 1 u. Var. 2 WpHG iVm § 120 Abs. 2 Nr. 3, Abs. 15 Nr. 2 WpHG iVm Art. 12 Abs. 1 lit. a) MAR geregelt; näher zur Normgenese *Rönnau/Wegner* in Meyer/Veil/Rönnau, Handbuch zum Marktmissbrauchsrecht, 2018, § 28 Rn. 2ff.

[46] Effektive Geschäfte sind Transaktionen zwischen verschiedenen Personen, die sich darauf verständigen, korrespondierende gegenläufige Order mit gleichen Volumina und Preisen abzugeben, um dadurch letztlich Kursbewegungen auszulösen (*Pananis* in MüKoStGB, 2. Aufl. 2015, WpHG § 38 Rn. 256).

[47] So OLG Stuttgart NJW 2011, 3667 (3670); *Woodtli* NZWiSt 2012, 51 (55); *Weimann* in Hohnel, Kapitalmarktstrafrecht, 2013, 14. Teil Rn. 13.

Matched Orders" bzw. „Prearranged Trades" darauf, dass „strafrechtlich bemakelt (hier) nicht nur die Art und Weise der Ausführung des Geschäfts, sondern dieses selbst (sei), weil es den manipulierten Börsenkurs und damit den tatbestandlichen Erfolg herbeiführt". Vorgenannte (Straf-)Normen wollen – so das Gericht – Geschäfte, in denen „die Vertragspartner kollusiv zusammenwirken, (...) zum Schutz vor Preismanipulationen von Wertpapierkursen gerade als solche verhindern".[48] Grob unbillige Ergebnisse konnte dieser Lösungsansatz allerdings in Situationen erzeugen, in denen typischerweise Finanzinstrumente und korrespondierende Geldbeträge mehrfach hin und her gebucht wurden (etwa bei „Wash Sales",[49] „Matched Orders" oder „Circular Trading").[50] Denn ein striktes Abstellen auf jeden Einzelakt (Gutschrift, Wertpapiereingang), der vermögensmäßig jeweils als erlangtes Etwas zu erfassen wäre, ergäbe schnell unverhältnismäßig hohe Verfallsbeträge. Mit *Chr. Schröder* war daher stattdessen eine Gesamteinschätzung der Tat zu favorisieren, nach der berücksichtigt wird, dass der Täter „bei wirtschaftlicher Betrachtung letztlich immer wieder nur denselben Betrag (etwa die bei einem „Wash Sale" aufgewandten 100.000 EUR, *Anm. d. Verf.*) zzgl. etwaiger Kursgewinne erlangt. „Jedes ‚Drehen' mit den einhergehenden Gutschriften und Buchungen gehört als Teilakt zur Tat", sodass in diesen Fällen nur „das ‚eingesetzte Kapital' zzgl. etwaiger Gewinne" (und nicht die vermögensmäßige Aufaddierung sämtlicher Teilakte) abzuschöpfen war.[51] Zu einer Begrenzung des Verfallsbetrages auf den „einfachen Wert der Wertpapiere" entschloss sich auch das *OLG Stuttgart* in einem Fall, in dem der Täter den Tatbestand der Marktmanipulation durch alsbald aufeinander folgende Verkaufs- und Rückkaufsgeschäfte verwirklicht hatte (was bei extensiver Sicht zu einer Verdopplung des Vermögensgegenstandes geführt hätte).[52] Kritiker der Vollabschöpfung hielten der Rechtsprechung überzeugend entgegen, eine – den zu entziehenden Betrag einschränkende – „Unrechtsspiegelung" lasse sich auch bei dieser Tatvariante durchführen mit dem Ergebnis, dass ein Pflichtwidrigkeitszusammenhang allein zum manipulativen Teil des Geschäfts bestehe, nicht aber zum davon abzugrenzenden „realistischen" Preis (als „legalen" Sockel des Verkaufsprei-

---

[48] BGHSt 59, 80 (92f.) = NJW 2014, 1399; ebenso *Trüg* NJW 2014, 1346 (1348); *Gehrmann* in Schork/Groß, Bankstrafrecht, 2013, Rn. 597; *Gehrmann* WM 2016, 542 (547); *Waßmer* in Fuchs, 2. Aufl. 2016, WpHG § 38 Rn. 227; *Waßmer* HRRS 2014, 336 (341); *Weimann* in Hohnel, Kapitalmarktstrafrecht, 2013, 14. Teil Rn. 13; *Schumann* in Müller-Gugenberger, 6. Aufl. 2015, § 68 Rn. 36a; zuvor schon OLG Stuttgart NJW 2011, 3667 (3670) mAnm *Koppmann* ZWH 2012, 27 und Bespr. *Woodtli* NZWiSt 2012, 51 (55).

[49] Nach Ansicht vieler fehlt es bei „Wash Sales", bei denen Käufer und Verkäufer wirtschaftlich identisch sind, anders als bei „Matched Orders" schon grundsätzlich am erlangten Etwas, s. *Waßmer* in Fuchs, 2. Aufl. 2016, WpHG § 38 Rn. 227; *Woodtli* NZWiSt 2012, 51 (55 m. Fn. 48).

[50] Zutreffende Beobachtung von *Chr. Schröder,* Handbuch Kapitalmarktstrafrecht, 3. Aufl. 2015, Rn. 616d.

[51] *Chr. Schröder,* Handbuch Kapitalmarktstrafrecht, 3. Aufl. 2015, Rn. 616d.

[52] OLG Stuttgart, BeckRS 2014, 16560 (Rn. 12ff.); zust. *Sorgenfrei/Saliger* in Park, Kapitalmarktstrafrecht, 4. Aufl. 2017, Teil 2 Kap. 6.1. Rn. 351. Die Höhe des (Wertersatz-)Verfallsbetrages richtet sich nach Ansicht des Gerichts „regelmäßig nach dem Wert des Verfallsgegenstandes zum Zeitpunkt der Entstehung des Wertersatzanspruchs" (2. Ls.); krit. zur Einschränkung des OLG Stuttgart *Gehrmann* WM 2016, 542 (547): Tatsächlich hat Täter aus den beiden Transaktionen die Wertpapiere nicht erlangt, da er schon vorher Inhaber war.

ses).[53] – Bei nur fiktiven Transaktionen, die die Vermögenslage des Täters unberührt lassen, schied dagegen ein Vermögensverfall aus.[54]

Schließlich entsprach es hM, dass bei Marktmanipulationen durch Transaktionen, die sonstige Täuschungshandlungen beinhalteten (§ 38 Abs. 2 iVm § 39 Abs. 1 Nr. 2 iVm § 20a Abs. 1 S. 1 Nr. 3 WpHG (jew. aF) – sog. *handlungsgestützte Marktmanipulationen*),[55] der Täter etwas erlangt, wenn tatsächlich (und nicht nur fiktiv) Geschäfte durchgeführt wurden.[56] Im Streit um die richtige Bestimmung des einzuziehenden Vermögenswertes hielt der *3. BGH-Strafsenat* bei dieser Tatvariante anders als in Fällen der Marktmanipulation durch abgesprochene Verträge *obiter dictum* an seinem Weg fest, den er in der Entscheidung über nicht genehmigte, aber zwingend zu genehmigende Waffenexporte (*BGHSt* 57, 79 [83ff.]) eingeschlagen hatte. Dementsprechend stellte der *Senat* in einem klassischen Fall des Scalpings[57] für den Unwert der Tat und den spiegelbildlichen Vermögensvorteil darauf ab, dass jedenfalls die Wertsteigerung der Aktien (bzw. der Kursgewinn) – im Gegensatz zu dem zumeist durch außertatbestandliche Verkäufe erzielten (Brutto-)Erlös – als unmittelbar aus der Tat erlangter Vermögenszuwachs anzusetzen ist.[58]

III. Vermögensabschöpfung nach neuer Rechtslage

Durch eine umfassende Reform („Neustart“) ist das Vermögensabschöpfungsrecht zum 1.7.2017 wesentlich umgestaltet worden. Im Folgenden sollen nur die im hier interessierenden Kontext wesentlichen Änderungen kurz skizziert werden.[59]

---

[53] So *Kudlich* JZ 2014, 746 (748); *Rönnau,* Vermögensabschöpfung in der Praxis, 2. Aufl. 2015, Rn. 41 aE; *Sorgenfrei/Saliger* in Park, Kapitalmarktstrafrecht, 4. Aufl. 2017, Teil 2 Kap. 6.1. Rn. 351; *Ordner* ZWH 2017, 3 (6).

[54] *Vogel* in Assmann/Schneider, 6. Aufl. 2011, § 38 Rn. 95 mwN.

[55] Nach neuer Rechtslage (2. FiMaNoG) ist die handlungsgestützte Marktmanipulation in § 119 Abs. 1 Var. 1 u. Var. 2 WpHG iVm § 120 Abs. 2 Nr. 3, Abs. 15 Nr. 2 WpHG iVm Art. 12 I lit. b) MAR geregelt; näher zur Normentwicklung *Rönnau/Wegner* in Meyer/Veil/Rönnau, Handbuch zum Marktmissbrauchsrecht, 2018, § 28 Rn. 2ff.

[56] S. nur *Vogel* in Assmann/Schneider, 6. Aufl. 2011, § 38 Rn. 95; *Altenhain* in Kölner Komm-WpHG, 2. Aufl. 2014, § 38 Rn. 161; *Waßmer* in Fuchs, 2. Aufl. 2016, WpHG, § 38 Rn. 228; abw. *Pananis* in MüKoStGB, 2. Aufl. 2015, WpHG § 38 Rn. 255: „unmittelbar aus der Tat ist in der Regel nichts erlangt“; ebenso *Sorgenfrei/Saliger* in Park, Kapitalmarktstrafrecht, 4. Aufl. 2017, Teil 2 Kap. 6.1. Rn. 351; *Szesny* in Böttger, Wirtschaftsstrafrecht in der Praxis, 2. Aufl. 2015, Kap. 6 Rn. 350.

[57] Zum Begriff BGHSt 48, 373 (376ff.) = NJW 2004, 302 und jetzt Art. 12 Abs. 2 lit d) MAR.

[58] BGH NZG 2016, 751 (754); zust. LG Frankfurt a. M. Beschl. v. 31.10.2016 – 5/12 KLs 9/16, BeckRS 2016, 116071; ebenso *Gehrmann* in Schork/Groß, Bankstrafrecht, 2013, Rn. 597; für Bruttoerlösabschöpfung (in einem Scalping-Fall) dagegen LG Berlin Urt. v. 14.4.2011 – (519) 3 Wi Js 1665/07 KLs (03/09), – juris (Rn. 124ff.) sowie OLG Frankfurt a. M. Beschl. v. 12.1.2017 – 3 Ws 901/16, NStZ-RR 2017, 144. Einen Verfall in diesen Situationen überhaupt ablehnend *Ordner* ZWH 2017, 3 (6f.), da die erhaltene Veräußerungschance bilanziell nicht werthaltig sei.

[59] Lehrreich zum neuen Vermögensabschöpfungsrecht *Köhler* NStZ 2017, 497ff. (1. Teil) und *Köhler/Burkhard* NStZ 2017, 665ff. (2. Teil); *Rhode* wistra 2018, 65ff. (1. Teil) und 102ff. (2. Teil); auch *Korte* wistra 2018, 1ff.; knapper *Trüg* NJW 2017, 1913ff.; *Hüls* ZWH 2017, 242ff.; *Schilling/*

1. *Einige Eckpunkte der Reform*

Begrifflich wird im neuen Recht der Ausdruck „Verfall“ überall durch den Terminus „Einziehung“ (von Taterträgen usw.) ersetzt. Damit soll der umfassende Reformansatz unterstrichen und das deutsche Recht an die Begrifflichkeiten im Recht der Europäischen Union („confiscation“) angepasst werden. Weiterhin haben die Reformer den aus dem Zivilprozessrecht entlehnten Begriff „dinglicher Arrest“ durch den Begriff „Vermögensarrest“ ersetzt.[60]

Kernstück der Reform ist die vollständige Neuregelung der Opferentschädigung,[61] in deren Zuge § 73 Abs. 1 S. 2 StGB aF gestrichen wurde. Damit kann jetzt der Tatertrag oder ein dessen Wert entsprechender Geldbetrag auch dann abgeschöpft werden, wenn Ansprüche von Tatgeschädigten im Raum stehen. Die Verletztenforderungen werden künftig grundsätzlich außerhalb des Strafverfahrens befriedigt. Entweder erfolgt die Entschädigung im Strafvollstreckungsverfahren (§ 459h StPO) oder im Insolvenzverfahren (§ 111i StPO). Eine Ausnahme gilt nach wie vor für bewegliche Sachen (in aller Regel Diebesgut). Sie sollen Verletzten in klaren Fällen nach § 111n Abs. 2 StPO möglichst zeitnah zurückgegeben werden. Die Streichung des § 73 Abs. 1 S. 2 StGB aF hat zur Folge, dass die Vermögensabschöpfung nunmehr auch bei Vermögensdelikten mit individuellen Tatgeschädigten zulässig ist. Dennoch kann selbstverständlich nur das durch die (Vermögens-)Straftat rechtswidrig Erlangte oder ein entsprechender Geldbetrag eingezogen werden. Mehr (etwa Schmerzensgeld) kann der Verletzte der Tat auch von staatlicher Seite als Entschädigung nicht erhalten.

Überaus verdienstlich ist, dass sich die Reformer auch dem dringenden praktischen Problem angenommen haben, das durch die Straftat *„erlangte Etwas“* zu bestimmen.[62] Aus dem Zusammenspiel von § 73 Abs. 1 StGB und § 73d Abs. 1 StGB ergibt sich für die Festlegung des Erlangten auf Basis des Bruttoprinzips in einem zweistufigen Verfahren Folgendes: Auf der *ersten Stufe* (§ 73 Abs. 1 StGB) werden auf der Grundlage einer weiten, rein gegenständlichen Betrachtungsweise zunächst alle Vermögenswerte erfasst, die einem Tatbeteiligten oder Drittbegünstigten aus der Verwirklichung des Tatbestandes in irgendeiner Phase des Tatablaufs zugeflossen sind, ohne dass es auf eine „unmittelbare“ Kausalbeziehung zwischen Tat und Bereicherung ankommt. Auf einer *zweiten Stufe* sind bei der Konkretisierung des Bruttoprinzips normative Gesichtspunkte zu berücksichtigen (§ 73d Abs. 1 StGB). Im Kern müssen danach Aufwendungen des Tatbeteiligten/Drittbegünstigten grundsätzlich abgezogen werden, sofern sie nicht vorsätzlich in die Vorbereitung oder Be-

---

Corsten/Hübner StraFo 2017, 305ff.; *Greeve* ZWH 2017, 277ff.; *Meißner* KriPoZ 2017, 237ff.; Grundfragen diskutiert *Saliger* ZStW 129 (2017), 995ff.

[60] Vgl. RegE BT-Drs. 18/9525, 2, 48f.; krit. dazu *Fischer,* StGB, 65. Aufl. 2018, Vor §§ 73–76a Rn. 4.

[61] Ausführlich dazu RegE BT-Drs. 18/9525, 1f., 46, 49ff., 78ff.; Ergänzungen durch Beschlussempfehlung BT-Drs. 18/11640, 79ff.

[62] Näher RegE BT-Drs. 18/9525, 46f., 61f., 67ff.; Ergänzungen durch Beschlussempfehlung BT-Drs. 18/11640, 78ff. Ausbuchstabiert jetzt durch *Köhler* NStZ 2017, 497 (502ff.), der als Mitglied der Projektgruppe „Recht der Vermögensabschöpfung“ mit der Erarbeitung der Reform befasst war.

gehung der Tat investiert wurden. Leistungen zur Erfüllung einer Verbindlichkeit gegenüber dem Verletzten der Tat sollen aber – auch wenn sie für ihre Vorbereitung oder Begehung der Tat erbracht wurden – stets abgezogen werden können (Rückausnahme). § 73d Abs. 1 StGB konkretisiert nach Ansicht der Reformer den (restriktiv zu verstehenden) Rechtsgedanken der bereicherungsrechtlichen Vorschrift des § 817 S. 2 BGB für die strafrechtliche Vermögensabschöpfung: „Was in ein verbotenes Geschäft investiert worden ist, muss unwiederbringlich verloren sein (BGHSt 52, 227 Rn. 101)".

2. *Folgen der Neuregelungen für den Bereich des Marktmissbrauchsstrafrechts – eine erste Einschätzung*

a) Streichung der Verfallssperre gem. § 73 Abs. 1 S. 2 StGB aF

Ein zentraler Baustein der Reform der Vermögensabschöpfung besteht in der Streichung des § 73 Abs. 1 S. 2 StGB aF. Damit stehen ab dem 1.7.2017 Ausgleichsansprüche von Tatgeschädigten der staatlichen Einziehung des Tatertrages (bzw. dessen Wertes) nicht mehr entgegen. Das bisher existierende materiell-prozessuale Konzept der Rückgewinnungshilfe ist vielmehr vom Modell der Opferentschädigung, die entweder im Strafvollstreckungs- oder im Insolvenzverfahren erfolgt, abgelöst worden. Allein bewegliche Sachen (zumeist Diebesgut) sollen unabhängig davon möglichst zeitnah zurückgegeben werden.[63] Die bisherigen Streitigkeiten über die Reichweite der Verfallssperre, wie sie auch im Bereich des Kapitalmarktstrafrechts auftraten (s. o.), sind damit obsolet.

b) Zur (Neu-)Bestimmung des erlangten Etwas

Vor der Anwendung des neuen Einziehungsrechts auf das neue Marktmissbrauchs(straf)recht muss man sich noch einmal die zentralen Grundregeln der Vermögensabschöpfung vor Augen führen: Nachdem auf einer ersten Stufe zunächst im Rahmen eines überaus weit verstandenen „Kausalitätsansatzes" alle „durch" oder „für" die rechtswidrige Tat erlangten Vermögenswerte erfasst werden (§ 73 Abs. 1 StGB), sind auf der zweiten Stufe unter normativen Gesichtspunkten Einschränkungen zu machen (§ 73d Abs. 1 StGB). Danach ist brutto (dh der gesamte Taterlös) abzuschöpfen, wenn der Tatbeteiligte/Drittbegünstigte Vermögen vorsätzlich für die Vorbereitung oder Begehung der Tat investiert hat (vgl. § 73d Abs. 1 S. 2 Hs. 1 StGB); ansonsten sind unter Rückgriff auf eine Nettobetrachtung Gegenleistungen und Aufwendungen abzuziehen.[64] Wichtig für das Verständnis ist dabei, dass der Tatbegriff in § 73d Abs. 1 StGB *tatbestandlich-formal* bzw. *deliktsbezogen* und nicht in einem weiten Sinne auf das wirtschaftliche Gesamtprojekt des Tä-

---

[63] Vgl. RegE BT-Drs. 18/9525, 49, 61.

[64] Krit. zum gewählten Modell *Burghart* in SSW StGB, 3. Aufl. 2016, § 73 Rn. 13; vgl. auch *Bittmann* NZWiSt 2016, 131 (133) und *Bittmann* WiJ 2016, 175 (176ff.) – jew. mit verschiedenen Korrekturwünschen; Stellungnahme DAV 30/2016 v. Juni 2016, S. 9ff. (die Festschreibung der „Schutzzwecklösung" fordernd) – alle zum RefE 3/2016; weitgehend zust. dagegen *Gericke*, Stellungnahme (v. 20.11.2016) zum RegE 7/2016, S. 1, 3ff. (online abrufbar unter http://t1p.de/7o80 – zuletzt abgerufen am 22.5.2018).

ters bzw. Teilnehmers (etwa: unter Verwendung von Aktien durch kriminelle Aktivitäten irgendwie gute Geschäfte machen) interpretiert werden muss.[65] Erfasst ist dabei nach dem legislativen Grundansatz die Phase der Vorbereitung der Tat bis hin zu deren materieller Beendigung. Nur so lassen sich die im RegE angeführten zahlreichen Beispiele, die das zuvor im Text abstrakt Ausgeführte veranschaulichen sollen, in einem stimmigen Konzept vereinen.[66] Um zur Illustration ein zentrales Beispiel aus der Gesetzesbegründung aufzugreifen: Der Täter veräußert von ihm zuvor legal erworbenes Ackerland weiter, nachdem er dessen Umwandlung in Bauland durch Bestechung eines Amtsträgers erreicht hat. Hier ist das Geld für den Erwerb des vormaligen Ackerlandes vom späteren Veräußerungserlös abzuziehen. Zwar sind die Kosten für den Kauf des Grundstückes zunächst noch keine abzugsfähigen Aufwendungen iSd § 73d Abs. 1 S. 1 StGB, da sie weit vor dem eigentlichen Tatgeschehen angefallen sind. Das ändert sich, nachdem der Täter den Bestechungsvorsatz gefasst hat und das Grundstück (als Aufwand) zur Erlangung des Kaufpreises, nicht aber – wie es das Abzugsverbot gem. § 73d Abs. 1 S. 2 Hs. 1 StGB fordert – für die Begehung oder Vorbereitung der (Bestechungs-)Tat einsetzt. Keine andere Bewertung ergibt sich, wenn der Täter schon beim Erwerb des Ackerlandes einen Korruptionsplan hatte.[67]

aa) … im Bereich der Insiderdelikte

Vor diesem Hintergrund sind nun zunächst die Insiderdelikte auf ihre Abschöpfungsrelevanz zu untersuchen. Das geltende Insiderstrafrecht enthält mit § 119 Abs. 2 WpHG und § 119 Abs. 3 WpHG zwei Gruppen von Delikten: Während § 119 Abs. 2 WpHG als Spezialregelung nur Insiderverstöße im Zusammenhang mit EU-Treibhausgas-Emissionszertifikaten erfasst, kodifiziert § 119 Abs. 3 WpHG weiter ausgreifende Tatbestände, die sich auf alle Typen von Finanzinstrumenten erstrecken und dabei auch EU-Treibhausgas-Emissionszertifikate iSv § 119 Abs. 2 WpHG einbeziehen. Weil § 119 Abs. 2 WpHG folglich gegenüber § 119 Abs. 3 WpHG (von leichtfertig begangenen Taten abgesehen) keinen eigenständigen Anwendungsbereich aufweist,[68] konzentrieren sich die Ausführungen im Folgenden auf die Delikte nach § 119 Abs. 3 WpHG. Hingewiesen sei hier aber darauf, dass

---

[65] IdS auch *Köhler* NStZ 2017, 497 (506): „§ 73d Abs. 1 S. 2 StGB begrenzt das Abzugsverbot auf das, was ‚für die Begehung … oder Vorbereitung' der (Erwerbs-)Tat im materiellen Sinn aufgewendet oder eingesetzt wird." Zudem: Der Deliktsbezug wird hier ersichtlich nicht iSe „Unrechtsspiegelung" aufgefasst, so dass die die Abschöpfung bisher einschränkenden Kriterien wie ein (restriktiv verstandener) „Bemakelungszusammenhang" oder ein „legaler Sockel" zukünftig keine Rolle mehr spielen sollen.

[66] RegE BT-Drs. 18/9525, 67 ff.; auch *Köhler* NStZ 2017, 497 (505). Der Tatbegriff entspricht damit (wohl) § 11 Abs. 1 Nr. 5 StGB, wonach eine rechtswidrige Tat eine solche ist, die den „Tatbestand" eines Strafgesetzes verwirklicht.

[67] Die Frage der Brutto- oder Nettoabschöpfung davon abhängig zu machen, ob der Tatbeteiligte von Anfang an vorhatte, das erworbene Ackerland nach korruptionsbedingter Umwandlung weiterzuveräußern (dann Bruttoerlöseinziehung) oder nicht (dann Abzug von Aufwendungen bzw. Gegenleistungen möglich), wäre mit großen Nachweisproblemen verbunden. Dem haben die Verfasser des Gesetzes mit einer *deliktsbezogenen* Betrachtung vorgebeugt.

[68] Vgl. *Rönnau/Wegner* in Meyer/Veil/Rönnau, Handbuch zum Marktmissbrauchsrecht, 2018, § 28 Rn. 94.

§ 73d Abs. 1 StGB es nicht mehr erlaubt, bei Fahrlässigkeitstaten und damit auch bei leichtfertig begangenen Straftaten wie § 119 Abs. 2 Nr. 1 (iVm § 119 Abs. 7) WpHG rechtswidrig erlangtes Vermögen nach dem Bruttoprinzip abzuschöpfen; vielmehr sind in diesen Fällen zukünftig Aufwendungen in Abzug zu bringen.[69]

Nach § 119 Abs. 3 Nr. 1 WpHG (iVm Art. 14 lit. a) MAR) macht sich strafbar, wer über eine Insiderinformation verfügt und unter Nutzung dieser Insiderinformation für eigene oder fremde Rechnung direkt oder indirekt ein Finanzinstrument, auf welches sich die Information bezieht, erwirbt oder veräußert. Die nach alter Rechtslage für die abschöpfungsrechtliche Behandlung dieser Fälle in der jüngeren obergerichtlichen Rechtsprechung vorherrschende Ansicht, einzuziehen sei nur der konkret auf den Insiderverstoß entfallende Sondervorteil,[70] wird sich nach § 73d Abs. 1 S. 2 Hs. 1 StGB (iVm der Gesetzesbegründung) nicht mehr aufrechterhalten lassen. Denn die Gesetzesverfasser plädieren – in Übereinstimmung mit Wortlaut und ratio der Neuregelung – für eine volle Abschöpfung des (Brutto-)Erlöses in Situationen, in denen „Aktien zweckgerichtet für ein verbotenes Insidergeschäft angeschafft oder eingesetzt werden".[71] Der zu fordernde ausreichende Deliktsbezug des Vermögenseinsatzes ist hier gegeben. An der Sachgerechtigkeit dieses Ergebnisses sind bei Einsatz legalen Vermögens unter Schutzzweckgesichtspunkten dennoch große Zweifel anzumelden. Gerade eine restriktive Auslegung des § 817 S. 2 BGB, der als Vorbild für die Neuregelung diente, gebietet eine solche harte Haltung nicht.[72]

Wie schon bisher bei Verstößen gegen das Empfehlungs- und Verleitungsverbot wird auch bei einer Strafbarkeit gem. § 119 Abs. 3 Nr. 2 WpHG (iVm Art. 14 lit. b) MAR sowie Art. 8 Abs. 2, 3 MAR) die Einziehung der „für" die Tat empfangenen Belohnungen im Vordergrund stehen. Wenn Vermögen für die Begehung der konkreten Tat oder für ihre Vorbereitung aufgewendet oder eingesetzt worden ist, muss brutto abgeschöpft werden, da das Abzugsverbot gem. § 73d Abs. 1 S. 2 Hs. 1 StGB greift. Gleiches gilt auch für einen Verstoß gegen § 119 Abs. 3 Nr. 3 WpHG (iVm Art. 14 lit. c) MAR sowie Art. 10 MAR), der die unrechtmäßige Offenlegung von Insiderinformationen unter Strafe stellt.

bb) … im Bereich der Marktmanipulation

Wie bisher wird auch im neuen Marktmissbrauchs(straf)recht zwischen informations-, handels- und handlungsgestützter Manipulation unterschieden. Im Unterschied zum Ordnungswidrigkeitenrecht erfordert das Strafrecht neben der auf ein bestimmtes Manipulationsobjekt bezogenen Tathandlung zusätzlich einen kausal

---

[69] RegE BT-Drs. 18/9525, 69. Zur bloßen Nettoabschöpfung bei Fahrlässigkeitstaten anhand von Beispielen s. *Köhler* NStZ 2017, 497 (508) und *Korte* wistra 2018, 1 (4).

[70] → II. 2. a) bb).

[71] RegE BT-Drs. 18/9525, 68; auch Beschlussempfehlung BT-Drs. 18/11640, 90; unterstützend *Köhler* NStZ 2017, 497 (507); *Korte* wistra 2018, 1 (4); wohl auch *Trüg* NJW 2017, 1913 (1915).

[72] Ausführliche Kritik am Grundansatz bei *Rönnau/Begemeier* GA 2017, 1 (11 ff.); Plädoyers für Einschränkungen auch nach neuem Recht bei *Vogel/Spoerr* in Assmann/Schneider, 7. Aufl. 2018, WpHG § 119 Rn. 196; *Hüls* ZWH 2017, 242 (245): „… drohen Unbilligkeiten"; zudem *Meißner* KriPoZ 2017, 237 (241); *Schorn/Utz* CB 2017, 255 (258).

und objektiv zurechenbar herbeigeführten Manipulationserfolg (in Form der Einwirkung auf einen Börsen- oder Marktpreis oder die Berechnung eines Referenzwerts).[73]

Fragt man zunächst, was bei *informationsgestützten Marktmanipulationen* gem. § 119 Abs. 1 Var. 1 oder Var. 2 WpHG (iVm § 120 Abs. 2 Nr. 3 und Abs. 15 Nr. 2 WpHG iVm Art. 15 MAR iVm Art. 12 Abs. 1 lit. c) und lit. d) MAR) vom Tatbeteiligten oder Drittbegünstigten erlangt wurde (*Prototyp:* Täter (und Aktieninhaber) sendet hinsichtlich seiner Aktien (etwa auf einer Pressekonferenz) falsche oder irreführende Signale aus, um die Wertpapiere nach gestiegenem Börsenkurs gewinnbringend zu verkaufen), kommt in Anlehnung an die vor der Reform stark vertretene Ansicht[74] jedenfalls der Wertzuwachs der Aktien bzw. der Kursgewinn, bei gebotener weiter Interpretation des § 73 Abs. 1 StGB wohl aber der gesamte Verkaufserlös in Betracht (1. Stufe). Allerdings ist der ursprünglich gezahlte Kaufpreis der Aktien gem. § 73d Abs. 1 S. 1 StGB davon abzuziehen (2. Stufe), weil die legal erworbenen Aktien nicht „für die Begehung der Tat" (also das Aussenden falscher oder irreführender Signale usw.) eingesetzt wurden. Zwar wird die Straftat begangen, um später aus dem festgesetzten Börsenkurs im Wege des Aktienverkaufs Nutzen zu ziehen; dieser lose Bezug zum Tätervermögen rechtfertigt aber nach § 73d Abs. 1 S. 2 Hs. 1 StGB keine Abschöpfung nach dem Bruttoprinzip. Vielmehr können Aufwendungen, die der Täter in Form von Erwerbskosten, Gebühren usw. hatte, abgezogen werden. Anders wäre es nur, wenn sich der Verkauf selbst als eigene Straftat (etwa als Insidergeschäft)[75] darstellen würde, die ihrerseits ggf. eine Vollabschöpfung ermöglicht.[76]

Anders zu behandeln sind dagegen *handelsgestützte Marktmanipulationen* gem. § 119 Abs. 1 Var. 1 und Var. 2 WpHG (iVm § 120 Abs. 2 Nr. 3 und Abs. 15 Nr. 2 WpHG iVm Art. 15 MAR iVm Art. 12 Abs. 1 lit. a) MAR). So werden etwa bei unter den Handelspartnern abgesprochenen Kauf- und Verkaufsgeschäften (zB „Improper Matched Orders") die Wertpapiere bewusst als Tatmittel eingesetzt, um den Börsen- oder Marktpreis im Sinne der Akteure zu beeinflussen. Hier wird das Bruttoprinzip, so wie es die Gesetzesverfasser verstehen, in seinem Kern berührt mit der Folge einer Vollabschöpfung des durch die Straftat rechtswidrig erlangten Vermögens.[77] Aber auch bei dieser Lösung, die der Begründung im Regierungsentwurf entspricht, sollte zur Vermeidung exzessiv hoher Einziehungsbeträge eine

---

[73] Näher *Rönnau/Wegner* in Meyer/Veil/Rönnau, Handbuch zum Marktmissbrauchsrecht, 2018, § 28 Rn. 58.

[74] → II. 2. b) bb).

[75] Für ein Beispiel einer solchen Situation, in der ein Insidergeschäft mit einer Marktmanipulation verknüpft ist, s. OLG München Beschl. v. 4.7.2011 – 2 Ws 568/11 H, StraFo 2011, 394.

[76] Näher *Rönnau/Wegner* in Meyer/Veil/Rönnau, Handbuch zum Marktmissbrauchsrecht, 2018, § 28 Rn. 160.

[77] Vgl. RegE BT-Drs. 18/9525, 68; auch Beschlussempfehlung BT-Drs. 18/11640, 81 (missverständlich dort allerdings der Hinweis auf die Notwendigkeit einer Vollabschöpfung in den „Fällen des ‚Insiderhandels' oder der ‚Marktmanipulation'" – gemeint sind *alle* Fälle der Marktmanipulation); ebenso *Korte* wistra 2018, 1 (4); dagegen *Vogel/Spoerr* in Assmann/Schneider, 7. Aufl. 2018, WpHG § 119 Rn. 200: bei allen Formen der Marktmanipulation ist Eigenaufwand gegenzurechnen.

wirtschaftliche Gesamt- und keine Einzelaktbetrachtung vorgenommen werden.[78] Wortlaut und ratio des § 73d Abs. 1 StGB lassen das zu.

Bei der *handlungsgestützten Marktmanipulation* gem. § 119 Abs. 1 Var. 1 und Var. 2 WpHG (iVm § 120 Abs. 2 Nr. 3 und Abs. 15 Nr. 2 WpHG iVm Art. 15 MAR iVm Art. 12 Abs. 1 lit. b) MAR), wenn sie etwa klassisch in Form des (absichtlichen) Scalpings auftritt, ist bei der Bestimmung des erlangten Etwas (auf 2. Stufe) dann wieder normativ einzuschränken und nur der Nettobetrag abzuschöpfen. Denn hier setzt der Scalper (zB ein „Börsenguru") die eigenen Aktien nicht vorsätzlich für die Vorbereitung oder Begehung der konkreten Straftat ein (Tathandlung: Empfehlung des Erwerbs dieser Wertpapiere ohne [den Interessenkonflikt] offenzulegen, dass er sie zuvor selbst gekauft hat), sondern nutzt nur die Auswirkungen seiner Empfehlung/Stellungnahme auf den Kurs dieses Finanzinstruments aus, indem er die Wertpapiere mit Gewinn veräußert. Der Verkauf selbst ist dem deliktischen Verhalten nachgelagert. Eine Bruttoabschöpfung kommt deshalb bei der handlungsgestützten Marktmanipulation nur dann in Betracht, wenn der Verkauf der Wertpapiere für sich genommen einen anderen, von der Marktmanipulation unabhängigen Straftatbestand (zB ein Insiderdelikt) erfüllt, der eine Vollabschöpfung ermöglicht.[79]

IV. Fazit

Die Erprobung des reformierten Vermögensabschöpfungsrechts in einem speziellen Anwendungsgebiet – hier: des Marktmissbrauchs(straf)rechts – hat mit Blick auf die Bestimmung des Einziehungsgegenstandes Folgendes ergeben: Akzeptiert man die im Hintergrund der Reform stehende Leitlinie, dass in verbotene Geschäfte investiertes Vermögen unwiederbringlich verloren sein muss, lässt sich in Anwendung der diesen Imperativ zum Ausdruck bringenden Neuregelungen gem. den §§ 73 Abs. 1 StGB, 73d Abs. 1 StGB zukünftig einigermaßen verlässlich das erlangte Etwas ermitteln. Dabei gilt es jedoch immer im Blick zu behalten, dass der Tatbegriff in § 73d Abs. 1 StGB *tatbestandsbezogen-formal* und nicht in einem weiteren Sinne wirtschaftlich (auf das Gesamtprojekt des Täters bezogen) auszulegen ist. Anderenfalls würde der ausdrückliche Wille des Gesetzgebers, in Orientierung am Grad der (Täter-)Auflehnung gegen das Gesetz (vorsätzliche oder fahrlässige Tatbegehung/Vermögenseinsatz in oder außerhalb der Phase des eigentlichen Deliktsgeschehens) den Einziehungsumfang (brutto oder netto) zu bestimmen, missachtet. In Zweifelsfällen wird allerdings auch hier wieder die obergerichtliche Rechtsprechung die Grenze ziehen müssen.

Herrn *Fischer* wünsche ich noch viele produktive Jahre – bei etwas mehr Muße. Man darf gespannt sein, wohin er seine unbändige Kraft nach Ausscheiden aus dem aktiven Richterdienst verlagert.

---

[78] → II. 2. b) bb).

[79] Näher *Rönnau/Wegner* in Meyer/Veil/Rönnau, Handbuch zum Marktmissbrauchsrecht, 2018, § 28 Rn. 162 (mit einem Beispiel).

VII. RECHT UND STRAFRECHTSPERSONAL

STEPHAN BARTON

Richterbiografien von der Stange – Konfektionsware und Accessoires. Bundesrichter im Spiegel von Pressemitteilungen

I. Angebote

In der Festschrift für *Rissing-van Saan* hat *Thomas Fischer* 2011 eine sarkastische „Literaturempfehlung" ausgesprochen, indem er in seiner unnachahmlichen Art das Buch „Die deutschsprachige Strafrechtswissenschaft in Selbstdarstellungen"[1] rezensiert und dabei 21 Selbstzeugnisse „bedeutender Strafrechtslehrer"[2] als nicht selten Fremdscham erzeugende Selbstbeweihräucherungen entlarvt hat. Die damalige Herangehensweise von *Thomas Fischer* soll hier aufgegriffen, dabei aber gewissermaßen umgedreht werden: So wie *Thomas Fischer* sich als Bundesrichter mit Universitätsprofessoren beschäftigt hat, wird meine Aufmerksamkeit als Rechtslehrer den Bundesrichtern gelten. Was im Festschriftbeitrag von *Thomas Fischer* dabei die von *Hilgendorf* herausgegebene Publikation war, sollen in meinem Festschriftbeitrag Pressemitteilungen der Pressestelle des Bundesgerichtshofs über Bundesrichter sein.

Verfolgt werden zwei eigenständige Erkenntnisinteressen: Im ersten Hauptteil der Studie geht es um Rechtstatsachen zu Bundesrichtern; die Pressemitteilungen sollen daraufhin untersucht werden, was wir an biografischen Daten über Bundesrichter erfahren (II.). Methodisch gesehen handelt es sich dabei um einen Beitrag zur empirischen Richtersoziologie. Im zweiten Teil des Beitrags stehen dagegen die Pressemitteilungen als solche im Zentrum (III.). Es wird in diesem Zusammenhang zunächst danach gefragt werden, was sie über ihre Verfasser aussagen, wobei mit „Verfasser" nicht individuelle Pressesprecher gemeint sind, sondern der Bundesgerichtshof bzw. das in den Publikationen erzeugte Bild dieses obersten deutschen Fachgerichts. Insofern werden die Pressemitteilungen als moderne Initiationsriten bzw. Selbstzeugnisse des BGH interpretiert und nach deren Funktionen gefragt. Methodisch gesehen handelt es sich bei diesem Abschnitt um einen Beitrag aus wissenssoziologischer bzw. konstruktivistischer Sicht. Als Vorbild für diese Herangehensweise kann auf einen Beitrag von *Hubert Treiber* zurückgegriffen werden, in dem dieser sich mit juristischen Lebensläufen in Laudationes und Nekrologen beschäftigte.[3] *Treiber* bezog sich dabei wiederum wesentlich auf den Wissenssoziologen *Peter Berger* und dessen soziologischen Klassiker zum Thema „Vergangenheit

[1] *Fischer* FS Rissing-van Saan, 2011, 143ff.

[2] So die Eigenwerbung für dieses von *Hilgendorf* herausgegebene Werk; vgl. http://www.beck-shop.de/Hilgendorf-deutschsprachige-Strafrechtswissenschaft-Selbstdarstellungen/productview.aspx?product=9211118 (letzter Abruf: 3.6.2018).

[3] *Treiber* KJ 1979, 22.

nach Maß und von der Stange".[4] Es ist kein Zufall, wenn auch mein Beitrag nicht nur in Überschriften Ähnlichkeiten mit der Formulierung von *Peter Berger* aufweist.

II. Sortiment: Daten zu Bundesrichtern

Die Pressestelle des Bundesgerichtshofes gibt regelmäßig Mitteilungen heraus. Im Jahr 2017 waren dies genau 204. Ein Teil dieser Pressemitteilungen bezieht sich auf Bundesrichter. Pressemitteilungen zu Bundesrichtern erfolgen standardmäßig beim Eintritt von neuen Richtern in den Bundesgerichtshof („neue Richter") und beim Ausscheiden aus dem Berufsleben („Ruhestandsmitteilungen"). Dazwischen kommt es gelegentlich zu weiteren Pressemitteilungen, bspw. bei Beförderungen oder im Zuge von besonderen Ehrungen und Auszeichnungen; unmittelbare Anlässe für Mitteilungen bilden also in erster Linie wesentliche Karriereschritte von Bundesrichtern. Zuweilen erfolgen Pressemitteilungen über herausgehobene Richter auch noch nach deren Ausscheiden bei freudigen Ereignissen, wie runden Geburtstagen oder bei traurigen Anlässen als Todesmitteilungen.

1. Datenerfassung, Validität, Erkenntnisinteresse

Der vorliegenden Studie liegen Pressemitteilungen von Anfang 1990 bis Ende 2017 zugrunde. Sie wurden ab 2000 aus dem im Internet frei zugänglichen digitalen Material zusammengestellt; für die davor liegenden Jahre wurden sie von der Pressesprecherin des BGH dankenswerterweise in gedruckter Form bzw. als PDF zur Verfügung gestellt. Das Datenmaterial ist möglicherweise nicht vollständig; es gibt jedenfalls hinsichtlich einzelner Richter Inkonsistenzen dahingehend, dass es an Pressematerial zu „neuen Richtern" oder „Ruhestandsmitteilungen" fehlt, obwohl die entsprechenden Ereignisse im fraglichen Zeitraum hätten stattfinden müssen. Ob diese Inkonsistenzen darauf beruhen, dass in diesen Fällen eine Pressemitteilung ganz unterblieb oder eine vorhandene nur nicht für diese Studie erfasst werden konnte, kann nicht geklärt werden.[5] Die Validität der Daten leidet darunter jedoch nicht, da strukturelle Verzerrungen nicht zu befürchten sind.

Die erhobenen Daten wurden deskriptiv-statisch ausgewertet.[6] Das Erkenntnisinteresse bei diesem Teil der Studie zielt darauf, ein Bild vom „typischen" BGH-Richter zu zeichnen, wie es sich auf der Grundlage der Pressemitteilungen darstellt. Auf anspruchsvolle statistische Analysen wurde verzichtet.

[4] *Berger,* Einladung zur Soziologie. Eine humanistische Perspektive, 2. Aufl. 2017, 73 (ursprünglich 1969, 64).

[5] Auch fehlen zu einzelnen Jahrgängen vor 2000 Mitteilungen (speziell geht es um die Jahre 1998/99), was daran liegen kann, dass es in jenen Jahren keine einschlägigen Pressemitteilungen gegeben hat – oder dass diese verloren gegangen sind.

[6] Für wertvolle Unterstützung bei der Erfassung und Auswertung der Daten danke ich speziell *Marc-Arno Scheuß,* ferner *Julian Adams, Jacqueline Gelhardt* und *Oliver Nißing.*

2. Grunddaten

Die untersuchten Quellen beinhalten sowohl Daten zur Person des Bundesrichters als auch Informationen über die Zuständigkeit der Senate, letztere regelmäßig in überraschend breiter Weise. Je nach Anlass (insbesondere „neue Richter" oder „Ruhestand"), unterscheiden sie sich nicht nur in der Quantität der Daten, sondern auch in deren Struktur (dazu später mehr).

Insgesamt wurden 507 Pressemitteilungen erfasst. Sie beziehen sich auf insgesamt 351 Richter, davon 99 Strafrichter und 252 Zivilrichter. 225 Mitteilungen betreffen „neue Richter" (davon 53 Strafrichter); 66 erfolgten aus Anlass von Beförderungen (19 Strafrichter); 182 betrafen das Ausscheiden aus dem Amt (58 Strafrichter); neun waren Todesmitteilungen (3 Strafrichter); 14 erfolgten wegen „sonstiger" Ereignisse (bspw. Ernennungen zu Vizepräsidenten oder zu besonderen Geburtstagen; darunter 2 Strafrichter); 11 Pressenachrichten lagen außergewöhnliche Auszeichnungen oder Ehrungen zugrunde (7 Strafrichter).

3. Auswertung der Grunddaten

In den Pressemitteilungen finden sich regelmäßig Informationen zum Geburtsort, Alter, Geschlecht, akademischen Graden und Familienstand, ferner zu etwaigen Kindern des Richters sowie zu dessen bisheriger juristischer Karriere – letztere relativ ausführlich dargestellt (einschließlich etwaiger Abordnungen zu Ministerien, zum BGH oder zum GBA).

Diese Angaben finden sich in relativ gleichförmiger Weise nicht nur in Pressemitteilungen zu neuen Richtern, sondern auch bei allen weiteren Pressemitteilungen. Letztere enthalten regelmäßig weitere Informationen; wobei sich diese im Wesentlichen auf die Nennung von Meriten und Tätigkeitsschwerpunkten nach der Wahl zum Bundesrichter beschränken (dazu III.2.).

Wir erfahren dabei Folgendes zu Bundesrichtern, wobei im Weiteren teilweise zwischen Zivil- und Strafrichtern getrennt wird:[7]

Beginnen wir mit den Personenstandsdaten: Von den 99 Pressemitteilungen über Strafrichter beziehen sich 15 auf Richterinnen (15 Prozent); von den 252 Zivilrichtern sind dies 49 (19,5 Prozent). In 60 (Strafrichter) bzw. 61 Prozent enthalten die Mitteilungen Angaben über den Familienstand. Bis auf eine Ausnahme (verwitwet) wird dabei mitgeteilt, dass die Bundesrichter verheiratet sind; in keinem Fall wird mitgeteilt, dass ein Bundesrichter ledig, geschieden oder verpartnert ist. In 52 (Strafrichter) bzw. 46 Prozent erfolgen Mitteilungen über etwaige Kinder; Strafrichter haben dabei durchschnittlich 0,677 Kinder, Zivilrichter 0,837.[8]

---

[7] Sofern die jeweiligen Angaben unter II. nicht ausdrücklich auch Daten zu Zivilrichtern aufweisen, beziehen sie sich auf die 99 Strafrichter; die Pressemitteilungen zu Zivilrichtern wurden nur hinsichtlich ausgewählter Merkmale analysiert. Falls den einzelnen Nachrichten von der Pressestelle Nummern zugewiesen wurden, werden diese nachfolgend genannt, ansonsten das Datum der Mitteilung.

[8] Ein Volk von Bundesrichtern wäre wegen der geringen Kinderanzahl dem Untergang geweiht. Der Wert liegt noch deutlich unterhalb der Anzahl von Kindern pro erwachsener Frau in Deutschland (in den letzten Jahren lag der zwischen 1,4 und 1,5). Offenbar lässt sich eine juristische

Was Stationen der juristischen Karriere betrifft, gibt es laut Pressemitteilungen starke Gemeinsamkeiten zwischen den späteren Zivil- und Strafrichtern, aber auch gewisse Unterschiede. Übereinstimmend haben die späteren Bundesrichter einen grundsätzlich gleichen Karriereweg beschritten – und zwar eine klassische Justizkarriere: Fast alle Richter waren zuvor in der ordentlichen Gerichtsbarkeit tätig. Nur ein Richter ist einen anderen Weg gegangen, nämlich von der Universität zum BGH gewechselt. Auffallend ist auch der Zwischenaufenthalt beim OLG: von 99 BGH-Strafrichtern waren 60 zuvor Richter am OLG. Einschlägige berufliche Erfahrungen als Rechtsanwalt scheinen dagegen im Spiegel der Pressemitteilungen eine spätere Zukunft als Bundesrichter auszuschließen.[9] Jedenfalls bei Richtern in Strafsenaten gibt es nur einen einzigen, der „kurzzeitig" (Pressemitteilung 78/2012) als Rechtsanwalt zugelassen war. Anders formuliert: Wer irgendwann einmal die Anwaltsrobe getragen hat, erhält später nicht die rote Robe.

Werfen wir einen Blick auf die typischen Karriereschritte und das Alter der späteren Bundesrichter (bezogen auf 99 Richter in den Strafsenaten). Bei Eintritt in die Justiz waren sie durchschnittlich 29,3 Jahre alt (der älteste 35, der jüngste 24). Dann geht es schnell bergauf, wobei dies häufig in Form eines Springens zwischen verschiedenen Institutionen (Gericht, Staatsanwaltschaft, Abordnungen) mit zwischenzeitlichen Beförderungen geschieht. Zum Richter (oder Staatsanwalt) auf Lebenszeit werden sie durchschnittlich im 33. Lebensjahr; zum OLG-Richter noch vor dem 39. Geburtstag bzw. zum Vorsitzenden beim Landgericht mit 42.

Bundesrichter wird man durchschnittlich im Alter von rund 48 Jahren (Strafrichter: 48,2; Zivilrichter etwas jünger: 47,9). Der jüngste Richter war bei der Einstellung 39 Jahre alt[10] (Strafrichter: 40), die ältesten 58 (sowohl ein Straf- als auch ein Zivilrichter).

Es fällt auf, dass viele Richter auf ihrem Weg in den Senat zeitweise in Ministerien (überwiegend in das Bundes- oder ein Landesjustizministerium) abgeordnet waren (43 Straf- und 99 Zivilrichter). Deutlich unterscheiden sich diese beiden Gruppen allerdings bei weiteren Abordnungen bzw. Etappen der Karriere: Spätere Richter in Strafsenaten sind nicht nur sehr viel häufiger früher Staatsanwalt (54,5 zu 22 Prozent) oder zeitweise zum GBA abgeordnet gewesen (12 bzw. 2 Personen), sondern Strafjuristen waren auch deutlich häufiger wissenschaftliche Mitarbeiter beim BGH (29 gegenüber 11 Prozent) oder beim BVerfG (18 zu 7 Prozent) gewesen. Für eine Tätigkeit als Richter in einem Strafsenat ist es also geradezu normal, vorher zeitweise Staatsanwalt und/oder Mitarbeiter beim BGH oder BVerfG gewesen zu sein.

Die regionale Herkunft der Bundesrichter weist signifikante Ungleichgewichte auf: Dass sich nur sehr wenige Pressemitteilungen auf Richter aus den neuen Bundesländern beziehen, ist damit nicht gemeint; denn es versteht sich von selbst, dass diese angesichts des Erhebungszeitraums unterrepräsentiert sein müssen. Weniger einleuchtend sind zum Teil gravierende Unterschiede zwischen den alten Bundes-

---

Karriere nicht ohne Weiteres mit Kinderwunsch vereinbaren; vgl. zu diesem Thema *Schübel* NJW 2014, 1355 (1357).

[9] Das Gesetz schließt dies keinesfalls aus: § 9 DRiG.

[10] Mindestalter gem. § 125 Abs. 2 GVG: 35 Jahre.

ländern. So beziehen sich etwa 13 Prozent der Pressemitteilungen über Strafrichter auf Bundesrichter mit Berliner Hintergrund – obwohl in Berlin nur gut vier Prozent der bundesdeutschen Bevölkerung leben. Umgekehrt sind Pressemitteilungen über Strafrichter aus NRW sehr viel seltener (12 Prozent) als dies bei fast 22 Prozent Bevölkerungsanteil zu erwarten wäre. Allerdings gleicht sich dies in gewisser Weise durch reziproke Diskrepanzen bei den Zivilrichtern aus; hier entfallen nur zwei Prozent der Mitteilungen auf Richter aus Berlin, dagegen über 26 Prozent auf Richter aus NRW.

4. Diskussion und Leerstellen

Unter dem Strich weist die Gruppe der Bundesrichter im Spiegel der Pressemitteilungen eine starke Homogenität auf. Was die Rekrutierung und wesentliche Karriereschritte betrifft, gibt es zwischen ihnen nur wenig Diversität. Bundesrichter haben mehr oder weniger dieselbe klassische Richterkarriere in der ordentlichen Gerichtsbarkeit beschritten – ohne einen Umweg über eine etwaige Tätigkeit in der Anwaltschaft genommen zu haben. Sie sind früh befördert worden und sie haben die Bereitschaft zur Mobilität gezeigt bzw. Abordnungen an Ministerien oder Bundesgerichte als Sprungbrett für weitere Karriereschritte genutzt. Es gibt zwar auch Unterschiede zwischen Bundesrichtern, die in Zivil- oder Strafsenaten tätig sind, so namentlich die regionale Herkunft und einzelne berufliche Zwischenschritte (frühere Tätigkeit als Staatsanwalt bzw. Abordnungen an den BGH/GBA), aber diese verblassen gegenüber den Gemeinsamkeiten.

Die Pressemitteilungen lassen – auch wenn dies aus Sicht der Justizforschung wünschenswert wäre – weitergehende Vertiefungen nicht zu. Es fehlt insofern schlicht an entsprechenden Daten, da die Nachrichten hoch selektiv sind. Sie beschränken sich, was biografische Daten zu Bundesrichtern betrifft, im Wesentlichen auf die wenigen zuvor dargestellten Variablen sowie – wie schon erwähnt – auf einige weitere Informationen zu Meriten und Tätigkeiten nach der Wahl zum Bundesrichter (dazu gleich mehr). Darüber hinausgehende Informationen zur Person der Bundesrichter fehlen fast vollständig. Insbesondere fehlen in den Pressemitteilungen alle Angaben zu Geschehnissen im Vorfeld der eigentlichen Wahl der Bundesrichter. Wir erfahren bspw. nichts darüber, für welchen ausgeschiedenen alten Richter der neue Bundesrichter nachrückt. Auch fehlen den Pressemitteilungen jegliche Informationen über etwaige parteipolitische Zusammenhänge, die der Richterwahl vorausgegangen sind, obwohl seit langem bekannt ist, dass es solche Bezüge gibt.[11] Auch sonst wird fast alles, was mit Parteipolitik zu tun hat, in den Pressemitteilungen peinlich ausgeklammert.

Es gibt – bezogen auf die 99 Strafrichter – nur drei Ausnahmen: Laut Pressemitteilung Nr. 69/2000 war ein Bundesrichter „Vorsitzender der SPD-Fraktion im Gemeinderat der Stadt Karlsruhe“. Zu zwei anderen wird referiert, dass sie während ihrer früheren Karriere „zur Wahrnehmung einer Tätigkeit in der Arbeitsgruppe Recht der CDU/CSU-Bundestagsfraktion“ beurlaubt (Pressemitteilung

[11] Vgl. *Schübel* NJW 2014, 1355 (1356) zu A- und B-Ländern.

Nr. 92/2009) bzw. „im Rahmen einer Beurlaubung als Referent der SPD-Bundestagsfraktion" tätig waren (Pressemitteilung Nr. 87/2002).[12]

So interessant weitere Informationen aus dem Bereich der Parteipolitik für den Leser der Pressemitteilungen auch wären – hier schweigt die Pressestelle.

III. Produktion und Vertrieb: inhaltliche Vertiefungen der Pressemitteilungen

Das lenkt den Blick zwangsläufig von den Bundesrichtern weg und hin zu den Pressemitteilungen; insbesondere zu deren Strukturen und Funktionen. Pressemitteilungen erfolgen üblicherweise bei jeder Einstellung eines Bundesrichters und bei jedem Ausscheiden aus dem Amt. Die beiden Typen von Nachrichten unterscheiden sich, was nachfolgend vertieft wird, deutlich.[13]

1. Neue Bundesrichter: Uniformen

Pressemitteilungen aus Anlass einer Neueinstellung sind – wie schon dargestellt – knapp und karg. Sie bestehen im Grunde nur aus einigen wenigen biografischen Daten (Alter, Geburtsort, ggf. Familienstand: verheiratet, Anzahl der Kinder, akademische Grade), ferner der Wiedergabe von Stationen der juristischen Karriere sowie Erläuterungen zum Zuständigkeitsbereich des Senats, dem der neue Bundesrichter zugewiesen wird. Eine typische Pressemitteilung lautet:

„Anfang Juli werden die im April des Jahres neu gewählten Richter am Bundesgerichtshof X, Y und […] ihre Richterämter in Karlsruhe antreten. […] Herr X ist 46 Jahre alt und verheiratet. Nach Abschluß seiner juristischen Ausbildung trat er im Jahre 1982 in den höheren Justizdienst des Freistaates Bayern ein. Er war zunächst zwei Jahre als Richter beim Land- und Amtsgericht in Aschaffenburg und sodann drei Jahre bei der dortigen Staatsanwaltschaft tätig. Im Anschluß an eine dreijährige Abordnung an den Bundesgerichtshof als wissenschaftlicher Mitarbeiter wurde er Anfang 1993 in den Justizdienst des Landes Sachsen-Anhalt übernommen und zum Richter am Oberlandesgericht Naumburg ernannt. Seit seiner Berufung zum Vorsitzenden Richter am Oberlandesgericht Naumburg im Jahre 1997 hatte Herr X den Vorsitz in einem Zivilsenat inne. […] Das Präsidium hat […] Richter X [dem 3. Strafsenat] des Bundesgerichtshofs zugewiesen."[14]

Die Pressemitteilungen sind dabei nicht nur schnörkellos sachlich, sondern durch ihre formale Gleichförmigkeit und wegen ihrer wenigen rasterförmigen Daten nivellieren sie etwaig vorhandene Unterschiede zwischen den Richtern.[15] Dazu passt es, dass es durchaus üblich ist, mehrere Neueinstellungen innerhalb einer Pressemitteilung zu verkünden. Persönliche Informationen oder gar originelle Aussagen gibt

---

[12] Letzteres wird nur bei der Ernennung zum Vorsitzenden erwähnt, nicht dagegen bei der Ruhestandsmitteilung.

[13] Die nachfolgende Darstellung unter → III. bezieht sich ausschließlich auf die Auswertung der Pressemitteilungen zu Strafrichtern.

[14] Pressemitteilung Nr. 44/2000.

[15] Man hat den Eindruck, als dienten frühere Pressemitteilungen als Blaupausen für aktuelle Nachrichten.

es dagegen nie; die beschriebenen Richter werden gewissermaßen entindividualisiert. Sie wirken austauschbar, wie grau uniformierte Soldaten des Rechts. Dass sie zukünftig die rote Robe tragen werden, ergibt sich nicht aus individuellen Eigenschaften, sondern lässt sich nur durch die verschiedenen Etappen ihrer juristischen Karriere erklären.

2. *Ruhestandsmitteilungen: Biografien von der Stange – auch in Sondergrößen*

Eine viel größere Bandbreite weisen die Ruhestandsmitteilungen auf.[16] Hier gibt es zwar auch, aber viel seltener schmucklose Mitteilungen, die sich in der Form wie in den Inhalten kaum von den Neueinstellungen unterscheiden – abgesehen davon, dass jetzt natürlich über die Tätigkeit während der Zeit als Bundesrichter berichtet wird.

In Pressemitteilungen wird insofern regelmäßig erwähnt, welchem Senat der pensionierte Richter zugeteilt war. In stereotyper Weise wird ferner mitgeteilt, ob der Richter während seiner Tätigkeit beim BGH bestimmte Sonderzuständigkeiten inne hatte (bspw. als Ermittlungsrichter oder Geheimschutzbeauftragter oder als Mitglied im Richterrat) oder ob er befördert wurde (Vorsitzender oder Stellvertretender Senatsvorsitzender). Sofern das zutrifft, wird zudem referiert, in welchem Zeitraum er dem Großen Senat für Strafsachen oder dem Großen Senat angehörte und ob er ggf. Aufgaben in der Präsidialverwaltung übernommen hatte. Bei einem Richter ohne Aufstieg bzw. ohne Sonderzuständigkeiten kann die Pressemitteilung allerdings auch kurz und schlicht ausfallen.

Weitere „feine" Unterschiede gegenüber Pressemitteilungen über Neueinstellungen bestehen darin, dass regelmäßig das konkrete Geburtsdatum mitgeteilt wird und nicht mehr das Lebensalter in Jahren. Ferner erfahren wir, ob es sich um einen Ruhestand „mit Erreichen der Altersgrenze" oder um einen vorgezogenen handelt. Auch werden mehrere Ruhestandsmitteilungen generell nicht in einer Pressemitteilung gebündelt.

Relativ häufig enthalten die Ruhestandsmitteilungen stereotype Floskeln, die sich in der wiederkehrenden Phrase erschöpfen, der Bundesrichter habe die Rechtsprechung seines Senats „maßgeblich geprägt"[17] oder „nachhaltig mit beeinflusst"[18] oder er habe „große Verdienste [...] um die Fortentwicklung der Rechtsprechung"[19] erworben. Es gibt aber auch eine nicht unbeträchtliche Anzahl von Pressemitteilungen, die über derartige unspezifische Gemeinplätze hinaus gewisse Konkretisierungen und Individualisierungen enthalten. Worauf das beruht, lässt sich den Pressemitteilungen nicht entnehmen. Sicherlich hängt nicht nur der Umfang der Pressemitteilungen, sondern auch deren Inhalt von spezifischen Karriereschritten bzw. konkreten Berufsleistungen des Geehrten ab; aber selbst bei vergleichbaren Kandidaten gibt es durchaus große Unterschiede, was Umfang und Konkretisie-

[16] Analysiert wurden hier die 99 Pressemitteilungen, die Richtern in Strafsenaten galten.

[17] Vgl. nur Pressemitteilung Nr. 158/2014; diese Formulierung findet in 18 von 58 Ruhestandsmitteilungen Verwendung.

[18] Als Beispiel: Pressemitteilungen Nr. 60/2008; 113/2010; 78/2012; 102/2012; 37/1999; 174/2016; 58/2001; 70/2011.

[19] Pressemitteilungen Nr. 69/2001; 23/1996.

rung der Pressemitteilungen betrifft. Möglicherweise steuert hier der jeweilige Richter den Inhalt der Pressemitteilungen durch die Bereitschaft zur eigenen Mitwirkung an der Genese der Presseinformationen.[20]

In 26 von 58 Ruhestandsmitteilungen wird Bezug auf die konkrete Spruchtätigkeit des Richters während seiner Zeit beim BGH genommen. Dies wird zuweilen mit einer Phrase eingeleitet, wonach es sich um „wichtige", „bedeutsame", „prägende", „wegweisende" oder „viel beachtete" Entscheidungen handelt.[21] Häufig geschieht das dadurch, dass konkrete Entscheidungen genannt werden, an denen der Richter als Berichterstatter oder Vorsitzender mitgewirkt hat. Ob dann wirklich alle Judikate gleichermaßen brillieren, dürfte auf einem anderen Blatt stehen. Nicht jedermann wird voraussichtlich der Auffassung sein, dass das Urteil zum „so genannten Schweinemastskandal" nun wirklich besonders bedeutsam oder das „Revisionsurteil zum Freispruch des ‚Bäckers von Siegelsbach'" als eine der „herausragenden Entscheidungen" des BGH anzusehen ist.[22]

Es heißt dann häufig im Hinblick auf den aus dem Amt scheidenden Bundesrichter, dass eine bestimmte Entscheidung „aus seiner Feder"[23] stamme; oder es wird ein „von ihm stammendes Urteil"[24] oder eine „von ihm verfasste Entscheidung"[25] genannt. Zuweilen werden diese Gerichtsentscheidungen auch in einen Zusammenhang mit einem „besonderen Interesse"[26] oder „Schwerpunkt"[27] und sogar einem „Fachbereich"[28] des jeweiligen Bundesrichters gebracht; oder es heißt, ein Bundesrichter habe sich einem bestimmten Thema „vertieft gewidmet"[29].

Bei alldem fragt sich nicht nur, wie diese Informationen mit der strikten Wahrung des Beratungsgeheimnisses zu vereinbaren sind, das jedenfalls dann für das Präsidium des BGH als besonders schützenswert erscheint, wenn Erfahrungswissenschaftler die Frage nach der prägenden Kraft von Voten des Berichterstatters für Senatsentscheidungen fragen,[30] sondern mehr noch, ob die Herausstellung von Berichterstattern und Vorsitzenden in den Pressemitteilungen nicht eine starke Bestä-

[20] Aber das allein kann die Unterschiede auch nicht erklären. Es gibt – wie sich zeigen wird – einzelne Pressemitteilungen, deren Formulierungen ersichtlich auf Fremdcharakterisierungen beruhen. Möglicherweise stammen diese von Autoren, die einzelne Kollegen besonders wertschätzen.

[21] „Wichtig" taucht auf in Pressemitteilungen Nr. 49/2001; 69/2000; 38/2008; 106/2002; 121/2007; „bedeutsam" in Pressemitteilungen Nr. 113/2010; 43/2009; 70/2010; 24/1995; „prägend" in Nr. 43/2009; 70/2010; „wegweisend" in Nr. 43/2009; 92/2009; „viel beachtet" in Nr. 38/2008; 24/1995.

[22] Beides in Pressemitteilung Nr. 197/2009.

[23] Pressemitteilungen Nr. 69/1995; 113/2010; 69/2001; 70/2010; 92/2009; 38/2008; 106/2002; 121/2007.

[24] Pressemitteilung Nr. 113/2010.

[25] Pressemitteilungen Nr. 113/2010; 197/2009; 43/2009.

[26] Pressemitteilungen Nr. 113/2010; 60/2008; 88/2008; 63/1996; 62/2000; 69/2000; 19/2000 (auch „vielseitig interessiert" – bezogen auf die Rechtsprechung).

[27] Pressemitteilungen Nr. 197/2009; 70/2010; 69/2000; 78/2013; 63/2000; 38/2008.

[28] Pressemitteilung vom 29.11.1994.

[29] Pressemitteilung Nr. 63/2000.

[30] So hat die Präsidentin des BGH dem Verf. und einem weiteren Antragsteller mit Schreiben vom 25.9.2014 eine Absage auf die Bitte um Einsicht in Senatshefte für wissenschaftliche Zwecke mit der Begründung erteilt, „dass eine Einsichtnahme in die Senatshefte des Bundesgerichtshofs nicht möglich ist".

tigung der faktischen Geltung des „Nur-vier-Augen-Prinzips"[31] darstellt. Dokumentiert die Pressestelle des BGH nicht geradezu offiziell, dass nach der Selbsteinschätzung der Herrenstraße höchstens zwei Bundesrichter wirkliche Verantwortung für konkrete Judikate tragen? Die anderen drei Richter werden jedenfalls in den Pressemitteilungen als *Quantité négligeable* behandelt.

Üblicherweise werden zu den konkreten Entscheidungen auch deren einschlägige Fundstellen mitgeteilt, wobei es eine starke Tendenz gibt, sich auf solche Judikate zu beschränken, die Eingang in die Sammlung „BGHSt" gefunden haben.[32] Die Fundstellenangaben erscheinen dabei wie Trophäen bzw. Jagdobjekte, die ein Richter im Laufe seines Berufslebens erwerben konnte. Zusätzlich wird kurz erläutert, worum es in der jeweiligen Entscheidung geht.

Die Pressemitteilungen stellen nicht nur bei der Erwähnung von konkreten Entscheidungen, sondern auch hinsichtlich der Würdigung des Berufslebens – speziell als Vorsitzender – gern heraus, dass die Spruchtätigkeit insgesamt bedeutungsvoll, wegweisend oder allgemein akzeptiert war.[33] In keinem Fall wird dagegen erwähnt oder nur angedeutet, dass die Entscheidung von anderen Senaten oder der Wissenschaft kritisiert wurde oder dass ein Berufsleben möglicherweise von Dritten weniger unstrittig gesehen wurde.

Ähnlich verhält es sich mit der Erwähnung wissenschaftlicher Publikationen des ausscheidenden Richters. Zum Teil werden diese überhaupt nicht angesprochen, zum Teil als Floskeln bzw. sehr unbestimmt, zum Teil aber auch durch Erwähnung konkreter Publikationen. Wenn einzelne Werke namentlich zitiert werden, dann ist das in erster Linie der Leipziger Kommentar;[34] er scheint auf der Ebene der Wissenschaft das zu sein, was „BGHSt" für die Rechtsprechung ist. Daneben werden seltener umfangreichere StPO-Kommentare genannt, insbesondere Löwe/Rosenberg und der Karlsruher Kommentar. Es gibt aber auch vereinzelte Ausreißer in dem Sinn, dass kleinere Kommentare oder sonstige selbständige oder – extrem selten – unselbständige Publikationen genannt werden.

Mehr als nur vereinzelt weisen Ruhestandsmitteilungen Passagen auf, die als Ehrungen oder Aufzählung von Verdiensten zu verstehen sind. Neben den schon genannten klischeehaften Floskeln (bspw. er habe „die Rechtsprechung geprägt"), gibt es auch konkret-individuelle Aussagen. So können hier bspw. akademische Meriten (Lehraufträge, Ehrendoktorwürden, Honorarprofessuren) oder Leistungen außerhalb der Justiz (auf Tagungen und Kongressen, in Gremien usw.) aufgezählt werden.

In zehn Pressemitteilungen über Strafrichter finden sich nicht nur sehr viel mehr lobende Informationen als sonst üblich, sondern die Ausführungen haben auch

---

[31] Zum Vier-Augen-Prinzip vgl. *Fischer* FS Kirchberg, 2017, 571ff.; *Eschelbach/Fischer/Krehl* StV 2013, 395; zu der statistisch erwiesenen Bedeutung des Berichterstatters für die Häufigkeit von Urteilsaufhebungen vgl. *Fischer* NStZ 2013, 425 sowie *Barton* StRR 2014, 404.

[32] In folgenden Pressemitteilungen werden ausschließlich BGHSt-Entscheidungen aufgeführt: Nr. 60/2008; 69/2005; 62/2000; 37/1999; 70/2010; 58/2001; 92/2009; 38/2008; 106/2002.

[33] „... hat Herr X die Rechtsprechung des Bundesgerichtshofs in vielfältiger Weise beeinflußt und vor allem die Rechtsprechung in Staatsschutzstrafsachen in maßgeblicher Weise geprägt" (Pressemitteilung Nr. 49/2001).

[34] So bspw. in der Pressemitteilung vom 28.2.1997, ferner in Nr. 24/1995; 23/1996; 37/1999; 55/2002.

einen abweichenden Duktus. Während die allermeisten Pressemitteilungen schmucklose Annoncen oder bestenfalls prosaische Würdigungen darstellen, erfolgt in diesen wenigen Mitteilungen ein persönliches lyrisches Ausrufezeichen mit der Tendenz zum „Hosianna". Vier Mitteilungen lesen sich fast wie „ultimative Lobhudeleien",[35] die durchaus auch wolkig ausfallen können.[36]

Auch bei diesen vier gibt es verschiedene Satzbausteine, allerdings auf höherem Elogen-Niveau. So heißt es bspw. dreimal, „[...] gehört zu dem Kreis verdienter, durch Persönlichkeit, Kompetenz und Leistung profilierter Bundesrichterinnen und Bundesrichter" (insoweit gleich lautende Pressemitteilungen Nr. 197/2009; 43/2009; 92/2009).[37] Die nachfolgenden Sätze ähneln sich dann, setzen aber durchaus unterschiedliche Akzente. Heißt es in Nr. 197/2009 „Er genießt im Bundesgerichtshof wegen seiner profunden Fachkenntnisse und seiner kollegialen Art besondere Wertschätzung", lautet es in Nr. 43/2009: „Er genießt im Bundesgerichtshof wegen seiner freundlich engagierten, zugleich aber nachdenklichen und kollegialen Art besondere Wertschätzung". In Nr. 92/2009 wird dies wiederum so abgewandelt: „Er genießt im Bundesgerichtshof wegen seiner profunden Fachkenntnisse sowie aufgrund seiner liebenswürdigen und kollegialen Art besondere Wertschätzung".

Ein Unikat stellt dagegen in gewisser Weise die Pressemitteilung Nr. 96/2010 dar. Zwar werden Vorsitzende oder BGH-Präsidenten auch sonst zuweilen mit besonderen Elogen versehen; hier wird eine Richterin aber darüber hinaus in einer besonders persönlichen Weise und voll Empathie beschrieben: „Sie verbindet hervorragende Kenntnisse des materiellen und prozessualen Strafrechts mit einem ausgeprägten Interesse an Menschen und ihren Schicksalen. Für eine breite Öffentlichkeit ist dies erst jüngst erneut deutlich geworden durch ihre – bei Wahrung der erforderlichen Neutralität – einfühlsame Verhandlungsführung im Fall des durch einen Brand in der Gewahrsamszelle eines Polizeireviers ums Leben gekommenen Afrikaners aus Sierra Leone."

Nach zahlreichen weiteren Herausstellungen der Lebensleistung der Richterin heißt es dann abschließend: „[...] ist eine hervorragende Richterpersönlichkeit von ungewöhnlicher juristischer Begabung und tiefem menschlichen Einfühlungsvermögen. Mit ihrem Eintritt in den Ruhestand verliert der Bundesgerichtshof eine wegen ihrer ausgeprägten Kollegialität und Liebenswürdigkeit wie wegen ihrer hervorragenden richterlichen Fähigkeiten und praktischen Veranlagung hochgeschätzte Vorsitzende."

Weshalb die Herausstellung von Meriten nur bei zehn Richtern erfolgte und bei vieren dabei in besonders ausgeprägter Weise, muss wiederum offen bleiben. Eine mögliche Erklärung könnte sein, dass die entsprechenden Biografien und Persönlichkeiten nach Auffassung der Pressestelle in besonderer Weise dem der Karlsruher Herrenstraße gewünschten Habitus entsprechen. Letzteres möglicherweise in Kombination damit, dass – in Anbetracht der Häufung derartiger Pressemitteilun-

---

[35] Die „ultimative Lobhudelei" war ein Element der WDR-Sendereihe „Zimmer frei".

[36] Nur ein Beispiel unter vielen: „Aus seinem reichen richterlichen Wirken schöpfte Herr [...] für seine schriftstellerischen Arbeiten und seine Lehr- und Vortragstätigkeit" (Pressemitteilung Nr. 43/2009).

[37] Vgl. auch Nr. 69/2000: „In der Richterschaft genießt [...] hohes Ansehen und Respekt".

gen im Zeitraum von 2009 bis 2010 – seinerzeit ein Pressereferent mit einer ausgeprägten lyrischen Ader tätig war.

Halten wir fest: Ruhestandsmitteilungen beinhalten fast immer Biografien von der Stange; Bundesrichter weisen im Spiegel der Pressemitteilungen ganz überwiegend nur eine blasse Originalität auf. Sie wirken grau und austauschbar. Wenn überhaupt, gewinnen die Richter durch konkrete Entscheidungen Kontur. Neben Konfektion in Standardmaßen gibt es, wenn auch nur vereinzelt, Biografien in Sondergrößen.

3. Klassisches und Modisches in den Pressemitteilungen

Die Struktur der Pressemitteilungen ist über die Jahre weitgehend gleich geblieben. Speziell was die Fokussierung und Selektion von biografischen bzw. sonstigen Daten betrifft, hat es nur wenige Änderungen gegeben; alle diese Modifikationen haben zum Schwund zuvor üblicher Informationen geführt. Ein solcher Verlust ist speziell bei der Erinnerung an Lebensstationen aus der Jugend bzw. als Jungerwachsener zu verzeichnen: Während in den 90er Jahren bei Ruhestandsmitteilungen regelmäßig über etwaige Kriegsteilnahmen als Soldat, Verwundungen, über Arbeitsdienst oder Fluchterlebnisse berichtet wurde,[38] fehlen solche Informationen naturgemäß später. An die Stelle der Mitteilungen über Kriegserlebnisse sind aber keine Surrogate getreten; es wird nur äußerst selten davon berichtet, ob ein Bundesrichter wehrpflichtiger oder freiwilliger Soldat in der Bundeswehr war;[39] Zivildienst hat – wenn es nach den Pressemitteilungen zu Strafrichtern geht – kein Bundesrichter geleistet.

Ein weiterer Schwund bezieht sich auf den vor der Jahrtausendwende bemerkbaren Wegfall der Floskel bei Ruhestandsmitteilungen: „Der Bundespräsident hat dem scheidenden Richter Dank und Anerkennung für seine dem deutschen Volk geleisteten treuen Dienste ausgesprochen“.[40] So üblich diese Phrase vor 2000 war – danach wird auf sie konsequent verzichtet und sie wird auch nicht durch eine alternative Danksagungsformel ersetzt. Ähnliches betrifft die vor 2000 pauschale Mitteilung der Verleihung des Bundesverdienstkreuzes an Vorsitzende. In beiden Fällen dürfte das seinen Grund darin haben, dass der Bundespräsident sein Verhalten beim Ausscheiden von Bundesrichtern geändert hat.[41] Ebenfalls um diese Zeit ist ein weiteres Minus insofern zu verzeichnen gewesen, als bis dahin bei jeder Neueinstellung einer Bundesrichterin mitgeteilt wurde, wie viele Richterinnen seinerzeit insgesamt beim BGH tätig waren. Auch diese Mitteilung ist ersatzlos gestrichen worden.

4. Dezent, aber auch funktionell

Wenn die vorangegangene Analyse richtig ist, wonach die Pressemitteilungen kaum individuell-konkrete und so gut wie nie idiosynkratische oder gar originelle

---

[38] Beispiele: Pressemitteilung vom 2.4.1990; 29.4.1990; 31.8.1990.

[39] Pressemitteilung Nr. 84/2006.

[40] Bspw. Pressemitteilungen Nr. 63/1996; 23/1996; ferner 28.12.1995; 2.4.1990; 31.8.1990; 28.2.1989.

[41] Vgl. zum Wegfall des Bundesverdienstkreuzes *Fischer* FS Schlothauer, 2018, 471 (473).

Informationen über Bundesrichter enthalten, stellt sich die Frage, welche Funktion sie haben. Dies zu fragen bedeutet dabei keinesfalls nach einem verschwörerischen Plan zu suchen, den ein „Mastermind" mit den Pressemitteilungen verfolgt. Im Gegenteil: Es wird davon ausgegangen, dass die Pressemitteilungen für das System des BGH außer den manifesten Aufgaben der Nachrichtenproduktion auch latente Funktionen erfüllen, also Wirkungsweisen bzw. Aufgaben umfassen, die den direkt Agierenden (der Pressestelle) nicht einmal bewusst sein müssen.

a) Initiationsriten

Dabei ist zunächst einmal daran zu denken, dass man die Pressenachrichten – sozialpsychologisch gesehen – als Begleiterscheinung von Statuswechseln deuten kann. Das betrifft sowohl den Übergang von der schwarzen in die rote Robe als auch deren späteres Ablegen: Zunächst wird ein deutlich höherer beruflicher Status erreicht, später geht eine erworbene Position verloren. Sozialpsychologisch gesehen erfolgen derartige Veränderungen in menschlichen Gesellschaften regelmäßig nicht unkontrolliert oder planlos, sondern eingebettet in sozial praktizierte Rituale; häufig sind diese religiöser Art.

Betrachten wir die Pressemitteilungen zu neuen Richtern, so können wir in ihnen ein strukturiertes, wiederkehrend inszeniertes Begleitritual zu einem Statuswechsel erkennen: Wenn man so will, erhält der Neuling hier ein neues Kleidungsstück, das ihn – vergleichbar dem Leopardenfellpriester gegenüber den normalen Stammesangehörigen[42] – zu einem besonders hervorgehobenen Gruppenmitglied, mithin zu einem Erleuchteten macht. Er steht jetzt weit über allen R2-Richtern. Ähnlich – nur in umgekehrter Richtung – verhält es sich mit dem Übergang in den beruflichen Ruhestand von Bundesrichtern.[43]

b) Kleider machen Leute

Eine besonders wichtige latente Funktion von Pressenachrichten dürfte darin liegen, dass die Mitteilungen in ihrer Gesamtheit ein bestimmtes Bild von Bundesrichtern zeichnen. Durch das, was in ihnen erwähnt und durch das, was weggelassen wird, entsteht ein kommunikativ erzeugtes Bild von Bundesrichtern und der sie umgebenden Welt; durch Selektion und Abstraktion wird soziale Realität geschaffen.

aa) Accessoires, Wandel des Rechts

Bevor nachfolgend der Versuch unternommen wird, das durch die Pressemitteilungen erzeugte Bild auf den Punkt zu bringen, gilt es zunächst einen – wenn auch nur vermeintlichen – Widerspruch näher zu betrachten. Es geht darum, dass auf der einen Seite die Pressemitteilungen ganz überwiegend nur Richterbiografien von der Stange liefern oder sogar Bundesrichter in graue Uniformen einkleiden – auf

---

[42] Zum Leopardenfellpriester beim Stamm der Nuer vgl. *Wesel,* Juristische Weltkunde, 6. Aufl. 1992, 24ff.

[43] Auch negative Statuswechsel, also der Verlust eines ehemals privilegierten Status, bedürfen, wie die Kommunikationstheorie zeigt, sozialer Strukturierung; vgl. den soziologischen Klassikeraufsatz von *Goffman* Psychiatry 1952, 451ff.

der anderen Seite aber einzelne Urteile dieser Richter als deren individuelle Leistungen (Stichwort: „aus der Feder") erscheinen. Wie lässt sich das eine (Entindividualiserung) mit dem anderen (individuelle Leistungen) vereinbaren?

Der vermeintliche Widerspruch löst sich dann auf, wenn man die in den Pressemitteilungen genannten Entscheidungen, für die die Bundesrichter stehen, wie ein Accessoire versteht, also wie ein modisches Zubehör.[44] Accessoires verfolgen den Zweck, durch deren Verwendung unterscheidbare, individuelle Noten zu erzeugen. Wenn allerdings aufgrund einer Mode mehr oder weniger alle Gesellschaftsmitglieder Accessoires verwenden, tritt bei einer Gesamtbetrachtung der Eindruck der Individualität zurück; charakteristisch für den geltenden Kleidungsstil ist dann der Umstand der allgemeinen Verwendung derartiger Zierden – nicht die individuelle Ausprägung. Das Bild des Richters als Rechtsschöpfers lässt sich so gesehen mit der Allegorie der Konfektion von der Stange vereinbaren.

So gesehen verbirgt sich hinter den einzelnen Entscheidungen in Pressemitteilungen nicht persönliche Diversität, sondern wird eine „Modeerscheinung" deutlich, nämlich ein Wandel des Rechtsbegriffs durch die Rechtsprechung des BGH. Damit ist gemeint, dass im Spiegel der Pressemitteilungen die Revisionsrechtsprechung weniger als klassische Rechtsanwendung, also nicht als Subsumtion von Lebenssachverhalten unter Normen, erscheint, sondern wie freihändige Rechtsgestaltung präsentiert wird. Beim Ausscheiden aus dem Dienst erhalten die Bundesrichter gegenüber den Einstellungsmitteilungen tendenziell einen anderen Habitus: In Ruhestandsmitteilungen werden Bundesrichter weniger als rechtsunterworfene „Münder des Gesetzes"[45] oder gar als zweckfrei agierende Subsumtionsautomaten[46] geschildert, sondern als eigene Interessen und Zwecke verfolgende „Macher".[47] Es ist nicht primär das Gesetz, das von den Strafsenaten exekutiert wird, sondern der Gestaltungswille von Richtern, der sich Bahn bricht.

bb) Konformismus als Markenzeichen

Damit kann der Blick auf weitere charakteristische Gemeinsamkeiten der Richterbiografien im Spiegel der Pressemitteilungen gelenkt werden. Auffallend ist in diesem Sinne, dass den Pressemitteilungen stets jedwede kritische Note fehlt. Es gibt keinen Hinweis auf kontrovers behandelte Urteile; es fehlt konsequent jeder Hinweis auf eine etwaige Kritik von Seiten der Strafrechtswissenschaft oder gar der Rechtstatsachenforschung.[48] Alles, was umstritten erscheinen könnte, bleibt vollständig ausgeklammert – selbst das, was öffentlich diskutiert wird.

---

[44] Vgl. dazu Duden, Deutsches Universalwörterbuch, Dudenredaktion (Hrsg.), 8. Aufl. 2015, 107.

[45] In den Worten von *Montesquieu:* „La bouche, qui prononce les paroles de la loi", *Montesquieu,* De L'esprit des Lois, livre XI, chapitre VI (1748), p. 327. Vgl. zum Spannungsverhältnis zwischen erster und dritter Gewalt: *Hirsch,* http://www.zeit.de/reden/bildung_und_kultur/hirsch_bls (letzter Abruf: 3.6.2018) vgl. ferner *Rüthers,* Die heimliche Revolution vom Rechtsstaat zum Richterstaat, 2014, insb. S. 77 ff.

[46] Zum Bild des Subsumtionsautomaten vgl. *Hähnchen,* Rechtsgeschichte, 2016, Rn. 717.

[47] So schon *Barton* GS Weßlau, 2016, 33 ff. Vgl. dazu auch den Disput zwischen *Feuerbach* und *Lüderssen* im Beitrag von *Salditt* in diesem Band, S. 1225.

[48] Die Pressemitteilung Nr. 78/2013 beim Ausscheiden eines Vorsitzenden, dem von Wissenschaft und Praxis bescheinigt wurde, er habe dem „Olli-Kahn-Senat" vorgestanden, weil sein

Dadurch wird zum einen dem Umstand Rechnung getragen, dass nicht nur in Nekrologen, sondern offenbar auch in Ruhestandsmitteilungen der Grundsatz „nihil nisi bene“ gilt und deshalb alles Ungute unerwähnt bleibt. Zum anderen kristallisiert sich das Bild von Bundesrichtern sowie der damit verbundenen latenten Funktionen der Pressemitteilungen noch stärker heraus.

Zunächst zur Pressestelle: Eine ihrer latenten Funktionen scheint darin zu bestehen, Bundesrichter „nach Maß“ zu präsentieren; die Pressemitteilungen wirken wie ein Prokrustesbett, in dem maßgerechte „ISO-Bundesrichter“ geschaffen werden.

Sodann zum Bild der BGH-Richter: Alle Bundesrichter, die in den Ruhestand treten, haben stets ein erfülltes, erfolgreiches Leben geführt; ihre Entscheidungen sind über jeden Zweifel erhaben und sie schreiben grundsätzlich nur in Spitzenkommentaren. Berufliche Niederlagen oder persönliche Misserfolge kommen in Pressemitteilungen nicht vor; ein berufliches oder persönliches Scheitern ist bei Bundesrichtern ausgeschlossen.

Die Richter sind im Spiegel der Pressemitteilungen zudem stets sachlich-neutral,[49] pflichtbewusst;[50] selbstverständlich unpolitisch, kollegial[51] und allemal – wie die Wissenschaftler in den von *Treiber* analysierten Laudationes und Nekrologen nur dem Recht verpflichtet.[52]

Und schließlich leben Bundesrichter nie in ungeordneten Verhältnissen. Sie weisen so gut wie keine vom Normalmaß abweichenden Biografien auf, sondern sie sind immer den geraden Karriereweg gegangen. In ihren Biografien findet sich nichts Abweichendes, Originelles oder gar Nonkonformistisches. Im Gesamteindruck vermitteln die Pressemitteilungen den Eindruck einer „mittelmäßigen Prächtigkeit“: erfolgreich, aber auch glatt und angepasst. Fast möchte man sagen: Konformismus als Markenzeichen.

In ihrer Gesamtheit erzeugen die Nachrichten damit das Bild eines im doppelten Sinn „ordentlichen“ Richters – eines Bundesrichters, wie man ihn sich in Karlsruhe vorstellt: Ein Jurist ohne Ecken und Kanten, dafür aber fungibel und in gewisser Weise Person gewordenes Abbild der realen juristischen Verhältnisse.

Senat alle angefochtenen Verurteilungen gehalten habe, enthält bspw. dazu nicht die geringste Andeutung: Zum Begriff „Olli-Kahn-Senat“ vgl. *Hipp* Der Spiegel, Nr. 31, 2013.

[49] Nr. 96/2010: „... bei Wahrung der erforderlichen Neutralität“.

[50] Nr. 69/2000: „... ohne an der Erledigung seiner richterlichen Aufgaben und Pflichten die geringsten Abstriche zu machen“; 30.6.1989: „... nicht davon abhalten können, seine Dienstpflichten bis zum Erreichen der für ihn geltenden Altersgrenze zu erfüllen“; 10.8.1991: „In seiner von hohem Pflichtbewusstsein getragener Arbeit hat er das Ansehen des Bundesgerichtshofes gefestigt.“ ... „ohne an der Erledigung seiner richterlichen Aufgaben und Pflichten die geringsten Abstriche zu machen“ (69/2000).

[51] „ ... getragen von dem Vertrauen der Kolleginnen und Kollegen“ (Nr. 60/2008; 70/2010).

[52] *Treiber* KJ 1979, 22 (34ff.).

IV. Einzelstück – kein Schnäppchen

Statt ein Fazit zu ziehen, sei abschließend ein Blick auf die *Thomas Fischer* geltenden Pressemitteilungen geworfen. Zum Jubilar gibt es drei Nachrichten. Die erste stammt aus 2000 (Pressemitteilung 44/2000) und teilt mit, dass im Juli sechs neue Richter ihre Richterämter in Karlsruhe antreten werden. Es heißt dann wörtlich:

„Herr Prof. Dr. Fischer, der verheiratet ist und zwei Kinder hat, ist 47 Jahre alt. Er trat 1988 in den bayerischen höheren Justizdienst ein und war als Richter an den Amtsgerichten Ansbach und Weißenburg tätig, bevor er Anfang 1991, zeitgleich mit seiner Ernennung zum Staatsanwalt, als wissenschaftlicher Mitarbeiter an den Bundesgerichtshof abgeordnet wurde. 1993 wurde Herr Prof. Dr. Fischer als Richter am Landgericht Leipzig in die sächsische Justiz übernommen. Nach seiner Berufung zum Vorsitzenden Richter an diesem Landgericht, die 1994 ausgesprochen wurde, und einer zweijährigen Tätigkeit als Vorsitzender einer Großen Strafkammer und einer Schwurgerichtskammer, wechselte er Anfang 1996 in das Sächsische Staatsministerium der Justiz, in dem er seitdem als Ministerialrat das Referat für Strafverfahrensrecht leitet. Seit 1998 Honorarprofessor für Strafrecht und Strafprozeßrecht an der Universität Würzburg, ist Herr Prof. Dr. Fischer in Fachkreisen durch seine Veröffentlichungen, insbesondere durch seine Mitarbeit an namhaften Kommentaren zum Straf- und Strafprozeßrecht, bekannt."

Ergänzend dazu wird noch mitgeteilt, dass er vom Präsidium dem 2. Strafsenat zugewiesen wurde. Es handelt sich so gesehen um eine ganz typische Mitteilung über einen neuen Bundesrichter. Wie nicht anders zu erwarten war, bleibt alles Untypische in der Biografie von *Thomas Fischer* ausgeklammert; das gilt für die Arbeit als Musiker und Kraftfahrer von 1971 bis 1973, das Studium der Germanistik (1976 bis 1978) und die Arbeit als Paketzusteller (1978 bis 1980).[53] Es wird auch nicht hervorgehoben, dass er mit 35 Jahren in die Justiz eintrat; nach unserer Untersuchung ist er damit der Bundesrichter mit dem höchsten Alter bei Beginn der Richterkarriere. Die mitgeteilten Daten werden auf das Bild einer normalen juristischen Karriere reduziert.

Die späteren Pressemitteilungen berichten von der Ernennung zum Vorsitzenden Richter am Bundesgerichtshof (Nr. 108/2013) und vom Ruhestand (Nr. 59/2017). In der erstgenannten Mitteilung werden gleich drei Ernennungen zu Vorsitzenden behandelt. Was *Thomas Fischer* betrifft, wird knapp über seine Zeit am BGH seit 2000 berichtet:

„Seitdem gehört er dem 2. Strafsenat des Bundesgerichtshofs an, seit 2008 als dessen stellvertretender Vorsitzender. Im Zeitraum von Januar 2003 bis Mai 2005 war er neben seiner Senatstätigkeit als Ermittlungsrichter eingesetzt. Außerdem war er ab 2007 mehrere Jahre lang ständiger Beisitzer im Dienstgericht des Bundes. Das Präsidium des Bundesgerichtshofs hat Herrn Prof. Dr. Fischer den Vorsitz im 2. Strafsenat übertragen."

Entsprechend den Gepflogenheiten der Pressestelle, große Bögen um jedwedes kritisches Geschehen zu machen, findet sich in der Pressemitteilung kein Wort zur

---

[53] Alle Daten laut Homepage von *Thomas Fischer* (https://www.fischer-stgb.de/fischer/vita/; letzter Abruf: 3.5.2018).

öffentlich diskutierten Vorsitzendenkrise beim BGH,[54] die der Ernennung von *Thomas Fischer* zum Vorsitzenden vorangegangen war. Die biografischen Daten zu *Thomas Fischer* sind überdies gegenüber der Einstellungsmitteilung noch weiter ausgedünnt, weil nunmehr nur noch über die einschlägige juristische Karriere geschrieben wird, aber unerwähnt bleibt, dass er Honorarprofessor ist. Auch fehlt der Hinweis, der bei der Einstellung noch gegeben wurde, dass er „in Fachkreisen durch seine Veröffentlichungen, insbesondere durch seine Mitarbeit an namhaften Kommentaren zum Straf- und Strafprozeßrecht, bekannt" ist; obwohl der meist gelesene StGB-Kommentar schon seinerzeit „Fischer" hieß.

Warum diese Erwähnung unterblieb, muss der Spekulation vorbehalten bleiben. Sie ist – gerade im Vergleich mit *Lutz Meyer-Goßner,* also einem anderen Senatsvorsitzenden, der ebenfalls ein juristisches Standardwerk in der grauen Reihe des Verlags C.H.BECK herausgegeben hat – ungewöhnlich. In der Pressemitteilung vom 29.11.1994 zu dessen Ernennung zum Vorsitzenden heißt es nämlich, dass *Meyer-Goßner* „zahlreiche Aufsätze, Abhandlungen und Urteilsbesprechungen zu strafprozessualen Fragen" veröffentlicht habe und er „den StPO-Kommentar Kleinknecht/Meyer-Goßner" bearbeitet habe (Pressemitteilung vom 29.11.1994).

Die Diskrepanzen werden bei den Ruhestandsmitteilungen sogar noch viel größer. Das betrifft sowohl den Umfang, der hinsichtlich *Meyer-Goßner* rund doppelt so lang ist, als auch die Inhalte. Zu *Meyer-Goßner* heißt es in der Pressemitteilung, er habe „die strafrechtliche Rechtsprechung des Bundesgerichtshofs in vielfältiger Weise beeinflusst und […] in maßgeblicher Weise mitgestaltet". Und weiter: „Unter seinem Vorsitz ergingen zahlreiche Grundsatzentscheidungen, die in ihrer Bedeutung weit über den jeweils konkret verhandelten Fall hinausreichend, der Praxis in Strafsachen Leitlinie oder Schranke" seien; wobei das dann noch weiter konkretisiert wird und eine Entscheidung herausgehoben wird, „die in ihrer Bedeutung für die Praxis kaum überschätzt werden kann" (Pressemitteilung Nr. 58/2001). Zu *Thomas Fischer* heißt es dagegen denkbar knapp:

„Während seiner fast siebzehnjährigen Zugehörigkeit zum Bundesgerichtshof hat Herr Prof. Dr. Fischer die Rechtsprechung des 2. Strafsenats maßgeblich geprägt" (Pressemitteilung Nr. 59/2017).

Diese Formel wird ansonsten nur bei völlig konturlos bleibenden Bundesrichtern verwendet; für Vorsitzende ist sie unüblich. Durchaus unterschiedlich werden auch die jeweiligen Standardwerke, die sonstigen Publikationen sowie das persönliche Renommee gewürdigt. Hinsichtlich *Meyer-Goßner* wird breit ausgeführt, dass er „Einfluß auf die Entwicklung des Strafverfahrensrechts genommen" habe und dass der „bereits in sechs Auflagen" von ihm bearbeitete „Kommentar, der sich in der Fachwelt – wie kaum ein anderes vergleichbares Werk – uneingeschränkter Anerkennung erfreut […] schlechterdings das Hilfsmittel des in Strafsachen tätigen Juristen ist" (Pressemitteilung Nr. 58/2001).

---

[54] Vgl. dazu nur *Fischer* FS Beulke, 2015, 709 (715ff.); ferner *Schünemann* ZIS 2012, 1ff.; BVerfG Beschl. v. 23.5.12 – 2 BvR 610/12, 2 BvR 625/12, NJW 2012, 2334.

In der Pressemitteilung Nr. 59/2017 zu *Thomas Fischer* findet dagegen allein Erwähnung, er sei „seit Juli 1998 Honorarprofessor an der Julius-Maximilians-Universität Würzburg". Es fehlt dagegen jeder Hinweis auf den seinen Namen tragenden, bereits zur Zeit seines Ausscheidens in 14. Auflage von ihm bearbeiteten Kommentar.[55] Über die vielfältigen weiteren Publikationen aus seiner Feder wird völlig hinweggegangen. Wie zu erwarten, wird auch nicht mitgeteilt, dass *Thomas Fischer* als Kommentator in ZEIT-ONLINE und als Autor von Sachbüchern mit hohen Auflagen einem sehr breiten Publikum bekannt ist. Auch fehlt es an jedem Wort der Wertschätzung, die er als Revisionsrichter und Wissenschaftler genießt. Dass alle diese Meriten verschwiegen werden, ist irritierend.

„Vergangenheit nach Maß und von der Stange": Ob die Pressemitteilungen allen Bundesrichtern gerecht werden? Darauf kommt es nicht an, wenn man ihre latente Funktion darin sieht, eine Realität über Richter zu schaffen, die dem Geist der Karlsruher Herrenstraße entspricht. Im Spiegel der Pressemitteilungen erscheinen Bundesrichter weniger durch Individualität als durch eine weitgehend uniforme juristische Karriere geprägt zu sein. Persönliche Wertschätzung und individuelle Anerkennung bleiben bei einer derartigen Sichtweise primär denjenigen vorbehalten, die dem Karlsruher Richterbild noch am ehesten entsprechen. *Thomas Fischer* können die Pressemitteilungen kaum gerecht werden. Biografien von der Stange passen ihm nicht. Und ganz sicher ist jede Form von Mittelmäßigkeit, auch mittelmäßige Prächtigkeit, seine Sache nicht.

[55] Mittlerweile liegt „der Fischer" in der 65. Auflage vor; ab der 55. Auflage ist der Kommentar von ihm allein bearbeitet worden, davor in der 49. bis 55. unter dem Namen *Tröndle/Fischer* (https://www.fischer-stgb.de/fischer/schriftenverzeichnis/#Kommentare).

KLAUS FERDINAND GÄRDITZ

Juristenkultur(en), Politik und demokratische Herrschaftsform

Thomas Fischer hat als Sachverständiger, als Kommentator der Strafrechtspolitik und als impulsiver Feuilletonist immer wieder Kulturbrüche gewagt. Er war und ist zudem ein scharfsichtiger Beobachter einer bisweilen biederen Juristenkultur und ihrer Konfrontation mit massenmedialen Gegenkulturen. Der Jubilar ist gelehrter *homo politicus,* ein Condottiere der spitzen Feder wie des (bisweilen sehr) groben Pinsels, ein Richter, der die dem populären Richterbild kontrastierende Rolle eines *public intellectual* authentisch ausfüllt. Kalkulierte Stilbrüche mit der tragenden Juristenkultur fordern ein Nachdenken über im Selbstverständlichen angelangte Formen heraus, was vielleicht wichtigstes Movens des Jubilars war, der als einer der eigenwilligsten politischen Feuilletonisten der Gegenwart die gesetzten Gepflogenheiten juristischer Selbstgenügsamkeit mit Pamphleten gegen den Strich gebürstet hat.

I. Rechtsstaatliche Demokratie als Juristenstaat

Rechtskultur ist ein – immer auch fluides[1] – Abbild von Staats- und Gesellschaftsverständnissen, präformiert durch die jeweilige Verfassungskultur.[2] Früh wurde erkannt, dass die Entstehung liberal-republikanischer Verfassungsstaaten mit ihrer Ausdifferenzierung einer gewaltengliedernden Funktionenordnung und der strikten Rechtsbindung letztlich die Dominanz einer Juristenkultur befördern würde,[3] also Gesellschaft gerade auch professionell inkulturiert wird.

1. Demokratische Juristenaristokratien

Kein geringerer als *Alexis de Tocqueville* – selbst studierter Jurist (zeitweiliger Untersuchungsrichter)[4] und mit einem feinen Sensorium für sozio-kulturelle Stimmungslagen ausgestattet[5] – hat die spezifische Juristenkultur *(l'esprit légiste)* in seinen vergleichenden Beobachtungen des politischen Systems der jungen Vereinigten Staaten als dominantes Kommunikationsformat der demokratischen Herrschafts-

---

[1] *Glenn,* Legal Traditions of the World, 4. Aufl. 2010, 23ff.

[2] *Mankowski,* Rechtskultur, 2016, 40f.

[3] *Loughlin* in Forsyth/Elliott/Jhaveri/Scully-Hill/Ramsden, Effective Judicial Review, 2010, 9ff.

[4] Biografisch hierzu *Hugh Borgan,* Alexis de Tocqueville: A Life, 2008, 75, 78ff., 104f.

[5] Vgl. noch heute bestechend: *Alexis de Tocqueville,* L'ancien régime et la révolution, 1856.

form bereits in den 1830er Jahren eindringlich beschrieben.[6] Der Einfluss von Juristen auf die Regierungsgeschäfte sei die wirkungsvollste Sicherung gegen Exzesse der Demokratie. Mitgliedschaft in der Juristenkaste sichere einen privilegierten Status in der Gesellschaft. Juristen vertrauen auf Ordnung und gingen damit einen Bund mit der jeweiligen Herrschaftsgewalt ein. Wertschätzung der Legalität führe dazu, dass eine geordnete Tyrannei der Mächtigen weniger gefürchtet werde als Willkür. „Die Regierungsform der Demokratie blickt wohlwollend auf die Macht der Juristen; denn wenn der Reiche, der Edelmann und der Prinz von der Herrschaft ausgeschlossen sind, bemächtigen sich ihrer eigenhändig die Juristen, sind diese doch aufgrund ihres dem einfachen Volke überlegenen Wissens und ihrer Urteilsfähigkeit die hierfür verbliebenen Personen erster Wahl“.[7]

Juristen seien aus Eigeninteresse nicht darauf aus, die demokratischen Institutionen zu stürzen; sie gehörten nach Geburt und Interesse zum Volke, nach Habitus und Geschmack zum Adel. „Der Juristenstand ist das einzige aristokratische Element, das sich zwanglos mit den natürlichen Bausteinen der Demokratie verschmelzen lasse“. Dies habe gewiss unübersehbare Nachteile, jedoch sei es fraglich, ob demokratische Institutionen ohne die Beigabe juristischer Nüchternheit lange Bestand hätten.[8] Wirkmächtigstes Instrument, durch das die Juristen die Demokratie kontrollierten, seien die Gerichte. Der Richter habe schon mit Blick auf den eigenen Status ein inhärentes Eigeninteresse an Stabilität. Die Juristenkultur habe auch praktische Folgen über die juridisch operierenden Institutionen hinaus: Es gebe kaum eine politische Frage, die sich nicht früher oder später zur Rechtsfrage wende. „Daher müssen sich alle Parteien in ihren alltäglichen Auseinandersetzungen nicht nur der rechtlichen Ideen, sondern sogar der in Verfahren üblichen Rechtssprache bedienen“.[9] Die Dominanz der Juristen ist bei *Tocqueville* nicht nur eine funktionale Konsequenz der Rechtsbindung, sondern hat eine dezidiert sozio-kulturelle Dimension, die über die Kontrolle der demokratischen Institutionen hinaus die Gesellschaft und das politische System influenziert. Die Verfassungskultur des liberalen Rechtsstaats ist die einer Juristenaristokratie. Juristen sind Teil der politischen Klasse, nutzen Herrschaftswissen als Schlüssel zur Macht, sind aber auch Stabilisierungsfaktor für das institutionelle Fundament eines freiheitlichen Miteinanders.

Was *Tocqueville* aus nüchterner Distanz beobachtete und beschrieb, war zuvor aus der politischen Teilnehmerperspektive bei *Alexander Hamilton* im berühmten Federalist Nr. 78 normatives Programm. Die Stärke der rechtsprechenden Gewalt wurde zum Instrument, die volatilen Leidenschaften und eruptiven Stimmungslagen des Volkes im Zaum zu halten.[10] Dem Misstrauen in die Urteilsfähigkeit des

---

[6] *Alexis de Tocqueville,* La Démocratie en Amérique, 4. Aufl., 1837, 8ff. = Democracy in America, Vol. I, New York 1838 (American edition in Übersetzung durch Henry Reeve), 253ff.

[7] *de Tocqueville,* La Démocratie en Amérique, 4. Aufl., 1837, 13f. = Democracy in America, Vol. I, New York 1838 (American edition in Übersetzung durch Henry Reeve), 256f.

[8] *de Tocqueville,* La Démocratie en Amérique, 4. Aufl., 1837, 14f. = Democracy in America, Vol. I, New York 1838 (American edition in Übersetzung durch Henry Reeve), 257.

[9] *de Tocqueville,* La Démocratie en Amérique, 4. Aufl., 1837, 21f. = Democracy in America, Vol. I, New York 1838 (American edition in Übersetzung durch Henry Reeve), 261.

[10] *Hamilton,* Federalist No. 78, 1788, abgedruckt in The Federalist Papers, Ausgabe 2009, S. 508.

‚einfachen' Volkes korrespondiert ein bildungsaristokratisches Leitbild der Justizstäbe: Die anspruchsvolle Aufgabe distanzierter, strikt juristischer Rechtsfindung erfordere ein mühevolles Studium, um den – durch Dummheit und Bosheit der Menschen beständig anwachsenden – Rechtsstoff zu beherrschen.[11] Juristenkultur bleibt hier letztlich abgesetzte Gegenkultur zur öffentlichen Meinung[12] – ein freiheitsskeptisches (im Übrigen nur begrenzt realistisches[13]) bildungsbürgerliches Apartheid-Regime. Es ist ein deliberatives Herrschaftsmodell,[14] das sich – wie alle deliberativen Ordnungsideen – nicht leicht im Umgang mit denen tut, die zu übermäßiger Deliberation nicht neigen bzw. unfähig sind. Skeptizismus gegenüber der Vernunftverträglichkeit des Publikums zeichnet –, ernüchtert durch wahrgenommene Hysterie der „Empörungsmaschine",[15] hedonistische Selbstgenügsamkeit der „einfachen Bürger",[16] journalistische Meinungsmache[17] und den Missbrauch des Strafrechts zu populistischer Stimmungspflege[18] – auch den Jubilar aus, der stets leidgeprüfter (und vielleicht auch nicht gänzlich ungern öffentlich leidender) Gefühls- und Erfahrungs-*Hamiltonian* blieb: „Die Weisheit des Laien ist eine schwankende Sache".[19] Das wäre – in libertärer Semantik verpackt – ein stockkonservatives Projekt.[20]

2. *Der Berufsbeamte als Leitbild*

Der Skeptizismus gegenüber einem politischen Voluntarismus der Massen spiegelt sich im deutschen Recht – in preußischer Tradition – in der Institution des Berufsbeamtentums (Art. 33 Abs. 5 GG). Dieses Organisationsmodell dient als institutionelle Sicherung einer gesetzlichen Verwaltung (Art. 20 Abs. 3 GG); es soll, „gegründet auf Sachwissen, fachliche Leistung und loyale Pflichterfüllung, eine stabile Verwaltung sichern und damit einen ausgleichenden Faktor gegenüber den das Staatswesen gestaltenden politischen Kräften bilden".[21] Nach dem BVerfG trägt dies „der Tatsache Rechnung, dass im demokratischen Staatswesen Herrschaft stets nur auf Zeit vergeben wird und die Verwaltung schon im Hinblick auf die wechselnde politische Ausrichtung der jeweiligen Staatsführung neutral sein muss [...]. Insoweit kann die strikte Bindung an Recht und Gemeinwohl, auf die die historische Aus-

---

[11] *Hamilton,* Federalist No. 78, 1788, abgedruckt in The Federalist Papers, Ausgabe 2009, S. 508.

[12] Vgl. *Brunhöber,* Die Erfindung „demokratischer Repräsentation" in den Federalist Papers, 2010, 183.

[13] Vgl. *O'Brien,* Storm Center: The Supreme Court in American Politics, 11. Aufl. 2017, 325 f.

[14] *Page/Shapiro* in Grofman/Wittman, The Federalist Papers and the New Institutionalism, 1989, 53 (56, 70).

[15] *Fischer* Die Zeit v. 3.4.2014, 1.

[16] *Fischer* Die Zeit v. 22.6.2017, 16.

[17] *Fischer,* Im Land der Dichter und Deuter, ZEIT ONLINE v. 14.2.2017 (alle Artikel abrufbar unter: www.zeit.de).

[18] *Fischer,* Mit ganzer Härte, Zeit Online v. 12.7.2017.

[19] *Fischer* Der Spiegel 32/2014, 20 (21).

[20] Vgl. *Staab,* The Political Thought of Justice Antonin Scalia, 2006, 169 ff., in Bezug auf einen anderen *pamphleteer* in Richterrobe und stilechten *Hamiltonian.*

[21] BVerfGE 119, 247 (260 f.) = NVwZ 2007, 1359. Ferner BVerfGE 39, 196 (201); 44, 249 (165) = NJW 1977, 1869; BVerfGE 99, 300 (315) = NJW 1999, 1013; BVerfGE 107, 218 (237) = NVwZ 2003, 1364; BVerfGE 114, 258 (288) = NVwZ 2005, 1294.

formung des deutschen Berufsbeamtentums ausgerichtet ist, auch als Funktionsbedingung der Demokratie begriffen werden".[22] Demokratische Herrschaft ist formgebunden, verwirklicht sich im Gesetz, das aber einer verantwortungsvollen und professionellen Anwendung bedarf.

Der neutrale, rechtsorientierte Sachwalters, der von subjektiven Eigeninteressen[23] befreit ist – der rechtsethische Anspruch des Amtes, Recht vor Macht zu stellen[24] –, führt unterhalb der politischen Leitungsebene zu einer die Unbilden volatiler Mehrheiten mäßigenden Juristenkultur. Die Verrechtlichung unter der Ägide des Vorbehalts des Gesetzes hat den verwaltungskulturellen Einfluss der Juristinnen und Juristen weiter gestärkt. Das verfassungsrechtliche Schlüsselparadigma der Verhältnismäßigkeit verlangt mit seiner filigranen Abwägungsrationalität[25] Distanzierungsleistungen, die ohne eine Kultur professioneller Rechtsstäbe nicht zu erbringen wären.[26] Umgekehrt sind verwaltungsstaatliche – bisweilen unionsrechtlich katalysierte – Rücknahmen der Rechtsbindungsdichte vor diesem Hintergrund auch eine Verschiebung von Entscheidungs- und Deutungsmacht von Juristen zu Nichtjuristen,[27] eine sublime Neutarierung von Rechts- und Verwaltungskulturen.

II. Juristenkultur im demokratisch-politischen Prozess

Ohne Verfahren ist Demokratie nicht möglich.[28] Formalität ist unverzichtbar, gerade um inhaltliche Gestaltung für den demokratisch-politischen Prozess offen zu halten. Formalität verweist aber unmittelbar auf das Recht,[29] das der entscheidende Faktor ist, Demokratie institutionell zu strukturieren.[30] Im parlamentarischen Gesetz verbinden sich die Strukturprinzipien der Demokratie einerseits und der Rechtsstaatlichkeit andererseits.[31] Durch die rechtsstaatliche Gesetzesbindung als Transmissionsriemen setzt sich der demokratische Regelungsanspruch des Parlaments gegenüber der Verwaltung und der Judikative durch.[32] Gesetzesbindung und Rechtsschutz haben daher auch demokratische Funktionen.[33] Während die deutsche Verfassungs-

---

[22] BVerfGE 119, 247 (261) = NVwZ 2007, 1359.

[23] Pointiert *Fischer* Die Zeit v. 26.6.2014, 8.

[24] Vgl. *Isensee* ZBR 2004, 3ff.; *Isensee* in Isensee/Kirchhof, HStR IV, 3. Aufl. 2006, § 71 Rn. 132ff.

[25] Analytisch *Lepisus* in Jestaedt/Lepisus, Verhältnismäßigkeit, 2015, 1 (19ff.); *Petersen,* Verhältnismäßigkeit als Rationalitätskontrolle, 2015, 123ff.

[26] Vgl. auch *Poscher* in Vöneky/Beylage-Haarmann/Höfelmeier/Hübler, Ethik und Recht, 2013, 433ff.

[27] Für die USA *Vermeule,* Law's Abnegation, 2016, 197ff.

[28] Vgl. *Kelsen,* Allgemeine Staatslehre, 1925, 326.

[29] Plakativ der jüngst verschiedene *Scalia,* A Matter of Interpretation, 1998, 25: „Long live formalism. It is what makes a government a government of laws and not of men".

[30] Vgl. *Pildes* in Wittington/Kelemen/Caldeira, The Oxford Handbook of Law and Politics, 2008, 321ff.

[31] Vgl. *Breuer* FG 50 Jahre Bundesverwaltungsgericht, 2003, 223 (234); *Dreier* DÖV 2002, 537; *Lepsius* EuGRZ 2004, 370 (378).

[32] Vgl. *Schulze-Fielitz* in Heun/Honecker/Morlok/Wieland, Evangelisches Staatslexikon, 2006, Sp. 785.

[33] *Görisch,* Demokratische Verwaltung durch Unionsagenturen, 2009, 322; *Groß* Die Verwaltung 43 (2010), 349 (371).

geschichte zeigt, dass sich Rechtsstaatlichkeit auch demokratieabstinent gründen lässt,[34] ist Demokratie ohne rechtsstaatliches Fundament, das die Regeln des demokratischen Prozesses und die demokratieinhärenten Freiheitsbedingungen sichert, nicht zu haben.[35] Die in Krisen beharrlich erhobene Forderung einer Rückkehr zum Recht ist daher zuvörderst einmal der Anspruch, demokratische Verantwortlichkeit sicherzustellen[36] – eine Forderung, der gerade auch das BVerfG treu geblieben ist.[37] Rechtsstaat und Demokratieprinzip verstärken sich daher zunächst wechselseitig.[38] Nicht zuletzt eine durchsetzungsstarke Verfassungsgerichtsbarkeit kann für „die Entwicklung und Stabilisierung demokratischer Verhältnisse" viel leisten.[39] Juristenkultur ist hier auch gesundes Machtmisstrauen.

1. *Deutsche Juristenkultur*

Institutionelle Rahmenbedingungen funktionieren freilich nur, wenn sie auf eine demokratische Rechtskultur treffen, die sich mit diesen Institutionen arrangiert; und umgekehrt formen institutionelle Leistungen auch ihr kulturelles Umfeld.[40] Indizien einer besonderen deutschen Juristenkultur sind hierbei vielfältig. Viele Bereiche des öffentlichen Lebens – von den Bundestagsabgeordneten[41] über Parteifunktionäre und Regierungsmitglieder[42] bis zur dominanten Rekrutierung des höheren Dienstes in der Verwaltung – sind juristendominiert. Hier wirkt sich auch institutionelles Sonderwissen vorteilhaft aus, was mäßigend, schon semantisch entsubjektivierend[43] und stilprägend, bisweilen aber auch sedierend wirkt.

a) Der BVerfG-Staat

Über die Institutionen der Staatsleitung hinaus zeigt sich eine kulturelle Präferenz des Juristischen gegenüber dem Politischen. Am deutlichsten lässt sich dies an der Beliebtheit des und dem Vertrauen in das BVerfG[44] ablesen, welches insoweit mit den parteipolitisch dominierten Institutionen kontrastiert, vor allem aber unsere heutige Verfassungskultur (als Firmament einer Rechts- und Juristenkultur) in verdienstvoller Weise gegen unterschiedlichste Widerstände erst herausgeschält

---

[34] Etwa *Haverkate,* Verfassungslehre, 1992, 73ff.; *Hofmann* Der Staat 34 (1995), 1 (2).

[35] *Gärditz* in Friauf/Höfling, Stand: 2017, GG Art. 20 Abs. 3 (Rechtsstaat) Rn. 218; *Klein,* Die Grundrechte im demokratischen Staat, 1974, 37ff.

[36] *Huber/Rödder/Frenz* FAZ v. 18.10.2017, 8; *Kirchhof,* Deutschland im Schuldensog, 2012, 78.

[37] Etwa BVerfGE 129, 124 (167ff.) = NJW 2011, 2946; BVerfGE 134, 366 (380ff.) = NJW 2014, 907; BVerfGE 135, 317 (384ff.) = NJW 2014, 1505; BVerfGE 142, 123 (173ff.) = NJW 2016, 2473.

[38] *Gärditz* in Friauf/Höfling, Stand: 2017, GG Art. 20 Abs. 3 Rn. 216.

[39] *Lübbe-Wolff,* Wie funktioniert das Bundesverfassungsgericht?, 2015, 34.

[40] Vgl. *Starck,* Woher kommt das Recht?, 2015, 3ff.

[41] Hierzu *Kintz* ZParl 2010, 491ff.

[42] In der letzten Bundesregierung (Oktober 2017) sind acht von 15 Mitglieder Juristin oder Jurist, in der aktuellen sind es nur noch vier von 16, zuzüglich eines gefühlten Erfahrungsjuristen.

[43] Namentlich die subjektive Darstellung von Meinungen in der ersten Person verschwindet dort, wo es juristisch wird.

[44] Demoskopisch *Köcher* FAZ v. 21.8.2012.

hat.[45] Das Gericht ist Akteur öffentlicher Meinungsbildung;[46] der „Gang nach Karlsruhe“[47] ist Idiom der Alltagssprache; die Verfassungsbeschwerde als niederschwelliges Rechtsschutzangebot hat das Gericht zum ‚Bürgergericht‘ gemacht.[48] Gerade die als unpolitisch und distanziert-juristisch wahrgenommene Arbeitskultur macht offenbar den Charme eines Gerichts aus, auf dessen Entscheidungen die Bürgerinnen und Bürger – anders als bei den gewählten Organen – von vornherein keinen Einfluss haben. Die juristisch professionelle und hierarchische – in der Regel nicht an intuitive Alltagsverfassungsbilder der Bevölkerung rückangekoppelte[49] – Verfassungsinterpretation durch das BVerfG wird weitgehend akzeptiert, was möglicherweise auch daran liegt, dass Verfassungsänderungen nach Art. 79 GG relativ leicht und häufig zu erreichen sind.[50]

Anders als Länder mit einer Kultur des *popular constitutionalism,*[51] mit der über eine Sakralisierung der Verfassung auch eine Entjuridifizierung einhergeht und Rechtsthemen zu verhandelbaren Alltagsthemen werden, dominiert hierzulande eine Juristenkultur, die Recht – von der Juristenausbildung bis zur öffentlichen Debattenkultur – institutionell professionalisiert. Das zivilreligiöse Verfassungsverständnis der USA wurde daher treffend dem juristischen „Verfassungspatriotismus“ deutscher Provenienz gegenübergestellt.[52] Der heute[53] kaum mehr als Provokation verstandene „Verfassungspatriotismus“[54] ist vor allem Verfassungsgerichtspatriotismus, auch weil es einer Institution bedarf, die Recht in seiner Anwendung und Bedeutung für das tägliche Miteinander sichtbar macht. „[J]ustice should not only be done, but should manifestly and undoubtedly be seen to be done“.[55] Die überaus erfolgreiche wie verdienstvolle Stabilisierung eines gesellschaftlichen Grundkonsenses durch das BVerfG[56] war freilich auch nur in einer konsensverliebten Gesellschaft möglich, die politische Grundsatzkonflikte lieber durch Subsumption erledigt sieht. Vielleicht ist die autoritätsgläubige Sehnsucht nach einem dem Parteiengezänk entrückten Schiedsrichter, nach einer heilen Welt, nur eine weitere Facette endemischer Politikverdrossenheit,[57] die letztlich auch an dem Ast sägt, auf dem die ver-

---

[45] *Lübbe-Wolff,* Wie funktioniert das Bundesverfassungsgericht?, 2015, 34f.

[46] *Schulze-Fielitz* in Schuppert/Bumke, Bundesverfassungsgericht und gesellschaftlicher Grundkonsens, 2000, 111 (119ff.); ähnlich *Wrase* in Wrase/Boulanger, Die Politik des Verfassungsrechts, 2013, 139 (155ff.).

[47] Gesellschaftshistorisch *Wesel,* Der Gang nach Karlsruhe, 2004.

[48] *Lübbe-Wolff,* Wie funktioniert das Bundesverfassungsgericht?, 2015, 10.

[49] Eine seltene explizite Ausnahme bildet die Entscheidung zur Sukzessivadoption: BVerfGE 133, 59 (79f.).

[50] So *Hailbronner,* Traditions and Transformations, 2015, 165.

[51] Hierzu etwa *Forbath,* Chicago-Kent Law Review 81 (2006), 967ff.; *Kramer,* The People Themselves, 2006; *Post/Siegel,* California Law Review 92 (2004), 1027ff.

[52] *Hailbronner,* Traditions and Transformations, 2015, 171ff.

[53] Stellv. für frühere Kritik *Isensee* in Mohler, Wirklichkeit als Tabu, 1986, 11ff.; *Isensee* in Gauger/Justin, Staatsrepräsentation, 1992, 223ff.

[54] Dokumentation des von *Sternberger* und *Habermas* entwickelten Konzepts: *Müller,* Verfassungspatriotismus, 2010.

[55] *R v Sussex Justices, Ex parte McCarthy* [1924] 1 KB 256, 259 (Lord Chief Justice Hewart).

[56] *Ebsen* in Schuppert/Bumke, Bundesverfassungsgericht und gesellschaftlicher Grundkonsens, 2000, 83ff.

[57] *Rath,* Der Schiedsrichterstaat: Die Macht des Bundesverfassungsgerichts, 2013, 37.

klärte Justiz institutionell sitzt? Ausgeprägte Gerichtshörigkeit wäre dann ein Symptom demokratischer Unreife.

Besonders deutlich wird die deutsche Juristenkultur in der beispielslosen – im Ausland selten verstandenen – Juridifizierung der Europapolitik, die praktisch ganz wesentlich durch das BVerfG mitgestaltet wird, dessen Kernanliegen freilich – oft verkannt – vor allem der Schutz des demokratischen Prozesses ist.[58] Die Ironie ist, dass das Gericht hier der pluralistischen Demokratie unabdingbare Gestaltungs- und Entfaltungsräume zukunftsoffen halten will, die der politische Betrieb in einer polit-apathischen Kultur des Juristischen lieber durch Normierung zementiert verschließen würde. Zentrale Bereiche des gesellschaftlichen Miteinanders sind verfassungsgeprägt: Von der Angleichung der Eingetragenen Lebenspartnerschaft an die Ehe[59] über das Recht des Schwangerschaftsabbruchs[60] bis zur verästelten Sicherheitsverfassung[61] waren (gesellschafts-)politische Weichenstellungen oftmals im Kern nur noch Vollzug verfassungsgerichtlicher Vorgaben (und wurden auch so wahrgenommen). Dies prägt über die – anhand § 31 BVerfGG zu beurteilende – formal-rechtliche Bindung hinaus den Habitus der Akteure, stabilisiert also eine politische Verfassungsjuristenkultur. Eine ausufernde Handbuch-Technik des BVerfG[62] hat dazu geführt, dass im parlamentarischen Verfahren oft kaum noch darüber verhandelt wird, was eine politisch sinnvolle (praktikable, freiheitsschonende, effektive usf.) Lösung ist, sondern nur noch über die Vereinbarkeit mit der jeweiligen Leitentscheidung des BVerfG. Prototyp des Sachverständigen in parlamentarischen Anhörungen ist der Verfassungsexperte. Und die Politik wimmelt von gefühlten „Erfahrungsjuristen", die das Recht als Stilmittel und Instrument des politischen Spiels mit sehr unterschiedlicher Kunstfertigkeit einsetzen.

b) Kulturelle Entpersonalisierung

Ein deutlicher Unterschied – zB zu den Vereinigten Staaten – liegt in dem weitgehenden Fehlen einer – mitunter ungesunden[63] – Personalisierung, bei der – als Konsequenz eines extrem regelskeptischen *legal realism* – die Richterinnen und Richter als Menschen zum Politikum werden und mitunter die Struktur der juristischen

---

[58] BVerfGE 123, 267 (328ff.) = NJW 2009, 2267; BVerfGE 129, 124 (167ff.) = NJW 2011, 2946; BVerfGE 132, 195 (234ff.) = NJW 2012, 3145; BVerfGE 134, 366 (380ff.) = NJW 2014, 907; BVerfGE 135, 317 (384ff.) = NJW 2014, 1505; BVerfGE 142, 123 (173ff.) = NJW 2016, 2473; ferner deutlich *Huber,* Verfassungsstaat in der Finanzkrise, 2014, 41ff.

[59] BVerfGE 124, 199 = NJW 2010, 1439; BVerfGE 126, 400 = NJW 2010, 2783; BVerfGE 131, 239 = NVwZ 2012, 1304; BVerfGE 132, 179 = NJW 2012, 2719; BVerfGE 133, 59 = NJW 2013, 847; BVerfGE 133, 377 = NJW 2013, 2257.

[60] BVerfGE 39,1; 88, 203; 98, 265.

[61] BVerfGE 97, 198 = NVwZ 1998, 495; BVerfGE 109, 279 = NJW 2004, 999; BVerfGE 118, 168 = NJW 2007, 2464; BVerfGE 120, 274 = NJW 2008, 822; BVerfGE 125, 260 = NJW 2010, 833; BVerfGE 129, 208 = NJW 2012, 833; BVerfGE 130, 1 = NStZ 2012, 496; BVerfGE 130, 151 = NVwZ-RR 2012, 257; BVerfGE 133, 277 = NJW 2013, 1499; BVerfGE 141, 220 = NJW 2016, 1781; verkomplizierend *EuGH,* C-293/12 u. a. (Digital Rights Ireland), NVwZ 2014, 709 Rn. 38ff.; C-203/15 und C-698/15 (Tele2 Sverige AB u. a.), NVwZ 2017, 1025.

[62] Paradigmatisch jüngst BVerfGE 141, 220ff. = NJW 2016, 1781; kritisch *Gärditz,* in Menzel/Müller-Terpitz, Verfassungsrechtsprechung, 3. Aufl. 2017, 988 (995f.); *Durner* DVBl. 2016, 780 (782, 784).

[63] Vgl. *Sacksofsky* JöR 65 (2017), 743ff.

Argumentation überlagern. Der ‚bekannteste deutsche Strafrichter' ist wahrscheinlich zugleich der *einzige* namentlich bekannte Strafrichter. Und die Namen der Richterinnen und Richter des BVerfG dürften (vielleicht vom exponierten Präsidenten abgesehen) außerhalb der – ihrerseits machtfixierten – Staatsrechtslehrerszene völlig unbekannt sein. Diese Entpersonalisierung ist Ausprägung eines beinahe volksgläubigen Regelvertrauens, vor allem aber rechtskultureller Nachhall eines tradierten Berufsbeamtenideals, bei dem der Einzelne hinter seinem Amt verschwindet[64]. Für die Rechtskultur ist diese Versachlichung, die den Blick auf die anzuwendenden Regeln und deren Methoden richtet, eher von Vorteil, obgleich hierdurch auch blinde Flecke für die vielen Kontingenzen im Recht in Kauf genommen werden.

c) Europäische Rechtstechnokratisierung

In besonderer Weise juridifiziert ist die politische Kultur dort, wo sich eine mit Vorrang ausgestattete Schicht des Unionsrechts über das nationale Recht legt. Bei der in der Regel technischen und detailverliebten Umsetzung von Richtlinienrecht geht es allenfalls noch am Rande um politische Gestaltung; ganz im Vordergrund stehen Fragen der rechtlich korrekten Umsetzung. Namentlich im Umwelt-, Wettbewerbs- und Regulierungsrecht schrumpft Rechtspolitik zur Subsumptionsmechanik in der Hand von Fachjuristen. Die mit der materiellen Europäisierung einhergehende Verschiebung und Dezentralisierung von Macht dürfte zugleich einen langsamen Zerfall typisch deutscher Juristenkultur einleiten.[65]

d) Nichtjuristenrechtskultur

Die Lufthoheit der Juristenkultur über das öffentliche Leben hat den Preis, dass die Anforderungen an das Verständnis von Politik steigen und Juristisches zum staatsbürgerlichen Grundwissen wird. Der Jubilar hat festgestellt, dass „sich die geschriebene und gelebte Rechtsordnung immer mehr vom Verständnis – und auch von der Verständnisfähigkeit – der Bürger" und Bürgerinnen entfernt hätte.[66] Sein G(l)ossen-Stil anschaulicher Brutalität ist daher vor allem auch volkspädagogischer Versuch, gegen Unkenntnis und Fehlvorstellungen anzukämpfen.[67] Das ist verdienstvoll, beruht aber bisweilen auf überzogenen Erwartungen[68] und erreicht auch nur eine kleine libertäre Bildungselite interessierter Zeit-Online-Leser. Dem redlichen Anliegen, die normativ-institutionellen Grundlagen des Gemeinwesens ernster zu nehmen, korrespondiert zudem eine professionelle Perspektivenverengung, Rechtliches bisweilen zu ernst zu nehmen.

---

[64] Hierzu *Gärditz* JöR 64 (2016), 1 (3ff.).

[65] Vgl. *Mayer* JZ 2016, 857 (866); *Schönberger* in Idler, Verwaltung – Verfassung – Kirche, 2012, 55ff.; *Wahl* JZ 2012, 861 (865). Empirisch aufschlussreich *Mangold,* Gemeinschaftsrecht und deutsches Recht, 2011, 329ff.

[66] *Fischer* Im Recht, 2016, 198.

[67] Etwa *Fischer* Die Zeit v. 30.10.2014, 10.

[68] Etwa ein „Wissenstest über Grundlagen des Sexualstrafrechts" beim Abitur – *Fischer* Im Recht, 2016, 198 – würde nicht nur die Funktion der Hochschulreife dysfunktional juridifizieren. Auch verfügen sicher über 90% der Volljuristinnen und -juristen, die nicht hauptberuflich im Strafrecht tätig sind, über keinerlei Grundkenntnisse der §§ 174ff. StGB.

Juristen haben kein Monopol auf die Verwendung und Ausdeutung von Rechtsbegriffen. „I know my rights!" ist kein Verweis auf ein bestandenes Assessor-Examen, sondern alltagstaugliche Abbreviatur für ein – mitunter intuitives – Normverständnis, ohne das eine freiheitliche Gesellschaft nicht funktionieren kann. Das Recht ist – so der Jubilar – „eine kommunikative Angelegenheit [...]: Eine Verständigung über Grenzen, Gewalt, Macht. Und zwar in einer gegebenen sozialen Wirklichkeit, nicht vor dem Hintergrund eines abstrakten Postulats".[69] Es geht also um eine Lebenswirklichkeit, die zwar nicht ohne, aber doch auch außerhalb professionell rechtsanwendender Institutionen erfahrbar ist. Etwa Demokratie, Rechtsstaat, Menschenrechte, Menschenwürde, Schuld, Vertragsfreiheit oder Sozialstaat sind abstrakte Begriffe, die politische Kommunikation ohne juristische Präzision anregen. Man sollte solches Laienverständnis nicht unterschätzen.

Rechtskultur ist mehr als Juristenkultur. Echtes Verständnis ist in einer offenen demokratischen Gesellschaft keine Bedingung des Mitredens, auch wenn zu viel Ahnungslosigkeit manchmal (nicht nur den Jubilar) schmerzt. Auch Rechtkraft verpflichtet Dritte grundsätzlich nicht zum Kommunikationsabbruch. Etwa die Unbelehrbarkeit der Selbstgerechten, die sich auch von rechtskräftigen Urteilen nicht in ihrem Weltbild irritieren lassen, ist peinlich,[70] aber in einer freiheitlichen Rechtsordnung, die kein Monopol auf Wahrheit in Anspruch nehmen und auch die Kommunikationsteilnehmer nicht auf abgeklärte Emotionslosigkeit verpflichten kann, in einem gewissen Grade auszuhalten.[71] Umso mehr bedarf es vernehmbarer Stimmen, die öffentlich widersprechen. Es ist das große Verdienst des Jubilars, auch Nichtjuristen für das Recht – und sei es nur das Strafrecht – zu interessieren, um mündiges Mitdenken und Mitreden anzuregen.[72] Solche aufklärerische Volkspädagogik nervt bisweilen, gründet aber letztlich auf einem urdemokratischen Optimismus, den Menschen zuzutrauen, sich mit kritischem Verstand selbst ein Urteil zu bilden. Zur freiheitlichen Ordnungsidee der epistemischen Offenheit gehört dann freilich auch die Bereitschaft, es hinzunehmen, wenn andere zu anderen Bewertungen gelangen als man selbst.

2. Rhetorik des Rechts als Hülse

Juristische Semantiken in der öffentlichen Kommunikation transportieren nicht immer auch harte rechtliche Inhalte, sondern sind in einer dominanten Juristenkultur oft Vehikel für politische Anliegen. Empfundene Krisen – von der Finanz- bis zur Flüchtlingskrise – verursachen Verunsicherung, die wiederum den Ruf nach dem stabilisierenden, verlässlichen Anker des Rechtlichen provoziert. Dies entspricht auch der Friedensfunktion des Rechts, kann aber schnell das politische System durch naive Rechtsstaatsromantik überfordern[73] und die falsche Erwartung wecken, jedes Problem lasse sich – erst einmal in eine Rechtsfrage umgedeutet –

[69] *Fischer*, Justiz und Politik, ZEIT ONLINE v. 20.9.2016.
[70] *Fischer* Die Zeit v. 4.2.2014, 23.
[71] Deutlich BVerfG NJW 2016, 2173.
[72] *Fischer*, Im Recht, 2016, 198.
[73] *Gärditz* in Depenheuer/Grabenwarter, Der Staat in der Flüchtlingskrise, 2016, 105 (117f.).

durch unpolitische Subsumption entscheiden (Wohlfühljuristenkultur). Auf die Spitze getrieben wird dies in jüngerer Zeit durch eine politische Rhetorik des Rechtsbruchs: „Verfassungsbruch“, „permanenter Rechtsbruch“, „Rechtsvergessenheit“[74] oder „Herrschaft des Unrechts“ sind rhetorische Hülsen,[75] mit denen sich politische Anliegen in einen Vorwurf einkleiden lassen, mit dem das Gegenüber symbolisch gleich zum Feind der Rechtsgemeinschaft erklärt wird.

Wenn diffus von ‚Menschenrechten‘ die Rede ist, geht es oftmals um moralische Imperative, die – wie etwa die freie Zuwanderung von Menschen in Not, die keinen Anspruch auf Asyl oder Flüchtlingsschutz haben – an der Erhabenheit des Rechts teilhaben sollen. Legitime politische Anliegen, die demokratisch zu diskutieren sind, werden zu Rechtsfragen hochstilisiert. Dass solche Rechts-Rhetorik meist besonders lautstark von Nichtjuristen formuliert wird, die nicht einmal den Anschein erwecken, auch nur ein grobes Basiswissen von den mitunter filigranen Rechtsfragen mitzubringen, ist ein Indikator, dass das Juristische – *Tocqueville* lässt grüßen – in der (politischen) Alltagssprache angekommen ist. Es wird hierbei freilich – homöopathisch verdünnt – zum bloßen Stilmittel. Es verwundert daher nicht, dass sich aufgebauschte Kämpfe um angebliche Missachtung von Verfassung und Recht dann beinahe immer juristisch als schwierige Auslegungsprobleme entpuppen. Nüchtern betrachtet setzt sich der eine oder andere vermeintliche Rechtsbruch als gerichtlich akzeptierte Rechtsauslegung durch;[76] Skandalisierung fällt juristisch in sich zusammen.[77] Der Gefühlsjurist als kultureller Typus bleibt hiervon erfahrungsgemäß unbeeindruckt. Die vom Jubilar beharrlich gegeißelte Ahnungslosigkeit großer Teile der politischen und medialen Öffentlichkeit erleichtert es, eine Rhetorik des Rechts auch gegen die Entscheidungen der rechtlichen Institutionen aufrechtzuerhalten, ohne sich mit Gründen auseinandersetzen oder sich ein realistisches Bild von der Rechtslage machen zu müssen.[78]

Die Hypertrophie der Rechtsrhetorik sowie die Politikvergessenheit der Juristenkultur leisten jeweils eigene Beiträge, dass rechtliche Argumente irgendwann auch dann nicht mehr ernst genommen werden,[79] wenn es wirklich darauf ankommt: „Inflation entwertet“.[80] Das Argument Menschenwürde etwa ähnelt bisweilen dem Entpolitisierungsattribut „alternativlos“, sprich: einer Tabuisierung, die Diskursabbrüche erzwingen soll, was freilich umso mehr an Überzeugung ver-

---

[74] *Depenheuer* in Depenheuer/Grabenwarter, Der Staat in der Flüchtlingskrise, 2016, 18 (21).

[75] Mit Recht kritisch *Bast/Möllers,* Dem Freistaat zum Gefallen, http://verfassungsblog.de/dem-freistaat-zum-gefallen-ueber-udo-di-fabios-gutachten-zur-staatsrechtlichen-beurteilung-der-fluechtlingskrise/ (15.5.2018); *Frankenberg* KJ 2016, 146 (147f.); *Wallrabenstein* KJ 2016, 407ff.; *Wieland* ZSE 2016, 8ff.

[76] Vgl. für die „Flüchtlingskrise“ *EuGH,* C-670/16 (Tsegezab Mengesteab), EuGRZ 2017, 585; C-643/15 und C-647/15 (Slowakei und Ungarn/Rat), EuGRZ 2017, 561.

[77] *Gärditz* EuGRZ 2017, 516 (524).

[78] ZB die immer wieder geforderte Einschränkung des Asylgrundrechts nach Art. 16a GG hätte praktisch keine Bedeutung, weil dieses ohnehin weitgehend durch Unionsrecht verdrängte Recht ohnehin praktisch nur noch auf die wenigen Fälle Anwendung findet, in denen Antragsteller auf dem Luftweg (von Boat-People vor Helgoland wurde jedenfalls noch nicht berichtet) einreisen.

[79] Beklagt von *Huber* in Depenheuer/Grabenwarter, Der Staat in der Flüchtlingskrise, 2016, 40 (48f.).

[80] *Kingreen* JZ 2016, 887 (888).

liert, als dann tatsächlich mit kleiner Münze gehandelt wird. Während die Formalität des Juristischen Konflikte kanalisieren, regeln und hierdurch befrieden soll, indem Fragen nach dem politisch vernünftigen Inhalt des Rechts – entkulturalisierend[81] – in den politischen Prozess der Rechtsänderung verwiesen werden, ist die Rechtsbruchrhetorik vornehmlich Vehikel der Diskreditierung, ein Kampfinstrument, das nach schlichter Opportunität eingesetzt wird, um eine demokratische Auseinandersetzung mit politischen Sachargumenten zu vermeiden und durch einen Gestus des Rechthabens zu ersetzen, der sich nicht mehr institutionell erledigen lässt.

3. *Juristenkultur und Rechtswissenschaftssubkultur*

Die Rechtsdogmatik als Proprium deutscher Juristenkultur eröffnet der Rechts*wissenschaft* – einer juridischen Subkultur – einen im internationalen Vergleich einmaligen Einfluss auf die Rechtsanwendung. Die starke Rolle des BVerfG hat zudem zu einer Fokussierung auf ein Höchstgericht geführt,[82] dessen Prägekraft zwar einerseits die wissenschaftlichen Diskurse absorbiert, andererseits aber spezifisch der akademischen Verfassungsrechtsdogmatik – über personelle Verklammerung wie über die vorbereitende Dogmenbildung – zusätzliche informelle Einflusspfade eröffnet, das Staatsleben und nicht zuletzt die Gesetzgebung mitzusteuern.[83] Hat die Juristenkultur in den Vereinigten Staaten – wie von *Tocqueville* frühzeitig prognostiziert – eine Gerichtsaristokratie etabliert, ist hierzulande eine von außen schwer zu durchschauende Symbiose[84] der Gelehrten-Schattenrepublik mit den demokratischen Institutionen und in Sonderheit der Verfassungsgerichtsbarkeit entstanden. Zugleich hat dies den beständigen Aufwuchs verfügbaren Materials (in Form von Kommentierungen, Aufsätzen usf.) ins Unübersichtliche wuchern lassen.[85]

Hierbei darf nicht übersehen werden, dass sich die praktische Wahrnehmung und Bedeutung der Wissenschaft wie auch die Fachkulturen zwischen Straf- und Staatsrecht deutlich unterscheiden. Hat sich das Öffentliche Recht sowohl aufgrund seiner Demokratiesensibilität als auch des umfassenden Zugriffs der Rechtsprechung vom Gestaltungsanspruch eines ‚wissenschaftlichen Rechts'[86] längst verabschiedet,[87] schleppt das Strafrecht noch viel stärker den idealistisch gefärbten und romantisch verklärten Ballast einer Gelehrtenrepublik des vorletzten Jahrhunderts mit. Das Öffentliche Recht hat seinen Platz in der Juristenkultur über institutionelle Verkopplungen mit Politik und Rechtsprechung[88] um den Preis gefunden, mit seiner anwendungsbezogen-rechtsdogmatischen Perspektivenverengung und handzahmen

---

[81] *Möllers* in Dreier/Hilgendorf, Kulturelle Identität als Grund und Grenze des Rechts, 2008, 223 (236).

[82] *Schlink* Der Staat 28 (1989), 161 ff.; *Schönberger,* Der „German Approach", 2015, 30 ff.

[83] Vgl. analytisch auch *Mayer* JZ 2016, 857 ff.

[84] *Schönberger,* Der „German Approach", 2015, 32.

[85] *Podlech* JöR 65 (2017), 345 (356).

[86] Alteuropäischer Ballast bei *Häberle,* Europäische Rechtskultur, 1997, 22 f.

[87] *Schönberger,* Der „German Approach", 2015, 47 f.

[88] *Jestaedt,* in Jestaedt/Lepsius/Möllers/Schönberger, Das entgrenzte Gericht, 2011, 77 (124 ff.); *Möllers* in Jestaedt/Lepsius, Rechtswissenschaftstheorie, 2008, 151 (170 ff.); *Voßkuhle* in Schulze-Fielitz, Staatsrechtslehre als Wissenschaft, 2007, 135 ff.

Gerichtsfixiertheit den eigenen Wissenschaftlichkeitsanspruch und Selbststand zu erodieren.[89] Die Strafrechtswissenschaft hingegen hat sich kraft gelehrsam-akademischer Selbstverliebtheit und einem verbreitet eher ambivalenten Verhältnis zu den Legitimationsleistungen des demokratischen Prozesses in den Institutionen praktischer Rechtserzeugung weitgehend selbst bedeutungslos gemacht. Mit dem BGH stand freilich der Strafrechtslehre auch kein dem BVerfG in Strahlkraft, Diskurstiefe und intellektueller Magnetwirkung vergleichbares Gericht gegenüber.

Insgesamt lässt sich aber kaum bestreiten, dass deutsche Juristenkultur nur angemessen beschrieben werden kann, wenn man die akademische Szene einbezieht. Die Rechtswissenschaft ist zu einem eigenständigen – demokratietheoretisch problematischen – Machtfaktor geworden, der auch deshalb so schwer greifbar ist, weil sich der stille, hintergründige, informale Einfluss von Korpsgeist, Argumentationsstruktur und Habitus einer Fachbruder- und Schwesternschaft nicht an verantwortbaren Herrschaftsakten festmachen lässt. Dieser deutsche Sonderweg lag naturgemäß außerhalb der Szenarien, die *Tocqueville* für die Rolle der Juristen im demokratischen Staat entworfen hatte. Inzwischen werden freilich auch die Probleme der deutschen Rechtsdogmatik kritischer gesehen, die sich über juristische Systemerwartungen und Sinnzuschreibung eine Deutungshoheit über das Recht verschafft,[90] für die eine normative Ermächtigung nicht nur fehlt,[91] sondern auch demokratieinkompatibel wäre.

III. Rechtsexpertokratisierung oder Politisierung?

Schon *Tocqueville* hatte in der dominanten Juristenkultur explizit ein Gegengewicht zum demokratischen Prozess gesehen.[92] Bei *Hamilton* ist es das an Verachtung grenzende Misstrauen in die irrationale Leidenschaft der Massen.[93] Rechtsstaatliche Verrechtlichung einerseits und demokratische Politisierung andererseits waren schon immer zu balancieren:[94] Die demokratische Herrschaftsform braucht einerseits die normalisierende Wirkung einer Rechtskultur, die im modernen Rechts- und Verwaltungsstaat immer auch (obgleich graduell verschieden) Juristenkultur ist. Eine zu starke Entpolitisierung entzieht andererseits der Demokratie den

---

[89] *Lepsius* in Kirchhof/Magen/Schneider, Was weiß Dogmatik?, 2012, 60f.; *Schönberger,* Der „German Approach", 2015, 33, 41.

[90] Kritisch *Droege* RW 2013, 374ff.; *Jestaedt,* Das mag in der Theorie richtig sein, 2006, 81f.; *Lepsius* in Kirchhof/Magen/Schneider, Was weiß Dogmatik?, 2012, 36ff.; *Lepsius* in Axer/Grzeszick/Kahl/Mager/Reimer, Das Europäische Verwaltungsrecht in der Konsolidierungsphase, 2010, 179ff.; *Vesting,* Rechtstheorie, 2. Aufl. 2015, Rn. 96; differenziert *Hilbert,* Systemdenken im Verwaltungsrecht und Verwaltungsrechtswissenschaft, 2015.

[91] *Jestaedt,* Das mag in der Theorie richtig sein, 2006, 84; *Lepsius* in Kirchhof/Magen/Schneider, Was weiß Dogmatik?, 2012, 39 (57f.); *Schönberger* JöR 65 (2017), 511 (526f.); ferner *Schönberger,* Der „German Approach", 2015, 48.

[92] *de Tocqueville,* La Démocratie en Amérique, 4. Aufl., Brüssel 1837, 8/253.

[93] *Hamilton,* Federalist No. 78, 1788, abgedruckt in The Federalist Papers, Ausgabe 2009, S. 508.

[94] Vgl. *Lübbe-Wolff,* Wie funktioniert das Bundesverfassungsgericht?, 2015, 33f. Historisch *Kutscher,* Politisierung oder Verrechtlichung?, 2016.

diskursiven Sauerstoff. Herrschaft des Rechts gleitet dann in Rechtsexpertokratie ab – eine Re-Aristokratisierung.

1. Rechtsstofffülle als Belastung des demokratischen Diskurses

Für den demokratischen Prozess ist weder die demokratieermöglichende Verfassungsbindung noch deren gerichtliche Durchsetzung ein Problem, sondern die Last des in sedimentierten Schichten anwachsenden Rechtsstoffes, den Verfassungsgerichte produzieren.[95] Je länger eine freiheitliche Demokratie funktioniert, desto dichter wird das Netz entschiedener Rechtsfragen. Das hat schon *Hamilton* zynisch bemerkt: It „will readily be conceived from the variety of controversies which grow out of the folly and wickedness of mankind, that the records of those precedents must unavoidably swell to a very considerable bulk".[96] Zwar kennt das Grundgesetz keine Präjudizienbindung. Dafür hat das BVerfG aber durch seine stark abstrahierende Begründungstechnik den Verfassungsrechtsstoff extrem verdichtet,[97] ohne dass bislang Methoden gefunden wurden, kasuistisch gewachsene Dogmen mit einem Verfallsdatum zu versehen und Lasten wieder abzutragen.[98] Verfassungsjuristen sind die institutionellen Trittbrettfahrer der Normenhierarchie, weil sie über die subtilen sowie informalen Herrschaftstechniken verfügen, die Ressourcen einer verästelten Verfassungsrechtsprechung und ihrer Dogmatik auszubeuten. Verfassungsrechtliche Bedenken sind im Gesetzgebungsverfahren zum Normalfall geworden, lassen sich leicht kreieren. Gesetzgebung kommt nicht ohne Verfassungsjuristen aus, die die Vereinbarkeit mit höherrangigem Recht prüfen, und nicht ohne Fachjuristen, die den Gesetzgeber bei seinen fragmentarischen Punktnovellen durch das oft unüberschaubare Dickicht des Fachrechts navigieren. Eine ausgeprägte Verfassungsjuristenkultur lähmt daher immer häufiger den Gesetzgebungsprozess. Gerichte werden korrespondierend zum alternativen Instrument, politische Anliegen, für die keine Mehrheiten in Sicht sind, strategisch durchzusetzen.[99]

2. Mangelndes Selbstbewusstsein des Politischen

Eine gerichtszentrierte Juristokratie[100] lässt sich am besten dadurch vermeiden, dass der politische Prozess selbstbewusst genug ist, seine Politizität und das Primat der Politik gegen eine dominante Juristenkultur zu verteidigen und ggf. auch Rechtsauffassungen zu formulieren, die den eigenen Anspruch aller Verfassungsorgane zur autonomen (dezentral-nichthierarchischen) Auslegung des Rechts unterstreichen. Geboten ist zudem mehr epistemisch-methodische Ehrlichkeit, rechtpolitische Forderungen offen auszusprechen, statt als verfassungsrechtliche Notwendigkeiten zu

---

[95] Vgl. *Hailbronner,* Traditions and Transformations, 2015, 174.

[96] *Hamilton,* Federalist No. 78, 1788, abgedruckt in The Federalist Papers, Ausgabe 2009, S. 508.

[97] *Lepsius* in Jestaedt/ders./Möllers/Schönberger, Das entgrenzte Gericht, 2011, 159ff.

[98] Hierfür mit Recht aber *Lepsius* in Jestaedt/Lepsius, Rechtswissenschaftstheorie, 2008, 1 (47f.); *Schönberger* VVDStRL 71 (2012), 296 (324).

[99] *Hirschl* in Wittington/Kelemen/Caldeira, The Oxford Handbook of Law and Politics, 2008, 119 (130).

[100] *Hirschl,* Towards Juristocracy, 2004.

camouflieren.[101] Die Praxis unambitionierter Eins-zu-eins-Umsetzung von EuGH- und Verfassungsgerichtsentscheiden, die selbstentlastende Überwälzung schwieriger Anwendungs- und Auslegungsfragen auf die Gerichte,[102] die Selbstbeschränkung der Gesetzgebung auf einen Reparaturbetrieb und die Schnelllebigkeit des multimedial aufgeputschten politischen Prozesses, der für konzeptionelle Rechtspolitik keine Zeit lässt, schaden der demokratischen Rechtskultur viel mehr, als es schlechte Gerichtsurteile jemals könnten.

3. *Theorieabstinenz des demokratischen Diskurses*

Soll politische Rechtskultur mehr sein als Juristenkultur, muss sie sich eine Eigenrationalität bewahren, die in einer lebendigen Demokratie nicht einfach juristisch anspruchsvolle Konzepte aus der Expertenhand übernehmen kann. Wenn der Jubilar der strafrechtspolitischen Teleologie des unausgegorenen Gesetzentwurfs einer oppositionellen Bundestagsfraktion[103] in derber Lyrik eine Kollage aus „Hegel, Marx, Mead, Honecker, Oktoberfest und Nach-vorne-Ficken" (sprich: einen heterogenen Theorie- und Sonstwas-Synkretismus)[104] bescheinigt,[105] wird dies zwar der Rolle parlamentarischer Opposition nicht wirklich gerecht, deren Gegenentwürfe mangels realer Mitgestaltungschancen von vornherein nicht auf das Bundesgesetzblatt, sondern auf möglichst lautstarke Kritik zielen, also gar kein positives Regelungskonzept verfolgen. Es trifft aber – obgleich kritisch gemeint – den theorieabstinenten Pragmatismus politischer Verständigung als Funktionsbedingung praktischer Gesetzgebung. Gerade im Strafrecht wird dies oft als Systemstörung wahrgenommen, auch weil man auf einen tiefen Fundus an mehr oder weniger anspruchsvollen Theorieangeboten zurückgreifen kann. Solche lassen sich jedoch im demokratischen Gesetzgebungsprozess nur schwer abbilden, der auf Alltagsprobleme mit gegenüber der Öffentlichkeit vermittelbaren Konzepten begrenzter Komplexität reagieren muss und bisweilen auch einen Überhang an Symbolik erzeugt, die nicht Regelungsprobleme lösen, sondern kommunizieren soll, dass man Anliegen der Wahlberechtigten ernst nimmt. Intersubjektive Begriffsbildung im parlamentarischen Verfahren muss daher neben den rechtsanwendenden Juristen vor allem zunächst einmal die Abgeordneten im Blick haben, die – gewiss: im Idealfall fachlich gut informiert[106] – politische Lösungsangebote für rohe Sachproblemwahrnehmungen formulieren müssen. Parlamentarische Kompromissfindung, Einbeziehung aller relevanten Perspektiven[107] und nichtfachliche Verständigung setzen ein theoretisches Abrüsten voraus und vertragen selten reine Lehren. Dies ist

---

[101] Vorbildlich *Fischer* Die Zeit v. 12.12.2013, 8.

[102] *Fischer,* Im Recht, 2016, 199f.

[103] BT-Drs. 18/7719.

[104] Das Oktoberfest hatte historisch durchaus auch eine staatspolitische Integrationsfunktion. S. *Krauss-Meyl,* Das Oktoberfest, 2015, 53ff. Allerdings fehlt mir – mit der Herkunft aus einem Voralpenbauerndorf vielleicht zu entschuldigen – die schmutzige Phantasie, eine politische Theorie des „Nach-vorne-Fickens" (lexikalisch bislang nicht erfasster Neologismus) nachzuzeichnen.

[105] Kritisch *Fischer,* Volk in Angst, Zeit Online v. 10.5.2016.

[106] Mit Recht *Fischer* Die Zeit v.9.10.2014, 9.

[107] *Steinbach,* Rationale Gesetzgebung, 2017, 187.

nicht immer klug; und wissenschaftliche Kritik ist Teil einer demokratischen Gegenöffentlichkeit, als deren engagierter Teil sich der Jubilar immer verstand. Aber es ist auch nicht illegitim, wenn Gesetzgebung ungeachtet sachverständiger Kritik bisweilen Strafrecht produziert, das aus sehr krummen Holz geschnitzt ist und für ein theorieverwöhntes Auge dann geschmacklos wirken mag.[108] Strafjuristenkultur und praktische Politik werden solange miteinander fremdeln, wie sich die Wissenschaft beharrlich theoretischen Konzepten verweigert, die die politische Kontingenz von Wertungen im Recht sichtbar machen[109] und mit solchen Kulturbrüchen konstruktiv umgehen.

4. *Egalität oder Expertenaristokratie?*

Das Versprechen demokratischer Gleichheit gilt für alle, auch für die Dummen und Unbelehrbaren.[110] Der großen Herausforderung, auch diejenigen mitzunehmen, die nicht mitreden können oder wollen, muss sich kluge Rechtspolitik stellen; und kluge Rechtsexperten werden in ihren Ansprüchen bescheidener sein müssen. Man muss Menschen nicht nur durch gute Gesetzgebung erreichen, sondern auch kulturell. Die Einsicht, dass der gegenwärtige Populismus nicht primär ökonomische, sondern vor allem kulturelle Wurzeln hat,[111] sollte man nicht ignorieren. Politikverdrossene Abwendung von den demokratischen Institutionen kann auch dadurch katalysiert werden, dass demokratische Politik auf einen rationalen Ausgleich liberaler Freiheitsrechte reduziert wird, sich also in einer Rhetorik der Rechte auflöst und juridifiziert erstarrt. Demokratie braucht hinreichenden Raum für Voluntarismus[112] und lässt sich daher nicht auf ihren Kern an Rechtsstaatlichkeit einschmelzen.[113] Die integrierende Kraft des politischen Konflikts[114] in einer epistemisch offenen Gesellschaft setzt freilich einen republikanischen Traditionsbestand des Streits voraus, der in unserer Konsenskultur juristenkluger Wertordnungssubsumption nie wirklich wachsen konnte.

IV. Kulturbrüche und ihr Eigenwert

Gibt es mithin eine staatstragende Juristenkultur, die eng mit der demokratischen Herrschaftsform verbunden ist, hat sich der Jubilar als Meister des Kulturbruchs erwiesen. Stilbrüche gehören schon lange zum Mittel der Sozialkritik.[115] Mit der Wucht zischenden Dosenbiers auf der Champagner-Abendgala, dem Sound von

---

[108] Larmoyant aber *Fischer* Im Recht, 2016, 201f. Hiergegen *Künast,* Fischer allein im Rechtsausschuss, Zeit Online v. 16.2.2015.

[109] *Fischer* Die Zeit v. 4.8.2014, 38.

[110] *Möllers,* Demokratie – Zumutungen und Versprechen, 2008, 80.

[111] *Reckwitz,* Frankfurter Allgemeine Sonntagszeitung v. 22.10.2017, 46; *Schäfer* FAZ v. 16.10.2017, 6.

[112] *Möllers* in Kreide/Niederberger, Transnationale Verrechtlichung, 2008, 159 (166).

[113] Gegenläufig etwa *Prittwitz* ZStW 129 (2017), 390 (395f., 400).

[114] *Frankenberg* in Schuppert/Bumke, Bundesverfassungsgericht und gesellschaftlicher Grundkonsens, 2000, 31 (44ff.).

[115] Vgl. *Bourke,* Stilbruch als Stilmittel, 1980.

Sex, Drugs & Rock'n'roll sowie einer analytischen Scharfsicht, mit der nur sehr wenige mithalten können, hat *Thomas Fischer* dem Strafrecht einen neuen Resonanzraum in der öffentlichen Wahrnehmung verschafft. Die kakophone Melange aus Polemik, Eleganz, semantischem Reichtum, Expertise und rüpelhafter Derbheit bricht mit bildungsaristokratischer wie bürokratischer Juristenselbstdarstellung gleichermaßen. Der Rocker hat alle gerockt, ist sein eigenes Gesamtkunstwerk – grellbunt auf mausgrauem Hintergrund – geworden.

In seiner empörungsgesättigten Abscheu gegenüber der politischen Opportunität, mit der Gesetze gemacht werden, ist er dann freilich dem elitären Habitus eines Strafrechtsgelehrten treu geblieben. Bei aller verstörenden Sprachgewalt plädiert der Jubilar auch nicht für eine Abkehr von einer Juristenkultur, die das öffentliche Leben entscheidend prägt, sondern für eine alternative Form, die auch einmal Distanzlosigkeit wagt, den Habitus des detachierten Fachdiskurses verlässt und sich hinab in gesellschaftliche Abgründe begibt, aus denen heraus – ganz im Sinne *Hamiltons* – der Rechtsstoff (zumal des Strafrechts) letztlich erwächst. Gleichwohl ist ihm aller sprachlichen Verfremdung zum Trotz jede Popularisierung ersichtlich zutiefst zuwider; er beharrt im Interesse einer freiheitlichen Rechtsordnung auf der Professionalität nicht nur der Rechtsanwendung, sondern auch des Rechtsdiskurses. Dies überfordert und exkludiert viele, erzwingt freilich ein grundsätzliches Nachdenken.

Der Stil des Jubilars war oft grob, leidenschaftlich-wuchtig, vulgär, konfrontativ und schonungslos. Nicht selten ist er damit angeeckt – nicht nur bei denjenigen, die eine detachierte Juristenkultur habituell verinnerlicht haben. Ob dies mit der Zurückhaltung eines Revisionsrichters im Amt vereinbar war, sei dahingestellt. Als politischer Feuilletonist hat er vor allem der hässlichen Fratze der Verrohung unserer politischen Kultur und der Scheinheiligkeit einer sich kulturell entlang Lifestyle-Grenzen segmentierenden,[116] entsolidarisierenden Social Media-Gesellschaft mit offener Brutalität den Spiegel vorgehalten. Zu einer guten demokratischen Juristenkultur gehört es, gerade dann seine Stimme zu erheben und die Rechtlichkeit der öffentlichen Gewalt einzufordern, wenn dies unpopulär ist oder den volatilen Leidenschaften der Volksseele zuwiderzulaufen scheint. Der Jubilar hat dies wiederholt getan: gegen blinden Volkszorn;[117] gegen eine diffuse Sehnsucht nach Strafe;[118] gegen aufgepeitschte Hysterie,[119] die nicht selten den Umgang mit dem Strafrecht erschwert; gegen den offenen Machtmissbrauch, mit dem sich ein amtierendes Regierungsmitglied einer populistischen Kampagne anschließt, die (erfolglos) versuchte, öffentlichen Druck zu Lasten von Angeklagten in einem Strafprozess aufzubauen;[120] gegen die rassistische Eruption, in der ein Bundespolitiker der ausfransenden Ränder eine amtierende Staatssekretärin „in Anatolien entsorgen"

---

[116] Kultursoziologisch *Reckwitz,* Die Gesellschaft der Singularitäten, 2017.

[117] *Fischer* Die Zeit v. 30.10.2014, 10.

[118] *Fischer* Die Zeit v. 9.10.2014, 9.

[119] *Fischer,* Kein „Mord wie jeder andere", ZEIT ONLINE v. 13.12.2016; *Fischer,* Ich auch! Ich auch!, ZEIT ONLINE v. 25.10.2017.

[120] *Fischer,* Barbaren, ZEIT ONLINE v. 14.6.2016.

wollte;[121] und gegen vieles mehr, was unsere zwanghafte Hyperkommunikation an Hässlichkeit tagtäglich produziert. *Thomas Fischer* ist eine Ausnahmeerscheinung in unserer Juristenkultur geblieben; er hat gleichwohl neue Formate geschaffen, Juristisches öffentlich zu diskutieren und zu einem Allgemeingut jenseits professioneller Juristenbürokratien zu machen. Danke!

---

[121] *Fischer,* Herr Gauland, der Friede und der Müll, ZEIT ONLINE v. 30.8.2017.

WALTER GROPP

Theorie und Praxis – oder: Not macht erfinderisch*

Wer könnte die Verbindung von Theorie und Praxis oder Praxis und Theorie besser verkörpern als Thomas Fischer, dessen Karriere als Praktiker mit dem Vorsitz des 2. Strafsenats des BGH ihren Höhepunkt fand und dessen akademisches Talent mit der Honorarprofessur an der Universität Würzburg trefflich zur Entfaltung gekommen ist? In den Jahren des Aufbaus sind wir uns in Leipzig begegnet – zu Beginn des Berufslebens. Wir haben uns nicht aus den Augen verloren. Ist es nicht schön, dass sich zum Beginn des dritten Lebensabschnitts[1] *unsere Bahnen wiederum kreuzen?*

I. „Landmark decisions" als „Notlösungen"?

„Nach den Feststellungen lebten die Angeklagten in einem von ‚Mystizismus, Scheinerkenntnis und Irrglauben' geprägten ‚neurotischen Beziehungsgeflecht' zusammen (UA 135). Der Angeklagten H. gelang es im bewußten Zusammenwirken mit P., dem leicht beeinflußbaren Angeklagten R. zunächst die Bedrohung ihrer Person durch Zuhälter und Gangster mit Erfolg vorzugaukeln und ihn in eine Beschützerrolle zu drängen. Später brachten beide ihn durch schauspielerische Tricks, Vorspiegeln hypnotischer und hellseherischer Fähigkeiten und die Vornahme mystischer Kulthandlungen dazu, an die Existenz des ‚Katzenkönigs', der seit Jahrtausenden das Böse verkörpere und die Welt bedrohe, zu glauben; R. – in seiner Kritikfähigkeit eingeschränkt, aber auch aus Liebe zu Barbara H. darum bemüht, ihr zu glauben – wähnte sich schließlich auserkoren, gemeinsam mit den beiden anderen den Kampf gegen den ‚Katzenkönig' aufzunehmen."[2]

Dieser sog. Katzenkönig-Fall gehört zusammen mit dem Familientragödie-Fall[3] und dem PEG-Sonden-Fall[4] im Bereich des Strafrechts zu den „landmark decisions", welche die Strafrechtsdogmatik im Bereich der Tötungsdelikte seit dem 2. Weltkrieg maßgeblich beeinflusst haben. Wenn man im mündlichen Teil der Ers-

---

* Frau Wiss. Mitarb. *Désirée Mehl* und Herrn Wiss. Mitarb. *Robert Metz* danke ich für die redaktionelle Überarbeitung des Beitrags und für mehrjährige vertrauensvolle und fruchtbare Zusammenarbeit verbunden mit den besten Wünschen für die Zukunft.

[1] Der Beitrag zu Ehren von Thomas Fischer ist eine Überarbeitung meiner Abschiedsvorlesung an der Universität Gießen am 9.2.2018.

[2] BGH Urt. v. 15.9.1988 – Az. 4 StR 352/88, BGHSt 35, 347 = NJW 1989, 912.

[3] BGH Beschl. v. 19.5.1981 – Az. GSSt 1/81, BGHSt 30, 105 = NJW 1981, 1965.

[4] BGH Urt. v. 25.6.2010 – Az. 2 StR 454/09, BGHSt 55, 191 = NStZ 2010, 630.

ten juristischen Prüfung fragen würde, was denn die Errungenschaft des Katzenkönig-Falls ist, dann müsste die Antwort wohl lauten: Der BGH habe im Katzenkönig-Fall die Theorie entwickelt, dass eine mittelbare Täterschaft auch dann möglich ist, wenn der Verbotsirrtum des Tatmittlers *vermeidbar* ist.

Es hat den Anschein, als ob der BGH im Bereich der mittelbaren Täterschaft damit einen großen Schritt vorwärts getan habe, um den man ihn aus Sicht der Lehre nur beneiden könnte. Jedoch zeigt ein zweiter Blick, dass jene Entscheidung des BGH – genauso wie die beiden weiteren zu besprechenden Urteile – nicht so sehr das Ergebnis eines kreativen Nachdenkens über die Grundlagen des Rechts gewesen ist, sondern eher als eine Art Notlösung verstanden werden kann, die dem BGH auf dem Weg zu einer gerechten Entscheidung gerade noch geblieben ist. „Meilensteine höchstrichterliche Rechtsfortbildung" erweisen sich so besehen eher als das Ergebnis eines auf „Null" geschrumpften Entscheidungsspielraumes.

Im Vordergrund steht hier deshalb nicht die Frage, ob es einen fruchtbaren Dialog zwischen der Lehre an der Universität und der Praxis an den Gerichten gibt – darüber haben bereits Thomas Rotsch sowie andere tiefgründig nachgedacht,[5] sondern hier geht es darum zu zeigen, wie die Arbeitstechniken der akademischen Lehre und die der forensischen Praxis völlig unterschiedlich funktionieren, wobei die höchstrichterliche Rechtsprechung eher die Weichen stellt, während die universitäre Lehre eher das „rollende Material" entwickelt.

II. Theorie und Praxis

Universitäre rechtswissenschaftliche Lehre und Forschung finden in einem „von staatlicher Fremdbestimmung freien Bereich persönlicher und autonomer Verantwortung des einzelnen Wissenschaftlers"[6] statt. Die *Auslegung* der Gesetze – im Strafrecht angesichts des Analogieverbots ganz im Vordergrund – erfolgt im akademischen Dialog, aber auch im Dialog mit der Rechtspraxis. Ohne Rückmeldung aus der Rechtspraxis droht die akademische Befassung mit dem (Straf-)Recht zum Selbstzweck zu werden. Andererseits kann sich die Praxis ohne Rückmeldung aus der Lehre nicht systematisch weiter entwickeln.

Die universitäre Freiheit von Lehre und Forschung gibt im Rahmen der Treue zur Verfassung[7] die Möglichkeit, auch über solche Dinge nachzudenken, die – jedenfalls auf den ersten Blick – für die Praxis völlig irrelevant zu sein scheinen. Man denke etwa an den strafrechtlichen Handlungsbegriff oder die Rechtsgüterlehre. Hochschullehrer und -lehrerinnen dürfen neugierig sein, scheinbar unnütze Dinge tun, exzentrisch sein, provozieren, die Freiheit der Lehre wahrnehmen.

---

[5] Mit zahlreichen weiteren Quellenangaben zu grundlegenden Beiträgen insoweit *Rotsch* ZIS 2008, 1 ff.; mit Replik von *Puppe* ZIS 2008, 67 ff.

[6] BVerfG, Urt. v. 29.5.1973 – 1 BvR 424/71 u. 325/72, BVerfGE 35, 79 (113) = NJW 1973, 1176.

[7] Vgl. *Scholz* in Maunz/Dürig, 81. Erg.-Lieferung 2017, GG Art. 5 Abs. 3 Rn. 201: Verpflichtung zur Verfassungstreue innerhalb sämtlicher Freiheiten, Rechte und Aufgaben, die den Status als Hochschullehrer ausfüllen und inhaltlich lehrrelevant sind.

Allerdings sind rechtswissenschaftliche Fakultäten auch Rechtsschulen. Nicht zu Unrecht werden juristische Fachbereiche in angloamerikanischen Ländern als „Law Schools" bezeichnet. Im Sinne des Gesetzes ist das Jurastudium der akademische Teil einer Ausbildung, die zum Richteramt befähigt.[8] Zu Recht bildet eine akademisch geprägte, unabhängige Richterschaft in einem Rechtsstaat die Richtschnur der Juristenausbildung,[9] an der mit gutem Grund auch die weiteren Organe der Strafrechtspflege wie die Staatsanwaltschaft oder die Strafverteidigung partizipieren. Unsere Studierenden von heute sind mit ganz wenigen Ausnahmen die Praktiker von morgen.

Die Befähigung zum Richteramt bietet aber auch Hochschullehrerinnen und -lehrern die Gelegenheit, ihrerseits in der Praxis tätig zu werden, insbesondere als Mitglieder von Revisionsgerichten.[10] Umgekehrt ermöglicht es die akademische Ausbildung, dass Angehörige aus der Justiz ihre Erfahrungen als Lehrbeauftragte an der Universität einbringen.[11]

Trotz dieses Austauschverhältnisses zwischen Rechtswissenschaft und Justiz unterscheiden sich Theorie und Praxis in ihren „Arbeitsbedingungen" fundamental:

Während akademische Fragestellungen eher abstrakter Natur sind, werden Gerichte zur Entscheidung über konkrete ungelöste gesellschaftliche oder persönliche Konflikte angerufen, im Strafrecht vor allem dann, wenn der Verdacht besteht, dass eine Straftat begangen worden ist. Liegen keine Verfahrenshindernisse vor, so *müssen* im Rechtsstaat die angerufenen Gerichte Entscheidungen in der Sache fällen, schon um des Gewaltmonopols des Staates Willen. Dabei ist die Gerichtspraxis an Gesetz und Recht, nicht aber an universitäre Theorien gebunden, denn theoretische juristische Erkenntnisse haben keine Geltung aus sich heraus. Akademische Antworten zur Lösung nicht selten selbst erfundener akademischer Problemstellungen sind für den Richter deshalb nur mehr oder weniger überzeugende Vorschläge. Recht ist keine exakte Wissenschaft.

Woran sich die Rechtsprechung – über Gesetz und Recht hinaus – allerdings hält, das ist sie selbst.[12] Im Common Law gibt es die Doktrin des „Stare decisis et non quieta movere".[13] Als Prinzip verpflichtet sie die Gerichte, sich an ihre eigenen Vorentscheidungen und die Vorentscheidungen höherer Gerichte, sog. „binding precedents", möglichst zu halten und sich nicht unnötig zu bewegen, d. h. entschiedene Fragen nicht unnötig wieder aufzuwerfen. Obwohl unser kontinentaleuropäisches Recht einen solchen Stare-decisis-Grundsatz formal nicht kennt, findet man ihn der Sache nach hie und da doch, etwa wenn das deutsche Gerichtsverfassungsgesetz Mechanismen vorsieht, die Einheitlichkeit der Rechtsprechung auf der

---

[8] Vgl. zB für Hessen §§ 2, 6 Abs. 2, 28 und 45 Abs. 1 Hess. Juristenausbildungsgesetz (JAG) in der Fassung vom 15.3.2004 (GVBl. 2004 I 158).

[9] Vgl. §§ 5, 5a Deutsches Richtergesetz (DRiG) idF. der Bekanntmachung vom 19.4.1972 (BGBl. I 713), zul. geändert durch Art. 9 G. v. 8.6.2017 (BGBl. 2017 I 1570).

[10] Vgl. § 7 DRiG.

[11] Vgl. zB § 4 Abs. 2 Nr. 3 DRiG.

[12] Vgl. *Klein* JZ 2018, 64.

[13] Näher *Byrd, B. Sharon,* Einführung in die anglo-amerikanische Rechtssprache, Band I, 3. Aufl. 2011, 7 ff.

Ebene der Revisionsgerichte zu wahren.[14] Es entsteht so eine Art Selbstbindung, welche insbesondere den BGH als höchstes Strafgericht daran hindert, eine ständige Rechtsprechung ohne Not aufzugeben. Solche „Notfälle" entstehen aber, wenn der Zwang zur gerechten Entscheidung mit dem „Optimierungsgebot"[15] kollidiert, an einer einmal eingeschlagenen Rechtsprechung festhalten zu sollen. In dieser Situation muss das Gericht im konkreten Fall nach Auswegen suchen. Dies sei nun anhand von drei konkreten Beispielen demonstriert.

III. Not macht erfinderisch – drei Beispiele

1. Die Familientragödie[16] – Beschluss v. 19. 5. 1981

a) Hintergrund

Der angeklagte Neffe hatte seinen Onkel erschossen. Die Tötung hatte eine tragische Vorgeschichte. Im Januar 1978 hatte der Onkel die Ehefrau des Neffen mit vorgehaltener Pistole vergewaltigt. Wegen der familiären Verbindung zwischen dem Onkel und dem Neffen hatte sich die Ehefrau innerlich von ihrem Ehemann gelöst und die Scheidung zu erreichen versucht. Erst neun Monate nach der Vergewaltigung hatte sie ihrem Mann geoffenbart, was geschehen war. Der Angeklagte war fassungslos, weinte vor Verzweiflung und sagte seiner Frau, er werde Rache nehmen. Nachdem die Ehefrau im Februar 1979 zum dritten Mal einen Selbstmordversuch unternommen hatte, stellte der Neffe den Onkel zur Rede. Der Onkel brüstete sich jedoch wegen seiner Tat und beleidigte den Neffen. Nachdem der Neffe die Situation überdacht und sich vergegenwärtigt hatte, dass sein Onkel eine Belastung für ihn und seine Ehe darstellte und seine Ehre und die Ehre seiner Frau gröblichst verletzt hatte, fasste er den Entschluss, den Onkel zu töten. Er steckte eine Selbstladepistole ein und eröffnete seiner Frau, dass er seinen Onkel heute töten werde, wenn er ihn antreffe. Dann ging er zu einem Lokal, in dem er seinen Onkel vermutete und tatsächlich auch antraf. Der Onkel spielte mit drei türkischen Landsleuten Karten. Der Angeklagte grüßte zu ihm hin und stellte sich an die Theke.

„Er nahm wahr, dass sein Onkel seine ungeteilte Aufmerksamkeit dem Kartenspiel widmete und war sich bewusst, dass [der Onkel] ‚keinerlei Angriff' von ihm erwartete. Das war dem Angeklagten ‚durchaus recht'. Er zog die Pistole und feuerte 14 bis 16 Schuss auf seinen Onkel ab, der tödlich getroffen wurde."[17]

[14] Vgl. etwa § 121 Abs. 2 GVG, § 132 GVG (Gerichtsverfassungsgesetz in der Fassung der Bekanntmachung vom 9. 5. 1975, BGBl. 1975 I 1077).

[15] Zu Prinzipien als Optimierungsgeboten *Alexy* in MacCormick, Neil u. a. (Hrsg.), Geltungs- und Erkenntnisbedingungen im modernen Rechtsdenken, Archiv für Rechts- und Sozialphilosophie 1985, Beiheft 25, S. 13ff. (19).

[16] BGH Beschl. v. 19. 5. 1981 – Az. GSSt 1/81, BGHSt 30, 105 = NJW 1981, 1965.

[17] BGHSt 30, 105 (107) = NJW 1981, 1965.

b) Die obligatorisch lebenslange Freiheitsstrafe bei Mord

Die Tat des Neffen wurde vor dem Landgericht Münster verhandelt. Es kam zur Überzeugung, dass der Neffe den Onkel heimtückisch getötet habe, und verurteilte ihn wegen Mordes – entsprechend der obligatorisch in § 211 StGB vorgesehenen Rechtsfolge – zu einer lebenslangen Freiheitsstrafe.

Der Angeklagte legte gegen diese Entscheidung Revision beim BGH ein. Angesichts der Vorgeschichte könne man nicht von einer höchststrafwürdigen Tötung ausgehen, ließ er vortragen. Deshalb sei das Mordmerkmal „Heimtücke" abzulehnen. Auch der 4. Strafsenat des Bundesgerichtshofs als Revisionsgericht hatte Zweifel, ob die Verurteilung des Angeklagten wegen heimtückischen Mordes sachlich gerechtfertigt sei. Deshalb legte er dem Großen Strafsenat des Bundesgerichtshofs die Rechtsfrage vor, ob das Mordmerkmal „Heimtücke" jedenfalls dann zu verneinen sei, „wenn der Täter zur Tat dadurch veranlasst worden ist, dass das Opfer ihn oder einen nahen Angehörigen schwer beleidigt, misshandelt und mit dem Tod bedroht hat, und die Tatausführung über die bewusste Ausnutzung der Arg- und Wehrlosigkeit des Opfers hinaus nicht besonders verwerflich (tückisch oder hinterhältig) ist."[18]

Die Überlegung des 4. Strafsenats, das Mordmerkmal „Heimtücke" – wie alle Mordmerkmale in § 211 StGB 1941[19] in das Strafgesetzbuch eingefügt – restriktiv auszulegen, gleicht einem Griff in ein „Wespennest", denn die Heimtücke ist ein durch die Rechtsprechung schon früh „ausdefiniertes" Mordmerkmal.

Die Beschreibung der „Heimtücke" als „Ausnutzen der Arglosigkeit und Wehrlosigkeit des Opfers zur Tat" geht auf eine Entscheidung des Reichsgerichts vom 7.5.1943 zurück.[20] Seit einer Entscheidung des 1. Strafsenats des BGH vom 21.12.1951[21] wird als zweites Element zusätzlich „das Bewusstsein des Täters von diesen Umständen" verlangt.[22] Eine BGH-Entscheidung von 1956[23] hat schließlich als drittes Element festgelegt, dass für das Ausnutzen der Arg- und Wehrlosigkeit eine feindselige Willensrichtung kennzeichnend sein müsse. Ein Täter, der seine Familie, die er sehr liebe, mit sich in den Tod nehme, also das Schicksal bereiten wolle, das er sich selbst zugedacht habe, weil er in krankhafter Verblendung meine, zum Besten seiner Familie zu handeln, handle nicht heimtückisch, weil es ihm an der feindseligen Willensrichtung, die für das Ausnutzen der Arg- und Wehrlosigkeit kennzeichnend ist, fehle.

Mit diesen drei Elementen ist die heimtückische Tötung abschließend festgelegt und ihr Vorhandensein hat im Regelfall zwingend und ohne weitere Voraussetzungen, also absolut, die Verhängung einer lebenslangen Freiheitsstrafe zur Folge. *Albin Eser* hat insoweit die Formel vom „Absolutheitsmechanismus" entwickelt,[24] der –

---

[18] BGHSt 30, 105 (106) = NJW 1981, 1965.

[19] § 2 des Gesetzes zur Änderung des Reichstrafgesetzbuches vom 4.9.1941, RGBl. 1941 S. 549.

[20] RG Urt. v. 7.5.1943 – Az. 1 D 135/43, RGSt 77, 41 (44).

[21] BGH Urt. v. 21.12.1951 – Az. 1 StR 675/51, BGHSt 2, 60 = BeckRS 1951, 31195477.

[22] BGHSt 2, 60 = BeckRS 1951, 31195477.

[23] BGH Beschl. v. 22.9.1956 – Az. GSSt 1/56, BGHSt 9, 385 (390) = NJW 1957, 70.

[24] *Eser,* Gutachten D für den 53. Deutschen Juristentag, 1980, S. D 53f.

im Zusammenhang mit der faktischen[25] Exklusivität der Mordmerkmale – seine unheilvolle Wirkung entfaltet.

Auf den Fall bezogen heißt das: Weil der Neffe sich dessen bewusst war, dass der Onkel seine ungeteilte Aufmerksamkeit dem Kartenspiel widmete und deshalb keinerlei Angriff von ihm erwartete, was dem Neffen „durchaus recht war", war von einem bewussten Ausnutzen der auf der Arglosigkeit des Onkels beruhenden Wehrlosigkeit auszugehen. Auch hatte der Neffe nicht zum Besten seines Onkels handeln wollen. Damit war Heimtücke gegeben und die Rechtsfolge „lebenslange Freiheitsstrafe" im Prinzip unvermeidlich.

c) Das Versagen sog. „Vermeidungsstrategien" und genereller Tatbestandsrestriktionen

Der Absolutheitsmechanismus des § 211 StGB brachte den BGH angesichts der tragischen Umstände im Familientragödie-Fall in eine schwierige Situation, aus der auch keiner der bis dahin bekannten Wege und Vorschläge zur Vermeidung des Absolutheitsmechanismus „lebenslange Freiheitsstrafe" einen Ausweg weisen konnte.

In der *gerichtlichen Praxis* feststellbare „Vermeidungsstrategien"[26] in Form der Annahme gesetzlicher Strafmilderungsgründe wie Versuch (§ 23 Abs. 2 StGB, § 49 Abs. 1 StGB) statt Vollendung, Beihilfe statt Täterschaft (§ 27 Abs. 2 S. 2 StGB, § 49 Abs. 1 StGB) oder der Annahme einer verminderten Schuldfähigkeit (§§ 21, 49 Abs. 1 StGB), welche statt der lebenslangen Freiheitsstrafe fakultativ bzw. obligatorisch eine Freiheitsstrafe nicht unter 3 Jahren vorsehen, ließen sich im Familientragödie-Fall nicht in Anspruch nehmen. Auch die Annahme von Jugendstrafrecht (§ 18 Abs. 1 JGG), die ebenfalls zu einer zeitigen Freiheitsstrafe geführt hätte, kam nicht in Frage.

Aber auch seitens der *universitären Lehre* entwickelte Auswege, welche auf der Unrechtsebene am Begriff der Heimtücke ansetzen, schienen dem BGH nicht praktikabel:

Kein Gehör fand die vorgeschlagene Verneinung von Heimtücke im Rahmen einer sog. Typen- oder Tatbestandskorrektur, wenn eine Tötungshandlung aufgrund umfassender Gesamtwürdigung aller Tatumstände und der Täterpersönlichkeit als nicht besonders verwerflich erscheint.[27] Auf Ablehnung stieß auch die Forderung nach einem zusätzlichen „verwerflichen Vertrauensbruch" als Voraussetzung einer heimtückischen Vergehensweise.[28] Als Mittel zur Einschränkung des Heimtückebegriffs seien jene Kriterien zu unbestimmt. Sie seien „von generalklauselartiger Weite" und stellten infolgedessen die Berechenbarkeit und Gleichmäßigkeit der die

---

[25] Als Folge der nur seltenen Anwendung von § 212 Abs. 2, vgl. *Eser,* Gutachten D für den 53. Deutschen Juristentag, 1980, S. D 52f.

[26] Vgl. *Eser,* Gutachten D für den 53. Deutschen Juristentag, S. D 53ff.

[27] So zB *Eser* JR 1981, 177 (183); *Eser/Sternberg-Lieben* in Schönke/Schröder, 29. Aufl. 2014, StGB § 211 Rn. 10; *Geilen* JR 1980, 309ff.; *Lange* GS Horst Schröder, 1978, 217ff.; *Rieß* NJW 1968, 628 (630); *Schönke* NJW 1950, 237f.

[28] So zB *Blei,* Strafrecht II, 12. Aufl. 1983, § 6 II 2a; *Hassemer* JuS 1971, 626 (630); *Otto,* Grundkurs BT, 7. Aufl. 2005, § 4 Rn. 25; *Schaffstein* FS H. Mayer, 1965, 419 (428); *Schmidhäuser,* Gesinnungsmerkmale im Strafrecht, 1958, 232ff.; vgl. auch die Nachweise bei *Eser/Sternberg-Lieben* in Schönke/Schröder, 29. Aufl. 2014, StGB § 211 Rn. 26.

Beschreibung des strafbaren Verhaltens (Tatbestandsfrage) betreffenden Rechtsanwendung in einem zentralen Bereich des Strafrechts in Frage. Auch erscheine es „unerträglich, den Überfall auf einen Ahnungslosen alleine deshalb nicht als heimtückisch anzusehen, weil Täter und Opfer bis dahin in keiner persönlichen Beziehung zueinander gestanden haben".[29] Und in der Tat wird es kaum Fälle geben, in denen der Auftragskiller in einem besonderen Vertrauensverhältnis zum Getöteten steht.

d) Die Empfehlung einer einschränkenden Auslegung von „Heimtücke" durch das Bundesverfassungsgericht

Mit Überlegungen zur Restriktion des Merkmals „Heimtücke" auf Tatbestandsebene wurde der BGH im Familientragödie-Fall aber nicht nur aus Richtung der Lehre konfrontiert. Denn speziell mit dem Mordmerkmal der Heimtücke hatte sich 1977 der Erste Senat des BVerfG im Rahmen einer konkreten Normenkontrolle des LG Verden nach Art. 100 Abs. 1 GG beschäftigt. Das Landgericht Verden hatte ein Strafverfahren gegen einen Polizeibeamten ausgesetzt, der einen Dritten erschossen hatte, welcher ihn im Zusammenhang mit dem Handel mit Betäubungsmitteln erpressen wollte, und dem Bundesverfassungsgericht die Frage zur Entscheidung vorgelegt, ob der Mordparagraf angesichts der zwingend lebenslangen Freiheitsstrafe als Rechtsfolge verfassungswidrig sei. Im Hinblick auf das Mordmerkmal der Heimtücke verneinte das BVerfG eine Verfassungswidrigkeit. Denn Wortlaut und Sinngehalt des § 211 StGB ließen eine Auslegung zu, die sicherstelle, dass auch in Grenzfällen keine unverhältnismäßig hohe Strafe verhängt werden muss. Darüber zu entscheiden, welcher Weg dabei im Einzelnen zu beschreiten sei, sei Aufgabe des für die Auslegung der Strafrechtsnormen letztlich zuständigen Bundesgerichtshofs.[30]

e) Die Entscheidung des Großen Strafsenats

Der Bundesgerichtshof nahm den ihm vom BVerfG zugespielten Ball jedoch nicht an. In dem Bestreben, die Mordmerkmale in § 211 StGB möglichst unangetastet zu lassen, versperrte sich der BGH den Ausweg über eine einschränkende Auslegung des Heimtückebegriffs.

Allerdings *musste* der BGH im Fall des Neffen entscheiden. Wollte er gerecht entscheiden und die Verurteilung des Neffen durch das LG Münster zu einer lebenslangen Freiheitsstrafe zu Fall bringen, so musste er sich in seiner Entscheidungsnot etwas einfallen lassen. Seine „Erfindung in der Not" bestand darin, sein Heil statt *auf der Tatbestandsebene* mittels einer restriktiven Interpretation des Mordmerkmals *Heimtücke* nun auf der Ebene der *Strafzumessung* zu suchen und einen ungeschriebenen Strafmilderungsgrund zu „erfinden", den er folgendermaßen umschrieb: Bei Mord aus Heimtücke tritt auf der Rechtsfolgenseite an die Stelle der lebenslangen Freiheitsstrafe eine Freiheitsstrafe zwischen 3 und 15 Jahren (vgl. § 49

---

[29] BGH Urt. v. 29.11.1978 – Az. 2Str 504/78, BGHSt 28, 210 (212) = NJW 1979, 378.
[30] BVerfG Urt. v. 21.6.1977 – 1 BvL 14/76, BVerfGE 45, 187 (267) = NJW 1977, 1525.

Abs. 1 Nr. 1 StGB), „wenn außergewöhnliche Umstände vorliegen, die das Ausmaß der Täterschuld erheblich mindern".[31]

Eine abschließende Definition derartiger „außergewöhnlicher Umstände" sei nicht möglich. Aber immerhin wagte der Große Strafsenat eine Konkretisierung: „Durch eine notstandsnahe, ausweglos erscheinende Situation motivierte, in großer Verzweiflung begangene, aus tiefem Mitleid oder aus gerechtem Zorn aufgrund einer schweren Provokation verübte Taten, können solche Umstände aufweisen, ebenso Taten, die in einem vom Opfer verursachten und ständig neu angefachten zermürbenden Konflikt und schweren Kränkungen des Täters durch das Opfer, die das Gemüt immer wieder heftig bewegen, ihren Grund haben."[32]

So hatte der BGH in seiner „Not" die Strafzumessungslösung beim Heimtückemord „erfunden".

2. Der Katzenkönig[33] *– Urt. v. 15. 9. 1988*

War im Familientragödie-Fall die Notlage des Großen Strafsenats durch einen populistischen, einem Täterstrafrecht verfallenden Gesetzgeber vor 1941 und einen zur Reform unfähigen Gesetzgeber nach 1945 verursacht, so war das Dilemma des höchsten deutschen Strafgerichts im Katzenkönig-Fall selbst verschuldet, wobei auch hier der Ursprung des Problems populistisch geprägt ist.

a) Hintergrund

Wie eingangs erwähnt, war es Barbara im bewussten Zusammenwirken mit Peter gelungen, den eher naiven Michael dazu zu bringen, an die Existenz des Katzenkönigs zu glauben. Zunächst war Michael von Barbara und Peter nur als Werkzeug für den eigenen Spaß benutzt worden. Dann aber erfährt die Geschichte eine tragische Wendung: Denn als Barbara erfahren hatte, dass ihr früherer Freund Udo geheiratet hatte, entschloss sie sich aus Hass und Eifersucht, Udos Frau Annemarie von Michael – unter Ausnutzung seines Aberglaubens – töten zu lassen.

In stillschweigendem Einverständnis mit Peter hatte Barbara Michael vorgespiegelt, der Katzenkönig verlange wegen der vielen, von ihm, Michael, begangenen Fehler ein Menschenopfer in Gestalt der Annemarie. Falls Michael die Tat nicht binnen einer kurzen Frist vollende, müsse er Barbara verlassen und die Menschheit oder Millionen von Menschen würden vom Katzenkönig vernichtet. Michael hatte zwar erkannt, dass die Tötung von Annemarie Mord sei und gegen das Tötungsverbot der Bibel verstoße. Jedoch hatte Barbara ihn unter Berufung auf Jesus schwören lassen, um der Rettung der Menschheit willen, einen Menschen zu töten. Und sie hatte ihn darauf hingewiesen, dass bei Bruch des Schwurs seine unsterbliche Seele auf Ewigkeit verflucht sei. Da war Michael zur Tötung der Annemarie entschlossen. Trotz seiner Gewissensbisse glaubte er im Hinblick auf die Rettung von Millionen Menschen, Annemarie opfern zu dürfen.

---

[31] BGH Beschl. v. 19.5.1981 – Az. GSSt 1/81, BGHSt 30, 105 (Orientierungssatz Nr. 2) = NJW 1981, 1965.

[32] BGH Beschl. v. 19.5.1981 – Az. GSSt 1/81, BGHSt 30, 105 (119) = NJW 1981, 1965.

[33] BGH Urt. v. 15.9.1988 – Az. 4 StR 352/88, BGHSt 35, 347 = NJW 1989, 912.

An einem späten Abend im Juli suchte Michael Annemarie in ihrem Blumenladen unter dem Vorwand auf, Rosen kaufen zu wollen. Entsprechend dem ihm von Peter – im Einverständnis mit Barbara – gegebenen Rat, stach Michael mit einem ihm zu diesem Zweck von Peter überlassenen Fahrtenmesser hinterrücks der ahnungs- und wehrlosen Annemarie in den Hals, das Gesicht und den Körper, um sie zu töten. Als dritte Personen der sich nun verzweifelt wehrenden Frau zu Hilfe eilten, lies Michael von Annemarie ab, wobei er mit ihrem Tod rechnete. Annemarie überlebte jedoch.

b) Die Strafbarkeit des Michael R. wegen heimtückisch begangenen versuchten Mordes

Der BGH bestätigte zunächst die Verurteilung Michaels durch das Landgericht wegen eines versuchten heimtückischen Mordes. Michael habe die Arg- und Wehrlosigkeit der Annemarie bewusst ausgenutzt. Er sei für sein Tun auch verantwortlich gewesen. Denn weder sei er schwachsinnig gewesen, noch habe er an einer krankhaften seelischen Störung gelitten. Es handele sich bei ihm zwar um eine hoch abnorme Persönlichkeit, die neurotisch tiefgreifend gestört und deformiert sei. Dieser Zustand sei als eine „schwere andere seelische Abartigkeit“ im Sinne der §§ 20, 21 StGB anzusehen.[34] Diese nicht krankhafte schwere seelische Störung habe jedoch die Einsichtsfähigkeit des Angeklagten nicht beeinträchtigt, denn er habe um das Verbotensein der Tötung eines Menschen gewusst. Auch die Steuerungsfähigkeit Michaels sei nicht aufgehoben gewesen, weil er sich dem Tatauftrag hätte entziehen können. Die Strafkammer habe deshalb zu Recht eine Schuldfähigkeit des Angeklagten Michael R. nach § 21 StGB angenommen, wenn auch nur in einem verminderten Grad. Indem Michael angenommen habe, durch seine Tat die Welt zu retten und deshalb rechtmäßig zu handeln, sei er in Unkenntnis bezüglich des Verbotenseins seiner Tat gewesen. Diesen Verbotsirrtum aber habe er vermeiden können, weshalb er für die Tat verantwortlich sei. Jedoch sei seine Strafe nach § 17 S. 2 StGB zu mildern.

Damit kam das Landgericht zu dem vom BGH bestätigten Ergebnis, dass Michael eines versuchten heimtückischen Mordes schuldig sei.

c) Die Strafbarkeit der Barbara H. und des Peter P.

Problematisch war allerdings die Strafbarkeit von Barbara und Peter. Hier gab es im Prinzip zwei Möglichkeiten: Entweder man betrachtete Barbara und Peter als Anstifter zum versuchten heimtückischen Mord des Michael oder als gemeinschaftliche mittelbare Täter eines versuchten Mordes aus niedrigen Beweggründen zum Nachteil der Annemarie mit Michael als Werkzeug.

---

[34] In Überwindung der lingua tertii imperii zu verstehen als „nicht krankhafte schwere seelische Störung“, vgl. *Gropp,* Strafrecht Allgemeiner Teil, 4. Aufl. 2015, § 6 Rn. 82.

aa) Keine Möglichkeit, Barbara H. und Peter P. wegen Anstiftung zum versuchten heimtückischen Mord zu bestrafen

Sowohl bei einem Abstellen auf den Täterwillen als auch auf die Tatherrschaft[35] wäre es durchaus vertretbar gewesen, Barbara und Peter als Anstifter der im Versuch stecken gebliebenen Tötung zu betrachten. Denn weder wollten Barbara und Peter selbst sich die „Finger schmutzig machen“, noch konnte gerichtlich nachgewiesen werden, dass sie die Kontrolle auch über die heimtückische Ausführung des Tötungsversuchs gehabt hatten. Denn das Landgericht als Tatgericht hatte nicht einmal nachweisen können, dass Barbara und Peter von der heimtückischen Ausführung des versuchten Mordes durch Michael gewusst hatten. Damit fehlte Barbara und Peter der Vorsatz, zum heimtückischen Mord anzustiften.

Zwar handelten beide in ihrer eigenen Person aus niedrigen Beweggründen. Denn sowohl Barbara als auch Peter war es darum gegangen, sich an Udo, dem früheren Geliebten der Barbara, zu rächen. Einer Anstiftung von Barbara und Peter zu einem versuchten Mord aus den bei ihnen selbst vorliegenden niedrigen Beweggründen stand jedoch eine Theorie der Rechtsprechung entgegen, auf die nun eingegangen werden muss:

bb) Keine Möglichkeit, Barbara H. und Peter P. wegen Anstiftung zum versuchten Mord aus niedrigen Beweggründen zu bestrafen

Schon bald nach jener verhängnisvollen Neufassung des Mordparagrafen von 1941 legte sich das Reichsgericht im 77. Band 1943 darauf fest, dass Mord gegenüber dem Totschlag ein eigenständiger Charakterzug zukomme. Mord sei nicht etwa nur eine besonders schwere Form des Totschlags, sondern § 211 StGB sei von § 212 StGB sozusagen durch eine unüberwindliche Mauer getrennt. Dass das in den Mordparagrafen 1941 injizierte Gift des Täterstrafrechts („Mörder ist, wer …“) zu wirken beginnt, ist in der Entscheidung RGSt 77, 41 von 1943 deutlich zu erkennen: „Nach der Neufassung des § 211 StGB ist Mord im Gegensatze zum Totschlag eine besonders verwerfliche Tötung, wobei sich die besondere Verwerflichkeit aus der Ausführung der Tat und aus der sie beherrschenden Gesinnung ergeben kann. Indem der Gesetzgeber in der Neufassung der §§ 211 und 212 StGB Tat und Täter erfaßt und kennzeichnet, findet er das unterscheidende Merkmal zwischen den beiden Tätergruppen in der Gesamtpersönlichkeit des Täters, wie sie aus der Tat und aus sonstigen Umständen erkennbar ist. […] der Gesetzgeber will auch mit der Neufassung der §§ 211, 212 StGB gegenüber dem Täter, der einen Menschen vorsätzlich getötet hat, den Schutz der Volksgemeinschaft sichern und das Bedürfnis nach gerechter Sühne befriedigen.“[36] „Auch beim Mörder wird die Tat sehr häufig aus einer Veranlagung heraus verständlich sein. Entscheidend dafür, ob ein Täter Mörder oder Totschläger ist, kann also nicht dieser Umstand, nicht seine Bewertung als Einzelpersönlichkeit sein; entscheidend ist vielmehr, wie Tat und Täter vom Standpunkt des gesunden Volksempfindens aus, sittlich zu bewerten sind.“[37]

---

[35] Vgl. *Gropp,* Strafrecht Allgemeiner Teil, 4. Aufl. 2015, § 10 Rn. 66ff., 77ff. mwN.
[36] RG Urt. v. 7.5.1943 – Az. 1 D 135/43, RGSt 77, 41 (43).
[37] RGSt 77, 41 (44).

Von jener Täter-Typologie des „Totschlägers“ und des „Mörders“, aus der wie in Ingmar Bergmanns „Schlangenei“[38] das Böse deutlich durchscheint, kann sich der BGH auch nach dem Krieg nicht befreien. Im November 1951[39] hatte der BGH einen der Situation im Katzenkönig-Fall nicht unähnlichen Fall zu entscheiden, in dem der Angeklagte aus niedrigen Beweggründen amerikanische Soldaten zu einer vorsätzlichen Tötung angestiftet hatte, die mangels Mordmerkmalen seitens der Soldaten nur als Totschlag eingeordnet werden konnte. Den Anstifter wegen seiner eigenen niedrigen Beweggründe wegen Anstiftung zum Mord zu bestrafen, lehnte der BGH ab, denn „wer in einer in § 211 StGB beschriebenen Weise einen Menschen tötet, wird nach dieser Bestimmung ‚als Mörder‘ bestraft, wer vorsätzlich tötet, nach § 212 StGB ‚als Totschläger‘. Das Gesetz stellt also zwei selbstständige Tatbestände mit verschiedenem Unrechtsgehalt auf. Dass die vorsätzliche Tötung ein Merkmal des § 211 des StGB ist, spricht nicht gegen die Selbständigkeit beider Bestimmungen.“ […] „Sicher ist zwar, dass derjenige, der bei einer Tötung ein Merkmal des § 211 StGB verwirklicht, höhere Schuld auf sich lädt als der Totschläger. Daraus folgt aber noch nicht, dass die Merkmale des § 211 StGB Schulderhöhungsgründe zum § 212 StGB sind. Das Gesetz kennzeichnet eben die in § 211 StGB aufgeführten Begehungsweisen der Tötung nicht als schwere Fälle des Totschlags, sondern als eine andere Straftat, als Mord. Damit bringt es unzweideutig zum Ausdruck, dass es die §§ 211 und 212 StGB als zwei selbständige Tatbestände von verschiedenem Unrechtsgehalt ansieht.“

Diese „Mauer“ zwischen Mord und Totschlag als Relikt eines längst überholten Täterstrafrechts begrenzt die Entscheidungsspielräume der Rechtsprechung bis heute. Denn sie verhindert in Katzenkönig-Konstellationen durch die Unanwendbarkeit von § 28 Abs. 2 StGB, dass ein Teilnehmer, obwohl er selbst Mordmerkmale erfüllt, wegen Teilnahme am Mord bestraft werden kann. Die Lehre hingegen nimmt eine Durchlässigkeit von Mord und Totschlag an und bestraft jeden Beteiligten wegen Totschlags oder Mordes, je nach den von ihm selbst verwirklichen persönlichen Mordmerkmalen.

Hätte der BGH im Katzenkönig-Fall also seiner eigenen Rechtsprechung treu bleiben wollen, so hätte er bei Barbara und Peter im Falle einer Anstiftung lediglich eine Anstiftung zum versuchten *Totschlag* annehmen können. Statt einer lebenslangen Freiheitsstrafe hätte dies – mangels Vorliegens eines besonders schweren Falles – eine Freiheitsstrafe zwischen fünf und 15 Jahren bedeutet. Der BGH steckte also in einem Dilemma, aus dem er sich nur befreien konnte, indem er Barbara und Peter zu mittelbaren Tätern einer Tötung aus niedrigen Beweggründen erklärte, die sich Michaels wie einer Marionette bedient hätten.

[38] In dem Filmdrama von 1977 stellt der Wissenschaftler Vergérus im Berlin des Jahres 1923 mit hungernden Arbeitslosen grausame Experimente an und filmt diese. Als er verhaftet werden soll, tötet er sich mit einer Zyankalikapsel. Vor seinem Tod prophezeit er das Aufkommen einer neuen politischen Bewegung in Deutschland, die die Wut, Angst und Frustration in der Bevölkerung für sich nutzbar machen wird: „Jeder kann sehen, was die Zukunft bringt. Es ist wie ein Schlangenei. Durch die dünnen Häute kann man das fast völlig entwickelte Reptil deutlich erkennen.“ https://de.wikipedia.org/wiki/Das_Schlangenei (zuletzt abgerufen 19.2.2018).

[39] BGH Urt. v. 9.11.1951 – Az. 2 StR 296/51, BGHSt 1, 368 = NJW 1952, 110.

cc) Barbara H. und Peter P. als mittelbare Mittäter

Weitgehend Einigkeit bestand vor der Entscheidung des BGH im Katzenkönigfall darin, dass eine mittelbare Täterschaft möglich ist, wenn ein *unvermeidbarer* Verbotsirrtum des Werkzeugs vorliegt.[40] Ob hingegen auch ein *vermeidbarer* Verbotsirrtum eine Tatherrschaft des mittelbaren Täters begründet, war in der *Literatur* umstritten.[41] In der höchstrichterlichen Rechtsprechung fanden sich zur mittelbaren Täterschaft Ausführungen dahingehend, dass der Tatmittler nicht selbst Täter sein dürfe.[42] Beim vermeidbaren Verbotsirrtum hätte dies freilich das „Aus" für die Annahme einer mittelbaren Täterschaft bedeutet. Denn wer im vermeidbaren Verbotsirrtum handelt, ist nicht nur Täter, sondern sogar strafbar.

Auf dieser Grundlage hätte der BGH im Katzenkönig-Fall eine mittelbare Täterschaft von Barbara und Peter und damit ihre Strafbarkeit wegen Mordes verneinen müssen.

Aber der BGH schafft sich einen Entscheidungsspielraum, indem er eine Selbstbindung an die Ausführungen in BGHSt 2, 169 und BGHSt 30, 363 zur mittelbaren Täterschaft verneint: Die Definition, dass ein mittelbarer Täter die Tat durch einen anderen ausführe, der nicht selbst Täter sei, sei in den genannten Entscheidungen nicht tragend. Im Katzenkönig-Fall hingegen komme es auf die Beantwortung der Streitfrage an, weil eine Anstiftung zum versuchten heimtückischen Mord mangels Nachweisbarkeit der Kenntnis von der heimtückischen Begehungsweise des Michael seitens Barbara und Peter ausscheide.[43]

Somit sieht sich der BGH im Interesse einer gerechten Entscheidung gezwungen, zur Tatherrschaft des Hintermannes bei vermeidbarem Verbotsirrtum des Werkzeugs Stellung zu nehmen. Vor die Wahl gestellt, seine eigene, in der Literatur immer wieder angegriffene und in der Tat höchstproblematische Rechtsprechung zum Mord als delictum sui generis zu ändern oder eine mittelbare Täterschaft beim vermeidbaren Verbotsirrtum des Tatmittlers anzunehmen, entscheidet sich der BGH für die zweite Alternative, was ihm eine Änderung seiner Rechtsprechung erspart: „stat decisis et non quieta movet".

---

[40] *Kindhäuser,* Strafrecht Allgemeiner Teil, 8. Aufl. 2017, § 39 Rn. 32; *Rengier,* Strafrecht Allgemeiner Teil, 9. Aufl. 2017, § 43 Rn. 30; *Kühl,* Strafrecht Allgemeiner Teil, 8. Aufl. 2017, § 20 Rn. 69 mwN.; ablehnend jedoch: *Köhler,* Strafrecht Allgemeiner Teil, 1997, 509f.; *Welzel,* Das deutsche Strafrecht, 11. Aufl. 1969, 103.

[41] Bejahend: *B. Heinrich,* Strafrecht Allgemeiner Teil, 4. Aufl. 2014, Rn. 1260; *Kindhäuser,* Strafrecht Allgemeiner Teil, 8. Aufl. 2017, § 39 Rn. 35; *Küper* JZ 1989, 935; *Meurer* NJW 2000, 2936 (2938); *Rengier,* Strafrecht Allgemeiner Teil, 9. Aufl. 2017, § 43 Rn. 42; *Roxin* FS Lange, 1976, 173 (178ff.); *Schaffstein* NStZ 1989, 153; *Schumann* NStZ 1990, 32; *Wessels/Beulke/Satzger,* Strafrecht Allgemeiner Teil, 47. Aufl. 2017, § 16 Rn. 784; kritisch hingegen: *Spendel* FS Lüderssen, 2002, 605 (608ff.); *Bottke* JuS 1992, 765 (767ff.); *Herzberg* JuS 1974, 374; *Jakobs* GA 1996, 253 (267); *Krey/Esser,* Deutsches Strafrecht Allgemeiner Teil, 6. Aufl. 2016, Rn. 928ff.; *Otto* FS Roxin, 2001, 483ff.; *Puppe* GA 2013, 526ff.; *zusammenfassende Darstellung* bei *Kühl,* Strafrecht Allgemeiner Teil, 8. Aufl. 2017, § 20 Rn. 77ff.

[42] BGH Urt. v. 8.1.1952 – Az. 1 StR 527/51, BGHSt 2, 169, (170) = BeckRS 1952, 30384447; BGH, Urt. v. 26.1.1982 – Az. 4 StR 631/81, BGHSt 30, 363 (364) = NJW 1982, 1164.

[43] BGHSt 35, 347 (351) = NJW 1989, 912.

Die Annahme einer mittelbaren Täterschaft auch bei vermeidbarem Verbotsirrtum des Tatmittlers begründet der BGH damit, dass die bloße Möglichkeit, einen Verbotsirrtum zu vermeiden, nichts an der zum Zeitpunkt der Tat – „aktuell" – bestehenden irrigen Annahme des Tatmittlers ändere, rechtmäßig zu handeln. Dies verschaffe dem Hintermann ein überlegenes Wissen, das die Möglichkeit zur Beherrschung der Tat mit Hilfe des irrenden Vordermanns als Werkzeug eröffnet. Damit war es dem BGH im Katzenkönig-Fall möglich, Barbara und Peter als mittelbare Täter eines versuchten Mordes aus (eigenen) niedrigen Beweggründen zu klassifizieren.

Zugegeben: Diese Annahme einer mittelbaren Täterschaft kraft überlegenen Wissens bei vermeidbarem Verbotsirrtum des Werkzeugs ist letztlich überzeugend, und zwar auch in der Theorie. Denn auch wer vermeidbar irrt, irrt. Die Vermeidbarkeit lässt die Tatherrschaft unberührt, solange der Irrtum besteht.

Dass im Katzenkönig-Fall für den BGH – in Folge seiner eigenen angreifbaren Einordnung des Mordes als delictum sui generis im Verhältnis zum Totschlag – die Annahme einer mittelbaren Täterschaft jedoch der letzte Ausweg war, um zu einer Strafbarkeit von Barbara und Peter wegen Mordes zu gelangen, und dass der BGH aus der Not eine Tugend gemacht hat, bleibt in der Entscheidung freilich unerwähnt gemäß der Regel, dass sich der kluge Richter in der Begründung auf das unbedingt Notwendige beschränkt.

3. Die PEG-Sonde[44] – Urt. v. 25.6.2010

a) Hintergrund

Im PEG-Sonden-Fall hatte das LG über die Strafbarkeit der Angeklagten G wegen eines Versuchs der Tötung ihrer Mutter K zu befinden. K wurde durch eine Magensonde, eine sog. PEG-Sonde (perkutane endoskopische Gastrostomie), künstlich ernährt. G hatte die Sonde durchgeschnitten, um eine weitere künstliche Ernährung zu verhindern.

Der Tat von Frau G ging die folgende Vorgeschichte voraus:

Der Ehemann von Frau K hatte im Jahr 2002 eine Hirnblutung ohne schwerwiegende gesundheitliche Folgen erlitten. Tochter G hatte ihre Mutter deshalb Ende September 2002 befragt, wie sie und ihr Bruder sich verhalten sollten, falls ihr, K, etwas zustoßen sollte. Frau K hatte darauf ua erwidert, sie wolle keine lebensverlängernden Maßnahmen in Form künstlicher Ernährung und Beatmung, falls sie bewusstlos werde und sich nicht mehr äußern könne. Sie wolle nicht an irgendwelche „Schläuche" angeschlossen werden.

Im Oktober 2002 erlitt Frau K selbst eine Hirnblutung und fiel in ein Wachkoma. Sie war seither nicht mehr ansprechbar und wurde in einem Altenheim gepflegt. Über die PEG-Sonde wurde sie künstlich ernährt. Nach einer Fraktur im Jahr 2006 musste ihr der linke Arm amputiert werden. Im Dezember 2007 war Frau K bei einer Größe von 1,59 m auf ein Gewicht von 40 kg abgemagert. Eine Besserung ihres Gesundheitszustands war nicht mehr zu erwarten.

---

[44] BGH Urt. v. 25.6.2010 – Az. 2 StR 454/09, BGHSt 55, 191 = NJW 2010, 2963.

Die Tochter G und ihr Bruder versuchten nun, den mutmaßlichen Willen der Mutter, zu sterben, in die Wirklichkeit umzusetzen, und ließen sich anwaltlich beraten. Man einigte sich auf den Rat des Anwalts P hin, dass sich das Personal nur noch um die Pflegetätigkeit im engeren Sinne kümmern solle, während die Tochter und ihr Bruder die Ernährung über die Sonde einstellen sollten. Bereits einen Tag später, nachdem Tochter und Bruder so verfahren hatten, wurde die Leitung des Seniorenzentrums von der Geschäftsleitung angewiesen, die künstliche Ernährung wieder aufzunehmen. Der Tochter und dem Bruder wurde ein Hausverbot erteilt. Um eine weitere Nahrungsverabreichung dennoch zu verhindern, riet Anwalt P der Tochter und ihrem Bruder, den Schlauch der Sonde unmittelbar über der Bauchdecke zu durchtrennen. Dies geschah, wurde jedoch alsbald entdeckt. Frau K wurde in ein Krankenhaus gebracht, wo ihr eine neue Sonde gelegt und die künstliche Ernährung wieder aufgenommen wurde. Dort starb Frau K etwa vierzehn Tage später eines natürlichen Todes aufgrund ihrer Erkrankungen.

b) Das Urteil des Landgerichts

Das Landgericht verurteilte Rechtsanwalt P wegen versuchten gemeinschaftlichen Totschlags zum Nachteil der Frau K. Wenn P gemeint habe, dass sein Verhalten rechtmäßig gewesen sei, so sei dies ein vermeidbarer Verbotsirrtum, welcher die Strafbarkeit nicht entfallen lasse, sondern nur zu einer Strafmilderung führe. Tochter G jedoch habe das Unrecht ihres Handelns aufgrund der Beratung durch den Rechtsanwalt nicht erkennen können und sei deshalb wegen eines unvermeidbaren Verbotsirrtums gem. § 17 S. 1 StGB mangels Schuld freizusprechen.

c) Die Überprüfung der Verurteilung des Rechtsanwalts durch den BGH – die „Erfindung" des Behandlungsabbruchs

Rechtsanwalt P legte beim Bundesgerichthof Revision ein und wurde im Juni 2010 freigesprochen. Dies war möglich, weil der Gesetzgeber durch das Gesetz zur Änderung des Betreuungsrechts vom 29.7.2009[45] mit § 1901a BGB die sog. Patientenverfügung in das BGB eingefügt hatte. Danach kann ein einwilligungsfähiger Volljähriger für den Fall seiner Einwilligungsunfähigkeit schriftlich festlegen, ob er bestimmte Untersuchungen seines Gesundheitszustandes, Heilbehandlungen oder ärztliche Eingriffe untersagt.

Wenn aber ein Patient das Unterlassen einer Behandlung verlangen kann, so der BGH, dann müsse dies gleichermaßen auch für die Beendigung einer nicht mehr gewollten Behandlung gelten, gleich, ob dies durch Unterlassen weiterer Behandlungsmaßnahmen oder durch aktives Tun umzusetzen sei.[46]

Die Tragweite der Entscheidung wird deutlich, wenn man sich die Diskussionen im Vorfeld jener Rechtsprechung näher anschaut.

---

[45] Sog. Patientenverfügungsgesetz, in Kraft seit 1.9.2009, BGBl. 2009 I 2286.

[46] BGHSt 55, 191 (203) = NJW 2010, 2963.

aa) Die bisherige Rechtsprechung

Der PEG-Sonden-Fall fällt in die schwierige und von Unsicherheit geprägte Thematik der Sterbehilfe. Insoweit galt bis zur PEG-Sonden-Entscheidung die Sprachregelung, dass eine Sterbehilfe durch *aktives Tun* (mit Ausnahme der sog. indirekten Sterbehilfe, bei der eine mutmaßliche abstrakte Lebensverkürzung im Interesse der Schmerzlinderung oder Schmerzbeseitigung in Kauf genommen wird) nicht zulässig sei.[47]

Passive Sterbehilfe, d. h. das Sterbenlassen eines Menschen, wurde hingegen unumstritten für zulässig erachtet, wenn der Sterbeprozess bereits unwiderruflich eingesetzt hatte. Aber auch schon vor diesem Stadium blieb ein Unterlassen straflos, wenn der Arzt gar nicht handeln bzw. eingreifen durfte.[48] Denn wenn der Patient eine Behandlung ablehnt, ist eine Behandlung gegen den Willen des Patienten selbst dann unzulässig, wenn dies Lebensgefahr bedeutet. Ärzte und Angehörige sind dann nicht nur berechtigt, sondern sogar verpflichtet, einen Eingriff zu unterlassen.[49]

Die Rechtsprechung nahm einen solchen rechtfertigenden Behandlungsverzicht aber nur so lange an, wie der Sterbewillige bei Bewusstsein war und den Arzt oder Angehörigen aus seiner Garantenpflicht entlassen konnte. Sobald der Patient das Bewusstsein verloren hatte, sollte nach der Rechtsprechung die Rettungspflicht wieder aufleben. Deshalb hatte die Rechtsprechung große Probleme, die Straffreiheit von Ärzten zu begründen, die den ernstlichen Sterbewillen eines Patienten auch dann noch durch Unterlassen berücksichtigten, wenn der Patient das Bewusstsein verloren hatte.[50]

Noch schwieriger gestaltete sich die Situation, wenn das Verhalten des Arztes oder Angehörigen nicht in einem Unterlassen, sondern in einem Tun bestand, weil hier mit einer Entlassung aus der Garantenstellung nicht mehr argumentiert werden konnte. Mir ist – bis zur PEG-Entscheidung von 2010 – keine höchstrichterliche Entscheidung bekannt, die diesen Weg gegangen wäre.

bb) Die bisherige Literatur

In der Lehre war man davon ausgegangen, dass der Behandlungsverzicht des Patienten auch nach Verlust des Bewusstseins weiter wirke.[51] Rein theoretisch bedeutete dies für den Arzt die Möglichkeit, einen todkranken Patienten auch dann sterben zu lassen, wenn dieser das Bewusstsein verloren hatte.

Vor großen Problemen sah sich aber auch die Literatur im Bereich der Sterbehilfe durch aktives Eingreifen in ein lebenserhaltendes System, insbesondere durch

---

[47] Vgl. *Duttge* GA 2001, 158 (159ff.); *Eser* in Schönke/Schröder, StGB, 27. Aufl. 2006, vor § 211 Rn. 24ff.

[48] Ausführlich zur passiven Sterbehilfe *Eser/Sternberg-Lieben* in Schönke/Schröder, StGB, 29. Aufl. 2014, vor § 211 Rn. 27ff.

[49] Vgl. *Schneider* in MüKoStGB, 3. Aufl. 2017, Vor § 211 Rn. 115; mit Verweis auf *Ingelfinger,* Grundlagen und Grenzbereiche des Tötungsverbots, 2004, 294ff.

[50] Vergleiche etwa Fall Wittig BGH, Urt. v. 4.7.1984 – Az. 3 StR 96/84, BGHSt 32, 367; Kemptener Tee-Fall BGH Urt. v. 13.9.1994 – Az. 1 StR 357/94, BGHSt 40, 257 = NJW 1984, 2639.

[51] Vgl. *Eser/Sternberg-Lieben* in Schönke/Schröder, StGB, 29. Aufl. 2014, vor § 211 Rn. 28 mwN.

Abschalten eines Beatmungsgerätes. Deshalb überlegte man ernsthaft, ob nicht das aktive Abschalten eines Gerätes im Grunde ein *Unterlassen durch Tun*[52] sein könnte. Denn dies hätte wiederum den Weg über die Entlassung aus der Garantenstellung eröffnet. Indessen ist es sehr schwierig, exakte Kriterien für die Abgrenzung zwischen Tun und Unterlassen für Fälle zu formulieren, in denen der Täter in ein laufendes, den Erfolg verhinderndes Geschehen eingreift.

Wenn, um ein Beispiel zu bilden, Patient P dringend auf ein Beatmungsgerät angewiesen ist, A das In-Gang-Setzen des Gerätes verweigert und P stirbt, dann hat A den Tod des B durch Unterlassen herbeigeführt. Wenn A das Gerät abschaltet, hätte er den Tod des P durch Tun verursacht. Wenn das Gerät von Dritten so programmiert wird, dass es nach einer Woche stoppt, dann hätte A den P durch Unterlassen getötet, wenn er das Gerät nicht wieder anstellt. Sollte die Strafbarkeit des Arztes oder Angehörigen wirklich von solchen Unterscheidungen abhängen?

Wenn es das *Selbstbestimmungsrecht* des leidenden Menschen verbietet, ihn länger am Leben zu erhalten, dann darf die Straflosigkeit dessen, der den Leidenden sterben lässt, nicht davon abhängen, ob dies durch ein aktives Tun – das Durchschneiden der PEG-Sonde – oder durch ein Unterlassen – das Nichtverabreichen von Nahrung – geschieht.

cc) Der Behandlungsabbruch als „neuer" Rechtfertigungsgrund

Man findet diesen Gedanken bereits in der Entscheidung von vor über 30 Jahren des Landgerichts einer 50.000 Einwohnerstadt im südlichen Oberschwaben: 1986 sprach das LG Ravensburg[53] einen Ehemann frei, der bei seiner schwer kranken Frau auf deren Wunsch hin das Beatmungsgerät abgeschaltet hatte. In der Begründung des LG Ravensburg heißt es wörtlich:

„Es kann auch keinem Zweifel [...] unterliegen, daß ein urteilsfähiger Patient selbst bestimmen kann, ob er eine ärztliche Behandlung wünscht oder nicht. Dieser Grundsatz gilt selbst dann, wenn die Entscheidung des Patienten objektiv unvernünftig erscheint (vgl. BGHSt 11, 111ff. (114)), erst recht hat er zu gelten, wenn die ärztliche Behandlung überhaupt nicht mehr auf eine Heilung oder wenigstens Schmerzlinderung gerichtet ist, sondern lediglich dazu dient, den Todeskampf zu verlängern. Frau F konnte daher mit bindender Wirkung verlangen, daß sie nicht künstlich beatmet werde. Dies mussten nicht nur die behandelnden Ärzte im Kreiskrankenhaus I. respektieren, sondern jedermann, der die tatsächliche Möglichkeit hatte, das Beatmungsgerät einzusetzen. Hatte Frau F aber die rechtliche Macht, zu verlangen, daß sie nicht künstlich beatmet werde, so hatte sie naturgemäß auch das Recht, zu verlangen, daß eine künstliche Beatmung abgestellt werde, auch wenn hierzu ein Handeln erforderlich ist. Dies gilt umso mehr, als die künstliche Beatmung gegen ihren ausdrücklichen Willen eingeleitet worden war. [...] Wer nun dem berechtigten Verlangen auf Abbruch der Behandlung nachkommt, ob Arzt, Pflegepersonal oder Angehöriger, kann nach Auffassung der Kammer keine entscheidende Rolle spielen, denn im Vordergrund steht das Selbstbestimmungsrecht

[52] Zu dieser Rechtsfigur *Roxin* FS Engisch, 1969, 380 (395ff.), *Schöch* NStZ 1995, 153 (154).
[53] LG Ravensburg Urt. v. 3.12.1986 – 3 Kls 31/86, NStZ 1987, 229.

und die Menschenwürde des urteilsfähigen Patienten, die jedermann – nicht nur Ärzte – zu achten hat.“[54] Offenbar wurde der Freispruch rechtskräftig, sodass es 24 Jahre dauern musste, bis sich der BGH der Sache annehmen konnte.

In der Sache liegt der BGH im PEG-Sonden-Fall genau auf der Linie der Großen Strafkammer des LG Ravensburg. Die „Erfindung“ des BGH liegt aber darin, dass er mit dem ambivalenten Begriff des Behandlungsabbruchs gerade die scheinbar so entscheidende Frage ob Tun oder Unterlassen gegenstandslos macht. Ein Vorgang lässt sich abbrechen, indem man – passiv – nichts mehr unternimmt, er lässt sich aber auch dadurch abbrechen, dass man – aktiv – ein Geschehen beendet.

Man kann die PEG-Sonden-Entscheidung des BGH uneingeschränkt als eine „landmark decision“ bezeichnen. Aber auch sie entstand aus dem Zwang, eine Verurteilung des Rechtsanwalts, der dem Selbstbestimmungsrecht der Patientin Geltung hatte verschaffen wollen, wegen eines Tötungsdelikts zu vermeiden.

Diese Notlage hat den BGH „erfinderisch“ gemacht und dazu beigetragen, dass wir heute über einen „neuen“ Rechtfertigungsgrund, den rechtfertigenden Behandlungsabbruch verfügen.

IV. Zum Zusammenspiel von Theorie und Praxis

Mag es auch die Not sein, welche die Praxis „erfinderisch“ macht, so hat die Lehre doch immerhin die Chance, sich durch überzeugende Angebote an den „Erfindungen“ zu beteiligen. Insofern sieht man, dass sich jeder am Zusammenspiel von Theorie und Praxis, Rechtswissenschaft und Rechtspflege, auf seine Weise und nach seinen Kräften beteiligen und mit verlockenden Angeboten werben kann. Umso erfreulicher ist es, dass der 2. Strafsenat des BGH seiner PEG-Sonden-Entscheidung, an der Thomas Fischer maßgebend mitgewirkt hat, sogar einen kleinen Appetithappen von meinem wissenschaftlichen Silbertablett einverleibt hat.[55]

Die Lehre hat den Vorteil, dass sie über vieles nachdenken und vieles „erfinden“ kann, ohne konkret über das Schicksal von Menschen entscheiden zu müssen. Dies führt dazu, dass seitens der Lehre zahlreiche Modelle entwickelt werden, die nie zur Anwendung kommen und ihr trauriges Dasein als unscheinbare Nummer auf der einen oder anderen Veröffentlichungsliste fristen – nicht immer zu Unrecht. Die Praxis hingegen *muss entscheiden*. Der Richter/die Richterin *muss* dem Verurteilten ins Auge blicken können. Hat das Gericht den Eindruck, dass es auf den eingefah-

---

[54] LG Ravensburg, NStZ 1987, 229 unter Verweis auf *Eser* in Schönke/Schröder, 22. Aufl. 1985, StGB Vor §§ 211 ff. Rn. 32.

[55] Vgl. BGHSt 55, 191 (202) = NJW 2010, 2963: „Die Umdeutung der erlebten Wirklichkeit in eine dieser widersprechende normative Wertung, nämlich eines tatsächlich aktiven Verhaltens, etwa beim Abschalten eines Beatmungsgeräts, in ein ‚normativ verstandenes Unterlassen‘ – mit dem Ziel, dieses Verhalten als ‚passive Sterbehilfe‘ rechtlich legitimieren zu können – ist in der Vergangenheit zu Recht auf Kritik gestoßen und als dogmatisch unzulässiger ‚Kunstgriff‘ abgelehnt worden (vgl. etwa Fischer StGB 57. Aufl. vor §§ 211–216 Rn. 20; Gropp in GS Schlüchter (2002), S. 173 (184); Hirsch in FS Lackner (1987) 597, 605; Kargl GA 1999, 459 (478 ff.).“

renen Wegen nicht zu einer gerechten Entscheidung kommt, dann muss es über Auswege aus seiner Notlage nachdenken. Es kann nach „Angeboten" aus Lehre und Forschung Ausschau halten. Helfen auch sie nicht aus der Verlegenheit, dann kann es als akademisch ausgebildeter Spruchkörper nur noch auf den Leitspruch vertrauen: Not macht „erfinderisch"!

RAINER HAMM

Strafrichter und Strafverteidiger – umeinander kreisende fremde Welten

Thomas Fischer steht als Strafrichter, Rechtslehrer und Autor fach- und allgemein rechtspolitischer Texte an einer Schnittstelle zwischen Theorie und Praxis. Ähnliches hat er mir in seinem viel beachteten Beitrag zu „meiner" Festschrift vor einem Jahrzehnt bescheinigt und zum Anlass für (bescheiden so genannte) „einige Anmerkungen zum Verhältnis von Strafrechtswissenschaft und Strafrechtspraxis" genommen. Sie enthielten Zündstoff,[1] der auch im heutigen Strafrecht-Fachliteraturbetrieb noch immer zu gelegentlichen Explosionen oder auch Präventivreaktionen, wie Beiträgen in oder Meidung von Besuchen auf Strafrechtslehrertagungen führt.

Sein Beitrag begann mit der (zweifellos zutreffenden) Beobachtung, dass sich die strafrechtliche Kommentar- und Handbuchliteratur in letzter Zeit weitgehend in der Hand von Praktikern befindet, wobei sich seit den 60er Jahren der Schwerpunkt von Ministerialbeamten weg zu Richtern und Staatsanwälten verschoben hat. Sodann folgt die Bemerkung: *„Rechtsanwälte tauchen seltener auf."*[2] Man könnte hinzufügen, dass sich auch die immer zahlreicher werdenden Rechtsanwälte, die zu Honorarprofessoren ernannt werden und sogar solchen, für die Festschriften erscheinen, auf wissenschaftlichen Strafrechtskongressen eher rar machen.[3] Umgekehrt finden aber auch der Deutsche Anwaltstag, die Symposien und Foren des Deutschen AnwaltVereins, die Strafverteidigertage und die Alsbergtagung der Deutschen Strafverteidiger e.V. unter fast ausschließlicher Teilnahme von Rechtsanwälten statt, soweit nicht Hochschullehrer, Richter und Staatsanwälte als Referenten oder Podiumsteilnehmer eine aktive Rolle übernehmen.[4] Eine verdienst-

---

[1] Dass sein Beitrag zu einer nicht nur öffentlich geführten heftigen Kontroverse zwischen einigen Strafrechtsprofessoren und dem Autor *Fischer* geführt hat, ehrt ihn und hat die Rezeption der einem Praktiker gewidmeten Festschrift nur genützt, was mich besonders freut.

[2] Dass *Thomas Fischer* mich insoweit als „eine bemerkenswerte Ausnahme" bezeichnet, ist dem Publikationsort seines Beitrages geschuldet und als freundliche Geste zu verstehen. Sie dürfte aus der Sicht von inzwischen vergangenen weiteren zehn Jahren einer Korrektur bedürfen. Man denke nur an die Vermehrung der Zahl von Strafverteidigern im Großkommentar von Löwe-Rosenberg auf jetzt in der 27. Auflage immerhin sieben *(Bertheau, Ignor, Johann, Krause, Matt, Norouzi* und *Tsambikakis).* Das sind genauso viele wie Richter und Staatsanwälte, sodass den 14 Universitätsprofessoren eine gleich große Zahl von Praktikern gegenübersteht.

[3] Das Teilnehmerverzeichnis der Tagung 2016 in Wien verzeichnet unter 135 Anwendende nur sieben in Deutschland praktizierende Rechtsanwälte, die nicht alle erschienen waren.

[4] Außer Betracht bleiben kann hier der Deutsche Juristentag, dessen Großkongresse gerade den Anspruch erheben, den Diskurs zwischen allen juristischen Berufsträgern mit rechtspolitischen Tendenzbeschlüssen zu fördern, wobei die Repräsentativität der Ergebnisse gelegentlich bezweifelt werden kann und vom *Jubilar* dieser Festschrift kürzlich auch bestritten wurde. *Fischer,* Die Suche nach dem guten Gesetz, ZEIT-ONLINE v. 8.11.2017.

volle Ausnahme von diesem In-Group-Tagungswesen macht *Thomas Fischer,* indem er auch als Teilnehmer Anwaltstagungen besucht und durch manchmal gezielt provokative Diskussionsbeiträge anreichert, und mit seinen im Jahre 2015 begonnenen und seitdem jährlich stattfindenden Baden-Badener Strafrechtsgesprächen.[5] In diesen ist die übliche Abstufung zwischen der Bühne mit Referenten und Referentinnen (oben) und dem Parkett mit „einfachen" Teilnehmern (unten), gänzlich aufgehoben, weil alle Teilnehmer mit strenger Redezeitbegrenzung ein Referat halten und zur Diskussion stellen. Die Teilnehmerzahl und ihre Verteilung nach Berufsgruppen ist auch nicht wie ein plebiszitärer Hammelsprung Abbild der Partikularinteressen, sondern das Ergebnis einer gezielten Einladungsstrategie der Veranstalter, die offenkundig auf eine annähernd paritätische Verteilung der Berufe Bedacht nehmen.[6]

Aber wie *Thomas Fischer* schon für seine ernüchternden Befunde zum „seltsamen" Verhältnis zwischen den beiden „Welten" Rechtsprechung und Strafrechtswissenschaft gezeigt hat, sind solche Äußerlichkeiten im besten Falle bloße Indizien für und im schlechtesten Falle geradezu irreführende Anzeichen gegen ein synergetisches Ergänzungsverhältnis der jeweiligen „kosmischen" Systeme. Was man in Wirklichkeit voneinander hält, lernt, akzeptiert und in die jeweils eigene Arbeit einfließen lässt, kann nur unter weitgehender Mitberücksichtigung von „weichen", also letztlich unbeweisbaren Faktoren behauptet und zur Diskussion gestellt werden. Das reicht von Kantinengesprächen über den Small-Talk bei Kongressempfängen bis hin zu mehr oder weniger häufigem Zitieren (oder Verschweigen) von Publikationen aus der Feder von Autoren der jeweils anderen Zunft. Letzteres Kriterium dürfte aber auch eine der häufigsten verborgen bleibenden Ursachen für Fehleinschätzungen sein, weil *jede* Nichterwähnung einer Publikation (auch von Autoren aus der eigenen Berufsgruppe) zum selben Themenkreis in den Augen des Erstautors als Kränkung empfunden wird und angesichts der Publikationsflut doch auf einem schlichten Versehen beruhen kann.

Seit *Thomas Fischer* den Abstand zwischen den beiden Welten Rechtsprechung und (Straf-)Rechtswissenschaft so gekonnt und anhand von zahlreichen Beispielen ausgemessen hat, versuche ich, einen ähnlichen Vergleich zwischen den Berufsgruppen innerhalb der Strafrechtspraxis anzustellen und ein paar Gedanken auch zum Verhältnis zwischen den auf Strafrecht spezialisierten Rechtsanwälten und den Strafrichtern niederzuschreiben. Dazu erscheint mir die *Thomas Fischer* gewidmete Festschrift der rechte Ort, auch wenn mich die Sorge, sein sprachlich-literarisches und gedanklich analytisches Niveau nicht zu treffen, hat zögern lassen. Aber vielleicht gehört das ja auch schon zum Thema.

In der gegenüber der Strafrechtswissenschaft seltsam fremden Welt „Strafrechtspraxis" stehen sich die Subsysteme der Richter und der Strafrechtsanwälte ziemlich nahe. Besser gesagt: Sie bewegen sich umeinander herum, sind stets aufeinander bezogen, bearbeiten dieselben Fälle, aber drücken ihre unterschiedlichen Sichtweisen

---

[5] Vgl. zB *Fischer/Hoven,* Verdacht, Baden-Badener Strafrechtsgespräche Bd. 2, 2016.

[6] Von den 32 eingeladenen Teilnehmern der Baden-Badener Strafrechtsgespräche 2016 waren 13 Rechtsanwälte, 11 Hochschullehrer, 4 Richter, ein Ministerialbeamter, zwei Journalisten bzw. Verlagskaufleute und ein Naturwissenschaftler.

in informellen Kommunikationen bei Begegnungen in Berufsverbänden, Fortbildungsakademien und Kantinen gerne mit Bemerkungen aus, die zeigen, dass man jene anderen Strafjuristen, mit denen man ständig den „Kampf ums Recht" auszutragen hat, eigentlich doch als Störer bei der eigene Arbeit empfindet. In manchen Gerichtskantinen gibt es durch entsprechende Schilder kenntlich gemachte Bereiche, die für Richter und Staatsanwälte reserviert sind (Überschreitungen auf „Einladung" bleiben möglich und jedenfalls sanktionslos), und stets fragt das Personal an der Kasse bisher unbekannte Tablett-Träger vor dem Eintippen des je nach Antwort unterschiedlichen Preises: „Intern oder extern?"

Ich will im Folgenden zu zeigen versuchen, dass ebenso wie im Universum des Rechts die „Welten" Strafrechtswissenschaft und Strafrechtspraxis in der vom *Jubilar* beschriebenen Weise aufeinander bezogen sind, innerhalb der Strafrechtspraxis die Richter und die Strafverteidiger ständig umeinander kreisen, wobei wie in der Astronomie die Zentrifugal- und die Anziehungskräfte sich dynamisch so die Waage halten, dass keiner der Himmelskörper aus dem System herausfliegt, aber auch nicht mit dem Rotationszentrum verschmilzt. Wer dreht sich um wen?

Um bei dem Versuch, hierauf eine Antwort zu finden, nicht nur subjektive Eindrücke und gelegentliches Gerede über höchst parteiische Erfahrungen zu verwerten, will ich mit einem Zitat aus der Feder eines Kollegen beginnen, der beide Welten bewohnt hat. Es war der langjährige Vorsitzende des 5. Strafsenats des BGH, *Werner Sarstedt,* der anstelle seines altersbedingten Ruhestandes noch das volle Programm eines Strafverteidigers in Angriff nahm, um auch gleich in der ersten Nummer der damals neu gegründeten Zeitschrift Strafverteidiger zu beschreiben, wie er den Wechsel erlebt und empfunden hat.[7] So: *„Das ist für einen alten Richter ein neues Leben. Es überrascht mich immer wieder zu sehen, wie wenig ich – trotz aller Bemühung – bis zu meinem 68. Lebensjahr von der Verteidigung und von den Verteidigern gewusst habe, mit denen ich doch jahrzehntelang eng zusammenzuarbeiten geglaubt hatte. Das Aussehen der Berufswelt hat sich völlig verändert. Ich habe erkennen müssen, dass ich meinen Anteil an der Fehleinschätzung gehabt habe, die man gerade in Deutschland dem Anwaltsberuf entgegenbringt."*[8]

Leider gibt es wenig Erfahrungsberichte von ehemaligen Anwälten, die dann Richter geworden sind. Ein solcher Wechsel findet in Deutschland – wenn überhaupt – in einem so frühen Stadium des Juristenlebens statt, dass die kurze Zeit des Anwaltsdaseins in der späteren Biografie kaum erwähnenswert erscheint. Meist dient die Bewerbung und Anstellung in einem Anwaltsbüro als „erster Versuch" nach den zu geringen Erfahrungen in der Referendarstation, bevor man die Vorzüge des Richterberufs für sich erkennt und als „Plan B" auf Lebenszeit einschlägt. Manchmal erleben wir Verteidiger in Gesprächen mit diesen Strafrichtern (und Staatsanwälten), dass sie ihre frühen kurzen anwaltlichen Erfahrungen als Zeichen für ihre durchaus vorhandene Vertrautheit mit der professionell einseitigen Interessenvertretung er-

---

[7] *Sarstedt* StV 1981, 42ff.; erneut veröffentlicht in Gisela Sarstedt et al., Rechtsstaat als Aufgabe, 1987, 321ff.

[8] *Sarstedt* StV 1981, 46.

wähnen.[9] Mitunter schwingt dabei unüberhörbar auch ein wenig verdeckte Scham für das Scheitern gegenüber der Überforderung in dem stressigen anwaltlichen Berufsalltag und den Deputaten für abrechenbare Arbeitsstunden (in internationalen Großkanzleien als „billable hours" bezeichnet) mit, deren Kritikwürdigkeit auch ein in kleineren Kanzleieinheiten tätiger Strafverteidiger gerne zugesteht.

Ein weiterer Grund für das Fehlen von Erfahrungsberichten aus der Feder von Umsteigern vom Anwalts- zum Richterberuf liegt darin, dass Letzterer für praktisch erfahrene und erfolgreiche Rechtsanwälte wenig Anreize bietet. Das ist bedauerlich, aber solange nicht zu ändern, als trotz der im Jahre 1974 vollzogenen Abkopplung ihrer Amtsbezeichnungen und Besoldungsregeln von denen der Exekutive unsere Richter immer noch stark im Laufbahn- und Karrieredenken der öffentlichen Verwaltung verhaftet sind.[10] Deshalb fällt es den Justizverwaltungen schwer, gehobene Richterpositionen mit Quereinsteigern zu besetzen, die nicht selbst wieder aus anderen Stellungen im öffentlichen Dienst wie Hochschullehrer oder Ministerialbeamten kommen. Dass Rechtsanwälte – wie regelmäßig in anglo-amerikanischen Justizsystemen – als Krönung eines bis dahin erfolg- und ertragreichen Anwaltsberufs Richter werden, kommt in Deutschland praktisch nicht vor. Auf diese Weise entgeht den Gerichten die Chance, anwaltliche Erfahrung für die Rechtsprechung nutzbar zu machen.

Das gilt leider auch für das Bundesverfassungsgericht, dessen 16 Mitglieder sich ja eigentlich nicht auf der Beförderungsleiter einer der Fachgerichtsbarkeiten qualifiziert haben müssen, sondern durch ein im Wesentlichen politisch zusammengesetztes Gremium (Richterwahlausschuss) ausgewählt werden und dann vom Bundespräsidenten für maximal 12 Jahre ernannt werden. In den ersten Jahrzehnten nach Gründung des Bundesverfassungsgerichts ist es vereinzelt vorgekommen, dass ein Rechtsanwalt Mitglied eines der beiden Senate wurde. Das bekannteste Beispiel ist *Fabian v. Schlabrendorff*, dessen Ernennung im Jahre 1967 aber auch nicht wegen seiner vorherigen Anwaltspraxis, sondern im Hinblick auf seine politischen Verdienste als Widerstandskämpfer gegen die Führung des NS-Regimes und seine Publikationen zum verfassungsrechtlich anzuerkennenden Widerstandsrecht gegen verbrecherische Machthaber erfolgte.[11]

Dass seitdem (nur) noch ein weiteres Mal in der Person von *Hans-Joachim Jentsch* ein früherer Rechtsanwalt und Notar dem BVerfG als Richter angehörte (1996 bis 2005), ist auch mehr seinen Verdiensten als Bundestagsabgeordneter, Oberbürgermeister und Landesjustizminister denn seinen Erfahrungen als praktizierender

---

[9] Vor einer Reihe von Jahren verband ein mit dem Spezialdezernat „Strafverfahren gegen Rechtsanwälte" betrauter Staatsanwalt in Wiesbaden diesen Hinweis mit dem Zusatz, er habe dann aber den Beruf wechseln müssen, weil er es nicht mehr ausgehalten habe, ständig „Recht gegen Geld" zu verkaufen. Auf meine Gegenfrage, ob dies nicht auch bei der festen Beamtenbesoldung der Fall sei, antwortete er, dass dies doch unabhängig von den Inhalten seiner beruflichen Diensterfüllung und nicht auf einer vertraglichen Do-ut-des-Beziehung zu den Rechtssuchenden erfolge. Er hatte sicher richtig entschieden.

[10] Vgl. dazu *Fischer*, Im Recht, S. 272

[11] Das Verdienst von Schlabrendorffs bestand darin, dass er im Jahre 1944 zu den Attentätern gegen Hitler gehört hatte und er sich auch bei der Schaffung des Grundgesetzes für die Verankerung des Widerstandsrechts in der Verfassung einsetzte.

Rechtsanwalt zuzuschreiben. Nach diesen wenigen Gegenbeispielen wurde seit 2005 nie wieder ein Rechtsanwalt für ein Richteramt auch nur nominiert. Dies haben die Bundesrechtsanwaltskammer und den Deutschen Anwaltverein im November 2016 zum Anlass für einen Appell an den Gesetzgeber genommen, eine Quotenregelung in § 2 BVerfGG einzuführen, die dazu führen würde, dass in jedem der beiden Senate wenigstens ein Richter oder eine Richterin amtiert, der oder die zuvor mindestens fünf Jahre als Rechtsanwalt oder Rechtsanwältin tätig war.[12] Obwohl in § 104 Abs. 1 BVerfGG ausdrücklich die Möglichkeit vorsieht, dass Rechtsanwälte Verfassungsrichter werden und das Ruhen der Zulassung für die Dauer der Richtertätigkeit regelt, wird sich niemand Illusionen über die Aussichten einer solchen Gesetzesinitiative machen.

Das gilt erst Recht für die personelle Ausstattung der Fachgerichte bei der ordentlichen Gerichtsbarkeit, also für die Richterstellen vom Amtsgericht bis zum Bundesgerichtshof. Dort ist die Ernennung von bisherigen Rechtsanwälten jedenfalls bei den Strafsenaten des BGH heute kaum noch denkbar.[13] Das war nicht immer so. Die Ausnahmen beschränken sich aber auf die Anfangsjahre nach der Gründung der Bundesrepublik und ihrer Strafjustiz nach dem zweiten Weltkrieg. Von einer solchen Ausnahme berichtet wiederum *Werner Sarstedt* in dem bereits zitierten Lebensbericht: *Else Koffka* war Mitglied des 5. Strafsenats des BGH, und ihre langjähriger Vorsitzender rühmte an ihr den Vorzug: *„Sie war mehr als zwölf Jahre Rechtsanwältin gewesen und brachte schon daher Erfahrungen mit, die wir alle nicht hatten.“*[14]

Es lohnt, darüber nachzudenken, welche Vorzüge hier gemeint sein mochten.[15] Da es Erfahrungsberichte aus der Perspektive von Berufswechslern (vom Anwalt um Richter) aus den oben genannten Gründen nicht geben kann, bietet sich ein Blick über die Grenzen Deutschlands hinaus in eine Justizwelt an, in der es überhaupt nur solche Richter gibt, die sich zuvor als erfolgreiche Rechtsanwälte qualifiziert hatten. In ganz England gibt es nur eine 3-stellige Zahl von hauptberuflichen Richtern, die ausnahmslos ihre Qualifikation, Auswahl und Autorität dem Ansehen

[12] https://anwaltverein.de/de/newsroom/pm-31-16-dav-und-brak-anwaeltinnen-und-anwaelte-auf-die-richterbank-des-bundesverfassungsgerichts (letzter Abruf 24.5.2018).

[13] Als zuletzt 2002 in der Person des Rechtsanwalts Alfred Bergmann eine Ausnahme gemacht wurde, begrüßte das der DAV, verbunden mit der Forderung, die auch außergerichtliche Berufserfahrung der Rechtsanwälte häufiger für Richterämter nutzbar zu machen. becklink 47954.

[14] Sarstedt Rechtsstaat als Aufgabe (Fn. 7) S. 332. Vor Ihrer Ernennung zur für lange Zeit einzigen Bundesrichter*in* am 2.1.1952 war Else Koffka offenbar noch vorübergehend Landgerichtsrätin in Berlin. Sie war 2001 geboren und gehörte dem 5. Strafsenat bis zu ihrer Pensionierung 1967 an. Die Daten sind der FS zum 50-jährigen Bestehen des BGH, 2000, 804 entnommen, wo nur zwei weitere Bundesrichter erwähnt sind, die vor ihrer Ernennung noch Rechtsanwälte waren: Der Frankfurter Rechtsanwalt und Notar *Dr. Georg Bernkard* (1927–1945 Reichsanwalt am Reichsgericht), zum Bundesrichter ernannt 1951 bis zu seiner Pensionierung 1953 und der 1974 ernannte Mannheimer Rechtsanwalt *Manfred Skibbe* (Ruhestand 1974).

[15] Im konkreten Fall von Frau *Koffka* kann es sich nur auf eine unvollkommene praktische Erfahrung als Anwältin beziehen, weil sie nach der aus rassistischen Gründen (ihr Großvater war Jude) zwangsweise abgebrochenen Kariere in der Rechtswissenschaft und Lehre 1935 ab 1939 nur als Anwaltsvertreterin tätig werden konnte und in Ostdeutschland nach dem Krieg nur kurze Zeit und mit wenig Erfolg als Rechtsanwältin zugelassen war. https://de.wikipedia.org/wiki/Else_Koffka (letztes Abrufdatum 24.5.2018); vgl. auch Strate, Der 5. (Berliner) Strafsenat, HRR 2017 Nr. 975.

und der praktischen Erfahrung, die sie zuvor als Rechtsanwälte (Barrister-at-Law) gesammelt haben, verdanken. Der Wechsel vom Anwaltsberuf zum Richteramt gilt dort als gesellschaftlicher Aufstieg und der zuvor erworbene auch finanzielle Wohlstand als Voraussetzung für die richterliche Unabhängigkeit.[16]

Allein schon diese Vorstellung wäre uns deutschen Juristen fremd. Sie widerspräche auch der historisch im Inquisitionsprozess wurzelnden Struktur unseres Strafprozesses und der vom Gesetz dem Richter zugeschriebenen Rolle. Bereits seine Aufgaben im Zusammenhang mit dem Amtsermittlungsgrundsatz überlagern und dominieren die eigentliche Entscheidungstätigkeit. Dass sich zwei Parteien um einen Sachverhalt (Beweisfragen) oder die Anwendung und Auslegung eines Gesetzes (Rechtsfragen!) streiten und der Richter nach Anhörung beider Seiten darüber urteilt, wer Recht hat, entspricht dem Modell aller Verfahrensordnungen und Gerichtszweige, in denen auch die jeweiligen Verfahrensordnungen so etwas wie Waffengleichheit zwischen den Parteien und einen gleichen Abstand des auf Neutralität verpflichteten Gerichts zu ihnen gewährleisten. Das gilt für den Zivilprozess und weitgehend im Verwaltungsgerichtsverfahren wo auch meist Bürger gegen den Staat prozessieren.

Im Strafprozess gilt das nicht. Hier darf sich der Richter als Teil des Strafverfolgungsapparates verstehen.[17] Er steht sowohl funktional als auch im Ausmaß der durch ihn verkörperten Rechtsmacht der Klägerseite (Staatsanwaltschaft mit dem großen Apparat der Polizei) und Nebenklage (Verletzter, der auch als Kläger Zeuge in eigener Sache sein darf) sehr viel näher als dem Beschuldigten/Angeschuldigten/Angeklagten. Dass Letzterer das verfassungsrechtlich und durch die StPO verbriefte Recht hat, sich jederzeit eines Verteidigers „zu bedienen" (§ 137 Abs. 1 S. 1 StPO), den er auch bereits im Rahmen seiner ersten verantwortlichen Vernehmung und auch vor der Entscheidung, ob er aussagen will „befragen" darf (§ 136 Abs. 1 S. 2 StPO), dass er keine Beibringungs- und Beweislast hat, aber Beweisanträge stellen darf, die nur unter bestimmten Voraussetzungen zurückgewiesen werden dürfen, diese Rechte und seine Schweigebefugnis heben das Machtgefälle zwischen den staatlichen Verfolgungsorganen (und eben auch dem Richter) und dem Beschuldigten keineswegs auf, sondern setzen es voraus. Aber auch der schwache Ausgleich durch die Verteidigungsrechte kann nur gelingen, wenn der Verteidiger sich nicht auch noch als „Organ der Strafrechtspflege" in dem Sinne versteht, dass er einen Teil der Verantwortung für die Durchsetzung des Strafanspruch des Staates oder auch nur für die Funktionstüchtigkeit des Strafjustizbetriebes mittragen würde.

Eine solche Erwartung und Rollenzuweisung ist aber bei Strafrichtern weit verbreitet. Dies führt zu vielerlei Konflikten und Missverständnissen, weil gute Verteidiger sich eine solche Rolle nun einmal nicht aufzwingen lassen dürfen. Die Sache

---

[16] Vgl. *Romberg,* Die Richter Ihrer Majestät, … Zur ähnlichen Werteordnung in USA vgl. Fischer in seiner ZEIT-ONLINE-Kolumne vom 24.8.2016, Recht und Richter: *„Amerikanische Richter auf leitenden Positionen sind nicht selten Millionäre; Reichtum gilt dort als Garantie der Unabhängigkeit."*

[17] Vgl. Fischer ZEIT-ONLINE-Kolumne vom 24.8.2016 zur Rolle deutscher Strafrichter im Unterschied zum amerikanischen: *„Im deutschen Straf-Verfahrensrecht nimmt die Staatsanwaltschaft eine viel neutralere und der Richter eine viel ‚staatsnähere' Position ein: Er hat die gesetzliche Pflicht, den Sachverhalt aufzuklären. Damit rückt er, ob er will oder nicht, in die Nähe einer ‚Partei'."*

wird noch dadurch komplizierter, dass auch professionell geschickt agierende Verteidiger gelegentlich taktisch klug und im Einvernehmen mit dem Mandanten den Anschein erwecken, als wahrten sie eine große Distanz zu ihm und seien bemüht, ihm die Sichtweise des Gerichts (und der StA) nahe zu bringen mit dem Ziel, ihn zum Einlenken (sprich: zum Geständnis) zu bewegen. Dies wird dann häufig durch großzügige Angebote für ein Verständigungsurteil (§ 257c StPO) honoriert.

Überhaupt hat das Verständigungsgesetz von 2009 und dessen weitgehenden Präzisierung und Verschärfung durch die Entscheidung des BVerfG[18] sowie die Folgerechtsprechung durch den BGH das Kräfteverhältnis zwischen Strafrichtern und Verteidigern nur scheinbar entspannt. Das gilt auch für die Haltung derjenigen Richter, die sich neuerdings bemühen, „Non-Gespräche" mit Verteidigern und Staatsanwälten zu vermeiden und auch jeden Versuch einer Erörterung der wechselseitigen Verfahrensziele mit dem Zusatz in der Akte dokumentieren und nach entsprechende Mitteilungen in der Hauptverhandlung protokollieren, eine Verständigung habe nicht stattgefunden.

Dass damit das Verhältnis zwischen Strafrichtern und Strafverteidigern weniger „verkrampft" geworden sei als in der Zeit, in der sog. „Deals" noch in der Grauzone informeller Kontakte versucht oder auch geschlossen wurden, kann niemand behaupten. Eher noch hat die Rechtsprechung des BVerfG zu den Grenzen von auf Verständigung zielenden Vorerörterungen nach §§ 202a, 257b StPO einen Machtzuwachs der Richter und eine größere Abhängigkeit der Verteidiger von der Gesprächsbereitschaft der Justizjuristen bewirkt, zumal die durch das BVerfG auch gestärkte „Wächterfunktion" der Staatsanwaltschaft dazu führt, dass das Bündnis der auf Durchsetzung des staatlichen Strafanspruchs verpflichteten staatlichen Justizorgane Initiativen der Verteidigung zur Abkürzung von Verfahren und zur Suche nach allseits akzeptablen „vernünftigen" Lösungen im Keime ersticken kann.

Das gilt insbesondere auch für die weitgehend als Ausweichstrategie zur Vermeidung der Formalismen und Risiken eines Verständigungsurteils in Wirtschaftsstrafverfahren heute dominante Erledigungsform nach § 153a StPO. Der Verfahrenseinstellung gegen Auflagen, die nicht als Strafe gelten und damit den Angeklagten die Unschuldsvermutung erhalten, läuft praktisch und nach der Gesetzeslage ohne prozedurale Regeln ab. Weder ist vorgeschrieben, wer wem gegenüber die Initiative zu Gesprächen über die Möglichkeiten einer solchen Opportunitätserledigung ergreifen darf, wer welche der gesetzlich aufgelisteten Auflagen (bei Zahlungsauflagen in welcher Höhe und an welche Begünstigten) zur Bedingung für seine Zustimmung bzw. Mitwirkung machen darf, inwieweit deren Verweigerung begründet werden muss und ob die dazu stattfindenden Verhandlungen in der Akte zu dokumentieren oder – wenn sie nach Eröffnung des Hauptverfahrens, nach Beginn, aber außerhalb der Hauptverhandlung stattfinden – in der öffentlichen Sitzung bekanntzugeben und diese Mitteilung im Protokoll zu vermerken ist.

Damit bleibt regelmäßig auch im Dunkeln, mit welchen guten oder auch unsachlichen Argumenten sich die Verteidigung oder die Staatsanwaltschaft für eine Einstellung eingesetzt hat, die dann mit guten oder faulen Gründen auch von der

[18] BVerfGE 133, 168 = NJW 2013, 1058.

jeweiligen Gegenseite befürwortet und vom Gericht beschlossen wurde oder eben an einer unvernünftigen Weigerung gescheitert ist. Dasselbe gilt für die Fälle, in denen die Zustimmung des Angeklagten von ihm als Ergebnis einer Nötigung empfunden wird, weil die durch Drohung des Gerichts mit einer sonst notwendigen erheblichen Ausweitung der Hauptverhandlung bei offenem Ausgang einen psychischen Druck erzeugte. Nur selten kann ein Verteidiger dem Mandanten in diesen Fällen raten, nicht zuzustimmen und um einen Freispruch zu kämpfen. Denn dieser Kampf wäre gegen übermächtige Gegner zu führen, die im weiteren Verlauf des Verfahrens werden zeigen wollen, dass die selbst empfohlene Einstellung des Verfahrens die dem Angeklagten günstigere Lösung gewesen wäre.

Für das Verhältnis zwischen Strafrichtern und Strafverteidigern allgemein sind solche Machtspielchen, die man durchaus zum Alltag der Strafprozesspraxis rechnen darf, insofern signifikant, als darin meist auch unausgesprochen die Rede vom Verteidiger als „Organ der Rechtspflege“[19] mitschwingt, die von jeher Fehldeutungen ausgesetzt ist, als enthalte sie das Postulat einer größeren Nähe jenes Organs zu den anderen im staatlichen Strafverfolgungsapparat als zum Mandanten. Die alte Diskussion über das „Wesen der Strafverteidigung“[20] soll hier nicht weiter verfolgt werden. Denn selbst wenn es jemals gelänge, eine zwischen Strafrechtspraxis und Strafrechtswissenschaft hM herzustellen, was nach den treffenden Befunden *Fischers* zum Verhältnis zwischen jenen „seltsam fremden Welten“ eher unwahrscheinlich ist, wäre damit noch lange nicht gesagt, ob sich die praktisch tätigen Akteure der beiden Berufsgruppen Richter und Strafverteidiger in ihrer tägliche Arbeit und ihren wechselseitigen Vorstellungen über das Berufsbild der jeweils anderen Gruppe daran orientieren würden.

Näher läge die Annahme, dass die traditionell vorherrschenden beiderseitigen Vorverständnisse und Vorurteile, die bereits bei der Berufswahl ausschlaggebend sind und dann auch im Wege der allmählichen „Deformation Professionell“ sich verfestigen, etwas über das faktische Verhältnis und das Maß der wechselseitigen Respektierung und Dialogfähigkeit zwischen Strafrichtern und Strafverteidigern aussagen. Das Problem dabei ist nur, dass es dazu weder rechtstatsächliche Forschung noch valide Erfahrungsberichte in der Literatur gibt. Nur *dass* sich ehemals im Studium noch in gleicher Weise sozialisierte Juristen in ihren Mentalitäten, rechtspolitischen Tendenzen und in ihrer Sicht auf das Strafrecht sowie die Aufgaben des Strafverfahrensrechts „auseinanderleben“, erscheint offenkundig.

Karl Peters hat die *„Verschiedenheit des Denkens des Strafrichters und des Strafverteidigers“* mit folgender Geschichte verdeutlicht:

„Zwei Freunde gleicher Grundanschauungen studieren gemeinsam die Rechtswissenschaften. Sie besuchen dieselben Universitäten. Sie hören dieselben Professoren und sind bei demselben Repetitor. Nach dem Referendarexamen werden sie an denselben Gerichten ausgebil-

---

[19] § 1 BRAO bezieht sich auf den Anwaltsberuf allgemein und kann schon deshalb nichts über die Funktion und Rolle der als Strafverteidiger in Strafsachen tätigen Anwälte aussagen, weil nach § 138 Abs. 1 und 2 StPO auch Nichtanwälte zu Verteidigern gewählt werden können.

[20] Ausführlich dazu (Organtheorie, Gegenmachttheorie, Vertragstheorie, Element des Rechtsstaatsprinzip) *Lüderssen/Jahn* in Löwe-Rosenberg 26. Aufl. 2007 StPO Vor § 137; *Jahn* StV 2014, 40.

det. Sie haben dieselben Ausbilder, auch bei der Staatsanwaltschaft. Sie sind bei demselben Rechtsanwalt. Nach dem Assessorexamen wird der eine seinen Neigungen entsprechend Richter, der andere Rechtsanwalt. Der eine wird Strafrichter, der andere wird Strafverteidiger. Zu sagen ist noch, dass beide ihre Prüfungen mit gutem Prädikat bestanden haben. Nach einigen Jahren unterhalten sie sich über ihre Berufstätigkeit. Sie sprechen vom Strafprozess, der Auslegung und Handhabung der Strafprozessbestimmungen und von ihren Strafprozessvorstellungen. Sie sprechen vom Ermittlungsverfahren, von der Hauptverhandlung, vor allem vom Frage- und Beweisrecht sowie von der Beweiswürdigung. Sie sprechen vom Rechtsmittelverfahren, vom Wiederaufnahmeverfahren und vom Gnadenverfahren. Sie, die sonst so einig sind, sind fast in allen Fragen der Rechtsauslegung und Rechtshandhabung entgegengesetzter Meinung.“[21]

Das entspricht allgemeiner Erfahrung und gilt auch für die Fälle, in denen Strafverteidiger und Richter privat miteinander befreundet bleiben oder sogar verwandtschaftlich verbunden sind. Kommt es zwischen ihnen zB aus Anlass von Pressemeldungen über das Rollen- und Prozessverhalten der Akteure in spektakulären Strafverfahren zum Meinungsaustausch, bietet sich als Gesprächstechnik zur Vermeidung eines richtigen Streits die „Schwarze-Schafe-Theorie“ an. Keinem Richter und keinem Strafverteidiger fällt es schwer zuzugeben, dass es in der jeweils eigenen Berufsgruppe auch Persönlichkeiten gibt, deren Arbeitsstil und Umgang mit den anderen Verfahrensbeteiligten kritikwürdig bis indiskutabel ist. Es gibt nun einmal auch schlechte und querulatorische, ja: auch dumme Verteidigung ebenso wie es herrschsüchtig autoritäres Verhalten von Richtern gibt. Auch in den jeweiligen Berufs- und rechtspolitischen Interessenverbänden werden nicht nur Evangelien verkündet. In den Veröffentlichungen des Jubilars dieser Festschrift finden sich auch erfrischend kritische Texte gegen die Vorschläge anderer Richter zur weiteren Verschlankung des Strafprozesses zulasten der Beschuldigten- und seiner Verteidigungsrechte.[22] Auch wir Strafverteidiger, so wir eine Bereitschaft zur Selbstkritik aufbringen und unser Berufsbild überprüfen, müssen uns nicht immer geradezu reflexartig mit Kollegen solidarisieren, denen vom zuständigen Gericht eine unvernünftige und „disfunktionale“ Wahrnehmung ihrer Aufgaben nachgesagt wird. Dabei ist auch der Vorwurf der „Konfliktverteidigung“ im Sinne eines allein auf Destruktion und Urteilsverhinderung ausgerichteten Agierens, nicht immer unbegründet.[23]

---

[21] *Peters* in Mainzer Tagung 1984, Schriftenreihe der Arbeitsgemeinschaften des DAV Bd. 1, 1984, S. 15 ff.

[22] Letztes Beispiel zum Zeitpunkt der Abfassung dieses Beitrags: *Fischers* Charakterisierung der rechtspolitischen Vorschläge des „Strafkammertages“ 2017 in ZEIT-online vom 8.11.2017 http://www.zeit.de/2017/46/strafprozesse-gesetz-strafverfahren-richter-strafkammertag (letzter Abruf 24.5.2018).

[23] Wer Revisionen in Fällen bearbeitet, in denen mehrere Angeklagte mit unterschiedlichen Strategien vor dem Tatgericht verteidigt wurden, findet manchmal Protokolle vor, die erhebliche Konflikte zwischen den Verteidigern dokumentieren. In einem Falle hatten die Verteidiger aller anderen Angeklagten die Abtrennung vom Verfahren desjenigen Angeklagten beantragt, dessen Verteidiger über 20 Verhandlungstage das Gericht durch eine Anhäufung von Ablehnungsanträgen, Haftbeschwerden und ständig neuen Folgeanträgen systematisch gehindert, sich mit den Anklagevorwürfen zu befassen.

Aber ebenso wenig kann bestritten werden, dass der Vorwurf manchmal schon dann erhoben wird, wenn das Gericht Beweisanträge im Wege der unzulässigen Beweisantizipation für überflüssig hält.[24] Letztlich sind es die zwischen Richtern und Verteidigern unterschiedlichen professionellen Grundeinstellungen und Funktionen, die oft notwendige Konflikte generieren und gegenseitige Fehlverständnisse über die Aufgabenerfüllung der jeweiligen „Gegner" hervorbringen. Ein Richter, der sich im Einzelfall Gedanken darüber macht, wie der Angeklagte geschickter als tatsächlich erkennbar zu verteidigen wäre, leidet stets unter dem Informationsdefizit, dass ihm die vertraulichen Gespräche im Mandatsverhältnis fehlen. Dagegen hat es der Verteidiger sehr viel leichter und tut gut daran, ständig auch schon zur Vorbereitung der mandatsinternen Beratung sich die Kontrollfrage zu stellen: „Wie würde ich als Richter entscheiden?"

Die Antwort darauf wird nicht immer lauten: Ich würde als Richter dem Angeklagten glauben, dem Belastungszeugen eine Lüge oder einen Irrtum zutrauen, dem Aussetzungs- oder Beweisantrag stattgeben, der Ablehnung wegen Besorgnis der Befangenheit durch eine Anzeige nach § 30 StPO zuvorkommen, bei prozessleitenden Verfügungen dem Verteidiger die Wünsche von den Augen ablesen, die Verfahrenseinstellung nach §§ 153 oder 153a StPO beschließen, den Angeklagten freizusprechen. Dies muss auch jedenfalls den Mandanten klarzumachen sein, die unter „notwendiger Verteidigung" (§ 140 StPO) etwas anderes verstehen als ein Hindernis vor der eigentlich gewollten Selbstverteidigung. Zu einem guten Beratungsgespräch zwischen Strafverteidiger und Mandant gehört stets auch das Gedankenspiel mit der hypothetischen Worst-Case-Prognose: Das Gericht würde die Einlassung des Mandanten als widerlegt ansehen, ihn schuldig sprechen und eine besonders hohe Strafe verhängen wollen. Solche zweckpessimistischen Arbeitshypothesen sind neben einer vollständigen Aktenkenntnis als Kontrollüberlegungen für die Suche nach einer guten Verteidigungsstrategie und einer klugen Beratung des Mandanten unverzichtbar. Mit diesem in Fortbildungsveranstaltungen gerne vermittelten Postulat ist aber noch lange nichts darüber gesagt, ob alle Verteidiger das auch so praktizieren. Im Gegenteil hört man immer wieder von Richtern, sie nähmen viele Verteidigungen so wahr, als agierten die Anwälte eher konzeptionslos und die ließen es zu, dass sich die Mandanten in völliger Verkennung ihrer Prozesschancen und in Unkenntnis der Akten „um Kopf und Kragen reden".

Es gibt bei Richtern aber auch die Vorstellung, dass ein anderer Typus von Verteidigern die Individualinteressen ihres Mandanten deshalb vernachlässigten, weil sie ihre Berufsausübung als eine Art rechtspolitische Mission gegen die Legitimation des Strafrechts überhaupt betrieben. *Thomas Fischers* hat solche Beobachtungen mit der ihm eigenen Pointierung so ausgedrückt: *„Es gibt Strafverteidiger, denen jede Verhinderung von Strafe nicht bloß als erfreuliches Ergebnis für den Mandanten erscheint, sondern als Verwirklichung einer Art höherer Gerechtigkeit."*[25]

---

[24] Dass das gesamte Beweisantragsrecht auf dem Verbot der Antizipation des Beweisergebnisses als Grund für eine Ablehnung aufbaut, gerät mit der Vermehrung der Zahl von Ausnahmen in §§ 244 Abs. 5, 6 StPO nF StPO immer mehr in Vergessenheit.

[25] *Fischer,* Im Recht, 2016, 296.

Ersetzt man in diesem Satz die parodistische Formel von der *„höheren Gerechtigkeit"* durch *„das eigentliche professionelle Ziel der Eindämmung des als archaisch angesehenen Strafrechts"*, so betrifft es die Frage, ob Strafverteidigung auch als (rechts-)politisches Mandat verstanden werden kann. Das sollte niemand mit der Begründung von sich weisen, dass eine solche Haltung der Treue- und Beistandspflicht im individuellen Mandat des jeweils konkreten Klienten widerspräche. Das muss nämlich nicht so sein. Man muss nicht die alten Diskussionen aus der Zeit der RAF-Prozesse wiederbeleben,[26] um zu erkennen, dass es auch in scheinbar unpolitischen Fällen zu den Aufgaben der Verteidigung gehören kann, den Mandanten als Opfer einer gesellschaftlichen Stigmatisierung und einer politisch motivierten Strafverfolgung zu präsentieren und die gegen ihn erhobenen Vorwürfe und Zwangsmaßnahmen als Teile eines über seine Person hinausweisenden „Bekämpfungsprogramms" zu kennzeichnen.[27]

Es ließen sich auch zahlreiche Beispiele dafür anführen, dass die professionelle Prägung im Richterberuf oft gekennzeichnet ist durch die Vorstellung, die „angemessen" hohe Bestrafung schuldiger Angeklagter habe Vorrang gegenüber den Zweifeln an seiner Täterschaft und Schuld. Auch hierzu hat *Karl Peters* die psychologischen Folgen und Gefahren zutreffend beschrieben:

„Der Richter steht in der Pflicht, die Wahrheit zu suchen und Gerechtigkeit zu üben. Im Bemühen, seine Aufgabe zu erfüllen, stößt er immer wieder auf Widerstände der Beteiligten. Der Beschuldigte sucht sich der Bestrafung zu entziehen. Er versucht, sich durch Unwahrheiten herauszureden. Falsche Zeugen treten zu seinen Gunsten auf. Sachverständige setzen sich für ihn ein. Der Verteidiger verwendet sich für den Angeklagten mit Mitteln, die der Richter nicht für einwandfrei hält. Mit nach Ansicht des Richters überflüssigen Anträgen stört er den beschleunigten Verfahrensablauf. Nach Ansicht des Richters zielen Störungen durch den Verteidiger auf Verhinderung der Wahrheitsfindung. Nach seiner Ansicht unfähige Verteidiger wirken sich zum Nachteil seines Mandanten aus. Der dem Gericht entgegengebrachte Widerstand führt zu einer Weckung richterlicher Gegenkräfte. Auch wenn der Richter sich bewusst ist, wie schwierig zuweilen die Rechts- und Wahrheitsfindung ist, so glaubt er doch, dass sie bei ihm am sichersten gewährleistet ist. So fühlt er sich zur Überwindung der Widerstände für verpflichtet."[28]

Sodann zählt *Peters* beliebte Rechtsanwendungsmethoden als *„Mittel der Überwindung des Widerstandes"* auf:

---

[26] Vgl. dazu die anschaulichen Schilderungen durch *Lampe* und *v. Plottnitz* in: Anwälte und ihre Geschichte – Zum 140. Gründungsjahr des Deutschen Anwaltvereins, 2011, 431ff., 459ff.

[27] Wer beispielsweise noch bei der Gründung und dem Aufbau seines Wirtschaftsunternehmens bis zum Jahre 1997 gelernt hatte, dass man die Bestechungsgelder, die in bestimmten exotischen Ländern unabdingbar sind, um Kunden zu akquirieren, als steuermindernde Betriebsausgaben geltend machen kann, wird sowohl die Rigidität, mit der neuerdings die weltweite Korruption in Deutschland verfolgt wird, als auch die Kampfbezeichnung des jetzt unter § 370 AO subsumierten Verhaltens durch den 1. BGH-Strafsenats als „Griff in die Kasse des Staates" (seit BGH NJW 2012, 1015 die Bezeichnung für alle nicht nur aus Verschweigen von Einnahmen, sondern aus der Geltendmachung von nicht anzuerkennenden Betriebsausgaben begangene Steuerhinterziehungen) so wenig einsehen, dass er von seinem Verteidiger die Thematisierung der politischen Zusammenhänge erwarten darf.

[28] *Peters* in Mainzer Tagung 1984, (Fn. 21), S. 17f.

„*a) Die Auslegung des Gesetzes im Sinne einer leichter handhabbaren Abwehrreaktion. Der Gedanke der „Funktionsfähigkeit der Rechtspflege" bietet sich als ein brauchbares Instrument an.*
b) Erweiternde Gesetzesauslegungen durch den Gebrauch von gesetzlichen Ermächtigungen, Ermessensausübung, Ausnutzung von Beurteilungsspielräumen und nicht zuletzt durch Verwendung des Freiraums in der Beweiswürdigung. Hier findet die ... Warnung vor einer Überspannung der Anforderungen an die Überzeugungsbildung ihren Grund.
c) Die formal dem Gesetz entsprechende Ablehnung von Anträgen, insbesondere von Beweisanträgen. In diesem Zusammenhang ... die Begrenzung des Revisionsrechts und des Wiederaufnahmerechts.

Die Legitimation zu derartigen Abwehrreaktionen sieht der Richter in seiner Verpflichtung zur Rechtsausübung und in gerichtlichen Erfahrungen, sei es eigenen, sei es fremden, sei es in allgemeinen Erkenntnissen (Alltagstheorien)."[29]

Das hörten wir Strafverteidiger auf der ersten Veranstaltung der damals neu gegründeten Arbeitsgemeinschaft Strafrecht im Deutschen AnwaltVerein gern. Und immer wenn wir einmal wieder z. B. in Beschlüssen zur Ablehnung von Beweisanträgen den formelhaften Textbaustein lesen, die unter Beweis gestellte Tatsache, lasse „*zugunsten des Angeklagten keinen zwingenden, sondern nur einen möglichen Schluss zu, den die Kammer nicht bereit ist zu ziehen*", denken die Älteren von uns an *Karl Peters* und *Gerhard Herdegen* zurück und sinnen über den Unterschied zwischen professioneller Beherrschung von Rechtsbarrieren, gedankenlosen Erkenntnisblockaden und richterlicher Willkür nach.

Aber auch wir sollten uns vor kollektiven und pauschalen Verdächtigungen hüten. Denn auch wir sind angewiesen auf die Abwehr von Verallgemeinerungen gelegentlich berechtigter Kritik am Verteidigungsverhalten von einzelnen Kollegen, zumal dann, wenn damit rechtspolitische Forderungen zur weiteren Beschränkung von Verteidigerrechten verbunden werden.

Dass sich das aus solchen Anlässen gerne bemühte Schlagwort von der „Konfliktverteidigung"[30] jeder begrifflichen Konturierung entzieht, hat zuletzt *Stefan König* in seiner Göttinger Antrittsvorlesung überzeugend gezeigt.[31] Er hat auch zutreffend darauf hingewiesen, dass die Versuche, ein ungeschriebenes „Missbrauchsverbot" als Rechtsgrundlage für Beschränkungen von Verteidigungsrechten anzuerkennen[32], ihrerseits einer Missbrauchsgefahr ausgesetzt sind: „*Auch ein Gericht kann ein Verfahren in die Länge ziehen, indem es die Beweisaufnahme noch auf den entlegensten Winkel des Sachverhalts ausdehnt, um den Angeklagten zur Zustimmung zu einer Verfahrenseinstellung*

---

[29] *Peters* in Mainzer Tagung 1984, Schriftenreihe der Arbeitsgemeinschaften des DAV Bd. 1, S. 18. *G. Herdegen* hat in NStZ 1987, 193ff. die Aufzählung noch ergänzt durch die allzu „freie" Beweiswürdigung (§ 261 StPO) und in NStZ 1990, 513ff. durch die quasitatrichterliche Behandlung der Beruhensfrage bei Anwendung des § 337 StPO.

[30] Vgl. dazu die aus richterlicher und staatsanwaltschaftlicher Sicht geschriebenen Anleitungen zur Abwehr von Verteidigungsrechtemissbrauch: Artkämper, Die „gestörte" Hauptverhandlung, 4. Aufl. 2013; *Heinrich,* Konfliktverteidigung, 2. Aufl. 2016.

[31] *König* StV 2017, 188ff.

[32] BGHSt 51, 88 = StV 2006, 627, m. abl. Anm. *Jahn* JuS 2007, 91; Abl. auch *Beulke/Witzigmann* StV 2009, 394.

zu nötigen, die dem Gericht die Mühe erspart, ein kompliziertes freisprechendes Urteil zu begründen, das es längst sprechen müsste. Dagegen ist kein Kraut gewachsen."[33]

Die Gruppenberufsbilder der Strafrichter in den Augen der Strafverteidiger und umgekehrt ihrer eigenen in den Augen der Richter verzerren stets die Wirklichkeit. Allzu häufig bedienen aus ärgerlichen Einzelerlebnissen erwachsende „Erfahrungen" nichts weiter als Vorurteile, die dann auch weitgehend die Szene der Rechtspolitik beherrschen. Ob man in der StPO der Verteidigung ein bestehendes Recht belassen, einschränken oder abschaffen soll, wird dann nicht auf der Grundlage des Regelungszwecks und seiner Bewährung im Normalfall, sondern vom Ausgangspunkt seines befürchteten Missbrauchs entschieden.

Das gilt erst Recht für den seltenen Fall, dass ausnahmsweise einmal die Kodifizierung eines neuen Rechts zur Diskussion steht. So ist beispielsweise in der beim BMJV eingerichteten Expertenrunde zur Reform der StPO die nun einmal wirklich harmlose[34] Forderung, in § 243 StPO für alle Strafverfahren einen Anspruch der Verteidigung zu begründen, nach der Verlesung der Anklage in der Hauptverhandlung eine Eröffnungserklärung („opening statement") abgeben zu dürfen,[35] beinahe an der aus richterlicher und staatsanwaltschaftlicher Sicht vorgebrachten Befürchtung gescheitert, ein solches Erklärungsrecht könne zu sachfremden, allgemein politischen Filibuster-Reden missbraucht werden.[36]

Schlimmer noch ist es den Vorschlägen ergangen, Richter und Verteidiger (auch die StA) dadurch gleich zu behandeln, dass die Revisionsbegründungsfrist je nach Dauer der Hauptverhandlung verlängert wird, wie es bereits § 275 StPO für die Urteilsabsetzungsfrist vorsieht. Die These wurde auf Vorschlag der richterlichen und einiger Kommissionsmitglieder aus den Landesministerien nur in der negativen Form zur Abstimmung gestellt: „Revisionsbegründungsfrist sollte *nicht* verlängert

[33] König StV 2017, 193.

[34] Der Verfasser dieses Beitrags hat bisher ohne ausdrückliche gesetzliche Grundlage in nahezu allen bedeutsamen Hauptverhandlungen mit den jeweiligen Vorsitzenden vorab klären können, dass nach der Belehrung des Mandanten über sein Schweigerecht gemäß § 243 Abs. 3 aF StPO die Verteidigung Gelegenheit zu einer Gegenerklärung auf den Anklagesatz mit Ankündigung der Verteidigungsziele erhält. Nachdem nun der Gesetzgeber die (engen) Voraussetzungen für einen Anspruch auf Worterteilung in diesem Stadium geregelt hat, ist zu befürchten, dass die Vorsitzenden streng darauf achten werden, ob sie es nicht ablehnen dürfen,

[35] Vgl. Anlagenband (Gutachten) zum Bericht der Expertenkommission, S. 519, http://www.bmjv.de/SharedDocs/Downloads/DE/PDF/Anlage_1_StPO_Kommission.pdf?__blob=publicationFile&v=4 (letzter Abruf 24.5.2018).

[36] Im Abschlussbericht der Expertenkommission wird (S. 116) eine entsprechende Ergänzung des § 243 StPO zwar empfohlen, aber mit dem Hinweis verbunden: „*Die Gefahr einer missbräuchlichen Ausübung des Erklärungsrechts, etwa durch ausschweifende abseitige Erklärungen bei Taten, bei denen zum Beispiel eine bestimmte politische Überzeugung eine Rolle spielt, kann durch eine entsprechende Anwendbarkeit des § 257a StPO ausgeräumt werden.*" http://www.bmjv.de/SharedDocs/Downloads/DE/PDF/Abschlussbericht_Reform_StPO_Kommission.pdf?__blob=publicationFile&v=2 (zuletzt abgerufen am 14.1.2018). In der Gesetz gewordenen Fassung des § 243 Abs. 5 S. 3 StPO ist der Anspruch an die reichlich unbestimmte Bedingung geknüpft, dass die es sich um eine „*besonders umfangreiche*" Hauptverhandlung handelt, die „*voraussichtlich länger als zehn Tage dauern wird*". Was aber, wenn die Erklärung sich gerade mit der Vorstellung der Verteidigung befassen soll, ob eine kurze oder lange Hauptverhandlung erforderlich sein wird? Auch hier hat sich das allgemeine Misstrauen gegen Verteidiger durchgesetzt und wird sich in der praktischen Handhabung der Vorschrift fortsetzen.

werden" und so mit 14:06:1 Stimmen beschlossen.[37] Und nicht einmal der von Anwaltsseite dann hilfsweise gemachte Vorschlag, wenigstens einen Anspruch auf Einsichtnahme in die Teilprotokolle jedes beendeten Verhandlungstages statt der vielfach praktizierten Zurückhaltung des „Gesamtprotokolls" bis zum Zeitpunkt der Urteilszustellung zu begründen, fand ohne Empfehlung an den Gesetzgeber im Abschlussbericht nur mit diesen Bemerkungen Erwähnung:

„Gegen eine Verlängerung der Revisionsbegründungsfrist spricht auch, dass die Vorbereitung der Revisionsbegründung in den meisten Fällen schon vor der Zustellung des Urteils erfolgen kann … Um der Verteidigung eine solche frühzeitige Vorbereitung der Revisionsbegründung bereits vor Urteilszustellung zu ermöglichen, ist es nach Auffassung der Expertenkommission insbesondere in umfangreichen Verfahren von Bedeutung, dass der Verteidigung die Hauptverhandlungsprotokolle zeitnah nach ihrer Fertigstellung und nicht erst mit Zustellung des Urteils zur Verfügung gestellt werden. Die Expertenkommission ist der Ansicht, dass die Abläufe bei der Protokollerstellung in der Praxis noch verbessert werden könnten."[38]

Kein Wunder, dass in dem inzwischen in Kraft getretenen „Gesetz zur effektiveren und praxistauglicheren Ausgestaltung des Strafverfahrens"[39] das im Bericht wenigstens noch als berechtigt behandelte Anliegen auf frühzeitige Einsichtnahme in das Hauptverhandlungsprotokoll keinerlei Berücksichtigung findet. Die hinter solchen Abläufen im Gesetzgebungsverfahren sichtbar werdenden Motive sind für unser Thema Verhältnis Richter – Strafverteidiger insofern signifikant, als sich die Besorgnis, es könne mit der formellen Gesetzeslage Rechtsmissbrauch getrieben werden, dieses Mal nicht auf das Verhalten der Verteidiger, sondern auf das der Richter bezieht. Wenn nach einer Hauptverhandlung mit 101 Verhandlungstagen, die sich unter Ausschöpfung aller Unterbrechungs- und Hemmungszeiten nach § 229 StPO über mehrere Jahre erstreckt haben kann, § 275 StPO den Berufsrichtern eine Urteilsabsetzungsfrist von 27 Wochen, also mehr als ein halbes Jahr einräumt und wenn während dieser gesamten Zeit der Vorsitzende mit der Begründung, das Hauptverhandlungsprotokoll könne als Gesamturkunde erst kurz vor der Urteilszustellung „fertig- und der Verteidigung zur Verfügung gestellt" werden, damit sie dann innerhalb der nicht verlängerbaren Frist von nur einem Monat (§ 345 StPO) alle Überprüfungen auf Verfahrensfehler und den strengen Anforderungen des § 344 Abs. 2 S.2 StPO genügend eine Revisionsbegründung fertigen soll, so ist das schlicht unmöglich. Das wissen natürlich die Vorsitzenden, die schon während der gesamten Hauptverhandlung und dann auch noch während der 27 Wochen, in denen das Urteil verfasst wird, behaupten, bis zum vollständigen Abgleich zwischen schriftlichem Urteil und Protokoll existiere dieses nur als „Entwurf" und sei deshalb noch „nicht vorzeigbar". Das durchsichtige Motiv für eine solche (sehr verbreitete) Verfahrensweise besteht entweder darin, dass nicht das Urteil auf die protokollierte

---

[37] https://www.bmjv.de/SharedDocs/Downloads/DE/PDF/Abschlussbericht_Reform_StPO_Kommission.pdf? (letzter Abruf 24.5.2018); Abstimmung S. 24 des Berichts, Begründung S. 155f.

[38] Bericht S. 156.

[39] BGBl. 2017 I 3202ff.

Hauptverhandlung gestützt, sondern das Protokoll dem Urteilsinhalt angepasst werden soll, oder darin, dem Rechtsmittelführer die faktische Bearbeitungsfrist so kurz wie möglich zu gestalten. Und dies auch dann, wenn – was regelmäßig geschieht – das Merkmal „unverzüglich" in § 275 StPO als nicht geschrieben behandelt und die lange Urteilsabsetzungsfrist voll ausgeschöpft wurde. Beide Alternativen, die auch in „Idealkonkurrenz" auftreten dürften, bedeuten einen schlimmeren Rechtsmissbrauch als das Stellen von nach Auffassung des Gerichts zu vieler Beweis- oder Ablehnungsanträge oder das zu lange Reden in einer Eröffnungserklärung nach § 243 Abs. 5 Satz 3 StPO nF durch einen Verteidiger.

Ohne Fazit:

Die vorstehenden Ausführungen eigenen sich nicht, mit einem zusammenfassenden Ergebnis oder einem „Ausblick" abgeschlossen zu werden. Ich habe an einigen ziemlich unsystematisch aneinandergereihten Beispielen zu zeigen versucht, dass die Berufswelt der Strafverteidiger sich zu der der Strafrichter ähnlich verhält wie die aller Strafrechtspraktiker zu der der Strafrechtswissenschaftler. Mit den Produkten ihrer beider Berufsausübung (Urteile, Beschlüsse, Monografien und Aufsätze, Lehrbücher, Gesetzeskommentare) können wir Verteidiger nicht mithalten. Denn die Dokumente unserer juristischen Arbeit an den praktischen Fällen verschwinden in Akten und bleiben im Schatten des jeweiligen Prozessausgangs. Entweder haben unsere Beweiswürdigungen und rechtlichen Argumentationen etwas bewirkt, dann finden sich unsere Argumente in den Entscheidungen der Richter wieder, die sie sich zu Eigen gemacht haben. Oder sie haben nichts bewirkt, dann mögen wir beklagen, dass unsere guten Beiträge nicht verstanden wurden oder einfach nur nicht zum gewünschten Ergebnis passten. Ob das eine oder das andere zutrifft, würde auch dann kaum jemals aufklärbar sein, wenn der nette Vorschlag von *Karl Peters,* den in den drei Jahrzehnten danach niemand erhört hat, umgesetzt würde: Zur Aufhellung des *„verborgen Bildes der Strafverteidigung"* auch anwaltliche Schriftsätze, Wiederaufnahmeanträge und Plädoyers in Zeitschriften oder anderen Formen der Fachliteratur anonymisiert zu publizieren.[40]

Vielleicht ist aber auch das markanteste Merkmal des Verhältnisses zwischen (Strafrecht-)Anwälten und (Straf-)Richtern die jeweils gruppenspezifische Selbstüberschätzung der beiden Berufswelten. Man ist ständig aufeinander bezogen, man kreist umeinander und bildet sich ein, man sei im Sonnensystem der zentrale Himmelskörper, um den die Erde ihre elliptischen Bahnen zieht. Aber auf einen juristischen *Ptolemäus* oder *Kopernikus,* der endlich klärt, wer sich um wen dreht und wie verhindert wird, dass die Gravitation oder die Zentrifugalkraft das ganze Justizsystem zerstört, warten wir noch lange.

[40] *Peters* in Mainzer Tagung 1984, Schriftenreihe der Arbeitsgemeinschaften des DAV Bd. 1, S. 25.

MATTHIAS JAHN*

Junge Juristen im freien Strafrechtsfall

I. *Einleitung: Non scholae sed vitae discimus*

Manchmal wird die Fälschung bekannter als das Original. Als *Seneca* vor fast 2.000 Jahren im 106. Brief über Ethik an Lucilius[1] seine ätzende Kritik an den etablierten römischen Philosophenschulen in der Sentenz *non vitae, sed scholae discimus* zusammenfasste, ahnte er das noch nicht. Es sollte nämlich das exakte Gegenteil seiner Aussage, das heute etwas studienrätlich-angestaubte „nicht für die Schule, für das Leben lernen wir" die Zeiten überdauern.

1. *TF: „Jura ist leicht ..."*

Sei es drum – Recht (um das große Wort einmal zu bemühen)[2] hat er, so oder so. Denn die ätzende Kritik an den etablierten deutschen Juristenschulen beklagt seit gefühlten zwei Jahrtausenden[3] die Praxisferne eines juristischen Studiums. Jeder Glückwunsch an junge Juristen nach der Bewältigung des Lebensabschnitts bis zur Ersten Juristischen Prüfung bekommt vor diesem Hintergrund einen latent abschätzigen Beiklang. Sie haben etwas geschafft, von dem die sogenannte herrschende Meinung zu wissen glaubt, dass es gar nicht für *das richtige juristische Leben* qualifiziert.

Thomas Fischer, Kolumnist im Ruhe- und hochverdienter Benefiziar dieser Festschrift im Wartestand, hat unter dem knalligen Titel „Jura ist leicht" einen Beitrag

---

* Der in Text und Fußnoten à jour gebrachte und für die hiesige Veröffentlichung stark erweiterte Beitrag wurde anlässlich der Absolventenfeier des Fachbereichs Rechtswissenschaft der Goethe-Universität Frankfurt am 8.6.2017 als Festvortrag ge- und sein Stil deshalb beibehalten.

[1] Epistulae Morales ad Lucilium 106, 12 (ca. 62 n. Chr.), in Rosenbach Philosophische Schriften IV, 1987, 626.

[2] Und das noch größere Wort Gerechtigkeit zu vermeiden; im Juristenausbildungskontext dazu unübertroffen knapp die Kontroverse zwischen *Wesel* und *Herzberg* in Jura 1990, 164f., initiiert durch einen Text von *Wesel* in (wo auch sonst!) der ZEIT Nr. 21 v. 19.5.1989, S. 64 unter der schönen Überschrift „Gerechtigkeit kommt nicht dran. Die andauernde Misere der Juristenausbildung".

[3] Bzw. „schon immer" (*Fischer* AL 2017, 344 (345)), jedenfalls aber „kurz nach dem amerikanischen Bürgerkrieg" (*Fischer,* Im Recht v. 30.6.2015, Rechtsprofessoren und Rechtsstudenten, http://www.zeit.de/gesellschaft/zeitgeschehen/2015-06/justiz-karriere-rechtsprofessoren-rechtsstudenten/komplettansicht (zuletzt abgerufen am 15.1.2018)). Zu dieser Diskussion – durch die Brille der Debatte um die Rolle des Repetitors in der Juristenausbildung – vor immerhin auch schon wieder zwei Jahrzehnten *Jahn* KJ 1994, 391 (404); aktueller Überblick zu den theoretischen Anforderungen an den heutigen Rechtsunterricht und die Reformdiskussion bei *Jauß* KritV 2017, 101 (107ff.).

in die Welt beziehungsweise die ZEIT[4] gesetzt, der sich dieser Auffassung anschließt. Selbst dann, wenn man in Rechnung stellt, wie überforderte Schlussredakteure nach oberflächlicher Lektüre den Inhalt von Interviews durch eine die Kernaussage ins Gegenteil verkehrende Überschrift zuweilen zu verfälschen vermögen[5] und noch *Fischers* legendäre Wortgewalt hinzuaddiert, bleiben doch inhaltliche Kernaussagen übrig, die Absolventinnen und Absolventen des Studiengangs, um es im Jurasprech auszudrücken, *unangenehm ins Ohr klingen müssen.*[6] Zwei Kostproben gefällig? „*ZEIT:* Herr Fischer, macht einen das Jurastudium fit für jeden juristischen Beruf? *Thomas Fischer:* Nein, natürlich nicht." Und ein paar Fragen weiter bekommen die Jungakademiker gleich noch einen Insiderblick auf die Lebensphase, die sich für die meisten direkt anschließt: „*ZEIT:* Lernt man das denn im Referendariat? *Fischer:* Das kann man nicht sagen. Referendare sind meist mit Aufgaben betraut, die wenig mit dem Beruf zu tun haben. Die Betreuer haben oft keine Lust oder Zeit, sich zu kümmern. Der Referendar kommt am Montag, holt sich eine Akte und bringt sie zwei Wochen später mit einem kleinen Gutachten zurück. Dann schreibt ihm der angeblich ausbildende Rechtsanwalt ein nettes Zeugnis. Es ist im Sinne der Referendare, nicht viel Aufwand zu haben, sie wollen weiterhin ihre Repetitorien besuchen und für das zweite Examen lernen".

---

[4] ZEIT-Campus Nr. 6/2014 v. 7.10.2014, S. 63, im Inhaltsverzeichnis angekündigt mit der Zeile „Der Bundesrichter Thomas Fischer lästert über Jurastudenten und ihre Marotten".

[5] Im ZEIT-Campus-Interview Nr. 6/2014 v. 7.10.2014, S. 63, selbst kommt die in Anführungszeichen gesetzte Überschrift nicht vor, sondern nur der Satz: „Das Jurastudium ist nicht wirklich schwierig. Es scheint mir viel leichter zu sein als Physik, Linguistik oder Elektrotechnik. Es bleibt genug Zeit, um zu lesen und sich mit Kommilitonen zum Diskutieren zu treffen". Schon näher kommt der Sache ein anderer Text (*Fischer,* Im Recht v. 23.6.2015, Strafrechtspersonal: Der Richter, http://www.zeit.de/gesellschaft/zeitgeschehen/2015-06/justiz-karriere-strafrechtspersonal-richter/komplettansicht (zuletzt abgerufen am 15.1.2018): „Am Ende ist es nicht so schwer"). Weniger als ein Jahr später hat *Fischer* an der Universität Gießen immerhin ein Vortrag unter dem Titel „Warum Jura so leicht und so schwierig ist" gehalten, vgl. https://www.uni-giessen.de/fbz/fb01/fakultaet-institutionen/dekanat/news/kriminalwiss_29.06.15 (zuletzt abgerufen am 15.1.2018). Dieser Titel trifft auch den komplexen Inhalt einer weiteren Kolumne (*Fischer,* Im Recht v. 30.6.2017, Rechtsprofessoren und Rechtsstudenten, http://www.zeit.de/gesellschaft/zeitgeschehen/2015-06/justiz-karriere-rechtsprofessoren-rechtsstudenten/komplettansicht (zuletzt abgerufen am 15.1.2018); ähnlich auch *Fischer* AL 2017, 344) gut: „Jura ‚an sich' ist selbstverständlich leicht … Trotzdem ist irgendetwas an Jura saumäßig schwierig. Es ist das Eintauchen in diese fremde, seltsame Welt …". Dazu insgesamt *Fischer* FS Rissing-van Saan 2011, 143 (164): „Schwierig am Rechtsstudium ist nicht eigentlich das in Klausuren und Examen geprüfte Auswendiglernen der Merkmale einer Urkunde oder der ‚Theorien' zu ihrer Begründung, sondern das intuitive Erlernen jener unnachahmlichen Mischung aus ‚Gesetzestreue, Rechtspolitik, eigener und fremder Erfahrung, persönlicher Meinung, Natur der Sache, traditionellen Begründungen, Sprache und Dezisionismus' *(Naucke),* welche den altklugen Studenten des zweiten Semesters noch als zu groß geratene Verkleidung um die Schultern schlottert und den frischgebackenen Assessoren später als ihr wahres Selbst erscheint".

[6] So die hübsche, von den Strafgerichten (zB BayObLG NStZ 2005, 215 (216)) gerne rezipierte Metapher aus der ursprünglichen reichsgerichtlichen Praxis in Zivilsachen (RGZ 140, 392 (398)), die sich bis heute ungebrochener Popularität erfreut, vgl. etwa *Hager* in Staudinger, 2017, BGB Vor § 823 Rn. C 141; *Gaier/Wolf/Göcken,* Anwaltliches Berufsrecht, 2. Aufl. 2014, BRAO § 1 Rn. 51.

2. *Der freie Fall*

Vielleicht lässt sich jetzt auch der sybillinische Titel dieses Beitrags schon etwas besser entziffern. Wenn Jura nach der Aussage des bekannten (Ex-)Bundesrichters in Wahrheit „leicht" oder doch wenigstens „auch leicht" ist, woraus, so die bohrende Frage, rechtfertigt sich dann die vier Jahre lang typischerweise konstant schlechte Laune des Studierenden, gepaart mit anfallsweiser Verzweiflung, dokumentiert durch in die Ecke der Studierstube gepfefferte Bücher (darunter eventuell auch ein gewisser grauer Kurzkommentar), und unterbrochen nur von kurzen agonalen Phasen sinnlosen Aufbegehrens gegen den übermächtigen Rechtsstoff? Ich möchte also, auch zur Stabilisierung des emotionalen Haushalts des juristischen Nachwuchses gegen den freien Fall nach unten, *Fischers* im Ganzen doch eher düsterer Sicht auf unsere Juristenausbildung[7] und der vorerwähnten hM[8] mit den nachfolgenden Vignetten den Kampf ansagen. Es soll, ganz im Gegenteil, der Beweis angetreten werden, dass schon der Jurastudent – weibliche Vertreterinnen der Spezies sind natürlich auch im Folgenden stets mitgemeint – im *echten juristischen Leben* zuweilen die Hauptrolle spielt. Für den Rechtsreferendar, gilt das, wie ich zeigen werde, im erst-recht-Schluss. Eine Einschränkung ist freilich zu machen: Vorführen kann ich das nur am Beispiel des Strafrechts. Da aber die meisten Absolventen irgendwann gemerkt haben, dass sich die wahre Bedeutung des Strafrechts im Fächerkanon der juristischen Ausbildung umgekehrt proportional zur Anzahl der im Staatsexamensteil zu schreibenden Klausuren verhält, ist das nicht weiter schlimm.[9]

Nehmen wir also fünf frei gewählte, aber vielleicht doch exemplarische Fälle in den Blick. Sie sollen belegen, dass die juristische Menschwerdung nicht erst mit der Aushändigung einer Examensurkunde beginnt.

[7] Die freilich in deutlichem Kontrast ua dazu steht, dass in der Kommentarleiste zu einem Artikel über *Thomas Fischer* auf lto.de (zuletzt abgerufen am 15.1.2018) ein Autor „Fischer im +Recht" mit dem Zeitstempel „10.3.2017, 11:51" folgenden, auf ein nachhaltiges Engagement in der Lehre schließen lassenden Eintrag hinterlassen hat: „Herr Fischer hat der Juristischen Fakultät der Universität Würzburg 44 Semester lang als Lehrbeauftragter und Dozent treu gedient, Sommers und Winters mit bis zu fünf Semester-Wochenstunden. Und zusätzlich und parallel der Uni Leipzig 10 Semester lang mit drei Semesterwochenstunden ... TF". Es spricht angesichts der Lebensdaten des *Jubilars* und der zahlenmäßig identischen Angaben in dem *Fischer*-Interview in AL 2017, 344 (345) einiges für die Authentizität dieses Beitrags.

[8] Die in der Frankfurter Schule des Rechts traditionell nicht geteilt wird; zum – im Ganzen mit Recht latent optimistischen – Frankfurter Modell (des Schwerpunktbereichsstudiums) *Sacksofsky* KritV 2017, 134 (140): „Das Frankfurter Modell ermöglicht ein wissenschaftliches und freies Studium, wie es bisher im stark auf die Staatsprüfung orientierten Jurastudium kaum möglich war: enger Konnex von Forschung und Lehre, Freiheit der Wahl für Studierende wie Lehrende, Raum für Interdisziplinarität und Internationalität. So viel Freiheit, Vielfalt und Flexibilität führen dazu, dass jedenfalls dieser Teil der ersten juristischen Prüfung nicht mit schematischem Lernen in Repetitorien erarbeitet werden kann, sondern ein interessengeleitetes, selbständiges Arbeiten der Studierenden erfordert".

[9] Ob sich dieser Zusammenhang an den juristischen Fakultäten in Deutschland in der Zahl der Inhaber strafrechtlicher Lehrstühle in Relation zu den Stützen der anderen Fachsäulen fortsetzt, muss hier dahinstehen. Selbst *Fischer* (Im Recht v. 23.6.2016, Rechtsbeugung I – Recht und Richter, http://www.zeit.de/gesellschaft/2016-08/rechtsbeugung-recht-und-richter-fischer-im-recht/komplettansicht (zuletzt abgerufen am 15.1.2018)) lässt uns allein, wenn auch mit gutem Grund: „Vom Zivilrecht will ich schweigen, da dort jede Äußerung leibhaftiger Menschen den ruhigen Gang der Relation eigentlich nur stört".

II. Fünf Vignetten

1. Die Rechtsstudentin in der Urteilsberatung: BGHSt 41, 119

Im 41. Band der amtlichen Sammlung der Entscheidungen in Strafsachen[10] finden wir einen aus der Sicht eines Karlsruher *Strafsenats* zunächst alltäglichen Fall.

Das *Landgericht* hatte den Angeklagten im August 1994 wegen Mordes zu einer lebenslangen Freiheitsstrafe verurteilt. Näheres zum Tatgeschehen wird nicht mitgeteilt; wir erfahren nur, dass der Angeklagte „mit großer Brutalität vorgegangen ist".[11] Gegen die Verurteilung wandte sich der Verteidiger des Angeklagten mit der Revision, die mit einer Verfahrensrüge tatsächlich Erfolg hatte. Deren Rechtsangriff war allerdings vergleichsweise elaboriert. Er beanstandete, an der Beratung des Urteils beim *Tatgericht* im pfälzischen Frankenthal habe eine Person teilgenommen, die nicht hätte zugelassen werden dürfen. Das *LG* habe deshalb gegen § 193 Abs. 1 GVG verstoßen. Ich bin mir sicher, dass auch gewissenhafteste Examensvorbereitung Bekanntschaft mit der Norm nicht vermittelt haben wird; der Wortlaut besagt auszugsweise: „Bei der Beratung ... dürfen außer den zur Entscheidung berufenen Richtern nur die *bei demselben Gericht zu ihrer juristischen Ausbildung beschäftigten Personen zugegen sein,* soweit der Vorsitzende deren Anwesenheit gestattet". Es hatte sich nun aber begeben – und war der Verteidigung, auf welchem Wege auch immer, mit der notwendigen Bestimmtheit zu Ohren gekommen –, dass die Studentin der Rechtswissenschaft *R* nach dem Juristenausbildungsgesetz von Rheinland-Pfalz in den Sommersemesterferien ihr einmonatiges Gerichtspraktikum absolviert hatte. Und mit Genehmigung des Schwurgerichtsvorsitzenden war sie bei der Beratung des Urteils gegen unseren Angeklagten zugegen gewesen. Der *BGH* entschied, dass Rechtsstudenten im Gerichtspraktikum nicht dem durch die Vorschrift privilegierten Personenkreis angehörten. *Claus Roxin* sieht es im Lehrbuch angesichts eines zu Großzügigkeit einladenden Wortlauts anders.[12] Doch die handwerklich kunstvolle Begründung des *4. Strafsenats* unter Aufbietung der Gesetzesmaterialien zum Gerichtsverfassungsgesetz und weiteren Scharfsinns wollen wir so hinnehmen.[13]

---

[10] BGHSt 41, 119 = NJW 1995, 2645, mAnm *Bayreuther* JuS 1996, 686.

[11] Dies allerdings nur in der Segelanweisung, die den Weg in die amtliche Sammlung nicht gefunden hat, jedoch in den Abdruck in BGH StV 1995, 399 (400).

[12] Daran hat sich bis zum heutigen Tag nichts geändert, vgl. *Roxin/Schünemann,* Strafverfahrensrecht, 29. Aufl. 2017, § 48 Rn. 9 Fn. 2. Gleichsinnig hat ein offenbar im Sinne der Juristenausbildung resilenter Senat des OVG Hamburg NordÖR 1999, 112 in expliziter Abweichung von BGHSt 41, 119 = NJW 1995, 2645 entschieden, dass die Teilnahme von Studenten der Rechtswissenschaft an einer Urteilsberatung, die bei Richtern des Spruchkörpers zu diesem Zeitpunkt ein Praktikum ableisten, *nicht* gegen § 193 Abs. 1 GVG verstoße. Die Ablehnung der Studenten sei wenig einleuchtend, nachdem auch die bei Gericht beschäftigten wissenschaftlichen Hilfskräfte und sogar ausländische Hospitanten zur Urteilsberatung zugelassen werden können. Auch sei nicht einzusehen, warum das Urteil auf der Anwesenheit eines einzelnen Studenten bei der Beratung iSd § 337 StPO beruhen solle. Beides kann man, vor allem mit Blick auf den Umkehrschluss aus den gesetzlichen Ausnahmetatbeständen zB § 193 Abs. 2 GVG und der aus § 43 DRiG resultierenden Unaufklärbarkeit der Kausalitäten des Beratungsverlaufs im kollegialen Spruchkörper (*Jahn* JuS 2009, 79 (80)), mit Fug auch anders sehen.

[13] Einige Jahre später hat das OLG Koblenz StraFo 2005, 79 den Rechtssatz dann auch noch auf

Man sieht jedenfalls, welche durchschlagende Wirkung die aktive Beteiligung einer Jurastudentin in einem Mordprozess haben kann – es muss nicht immer *John Grisham* und Hollywood sein. Die Entscheidung des *BGH* ist danach nicht nur in der oberrheinischen Tiefebene erregt diskutiert worden – allerdings weniger wegen der doch kleinteiligen Rechtsfrage. Im Fokus stand das, was die Prozessrechtswissenschaft apokryphe Entscheidungsgründe nennen könnte. Denn auch die Obergerichte sagen manchmal nicht, was sie meinen, und meinen manchmal nicht, was sie sagen.[14] So liege es, wie ein Kommentator in einer Fachzeitschrift angemerkt hat, just hier. Der Vorwurf ist, der *BGH* habe durch einen Griff in den argumentativen Giftschrank wegen eines ganz nebensächlichen Formalverstoßes eine aufwendige Neuverhandlung erzwungen, weil ihm die Mordverurteilung in der Sache nicht gepasst habe.[15] Dies hat den damaligen Vorsitzenden des *4. Strafsenats,* den StPO-Kurzkommentator *Meyer-Goßner*[16] so geärgert, dass er in der gleichen Fachzeitschrift einige Ausgaben danach selbst zur Feder gegriffen und diese Vermutungen mit eindringlichen Worten zurückgewiesen hat. Das Ganze ist mehr als zwei Jahrzehnte her und es ist Gras darüber gewachsen. Selbst der Angeklagte ist, wie auch immer die Sache im zweiten Rechtsgang ausgegangen sein mag, jedenfalls wegen dieser Tat nicht mehr in Haft[17] – belassen wir es also dabei. Was zu beweisen war, ist bewiesen: Auf die Studentin kommt es an!

2. *Rechtsreferendare als Urkundsbeamte: BGH NJW 2017, 1126*

In einem gewissen Gegensatz zu der vorbeschriebenen engherzigen Auslegung des Gerichtsverfassungsgesetzes mit Blick auf Rechtsstudenten im Praktikum steht ein jüngerer Revisionsbeschluss des für Bremen zuständigen *5. Strafsenats.*[18] Auch hier ging es um die praktische Tätigkeit junger Juristen, diesmal der Rechtsreferendare.

Der Stadtstaat ist bekanntlich finanziell klamm. So kam die Präsidentin des dortigen *Landgerichts* auf die Idee, Rechtsreferendare in der Hauptverhandlung als Urkundsbeamte der Geschäftsstelle einzusetzen. „Der“ Urkundsbeamte ist üblicherweise weiblich und gehört dem mittleren Justizdienst an (§ 153 Abs. 2 GVG). Sie sitzt mit dem Vorsitzenden am Richterpult hinter einem PC und führt das Protokoll durch Tastendruck zur rechten Zeit. Das ist eine verantwortungsvolle Aufgabe,

---

das Verbot der Anwesenheit von Abiturienten im freiwilligen Berufsorientierungspraktikum bei der Urteilsberatung erstreckt.

[14] Einen theoretischen Rahmen für die Analyse von BGH-Judikaten in Strafsachen entwickeln *Kudlich/Christensen,* Die Methodik des BGH in Strafsachen, 2008, 5ff.; s. auch *Keck,* Das Beschlussverfahren in der strafprozessualen Revision, 2016, 202.

[15] *Speiermann* NStZ 1996, 397.

[16] Vgl. *Meyer-Goßner* NStZ 1996, 607, mit folgender Einleitung: „Es ist sicherlich ungewöhnlich, daß der Vorsitzende des Senats des BGH zur Kritik an einer unter seinem Vorsitz ergangenen Entscheidung Stellung nimmt“. Zur Sachfrage auch *Schmitt* in Meyer-Goßner/Schmitt, 61. Aufl. 2018, GVG § 193 Rn. 5 mwN.

[17] „Lebenslang“ bedeutet nach der heutigen Vollzugspraxis in den meisten Bundesländern bekanntlich annähernd 20 Jahre Freiheitsstrafe, vgl. *Jahn* JuS 2013, 364 (366) unter Hinweis auf BT-Drs. 16/5660, 3f.

[18] BGH NJW 2017, 1126.

muss doch der Beweis eines protokollierungspflichtigen Verfahrensfehlers in aller Regel anhand gerade der so entstehenden Urkunde geführt werden. Für die Referendar-Nebentätigkeit wird nun seit einiger Zeit in Bremen eine Vergütung von 12 € pro Stunde gezahlt. Hintergrund ist eine landesrechtliche Regelung in § 20 Abs. 1 BremAGGVG, nach der Rechtsreferendare mit der selbstständigen Wahrnehmung von Aufgaben des Urkundsbeamten der Geschäftsstelle betraut werden dürfen.

Ein ua wegen gefährlicher Körperverletzung und Anstiftung zum versuchten Totschlag zu einer langjährigen Gesamtfreiheitsstrafe verurteilter Angeklagter sah, ersichtlich beraten von findigen Strafverteidigern, nach der bereits skizzierten *Methode Frankenthal*[19] seine Chance gekommen. Er rügte einen Verstoß gegen die Vorschrift in § 226 Abs. 1 StPO: Sie bestimmt, dass die Hauptverhandlung in ununterbrochener Gegenwart der zur Urteilsfindung berufenen Personen – also des Gerichts, der Staatsanwaltschaft und „eines Urkundsbeamten der Geschäftsstelle" erfolgen muss. Wird hiergegen verstoßen, winkt der (wie Kenner wissen: jedenfalls grundsätzlich)[20] absolute Revisionsgrund des § 338 Nr. 5 StPO. Die Revision brachte nun vor, Referendare hätten nicht mit den Aufgaben des Urkundsbeamten der Geschäftsstelle betraut werden dürfen, wenn sie – wie hier – im Zeitpunkt der Protokollführung nicht der erkennenden Strafkammer als sogenannte „Stationsreferendare" zugewiesen sind, sondern sich, *learning by doing,* nur ein dauerhaftes Zubrot zum kärglichen Referendarsgehalt verdienen wollen. Den *Leipziger* Senat hat dieses Vorbringen nicht überzeugt: „Zweifel an der erforderlichen Befähigung der eingesetzten Referendare (vgl. § 153 Abs. 2 und 5 S. 1 GVG) hegt der *Senat* nicht … Nach der Stellungnahme der Präsidentin des *LG Bremen* hatten die Referendare die mehrmonatige Pflichtstation in Zivilsachen absolviert und befanden sich im strafrechtlichen Ausbildungsabschnitt. Sie waren durch Urkundsbeamte der Geschäftsstelle in die Tätigkeit des Protokollführers theoretisch und praktisch eingewiesen worden".[21] Die leisen Zweifel an der etwas palmströmhaften Argumentation, die jedenfalls mich beschleichen, wenn ich an den Ausbildungsstand im Strafprozessrecht in der zweiten Station des Referendariats zurückdenke, stelle ich gerne zurück – der *5. Strafsenat* hat diese Rechtsprechung unlängst nochmals in zwei Fällen aus dem Bremer Sprengel bekräftigt und im Schrifttum (freilich begründungslose) Zustimmung erfahren.[22] Deshalb wollen wir auch die finale inhaltliche Erwägung des *BGH* nicht weiter durchleuchten: „Unbehelflich sind ferner der Hinweis der Beschwerdeführer auf die nach ihrer Meinung inadäquate Bezahlung sowie die – sehr abstrakte – Erwägung, es seien Interessenkonflikte denkbar".[23] Bedenkt man, dass ein durchgreifender Verfahrensfehler die Neuauflage eines Straf-

---

[19] → II.1.

[20] Zur verbliebenen Absolutheit absoluter Revisionsgründe näher *Kudlich* FS Fezer, 2008, 435 (436 ff.); anderer Akzent bei *Fischer* in KK-StPO, 7. Aufl. 2013, Einl. Rn. 459.

[21] BGH NJW 2017, 1126 (1127).

[22] BGH Beschl. v. 22.2.2017 – 5 StR 605/16, BeckRS 2017, 103720 und zuletzt BGH Beschl. v. 7.3.2017 – 5 StR 493/16 zu Ziff. 2 (in NStZ 2017, 424 nicht abgedr.). Explizit zustimmend (jeweils ohne weitere Argumente) *Lückemann* in Zöller, 32. Aufl. 2017, GVG § 153 Rn. 5; *M. Huber* in BeckOK StPO, Stand: 1.1.2018, GVG § 153 Rn. 10.

[23] BGH NJW 2017, 1126 (1127).

kammerverfahrens mit Kosten für den Steuerzahler in fünf- oder gar sechsstelliger Höhe nach sich zu ziehen vermag, bin ich bei der Frage von Interessenkonflikten für einen Referendar in einem sui generis-Ausbildungsverhältnis, der dem nämlichen Landgericht zur Ausbildung zugewiesen ist und daselbst später noch sein Staatsexamen absolvieren möchte, nicht ganz so zuversichtlich wie der *5. Strafsenat*. Aber das sind nur „sehr abstrakte“[24] Überlegungen.

3. Der Erlanger Jurastudentenfall: OLG Nürnberg NJW 2007, 1013

Dass die an sich begrüßenswerte Eigeninitiative bei der Erarbeitung des Rechtsstoffs nicht immer von Vorteil ist, zeigt der Erlanger Jurastudentenfall. Ich habe ihn bereits vor zehn Jahren unter der Überschrift „Der befangene Revisionsrichter“ in der Festschrift für den mittlerweile verstorbenen Hamburger Prozessualisten und OLG-Richterkollegen *Gerhard Fezer* erstmals vorgestellt.[25] Da auch für die glücklichen Wenigen bzw. wenigen Glücklichen, die diesen Text schon kennen, ein aktueller Nachtrag zu ergänzen ist, will ich ihn noch einmal aufgreifen.

a) Die (Vor-) Geschichte

Den Ausgangspunkt einer Reise, die bis hinauf zum *BVerfG* führen wird, bildete eine alltägliche allgemeine Verkehrskontrolle an einem mittelfränkischen Autobahnabschnitt. Die Polizeistreife wurde von unserem Erlanger Jurastudenten – *X* – nach dem Herauswinken und Anhalten sogleich mit einer gedruckten Ausgabe des bayerischen Polizeiaufgabengesetzes konfrontiert, begleitet vom Verlangen nach dem Vorzeigen der Dienstausweise. Die beiden Beamten – man kann sich ihre psychische Disposition nach dem vielversprechenden Auftakt der polizeilichen Standardmaßnahme vorstellen – bemerkten durch das geöffnete Seitenfenster des Pkw des *X* einen eingeschalteten Funkscanner, mit dem der Polizeisprechfunk abgehört wurde. Deshalb konnten sie, wie es im Urteil des Tatrichters anschaulich heißt, den Funkverkehr zeitweise „doppelt“ hören. *X* wurde daraufhin wegen Verstoßes gegen das Telekommunikationsgesetz angeklagt und in zwei Instanzen wegen unerlaubten Abhörens von Nachrichten zu einer fühlbaren Geldstrafe verurteilt. Wer als Leser bis vor wenigen Augenblicken noch nicht geglaubt hätte, dass das Abhören des Polizeifunks mit bis zu zwei Jahren Freiheitsstrafe bedroht sein könnte, hat die Verteidigungsstrategie des *X* im Revisionsverfahren schon antizipiert: Er berief sich auf einen unvermeidbaren Verbotsirrtum und hielt im Übrigen die zugrundeliegende Strafvorschrift des § 148 Abs. 1 Nr. 1 TKG für verfassungswidrig. Beide Argumente vermochten das *OLG Nürnberg* nicht zu überzeugen.[26]

Kurz nach Zustellung des Revisionsverwerfungsbeschlusses per Post lehnte *X* den an der Entscheidung beteiligten Richter im Nebenamt Prof. Dr. *J* wegen Besorgnis der Befangenheit ab. *X* war nämlich ersichtlich erst mit Lektüre von Ru-

---

[24] BGH NJW 2017, 1126 (1127).

[25] *Jahn* FS Fezer, 2008, 413 (414ff.).

[26] OLG Nürnberg Beschl. v. 6.9.2006 – 2 St OLG Ss 170/06 (insoweit in NStZ-RR 2006, 380 (381) nicht abgedr.). Ebenso zur Verfassungsmäßigkeit *Altenhain* in MüKoStGB, 2. Aufl. 2015, TKG § 148 Rn. 8; *Graf* in BeckOK StGB, 29. Ed. (Stand: 1.1.2018), TKG § 148 Rn. 2.

brum und Unterschriftenzeile der Entscheidung bekannt geworden, dass er in *J*, der seinerzeit im Hauptamt Lehrstuhlinhaber für Straf- und Strafprozessrecht in Erlangen war, seinen nebenamtlichen Revisionsrichter gefunden hatte. Bei jenem Professor *J* hatte er aber Vorlesungen besucht. Speziell *X* war einmal, wie er jetzt gegenüber dem *OLG Nürnberg* vorbrachte (und sich *J*, so viel sei verraten, anlässlich der Lektüre des Ablehnungsschriftsatzes tatsächlich wieder erinnerte), in der Strafrechtsvorlesung, im Audimax in der ersten Bankreihe sitzend (beziehungsweise tendentiell eher liegend) eingeschlafen. Es passierten noch weitere Abenteuer, die Farbtupfer im zuweilen grauen mittelfränkischen Vorlesungsalltag blieben.[27] Ein solcher Richter, so *X* in seinem schriftlichen Ablehnungsgesuch weiter, könne „denken, wenn er einen Täter vor sich hat, der einer seiner Studenten ist und mit dem Vorwurf konfrontiert ist, den Polizeifunk abgehört zu haben und in seinen Vorlesungen eingeschlafen ist, dass ein solcher Täter eine Bestrafung eher verdient".[28] Diese Überlegungen blieben aus strafprozessualen Gründen erfolglos – die Revisionsentscheidung war ja schon ergangen (vgl. § 25 Abs. 2 S. 2 StPO) –, ebenso wie die anschließende Verfassungsbeschwerde aus der Feder des *X* – *nicht für die Schule, für das Leben lernen wir.* Die *BVerfG*-Kammer verwarf sie mit der eher humorlosen Begründung, die Besorgnis der Befangenheit gegenüber Professor *J* stelle eine „durch nichts belegte Mutmaßung"[29] dar.

b) Nachbemerkung

Mit dem Abstand von mehr als einem Jahrzehnt kann ich sagen: Das *BVerfG* hatte wieder einmal Recht! Da sich in der Ermittlungsakte kein Lichtbild befand und eine Identifikation auch sonst nicht möglich war, bestand vor der Beschlussfassung nie die Gefahr, dass ich in *X* meinen manchmal vielleicht übermüdeten, aber nicht unbegabten und jedenfalls anlässlich der Behandlung speziell des bunten Straußes von Fragen der Telekommunikationsüberwachung in der Prozessrechtsvorlesung stets hellwachen Erlanger Jurastudenten hätte wiedererkennen können. Einen wissenschaftlichen Mehrwert hat die Episode für mich erwirtschaftet: der Fall des *X* hat mich in der erwähnten Fezer-Festschrift zu einem Vorschlag zur Änderung der Strafprozessordnung zugunsten des Revisionsführers bei der Frage des letzten Ablehnungszeitpunkts im Revisionsverfahren bewogen.[30] Das harrt noch der gesetzgeberischen Umsetzung.[31]

Nun aber zu der angekündigten Nachbemerkungen: Was ist eigentlich aus *X* geworden? Wer während seines Jurastudiums straffällig geworden sind, weiß es zu

[27] Dargestellt bei *Jahn* FS Fezer, 2008, 413 (414ff.). Mein Freund und Kollege *Hans Kudlich* hat *X* viele Jahre später einmal als schillernde Figur bezeichnet. Das trifft es.

[28] OLG Nürnberg NJW 2007, 1013 (Großschreibung von *Verf.*).

[29] BVerfG Beschl. v. 7.12.2006 – 2 BvR 2257/06, nicht veröffentlicht.

[30] *Jahn* FS Fezer, 2008, 413 (432f.).

[31] S. aber immerhin *Salditt* StV 2010, 717f. („bedenkenswert") sowie *Conen/Tsambikakis* in MüKoStPO, 2014, § 24 Rn. 11 und *Weßlau/Deiters* in SK-StPO, 5. Aufl. 2018, § 25 Rn. 51. Die zustimmende Zitierung in BGH Urt. v. 13.12.2012 – 2 StR 585/11, Tz. 6, 7, BeckRS 2013, 02723, tröstet kaum, zumal sie, da es um die Ablehnung des seinerzeit etatmäßigen Vorsitzenden des *2. Strafsenats* ging, ohne den *Jubilar* zustande kam.

schätzen, wenn es im Landesausbildungsrecht keine sog. Würdeklausel gibt, wie zB in Hessen, wo *Magnus Gäfgen* in der Untersuchungshaft in der JVA Weiterstadt die mündliche Prüfung im Ersten Juristische Staatsexamen abgenommen bekommen konnte. In Bayern hingegen ist die Zulassung zur Prüfung ua dann zu versagen, wenn dem Antragsteller zur Zeit des Prüfungsverfahrens voraussichtlich die Freiheit entzogen sein wird. *X* meisterte aber jene Hürde. Er ist mittlerweile im Fränkischen zugelassener Rechtsanwalt. Wer glaubt, das sei ein zwar gelungenes, aber doch eher seltenes Beispiel für die Erreichung des Strafzwecks der Resozialisierung, kennt meinen Berufskollegen *Shon R. Hopwood* von der Georgetown University in Washington nicht. Er gibt an, in seiner Jugend zu einer Freiheitsstrafe von zwölf Jahren und drei Monaten für fünf bewaffnete Banküberfälle verurteilt worden zu sein. Erst in der Zeit seiner Inhaftierung habe er sein Interesse für die Juristerei entdeckt.[32]

4. Der Todesurteilfall: Eine forensische Legende

Die Geschichte von Professor *Hopwood* klingt wie ein urbaner Mythos, ist aber keiner. Sie bietet jedoch die Gelegenheit, eine tatsächlich sozusagen nicht totzukriegende Legende aufzuspießen: Ein angebliches Todesurteil, gefällt durch drei Rechtsreferendare. Mir selbst ist der Fall verschiedentlich – und in verschiedenen Untervarianten – aus zweiter Hand als selbst erlebt geschildert worden, ua von einem früheren Bundesanwalt und einem wissenschaftlich ausgewiesenen Strafverteidiger. In der bei C.H. Beck verlegten populärwissenschaftlichen Darstellung „Pinguine in Rückenlage“[33] wird er so geschildert: Nach Schluss einer Verhandlung sitzen beim *LG Dortmund* drei Rechtsreferendare in Robe noch im Verhandlungssaal, da klopft die Putzfrau an. Die drei mimen den Vorsitzenden, den Staatsanwalt und den Verteidiger. Am Ende plädiert der „Staatsanwalt“ auf Todesstrafe, die nach Antrag auch verhängt wird. Die Reinigungskraft glaubt, Opfer einer Verwechslung geworden zu sein und wendet sich in Todesangst an den Landgerichtspräsidenten. Je nach Erzählvariante erhalten die drei Referendare (nur) einen Verweis oder werden (sogar) aus dem Dienst entfernt.

Der Fall taugt freilich nur als Lehrbuchkriminalität[34] für die Vorlesung zum Besonderen Teil des Strafrechts – Abteilung: wie funktioniert sie eigentlich, die Rechtsbeugung? –, vielleicht auch noch für das Kolloquium Strafprozessrecht als Beispiel für das nichtige Urteil. Vor allem aber bietet er einen Einblick in die Gedankenwelt deutscher Strafjuristen.

---

[32] In seinen eigenen Worten *Hopwood,* The Champion, 2010, 62: „I am proof that defense lawyers do make a difference. In 1998, I was sentenced to 12 years and 3 months in federal prison for five armed bank robberies. I was fortunate to have competent counsel and to receive a sentence that, while long, was not long enough to make me stop thinking about my future“.

[33] *Brednich,* Pinguine in Rückenlage. Brandneue sagenhafte Geschichten von heute, 2004, 74.

[34] Zu dem auf *Jäger* MschrKrim 56 (1973), 300, zurückgehenden Begriff siehe ua *Naucke* in Böllinger/Lautmann, Vom Guten, das noch stets das Böse schafft, 1993, 280ff.; *Jahn* JA 2000, 852.

5. *Die ausfällige Rechtsreferendarin: BVerfG NJW 2017, 3704*

Wenden wir uns zum Abschluss noch dem letzten Schritt des jungen Juristen nach den beiden bestandenen Examina zu, den Voraussetzungen der Zulassung zur Rechtsanwaltschaft – für immer noch gut 80% der Absolventinnen und Absolventen die mittelfristige Perspektive. Vor nicht allzu langer Zeit[35] hat der Erste Senat des *BVerfG* den Fall der früheren Rechtsreferendarin *N* entschieden. Ihr waren in der Kommunikation mit ihren Ausbildern die üblichen Maßstäbe zeitweise etwas aus dem Blick geraten, wollte man es vornehm ausdrücken. Doch um Fragen des Ausdrucks geht es gerade.

a) Das einfache Recht

Zwei Jahre nach ihrem Assessorexamen trug sie auf Zulassung zur Rechtsanwaltschaft an. Die Anwaltskammer hat Frau *N,* letztinstanzlich mit nicht allzu vielen Worten bestätigt durch den *Anwaltssenat* des *BGH,*[36] die Zulassung versagt, weil sie für diesen Berufsweg unwürdig sei. Unter anderem hatte *N* ihrem Ausbilder während der Station in Strafsachen in einer E-Mail attestiert, er sei „ein provinzieller Staatsanwalt, der nie aus dem Kaff rausgekommen ist, in dem er versauert".[37] Mit seinem Leben und seiner Person sei er „so zufrieden wie das Loch vom Plumpsklo".[38] Deswegen und wegen weiterer Äußerungen, die den Ausbilder, weniger humoristisch, in die Nähe von Nazijuristen gerückt hatte, war sie über drei Instanzen hinweg wegen Beleidigung zu einer Geldstrafe von 60 Tagessätzen rechtskräftig verurteilt worden. Doch auch in diesem Verfahren vor den Strafgerichten kam es, ihrer offensichtlich streitbaren Wesensart entsprechend, erneut zu Weiterungen. So hatte *N* ua der am Verfahren beteiligten Oberstaatsanwältin wiederum per E-Mail zum Besuch einer Vorlesung des strafrechtlichen Grundstudiums geraten,[39] weil jene einer Verfahrenseinstellung nicht zugestimmt hatte. Das wurde zwar nicht seinerseits als Beleidigung verfolgt, festigte aber ersichtlich das Bild, dass die formellen Instanzen anwaltlicher Sozialkontrolle von ihr bekommen hatten.

Die angesichts der teils strafbaren und im Übrigen drastischen E-Mail-Korrespondenz möglicherweise entstandene Intuition, hier handele es sich um einen Fall für die Anwendung der etwas antiquierten Würdeklausel der Bundesrechtsanwaltsordnung („Die Zulassung zur Rechtsanwaltschaft ist zu versagen, ... wenn der Bewerber sich eines Verhaltens schuldig gemacht hat, das ihn unwürdig erscheinen lässt, den Beruf eines Rechtsanwalts auszuüben", § 7 Nr. 5 BRAO), teilten im Verfahren vor dem Verfassungsgericht als sachkundige Dritte nach § 27a BVerfGG Beteiligte nicht. Der Deutsche AnwaltVerein[40] und die Bundesrechtsanwaltskammer[41]

[35] BVerfG Beschl. v. 22.10.2017, NJW 2017, 3704 m. zust. Anm. *Deckenbrock.* Zum Zeitpunkt des Vortrags am 8.6.2017 war die Sache unter 1 BvR 1822/16 noch anhängig.
[36] BGH NJW-RR 2016, 1401.
[37] AnwGH Hamm AnwBl. 2016, 520.
[38] AnwGH Hamm AnwBl. 2016, 520.
[39] AnwGH Hamm AnwBl. 2016, 520.
[40] DAV – Verfassungsrechtsausschuss, Stellungnahme Nr. 8/2017, S. 4ff.
[41] BRAK – Verfassungsrechtsausschuss, Stellungnahme Nr. 1/2017, S. 9ff.

hielten die Verfassungsbeschwerde der Frau *N* vielmehr für begründet. Die Anwaltskammer und die Fachgerichte hätten in ihren Entscheidungen den unbestimmten Rechtsbegriff der Unwürdigkeit nicht in einer vom Grundgesetz gebotenen Weise ausgelegt.

b) Verfassungsrecht

Die Entscheidung vom Schloßplatz hat diese Sichtweise bestätigt. Es wäre im Sinne einer negativen Verlaufsprognose näher auszuführen gewesen, „dass und warum davon auszugehen ist, dass die Beschwerdeführerin im Falle ihrer Zulassung als Rechtsanwältin in einer Art und Weise auftreten würde, die das Vertrauen in die Integrität der Rechtsanwaltschaft insbesondere im Interesse einer funktionierenden Rechtspflege beeinträchtigen könnte, sei es, dass Gerichte Rechtsstreitigkeiten nicht mehr zielgerichtet und zweckmäßig betreiben oder aber die Rechtsuchenden eine vertrauenswürdige Rechtsberatung und Vertretung im Rechtsstreit nicht erlangen könnten".[42] Aus diesem Grund sei die bei einer subjektiven Berufswahlregelung von Art. 12 GG verlangte Abwägung defizitär. Ein gegenüber den Interessen der *N* überwiegendes Interesse der Öffentlichkeit habe „jedenfalls ohne weitere Feststellungen" auch nicht auf der Hand gelegen, so dass sich dahingehende Ausführungen hätten erübrigen können. *N* wäre, wenn sie die Beleidigung als zugelassenen Anwältin begangen hätte, kaum in einem anwaltsgerichtlichen Verfahren aus der Anwaltschaft ausgeschlossen, sondern wohl eher mit einer Geldstrafe belegt worden.[43] Er fällt, auch angesichts des Zeitablaufs – sechs Jahre waren seit der Tat vergangen[44] – deshalb nicht schwer, das Ergebnis des *BVerfG* mitzutragen.[45]

[42] BVerfG Beschl. v. 22.10.2017, NJW 2017, 3704 (3706).
[43] Siehe *Deckenbrock* NJW 2017, 3706 (3707).
[44] *Deckenbrock* NJW 2017, 3706 (3707).
[45] Die Berichterstatterin ist – ohne, dass es darauf für die inhaltliche Zustimmung ankäme, sehr wohl aber mit Blick auf den äußeren Anlass der Entstehung des hier vorgelegten Texts (vgl. Fn. *) – ehemalige Studentin des und danach frühere wissenschaftliche Mitarbeiterin am Frankfurter Fachbereich Rechtswissenschaft. Sie war später sechs Jahre lang Kollegin des *Jubilars* im *2. Strafsenat* des *BGH*.

VIII. GESELLSCHAFT UND POLITIK

HEINER ALWART

Strafrechtlicher Expressionismus auf dem Vormarsch

Über scheinphilosophische Manöver bedauernswerter „Krötenkinder“

I. *Das allmähliche Verschwinden der Justitia*

Gewiss bekommt die Öffentlichkeit heute einen gewissen Eindruck davon, was ein Strafverfahren ist. So scheint es wesentlich dazu zu gehören, dass sich im Gerichtssaal manche Türen erst öffnen und dann wieder schließen, Amtspersonen in roten oder schwarzen Roben den Kameras die Gesichter posierend entgegenstrecken, während andere Personen sich auf dem Weg durch denselben Raum lieber Aktendeckel vor das Gesicht halten oder das gesenkte Haupt gänzlich in einer Kapuze verstecken. Die „anderen Personen“ – das müssen die Bösen sein! Denn sonst würden sie sich nicht so seltsam verhalten. Sie scheuen das Licht doch wohl deshalb, weil sie ein schlechtes Gewissen haben und nicht weil sie unschuldig sind.

Wer jedoch als Angeklagter und – die vielzitierte, menschenrechtlich basierte Unschuldsvermutung hin oder her – *Täter* nicht versucht, sich unkenntlich zu machen, sondern das bleiche Verbrecher-Gesicht lediglich etwas wegdreht und dem anhaltenden Blitzlichtgewitter die kalte Schulter zeigt, löst zusätzliche Empörung aus. Offenbar genügt es dieser Person nicht, den Opfern großen Schaden zugefügt zu haben, sie will sie zu allem Überfluss hinterher – und das ausgerechnet auch noch vor Gericht – verhöhnen!

Tatsächlich hingegen dürfte es lediglich darum gehen, denkt man z. B. an die des Rechtsterrorismus beschuldigte Beate Zschäpe, gleichermaßen überflüssigen wie ungerechten Erniedrigungen etwas entgegen zu setzen, um sich am Ende ein letztes Stück weit selbst behauptet zu haben. – Aber deshalb müssen wir doch nicht zimperlich sein! Die Beschuldigte hat ihr Leben ohnehin, so oder so, völlig ruiniert. Sie ist an allem selber schuld!

In dieser Weise bietet das im Gerichtssaal ständig wiederholte Prozedere dem Publikum selbstredend einigen Gesprächsstoff – nach dem Muster der zitierunwürdigen Schlagzeile: „Der Teufel hat sich schick gemacht“. Manches davon, was hier nicht weiter dokumentiert zu werden braucht, mag man, von den obszönen Sexualisierungen abgesehen, sogar lustig und unterhaltsam finden. Aber in Anbetracht der Bedeutung der Sache der Justiz, um die es geht oder doch gehen sollte, ergibt das nicht mehr als bloße Nebelschwaden. Weder enthält noch befestigt es Sinn und Verstand. Die Strafjustiz und mit ihr die Bürger sind anscheinend orientierungslos geworden, etwa indem die verantwortlichen Juristen den Gerichtssaal und vor allem das, was dort geschieht, einer Prangeröffentlichkeit preisgegeben haben, anstatt sich auf die ihnen obliegende Gerechtigkeitspflege zu besinnen. Befinden wir uns also inmitten einer handfesten Krise, weil die Dritte Gewalt ihre für das demokratische Kräftespiel so bedeutsame Autonomie bedenkenlos aufs Spiel setzt?

Mit dem, was „Strafrecht" in seinem ureigensten Sinne ausmacht, scheint sich keiner mehr beschäftigen zu wollen, der Jurist ebenso wenig wie der Bürger. Vielleicht ist das zu mühsam geworden. Vielleicht sind wir heute restlos überfordert. Damit deutet sich ein schmerzlicher Rechtsverlust an. Ist die altehrwürdige Justitia unversehens irgendwohin verschwunden?

II. Strafrechtliche Praxis im Spannungsfeld falscher Erwartungen

Gewiss war Strafrecht schon immer ein fragwürdiges Schauspiel. Sein neuzeitlicher Weg führt von einem auf unzähligen Galgenbergen veranstalteten Theater des Schreckens hin zu dem schrecklichen Boulevardtheater von heute.[1] Vor allem aber werden Strafverfahren gegenwärtig mit einer Vielzahl unterschiedlicher Erwartungen verknüpft. Die Opfer erwarten Aufklärung und Solidarität, die Medien Fotos und bewegte Bilder, die Politiker und Volkserzieher vor allem Moral, nämlich in geeigneten Fällen ein anti-rassistisches Engagement aller Beteiligten bis in die Urteilssprüche hinein, die Angeklagten unabhängig von ihrer politischen Couleur und trotz des gesellschaftlichen Hasspotentials einen respektvollen Umgang mit ihren prozessualen Rechten.

Auch über Wahrheit, Gerechtigkeit und Rechtsfrieden sowie über Täter-Opfer-Ausgleich und Verhältnismäßigkeit wird in diesem Zusammenhang vielfach geredet. Die zuletzt gefallenen Stichwörter dürften insbesondere professionellen Juristen nicht fremd vorkommen, gehören sie doch zu deren Ausbildungs- und Prüfungsstoff. Auch die akademischen Qualifikationsschriften zeugen davon. Sie zeigen sich immer wieder in Gegenstände verliebt, die es erlauben, Expertentum oder wenigstens Gelehrsamkeit zu demonstrieren. Was jedoch die Frage der praktischen Umsetzung anbelangt, so werden ständig, ob bewusst oder unbewusst, gewaltige Abstriche gemacht, ohne dass von irgendwoher interveniert würde.

Die Intellektuellen hingegen wollen etwas grundsätzlich anderes. Sie wollen die Themen definieren, über die in der Öffentlichkeit debattiert wird, also darüber entscheiden, was sich als für alle wichtig geltend machen darf und was eben nicht. Mehr denn je freuen sie sich über jede Gelegenheit, die deutsche Vergangenheit pädagogisch in Stellung zu bringen. Denn das ist es, was sie können und was sie gelernt haben und woraus sie für sich und für die mit ihnen verbundenen Politiker eine gewisse moralische Kompetenz ableiten. Mut brauchen sie dafür nicht. Wer hingegen versucht, die Tradition des Denkens fortzusetzen und einer re-volutionären Zukunft den Weg zu weisen, gefährdet jenes Monopol. Er muss aus Gründen intellektuellen Vormachtstrebens mundtot gemacht werden.

---

[1] *Alwart* JZ 1990, 883; 2014, 1091 jeweils mwN.

Von Strafprozessen erwartet der gegenüber Anfechtungen hochsensible Mainstream daher, dass sie sich zu dem genannten Erziehungszweck eignen und gegebenenfalls möglichst in die Länge ziehen. Für die chronische deutsche Krankheit soll es nämlich keine bessere Therapie als eine allgemeine Gesinnungs- oder Haltungsschulung durch exemplarisches Strafrecht geben. Um eine Dauermedikation sei wegen der stets akuten Rückfallgefahr in den „Faschismus"[2] nicht herumzukommen. Daher sei sowohl die Verfolgung relativ junger Rechtsterroristen, mag sich der Prozess auch mehr als fünf Jahre hinziehen, als auch die plötzliche Verfolgung steinalter KZ-Wachleute, die den Behörden zwar seit langem bekannt sind, die eine Strafvollstreckung heute aber kaum noch erleben werden, ein überaus großer Segen. Zwar könne man nach dem jahrzehntelangen Stillstand in der Justiz schlecht behaupten, dass es für eine präventive Absicherung des Tötungsverbots nunmehr auf diese wenigen Greisenprozesse ankomme.[3] Aber Hauptsache sei, dass das antinazistische Thema ständig wachgehalten und immer wieder von neuen Seiten beleuchtet werde. Versuche, sich mit irgendetwas anderem von Grund auf zu beschäftigen, müssten zwangsläufig in die Irre und zu alten Fehlhaltungen zurückführen.

Konträre Mindermeinungen sind danach ungeeignet, sich gegenüber dieser eindimensionalen Ausrichtung zu behaupten. Sie fallen aus dem prädiskursiven Konsens schlichtweg heraus und dürfen moralisch nicht ernst genommen werden. Rechtsstaatlichkeit und Toleranz würden nach zutreffender herrschender Meinung nämlich erst nach Ausgrenzung ihrer Feinde beginnen.[4] Der ehemalige Bundespräsident Joachim Gauck habe das unwidersprochen gebliebene, also für die Öffentlichkeit maßgebliche Diktum formuliert: Keine Toleranz für Intoleranz![5] Das bedeutet, dass Intoleranz gegen rechts seit ca. 1945 derjenige Kleb- oder sogar Kraftstoff sei, der unsere Welt im Innersten zusammenhalte und dass dieser quasi religiöse Glaube auch nicht ansatzweise hinterfragt werden dürfe.

In Wahrheit jedoch ist Toleranz unteilbar. Nur so kann eine entsprechende Einstellung zum allseitigen Vorbild werden. Das heißt natürlich nicht, dass man sich gegen Intoleranz nicht wehren dürfte. Gleichsam apriorische Dispense vom Toleranzgebot und Hintanstellungen rechtsstaatlicher Regeln gehören aber selbstverständlich nicht dazu. Darüber hinaus heißt es auch nicht, dass man sich mit intoleranten Menschen mehr als notwendig einzulassen habe oder gezwungen sei, sie sympathisch zu finden, geschweige denn z. B. mit einem Menschen Freundschaft zu schließen, dessen moralischen Nihilismus man als abstoßend empfindet.

---

[2] *Frank Witzels* Entlarvung einschlägiger Worthuberei sei hier schon einmal am Rande beispielhaft zitiert: „Der Begriff, der hinter alldem steht, heißt ‚Faschismus', aber wir können ihn nicht benutzen, weil er nichts aussagt und niemals etwas aussagen wird" (*Witzel,* Direkt danach und kurz davor, 2017, 382).

[3] Anders jedoch *Lehmann* in Lüttig/Lehmann, Die letzten NS-Verfahren 2017, 140: „Zumindest denkbar ist es noch, dass die Verfahren eine gewisse präventive Wirkung entfalten: Niemand soll sich mehr darauf verlassen können, aufgrund bloßen Zeitablaufs nicht verfolgt zu werden. Angesichts einer Vielzahl von Krisen weltweit erscheint dies als sinnvolles Signal." Jens Lehmann war Staatsanwalt im Gröning-Prozess (zu Gröning s. weiter unten).

[4] Schon früh wies *Jakobs* auf die drohende Herausbildung eines „Feindstrafrechts" hin: *Jakobs* ZStW 97 (1985), 751.

[5] Vgl. http://www.bundespraesident.de/SharedDocs/Reden/DE/Joachim-Gauck/Reden/2015/10/151003-Festakt-Deutsche-Einheit.html (aufgerufen am 21.11.2017).

Ohne den namentlich von Gauck erneuerten bundesrepublikanischen Gründungsmythos einer fundamentalen Toleranzbegrenzung in Rechnung zu stellen, lassen sich bestimmte Erwartungen, die heute insbesondere mit politisch spektakulären Strafprozessen verknüpft werden, nicht verstehen. So geht mancher sogar so weit, dass er die derzeitigen Verfahren gegen die sehr wenigen Mitschuldigen am nationalsozialistischen Unrecht, die in diesen Tagen noch am Leben sind, als eine geeignete Rehabilitation für jahrzehntelange Versäumnisse begreift. Nicht von ungefähr stößt Christoph Safferling, der einer jüngeren Generation von Strafrechtslehrern angehört, folgenden, keineswegs vereinzelten Jubelschrei aus: „Zum Glück, so möchte man sagen, zum Glück für die deutsche Justiz kam es noch zu dieser Revisionsentscheidung.“[6]

Dieses Beglücktsein betrifft die Bestätigung des erstinstanzlichen Urteils gegen Oskar Gröning durch den BGH. Der heute 96jährige, so genannte Buchhalter von Auschwitz war vom LG Lüneburg wegen Beihilfe zum Mord in 300.000 Fällen zu vier Jahren Haft verurteilt worden.[7] „Zum Glück“ hat Gröning so lange durchgehalten, dass der BGH die Chance erhielt, sich zu der in der landgerichtlichen Verurteilung steckenden Neuzuschreibung von nationalsozialistischem Unrecht an einzelne Personen zu bekennen und damit dem für einschlägige Strafverfolgungen zuständigen Staatsanwalt den Anstoß zu geben, seine vielen verstaubten Karteikarten potentieller Täter noch einmal gründlich mit einer schärferen Zurechnungsbrille auf der Nase zu durchforsten. „Zum Glück“ sind eben noch nicht sämtliche Täter tot.

Safferling nimmt die Entscheidung des BGH demnach sehr erleichtert zur Kenntnis und betont, dass jedes andere Ergebnis einem politischen Skandal gleichgekommen wäre.[8] Schließlich galt es, wenn schon nicht Mut, so doch glaubwürdig einen Gesinnungswandel unter Beweis zu stellen. Aber wenn es auch hier letztlich um Politik gehen soll, warum will man sich dann im Bemühen um Rehabilitation überhaupt auf die wenigen noch lebenden Beschuldigten beschränken? Warum will man hoffen, dass ausgerechnet „die Bösen“ möglichst lange leben, zumal man von verschiedener Seite immer wieder hört und liest, dass es in den einschlägigen Prozessen ohnehin weniger auf Strafe und Sanktion, sondern mehr auf Schuldsprüche als solche und deren gerade für die Opfer höchstwichtige Bedeutung ankomme?

Auch die Historiker haben bekanntlich kein Problem damit, den bekannten Satz „de mortuis nihil nisi bene“ zu relativieren und über Schuld und Unschuld längst Verstorbener zu richten. Was nun das Strafrecht mitsamt seinen Funktionsträgern anbelangt, so bedürfte es dafür lediglich einer entsprechenden besonderen Verfahrensart innerhalb der Prozessordnung. Vielleicht würde eine solche Novellierung des Gesetzes im Endeffekt zu gerechteren und faireren Ergebnissen führen als die gegenwärtige Fokussierung auf ein paar fossile kleine Fische. Die Zurechnungsfragmente von heute sind im Grunde unerträglich.

---

[6] *Safferling* JZ 2017, 258.

[7] Zur Dokumentation vgl. *Huth,* Die letzten Zeugen, Der Auschwitz-Prozess von Lüneburg, 2015.

[8] *Safferling* JZ 2017, 258.

Allerdings bekundete die damals 89-jährige Eva Pusztai-Fahidi im Rahmen einer auf eine möglichst umfassende Aufarbeitung angelegten Beweisaufnahme, wie sie im oben bereits erwähnten Lüneburger Prozess stattfand, das Folgende: „Ich muss wirklich sagen, das ist eine Art von Genugtuung, dass ich vor einem deutschen Gericht aussagen kann. Das, was damals ein Verbrechen war, ist es auch heute noch und in alle Ewigkeit. Es geht mir nicht um eine Strafe, es geht um ein Urteil und eine Stellungnahme der Gesellschaft."[9] Eva Pusztai-Fahidi habe auf den Moment, in dem einer der Täter ihr zuhören müsse, lange gewartet.[10] Aber kann sie sich auch an Gröning als an einen derjenigen erinnern, von dem sie oder andere im maßgeblichen Zeitraum im Lager gequält wurden? Oder dürfen individuelle Verhältnisse im Interesse einer Betroffenen dann so konkret doch keine Rolle spielen?

Hier zeigt sich, dass in einem vergleichsweise abstrakteren Verfahren ohne Anwesenheit eines einzelnen Angeklagten einer schwerstbetroffenen Zeugin (und Nebenklägerin) unter Umständen das geeignete personale Gegenüber fehlen könnte. Sie findet dann womöglich nicht dasjenige Gehör, das sie braucht und will. Und ein solches Bedürfnis nach einer Personifizierung des Bösen im individuellen Gegenüber, versteht sich vor dem Hintergrund der selbst erlebten, ungeheuren Grausamkeiten von selbst. Niemand dürfte versuchen, dieses Bedürfnis einfach beiseite zu schieben, oder meinen, es mit transpersonalen Erscheinungsformen des Bösen als Gegenständen von „Verhandlungen" welcher Art auch immer auffangen zu können. Man sollte nicht dem Irrglauben verfallen, „Geschichte", „Auschwitz" oder auch den Rechtsradikalismus als solchen vor Gericht stellen zu können. Aber man darf wohl ebenso wenig, nachdem man jahrzehntelang die Hände in den Schoß gelegt hatte, einen einzelnen Mitschuldigen, dem zufällig ein langes Leben beschieden ist, zum vermeintlich geeigneten Sündenbock für fast alles und jeden machen. Das hieße zugleich, dass man das äußerste Böse zwangsläufig banalisiert, obwohl man ihm im Grunde einen entscheidenden Schlag versetzen will.

Einen im wahrsten Sinne des Wortes merk-würdigen Akzent setzt der Strafrechtslehrer Cornelius Nestler, der sich im Rahmen des Instituts der Nebenklage an heutigen Konzentrationslager-Verfahren zu beteiligen pflegt. Diese Verfahren seien als *Straf*-Verfahren so wichtig, weil dies der beste, wenn nicht einzige Weg sei, bestimmte Aussagen zu NS-Verbrechen und ihrer Verfolgung zu thematisieren und gegebenenfalls zu dramatisieren und damit an die Öffentlichkeit zu bringen. Denn nur dann könne in der heutigen Situation extreme Medienaufmerksamkeit erweckt werden. Die letzten Opfer oder Zeitzeugen, so Nestler, würden ein starkes Interesse an solchen Verfahren haben, weil sie dort die Öffentlichkeit der modernen Mediengesellschaft bekämen. Die legitimen Interessen der Betroffenen könnten nur dann wirklich befriedigt werden, „wenn man sozusagen eine Showbühne hat, auf der das Ergebnis produziert werden kann. Eine solche Bühne liefert für NS-Verbrechen allenfalls noch ein Strafverfahren".[11]

---

[9] *Pusztai-Fahidi* in Huth, Die letzten Zeugen, Der Auschwitz-Prozess von Lüneburg, 2015, 34.

[10] „Die Zeit", Ausgabe vom 28.5.2015, S. 14 (aus dem Prozessbericht von *Daniel Müller*).

[11] *Nestler* in Prittwitz/Baurmann/Günther/Jahn/Kuhlen/Merkel/Nestler/Schulz, Kriminalwissenschaftliches Symposion für Klaus Lüderssen, 2014, vgl. 201. Es sei ausdrücklich festgehalten,

In diesem Zusammenhang bleibt in der gebotenen Kürze zu konzedieren, dass die vom BVerfG in den letzten Jahren gezogenen Grundrechtslinien einer solchen, den Gesetzmäßigkeiten der Medien gehorchenden Perspektive Vorschub leisten. Der damit verbundene Verlust an Strafrechtskultur wird vom BVerfG ohne wirkliches Problembewusstsein hingenommen. Während im Jahre 1977 auf dem Gebiet der Strafrechtspflege noch „höchste Anforderungen an die Gerechtigkeit" gestellt wurden,[12] begnügt sich das BVerfG seit 2007 explizit damit, das Informationsinteresse der Bürger nicht auf eigentliche Inhalte, sondern auf bloße Bilder und Geräusche aus dem Gerichtssaal zu beziehen.[13] Dass jedoch Gerechtigkeit dann leiden kann, wenn die zuständigen Funktionsträger der Öffentlichkeit des Rechts eine geeignete Form verweigern, wird vom BVerfG bis heute großzügig außer Acht gelassen. So bedienen sich Vizepräsident Kirchhof und die Richter Masing und Paulus in einem einstimmigen Kammerbeschluss vom vergangenen Jahr einer m. E. an Zynismus grenzenden Diktion: „Die bloße Lästigkeit der Anwesenheit von Presse und Rundfunk als solche und damit notwendig verbundene untergeordnete Auswirkungen auf die Flüssigkeit des Verfahrensablaufs rechtfertigen[...]das Verbot der Erstellung von Bildaufnahmen ebenso wenig wie nicht weiter konkretisierte Auswirkungen eines Medienrummels oder das Bedürfnis der Verfahrensbeteiligten an einer stressfreien Teilnahme an den Verhandlungsterminen".[14]

Nicht selten kann sich an einem Strafprozess sogar blanker Hass entzünden, z. B. weil traumatisierte Angehörige trotz großer Publizität weiterhin im Dunkeln tappen müssen. So erfährt eine Tochter nichts darüber, wie es dazu kam, dass ihr Vater von einer mehr oder weniger wahllos mordenden (NSU-)Bande als Opfer ausgesucht wurde.[15] Diese Ungewissheit verursache ihr seit vielen Jahren schlaflose Nächte. Das sei im Nachhinein noch viel schlimmer als die ursprüngliche Fehlspekulation der Polizei. Diese hatte die Ermittlungen ja ausgerechnet auf Familie und Umfeld des Opfers konzentriert. Außerdem hätte der sonst so stolze „investigative Journalismus" damals auf verheerende Art und Weise versagt und vor den für eine sensationsgeneigte Leserschaft zugkräftigen „Döner-Morden" von vornherein die Waffen gestreckt, anstatt die staatlichen Instanzen in ihrem Tun und Lassen intensiv zu überprüfen.

Die Rache einer wegen eigenen Versagens zusätzlich frustrierten Medienmeute, die sich nicht scheue, gefasste Tatverdächtige nunmehr zu ihrer eigenen Beute zu

---

dass auch das Institut der Nebenklage dazu tendiert, die strafgerichtliche Hauptverhandlung justizfern zu medialisieren.

[12] BVerfGE 45, 187 (228) = NJW 1977, 1525 (1526); *Schmidhäuser* JR 1978, 265 (268).

[13] BVerfGE 119, 309 (320) = NJW 2008, 977 (979 Rn. 31).

[14] BVerfG Beschl. v. 17.8.2017 – 1 BvR 1741/17, Rn. 16 – Fall Schlecker = NJW 2017, 3288 (3289 Rn. 16). Im NSU-Prozess hatte das OLG München die aggressive Bildberichterstattung nach rund 190 Verhandlungstagen etwas reduziert, ohne dass sich die Medien auf dem Rechtsweg dagegen gewehrt hätten. Es dürfte bei dieser Maßnahme nicht zuletzt darum gegangen sein, die Verhandlungsfähigkeit der Angeklagten Zschäpe zu erhalten, die, wenn mich die Erinnerung nicht trügt, damals mehrfach über gesundheitliche Beschwerden geklagt haben soll. Im Dezember 2017 ist übrigens die Zahl von 400 Verhandlungstagen überschritten worden. Zur erwähnten Beendigung des sitzungstäglichen Medienrummels s. OLG München Vfg. v. 2.3.2014 – 6 St 3/12 (zu finden auf der Website des Gerichts).

[15] Das Folgende ist idealtypisch gemeint. Es geht mithin mehr um einen Versuch des Nachempfindens als um ein korrektes Zitieren in indirekter Rede.

machen, indem sie Beschuldigte hemmungslos vorverurteile und das Verfahren für didaktische Anliegen oder auch pure Unterhaltung zweckentfremde, helfe ihr aber ebenso wenig wie jene vage Redeweise vom „institutionellen Rassismus", die inzwischen außerordentlich beliebt geworden sei. Ihr Problem bestehe vielmehr darin, dass die Hauptverhandlung ihr nicht geholfen, sondern den heillosen Schmerz sogar noch vertieft habe. Denn die eigentliche Tatausführung sei völlig unaufgeklärt geblieben. Und sie wisse ja immer noch nicht, warum ausgerechnet ihr Vater quasi stellvertretend (?) ermordet worden sei.

Dass nun offenbar auch der Staat durch Inszenierung eines mediengestützten „Jahrhundertprozesses" Rache an Frau Zschäpe nehmen wolle, um von Verstrickungen des eigenen Geheimdienstes und eklatanten Fehlern der zuständigen Ermittlungsorgane abzulenken,[16] nütze ihr nicht im Geringsten. Allein die Angeklagte könnte ihr helfen, indem sie damit anfange, ihr Wissen preiszugeben. Das von ihr seit nunmehr vielen Jahren miterlebte Schweigen der Angeklagten sei für sie auf die Dauer immer unerträglicher geworden. Finanzielle Hilfen könnten zwar nicht schaden, würden aber am Wesentlichen vorbeigehen. Auch Mahnmale würden ihr nichts bedeuten. Hingegen ein Denk-Mal gegen Dummheit und zugleich für Vernunft und Gerechtigkeit, das wäre schon etwas. –

Es liegt auf der Hand, dass die Zurschaustellung der Angeklagten durch Gericht und Medien ungeeignet ist, die von den Angehörigen dringend erwünschte Aussagebereitschaft zu fördern. Mit Thomas Fischer lässt sich das Unbehagen, das einen unbefangenen Betrachter der NSU-Hauptverhandlung und des ganzen Drumherum ergreift, folgendermaßen auf den Punkt bringen:

> *„Diese Beate Zschäpe. Erst weigert sie sich, im Olympiastadion zu verhandeln. Dann grinst sie im Gerichtssaal herum, gibt keine Interviews, schaut auf ihren Laptop, plaudert Vertrauliches, ohne dass wir es hören können, mit ihren zahllosen Verteidigern und ‚schüttelt ihre braune Mähne'. Im Qualitätsjournalisten erwacht ob so viel Unbotmäßigkeit der Richter Gnadenlos: ein Aufheulen der Moral, ein Schlachtfest des gesunden Menschenverstands. Man könnte auch sagen: eine beschämende Missachtung des Rechtsstaats, als dessen moralische Speerspitze man sich geriert."*[17]

Über dieses ernüchternde Resümee sollte sich niemand wundern. Man mache sich nur einmal klar, dass es in Deutschland vielleicht noch niemals zuvor einen Strafprozess gab, auf den so viele Trittbrettfahrer unterschiedlichster Provenienz haben aufspringen können wie im Laufe der Jahre auf den NSU-Prozess.

---

[16] Es sollte zu denken geben, dass *Burschel,* Referent für „Neonazismus und Strukturen/Ideologien der Ungleichwertigkeit" in der Rosa-Luxemburg-Stiftung, das von der Bundesanwaltschaft im NSU-Prozess vorgetragene Plädoyer als ungerechtes Ablenkungsmanöver interpretiert. Die Bundesanwaltschaft wolle mit ihren unerwartet drakonischen Strafanträgen den (fälschlichen) Eindruck erwecken, dass dieses Land mit seinen angeblich wenigen gefährlichen Nazis hart ins Gericht gehe und den Jahrhundertprozess zu einem triumphalen rechtsstaatlichen Ende führe: https://jungle.world/artikel/2017/49/der-gestank-bleibt (aufgerufen am 14.12.2017). *Burschel* hat den NSU-Prozess von Beginn an intensiv beobachtet und steht wahrlich nicht im Verdacht, „klammheimlich" mit Beate Zschäpe zu sympathisieren.

[17] *Fischer,* Richter-Sprüche, 2017, 155, unter der Überschrift „Schweigerecht".

III. *Auswirkungen des RAF- und des NSU-Terrorismus auf die Struktur von Strafverfahren*

Es muss keineswegs z. B. eine unmittelbar betroffene Frau mit Migrationshintergrund sein, die in der Folge dem Hass Ausdruck verleiht. Es können auch ganz andere sein, die sich, um es einmal so zu formulieren: verbal auf die Seite einer traumatisierten Betroffenen stellen, um ihrem eigenen, im Grunde verselbstständigtem Hass freien Lauf zu lassen. Mancher hat offenbar kein Problem damit, hasserfüllt gegen den Hass zu reden. Nicht gegen den eigenen Hass versteht sich, sondern gegen den Hass der anderen, den der Rechten.

Für die Linken liegt es nahe, in der angeklagten und verhandelten (NSU-)Tat das extrem Böse verkörpert zu sehen, z. B. eine unverbesserliche braune Gesinnung, die sie bei jeder ihnen dafür geeignet erscheinenden Gelegenheit mit Stumpf und Stiel ausrotten wollen. Sie sind äußerst erbittert, weil die Vergeblichkeit des Kampfes der RAF nie deutlicher wurde als jetzt, wo sich nicht nur der rechte Rand im Deutschen Bundestag und in den einzelnen Landesparlamenten verbreitert hat, sondern wo über viele Jahre hinweg und offiziell unbemerkt sogar eine brutale rechtsterroristische Bande aus dem Ungeist des Nationalsozialismus auferstanden war. Man will es nur nicht wahrhaben: Es gibt in Deutschland neuerdings eine Spiegelung der RAF auf der Gegenseite, hauptsächlich mit Beate Zschäpe als Projektionsfläche. Wer, wie zugegebenermaßen die meisten, dem oben beschriebenen, antinazistischen Gründungsmythos anhängt, wird schon einen solchen schlichten Vergleich als eine Art Sakrileg empfinden und eher dazu bereit sein, der RAF, der „Roten Armee Fraktion“, islamistischen Terror an die Seite zu stellen als den des NSU, des „Nationalsozialistischen Untergrundes“.

Während man sich noch immer ohne Einbußen an Gesellschaftsfähigkeit damit brüsten kann, Ulrike Meinhof einstmals die Hand geschüttelt zu haben, gilt Beate Zschäpe nicht von ungefähr als unberührbar. Sie wird von Justiz und Medien ungehemmt traktiert. Sie wird als eine Art Fleisch gewordenes Tabu hingestellt, als Unperson. Wie also sollte es sich bei RAF- und NSU-Terrorismus um zwei Seiten ein und derselben Medaille handeln können? Ist denn nicht der eine Radikalismus/Extremismus/Terrorismus „richtig“ und der andere „falsch“? Für das politisch korrekte Denken scheint der dschihadistische Terror demnach mehr zu Deutschland zu gehören als der Rechtsterrorismus.

In diesen Monaten wird sowohl der 40-jährigen Wiederkehr des Deutschen Herbstes 1977 als auch – gleichsam im Stile eines 50-jährigen Firmenjubiläums – der Generation der 68er gedacht. Mir ist nicht bekannt, dass die RAF irgendwo in den zahlreichen aktuellen Publikationen mit dem NSU in einem Atemzug genannt worden wäre. Vergleichsweise liest man, wie soeben ausgeführt, eher über die heute von Dschihadisten weltweit geführten Kriege und allgemein über den „internationalen Terrorismus“. Würde man eine Terror-Analogie auf Deutschland fokussieren, so dürfte jedoch folgende These nicht fernliegen: Während der RAF-Terrorismus aus verdrängter, vorangegangener Kollektivschuld heraus entstanden ist, affirmiert und erneuert der NSU-Terrorismus genau diese extreme Schuld, die ursprünglich die Verachtung oder auch den Hass der 68er erzeugte. Deren Auflehnung richtete sich umfassend gegen Staat und Gesellschaft sowie gegen die vielen, damals noch allgegenwärtigen Altnazis.[18] Heute will diese Generation partout nicht unvermittelt mit leeren Händen dastehen.

Aber man muss noch etwas tiefer bohren: Die Art und Weise, wie sich die 68er und ihre Epigonen mit Phänomenen wie dem NSU auseinandersetzen, zeigt, dass sie sich weiterhin vorwiegend aus den alten Affekten nähren wollen. Dass dadurch genau das befördert und endlos weitergetragen wird, was sie eigentlich bekämpfen wollen, verdrängen sie. Bei den späten „Auschwitz-Prozessen" geht es im Grunde um dasselbe.[19] Man nimmt die Pose ein, an verantwortungsvoller Erinnerung festzuhalten, ja darauf zu pochen, während man, um der Selbst-Freisprechung willen, in Wahrheit ausgerechnet das Vergessen befördert. Indem man nämlich heutzutage überraschend damit anfängt, rund einhundertjährige KZ-Wachleute usw. nach pauschalen Zurechnungskriterien strafrechtlich zu belangen, wäscht man – unbewusst – sich selbst rein, obwohl man mit den eigenen, allerdings längst verstorbenen Eltern und Großeltern, nach denen keiner mehr fragt, doch genauso strafwürdig ist. Größer also können die seit ungefähr 1945 produzierten Unsicherheiten kaum noch werden. Es kann nicht leicht sein, sich in einer solchen verschwommenen geistigen Situation des Erinnerns einerseits und des Vergessens und Verdrängens andererseits zurechtzufinden.[20]

Was folgt aus alledem? Nur so viel lässt sich im Rahmen dieser Abhandlung in aller Kürze andeuten: Einen definitiven Sieg über „das Böse" wird es niemals geben. Die Überpolitisierung der Maßstäbe bei grundlegenden rechtsphilosophischen Weichenstellungen müsste aufhören, das Links-Rechts-Schema müsste überwunden werden, weil die Bedingungen der Gegenwartskrise einer solchen Dichotomie vorgelagert sind.

Die Entliberalisierung vor allem des Gerichtsverfassungs- und Strafprozessrechts müsste in ihrem kompensatorischen Ursprung klar erkannt werden. Das betrifft zum einen eine hypertrophe Gesetzgebung als Reaktion auf den RAF-Terrorismus.[21] Es gilt zum anderen aber auch für den NSU-Terrorismus, der letztlich den Anstoß zum „Gesetz zur Erweiterung der Medienöffentlichkeit in Gerichtsverfahren […]"[22] gab. Dieses Gesetz kann nur als Kapitulation gegenüber dem Fernsehen und den offensichtlich medienfreundlichen Tendenzen des BVerfG begriffen werden.[23] Die Auswirkungen der neuen „Medienöffentlichkeit im Gericht"[24] auf die Rechtskultur, namentlich die Strafrechtskultur, einschließlich der Würde von Prozessbeteiligten und

[18] Die internationale Dimension, nicht zuletzt die Rolle des Vietnam-Krieges, muss an dieser Stelle außen vor bleiben.

[19] Auf den oben bereits erwähnten Fall Gröning komme ich im nächsten Abschnitt zurück.

[20] Womöglich funktioniert die analytische Tiefenbohrung auch andersherum: In Gröning mag manchem durchaus der *eigene* SS-(Groß-)Vater erscheinen, der sich zu Lebzeiten seiner Schuld nicht gestellt, sondern unter Umständen sogar versucht hatte, den inneren Konflikt auf seinen Sohn bzw. Enkel zu übertragen.

[21] Vgl. *Roxin/Schünemann,* Strafverfahrensrecht, 28. Aufl. 2014, 136.

[22] BGBl. 2017 I 3546.

[23] Zur Rolle des BVerfG → Abschnitt II.

[24] *Hoeren* NJW 2017, 3339.

sogar des Publikums sind noch gar nicht absehbar.[25] Staat und Gesellschaft verlieren angesichts von Terrorismus immer wieder allzu leicht die Fassung.

Man muss sich darüber im Klaren sein, dass mit Verachtung und Emotionen vielleicht Bildschirmtheater veranstaltet und das Internet in Vibrationen versetzt werden kann. Aber auf eine solche Art und Weise kann gewiss nicht sinnvoll nach strafrechtlicher Legitimität gefragt werden. Oder haben die sich als „links“ bezeichnenden, die breite Öffentlichkeit dominierenden Intellektuellen bereits endgültig, sozusagen repräsentativ für uns alle entschieden, dass ein gespaltener Begriff von Rechtsstaatlichkeit und Toleranz die Grundlage unseres Gemeinwesens bildet? Soll weiterhin oder sogar mehr denn je im Freund-Feind-Schema gedacht und gehandelt, d. h. doppelzüngig geredet und mit zweierlei Maß gemessen werden? Soll ein bloßes Betrachten von Ungerechtigkeiten, das jeden gleichwohl stillhaltenden Betrachter zwangsläufig erniedrigt, schon wieder stattfinden – nur dieses Mal unter einem anderen historischen Vorzeichen?

Es wäre ein Irrglaube zu meinen, derartige Erosionen ließen sich auf lange Sicht auf die als „Feinde“ Auserkorenen beschränken. Inkonsequenz, sei es aus Verachtung, Ekel, Hass oder sogar nüchternem Kalkül, hat immer seinen Preis. Von daher hätte innerhalb „einer Theorie der Fragilität moderner Gesellschaften“ die These von dem „selbstunterminierenden Potential rechtsschützender Institutionen“ eine zentrale Rolle zu spielen.[26] Die derzeitige (freilich unblutige) Rebarbarisierung scheint nur deshalb von fast niemandem zur Kenntnis genommen zu werden, weil die Gesellschaft sich darauf geeinigt hat, dass gerade umgekehrt die Opfer der Rebarbarisierung – d. h. die vom „Rechtsstaat“ ausgegrenzten Rechtsterroristen und Alt-Nazis – die eigentlichen Barbaren sind und alle Repressionen per se verdienen.

Solche von Affekten gespeisten Abschleifungseffekte wären also fatal. Irgendeinen Nutzen bringen sie, dieser Einsicht sollte man sich nicht verschließen, ohnehin niemandem. Insbesondere wird es so auf gar keinen Fall gelingen, unerwünschte ideologische Strömungen am Ende doch noch für immer zurückzudrängen. Jenes Programm der Ausgrenzung ist in allen denkbaren Hinsichten nicht nur ungerecht, sondern auch kontraproduktiv. Eine Legitimation für konkrete staatliche Gewaltausübung ließe sich daraus niemals ableiten. Vielmehr wäre man einem erstaunlichen Wiederholungszwang erlegen. Man würde sich nämlich erneut jener Todsünde schuldig machen, die schon Radbruch ex post und völlig zu Recht als den Kern nationalsozialistischen Unrechts anprangerte,[27] nämlich die menschenrechtswidrige Verleugnung elementarer Gleichheit. Und dass fast keiner darauf aus zu sein scheint, von alledem auch nur etwas zu merken, stimmt nicht optimistisch. Trotzdem darf man, ja muss man hoffen, dass es für den Rechtsstaat noch nicht zu spät ist.

---

[25] Nur am Rande sei vermerkt, dass die Bekämpfung speziell des internationalen Terrorismus (nach New York 9/11) zu einer erheblichen Erweiterung des Instrumentariums strafprozessualer Zwangsmittel geführt hat. Das ist jedoch ein eigenes und vor allem anders gelagertes Thema. Vgl. dazu kürzlich *Schaar,* Trügerische Sicherheit, 2017.

[26] Vgl. *Honneth,* Vivisektionen eines Zeitalters, 2014, 297.

[27] *Radbruch,* Gesetzliches Unrecht und übergesetzliches Recht, 1946, zB wieder abgedruckt in: *Radbruch,* Rechtsphilosophie, 6. Aufl. 1963, 347 (353).

IV. Die sogenannte expressive Straftheorie als Indiz normativer Verfallserscheinungen

Die in den beiden vorstehenden Abschnitten geschilderten Erwartungen, mit denen sich das Strafrecht gegenwärtig konfrontiert sieht, bilden kein fruchtbares Spannungsfeld, sondern laufen auf eine für die Rechtspflege existentielle Zerreißprobe hinaus. Die zuletzt angedeuteten Hass-, Ekel- oder Wutexpressionen und das Ausleben von Rachegelüsten erinnern an einen metaethischen Standpunkt, der bis weit in das 20. Jahrhundert hinein zurückreicht. Etwa bei dem englischen Philosophen Alfred J. Ayer findet sich die These, dass moralische oder ethische Urteile „nichts weiter als Ausdrucksformen von Emotionen" seien.[28] Ein rationaler Sinn lasse sich mit ihnen nicht verbinden, ein normativer Rechtfertigungsdiskurs, der den Namen verdienen würde, demnach von vornherein nicht führen.

Auf die momentane gesellschaftliche Situation bezogen drängt es sich daher auf, vor allem die mediale Auseinandersetzung um Gröning, Zschäpe usw. als ein permanentes Ausstoßen von Pfui-Rufen zu interpretieren. Es kann danach schon prinzipiell keine an bestimmte normative Bedeutungsgehalte angelehnte inhaltliche Debatte geben, über Ungerechtigkeit nicht geklagt, Gerechtigkeit und Rechtsstaatlichkeit nicht eingeklagt werden. Vielmehr genügt es, dass jeder Pfui ruft, d. h. in dieser Weise seiner antinazistischen Empörung Ausdruck verleiht, und dass sich solche Emotionen, von willfährigen Gerichten verstärkt, in besagten Strafverfahren auch widerspiegeln.

Sich möglicherweise doch einmal bemerkbar machende schlechte Gewissen werden vom BVerfG ruhig gestellt. Das BVerfG hat nämlich in diesen Tagen zustimmend aus einem Beschluss des OLG Celle zitiert, wonach Gröning „im Justizvollzug, vor allem was seine körperlichen Einschränkungen anbelange, eine Unterstützung erfahren werde, die über das Maß hinausgehen werde, das ihm ausweislich der Stellungnahme seines Hausarztes durch die Unterstützung einer Haushaltshilfe und seines Bekannten bisher zuteil geworden sei."[29] Wer will da noch ins Grübeln kommen? – wenn die einen beglückt sind, weil es zu einer Verurteilung gekommen ist, einerseits, und der Verurteilte durch auf ihn zugeschnittene Vollzugsbedingungen glücklich gemacht werden soll, andererseits? Ist dann nicht alles wunderbar im Lot?

Ein echtes Legitimitätsproblem kann demnach gar nicht auftauchen. Im Hintergrund steht vielmehr die politische, vorrechtliche Basisfestlegung, von der her sich ein entsprechender Zweifel von vornherein verbietet. An dieses Axiom wird kein kritischer Maßstab angelegt. Das alles darf nicht im Ansatz hinterfragt werden, sondern die Pfui-Praxis soll, so gewiss die Hoffnung der lautesten Protagonisten, zum Wohle des Ganzen auf Dauer allen in Fleisch und Blut übergehen. Und wer nicht Pfui rufen will, hat eben Pech gehabt. Er wird kurzerhand in die Schranken gewie-

---

[28] Zum Beleg beziehe ich mich auf *Frankena,* Analytische Ethik 1972, 128.

[29] BVerfG Beschl. v. 21.12.2017 – 2 BvR 2772/17, Rn. 23 = NJW 2018, 289 (291 Rn. 23). Nachtrag 15.05.2018: Leider muss Gröning der Genuss von Strafhaft vorenthalten bleiben, da er während eines laufenden Gnadengesuchs kürzlich verstorben ist – zu früh, zu spät oder gerade rechtzeitig?

sen. Seine nüchterne Einstellung hat keinen Platz in der postnazistischen Gesellschaft, die weiterhin um Heilung oder zumindest Rückfallprävention ringen muss. Allenfalls möge er, was etwa Gröning betrifft, zu gegebener Zeit Gnade rufen.

Obwohl der Emotivismus[30] die Idee einer vernunftgestützten Ethik aufgibt, scheint er sein Pendant jüngst in der – ihrer ursprünglichen Intention nach – *rationalen* Diskussion über die Rechtfertigung staatlichen Strafens gefunden zu haben. Das kann allerdings nicht weiter verwundern, wenn man bedenkt, dass von Seiten der Theorie, jedenfalls soweit ich sehen kann, völlig darauf verzichtet wird, desaströse Strafverfahren der letzten Jahre mit akademischen Betrachtungsweisen zu konfrontieren und zu versuchen, auf diese Weise eine weiterführende Perspektive zu öffnen. Tatsächlich ist sogar das Gegenteil der Fall: Die Theorie will die hier diagnostizierte Zerreißprobe nicht wahrhaben, sondern normalisiert[31] ohne weiteres den Status quo und damit alles, was aus ihm noch zu erwachsen droht. Dieser Befund und der damit einhergehende Legitimationsverfall staatlichen Strafens soll im Folgenden näher betrachtet werden.

Worum handelt es sich bei dem soeben erwähnten strafrechtlichen Pendant zum metaethischen Emotivismus? Damit ist die so genannte „expressive Straftheorie" gemeint, der Claus Roxin, Nestor der deutschen Strafrechtslehrer, aus gegebenem Anlass kürzlich zugestimmt hat. Dieser, wie ich ihn einmal nennen möchte, ganz unphilosophische *Expressionismus* befindet sich heute auf dem Vormarsch, weil jeder, der an der besagten akademischen Diskussion partizipieren und dabei nicht aus der Reihe tanzen möchte, meint, ihm Tribut zollen zu müssen.[32] Die Juristen huldigen selbst dann dem Kult der herrschenden Meinung, wenn es nicht um Fragen einfacher Gesetzesauslegung, sondern um eine Gesamtinterpretation ihres Tuns und Redens geht.

Roxin stimmt dem Beschluss des 3. Strafsenats des BGH im Falle Gröning nicht nur in zurechnungstheoretischer Hinsicht zu, er stützt ihn auch ausdrücklich straftheoretisch ab. D. h. er betont, dass eine befriedigende Lösung für eine solche Konstellation erst dann möglich sei, wenn „das Genugtuungsinteresse der Opfer und ihrer Hinterbliebenen [...] als Grund für die Notwendigkeit strafrechtlicher

---

[30] Für eine differenzierte Darlegung seiner Position vgl. *Ayer* in Birnbacher/Hoerster, Texte zur Ethik, 1976, 55ff.; sowie ausführlich auf der Basis eines „radikalen Empirismus" *Ayer,* Sprache, Wahrheit, Logik, 1972, 29ff. 135ff. (die englische Originalausgabe erschien unter dem Titel „Language, Truth and Logic" erstmals im Jahre 1936); näher zum philosophiegeschichtlichen Kontext *Alwart,* Recht und Handlung, 1987, 75f.

[31] Eine Alternative zum Normalisieren wäre, sich von besseren Einsichten „korrumpieren" zu lassen und die bedrückenden Verhältnisse zu revolutionieren. Vgl. zu diesem antagonistischen Sprachgebrauch von „korrumpieren" und „normalisieren" *Žižek* Neue Zürcher Zeitung, 7.10.2017, 24 (der Essay ist bei der NZZ auch online abrufbar).

[32] Eine Ausnahme bildet *Hoerster,* Muss Strafe sein?, 2012, der den Expressionismus stillschweigend unter den Tisch fallen lässt. Das ist vertretbar, weil sich die „expressive" Straftheorie als eine zu vernachlässigende Flucht aus einer intellektuellen Verlegenheit erweist. Mit dem im straftheoretischen Kontext neuen Signalwort „expressiv" versucht man nämlich lediglich zu suggerieren, dass eine altehrwürdige Diskussion, die zuletzt an der „positiven Generalprävention" hängen geblieben war, fruchtbar weitergeführt wird, während sie in Wahrheit auf der Stelle tritt, einer neuen Mode gehorcht und sogar das zerstört, was lange vorher kritisch gedacht worden war. Zum Beleg für diesen Befund beziehe ich mich auf den oben folgenden Text.

Verurteilungen" anerkannt werde. Darüber hinaus, also über den genannten, im engeren Sinne expressiven Strafzweck hinaus, stärke unsere Justiz aber auch das allgemeine Vertrauen in den Rechtsstaat, wenn sie, wie im Fall Gröning, Versäumnisse der Vergangenheit im Rahmen des Möglichen korrigiere. Roxin erinnert darüber hinaus daran, dass „die Legitimation der Strafe durch ihre expressive Funktion" ursprünglich aus dem Entführungsfall Reemtsma abgeleitet worden sei.[33]

Jan Philipp Reemtsma wurde im Frühjahr 1996 brutal entführt und nach einem Monat Gefangenschaft in Todesangst wieder frei gelassen. Für die Freilassung war von der Familie ein hohes Lösegeld gezahlt worden.[34] Unter dem Eindruck des gegen ihn verübten Verbrechens postuliert Reemtsma ein „Recht des Opfers auf die Bestrafung des Täters".[35] Er hält die Bestrafung des Täters für notwendig, um weiteren Schaden vom Opfer abzuwenden, der entstehen würde, wenn die Gesellschaft es mit seinem Bedürfnis nach Rache einerseits und Solidarität andererseits im Stich ließe: „Die Pflicht zur Re-Etablierung von Recht erwächst aus der diesbezüglichen Schadensbegrenzungspflicht des Staates."[36]

Das mag zwar zutreffen, ergibt aber keine tragfähige straftheoretische Begründung. Schon Emile Durkheim wusste, dass Strafe im Wesentlichen als eine Manifestation energischer Missbilligung begriffen werden muss.[37] Sie ist in diesem Sinne ein mit einer zumindest kleinen Übelszufügung – Sanktion – verbundener, expressiver kommunikativer Akt.[38] Was denn sonst? Dieser Bedeutungszusammenhang gilt freilich in einer Allgemeinheit, die das Opfer von vornherein mit einschließt. Die unmittelbare Betroffenheit von einem Verbrechen vermag insofern nicht zu einer prinzipiellen Sonderrolle zu führen. Der Verletzte ist also typischerweise Teil des Ganzen einer mit Strafe reagierenden Gesellschaft.

---

[33] *Roxin* JR 2017, 88 (91f.) Dem BGH lediglich lapidar zustimmend *Fischer,* 65. Aufl. 2018, StGB § 27 Rn. 3b (wegen Grönings Eingliederung in einen hierarchischen Apparat an untergeordneter Stelle scheide jedenfalls eine täterschaftliche Zurechnung aus). *Fischer,* Im Recht, 2016, 142, äußert sich zur eigentlichen Grundsatzfrage für meinen Geschmack zu ungenau, wenn er davor warnt, die gegenwärtige forensische Aufarbeitung der NS-Verbrechen „als belanglosen – weil kostenlosen – Pseudo-Mut abzutun".

[34] *Reemtsma,* Im Keller, 5. Aufl. 2008. Es geht Reemtsma in diesem Buch darum, das Entführungserlebnis, „das ich nicht Erfahrung nennen möchte, weil Erfahrungen etwas mit den Kontinuitäten des Lebens zu tun haben, es sich im zu schildernden Fall aber um das Widerfahrnis extremer Diskontinuität handelt, zu beschreiben und die mit ihm verbundenen Gefühle, soweit dieses geht (und es geht nicht sehr weit), zur Sprache zu bringen" (S. 45); er schreibt, dass er seinen Entführer zwar hassen werde, solange er Gefühle habe (S. 213), dass es für ihn, Reemtsma, aber keine „Kompensation im Haß" geben könne (S. 215). – Demgegenüber meint Honneth, einen etwas anderen Akzent setzen zu sollen: Er erblickt in der persönlichen Gewalterfahrung gerade den privaten Kern dessen, was Reemtsmas Lebensthema sei. Es liege ein Fall von familiärer Verstrickung (gemeint: in den Nationalsozialismus; H. A.) vor, der Jan Philipp Reemtsma stellvertretend mit der grausamen, nicht zu verrechnenden Schuld der Naziverbrechen konfrontiert habe (*Honneth,* Vivisektionen eines Zeitalters, 2014, 285). Ich bin übrigens keineswegs sicher, ob ich Honneth an diesem Punkt tatsächlich richtig verstanden habe.

[35] *Reemtsma,* Die Gewalt spricht nicht, 2002, 47ff.

[36] *Reemtsma,* Die Gewalt spricht nicht, 2002, 82.

[37] Vgl. *Durkheim,* Erziehung, Moral und Gesellschaft, 1984, 206f.

[38] *Dübgen,* Theorien der Strafe zur Einführung, 2016, 76f. (dort auch die Bezugnahme auf Durkheim).

Der Schritt von dieser durchaus trivialen Analyse des Wortes „Strafe"[39] zu einem willkürlichen Emotivismus oder eben *Expressionismus* des Strafens in dem von mir gemeinten Sinne wird dann vollzogen, wenn man damit beginnt, die Wortbedeutung zu vernebeln, den Opferaspekt zu verabsolutieren und zu einem beliebigen Einfallstor irrationaler Ansprüche an das Strafrecht zu benutzen. Dass Roxins Absegnung des Gröning-Beschlusses expressionistisch ist,[40] wird sofort klar, wenn man sich an eine frühere, von ihm selbst offenbar vergessene Äußerung zur Ahndung von NS-Massenmorden erinnert.

Es ist noch gar nicht lange her, da wurde Roxin, im Sommer 2001, von Thomas Horstmann über Probleme einer strafrechtlichen Verfolgung nationalsozialistischen Unrechts interviewt. Damals sagte er: Die in den 1960er Jahren nachwachsende Strafrechtler-Generation hatte „nicht die Idee, dass unsere Aufgabe hauptsächlich in der Rückschau auf die Vergangenheit liege, sondern wir wollten ein neues Strafrecht schaffen. Das entspricht auch mehr unserer wissenschaftlichen Aufgabe, denn es ist ja nicht Aufgabe einer juristischen Wissenschaft, die historischen Sünden der Vätergeneration aufzuarbeiten. Das ist Aufgabe von Historikern." Auf die Bemerkung von Horstmann, dass einige wenige Prozesse gegen NS-Täter derzeit ja immer noch liefen, meinte Roxin: „Ich halte es nicht für sinnvoll, dass man nun die zufällig Überlebenden mit neunzig Jahren in die Strafanstalt steckt, weil diese Einzelfälle dann als Sündenböcke für Tausende andere herhalten müssen."[41]

Offensichtlich wird jetzt eine Neuinszenierung gewagt. Das gesellschaftliche Bedürfnis hat sich – im mehr denn je notwendig scheinenden bedingungslosen Kampf gegen rechts – gewandelt. Philosophie und Praxis des Strafrechts fügen sich diesen Bedürfnissen und Erwartungen. Auf diese Weise hat sich die Straftheorie ihrem Gegenstand genauso entfremdet wie die Justiz ihrer Kernaufgabe. Gemeint ist eine Justiz, die Übergriffe in ihren ureigenen Bereich toleriert und so jegliche Autonomie aufgibt. Man passt sich – eben ausgerechnet auch in der Theoriebildung – einfach an, pflegt die Harmonie mit politischen Interessen und den Massenmedien, nimmt auf Semantik, Widerspruchsfreiheit und intellektuelle Redlichkeit[42] keinerlei

---

39 Bei derartigen Selbstverständlichkeiten verbleibt mE auch *Günther* FS Lüderssen, 2002, 205 (217ff.); daran vermag die dortige vergleichende Heranziehung angelsächsischer Fachliteratur nichts zu ändern.

40 Dieser verfehlte Expressionismus ist angelegt bei *Hörnle,* Straftheorien, 2. Aufl. 2017. Vgl. ergänzend den Bericht über eine „Konferenz zu philosophischen Grundlagen des internationalen Strafrechts" von *Lindemann* ZIS 2017, 720 (721): Im Widerspruch zu herkömmlichen Konzeptionen würde *Hörnle* dafür votieren, die Position des Verbrechensopfers in Strafzwecktheorien und Überlegungen zur Legitimation von Strafe und auch eines internationalen Strafrechts einzustellen. Sie hätte für ein Recht des Opfers auf Bestrafung des Täters argumentiert und dabei eine intersubjektive, auf der Täter-Opfer-Dyade beruhende Begründung der Strafe vorgeschlagen. Zur Kommunikation des Täters z.B. mit dem Gericht vgl. *Hörnle,* Kriminalstrafe ohne Schuldvorwurf, 2013, 70. Dort fordert Hörnle einen Dialog innerhalb der normativen Gemeinschaft der Prozessbeteiligten. In einem rational strukturierten Strafverfahren genüge es nicht, „nur in expressiver Weise den Unrechtsvorwurf irgendwie loszuwerden". Aber wie soll das alles zusammen passen?

41 *Horstmann/Litzinger,* An den Grenzen des Rechts, 2006, 211.

42 Zu diesen drei wichtigen Postulaten s. *Hruschka,* Strafrecht nach logisch-analytischer Methode, 2. Aufl. 1988, XVIII ff.

Rücksicht. Dass durch einen solchen Opportunismus hermeneutischen und normativen Verfallserscheinungen Vorschub geleistet wird, stört nicht. Willkür wird legal und legitim.[43]

Die zurechnungstheoretische Substanz des Strafrechts geht bei einer solchen Entwicklung zwangsläufig verloren. An sich einschlägige Wörter verlieren (zunächst unmerklich) ihre Bedeutung und d. h. ihr Leben. Sie dienen gedankenlosen Geräuschemachern zur Resteverwertung. Aus der Geisteswissenschaft wird eine Art akademischer Schrotthandel. Schon Heiner Müller hatte – freilich in einem anderen Kontext – erkennen müssen: „Meine Worte haben mir nichts mehr zu sagen."[44]

Nicht von ungefähr plädiert Tatjana Hörnle neuerdings für „eine konsequente Eliminierung des Begriffes ‚Schuld' in Gesetz und Strafrechtslehre".[45] Aber solche nominalistischen Manöver würden die dialektische Einheit von Schuld und Strafe zerbrechen. Worüber kann danach noch sinnvoll geredet werden, wenn es etwa um das Problem der Legitimation staatlicher „Strafe" gehen soll? Dieses Vorgehen entzieht sich jeder rationalen Kontrolle. Es kommt einem Herumstochern in der Finsternis oder im Nichts gleich. Das Denken wird wesenlos. „Da sie für mich bislang der Inbegriff der Aus-sich-heraus-handelnden-Kreatur gewesen waren, hätte ich gerade den Krötenkindern niemals eine Sprache oder die Fähigkeit des Ausdrucks zugetraut" – schreibt Frank Witzel in seinem Roman „Direkt danach und kurz davor".[46]

Diese Krötenkinder sind eine laute, durchsetzungsfähige Spezies. Es handelt sich bei ihnen um die Kinder von Professor Siebert. „Siebert'sche Villa war ein zeitweise gebräuchlicher Euphemismus für die außerhalb der Stadt gelegenen Lager."[47] Die Krötenkinder haben sich an der deutschen Vergangenheit verschluckt und dadurch die Wörter verloren. So leben sie letztlich „jenseits aller Erinnerung"[48], obwohl sie ständig das Gegenteil unüberhörbar an den Tag zu legen scheinen.[49] Ihr scheinphilosophisches Credo lautet nämlich: „Worüber man nicht sprechen kann, darüber muss man reden."[50] Was nun die expressiven Strafrechtsprofessoren betrifft, so sollte man ihnen die Redegewandtheit und Geschicklichkeit nicht absprechen. Es mag ja durchaus sein, dass sie, wenngleich weitgehend logosfrei, eine Art von Kommunikation miteinander pflegen. Aber kommuniziert noch das Strafrecht insgesamt? Und, wenn ja, was und mit wem?

---

[43] Mit der These, dass aus fehlgeleiteten Zuschreibungen alter Schuld neue Schuld erwachsen kann, befasste sich meine unveröffentlichte Jenaer Abschiedsvorlesung vom 3.2.2017.

[44] *Müller,* Der Auftrag und andere Revolutionsstücke, hrsg. v. Wittstock, 1988 (bio-bibliografisch ergänzte Ausgabe 2005), 42. Das Zitat stammt aus der „Hamletmaschine" von 1977.

[45] Exemplarisch: *Hörnle,* Kriminalstrafe ohne Schuldvorwurf, 2013, 10. Die Relativierung von Schuldbegriff und Schuldprinzip ist überhaupt en vogue. Vgl. die Bestandsaufnahme und vor allem die Kritik an dieser Entwicklung bei *Hallmann,* Gebundene Freiheit und strafrechtliche Schuld, 2017, 83ff. mit Nachweisen.

[46] *Witzel,* Direkt danach und kurz davor, 2017, 430. Informativ und neutral werden „Kröten" von *Langner* in ihrem gleichnamigen, schönen Buch aus dem Jahre 2018 porträtiert.

[47] *Witzel,* Direkt danach und kurz davor, 2017, 351.

[48] *Witzel,* Direkt danach und kurz davor, 2017, 430.

[49] Falls ich Witzels Intention in ihr Gegenteil verkehrt haben sollte, dürfte das nach seinem Denkansatz der Bodenlosigkeit absolut kein Problem sein.

[50] *Witzel,* Direkt danach und kurz davor, 2017, 446 (450).

Aus der expressiven Straftheorie, die auf Rationalität jedenfalls explizit großen Wert legt,[51] wird erst dann der strafrechtliche Expressionismus im engeren Sinne, wenn nach dem politischen Muster des NSU-Prozesses und der bedrückenden NS-Sündenbockprozesse von heute rechtsstaatliche Verluste generiert werden. Die Angeklagten werden zu Projektionsflächen für kreatürliche Pfui-Rufe. Den Opfern wird eine Bühne bereitgestellt. Z. B. die „ARD-Rechtsredaktion" freut sich über die vielen Bilder, mit denen sie Schaulust steigern kann. Mehr Ausdruck findet nicht statt. Philosophische Zurüstungen fehlen. Der beträchtliche materielle Aufwand trägt über den Fernsehspaß hinaus für das Publikum keine wirklichen Früchte.

Eine Umkehr aus solcher Krötenkinderjustiz könnte nach unserem Rechtssystem wohl nur das BVerfG leisten. Aber ist es dazu fähig und vor allem willens? Derzeit wohl kaum. Es muss in erster Linie gelernt werden, zum Nationalsozialismus Distanz zu halten, ohne ihn zu verleugnen oder, was geradezu einem Sakrileg gleichkäme, unter die Vergangenheit „einen Schlussstrich ziehen" zu wollen. Wem es nicht gelingt, auf Einverleibung zu verzichten, die sich (Vorsicht!) eben auch in der politischen *Umkehrung* vollziehen kann, muss als bedauernswertes Krötenkind enden. Auf kulturelle Widerstands- und Erneuerungskraft kommt es an, wenn es ernsthaft gilt, „das Böse" in Schach zu halten. Das bedarf der besonderen Anstrengung und heutzutage eines gewissen Mutes zu unkorrektem Denken. Steht ein legitimes Interesse dahinter, dass wir alle dieselbe vergiftete Kröte schlucken sollen, anstatt einen Frosch zu küssen? Historische Verantwortung jedenfalls ist etwas ganz anderes.

V. Vom bloßen Krötenschlucken zu einem sprach- und zukunftsfähigen Strafrechtsverständnis

Der Strafrechtswissenschaft ist es nicht gelungen, in der zweiten Hälfte des 20. Jahrhunderts bis heute eine gewisse Durchsichtigkeit zu entwickeln. Zum einen war und ist ihr die Verfolgung von Nazis und anderen Makroverbrechern, insbesondere mit den Mitteln des modernen Völkerstrafrechts, eine Art von Herzensangelegenheit. Zum anderen begegnet sie seit den Erfahrungen im „Dritten Reich" repressiver öffentlicher Gewalt prinzipiell mit großer Skepsis bis hin zur Anfechtung des Strafens überhaupt. Wie aber lassen sich Rückbau oder Abschaffung des Straf-

[51] *Hörnle,* Straftheorien, 2. Aufl. 2017, 2. Die Opferorientierung hat das Strafrecht verändert. Sie lockt heute Verletzte in die Hauptverhandlung hinein, die sonst, von einer Zeugenrolle abgesehen, draußen geblieben wären. Dass das Institut der Nebenklage inzwischen viele Verfahren prägt, muss daher eigens verantwortet werden. Solche Vorkehrungen können jedoch dann nicht verantwortet werden, wenn traumatisierten Angehörigen eher zusätzliche Schädigungen erwachsen. Das aber müsste durch empirische Studien untersucht werden. Sollte es solche Studien nicht geben, muss die expressive Theorie auch unter diesem Aspekt erhebliche Einbußen an Rationalität erleiden und die StPO dringend reformiert werden. Ist Reemtsma nicht vielleicht doch ein sehr individueller Fall, aus dem sich weder für eine abstrakte Theoriebildung noch für die Gestaltung des Strafverfahrens wirklich etwas gewinnen lässt?

rechts auf der einen Seite und dessen Ausbau und Erweiterung auf der anderen Seite auf ein und denselben theoretischen Nenner bringen?

Das Bild wird dann sogar noch unübersichtlicher, wenn man bedenkt, dass der Opferaspekt dazu geeignet ist, das Strafen in ausweglose Paradoxien zu führen und gegenläufigen Tendenzen Tür und Tor zu öffnen. So mag manchem der Standpunkt nicht abwegig erscheinen, dass vergeltende Übelszufügung an sich nur ein mittelalterliches Relikt sei und als solches zu beseitigen wäre, wenn sie nicht ausgerechnet dem legitimen Genugtuungsinteresse des Opfers entsprechen würde. Gerade darin müsse dann der rechtfertigende Grund für die Beibehaltung der Institution gefunden werden.[52]

Anderen wiederum dürfte es eher einleuchten, aus der Perspektive des Opfers umgekehrt nach ernsthaften Alternativen zum Strafen zu suchen. Worin etwa könnten Wiedergutmachungsleistungen bestehen, die einem Betroffenen unter Umständen bedeutsamer erscheinen als die Verurteilung des Täters zu einer langjährigen Freiheitsstrafe? Und schließlich: Es ist nicht zuletzt die Befrachtung des Strafrechts mit Opferinteressen, die das Justizsystem einerseits von innen her überhaupt aushöhlen könnte, obwohl es doch andererseits gerade vom Engagement für das Opfer getragen werden soll. Diese Gefahr tritt in der heutigen Hypertrophie des Instituts der Nebenklage deutlich hervor. Auf diesem Weg könnte eine einseitige Opferideologie ein Strafrecht, das hermeneutischen und moralischen Anforderungen genügen und seinen Namen verdienen will, am Ende doch noch abolitionistisch zur Strecke bringen.

Vor allem aber war die Strafrechtswissenschaft in den letzten Jahrzehnten durch zeitbedingte Auseinandersetzungen auf dem Feld der Kriminalpolitik absorbiert. Demgegenüber hat sie es versäumt, ihre Begriffsbildungen von Grund auf abzuleiten und den durch den Gesetzgeber immer wieder neu abgesteckten strafrechtlichen Bereich umfassend zu untersuchen, anstatt ihn immer weiter zu fragmentieren. Während es Hans Welzel noch darum zu tun war, vorrechtliche sachliche Substrate zu finden, woran die Rechtsordnung ihre Wertprädikate anknüpfen könne,[53] erklärte Günther Jakobs einige Jahre später, dass sich von den strafrechtlichen Grundbegriffen „ohne Blick auf die Aufgabe des Strafrechts schlechthin nichts sagen läßt"[54]. Wie die vorstehenden Abschnitte gezeigt haben, stellt sich die Frage nach „der" Aufgabe des Strafrechts allerdings heute mehr denn je. Es dürfte von daher einleuchten, dass Jakobs' These dem leeren Expressionismus Tür und Tor öffnet.

In der Gegenwart hängt die Legitimationskrise des Strafrechts weniger an Unsicherheiten in Hinsicht auf den mit dem Strafen verfolgten Zweck. Der Zweck kann nach wie vor vernünftigerweise – also allen verfehlten Erwartungen zum

---

[52] Kurz bevor das Haager UN-Tribunal für das frühere Jugoslawien seine Arbeit mit dem Ende des Jahres 2017 einstellte, hat sich der wegen Kriegsverbrechen angeklagte Slobodan Praljak im Gerichtssaal und vor laufender Kamera unmittelbar nach seiner Verurteilung triumphal suizidiert. Das kann nicht einmal der „expressiv-kommunikativen Straftheorie" gefallen haben, ebenso wenig wie es nach Zeitungsberichten den Opfern und ihren Angehörigen gefiel.

[53] Vgl. *Welzel,* Das deutsche Strafrecht, 11. Aufl. 1969, 42.

[54] *Jakobs,* Strafrecht Allgemeiner Teil, 1. Aufl. 1983, V.

Trotz[55] – nur in der Zurückdrängung des Verbrechens in der Gesellschaft gefunden werden.[56] Dieser generalpräventive Ansatz tritt in einem Passus, der sich bei Jan Philipp Reemtsma findet, besonders anschaulich hervor: „Nehmen wir an, wir hörten morgens im Radio, die Regierung habe im Zuge einer experimentellen Phase im Prozess der Novellierung des Strafrechts für vier Wochen alle strafbewehrten Gesetze außer Kraft gesetzt. Was würden wir tun? Wir würden uns jedenfalls ganz andere Gedanken machen als sonst. Wir würden über Gefahrenpotentiale nachdenken, über die wir – jedenfalls in praktischer Absicht – nie nachgedacht haben und hätten. Welche Folgen kann es unter so veränderten Umständen haben, dass mein Nachbar mich nicht mag? Mein anderer Nachbar schuldet mir eine Menge Geld. Wie gewalttätig sind die Glatzköpfe, die ich morgens immer am Bus treffe, tatsächlich? Mir fällt auf, dass ich keine Waffe besitze".[57]

Der damit angedeutete Abschreckungsgedanke, der die allgemeine Nützlichkeit des Strafjustizsystems geltend macht, bricht jedoch dann in seiner normativen Konstruktion zusammen, wenn er auf einem Etikettenschwindel beruht. Wenn nämlich die staatliche Strafe, die das Mittel zum guten Zweck gedeihlichen Zusammenlebens sein soll, in Wahrheit gar keine Strafe ist, sondern irgendetwas anderes, das nur noch „Strafe" genannt wird. Demnach macht uns nicht die einfache, zielgerichtet zu beantwortende Frage nach Ob des Strafens zu schaffen, sondern die Frage nach dem strukturellen Wie: Verdient das Strafrecht noch seinen Namen? Kann es sich auf eine ausgearbeitete protostrafrechtliche Zurechnungslehre stützen? Oder stochert man inzwischen im Nebel herum, das bedeutet in der Perspektive akademischen Unterrichts: im *didaktischen* Nebel, anstatt die Grammatik strafrechtlichen Denkens weiterzuentwickeln?[58] Sind uns Juristen also die entscheidenden, die uns anvertrauten Wörter und Begriffe abhandengekommen? Vielleicht haben wir aus dem Strafrecht schon längst – sprachlose – blanke Gewalt[59] gemacht, nach deren Nützlichkeit zu fragen, a priori sinnlos wäre.

Wer Antworten auf solche schwierigen Fragen sucht, wird gerne als Anhänger einer „absoluten" Straftheorie abgestempelt. Aber das ist irreführend, weil klare Begriffe und eindeutige Zwecke keine Gegensätze sind. Gewiss hängt die Legitimationskrise nicht allein am Absterben der Handlungs- und Zurechnungslehre. Auch die Überlagerung der Verfahren durch vermeintliche Nebenklägerbedürfnisse und durch eine rechts-widrige mediale Usurpation des Gerichtssaals tut, wie oben dargelegt, ein Übriges, vom politischen Missbrauch der Justitia ganz zu schweigen.

Zusammenfassend bleibt aus unserem Blickwinkel das Folgende festzuhalten: Das nationalsozialistische Trauma erscheint heute virulenter denn je. Es ist geeignet, klarem Denken von vornherein den Boden zu entziehen. Justiz, Gesellschaft und

---

[55] Vgl. → II. und III.

[56] *Hoerster,* Muss Strafe sein?, 2012; *Schmidhäuser,* Vom Sinn der Strafe, 2. Aufl. 1971, Nachdruck 2004 (hrsg. u. eingel. von *Hilgendorf*).

[57] *Reemtsma,* Vertrauen und Gewalt, 2009, 34f. Vgl. *Alwart,* Recht und Handlung, 1987, 6: „Das Recht gibt Furcht, um Furcht zu nehmen, die Furcht vor der Anarchie."

[58] Für eine neue Lehrbuchgeneration, deren es dringend bedarf, wird *Krämers* Untersuchung über „Individuelle und kollektive Zurechnung im Strafrecht", 2015, in den Mittelpunkt des Interesses rücken.

[59] *Reemtsma,* Die Gewalt spricht nicht, 2002.

Wissenschaft gelingen keine sinnvolle Verarbeitung oder gar ein Beitrag zur Heilung, sondern ihre Funktionen dekompensieren. Darunter muss nicht zuletzt die Rechtsstaatlichkeit erheblich leiden. Auf breiter Front ist ein Versagen vor den Aufgaben der Gegenwart und den Herausforderungen der Zukunft zu konstatieren – sowohl in der Theorie als auch in der Praxis.

VI. Eine abschließende Bemerkung zur „Aufzucht" von Juristen

Der Legitimationsverfall staatlichen Strafens spiegelt sich in der heutigen Gestalt des Jurastudiums und sicherlich auch in der Referendarausbildung wider. Man könnte auch behaupten, dass er dort quasi vorbereitet wird. Tendenziell mögen die Verhältnisse schon immer fragwürdig gewesen sein, heute jedoch erscheinen sie schlimmer denn. Die Missstände und deren Ursachen können hier nicht im Einzelnen ausgeführt werden.

Aus gutem Grund also las Thomas Fischer im Mai 2016 im Rahmen einer eindrucksvollen Veranstaltung der Jenaer Universitätsbuchhandlung aus seinem Buch „Im Recht" das Kapitel „Ein kurzer Lehrgang zur Aufzucht von Strafrichtern" vor.[60] Er bezieht sich dort auf Klaus Eschen, Rechtsanwalt und Notar in Berlin. Eschen habe die Juristenausbildung einmal mit der Abrichtung eines Flohzirkus verglichen: „Die Flöhe in einer Schachtel springen gegen den Glasdeckel und stoßen sich so lange die Köpfchen, bis sie gelernt haben, weniger hoch zu hüpfen. Dann legt man die Glasplatte etwas niedriger. So geht es immer weiter, bis die Flöhe gelernt haben, gar nicht mehr hoch hinauszuwollen, sondern nur noch zu kriechen, um kleine goldene Kutschen zu ziehen. Dann ist die Ausbildung beendet und man kann den Deckel endgültig entfernen."[61]

Freie Menschen, nicht nur Jurastudenten, wie Flöhe abzurichten – so kann man die Methode eines totalitären Regimes beschreiben. Nicht von ungefähr also spielt Fischer mit dem bereits zitierten Titel seines Textes auf den „kurzen Lehrgang" Josef Stalins an (bei Stalin ging es freilich um die Geschichte der KPdSU). Darauf wäre ich nicht gekommen, wenn Fischer es mir während unserer Begegnung in Jena, die im überfüllten Hörsaal begann und mit der ausverkauften Veranstaltung in der Buchhandlung endete, nicht ausdrücklich erläutert hätte. Eine solche Anspielung gibt, wie immer, wenn Thomas Fischer einen Text verfasst oder einen Vortrag hält, einiges zu denken. Z. B. legt sich die Frage nahe, ob ein rechtswissenschaftliches Studium, das dieses Namens würdig ist, sich mit einem schematischen Lösen von Papierfällen begnügen darf oder ob es nicht gerade, und vor allem unter den Bedingungen universitärer Freiheit, das begriffliche Denken ist, das gelernt werden sollte. Ohne „Achtsamkeit des Denkens" kann es kaum gelingen, das nationalsozialistische Trauma zu bearbeiten, und ein „Sinnen und Sorgen" darum, „daß der Mensch menschlich sei",[62] in der möglichen Fülle zu entfalten.

[60] *Fischer,* Im Recht, 2016, 229ff.
[61] *Fischer,* Im Recht, 2016, 235f.
[62] *Heidegger,* Über den Humanismus, 1949, 10, 47; auf S. 8 finden sich Vorahnungen zur „Diktatur der Öffentlichkeit" und zur „Verknechtung an die Öffentlichkeit".

In meiner Abhandlung zu Ehren von Thomas Fischer ist sehr viel Kritik an der Situation der Zeit vorgetragen worden. Aber wie glaubwürdig ist eine solche Kritik ohne ehrliche Selbstkritik? Kann man ohne Einbußen an Kohärenz die Verhältnisse radikal in Frage stellen und sie zugleich doch irgendwie mitgestalten? Aus diesem Dilemma gibt es keinen einfachen Ausweg.

MONIKA FROMMEL

Der Streit um § 219a StGB – das Verbot des öffentlichen Anbietens oder anstößigen Werbens für Dienste, die zum Schwangerschaftsabbruch geeignet sind

I. Ein vergessener Paragraph wird wieder aktuell

1. Hundert Jahre lang § 218 StGB – Debatten

Im Jahre 1925 scheiterte ein SPD-Antrag, welcher in einem neuen § 219a Reichs-StGB klarstellen wollte, dass ein von einem Arzt durchgeführter Schwangerschaftsabbruch in den ersten drei Monaten straffrei sei.[1] Der Vorstoß geriet zwischen die Fronten. Schon deswegen fiel es dem Leiter der strafrechtlichen Abteilung des RJM leicht strategisch zu reagieren. Er verweigerte eine Teilreform. Die KPD beharrte dennoch auf der „ersatzlosen" Streichung der §§ 218ff. StGB. *Gustav Radbruch* berichtete nach seinem Ausscheiden aus der aktiven Politik (1927), wie hoffnungslos es war, zwischen den ideologischen Fronten zu vermitteln. Immerhin erreichten die moderaten Kräfte 1926, dass zumindest die Spezialvorschriften aufgehoben wurden, welche das „Anbieten" von Diensten, die zum Schwangerschaftsabbruch geeignet sind, unter Strafe stellte. Wer in historischen Kontinuitäten denkt, erinnert sich heutzutage – angesichts der rituellen Debatten im Stil des „alles oder nichts" erneut an die fatale Position der Kommunisten und der USPD in den Jahren 1918 – 1933. Die SPD bemühte sich um pragmatische Lösungen, die Debatten waren heftig und ähnelten denen, die zwischen 1972 und 1995 stattgefunden haben, aber es gelang keine stabile demokratische Mehrheit. Die demokratische Kultur war derart unzureichend, dass es zu keinem Kompromiss kommen konnte. Die Rede vom „Klassenparagraphen" war für Kommunisten aus Gründen der Propaganda so wichtig, dass sie die SPD und die Liberalen blockierten und dadurch am Ende einen Kompromiss in der strittigen Frage der vorsichtigen Entkriminalisierung der Abtreibung verhinderten. Zwar war die Arbeit der Ärztin *Martha Ruben-Wolf* erfolgreich.[2] Sie mussten dann – sofort mit der Machtergreifung der Nazis

[1] Ausführlich berichtet von *Putzke* in Vormbaum, Juristische Zeitgeschichte Bd. 14, 2003, 273ff.

[2] *Martha Ruben-Wolf* war mit Lothar Wolf (KPD) verheiratet und aktiv im Verband der sozialistischen Ärzte tätig. Ihr Buch „Abtreibung oder Verhütung"? erreichte 5 Auflagen (1929 – 1931). Sie emigrierte nach Russland, hatte dort ein schweres Schicksal (Mann in Moskau hingerichtet, sie selbst Suizid 1939). Sie hatte eine Tochter und einen Sohn. Ihr Partner im „Kampf gegen § 218", *Friedrich Wolf,* ist mit seinen drei Söhnen noch rechtzeitig nach Moskau ausgereist (bereits nach seiner Freilassung aus der U-Haft wegen des Kienle/Wolf-Verfahrens im Jahre 1931) und hat

1933 – zusehen, wie jüdische, kommunistische, aber auch liberale Abreibungsärzte brutal verfolgt wurden. Sie wurden in Schutzhaft genommen und – wenn sie Glück hatten – mittellos in die Emigration gezwungen.[3]

2. *Die Wiederbelebung der fruchtlosen Debatten*

Die Verurteilung einer Ärztin aus Gießen[4], die auf ihrer Webseite eine Datei zur Verfügung stellt, in der sie über die Rahmenbedingungen einer in ihrer Praxis zugänglichen Abtreibung informiert, löste heftige Reaktionen aus. Im Verfahren ging es um das uferlos weite Tatbestandsmerkmal des „Anbietens". Dennoch suggeriert die Verurteilung und noch deutlicher die schriftliche Urteilsbegründung, die Ärztin habe für den Schwangerschaftsabbruch „geworben" und sich dadurch „einen Wettbewerbsvorteil" verschafft. Letzteres ist eine eher abwegige Unterstellung, wenn man bedenkt, dass ärztliche Dienstleistungen dieser Art nur dann lukrativ sind, wenn ein Honorar vereinbart wird, welches die üblichen Sätze übersteigt. Genau dies aber vereinbarte die Ärztin nicht. Sie macht auch in ihrer Pressearbeit deutlich, dass sie nicht werben, sondern informieren will und beruft sich auf das Recht der betroffenen Frauen auf freie und informierte Arztwahl. Außerdem sei ihre Information erst auf Nachfrage über einen Link für Interessierte zugänglich. Die Auslegung des Verbots durch das AG Gießen ist eine extensive Wortlaut-Auslegung. Sie dehnt ein ohnehin zu weites Tatbestandsmerkmal aus und schränkt dadurch die Grundrechte der Betroffenen ein. Dies geschieht ohne Blick auf dessen fragwürdige Entstehungsgeschichte und ohne Beachtung des 1998 vom BVerfG aktualisierten Schutzkonzeptes[5], sowie ohne Berücksichtigung der Grundrechte aller Betroffenen. Das Gericht sieht bereits in einer allgemein gehaltenen Information ein öffentliches Angebot für einen Schwangerschaftsabbruch und zitiert aus Motiven des Jahres 1976, also aus einer lange zurückliegenden Zeit, die noch von der Strafbarkeit aller Schwangerschaftsabbrüche ausging, bei denen nicht explizit die Rechtmäßigkeit festgestellt worden war (Notlagenindikation). Es liege immer eine

---

sich dort angepasst verhalten, sodass ihm und seiner Familie nichts passiert ist. Einer der Söhne ist in der DDR der „Stasi Mischa Wolf" (biografische Daten aus Wikipedia, letzter Abruf: 6.6.2018).

[3] Die fatale Situation wird geschildert von *Goldschmidt* in KJ (Hrsg.), Streitbare Juristen, 1988, 318ff.

[4] Das AG Gießen Az 507 Ds-501 Js 15031/15 (schriftliche Urteilsgründe vom 22.12.2017) https://www.lto.de/recht/nachrichten/n/ag-giessen-geldstrafe-aerztin-angebot-schwanger schaftsabbruch/ verurteilte am 24.11.2017 eine Ärztin wegen eines Links auf ihrer Webseite, der es potentiellen Patientinnen ermöglicht, ein ärztliches Gespräch und eine Beratung wegen eines Schwangerschaftskonfliktes bei ihr zu erhalten. Angesichtes der prozeduralen Ausgestaltung des geltenden Rechts ist es klar, dass die Patientin erst dann die ärztliche Dienstleitung „Schwangerschaftsabbruch" erhalten kann, wenn sie diese Anforderungen erfüllt hat. Die Information ist also kein Angebot, das angenommen werden kann. Die Entscheidung wurde in den Medien ausführlich kommentiert und stieß überwiegend auf Widerspruch: https://www.aerztezeitung.de/pra xis_wirtschaft/recht/?sid=948165; https://www.zdf.de/nachrichten/heute/abtreibungsgeg ner-gegen-frauenaerztin-100.html

[5] Bestätigt durch BVerfGE v. 24.5.2006 – 1 BvR 1139/03, Rn. 36, NJOZ 2008, 151, allerdings in einem anderen juristischen Kontext, nämlich anlässlich einer für berechtigt eingestuften Unterlassungsklage gegen den aggressiven Abtreibungsgegner Annen, der auch massenhaft Strafanzeigen wegen § 219a StGB stellt.

verbotene Werbung vor, wenn die ärztliche Leistung als *konkret zugänglich* erscheine. Eine solche Sicht passt nur in eine Zeit, in der Schwangerschaftsabbrüche grundsätzlich rechtswidrig und deshalb verboten sind. Dies ist aber seit 1995, der damals neu gefassten Beratungs- und Indikationenlösung, nicht mehr der Fall. Zwar müssen Frauen, die zum Abbruch entschlossen sind, ein aufwändiges Beratungsverfahren (oder bei einer Indikation ein Feststellungsverfahren) absolvieren, aber strafrechtliches Unrecht ist eine Abtreibung nicht mehr. Selbst wenn sich das Gericht nicht weiter mit den verfassungsrechtlichen Implikationen befasst hätte, so wäre doch eine restriktive Interpretation naheliegend gewesen. Danach hat die Ärztin lediglich kundgetan von ihrem Weigerungsrecht keinen Gebrauch zu machen. Trotz dieses Einwandes, der bereits im Ermittlungsverfahren erhoben worden war, klagte die Staatsanwaltschaft an und die Richterin verurteilte „wegen Werbung". Die Struktur des § 219a StGB blieb im Dunkeln. Der Richterin genügte es, den uferlos weiten Wortlaut der 1. Alternative des Tatbestandes, das öffentliche „Anbieten", so weit auszulegen, dass jede Form des öffentlichen Redens über konkret zugängliche Schwangerschaftsabbrüche verboten wird. Die *Unbestimmtheit* des Tatbestandsmerkmals wird durch diese Interpretation noch gesteigert und eine an Grundrechten orientierte verfassungskonforme Auslegung unterbleibt. Über das Informationsrecht der Ärzte und die freie Arztwahl der Patientinnen, äußert sich das Amtsgericht wie folgt:

„Da das Recht des Arztes auf freie Berufsausübung gemäß Art. 12 Abs. 1 S. 2 GG das in Art. 1 GG verfassungsrechtlich geschützte Recht des ungeborenen Lebens beeinträchtigt, ist insoweit die Einschränkung des Informationsrechts hinzunehmen. [...] Eine eingeschränkte Auslegung dieser Vorschrift ist nicht veranlasst".

Deutlicher kann man eine strafrechtszentrierte Sichtweise nicht umschreiben. Sie passt zwar in die Zeit vor 1949, ist aber nicht mehr verfassungskonform. Ein Einzelfall ist dieser auf veraltetes Kommentarwissen reduzierte Blick freilich nicht.

II. Erste rechtspolitische Reaktionen auf die Verurteilung in Gießen

Es war vorhersehbar, dass dieser spektakuläre Fall in der politischen Arena zu einer Neuauflage der seit 100 Jahren umstrittenen Abreibungsdebatten führen würde. Dass dieses Ritual allerdings zu keiner neuen Erkenntnis führen kann, ist allerdings mehr als wahrscheinlich. Entsprechend fällt die *Linke* ins alte Schema und preschte im November 2017sofort vor. Es folgte das Land Berlin, welche eine *Bundesrats-Initiative* mit dem Ziel der „ersatzlosen" Streichung des gesamten § 129a StGB organisierte. Mittlerweile ist dieser Antrag vertagt. Problematisch ist bei solchen Vorschlägen, dass sie auch das Verbot der „anstößigen Werbung" kippen und meinen, alle Probleme könnten durch das ärztliche Berufsrecht geregelt werden. Das aber ist ein fataler Irrtum. Selbst bei ärztlicher Werbung muss das Lebensschutzkonzept *bundeseinheitlich* sein, so entschied das BVerfG 1998. Aus diesem Grund ist auch nicht zu erwarten, dass über diese Entwürfe zügig entschieden werden wird. Am 22.2.2018, anlässlich der Ersten Lesung im Bundestag, hat denn auch die SPD ihren Antrag zurück gezogen. Damit sind Vorhaben mit dem Ziel der ersatzlosen Streichung gescheitert.

Die Kehrseite dieser pragmatischen politischen Entscheidung ist aber, dass damit die verurteilte Ärztin wieder den schwarzen Peter zurück bekommen hat. Wenn es in absehbarer Zeit keine politische Lösung gibt, muss sie vermutlich durch alle Instanzen. Zwar hätten pragmatische Politiker dieses unbefriedigende Ergebnis von Anfang an vermeiden können, aber Politiker und Politikerinnen neigen offenbar dazu, in alten und in diesem Fall längst veralteten Positionen zu verharren und einen gerade skandalisierten Fall zu Zwecken der Selbstdarstellung zu instrumentalisieren. Mit reflexartigen Forderung nach einem neuen Gesetz meinen sie ihre Selbstdarstellung verbessern zu können und früher erlittene „Niederlagen", hier ist es die zweimal gescheiterte Fristenlösung (1975 und 1993), doch noch in einen späten „Sieg" zu verwandeln. So jedenfalls reagierten die Linke und auch *Eva Högl* von der SPD. Übersehen wird dabei, dass die Beratungslösung 1995 bereits alle praktischen Probleme gelöst hat und sich daher das Thema nicht mehr eignet für eine Politisierung. Im Gegenteil, sie verhindert am Ende eine Einigung. Wer nicht an konsensfähigen Lösungen interessiert ist, sondern nach plakativen Stellungnahmen sucht, dem genügt es eben nicht, einen Kompromiss zu suchen. Das bedeutet, dass die Frage nach einer adäquaten Information auf ärztlichen Webseiten strittig bleibt. Mit dem Vorpreschen der Anhänger eines rot-roten oder rot-rot-grünen Entwurfs ist ein schwer auflösbarer rechtspolitischer Streit vorhersehbar. Gegen die Forderung einer „ersatzlosen Streichung"[6], eine Formulierung, die an die 100 Jahre alte Forderung: „weg mit § 218"[7] erinnert, sehen sich nun andere genötigt die nicht minder plakative Gegenposition zu beziehen und das angeblich durch § 219a StGB im Interesse des Lebensschutzes erzwungene Schweigen im öffentlichen Raum erneut zu verteidigen.[8] Eigentlich müsste auch dieses Ziel zu einer Gesetzesänderung

[6] So die Berliner Initiative vom 12.12.2017 des Ministers Stefan Ludwig (Linke). Er setzte sich „für die ersatzlose Streichung des § 219a StGB ein". Mittlerweile ist dieser Antrag vertagt: https://www.bundesrat.de/SharedDocs/drucksachen/2017/0701-0800/761-17(neu).pdf;jsessionid=1EE29BAAFBFE2287A67484D8927AB6F1.1_cid349?__blob=publicationFile&v=2; https://www.welt.de/politik/deutschland/article171751576/Paragraf-219a-SPD-Gruene-Linke-FDP-wollen-Streichung-CDU-nicht.html

[7] Die Rhetorik des „weg mit" war auch noch typisch für die 1970er Jahre. Die Demonstrantinnen vor dem Amtsgericht am Tag vor der Verurteilung bedienten sich ihrer ebenfalls, vgl. *Frommel* in https://www.novo-argumenten.com/artikel/weg_mit_219a_stgb_muss_das_sein.

[8] Diametral entgegensetzt findet sich auch die Position des „Weiter-so" vertreten von der Vorsitzenden der Gruppe der Frauen der CDU/CSU-Bundestagsfraktion, *Karin Maag.* Sie stellt sich gegen die rot-rot-grünen Pläne und betont, jeder nicht indizierte Schwangerschaftsabbruch sei in Deutschland nun einmal rechtswidrig. Nach § 218a StGB bleibe er aber in eng begrenzten Ausnahmen straffrei, wenn sich die Schwangere in den ersten zwölf Wochen habe beraten lässt. „Diese eng begrenzten Ausnahmen lassen wir bewusst zu. Frauen, die sich in einer Notsituation nicht anders als für den Abbruch einer Schwangerschaft entscheiden können, brauchen den Zugang zu ärztlicher und psychologischer Betreuung und müssen den Abbruch sicher durchführen lassen können", erklärte die CDU-Parlamentarierin. Zugleich ergänzte sie, dass diese Beratung von einer Person vorgenommen werden müsse, die nicht den Abbruch durchführt. „Die damit einhergehende Unabhängigkeit und auch nötige Bedenkzeit sind wichtige Komponenten, damit die Betroffene eine fundierte Entscheidung in einer schweren Notsituation treffen kann", mahnte Maag: https://www.welt.de/politik/deutschland/article171751576/Paragraf-219a-SPD-Gruene-Linke-FDP-wollen-Streichung-CDU-nicht.html

führen; denn das zu weit gefasste Tatbestandsmerkmal des „Anbietens" kann selbst bei dieser Betrachtung keinen sinnvollen Beitrag zum Lebensschutz leisten. „Lebensschutz" ist ein Rechtsprinzip. Foeten haben keine Grundrechte. Der Staat muss aber für einen angemessenen Schutz sorgen und dazu gehört es, dass ärztliche Dienstleitungen eingebunden bleiben in einen verantwortungsvollen Umgang mit ungewollten Schwangerschaften. Es spricht also alles für die Beibehaltung des Verbots der „anstößigen Werbung". Niemand will, dass für eine einfache medikamentöse Abtreibung „geworben"[9] wird oder eine selektive Abtreibung offensiv vorgeschlagen wird, etwa wenn non-invasive Untersuchungen (NIPD), welche die Pharma-Industrie anbietet, genetische Defekte früh erkennen und damit Abbrüche ohne Indikation (eben nach der Beratungslösung) ermöglichen kann. Nur für eine unreflektierte oder eine fundamentalistische Position ist es typisch, *beide Alternativen des § 219a StGB zu einem diffusen Verbot zu verbinden.* Erstaunlich ist es allerdings, dass genau diese Position nun sogar von Seiten der *Union* geäußert wird[10]. Was motiviert Politikerinnen zu solchen Forderungen?

Hinter solchen Überlegungen steht der zum Stereotyp gewordene Satz: *„Schwangerschaftsabbrüche sind in Deutschland rechtswidrig, aber straflos".* Im Folgenden wird gezeigt, dass diese Kurzfassung unangemessen ist. Sie müsste lauten: *Schwangerschaftsabbrüche nach der Beratungslösung sind straflos, aber lösen keine Pflicht der Krankenkassen aus, da die Rechtmäßigkeit nicht festgestellt wird.* So könnte man die lähmend kontroverse und sich über 50 Jahre dahinschleppende Änderungsgesetzgebung der §§ 218ff. StGB seit 1972 umschreiben.

Beide Extrempositionen („ersatzlos" streichen oder „jede Information in eigener Sache" ist verbotene Werbung, weil die §§ 218ff. StGB angeblich ein Schweigegebot benötigen) sind weder rechtlich noch politisch tragfähig. Zwar ist es offenkundig, dass die Verurteilung wegen „Werbung" durch das AG Gießen vom 24.11.2017 nicht nur strafrechtsdogmatisch überzogen, sondern schlicht einer verfassungswidrigen Auslegung folgt, denn ärztliche Information ist nun einmal keine anpreisende Werbung; gleichwohl ist eine politische Lösung durch Präzisierung des Gesetzestextes sinnvoll. Dies bedeutet aber nicht, dass es *das Gesetz* ist, das diese unangemessene Einzelfall Entscheidung erzwungen habe. Das Gericht hätte vielmehr ohne größere Anstrengungen entweder das zu weit gefasste Merkmal des öffentlichen „Anbietens" von Diensten, die für einen Schwangerschaftsabbruch geeignet sind, einschränkend und damit verfassungskonform auslegen können oder aber die Frage dem BVerfG vorlegen. Beides war beantragt worden.

Im Folgenden wird eine behutsame Neuregelung gefordert, da dies besser ist als ein mühsamer Gang durch alle Instanzen. Die rechtspolitische Debatte entwi-

---

[9] https://eur03.safelinks.protection.outlook.com/?url=http%3A%2F%2Fm.spiegel.de%2Fgesundheit%2Fschwangerschaft%2Fabtreibung-welche-methoden-eines-schwangerschaftsabbruchs-es-gibt-a-1185201.html&data=02%7C01%7C%7C506190764b37487d7a3508d56248a6c4%7C84df9e7fe9f640afb435aaaaaaaaaaaa%7C1%7C0%7C636522986522832286&sdata=J1nOMjWukOzhv1a295O6hO1qDqBsQeP0zlsDpVi5Njg%3D&reserved=0

[10] Die hilflos klingende Formulierung – im Geist der ersten Abtreibungsentscheidung des BVerfG (1975)- der Unions-Frauen werden denn auch radikalisiert in neuen rechten Petitionen wie die Folgende: https://www.patriotpetition.org/2017/12/08/abtreibungswerbung-gehoert-verboten-§-219a-strafgesetzbuch-verteidigen/

ckelt sich langsam. Dominierten zunächst die Extrempositionen, sind nun auch *vermittelnde Positionen* hörbar. Die FDP ist zu einer angemessenen Reform bereit[11]. Und auch die SPD scheint – jenseits der plakativen Forderungen von *Eva Högl* – zu Kompromissen bereit, sonst hätten die rot-rot oder rot-grün-regierte Länder nicht den eigenartigen Weg einer Bundesrats-Initiative gewählt. Nach der hier vertretenen Ansicht reicht es, wenn man nur dieses ohnehin bedenkliche Merkmal des „Anbietens" streicht. Dieses Merkmal stammt aus dem Jahr 1933, während das später normierte Verbot der „anstößigen Werbung" (1975 und bis 1995 beibehalten) durchaus legitim ist und aus verfassungsrechtlicher Perspektive ein wesentliches Element des gegenwärtigen Schutzkonzeptes darstellt, das nicht ohne Ersatz gestrichen werden kann. Denn würde es entfallen, müsste die Werbung durch *landesrechtliche Regelungen (Arztrecht)* ersetzt werden, etwa über berufsrechtliche Grenzen des Rechts von Ärzten zu werben. Doch genau dieser landesrechtliche Weg wäre höchst problematisch; denn die föderale Karte hat das BVerfG 1998 (BVerfGE 98, 265 (365)) den Ländern entzogen, da alle mit dem Schutzkonzept verbundenen Regelungen notwendig – so das BVerfG – in die *Bundeskompetenz* (Annex zum Strafrecht) fallen. Anlass für diese Entscheidung war ein bayerisches Landesgesetz, gegen das bayerische Ärzte eine Verfassungsbeschwerde eingelegt hatten. Sie waren gegen den „bayerischen Sonderweg" erfolgreich[12] und erreichten eine Klarstellung, dass Ärzte im Rahmen ihrer Berufsausübungsfreiheit handelten. Folgt man dieser Aktualisierung des Schutzkonzeptes, dann ist es zwar theoretisch vorstellbar § 219a StGB zu streichen und ein Werbeverbot für diese Dienstleistungen als Ordnungswidrigkeit auszugestalten, weil auch dann der Bund von seiner Bundeskompetenz Gebrauch macht. Aber was wäre damit gewonnen? Die §§ 218ff. StGB wären noch unübersichtlicher als sie es jetzt schon sind, und der Rechtsschutz gegen sofort vollstreckbare Bußgeldbescheide ist erheblich schwächer als die Wahrung von Rechten im rechtsstaatlich ausgestalteten Strafverfahren. Unverkennbar sind also die Entwürfe der Linken,

---

[11] https://www.liberale.de/content/paragraph-219a-ist-nicht-mehr-zeitgemaess. Vgl. hier unter E. „Ein Vorschlag de lege lata", der dem FDP-Vorschlag zum Zeitpunkt der 1. Lesung im Bundestag (22.2.2018) ähnelt.

[12] Das Thema „Werbung" war beim Streit über das bayerische Sonderrecht 1997/98 kein Thema, da es damals nur um das bayerische Landesrecht ging und § 219a StGB somit auch nicht Gegenstand der Verfassungsbeschwerde der betroffenen Ärzte sein konnte. Auch ging es im Ergebnis nur noch um die *Kompetenz* des Bundes und der Länder. Die Grundrechte der Ärzte waren innerhalb des Senats unbestritten. Das BVerfG stellte fest, dass Bayern unverhältnismäßig in die Grundrechte der Ärzte, die Abtreibungen anbieten, eingreife, wenn es diese restriktiven Regeln als Landesrecht normiere. Damit ging der für Verfassungsbeschwerden zuständige Senat des BVerfG davon aus, dass Ärzte im Rahmen ihres Grundrechtes aus Art. 12 GG handeln. Der Senat vermied es allerdings, die vorangegangenen BVerfGE zu korrigieren, wonach jedenfalls die Patientinnen kein „Recht" hätten, den Foetus zu töten. Stattdessen aktualisierte er das Schutzkonzept und band die Ärzte ein in das *Schutzkonzept der 1995 normierten Beratungslösung*. Die Frau hat danach zwar nur ein Letztentscheidungsrecht, aber die Ärzte handeln im Rahmen ihrer Grundrechte. Wie immer man die Rechtsposition der ungewollt Schwangeren also beurteilt, so stehe doch fest, dass Ärzte im Rahmen wirksamer Verträge handeln (dies hatte schon BVerfGE 88, 203 (290), auf die sich das BVerfG 1998 bezieht, klargestellt) und im Rahmen des Schutzkonzeptes eine unverzichtbare Rolle einnehmen. Im Ergebnis war damit ein tragfähiger Kompromiss konstruiert, der auch praktisch funktioniert.

von Teilen der SPD[13] und einigen Ländern äußerst unzureichend. Sie erkennen nicht, dass § 219a StGB aus zwei – weitgehend voneinander völlig unabhängigen – Teilen besteht, zum einen dem zu weit gefassten Verbot des „Anbietens" und zum anderen dem legitimen Verbot der anstößigen Werbung". Aber bevor zur Struktur dieser Norm näher Stellung genommen wird, soll der Akteur näher beleuchtet werden, der seit etwa 20 Jahren alle Ärzte und Ärztinnen anzeigt, wenn sie auf ihrer Webseite das Wort Schwangerschaftsabbruch nennen: es ist dies Herr Annen und die aggressive Webseite „*Babycaust*"[14].

III. Szenenwechsel: Die bürokratische Version der aggressiven US-amerikanischen „Army of God" in Deutschland, die Hass-Webseite „Babycaust"

Seit etwa 20 Jahren betreibt Herr Annen, zusammen mit einem engmaschigen Netz von lokalen Vereinen, die sich „Nie wieder" nennen, die Webseite „Babycaust". Die Assoziation zu „Holocaust" ist beabsichtigt, wenn auch absurd. Diese extrem geschmacklose und denunziatorische Webseite ist unverkennbar den US-amerikanischen Seiten der „Army of God" nachempfunden, setzt aber – den kulturellen Traditionen beider Länder entsprechend – nicht auf Gewalt, sondern auf systematische Belästigungen und eine pedantische Strategie der Strafanzeigen wegen § 219a StGB, sobald eine Arztpraxis auf ihrer Webseite erwähnt, dass Schwangerschaftsabbrüche zugänglich seien. Im Allgemeinen stellen Staatsanwaltschaften die Verfahren ein, verlangen aber, dass diese Informationen künftig unterbleiben. Damit haben diese Abtreibungsgegner erreicht, was sie wollten: ungewollt schwangere Frauen können sich nicht konkret informieren und wissen nicht, welche Erfahrungen andere Patientinnen mit Arztpraxen gemacht haben. Vereinzelt gab und gibt es gezielte Aktionen gegen einzelne Ärzte – Flugblätter/Plakate – gegen den seit 1995 reformierten § 218 StGB (Beratungslösung). Bei diesen Aktionen benennt er einzelne Ärzte mit vollem Namen und Adresse (Prangerwirkung). Das Bundesverfassungsgericht stellte zwar fest, dass derartige verbale Angriffe das *Persönlichkeitsrecht* von Ärzten verletzen und nicht von der Meinungsfreiheit gedeckt seien – BVerfG vom 24.5.2006 – 1 BvR 49/00. Aber der EGMR schraubte die Anforderungen hoch und entschied in den zahlreichen Individualbeschwerden, die Annen eingelegt hat, zu seinen Gunsten. Betroffene Ärzte müssen daher in Zukunft in jedem Einzelfall ihre Belästigung präzise beweisen und ihr Interesse vor Zivilgerichten so ausführlich geltend machen, dass der EGMR auch die Beurteilung der Tatsachen

---

[13] Innerhalb der SPD gibt es nach dem 24.11.2017, der Verurteilung von Frau Hänel durch das AG Gießen, keine einheitliche Position. *Eva Högl* möchte den gesamten § 219a StGB „ersatzlos" streichen, *Andrea Nahles* will dies sicher hingegen nicht, da sie sich als „katholisch" und „sozial" etikettiert. So gesehen hat der rot-rot-grüne Vorschlag, für den *Eva Högl* steht, keine Mehrheit: falsch ist daher die Ansicht: https://www.welt.de/politik/deutschland/article 171751576/Paragraf-219a-SPD-Gruene-Linke-FDP-wollen-Streichung-CDU-nicht.html

[14] Unter www.abtreiber.com/anz/219-me.htl ist sichtbar, wie aktiv dieses Netzwerk war. Viele Zentren haben Bußgelder bezahlt mit dem Ziel einer Einstellung nach § 153a StPO

in jedem Einzelfall überprüfen könne[15]. Die Anspruchsgrundlage ist ein Unterlassungsanspruch aus §§ 823, 1004 BGB. Die Folgen der belästigenden Aktionen sind äußerst einschneidend. Denn die Webseite *„Babycaust"* vernetzt – was große Wirkungen auslöst – zahlreiche lokale Lebensschutz- Organisationen (wie „Nie wieder" und andere Vereine vor Ort). Diese führen eine Vielzahl spektakulärer Aktionen aus, wie etwa regelmäßige laute „Gebete" vor Beratungseinrichtungen oder „Gehsteigberatungen" vor Arztpraxen. Alle diese Aktionen gehen davon aus, dass Ärzte, die Schwangerschaftsabbrüche vornehmen, nicht nur moralisch angreifbar seien (dies wird extrem drastisch zum Ausdruck gebracht), sondern dass sie auch rechtlich in einem Graubereich arbeiten. Die von Annen strapazierte Formel ist die Legende von der *straflosen, aber rechtswidrigen* Abtreibung, die er Tötung oder Mord nennt. Das BVerfG aktualisierte im Jahre 1998 das seit 1975 zu beachtende Schutzkonzept (BVerfGE 98, 265 (365)). Da 1998 die Grundrechte der Ärzte betont wurden, ist der Unterschied zwischen der Bewertung des Verlangens der Frau und dem Handeln des die Schwangerschaft abbrechenden Arztes beachtlich. Da Gegenstand der Verfassungsbeschwerde nur die Position der Ärzte war, hatte der Senat keinen Grund, sich kritisch mit den beiden vorangegangenen BVerfGE zu befassen. Die Position der Ärzte wurde aufgewertet, aber ohne die bisherige Rechtsprechung des BVerfG explizit zu verwerfen. Der Grund ist ein pragmatischer: die Erweiterung des Prozessgegenstandes hätte eine Entscheidung des Großen Senats erforderlich gemacht. Was immer also frühere Urteile besagen, seit 1998 ist die These, Schwangerschaftsabbrüche seien *straflos, aber rechtswidrig* – trotz ihrer häufigen Wiederholung – rechtlich falsch.

Sie gilt nach der Aktualisierung des Schutzkonzeptes durch das BVerfG jedenfalls nicht für Ärzte. Nach der Rechtsprechung aller mit der Frage befassten Gerichte und der des BVerfG hat zwar die Frau, die eine Abtreibung verlangt, kein „Recht", sondern nur – nach Beratung – die Letztentscheidung. Die ärztlichen Handlungen aber sind rechtmäßig und werden – bei Bedürftigen – auch von den Bundesländern finanziell getragen (soweit keine Zahlung wegen einer mit dem Eingriff verbundenen „Krankenbehandlung" eintritt).

IV. Wieso eignet sich § 219a StGB für Kampagnen von Abtreibungsgegnern?

1. Eine verhängnisvolle Tradition: die grundrechtsferne Kommentarliteratur

Wer die gängige Kommentarliteratur zum unbestimmten Tatbestandsmerkmal des „Anbietens" studiert, stößt bei aller Skepsis, welche durch die Formulierungen der Kommentatoren durchscheint, auf Definitionen, die es organisierten Anzeige-Erstattern wie Annen (oder Vereinen wie „Nie wieder") leicht machen, alle Ärzte, die das Wort „Schwangerschaftsabbruch" auf ihrer Webseite nennen, anzuzeigen und abzuwarten, wie sich die Strafverfolgungsorgane verhalten. Auch *Thomas Fischer* (§ 219a) zitiert im Vorspann (Rn. 1) aus den Motiven des Jahres 1975 und definiert

[15] https://www.lto.de/recht/nachrichten/n/egmr-3690-10-abtreibung-babycaust-flugblaetter-klinik-meinungsfreiheit/

noch in der 65. Aufl. 2018 unter Rn. 3 die Tathandlung so, wie es die Richterin im Gießener Verfahren umgesetzt hat. Danach handelt es sich bei beiden Alternativen um *abstrakte Gefährdungsdelikte,* erfasst seien somit bei der Alternative 1), dem „Anbieten", nicht nur konkret mit Blick auf das Rechtsgut bedenkliche Informationen, sondern bereits alle Hinweise, welche die *konkrete Zugänglichkeit* solcher Dienste in Aussicht stellen. Nur Behörden und Beratungsstellen dürften straffrei informieren. Fischer unterscheidet sich mit dieser Ansicht nicht von der übrigen Kommentarliteratur, welche ebenfalls für konkrete Verfahren wenig Hilfen biete, um über eine unkritische Wortlaut-Auslegung hinaus zu kommen. *Cornelius Nestler* fasst den Streitstand in einem Gutachten für den Bundesvorstand der *ProFamilia* (2006) zusammen: „Diese gesetzliche Umschreibung der Tathandlungen ist weitgehend identisch mit den gesetzlichen Umschreibungen in den sog. Schriftenverbreitungsdelikten, also etwa dem Anbieten von volksverhetzenden Schriften (§ 130 Abs. 2 Nr. 1 lit. d StGB), dem Anbieten von Gewaltdarstellungen (§ 131 Abs. 1 Nr. 4 StGB) und insbes. dem Anbieten pornographischer Schriften (§ 184 Abs. 1 Nr. 5 StGB, § 184 Abs. 3 Nr. 3 StGB). Die Kommentarliteratur zu § 219a StGB verweist daher zur Auslegung der Tatbestandsmerkmale des § 219a StGB auf die Kommentierung dieser Delikte, was eine bei der Auslegung von gesetzlichen Tatbestandsmerkmalen ganz übliche Vorgehensweise ist, aber im Ergebnis den besonderen Anwendungsbereich des § 219a StGB vollkommen missachtet". Im Ergebnis legt *Nestler* die Merkmale des Anbietens und der Werbung restriktiv aus, weil *Informationen keine Rechtsgutsgefährdung* darstellen würden und eine extensive Auslegung nur dann Sinn ergebe, wenn die angebotene Tathandlung, die Abtreibung, eindeutig rechtswidrig sei. Hier sei aber – so *Nestler* – das BVerfG „widersprüchlich". Ähnlich sieht es *Reinhard Merkel*[16]. Nur *Kubiciel* rechtfertigt die fundamentalistische Sicht mit Hinweisen, die im Folgenden überprüft werden sollen. *Kubiciel* meint nämlich, dass aus der Tatsache, dass das weit gefasste Tatbestandsmerkmal des „Anbietens" aus dem Jahre 1933 stammt, keine Schlüsse gezogen werden müssen, weil schon 1871 ähnlich strenge Regeln gegolten hätten. Er übersieht dabei, dass das Reichsgericht erst in den 1920er Jahre *außergesetzliche Rechtfertigungsgründe* (Indikationen) konstruiert hat, weil es schon damals nicht mehr nachvollziehbar war, weshalb Schwangerschaftsabbrüche grundsätzlich rechtswidrig sein sollen. Aber nur dann, wenn man alle Reformen ignoriert, ist es nachvollziehbar, schon das öffentliche Anbieten als *Vorfeldstrafbarkeit* zu pönalisieren.[17]

Auffallend ist die Ambivalenz der Strafrechtsdogmatik. Weder wird der historische Hintergrund analysiert, obgleich es bekannt war, dass das Verbot des „Anbietens" solcher Dienste in der Weimarer Republik (1926) abgeschafft worden war und erst wieder 1933 eingeführt, noch wird die jüngere Rechtsprechung des BVerfG analysiert, welche 1998 das Lebensschutzkonzept aktualisiert und in diesem Zusammenhang die Grundrechte der Ärzte gestärkt hat. Dem Gießener Gericht waren diese Besonderheiten freilich vorgelegt worden. Es hat aber in den schrift-

---

[16] https://hpd.de/artikel/paragraph-219a-stgb-verfassungswidrig-15020

[17] https://www.jura.uni-augsburg.de/lehrende/professoren/kubiciel/downloads/koelner_papiere/APzK-4_2017__-219a.pdf de lege ferenda: ZRP 1/2018, S.13–15.

lichen Urteilsgründen sich nur noch auf die Kommentarliteratur und deren Wortlaut Auslegung gestützt.

2. *Noch einmal: die Geschichte des zu weit gefassten Tatbestandsmerkmals des „Anbietens"*

Dem Gericht lag folgende Ausführung vor:

„Das Verbot des „Anbietens" solcher Dienste wurde 1926 – damals noch unter einer anderen Nummerierung und nach sehr ausführlicher und kontroverser Debatte – aufgehoben und dann 1933 – sofort nach der Machtergreifung – wieder eingeführt (nachzulesen im Reichsgesetzblatt 1933 – Abänderung strafrechtlicher Vorschriften). Der neue Tatbestand wurde sofort sehr intensiv angewandt, und zwar gegen alle Ärzte, die missliebig waren, etwa weil sie im Verein sozialistischer Ärzte tätig waren. So wurde z. B. sofort Schutzhaft angeordnet, der Entzug der Approbation durchgeführt und inhaftiert. Nach der Freilassung war das Vermögen eingezogen und die Betroffenen waren zur Emigration gezwungen (mittellos). Im kollektiven Gedächtnis ist nicht präsent, dass Homosexuelle, Abtreibungsärzte und alle, die sexuelle Dienste anbieten, schon 1933 als „Volksschädlinge" galten und somit existenziell bedroht waren. Eine konsequente NS-Sexualpolitik und Vernichtungspolitik war den rivalisierenden Machthabern so bedeutsam, dass sofort Gesetze verschärft und dann sogar – sofort nach dem Röhm-Putsch 1937 – eine *Reichszentrale zur Verfolgung der Homosexualität und Abtreibung* gebildet wurde.

Die Besatzungsmächte außerhalb der russischen Zone nahmen keinen Anstoß an dieser Vorschrift. Auch die Gesetzgebung nach 1949 sah keinen Grund, die §§ 218ff. StGB zu reformieren. Nur die Todesstrafe – nach der Verschärfung 1943 – wurde abgeschafft. 1953 wurde die Fassung 1933 als § 220 StGB nummeriert und unverändert beibehalten. Dass es ein Gesetz aus dem Jahr 1933 war, war 1953 bekannt und steht etwa im *StGB Kommentar von Otto Schwarz (16. Aufl. 1953/Anlage).* Reflektiert wurde das Ganze nie. Selbst während der Reformen der §§ 218ff. StGB in den Jahren 1976 – 1995 wurde der Tatbestand des „Anbietens" solcher Dienste nur um-nummeriert und unter § 219a StGB – Werbung – beibehalten, zwar mit Einschränkungen, aber *die Tathandlung des „Anbietens" wurde nicht diskutiert.* Dass sie zu weit ist, weil sie auch ärztliche Angebote nicht ausschließt, wurde jedes Mal übersehen. Auch wurde nie diskutiert, dass ein „Anbieten" durch Ärzte als solches neutral ist. Denn das ärztliche Berufsrecht erlaubt neutrale Informationen für alle ärztlichen Leistungen. Eine neutrale Information ist keine „Werbung". Dennoch wurde nicht gesehen, dass der Tatbestand viel zu unbestimmt ist und rein sprachlich auch Handlungen umfasst, die nach den Reformen der Jahre 1976–1995 rechtmäßig sind, denn Ärzte handeln rechtmäßig und im Rahmen ihres Grundrechtes auf Berufsausübungsfreiheit. Die Formel von der „Rechtswidrigkeit, aber Straflosigkeit" bezieht sich ausschließlich auf die Frauen. Mit dieser missverständlichen Formel sollte lediglich deutlich gemacht werden, dass sie keinen Anspruch gegen die gesetzlichen Krankenkassen haben, wenn nach der Beratungslösung verfahren wurde. Einen Abbruch bezahlt bei Nicht-Vermögenden dennoch das jeweilige Bundesland. Schon dies zeigt, dass das ärztliche Handeln nur rechtmäßig sein kann, denn sonst dürfte der Staat diese Handlungen nicht finanzieren.

Der Grund für das Versagen des Gesetzgebers ist peinlich: Man hätte merken müssen, dass 1953 im gängigen Kurzkommentar (Otto Schwarz, 16. Aufl. 1953) notiert war, dass man ein NS-Gesetz aus dem Jahr 1933 als unverdächtig behandelte, ohne zu bedenken, dass bereits 1926 das „Anbieten" solcher Dienste *durch Ärzte (also nicht sog. Engelmacher)* explizit erlaubt worden war. Aber man hatte sich nicht mit der Entstehungsgeschichte befasst – und zwar bis heute! Die Frauenbewegung hatte sich nicht um die Rechtstellung der Ärzte gekümmert, sondern nur um die eigene Klientel, und auch der Berufsverband der Frauenärzte und die Standesorganisationen der Ärzte setzten sich nicht für sog. „Abtreibungsärzte" ein."

Wie schon erwähnt, würdigte das Gericht diese Ausführungen mit keinem Wort, sondern stützte sich nur auf die Kommentarliteratur. Diese ignoriert nicht nur Grundrechte, sondern ist geübt in einer Verfälschung der Geschichte. Den Kommentatoren ist das nicht bewusst, weil eine professionelle Strafrechtsgeschichte mehr oder weniger ein unbewohntes Land ist.

3 Die Verfolgung von Abtreibungsärzten im Nationalsozialismus

Der Hinweis bei *Otto Schwarz,* einem der seltenen objektiven Beobachter der NS- und der Nachkriegszeit, da er noch in der Weimarer Republik (beim RG) seine Karriere gemacht hatte, zeigt überdeutlich, dass die westlichen *Besatzungsmächte* in Weltanschauungsfragen wie Homosexualität und Abtreibung den Nationalsozialisten näher waren als aus heutiger Sicht vorstellbar. Bei der Verfolgung der Homosexuellen und der Ärzte, die Patienten zu einer autonomen Lebensentscheidung verhelfen wollten, ignorierten sie, dass die weit gefassten NS-Tatbestände zwar denen in ihren eigenen Ländern ähnelten, die *Verfolgung* aber unvorstellbar grausam war. Auf diese Weise wurde eine *Kontinuität* nach 1945 erleichtert[18], die beim Merkmal des „Anbietens" in § 219a StGB bis heute wirkt. *Fritz Goldschmidt* schildert die Konsequenzen[19]: Im Jahr 1933 gab es etwa 55 000 Ärzte im Deutschen Reich. Die jüdischen Ärzte konzentrierten sich in den Ballungsräumen (Berlin). Bis 1938 wurden etwa 10 000 Ärzte verfolgt. Sie konnten damals noch fliehen. 2800 Ärzte wurden aus ihrer Position als Kassenarzt verdrängt (70% als „Juden", 30% als „Kommunisten). Das Verbot des öffentlichen Anbietens von Verhütungsmitteln und ärztlichen Dienstleistungen für den Schwangerschaftsabbruch war somit ein Baustein einer groß angeleg-

---

[18] Es bildete sich eine sog. hM, dass ein so unbestimmtes Verbot kein nationalsozialistisches Unrecht sei, sondern moralisch geboten. Diese unkritische Haltung setzt sofort nach 1945 ein (etwa Schönke, 1. Aufl. 1941; Schönke/Schröder, 3. Aufl. 1947 zu der Regelung aus dem Jahr 1933, welche 1953 umnummeriert und später ergänzt wurde, sodass sie die heutige Fassung erhielt.) und prägt noch heute die gängigen Kommentare. Ähnlich blind war die Strafrechtswissenschaft beim sog. „Hangtäter" (vom Gewohnheitsverbrechergesetz 1934 zur Sicherungsverwahrung), der Strafbarkeit der Homosexualität zwischen Erwachsenen und § 211 StGB („niedrige" Beweggründe – eine Moralisierung, die nur im Kontext der Entstehung dieser Norm im Jahr 1941 verständlich ist, ferner die „Tätertypologie"). Bei der Abtreibung ist eben die Tathandlung des Anbietens das NS-Relikt, das als solches nicht identifiziert wurde.

[19] *Goldschmidt* in Redaktion Kritische Justiz, Streitbare Juristen. Eine andere Tradition, 1988, 318 (328f.).

ten Säuberung, um eine staatlich organisierte, angeblich „eugenische" *Rassenpolitik* zu erzwingen. Keine Zweifel, dass es Teil einer typisch nationalsozialistischen Vernichtungspolitik war. Sie wird bis heute nicht gesehen. Die Wirkung dieses Verbots war und ist noch heute flächendeckend. Zwar gibt es – außer dem aktuellen Verfahren in Gießen 2017 – noch ein älteres, das mit einer Verwarnung nach § 59 endete, da der Arzt ohnehin in den Ruhestand gehen wollte (AG Pegnitz, bestätigt vom LG Bayreuth). Aber es gibt zahlreiche Strafanzeigen. Die Anwälte der Ärzte schauen in die gängige Kommentarliteratur und empfehlen dann ihren Mandanten, eine Einstellung nach § 153a StPO oder eine Verwarnung hinzunehmen. Die Konsequenz ist aber, dass das *Informationsverbot* konsequent umgesetzt wird. Auch im Gießener Verfahren haben Staatsanwaltschaft und Gericht auf die Weigerung der Angeklagten äußerst verärgert reagiert. Sie hatten sich gar nicht vorbereitet auf eine juristische Debatte, sondern darauf vertraut, dass Einschüchterung ausreicht. Die Ärztin aber betonte ihr Recht auf Information und wiederholte das auch in ihrer Pressearbeit. Damit stellt sich die Frage, ob sie ein solches Recht hat.

4. Haben Ärzte und Ärztinnen ein Recht auf Information über ihre Bereitschaft, in Einzelfällen Abtreibungen durchzuführen?

Das Bundesverfassungsgericht hat sich 1998 deutlich zu den Grundrechten der Ärzte, welche Abtreibungen vornehmen, geäußert, wie sich aus folgenden Textstellen ergibt:

> 1. Die angegriffenen Vorschriften berühren den Schutzbereich des Art. 12 Abs. 1 GG. Zwar betreffen sie vor allem die Vornahme solcher Schwangerschaftsabbrüche, die von der Rechtsordnung mißbilligt werden. Daraus folgt indessen nicht, daß dieser Teil der ärztlichen Tätigkeit außerhalb des Schutzbereichs des Art. 12 Abs. 1 GG läge. 151
>
> Dabei bedarf es keiner grundsätzlichen Entscheidung über die Frage, ob rechtswidriges berufsmäßiges Tun vom Gewährleistungsbereich des Art. 12 Abs. 1 GG generell umfaßt wird. Jedenfalls hier, wo die Tätigkeit des Arztes notwendiger Bestandteil des gesetzlichen Schutzkonzepts ist, weil es seiner Mitwirkung im Interesse der Schwangeren und ihrer Gesundheit bedarf und von der Beteiligung des Arztes am Schutzkonzept zugleich ein besserer Schutz für das ungeborene Leben durch eingehende ärztliche Beratung (vgl. dazu BVerfGE 88, 203 <290>) zu erwarten ist, kann der ärztlichen Vornahme von rechtswidrigen Schwangerschaftsabbrüchen der Schutz des Art. 12 Abs. 1 GG nicht versagt werden. Mit ähnlichen Erwägungen hat das Bundesverfassungsgericht entschieden, daß sich die ärztliche Mitwirkung auf der Grundlage rechtswirksamer Verträge vollzieht (vgl. BVerfGE 88, 203 <295>). 152
>
> 2. Die angegriffenen Vorschriften des Bayerischen Schwangerenhilfeergänzungsgesetzes greifen in die Berufsausübungsfreiheit der Beschwerdeführer ein. 153

In diesem Verfahren im Jahr 1998 ging es um die *Grundrechte von Abtreibungsärzten* aus Art. 12 Abs. 1 GG. Der für Verfassungsbeschwerden zuständige Senat wollte aber damals noch eine Entscheidung des Großen Senats vermeiden und betonte daher die Kontinuität zu BVerfGE 88, 203 (290). Zwar ergibt sich danach, dass schon 1993 unterschieden wurde zwischen der Tatsache, dass Ärzte aufgrund *wirksamer Verträge* handeln, Frauen aber im Rahmen einer Beratungslösung kein „Recht" hätten, eine Abtreibung zu verlangen, weil ihre *„Notlage" nicht festgestellt werden kann, wenn jede Drittbewertung entfalle.* So gesehen handelt es sich bei einer Abtreibung um eine ärztliche Dienstleistung, die auch grenzüberschreitend nach

EU-Recht angeboten (und bekannt gemacht) werden kann[20]. Der deutsche Gesetzgeber kann zwar nach der Rechtsprechung des EUGH eine „anstößige Werbung“ verbieten (oder ähnliche Phänomene), nicht aber die sachliche Information. Dies wäre ein unverhältnismäßiger Eingriff in das Berufsausübungsrecht der Ärzteschaft. Damit sind Formulierungen, wie sie noch in den Motiven 1975 (der damaligen Indikationenlösung) gefallen sind, obsolet[21]. Das BVerfG und die Gesetzgebung haben das *Lebensschutzkonzept* in den 1990er Jahren grundlegend verändert und es im Sinne einer zeitgemäßen und konsensfähigen Sichtweise aktualisiert. Es ist daher nicht mehr vertretbar zu behaupten, dass auch Ärzte „rechtswidrig“ und nur straflos handeln. Die 1. Alternative des § 219a StGB ist jedenfalls dann verfassungswidrig, wenn sie Ärzte betrifft und diese lediglich sachlich informieren. Eine mit dem Lebensschutz und der Stellung der Ärzte im Rahmen dieses Konzepts unverträgliche Werbung darf hingegen verboten werden. Aber Eingriffe in das Grundrecht der Ärzte müssen erforderlich sein. Dies muss konkret begründet werden und die Einschränkungen müssen dann auch zum Lebensschutz geeignet sein. Wir leben in einem sozialen Klima, in dem Embryonen und Foeten achtsam behandelt werden. Zum Moralisieren besteht kein Anlass[22].

V. Ein Änderungsvorschlag

– Angestrebt wird die Garantie des *ärztlichen Informationsrechts.*

– Patientinnen sollen in die Lage versetzt werden zu erfahren, welche Ärzte in ihrer Region Schwangerschaftsabbrüche durchführen.

– Die gesellschaftlichen Interessen an einem angemessenen *Lebensschutz* sind zu wahren.

§ 219a (neu)
Werbung für den Abbruch der Schwangerschaft

Wer öffentlich, in einer Versammlung oder durch Verbreiten von Schriften (§ 11 Abs. 3) in grob anstößiger Weise

1. eigene oder fremde Dienste zur Vornahme oder Förderung eines Schwangerschaftsabbruchs oder

---

[20] https://www.lto.de/recht/hintergruende/h/bundestag-antrag-219a-abschaffen-eu-recht-werbung-dienstleistungsfreiheit/

[21] Zur besseren Orientierung seien die verschiedenen *Etappen der Änderungsgesetzgebung* noch einmal kurz dargestellt: Am 18.5.1976 tritt nach heftigem politischen Streit und der Anrufung des Vermittlungsausschusses durch den Bundesrat, ferner nach der Zurückweisung erhobener Einsprüche des Bundesrats durch den Bundestag das 15. Strafrechtsänderungsgesetz (15. StrÄG) in Kraft. Es belässt es bei der Zuständigkeit der Länder, darüber zu entscheiden, welche Einrichtungen sie zulassen. Dies führt zu einer erheblichen Ungleichheit, da in Bayern und Baden-Württemberg Praxen, welche ambulante Schwangerschaftsabbrüche durchführen, nicht genehmigt werden. Verwaltungsgerichtsverfahren hiergegen führen nicht zum Erfolg. Am 21.8.1995 wird das Schwangeren- und Familienhilfeänderungsgesetz (SFHÄndG) erlassen (neu ist eine praktikable Beratungslösung ohne Drittfeststellung, aber dem Recht der Frau auf Letztentscheidung).

[22] vgl. zum Kontext *Frommel* Neue Kriminalpolitik, Heft 1-2007, 16ff. und *Frommel* KritV 2/2009, 181ff.

2. Mittel, Gegenstände oder Verfahren, die zum Abbruch der Schwangerschaft geeignet sind, unter Hinweis auf diese Eignung

anpreist[23] oder Erklärungen solchen Inhalts bekanntgibt, wird mit Freiheitsstrafe bis zu zwei Jahren oder mit Geldstrafe bestraft.

Begründung:

Zu streichen sind die verfassungswidrig zu weit gefassten Tathandlungen des „Anbietens" und „Ankündigens", ferner das subjektive Merkmal des angestrebten „Vermögensvorteils", ein Merkmal, das Ärzte und Ärztinnen schon dann trifft, wenn sie keine überhöhten Honorare verlangen, sondern die üblichen Sätze.

Beibehalten wird hingegen das Verbot des *anstößigen Anpreisens.* Diese Alternative wurde erst später, nämlich 1974–1976 neu eingefügt und ist nicht zu beanstanden. Es ist dies ein sehr eng gefasster Straftatbestand, der auch Nicht-Ärzte trifft, Personen also, die keinem Berufsrecht unterliegen. Denn es ist nicht einzusehen, dass etwa die Pharma-Industrie NIPT (non-invasive Untersuchungen von Foeten in einem sehr frühen Stadium der Schwangerschaft, also vor der 12. Woche) bewirbt, welche dann – bei entsprechendem Befund – selektive Schwangerschaftsabbrüche nach dem Beratungsmodell ermöglichen – ohne Einschaltung einer spezifischen ärztlichen Beratung und ohne ein qualifiziertes Angebot an einer genetischen Beratung (Gefahr des Formenmissbrauchs). Dass eine solche Werbung im Interesse dieser kommerziellen Anbieter ist, muss als sicher unterstellt werden. Bislang hat sie der weit gefasste § 219a StGB davon abgehalten. Auch sind andere Formen der mit dem Lebensschutz unvereinbaren Werbung denkbar und sollten verboten bleiben. Dass „anstößig" ein unbestimmter Rechtsbegriff ist, stört nicht, da das Merkmal „grob" Rechtsanwender dazu zwingt, sich im Zweifel für die Straflosigkeit (bzw. bei Ärzten das Berufsrecht) zu entscheiden. Außerdem ist die Tathandlung enger gefasst und verlangt ein *„Anpreisen".* Auch die Tatsache, dass sich Ärzte bereits nach ihrem *Berufsrecht* mäßigen müssen, kann nicht rechtfertigen § 219a StGB ersatzlos zu streichen, da auch *Nicht-Ärzte* für ihre Produkte werben und zwar aus rein kommerziellen Gründen. Schließlich muss der Lebensschutz insgesamt strafrechtlich geregelt werden (als Annex zur Strafrechtskompetenz des Bundes). Berufsrecht beruht hingegen auf Landesrecht (Gesundheitsschutz) und wird außerdem sehr unterschiedlich durch die LÄK umgesetzt, so dass es an einer gleichmäßigen Praxis fehlen könnte. Auch würde eine rein berufsrechtliche Regelung unterstellen, dass ein Schwangerschaftsabbruch eine ärztliche Behandlung wie jede andere sei. Auch dies widerspräche selbst der liberalen Aktualisierung des Lebensschutzkonzeptes durch das BVerfG im Jahre 1998. Dort wird nämlich ausdrücklich betont (BVerfG, 27.10.1998 – 1 BvR 2306/96), dass landesrechtliche Regelungen zur Konkretisierung des Lebensschutzkonzeptes nicht zulässig sind. Gegenstand dieser Entscheidung war ein Landesgesetz, das für nichtig erklärt wurde, weil das Land insoweit keine Kompetenz hat. Diese Einschränkung betrifft – konsequent weiter ge-

[23] „Anpreisen" ist demgegenüber als Tathandlung *objektiv* bestimmbar, während „Werben" zu sehr von der Absicht des Erklärenden abhängt und damit zu unbestimmt ist. Werben für Dienstleitungen oder Produkte ist außerdem ein neutrales Verhalten, das sich in einem *Tatstrafrecht* nicht eignet, strafwürdiges *Unrecht* zu markieren. Der 1933 eingeführte Tatbestand war ja auch nicht ohne Grund als *Täterstrafrecht* zur Vertreibung der verhassten Abtreibungsärzte gedacht.

dacht – auch Werbeverbote, welche den Schwangerschaftsabbruch betreffen. Auch sie können – soweit sie Ärzte betreffen – nicht ausschließlich durch das Berufsrecht geregelt werden. Vielmehr muss der Bund abwägen, inwiefern die nicht ohne weiteres vereinbaren Prinzipien und Rechte abzuwägen sind. Streicht der Bund § 219a StGB *ersatzlos,* dann erlaubt er auch die gezielte Werbung für Schwangerschaftsabbrüche. Eine Strafbarkeit würde sehr spät einsetzen, nämlich erst dann, wenn in der öffentlichen Äußerung eine Anstiftung zum verbotenen Handeln zu sehen wäre, was nur sehr selten der Fall sein dürfte. Ob ein so weitgehender Verzicht auf Werbeverbote verfassungsgemäß ist und ob es für eine solche Regelung eine Mehrheit im Bundestag geben könnte, sind weitere Fragen, die gegen ein Gesetzesvorhaben sprechen, § 219a StGB *ersatzlos* zu streichen.

Umgekehrt sind Positionen unhaltbar, die der ohnehin zu weiten Fassung des § 219a StGB auch noch eine Bedeutung zuschreiben, die quasi gar nicht mehr hinweg gedacht werden könne, ohne dass das Schutzkonzept des Gesetzgebers in sich zusammenfalle.[24] Nach der neueren Rechtsprechung des BVerfG (deutlich seit 1998 und 2006 bestätigt) gibt es keinen Grund mehr für ein Schweige- oder Tabuisierungsgebot. Das Beratungskonzept (1995) hat sich bewährt. Nur der bei allen Reformen vergessene § 219a StGB bedarf einer moderaten Reform. Diese sollte möglichst im Konsens aller geschehen, zumal ja auch die Liberalisierung der §§ 218ff StGB und die Antidiskriminierungspolitik des letzten Jahrzehnts von fast allen politischen Kräften getragen wurde. Wir sollten nicht zu einer würdelosen Wiederholung längst erledigter Schlachten um § 218 StGB absinken.[25]

---

[24] Stellv. für wenige, die sich einer Reform widersetzen: *Kubiciel,* Augsburger Papier zur Kriminalpolitik 4/2017. https://www.jura.uni-augsburg.de/lehrende/professoren/kubiciel/downloads/koelner_papiere/APzK-4_2017__-219a.pdf.

[25] Anbieten i. S. des § 219a StGB ist ein vergessenes Relikt, das Abtreibungsgegner (babycaust) seit Jahren sehr aggressiv nutzen, um alle Ärzte, die Abtreibungen lediglich anbieten, zu drangsalieren und mit Anzeigen wegen dieser – bei extensiver Auslegung – unsinnigen Norm zu belasten, vgl. hierzu: https://www.novo-argumente.com/artikel/abtreibungsgegner_nutzen_nazi_paragraph

JAN C. JOERDEN

Zwei rechtsphilosophische Aspekte der Verfassungskrise in Polen[1]

I. Prolog

Die nachfolgenden Zeilen widme ich mit herzlichen Glückwünschen zum 65. Geburtstag *Thomas Fischer,* dem es nicht nur gelungen ist, durch die Kärrnerarbeit eines Kommentators die für die juristische Praxis wohl wichtigste Interpretationsquelle des Strafgesetzbuches lebendig zu erhalten, sondern der es auch verstanden hat, vor allem durch seine Mitwirkung an den zum Teil bahnbrechenden Entscheidungen des *2. Senats* des Bundesgerichtshofes, durch eine Fülle an wissenschaftlichen Publikationen und durch weitere (mitunter zugespitzte) Interventionen im öffentlichen Raum das Interesse an juristischen Fragestellungen nachhaltig zu befördern. Soweit ich sehe, hat *Fischer* bisher noch nicht zu den nachfolgend erörterten Problemen publiziert; ich hoffe gleichwohl, dass sie trotzdem (oder gerade deswegen) sein Interesse finden.

II. Problemstellung

In der Republik Polen gibt es bekanntlich seit geraumer Zeit einen Konflikt zwischen den Verfassungsorganen über eine Neuregelung der Rechtsgrundlagen für die Verfassungsgerichtsbarkeit und damit auch über die Stellung des Verfassungsgerichtshofes *(Trybunał Konstytucyjny)* gegenüber der Exekutive und der Legislative. Beteiligt an diesem Konflikt sind auf der einen Seite die Regierung, der Präsident und das Parlament sowie auf der anderen Seite der Verfassungsgerichtshof. Es geht bei dem Konflikt zum einen um das Verfahren zur Besetzung des Verfassungsgerichtshofs und zum anderen um den Modus, in dem dieser über die eventuelle Verfassungswidrigkeit eines Gesetzes entscheidet. Regierung, Parlament und Präsident in Polen haben es unter der Führung der Partei *Prawo i Sprawiedliwość* („Recht und Gerechtigkeit" – *PiS*) unternommen, gewissermaßen die Geschäftsgrundlagen

[1] Erweiterte Fassung eines Referats, das am 28.10.2016 bei einem Workshop über „Republikanismus" am Lehrstuhl für Ethik an der Universität Łódź (Polen) gehalten wurde. Für die dortige Diskussion meiner Überlegungen danke ich den Teilnehmerinnen und Teilnehmern des Workshops, insbesondere seinem Veranstalter und Leiter Prof. Dr. *Andrzej M. Kaniowski.* Für ihre wertvollen Hinweise zu der vorliegenden Fassung dieses Textes bin ich Frau Dr. habil. *Joanna Długosz,* Poznań, und meinen wissenschaftlichen Mitarbeiter/innen in Frankfurt (Oder) Frau *Florina Polutta,* Frau *Carola Uhlig* und Herrn *Robert Brockhaus* zu besonderem Dank verpflichtet.

des Verfassungsgerichtshofs zu ändern.[2] Der Verfassungsgerichtshof hat sich dagegen gewehrt. Es ist hier nicht möglich, auf alle juristischen Einzelheiten des Konflikts, der sich hierzu entwickelt hat, näher einzugehen – immerhin gab es im Zuge dieser seit 2015 andauernden Krise noch sieben weitere Novellierungen des einschlägigen Gesetzes über das Verfahren am polnischen Verfassungsgerichtshof[3] –, vielmehr soll dieser Konflikt primär im Lichte zweier rechts- bzw. staatsphilosophischer Aspekte näher betrachtet werden.[4]

Dabei geht es im Folgenden vor allem um das in diesem Verfassungskonflikt im Mittelpunkt stehende Prinzip der Gewaltenteilung bzw. -trennung, das in Rechtsstaaten heute allgemein zum Standard gehört.[5] Der erste Aspekt betrifft die *Letztentscheidungskompetenz* im Falle eines Dissenses zwischen den Staatsgewalten (unten III.). Unabhängig von einem Verfassungstext, in dem dies geregelt sein könnte, zumeist aber nicht geregelt ist, kann man ganz allgemein fragen, ob es etwa eine Art von Hierarchie zwischen den drei Gewalten im Staat – Legislative, Exekutive und Judikative – gibt, mit deren Hilfe ein solcher Dissens überwunden werden könnte. Der zweite Aspekt betrifft die Frage, mit welchem *Quorum* ein Verfassungsgericht als zuständiges Organ der Judikative über die eventuelle Verfassungswidrigkeit einer von der Legislative reformierten Verfahrensordnung entscheiden muss, in der eben diesem Gericht ein neues Quorum für solche Entscheidungen vorgeschrieben wurde (unten IV.).

III. Dissens zwischen den Staatsgewalten

An dieser Stelle erscheint es hilfreich, zunächst noch einmal kurz auf die rechtsphilosophische Begründung einzugehen, die sich für die Aufteilung der Staatsgewalt auf genau die drei Gewalten Legislative, Exekutive und Judikative – und

[2] Vgl. näher dazu und zu vielen weiteren rechtlichen Aspekten dieser – auch von der sog. Venedig-Kommission des Europarates kritisch beobachteten – Verfassungskrise in Polen, mit weiteren Nachweisen auch zu der einschlägigen polnischen Literatur, *Andrzej Grabowski* FS Neumann, 2017, 137. *Grabowskis* erhellender Artikel ist mir leider erst nach weitgehender Fertigstellung des Manuskripts für den vorliegenden Beitrag zugänglich geworden. Berührungspunkte seines Artikels vor allem mit den Abschnitten II. und IV. meines Beitrags habe ich in den Fußnoten hervorgehoben. Zu der Problematik vgl. weiterhin *Tina de Vries* WiRO 2016, 71 und *Tina de Vries* WiRO 2016, 104.

[3] Vgl. *Grabowski* FS Neumann, 2017, 139, Fn. 11.

[4] Zu den weiteren strittigen Problemen und ihren praktischen Konsequenzen, etwa zu der Frage, in welcher Reihenfolge die beim Verfassungsgerichtshof eingegangenen Fälle verhandelt werden müssen, oder zu der Frage, mit wie vielen Richtern das Gericht besetzt sein muss und welche Richter für die zunächst vakanten Positionen nachgewählt werden konnten und durften, vgl. *de Fries* WiRO 2016, 71 und 104; *Grabowski* FS Neumann, 2017, 139f. Generell zu den aktuellen Justizreformen in Polen aus anwaltlicher Sicht: *Piotr Niezgódka* NJ 2017, 360ff. mit weiteren Beispielen.

[5] Siehe dazu zuletzt auch die Entschließung des Europäischen Parlaments vom 15.11.2017 zur Lage der Rechtsstaatlichkeit und der Demokratie in Polen (2017/2931(RSP)) abrufbar unter http://www.europarl.europa.eu/sides/getDoc.do?type=TA&reference=P8-TA-2017-0442&format=XML&language=DE (zuletzt aufgerufen am 4.1.2018).

nicht mehr und nicht weniger – geben lässt.[6] Am besten hat diese Problematik wohl *Immanuel Kant* auf den Punkt gebracht.[7] Von ihm wird die Notwendigkeit der Gewaltentrennung insbesondere durch die verschiedenartigen Aufgaben begründet, die Legislative, Exekutive und Judikative jeweils zu übernehmen haben, wobei sie nach seiner Ansicht einerseits „einander beigeordnet", andererseits aber „einander untergeordnet" sind:[8]

„Die drei Gewalten im Staate sind also erstlich einander, als so viel moralische Personen, beigeordnet (potestates coordinatae), *d. i. die eine ist das Ergänzungsstück der anderen zur Vollständigkeit* (complementum ad sufficientiam) *der Staatsverfassung; aber zweitens auch einander untergeordnet* (subordinatae), *so daß eine nicht zugleich die Function der anderen, der sie zur Hand geht, usurpiren kann, sondern ihr eigenes Princip hat, d. i. zwar in der Qualität einer besonderen Person, aber doch unter der Bedingung des Willens einer oberen gebietet; drittens durch Vereinigung beider jedem Unterthanen sein Recht ertheilend."*

Aus diesem Zusammenspiel der drei Gewalten im Staate leitet *Kant* zudem ab, dass es sich um „Würden", genauer: „Staatswürden", handelt, die „aus der Idee eines Staates überhaupt zur Gründung desselben *(Constitution)* nothwendig" hervorgehen.[9] Kraft dieser „Würde" sind sie auf ihrem Gebiet gleichsam unschlagbar und können nicht durch eine der anderen Gewalten (oder von sonst irgendjemandem im Staate) außer Kraft gesetzt werden:[10]

„Von diesen Gewalten, in ihrer Würde betrachtet, wird es heißen: der Wille des Gesetzgebers (legislatoris) *in Ansehung dessen, was das äußere Mein und Dein betrifft, ist untadelig (irreprehensibel), das Ausführungs-Vermögen des Oberbefehlshabers* (summi rectoris) *unwiderstehlich (irresistibel) und der Rechtsspruch des obersten Richters* (supremi iudicis) *unabänderlich (inappellabel)."*

Kant stützt seine Gewaltenteilungslehre weiterhin auf eine Parallele zur Struktur eines „praktischen Vernunftschlusses", bestehend aus *Praemissa maior, Praemissa minor*

---

[6] Man könnte erwägen, ob nicht die Presse, die Kirchen, die Gewerkschaften, die Arbeitgeber etc. weitere Gewalten darstellen, die den herkömmlichen drei Gewalten gleichgestellt werden sollten. In einem Rechtsstaat sind diese Gewalten aber aus guten Gründen stets allenfalls „Gewalten *im* Staat" und keine „Staatsgewalten", um die es bei der Gewaltenteilung geht.

[7] Bekanntlich aufbauend auf *John Locke,* Two Treatises of Government, 1690, ed. Laslett, Cambridge 1990, 2nd Treatise XII. ff. und *Charles de Montesquieu,* De l'esprit des loix, 1748 in Vom Geist der Gesetze, 1990, inbes. XI., 6.

[8] *Kant,* Die Metaphysik der Sitten, Akad.-Ausg., Band 6, 1797, 316.

[9] *Kant,* Die Metaphysik der Sitten, Akad.-Ausg., Band 6, 1797, 315. – Es ist zu vermuten, dass *Kant* den Ausdruck „Würde" hier nicht nur einsetzt, um zu kennzeichnen, dass Legislative, Exekutive und Judikative würdevolle Einrichtungen des Staates sind, sondern vielmehr auch, dass sie in gewisser Weise jeweils als „Zweck an sich selbst" angesehen werden müssen, wenn man verstehen will, weshalb sie im Hinblick auf die ihnen zukommenden Aufgaben im Staat unverletzlich sind („untadelig" die Legislative, „unwiderstehlich" die Exekutive und „unabänderlich" die Judikative). Damit verhält es sich mit der Würde der Staatsgewalten ähnlich wie mit der Menschenwürde, die – durchaus im Anschluss an *Kants* Ausführungen zur Würde des Menschen in der Grundlegung zur Metaphysik der Sitten, Akad.-Ausg., Band 4, 1785, 428ff., 434ff. – im Grundgesetz bekanntlich als „unantastbar" bezeichnet wird.

[10] *Kant,* Die Metaphysik der Sitten, Akad.-Ausg., Band 6, 1797, 316.

und *Conclusio.* Die Aufteilung der Staatsgewalt und damit des „allgemeinvereinigten Willen[s]" (des Volkes) in drei Gewalten sei:[11]

„gleich den drei Sätzen in einem praktischen Vernunftschluß: dem Obersatz, der das Gesetz jenes Willens, dem Untersatz, der das Gebot des Verfahrens nach dem Gesetz, d. i. das Princip der Subsumtion unter denselben, und dem Schlußsatz, der den Rechtsspruch (die Sentenz) enthält, was im vorkommenden Falle Rechtens ist."

Dass staatliche Gewaltausübung sich nach *Kants* Auffassung ganz allgemein in der Form eines praktischen Syllogismus vollziehen sollte, verspricht zum einen die Gewährleistung von Gleichbehandlung gleicher Fälle (und von Ungleichbehandlung ungleicher Fälle) und zum anderen (wegen des Bezugs auf allgemeine Gesetze) eine weitgehende Ausschaltung von möglicher Willkür einer Regierung (Exekutive), die durch die Einhegung ihres Handelns seitens einer Legislative und durch die Kontrolle seitens einer Judikative in ihre Schranken gewiesen wird. Im Unterschied zu dem heute oft herangezogenen, eher pragmatischen Gedanken von „checks and balances"[12] zeigt *Kants* Parallelisierung der Gewaltenteilung im Staat mit den Schritten des praktischen Syllogismus zudem die innere Notwendigkeit einer Aufteilung gerade auf *diese drei* Gewalten und nicht auf mehr oder weniger. Die Gewaltenteilung wird damit zugleich zum Garanten für ein (nach innen und nach außen) *freiheitliches* Staatswesen; oder in der Formulierung von *Kant:*[13]

„Also sind es drei verschiedene Gewalten (potestas legislatoria, executoria, iudiciaria), *wodurch der Staat* (civitas) *seine Autonomie hat, d. i. sich selbst nach Freiheitsgesetzen bildet und erhält."*

Eine Analogie zu den drei Gewalten im Staate findet sich – freilich indirekt – auch im Kontext von *Kants* Konzeption eines moralisch handelnden Subjekts.[14] Ganz entsprechend wie die moralische (freiheitliche) Verfasstheit des Staates nur bei Realisierung von Gewaltenteilung zu erreichen ist, erlangt auch das moralisch handelnde Subjekt seine (freiheitliche) Verfasstheit nur, wenn die drei Gewalten in ihr auf zutreffende Weise, dh nach der Analogie zum praktischen Syllogismus, zusammen wirken: Die Rolle des Gesetzgebers nimmt das (vernünftige) autonome Subjekt dadurch wahr, dass es sich selbst das (moralische) Gesetz gibt.[15] Das *handelnde* Subjekt übernimmt die Rolle der ausführenden, die Gesetze vollziehenden Gewalt. Und schließlich – wieder in *Kants* Worten:[16]

„Das Bewußtsein eines inneren Gerichtshofes im Menschen (‚vor welchem sich seine Gedanken einander verklagen oder entschuldigen') ist das Gewissen."

---

[11] *Kant,* Die Metaphysik der Sitten, Akad.-Ausg., Band 6, 1797, 313.

[12] Vgl. dazu etwa *Braml,* Informationen zur politischen Bildung, Nr. 320/2013: „Politisches System der USA. Konkurrenz und Kontrolle der Machthaber: checks and balances".

[13] *Kant,* Die Metaphysik der Sitten, Akad.-Ausg., Band 6, 1797, 318.

[14] Vgl. zu dieser Parallele auch *Kersting,* Wohlgeordnete Freiheit, 2007, 309ff. Weitere Nachweise bei *Joerden,* Jahrbuch für Recht und Ethik, Bd. 1, 1993, 207ff.; sa jüngst *Köhler,* Recht und Gerechtigkeit. Grundzüge einer Rechtsphilosophie der verwirklichten Freiheit, 2017, 696ff.

[15] Vgl. *Kant,* Grundlegung zur Metaphysik der Sitten, Akad.-Ausg., Band 4, 1785, 432f.

[16] *Kant,* Die Metaphysik der Sitten, Akad.-Ausg., Band 6, 1797, 438.

Dabei sieht *Kant* durchaus das Problem der Gewalten*trennung*, die auf den ersten Blick in dem handelnden Subjekt (anders als im Staate durch die dortige Verdreifachung der Personen) nicht zu gewährleisten, aber gleichwohl erforderlich ist. Zur Lösung dieses Problems bezieht sich *Kant* auf seine Zwei-Reiche-Lehre:[17]

Der Mensch muss „sich selbst denken" als „zwiefache Persönlichkeit", „dieses doppelte Selbst, einerseits vor den Schranken eines Gerichtshofes, der doch ihm selbst anvertraut ist, zitternd stehen zu müssen, andererseits aber das Richteramt aus angeborener Autorität selbst in Händen zu haben, …" „Ich, der Kläger und doch auch Angeklagter, bin eben derselbe Mensch (numero idem), *aber als Subject der moralischen, von dem Begriffe der Freiheit ausgehenden Gesetzgebung, wo der Mensch einem Gesetz unterthan ist, das er sich selbst giebt* (homo noumenon), *ist er als ein Anderer als der mit Vernunft begabte Sinnenmensch* (specie diversus), *aber nur in praktischer Rücksicht zu betrachten …" „Der erstere ist der Ankläger*[18]*, dem entgegen ein rechtlicher Beistand*[19] *des Verklagten (Sachwalter desselben) bewilligt ist. Nach Schließung der Acten thut der innere Richter, …, den Ausspruch über Glückseligkeit oder Elend, als moralische Folgen der That; …"*

Die durch die Parallele zum praktischen Syllogismus in den Rang eines vernunftrechtlichen Satzes erhobene Aufteilung der drei Gewalten im Staate, findet sich bei *Kant* auch auf religiöser Ebene wieder. Bei Gott – und nur bei ihm – dürfen die drei Gewalten nun allerdings in ein und demselben (dem höchsten) Wesen vereinigt, gleichsam in Personalunion, gedacht werden: Gott ist – wie *Kant* dies ausdrückt:[20]

„denn also auch der heilige Gesetzgeber (und Schöpfer), der gütige Regierer (und Erhalter) und der gerechte Richter: drei Eigenschaften, die alles in sich enthalten, wodurch Gott der Gegenstand der Religion wird, und denen angemessen die metaphysischen Vollkommenheiten sich von selbst in der Vernunft hinzu fügen."

Und *Kant* ergänzt, dass:[21]

„… daher diese dreifache Qualität des moralischen Oberhaupts des menschlichen Geschlechts in einem und demselben Wesen vereinigt gedacht werden kann, die in einem juridisch-bürgerlichen Staate nothwendig unter drei verschiedenen Subjecten vertheilt sein müßte."

Kant weist dabei auch darauf hin,[22] dass die „Idee" der Dreiteilung („drei göttliche Personen") in „viele[n] alte[n] Völker[n]" anzutreffen sei, weil sie in der „allgemeinen Menschenvernunft" liege, „wenn man sich eine Volks- und (nach der Analogie mit derselben) eine Weltregierung denken will."

---

[17] *Kant,* Die Metaphysik der Sitten, Akad.-Ausg., Band 6, 1797, 439.

[18] Er vertritt (im „Prozess" des Gewissens) gewissermaßen das Gesetz bzw. den Gesetzgeber.

[19] Er vertritt das handelnde Subjekt.

[20] *Kant,* Kritik der praktischen Vernunft, Akad.-Ausg., Band 5, 1788, 131; vgl. auch *Kant,* Die Religion innerhalb der Grenzen der bloßen Vernunft, Akad.-Ausg., Band 6, 1793, 139 und Vorlesungsnachschrift *Vigilantius,* Akad.-Ausg., Band 27, 2.1, 721.

[21] *Kant,* Die Religion innerhalb der Grenzen der bloßen Vernunft, Akad.-Ausg., Band 6, 1793, 140.

[22] *Kant,* Die Religion innerhalb der Grenzen der bloßen Vernunft, Akad.-Ausg., Band 6, 1793, 140.

Dies bedeutet mithin, dass die jeweilige der drei Gewalten im Staate *auf ihrem Gebiet* die *letzte* Entscheidung haben muss, wenn es nicht zum Verfall des freiheitlichen Rechtsstaates kommen soll. Denn es darf nicht offen bleiben, wer nun in Bezug auf die zu treffende Entscheidung befugt ist, gleichsam den Schlusspunkt zu setzen.[23] *Kant* leitet daraus insbesondere ab, dass es ein wie auch immer geartetes *Recht auf Widerstand* gegen den „Gesetzgeber" oder den „Regierer" nicht geben könne und dass der „Regent" (jedenfalls vom Gesetzgeber) nicht mit Strafe belegt werden dürfe.[24] Abgesehen davon wird man folgern können, dass die Judikative jedenfalls auf dem Gebiet der Rechtsprechung nicht vom Gesetzgeber oder der Regierung ersetzt werden darf. Dies muss konsequenterweise auch für Entscheidungen über die Anwendung von Verfassungsrecht gelten.[25]

In der Trennung der *Aufgaben* der drei Gewalten, und zwar zum einen, über die Aufteilung des „äußeren Mein und Dein" zu bestimmen (Legislative), andererseits, das Vermögen zur Ausführung der Gesetze zu haben (Exekutive) und schließlich in Rechtsstreitigkeiten zu entscheiden (Judikative), löst sich daher die sich in Polen abzeichnende Problematik einer möglichen Rangfolge der Gewalten in einem Verfassungskonflikt. Denn eine solche Rangfolge gibt es nur in Ansehung der die jeweilige Gewalt betreffenden wesentlichen Aufgabenbeschreibung; hier steht sie im Hinblick auf ihre ureigenste Aufgabe an oberster Stelle, während die beiden anderen Gewalten insofern zurückstehen müssen. Das muss nun auch für die Verfassungsgerichtsbarkeit gelten; sie entscheidet als letzte Instanz über die Rechtsfrage, ob eine vom Parlament beschlossene Gesetzesregelung mit der Verfassung vereinbar ist oder nicht. Ihre Entscheidung ist von den anderen Gewalten zu akzeptieren[26] und darf auch nicht durch die Verweigerung der zur Wirksamkeit verfahrensrechtlich vorgesehenen Veröffentlichung durch die Regierung behindert werden.[27]

---

[23] Vgl. *Kant,* Die Metaphysik der Sitten, Akad.-Ausg., Band 6, 1797, 317; sa S. 321.

[24] *Kant,* Die Metaphysik der Sitten, Akad.-Ausg., Band 6, 1797, 317.

[25] Eine andere, hier nicht weiter zu verfolgende Frage ist es, ob ein Verfassungsgericht nur im Einzelfall sollte entscheiden dürfen, oder ob es auch – wie das BVerfG unter bestimmten Voraussetzungen – dazu befugt sein soll, ganze Gesetze oder Teile davon für nichtig zu erklären. Kant hätte dem angesichts des Grundsatzes der Gewaltenteilung vermutlich nicht zugestimmt.

[26] Der Einwand, die Verwerfungskompetenz des Verfassungsgerichtshofes stelle eine Durchbrechung des Gewaltenteilungsprinzips dar, die mit der Normierung des Zweidrittelquorums gleichsam kompensiert werde, greift nicht durch. Denn die polnische Verfassung hat dem Verfassungsgerichtshof eben diese Verwerfungskompetenz zugewiesen, wodurch die Abweichung von der „reinen Lehre" der Gewaltenteilung verfassungsrechtlich abgesichert legalisiert und legitimiert wird; für eine etwaige „Kompensation" ist hier daher kein Raum, zudem die polnische Verfassung ja gerade nur eine (einfache) Mehrheitsentscheidung des Verfassungsgerichtshofs vorsieht.

[27] So verfuhr allerdings die polnische PiS-Regierung, indem sie zunächst die Veröffentlichung der einschlägigen Urteile des Verfassungsgerichtshofs ablehnte, in denen dieser die neuen Verfahrensvorschriften am 9.3.2016 (Az. K 47/15) und am 11.8.2016 (Az. K 39/16) für verfassungswidrig erklärt hatte; näher dazu *Grabowski* FS Neumann, 2017, 140ff.

IV. Welches Quorum?

Während damit das erste der beiden hier zu besprechenden Probleme als lösbar gelten kann, verhält es sich mit der zweiten in Betracht zu ziehenden Problematik ungleich schwieriger. Sie betrifft das Verfahren, wenn das Parlament – wie in Polen geschehen – eine Neuregelung über das *Quorum* einführt, mit dem das Verfassungsgericht über die etwaige Verfassungswidrigkeit eines Gesetzes zu entscheiden hat. Üblicherweise lautet eine Norm, die das Quorum festlegt, nach dem ein Gericht zu entscheiden hat, etwa wie folgt: „Das Gericht entscheidet, soweit das Gesetz nichts anderes bestimmt, mit der absoluten Mehrheit der Stimmen." (Vgl. § 196 GVG; die Vorschrift gilt auch für das deutsche Bundesverfassungsgericht; vgl. § 17 BVerfGG). Eine vergleichbare Regelung gilt nach der polnischen Verfassung an sich auch für den polnischen Verfassungsgerichtshof.[28]

In der Rechtsphilosophie wird schon seit Längerem die theoretische Möglichkeit einer das Entscheidungsquorum ändernden Gesetzesnovelle diskutiert, wie sie nun der Sejm und der Senat, die gemeinsam als Nationalversammlung in Polen die gesetzgebende Gewalt ausüben, in die Praxis umgesetzt haben.[29] Die Nationalversammlung hat die einschlägige gesetzliche Vorschrift dahingehend geändert, dass der Verfassungsgerichtshof bei Normenkontrollklagen die Verfassungswidrigkeit einer gesetzlichen Vorschrift nicht (mehr) mit absoluter[30] Mehrheit, sondern nur noch mit einer *Zweidrittelmehrheit* feststellen kann.[31] Gegen diese Gesetzesänderung wurde aber wiederum eine Normenkontrollklage beim Verfassungsgerichtshof ein-

---

[28] Art. 190 Abs. 5 der polnischen Verfassung lautet: „Der Verfassungsgerichtshof trifft seine Entscheidungen mit Stimmenmehrheit"; hier zitiert nach der Übersetzung bei *Grabowski* FS Neumann, 2017, 139, Fn. 12. Die Frage ist allerdings, ob die Formulierung „Stimmenmehrheit" in der Verfassung nicht auch die Änderung durch eine Verfahrensreform hin zu einem gegenüber der einfachen bzw. absoluten Mehrheit erhöhten Quorum mittragen könnte; *Grabowski* FS Neumann, 2017, 139, Fn. 12, zufolge ist dies allerdings nach der Rechtsauffassung polnischer Verfassungsrechtler unstreitig nicht möglich.

[29] Vgl. hierzu und zum Folgenden *Joerden,* Logik im Recht, 3. Aufl. 2018, 346f. mwN auch zur Diskussion einer ähnlichen Paradoxie bei *Hofstadter,* Metamagicum, 1988, 76f. Zum Problem der „Selbstreferenzialität" bei Verfassungsänderungen, insbesondere mit Hinweisen auf die einschlägige Debatte über die diesbezüglichen Thesen des Rechtsphilosophen *Alf Ross,* vgl. näher *Grabowski* FS Neumann, 2017, 141 mit Fn. 19 und 20. Auf die im obigen Text diskutierte Paradoxie weisen auch *Pach/Dyrda* in Rzeczpospolita vom 23.3.2016 und vom 23.4.2016 hin; hier zitiert nach den Angaben bei *Grabowski* FS Neumann, 2017, 141, Fn. 18.

[30] Genau genommen genügte nach (bisherigem) polnischem Recht bei Entscheidungen des Verfassungsgerichtshofes eine einfache Mehrheit, die aber immer, weil es nach polnischem Recht bei Entscheidungen des Verfassungsgerichtshofs keine Stimmenthaltungen gibt, eine absolute Mehrheit ist (sofern man diese auf die Anzahl der anwesenden und abstimmenden Mitglieder des Gerichts bezieht und nicht auf die Zahl der Mitglieder des Spruchkörpers).

[31] Vgl. *Grabowski* FS Neumann, 2017, 139. Siehe dazu Art. 1 Pkt. 3 der Novellierung vom 22.12.2015 des Gesetzes über das Verfahren am polnischen Verfassungsgericht vom 25.6.2015, (Dz. U. [poln. GBl.] 2015 poz. 2217). Das gesamte Novellierungsgesetz wurde durch den Verfassungsgerichtshof in seinem Urteil vom 9.3.2016 (Az. K 47/15) für verfassungswidrig erklärt, und zwar in einer Sitzung des Verfassungsgerichtshofes, die in dieser Sache aus 12 Richtern bestand. Nach der in dem Urteil angenommenen Auslegung der geltenden Rechtslage (insbesondere wegen des Wortlauts von Art. 190 Abs. 5 der polnischen Verfassung) war die einfache Mehrheit (vgl. ob. Fn. 30) für die Entscheidung über die (eventuelle) Verfassungswidrigkeit ausreichend. Allerdings haben zwei Richter eine abweichende Stellungnahme zu dem Urteil abgegeben.

gelegt. Damit stellt sich die Frage, mit welcher Mehrheit der Verfassungsgerichtshof entscheiden muss, wenn es darum geht, ob die Gesetzesänderung verfassungswidrig ist: Ist dazu eine Zweidrittelmehrheit erforderlich, wie nach dem neuen Gesetz für die Feststellung der Verfassungswidrigkeit vorgesehen? Oder ist *in diesem Verfahren,* das gerade der eventuellen Feststellung der Verfassungswidrigkeit des neuen Gesetzes dient, eine absolute Mehrheit der Stimmen im erkennenden Spruchkörper des Verfassungsgerichts ausreichend, entsprechend der *vor* der Gesetzesänderung maßgeblichen Rechtslage?[32]

Für eine Zweidrittelmehrheit spricht immerhin, dass es hier materiell auch um eine Abgrenzung der Rechte von zwei Gewalten im Staate (Legislative und Judikative) geht und in Angelegenheiten der Gesetzgebung – wie hier – zunächst einmal die Legislative den Vorzug genießt. Das Verfassungsgericht prüft ja nur, ob die Gesetzgebung mit der Verfassung im Einklang steht. Deshalb könnte man annehmen, dass zunächst, jedenfalls bis das Verfassungsgericht entschieden hat, die vom Parlament beschlossene Neufassung des Gesetzes gilt.

Angenommen aber, die Neuregelung sei tatsächlich deshalb verfassungswidrig[33], weil sie die Rechte des Verfassungsgerichts ungebührlich einschränkt, indem sie die Möglichkeit zur Verfassungswidrigkeitserklärung eines Gesetzes durch das Zweidrittelquorum erheblich begrenzt. Dann könnte man auch argumentieren, dass das Verfassungsgericht über diese Frage noch nach der alten Gesetzesfassung judizieren kann, also mit absoluter Mehrheit. Hierfür spricht nicht zuletzt, dass das Verfassungsgericht verfassungswidrige Gesetze üblicherweise für von Anfang an nichtig und damit unwirksam erklärt,[34] im vorliegenden Fall würde es daher die alte Regelung mit dem Erfordernis einer (nur) absoluten Mehrheit bestätigen.

---

[32] Besondere Brisanz erhält diese Frage vor dem Hintergrund, dass eine Entscheidung des Verfassungsgerichtshofs unter Einhaltung der neuen Vorschriften faktisch nicht möglich war. Durch Gesetz vom 22.12.2015 (Dz. U. 2015 poz. 2217) wurde das Gesetz über den Verfassungsgerichtshof dahingehend geändert, dass der zur Entscheidung berufene Spruchkörper („Zgromadzenie Ogólne") mit einer Besetzung von mindestens 13 Verfassungsrichtern beschlussfähig ist. Zum Zeitpunkt der Entscheidung des Verfassungsgerichtshofs am 9.3.2016, Az. K 47/15, waren dort jedoch nur 12 der 15 Richterstellen besetzt.

[33] So jedenfalls auch der Verfassungsgerichtshof im Urteil vom 9.3.2016 in der Sache Az. K 47/15. Die deutsche Übersetzung von wesentlichen Teilen dieses Urteils und von anderen Entscheidungen in demselben Kontext ist nachlesbar im Jahrbuch für Ostrecht, Band 57, 2016, 2. Halbband, S. 371ff., 377ff. – Eine deutsche Übersetzung der polnischen Verfassung findet sich im Übrigen auf: http://www.sejm.gov.pl/prawo/konst/niemiecki/kon1.htm (zuletzt aufgerufen am 4.1.2018).

[34] Aufgrund des unwirksamen Gesetzes eingeleitete Vollstreckungshandlungen und ggf. sogar (zumindest auf dem Gebiet des Strafrechts) eingetretene Folgen (etwa Verurteilungen aufgrund des später für verfassungswidrig erklärten Gesetzes) wären (jedenfalls nach deutschem Recht) ebenfalls weitgehend zu beseitigen; vgl. § 79 BVerfGG, der allerdings in vielen rechtlichen Kontexten im Widerstreit zwischen Rechtssicherheit und Gerechtigkeit der Rechtssicherheit den Vorzug gibt und damit einer Rückabwicklung oft im Wege steht. Einzelheiten dazu vgl. etwa bei *Bethge* in Maunz/Schmidt-Bleibtreu/Klein/Bethge, Bundesverfassungsgerichtsgesetz, Band 2, § 79 (51. EL Mai 2017). Im polnischen Recht geht die Pflicht zur Rückabwicklung offenbar sogar noch weiter als im deutschen Recht. Art. 190 Abs. 4 der polnischen Verfassung lautet: „Stellt der Verfassungsgerichtshof die Unvereinbarkeit eines Normativaktes mit der Verfassung, einem völkerrechtlichen Vertrag oder einem Gesetz fest und ist auf der Grundlage dieses Normativaktes eine rechtskräftige Gerichtsentscheidung, endgültige Verwaltungsentscheidung oder Entschei-

Dem Problem dürfte auch nicht dadurch beizukommen sein, dass der Gesetzgeber eine Übergangsregelung schafft, die festlegt, dass das Verfassungsgericht schon bei der Überprüfung der Gesetzesneufassung mit Zweidrittelmehrheit zu entscheiden habe, weil natürlich auch diese Übergangsregelung ihrerseits der Überprüfung durch das Verfassungsgericht unterliegen würde, womit die Problematik lediglich auf eine andere Ebene verschoben worden wäre. Es bleibt daher die paradoxe Situation, die dadurch entstanden ist, dass sich die Gesetzesänderung auf dem Umweg über die Überprüfung ihrer Verfassungsgemäßheit durch das Verfassungsgericht auf sich selbst bezieht.

Abgesehen von dieser Selbstbezüglichkeit weist die paradoxe Lage aber auch noch eine zeitliche Dimension auf: Würde das Verfassungsgericht die Verfassungswidrigkeit der Regelung unter ihrer Beachtung – also mit Zweidrittelmehrheit – feststellen, führte das dazu, dass diese Entscheidung die alte Regelung, nach der eine absolute Mehrheit ausreicht, wieder in Kraft setzen würde. Rückwirkend aufheben könnte das Verfassungsgericht die Regelung aber nur durch eine Zweidrittelmehrheit, worin indes keine *wirklich* rückwirkende Aufhebung läge, weil dann eine absolute Mehrheit der Stimmen hätte ausreichen müssen.

Es kommt noch ein weiteres Problem hinzu: Wenn das Verfassungsgericht darüber entscheidet, mit welcher Mehrheit es künftig über die Verfassungswidrigkeit von Gesetzen entscheiden wird, entscheidet es im Grunde in „eigener Sache". Eine Situation, in der man üblicherweise den Vorwurf der Befangenheit erheben würde. Da aber kein anderes Gericht in Betracht kommt, über diese Rechtsfrage der eventuellen Verfassungswidrigkeit des Zweidrittel-Quorums zu entscheiden, und auch keine der anderen Staatsgewalten mit dieser Aufgabe betraut werden könnte, weil es ja um eine Rechtsstreitigkeit geht, müsste der Einwand der Befangenheit mE zurückgestellt werden. Man wird allerdings insofern von dem Verfassungsgericht eine eingehende Begründung für die Verfassungswidrigkeit des Zweidrittel-Quorums erwarten dürfen. Das ändert freilich nichts an der bestehenbleibenden Paradoxie, mit welcher Mehrheit nun das Verfassungsgericht über die eventuelle Verfassungswidrigkeit des neuen Stimmenquorums zu entscheiden hat.

Man wird dieser Paradoxie letztlich wohl nur durch ein normatives Machtwort (etwa durch eine explizite Regelung in der Verfassung, die dann aber eine Zweidrittelmehrheit im Parlament erfordern würde) entkommen können. Und zwar in der Weise, dass man für die hier in Rede stehende Entscheidung entweder der Rechtslage zum Zeitpunkt t_1, dh *vor* der Gesetzesänderung, oder der Rechtslage

dung in anderen Angelegenheiten ergangen, bildet die Entscheidung des Verfassungsgerichtshofes die Grundlage für die Wiederaufnahme des Verfahrens beziehungsweise für die Aufhebung der Entscheidung nach den Grundsätzen und gemäß der Verfahrensweise, die in den auf diese Verfahren anwendbaren Vorschriften geregelt sind." (Text der Übersetzung entnommen aus http://www.sejm.gov.pl/prawo/konst/niemiecki/kon1.htm (zuletzt aufgerufen am 4.1.2018)). Im Hinblick auf das vorliegende Problem der Überprüfung der Verfahrensvorschrift für das polnische Verfassungsgericht stellt sich die Problematik der Entscheidung zwischen Rechtssicherheit und Gerechtigkeit aber wohl schon deshalb nicht, weil das Gericht, wenn es denn für die Aufhebung der Verfahrensvorschrift mit Zweidrittelmehrheit entscheidet, zugleich *uno actu* einräumen würde, dass für die Aufhebung vergleichbarer Regelungen eigentlich die absolute Mehrheit das maßgebliche Quorum wäre.

zum Zeitpunkt t_2, dh *nach* der Gesetzesänderung, den Vorzug gibt.[35] Die erstere Regelung hätte den Vorteil, die Gesetzesänderung dann aufhalten zu können, wenn das Verfassungsgericht immerhin mit absoluter Mehrheit deren Verfassungswidrigkeit feststellt. Damit wäre zumindest gewährleistet, dass die Aufhebung einer eventuell verfassungswidrigen Neuregelung nicht an dem Quorum der Zweidrittelmehrheit scheitert. Denn, um es ins Extreme zu steigern: Das Parlament könnte sonst auf den Gedanken kommen, das Verfassungsgericht noch dramatischer zu entmachten, indem es für die Erklärung eines Gesetzes als verfassungswidrig Einstimmigkeit[36] des Gerichts gesetzlich verankert; dies wäre eine kaum noch zu nehmende Hürde. Bevorzugt dagegen das oben so bezeichnete normative Machtwort zur Auflösung der Paradoxie (also durch eine Verfassungsänderung) auch hier die betreffende Neuregelung, bliebe nur noch zu hoffen, dass sich das Verfassungsgericht dem Versuch der Normierung eines solchen Einstimmigkeitserfordernisses dieser Neuregelung auch einstimmig entgegenstellen würde.[37]

---

[35] Immerhin denkbar wäre auch noch eine dritte Lösung, nach welcher der Verfassungsgeber die Regelung in Art. 190 Abs. 5 der polnischen Verfassung dahingehend konkretisiert, dass das vorgeschriebene Quorum „mit Stimmenmehrheit" gelesen wird als „mit Zweidrittelmehrheit". Allerdings stehen einer solchen Lösung letztlich dieselben Einwände entgegen, die auch gegen die oben im Text genannte zweite Lösungsvariante sprechen; vgl. auch ob. Fn. 28.

[36] Man könnte einwenden, das Quorum „Einstimmigkeit" sei doch im Vergleich mit „Zweidrittelmehrheit" etwas prinzipiell Anderes, das sich auch nicht mehr mit der Formulierung in der polnischen Verfassung „mit Stimmenmehrheit" in Einklang bringen lasse. „Einstimmigkeit" sei gerade keine „Mehrheitsentscheidung", da diese begriffsnotwendig auch eine „Minderheit" erfordere. Abgesehen davon, dass man das Beispiel dann auch dahingehend umwandeln könnte, dass ein Mehrheitsquorum verlangt wird, bei dem maximal eine Gegenstimme zulässig sei, scheint mir, wenn man sich einmal über die (plausible) Ansicht hinwegsetzt, die den Ausdruck „mit Mehrheit" ohnehin nur für eine einfache bzw. absolute Mehrheit reservieren möchte (vgl. dazu oben Fn. 28), auch bei einer „einstimmigen" Entscheidung die Verwendung der Formulierung „mit Mehrheit" gleichsam als Grenzfallmarkierung noch vertretbar. Und zwar schon deshalb, weil auch bei einem festgelegten Quorum „mit Stimmenmehrheit" selbstverständlich eine Entscheidung zulässig wäre, die „einstimmig" getroffen würde.

[37] Um eine Verfassungsänderung damit noch aufhalten zu können, müsste das Verfassungsgericht allerdings von der Möglichkeit „verfassungswidrigen Verfassungsrechts" ausgehen und die Verfassungsneuregelung anhand der allgemeinen (unveränderlichen) Grundsätze der bis zu der Neuregelung geltenden Verfassung (vgl. insbesondere Art. 79 Abs. 3 GG) auf ihre Vereinbarkeit mit diesen Grundsätzen hin überprüfen und sie ggf. bei fehlender Vereinbarkeit verwerfen. – Hinzuweisen ist dabei allerdings darauf, dass es jedenfalls in der polnischen Verfassung (oder sonst in der polnischen Rechtsordnung) keine Art. 79 Abs. 3 GG vergleichbare „Ewigkeitsgarantie" in der Verfassung gibt; vgl. dazu etwa *Bucholc/Komornik,* Die PiS und das Recht, Verfassungskrise und polnische Rechtskultur, in OSTEUROPA, 66. Jg., 1–2/2016, S. 79–93 (87): „Diese Verfassung enthält weder eine Entsprechung der bundesdeutschen Ewigkeitsklausel (Art. 79 Abs. 3 des Grundgesetzes) noch etwas in der Art des Widerstandsrechts (Art. 20 Abs. 4). Es sind keine Schutzmechanismen für den Fall vorgesehen, dass jemand versucht, die verfassungsmäßige Ordnung und die Staatsstruktur gänzlich zu verändern."

CHRISTIAN KIRCHBERG

Das Netzwerk-Durchsetzungsgesetz – bereits formell verfassungswidrig?

I. Einleitung

Der Jubilar ist kein milder Rezensent. Im Gegenteil: Seine ebenso sprachgewaltigen wie entlarvenden Verrisse sind gefürchtet. *Rainer Wendt,* der Bundesvorsitzende der Deutschen Polizeigewerkschaft (DPolG), kann davon ebenso ein Lied singen wie etwa *Jens Gnisa,* der Vorsitzende des Deutschen Richterbundes (DRB). Deren in Buch- oder gar Bestsellerform gebrachten apokalyptischen Visionen vom Untergang des Rechtsstaats[1] und vom Ende der Gerechtigkeit in Deutschland[2] hat der Jubilar einer schonungslosen Kritik unterzogen und mit dem Vorwurf des (notorischen) Alarmismus belegt.[3] Eine Rezension eigener Art musste auch Bundesjustizminister Maas aushalten: Seine Würdigung durch den Jubilar zum Ende der Legislaturperiode[4] ist, vornehmlich aus der Sicht des Strafrechtlers, ebenfalls wenig schmeichelhaft. Angeprangert wird vor allem der „Reformismus" mit dem Ziel der Schließung (vermeintlicher) Strafrechtslücken nach dem Motto: *„Jeden Monat ein Gesetz „zur Bekämpfung" oder „zur Intensivierung der Bekämpfung" oder „zur Verbesserung der Verfolgung" (...) Alles schön und gelegentlich nicht schlecht. Aber überwiegend für die Galerie, ohne messbare Effekte".*

Zu den Konstanten im Wirken von Justizminister Maas gehörte demgegenüber allerdings sein Engagement im Kampf gegen strafbare Inhalte und Hasskriminalität im Netz, insbesondere in sozialen Netzwerken wie Facebook, YouTube und Twitter.[5] Und tatsächlich ist dieses Vorhaben dann entsprechend der (insoweit allerdings recht allgemein gehaltenen) Absichtserklärung in der Koalitionsvereinbarung von 2013[6] auch noch gewissermaßen in letzter Minute, nämlich in der letzten regulären

---

[1] *Wendt,* Deutschland in Gefahr. Wie ein schwacher Staat unsere Sicherheit aufs Spiel setzt, 2016.

[2] *Gnisa,* Das Ende der Gerechtigkeit. Ein Richter schlägt Alarm, 2017.

[3] *Fischer,* Polizist am Abgrund, DIE ZEIT Nr. 01/2017 v. 29.12.2016, S. 14; *Idem,* Herr Gnisa und das Ende des Rechtsstaats, ZEIT ONLINE v. 17.8.2017.

[4] *Fischer,* Vier Jahre Bundesminister Heiko Maas: Eine Würdigung zum Ende der Legislaturperiode, DIE ZEIT Nr. 39 v. 21.9.2007, S. 14.

[5] Vgl. beispielhaft: „Task Force gegen Hassbotschaften", Artikel v. 14.9.2015, www.bundesregierung.de/Content/DE/Artikel/2015/09/2015-09-14-maas-facebook.html; letztes Abrufdatum: 15.5.2018, sowie „Gemeinsam gegen Hassbotschaften – Task Force stellt Ergebnisse vor", PM v. 15.12.2015; „Monitoring-Projekt: Hassbotschaften in sozialen Netzwerken wirksam bekämpfen", PM v. 11.4.2016, jeweils www. bmjv.de/Aktuelles/Pressemitteilungen; letztes Abrufdatum: 15.5.2018.

[6] „Medienkompetenz ist eine elementare Schlüsselkompetenz unserer digitalen Gesellschaft und grundlegende Voraussetzung für einen selbstbestimmten Umgang mit den Medien und dem Netz für alle Generationen. Sie eröffnet – auch im Zusammenwirken mit Bürgermedien – Chan-

Bundestagssitzung der Legislaturperiode am 30.6.2017 durch Verabschiedung des Gesetzes zur Verbesserung der Rechtsdurchsetzung in sozialen Netzwerken (Netzwerkdurchsetzungsgesetz – NetzDG) verwirklicht worden.[7] Allerdings war und ist die Absicht, die Schattenseiten der Freiheit des Internets auszuleuchten und Auswüchse zu bekämpfen, nicht nur einem regelrechten „Shitstorm" der „Szene", also von Internet-Aktivisten, Netzpolitikern, Wirtschaftsverbänden und etwa von dem hauptsächlich betroffenen sozialen Netzwerk Facebook selbst, sondern auch und gerade der massiven Kritik der Rechtswissenschaft insgesamt ausgesetzt (gewesen); sogar der Sonderbeauftragte der Vereinten Nationen für den Schutz der Meinungsfreiheit, *David Kaye,* hat sich eingeschaltet und die geplanten Regelungen in einer Stellungnahme an die Bundesregierung scharf kritisiert.[8]

Es gibt nach alledem wohl kaum ein Gesetz der letzten Jahre, über dessen Völkerrechts-, Unionsrechts- und Verfassungsrechtswidrigkeit sich die Kommentatoren so einig sind und waren wie beim Netzwerkdurchsetzungsgesetz,[9] ohne dass, was angesichts dessen durchaus naheliegend wäre, (bereits) konkret absehbar ist, ob bzw. in welchem Zusammenhang etwa das Bundesverfassungsgericht damit befasst werden könnte. Am wahrscheinlichsten wäre, wenn überhaupt, wohl eine parlamentarische Initiative in Form eines abstrakten Normenkontrollverfahrens nach Art. 93 Abs. 1 Nr. 2 GG, nachdem die Oppositionsfraktionen der AfD, der FDP, der LINKE und der GRÜNEN[10] die Aufnahme der Sperrungsaktivitäten der sozialen Netzwerke zu Beginn dieses Jahres und die alsbald bekannt gewordenen (Einzel-) Fälle eines tatsächlichen oder vermeintlichen „Overblocking"[11] bereits

---

cen der medialen Teilhabe und des Netzes und sensibilisiert den Nutzer für mögliche Risiken. Die bisherigen Initiativen des Bundes sollen – unter Wahrung der Kompetenzen der Länder und in enger Abstimmung mit diesen – fortgesetzt und verstetigt werden", vgl. „Deutschlands Zukunft gestalten", Koalitionsvertrag zwischen CDU, CSU und SPD für die 18. Legislaturperiode v. 27.11.2013, S. 95, www.cdu.de/sites/default/files/media/dokumente/koalitionsvertrag.pdf; letztes Abrufdatum: 15.5.2018.

[7] Art. 1 des gleichnamigen „Mantelgesetzes", ausgefertigt am 1.9.2017, BGBl. 2017 I, 3352; Art. 2 betrifft eine Änderung des Telemediengesetzes (TMG); nach Art. 3 ist das Gesetz am 1.10.2017 in Kraft getreten, wobei die Verfahren nach § 3 NetzDG („Umgang mit Beschwerden über rechtswidrige Inhalte") grundsätzlich innerhalb von 3 Monaten nach Inkrafttreten des Gesetzes, also spätestens zum 1.1.2018, eingeführt sein müssen, § 6 Abs. 2 NetzDG.

[8] Vgl. die Übersicht im Artikel „Netzwerkdurchsetzungsgesetz" bei Wikipedia, Stand: 26.4.2018, www.wikipedia.org/Wiki/Netzwerkdurchsetzungsgesetz; letztes Abrufdatum: 15.5.2018.

[9] Vgl. statt vieler zuletzt *Liesching* MMR 2018, 26 u. *Höld* MMR 2017, 791, sowie ferner *Guggenberger* NJW 2017, 2577; *Spindler* K&R 2017, 533 sowie *Spindler* ZUM 2017, 473; *Gersdorf* MMR 2017, 439; *Hain/Ferreau/Brings-Wiesen* K&R 2017, 433; *Ladeur/Gostomzyk* K&R 2017, 390; *Wimmers/Heymann* AfP 2017, 93; jeweils mwN. Selbst der Wissenschaftliche Dienst des Deutschen Bundestages hat in einer vom 29.5.2017 datierenden Ausarbeitung (www.bundestag.de/Analysen; Az. PE 6 – 3000 – 32/17; letztes Abrufdatum: 15.5.2018) den Entwurf des Netzwerkdurchsetzungsgesetzes für mit dem (unionsrechtlichen) Herkunftslandprinzip unvereinbar eingestuft.

[10] Die zusammen 216 Abgeordneten von FDP, LINKE und GRÜNE des 19. Deutschen Bundestages würden (auch ohne die AfD, deren 92 Abgeordneten hierfür allein nicht ausreichen) das notwendige Quorum von einem Viertel der insgesamt 709 Mitglieder des Deutschen Bundestages zur Stellung eines abstrakten Normenkontrollantrags erfüllen. Zu weiteren Perspektiven verfassungsgerichtlichen Rechtsschutzes gegen das NetzDG s. *Liesching* MMR 2018, 26 (30).

[11] Gemeint sind damit nicht gerechtfertigte, aus Sorge vor Ansehensverlust und etwaigen Geldbußen durch die sozialen Netzwerke veranlasste Löschungen/Sperrungen von Beiträgen, die von

zum Anlass genommen haben, anzukündigen, das Netzwerkdurchsetzungsgesetz abschaffen oder „kippen" zu wollen.[12] Damit kontrastiert etwas, dass inzwischen auch die Europäische Kommission eine gesetzliche Regelung gegen „Hasspostings" im Netz in Erwägung zieht, nachdem die auch in diesem Rahmen mit ihr vereinbarten, freiwilligen Schritte der Branche offensichtlich als nicht ausreichend angesehen werden.[13]

Jedenfalls aus Sicht des deutschen Verfassungsrechts stehen bei der Kritik am Netzwerk-Durchsetzungsgesetz die damit verbundenen materiellen Beeinträchtigungen der Grundrechte der Nutzer aus Art. 5 Abs. 1 S. 1 GG (Meinungs- und Informationsfreiheit) sowie der Grundrechte der Netzbetreiber aus Art. 5 Abs. 1 S. 2 GG (Medienfreiheiten) bzw. aus Art. 12 Abs. 1 GG (Berufsfreiheit) im Vordergrund.[14] Aber nicht nur das: Dem Bund wird bereits das Fehlen seiner Zuständigkeit zu der von ihm vorgenommenen Regulierung des Netzes abgesprochen bzw. vorgehalten, seine Berufung auf das Recht der Wirtschaft (Art. 74 Abs. 1 Nr. 11 GG) könne die Wahrnehmung der Gesetzgebungsbefugnisse genauso wenig rechtfertigen wie die Berufung auf das Recht der Fürsorge (Art. 74 Abs. 1 Nr. 7 GG);[15] lediglich hinsichtlich der in dem Gesetz enthaltenen Bußgeldvorschriften wird dem Bund die Regelungsbefugnis nach Art. 74 Abs. 1 Nr. 1 GG (Strafrecht) konzediert.[16]

Die nachfolgenden Ausführungen widmen sich (ausschließlich) der Frage, ob nach dem objektiven Gehalt dieses Gesetzes und nach dessen vom (seinerzeit noch amtierenden) Justizminister pointiert formulierten Rechtfertigung: *„Die Meinungsfreiheit ist kein Freibrief, um Straftaten zu begehen"*[17] die Zuständigkeit des Bundes nicht

---

der Meinungsfreiheit gedeckt sind, insbesondere etwa im Grenzbereich von Satire/Beleidigung oder bei prononcierten Äußerungen in der politischen Darstellung oder Auseinandersetzung, vgl. dazu aber auch die Gegenäußerung der Bundesregierung zur Stellungnahme des Bundesrates im Gesetzgebungsverfahren, BT-Drs. 18/12727, 27 vom 14.6.2017.

[12] FAZ Nr. 6 v. 8.1.2018, S. 1. Sollte es, was bei Drucklegung dieses Beitrags noch nicht abzusehen war, abermals zu einer Großen Koalition von CDU/CSU und SPD kommen, dürfte die von vielen Seiten geforderte ersatzlose Aufhebung des gerade erst von der letzten Großen Koalition verabschiedeten Netzwerk-Durchsetzungsgesetzes nicht an erster Stelle der gemeinsamen Agenda stehen; eine Evaluierung des Gesetzes ist allerdings spätestens 3 Jahre nach Inkrafttreten ausdrücklich vorgesehen, vgl. Gesetzentwurf BT-Drs. 18/12356, 18 v. 16.5.2017.

[13] FAZ Nr. 7 v. 9.1.2018, S. 1. Umgekehrt deutet *Hoeren* in seinem unter der Überschrift „Sperrchaos" in NJW-aktuell 4/2018, S. 15 veröffentlichten Editorial an, die Europäische Kommission könnte, „wenn die Irrungen und Wirrungen der deutschen Bundestagswahl vorbei sind", ein Vertragsverletzungsverfahren in Erwägung ziehen, weil das NetzDG nicht mit der E-Commerce-Richtlinie übereinstimme, die eine Haftung von Host-Providern erst ab Kenntnis und offenkundiger Rechtswidrigkeit vorsehe.

[14] Vgl. hierzu umfänglich erneut *Gersdorf* MMR 2017, 439 (442ff.); ob allerdings, wie *Gersdorf* meint, für die Tätigkeit sozialer Netzwerke tatsächlich das „Massenkommunikationsgrundrecht" des Art. 5 Abs. 1 S. 2 GG aktiviert werden könnte, ist im rechtswissenschaftlichen Schrifttum noch nicht ausdiskutiert oder gar vom Bundesverfassungsgericht entschieden.

[15] *Gersdorf* MMR 2017, 439 (442ff.); *s. ferner etwa Wimmers/Heymann* AfP 2017, 93 (97); *Ladeur/Gostomzyk* K&R 2017, 390f.; *Hain/Ferreau/Brings-Wiesen* K&R 2017, 433 (434), jeweils unter Auseinandersetzung mit den entsprechenden Ausführungen im Gesetzentwurf vom 16.5.2017, BT-Drs. 18/12356, 13.

[16] *Gersdorf* MMR 2017, 439, (440).

[17] BILD Nr. 3 v. 4.1.2018, S. 2.

doch in erster Linie aus Art. 74 Abs. 1 Nr. 1 GG, also aus derjenigen für das Strafrecht bzw. aus dem in der Rechtsprechung des Bundesverfassungsgericht insoweit wiederholt betonten „weiten Strafrechtsbegriff"[18], herzuleiten ist. Damit ist dann auch wieder der Bezug zu dem Rechtsgebiet hergestellt, auf welchem der Jubilar als Richter, Kommentator, Hochschullehrer, Autor zahlloser Veröffentlichungen, Vortragender bei den verschiedensten Anlässen sowie als Kolumnist jahrzehntelang so überaus erfolgreich tätig gewesen und weiterhin tätig ist.

II. Inhalt und Kompetenzabsicherung des NetzDG

1. Die gesetzliche Regelung im Überblick

Die Besonderheit des Netzwerk-Durchsetzungsgesetzes, mit dem die Rechtsdurchsetzung in sozialen Netzwerken mit Blick auf ausufernde Hass- und sonstige Kriminalität effektiv verbessert werden soll, besteht darin, dass die sozialen Netzwerke als Private, unabhängig von der Inanspruchnahme der Gerichte durch die Betroffenen oder vom Tätigwerden der Strafverfolgungsorgane, dazu verpflichtet werden, – erstens – ein obligatorisches Beschwerdemanagement („Compliance-Regeln") einzurichten (§ 3 NetzDG) und – zweitens – hierüber regelmäßig (halbjährlich) öffentlich zu berichten (§ 2 NetzDG).[19]

Betroffen von diesen Verpflichtungen sind allerdings grundsätzlich nur die in § 1 Abs. 1 NetzDG legal definierten sozialen Netzwerke,[20] die im Inland mehr als zwei Millionen registrierte Nutzer haben, § 1 Abs. 2 NetzDG.[21] Der Anbieter eines solchen sozialen Netzwerks hat den Nutzern ein leicht erkennbares, unmittelbar erreichbares und ständig verfügbares Verfahren zur Übermittlung von Beschwerden über rechtswidrige Inhalte zur Verfügung zu stellen (§ 3 Abs. 1 S. 2 NetzDG), wobei dieses Verfahren nach § 3 Abs. 2 NetzDG prinzipiell gewährleisten muss, dass der Anbieter des sozialen Netzwerks

---

[18] Vgl. BVerfG Beschl. v. 12.12.1991, BVerfGE 85, 134 (142) = NJW 1992, 1555, sowie etwa BVerfG Urt. v. 10.2.2004, BVerfGE 109, 190 (212ff.) = NJW 2004, 750.

[19] Zur Zielsetzung und zum Inhalt des Gesetzes s. im Übrigen Regierungsentwurf vom 16.5.2017, BT-Drs. 18/12356 sowie etwa die Darstellungen von *Guggenberger* NJW 2017, 2577 und von *Höld* MMR 2017,791.

[20] § 1 Abs. 1 NetzDG: „Dieses Gesetz gilt für Telemediendiensteanbieter, die mit Gewinnerzielungsabsicht Plattformen im Internet betreiben, die dazu bestimmt sind, dass Nutzer beliebige Inhalte mit anderen Nutzern teilen oder der Öffentlichkeit zugänglich machen (soziale Netzwerke). Plattformen mit journalistisch-redaktionell gestalteten Angeboten, die vom Diensteanbieter selbst verantwortet werden, gelten nicht als soziale Netzwerke im Sinne dieses Gesetzes. Das gleiche gilt für Plattformen, die zur Individualkommunikation oder zur Verbreitung spezifischer Inhalte bestimmt sind."

[21] Damit sollen kleinere soziale Netzwerke von aufwendigen Prüfpflichten befreit werden. Ein weiterer Grund liegt in der Perpetuierungswirkung der ausgetauscht und geteilten oder der Öffentlichkeit zugänglich gemachten, gegebenenfalls diffamierenden Inhalte, die bei einer großen Anzahl von Nutzern regelmäßig stärker bzw. höher ist. Im Übrigen sei bei der Beschränkung auf soziale Netzwerke mit mehr als 2 Millionen Nutzern berücksichtigt worden, dass „... nach gegenwärtigen Daten die in der Öffentlichkeit relevanten und breit vertretenen sozialen Netzwerke mindestens 2 Millionen Nutzer haben", vgl. Gesetzentwurf vom 16.5.2017, BT-Drs. 18/12356, 19.

- unverzüglich von der Beschwerde Kenntnis nimmt und prüft, ob der in der Beschwerde gemeldete Inhalt rechtswidrig und zu entfernen oder der Zugang zu ihm zu sperren ist (§ 3 Abs. 2 Nr. 1 NetzDG);
- einen offensichtlich rechtswidrigen Inhalt innerhalb von 24 Stunden nach Eingang der Beschwerde entfernt oder der Zugang zu ihm sperrt (§ 3 Abs. 2 Nr. 2 NetzDG);
- jeden rechtswidrigen Inhalt unverzüglich, in der Regel innerhalb von 7 Tagen nach Eingang der Beschwerde, entfernt oder den Zugang zu ihm sperrt (§ 3 Abs. 2 Nr. 3 NetzDG);
- im Falle der Entfernung den Inhalt zu Beweiszwecken sichert und zu diesem Zweck für die Dauer von 10 Wochen speichert (§ 3 Abs. 2 Nr. 4 NetzDG)
- und schließlich den Beschwerdeführer und den Nutzer über jede Entscheidung unverzüglich informiert und seine Entscheidung ihnen gegenüber begründet.

Was sind nun „rechtswidrige Inhalte" im Sinne dieses Gesetzes, die das Beschwerdemanagement des Anbieters eines sozialen Netzwerks auf Beschwerde eines Nutzers auslösen können? Der Gesetzgeber hat sich in § 1 Abs. 3 NetzDG auf eine Legaldefinition beschränkt, die abschließend auf die (objektive und nicht gerechtfertigte)[22] Erfüllung der Tatbestände der dort aufgelisteten Strafvorschriften des Strafgesetzbuchs[23] verweist.

Von besonderer Bedeutung und zugleich Gewichtigkeit sind die in § 4 NetzDG enthaltenen Bußgeldvorschriften, mit denen vor allem die Verletzung der Berichtspflichten nach § 2 Abs. 1 NetzDG sowie der Verpflichtung zur Einrichtung eines

[22] S. dazu Regierungsentwurf, BT-Drs. 18/12356, 1 (11) *(„objektiv strafbare Inhalte")*, S. 12 *(„objektiver Tatbestand")*, S. 20 *(„rechtswidrig, aber nicht notwendigerweise schuldhaft")*, S. 26 *(„Prüfung der objektiven Strafbarkeit ausreichend")* sowie zur Kritik daran unter dem Aspekt, dass § 1 Abs. 3 NetzDG damit einen eigenen Rechtswidrigkeitsbegriffs statuiere, der mit dem des StGB nicht identisch sei, *Höld* MMR 2017, 791f. mwN.

[23] Das sind: § 86 StGB (Verbreiten von Propagandamitteln verfassungswidriger Organisationen), § 86a StGB (Verwenden von Kennzeichen verfassungswidriger Organisationen), § 89a StGB (Vorbereitung einer schweren staatsgefährdenden Gewalttat), § 91 StGB (verfassungsfeindliche Verunglimpfung von Verfassungsorganen), § 100a StGB (landesverräterische Fälschung), § 111 StGB (Öffentliche Aufforderung zu Straftaten), § 126 StGB (Störung des öffentlichen Friedens durch Androhung von Straftaten), §§ 129 bis 129b StGB (Bildung krimineller Vereinigungen bzw. von terroristischen Vereinigungen), § 130 StGB (Volksverhetzung), § 131 StGB (Gewaltdarstellung), § 140 StGB (Belohnung und Billigung von Straftaten), § 166 StGB (Beschimpfung von Bekenntnissen, Religionsgesellschaften und Weltanschauungsvereinigungen), § 184b StGB iVm § 184d StGB (Verbreitung, Erwerb und Besitz kinderpornographischer Schriften uÄ), §§ 185 bis 187 StGB (Beleidigung, Üble Nachrede, Verleumdung), § 201a StGB (Verletzung des höchstpersönlichen Lebensbereich durch Bildaufnahmen), § 241 StGB (Bedrohung) oder § 269 StGB (Fälschung beweiserheblicher Daten). – Auf die Nachfrage des Bundesrats, „... wieso andere für die Bekämpfung von Hassrede und „Fake News" ebenfalls bedeutsame oder sogar noch bedeutsamere Straftatbestände nicht in § 1 Absatz 3 NetzDG-E aufgezählt werden" (genannt werden 12 weitere nach Meinung des Bundesrats infrage kommende Straftatbestände), wird in der Gegenäußerung der Bundesregierung erklärt, die Erweiterung „des ohnehin schon weit gefassten Straftatenkatalogs in § 1 Absatz 3 NetzDG" werde die Bundesregierung (ggf. intensiv) prüfen, lehne jedoch eine Berücksichtigung im laufenden Gesetzgebungsverfahren ab, vergleiche BT-Drs. 18/12727, 19f. (29) vom 14.6.2017.

(den Anforderungen des § 3 Abs. 1 NetzDG entsprechenden) Beschwerdemanagement mit Geldbußen bis zu 5 Mio. EUR geahndet werden können.[24]

Weitgehend akzeptiert (von Manchen sogar als einzig akzeptable Regelung des NetzDG angesehen) ist schließlich die Vorschrift des § 5 NetzDG, wonach Anbieter sozialer Netzwerke im Inland einen Zustellungsbevollmächtigten und für Auskunftsersuchen einer inländischen Strafverfolgungsbehörde eine empfangsberechtigte Person im Inland zu benennen haben.[25] Das gilt auch für die Anbieter kleinerer sozialer Netzwerke, die nach § 1 Abs. 2 NetzDG nur von den Berichtspflichten nach § 2 NetzDG und von der Verpflichtung zur Einrichtung eines Beschwerdemanagement (§ 3 NetzDG) befreit sind. Zuwiderhandlungen können Geldbußen in einer Höhe von bis zu 500.000 € zur Folge haben, § 4 Abs. 2 S. 1 Hs. 1 NetzDG.

2. *Zur Gesetzgebungskompetenz des Bundes*

Die Gesetzgebungskompetenz des Bundes zum Erlass des Netzwerk-Durchsetzungsgesetzes soll sich, so heißt es recht lapidar in der Gesetzesbegründung,[26] aus Art. 74 Abs. 1 Nr. 11 GG (Recht der Wirtschaft) sowie aus Art. 74 Abs. 1 Nr. 7 GG (öffentliche Fürsorge bzw. Jugendschutz) und hinsichtlich der Bußgeldvorschriften aus Art. 74 Abs. 1 Nr. 1 GG (Strafrecht) ergeben. Sehr viel umfassender werden demgegenüber die Voraussetzungen für die Wahrnehmung dieser konkurrierenden Gesetzgebungszuständigkeit nach Maßgabe des Art. 72 Abs. 2 GG abgehandelt; die Notwendigkeit einer bundesgesetzlichen Regelung wird mit der Herstellung gleichwertiger Lebensverhältnisse im Bundesgebiet und der Wahrung der Rechts- oder Wirtschaftseinheit im gesamtstaatlichen Interesse begründet, bis hin zu der bemerkenswerten abschließenden Formulierung: *„Eine bundeseinheitliche Ausgestaltung der Rechtsdurchsetzung in sozialen Netzwerken gewährleistet die Anwendung einheitlicher Maßstäbe unabhängig vom Standort der Anbieter sozialer Netzwerke und wirkt so Binnen-*

---

[24] Nach der Gesetzesbegründung sollen die sozialen Netzwerke durch die Androhung von empfindlichen Bußgeldern zu erhöhter Aufmerksamkeit bei der Einhaltung des gesetzlichen Compliance-Standards verpflichtet werden. Gleichzeitig soll aber nicht bereits bei einer Fehlentscheidung im Einzelfall ein Bußgeld verwirkt werden, sondern nur dann, wenn daraus der „Schluss auf systemische Mängel im Beschwerdemanagement" gezogen werden kann, BT-Drs. 18/12356, 24 vom 16.5.2017. Ergänzend heißt es in der Gegenäußerung der Bundesregierung zur Stellungnahme des Bundesrates wie folgt: „Hinzu kommt, dass nur schuldhafte Verstöße gegen die Compliance-Vorgaben Ordnungswidrigkeiten darstellen. Schließlich ist das eigene wirtschaftliche Interesse der sozialen Netzwerke zu beachten, nicht zu weitgehend Inhalte zu entfernen. Die Bundesregierung wird jedoch prüfen, ob weitere Mechanismen zum Schutze vor einem auch aus Sicht der Bundesregierung unerwünschten Overblocking sinnvoll sind, z. B. durch noch stärkere Klarstellung, dass Bußgelder nur bei systemischem Versagen drohen. Zudem wird die Bundesregierung prüfen, inwiefern die in § 3 Absatz 5 NetzDG angelegte Überwachungsbefugnis auch auf etwaige Overblocking-Effekte erstreckt werden kann. Denkbar wäre hier auch ein Monitoring des Umgangs der sozialen Netzwerke mit Wiederherstellungsansprüchen von Nutzerinnen und Nutzern, d. h. wenn diese geltend machen, dass ihre Inhalte zu Unrecht gelöscht wurden, und deren Wiedereinstellung begehren", BT-Drs. 18/12727, 27 vom 14.6.2017.

[25] „Eines der Hauptprobleme bei der Rechtsdurchsetzung in sozialen Netzwerken ist das Fehlen von verantwortlichen Ansprechpartnern bei den Betreibern der sozialen Netzwerke für Justiz, Bußgeldbehörden und für Betroffene und das Fehlen einer zustellungsfähigen Adresse des Plattformbetreibers in Deutschland ...", BT-Drs. 18/12356, 27 v. 16.5.2017.

[26] BT-Drs. 18/12356, 13 v. 16.5.2017.

wanderungen und einem möglichen Wettlauf zwischen den Ländern um das niedrigste Schutzniveau zur Anlockung von Anbietern sozialer Netzwerke entgegen" (!).[27]

Die sich auf das Recht der Wirtschaft (Art. 74 Abs. 1 Nr. 11 GG) gestützte Kompetenz des Bundes wird ergänzend (allerdings nicht ausdrücklich) durch den Hinweis darauf belegt, Ausgangspunkt der im Netzwerk-Durchsetzungsgesetz geregelten Compliance-Pflicht sei die im Telemediengesetz enthaltene Haftungsregelung für Diensteanbieter, speziell für so genannte „Host-Provider" nach § 10 TMG. Diese seien verpflichtet, einen rechtswidrigen Inhalt, den sie für einen Nutzer speicherten, unverzüglich zu entfernen oder den Zugang zu ihm zu sperren, wenn sie von dem Inhalt Kenntnis genommen hätten: *„Die in diesem Entwurf statuierten Handlungspflichten setzen diese Verpflichtung der Diensteanbieter voraus und konkretisieren sie"*.[28]

Bereits die vom Bundesgesetzgeber beanspruchte Gesetzgebungskompetenz für das Netzwerk-Durchsetzungsgesetz hat im Schrifttum nachhaltige Kritik erfahren.[29] Der Berufung auf das „Recht der Wirtschaft" (Art. 74 Abs. 1 Nr. 11 GG) wird der erklärte Zweck des Gesetzes entgegengehalten, *„... einer Verrohung der Debattenkultur in sozialen Netzwerken entgegenzutreten, um den freiheitlichen-demokratischen Kommunikationsprozess durch Auferlegung von Prüf- und Löschungs- bzw. Sperrpflichten zu schützen"*.[30] Der Schwerpunkt der Regelung, auf den nach der Rechtsprechung des Bundesverfassungsgerichts bei entsprechenden Kompetenzkonflikten abzustellen sei,[31] liege danach nicht bei wirtschaftsbezogenen oder wirtschaftsfördernden Regelungen und habe auch nicht typischerweise wirtschaftsrechtliche Handlungsinstrumente zum Gegenstand. Es gehe vielmehr schwerpunktmäßig um die inhaltliche Regulierung von (Tele-)Medien aus Gründen der öffentlichen Sicherheit und Ordnung.[32] Die Kompetenz hierfür, die auch Annexgebiete umfasse, liege dementsprechend bei den Ländern, die davon nach Maßgabe der §§ 54ff. Rundfunkstaatsvertrag (RStV) und der Vorschriften des Jugendmedienschutz-Staatsvertrages (JMStV) Gebrauch gemacht hätten.[33] Deshalb könne sich der Bund diesbezüglich auch nicht auf das Recht der Fürsorge (Art. 74 Abs. 1 Nr. 7 GG) berufen, zumal die in § 1 Abs. 3 NetzDG aufgeführten strafrechtlichen Normen zur Bestimmung rechtswidriger Inhalte keineswegs zentral auf den Schutz Jugendlicher abzielten.[34]

---

[27] BT-Drs. 18/12356, 13 v. 16.5.2017.

[28] BT-Drs. 18/12356, 12 v. 16.5.2017. Für die Regelung der wirtschaftlichen Randbedingungen der Information- und Kommunikationsdienste im Rahmen des Telemediengesetzes und dementsprechend auch für die Haftungsregelungen der §§ 7-10 TMG hat der Bundesgesetzgeber ausdrücklich seine Zuständigkeit nach Maßgabe des Art. 74 Abs. 1 Nr. 11 GG (Recht der Wirtschaft) beansprucht, vgl. BT-Drs. 16/3078, 12 v. 23.10.2006.

[29] Vgl. etwa *Wimmers/Heymann* AfP 2017, 93 (97); *Feldmann* K&R 2017, 292 (293f.); *Koreng* GRUR-Prax 2017, 203 (204); *Ladeur/Gostomzyk* K&R 2017, 390 (391);*Hain/Ferreau/Brings-Wiesen* K&R 2017, 433 (434); *Gersdorf* MMR 2017, 439 (440).

[30] So zusammenfassend *Hain/Ferreau/Brings-Wiesen* K&R 2017, 433 (434), mwN aus der Gesetzesbegründung.

[31] *Hain/Ferreau/Brings-Wiesen* K&R 2017, 433 (434) unter Bezugnahme auf BVerfG, Urt. v. 28.1.2014, BVerfGE 135, 155 (196) („Filmabgabe").

[32] So ausdrücklich *Wimmers/Heymann* AfP 2017, 93 (97).

[33] *Feldmann* K&R 2017, 292 (293f.); *Koreng* GRUR-Prax 2017, 203 (204); *Ladeur/Gostomzyk* K&R 2017, 390 (391).

[34] *Hain/Ferreau/Brings-Wiesen* K&R 2017, 433 (434).

Deshalb stelle sich auch die Frage der Erforderlichkeit einer bundesgesetzlichen Regelung iSd Art. 72 Abs. 2 GG.[35]

Daran ändere auch die Bezugnahme auf die Bestimmung des § 10 TMG nichts; denn die Haftungsbestimmungen der §§ 7 TMG ff. enthielten nur allgemeine Vorschriften über die Verantwortlichkeit von Providern in straf-und zivilrechtlicher Hinsicht. Deshalb könne das Netzwerk-Durchsetzungsgesetz, das mit den Mitteln des Verwaltungsrechts ein umfassendes öffentlich-rechtliches Beschwerdemanagement mit Berichtspflichten, Sperr-/Löschverpflichtungen und Bußgeldbewehrung statuiere, nicht als Konkretisierung der §§ 7ff. TMG angesehen werden.[36]

Auch auf die ausschließliche Kompetenz des Bundes für das Postwesen und die Telekommunikation (Art. 73 Abs. 1 Nr. 7 GG) könne das Netzwerk-Durchsetzungsgesetz danach nicht gestützt werden, weil die inhaltliche Regulierung von Telemediendiensten hiervon, wie gesagt, nicht umfasst werde.[37] Dementsprechend ist es auch ausdrücklich als *„bemerkenswert"* qualifiziert worden, dass und wie sich der Bundesrat bezüglich der Gesetzgebungszuständigkeit des Bundes in seiner Stellungnahme vom 2.6.2017 zum Gesetzentwurf zurückgehalten habe.[38]

Gewissermaßen a limine wird im Übrigen die (konkurrierende) Zuständigkeit des Bundes für die Regelung der Handlungspflichten der §§ 1–3 NetzDG nach § 74 Abs. 1 Nr. 1 GG (Strafrecht) ausgeschlossen.[39] Jedenfalls diese Vorschriften begründeten nicht die Strafbarkeit von sozialen Netzwerken bei entsprechenden Zuwiderhandlungen.[40] Etwas anderes gelte nur hinsichtlich der in § 4 NetzDG vorgesehenen Regelung der Ordnungswidrigkeiten bei „systemischem Versagen" der sozialen Netzwerke bezüglich der ihnen durch das Gesetz auferlegten Berichtspflichten (§ 2 NetzDG) bzw. des Beschwerdemanagements (§ 3 NetzDG) oder bei Nichtbenennung eines inländischen Zustellungsbevollmächtigten/Empfangsberechtigten (§ 5 NetzDG).[41]

---

[35] So *Liesching* in *Spindler/Schmitz,* Telemediengesetz, Kommentar, 2. Aufl. 2018, NetzDG § 1 Rn. 10ff. entgegen BT-Drs. 18/12356, 13 v. 16.5.2017.

[36] *Ladeur/Gostomzyk* K&R 2017, 390 (391); *Hain/Ferreau/Brings-Wiesen* K&R 2017, 433 (434); zur Unionsrechtwidrigkeit dieser (inhaltlichen) Erweiterung der Haftung von Host-Providern s. erneut *Hoeren,* NJW-aktuell 4/2018, 15

[37] So *Gersdorf* MMR 2017, 439 (440).

[38] *Hain/Ferreau/Brings-Wiesen* K&R 2017, 433 (434) Der Bundesrat hat sich bei seinen allgemeinen Ausführungen zum Gesetzentwurf insoweit darauf beschränkt, anzuerkennen, „... dass bei der effektiven Rechtsdurchsetzung im Internet Handlungsbedarf besteht. Auf entsprechende Entschließungen von Landesparlamenten, wirksam gegen strafbare Hasskommentare vorzugehen, wird Bezug genommen. Der Bundesrat begrüßt daher ausdrücklich das im Gesetzentwurf genannte Ziel, die Rechtsdurchsetzung in sozialen Netzwerken hinsichtlich der Verbreitung rechtswidriger Inhalte zu verbessern.", BT-Drs. 18/12727, 15.

[39] *Gersdorf* MMR 2017, 439 (440).

[40] So ausdrücklich *Wimmers/Heymann* AfP 2017, 93 (97).

[41] *Wimmers/Heymann* AfP 2017, 93 (97), *Gersdorf* MMR 2017, 439 (440).

III. Kritische Würdigung

Dem Vorwurf, der Bundesgesetzgeber sei für den Erlass des Netzwerk-Durchsetzungsgesetzes bereits nicht zuständig gewesen und das Gesetz deshalb formell verfassungswidrig, wird in diesem Beitrag, wie bereits angedeutet, die These entgegengehalten, die Zuständigkeit des Bundes ergebe sich (insgesamt) aus Art. 74 Abs. 1 Nr. 1 GG, also aus derjenigen für das Strafrecht.

1. Allgemeines zur Auslegung des Art. 74 Abs. 1 Nr. 1 GG

Die These, der Bundesgesetzgeber sei aufgrund der Kompetenznorm des Art. 74 Abs. 1 Nr. 1 GG zum Erlass des Netzwerk-Durchsetzungsgesetzes (insgesamt) berechtigt gewesen, kann zunächst nicht ohne Weiteres daraus abgeleitet werden, dass (gegebenenfalls auch nur „systemische") Zuwiderhandlungen gegen die in den §§ 1 bis 3 NetzDG enthaltenen Handlungspflichten bußgeldbewehrt sind, also Ordnungswidrigkeiten darstellen, und dass die Gesetzgebungszuständigkeit nach Art. 74 Abs. 1 Nr. 1 GG auch das Ordnungswidrigkeitenrecht umfasst.[42] Denn dieser Umstand macht die jeweilige Materie regelmäßig nicht insgesamt zu einem Gegenstand des dem Bund vorbehaltenen Straf- oder Ordnungswidrigkeitenrechts. Vielmehr stellen entsprechende Bußgeldvorschriften grundsätzlich nur eine Annexregelung zu einem bestimmten Fachgesetz dar, wobei die Zuständigkeit hierfür grundsätzlich derjenigen für die hauptsächlich geregelte Sachmaterie folgt.[43] Dementsprechend sind also, um in dem hier interessierenden Rechtsbereich zu bleiben, etwa der Rundfunkstaatsvertrag („Staatsvertrag für Rundfunk und Telemedien – RStV") oder der Jugendmedienschutz-Staatsvertrag (JMStV) nicht deshalb dem Bereich des (dem Bund vorbehaltenen) Strafrechts zuzuordnen, weil Zuwiderhandlungen gegen Pflichtverstöße nach diesen Gesetzen bußgeldbewehrt sind.[44] Ausschlaggebend hierfür ist vielmehr die Zuständigkeit der Länder für den Rundfunk[45] und für den Jugendmedienschutz in den elektronischen Medien und im Rundfunk.[46]

[42] So ausdrücklich unter Hinweis auf die Materialien BVerfG Beschl. v. 16.7.1969, BVerfGE 27,18 (32) = NJW 1969, 1619 ständige Rechtsprechung, auch in der Literatur unumstritten, vgl. statt vieler *Oeter* in v. Mangoldt/Klein/Starck, Bd. 2, 7. Aufl. 2018, GG Art. 74 Rn. 16 mwN.

[43] *Oeter* in v. Mangoldt/Klein/Starck, Bd. 2, 7. Aufl. 2018, GG Art. 74 Rn. 19f. sowie ausdrücklich etwa *Kunig* in v. Münch/Kunig, Bd. 2, 6. Aufl. 2012, GG Art. 74 Rn. 14 mit Fn. 45: „Das OWiG v. 24.5.1968 i. d. F. v. 19.2.1987 (BGBl I S. 602) regelt namentlich die Grundsätze des Ordnungswidrigkeitenrechts und das Bußgeldverfahren weitreichend, hindert die Länder jedoch nicht an der Setzung weiterer Bußgeldtatbestände im Rahmen ihnen im Übrigen zustehender Rechtsetzungskompetenz".

[44] Vgl. § 49 RStV u. § 24 JMStV; das gilt sogar für die in § 23 JMStV enthaltene Strafbestimmung, vgl. insoweit erneut *Oeter* in v. Mangoldt/Klein/Starck, Bd. 2, 6. Aufl. 2010, GG Art. 74 Rn. 19 aE, Rn. 20. Zu den „Ordnungswidrigkeiten in Rundfunk und Telemedien" s. im Übrigen die gleichnamige Kommentierung von *Bornemann*, 6. Aufl. 2018.

[45] „Kulturhoheit der Länder", vgl. die Leitentscheidung d. BVerfG v. 28.2.1961, BVerfGE 12, 205 (229) = NJW 1961, 547 („Deutschland-Fernsehen-GmbH").

[46] Zur „Verzahnung" der Bestimmungen des Jugendmedienschutz-Staatsvertrages der Länder mit denjenigen des Jugendschutzgesetzes des Bundes vgl. *Schwartmann/Hentsch* in Bornemann/Erdemir, Jugendmedienschutz-Staatsvertrag, 1. Aufl. 2017, JMStV § 1 Rn. 3.

Für die sich danach stellende Frage, ob und mit welcher Begründung auch die Handlungspflichten der §§ 1 bis 3 NetzDG unbeachtlich ihrer Bußgeldbewehrung in § 4 NetzDG – oder genauso wie diese – materiell dem Bereich des Strafrechts im Sinne des Art. 74 Abs. 1 Nr. 1 GG zugeschlagen werden könnten und damit die Zuständigkeit des Bundes hierfür zu bejahen wäre, kommt es deshalb entscheidend darauf an, ob für den Gegenstand des Gesetzes bzw. in der Sache objektiv eine bundesrechtliche Zuständigkeit besteht. Dass sich der Bundesgesetzgeber vorliegend nicht hierauf, sondern auf seine Zuständigkeit für das Recht der Wirtschaft (Art. 74 Abs. 1 Nr. 11 GG) bzw. auf das Recht der Fürsorge (Art. 74 Abs. 1 Nr. 7 GG) berufen hat, steht dem nicht entgegen; die Einschätzung oder gar die Fehlvorstellung des Gesetzgebers ist für die verfassungsrechtliche Beurteilung der Gesetzgebungszuständigkeit nicht maßgeblich oder gar Ausschlag gebend.[47] Ebenso wenig kommt es in diesem Zusammenhang, also bei der Prüfung der kompetenziellen Zuordnung, auf die Frage der inhaltlichen Rechtmäßigkeit oder gar Verfassungsmäßigkeit der jeweiligen gesetzlichen Regelung an,[48] die vorliegend, also beim Netzwerk-Durchsetzungsgesetz, aus den bereits eingangs genannten Gründen hoch umstritten ist.

Das Bundesverfassungsgericht nimmt für die Auslegung und Anwendung des Kompetenztitels des § 74 Abs. 1 Nr. 1 GG „... *die Gesamtheit der Normen in den Blick, in denen staatliche Reaktionen anlässlich und aufgrund einer Straftat geregelt sind*", und zählt zum Strafrecht in diesem Sinne „... *die Regelung aller, auch nachträglicher, repressiver oder präventiver staatlicher Reaktionen auf Straftaten [...], die an die Straftat anknüpfen, ausschließlich für Straftäter gelten und ihre sachliche Rechtfertigung auch aus der Anlasstat beziehen*", vertritt insoweit also einen *„weiten Strafrechtsbegriff"*.[49]

2. *Zur Anwendung auf das Netzwerk-Durchsetzungsgesetz*

Ausgehend von diesem auch in der Literatur überwiegend gebilligten „weiten Strafrechtsbegriff"[50] stellt sich nunmehr die entscheidende Frage, ob die Regelung der Handlungspflichten der §§ 1 bis 3 NetzDG in diesen Sachzusammenhang gehört, ob diese Normen also tatsächlich, um es zu wiederholen, „... *nachträgliche, repressive oder präventive staatliche Reaktionen auf Straftaten beinhalten, die an die Straftat anknüpfen, ausschließlich für Straftäter gelten und ihre sachliche Rechtfertigung auch aus der Anlasstat beziehen*".

Soviel steht fest: Ungeachtet der jedenfalls sprachlich weitergehenden Zielsetzungen des Netzwerk-Durchsetzungsgesetzes ist Ausgangspunkt und Anlass für die Inpflichtnahme der infrage kommenden Anbieter sozialer Netzwerke (nur) die tat-

---

[47] So ausdrücklich BVerfG Beschl. v. 3.7.1985, BVerfGE 70, 251 (264) = NJW 1986, 422.

[48] BVerfG Urt. v. 28.5.1993, BVerfGE 88, 203 (313) = NJW 1993, 1751 sowie BVerfG Beschl. v. 14.12.2000, BVerfGE 103, 21 (30) = NJW 2001, 879 u. BVerfG Urt. v. 10.2.2004, BVerfGE 109, 190 (224) = NJW 2004, 750.

[49] Vgl. erneut BVerfG Urt. v. 10.2.2004, BVerfGE 109, 190 (224) mwN = NJW 2004, 750; sowie BVerfG Urt. v. 4.5.2011, BVerfGE 128, 326 (387) = JuS 2011, 854; BVerfG Beschl. v. 11.7.2013, BVerfGE 134, 33 Rn. 55 = NJW 2013, 3151.

[50] Vgl. die Nachweise bei BVerfG Urt. v. 10.2.2004, BVerfGE 109, 190 (224) = NJW 2004, 750.

bestandliche und nicht gerechtfertigte, also objektive Verwirklichung diverser Straftatbestände im Internet, wie sie in § 1 Abs. 3 NetzDG abschließend als „rechtswidrige Inhalte" legal definiert sind. Auf Beschwerden von Nutzern haben die Anbieter sozialer Netzwerke die in dieser Weise definierten rechtswidrigen Inhalte innerhalb gestufter Fristen entweder durch Entfernung derselben oder durch Sperrung des Zugangs zu diesen zu reagieren. Sie haben außerdem hierüber, also über ihr Beschwerdemanagement generell und über den Umgang mit Beschwerden ihrer Nutzer im Einzelnen, halbjährig zu berichten und diesen Bericht zu veröffentlichen. Zwar bleibt die Verfolgung entsprechender Gesetzesverstöße durch die staatlichen Behörden hiervon unberührt bzw. erledigt sich dadurch nicht. Die Einschaltung der Anbieter sozialer Netzwerke soll aber erklärtermaßen verhindern, dass die durch die Verwirklichung der infrage kommenden Straftatbestände entstandene *„rechtswidrige Situation"* angesichts der *„Besonderheit des Internets"* weiter *„perpetuiert" wird.*[51]

Die Regelung einer präventiven und zugleich schuldunabhängigen Reaktion auf die Verwirklichung von Straftatbeständen wird man nach der zitierten Rechtsprechung des Bundesverfassungsgerichts fraglos dem Strafrechtsbegriff, wie er der Anwendung der Kompetenzbestimmung des Art. 74 Abs. 1 Nr. 1 GG zugrunde gelegt wird,[52] zuordnen können. Die entscheidende Frage ist allerdings, ob es sich hier, also mit der entsprechenden Inpflichtnahme der Anbieter sozialer Netzwerke, noch um die vom Strafrechtsbegriff bisher ebenfalls konstituierend vorausgesetzte staatliche oder hoheitliche Reaktion handelt. Mit anderen Worten: Überschreitet die im Netzwerk-Durchsetzungsgesetz vorgesehene „Privatisierung" der Reaktion auf „rechtswidrige Inhalte" im Internet durch die Verpflichtung der Anbieter sozialer Netzwerke auf Entfernung/Sperrung des Zugangs zu diesen die Grenzen (selbst) des weiten Strafrechtsbegriffs mit der Folge, dass dieses Regelwerk (unbeachtlich seiner Bußgeldbewehrung) kompetenziell jedenfalls nicht der Zuständigkeit des Bundesgesetzgebers nach Art. 74 Abs. 1 Nr. 1 GG zugeschlagen werden kann?

Diese Frage kann nicht von vornherein verneinend beantwortet werden. Zwar ist die Ausübung hoheitsrechtlicher Befugnisse nach dem Funktionsvorbehalt des Art. 33 Abs. 4 GG in der Regel Angehörigen des öffentlichen Dienstes als ständige Aufgabe zu übertragen. Allerdings hat das Bundesverfassungsgericht im Blick auf die Übertragung von Aufgaben des Maßregelvollzugs auf formell privatisierte Trä-

---

[51] BT-Drs. 18/12356, 12, 21 v. 16.5.2017; ähnlich auch der Bundesrat in seiner Stellungnahme zum Gesetzentwurf: „Soziale Netzwerke werden von Einzelnen als rechtsfreier Raum verstanden, um dort etwa schwerwiegende Beleidigungen oder Volksverhetzung zu begehen. Die Funktionsweise des Internets, wobei es nur eines Klicks bedarf, um innerhalb von Sekunden einen Beitrag mit zahlreichen anderen zu teilen, schadet den Betroffenen umso mehr, indem sich die rechtswidrigen Eingriffe in ihre geschützten Rechte entsprechend perpetuieren. [...]. Der Bundesrat begrüßt deshalb, dass mit dem NetzDG-E regulatorische Maßnahmen ergriffen werden sollen, um bestimmte strafbare Inhalte zeitnah aus sozialen Netzwerken zu entfernen und deren Perpetuierungswirkung entgegenzuwirken", vgl. BT-Drs 18/12727, 16 vom 14.6.2017.

[52] Vgl. erneut die Nachweise aus der Rechtsprechung des BVerfG, BVerfG Urt. v. 10.2.2004, BVerfGE 109, 190 (224) mwN = NJW 2004, 750; sowie BVerfG Urt. v. 4.5.2011, BVerfGE 128, 326 (387) = JuS 2011, 854; BVerfG Beschl. v. 11.7.2013, BVerfGE 134, 33 Rn. 55 = NJW 2013, 3151.

ger einen Ausnahmefall angenommen[53]; und bereits zuvor hatte es den Aussetzungs- und Vorlagebeschluss eines Verwaltungsgerichts wegen der Übertragung der Dienstleistung von Beamten auf freie Träger nach dem (seinerzeitigen) baden-württembergischen Landesgesetz über die Bewährungs- und Gerichtshilfe sowie die Sozialarbeit im Strafvollzug mangels hinreichender Auseinandersetzung mit den für eine Ausnahmegewährung nach Art. 33 Abs. 4 GG sprechenden Argumenten für unzulässig erklärt.[54] Diese Rechtsprechung ist im Schrifttum umstritten, wobei allerdings eine starke Tendenz dahingehend besteht, den Funktionsvorbehalt des Art. 33 Abs. 4 GG restriktiv auszulegen.[55] Unter Berücksichtigung des begrenzten Umfangs sowie der besonderen Vorgaben und Rahmenbedingungen, die für die Reaktion der Anbieter sozialer Netzwerke nach den §§ 1–3 NetzDG auf die Einstellung von (strafrechtlich determinierten) „rechtswidrigen Inhalten" ins Internet gelten, ließe sich deshalb die Auffassung vertreten, auch in diesem Fall sei es ausnahmsweise gerechtfertigt, eine Abweichung von dem Erfordernis der staatlichen Aufgabenwahrnehmung zuzulassen[56]. Dies gilt umso mehr, als allein die Anbieter den unmittelbaren und umfassenden Zugriff auf die jeweiligen Netzwerke haben und ihr Tätigwerden Strafverfolgungsmaßnahmen staatlicher Behörden keinesfalls ausschließt. Unabhängig von der grundsätzlichen Kritik, die im Schrifttum an der „Privatisierung der Rechtsverfolgung" aufgrund des Netzwerk-Durchsetzungsgesetzes geübt worden ist,[57] könnten die den Anbietern sozialer Netzwerke nach den §§ 1–3 NetzDG auferlegten Handlungspflichten deshalb durchaus mit guten Gründen auch als „staatliche Sanktionen" im Sinne des „weiten Strafrechtsbegriffs" der Kompetenznorm des Art. 74 Abs. 1 Nr. 1 GG gewertet werden.

Erst recht würde man allerdings zur Annahme der Bundeskompetenz nach Art. 74 Abs. 1 Nr. 1 GG für das Netzwerk-Durchsetzungsgesetz insgesamt gelangen, wenn man dieses Gesetz als verselbständigte Norm des Straf- bzw. Ordnungswidrigkeitenrechts einstufen, sich diesbezüglich also nicht auf die Bußgeldvorschriften des § 4 NetzDG beschränken würde. Denn mit diesen Bußgeldvorschriften werden nicht, wie sonst in vergleichbaren Fällen oder insbesondere auch im Nebenstrafrecht üblich, Verstöße gegen Rechtspflichten sanktioniert, die in den unterschiedlichsten gesetzlichen Vorschriften statuiert sind und mit dem (materiellen) Straf- oder Ordnungswidrigkeitenrecht ansonsten nichts zu tun haben. Im Gegenteil: Die Handlungspflichten der Anbieter sozialer Netzwerke nach den §§ 1 bis 3 NetzDG beziehen sich erklärtermaßen auf die dort nach Maßgabe der im Einzelnen aufgelisteten Straftatbestände des StGB definierten „rechtswidrigen Inhalte" und sollen der Verhinderung einer *„Perpetuierung"* der Verwirklichung objektiv gegebener und nicht gerechtfertigter Straftaten im Internet dienen. Von der Sache her

---

[53] BVerfG Urt. v. 18.1.2012, BVerfGE 130, 76 = NJW 2012, 1563.

[54] Beschl. v. 21.6.2011, BVerfGK 18, 498.

[55] Vgl. die Übersicht zum aktuellen Meinungsstand bei *Brosius-Gersdorf* in *Dreier,* Bd. II, 3. Aufl. 2015, GG Art. 33 Rn. 148ff. mwN.

[56] Zu den Voraussetzungen für die Annahme eines Ausnahmefalls s. erneut BVerfG Urt. v. 18.2.2012, BVerfGE 130, 76/114ff. = NJW 2012, 1563.

[57] Vgl. statt vieler etwa *Wimmers/Heymann* AfP 2017, 93 (97); *Guggenberger* ZRP 2017, 98 (99f.), jeweils mwN.

besteht also zwischen den Bußgeldvorschriften des § 4 NetzDG und den Handlungspflichten nach den §§ 1 bis 3 NetzDG ein so unmittelbarer inhaltlicher Zusammenhang, dass deshalb das Netzwerk-Durchsetzungsgesetz insgesamt dem Bereich des Strafrechts im Sinne des Art. 74 Abs. 1 Nr. 1 GG zugeordnet werden könnte. Denn dieses, dh die Bekämpfung der Internet-Kriminalität durch Einschaltung der Anbieter sozialer Netzwerke und deren Verpflichtung zur Entfernung rechtswidriger Inhalte bzw. zur Sperrung des Zugangs zu diesen, effektuiert durch die halbjährlichen Berichtspflichten, und damit das Strafrecht im Sinne der weiten Begriffsbestimmung durch das Bundesverfassungsgericht ist der „Hauptzweck" bzw. der „unmittelbare Zweck" oder auch das „Spezifische" bzw. „Spezielle" der gesetzlichen Regelung;[58] die Zuordnung zum Strafrecht erschöpft sich dementsprechend nicht in den Bußgeldvorschriften des § 4 NetzDG.

IV. Ergebnis

Das Netzwerk-Durchsetzungsgesetz vom 1.9.2017 ist umfangreicher Kritik unter völkerrechtlichen, unionsrechtlichen und verfassungsrechtlichen Gesichtspunkten ausgesetzt. Vorliegend ging es allein um die Frage, ob dieses Gesetz bereits mangels Zuständigkeit des Bundesgesetzgebers formell verfassungswidrig ist. Die Untersuchung hat zu dem Ergebnis geführt, dass sehr viel dafür spricht, für das Gesetz insgesamt eine Kompetenz des Bundes nach Maßgabe des Art. 74 Abs. 1 Nr. 1 GG („Strafrecht") anzunehmen, diese Kompetenz also nicht nur auf die Bußgeldvorschriften des § 4 NetzDG zu beschränken. Ob sich der Bund, wie geschehen, für die in den §§ 1–3 NetzDG enthaltenen Handlungspflichten der Anbieter sozialer Netzwerke demgegenüber auf seine Zuständigkeit nach Art. 74 Abs. 1 Nr. 11 GG (Recht der Wirtschaft) bzw. nach Art. 74 Abs. 1 Nr. 7 GG (Recht der Fürsorge) berufen kann, erscheint fraglich.

---

[58] Zu diesen Umschreibungen des primären Normzwecks bei der kompetenzrechtlichen Zuordnung in der Rechtsprechung des BVerfG vgl. *Rozek* in v. Mangoldt/Klein/Starck, Bd. 2, 7. Aufl. 2018, GG Art. 70, Rn. 55 mwN.

DANIELA KLIMKE

Die Verrechtlichung intimer Konflikte

I. Die Ausbreitung sexueller Gefahren

Schrille öffentliche Diskurse problematisieren seit den 1990er Jahren das Reglement des Sexuellen. Behauptet wird, die (va auch sexuelle) Liberalisierung der 1968er sei zu weit gegangen, habe einseitig nur den Interessen von Männern gedient und die Opfer von Übergriffen vernachlässigt. Diese Debatten haben in gut drei Jahrzehnten verschiedene Zyklen durchlaufen, ohne dass ein Ende in Sicht wäre. Nach ihrer sittlichen Einhegung und einer kurzen Zeit der Liberalisierung erleben wir, wie Sexuelles wieder heftig die Gemüter erhitzt. Sexualdelinquenz fungiert heute als *signal crime.*[1] Dieses Konzept analysiert die soziale Konstruktion der Kriminalität als Ergebnis spezifischer Risikoperzeptionen und Definitionen von Bedrohungen der Sicherheit. Signalkriminalität entsteht wesentlich durch die in der medialen Berichterstattung fokussierten und gerahmten Kriminalfälle, womit zugleich die Anfälligkeit moderner Gesellschaften für Moralpaniken begründet und bedient wird. Signalkriminalität wird als Warnung verstanden. An ihr typisieren sich gefährliche Menschengruppen, Situationen und gefährdete Personen. So verbreiten sich medial produzierte alarmistische Narrative als öffentlich rezipierte Repräsentationen von Sexualkriminalität, an denen symbolisch Konflikte nicht nur des Sexuellen bearbeitet werden.

Die zahlreichen und unablässig sich erneuernden Skandalisierungen sexuellen Fehlverhaltens verweisen auf ein einheitliches Syndrom – die Krise der männlich-hegemonialen Sexualität. Darunter ist die anhaltende Problematisierung sexueller Handlungsmuster mit den Folgen der medialen Skandalisierung und strafrechtlichen Verschärfungen zu verstehen. Die Fälle übergriffigen, triebhaften und gewalttätigen Handelns von Männern gegenüber Kindern und Frauen lösen regelmäßig heftige öffentliche Entrüstung aus. Fortlaufend werden Schutzlücken im Strafrecht gefunden, deren Schließung über weitere Straftatbestände den Konflikt im Sexuellen indes nur kurzfristig befriedet. Denn trotz allem legislativen Aktionismus im Sexualabschnitt zeichnen sich schon wieder die nächsten Problemlagen ab, für die nur das schärfste Schwert des Staates als gerade angemessen erscheint. Das Strafrecht wandelt sich unterdessen gerade in diesem Feld vom fragmentarischen Regelwerk zum Allheilmittel gegen intime Konfliktlagen.

Grundlegend für die Sexualskandalisierungen ist die Erweiterung des Gewaltbegriffs. Lieferte zunächst ein physisch-materieller Gewaltbegriff im Sinne von Hein-

---

[1] *Innes,* Signal Crimes: Reactions to Crime and Social Control, 2014.

rich Popitz'[2] Konzept von Verletzungsmacht und -offenheit den Maßstab für die strafrechtliche Regulation des Sexuellen, ereignete sich unter dem Einfluss der Frauen- und Geschlechterforschung und ihrer Kritik an diesem klassischen Gewaltbegriff, der die geschlechtlich unterschiedliche Wahrnehmung von Gewalt übersehe, eine generalisierende Rahmenerweiterung des Gewaltverständnisses. Dieser ausgedehnte Gewaltbegriff orientiert sich an Galtungs[3] Konzept der strukturellen Gewalt. Wird der Gewaltbegriff von seiner physisch-materiellen Verankerung um diese symbolische Dimension der sozialen Ordnung erweitert, tendiert er dazu, subjektiviert und damit uferlos zu werden. Statt der manifesten Kennzeichen, die sich an der Verletzung der Körper festmachen, wird damit das individuelle Erleben und Wahrnehmen entscheidend.

Der Gewaltbegriff operiert im Sozialen, lässt sich dort aber nicht mehr recht einfangen. Zwar ergeben sich aus den dominanten Gewaltdiskursen gesellschaftliche Einigungen darüber, was jenseits des physikalischen Geschehens als Gewalt eingeschätzt wird. Aber diese Definitionen bleiben nur vorläufig, bis innerhalb kurzer Zeit weitere Sachverhalte als gewalttätig und regulierungsbedürftig angesehen werden. So erweitert sich das als Gewalt verstandene Handlungsspektrum fortlaufend, bei dem Machtgefälle, Dominanzverhalten, Hegemonialität, Manipulation und andere Hierarchien gefunden werden. Die Sexualskandalisierungen der letzten Jahrzehnte sind ganz wesentlich durch die Aushandlung darüber befeuert worden, inwieweit Gewalt vorliegt, obwohl der unterlegene Teil physisch unversehrt geblieben ist, aber nur der Anschein eines Konsenses vorliegt. Eben die Bedingungen des Konsenses werden damit problematisiert, wodurch Zustimmungsfähigkeit und Informiertheit der Akteure zu den Kernfragen der neuen sexuellen Verhandlungsmoral werden.

Geöffnet wurde das Feld der aktuellen sexuellen Problemdiskurse als Ausdruck struktureller patriarchaler Gewalt über das kindliche Opfer sexueller Adressierungen. Hierfür mussten zunächst die heute so bezeichneten Vergewaltigungsmythen in der Öffentlichkeit dekonstruiert werden, die die Akteure sexueller Gewalt in einer Mischkonstellation der Schuld miteinander verbanden. Die Überzeugung, wonach selbst dem kindlichen Opfer, erst recht aber den Frauen unterstellt wurde, den Mann zu seinem Handeln verführt, zumindest aber leichtfertig die Gelegenheit geboten zu haben, unterstellte allen Beteiligten einen Wunsch nach Übertretung sittlicher Normen (von der ehemals vorherrschenden, eher augenzwinkernden Deutung einer Vergewaltigung zeugt auch der Volksmund, der dies gern als „Vergewohltätigung" bezeichnete). Sexuelle Gewalt unter dem Gebot der Sittlichkeit war mithin ein Delikt, das in erster Linie die Moral verletzte und erst nachrangig konkrete Individuen. Der Mann galt ohnehin als anfällig, seinen starken Trieben zu erliegen („Dampfkesseltheorie"). Sexuelle Regelbrüche gehörten zur normalen sexuellen Reaktion des Mannes auf herausfordernde Situationen. Die Einhaltung sittlicher Maßstäbe oblag mithin den Frauen, mit gebotener Zurückhaltung und Scham diese Kräfte zu zügeln. Selbst sexuell adressierten Kindern haftete der Ver-

---

[2] *Popitz,* Phänomene der Macht: Autorität – Herrschaft – Gewalt – Technik, 1986.
[3] *Galtung,* Strukturelle Gewalt, 1975.

dacht an, frühreif und unerzogen den Mann provoziert zu haben. Die Normalisierung sexuell unsittlicher Verhaltensweisen machte so auch die heute so überpräsente Figur des Pädophilen als Aggressor schlechthin verzichtbar, um intergenerationelle Sexualkontakte zu erklären. Er führte bis Ende der 1970er Jahre eine blasse bis übersehene Existenz.[4]

Die Durchsetzung der Idee der sexuellen Selbstbestimmung, die zwar strafrechtlich bereits zu Beginn der 1970er Jahre festgeschrieben wurde, aber in der Öffentlichkeit noch längst nicht angekommen war, gelang erst mit einer ganzen Reihe von Gefährdungsdiskursen um das kindliche Opfer. Das Kind wurde ins Feld geführt, nachdem die erwachsene Frau als Sexualopfer die breite Öffentlichkeit nicht davon überzeugen konnte, die tradierten Vorstellungen von der sittlichen Einhegung des Sexuellen aufzubrechen. Die feministischen Kampagnen der 1970/1980er Jahre etwa zur Pornografie („Pornografie ist die Theorie, Vergewaltigung die Praxis", so die Parole von Robin Morgan oder Alice Schwarzers PorNo-Kampagne) sprachen nur ein kleines Publikum an. Das Kind als Sexualopfer konnte indes auf bereits vorhandene Überzeugungen setzen, wonach ihm eine natürliche Unschuld und Schutzbedürftigkeit zukommt. Plakative sexuelle Gefährdungsdiskurse mit starken Täter-Opfer-Kontrasten verhalfen dazu, allmählich das Kind vom Verdacht der Mitschuld an seiner Viktimisierung zu befreien und es als reines Opfer männlicher Sexualgewalt anzuerkennen. „Für das glorifizierte oder sakralisierte Kind wird ein unschätzbarer immaterieller Wert beansprucht. Dieser muss ihm ganz prinzipiell zugestanden werden, das ist eine Frage der Moral. [...] Das unschuldige Kind war zunächst eine Erfindung kirchlichen Brauchtums und kirchlicher Lehre und als solche immer schon gegen die Anderen gerichtet, zunächst gegen die Juden."[5] Die Macht der Unschuld wendet sich gegen Minderheiten und wird zur Ausgrenzung genutzt – „sie richtet sich gegen all diejenigen, die der ‚natürlichen' Ordnung entgegen stehen, wie sie rund um das unschuldige Kind gestrafft, bewahrt und gegen Einspruch gefeit werden kann. [...] Jeder bleibt zum Kniefall verpflichtet. Wer sich ihr entzieht, macht sich verdächtig."[6] Hinzu kam, dass das Kind bereits seit den 1960er Jahren in Fachdiskursen als Opfer non-sexueller Gewalt thematisiert wurde, als auf einem us-amerikanischen Fachkongress das Thema körperlich misshandelter Kinder („Battered Child Syndrom") die Aufmerksamkeit erst des Fachpublikums, dann der Öffentlichkeit erreichte und umfängliche gesetzliche Aktivitäten in allen Bundesstaaten auslöste. Die feministische Fortführung dieses Diskurses verschob den Akzent auf familiäre sexuelle Gewalt an Kindern (und später Frauen).[7] Mit dem ins Zentrum der Gefährdung gerückten Problem des sexuellen Missbrauchs von Kindern gelang so eine breit konsensfähige

---

[4] *Angelides,* The Emergence of the Paedophile in the Late Twentieth Century in Australian Historical Studies 36, 2005, 277.

[5] *Bühler-Niederberger,* Kindheit und die Ordnung der Verhältnisse, 2005 a, 102f.

[6] *Bühler-Niederberger,* Stumme Hilferufe hören'. Naturalisierung und Entpolitisierung deutscher Politik an der Wende zum 21. Jahrhundert., in *Bühler-Niederberger,* Macht der Unschuld. Das Kind als Chiffre, 2005 b, 18.

[7] *Jenkins,* Intimate Enemies: Moral Panic in Contemporary Great Britain, 1992, 101 ff.

sexuelle Skandalisierung, in deren Windschatten sich immer neue Probleme sexueller Gewalt etablieren konnten und sehr erfolgreich mitlaufen.

Wurde die Frage um die Möglichkeit einvernehmlicher sexueller Kontakte zu Erwachsenen schon in den 1980er Jahren über die Festlegung beendet, Kinder seien zum informierten Konsens *(informed consent)* nicht in der Lage, diente die Vielzahl der sexuellen Gefährdungsdiskurse um das Kind dazu, die strukturellen patriarchalen Gewaltverhältnisse zu entblößen, die sich in diesem Deliktfeld eindrücklich manifestieren sollten: „Väter als Täter" (Kavemann/Lohstöter), Satanistischer Missbrauch, Missbrauch im Ausland („Sextourismus"), Pädophilennetzwerke, Kinderpornografie, Kinderpornohändlerringe und Tauschbörsen, Missbrauch im pädagogischen Kontext (Kindergarten, Internat, Kirche), Missbrauch unter Kindern/Jugendlichen, Cyber-Grooming, Nacktbilder, „Frühsexualisierung" u. a. Mit diesen hochgradig emotional aufwühlenden Problemdiskursen um das kindliche Opfer sexueller Übergriffe durch übermächtige, fast durchgehend männliche Akteure war das Diskursfeld bereitet, dass nach und nach auch die Opferlagen erwachsener Frauen die Öffentlichkeit überzeugen konnten, etwa in den Kampagnen zu Zwangsprostitution/Menschenhandel, „#Aufschrei", „Nein heißt nein", „#Metoo". Problematisiert wird hier die Frage nach der Zustimmungsfähigkeit angesichts von einschüchternden Abhängigkeitsverhältnissen oder Situationen, in denen das Opfer zum passiven Objekt degradiert wird, auf dessen Zustimmung es gar nicht erst ankommt. Noch weniger öffentlich vernehmbar zeichnen sich bereits Sexualproblematisierungen ab, in denen es um die Konsensbedingung der Informiertheit geht. Das Verständnis sexueller Gewalt wird hierbei auf die Täuschung ausgeweitet. Eine gewisse Bekanntheit hat der Fall des WikiLeaks-Gründers Assange erlangt, dem in Schweden vorgeworfen wurde, beim einvernehmlichen Sexualverkehr das geforderte Kondom unbemerkt abgezogen zu haben. Eine so bezeichnete *Rape by deception* würde aber auch vorliegen, wenn das Opfer falsch über den Familienstand, die Religionszugehörigkeit, die eigentlichen Motive (z. B. beim Heiratsschwindel) usw. informiert wurde. Das erinnert ein bisschen an den 1969 aufgehobenen Straftatbestand der Beischlaferschleichung, durch den Männer bestraft werden konnten, die den Sexualkontakt mit einem nicht eingelösten Heiratsversprechen erschwindelten.

Die sexuellen Gefährdungsdiskurse haben sich mit in den Jahrzehnten deutlich gewandelt. Stand zunächst das kindliche Sexualopfer im Fokus, treten nun zunehmend erwachsene Opfergruppen auf. Wurden in den früheren Missbrauchsskandalen dramatische Ereignisse verarbeitet, reichen nun weit harmlosere Vorkommnisse aus, um öffentliche Resonanz zu erzeugen. Schließlich tritt erst mit dem erwachsenen Sexualopfer die Frage nach den Bedingungen konsensueller Intimität auf, die für den Sexualkontakt zwischen Kindern und Erwachsenen bereits frühzeitig nicht mehr diskutierbar war. Auch hinsichtlich der intimen Verhandlungsgrundlage tendieren die Problemdiskurse zu einer weiteren Verfeinerung von den Zwangslagen, in denen keine freie Zustimmung mehr möglich ist, zu Täuschungen, die Opferlagen aufgrund von falschen Informationen erkennen. Die neueren Debatten profitieren noch von den Affekten und Botschaften der vorangegangenen Problemdiskurse und können auf diesen Überzeugungen aufbauen. Damit muss zur öffentlichen Aufmerksamkeitserzeugung weit weniger das schlichte Unterhaltungsschema von *sex & crime* über gewaltstrotzende spektakuläre Falldarstellungen bedient werden. Nun kann man unvermittelt zum Kernanliegen einer Desavouierung struktureller patriarchaler Gewaltverhältnisse gelangen, indem die Vielfalt ihrer in Teilen auch vergleichsweise harmlosen situativen Manifestationen skandalisiert wird.

Gleichwohl zeugen die öffentlich skandalisierten sexuellen Gefährdungen von einem liminalen Diskursstand, der trotz der weithin vollzogenen Durchsetzung des Paradigmas der sexuellen Selbstbestimmung immer noch Überhänge aus der Idee der Sittlichkeit enthält. Die populäre und selbst in seriösen Medien verwendete Begriffsschöpfung des „Kinderschänders" etwa spiegelt inhaltlich die Prominenz der Missbrauchsdiskurse wider, verknüpft sie aber mit der sittlichen Vorstellung von Schande. Dass die sexuellen Gefahrendiskurse noch immer auch auf eine sittliche Ordnung rekurrieren, lässt sich noch deutlicher an der Bedeutung der Scham ablesen. „Indem man sich schämt, fühlt man das eigene Ich in der Aufmerksamkeit anderer hervorgehoben und zugleich, dass diese Hervorhebung mit der Verletzung irgendeiner Norm (sachlichen, sittlichen, konventionellen, personalen) verbunden ist."[8] Richtete sich die Scham der Sexualopfer einst auf die Verletzung der moralischen Ordnung, wandelt sich der Schambezug in individualistischen Gesellschaften von seinem Gruppenbezug zu einem Gefühl des persönlichen Ansehensverlusts. Wird die sexuelle Selbstbestimmung verletzt, kann dieser Vorgang also durchaus noch immer schambesetzt sein, indem nun zwar nicht mehr der Bruch sittlicher Kollektivnormen gefürchtet wird, aber ein Verlust der persönlichen Autonomie zu verkraften ist. In Situationen sexueller Gewalt kann ein Vorgang einsetzen, den Sartre als Fleischwerdung bezeichnet, in dem über den eigenen Körper nicht mehr selbst bestimmt werden kann.[9] So unterschiedlich die Ursprünge der Scham unter den Paradigmen der Sittlichkeit und der sexuellen Selbstbestimmung sind, im Ergebnis laufen beide Schamkonstruktionen auf die gleiche Vorstellung von Weiblichkeit hinaus. Der „Respekt vor der Scham der Opfer" sexueller Gewalt anerkennt zugleich die „gesellschaftlichen Normen, die vergewaltigte Frauen beschämen".[10] Wird die Scham des Sexualopfers geradezu als anthropologische Konstante hingestellt, bleiben die alten normativen Vorgaben an Weiblichkeit bestehen, die sich um sexuelle Reinheit und Schande spannen. Der Wert der Frau bemisst sich dann traditionell nach ihrer Fähigkeit, „ihre Geschlechtsorgane hüten" zu können.[11] Die Sexualmoral der Sittlichkeit lässt sich also nicht leicht abschütteln, sondern erhält auch unter dem Einfluss der Migration nach wie vor eine große Wirkmacht. Fraglich bleibt aber überdies, ob eine konsequente Durchsetzung der sexuellen Selbstbestimmung frauenbewegten Zielen dienlich wäre.

---

[8] *Simmel* in Simmel, Schriften zur Soziologie, 1983/1901, 141.
[9] *Sartre,* Das Sein und das Nichts, 1993, 681.
[10] *Sanyal,* Vergewaltigung, 2016, 82.
[11] *Sanyal,* Vergewaltigung, 2016, 85.

II. Die Entpolitisierung des Sexuellen

Die Subjektivierung von Gewalt entspricht dem Schutzgut sexueller Selbstbestimmung. Die Konsenssexualität verwirft die normative Orientierung an Sittlichkeit und körperlicher Unversehrtheit, um den intimen Vorgang zur Verhandlungssache der Beteiligten zu machen. Konsequenterweise ist damit der Vertrag für das geschlechtlich-intime Feld das normative Gerüst geworden: In der Sexualität können sich die Beteiligten heute über alles einigen, weitgehend ohne von Verboten behelligt zu werden, sofern sie denn voll geschäftsfähig sind und frei von instrumentellen Rücksichten entscheiden. Damit fügt sich dieses neuere Gewaltverständnis und von sexueller Autonomie in den neoliberalen gesellschaftlichen Umbau. Statt die Herstellung einer gesellschaftlichen und wesentlich auch sittlichen Ordnung zu bezwecken, an der die Gesellschaftsmitglieder über Anpassungsanstrengungen auszurichten waren, zielen die Subjektivierungsprozesse im Liberalismus auf rational handelnde, Kosten und Nutzen abwägende Individuen. Die politische Rationalität konzentriert sich dabei auf die Schaffung der sozialen Bedingungen, die die größtmögliche Freiheit für die Subjekte gewährleistet. Für das Feld des Sexuellen bedeutet dies, dass sich die strenge Sexualmoral der ehelichen Heteronormativität und die essentialistischen Strukturen der binären Gegensätze (Frau/Mann, Hetero-/Homosexualität, Normalität/Perversion usw) allmählich auflösen. Dagegen positioniert sich ein Denken, das Vielfalt und Kontingenz proklamiert und dabei eine Entwicklung von den starren gesellschaftlichen Ordnungsstrukturen und Rollenmodellen hin zu fließenden, hybriden Entitäten erkennt. Dem gemäß setzte in den 1970er Jahren auch der Feminismus auf eine Abtrennung der sexuellen von der geschlechtlichen Sphäre. Grundlage hierfür sei die Differenzierung von *sex, gender role* und *gender identity,* die seit den 1950er Jahren im Rahmen der Intersexualismusforschung vorgenommen worden ist.[12]

Neben all den gegenwärtigen Vorstößen der Dekonstruktion vor allem auch von Geschlecht bestehen die eindeutigen Vorstellungen struktureller Andersartigkeit von Frauen und Männern jedoch fort („Männer sind vom Mars …"). Und sie werden erstaunlicherweise gerade von den populären frauenbewegten Themensetzungen genährt, die fortwährend neue öffentliche Problemdiskurse um männliche Risikosexualitäten installieren und damit eine Rückkehr zu überkommenen Geschlechterrollen inszenieren. Über Sexualgewalt wird die Geschlechterbinarität lebendig gehalten und emotional aufgeladen. Die gemeinsame Botschaft all der sexuellen Moralpaniken lautet: Männlichkeit bedeute Macht, die sich vornehmlich in sexueller Übergriffigkeit gegenüber Frauen ebenso wie gegenüber Kindern ausdrücke. Der ‚Normalmann' gerät zum Gefährder. Sexualität wird zunehmend einem Prozess der Versicherheitlichung unterworfen, indem sie zu einer außerordentlichen Bedrohung gerahmt wird, die nicht nur besondere, fast immer strafrechtliche Bekämpfungsmaßnahmen erfordert, sondern zugleich entpolitisiert wird.[13]

---

[12] *Sigusch,* Die neosexuelle Revolution. Über gesellschaftliche Transformationen der Sexualität in den letzten Jahrzehnten., in Psyche 52, 1998, 1207.

[13] *Buzan/Waever/De Wilde,* Security. A New Framework for Analysis, 1998.

Die gegenwärtige Technik der Sexualskandalisierung eignet sich nicht zum Diskurs, noch ist sie überhaupt darauf angelegt. Schon weil sie derart auf Emotionen zielt, kann sie keinen vernünftigen Gegenstandpunkt mehr zulassen. Die heutigen Skandalisierungen sind unmittelbare Einladungen an die Affekte, sie entfalten einen Sog emotionaler Betroffenheit, für den zurzeit das Strafrecht den größten Trost zu bieten scheint. Die viktimistisch-punitive Perspektive breitet sich aus und produziert in endloser Folge immer neue Sexualskandale. Gegen alle Abwägungen und Differenzierungen zeigen sich diese Diskurse immun. Wurde anfangs noch vor dem Perhorreszieren und Nivellieren gewarnt, schwiegen bald die deliberativen Stimmen, so auch die der Kritischen Kriminologie, mundtot gemacht durch eine drohende Etikettierung als Verharmloser und Mittäter. Der Mechanismus der sozialen Problemherstellung verläuft immer nach demselben Muster: Auf jede schreckliche Enthüllungsgeschichte sexueller Gewalt wird reflexhaft empört reagiert. Den Opfern springt man zur Seite und verdammt die Täter. Einige Konflikte bringen es zur Gesetzesreife. Dann folgt der nächste Skandal – und so immer weiter.

Doch diese strukturellen Konflikte um gesellschaftliche Geschlechter- und Machtverhältnisse treten allenfalls als Hintergrundbotschaft auf, die sich der Öffentlichkeit entlang einer endlosen Reihe von Einzelschicksalen vermittelt. Wurden mit der zweiten Frauenbewegung die angeklagten sexuellen und geschlechtlichen Problemlagen noch als Menschenrechtsfrage gerahmt, und ging es bis in die 1980er Jahre überwiegend um die Menschenwürde, die etwa durch Pornografie verletzt werde, weil sie Frauen zu willigen Objekten degradiere, wurde dagegen das Problem der körperlichen sexuellen Gewalt von Beginn an einer kontroversen Debatte entzogen und in einen weit mehr zur Skandalisierung geeigneten und zum Mitgefühl aufrufenden Rahmen seelischen und körperlichen Leids und des Überlebens gestellt. Die sexuellen Konflikte werden zwar lose an geschlechtliche Ungleichheitsstrukturen rückgebunden. Soweit aber die Rezipienten überhaupt hinter das erregende Skandalon von Fällen intimer Gewalt blicken und nicht im Voyeurismus der Aufdeckung privater Verfehlungen gerade der zuhauf ans Licht der Öffentlichkeit gezerrten Persönlichkeiten und Würdenträger verbleiben, erhalten sie kaum Einblick in die vielfältigen Dimensionen von Geschlechterungleichheit. Die strukturellen Benachteiligungen etwa in der Lohnungleichheit, der Unterrepräsentanz von Frauen in Führungspositionen, den Karrierechancen, dem mangelnden Mut zu Unternehmensgründungen bis hin zu mikrosoziologischen Befunden der alltäglichen Arbeitsteilung in Beruf und Familie, der ungleichwertigen Kommunikation, der Kriminalitätsfurcht usw. gehen nicht in sexueller Gewalt und nicht einmal in einem strukturellen Sexismus auf.

Die sexuellen Skandalisierungen fallen auf den fruchtbaren Boden einer intimisierten Gesellschaft, in der Soziales „einzig in psychologischen Kategorien gemessen" wird, in der nur Ereignisse interessieren, „wenn wir in ihnen Personen am Werke sehen, wenn sie sich für uns in Personen verkörpern".[14] Diese Verschiebung von abstrakten Struktur- und Wertfragen hin zur bloßen Emotion entspricht dem Primat von „Parteilichkeit", „Subjektivität" und „Emotionalität" statt der männ-

---

[14] *Sennett,* Verfall und Ende des öffentlichen Lebens. Die Tyrannei der Intimität, 1986, 425.

lichen Prinzipien von „Objektivität", „Wertneutralität" und „Rationalität".[15] Die Emotionalisierung rückt die einzelne Person und ihr individuelles Leid in den Vordergrund. Gesellschaftliche Machtrelationen und ökonomische Ungleichheit werden über die persönliche Misere vermittelt und verschieben dabei ihren Problemhorizont in Richtung persönlicher Einzelschicksale. Damit erhalten soziale Problemkonstruktionen nicht einfach nur einen zusätzlichen affektiven Akzent. Darüber hinaus erlangen gänzlich andere Sachverhalte einen Problemstatus und verdrängen vor allem die alten sozialen Fragen um ökonomische Ungleichheit. Selbst die Addition der individuellen Dramen, die in den Diskursen um sexuelle Gewalt etwa in der Figur des Sexismus durchaus vollzogen wird, legt nicht die Ungleichheitsstrukturen frei, sondern verbleibt bei der Feststellung einer ungeheuren Vielzahl von Einzelhandlungen, die dann umso drängender nach einer strafrechtlichen Lösung verlangt. Die obsessiv betriebenen Sexualskandalisierungen folgen dem Muster fortwährender Affekthascherei dadurch, dass ursächliche ökonomische Problemlagen in solche intimer Begegnungen und Gewaltszenarien überführt werden, die die soziale Frage erst gar nicht aufkommen lassen. So fragt sich etwa Beard, wie diese Problemumlenkung auf individuelle Leidensgeschichten geschehen konnte: „Warum, wenn Armut steigt und Wohlfahrtsprogramme heruntergefahren werden, wird unsere Aufmerksamkeit auf den sexuellen und anderen Missbrauch gelenkt?"[16] Ähnlich hat sich auch der gegenwärtige Problemdiskurs um Sexarbeit entwickelt. Während das unbestreitbare Leid von Zwangsprostitution und Menschenhandel emotionalisierend beklagt wird, treten die ursächlichen nüchternen Fakten ökonomischen Elends in den Hintergrund.

Doch beschreibt diese Emotionalisierung des Politischen gegenwärtig keinesfalls einen allein oder typischerweise von Frauen bevorzugten Zugriff auf Gerechtigkeitsfragen. Dass kriminelle Adressierungen vor allem im sexuellen Feld zu den bedeutendsten Gesellschafskonflikten aufsteigen und sexuelle Viktimisierungen als dominantes Narrativ von Ungerechtigkeit wirken können, markiert eine geschickte Strategie, das Sexuelle auch unter der Zustimmung von Männern zum Problemfall höchsten Ranges zu küren. Diese Strategie machte sich hierfür Entwicklungen zu nutze, die bereits im Gange waren:

Zum einen werden autoritäre Herrschaftsstrukturen seit den 1968er Jahren in Frage gestellt. Damit kam auch die traditionelle Sexualmoral in Verruf, den Subjekten Zwang anzutun und ihrer Selbstverwirklichung im Weg zu stehen. Die männlich dominierte linksliberale Bewegung setzte auf die Befreiung überkommener gesellschaftlicher, zentral auch sexueller Fesseln. Ihre besondere Aufmerksamkeit galt dem Kind als Chiffre ursprünglicher menschlicher Authentizität jenseits ihrer sozialen Überformung. Die laufende sexuelle Skandalisierung benutzt eben jene gegen Autoritäten und soziale Heteronomie gerichtete gesellschaftliche Stimmung, ohne indes das liberale Element mit zu übernehmen, im Gegenteil. Es ist gerade die sexuelle Befreiung, auf die die Skandalisierung des Sexuellen abzielt. Die sexuelle Liber-

[15] *Rapold,* Schweigende Lämmer und reißende Wölfe, moralische Helden und coole Zyniker. Zum öffentlichen Diskurs über ‚sexuellen Missbrauch' in Deutschland, 2002, 179.
[16] *Beard,* Review of Tate. In Times Literary Supplement, 14. September, 1990, 968.

tinage gilt als Prinzip patriarchaler Superioritätsansprüche. Ein struktureller Sexismus setze die verbindende Klammer für all die Erscheinungen von harten sexuellen Übergriffigkeiten bis hin zu den alltäglichen Anspielungen und Anzüglichkeiten. Diese Klammer vermag selbst die heterogenen Opfergruppen von Frauen und Kindern zu einen. In den sexuellen Gefahrendiskursen werden sie gleichermaßen einerseits als erotisches und andererseits als vulnerables Subjekt inszeniert. Frauen und Kinder stehen darüber hinaus auch für den Anspruch auf volle Umsorgung und Gefahrlosigkeit. Die gesellschaftlichen Herrschaftsverhältnisse werden nun nicht mehr ob ihres Zwangscharakters für individuelle Freiheiten attackiert, sondern die sexuelle Freiheit selbst wird zum Problem gesellschaftlicher Herrschaftsverhältnisse.

Die individualisierte Gesellschaft lässt zweitens kaum noch gesellschaftliche Ursachen von Kriminalität gelten. Sprichwörtlich geraten die ‚schlechte Kindheit', soziale Benachteiligungen usw. als Kriminalitätserklärungen in Verruf, dem Delinquenten werde in einer gründlich desavouierten Verständnishaltung begegnet. Nach der neoliberalen Doktrin ist noch jeder seines Glückes Schmied, und jeder Straftäter eben selbst schuld. Damit verändert sich auch die öffentliche Wahrnehmung relevanter Kriminalitätsbereiche. Waren ehemals Delikte, wie öffentliche Gewalt, Drogen, Raub usw. mindestens auch sozialökonomisch verwurzelt, avanciert sexuelle Gewalt zur Master-Kriminalität, weil sie als Ergebnis emotionaler Pervertierung von Individuen aufkommt, die durch einen inneren Trieb gedrängt werden.[17] Gleichauf spiegelt das Opfer ein individualisiertes Leid wider, das aus einer intimen Begegnung entstanden ist und das den Körper zum zentralen Objekt der Sorge werden lässt. Viktimisierung wirkt „als eine neue Art von *citizenship*",[18] womit sich eine radikal privatisierte Bedeutung von Gerechtigkeit verbindet.[19] Kriminalität als Ungerechtigkeit und nicht nur als Rechtsverletzung aufzufassen, heißt, dass man nicht „ohne Identifikation mit dem Opfer auskommt". Das Gerechtigkeitsgefühl stimuliert „die emotionale Nähe zum Opfer [...] dadurch, dass ich mich durch das Verbrechen mitverletzt fühle, verletzt als Angehöriger einer Art Gemeinschaft, gegen deren Bräuche der Verbrecher verstoßen hat".[20]

Schließlich bildet sich der kleinste moralische Nenner, auf den sich eine hoch individualisierte Gesellschaft ganz unabhängig von ideologischer Orientierung und sozialstruktureller Verortung noch einigen kann, dort, wo Eindeutigkeit in der Bewertung von Vorgängen herrscht oder wo sie sich über Skandalisierungstechniken leicht herstellen lässt. War die soziale Frage lange Zeit beherrschend für Gerechtigkeitsdebatten, unter denen auch ein Thema wie Kriminalität als Folge dieser Defizite gesellschaftlicher Regulation kontrovers behandelt wurde, verschiebt sich die öffentliche Aufmerksamkeit auf die ehemals privaten Themen von „Sexualität, Hausarbeit, Reproduktion und Gewalt gegen Frauen".[21] Die Gerechtigkeitsfragen

---

[17] *Furedi,* Therapy Culture, 2004, 30.

[18] *Pratt,* Child Sexual Abuse: Purity and Danger in an Age of Anxiety, in Crime, Law & Social Change 43, 2005, 28.

[19] *Shapiro,* Victims & vengeance, in The Nation, 264/5, 1997, 11.

[20] *Reemtsma,* Das Recht des Opfers auf die Bestrafung des Täters – als Problem, 1999, 5.

[21] *Fraser,* Feminism, Capitalism and the Cunning of History, in New Left Review 56, 2009, März/April, 103.

sind dabei nicht nur aus der Sphäre der politischen Ökonomie, die zum Kampf von Selbstunternehmern wurde, in die Sphäre privaten Leids gerückt. Überdies münden die Sexualpaniken nicht in eine Debatte komplexer sozialer Sachverhalte, sondern in entpolitisierte Einhelligkeit über die Verwerflichkeit des jeweiligen Sachverhaltes.

III. Die Renaissance vulnerabler Weiblichkeit

Diese autoritätskritische und viktimistische Stimmung aufgreifend, verhilft der epidemisch sich ausbreitende öffentliche Problemdiskurs um männliche Übergriffigkeit frauenbewegten Zielen auf sehr zweifelhafte Weise. Das lässt sich bereits an den vielen Solidaritätsbekundungen von Männern ablesen, die sich durch diese Skandalisierungen offenbar gerade nicht in ihrer Herrschaftsposition in Frage gestellt sehen. Die Intimisierung des Politischen verlegt die Gleichberechtigung der Geschlechter auf das sexuelle Terrain und bleibt damit den geschlechtlichen Machtverhältnissen nicht nur verhaftet, sondern perpetuiert sie. Zwar fallen eine ganze Reihe von Persönlichkeiten aus Politik, Wissenschaft, Kirche, Pädagogik, Sport und Kunst aufgrund eines persönlichen Fehlverhaltens, das die Selbstbestimmung von Frauen verletzt hat. Die Probleme der gesellschaftlichen Geschlechterungleichheit aber werden damit nicht gelöst. Frauen erscheinen in den sexuellen Risikodiskursen zuvörderst als hilflose, zarte, leicht zu traumatisierende Opfer, deren Autonomie verletzt wurde und die sich auch noch ihres Mutes rühmen, wenn sie ihre persönlichen Erfahrungen öffentlich machen und dabei ihre ‚natürliche Scham' überwinden. Damit folgt die Selbstdarstellung von Frauen eben dem Muster, wonach „Unsicherheit und Verwundbarkeit sie nicht nur attraktiver, sondern in letzter Instanz überhaupt erst weiblich machen".[22] Männer verbleiben ebenfalls in ihrer Rolle der Mächtigen, die bereits mit einem tumben Spruch oder einem anzüglichen Blick Frauen zur Verzweiflung zu bringen vermögen. Mit diesen Skandalisierungen werden die traditionellen Geschlechterrollen nicht aufgebrochen, sondern die alte geschlechtliche Differenzproduktion erscheint in neuem Gewand. Indem Frauen über die Opferrolle höchst erfolgreich strafrechtlichen Beistand erbitten, reproduzieren sie ihre Hilflosigkeit und die Machtposition von Männern über sie.

Nicht die Geschlechterordnung und nicht einmal die überkommene Männlichkeit werden in eine Krise gestürzt, sondern der Sex selbst. Der Sexismusdiskurs verengt sich auf das Einklagen eines Schutzraums für Frauen im Mikrobereich ihrer Macht. Denn während bereits in den geringfügigsten Anzüglichkeiten von Männern sexistische Übergriffigkeit erahnt wird, hält man das sexualisierte Verhalten von Frauen weitgehend aus dieser Debatte heraus. Eine Kritik an weiblicher Koketterie verfängt sich sogleich in den diskursiven Fallstricken von *rape culture* und Viktimismus. Damit geriete man flugs in Verdacht, die Vergewaltigungsmythen zu bedienen und den Gewaltopfern selbst die Schuld aufzubürden. Dieser krude

[22] *Sanyal,* Vergewaltigung, 2016, 89.

Zusammenhang kann nur hergestellt werden zum einen durch konsequente Entdifferenzierung männlichen Sexualverhaltens, indem die Vergewaltigung mit dem lästigen Flirtversuch in eins gesetzt und dem gemeinsamen Übel eines strukturellen Sexismus zugeschrieben wird, und zum anderen durch die völlige Leugnung aller interaktiven Elemente im Feld der Sexualkriminalität, womit Frauen auf die Rolle des absoluten Opfers verpflichtet werden: eine völlig passive und wehrlose Position, die allein von außen geschützt werden kann.

Dies geschieht vornehmlich über das Sexualstrafrecht, dessen Verschärfungen auf viele Sexskandale folgen. Im laufenden Politikbetrieb werden die viktimistischen Forderungen ohne allzu kontroverse parlamentarische Debatte in schneller Abfolge in Gesetze gegossen. Die Erfolgskriterien der aktuellen Kriminalpolitik sind nach Garland solche, „die sich am leichtesten als stark, klug und entweder effektiv oder expressiv darstellen lassen“[23] und nah an der Stimmung der Bevölkerung operieren. Und selbst die Kritik, es gehe in dem sich fortlaufend erweiternden und verschärfenden Sexualstrafrecht nicht in erster Linie um tatsächliche Lösungen von Sexualkonflikten, die vom Strafrecht nur in seltenen Fällen zu erwarten sind, sondern es operiere im Symbolischen, verfängt nicht. Hassemer kritisiert etwa, das Strafrecht gebe „ungedeckte Schecks aus. Es symbolisiert sich“.[24] *Gusfield* erkennt die Funktion des Rechts darin, „einen bestimmten Normenbestand als öffentliche Moralität“ zu proklamieren, um die kulturelle Dominanz einer sozialen Gruppe zu bestätigen.[25] Ob symbolisch oder tatsächlich konfliktregulierend, das Sexualstrafrecht in seiner gegenwärtigen und in naher Zukunft noch zunehmenden Schärfe gegen jedwede als Übergriffigkeit verstandene Handlung würde zumindest männliche Machtdemonstrationen durch sexualisierte Äußerungen delegitimieren. Aber die durch das Sexualstrafrecht proklamierte Moralität erschafft eben keine souveräne Weiblichkeit, sondern beschränkt sich darauf, dass vor allem Frauen sexuell nicht ungebührlich adressiert werden sollen. Die kulturelle Dominanz der Weiblichkeit, die sich im Recht ausdrückt, sichert keine soziale Gleichstellung, gar Überlegenheit von Frauen ab, wie es noch *Gusfield* als symbolische Funktion des Rechts erschien. Das Strafrecht bestätigt stattdessen Weiblichkeit als das sexuell vulnerable, wehrlose und umfänglich schutzbedürftige Opfer von Männern. Zugleich bietet diese strafrechtliche Anerkennung der weiblichen Opferlage eine Entlastungsfunktion, die Frauen aus dem allgemeinen Konkurrenzkampf einen Ausweg weist. Während alle sozialen Handlungsfelder von Risikokodierungen und damit von Selbstverantwortung und potenzieller Schuldzuschreibung durchzogen sind, stechen die Intimkonflikte als eine Sinnprovinz heraus, die anderen Regeln folgt. Hier ist es in der Rolle des Opfers möglich, sich aller Verantwortung und Schuld zu entledigen und sie einem anderen aufzubürden. Aber für die geschlechtliche Gleichberechtigung wäre es gerade wichtig, sich nicht auf die Opferposition zurückzuziehen, sondern sich den gesellschaftlichen Leistungsansprüchen zu stellen.

---

[23] *Garland,* Die Kultur der Kontrolle, 2008, 209.
[24] *Hassemer* FS Roxin, 2001, 1006.
[25] *Gusfield* in Klimke/Legnaro, Kriminologische Grundlagentexte, 2015, 70.

Über die Sexismusskandale wird stattdessen die männliche Ordnung rehabilitiert, Indem nun die Geschlechterungleichheit auf das sexuelle Terrain fokussiert und nach dem Rechtsschutz gerufen wird, sichern sich Frauen den kleinen Machtbereich ab, der ihnen traditionell zuerkannt wird. Geschützt wird damit der Spielraum, in dem Frauen ihre Weiblichkeit über Verweigerung sichern, mithin die negativen Tugenden, wie es Simmel ausdrückt. Der Ruf nach der sittlichen Ordnung statt eines Kampfes nach Anerkennung galt schon Simmel als Zeichen gesellschaftlicher Schwäche. „Sie ‚strebt nach Sitte', die die Bewegung des Mannes oft hindert".[26] Die „Sitte bewirkt mittelbar und unmittelbar eine gewisse Gleichheit zwischen dem Starken und dem Schwachen [...]: die Ritterlichkeit den Frauen gegenüber".[27] Im Unterschied zu ehedem schlägt diese sittliche Regelung heute deutlich schneller in eine rechtliche Institutionalisierung zum Schutz von Frauen um. Das Wirkprinzip, wonach diese Klage nur aus der Position des Opfers gelingt, ist indes dasselbe geblieben. Indem die Geschlechterungleichheit intimisiert und eine Vielzahl von Verhaltensweisen im Konzept des strukturellen Sexismus eingeklammert und damit entdifferenziert ist, wird gerade nicht an der Geschlechterordnung gerüttelt. Stattdessen wird zum Schutz vor männlichen Machtäußerungen eine Tabuzone um die wie ehedem vulnerable Weiblichkeit errichtet. Männer verbleiben in der Position der Autorität, die über die sexuelle Unversehrtheit ‚ihrer' Frauen wachen soll. Dabei wäre jetzt die Zeit – sind doch mehr als je zuvor alle Subjekte dazu aufgefordert, ihr Leben selbstbestimmt zu führen –, nicht aus der kollektiven weiblichen Opferlage heraus die Verletzungsmacht der Männer anzuklagen, sondern das individuelle Unvermögen zur Selbststeuerung einiger Männer mit ihrem Anspruch auf gesellschaftliche Machtpositionen zu konfrontieren: Wie lassen sich jemandem Führungsaufgaben anvertrauen, dessen Selbstführung so eklatant versagt? Würde das Problem sexueller Gewalt in die gesellschaftliche Gegenwart überführt, erschiene sie als individuelles Selbststeuerungsdefizit und wäre behandlungsbedürftig. Der Kampf um Gleichberechtigung der Geschlechter wäre dann aber jenseits weiblicher Verletzlichkeit auf anderen Terrains zu führen: in der Ökonomie, in der Politik, im Recht.

---

[26] *Simmel,* Schriften zur Philosophie und Soziologie der Geschlechter, 1985, 181.
[27] *Simmel,* Schriften zur Philosophie und Soziologie der Geschlechter, 1985, 39.

WERNER LEITNER

Unternehmensstrafrecht und Individualstrafrecht – Wie soll das gehen?

„... Wir werden sicherstellen, dass bei Wirtschaftskriminalität grundsätzlich auch die von Fehlverhalten von Mitarbeiterinnen und Mitarbeitern profitierenden Unternehmen stärker sanktioniert werden.“[1]

Am 12. März 2018 unterzeichneten die Koalitionsparteien CDU, CSU und SPD den Koalitionsvertrag für die 19. Legislaturperiode. Man hat sich darin auch verständigt, das „Sanktionsrecht für Unternehmen neu zu regeln“. Ein Datum für die Rechtsgeschichte? Wohl kaum. Ein Datum für die Rechtsgeschichte des deutschen Strafrechts? Vielleicht.

Es handelt sich bekanntlich um ein Vorhaben, das seit langem diskutiert wird[2], das bisher aber nie zur Umsetzung kam.[3] Gleichwohl – und das ist bemerkenswert – befassen sich Rechtspolitik, Wissenschaft und Praxis zwischenzeitlich weit überwiegend nicht mehr mit der Frage des „Ob“, sondern nur noch mit dem „Wie“ einer neuen Regelung, deren Tragweite aber ersichtlich niemand unterschätzt. Für die Rechtspolitik überrascht das nicht. Das zeigt schon ein Blick auf den übrigen, sehr repressiven Themenstrauß strafrechtlich relevanter Vorhaben im Koalitionsvertrag: schärferes Vorgehen bei Gewalt gegen Polizeibeamte, Videoüberwachung an Brennpunkten, erleichterte Wiederaufnahme zuungunsten freigesprochener Angeklagter, Schaffung einer gesetzlichen Regelung, wonach Verfahrensbeteiligte in Gerichtsverhandlungen ihr Gesicht weder ganz noch teilweise verdecken dürfen, um nur einige zu nennen. In Wissenschaft und Praxis allerdings vermisst man den mahnenden Ruf nach dem Innehalten, den Luxus, sich noch einmal die Sinnfrage zu stellen. Um nicht missverstanden zu werden: alle wesentlichen Beiträge in dieser

---

[1] Aus dem Koalitionsvertrag zwischen CDU, CSU und SPD, Ein neuer Aufbruch für Europa. Eine neue Dynamik für Deutschland. Ein neuer Zusammenhalt für unser Land., 127, Z. 5917–5920, abrufbar unter: https://www.bundesregierung.de/Content/DE/_Anlagen/2018/03/2018-03-14-koalitionsvertrag.pdf;jsessionid=FEF9BAA284998093CA1AFCC5F28E6203.s7t1?__blob=publicationFile&v=1. Letzter Aufruf am 25.3.18.

[2] Schon im Jahr 2013 hatte das Land Nordrhein-Westfalen den „Entwurf eines Gesetzes zur Einführung der strafrechtlichen Verantwortlichkeit von Unternehmen und sonstigen Verbänden“ vorgelegt, abrufbar unter: https://www.justiz.nrw.de/JM/jumiko/beschluesse/2013/herbstkonferenz13/TOP_II_5_Gesetzentwurf.pdf. Letzter Aufruf am 25.3.18.

[3] Die Bundesregierung hat sich damals gegen die Einführung eines Unternehmensstrafrechts ausgesprochen, weil erhebliche Bedenken hinsichtlich des Schuldprinzips aufgeworfen würden und das bestehende Instrumentarium zur Sanktionierung ausreiche; vgl. Plenarprotokoll 17/239 der 239. Sitzung des Deutschen Bundestages am 15.5.2013, Anlage 34, abrufbar unter: http://dip21.bundestag.de/dip21/btp/17/17239.pdf. Letzter Aufruf am 25.3.18.

Diskussion sind von höchstem fachlichen Niveau und getragen von der Vorstellung, dem Strafrecht etwas Gutes zu tun. Und doch, soviel Prophezeiung sei erlaubt, was immer da kommen wird, es wird unmittelbar oder mittelbar, direkt oder indirekt, offen oder unterschwellig das Grundverständnis aller vom Straf- und Strafprozessrecht verändern.

Wer die Diskussion der vergangenen Jahre verfolgt hat, dem kann nicht verborgen geblieben sein, wie schleichend sich Wissenschaft und Praxis mit der Existenz eines Unternehmensstrafrechts abgefunden haben. Viele haben den Prozess kreativ begleitet, es gibt sogar Gesetzesentwürfe, die dem Gesetzgeber zur Hand gehen.[4] Wissenschaft und Praxis arbeiten heute proaktiv, daraus entstehen dann „mundgerechte" Gesetzesentwürfe für den Gesetzgeber. Die Frage sei erlaubt, ob es Zweck des Diskurses ist, dem Gesetzgeber Entwürfe an die Hand zu geben oder ob es beim Ringen um legislative Lösungen nicht sinnvoller sein kann, den Gesetzgeber in Vorleistung treten zu lassen. Das Thema „Unternehmensstrafrecht" jedenfalls ist ein Paradebeispiel dafür, wie sich so ein moderner legislativer Ideenwettbewerb entwickeln kann.

Societas delinquere non potest, die viel zitierte römische Rechtsformel, deren Urheber sich nicht herausfinden lässt, gibt den Weg vor.[5] Der Verband, die juristische Person kann sich nicht strafbar machen, das ist mit dem Schuldprinzip nicht vereinbar. Das bestreitet niemand ernsthaft. Deshalb beginnt die Suche nach neuen Begriffen, die das, was nicht sein darf, vermeintlich politisch und juristisch korrekt bezeichnen. Der Begriff „Unternehmensstrafrecht" trifft die gute Sache nicht, jedenfalls nicht vom Schuldprinzip her. So entsteht ein neuer Fachwortschatz: vom „Unternehmenssanktionenrecht" ist die Rede, von der „Verbandssanktion" und vom „Verbandssanktionengesetz". Wortschöpfungen für das Unvermeidliche. Und schon ist ein erster Erfolg des Proaktiven zu verzeichnen: Der Koalitionsvertrag spricht auch (nur) noch von „Unternehmenssanktionen" und vermeidet beredt den Begriff „Unternehmensstrafrecht". Auch von der „Geldsanktion" ist die Rede. Die Terminologie soll die Abgrenzung zum Strafrecht dokumentieren. Bleibt die Frage, ob die Terminologie das leisten kann?

I. *Die Rolle der Wissenschaft*

Wenn es um so grundsätzliche Fragen wie das Schuldprinzip geht, dann blickt man natürlich zuerst zur Wissenschaft, zu den Hochschullehrern und an die Lehrstühle. Man findet sie dort durchaus noch, die reine Lehre, die davor warnt, einen „kriminalpolitischen Zombie" zum Leben zu erwecken.[6]

Vor allem aber finden sich Konzepte, die sich der Ausgestaltung, dem „Wie" von Unternehmenssanktionen widmen.[7] Das lässt den Praktiker etwas hilflos zurück mit

---

[4] *Hoven/Weigend* ZRP 2018, 30ff. m.w.N.

[5] *Heile* WiJ 2014, 228 (229).

[6] *Schünemann* ZIS 2014, 1ff.

[7] *Jahn/Schmitt-Leonardy/Schoop* wistra 2018, 27ff., zugleich ein fundierter und kritischer Überblick über den Meinungsstand.

der Frage: „Werden Forschung und Lehre Teil der Legislative?" Neuerdings wird der Wissenschaft aus den eigenen Reihen auferlegt, „mit der Betrachtung der Wirklichkeit zu beginnen" und „ihre theoretischen Leitbilder an die Veränderungen von Gesellschaft und Recht anzupassen, ohne grundlegende Strafrechtsprinzipien aufzugeben."[8] Die Rede ist von einem „Wandel vom Subordinationsstaat zum kooperativen Verhandlungsstaat". Die Wissenschaft müsse sich auf diese „Umgestaltung des Strafrechts" einstellen.[9] Der Praktiker fragt sich: Ist das wirklich so? Ist im Strafrecht tatsächlich ein Wandel vom Subordinationsstaat zum kooperativen Verhandlungsstaat zu verzeichnen oder ist und bleibt das Strafrecht nicht der Inbegriff von Subordination?

II. Die Rolle der Praxis

Soweit ersichtlich hat die Praxis deutlicher den Finger in die Wunde gelegt und häufiger die Frage nach dem kriminalpolitischen Bedürfnis für ein Unternehmensstrafrecht aufgeworfen[10]. Auch aus der Praxis wurde ein Gesetzesentwurf vorgelegt, proaktiv auch dieser, allerdings mit dem Ziel der Beibehaltung des Systems des Ordnungswidrigkeitenrechts.[11]

III. Warum all die Anglizismen?

Wie selbstverständlich werden in der Diskussion Begriffe verwendet, die noch vor 15 Jahren in keinem juristischen Lexikon zu finden waren. Neben dem Zauberwort „Compliance"[12] gehören nun auch die „Kooperation", der „Whistleblower" und die „Internal Investigation" in das Portfolio.

1. Cooperation

Egal, ob man den Begriff mit „K" oder mit „C" schreibt, er wird im deutschen Strafrecht nicht heimischer. Trotzdem gehört der Hinweis, das Unternehmen kooperiere selbstverständlich und vollumfänglich mit den Ermittlungsbehörden, heute zum Standardrepertoire eines Unternehmenssprechers. Es wird in der Regel auch richtig und gut sein, das zu tun.[13] Was bleibt, ist die Frage nach dem Umfang, dem „vollumfänglich". Hier kann es Divergenzen geben zwischen Unternehmen und Behörde. Was die Staatsanwaltschaft als Kooperation ansieht, kann das Unternehmen als Kapitulation begreifen. Bei genauerem Hinsehen stellt man fest, dass

---

[8] *Kubiciel,* Was wird aus dem Strafrecht?, FAZ vom 15.2.2018.
[9] ebd.
[10] Stellvertretend für viele: *Dierlamm* FG Feigen, 2014, 25 (30f.).
[11] Entwurf eines Compliance-Anreiz-Gesetzes als Vorschlag des Deutschen Instituts für Compliance (DICO e.V.), abrufbar unter: http://www.dico-ev.de/wp-content/uploads/2016/10/CompAG_21_07_2014.pdf. Letzter Aufruf am 25.3.18.
[12] *Strate* HRRS 2014, 134 (137): „Compliance-Hysterie".
[13] *Groß* FG Feigen, 2014, 67 (82).

zur „strafrechtlichen Kooperation" bis heute keine verlässliche Definition oder gar ein fachlicher Standard vorliegt. Dies hat unter anderem zur Folge, dass, wie sonst nur in der Politik, zwischen Unternehmen und Ermittlungsbehörde Vereinbarungen getroffen werden, deren Rechtsnatur eigentlich keiner der Beteiligten kennt.[14]

De lege lata findet die Bewertung der Kooperation, also faktisch die „Incentivierung" des Unternehmens, bei der Bemessung der Geldbuße nach § 30 OWiG statt. In den aktuellen Konzepten für ein Verbandssanktionengesetz wird Kooperation als „Zusammenarbeit mit den Strafverfolgungsbehörden" wie selbstverständlich vorausgesetzt. Sie soll bei der Bemessung der Geldsanktion oder bei der Einstellung des Verfahrens berücksichtigt werden.[15] Die Frage des Ermessens, also nach dem „Ob" einer Kooperation, dürfte sich damit erübrigt haben. Welcher Unternehmensleiter, welcher Unternehmensverteidiger, welches Unternehmen wird es sich noch erlauben können, nicht zu kooperieren, wenn sich die Frage dieser Kooperation unmittelbar auf die Höhe der Sanktion oder gar auf die Einstellung des Verfahrens auswirkt. Das Unterlassen der Kooperation käme einer Untreuehandlung gleich. Verträgt sich das mit unserem Verständnis vom Strafprozess? Daneben kann das Unternehmen das Recht, sich nicht selbst belasten zu müssen, nach herrschender Meinung auch nur sehr eingeschränkt für sich in Anspruch nehmen.[16] Ist das nicht der Inbegriff der Sanktionenschere? Wie verhält sich das mit den Rechten beschuldigter Mitarbeiter und deren Selbstbelastungsfreiheit? Das Unternehmen kooperiert vollumfänglich und der beschuldigte Mitarbeiter soll sich gleichzeitig auf „nemo tenetur" berufen können?[17]

Hier werden sie deutlich, die unvermeidlichen Systembrüche, die Auswirkungen auf das Individualstrafrecht und auf das Kernverständnis des Strafrechts insgesamt. Wenn bei Unternehmen die Kooperation zur Regel und die Wahrnehmung von Verteidigungsrechten zur Ausnahme werden, dann wird das den Strafprozess insgesamt verändern. Wer wird am Ende noch unterscheiden (wollen) zwischen dem prozessualen Verhalten der natürlichen und dem der juristischen Person?

Wer Kooperation mit „C" schreibt, wird schnell feststellen, dass sich hier ein Element aus dem angelsächsischen Rechtskreis zu etablieren versucht. In unserem inquisitorischen Strafprozess mit seiner Aufklärungsmaxime ist die „Zusammenarbeit" so nicht vorgesehen. Ein Begriff, der zudem so unbestimmt ist, dass sich verfassungsrechtliche Bedenken geradezu aufdrängen. Und dieser unbestimmte und ungeklärte Begriff soll als „Zusammenarbeit mit den Strafverfolgungsbehörden" in ein nationales Gesetz aufgenommen werden? Entspricht die Aufnahme adversatorischer Elemente in den inquisitorischen Strafprozess etwa der Erwartung von Wissenschaftlern an die Wissenschaft, ihre „theoretischen Leitbilder an die Veränderungen von

---

[14] Für das Beispiel der Datenvereinbarung *Schelzke* NZWiSt 2017, 142.

[15] Beispielsweise §§ 4 Abs. 3 (d) und 14 Abs. 1 Satz 1 Nr. 2 des Kölner Entwurfs.

[16] BVerfGE 95, 220: Der Schutz vor einem Zwang zur Selbstbezichtigung kann juristischen Personen nicht zukommen, weil die Selbstbelastungsfreiheit an die Menschenwürde gem. Art. 1 Abs. 1 GG geknüpft ist und diese nur für natürliche Personen gilt.

[17] *Hamm* in Jahn/Schmitt-Leonardy/Schoop, Das Unternehmensstrafrecht und seine Alternativen, 2016, 185ff. beschreibt die nicht zu entwirrende Gemengelage.

Gesellschaft und Recht anzupassen"? Und wo bleiben dabei die „grundlegenden Strafrechtsprinzipien", die nicht aufgegeben werden sollen.[18]

2. *Whistleblowing*

Ein weiteres Phänomen hält Einzug: der Whistleblower. Auch hier zeigt schon der Begriff, dass es sich um keine nationale Errungenschaft handeln dürfte.[19] Nun also beginnt der „Hinweisgeber", so die euphemistische Übersetzung, sich im deutschen Rechtssystem festzusetzen. Da ist zum einen § 25a Abs. 1 S. 6 Nr. 3 KWG, der allen Unternehmen, die dem Anwendungsbereich des KWG unterfallen, die Pflicht zu einem unternehmensinternen Hinweisgebersystem auferlegt.[20]

Auch die europäische Verordnung über Marktmissbrauch (MAR)[21], die den Mitgliedsstaaten Mindeststandards zum Schutz von Whistleblowern vorschreibt, dürfte katalytisch wirken. Darin wird sogar vorgeschlagen, Whistleblowern im Gegenzug für die von ihnen preisgegebenen Informationen über Rechtsverstöße im Kapitalmarkt finanzielle Anreize zu gewähren:

„Im Einklang mit nationalem Recht können die Mitgliedstaaten finanzielle Anreize für Personen, die relevante Informationen über mögliche Verstöße gegen diese Verordnung bereitstellen, unter der Voraussetzung gewähren, dass diese Personen nicht bereits zuvor anderen gesetzlichen oder vertraglichen Verpflichtungen zur Meldung solcher Informationen unterliegen, sowie unter der Voraussetzung, dass die Informationen neu sind und dass sie zur Verhängung einer verwaltungsrechtlichen oder einer strafrechtlichen Sanktion oder einer anderen verwaltungsrechtlichen Maßnahme für einen Verstoß gegen diese Verordnung führen."[22]

Der deutsche Gesetzgeber hat von der Möglichkeit, finanzielle Anreize für Whistleblower zu schaffen, bisher keinen Gebrauch gemacht hat.[23] Vielleicht ist aber auch das nur eine Frage der Zeit.[24]

Die Einschläge kommen näher. Da haben sich Generationen von Wissenschaftlern und Praktikern im Individualstrafrecht am ungeliebten Kronzeugen abgearbeitet und dann wird er als „Hinweisgeber" im Gefolge wirtschaftsstrafrechtlicher Spezialnormen salonfähig.[25] Und eine europäische Verordnung schafft die Rechtsgrundlage, ihn finanziell zu belohnen. In den USA ist das Belohnen von Whistle-

---

[18] Beides zugleich fordert *Kubiciel,* Was wird aus dem Strafrecht?, FAZ vom 15.2.2018 und spricht dabei von einer „schwierigen Aufgabe".

[19] Allerdings könnte man bei wörtlicher Übersetzung auf „Verpfeifen" kommen und damit auf etwas, was dem Land doch nicht so fremd war in seiner (geteilten) Geschichte.

[20] *Schiemann* FS Wessing, 2015, 569 (576).

[21] Verordnung (EU) Nr. 596/2014 des Europäischen Parlaments und des Rates vom 16. April 2014 über Marktmissbrauch (Marktmissbrauchsverordnung) und zur Aufhebung der Richtlinie 2003/6/EG des Europäischen Parlaments und des Rates und der Richtlinien 2003/124/EG, 2003/125/EG und 2004/72/EG der Kommission, abgekürzt MAR – Market Abuse Regulation, abrufbar unter: https://eur-lex.europa.eu/legal-content/DE/TXT/PDF/?uri=CELEX:32014R0596&from=DE, letzter Aufruf am 25.3.18.

[22] Art. 32 Abs. 4 MAR.

[23] *Weber* NJW 2017, 991.

[24] *Buchert* CCZ 2013, 144.

[25] *Dann* CCZ 2010, 30ff.; *Kienast* FS Wessing, 2015, 649.

blowern längst üblich.[26] Vielleicht ist es wie mit dem invasivem Ochsenfrosch, der Mitte des 20. Jahrhunderts aus den USA nach Deutschland eingeschleppt wurde. Er hat sich zwischenzeitlich just im Vater Rhein (dem Vater der Nation) breitgemacht und gefährdet dort die einheimischen Arten. Die Aussichten sind trübe.

3. *Internal Investigations*

„Um Rechtssicherheit für alle Beteiligten zu schaffen, werden wir gesetzliche Vorgaben für ‚Internal Investigations' schaffen, insbesondere mit Blick auf beschlagnahmte Unterlagen und Durchsuchungsmöglichkeiten. Wir werden gesetzliche Anreize zur Aufklärungshilfe durch ‚Internal Investigations' und zur anschließenden Offenlegung der hieraus gewonnenen Erkenntnisse setzen."[27]

Nun hat es ein Anglizismus sogar in den Koalitionsvertrag geschafft. Und aus der Formulierung lässt sich auch sonst manches herauslesen. Wenn es das Ziel des Koalitionsvertrages ist, Rechtssicherheit für alle Beteiligten erst zu „schaffen", dann kann man davon ausgehen, dass diese Rechtssicherheit bisher nicht bestanden hat. Wer würde widersprechen wollen. Schon der Begriff ist so unklar, dass sich drei große Volksparteien entschieden haben, in ihrem Koalitionsvertrag den Anglizismus zu verwenden. Man hätte sich sonst entscheiden müssen für „interne Ermittlungen", „interne Untersuchungen" oder „interne Erhebungen".[28]

Das Phänomen der „Internal Investigations" hat im Jahr 2006 anlässlich des „Siemens-Verfahrens" Einzug in das deutsche Wirtschaftsstrafrecht gehalten.[29] Zwölf Jahre später verzeichnen die Koalitionspartner immer noch einen Bedarf nach Rechtssicherheit. In der Zwischenzeit haben allerdings zahlreiche solcher Internal Investigations stattgefunden, die in rechtlicher Hinsicht zunächst eines gemeinsam haben: Ihre Veranlassung geht nicht in erster Linie auf strafrechtliche Anforderungen zurück, sondern auf die gesellschaftsrechtliche Verpflichtung des Unternehmens und seiner Leitung.[30] In gesellschaftsrechtlicher Hinsicht hat die Unternehmensleitung keinen Spielraum bei der Frage, ob eine Sachverhaltsaufklärung zur Überprüfung von Pflichtwidrigkeiten oder Gesetzesverstößen im Unternehmen durchzuführen ist. Die Pflicht zur Aufklärung folgt aus der Pflicht zur Unternehmensleitung. Welche Folgen das für die strafrechtliche Amtsaufklärung der Ermittlungsbehörden hat, ist bis heute zwar ausführlich erörtert,[31] aber auch nicht annähernd geklärt worden. Gleichwohl werden die Ergebnisse solcher „Investiga-

---

[26] So erhielt der Whistleblower Bradley Birkenfeld, der die Schweizer Großbank UBS wegen ihrer Steuerpraktiken in den USA belastet hatte, von der US-Steuerbehörde IRS 104 Millionen Dollar aus deren Whistleblower-Programm. Es handelt sich nach Medienberichten um die höchste Belohnung, die ein Tippgeber in USA erhalten hat; vgl. http://www.zeit.de/wirtschaft/2012-09/usa-whistleblower-birkenfeld, zuletzt aufgerufen am 25.3.18.

[27] Koalitionsvertrag zwischen CDU, CSU und SPD, Ein neuer Aufbruch für Europa. Eine neue Dynamik für Deutschland. Ein neuer Zusammenhalt für unser Land. 127, Z. 5936–5940.

[28] *Wimmer* FS I. Roxin, 2012, 537 ff. verwendet bewusst den Begriff „Untersuchungen", um die Maßnahmen von staatsanwaltschaftlichen „Ermittlungen" abzugrenzen.

[29] *Wimmer* in Leitner/Rosenau, Wirtschafts- und Steuerstrafrecht, 2017, § 152, Rn. 7.

[30] So die Leitungs- und Überwachungssorgfaltspflichten des Vorstands (§§ 76 Abs. 1, 93 Abs. 1 AktG) bzw. des Aufsichtsrats (§§ 111 AktG) und entsprechend § 43 Abs. 1 GmbHG.

[31] *Wimmer* FS I. Roxin, 2012, 537 (550).

tions" von Ermittlungsbehörden angenommen und im Einzelfall auch verwertet. Auch insoweit sieht der Koalitionsvertrag Handlungsbedarf. Wohlgemerkt, um „Rechtssicherheit, für alle Beteiligten zu schaffen", nicht um sie „... zu verbessern". Die Begehrlichkeiten, die eine gesellschaftsrechtliche Aufklärung im Unternehmen bei den Ermittlungsbehörden hervorruft, zeigen, wie sich die Maßstäbe auch hier bereits verschoben haben.[32]

Zwölf Jahre nach „Siemens" vermag man nicht annähernd zu erkennen, dass es behördliche Standards gäbe, wie mit den Inhalten und Ergebnissen solcher Untersuchungen umzugehen wäre.[33] Schon wenn es um die Beschlagnahme solcher Erkenntnisse geht, sind die Gerichte uneinheitlich.[34] Dabei wäre es einfach, sich auf das Ermittlungsmonopol des Staates zu besinnen. Die Gefahr der Privatisierung staatlicher Ermittlungshandlungen oder des „Outsourcing" von Ermittlungshandlungen stehen überdeutlich im Raum.[35] Ihre Auswirkungen auf das Individualstrafrecht liegen auf der Hand. Personen werden befragt, von denen keiner weiß, ob sie Zeugen oder Beschuldigte sind oder werden. Deren Daten werden erhoben und ausgewertet. Am Ende kann die ermittelnde Staatsanwaltschaft sich aussuchen, ob sie das für hilfreich oder kontraproduktiv erachtet. Entsprechend wird das Ergebnis als Kooperation oder als Obstruktion eingeordnet. Mit den Vorstellungen von einer objektiven, in jede Richtung offenen behördlichen Sachverhaltsaufklärung und den dazugehörigen Rechten und Pflichten hat das alles wenig zu tun.

IV. Vermögensabschöpfung

Mit dem am 1.7.2017 in Kraft getretenen Gesetz zur Reform der strafrechtlichen Vermögensabschöpfung und der Neuregelung der §§ 73ff. StGB als ihr zentrales Element ist ein weiterer Eckpunkt geschaffen worden.[36] Das Sanktionensystem ist vom Gesetzgeber massiv erweitert und angeblich auch vereinfacht worden.[37] Wenn man das Einengen von Ermessensspielräumen und den fast schrankenlosen Zugriff auf das Vermögen von Einzelpersonen und Unternehmen als Vereinfachung begreifen will, dann ist dieses Vorhaben gelungen.[38] Anders als das geltende Bußgeldverfahren der §§ 30, 130 OWiG unterliegt die strafrechtliche

---

[32] *Weiler* NJOZ 2017, 266 (267f.).

[33] *Frank/Vogel* NStZ 2017, 313 (320): Eine Beibehaltung der Beschlagnahmefähigkeit würde das hilfreiche Instrumentarium von Compliance-Ombudspersonen ad absurdum führen.

[34] LG Hamburg Beschluss vom 15.10.2010 – 608 Qs 18/10 = BeckRS 2011, 01653; LG Braunschweig Beschluss vom 21.7.2015 – 6 Qs 116/15 = BeckRS 2015, 16005; LG Bochum Beschluss vom 16.3.2016 – 6 Qs 1/16 = BeckRS 2016, 15626; LG Hamburg Beschluss vom 17.8.2016 – 618 Qs 30/16 = BeckRS 2016, 19347.

[35] *Leitner* FS Schiller, 2014, 430 (436f.).

[36] Überblicksartig *Heim* NJW-Spezial 2017, 248; detailliert: *Köhler* NStZ 2017, 497ff.

[37] *Trüg* NJW 2017, 1913 (1917); *Köllner/Mück* NZI 2017, 593 (599): „Es mögen hehre Ziele gewesen sein, die den Gesetzgeber zur Reform der strafrechtlichen Vermögensabschöpfung getrieben haben: (...) Dass die Umsetzung gelungen ist und zu gerechten Ergebnissen führen wird, wird hier nicht nur stark bezweifelt, sondern in Abrede gestellt."

[38] Äußerst kritisch *Meißner* KriPoZ 2017, 237 (240): „durch die ‚Verhaftung' sämtlicher wirt-

Vermögensabschöpfung allerdings dem Legalitätsprinzip und ist daher zwingendes Recht.[39] Ausnahmen sind nur noch nach § 421 StPO möglich.[40] Damit ist die Einziehung von Vermögenswerten als Sanktion bereits ein Regelfall, mithin gelebtes Unternehmensstrafrecht, und das zu einer Zeit, in der das eigentliche Unternehmenssanktionenrecht noch als legislatives Vorhaben im Koalitionsvertrag seiner Erweckung harrt.

V. Konsens und Kooperation

Die Diskussionen um all die Anglizismen, die Kooperation und den kooperativen Verhandlungsstaat erinnern an die Diskussionen über die Verständigung im Strafprozess. Fast alles schon da gewesen, möchte man konstatieren. Auch das Phänomen der proaktiven Entwürfe. Man denke an den Gesetzesentwurf des Strafrechtsausschusses der Bundesrechtsanwaltskammer[41], der dem Verständigungsgesetz vorausging. Allerdings hat diesen Entwurf die Appellentscheidung des Großen Senats für Strafsachen angestoßen, es gab also immerhin einen Anlass.[42]

Erstmalig war nun vom „Konsensprinzip" die Rede.[43] Auch so ein „Ko-Wort". Es bedurfte schon damals vieler mahnender Stimmen, daran zu erinnern, dass der Strafprozess nicht auf Konsens angelegt ist.[44] *Hassemer* brachte es auf den Punkt: Die Zustimmung eines Angeklagten beruhe niemals auf freiem Handeln, sondern erfolge unter dem Eindruck der überlegenen Macht des strafenden Staates. Beim Strafprozess liege ein „formalisierter Dissens" viel näher als ein „Konsens".[45]

All diese Überlegungen zur Verständigung beanspruchen Geltung auch für das Vorhaben eines Unternehmenssanktionenrechts. Mit dem Verständigungsgesetz wurde das Ziel verfolgt, die Missstände zu beseitigen, die sich durch die teilweise schamlose und eines Rechtsstaats unwürdige Anwendung der Sanktionenschere verbreitet hatten. Zuletzt war es das Bundesverfassungsgericht, das bei den Beteiligten die Formenstrenge des Straf- und Strafprozessrechts und damit wieder das Bewusstsein für den inquisitorischen Strafprozess der Aufklärung eingefordert hat.[46] Dieses Bewusstsein betrifft eben nicht den vermeintlichen Wandel hin zum Konsens. Es führt den Beteiligten vielmehr die Machtverhältnisse wieder klar vor Augen

---

schaftlicher Mittel [werden] vollendete Tatsachen geschaffen. Ermittlungsbehörden, die man dazu verpflichtet, Vermögen zu arrestieren, werden dies frühzeitig tun."

[39] *Madauß* NZWiSt 2018, 28 (29).

[40] *Köhler/Burkhard* NStZ 2017, 665 (675).

[41] Vorschlag einer gesetzlichen Regelung der Urteilsabsprache im Strafverfahren, September 2005, BRAK-Stellungnahme Nr. 25/2005, abrufbar unter: https://www.brak.de/w/files/stellungnahmen/Stn25_05–2005.pdf, letzter Aufruf am 25.3.18.

[42] BGHSt 50, 40.

[43] Vorschlag einer gesetzlichen Regelung der Urteilsabsprache im Strafverfahren, September 2005, BRAK-Stellungnahme Nr. 25/2005, abrufbar unter: https://www.brak.de/w/files/stellungnahmen/Stn25_05–2005.pdf., 4: „Konsens schafft Frieden", letzter Aufruf am 25.3.18.

[44] Stellvertretend für viele: *Schünemann* ZIS 2009, 484 (490); *Murmann* ZIS 2009, 526 (532); *Theile* NStZ 2012, 666 (669); *Wohlers* NJW 2010, 2470 (2474).

[45] *Hassemer* FS Hamm, 2008, 171 (187).

[46] BVerfGE 133, 168 (215).

und damit gerade die Tatsache, dass im Strafrecht nicht die Kooperation oder ein „kooperativer Verhandlungsstaat" das Regime führen.

VI. Schlussbemerkung

Der Koalitionsvertrag will das Sanktionsrecht für Unternehmen neu regeln und hat dieses Vorhaben unter dem Punkt X. 1. *„Pakt für den Rechtsstaat"* verordnet. Dazu gab und gibt es eine beachtliche Fülle von wohlüberlegten und fundierten Beiträgen, Thesen und ausformulierten Gesetzesentwürfen. Der Praktiker aber merkt auf, wenn wie selbstverständlich davon ausgegangen wird, dass es Unternehmenskriminalität gibt und nicht davon, dass sie in einem rechtstaatlichen Verfahren erst einmal festgestellt werden muss. Ihn irritiert, wenn das Unternehmen mit einer faktischen Pflicht zur Kooperation, von der niemand weiß, wie sie aussehen soll, daran mitwirken muss. Das würde im Individualstrafrecht die Unschuldsvermutung auf den Kopf stellen.

Bei der Verständigung waren es Wissenschaft, Praxis, Judikative und Legislative gemeinsam, die den grundlegenden Strafrechtsprinzipien wieder auf die Beine geholfen haben. Allen Akteuren und den vielen guten Überlegungen zu den Neuregelungen eines Unternehmensstrafrechts sei das in Erinnerung gerufen. Damit im Pakt „für" den Rechtsstaat die grundlegenden Strafrechtsprinzipien nicht von invasiven Rechtsinstituten wie Cooperation, Whistleblowing und Internal Investigations verdrängt werden.

SABINE LEUTHEUSSER-SCHNARRENBERGER

Thomas Fischer und die Politik

Innere Sicherheit und Freiheit

I. Der Richter Thomas Fischer

Da sage noch einer, Richter seien langweilige Juristen, die kein Bürger verstehen würde. Erst recht, wenn es sich um Richter am obersten Gericht, dem Bundesgerichtshof handelt, ist die Vorstellung vom Hochleistungsjuristen, quasi dem Arbeiten am juristischen Hochreck verbreitet, geht es doch auch um rechtlich äußerst knifflige Fragen von grundsätzlicher Bedeutung.

Einen Kontrapunkt zu dieser Vorstellung setzt *Thomas Fischer,* dem diese Festschrift gewidmet ist. Vielen Bürgerinnen und Bürgern über seine provokativen Beiträge auf dem Verfassungsblog und seine wöchentliche Kolumne „Fischer im Recht“ bei Zeit online bestens bekannt, widerlegt er das Vorurteil des vergeistigten juristischen Experten und schaut mit drastischen Worten den verschiedenen Stichwortgebern aufs Maul.

Er kann sich sehr über überflüssige Debatten und über Debattenbeiträge aufregen, die aus seiner Sicht wenig informativ oder sachdienlich sind. Da spart er nicht mit Kritik und teilt aus. Aber er beschäftigt sich auch mit ganz grundsätzlichen Fragen des Strafrechts – mit Schuld und Rache und dem Bösen im Menschen. *Thomas Fischer* will mit seiner Kolumne möglichst viele Bürgerinnen und Bürger für strafrechtliche Themen interessieren, denn wie er selbst in seiner letzten Kolumne „ Fischer im Recht“ sagt, sind „Kolumnen keine Fachtexte, erst recht keine juristischen Schriftsätze. Über das Fachpublikum hinaus eine große Anzahl von Menschen für strafrechtliche Themen auf einer Ebene und einem Diskussionsniveau zu interessieren, das sich nicht mit raschen Parolen und einer kleinen Auswahl von Vorurteilen begnügt, ist nicht ganz so einfach. Im Rückblick scheint mir, dass das Unternehmen, strafrechtliche Themen in einem ungewohnten Zusammenhang anzusprechen und an einen breiten Kreis von Menschen außerhalb des professionell juristischen Bereichs zu adressieren, jedenfalls nicht ganz verfehlt war und gelegentlich auch recht ordentlich gelungen ist.“

Thomas Fischer und das Strafrecht sind nicht voneinander zu trennen. Der bekannteste Strafrechtler in Deutschland, der mit seinem Standardkommentar aus keinem Studium und keiner Anwaltskanzlei wegzudenken ist, konnte in seiner Kolumne über zwei Jahre lang den Bürgern deutlich machen, dass Strafrecht nicht allein den juristischen Experten zu interessieren hat, sondern dass das Strafrecht das

Verhalten in unserer Gesellschaft regelt, Erlaubtes von Verbotenem trennt, soziale Kontexte aufgreift und menschliche Beweggründe berücksichtigt – strafschärfend oder strafmildernd. Und das geht jeden Bürger an.

II. Die Benutzung des Strafrechts durch die Politik

Das Strafrecht ist besonders in den letzten vier Jahren von der Politik okkupiert worden. Strafrechtsbefehle sind teilweise zu politischem Aktionismus verkommen. Auf unterschiedliche Missstände reagiert die Politik mit dem Strafrecht. Es kann öffentlichkeitswirksam vertreten und mehr Sicherheit prognostiziert werden

1. Sexualstrafrecht

Dazu gehörte in der letzten Legislaturperiode besonders das Sexualstrafrecht. Unter Berücksichtigung jeweils aktueller Ereignisse wurden einige Bestimmungen durch das Ausdehnen der Straftatbestände auf einfachere Handlungen (wie zB Grapschen) und der umfassendere Schutz vor Kinderpornographie durch das sog. Planschbeckengesetz[1] als Reaktion auf ein Verhalten eines Politikers, das sich nachträglich als nicht strafrechtlich relevant herausgestellt hat und das Strafverfahren mit einem Freispruch endete, verschärft. Es wurden sog. Posing-Darstellungen, also Bilder, in denen ein Kind in besonders aufreizender Haltung abgelichtet wird, ohne dabei direkt eine sexuelle Handlung vorzunehmen, kinderpornographischen Abbildungen gleichgestellt.

Zwar stuften auch vor Neufassung des § 184b StGB die Gerichte Besitz, Herstellung, Verbreitung und Veröffentlichung von Posing-Darstellungen als strafbar ein. Die Gesetzesänderung hat aber bewirkt, dass nun auch solche Bilder als Posing-Darstellungen zählen, auf denen das Kind zufällig in aufreizend wirkenden Pose abgelichtet wurde. Zuvor war erforderlich, dass das Kind sich selber absichtlich posiert hat oder von einer anderen Person entsprechend positioniert wurde. Seit diesem Jahr können jedoch beispielsweise auch Bilder schlafender Kinder als Kinderpornografie angesehen werden.

Obwohl die Behauptungen eines Modells, sie sei vergewaltigt worden, falsch waren, führten sie dennoch nach einer sehr emotionalen öffentlichen Debatte unter dem Schlagwort „ Nein heißt Nein“ zu einer Verschärfung des Vergewaltigungstatbestandes[2]. Auch die Ereignisse in der Silvesternacht 2015 beschleunigten das Gesetzgebungsverfahren. Ob und wenn ja in welcher Weise diese Gesetzesverschärfung tatsächlich zu mehr und besserem Schutz von Frauen führen wird, bleibt der Rechtsprechung überlassen. An einer grundsätzlichen Schwierigkeit, der Beweissituation, hat sich nichts geändert. Die im Frühjahr 2015 vom Bundesjustizminister eingesetzte Kommission zur grundlegenden Überarbeitung des unübersichtlich gewordenen Sexualstrafrechts wurde von diesem Gesetzesaktionismus überrollt. In ih-

[1] 49. Strafrechtsänderungsgesetz, BGBl 2015 I 10.
[2] BGBl. 2016 I 2460.

rem im Juli 2017 vorgelegten Bericht[3] kritisieren sie diese etwas überstürzte Gesetzesänderung als überfrachtet und fordern eine grundlegende Überarbeitung. *Thomas Fischer* hat sich in seiner provokanten und auch schonungslosen Art mit dieser Gesetzgebung intensiv beschäftigt und an ihr teilweise kein gutes Haar gelassen. Die öffentliche Empörung und Kritik war ihm sicher. Aber auch die Diskussion in Fachkreisen.

2. Schutz von Polizeibeamten und Hilfskräften

Ein weiteres strafrechtliches Symbolthema ist der strafrechtliche Schutz von Polizeibeamten und Vollstreckungsbeamten sowie Hilfskräften.

Ihr Schutz beschäftigt die Politik und den Gesetzgeber seit Jahren, was zu mehreren Anpassungen des Straftatbestandes und des Strafrahmens geführt hat. Zuletzt erfolgten sie am Ende der letzten Legislaturperiode mit der Schaffung einer eigenständigen Regelung für Rettungssanitäter und andere Hilfskräfte[4]. Es handelt sich um ein berechtigtes politisches Anliegen, das aber in der Rechtswirklichkeit bisher nicht zu den Wirkungen geführt hat, die angestrebt wurden, nämlich einem nachhaltigen Rückgang der Übergriffe. Von abstrakten Strafandrohungen, die von Mindest- bis Höchststrafen angehoben wurden, geht eben nicht die gewünschte abschreckende Wirkung aus. Ihre präventive Wirkung ist rechtstatsächlich nicht bewiesen. Mindest- und Höchststrafen kennen nicht einmal alle Juristen, geschweige denn potenzielle Kriminelle oder die Bürgerinnen und Bürger, die von sozialschädlichem Verhalten abgehalten werden sollen. Entscheidend sind die zügige Rechtsdurchsetzung, zeitnahe Verfahren und die Anwendung des geltenden Rechts. Die Einsatz- und Hilfskräfte brauchen zudem stärkere Unterstützung für ihre wichtige Arbeit durch Vorbereitung auf schwierige Einsätze und den Umgang mit Störern, Randalierern und renitenten Bürgern.

Das Strafrecht darf nicht immer als letzter Notanker der Politik herhalten.

III. Bilanz der letzten Legislaturperiode im Straf- und Strafprozessrecht

Die Bilanz der Rechts- und Kriminalpolitik der 18. Wahlperiode des Deutschen Bundestages ist neben den beiden genannten Beispielen geprägt von aktionistischen Reaktionen auf terroristische Gefährdungen und von vielen Ankündigungen grundlegender Reformen: Man hatte sich viel vorgenommen, hat aber wenig Substanzielles erreicht – außer einer Beschränkung bürgerlicher Freiheitsrechte in zum Teil verfassungsrechtlich untragbarem Ausmaß.

Die Bundesregierung war angetreten, die Tötungsdelikte im Strafgesetzbuch zu reformieren. Die im Mai 2014 eingesetzte Expertengruppe hatte den Auftrag, Empfehlungen für ihre Reform zu erarbeiten. Sie legte zwar ihr Konzept vor, das die Abschaffung der obligatorisch lebenslangen Freiheitsstrafe bei Mord sowie die

---

[3] *Wolfgang Janisch*, Straffreiheit für knutschende Teenies, SZ 19.7.2017, S. 5.

[4] Stärkung des Schutzes von Vollstreckungsbeamten und Rettungskräften vom 23.5.2017, BGBl. 2017 I 1226.

Abkehr von der Tätertypenlehre der Nationalsozialisten vorsah. Aber mangels politischen Handlungswillens gab es keine Umsetzung. Stattdessen erfuhr das Strafgesetzbuch eine Überfrachtung durch Spezialtatbestände und einer Verschärfung bestehender wie der geschäftsmäßigen Förderung der Selbsttötung, der Bestechung und Bestechlichkeit von Ärzten, dem bandenmäßigen Vorenthalten von Sozialversicherungsbeiträgen, den schon erwähnten Angriffen auf Polizisten, Feuerwehrleute und Rettungskräfte, dem verbesserten Schutz der sexuellen Selbstbestimmung sowie dem Einbruch in eine dauerhaft genutzte Privatwohnung. Man kann sich des Eindrucks nicht erwehren, dass das Strafrecht leider zur Allzweckwaffe der Politik geworden ist. Viele Steine hat man den Richtern präsentiert, aber kein Brot – es fehlen über 2.000 Richter und Staatsanwälte in Deutschland. Gerade im Strafprozess wirkt sich das negativ auf die Verfahrensdauer aus. Die Rechtsdurchsetzung, Markenkern des materiellen Rechtsstaats, droht zu verkümmern.

Darüber hinaus sollten Strafverfahren unter Wahrung rechtsstaatlicher Grundsätze effektiver und praxistauglicher ausgestaltet werden. Wieder wurde eine Expertenkommission eingesetzt. Nur wenige ihrer Ergebnisse wie das Fahrverbot als eigene Strafe fanden Eingang ins Bundesgesetzblatt. Der angekündigte große Wurf ist ausgeblieben.

Etliche begrüßenswerte Empfehlungen der Kommission sind dagegen im Gesetzgebungsverfahren entfallen oder wurden verkürzt. Dazu gehört beispielsweise das gesetzliche Verbot der Überwachung von Anbahnungsgesprächen zwischen Beschuldigtem und Verteidiger und das Recht der Verteidigung, ein umfassendes „Opening Statement" in jedem Strafverfahren zu halten. Beides ist Ausdruck eines mangelnden Vertrauens in die Anwaltschaft.

Auf der anderen Seite finden sich im Gesetz zur effektiveren und praxistauglicheren Ausgestaltung des Strafverfahrens[5] Regelungen, die nicht zu den Empfehlungen der Kommission gehörten. Bei Reihenuntersuchungen dürfen DNA-Spuren künftig auch auf ein Verwandtschaftsverhältnis zwischen Probengeber und Spurenverursacher untersucht werden. Ob ein Teilnehmer bei Abgabe seiner für die Probenentnahme erforderlichen Zustimmung jedoch absehen kann, welche Tragweite seine Einwilligung haben kann, erscheint zweifelhaft. Vergleichbar mit der Aussagesituation als Zeuge vor Gericht und dem aus Art. 2 Abs. 1 GG iVm Art. 6 EMRK (Rechtsstaatsprinzip) fließenden Recht zur Zeugnisverweigerung ist die umschriebene Situation jedenfalls nicht.

Verfassungsrechtlich äußerst bedenkliches Terrain beschreitet der großkoalitionäre Gesetzgeber der letzten Legislaturperiode mit den strafprozessualen Rechtsgrundlagen zum Einsatz von „Staatstrojanern". Sah der Abschlussbericht der Expertenkommission klarstellend noch die Schaffung einer speziellen gesetzlichen Grundlage für den Einsatz der Quellen-Telekommunikationsüberwachung (Quellen-TKÜ) vor, hat der nunmehr überstürzt verabschiedete Gesetzestext[6] ein gänzlich anderes Gesicht.

[5] BGBl. 2017 I 3202ff.

[6] Gesetz zur effektiveren und praxistauglichen Ausgestaltung des Strafverfahrens, BGBl. 2017 I 3202ff.

Er beschränkt sich nicht auf die Quellen-TKÜ, die nunmehr auch für abgeschlossene Kommunikation gelten soll, sondern enthält mit der Rechtsgrundlage zur umfassenden Online-Durchsuchung die Ermächtigung zum grundrechtsinvasivsten, heimlichen Eingriff in die Privatsphäre überhaupt. Der auslösende Straftatenkatalog sieht dabei auch Delikte wie Geld- und Wertzeichenfälschung und gewerbsmäßige Hehlerei vor.

Vor einigen Jahren wurde mit der Einführung des Straftatbestandes der Vorbereitung einer schweren staatsgefährdenden Gewalttat gem. § 89a StGB[7] die Strafbarkeit weit ins Vorfeld konkreter Rechtsgutverletzung verschoben. Seither können bestimmte für sich genommen neutrale Handlungen bis hin zum Unterweisen oder Sich-Unterweisenlassen in nicht näher bestimmte Fertigkeiten (vgl. § 89a Abs. 2 Nr. 1 StGB), deren Ausführung, sofern sie nicht durch spezielle Gesetze erfasst wird, keine Vermutung für das Vorliegen von kriminellen Unrecht begründet, wenn diese nicht durch das Zusammenwirken mit Dritten indiziert ist, eine Strafbarkeit begründen.[8]

Es ist nicht zuletzt diese Tatbestandsausgestaltung, die eine der Hauptangriffspunkte bildet, die seit der Verabschiedung gegen die Norm vorgebracht werden.[9] Damit wird schon weit im Vorfeld von drohenden Anschlägen ein Einschreiten ermöglicht und die Anwendung des gesamten offenen und verdeckten, strafprozessualen Instrumentariums bis hin zur Online-Durchsuchung (§ 100b Abs. 2 Nr. 1a StPO) erlaubt. Das potenziert noch einmal die Wirkung dieser Norm, die die Grenzen zwischen polizeilicher Prävention und justizieller Repression verschiebt. Und die weitgefasste Regelung für den Einsatz der Online Durchsuchung führt zusätzlich weit im Vorfeld von tatsächlichem Handeln zu tiefen Eingriffen in die Privatsphäre und die Persönlichkeitsrechte.

IV. Freiheit und Sicherheit

Damit ist auch wieder das generelle Verhältnis von Freiheit und Sicherheit angesichts krimineller und terroristischer Herausforderungen betroffen.

Es waren die späten 90iger Jahre des vorigen Jahrhunderts, der spezifisch deutsche Terrorismus der sogenannten Roten Armeefraktion war vergessen und einschneidende Gesetze zu seiner Bekämpfung waren außer Kraft gesetzt, als die sogenannte Organisierte Kriminalität in den Fokus der deutschen Innenpolitik geriet.

Es wurden Schreckensszenarien entworfen und von großen Teilen der Bevölkerung als zutreffend angesehen, wonach Deutschland im Begriffe stehe, von der organisierten Kriminalität und ihren mafiaähnlichen Strukturen durchdrungen und beherrscht zu werden.

---

[7] BGBl. 2009 I 2437 ff.

[8] *Roggan* ZRP 2017, 209.

[9] *Sternberg-Lieben* in Schönke/Schröder, 29. Auflage, StGB § 89a Rn. 1d.

Deutschland sei zum Ruheraum der Mafia geworden und der Staat sei inzwischen vom Umfang der Bestechung, der Geldwäsche, des Drogen- und des Menschenhandels in seiner Existenz bedroht.

War bis dato die von Werner Maihofer geprägte Formel „in dubio pro libertate" politisch noch weitgehend unumstritten, war es bis dahin also noch politischer common sense, dass die freiheitliche demokratische Grundordnung die größtmögliche Freiheit des Einzelnen zum Ziel hat und deren Beschränkung nur im Falle zwingender Notwendigkeit gerechtfertigt werden könne, so eröffnete die, wie man damals sagte, Krake der Organisierten Kriminalität die Schleusen für eine neue grundrechts- und freiheitsfeindlichere Sicherheitspolitik.

1. *Gesetze zur Einschränkung wesentlicher Freiheitsrechte*

Mit dem Gesetz zur Verbesserung der Bekämpfung der Organisierten Kriminalität vom 26.3.1998[10], in dem durch eine Änderung des Art. 13 GG die Einführung der akustischen Wohnraumüberwachung, des „großen Lauschangriffs", strafprozessual geregelt wurde, vollzog sich ein rechtspolitischer Paradigmenwechsel.

Der intimste Zufluchtsraum, die Privatwohnung, war vor staatlichen Eingriffen nicht mehr geschützt. Bei Verdacht auf eine schwere Straftat, durfte der Staat nun Privatgespräche abhören und war befugt, heimlich in Privatwohnungen einzudringen, um dort Abhöreinrichtungen zu installieren.

Dieses Gesetz wurde mit der Entscheidung des Bundesverfassungsgerichts vom 3.3.2004 als in wichtigen Teilen mit dem Grundgesetz unvereinbar erklärt.

Erstmals in der deutschen Rechtsprechungsgeschichte wurde in dieser Lauschangriff-Entscheidung vom Bundesverfassungsgericht[11] der Versuch unternommen, die in Art. 1 Abs. 1 GG geschützte Menschenwürde, in deren Kern der Staat wegen der Ewigkeitsgarantie des Art. 79 GG unter keinen Umständen, auch nicht zum Schutze hochrangiger Rechtsgüter eingreifen darf, zu konkretisieren.

Die Menschenwürde, so stellte das Gericht damals fest, ist dann verletzt, wenn eine staatliche Überwachungsmaßnahme den „Kernbereich privater Lebensgestaltung" berührt.

Wenngleich nur knapp zwei Jahre später die beschworene Gefahr der Organisierten Kriminalität in der öffentlichen Diskussion bereits kaum noch eine Rolle spielte, diente der zu ihrer Bekämpfung eingeführte Große Lauschangriff als eine Art Blaupause für die staatliche Reaktion auf die Terroranschläge, die am 11.9.2001 in Washington und New York verübt wurden.

Es würde an dieser Stelle zu weit führen, im Einzelnen auf die Vielzahl der seither auf Bundes- und Länderebene erlassenen Anti-Terror-Gesetze und darauf näher einzugehen, dass sie oft durch Entscheidungen des Bundesverfassungsgerichts ganz oder in Teilen wegen ihrer Verfassungswidrigkeit zurückgenommen oder novelliert werden mussten.

Jedenfalls hat die Angst vor Terror seither das staatliche Handeln nicht nur in Deutschland, aber eben auch in Deutschland bestimmt.

---

[10] BGBl. 1998 I 845ff.
[11] BVerfGE 109, 279ff. – Lauschangriff.

Eine Angst, die mit jedem Terroranschlag neu entfacht und mit immer wieder neuen und noch restriktiveren freiheitsbeschränkenden staatlichen Abwehrmaßnahmen beantwortet wurde und wird.

Auf dem Hintergrund, dass der Ruf nach einem ausgeprägten Präventions- und Schutzstaat immer lauter wurde, geriet das Modell des liberalen Rechtsstaates, die freiheitliche demokratische Grundordnung zunehmend in die Defensive.

2. Grundrecht auf Sicherheit

Der traditionell zwischen Innen- und Rechtspolitik angelegte Konflikt, der seinem Inhalt nach ein Konflikt zwischen den politischen Zielgrößen Sicherheit und Freiheit ist, hat im Gefolge der Bedrohungen durch den internationalen Terrorismus eine qualitativ neue und gefährliche Dimension erreicht.

Gefährlich deshalb, weil es in diesem Konflikt nicht mehr allein um eine Ausbalancierung des Spannungsverhältnisses von Freiheit und Sicherheit geht, sondern dieses Spannungsverhältnis einseitig zu Lasten der Freiheit aufgelöst zu werden droht.

Die oben erwähnte dem Selbstverständnis des freiheitlichen Rechts- und Verfassungsstaates angemessene Formel „im Zweifel für die Freiheit" droht durch die Losung „im Zweifel für die Sicherheit" ersetzt zu werden.

Statt also angesichts der terroristischen Herausforderungen zu fragen, wie Sicherheit und Freiheit in einer vernünftigen Balance gehalten werden können, postuliert ein deutscher Bundesinnenminister ohne auch nur den Versuch einer rechtlich haltbaren Begründung zu liefern, den unbedingten Vorrang der Sicherheit, die für ihn zum „Supergrundrecht" schlechthin mutiert.

Nur am Rande sei erwähnt, dass es ein Grundrecht auf Sicherheit genauso wenig gibt und geben kann, wie ein Grundrecht auf Wohlstand oder Gesundheit.

Sicherheit, analog zu den aus der Menschenwürde entspringenden Freiheitsrechten als Grundrecht, also als ein Recht aufzufassen, das dem Menschen qua seines Menschseins zukommt, ist erkennbar sowohl in rechtsphilosophischer als auch in rechtswissenschaftlicher Hinsicht unsinnig.

Denn die Aussage, dass Sicherheit dem Menschen auf Grund seines Menschseins, also in einem quasi naturrechtlichen Sinne per se zukomme, macht keinerlei Sinn und wird deshalb auch von keinem ernstzunehmenden Verfassungsrechtler vertreten.

Und zwar allein schon deshalb nicht, weil es keinen Grundrechtsadressaten geben kann, der in der Lage wäre, die aus einem solchen Grundrecht erwachsenden subjektiv-rechtlichen Ansprüche der Grundrechtsträger zu befriedigen.

Dies bedeutet natürlich nicht, dass die Herstellung größtmöglicher Sicherheit dem Staat nicht aufgegeben wäre.

Im Gegenteil, so wie Frieden, Gerechtigkeit und Wohlstand, ist auch Sicherheit ein höchst erstrebenswertes Ziel des Staates, um dessen bestmögliche Erreichung und um die besten Wege dorthin im politischen Raum gestritten werden kann und muss.

So gesehen stellt sich der hier kritisierte Versuch, Sicherheit zu einem Grundrecht zu erheben, letztendlich als Versuch dar, die genuin politische Auseinandersetzung um die besten Mittel und Wege zur Erreichung von Sicherheit aus dem Raum der Politik in den Raum des Rechts zu verlagern.

Denn wäre Sicherheit ein Grundrecht, dann ließen sich unter dem Deckmantel der staatlichen Grundrechtsschutzpflicht beliebige Befugnisse zum staatlichen Eingriff in die Freiheitsrechte der Bürgerinnen und Bürger rechtfertigen, die mit diesen Freiheitsrechten gerade abgewehrt werden sollen.

Auf diese Weise drohte hinterrücks das Volk verstaatlicht und das wieder rückgängig gemacht zu werden, was Gründungskonsens der Bundesrepublik war und gegenüber Weimar als entscheidender Fortschritt im rechtsstaatlichen Denken gefeiert und grundgesetzlich verankert wurde.

Die heimliche online-Durchsuchung und Überwachung privater Computer durch die Nachrichtendienste, die Ausdehnung polizeilicher Zuständigkeiten zur Ermittlung von Strukturen sowie Begleit- und Kontaktpersonen in das Tatvorfeld, die heimliche Überwachung von Bankkonten- und Finanzdienstleistungen, die Übermittlung zahlreicher Flugpassagierdaten, die Überwachung von Postdienstleistungen aller Art, die Ausdehnung von Sicherheitsüberprüfungen und umfangreiche Rasterfahndungen sowie die vielfältigen Bestimmungen des Terrorismusbekämpfungsergänzungsgesetzes sind nur eine Auswahl der dem Staat eingeräumten Befugnissen, die allesamt mit der massiven Einschränkung von Freiheitsrechten der Bürgerinnen und Bürger verbunden sind.

Ja, der Rechtsstaat muss handlungsfähig sein und sich gegen seine Feinde von innen und außen zur Wehr setzen können. Aber Maßstab muss sein, alles zu tun, um Unschuldige nicht zu überwachen und zu kontrollieren, nicht alle Bürgerinnen und Bürger dürfen unter Pauschalverdacht gestellt werden. Jede Eingriffsmaßnahme muss verhältnismäßig sein und darf nicht den Kernbereich privater Lebensgestaltung berühren. Und anstelle anlassloser Überwachung bedarf es konkreter Anhaltspunkte für eine Gefährdung als Voraussetzung zum staatlichen Handeln.

Der Datenaustausch zwischen Sicherheitsbehörden in Deutschland muss auf klarer gesetzlicher Grundlage beruhen. Der Informationsaustausch zwischen in- und ausländischen Sicherheitsbehörden muss an rechtsstaatlichen Grundsätzen gemessen werden. Das Bundesverfassungsgericht hat erst vor wenigen Wochen dazu Vorgaben formuliert, als weite Teile des Bundeskriminalamtsgesetzes für mit dem Grundgesetz nicht vereinbar erklärt wurden.[12] Dennoch hat die Bundesregierung eine Ausweitung des Informationsaustausches unter anderem mit der NSA beschlossen, ohne diese Vorgaben umzusetzen.

Leider leuchten die rechtsstaatlichen Garantien Teilen der Öffentlichkeit manchmal weniger ein als das Bedürfnis nach möglichst schlagkräftigen und frühzeitigen staatlichen Maßnahmen der Gefahrenabwehr. Auch werden die rechtsstaatlichen Schranken gern als formale Spitzfindigkeiten gering geschätzt und als Täterschutz diffamiert wie auch der verfassungsrechtlich gebotene Datenschutz. Gerade in Zeiten terroristischer Bedrohung muss von neuem der Sinn dafür geschärft werden, dass die rechtsstaatlichen Garantien ein Doppelziel verfolgen: den Schuldigen zu bestrafen und den Unschuldigen gegen ungerechtfertigte Maßnahmen der staat-

[12] BVerfG Urt. v. 20.4.2016 – 1 BvR 966/09, 1 BvR 1140/09, NJW 2016, 1781.

lichen Gewalt zu schützen. „Der gewissenhafte Respekt der Freiheitsrechte schützt letztlich uns alle vor den Vor- und Fehlurteilen der Selbstgerechten, der Sicherheitsbehörden und der Gerichte," formulierte die frühere Präsidentin des Bundesverfassungsgerichts *Jutta Limbach.*

Auch ein Rechtsstaat, der seine Grundlagen aufgeben würde, könnte keine absolute Sicherheit gewähren.

Das Grundgesetz enthält einen Auftrag zur Abwehr von Beeinträchtigungen der Grundlagen einer freiheitlichen demokratischen Ordnung unter Einhaltung der Regeln des Rechtsstaates. Daran, dass er auch den Umgang mit seinen Gegnern den allgemein geltenden rechtsstaatlichen Grundsätzen unterwirft, zeigt sich gerade die Kraft dieses Rechtsstaates.

3. Die anlasslose Vorratsdatenspeicherung als Beispiel der Verschiebung des Verhältnisses zwischen Freiheit und Sicherheit

Die Verfassung verlangt vom Gesetzgeber, eine angemessene Balance zwischen Freiheit und Sicherheit herzustellen. Dies schließt nicht nur die Verfolgung des Zieles absoluter Sicherheit aus, welche ohnehin faktisch kaum, jedenfalls aber nur um den Preis einer Aufhebung der Freiheit zu erreichen wäre. Das Grundgesetz unterwirft auch die Verfolgung des Ziels, die nach den tatsächlichen Umständen größtmögliche Sicherheit herzustellen, rechtsstaatlichen Bindungen, zu denen insbesondere das Verbot unangemessener Eingriffe in die Grundrechte als Rechte staatlicher Eingriffsabwehr zählt. An diesem Verbot finden auch die Schutzpflichten des Staates ihre Grenzen.

Als exemplarisch für die schleichende Verschiebung hin zum Vorrang der Sicherheit gegenüber der Freiheit kann die flächendeckende, anlasslose Vorratsdatenspeicherung angesehen werden.

Sie steht auch beispielhaft dafür, dass es im digitalen Zeitalter angesichts der massenhaft anfallenden Daten eine neue Dimension der Kommunikationsüberwachung gibt. Durch die inzwischen alle Lebensbereiche durchdringende Digitalisierung entstehen unvorstellbar große Datenmengen, deren Speicherung, Verarbeitung, Analyse und Vernetzung kaum mehr an technische Grenzen stößt.

Sei es durch den Staat oder durch Private: Je mehr Daten aus- und verwertet werden, umso mehr wird die Privatsphäre des Einzelnen eingeschränkt.

Auch wenn sich die Grenze zwischen öffentlich und privat durch die Digitalisierung verschieben mag, gehört die Privatsphäre unverzichtbar zur Persönlichkeit eines jeden Menschen.

Das Bundesverfassungsgericht hatte bereits 1983 mit seiner Grundsatzentscheidung zur Volkszählung unmissverständlich erklärt, dass zum allgemeinen Persönlichkeitsrecht das Recht des einzelnen gehört, selbst zu entscheiden, wann und innerhalb welcher Grenzen persönliche Lebenssachverhalte von ihm preisgegeben werden.

Es hat die Gefahren gesehen, die dem Persönlichkeitsrecht unter den Vorzeichen der automatisierten Datenverarbeitung drohen, und reklamiert, dass der einzelne davor besonders geschützt werden muss.

Deshalb stellt das Bundesverfassungsgericht fest (ich zitiere):

„Eine Gesellschaftsordnung und eine diese ermöglichende Rechtsordnung, in der der Bürger nicht mehr wissen kann, wer was wann und bei welcher Gelegenheit über ihn weiß, ist mit dem Recht auf informationelle Selbstbestimmung nicht vereinbar. Wer unsicher ist, ob abweichende Verhaltensweisen jederzeit notiert und als Information dauerhaft gespeichert, verwendet oder weitergegeben werden, wird versuchen, nicht durch solche Verhaltensweisen aufzufallen. Hieraus folgt, dass die freie Entfaltung der Persönlichkeit unter den modernen Bedingungen der Datenverarbeitung den Schutz des einzelnen gegen unbegrenzte Erhebung, Speicherung, Verwendung und Weitergabe seiner persönlichen Daten voraussetzt. Dieser Schutz sei daher von dem Grundrecht des Art. 2 Abs. 1 GG i. V. m. Art. 1 Abs. 1 GG umfasst.“[13]

Dieser Beschluss des Bundesverfassungsgerichts, der damals auf die Volkszählung gemünzt war, gilt natürlich auch und erst recht für die anlasslose Vorratsdatenspeicherung, die es dem Staat erlaubt, sämtliche Telekommunikationsverbindungsdaten aller Kommunikationsteilnehmer für längere Zeiträume auf Vorrat zu speichern und zur Bekämpfung terroristischer oder anderer Bedrohungen zur Auswertung verfügbar zu halten.

Ursprünglich ging die Vorratsdatenspeicherung auf eine am 15.3.2006 erlassene Richtlinie der Europäischen Union[14] zurück, zu deren Umsetzung in nationales Recht die EU-Mitgliedstaaten, also auch Deutschland, verpflichtet waren.

Das zur Umsetzung der Richtlinie am 1.1.2008 in Kraft getretene deutsche Gesetz[15] wurde vom Bundesverfassungsgericht am 2.3.2010[16] als in toto verfassungswidrig verworfen.

Sämtliche bis dato gespeicherten Daten mussten unverzüglich gelöscht werden. Nach der verfassungsgerichtlichen Entscheidung verletzte das Gesetz zur anlasslosen Vorratsdatenspeicherung in dieser Ausgestaltung die Grundrechte auf Schutz des Post- und Fernmeldegeheimnisses und des Schutzes der Vertraulichkeit der Kommunikation. Im Mai 2014 hat der Europäische Gerichtshof[17] entschieden, dass die EU-Richtlinie zur Vorratsdatenspeicherung wegen der Verletzung der EU-Grundrechte-Charta in toto rechtswidrig ist.

Unmissverständlich stellt der europäische Gerichtshof fest, dass die massenweise anlasslose Speicherung von Daten sowohl das Recht auf Schutz der Privatheit gemäß Art. 7 GRCh als auch den Schutz der persönlichen Daten gemäß Art. 8 GRCh berührt und den Verhältnismäßigkeitsgrundsatz nach Art. 52 Abs. 1 GRCh verletzt.

Dass die deutsche Politik dennoch unter der beschönigenden Bezeichnung sogenannter Höchstspeicherfristen auf nationaler Ebene erneut ein Gesetz[18] zur Ein-

---

[13] BVerfGE 65, 1 (71) = BeckRS 1983, 107403.

[14] RL 2006/24/EG, Abl. EG 2006 L 105, 54 vom 13.4.2006.

[15] Gesetz zur Neuregelung der Telekommunikationsüberwachung, BGBl. 2007 I 3196ff.

[16] BVerfG Urt. v. 2.3.2010 – 1 BvR 256/08, NJW 2010, 833.

[17] EuGH Urt. in den Rechtssachen C-283/12, S-594/12 (Vorratsdatenspeicherung) vom 8.4.2014.

[18] Einführung einer Speicherpflicht und einer Höchstspeicherfrist für Verkehrsdaten, BGBl. 2015 I 1218ff.

führung der anlasslosen Vorratsdatenspeicherung von Telekommunikationsverbindungsdaten in der letzten Legislaturperiode beschlossen und behauptet hat, dass dies zur Bekämpfung des Terrorismus erforderlich sei, ist unter dem Gesichtspunkt der Freiheitsverbürgungen des Grundgesetzes und der EU-Grundrechtcharta sehr bedenklich.

Das Gesetz ist seit dem 18.12.2015 in Kraft. Es wird sich über kurz oder lang zeigen, ob es einer verfassungsrechtlichen Überprüfung standhalten kann.

Das gilt auch für die jüngst vom Deutschen Bundestag verabschiedeten Gesetze zur Reform des Bundeskriminalamtes und des Bundesnachrichtendienstes.

4. Angst darf nicht zum wesentlichen Ratgeber der Politik werden

„Der Terror funktioniert nur, weil die Politik von Angst erfasst ist".

Diese Aussage eines kürzlich in der Süddeutschen Zeitung erschienenen Kommentars von *Stefan Kornelius* will auf den Umstand hinweisen, dass der Terrorismus mit seinen zerstörerischen und mörderischen Attacken, neben dem dadurch angerichteten Schaden für Leib und Gut einen aus seiner Sicht sehr viel wichtigeren Zweck verfolgt.

Den Zweck nämlich, durch die Verbreitung von Angst die westlichen, liberalen Gesellschaften zu veranlassen, in eine überzogene Abwehrpanik zu verfallen.

In eine Panik, in deren Rahmen ihre Bereitschaft wächst, genau jene Grund- und Freiheitswerte aufzugeben, derentwegen sie sich zu Recht den religiös-totalitären Saaten überlegen fühlen.

Das Kalkül des Terrorismus läuft also darauf hinaus, die liberalen Gesellschaften nicht nur von außen, durch die eigentlichen Terrorakte, sondern durch eine sekundäre Wirkung, der Erzeugung von Angst, von innen heraus zu schwächen und womöglich zu zerstören.

Dies gelingt umso mehr, je unbedachter die westliche Politik bereit ist, Freiheitsrechte gegen vermeintliche Zugewinne an Sicherheit einzutauschen.

Auch wenn man die Meinung vertreten kann, dass gerade in Deutschland durch die vielfachen Interventionen des Bundesverfassungsgerichts die Erosion der Freiheitsrechte in Grenzen gehalten werden konnte, ist man der Grenze des gerade noch erträglichen Verzichts auf Freiheit sehr nahegekommen.

Es ist höchste Zeit, auf der Spirale strafrechtlicher Repression innezuhalten und den Freiheitsrechten wieder angemessenes Gewicht beizumessen.

IV. Thomas Fischers' Verständnis von Sicherheit

Thomas Fischer hat sich häufig mit der Sinnhaftigkeit von mehr Überwachung und dem Verhältnis zu mehr Sicherheit in Deutschland befasst. Ihn treibt um, wie viele Gesetze zur Bekämpfung von Kriminalität in den letzten Jahren verabschiedet wurden. „Die ganze Härte des Rechtsstaats ist Dutzende Male herabgefleht worden. Wir haben die Strafdrohungen Dutzende Male erhöht, die vorbeugende und die nachträgliche Sicherungsverwahrung eingeführt, den Staatstrojaner programmiert, die Telekommunikation flächendeckend überwacht. Das alles mag jeweils in seiner inneren Logik einen Sinn und auch gewisse Effekte haben, die man als Erfolge ausgeben kann. Ob es die Sicherheit insgesamt gesteigert hat, weiß man nicht", ist die Bewertung von *Thomas Fischer.*[19] Denn Sicherheit ist eine unermessliche Forderung, es gibt für Forderungen zu ihrer vorgeblichen Verbesserung keine Grenzen. Warum nur sechsjährige Kinder überwachen, wenn es doch auch Fünfjährige gibt, die zu kriminellem Verhalten benutzt werden.

V. Meinungsfreiheit und soziale Netzwerke

Neben der Privatsphäre, dem Datenschutz und dem Persönlichkeitsrechtsschutz kommt der Meinungsfreiheit große Bedeutung zu. Zu unerwarteter Berühmtheit haben es einige Straftatbestände zum Äußerungsrecht gebracht. Die strafrechtlichen Begrenzungen der Meinungsfreiheit, dem hohen Gut und der konstitutiven Grundlage der Demokratie, beschäftigten nicht zuallererst die Justiz, sondern den Gesetzgeber und die internationalen Konzerne der sozialen Netzwerke, um mit ihrer privatrechtlichen Durchsetzung den sog. Hass- und Schmähreden im Netz wirkungsvoll begegnen zu können.

Die Rede ist vom Netzwerkdurchsetzungsgesetz[20], das den sozialen Netzwerken die Verpflichtung auferlegt, innerhalb von 24 Stunden sog. „offensichtlich" rechtswidrige Äußerungen, die zB den Tatbestand der Volksverhetzung, Beleidigung, Blasphemie oder der üblen Nachrede erfüllen, zu löschen. Für rechtswidrige Inhalte gilt eine 7 Tagesfrist. Bei Verstoß gegen diese gesetzliche Verpflichtung können bis zu einer zweistelligen Millionenhöhe Bußgelder verhängt werden.

Das hört sich vielleicht zuerst überzeugend an, bedeutet aber, dass die Plattformbetreiber, also international agierende Großkonzerne mit eigenen Geschäftsinteressen, entscheiden, ob eine Meinungsäußerung strafrechtlich erlaubt ist oder nicht. Das ist häufig eine rechtlich schwierig zu bewertende Frage, wie die Rechtsprechung über Jahre hinweg zeigt. Es müssen die Äußerungen in ihrem Zusammenhang bewertet werden. Bei Politikern gibt es nach der Rechtsprechung des Bundesverfassungsgerichts die Vermutung, dass die Äußerung ein Beitrag zur politischen Meinungsbildung und deshalb erlaubt sei.[21] Es müssen deshalb intensive Prüfungen und Abwägungen vorgenommen werden, die in 24 Stunden nicht zu leisten sind. Angesichts der hohen Bußgeldandrohungen werden die Konzerne im Zweifel auf Grund der Meldungen von Nutzern die beanstandeten Äußerungen löschen. Dagegen kann man sich als Äußernder nicht wehren, denn kein privater Konzern ist verpflichtet, die Äußerung einer Privatperson auch auf seiner Plattform, in dem von ihm betriebenen Netzwerk stehen zu lassen. Privatkonzerne mit eigenen Geschäftsinteressen entscheiden also über die Grenzen der Meinungsfreiheit. Das ist kein rechtsstaatlich angemessener Weg.

---

[19] *Fischer,* Sicherheit und Sinn, DIE ZEIT Nr. 26 vom 22.6.2017, S. 16

[20] Netzwerkdurchsetzungsgesetz (NetzDG) vom 1.9.2017, BGBl. 2017 I 3352ff.

[21] *Jahn,* Kein Fall für das Strafrecht, SZ v. 4.1.2017, S. 5.

Außerdem kann ein weltweites Netz nicht mit nationalen Gesetzen reguliert werden. Was in Deutschland gelöscht wird, ist in Österreich lesbar. Ein unbefriedigendes Ergebnis. Deshalb sind einheitliche europäische Standards zum Beschwerdemanagement und zur Transparenz über die Anzeigen gegen widerwärtige oder anstößige Äußerungen und die freiwilligen Löschungen notwendig. Nicht jede pöbelnde und hetzende Beschimpfung ist auch strafrechtlich relevant, aber wer möchte schon gern davon betroffen sein. Wenn jeder Nutzer und jeder Werbekunde nachlesen kann, wer sich mit welchen Hasstiraden, Schmähungen und Desinformationskampagnen unabhängig von ihrer strafrechtlichen Bewertung auf den von ihnen besuchten Seiten tummelt und wenn die für Werbung auf diesen Plattformen zahlenden Unternehmen erkennen, in welch schlechter Gesellschaft sie sich befinden, dann werden sie es sich genau überlegen, ob sie bei diesem Betreiber noch einen Account behalten.

Es wirkt sich ja auch auf die Wertschätzung ihrer Produkte und Dienstleistungen aus und kann die Nachfrage nach ihren Angeboten, für die Unternehmen eben Millionen Beträge für Werbung bezahlen, schwächen.

Aber auch in der digitalen Welt gilt der für die Gewaltenteilung unverzichtbare Grundsatz, dass über strafrechtliche Verbote der Staatsanwalt und der Richter entscheiden. Das kann nicht privatisiert werden.

Statt der überstürzt aufgenommenen Selbstregulierung sollte man sich ernsthaft mit dem Vorschlag der Einführung eines Ombudsmanns beschäftigen, der als unabhängige und neutrale Institution eine Inhaltsprüfung und Empfehlung für den Umgang mit den jeweiligen Meinungen abgibt. Die gemeinnützige Initiative Association for Accountability and Internet Democracy – aaid[22] mit ihrem Präsidenten *Dan Shefet,* Fachanwalt in Frankreich für Internetrecht, hat zur Stärkung der Verantwortung von Internetplattformen Vorschläge erarbeitet.

VI. Fazit

Der liberale materielle Rechtsstaat braucht aktive Verteidiger, die das Spannungsverhältnis von Freiheit und Sicherheit kennen und die Freiheitsrechte auch in Zeiten der Angst vor Terror kundig und überzeugend verteidigen. Die ständige Alarmmeldung über die Gefahren für die innere Sicherheit und der Gesetzgebungsaktionismus schaffen nicht mehr Vertrauen der Bürgerinnen und Bürger in den Rechtsstaat und in die Politik, sondern führen eher zur Verunsicherung und leisten den Verächtern der Grundrechte des Einzelnen und den Rechtspopulisten Vorschub. Es braucht deshalb kritische Betrachter und die intensive, reflektive Auseinandersetzung über die Freiheitswerte und die innere Sicherheit als Staatsaufgabe und das Ringen um die richtigen Antworten. Es braucht Mahner und Utopisten. Es braucht Menschen wie *Thomas Fischer.*

---

[22] Eaaid.eu (zuletzt abgerufen am 12.3.2018).

WOLFGANG NEŠKOVIĆ

Im Zweifel ist der Mensch ein Zivilist

Gezielte Tötungen – zwischen Moral und Recht

Als der alttestamentarische Gott Feuer und Schwefel auf die Städte Sodom und Gomorrha sandte, war der Kollateralschaden sicher beträchtlich. Nicht alle Bewohner werden Sünder gewesen sein. Mit ihnen starben auch Kinder in den Flammen. Der Tod wird auch Händler und Prediger auf der Durchreise ereilt haben. Die Wege des Herrn sind unergründlich. Es ziemt sich nicht, sie in Frage zu stellen.

Ganz anderes muss gelten, wenn sich Geheimdienste und Regierungsbehörden zu strafenden Göttern aufschwingen.

Die amerikanische Predator-Drohne („Raubtier") ist Washingtons Feuer und Schwefel gegen die Feinde Amerikas oder solche, die dafür gehalten werden. Im Krieg in und um Afghanistan nominieren Agenten und Bürokraten Todeskandidaten, die sie für die Streitkräfte auf Listen setzen lassen. Auch deutsche Behörden sind daran beteiligt. Sie schreiben Personen zur Festnahme aus, die dann der Tod auf Knopfdruck trifft.

Die Nominierten führen im Augenblick des Raketeneinschlages in aller Regel weder Terroranschläge aus, noch befinden sie sich zu diesem Zeitpunkt in Gefechtssituationen mit den Streitkräften der ISAF und der OEF. Sie werden im Bett, beim Essen oder auf dem Weg zum Markt in die Luft gesprengt, weil sie als hinreichend gefährlich eingestuft werden. Kein Gericht prüft nach, ob das den Tatsachen entspricht.

Nach deutschem Recht sollten solche Hinrichtungsaktionen ein Fall für den Staatsanwalt sein. Wer Informationen liefert, von denen er weiß, dass sie Menschen zu Todeskandidaten stempeln, läuft Gefahr, sich wegen Beihilfe zu einem Tötungsdelikt strafbar zu machen. Wer selbst solche Namen auf die Listen der Amerikaner setzen lässt, kann als Mittäter – mindestens als Anstifter – angeklagt werden. Es entlastet auch nicht, wenn das bundesdeutsche Verteidigungsministerium darauf verweist, dass es die Namen mit dem Hinweis verbinden lässt, die Personen lediglich festzunehmen. Das bisherige Verhalten der Amerikaner liefert keine Belege dafür, dass sie sich an solche Vorgaben halten. Sie nehmen nicht fest. Sie töten.

Vieles, was militärisch oder politisch effektiv ist, ist völkerrechtlich gerade nicht erlaubt. Außerhalb von Kriegsgebieten verstoßen die Einsätze von Drohnen und Killerkommandos gegen das Gewaltverbot der Charta der Vereinten Nationen. In einem Land, wo kein Krieg herrscht, hat niemand das Recht, ihn ohne Erlaubnis der Staatengemeinschaft zu töten. In Pakistan starben seit 2004 bis zu 1379 Menschen durch Drohneneinsatz. Nur zweiunddreißig von ihnen galten als führende

Terroristen. Dramatisch ist der Anstieg der Todeszahlen seit 2004. Er verdoppelt sich seitdem nahezu jährlich. Dabei hat kein Land des Westens bislang offiziell verlautbart, dass es sich bei Pakistan um ein Kriegsgebiet handele.

Philosophen der Frankfurter Schule glauben, dass die Sprache, die wir wählen, das Bewusstsein prägt, das wir haben. Dieses Bewusstsein ist alles was wir haben – wenn wir unterscheiden wollen zwischen richtig und falsch, zwischen ehrlich und verlogen und zwischen gerecht und ungerecht.

Vermutlich werden alle lauteren Menschen sagen, dass Sie sich genau darum redlich bemühen. Hiergegen ließe sich jedoch relativierend einwenden, dass uns das zumindest schwer fällt, wenn wir uns eine innere Haltung zu militärischen Fragen bilden wollen.

Denn in diesem Bereich hat sich eine Sprache gebildet, die alles unternimmt, unser Bewusstsein zu vernebeln.

Wenn ein junger Mensch im Krieg stirbt, dann heißt es, er oder sie sei „im Felde gefallen". Das klingt nach Sommerheu und einem folgenlosen Straucheln. Ein Mensch fällt und steht dann wieder auf.

Doch der Gefallene wurde in Wahrheit von Granaten zerfetzt oder von Kugeln durchsiebt und dies oft bis zur Unkenntlichkeit. Vielleicht hat diesen Menschen im Felde auch „freundliches Feuer" getötet. Der Begriff suggeriert, dass sich der Kugelhagel in gute und schlechte Geschosse teilen ließe. Er reduziert die Tragik eines menschlichen Todes auf die Dimension eines unglücklichen Eigentors beim Fußball.

Und auch der Begriff, dem ich mich zuwenden möchte, ist ein vernebelnder Begriff: „Gezielte Tötung".

Er besteht aus zwei verschiedenen sprachlichen Verblendungen, die kombiniert worden sind, um unser ethisches und juristisches Urteilsvermögen zu trüben. Die „Gezieltheit" soll Präzision und Verlässlichkeit suggerieren. Ein einziger Feind wird zur Tötung unter allen anderen ausgewählt, die unbeteiligt bleiben. Die Wahrheit ist, dass gezielte Tötungen ganz regelmäßig auch unbeteiligte Zivilisten treffen. Die militärische Sprache nennt das dann einen „Kollateralschaden".

Der zweite Teil des Begriffes lautet „Tötung" Er hat die Funktion, dem juristisch wertenden Verstand eine falsche juristische Qualifikation unterzuschieben. Im deutschsprachigen Raum ist die vorsätzliche Tötung eines Menschen ein Totschlag und keine „Tötung". Die Tötung ist für sich genommen reine Tathandlung, die noch nichts über die Strafwürdigkeit der Vorgänge aussagt. Im angelsächsischen Raum ist die vorsätzliche Tötung eines Menschen in der Regel „Murder" nicht „Killing".

Auch hier haben wir eine Art extra-juristische Klangfarbe. Töten, also „kill" – das vollzieht ein Staat, der die Todesstrafe vollstreckt. Das erledigt ganz regelmäßig auch der Soldat, der im Kampf tötet. Das trifft auch auf den Polizisten zu, der, um Leben zu schützen, tötet.

Nur der Verbrecher ist ein „murderer".

Der Begriff der gezielten Tötung setzt sich mithin aus zwei Verschleierungen zusammen. Fügt man sie wieder zusammen, kann man diesen Begriff übersetzen. Gezielte Tötungen wären demnach legale Tötungen von bestimmten Menschen, ohne dass andere Menschen dabei in Mitleidenschaft gezogen werden.

Die Wahrheit ist: Gezielte Tötungen sind mindestens strafbarer Totschlag und die von Drohnen eingesetzten Raketen verbrennen unbeteiligte Zivilisten und unter ihnen auch immer wieder Kinder. In der Regel dürften damit – wegen der Merkmale der Grausamkeit, der Heimtücke und der Verwendung gemeingefährlicher Mittel – auch Mordmerkmale erfüllt sein, mithin die Straftat des Mordes vorliegen.

Doch auch im Krieg gilt das Recht.

Aber auch und gerade im Krieg gibt es immer wieder den Versuch, das Recht in sein Gegenteil verkehren. Ich möchte deswegen den Begriff der „gezielten Tötungen" juristisch vom Kopf auf die Füße stellen.

Das wichtigste Regelwerk des Krieges sind die Genfer Konventionen und ihre Zusatzprotokolle. Sie haben sich in einem steten Lernprozess der sich stets veränderten Kriegsführung angepasst.

Es waren stets die Erfahrungen aus Kriegen, die zur Aufstellung von Regeln für die Begrenzung ihrer Gräuel führten. Bei asymmetrischen militärischen Konflikten entbehrt das humanitäre Völkerrecht auf den ersten Blick jedoch eindeutiger Aussagen. Den scheinbaren Mangel an Regeln deuteten nordamerikanische Juristen, aber auch deutsche Rechtswissenschaftler und Politiker in einen Freibrief für die Kriegsführung der USA um.

Ausgangspunkt der „gezielten Tötung" ist der Begriff des „ungesetzlichen" oder „rechtswidrigen" Kombattanten.

Doch auch dieser Begriff ist ein juristisches Kunstprodukt. Das humanitäre Völkerrecht unterscheidet vielmehr abschließend zwischen „Kombattanten" und „Zivilisten". Als Kombattanten werden die Angehörigen der Streitkräfte einer am Konflikt beteiligten Partei angesehen. Für die Rechtfertigung einer (gezielten) Tötung von Zivilisten oder Kombattanten ist zu unterscheiden. Es kommt darauf an, ob die Zielperson zuverlässig als Feind erkennbar ist.

Bei Zivilisten ist für diese Erkennbarkeit eine unmittelbare Teilnahme an feindlichen (Kampf-)Handlungen erforderlich. Ein Zivilist darf daher nur in unmittelbarem Zusammenhang mit einer Gefechtssituation getötet werden. Für die Tötung von Kombattanten hingegen genügt allein dessen organisatorische Zugehörigkeit zu den Streitkräften.

Die Amerikaner akzeptieren diese Logik des Völkerrechts nicht.

Sie verzichten deswegen bei der Bekämpfung von vermeintlichen und echten Terroristen auf die Erkennbarkeit im Gefecht. Andere Staaten der ISAF, wie Deutschland, widersprechen nicht. Sie argumentieren, dass es sie militärisch benachteilige, wenn sie Personen, die sie für Terroristen halten, nicht wie Kombattanten bei jeder Gelegenheit töten könnten.

Folgerichtig müssten die Amerikaner und ihre Verbündeten jedoch den schlafenden Terroristen insgesamt den Status eines Kombattanten zubilligen.

Doch diese Beurteilung versagen die USA bewusst den Kämpfern der Al Kaida und der Taliban. Denn Kombattanten genießen auch den Schutz der Genfer Kriegsregeln.

Sie dürfen strafrechtlich nicht verfolgt werden. Sie sind als Kriegsgefangene zu behandeln. Das lässt insbesondere Folter oder entwürdigende Behandlung ausscheiden. Nach dem elften September suchten sich die USA einem völkerrechtlichen Dilemma zu entziehen.

Wenn die Terroristen wie Kombattanten zu behandeln wären, dann ließe sich zwar ein Krieg mit regulären Streitkräften gegen sie führen, der gezielte Tötung einschließen würde. Eine strafrechtliche Behandlung schiede aber aus. Falls es sich dagegen um Zivilisten handelte, wäre man auch gezwungen, sie wie solche als Terroristen anzuklagen und zu verurteilen. Gezielte Tötungen mit Drohnen abseits der Kampfhandlungen wären dann illegal.

So ersannen amerikanische Völkerrechtler der Bush-Regierung jenseits der Genfer Konventionen die Figur des kriminellen bzw. rechtswidrigen Kämpfers, der weder den Schutz der zivilen, noch der militärischen Einstufung genießt. Die Obama Administration hat diese Rechtsaufassung übernommen. Bundesrepublikanische Juristen und Politiker pflichteten ihr bei.

Man benötige die dritte Kategorie des Feindes. Gegenüber einem rücksichtslosen Angreifer sei Rücksichtnahme hinderlich. Doch diese Argumentation ist juristisch haltlos. Denn die Genfer Regeln sind nicht von ihrer gegenseitigen Einhaltung abhängig. Sie verpflichten jede Konfliktpartei unabhängig von der anderen.

Nur so lässt sich der in Kriegen üblichen gegenseitigen Verrohung wirkungsvoll entgegenwirken – ein Hauptziel der Konventionen.

Es ist eine Umgehung der Genfer Konventionen, wenn zwei typisch unterschiedliche Schutzgruppen, Zivilisten und Kombattanten, in untypischer Weise verschmolzen werden, so dass in der Synthese weniger Schutz als für die getrennten Gruppen verbleibt. Diese Art der „Rechtsfortbildung" bedeutete eine Erleichterung des Kriegshandwerkes zum Schaden der Humanität.

Das ist das ganze Gegenteil der Idee der Genfer Abkommen.

Tatsächlich ist der Katalog der Genfer Gewaltbegrenzungen sehr viel aktueller, als behauptet wird. Unklarheiten bei der Unterscheidung von Kombattanten und Zivilisten werden von Artikel 50 Abs. 1 des ersten Zusatzprotokolls behandelt. Dort heißt es:

„Im Zweifel ist der Mensch ein Zivilist."

Wer Zivilisten, die nicht unmittelbar an Kampfhandlungen beteiligt sind, gezielt tötet, ist nach deutschen Recht ein gewöhnlicher Totschläger oder Mörder. Wer anderen dabei Hilfe leistet, der macht sich der Beihilfe zum Totschlag oder zum Mord schuldig.

Dass diese Tötungen in staatlichem Auftrag erfolgen ist gänzlich irrelevant. Denn es ist eine zentrale Idee des Rechtsstaates, dass das Recht eben auch und gerade den Staat selbst bindet. Bei Organisationen wie Al Qaida handelt es sich um ein Netzwerk krimineller Zivilisten.

Außerhalb einer Gefechtssituation sind die Taliban wie Verbrecher zu behandeln. Sie sind festzunehmen, anzuklagen und im Falle nachgewiesener Schuld zu bestrafen. Solche Vorgehensweise würde nicht nur die Rechte der Terroristen achten. Sie schützte vor allem auch die Rechte der Nicht-Terroristen.

Denn erst in einem Gerichtsprozess erweist sich, ob ein Mensch tatsächlich Terrorist ist oder nur dafür gehalten wurde. Eine Leistung, die von militärischen oder geheimdienstlichen Beurteilungen nie zu vollbringen wäre.

Nach ihrer Logik ist ein Mensch im Zweifel ein Terrorist.

Ihre Drohnen töten jeden, der sich im Wirkungskreis ihrer Waffen befindet. Das führt zum wichtigsten Unterschied zwischen dem Abschussbefehl einer Rakete und der Verkündung eines Strafurteils.

Im Gerichtssaal gibt es keinen tödlichen Kollateralschaden. In bundesdeutschen Gerichtssälen ist der Tod ohnehin ein Fremder. Die Mitgliedschaft in einer terroristischen Vereinigung ist nach deutschem Recht ein Straftatbestand, der mit hohen Freiheitsstrafen belegt wird, nicht jedoch mit der Todesstrafe.

Nun können die geneigten Leser und Leserinnen dieses Beitrages es sich leicht oder schwer machen.

Sie machen es sich (hoffentlich) schwer, wenn sie die sprachliche und juristische Verschleierung der „gezielten Tötung" durchdringen und sie als das benennen, was sie ist: Totschlag oder Mord im staatlichen Auftrag.

Ich möchte Sie auch ermutigen, es sich im vorgenannten Sinne schwer zu machen: Es ist – in unserem Zeitalter – nicht die Aufgabe der Rechtswissenschaft und der politischen Wissenschaft den Mächtigen nach dem Munde zu reden und ihre Handlungen zu rechtfertigen.

Ganz im Gegenteil.

Die Macht hat ohnehin die Macht zu tun, was sie wünscht. Die schwierige Aufgabe liegt vielmehr darin, die Macht zu begrenzen und an die Grundsätze des Rechts und der Humanität zu binden.

Das Recht ist eine zivilisatorische Errungenschaft, die verteidigt werden muss. Gerade im Umfeld bewaffneter Auseinandersetzungen, in denen die Regeln der Kriegführung den Krieg erschweren.

Denn wenn alle Staaten, die sich vom Terror bedroht sehen, sich herausnehmen, weltweit auf Verdächtige zu schießen, lösen sich nicht nur die Grenzen des Rechts, sondern auch die Grenzen der Staaten auf. Kein Gericht kann mehr überprüfen, was über Tod und Leben der Bürger entscheidet. Darüber befinden hinter verschlossenen Türen allein die „Internationale der Geheimdienste".

Ihre Willkür ersetzt dann die Regeln der Kriegsführung. Ohne Achtung vor rechtlichen Normen wird der gesamte Globus zur Kampfzone.

Wenn man das zu Ende denkt, kommt man zu aberwitzigen Szenarien: Amerikanische Drohnen über dem Brandenburger Tor, nordkoreanische Drohnen über Washington.

FRANZ STRENG

Die Öffnung der Grenze und die Grenzen des Sicherheitsgefühls

Befunde zu Kriminalitätsfurcht und Kriminalpolitik in der Folge der „Flüchtlingskrise"*

I. Ausgangspunkt

Insbesondere in Folge des Bürgerkriegs in Syrien, der Eroberungsstrategie des „Islamischen Staats" im Irak und der sich zuspitzenden Sicherheitskrise in Afghanistan ergab sich ab 2014 ein schnell anwachsender Zustrom von Schutzsuchenden nach Europa, vor allem nach Deutschland. Während im Jahre 2013 noch rd. 120.000 neue Kriegsflüchtlinge und Asylsuchende registriert wurden, waren es im ersten Halbjahr 2015 bereits rd. 230.000 und im zweiten Halbjahr 2015 nicht weniger als 865.000 in Deutschland neu registrierte Flüchtlinge und Asylbewerber. Im Jahr 2016 schwächte sich der Zustrom auf – immerhin noch – rd. 320.000 Zuwanderer ab.[1]

Über durch „Flüchtlinge" begangene spektakuläre Straftaten wurde von den Medien ausführlich, teils in sehr großer Aufmachung berichtet. Die wohl größte Aufmerksamkeit fanden die Vorgänge auf der Kölner Domplatte zu Sylvester 2015/16 und die terroristische LKW-Attacke auf den Berliner Weihnachtsmarkt an der Gedächtniskirche im Dezember 2016. Auch über islamistische terroristische Anschläge im europäischen Ausland ist in den deutschen Medien ausführlich berichtet worden; man denke nur an den Überfall auf die Redaktion des französischen Satiremagazins Charlie Hebdo im Januar 2015, an die Terrorangriffe in Brüssel im März 2016 und an die LKW-Attacke an der Uferpromenade von Nizza im Juli 2016.

Auch weniger spektakuläre Taten durch zugewanderte Täter[2] sind hervorgehobener Gegenstand der Berichterstattung in der lokalen Presse. Freilich hat sich Misstrauen der Bürger über eine möglicherweise zu „flüchtlingsfreundliche" Be-

---

* Herrn Kollegen *Fischer* gewidmet, dem die hier (in → III. 2. b) präsentierten kriminalpolitischen Vorstellungen der befragten Studierenden mehr zusagen dürften, als deren Aussagen zur Akzeptanz der Todesstrafe; zu letzterem *Fischer,* Im Recht. Einlassungen von Deutschlands bekanntestem Strafrichter, 2016, 59, 67.

[1] Vgl. BKA (Hrsg.), Kriminalität im Kontext von Zuwanderung. Bundeslagebild 2016, 2017, 4.

[2] Zu „nichtdeutschen Tatverdächtigen" und dem Anlass ihres Aufenthalts vgl. BKA (Hrsg.), Polizeiliche Kriminalstatistik – Bundesrepublik Deutschland. Jahrbuch 2016: Band 3, S. 127 ff.; speziell zu Gewaltdelikten durch Zuwanderer *Pfeiffer/Baier/Kliem,* Die Entwicklung der Gewalt in Deutschland. Schwerpunkte: Jugendliche und Flüchtlinge als Täter und Opfer, 2018, 71 ff.

richterstattung in den Medien gezeigt, das in der Beschimpfung „Lügenpresse" gipfelte.[3] Etwa bemängelt man ein Verschweigen der Nationalität der Tatverdächtigen. Zugleich werden in Internetseiten ungesicherte und irreführende Daten über – angebliche – Straftaten von Zuwanderern präsentiert.[4] All dies markiert eine stark angestiegene Sensibilität gegenüber den Folgen der Zuwanderung.

Die Schwierigkeit, für den plötzlichen und sehr erheblichen Bevölkerungszuwachs durch Asylsuchende geeignete Quartiere und Versorgung zur Verfügung zu stellen, führte zur provisorischer Unterbringung auch in Massenquartieren. In Reaktion darauf kam es 2015 und 2016 mit jeweils rd. 1.000 registrierten Fällen zu einer großen Zahl von Übergriffen auf Asylunterkünfte, wobei auch Brandstiftungsdelikte sprunghaft zunahmen.[5] Wenngleich dies unter dem Etikett „Radikalismus" zu verbuchen ist, geben die Vorfälle Anlass nachzuforschen, inwieweit auch unter den „normalen" Bürgern Misstrauen gegenüber den Zuwanderern besteht.

Es stellt sich die Frage, wie die Zuwanderung mit Blick auf Kriminalität und Strafe wahrgenommen wurde und wird. Dem soll anhand von Daten einer von 1989 bis 2016 durchgeführten Zeitreihenstudie in Form von Befragungen von Jura-Studienanfängern nachgegangen werden. Dass es sich bei den Befragten nicht um „die Deutschen" handelt, also keine Repräsentativität der Ergebnisse beansprucht werden kann, ist unübersehbar. Eine junge, mit höherer Bildung versehene Population in ihrer Sicht der Dinge darzustellen, erscheint gleichwohl lohnend; dies nicht zuletzt deshalb, weil es sich bei den Jura-Studenten um eine Bevölkerungsgruppe handelt, deren Mitglieder später nicht selten in verantwortungsvolle gesellschaftliche Funktionen einrücken werden.

II. Untersuchungsmethode

Im Jahre 1989 an der Universität Konstanz und von 1993 bis zunächst 2012 an der Universität Erlangen-Nürnberg wurden alle zwei bis drei Jahre Befragungen von Studienanfängern, jeweils im 1. Studiensemester in einer Vorlesungsveranstaltung zu „Strafrecht – Allgemeiner Teil", durchgeführt. Obschon dieses Demoskopie-Projekt mit der Befragung 2012 eigentlich als abgeschlossen gelten konnte, gaben die geschilderten neuen Ereignisse hinreichend Anlass, im November 2016 nochmals die Erlanger Jura-Studienanfänger zu interviewen.[6] Dies geschah in derselben Weise wie in all den Jahren zuvor. Es handelte sich um eine schriftliche Befragung mittels des seit 1989 eingesetzten, standardisierten Erhebungsinstruments. Dieses hat Aspekte des Studiums und der späteren Berufstätigkeit, vor allem aber

[3] Vgl. zu derartigen Vorwürfen die Medienanalyse von *Haller,* Die Flüchtlingskrise in den Medien – Tagesaktueller Journalismus zwischen Meinung und Information, 2017.

[4] Vgl. in Der Spiegel 2/2018, 26ff.

[5] Vgl. BKA (Hrsg.), Kriminalität im Kontext von Zuwanderung. Bundeslagebild 2016, 2017, 39f.; BKA (Hrsg.), Kriminalität im Kontext von Zuwanderung. Bundeslagebild 2015, 32f.; vgl. auch BMI (Hrsg.), Verfassungsschutzbericht 2015, 27f.; BMI (Hrsg.), Verfassungsschutzbericht 2016, 48f.

[6] Durch die Befragungen 1989 bis 2016 wurden 3.514 Jura-Studienanfänger erfasst.

die Kriminalitätswahrnehmung und straftheoretische sowie kriminalpolitische Dimensionen zum Gegenstand.[7] Der Fragebogen enthielt im Termin 2016 neben den Standardfragen zwei neue Items, die sich auf die aktuelle Zuwanderung bezogen.

Das Setting aller Befragung war dadurch geprägt, dass stets der Verfasser mit der stets gleichen Einführungsrede um Mitwirkung der Studierenden bat. Er erklärte den Ablauf und blieb bis zur Abgabe aller Fragebogen im Hörsaal präsent. Es zeigte sich durchgehend, dass die Studierenden den Fragebogen mit großer Konzentration bearbeiteten. Es waren regelmäßig nur ganz wenige Teilnahmeverweigerungen erkennbar.[8] Im Termin 2016 wurden 381 ausgefüllte Fragebogen im Hörsaal abgegeben; offenbar hatten alle anwesende Studierende an der Befragung teilgenommen.

III. Befunde

1. Das Sicherheitsgefühl

Auf die Frage danach, ob und inwieweit sich das Sicherheitsgefühl der Befragten in der Folge des Zustroms von Flüchtlingen und anderen Migranten verändert habe, ergab sich, dass rd. 52% die Frage bejahten, wobei ganz überwiegend mit „etwas unsicherer" geantwortet wurde (Tabelle 1). Hingegen verneinten rd. 46% der studierenden eine Beeinträchtigung ihres Sicherheitsgefühls.

Tabelle 1

Wenn Sie an den Zustrom von Kriegsflüchtlingen und anderen Migranten insbesondere seit Sommer 2015 denken: Hat sich Ihr Sicherheitsgefühl dadurch verändert?		
	N	**%**
Nein	176	46,2
Ja, ich fühle mich etwas unsicherer	172	45,1
Ja, ich fühle mich erheblich unsicherer	26	6,8
Keine Vorstellung	7	1,8
Gesamt	*381*	*100*

In allen Befragungen seit 1989 waren zwei Fragen zur Kriminalitätsfurcht enthalten, die in ihrer Zielrichtung weitgehend – wenngleich ohne direkten Bezug zur Zuwanderung – der in *Tabelle 1* genannten weitgehend entsprechen. Es geht dabei um die Einschätzung der aktuellen Kriminalitätssituation und des persönlichen Bedrohungsgefühls.

---

[7] Vgl. *Streng,* Kriminalitätswahrnehmung und Punitivität im Wandel. Kriminalitäts- und berufsbezogene Einstellungen junger Juristen, 2014, 86ff.

[8] Vgl. zum Technischen *Streng,* Kriminalitätswahrnehmung und Punitivität im Wandel, 2014, 3ff.

Im Jahr 2016 empfanden 47% die allgemeine Kriminalitätslage als unproblematisch, während rd. 42% dies anders sahen (Tabelle 2). Wenn man die Auszählung ohne die zu dieser Frage größere Anzahl an fehlenden Angaben durchführt, gelangt man auf Werte, die recht nahe an die oben in *Tabelle 1* gezeigten herankommen, wenngleich die sich nicht bedroht Fühlenden hier die Mehrheit darstellen.

Tabelle 2

Wie würden Sie die derzeitige Kriminalitätssituation einschätzen?	**N**	**%**
als nicht bedrohlich	179	47,0
als bedrohlich	159	41,7
Keine Meinung/keine Angaben	43	11,3
Gesamt	*381*	*100*

Diese Ähnlichkeit der Ergebnisse mag zu der Annahme führen, dass die Frage zu den Folgen der „Flüchtlingskrise" lediglich die allgemeine Kriminalitätsfurcht widerspiegelt, jedoch keinen spezifischen Gehalt im Sinne von Folgen der neueren Entwicklungen aufweist. Hierzu lässt sich zunächst festhalten, dass der statistische Zusammenhang zwischen den Angaben zur allgemeinen Sicherheitslage (Tabelle 2) und denjenigen zur speziellen Sicherheitslage (Tabelle 1) mittlere Stärke aufweist (Pearsons R = .38, p = .000). Damit ist der Zusammenhang bei weitem nicht so stark, dass man behaupten könnte, die Aussagen zur Verunsicherung durch den Flüchtlingszustrom könnten einfach als Ausdruck der allgemeinen Kriminalitätsfurcht „in anderer Verkleidung" gelten.

Entsprechendes gilt bezüglich der eine affektive Kriminalitätsfurcht ansprechenden Frage nach Einschätzung der persönlichen Gefährdung durch Kriminalität. Der Zusammenhang mit der zuwanderungsbezogenen Kriminalitätsfurcht ist hier etwas weniger stark ausgeprägt (R = .27, p = .000). Das deskriptive Ergebnis der Befragung von 2016 zum affektiven Bedrohungsgefühl ist in *Tabelle 3* wiedergegeben. Es ist unübersehbar, dass diese Form der Verbrechensfurcht weniger häufig bejaht wird als eine Beunruhigung durch die wahrgenommene allgemeine Kriminalitätssituation (Tabelle 2). Dies entspricht durchaus den Befunden aus anderen Studien.[9]

[9] Vgl. *Streng,* Strafmentalität und juristische Ausbildung, 1979, 20f.; *Bilsky/Wetzels/Mecklenburg/Pfeiffer* in Kaiser/Jehle, Kriminologische Opferforschung – Neue Perspektiven und Erkenntnisse, 1995, 73 (77); *Schwind/Gossling* GS Schlüchter, 2002, 743 (751f.).

Tabelle 3

Schätzen Sie die Gefahr, dass Sie selbst von einem gewalttätigen Angriff betroffen werden können,	**N**	**%**
eher gering ein?	238	62,5
eher hoch ein?	100	26,2
Keine Meinung/ keine Angaben	43	11,3
Gesamt	*381*	*100*

Zum Verlauf der Kriminalitätswahrnehmung von 1977 bzw. 1989 bis 2016 werden in *Schaubild 1* die Befragungsergebnisse zu den zwei allgemeinen Formen von Kriminalitätsfurcht dargestellt, nämlich zur Kriminalitätssituation insgesamt und zu persönlichen Bedrohungsgefühlen.[10] Wie schon in den obigen Tabellen stellen hier niedrige Werte eine schwach ausgeprägte Kriminalitätsfurcht dar und hohe Werte eine eher starke Kriminalitätsfurcht.[11]

Schaubild 1

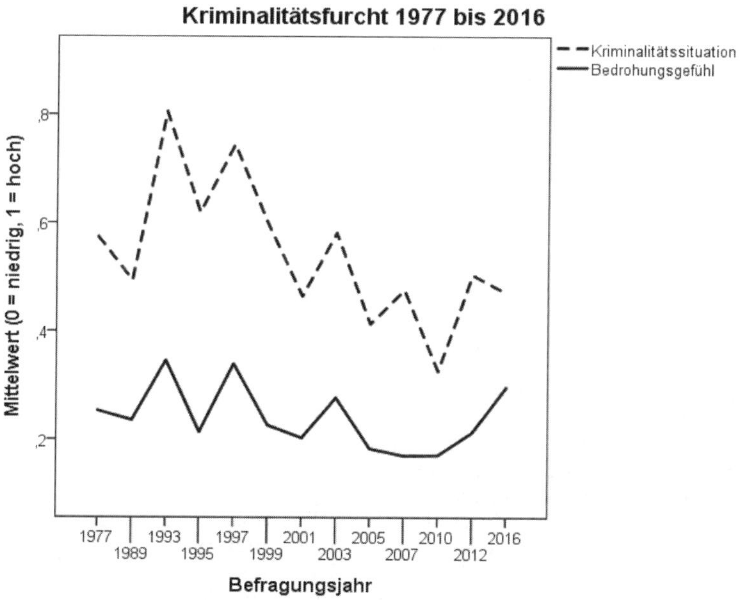

[10] Die ebenfalls erfragte Dimension kriminalitätsbedingter Entfaltungseinschränkungen ist extrem geschlechtsabhängig und daher durch gesellschaftliche Entwicklungen weniger geprägt; sie soll hier unberücksichtigt bleiben (dazu näher *Streng,* Kriminalitätswahrnehmung und Punitivität im Wandel, 2014, 17f., 22f.).

[11] Auf dem Fragebogen waren für Kriminalitätssituation und für Bedrohungsgefühl (Tabellen 2 u. 3) die Antwortmöglichkeiten in der Reihenfolge hohe Kriminalitätsfurcht – niedrige Kriminalitätsfurcht vorgegeben. Um die Datenpräsentation im Folgenden besser nachvollziehbar zu gestalten, wurde eine einheitliche Darstellung (niedrig – hoch) gewählt.

Die im Schaubild gezeigten Daten setzen 1977 an, nämlich anhand einer in Heidelberg durchgeführten Befragung von 104 Jura-Studienanfängern.[12] Im Jahr 1989 äußern die Studienanfänger in Konstanz noch etwas weniger Kriminalitätsfurcht als die Heidelberger Befragten. Für die Zeit nach 1989 zeigt sich dann ein sprunghafter Anstieg in der Verunsicherung durch die Kriminalitätssituation und in den höchstpersönlichen Bedrohungsgefühlen. Dieser Anstieg war unübersehbar Folge der Öffnung der Grenzen nach Osten hin nach Auflösung des „Ostblocks" und der von 1989 auf 1993 spürbar angestiegenen allgemeinen Kriminalitätsbelastung.[13] Die Kriminalitätsfurcht ließ dann aber in der Folgezeit ganz erheblich nach. Dies entspricht auch den Ergebnissen von Repräsentativstudien.[14] In der Studierendenbefragung wie auch in den Repräsentativstudien treten in einzelnen Jahren Ausschläge auf, die mit gerade beim jeweiligen Befragungsdatum bestehenden temporären Beunruhigungen durch markante Vorkommnisse zusammenhängen dürften. Bei der Studienanfänger-Befragung sind zudem Zufallseffekte in Folge der nicht sehr großen Stichproben einzukalkulieren.

Nach 2010 ist nun wieder ein Anstieg der Kriminalitätsfurcht zu beobachten, der von 2012 auf 2016 für das persönliche Bedrohungsgefühl, nämlich selbst von Gewaltkriminalität betroffen sein zu können, nochmals kräftig zulegt.[15] Es spricht mithin alles dafür, dass die Wahrnehmung der (knappen) Mehrheit der Befragten, es habe sich infolge der Flüchtlingskrise ihr Sicherheitsgefühl nachteilig verändert,[16] zu einer derartigen Veränderung auch des allgemeinen Sicherheitsempfindens beiträgt. Es wird also nicht nur ein ohnehin schon vorhandenes Unsicherheitsgefühl unter spezifischer Thematik reproduziert.

Dafür, dass es sich bei den Angaben zur migrationsbedingten Kriminalitätsfurcht tatsächlich um eine eigenständige Dimension der Kriminalitätsfurcht handelt, spricht auch das Fehlen von Viktimisierungs-Erfahrungen als nennenswertem Kau-

---

[12] Vgl. *Streng,* Strafmentalität und juristische Ausbildung, 1979, 18f.; die damals genutzten Frage zum Bedrohungsgefühl war der im Weiteren genutzten Frageformulierungen ganz ähnlich; die in Heidelberg genutzte Frage zur Kriminalitätssituation hingegen war nur denjenigen 73% der Befragten gestellt worden, die zuvor eine Zunahme der Kriminalität bejaht hatten.

[13] Vgl. *Streng,* Kriminalitätswahrnehmung und Punitivität im Wandel, 2014, 21ff., 70f.; *Streng* FS Courakis 2017, 921ff.; für kriminalstatistische Belege vgl. etwa BKA (Hrsg.), Polizeiliche Kriminalstatistik 2010 – Bundesrepublik Deutschland, 2011, 30.

[14] Vgl. etwa die im Internet abrufbare R+V-Studie „Die Ängste der Deutschen 2017" (https://www.ruv.de/presse/aengste-der-deutschen (zuletzt abgerufen am 16.3.2018)).

[15] Hier, wie auch bei der Frage nach der Kriminalitätssituation, hat eine Überprüfung unter Kontrolle von Geschlecht und Alter (derzeit mehr junge Studierende wegen G8) keinen Unterschied im Befund erbracht. – Anstieg erst nach 2012 in der R+V-Studie „Die Ängste der Deutschen 2017", für deren aktuelle Erhebung 2.380 Personen im Alter ab 14 Jahren befragt worden waren; vgl. auch Institut für Demoskopie Allensbach, „Sicherheitsreport Bevölkerung 2016"; für die für die Telekom erstellte aktuelle Erhebung wurden 1.496 Personen, repräsentativ für die Wohnbevölkerung ab 16 Jahre, befragt; dort S. 7f., 13.

[16] In Repräsentativbefragungen wurden als größte Risiken für die Zukunft vor allem Terrorismus, Extremismus und der Flüchtlingszustrom eingestuft; vgl. die R+V-Studie „Die Ängste der Deutschen 2017"; weiterhin Institut für Demoskopie Allensbach „Zwischen Sicherheitsbedürfnis und Risikobereitschaft. Eine Untersuchung im Auftrag des Bundesverbandes deutscher Banken", 2015 (für diese Studie wurden 1.504 Personen, repräsentativ für die Bevölkerung ab 16 Jahre, befragt), dort S. 11f.

salfaktor für migrationsbedingte Kriminalitätsfurcht[17] – dies im Unterschied zur allgemeinen Kriminalitätsfurcht[18].

2. *Sanktionierung der Straftaten von Migranten*

a) Grundannahmen

Die zweite für die Befragung 2016 neu in das Erhebungsinstrument aufgenommene Frage betraf Grundsätze der strafrechtlichen Sanktionierung von Delikten, die durch Zuwanderer begangen werden. Für die Gestaltung dieser Frage mit ihren fünf Antwortmöglichkeiten wurde auf einschlägige Diskussionen in Straftheorie und Strafzumessungslehre zurückgegriffen:[19]

- Man könnte davon ausgehen, dass jüngst Zugewanderte sich regelmäßig in einer schwierigen psychischen, sozialen und materiellen Situation befinden, weshalb in dieser Lage begangene Straftaten unter Schuldgrundsätzen zu einer tendenziell milderen Bestrafung führen sollten, als eine ansonsten vergleichbare Straftat eines nicht so belasteten Einheimischen.
- Mit Blick auf das Strafgleichheitspostulat aus Art. 3 GG und auf den Zweck der Verdeutlichung der deutschen Werteordnung ließe sich dafür plädieren, zwischen Zuwanderern und Einheimischen keine Unterschiede zu machen.
- Schließlich mag man auch für eine tendenzielle Härterbehandlung der Migranten Argumente finden:[20] Zum einen die bei den Zuwanderern zumeist vorhandene Erwartung, ebenso streng bestraft zu werden, wie im regelmäßig hart strafenden Heimatland; eine nun milde Strafe könnte von daher als Bagatellisierung des Unrechts missverstanden werden. In diese Richtung weist auch ein auf Strafschärfung abzielender Ansatz, der Zuwanderern eine geringere Strafempfindlichkeit unterstellt als Einheimischen. Weiterhin könnte man gerade bei in unser Rechtssystem noch nicht Einsozialisierten eher für Abschreckung durch hohe Strafen plädieren als für Normbestätigung, welche keine harten Strafen voraussetzt.

b) Der Befund

In *Tabelle 4* zeigt sich, dass nur eine Minderheit der Befragten für die Verhängung milderer Strafen als bei vergleichbaren Taten Einheimischer votierte. Auch die Verhängung eher härterer Strafen wurde nur von zusammen 9,4% der Befragten befür-

---

[17] Gewaltopfer (nein/ja) x Migration und Sicherheit (Tabelle 1): R = .05, p = .30; Bedrohungsopfer (nein/ja) x Migration und Sicherheit (Tabelle 1): R = .02, p = .73.

[18] Gewaltopfer (nein/ja) x Kriminalitätssituation (Tabelle 2): R = .13, p = .017; Gewaltopfer x persönl. Bedrohungsgefühl (Tabelle 3): R = .27, p = .000; vgl. auch *Dölling/Hermann* FS Schwind 2006, 805 (813f.); *Kunz/Brandenstein/Schmid,* Schweizerische Zeitschrift für Kriminologie 2014, 3 (9ff.); *Streng,* Kriminalitätswahrnehmung und Punitivität im Wandel, 2014, 16ff.

[19] Ausführl. *Streng,* Strafrechtliche Sanktionen, 3. Aufl. 2012, Rn. 725ff.; ferner *Meier,* Strafrechtliche Sanktionen, 5. Aufl. 2015, 211f.

[20] Vgl. für eine kritische Diskussion derartiger Ansätze *Streng* JZ 1993, 109 (114ff.); *Hörnle,* Gutachten C zum 70. DJT, 2014, C 91ff.; *Stree/Kinzig* in Schönke/Schröder, 29. Aufl. 2014, StGB § 46 Rn. 36; *Fischer,* 65. Aufl. 2018, StGB § 46 Rn. 43ff.

wortet. Die ganz große Mehrheit der Studierenden sprach sich dafür aus, keinen Unterschied zwischen Deutschen und Zuwanderern zu machen. Dies bedeutet dann allerdings auch, dass im Einzelfall eine besonders belastende Lebenssituation des Zuwanderers, etwa Unterbringung in einer überfüllten Asylbewerberunterkunft als Hintergrund für z. B. eine Körperverletzung unter Mitbewohnern, durchaus strafmildernd berücksichtigt werden kann. Immerhin für derartige Konstellationen würde sich kein Widerspruch zur ersten Antwort ergeben, die eine Milderung allerdings grundsätzlicher befürwortet.

Tabelle 4

Bei in anderen Kulturen aufgewachsenen Menschen stellt sich die Frage, wie in der Folge von in Deutschland begangenen Straftaten eine strafrechtliche Reaktion aussehen soll.
(Bei dieser Frage kann es mangels konkreter Fallschilderung nur um eine Tendenzaussage gehen; bitte auch hier nur eine Antwort ankreuzen):

	N	%
Eher weniger hart strafen als bei Inländern, da die Zuwanderer besondere Umstellungsprobleme haben und sie zumeist in schwierigen Umständen leben	18	4,7
Keinen Unterschied zwischen Deutschen und Zuwanderern machen	320	84,0
Eher härter bestrafen als Inländer, da die Zuwanderer aus Kulturen kommen, in denen hart gestraft wird und sie daher harte Strafe erwarten	4	1,0
Eher härter bestrafen als Inländer, da man die zugewanderten Täter und deren Umfeld besonders nachdrücklich von Straftaten abschrecken sollte	22	5,8
Eher härter bestrafen aus beiden vorstehenden (oder aus anderen) Erwägungen	10	2,6
Keine Vorstellung/keine Angabe	7	1,8
Gesamt	*381*	*100*

Für die von der Mehrheit eingenommene Position lassen sich tatsächlich überzeugende Gründe anführen. Die Funktion von Strafe als Instrument der Normverdeutlichung (positive Generalprävention) spricht dafür, mit Blick auf eine Integration in unsere Rechts- und Werteordnung die Zuwanderer im Strafrecht eben im Sinne dieser Werteordnung zu behandeln, also genauso wie Einheimische. Überdies vermeidet man derart Strafungleichheiten bzw. Diskriminierungen und damit resozialisierungsfeindliche Empfindungen ungerechter Behandlung auf Seiten der Zuwanderer.[21] Dass eine dem Zuwanderer überraschend milde erscheinende Strafe eine spezifische Kommunikationsaufgabe mit sich bringt, ist freilich nicht zu über-

[21] Ausführlich *Streng,* Strafrechtliche Sanktionen, 3. Aufl. 2012, Rn. 726, 731 f.

sehen. Es muss den derart Sanktionierten klar gemacht werden, dass eine schonend anmutende Behandlung keine Bagatellisierung von Unrecht und Schuld bedeutet, sondern eine Hilfestellung für künftiges normtreues Verhalten.

c) Empirisch erfassbare Hintergründe

Dass Menschen mit ausgeprägter Kriminalitätsfurcht dazu tendieren, höhere Strafen zu befürworten als wenig furchtgeneigte, hat sich immer wieder messen lassen.[22] Auch in der hier dargestellten Studierendenbefragung des Jahres 2016 ergeben sich derartige Zusammenhänge in signifikanter Form, nämlich zwischen der Einschätzung der allgemeinen Kriminalitätssituation bzw. dem persönlichen Bedrohungsgefühl einerseits und der Zustimmung zur Todesstrafe andererseits.[23] Wenn man die Befragungen von 1989 bis 2016 zusammenfasst, dann bestehen zwischen diesen beiden Kriminalitätsfurcht-Variablen und der Stellungnahme zur lebenslangen Freiheitsstrafe[24] hochsignifikante Zusammenhänge der Art, dass mit dem Bedrohungsgefühl auch das Votum für eine besonders harte Sanktionierung von Kapitaldelikten ansteigt.[25]

Dies legt es nahe, den Zusammenhang zwischen der Einschätzung der zuwanderungsbeeinflussten Sicherheitslage durch die im Jahr 2016 Befragten und ihren Vorstellungen einer angemessenen Sanktionierung zu beleuchten. Zunächst hinsichtlich der allgemeinen Sanktionsvariablen zeigt sich, dass insoweit die zuwanderungsbezogene Kriminalitätsfurcht (Tabelle 1) etwas stärker differenzierte als dies oben bei den allgemeinen Furchtvariablen beobachtbar war, wobei die Richtung der Zusammenhänge gleich ist.[26]

Besonderes Interesse verdient der Zusammenhang zwischen der zuwanderungsbezogenen Kriminalitätsfurcht (Tabelle 1) und der Stellungnahme zur Sanktionierung straffälliger Zuwanderer (Tabelle 4). Für diese Berechnung wurden die in *Tabelle 4* dargestellten Werte 3 bis 5 zusammengefasst, um ein ordinales Skalenniveau (milder – gleich – härter) herzustellen.

---

[22] Vgl. *Streng,* Strafzumessung und relative Gerechtigkeit, 1984, 171ff.; *Streng,* Kriminalitätswahrnehmung und Punitivität im Wandel, 2014, 54ff.; *Boers,* Kriminalitätsfurcht, 1991, 327ff.; *Kury/Obergfell-Fuchs* FS Schwind, 2006, 1021 (1025); *Kunz/Brandenstein/Schmid,* Schweizerische Zeitschrift für Kriminologie 2014, 3 (9).

[23] Allgemeine Kriminalitätssituation (sicher/unsicher) x Todesstrafe (ja/nein): $R = -.14$, $p = .011$; persönliches Bedrohungsgefühl (niedrig/hoch) x Todesstrafe: $R = -.11$, $p = .053$.

[24] Antwortmöglichkeiten bezüglich lebenslanger Freiheitsstrafe für Kapitaldelikte: das Lebenslänglich abschaffen – für den Einzelfall als Höchststrafe – zwingend – zu milde; vgl. *Streng,* Kriminalitätswahrnehmung und Punitivität im Wandel, 2014, 51f. (88).

[25] Allgemeine Kriminalitätssituation (sicher/unsicher) x lebenslange Freiheitsstrafe (abschaffen – zu milde): $R = .14$, $p = .000$; persönliches Bedrohungsgefühl (niedrig/hoch) x lebenslange Freiheitsstrafe: $R = .11$, $p = .000$.

[26] Sicherheitslage nach Migration (unverändert – unsicherer) x Todesstrafe (ja/nein): $R = -.20$, $p = .000$; Sicherheitslage nach Migration x lebenslange Freiheitsstrafe (abschaffen – zu milde): $R = .19$, $p = .000$.

Tabelle 5

Sicherheitslage nach Migration \ **Migranten-Bestrafung**	milder	gleich	härter	*Gesamt*
unverändert	14 8,0%	160 90,9%	2 1,1%	176 100%
etwas unsicherer	3 1,8%	141 84,4%	23 13,8%	167 100%
viel unsicherer	0 0%	14 56,0%	11 44,0%	25 100%
Gesamt	17 4,6%	315 85,6%	36 9,8%	368 100%

Der Blick auf *Tabelle 5* zeigt einen ungewöhnlich starken Zusammenhang zwischen Kriminalitätsfurcht und Sanktionshärte (R = .36, p = .000). Je mehr die Befragten durch Zuwanderung verunsichert waren, desto mehr plädierten sie für Strafhärte gegen Zuwanderer. Dies ist umso beeindruckender, als die Zusammenhänge zwischen allgemeinen Furchtdimensionen und der speziellen Sanktionsvorstellung gegenüber straffälligen Zuwanderern schwach ausfallen und nicht signifikant sind.[27] Hierin wird nochmals deutlich, dass die Verunsicherung durch Zuwanderung eine durchaus spezifische Form der Kriminalitätsfurcht darstellt, wie oben (in III.1) bereits herausgearbeitet.

Als weitere Zusammenhänge bzw. Hintergründe der Stellungnahmen zur strafrechtlichen Reaktion auf Straftaten von Zuwanderern lassen sich benennen: Frauen neigten, obschon häufiger durch die Zuwanderung beunruhigt als Männer,[28] zu eher zurückhaltendem Strafen.[29] Zu höheren Strafen gegen Zuwanderer tendierte, wer wenig für Resozialisierung eintrat, wer spezialpräventive und generalpräventive Abschreckung hochschätzte und wer viel von Vergeltung als Strafzweck hielt.[30] Auch die Befürworter einer harten Linie im Zusammenhang mit der lebenslangen

[27] Allgemeine Kriminalitätssituation (sicher/unsicher) x Migranten-Bestrafung (milder – härter): R = .10, p = . 084; persönliches Bedrohungsgefühl (niedrig/hoch) x Migranten-Bestrafung: R = .06, p = .24.

[28] Geschlecht (weiblich/männlich) x Sicherheitslage nach Migration (unverändert – unsicherer): R = –.17, p = .001.

[29] Geschlecht (weiblich/männlich) x Migranten-Bestrafung (milder – härter): R = .11, p = .04. Bei den im Fragebogen enthaltenen fünf allgemeinen Sanktionsfragen zeigte sich lediglich zur Todesstrafe (ja/nein) bei den Frauen eine weniger punitive Haltung als bei den Männern (R = –.13, p = .014).

[30] Die Zusammenhänge in der im Text genannten Strafzweck-Reihenfolge: R = –.20, p = .000; R = .15, p = .005; R = .13, p = .013; R = .11, p = .04.

Freiheitsstrafe und die Befürworter der Todesstrafe tendierten – wenig überraschend – zu einer scharfen Sanktionierung straffälliger Migranten.[31]

IV. Resümee

Es zeigt sich, dass der intensive Zustrom von Kriegsflüchtlingen und anderen Zuwanderern die einheimische Bevölkerung beunruhigt hat, insbesondere zu Angst vor einer aus den Reihen der Migranten erwarteten Kriminalität führte. Dies belegen nicht nur Repräsentativbefragungen sondern auch die hier referierte Befragung von Jura-Studienanfängern, also einer jungen, schulisch gut ausgebildeten Population. Derartige Ergebnisse lassen sich nicht einfach als Angaben von ohnehin mit Kriminalitätsfurcht Belasteten relativieren. Vielmehr weist die durch die neuere Migrationsbewegung induzierte Kriminalitätsfurcht eine eigene Charakteristik auf. Zugleich geht diese spezielle Form der Kriminalitätsfurcht mit einem Anstieg der allgemeinen Kriminalitätsfurcht einher.

Die auf Zuwanderung bezogene Kriminalitätsfurcht beeinflusst in markanter Form die Stellungnahme dazu, wie bei Straftaten von Zuwanderern strafjustiziell reagiert werden soll. Im Grundsatz bleibt jedoch festzuhalten, dass die große Mehrheit der Befragten kein „Sonderstrafrecht" für Migranten befürwortete: Man will bei der Reaktion auf Straftaten keinen Unterschied zwischen Deutschen und Zuwanderern machen. Dies gibt in einem mehr auf Normbestätigung und Integration als auf Abschreckung ausgerichteten „demokratischen Strafrecht"[32] durchaus Sinn.

[31] Lebenslange Freiheitsstrafe (abschaffen – zu milde) x Migranten-Bestrafung (milder – härter): R = .15, p = .004; Todesstrafe (ja/nein) x Migranten-Bestrafung (milder – härter): R = –.11, p = .04.

[32] Dazu *Streng* in Zieschang ua, Strafrecht und Kriminalität in Europa, 2003, 143, 146ff.; *Streng*, Strafrechtliche Sanktionen, 3. Aufl. 2012, Rn. 72.

IX. MEDIEN

WOLFGANG KUBICKI

Das Verhältnis von Justiz und Medien

Justitia ist blind. Jedenfalls ist das der Selbstanspruch der Justiz. Die Justiz soll eine Streitfrage unbeeinflusst und ohne Ansehen der Person allein nach Recht und Gesetz beurteilen und entscheiden. Tatsächlich war und ist es der Justiz nahezu unmöglich, diesem Anspruch gerecht zu werden. Nicht nur die Rechtsetzung, sondern auch die Rechtsprechung war schon immer beeinflusst vom Zeitgeist, den gerade herrschenden Moralvorstellungen, dem Rechtsempfinden der Bevölkerung und den politischen Überzeugungen.

Und eben auch von den Medien.

Man darf „nicht unberücksichtigt lassen, daß das hochentwickelte Nachrichtenwesen und die Massenpublikationsmittel der Presse, des Funks und des Films Möglichkeiten eröffnen, auf die öffentliche Meinung und damit mittelbar auch auf die Rechtspflege in einem Umfang bestimmend einzuwirken, wie das früher ausgeschlossen war."[1]

Dieser Satz greift nicht etwa die aktuelle Debatte über die zunehmende Medialisierung des Strafprozesses auf, sondern stammt aus der Begründung zum Entwurf eines Strafgesetzbuches aus dem Jahr 1962, also einer Zeit, in der vom Aufkommen des Internets noch keine Rede war.

Damals wurde der Versuch unternommen, den Einfluss der Presse auf die Entscheidungsfindung der Richter durch eine öffentliche Vorverurteilung zu beschränken, indem eine vorgreifende öffentliche Berichterstattung während des Strafverfahrens unter Strafe gestellt werden sollte. Die Einführung des Strafgesetzes scheiterte letztlich ebenso wie eine weitere Initiative aus dem Jahr 1984 mit der gleichen Stoßrichtung.[2]

Nun hat sich seit dem Jahr 1962 das Verhältnis zwischen Medien und Justiz gewandelt. Mit dem Eintritt in das Informations- und Kommunikationszeitalter hat sich der Trend noch verstärkt, gerichtliche Entscheidungen in der Öffentlichkeit vor einem breiten Publikum auszubreiten und die Entscheidungsprozesse in einer Art öffentlichem Parallelgericht zu begleiten, zu beeinflussen und zu bewerten.

Neben den Prozess im Gerichtssaal ist der Prozess in den Medien und der Öffentlichkeit getreten.

Die Verfahren, an denen sich die Debatte über das angespannte Verhältnis von Justiz und Medien entzündet hat, sind dabei zwar absolute Einzelfälle.

---

[1] BT-Drs. IV/650, 635.
[2] BT-Drs. 10/4608.

Doch sind es eben auch gerade diese Verfahren, die für das Ansehen der Justiz in der Öffentlichkeit entscheidend sind.

Bei näherer Betrachtung sind hier verschiedene Aspekte zu unterscheiden: Zunächst die Frage, ob und inwiefern der Richter durch die mediale Berichterstattung beeinflusst wird.

Es ist längst anerkannt, dass die Medien zu einem „Kriminalpolitiker" geworden sind. Dabei generieren und lenken sie durch ihre Berichterstattung nicht nur eine bestimmte Erwartungshaltung in der Bevölkerung. Die Kriminalberichterstattung dringt auch bis ins Richterzimmer vor. Der Leser sitzt auch auf der Richterbank.

Laut einer Studie über die Beziehung von Justiz und Medien vermuten 30 Prozent der befragten Staatsanwälte und Richter, dass die Medien jedenfalls auf die Höhe der Strafe Einfluss nehmen.[3] Und 50 Prozent der Befragten gaben an, bei der Entscheidung auch die Akzeptanz in der Öffentlichkeit zu berücksichtigen.

Und so sind öffentliche Erklärungen der Gerichte mitunter auch Ausdruck einer Rechtfertigung in der veröffentlichten oder öffentlichen Meinung, die ihrerseits ein Urteil gefällt hat.

So verstieg sich das Landgericht Mannheim im *Kachelmann*-Prozess in der Begründung des freisprechenden Urteils zu der Aussage, man habe sich nicht von der Schuld des Angeklagten überzeugen können, jedoch auch nicht von seiner Unschuld. Als käme es darauf an.

Das Prinzip der Unschuldsvermutung verbietet es einem Gericht, eine Aussage über seine Überzeugungsbildung zu treffen, die darüber hinaus geht, dass man sich von der Schuld des Angeklagten nicht habe überzeugen können.

Wenn das Gericht nicht vollständig von der Schuld des Angeklagten überzeugt ist, muss es eben freisprechen. Der Grundsatz „in dubio pro reo" – im Zweifel für den Angeklagten – ist schließlich einer der wichtigsten Grundsätze der deutschen Strafprozessordnung.

Umgekehrt muss sich ein Strafgericht aber gerade nicht davon überzeugen, dass ein Angeklagter unschuldig ist. Dies sieht die Rechtsordnung nicht vor. Freispruch ist Freispruch.

Gerichtsverhandlungen sind grundsätzlich öffentlich. Der Sinn des Öffentlichkeitsgrundsatzes besteht darin, den Angeklagten durch öffentliche Kontrolle vor willkürlichen Geheimverhandlungen zu schützen. Er dient aber weder der Befriedigung von individuellen Informationsbedürfnissen, noch dazu, den Medien eine lukrative Berichterstattung zu ermöglichen.

Gerichtsverhandlungen sollen zwar *in* der Öffentlichkeit, aber eben nicht *für* die Öffentlichkeit stattfinden.

Dennoch zeigt sich gerade am Grundsatz der Öffentlichkeit, wie die Medien die Justiz herausfordern.

Mit Hinweis auf die Kontrollfunktion der Öffentlichkeit und der Medien hat das Bundesverfassungsgericht mehrfach die grundsätzliche Zulässigkeit des Filmens und Fotografierens im Sitzungssaal unmittelbar vor der Verhandlung festgestellt.[4] Die

---

[3] *Kepplinger/Zerback,* Publizistik, 2009, 216, 224ff.

[4] Vgl. etwa BVerfG Beschl. v. 19.12.2007 – 1 BvR 620/07, NJW 2008, 977.

Herstellung einer möglichst breiten Öffentlichkeit liege auch im Interesse der Justiz. Denn wer „Im Namen des Volkes" urteilt, muss sich dem Volk auch zeigen und sich zugleich darum kümmern, wie die Verfahren und Urteile in der Bevölkerung angenommen werden. Das Verbot von solchen Aufnahmen sei ein Eingriff in die Rundfunkfreiheit und bedürfe einer entsprechenden, gewichtigen Rechtfertigung.[5]

Vergleicht man dies mit den noch nicht allzu lange zurück liegenden Ausführungen des Bundesverfassungsgerichts im sogenannten „n-tv Urteil"[6] aus dem Jahr 2001, wonach eine „unbegrenzte Öffentlichkeit" der Wahrheitsfindung entgegenstehen könne, wird die Entwicklung zu einer zunehmenden Medialisierung des Gerichtsverfahrens deutlich.

Mit dem inzwischen verabschiedeten Gesetz über die Erweiterung der Medienöffentlichkeit in Gerichtsverfahren (EMöGG)[7] geht man noch einen Schritt weiter. Nunmehr ist selbst das seit 1964 geltende Verbot von Rundfunkübertragungen während der Hauptverhandlung zumindest vor den obersten Bundesgerichten aufgeweicht und zukünftig auch die Übertragung von Urteilen denkbar.

Sowohl Richter als auch Staats- und Rechtsanwälte müssen sich deshalb inzwischen nicht nur auf die Verfahrensführung konzentrieren, sondern auch auf ihre Außendarstellung achten. Der Umgang mit der Presse entscheidet darüber, wie sie in den Nachrichten dargestellt werden – salopp formuliert: ob sie am Abend in der „Tagesschau" oder in der „heute show" auftauchen.

Diese neue Aufgabe der öffentlichen Selbstdarstellung wird durch eine zweifelhafte Eigenschaft des Menschen noch erschwert: Menschen sind meistens eitel. Das gilt für Juristen allemal.

Deshalb ist der mediale Auftritt für viele nicht nur lästige Pflicht, sondern auch eine willkommene Chance, um sich zu profilieren. Dies gilt für Verteidiger genauso wie für Staatsanwälte und Richter.

Die Rolle des Anwalts in großen Verfahren besteht längst nicht mehr nur aus der Verteidigung vor Gericht. Eindrücklich haben in jüngerer Vergangenheit etwa die Fälle *Wulff, Kachelmann* und *Hoeneß* gezeigt, wie wichtig eine wirksame Vertretung gegenüber den Medien ist.

Litigation-PR hat gerade im Strafverfahren Konjunktur. Es gibt eine vielfältige Zusammenarbeit zwischen Anwälten und den Medien, um die öffentliche Beeinträchtigung, die durch die Verfahren selbst entsteht, zu begrenzen oder aber gelegentlich auch die Persönlichkeitsrechte der von den Verfahren Betroffenen zu wahren.

---

[5] Vgl. jüngst BVerfG Beschl. v. 17.8.2017 – 1 BvR 1741/17, NJW 2017, 3288.

[6] BVerfG Beschl. v. 11.1.1996 – 1 BvR 2623/95, NJW 1996, 581, BVerfG Beschl. v. 16.4.1999 – 1 BvR 622/99, NJW 1999, 1951. Zugrunde lagen zwei Verfassungsbeschwerden des Nachrichtensenders n-tv, dem Aufnahmen während der sog. „Politbüro-Prozesse" und des „Kruzifix-Verfahrens" untersagt worden waren. Das BVerfG hat die Verfassungsbeschwerden zurückgewiesen und das gesetzliche Verbot von Ton- und Fernsehaufnahmen als verfassungsgemäß erachtet.

[7] BGBl. 2017 I 68, vom 18.10.2017.

Der Grat zwischen den Vor- und Nachteilen ist dabei schmal. Im Handbuch des Strafverteidigers *von Dahs* steht daher auch: „Der Umgang mit der Presse ist ebenso aufregend und gefährlich wie der Umgang mit schönen Frauen und Pferden. Man muss ständig aufpassen, dass sie nicht durchgehen.“[8]

Wie schnell die Grenze zwischen medialer Interessenwahrung und Schutz prozessualer Interna überschritten werden kann, zeigte exemplarisch der Fall *Gustl Mollath.* Nachdem dessen Verteidiger verschiedene Verfahrensdokumente auf seiner Homepage veröffentlichte, ermittelte die Staatsanwaltschaft wegen des Verdachts der verbotenen Mitteilungen über Gerichtsverhandlungen.

Die Grenzen einer Zusammenarbeit des Strafverteidigers mit der Presse werden vom Beschuldigten gesetzt. Der Rechtsanwalt unterliegt der Verschwiegenheitspflicht nach § 43a Abs. 2 Bundesrechtsanwaltsordnung (BRAO). Allein der Beschuldigte verfügt darüber, ob und inwieweit Informationen an die Medien weitergeben werden. Handelt der Strafverteidiger ohne Einwilligung seines Mandanten, kann er sich wegen der Verletzung von Privatgeheimnissen nach § 203 Abs. 1 Nr. 3 StGB strafbar machen.

Daneben muss der Strafverteidiger die durch § 353d Nr. 3 StGB gesetzten Grenzen beachten, wonach die Anklageschrift oder andere amtliche Dokumente eines Strafverfahrens weder ganz noch in wesentlichen Teilen im Wortlaut öffentlich mitgeteilt werden dürfen, bevor sie in öffentlicher Verhandlung erörtert worden sind oder das Verfahren abgeschlossen ist.

Genauso gibt es eine vielfältige Zusammenarbeit zwischen Staatsanwaltschaften und Pressevertretern, die mit gezielten Informationen versorgt werden, um unzulängliche Ermittlungsergebnisse durch öffentlichen Druck zu kompensieren.

Diese Zusammenarbeit birgt vor allem im Vorfeld des Prozesses große Gefahren. Denn während die Hauptverhandlung grundsätzlich öffentlich ist, ist es das Ermittlungsverfahren aus gutem Grund gerade nicht. Zulässig ist die Weitergabe von Informationen im Ermittlungsverfahren auf Anfrage zur Erfüllung des presserechtlichen Auskunftsanspruchs.

Zu beachten ist hier aber der aus dem Rechtsstaatsprinzip abzuleitende Grundsatz der Unschuldsvermutung, der auch im Ermittlungsverfahren gilt.

Die Staatsanwaltschaft, die für sich selbst beansprucht, die „objektivste Behörde der Welt zu sein“, ist an diesen tragenden Grundsatz gesetzlich gebunden. In einer Zeit, in der medial bereits die Vorprüfung eines Anfangsverdachtes einer Straftat einem Urteil gleichgestellt wird („Bundespräsident Wulff muss zurücktreten, wenn sich bereits die Staatsanwaltschaft mit ihm beschäftigt“), ist hier besondere Vorsicht geboten.

Und doch führte die Medialisierung des Strafprozesses in der Vergangenheit wiederholt dazu, dass hier Grenzen überschritten wurden.

So hat die Staatsanwaltschaft Karlsruhe im Fall des ehemaligen Bundestagsabgeordneten *Jörg Tauss* eine Pressemitteilung veröffentlicht, in der sie noch vor der Hauptverhandlung feststellt, die Einwände *Tauss* gegen den Tatvorwurf seien schlicht „unbegründet“. Doch die Staatsanwaltschaft setzte noch einen drauf und

---

[8] *Dahs,* Handbuch des Strafverteidigers, 6. Aufl. 1999, Rn. 201.

teilte zugleich mit, dass sie Anklage erheben wolle. Zu diesem Zeitpunkt hatte der Verteidiger aber noch nicht einmal die Gelegenheit zur Akteneinsicht gehabt, und die Immunität war ebenfalls noch nicht aufgehoben. Das vorschnelle Handeln kommentierte die zuständige Generalstaatsanwältin später lapidar als „Kunstfehler".

Neben der Unschuldsvermutung ist bei der Weitergabe von Informationen vor allem das Persönlichkeitsrecht des Betroffenen zu berücksichtigen. Dies betrifft in erster Linie die Nennung des Namens des Beschuldigten. Und auch hier schießen forsch auftretende Staatsanwälte immer wieder über das Ziel hinaus.

Im April 2009 veröffentlichte die Staatsanwaltschaft Darmstadt eine Pressemitteilung, wonach in Frankfurt am Main eine 26-jährige Sängerin wegen des Verdachts der gefährlichen Körperverletzung festgenommen wurde, da der dringende Tatverdacht bestehe, dass die Beschuldigte in den Jahren 2004 und 2006 ungeschützten Geschlechtsverkehr mit drei Personen hatte, ohne diese zuvor darauf hinzuweisen, dass sie selbst HIV-positiv ist. Noch am gleichen Morgen vermeldete die Bild-Zeitung auf der Titelseite, dass No-Angels-Sängerin *Nadja Benaissa,* 26, am Samstagabend in Frankfurt festgenommen worden sei.

Die Staatsanwaltschaft ermöglichte also nicht nur die umgehende Identifizierung der Beschuldigten, sondern teilte gleich ein Geheimnis mit, das den Intimbereich der Sängerin betrifft. Auch wenn der Tatvorwurf gerade die Infizierung eines anderen mit HIV war, wäre hier ein moderateres Vorgehen nicht nur möglich, sondern geboten gewesen.

Problematisch wird es, wenn Informationen – etwa über die Einleitung eines Ermittlungsverfahrens – „durchgestochen" werden. Insbesondere dann, wenn die Presse bislang noch gar keine Kenntnis vom jeweiligen Sachverhalt hatte.

Es gibt in Deutschland inzwischen kaum ein prominentes Verfahren, bei dem die Ermittlungsakte, noch bevor sie bei allen Verfahrensbeteiligten eingegangen ist, nicht bereits in den Händen von Medienvertretern ist. Dies zeigte zuletzt besonders eindrucksvoll der Fall *Wulff.*

Im Fall *Edathy* erklärte der zuständige Oberstaatsanwalt *Thomas Klinge* gegenüber den Medien zwar immerhin, dass er nicht befugt sei, irgendwelche Auskünfte zu erteilen. Dass er aber ausgerechnet die Zentralstelle zur Bekämpfung gewaltdarstellender, pornographischer oder sonst jugendgefährdender Schriften bei der Staatsanwaltschaft Hannover leitet, war auch der Presse bekannt. Da hätte er den Tatvorwurf auch gleich selbst mitteilen können.

Und es gibt kein spektakuläres Verfahren in Deutschland, bei dem bei Durchsuchungs- oder Verhaftungsaktionen Medienvertreter nicht bereits am Orte des Geschehens warten. Als bei der FDP-Politikerin *Cornelia Piper* nach einem Artikel in der BILD-Zeitung mit dem Titel „Huch! Im Wohnzimmer von Cornelia Piper wächst Hasch" eine Hausdurchsuchung der Staatsanwaltschaft erfolgte, war ein Kamerateam des MDR live dabei. Und der frühere Bundesligaprofi *Maurizio Gaudino* wurde 1994 sogar gleich nach seinem Auftritt in der Late-Night-Show von *Thomas Gottschalk* medienwirksam verhaftet.

Auch die sogenannte „Liechtenstein-Affäre" wurde öffentlichkeitswirksam durch eine Live-Durchsuchung beim früheren Post-Chef *Klaus Zumwinkel* eingeleitet. Im Fall *Zumwinkel* wurde dabei noch eine weitere Grenze presserechtlicher

Auskunftsansprüche überschritten. Denn ihre Informationen konnten die Medien nur durch Amtsträger – entweder von den Finanzbehörden oder der Staatsanwaltschaft – erhalten haben, also durch die gemäß § 355 StGB strafbare Verletzung des Steuergeheimnisses (§ 30 AO).

Ein solcher Bruch des Steuergeheimnisses wiederholte sich im Fall *Hoeneß*.

Nachdem dieser Anzeige gegen Unbekannt wegen Verletzung des Steuergeheimnisses erstattet hatte, durchsuchte die Staatsanwaltschaft München I mehrere bayerische Finanzbehörden, um herauszufinden, wer denn die Details aus diesem Fall an die Medien verraten hat.

Zu einem Strafverfahren kam es aber nicht, da es den Ermittlern nicht gelang, die undichte Stelle auszumachen. Nach ihren Recherchen hatte eine vierstellige Zahl von Beamten Zugriff auf die Steuerakten.

Gegen den Vorwurf, dass das Steuergeheimnis schon deshalb keines mehr sei, weil selbst innerhalb der Finanzverwaltung vieles nicht geheim wäre, verteidigte sich das Bayerische Landesamt für Steuern damals umgehend: Nur die Steuerfahnder, die Bußgeldstellen und Umsatzsteuerprüfer hätten Zugriff gehabt. Im konkreten Fall waren das 1.165 Mitarbeiter.

Eine ganz neue Dimension der medialen Vorverurteilung markierte der Fall *Edathy,* bei dem schon Fotografien *aus* der Wohnung des Beschuldigten veröffentlicht wurden, *während* dort noch eine Durchsuchung stattfand.

Fraglich ist, wie solche Fälle rechtlich zu behandeln sind.

Eine gesetzliche Informationspflicht der Staatsanwaltschaft gegenüber der Presse gibt es nicht. Zwar erlaubt § 475 Abs. 4 StPO auch Auskünfte an private „sonstige Stellen", wovon die Medien umfasst sein sollen, jedoch ist hier auf Auslassung der personenbezogenen Daten zu achten.[9]

So ist zum Beispiel nach § 15 Landesdatenschutzgesetz SH die Übermittlung personenbezogener Daten an nichtöffentliche Stellen nur zulässig, wenn von diesen ein rechtliches Interesse an der Kenntnis der zu übermittelnden Daten glaubhaft gemacht wird und schutzwürdige Belange der oder des Betroffenen nicht beeinträchtigt werden.

Dazu kommt, dass bei der Weitergabe von Informationen „unter der Hand" in der Regel bestimmte Pressevertreter gezielt bevorzugt werden. Dies ist willkürlich, weshalb man an einen Verstoß gegen den presserechtlichen Auskunftsanspruch

(vgl. etwa § 4 Landespressegesetz SH) denken könnte, der nämlich auch die Gleichbehandlung der Medien beinhaltet.

Staatsanwälte könnten sich gegebenenfalls wegen der Verletzung von Dienstgeheimnissen gemäß § 353b StGB strafbar machen, wenn sie ihre Amtspflichten verletzen und vertrauliche Informationen an die Presse weitergeben.

In den Fällen *Edathy* und *Wulff* ermittelte deshalb die Staatsanwaltschaft Göttingen gegen den Celler Generalstaatsanwalt *Frank Lüttig.* Wiederholt waren belastende Teilergebnisse und Unterstellungen an die Medien gelangt und angeblich sogar komplette Vernehmungsprotokolle an Journalisten weitergeleitet worden, was bereits im Verlauf des *Wulff*-Prozesses zu internen Ermittlungen innerhalb der zu-

---

[9] Gieg in KK-StPO, 7. Aufl. 2013, § 475 Rn. 9.

ständigen Staatsanwaltschaft Hannover geführt hatte, die jedoch ohne Ergebnis eingestellt wurden.

Auf der anderen Seite dürfen Journalisten die durchgestochenen Dienstgeheimnisse veröffentlichen, ohne dass Ermittlungen wegen des Verdachts der Beihilfe zum Geheimnisverrat gegen sie eingeleitet werden.

Der nach dem Cicero-Urteil[10] eingeführte § 353b Abs. 3a StGB sieht vor, dass Beihilfehandlungen einer in § 53 Abs. 1 S. 1 Nr. 5 StPO genannten Person – wozu auch eben auch Pressevertreter gehören – nicht rechtswidrig sind, wenn sie sich auf die Entgegennahme, Auswertung oder Veröffentlichung des Geheimnisses oder des Gegenstands oder der Nachricht, zu deren Geheimhaltung eine besondere Verpflichtung besteht, beschränken.

Der harte journalistische Überbietungswettbewerb befeuert das zwiegespaltene Verhältnis zwischen Medien und Justiz zusätzlich. Auflagen- und Quotendruck fördern den Drang, der Erste am Informations- und Meinungsmarkt zu sein. Schnelligkeit geht leider viel zu häufig vor Gründlichkeit.

Dabei sind auch die Medien an den Grundsatz der Unschuldsvermutung gebunden. Der Pressekodex des deutschen Presserats sieht in Ziffer 13 vor, dass die Berichterstattung über Ermittlungsverfahren, Strafverfahren und sonstige förmliche Verfahren frei von Vorurteilen erfolgen muss.

Die mediale Wirklichkeit sieht leider oft anders aus. So wurde etwa am Anfang der Berichterstattung über die Selbstanzeige von *Uli Hoeneß* vom angeblichen Umfang seines Vermögens auf Schweizer Konten berichtet. Die veröffentlichten Zahlen erwiesen sich später als falsch bzw. als zu hoch gegriffen. Solche Meldungen prägen aber das negative Bild der Öffentlichkeit von dem Betroffenen in einem Ausmaß, das weder etwaige Richtigstellungen, noch ein möglicher späterer Freispruch mehr vollständig bereinigen können.

Zu beobachten war zuletzt auch, dass entlastende Umstände medial kaum noch erwähnt werden und sich die Berichterstattung einseitig gegen den Betroffenen dreht. So im Fall *Wulff*, in dem es täglich zu neuen Veröffentlichungen kam. Kleine Details, wie beispielweise ein geschenktes Bobby Car, wurden zu staatsgefährdenden Affären hochgespielt.

Dieser publizistische Voyeurismus ist unverantwortlich. Die gezielte Herstellung der Öffentlichkeit instrumentalisiert und missbraucht das Strafverfahren. Die so erreichte Prangerwirkung widerspricht der Strafprozessordnung und führt zu einer Aushöhlung der Unschuldsvermutung.

Verändern die Medien also die Justiz? Die Antwort lautet eindeutig ja.

Der moderne Strafprozess gerät heute immer stärker zu einem Medienprozess.

---

[10] BVerfG Urt. v. 27.2.2007 – 1 BvR 538/06, NJW 2007, 1117. Anlass des Rechtsstreits war ein Artikel des Journalisten Bruno Schirra, der für einen Artikel im „Cicero" aus einem vertraulichen BKA-Papier über einen Terroristen zitiert hatte. Die Verfassungsbeschwerde des Chefredakteurs gegen die daraufhin erfolgte Durchsuchung der Redaktionsräume der Monatszeitschrift war erfolgreich. Die Karlsruher Richter entschieden, dass die bloße Veröffentlichung eines Dienstgeheimnisses im Sinne des § 353b StGB durch einen Journalisten nicht ausreicht, um wegen des Verdachts der Beihilfe zum Geheimnisverrat gegen ihn zu ermitteln.

- Wenn es karrieristischen Staatsanwälten vornehmlich um die mediale Selbstdarstellung, um das Gewinnen oder Verlieren als persönlicher Leistungsnachweis in der Öffentlichkeit und nicht mehr um den Tatnachweis und eine mögliche schuldangemessene Bestrafung geht,
- wenn Rechtsanwälte eine unzensierte Berichterstattung verhindern, indem sie gezielt Informationen an die Presse geben,
- wenn sich Richter von der vermeintlichen oder tatsächlichen öffentlichen Meinung, die in der Presse korrekt oder auch kalkuliert falsch wiedergegeben oder sogar gelenkt wird, beeinflussen lassen und
- wenn der Verdacht zur Gewissheit wird und die Unschuldsvermutung ihre Unschuld verliert,

dann droht ein Kulturverfall im Justizwesen.

Ob sich dieser Prozess noch aufhalten lässt, ist fraglich. Es muss aber die Aufgabe beider Seiten – Medien und Justiz – sein, diesen Prozess wenigstens nicht weiter zu beschleunigen. Die beiderseitige Zusammenarbeit sollte nicht zur Schwächung, sondern vielmehr zur Stärkung des Rechtsstaates beitragen. Dazu brauchen wir einerseits einen sorgsamen und verantwortungsvollen Umgang mit Informationen auf Seiten der Presse. Und zum anderen einen professionellen Umgang der Justiz mit den Medien.

BRIAN VALERIUS

„Verstehen Sie Spaß?"[1]

Zur Strafbarkeit heimlicher Ton- und Bildaufnahmen und deren Verbreitung in den Medien

I. *Einleitung*

Bei der Recherche nach Fakten und Meinungen und bei der sonstigen Beschaffung von Informationen erweist es sich für Mitarbeiter der Medien häufig als hilfreich, ggf. darüber hinaus als erforderlich, Ton- und Bildaufnahmen von Menschen anzufertigen. Insoweit wird mitunter auch ohne Wissen des Aufgenommenen vorgegangen, dessen Wort oder Bild somit ohne vorherige Zustimmung konserviert. Einige Sendeformate sind sogar zwingend auf ein heimliches Element angewiesen. So ergeben die bei Radiosendern beliebten Scherzanrufe nur wenig Sinn, wenn der Angerufene zuvor nach seiner Zustimmung um die Aufzeichnung des folgenden Gesprächs gefragt wird; Gleiches gilt für Streiche mit versteckter Kamera. Doch auch jenseits dieser in erster Linie Unterhaltungszwecken dienenden Beispiele greifen Medienangehörige – wie etwa beim investigativen Journalismus[2] – auf heimliche Ton- und Bildaufnahmen zurück und zeichnen beispielsweise das Gespräch mit einem Interviewpartner in Ton und ggf. Bild auf oder fotografieren oder filmen Personen bei bestimmten Anlässen oder Handlungen.

Nicht selten werden diese Aufnahmen angefertigt, um sie später auch zu verbreiten, etwa Scherzanrufe und Streiche mit versteckter Kamera in Radio und Fernsehen zu senden. Heimliche Ton- und Bildaufnahmen anlässlich von Recherchen von Journalisten werden häufig zwar lediglich Nachweiszwecken dienen, ohne als solche veröffentlicht zu werden. Sofern die Recherchen für entsprechende (zB Verbraucherschutz- oder Polit-)Magazine im Fernsehen erfolgen, ist jedoch ebenso

---

[1] Angelehnt an den Titel der gleichnamigen Fernsehshow eines öffentlich-rechtlichen Senders, in der Streiche mit versteckter Kamera gezeigt werden.

[2] Der Begriff „investigativer Journalismus" ist zunehmend negativ konnotiert, werden hiervon doch auch Recherchen nach (ggf. nur vermeintlich) skandalträchtigen Geschehnissen aus dem Privatleben von Prominenten oder sonstigen im Fokus der Öffentlichkeit stehenden Personen erfasst; solche Tätigkeiten werden auch als „Enthüllungsjournalismus" bezeichnet. Der *Verfasser* begreift investigativen Journalismus hingegen als eine – grundsätzlich zu begrüßende – Art des Journalismus, die sich um gründliche, nicht selten langwierige Recherchen bemüht, um Missstände von allgemeinem Interesse nicht zuletzt aus Politik und Wirtschaft aufzudecken, und dadurch eine Kontrollfunktion ausübt.

wenig ausgeschlossen, dass die Aufnahmen zu dem primären oder sogar alleinigen Zweck ihrer anschließenden Veröffentlichung angefertigt werden.

Mit beiden Handlungen, d.h. sowohl mit der heimlichen Anfertigung einer Ton- oder Bildaufnahme als auch mit der anschließenden Verbreitung, gehen Eingriffe in die Rechte am eigenen Wort bzw. Bild des Betroffenen einher. Bei diesen Rechten handelt es sich um besondere Ausprägungen des Allgemeinen Persönlichkeitsrechts aus Art. 2 Abs. 1 iVm Art. 1 Abs. 1 GG und somit – trotz und gerade wegen des zunehmenden Verzichts auf Privatsphäre durch die Verbreitung persönlicher wie nicht nur zum Teil intimer Beiträge aus dem eigenen Lebensbereich in sozialen Netzwerken, Bild- und Videoportalen im Internet[3] – um nicht unbedeutende höchstpersönliche Rechtsgüter. Deren Verletzung ist durch die §§ 201, 201a StGB in recht unterschiedlichem Umfang strafbewehrt. Ob und ggf. unter welchen Voraussetzungen sich gerade Angehörige der Medien auf Rechtfertigungsgründe berufen können, sofern sie durch die heimliche Anfertigung von Ton- und Bildaufnahmen oder durch deren Verbreitung § 201 StGB oder § 201a StGB tatbestandlich verwirklichen, ist bislang gleichwohl kaum diskutiert.[4]

II. Fallgruppen und deren rechtliche Bewertung

1. Scherzanrufe

Scherzanrufe sind im Rundfunk ein beliebtes Unterhaltungssegment. So treibt auf vielen Radiosendern in Deutschland schon seit über einem Jahrzehnt „Der kleine Nils" sein Unwesen. Bei Nils handelt es sich um einen fiktiven, von einem Erwachsenen gesprochenen Fünfjährigen, der Behörden oder auch Privatpersonen anruft, um die Gesprächspartner mit erfundenen Anliegen aus der Perspektive eines kleinen Jungen zu behelligen. Unter anderem fragt der kleine Nils, ob das Blut aus der Nase eines beim Boxkampf getroffenen Gegners für Blutspenden verwendet werden kann, ob Bärchenwurst Gummibärchen enthält und ob Cola light weniger als „richtige" Cola wiegt. Auf der Webseite des kleinen Nils können Spaßanrufe sogar in Auftrag gegeben werden.[5] Die aufgezeichneten Gespräche werden sodann im Radio gesendet und sind bereits auf mehreren Alben im Handel erhältlich. Außerdem unterstützt der kleine Nils zahlreiche karitative Organisationen.

Dieses bislang wohl erfolgreichste Format eines Scherzanrufs bildet aber lediglich ein Beispiel für Telefonstreiche, die sich aus unterschiedlichen Anlässen und Motiven gegen verschiedene Personen, nicht zuletzt aus der Politik richten. So rief im März 1999 ein Stimmenimitator, der sich als der damalige Bundespräsident Roman Herzog ausgab, im Auftrag eines Berliner Radiosenders bei dem damals erst wenige Monate im Amt befindlichen Bundeskanzler Gerhard Schröder an, um ihn zum

---

[3] Zum strafrechtlichen Schutz des persönlichen Lebensbereichs im Internet *Valerius* JRE 23 (2015), 377.

[4] Näher bislang insbesondere *Heinker* AfP 2008, 573 zu Scherzanrufen und zur verstecken Kamera sowie *Heinrich* ZIS 2011, 416 zu Fotografien von Personen.

[5] Siehe http://www.kleinernils.com/phones, zuletzt abgerufen am 13.1.2018.

überraschenden Rücktritt des Finanzministers Oskar Lafontaine zu befragen. Im September 2008 wurde die damalige Vorsitzende der hessischen SPD, Andrea Ypsilanti, durch den Stimmenimitator eines niedersächsischen Radiosenders getäuscht, der sich als der zu dieser Zeit designierte SPD-Bundesvorsitzende Franz Müntefering ausgab. Das Gespräch wurde zwar nicht im Radio gesendet, nachdem Ypsilanti die Veröffentlichung untersagt hatte. Ein kurzer Mitschnitt fand indessen seinen Weg ins Netz und lässt sich noch heute auf dem Videoportal YouTube anhören.[6]

Bei solchen Scherzanrufen wird das nichtöffentlich gesprochene Wort eines anderen aufgezeichnet und somit die Vertraulichkeit des Wortes nach § 201 Abs. 1 Nr. 1 StGB verletzt. Sollte die Aufnahme anschließend gesendet oder sonst verbreitet werden, liegt ein Zugänglichmachen im Sinne des § 201 Abs. 1 Nr. 2 StGB vor. In beiden Fällen hängt die Strafbarkeit somit in der Regel davon ab, ob Aufnahme bzw. Verbreitung des nichtöffentlich gesprochenen Wortes gerechtfertigt sind und ob insoweit außer der Einwilligung des Betroffenen noch sonstige Rechtfertigungsgründe in Betracht kommen.[7]

2. *Aufnahmen mit versteckter Kamera*

Einem ähnlichen, in erster Linie unterhaltenden Anliegen wie Scherzanrufe dienen Fernsehformate, die Streiche mit versteckter Kamera präsentieren. Die insoweit bekannteste, wenngleich nicht erste Sendung dieser Art in Deutschland dürfte „Verstehen Sie Spaß?“ sein, die bereits seit 1980 mit Unterbrechungen mehrmals im Jahr auf einem öffentlich-rechtlichen Sender zu sehen ist. Hierbei werden prominente wie nicht prominente Personen in überraschenden wie kuriosen Situationen gefilmt. Beispielsweise wurden nichtsahnende Personen im Wartezimmer eines Marktforschungsinstituts zu einem Lockvogel gesetzt, der ihnen zunächst private Informationen (zB über die Untreue des früheren Lebenspartners und den Verlust des Arbeitsplatzes) offenbarte, die ein anschließend vom Lockvogel angerufener vermeintlicher Wahrsager in einer Live-Sendung eines Spartensenders allesamt am

---

[6] Zuletzt auf http://www.youtube.com gesucht und abgerufen am 13.1.2018. Aufgrund der Veröffentlichung auf YouTube wurde zwar Strafantrag gestellt. Es konnte aber nicht ermittelt werden, wie der Mitschnitt ins Netz gelangte. Weshalb die Aufzeichnung des Gesprächs als solche nicht als strafbar erachtet wurde (zu Recht kritisch *Graf* in MüKoStGB, 3. Aufl. 2017, § 201 Rn. 21), ergibt sich aus den kursierenden Pressemeldungen nicht; siehe etwa https://www.heise.de/newsticker/meldung/Ypsilanti-Scherzanruf-hat-keine-strafrechtlichen-Konsequenzen-206000.html (zuletzt abgerufen am 13.1.2018).

[7] Diese Aussage beruht auf der herrschenden Auffassung, die dem Merkmal „unbefugt“ lediglich eine Hinweisfunktion auf Rechtfertigungsgründe zuschreibt und demzufolge die Zustimmung des Betroffenen als rechtfertigende Einwilligung ansieht; so zu § 201 StGB KG JR 1981, 254 (254); OLG Karlsruhe NJW 1979, 1513 (1514); *Fischer,* 65. Aufl. 2018, StGB § 201 Rn. 10; *Heuchemer* in BeckOK StGB, 36. Edit. 2017, § 201 Rn. 6; *Schünemann* in LK-StGB, 12. Aufl. 2010, § 201 Rn. 31. Nach der Gegenansicht (*Lenckner/Eisele* in Schönke/Schröder, 29. Aufl. 2014, StGB § 201 Rn. 13) setzt das Merkmal hingegen ein Handeln gegen den Willen des Betroffenen voraus, so dass dessen Zustimmung als tatbestandsausschließendes Einverständnis einzuordnen ist, und verweist nur im Übrigen auf das allgemeine Deliktsmerkmal der Rechtswidrigkeit (sog. Doppelfunktion). Die Meinungen unterscheiden sich indessen nur bzgl. der dogmatischen Verortung der Zustimmung, ohne sich etwa auf das Ergebnis auch der folgenden Ausführungen auszuwirken (zur fehlenden Bedeutung des Meinungsstreits im Generellen *Schünemann* in LK-StGB, 12. Aufl. 2010, § 201 Rn. 9).

Telefon ebenso „sehen" konnte wie Haarfarbe und Geburtsdatum des mitwartenden Betroffenen. In einem anderen Kurzfilm erfuhr ein Fernsehkoch auf dem Weg zu einer Veranstaltung seiner Tournee, dass aufgrund eines Fehlers im Ticketbuchungssystem angeblich nur 50 Eintrittskarten verkauft wurden und daher 700 Tickets im Radio verlost werden sollten, die als Zugabe ohne Absprache unter anderem „Meet and Greets", die private Zubereitung eines Vier-Gänge-Menüs und ein Boxtraining mit dem Koch enthielten. In einem live übertragenen Streich wurde schließlich ein Comedian bei einem Auftritt von vermeintlichen Beamten des Ordnungsamtes dazu aufgefordert, aus lärmschutzrechtlichen Gründen das Programm zu beenden und keine Zugabe mehr zu geben.

Sofern diese Aufnahmen wie wohl zumeist in einem nichtöffentlichen Personenkreis erfolgen, wird – ebenso wie bei Scherzanrufen – schon allein durch die Aufnahme des Tons § 201 Abs. 1 Nr. 1 StGB verwirklicht. Auch für die strafrechtliche Beurteilung der anschließenden Verbreitung der Aufzeichnung kann auf das oben Geschriebene verwiesen werden.

Darüber hinaus kommt durch die heimliche Bildaufnahme und deren anschließende Verbreitung eine Strafbarkeit nach § 201a StGB in Betracht. Dessen Anwendungsbereich erfasst jedoch – selbst nach der in Anlass sowie Ausgestaltung durchaus fragwürdigen Erweiterung der Vorschrift durch das 49. StrÄndG vom 21.1.2015[8] – lediglich eine Auswahl bestimmter Situationen. Bei Aufnahmen mit versteckter Kamera dürfte insbesondere eine Strafbarkeit nach § 201a Abs. 1 Nr. 1 StGB in Betracht kommen, der das unbefugte Herstellen (oder Übertragen) von Bildaufnahmen einer anderen Person, die sich in einer Wohnung oder einem gegen Einblick besonders geschützten Raum befindet, untersagt. Allerdings sind solche Aufnahmen nicht per se strafbar, sondern nur, wenn dadurch der höchstpersönliche Lebensbereich der abgebildeten Person verletzt wird. Hierzu zählen nach der Gesetzesbegründung insbesondere Krankheit, Tod und Sexualität.[9] Auch wenn der höchstpersönliche Lebensbereich über diese wie sonstige Bereiche der Intimsphäre hinausgeht,[10] dürften die dadurch gesteckten Grenzen bei Aufnahmen mit versteckter Kamera (jedenfalls gegenwärtig) in der Regel noch nicht überschritten werden.

Unter derselben Voraussetzung der Verletzung des höchstpersönlichen Lebensbereichs stellt § 201a Abs. 1 Nr. 2 StGB die unbefugte Herstellung (oder Übertragung) einer Bildaufnahme unter Strafe, welche die Hilflosigkeit einer anderen Person zur Schau stellt, d. h. besonders hervorhebt und somit für den Betrachter allein aus der Aufnahme erkennen lässt.[11] Erfasst sind beispielsweise Bild- und Videoaufnahmen von Betrunkenen, von Opfern einer Gewalttat oder etwa von Personen,

---

[8] BGBl. 2015 I 10. Allgemein hierzu *Bosch* JURA 2016, 1380; *Busch* NJW 2015, 977; *Eisele/Sieber* StV 2015, 312.

[9] BT-Drs. 15/2466, 5.

[10] *Kühl* in Lackner/Kühl, 28. Aufl. 2014, StGB § 201a Rn. 1; *Valerius* in LK-StGB, 12. Aufl. 2010, § 201a Rn. 31; aA *Heuchemer* in BeckOK StGB, 36. Edit. 2017, § 201a Rn. 14.1: „Die Anwendung der Vorschrift ist zwingend auf die Intimsphäre zu begrenzen."

[11] BGH NStZ 2017, 408 mit kritischer Besprechung *Mavany* AfP 2017, 478; *Fischer,* 65. Aufl. 2018, StGB § 201a Rn. 10b; *Graf* in MüKoStGB, 3. Aufl. 2017, § 201a Rn. 50; *Bosch* JURA 2016, 1380 (1385).

die sich bei einem Unfall im Straßenverkehr, beim Sport oder bei einer Freizeitbeschäftigung verletzt haben.[12] Auch diese Voraussetzungen dürften bei den derzeitigen Sendungen mit versteckter Kamera nur selten erfüllt sein.

Die Verbreitung der genannten Bildaufnahmen nach § 201 a Abs. 1 Nr. 1 und 2 StGB – sei es im Fernsehen oder auch über Angebote im Internet – wäre nach § 201 a Abs. 1 Nr. 3 StGB strafbar. Darüber hinaus ist das unbefugte Zugänglichmachen von Bildaufnahmen, die geeignet sind, dem Ansehen der abgebildeten Person erheblich zu schaden, von § 201 a Abs. 2 StGB erfasst.[13] Auch in diesen Bereich dürften Streiche mit versteckter Kamera zumindest momentan in der Regel nicht vordringen. Zusammenfassend lässt sich festhalten, dass § 201 a StGB bei Streichen mit versteckter Kamera nur gelegentlich verwirklicht sein wird, hingegen eine Strafbarkeit nach § 201 StGB gewöhnlich in Betracht zu ziehen bleibt.

3. Investigativer Journalismus

Anders als die vorstehenden Fallgruppen ist der investigative Journalismus nicht kategorisch auf heimliche Ton- und Bildaufnahmen angewiesen. Bei einigen Recherchen werden solche Wege der Informationsbeschaffung – und sei es ausschließlich zum Beweis aufgedeckter Missstände – allerdings durchaus nützlich sein bzw. sich mitunter auch aufdrängen, etwa im Hinblick auf die spätere Verbreitung der Aufnahmen in entsprechenden Fernsehsendungen. Zu denken ist an Politmagazine, deren Redakteure die Lobby eines Firmensitzes betreten und Mitarbeiter des Unternehmens mit versteckter Kamera zu kursierenden skandalträchtigen Gerüchten oder Tatsachen befragen, oder an Verbraucherschutzformate, die vermeintliche Beratungsgespräche aufzeichnen, um dann jeweils die Aufnahmen des Gesprächspartners – etwa mit unkenntlich gemachtem Gesicht und mit verzerrtem Ton – in der Sendung auszustrahlen.

Für die Strafbarkeit solcher Aufnahmen darf im Wesentlichen auf die vorstehenden Überlegungen verwiesen werden. Es bleibt insbesondere zu betonen, dass allein die unbefugte Aufnahme des nichtöffentlich gesprochenen Wortes in der Regel den Tatbestand des § 201 Abs. 1 Nr. 1 StGB verwirklicht und ebenso die Verbreitung dieser Aufnahme, sei es der Aufzeichnung als solcher (§ 201 Abs. 1 Nr. 2 StGB) oder ihres wesentlichen Inhalts (§ 201 Abs. 2 S. 1 Nr. 2 StGB), strafbar ist. Eine Strafbarkeit gemäß § 201 a StGB dürfte hingegen zumeist schon daran scheitern, dass jedenfalls bei den üblichen Themen der Beiträge die hergestellten Bildaufnahmen nicht den höchstpersönlichen Lebensbereich mit seinen Kernelementen von Krankheit, Tod und Sexualität betreffen. Häufiger denkbar wäre zwar eine Strafbarkeit nach § 201 a Abs. 2 StGB, ist die Aufdeckung von Missständen doch zumeist für den Ruf des Betroffenen nicht gerade förderlich. Allerdings müsste dann zum einen gerade diese Person auf der zugänglich gemachten Bildaufnahme abgebildet und

---

[12] *Graf* in MüKoStGB, 3. Aufl. 2017, § 201 a Rn. 48 f.

[13] Kritisch gegenüber der Bestimmtheit des § 201 a Abs. 2 StGB *Fischer,* 65. Aufl. 2018, StGB § 201 a Rn. 23; *Bosch* JURA 2016, 1380 (1386); *Busch* NJW 2015, 977 (978 f.); *Eisele/Sieber* StV 2015, 312 (314 f.); *Mavany* AfP 2017, 478 (481 f.).

zudem die Bildaufnahme selbst (und nicht etwa der offengelegte, als solcher nicht abgelichtete skandalöse Vorgang) geeignet sein, dem Ansehen zu schaden.

III. Rechtfertigung heimlicher Ton- und Bildaufnahmen und deren Verbreitung

1. Notwehr (§ 32 StGB)

Zur Rechtfertigung heimlicher Ton- und Bildaufnahmen und deren Verbreitung kommt zunächst ein Rückgriff auf allgemeine Erlaubnistatbestände in Betracht. Für den schärfsten Rechtfertigungsgrund der Notwehr (§ 32 StGB) fehlt es aber in der Regel bereits an der Notwehrlage. Dies gilt vor allem dann, wenn Ton- oder Bildaufnahmen lediglich zu Unterhaltungszwecken (wie etwa bei Scherzanrufen oder Streichen mit versteckter Kamera) hergestellt werden. Allenfalls bei Recherchen des investigativen Journalismus ist denkbar, dass die Aufnahmen anlässlich einer durch einen Menschen drohenden Verletzung rechtlich geschützter Interessen[14] angefertigt oder verbreitet werden und somit ein Angriff im Sinne des § 32 StGB vorliegt. Insoweit bliebe jedoch zu bedenken, dass Notwehr (oder auch Nothilfe) nur die Verteidigung von Individualinteressen zu rechtfertigen vermag. Hingegen sind weder die Rechtsordnung in ihrer Gesamtheit noch die öffentliche Ordnung noch Rechtsgüter der Allgemeinheit (wie zB der Umweltschutz oder der Tierschutz oder auch die Sicherheit des Straßenverkehrs) notwehrfähig, sofern nicht zugleich Rechtsgüter des Einzelnen betroffen sind.[15]

Überdies bedürfte es eines gegenwärtigen im Sinne eines unmittelbar bevorstehenden, gerade stattfindenden oder noch andauernden Angriffs.[16] Hieran fehlt es insbesondere dann, wenn ein bereits abgeschlossenes Geschehen aufgedeckt werden soll. Selbst eine ernsthafte Wiederholungsgefahr eines Missstandes würde mangels akuter Drohung ihrer Realisierung keinen gegenwärtigen Angriff bedeuten. Eine Präventivnotwehr darf nach § 32 StGB nicht geübt werden.[17]

Selbst wenn ausnahmsweise eine Notwehrlage gegeben sein sollte, müsste sich die Verteidigungshandlung sodann gegen den Angreifer selbst richten. Ton- und Bildaufnahmen müssten daher die für die drohende Verletzung eines Individualrechtsguts verantwortliche Person betreffen und nicht etwa irgendeinen beliebigen Mitarbeiter des involvierten Unternehmens. Außerdem und vor allem müsste aber die Herstellung oder Verbreitung der Ton- oder Bildaufnahme als solche geeignet sein, den gegenwärtigen rechtswidrigen Angriff entweder ganz zu beenden oder

---

[14] *Momsen/Savić* in BeckOK StGB, 36. Edit. 2017, § 32 Rn. 17; *Perron* in Schönke/Schröder, 29. Aufl. 2014, StGB § 32 Rn. 3.

[15] *Erb* in MüKoStGB, 3. Aufl. 2017, § 32 Rn. 100; *Fischer,* 65. Aufl. 2018, StGB § 32 Rn. 10; *Perron* in Schönke/Schröder, 29. Aufl. 2014, StGB § 32 Rn. 8.

[16] *Momsen/Savić* in BeckOK StGB, 36. Edit. 2017, § 32 Rn. 20.

[17] *Erb* in MüKoStGB, 3. Aufl. 2017, § 32 Rn. 105; *Perron* in Schönke/Schröder, 29. Aufl. 2014, StGB § 32 Rn. 17; *Wölfl* JURA 2000, 231 (233).

ihn wenigstens abzuschwächen,[18] was in der Regel zu verneinen sein dürfte.[19] Obendrein müsste es sich bei der Herstellung oder Verbreitung der Ton- oder Bildaufnahme um das relativ mildeste Mittel handeln.

2. *Rechtfertigender Notstand (§ 34 StGB)*

Auch ein rechtfertigender Notstand scheidet jedenfalls bei der Herstellung und Verbreitung von Ton- und Bildaufnahmen zu Unterhaltungszwecken in aller Regel schon mangels gegenwärtiger Gefahr für ein notstandsfähiges Rechtsgut aus. In der verbleibenden Fallgruppe des investigativen Journalismus mag eine Notstandslage mitunter zwar in Betracht kommen und häufiger als eine Notwehrlage anzunehmen sein.[20] Zum einen hat § 34 gegenüber § 32 StGB einen größeren Anwendungsbereich, da sog. Dauergefahren erfasst sind, die jederzeit und somit auch alsbald in einen Schaden umschlagen können.[21] Zum anderen sind anders als bei der Notwehr Rechtsgüter der Allgemeinheit ebenso notstandsfähig.[22]

Spätestens an der unzulässigen Verteidigungshandlung wird jedoch zumeist eine Berufung auf den rechtfertigenden Notstand gleichfalls scheitern. Schließlich müsste auch insoweit die Herstellung bzw. Verbreitung der Ton- oder Bildaufnahme als solche geeignet sein, die „nicht anders abwendbare(n) Gefahr“ abzuwehren, was in der Regel genauso fraglich wie bei der Notwehr erscheint. Zudem müsste es sich zugleich um das relativ mildeste Mittel handeln, zu denen bei dem rechtfertigenden Notstand – abweichend von der Notwehr und dem ihr zugrunde liegenden Rechtsbewährungsprinzip – auch der Rückgriff auf obrigkeitliche Hilfe zählt.[23]

Darüber hinaus bedarf es bei dem auf dem Solidarprinzip beruhenden Notstand nach § 34 S. 1 StGB einer Interessenabwägung, bei der das geschützte Interesse das beeinträchtigte wesentlich überwiegen muss. Hierbei ist der nicht unerhebliche Stellenwert zu berücksichtigen, der den Rechten am eigenen Wort und Bild als Ausprägungen des Allgemeinen Persönlichkeitsrechts zuteilwird. Sollte eine Aufnahme nur zu Beweiszwecken angefertigt werden, lässt dies – jedenfalls bei Privatpersonen – die Rechtsprechung daher gewöhnlich nicht genügen, um den Eingriff in die persönliche Sphäre des Aufgezeichneten zu rechtfertigen. Beispielsweise war es nicht nach § 34 StGB gerechtfertigt, Telefongespräche eines Dritten aufzunehmen, den der Täter verdächtigte, mit seinem Ehegatten ein ehebrecherisches Verhältnis zu unterhalten, um Beweismittel für ein beabsichtigtes Scheidungsverfahren

[18] *Fischer,* 65. Aufl. 2018, StGB § 32 Rn. 28; *Momsen/Savić* in BeckOK StGB, 36. Edit. 2017, § 32 Rn. 26.

[19] *Mitsch,* Medienstrafrecht, 2012, § 1 Rn. 35; ergänzend *Wölfl* JURA 2000, 231 (233).

[20] Siehe hierzu etwa *Heinrich* ZIS 2011, 416 (419); *Zöller* FS Wolter, 2013, 679 (695).

[21] *Fischer,* 65. Aufl. 2018, StGB § 34 Rn. 7f.; *Kühl* in Lackner/Kühl, 28. Aufl. 2014, § 34 Rn. 2; *Zieschang* in LK-StGB, 12. Aufl. 2006, § 34 Rn. 36f.

[22] *Erb* in MüKoStGB, 3. Aufl. 2017, § 34 Rn. 59; *Perron* in Schönke/Schröder, 29. Aufl. 2014, StGB § 34 Rn. 10.

[23] BGHSt 39, 133 (137) = NJW 1993, 1869 (1870); *Fischer,* 65. Aufl. 2018, StGB § 34 Rn. 9a; *Perron* in Schönke/Schröder, 29. Aufl. 2014, StGB § 34 Rn. 10.

zu erlangen.[24] Gleiches befand der BGH für die Aufzeichnung eines Telefongesprächs zwischen einem V-Mann und einem Angeklagten ohne richterliche Erlaubnis.[25] Auf § 34 StGB wird demzufolge auch bei heimlichen Ton- und Bildaufnahmen durch Medienangehörige nur zurückhaltend zurückgegriffen werden können, wenngleich hierbei die Pressefreiheit (ergänzend siehe unten III. 6.) als objektive Wertentscheidung des Grundgesetzes bei der Interessenabwägung zu berücksichtigen ist.

3. Einwilligung

Eine Einwilligung wird bei heimlichen Ton- und Bildaufnahmen naturgemäß nicht eingeholt, steht vielmehr der vorausgesetzten Heimlichkeit bereits begrifflich entgegen. In diesem Zusammenhang diskussionswürdig sind allenfalls Recherchen des investigativen Journalismus, bei denen Personen Fragen gestellt und hierbei offensichtlich Aufnahmegeräte vorgehalten werden. Sollte die derart konfrontierte Person gleichwohl eine Antwort geben, vermag dies eine Strafbarkeit nach § 201 Abs. 1 Nr. 1 StGB nicht auszuschließen. Denn das bloße Wissen um die Aufzeichnung des eigenen nichtöffentlich gesprochenen Wortes vermag den für eine Einwilligung erforderlichen entsprechenden Willen nicht zu ersetzen,[26] wenngleich in diesen Fällen häufig von einer konkludenten Einwilligung ausgegangen werden kann.[27] Aus dem bloßen Wissen um die Aufnahme zwingend auf eine Einwilligung des Sprechenden zu schließen, steht bereits entgegen, dass der Täter ansonsten der Strafbarkeit schlicht entgehen könnte, indem er auf die Aufzeichnung hinweist. Außerdem erscheint der Betroffene gerade dann schutzwürdig, wenn er um die nicht gewährte Unbefangenheit seines Wortes weiß.[28]

Für die Verbreitung heimlich angefertigter Ton- und Bildaufnahmen hingegen wird die Zustimmung des Betroffenen mitunter durchaus eingeholt. Nicht zuletzt bei der Veröffentlichung von Scherzanrufen und Aufnahmen mit versteckter Kamera dürfte dies sogar die Regel sein, ggf. mit Zahlung eines Entgelts als Gegenleistung.[29] Die Zustimmung zur Verbreitung einer Ton- oder Bildaufnahme vermag allerdings die fehlende Befugnis deren Anfertigung nicht nachzuschieben. Eine nachträgliche Zustimmung entfaltet im Strafrecht – anders als etwa die Genehmigung im Zivilrecht – gerade keine Wirkung und vermag eine bereits eingetretene

---

[24] OLG Stuttgart NJW 1977, 1546 (Ls.); zur Thematik auch BGH NJW 1958, 1344 (1345); NStZ 1982, 254 (255); OLG Düsseldorf NJW 1966, 214; *Graf* in MüKoStGB, 3. Aufl. 2017, § 201 Rn. 52; *Lenckner/Eisele* in Schönke/Schröder, 29. Aufl. 2014, StGB § 201 Rn. 31b; *Schünemann* in LK-StGB, 12. Aufl. 2006, § 201 Rn. 44.

[25] BGHSt 31, 304 (307) = NJW 1983, 1570 (1571); siehe auch OLG Frankfurt a. M. NJW 1977, 1547 (1548) zur heimlichen Aufnahme einer eigenen polizeilichen Vernehmung durch den Beschuldigten.

[26] OLG Jena NStZ 1995, 502 (503); *Fischer,* 65. Aufl. 2018, StGB § 201 Rn. 10; *Lenckner/Eisele* in Schönke/Schröder, 29. Aufl. 2014, StGB § 201 Rn. 14; *Schünemann* in LK-StGB, 12. Aufl. 2006, § 201 Rn. 11; aA AG Hamburg NJW 1984, 2111.

[27] OLG Jena NStZ 1995, 502 (503); *Lenckner/Eisele* in Schönke/Schröder, 29. Aufl. 2014, StGB § 201 Rn. 14; *Schünemann* in LK-StGB, 12. Aufl. 2006, § 201 Rn. 11.

[28] OLG Jena NStZ 1995, 502 (503).

[29] *Heinker* AfP 2008, 573 (573).

Strafbarkeit nicht rückwirkend zu beseitigen.[30] Gewiss ist es in diesen Fällen jedoch unwahrscheinlich, dass der für die Verfolgung von Straftaten nach § 201 Abs. 1 Nr. 1 und Abs. 2 S. 1 Nr. 1 StGB gemäß § 205 Abs. 1 S. 1 StGB erforderliche Strafantrag gestellt wird. Gleiches gilt für das relative Antragsdelikt des § 201 a StGB. Zwar kann hier die Strafverfolgungsbehörde nach § 205 Abs. 1 S. 2 StGB den fehlenden Strafantrag durch die Bejahung des besonderen öffentlichen Interesses an der Strafverfolgung ersetzen, doch dürfte dies bei der einvernehmlichen Verbreitung einer heimlich angefertigten Bildaufnahme kaum der Fall sein.

4. *Mutmaßliche Einwilligung*

Sofern es an einer (ausdrücklichen oder konkludenten) Einwilligung in eine heimliche Ton- und Bildaufnahme bzw. deren Verbreitung mangelt, kommt in der Regel ebenso wenig eine mutmaßliche Einwilligung in Betracht. Um das Selbstbestimmungsrecht des Betroffenen ausreichend zu wahren, kann dessen mutmaßlicher Wille grundsätzlich nur dann rechtfertigende Wirkung entfalten, wenn vor der Tat keine Gelegenheit bestand, eine Einwilligung einzuholen.[31] Da es allein dem Betroffenen obliegt, über die Preisgabe seines Rechtsgutes zu entscheiden, kann auch nicht etwa darauf verwiesen werden, dass das Sendekonzept von Scherzanrufen und Aufnahmen mit versteckter Kamera eine vorherige Einwilligung zwingend ausschließe. Dies bedeutete nämlich, Interessen aus der Tätersphäre den subsidiären Charakter der mutmaßlichen Einwilligung einschränken zu lassen und die eine Rechtfertigung überhaupt erst ermöglichende freiverantwortliche Verfügungsbefugnis des Betroffenen zu vernachlässigen.

Denkbar wäre allenfalls, die Einholung einer vorherigen Einwilligung als entbehrlich zu erachten, weil von einem generell fehlenden Interesse des Betroffenen an dem Erhalt seiner Rechtsgüter ausgegangen wird und es daher nicht erforderlich sei, den betroffenen Rechtsgutsinhaber vorher nach seiner Zustimmung zu fragen.[32] So sollen sich nach verbreiteter Ansicht im geschäftlichen Bereich Tonaufnahmen auch ohne die vorherige, durchaus mögliche Einholung der Zustimmung auf eine mutmaßliche Einwilligung des Aufgenommenen stützen können, soweit (wie zB bei telefonischen Durchsagen oder Bestellungen) nur sachliche Informationen übermittelt werden. Bei diesen Äußerungen stünde der objektive Gehalt derart im Vordergrund, dass die Persönlichkeit des Sprechenden nahezu vollständig dahinter zurücktrete.[33]

Diese Überlegungen auf Scherzanrufe oder Aufnahmen mit versteckter Kamera zu übertragen, steht indessen entgegen, dass es in unvorhergesehenen wie ungewöhnlichen Situationen gerade nicht jedem gleichgültig sein dürfte, in Ton und

---

[30] BGHSt 17, 359 (360) = NJW 1963, 165 (165f.); *Lenckner/Sternberg-Lieben* in Schönke/Schröder, 29. Aufl. 2014, StGB Vor §§ 32ff. Rn. 44; *Heinker* AfP 2008, 573 (573).

[31] *Lenckner/Sternberg-Lieben* in Schönke/Schröder, 29. Aufl. 2014, StGB Vor §§ 32ff. Rn. 54.

[32] *Lenckner/Sternberg-Lieben* in Schönke/Schröder, 29. Aufl. 2014, StGB Vor §§ 32ff. Rn. 54; vgl. auch OLG Hamburg NJW 1960, 1482 (1483).

[33] *Lenckner/Eisele* in Schönke/Schröder, 29. Aufl. 2014, StGB § 201 Rn. 30; siehe auch BVerfGE 34, 238 (247) = NJW 1973, 891 (892); OLG Jena MDR 2006, 533; OLG Karlsruhe NJW 1979, 1513 (1514).

ggf. Bild aufgenommen zu werden.[34] Wie sich der Einzelne in solchen Situationen äußert oder sonst verhält, ist vielmehr eine Frage seiner Spontaneität, so dass gerade nicht der objektive Gehalt des gesprochenen Wortes im Vordergrund steht. Aus diesem Grund ist ebenso die bei Telefonhotlines und Call-Centern verbreitete Art einer „Opt-Out-Regelung", ausdrücklich widersprechen zu müssen, wenn eine Aufzeichnung des Gesprächs etwa „zu Trainingszwecken" nicht gewünscht werde, unzulässig.[35] Ohnehin erscheint die postulierte Entbehrlichkeit der vorherigen möglichen Befragung des betroffenen Rechtsgutsinhabers bei mutmaßlich fehlendem Interesse als fraglich, wird dadurch doch das Subsidiaritätserfordernis der mutmaßlichen Einwilligung und somit auch das für die Einwilligung tragende Selbstbestimmungsrecht nicht unerheblich entwertet.[36] Auch bei den erwähnten Anrufen im geschäftlichen Bereich ist es daher mehr als diskussionswürdig, ob auf eine vorherige Zustimmung des Betroffenen wirklich verzichtet werden kann.[37]

5. *Wahrnehmung berechtigter Interessen*

Außer den bislang erörterten allgemeinen Rechtfertigungsgründen können des Weiteren besondere Erlaubnisnormen für die heimliche Anfertigung von Ton- und Bildaufnahmen und deren Verbreitung herangezogen werden. Gerade bei §§ 201, 201 a StGB ist an die – für Medienangehörige häufig und ebenso jenseits der vorliegenden Fallgestaltung relevante – Wahrnehmung berechtigter Interessen zu denken, ist diese Rechtsfigur doch gerade in § 201 Abs. 2 S. 3 bzw. § 201 a Abs. 4 StGB normiert, um auch außerhalb von Gefahrenlagen im Sinne des § 34 StGB Bedeutung zu erlangen.[38]

a) Rechtfertigungsgrund des § 201 Abs. 2 S. 3 StGB

Der für Eingriffe in das Recht am eigenen Wort einschlägige besondere Rechtfertigungsgrund des § 201 Abs. 2 S. 3 StGB erfasst gemäß seinem Wortlaut nur die Tat nach Abs. 2 S. 1 Nr. 2 und somit lediglich die Verbreitung des aufgezeichneten oder abgehörten nichtöffentlich gesprochenen Wortes. Demnach ist die öffentliche Mitteilung nicht rechtswidrig, wenn dadurch überragende öffentliche Interessen wahrgenommen werden. Gerechtfertigt ist die Verbreitung rechtswidrig erlangter Informationen beispielsweise, um gravierende Rechtsverstöße (wie etwa die Begehung einer Katalogtat nach § 129a Abs. 1 oder § 138 Abs. 1 StGB oder einen schwerwiegenden Verstoß gegen das Außenwirtschaftsgesetz)[39] oder öffentliche Missstände von ganz erheblichem Gewicht aufzudecken.[40] Außerhalb dieser Anlie-

---

[34] *Heinker* AfP 2008, 573 (573).

[35] Kritisch auch *Fischer,* 65. Aufl. 2018, StGB § 201 Rn. 10; *Lenckner/Eisele* in Schönke/Schröder, 29. Aufl. 2014, StGB § 201 Rn. 30.

[36] Kritisch etwa *Roxin,* Strafrecht Allgemeiner Teil, Bd. I, 4. Aufl. 2006, § 18 Rn. 11.

[37] Kritisch etwa *Graf* in MüKoStGB, 3. Aufl. 2017, § 201 Rn. 42; *Schünemann* in LK-StGB, 12. Aufl. 2006, § 201 Rn. 32.

[38] *Lenckner/Eisele* in Schönke/Schröder, 29. Aufl. 2014, StGB § 201 Rn. 33a zu § 201 Abs. 2 S. 3 StGB.

[39] BT-Drs. 11/7414, 5.

[40] *Lenckner/Eisele* in Schönke/Schröder, 29. Aufl. 2014, StGB § 201 Rn. 33a; *Mitsch,* Medienstrafrecht, 2012, § 1 Rn. 41.

gen – und damit nicht zuletzt bei Veröffentlichungen des aufgezeichneten Wortes zu Unterhaltungszwecken wie bei Scherzanrufen und Aufnahmen mit versteckter Kamera – scheidet eine Rechtfertigung nach § 201 Abs. 2 S. 3 StGB aus.

Auf die unbefugte Aufzeichnung des nichtöffentlich gesprochenen Wortes und somit auf die Tathandlungen des Abs. 1 sowie des Abs. 2 S. 1 Nr. 1 ist die Regelung des § 201 Abs. 2 S. 3 StGB hingegen nicht anwendbar.[41] Dies betrifft Tonaufzeichnungen zu Unterhaltungszwecken wie im Rahmen von Recherchen des investigativen Journalismus gleichermaßen.

b) Tatbestandsausschluss nach § 201 a Abs. 4 StGB

Ein ähnliches Bild ergibt sich für die Wahrnehmung berechtigter Interessen im Zusammenhang mit der nach § 201 a StGB tatbestandlichen Aufzeichnung und Verbreitung von Bildaufnahmen. Hier wurde durch das 49. StrÄndG in Abs. 4 eine ausdrückliche Regelung eingeführt, wonach bestimmte Tatmodalitäten für Handlungen, die in Wahrnehmung überwiegender berechtigter Interessen erfolgen, nicht gelten. Dieser Tatbestandsausschluss für sozialadäquate Handlungen[42] ist zwar – anders als das Regelungspendant in § 201 Abs. 2 S. 3 StGB – nicht auf die Verbreitung beschränkt, sondern betrifft ebenso Modalitäten der Herstellung einer Bildaufnahme. Allerdings bezieht er sich ausdrücklich nur auf die Tatbestände des § 201 a Abs. 1 Nr. 2 (ggf. iVm Nr. 3 oder 4), Abs. 2 und Abs. 3 StGB, nicht hingegen auf den in Abs. 1 Nr. 1 geregelten Hauptanwendungsbereich der Vorschrift.

Zu den in § 201 a Abs. 4 StGB ausdrücklich genannten, nicht abschließend („namentlich“) aufgelisteten Interessen zählen unter anderem die Berichterstattung über Vorgänge des Zeitgeschehens oder der Geschichte. Dies darf indes nicht zu der Annahme verleiten, dass jegliche Berichterstattung von vornherein aus dem Tatbestand der von Abs. 4 erfassten Tatmodalitäten ausgenommen sei. Vielmehr bedarf es stets einer Abwägung zwischen der durch § 201 a StGB geschützten Privatsphäre und den genannten grundrechtlichen Interessen.[43] Von überwiegenden berechtigten Interessen dürfte daher wiederum allenfalls bei der Herstellung bzw. Verbreitung von Bildaufnahmen im Rahmen des investigativen Journalismus auszugehen sein, während das Recht des Einzelnen am eigenen Bild nicht bloßen Unterhaltungszwecken gegenüber hintanstehen dürfte.[44]

c) Ungeschriebener Rechtfertigungsgrund der Wahrnehmung berechtigter Interessen

Überlegenswert ist, die Wahrnehmung berechtigter Interessen und das dieser Rechtsfigur zugrunde liegende Prinzip des überwiegenden Interesses auch jenseits

---

[41] BT-Drs. 11/7414, 5; *Lenckner/Eisele* in Schönke/Schröder, 29. Aufl. 2014, StGB § 201 Rn. 33a; kritisch *Schünemann* in LK-StGB, 12. Aufl. 2006, § 201 Rn. 48.

[42] *Fischer,* 65. Aufl. 2018, StGB § 201 a Rn. 31; *Bosch* JURA 2016, 1380 (1387); aA *Eisele/Sieber* StV 2015, 312 (318): Rechtfertigungsgrund.

[43] BT-Drs. 18/3202 (neu), 29.

[44] Vgl. auch *Eisele/Sieber* StV 2015, 312 (318), wonach ein berechtigtes Interesse an einer Bildaufnahme oder deren Verbreitung allein aus reiner Skandallust oder Kommerzgründen abzulehnen sei.

einzelner Normierungen als Rechtfertigungsgrund heranzuziehen. Einer analogen Anwendung der wenigen ausdrücklichen Vorschriften wie etwa des § 201 Abs. 2 S. 3 oder vor allem des § 193 StGB[45] steht aber schon entgegen, dass es hierfür an der notwendigen planwidrigen Regelungslücke mangelt.[46] Auch von einem allgemeinen, insoweit ungeschriebenen Rechtfertigungsgrund der Wahrnehmung berechtigter Interessen kann nicht ausgegangen werden.[47] Schließlich sind Regelungen wie etwa § 193 StGB auf die jeweiligen Schutzgüter zugeschnitten, so dass sich die spezifische Wertung dieser Normen nicht auf andere Straftatbestände übertragen lässt.[48] Der Versuch, die wenigen Regelungen zu verallgemeinern, würde ohnehin zu einem nur vagen Erlaubnistatbestand führen, der weder außer dem zentralen Element einer Interessenabwägung weitere Voraussetzungen zu nennen noch die Abwägung selbst durch Kriterien zu konkretisieren vermag.[49]

6. Freiheitsgrundrechte des Art. 5 GG

Um heimliche Ton- und Bildaufnahmen und deren Verbreitung durch Medienangehörige zu rechtfertigen, ist letztlich noch ein unmittelbarer Rückgriff auf Art. 5 GG als Rechtfertigungsgrund denkbar. Zwar ist im Einzelnen nach wie vor ungeklärt, ob und inwieweit Grundrechte als Rechtfertigungsgründe fungieren können.[50] Jedenfalls die Meinungsäußerungs- (Art. 5 Abs. 1 S. 1 Var. 1 GG), die Presse- (Art. 5 Abs. 1 S. 2 Var. 1 GG) sowie die Kunstfreiheit (Art. 5 Abs. 3 GG) dürften aber überwiegend als Rechtfertigungsgründe anerkannt sein.[51] Demzufolge wird etwa § 193 StGB lediglich als besondere Ausprägung der Meinungsäußerungsfreiheit angesehen[52] und dieser Vorschrift zum Teil sogar jegliche konstitutive Bedeutung abgesprochen.[53] Ähnlich stellt § 201 Abs. 2 S. 3 StGB eine Konkretisierung der Meinungsäußerungs- und der Pressefreiheit dar.[54]

Der sachliche Schutzbereich der Pressefreiheit, der bei dem Handeln von Medienangehörigen zumeist im Vordergrund steht und auf den sich daher die folgenden Ausführungen konzentrieren, ist weit zu begreifen und umfasst außer der

---

[45] So insbesondere *Eser,* Wahrnehmung berechtigter Interessen als allgemeiner Rechtfertigungsgrund, 1969, 40ff., wenngleich beschränkt auf Rechtsgüter mit einem „besonders starken Sozialbezug" (S. 47), zu denen „auch der persönliche und familiäre *Privatbereich* bis zu einem gewissen Grade" zähle (S. 48; Hervorhebung im Original); ablehnend OLG Düsseldorf NStZ 2006, 243 (244); OLG Stuttgart NStZ 1987, 121 (122); *Wölfl* JURA 2000, 231 (234).

[46] *Mitsch,* Medienstrafrecht, 2012, § 1 Rn. 38.

[47] *Lenckner/Sternberg-Lieben* in Schönke/Schröder, 29. Aufl. 2014, StGB Vor §§ 32ff. Rn. 79/80.

[48] OLG Stuttgart NStZ 1987, 121 (122); *Joecks/Pegel/Regge* in MüKoStGB, 3. Aufl. 2017, § 193 Rn. 8; *Valerius* in BeckOK StGB, 36. Edit. 2017, § 193 Rn. 3.

[49] *Roxin,* Strafrecht Allgemeiner Teil, Bd. I, 4. Aufl. 2006, § 18 Rn. 39.

[50] *Lenckner/Sternberg-Lieben* in Schönke/Schröder, 29. Aufl. 2014, StGB Vor §§ 32ff. Rn. 65a.

[51] *Joecks/Pegel/Regge* in MüKoStGB, 3. Aufl. 2017, § 193 Rn. 40; *Kühl* in Lackner/Kühl, 28. Aufl. 2014, StGB Vor § 32 Rn. 28; Grundrechten generell die Funktion eines selbstständigen Rechtfertigungsgrundes zusprechend *Schmidt* ZStW 121 (2009), 645 (657ff.); für die Kunstfreiheit *Lenckner/Sternberg-Lieben* in Schönke/Schröder, 29. Aufl. 2014, StGB Vor §§ 32ff. Rn. 79/80; *Roxin,* Strafrecht Allgemeiner Teil, Bd. I, 4. Aufl. 2006, § 18 Rn. 50.

[52] BVerfGE 42, 143 (152) = NJW 1976, 1677 (1678); BGHSt 12, 287 (293) = NJW 1959, 636 (636).

[53] *Lenckner/Eisele* in Schönke/Schröder, 29. Aufl. 2014, StGB § 193 Rn. 1.

[54] BT-Drs. 11/7414, 4.

Verbreitung von Nachrichten und Meinungen ebenso sämtliche Vorbereitungstätigkeiten wie die Beschaffung von Informationen.[55] Schließlich ist die Presse auf den grundsätzlich ungehinderten Zugang zu Informationen angewiesen, um die ihr in der freiheitlichen Demokratie zukommende Funktion wirksam wahrnehmen[56] und nicht lediglich als Medium, sondern auch als Faktor der öffentlichen Meinungsbildung agieren zu können.[57] Demzufolge stellt grundsätzlich auch bereits die (ggf. heimliche) Anfertigung von Ton- und Bildaufnahmen und nicht erst deren Verbreitung eine Ausübung der Pressefreiheit dar.

Jedoch hat das BVerfG ausdrücklich festgehalten, dass die Pressefreiheit nicht die rechtswidrige Beschaffung von Informationen zu schützen vermag.[58] Diese Aussage erscheint gewiss zirkulär, wenn es gerade zu untersuchen gilt, ob und inwieweit die Pressefreiheit bei der strafrechtlichen Beurteilung der Beschaffung von Informationen vorab zu berücksichtigen bleibt und ggf. unmittelbar als Rechtfertigungsgrund herangezogen werden kann. Eine nicht unerhebliche Bedeutung erfährt diese Aussage aber im Zusammenspiel mit der weiteren Ausführung des BVerfG, dass jedenfalls die Verbreitung rechtswidrig erlangter Informationen in den Schutzbereich der Pressefreiheit falle.[59] Angesichts etwa der unterschiedlichen Art der Erlangung der fraglichen Informationen, deren unterschiedlicher Inhalte und des unterschiedlichen Maßes der Rechtsverletzung des Betroffenen könne insoweit im Hinblick auf die Kontrollfunktion der Presse eine Berufung auf Art. 5 Abs. 1 GG nicht kategorisch versagt werden, sondern blieben die Umstände des jeweiligen Einzelfalls zu berücksichtigen.[60] Dieser Differenzierung des BVerfG lässt sich jedenfalls entnehmen, dass die Beschaffung von Informationen als sensiblerer Bereich angesehen wird, der einer Abwägung selbst mit der Pressefreiheit nicht generell offen steht.

Ist der Schutzbereich der Pressefreiheit eröffnet, findet diese ihre Schranken gemäß Art. 5 Abs. 2 GG unter anderem in „den Vorschriften der allgemeinen Gesetze“, zu denen auch Straftatbestände zählen.[61] Allerdings müssen diese Schranken ihrerseits im Lichte der wertsetzenden Bedeutung der Pressefreiheit in einem freiheitlichen demokratischen Staat ausgelegt werden. Diese sog. Wechselwirkung führt ggf. dazu, dass die begrenzende Wirkung etwa der allgemeinen Gesetze ihrerseits wieder eingeschränkt wird.[62] Wie weit die Pressefreiheit bei der Konkretisierung offener Normen zu berücksichtigen ist, wird nach BVerfG vor allem durch den Zweck der Veröffentlichung sowie das für die Beschaffung der Information

[55] Siehe nur BVerfGE 12, 205 (260) = NJW 1961, 547 (552); 20, 162 (176) = NJW 1966, 1603 (1604); 21, 271 (279) = NJW 1967, 976 (977); 66, 116 (133) = NJW 1984, 1741 (1742); 77, 346 (354) = NJW 1988, 1833 (1833).

[56] BVerfGE 50, 234 (240) = NJW 1979, 1400 (1401); 91, 125 (134) = NJW 1995, 184 (185).

[57] Vgl. BVerfGE 12, 205 (260) = NJW 1961, 547 (552) zur Rundfunkfreiheit.

[58] BVerfGE 66, 116 (137) = NJW 1984, 1741 (1743).

[59] BVerfGE 66, 116 (137) = NJW 1984, 1741 (1743). Siehe hierzu aus jüngerer Zeit die zivilrechtlichen Entscheidungen BGH NJW 2015, 782 und OLG Stuttgart AfP 2015, 450.

[60] BVerfGE 66, 116 (137f.) = NJW 1984, 1741 (1743).

[61] Siehe etwa BVerfGE 20, 162 (177) = NJW 1966, 1603 (1605).

[62] BVerfGE 20, 162 (176f.) = NJW 1966, 1603 (1605); siehe auch BVerfGE 7, 198 (208f.) = NJW 1958, 257 (258) zur Meinungsäußerungsfreiheit bzw. BVerfGE 59, 231 (265) = NJW 1982, 1447 (1449) zur Rundfunkfreiheit.

eingesetzte Mittel bestimmt.[63] Selbst eine durch Täuschung rechtswidrig beschaffte Information dürfe gegen den Getäuschten verwendet und ausnahmsweise verbreitet werden, wenn sie für die Unterrichtung der Öffentlichkeit und für die öffentliche Meinungsbildung derart bedeutend sei, dass sie eindeutig die Nachteile des rechtswidrigen Vorgehens für den Betroffenen und die (tatsächliche) Geltung der Rechtsordnung überwiege. Ein überragendes öffentliches Interesse bestehe vor allem an der Aufdeckung von Missständen von erheblichem Gewicht.[64]

Weitgehend ähnlich argumentiert der EGMR im Rahmen der Freiheit der Meinungsäußerung nach Art. 10 EMRK. Zwar müssten auch Journalisten trotz der bedeutsamen Rolle der Medien in der demokratischen Gesellschaft als „öffentlicher Wachhund" die allgemeinen Strafgesetze beachten,[65] die unter anderem dem Schutz des guten Rufes oder der Rechte anderer – wie etwa der Rechte am eigenen Bild und Wort – dienen können (Art. 10 Abs. 2 EMRK). Der hiermit verbundene Eingriff in die Freiheit der Meinungsäußerung erscheint aber nur dann als notwendig, wenn der bei deren Ausübung geführte Angriff auf den guten Ruf einer Person eine bestimmte Schwere erreicht und die Ausübung ihres Rechts auf Achtung des Privatlebens aus Art. 8 EMRK beeinträchtigt.[66] Maßgebliche Kriterien für die erforderliche Abwägung sind der Beitrag der jeweiligen Information (zB einer Bildaufnahme oder eines Artikels) zu einer Diskussion von allgemeinem Interesse, der Bekanntheitsgrad des Betroffenen, der Gegenstand des Berichts, das vorherige Verhalten des Betroffenen, die Art und Weise, wie die Information erlangt wurde, und deren Richtigkeit sowie Inhalt, Form und Auswirkungen der Veröffentlichung.[67] Darüber hinaus sind Art und Schwere der verhängten Sanktion zu berücksichtigen.[68]

Anhand dieser Kriterien hat der EGMR in einer jüngeren Entscheidung über den Einsatz einer versteckten Kamera im Zuge von Recherchen für eine dem Verbraucherschutz gewidmeten Fernsehsendung geurteilt.[69] Mit der Kamera wurde in einer Privatwohnung das Beratungsgespräch eines Versicherungsmaklers in Bild und Ton aufgenommen, um Missstände bei der Kundenberatung im Versicherungswesen aufzuzeigen. Ausschnitte des aufgezeichneten Gesprächs wurden gegen den Willen des Betroffenen im Fernsehen ausgestrahlt, wobei das Gesicht des Maklers gepixelt war und seine Stimme verfremdet wurde. Die Journalisten wurden wegen des Abhörens und Aufnehmens fremder Gespräche gemäß Art. 179bis Abs. 1

---

[63] BVerfGE 66, 116 (139) = NJW 1984, 1741 (1743).

[64] BVerfGE 66, 116 (139) = NJW 1984, 1741 (1743) näher hierzu *Renner/Baumann* AfP 2015, 285 (286ff.).

[65] EGMR NJW 2006, 1645 (1648) – Pedersen und Baadsgaard/Dänemark; EGMR NJW 2008, 2563 (2564) – Voskuil/Niederlande; EGMR NJOZ 2016, 1505 (1507) – Haldimann ua/Schweiz. Ähnlich BGH NJW 2013, 229 (230); NJW 2015, 782 (784): „Wachhund der Öffentlichkeit".

[66] EGMR NJW-RR 2010, 1483 (1485) – A./Norwegen; EGMR NJOZ 2016, 1505 (1507) – Haldimann ua/Schweiz.

[67] EGMR NJW 2012, 1053 (1052ff.) – von Hannover/Deutschland Nr. 2; EGMR NJOZ 2016, 1505 (1507) – Haldimann ua/Schweiz.

[68] EGMR NJW 2012, 1058 (1060) – Axel Springer AG/Deutschland; EGMR NJOZ 2016, 1505 (1507) – Haldimann ua/Schweiz.

[69] EGMR NJOZ 2016, 1505 – Haldimann ua/Schweiz.

und 2 bzw. des unbefugten Aufnehmens von Gesprächen gemäß Art. 179ter Abs. 1 schwStGB verurteilt. Der EGMR sah hierin jedoch eine Verletzung der Freiheit der Meinungsäußerung nach Art. 10 EMRK und verwies insbesondere auf das öffentliche Interesse an dem Thema des fraglichen Berichts und die nur geringen Auswirkungen des Berichts auf den persönlichen Ruf des unkenntlich gemachten Maklers.[70] Dieses Ergebnis ist dem Umstand geschuldet, dass der EGMR – anders als das BVerfG – nicht näher zwischen der Beschaffung und der Verbreitung von Informationen differenziert, sondern insoweit unterschiedslos eine Abwägung mit den genannten maßgeblichen Kriterien vornimmt.[71] Der maßgebliche (und weder unerhebliche noch unbedenkliche) Unterschied zur Rechtsprechung des BVerfG zum Schutzbereich der Pressefreiheit besteht daher darin, dass Art. 10 EMRK auch die rechtswidrige Beschaffung von Informationen strafrechtlich legitimieren können soll.[72]

Zusammenfassend lässt sich den geschilderten Grundsätzen entnehmen, dass die Strafvorschriften der §§ 201, 201 a StGB als allgemeine Gesetze im Sinne des Art. 5 Abs. 2 GG im Lichte etwa der Pressefreiheit auszulegen sind. Dies betrifft sowohl die einzelnen Tatbestandsmerkmale als auch die Regelungen zur Wahrnehmung berechtigter Interessen.[73] Zudem erscheint ein unmittelbarer Rückgriff nicht zuletzt auf die Pressefreiheit als Rechtfertigungsgrund nicht ausgeschlossen. Dies gilt allerdings in erster Linie für § 201 StGB, der insbesondere jegliche Aufzeichnung des nichtöffentlich gesprochenen Wortes tatbestandlich erfasst und insoweit auch keine Wahrnehmung berechtigter Interessen vorsieht. Sich bei einer tatbestandlichen Verwirklichung des § 201 a StGB unmittelbar auf die Pressefreiheit zu berufen, erscheint hingegen allenfalls in Ausnahmesituationen möglich, ist der Straftatbestand doch ohnehin nur bestimmten Situationen vorbehalten und fordert zudem in den meisten Tatmodalitäten die Verletzung des höchstpersönlichen Lebensbereichs der abgebildeten Person.[74] Soweit ein Rückgriff auf die Pressefreiheit – jenseits einer gegenwärtigen Gefahr im Sinne des § 34 StGB und jenseits einer Wahrnehmung berechtigter Interessen – bei heimlichen Ton- und Bildaufnahmen bzw. deren Verbreitung diskussionswürdig erscheint, wird dies zudem allenfalls Informationen betreffen, die für die öffentliche Meinungsbildung von überragendem Interesse sind. Tatbestandliche Eingriffe in die Privatsphäre einer Person zu Unterhaltungszwecken (zB Scherzanrufe und Streiche mit versteckter Kamera) sind demnach grundsätzlich nicht zu rechtfertigen.[75] Etwas anderes gilt je nach den Umständen des Einzelfalls für die Entlarvung von Missständen von erheblichem Gewicht (zB die Aufdeckung schwerwiegender Straftaten) durch den investigativen Journalismus.

---

[70] EGMR NJOZ 2016, 1505 (1508 f.) – Haldimann ua/Schweiz.

[71] Siehe EGMR NJOZ 2016, 1505 (1507 ff.) – Haldimann ua/Schweiz.

[72] *Renner/Baumann* AfP 2015, 285 (289).

[73] Siehe schon *Zöller* FS Wolter, 2013, 679 (695) zu § 201 a StGB aF.

[74] *Fischer,* 65. Aufl. 2018, StGB § 201 a Rn. 30; *Bosch* JURA 2016, 1380 (1388); ebenso schon zu § 201 a StGB aF *Lenckner/Eisele* in Schönke/Schröder, 29. Aufl. 2014, StGB § 201 a Rn. 13; *Valerius* in LK-StGB, 12. Aufl. 2006, § 201 a Rn. 39; *Heinrich* ZIS 2011, 416 (419); aA *Kühl* in Lackner/Kühl, 28. Aufl. 2014, § 201 a Rn. 9.

[75] *Heinker* AfP 2008, 573 (574).

IV. Fazit

Die Strafbarkeit heimlicher Ton- und Bildaufnahmen durch Medienangehörige reicht deutlich weiter als gewöhnlich angenommen und kann zumeist weder durch eine mittelbare Berücksichtigung der Pressefreiheit noch durch einen unmittelbaren Rückgriff hierauf als Rechtfertigungsgrund beseitigt werden. Vor allem Aufnahmen zu Unterhaltungszwecken sind in der Regel nicht zu rechtfertigen. Aber auch dem investigativen Journalismus werden insoweit nicht unerhebliche Grenzen gezogen.

Aus juristischer Perspektive wäre die im Titel gestellte Ausgangsfrage „Verstehen Sie Spaß?" somit mit einem klaren „Nein." zu beantworten. Diese Antwort ist weder ein Beleg für die (hoffentlich nur vermeintliche) Humorlosigkeit der Juristen noch für ein etwaiges fehlendes Gespür für die grundsätzliche Bedeutung und den Stellenwert der Pressefreiheit. Das gefundene Ergebnis ist vielmehr dem weder zu unterschätzenden noch zu vernachlässigenden Stellenwert des Allgemeinen Persönlichkeitsrechts geschuldet, als dessen Ausprägungen die durch §§ 201, 201a StGB geschützten Rechte am eigenen Wort und Bild anzusehen sind, in die selbst bei Ausübung etwa der Pressefreiheit nicht nach Belieben eingegriffen werden kann.

ANNETTE WILMES

Justiz und Medien – ein schwieriges Verhältnis

I. Einleitung

Thomas Fischer hat die Medien sehr oft und sehr hart kritisiert. Es war einerseits grundsätzliche Kritik, die Medien befassten sich zu wenig ernsthaft mit den Themen des Rechts. Außerdem fehle es an Sachkunde bei den Journalistinnen und Journalistinnen, die über Recht und Gesetz berichten. Andererseits nahm er sich immer wieder einzelne Berichte vor, wies reihenweise Fehler nach, kritisierte Zeitungsartikel oder auch Rundfunkbeiträge, manche nahm er regelrecht auseinander. Das gefiel vielen aus der Zunft der Journalisten nicht. Das waren die, die Fischer als Rechthaber und Besserwisser abtaten. Die seinen Buchtitel „Fischer im Recht" entsprechend interpretierten: der Mann, der sich immer im Recht fühlt. Sie kamen gar nicht darauf, dass es ein Wortspiel ist, das auch sehr gut anders verstanden werden kann: der Mann fischt im Recht. Beim Fischen gingen ihm Paragraphen ins Netz, die er nicht nur erklärte, sondern auch in gesellschaftliche Zusammenhänge stellte. Das war kein Volkshochschulkurs à la „Jura für Nichtjuristen leicht gemacht". Er hat mit seinem Buch Sachkenntnis vermittelt und damit Fehlinformationen aus Krimiserien, Gerichts- und Talkshows und aus skandalisierenden Schlagzeilen entgegengewirkt. Er hat das getan, was eigentlich die Aufgabe der Medien ist. Sein Ton wechselte zwischen Polemik, Provokation und Belehrung, für einen Richter ungewohnt offen und gedanklich erfrischend. Das kam nicht überall gut an. Und weil er sich mit seinen kritischen Anmerkungen vor seinen eigenen Kollegen nicht zurückhielt, machte er sich auch bei vielen von ihnen unbeliebt. Sie reagierten nach dem Motto: „So etwas tut man nicht." Die höchsten Richter halten sich zurück, äußern sich allenfalls in der Fachöffentlichkeit oder in Festschriften. Hier ist es umgekehrt. Als Journalistin, die sich seit drei Jahrzehnten mit Themen der Justiz befasst, ohne Juristin zu sein, darf ich in der Festschrift für einen der höchsten Richter über das schwierige Verhältnis zwischen Justiz und Medien schreiben.

II. Die Gerichtsreportage

Wenn durch mangelhafte oder sensationsheischende Berichterstattung menschliche Tragödien ausgelöst werden, wenn Auflagenhöhe und Gewinn wichtiger erscheinen als die Informations- und Aufklärungspflicht, dann wird schnell die Frage gestellt, ob hier nicht schärfere Sanktionen gegen die Medien angebracht wären.

Unmittelbar darauf melden sich die Verfechter der Pressefreiheit zu Wort – übrigens völlig zu recht. Denn Sensationspresse und kritischer Journalismus sind zwei verschiedene Seiten.

Der beschriebene Mechanismus ist alles andere als neu und im und nach dem Kachelmann-Verfahren nicht zum ersten Mal in Gang gesetzt worden. Kurt Tucholsky schrieb schon 1914 von der „Meute" und dachte genau an diese Art von Presse, die sich um Persönlichkeitsrechte und einfachste Regeln des Journalismus nicht kümmert und nur der Sensation hinterherläuft.

„Wenn der Angeklagte in einem deutschen Gerichtssaal vorgeführt wird, dann mag er sich sagen, dass eine Hauptgefahr nicht der gefürchtete Staatsanwalt ist, nicht der Vorsitzende, nicht die Richter. Die Meute lauert anderswo. Sie hockt an langen Bänken, lässt die zitternden Federn spielen und wartet, wen sie zerreiße. Wehe dir: hier wird nichts geschont. Du wirst gesperrt gedruckt, du wirst fett gedruckt, und du wirst mit einem brühwarmen Schmutz übergossen."[1]

Aber Tucholsky unterschied auch zwischen der zügellosen Sensationspresse und dem Journalisten, der ordentlich seine Arbeit tut: „Der Gerichtssaalreporter ist kaum korrupt; er nimmt kein Geld, damit er schweige, oder damit er nenne. Korrupt ist die Presse, die den niedrigsten und schmierigsten Instinkten ihrer Leser so weit entgegenkommt, dass sie ihre Hunde auf die Jagd schickt."[2]

In meinen Jahren als Gerichtsreporterin im Kriminalgericht Moabit, wo alle Berliner Strafprozesse geführt werden, habe ich so manchen Fall erlebt, in dem genau dieses passierte. Am schlimmsten ist mir ein Ereignis im ersten Mauerschützenprozess in Erinnerung. Angeklagt waren ehemalige DDR-Grenzsoldaten, die einen jungen Mann, der in den Westen fliehen wollte, auf der Flucht erschossen haben sollten. Nach einer Gerichtspause am ersten Prozesstag fanden die Journalisten Fotos des erschossenen Opfers auf ihren Stühlen, die irgendjemand aus der Gerichtsmedizin geschmuggelt hatte. Fotos, die gerade nicht für die Öffentlichkeit bestimmt waren, und die vor allem die im Gerichtssaal anwesende Mutter des jungen Mannes noch nie gesehen hatte. Sie brach zusammen. Der Skandal war perfekt, vom Journalisten eines Boulevardblatts selbst geschaffen. Er wurde des Saales verwiesen. Ansonsten wurde, selbstverständlich, die weitere Öffentlichkeit des Verfahrens nicht in Frage gestellt. So reagiert ein unabhängiges Gericht.

Solche Vorfälle tragen jedoch nicht zum guten Verhältnis von Justiz und Medien bei. Auch dann nicht, wenn die „Vergehen" der Journalisten kleiner sind, wenn sie Revision und Berufung verwechseln oder Festnahme und Verhaftung, Fehler, die Laien und Anfängern passieren können. Schlimmer wird es, wenn sie die Unschuldsvermutung außer Acht lassen oder über einen Fall, der alle Sensibilität verlangt, reißerisch berichten. Dabei können Existenzen vernichtet werden. Und die Justiz reagiert, bei aller Unabhängigkeit, harsch bis überzogen. Überzogen dann, wenn die Justizberichterstattung insgesamt in Frage gestellt wird.

---

[1] *Tucholsky,* Gesammelte Werke in zehn Bänden. Band 1, 1981, 241.
[2] *Tucholsky,* Gesammelte Werke in zehn Bänden. Band 1, 1981. 242.

III. Die Öffentlichkeit der Verhandlung

Bei der Vernehmung durch die Polizei oder Staatsanwaltschaft gibt es genaue Regeln, zum Beispiel die Belehrung über die Aussagepflicht, oder auch über das Recht, die Aussage zu verweigern. Es gibt Regeln, wie die Aussagen dokumentiert und wie lange sie aufgehoben werden müssen. Journalisten dagegen sind selbstverständlich völlig frei, wenn sie ihre „Vernehmungen", sprich Interviews, führen. Trotzdem schweben sie nicht im rechtsfreien Raum. Es gibt bestimmte Rechte und Pflichten, niedergeschrieben in den Pressegesetzen der Länder, und es gibt den Pressekodex des Presserats.

Vor allem, wenn über Strafprozesse berichtet wird, besteht die Gefahr, dass die Presse sich nicht an bestimmte Regeln hält. Da wird über Angeklagte oder auch über Opfer mit voller Namensnennung berichtet. Da werden Anklagevorwürfe als Tatsachen hingestellt, von der Unschuldsvermutung, die bis zur Rechtskraft eines Urteils zu gelten hat, scheinen manche Journalisten noch nichts gehört zu haben. Das ist ein Mangel, der durch Professionalisierung aufgehoben werden kann. Aber bestimmt nicht dadurch, die Pressefreiheit in Frage zu stellen.

Vor allem die schlechte Ausbildung mancher Journalisten, die dürftige finanzielle Ausstattung mancher Zeitung und der Einsatz von Praktikanten führen zu der oft mangelhaften Berichterstattung. Ein Manko, das relativ leicht beseitigt werden könnte. Denn um die Regeln der Strafprozessordnung kennenzulernen und sich über die wichtigsten rechtsstaatlichen Grundsätze zu informieren, ist ein Jura-Studium nicht nötig. Der juristische Laie kann durchaus mit Sachverstand über Gerichtsverfahren berichten, dafür gibt es viele Beispiele. Hier nenne ich gern die Gerichtsreporterinnen und Gerichtsreporter, die seit vielen Jahren im Kriminalgericht Moabit arbeiten. Sie sitzen in den Verhandlungen, kennen die Strafprozessordnung und wenn sie fachliche Fragen haben, fragen sie die Pressesprecherin des Gerichts oder den Pressesprecher der Staatsanwaltschaft. Einige haben sich zu kenntnisreichen Experten entwickelt, Fehler kommen nur selten vor. Es ist nur leider so, dass sich viele Medien keine Gerichtsreporter leisten. Das ist bedauerlich, denn sie sind es, die die Öffentlichkeit im Gerichtssaal herstellen, auch wenn es meist nur kleine Meldungen in den Zeitungen sind, wenige Zeilen, die über das berichten, was alltäglich im Gericht geschieht, 30-Sekunden-Berichte im Radio. Aber es bietet sich immer mal wieder Gelegenheit, diese Fälle in den gesellschaftlichen Zusammenhang zu stellen und die Berichterstattung entsprechend auszuweiten. In meiner Zeit als Gerichtsreporterin mussten sich zum Beispiel zwei Polizeischüler wegen Beleidigung und Volksverhetzung vor dem Schöffengericht verantworten. Sie hatten einen jüdischen Mitschüler zwei Jahre lang innerhalb der Kaserne gequält, ohne dass nur ein einziger Ausbilder etwas bemerkte. Anlass genug, nach dem Bericht über den Prozessverlauf und das Urteil weiter über die Verhältnisse in der Polizeikaserne zu recherchieren. Andere Themen, die sich aus der Prozessberichterstattung für mich entwickelt haben: die Rolle der Strafverteidiger, die Rolle der Sachverständigen, Straftäter in der Psychiatrie, Opferschutz in der Gerichtsverhandlung, der Deal im Strafprozess; außerdem weitere Fragen: warum dürfen Angeklagte lügen, welche Aufgaben haben die Schöffen, welche Rechte haben Untersuchungsgefangene. Die Liste lässt sich fortsetzen.

IV. Wechselwirkungen

Die Öffentlichkeit der Gerichtsverhandlung gilt als oberstes Prinzip. Kein Angeklagter soll von einer Geheimjustiz hinter verschlossenen Türen abgeurteilt werden. Auch soll die Öffentlichkeit im besten Fall dafür sorgen, dass Außenstehende lernen und verstehen, wie Justiz funktioniert.

Gleichgültig, ob in reißerischer Aufmachung über einen Strafprozess berichtet wird oder ob die kritische Analyse im Vordergrund steht, die Medien üben direkten Einfluss auf die Prozessbeteiligten aus. Dieser Einfluss geht jedoch nicht so weit, dass davon die Frage der Verurteilung oder des Freispruchs abhängt. Da ist bei den Berufsrichtern durch ihre Professionalität eine Grenze gezogen, die nur selten überschritten wird. Das haben medienrechtliche Untersuchungen ergeben, zum Beispiel durch Rudolf Gerhardt, selbst Jurist, ehemaliger Professor für Journalistik an der Universität Mainz, der Staatsanwälte, Verteidiger und Richter befragte.

Aber auf das Klima in der Verhandlung haben die Medien Einfluss, ebenfalls in bestimmten Fällen auf die Strafzumessung und später auf die Frage, ob Bewährung, ob vorzeitige Entlassung oder versuchsweise Entlassung anstehen.

Fälle, die ganz besonders im Medieninteresse stehen, vor allem Kindermissbrauchsfälle, spielen eine besondere Rolle. Da neigen die Richter zu härteren Urteilen. Und beim Thema Sicherungsverwahrung hat sich die Medienöffentlichkeit nicht nur auf die Justiz, sondern auch auf die Politik ausgewirkt. Seit 1998 wurde die Gesetzgebung systematisch verschärft, wie es immer wieder in den Medien gefordert worden war. Das wiederum wirkte sich auf die Rechtsprechung aus. Es gab mehr Verurteilungen zu Sicherungsverwahrung, die auch immer häufiger im Nachhinein angeordnet wurde. Erst der Europäische Gerichtshof für Menschenrechte und dann auch das Bundesverfassungsgericht sorgten für eine Zäsur. Am 1.6.2013 trat das neue Gesetz in Kraft.

Der Einfluss der Medien auf die Justiz ist vielfältig, im guten wie im schlechten Sinne. Zum Beispiel kritisieren Journalisten mitunter zu Recht, wie ein Ermittlungsverfahren geführt wird: Werden alle Beweise geprüft, wird der Sache ordnungsgemäß nachgegangen, werden die Rechte der Beschuldigten ausreichend berücksichtigt, wird in beide Richtungen ermittelt, werden belastende wie entlastende Momente beachtetet – Fragen, die gute Justizjournalisten stellen. Die frühere leitende Oberstaatsanwältin Hildegard Becker-Toussaint, viele Jahre als Pressesprecherin bei der Generalstaatsanwaltschaft in Frankfurt a. M. tätig, hat einmal bekannt: „Ich glaube schon, dass es Fälle gibt, in denen die Staatsanwaltschaft durch die Journalisten zu einer besseren Arbeit angehalten worden ist.“[3]

[3] „Wie Feuer und Wasser“, Bayerischer Rundfunk, Abendjournal, 28.3.2001, Hörfunkbeitrag von *Annette Wilmes.*

Wenn der journalistische Beobachter einer Hauptverhandlung zu Recht kritisiert, wie die Vorsitzende Richterin ohne Nachfragen den Polizeizeugen Glauben schenkt, während sie die Zeugen der Verteidigung kaum ausreden lässt, hat auch das seine Wirkung – wenn schon nicht auf die betreffende Vorsitzende direkt, so doch auf ihre Kolleginnen und Kollegen, die es besser machen wollen.

V. Justizkritik

Es gehört zu den Aufgaben guter Journalistinnen und Journalisten, die Justiz kritisch unter die Lupe zu nehmen. Je sachkundiger sie das tun, desto eher kommt die Kritik an, desto eher kann die Presse im positiven Sinne Einfluss nehmen. Beispiel: Berichterstattung über den Strafvollzug. Dass Gefangenen ihre Besuchsrechte ungerechtfertigt gekürzt werden oder dass sie menschenunwürdig in sechs Quadratmeter kleinen Zellen untergebracht sind, ist leider eher selten Gegenstand der Berichterstattung. Über den Alltag hinter Gittern, mit welchen Problemen sich Gefangene und Justizbedienstete tagtäglich herumschlagen, wie Familien darum kämpfen, trotz der Freiheitsstrafe, die die Mutter oder meist der Vater verbüßt, den Kontakt nicht zu verlieren, über all das erfährt man in den Medien nur wenig. Wie Strafvollzug im Idealfall funktioniert, dass Gefangene entlassen werden, die sich in der Gesellschaft wieder eingliedern und keine Straftaten mehr begehen, warum deswegen jeder und jede eine Chance verdient hat, darüber wird auch nur selten berichtet. Das ist schade, denn nur solche Berichte und Reportagen könnten dabei helfen, Missstände zu beseitigen. Wenn Gefangene aus dem Gefängnis ausbrechen, ist das schlagzeilenträchtig, nicht nur in den Boulevardmedien. Das liest sich, als käme es jeden Tag vor, was nicht der Realität entspricht. Der Gefängnisalltag ist durch andere Ereignisse und Zustände geprägt.

VI. Vorurteile

Wenn über den Strafvollzug in den Medien berichtet wird, geschieht dies häufig skandalisierend. Gefangene werden zu „Monstern" gemacht, von „Sex-Verbrechern" ist die Rede; von „Zeitbombe" oder „Bestie", wenn es um entlassene Sicherungsverwahrte geht. Mit der Wirklichkeit hat dies nichts zu tun. Das Motiv solcher Berichterstattung? „Crime sells", in den Printmedien geht es um die Auflagenhöhe, im Rundfunk und im Fernsehen um die Quote. Die Berichterstattung über den Vollzugsalltag verkauft sich dagegen nur schlecht. Deshalb wird lieber skandalisiert. Die Folge: manche Berichte sind eher dazu geneigt, Vorurteile zu bestätigen oder sogar zu schüren, als Zusammenhänge zu erklären.

Als das Kriminalgericht Moabit 100 Jahre alt wurde, gab es im öffentlich-rechtlichen Fernsehen einen Bericht. Ein Prozess um einen schrecklichen Mord an einem Kind kam darin prominent zur Sprache. Aber es wurde nicht darüber berichtet, wie der Prozess geführt wurde, sondern stattdessen kamen die Eltern des ermordeten Kindes zu Wort – gefilmt in einem leeren Gerichtssaal. Das war ein Interview mit traumatisierten Menschen. Man erfuhr nichts darüber, wie Richterinnen und Richter mit so schwierigen Fällen umgehen. Die Gelegenheit, etwas über die Arbeit des Gerichts zu erfahren, oder darüber, wie sich im Kriminalgericht Moabit in den 100 Jahren seines Bestehens die Art, Prozesse zu führen, verändert hat, diese Gelegenheit war vertan.

VII. Medienkritik

In einem Interview hat Thomas Fischer kritisiert, dass „die Vermittlung von Recht – insbesondere auch von Strafrecht – durch die Presse in die Zivilgesellschaft ganz offenkundig defizitär, fehlerhaft tendenziös und verbesserungswürdig ist“[4]. Dem stimme ich zwar zu, aber nicht ohne zu ergänzen: Es gibt auch eine andere, eine analytische, eine kritische Berichterstattung, in den Printmedien wie im Rundfunk und im Fernsehen, nur leider zu selten und schwerer auffindbar. Das ändert nichts am Anfangsbefund: Die Justiz, die Dritte Gewalt, und die Medien, wegen ihres starken Einflusses auch als „Vierte Gewalt“ bezeichnet, stehen zueinander in einem komplizierten Verhältnis. Bei aller Kritik an den Medien darf nicht vergessen werden, dass sie ihrerseits auf Missstände in der Justiz aufmerksam machen und vielleicht sogar heilend wirken können. Rainer Hamm, Strafverteidiger und Honorarprofessor an der Universität in Frankfurt am Main, hat auf dem 25. Strafverteidigertag im März 2001 gesagt: „Ohne eine freie, kritische, Missstände enthüllende, Kriminalität aufdeckende, aber auch das Treiben der Justiz durchaus unterhaltsam verfremdende Presse wäre unsere Gesellschaft nicht nur ärmer, sondern auch ganz und gar undemokratisch. Und wenn die Justiz sich nicht ständig gegen allerlei Verdächtigungen durch die Medien zur Wehr setzen müsste, Kungeljustiz, Klassenjustiz, politisch einäugige Justiz, zu lasche Justiz, zu harte Justiz, politisch hörige Justiz, wirtschaftsfeindliche Justiz, wirtschaftsfreundliche, unsoziale Justiz und so weiter, wenn das Personal der Strafgerichte und Staatsanwaltschaften nicht ständig bemüht sein müsste, solche Verdächtigungen zu falsifizieren, wären mindestens einige davon sehr viel häufiger berechtigt, als sie es in der heutigen Praxis gottlob sind.“[5] Damals schon deutete Rainer Hamm an, dass Justizkritik zwar notwendig und mitunter hilfreich sei, aber nicht immer berechtigt. Und so wäre es nicht schlecht, wenn sich auch die Medien mitunter Kritik aus der Justiz gefallen ließen und darauf eingingen statt sich – wie so oft – reflexhaft zur Wehr zu setzen oder zurückzuhauen. Daraus könnte ein fruchtbarer Dialog entstehen.

---

[4] Fachbuchjournal Nr. 5/2016, S. 15.

[5] „Wie Feuer und Wasser“, Bayerischer Rundfunk, Abendjournal, 28.3.2001, Hörfunkbeitrag von *Annette Wilmes.*

X. JUSTIZ- UND ZEITGESCHICHTE, VARIA

CORNELIUS NESTLER

Der 2. Strafsenat des Bundesgerichtshofs und die Strafverfolgung von NS-Verbrechen

I. Einleitung

Auf dem Symposium zum 80. Geburtstag von *Klaus Lüderssen* im Jahr 2012 war eines der Themen die Legitimität der seit 2008 mit dem Strafverfahren gegen *John Demjanjuk* vor dem Landgericht München II wieder aufgenommenen Strafverfolgung von NS-Verbrechen.[1] Die Veranstalter hatten *Thomas Fischer* gebeten, die Moderation der anschließenden Diskussion[2] zu übernehmen. Unter den Teilnehmern an dem Symposium, einer größeren Gruppe von StrafrechtswissenschaftlerInnen und StrafrechtspraktikerInnen, gab es nicht nur Befürworter, sondern durchaus Skeptiker, sogar Gegner dieser Strafverfahren gegen die letzten noch lebenden Täter[3] des Holocaust.

Das Votum von *Thomas Fischer* war eindeutig: „(…) es ist mir ehrlich gesagt Wurst, ob das [diese Strafverfolgung, CN] mit irgendwelchen Straftheorien übereinstimmt oder nicht. Ich glaube, es ist ein erbärmliches Versagen der Bundesrepublik gewesen, das NS-Unrecht nicht ansatzweise konsequent zu verfolgen. Wenn wir erst jetzt die Möglichkeit dazu haben, haben wir die Pflicht, es zu tun. Und das Strafrecht muss sich nicht schämen, auch alte Leute noch zu verfolgen und anzuklagen, die nicht verjährbares Unrecht auf sich geladen haben. Das sind wir den Opfern schuldig, auch wenn es nur noch wenige sind."[4] Das war eine klare Antwort auf die Frage: „Warum jetzt noch" diese Strafverfahren?

Die Tatsache, dass eine systematische Strafverfolgung der Beteiligung an den Massenmorden des Holocaust erst 2008 mit dem *Demjanjuk*-Verfahren, dh erst mit einer Verzögerung von nahezu einem halben Jahrhundert wieder aufgenommen wurde, wirft eine zweite Frage auf, die schwerer zu beantworten ist: „Warum erst jetzt?"[5] Der 2. Strafsenat des BGH spielt bei dem Versuch, eine Antwort auf diese Frage zu finden, eine prominente Rolle. Denn im Zentrum der Erklärungsversuche steht jene Entscheidung aus dem Jahr 1969, mit der der 2. Senat die Revision der Staatsanwaltschaft gegen das Urteil von 1965 im großen Frankfurter Auschwitzprozess gegen *Mulka* ua verworfen hatte. Die Gründe dieser Entscheidung hätten eine

---

[1] *Nestler* in Prittwitz ua, Rationalität und Empathie, 2014, 182ff.

[2] Dokumentiert *Nestler* in Prittwitz ua, Rationalität und Empathie, 2014, 197ff.

[3] Ich benutze den Begriff „Täter" hier untechnisch – es geht bei diesen Strafverfahren immer nur um den Vorwurf der Beihilfe zum Massenmord.

[4] *Nestler* in Prittwitz ua, Rationalität und Empathie, 2014, 210 (211).

[5] Diese einprägsame doppelte Fragestellung zu den letzten NS-Verfahren war eine Idee von *Cornelius Prittwitz*.

weitere Strafverfolgung von SS-Angehörigen, denen nur eine funktionale Mitwirkung, etwa durch die Tätigkeit als Wachmann oder durch den Dienst auf der Rampe, aber keine weitergehende konkrete Tatbeteiligung vorgeworfen werden konnte, unmöglich gemacht – so das Argument, dass vor allem auch von Justizpraktikern aus der Zentralstelle für die Verfolgung von NS-Verbrechen in Ludwigsburg vorgebracht wird,[6] also von denen, die eigentlich als „Nazi-Jäger"[7] institutionell für die Aufnahme von Ermittlungen von NS-Verbrechen vorgesehen sind, als Erklärung für ihre langjährige, komplette Untätigkeit bei der Verfolgung der noch lebenden SS-Angehörigen in den Vernichtungslagern der SS.

Diese Entscheidung des 2. Strafsenats aus 1969 spielt aber auch in der Praxis der aktuellen Strafverfahren eine häufig zentrale Rolle.[8] Nicht nur, wer sich mit der Geschichte der Strafverfolgung von NS-Verbrechen in der Bundesrepublik beschäftigt, sondern auch jeder, der an den aktuell immer noch stattfindenden Strafverfahren gegen SS-Angehörige in den Vernichtungslagern der SS beteiligt ist,[9] wird daher immer wieder mit der zentralen Entscheidung des 2. Senats aus dem Jahr 1969 konfrontiert. *Thomas Fischer,* langjähriges Mitglied und dann Vorsitzender dieses Senats, ist der folgende Versuch gewidmet, genauer zu beschreiben, welche Rolle die Rechtsprechung des 2. Senats für die Praxis der Strafverfolgung von NS-Verbrechen in den vergangenen 50 Jahren hatte.

II. Der 2. Strafsenat des BGH – 1964 bis 1969

1. Der 2. Senat 1964 – LG Bonn und der Massenmord in Chelmno

Zum ersten Mal wird der 2. Senat 1964 mit der fabrikmäßig arbeitsteilig organisierten Massenvernichtung der Juden Europas durch die Revision gegen das Urteil des LG Bonn[10] befasst.[11] Einige Angeklagten hatten vorgetragen, sie seien bei der Ermordung der über 150.000 Juden, die im Vernichtungslager Chelmno in Gaswagen ermordet wurden, nur als Wachposten im Rahmen der üblichen Aufgaben der Schutzpolizei tätig gewesen. Die Antwort des 2. Senats ist eindeutig: Die Angeklagten haben „allein durch ihre Zugehörigkeit zu dem Sonderkommando, das eigens für die Ausrottung der jüdischen Bevölkerung Polens (...) gebildet worden war, bei der Tötung der Opfer Hilfe geleistet. Die Art der Aufgaben, die ihnen bei Durchführung der einzelnen Aktionen oblagen, ist daher (...) ohne Bedeutung."[12]

---

[6] So vielfach deren ehemaliger Leiter *Kurt Schrimm* seit 2009 dazu, warum in den Jahren zuvor keine Vorermittlungen aufgenommen wurden, exemplarisch Interview v. 7.5.2013 mit der SZ-Online, http://www.sueddeutsche.de/politik/staatsanwalt-ueber-kz-aufseher-beitrag-zum-funktionieren-der-toetungsmaschinerie-1.1667527, letzter Abruf am 4.6.2018; ebenso auch die Analyse des ehemaligen Mitarbeiters der Zentralen Stelle *Kurz* ZIS 2013, 122 (125).

[7] So der SPIEGEL vom 26.09.2017 auf Titelseite zu einem Beitrag über *Kurt Schrimm.*

[8] Dazu genauer → IV.

[9] Während ich diesen Beitrag im Januar 2018 abschließe, klärt die zuständige Strafkammer beim LG Münster, ob sie die Anklage der Staatsanwaltschaft Dortmund vom Oktober 2017 gegen zwei Angehörige der SS-Lagermannschaften im KZ Stutthof zulässt und das Hauptverfahren eröffnet.

[10] LG Bonn Urt. v. 30.3.1963 – 8 Ks 3/62, JuNSV, Nr. 594b.

[11] BGH, Urt. v. 25.11.1964 – 2 StR 71/64, JuNSV Nr. 594c.

[12] Siehe Fn. 11, S. 352.

Und in dieser Entscheidung geht es auch schon um die Frage, wie die im Holocaust begangenen Taten konkurrenzrechtlich zu bewerten sind. So gab es in Chelmno eine erste Vernichtungsperiode, die sich von Dezember 1941 bis zum März 1943 erstreckte. Anschließend wurde das Vernichtungslager Chelmno aufgelöst und das Schloss, in dessen Hof die Opfer in die Gaswagen getrieben wurde, niedergebrannt. Im Sommer 1944 wurden dann für eine zweiten Vernichtungsperiode stattdessen im Wald zwei Baracken errichtet. Das LG Bonn hatte wegen dieser zeitlichen wie auch räumlichen Zäsur zu zwei Fällen der gemeinschaftlichen Beihilfe verurteilt. Den Einwand der Revision, das Landgericht habe nur *eine* fortgesetzte Handlung annehmen dürfen, erklärt der 2. Senat für „offensichtlich unbegründet" und moniert in diesem Zusammenhang nur, dass das Landgericht es versäumt habe, für jeden Angeklagten die Mindestzahl der Opfer festzustellen, die während seiner Einsatzzeit ermordet worden waren.[13]

Beide Rechtsfragen, die auch für das Urteil im zeitlich parallel geführten Frankfurter Auschwitzprozess zentral sein würden und die ein halbes Jahrhundert später auch die aktuell geführten Strafverfahren wegen NS-Verbrechen prägen, werden in dieser ersten einschlägigen Entscheidung des 2. Senats ganz eindeutig beantwortet: Jede funktionelle Mitwirkung (etwa als Wachposten) innerhalb der Organisation, die eine fabrikmäßig organisierte Massenvernichtung durchführt, ist Beihilfe. Die Beihilfehandlung ist die fortdauernde Mitwirkung im Einsatzzeitraum. Aus wie vielen Einzelaktionen (etwa die einzelnen Transporte der nach Chelmno gebrachten Opfer oder etwa die Ermordung jeweils einer Gruppe von Opfern pro Gaswagen) sich die Vernichtung zusammensetzt, ist für die konkurrenzrechtliche Bewertung dieser Beihilfe irrelevant – es handelt sich um *einen* Fall der Beihilfe. Die Grenze der natürlichen Handlungseinheit ist nur dort erreicht, wo es eine klare zeitliche (die zwei Vernichtungsperioden liegen über ein Jahr auseinander) und im konkreten Fall auch örtliche und organisatorische Zäsur gibt.

2. Das Urteil des LG Frankfurt 1965 im sog. großen Auschwitzprozess

Einen ganz anderen Weg geht das Urteil der Schwurgerichtskammer des LG Frankfurt a. M. im großen Frankfurter Auschwitzprozess.[14] Die Anklage gegen *Mulka* ua erfasste nicht nur die fabrikmäßig organisierte Vernichtung vor allem jüdischer Menschen in Auschwitz-Birkenau, sondern das Konzept der Anklage bestand gerade auch darin, über die Auswahl der Angeklagten – vom stellvertretenden Kommandanten *Mulka* bis hin zu *Bednarek,* der als Häftling in Auschwitz ein Blockältester war – und der ihnen vorgeworfenen Taten auch alle weiteren Formen des täglichen Mordens in Auschwitz[15] zu dokumentieren und zur Verurteilung zu bringen. In der Sache handelte es sich damit um „eine Anklage wegen zweier völlig

---

[13] Siehe Fn. 11, S. 354 – wegen dieses Fehlers Aufhebung im Strafausspruch.

[14] LG Frankfurt a. M. Urteil vom 19./20.8.1965 – 4 Ks 2/63, abgedruckt in *Gross/Renz,* Der Frankfurter Auschwitz-Prozeß (1963–1965), Band 2, 2013, 587ff. = JuNSV Bd. XXI, Lfd. Nr. 595a (frei abrufbar unter www.junsv.nl).

[15] Der folgende Abschnitt des Textes ist aus *meinem* Beitrag „Warum erst jetzt?", in *Lüttig/Lehmann,* Die letzten NS-Verfahren, 2017, 41ff. übernommen.

verschiedener Verbrechen."[16] Einerseits vor allem der fabrikmäßig arbeitsteilig organisierte Massenmord an mehr als einer Million Menschen durch Vergasung nach Ankunft auf der Rampe, aber auch Selektionen unter den nicht mehr arbeitsfähigen Lagerhäftlingen zum Zweck der Vergasung, Massenerschießungen und Vernichtung durch Arbeit und unmenschliche Lebensbedingungen. Andererseits die Einzeltaten, etwa das zu Tode Prügeln eines Häftlings. Im Zentrum der Beweisaufnahme standen damit vor allem auch die Taten der Brutalen, der Sadisten, der Folterer und der Killer, die sog. Exzesstaten. Das System Auschwitz, die Normalität der arbeitsteilig organisierten Vernichtung, trat dabei immer mehr in den Hintergrund.[17] Und begünstigt wurde diese latente Fokussierung auf die Einzeltaten durch die Beihilferechtsprechung,[18] wonach jede Form der Beteiligung am organisierten Massenmord des Holocaust regelmäßig nur als Beihilfe bewertet wurde – so wird dann selbst *Mulka,* der stellvertretende Lagerkommandant nur wegen Beihilfe verurteilt: Ihm sei nicht nachweisbar, dass er sich den verbrecherischen Willen *Hitlers* zu eigen gemacht hatte.[19]

Das Konzept von *Fritz Bauer,* dem spiritus rector dieser Anklage, bestand aber nicht nur darin, ein Kaleidoskop der Verbrechen von Auschwitz zu präsentieren, sondern das systematische Morden in Auschwitz wurde auch *rechtlich* als ein Monumentalfoto pyramidenförmig arbeitsteilig organisierten Massenverbrechens bewertet, das heißt als *eine* Tat.[20] Dieses Konzept und vor allem die praktische Konsequenz, dass dann jeder, der zum Lagerpersonal gehörte, sich schon allein durch seine Zugehörigkeit zum Lagerpersonal an dieser *einen* Tat, das heißt an der Tötung aller Menschen, die im Lager ermordet wurden, beteiligt hatte, wollte das Landgericht Frankfurt a. M. aber gerade nicht mitmachen, sondern suchte auch bei dem Verbrechen des systematisch organisierten und durchgeführten Massenmordes bei den Angeklagten nach den Einzeltaten. In der Folge zerlegt das Urteil dann den industriell organisierten Massenmord in kleinste Einzelteile, atomisiert ihn, wie *Bauer* das genannt hat.[21] Dieses Vorgehen war historisch falsch und es funktionierte nur, indem tatsächlich geradezu absurd und in der Konsequenz dann rechtlich falsch gewertet wurde.

Am Beispiel von *Mulka,* dem Hauptangeklagten und stellvertretenden Lagerkommandanten, zeigen sich diese Methode und die Konsequenzen dieser eingeengten Perspektive überdeutlich. *Mulka* war, das wird in der Anklage,[22] in der

---

[16] So sehr klarsichtig schon die Analyse von *Hannah Arendt* in ihrem ausführlichen Vorwort zu der US-amerikanischen Übersetzung des Buches mit den Prozessberichten von *Bernd Naumann* (in der deutschen Fassung): Der Auschwitz-Prozeß, in *Naumann,* Auschwitz, Bericht über die Strafsache Mulka ua vor dem Schwurgericht, 2004, 309 (320).

[17] So auch *Pendas,* Der Auschwitz-Prozess, Völkermord vor Gericht, 2013, 313f.

[18] Vgl. dazu *Nestler* in *Fischer/Hoven,* Schuld, 2017, 351 (355ff.).

[19] LG Frankfurt Urt. v. 19./20.8.1965 – 4 Ks 2/63, abgedruckt in *Gross/Renz,* Der Frankfurter Auschwitz-Prozeß (1963–1965), Bd. 2, 2013, 681 = JuNSV, Bd. XXI, Lfd. Nr. 595a, S. 447.

[20] Rechtlich durchdekliniert von *Fritz Bauer* in seinem Aufsatz *Bauer* JZ 1967, 625.

[21] *Bauer* in Bauer, Die Humanität der Rechtsordnung. Ausgewählte Schriften, 1998, 84.

[22] So zusammenfassend: „Aus dem festgestellten und eindeutigen Aufgabenbereich des Adjutanten beim Kommandanten eines Konzentrationslagers ergibt sich im Hinblick auf die besonderen Funktionen des Konzentrationslagers Auschwitz als Vernichtungslager und als Massenvernichtungsanstalt, dass der Angeschuldigte *Mulka* während seiner Tätigkeit als Adjutant nächst dem

mündlichen Urteilsbegründung durch den Vorsitzenden *Hofmeyer*[23] wie auch in den Gründen des schriftlichen Urteils[24] umfassend beschrieben, für das Funktionieren gerade auch der Vernichtung der Menschen in den Gaskammern verantwortlich. Aber dem Gericht reicht diese Funktion alleine nicht aus. Es begibt sich auf die Suche nach der konkreten Einzeltat und findet sie in der Weiterleitung von drei Einsatzbefehlen nach der Ankündigung von RSHA-Transporten,[25] der Oberaufsicht auf der Rampe in zwei Fällen, und in den Aufträgen zu einmal der Beschaffung von Zyklon B und andererseits der Bestellung gasdichter Türen für neue Krematorien. Da die Weiterleitung der Einsatzbefehle und die Oberaufsicht auf der Rampe theoretisch die gleichen Transporte betroffen haben könnten, nimmt das Gericht wegen dieser Tathandlungen im Ergebnis nur drei Fälle an, verrechnet dann den Einsatz des Zyklon B und die Nutzung der gasdichten Tür zu einem weiteren Fall der Ermordung der Menschen aus mindestens einem (von vielen) Transporten, und am Ende steht dann eine Verurteilung in mindestens diesen vier Fällen.[26] Man fragt sich, wie das Gericht wohl entschieden hätte, wenn es nicht während der Beweisaufnahme auf die drei weitergeleiteten Einsatzbefehle und die Unterlagen zu den Bestellungen von Zyklon B und den Türen gestoßen wäre – etwa nur eine Verurteilung in zwei Fällen der Oberaufsicht auf der Rampe? Und was dann, wenn sich kein Zeuge daran erinnert hätte, *Mulka* auf der Rampe gesehen zu haben – etwa ein Freispruch für den Adjutanten des Lagerkommandanten von Auschwitz?

Aber wie kommt das Gericht, das die Funktion des Adjutanten der Kommandantur für den Vernichtungsprozess ja nicht verkennt,[27] zu dieser Fokussierung auf den konkreten Tatbeitrag, die *Bauer* treffend als Aufklärung von Details im Zeitlupenstil[28] gekennzeichnet hat? Das liegt daran, dass das Gericht als Haupttat immer nur *eine* Vernichtungsaktion begreift. Das ist dann bei der Ermordung der Menschen aus den RSHA-Transporten die Ermordung der Menschen aus einem Transport. Aber wenn es bei der Shoa einen Tatkomplex gab, auf den die Kriterien einer Tat iSd der natürlichen Handlungseinheit eindeutig zutrafen, das sind: Einheitliche Planung, räumliche Begrenzung, gleichförmiger Ablauf[29] – dann ist das die Ver-

---

Kommandanten ganz allgemein und umfassend auf den reibungslosen Ablauf der Vernichtung von Menschen hinzuwirken hatte," in *Gross/Renz,* Der Frankfurter Auschwitz-Prozeß (1963–1965), Bd. 1, 2013, 296, 300.

[23] Abschrift von der Tonbandaufzeichnung vom 182. Verhandlungstag, 19.8.1965, unter: www.auschwitz-prozess.de, letzter Abruf am 4.6.2018.

[24] Zur Beweiswürdigung im Falle *Mulka* wie ebenso zur Strafzumessung im Falle *Mulka* vgl. *Gross/Renz,* Der Frankfurter Auschwitz-Prozeß (1963–1965), Bd. 2, 2013, 664ff., 690ff. = JuNSV, Bd. XXI, Lfd. Nr. 595a, S. 435ff., 454ff.

[25] Transporte mit Juden, nach deren Ankunft dann auf der Rampe die Selektion stattfand, wurden jeweils durch Fernscheiben des RSHA vorab angekündigt.

[26] *Gross/Renz,* Der Frankfurter Auschwitz-Prozeß (1963–1965), Bd. 2, 2013, 664ff., 690ff., 672f. = JuNSV, Bd. XXI, Lfd. Nr. 595a, S. 441f.

[27] So schreibt das Gericht bei der Strafzumessung: „Als Adjutant hat er in einer wichtigen und verantwortlichen Stelle an der Verwirklichung des Vernichtungsprogramms der NS-Machthaber mitgewirkt," siehe Fn. 26, S. 690 = S. 454.

[28] *Bauer* JZ 1967, 625 (627).

[29] Vgl. nur *Fischer,* 65. Aufl. 2018, StGB Vor § 52 Rn 3.

nichtung der Opfer, die von den Rampen der jeweiligen Vernichtungslager wie in Auschwitz zum Mord in die Gaskammern gebracht wurden. Die entscheidenden Sätze, mit denen das Landgericht Frankfurt in seinem Urteil diese Konsequenz vermeidet, lautet: „Die einzelnen Vernichtungsaktionen erfolgten jeweils durch besondere Willensbetätigungen der zum Rampendienst eingeteilten SS-Angehörigen (…).“ Und – zu diesen besonderen Willensbetätigungen „(mussten) sich die damit befassten SS-Männer jeweils neu entschließen (…).“[30] An dieser Stelle des Urteils wird es geradezu grotesk. Jeden Morgen beim Aufwachen, oder jedenfalls immer dann, wenn die Anordnung kam, Rampendienst zu machen, sollen sich die Ärzte, die selektiert haben, der Adjutant, der für den Ablauf auf der Rampe verantwortlich war, die Angehörigen der Wachmannschaften und andere SS-Männer auf der Rampe – sie alle sollen sich *neu* entschlossen haben mitzumachen? Wie soll man sich diesen täglich neuen Willensentschluss vorstellen, etwa so – „Heute mach' ich es noch mal, aber morgen vielleicht nicht mehr“? Das ist – gelinde gesagt – absurd. Nach allem, was wir über die Täter in Auschwitz wissen, haben sie sich am Anfang ihrer Tätigkeit entschlossen, mitzumachen, und nicht etwa jeden Tag aufs Neue entschieden, ob sie ihre Aufgaben erfüllen würden.

3. Der 2. Strafsenat 1967 zur Vernichtung der ungarischen Juden in Auschwitz

Zeitlich parallel zum großen Auschwitz-Prozess wird vor einer anderen Strafkammer des Frankfurter Landgerichts gegen zwei Angehörige des Sondereinsatzkommandos Eichmann, gegen *Krumey* und *Hunsche* verhandelt.[31] Ihnen wird vorgeworfen, durch ihren Einsatz in Budapest Beihilfe zur Ermordung der ca. 300.000 Juden geleistet zu haben, die im Sommer 1944 unmittelbar nach ihrer Ankunft in Auschwitz ermordet wurden. Die Strafkammer verurteilt *Krumey* und geht von natürlicher Handlungseinheit aus, „weil die Durchführung der Massenvernichtung der ungarischen Juden auf einem vorher gefassten Gesamtplan beruhte (…) und die Tötungen in fast völliger Gleichförmigkeit durchgeführt worden sind.“[32] Aber *Hunsche* wird freigesprochen. Die Strafkammer kann auch in seiner Funktion als Verbindungsführer zur ungarischen Regierung schon objektiv keinen Tatbeitrag zum Mord erkennen.[33] Auf die Revision der Staatsanwaltschaft hin hebt der 2. Strafsenat diesen Freispruch mit Urteil vom 22.3.1967 auf – die Strafkammer habe das Wesen der Beihilfe verkannt: Als Verbindungsführer zur ungarischen Regierung habe *Hunsche* ja wohl keine unmaßgebliche Privattätigkeit entfaltet.[34] Und bei der konkurrenzrechtlichen Bewertung geht der 2. Senat noch einen Schritt weiter als die Staatsanwaltschaft. Diese war davon ausgegangen, dass es sich bei dem letzten Transport um eine zweite Tat handele, weil dieser nach dem Verbot der ungarischen Regierung, die Deportation der ungarischen Juden weiter vorzunehmen, erfolgt war. Der Senat sieht hin-

---

[30] *Gross/Renz,* Der Frankfurter Auschwitz-Prozeß (1963–1965), Band 2, 2013, 679 = JuNSV, Bd. XXI, Lfd. Nr. 595a, S. 448.

[31] Beginn der Hauptverhandlung am 27.4.1964, Urteil am 3.2.1965, Az. 4 Ks 1/63 = JuNSV, Bd. XXXIII, Lfd Nr. 716d.

[32] Siehe Fn. 31, S. 161.

[33] Siehe Fn. 31, S. 181.

[34] BGH JZ 1967, 643 (644).

gegen insgesamt eine einheitliche Tat, denn auch dieser letzte Transport vom 19. Juli sei Teil des „Gesamtgeschehens der Deportation und Ermordung der ungarischen Juden" gewesen.[35]

4. Die Entscheidung des 2. Senats 1969 zum Urteil im großen Frankfurter Auschwitzprozess

Dass diese Formulierungen, die der 2. Senat 1967 zum Tatbegriff jedenfalls im Zusammenhang mit der Ermordung der Juden nach der Selektion auf der Rampe in Auschwitz benutzt, vollkommen quer liegen zu der Entscheidung des Landgerichts von 1965, ist offenkundig. Und dieses Urteil des 2. Senats vom März 1967 kommt inmitten des Verfahrens zu der von der Staatsanwaltschaft eingelegten Revision gegen das Urteil des LG Frankfurt a. M., die allein den Tatbegriff angreift, den das LG Frankfurt a. M. seinem Urteil zugrunde gelegt hatte,[36] über die ebenfalls der 2. Senat entscheiden würde. *Fritz Bauer* sieht die Chance, greift dieses Urteil des 2. Senats sofort auf und schreibt einen langen Aufsatz über „Ideal – oder Realkonkurrenz bei nationalsozialistischen Verbrechen,"[37] der ersichtlich die knappe Begründung der Revision der Staatsanwaltschaft stützen soll.

Der 2. Senat verwirft dann in seinem Urteil vom 20.2.1969 auch die Revision der Staatsanwaltschaft. Auffällig ist, dass der Senat gar nicht näher auf deren Begründung eingeht, sondern sich gegen den sehr viel weiteren Ansatz wendet, den *Fritz Bauer* in seinem Aufsatz entwickelt hatte, wenn es heißt: „Wie die Angriffe [der Staatsanwaltschaft] zeigen, meint sie in Übereinstimmung mit Bauer (JZ 1967, 625 (628)), dass jeder, der in das Vernichtungsprogramm des Konzentrationslagers Auschwitz eingegliedert war und dort irgendwie anlässlich dieses Programms tätig wurde, sich objektiv an den Morden beteiligt hat und für alles Geschehene verantwortlich ist. Diese Ansicht ist nicht richtig."[38] Der Senat benennt dann zwei extreme Konsequenzen, zu denen die Ansicht von *Fritz Bauer* und der Staatsanwaltschaft führe. Erstens komme die Revision über den Umweg der natürlichen Handlungseinheit zu der Annahme eines Massenverbrechens, die vom Bundesgerichtshof immer abgelehnt worden sei. Zweitens müsste dann auch ein Handeln, das die Haupttat in keiner Weise konkret fördert, also keine Beihilfe darstelle, bestraft werden – und als Beispiel bemüht der Senat dann den Arzt, der sich allein auf die ärztliche Betreuung der Wachmannschaft beschränkt und dann sogar auch noch den Arzt, der im Lager Häftlinge gerettet hat.[39] Indem der Senat auf diese Extreme

---

[35] BGH JZ 1967, 643 (644).

[36] Am 9.5.1967 hatte die Staatsanwaltschaft ihren in der Einwochenfrist nach der Urteilsverkündung vom August 1965 gestellten Revisionsantrag „ergänzt" und zu Beginn ihrer gerade dreieinhalb Seiten langen Begründung ausgeführt: „Der Wertung des Schwurgerichts, die von den Angeklagten begangenen strafbaren Handlungen seien als Einzelhandlungen im Sinne des § 74 StGB anzusehen, stehen rechtliche Bedenken entgegen," LG Frankfurt a. M. – 4 KS 2/63, Bl. 20691 der Hauptakte; für das Auffinden dieser Begründung in den Akten zum großen Frankfurter Auschwitzprozess schulde ich Herrn *Matthias Ristic,* Universität zu Köln, großen Dank.

[37] *Bauer* JZ 1967, 625.

[38] Abgedruckt in *Gross/Renz,* Der Frankfurter Auschwitz-Prozeß (1963–1965), Band 2, 2013, 1302.

[39] Siehe Fn. 38.

abstellt, verweigert er sich in der Sache jeglicher Prüfung, ob nicht gerade auch nach dem Kriterium, dass er auch in dieser Entscheidung für die Annahme der natürlichen Handlungseinheit für wesentlich erachtet – der Planung und dem Willen des jeweiligen Angeklagten[40] –, für die Handlungen der einzelnen Angeklagten, etwa für *Mulka* und seine Tathandlungen als Adjutant, von einer natürlichen Handlungseinheit auszugehen ist.[41]

Diese Begründung des Urteils des 2. Senats ist angreifbar und auch das Ergebnis. Aber wäre der Senat der Auffassung von *Fritz Bauer* und der Revision der Staatsanwaltschaft Frankfurt gefolgt und hätte er etwa bei *Mulka* nur Beihilfe zu *einer* Tat angenommen, dann wäre er gezwungen gewesen, das Urteil aufzuheben, denn das Landgericht hatte ja wegen vier Fällen der Beihilfe verurteilt und aus den Einzelstrafen eine Gesamtstrafe gebildet. Wenn man nicht blind ist für die praktisch-politischen Rahmenbedingungen, unter denen das Urteil des 2. Senats zustande kam, ist es offensichtlich, dass der Senat das mittlerweile weit über 3 Jahre alte Urteil des Frankfurter Landgerichts von 1965 nicht wegen einer falschen konkurrenzrechtlichen Bewertung, die im Ergebnis für die Bestrafung der Angeklagten keinerlei größere Auswirkungen gehabt hatte, aufheben wollte.[42] Der einer Aufhebung folgende neue Strafausspruch hätte – wiederum am Beispiel von *Mulka* – zwar zur Bemessung einer Strafe wegen nur einer Beihilfehandlung geführt, diese hätte sich aber auf weit mehr Opfer als die vom Frankfurter Gericht angenommenen bezogen, so dass im Ergebnis ebenfalls mit einer Freiheitsstrafe knapp unter 15 Jahren zu rechnen war. Eine Aufhebung des Frankfurter Urteils hätte aber, wenn auch nur symbolisch, erheblich an dem Erfolg gekratzt, den dieses Urteil gerade auch für die Justiz in ihrer Reaktion auf das Menschheitsverbrechen „Auschwitz" bedeutete.

III. Auswirkungen der Entscheidung des 2. Senats auf die weitere Strafverfolgung? – die Einstellungspraxis der Frankfurter Staatsanwaltschaft in den folgenden Jahren

Die Vermutung ist plausibel, dass die Entscheidung des 2. Senats von 1969 die weitere Strafverfolgung von SS-Angehörigen in den Vernichtungslagern, denen keine Einzeltaten nachweisbar waren, verhindert habe. Denn gerade dann, wenn

[40] Siehe Fn. 38, S. 1303.

[41] Ähnlich *Safferling* in seiner Anm. zu der Entscheidung des 3. Strafsenats des BGH v. 20.9.2016 – 3 StR 49/116, NStZ 2017, 158 im Verfahren gegen *Gröning* JZ 2017, 258 (260). Die Schlussfolgerung von *Roxin* JR 2017, 88f., der 2. Senat habe alleine solche „neutralen Handlungen" wie die eines Arztes von der Zurechnung ausnehmen wollen, ist falsch: Die Tätigkeit etwa des stellvertretenden Lagerkommandanten in Auschwitz war sicherlich keine „neutrale Handlung".

[42] So sah es weit voraussehend auch schon die Frankfurter Staatsanwaltschaft im Jahr 1966, dh ein Jahr vor ihrer knappen Begründung der Revision und gute zwei Jahre vor dem Urteil des 2. Senats. So heißt es in einem Vermerk vom 22.12.1966 über ein Treffen, bei dem die mit dem Verfahren befassten Staatsanwälte dem Generalstaatsanwalt, also *Fritz Bauer,* vortrugen: „Die Beteiligten waren sich alle darüber einig, dass die Revision der Staatanwaltschaft so gut wie keine Aussicht auf Erfolg hat." Auch die Kenntnis von diesem Vorgang verdanke ich der unermüdlichen Recherchearbeit von Herrn *Matthias Ristic.*

man das Urteil des Senats im Zusammenspiel mit den Urteilsgründen des LG Frankfurt a. M. von 1965 liest, musste nunmehr der Nachweis geführt werden, dass ein Verdächtiger mit einer konkret nachweisbaren Handlung an einer räumlich und zeitlich ganz eng gefassten Tötungshandlung mitgewirkt hatte. Und obwohl schon die Anklage ja nur eine Auswahl der 22 Angeklagten aus mehreren hundert SS-Angehörigen in Auschwitz, gegen die als Beschuldigte ermittelt wurde, getroffen hatte, also nur einen Ausschnitt aus den fortdauernden Ermittlungen betraf, und obwohl die später zusammengestellte sog. Auschwitz-Liste, die dann in der Folge des Urteils gegen Demjanjuk nach 2010 zur Grundlage der Wiederaufnahme der Ermittlungen durch die Zentrale Stelle in Ludwigsburg wurde, weit über eintausend Namen von SS-Angehörigen in Auschwitz enthielt, gab es nach 1969 keine größeren Anklagen gegen SS-Angehörige in Auschwitz mehr. Vor diesem Hintergrund drängt sich die These geradezu auf, die Entscheidung des 2. Senats sei wegen der Beweisschwierigkeiten, die sich mit ihr stellten, der Grund dafür, dass es zu keinen weiteren Verfahren mehr kam, obwohl dafür nur wenige Belege genannt werden.[43] Und insbesondere von *Kurt Schrimm,* dem ehemaligen Leiter der Zentralen Stelle in Ludwigsburg, wurde auf die sich in Folge des Strafverfahrens gegen Demjanjuk aufdrängende Frage, warum man nicht viel früher gegen Angehörige der Lagermannschaft gerade auch in Auschwitz ermittelt habe, immer wieder geantwortet, nach der Rechtsprechung sei der Nachweis einer konkreten Tatbeteiligung erforderlich gewesen.[44]

Ob das Urteil des 2. Senats tatsächlich bei der seit 1959 nahezu ausschließlich für Auschwitz zuständigen Frankfurter Staatsanwalt[45] zu Einstellungen mangels eines konkreten Tatnachweises geführt hat, ist bislang nicht einmal im Ansatz systematisch erforscht worden. Aber eine erste und vorläufige Durchsicht von Akten im Bundesarchiv, die Einstellungsverfügungen der Frankfurter Staatsanwaltschaft enthalten,[46] bestätigt jedenfalls nicht die These, dass die Entscheidung des 2. Senats eine nennenswerte Rolle für die Einstellungspraxis der Frankfurter Staatsanwaltschaft gespielt hat. Dieser Blick auf die Praxis der Frankfurter Staatsanwaltschaft zeigt im Wesentlichen zwei Gruppen von Einstellungen, Einstellungen nach § 170 Abs. 2 StPO und Einstellungen wegen geringer Schuld.

---

[43] So nennt *Kurz* ZIS 2013, 122 (125) für die These, „unter Anwendung dieser Grundsatze" des 2. Senats sei die Strafverfolgung eingestellt worden, der auch der heutige Leiter von Ludwigsburg zustimmt (*Rommel* NStZ 2017, 161 (162)), nur zwei Einstellungsentscheidungen: Die eine der Staatsanwaltschaft Dortmund von 1991 betrifft Angehörige des Sonderkommandos Chelmno und passt – soweit erkennbar – in der Tat zu seiner These, nunmehr sei eine konkrete Belastung erforderlich gewesen. Die zweite Einstellungsentscheidung betrifft eine Einstellung der Frankfurter Staatsanwaltschaft von 1982, die sich bei näherer Betrachtung als empörende rechtliche Verwirrung erweist, dazu Urt. v. 10.6.1970 – 2 StR 8/70, JuNSV Band XXXII, Lfd. Nr. 703.

[44] Siehe Fn. 6.

[45] Mit Beschluss vom 17.4.1959 hatte der 2. Senat des BGH gemäß § 13a StPO für das Ursprungsverfahren zu Auschwitz die Zuständigkeit des LG Frankfurt a. M. bestimmt, und für alle weiteren Verfahren wurde dann eine Zuständigkeit gem. § 13 StPO begründet.

[46] Es handelt sich um 51 Einstellungsverfügungen aus den Jahren 1972 bis 1984, mit einem erkennbaren Schwerpunkt auf den Jahren 1976 und 1977, entnommen dem Bundesarchiv, B 162/ (jeweils) 2687; 2689; 2693 bis 2698; 2700 bis 2703; 27487; 30750.

1. *Einstellungen nach § 170 Abs. 2 StPO*

Die Einstellungen nach § 170 Abs. 2 StPO sehen typischerweise so aus: Ermittelt wurde wegen Einzeltaten, wie etwa dem Verdacht der Erschießung von Häftlingen „auf der Flucht", oder der Zugehörigkeit zu einem Exekutionskommando, das konkrete Opfer erschossen haben sollte. Nachvollziehbar wird dann begründet, dass mit den vorliegenden Beweisen kein hinreichender Tatverdacht vorliege. Dass der Beschuldigte, was häufig vorkam, Angehöriger einer der Kompanien des SS-Totenkopfsturmbanns war,[47] wird allerdings mit keinem Wort als Anknüpfungspunkt für eine Beihilfe thematisiert. Was der Grund dafür war – darüber lässt sich nur spekulieren. Ersichtlich folgte die Staatsanwaltschaft jedenfalls nicht der Linie von *Fritz Bauer,* wonach alleine schon die Zugehörigkeit zur SS in Auschwitz die Verantwortlichkeit für alle Formen des systematischen Mordens begründen sollte. Aber ist die Tatsache, dass die Staatsanwaltschaft dem Hinweis, der Beschuldigte sei Angehöriger einer Kompanien des Wachsturmbannes gewesen, keine weitere Bedeutung beimisst, auch ein Beleg dafür, dass sich hier die Entscheidung des 2. Senats ausgewirkt hat? Ich glaube nicht – und zwar deswegen, weil die zweite Gruppe der Einstellungen zeigt, dass die Staatsanwaltschaft das Verfahren selbst dann, wenn ihr schon allein die Zugehörigkeit zu einer der Wachkompanien für den Verdacht der Beihilfe ausgereicht hätte, im Ergebnis ohnehin wegen geringer Schuld eingestellt hätte.

2. *Einstellungen nach § 153b StPO, § 47 Abs. 2 MStGB*

Denn in den Fällen, die nicht nach § 170 Abs. 2 StPO eingestellt wurden, gab es eine ständige Praxis der Frankfurter Staatsanwaltschaft, auch dann, wenn von einer Beihilfe zum Mord ausgegangen wurde, das Verfahren gem. § 153b StPO i. V. m. § 47 Abs. 2 MStGB[48] wegen geringer Schuld einzustellen.

Das nach meinem Kenntnisstand erste der Verfahren, mit dem diese Praxis begründet wurde, richtete sich gegen die Angehörigen der sog. Fahrbereitschaft in Auschwitz.[49] Die Beschuldigten hatten bei ihren Vernehmungen geschildert, dass sie vielfach mit den Lkw der Fahrbereitschaft die nicht mehr gehfähigen Menschen von der Rampe zu den Gaskammern gefahren hatten. Damit war auch nach den Maßstäben des Frankfurter Auschwitzurteils von 1965 ein ausreichender Nachweis einer konkreten Tatbeteiligung gegeben. Aber die Maßstäbe, die das Auschwitzurteil gesetzt hatte, wirkten dennoch fort – nur in anderer Form. So heißt es am Ende der Verfügung der Staatsanwaltschaft: „Die Mitglieder der Fahrbereitschaft er-

[47] Beispielhaft: Der Beschuldigte tat „später beim 1. SS-Totenkopf-Sturmbann Dienst. Im Laufe des Jahres 1942 wurde er zum SS-Rottenführer befördert und nach einem Unterführerlehrgang im Jahre 1943 zum SS-Unterscharführer," Einstellungsverfügung vom 27.8.1976, Bundesarchiv, B 162/2693, Bl. 002685 ff.

[48] Für den Fall, dass ein Untergebener erkannt hatte, dass der ihm erteilte Befehl eine Handlung betraf, die ein Verbrechen war, regelte der als § 47 Abs. 2 MStGB in der zu Grunde zu legenden Fassung von 1944: „Ist die Schuld des Untergebenen gering, so kann von seiner Bestrafung abgesehen werden."

[49] Staatsanwaltschaft bei dem Landgericht Frankfurt a. M., 4 Js 1031/61 sowie 4 Js 798/64, Verfügung vom 30.8.1970.

scheinen bei der Gesamtbeurteilung dessen, was im Konzentrationslager Auschwitz geschehen ist, als kleine ‚Handlanger'. (…) Ihr Tatbeitrag war ein weitaus geringerer, als der eines selektierenden SS-Offiziers oder eines SS-Angehörigen, der in den Vorgang unmittelbar eingeschaltet war." Die Staatsanwaltschaft nimmt dann die Strafen in den Blick, die das Frankfurter Landgericht im Auschwitzurteil verhängt hatte: „Gegen den SS-Arzt Dr. Frank, der auf der Rampe in Auschwitz-Birkenau über Leben und Tod der Ankommenden entschied, wurde – rechtskräftig – wegen der Auswahl von mindestens 1000 Personen für den Gastod auf eine Einzelstrafe von 5 Jahren Zuchthaus und gegen das ehemalige Mitglied der politischen Abteilung, Dylewski, wegen seiner unmittelbaren Teilnahme an diesen Selektionen auf eine Strafe von 3 Jahren 6 Monaten Zuchthaus erkannt." Der Leiter der Frankfurter Staatsanwaltschaft zieht mit seinem Antrag an das Landgericht, das Verfahren gem. § 153a StPO i.V.m. mit § 47 Abs. 2 Militärstrafgesetzbuch einzustellen, die Konsequenz: „Die Schuld- und Strafaussprüche gegen diesen Personenkreis haben Maßstäbe gesetzt. Die Schuld der Mitglieder der Fahrbereitschaft darf an diesen Schuldsprüchen gemessen werden. Dabei erscheint ihre Schuld gering."[50] Und nach diesem Muster, wenn auch meist weniger aufwendig begründet, finden sich dann für das Jahr 1976 eine ganze Reihe von Einstellungen wegen geringer Schuld, immer mit Zustimmung der Schwurgerichtskammer. Damit hatte sich eine Praxis etabliert, die faktisch zu einer Beendigung der Strafverfolgung wegen NS-Verbrechen führte. Diese Praxis war aber keine Konsequenz der Entscheidung des 2. Strafsenats von 1969 zum großen Frankfurter Auschwitzprozess, sondern ihr liegt die Entscheidung zu Grunde, dass bei den Gehilfen des Massenmordes in Auschwitz ganz generell wegen geringer Schuld keine weitere Strafverfolgung mehr stattfinden sollte. Angesichts dieser Praxis erweisen sich die vereinzelten Einstellungsentscheidungen, die in Beihilfekonstellationen entweder begründungslos[51] oder mit empörend – abenteuerlichen Begründungen[52] zu einer Einstellung gem. § 170 Abs. 2 gelangt waren, als Ausreißer innerhalb einer Praxis, die einen ganz anderen Weg genommen hatte.

---

[50] Siehe Fn. 49, dort unter 9. Diese Entscheidung erging auf der Grundlage des bis 1975 geltenden § 153a StPO, dessen Regelung dann mit der Einführung des heutigen § 153a StPO Inhalt des § 153b StPO wurde.

[51] Das 1977 gegen die Angehörigen der sog. Gefangeneneigentumsverwaltung, darunter auch Oskar Gröning, der dann 2015 vom LG Lüneburg wegen Beihilfe zum Mord verurteilt wurde, aufgenommene Ermittlungsverfahren wurde 1985 begründungslos mit dem Hinweis: „Die Einstellungsgründe sollen wegen Geschäftsandrangs später ausführlich formuliert werden," nach § 170 Abs. 2 StPO eingestellt, Staatsanwaltschaft bei dem Landgericht Frankfurt/Main, Az. 50/4 Js 76/77 (= Zentrale Stelle, Az. 402 AR 115/77), Verfügung vom 6.3.1985; vgl. dazu *Nestler* in Lüttig/Lehmann, Die letzten NS-Verfahren, 2017, 41, 53.

[52] Für die Angehörigen des SS-Totenkopf-Wachsturmbanns kam die Frankfurter Staatsanwaltschaft 1982 zu dem Ergebnis, das Umstellen der Rampe bei der Ankunft der Transporte in Auschwitz sei letztlich überflüssig gewesen, so dass es nicht als Beihilfe gewertet werden könne. Bei der ablehnenden Prüfung 2005, ob das Verfahren gegen Oskar Gröning wieder aufgenommen werden solle, übernahm die Staatsanwaltschaft diese Begründung wortgleich, vgl. dazu näher *Nestler* in Lüttig/Lehmann, Die letzten NS-Verfahren, 2017, 53ff., 58ff.

3. Geringe Schuld und der Maßstab des 2. Strafsenats bei § 47 Abs. 2 MStGB

Ob dieser Umgang der Frankfurter Staatsanwaltschaft und des Schwurgerichts mit der geringen Schuld des § 47 Abs. 2 MStGB der Sichtweise des 2. Strafsenats des BGH entsprach, kann bezweifelt werden. Grundsätzlich ließ der 2. Strafsenat 1970[53] in Fortführung einer Entscheidung aus dem Jahre 1966 die Anwendung des § 47 Abs. 2 MStGB zwar auch für den Fall der Beihilfe zum Mord zu.[54] Dafür stellte er jedoch mehrere Kriterien auf.[55] Der Angeklagte musste sich in einer notstandsähnlichen Konfliktslage befunden haben, so dass jede Strafe eine unerträgliche Härte für ihn bedeuten würde. Dieser Konflikt musste auf Grund des Tatvorwurfes besonders gravierend sein. Ferner wurde der Befehlsdruck, der auf dem Mordbeteiligten gelastet hatte, in Relation zum Tatunrecht, also nicht nur zu der konkreten Tathandlung, sondern auch zum Taterfolg gesetzt. Der 2. Strafsenat verwies dabei auf den Ausnahmecharakter der Vorschrift, dessen Voraussetzungen in den seltensten Fällen vorliegen würden.

IV. Das Urteil des 2. Strafsenats und die neueren Strafverfahren

1. Das Verfahren gegen Demjanjuk

Die Wende wird durch die Aufnahme der Vorermittlungen gegen *John Demjanjuk* im Jahr 2008 markiert. Dieses Verfahren und dann insbes. das Urteil sind die Initialzündung für die Aufnahme neuer Ermittlungen durch Ludwigsburg, zunächst in Einzelfällen, dann beginnend mit den Ermittlungen zu den Angehörigen der SS in Auschwitz auch systematisch zu den Vernichtungslagern der SS. Diese Wende ist das Ergebnis der Beharrlichkeit des nach Ludwigsburg gegangenen Richters *Thomas Walther,* der nicht einsehen wollte, dass nur die unmittelbare Beteiligung an einzelnen Tötungshandlungen[56] für die Strafverfolgung von NS-Verbrechen relevant sein sollte.[57] Angeklagt und verurteilt wird nun doch die Tätigkeit eines Wachmannes in einem Vernichtungslager also solche – eine sog. konkrete und individuell nachweisbare Tötungshandlung war nicht nachweisbar. Das LG München II hat bei seinem Urteil die Entscheidung des 2. Strafsenats von 1969 sehr wohl im Blick. Das Problem ist nicht die Bewertung der Tätigkeiten eines Wachmannes als Beihilfe zum Mord,

---

[53] Urt. v. 10.6.1970 – 2 StR 8/70, JuNSV Band XXXII, Lfd. Nr. 703.

[54] Urt. v. 3.8.1966 – 2 StR 149/66, BGHSt. 21, 139 = NJW 1967, 259. Diese Entscheidung wies auf den zwingenden Charakter der Vorschrift hin und erklärte eine Anwendung der Norm zur Strafmilderung als unzulässig.

[55] Diese Voraussetzungen haben auch die anderen Senate des BGH übernommen, siehe bspw. Urt. v. 26.1.1968 – 4 StR 570/67, JurionRS 1968, 15565.

[56] Zum Mythos der „konkreten Einzeltat" vgl. schon *Nestler* GS Walter, 2014, 763ff.

[57] Ich habe diesen Vorgang schon näher beschrieben in *meinem Beitrag* „Warum erst jetzt?", *Nestler* in Lüttig/Lehmann, Die letzten NS-Verfahren, 2017, 62ff. In Abwandlung eines Songtextes von Udo Lindenberg („Er wollte nach London" – der Jubiliar kennt das Lied mit Sicherheit) könnte man die „Wende" in der Rspr. der Bundesrepublik Deutschland bei der Verfolgung von NS-Verbrechen auch so kommentieren: Vielleicht kommt es doch mehr auf den einen an, der nicht mitmachen will, was alle machen.

sondern der enge Tatbegriff: Das LG München II folgt hier zwar dem 2. Strafsenat in seiner Entscheidung von 1969, bewertet somit jeweils die Ermordung der Menschen aus einem der 16 angeklagten Transporte als eine Tat, aber löst das damit entstehende Problem, ob *Demjanjuk* eine Tätigkeit jeweils am Tag der Ermordung der Opfer aus jedem dieser Transporte nachgewiesen werden kann, mit der tatsächlichen Annahme, er sei bei der Ankunft jedes dieser Transporte als Wachmann eingesetzt gewesen.[58]

2. Die neueren Verfahren zu Auschwitz und der Tatbegriff des 2. Strafsenats

In den auf die Demjanjuk-Entscheidung folgenden Verfahren spielt der Tatbegriff weiterhin immer wieder eine wesentliche Rolle. So begründet das LG Ellwangen 2014 in einem der ersten in der Zeit „nach Demjanjuk" zur Anklage gebrachten Fälle[59] die Einstellung des Verfahrens mit einer Begründung, die zentral auf die Entscheidung des 2. Senats von 1969 abstellt.[60] Ein Jahr zuvor, als das Ermittlungsverfahren gegen Gröning zunächst noch bei der Frankfurter Staatsanwaltschaft anhängig war, begründete die Frankfurter Staatsanwaltschaft in einem ausführlichen Vermerk, dass gerade auch im Hinblick auf die Entscheidung des 2. Senats aus 1969 erhebliche Probleme beständen, weil Feststellungen zu den Einzeltransporten fehlten,[61] und hält auch im Rahmen einer im Juli 2015 erhobenen Anklage gegen einen Wachmann aus Auschwitz vor dem Landgericht Hanau an dem Tatbegriff des 2. Senats von 1969 fest.[62] In einem der weiteren Strafverfahren, geführt von der Staatsanwaltschaft Rostock gegen *Hubert Zafke,* der als Sanitäter für die SS in Auschwitz eingesetzt war, begründete die Schwurgerichtskammer des LG Neubrandenburg ihre wiederholte, gegen die Entscheidung des OLG Rostock getroffene Rücknahme der Zulassung zweier Nebenkläger zentral mit ihrer Aus-

---

[58] So heisst es: „Die Kammer ist davon überzeugt, dass der Angeklagte bei der Ankunft der festgestellten 15 Deportationszüge sowie dem Deportationstransport aus Izbica in seiner Funktion als Wachmann (...) Dienst tat und nicht etwa anderweitig eingesetzt oder sonst verblieben war," LG München II, Urt. v. 12.5.2011 – 1 Ks 115 Js 12496/08 –, juris Rn. 1159. Dazu, dass eine derartige Feststellung und die Beweiswürdigung allenfalls unter den besonderen Umständen des Vernichtungslagers Sobibor, aber sicherlich nicht für Auschwitz möglich war, vgl. schon in *meinem* Beitrag, Ein Mythos, *Nestler* GS Walter 2014, 763ff. bei Fn. 36.

[59] Anklage der Staatsanwaltschaft Stuttgart 2013 gegen den ehemaligen Wachmann in Auschwitz Hans Lipschis. Lipschis war, weil er zur Erlangung seines Visums 1946 seine Zeit als SS-Wachmann in Auschwitz verschwiegen hatte, von den USA die US-Staatsbürgerschaft aberkannt worden und er war seiner Deportation in die Bundesrepublik 1982 durch seine heimliche Ausreise und Einreise in die Bundesrepublik zuvorgekommen, wo er dann unbehelligt von den deutschen Strafverfolgungsbehörden lebte, bis die Zentrale Stelle in Ludwigsburg auf der Grundlage der über 30 Jahre alten Ermittlungen aus den USA 2012 die Voruntersuchung gegen ihn aufnahm.

[60] Beschl. v. 27.2.2014 – 1 Ks 9 Js 94162/12, LG Ellwangen, Beschl. v. 27.2.2014 – 1 Ks 9 Js 94162/12 –, juris Rn 56ff., dort unter III. Prüfungsmaßstab der Verhandlungsfähigkeit, 3. Erforderliche Feststellungen.

[61] Vgl. dazu genauer *Nestler* in Lüttig/Lehmann, Die letzten NS-Verfahren, 2017. Man ahnt angesichts dieses Vermerks, was aus dem Strafverfahren gegen Gröning geworden wäre, wäre es nicht wenige Monate nach diesem Vermerk an die für den Wohnsitz von Gröning örtlich zuständige Staatsanwaltschaft Hannover abgegeben worden.

[62] Das LG Hanau hat dann im Eröffnungsbeschluss abweichend eine natürliche Handlungseinheit angenommen. Kurz vor dem Beginn der Hauptverhandlung im April 2016 verstarb der Angeklagte.

legung der Entscheidung des 2. Senats – dieser im Verlaufe des Verfahrens zunehmend eskalierende Streit zwischen der Staatsanwaltschaft, der Nebenklage und dem OLG Rostock auf der einen und der Schwurgerichtskammer des LG Neubrandenburg auf der anderen Seite, führte letztlich zur Ablehnung sämtlicher Berufsrichter der Strafkammer und zu Strafanzeigen der Nebenklägervertreter gegen alle drei Berufsrichter wegen Beleidigung und Rechtsbeugung. Und der für das Strafverfahren gegen *Oskar Gröning* vor dem LG Lüneburg zuständige Staatsanwalt *Lehmann* schildert, wie er bei den Vorüberlegungen zu der Anklage mit dem Lesen einer Entscheidung, der des 2. Senats aus 1969, beginnt, „die man später [gemeint ist: In der Zeit nach dieser Entscheidung, CN] als Verfolgungshindernis empfand," und auf welchem Weg er dann doch zu der rechtlichen Konstruktion findet, mit der er letztlich die Anklage gegen Gröning begründet, indem er mit Verweis auf die Entscheidung des 2. Senats aus 1967 zu *Hunsche*[63] die Anklage allein auf die Beihilfe zu dem Massenmord während der Ungarnaktion konzentriert.[64]

3. Der 3. Strafsenat – die Rückkehr zu Fritz Bauer

Der Beschluss des 3. Strafsenats des Bundesgerichtshofes vom 20.9.2016 zur Revision im Strafverfahren gegen Oskar Gröning erklärt dessen Verurteilung durch das LG Lüneburg wegen Beihilfe zum Mord in 300.000 Fällen zur reinen Selbstverständlichkeit. So heißt es eingangs der rechtlichen Ausführungen schlicht: „Die rechtliche Bewertung der Handlungen des Angeklagten bemisst ich nach den allgemeinen Grundsätzen."[65] Und weiter: Schon „die allgemeine Dienstausübung" des Angeklagten in Auschwitz war eine Hilfeleistung gegenüber den „Führungspersonen in Staat und SS. (...) Nur weil ihnen eine (...) strukturierte und organisierte ‚industrielle Tötungsmaschinerie' mit willigen und gehorsamen Untergebenen zur Verfügung stand, waren die nationalsozialistischen Machthaber und die führenden SS-Funktionäre überhaupt in der Lage, die ‚Ungarn-Aktion' anzuordnen und in der geschehenen Form auch durchführen zu lassen."[66] Das ist alles richtig. Sicherlich nicht richtig ist aber die vom 3. Senat,[67] wie dann auch vom Generalbundesanwalt ein halbes Jahr später im Revisionsverfahren zu *Reinhold Hanning,*[68] verurteilt 2016 vom LG Detmold wegen seiner Tätigkeit als SS-Wachmann und dann Unteroffizier einer Wachkompanie, aufgestellte Behauptung, es gäbe im Hinblick auf die Beihilfe keine Differenz zu der Entscheidung des 2. Senats aus 1969. Wenn der 3. Senat schon die allgemeine Dienstausübung des SS-Personals als Beihilfe bewertet, dann ist das genau jene Auffassung von der Beihilfe als funktionaler Mitwirkung, die *Fritz Bauer* 1967 vertreten hatte,[69] die der 2. Senat 1969 aber vehe-

---

[63] Dazu oben unter II. 3., bei Fn. 34.

[64] *Lehmann* in Lüttig/Lehmann, Die letzten NS-Verfahren, 2017, 113ff., 119ff.

[65] 3 StR 49/116 = NStZ 2017, 158 mAnm *Rommel* NStZ 2017, 161.

[66] Siehe Fn. 65, Rn 22/23 = NStZ 2017, 158, 160.

[67] Siehe Fn. 65, Rn 27.

[68] Stellungnahme vom 25.4.2017, S. 4, aufrufbar unter: http://www.lz.de/_em_daten/_lz/2017/06/01/170601_1202_generalbundesanwalt_erklaerung_25042017.pdf, letztes Abrufdatum 04.06.2018.

[69] JZ 1967, 625; dazu oben unter II.4.

ment zurückgewiesen hatte.[70] Denn dass auch *Fritz Bauer* natürlich nicht allein die Anwesenheit und das Tragen einer SS-Uniform in Auschwitz für strafbegründend hielt, sondern die dabei ausgeübte Funktion, ist selbstverständlich.

War die Entscheidung des 2. Senats von 1969 also doch ein Hindernis auf dem Weg zur Strafverfolgung der Beteiligung am Massenmord in den Vernichtungslagern? Die Geschichte der Verfolgung dieser Verbrechen zeigt, dass es nicht erst in der Zeit nach dem *Demjanjuk*-Verfahren, sondern auch schon früher möglich gewesen wäre, die funktionale Mitwirkung als Beihilfe zum Mord anzuklagen. So hatte der Kölner Staatsanwalt *Günther Feld* im September 1990 einen *Kühnemann* vor dem LG Duisburg unter anderem deswegen angeklagt, weil er als „Aufseher des ‚Räumkommandos'"[71] auf der Rampe in Auschwitz Hilfe leistete, „den reibungslosen Ablauf der industriell organisierten Massentötung jüdischer Menschen zu gewährleisten."[72] Es ging also doch.

Zu dem zweiten Rechtsproblem, dass die Entscheidung des 2. Senats von 1969 aufwirft, dem Tatbegriff, musste (und wollte) sich der 3. Senat in seiner Entscheidung aus 2016 nicht äußern und lässt diese Frage ausdrücklich offen.[73] Aber in der Sache ist die Annahme einer natürlichen Handlungseinheit für die Beihilfehandlungen im Zeitraum der Diensttätigkeit in einem Vernichtungslager alternativlos. Denn fasst man die Beihilfe so weit wie auch der 3. Senat, wonach schon „die allgemeine Dienstausübung" die Beihilfe begründet, dann wird es unmöglich, diese Beihilfehandlung in eine Vielzahl von Beihilfehandlungen zu einer Vielzahl von einzelnen Tötungskomplexen runterzubrechen.

V. Schlussbetrachtung

Schon die Revisionsbegründung der Staatsanwaltschaft Frankfurt im Jahr 1967 hatte zutreffend gesehen, dass es nicht auf den Begriff der natürlichen Handlungseinheit ankam, sondern auf die Tatsachen, auf die er anzuwenden war.[74] Endlich und richtig beschreibt die Anklage der Staatsanwaltschaft Dortmund gegen *Reinhold*

---

[70] Skeptisch zur These einer Kontinuität in der Rspr. des BGH auch *Rommel* NStZ 2017, 161 (162).

[71] Die Aufgabe der Häftlinge dieses Kommandos bestand darin, das Gepäck der Transporte aus den Bahnwaggons zu laden und dann in die Effektenlager zu verbringen.

[72] Anklage v. 13.9.1990 – Az. 130 Js 9/90 (2), vom LG Duisburg zugelassen; vgl. zu dieser Anklage genauer *Nestler* in Lüttig/Lehmann, Die letzten NS-Verfahren, 2017, 56ff. Das Verfahren gegen *Kühnemann* wurde dann wegen Verhandlungsunfähigkeit eingestellt.

[73] BGH NStZ 2017, 158 Rn. 29.

[74] Siehe dazu oben II. 4 und Fn 36. So wie seinerzeit das Frankfurter Gericht die Tatsachen nicht richtig gewertet hatte, so verkennt nun *Momsen* StV 2017, 546 in seiner höchst umfangreichen Warnung vor dem Begriff der Beihilfe in der Entscheidung des 3. Senats zu dem Lüneburger Urteil gegen Gröning die Tatsachen: Es ging eben in diesem Verfahren zu Auschwitz nicht um die „Mitgliedschaft in der Terrororganisation der Waffen-SS" (so Teil des Titels, den *Momsen* gewählt hat), und das richtigerweise vom LG Lüneburg als „insgesamt auf Tötung von Menschen ausgerichtete System", war nicht „also" (!) die SS, wie *Momsen* meint, sondern das Vernichtungslager Auschwitz. SS war nicht Auschwitz, aber SS in Auschwitz war immer Beihilfe zum Massenmord – so einfach und verkürzt lautet der Einwand gegen sieben Zeitschriftenseiten gelehrte Ausführungen zur Bestätigung der Verurteilung von Gröning wegen Beihilfe zum Mord.

Hannnig den organisierten Massenmord in Auschwitz nicht nur als die Vernichtung der auf der Rampe selektierten Opfer, sondern auch das systematische Morden durch Verhungern lassen, die Selektionen der Schwachen und Kranken mit anschließender Ermordung in den Gaskammern und die regelmäßigen Exekutionen an der sog. schwarzen Wand.[75] Und endlich wird nun auch der Massenmord, der in nahezu allen Konzentrationslagern der SS in der Zeit zwischen Sommer 1944 und der Befreiung durch die Alliierten Alltag war, auch von der bundesdeutschen Justiz rechtlich als Mord bewertet[76] und hat im Herbst 2017 zu einer Anklage gegen zwei Wachmänner im Konzentrationslager Stutthof vor dem Landgericht Münster geführt. Nicht nur Auschwitz, sondern nahezu alle Konzentrationslager in der Endphase waren nichts anderes als Mordfabriken, in denen für jede jüdische Frau, jeden jüdischen Mann und jedes jüdische Kind in Europa ein schneller oder – meist unter Ausnutzung ihrer Arbeitskraft – ein verlangsamter, aber nichts anderes als der Tod vorgesehen war. Nicht die rechtlichen Rahmenbedingungen haben sich geändert, sondern der Blick auf die Tatsachen: Endlich wird der Massenmord an den Juden Europas auch als das gesehen, was er war, und wo die Staatsanwaltschaft Frankfurt regelmäßig von „geringer Schuld" ausging, wird nun jede Beteiligung an diesem Massenmord konsequent verfolgt.

Wie soll man diese Geschichte bewerten? – dazu noch einmal *Thomas Fischer:* „Ich glaube, es ist ein erbärmliches Versagen der Bundesrepublik gewesen, das NS-Unrecht nicht ansatzweise konsequent zu verfolgen."[77]

[75] Anklage v. 10.2.2015 – 45 Js 3/13, BeckRS 2016, 15920 vor dem LG Detmold.

[76] *Thomas Walther* und ich hatten dieses Konzept schon 2011 gegen die Auffassung der für das *Demjanjuk*-Verfahren zuständigen Staatsanwaltschaft beim LG München II für die Endphase (ab Oktober 1944) im Konzentrationslager Flossenbürg bei der dann zuständigen Staatsanwaltschaft beim LG Weiden eingefordert.

[77] Siehe Fn. 4.

HANNAH MILENA PIEL

Regeln für die richterliche Beweiswürdigung oder ein Parforceritt durch die Geschichte der (freien) Beweiswürdigung

„Wie fast alle Gestaltungssätze des Strafprozesses heutiger Prägung, ist auch die freie richterliche Beweiswürdigung in einer Antithese zu den das Inquisitionsverfahren beherrschenden Prinzipien entstanden."[1]

Gerade in der freien richterlichen Überzeugungsbildung sollte eine Abkehr von überwundenen, mittelalterlichen Beweisregeln liegen, die streng formalistisch insbesondere den Zeugenbeweis in seiner Wertigkeit einordneten. Vor Geltung der freien Beweiswürdigung war der Richter gezwungen unabhängig von seiner Überzeugung und somit auch, wenn er persönlich von der Unschuld des Angeklagten überzeugt war, nach einem starren Beweisregelwerk zu urteilen: war der Beweis für die Schuld des Angeklagten nach Anwendung der Beweisregeln erbracht, dann musste die Verurteilung erfolgen.

Erst seit der Schaffung der Grundsatznorm im Jahr 1877 heißt es im Gesetz (vormals § 260 Reichsstrafprozessordnung, heute § 261 StPO):

„Über das Ergebnis der Beweisaufnahme entscheidet das Gericht nach seiner freien, *aus dem Inbegriff der Verhandlung geschöpften* Überzeugung.*"*

Um zu begreifen, was es 1877 bedeutete, dass Richter „nach ihrer freien Überzeugung" urteilen durften und sollten, um also zu begreifen, welche Regelungen und welches Korsett damit abgeworfen wurden, muss man sich damit befassen, was vorher galt.

Zugleich wird jedoch zu zeigen sein, dass auch das überkommene, vorher dagewesene Beweisregelwerk bis heute „nachhallt", denn inzwischen ist die richterliche Beweiswürdigung längst nicht mehr frei von „Beweisregeln". Gerade in kritischen Beweissituationen haben die Grundgedanken der althergebrachten Regelungen vielmehr – und zu recht – eine Renaissance erfahren.[2]

Grundlegende Rechtsgedanken, die sich auch im heutigen Recht noch widerspiegeln, finden sich im alten germanischen Recht, das sich nicht auf geschriebene Gesetze stützte und auch schon in weiter zurückliegenden Zeiten und anderen Rechts- und Kultursystemen. Das ausgefeilteste und umfassendste *Beweisregelwerk* bestand jedoch zu Zeiten des *Inquisitionsprozesses* in Gestalt der Constitutio Crimi-

---

[1] *A. Schmidt,* Grundsätze der freien richterlichen Beweiswürdigung im Strafprozessrecht, 1994, 2.

[2] *Eschelbach* in BeckOK StPO, 29. Aufl. 2018, § 261 Rn. 51 ff. mwN.

nalis Carolina, CCC, aus dem Jahr 1532 („Carolina“). Erst 1877, als der Grundsatz der freien Beweiswürdigung geschaffen wurde, wurde das bis dahin überdauerte Beweisregelwerk der Carolina abgeschafft. Das Beweisrecht der Carolina lässt sich besser nachvollziehen, wenn auch das vorher Dagewesene zumindest kurz in den Blick genommen wird.

I. Von den Anfängen des „Strafprozesses“ bis zum Inquisitionsprozess

Das alte germanischen Recht war kein einheitliches Rechtssystem: es bestanden verschiedene germanische Völkerschaften und Stammesstaaten, die ihre eigenen Volksrechte hatten und ca. ab 500 n. Chr. zum Teil auch schriftlich niederlegten.[3] Diese sog. Volksrechte ließen jedoch bereits erste gemeinsame Grundzüge erkennen. So bestimmte zunächst die Stammes- oder Sippenzugehörigkeit das Wesen der Reaktion auf „Rechtsverletzungen“. Die Sippe des Verletzten verfolgte den Übeltäter bzw. Friedensbrecher[4] (oder dessen Sippe) auf dem Wege der privaten Rache oder privaten Fehde. Eine Art „Gerichtsprozess“ mit einer öffentlichen Strafe – der Ausschließung aus der Gesellschaft: Der Täter wurde „vogelfrei“[5] – fand zunächst nur bei besonders schweren Rechtsbrüchen (Achtfällen) statt.

Fand ein Strafverfahren statt, so hatte diesem stets eine Anklage des Verletzen vorauszugehen *(Akkusatorisches Verfahren)*[6]. Der Angeklagte unterwarf sich durch sein Erscheinen dem Streitgedinge und konnte auf die erhobene Anklage hin die vorgeworfene Tat gestehen oder bestreiten.[7] Beides führte unmittelbar zu einem Urteil, das den ursprünglichen Sühnevertrag zwischen den Parteien abbildete: Auf das Geständnis hin wurde der Angeklagte zu einer Buße verurteilt, auf ein Bestreiten hin wurden für die streitenden Parteien die – nach Urteil – zu erbringenden Beweise und die sich an den gelungenen „Nachweis“ der Straftat anschließende Buße festgesetzt[8]. Dieses „zweizüngige Beweisurteil“ wurde von den Urteilsfindern bestimmt, der Richter (beim „Thing“ der jeweilige Fürst) verkündete es anschließend, um es wirksam werden zu lassen.

Damit stand nicht die Wahrheitsfindung im Mittelpunkt des Prozesses, sondern die Herstellung des sozialen Friedens durch die Aussöhnung der Parteien. Der Rechtsstreit wurde erst nach dem Urteil ohne gerichtliche Beteiligung entschieden,

---

[3] *A. Schmidt,* Grundsätze der freien richterlichen Beweiswürdigung im Strafprozessrecht, 1994, 13. Sog. „leges barbarorum“: Die lex salica war die Älteste dieser Rechtsordnungen (um 500), weitere Volksrechte bestanden bei den Ribuariern, Alemannen und Bayern (Merowingerzeit), sowie den Friesen, Sachsen, Franken und thüringischen Angeln (Karolingerzeit), vgl. *B. Schmitt,* Die richterliche Beweiswürdigung im Strafprozeß, 1992, 82 mwN.

[4] Grundsätzlich stellte jede Rechtsverletzung einen Friedensbruch dar; vgl. *B. Schmitt,* Die richterliche Beweiswürdigung im Strafprozess, 1992, 82.

[5] *Eb. Schmidt,* Einführung in die Geschichte der deutschen Strafrechtspflege, 3. Aufl. 1964, spricht von „Friedlosigkeit“, S. 29f.

[6] *B. Schmitt,* Die richterliche Beweiswürdigung im Strafprozeß, 1992, 83, spricht von einem „privaten Anklageprozess gewissermaßen in Reinkultur“.

[7] Das Geständnis wurde nicht durch Folter erzwungen; vgl. *B. Schmitt,* Die richterliche Beweiswürdigung im Strafprozeß, 1992, 84.

[8] *Eb. Schmidt,* Einführung in die Geschichte der deutschen Strafrechtspflege, 3. Aufl. 1964, 39.

indem die Parteien ihre Beweispflichten *formgerecht* gegenüber der gegnerischen „Partei" erfüllten, d. h. sie konnten ihre jeweilige Behauptung bekräftigen – in erster Linie durch (Reinigungs-) Eide, aber auch durch Zweikämpfe oder Gottesurteile (Ordale). Die Urteilenden entschieden nicht über Schuld oder Unschuld, sondern lediglich darüber, wer (zuerst) Beweis führen durfte.[9] Auf den Beweis von Tatsachen oder einer objektiven Wahrheit kam es nicht an.

Für den Reinigungseid des Angeklagten reichte ein „Alleineid" in der Regel nicht aus, weitere Personen, die sog. Eideshelfer oder Leumundszeugen,[10] mussten den Eid bekräftigen. Tatzeugen, die etwa das umstrittene Geschehen zufällig beobachtet hatten, spielten hierbei keine Rolle. Dagegen wurden oft ganze Scharen von Eideshelfern gefordert,[11] die über die Person des Angeklagten bekräftigen mussten, dass jener „rein und nicht [ge-]mein" sei. Der Ankläger konnte diesem Eid die Eidesschelte entgegensetzen und den Angeklagten (und seine Eideshelfer) des Meineids bezichtigen.[12] Die Beweisführung war dabei sehr formalistisch auf Äußerlichkeiten bedacht: der Eidesleistende durfte sich beim Eid nicht versprechen, nicht schnäuzen und auch nicht nach einer Fliege schlagen, sonst war der Eid misslungen.[13]

Wurde der Täter allerdings auf frischer Tat ertappt („handhafte Tat") und vor Gericht „gezerrt", dann ließ

> *„der unmittelbare zeitliche Zusammenhang zwischen Tat und Urteil […] die Tat bis als vor das Gericht verlängert erscheinen, als ob die Tat vom Gericht selbst augenscheinlich wahrgenommen worden sei."*[14]

Ein Gegenbeweis war durch den Eid des Klägers und dessen per „Gerüfte" (Zetergeschrei) herbeigerufene „Schreimannen" (Eideshelfer) von vornherein ausgeschlossen.[15]

Die Beweisführung per „Zweikampf", als „eine Form der staatlich legalisierten und formalisierten Fehde",[16] wurde zugleich als Form des Gottesurteils angesehen, insbesondere, wenn die Parteien andere für sich kämpfen ließen. Lautete der Urteilsspruch auf Beweisführung durch Ordal (Gottesurteil), dann hatte der An-

---

[9] *Eb. Schmidt,* Einführung in die Geschichte der deutschen Strafrechtspflege, 3. Aufl. 1964, S. 39. In vielen Fällen (u. a. jedoch nicht nach Ertappen des Täters „auf frischer Tat") hatte der Angeklagte das Recht der Beweisführung, ohne dass ein Gegenbeweis erbracht werden durfte, denn der Angeklagte wurde als grundsätzlich „reines" Mitglied seiner Sippe begriffen, das sich von dem Ehr-„beschmutzenden" Vorwurf der Anklage reinigen dürfen sollte; vgl. *B. Schmitt,* Die richterliche Beweiswürdigung im Strafprozeß, 1992, 85 mwN.

[10] *B. Schmitt,* Die richterliche Beweiswürdigung im Strafprozeß, 1992, 87.

[11] Die Anzahl der erforderlichen Eideshelfer hing von der Schwere des Tatvorwurfs ab, vgl. *B. Schmitt,* Die richterliche Beweiswürdigung im Strafprozeß, 1992, 87, Fn. 59 mwN.; *Eb. Schmidt,* 3. Aufl. Einführung in die Geschichte der deutschen Strafrechtspflege, 3. Aufl. 1964, 40.

[12] *Eb. Schmidt,* Einführung in die Geschichte der deutschen Strafrechtspflege, 3. Aufl. 1964, 40, *Deppenkemper,* Beweiswürdigung als Mittel prozessualer Wahrheitserkenntnis, 2004, 103.

[13] *Cosack,* Die Eideshelfer des Beklagten, 1885, 55.

[14] *Deppenkemper,* Beweiswürdigung als Mittel prozessualer Wahrheitserkenntnis, 2004, 107.

[15] *B. Schmitt,* Die richterliche Beweiswürdigung im Strafprozeß, 1992, 86.

[16] *Deppenkemper,* Beweiswürdigung als Mittel prozessualer Wahrheitserkenntnis, 2004, 105 mwN.

geklagte – aus heutiger, naturwissenschaftlich aufgeklärter Sicht – kaum eine Chance, den Test zu bestehen. Der Unschuldsbeweis durch „Kesselfang“ war nur erfolgreich, wenn sich beim Griff in einen Topf mit siedendem Wasser an der Hand des Angeklagten keine Brandblasen entwickelten; bei der Eisenprobe, bei der der Angeklagte glühendes Eisen anfassen sollte, durften sich keine Brandblasen bilden; ebenso beim Gang über glühende Kohlen oder durchs Feuer; bei der sog. „Wasserprobe“, wurde die (meist weibliche) Angeklagte gefesselt ins Wasser getaucht und nur dann als unschuldig angesehen, wenn sie dabei unterging, weil das reine Wasser nur Unschuldige aufnehme.[17] Aussichtsreicher erscheint im Rückblick die „Bahrprobe“, bei der der Angeklagte zum Leichnam des Getöteten geführt und nur dann als schuldig angesehen wurde, wenn die Wunden des Toten erneut zu bluten begannen, und – immerhin zu 50% – die Entscheidung per Los.

In der *fränkischen Zeit*[18] wurde der Gerichtsprozess immer stärker durch die staatliche Gewalt bestimmt. Daneben traten christliche Wertvorstellungen in den Vordergrund des Denkens und beeinflussten auch das System von Recht und Strafe. Im Prozess wurde die Volksversammlung als Beschlussorgan durch ständige Urteilsfinder abgelöst, die zunächst „Ratbürger“ und später (ab ca. 770–780, seit den „Kapitularien“) „Schöffen“ genannt wurden.[19] Das Beweisverfahren war weiter durch das vorausgehende „zweizüngige“ Urteil festgeschrieben; allerdings wurde es vor dem erkennenden Gericht durchgeführt, das zur Feststellung die vereidigten Zeugen vernahm (Inquisition).

Im hohen[20] und späten Mittelalter[21] zerteilte sich das Rechtssystem – insbesondere vom 13. Jahrhundert an – in unzählige Ströme.[22] Zur Herabsetzung der Formenstrenge des Prozesses trug die Einführung sogenannter „Vorsprecher“ bei, die – im Sinne heutiger Rechtsanwälte – die Aufgabe hatten, für die Partei das Wort zu führen, an das die Parteien nicht gebunden waren. Das Rechtsdenken des hohen Mittelalters in Deutschland um *das Jahr 1230* wird zunächst durch den *Sachsenspiegel Eike von Repgows* verkörpert.[23] Im Zuge der Territorialisierung trugen die Landfrieden dazu bei, dass sich das Strafrecht zu einer obrigkeitsstaatlichen „öffentlichen Aufgabe“ entwickelte,[24] zB *im Jahre 1235* mit dem großen *Mainzer Landfrieden Kaiser Friedrichs II.*[25] Erstmals war für die Verfolgung bestimmter Straftäter neben der

---

[17] Vgl. *Deppenkemper,* Beweiswürdigung als Mittel prozessualer Wahrheitserkenntnis, 2004, 104; nach dem Vorwurf des Meineids oder der Eidesschelte kam es in der Regel zum Zweikampf, vgl. *B. Schmitt,* Die richterliche Beweiswürdigung im Strafprozeß, 1992, 89.

[18] Zeitspanne vom Ende der Völkerwanderungen (ca. 500) bis zum Jahr 888.

[19] *Deppenkemper,* Beweiswürdigung als Mittel prozessualer Wahrheitserkenntnis, 2004, 115.

[20] Ca. 888 bis 1200.

[21] Ca. 1200 bis 1500.

[22] *Eb. Schmidt,* Einführung in die Geschichte der deutschen Strafrechtspflege, 3. Aufl. 1964, 47; *Eb. Schmidt* ZStW 62 (1943), 237 f.

[23] Nach dessen Vorbild entstanden der Deutschenspiegel (1265) und der Schwabenspiegel (1275). Vgl. *Ignor,* Über das allgemeine Rechtsdenken Eikes von Repgow, 1984; Text-Bild-Interpretation Bd. 1, 1986, 77 ff.

[24] *B. Schmitt,* Die richterliche Beweiswürdigung im Strafprozeß, 1992, 102.

[25] Die Landfriedensgesetze machten die Städte und ihr Umland zunächst zu „Friedensbezirken“. Dies ging bald weit über das bloße Verbot von Fehdehandlungen hinaus und entwickelte sich zu umfangreichen Strafgesetzbüchern (das Bedeutendste war der Mainzer Landfrieden von

Anklage durch den Verletzen nun auch die Klageerhebung von Amts wegen vorgesehen.[26]

Obwohl das Verfahren von einer freien Beweiswürdigung weit entfernt war, gab es für das Gericht – neben dem König und dem Landesherrn – die Möglichkeit, dem Täter Gnade vor dem Recht zu gewähren.[27]

Nach und nach kam es im *14. und 15. Jhdt.*[28] zur Rezeption des römisch-italienischen Rechts und zur Ablösung der Verfahren des Sachsenspiegels; der reine *Akkusationsprozess* ging allmählich in den *Inquisitionsprozess* über,[29] in dem das Verfahren von Amts wegen betrieben und auch von Amts wegen ermittelt wurde.[30] Der Inquisitionsprozess entwickelte sich aus den Elementen des mittelalterlichen Strafprozesses, wurde aber stark durch das kanonische Recht geprägt.[31] Zunehmend verlagerte sich der Prozess dabei auf die Suche nach der objektiven Wahrheit.[32] konstituierende Elemente des Inquisitionsprozesses waren die Offizialmaxime – die Durchführung des Prozesses von Amts wegen – und die Instruktionsmaxime – die Pflicht der Ermittlungspersonen, selbst die objektive Wahrheit zu ermitteln.[33]

Das hatte auf die hier interessierende Beweiserhebung erheblichen Einfluss:[34] Von den „Schreimannen" wurde nunmehr die *eigene Wahrnehmung* der in Streit stehenden Vorgänge gefordert.[35] Für das Erbringen der Beweise blieb es indes bei strengen formalen Regeln, etwa darüber, welche Anzahl von Zeugen für welche Beweisführung erforderlich sein würde.[36] Mit dem Übergang in die Suche nach einer objektiven Wahrheit war insbesondere der Reinigungseid des Beklagten nicht mehr vereinbar:[37] Es ging nun nicht mehr darum, dem Verletzten eine Möglichkeit zu geben, den Verdächtigen vor Gericht zu einer Sühneleistung zu bringen, sondern um die amtliche Verfolgung von Straftaten, die zu einer peinlichen Strafe führen sollten. An Stelle des Reinigungseids trat *das Geständnis* des Beschuldigten, das

---

1235; vgl. *Eb. Schmidt,* Einführung in die Geschichte der deutschen Strafrechtspflege, 3. Aufl. 1964, 49ff.

[26] *Eb. Schmidt,* Einführung in die Geschichte der deutschen Strafrechtspflege, 3. Aufl. 1964, 84.

[27] *Eb. Schmidt,* Einführung in die Geschichte der deutschen Strafrechtspflege, 3. Aufl. 1964, 69f.

[28] *B. Schmitt,* Die richterliche Beweiswürdigung im Strafprozeß, 1992,109.

[29] *Jerouschek* ZStW 104 (1992), 353; *Eb. Schmidt,* Einführung in die Geschichte der deutschen Strafrechtspflege, 3. Aufl. 1964, 80.

[30] *Ignor,* Geschichte des Strafprozesses in Deutschland 1532–1846, 2002, 17; *Eb. Schmidt,* Einführung in die Geschichte der deutschen Strafrechtspflege, 3. Aufl. 1964, 86.

[31] *Jerouschek* ZStW 104 (1992), 328 (334).

[32] *B. Schmitt,* Die richterliche Beweiswürdigung im Strafprozeß, 1992, 105.

[33] Vgl. zum allmählichen Übergang in den Inquisitionsprozess *Eb. Schmidt,* Einführung in die Geschichte der deutschen Strafrechtspflege, 3. Aufl. 1964, 86ff.

[34] *Deppenkemper,* Beweiswürdigung als Mittel prozessualer Wahrheitserkenntnis, 2004, 127 mit Verweis auf *Nehlsen-von-Stryk* SZ.Germ 117 (2000), 1.

[35] *Deppenkemper,* Beweiswürdigung als Mittel prozessualer Wahrheitserkenntnis, 2004, 131; *B. Schmitt,* Die richterliche Beweiswürdigung im Strafprozeß, 1992, 106; *Jerouschek* ZStW 104 (1992), 328 (357).

[36] *Deppenkemper,* Beweiswürdigung als Mittel prozessualer Wahrheitserkenntnis, 2004, 131.

[37] *A. Schmidt,* Grundsätze der freien richterlichen Beweiswürdigung im Strafprozessrecht, 1994, 21; *Jerouschek* ZStW 104 (1992), 328 (335); *B. Schmitt,* Die richterliche Beweiswürdigung im Strafprozeß, 1992, 104.

eine weitere Beweiserhebung unnötig machte[38] und zur „Königin der Beweismittel“ aufstieg („confessio est regina probationum“).[39]

Der Wert des Geständnisses wurde jedoch bereits im Mittelalter in sein Gegenteil verkehrt. Nachdem die (offizielle) Abschaffung der Gottesurteile und Zweikämpfe im Beweisrecht eine Lücke hinterlassen hatte, wurde im 14. Jahrhundert mit der *Folter* Ersatz gefunden.[40] Folter wurde zunächst zur Erhärtung der Glaubwürdigkeit des Beschuldigten, dann jedoch zur unmittelbaren Erlangung eines Geständnisses nach freiem Ermessen des Richters eingesetzt.[41] Gelang es im Ermittlungsverfahren selbst durch Folter nicht, ein Geständnis aus dem Beschuldigten zu „pressen“ und fehlte es an Überführungsmöglichkeiten, wurde der Beschuldigte freigelassen – nachdem er die Urfehde geschworen hatte, Stadt und Land zu meiden und sich nicht zu rächen. Zu einem Verfahren vor einem Richter, dem „endlichen Rechtstag“, kam es erst, wenn der Beschuldigte ein Geständnis abgelegt hatte.[42] Das Verfahren folgte dabei den althergekommenen strengen Formregeln und der Richter musste – selbst wenn er persönlich von der Unschuld des Inquisiten überzeugt war – das Urteil (idR Todes- oder Leibesstrafe) über ihn aussprechen, wenn jener formal als Täter überführt worden war.[43] Schließlich wurden auch die bei der Folter anwesenden Schöffen als Zeugen gegen den Angeklagten akzeptiert, so konnte ein Widerruf des Geständnisses stets überwunden werden.[44] Damit lag das Schwergewicht des Verfahrens endgültig auf dem Vorverfahren, der „peinlichen Befragung“ unter Folter durch eine Schöffenkommission, der endliche Rechtstag verlor jede Bedeutung.[45]

II. Die Constitutio Criminalis Carolina

In der *frühen Neuzeit* traten die Missstände des Strafverfahrens, die in erster Linie auf dem maßlosen Gebrauch der Folter beruhten, offen zu Tage. Das Reichskammergericht wurde eingerichtet und begann 1495 mit seiner Tätigkeit. Auf dem Freiburger Reichstag wurde auf die Veranlassung des Reichskammergerichts hin 1497/98 eine allgemeine Reform der Strafrechtspflege beschlossen.[46] Die Reformbestrebungen wurden durch das italienisch-kanonische Recht entscheidend ge-

---

[38] *Deppenkemper,* Beweiswürdigung als Mittel prozessualer Wahrheitserkenntnis, 2004, 128.

[39] *Eb. Schmidt,* Einführung in die Geschichte der deutschen Strafrechtspflege, 3. Aufl. 1964, 101.

[40] *Jerouschek* ZStW 104 (1992), 328 (355); *B. Schmitt,* Die richterliche Beweiswürdigung im Strafprozeß, 1992, 106.

[41] *Eb. Schmidt,* Einführung in die Geschichte der deutschen Strafrechtspflege, 3. Aufl. 1964, 91 ff.

[42] *Eb. Schmidt,* Einführung in die Geschichte der deutschen Strafrechtspflege, 3. Aufl. 1964, 100.

[43] *Jerouschek* ZStW 104 (1992), 328 (345).

[44] *B. Schmitt,* Die richterliche Beweiswürdigung im Strafprozeß, 1992, 107.

[45] *Eb. Schmidt,* Einführung in die Geschichte der deutschen Strafrechtspflege, 3. Aufl. 1964, 101 f.

[46] Reichsabschied von 1498, § 34, im Wortlaut zitiert bei *Deppenkemper,* Beweiswürdigung als Mittel prozessualer Wahrheitserkenntnis, 2004, 144.

prägt.[47] 1532 wurde mit der *Constitutio Criminalis Carolina* für das materielle und prozessuale Strafrecht ein umfangreiches und geschlossenes Reichsgesetz auf den Reichstagen zu Augsburg und Regensburg beschlossen und am 27.7.1532 verkündet. Die Carolina war das „seinem äußeren Umfang und innerem Gehalt nach bedeutendste Reichsgesetz, das im alten Reich jemals zustand kam" und den deutschen Strafprozess „auf Jahrhunderte mitbestimmte"[48] – ein „einzigartiger, gewaltiger Markstein im Zeitalter der Rezeption an der Wende des Mittelalters zur Neuzeit"[49].

Der Inquisitionsprozess der Carolina geht allerdings im Wesentlichen auf die *Constitutio Criminalis Bambergensis* von 1507 zurück,[50] die von dem Bamberger Hofrichter *Johann v. Schwarzenberg* (1465–1528) geschaffen wurde.[51] Das Beweisrecht der Carolina war – ebenso wie schon die Bambergensis – ganz erheblich durch das kanonisch-italienische Recht mit seinen bindenden Beweisregeln beeinflusst. Das Gericht hatte in dem Verfahren die hervorgehobene, ja allein maßgebliche Stellung, indem es idR Straftaten von Amts wegen verfolgte, Ermittlungen anstellte, Anklage erhob und anschließend auch das Urteil sprach. Dabei war das Verfahren in vier Abschnitte geteilt: die Voruntersuchung, die Tortur (Folter), die Urteilsfindung und der Endliche Rechtstag.

In der *Voruntersuchung* ermittelte der Richter im Beisein von mindestens zwei Schöffen und eines Gerichtsschreibers durch Vernehmungen die Wahrheit. Der Tatbeweis konnte durch Geständnis („Bekenntnis") oder – wenn kein Bekenntnis vorlag – Zeugenbeweis erbracht werden (Art. 62 CCC). Die formalen Beweismittel des altgermanischen Akkusationsverfahrens waren endgültig überholt und wurden durch eine große Anzahl sehr konkreter *Beweisregeln* und eine *umfassende Indizienlehre* ersetzt.[52] Hierfür stellte die Carolina feste Beweisregeln auf: Nur Haupttatsachen durften zur Verurteilung führen, Hilfstatsachen (Indizien) genügen nicht. Ein voller Beweis wurde erbracht durch übereinstimmende Aussagen von mindestens *zwei „einwandfreien Zeugen"* (Art. 67 CCC). Fehlte es an daran, konnte der An-

[47] Befördert wurde das Vordringen italienischen Rechts auch dadurch, dass immer mehr Rechtsgelehrte in der Rechtspflege tätig wurden, die ihre Ausbildung zum überwiegenden Teil an italienischen Universitäten absolviert hatten; vgl. *B. Schmitt,* Die richterliche Beweiswürdigung im Strafprozeß, 1992, 122.

[48] *Deppenkemper,* Beweiswürdigung als Mittel prozessualer Wahrheitserkenntnis, 2004, 144.

[49] *V. Hippel,* zitiert nach *Eb. Schmidt,* Einführung in die Geschichte der deutschen Strafrechtspflege, 3. Aufl. 1964, 133.

[50] vgl. *Eb. Schmidt,* Einführung in die Geschichte der deutschen Strafrechtspflege, 3. Aufl. 1964, 131; *Ignor,* Geschichte des Strafprozesses in Deutschland 1532–1846, 2002, 45.

[51] *Schwarzenberg* schuf – praktisch im Alleingang – ein reformiertes Gesetzeswerk von höchster Bedeutung, dessen Bestimmungen zum größten Teil wörtlich in die Carolina übergingen, vgl. *Ignor,* Geschichte des Strafprozesses in Deutschland 1532–1846, 2002, 45; *Eb. Schmidt,* Einführung in die Geschichte der deutschen Strafrechtspflege, 3. Aufl. 1964, 109, 115. Noch vor der Bambergensis stellte die Wormser Reformation von 1498 ein erstes neues Gesetzgebungswerk dar, in dem italienisches Recht in Teilen rezipiert wurde, vgl. *Eb. Schmidt,* Einführung in die Geschichte der deutschen Strafrechtspflege, 3. Aufl. 1964, 109; *B. Schmitt,* Die richterliche Beweiswürdigung im Strafprozeß, 1992, 124.

[52] *Deppenkemper,* Beweiswürdigung als Mittel prozessualer Wahrheitserkenntnis, 2004, 151; *Eb. Schmidt,* Einführung in die Geschichte der deutschen Strafrechtspflege, 3. Aufl. 1964, 127; *B. Schmitt,* Die richterliche Beweiswürdigung im Strafprozeß, 1992, 128.

geklagte – anders als heute – nicht (unmittelbar) verurteilt werden. Dann war ein glaubhaft festgestelltes Geständnis erforderlich (Art. 60 CCC), zu dem er allerdings durch peinliche Befragung (Folter) gebracht werden konnte, wenn die Voraussetzungen hierfür vorlagen (Art. 23ff. CCC, dazu unten). Die Strafverfolgung blieb damit insgesamt stark auf das Geständnis als wesentliche Voraussetzung der Verurteilung fixiert,[53] das notfalls über die Folter des Verdächtigen erzielt werden konnte. Im Geständnis wurde eine Garantie für die Wahrheit gesehen, die auch dann notwendig war, wenn andere Beweise vorlagen.[54]

Am Ende dieses Vorverfahrens standen *Urteilsberatung und Urteilsabfassung.* Die Gerichtsmitglieder entschieden gemeinsam über das Urteil und waren dabei an die Beweisregeln gebunden. In der anschließenden öffentlichen Verhandlung, dem sog. *„endlichen Rechtstag“,*[55] der nur auf Antrag des Anklägers oder des Angeklagten durchgeführt wurde (Art. 78 CCC), war das Urteil längst getroffen und wurde vom Gerichtsschreiber verlesen (Art. 81 CCC). Dem Beschuldigten blieb an dieser Stelle nur noch, um Gnade zu bitten; dann wurde er zur – oft drakonischen – Bestrafung abgeführt. Bei einer Verurteilung bestand die Strafe in Todesstrafe (Art. 192 CCC[56]), Leibesstrafe (Art. 198 CCC[57]), sowie – ab dem 16. Jahrhundert – auch die Prangerstrafe oder das Stellen in Halbeisen (Art. 198 CCC); Geldstrafen waren zunächst nur für den „heimlichen einfachen Diebstahl“ (zB ohne Einbruch) geringwertiger Sachen (unter „fünff Gülden“) durch den bisher unbescholtenen Dieb vorgesehen (doppelter Sachwert nach Art. 157 CCC) sowie für den „offenen einfachen Diebstahl“ geringwertiger Sachen durch den unbescholtenen Dieb (vierfacher Sachwert nach Art. 158 CCC) vorgesehen, sowie für Schadensersatzzahlungen. Gefängnisstrafen („Kerker“) waren zunächst nur als „Ersatzfreiheitsstrafe“ vorgesehen, wenn die Geldbuße nicht erbracht werden konnte. Erst ab dem 17. Jahrhundert wurden allgemein Gefängnisstrafen und auch Arbeitsstrafen eingeführt.[58]

Vom Beweisrecht der Carolina und den „Beweisregeln“ des modernen Strafprozessrechts

Das *Beweisrecht unter der Carolina* wurde dabei von der Suche nach materieller Wahrheit geprägt.[59] Wenn kein Geständnis vorlag, musste nach den Beweisregeln

---

[53] Art. 60 CCC.

[54] *Ignor,* Geschichte des Strafprozesses in Deutschland 1532–1846, 2002, 67; *Eb.* Schmidt, Einführung in die Geschichte der deutschen Strafrechtspflege, 3. Aufl. 1964, 129.

[55] *Deppenkemper,* Beweiswürdigung als Mittel prozessualer Wahrheitserkenntnis, 2004, 150; *Ignor,* Geschichte des Strafprozesses in Deutschland 1532–1846, 2002, 61.

[56] Tod durch Verbrennen, Enthaupten, Vierteilen, Rädern, Hängen, Ertränken, Pfählen, lebendig Begraben ggf., nachdem der Verurteilte zur Hinrichtungsstätte geschleift wurde (Art. 193 CCC) oder zuvor mit glühenden Zangen gerissen wurde (Art. 194 CCC)

[57] Abschneiden der Zunge, von Fingern, Ohren oder der Nase; Prügelstrafe.

[58] *Eb. Schmidt,* Einführung in die Geschichte der deutschen Strafrechtspflege, 3. Aufl. 1964, 185ff.

[59] Art. 56 CCC. VGl. auch *Deppenkemper,* Beweiswürdigung als Mittel prozessualer Wahrheitserkenntnis, 2004, 148; *Eb. Schmidt,* Einführung in die Geschichte der deutschen Strafrechtspflege, 3. Aufl. 1964, 127, 128; *Ignor,* Geschichte des Strafprozesses in Deutschland 1532–1846, 2002, 17, 18, 67.

der Carolina überprüft werden, ob ein voller – für die Verurteilung ausreichender – Beweis erbracht werden konnte. Nach Art. 47 CCC hatte der Beschuldigte bzw. Gefangene (Untersuchungshaft), der sich für unschuldig erklärte, jedoch das Recht, selbst Beweismittel oder Indizien zu benennen, denen der Richter nachgehen musste.[60]

Nach den Beweisregeln für die Verurteilung wurde der volle Beweis für eine Tat durch die Aussagen zweier „echter", „klassischer" Zeugen, die eigenes Wissen bekundeten, erbracht (Art. 67 CCC):

Von gnugsamen gezeugknuß

67. Item so eym missethat zum wenigsten mit zweyen oder dreien glaubhafftigem gutem zeugen, die von eynem waren wissen sagen, bewiesen wirdt, darauff soll, nach gestalt der verhandlung mit peinlichen rechtem volnfarn vmd geurtheylt werden.

Gab es nur einen glaubwürdigen Zeugen für die Tat, so genügte dies nicht, den vollen Beweis zu erbringen, es lag nur ein halber Beweis vor (Art. 23 CCC). Dann war der Richter auf die *Indizienlehre* der Art. 25 ff. CCC verwiesen, um zu prüfen, ob ausreichend zusätzliche Indizien vorlagen, um zur Folter des Verdächtigen schreiten zu können.

➢ *Heute: „Aussage-gegen-Aussage-Konstellation":*

Heutzutage stellt die Rechtsprechung (wieder) besondere Anforderungen an die Beweiswürdigung des Gerichts in Konstellationen, in denen allein die Aussage des einzigen Belastungszeugen, eines Mitangeklagten oder Kronzeugen gegen den die Tatbegehung bestreitenden oder schweigenden Angeklagten steht[61]. Die Urteilsgründe müssen in einem solchen Fall erkennen lassen, dass das Tatgericht alle Umstände, welche die Entscheidung zugunsten oder zuungunsten des Angeklagten zu beeinflussen geeignet sind, erkannt, in seine Überlegungen einbezogen und auch in einer Gesamtschau gewürdigt hat. Wenn es sich bei dem Anzeigenden um das angebliche Tatopfer handelt, ist zu beachten, dass dieses im Strafprozess erheblich privilegiert ist[62] und insbesondere über vollständige Aktenkenntnis verfügt. Es ist zwar letztlich möglich, dass das Gericht sein Urteil allein auf die Angaben des einzigen Belastungszeugen stützt. Erforderlich ist dabei eine Analyse der Entstehung und Entwicklung der belastenden Aussage[63], eine neutrale Bewertung der Aussagemotive und der Aussagekonstanz und eine Prüfung von Detailreichtum und Plausibilität der Angaben[64]. Trotz all dieser Vorgaben geht die Rechtsprechung oftmals mit formelhaften Begründungen ge-

[60] *Ignor,* Geschichte des Strafprozesses in Deutschland 1532–1846, 2002, 78 ff.

[61] BGHR StPO § 261, Beweiswürdigung 1; § 177 Abs. 1 Beweiswürdigung 15; BGH NStZ-RR 2013, 19; StV 2017, 367 (368) mwN; HRRS 2017, Nr. 927.

[62] Vgl. Umfassend zu der Aussage-gegen-Aussage-Konstellation: *Eschelbach* in BeckOK StPO 29. Aufl. 2018, § 261 Rn. 59–61.2 mwN; *Haustein,* Zu den Entscheidungsnormen bei Aussage gegen Aussage, 2017.

[63] vgl. BGH NStZ 2002, 656 (657).

[64] BGH NStZ 2009, 107, 108.

rade über die Problematik der Bewertung der Angaben des einzigen Opferzeugen hinweg[65]

Insbesondere, wenn sich die Unwahrheit eines Aussageteils der einzigen belastenden Aussage herausgestellt hat, müssen außerhalb der Aussage liegende zusätzliche Indizien vorliegen, um dennoch auf die nicht widerlegte Restaussage ein Urteil gegen den Angeklagten stützen zu können[66].

Die Zeugen sollten von eigener Wahrnehmung berichten, Zeugen vom bloßen Hörensagen wurden ausgeschlossen und bei der Urteilsfindung nicht berücksichtigt:

Wie zeugen sagen sollen

65. Item die zeugen sollen sagen, von jrem selbs eygen waren wissen, mit anzeygung jres wissen gründtlicher vrsach. So sie aber vonn frembden hören sagen würden, das soll mit gnugsam geacht werden.

➢ *Heute: „Zeugnis vom Hörensagen“:*

Zwar ist der Beweis über mittelbare Zeugen, die nur über Äußerungen eines Dritten (ihnen oder anderen gegenüber) berichten, zulässig und kann in die Hauptverhandlung eingeführt werden, wenn der unmittelbare Zeuge nicht zur Verfügung steht, das Gericht muss nach der Rechtsprechung jedoch die eingeschränkte Zuverlässigkeit und insbesondere Überprüfbarkeit solcher Zeugnisse vom Hörensagen berücksichtigen[67]. Der Beweiswert einer über ein oder mehrere Zwischenglieder vermittelten Aussage ist schon aufgrund der Fehleranfälligkeit der Übermittlung gering. Hier reichen die sorgfältige Analyse des Aussageinhalts und der Aussagekonstanz nicht aus, um eine möglicherweise zu Unrecht erfolgende oder zu weitgehende Belastung eines anderen ausschließen zu können, zumal in der Hauptverhandlung in einer solchen Situation keine Möglichkeit für das Gericht und die Verteidigung besteht, durch Befragung den Tatzeugen zu überprüfen (Konfrontationsrecht). Eine Verurteilung darf dann in der Regel nur erfolgen, wenn die belastenden Angaben durch weitere aussagekräftige Indizien unterstützt werden[68]. In besonderer Weise gilt dies, wenn Geheimhaltungsinteressen des Staates oder Aussageverweigerungsrechte des unmittelbaren Zeugen dazu führen, dass nur mittelbare Zeugen zur Verfügung stehen.[69]

---

[65] *Eschelbach* in BeckOK StPO, 29. Aufl. 2018, § 261 Rn. 59.1–8; *Schwenn* StV 2010, 705, 706; *Deckers* StraFo 2017, 133; *Geipel* StV 2008, 271 ff.

[66] Vgl. BGHSt 44, 153 (159) = NJW 1998, 3788; BGH NStZ 2000, 496; 2001, 161 (162); 2008, 581 (582).

[67] BVerfG NStZ 1995, 600; BGHSt 17, 382 (383 f.) = NJW 1962, 1876; BGHSt 33, 178 (181) = NJW 1985, 1789; BGH StV 1999, 7 (8); StV 2016, 774 (775).

[68] BGHSt 50, 11 (15) = NJW 2005, 1203.

[69] vgl. *Frahm,* Die allgemeine Kronzeugenregelung. Dogmatische Probleme und Rechtspraxis des § 46b StGB, 2014, 265 ff.; *Weider* FS Widmaier 2008, 599 (602 f.); *Eschelbach* in BeckOK StPO 29. Aufl. 2018, § 261 Rn. 56–58 mwN.

Auch „belonte Zeugen" durften für die Urteilsfindung nicht berücksichtigt werden, sondern hatten selbst mit einer Bestrafung zu rechnen (Art. 64 CCC).

Die Glaubwürdigkeit der Zeugenaussagen musste durch den verständigen Richter daraufhin untersucht werden, ob sie konstant und beständig – oder etwa „wankelmütig" – waren, und der Zeuge war in seinen „eusserlichen geberden" und seiner Mimik bei der Zeugenaussage genau zu beobachten (Art. 71 CCC):

Von den kuntschafft verhörern imm gericht

71. So nun das selbig peinlich gericht mit personen, die solche kuntschafft rechtmessiger weiß zu verhören geschickt vmd verstendig seind, besatzt ist, so soll der richter sampt zweyen auß dem selben darzu tüglich vnnd dem gerichtschreiber gemelte kundtschafft wie sich mm recht gebürt, mit fleiß verhören vnd sunderlich eygentlich auffmercken, ob der zeug mm seiner sage würd wanckelmütig vmd vnbestendig erfunden, solch vmbstende, vnd wie er dem zeugen mm eusserlichem geberde vermerckt zu dem handel auffschreiben.

➢ *Heute: Beurteilung der Glaubwürdigkeit als ureigenste Aufgabe des Gerichts*

Die Rechtsprechung geht weiterhin davon aus, dass Berufsrichter über ausreichende Erfahrung und Sachkunde für die Beurteilung von Zeugenaussagen und die Anwendung aussagepsychologischer Glaubwürdigkeitskriterien verfügen. Die Beurteilung der Glaubwürdigkeit von Aussagen sei „ureigenste Aufgabe" des Strafrichters[70]. Ausnahmen hiervon sollen nur gelten, wenn „Besonderheiten" vorliegen, etwa bei geistig kranken Zeugen, bei Jugendlichen/Kindern oder bei einer „besonders problematischen Beweislage". In diesen Fällen sollen die Gerichte Sachverständige zur Beurteilung der Glaubwürdigkeit der Zeugenangaben hinzuziehen[71]. Freilich werden psychologische Sachverständige heute nahezu ausschließlich zur Beurteilung von belastenden Angaben in Missbrauchsverfahren hinzugezogen, insbesondere dann, wenn es sich bei den angeblichen Tatopfern um Kinder handelt. Es kommt hinzu, dass (leider) kaum ein Richter in Kognitions- und Aussagepsychologie ausgebildet ist; die von der Aussagepsychologie erarbeiteten Kriterien zu Beurteilung der Glaubwürdigkeit von Zeugenaussagen werden nur selten von den Gerichten angewendet.[72]

Genügten die so überprüften Zeugenaussagen nicht für einen vollen Beweis, oder war nur ein Zeuge und damit ein halber Beweis vorhanden, dann wurden nach der *Indizienlehre* die Voraussetzungen des *Einsatzes von Folter* geprüft.[73] Der willkürliche Einsatz der Folter sollte dadurch eingedämmt werden. Ohne genügende Beweisanzeichen durfte niemand „peinlich gefragt" bzw. gefoltert werden

---

[70] Vgl. nur BGHSt 3, 52 (53) = NJW 1952, 1064; BGHSt 8, 130 (131) = NJW 1955, 1526; BGH NStZ 2010, 51 (52).

[71] BGHSt 23, 8 (12) = NJW 1969, 2293).

[72] Vgl. umfassend *Eschelbach* in BeckOK StPO, 29. Aufl. 2018, § 261, Rn. 4-11; *Fischer* NStZ 1994, 1; *Fischer* FS Widmaier, 2008, 191 ff.

[73] *Schoetensack,* Der Strafprozess der Carolina, 1904, 49 ff.

(Art. 20 CCC). Hielt sich der Richter nicht daran und folterte ohne hinreichenden Verdacht, dann war er dem Gefolterten nach dem Gesetz Schadensersatz schuldig.

Bei der Bewertung der Indizien hatte der Richter kaum ein Ermessen, sondern war an die Regelungen der Carolina gebunden.[74] Der oftmals unzureichend im (neuen) Recht ausgebildete Richter holte in Zweifelsfällen, wenn die Sache „vber sein verstendtnus" ging, durch das Institut der Aktenversendung Rechtsrat bei den „Oberhöfen" ein (Art. 219 CCC).[75]

Nach der *Indizienlehre* gab es zum einen „gemeine Indizien", die sich auf alle Taten bezogen und dann auch spezifische Indizien, die allein für bestimmte Tatvorwürfe galten. Nach Art. 25 CCC lagen Indizien für die Täterschaft etwa dann vor, wenn

1. der Beschuldigte eine „verwegene oder leichtfertige" Person sei oder ähnlicher Tat schon einmal bezichtigt worden sei, allerdings müsse die Anzeige dabei von redlichen Leuten kommen und „nit von feinden oder leichtuertigen leuten";
2. der Täter am Tatort gesehen wurde;
3. der Täter bei der Tat oder auf dem Weg dorthin oder zurück erkannt wurde oder nicht erkannt wurde aber solche Kleider, Waffen oder Pferde besitzt, wie sie der Täter trug und eine ähnliche Gestalt hatte;
4. der Täter bei Leuten wohne oder in Gesellschaft von Leuten sei, die ähnliche Missetaten verüben;
5. der Täter Anlass zu Neid oder Feindschaft habe und eigenen Nutzen aus der Tat ziehen könne;
6. der Täter von einem Geschädigten auf dem Sterbebett bezichtigt wurde oder der Geschädigte unter Eid geschworen hat;
7. der Täter nach der Tat flüchtig ist.

Eines dieser vorgenannten Indizien reichte nicht für die Anwendung der Folter aus (Art. 27 CCC). Den unterschiedlichen Verdachtsmomenten und Indizien wurde vielmehr unterschiedlicher Wert beigemessen: Ein Beweismittel war um so stärker, je weniger seine Aussagekraft von einer dem Richter überlassenen Feststellung abhing und je mehr es den Beweis durch äußerliche, allgemein erkennbare Merkmale erbrachte. Z. B. reichte der Umstand, dass der Verdächtige etwas am Tatort Aufgefundenes verloren hatte (Art. 29 CCC), als Indiz für die Folter; der Umstand, dass der Verdächtige auf dem Weg vom oder zum Tatort gesehen worden war (siehe oben Art. 25 CCC), genügte indessen allein nicht zur Anwendung der Folter.

Weitere allgemeine Indizien, die allein für die Folter ausreichten, lagen etwa darin, dass der Verdächtige die Tat zuvor angekündigt oder sich später ihrer „berühmt" hatte (Art 32 CCC), sowie dass ein Beschuldigter durch einen Mittäter der Tat bezichtigt wurde (Art. 31 CCC). Hier ist aber nach der Carolina besondere

[74] Nach *B. Schmitt,* Die richterliche Beweiswürdigung im Strafprozeß, 1992, 128 (unter Verweis auf *Glaser,* Beiträge zur Lehre vom Beweis im Strafprozess, 1883, 109) knüpften die präzisen Beweisregeln teilweise an die im mittelalterlich-italienischen Recht umgeformte römische Indizienlehre an; dazu auch *B. Schmitt,* Die richterliche Beweiswürdigung im Strafprozeß, 1992, 109 ff.

[75] *Eb. Schmidt,* Einführung in die Geschichte der deutschen Strafrechtspflege, 3. Aufl. 1964, 135.

Vorsicht geboten: Zum einen dürfe dem Mittäter der Name des Beschuldigten nicht bei der Folter vorgehalten worden sein, sondern er müsse aus sich selbst heraus nach allgemeiner Frage den Namen des Beschuldigten benannt haben:

> *„Erstlich, daß dem sager, die beklagt person, inn der marter mit namen nit fürgehalten, vnnd also auff die selbig person sonderlich nit gefragt oder gemartert worden sei, sonder daß er inn eyner gemeyn gefraget, wer jm zu seinen mißthatten geholifen, den besagten von jm selbs bedacht vnd benant habe. [...]"*

Sodann müsse der Mittäter auch danach gefragt werden, wie genau, wann und wo ihm der Beschuldigte wobei geholfen habe und woher er ihn kenne und überdies sei zu erkunden, ob er dem Beschuldigten feindschaftlich gegenüberstehe, denn wenn dies der Fall sei, dann sei der Beschuldigung keinen Glauben zu schenken.

➢ *Heute: Beweiswürdigung bei drittbelastenden Angaben durch Mitbeschuldigte*

Motiv einer Falschbelastung kann hier das Erreichen eigener Vergünstigungen – zB einer Strafmilderung wegen Aufklärungshilfe – sein. Gleiches gilt, wenn etwa ein „Kronzeuge" Eigeninteressen an der Belastung des Angeklagten hat. Das Gericht muss deshalb die für die Richtigkeit der Angaben des einzigen Belastungszeugen/Mittäters sprechenden Gesichtspunkte umfassend im Hinblick auf Aussageentstehung und Motiv sowie Plausibilität und Konstanz der Angaben prüfen, würdigen und dies im Urteil deutlich machen[76]. Wenn dabei zusätzlich auch eine konfrontative Belastung des belastenden Mitangeklagten oder Zeugen nicht möglich ist, darf das Urteil auf die Angaben nur dann gestützt werden, wenn sie durch weitere Indizien gestützt werden.[77]

Bei der letzten Abwägung und Entscheidung über das Vorliegen der Foltervoraussetzungen kam es indessen wieder auf das *vernünftige Ermessen* des Richters an.[78] Auch die Art und Weise der Folter stand schließlich ganz im Ermessen des Richters.[79]

Eine Vielzahl von besonderen Indizien für bestimmte Tatvorwürfe ergab sich sodann aus den Art. 33ff. CCC, zB

für *Mord* Art. 33 CCC:

dass der Beschuldigte „verdechtlicher weiss mit plutigen kleidern oder waffenn gesehen worden, oder ob er des ermorten habe genomen, verkaufft, vergebenn oder bey jme hett."

---

[76] Vgl. BGH NStZ-RR 2012, 52 (53); 2002, 146 (147); 2005, 88 (89); BGHR StPO, § 261 Mitangeklagter 2; BtMG § 29 Beweiswürdigung 7; *BGH* StV 2000, 243 (244); 2002, 467.

[77] Vgl. BGHR StPO, § 261 Zeuge 2; *BGH* NStZ 2004, 691 (692); *Eschelbach* in BeckOK StPO, 29. Aufl. 2018, § 261, 62; *Weider* FS Widmaier 2008, 599 (602) mwN.

[78] *Ignor,* Geschichte des Strafprozesses in Deutschland 1532–1846, 2002, 79; vgl. *Deppenkemper,* Beweiswürdigung als Mittel prozessualer Wahrheitserkenntnis, 2004, 156.

[79] Art. 58 CCC; *Deppenkemper,* Beweiswürdigung als Mittel prozessualer Wahrheitserkenntnis, 2004, 156.

für eine *Brandstiftung* Art. 41 CCC:

dass der Beschuldigte „kurztlich vor dem prandt heliger vnnd verdechtlicher weise mi vngewonlichen verdechtlichen vnd geferlichenn feurwecken, damit man heimlich zu prennen pflegt" hantiert hatte.

All diese Regeln wurden jedoch nur auf die schweren Delikte angewandt, die mit Lebens- oder Leibesstrafe bedroht waren. Bei Delikten, auf die Kerker, Verbannung oder Geldstrafe standen, wurde *eine Art freier Beweiswürdigung* zugelassen. Ähnliches galt für die „außerordentliche Strafe", einer Art Verdachtsstrafe, wenn der Vollbeweis nicht erbracht werden konnte.[80] Die verhängte Strafe lag dann im Ermessen des Gerichts, musste aber milder als die ordentliche Strafe (bei Vollbeweis) sein.

Im *Hexenprozess* waren die Beweisregeln der Carolina allerdings weitgehend aufgehoben – wegen des Ausnahmecharakters dieses Delikts, das naturgemäß im Verborgenen stattfinde, und für das es kein corpus delicti gebe.[81]

III. Der Inquisitionsprozess

Die Carolina hatte zahlreiche „Nachkommen" in den Territorialstaaten, die sich an einer eigenen Darstellung ihrer Strafgesetzgebung nicht hindern lassen wollten:[82] Auf dem Gebiet des Strafprozessrechts änderte sich nach der Carolina nicht viel.[83] Die Criminalordnungen des 18. Jahrhunderts schrieben den *Inquisitionsprozess* in der Weise vor, wie er von der Strafrechtswissenschaft auf der Grundlage der Carolina weiterentwickelt worden war. Dabei erstarkte einerseits der nach Absolutheit strebende Staat auf dem Feld der Verbrechensaufklärung und -verfolgung, andererseits erstarkte auch die Stellung der Richter gegenüber den Schöffen; die Schöffen sanken in ihrer Bedeutung zu bloßen Gerichtszeugen herab.[84] Die Carolina stand aber weiterhin im Mittelpunkt des Interesses der deutschen Strafrechtswissenschaft. Insbesondere *Benedikt Carpzov*[85] (1595–1666), der „Begründer der deutschen Strafrechts-Wissenschaft"[86], setzte sich eingehend mit der Carolina auseinander.

Das Gerichtsverfahren wurde – auf der Grundlage der Dogmatik Carpzovs – in zwei Verfahrensabschnitte unterteilt: die Generalinquisition und die Spezialinquisi-

---

[80] *Ignor,* Geschichte des Strafprozesses in Deutschland 1532–1846, 2002, 106.

[81] *Deppenkemper,* Beweiswürdigung als Mittel prozessualer Wahrheitserkenntnis, 2004, 162; *Ignor,* Geschichte des Strafprozesses in Deutschland 1532–1846, 2002, 106.

[82] *Eb. Schmidt,* Einführung in die Geschichte der deutschen Strafrechtspflege, 3. Aufl. 1964, 142

[83] *Eb. Schmidt,* Einführung in die Geschichte der deutschen Strafrechtspflege, 3. Aufl. 1964, 144.

[84] *A. Schmidt,* Grundsätze der freien richterlichen Beweiswürdigung im Strafprozessrecht, 1994, 34.

[85] *Deppenkemper,* Beweiswürdigung als Mittel prozessualer Wahrheitserkenntnis, 2004, 164f.; *Eb. Schmidt,* Einführung in die Geschichte der deutschen Strafrechtspflege, 3. Aufl. 1964, 155 (156).

[86] *Ignor,* Geschichte des Strafprozesses in Deutschland 1532–1846, 2002, 88; *Eb. Schmidt,* Einführung in die Geschichte der deutschen Strafrechtspflege, 3. Aufl. 1964, 157; *Deppenkemper,* Beweiswürdigung als Mittel prozessualer Wahrheitserkenntnis, 164.

tion.[87] Die *Generalinquisition* als erster Verfahrensabschnitt diente als generelle Voruntersuchung des Richters der Feststellung der Tat, des „corpus delicti", und ihrer Verdächtigen.[88] Es handelte sich somit um die ersten Ermittlungen, mit denen der Täter überhaupt erst gefunden werden musste. Lag danach ein ausreichender Tatverdacht gegen einen oder mehrere Verdächtige vor – hierüber bestimmte der Richter nach seinem Ermessen –, dann begann die *Spezialinquisition,* mit der der Beschuldigte überführt werden sollte.[89] Hier wurde zunächst ein sogenanntes „artikuliertes Verhör" des – meist verhafteten – Beschuldigten durchgeführt.[90] Das bestand darin, dass einzelne, zuvor schriftlich festgelegte Fragen aus dem im Rahmen der Ermittlungen gewonnenen Material dem Beschuldigten gestellt wurden.[91] Verweigerte jener die Antwort oder gab er unklare Auskunft, dann konnte die Folter als Zwangsmaßnahme eingesetzt werden.[92] Erst im Anschluss daran wurden artikulierte Verhöre der Zeugen durchgeführt und gegebenenfalls erfolgte deren Konfrontation mit dem Tatverdächtigen. Entgegen den an die Carolina angelehnten Vorschriften, nach denen das Geständnis des Angeklagten auf seine Wahrheit und Glaubwürdigkeit hin überprüft werden musste, setzte sich im 18. Jahrhundert eine Gerichtspraxis durch, die allein auf das Erzielen eines Geständnisses ausgerichtet war, welches dann ungeprüft zur Grundlage der Verurteilung gemacht wurde.[93]

IV. Das Zeitalter der Aufklärung

Im Zeitalter der Aufklärung wurde die frühere, vor allem religiös geprägte und pessimistische Weltanschauung in den Hintergrund gedrängt, und Kritik an Staat und Gesellschaft verhalfen besseren Verhältnissen zum Durchbruch. Auch der wachsender Wohlstand der Bevölkerung und das Ausbleiben weiterer großer Katastrophen (z. B. Pestepidemien), bedingten ein allmählich optimistischeres Weltbild. Zugleich geriet auch der Inquisitionsprozess in eine Krise:[94] Es wurden die artikulierten Verhöre kritisiert, weil die Artikelform eine flüssige Vernehmung des Be-

---

[87] s. auch *Deppenkemper,* Beweiswürdigung als Mittel prozessualer Wahrheitserkenntnis, 2004, 167 f.; *Eb. Schmidt,* Einführung in die Geschichte der deutschen Strafrechtspflege, 3. Aufl. 1964, 177 ff.

[88] *A. Schmidt,* Grundsätze der freien richterlichen Beweiswürdigung im Strafprozessrecht, 1994, 34 (35); *Eb. Schmidt,* Einführung in die Geschichte der deutschen Strafrechtspflege, 3. Aufl. 1964, 196

[89] *Deppenkemper,* Beweiswürdigung als Mittel prozessualer Wahrheitserkenntnis, 2004, 168.

[90] *Ignor,* Geschichte des Strafprozesses in Deutschland 1532–1846, 2002, 133.

[91] Der Richter wurde durch die Artikelform von Suggestivfragen abgehalten, denn der schriftlich niedergelegte Fragenkatalog ging mit der gesamten Akte vor Einleitung der Spezialinquisition an die Spruchdikasterien, die das Vorliegen aller Voraussetzungen prüften und einen Urteilsvorschlag entweder in Form eines Interlokuts (Anordnung weiterer Ermittlungen oder der Folter) oder eines Endurteils machten; vgl. *Eb. Schmidt,* Einführung in die Geschichte der deutschen Strafrechtspflege, 3. Aufl. 1964, 197.

[92] *Deppenkemper,* Beweiswürdigung als Mittel prozessualer Wahrheitserkenntnis, 2004, 171.

[93] *Deppenkemper,* Beweiswürdigung als Mittel prozessualer Wahrheitserkenntnis, 2004, 176 (177, 181).

[94] *Ignor,* Geschichte des Strafprozesses in Deutschland 1532–1846, 2002, 162 ff. (253); *Deppenkemper,* Beweiswürdigung als Mittel prozessualer Wahrheitserkenntnis, 2004, 183.

schuldigten verhindere; auch der Reinigungseid kam in Verruf. Vor allem aber die Folter geriet in schärfste Kritik.[95]

In den Vordergrund trat die *menschliche Vernunft* als Quelle der der Rechtsfindung.[96] Es setzte sich nach und nach die Erkenntnis durch, dass auch mit einer noch so ausgefeilten positiven Beweislehre keine objektive Wahrheit erzielt werden könne. Besondere Anstöße zur Reformation des Strafrechts kamen aus Frankreich und später aus Italien: In Frankreich beschrieb *Montesquieu* (1689–1755) in seinem Hauptwerk „Esprit de lois" im Jahre 1748 die Lehre der Gewaltenteilung, mit der die Justiz vor den Eingriffen des autoritären Machtapparates geschützt werden sollte. *Montesquieu* forderte als erster, dass keine Bestrafung ohne Gesetz erfolgen dürfe. Auch *Voltaire*[97] (1694–1778) kämpfte – sehr viel schärfer[98] – für ein angemessenes Verhältnis zwischen Strafe und Verbrechen, die Strafe müsse durch ihre Nützlichkeit für das Wohl des Volkes gerechtfertigt sein. *Voltaire* wendete sich jedoch vor allem gegen die Folter und den Inquisitionsprozess und beschrieb bereits im Jahre 1766 in Frankreich sehr anschaulich.[99]

„Man läßt [...] halbe Beweise zu, die im Grunde nichts als Zweifel sind; in der Tat wissen wir, dass es gar keine halben Beweise gibt. [...] Man läßt viertel und achtel Beweise zu. Man kann zum Beispiel ein umlaufendes Gerücht als Viertel betrachten, ein anderes schwächeres als ein Achtel, so dass acht Gerüchte, die nur das Echo eines übel begründeten Klatsches sind, zu einem vollen Beweis werden können."

Im Jahre 1808 wurde in Frankreich der Anklageprozess unter Trennung der Staatsanwaltschaft vom Gericht eingeführt, es galten die Grundsätze der Unmittelbarkeit, Mündlichkeit und Öffentlichkeit des Verfahrens, sowie – vor allem – die *freie Beweiswürdigung* des Gerichts. Für schwere Verbrechen wurden Schwurgerichte eingerichtet; die Geschworenen entschieden über die Frage der Schuld, die Berufsrichter über die Höhe der Strafe. Bei der Entscheidungsfindung waren die Geschworenen allein ihrer *„intime conviction"* überlassen, sämtliche Beweisregeln waren abgeschafft.

Aus Italien machte *Beccaria* (1738–1794) die Reformgedanken insbesondere *Voltaires* mit seinem grundlegenden Werk „Dei delitti e delle pene"[100] zum geistigen

---

[95] *Eb. Schmidt,* Einführung in die Geschichte der deutschen Strafrechtspflege, 3. Aufl. 1964, 268.

[96] Eine Folge der Naturrechtslehre des 17. Jahrhunderts war zunächst die Säkularisierung und Rationalisierung des strafrechtlichen Denkens. Nun wird als Quelle die menschliche Vernunft selbst anerkannt. In Deutschland wird die Lehre von der Vernunft erstmals von *Christian Thomasius* (1655–1728) vertreten. Sein größtes Anliegen war der Kampf gegen die Praxis der Hexenprozesse; vgl. *Eb. Schmidt,* Einführung in die Geschichte der deutschen Strafrechtspflege, 3. Aufl. 1964, 212.

[97] Sein eigentlicher Name war *François-Marie Arouet,* bekannt wurde der Wegbereiter der Französischen Revolution (1789) unter dem Namen *Voltaire.*

[98] *Eb. Schmidt,* Einführung in die Geschichte der deutschen Strafrechtspflege, 3. Aufl. 1964, 217.

[99] Commentaire sur le livre des délits et des peines, Œuvres complètes, Ausgabe 1878, Bd. 25, S. 576; deutsche Übersetzung auch bei *Deppenkemper,* Beweiswürdigung als Mittel prozessualer Wahrheitserkenntnis, 2004, 195.

[100] *Cesare Beccaria,* Von den Verbrechen und von den Strafen, 1764.

Gemeingut in ganz Europa.[101] Er sah die Rechtfertigung und zugleich die Grenzen des staatlichen Strafens im Gesellschaftsvertrag. Für den Strafprozess verwarf er die Folter, weil sie kein taugliches Mittel zur Ermittlung der Wahrheit sei: *Beccaria* wollte den Bürger vor dem Missbrauch staatlicher Macht und vor Willkür der Behörden schützen.

In Deutschland kam eine Reform des Strafprozesses aufgrund der Zersplitterung des Reichs unterschiedlich schnell in Gang. Als erster Landesherr setzte der preußische König *Friedrich II.*[102] (gen. *Friedrich der Große* oder *der Alte Fritz,* 1712–1786) einige der Ideen von *Montesquieu* und *Voltaire* auf seinem Gebiet um. In weiten Teilen Deutschlands bildete allerdings die Carolina bis ins 19. Jahrhundert die Grundlage des Strafrechts (Braunschweig bis 1840).[103] *Friedrich II.* beseitigte zunächst die Folter (1756[104]). Im Jahre 1780 gab *Friedrich II.* den Auftrag zur Entwicklung eines „Allgemeinen Landrechts für Preußen", mit dem alle damals erdenklichen Rechtsfragen im Sinne des von *Friedrich II.* geprägten aufgeklärten Absolutismus geregelt wurden.[105]

Die Abschaffung der Folter machte einen Ersatz nötig, der auch gefunden wurde: Die Verurteilung auf der Grundlage von Indizien[106] und damit verbunden die vermehrte Anwendung der „poena extraordinaria" oder Verdachtsstrafe.[107] Nach *Mittermaier*[108] sollten die Richter überall, wo sie

„einen hohen Grad der Wahrscheinlichkeit der Schuld begründet finden, sie befugt seyn sollen, gegen den Verdächtigen eine außerordentliche Strafe auszusprechen."

Zunächst galten im *Beweisrecht* jedoch die mathematisch-strengen Beweisregeln fort,[109] die aus der Carolina entwickelt worden waren. Damit sollte der befürchteten Willkür des Richters Einhalt geboten werden. Die mathematische „Sicherheit" der positivistischen Beweislehre, bei der es auf Viertels- und Achtelsbeweise ankam, die gegeneinander aufgerechnet und addiert wurden, entsprach dem logischen Denken der Aufklärung.[110] Die nahezu uneingeschränkte Macht des Richters, der sowohl die Anklagebehörde als auch das Gericht repräsentierte, führte dazu, dass der Angeklagte immer stärker seines Rechtsschutzes beraubt wurde.[111]

---

[101] *Eb. Schmidt,* Einführung in die Geschichte der deutschen Strafrechtspflege, 3. Aufl. 1964, 217.

[102] Seit 1740 König in Preußen und seit 1772 König von ganz Preußen.

[103] *Eb. Schmidt,* Einführung in die Geschichte der deutschen Strafrechtspflege, 3. Aufl. 1964, 267.

[104] *Friedrich der Große* schaffte die Folter über eine Reihe von Kabinettsordern ab, die deren Gebrauch zunächst erheblich einschränkten und schließlich insgesamt verboten, vgl. *Eb. Schmidt,* Einführung in die Geschichte der deutschen Strafrechtspflege, 3. Aufl. 1964, 269 (270).

[105] *Eb. Schmidt,* Einführung in die Geschichte der deutschen Strafrechtspflege, 3. Aufl. 1964, 251f.

[106] Aufgrund von Indizien konnte nicht zu einer Todesstrafe verurteilt werden.

[107] *Deppenkemper,* Beweiswürdigung als Mittel prozessualer Wahrheitserkenntnis, 2004, 186.

[108] *Mittermaier* Die Lehre vom Beweise im deutschen Strafprozesse, 1834, S. 492.

[109] In Frankreich hingegen wurden mit der Revolution nicht nur die Folter, sondern auch das System der gesetzlichen Beweisregeln endgültig abgeschafft.

[110] *Deppenkemper,* Beweiswürdigung als Mittel prozessualer Wahrheitserkenntnis, 2004, 193.

[111] Vgl. zu alledem *Eb. Schmidt,* Einführung in die Geschichte der deutschen Strafrechtspflege, 3. Aufl. 1964, 222f.

V. Die negative Beweistheorie der Badischen StPO

Im Laufe des 19. Jahrhunderts setzte sich – auch unter dem Einfluss *Kants* (1724–1804)[112] – nach und nach die Erkenntnis durch, dass eine Garantie für die Wahrheit der Überzeugung allein deren Begründung auf einen nachvollziehbaren rational-logischen Entscheidungsvorgang bietet. Die Beteiligung von Laien als Schöffenrichter fand dabei Einzug in die Strafgerichtsbarkeit.[113] Zugleich stellte man fest, dass man die objektive Wahrheit weder aufgrund eines Geständnisses noch aufgrund zweier Tatzeugen herausfinden könne, noch durch zwanzig Zeugen. Erreichbar sei nur die *subjektive Gewissheit,* die mehr oder weniger auf Wahrscheinlichkeitseinschätzungen beruht, auch im Falle eines Geständnisses. Weitere Reformideen dieser Zeit waren: Die Einrichtung einer speziellen Anklagebehörde, das Mündlichkeitsprinzip und das Öffentlichkeitsprinzip.

Zunächst war in den Überlegungen der Reformer die Zubilligung der *freien Beweiswürdigung* – wie schon in Frankreich – unlösbar mit der Einführung von *Geschworenengerichten* verknüpft, da man nur den Geschworenen – nicht aber den Rechtsgelehrten und beamteten Richtern – eine ungebundene Überzeugungsbildung zutraute.[114] Diese Ansicht geht auf die Ausführungen *Beccarias* zurück, der glaubte, dass der einfache Menschenverstand seltener fehl gehe, als der Intellekt eines Richters, der daran gewöhnt sei, Schuldige finden zu wollen und alles unter ein künstliches, durch seine Studien gewonnenes System zu unterzuordnen.[115] In Frankreich wurden die Geschworenen gemäß Art. 342 des Code d'instruction criminelle (1808) dazu ermahnt, sich nur von ihrer inneren Überzeugung leiten zu lassen.

In Deutschland wurden die Geschworenengerichte sehr kritisch betrachtet. Im Gegensatz zu Frankreich, wo die Revolution zur Übernahme der Macht durch das Volk geführt hatte, so dass es nahelag, auch die „Machtposition" des Richters mit Laien aus dem Volk zu besetzen,[116] hatte in Deutschland bisher keine Revolution stattgefunden, der Gedanke der Demokratie hatte sich noch nicht durchgesetzt. Auch viele deutsche Strafjuristen – unter ihnen *Feuerbach*[117] und *Mittermaier*[118] – standen der Einführung von Geschworenengerichten ablehnend gegenüber[119] und auch die freie Beweiswürdigung der Richter wurde kritisch betrachtet. Man fürchtete irrationale „Orakelentscheidungen" der Geschworenen. *Feuerbach* führte aus:[120]

---

[112] *Kant,* Die Methaphysik der Sitten, 1797.

[113] *Deppenkemper,* Beweiswürdigung als Mittel prozessualer Wahrheitserkenntnis, 2004, 206.

[114] *Eb. Schmidt,* Einführung in die Geschichte der deutschen Straf*rechtspflege,* 3. Aufl. 1964, 329.

[115] *Beccaria,* Dei delitti e delle pene, 1764, Kap. VII.

[116] *Deppenkemper,* Beweiswürdigung als Mittel prozessualer Wahrheitserkenntnis, 2004, 214 (215); *Ignor,* Geschichte des Strafprozesses in Deutschland 1532–1846, 2002, S. 249f.

[117] *Feuerbach,* Betrachtungen über das Geschworenen-Gericht, 1813, 47.

[118] *Mittermaier,* Die Mündlichkeit, das Anklageprinzip, die Öffentlichkeit und das Geschworenengericht in ihrer Durchführung in den verschiedenen Gesetzgebungen, 1845, 27, 367.

[119] So zB *Biener, v. Savigny, Stahl. Mittermaier* änderte im Lauf der Zeit seine Einstellung und befürwortete schließlich die Schwurgerichte; vgl. *Eb. Schmidt,* Einführung in die Geschichte der deutschen Strafrechtspflege, 3. Aufl. 1964, 335.

[120] *Feuerbach,* Über die Gerichtsverfassung und das gerichtliche Verfahren Frankreichs, in besonderer Beziehung auf die Oeffentlichkeit und Mündlichkeit der Gerichtspflege, 1825, 403.

„Wo die in die äussere Form eines Urtheils eingekleidete Versicherung ‚wir sind von der Schuld überzeugt' statt allen rechtlichen Beweises an und für sich allein schon als die förmliche juridische Gewissheit gilt: da ist – wenn [...] das Gericht, um einen Verdächtigen durch den Blitz des Strafurtheils niederzuwerfen, mehr nicht bedarf, als mit anderen Worten zu sagen: er verdient es, weil wir gewissenhaft dafür halten, er habe es verschuldet, und wir sind dessen überzeugt, weil wir eben überzeugt sind: – da ist soweit solche Einrichtung reicht, nichts anderes zu finden als die Justiz der W i l l k ü r"

Diese Kritik führte in Deutschland zur Entwicklung der *negativen Beweistheorie,* nach der der Richter die Beweisaufnahme nach den gesetzlichen Beweisregeln vornehmen und das Ergebnis anschließend anhand seiner inneren Überzeugung auf die Probe stellen soll[121]. *Mittermaier* beschreibt die negative Beweistheorie so, dass der Gesetzgeber[122]

„kurze Beweisvorschriften [gibt], die mehr allgemeine Grundzüge enthalten, erklärt aber zugleich, dass die Richter nicht verbunden sind, auf den Grund irgend eines Beweismittels zu verurtheilen, wenn sie nicht zugleich vollständig überzeugt, dass der Angeklagte schuldig ist. Es reicht also die gesetzliche Gewissheit nach den Beweisregeln nicht hin, wenn nicht auch die innere Überzeugung der Richter dazu kömmt; aber die bloße innere Überzeugung genügt nicht wenn nicht zugleich durch ein, im Gesetz als genügend erklärtes Beweismittel die Schuld hergestellt ist."

Als erstes reformiertes Gesetz, in das die negative Beweistheorie Einzug hielt, wurde 1845 die *Badische Strafprozessordnung* erstellt, die ein öffentliches und mündliches Anklageverfahren *ohne Geschworenengerichte* vorsah. Sie diente vielen späteren Gesetzen als Vorbild (das Gesetz trat nie in Kraft, da die Revolution von 1848 dazwischen kam). In der Badischen Prozessordnung wirkte über die Beweisregeln jedoch auch der Geist der Carolina fort:[123] Mindestvoraussetzung für eine Verurteilung nach einer durch Zeugen bekundeten Anschuldigung blieb das Geständnis des Angeklagten, oder dass zwei beeidigte Zeugen von seiner Tat aus eigener Wahrnehmung berichteten. Selbst dann durfte aber der Richter nur verurteilen, wenn er von der Schuld des Angeklagten persönlich überzeugt war.

---

[121] *Deppenkemper,* Beweiswürdigung als Mittel prozessualer Wahrheitserkenntnis, 2004, 196f.
[122] *Mittermaier,* Die Lehre vom Beweise im deutschen Strafprozesse, 1834, 83.
[123] *Ignor,* Geschichte des Strafprozesses in Deutschland 1532–1846, 2002, 251.

VI. Die freie Beweiswürdigung

Savigny, seinerzeit preußischer Justizminister, machte in seiner 1846 erschienenen Denkschrift[124] den Vorschlag, die freie Beweiswürdigung in das preußische Strafprozessrecht einzuführen. Alle gesetzlichen Versuche, mit Hilfe von Beweisregeln zu gerechten Urteilen zu kommen, seien gescheitert. Der Richter habe sich nach den *allgemeinen Denkgesetzen,* der *Erfahrung,* der *Menschenkenntnis* sowie den *Ergebnissen der Wissenschaften* zu richten. Gewährleistet werden könne dieses durch das *Erfordernis der Entscheidungsgründe* sowie der *Rechtsmittel.*

Als erstes Gesetz folgte *1846* das *„preußische Gesetz, betreffend das Verfahren in den bei dem Kammergericht und dem Kriminalgericht zu Berlin führenden Untersuchungen"* den Ausführungen *Savignys* und vollzog eine Abkehr von jeder Beweistheorie.[125] Zugleich hatte sich die Verbindung der Idee der freien Beweiswürdigung mit den Geschworenengerichten gelockert, die subjektive Überzeugungsbildung wurde auch dem verbeamteten Richter zugebilligt. Ein Jahr nach Fertigstellung der badischen StPO erklärte in Preußen das Gesetz vom 17. Juli 1846 die betreffenden Vorschriften der Criminalordnung von 1805 für abgeschafft und bestimmte:

> *„Der erkennende Richter hat fortan unter genauer Prüfung aller Beweise für die Anklage und Vertheidigung nach seiner* freien, aus dem Inbegriffe der von ihm erfolgten Verhandlungen geschöpften Überzeugung *zu entscheiden: ob der Angeklagte schuldig oder nicht schuldig sei. Er ist aber verpflichtet, die Gründe, welche ihn dabei geleitet haben, in dem Urtheile anzugeben."*

Nur zwei Jahre später, brachte die Märzrevolution den Sieg des bürgerlichen Liberalismus, und die Grundrechte des deutschen Volkes wurden von der Frankfurter Nationalversammlung am 21. Dezember 1848 proklamiert. Darin wurden die Öffentlichkeit und Mündlichkeit des Gerichtsverfahrens festgeschrieben. Für Strafsachen wurde der Anklageprozess im Grundgesetz verankert.[126]

Im Anschluss daran schufen die meisten Landesgesetzgebungen Strafprozessordnungen nach diesem Vorbild. Aus den Geschworenen und den rechtsgelehrten Richtern wurde schließlich ein einheitlicher Gerichtskörper gebildet, der gemeinsam über die Schuld des Angeklagten zu befinden hatte.

---

[124] *V. Savigny* GA 6 1858, 479ff.

[125] Erst mit *v. Savigny* kam es in Preußen auch zu der Abkehr vom geheimen schriftlichen Inquisitionsprozess und zur Berücksichtigung der Mündlichkeit und des akkusatorischen Prinzips unter Einrichtung einer neutralen Staatsanwaltschaft als „Wächter des Gesetzes", vgl. *Eb. Schmidt,* Einführung in die Geschichte der deutschen Strafrechtspflege, 3. Aufl. 1964, 330 (331).

[126] *Eb. Schmidt,* Einführung in die Geschichte der deutschen Strafrechtspflege, 3. Aufl. 1964, 335 (336).

VII. Die Rechtsstrafprozessordnung

In der zweiten Hälfte des 19. Jahrhunderts wurde der Ruf nach einem einheitlichen deutschen Rechtssystem laut. Nach drei Entwürfen[127] und drei Beratungen im Plenum des Reichtags wurde am *1. Februar 1877* die *„Reichsstrafprozessordnung"* verkündet, die am 1.10.1879 in Kraft trat. Sie gilt in ihren Grundlagen bis heute fort.

Danach sollten künftig die erkennenden Richter allein die angeklagte Tat zum Gegenstand von Verhandlung und Urteil machen und nicht darüber hinaus ermitteln (Anklageprinzip). Bei der Beweiswürdigung sollten sie nur das berücksichtigen dürfen, was in der Hauptverhandlung zur Sprache kommt (Mündlichkeitsprinzip, Unmittelbarkeitsprinzip). Die Beweiserhebung in der Hauptverhandlung sollte öffentlich sein (Öffentlichkeitsprinzip). Zuletzt sollten die Verfahrensbeteiligten an der Hauptverhandlung teilnehmen und an der Wahrheitsfindung mitwirken dürfen. Zur freien richterlichen Beweiswürdigung bestimmte § 260 der Reichsstrafprozessordnung:

Über das Ergebnis der Beweisaufnahme entscheidet das Gericht nach seiner freien, aus dem Inbegriffe der Verhandlung geschöpften Überzeugung.

Zugleich wurde dem Richter mit § 266 RStPO eine Begründungspflicht auferlegt: Die Tatsachen, auf denen das Urteil fußte, sollten in den Urteilsgründen dargestellt werden. Das Wesen der freien Beweiswürdigung wurde dahingehend definiert, dass der Richter bei der Bewertung der Beweismittel und der Suche nach der „forensischen Wahrheit"[128] nicht an *Beweisregeln* gebunden sei.[129] Als Beweisregeln wurden dabei nur solche gesetzlichen Vorschriften betrachtet, die eine Aussage über die Wirkung der Beweise treffen, indem z. B. vorgeschrieben würde, unter welchen Voraussetzungen eine Tatsache als bewiesen oder nicht bewiesen anzusehen sei.

Der Richter muss seitdem jeweils zu einer persönlichen Überzeugungsbildung hinsichtlich des Werts der gesamten Beweismittel gelangen. Er muss seiner Überzeugung gleichwohl ein rational nachvollziehbares Faktengerüst zugrunde legen, das auf der Grundlage einer einsichtigen Würdigung aller Beweismittel objektiv eine hohe Wahrscheinlichkeit der Richtigkeit der vom Richter getroffenen Feststellungen begründet.[130] Eine Beweiswürdigung ist deshalb rechtsfehlerhaft, wenn sie schon von einem rechtlich unzutreffenden Ansatz ausgeht, zB hinsichtlich des Umfangs und der Bedeutung des Zweifelssatzes (in dubio pro reo), wenn sie lückenhaft ist, namentlich wesentliche Feststellungen nicht erörtert, wenn sie widersprüchlich oder unklar ist, gegen Gesetz der Logik oder gesicherte Erfahrungssätze

---

[127] *Eb. Schmidt,* Einführung in die Geschichte der deutschen Strafrechtspflege, 3. Aufl. 1964, 343.

[128] *Meyer-Goßner* in Meyer-Goßner/Schmitt, 60. Aufl. 2017, StPO § 261, Rn. 1.

[129] RGSt 20, 321; BGHSt 29, 18 = NJW 1979, 2318; BGHSt 39, 291 (295) = NJW 1993, 3081; BGH StV 1988, 239; NJW 1982, 2882.

[130] BGHSt 42, 65 = StV 1996, 479; BGHR StPO § 261 Identifizierung 6; Vermutung 11; BGH NStZ 1992, 48; 1997, 376 (377); BGH NStZ-RR 1996, 202; 1997, 42; BGH StV 1990, 533; 1991, 452; 1999, 136; BGH HRRS 2017, 928.

oder wissenschaftliche Erkenntnisse verstößt oder wenn an die zur Verurteilung erforderliche Gewissheit überspannte Anforderungen gestellt werden (stRspr).[131]

Allein der innere Prozess der Überzeugungsbildung des Gerichts unterliegt dabei im Grundsatz keinen Regeln, denn die Abschaffung von Beweisregeln bedeutete gerade, dass seitdem nicht mehr vorgeschrieben werden darf, unter welchen Voraussetzungen eine bestimmte Schlussfolgerung gezogen werden muss oder darf.[132]

Wie oben im Exkurs zu den Beweisregeln und zur Indizienlehre der Carolina aufgezeigt, haben sich einige der damals angenommenen Kriterien für die Erforschung der Wahrheit mit Hilfe von Beweisregeln heute wieder durchgesetzt. Nach und nach wurden sie von der Rechtsprechung als besondere Anforderungen auch an die innere Überzeugungsbildung des Tatgerichts in das aktuelle Prozessrecht eingeführt. Letztlich handelt es sich dabei um echte – wenn auch nicht starre – „Beweisregeln“, die vorgeben, wann eine Tatsache als bewiesen gilt, etwa für den Fall, dass die Aussage des einzigen Belastungszeugen sich in anderen Punkten als unwahr erwiesen hat.

Diese Abkehr der Rechtsprechung von der absoluten Freiheit der richterlichen Beweiswürdigung ist begrüßenswert und Ausfluss der Garantie eines fairen und rechtsstaatlichen Verfahrens, denn dort, wo kein rechtsgenügender Beweis gefunden werden kann, darf nicht allein die subjektive, auf der Grundlage willkürlicher persönlicher oder emotionaler Kriterien gebildete Überzeugung des Gerichts Grundlage einer Verurteilung sein.

---

[131] RGSt 19, 55 (59); 32, 165 (177); 41, 78 (79); BGHSt 3, 213 (215) = NJW 1952, 1386; BGHSt 6, 70 (72) = NJW 1954, 1336; BGHSt 5, 34ff. = NJW 1954, 83; BGHSt 10, 208 (211) = NJW 1957, 1039; BGHSt 41, 206 (214, 215) = NJW 1995, 2930;BGH StV 1985, 356; BGH MDR 1989, 371; BGHR StPO § 261 Einlassung 5; NStZ 1988, 236; 1990, 25; 1999, 153; 1999, 205; NStZ-RR 1998, 275; 2000, 171; 2008, 350; StraFo 2012, 466; HRRS 2013, Nr. 923.

[132] BGHSt 10, 208 (210) = NJW 1957, 1039.

KARL-HEINZ PIEPER

Biografische Annäherung an die Anfangszeit des 2. Strafsenats

Ein Erster Justizhauptwachtmeister steuert einen Beitrag zur Festschrift für einen ehemaligen Vorsitzenden Richter am Bundesgerichtshof bei – das mag auf den ersten Blick verwundern. Geht das denn, könnte man sich fragen, so ganz ohne höhere juristische Weihen? Ich denke, es geht, denn ich will hier keine Rechtsprobleme lösen, sondern einem anderen Ansatz folgen. Seit 43 Jahren bin ich am Bundesgerichtshof als Justizwachtmeister tätig. An diesem nicht ganz gewöhnlichen Arbeitsplatz habe ich nicht nur viel erlebt, sondern neben meiner Tätigkeit als Wachtmeister auch immer gerne nach rechts und links geschaut, auf die Geschichte des Gerichts und auf seine Gebäude. Aus diesen Seitenblicken sind bereits einige Veröffentlichungen hervorgegangen[1] und so wage ich mich an diese Zeilen zu Ehren von *Thomas Fischer,* den ich kenne, seit er Anfang der 1990er-Jahre als wissenschaftlicher Mitarbeiter an den Bundesgerichtshof abgeordnet war und dessen Hauptverhandlungen ich oft miterleben durfte.[2] Wäre das nicht Grund genug für den Beitrag, so möchte ich an dieser Stelle eine unabweisbare Gemeinsamkeit zwischen *Jubilar* und *Autor* nicht vorenthalten: Beide haben wir an einem Mittwoch das Licht der Welt erblickt – genauer gesagt am Mittwoch, den 29.4.1953.

Ein Sonntagskind ist hingegen der Bundesgerichtshof: Am Sonntag, den 1.10.1950 wurde er errichtet; eine Woche später, am Sonntag, den 8.10.1950, fand die offizielle Eröffnungsfeier in Anwesenheit von Bundespräsident *Theodor Heuss* statt.[3] Diese Anfangszeit möchte ich im Folgenden näher beleuchten, wobei das besondere Interesse zwei frühen Protagonisten des 2. Strafsenats gilt, des Senats, dem der *Jubilar* seit dem 1.7.2000 angehörte, zuletzt als Vorsitzender.

---

[1] Siehe etwa *Pieper,* Geschichte der Villa Reiss 1886–1997, 1997; *Pieper,* Palais im Park, vom Erbgroßherzoglichen Palais zum Bundesgerichtshof in Karlsruhe, 1999.

[2] Im Anschluss an Hauptverhandlungen stand *Fischer* – was keineswegs selbstverständlich ist – Besuchergruppen gerne für Fragen zur Verfügung. In diesen Fragerunden war er offen und ungezwungen, nie abgehoben. Immer wieder ermunterte er seine Zuhörer zum kritischen Denken. Auf die Frage, wie er sein enormes Arbeitspensum bewältige, antwortete er einmal: „Immer früh aufstehen und eine Kanne mit grünem Tee in Reichweite haben."

[3] Ohne Verfasser, Neue juristische Wochenschrift 3 (1950), 816.

I. *Schwieriger Anfang*

Das Grundgesetz sah in seiner ursprünglichen Fassung ein „Oberstes Bundesgericht“[4] und fünf „obere Bundesgerichte“[5] vor, wobei das Oberste Bundesgericht in den Fällen entscheiden sollte, deren Entscheidung für die Einheitlichkeit der Rechtsprechung der oberen Bundesgerichte von grundsätzlicher Bedeutung ist.[6] Als erste beide obere Gerichtshöfe nahmen im Oktober 1950 der Bundesgerichtshof[7] und der Bundesfinanzhof[8] ihre Tätigkeit auf; die Errichtung der drei übrigen oberen Gerichtshöfe folgte 1953 und 1954[9].

Die Anfangsjahre des Bundesgerichtshofs waren schwierig. Ursprünglich sah der Stellenplan 54 Stellen für richterliche Beschäftigte vor: den Chefpräsidenten, acht Senatspräsidenten und 45 Bundesrichter.[10] Die tatsächliche Besetzung der Stellen erfolgte indes erst nach und nach: Bei Eröffnung des Gerichts waren neben dem ersten Präsidenten *Hermann Weinkauff*[11] erst zwei Senatspräsidenten und neun Bundesrichter ernannt.[12] Bis Ende 1950 waren immerhin 42 Richter in Karlsruhe eingetroffen.[13] Angesichts des Arbeitsanfalls – allein in Strafsachen hatte der Bundesgerichtshof 79 umfangreiche Revisionsverfahren vom Obersten Gerichtshof für die Britische Zone übernommen – zeigte sich alsbald, dass die personelle Ausstattung zu knapp bemessen war. Anfang 1951 wurde die Anzahl der Richterstellen um zehn erhöht.[14]

Von den 42 Richtern, die im Gründungsjahr 1950 ihren Dienst am Bundesgerichtshof antraten, hatten 14 – genau ein Drittel – zum Jahresende 1950 bereits das 60. Lebensjahr vollendet, fünf davon sogar das 70. Lebensjahr – ein Umstand, der sich sowohl auf den Krankenstand als auch auf die personelle Fluktuation auswirkte. Eine 2005 veröffentlichte Auswertung der Personalakten von gut zwei Dritteln der Richter, die von Oktober 1950 bis Juni 1953 zu Bundesrichtern ernannt wurden, hat ergeben, dass rund 39 Prozent von ihnen der NSDAP angehört hatten. 13 Prozent der untersuchten Gruppe waren Richter, die in der NS-Zeit aus rassisti-

---

[4] Art. 95 Abs. 1 GG aF. Das hier vorgesehene „Oberste Bundesgericht“ wurde nie errichtet. Die betreffende Regelung wurde mit dem 16. Änderungsgesetz zum Grundgesetz vom 18.6.1968 mit Wirkung vom 23.6.1968 aus der Verfassung entfernt. Gleichzeitig wurden die fünf „oberen Gerichthöfe“ zu „obersten Gerichthöfen“ erhoben, vgl. BGBl. 1968 I 657.

[5] Art. 96 Abs. 1 GG aF.

[6] Art. 95 Abs. 2 GG aF.

[7] http://www.bundesgerichtshof.de/DE/DasGericht/dasGericht_node.html (aufgerufen am 2.1.2018).

[8] https://www.bundesfinanzhof.de/content/geschichte-und-gebäude?tid=76 (aufgerufen am 2.1.2018).

[9] Das Bundesverwaltungsgericht wurde am 8.6.1953 feierlich eröffnet, des Bundesarbeitsgericht am 10.5.1954 und das Bundessozialgericht am 11.9.1954, vgl. *Jachmann* in Maunz/Dürig, Grundgesetz, Lieferung 63, Oktober 2011, Art. 95, Rn. 68, 70, 71.

[10] *Johannsen,* Schleswig-Holsteinische Anzeigen, Teil A, 198 (1951), 133 (135).

[11] *Hermann Weinkauff* (1894–1981), hierzu: *Herbe:* Hermann Weinkauff (1894–1981), der erste Präsident des Bundesgerichtshofs, 2008; *Bernreuther* FS 200 Jahre Appellationsgericht/Oberlandesgericht Bamberg, 2009, 197.

[12] *Johannsen,* Schleswig-Holsteinische Anzeigen, Teil A, 198 (1951), 133 (135).

[13] *D. Fischer* Juristenzeitung 65 (2010), 1077 (1087).

[14] *Johannsen,* Schleswig-Holsteinische Anzeigen, Teil A, 198 (1951), 133 (135).

schen Gründen verfolgt worden waren,[15] was insofern bemerkenswert erscheint, als diese durch die Jahre der Verfolgung über weniger Berufspraxis verfügt haben dürften.

Die Richter übten ihre Rechtsprechungstätigkeit anfangs in fünf Zivilsenaten und vier Strafsenaten aus.[16] Den Senaten standen fünf Sitzungssäle im Erbgroßherzoglichen Palais zur Verfügung.[17] Sitzungstage waren Montag bis Samstag. Aufgrund unzureichender räumlicher Kapazitäten hatte in den Anfangsjahren nicht jeder Richter ein eigenes Arbeitszimmer am Gericht; viele Richter arbeiteten daher vorwiegend zu Hause.[18] Immerhin dürfte sich im dritten Quartal 1951 die Literaturversorgung auf dem Gebiet des Strafrechts merklich verbessert haben, als die umfangreiche Bibliothek des emeritierten Göttinger Strafrechtsprofessors Robert von Hippel[19] erworben und in die Bibliothek des Bundesgerichtshofs integriert wurde.[20]

Wer waren nun die Richter der ersten Stunde im 2. Strafsenat? Ein Blick in den ersten veröffentlichten Geschäftsverteilungsplan des Bundesgerichtshofs[21] ist unergiebig: Dort ist nur die sachliche Zuständigkeit der Senate angegeben, nicht hingegen ihre personelle Besetzung. Auch die intern überlieferten Geschäftsverteilungspläne geben erst ab dem Jahr 1953 Auskunft über die Besetzung der Senate. Die frühen Entscheidungen mit „2 StR"Aktenzeichen-[22] – die erste datiert vom 21.11.1950 und hat einen versuchten Mord zum Gegenstand – lassen zunächst keinen klar umrissenen Personenkreis erkennen.[23] Überschaubar wird es ab Mitte Februar des Folgejahres; nun ist aus den Entscheidungen ersichtlich, dass dem 2. Strafsenat im Jahr 1951 die Bundesrichter *Wilhelm Dotterweich,*[24] *Anton Henneka,*[25] *Carl*

---

[15] *Godau-Schüttke,* Der Bundesgerichtshof, Justiz in Deutschland, 2005, 288 (289).

[16] *Möhring,* Neue juristische Wochenschrift 3 (1950), 885; Bundesanzeiger 1951, Nr. 30, S. 6.

[17] *Kufferath-Lampl* in Bundesministerium für Verkehr, Bau- und Wohnungswesen (Hrsg.), Der Bundesgerichtshof in Karlsruhe, das Gericht und seine Gebäude, 2005, 37 (49).

[18] *Johannsen,* Schleswig-Holsteinische Anzeigen, Teil A, 198 (1951), 133 (135).

[19] *Robert von Hippel* (1866–1951), hierzu: *Dölling* in Fritz Loos, Rechtswissenschaft in Göttingen, Göttinger Juristen aus 250 Jahren, 1987, 413.

[20] Für diesen Hinweis danke ich Frau Bibliotheksoberrätin *Helgrid Söder.*

[21] Bundesanzeiger 1951, Nr. 30, S. 6.

[22] In den frühen strafrechtlichen Entscheidungen wird der erkennende Spruchkörper nur mit „der Strafsenat des Bundesgerichtshofes" bezeichnet, jedoch können die Entscheidungen anhand des ersten Elements im Aktenzeichen einem bestimmten Senat zugeordnet werden. Die erste Entscheidung, die im Urteilseingang den „2. Strafsenat" nennt, erging am 12.1.1951.

[23] An den 20 Entscheidungen mit „2 StR"-Aktenzeichen, die bis Mitte Februar 1951 ergingen, wirkten zwölf verschiedene Richter in wechselnden Konstellationen mit. Dies deckt sich mit den zeitgenössischen Schilderungen bei *Johannsen,* Schleswig-Holsteinische Anzeigen, Teil A, 198 (1951), 133 (135), wonach anfangs wegen vakanter Stellen regelmäßig Richter aus anderen Senaten herangezogen werden mussten, um einen Senat voll zu besetzen.

[24] *Wilhelm Dotterweich* (1898–1974), Tätigkeiten in der bayerischen Justiz, Mai 1937 NSDAP-Beitritt, 24.1.1951 Bundesrichter, 31.12.1966 Ruhestand, 27.10.1974 verstorben, hierzu: *Godau-Schüttke,* Der Bundesgerichtshof, Justiz in Deutschland, 2005, 307.

[25] *Anton Henneka* (1900–1984), Tätigkeiten in der badischen Justiz, 1944 Ablehnung einer Verwendung beim Sondergericht Mannheim und Wechsel in die Stadtverwaltung München, 1947 Landgerichtsdirektor in Konstanz, ua Vorsitz im Tillessen-Prozess, 19.12.1950 bis 31.12.1953 Bundesrichter, überschneidend dazu ab 7.9.1951 Richter des Bundesverfassungsgerichts, 20.12.1968 Ruhestand, 29.2.1984 verstorben, hierzu: Bundesverfassungsgericht (Hrsg.), Das Bundesverfassungsgericht 1951–1971, 2. Auflage, 1971, 226.

Kirchner, Friedrich Sauer[26] und *Wolfhart Werner*[27] angehörten; Senatspräsident war ab April 1951 *Dagobert Moericke.* Sein Lebensweg soll im Folgenden näher betrachtet werden, ebenso der Werdegang von *Carl Kirchner,* der in den fünf Monaten vor der Ernennung *Moerickes* vertretungsweise den Vorsitz im 2. Strafsenat führte.

II. *Carl Kirchner*

Carl Kirchner wurde am 16.1.1880 in Halle an der Saale geboren.[28] Seine juristische Ausbildung schloss er mit „ausgezeichneten Examina"[29] sowie einer zivilrechtlichen Dissertation an der Universität Leipzig[30] ab. Kirchners berufliche Laufbahn begann im sächsischen Justizdienst.[31] Im Ersten Weltkrieg diente er zuletzt als Hauptmann der Reserve. 1924 wurde er Mitglied der Deutschnationalen Volkspartei, einer rechtskonservativen, antidemokratischen Partei.[32]

Im gleichen Jahr trat Kirchner seine Tätigkeit bei der Reichsanwaltschaft beim Reichsgericht an, wo er zunächst als Hilfsarbeiter, ab 1925 als Oberstaatsanwalt und schließlich von 1928 bis 1945 als Reichsanwalt tätig war.[33] Bei der Reichsanwaltschaft war Kirchner als Leiter der Abteilung 3 der Vorgesetzte von *Wolfgang Fränkel,*[34] der später – Mitte 1962 – für vier Monate das Amt des Generalbundesanwalts innehaben sollte. *Fränkel* hatte als Mitarbeiter der Reichsanwaltschaft in Nichtigkeitsbeschwerden – einem typisch nationalsozialistischen Rechtsbehelf des Oberreichsanwalts zur Abänderung rechtskräftiger Urteile[35] – dutzendfach die Umwandlung von Freiheitsstrafen in Todesstrafen beantragt.[36] *Fränkels* Eifer dürfte *Kirchner* kaum entgangen sein.

Kirchners unmittelbare Beteiligung an nationalsozialistischem Justizunrecht ist anhand des Strafverfahrens gegen den Bautechniker *Ewald Schlitt* belegt, einem Ver-

---

[26] *Friedrich (Fritz) Sauer* (1907–1962), Tätigkeiten in der bayerischen Justiz, 1933 SA-Beitritt und Beitritt zum Bund Nationalsozialistischer deutscher Juristen, nach eigenen Angaben als Staatsanwalt an 15 bis 20 Hinrichtungen beteiligt, 1949 und 1950 Dozent für Strafrecht an der philosophisch-theologischen Hochschule Bamberg, 30.10.1950 Bundesrichter, 2.12.1962 verstorben, hierzu: *Martin,* Blutalkohol 2 (1963/1964), S. 74; *Gutfleisch,* Staatsschutzstrafrecht in der Bundesrepublik Deutschland 1951–1968,2014, 337.

[27] *Wolfhart Werner* (1903–1961), 1930 bis 1945 Rechtsanwalt in Berlin, 1.7.1949 Richter am Obersten Gerichtshof für die Britische Zone, 2.10.1950 Bundesrichter, 28.2.1961 verstorben, hierzu: *Irmen/Pöpken* in Justizministerium des Landes Nordrhein-Westfalen (Hrsg.), Verbrechen gegen die Menschlichkeit – der Oberste Gerichtshof der Britischen Zone, 2012, 180 (185).

[28] Krüger-Nieland (Hrsg.), 25 Jahre Bundesgerichtshof, 1975, 360.

[29] Ohne Verfasser, Deutsche Richterzeitung 38 (1960), 60.

[30] *Kirchner,* Die Auslobung nach dem Bürgerlichen Gesetzbuche für das Deutsche Reich, 1903.

[31] Ohne Verfasser, Deutsche Richterzeitung 38 (1960), 60.

[32] *Godau-Schüttke,* Der Bundesgerichtshof, Justiz in Deutschland, 2005,96.

[33] Ohne Verfasser, Deutsche Richterzeitung 38 (1960), 60; Krüger-Nieland (Hrsg.), 25 Jahre Bundesgerichtshof, 1975, 360.

[34] *Godau-Schüttke,* Der Bundesgerichtshof, Justiz in Deutschland, 2005, 85

[35] Die Nichtigkeitsbeschwerde wurde mit Wirkung vom 15.3.1940 eingeführt durch Artikel V der Verordnung über die Zuständigkeit der Strafgerichte, die Sondergerichte und sonstige strafverfahrensrechtliche Vorschriften vom 21.2.1940, RGBl. 1940 I 405.

[36] *Görtemaker/Safferling,* Die Akte Rosenburg, das Bundesministerium der Justiz und die NS-Zeit, 2016, 284.

fahren, das aufgrund der persönlichen Einflussnahme Hitlers auf die Justiz Bekanntheit erlangte. Die Umstände, die dem Fall zugrunde lagen, würde man heute als „häusliche Gewalt" bezeichnen: *Schlitt* hatte seine Ehefrau über längere Zeit körperlich misshandelt; durch das Martyrium geschwächt starb die Ehefrau an einer Infektionskrankheit. Das Landgericht Oldenburg verurteilte *Schlitt* daraufhin wegen schwerer Körperverletzung mit Todesfolge zu fünf Jahren Zuchthaus.[37] Als Hitler in einem Artikel der Berliner Illustrierten Nachtausgabe mit der Überschrift „Ehefrau grausam gequält" von dem Prozessverlauf und seinem Ergebnis Kenntnis bekam, rief er den Staatssekretär im Reichsjustizministerium Schlegelberger an, protestierte gegen die Milde des Urteils und verlangte dessen Abänderung.[38] Die Befehlskette funktionierte einwandfrei: Auf außerordentlichen Einspruch des Oberreichsanwalts verhandelte der Besondere Senat des Reichsgerichts den Fall schon zweieinhalb Wochen nach dem Oldenburger Urteil neu. Unter dem Vorsitz des letzten Präsidenten des Reichsgerichts *Erwin Bumke* gelangte der Senat zur Anwendbarkeit der Verordnung gegen Gewaltverbrecher[39] und verurteilte *Schlitt* zum Tode[40]. Vertreter der Anklage war Reichsanwalt *Kirchner.*[41]

Vor diesem Hintergrund erscheint sein beruflicher Werdegang nach Kriegsende schwer begreiflich: *Kirchner* übernahm die Funktion des Leiters des Obersten Spruchgerichtshofs für die Britische Zone.[42] Damit stand er an der Spitze des Revisionsgerichts, das den sechs Spruchgerichten in der Britischen Zone übergeordnet war; diese Spruchgerichte wiederum hatten zur Aufgabe, Mitglieder solcher Organisationen abzuurteilen, die im Urteil des Nürnberger Hauptkriegsverbrecherprozesses vom 1.10.1946 als verbrecherisch eingestuft worden waren, namentlich Mitglieder des NSDAP-Führerkorps, der Gestapo, des Sicherheitsdiensts des Reichsführers und der SS.[43] Artikel III Nr. 7 der Verordnung Nr. 69 der britischen

---

[37] LG Oldenburg, Urt. v. 14.3.1942 – 2 KLs 6/42, zitiert nach *Schorn,* Der Richter im Dritten Reich, Geschichte und Dokumente, 1959, 660.

[38] Schorn, Der Richter im Dritten Reich, Geschichte und Dokumente, 1959, 660.

[39] Verordnung gegen Gewaltverbrecher vom 5.12.1939, RGBl. 1939 I 2378.

[40] Reichsgericht, Urt. v. 31.3.1942 – RG BStS 3/42, BArch R 3002, Urteilssammlung Besonderer Strafsenat, zitiert nach *Broichmann,* Der außerordentliche Einspruch im Dritten Reich, 2014, 488.

[41] *Kaul,* Geschichte des Reichsgerichts, Band IV, 1971, 201; *Broichmann,* Der außerordentliche Einspruch im Dritten Reich, 2014, 488.

[42] Krüger-Nieland (Hrsg.), 25 Jahre Bundesgerichtshof, 1975, 360. – Der Oberste Spruchgerichtshof wurde am 16.6.1947 eröffnet; die erste Verhandlung fand am 23.9.1947 statt, vgl. Dienststelle des Generalinspekteurs für die Spruchgerichte in der britischen Zone (Hrsg.), Denkschrift über das Spruchgerichtsverfahren in der britischen Zone, Hamburg 1950, Teil A, S. 15. Der Oberste Spruchgerichtshof hatte seinen Sitz – anders als bei Krüger-Nieland (Hrsg.), 25 Jahre Bundesgerichtshof, 1975, 360 angegeben – nicht in Köln, sondern in Hamm, vgl. Errichtung von Spruchgerichten, Allgemeine Verfügung des Präsidenten des Zentral-Justizamts vom 1.6.1947, G J 323, Ziffer II, Zentral-Justizblatt für die Britische Zone 1947, S. 14 15.

[43] Grundlage der Spruchgerichtsverfahren waren Art. II 1d) des Kontrollratsgesetzes Nr. 10 vom 20.12.1945, Amtsblatt des Kontrollrats in Deutschland Nr. 3 vom 31.1.1946, S. 50, 51, Art. 10 des Statuts für den Internationalen Militärgerichtshof vom 8.8.1945 sowie die am 31.12.1946 in Kraft getretene Verordnung Nr. 69 der britischen Militärregierung („Prozeß gegen Angehörige verbrecherischer Organisationen"), Amtsblatt der Militärregierung Deutschland, Britisches Kontrollgebiet Nr. 16 von Anfang 1947, S. 405.

Militärregierung schloss ehemalige NSDAP-Mitglieder freilich vom Richteramt an einem Spruchgericht aus,[44] doch hatte Kirchner dieser Partei nie angehört.[45]

Der Oberste Spruchgerichtshof sollte nicht die letzte Karrierestation *Kirchners* bleiben: Bundesjustizminister *Thomas Dehler* hätte *Kirchner* gerne als Senatspräsidenten am Bundesgerichtshof gesehen. Sein entsprechender Vorschlag fand beim Richterwahlausschuss jedoch aus ungeklärten Gründen keine Mehrheit; immerhin wurde *Kirchner* im Oktober 1950 zum Bundesrichter gewählt. Die zögerliche Stellenbesetzung in der Anfangszeit des Gerichts und womöglich auch die guten Kontakte zwischen *Dehler* und Präsident *Weinkauff*[46] bescherten *Kirchner* dennoch eine privilegierte Position: Zunächst wurde er dem 2. Strafsenat als stellvertretender Senatspräsident zugewiesen. Da der Posten des Senatspräsidenten noch vakant war, leitete *Kirchner* den Senat kommissarisch. Im April 1952 – inzwischen hatte *Dagobert Moericke* sein Amt als Senatspräsident des 2. Strafsenats angetreten – wechselte *Kirchner* als stellvertretender Senatspräsident in den „führungslosen" 3. Strafsenat, in dem er wiederum de facto als Senatspräsident wirkte, bis er am 31.12.1952 in den Ruhestand trat.[47] Als Mitte der Sechzigerjahre ein Disziplinarverfahren gegen den zurückgetretenen Generalbundesanwalt *Fränkel* stattfand, wurde auch *Kirchner* als *Fränkels* früherer Vorgesetzter als Zeuge vernommen – das Verfahren unter dem Vorsitz von *Paulheinz Baldus*[48] endete mit einem Freispruch.[49] Am 2.3.1966 ist *Kirchner* verstorben.[50]

III. *Dagobert Moericke*

Erster Senatsvorsitzender des 2. Strafsenats war *Dagobert Moericke,* geboren als Sohn eines Offiziers an Silvester 1885 in Heilbronn.[51] Sein juristisches Studium absolvierte *Moericke* an den Universitäten in Freiburg im Breisgau, Paris, München und Heidelberg; 1907 und 1911 bestand er die Staatsprüfungen mit der Note „gut".[52] Bereits während seiner Referendarzeit promovierte *Moericke* an der Universität Heidelberg mit einer haftungsrechtlichen Arbeit.[53] Es folgten Tätigkeiten

---

[44] Verordnung Nr. 69 der britischen Militärregierung, Amtsblatt der Militärregierung Deutschland, Britisches Kontrollgebiet Nr. 16 von Anfang 1947, S. 405.

[45] Ohne Verfasser, Deutsche Richterzeitung 1960, 60; *Godau-Schüttke,* Der Bundesgerichtshof, Justiz in Deutschland, 2005, 94.

[46] Zum „Bamberger Kartell" siehe *Ch. Fischer* in Ch. Fischer, Höchstrichterliche Rechtsprechung in der frühen Bundesrepublik, 2015, 43, 49; *Godau-Schüttke,* Der Bundesgerichtshof, Justiz in Deutschland, 2005, 309.

[47] *Godau-Schüttke,* Der Bundesgerichtshof, Justiz in Deutschland, 2005, 97.

[48] Zu *Baldus* siehe Fußnote 71.

[49] *Görtemaker/Safferling,* Die Akte Rosenburg, das Bundesministerium der Justiz und die NS-Zeit, 2016, 285.

[50] Krüger-Nieland (Hrsg.), 25 Jahre Bundesgerichtshof, 1975, 360.

[51] Krüger-Nieland (Hrsg.), 25 Jahre Bundesgerichtshof, 1975, 354; Eintrag „Moericke, Dagobert" in Munzinger Online/Personen – Internationales Biographisches Archiv.

[52] Ohne Verfasser, Deutsche Richterzeitung 39 (1961), 27

[53] *Moericke,* Die deutschen Tumultgesetze, insbesondere das badische Gesetz, die Entschädigungspflicht der Gemeindeangehörigen wegen der bei Zusammenrottungen verübten Verbrechen betr. vom 13. Febr. 1851,1909.

im Badischen Kultusministerium und 1914 ein sechsmonatiger Aufenthalt in London, wo *Moericke* in der Kanzlei eines Barrister-at-Law mitarbeitete. Nach dem Ersten Weltkrieg, an dem er als Artillerieoffizier teilnahm, war er in Pforzheim, Konstanz und Karlsruhe als Richter bzw. Staatsanwalt tätig.[54]

Ab März 1923 war *Moericke* für gut ein Jahr als Hilfsarbeiter an die Reichsanwaltschaft abgeordnet.[55] Kennzeichnend für die politische Lage in der damals noch jungen Weimarer Republik waren neben Putschversuchen von links und rechts auch eine große Anzahl politisch motivierter Morde insbesondere durch Täter aus dem rechtsgerichteten Milieu.[56] Jedenfalls an einem Verfahren wegen eines derartigen Tötungsdelikts – dem Parchimer Fememordprozess[57] vor dem Staatsgerichtshof zum Schutze der Republik – wirkte *Moericke* auf Seiten der von Oberreichsanwalt *Ludwig Ebermayer* vertretenen Anklage mit. Unter den 13 Angeklagten waren der spätere Hitler-Sekretär *Martin Bormann* und der spätere Auschwitz-Kommandant *Rudolf Höß.*[58]

Im Jahr 1928 wurde *Moericke* als Oberstaatsanwalt an die Reichsanwaltschaft beim Reichsgericht in Leipzig berufen.[59] Die womöglich erhoffte Beförderung zum Reichsanwalt blieb ihm indes verwehrt: Seine Frau hatte eine jüdische Großmutter; der NSDAP trat er nie bei.[60] Allerdings fand er auch am Oberlandesgericht Celle, an das er 1936 versetzt wurde und wo er als Senatspräsident tätig war, einen beruflich wie gesellschaftlich befriedigenden Wirkungskreis.[61] Nach dem Ende des Zweiten Weltkriegs wurde er zum Generalstaatsanwalt in Celle ernannt; wenig später berief ihn die neu gebildete niedersächsische Landesregierung zum Staatssekretär im Justizministerium, wo er maßgeblich am Aufbau der niedersächsischen Justiz mitwirkte.[62] Ende 1950, mit Vollendung seines 65. Lebensjahrs, trat *Moericke* in den Ruhestand und beschloss, zurück in seine Heimatregion zu ziehen. Kurz darauf wurde ihm die Position eines Senatspräsidenten am Bundesgerichtshof angeboten.[63] *Moericke* sagte zu und wurde am 5.4.1951 der erste Senatspräsident des 2. Strafsenats.

---

[54] Ohne Verfasser, Deutsche Richterzeitung 39 (1961), 27.

[55] *Neumann* in Lobe, Fünfzig Jahre Reichsgericht am 1. Oktober 1929, 1929, 399, 405.

[56] *Gumbel,* Vier Jahre politischer Mord, 1922, 73, listet 376 politische Morde auf, die in der Zeit von 1919 bis Mitte 1922 ganz überwiegend von Tätern aus dem rechten Spektrum verübt und allenfalls sehr milde geahndet wurden.

[57] Staatsgerichtshof zum Schutze der Republik, Urt. v. 15.3.1924, St. R. St. 13/1924, zitiert nach *v. Lang,* Der Sekretär, Martin Bormann: der Mann, der Hitler beherrschte, 1990, 412ff. – Die Bezeichnung des Prozesses leitet sich ab vom Tatort Parchim in Mecklenburg. Der als kommunistischer Spitzel verdächtigte *Walter Kadow* war dort von einer Gruppe rechtsgerichteter Täter brutal verprügelt und anschließend getötet worden, vgl. *Gumbel,* Verräter verfallen der Feme – Opfer, Mörder, Richter 1919–1929, 1929, 188ff.

[58] *Gumbel,* Verräter verfallen der Feme-Opfer, Mörder, Richter 1919–1929, 1929, 194.

[59] Eintrag „Moericke, Dagobert" in Munzinger Online/Personen – Internationales Biographisches Archiv.

[60] *Moericke,* Erinnerungen, 1985, 26; *Hamann* FS zum 275jährigen Bestehen des Oberlandesgerichts Celle, 1986, 143 (205).

[61] *Moericke,* Erinnerungen, 1985, 26.

[62] *Moericke,* Erinnerungen, 1985, 26; Ohne Verfasser, Deutsche Richterzeitung 39 (1961), 27.

[63] *Moericke,* Erinnerungen, 1985, 26.

Da der 2. Strafsenat anfangs für Staatschutzstrafsachen zuständig war,[64] führte *Moericke* auch den Vorsitz in der Verhandlung, die in dem kontrovers diskutierten Fünf-Broschüren-Urteil vom 28.4.1952[65] mündete. Darin ging es um die Einziehung von fünf in der DDR abgesandten politischen Schriften mit Titeln wie „Den Lügenfritzen eins aufs Maul", die bei Postkontrollen in der Bundesrepublik gefunden worden waren. In der ersten Entscheidung zu dem neuen § 81 StGB[66] wertete der Senat die Broschüren auf 33 maschinenschriftlichen Seiten akribisch aus, erkannte einen „Angriffsplan der bolschewistischen Führer der SED" und gelangte zu dem Ergebnis, dass die Schriften der Vorbereitung eines hochverräterischen Unternehmens gegen die Bundesrepublik dienten. Gleichzeitig entschied sich der Senat dagegen, das – nicht als Verschlusssache eingestufte – Urteil in der Entscheidungssammlung des Gerichts zu veröffentlichen oder es auch nur im Nachschlagewerk des Bundesgerichtshofs nachzuweisen. In Verbindung mit der politischen Dimension und dem entsprechenden öffentlichen Interesse dürfte die Intransparenz nicht unwesentlich zu verbreiteten Fehldeutungen des Urteils beigetragen haben.[67]

Moericke saß bis zu seiner endgültigen Pensionierung am 31.12.1955 dem 2. Strafsenat des Bundesgerichtshofs vor und erhielt für sein bemerkenswertes richterliches Wirken das Große Verdienstkreuz der Bundesrepublik.[68] Er ist am 14.1.1961 verstorben.[69] Zeitgenossen bescheinigten ihm „die Kunst weiser Mäßigung und die Fähigkeit, Gegensätze auszugleichen."[70] Man darf annehmen, dass er nicht glücklich war, als *Paulheinz Baldus*[71] zu seinem Nachfolger im Amt des Senatspräsidenten des 2. Strafsenats bestimmt wurde, ein Mann mit unverkennbar brauner Vergangenheit.

---

[64] Vgl. etwa den Geschäftsverteilungsplan des Bundesgerichtshofs für das Jahr 1952, Bundesanzeiger 1952, Nr. 7, S. 6. Die Zuständigkeit für Staatsschutzstrafsachen ging mit Wirkung vom 1.3.1954 auf den neu gebildeten 6. Strafsenat über, vgl. Bundesanzeiger 1954, Nr. 32, S.1; Nr. 53, S. 2.

[65] BGH Urt. vom 8.41952 – StE 3/52.

[66] Eingeführt mit Art. 1 des Strafrechtsänderungsgesetzes vom 30.8.1951, BGBl. 1951 I 739.

[67] Eine knappe, gut lesbare Darstellung der juristischen Problematik und der teilweise verunglückten Rezeption des Urteils findet sich bei *Gutfleisch,* Staatsschutzstrafrecht in der Bundesrepublik Deutschland 1951–1968,2014, 218.

[68] Eintrag „Moericke, Dagobert" in Munzinger Online/Personen – Internationales Biographisches Archiv.

[69] *Moericke,* Erinnerungen, 1985, 27; Krüger-Nieland (Hrsg.), 25 Jahre Bundesgerichtshof, 1975, 354.

[70] Ohne Verfasser, Deutsche Richterzeitung 39 (1961),. 27.

[71] *Paulheinz Baldus* (1906–1971), 1933 bis 1937 Mitarbeiter in der Strafrechtsabteilung des Reichsjustizministeriums, Mai 1937 NSDAP-Beitritt (freilich nur „unter schwerem seelischen Druck und unter Überwindung starker sittlicher Hemmungen", BArch, Pers 101/39774/Personalakte BMJ/Baldus, Paulheinz, Urteil der Berufungskammer Wiesbaden vom 19.11.1946, Az. W 1838, zitiert nach *Timm,* Der Entwurf eines Strafgesetzbuches von 1962, 2016, 70), zwischen 1936 und 1939 mehrfach Mitarbeiter in Hitlers Präsidialkanzlei (vormaliges Büro des Reichspräsidenten, nicht – wie teilweise geschehen – zu verwechseln mit der Reichskanzlei oder der Kanzlei des Führers [der NSDAP]), während des Zweiten Weltkriegs Kriegsgerichtsrat, 7.5.1951 Bundesrichter, 1.1.1956 Senatspräsident, 21.6.1971 verstorben, hierzu: *Timm,* Der Entwurf eines Strafgesetzbuches von 1962, 2016, 69; *Godau-Schüttke,* Der Bundesgerichtshof, Justiz in Deutschland, 2005, 87, 88.

IV. Nachgedanken

Mein Beitrag kann kein umfassendes Bild der Anfangsjahre geben. Gleichwohl mag er einen groben Eindruck vermitteln, unter welchen Bedingungen fünf Jahre nach dem totalen Zusammenbruch der Neubeginn an der Spitze der ordentlichen Gerichtsbarkeit zu bewerkstelligen war und welchen Lebenswelten die Menschen entstammten, die hieran ihren Anteil hatten. Dass viele Täterschreibtische zwischen 1933 und 1945 in Justizgebäuden standen, ist keine neue Erkenntnis. Immer wieder sind hoch problematische personelle Kontinuitäten in der Nachkriegsjustiz aufgezeigt worden, in jüngster Zeit etwa durch das Rosenburg-Projekt. Die in diesem Beitrag dargestellten Biografien führen vor Augen, wie schwierig die Auseinandersetzung mit der Vergangenheit ist: Weder lässt die fehlende Parteizugehörigkeit zuverlässig auf Distanz zum NS-Regime schließen, noch geht mit einer Beschäftigung in der Justiz vor 1945 zwingend mangelnde Integrität einher. Hier gibt es noch viel zu erforschen.

FRANZ SALDITT

Feuerbachs Geist

Feuerbachs Geist kann man an zwei geneigten Orten erwarten – in den Räumen der Frankfurter Schule oder auf den Höhen des Krippenhofs in Baden-Baden. Soweit bekannt, ist er einmal bereits im (alten) Frankfurter Juridicum gegenwärtig geworden. Wir verdanken dem Zeitzeugen *Stolleis* einen Bericht darüber, wie der große Strafrechtslehrer dort zur Nachtzeit erschienen ist, um seinen Kollegen L. aufzusuchen.[1] *Stolleis* war, nachdem das Treffen begonnen hatte, enteilt und kann darüber deshalb Genaues nicht mitteilen. Die Lücke füllt eine nachgelassene, flüchtig getippte Niederschrift des legendären Gesprächs, über deren Urheber hier nicht spekuliert werden soll.[2] Wenn auch die Authentizität der Wiedergabe umstritten sein mag, so verdient sie doch als mögliche Quelle unser Interesse. Danach verlief der Dialog so, wie es im Folgenden unter allem Vorbehalt offengelegt wird. Wir dürfen unterstellen, daß sich *Feuerbach* und L., auf welche Weise auch immer, verabredet hatten. Deshalb wird sich vermutlich nicht jener, wohl aber dieser auf die Begegnung vorbereitet und Notizen mitgebracht haben. F. steht in der (ungesicherten) Wiedergabe für *Feuerbach,* L. für den unvergessenen Denker, mit dem er gesprochen hat.

F.: *Non sum, qui fueram,* doch freue ich mich auf unser Gespräch. Sie haben Fragen.

L.: Wir ehren, Excellenz, das Ihnen zu verdankende *nulla-poena-sine-lege*-Prinzip, auf dessen Grundlage das Gesetz nicht nur Quelle, sondern zugleich Schranke der Strafe ist. Dieses Vermächtnis bleibt unvergessen. Wenn ich heute die Gelegenheit nutze, Ihnen Fragen zu stellen, geschieht das immer mit dem großen Respekt, den wir Ihnen entgegenbringen.

F.: Nun fragen Sie doch, mein Freund, denn wir sind nicht bei Hofe, und ich bin auf protokollarische Ehren nicht mehr angewiesen.

L.: Mir liegt, Excellenz, Ihr berühmtes Lehrbuch in der 10. Auflage aus dem Jahre 1828 vor. Darin behandeln Sie das Verhör des Inquisiten. Dieser sei, so heißt es dort, „verbunden, auf alle ihm vorgelegten Fragstücke bestimmt und kategorisch

---

[1] *Stolleis* FS Lüderssen, 2002, 1ff. Der vorliegende Beitrag bezeichnet den Gesprächspartner *Feuerbachs* aus Respekt nur mit dem Anfangsbuchstaben L., zumal es nicht mehr möglich war, ihn um Zustimmung zu dieser Veröffentlichung zu bitten. *Oestmann* (Wege zur Rechtsgeschichte: Gerichtsbarkeit und Verfahren, 2015, 216) zählt die Zeit zwischen 1806 und 1871 zu den „blinden Flecken der Justizgeschichte."

[2] Bei der Würdigung der Niederschrift sollte der Leser berücksichtigen, daß *Paul Johann Anselm Feuerbach* am 14.11.1775 geboren und am 29.5.1833 verstorben ist. Eingetragen in die Adelsmatrikel wurde *Feuerbach* am 17.3.1813.

zu antworten."[3] Wenn er leugne, habe der Richter ihn zur Wahrheit zu bewegen.[4] Das soll auch durch „zweckmäßige, den Umständen und dem Charakter des Leugnenden angemessene, durch Gründe der Religion, Moral, Ehre usw. unterstützte Ermahnungen" geschehen.[5] Dürfen wir Ihre Worte so verstehen, daß Sie dem Inquisiten ein Schweigerecht nicht zugebilligt haben?

F.: Bevor ich antworte, bitte ich Sie, lieber L., mich nicht zu excellenzifizieren. Die Wissenschaft macht ebenbürtig. Was Sie aus meinem Lehrbuch vorgetragen haben, war damals allgemeine Rechtsauffassung. Bedenken Sie – erst am 7. Juli 1806, Bayern war soeben Königreich geworden, schaffte *Max Joseph* auf meinen Anlaß die Folter ab.[6] Dort konnte bis dahin das Reden mit den bekannten Instrumenten erzwungen werden.

L.: Das Edikt war nur ein halber Schritt. Sie haben, verehrter Feuerbach, Ungehorsams- und Lügenstrafen in Ihrem Entwurf, der zur Instruktion an die Gerichte geworden ist, ausdrücklich vorbehalten.

F.: Ich wußte, daß Sie daran erinnern würden. Deshalb nutze ich die Gelegenheit, um der Nachwelt mitzuteilen: Ohne den Vorbehalt hätte es die Unterschrift des Souveräns nicht gegeben. Wäre es besser gewesen, das Prinzip hochzuhalten und die Folter fortbestehen zu lassen, die in Bayern seinerzeit durchaus Übung war?[7]

L.: Manchmal wiegen die Ideen schwerer als die Tränen und das Blut.

F.: Zu meiner Freude erkenne ich in Ihnen, lieber L., einen Idealisten. *Friedrich der Große,* von manchen wegen des frühen Verbots der Folter als Idealist geschätzt, hat in seinem späteren Erlaß vom 4. August 1754 angeordnet, wie zu verfahren sei, wenn ein hochverdächtiger Inquisit sich zum Geständnis „nicht bequemen" will. In diesem Fall sollte Festungs-Arrest oder Festungsarbeit auf Lebenszeit verhängt werden.[8] Vor solchem Schicksal konnte die erzieherische Ungehorsamsstrafe des Knüppels bewahren.

L.: Erzieherisch? Hätten Sie denn das Prügeln gebilligt?

F.: Ich habe realistisch auf den Einfluß meines Lehrbuchs gesetzt und gemahnt, Ungehorsamsstrafen nur bei beharrlich verweigerter Antwort zu verabreichen –

---

[3] *Feuerbach,* Lehrbuch des gemeinen in Deutschland gültigen peinlichen Rechts, 10. Aufl. 1828, § 640, S. 415. Dieses Lehrbuch behandelte das nach dem Ende des Alten Reichs (1806) als partikulares Landesrecht fortbestehende gemeine Recht, zu dem auch noch die Carolina (1532) gehörte (§§ 3, 5 S. 2f.). Das von *Feuerbach* entworfene Bayerische Strafgesetzbuch v. 16.5.1813 ging dem gemeinen Recht vor (dazu Schmidt, Einführung in die Geschichte der deutschen Strafrechtspflege, 1947, 250ff., 268ff.).

[4] *Feuerbach,* Lehrbuch des gemeinen in Deutschland gültigen peinlichen Rechts, 10. Aufl. 1828, § 632, S. 409.

[5] *Feuerbach,* Lehrbuch des gemeinen in Deutschland gültigen peinlichen Rechts, 10. Aufl. 1828, § 632, S. 409.

[6] *Radbruch* in Kaufmann (Gerhard Haney), Gesamtausgabe, Bd. 6, 1997, 74ff., 110ff. Zu *Feuerbachs nulla-poena,* nämlich dem Strafgesetz als Quelle und Schranke, *Radbruch* in Kaufmann (Gerhard Haney), Gesamtausgabe, Bd. 6, 1997,S. 85, 86, 123.

[7] Bei Radbruch in Kaufmann (Gerhard Haney), Gesamtausgabe, Bd. 6, 1997, 74, 110, wird darauf hingewiesen, daß noch im Jahre 1805 während eines Zeitraums von 14 Tagen in einer einzigen bayerischen Stadt 5 bis 7 Personen der Folter unterworfen worden sind.

[8] *Morschel,* Der Kampf um die Abschaffung der Folter, 1926, 37ff.

also in Ihrer Sprache bei hartnäckigem Schweigen und bei gesetzwidrigem Betragen des Angeschuldigten. Die Praxis wäre sonst doch wieder, wenngleich unter anderem Namen, Folter geworden.[9] Nicht nur das – zugleich habe ich vor der Territion gewarnt, nämlich vor einer furchterregenden scheinbaren Vorbereitung der Folter. Dies verdammte ich explizit als Betrug und somit als ein des Richteramtes unwürdiges Mittel der Wahrheitserforschung.[10]

L.: Sollte der Richter geschont werden oder der Inquisit?

F.: Die Frage verrät Scharfsinn. Meine Sorge galt dem Inquisiten. Die richterliche Würde habe ich in das Argument aufgenommen, um Einfluß auf die Praxis auszuüben.

L.: Haben die Juristen Ihren Text verstehen können?

F.: Sie mußten, wie hoffentlich Juristen auch noch heute, mein Lehrbuch als Gesamtwerk lesen. An einer anderen, hervorgehobenen Stelle formuliere ich eindringlich, der Richter müsse sich in und außer den Verhören „aller solchen Mittel zur Erlangung eines Geständnisses ... enthalten", welche „die Glaubwürdigkeit desselben aufheben oder schwächen" würden.[11] Das, meine ich, war unter den gegebenen Umständen deutlich genug. Auch die Richter Ihrer Generation wären wohlberaten, sich an mein *Caveat* zu erinnern. Mit der Bitte um Nachsicht zitiere ich mich selbst: Läßt sich der Angeschuldigte auf ein Geständnis ein, „so ist (er) nicht zu unterbrechen, sondern alles ist genau zum Protokoll zu verzeichnen, und der Angeschuldigte (ist) nur zur Ergänzung der Lücke, zur Aufklärung der Dunkelheiten, zur näheren Bestimmung des zu allgemein Erzählten ... anzuhalten."[12] Wenn dieser klare Hinweis beachtet, das Protokoll getreulich geführt und jede Einwirkung beurkundet wird, was damals für den Richter verbindlich war, dann sind wir vor jeglicher Form „unwürdigen" richterlichen Verhaltens geschützt.

L.: Da der Richter aber weiterhin auch mit religiösen Argumenten zum Geständnis mahnen sollte, blieb das Höllenfeuer eine furchtbare Drohung. Sie wird auf manchen Inquisiten stärkeren Zwang ausgeübt haben als eine Ungehorsamsstrafe. Zu den Zeiten, da das Strafen noch Sache der Kirche war, konnte der Rich-

---

[9] *Feuerbach,* Lehrbuch des gemeinen in Deutschland gültigen peinlichen Rechts, 10. Aufl. 1828, § 590, S. 282, § 633, S. 410.

[10] *Feuerbach,* Lehrbuch des gemeinen in Deutschland gültigen peinlichen Rechts, 10. Aufl. 1828, § 595, S. 384.

[11] *Feuerbach,* Lehrbuch des gemeinen in Deutschland gültigen peinlichen Rechts, 10. Aufl. 1828, § 633, S. 410. Offenbar hat die Praxis sich noch zu Lebzeiten Feuerbachs verändert. Dazu *Mittermaier,* Das deutsche Strafverfahren, 1832, § 76, S. 344 ff. *Mittermaier* beschreibt die von einigen „deutschen Gesetzgebungen" zugelassenen Ungehorsamsstrafen (bei ungebührlichem Betragen, verweigerter Antwort, unbestimmter Antwort, Ungereimtheiten, Lügen), weist aber ausdrücklich auf deren Einschränkung in Bayern hin und auf den Versuch, die Zahl der Schläge (in Bayern: 25 Streiche) zu reduzieren. Er fügt (auf S. 348) hinzu: „Verweigert der Angeschuldigte beharrlich jede Antwort, oder doch die Antwort über einzelne Umstände, die er wissen mußte, so ist schon das Recht des Staats, Antwort zu fordern, zweifelhaft, und wenn man es auch zugibt, so würde doch nur eine grundlose, mit der Absicht, die Untersuchung zu vereiteln und zu verzögern, verbundene Verweigerung der Antwort strafbar sein können; da es oft schwer zu erkennen ist, ob nur diese Absicht zum Grunde lag, so würde häufig nur eine Willkür des Inquirenten über die Strafanwendung entscheiden ..."

[12] *Feuerbach,* Lehrbuch des gemeinen in Deutschland gültigen peinlichen Rechts, 10. Aufl. 1828, § 632, S. 408.

ter den Angeschuldigten ins Gewissen reden. Dem Staat aber fehlt das Recht dazu.[13]

F.: Schon im Jahre 1813 hatte ich die Untersuchungsrichter in einem meiner bekanntesten Bücher, den sogenannten „Betrachtungen", gemahnt, nicht durch Zwang zu erpressen, was nur durch Freiheit zugestanden werden sollte.[14] Meine Leser wußten, worauf ich hinauswollte. Wohlwollend könnten Sie den zitierten Text des Lehrbuchs als Andeutung verstehen, aus deren Perspektive sich im Laufe der Zeit sogar die *Vindicatio* des unter Druck abgelegten Geständnisses hätte entwickeln können.

L.: Mit allem Respekt, verehrter Lehrer und Kollege, möchte ich dazu nochmals nachfragen. In Ihrem Lehrbuch findet sich nämlich eine sehr abstrakte Regel, die mißbraucht werden könnte. „Je schwerer das Verbrechen und je stärker die Indizien gegen den Angeschuldigten", so lese ich, „desto härter darf das Wahrheitserforschungsmittel sein."[15] Stellt das nicht doch alles auf den Kopf, weil Sie den Richter dazu ermutigen, einen der besonders schweren Tat noch nicht überführten Angeschuldigten so zu behandeln, als sei er schuldig? Müßte nicht angesichts einer drohenden besonders hohen Strafe, vielleicht sogar der Hinrichtung, ein umgekehrter Maßstab gelten?

F.: Ich glaube, *mon cher confrère,* daß Sie mich mit Einwänden konfrontieren, für die meine Zeit nicht reif war. Die naturrechtlichen Denker hatten das Strafrecht noch nicht erobert.[16] Erlauben Sie mir, was ich sagen will, mit einem Bilde zu verdeutlichen. Ihresgleichen steht auf unseren Schultern und darf deshalb den majestätischen Palast des Strafrechts weiter in die Höhe streben lassen. Ich mache für mich geltend, dessen Plan zwar mitentworfen zu haben, aber ohne daß künftige Ingenieure der Aufgabe enthoben sind, die Gesetze der Mathematik und der Statik, womit ich die Logik meine, zu verfeinern. Es kam mir auf einen seriös konzipierten Anfang an. Hätten unsere Juristen sich im Zweifel mit der Annahme begnügen müssen, der Inquisit sei unschuldig, dann würde das die Fürsten und mit ihnen deren Werkzeuge, die Richter, überfordert haben.

L.: Auch hierzu möchte ich mich wiederum mit aller Ihnen schuldigen Hochachtung auf Ihre eigenen Texte beziehen, die an manchen Stellen mehr Weisheit zum Ausdruck bringen, als Sie in Bescheidenheit für sich reklamieren. Damit spreche ich das über Urteile handelnde Kapitel Ihres Lehrbuchs an, dessen erster Satz lautet: „Das verdammende Urteil setzt voraus die volle juridische Gewißheit der Schuld des Angeschuldigten, mithin … sowohl der Tat an und für sich als auch … einer aus gesetzeswidriger Willensbestimmung hervorgegangenen (positiven oder

[13] L. zitiert hier *Köstlin,* Wendepunkt des deutschen Strafverfahrens im 19. Jahrhundert, 1849, 63.

[14] *Feuerbach* nimmt hier auf die „Betrachtungen des Geschworenengerichts" („Betrachtungen über das Geschwornen-Gericht") Bezug, veröffentlicht im Jahre 1813. *Feuerbach* zitiert aus S. 38.

[15] *Feuerbach,* Lehrbuch des gemeinen in Deutschland gültigen peinlichen Rechts, 10. Aufl. 1828, § 589, S. 381.

[16] Zur Entwicklung des Nemo-Tenetur-Prinzips im deutschen Strafverfahren *v. Gerlach* FS Hanack 1999, 117 ff. (127 ff.); zu den naturrechtlichen Quellen des 17. und 18. Jh. *v. Gerlach* FS Hanack 1999, 128 f.

negativen) Handlung der Person als Ursache der Tat."[17] Gewißheit und Zweifel sind ein Widerspruch in sich. Im Zweifel müßte deshalb, wenn man Ihre Worte zu Ende denkt, freigesprochen werden.

F.: Da haben Sie etwas mißverstanden, würdiger Freund, der ich Ihnen selbstverständlich gleiche Ehrerbietung erweise wie Sie nun wiederholt schon mir. Den weiteren Sätzen des von Ihnen zitierten Abschnitts kann entnommen werden, daß ein lossprechendes Urteil, Sie würden es Freispruch nennen, die umgekehrte „juridische Gewißheit der Nichtschuld" voraussetzt. Freigesprochen werden mußte in einem solchen Falle aber nur, „wenn der versuchte Beweis der Schuld nicht einmal bis zur Wahrscheinlichkeit gebracht werden konnte." Das und nur das habe ich dort als die „jedem Angeschuldigten zur Seite stehende … rechtliche Vermutung der Unschuld" bezeichnet. Ich habe mich dafür verwendet, die notwendigen Bemühungen, Schuld zu beweisen, nicht durch eine hemmende Unschuldsvermutung von vornherein zu erschweren. Was solche Bemühungen angeht, beziehe ich mich auf den ersten Teil unseres heutigen Gesprächs, dessen Verlauf mir zeigt, wie notwendig diese *Disputatio* ist.

L.: An dieser Stelle, so fürchte und beklage ich, streben unsere argumentativen Wege auseinander. Wir stimmen zwar darin überein, daß die Ermittlungen und Untersuchungen nicht von einer Unschuldsvermutung aufgehalten werden. Wird aber bis zum Ende des Prozesses der volle Beweis nicht erbracht, muß ungeachtet eines verbleibenden Wahrscheinlichkeitsgrades der Schuld losgesprochen werden. Die für diesen Fall vorgesehene nur prozessuale Entbindung von der Instanz hätte es deshalb nicht geben dürfen.

F.: Was, bitte, heißt hier – deshalb? Die damals herrschende Meinung, die ich teile, ließ für diesen dritten Fall einen neuen Prozeß zu, wenn die Beweislage sich verbessert. Ihr Verfahrenskonzept scheint dies nicht zu erlauben.

L.: Das beruht unter anderem auf unserer Verfassung …

F.: … und ergo offenbar auf einer mir rätselhaften Rechtslage, über die wir noch nicht verfügten. Wir hatten zu meiner Zeit, und Sie möchten, bitte, auch dies bedenken, uns den Accusationsprozeß als Regel kaum vorstellen können.[18] Mit dem befassen sich in meinem Lehrbuch nur zwei Seiten.[19] Im Untersuchungs- oder Inquisitionsprozeß dagegen, der sehr viel mehr Raum beansprucht[20], nimmt der Richter drei Rollen wahr – die erste als Stellvertreter des beleidigten (Sie würden

---

[17] *Feuerbach,* Lehrbuch des gemeinen in Deutschland gültigen peinlichen Rechts, 10. Aufl. 1828, § 616, S. 396.

[18] Die von der Frankfurter Nationalversammlung am 28. 3. 1849 beschlossene (nie in Kraft getretene) Reichsverfassung sah im Grundrechtsteil (§ 179 S. 1) vor: „In Strafsachen gilt der Anklageprozeß." Ab diesem Zeitpunkt wurde das Schweigerecht des Beschuldigten ein Thema, ohne daß eine entsprechende Regelung in die Strafprozeßordnung vom 1. 2. 1877 ausdrücklich aufgenommen worden ist. Nach § 136 StPO war dem Beschuldigten bei der ersten Vernehmung zu eröffnen, welche strafbare Handlung ihm zur Last gelegt wird. Weiter hieß es: „Der Beschuldigte ist zu befragen, ob er etwas auf die Beschuldigung erwidern wolle." Dies war die diskrete Andeutung eines Nemo-Tenetur-Rechts, über das der Beschuldigte jedoch nicht unterrichtet werden sollte.

[19] *Feuerbach,* Lehrbuch des gemeinen in Deutschland gültigen peinlichen Rechts, 10. Aufl. 1828, §§ 644 bis 649, S. 417 f.

[20] *Feuerbach,* Lehrbuch des gemeinen in Deutschland gültigen peinlichen Rechts, 10. Aufl. 1828, §§ 623 bis 643, S. 401 bis 416.

sagen: verletzten) Staates, die zweite als Stellvertreter des Angeschuldigten und schließlich die dritte als der urteilende Richter. Ich füge hinzu, um einem Irrtum vorzubeugen, daß mit dem Begriff des Stellvertreters beschrieben wird, was Sie wohl Sachwalter nennen würden. Zumindest zwei Rollen dieses herkömmlichen Richters durfte keine Vermutung der Unschuld im Wege stehen. Dazu wäre eine institutionelle Veränderung erforderlich gewesen, für die dem Strafrecht zu jener Zeit noch die Kraft gefehlt hat.

L.: Hat die Praxis die Rollen überhaupt unterscheiden können? Oder war die „Stellvertretung" des Angeschuldigten nur ein verbaler Zierrat?

F.: Der Zweck des Strafens hatte mehr Gewicht als die Freiheit des Angeschuldigten. Aber, bitte, übersehen Sie nicht, daß *sine tortura* unsere Mittel zur Aufklärung damals begrenzt waren. Wir mußten aus diesem Grunde hoffen, nach einem abgebrochenen Verfahren bei späterer Gelegenheit und besserer Beweislage neu beginnen zu können.

L.: Sie haben damit die institutionelle Seite des Strafrechts angesprochen. Es läge nahe, an dieser Stelle Ihr Verständnis des (gelehrten) Richteramts zu besprechen, also des Amtes, das wir historisch mit dem Begriff des Beamten-Richters und heute des Berufsrichters bezeichnen. Sie verfügen über ein hohes Maß an Erfahrung. Ihre Richterlaufbahn begann, wie ich nachgelesen habe, im Juli 1801 mit der Bestellung zum außerordentlichen Beisitzer des Schöppenstuhls zu Jena, eines aus Fakultätsmitgliedern bestehenden Gerichts, das aufgrund übersandter Akten Entscheidungen traf, die in die verkündeten Urteile der übersendenden Justizbehörde eingingen.[21] Dort haben Sie schon in den ersten drei Monaten an insgesamt 22 Urteilen mitgewirkt.[22] Im Juni 1814 wurden Sie als zweiter Präsident des Appellationsgerichts in Bamberg berufen, im März 1817 zum Präsidenten des Appellationsgerichts in Ansbach.[23] Ihre Antrittsrede haben Sie über die hohe Würde des Richteramts gehalten.[24] Und damit wären wir beim Thema.

F.: Die erwähnten Tatsachen treffen zu; das bekenne ich zu Protokoll (lacht).

L.: Deshalb brenne ich darauf, von Ihnen Näheres zu erfahren. Wir nämlich wissen zu wenig darüber, ob und in welchem Umfang sich damals die Unabhängigkeit des Richteramtes tatsächlich und sogar schon rechtlich anbahnte. Bewegte sich der Zeitgeist in diese Richtung, und bewegte er die Mächtigen? Die Besonderheiten des Geschworenengerichts, mit denen sich Ihre „Betrachtungen" befaßten, sollten wir aber, wenn Sie dem zustimmen, eher am Ende in den Blick nehmen.[25]

---

[21] *Radbruch* in Kaufmann (Gerhard Haney), Gesamtausgabe, Bd. 6, 1997, Fn. 6, S. 53, 87 und Editionsbericht S. 403, 408.

[22] *Radbruch* in Kaufmann (Gerhard Haney), Gesamtausgabe, Bd. 6, 1997, S. 53, 54, 88.

[23] *Radbruch* in Kaufmann (Gerhard Haney), Gesamtausgabe, Bd. 6, 1997, Zeittafel S. 214, 215. – Die bayerischen Appellationsgerichte waren in Strafsachen erstinstanzlich zuständig (Edikt über die Gerichtsverfassung v. 1.5.1808; dazu *Böttcher* FS Hanack, 1999, 443). Die Jahre in Bamberg waren durch Streitigkeiten mit dem Ersten Präsidenten belastet; *Böttcher* FS Hanack, 1999, 440ff.

[24] *Radbruch* in Kaufmann (Gerhard Haney), Gesamtausgabe, Bd. 6, 1997, 175; *Böttcher* FS Hanack, 1999, 454ff.

[25] L. bezieht sich damit ebenfalls auf die von *Feuerbach* schon erwähnten „Betrachtungen über das Geschwornen-Gericht", 1813.

F.: Ich schlage, lieber L., eine modifizierte Reihenfolge vor. Mir liegt nämlich sehr daran, zunächst die Grundsätze der richterlichen Beweisführung zu diskutieren. Damit habe ich mich lange beschäftigt, weil in jenen unruhigen Zeiten eine verwirrende und gefährliche Entwicklung drohte. Nicht zufällig wird uns dies dann aber bald doch schon zur Kontroverse über das Geschworenengericht führen. Denn dahinter verbarg sich die *aemulatio* des (gelehrten) Richters, der Beamter war, mit dem Laien als (neuem) Entscheider über Tatsachen und Schuld. Geschworene hatte es auf dem Kontinent außerhalb von Frankreich und der von diesem Nachbarn annektierten Territorien des alten Reichs zunächst noch nicht gegeben. Als Mitglied einer Jury sollten Geschworene ein Ja oder Nein auf ihnen gestellte Fragen verkünden. Diese Antworten sind in unerhörter Anmaßung mit dem Begriff des „Wahrspruchs" veredelt worden. Dabei sollten sich die Geschworenen völliger Unabhängigkeit erfreuen, befreit auch vom Gesetz, für dessen Anwendung Laien nicht zuständig waren.

L: Sie wollen andeuten, daß Ihnen der Geschworene unter dem Aspekt des Rechts Sorgen bereitete, auch weil er weder einem Dienstherrn unterworfen noch vom Gesetz geleitet war und seine Antworten nicht zu begründen brauchte.

F.: Meine Vorarbeiten zu diesem Thema hatte ich bereits vor dem Sieg über Napoleon begonnen. Das empfahl mir seinerzeit kluge Zurückhaltung. Auch nachdem ich den Druck und die Publikation der schon erwähnten „Betrachtungen" veranlaßte, mußte ich mich zähmen, denn in den wieder frei werdenden französischen Gebieten insbesondere links des Rheins brach eine schwärmerische Vorliebe für das Geschworenengericht aus, die sich nicht nur auf Rheinbayern erstreckte. Ich habe dafür plädiert, das favorisierte Geschworenengericht auf den fiktiven Zeitpunkt einer utopischen Demokratie *ad calendas graecas* zu verschieben. Der gebildete Leser meiner Zeit wird erkannt haben, daß mir in Wahrheit ein ganz anderes Ziel vor Augen stand. Dies sollte ein Richterstand von Juristen sein, die „gelehrt" sein mußten, aber unabhängig, wenn auch am Anfang vielleicht noch nicht von Rechts wegen, so doch tatsächlich. Ganz im Sinne von Montesquieu sollte diese neue vollkommene Freiheit der richterlichen Gewalt durch Gesetzesbindung aufgefangen, diszipliniert und mithin gerechtfertigt werden.

L.: Ihnen, lieber Feuerbach, ging es also nicht um die Jury. Anders als der „entfesselte" Geschworene würde der neue „Berufsrichter", für den Sie eintraten, kein ungebunden waltender Herrscher über Leben und Freiheit sein. Vielmehr sollte dieser Richter, wenn sich Ihre Betrachtung hätte durchsetzen können, Schritt für Schritt bis in das Urteil hinein durch gesetzliche Regeln angeleitet sein. War dies aber nicht auch eine Utopie?

F.: *Deforme est de se ipsum praedicare.* Doch, haben Sie, mein Freund und Kollege L., trotzdem bitte die Geduld, mir aufgeschlossen zuzuhören, während ich den tragenden Gedanken vertiefend erläutere. Der (gelehrte) Richter sollte künftig nach einem gesetzlich bestimmten Beweisverfahren urteilen. Das Urteil wäre dann schon von der frühen Phase seiner Entstehung an durch das Gesetz vorbestimmt. Dessen Verletzung hätte nachgewiesen und mithin geahndet werden können.[26] Wenn

[26] *Feuerbach,* Betrachtungen über das Geschwornen-Gericht, 1813, 20.

nämlich die richterliche Überzeugung sich nach Regeln bildet, die das Gesetz formuliert, so muß man sie als notwendiges Element des rechtsgelehrten Urteils verstehen.[27] Gilt in diesem Sinne eine gesetzliche Beweistheorie und prägt sie als Norm das richterliche Urteil, dann spricht der Richter nicht eine vom Gefühl beeinflußte Überzeugung aus, sondern „die allgemein im Voraus erklärte Überzeugung des Gesetzgebers."[28] Dabei, und das dürfen Sie heute revolutionär nennen, sollten die Interessen des Angeschuldigten höher ins Gewicht fallen als die der Regenten.

L.: Haben Ihre hochgestellten Leser auch diesen letzten Punkt erkannt?

F.: Die Zeiten waren aufgewühlt, die Revolutionen in den Vereinigten Staaten von Amerika und in Frankreich standen den gebildeten Zeitgenossen verlockend oder abschreckend vor Augen. Wenngleich ich meine Vorstellungen nur vorsichtig entfaltete, so haben die Juristen jener Zeit doch sehr genau verstanden, daß ich mich für einen neuen und unabhängigen „Berufsrichter" einsetzte; der aber würde vom Gesetzgeber in einer Weise dirigiert, die mit der ungeheuren Freiheit eines Geschworenen nicht vergleichbar war. Das Urteil der „gelehrten" Richter mußte vom Verstand gefällt werden. Diesen sollte das Gesetz dabei mehr negativ als positiv anleiten. Denn das Gesetz hätte nicht bestimmen sollen, „wo die Überzeugung zu suchen ist, als vielmehr, wo sie nicht zu suchen ist."[29] Ich habe nicht verschwiegen, daß dies die Interessen der regierenden Gewalt mehr als je zuvor beschränken würde. Die gesetzlich gezähmte Freiheit werde, auch dies habe ich schon im Jahre 1813 formuliert, „den Richter nicht in einen blinden Automaten verwandeln, aber sie wird verhindern, daß er … auf Phantasieflügeln über das Reich der Wahrheit hinausflattere und ein Wolkenbild mit innigster Überzeugung statt der Wahrheit umarme."[30]

L.: Auf dieses Bild, das mir seit jungen Jahren in Erinnerung geblieben ist, habe ich mich gefreut. Sie, Excellenz, und gerade jetzt bediene ich mich dieser Anrede nochmals und gerne, haben der Sprache des Rechts mit Ihren Worten einen fast lyrischen Ton geschenkt. Aber da ich spüre, daß mein Sentiment überhand nimmt, will ich wieder zum Thema zurückfinden und fragen, wie Sie verhindern wollten, daß der Monarch oder der Fürst, dessen Richter das Urteil sprechen sollten, diese fortan hinter den Kulissen des Gesetzes beeinflussen würden.

F.: Lassen Sie mich beschreiben, wie ich bereits im Jahre 1813 zu erklären versuchte, daß wir unabhängige (gelehrte) Richter brauchten. Damit der Gewalthaber, damals der Fürst, strafen könne, ohne durch Richter als die Werkzeuge seines Willens eigenmächtig zu strafen, habe ich es als den einzigen Ausweg bezeichnet, „die Ausübung seines Strafrechts an eine von seinem Willen unabhängige Vorbedingung zu knüpfen."[31] Nur als ein Beispiel für Personen, die der Willkür des Machthabers

---

[27] *Feuerbach,* Betrachtungen über das Geschwornen-Gericht, 1813, 23.

[28] *Feuerbach,* Betrachtungen über das Geschwornen-Gericht, 1813, 24.

[29] *Feuerbach,* Betrachtungen über das Geschwornen-Gericht, 1813, 132.

[30] *Feuerbach,* Betrachtungen über das Geschwornen-Gericht, 1813, 132.

[31] *Feuerbach,* Betrachtungen über das Geschwornen-Gericht, 1813, 4f. Noch gegen Ende des 18. Jh. wurde von Staatsrechtlern das Recht des Monarchen anerkannt, sich nach Belieben in die Gerichtspraxis einzumischen (*Hillgruber* in Maunz/Dürig, 2008, Rn. 13 zu Art. 97). In Bayern war

gegenüber „unzugänglich“ wären, habe ich die Geschworenen abgehandelt.[32] Gemeint waren in erster Linie die Richter. Immerhin habe ich die Notwendigkeit hervorgehoben, der „schrecklichen Criminalgewalt“ des alten „Corps von Blutrichtern, die von ständigem Amts wegen über alle Untertanen richten ..., stets drohend und doch in die Finsternis des Geheimnisses gehüllt“, ein Ende zu bereiten.[33] Dort hat man bekanntlich weder Angeschuldigte noch Zeugen angehört oder gesehen.[34]

L.: Hat das insbesondere die Leser, die als Richter amtierten oder zum Kreis der Mächtigen gehörten, Ihre Gegner werden lassen?

F.: Dann wäre ich nicht kurz danach in die von Ihnen erwähnten Ämter berufen worden. So schlicht unterschieden sich die Lager nicht. Die Leser wußten, daß mein Herz für Richter-Collegien schlug, besetzt vor allem aus Gelehrten des bürgerlichen Standes, die lebenslang ihre Stellen bekleiden sollten – unabhängig vom Willen des Monarchen, durch hinreichende Besoldung gesichert, wegen des Inhalts ihrer Richtersprüche dem Regenten nicht verantwortlich, verpflichtet und beeidigt, ihre Urteile nur nach Gesetz und Gewissen collegialisch zu fällen.[35] Geschadet haben mir diese klaren Präferenzen nicht. Die dominanten Schranzen an den Höfen waren verschwunden oder alt und krank.

L.: Ihre Forderungen stimmen überein mit den Garantien und den Pflichten, die aus unserer heutigen Verfassung für das Richteramt abgeleitet werden. Aber wie haben Sie es für möglich gehalten, daß diese Maßstäbe mehr werden würden als eine rhetorische Zierde?

F.: Dafür sollte das Collegium sorgen, das Sie wohl einen Spruchkörper nennen würden. In ihm wäre jeder Einzelne mit der Freiheit seiner Stimme durch die Mehrheit, wäre die Mehrheit durch das Gesetz, wäre das Gesetz durch den Staat, der für meine Leser noch Monarchie war, geschützt worden.[36] Ich bin mit meinen Ausführungen, die auch an der Spitze zur Kenntnis genommen und besprochen wurden, sehr weit gegangen. Jeder konnte lesen: Sei der Monarch ungerecht, so müsse er doch wenigstens gerecht scheinen wollen. In einer öffentlichen Justiz,

---

man auf der Grundlage der Constitution v. 1.5.1808 bereits auf dem Weg zur richterlichen Unabhängigkeit (Böttcher FS Hanack 1999, 443 mN). Ähnliches trifft auf die bayerische Verfassung des Jahres 1818 zu. Entscheidende Fortschritte brachte die „zweite Verfassungswelle“ nach 1830 (*Hillgruber* in Maunz/Dürig, 2008, Rn. 14 zu Art. 97). Die von der Frankfurter Nationalversammlung am 28.3.1849 beschlossene Reichsverfassung sah mit den §§ 175, 177 die Unabhängigkeit der Richter vor.

[32] *Feuerbach,* Betrachtungen über das Geschwornen-Gericht, 1813, 6, 8f.

[33] *Feuerbach,* Betrachtungen über das Geschwornen-Gericht, 1813, 36.

[34] *Feuerbach,* Betrachtungen über das Geschwornen-Gericht, 1813, 37.

[35] *Feuerbach,* Betrachtungen über das Geschwornen-Gericht, 1813, 76f. Im Lehrbuch *Mittermaiers* aus dem Jahre 1832 (*Mittermaier,* Das deutsche Strafverfahren, 1832, § 25, S. 117) wird deutlich, wie weit die Entwicklung noch zu Lebzeiten Feuerbachs vorangeschritten war. „Ein Grunderfordernis der Gerechtigkeit des Strafurteils und die Grundbedingung des Vertrauens, welches das Volk zu gerichtlichen Urteilen haben kann, ist die Verhandlung und Entscheidung durch unabhängige, gegen willkürliche Entsetzung oder Versetzung vom Amte geschützte, vom Staate vorher in bestimmten Kreisen, ohne Rücksicht auf einen einzelnen zu entscheidenden Fall, angestellte Richter ...“

[36] *Feuerbach,* Betrachtungen über das Geschwornen-Gericht, 1813, 79.

und nur in einer solchen habe ich den neuen Berufsrichter gesehen, könne der Regierende nie ungerecht sein, ohne es zugleich zu scheinen.[37]

L.: Wer aber hätte dagegen geschützt, daß öffentlich amtierende Richter, für die Sie votierten, von einer aufgeregten Stimmung im Volke ergriffen würden, von einem Affekt also statt einer Reflexion?

F.: Diesen Schutz bewirkt, lieber L., wohl bis heute nur das den Richtern anvertraute Gesetz und Recht. Um das Bewußtsein dafür zu schärfen, darf man Pathos über die Worte gießen – ich habe von der „Heiligkeit" des Richterberufs, von dem „Schatz", den die Richter bewahren sollten, von der Gerechtigkeit als ihrem Stolz, von der Unparteilichkeit als ihrer Ehre gesprochen.[38]

L.: Wenn junge Richter auf sich allein gestellt wären, wie es bei uns heute oft der Fall ist, und wenn die grauen Zahlen der erledigten oder unerledigten Akten mehr gelten als die Weisheit ihrer Entscheidungen, wo bleiben dann Stolz und Ehre?

F.: In meiner Vision würde niemand auf sich allein gestellt sein. Das schwere Amt sollte in die schon erwähnten Collegien eingebettet werden, ausgestattet mit einem *esprit de corps,* der wiederum kräftig auf Gesinnung, Mut und Willen jedes Einzelnen zurückwirkt.[39] Das Collegium sollte junge und alte Richter versammeln, vielleicht auch noch solche von Stand, aber immer häufiger solche aus dem Bürgertum. Dann würde der Geist, den keiner von uns schon aus den Universitäten in die Amtsstuben mitbringen konnte, der aber im Zusammenwirken wächst und bewahrt wird, von Generation zu Generation weitergereicht.

L.: Was mich erstaunt und beeindruckt, ist die Macht, die Sie der Öffentlichkeit so früh zugesprochen haben. Im Blick auf die Geschworenen haben Sie schon in Ihren „Betrachtungen" des Jahres 1813 die Öffentlichkeit als „ein Gericht der Welt" bezeichnet, als „ein Gericht der öffentlichen Meinung, das Censorat des Publikums, welches mit Ehre lohnt oder mit Schande straft."[40] Das würden wir heute auch für uns so gelten lassen. Es trifft aber doch wohl in gleicher Weise wie die Geschworenen auch die gelehrten Berufsrichter, die Türen und Fenster ihrer Säle fortan zum Publikum offen halten sollten.

F.: Im Prinzip ja, aber an dieser Stelle kann man leicht etwas Entscheidendes übersehen. Anders als die Geschworenen führen Berufsrichter das Gesetz aus, dies auch, indem sie es entfalten. Berufsrichter sollen empfindlich sein gegenüber der öffentlichen Meinung; sich ihr empfänglich zu zeigen, widerstreitet aber dem Eid und Amt. Und auch dies würden im Collegium die Älteren den Jüngeren vermitteln. Das hält die Richter fest, während die Jury durch nichts gehalten wird.

L.: Wie aber, wenn das Gesetz weitgefaßt, unbestimmt, unscharf ist, sogar Ermessen zuläßt, etwa im Zusammenhang mit der von uns schon erörterten Führung des Beweises, wovon wir als Beweiswürdigung sprechen?

---

[37] *Feuerbach,* Betrachtungen über das Geschwornen-Gericht, 1813, 79.

[38] *Feuerbach,* Betrachtungen über das Geschwornen-Gericht, 1813, 78f.; dazu *Böttcher* FS Hanack 1999, 454ff.

[39] *Feuerbach,* Betrachtungen über das Geschwornen-Gericht, 1813, 78f.

[40] *Feuerbach,* Betrachtungen über das Geschwornen-Gericht, 1813, 33f.

F.: *Rem acu tetigsti!* Sie treffen damit den Kern meiner Überlegungen, gleichsam das Fundament, auf dem bei mir alles errichtet wird. Eines der wichtigsten Kapitel meines Lehrbuchs enthält die Antwort. Darin habe ich den Juristen meiner Zeit mit besonderem Nachdruck erläutert, daß Richter in der Lage sein müssen, drei Stufen des Urteilsvermögens zu unterscheiden. Erstens die „Überzeugung" als das Bewußtsein der Gewißheit. Zweitens die „Vermutung" als das Bewußtsein der für die Wirklichkeit einer Tatsache vorhandenen, jedoch zur Gewißheit noch unzureichenden Gründe. Und drittens die „Mutmaßung", die sich ihrer Gründe nicht bewußt oder ganz grundlos ist.[41]

L.: Wie aber soll ein Richter mit solchen Abstraktionen praktisch umgehen?

F.: Indem er meine Definitionen übernimmt und anwendet. Danach hat eine Tatsache Gewißheit erst, „wenn dem Verstande vollständig alle diejenigen Gründe gegeben sind, deren er bedarf, um dieselbe als wirklich vorhanden anzunehmen."[42] Dieses Maß kann bei allen Juristen nur dasselbe sein.

L.: Wo aus unserer Sicht ein Mangel von Gewißheit empfunden werden sollte, vermeinen die Mutigen, keinen solchen Mangel zu spüren. Sie vernehmen allenfalls ein Säuseln des Zweifels, während die Zögernden den Zweifel donnern hören.

F.: Nicht, wenn sie sich an die drei Grade der Ungewißheit erinnern, die ich ebenfalls definiert habe. Erstens die „Wahrscheinlichkeit", die besteht, wenn mehr Gründe für die Wahrheit einer Tatsache als gegen dieselbe gegeben sind. Das schließt die Gewißheit und damit eine Überzeugung noch aus. Zweitens und erst recht die „Zweifelhaftigkeit", wenn die Gründe für die Tatsache den Gründen gegen dieselbe gleich sind. Auf solchem Boden gedeiht nichts. Drittens endlich die „Unwahrscheinlichkeit", wenn wir weniger Gründe für die Tatsache als gegen dieselbe haben.[43] Dagegen kann sich niemand, der das Recht gelernt hat, versperren.

L.: Und wie ordnet der Richter in diese Skala die Indizien ein?

F.: Das habe ich im Einzelnen in den §§ 546 bis 565 des Lehrbuchs auf insgesamt zehn Seiten dargelegt.[44] Wer das mit der nötigen Anstrengung erarbeitet hat, kann sich selbst Rechenschaft legen, wenn es festzustellen gilt, was bewiesen ist. Beweis ist immer nur der Inbegriff der Gründe für die Wahrheit einer Tatsache. Unvollständige Gründe beweisen nichts.[45] Im Collegium herrscht sehr schnell Klarheit, ob solchen Anforderungen genügt wird.

L.: Darf ich Ihre Auffassung so verstehen, daß es sich um den Gebrauch normativer Werkzeuge handelt und damit um eine Rechtsfrage, wenn beraten wird, ob etwas bewiesen ist?

---

[41] *Feuerbach,* Lehrbuch des gemeinen in Deutschland gültigen peinlichen Rechts, 10. Aufl. 1828, § 545, S. 358.

[42] *Feuerbach,* Lehrbuch des gemeinen in Deutschland gültigen peinlichen Rechts, 10. Aufl. 1828, § 544, S. 357.

[43] *Feuerbach,* Lehrbuch des gemeinen in Deutschland gültigen peinlichen Rechts, 10. Aufl. 1828, § 544, S. 357 f.

[44] *Feuerbach,* Lehrbuch des gemeinen in Deutschland gültigen peinlichen Rechts, 10. Aufl. 1828, §§ 546 ff. S. 358 ff.

[45] *Feuerbach,* Lehrbuch des gemeinen in Deutschland gültigen peinlichen Rechts, 10. Aufl. 1828, § 566, S. 369.

F.: Des bin ich nun meinerseits gewiß. Muß ich mir diese Frage so erklären, daß Ihre Generation vom rechten Pfade abgekommen ist? Unabhängige Richter, die sich und anderen keine genaue Rechenschaft über den Inbegriff der Gründe für die Wahrheit einer von ihnen angenommenen Tatsache geben können, verwandeln die Gerichtssäle in Tempel oder Zwingburgen, statt Recht zu sprechen. Ich selbst habe den Rechtscharakter der Beweisführung betont und das vollständige Dasein aller derjenigen Gründe der Gewißheit, deren (nach positiven Gesetzen) der Richter bedarf, um mit einer vorausgesetzten Tatsache rechtliche Folgen zu verbinden, ganz bewußt die „juridische Gewißheit" genannt.[46]

L.: Und welchen Namen geben Sie der aus dem Gefühl statt aus den erforderlichen Gründen gewonnenen Gewißheit?

F.: Dort spreche ich von der gemeinen sogenannten moralischen Gewißheit, die jeder Mensch aus seinen unterschiedlichen Erfahrungen, wozu auch das unterschiedliche Lebensalter gehört, unterschiedlich empfindsam schöpft.[47] Ein Rechtswert eignet ihr nicht.

L.: Genau dem soll aber doch die Einrichtung des Geschworenengerichts entgegenwirken. In ihr tauschen neun oder zwölf zusammengewürfelte Laien am Ende der Verhandlung ihre aus dem Gefühl gewonnenen Eindrücke untereinander aus, um darüber abzustimmen und mit der gesetzlich vorgeschriebenen Mehrheit den Wahrspruch zu fällen. Entsteht dann nicht im Ergebnis ein höheres Maß an Gewißheit, als es jeder Einzelne, auch ein Berufsrichter, für sich in Anspruch nehmen könnte?

F.: Es gibt kein geringeres oder höheres Maß an Gewißheit. Unterhalb der Schwelle liegt die irrelevante Wahrscheinlichkeit. Deshalb geht es darum, die Schwellen zu unterscheiden.

L.: Hilft es aber nicht, wenn Meinungen miteinander verglichen werden?

F.: Sie stellen sich das anders vor, als es in der Praxis stattgefunden hat. Dazu mache ich aufmerksam auf die Belehrung der Geschworenen, die in Frankreich vorgeschrieben war.[48] Das Gesetz hat jedem einzelnen Geschworenen ausdrücklich geboten, in der Stille mit aller Sammlung des Gemüts sich selbst zu erforschen und sein Gewissen aufrichtig zu fragen, welchen Eindruck die gegen den Angeschuldigten vorgebrachten Beweise und dessen Verteidigungsmittel auf ihn machten. Darin heißt es sogar, von den Geschworenen werde keine Rechenschaft über die Mittel, wodurch sie sich jeweils überzeugt haben, verlangt. Das gebot es geradezu, den Appell des Verstandes zu unterdrücken.

L.: Muß man nicht vermuten, daß in der Versammlung der Geschworenen um die notwendige Einstimmigkeit oder Mehrheit argumentierend gerungen wurde?

F.: Da würden wir irren. Der französische Code, der bei uns als beispielhaft galt, schrieb den Geschworenen ausdrücklich „keine Regeln" vor, „nach welchen sie vorzüglich beurteilen sollen, ob ein Beweis vollkommen und hinreichend sei; was

---

[46] *Feuerbach,* Lehrbuch des gemeinen in Deutschland gültigen peinlichen Rechts, 10. Aufl. 1828, § 544, S. 357.

[47] *Feuerbach,* Lehrbuch des gemeinen in Deutschland gültigen peinlichen Rechts, 10. Aufl. 1828, § 544, S. 357.

[48] *Feuerbach,* Betrachtungen über das Geschwornen-Gericht, 1813, 26f.

(das Gesetz) von ihnen fordert, daß sie in der Stille, und ganz in sich zurückgezogen, sich selbst befragen und in dem Innersten ihres Gewissens erforschen." Zu diskutieren gab es grundsätzlich nichts. Die Geschworenen mußten darüber belehrt werden, daß ihnen nur die einzig entscheidende Frage gestellt wurde, „welche den Inbegriff aller ihrer Pflichten enthält: Sind Sie innig überzeugt?"[49]

L.: Ist das auch so gehandhabt worden?

F.: Die Dauer der Beratungen war nach meinen Erfahrungen oft nur kurz. Ich habe, lieber L., im Auftrag der bayrischen Regierung auf einer langen Reise Gerichte in Frankreich aufgesucht, um einen eigenen Eindruck zu gewinnen. Bei dieser Gelegenheit habe ich zwei Monate in Paris verbracht und mein Lager im Palais de Justice aufgeschlagen.[50] Selbstverständlich sind mir auch Berichte über Prozesse vor den Geschworenen in Rheinbayern vorgelegt worden. Zwar praktizierten wir das Verfahren nicht nach dem revolutionären Gesetz des Jahres 1791, auf dessen Grundlage die Mehrheit der französischen Geschworenen sich oft aus Armen zusammensetzte, die kaum die ihnen vorgelegten Fragen verstanden, verwirrende Antworten gaben und sich ihres Amtes nachlässig entledigten.[51] Nach der Neufassung aus dem Jahre 1808 waren Wohlhabende und Gebildete in den Kreis der Geschworenen aufgenommen worden, doch hat das die Geister nicht angeregt und blieb es ein Streitpunkt, daß seither die Regierung (in Frankreich der Präfekt) indirekt Einfluß auf deren Auswahl nehmen konnte.[52]

L.: Wie hat sich das ausgewirkt?

F.: Die Verantwortung des einzelnen Geschworenen verliert sich in der Gruppe und verflüchtigt sich, ohne individuelle Spuren zu hinterlassen. Es fällt auch leichter, sich mit dem eigenen „Gefühl" an Andere anzupassen, wenn „Gefühl" zu „Gefühl" kommt und die Summe der „gefühlten" als die „wirkliche" Wahrheit gelten soll. Wird die Kontrolle des Verstandes, wie es die Belehrung des Geschworenen wollte, unterdrückt, so vermischen sich die unterschiedlichsten „Gefühle" und vermag am Ende niemand zu erklären, wo der Antrieb der eigenen Entscheidung liegt und wie es sich insoweit bei den anderen verhält. Die große Zahl der Geschworenen als Urteilsfinder verleiht dem Trugbild nur den Anschein höherer Autorität.[53] Bei Gericht muß aber die „raisonnierte" Wahrheit den Ausschlag geben.[54] Wo nicht „raisonniert" wird, fehlt der Anhalt für ein Rechtsmittel, denn einen Gegen-

---

[49] Code d'Instruction Criminelle, aus dem Französischen übersetzt von *Gottfried Daniels,* 1811, Kapitel IV, Sektion 1, § 342.

[50] *Radbruch* in Kaufmann (Gerhard Haney), Gesamtausgabe, Bd. 6, 1997, 154, 55ff., 195ff. Zu den Reisen *Feuerbachs: Schwinge,* Der Kampf um die Schwurgerichte bis zur Frankfurter Nationalversammlung, 1926, 17ff.; zur Anziehungskraft des rheinischen Schwurgerichtsverfahrens und über die Reisen von Wißbegierigen dorthin *Schwinge,* Der Kampf um die Schwurgerichte bis zur Frankfurter Nationalversammlung, 1926, 37 (bei Schwinge auch Fn. 2).

[51] *Feuerbach,* Betrachtungen über das Geschwornen-Gericht, 1813, 96ff.

[52] *Feuerbach,* Betrachtungen über das Geschwornen-Gericht, 1813, 99ff., 167ff., 201ff.; *Schwinge,* Der Kampf um die Schwurgerichte bis zur Frankfurter Nationalversammlung, 1926, 124.

[53] Dazu *Schwinge,* Der Kampf um die Schwurgerichte bis zur Frankfurter Nationalversammlung, 1926, 84.

[54] Dazu *Schwinge,* Der Kampf um die Schwurgerichte bis zur Frankfurter Nationalversammlung, 1926, 85.

stand der untrennbar eingesammelten Früchte des „Gefühls" kann der Verstand nicht mehr erkennen. Nach der dem Gesetz eingegossenen Logik, die diesen Namen nicht verdient, muß ein „gefühlter" Wahrspruch der Geschworenen daher endgültig sein.

L.: Aber in England sind, wie man liest, die Menschen damit seit Hunderten von Jahren zufrieden.

F.: Das hat andere Gründe. Dort hat der Präsident des Gerichts kein inquisitorisches Amt inne und muß er die Vernehmung der Zeugen den Vertretern der Anklage sowie der Verteidigung unparteiisch überlassen.[55] Außerdem, und das erschien mir entscheidend, entfaltete in England die gebotene Einstimmigkeit der Geschworenen eine besondere Wirkung.[56] Im Blick darauf bleibt nämlich jeder Einzelne, der bereits und allein mit seiner Stimme den Schuldspruch verhindern könnte, sich seiner persönlichen Verantwortung bewußt. Und schließlich achten dort alle am Verfahren Beteiligten unter der Leitung des (gelehrten) Richters darauf, daß den Geschworenen kein Beweismittel vorgeführt wird, das deren Meinung vergiften würde. Wir haben leider lange verkannt – in England als der Heimat der Jury gilt zum Schutz der Angeklagten eine „negative Beweistheorie", die im französischen Prozeß fehlt.[57] Die französische Jury aber hat die Geister bei uns gefangen genommen.

L.: Wir dürfen, Excellenz, dies nicht abschließen, ohne Hegels Auffassung zu bedenken. Hegel ist in seiner Rechtsphilosophie bekanntlich schon im Jahre 1821 für das Geschworenengericht eingetreten.[58] Er argumentiert, der Ausspruch der Schuld oder Unschuld solle „aus der Seele des Verbrechers gegeben sein." Diese Seele spiegelte sich nach dem Verständnis Hegels in dem Kreis der Geschworenen. Daher, meint Hegel, werde im Strafprozeß das „Recht des Selbstbewußtseins" des Angeschuldigten, nämlich dessen Stellung als Subjekt, gewahrt. Nur im Schwurgericht stehe der Angeschuldigte, wenn es um die Tatfrage geht, als freier Mensch vor Seinesgleichen. Vor beamteten Richtern dagegen stünde er als unterworfenes Mündel. Hat Sie das beeindruckt?

F.: Nein! Meine Antwort, lieber L., kennen Sie doch schon. Hegel hätte Recht, wenn der beamtete Richter in die Lage versetzt würde, nach seinem Ermessen frei und ohne gesetzliche Beschränkung den Beweis zu führen. Doch eben darin unterschieden sich unsere systematischen Prämissen, und deshalb konnten die Schlußfolgerungen nicht zusammenfinden. Ein (gelehrter) Richter, gebunden an gesetzliche Beweisregeln, aber unabhängig in seiner Stellung, geborgen im Collegium und tätig vor der Öffentlichkeit, wäre nicht mehr der Beamte des alten Inquisitionsprozesses, den Hegel mit einem Vormund und dessen Werkzeug er mit dem Dressurstock

[55] *Schwinge,* Der Kampf um die Schwurgerichte bis zur Frankfurter Nationalversammlung, 1926, 122.

[56] *Schwinge,* Der Kampf um die Schwurgerichte bis zur Frankfurter Nationalversammlung, 1926, 137.

[57] Unter Hinweis auf *Feuerbach Schwinge,* Der Kampf um die Schwurgerichte bis zur Frankfurter Nationalversammlung, 1926, 17f. mit Nachweisen.

[58] *Schwinge,* Der Kampf um die Schwurgerichte bis zur Frankfurter Nationalversammlung, 1926, 70, 103ff.; *Hegel,* Rechtsphilosophie, 2. Aufl. 1840, § 227 (Zusatz), § 228.

verglichen hat, der Hunde Gehorsam lehrt. Dem von mir entworfenen neuen Richter hätte der Angeschuldigte aber in genau der freien „Subjektivität" gegenübergestanden, die Hegel fordert. Das Urteil dieses Richters erginge auch in der Beweisfrage nach dem Gesetz, das Alle in gleicher Weise verpflichtet. Auf dieser Grundlage, hätte er sie verstanden, würde Hegel sich mir angeschlossen haben. Ich hätte den Angeschuldigten davor bewahrt, zum Objekt eines orakelhaften Wahrspruchs zu werden, der ohne Kontrolle des Verstandes entsteht und deshalb auch keiner nachgeholten Kontrolle des Verstandes zugänglich ist.

L.: Ihre Warnung davor, dem beamteten Richter die Freiheit der Beweiswürdigung zu gewähren, haben die Anhänger des Schwurgerichts auf die Spitze getrieben. *Köstlin* zum Beispiel hat vorausgesagt, so würde das mannigfach mit Füßen getretene Recht des Angeschuldigten vollends zerstört.[59] Welcker sprach sogar von einer „Ermächtigung zu Justizmorden."[60] Sie, lieber Feuerbach, gehörten zwar zu den mächtigen Fürsprechern eines unabhängigen Berufsrichters, dies aber nur um den Preis, dessen neue Freiheit gesetzlich zu zügeln. Darf ich daraus schließen, daß Sie die Geschworenen einem (gelehrten) Richter vorgezogen hätten, der den von Ihnen für notwendig gehaltenen Beschränkungen nicht unterläge?

F.: Nein. Die Geschworenen wechseln ständig; der Einzelne hat daher keine Gelegenheit, aus seinen Erfahrungen *in foro* zu lernen. Nach getanem Werk verschwindet er in seinen Alltag. Berufsrichter dagegen können, selbst wenn das Gesetz sie dazu nicht zwingt, an ihrer Aufgabe reifen und legislatorische Mängel kompensieren. Sie sind deshalb, wenn ihre Seelen nicht verkrusten, zumindest grundsätzlich weiterhin durch Wort und Schrift erreichbar.

L.: Offenbar ist es Ihnen aber nicht gelungen, für Ihr Leitbild eines neuen Berufsrichters einflußreiche Anhänger in den Kreisen der Liberalen zu finden.

F.: Dazu war dort die Abneigung gegen die „Kaste" der Beamtenrichter zu groß.[61]

L.: Wenn meine Quellen stimmen, dann gab es in Baden, auch in Bayern, in Hessen, in Württemberg schon früh und oft verbunden mit der Verfassungsfrage eine starke Bewegung, die Schwurgerichte eingefordert hat.[62] In der zweiten badischen Kammer ist die Beweisfrage ganz ausdrücklich in Ihrem Sinne behandelt und geltend gemacht worden, die nach freier Überzeugung entscheidende Beamtenrichter würden nie das Vertrauen des Volkes genießen.[63] Auch die einflußreiche Rheinische Immediat-Justiz-Commission hat das Schwurgericht ausdrücklich deshalb vorgezogen, weil es als Ersatz für die weggefallene alte Beweistheorie galt,

---

[59] Zit. nach *Schwinge,* Der Kampf um die Schwurgerichte bis zur Frankfurter Nationalversammlung, 1926, 83.

[60] Zit. nach *Schwinge,* Der Kampf um die Schwurgerichte bis zur Frankfurter Nationalversammlung, 1926, 83.

[61] Dazu *Schwinge,* Der Kampf um die Schwurgerichte bis zur Frankfurter Nationalversammlung, 1926, 44.

[62] *Schwinge,* Der Kampf um die Schwurgerichte bis zur Frankfurter Nationalversammlung, 1926, 50ff., 53ff.

[63] *Schwinge,* Der Kampf um die Schwurgerichte bis zur Frankfurter Nationalversammlung, 1926, 57.

von der Kontrolle und Garantie gegen richterliche Willkür hätten ausgehen sollen.[64]

F.: Ich hatte dagegen aber starke Vertreter der Rechtswissenschaft an meiner Seite, die sich mit dem Schwurgericht nicht abfinden wollten. Sagen Sie mir doch, lieber L., ob das historisch die stärkeren Bataillone waren.

L.: Sie waren es nicht. Im Jahre 1847 hat in Lübeck die Germanistenversammlung, in der sich die Vertreter der Rechtswissenschaft mit der politischen Bewegung trafen, getagt und beraten. Sie hat sich für das Schwurgericht ausgesprochen. Dort war *Mittermaier* endgültig mit einer großen Rede zu dessen Anhängern umgeschwenkt.

F.: Das erstaunt mich nicht. *Secundo amne defluit.*

L.: *Mittermaier* begründete dies mit dem Versagen und dem Wegfall der Beweistheorie. Zugleich äußerte er Zweifel daran, ob bei Berufsrichtern die propagierte Niederschrift von Entscheidungsgründen überhaupt geeignet sein könnte, die wahren Faktoren, auf denen das Urteil beruhte, zu beurkunden.[65] Die große Wirkung, die von Lübeck ausging, erfaßte auch den ersten Versuch einer nationalen Revolution im Jahre 1848. Die Frankfurter Nationalversammlung beschloß am 28. März 1849 eine nie in Kraft getretene Verfassung. In der hieß es wörtlich: „Schwurgerichte sollen jedenfalls in schwereren Strafsachen und bei allen politischen Vergehen urteilen." Bald darauf sind Geschworenengerichte in den deutschen Ländern (mit Ausnahme von Österreich und Altenburg) als Partikularrecht nach französischem Vorbild eingeführt worden.[66]

F.: Dann können Sie, lieber L., nunmehr darüber berichten, ob und wie sehr auch Ihre Generation noch in den Genuß dieses „Palladiums der bürgerlichen Freiheit" kommt.[67] Bedenken Sie dabei aber bitte auch – *dum loquimur, hora fugit.*

L.: Ich werde mich beeilen, wenn Sie, würdiger Freund, mich zuvor wissen lassen, wie Sie in Lübeck abgestimmt hätten.

F.: Das Lübecker Votum kann niemanden gebunden haben. Ich hätte widerstanden und weiter für den neuen Berufsrichter gestritten.

L.: Dabei hätten Sie sich auch auf *Savigny* berufen können. *Savigny* hatte schon ein Jahr vor Lübeck der preußischen Regierung eine Denkschrift vorgelegt, in der er sich gegen Geschworenengerichte aussprach, also für den (beamteten) Richter. Auch er hielt es aber für erforderlich, der Freiheit des Strafrichters Grenzen zu setzen. Zwar befürwortete er den Verzicht auf gesetzliche Beweisregeln. Doch sollten die Richter zum Ausgleich einer indirekten Kontrolle ausgesetzt bleiben, für die sie selbst verantwortlich wären. Sie sollten nämlich verpflichtet sein, „nach Gründen und Regeln zu urteilen und hiervon Rechenschaft zu geben." Wichtiger noch –

[64] *Schwinge,* Der Kampf um die Schwurgerichte bis zur Frankfurter Nationalversammlung, 1926, 78; zu der Rheinischen Immediat-Justiz-Commission, 1819, 19ff.

[65] *Schwinge,* Der Kampf um die Schwurgerichte bis zur Frankfurter Nationalversammlung, 1926, 146ff.

[66] *Schwinge,* Der Kampf um die Schwurgerichte bis zur Frankfurter Nationalversammlung, 1926, 153ff., 155.

[67] Der Begriff des Palladiums ist damals häufig verwendet worden; *Schwinge,* Der Kampf um die Schwurgerichte bis zur Frankfurter Nationalversammlung, 1926, 144 mN.

ihre „Motivierung des Erkenntnisses durch Entscheidungsgründe“ sollte in tatsächlicher Hinsicht der „Prüfung durch den Appellationsrichter“ unterliegen. Dieses Rechtsmittel hätte sich auf die Beweisführung erstreckt. Savigny unterstrich seine Vorschläge mit dem doppelten Hinweis, daß so die gründliche Erwägung durch den Tatrichter befördert und die Kontrolle des Rechtsmittelgerichts ermöglicht werde.[68]

F.: Das kommt meiner Auffassung zumindest im Ergebnis nahe. Savigny, vier Jahre jünger als ich, hat bei mir um das Jahr 1799/1800 in Jena studiert. Bei allen Unterschieden – unser ethisches Fundament war dasselbe.[69]

L.: Das Fundament hat damals noch gehalten. Es wird aber nötig sein, daß ich umreiße, wie sich die Gerichtsverfassung bis heute entwickelt hat ... *(im Folgenden stellt L. die Entwicklung der deutschen Gerichtsverfassung seit den Reichsjustizgesetzen dar. Diese Wiedergabe ist in die Niederschrift nicht eingegangen. Danach fährt L. fort)* ... Seit dem Jahre 1877 enthält die Strafprozeßordnung zu den Fragen, die uns hier beschäftigt haben, einen einprägsamen Text: „Über das Ergebnis der Beweisaufnahme entscheidet das Gericht nach seiner freien, aus dem Inbegriff der Verhandlung geschöpften Überzeugung.“

F.: An dieser Stelle muß ich Sie, lieber L., unterbrechen. Bezog sich das auf Urteile der Schwurgerichte ebenso wie auf Urteile der Berufsrichter?

L.: Die gesetzliche Regelung legt das nahe.[70] Der Wortlaut des alten § 260 StPO ist übrigens den Vorschlägen Savignys entnommen worden, die in eine preußische Verordnung des Jahres 1846 eingegangen waren.[71]

F.: Dann galt also mit der von Ihnen erwähnten Vorschrift des § 260 zur Beweiswürdigung ab dem Jahre 1877 dasselbe für die Berufsrichter wie für die Geschworenen.

L.: Dies drängt sich auf. Entgegen der Forderung Savignys hat der Gesetzgeber den Berufsrichtern auch nicht abverlangt, die „Gründe“ anzugeben, auf denen die Beweiswürdigung beruht. Für das Urteil sah § 266 die Angaben der für erwiesen erachteten Tatsachen vor und, insoweit der Beweis aus anderen Tatsachen gefolgert wurde, auch dieser anderen Tatsachen. Das war mager. In den Gründen des vom Schwurgericht verkündeten Urteils mußte nach § 316 auf den Spruch der Ge-

---

[68] *v. Savigny,* Die Prinzipienfrage in Beziehung auf eine neue Strafprozeßordnung, 1846, wird hier zitiert nach dem Nachdruck der Originalausgabe, Frankfurt a. M., 2011. Die Ausführungen zum Geschworenengericht finden sich auf S. 48ff., die zum Schutz der Angeschuldigten bei freier Beweiswürdigung der (beamteten) Richter auf S. 74f. Dazu gehört, daß die Richter „alle vorgebrachte(n) Anschuldigungs- und Verteidigungsmomente nach verständigem Ermessen würdigen müssen“ und „das Urteil, nach wie vor, der höheren Prüfung des Appellationsrichters unterworfen werden kann.“

[69] Über *Savigny* in Jena: *Radbruch,* Kaufmann (Gerhard Haney), Gesamtausgabe, Bd. 6, 1997, 51, 52ff., 85ff.

[70] In der StPO des Jahres 1877 entsprach § 260 dem heutigen § 261. Was das Schwurgericht angeht, schrieb das Gesetz in § 305 vor, daß die Geschworenen die ihnen vorgelegten Fragen mit Ja oder mit Nein zu beantworten hatten. § 276 erklärte die beiden vorausgegangenen Abschnitte im Verfahren vor den Schwurgerichten für anwendbar. Dazu gehörte auch § 260 StPO.

[71] Dazu *Herdegen* NStZ 1987, 193ff. (194f.). § 19 der VO v. 17.7.1846 setzte die Beweisregeln außer Kraft und bestimmte, daß der erkennende Richter fortan nach seiner freien, aus dem Inbegriff der vor ihm erfolgten Verhandlungen geschöpften Überzeugung zu entscheiden habe, ob der Angeklagte schuldig oder unschuldig sei. Dem war hinzugefügt: „Er ist aber verpflichtet, die Gründe, welche ihn dabei geleitet haben, in dem Urteil anzugeben.“

schworenen Bezug genommen werden. Das entsprach der Sachlage, weil außer dem Ja oder Nein und der Stimmenzahl über die Erwägungen der Geschworenen ohnehin nichts bekannt sein konnte.

F.: Damit bestand die Gefahr, daß die Berufsrichter ihre neue Freiheit zur Beweiswürdigung ähnlich wie die Geschworenen verstehen und mit ihrer „innersten Überzeugung" verwechseln könnten. Doch fehlte es in den Spruchkörpern der Berufsrichter, wie Sie mir erläutert haben, an der großen Zahl der Köpfe und Stimmen, während am Schwurgericht zwölf Geschworene teilnahmen, von denen bei jeder für den Angeklagten nachteiligen Entscheidung mehr als sieben Stimmen erforderlich waren. Den Berufsrichtern dieselbe Freiheit der Beweiswürdigung einzuräumen, ohne daß harte Regeln für die „Rechenschaft" im Urteil gelten, das nenne ich ein legislatorisches Debakel.

L.: Für Ihre Sichtweise spricht, daß im Jahre 1924, als die Schwurgerichte abgeschafft wurden, der alte Wortlaut zur freien Beweiswürdigung unverändert blieb. Auch hat der Normgeber die Vorschrift zur Begründung des Urteils nicht verschärft.[72] Daraus konnten die Berufsrichter, gerade wenn sie zusammen mit Schöffen entschieden, schließen, es komme nur auf die „innerste Überzeugung" an.

F.: So waren denn meine Mahnungen und die Forderungen Savignys zum Inhalt des Urteils der Berufsrichter unbeachtet geblieben. Am Ende ist dann in dieser Hinsicht ein zentrales Anliegen jener Zeit in den Wind geschlagen worden.

L.: Bei der schwereren Kriminalität, soweit dafür im weiteren Verlauf das Landgericht zuständig wurde, gab und gibt es kein Rechtsmittel an ein „Appellationsgericht", das die Beweisführung hätte überprüfen sollen. Auch das ist damit erklärt worden, der Gesetzgeber habe nicht nur beim Schwurgericht die Beweiswürdigung der ersten Instanz ausschließlich überlassen wollen, sondern in gleicher Weise das von Berufsrichtern festgestellte tatsächliche Ergebnis als für die höhere Instanz maßgebend bezeichnet.[73]

F.: Das kann aber doch Ihre Generation nicht hingenommen haben.

L.: Noch im Jahre 1957 hat der Bundesgerichtshof, jetzt unser höchstes Revisionsgericht, formuliert, auf der Grundlage von § 261 der Strafprozeßordnung sei „die persönliche Gewißheit … für die Verurteilung notwendig, aber auch genügend." Mehr noch, er hat hinzugefügt: „Der Begriff der Überzeugung schließt die Möglichkeit eines anderen, auch gegenteiligen Sachverhalts nicht aus; vielmehr gehört es gerade zu ihrem Wesen, daß sie sehr häufig dem objektiv möglichen Zweifel

---

[72] Zur VO über Gerichtsverfassung und Strafrechtspflege v. 4.1.1924 (RGBl 1924 I 15) *Vormbaum,* Die Lex Emminger v. 04. Januar 1924, 1988.

[73] Dazu *Nack* StV 2002, 510ff., 510f. *Nack* zitiert ausdrücklich aus den Materialien zu § 376 RStPO, in denen ausgeführt wird, die Beweiswürdigung sei dem Richter erster Instanz ausschließlich überlassen, und das von diesem festgestellte tatsächliche Ergebnis sei für die höhere Instanz maßgebend. *Jähnke* FS Hanack, 1999, 355f., 357 berichtet: „Und wenn es schon für Schwurgerichtssachen keinerlei Prüfung der tatsächlichen Seite gab, konnte sie auch für die Minderbedeutsamen nicht mit Überzeugungskraft gefordert werden."

ausgesetzt bleibt."[74] Mit den Ausführungen Ihres Lehrbuchs zum Beweis hat dieser Text nichts gemein.

F.: *Sancta Simplicitas,* halten zu Gnaden!

L.: Seither sind Rechtswissenschaft und Rechtsprechung mit wechselndem Erfolg darum bemüht, der Praxis aus diesem Irrweg herauszuhelfen.[75] Dazu aber hat Stephan Barton nachgewiesen, daß in der Judikatur auch die alte Formel von der irrevisiblen tatricherlichen Beweiswürdigung noch auftaucht und es dem Revisionsgericht deshalb möglich ist, „identische Sachverhalte im Ergebnis unterschiedlich zu behandeln."[76] Wir müssen davon ausgehen, daß die Kontrolle „nach Ermessen" stattfindet und unberechenbar bleibt. Man könnte das als ein Element der Beliebigkeit bezeichnen, die an einen Gesamteindruck des Urteils anknüpft.[77] Vor allem aber hat Barton festgestellt, daß die korrigierenden Eingriffe des Revisionsgerichts „vergleichsweise häufig Revisionen von Staatsanwaltschaften betreffen."[78]

F.: Wenn sich Ermessen der ersten mit Ermessen der zweiten Instanz paart, dann darf sich niemand auf mich als Paten berufen. Auch dazu zitiere ich mich, dankbar für Ihre Geduld, abschließend selbst. „Der Gerichtsgebrauch (die Praxis) mag wohl ... mit der Notwendigkeit entschuldigt, von der Vernunft und Menschlichkeit gebilligt, nimmermehr aber aus Gründen des Rechts in der Theorie gerechtfertigt und als Quelle verpflichtender Rechtsnormen betrachtet werden. Er ist nur anzuerkennen, wie man auch Staatsrevolutionen anerkennt, als Tatsache, nicht als ein Recht."[79] Im übrigen hat die negative Beweistheorie immer den Angeschuldigten vor Willkür schützen wollen, nicht aber die Vertreter der Regierungsgewalt. Ich scheide, mein lieber Freund L., von Ihnen deshalb im Bewußtsein, daß die Spuren, die ich hinterlassen wollte, längst verweht sind. Meine Kämpfe sind ausgekämpft, und meine Zeit ist um.[80] Sie haben das letzte Wort.

L.: Dies ist ein Wort des Danks. Die Spuren sind nicht verweht. Als Beispiel zitiere ich die Sentenz Ihres Lehrbuchs zum Delikt der Blasphemie und damit zu einem in unserer Zeit besonders aktuellen Thema. „Daß die Gottheit injuriirt werde, ist unmöglich; daß sie wegen Ehrenbeleidigungen sich an Menschen räche, undenkbar;

---

[74] BGH Urt. v. 9.2.1957 – 2 StR 508/56, BGHSt 10, 208ff. (209) = NJW 1957, 1039. Dort freilich ging es um eine Revision der Staatsanwaltschaft, was oft verkannt wird, mit der diese eine dem Angeklagten ungünstige Entscheidung angestrebt hatte.

[75] *Herdegen* in FS Hanack, 1999, 311ff.; *Fezer* FS Hanack, 1999, 331ff.; *Jähnke* FS Hanack, 1999, 355ff.; *Paulus* FS Fezer, 2008, 243ff.; *Barton* FS Fezer, 2008, 333ff.; *Frisch* FS Fezer, 1999, 353ff.; *Hamm* FS Fezer, 1999, 392ff.

[76] *Barton* FS Fezer, 2008, 333 (345).

[77] *Barton* spricht von „weichen Argumentationsfiguren", der methodisch ungeklärten Frage, „wann die tatrichterliche Beweiswürdigung revisibel ist und wann nicht", was letztlich „*nolens volens* zum „doppelten Spiel" führe. Barton FS Fezer, 2008, 333 (351).

[78] *Barton* FS Fezer, 2008, 333 (351).

[79] *Feuerbach* zitiert hier sein Lehrbuch des gemeinen in Deutschland gültigen peinlichen Rechts, 10. Aufl. 1828, § 5, S. 3.

[80] Mit dem ersten Teil dieses Satzes zitiert *Feuerbach,* ohne dies aufzudecken, nochmals sich selbst; s. Böttcher FS Hanack, 1999, 442.

daß sie durch Strafe ihrer Beleidiger versöhnt werden müsse, Torheit ...“[81] Solche Texte fördern *immortalitas.*

F.: Das ist eine generöse Rede, auf die ich nicht erwidern darf. *Vale,* mein lieber Freund! (*Feuerbach* ist nicht mehr zu sehen).

Es heißt, L. habe *Feuerbach* nachgerufen: „*Quo fas et gloria ducunt!*“ Auf den langen und dunklen Fluren des Juridicums soll die Antwort des Entschwundenen wie folgt geklungen haben: „*Non est ad astra mollis e terris via!*“

[81] Feuerbach, Lehrbuch des gemeinen in Deutschland gültigen peinlichen Rechts, 10. Aufl. 1828, § 303, S. 195.

SCHRIFTENVERZEICHNIS VON PROF. DR. THOMAS FISCHER

I. Monographien

1. Öffentlicher Friede und Gedankenäußerung: Grundlagen und Entwicklung des Rechtsguts „öffentlicher Friede", insbesondere in den §§ 126, 130, 140 Nr. 2, 166 StGB, Dissertation Uni Würzburg, 1986
2. Im Recht, Einlassungen von Deutschlands bekanntestem Strafrichter, München 2016
3. Richter-Sprüche, München 2017
4. Über das Strafen, Recht und Sicherheit in der demokratischen Gesellschaft, München 2018

II. Herausgeberschaften

1. Seit 2001: Mitherausgeber „Neue Zeitschrift für Strafrecht" (NStZ)
2. Fischer/Bernsmann (Hrsg.), Festschrift für Ruth Rissing-van Saan zum 65. Geburtstag und aus Anlass ihres Ausscheidens aus dem aktiven Dienst als Vorsitzende Richterin am Bundesgerichtshof am 31. Januar 2011, Berlin 2011
3. Seit Januar 2015: Mitherausgeber: „Medizinstrafrecht" (medstra)
4. Fischer/Hoven (Hrsg.), Dogmatik und Praxis des strafrechtlichen Vermögensschadens, Baden-Baden 2015 (Bd. 1 der Schriftenreihe: Baden-Badener Strafrechtsgespräche, hrsg. von Thomas Fischer und Elisa Hoven)
5. Fischer/Hoven (Hrsg.), Verdacht, Tagungsband, Baden-Baden 2016, (Bd. 2 der Schriftenreihe: Baden-Badener Strafrechtsgespräche, hrsg. von Thomas Fischer und Elisa Hoven)
6. Fischer/Hoven (Hrsg.), Schuld, Tagungsband, Baden-Baden 2017 (Bd. 3 der Schriftenreihe: Baden-Badener Strafrechtsgespräche, hrsg. von Thomas Fischer und Elisa Hoven)
7. Barton/Fischer/Jahn/Park (Hrsg.), Festschrift für Reinhold Schlothauer zum 70. Geburtstag, München 2018

III. Kommentare

1. Karlsruher Kommentar zur Strafprozessordnung (Hrsg. 1. bis 5. Auflage: Pfeiffer; ab 6. Auflage: Hannich), München
   Bearbeitungen:
   - 3. Auflage 1993: §§ 407 bis 416, 449 bis 463d StPO
   - 4. Auflage 1999: §§ 407 bis 416, 449 bis 463d StPO

- 5. Auflage 2003: §§ 407 bis 416, 449 bis 463d StPO
- 6. Auflage 2008: §§ 1 bis 31a, 244 bis 246a StPO
- 7. Auflage 2013: Einleitung vor § 1 StPO

2. Pfeiffer/Fischer, Strafprozessordnung, Kommentar, 1. Auflage, München 1995, Bearbeitung: §§ 209 bis 477
3. Strafgesetzbuch und Nebengesetze, Kommentar (Beck'sche Kurzkommentare, Bd. 10), München; 49. bis 54. Auflage unter der Autorenbezeichnung: Tröndle/Fischer, ab 55. Auflage unter der Autorenbezeichnung: Fischer
   - 49. Auflage 1999
   - 50. Auflage 2001
   - 51. Auflage 2003
   - 52. Auflage 2004
   - 53. Auflage 2006
   - 54. Auflage 2007
   - 55. Auflage 2008
   - 56. Auflage 2009
   - 57. Auflage 2010
   - 58. Auflage 2011
   - 59. Auflage 2012
   - 60. Auflage 2013
   - 61. Auflage 2014
   - 62. Auflage 2915
   - 63. Auflage 2016
   - 64. Auflage 2017
   - 65. Auflage 2018

IV. Aufsätze

1. Die Eignung, den öffentlichen Frieden zu stören, NStZ 1988, 159–165
2. „Erschleichen" der Beförderung bei freiem Zugang?, NJW 1988, 1828–1829
3. Das Verhältnis der Bekenntnisbeschimpfung (§ 166 StGB) zur Volksverhetzung (§ 130 StGB), GA 1989, 445–468
4. Sind Behörden beleidigungsfähig?, JZ 1990, 68–75
5. Anrechnung von Drogentherapien auf Freiheitsstrafen von mehr als zwei Jahren? Zur Auslegung von § 36 Ab 1 BtMG, StV 1991, 237–239
6. Vorwegvollzug der Strafe (§ 67 Ab 2 StGB) mit unbestimmter Dauer?, NStZ 1991, 324–325
7. Tatprovozierendes Verhalten als polizeiliche Ermittlungsmaßnahme (zusammen mit Heinrich Maul), NStZ 1992, 7–13
8. Die Fortwirkung von Zeugnisverweigerungsrechten nach Verfahrenstrennung, Zum Begriff des Beschuldigten in § 52 Ab 1 StPO, JZ 1992, 570–575
9. Entwicklungslinien der fortgesetzten Handlung, „Tatbestand" und „Typus" in der Rechtsprechung des Bundesgerichtshofs, NStZ 1992, 415–422

10. Glaubwürdigkeit aus Glaubwürdigkeit, Zur Abgrenzung von Zirkelschluß und erlaubter Beweiswürdigung, StV 1993, 670–672
11. Glaubwürdigkeitsbeurteilung und Beweiswürdigung, Von der Last der „ureigenen Aufgabe", NStZ 1994, 1–5
    – Spanische Übersetzung: Análisis de credibilidat y valoración de la prueba. Acerca de la carga de la „fun- cón especifica", Rivista de Derecho Penal y Procecal Penal (Buenos Aires, Arg.), 2011, 1527–1534
12. Die „Begleiterscheinung" beim Verdeckungs- und Ermöglichungsmord, NStZ 1996, 416–419
13. Rechtsmissbrauch und Überforderung der Justiz, NStZ 1997, 212–217
14. Der Strafprozess in den neuen Bundesländern. Entwicklungen und Tendenzen, StraFo 1997, 321–325
15. Empfehlen sich gesetzliche Änderungen, um Zeugen und andere nicht beschuldigte Personen im Strafprozess besser vor Nachteilen zu bewahren?, JZ 1998, 816–822
16. Strafrahmenrätsel im 6. Strafrechtsreformgesetz. Zur Auslegung der §§ 306ff. StGB, NStZ 1999, 13–14
17. Zur Notwendigkeit richterlicher Anordnung molekulargenetischer Untersuchungen (zusammen mit Wolfgang Sprenger), NJW 1999, 1830–1834
18. Sächsisches Modell zur verbesserten Verfolgung des Ladendiebstahls (zusammen mit Wolfgang Sprenger), DRiZ 2000, 111–117
19. Sexuelle Selbstbestimmung in Schutzloser Lage, Zum Anwendungsbereich von § 177 Ab 1 Nr. 3 StGB, ZStW Bd. 112 (2000), 75–105
20. „Sächsisches Modell" zur Verfolgung des Ladendiebstahl Eine Zwischenbilanz (zusammen mit Wolfgang Sprenger, ZRP 2001, 241–245
21. Waffen, gefährliche und sonstige Werkzeuge nach dem Beschluss des Großen Senats, NStZ 2003, 569–576
22. Ersatzhehlerei als Beruf und rechtsstaatliche Verteidigung, NStZ 2004, 473–478
23. Regelung der Urteilsabsprache. Ein Appell zum Innehalten, NStZ 2007, 433–437
24. Strafrechtswissenschaft und strafrechtliche Rechtsprechung – Fremde seltsame Welten, in: Michalke/Köberer/Pauly/Kirsch (Hrsg.), Festschrift für Rainer Hamm zum 65. Geburtstag, Berlin 2008, 63–81
    – Spanische Übersetzung: Ciencia del derecho penal y jurisprudencia penal – Mundos extrañamente ajenos
25. Der Gefährdungsschaden bei § 266 in der Rechtsprechung des Bundesgerichtshofs, StraFo 2008, 269–277
26. Aussagewahrheit und Glaubhaftigkeitsbeurteilung, Anmerkungen zum Beweiswert von Glaubhaftigkeitsgutachten, in: Schöch/Satzger/Schäfer/Ignor/Knauer (Hrsg.), Festschrift für Gunter Widmaier zum 70. Geburtstag, Köln 2008, 191–222
27. Zum Verhältnis zwischen tatrichterlicher Beweiswürdigung und revisionsrichterlicher Kontrolle, in: Laubenthal (Hrsg.), Festgabe für Rainer Paulus zum 70. Geburtstag, Würzburg 2009, 51–72

28. Absprache-Regelung: Problemlösung oder Problem?, StraFo 2009, 177 –188
29. Prognosen, Schäden, Schwarze Kassen, Aktuelle Diskussionen im Untreue- und Betrugsstrafrecht, NStZ-Sonderheft für Klaus Miebach, Juni 2009, 8–19
30. Strafbarer Gefährdungsschaden oder strafloser Untreueversuch, Zur Bestimmtheit der Untreue-Rechtsprechung, zugleich Besprechung von BVerfG, Beschl. vom 10. März 2009 – 2 BvR 1980/07, StV 2010, 95–101
31. Beratungsgeheimnis, Sondervoten, Richterbilder. Einige Bemerkungen zu einer fast vergessenen Frage, in: Herzog/Neumann (Hrsg.), Festschrift für Winfried Hassemer zum 70. Geburtstag, Heidelberg 2010, 1001–1016
32. Strafmaßverteidigung – aus Sicht eines Revisionsrichters, in: Strafverteidigervereinigungen (Hrsg.), Strafverteidigung vor neuen Aufgaben, 33. Strafverteidigertag, Berlin 2010, 87–106
33. Konfliktverteidigung, Mißbrauch von Verteidigungsrechten und das Beweisantragsrecht, StV 2010, 423–428
34. Risikomanagement und objektive Zurechnung, in: Kempf/Lüderssen/Volk (Hrsg.), Die Finanzkrise, das Wirtschaftsstrafrecht und die Moral, Berlin 2010, 190–200
35. Unternehmensstrafrecht in der Revision, StraFo 2010, 329–337
36. Wirtschaftskriminalität und Korruption. Aktuelle Entwicklungen in der Rechtsprechung, in: Bannenberg/Jehle (Hrsg.), Wirtschaftskriminalität, Mönchengladbach 2010, 3–24
37. Ein Jahr Absprache-Regelung, Praktische Erfahrungen und gesetzlicher Ergänzungsbedarf, ZRP 2010, 49–51
38. Spuren der Strafrechtswissenschaft, Eine Leseempfehlung, in: Bernsmann/Fischer (Hrsg.), Festschrift für Ruth Rissing-van Saan zum 65. Geburtstag, Berlin 2011, 143–179
    - Brasilianische/portugiesische Übersetzung: Vestigos da Ciencia Penal na Republica Federal da Alemanha, Revista IBCCRIM 2015, Heft 4 (Sao Paulo/Bras.)
    - Spanische Übersetzung: Vestigos de la dogmatica penal en la jurisprudencia alemana, Lima/Peru 2016 (Übersetzung: Andy Carriou Zenteno)
39. Störung des Öffentlichen Friedens (§ 130 Ab 4 StGB): Strafwürdigkeit als Tatbestandsmerkmal, in: Paeffgen/Böse/Kindhäuser/Stübinger/Verrel/Zaczyk (Hrsg.), Strafrechtswissenschaft als Analyse und Konstruktion, Festschrift für Ingeborg Puppe zum 70. Geburtstag, Berlin 2011, 1119–1141
40. Patientenverfügung und Sterbehilfe, Neue Orientierung durch den Bundesgerichtshof, Bucerius Law Journal 2011, 1–2
41. Einführendes Statement: Strafjustiz und Richterwahl in der Bundesrepublik Deutschland, in: Niggli/Jendly (Hrsg.), Strafsystem und Öffentlichkeit: Zwischen Kuscheljustiz und Scharfrichter, Bern 2012, 99–107
42. Direkte Sterbehilfe. Anmerkung zur Privatisierung des Lebensschutzes, in: Heinrich/Jäger/Achenbach u. a. (Hrsg.), Strafrecht als Scientia Universalis, Festschrift für Claus Roxin zum 80. Geburtstag am 15. Mai 2011, Berlin 2011, 557– 576
43. Die Zukunft des Untreuetatbestands, in: Jahn/Nack (Hrsg.), Gegenwartsfragen des europäischen und deutschen Strafrechts, Köln 2012, 73–77

44. Finanzkrise und Strafrecht, Impulsreferat zur Podiumsdiskussion, Strafrechtslehrertagung 2011 in Leipzig, 26. Juni 2011, ZStW Bd. 123 (2011), 816–826
45. Zur opferorientierten Reform des Sexualstrafrechts – eine juristische Analyse, in: Barton/Kölbel (Hrsg.), Ambivalenzen der Opferzuwendung des Strafrechts, Baden-Baden 2012, 177–196
46. Schätzungen in der strafrechtlichen Revision, StraFo 2012, 429–433
47. Strafrechtliche Verantwortlichkeit der Organmitglieder von Kreditinstituten, in: Habersack/Mülbert/Nobbe/Wittig, Anlegerschutz im Wertpapiergeschäft, Berlin 2012, 129–152
48. Strafrechtliche Revision, Vieraugenprinzip, gesetzlicher Richter und rechtliches Gehör, Eine Anknüpfung an BVerfG, Beschl. v. 23.5.2012 – 2 BvR 610/12 u. a. (zusammen mit Christoph Krehl), StV 2012, 550–559
49. Das Zehn-Augen-Prinzip (zusammen mit Ralf Eschelbach und Christoph Krehl), StV 2013, 395–402
50. 15 Jahre Sechstes Strafrechtsreformgesetz. Blick zurück nach vorn, in: Freund/Murmann/Bloy/Perron (Hrsg.), Grundlagen und Dogmatik des gesamten Strafrechtssystems, Festschrift für Wolfgang Frisch zum 70. Geburtstag, Berlin 2013, 31–48
51. Therapie und Therapiebeurteilung als Grundlage juristischer Entscheidungen, FPPK 2013, 151–156
52. Der Einfluss des Berichterstatters auf die Ergebnisse strafrechtlicher Revisionsverfahren, Eine empirische Untersuchung über Zusammenhänge zwischen gesetzlichem Richter, personeller Zuständigkeit und Erledigungsart in den Entscheidungen der Strafsenate des Bundesgerichtshofs, NStZ 2013, 425–432
53. Die Deal Entscheidung. Eine Polemik über die rasselnden Federn in der Justiz, in: Esser/Günther/Jäger/Mylonopoulos/Öztürk (Hrsg.), Festschrift für Hans-Heiner Kühne zum 70. Geburtstag am 21. August 2013, Heidelberg 2013, 203–212
54. Erwiderung auf Basdorf u. A.: Zum Zehnaugenprinzip in der Revisionsrechtsprechung (zusammen mit Ralf Eschelbach und Christoph Krehl), NStZ 2013, 563–564
55. Strafverteidigung aus der Sicht des Richters, Rückblick und Ausblick, StV 2014, 47–53
56. Zur Reform der Tötungsdelikte Mord und Totschlag, Überblick und eigener Vorschlag (zusammen mit Rüdiger Deckers, Stefan König, Klaus Bernsmann), NStZ 2014, 9–15
57. Kommentatoren. Bemerkungen zum Versuch, 1000 Schmetterlinge zu fangen, in: Heger/Kelker/Schramm (Hrsg.), Festschrift für Kristian Kühl zum 70. Geburtstag, München 2014, 963–975
58. Beweisen, Bewerten, Verurteilen, Antwort auf Puppes Polemik über die „Methoden der Rechtsfindung des BGH" (ZIS 2014, 66), ZIS-Online 2014, 97–101
59. Strafbarkeit beim Dealen mit dem Recht? Über Lausbuben- und Staatsstreiche, in: Gaede/Goerlich/Kahlo/Zabel (Hrsg.), Im Zweifel für die Freiheit, Gedächtnisschrift für Manfred Seebode, Berlin 2015, 59–84; Vorabdruck HRRS 2014, 324–336

60. Perspektiven der Strafverteidigung – aus richterlicher Sicht, in Ignor/Strate/Norouzi i. V. m. Gaede/Schlegel (Hrsg.), HRRS-Gedächtnisgabe für Gunter Widmaier, Hamburg 2014, 101–128
61. Zur Reform der Tötungsdelikte, Anwaltsblatt 2014, 883–885
62. Interne und externe Compliance-Kontrolle im Gesundheitswegen, Vortrag anlässlich des 10jährigen Bestehens des Ausschusses Freiwillige Selbstkontrolle (FSA) des Verbandes der forschenden Pharmaindustrie (8. April 2014, Berlin), in: Kempf/Lüderssen u. a. (Hrsg.), Strafverfolgung in Wirtschaftsstrafsachen – Strukturen und Motive, 2015
63. Antrag und gerichtliche Bescheidung auf Einholung eines alternativen psychiatrischen und/oder psychologischen Gutachtens, in: Deckers/Köhnken (Hrsg.), Die Erhebung und Bewertung von Zeugenaussagen im Strafprozess, 2. Auflage, Berlin 2014, 153–162
64. Noch einmal: Dogmatik und Praxis des Strafrechts, Zu Schünemanns Widerlegung einer Polemik über die Fremdheit zweier Welten, in: Hefendehl/Hörnle/Greco (Hrsg.), Streitbare Strafrechtswissenschaft, Festschrift für Bernd Schünemann zum 70. Geburtstag am 1. November 2014, Berlin 2014, 41–53
    – Spanische Übersetzung: Una vez mas: Dogmatica y praxis del derecho penal – Sobre la refutación de Schünemann a la polémica – sobre la ajenidad de dos mundos, Lima/Peru 2016 (Übersetzung: Andy Carriou Zenteno)
65. Sexuelle Nötigung: Schutzlücken oder Schutzlücken-Fantasien?, StraFo 2014, 485–493
66. Was bedeutet „Ermittlungsverfahren" und was „Wildwuchs"?, in: Barton/Kölbel/Lindemann (Hrsg.), Wider die wildwüchsige Entwicklung des Ermittlungsverfahrens, Baden-Baden 2015, 151–166
67. Unternehmen vor Gericht? Prozessuale Anmerkungen zum Entwurf eines Verbandsstrafbarkeitsgesetzes (zusammen mit Elisa Hoven), ZIS-Online 2015, 32–39
68. Statement: Korruptionsverfolgung im Gesundheitswesen – dringender denn je!, medstra 2015, 1–2
69. Gesetzliche Richter im Strafverfahren, Zugleich: Kleine Nachlese großer Aufregungen, in: Fahl/Müller/Satzger/Swoboda (Hrsg.), Ein menschengerechtes Strafrecht als Lebensaufgabe, Festschrift für Werner Beulke zum 70. Geburtstag, Heidelberg 2015, 709–722
70. Noch einmal: § 177 StGB und die Istanbul-Konvention, Entgegnung auf Tatjana Hörnle, ZIS-Online 2015, 312– 319
71. Kann das strafrechtliche Revisionsrecht noch etwas bewegen?, in: Stuckenberg/Gärditz (Hrsg.), Strafe und Prozess im freiheitlichen Rechtsstaat, Festschrift für Hans-Ullrich Paeffgen zum 70. Geburtstag am 2. Juli 2015, Berlin 2015, 737–755
72. Faktischer, wirtschaftlicher, normativer Schadensbegriff, in: Fischer/Hoven (Hrsg.), Dogmatik und Praxis des strafrechtlichen Vermögensschadens, Baden-Baden 2015, 51–57
73. Welche und wie viel Aufmerksamkeit schuldet die Strafjustiz der Revision?, in: Limperg u. a. (Hrsg.), Recht im Wandel deutscher und europäischer Rechtspolitik, Festschrift 200 Jahre Carl Heymanns Verlag, Köln 2015, 463–485

74. Erwiderung auf Geiger: „Im Trüben gefischt", medstra 2015, 323–324
75. Sterbehilfe: … Und was der Berg gebar, Betrifft JUSTIZ 2015, 172–174
76. Stichworte zur Psychologischen Konstruktion des Verdachts, in: Fischer/Hoven (Hrsg.), Verdacht, Baden-Baden 2016, 15–19
77. Zur Reform der Vorschriften über die Tötungsdelikte, Juristische Studiengesellschaft Karlsruhe, Jahresband, Karlsruhe 2015, 73–86
78. Natur, Moral, Stigma – Bemerkungen zur Frage, wie Schuld in die Welt kam, in: Fischer/Hoven (Hrsg.), Schuld, Baden-Baden 2017, 33–42
79. „Mut zur Lücke – auch im Sexualstrafrecht", in: Rettenberger/Dessecker (Hrsg.), Sexuelle Gewalt als Herausforderung für Gesellschaft und Recht, Wiesbaden 2017, 51–67
80. Sterbehilfe, Suizid und Strafrecht, Pflegerecht 2017, 623–629
81. Strafrechtsrevision Light: Zwei Augen plus X, in: Herrmann/Krämer (Hrsg.), Festschrift für Christian Kirchberg zum 70. Geburtstag am 5. September 2017, Stuttgart 2017, 571–589
82. „Straftaten aus Gruppen" (§ 184j StGB), Ein Lehrstück zwischen Horden, Dogmatik und deren Simulation, in: Saliger u. a. (Hrsg.), Rechtsstaatliches Strafrecht, Festschrift für Ulfrid Neumann zum 70. Geburtstag, Heidelberg 2017, 1089–1104
83. Neuregelung des straf- und berufsrechtlichen Geheimschutzes, medstra 2017, 321–322
84. Binnendivergenzen, in: Barton/Fischer/Jahn/Park (Hrsg.), Festschrift für Reinhold Schlothauer zum 70. Geburtstag, München 2018, 471–483
85. Beschleunigtes Zweimaltreffen. Zur Aufdeckung von höchstrichterlichen Verfahrensmängeln (zugleich Besprechung von OLG Frankfurt, Beschluss vom 3. Februar 2016–1 Ws 186/15, und Kammergericht, Beschluss vom 17. Januar 2018–4 Ws 149+150/17), StraFo 2018, 133–139
86. Gewalt, Geschlecht, Strafrecht. Eine Skizze über Bedeutungen, in: Pieken/Militärhistorisches Museum der Bundeswehr (Hrsg.), Gewalt und Geschlecht, Dresden 2018, 104–115
87. Warum lässt das Revisionsrecht Fehlurteile zu?, in: Barton/Dubelaar/Kölbel/Lindemann (Hrsg.), Vom hochgemuten voreiligen Griff nach der Wahrheit, Baden-Baden 2018, 263–284
88. Volksverhetzung im Eichsfeld, Besprechung der Einstellungsverfügung der StA Mühlhausen im Verfahren gegen Alexander Gauland (zusammen mit Klaus Ferdinand Gärditz), StV 2018, Heft 8

V. Urteilsanmerkungen

1. Anmerkung zu OLG Stuttgart, Urt. v. 10. März 1989–1 StR 635/88, NStZ 1991, 41– 42
2. Anmerkung zu BGH, Urt. v. 15. Oktober 1996–VI ZR 327/95, Wirtschaftsrechtliche Beratung 1997, 130–131
3. Anmerkung zu OLG Düsseldorf, Urt. v. 31. März 1997–22 U 153/96, Wirtschaftsrechtliche Beratung 1997, 922

4. Anmerkung zu BGH, Urt. v. 12. Dezember 1996–4 StR 489/96, Wirtschaftsrechtliche Beratung 1997, 1030
5. Anmerkung zu BGH, Urt. v. 20. Oktober 1999–2 StR 248/99, NStZ 2000, 142–143
6. Anmerkung zu OLG Hamm, Beschl. v. 5. August 2004–2 Ws 200/04, StraFo 2005, 420

VI. Rezensionen

1. Bringewat, Strafvollstreckungsrecht, Kommentar zu den §§ 449–463d StPO, Baden-Baden 1993, JZ 1994, 92
2. Arzt/Weber, Strafrecht Besonderer Teil, Bielefeld 2000, JZ 2001, 402
3. Radtke, Die Dogmatik der Brandstiftungsdelikte, Berlin 1998, GA 2001, 499–505
4. Niklas Luhmann, Ausdifferenzierung des Rechts, Frankfurt am Main 1981/1999, GA 2001, 562–565
5. Palast der Vergeblichkeit–Rezension des Romans „Justizpalast" von Petra Morsbach, ZEIT-Online, 13. November 2017
6. von Schirach, Strafe, München 2018, StV 2018, 393–396

VII. Fischer im Recht (ZEIT-ONLINE)

1.	Fischer im Recht – Der Beginn	13.01.2015
2.	Sind die Terroristen nun Feinde oder Bürger?	20.01.2015
3.	Nein, die Welt ist nicht im Konflikt mit den Religionen	27.01.2015
4.	Die Schutzlückenkampagne	03.02.2015
5.	Es gibt keinen Skandal	10.02.2015
6.	Warum der Staat seine Bürger nicht töten darf	17.02.2015
7.	Schafft Lebenslang ab!	24.02.2015
8.	Ist Gotteslästerung ein notwendiger Straftatbestand?	03.03.2015
9.	Geständnis für 5000 €	10.03.2015
10.	Der Reeder und sein Richter	17.03.2015
11.	Unsinn im Strafgesetzbuch	25.03.2015
12.	Über die Schwierigkeit, einen Raub zu begehen	31.03.2015
13.	Zufall, Schuld, Depression	07.04.2015
14.	Habe die Ehre!	14.04.2015
15.	Ehre, Würde und Integration	21.04.2015
16.	Im Zweifel gegen die Freiheit	28.04.2015
17.	Über die Befangenheit von Richtern	05.05.2015
18.	Was zählt die Statistik der Polizei	12.05.2015
19.	Deutschland wird auch am Mittelmeer verteidigt	19.05.2015
20.	Wer hat Schuld?	26.05.2015
21.	Von Fischen, Affen, Menschen	02.06.2015
22.	Die Augen des Revisionsgerichts	09.06.2015

23.	Zufall und Strafe	16.06.2015
24.	Strafrechtspersonal: Der Richter	23.06.2015
25.	Rechtsprofessoren und Rechtsstudenten	30.06.2015
26.	Der Richter und sein Selbstbild	07.07.2015
27.	Das Mord-Trio	14.07.2015
28.	Oskar Gröning und die Beihilfe	21.07.2015
29.	Von Mäusen und Mördern	28.07.2015
30.	Nieder mit der Ärzte-Korruption!	04.08.2015
31.	Ein Abgrund von Landesverrat	11.08.2015
32.	Freiheit für die Freiwilligkeit!	18.08.2015
33.	„Die andere Ansicht" – Niedergang oder Sieg des Rechtsstaats	25.08.2015
34.	Nichts wie weg?	01.09.2015
35.	Über die Wahrheit	08.09.2015
36.	Der Beweis der Überzeugung	15.09.2015
37.	Beweis und Überzeugung	22.09.2015
38.	Absurdes Spektakel um den Tod	29.09.2015
39.	Schaffen wir das?	06.10.2015
40.	Woher habe Sie dieses Geld?	13.10.2015
41.	Notwehr: Das Recht muss dem Unrecht nicht weichen	20.10.2015
42.	Warum Volksverhetzung strafbar ist	27.10.2015
43.	Über das Hetzen und das Lügen	03.11.2015
44.	Sollte man mit dem Strafrecht Politik machen?	10.11.2015
45.	Das Böse und das Verrückte	17.11.2015
46.	Was hat das Böse mit dem Strafrecht zu tun?	24.11.2015
47.	Täuschungen und Irrtümer	01.12.2015
48.	Wer den Schaden hat	08.12.2015
49.	Wahrheit, Moral und Presse	15.12.2015
50.	Legalize it!	22.12.2015
51.	Rechtswelten	29.12.2015
52.	Der Verteidiger und seine Pflicht	05.01.2016
53.	Unser Sexmob	12.01.2016
54.	Inländer-Ausländer-Außenseiter	19.01.2016
55.	Banden, Gruppen, Bürgerwehren	26.01.2016
56.	Die Lügenpresse	02.02.2016
57.	Presse und Strafrecht	09.02.2016
58.	Lücke oder Lüge	16.02.2016
59.	Verbrechen, Strafe, Presse	23.02.2016
60.	Im Rausch	01.03.2016
61.	Rausch und Strafe	08.03.2016
62.	Das Gesetz der Rache	15.03.2016
63.	Schuldausgleich und Abschreckung	22.03.2016
64.	Wie viel Strafe ist genug?	29.03.2016
65.	Im Gefängnis	05.04.2016
66.	Kunst der Fehler	12.04.2016

67.	Stiletto im Herz	19.04.2016
68.	Versuch und Vollendung	26.04.2016
69.	Fehlschläge und Rücktritte	04.05.2016
70.	Volk in Angst	10.05.2016
71.	Schwarzer und Schirach	17.05.2016
72.	Kunst ist strafbar. Warum auch nicht?	24.05.2016
73.	Schuld und Schulden I	31.05.2016
74.	Schuld und Schulden II	07.06.2016
75.	Barbaren	14.06.2016
76.	Frauenfilme zur Frauenwahrheit und Frauenfragen	21.06.2016
77.	Zum letzten Mal: Nein heißt Nein	28.06.2016
78.	Kleine Nachlese	05.07.2016
79.	Böse Blicke	12.07.2016
80.	Von kleinen und von großen Fluchten	19.07.2016
81.	Über das Asoziale als Menschenrecht	26.07.2016
82.	Böse, verrückt oder ein Würstchen?	02.08.2016
83.	Wunder, Wahn und der Paragraf 20	09.08.2016
84.	Störung, Wahn und Schuld	16.08.2016
85.	Recht und Richter	23.08.2016
86.	Instanzen und Hierarchien	30.08.2016
87.	Fehlurteile	06.09.2016
88.	Elementarer Verstoß gegen das Recht und Gesetz	13.09.2016
89.	Justiz und Politik	20.09.2016
90.	Die gerechte Strafe	27.09.2016
91.	Wer kriegt wie viel wofür?	04.10.2016
92.	Neues aus dem Rechtsstaat	11.10.2016
93.	„Terror" – Ferdinand von Schirach auf allen Kanälen!	18.10.2016
94.	Strafen für die Freier	25.10.2016
95.	Von verbotenen und erlaubten Worten	01.11.2016
96.	Von der Wahrheit, der Lüge und der Wirklichkeit	08.11.2016
97.	Von der Wahrheit, der Lüge und der Wirklichkeit Teil 2	15.11.2016
98.	Von der Wahrheit, der Lüge und der Wirklichkeit Teil 3	22.11.2016
99.	Der Kampfhund stirbt aus	29.11.2016
100.	Zum Glück gibt es Compliance	06.12.2016
101.	Kein „Mord wie jeder andere"	13.12.2016
102.	Ein Fest für die Gesundheit	22.12.2016
103.	Strafrecht mit Gefühl	27.12.2016
104.	Rationale und irrationale Furcht	03.01.2017
105.	Unter Verdacht (1)	10.01.2017
106.	Unter Verdacht (2)	18.01.2017
107.	Herr Höcke und das Holocaustmahnmal	24.01.2017
108.	Der Polizist als Opfer	31.01.2017
109.	Wir Prügelknaben	07.02.2017
110.	Im Land der Dichter und Deuter	14.02.2017

111.	Alles Geheim!	21.02.2017
112.	Vom Leben und Tod	28.02.2017
113.	Raser, Mörder, Kommissare	07.03.2017
114.	Eine schreckliche Herausforderung!	14.03.2017
115.	Von Zugreifern und Einbrechern	11.04.2017
116.	Hauptsache, Empathie!	18.04.2017
117.	Habgier!	25.04.2017
118.	Zum Ausklang	02.05.2017

VIII. Sonstige Veröffentlichungen

1. Nachruf: Präsident des Bundesgerichtshofs a. D. Prof. Dr. Gerd Pfeiffer († 1.2.2007), Journal der Juristischen Zeitgeschichte 2007, 101–103
2. Stellungnahme zum Gesetzentwurf eines Gesetzes zur Regelung der Absprache im Strafverfahren, BT-Dr 16/11736, für den Rechtsausschuss des Deutschen Bundestags, öffentliche Sachverständigen-Anhörung vom 25. März 2009, www. bundestag.de/ausschuesse/recht/oeffentliche Anhoerungen/
3. Geruch von Denunziation, Die ZEIT Nr. 6/2013, 31. Januar 2013, 50
4. Der Deal zerstört das Recht, Die ZEIT Nr. 14/2013, 27. März 2013, 13
5. Interview: Wer die Menschen nicht mag, versteht nichts, in: Thomas Darnstädt, Der Richter und sein Opfer, München/Zürich 2013, 265–280
6. Wahn und Willkür, Die ZEIT Nr. 35/2013, 22. August 2013, 13
7. Rechtsfrage, Was meinen Sie, Herr Fischer?, ZRP 2013, 191
8. Völkisches Recht, Plädoyer für eine überfällige Rechtsreform, Die ZEIT Nr. 51/2013 vom 12. Dezember 2013, 8
9. Strafrechtliche Aufarbeitung der Finanzmarktkrise–Diskussionsforum I, in: Schiedeck/Rönnau (Hrsg.), Wirtschaftsstrafrecht: Plage oder Gewinn für den Standort Deutschland? (Tagungsband), 2013, 35–41
10. Täter, die sich für Opfer halten, Die ZEIT Nr. 7/2014, 6. Februar 2014, 23
11. Bitte entschuldigen Sie, Herr Edathy, Die ZEIT Nr. 10/2014, 27. Februar 2014, 4
12. Rechtsprechung ist in einem weiteren Sinn auch Rechtspolitik. Rechtsgespräch mit Rudolf Gerhardt, ZRP 2014, 58–61
13. Steuerhinterziehung, Steuerfahndung, Selbstanzeige, Interview, Frankfurter Allgemeine Sonntagszeitung, 9. März 2014
14. Steuerhinterziehung, Steuer, Selbstanzeige, Deutscher Beamten Bund, dbb magazin April 2014, 18
15. Bonus für Fremde?, Die ZEIT Nr. 15/2014, 3. April 2014, 1
16. Dieses Gesetz ist ein Witz! Zur Neuregelung der Abgeordnetenbestechung, Die ZEIT Nr. 27/2014, 26. Juni 2014, 8
17. Was regiert die Welt? Der Schutz des „Vermögens“ im Strafrecht, Die ZEIT Nr. 34/2014, 28. August 2014, 38
18. „Es gibt kein Strafrecht der Moral“, Spiegel-Gespräch, Spiegel Nr. 32/2014, 4. August 2014, 22– 24

19. „Ich teile die verbreitete Kritik nicht", Zum Verfahren Ecclestone, Westfalenpost, 13. August 2014
20. „Nein heißt Nein heißt Nein", zur aktuellen Diskussion über die Strafbarkeit der Vergewaltigung, Die ZEIT Nr. 42/2014, 9. Oktober 2014, 9
21. „Jura ist leicht" (Interview) ZEIT Campus Nr. 6/2014, 29. Oktober 2014, 63
22. „Vom Recht verstehe ich wenig bis nichts", Zu Norbert Blüms „Einspruch!" gegen die angebliche Willkür der Justiz, Die ZEIT Nr. 45/2014, 30. Oktober 2014, 10
23. Schill, Film über einen, der beschloss, Politiker zu werden, myops Nr. 23, 2015, 9–20
24. „Herren fremder Welten", Zum Fall Thomas Middelhoff, Die ZEIT Nr. 48/2014, 20. November 2014, 25
25. „Es hätte nicht passieren dürfen", Rezension von G. Strate: Der Fall Mollath, Die ZEIT Nr. 51/2014, 23. Dezember 2014, 8
26. Interview: „Als Richter schadet es nicht zu wissen, wie die Gosse aussieht", Galore (online), 19.04.2015
27. Zehn Fragen zur Sterbehilfe, Interview, Vorgänge 2015, 105–110
28. Interview: Paragraf 252 StPO und Vorlage an den Großen Senat für Strafsachen, NJW aktuell 2015, Heft 37, 12–13
29. Rechtsgespräch: Sterbehilfe, ZRP 2015, 219–221
30. „Legitimatorischer Lack", Interview, Hintergrund 2016, 16–19
31. Plädoyer, Warum man Cannabis legalisieren soll, Magazin Deutsche Anwaltsauskunft, 29.08.2016
32. Ein Polizist am Abgrund–Rezension von Rainer Wendt, Deutschland in Gefahr, Die ZEIT Nr. 1/2017, 29. Dezember 2016, 6
33. Blut, Gott Stadt. Zehn Fußnoten zur Orestie, in: Burgtheater Wien, Aischylos, Die Orestie, Programmheft, Wien 2017, unpaginiert
34. Sicherheit und Sinn, Die ZEIT Nr. 26/2017, 23. Juni 2017, 16
35. Mit ganzer Härte, ZEIT-Online, 12. Juli 2017
36. Wider die Todesstrafe – Nachwort zu: Helmut Ortner, Wenn der Staat tötet, Darmstadt 2017, 214 –221
37. Immer auf die Dicken, ZEITmagazin Nr. 34/2017, 16. August 2017, 32–36
38. Herr Gnisa und das Ende des Rechtsstaats, ZEIT-Online, 17. August 2017
39. Herr Gauland, der Friede und der Müll, ZEIT-Online, 30. Juli 2017
40. Weidel, Nazis und der kleine Mann, ZEIT-Online, 7. September 2017
41. Herr Minister muss leider gleich weiter, Vier Jahre Justizminister Heiko Maas, Die ZEIT Nr. 39/2017, 21. September 2017
42. Ich auch, ich auch!, Zur „Metoo"-Kampagne, ZEIT-Online, 25. Oktober 2017
43. Die Suche nach dem guten Gesetz, Die ZEIT Nr. 46/2017, 8. November 2017, 14
44. Mr. Spacey und wir – Über die Sexismus-Debatte, ZEIT-Online, 10. November 2017
45. Ein Abend in feiner Gesellschaft, Die ZEIT Nr. 49/2017, 29. November 2017, H 3

46. Im Medienrausch der Sexismus-Debatte, ZEIT-Online, 5. Dezember 2017
47. Galgenvögel, ZEIT-Online, 9. Dezember 2017
48. Das Jüngste Gericht, Die ZEIT Nr. 53/2017, 19. Dezember 2017, 12
49. Das Sternchen-System: Thomas Fischers Zeit-Kritische Anmerkungen zum Medien-„Tribunal" gegen Dieter Wedel, meedia.de, 29. Januar 2018
50. Kenntnisfreie „Fakten-Checker" bei „Hart aber fair": Plasberg und Bild strapazieren das „gesunde Volksempfinden", meedia.de, 22. Februar 2018
51. Dieter Wedel, Die Zeit und der „Kameltester": Thomas Fischer über die „Selbstgerechtigkeit" eines Leitmediums, meedia.de, 08. März 2018
52. Hasswort: „Die Frauen", übermedien.de, 15. März 2018
53. Das „Raser"-Urteil des BGH – und die postwendende „Analysen"-Kultur von Medien und Experten, meedia.de, 20. März 2018
54. Die „Zeit" verläuft sich auf der Suche nach dem „System Wedel", übermedien.de, 28. März 2018
55. Abrechnung einer Deutschlandfunk-Autorin mit dem Zeit-Kritiker: der Sound, aus dem der Totalitarismus kommt, meedia.de, 31. März 2018
56. Messerangst in Mitteleuropa – oder: Warum die Kriminalstatistik nur dann nützlich ist, wenn man sie versteht, meedia.de, 3. April 2018
57. Hau weg den Nafri oder: Moral-Schwalben nach Stürmer-Fouls im Strafraum: Aktuelles aus der Welt des Rechts, meedia.de, 24. April 2018
58. Söder–Kippa–Echo: unbequeme Notizen von der Außengrenze der Abrechnungskultur, meedia.de, 1. Mai 2018
59. Unangenehme Unordnungen – Karl Marx, Paragraf 219a, Gewalt, spiegel.de, 12. Mai 2018
60. Mit Absicht bestrafen – Vorsatz, Irrtum, Strafbedürfnis, spiegel.de, 26. Mai 2018
61. Deutschlandfunk, taz und Gaby Mayr auf heißer Spur – ein Betroffenheits-Stück über Zitate und Qualitätsmedien, meedia.de, 1. Juni 2018
62. Herr Gauland und die Entsorgung, spiegel.de, 3. Juni 2018
63. Gauland, Volksverhetzung – Erwiderung auf Constantin van Lijnden, FAZ Einspruch, 19. Juni 2018
64. Zur gerichtlichen Bedeutung von Compliance-Management-Systemen (zu BGH, Urt. vom 9.5.2017–1 StR 265/16), Interview, Comply 2028, 28–31

AUTORENVERZEICHNIS

Aichele, Alexander, Dr., Privatdozent für Philosophie an der Martin-Luther-Universität Halle-Wittenberg

Alwart, Heiner, Prof. em. Dr. Dr. h. c., Professor für Strafrecht und Strafprozessrecht an der Friedrich-Schiller-Universität Jena

Barton, Stephan, Prof. Dr., Lehrstuhl für Strafrecht und Strafprozessrecht an der Universität Bielefeld

Becker, Christian, Prof. Dr., Lehrstuhl für Strafrecht und Strafprozessrecht an der Leibniz Universität Hannover

Bernsmann, Klaus, Prof. Dr., Lehrstuhl für Strafrecht und Strafprozessrecht an der Ruhr-Universität Bochum

Deckers, Rüdiger, Dr. h. c., Rechtsanwalt in Düsseldorf, Fachanwalt für Strafrecht, tdwe Rechtsanwälte

Dölling, Dieter, Prof. Dr., Direktor des Instituts für Kriminologie der Universität Heidelberg

Duttge, Gunnar, Prof. Dr., Direktor der Abteilung für strafrechtliches Medizin- und Biorecht an der Georg-August-Universität Göttingen

Erb, Volker, Prof. Dr., Lehrstuhl für Strafrecht und Strafprozessrecht an der Johannes Gutenberg-Universität Mainz

Eschelbach, Ralf, Dr., Richter am BGH

Frisch, Wolfgang, Prof. em. Dr. Dres. h. c., Direktor a. D. des Instituts für Strafrecht und Strafprozessrecht – Abteilung 1 an der Albert-Ludwigs-Universität Freiburg

Frommel, Monika, Prof. Dr., Direktorin des Instituts für Sanktionenrecht und Kriminologie der Christian-Alberechts-Universität zu Kiel a. D.

Gaede, Karsten, Prof. Dr., Lehrstuhl für deutsches, europäisches und internationales Strafrecht und Strafprozessrecht, einschließlich Medizin-, Wirtschafts- und Steuerstrafrecht an der Bucerius Law School in Hamburg

Gärditz, Klaus F., Prof. Dr., Lehrstuhl für Öffentliches Recht an der Rheinischen Friedrich-Wilhelms-Universität Bonn

Greeve, Gina, Dr., Rechtsanwältin in Frankfurt am Main, MGR Rechtsanwälte

Gropp, Walter, Prof. Dr. Dres. h. c., Franz von Liszt-Institut für internationales Recht und Rechtsvergleichung an der Justus-Liebig-Universität Gießen

Groß-Bölting, Andrea, Rechtsanwältin in Wuppertal, Fachanwältin für Strafrecht, Strafverteidigerbüro Wuppertal

Hamm, Rainer, Prof. Dr., Rechtsanwalt in Frankfurt am Main, Fachanwalt für Strafrecht, Honorarprofessor für Strafprozessrecht an der Johann-Wolfgang-Goethe Universität in Frankfurt am Main, HammPartner Rechtsanwälte PartG mbB

Hannich, Rolf, Bundesanwalt beim BGH a. D.

Herzog, Felix, Prof. Dr., Lehrstuhl für Strafrecht, einschließlich Grundlagen und Nebengebiete, Strafverfahrensrecht und Rechtsphilosophie an der Universität Bremen

Hettinger, Michael, Prof. i. R. Dr., iur. utr., Johannes Gutenberg-Universität Mainz

Hilgendorf, Eric, Prof. Dr. Dr., Lehrstuhl für Strafrecht, Strafprozessrecht, Rechtstheorie, Informationsrecht und Rechtsinformatik

Hillenkamp, Thomas, Prof. em. Dr. Dr. h. c., Institut für deutsches, europäisches und internationales Strafrecht und Strafprozessrecht an der Universität Heidelberg

Hoven, Elisa, Prof. Dr., Lehrstuhl für Strafrecht und Strafprozessrecht an der Universität Leipzig

Hoyer, Andreas, Prof. Dr., Lehrstuhl für Strafrecht, Strafprozessrecht und Wirtschaftsstrafrecht an der Christian-Albrechts-Universität zu Kiel

Ignor, Alexander, Prof. Dr. Dr., Rechtsanwalt in Berlin, Außerplanmäßiger Professor für Strafrecht, Strafprozessrecht, mittelalterliche und neuzeitliche Rechtsgeschichte an der Humboldt-Universität zu Berlin, Ignor & Partner GbR

Jäger, Markus, Prof. Dr., Richter am BGH, Honorarprofessor an der Technischen Universität Dresden

Jahn, Matthias, Prof. Dr., Lehrstuhl für Strafrecht, Strafprozessrecht, Wirtschaftsstrafrecht und Rechtstheorie an der Universität Frankfurt am Main, Richter am Oberlandesgericht Frankfurt am Main

Jakobs, Günther, Prof. Dr. Dr. h. c. mult. em., Rechtsphilosophisches Seminar an der Rheinischen Friedrich-Wilhelms-Universität Bonn

Jakobs, Sebastian, Staatsanwalt beim BGH

Joerden, Jan, Prof. Dr. Dr. h. c., Lehrstuhl für Strafrecht, insbesondere Internationales Strafrecht und Strafrechtsvergleichung, Rechtsphilosophie an der Europa-Universität Viadrina Frankfurt (Oder)

Kämpfer, Simone, Dr., Rechtsanwältin in Düsseldorf, Fachanwältin für Strafrecht, Freshfields Bruckhaus Deringer LLP

Kempf, Eberhard, Rechtsanwalt in Frankfurt am Main, Fachanwalt für Strafrecht, kempf schilling Rechtsanwälte

Kindhäuser, Urs, Prof. Dr. Dr. h. c. mult. em., Lehrstuhl für Strafrecht und Strafprozessrecht an der Rheinischen Friedrich-Wilhelms-Universität Bonn

Kirchberg, Christian, Prof. Dr., Rechtsanwalt in Karlsruhe, Fachanwalt für Verwaltungsrecht, Honorarprofessor am Karlsruher Institut für Technologie, Deubner & Kirchberg Rechtsanwälte | Partnerschaft mbB

Klein, Julian, Direktor des Instituts für künstlerische Forschung in Berlin

Klimke, Daniela, Prof. an der Polizeiakademie Dr., Kriminalwissenschaften an der Polizeiakademie Niedersachsen am Studienort Nienburg/Weser

Kölbel, Ralf, Prof. Dr., Lehrstuhl für Strafrecht und Kriminologie an der Ludwig-Maximilians-Universität München

König, Stefan, Prof. Dr., Rechtsanwalt in Berlin, Fachanwalt für Strafrecht, Honorarprofessor an der Georg-August-Universität Göttingen, Rechtsanwälte Eisenberg | Prof. Dr. König | Dr. Schork

Korte, Matthias, Dr., Ministerialdirigent, Leiter der Unterabteilung RB im Bundesministerium der Justiz und für Verbraucherschutz

Krehl, Christoph, Prof. Dr., Richter am BGH, Honorarprofessor an der Johann-Wolfgang-Goethe Universität in Frankfurt am Main

Kretschmer, Bernhard, Prof. Dr., Lehrstuhl für Strafrecht und Strafprozessrecht an der Justus-Liebig-Universität Gießen

Kröber, Hans-Ludwig, Prof. Dr., Direktor Institut für Forensische Psychiatrie an der Charité Universitätsmedizin Berlin

Kubiciel, Michael, Prof. Dr. Dr. h. c., Lehrstuhl für Deutsches, Europäisches und Internationales Strafrecht, Strafprozessrecht, Medizin- und Wirtschaftsstrafrecht an der Universität Augsburg

Kubicki, Wolfgang, Mitglied und Vizepräsident des Deutschen Bundestages, Rechtsanwalt in Kiel, Kubicki & Schöler Rechtsanwälte

Kudlich, Hans, Prof. Dr., Lehrstuhl für Strafrecht, Strafprozessrecht und Rechtsphilosophie an der Friedrich-Alexander Universität Erlangen-Nürnberg

Kühl, Kristian, Prof. Dr. Dr. Dres. h. c., Lehrstuhl für Strafrecht, Strafprozessrecht und Rechtsphilosophie an der Universität Tübingen

Künast, Renate, Bundesministerin a. D., Mitglied des Deutschen Bundestages, Rechtsanwältin in Berlin

Laubenthal, Klaus, Prof. Dr., Lehrstuhl für Kriminologie und Strafrecht an der Julius-Maximilians-Universität Würzburg, Richter am Oberlandesgericht Bamberg

Leipold, Klaus, Dr., Rechtsanwalt in München, Fachanwalt für Strafrecht, Lohberger & Leipold Partnerschaftsgesellschaft von Rechtsanwälten mbB

Leitner, Werner, Prof. Dr., Rechtsanwalt in München, Fachanwalt für Strafrecht, Honorarprofessor an der Universität Augsburg, Leitner & Partner Rechtsanwälte · Wirtschaftsstrafrecht

Leutheusser-Schnarrenberger, Sabine, Bundesministerin der Justiz a. D., Rechtsanwältin in Starnberg

Mansdörfer, Marco, Prof. Dr., Lehrstuhl für Strafrecht einschließlich Wirtschaftsstrafrecht und Strafprozessrecht an der Universität des Saarlandes

Mayer, Manuel, Rechtsanwalt in Frankfurt am Main, Fachanwalt für Strafrecht, mayer rechtsanwalt

Michalke, Regina, Dr., Rechtsanwältin in Frankfurt am Main, Fachanwältin für Strafrecht, Hamm-Partner Rechtsanwälte PartG mbB

Mitsch, Wolfgang, Prof. Dr., Lehrstuhl für Strafrecht mit Jugendstrafrecht und Kriminologie an der Universität Potsdam

Müssig, Bernd, Prof. Dr., Rechtsanwalt in Bonn und München, Redeker Sellner Dahs Rechtsanwälte, Außerplanmäßiger Professor an der Rheinischen Friedrich-Wilhelms-Universität Bonn

Mutzbauer, Norbert, Dr., Vorsitzender Richter am BGH

Nešković, Wolfgang, Richter am BGH a. D.

Nestler, Cornelius, Prof. Dr., Institut für Strafrecht und Strafprozessrecht an der Universität zu Köln

Neumann, Ulfrid, Prof. Dr. Dres. h. c., Lehrstuhl für Strafrecht, Strafprozessrecht, Rechtsphilosophie und Rechtssoziologie an der Goethe-Universität Frankfurt am Main

Norouzi, Ali B., Dr., Rechtsanwalt in Berlin, WidmaierNorouzi Rechtsanwälte

Paeffgen, Hans-Ullrich, em. Prof. Dr., Institut für Strafrecht der Rheinischen Friedrich-Wilhelms-Universität Bonn

Piel, Hannah Milena, Rechtsanwältin in Düsseldorf, Fachanwältin für Strafrecht, Albert & Apfel & Piel Rechtsanwälte

Pieper, Karl-Heinz, Erster Justizhauptwachtmeister am BGH

Puppe, Ingeborg, Prof. em. Dr., Strafrechtliches Institut der Rheinischen Friedrich-Wilhelms-Universität Bonn

Ransiek, Andreas, LL.M. (Berkeley), Prof. Dr., Lehrstuhl für Strafrecht und Strafprozessrecht, insbesondere Wirtschaftsstrafrecht an der Universität Bielefeld

Raum, Rolf, Dr., Vorsitztender Richter am BGH

Renzikowski, Joachim, Prof. Dr., Lehrstuhl für Strafrecht, Rechtsphilosophie/Rechtstheorie an der Martin-Luther-Universität Halle-Wittenberg

Rönnau, Thomas, Prof. Dr., Lehrstuhl für Strafrecht, Wirtschaftsstrafrecht und Strafprozessrecht an der Bucerius Law School in Hamburg

Rosenau, Henning, Prof. Dr., Lehrstuhl für Strafrecht, Strafprozessrecht und Medizinrecht an der Martin-Luther-Universität Halle-Wittenberg

Roxin, Claus, Prof. em. Dr. Dr. h. c. mult., Lehrstuhl für Strafrecht, Strafprozessrecht und allgemeine Rechtslehre an der Universität München

Roxin, Imme, Dr., Rechtsanwältin in München, Roxin LLP

Salditt, Franz, Prof. Dr., Justizrat, Rechtsanwalt in Neuwied, Fachanwalt für Strafrecht und Steuerrecht, Honorarprofessor an der Fernuniversität Hagen

Saliger, Frank, Prof. Dr., Lehrstuhl für Strafrecht, Strafprozessrecht, Wirtschaftsstrafrecht und Rechtsphilosophie an der Ludwig-Maximilians-Universität München

Scheuten, Frauke-Katrin, Bundesanwältin beim BGH

Schlothauer, Reinhold, Prof. Dr., Rechtsanwalt in Bremen, Fachanwalt für Strafrecht, Honorarprofessor an der Universität Bremen, Joester & Partner Rechtsanwälte und Fachanwälte für Strafrecht

Schwenn, Johann, Rechtsanwalt in Hamburg, Fachanwalt für Strafrecht, Schwenn & Böttner Rechtsanwälte

Streng, Franz, Prof. em. Dr. Dr. h. c., ehemals Institut für Strafrecht, Strafprozessrecht und Kriminologie an der Friedrich-Alexander-Universität Erlangen-Nürnberg

Stuckenberg, Carl Friedrich, LL.M (Harvard), Prof. Dr., Lehrstuhl für deutsches und internationales Strafrecht und Strafprozessrecht, Strafrechtsvergleichung sowie Strafrechtsgeschichte an der Rheinischen Friedrich-Wilhelms-Universität Bonn

Trüg, Gerson, Prof. Dr., Rechtsanwalt in Freiburg im Breisgau, Fachanwalt für Strafrecht, Außerplanmäßiger Professor an der Albert-Ludwigs-Universität Freiburg, Trüg · Habetha Rechtsanwälte Partnerschaftsgesellschaft mbB

Tsambikakis, Michael, Prof. Dr., Rechtsanwalt in Köln, Fachanwalt für Strafrecht, Fachanwalt für Medizinrecht, Tsambikakis & Partner Rechtsanwälte mbB

Valerius, Brian, Prof. Dr., Lehrstuhl für Strafrecht, Strafprozessrecht und Medizinstrafrecht an der Universität Bayreuth

Weigend, Thomas, Prof. em. Dr., Institut für ausländisches und internationales Strafrecht an der Universität zu Köln

Wilmes, Annette, Freie Journalistin in Berlin

Wimmer, Renate, Richterin am BGH

Wolters, Gereon, Prof. Dr., Lehrstuhl für Strafrecht, Strafprozessrecht, Wirtschaftsrecht und internationales Strafrecht an der Ruhr-Universität Bochum